Hueber Verlag

Sie lernen Deutsch mit den Lehrwerken von Hueber:

- **für Erwachsene in der Grundstufe**
  Erste Schritte
  Schritte / Schritte international
  Themen aktuell
  Tangram aktuell
  Delfin
  Lagune
  Dialog Beruf
  Blaue Blume
  Dimensionen
  DaF in 2 Bänden
  plus Deutsch

- **für Erwachsene in der Mittelstufe**
  em neu
  Auf neuen Wegen
  Leselandschaft
  Deutsch lernen für den Beruf

- **für die Schule**
  Tamtam
  Tamburin
  Planet
  Pingpong neu
  AusBlick

Hueber

Wörterbuch
Deutsch als Fremdsprache

Das einsprachige Wörterbuch
für Kurse der **Grund- und Mittelstufe**

Hueber Verlag Dudenverlag

| 3. 2. 1. | Die letzten Ziffern |
| 2011 10 09 08 07 | bezeichnen Zahl und Jahr des Druckes. |

Alle Drucke dieser Auflage können, da unverändert,
nebeneinander benutzt werden.

2. Auflage 2007
© 2003 Hueber Verlag, 85737 Ismaning, Deutschland
© 2003 Bibliographisches Institut & F. A. Brockhaus AG, Mannheim

Umschlaggestaltung: Parzhuber & Partner, München
Zeichnungen: Claas Janssen, Frankfurt
Typografisches Konzept:
Farnschläder & Mahlstedt Typografie, Hamburg
Redaktionelle Leitung: Dr. Kathrin Kunkel-Razum,
Ursula Kraif, Andreas Tomaszewski
Redaktionelle Bearbeitung:
Anja Konopka, Franziska Münzberg M. A.,
Carsten Pellengahr, Karin Rautmann,
Dr. Werner Scholze-Stubenrecht, Olaf Thyen;
unter Mitwirkung von Wolfgang Worsch, München
Satz: A–Z Satztechnik GmbH, Mannheim
Druck und Bindung:
Graphische Betriebe Langenscheidt, Berchtesgaden
Gesamtherstellung: Monika Schoch
Printed in Germany
ISBN 978-3-19-001735-5

Vorwort

Liebe Leserinnen und Leser,

mit diesem Wörterbuch möchten wir Ihnen dabei helfen, die deutsche Sprache erfolgreich zu erlernen. Wir – das sind die Redakteurinnen und Redakteure aus der Dudenredaktion in Mannheim und die Redaktion Deutsch als Fremdsprache des Hueber Verlags München. Seit über 100 Jahren veröffentlicht die Dudenredaktion die wichtigsten Wörterbücher zur deutschen Sprache. Der Hueber Verlag hat viele Jahre Erfahrung bei der Erarbeitung von Lehrwerken für Deutsch als Fremdsprache.

In diesem Wörterbuch finden Sie über 11 200 Stichwörter der deutschen Gegenwartssprache. Darunter sind die rund 2 000 Wörter, die Sie für die Prüfung »Zertifikat Deutsch« kennen müssen (Niveaustufe B1 nach dem Gemeinsamen Europäischen Referenzrahmen für Sprachen). Darüber hinaus sind rund 100 Teile von Wörtern, sogenannte Wortbildungselemente, verzeichnet, mit denen z. B. neue Wörter gebildet werden können.
Zu allen Stichwörtern gibt es grammatische Informationen. Außerdem wird ihre Bedeutung erklärt. Dazu gibt es Beispiele, die zeigen, wie die Wörter im Kontext verwendet werden. Auch Synonyme und Zusammensetzungen (Komposita) werden angegeben. Zu rund 300 Stichwörtern gibt es Illustrationen, damit Sie sie leichter verstehen können.
Durch all diese Informationen erhalten Sie einen Überblick über einen wesentlichen Teil der Wörter der deutschen Sprache.

Vor dem A–Z-Teil haben wir für Sie in vielen Texten und Tabellen Informationen zur deutschen Sprache und zu den deutschsprachigen Ländern Deutschland, Österreich und Schweiz zusammengestellt. Hier erklären wir auch, welche Informationen Sie im A–Z-Teil finden (Benutzungshinweise).

Wir wünschen Ihnen viel Erfolg, aber auch Freude und Spaß beim Deutschlernen,

die Redakteurinnen und Redakteure des

Hueber Verlags   und des Dudenverlags
München   Mannheim

Inhalt

Hinweise zur Benutzung des Wörterbuchs

Die Anordnung der Stichwörter

Die Stichwörter sind alphabetisch angeordnet. Dabei werden die Umlaute ä, ö und ü wie die Vokale a, o und u behandelt:

a/ä	g	m	s	y
b	h	n	t	z
c	i	o/ö	u/ü	
d	j	p	v	
e	k	q	w	
f	l	r	x	

Beispiel für die Anordnung von Stichwörtern mit Umlaut:

...
Aggressivität
ähneln
ahnen
ähnlich
...

Die Darstellung der Wortarten, Stilangaben, Synonyme und Wortbildungen im Wörterbuch

Adjektiv <Adj.>

Was sind Adjektive?
Adjektive sind Wörter, die man deklinieren und steigern kann. Sie bezeichnen eine Eigenschaft oder drücken aus, wie etwas geschieht oder ist. **Bsp.**: »Er läuft *schnell*.« »Das ist ein *schönes* Haus.« –
Im Wörterbuch werden Adjektive durch die Abkürzung <Adj.> kenntlich gemacht. Im Buch finden Sie eine Tabelle, in der Sie die Deklination der Adjektive nachschlagen können.

Was bedeutet ...?

<indeklinabel>: Einige wenige Adjektive im Deutschen sind indeklinabel. Das heißt, dass sie nicht dekliniert (verändert) werden können. **Bsp.**:»Er kauft im Laden 200 g *Schweizer* Käse.«

<attributiv>: Steht ein Adjektiv als nähere Bestimmung bei einem Nomen, nennt man dies einen attributiven Gebrauch. **Bsp.**:»Auf der Wiese blüht eine *schöne* Blume.« Bestimmt das Adjektiv hingegen ein Verb näher, nennt man diesen Gebrauch adverbial (z. B.:»Die Blume blüht *schön*.«). Steht das Adjektiv in Verbindung mit den Verben»sein«,»werden« oder»bleiben«, spricht man von einem prädikativen Gebrauch (»Die Blume ist aber schön!«).

<Komparativ>, <Superlativ>: Viele Adjektive können gesteigert werden. Die Steigerungsformen von»schön« lauten z. B. »(schön) – schöner – am schönsten«. Die erste Steigerungsstufe (»schöner«) nennt man Komparativ, die zweite (»am schönsten«) Superlativ.

Im Wörterbuch werden bei jedem Adjektiv, das sich steigern lässt, Komparativ und Superlativ mit angegeben. Fehlen diese Angaben, ist eine Steigerung des Adjektivs nicht üblich.

<adjektivisches Präfix>, <adjektivisches Suffix>: In Wortbildungsartikeln steht öfter die Angabe <adjektivisches Präfix> oder <adjektivisches Suffix>. Sie bedeutet, dass das Präfix vor ein Adjektiv tritt bzw. dass mithilfe des Suffixes ein Adjektiv gebildet wird:

Bsp.:»a-politisch«,»il-legal«,»durst-ig«.

Adverb <Adverb>

Was sind Adverbien?

Adverbien sind Wörter, die nicht flektiert (verändert) werden können. Mit Adverbien kann man ausdrücken, wo, wie oder wann etwas ist/geschieht. **Bsp.**: »Ich komme *bald*.« »Er läuft *sehr* schnell.« »Ich möchte das Buch *dort*.« »*Hoffentlich* geht alles gut«. – Adverbien werden im Wörterbuch durch die Angabe <Adverb> kenntlich gemacht.

Was bedeutet …?

<Pronominaladverb>: Zu den Pronominaladverbien zählen Wörter, die aus den Adverbien »da«, »hier« oder »wo« und einer Präposition zusammengesetzt sind. Sie heißen Pronominaladverbien, da an ihrer Stelle auch eine Verbindung aus einer Präpositon und einem Pronomen stehen könnte. **Bsp.**: »*Worüber* (anstatt: über was) lachst du?« »*Darüber* (anstatt: über das) rede ich nicht mit dir.«

<interrogativ>: Interrogativ bedeutet »eine Frage ausdrückend«. Wenn Pronominaladverbien eine Frage einleiten, nennt man diese Verwendungsweise interrogativ. **Bsp.**: » *Wozu* machst du das?«

<relativisch>: Relativisch nennt man Pronominaladverbien, die wie ein Relativpronomen einen Nebensatz einleiten.
Bsp.: »Das ist etwas, *wozu* ich überhaupt keine Lust habe.«

Artikelwort <Artikelwort>

Was sind Artikelwörter?

Artikelwörter sind die Begleiter des Nomens. Sie werden dekliniert (d. h., sie verändern ihre Form nach Genus, Numerus und Kasus). **Bsp.**: »ein«, »eine«, »der«, »die«, »das«, »mein«, »unser«.

Man unterscheidet zwischen bestimmtem Artikel (»der«, »die«, »das« usw.), unbestimmtem Artikel (»ein«, »eine« usw.) und Possessivartikeln (»mein«, »dein« usw.)

Interjektion <Interj.>

Was sind Interjektionen?

Interjektionen sind Wörter wie »ja«, »ach«, »oh«, »hurra«. Sie stehen oft alleine oder sind einem Satz vorangestellt. Interjektionen geben meist wieder, wie ein Sprecher/eine Sprecherin empfindet. – Im Wörterbuch sind Interjektionen durch <Interj.> kenntlich gemacht.

Konjunktion <Konj.>

Was sind Konjunktionen?

Konjunktionen sind unflektierbare (unveränderliche) Wörter, die Wörter, Wortgruppen oder Sätze miteinander verbinden. Konjunktionen können nicht selbstständig vorkommen. **Bsp.**: »Er *und* sie kamen zu der Feier.« »Ich hoffe, *dass* es gelingt.« »Wir kommen, *obwohl* wir wenig Zeit haben.« – Konjunktionen werden im Wörterbuch durch <Konj.> kenntlich gemacht.

Nomen <Nomen>

Was sind Nomen?

Nomen sind Wörter, die in der Regel ein festes Genus haben und sich deklinieren lassen. Sie können in der Regel mit einem Artikelwort verbunden werden. Nomen bezeichnen Lebewesen, Gegenstände oder Begriffe. **Bsp.**: »der *Mensch*«, »das *Glas*«, »die *Idee*«.

Auch Verben können nominalisiert werden: »die Ergebnisse meines *Forschens*«.

Woran erkennt man ein Nomen im Wörterbuch?

Nomen erkennen Sie im Wörterbuch daran, dass ihnen der bestimmte Artikel vorangestellt ist. Außerdem werden Genitiv Singular und Nominativ Plural des Nomens genannt. Da deren Darstellung nicht ganz einfach zu verstehen ist, soll sie hier kurz anhand von Beispielen erläutert werden.

Was bedeuten Angaben wie »-es,-e« hinter der phonetischen Angabe?

Angaben wie »-es, -e« geben an, wie der Genitiv Singular und der Nominativ Plural eines Wortes gebildet werden.

Bsp.: Das Nomen »Blitz« lautet im Genitiv »des Blitzes«, der Plural »die Blitze«. Im Wörterbuch steht dafür:

       der **Blitz** [blɪts]; -es, -e: …

Der Genitiv wird durch »-es« angezeigt. Dabei ersetzt »-« das Nomen »Blitz«, »es« ist die Genitivendung, die angehängt werden muss.

Der Plural wird durch »-e« kenntlich gemacht. Wieder ersetzt »-« das Nomen »Blitz«, das »e« ist die Pluralendung, die an »Blitz« angefügt werden muss.

Ist der Genitiv oder der Nominativ Plural in seiner Form mit dem Nominativ Singular identisch, steht folglich jeweils nur ein Strich:

Bsp.: Das Nomen »Blume« lautet im Genitiv ebenfalls »Blume«, im Plural »Blumen«. Im Wörterbuch steht also dafür:

       die **Blume** [bluːmə]; -, -n: …

Bildet man im Deutschen den Plural mit einem Umlaut (ä, ö, ü), wird die Pluralform als ganzes Wort angegeben:

Bsp.: Das Nomen »Haus« heißt im Genitiv »Hauses«, im Plural »Häuser«. Im Wörterbuch sieht der Eintrag so aus:

       das **Haus** [haus]; -es, Häuser …

Ist bei einem Nomen kein Plural üblich, wird nur der Genitiv angegeben:

Bsp.: Für das Nomen »Glanz« gibt es im Deutschen keinen Plural. Der Genitiv lautet »Glanzes«:

> der **Glanz** [glants]; -es: ...

Bei manchen Wörtern, die mehrere Bedeutungen haben, ist nur bei bestimmten Bedeutungen ein Plural üblich, bei den anderen hingegen nicht. In solchen Fällen wird beim Stichwort der Plural angegeben. Bei der Bedeutung, bei der der Plural nicht üblich ist, finden Sie dann den Hinweis <ohne Plural>.

Wie kann man mithilfe des Wörterbuchs herausfinden, wie das Nomen dekliniert wird?

Bei jedem Wörterbuchartikel sind Genitiv Singular und Nominativ Plural angegeben. Wenn Sie diese beiden Formen kennen, können Sie mithilfe der Tabelle »Deklination der Nomen« im Buch die passende Deklination herausfinden.

Was bedeutet ...?

<deklinieren>: Nomen, Adjektive und Pronomen kann man deklinieren. Das heißt, dass sie ihre Form je nach Genus, Kasus und Numerus verändern.

<Genus>: Im Deutschen gibt es drei Genera : männlich, weiblich oder sächlich.

<Kasus>: Fall. Im Deutschen gibt es vier Kasus: Nominativ, Akkusativ, Dativ, Genitiv.

<Gleichsetzungsnominativ>: In Sätzen wie »Bern ist die Hauptstadt der Schweiz» wird »die Hauptstadt der Schweiz« mit »Bern« gleichgesetzt. Dabei steht die Ergänzung »die Hauptstadt der Schweiz« im gleichen Fall wie »Bern«, nämlich im Nominativ. Einen solchen Fall nennt man Gleichsetzungsnominativ. Ergänzungen, die im Gleichsetzungsnominativ stehen, setzen also eine Person oder eine Sache mit einer anderen gleich oder

ordnen sie in eine bestimmte Klasse oder Gattung ein. Sie stehen bei den Verben »sein«, »werden« und »bleiben« (wenn sie als Vollverben gebraucht werden). **Bsp.**: »Paul ist mein bester Freund.«»Katharina ist Turnerin«. »Maximilian bleibt Vorsitzender des Vereins.« Entsprechendes gilt für den Gleichsetzungsakkusativ: »Wir nennen das Kind Lina«.

<Numerus>: Zahl: Singular oder Plural.

<Nominativ>: Nominativ ist (genauso wie Akkusativ, Dativ und Genitiv) die Bezeichnung für einen Kasus, in den deklinierbare Wörter gesetzt werden können. Wörter, die im Nominativ stehen, können mit »Wer?« oder »Was?« erfragt werden. **Bsp.**: »*Felix* schreibt seinem Bruder einen Brief«. »*Das Haus* steht auf einem Hügel.«

<Akkusativ>: Nach Wörtern, die im Akkusativ stehen, fragt man mit »Wen?« oder »Was?«. **Bsp.**: »Ich treffe *meine Freundin* immer mittwochs.« »Martina schenkt ihrer Freundin *eine Tasche.*«

<Dativ>: Wörter im Dativ lassen sich mit »Wem?« (selten: »Welcher Sache?«) erfragen: **Bsp.**: »Lara hilft *ihrem Vater.*« »Ich gebe *der Schaukel* einen Stoß.«

<Genitiv>: Wörter, die im Genitiv stehen, können mit »Wessen?« erfragt werden. **Bsp.**: »Das ist das Fahrrad *meines Freundes.*«

Partikel <Partikel>

Was sind Partikeln?
Partikeln sind unflektierbare (unveränderliche) Wörter, die vor allem dazu dienen, den Grad oder die Intensität anzugeben, etwas hervorzuheben oder die innere Einstellung des Sprechers/der Sprecherin auszudrücken. **Bsp.** »sogar«: »Er hat *sogar* seinen Vater angelogen.«; »gefälligst«: »Pass *gefälligst* auf!«

Präposition <Präp.>

Was sind Präpositionen?

Präpositionen sind Wörter wie »auf«, »aus«, »in«, »nach«. Sie kommen nicht allein vor, sondern verbinden sich mit einem Nomen oder Pronomen zu einer Wortgruppe; dabei bestimmen sie den Kasus des Nomens. – Im Wörterbuch sind Präpositionen durch <Präp.> kenntlich gemacht. Bei jeder Präposition wird angegeben, mit welchem Kasus sie steht.

Pronomen <Pronomen>

Was sind Pronomen?

Pronomen sind deklinierbare (d. h. nach Genus, Numerus und Kasus veränderbare) Wörter, die in einem Satz anstelle eines Nomens stehen. **Bsp.**: »er«, »sie«, »es«. »Das ist *meiner* (= mein Schirm).« – Im Wörterbuch wird jeweils genau angegeben, um welche Art von Pronomen es sich bei einem Wort handelt. Eine Erklärung dieser Benennungen finden Sie hier:

Was bedeutet …?

<Demonstrativpronomen>: Demonstrativpronomen sind Pronomen, die auf etwas vorher Genanntes oder bereits Bekanntes nachdrücklich hinweisen. **Bsp.**: »*Dieses* gefällt mir nicht.«

<Indefinitpronomen>: Unter einem Indefinitpronomen versteht man ein Pronomen, das eine Person, eine Sache oder eine Zahl nur in ganz allgemeiner, unkonkreter Weise bezeichnet. **Bsp.**: »*Viele* sind zu Hause geblieben.« »*Einige* würden gern mehr wissen.«

<Interrogativpronomen>: Pronomen, mit denen eine Frage eingeleitet wird, heißen Interrogativpronomen. **Bsp.**: »*Was* hast du gesagt?«

<Personalpronomen>: Personalpronomen sind Pronomen, die angeben, von welcher Person oder Sache gerade die Rede ist.

Bsp.:»ich«, »er«, »wir«. – Eine Übersicht darüber, wie die Personalpronomen dekliniert werden, finden Sie im Buch.

<Possessivpronomen>: Unter einem Possessivpronomen versteht man ein Pronomen, das ausdrückt, wem etwas gehört oder auf wen oder was sich etwas bezieht. **Bsp.**:»*Dieses* Buch ist meines.« – Eine Tabelle, wie die Possessivpronomen dekliniert werden, finden Sie ebenfalls im Buch.

<Relativpronomen>: Relativpronomen sind Pronomen, mit denen ein Gliedsatz auf ein Substantiv oder Pronomen des übergeordneten Satzes bezogen wird. **Bsp.**:»Das ist der Mann, *den* ich gestern auf der Straße getroffen habe.«

Stilangaben

Was sind Stilangaben?

Zu den Stilangaben gehören Bezeichnungen wie »derb«, »umgangssprachlich« oder »gehoben«. Sie kennzeichnen Wörter, die Sie mit Vorsicht gebrauchen sollten, da sie nur in bestimmten Situationen verwendet werden.

Was bedeutet ...?

<derb>: Mit <derb> markierte Wörter werden im Allgemeinen als negativ oder sogar vulgär empfunden. Zu ihnen gehören z. B. grobe Schimpfwörter wie »Scheiße« oder »Affe«.

<gehoben>: Wörter wie »darbieten« oder »Gatte« werden im Deutschen normalerweise nicht im Alltag gebraucht. Sie wirken sehr feierlich oder – wenn sie doch in einer alltäglichen Situation gebraucht werden – parodierend oder übertreibend. Im Wörterbuch werden Wörter, die als gehoben empfunden werden, mit der Abkürzung <geh.> markiert.

<umgangssprachlich>: Wörter, die die Markierung <ugs.> haben, gehören vorwiegend der gesprochenen Sprache an. Man verwendet sie häufig in der Familie oder im Freundeskreis. Dagegen wird in (förmlichen) Texten, in Zeitungen oder in sachlichen Sendungen von Radio und Fernsehen (z. B. in den Nachrichten) meist auf den Gebrauch von umgangssprachlichen Wörtern verzichtet.

Synonym <Syn.>

Was sind Synonyme?

Synonyme sind Wörter, die die gleiche oder eine ähnliche Bedeutung haben wie das Stichwort. Sie finden die Synonyme im Anschluss an die Beispiele. Alle Synonyme, die in einem Wörterbuchartikel angegeben werden, sind auch selbst Stichwort und können also nachgeschlagen werden. Bei der Verwendung der angegebenen Synonyme sollten Sie darauf achten, dass sie auch stilistisch passen. Hierbei helfen Ihnen die Stilangaben, die in runden Klammern hinter dem Synonym angegeben sind. Außerdem müssen Sie bedenken, dass Wörter oft Teil von festen Verbindungen, sogenannten Kollokationen, sind. Hierzu ein Beispiel aus dem Artikel »dick«:

> **dick** [dɪk]: **1.** *einen beträchtlichen Umfang habend:*
> ein dicker Mann, Ast; ein dickes Brett,
> Buch ... *Syn.:* breit, fett (emotional), korpu-
> lent, rund, üppig (ugs.).

Anstatt von einem »dicken Mann« kann man auch von einem »fetten« oder einem »korpulenten« sprechen. Ein Brett oder einen Ast kann man hingegen nicht als »fett« oder »korpulent« bezeichnen. Um hier keinen Fehler zu begehen, sollten Sie vorsichtshalber jedes Synonym noch einmal unter seinem Eintrag im Wörterbuch nachschlagen.

Wenn das Synonym eine andere Präposition benötigt als das Stichwort, wird diese auch angegeben.

Wozu dient die Angabe der Synonyme?
Synonyme helfen oft, die Bedeutung des Stichworts besser zu verstehen. Vielleicht verstehen Sie in der Erklärung der Bedeutung von »dick« das Wort »beträchtlich« nicht. Sie haben dann Probleme, die Erklärung zu verstehen. Dagegen sind die Wörter »fett« und »rund« sehr häufig, sodass Sie über die Angabe dieser Synonyme auch eine Vorstellung davon bekommen, was »dick« bedeutet.

Außerdem können Sie die Synonyme dazu verwenden, Ihren Wortschatz zu erweitern.

Verb <Verb>

Was ist ein Verb?
Verben sind Wörter wie »kommen«, »fließen«, »werden«, »sich verändern«. Sie können ihre Form vor allem nach Person und Numerus verändern und verschiedene Zeitformen bilden (sie lassen sich »konjugieren«). Sie bezeichnen ein Geschehen, einen Vorgang, einen Zustand oder eine Tätigkeit.

Welche Informationen gibt das Wörterbuch bei Verben?
Bei jedem Verb werden die Stammformen angegeben.
Genannt werden neben dem Infinitiv
- die 3. Person Singular Indikativ Präsens
- die 3. Person Singular Indikativ Präteritum
- das Partizip II (Perfekt)

Bei dem Verb »geben« lauten die Stammformen also »(geben) – gibt – gab – gegeben«.

Danach folgt in Klammern die Angabe, ob das Verb transitiv oder intransitiv ist (siehe unten) und ob es das Perfekt mit »haben« oder »sein« bildet. **Bsp.**: Bei einem transitiven Verb wie »geben«, das das Perfekt mit »haben« bildet, findet sich deshalb die Angabe:

»<tr.; hat>«. Bei Verben, die reflexiv gebraucht werden, steht in Klammern <sich>.

Außerdem wird bei jedem Verb gezeigt, welche Ergänzungen es hat. Steht ein Verb regelmäßig mit einem Akkusativobjekt, steht in Klammern die Angabe: <jmdn., etw.>. Steht es mit dem Dativobjekt, heißt es <jmdm.>. **Bsp.**: »geben« braucht stets ein Akkusativobjekt und ein (meist persönliches) Dativobjekt. Die Angabe lautet deshalb: <jmdm. etw. g.>.

In diesem Buch können Sie in einer Tabelle die unregelmäßigen Verben nachschlagen, die in diesem Wörterbuch vorkommen. Sie finden dort auch Tabellen, in denen Sie die Konjugation regelmäßiger und unregelmäßiger Verben, der Hilfsverben »sein«, »haben«, »werden« und der Modalverben nachlesen können.

Was bedeutet ...?

<Hilfsverb>: Hilfsverben sind die Verben »sein«, »haben« und »werden«, wenn sie zusammen mit Vollverben vorkommen. Sie »helfen«, bestimmte Zeitformen (z. B. das Perfekt oder das Futur) und das Passiv zu bilden. **Bsp.**: »Ich *bin* gelaufen.« »Er *hat* einen Brief geschrieben.« »Der Topf *wird* mit Wasser gefüllt.« Eine Tabelle, die die Konjugation der Hilfsverben zeigt, finden Sie im Buch.

Aber: Nicht in allen Verwendungen sind »sein«, »haben« und »werden« Hilfsverben. Sie können auch selbstständig, als Vollverben, auftreten. **Bsp.**: »Ich *habe* keine Zeit.« »Gestern *waren* wir im Kino.« »Er *wird* Ingenieur.«

<Infinitiv>: Der Infinitiv ist die Grundform, die nicht konjugierte Form eines Verbs. Im Wörterbuch sind alle Verben stets unter ihrer Form im Infinitiv verzeichnet. **Bsp.**: »laufen«, »reden«, »sitzen«.

<konjugieren>: Verben kann man konjugieren, d. h. nach Person und Numerus verändern, und man kann mit ihnen verschiedene Zeitformen bilden.

<Konjunktiv>: Der Konjunktiv ist eine Form des Verbs, mit der der Sprecher etwas als möglich oder als nicht wirklich darstellen kann. **Bsp.**: »Ich *ginge* heute Nachmittag gern spazieren.« »Das *hättest* du wissen müssen.«

<Modalverb>: Modalverben sind die Verben »dürfen«, »können«, »mögen«, »müssen«, »sollen« und »wollen«, wenn sie sich mit einem Vollverb im Infinitiv verbinden. Sie verändern, »modifizieren«, den Inhalt des Vollverbs. **Bsp.**: »Diesen Pullover *dürfen* Sie nur mit der Hand waschen.« »Ihr *sollt* zum Chef kommen.« »Ich *will* heute noch einkaufen gehen.«

<intransitiv>: Als intransitiv bezeichnen wir in diesem Wörterbuch Verben, die man entweder gar nicht ins Passiv setzen oder mit denen man nur ein unpersönliches Passiv bilden kann. **Bsp.**: »arbeiten«. Nur ein unpersönliches Passiv ist möglich: »*Es wurde* Tag und Nacht *gearbeitet*.« – »stinken«: Es ist kein Passiv möglich.

<transitiv>: Als transitiv bezeichnen wir in diesem Wörterbuch Verben, die ein persönliches Passiv bilden können. **Bsp.**: »kaufen«. Aktiv: »Wir *kaufen* diese Uhr«. Passiv: »Diese Uhr *wurde* von uns *gekauft*.«

<unpersönlich>: Sind Verben mit dem Hinweis <unpersönlich> gekennzeichnet, brauchen sie als Subjekt das unpersönliche »es«. Dies kann für ein Wort ganz allgemein gelten, wie z. B. bei »schneien«: »Es schneit.« Manchmal sind Verben aber auch nur in einer bestimmten Bedeutung unpersönlich, z. B. »werden« in der Bedeutung »sich einem bestimmten Zeitpunkt nähern«: »*Es wird* Abend.«

<Vollverb>: Verben, die allein im Satz vorkommen können (weil sie eine »volle« Bedeutung haben), heißen Vollverben. **Bsp.**: »Das Auto *fuhr* zu schnell.« »Der Hund *lief* auf die Straße.« »Der Kirschbaum *blüht* im April.« »Daniel *ist* in der Schule.«

Wortbildung

Was bedeutet …?

<Basiswort>: Ein Wort, das die Basis für ein neues Wort bildet, bezeichnen wir als Basiswort. Das neue Wort wird gebildet, indem diesem Basiswort ein Präfix vorangestellt oder ein Suffix angehängt wird. **Bsp.**: Das Adjektiv »abhängig« ist Basiswort in »un*abhängig*«; das Verb »laufen« ist Basiswort in »ver*laufen*«.

<Bestimmungswort>: Als Bestimmungswort bezeichnen wir das erste bzw. das am Anfang stehende Wort eines zusammengesetzten Wortes, das das Grundwort näher bestimmt. **Bsp.**: »*Regen*schirm«, »*Regenschirm*ständer«, »*hand*gemalt«.

<Grundwort>: Als Grundwort bezeichnen wir das zweite bzw. das am Ende stehende Wort eines zusammengesetzten Wortes. Nach ihm richten sich Wortart, Genus und Numerus des gesamten Wortes. **Bsp.**: »hand*gemalt*« (Wortart = Adjektiv), »der Bahn*hof*«, »das Kinder*zimmer*«.

<Präfix>: Ein Präfix ist ein Wortteil, der vor ein anderes Wort gesetzt wird, wodurch ein neues Wort entsteht. **Bsp.**: »*be*-« wie z. B. in »*be*raten«, »*be*schenken«, »*be*messen«, »er-« wie z. B. in »*er*geben«, »*er*klären«, »*er*zählen«.

<Suffix>: Ein Suffix ist ein Wortteil, der an ein Wort oder an einen Wortstamm angehängt wird. **Bsp.**: »-tum« (in »Besitz*tum*«), »-bar« (in »vernachlässig*bar*«).

Zahlwort <Zahlwort>

Was sind Zahlwörter?

Zahlwörter sind Wörter, die eine Zahl bezeichnen oder etwas zahlenmäßig näher bestimmen. Man unterscheidet zwischen bestimmten Zahlwörtern (z. B. »eins«, »drei«) und unbestimmten Zahlwörtern (z. B. »meist«, »sämtliche«, »viel«, »wenig«).

Was bedeutet ...?

<Kardinalzahl>: Kardinalzahlen bezeichnen eine Menge oder Anzahl.
Sie antworten auf die Frage »wie viel?«/»wie viele?« **Bsp.**: »eins«,
»vierzehn«, »dreihundert«.

<Ordinalzahl>: Ordinalzahlen sind Zahlwörter, die einen bestimmten
Platz in einer Reihe von Zahlen bezeichnen. **Bsp.**: »das *erste*
Auto«, »der *zweite* Läufer«.

Zusammensetzung <Zus.>

Was sind Zusammensetzungen?

Unter »Zusammensetzungen« werden in diesem Wörterbuch zwei
Arten von Wortbildungen zusammengefasst: 1.) Wörter, die sich
aus zwei selbstständigen Wörtern zusammensetzen. **Bsp.**: »Glückwunsch«, »Haus-tür«. 2.) Wörter, die durch Erweiterung eines
Ausgangsverbs mit einem Präfix entstanden sind. **Bsp.**: »be-laden«,
»auf-bauen«.

Die Zusammensetzungen stehen am Ende eines Artikels bzw. am
Ende einer Bedeutungserklärung. Sie werden mit <Zus.> eingeleitet.
Es werden stets Zusammensetzungen aufgelistet, deren zweiter
Bestandteil (das Grundwort) dem Stichwort entspricht. **Bsp.**:

> das **Haus** [...] *Gebäude: [bes. zum Wohnen und
> Arbeiten]:* ein modernes, großes Haus; wir
> bauen gerade ein Haus. [...] *Zus.:* Bauernhaus,
> Einfamilienhaus, Geschäftshaus, Hochhaus,
> Mietshaus, Reihenhaus, Wohnhaus.

Warum werden Zusammensetzungen in diesem Wörterbuch genannt?

Das Lesen der Zusammensetzungen hilft oft dabei, die Bedeutung
des Stichworts besser zu verstehen, weil eine typische Verwendung
gezeigt wird. So ist z. B. die Bedeutung des Wortes »Netz« leichter
verständlich, wenn die Zusammensetzung »Fischernetz« angegeben
ist: Das Netz gehört zu den typischen Geräten eines Fischers.
Außerdem dient die Angabe der Zusammensetzungen dazu, den
Wortschatz zu erweitern.

Verzeichnis der Abkürzungen und der Fachausdrücke, die in diesem Wörterbuch verwendet werden

In dieser Liste sind die Abkürzungen und Fachausdrücke verzeichnet, die in diesem Wörterbuch verwendet werden. Der Pfeil verweist auf das Kapitel in den »Hinweisen zur Benutzung des Wörterbuchs«. Dort wird der Fachausdruck erklärt und gezeigt, welche Informationen dazu im Wörterbuch gegeben werden.

Bsp.: Akk.	Akkusativ; → Nomen

»Akk.« ist die Abkürzung für »Akkusativ«. Nähere Informationen dazu finden Sie im Kapitel »Nomen« in den »Hinweisen zur Benutzung des Wörterbuchs.«

Bsp.: Adj.	→ Adjektiv

»Adjektiv« ist die Abkürzung für »Adjektiv«. Mehr Erklärungen zum Adjektiv und dazu, welche Informationen das Wörterbuch in Bezug auf Adjektive gibt, stehen im gleichnamigen Kapitel »Adjektiv« in den »Hinweisen zur Benutzung des Wörterbuchs«.

Adj.	→ Adjektiv
Adverb	→ Adverb
Akk.	Akkusativ; → Nomen
Amtsspr.	Amtssprache
Attr.	Attribut
attributiv	→ Adjektiv
bayr.	bayrisch
bes.	besonders
bildungsspr.	bildungssprachlich
bzw.	beziehungsweise
Dativ	→ Nomen
deklinieren	→ Nomen
Demonstrativpronomen	→ Pronomen

derb	→ Stilangaben
EDV	elektronische Datenverarbeitung
emotional	→ Stilangaben
etw.	etwas
Fachspr.	Fachsprache
fam.	familiär
geh.	gehoben; → Stilangaben
Gen.	Genitiv; → Nomen
Genus	→ Nomen
Ggs.	Gegensatz
Hilfsverb	→ Verb
indeklinabel	→ Adjektiv
Indefinitpronomen	→ Pronomen
Infinitiv	→ Verb
Interj.	→ Interjektion
interrogativ	→ Adverb
Interrogativpronomen	→ Pronomen
itr.	intransitiv; → Verb
jmd.	jemand (= belebt: Tier oder Mensch)
jmdm.	jemandem (= belebt: Tier oder Mensch)
jmdn.	jemanden (= belebt: Tier oder Mensch)
jmds.	jemandes (= belebt: Tier oder Mensch)
Jugendspr.	Jugendsprache
Kardinalzahl	→ Zahlwort
Kaufmannsspr.	Kaufmannssprache
Komparativ	→ Adjektiv
Konj.	→ Konjunktion
konjugieren	→ Verb
Konjunktiv	→ Verb
Jargon	→ Stilangaben
landsch.	landschaftlich
Med.	Medizin
Modalverb	→ Verb

Nom.	Nominativ; → Nomen
Nomen	→ Nomen
nordd.	norddeutsch
Numerus	→ Nomen
o. ä., o. Ä.	oder ähnlich[e]; oder Ähnliche[s]
Ordinalzahl	→ Zahlwort
österr.	österreichisch
Partikel	→ Partikel
Personalpronomen	→ Pronomen
Possessivpronomen	→ Pronomen
Präp.	→ Präposition
Pronomen	→ Pronomen
Pronominaladverb	→ Adverb
Rechtsspr.	Rechtssprache
relativisch	→ Adverb
Relativpronomen	→ Pronomen
salopp	→ Stilangaben
scherzh.	scherzhaft
schweiz.	schweizerisch
südd.	süddeutsch
Superlativ	→ Adjektiv
Syn.	→ Synonym[e]
tr.	transitiv; → Verb
u. a.	und andere[s]
u. ä.; u. Ä.	und ähnlich[e]; und Ähnliche[s]
ugs.	umgangssprachlich; → Stilangaben
unpersönlich	→ Verb
usw.	und so weiter
Verb	→ Verb
Vollverb	→ Verb
Wirtsch.	Wirtschaft
Zahlwort	→ Zahlwort
z. B.	zum Beispiel
Zus.	→ Zusammensetzung

* Das Sternchen kennzeichnet feste Verbindungen (*

Die Lautschrift

Zeichen der Lautschrift für deutsche Aussprache

Die unten stehende Tabelle zeigt Lautzeichen und Lautzeichenkombinationen, wie sie bei deutscher Aussprache im Wörterverzeichnis verwendet werden. In der ersten Spalte steht das Lautzeichen oder die Lautzeichenkombination, in der zweiten Spalte ein Wortbeispiel dazu und in der dritten Spalte das Beispiel in Lautschrift.

a	hạt	hat	iː	vi̯el	fiːl	ɔy	Heu̯	hɔy̯
aː	Bạhn	baːn	i̯	Studi̯e	ˈʃtuːdi̯ə	p	Pạkt	pakt
ɐ	Ọber	ˈoːbɐ	ɪ	bi̯st	bɪst	pf	Pfạhl	pfaːl
ɐ̯	Ụhr	uːɐ̯	j	ja̯	jaː	r	Rạst	rast
ã	Pense̯e	pãˈseː	k	kạlt	kalt	s	Hạst	hast
ãː	Gourmand	gʊrˈmãː	l	Lạst	last	ʃ	schạl	ʃaːl
ai̯	wei̯t	vai̯t	l̩	Nabel	ˈnaːbl̩	t	Tạl	taːl
au̯	Hau̯t	hau̯t	m	Mạst	mast	ts	Zạhl	tsaːl
b	Bạll	bal	m̩	großem	ˈgroːsm̩	tʃ	Mạtsch	matʃ
ç	i̯ch	ɪç	n	Nạht	naːt	u	kula̯nt	kuˈlant
d	dạnn	dan	n̩	baden	ˈbaːdn̩	uː	Hụt	huːt
dʒ	Gi̯n	dʒɪn	ŋ	la̯ng	laŋ	u̯	aktu̯ell	akˈtu̯ɛl
e	Metha̯n	meˈtaːn	o	Mora̯l	moˈraːl	ʊ	Pụlt	pʊlt
eː	Be̯et	beːt	oː	Bo̯ot	boːt	ui̯	pfui̯!	pfui̯
ɛ	hạtte	ˈhɛtə	o̯	loya̯l	lo̯aˈjaːl	v	wạs	vas
ɛː	wạhle	ˈvɛːlə	õ	Fondu̯e	fõˈdyː	x	Bạch	bax
ɛ̃	timbri̯eren	tɛ̃ˈbriːrən	õː	Fond	fõ	y	Myke̯ne	myˈkeːnə
ɛ̃ː	Timbre	ˈtɛ̃ːbrə	ɔ	Pọst	pɔst	yː	Rübe	ˈryːbə
ə	ha̯lte	ˈhaltə	ǫ	loya̯l	lǫaˈjaːl	ỹ	Tuileri̯en	tỹilaˈriːən
f	Fạss	fas	øː	Ökono̯m	økoˈnoːm	ʏ	füllt	fʏlt
g	Gạst	gast	øː	Öl	øːl	z	Hạse	ˈhaːzə
h	hạt	hat	œ	göttlich	ˈgœtlɪç	ʒ	Geni̯e	ʒeˈniː
i	vita̯l	viˈtaːl	œ̃	Lundi̯st	lœ̃ˈdɪst		beạmtet	bəˈlamtət
			œ̃ː	Parfum	parˈfœ̃ː			

Sonstige Zeichen der Lautschrift

ǀ	Stimmritzenverschlusslaut (Glottalstopp, »Knacklaut«) im Deutschen, z. B. beachte! [bəˈǀaxtə]; wird vor Vokal am Wortanfang weggelassen, z. B. A̱st [ast], eigentlich [ǀast].
ː	Längezeichen, bezeichnet Länge des unmittelbar davor stehenden Lautes (besonders bei Vokalen), z. B. ba̱de [ˈbaːdə].
˜	Zeichen für nasale (nasalierte) Vokale, z. B. Fond [fõː].
ˈ	Hauptbetonung, steht unmittelbar vor der hauptbetonten Silbe, z. B. A̱ffe [ˈafə], Apothe̱ke [apoˈteːkə].
ˌ	Nebenbetonung, steht unmittelbar vor der nebenbetonten Silbe, wird selten verwendet; z. B. Ba̱hnhofstraße [ˈbaːnhoːfˌʃtraːsə].
̩	Zeichen für silbische Konsonanten, steht unmittelbar unter dem Konsonanten, z. B. Büffel [ˈbʏfl̩].
̯	Halbkreis, untergesetzt oder übergesetzt, bezeichnet unsilbischen Vokal, z. B. Stu̱die [ˈʃtuːdi̯ə].
‿	kennzeichnet Affrikaten sowie Diphthonge, z. B. Pu̱tz [pʊts͜], we̱it [vai͜t].
-	Bindestrich, bezeichnet Silbengrenze, z. B. Gastrospa̱smus [gas-tro-ˈspas-mʊs].

Deklination der Artikelwörter

Bestimmter Artikel: der/die/das

Singular

		Maskulinum	Femininum	Neutrum	
Nominativ		Der Junge	die Frau	das Kind	rennt.
Akkusativ	Ich sehe	den Jungen	die Frau	das Kind.	
Dativ	Ich gebe	dem Jungen	der Frau	dem Kind	ein Glas.
Genitiv	Die Jacke	des Jungen	der Frau	des Kindes	ist rot.

Plural

		Maskulinum	Femininum	Neutrum	
Nominativ		Die Jungen	Die Frauen	Die Kinder	rennen.
Akkusativ	Ich sehe	die Jungen	die Frauen	die Kinder.	
Dativ	Ich gebe	den Jungen	den Frauen	den Kindern	ein Glas.
Genitiv	Die Jacken	der Jungen	der Frauen	der Kinder	sind rot.

Beachte: Im Plural ist Maskulinum = Femininum = Neutrum.

Unbestimmter Artikel: ein/eine/ein – kein/keine/kein

Singular

		Maskulinum	Femininum	Neutrum	
Nominativ	Dort liegt	ein Hund	eine Katze	ein Tier.	
		kein Hund	keine Katze	kein Tier.	
Akkusativ	Ich sehe	einen Hund	eine Katze	ein Tier.	
		keinen Hund	keine Katze	kein Tier.	
Dativ	Ich gebe	einem Hund	einer Katze	einem Tier	Futter.
		keinem Hund	keiner Katze	keinem Tier	Futter.
Genitiv	Das Fell	eines Hundes	einer Katze	eines Tieres.	
		keines Hundes	keiner Katze	keines Tieres.	

Plural

		Maskulinum/Femininum/Neutrum		
Nominativ	Dort liegen		Hunde/Katzen/Tiere.	
		keine	Hunde/Katzen/Tiere.	
Akkusativ	Ich sehe		Hunde/Katzen/Tiere.	
		keine	Hunde/Katzen/Tiere.	
Dativ	Ich gebe		Hunden/Katzen/Tieren	Futter.
		keinen	Hunden/Katzen/Tieren	Futter.
Genitiv			*	
		keiner	Hunde/Katzen/Tiere.	

* Genitiv Plural kann nur in Verbindung mit einem Zahlwort oder einem bestimmten Artikel gebildet werden (z. B. *das Fell einiger/zweier/der Hunde*).

Possessivartikel

Singular

ich	mein Hund, meine Katze, mein Tier
du	dein Hund, deine Katze, dein Tier
er	sein Hund, seine Katze, sein Tier
sie	ihr Hund, ihre Katze, ihr Tier
es	sein Hund, seine Katze, sein Tier

Plural

wir	unser Hund, unsere Katze, unser Tier
ihr	euer Hund, eure Katze, euer Tier
sie	ihr Hund, ihre Katze, ihr Tier

Deklination wie *kein/keiner/kein*.

Bei *euer/eure/euer* gibt es wegen des Ausfalls des *e* Besonderheiten:

	Singular			
		Maskulinum	Femininum	Neutrum
Nominativ	Dort liegt	*euer Hund*	*eure Katze*	*euer Tier.*
Akkusativ	Ich sehe	*euren Hund*	*eure Katze*	*euer Tier.*
Dativ	Ich gebe	*eurem Hund*	*eurer Katze*	*eurem Tier* Futter.
Genitiv	Das Fell	*eures Hundes*	*eurer Katze*	*eures Tieres.*

	Plural	
		Maskulinum/Femininum/Neutrum
Nominativ	Dort liegen	*eure Hunde/Katzen/Tiere.*
Akkusativ	Ich sehe	*eure Hunde/Katzen/Tiere.*
Dativ	Ich gebe	*euren Hunden/Katzen/Tieren* Futter.
Genitiv	Die Felle	*eurer Hunde/Katzen/Tiere.*

Deklination der Pronomen

Personalpronomen

		ich	du	er	sie	es	Höflichkeitsform
Singular	Nominativ	Hier sitze *ich!*	Hier sitzt *du!*	Hier sitzt *er*	*sie*	*es!*	Wer sind *Sie?*
	Akkusativ	Sieht sie *mich?*	Sieht sie *dich?*	Sieht sie *ihn*	*sie*	*es?*	Sieht er *Sie?*
	Dativ	Das hilft *mir.*	Das hilft *dir.*	Das hilft *ihm*	*ihr*	*ihm.*	Hilft das *Ihnen?*
	Genitiv	Bedarf es *meiner?*	Bedarf es *deiner?*	Bedarf es *seiner*	*ihrer*	*seiner?*	
		wir	ihr	sie			Höflichkeitsform
Plural	Nominativ	Hier sitzen *wir.*	Hier sitzt *ihr.*	Hier sitzen *sie.*			Wer sind *Sie?*
	Akkusativ	Sieht sie *uns?*	Sieht sie *euch?*	Sieht er *sie?*			Sieht er *Sie?*
	Dativ	Das hilft *uns.*	Das hilft *euch.*	Das hilft *ihnen.*			Hilft das *Ihnen?*
	Genitiv	Bedarf es *unser?*	Bedarf es *euer?*	Bedarf es *ihrer?*			

Possessivpronomen

	Kasus	Genus				mein	dein	sein/ihr
Singular	Nominativ	Maskulinum	Das ist nicht	euer Ball!	Das ist	meiner!	deiner!	seiner/ihrer!
		Femininum		eure Flöte!		meine!	deine!	seine/ihre!
		Neutrum		euer Buch!		meins!	deins!	seins/ihres!
	Akkusativ	Maskulinum	Das ist	euer Ball!	Gibst du mir	meinen?	deinen?	seinen/ihren?
		Femininum		eure Flöte!		meine?	deine?	seine/ihre?
		Neutrum		euer Buch!		meins?	deins?	seines/ihres?
	Dativ	Maskulinum	Du spielst aber bitte nicht		mit	meinem!	deinem!	seinem/ihrem!
		Femininum				meiner!	deiner!	seiner/ihrer!
		Neutrum				meinem!	deinem!	seinem/ihren!
	Genitiv					–	–	–
Plural	Nominativ	Maskulinum	Das sind nicht	eure Bälle!	Das sind	meine!	deine!	seine/ihre!
		Femininum		eure Flöten!		meine!	deine!	seine/ihre!
		Neutrum		eure Bücher!		meine!	deine!	seine/ihre!
	Akkusativ	Maskulinum	Das sind	eure Bälle.	Gibst du mir	meine?	deine?	seine/ihre?
		Femininum		eure Flöten.		meine?	deine?	seine/ihre?
		Neutrum		eure Bücher.		meine?	deine?	seine/ihre?
	Dativ	Maskulinum	Du spielst aber bitte nicht		mit	meinen!	deinen!	seinen/ihren!
		Femininum				meinen!	deinen!	seinen/ihren!
		Neutrum				meinen!	deinen!	seinen/ihren!
	Genitiv					–	–	–

Possessivpronomen

						unser	euer	ihre
Singular	Nominativ	Maskulinum	Das ist nicht	sein Ball!	Das ist	*unserer!*	*eurer!*	*ihrer!*
		Femininum		seine Flöte!		*unsere!*	*eure!*	*ihre!*
		Neutrum		sein Buch!		*unseres!*	*eures!*	*ihres!*
	Akkusativ	Maskulinum	Das ist	sein Ball!	Gibst du mir	*unseren?*	*euren?*	*ihren?*
		Femininum		seine Flöte!		*unsere?*	*eure?*	*ihre?*
		Neutrum		sein Buch!		*unseres?*	*eures?*	*ihres?*
	Dativ	Maskulinum	Du spielst aber bitte nicht		mit	*unserem!*	*eurem!*	*ihrem!*
		Femininum				*unserer!*	*eurer!*	*ihrer!*
		Neutrum				*unserem!*	*eurem!*	*ihrem!*
	Genitiv					–	–	–
Plural	Nominativ	Maskulinum	Das sind nicht	seine Bälle!	Das sind	*unsere!*	*eure!*	*seine/ihre!*
		Femininum		seine Flöten!		*unsere!*	*eure!*	*seine/ihre!*
		Neutrum		seine Bücher!		*unsere!*	*eure!*	*seine/ihre!*
	Akkusativ	Maskulinum	Das sind	seine Bälle.	Gibst du mir	*meine?*	*eure?*	*seine/ihre?*
		Femininum		seine Flöten.		*meine?*	*eure?*	*seine/ihre?*
		Neutrum		seine Bücher.		*meine?*	*eure?*	*seine/ihre?*
	Dativ	Maskulinum	Du spielst aber bitte nicht		mit	*meinen!*	*euren!*	*ihren!*
		Femininum				*meinen!*	*euren!*	*ihren!*
		Neutrum				*meinen!*	*euren!*	*ihren!*
	Genitiv					–	–	–

Genauso dekliniert werden »einer« und »keiner«, wenn sie als Pronomen verwendet werden, z. B.: »Wo ist denn hier ein Mülleimer?« – »Da vorne steht einer.« – »Ich sehe aber keinen.« usw.

Deklination ohne Artikel/nach Nullartikel (starke Deklination)

		Maskulinum	Femininum	Neutrum
Singular				
Nominativ	Mir schmeckt	kalter Saft	kalte Limonade	kaltes Mineralwasser.
Akkusativ	Ich trinke gern	kalten Wein	kalte Limonade	kaltes Wasser.
Dativ	Ein Getränk mit	kaltem Saft	kalter Limonade	kaltem Wasser.
Genitiv	Statt	kalten Saftes	kalter Limonade	kalten Wassers.

		Maskulinum/Femininum/Neutrum		
Plural				
Nominativ	Mir schmecken	kalte	Säfte/Limonaden/Mineralwässer.	
Akkusativ	Ich trinke gern	kalte	Säfte/Limonaden/Mineralwässer.	
Dativ	Ein Getränk aus	kalten	Säften/Limonaden/Mineralwässern.	
Genitiv	Statt	kalter	Säfte/Limonaden/Mineralwässer.	

Deklination nach unbestimmtem Artikel/Possessivartikel (gemischte Deklination)

		Maskulinum	Femininum	Neutrum
Singular				
Nominativ	Das ist	*sein netter Bruder*	*seine nette Schwester*	*sein nettes Kind.*
Akkusativ	Ich sehe	*seinen netten Bruder*	*seine nette Schwester*	*sein nettes Kind.*
Dativ	Er half	*seinem netten Bruder*	*seiner netten Schwester*	*seinem netten Kind.*
Genitiv	Das Gesicht	*seines netten Bruders*	*seiner netten Schwester*	*seines netten Kindes.*

		Maskulinum/Femininum/Neutrum		
Plural				
Nominativ	Das sind	*seine netten Brüder/Schwestern/Kinder.*		
Akkusativ	Ich sehe	*seine netten Brüder/Schwestern/Kinder.*		
Dativ	Wir halfen	*seinen netten Brüdern/Schwestern/Kindern.*		
Genitiv	Die Gesichter	*seiner netten Brüder/Schwestern/Kinder.*		

Deklination nach bestimmtem Artikel (schwache Deklination)

		Maskulinum	Femininum	Neutrum
Singular				
Nominativ	Das ist	*der junge Vater*	*die junge Mutter*	*das junge Ehepaar.*
Akkusativ	Ich sehe	*den jungen Vater*	*die junge Mutter*	*das junge Ehepaar.*
Dativ	Er half	*dem jungen Vater*	*der jungen Mutter*	*dem jungen Ehepaar.*
Genitiv	Das Gesicht	*des jungen Vaters*	*der jungen Mutter*	*des jungen Ehepaars.*

		Maskulinum/Femininum/Neutrum		
Plural				
Nominativ	Das sind	*die jungen Väter/Mütter/Ehepaare.*		
Akkusativ	Ich sehe	*die jungen Väter/Mütter/Ehepaare.*		
Dativ	Wir halfen	*den jungen Vätern/Müttern/Ehepaaren.*		
Genitiv	Die Gesichter	*der jungen Väter/Mütter/Ehepaare.*		

Die Deklination der Nomen

starke Deklination

Bei stark deklinierten Nomen endet der Genitiv Singular der maskulinen und neutralen Nomen auf -*es* oder -*s*. Es gibt unterschiedliche Pluralformen.

			Maskulinum	Femininum	Neutrum
Singular	Nominativ	Das ist	*der Mann*	*die Mutter*	*das Ehepaar.*
	Akkusativ	Ich sehe	*den Mann*	*die Mutter*	*das Ehepaar.*
	Dativ	Er half	*dem Mann*	*der Mutter*	*dem Ehepaar.*
	Genitiv	Das Gesicht	*des Mann-[e]s*	*der Mutter*	*des Ehepaar-[e]s.*
Plural	Nominativ	Das sind	*die Männ-er*	*die Mütter*	*die Ehepaar-e.*
	Akkusativ	Ich sehe	*die Männ-er*	*die Mütter*	*die Ehepaar-e.*
	Dativ	Wir halfen	*den Männ-ern*	*den Mütter-n*	*den Ehepaar-en.*
	Genitiv	Die Gesichter	*der Männ-er*	*der Mütter*	*der Ehepaar-e.*

schwache Deklination (n-Deklination)

Der schwachen Deklination gehören nur maskuline und feminine, niemals aber neutrale Nomen an. Im Singular enden die maskulinen Nomen (bis auf den Nominativ Singular) immer auf -*en*. Im Plural enden alle schwach deklinierten Nomen auf -*en*.

			Maskulinum	Femininum
Singular	Nominativ	Das ist	*der Mensch*	*die Frau.*
	Akkusativ	Ich sehe	*den Mensch-en*	*die Frau.*
	Dativ	Er half	*dem Mensch-en*	*der Frau.*
	Genitiv	Das Gesicht	*des Mensch-en*	*der Frau.*
Plural	Nominativ	Das sind	*die Mensch-en*	*die Frau-en.*
	Akkusativ	Ich sehe	*die Mensch-en*	*die Frau-en.*
	Dativ	Wir halfen	*den Mensch-en*	*den Frau-en.*
	Genitiv	Die Gesichter	*der Mensch-en*	*der Frau-en.*

gemischte Deklination

Einige maskuline und neutrale Nomen werden im Singular stark, im Plural schwach dekliniert.

			Maskulinum	Neutrum
Singular	Nominativ	Das ist	*der Doktor*	*das Ohr.*
	Akkusativ	Ich sehe	*den Doktor*	*das Ohr.*
	Dativ	Das Medikament half	*dem Doktor*	*dem Ohr.*
	Genitiv	Das Aussehen	*des Doktor-s*	*des Ohr-[e]s.*

			Maskulinum	Femininum
Plural	Nominativ	Das sind	*die Doktor-en*	*die Ohr-en.*
	Akkusativ	Ich sehe	*die Doktor-en*	*die Ohr-en.*
	Dativ	Die Medikamente halfen	*den Doktor-en*	*den Ohr-en.*
	Genitiv	Das Aussehen	*der Doktor-en*	*der Ohr-en.*

Konjugation der Verben

VOLLVERBEN: AKTIV

		regelmäßiges Verb: fragen	unregelmäßiges Verb: kommen
Indikativ			
Präsens	ich	frag-e	komm-e
	du	frag-st	komm-st
	er/sie/es	frag-t	komm-t
	wir	frag-en	komm-en
	ihr	frag-t	komm-t
	sie	frag-en	komm-en
Präteritum	ich	frag-t-e	kam
	du	frag-t-est	kam-st
	er/sie/es	frag-t-e	kam
	wir	frag-t-en	kam-en
	ihr	frag-t-et	kam-t
	sie	frag-t-en	kam-en
Perfekt	ich	habe ge-frag-t	bin ge-komm-en
	du	hast ge-frag-t	bist ge-komm-en
	er/sie/es	hat ge-frag-t	ist ge-komm-en
	wir	haben ge-frag-t	sind ge-komm-en
	ihr	habt ge-frag-t	seid ge-komm-en
	sie	haben ge-frag-t	sind ge-komm-en
Plusquamperfekt	ich	hatte ge-frag-t	war ge-komm-en
	du	hattest ge-frag-t	warst ge-komm-en
	er/sie/es	hatte ge-frag-t	war ge-komm-en
	wir	hatten ge-frag-t	waren ge-komm-en
	ihr	hattet ge-frag-t	wart ge-komm-en
	sie	hatten ge-frag-t	waren ge-komm-en
Futur I	ich	werde frag-en	werde komm-en
	du	wirst frag-en	wirst komm-en
	er/sie/es	wird frag-en	wird komm-en
	wir	werden frag-en	werden komm-en
	ihr	werdet frag-en	werdet komm-en
	sie	werden frag-en	werden komm-en

	regelmäßige Verben	unregelmäßige Verben
Konjunktiv		

Konjunktiv II		
ich	frag-te *oder:* würde frag-en	käm-e *oder:* würde komm-en
du	frag-test *oder:* würdest fragen	käm-est *oder:* würdest komm-en
er/sie/es	frag-te *oder:* würde fragen	käm-e *oder:* würde komm-en
wir	frag-ten *oder:* würden fragen	käm-en *oder:* würden komm-en
ihr	frag-tet *oder:* würdet fragen	käm-[e]t *oder:* würdet komm-en
sie	frag-ten *oder:* würden fragen	käm-en *oder:* würden komm-en

Konjunktiv I		
ich	frag-e	komm-e
du	frag-est	komm-est
er/sie/es	frag-e	komm-e
wir	frag-en	komm-en
ihr	frag-et	komm-et
sie	frag-en	komm-en

Infinitiv	frag-en	komm-en
Partizip I	frag-end	komm-end
Partizip II	ge-frag-t	ge-komm-en
Imperativ Sing.	frag[e]!	komm!
Imperativ Plural	fragt!	kommt!
Höflichkeitsform	frag-en Sie!	komm-en Sie!

VOLLVERBEN: PASSIV		werden-Passiv	sein-Passiv
Indikativ			
Präsens	er/sie/es	wird gefragt	ist gefragt
Präteritum	er/sie/es	wurde gefragt	war gefragt
Perfekt	er/sie/es	ist gefragt worden	ist gefragt gewesen
Plusquamperfekt	er/sie/es	war gefragt worden	war gefragt gewesen
Futur	er/sie/es	wird gefragt werden	wird gefragt sein
Konjunktiv			
Konjunktiv I Präsens	er/sie/es	werde gefragt	sei gefragt
Konjunktiv II Präteritum	er/sie/es	würde gefragt	wäre gefragt
Konjunktiv I Perfekt	er/sie/es	sei gefragt worden	sei gefragt gewesen
Konjunktiv II Plusquamperfekt	er/sie/es	wäre gefragt worden	wäre gefragt gewesen

HILFSVERBEN	sein	haben	werden
Indikativ			
Präsens			
ich	bin	habe	werde
du	bist	hast	wirst
er/sie/es	ist	hat	wird
wir	sind	haben	werden
ihr	seid	habt	werdet
sie	sind	haben	werden
Präteritum			
ich	war	hatte	wurde
du	warst	hattest	wurdest
er/sie/es	war	hatte	wurde
wir	waren	hatten	wurden
ihr	wart	hattet	wurdet
sie	waren	hatten	wurden

HILFSVERBEN						
	sein		haben		werden	
Indikativ						
Perfekt						
ich	bin	gewesen	habe	gehabt	bin	geworden
du	bist	gewesen	hast	gehabt	bist	geworden
er/sie/es	ist	gewesen	hat	gehabt	ist	geworden
wir	sind	gewesen	haben	gehabt	sind	geworden
ihr	seid	gewesen	habt	gehabt	seid	geworden
sie	sind	gewesen	haben	gehabt	sind	geworden
Plusquamperfekt						
ich	war	gewesen	hatte	gehabt	war	geworden
du	warst	gewesen	hattest	gehabt	warst	geworden
er/sie/es	war	gewesen	hatte	gehabt	war	geworden
wir	waren	gewesen	hatten	gehabt	waren	geworden
ihr	wart	gewesen	hattet	gehabt	wart	geworden
sie	waren	gewesen	hatten	gehabt	waren	geworden
Futur I						
ich	werde	sein	werde	haben	werde	werden
du	wirst	sein	wirst	haben	wirst	werden
er/sie/es	wird	sein	wird	haben	wird	werden
wir	werden	sein	werden	haben	werden	werden
ihr	werdet	sein	werdet	haben	werdet	werden
sie	werden	sein	werden	haben	werden	werden

HILFSVERBEN			
	sein	**haben**	**werden**
Konjunktiv			
Konjunktiv II			
ich	wäre	hätte	würde
du	wärest	hättest	würdest
er/sie/es	wäre	hätte	würde
wir	wären	hätten	würden
ihr	wärt	hättet	würdet
sie	wären	hätten	würden
Konjunktiv I			
ich	sei	habe	werde
du	sei[e]st	habest	werdest
er/sie/es	sei	habe	werde
wir	seien	haben	werden
ihr	seiet	habet	werdet
sie	seien	haben	werden
Infinitiv	sein	haben	werden
Partizip I	seiend	habend	werdend
Partizip II	gewesen	gehabt	geworden
Imperativ Sing.	sei!	hab[e]!	werde!
Imperativ Plural	seid!	habt!	werdet!
Höflichkeitsform	seien Sie!	haben Sie!	werden Sie!

Modalverben

	dürfen	können	mögen	müssen	sollen	wollen
Indikativ						
Präsens						
ich	darf	kann	mag	muss	soll	will
du	darfst	kannst	magst	musst	sollst	willst
er/sie/es	darf	kann	mag	muss	soll	will
wir	dürfen	können	mögen	müssen	sollen	wollen
ihr	dürft	könnt	mögt	müsst	sollt	wollt
sie	dürfen	können	mögen	müssen	sollen	wollen
Präteritum						
ich	durfte	konnte	mochte	musste	sollte	wollte
du	durftest	konntest	mochtest	musstest	solltest	wolltest
er/sie/es	durfte	konnte	mochte	musste	sollte	wollte
wir	durften	konnten	mochten	mussten	sollten	wollten
ihr	durftet	konntet	mochtet	musstet	solltet	wolltet
sie	durften	konnten	mochten	mussten	sollten	wollten
Perfekt[1]						
ich	habe gedurft	habe gekonnt	habe gemocht	habe gemusst	habe gesollt	habe gewollt
du	hast gedurft	hast gekonnt	hast gemocht	hast gemusst	hast gesollt	hast gewollt
er/sie/es	hat gedurft	hat gekonnt	hat gemocht	hat gemusst	hat gesollt	hat gewollt
wir	haben gedurft	haben gekonnt	haben gemocht	haben gemusst	haben gesollt	haben gewollt
ihr	habt gedurft	habt gekonnt	habt gemocht	habt gemusst	habt gesollt	habt gewollt
sie	haben gedurft	haben gekonnt	haben gemocht	haben gemusst	haben gesollt	haben gewollt

Modalverben

	dürfen	können	mögen	müssen	sollen	wollen
Indikativ						
Plusquamperfekt[1]						
ich	hatte gedurft	hatte gekonnt	hatte gemocht	hatte gemusst	hatte gesollt	hatte gewollt
du	hattest gedurft	hattest gekonnt	hattest gemocht	hattest gemusst	hattest gesollt	hattest gewollt
er/sie/es	hatte gedurft	hatte gekonnt	hatte gemocht	hatte gemusst	hatte gesollt	hatte gewollt
wir	hatten gedurft	hatten gekonnt	hatten gemocht	hatten gemusst	hatten gesollt	hatten gewollt
ihr	hattet gedurft	hattet gekonnt	hattet gemocht	hattet gemusst	hattet gesollt	hattet gewollt
sie	hatten gedurft	hatten gekonnt	hatten gemocht	hatten gemusst	hatten gesollt	hatten gewollt
Futur I						
ich	werde dürfen	werde können	werde mögen	werde müssen	werde sollen	werde wollen
du	wirst dürfen	wirst können	wirst mögen	wirst müssen	wirst sollen	wirst wollen
er/sie/es	wird dürfen	wird können	wird mögen	wird müssen	wird sollen	wird wollen
wir	werden dürfen	werden können	werden mögen	werden müssen	werden sollen	werden wollen
ihr	werdet dürfen	werdet können	werdet mögen	werdet müssen	werdet sollen	werdet wollen
sie	werden dürfen	werden können	werden mögen	werden müssen	werden sollen	werden wollen

[1] Diese Formen haben Perfekt und Plusquamperfekt nur, wenn das Modalverb kein weiteres Verb regiert (»dürfen«, »können« usw. sind dann Vollverben), zum Beispiel:

»Das habe ich als Kind nie gedurft.« Oder:
»Das habe ich nicht gewollt.« Tritt ein weiteres Verb hinzu, steht anstatt des Partizips II der Ersatzinfinitiv:

»Wir haben ihn noch fragen wollen.« oder
»Das habe ich nicht wissen können.«

	dürfen	können	mögen	müssen	sollen	wollen
Konjunktiv						
Konjunktiv I						
ich	dürfe	könne	möge	müsse	solle	wolle
du	dürfest	könnest	mögest	müssest	sollest	wollest
er/sie/es	dürfe	könne	möge	müsse	solle	wolle
wir	dürfen	können	mögen	müssen	sollen	wollen
ihr	dürfet	könnet	möget	müsset	sollet	wollet
sie	dürfen	können	mögen	müssen	sollen	wollen
Konjunktiv II						
ich	dürfte	könnte	möchte	müsste	sollte	wollte
du	dürftest	könntest	möchtest	müsstest	solltest	wolltest
er/sie/es	dürfte	könnte	möchte	müsste	sollte	wollte
wir	dürften	könnten	möchten	müssten	sollten	wollten
ihr	dürftet	könntet	möchtet	müsstet	solltet	wolltet
sie	dürften	könnten	möchten	müssten	sollten	wollten

Die gebräuchlichsten unregelmäßigen Verben

Verben, die mit Präfixen (z. B. »ab-«, »an-«, »be-«, »ge-«, »ver-«)
gebildet werden, finden Sie unter dem jeweiligen Grundverb;
also: »ab-fahren« unter »fahren«, »an-kommen« unter »kommen«,
»beraten« unter »raten« usw.

Infinitiv	Präteritum	Partizip II
backen	backte	hat gebacken
befehlen	befahl	hat befohlen
beginnen	begann	hat begonnen
beißen	biss	hat gebissen
bergen	barg	hat geborgen
bewegen	bewog	hat bewogen
biegen	bog	hat/ist gebogen
bieten	bot	hat geboten
binden	band	hat gebunden
bitten	bat	hat gebeten
blasen	blies	hat geblasen
bleiben	blieb	ist geblieben
braten	briet	hat gebraten
brechen	brach	hat/ist gebrochen
brennen	brannte	hat gebrannt
bringen	brachte	hat gebracht
denken	dachte	hat gedacht
dringen	drang	hat/ist gedrungen
dürfen	durfte	hat gedurft
empfangen	empfing	hat empfangen
empfehlen	empfahl	hat empfohlen
erschrecken	erschrak	ist erschrocken
essen	aß	hat gegessen
fahren	fuhr	hat/ist gefahren
fallen	fiel	ist gefallen
fangen	fing	hat gefangen

Infinitiv	Präteritum	Partizip II
fechten	focht	hat gefochten
finden	fand	hat gefunden
fliegen	flog	hat/ist geflogen
fliehen	floh	ist geflohen
fließen	floss	ist geflossen
fressen	fraß	hat gefressen
frieren	fror	hat gefroren
gebären	gebar	hat geboren
geben	gab	hat gegeben
gehen	ging	ist gegangen
gelingen	gelang	ist gelungen
gelten	galt	hat gegolten
genießen	genoss	hat genossen
geschehen	geschah	ist geschehen
gewinnen	gewann	hat gewonnen
gießen	goss	hat gegossen
gleichen	glich	hat geglichen
gleiten	glitt	ist geglitten
graben	grub	hat gegraben
greifen	griff	hat gegriffen
haben	hatte	hat gehabt
halten	hielt	hat gehalten
hängen	hing	hat gehangen
hauen	hieb/haute	hat gehauen
heben	hob	hat gehoben
heißen	hieß	hat geheißen
helfen	half	hat geholfen
kennen	kannte	hat gekannt
klingen	klang	hat geklungen
kneifen	kniff	hat gekniffen
kommen	kam	ist gekommen
können	konnte	hat gekonnt
kriechen	kroch	ist gekrochen

Infinitiv	Präteritum	Partizip II
laden	lud	hat geladen
lassen	ließ	hat gelassen
laufen	lief	ist gelaufen
leiden	litt	hat gelitten
leihen	lieh	hat geliehen
lesen	las	hat gelesen
liegen	lag	hat/(süddt., österr., schweiz.:) ist gelegen
lügen	log	hat gelogen
mahlen	mahlte	hat gemahlen
meiden	mied	hat gemieden
messen	maß	hat gemessen
misslingen	misslang	ist misslungen
mögen	mochte	hat gemocht
müssen	musste	hat gemusst
nehmen	nahm	hat genommen
nennen	nannte	hat genannt
pfeifen	pfiff	hat gepfiffen
quellen	quoll	ist gequollen
raten	riet	hat geraten
reiben	rieb	hat gerieben
reißen	riss	hat/ist gerissen
reiten	ritt	hat/ist geritten
rennen	rannte	ist gerannt
riechen	roch	hat gerochen
ringen	rang	hat gerungen
rufen	rief	hat gerufen
saufen	soff	hat gesoffen
schaffen	schuf	hat geschaffen
scheiden	schied	hat/ist geschieden
scheinen	schien	hat geschienen
schieben	schob	hat geschoben
schießen	schoss	hat/ist geschossen

Infinitiv	Präteritum	Partizip II
schlafen	schlief	hat geschlafen
schlagen	schlug	hat geschlagen
schleichen	schlich	ist geschlichen
schleifen	schliff	hat geschliffen
schließen	schloss	hat geschlossen
schlingen	schlang	hat geschlungen
schmeißen	schmiss	hat geschmissen
schmelzen	schmolz	ist geschmolzen
schneiden	schnitt	hat geschnitten
schreiben	schrieb	hat geschrieben
schreien	schrie	hat geschrien
schweigen	schwieg	hat geschwiegen
schwimmen	schwamm	hat/ist geschwommen
schwinden	schwand	ist geschwunden
schwingen	schwang	hat geschwungen
schwören	schwor	hat geschworen
sehen	sah	hat gesehen
sein	war	ist gewesen
senden	sandte/ sendete	hat gesandt/ gesendet
singen	sang	hat gesungen
sinken	sank	ist gesunken
sitzen	saß	hat/(süddt., österr., schweiz.:) ist gesessen
sollen	sollte	hat gesollt
spalten	spaltete	hat gespalten
spinnen	spannen	hat gesponnen
sprechen	sprach	hat gesprochen
springen	sprang	hat/(süddt., österr., schweiz.:) ist gesprungen
stechen	stach	hat gestochen
stecken	stak	hat gesteckt

Infinitiv	Präteritum	Partizip II
stehen	stand	hat/(süddt., österr., schweiz.:) ist gestanden
stehlen	stahl	hat gestohlen
steigen	stieg	ist gestiegen
sterben	starb	ist gestorben
stinken	stank	hat gestunken
stoßen	stieß	hat/ist gestoßen
streichen	strich	hat gestrichen
tragen	trug	hat getragen
treffen	traf	hat getroffen
treiben	trieb	hat/ist getrieben
treten	trat	hat/ist getreten
trinken	trank	hat getrunken
tun	tat	hat getan
verderben	verdarb	hat/ist verdorben
vergessen	vergaß	hat vergessen
verlieren	verlor	hat verloren
verzeihen	verzieh	hat verziehen
wachsen	wuchs	ist gewachsen
waschen	wusch	hat gewaschen
weichen	wich	ist gewichen
weisen	wies	hat gewiesen
wenden	wandte/ wendete	hat gewandt/ gewendet
werben	warb	hat geworben
werden	wurde	ist geworden
werfen	warf	hat geworfen
wiegen	wog	hat gewogen
winden	wand	hat gewunden
wissen	wusste	hat gewusst
wollen	wollte	hat gewollt
ziehen	zog	hat/ist gezogen
zwingen	zwang	hat gezwungen

Tipps zur deutschen Rechtschreibung

Groß- und Kleinschreibung

Groß schreibt man im Deutschen:
- **Nomen** (auch mitten im Satz): *das Haus – die Straße –
  der Koffer – die Butter*
  Auch Verben können als Nomen gebraucht werden: *Das Wandern
  macht mir Spaß.* Ebenso Adjektive: *Das Schönste ist für mich, mit
  Freunden essen zu gehen.*
- die **höflichen Anredepronomen** *Sie, Ihnen* und die dazugehörigen
  Possessivpronomen und Possessivartikel:
  *Kommen Sie bitte mit! Wie geht es Ihnen? Haben Sie Ihren Ausweis
  dabei? Wo sind Ihre Koffer?* Die vertraulichen Anredepronomen
  du, ihr und die dazugehörigen Possessivpronomen und Possessivartikel schreibt man dagegen im Allgemeinen klein: *Warst du
  auch da? Gefällt es euch? Ist dein Brief schon angekommen?*
  In Briefen können sie auch großgeschrieben werden: *Liebe Anna,
  danke für Deinen Brief!*
- **Eigennamen und Titel:**
  *Ich fahre morgen mit Tanja und Stefan nach München, der Haupt-
  stadt von Bayern. Wir besuchen dort zuerst den Englischen Garten.
  Am nächsten Tag fahren wir weiter nach Österreich. Die Reise-
  leiterin, Frau Palmer, wird uns einiges über Prinz Eugen erzählen.*
- **Am Satzanfang:**
  Wir gehen heute baden. Kommst du mit? Beeil dich! Der Bus zum
  Schwimmbad fährt in fünfzehn Minuten.
  Der Satz kann auch nach einem Doppelpunkt beginnen:
  Da fällt mir ein: Beinahe hätte ich meine Schwimmbrille vergessen!
  (Aber Kleinschreibung, wenn kein ganzer Satz nach dem Doppel-
  punkt folgt: *Alles Übrige habe ich eingepackt: meine Badehose,
  mein Handtuch und mein Geld.*)

Besonderheiten bei der Schreibung einiger Laute

[ɔy]: Der Laut [ɔy] wird im Deutschen mit den Buchstaben *eu* wiedergegeben: *neu, Freund, beugen*. Wenn der Wortstamm ein *au* enthält, wird der Laut [ɔy] als *äu* geschrieben (z. B. *Häuser* wegen *Haus; käuflich* wegen *Kauf*).

[ʃ]/[s]: Am Anfang eines Wortes wird der Laut [ʃ] als *s* geschrieben, wenn ein *t* oder ein *p* folgt: *Spiel, Stuhl, stehen*. Dies gilt auch, wenn das Wort innerhalb einer Ableitung oder eines zusammengesetzten Wortes (Kompositums) steht: *Kinderspiel, Bürostuhl, bestehen*.

ss/ß: Das stimmlos gesprochene [s] schreibt man nach langem Vokal als *ß*: *Straße, gießen, Fuß*. Nach kurzem Vokal wird das stimmlose [s] als *ss* geschrieben: *Wasser, goss, Messer*.

Zeichensetzung

Das **Komma**

- steht zwischen zwei Hauptsätzen: *Es klingelt an der Tür, Herr Burke öffnet*. Steht zwischen zwei Hauptsätzen ein *und* oder ein *oder*, kann ein Komma gesetzt werden: *Es sind Freunde der Familie(,) und Herr Burke begrüßt sie herzlich.*
- steht zwischen Haupt- und Nebensatz: *Wir freuen uns, dass ihr gekommen seid*. Infinitive, die mit *zu* erweitert sind, können mit einem Komma abgetrennt werden: *War es schwer, den Weg zu uns zu finden?*
- steht zwischen den Gliedern einer Aufzählung, wenn sie nicht mit *und* oder *oder* verbunden sind: *Möchtet ihr gern Wasser, Saft, Bier oder Sekt?*
- trennt eine Erläuterung ab, die nachgestellt ist: *Paula, meine Frau, ist gerade noch im Bad.*

- trennt eine Anrede ab: *Paula, bist du bald fertig?* (Zur Zeichen-
  setzung in der Briefanrede vgl. die Musterbriefe auf den Seiten 58
  und 60).

Der **Punkt** steht:
- am Ende eines Satzes: *Alle setzen sich an den Tisch.*
- bei Abkürzungen, die nicht als Abkürzungen gesprochen werden:
  usw. (gesprochen*: und so weiter*), *o. Ä.* (gesprochen: *oder
  Ähnliches*).

Kein Punkt steht:
- am Ende von Überschriften und Titeln:
  Als ich ein kleiner Junge war (Titel eines Buchs von Erich Kästner)
  Kanzlerin Merkel zu Besuch in Paris

Getrennt- und Zusammenschreibung

Verbindungen mit einem Verb als zweitem Bestandteil:
a) Ist der erste Bestandteil ebenfalls ein Verb, wird in der Regel
   getrennt geschrieben: *schwimmen lernen, spazieren gehen.*
   Wenn eine Verbindung mit den Verben *bleiben* oder *lassen* nicht
   wörtlich gemeint ist, kann man sie auch zusammenschreiben:
   (wegen schlechter Noten) sitzen bleiben / sitzenbleiben.
b) Ist der erste Bestandteil ein Nomen, wird meist getrennt geschrieben: *Auto fahren, Fuß fassen, Klavier spielen.*
c) Verbindungen mit dem Verb *sein* schreibt man immer getrennt:
   beisammen sein, dabei sein, fertig sein, pleite sein.
d) Verbindungen aus einfachen Adjektiven und einem einfachen
   Verb werden getrennt oder zusammengeschrieben, wenn
   durch das Adjektiv das Ergebnis eines Vorgangs bezeichnet wird,
   den das Verb ausdrückt: *leer essen / leeressen, kaputt machen /
   kaputtmachen.*
e) Verbindungen aus einem Adjektiv und einem folgenden Verb

werden zusammengeschrieben, wenn sich eine neue Gesamt-
bedeutung ergibt: *fernsehen, hochrechnen, wahrsagen.*

Zusammenschreibungen mit Nomen:

a) Zusammengesetzte Nomen schreibt man zusammen:
   Steintreppe, Wochenlohn, Altbau.

b) Ableitungen von Grundzahlen auf *-er* schreibt man mit dem
   folgenden Nomen zusammen: *Achterbahn, Zehnerkarte.*

c) Wortgruppen mit einer Grundform des Verbs kann man in
   Nomen umwandeln. Es entsteht dann jeweils ein einziges Nomen
   aus mehreren Teilen; man schreibt sie zusammen:
   spazieren gehen – beim Spazierengehen,
   Feuer anfachen – beim Feueranfachen.

d) Wenn eine Wortgruppe mit einem Adjektiv oder einem Partizip
   wie ein Nomen gebraucht wird, behalten die vorangehenden
   Wörter ihre Selbstständigkeit:
   auf der Wiese liegend → die auf der Wiese Liegenden.
   Bei besonders häufig gebrauchten Wortverbindungen ist auch
   Zusammenschreibung möglich; Getrenntschreibung ist aber
   nie falsch: *klein gedruckt → im klein Gedruckten/Kleingedruckten,*
   nicht zutreffend → das nicht Zutreffende/Nichtzutreffende.

Verbindungen mit einem Adjektiv oder Partizip als zweitem Bestandteil:

a) Man schreibt zusammen, wenn der erste Bestandteil aus einer
   Wortgruppe verkürzt ist: *jahrelang* (mehrere Jahre lang), *angst-*
   erfüllt (von Angst erfüllt), *freudestrahlend* (vor Freude strahlend).

b) Verbindungen mit einem wie ein Adjektiv gebrauchten Partizip
   als zweitem Bestandteil können getrennt oder zusammengeschrieben werden:
   ein Aufsehen erregender / aufsehenerregender Film,
   weit gehende / weitgehende Forderungen,
   gut gemeinte / gutgemeinte Ratschläge.

Wenn die Verbindung als Ganzes näher bestimmt oder gesteigert ist, muss sie zusammengeschrieben werden:
ein besonders aufsehenerregender Film.

c) Verbindungen aus einem einfachen Adjektiv und einem weiteren Adjektiv können getrennt oder zusammengeschrieben werden:
allgemein gültige / allgemeingültige Regeln,
schwer verständliche / schwerverständliche Begriffe,
aber: *ein sehr schwer verständlicher Begriff.*

Die Worttrennung am Zeilenende

Die Trennung einfacher (nicht zusammengesetzter) Wörter:

Getrennt wird an der Silbengrenze: *Freun-de, Män-ner, for-dern, Bes-se-rung, Se-en-plat-te, Bal-kon, Na-ti-o-nen.*

Dabei kommt in der Regel ein einzelner Konsonant im Innern des Wortes auf die neue Zeile: *tre-ten, bo-xen, Bru-der.*

Folgen mehrere Konsonanten aufeinander, trennt man nur den letzten ab: *Kat-ze, Bäl-le, Ver-let-zun-gen, schöns-te.*

Nicht getrennt werden die Konsonantenverbindungen *ch, ck* und *sch,* in Fremdwörtern auch *ph, rh, sh* und *th,* wenn sie für einen einzelnen Laut stehen: *Bü-cher, Zu-cker, ba-cken, Fla-sche, Pro-phet, Myr-rhe, Ca-shew-nuss, ka-tho-lisch.*

Ein einzelner Buchstabe am Ende eines Wortes wird ebenfalls nicht abgetrennt: *Säue* (nicht: *Säu-e*), *Boa* (nicht: *Bo-a*).

Die Trennung zusammengesetzter Wörter

Zusammengesetzte Wörter und Wörter mit Vorsilben werden nach ihren Bestandteilen getrennt: *Schul-buch, Diens-tag, Ab-bau.*

Wird ein Wort nicht mehr als Zusammensetzung erkannt, ist auch die Trennung nach Sprechsilben richtig: *ei-nan-der* oder *ein-an-der, in-te-res-sant* oder *in-ter-es-sant.*

Kommunikative Einheiten

Im Café/Restaurant

Kellner: Guten Tag, Sie wünschen?

Gast: Ich hätte gern ein Bier. Würden Sie mir bitte auch die Speisekarte bringen?

Kellner: Gerne.

Der Kellner bringt ein Bier und die Speisekarte. Der Gast wählt eine Speise. Als der Kellner wiederkommt, sagt er:

Kellner: Haben Sie gewählt?

Gast: Ja. Ich hätte gern das argentinische Rumpsteak.

Kellner: Das Rumpsteak blutig, medium oder durch?

Gast: Medium, bitte.

Nachdem der Gast fertig gegessen hat, ruft er den Kellner:

Gast: Herr Ober, die Rechnung bitte.

Kellner: Kommt sofort.

Der Kellner bringt die Rechnung. Der Gast bezahlt und gibt dabei etwas Trinkgeld.

Gast: Stimmt so.

Kellner: Vielen Dank. Einen schönen Tag noch. Auf Wiedersehen.

Gast: Auf Wiedersehen.

Eröffnung eines Telefongesprächs

Das Telefon klingelt. Frau Meyer hebt ab:

Frau Meyer: Gisela Meyer.

Der Anrufer, Herr Konrad: Guten Tag, Frau Meyer. Hier spricht/ist Konrad. Ist Ihr Mann zu sprechen?

Frau Meyer: Einen Augenblick bitte.

Herr Meyer *geht ans Telefon:* Peter Meyer.

Herr Konrad: Guten Tag, Herr Meyer – Konrad am Apparat …
Am Ende des Gesprächs sagt **Herr Konrad:** *V*ielen Dank, Herr Meyer.
Auf Wiederhören.
Herr Meyer: Auf Wiederhören.

Bewerbung

Eine Bewerbung besteht aus einem Lebenslauf, dem Abgangszeug-
nis der Schule und (falls vorhanden) den Arbeitszeugnissen. Außerdem wird ein kurzer (ca. 1 Seite langer) Brief, das sogenannte Anschreiben, beigelegt.

In dem Anschreiben stellt sich der Bewerber/die Bewerberin kurz
vor. Er/Sie sollte in diesem Schreiben deutlich machen, warum
gerade er/sie besonders für die Stelle geeignet ist. Der Brief wird mit
der Schreibmaschine oder dem Computer geschrieben, nicht mit
der Hand. Er sollte wie das Beispiel auf S. 58 aufgebaut sein.

Der Briefumschlag kann so gestaltet werden:

Absender

Marie Belancourt Liège, 20. 02. 2006
Rue des Augustins, 38
4000 LIÈGE
BELGIQUE
Tel.: 0032 4 418 76 47

Ort und Datum

Adresse

Frau und Herrn
Katharina und Alexander Sorglos
Mühlweg 3
69117 HEIDELBERG
DEUTSCHLAND

Betreffzeile

Bewerbung um eine Stelle als Au-pair-Mädchen ————————

Sehr geehrte Frau Sorglos, sehr geehrter Herr Sorglos, ————
von der Au-pair-Agentur »Au-pair international« erfuhr ich,
dass Sie ein Au-pair-Mädchen für Ihre beiden Kinder (3 und
7 Jahre) suchen.

Anrede *

Ich bin 18 Jahre alt und werde dieses Jahr mein Abitur (Baccalau-
réat) machen. Bevor ich mein Studium beginne, möchte ich gern
für ein Jahr im Ausland leben – am liebsten in Deutschland. Ich
habe 6 Jahre Deutsch in der Schule gelernt und spreche diese
Sprache fließend.
 Da ich zwei jüngere Geschwister habe (12 und 8 Jahre) und
auch schon öfter als Babysitterin arbeitete, kann ich gut mit kleinen Kindern umgehen.

Ich würde mich sehr freuen, wenn ich von Ihnen eine Zusage erhalten würde.

Grußformel

Mit freundlichen Grüßen ————————————————

Marie Belancourt ————————————————

Marie Belancourt

Unterschrift

(* in der Schweiz: ohne Komma, Großschreibung am Anfang der nächsten Zeile)

Auch der Lebenslauf wird heute normalerweise mit der Schreibmaschine oder mit dem Computer geschrieben. Er hat die Form einer Tabelle und sollte übersichtlich sein. Teil eines jeden Lebenslaufs sind ein Foto (rechts oben) und die eigenhändige Unterschrift am Ende des Lebenslaufs. Der folgende Lebenslauf enthält alle wichtigen Informationen:

Lebenslauf

Zur Person   *Foto*

Name:	Marie Belancourt
Anschrift:	Rue des Augustins, 38
	4000 Liège
	Belgien
	Tel.: 0032 4 4187647
Geburtsdatum:	18. September 1988
Geburtsort:	Liège, Belgien
Familienstand:	ledig
Eltern:	Vater: Diplom-Ingenieur
	Mutter: Erzieherin
Geschwister:	zwei Geschwister: Jean-Luc (12 Jahre) und
	Sophie (8 Jahre)

Schulausbildung

1994–2000	École primaire
2000–2006	École secondaire (Athenée royal de Fragnée)
	Abschluss: Baccalauréat

Sonstiges

Sprachkenntnisse:	Englisch, Deutsch
Hobbys:	Reiten, Lesen
Weitere	
Qualifikationen:	Führerschein, Computerkenntnisse

Liège, 20. 02. 2006

Marie Belancourt

Brief – privater Brief

Heidelberg, 23.10.2006

Lieber Paul,

vielen Dank für Deinen langen Brief. Ich bin froh,
dass es Dir gut geht und Dir Deine neue Arbeit Spaß macht.

Mir gefällt es in Deutschland mittlerweile sehr gut.
Kaum zu glauben, dass ich schon bald sieben Monate
da bin! Die Leute im Studentenwohnheim sind sehr nett;
vor allem meinen Mitbewohner – er heißt Marcel – mag ich
gern. Wenn wir Zeit haben, schauen wir uns Städte in der
Umgebung an. Vor drei Wochen waren wir zum Beispiel in
Speyer und haben dort den Dom und die Altstadt besichtigt.
An Weihnachten fahre ich nach Hause und ich bleibe wahrscheinlich noch bis Mitte Januar da. Wenn Du Zeit hast,
können wir uns in diesen drei Wochen ja einmal treffen.

Viele Grüße, auch an Deine Familie
Dein Michael

Deutschland – Verwaltungsgliederung

— Staatsgrenze
— Landesgrenze
■ Landeshauptstadt

0 25 50 75 100 km

Österreich – Verwaltungsgliederung

— Staatsgrenze
---- Landesgrenze
■ Landeshauptstadt

Inn
Linz
Sankt Pölten
Donau
WIEN
Nieder-
Wien
österreich
Oberösterreich
Eisenstadt
Salzburg
Traunsee
Burgen
Bodensee
Enns
land
Bregenz
Vor-
arlberg
Lech
Inn
Salzburg
Innsbruck
Salzach
Steiermark
Tirol
Graz
Tirol
Mur
Kärnten
Klagenfurt
Drau

0 25 50 75 km

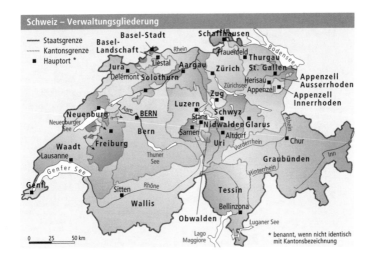

Schweiz – Verwaltungsgliederung

— Staatsgrenze
---- Kantonsgrenze
■ Hauptort *

Basel-Stadt
Schaffhausen
Basel-
Landschaft
Rhein
Bodensee
Frauenfeld
Thurgau
Jura
Liestal
Aargau
Zürich
St. Gallen
Delémont
Solothurn
Herisau
Appenzell
Ausserrhoden
Zürichsee
Appenzell
Appenzell
Innerrhoden
Zug
Neuenburg
Luzern
Schwyz
Aare
BERN
Stans
Neuenburger
See
Nidwalden
Glarus
Bern
Sarnen
Altdorf
Rhein
Chur
Waadt
Freiburg
Uri
Vorderrhein
Lausanne
Thuner
See
Graubünden
Inn
Genfer See
Hinterrhein
Genf
Sitten
Rhône
Tessin
Wallis
Bellinzona
Obwalden
Luganer See
Lago
Maggiore

0 25 50 km

* benannt, wenn nicht identisch
mit Kantonsbezeichnung

Das deutsche Schulsystem
(stark vereinfachte Darstellung)

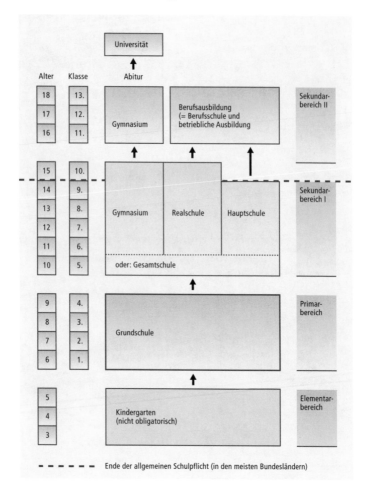

Das österreichische Schulsystem
(stark vereinfachte Darstellung)

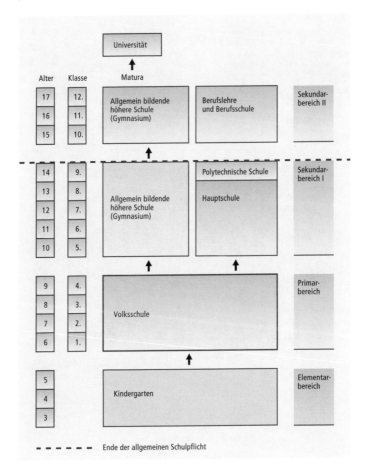

Das Schulsystem in der Schweiz
(stark vereinfachte Darstellung)

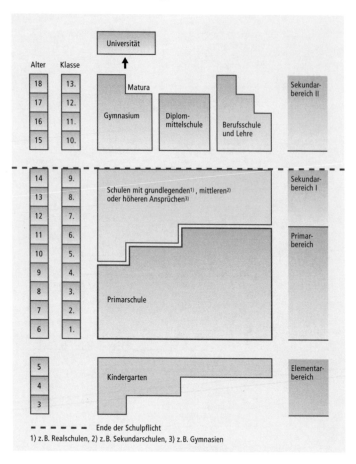

Alter Klasse

18	13.
17	12.
16	11.
15	10.

Universität

Matura

Gymnasium

Diplom-mittelschule

Berufsschule und Lehre

Sekundar-bereich II

14	9.
13	8.
12	7.
11	6.
10	5.
9	4.
8	3.
7	2.
6	1.

Schulen mit grundlegenden[1], mittleren[2] oder höheren Ansprüchen[3]

Primarschule

Sekundar-bereich I

Primar-bereich

5	
4	
3	

Kindergarten

Elementar-bereich

– – – – – – Ende der Schulpflicht
1) z.B. Realschulen, 2) z.B. Sekundarschulen, 3) z.B. Gymnasien

Uhrzeit

Wie spät ist es?	gesprochen	im Radio oder geschrieben		
	acht (Uhr)/ (Es ist) acht.	8⁰⁰/8.00 (Uhr) acht Uhr	bzw.	20⁰⁰/20.00 (Uhr) zwanzig Uhr
	halb (neun)/ (Es ist) halb (neun).	8³⁰/8.30 (Uhr) acht Uhr dreißig	bzw.	20³⁰/20.30 (Uhr) zwanzig Uhr dreißig
	Viertel nach (acht)/ (Es ist) Viertel nach (acht)/auch (Es ist) viertel neun.	8¹⁵/8.15 (Uhr) acht Uhr fünfzehn	bzw.	20¹⁵/20.15 (Uhr) zwanzig Uhr fünfzehn
	Viertel vor (acht)/ drei viertel acht/ (Es ist) Viertel vor/ drei viertel acht.	7⁴⁵/7.45 (Uhr) sieben Uhr fünfundvierzig	bzw.	19⁴⁵/19.45 (Uhr) neunzehn Uhr fünfundvierzig
	(Es ist) Mitternacht/ zwölf Uhr (nachts)./ (Es ist) Mittag/ zwölf Uhr (mittags).	0⁰⁰/0.00 (Uhr) null Uhr 12⁰⁰/12.00 (Uhr)	bzw.	24⁰⁰/24.00 (Uhr) vierundzwanzig Uhr
	fünf vor halb (neun)/ (Es ist) fünf vor halb (neun).	8²⁵/8.25 (Uhr) acht Uhr fünfundzwanzig	bzw.	20²⁵/20.25 (Uhr) zwanzig Uhr fünfundzwanzig
	fünf nach halb (neun)/ (Es ist) fünf nach halb (neun).	8³⁵/8.35 (Uhr) acht Uhr fünfunddreißig	bzw.	20³⁵/20.35 (Uhr) zwanzig Uhr fünfunddreißig

Geht die Uhr richtig? Es ist acht Uhr:

 Die Uhr geht vor.

 Die Uhr geht genau/richtig.

 Die Uhr geht nach.

Zahlen

Kardinalzahlen	Ordinalzahlen (+ Nomen)
0 null	
1 eins, ein	*der, die, das* erste
2 zwei	*der, die, das* zweite
3 drei	*der, die, das* dritte
4 vier	*der, die, das* vierte
5 fünf	*der, die, das* fünfte
6 sechs	*der, die, das* sechste
7 sieben	*der, die, das* siebte, siebente
8 acht	*der, die, das* achte
9 neun	*der, die, das* neunte
10 zehn	*der, die, das* zehnte
11 elf	*der, die, das* elfte
12 zwölf	*der, die, das* zwölfte
13 dreizehn	*der, die, das* dreizehnte
14 vierzehn	*der, die, das* vierzehnte
15 fünfzehn	*der, die, das* fünfzehnte
16 sechzehn	*der, die, das* sechzehnte
17 siebzehn	*der, die, das* siebzehnte
18 achtzehn	*der, die, das* achtzehnte
19 neunzehn	*der, die, das* neunzehnte
20 zwanzig	*der, die, das* zwanzigste
21 einundzwanzig	*der, die, das* einundzwanzigste
22 zweiundzwanzig	*der, die, das* zweiundzwanzigste
30 dreißig	*der, die, das* dreißigste
40 vierzig	*der, die, das* vierzigste
50 fünfzig	*der, die, das* fünfzigste
60 sechzig	*der, die, das* sechzigste

70 siebzig	*der, die, das* siebzigste
80 achtzig	*der, die, das* achtzigste
90 neunzig	*der, die, das* neunzigste
100 hundert, einhundert	*der, die, das* hundertste, einhundertste
101 hunderteins, hundertundeins, einhunderteins, einhundertundeins	*der, die, das* hunderterste, hundertunderste, einhunderterste, einhundertunderste
200 zweihundert	*der, die, das* zweihundertste
555 fünfhundertfünfundfünfzig, fünfhundertundfünfundfünfzig	*der, die, das* fünfhundertfünfundfünfzigste, fünfhundertundfünfundfünfzigste
1 000 tausend, eintausend	*der, die, das* tausendste, eintausendste
1 001 tausendeins, tausendundeins, eintausendeins, eintausendundeins; tausendein…, tausendundein…, eintausendein…, eintausendundein…	*der, die, das* tausenderste, tausendunderste, eintausenderste, eintausendunderste
1 200 tausendzweihundert, eintausendzweihundert	*der, die, das* tausendzweihundertste, eintausendzweihundertste
2 000 zweitausend	*der, die, das* zweitausendste
3 000 dreitausend	*der, die, das* dreitausendste
10 000 zehntausend	*der, die, das* zehntausendste
100 000 hunderttausend, einhunderttausend	*der, die, das* hunderttausendste, einhunderttausendste
1 000 000 eine Million	*der, die, das* millionste
1 000 000 000 eine Milliarde	*der, die, das* milliardste

Abkürzungen

A	Österreich	**D**	Deutschland
	Autobahn (A 3, A5 ...)	**DaF**	Deutsch als Fremdsprache
Abb.	Abbildung	**DB**	Deutsche Bahn AG
Abs.	Absender	**DDR**	Deutsche Demokratische
ADAC	Allgemeiner Deutscher		Republik (früher)
	Automobilclub	**DGB**	Deutscher
AG	Aktiengesellschaft		Gewerkschaftsbund
	Arbeitsgemeinschaft	**d. h.**	das heißt
AHS	allgemeinbildende höhere	**Dipl.**	Diplom
	Schule (Österr.)	**DM**	Deutsche Mark
AKW	Atomkraftwerk		(früher)
allg.	allgemein	**dpa**	Deutsche
APA	Austria Presse Agentur		Presse-Agentur
	(Österr.)	**Dr.**	Doktor
ASTA	Allgemeiner Studenten-		
	ausschuss	**EDV**	elektronische
			Datenverarbeitung
B	Bundesstraße	**€, EUR**	Euro
BAFöG	Bundesausbildungs-	**EC**	Eurocityzug
	förderungsgesetz	**eidg.**	eidgenössisch
Bd.	Band (Buch), **Bde.** Bände	**EM**	Europameisterschaften
bes.	besonders	**EU**	Europäische Union
Betr.	Betreff	**e. V.**	eingetragener Verein
BH	Büstenhalter	**ev.-luth.**	evangelisch-lutherisch
B(h)f	Bahnhof	**ev.-ref.**	evangelisch-reformiert
BKA	Bundeskriminalamt	**evtl.**	eventuell
BLZ	Bankleitzahl	**EZB**	Europäische
BRD	Bundesrepublik		Zentralbank
	Deutschland		
Btx	Bildschirmtext	**Fa.**	Firma
b. w.	bitte wenden (Seite)	**Fam.**	Familie
c	Cent/Centime	**FC**	Fußballclub
ca.	ungefähr	**f.**	und folgende Seite
c. t.	cum tempore	**ff.**	und folgende Seiten
	(mit akademischer	**FH**	Fachhochschule
	Viertelstunde)	**Fr.**	Frau

geb.	geboren		**M. A.**	Magister Artium
Ges.	Gesellschaft		**mag.**	Magister (Österr.)
gez.	gezeichnet		**max.**	maximal
GmbH	Gesellschaft mit beschränkter Haftung		**m. E.**	meines Erachtens
			MEZ	mitteleuropäische Zeit
Gr.	Groschen (früher)		**Mio./Mill.**	Million
			Min./min.	Minute
H	Haltestelle		**möbl.**	möbliert
h.	hora (Stunde)		**Mrd.**	Milliarde
Hbf.	Hauptbahnhof		**m. ü. M.**	Meter über dem Meer
h(rs)g.	herausgegeben		**MW**	Mittelwelle
hl.	heilig		**MwSt.**	Mehrwertsteuer
Hr(n).	Herrn			
Hrsg./Hg.	Herausgeber		**N**	Norden
			n. Chr.	nach Christus
i. A.	im Auftrag		**Nr.(n)**	Nummer(n)
IC	Intercityzug			
ICE	Intercityexpress		**O**	Osten
i. d. R.	in der Regel		**o.**	oben
Ing.	Ingenieur		**o. Ä.**	oder Ähnliches
inkl.	inklusive		**ÖAMTC**	Österreichischer Automobil-, Motorrad- und Touringclub
IQ	Intelligenzquotient			
			OB	Oberbürgermeister
JH	Jugendherberge		**ÖBB**	Österreichische Bundesbahnen
Jh.	Jahrhundert			
jr./jun.	junior		**ÖGB**	Österreichischer Gewerkschaftsbund
kath.	katholisch		**ÖH**	Österreichische Hochschülerschaft
Kfz.	Kraftfahrzeug			
KG	Kommanditgesellschaft		**OP**	Operationssaal
			ORG	Oberstufen-Realgymnasium (Österr.)
Kripo	Kriminalpolizei			
Kto.	Konto			
Kto.-Nr.	Kontonummer		**öS**	österreichische Schilling (früher)
Lkw/LKW	Lastkraftwagen		**OSZE**	Organisation für Sicherheit und Zusammenarbeit in Europa
lt.	laut			
luth.	lutherisch			

PC	Personal Computer	**u. a.**	und andere(s),
Pf	Pfennig (früher)		unter anderem,
PIN	persönliche Identifika-		unter anderen
	tionsnummer	**u. Ä.**	und Ähnliches
	(Geheimzahl)	**UKW**	Ultrakurzwelle
Prof.	Professor	**usw.**	und so weiter
PS	Pferdestärke	**u. U.**	unter Umständen
		UV	Ultraviolett
Ref.	Referat		
rk.	römisch-katholisch	**v. Chr.**	vor Christus
		vgl.	vergleiche
S	Süden	**VHS**	Volkshochschule
s/Sek.	Sekunde		
sFr./sfr	Schweizer Franken	**W**	Westen
s. o.	siehe oben	**WEZ**	westeuropäische Zeit
sog.	sogenannte(s)	**WG**	Wohngemeinschaft
Sr.	Senior (der Ältere)	**WM**	Weltmeisterschaft
SSV	Sommerschlussverkauf	**WSV**	Winterschlussverkauf
St.	Sankt	**WM**	Weltmeisterschaft
Str.	Straße		
StVO	Straßenverkehrs-	**z. B.**	zum Beispiel
	ordnung	**z. H.**	zu Händen (Brief)
s. u.	siehe unten	**ZMP**	zentrale Mittelstufen-
			prüfung
Tel.	Telefon	**z. T.**	zum Teil
Tel.-Nr.	Telefonnummer	**zzgl.**	zuzüglich
TH	technische Hochschule	**zzt.**	zurzeit
TU	technische Universität		
TÜV	Technischer		
	Überwachungs-Verein		

Verzeichnis von Ländernamen, Einwohnerbezeichnungen und den dazugehörigen Adjektiven

Name des Landes	Bezeichnung der Einwohner/Einwohnerinnen	Adjektiv
Afghanistan	Afghane/Afghanin	afghanisch
Ägypten	Ägypter/Ägypterin	ägyptisch
Albanien	Albaner/Albanerin	albanisch
Argentinien	Argentinier/Argentinierin	argentinisch
Andorra	Andorraner/Andorranerin	andorranisch
Äthiopien	Äthiopier/Äthiopierin	äthiopisch
Australien	Australier/Australierin	australisch
Belarus (österr. und schweiz. für dt. »Weißrussland«)	Belarusse/Belarussin (österr. und schweiz.)	belarussisch (österr. und schweiz.)
Belgien	Belgier/Belgierin	belgisch
Bolivien	Bolivianer/Bolivianerin	bolivianisch
Bosnien und Herzegowina	von Bosnien und Herzegowina	von Bosnien- und Herzegowina
Brasilien	Brasilianer/Brasilianerin	brasilianisch
Bulgarien	Bulgare/Bulgarin	bulgarisch
Chile	Chilene/Chilenin	chilenisch
China	Chinese/Chinesin	chinesisch
Dänemark	Däne/Dänin	dänisch
Deutschland	Deutscher/Deutsche	deutsch
Elfenbeinküste/ Côte d'Ivoire	Ivorer/Ivorerin	ivorisch
(England)*	(Engländer/Engländerin)	(englisch)
Estland	Este/Estin	estnisch
Finnland	Finne/Finnin	finnisch

Name des Landes	Bezeichnung der Einwohner/Einwohnerinnen	Adjektiv
Frankreich	Franzose/Französin	französisch
Georgien	Georgier/Georgierin	georgisch
Griechenland	Grieche/Griechin	griechisch
Großbritannien	Brite/Britin	britisch
Indien	Inder/Inderin	indisch
Indonesien	Indonesier/Indonesierin	indonesisch
der **Irak**	Iraker/Irakerin	irakisch
der **Iran**	Iraner/Iranerin	iranisch
Irland	Ire/Irin	irisch
Island	Isländer/Isländerin	isländisch
Israel	Israeli/Israeli	israelisch
Italien	Italiener/Italienerin	italienisch
Jamaika	Jamaikaner/Jamaikanerin	jamaikanisch
Japan	Japaner/Japanerin	japanisch
Jemen	Jemenit/Jemenitin	jemenitisch
Jordanien	Jordanier/Jordanierin	jordanisch
Kambodscha	Kambodschaner/Kambodschanerin	kambodschanisch
Kamerun	Kameruner/Kamerunerin	kamerunisch
Kanada	Kanadier/Kanadierin	kanadisch
Kasachstan	Kasache/Kasachin	kasachisch
Kenia	Kenianer/Kenianerin	kenianisch
Kolumbien	Kolumbianer/Kolumbianerin	kolumbianisch
Kroatien	Kroate/Kroatin	kroatisch
Kuba	Kubaner/Kubanerin	kubanisch
Lettland	Lette/Lettin	lettisch
der **Libanon**	Libanese/Libanesin	libanesisch
Libyen	Libyer/Libyerin	libysch

Liechtenstein	Liechtensteiner/ Liechtensteinerin	liechten- steinisch
Litauen	Litauer/Litauerin	litauisch
Luxemburg	Luxemburger/ Luxemburgerin	luxem- burgisch
Madagaskar	Madagasse/Madagassin	madagassisch
Malaysia	Malaysier/Malaysierin	malaysisch
Marokko	Marokkaner/Marokkanerin	marokkanisch
Mauretanien	Mauretanier/Mauretanierin	mauretanisch
Mexiko	Mexikaner/Mexikanerin	mexikanisch
Monaco	Monegasse/Monegassin	monegassisch
Montenegro	Montenegriner/ Montenegrinerin	monte- negrinisch
Neuseeland	Neuseeländer/ Neuseeländerin	neusee- ländisch
Namibia	Namibier/Namibierin	namibisch
die Niederlande (Plural)	Niederländer/ Niederländerin	nieder- ländisch
Nigeria	Nigerianer/Nigerianerin	nigerianisch
Nordkorea	Nordkoreaner/ Nordkoreanerin	nord- koreanisch
Norwegen	Norweger/Norwegerin	norwegisch
Österreich	Österreicher/Österreicherin	österreichisch
Pakistan	Pakistaner/Pakistanerin	pakistanisch
Peru	Peruaner/Peruanerin	peruanisch
Polen	Pole/Polin	polnisch
Portugal	Portugiese/Portugiesin	portugiesisch
Rumänien	Rumäne/Rumänin	rumänisch
Russland	Russe/Russin	russisch
Saudi-Arabien	Saudi-Araber/ Saudi-Araberin	saudi-arabisch
Schweden	Schwede/Schwedin	schwedisch

Name des Landes	Bezeichnung der Einwohner/Einwohnerinnen	Adjektiv
die **Schweiz**	Schweizer/Schweizerin	schweizerisch/ Schweizer
Senegal	Senegalese/Senegalesin	senegalesisch
Serbien	Serbe/Serbin	serbisch
die **Slowakei**	Slowake/Slowakin	slowakisch
Slowenien	Slowene/Slowenin	slowenisch
Spanien	Spanier/Spanierin	spanisch
der **Sudan**	Sudanese/Sudanesin	sudanesisch
Südafrika	Südafrikaner/ Südafrikanerin	süd- afrikanisch
Südkorea	Südkoreaner/Südkoreanerin	südkoreanisch
Syrien	Syrer/Syrerin	syrisch
Tansania	Tansanier/Tansanierin	tansanisch
Thailand	Thailänder/Thailänderin	thailändisch
die **Tschechische Republik**	Tscheche/Tschechin	tschechisch
Tunesien	Tunesier/Tunesierin	tunesisch
die **Türkei**	Türke/Türkin	türkisch
die **Ukraine**	Ukrainer/Ukrainerin	ukrainisch
Ungarn	Ungar/Ungarin	ungarisch
die **USA** (Plural)	Amerikaner/Amerikanerin	amerikanisch
Vietnam	Vietnamese/Vietnamesin	vietnamesisch
Weißrussland (dt. Bezeichnung für österr. und schweiz. »Belarus«)	Weißrusse/Weißrussin	weißrussisch
Zypern	Zyprer/Zyprerin	zyprisch

* England ist kein selbstständiges Land und dürfte deshalb eigentlich nicht in dieser Liste stehen. Da die Bezeichnung aber sehr gebräuchlich ist, wurde sie trotzdem aufgenommen.

A*a*

a- [a] ⟨adjektivisches Präfix⟩: verneint die Bedeutung des Adjektivs: *nicht:* ahistorisch; apolitisch; atypisch.

der **Aal** [a:l]; -[e]s, -e: *Fisch, der wie eine Schlange aussieht:* Aal blau *(gekochter Aal, dessen Haut sich blau gefärbt hat);* Aal grün *(frisch gedünsteter Aal). Zus.:* Flussaal, Räucheraal.

¹**ab** [ap] ⟨Präp. mit Dativ⟩: *von ... an, von:* ab [unserem] Werk; ab Hamburg; ⟨bei einer Angabe zur Zeit auch mit Akk.⟩ ab erstem/ersten Mai; Jugendliche ab 18 Jahren/Jahre; ab kommendem/kommenden Montag; ⟨bei einer Angabe zur Reihenfolge auch mit Akk.⟩ ab nächster/nächste Ausgabe.

²**ab** [ap] ⟨Adverb⟩: **1.** *weg, fort, entfernt:* rechts ab vom Bahnhof; keine drei Schritte ab; * **ab und zu**/ (landsch.) **ab und an:** *manchmal.* **2.** ⟨elliptisch als Teil eines Verbs⟩ (ugs.) *abgetrennt:* der Knopf war schon ab; die Farbe ist fast ganz ab.

ab- [ap] ⟨trennbares, betontes verbales Präfix⟩: **1.** *weg:* abbürsten; abreisen; abschalten. **2.** *zu Ende, ganz:* abarbeiten; absitzen; abtelefonieren. **3.** *ein wenig:* abändern; abwandeln. **4.** *etwas widerrufen:* abbestellen; absagen.

ab|bau|en [ˈapbaʊ̯ən], baut ab, baute ab, abgebaut ⟨tr.; hat; etw. a.⟩: **1.** *etwas zerlegen* /Ggs. aufbauen/: sie bauen das Zelt ab. **2.** *reduzieren, verringern:* die Firma muss die Schulden abbauen. *Syn.:* senken. **3.** *die Zahl der Personen verringern:* die Firma baut Personal ab. *Syn.:* entlassen, kündigen. **4.** *Kohle, Bodenschätze fördern:* heute wird immer weniger Kohle abgebaut.

ab|bei|ßen [ˈapbaɪ̯sn̩], beißt ab, biss ab, abgebissen ⟨tr.; hat; etw. a.⟩: *(ein Stück von etwas) mit den Zähnen abtrennen:* einen Bissen [vom Brot] abbeißen; sie hat den Faden abgebissen; ⟨auch itr.⟩ lass mich mal abbeißen!

ab|be|kom|men [ˈapbəkɔmən], bekommt ab, bekam ab, abbekommen ⟨itr.; hat; etw. [von etw.] a.⟩: **1.** *einen Teil von etwas bekommen:* hast du etwas von der Erbschaft abbekommen?; jeder bekommt sein[en] Teil ab. *Syn.:* erhalten. **2.** *etwas entfernen können:* ich habe den Rost vom Messer abbekommen; der Deckel ist schwer abzubekommen.

ab|be|stel|len [ˈapbəʃtɛlən], bestellt ab, bestellte ab, abbestellt ⟨tr.; hat; etw. a.⟩: *eine Bestellung, ein Abonnement kündigen:* ich will die Zeitung abbestellen. *Syn.:* abmelden.

ab|bie|gen [ˈapbiːɡn̩], biegt ab, bog ab, abgebogen ⟨itr.; ist⟩: *eine andere Richtung nehmen:* er ist falsch abgebogen; hier musst du [nach] links abbiegen.

ab|bil|den [ˈapbɪldn̩], bildet ab, bildete ab, abgebildet ⟨tr.; hat; jmdn., etw. a.⟩: *bildlich darstellen:* auf der Ansichtskarte war eine Burg abgebildet. *Syn.:* wiedergeben, zeigen.

die **Ab|bil|dung** [ˈapbɪldʊŋ], -, -en: *bildliche Darstellung:* ein Lexikon mit vielen Abbildungen. *Syn.:* Ansicht, Bild, Darstellung.

ab|bre|chen [ˈapbrɛçn̩], bricht ab, brach ab, abgebrochen: **1.** ⟨tr.; hat; etw. a.⟩ *durch Brechen entfernen:* er hat den Ast [vom Baum] abgebrochen. *Syn.:* abmachen, abtrennen. **2.** ⟨itr.; ist⟩ *sich lösen, indem es bricht:* die Nadel brach ab; die Spitze vom Bleistift ist abgebrochen. **3.** ⟨tr.; hat; etw. a.⟩ *unvermittelt beenden, mit etwas aufhören:* eine Diskussion, ein Experiment abbrechen; er hat das Studium abgebrochen. *Syn.:* aufgeben, aufhören mit, einstellen. **4.** ⟨itr.; hat⟩ *plötzlich aufhören:* die Telefonverbindung brach plötzlich ab; der Redner brach mitten im Satz ab. *Syn.:* aussetzen.

der **Ab|bruch** [ˈapbrʊx], -[e]s, Abbrüche [ˈapbrʏçə]: *plötzliches, unerwartetes Beenden:* den Abbruch seines Studiums hat er später bereut. *Zus.:* Schwangerschaftsabbruch.

ab|bu|chen [ˈapbuːxn̩], bucht ab, buchte ab, abgebucht ⟨tr.; hat; etw. a.⟩: *Geld vom Konto wegnehmen:* buchen Sie die Summe vom Konto 123456 ab; * **etwas abbuchen lassen:** *etwas bezahlen, indem man Geld von einem Konto auf ein anderes schickt:* ich lasse die Miete [monatlich] abbuchen.

ab|dan|ken [ˈapdaŋkn̩], dankt ab, dankte ab, abgedankt ⟨itr.; hat⟩: *von einem Amt zurücktreten:* die Ministerin, der Präsident dankte ab. *Syn.:* abtreten, ausscheiden.

ab|dre|hen [ˈapdreːən], dreht ab, drehte ab, abgedreht ⟨tr.; hat; etw. a.⟩: **1.** *zumachen* /Ggs. andrehen/: sie hat das Wasser

A

Abendessen

Zum Abendessen gibt es in Deutschland, Österreich und der Schweiz meist Brot mit Wurst und Käse. Können ein oder mehrere Familienmitglieder mittags nicht warm essen (z. B. weil es in der Firma des Vaters / der Mutter keine Kantine gibt), wird manchmal auch abends warm gegessen. Zum Abendessen trinkt man meistens Tee, Bier oder Saft.

abgedreht. **2.** *ausschalten* /Ggs. andrehen/: kannst du bitte noch das Licht im Flur abdrehen? *Syn.:* abschalten, abstellen, ausmachen.

der ¹**Ab|druck** ['apdrʊk]; -[e]s: *das Abdrucken:* der Abdruck des Romans beginnt in der nächsten Ausgabe.

der ²**Ab|druck** ['apdrʊk]; -[e]s, Abdrücke ['apdrʏkə]: *Spur:* der Abdruck der Füße im Sand. *Zus.:* Daumenabdruck, Fingerabdruck.

ab|dru|cken ['apdrʊkn̩], druckt ab, druckte ab, abgedruckt ⟨tr.; hat; etw. a.⟩: *etwas in einer Zeitung oder Zeitschrift gedruckt erscheinen lassen:* die Zeitung druckt die Rede morgen ab. *Syn.:* bringen, herausbringen, herausgeben, publizieren, veröffentlichen.

-a|bel [a:bl̩] ⟨adjektivisches Suffix an einem Verb mit »-ieren«⟩: drückt aus, dass etwas gemacht werden kann: reparabel, transportabel.

der **Abend** ['a:bn̩t]; -s, -e: **1.** *Zeit zwischen Nachmittag und Nacht* /Ggs. Morgen/: der heutige Abend; eines Abends; morgen Abend; Guten Abend! /Grußformel/; wir essen jetzt zu Abend. *Zus.:* Dienstagabend, Sommerabend, Weihnachtsabend. * **der Heilige Abend:** *der Abend oder der Tag vor dem ersten Weihnachtstag; der 24. Dezember.* **2.** *Veranstaltung am Abend:* ein anregender Abend; ein literarischer Abend. *Zus.:* Abschiedsabend, Elternabend, Theaterabend, Vortragsabend.

das **Abend|brot** ['a:bn̩tbro:t]; -[e]s (bes. nordd.): *Mahlzeit, die man am Abend isst:* zum Abendbrot gab es Vollkornbrot, Käse, Wurst und Salat. *Syn.:* Abendessen, Essen.

das **Abend|es|sen** ['a:bn̩tʔɛsn̩]; -s, -: *Mahlzeit, die man am Abend isst:* Johannes soll zum Abendessen zu Hause sein. *Syn.:* Abendbrot, Essen.

das **Abend|gym|na|si|um** ['a:bn̩tgʏmna:zi̯ʊm]; -s, Abendgymnasien ['a:bn̩tgʏmna:zi̯ən]: *Schule, an der berufstätige Erwachsene das Abitur ablegen können:* sie besucht das Abendgymnasium.

die **Abend|kas|se** ['a:bn̩tkasə]; -, -n: *Kasse, die abends vor der Vorstellung geöffnet hat:* Sie können die bestellten Karten an der Abendkasse abholen.

das **Abend|kleid** ['a:bn̩tklai̯t]; -[e]s, -er: *festliches Kleid, das man am Abend trägt.*

das **Abend|mahl** ['a:bn̩tma:l]; -[e]s: *symbolische Handlung, bei der Brot und Wein in der Kirche ausgeteilt werden:* das Abendmahl empfangen, nehmen. *Syn.:* Kommunion, Konfirmation.

das **Abend|rot** ['a:bn̩tro:t]; -s: *roter Himmel bei Sonnenuntergang:* heute ist das Abendrot besonders schön.

abends ['a:bn̩ts] ⟨Adverb⟩: *jeden Abend, am Abend* /Ggs. morgens/: abends [um] 8 Uhr; sie arbeitet von morgens bis abends.

das **Aben|teu|er** ['a:bn̩tɔy̯ɐ]; -s, -: *nicht alltägliches, spannendes Geschehen:* ein gefährliches Abenteuer; das Abenteuer lockt; ein Abenteuer suchen; mit dieser Reise hat sie sich auf ein Abenteuer eingelassen.

aben|teu|er|lich ['a:bn̩tɔy̯ɐlɪç], abenteuerlicher, am abenteuerlichsten ⟨Adj.⟩: *einem Abenteuer ähnlich:* eine abenteuerliche Reise; das klingt sehr abenteuerlich. *Syn.:* außergewöhnlich, einmalig, einzigartig, erstaunlich, gefährlich, gewagt, interessant, riskant, unwahrscheinlich.

¹**aber** ['a:bɐ] ⟨Konj.⟩: dient dazu, einen Gegensatz auszudrücken: er schlief, aber sie war wach; heute nicht, aber morgen; du kannst ja mitgehen, aber ich habe keine Lust; sie ist streng, aber gerecht; es ist aber so!; aber das stimmt doch gar nicht!; Zeit hätte ich schon, aber keine Lust.

²**aber** ['a:bɐ] ⟨Partikel⟩: **1.** dient dazu, eine Äußerung zu verstärken: aber ja!; aber gern!; aber natürlich! **2.** dient in Ausrufen dazu, Kritik auszudrücken: aber meine Herren!; aber Frau Balzer!; aber ich bitte Sie! *(das geht doch nicht!)*; aber, aber! *(nicht doch!)*. **3.** dient in Ausrufesätzen dazu, auszudrücken, dass man etwas besonders bemerkenswert findet: du hast aber viele Bücher!; der ist aber groß!; da hat er aber Glück gehabt!

aber|mals [ˈaːbɐmaːls] ⟨Adverb⟩: *ein weiteres Mal:* sie klopfte abermals.

ab|fah|ren [ˈapfaːrən], fährt ab, fuhr ab, abgefahren ⟨itr.; ist⟩: *einen Ort fahrend verlassen* /Ggs. ankommen/: der Bus fährt immer ganz pünktlich ab; er ist mit dem letzten Zug abgefahren. *Syn.:* abreisen.

die **Ab|fahrt** [ˈapfaːɐ̯t]; -, -en: **1.** *Beginn der Fahrt* /Ggs. Ankunft/: die Abfahrt des Zuges ist um 8.11 Uhr; die Abfahrt verzögert sich. *Syn.:* Abreise. **2.** *Ausfahrt von einer Autobahn:* bei Stau bitte die nächste Abfahrt benutzen.

der **Ab|fall** [ˈapfal]; -s, Abfälle [ˈapfɛlə]: *Reste, die übrig bleiben und nicht mehr weiter zu verwerten sind:* radioaktiver Abfall; biologischer Abfall wird getrennt gesammelt. *Syn.:* Müll.

der **Ab|fall|ei|mer** [ˈapfalˌai̯mɐ]; -s, -: *Eimer, in dem Abfall gesammelt wird:* bringst du noch den Abfalleimer runter? *Syn.:* Mülleimer.

ab|fal|len [ˈapfalən], fällt ab, fiel ab, abgefallen ⟨itr.; ist⟩: **1.** *sich lösen und herunterfallen:* die Äpfel fallen vom Baum ab. **2.** *schräg nach unten verlaufen, sich neigen:* der Weg fällt steil ab. **3.** *schlechter werden:* im zweiten Schuljahr fielen ihre Leistungen etwas ab. **4.** ⟨etw. fällt für jmdn. ab⟩ (ugs.) *als Gewinn, Vorteil abbekommen:* und was fällt bei der Sache für mich ab?

ab|fäl|lig [ˈapfɛlɪç], abfälliger, am abfälligsten ⟨Adj.⟩: *ablehnend:* eine abfällige Kritik; sie spricht abfällig über ihren Kollegen.

ab|fer|ti|gen [ˈapfɛrtɪɡn̩], fertigt ab, fertigte ab, abgefertigt ⟨tr.; hat; jmdn., etw. a.⟩: *bewirken, dass jmd., etwas befördert werden kann:* Pakete abfertigen; die Fluggäste nach Peking werden am Schalter 9 abgefertigt.

ab|fin|den [ˈapfɪndn̩], findet ab, fand ab, abgefunden ⟨sich mit jmdm., etw. a.⟩: *sich in etwas fügen:* sich mit den Tatsachen, mit der Situation abfinden; du musst dich damit abfinden, dass du kein Geld hast. *Syn.:* sich anfreunden, sich gewöhnen an.

ab|flie|gen [ˈapfliːɡn̩], fliegt ab, flog ab, abgeflogen ⟨itr.; ist⟩: *den Ort fliegend verlassen* /Ggs. ankommen/: das Flugzeug ist um 9 Uhr abgeflogen. *Syn.:* starten.

ab|flie|ßen [ˈapfliːsn̩], fließt ab, floss ab, abgeflossen ⟨itr.; ist⟩: **1.** *sich fließend entfernen:* das Wasser in der Badewanne fließt schlecht ab. **2.** *sich leeren:* die Badewanne fließt schlecht ab. *Syn.:* ablaufen.

der **Ab|flug** [ˈapfluːk]; -[e]s, Abflüge [ˈapflyːɡə]: *Start des Flugzeugs, Beginn des Fluges* /Ggs. Ankunft/: Abflug ist um 6.30 Uhr; der Abflug hat sich verzögert.

ab|fra|gen [ˈapfraːɡn̩], fragt ab, fragte ab, abgefragt ⟨tr.; hat; [jmdn./jmdm.] etw. a.⟩: *Kenntnisse überprüfen:* die Schülerinnen abfragen; die Lehrerin fragte die Kinder / den Kindern die Vokabeln ab. *Syn.:* abhören.

die **Ab|ga|be** [ˈapɡaːbə]; -, -n: **1.** *das Abgeben:* gegen Abgabe des Bons erhalten Sie an der Kinokasse eine Tüte Chips; Abgabe der fertigen Hausarbeiten: übermorgen! **2.** *Geld, das an die Gemeinde oder den Staat gezahlt werden muss:* die Abgaben sind sehr hoch. *Syn.:* Gebühr, ²Steuer. *Zus.:* Energieabgabe, Sonderabgabe, Umweltabgabe, Vermögensabgabe.

das **Ab|gas** [ˈapɡaːs]; -es, -e: *Gas, das beim Verbrennen entsteht und nicht mehr genutzt werden kann:* viele historische Bauwerke werden von Abgasen zerstört. *Zus.:* Autoabgas, Industrieabgas.

ab|ge|ar|bei|tet [ˈapɡəˌʔarbai̯tət], abgearbeiteter, am abgearbeitetsten ⟨Adj.⟩: **1.** *durch vieles Arbeiten erschöpft:* ein abgearbeiteter Mann; sie kam abgearbeitet nach Hause. **2.** *mit Spuren versehen, die durch körperliche Arbeit entstehen:* abgearbeitete Hände.

ab|ge|ben [ˈapɡeːbn̩], gibt ab, gab ab, abgegeben: **1.** ⟨tr.; hat; etw. [bei jmdm., irgendwo] a.⟩ *dem Empfänger geben:* einen Brief bei der Sekretärin abgeben; kannst du das Buch für mich abgeben? *Syn.:* abliefern. **2.** ⟨tr.; hat; etw. [bei jmdm., irgendwo] a.⟩ *zur Aufbewahrung geben:* willst du deinen Mantel an der Garderobe abgeben? **3.** ⟨tr.; hat; jmdm. [von etw.] etw. a.⟩ *jmdm. von einer Sache einen Teil geben:* gibst du mir das ein bisschen von deinem Eis ab? *Syn.:* schenken. **4.** ⟨tr.; hat; etw. a.⟩ *zu einem niedrigen Preis verkaufen:* Lehrbücher für Deutsch preiswert abzugeben!

ab|ge|hen [ˈapɡeːən], geht ab, ging ab, abgegangen: **1.** ⟨itr.; ist⟩ *von etwas weggehen:* er ist vom Gymnasium abgegangen; nach dem Monolog geht sie von der Bühne ab. **2.** ⟨itr.; ist⟩: *sich lösen:* hier ist die Farbe abgegangen; bei neuen Blusen gehen oft die Knöpfe ab. **3.** ⟨itr.; ist; von etw. a.⟩ *abgezogen, abgerechnet werden:*

bei Barzahlung gehen drei Prozent vom Preis ab.

ab|ge|le|gen ['apɡəle:ɡn̩], abgelegener, am abgelegensten ⟨Adj.⟩: *weit vom Zentrum entfernt gelegen:* ein abgelegenes Haus; der Ort ist sehr abgelegen; sie wohnen sehr abgelegen. *Syn.:* einsam, entfernt, entlegen.

der *und* die **Ab|ge|ord|ne|te** ['apɡəʔɔrdnətə]; -n, -n ⟨aber: [ein] Abgeordneter, [eine] Abgeordnete, Plural: [viele] Abgeordnete⟩: *Mitglied eines Parlaments:* sie ist schon seit vielen Jahren Abgeordnete des Bundestags. *Syn.:* Funktionär, Funktionärin, Vertreter, Vertreterin. *Zus.:* Bundestagsabgeordnete, Bundestagsabgeordneter, Europaabgeordnete, Europaabgeordneter, Kreistagsabgeordnete, Kreistagsabgeordneter, Landtagsabgeordnete, Landtagsabgeordneter, Parlamentsabgeordnete, Parlamentsabgeordneter.

ab|ge|schlos|sen ['apɡəʃlɔsn̩], abgeschlossener, am abgeschlossensten ⟨Adj.⟩: **1.** *in sich geschlossen:* eine abgeschlossene Wohnung. **2.** *beendet:* ein abgeschlossenes Werk; eine abgeschlossene Berufsausbildung ist sehr wichtig.

ab|ge|wöh|nen ['apɡəvøːnən], gewöhnt ab, gewöhnte ab, abgewöhnt ⟨tr.; hat; jmdm., sich etw. a.⟩: *eine [schlechte] Gewohnheit ablegen:* er beschloss, ihr das Naschen abzugewöhnen; sie will sich endlich das Rauchen abgewöhnen.

der **Ab|grund** ['apɡrʊnt]; -[e]s, Abgründe ['apɡrʏndə]: *große [gefährliche] Tiefe:* in den Abgrund stürzen. *Syn.:* ¹Kluft, Krater, Spalte.

ab|hal|ten ['aphaltn̩], hält ab, hielt ab, abgehalten: **1.** ⟨tr.; hat; etw. a.⟩ *nicht durchdringen lassen:* die Wände halten den Lärm ab. *Syn.:* aufhalten. **2.** ⟨jmdn. von etw. a.⟩ *daran hindern, etwas zu tun:* sie hielt ihn von der Arbeit ab; wir müssen ihn von dieser Entscheidung abhalten.

die **Ab|hand|lung** ['aphandlʊŋ]; -, -en: *längerer [wissenschaftlicher] Aufsatz:* eine umfangreiche Abhandlung; sie schreibt eine Abhandlung über den Feminismus. *Syn.:* Arbeit, Beitrag, Schrift.

¹**ab|hän|gen** ['aphɛŋən], hängt ab, hing ab, abgehangen ⟨itr.; hat; von jmdm., etw. a.⟩: *abhängig sein:* das hängt nur von dir ab; es hängt vom Wetter ab, ob der Ausflug stattfindet; für mich hängt viel davon ab *(für mich ist es sehr wichtig);* viele Studierende hängen finanziell von ihren Eltern ab.

²**ab|hän|gen** ['aphɛŋən], hängt ab, hängte ab, abgehängt ⟨tr.; hat⟩: **1.** ⟨etw. [von etw.] a.⟩ *herunternehmen:* nach der Scheidung hängte sie das Hochzeitsbild ab. **2.** ⟨jmdn. a.⟩ (ugs.) *hinter sich lassen:* beim Wettlauf hängt sie ihren kleinen Bruder leicht ab.

ab|hän|gig ['aphɛŋɪç], abhängiger, am abhängigsten ⟨Adj.⟩: **1.** *bestimmt, beeinflusst:* der Ausflug ist vom Wetter abhängig; das Urlaubsziel ist vom Geldbeutel abhängig. *Zus.:* saisonabhängig, temperaturabhängig, wetterabhängig. **2.** *auf jmdn., etwas angewiesen:* er ist finanziell von seinen Eltern abhängig; sie ist seit Jahren [von Kokain] abhängig. *Zus.:* alkoholabhängig, drogenabhängig, medikamentenabhängig. * **etwas von etwas abhängig machen:** *etwas zur Bedingung von etwas machen:* sie machte ihr Kommen vom Wetter abhängig.

die **Ab|hän|gig|keit** ['aphɛŋɪçkai̯t]; -, -en: **1.** *das Bestimmtsein:* die Abhängigkeit der Arbeitsplätze von der Konjunktur. *Zus.:* Exportabhängigkeit, Importabhängigkeit, Temperaturabhängigkeit. **2.** *das Angewiesensein:* finanzielle Abhängigkeit; Abhängigkeit von Alkohol und Drogen. *Zus.:* Alkoholabhängigkeit, Drogenabhängigkeit.

ab|hau|en ['aphau̯ən], haut ab, haute ab, abgehauen: **1.** ⟨tr.; hat; jmdm. etw. a.⟩ *durch Schlagen entfernen, trennen von etwas:* einer giftigen Schlange den Kopf abhauen; er hat einen Ast vom Baum abgehauen. *Syn.:* ablösen, abmachen, abtrennen. **2.** ⟨itr.; ist⟩ (ugs.) *weggehen:* sie haute heimlich ab; seine Frau ist ihm abgehauen; er ist mit der Vereinskasse abgehauen. *Syn.:* fliehen.

ab|he|ben ['aphe:bn̩], hebt ab, hob ab, abgehoben ⟨tr.; hat⟩: **1.** ⟨[etw.] a.⟩ *anheben und abnehmen:* den Deckel abheben; das Telefon klingelte, aber sie hob [den Hörer] nicht ab. **2.** ⟨sich Geld vom Konto auszahlen lassen /Ggs. einzahlen/:* vom Girokonto kann man pro Tag 500 Euro abheben; ich muss noch schnell zum Bankautomaten, um Geld abzuheben.

ab|ho|len ['apho:lən], holt ab, holte ab, abgeholt ⟨tr.; hat⟩: **1.** ⟨etw. a.⟩ *sich geben lassen:* ein Paket [von der Post] abholen; Sie können die bestellten Theaterkarten an der Kasse abholen. *Syn.:* holen. **2.** ⟨jmdn. a.⟩ *kommen, um jmdn. mitzunehmen:* jmdn. am Bahnhof abholen; sie hat die Kinder von der Schule abgeholt;

holst du mich heute Nachmittag zum Spaziergehen **ab**?

ab|hö|ren [ˈaphøːrən], hört ab, hörte ab, abgehört ⟨tr.; hat⟩: **1.** ⟨jmdn./jmdm. etw. a.⟩ *Kenntnisse überprüfen:* die Mutter hörte ihn/ihm die Vokabeln ab. *Syn.:* abfragen. **2.** ⟨jmdn., etw. a.⟩ *Geräusche im Körper prüfen:* das Herz, den Kranken abhören.

das **Abi|tur** [abiˈtuːɐ̯]; -s, -e: *Abschlussprüfung an einer höheren Schule, die zum Studium an einer Hochschule berechtigt:* das Abitur machen, bestehen; unsere Tochter hat gerade Abitur gemacht. *Syn.:* Prüfung. *Zus.:* Einserabitur, Fachabitur.

der **Abi|tu|ri|ent** [abituˈri̯ɛnt]; -en, -en, die **Abiturientin** [abituˈri̯ɛntɪn]; -, -nen: **1.** *Schüler/Schülerin nach Ablegen des Abiturs.* **2.** *Schüler/Schülerin der letzten Klasse an einer höheren Schule.*

ab|klin|gen [ˈapklɪŋən], klingt ab, klang ab, abgeklungen ⟨itr.; ist⟩ (geh.): **1.** *immer leiser werden:* der Lärm klingt ab. **2.** *schwächer werden:* das Fieber, der Schmerz ist abgeklungen; ihr Interesse klang allmählich ab.

ab|klop|fen [ˈapklɔpfn̩], klopft ab, klopfte ab, abgeklopft ⟨tr.; hat; etw. a.⟩: **1.** *durch Klopfen entfernen:* Staub [von der Jacke] abklopfen. **2.** *durch Klopfen sauber machen:* die Jacke abklopfen. *Syn.:* reinigen, säubern.

ab|ko|chen [ˈapkɔxn̩], kocht ab, kochte ab, abgekocht ⟨tr.; hat; etw. a.⟩: *kochen, bis etwas keimfrei ist:* Wasser, Milch abkochen.

das **Ab|kom|men** [ˈapkɔmən]; -s, -: *Vertrag:* ein geheimes Abkommen. *Syn.:* Abmachung, Vereinbarung. *Zus.:* Handelsabkommen, Kulturabkommen, Wirtschaftsabkommen.

ab|küh|len [ˈapkyːlən], kühlt ab, kühlte ab, abgekühlt: **1.** ⟨tr.; hat; etw. a.⟩ *kühl[er] machen:* die Suppe, den Kaffee durch Pusten abkühlen; das Gewitter hat die Luft [etwas] abgekühlt. **2.** ⟨itr.; ist⟩ *kühl[er] werden:* lass den Tee erst mal abkühlen; ⟨sich a.⟩ das Wasser, die Luft hat sich abgekühlt.

ab|kür|zen [ˈapkʏrt͜sn̩], kürzt ab, kürzte ab, abgekürzt ⟨tr.; hat; etw. a.⟩: **1.** *kürzer machen:* den Weg abkürzen. **2.** *vorzeitig beenden:* eine Rede abkürzen; sie hat ihren Aufenthalt abgekürzt. **3.** *kürzer ausdrücken:* einen Namen abkürzen; den Ausdruck »zum Beispiel« kürzt man [mit] »z. B.« ab.

die **Ab|kür|zung** [ˈapkʏrt͜sʊŋ]; -, -en: **1.** *kürzerer Weg:* eine Abkürzung nehmen, fahren; kennst du eine Abkürzung? **2.** *vorzeitiges Beenden:* sie beschließt eine Abkürzung ihres Aufenthaltes; eine Abkürzung des Verfahrens ist leider nicht möglich. **3.** *abgekürztes Wort:* die Abkürzung für »und so weiter« ist »usw.«; die Abkürzung Lkw bedeutet Lastkraftwagen; Abkürzungen sind sehr beliebt.

ab|la|den [ˈaplaːdn̩], lädt ab, lud ab, abgeladen ⟨tr.; hat; etw. a.⟩: **1.** *(von einem Wagen) herunternehmen* /Ggs. aufladen/: Holz, Steine abladen; wo soll ich dich abladen? (scherzh.: *wo soll ich dich aussteigen lassen?*). *Syn.:* ¹ausladen. **2.** *(einen Wagen) leer machen:* den Lastwagen abladen; ⟨auch itr.:⟩ ich muss noch abladen.

die **Ab|la|ge** [ˈaplaːɡə]; -, -n: *Raum, Stelle, wo etwas abgelegt wird:* die Kleiderbürste liegt auf der Ablage in der Garderobe; Akten in die Ablage bringen. *Zus.:* Hutablage.

ab|las|sen [ˈaplasn̩], lässt ab, ließ ab, abgelassen: **1.** ⟨tr.; hat; etw. a.⟩ *herauslaufen lassen:* das Wasser aus der Badewanne ablassen. **2.** ⟨tr.; hat; jmdm. etw. a.⟩ *[preiswert] verkaufen, abgeben:* ich würde Ihnen das Buch für acht Euro ablassen. *Syn.:* überlassen.

der **Ab|lauf** [ˈaplau̯f]; -s, Abläufe [ˈaplɔɪ̯fə]: **1.** *Verlauf:* für einen reibungslosen Ablauf [der Arbeiten] sorgen; die technischen, politischen Abläufe. *Syn.:* Reihenfolge. *Zus.:* Arbeitsablauf, Handlungsablauf, Programmablauf, Tagesablauf. **2.** *Beendigung:* nach Ablauf des Quartals; vor Ablauf der gesetzten Frist; das Medikament darf man nach Ablauf der Haltbarkeitsdauer nicht mehr verwenden.

ab|lau|fen [ˈaplau̯fn̩], läuft ab, lief ab, abgelaufen: **1.** ⟨itr.; ist⟩ *abfließen* (a): das Badewasser ablaufen lassen. **2.** ⟨itr.; ist; von etw. a.⟩ *herunterfließen:* stell bitte die Teller so, dass das Wasser ablaufen kann. **3.** ⟨tr.; ist/hat; jmdn., etw. [nach etw.] a.⟩ *der Reihe nach aufsuchen:* ich bin/habe alle Buchläden nach dem neuen Roman abgelaufen; er lief alle Kunden ab. **4.** ⟨itr.; ist⟩ *stehen bleiben:* die Uhr ist abgelaufen. **5.** ⟨itr; ist⟩ *zu Ende gehen; zu gelten aufhören:* die Frist läuft morgen ab; mein Pass ist abgelaufen; ein abgelaufener Vertrag, Ausweis. *Syn.:* auslaufen, verfallen.

ab|le|gen [ˈapleːɡn̩], legt ab, legte ab, abgelegt: **1.** ⟨tr.; hat; etw. a.⟩ *hinlegen:* den

Hörer ablegen; kann ich meine Tasche kurz hier ablegen? **2.** ⟨tr.; hat; [etw.] a.⟩ *(ein Kleidungsstück o. Ä.) ausziehen:* die Jacke ablegen; ⟨auch itr.⟩ legen Sie bitte ab! **3.** ⟨tr.; hat; etw. a.⟩ als Funktionsverb: eine Prüfung ablegen *(sich prüfen lassen);* einen Eid ablegen *(schwören);* ein Geständnis ablegen *(etwas gestehen);* ein Bekenntnis ablegen *(etwas bekennen).* **4.** ⟨itr.; hat⟩ *(von Schiffen oder Personen an Bord eines Schiffes) von der Stelle wegfahren, an der man einsteigen kann* /Ggs. anlegen/: die Fähre hatte gerade abgelegt, als wir eintrafen; gleich legen wir ab.

ab|leh|nen [ˈapleːnən], lehnt ab, lehnte ab, abgelehnt ⟨tr.; hat; etw. a.⟩: **1.** *nicht annehmen* /Ggs. annehmen/: ein Angebot ablehnen; dieser Vorschlag wurde einstimmig abgelehnt; leider muss ich Ihre Einladung ablehnen, ich habe bereits etwas anderes vor. **2.** *nicht genehmigen* /Ggs. annehmen/: der Antrag wurde abgelehnt; ich kann seine Bitte um Hilfe doch nicht ablehnen. **3.** *nicht gut finden:* er lehnt Popmusik ab; sie lehnen jede Gewalt gegen Menschen aus religiösen Gründen ab; so etwas lehne ich [ganz entschieden] ab; ⟨jmdn. a.⟩ sie lehnte ihre Schwiegertochter von Anfang an ab; ⟨häufig im 1. Partizip⟩ jmdm., einer Sache ablehnend gegenüberstehen; ablehnend reagieren. *Syn.:* missbilligen. **4.** *nicht anerkennen:* sie lehnt jede Verantwortung für diese Sache ab; der Angeklagte lehnte den Richter als parteiisch ab; das Urteil ablehnen. **5.** *sich weigern, etwas zu tun:* ich lehne die Zahlung des Bußgeldes ab; sie lehnte es ab, mit uns zu kommen. *Syn.:* verweigern.

ab|lei|ten [ˈaplaɪtn̩], leitet ab, leitete ab, abgeleitet ⟨tr.; hat⟩: **1.** ⟨etw. [irgendwohin] a.⟩ *in eine andere Richtung leiten:* den Fluss ableiten. *Syn.:* ablenken. **2.** ⟨etw. aus etw. a.⟩ *herleiten:* eine Formel aus Versuchen ableiten. **3.** ⟨sich aus etw. a.⟩ *folgen:* das eine leitet sich aus dem anderen ab. **4.** ⟨etw. von etw. a.⟩ *aus der Abstammung herleiten:* er leitet seine Herkunft, seinen Namen von den Griechen ab. *Syn.:* herleiten. **5.** ⟨sich aus etw. a.⟩ *aus etwas stammen:* dieses Wort leitet sich aus dem Niederländischen ab. *Syn.:* abstammen, sich herleiten.

die **Ab|lei|tung** [ˈaplaɪtʊŋ]; -, -en: (Sprachw.) *abgeleitetes Wort:* »Heiterkeit« ist eine Ableitung (von »heiter«).

ab|len|ken [ˈaplɛŋkn̩], lenkt ab, lenkte ab, abgelenkt ⟨tr.; hat⟩: **1.** ⟨etw. a.⟩ *in eine andere Richtung lenken:* den Ball [zur Ecke] ablenken. *Syn.:* ableiten. **2.** ⟨jmdn., etw. [von jmdm., etw.] a.⟩ *dazu bringen, etwas anderes zu tun:* jmdn. [von der Arbeit] ablenken; die Aufmerksamkeit der Schüler wurde durch den Clown abgelenkt; ⟨itr.; hat⟩ er will nur [vom Thema] ablenken *(das Gesprächsthema wechseln).* **3.** ⟨jmdn., sich [von etw.] a.⟩ *auf andere Gedanken bringen:* jmdn., sich durch Musik ein wenig ablenken; sie geht ins Kino, um sich von ihren Sorgen abzulenken.

ab|le|sen [ˈapleːzn̩], liest ab, las ab, abgelesen ⟨tr.; hat; etw. [von etw.] a.⟩: **1.** *nach einer schriftlichen Vorlage sprechen:* sie hat ihre Rede abgelesen; der Sprecher liest die Nachrichten vom Teleprompter ab. **2.** *(den Stand eines Instruments o. Ä.) feststellen:* den Kilometerstand ablesen; den Strom *(den Stand des Stromzählers)* ablesen; sie las das Thermometer *(die Temperatur auf dem Thermometer)* ab.

ab|lie|fern [ˈapliːfɐn], liefert ab, lieferte ab, abgeliefert ⟨tr.; hat; etw. [bei jmdm., irgendwo] a.⟩: *nach Vorschrift übergeben:* bestellte Ware ist pünktlich [beim Kunden] abzuliefern; er hat die Tasche beim Fundbüro abgeliefert; den Rest des Geldes lieferte sie dem Vater ab. *Syn.:* abgeben, überbringen.

ab|lö|sen [ˈapløːzn̩], löst ab, löste ab, abgelöst ⟨tr.; hat⟩: **1.** ⟨etw. [von etw.] a.⟩ *vorsichtig entfernen:* die Briefmarke [von dem Papier] ablösen. *Syn.:* abmachen, abnehmen, abtrennen, lösen. **2.** ⟨sich [von etw.] a.⟩ *sich lösen:* die Farbe löst sich [vom Holz] ab. *Syn.:* abgehen. **3.** ⟨jmdn. a.⟩ *die Arbeit (von jmdm.) übernehmen:* einen Kollegen ablösen; um 6 Uhr morgens wurde die Nachtschwester abgelöst; sie soll den derzeitigen Direktor ablösen *(soll seinen Posten übernehmen);* der Frühling löst den Winter ab *(folgt auf den Winter).*

ab|ma|chen [ˈapmaxn̩], macht ab, machte ab, abgemacht ⟨tr.; hat⟩: **1.** ⟨etw. [von etw.] a.⟩ (ugs.) *entfernen* /Ggs. anmachen/: den Schmutz von den Schuhen abmachen; die Verkäuferin machte das Preisschild ab. **2.** ⟨etw. [mit jmd.] a.⟩ *vereinbaren:* wir haben abgemacht, dass er zu uns kommt; abgemacht! *(einverstanden!).* *Syn.:* absprechen, ausmachen, festlegen, verabreden.

die **Ab|ma|chung** [ˈapmaxʊŋ]; -, -en: *Vereinba-*

rung: eine bindende Abmachung; eine Abmachung treffen *(etwas vereinbaren);* das ist gegen unsere Abmachung!

ab|mel|den [ˈapmɛldn̩], meldet ab, meldete ab, abgemeldet ⟨tr.; hat⟩: **1.** ⟨jmdn., sich, etw. [irgendwo] a.⟩ *bei einer Behörde melden, dass man etwas nicht mehr braucht* /Ggs. anmelden/: das Telefon, den Fernseher abmelden; sich auf dem Einwohnermeldeamt abmelden; für die Wintermonate hat er sein Motorrad abgemeldet. **2.** ⟨jmdn., sich a.⟩ *mitteilen, dass man etwas nicht mehr besucht:* ein Kind von der Schule abmelden; sie hat sich vom Kurs wieder abgemeldet.

ab|mes|sen [ˈapmɛsn̩], misst ab, maß ab, abgemessen ⟨tr.; etw. a.⟩: **1.** *nach einem Maß bestimmen:* er hat den Abstand abgemessen. *Syn.:* ermitteln, feststellen, messen. **2.** *(einen Teil von etwas) messen:* die Verkäuferin misst einen Meter Stoff [vom Ballen] ab.

die Ab|nah|me [ˈapnaːmə]; -, -n: **1.** *das Entfernen:* die Abnahme des Verbandes war sehr schmerzhaft. **2.** *das Geringerwerden:* die deutliche Abnahme der Schülerzahlen war bedenklich. **3.** *das Verkauftwerden:* bei Abnahme größerer Mengen gewähren wir Rabatt. *Syn.:* Absatz, Verkauf.

ab|neh|men [ˈapneːmən], nimmt ab, nahm ab, abgenommen ⟨tr.; hat⟩: **1.** ⟨etw. a.⟩ *entfernen:* die Brille abnehmen; nimmst du bitte das Telefon ab?; als das Telefon klingelte, nahm sie den Hörer nicht ab; ich habe mir den Bart abgenommen *(habe mir den Bart abrasiert);* der Arzt nahm den Verband ab; ⟨auch itr.⟩ sie nimmt nicht ab *(geht nicht ans Telefon). Syn.:* abmachen, wegnehmen. **2.** ⟨jmdm. etw. a.⟩ *wegnehmen:* sie haben ihm die Brieftasche abgenommen; die Polizei hat ihr den Führerschein abgenommen. **3.** ⟨itr.; hat⟩ *an Gewicht verlieren* /Ggs. zunehmen/: er hat drei Kilo abgenommen. **4.** *kleiner, geringer werden* /Ggs. zunehmen/: die Geschwindigkeit nimmt ab; die Zahl der Studenten hat abgenommen; die Tage nehmen ab *(werden kürzer). Syn.:* fallen, nachlassen, sinken, sich verkleinern, sich verringern.

die Ab|nei|gung [ˈapnai̯ɡʊŋ]; -, -en: *starkes Gefühl, jmdn., etwas nicht zu mögen:* eine große Abneigung gegen jmdn., etwas haben. *Syn.:* Antipathie, Ekel, Feindschaft, Hass, Widerwille.

ab|nut|zen [ˈapnʊtsn̩], nutzt ab, nutzte ab, abgenutzt ⟨tr.; hat⟩ (bes. nordd.):

1. ⟨etw. a.⟩ *durch Gebrauch im Wert mindern:* die Möbel sind schon sehr abgenutzt. *Syn.:* abnützen (bes. südd., österr., schweiz.), verbrauchen. **2.** ⟨sich a.⟩ *durch Gebrauch an Wert verlieren:* die Autoreifen haben sich im Laufe der Zeit abgenutzt.

ab|nüt|zen [ˈapnʏtsn̩], nützt ab, nützte ab, abgenützt ⟨tr.; hat; etw. a.⟩ (bes. südd., österr., schweiz.): ↑ abnutzen.

das Abon|ne|ment [abɔnəˈmãː]; -s, -s: *regelmäßiges Erhalten von Zeitschriften, Eintrittskarten:* etwas im Abonnement beziehen; er hat sein Abonnement verlängert. *Zus.:* Jahresabonnement, Theaterabonnement, Zeitschriftenabonnement, Zeitungsabonnement.

der Abon|nent [abɔˈnɛnt]; -en, -en, **die Abonnen|tin** [abɔˈnɛntɪn]; -, -nen: *Person, die etwas abonniert hat:* die Abonnenten und Abonnentinnen der Lokalzeitung.

abon|nie|ren [abɔˈniːrən], abonnierte, abonniert ⟨tr.; hat; etw. a.⟩: *regelmäßig erhalten:* eine Zeitung abonnieren, abonniert haben.

ab|pral|len [ˈapralən], prallt ab, prallte ab, abgeprallt ⟨itr.; ist; [irgendwo] a.⟩: *federnd zurückspringen:* die Kugel prallte [von/an der Wand] ab.

ab|ra|ten [ˈapraːtn̩], rät ab, riet ab, abgeraten ⟨itr.; hat; [jmdm.] von etw. a.⟩: *empfehlen, etwas nicht zu tun:* ich habe [ihr] von der Reise dringend abgeraten. *Syn.:* ausreden, warnen vor.

ab|räu|men [ˈaprɔy̯mən], räumt ab, räumte ab, abgeräumt ⟨tr.; hat; [etw.] a.⟩: **1.** *wegnehmen:* die Teller, das Geschirr abräumen. *Syn.:* abtragen. **2.** *leer machen:* den Tisch abräumen; ⟨auch itr.⟩ die Kellnerin räumt bereits ab.

ab|rech|nen [ˈaprɛçnən], rechnet ab, rechnete ab, abgerechnet: **1.** ⟨tr.; hat; etw. [von etw.] a.⟩ *(einen Teil von einer Summe oder einem Betrag) durch Rechnen wegnehmen:* die Unkosten vom Gewinn abrechnen; wenn du die Ausgaben für Wohnen und Essen abrechnest, bleibt nicht mehr viel Geld übrig. **2.** *die abschließende Rechnung machen:* ⟨tr.; hat; etw. a.⟩ hast du schon deine Fahrtkosten abgerechnet?; ⟨itr.; hat⟩ er schloss den Laden und rechnete ab. **3.** ⟨itr.; hat; mit jmdm. a.⟩ *die Ausgaben prüfen:* ich muss noch mit den Lieferanten abrechnen.

die Ab|rech|nung [ˈaprɛçnʊŋ]; -, -en: *abschließende Rechnung:* die Abrechnung für Strom erfolgt Anfang des Jahres.

ab|rei|ben ['apraibn̩], reibt ab, rieb ab, abgerieben ⟨tr.; hat⟩: **1.** ⟨etw. [von etw.] a.⟩ *durch Reiben entfernen:* einen Fleck [von der Hose] abreiben. **2.** ⟨[jmdm., sich] etw. a.⟩ *durch Reiben reinigen:* sich die schmutzigen Hände mit einem Taschentuch abreiben; reib dir bitte die Schokolade ab. *Syn.:* abwischen. **3.** ⟨jmdn., sich a.⟩ *abtrocknen:* sie rieb das Kind mit einem Handtuch ab; nach dem Bad musst du dich gut abreiben.

die **Ab|rei|se** ['apraizə]; -, -n: *die Abfahrt:* ich habe seit seiner [überstürzten] Abreise nach Paris nichts mehr von ihm gehört.

ab|rei|sen ['apraizn̩], reist ab, reiste ab, abgereist ⟨itr.; ist⟩: *fortfahren:* sie ist gestern nach Paris abgereist; die französische Delegation reiste aus Protest [vorzeitig] ab; unser Besuch reist morgen [wieder] ab. *Syn.:* abfahren.

ab|rei|ßen ['apraisn̩], reißt ab, riss ab, abgerissen: **1.** ⟨tr.; hat; etw. [von etw.] a.⟩ *durch Reißen entfernen:* ein Kalenderblatt abreißen; reiß doch die Blumen nicht ab! *Syn.:* abmachen, abtrennen. **2.** ⟨tr.; hat; etw. a.⟩ *zerstören:* das baufällige Haus wird abgerissen. **3.** ⟨itr.; ist⟩ *sich lösen:* mir ist ein Knopf abgerissen. *Syn.:* abgehen, sich ablösen, abtrennen. **4.** ⟨itr.; ist⟩ *aufhören:* den Kontakt nicht abreißen lassen; die Funkverbindung riss plötzlich ab; der Flüchtlingsstrom wollte nicht abreißen.

der **Ab|riss** ['apris]; -es, -e: **1.** *das Abreißen eines Bauwerks:* der Abriss der alten Fabrik dauerte einen Monat. **2.** *kurze Darstellung:* ein Abriss der deutschen Grammatik, Geschichte. *Syn.:* Übersicht, Zusammenfassung.

ab|rü|cken ['aprʏkn̩], rückt ab, rückte ab, abgerückt: **1.** ⟨tr.; hat; etw. [von etw.] a.⟩ *fortschieben:* den Schrank [von der Wand] abrücken. *Syn.:* abschieben. **2.** ⟨itr.; ist; von jmdm. a.⟩ *sich ein wenig entfernen:* ich rückte [ein wenig] von ihr ab. **3.** ⟨itr.; ist; von etw. a.⟩ *sich distanzieren:* er war nicht bereit, von seinem Plan abzurücken. *Syn.:* sich distanzieren, widerrufen.

ab|ru|fen ['apruːfn̩], ruft ab, rief ab, abgerufen ⟨tr.; hat⟩: **1.** ⟨jmdn. a.⟩ *(aus etwas) herausholen:* jmdn. aus einer Sitzung, von der Arbeit abrufen. **2.** ⟨etw. a.⟩ *(EDV) abfragen:* ihre persönlichen Daten können am Bildschirm abgerufen werden.

ab|rut|schen ['aprʊtʃn̩], rutscht ab, rutscht ab, abgerutscht ⟨itr.; ist⟩:

1. *ohne Absicht rutschen:* ich rutschte vom Beckenrand ab; das Messer ist mir abgerutscht. **2.** (ugs.) *schlechter werden:* er rutscht [in Mathematik] immer mehr ab; ihre Leistungen rutschten stark ab.

die **Ab|sa|ge** ['apzaːgə]; -, -n: **1.** *ablehnender Bescheid* /Ggs. Zusage/: sie bekam eine Absage auf ihre Bewerbung. **2.** *völliges Ablehnen:* eine Absage an den Krieg.

ab|sa|gen ['apzaːgn̩], sagt ab, sagte ab, abgesagt ⟨tr.; hat; etw. a.⟩: **1.** *nicht stattfinden lassen:* ein Fest, Konzert absagen. *Syn.:* absetzen. **2.** *eine Zusage widerrufen* /Ggs. zusagen/: sie sagte ihren Besuch [telefonisch] ab; ⟨auch itr.⟩ ich musste [ihr] leider absagen.

der **Ab|satz** ['apzats]; -es, Absätze ['apzɛtsə]: **1.** *Teil der [Schuh]sohle:* hohe Absätze. *Zus.:* Gummiabsatz, Lederabsatz, Stiefelabsatz. **2.** *Abschnitt eines Textes:* einen Absatz machen; sie gliederte ihren Text in mehrere Absätze; er las nur den letzten Absatz des Briefes vor. *Syn.:* Stück, Teil. **3.** *das Verkauftwerden:* der Absatz der Waren war rückläufig; diese Gummistiefel finden reißenden Absatz *(werden sehr gut verkauft).* *Syn.:* Verkauf.

ab|schaf|fen ['apʃafn̩], schafft ab, schaffte ab, abgeschafft ⟨tr.; hat; etw. a.⟩: **1.** *außer Kraft setzen:* einen Feiertag abschaffen; in Deutschland ist die Todesstrafe schon lange abgeschafft. *Syn.:* aufheben, beseitigen. **2.** *verkaufen, verschenken:* sein Auto, seinen Hund abschaffen.

ab|schal|ten ['apʃaltn̩], schaltet ab, schaltete ab, abgeschaltet: **1.** ⟨tr.; hat; etw. a.⟩ *ausschalten:* den Motor, den Fernsehapparat abschalten. *Syn.:* abdrehen, abstellen, ausmachen. **2.** ⟨itr.; hat⟩ (ugs.) *sich nicht mehr konzentrieren:* einige Zuhörer hatten bereits abgeschaltet. **3.** ⟨itr.; hat⟩ *sich entspannen:* im Urlaub einmal richtig abschalten. *Syn.:* sich erholen.

ab|schi|cken ['apʃikn̩], schickt ab, schickte ab, abgeschickt ⟨tr.; hat; etw. a.⟩: *verschicken:* einen Brief, ein Paket abschicken; hast du die E-Mail schon abgeschickt? *Syn.:* absenden, schicken.

ab|schie|ben ['apʃiːbn̩], schiebt ab, schob ab, abgeschoben ⟨tr.; hat⟩: **1.** ⟨etw. [von etw.] a.⟩ *wegschieben:* sie hat die Couch [von der Wand] abgeschoben. *Syn.:* abrücken. **2.** ⟨etw. [auf jmdn.] a.⟩ *auf einen anderen übertragen:* immer schiebst du die Schuld auf mich ab!; er hat die Arbeit, die Verantwortung schon immer gern [auf andere] abgeschoben. **3.** ⟨jmdn. [irgendwohin] a.⟩ *des Landes verweisen:*

man hat ihn als unerwünschten Flüchtling [in sein Heimatland, über die Grenze] abgeschoben. *Syn.:* ausweisen.

die **Ab|schie|bung** [ˈapʃiːbʊŋ]; -, -en: *das Abschieben:* den Flüchtlingen droht die Abschiebung [in ihr Heimatland].

der **Ab|schied** [ˈapʃiːt]; -[e]s, -e: *Trennung:* ein tränenreicher Abschied; der Abschied von den Eltern, von zu Hause fiel ihm schwer; * **Abschied nehmen:** *sich verabschieden.*

ab|schlep|pen [ˈapʃlɛpn̩], schleppt ab, schleppte ab, abgeschleppt: **1.** ⟨tr.; hat; etw. a.⟩ *fortbringen:* ein falsch geparktes Auto abschleppen lassen. *Syn.:* wegziehen. **2.** ⟨sich mit etw. a.⟩ *(ugs.) etwas Schweres tragen:* sie hat sich mit dem Koffer abgeschleppt.

ab|schlie|ßen [ˈapʃliːsn̩], schließt ab, schloss ab, abgeschlossen ⟨tr.; hat; etw. a.⟩: **1.** *mit einem Schlüssel zuschließen:* das Zimmer, den Koffer abschließen; hast du die Tür, das Auto abgeschlossen? *Syn.:* absperren (bes. österr., südd.), schließen, verschließen, versperren (bes. österr., südd.), zumachen, zusperren (bes. österr., südd.). **2.** *zu Ende führen:* eine Untersuchung abschließen; er hat seine Ausbildung nicht abgeschlossen; ⟨häufig im 1. und 2. Partizip⟩ abschließend möchte ich noch bemerken, dass …; ein abgeschlossenes Studium. *Syn.:* beenden. **3.** *[vertraglich] vereinbaren:* ein Geschäft, Bündnis abschließen; sie hat eine Unfallversicherung abgeschlossen. *Syn.:* aushandeln, verabreden.

der **Ab|schluss** [ˈapʃlʊs]; -es, Abschlüsse [ˈapʃlʏsə]: **1.** *das Beenden:* ein schneller Abschluss; nach Abschluss der Verhandlungen. *Syn.:* Ausgang, Ende, Schluss. * **etwas zum Abschluss bringen:** *etwas beenden:* sie bringt ihre Doktorarbeit zum Abschluss. *Syn.:* abschließen, etwas schließen. **2.** *Vereinbarung:* zum Abschluss eines Vertrages ist es noch nicht gekommen; denken Sie an den Abschluss einer privaten Unfallversicherung! *Syn.:* Abmachung, Absprache, Übereinkunft, Verabredung.

die **Ab|schluss|prü|fung** [ˈapʃlʊspryːfʊŋ]; -, -en: *letzte Prüfung vor Verlassen einer Schule, Beenden einer Ausbildung:* er hat die Abschlussprüfung mit Auszeichnung bestanden.

ab|schnei|den [ˈapʃnaɪdn̩], schneidet ab, schnitt ab, abgeschnitten: **1.** ⟨tr.; hat; etw. [von etw.] a.⟩ *(mit Schere oder Messer) abtrennen:* einen Zweig [von einem

Strauch] abschneiden; schneid dir doch noch eine Scheibe [von der] Wurst ab. *Syn.:* abmachen. **2.** ⟨tr.; hat; etw. a.⟩ *kürzer schneiden:* die Haare, den Bart abschneiden. *Syn.:* kürzen. **3.** ⟨tr.; hat; etw. von etw. a.⟩ *trennen:* das Dorf war durch die Überschwemmung tagelang von der Außenwelt abgeschnitten. *Syn.:* abschließen, isolieren. **4.** ⟨itr.; hat⟩ *(ugs.) zu einem Ergebnis kommen:* sie hat bei der Prüfung gut, schlecht abgeschnitten.

der **Ab|schnitt** [ˈapʃnɪt]; -[e]s, -e: **1.** *Teil eines Textes:* der erste Abschnitt des Textes. *Syn.:* Absatz, Paragraf, Stück. **2.** *Zeitraum:* ein Abschnitt der Geschichte; ein entscheidender Abschnitt in meinem Leben. *Syn.:* Epoche, Etappe, Periode, Phase. *Zus.:* Lebensabschnitt, Zeitabschnitt. **3.** *Teil, der abgetrennt werden kann:* der Abschnitt der Eintrittskarte, Paketkarte; bitte bewahren Sie diesen Abschnitt auf! *Zus.:* Kontrollabschnitt.

ab|schrei|ben [ˈapʃraɪbn̩], schreibt ab, schrieb ab, abgeschrieben: **1.** ⟨tr.; hat; etw. [aus etw.] a.⟩ *(noch einmal) schreiben:* eine Stelle aus einem Buch abschreiben; deinen Brief schreibst du bitte nochmals sauber ab. *Syn.:* kopieren. **2.** ⟨tr.; hat; etw. [von jmdm./aus etw.] a.⟩ *einen Text unerlaubt verwenden:* das hat er bestimmt irgendwo abgeschrieben; ⟨auch itr.⟩ die Schülerin hat von/bei ihrem Nachbarn abgeschrieben. **3.** ⟨itr.; hat⟩ *schriftlich absagen:* wir mussten ihr leider abschreiben.

die **Ab|schrift** [ˈapʃrɪft]; -, -en: *abgeschriebener Text:* eine beglaubigte Abschrift des Zeugnisses liegt bei; [von etwas] eine Abschrift anfertigen, machen. *Syn.:* Kopie.

ab|schüt|teln [ˈapʃʏtl̩n], schüttelt ab, schüttelte ab, abgeschüttelt ⟨tr.; hat⟩: **1.** ⟨etw. [von sich, etw.] a.⟩ *durch Schütteln entfernen:* ich schüttelte den Schnee [vom Mantel] ab. **2.** ⟨etw. a.⟩ *durch Schütteln sauber machen:* das Tischtuch abschütteln.

¹**ab|seits** [ˈapzaɪts] ⟨Präp. mit Gen.⟩: *entfernt von etwas:* abseits der Autobahn; abseits des Weges steht ein Haus.

²**ab|seits** [ˈapzaɪts] ⟨Adverb⟩: *fern von etw.:* der Hof liegt abseits vom Dorf. *Syn.:* außerhalb.

ab|sen|den [ˈapzɛndn̩], sendet ab, sandte/sendete ab, abgesandt/abgesendet ⟨tr.; hat; etw. a.⟩: *abschicken:* er hat seinen Antrag nicht rechtzeitig abgesandt/abgesendet. *Syn.:* schicken, ¹senden.

A

der **Ab|sen|der** [ˈapzɛndɐ]; -s, -: **1.** *männliche Person, die etwas abschickt:* er ist der Absender des Briefes. **2.** *Name und Adresse des Absendenden:* Absender nicht vergessen!; falls Empfänger verzogen, bitte zurück an Absender!

die **Ab|sen|de|rin** [ˈapzɛndərɪn]; -, -nen: *weibliche Person, die etwas abschickt:* sie ist die Absenderin des Päckchens.

ab|set|zen [ˈapzɛtsn̩], setzt ab, setzte ab, abgesetzt ⟨tr.; hat⟩: **1.** ⟨etw. a.⟩ *ablegen:* die Brille absetzen. *Syn.:* abnehmen, ausziehen. **2.** ⟨jmdn. a.⟩ *aussteigen lassen:* ich setze Sie am Bahnhof ab. **3.** ⟨jmdn. a.⟩ *aus einem Amt entfernen:* die Präsidentin wurde abgesetzt. *Syn.:* entmachten, stürzen. **4.** ⟨etw. a.⟩ *absagen:* einen Punkt von der Tagesordnung absetzen; das Theaterstück ist abgesetzt worden. **5.** ⟨etw. a.⟩ *nicht weiter einnehmen:* ein Medikament absetzen.

die **Ab|sicht** [ˈapzɪçt]; -, -en: *das Wollen:* sie hat die Absicht zu kommen; das hat er mit [voller] Absicht *(absichtlich, vorsätzlich)* getan; es war nicht meine Absicht, dich zu beleidigen. *Syn.:* Plan, Vorhaben, Vorsatz, Ziel, Bestrebungen ⟨Plural⟩.

ab|sicht|lich [ˈapzɪçtlɪç] ⟨Adj.⟩: *mit Absicht; gewollt:* eine absichtliche Täuschung; du hast mich absichtlich falsch informiert. *Syn.:* bewusst, vorsätzlich.

¹**ab|so|lut** [apzoˈluːt] ⟨Adj.⟩: **1.** *uneingeschränkt; völlig:* absolute Glaubensfreiheit; die Kranke braucht absolute Ruhe. *Syn.:* vollkommen. **2.** *nicht mehr steigerbar:* der absolute Rekord dieses Tages.

²**ab|so|lut** [apzoˈluːt] ⟨Adverb⟩: *ganz und gar:* von Geschichte hat er absolut keine Ahnung; das ist absolut unmöglich. *Syn.:* ganz, komplett, völlig, vollkommen.

der **Ab|sol|vent** [apzɔlˈvɛnt]; -en, -en, die **Ab|sol|ven|tin** [apzɔlˈvɛntɪn]; -, -nen: *Schüler/Schülerin, Student/Studentin kurz vor oder nach der abschließenden Prüfung:* sie ist Absolventin des Goethe-Gymnasiums, der Humboldt-Universität. *Zus.:* Hochschulabsolvent, Hochschulabsolventin.

ab|sol|vie|ren [apzɔlˈviːrən], absolviert, absolvierte, absolviert ⟨tr.; hat; etw. a.⟩: **1.** *erfolgreich beenden:* einen Lehrgang absolvieren; er hat das Studium in Paris absolviert. *Syn.:* besuchen. **2.** *hinter sich bringen:* ein Training absolvieren. *Syn.:* ausführen, durchführen. **3.** *bestehen:* sie hat das Examen mit Auszeichnung absolviert. *Syn.:* ablegen.

ab|sper|ren [ˈapʃpɛrən], sperrt ab, sperrte ab, abgesperrt ⟨tr.; hat⟩: **1.** ⟨etw. a.⟩ *durch eine Sperre versperren:* wegen des Unfalls hat die Polizei die Straße abgesperrt. *Syn.:* sperren. **2.** ⟨[etw.] a.⟩ (bes. österr., südd.) *abschließen:* das Haus, die Schublade absperren. *Syn.:* schließen, verschließen, versperren (bes. österr., südd.), zumachen, zuschließen, zusperren (bes. österr., südd.).

die **Ab|spra|che** [ˈapʃpraːxə]; -, -n: *Vereinbarung:* eine geheime Absprache treffen. *Syn.:* Abkommen, Abmachung, Übereinkunft, Verabredung. *Zus.:* Wahlabsprache.

ab|spre|chen [ˈapʃprɛçn̩], spricht ab, sprach ab, abgesprochen ⟨tr.; hat; etw. [mit jmdm.] a.⟩: *sich über etwas einigen und gemeinsam beschließen:* wir müssen noch einen Termin absprechen; sie haben ihre Aussagen miteinander abgesprochen.

ab|spü|len [ˈapʃpyːlən], spült ab, spülte ab, abgespült ⟨tr.; hat; etw. a.⟩: **1.** *durch Spülen reinigen:* das Geschirr abspülen. *Syn.:* abwaschen, spülen. **2.** *durch Spülen entfernen:* den Schmutz abspülen. *Syn.:* abwaschen.

ab|stam|men [ˈapʃtamən], stammt ab, stammte ab ⟨itr.; ohne Perfekt; von jmdm., etw. a.⟩: *Kind oder Enkel, Enkelin einer Person sein:* er stammt von einem berühmten Geschlecht ab. *Syn.:* stammen.

die **Ab|stam|mung** [ˈapʃtamʊŋ]; -, -en: *Herkunft:* von adliger Abstammung sein; die Abstammung der Tiere erforschen.

der **Ab|stand** [ˈapʃtant]; -[e]s, Abstände [ˈapʃtɛndə]: **1.** *räumliche Entfernung zwischen zwei Punkten:* die Autos hielten weiten Abstand. *Syn.:* Distanz, Zwischenraum. *Zus.:* Sicherheitsabstand, Zeilenabstand. **2.** *Dauer zwischen zwei Zeitpunkten:* die Flugzeuge starteten in einem Abstand von zwei Stunden. *Zus.:* Altersabstand, Zeitabstand.

ab|ste|hen [ˈapʃteːən], steht ab, stand ab, abgestanden ⟨itr.; hat; südd., österr., schweiz.: ist; [von etw.] a.⟩: **1.** *in einem bestimmten Abstand von etwas stehen:* Der Schrank steht zu weit von der Wand ab. **2.** *nicht anliegen:* ihre Zöpfe stehen steif ab; ⟨häufig im 1. Partizip⟩ er hat abstehende Ohren.

ab|stei|gen [ˈapʃtaign̩], steigt ab, stieg ab, abgestiegen ⟨itr.; ist⟩: **1.** ⟨[von etw.] a.⟩ *nach unten steigen* /Ggs. aufsteigen/: vom Fahrrad absteigen. **2.** (Sport) *in eine niedrigere Klasse kommen* /Ggs. aufsteigen/: die Mannschaft wird in diesem Jahr absteigen.

ab|stel|len ['apʃtɛlən], stellt ab, stellte ab, abgestellt ⟨tr.; hat⟩: **1.** ⟨etw. [irgendwo] a.⟩ *für kürzere Zeit irgendwo hinstellen:* ich muss die schwere Tasche abstellen. *Syn.:* absetzen, hinstellen. **2.** ⟨etw. [irgendwo] a.⟩ *vorübergehend an einen geeigneten Platz stellen:* das Fahrrad können Sie im Hof abstellen. *Syn.:* parken. **3.** ⟨etw. bei jmdm./irgendwo a.⟩ *etwas, was zurzeit nicht gebraucht wird, unterstellen:* die alten Möbel im Keller abstellen. *Syn.:* aufbewahren, lagern. **4.** ⟨etw. a.⟩ *ausschalten* /Ggs. anstellen/: kannst du mal bitte das Radio abstellen? *Syn.:* abdrehen, abschalten, ausmachen.

ab|stem|peln ['apʃtɛmpl̩n], stempelt ab, stempelte ab, abgestempelt ⟨tr.; hat; etw. a.⟩: *mit einem Stempel versehen:* der Antrag muss noch abgestempelt werden. *Syn.:* stempeln.

ab|stim|men ['apʃtɪmən], stimmt ab, stimmte ab, abgestimmt ⟨itr.; hat; über jmdn., etw. a.⟩: *eine Entscheidung treffen, indem man seine Stimme abgibt:* die Abgeordneten stimmten über das neue Gesetz ab. *Syn.:* wählen.

die **Ab|stim|mung** ['apʃtɪmʊŋ]; -, -en: *das Abstimmen:* die Abstimmung im Bundestag fand gestern statt. *Syn.:* Wahl. *Zus.:* Volksabstimmung.

der **Ab|sturz** ['apʃtʊrts]; -es, Abstürze ['apʃtʏrtsə]: *Sturz aus großer Höhe:* beim Absturz des Flugzeugs kamen 200 Menschen ums Leben. *Syn.:* Fall. *Zus.:* Flugzeugabsturz.

ab|stür|zen ['apʃtʏrtsn̩], stürzt ab, stürzte ab, abgestürzt ⟨itr.; ist⟩: **1.** *aus großer Höhe nach unten fallen:* das Flugzeug stürzte ab. **2.** (EDV) *auf keinen Befehl mehr reagieren:* der Computer ist schon wieder abgestürzt (*funktioniert nicht mehr*).

ab|tau|en ['aptaʊən], taut ab, taute ab, abgetaut: **1.** ⟨tr.; hat; etw. a.⟩ *von Eis befreien:* sie hat den Kühlschrank abgetaut. **2.** ⟨itr.; ist⟩ *von Eis frei werden:* die Straßen sind abgetaut. *Syn.:* auftauen, tauen.

das **Ab|teil** [ap'taɪl]; -s, -e: *abgeschlossener Raum in einem Wagen der Eisenbahn:* ein Abteil für Raucher. *Zus.:* Eisenbahnabteil, Nichtraucherabteil, Raucherabteil, Schlafwagenabteil.

die **Ab|tei|lung** [ap'taɪlʊŋ]; -, -en: *Teil einer größeren Organisation (Unternehmen, Warenhaus, Bank, Behörde, Krankenhaus, Museum u. a.) mit eigenen Aufgaben:* sie ist Krankenschwester in der chirurgischen Abteilung; Abteilung für Haushaltswaren. *Syn.:* Bereich, Sachgebiet, Zweig. *Zus.:* Kreditabteilung, Möbelabteilung.

der **Ab|tei|lungs|lei|ter** [ap'taɪlʊŋslaɪtɐ], -s, -, die **Ab|tei|lungs|lei|te|rin** [ap'taɪlʊŋslaɪtərɪn]; -, -nen: *für eine Abteilung verantwortliche, eine Abteilung leitende Person:* sie wurde zur Abteilungsleiterin befördert.

ab|tra|gen ['aptra:gn̩], trägt ab, trug ab, abgetragen ⟨tr.; hat; etw. a.⟩ **1.** (geh.) *vom Esstisch wegtragen* /Ggs. auftragen/: die Speisen, Teller abtragen; ⟨auch ohne Akk.⟩ kann ich abtragen? *Syn.:* abräumen. **2.** *ein Kleidungsstück so lange anziehen, bis es nicht mehr brauchbar ist:* sie muss die Kleider ihrer älteren Schwester abtragen; abgetragene Schuhe.

die **Ab|trei|bung** ['aptraɪbʊŋ]; -, -en: *das Abbrechen einer Schwangerschaft:* eine Abtreibung vornehmen.

ab|tren|nen ['aptrɛnən], trennt ab, trennte ab, abgetrennt ⟨tr.; hat; etw. [von etw.] a.⟩: *etwas entfernen, indem man es loslöst:* Zettel abtrennen; ich habe die alten Knöpfe vom Mantel abgetrennt und neue angenäht. *Syn.:* ablösen, abmachen.

der **Ab|tre|ter** [ap'tre:tɐ], -s, -: *Matte oder ¹Rost zum Säubern der Schuhsohlen:* den Abtreter benutzen. *Zus.:* Fußabtreter.

ab|trock|nen ['aptrɔknən], trocknet ab, trocknete ab, abgetrocknet: **1.** ⟨tr.; hat; jmdn., sich, etw. [mit etw. (Dativ)] a.⟩ *trocken machen:* der Vater hat dem Kind, hat sich das Gesicht abgetrocknet; wo kann ich mir die Hände abtrocknen?; trockne dich bitte mit dem Handtuch ab! *Syn.:* abreiben, trocknen. **2.** ⟨itr.; hat⟩ *mit dem Handtuch das Wasser von nassem Geschirr entfernen:* möchtest du abwaschen oder abtrocknen?; könntest du heute abtrocknen?; ⟨auch tr.; etw. a.⟩ er hat das Geschirr abgetrocknet.

der **Ab|wart** ['apvart], -s, -e (schweiz.): *Hausmeister:* der Abwart hat eine Wohnung im Schulhaus.

ab|war|ten ['apvartn̩], wartet ab, wartete ab, abgewartet ⟨tr.; hat; etw. a.⟩: **1.** *auf jmdn., etwas warten:* sie hat das Ende des Spiels nicht mehr abgewartet und ist gegangen; ⟨auch itr.⟩ warte doch ab!; ⟨häufig im 1. Partizip⟩ eine abwartende Haltung. *Syn.:* sich gedulden, warten auf.

2. *auf das Ende (von etwas) warten:* warte doch das Gewitter ab, bevor du gehst.

ab|wärts ['apvɛrts] ⟨Adverb⟩: *nach unten* /Ggs. aufwärts/: der Weg führt abwärts. *Syn.:* bergab, herunter, hinunter. *Zus.:* bergabwärts, flussabwärts, stromabwärts.

ab|wärts|ge|hen ['apvɛrtsgeːən], geht abwärts, ging abwärts, abwärtsgegangen ⟨itr.; ist⟩: *nach unten gehen, hinab-, hinuntergehen:* wir sind zwei Stunden lang nur abwärtsgegangen; * **mit jmdm., etwas geht es abwärts:** *jmdm. geht es schlechter, etwas wird schlechter:* es geht mit ihrer Gesundheit immer weiter abwärts *(ihre Gesundheit verschlechtert sich).*

ab|wa|schen ['apvaʃn], wäscht ab, wusch ab, abgewaschen: **1.** ⟨tr.; hat; jmdn., etw., sich a.⟩ *mit Wasser säubern:* wir müssen noch [das] Geschirr abwaschen; ⟨auch itr.⟩ heute wasche ich nicht mehr ab; ⟨jmdm., sich etw. a.⟩ kannst du dir nicht mal das Gesicht abwaschen? *Syn.:* abspülen, säubern, spülen. **2.** ⟨tr.; hat; etw. [von etw.] a.⟩ *mit Wasser [und Seife] beseitigen:* Schmutz [vom Auto] abwaschen. *Syn.:* abspülen, abwischen, beseitigen, entfernen, wischen.

ab|wech|seln ['apvɛksl̩n], wechselt ab, wechselte ab, abgewechselt ⟨sich, einander a.⟩: *sich bei etwas ablösen:* sie wechselten sich bei der Arbeit ab; ⟨auch itr.⟩ die Farben der Beleuchtung wechselten ständig ab; ⟨im 1. Partizip⟩ die Kinder wischen abwechselnd die Tafel ab. *Syn.:* wechseln.

die **Ab|wechs|lung** ['apvɛkslʊŋ]; -, -en: *angenehme Unterbrechung im sonst gleichmäßigen Ablauf:* der Theaterbesuch war eine schöne Abwechslung; bei all der Arbeit brauche ich auch mal eine Abwechslung.

ab|wen|den ['apvɛndn̩] ⟨tr.; hat⟩: **1.** ⟨wendet ab, wandte/wendete ab, abgewandt/ abgewendet; etw. a.⟩: *nach einer anderen Seite wenden:* er wendet den Blick von ihr ab; ⟨sich a.⟩ bei diesem Anblick wandte sie sich schnell ab. *Syn.:* sich umdrehen. **2.** ⟨wendet ab, wendete ab, abgewendet⟩ *etwas Schlimmes (von jmdm.) fernhalten, verhindern:* ein Unglück, eine Niederlage abwenden; er wendete die Gefahr von uns ab; der Krieg wurde in letzter Minute abgewendet. *Syn.:* abbiegen (ugs.), abwehren, vereiteln, verhindern, verhüten.

ab|we|send ['apveːznt] ⟨Adj.⟩: **1.** *nicht da sein, nicht vorhanden sein* /Ggs. anwesend/: die abwesende Vorsitzende wurde wieder gewählt; er ist öfter von zu Hause abwesend. *Syn.:* fehlend, fort, weg. **2.** *in Gedanken mit etwas anderem beschäftigt:* sie war ganz abwesend. *Syn.:* abgelenkt, unaufmerksam, zerstreut.

die **Ab|we|sen|heit** ['apveːznhait]; -: *das Fehlen bei einer Veranstaltung o. Ä.* /Ggs. Anwesenheit/: das wurde in ihrer Abwesenheit besprochen.

ab|wi|schen ['apvɪʃn̩], wischt ab, wischte ab, abgewischt ⟨tr.; hat; etw. [von etw.] a.⟩: **1.** *durch Wischen entfernen:* ich wischte den Staub [von der Lampe] ab. *Syn.:* wischen. **2.** *durch Wischen reinigen:* nach dem Essen den Tisch abwischen; die Hände an der Hose abwischen; ⟨jmdm., sich etw. a.⟩ sich das Gesicht mit einem Taschentuch abwischen. *Syn.:* abwaschen, säubern.

ab|zah|len ['aptsaːlən], zahlt ab, zahlte ab, abgezahlt ⟨tr.; hat; etw. a.⟩: **1.** *kleinere Summen zahlen, bis etwas ganz bezahlt ist:* einen Kredit abzahlen; sie zahlt monatlich 100 Euro ab. **2.** *in Raten bezahlen:* das Auto abzahlen.

ab|zäh|len ['aptseːlən], zählt ab, zählte ab, abgezählt ⟨tr.; hat; jmdn., etw., sich a.⟩: *zählen, die Anzahl feststellen:* er zählte ab, wie viel Personen gekommen waren; das Fahrgeld abgezählt *(passend)* in der Hand halten.

das **Ab|zei|chen** ['aptsaiçn̩]; -s, -: *Kennzeichen, das an der Kleidung angesteckt werden kann:* das rote Abzeichen der Aids-Hilfe tragen. *Zus.:* Parteiabzeichen.

ab|zeich|nen ['aptsaiçnən], zeichnet ab, zeichnete ab, abgezeichnet: **1.** ⟨tr.; hat; etw. [von etw.] a.⟩ *genau nach einer Vorlage zeichnen:* ein Bild [von der Vorlage] abzeichnen. **2.** ⟨tr.; hat; etw. a.⟩ *mit dem [abgekürzten] Namen unterschreiben:* ein Protokoll, einen Antrag abzeichnen.

ab|züg|lich ['aptsyːklɪç] ⟨Präp. mit Gen.⟩: *nach Abzug, abgerechnet* /Ggs. zuzüglich/: abzüglich der Zinsen, aller unserer Unkosten; ⟨aber: starke Nomen im Singular bleiben ungebeugt, wenn sie ohne Artikelwort und ohne adjektivisches Attribut stehen; im Plural stehen sie dann im Dativ⟩ abzüglich Rabatt; abzüglich Beträgen für Transporte. *Syn.:* minus, ohne.

¹ach [ax] ⟨Interjektion⟩: **1.** *dient dazu, Schmerz, Betroffenheit, Mitleid, Bedauern, Verwunderung, Erstaunen, Freude,*

Unmut auszudrücken: ach je!; ach, die Armen!; ach, wie schade!; ach, das ist mir neu!; ach, ist das schön!; ach, dieser alte Miesepeter!; *** ach so:** dient (im Gespräch) dazu, auszudrücken, dass man plötzlich versteht: »Das Konzert fällt doch aus.« – »Ach so! [Das wusste ich nicht.]«; ach so, das ist natürlich was anderes! **2.** dient in Wunschsätzen dazu, das darin ausgedrückte Verlangen zu unterstreichen: ach, hätte ich ihm nur geglaubt!; ach, wäre ich doch schon bei ihr!

²ach [ax] ⟨Partikel⟩: dient in Verbindung mit folgendem »so« dazu, auszudrücken, dass die im folgenden Wort enthaltene Bewertung auf einem bekannten, aber nicht zutreffenden Vorurteil beruht: aber darauf wollte seine ach so bescheidene Schwester natürlich auch nicht verzichten.

die **Ach|se** [ˈaksə]; -, -n: *Teil einer Maschine, eines Wagens o. Ä., an dessen Enden die Räder sind:* die Achse ist gebrochen; das Auto hat zwei Achsen. *Zus.:* Radachse.

die Achse

die **Ach|sel** [ˈaksl̩]; -, -n: **1.** *Schulter:* ratlos zuckte sie mit den Achseln. **2.** *Höhle zwischen Oberarm und Oberkörper:* das Fieber unter der Achsel messen; er schwitzte stark unter den Achseln.

die Achsel

acht [axt] ⟨Kardinalzahl⟩: acht und acht macht sechzehn; der Junge ist acht [Jahre alt]; wir treffen uns um acht [Uhr] vor dem Kino; Viertel nach acht; Viertel acht *(Viertel nach sieben);* ich habe ihn vor acht Tagen *(vor einer Woche)* gesehen.

Acht [axt]: in den Verbindungen *** etwas außer Acht lassen:** *etwas nicht beachten:* er ließ diese Tatsache völlig außer Acht. *Syn.:* etwas ignorieren, etwas missachten, etwas vernachlässigen; *** sich in Acht nehmen:** *vorsichtig sein:* nimm dich vor dem Hund in Acht! *Syn.:* aufpassen, sich hüten.

acht... [axt...] ⟨Ordinalzahl⟩: die achte Frau von links; jeder achte Deutsche hat

den Film gesehen; er ist Achter geworden; heute ist der Achte [des Monats]; jeder Achte treibt regelmäßig Sport.

ach|ten [ˈaxtn̩], achtet, achtete, geachtet: **1.** ⟨itr.; hat; auf jmdn., etw. a.⟩ *aufmerksam sein gegenüber einer Sache oder Person, aufpassen:* kannst du bitte auf das Kind achten?; er achtete nicht auf ihre Worte; auf Sauberkeit achten. **2.** ⟨tr.; hat; jmdn., etw. a.⟩ *jmdn. respektieren:* die Gesetze achten; ich achte sie sehr wegen ihrer Toleranz. *Syn.:* anerkennen.

acht|ge|ben [ˈaxtɡeːbn̩], gibt acht, gab acht, achtgegeben ⟨tr.; hat; auf jmdn., etwas a.⟩, **Acht ge|ben:** *vorsichtig sein, aufpassen:* auf die Kinder achtgeben; sie hat auf die Tasche gut achtgegeben.

acht|los [ˈaxtloːs], achtloser, am achtlosesten ⟨Adj.⟩: *ohne jmdn., eine Sache zu beachten:* sie ließ die Blumen achtlos liegen. *Syn.:* gedankenlos, unachtsam.

die **Ach|tung** [ˈaxtʊŋ]; -: **1.** Warnruf, warnende Aufschrift: Achtung, Stufen! *Syn.:* Vorsicht. **2.** *hohe Meinung, die man von jmdm., etwas hat:* die gegenseitige Achtung; mit Achtung von jmdm. sprechen; hohe Achtung genießen. *Syn.:* Anerkennung, Respekt. *Zus.:* Hochachtung.

acht|zig [ˈaxtsɪç] ⟨Kardinalzahl⟩ (in Ziffern: 80): achtzig Personen.

der **Acker** [ˈakɐ]; -s, Äcker [ˈɛkɐ]: *Stück Land, auf dem Getreide o. Ä. angebaut wird:* ein fruchtbarer Acker; den Acker bestellen, pflügen; zehn Acker Land. *Syn.:* Boden, Feld. *Zus.:* Kartoffelacker, Rübenacker.

ad|die|ren [aˈdiːrən], addiert, addierte, addiert ⟨tr.; hat; etw. a.⟩: *zusammenzählen, hinzufügen* /Ggs. subtrahieren/: Zahlen addieren; die Kellnerin hat die Preise addiert.

die **Ad|di|ti|on** [adiˈtsi̯oːn]; -, -en: *das Addieren, Zusammenzählen* /Ggs. Subtraktion/: die Addition von Zahlen.

der **Adel** [ˈaːdl̩]; -s: *gesellschaftliche Gruppe, die früher mit besonderen Rechten ausgestattet war:* bei dieser Hochzeit war der ganze Adel des Landes anwesend; die Familie gehört seit vielen Generationen dem Adel an.

ade|lig [ˈaːdəlɪç]: ↑ adlig.

die **Ader** [ˈaːdɐ]; -, -n: **1.** *Röhre, die durch den Körper läuft und das Blut transportiert:* dicke, blaue Adern. **2.** *besondere Fähigkeit:* ihre musikalische Ader hat sie von ihrer Mutter geerbt. *Syn.:* Begabung, Gabe, Talent.

der **Ad|ler** [ˈaːdlɐ]; -s, -: *großer Vogel mit kräfti-*

A

gem gebogenem Schnabel: der Adler kreist über dem Felsen.

ad|lig [ˈaːdlɪç], (geh.:) adelig ⟨Adj.⟩: *jmd., der aus dem Adel kommt:* eine ad[e]lige Dame.

der **Ad|res|sat** [adrɛˈsaːt]; -en, -en, die **Ad|res|sa|tin** [adrɛˈsaːtɪn]; -, -nen: *Person, für die etwas bestimmt ist (z. B. Post):* der Adressat muss den Empfang des Briefes bestätigen. *Syn.:* Empfänger, Empfängerin.

die **Ad|res|se** [aˈdrɛsə]; -, -n: *Anschrift:* würdest du mir bitte mal deine Adresse geben?; klar, die Adresse ist, lautet …; Herrn Müllers Adresse notieren, ausfindig machen. *Zus.:* Geschäftsadresse, Heimatadresse, Internetadresse, Privatadresse.

ad|res|sie|ren [adrɛˈsiːrən], adressiert, adressierte, adressiert ⟨tr.; hat; etw. [an jmdn.] a.⟩: *die Anschrift auf etwas schreiben:* der Brief ist falsch adressiert; das Paket ist an Herrn Müller adressiert.

der **Ad|vent** [atˈvɛnt]; -[e]s, -e: *die vier Wochen vor Weihnachten:* im Advent ist die Innenstadt weihnachtlich geschmückt; am 4. Advent *(am 4. Sonntag der Adventszeit).*

der **Af|fe** [ˈafə]; -n, -n: **1.** *Säugetier, das mit dem Menschen nah verwandt ist:* die Affen klettern auf den Bäumen herum; im Zoo die Affen füttern. **2.** (derb) *dummer, blöder Kerl* (oft als Schimpfwort): blöder Affe!

der **Af|ter** [ˈaftɐ]; -s, -: *Ende, Ausgang des Darms:* am After operiert werden.

die **Agen|tur** [aɡɛnˈtuːɐ̯]; -, -en (bes. Wirtsch.): *Institution, die jmdn., etwas vermittelt:* ich habe meine Haushaltshilfe über eine Agentur bekommen. *Zus.:* Personalagentur, Reiseagentur, Werbeagentur.

die **Ag|gres|si|on** [aɡrɛˈsi̯oːn]; -, -en: *feindliche, ablehnende Einstellung, Haltung:* sie hat starke Aggressionen ihm gegenüber; Aggressionen entwickeln, zeigen. *Syn.:* Wut.

ag|gres|siv [aɡrɛˈsiːf], aggressiver, am aggressivsten ⟨Adj.⟩: *bereit, andere anzugreifen und rücksichtslos vorzugehen:* ein aggressiver Mensch; die Stimmung war ziemlich aggressiv; aggressiv reagieren. *Syn.:* giftig (ugs.).

die **Ag|gres|si|vi|tät** [aɡrɛsiviˈtɛːt]; -, -en: *aggressive Handlung oder Einstellung:* er hat seine Aggressivität beim Sport abgebaut.

äh|neln [ˈɛːnl̩n], ähnelt, ähnelte, geähnelt ⟨itr.; hat; jmdm., sich, etw. (Dativ) ä.⟩: *ähnlich sein, fast genauso aussehen:* er

ähnelt seinem Bruder; die beiden Kinder ähneln sich/einander sehr. *Syn.:* gleichen.

ah|nen [ˈaːnən], ahnt, ahnte, geahnt ⟨tr.; hat; etw. a.⟩: *mit etwas rechnen, etwas erwarten:* ein Unglück ahnen; ich konnte ja nicht ahnen, dass es so lange dauern würde. *Syn.:* annehmen, fühlen, spüren, vermuten, voraussehen.

¹ähn|lich [ˈɛːnlɪç], ähnlicher, am ähnlichsten ⟨Adj.⟩: *fast gleich:* ähnliche Interessen; die Gefühle sind ähnlich; auf ähnliche Weise; sie sieht ihrer Schwester zum Verwechseln ähnlich; es geht mir ähnlich wie damals. *Syn.:* verwandt.

²ähn|lich [ˈɛːnlɪç] ⟨in Funktion einer Präp. mit dem Dativ⟩: *vergleichbar:* ähnlich dem Vorbild Thomas Mann. *Syn.:* wie.

die **Ähn|lich|keit** [ˈɛːnlɪçkai̯t]; -, -en: *ähnliches Aussehen, Handeln:* eine große, auffallende Ähnlichkeit; er hat viel Ähnlichkeit mit seinem Vater; zwischen ihnen besteht keine Ähnlichkeit. *Syn.:* Gemeinsamkeit, Verwandtschaft.

die **Ah|nung** [ˈaːnʊŋ]; -, -en: *Erwartung:* eine dunkle Ahnung haben; meine Ahnung hat mich nicht getäuscht. *Syn.:* Annahme, Gefühl. *Zus.:* Todesahnung.
* keine Ahnung [haben] (ugs.): *nicht wissen:* [ich habe] keine Ahnung!; er hatte keine Ahnung, wo er schlafen sollte; sie hatte keine Ahnung davon.

ah|nungs|los [ˈaːnʊŋsloːs], ahnungsloser, am ahnungslosesten ⟨Adj.⟩: *ohne etwas [Böses] zu ahnen:* der ahnungslose Ehemann; sie kam völlig ahnungslos in das Klassenzimmer. *Syn.:* unwissend.

der **Ahorn** [ˈaːhɔrn]; -s, -e: *Laubbaum mit großen Blättern:* die Blätter des Ahorns färbten sich rot.

der Ahorn

die **Äh|re** [ˈɛːrə]; -, -n: *oberer Teil des Getreidehalms:* die reifen Ähren bewegen sich im Wind. *Zus.:* Kornähre, Weizenähre.

das **Aids** [ei̯ts]; - ⟨meist ohne Artikel⟩ (Med.): *Erkrankung des Immunsystems, die meist tödlich verläuft:* Aids haben; er ist an Aids gestorben.

die **Aka|de|mie** [akadeˈmiː]; -, Akademien [akadeˈmiːən]: *wissenschaftliche Gesellschaft, die die Forschung, die Kunst o. Ä. fördert:* die Akademie der Wissenschaften, der Künste. *Syn.:* Hochschule, Institut. *Zus.:* Kunstakademie, Militärakademie, Sommerakademie.

der **Aka|de|mi|ker** [aka'de:mɐ]; -s, -, die **Aka|de|mi|ke|rin** [aka'de:mikərɪn]; -, -nen: *Person, die ein Studium an einer Universität abgeschlossen hat:* die Arbeitslosigkeit unter Akademikern ist gestiegen.

aka|de|misch [aka'de:mɪʃ] ⟨Adj.⟩: *auf die Universität, Hochschule bezogen:* eine akademische Ausbildung; welchen akademischen Grad haben Sie erworben?

ak|ku|rat [aku'ra:t], akkurater, am akkuratesten ⟨Adj.⟩: *ordentlich, sorgfältig, sehr genau:* ein akkurater Mensch; sie ist immer sehr akkurat gekleidet. *Syn.:* gewissenhaft, gründlich.

der **Akt** [akt]; -[e]s, -e: **1.** *Handlung:* ihr Selbstmord war ein Akt der Verzweiflung. *Syn.:* Aktion, Tat. **2.** *größerer Abschnitt in einem Theaterstück, einer Oper o. Ä:* ein Schauspiel in fünf Akten; nach dem zweiten Akt ist eine Pause. *Syn.:* Aufzug. **3.** *künstlerische Darstellung eines nackten menschlichen Körpers:* der Maler arbeitete an einem weiblichen Akt.

die **Ak|te** ['aktə]; -, -n: *gesammelte Unterlagen, Papiere zu einem Vorgang:* eine wichtige, vertrauliche Akte; eine Akte anlegen, einsehen, bearbeiten; die Polizei hat den Hinweis zu den Akten genommen; einen Brief zu den Akten legen. *Syn.:* Dokument, Schriftstück, Unterlagen ⟨Plural⟩. *Zus.:* Geheimakte, Personalakte, Prozessakte.

die **Ak|ten|ta|sche** ['aktntaʃə]; -, -n: *größere Tasche mit Griff zum Tragen:* sie steckte die Papiere in die Aktentasche.

die **Ak|tie** ['aktsjə]; -, -n: *Urkunde über den Anteil am Kapital eines Unternehmens, das an der Börse geführt wird:* heute steigen die Aktien, morgen fallen sie wieder; die Aktien werden in Frankfurt notiert; eine Aktie wurde mit 15 Dollar bewertet; er hat sein ganzes Vermögen in Aktien angelegt.

die **Ak|ti|on** [ak'tsjo:n]; -, -en: *Tat, Handlung:* eine gemeinsame Aktion zur Unterstützung der Arbeitslosen starten; zu gewaltfreien Aktionen aufrufen. *Syn.:* Unternehmung, Versuch, Vorhaben. *Zus.:* Hilfsaktion, Protestaktion.

ak|tiv [ak'ti:f], aktiver, am aktivsten ⟨Adj.⟩: *eifrig, engagiert, tatkräftig* /Ggs. passiv/: ein aktiver Teilnehmer; sie ist [politisch] sehr aktiv. *Syn.:* fleißig, geschäftig, lebendig, tüchtig.

ak|tu|a|li|sie|ren [aktuali'zi:rən], aktuali-

siert, aktualisierte, aktualisiert ⟨tr.; hat; etw. a.⟩ (bildungsspr.): *auf den neuesten Stand bringen:* ein Lehrbuch, Daten [regelmäßig] aktualisieren; das Buch ist kürzlich aktualisiert worden. *Syn.:* modernisieren.

die **Ak|tu|a|li|tät** [aktuali'tɛ:t]; -: *aktuelle Bedeutung für die Gegenwart:* der Film ist von außerordentlicher Aktualität; das Thema verliert an Aktualität.

ak|tu|ell [ak'tuɛl], aktueller, am aktuellsten ⟨Adj.⟩: *gegenwärtig, modern:* ein aktuelles Thema; ein aktueller Trend; das ist heute nicht mehr aktuell. *Syn.:* heutig, momentan, zeitgemäß.

akut [a'ku:t], akuter, am akutesten ⟨Adj.⟩: *dringend, momentan besonders wichtig:* eine akute Gefahr bekämpfen; diese Fragen, Probleme werden jetzt akut. *Syn.:* eilig.

der **Ak|zent** [ak'tsɛnt]; -[e]s, -e: **1.** *Betonung:* der Akzent liegt auf der zweiten Silbe. **2.** *Betonung aus der Muttersprache in der Fremdsprache:* er spricht Deutsch mit spanischem Akzent.

ak|zep|ta|bel [aktsɛp'ta:bl], akzeptabler, am akzeptabelsten ⟨Adj.⟩: *brauchbar:* ein akzeptabler Vorschlag, Preis; das Hotel bot akzeptablere Zimmer als beim letzten Mal an. *Syn.:* leidlich.

ak|zep|tie|ren [aktsɛp'ti:rən], akzeptiert, akzeptierte, akzeptiert ⟨tr.; hat; etw. a.⟩: *einverstanden sein:* einen Vorschlag, eine Strafe akzeptieren; die Entscheidung wurde von allen akzeptiert. *Syn.:* annehmen, bejahen, einwilligen, respektieren.

der **Alarm** [a'larm]; -[e]s, -e: *Zeichen, das eine Gefahr signalisiert:* ein falscher Alarm; der Alarm kam zu spät; der Rauch hat Alarm ausgelöst; die Frau hat Alarm geschlagen. *Zus.:* Feueralarm, Probealarm.

¹**al|bern** ['albɐn], albert, alberte, gealbert ⟨itr.; hat⟩: *sich albern, kindisch benehmen:* ich albere ein bisschen. *Syn.:* scherzen, spaßen.

²**al|bern** ['albɐn], alberner, am albernsten ⟨Adj.⟩: *kindisch:* ein albernes Benehmen; du bist heute aber albern! *Syn.:* lächerlich (abwertend).

der **Alb|traum** ['alptraʊm]; -s, Albträume ['alptrɔʏmə]: *Traum, der mit einem bedrückenden Gefühl oder mit Angst verbunden ist:* seit dem Unfall hat sie jede Nacht Albträume.

das **Al|bum** ['albʊm]; -s, Alben ['albən]: *Buch zum Sammeln von Briefmarken, Fotogra-*

Ein Adjektiv oder Partizip, das auf »all«
folgt, wird fast immer schwach dekliniert (↑ Deklination der Adjektive): »alle
hohen Türme«, »alle kleinen Mäuse«,
»alle gelesenen Bücher«, »alle Kranken«,
seltener »alle Kranke«. Das gilt auch,
wenn das Adjektiv (oder Partizip) nominalisiert ist: »alle Verliebten«, »alles
Erlernte«.

fien o. Ä.: Bilder in ein Album kleben.
Zus.: Briefmarkenalbum, Fotoalbum.

der **Al|ko|hol** [ˈalkohoːl], -s: **1.** *flüssiger, farblo-
ser Stoff, den man z. B. in Getränke
mischt oder zum Desinfizieren benutzt:*
der Schnaps enthält 40 Prozent Alkohol;
die Krankenschwester hat die Wunde
mit Alkohol gereinigt. **2.** *Getränke, die
betrunken machen, z. B. Schnaps, Bier
oder Wein:* er trinkt keinen, zu viel Alkohol; sie verzichtete lange auf Alkohol.

al|ko|hol|frei [alkoˈhoːlfrai] ⟨Adj.⟩: *(von Ge-
tränken) ohne Alkohol:* alkoholfreies Bier.

al|ko|ho|lisch [alkoˈhoːlɪʃ] ⟨Adj.⟩: *(von
Getränken) mit Alkohol:* alkoholische
Getränke.

all [al] ⟨Artikelwort, Zahladjektiv und
Indefinitpronomen⟩: **1.** aller, alle, alles
⟨Singular⟩ *das Ganze umfassend:* in aller
Öffentlichkeit; alles Gute! *(viel Glück!)*;
trotz allem guten Willen; nach allem,
was man hört; es ist alles in Ordnung;
* **vor allem:** *hauptsächlich, besonders:*
wir brauchen vor allem frisches Wasser
und ein paar Decken. **2.** alle ⟨Plural⟩
*sämtliche Teile einer Menge, Gruppe
umfassend:* alle schönen Frauen; auf alle
Fälle *(jedenfalls)*; alle fünf Minuten
(jede fünfte Minute) fährt ein Bus; für
alle Kranken/(seltener:) Kranke; sind
alle gekommen, die eingeladen waren?;
ich danke Ihnen im Namen aller, denen
Sie geholfen haben.

das **All** [al], -s: *Universum:* das weite All; das
All erforschen. *Syn.:* Kosmos, Weltall,
Weltraum.

al|le [ˈalə] ⟨Adverb⟩ (ugs.): *aufgebraucht,
zu Ende:* die Suppe ist alle; das Bier wird
heute noch alle. *Syn.:* verbraucht.

die **Al|lee** [aˈleː], -, Alleen [aˈleːən]: *breite
Straße mit Bäumen an beiden Seiten:*
eine lange, schattige Allee.

¹**al|lein** [aˈlain] ⟨Adj.⟩: **1.** *ohne die Anwe-
senheit eines andern:* allein sein, leben;
jmdn. allein lassen; die Kinder sind
allein zu Hause. **2.** *einsam:* sie ist sehr
allein; in der Großstadt kann man sich
sehr allein fühlen. **3.** *ohne Hilfe:* kannst
du das allein?; das habe ich ganz allein
gemacht. *Syn.:* selbstständig.

²**al|lein** [aˈlain] ⟨Adverb⟩: *nur:* allein er, die-
ser Umstand ist schuld daran. *Syn.:* ausschließlich, bloß, nur.

al|lein|ste|hend [aˈlainʃteːənt] ⟨Adj.⟩: *allein
lebend, nicht verheiratet:* eine alleinste-
hende Frau; er ist alleinstehend.

al|ler- [alɐ] ⟨adjektivisches Präfix mit
einem Superlativ als Basiswort⟩: drückt
eine Verstärkung des Superlativs aus:
am allerschönsten; am allerliebsten; das
Allerbeste.

al|ler|dings [ˈalɐˈdɪŋs] ⟨Adverb⟩: **1.** drückt
eine Einschränkung aus: das muss ich
allerdings zugeben; sie hat es versucht,
allerdings ohne Erfolg. *Syn.:* aber, freilich, immerhin, jedoch. **2.** *ja natürlich*
(als nachdrückliche Bejahung einer
Frage): »Hast du das gewusst?« – »Allerdings!«. *Syn.:* freilich, gewiss, ja, sicher.

die **Al|ler|gie** [alɛrˈɡiː], -, Allergien [alɛrˈɡiːən]:
*Neigung des Körpers, auf bestimmte
Stoffe (z. B. Blütenstaub) empfindlich zu
reagieren:* an einer Allergie leiden; er hat
eine Allergie gegen Katzenhaare.

al|ler|gisch [aˈlɛrɡɪʃ] ⟨Adj.⟩: *auf einer Aller-
gie beruhend:* allergische Erkrankungen;
sie reagiert allergisch auf Erdbeeren.

al|ler|hand [ˈalɐˈhant] ⟨Zahladjektiv und
Indefinitpronomen⟩: **1.** *ziemlich viel:* er
weiß allerhand [Neues]; 100 Euro ist/
sind allerhand Geld. *Syn.:* viel. **2.** * **das ist
ja allerhand!** (ugs.): drückt Überra-
schung und Empörung aus: das ist unerhört!

al|ler|lei [ˈalɐˈlai] ⟨Zahladjektiv und Indefi-
nitpronomen⟩: *[einiges von] ziemlich verschiedener Art:* allerlei kleinere Ausgaben; allerlei Pflanzen; man munkelt so
allerlei. *Syn.:* einiges, mancherlei.

all|ge|mein [ˈalɡəˈmain], allgemeiner, am
allgemeinsten ⟨Adj.⟩: **1.** *allen gemeinsam,
alle betreffend:* auf allgemeinen Wunsch;
das allgemeine Wohl; allgemein beliebt,
geachtet sein. *Syn.:* generell. **2.** *nicht spe-
ziell; nicht auf Einzelheiten eingehend
und daher oft zu unbestimmt, unverbind-
lich:* allgemeine Redensarten; wenige,
ganz allgemeine Grundsätze; das lässt
sich so allgemein nicht beantworten.
Syn.: pauschal. * **im Allgemeinen:** *im*

Großen und Ganzen, gewöhnlich: im Allgemeinen ist er pünktlich, nur ganz selten kommt er zu spät.

die All|ge|mein|heit [ˈalɡəˈmainhait]; -: *alle Menschen: etwas für die Allgemeinheit tun. Syn.:* Gemeinschaft, Öffentlichkeit.

all|mäch|tig [alˈmɛçtɪç] ⟨Adj.⟩: *Macht über alles besitzend:* der allmächtige Gott.

all|mäh|lich [alˈmɛːlɪç] ⟨Adverb⟩: *nach und nach, mit der Zeit:* allmählich schneller werden, zunehmen; sich allmählich beruhigen. *Syn.:* langsam.

der All|tag [ˈaltaːk]; -[e]s: *gleichmäßiger täglicher Ablauf des Lebens:* der graue Alltag; sie erzählte aus ihrem Alltag als Krankenschwester.

all|täg|lich [alˈtɛːklɪç], alltäglicher, am alltäglichsten ⟨Adj.⟩: *nicht ungewöhnlich:* alltägliche Ereignisse; ein alltäglicher Mensch. *Syn.:* gewöhnlich, normal.

all|zu [ˈaltsuː] ⟨Adverb⟩ (emotional verstärkend): *zu:* ein allzu gewagtes Unternehmen; das weiß er nur allzu gut. *Syn.:* übermäßig.

das Al|pha|bet [alfaˈbeːt]; -[e]s, -e: *Folge der Buchstaben einer Schrift:* das deutsche Alphabet hat 26 Buchstaben; Namen nach dem Alphabet ordnen.

al|pha|be|tisch [alfaˈbeːtɪʃ] ⟨Adj.⟩: *nach dem Alphabet geordnet:* in alphabetischer Reihenfolge; eine Kartei alphabetisch ordnen.

der Alp|traum [ˈalptraum]: ↑ Albtraum.

¹als [als] ⟨Konj.⟩: ⟨zeitlich, in Gliedsätzen⟩ drückt aus, dass die Handlung des Nebensatzes vor, während oder nach der Handlung des Hauptsatzes stattfindet: als sie den Brief gelesen hatte, rief sie mich gleich an; als wir ankamen, war es schon dunkel. *Syn.:* da, nachdem, während.

²als [als] ⟨vergleichend in Satzteilen und Nebensätzen⟩: **1.** drückt Ungleichheit aus, bes. nach einem Komparativ: sie ist geschickter als ihr Bruder; lieber heute als morgen; sie ist anders als du. **2.** in den Verbindungen *** nichts als:** *nur:* mit ihm hat man nichts als Ärger; *** alles andere als:** *überhaupt nicht:* sie ist alles andere als ein Sorgenkind. **3.** drückt Gleichheit aus, in Vergleichssätzen: sie tat, als habe sie nichts gehört; er tat, als ob/wenn er hier bleiben wollte. **4.** schließt eine nähere Erläuterung an: er fühlt sich als Held; sie war als Schriftstellerin erfolgreich; etwas als angenehm empfinden.

¹al|so [ˈalzo] ⟨Adverb⟩: dient dazu, eine Aussage als Folgerung zu kennzeichnen: er hat ein Alibi, also kann er es nicht gewesen sein; am dritten Mai, also übermorgen. *Syn.:* demnach, deshalb, deswegen, somit.

²al|so [ˈalzo] ⟨Partikel⟩: dient dazu, auszudrücken, dass man an etwas früher Gesagtes anknüpft: also, kommst du nun mit oder nicht?; also dann bis morgen!; also dann viel Spaß!

alt [alt], älter, am ältesten ⟨Adj.⟩: **1.** *schon seit Langem lebend* /Ggs. jung/: ein alter Mann, Baum; ein älterer *(nicht mehr junger)* Herr; *** Alt und Jung:** *jedermann.* **2.** *ein bestimmtes Alter habend:* wie alt ist sie?; ein drei Wochen altes Kind; ein fünf Jahre altes Auto. **3.** *schon seit Langem existierend, bestehend* /Ggs. neu/: alte Häuser; ein alter Witz; eine alte Freundschaft, Liebe; ein alter Freund *(jmd., mit dem man schon lange befreundet ist);* sie hat das Auto alt *(gebraucht)* gekauft. **4.** *durch etwas Neues ersetzt, nicht mehr bestehend:* die alte Regierung, Verfassung; im alten Jahr.

der Al|tar [alˈtaːɐ̯]; -[e]s, Altäre [alˈtɛːrə]: *einem Tisch ähnlicher Gegenstand für den Gottesdienst:* an den, vor den Altar treten; den Altar schmücken.

das Al|ten|heim [ˈaltnhaim]; -[e]s, -e: *Heim für alte Menschen:* sie wohnt in einem/im Altenheim. *Syn.:* Altersheim, Seniorenheim.

das Al|ter [ˈaltɐ]; -s: **1.** *letzter Abschnitt des Lebens* /Ggs. Jugend/: viele Dinge begreift man erst im Alter. **2.** *bestimmter Abschnitt des Lebens:* im kindlichen, im mittleren Alter sein. **3.** *Zeit, Anzahl der Jahre des Lebens, des Bestehens, Vorhandenseins:* er ist im Alter von 30 Jahren ausgewandert; das Alter einer Münze, eines Gemäldes schätzen.

al|ter|na|tiv [altɛrnaˈtiːf] ⟨Adj.⟩: *eine Alternative [zum Herkömmlichen] darstellend:* eine alternative Lösung; alternative Energieformen; alternativ *(als Alternative)* zum Buch gibt es auch eine CD-ROM.

die Al|ter|na|ti|ve [altɛrnaˈtiːvə]; -, -n: **1.** *andere Möglichkeit:* das ist eine echte Alternative; zu dieser Lösung gibt es keine Alternative. **2.** *Wahl zwischen zwei Möglichkeiten:* er wurde vor die Alternative gestellt, die Erhöhung der Miete zu akzeptieren oder auszuziehen.

das Al|ters|heim [ˈaltɐshaim]; -[e]s, -e: *Altenheim:* sie zieht ins Altersheim. *Syn.:* Seniorenheim.

der und die **Äl|tes|te** [ˈɛltəstə]; -n, -n ⟨aber: [ein] Ältester, [eine] Ältere, Plural: [viele] Ältere⟩: **1.** *ältestes Mitglied einer Gemeinschaft [und damit Chef]:* der Rat der Ältesten. **2.** *ältestes Kind (Sohn, Tochter):* Monika ist unsere Älteste.

alt|klug [ˈaltkluːk], altkluger, am altklugsten ⟨Adj.⟩: *sich erfahren gebend, klug tuend:* ein altkluges Kind; altklug daherreden.

alt|mo|disch [ˈaltmoːdɪʃ], altmodischer, am altmodischsten ⟨Adj.⟩: *[schon lange] nicht mehr modern, nicht mehr zeitgemäß* /Ggs. modern/: ein altmodisches Kleid; ihre Ansichten sind altmodisch. *Syn.:* antiquiert, überholt, unmodern.

das **Alt|pa|pier** [ˈaltpapiːɐ̯]; -[e]s: *[zum Recycling vorgesehenes] gebrauchtes Papier.*

die **Alt|pa|pier|ton|ne** [ˈaltpapiːɐ̯tɔnə]; -, -n: *Mülltonne für Altpapier:* alte Zeitungen und Zeitschriften gehören in die Altpapiertonne.

die **Alt|stadt** [ˈaltʃtat]; -, Altstädte [ˈaltʃtɛːtə]: *älterer, ältester Teil einer Stadt:* sie wohnt in der Altstadt.

am [am] ⟨Verschmelzung von »an« + »dem«⟩: **1.** ⟨die Verschmelzung kann aufgelöst werden⟩ die am Projekt beteiligten Personen. **2.** ⟨die Verschmelzung kann nicht aufgelöst werden⟩ eine Stadt am Meer, am Rhein; am ersten Mai; am Ziel sein; das Buch liegt am (österr.: *auf dem*) Tisch. **3.** ⟨die Verschmelzung kann nicht aufgelöst werden⟩ dient dazu, den Superlativ des undeklinierten Adjektivs zu bilden: er ist am schnellsten; sie fährt am besten.

der **Ama|teur** [amaˈtøːɐ̯]; -s, -e, die **Ama|teu|rin** [amaˈtøːrɪn]; -, -nen: **1.** *Person, die regelmäßig, aber nicht als Profi Sport treibt* /Ggs. Profi/. **2.** *Person, die sich mit etwas Bestimmtem aus Interesse beschäftigt:* die Fotografin ist ein Amateurin; dieses Bild wurde von einem Amateur gemalt. *Syn.:* Laie.

am|bu|lant [ambuˈlant] ⟨Adj.⟩: *nicht stationär:* einen Verletzten, Kranken ambulant behandeln.

die Ameise

die **Amei|se** [ˈaːmaɪ̯zə]; -, -n: *kleineres rotbraunes bis schwarzes Insekt, das in Staaten lebt:* sie ist fleißig wie eine Ameise.

das **Amen** [ˈaːmən]; -s, -: dient als Bekräftigung bes. eines christlichen Gebets, eines Segens, einer Predigt; * **zu allem Ja und Amen sagen** (ugs.): *sich allem fügen, sich mit allem abfinden.*

der **Am|mann** [ˈaman]; -[e]s, Ammänner [ˈamɛnɐ] (schweiz.): *Bürgermeister[in].* *Zus.:* Gemeindeammann, Stadtammann.

der **Amok** [ˈaːmɔk]: in den Verbindungen * **Amok laufen:** *in einem Anfall krankhaften Wahnsinns durch die Gegend laufen und wahllos Menschen töten:* er hat/ ist Amok gelaufen; * **Amok fahren:** *in einem Anfall krankhaften Wahnsinns durch die Gegend fahren und Zerstörungen anrichten.*

die **Am|pel** [ˈampl̩]; -, -n: *Verkehrsampel:* die Ampel stand auf Grün; ich musste an jeder Ampel halten.

die Ampel

die **Am|pul|le** [amˈpʊlə]; -, -n (Med.): *Röhrchen aus Glas, in dem flüssige Arzneien und dergleichen aufbewahrt werden.*

das **Amt** [amt]; -[e]s, Ämter [ˈɛmtɐ]: **1.** *offizielle Stellung (bes. in Staat, Gemeinde, Kirche):* ein hohes, weltliches Amt bekleiden; das Amt des Bürgermeisters übernehmen. *Syn.:* Position, Posten, Stelle. *Zus.:* Ehrenamt, Lehramt, Staatsamt. **2.** *Behörde:* Amt für Statistik; das Auswärtige Amt *(das Außenministerium). Zus.:* Arbeitsamt, Einwohnermeldeamt, Finanzamt, Gesundheitsamt.

am|tie|ren [amˈtiːrən], amtiert, amtierte, amtiert ⟨itr.; hat⟩: *ein Amt innehaben oder vorübergehend, stellvertretend ausüben:* der Minister amtiert seit Gründung der Republik; die amtierende Bürgermeisterin.

amt|lich [ˈamtlɪç] ⟨Adj.⟩: *von einem Amt, einer Behörde stammend:* ein amtlicher Bericht; eine amtliche Genehmigung; in amtlichem Auftrag handeln. *Syn.:* offiziell.

amü|sant [amyˈzant], amüsanter, am amüsantesten ⟨Adj.⟩: *belustigend, Vergnügen bereitend:* ein amüsanter Abend; amüsante Geschichten erzählen; er hat amüsant erzählt. *Syn.:* lustig, unterhaltsam.

amü|sie|ren [amyˈziːrən], amüsiert, amüsierte, amüsiert: **1.** ⟨sich a.⟩ sich auf

*angenehme, unterhaltsame Weise die
Zeit vertreiben:* das Publikum hat sich
dabei großartig amüsiert; amüsiert euch
gut! *Syn.:* sich vergnügen. **2.** ⟨tr.; hat;
jmdn. a.⟩ *vergnügt machen, heiter stimmen:* seine Neugier amüsierte uns; sie
hörte amüsiert zu. **3.** ⟨sich a.⟩ *belustigt
sein:* sie amüsierten sich über die Antwort des Kindes.

¹an [an] ⟨Präp.⟩: **1.** ⟨mit Dativ; Frage: wo?⟩
*drückt aus, dass etwas ganz in der Nähe
von etwas ist, etwas berührt:* die Leiter
lehnt an der Wand; Trier liegt an der
Mosel; ⟨in der Verbindung »an ... vorbei«⟩ er hat sich an dem Portier vorbei
hineingeschlichen. **2.** ⟨mit Akk.; Frage:
wohin?⟩ *kennzeichnet eine Bewegung
auf etwas zu, in eine bestimmte Richtung:* die Leiter an die Wand stellen; sie
trat an die Brüstung. **3.** ⟨mit Dativ;
Frage: wann?⟩ *bezeichnet einen Zeitpunkt:* an Ostern (bes. südd.:); an einem
Sonntag. **4.** ⟨mit Dativ und Akk.; in
Abhängigkeit von bestimmten Wörtern⟩
an jmdn., etwas denken; an Krebs sterben; ich habe keinen Zweifel an seiner
Aufrichtigkeit; reich an Mineralien;
weißt du, an was (ugs.; *woran*) mich das
erinnert?; * **an [und für] sich:** *eigentlich,
im Grunde genommen.*

²an [an] ⟨Adverb⟩: **1.** *in Betrieb, eingeschaltet:* das Licht, der Ofen, der Motor ist an;
⟨elliptisch als Teil eines Verbs⟩; Licht an!
(andrehen!, anschalten!). **2.** ⟨elliptisch als
Teil eines Verbs⟩ *rasch den Mantel an
(anziehen)* und weg von hier.

an- [ˈan]: ⟨trennbares, betontes verbales
Präfix⟩: **1.** drückt aus, dass eine Handlung
sich auf ein bestimmtes Objekt richtet:
anbellen; anbrüllen; anhupen; ankämpfen; anleuchten; anlügen; anspringen;
anstürmen; antippen. **2.** drückt Annähe-
rung aus: *heran:* ankommen; anmar-
schieren; anrollen. **3.** drückt aus, dass
jmd., etwas verfügbar gemacht, erworben wird: anfressen; ankaufen; anlachen;
anlesen; antrainieren; anwerben.
4. drückt aus, dass jmdm. etwas zugewie-
sen wird: andichten. **5.** drückt aus, dass
ein Kontakt, eine feste Verbindung hergestellt wird: anklammern; ankleben;
anknöpfen; anwachsen. **6.** drückt aus,
dass eine Handlung begonnen, aber nicht
auch zu Ende geführt wird: andiskutie-
ren; anlesen; ansägen; ⟨in Verbindung
mit Formen des 2. Partizips⟩ angeschim-
melt; angetaut. **7.** *in die Höhe:* anheben;
ansteigen.

der **An|al|pha|bet** [anˈalfaˈbeːt]; -en, -en, die **An-
al|pha|be|tin** [anˈalfaˈbeˈtɪn]; -, -nen: *Per-
son, die nicht lesen und schreiben kann.*

die **Ana|ly|se** [anaˈlyːzə]; -, -n: *Untersuchung
des Aufbaus, der Zusammensetzung von
etwas:* eine Wasserprobe zur Analyse ins
Labor geben; eine gründliche Analyse
des Textes, Stils vornehmen. *Zus.:*
Bodenanalyse, Stilanalyse, Textanalyse,
Wirtschaftsanalyse.

ana|ly|sie|ren [analyˈziːrən], analysiert,
analysierte, analysiert ⟨tr.; hat; etw. a.⟩:
*auf den Aufbau, die Zusammensetzung
hin untersuchen:* eine Bodenprobe, einen
Text, einen Satz analysieren.

an|bau|en [ˈanbaʊən], baut an, baute an,
angebaut ⟨tr.; hat; etw. a.⟩: **1.** *unmittelbar
an etwas bauen:* eine Garage [ans Haus]
anbauen; ⟨auch itr.⟩ wir müssen
anbauen. **2.** *auf großen Flächen anpflan-
zen:* Gemüse, Wein anbauen. *Syn.:* pflanzen.

an|be|hal|ten [ˈanbəhaltn̩], behält an,
behielt an, anbehalten ⟨tr.; hat; etw. a.⟩
(ugs.): *nicht ausziehen:* ich behalte die
Jacke lieber an. *Syn.:* anlassen (ugs.).

an|bei [anˈbai̯] ⟨Adverb⟩ (Amtsspr.): *(einer
Briefsendung) beigelegt, beigefügt:* anbei
[schicken wir Ihnen] das gewünschte
Foto; Porto anbei. *Syn.:* anliegend, beilie-
gend.

an|bei|ßen [ˈanbai̯sn̩], beißt an, biss an,
angebissen: **1.** ⟨tr.; hat; etw. a.⟩ *(in etwas)
beißen:* einen Apfel anbeißen; das sieht
heute wieder zum Anbeißen (ugs.;
besonders schön) aus. **2.** ⟨itr.; hat⟩ *dem
Angler an die Angel gehen:* heute beißt
kein Fisch an.

an|bie|ten [ˈanbiːtn̩], bietet an, bot an,
angeboten: **1.** ⟨tr.; hat; jmdm. etw. a.⟩
*jmdm. sagen oder zeigen, dass man ihm
etwas geben will:* jmdm. eine Arbeit,
seine Hilfe, Unterstützung anbieten; er
bot der alten Frau ihren Platz an; er bietet dem Gast eine Tasse Tee an; sie bietet ihrer Mitschülerin an *(schlägt vor),*
ihr zu helfen. *Syn.:* bieten, vorschlagen.
2. ⟨tr.; hat; etw. a.⟩ *als Ware verkaufen:*
das Kaufhaus bietet viele Hosen jetzt
billiger an.

an|bin|den [ˈanbɪndn̩], bindet an, band an,
angebunden ⟨tr.; hat; jmdn., etw. [an
etw. (Akk./Dativ)] a.⟩: *mit einer Schnur,
einer Leine an etwas festmachen:* er bindet das Boot am Ufer an; sie müssen den
Hund vor dem Geschäft anbinden. *Syn.:*
festmachen.

der **An|blick** [ˈanblɪk]; -[e]s, -e: *etwas, was man*

A andere

Ein Adjektiv oder Partizip, das auf
»andere« folgt, wird heute meistens
stark dekliniert (↑ Deklination der
Adjektive): »anderes altes Zeug«,
»andere hohe Türme«, »die Briefe anderer alter Freunde«. Das gilt meistens
auch, wenn das Adjektiv (oder Partizip)
nominalisiert ist: »andere Verliebte«,
»anderes Erlerntes«, aber »unter anderem Neuen«.

---

vor sich sieht: der Anblick der Berge
begeisterte sie; sie schrie beim Anblick
der Maus. *Syn.:* Ausblick, Aussicht, Bild,
Blick.

an|bre|chen ['anbrɛçn̩], bricht an, brach
an, angebrochen ⟨tr.; hat; etw. a.⟩: *öffnen
und einen Teil des Inhalts herausnehmen:* eine neue Schachtel Zigaretten
anbrechen; hast du die Milchflasche
schon angebrochen?

an|bren|nen ['anbrɛnən], brennt an,
brannte an, angebrannt: **1.** ⟨itr.; ist⟩
anfangen zu brennen: Vorsicht mit der
Kerze – dein Pullover brennt an! **2.** ⟨tr.;
hat⟩ *beim Kochen, Braten im Topf schwarz
werden, verbrennen:* das Essen anbrennen lassen; Milch brennt sehr leicht an;
das Fleisch ist/schmeckt angebrannt.

an|brin|gen ['anbrɪŋən], bringt an, brachte
an, angebracht ⟨tr.; hat; etw. a.⟩: *befestigen, festmachen:* eine Lampe an der
Wand anbringen. *Syn.:* installieren,
montieren.

der **-and** [ant]; -en, -en ⟨Suffix⟩: ⟨passivische
Bedeutung; meist bei Verben auf
»-ieren«⟩ bezeichnet in Bildungen mit
Verben (Verbstämmen) eine Person, mit
der etwas getan wird /Ggs. -ant-/: Kon-
firmand; Informand; Proband.

die **An|dacht** ['andaxt]; -, -en: *kurzer Gottes-
dienst:* die Andacht beginnt um fünf
Uhr. *Zus.:* Abendandacht, Morgenan-
dacht.

an|däch|tig ['andɛçtɪç], andächtiger, am
andächtigsten ⟨Adj.⟩: *sehr aufmerksam
und konzentriert:* sie lauschte andächtig
den Tönen der Geige.

an|dau|ern ['andaʊ̯ɐn], dauert an, dauerte
an, angedauert ⟨itr.; hat⟩: *weitergehen:*
das schöne Wetter dauert an. *Syn.:*
anhalten, ¹dauern, sich fortsetzen.

an|dau|ernd ['andaʊ̯ɐnt] ⟨Adj.⟩: *ohne
Pause, ständig:* der andauernde Regen
ärgerte sie; andauernd fragt er dasselbe.
Syn.: beständig, dauernd, ewig (ugs.),
laufend, unaufhörlich.

das **An|den|ken** ['andɛŋkn̩]; -s, -: *Gegenstand,
der an etwas oder an jmdn. erinnert:* die
Brosche ist ein Andenken an ihre Großmutter; sie brachte von der Reise ein
Andenken mit. *Syn.:* Souvenir. *Zus.:* Rei-
seandenken.

an|der... ['andər...] ⟨Zahladjektiv, Artikel-
wort und Indefinitpronomen⟩: **1.** *zweit...,
weiter...; übrig...:* probier doch auch den
anderen Schuh!; unter anderem Neuen
haben wir jetzt auch eine Spülmaschine;
ich hole erst dich ab und dann die
and[e]ren; du musst gesund werden,
alles and[e]re (*Übrige*) ist nicht so wichtig. **2.** *der, die, das Nächste, Folgende:*
von einem Tag zum ander[e]n. **3.** *ver-
schieden, nicht gleich:* er hat in der
Schule eine andere Fremdsprache
gelernt als ich; sie war anderer Meinung
[als ich]; das ist etwas ganz anderes.

an|de|ren|falls ['andərənfals], andernfalls
⟨Adverb⟩: *als andere Möglichkeit; sonst:*
bei gutem Wetter machen wir einen
Ausflug, andernfalls haben wir Unterricht. *Syn.:* ansonsten (ugs.).

an|de|rer|seits ['andərɐzaits], andrerseits
⟨Adverb⟩: *auf der anderen Seite, aber
auch:* ⟨oft in Verbindung mit »einerseits«⟩ das macht mich einerseits traurig, andererseits wütend; einerseits will
er gerne mitkommen, andererseits hat
er gar kein Geld für die Reise.

an|der|mal ['andɐmaːl]: in der Verbindung
* **ein andermal:** *nicht jetzt, sondern später:* diese Arbeit machen wir lieber ein
andermal.

än|dern ['ɛndɐn], ändert, änderte, geän-
dert: **1.** ⟨tr.; hat; jmdn., etw. ä.⟩ *anders
machen, verändern:* die Richtung, seine
Pläne, seine Meinung, seine Einstellung
ändern; das ist nicht zu ändern; alte
Menschen kann man nicht mehr ändern
(*dazu bringen, sich anders zu verhalten*).
Syn.: umändern, umarbeiten, wechseln.
2. ⟨sich ä.⟩ *anders werden:* das Wetter
ändert sich; sie hat sich in den letzten
Jahren sehr geändert. *Syn.:* sich verwandeln.

an|dern|falls ['andɐnfals]: ↑ anderenfalls.

an|ders ['andɐs] ⟨Adverb⟩: *verschieden,
nicht so [wie]:* ⟨oft mit der Konjunktion
»als«⟩ er sieht anders aus als sein Vater;
in der neuen Umgebung war alles anders
(*fremd, ungewohnt*).

an|ders|ar|tig [ˈandɐsˌaːɐ̯tɪç] ⟨Adj.⟩: *ander...; anders, nicht gleich:* sie hat jetzt eine andersartige *(andere)* Beschäftigung.

an|dert|halb [ˈandɐtˈhalp] ⟨Zahladjektiv⟩: *einer und ein halber:* anderthalb Liter Milch; der Film dauert anderthalb Stunden.

an|der|wei|tig [ˈandɐˌvaɪ̯tɪç] ⟨Adj.⟩: *ander..., anders:* er kann morgen nicht mit ins Schwimmbad kommen, er hat anderweitige Pläne; warum hilft Paul nicht mit, ist er mit anderweitigen Dingen beschäftigt? *Syn.:* sonstig.

an|deu|ten [ˈandɔy̯tn̩], deutet an, deutete an, angedeutet: **1.** ⟨tr.; hat; etw. a.⟩ *nur das Wichtigste zeigen oder sagen:* mit ein paar Strichen eine Figur andeuten; sie deutete das Problem mit ein paar Worten an. *Syn.:* skizzieren. **2.** ⟨tr.; hat; [jmdm.] etw. a.⟩ *indirekt sagen oder zeigen:* sie deutet [ihm] an, dass er gehen kann; was willst du [mir] damit andeuten?

and|rer|seits [ˈandʀɐˌzaɪ̯ts]: ↑ andererseits.

an|eig|nen [ˈanˌaɪ̯ɡnən], eignet an, eignete an, angeeignet ⟨sich (Dativ) etw. a.⟩: **1.** *lernen:* ich habe mir die wichtigsten unregelmäßigen Verben schon angeeignet. *Syn.:* erlernen, erwerben. **2.** *zu Unrecht nehmen:* du hast mich nicht vorher gefragt, du hast dir das Buch einfach angeeignet. *Syn.:* klauen (ugs.), rauben, stehlen, wegnehmen.

an|ei|nan|der [anˌaɪ̯ˈnandɐ] ⟨Adverb⟩: **1.** *einer an den andern:* sie sehen sich sehr selten, aber sie denken viel aneinander. **2.** *einer am andern:* sie sind ohne Gruß aneinander vorbeigegangen.

an|ei|n|an|der- [anˌaɪ̯ˈnandɐ] ⟨trennbares, betontes verbales Präfix⟩: *zusammen...:* aneinandergrenzen; aneinanderlegen.

an|ei|n|an|der|fü|gen [anˌaɪ̯ˈnandɐfyːɡn̩], fügt aneinander, fügte aneinander, aneinandergefügt ⟨tr.; hat; etw. a.⟩: *eines mit dem anderen verbinden:* er hat die passenden Teile aneinandergefügt.

an|ei|n|an|der|ge|ra|ten [anˌaɪ̯ˈnandɐɡəraːtn̩], gerät aneinander, geriet aneinander, aneinandergeraten ⟨itr.; ist; mit jmdm. a.⟩: *sich streiten:* die beiden Kolleginnen sind heftig aneinandergeraten; er ist mit seinem Chef aneinandergeraten.

an|er|kannt [ˈanˌɛɐ̯kant], anerkannter, am anerkanntesten ⟨Adj.⟩: **1.** *angesehen:* eine anerkannte Wissenschaftlerin. *Syn.:* berühmt. **2.** *geprüft:* ein [staatlich] anerkannter Übersetzer.

an|er|ken|nen [ˈanˌɛɐ̯kɛnən], erkennt an, erkannte an, auch: anerkannte, anerkannt ⟨tr.; hat⟩: **1.** ⟨jmdn., etw. a.⟩ *bestätigen, dass etwas gültig ist:* eine neue Regierung anerkennen; ihr Antrag auf Asyl wurde anerkannt. *Syn.:* bestätigen. **2.** ⟨etw. a.⟩ *sagen, dass man etwas gut findet; loben:* sie erkannte seinen Erfolg an; ich erkenne dankbar an, dass ihr mir immer geholfen habt. *Syn.:* achten, ehren, schätzen.

die **An|er|ken|nung** [ˈanˌɛɐ̯kɛnʊŋ]; -, -en: **1.** *Handlung, mit der man etwas als gültig bestätigt:* ihm wird die Anerkennung als politischer Flüchtling verweigert. **2.** *lobende Worte, Bestätigung:* keine Anerkennung finden; mit Anerkennung von jmdm. sprechen. *Syn.:* Beachtung, Lob.

an|fah|ren [ˈanfaːrən], fährt an, fuhr an, angefahren: **1.** ⟨itr.; ist⟩ *losfahren, zu fahren beginnen:* als die Ampel grün wurde, fuhr das Auto langsam an. *Syn.:* starten. **2.** ⟨tr.; hat; jmdn. a.⟩ *mit dem Auto oder Fahrrad berühren oder verletzen:* sie hat das Kind angefahren. *Syn.:* ¹umfahren. **3.** ⟨tr.; hat; jmdn. a.⟩ *mit jmdm. laut und unfreundlich sprechen:* sie war wütend und hat ihren Mann angefahren. *Syn.:* anbrüllen, anschreien, heruntermachen (ugs.).

der **An|fall** [ˈanfal]; -[e]s, Anfälle [ˈanfɛlə]: *plötzliches Auftreten einer Krankheit:* sein Herz ist schwach, er kann leicht einen Anfall bekommen; ein Anfall von Fieber. *Zus.:* Herzanfall, Schlaganfall, Wutanfall.

an|fal|len [ˈanfalən], fällt an, fiel an, angefallen ⟨tr.; hat; jmdn. a.⟩: *angreifen:* sie wurde plötzlich von einem Hund angefallen. *Syn.:* überfallen, sich stürzen auf.

an|fäl|lig [ˈanfɛlɪç] ⟨Adj.⟩: *schnell krank; schlecht geschützt gegen etwas:* sie ist sehr anfällig [für Erkältungen]. *Syn.:* empfindlich, labil, schwach.

der **An|fang** [ˈanfaŋ]; -[e]s, Anfänge [ˈanfɛŋə]: *der erste Teil von etwas; Beginn* /Ggs. Ende/: der Anfang des Buches ist langweilig; am/zu Anfang *(anfangs)* ist alles schwieriger; Anfang der Woche waren wir noch krank; Anfang Februar *(in den ersten Tagen des Monats Februar)*; mit Anfang dreißig *(als er etwas älter als dreißig Jahre war)* hat er geheiratet; sie war von Anfang an *(gleich zu Beginn)* dagegen; wer macht den Anfang *(fängt an)*? *Syn.:* Auftakt, Start.

A

an|fan|gen ['anfaŋən], fängt an, fing an, angefangen: **1.** ⟨tr.; hat; etw. a.⟩ *beginnen* /Ggs. beenden/: eine Arbeit, ein Gespräch, [einen] Streit anfangen; einen Brief anfangen *(zu schreiben anfangen);* ein Buch anfangen *(zu lesen anfangen);* ⟨auch itr.⟩ mit der Arbeit anfangen; bei einer Firma anfangen *(eine Stelle antreten);* jetzt fang nicht wieder davon an *(fang nicht wieder an, davon zu reden);* sie fing an zu singen / zu singen an. *Syn.:* aufnehmen, herangehen an. **2.** ⟨itr.; hat⟩ *beginnen, losgehen:* der Film fängt um 20 Uhr an; morgen fängt die Schule wieder an; hier fängt die Mozartstraße an. *Syn.:* anlaufen, ausbrechen, einsetzen, starten. **3.** ⟨tr.; hat; etw. mit jmdm., sich, etw. a.⟩ *machen:* was willst du mit so viel Geld anfangen?; er weiß nichts mit sich anzufangen *(weiß nicht, was er tun soll).* *Syn.:* anstellen, tun, unternehmen.

der **An|fän|ger** ['anfɛŋɐ]; -s, -, die **An|fän|ge|rin** ['anfɛŋərɪn]; -, -nen: *jmd., der etwas zum ersten Mal macht und noch keine Übung hat:* Anfänger und Fortgeschrittene; beim Skifahren ist er kein Anfänger mehr. *Syn.:* Laie. *Zus.:* Berufsanfänger, Berufsanfängerin, Schulanfänger, Schulanfängerin, Studienanfänger, Studienanfängerin.

an|fäng|lich ['anfɛŋlɪç] ⟨Adj.⟩: *am Anfang:* nach anfänglichem Zögern stimmte er zu.

an|fangs ['anfaŋs] ⟨Adverb⟩: *am Anfang:* ich glaubte es anfangs nicht; anfangs habe ich immer den gleichen Fehler gemacht. *Syn.:* anfänglich, erst, zuerst, zunächst.

an|fas|sen ['anfasn̩], fasst an, fasste an, angefasst: **1.** ⟨tr.; hat; jmdn., etw. a.⟩ *mit der Hand berühren; nach etwas greifen:* er lässt sich nicht gerne anfassen; du darfst den Teller nicht anfassen: er ist sehr heiß. *Syn.:* angreifen, anrühren, ergreifen. **2.** ⟨itr.; hat⟩ *helfen:* die Tasche ist so schwer, fass doch mal [mit] an.

an|fer|ti|gen ['anfɛrtɪɡn̩], fertigt an, fertigte an, angefertigt ⟨tr.; hat; etw. a.⟩: *etwas herstellen:* eine Zeichnung, einen Ring anfertigen; er hat sich einen neuen Anzug anfertigen lassen. *Syn.:* basteln, bauen, fertigen, formen, gestalten, machen, produzieren, schaffen.

an|for|dern ['anfɔrdɐn], fordert an, forderte an, angefordert ⟨tr.; hat; jmdn., etw. a.⟩: *sagen oder schreiben, dass man etwas haben möchte; bestellen:* Bewerbungsunterlagen, einen Katalog, ein Gutachten, Unterlagen, Zeugnisse anfordern; zusätzliche Arbeitskräfte anfordern. *Syn.:* bitten um, verlangen.

die **An|for|de|rung** ['anfɔrdərʊŋ]; -, -en: *das, was man von jmdm. erwartet:* der Lehrer hat hohe Anforderungen an seine Schüler; seine Leistungen bei der Arbeit entsprechen nicht den Anforderungen. *Syn.:* Anspruch, Forderung.

die **An|fra|ge** ['anfraːɡə]; -, -n: *Bitte um Auskunft:* sie schickte eine schriftliche Anfrage an das Arbeitsamt. *Syn.:* Frage, Nachfrage.

an|fra|gen ['anfraːɡn̩], fragt an, fragte an, angefragt ⟨itr.; hat; [bei jmdm., etw.] a.⟩: *um Auskunft bitten:* brieflich, schriftlich, telefonisch anfragen; er hat vorher beim Rathaus angefragt, was ein neuer Führerschein kostet. *Syn.:* sich erkundigen, fragen, nachfragen.

an|freun|den ['anfrɔyndn̩], freundet an, freundete an, angefreundet ⟨sich mit jmdm. a.⟩: **1.** *eine Freundschaft beginnen:* er hat sich mit seinem Nachbarn angefreundet. *Syn.:* sich befreunden. **2.** *sich langsam an etwas Unbekanntes gewöhnen:* ich muss mich mit der neuen Wohnung erst einmal anfreunden.

an|füh|len ['anfyːlən], fühlt an, fühlte an, angefühlt ⟨tr.; hat; etw. a.⟩: *anfassen und dadurch prüfen:* der Stoff fühlt sich ganz weich an.

an|füh|ren ['anfyːrən], führt an, führte an, angeführt ⟨tr.; hat⟩: **1.** *vor einer Gruppe hergehen; eine Gruppe leiten:* ein Mann auf einem Pferd führt den Umzug an. *Syn.:* führen, lenken, vorangehen. **2.** *nennen, angeben:* er konnte einen guten Grund für sein Fehlen anführen; können Sie noch ein weiteres Beispiel anführen? *Syn.:* aufführen, vorbringen.

die **An|ga|be** ['anɡaːbə]; -, -n: *das Gesagte; Aussage:* nicht alle Personen haben bei der Umfrage richtige Angaben gemacht; die Angaben entsprechen der Wahrheit; wir werden Ihre Angaben überprüfen; bitte antworten Sie uns unter Angabe Ihrer Versicherungsnummer *(und nennen Sie Ihre Versicherungsnummer).* *Syn.:* Auskunft, Information, Mitteilung.

an|ge|ben ['anɡeːbn̩], gibt an, gab an, angegeben: **1.** ⟨tr.; hat; etw. a.⟩ *Auskunft über etwas geben; nennen:* bitte geben Sie Name und Adresse an; der Preis für die Bananen ist falsch angegeben. *Syn.:* anführen, mitteilen, sagen. **2.** ⟨tr.; hat; etw. a.⟩ *für alle vorgeben; bestimmen:* die Richtung, den Takt angeben; der Erste gibt das Tempo an. *Syn.:* diktieren, festlegen, vorschreiben. **3.** ⟨itr.; hat⟩ (ugs.) *sich wichtig machen:* sie gaben an, um den Mädchen zu imponieren; gib doch nicht so an!; der gibt aber an mit seinem neuen Auto! *Syn.:* aufschneiden.

an|geb|lich [ˈangəˌplɪç] ⟨Adj.⟩: *wie behauptet wird:* ein angeblicher Augenzeuge; angeblich hat sie unser Schreiben nicht bekommen; sie war angeblich krank.

das An|ge|bot [ˈangəboːt]; -[e]s, -e: **1.** *etwas, was angeboten wird; Vorschlag:* ein Angebot ablehnen, ausschlagen; er machte mir das Angebot, in seiner Wohnung zu übernachten; ich habe sein Angebot angenommen. *Zus.:* Friedensangebot, Stellenangebot. **2.** *etwas, was der Öffentlichkeit zur Verfügung steht:* in der Stadt gibt es ein großes Angebot für Kinder und Jugendliche. *Zus.:* Kulturangebot, Sportangebot. **3.** ⟨ohne Plural⟩ *Menge oder Auswahl:* dort gibt es ein großes Angebot an frischem Obst und Gemüse; den Kaffee haben wir heute im Angebot *(Sonderangebot);* augenblicklich sind Angebot *(Menge der hergestellten Waren)* und Nachfrage etwa gleich groß. *Syn.:* Sortiment. *Zus.:* Billigangebot, Warenangebot.

an|ge|bracht [ˈangəbraxt], angebrachter, am angebrachtesten ⟨Adj.⟩: *in einer bestimmten Situation passend:* eine nicht angebrachte Bemerkung; das ist, halte ich für angebracht; bei diesem Medikament ist Vorsicht durchaus angebracht *(nötig). Syn.:* sinnvoll, vernünftig.

an|ge|grif|fen [ˈangəˌɡrɪfn̩], angegriffener, am angegriffensten ⟨Adj.⟩: *durch eine Krankheit geschwächt:* sie wirkte angegriffen; ihre Gesundheit ist etwas angegriffen. *Syn.:* erschöpft, krank, kränklich.

an|ge|hei|ra|tet [ˈangəˌhaira:tət] ⟨Adj.⟩: *durch Heirat Mitglied einer Familie geworden:* eine angeheiratete Tante von mir.

an|ge|hei|tert [ˈangəˌhaitɐt] ⟨Adj.⟩: *leicht betrunken:* nach zwei Gläsern Wein war er schon etwas angeheitert; in angeheitertem Zustand sollte man nicht mehr Auto fahren. *Syn.:* besoffen (salopp), blau (ugs.).

an|ge|hen [ˈangeːən], geht an, ging an, angegangen: **1.** ⟨itr.; ist⟩ (ugs.) *zu brennen, zu leuchten beginnen* /Ggs. ausgehen/: das Feuer war angegangen; die Lampe geht nicht mehr an *(funktioniert nicht mehr).* **2.** ⟨itr.; ist⟩ *für jmdn. von Interesse sein; betreffen:* diese Frage geht

uns alle an; das geht dich nichts an! *(halt du dich da heraus). Syn.:* berühren. **3.** ⟨tr.; hat; gegen jmdn., etw. a.⟩ *sich gegen etwas wehren:* sie will gegen das Unrecht angehen; ich werde das Urteil nicht hinnehmen, sondern dagegen angehen. *Syn.:* ankämpfen, protestieren.

an|ge|hö|ren [ˈangəhøːrən], gehört an, gehörte an, angehört ⟨itr.; hat; jmdm., etw. a.⟩: *ein Mitglied oder ein Teil von etwas sein:* er gehört seit vielen Jahren der Regierung an; solche Methoden werden bald der Vergangenheit angehören *(wird es bald nicht mehr geben). Syn.:* gehören zu, zählen zu.

der *und* **die An|ge|hö|ri|ge** [ˈangəhøːrɪɡə]; -n, -n ⟨aber: [ein] Angehöriger, [eine] Angehörige, Plural: [viele] Angehörige⟩: **1.** *Person, die der Familie angehört; Verwandter:* der Arzt benachrichtigte die nächsten Angehörigen des Verstorbenen; er möchte seine Angehörigen besuchen. *Zus.:* Familienangehöriger, Familienangehörige. **2.** *Person, die einer bestimmten Gruppe angehört:* Angehörige der Firma dürfen an dem Preisausschreiben nicht teilnehmen. *Syn.:* Mitarbeiter, Mitarbeiterin, Mitglied. *Zus.:* Firmenangehöriger, Firmenangehörige, Staatsangehöriger, Staatsangehörige.

der *und* **die An|ge|klag|te** [ˈangəkla:ktə]; -n, -n ⟨aber: [ein] Angeklagter, [eine] Angeklagte, Plural: [viele] Angeklagte⟩: *Person, die vor Gericht angeklagt ist:* der Angeklagte wurde zu acht Jahren Gefängnis verurteilt; die Angeklagte hat die Tat bereits gestanden; der Tennisstar steht nun als Angeklagter vor Gericht.

die An|gel [ˈaŋl̩]; -, -n: *langer Stock mit Schnur und Haken zum Fangen von Fischen:* die Angel auswerfen; sie hatte einen dicken Fisch an der Angel.

die An|ge|le|gen|heit [ˈangəleːɡn̩hait]; -, -en: *etwas, womit sich jmd. beschäftigt, was jmdn. betrifft:* eine wichtige Angelegenheit; eine Angelegenheit klären; ich will mich nicht in eure Angelegenheiten mischen. *Syn.:* Fall, Sache.

an|geln [ˈaŋl̩n], angelt, angelte, geangelt: **1.** ⟨tr.; hat; etw. a.⟩ *mit der Angel fangen:* Forellen angeln. *Syn.:* fischen. **2.** ⟨itr.; hat⟩ *Fische mit der Angel fangen:* am Sonntag gehen wir angeln.

an|ge|nehm [ˈangəneːm], angenehmer, am angenehmsten ⟨Adj.⟩: *als positiv empfunden:* eine angenehme Temperatur; eine angenehme Überraschung; das Parfüm riecht sehr angenehm. *Syn.:* erfreulich, gut, schön, wohltuend.

an|ge|regt [ˈangəreːkt], angeregter, am angeregtesten ⟨Adj.⟩: *lebhaft, nicht langweilig:* eine angeregte Diskussion; wir haben uns angeregt unterhalten. *Syn.:* lebendig, munter.

an|ge|se|hen [ˈangəzeːən], angesehener, am angesehensten ⟨Adj.⟩: *geachtet, respektiert:* sie stammt aus einer angesehenen Familie; er ist im Dorf sehr angesehen. *Syn.:* anerkannt.

an|ge|sichts [ˈangəzɪçts] ⟨Präp. mit Gen.⟩ (geh.): *bei Betrachtung, Berücksichtigung von:* angesichts der Tatsache, dass wir ihn gar nicht kennen.

an|ge|spannt [ˈangəʃpant], angespannter, am angespanntesten ⟨Adj.⟩: **1.** *angestrengt:* sie wirkte müde und angespannt. **2.** *kritisch, schwierig:* die Lage, die Situation ist angespannt. *Syn.:* bedrohlich, ernst, gefährlich.

der *und die* **An|ge|stell|te** [ˈangəʃtɛltə]; -n, -n ⟨aber: [ein] Angestellter, [eine] Angestellte, Plural: [viele] Angestellte⟩: *Person, die in einem Betrieb angestellt ist:* eine leitende Angestellte; er arbeitet als kaufmännischer Angestellter in einem Verlag. *Zus.:* Büroangestellte, Büroangestellter.

an|ge|wie|sen [ˈangəviːzn̩]: in der Verbindung ** auf jmdn., etwas angewiesen sein: jmdn., etwas unbedingt brauchen:* er ist auf dich angewiesen; viele Studierende sind auf Stipendien angewiesen.

an|ge|wöh|nen [ˈangəvøːnən], gewöhnte an, gewöhnt an, angewöhnt: **1.** ⟨sich etw. a.⟩ *bestimmte Gewohnheiten annehmen:* sich Pünktlichkeit, schlechte Manieren angewöhnen; ich habe mir im Urlaub das Rauchen angewöhnt. **2.** ⟨tr.; hat; jmdm. etw. a.⟩ *jmdn. bestimmte Gewohnheiten lehren:* er hat seinen Kindern früh angewöhnt, selbstständig zu sein. *Syn.:* beibringen.

die **An|ge|wohn|heit** [ˈangəvoːnhait]; -, -en: *(schlechte) Gewohnheit:* eine dumme, schreckliche Angewohnheit; sie hatte die Angewohnheit, die Briefe von anderen zu lesen.

die **An|gi|na** [aŋˈɡiːna]; -, Anginen [aŋˈɡiːnən]: *Infektion, die Halsschmerzen bewirkt.*

der **Ang|ler** [ˈaŋlɐ]; -s, -, die **Ang|le|rin** [ˈaŋlərɪn]; -, -nen: *Person, die angelt:* der Angler wirft seine Angel aus.

an|grei|fen [ˈangraifn̩], greift an, griff an, angegriffen: **1.** ⟨tr.; hat; jmdn., etw. a.⟩ *gegen jmdn., etwas zu kämpfen beginnen:* den Feind, eine militärische Stellung angreifen. *Syn.:* überfallen. **2.** ⟨itr.; hat⟩ *zu kämpfen beginnen:* die feindlichen Truppen griffen plötzlich an. **3.** ⟨tr.; hat; jmdn., etw. a.⟩ *heftig kritisieren:* jmdn. öffentlich angreifen. **4.** ⟨tr.; hat; etw. a.⟩ *beschädigen:* die Säure greift den Stoff, die Haut an. **5.** ⟨tr.; hat; jmdn., etw. a.⟩ (bes. österr.) *anfassen:* die Kinder greifen alles an.

der **An|griff** [ˈangrɪf]; -[e]s, -e: **1.** *das Angreifen /Ggs. Verteidigung/:* einen feindlichen Angriff abwehren. *Syn.:* Überfall. **2.** *heftige Kritik:* persönliche Angriffe gegen jmdn. richten. *Syn.:* Vorwurf.

die **Angst** [aŋst]; -, Ängste [ˈɛŋstə]: *Gefühl, bedroht zu sein:* das Kind hat Angst vor dem Hund; deine Drohungen machen mir keine Angst! *Syn.:* Furcht. *Zus.:* Todesangst.

ängst|lich [ˈɛŋstlɪç], ängstlicher, am ängstlichsten ⟨Adj.⟩: *Angst empfindend:* ein ängstliches Kind; sie machte auf mich einen ängstlichen Eindruck; er blickte sich ängstlich in dem dunklen Raum um. *Syn.:* scheu, verängstigt.

an|gu|cken [ˈangʊkn̩], guckt an, guckte an, angeguckt ⟨tr.; hat; jmdn., etw. a.⟩ (ugs.): *ansehen:* jmdn. von der Seite angucken; ich habe mir den neuen Film angeguckt. *Syn.:* betrachten.

an|gur|ten [ˈangʊrtn̩], gurtet an, gurtete an, angegurtet ⟨tr.; hat; jmdn. a.⟩: *mit einem Gurt anschnallen:* das Kind angurten; er wurde schwer verletzt, weil er nicht angegurtet war.

an|ha|ben [ˈanhaːbn̩], hat an, hatte an, angehabt ⟨tr.; hat; etw. a.⟩ (ugs.): *(ein Kleidungsstück) angezogen haben:* sie hatte ein blaues Kleid an.

an|hal|ten [ˈanhaltn̩], hält an, hielt an, angehalten: **1.** ⟨tr.; hat; jmdn., etw. a.⟩ *zum Stehen bringen:* ein Auto anhalten; sie wurden von der Polizei angehalten und kontrolliert; wir hielten den Atem an *(atmeten nicht).* **2.** ⟨itr.; hat⟩ *stehen bleiben:* das Auto hielt an der Ecke an. *Syn.:* halten.

der **An|hal|ter** [ˈanhaltɐ]; -s, -: *männliche Person, die Autos anhält, um mitgenommen zu werden:* sie nimmt grundsätzlich keine Anhalter mit; ** per Anhalter: als Anhalter, Anhalterin:* sie reisten per Anhalter durch Deutschland.

die **An|hal|te|rin** [ˈanhaltərɪn]; -, -nen: weibliche Form zu ↑ Anhalter.

der **An|halts|punkt** [ˈanhaltspʊŋkt]; -[e]s, -e: *etwas, was einen Verdacht begründet:* es gibt keinen Anhaltspunkt dafür, dass sie die Täterin war. *Syn.:* Hinweis, Indiz.

¹**an|hand** [anˈhant] ⟨Präp. mit Gen.⟩: *mithilfe:* anhand eines Buches lernen.

²**an|hand** [anˈhant] ⟨Adverb in Verbindung mit »von«⟩: *mithilfe:* anhand von Beweisen wurde er rasch überführt.

der **An|hang** [ˈanhaŋ]; -[e]s, Anhänge [ˈanhɛŋə]: **1.** *ergänzender Teil:* der Anhang zu einem Vertrag; das Buch gliedert sich in zwölf Kapitel und einen Anhang. *Syn.:* Zusatz. **2.** ⟨ohne Plural⟩ *jmds. Freunde, Familie:* ihr Bruder kam mit seinem ganzen Anhang zu Besuch.

¹**an|hän|gen** [ˈanhɛŋən], hängt an, hängte an, angehängt: **1.** ⟨tr.; hat; etw. [an etw. (Akk.)] a.⟩ *an etwas hängen:* einen Zettel [an ein Paket] anhängen. *Syn.:* befestigen. **2.** ⟨tr.; hat; etw. [an etw. (Akk.)] a.⟩ *ein Fahrzeug an ein anderes hängen* /Ggs. abhängen/: einen Anhänger [an das Auto] anhängen. **3.** ⟨tr.; hat; jmdm. etw. a.⟩ (ugs.) *jmdn. (fälschlich) beschuldigen:* ihr wurde von der Presse sogar ein Mord angehängt.

²**an|hän|gen** [ˈanhɛŋən], hängt an, hing an, angehangen ⟨itr.; hat; jmdm., etw. a.⟩: *jmdn., etw. belasten:* seine Vergangenheit hängt ihm an.

der **An|hän|ger** [ˈanhɛŋɐ]; -s, -: **1.** *Wagen, der an ein Fahrzeug angehängt wird:* eine Straßenbahn mit Anhänger. **2.** *Schmuck, der an einer Kette getragen wird:* sie trug einen Anhänger aus Silber an ihrem Hals. **3.** *männliche Person, die sich für jmdn., etwas begeistert (und einsetzt):* ein überzeugter Anhänger der modernen Musik; die neue Partei fand rasch viele Anhänger. *Syn.:* Fan.

die **An|hän|ge|rin** [ˈanhɛŋərɪn]; -, -nen: *weibliche Form zu* ↑ Anhänger.

an|he|ben [ˈanheːbn̩], hebt an, hob an, angehoben ⟨tr.; hat; etw. a.⟩: **1.** *ein wenig in die Höhe heben:* sie mussten den Schrank anheben, um den Teppich darunterschieben zu können. **2.** *erhöhen:* die Steuern um 5 % anheben.

An|hieb [ˈanhiːp]: in der Verbindung * **auf Anhieb:** *beim ersten Versuch:* etwas glückt auf Anhieb.

an|hö|ren [ˈanhøːrən], hört an, hörte an, angehört: **1.** ⟨sich etw. a.⟩ *hören:* wir hörten uns zusammen das Konzert an; ich hörte mir die Pläne meines Freundes geduldig an. **2.** ⟨sich a.⟩ *klingen:* dein Vorschlag hört sich gut an. *Syn.:* wirken.

der **An|kauf** [ˈankau̯f]; -[e]s, Ankäufe [ˈankɔyfə]: *Kauf:* der Ankauf von Aktien. *Syn.:* Anschaffung.

an|kau|fen [ˈankau̯fn̩], kauft an, kaufte an, angekauft ⟨tr.; hat; etw. a.⟩: *kaufen:* ein Grundstück ankaufen. *Syn.:* anschaffen, erwerben.

der **An|ker** [ˈaŋkɐ]; -s, -: *schweres eisernes Gerät an einer Kette, das ein Schiff im Wasser an seinem Platz festhält:* den Anker auswerfen, einholen; den Anker lichten; * **vor Anker liegen:** *mit dem Anker festgehalten werden:* das Schiff liegt im Hafen vor Anker.

die **An|kla|ge** [ˈanklaːgə]; -, -n: *Beschuldigung (vor einem Gericht):* eine Anklage wegen Betrugs; gegen jmdn. Anklage erheben *(jmdn. anklagen). Syn.:* Klage.

an|kla|gen [ˈanklaːgn̩], klagt an, klagte an, angeklagt ⟨tr.; hat; jmdn. wegen etw. a.⟩: *(vor einem Gericht) beschuldigen:* jmdn. wegen Diebstahls, Mordes anklagen.

an|klam|mern [ˈanklamɐn], klammert an, klammerte an, angeklammert ⟨sich an jmdn., etw. a.⟩: *sich eng an jmdn., etwas klammern:* ängstlich klammerte er sich an die Mutter an.

der **An|klang** [ˈanklaŋ]; -[e]s, Anklänge [ˈanklɛŋə]: *Zustimmung:* der Anklang war groß; in der Verbindung * **Anklang finden:** *mit Zustimmung aufgenommen werden:* der Vorschlag fand bei den Zuhörern großen Anklang.

an|kle|ben [ˈankleːbn̩], klebt an, klebte an, angeklebt ⟨tr.; hat; etw. [an etw. (Akk./Dativ)] a.⟩: *mit Klebstoff (an etwas) befestigen:* sie hat die Plakate an die Wand / an der Wand angeklebt.

an|klin|gen [ˈanklɪŋən], klingt an, klang an, angeklungen ⟨itr.; ist/hat⟩: *sich andeuten:* der Gedanke der Freiheit klingt in seinen Romanen immer wieder an.

an|klop|fen [ˈanklɔpfn̩], klopft an, klopfte an, angeklopft ⟨itr.; hat⟩: *(an die Tür) klopfen:* sie trat ein, ohne anzuklopfen.

an|knüp|fen [ˈanknʏpfn̩], knüpft an, hat angeknüpft: **1.** ⟨itr.; hat⟩ *an etwas anschließen (und es dann fortsetzen):* an die guten Leistungen des vorigen Jahres anknüpfen. **2.** ⟨tr.; hat; etw. a.⟩ *(Kontakt zu jmdm.) aufnehmen, herstellen:* geschäftliche Beziehungen anknüpfen.

an|kom|men [ˈankɔmən], kommt an, kam an, angekommen ⟨itr.; ist⟩: **1.** *einen Ort erreichen:* sie kamen gegen 14 Uhr [in Berlin] an; mit der Bahn, mit dem Flugzeug ankommen; das Päckchen kam gestern mit der Post an. *Syn.:* eintreffen, kommen. **2.** (ugs.) *Erfolg haben:* die Schauspielerin kam mit ihrem ersten

A

Film gut beim Publikum an. *Syn.:* gefallen. **3.** * **es kommt auf jmdn., etwas an:** *es hängt von jmdm.*, *etwas ab:* es kommt aufs Wetter an, ob wir morgen abreisen können; auf ein paar Euro kommt es nicht an; * **es auf etwas** (Akk.) **ankommen lassen:** *etwas riskieren:* er lässt es auf einen Prozess ankommen.

an|kreu|zen [ˈankrɔytsn̩], kreuzt an, kreuzte an, angekreuzt ⟨tr.; hat; etw. a.⟩: *(in einem Text) durch ein kleines Kreuz hervorheben:* einen Namen in einer Liste ankreuzen. *Syn.:* markieren.

an|kün|di|gen [ˈankʏndɪgn̩], kündigt an, kündigte an, angekündigt: **1.** ⟨tr.; hat; etw. a.⟩ *vorher mitteilen:* eine Veranstaltung, ein neues Buch ankündigen; Großmutter kündigte ihren Besuch an. **2.** ⟨sich a.⟩ *erkennbar werden:* ein Verhängnis, Unheil kündigt sich an. *Syn.:* sich abzeichnen, sich andeuten.

die **An|kün|di|gung** [ˈankʏndɪgʊŋ], -, -en: *das Ankündigen:* eine überraschende, offizielle Ankündigung.

die **An|kunft** [ˈankʊnft]; -, Ankünfte [ˈankʏnftə]: *das Eintreffen, Ankommen* /Gegs. Abfahrt/: die Ankunft des Zuges erwarten; die Gäste waren nach ihrer Ankunft im Hotel völlig erschöpft.

an|la|chen [ˈanlaxn̩], lacht an, lachte an, angelacht: **1.** ⟨tr.; hat; jmdn. a.⟩ *lachend ansehen:* sie lachte ihn an. **2.** ⟨sich jmdn. a.⟩ (ugs.) *jmdn. zum Freund / zur Freundin gewinnen:* hast du dir eine Freundin angelacht?

die **An|la|ge** [ˈanlaːgə]; -, -n: **1.** *öffentliches Gelände mit Blumen, Sträuchern, Bäumen:* die städtischen Anlagen. *Syn.:* Park. **2.** *(Gelände und) Gebäude für einen bestimmten Zweck:* militärische Anlagen. *Zus.:* Fabrikanlage, Hafenanlage, Sportanlage. **3.** *Vorrichtung, Einrichtung:* eine komplizierte Anlage bauen, bedienen. *Zus.:* Alarmanlage, Heizungsanlage. **4.** *Beilage zu einem Brief:* in der Anlage / als Anlage übersenden wir Ihnen die gewünschten Unterlagen.

an|lan|gen [ˈanlaŋən], langt an, langte an, angelangt ⟨itr.; ist⟩: *ankommen:* wir sind glücklich am Ziel angelangt. *Syn.:* eintreffen.

der **An|lass** [ˈanlas]; -es, Anlässe [ˈanlɛsə]: **1.** *Grund:* der Anlass des Streites blieb unklar; es besteht kein Anlass zur Besorgnis. **2.** *Gelegenheit, Ereignis:* ein besonderer, willkommener Anlass.

an|las|sen [ˈanlasn̩], lässt an, ließ an, angelassen ⟨tr.; hat; etw. a.⟩: **1.** *(einen Motor)*

starten: den Motor anlassen. **2.** (ugs.) *nicht ausziehen:* seinen Mantel anlassen. **3.** (ugs.) *eingeschaltet, brennen lassen:* das Radio, das Licht anlassen.

an|läss|lich [ˈanlɛslɪç] ⟨Präp. mit Gen.⟩: *wegen:* anlässlich des Geburtstages fand eine Feier statt.

der **An|lauf** [ˈanlauf]; -[e]s, Anläufe [ˈanlɔyfə]: **1.** *Lauf, der einen Sprung einleitet:* beim Anlauf ist sie noch zu langsam. **2.** *Versuch:* nicht alles gelingt beim ersten Anlauf.

an|lau|fen [ˈanlaufn̩], läuft an, lief an, angelaufen ⟨itr.; ist⟩: **1.** *anfangen, einsetzen:* die Fahndung ist bereits angelaufen. *Syn.:* beginnen. **2.** *sich mit einer dünnen Schicht Feuchtigkeit überziehen:* die Fenster sind angelaufen; wenn es draußen kalt ist, laufen meine Brillengläser immer an.

der **An|laut** [ˈanlaut]; -[e]s, -e: *Laut, mit dem ein Wort, eine Silbe beginnt:* im Deutschen hat »sp« im Anlaut eine besondere Aussprache.

an|le|gen [ˈanleːgn̩], legt an, legte an, angelegt: **1.** ⟨itr.; hat⟩ *(von Schiffen) an der Stelle ankommen, an der es festgemacht wird* /Gegs. ablegen/: das Schiff legte am Kai an. **2.** ⟨tr.; hat; etw. a.⟩ (geh.) *anziehen:* eine Uniform, ein festliches Gewand anlegen. **3.** ⟨tr.; hat; etw. a.⟩ *erstellen, gestalten:* einen Spielplatz anlegen; ein Verzeichnis anlegen. **4.** ⟨tr.; hat; etw. a.⟩ *investieren:* sein Geld in Aktien, Schmuck anlegen.

an|leh|nen [ˈanleːnən], lehnt an, lehnte an, angelehnt: **1.** ⟨tr.; hat; etw. [an jmdn., etw.] a.⟩ *lehnen:* er lehnte das Fahrrad [an die Wand] an. **2.** ⟨tr.; hat; etw. a.⟩ *nicht ganz schließen:* er hatte die Tür nur angelehnt, sodass sie alles mit anhören konnte.

an|lei|ten [ˈanlaitn̩], leitet an, leitete an, angeleitet ⟨tr.; hat; jmdn. a.⟩: *in eine Arbeit einführen:* zu ihren Aufgaben gehört es, die Auszubildenden [bei der Arbeit] anzuleiten. *Syn.:* anlernen, anweisen, einweisen.

die **An|lei|tung** [ˈanlaitʊŋ]; -, -en: **1.** *Anweisung, Unterweisung:* sie musizierten unter [der] Anleitung ihrer Lehrerin. **2.** *Erklärung, wie etwas funktioniert, zu bedienen ist:* bitte lesen Sie zuerst die beiliegende Anleitung. *Syn.:* Gebrauchsanweisung. *Zus.:* Bedienungsanleitung.

an|lie|gen [ˈanliːgn̩], liegt an, lag an, angelegen ⟨itr.; hat⟩: *dicht am Körper liegen:* das Trikot lag eng [am Körper] an.

A

das **An|lie|gen** [ˈanliːgn̩]; -s, -: *Wunsch:* ein Anliegen vortragen; sich mit einem Anliegen an jmdn. wenden.

an|lie|gend [ˈanliːgn̩t] ⟨Adj.⟩: *mit einer gemeinsamen Grenze:* die anliegenden Grundstücke waren auch betroffen.

der **An|lie|ger** [ˈanliːgɐ]; -s, -, die **An|lie|ge|rin** [ˈanliːgərɪn]; -, -nen (bes. Fachspr.): *Person, die in unmittelbarer Nähe von etwas wohnt:* die Straße darf nur von den Anliegern benutzt werden. *Syn.:* Anwohner, Anwohnerin.

an|ma|chen [ˈanmaxn̩], macht an, machte an, angemacht (ugs.): **1.** ⟨tr.; hat; etw. [irgendwo] a.⟩ *befestigen /Ggs. abmachen/:* ein Schild an der Tür anmachen. *Syn.:* anbringen. **2.** ⟨tr.; hat; etw. a.⟩ *anschalten /Ggs. ausmachen/:* das Licht, den Computer anmachen; jeden Abend um 8 wird bei uns der Fernseher angemacht. *Syn.:* einschalten. **3.** ⟨tr.; hat; jmdn. a.⟩ *ansprechen und zeigen, dass man [sexuelles] Interesse an jmdm. hat:* er ging nur in die Disco, um Frauen anzumachen.

an|ma|len [ˈanmaːlən], malt an, malte an, angemalt ⟨tr.; hat; etw. a.⟩ (ugs.): *mit Farbe versehen:* Ostereier bunt anmalen. *Syn.:* bemalen.

an|ma|ßend [ˈanmaːsn̩t], anmaßender, am anmaßendsten ⟨Adj.⟩: *arrogant:* ein anmaßendes Auftreten. *Syn.:* hochmütig.

an|mel|den [ˈanmɛldn̩], meldet an, meldete an, angemeldet: **1.** ⟨tr.; hat; jmdn., sich a.⟩ *einen Termin vereinbaren:* sie hat sich und ihr Kind beim Arzt angemeldet; sind Sie für heute angemeldet? **2.** ⟨tr.; hat; jmdn., sich, etw. a.⟩ *bei einer Behörde melden /Ggs. abmelden/:* sich polizeilich anmelden; Fernseher und Radio müssen angemeldet sein. **3.** ⟨tr.; hat; jmdn., sich a.⟩ *die Teilnahme an etwas, den Eintritt in etwas vormerken lassen:* das Kind in der Schule anmelden; sich zu einem Kurs in der Volkshochschule anmelden.

die **An|mel|dung** [ˈanmɛldʊŋ]; -, -en: **1.** *das Anmelden bei einer Behörde:* der Beamte half mir beim Ausfüllen der Formulare für die Anmeldung. **2.** *das Anmelden einer Teilnahme:* Anmeldung spätestens 14 Tage vor Beginn des Kurses. **3.** *Raum, Schalter zum Anmelden:* bitte gehen Sie zuerst zur Anmeldung.

an|mer|ken [ˈanmɛrkn̩], merkt an, merkte an, angemerkt: **1.** ⟨tr.; hat; jmdm. etw. a.⟩ *erkennen, spüren:* jmdm. die Anstrengung anmerken; sie ließ sich ihren Ärger nicht anmerken. **2.** ⟨tr.; hat; etw. [zu etw.] a.⟩ *bemerken, äußern:* zu dieser Frage möchte ich Folgendes anmerken.

die **An|mer|kung** [ˈanmɛrkʊŋ]; -, -en: *erläuternde, ergänzende Bemerkung:* ich möchte ein paar Anmerkungen machen; einen Text mit Anmerkungen versehen.

an|mu|tig [ˈanmuːtɪç], anmutiger, am anmutigsten ⟨Adj.⟩: *natürliche Schönheit zeigend:* eine anmutige Erscheinung; sie lächelte anmutig.

an|nä|hen [ˈanːɛːən], näht an, nähte an, angenäht ⟨tr.; hat; etw. a.⟩: *durch Nähen [wieder] befestigen:* er musste noch schnell einen Knopf annähen.

die **An|nah|me** [ˈannaːmə]; -, -n: **1.** ⟨ohne Plural⟩ *das Annehmen einer Sendung, eines Geschenks:* sie hat die Annahme des Pakets verweigert. **2.** *das Billigen:* die Annahme unseres Vorschlags wurde bestätigt. **3.** *Vermutung:* die Annahme, dass sie bereits abgereist sei, war falsch.

an|neh|men [ˈanːeːmən], nimmt an, nahm an, angenommen: **1.** ⟨tr.; hat; etw. a.⟩ *in Empfang nehmen:* ein Paket, ein Geschenk annehmen. **2.** ⟨tr.; hat; etw. a.⟩ *mit etwas einverstanden sein /Ggs. ablehnen/:* einen Vorschlag annehmen; Ihre Einladung nehmen wir gern an; der Antrag wurde einstimmig angenommen. **3.** ⟨tr.; hat; etw. a.⟩ *für möglich, wahrscheinlich halten:* ich nahm an, dass ihr mitkommen wolltet; nehmen wir einmal an, sein Angebot ist ernst gemeint. *Syn.:* erwarten, meinen, vermuten.

die **An|non|ce** [aˈnõːsə]; -, -n: *Anzeige in einer Zeitung oder Zeitschrift:* eine Annonce aufgeben; meine Annonce erscheint morgen in der Zeitung. *Syn.:* Inserat. *Zus.:* Heiratsannonce.

an|non|cie|ren [anõˈsiːrən], annonciert, annoncierte, annonciert ⟨tr.; hat; etw. a.⟩: *durch eine Annonce anbieten:* ein Zimmer in der Zeitung annoncieren. *Syn.:* inserieren.

ano|nym [anoˈnyːm] ⟨Adj.⟩: *ohne den Namen zu nennen:* das Buch ist anonym erschienen.

an|ord|nen [ˈanʔɔrdnən], ordnet an, ordnete an, angeordnet ⟨tr.; hat⟩: **1.** *bestimmen, dass etwas gemacht werden soll:* eine Untersuchung anordnen; der Chef ordnete Überstunden an. *Syn.:* befehlen, vorschreiben. **2.** *in eine bestimmte Folge, Ordnung bringen:* die Bücher neu anordnen; auf dem Tisch war alles sehr hübsch angeordnet. *Syn.:* ordnen.

die **An|ord|nung** [ˈanˌɔrdnʊŋ]; -, -en: *Äußerung, mit der etwas angeordnet wird:* es erging eine dienstliche Anordnung. *Syn.:* Befehl, Weisung.

an|pas|sen [ˈanpasn̩], passt an, passte an, angepasst ⟨sich jmdm., einer Sache od. an jmdn., etw. a.⟩: *sich nach jmdm., etwas richten:* sich der Zeit, den Umständen anpassen; sie hatte sich rasch an die neue Umgebung angepasst. *Syn.:* sich einstellen auf.

an|pro|bie|ren [ˈanprobiːrən], probiert an, probierte an, anprobiert ⟨tr.; hat; etw. a.⟩: *(ein Kleidungsstück) anziehen, um zu sehen, ob es passt:* Schuhe, einen Mantel anprobieren.

an|pum|pen [ˈanpʊmpn̩], pumpt an, pumpte an, angepumpt ⟨tr.; hat; jmdn. [um etwas] a.⟩ (ugs.): *sich Geld von jmdm. borgen:* immer versucht er, mich anzupumpen.

an|rech|nen [ˈanrɛçnən], rechnet an, rechnete an, angerechnet ⟨tr.; hat; jmdm. etw. a.⟩: **1.** *bezahlt haben wollen, berechnen:* der Taxifahrer hatte uns 10 Euro zu viel angerechnet. **2.** *als bezahlt gelten lassen, verrechnen:* beim Kauf eines neuen Autos können wir Ihnen 2000 Euro für Ihr altes anrechnen; ** jmdm. etwas hoch anrechnen: jmds. Verhalten besonders anerkennen, würdigen:* ich rechne [es] dir hoch an, dass du mich damals nicht verraten hast.

die **An|re|de** [ˈanreːdə]; -, -n: *Bezeichnung, mit der jmd. angeredet wird:* die Anrede »Fräulein« ist nicht mehr gebräuchlich.

an|re|den [ˈanreːdn̩], redet an, redete an, angeredet ⟨tr.; hat; jmdn. irgendwie a.⟩: *mit einer bestimmten Bezeichnung ansprechen:* er wollte von allen mit »Herr Doktor« angeredet werden.

an|re|gen [ˈanreːgn̩], regt an, regte an, angeregt ⟨tr.; hat; jmdn. zu etw. a.⟩: *ermuntern, veranlassen:* die Eindrücke ihrer Reise durch Indien haben sie zu einem neuen Roman angeregt.

die **An|re|gung** [ˈanreːgʊŋ]; -, -en: *Vorschlag, Idee:* eine Anregung befolgen, aufgreifen; sich wertvolle Anregungen für ein neues Projekt holen. *Syn.:* Hinweis.

die **An|rei|se** [ˈanraizə]; -, -n: *Fahrt zu einem bestimmten Ziel:* die Anreise dauert 10 Stunden. *Syn.:* Anfahrt, Reise.

an|rei|sen [ˈanraizn̩], reist an, reiste an, angereist ⟨itr.; ist⟩: *(mit einem Verkehrsmittel) ankommen, eintreffen:* die Teilnehmer reisten aus allen Himmelsrichtungen an.

der **An|reiz** [ˈanraits]; -es, -e: *etwas, was zu einer Handlung anregt:* einen Anreiz zum Kauf bieten.

an|rich|ten [ˈanrɪçtn̩], richtet an, richtete an, angerichtet ⟨tr.; hat; etw. a.⟩: *(etwas Übles) verursachen:* das Gewitter hat große Schäden angerichtet.

der **An|ruf** [ˈanruːf]; -[e]s, -e: *telefonische Verbindung:* auf einen Anruf warten; durch einen Anruf bei der Firma klärte sich der Fall.

der **An|ruf|be|ant|wor|ter** [ˈanruːfbəʔantvɔrtɐ]; -s, -: *Gerät, das Anrufenden ermöglicht, telefonisch eine Nachricht zu hinterlassen:* jmdm. etwas auf den Anrufbeantworter sprechen.

an|ru|fen [ˈanruːfn̩], ruft an, rief an, angerufen ⟨tr.; hat; jmdn. a.⟩: *mit jmdm. telefonisch Verbindung aufnehmen:* einen Freund anrufen.

an|rüh|ren [ˈanryːrən], rührt an, rührte an, angerührt ⟨tr.; hat; etw. a.⟩: *leicht berühren, anfassen:* du darfst hier nichts anrühren; sie haben das Essen nicht angerührt *(sie haben nichts davon gegessen).*

ans [ans] ⟨Verschmelzung von »an« + »das«⟩: sie stellte ihr Fahrrad ans Haus.

die **An|sa|ge** [ˈanzaːgə]; -, -n: *Meldung, Ankündigung bei einer Veranstaltung oder Sendung:* auf die Ansage der Ergebnisse der Wahl warten; gleich kommt die Ansage des nächsten Rennens. *Syn.:* Mitteilung.

an|sa|gen [ˈanzaːgn̩], sagt an, sagte an, angesagt ⟨tr.; hat; etw. a.⟩: *etwas, was als Ergebnis vorliegt oder gleich zu erwarten ist, mitteilen:* den Punktestand, das Programm ansagen.

an|sam|meln [ˈanzamln̩], sammelt an, sammelte an, angesammelt ⟨sich a.⟩: *immer mehr werden:* im Lager haben sich die Vorräte angesammelt.

die **An|samm|lung** [ˈanzamlʊŋ]; -, -en: *etwas, was sich angesammelt hat:* eine Ansammlung von Gerümpel.

an|säs|sig [ˈanzɛsɪç] ⟨Adj.⟩: *an einem bestimmten Ort dauernd wohnend, den [Wohn]sitz habend:* die ansässige Industrie; in München ansässig sein. *Syn.:* heimisch.

an|schaf|fen [ˈanʃafn̩], schafft an, schaffte an, angeschafft ⟨tr.; hat; [sich] etw. a.⟩: *(etwas Teures, Größeres, was man längere Zeit benutzt) kaufen:* ich werde [mir] eine Spülmaschine anschaffen.

die **An|schaf|fung** [ˈanʃafʊŋ]; -, -en: *das Anschaffen:* die Anschaffung eines Autos. *Syn.:* Kauf.

an|schal|ten ['anʃaltn̩], schaltet an, schaltete an, angeschaltet ⟨tr.; hat; etw. a.⟩: *(Licht, Radio, eine Maschine) durch Betätigen eines Hebels, Schalters in Betrieb setzen:* das Radio, das Licht anschalten; schalten Sie jetzt den Computer an. *Syn.:* anmachen (ugs.), einschalten.

an|schau|en ['anʃau̯ən], schaut an, schaute an, angeschaut ⟨tr.; hat; jmdn., etw. a.⟩ (bes. südd., österr., schweiz.): *ansehen:* jmdn. nachdenklich anschauen; das Kind hat mich mit großen Augen angeschaut; willst du dir noch die Ausstellung anschauen? *Syn.:* betrachten.

an|schau|lich ['anʃau̯lɪç], anschaulicher, am anschaulichsten ⟨Adj.⟩: *so, dass man es sich gut vorstellen kann:* eine anschauliche Darstellung; sie kann sehr anschaulich erzählen.

der **An|schein** ['anʃai̯n]; -[e]s: *Art, wie etwas zu sein scheint:* mit einem Anschein von Ernst; allem Anschein nach ist sie verreist.

an|schei|nend ['anʃai̯nənt] ⟨Adverb⟩: *wie es scheint:* sie hat sich anscheinend verspätet. *Syn.:* offenbar.

an|schla|gen ['anʃla:gn̩], schlägt an, schlug an, angeschlagen: **1.** ⟨itr.; ist; mit etw. [an etw. (Akk.)] a.⟩ *gegen etwas stoßen und sich dabei verletzen:* ich bin mit dem Kopf [an die Wand] angeschlagen. *Syn.:* anstoßen, schlagen. **2.** ⟨tr.; hat; sich (Dativ) etw. [an etw. (Dativ)] a.⟩ *mit einem Körperteil an etwas stoßen [und sich dabei verletzen]:* ich habe mir das Knie angeschlagen. *Syn.:* sich stoßen. **3.** ⟨tr.; hat; etw. [an etw. (Dativ/Akk.)] a.⟩ *als Mitteilung irgendwo anbringen:* sie hat einen Aushang am Schwarzen Brett angeschlagen, weil sie ein Studentenzimmer sucht. *Syn.:* befestigen.

an|schlie|ßen ['anʃli:sn̩], schließt an, schloss an, angeschlossen: **1.** ⟨tr.; hat; etw. [an etw. (Dativ/Akk.)] a.⟩ *mit einem Schloss [an etwas] festmachen:* das Fahrrad am/an den Zaun anschließen. *Syn.:* befestigen. **2.** ⟨tr.; hat; etw. [an etw. (Akk./Dativ)] a.⟩ *an etwas anbringen, sodass eine Verbindung besteht:* die Waschmaschine, den Kühlschrank anschließen. *Syn.:* installieren. **3.** ⟨sich jmdm., etw. a.⟩ *sich an etwas beteiligen; (mit jmdm.) mitgehen:* darf ich mich Ihnen anschließen?

an|schlie|ßend ['anʃli:sn̩t] ⟨Adverb⟩: *danach:* wir waren im Theater und gingen anschließend essen. *Syn.:* dann, hinterher, später.

der **An|schluss** ['anʃlʊs]; -es, Anschlüsse ['anʃlʏsə]: **1.** *Verbindung (mit etwas), bes. bei Telefon, Strom, Gas, Wasser:* einen Anschluss für das Telefon legen lassen; das Dorf hatte noch keinen Anschluss an Strom und Wasser. *Zus.:* Gasanschluss, Hauptanschluss, Internetanschluss, Kabelanschluss, Nebenanschluss, Netzanschluss, Telefonanschluss, Wasseranschluss. **2.** *Verkehrsmittel, in das man umsteigt:* in Köln musste sie eine Stunde auf den Anschluss warten; sie haben den Anschluss in Hamburg verpasst *(der Zug, das Flugzeug war schon weg).* **3.** * im Anschluss an etwas (Akk.): *unmittelbar nach etwas:* im Anschluss an den Vortrag findet eine Diskussion statt.

an|schnal|len ['anʃnalən], schnallt an, schnallte an, angeschnallt ⟨tr.; hat; jmdn., sich, etw. a.⟩: *mit Riemen, Gurten o. Ä. festmachen:* im Auto und im Flugzeug muss man sich anschnallen; die Skier anschnallen. *Syn.:* angurten.

an|schnei|den ['anʃnai̯dn̩], schneidet an, schnitt an, angeschnitten ⟨tr.; hat; etw. a.⟩: **1.** *das erste Stück abschneiden:* das Brot, die Torte anschneiden. **2.** *(über etwas) zu sprechen beginnen:* eine Frage anschneiden; das Problem wurde leider nur kurz angeschnitten. *Syn.:* ansprechen, erwähnen.

an|schrei|ben ['anʃrai̯bn̩], schreibt an, schrieb an, angeschrieben ⟨tr.; hat; etw. [an etw. (Akk./Dativ) a.⟩: **1.** *auf eine Tafel schreiben, sodass alle es lesen können:* welcher Schüler schreibt den Satz [an die Tafel] an? **2.** ⟨tr.; hat; jmdn., etw. a.⟩ *sich schriftlich (an jmdn., etwas) wenden:* sie hat verschiedene Hotels angeschrieben, aber noch keine Antwort bekommen.

an|schrei|en ['anʃrai̯ən], schreit an, schrie an, angeschrien ⟨tr.; hat; jmdn. a.⟩: *(jmdn.) mit lauter Stimme beschimpfen:* der Trainer hat die ganze Mannschaft angeschrien; die beiden schreien sich gegenseitig an.

die **An|schrift** ['anʃrɪft]; -, -en: *[Name,] Straße, Postleitzahl und Ort, wo eine Person wohnt:* geben Sie mir bitte Ihre Anschrift? *Syn.:* Adresse. *Zus.:* Geschäftsanschrift, Heimatanschrift, Privatanschrift, Urlaubsanschrift.

an|se|hen ['anze:ən], sieht an, sah an, angesehen ⟨tr.; hat⟩: **1.** ⟨jmdn., etw. a.⟩: *(auf jmdn., etwas) den Blick richten:* sie

sah ihn an und lächelte. *Syn.:* angucken
(ugs.), anschauen (bes. südd., österr.,
schweiz.), betrachten. **2.** ⟨sich (Dativ)
jmdn., etw. a.⟩: *aufmerksam, interessiert
betrachten:* ich muss [mir] den Patienten
erst mal genau ansehen; willst du [dir]
in Köln auch den Dom ansehen? **3.** ⟨sich
(Dativ) jmdn., etw. a.⟩: *als Besucher,
Zuschauer etwas sehen:* den Film musst
du dir unbedingt ansehen. *Syn.:* angucken (ugs.), anschauen (bes. südd.,
österr., schweiz.).

das **An|se|hen** [ˈanzeːən]; -s: *hohe Meinung, die
man von jmdm., etwas hat:* ihr Ansehen
in der Bevölkerung ist groß; des Ansehen der Partei ist gesunken. *Syn.:* Bedeutung, Respekt, Ruf, Stellung.

an|set|zen [ˈanzɛtsn̩], setzt an, setzte an,
angesetzt: **1.** ⟨tr.; hat; etw. [an etw.
(Akk./Dativ)] a.⟩ *an etwas anbringen:*
einen Streifen Stoff an einen Rock ansetzen; wir müssen hier noch ein Stück
Rohr ansetzen. **2.** ⟨tr.; hat; etw. a.⟩ *an
eine bestimmte Stelle bringen:* du musst
den Bohrer genau an diesem Punkt
ansetzen. *Syn.:* anlegen, anstellen. **3.** ⟨tr.;
hat; etw. a.⟩ *festlegen:* wir haben die Kosten mit 500 Euro angesetzt; für diese
Arbeit muss man drei Tage ansetzen.
Syn.: berechnen. **4.** ⟨tr.; hat; etw. a.⟩
Zutaten mischen: eine Bowle, den
Kuchenteig ansetzen. *Syn.:* vorbereiten,
zubereiten. **5.** ⟨tr.; hat; etw. a.⟩ *zum
Kochen auf den Herd stellen:* setzt du
bitte mal die Kartoffeln an?

die **An|sicht** [ˈanzɪçt]; -, -en: **1.** *persönliche
Meinung:* sie hat ihre Ansicht über ihn
geändert; nach meiner Ansicht / meiner
Ansicht nach hat er nicht recht. *Syn.:* Auffassung, Standpunkt, Vorstellung. **2.** *Bild,
Abbildung (einer Stadt, eines Gebäudes,
einer Landschaft):* sie zeigte mir einige
Ansichten von Berlin. *Zus.:* Schlossan-
sicht, Stadtansicht.

die **An|sichts|kar|te** [ˈanzɪçtskartə]; -, -n: *Post-
karte mit der Ansicht einer Stadt, Landschaft o. Ä. Syn.:* Karte.

an|sons|ten [anˈzɔnstn̩] ⟨Adverb⟩ (ugs.):
1. *sonst, im Übrigen:* sie hat einen
Schnupfen, aber ansonsten geht es ihr
gut. **2.** *andererseits:* die Anweisung muss
befolgt werden, ansonsten gibt es Ärger.
Syn.: sonst.

an|spit|zen [ˈanʃpɪtsn̩], spitzt an, spitzte
an, angespitzt ⟨tr.; hat; etw. a.⟩: *vorn
spitz machen:* einen Bleistift anspitzen.

an|spre|chen [ˈanʃprɛçn̩], spricht an,
sprach an, angesprochen: **1.** ⟨tr.; hat;

jmdn. a.⟩ *das Wort an jmdn. richten:* ich
habe die Frau auf der Straße angesprochen und sie nach dem Weg gefragt.
2. ⟨tr.; hat; jmdn. [auf etw. (Akk.) /
wegen etw.] a.⟩ *sich mit einer Frage an
jmdn. wenden:* den Mann um Hilfe
ansprechen. *Syn.:* bitten. **3.** ⟨tr.; hat; etw.
a.⟩ *zur Sprache bringen:* ein Thema, Problem ansprechen. *Syn.:* anschneiden,
erwähnen, nennen.

der **An|spruch** [ˈanʃprʊx]; -[e]s, Ansprüche
[ˈanʃprʏçə]: **1.** *etwas, was jmd. [für sich]
fordert:* seine persönlichen Ansprüche
sind niedrig; seine Ansprüche anmel-
den; große Ansprüche an das Leben
stellen. *Syn.:* Forderung, Wunsch.
* **Anspruch auf etwas erheben:** *etwas
verlangen, fordern:* sie erhob nach dem
Unfall keinen Anspruch auf Schadener-
satz; * **etwas in Anspruch nehmen:**
etwas benutzen; etwas brauchen: sie
musste die Hilfe meines Sohnes in
Anspruch nehmen; diese Arbeit nimmt
viel Zeit in Anspruch. **2.** *Anrecht:* sie hat
einen Anspruch auf Sozialhilfe. *Zus.:*
Rechtsanspruch.

an|spruchs|los [ˈanʃprʊxsloːs], anspruchs-
loser, am anspruchslosesten ⟨Adj.⟩ /Ggs.
anspruchsvoll/: **1.** *nur geringe Ansprüche
stellend:* ein anspruchsloser Mensch; sie
ist sehr anspruchslos. *Syn.:* bescheiden,
einfach, genügsam. **2.** *nichts Besonderes
darstellend:* viele neue Filme sind
anspruchslos. *Syn.:* einfach.

an|spruchs|voll [ˈanʃprʊxsfɔl], anspruchs-
voller, am anspruchsvollsten ⟨Adj.⟩ /Ggs.
anspruchslos/: *große Ansprüche stellend:* sie ist eine sehr anspruchsvolle
Frau; ein anspruchsvolles *(kritisches)*
Publikum.

an|stän|dig [ˈanʃtɛndɪç], anständiger, am
anständigsten ⟨Adj.⟩: **1.** *sich gut und fair
verhaltend:* sie ist ein anständiger
Mensch; sich anständig benehmen; das
war sehr anständig *(anerkennenswert)*
von dir. *Syn.:* ehrlich, korrekt. **2.** (ugs.)
durchaus genügend: sie spricht ein
anständiges Englisch.

¹**an|statt** [anˈʃtat] ⟨Konj.⟩: *anstelle von;
statt:* er hörte Musik, anstatt zu lernen.

²**an|statt** [anˈʃtat] ⟨Präp. mit Gen.⟩:
anstelle; stellvertretend: anstatt eines
Mantels trug er nur eine Jacke.

an|ste|cken [ˈanʃtɛkn̩], steckt an, steckte
an, angesteckt: **1.** ⟨tr.; hat; etw. a.⟩ *mit
einer Nadel an die Kleidung stecken:* sie
steckte ihm das Abzeichen an. *Syn.:*
anbringen, befestigen, festmachen.

2. ⟨tr.; hat; jmdn. [mit etw.] a.⟩ *eine Krankheit (auf jmdn.) übertragen:* sie hat mich [mit ihrem Schnupfen] angesteckt. *Syn.:* infizieren. **3.** ⟨sich bei jmdm. / irgendwo [mit etw. a.]⟩ *durch Kontakt (mit einem Kranken selbst) krank werden:* er hat sich bei ihr angesteckt; sie hat sich bestimmt in der Schule angesteckt. *Syn.:* sich infizieren. **4.** ⟨tr.; hat; [jmdn.] a.⟩ *sich übertragen:* diese Krankheit steckt nicht an; ansteckende Krankheiten. **5.** ⟨tr.; hat; etw. a.⟩ *anzünden:* eine Kerze anstecken; du steckst dir eine Zigarette nach der anderen an.

an|ste|hen [ˈanʃteːən], steht an, stand an, angestanden ⟨itr.; hat; südd., österr., schweiz.: ist⟩: *warten, bis man an die Reihe kommt:* an der Kasse anstehen; wegen der Eintrittskarten habe ich lange anstehen müssen.

¹an|stel|le, an Stel|le [anˈʃtɛlə] ⟨Präp. mit Gen.⟩: *stellvertretend für; statt:* sie fuhr anstelle ihrer Schwester mit.

²an|stel|le, an Stel|le [anˈʃtɛlə] ⟨Adv. in Verbindung mit »von«⟩: *statt:* anstelle von Beschwerden hört man nur Lob. *Syn.:* anstatt.

an|stel|len [ˈanʃtɛlən], stellt an, stellte an, angestellt: **1.** ⟨sich a.⟩ *sich ans Ende einer Reihe von Personen stellen, die warten:* du kannst dich ja schon mal an der Kasse anstellen, ich komme gleich. **2.** ⟨tr.; hat; etw. a.⟩ *zum Fließen, Strömen bringen* /Ggs. abstellen/: das Gas anstellen; es ist kalt, man muss schon die Heizung anstellen. **3.** *einschalten, in Betrieb nehmen:* die Maschine, das Radio anstellen. *Syn.:* anmachen (ugs.), anschalten. **4.** ⟨tr.; hat; jmdn. a.⟩ *einer Person einen Arbeitsvertrag geben:* ich könnte Sie als Verkäufer anstellen; sie ist bei einer Behörde angestellt. *Syn.:* beschäftigen, einstellen. **5.** ⟨tr.; hat; etw. a.⟩ (ugs.) *anrichten:* was hast du da wieder angestellt? *Syn.:* machen, tun.

der An|stieg [ˈanʃtiːk]; -[e]s, -e: **1.** *das Ansteigen, Aufwärtsführen:* der Anstieg der Straße. **2.** *das Größerwerden, das Höherwerden:* der Anstieg der Temperaturen; ein Anstieg der Kosten. *Syn.:* Wachstum, Zunahme. *Zus.:* Kursanstieg, Preisanstieg, Temperaturanstieg.

an|sto|ßen [ˈanʃtoːsn̩], stößt an, stieß an, angestoßen: **1.** ⟨tr.; hat; jmdn., etw. a.⟩ *einen kleinen Stoß geben:* er hat mich beim Schreiben versehentlich angestoßen; sie stieß ihn an und zeigte auf den Lehrer. **2.** ⟨itr.; ist; [an etw. (Dativ/Akk.)

a.⟩ *gegen, an etwas stoßen:* das Kind ist mit dem Kopf an den Tisch angestoßen. *Syn.:* anschlagen, prallen, schlagen. **3.** ⟨tr.; hat⟩ *die Gläser aneinanderstoßen, um auf etwas zu trinken:* sie stießen auf ihre Prüfung an.

an|stren|gen [ˈanʃtrɛŋən], strengt an, strengte an, angestrengt: **1.** ⟨sich a.⟩ *sich große Mühe geben:* du musst dich in der Schule mehr anstrengen. *Syn.:* sich bemühen. **2.** ⟨tr.; hat; jmdn., etw. a.⟩ *eine Belastung, Strapaze sein:* das viele Reisen strengte sie sehr an; ⟨auch itr.⟩ Sport strengt an.

an|stren|gend [ˈanʃtrɛŋənt], anstrengender, am anstrengendsten ⟨Adj.⟩: *mit Anstrengung verbunden; nicht leicht:* eine anstrengende Arbeit; der Tag war sehr anstrengend [für sie].

die An|stren|gung [ˈanʃtrɛŋʊŋ]; -, -en: **1.** *das Sichbemühen, Sicheinsetzen für ein Ziel:* vergebliche Anstrengungen; seine Anstrengungen verstärken; mit letzter Anstrengung erreichte sie das Ziel. *Syn.:* Bemühung, Mühe. **2.** *großer Einsatz der Kräfte:* sich von den Anstrengungen einer Arbeit, Reise erholen. *Syn.:* Stress. *Zus.:* Kraftanstrengung.

der -ant [ant]; -en, -en ⟨Suffix⟩: bezeichnet in Bildungen mit Verben (Verbstämmen) eine Person – selten eine Sache –, die etwas tut /Ggs. -and/: Diskutant; Informant; Asylant.

der An|teil [ˈantail]; -[e]s, -e: *Teil eines Ganzen, der jmdm. gehört oder zusteht:* seinen Anteil fordern; sie verzichtete auf ihren Anteil [an der Erbschaft]. *Zus.:* Arbeitgeberanteil, Arbeitnehmeranteil, Eigenanteil, Kapitalanteil, Marktanteil.

die An|teil|nah|me [ˈantailnaːmə]; -: *inneres, emotionales Beteiligtsein:* menschliche Anteilnahme; jmdm. seine Anteilnahme aussprechen. *Syn.:* Interesse, Mitgefühl, Teilnahme.

die An|ten|ne [anˈtɛnə]; -, -n: *Stab o. Ä. aus Metall zum Senden oder Empfangen von Rundfunk- oder Fernsehsendungen:* eine Antenne auf dem Dach anbringen. *Zus.:* Außenantenne, Autoantenne, Dachantenne, Fernsehantenne, Funkantenne, Hausantenne, Parabolantenne, UKW-Antenne, Zimmerantenne.

die An|ti|ba|by|pil|le [antiˈbeːbipɪlə]; -, -n: *Tablette, die eine Schwangerschaft verhindert.* *Syn.:* Pille (ugs.).

das An|ti|bio|ti|kum [antiˈbjoːtikʊm]; -s, Antibiotika [antiˈbjoːtika] (Med.): *Medikament gegen bestimmte Infektionen:* der

A

Arzt hat mir ein Antibiotikum verschrieben.

an|tik [an'tiːk] ⟨Adj.⟩: **1.** *aus der Antike stammend; die Antike betreffend:* das antike Rom; ein berühmtes antikes Bauwerk. **2.** *alt und kostbar:* ein antiker Leuchter; antik *(mit alten Möbeln)* eingerichtet sein.

die **An|ti|ke** [an'tiːkə]; -; *die griechisch-römische Epoche und ihre Kultur:* die Welt der Antike; in der Antike.

die **An|ti|pa|thie** [antipa'tiː]; -, Antipathien [antipa'tiːən]: *Abneigung gegen jmdn., etwas* /Ggs. Sympathie/: er hat eine Antipathie gegen alles Militärische. *Syn.:* Widerwille.

das **An|ti|qua|ri|at** [antikva'rịaːt]; -[e]s, -e: *Geschäft, in dem man gebrauchte und [wertvolle] alte Bücher kaufen kann:* dieses Wörterbuch von 1927 habe ich in einem Antiquariat gefunden. *Syn.:* Buchhandlung.

an|ti|qua|risch [anti'kvaːrɪʃ] ⟨Adj.⟩: *(von Büchern o. Ä.) gebraucht, alt [und wertvoll]:* neue und antiquarische Bücher; das Buch habe ich antiquarisch gekauft.

an|ti|quiert [anti'kviːɐ̯t] ⟨Adj.⟩: *nicht mehr den zeitgemäßen, modernen Vorstellungen, Gegebenheiten entsprechend, veraltet [und daher nicht mehr ernst zu nehmen]:* eine antiquierte Ausdrucksweise. *Syn.:* altmodisch, konservativ, überholt, unmodern.

die **An|ti|qui|tät** [antikvi'tɛːt]; -, -en: *alter und wertvoller Gegenstand:* englische, wertvolle Antiquitäten; Antiquitäten sammeln.

der **An|trag** ['antraːk]; -[e]s, Anträge ['antrɛːgə]: **1.** *schriftliche Bitte an eine Behörde, ein Amt:* einen Antrag auf ein Stipendium stellen; ihr Antrag wurde abgelehnt. *Zus.:* Asylantrag, Kreditantrag. **2.** *Vorschlag, über den abgestimmt wird:* die Opposition stimmte gegen den Antrag der Regierung. *Zus.:* Strafantrag.

an|tref|fen ['antrɛfn̩], trifft an, traf an, angetroffen ⟨tr.; hat; jmdn., etw. [irgendwo] a.⟩: *an einem bestimmten Ort, in einem bestimmten Zustand treffen:* ich habe sie nicht zu Hause angetroffen; er war froh, sie gesund anzutreffen. *Syn.:* erreichen, vorfinden.

an|tre|ten ['antreːtn̩], tritt an, trat an, angetreten: **1.** ⟨tr.; hat⟩ *mit etwas (z. B. einer Reise) beginnen:* den Heimweg, den Dienst antreten. **2.** ⟨itr.; ist⟩ *sich zu etwas an einem bestimmten Ort einfinden:* pünktlich zum Dienst antreten.

Syn.: erscheinen, kommen. **3.** ⟨itr.; ist⟩ *sich mit jmdm. messen, vergleichen:* sie will gegen die Weltmeisterin antreten. **4.** ⟨itr.; ist⟩ *sich in einer bestimmten Ordnung hinstellen:* die Schüler waren der Größe nach angetreten. *Syn.:* sich aufstellen.

der **An|tritt** ['antrɪt]; -[e]s: *das Antreten, Beginn:* vor Antritt der Reise.

die **Ant|wort** ['antvɔrt]; -, -en: *das, was auf die Frage einer anderen Person folgt:* sie bekam [auf ihre Frage] nur eine kurze Antwort; die Mutter rief, aber die Kinder gaben keine Antwort *(antworteten nicht).*

ant|wor|ten ['antvɔrtn̩], antwortet, antwortete, geantwortet ⟨itr.; hat; [jmdm.] a.⟩: *etwas auf eine Frage hin sagen:* sie antwortete [mir] höflich auf meine Frage; ⟨auch tr.; etw. a.⟩ er wusste nicht, was er darauf antworten sollte. *Syn.:* entgegnen, erwidern.

an|ver|trau|en ['anfɛɐ̯traṷən], vertraut an, vertraute an, anvertraut: **1.** ⟨tr.; hat; jmdm. etw., jmdn., sich a.⟩ *jmdm. etwas geben, damit er darauf aufpasst:* während seiner Reise vertraute er die Kinder seiner Schwester an. **2.** ⟨tr.; hat; jmdm. etw. a.⟩ *jmdm. etwas sagen, was dieser nicht weitererzählen soll:* ich habe dieses Geheimnis noch niemandem anvertraut. *Syn.:* erzählen, verraten.

der **An|walt** ['anvalt]; -[e]s, Anwälte ['anvɛltə], die **An|wäl|tin** ['anvɛltɪn]; -, -nen: *Person, die jmdn. in rechtlichen Fragen berät oder (z. B. bei Prozessen vor Gericht) vertritt:* sie will Anwältin werden; du musst dir einen Anwalt nehmen. *Syn.:* Jurist, Juristin, Vertreter, Vertreterin. *Zus.:* Rechtsanwalt, Rechtsanwältin, Scheidungsanwalt, Scheidungsanwältin, Staatsanwalt, Staatsanwältin.

an|wei|sen ['anvaịzn̩], weist an, wies an, angewiesen ⟨tr.; hat⟩: **1.** ⟨jmdn. a.; mit Infinitiv mit »zu«⟩ *(jmdn.) beauftragen, etwas zu tun; (jmdm.) etwas befehlen:* ich habe ihn angewiesen, sofort die Chefin zu benachrichtigen; sie war angewiesen, nicht darüber zu sprechen. *Syn.:* auftragen. **2.** ⟨[jmdm.] etw. a.⟩ *aufs Konto überweisen:* den Angestellten das Gehalt anweisen. *Syn.:* schicken.

die **An|wei|sung** ['anvaịzʊŋ]; -, -en: **1.** *Anordnung, Befehl:* eine Anweisung befolgen. **2.** *[gedruckte] Anleitung:* bitte lesen Sie diese Anweisung vor Inbetriebnahme des Geräts genau durch.

an|wen|den ['anvɛndn̩], wendet an, wandte/wendete an, angewandt/angewendet ⟨tr.; hat⟩: **1.** ⟨etw. a.⟩ *zu einem bestimmten Zweck verwenden, gebrauchen:* bei einer Arbeit ein bestimmtes Verfahren, eine bestimmte Technik anwenden; friedliche Mittel, Gewalt anwenden. *Syn.:* einsetzen, nutzen (bes. nordd.), nützen (bes. südd.). **2.** ⟨etw. [auf jmdn., etw.] a.⟩ *übertragen:* einen Paragrafen auf einen Fall anwenden.

die **An|wen|dung** [ˈanvɛndʊŋ]; -, -en: *das Anwenden:* die Polizei räumte den Platz unter Anwendung von Gewalt. *Syn.:* Einsatz, Gebrauch, Nutzung.

an|we|send [ˈanveːzn̩t] ⟨Adj.⟩: *da seiend; zugegen, vorhanden* /Ggs. abwesend/: alle anwesenden Personen waren einverstanden; als dies beschlossen wurde, war er nicht anwesend. *Syn.:* dabei.

die **An|we|sen|heit** [ˈanveːzn̩haɪt]; -: *das Anwesendsein, Dasein* /Ggs. Abwesenheit/: die Anwesenheit wird an jedem Tag überprüft; man sollte in ihrer Anwesenheit nicht davon sprechen.

der **An|woh|ner** [ˈanvoːnɐ]; -s, -, die **An|woh|ne|rin** [ˈanvoːnərɪn]; -, -nen: *Person, die an einer bestimmten Straße wohnt:* die Anwohner der Straße feiern heute ein Fest; als Anwohnerin darf sie hier parken. *Syn.:* Anlieger (bes. Fachspr.), Anliegerin (bes. Fachspr.), Nachbar, Nachbarin.

die **-anz** [ants], **-enz** [...ɛnts]; -, -en ⟨Suffix⟩: **1.** bildet zusammen mit Verben (Verbstämmen) Nomen mit unterschiedlichster Bedeutung: Existenz; Konferenz; Korrespondenz; Toleranz. **2.** dient in Bildungen mit adjektivischer Basis auf »-ant« oder »-ent« der Bezeichnung von Eigenschaften oder Zuständen: Arroganz; Kompetenz; Konsequenz.

die **An|zahl** [ˈantsaːl]; -: *Menge von Personen oder Sachen:* das hängt von der Anzahl der Teilnehmer ab; eine ganze Anzahl Kinder / von Kindern kam uns entgegen. *Syn.:* Zahl.

an|zah|len [ˈantsaːlən], zahlt an, zahlte an, angezahlt ⟨tr.; hat; etw.a.⟩: *beim Kauf nur einen Teil der ganzen Summe zahlen:* zahlen Sie bitte 100 Euro an und zahlen Sie den Rest bei Lieferung der Waschmaschine.

die **An|zah|lung** [ˈantsaːlʊŋ]; -, -en: **1.** *das Anzahlen:* der Auftrag wird nach Anzahlung von 100 Euro sofort ausgeführt. **2.** *Betrag, der angezahlt wurde:* die Anzahlung wird später verrechnet.

das **An|zei|chen** [ˈantsaɪçn̩]; -s, -: *Zeichen,*

Merkmal von etwas, das kommt: die Anzeichen eines drohenden Krieges; bei ihm kann man die Anzeichen der Krankheit schon erkennen. *Syn.:* Hinweis.

die **An|zei|ge** [ˈantsaɪɡə]; -, -n: **1.** *Mitteilung in einer Zeitung, Zeitschrift:* eine Anzeige aufgeben, schalten; auf die Anzeige hin meldeten sich fünf Bewerberinnen. *Syn.:* Annonce, Inserat. *Zus.:* Kleinanzeige, Kontaktanzeige, Todesanzeige, Traueranzeige, Zeitungsanzeige. **2.** *als Brief oder Karte gedruckte Nachricht über ein privates Ereignis:* wir haben die Anzeige zur Geburt ihrer Tochter erhalten. *Zus.:* Geburtsanzeige, Heiratsanzeige. **3.** *Meldung bei der Polizei über eine strafbare Handlung:* jmdm. mit einer Anzeige drohen; gegen jmdn. [bei der Polizei] Anzeige erstatten *(jmdn. anzeigen);* ich möchte Anzeige erstatten. *Zus.:* Strafanzeige.

an|zei|gen [ˈantsaɪɡn̩], zeigt an, zeigte an, angezeigt ⟨tr.; hat⟩: **1.** ⟨etw. a.⟩ *[durch eine Anzeige] bekannt geben:* die Geburt eines Kindes in der Zeitung anzeigen. *Syn.:* annoncieren, inserieren, mitteilen. **2.** ⟨jmdn., etw. a.⟩ *der Polizei melden:* jmdn. wegen eines Diebstahls anzeigen. **3.** ⟨etw. a.⟩ *den Stand von etwas angeben:* der Zähler zeigt den Stromverbrauch an. *Syn.:* zeigen.

an|zie|hen [ˈantsiːən], zieht an, zog an, angezogen ⟨tr.; hat⟩: **1.** ⟨jmdn., sich a.⟩ *den Körper mit etwas bekleiden* /Ggs. ausziehen/: der Vater zog sich, die Kinder rasch an; eine gut angezogene Frau. **2.** ⟨etw. a.⟩ *Kleidungsstücke überziehen* /Ggs. ausziehen/: einen Mantel, Handschuhe anziehen; zieh die dicke Jacke an, es ist kalt. **3.** ⟨etw. a.⟩ *durch Ziehen fester machen:* die Schraube anziehen; am Berg sollte man die Handbremse anziehen.

an|zie|hend [ˈantsiːənt], anziehender, am anziehendsten ⟨Adj.⟩: *attraktiv und sympathisch:* ein anziehendes Äußeres; er wirkte sehr anziehend auf sie.

der **An|zug** [ˈantsuːk]; -[e]s, Anzüge [ˈantsyːɡə]: *aus Jacke und Hose bestehende Kleidung:* ein eleganter, sportlicher, zweireihiger Anzug; der neue Anzug sitzt gut; er trug auf der Beerdigung einen dunklen Anzug. *Zus.:* Abendanzug, Sommeranzug, Trainingsanzug.

an|zün|den [ˈantsʏndn̩], zündet an, zündete an, angezündet ⟨tr.; hat; etw. a.⟩: *zum Brennen bringen:* eine Kerze, ein Streichholz anzünden; ⟨jmdm., sich etw.

a.) sie zündete sich hastig eine Zigarette an. *Syn.:* anbrennen.

an|zwei|feln ['antsvaifl̩n], zweifelt an, zweifelte an, angezweifelt ⟨tr.; hat; etw. a.⟩: *Zweifel (an etwas) haben:* die Glaubwürdigkeit des Zeugen anzweifeln; sie zweifelt die Echtheit des Bildes an. *Syn.:* bezweifeln, zweifeln an.

das **Apart|ment** [a'partmənt]; -s, -s: *kleine Wohnung, die oft nur aus einem Zimmer besteht:* nächste Woche zieht er in sein neues Apartment.

der **Ap|fel** ['apfl̩]; -s, Äpfel ['ɛpfl̩]: *rundliche Frucht mit hellem, festem Fleisch und kleinen braunen Kernen:* einen süßen, saftigen Apfel essen; der Apfel ist noch grün; Äpfel pflücken, [vom Baum] schütteln, schälen. *Zus.:* Bratapfel, Winterapfel.

der Apfel

der **Ap|fel|saft** ['apfl̩zaft]; -[e]s, Apfelsäfte ['apfl̩zɛftə]: *Saft aus Äpfeln:* am liebsten trinke ich frisch gepressten Apfelsaft.

die **Ap|fel|saft|schor|le** ['apfl̩zaftʃɔrlə], **Ap|fel-schor|le** ['apfl̩ʃɔrlə]; -, -n: *Getränk aus Apfelsaft und (Mineral)wasser:* bestellst du mir bitte schon mal eine Apfelsaftschorle?

die **Ap|fel|si|ne** [apfl̩'ziːnə]; -, -n: *rötlich gelbe, runde Frucht mit saftigem Innerem und dicker Schale:* süße, saftige Apfelsinen; Apfelsinen schälen, auspressen. *Syn.:* Orange.

die Apfelsine

der **Ap|fel|stru|del** ['apfl̩ʃtruːdl̩]; -, -: *gerolltes Gebäck mit Äpfeln und anderen Zutaten:* hausgemachter *(selbst gebackener)* Apfelstrudel.

die **Apo|the|ke** [apo'teːkə]; -, -n: *Geschäft, in dem Medikamente verkauft, auch hergestellt werden:* welche Apotheke hat am Wochenende Dienst?

der **Apo|the|ker** [apo'teːkɐ]; -s, -, die **Apo|the-ke|rin** [apo'teːkərɪn]; -, -nen: *Person, die eine Apotheke leiten darf:* die Apothekerin musste das Medikament erst bestellen, ich kann es nachher abholen.

der **Ap|pa|rat** [apa'raːt]; -[e]s, -e: *technisches Gerät, das aus mehreren Teilen zusammengesetzt ist und bestimmte Funktionen erfüllt:* ein kleiner, komplizierter Apparat; sie musste den Apparat auseinander nehmen, weil er nicht mehr funktionierte; du wirst am Apparat (ugs.; *am Telefon*) verlangt; bitte bleiben Sie am Apparat (ugs.; *am Telefon*); stell doch bitte den Apparat (ugs.; *Fernseh-, Radioapparat*) ab. *Syn.:* Anlage. *Zus.:* Fernsehapparat, Fernsprechapparat, Fotoapparat, Radioapparat, Rasierapparat.

das **Ap|par|te|ment** [apartə'mãː]; -s, -s: *moderne [kleine] Wohnung:* wir mieten meistens ein Appartement für den Urlaub, dann haben die Kinder ein eigenes Schlafzimmer.

der **Ap|pe|tit** [ape'tiːt]; -[e]s: *Lust, Verlangen [etwas Bestimmtes] zu essen:* der Appetit ist mir vergangen; einen guten, unbändigen Appetit haben; sie bekam auf einmal großen Appetit auf Fisch; * **guten Appetit!** (Wunschformel vor dem Essen).

ap|pe|tit|lich [ape'tiːtlɪç]; ⟨Adj.⟩: *den Appetit anregend:* appetitlich angerichtete Speisen; die Brötchen sehen sehr appetitlich aus. *Syn.:* köstlich, lecker.

der **Ap|plaus** [a'plaus]; -es: *Beifall, Händeklatschen:* nach dem Konzert setzte stürmischer Applaus ein; es gab viel Applaus für die Künstler. *Syn.:* Jubel.

die **Apri|ko|se** [apri'koːzə]; -, -n: *kleine, rundliche, gelbe bis orangefarbene Frucht mit saftigem Innerem:* die Aprikosen sind in diesem Jahr früh reif.

der **April** [a'prɪl]; -[s]: *vierter Monat des Jahres:* manchmal schneit es im April noch.

das **Aqua|rell** [akva'rɛl]; -s, -e: *Bild, das mit Farben, die in Wasser löslich sind, gemalt wurde:* zarte, leuchtende Aquarelle.

das **Aqua|ri|um** [a'kvaːrɪʊm]; -s, Aquarien [a'kvaːrɪən]: *Behälter aus Glas, in dem Fische und Pflanzen leben:* Goldfische im Aquarium halten.

der **Äqua|tor** [ɛ'kvaːtoːɐ̯]; -s: *gedachte Linie um die Mitte der Erde, die diese in die nördliche und die südliche Halbkugel teilt:* das Schiff überquert, passiert den Äquator.

die **Ära** ['ɛːra]; -, Ären ['ɛːrən] (geh.): *bestimmter zeitlicher Abschnitt, der durch eine Person oder ein Ereignis gekennzeichnet ist:* eine neue Ära einleiten; die Ära der Raumfahrt; die Ära Kohl *(die Amtszeit des Bundeskanzlers Kohl).* *Syn.:* Epoche, Phase, Zeit, Zeitalter.

-ar/-är [aːɐ̯/ɛːɐ̯] ⟨Suffix⟩: **1.** der; -s, -e: bildet Personenbezeichnungen: Aktionär; Bibliothekar; Missionar; Millionär. **2.** das; -s, -e: dient zur Bildung von neutralen Sammelbegriffen: Militär; Mobiliar; Vokabular. **3.** bildet Adjektive, die eine relativische Bedeutung haben: atomar; molekular; stationär.

die **Ar|beit** [ˈarbai̯t]; -, -en: **1.** *körperliches oder geistiges Tätigsein:* eine leichte, anstrengende Arbeit; eine neue, interessante Arbeit beginnen; eine Arbeit übernehmen, ausführen, erledigen. *Syn.:* Beschäftigung, Tätigkeit. *Zus.:* Büroarbeit, Gartenarbeit, Halbtagsarbeit, Nachtarbeit, Teilzeitarbeit. **2.** ⟨ohne Plural⟩ *das Beschäftigtsein mit etwas:* du störst mich bei der Arbeit; an die Arbeit gehen; sich an die Arbeit machen; sie hat viel Arbeit *(hat viel zu tun);* * **in Arbeit sein:** *gerade hergestellt werden.* **3.** ⟨ohne Plural⟩ *Anstrengung:* es war eine ziemliche Arbeit, die Bücher neu zu ordnen; du hast dir viel Arbeit gemacht mit der Vorbereitung des Festes. *Syn.:* Mühe, Stress. **4.** ⟨ohne Plural⟩ *berufliche Tätigkeit:* sie sucht eine neue Arbeit; er hat zurzeit keine Arbeit *(ist arbeitslos);* einer [geregelten] Arbeit nachgehen *(berufstätig sein);* von der Arbeit kommen; zur Arbeit gehen, fahren. *Syn.:* Job (ugs.), Tätigkeit. **5.** *Test, Klassenarbeit:* die Mathelehrerin ließ eine Arbeit schreiben; er hat die Arbeit in Deutsch nicht mitgeschrieben; der Lehrer sammelt die Arbeiten ein.

ar|bei|ten [ˈarbai̯tn̩], arbeitet, arbeitete, gearbeitet ⟨itr.; hat⟩: **1.** *Arbeit leisten; tätig sein:* körperlich, geistig arbeiten; sie arbeitet an einem Buch; für, gegen Geld *(gegen Bezahlung)* arbeiten. *Syn.:* sich beschäftigen, schaffen (bes. südd.), wirken. **2.** *beruflich tätig, beschäftigt sein:* halbtags arbeiten; auf dem Bau, in einer Fabrik arbeiten; er arbeitet fürs Fernsehen; sie hat lange als Verkäuferin gearbeitet. *Syn.:* schaffen (bes. südd.). **3.** *in Tätigkeit, in Betrieb sein:* die Maschine arbeitet Tag und Nacht; sein Herz arbeitet wieder normal. *Syn.:* funktionieren, gehen, laufen.

der **Ar|bei|ter** [ˈarbai̯tɐ]; -s, -, die **Ar|bei|te|rin** [ˈarbai̯tərɪn]; -, -nen: **1.** *Person, der tätig ist:* er ist ein gewissenhafter Arbeiter; sie ist eine schnelle Arbeiterin. **2.** *Person, die gegen Lohn körperliche Arbeit verrichtet:* er ist ein gelernter Arbeiter; sie ist eine ungelernte Arbeiterin. *Syn.:* Arbeitnehmer, Arbeitnehmerin. *Zus.:*

Akkordarbeiter, Akkordarbeiterin, Bauarbeiter, Bauarbeiterin, Erntearbeiter, Erntearbeiterin, Hafenarbeiter, Hafenarbeiterin, Saisonarbeiter, Saisonarbeiterin, Straßenarbeiter, Straßenarbeiterin, Waldarbeiter, Waldarbeiterin.

der **Ar|beit|ge|ber** [ˈarbai̯tgeːbɐ]; -s, -, die **Ar|beit|ge|be|rin** [ˈarbai̯tgeːbərɪn]; -, -nen: *Firma, Person, die jmdn. gegen Bezahlung beschäftigt:* sie hat einen verständnisvollen Arbeitgeber; die Firma als größte Arbeitgeberin der Region; bei welchem Arbeitgeber sind Sie beschäftigt? *Syn.:* Unternehmer, Unternehmerin.

der **Ar|beit|ge|ber|an|teil** [ˈarbai̯tgeːbɐʔantai̯l]; -[e]s, -e: *Betrag der Renten- und Krankenversicherung usw. eines Arbeitnehmers, der vom Arbeitgeber bezahlt wird:* sich den Arbeitgeberanteil auszahlen lassen.

der **Ar|beit|neh|mer** [ˈarbai̯tneːmɐ]; -s, -, die **Ar|beit|neh|me|rin** [ˈarbai̯tneːmərɪn]; -, -nen: *Person, die von einem Arbeitgeber, einer Arbeitgeberin beschäftigt wird:* wie viele Arbeitnehmer hat dieser Betrieb?

der **Ar|beit|neh|mer|an|teil** [ˈarbai̯tneːmɐʔantai̯l]; -[e]s, -e: *Betrag der Renten- und Krankenversicherung eines Arbeitnehmers, der vom Arbeitnehmer zu zahlen ist:* der Arbeitnehmeranteil wird gleich vom Gehalt abgezogen.

die **Ar|beits|agen|tur** [ˈarbai̯tsʔagɛntuːɐ̯]: ↑ Arbeitsamt.

das **Ar|beits|amt** [ˈarbai̯tsʔamt]; -[e]s, Arbeitsämter [ˈarbai̯tsʔɛmtɐ]: **1.** *staatliche Stelle, die für die Vermittlung von Arbeit und die Zahlung von Arbeitslosengeld zuständig ist:* auf das Arbeitsamt gehen; hast du dich schon beim Arbeitsamt gemeldet? **2.** *Gebäude, in dem sich das Arbeitsamt eines Ortes befindet:* zum Arbeitsamt fahren Sie mit der Linie 6.

die **Ar|beits|er|laub|nis** [ˈarbai̯tsʔɛɐ̯laupnɪs]; -: *offizielle Erlaubnis für Ausländer, in einem Land arbeiten zu dürfen:* sie haben eine Arbeitserlaubnis beantragt.

ar|beits|los [ˈarbai̯tsloːs] ⟨Adj.⟩: *ohne Arbeitsplatz:* arbeitslose Ärzte, Jugendliche; sie ist schon seit einem halben Jahr arbeitslos; die Wirtschaftskrise macht viele arbeitslos. *Syn.:* erwerbslos.

der *und* die **Ar|beits|lo|se** [ˈarbai̯tsloːzə]; -n, -n ⟨aber: [ein] Arbeitsloser, [eine] Arbeitslose, Plural: [viele] Arbeitslose⟩: *Person, die arbeitslos ist:* die Zahl der Arbeitslosen ist im Februar wieder gestiegen.

das **Ar|beits|lo|sen|geld** [ˈarbai̯tsloːznɡɛlt]; -[e]s, -er: *Geld, das für eine begrenzte*

Zeit an Arbeitslose gezahlt wird: Arbeitslosengeld beantragen, erhalten.

die **Ar|beits|lo|sig|keit** ['arbaitsloːzɪçkait]; -: **1.** *Zustand, arbeitslos zu sein:* seine Arbeitslosigkeit dauert schon ein Jahr. **2.** *das Vorhandensein von Arbeitslosen:* zunehmende Arbeitslosigkeit; es gab kaum, keine Arbeitslosigkeit.

der **Ar|beits|markt** ['arbaitsmarkt]; -[e]s, Arbeitsmärkte ['arbaitsmɛrktə]: *Gesamtheit von Angebot an und Nachfrage nach Arbeit:* der schwierige Arbeitsmarkt für Berufsanfänger; die Lage am/auf dem Arbeitsmarkt ist angespannt.

der **Ar|beits|platz** ['arbaitsplats]; -es, Arbeitsplätze ['arbaitsplɛtsə]: **1.** *Platz, an dem jmd. arbeitet:* sie hat einen schönen, sonnigen Arbeitsplatz. **2.** *berufliche Tätigkeit, Beschäftigung:* ein gut bezahlter Arbeitsplatz; den Arbeitsplatz wechseln, verlieren; durch die Wirtschaftskrise sind viele Arbeitsplätze gefährdet. *Syn.:* Job (ugs.), Stelle, Stellung, Tätigkeit.

die **Ar|beits|stel|le** ['arbaitsʃtɛlə]; -, -n: *berufliche Tätigkeit, Arbeitsplatz:* sie hat die Arbeitsstelle gewechselt.

der **Ar|beits|ver|trag** ['arbaitsfɛʁtraːk]; -[e]s, Arbeitsverträge ['arbaitsfɛʁtrɛːgə]: *Vertrag über einen Arbeitsplatz.*

die **Ar|beits|zeit** ['arbaitstsait]; -, -en: **1.** *für die Arbeit festgelegte Zeit:* gleitende Arbeitszeit; die Arbeitszeit voll ausnutzen; die Arbeitszeit[en] in der Autoindustrie wurde[n] verlängert. **2.** *Zeit, die für eine Arbeit benötigt wird:* ich lasse mir die Arbeitszeit bezahlen.

der **Ar|chi|tekt** [arçiˈtɛkt]; -en, -en, die **Ar|chi|tek|tin** [arçiˈtɛktɪn]; -, -nen: *Person, die Häuser, Gebäude entwirft und deren Bau überwacht:* der Entwurf des Herrn Architekten Schulze; mit Architekt Schulze / mit dem Architekten Schulze; sie wollte Architektin werden.

die **Ar|chi|tek|tur** [arçitɛkˈtuːɐ̯]; -, -en: **1.** *Kunst des Bauens von Bauwerken:* Architektur studieren. **2.** *künstlerisches Bauen [einer Epoche, eines Volks]:* Zeugnisse der römischen Architektur.

das **Ar|chiv** [arˈçiːf]; -s, -e [arˈçiːvə]: **1.** *Sammlung von Dokumenten:* ein Archiv anlegen. **2.** *Ort für die Aufbewahrung von Dokumenten:* die alten Urkunden liegen im Archiv. *Zus.:* Bildarchiv, Filmarchiv, Geheimarchiv, Staatsarchiv.

die **Are|na** [aˈreːna]; -, Arenen [aˈreːnən]: *Sportplatz, Stadion mit immer höher angeordneten Sitzplätzen:* die Sportler zogen in die Arena ein.

arg [ark], ärger, am ärgsten ⟨Adj.⟩: **1.** (bes. südd., österr., schweiz.) *sehr groß, heftig, stark:* arge Schmerzen; eine arge Enttäuschung. *Syn.:* schlimm, schrecklich, unerträglich. **2.** ⟨verstärkend bei Adjektiven und Verben⟩ *sehr:* der Koffer ist arg schwer; es ist arg warm; sie hat sich arg gefreut; in dem Brief sind noch arg viele Fehler. *Syn.:* entsetzlich (ugs.), furchtbar (ugs.), schrecklich (ugs.), unglaublich (ugs.).

der **Är|ger** ['ɛrgɐ]; -s: **1.** *Empörung:* etwas erregt jmds. Ärger; ihr Ärger verflog; sie konnte ihren Ärger über seine Bemerkung nicht verbergen; seinen Ärger an jmdm., etwas auslassen. *Syn.:* Unmut, Unwille, Verstimmung, Wut, Zorn. **2.** *etwas, worüber man sich ärgert:* viel Ärger [mit jmdm., etwas, wegen einer Sache] haben; wegen ihrer vielen Katzen hat sie immer wieder Ärger mit dem Vermieter; heute gab es im Büro wieder Ärger.

är|ger|lich ['ɛrgɐlɪç], ärgerlicher, am ärgerlichsten ⟨Adj.⟩: **1.** *voll Ärger:* etwas in ärgerlichem Ton sagen; sie ist ärgerlich auf/über mich; er war sehr ärgerlich über die Störung. *Syn.:* böse, empört, entrüstet, gereizt, missmutig, unwillig, verärgert, wütend, zornig, sauer (ugs.). **2.** *unangenehm:* eine ärgerliche Sache; er fand es sehr ärgerlich, so lange warten zu müssen. *Syn.:* blöd[e] (ugs.), dumm (ugs.), unerfreulich.

är|gern ['ɛrgɐn], ärgert, ärgerte, geärgert: **1.** ⟨tr.; hat; jmdn. ä.⟩ *(jmdn.) wütend machen:* er hat sie mit seiner Bemerkung geärgert; es ärgerte sie, dass er alles falsch gemacht hatte. *Syn.:* aufregen, empören, verärgern. **2.** ⟨sich [über jmdn., etw.] ä.⟩ *ärgerlich sein:* ich ärgere mich darüber, dass sie nicht die Wahrheit gesagt hat; hast du dich über ihn geärgert? *Syn.:* sich aufregen, sich empören.

das **Ar|gu|ment** [arguˈmɛnt]; -[e]s, -e: *Begründung:* ein stichhaltiges, schlagendes Argument; dieses Argument überzeugt mich; Argumente für, gegen etwas anführen, vorbringen, vortragen. *Zus.:* Gegenargument, Hauptargument.

arm [arm], ärmer, am ärmsten ⟨Adj.⟩: **1.** *nur sehr wenig Geld habend* /Ggs. reich/: eine arme Familie; ihre Eltern waren arm und konnten sie nicht studieren lassen. *Syn.:* bedürftig, mittellos. *** Arm und Reich** (veraltet): jedermann. **2. *arm an etwas sein:** *nur wenig von* *etwas haben:* diese Frucht ist arm an Vitaminen; dieses Land ist arm an Bodenschätzen. **3.** *Mitleid erregend:* der arme Mann hat nur ein Bein. *Syn.:* bedauernswert.

der **Arm** [arm]; -[e]s, -e: **1.** *Körperteil, der von der Schulter bis zur Hand reicht:* kräftige, muskulöse Arme; die Arme aufstützen; jmdn. im Arm, in den Armen halten; sie hat sich beide Arme gebrochen; den Mantel über den Arm nehmen; er nahm, packte ihn am/beim Arm; ein Kind auf den Arm nehmen. *Syn.:* Gliedmaße. *Zus.:* Oberarm, Unterarm. **2.** *abzweigender Teil:* der Fluss teilt sich an der Mündung in drei Arme. *Zus.:* Flussarm, Meeresarm, Wasserarm. **3.** (Fachspr.) *Ärmel:* ein Kleid mit kurzem Arm.

der Arm

-arm [arm] ⟨adjektivisches Suffix⟩: drückt in Bildungen mit Nomen aus, dass etwas nur in kleiner Menge oder in geringem Maße vorhanden ist/Ggs. -reich/: alkoholarm; fettarm; fleischarm; gefühlsarm; handlungsarm; ideenarm; kalorienarm; nikotinarm; regenarm; verkehrsarm; vitaminarm.

das **Arm|band** [ˈarmbant]; -[e]s, Armbänder [ˈarmbɛndɐ]: *über dem Handgelenk zu tragendes* ¹*Band.*

die **Ar|mee** [arˈmeː]; -, Armeen [arˈmeːən]: **1.** *alle Soldaten eines Staates:* eine schlagkräftige Armee; eine Armee aufstellen; in der Armee dienen. *Syn.:* Heer, Militär. **2.** *sehr große Anzahl:* eine Armee von Arbeitslosen; eine Armee eifriger Helfer stand/standen bereit. *Syn.:* Heer, Masse, Menge.

der **Är|mel** [ˈɛrml]; -s, -: *Teil eines Kleidungsstückes, der den Arm bedeckt:* die Ärmel hochkrempeln; eine Bluse mit langen, kurzen Ärmeln, ohne Ärmel. *Syn.:* Arm.

ärm|lich [ˈɛrmlɪç], ärmlicher, am ärmlichsten ⟨Adj.⟩: *arm wirkend:* eine ärmliche Wohnung; die Verhältnisse, in denen sie lebte, waren sehr ärmlich; ärmlich gekleidet sein. *Syn.:* elend, kärglich, kümmerlich.

die **Ar|mut** [ˈarmuːt]; -: *das Armsein:* in diesem Land herrscht bitterste Armut; in

Armut leben, geraten; die Armut *(der Mangel)* eines Landes an Bodenschätzen. *Syn.:* Elend, Mangel, Not.

das **Aro|ma** [aˈroːma]; -s, -s und Aromen [aˈroːmən]: **1.** *angenehmer Geschmack und/oder würziger Duft:* ein starkes, [un]angenehmes Aroma haben. *Syn.:* Geruch, Würze. **2.** *aromatischer Zusatz für Lebensmittel:* natürliche, künstliche Aromen. *Syn.:* Gewürz. *Zus.:* Backaroma.

der **Ar|rest** [aˈrɛst]; -[e]s, -e: *Strafe, bei der man [kurz] eingesperrt wird:* der Soldat musste für drei Tage in strengen Arrest; der Internatsschüler bekam zwei Stunden Arrest *(musste zwei Stunden nachsitzen).* *Syn.:* Gefangenschaft, Haft.

ar|ro|gant [aroˈɡant], arroganter, am arrogantesten ⟨Adj.⟩: *anmaßend:* ein arroganter Mensch; er benahm sich sehr arrogant. *Syn.:* eingebildet, hochmütig, überheblich.

die **Art** [aːɐ̯t]; -, -en: **1.** ⟨ohne Plural⟩ *Eigenart:* ihre freundliche Art gefiel allen; es war nicht ihre Art, voreilig Schlüsse zu ziehen; das entspricht nicht seiner Art; sie tat dies in ihrer gewohnt freundlichen Art. *Syn.:* Charakter, Natur, Temperament, Typ, Wesen. *Zus.:* Gemütsart, Sinnesart, Wesensart. **2.** *Benehmen:* er hat eine unangenehme Art zu fragen; es gibt verschiedene Arten, darauf zu reagieren; auf diese Art kommst du nie ans Ziel. *Syn.:* Haltung. *Zus.:* Lebensart. **3.** *Sorte:* jede Art von Gewalt ablehnen; alle Arten von Blumen; er ist ein Verbrecher übelster Art; Antiquitäten aller Art; diese Art von Raubtieren ist schon lange ausgestorben. *Syn.:* Gattung, Kategorie. *Zus.:* Getreideart, Pflanzenart, Sportart, Tierart, Wortart, Zubereitungsart.

die **Ar|te|rie** [arˈteːriə]; -, -n: *Schlagader:* bei ihm ist eine Arterie verstopft. *Syn.:* Ader.

ar|tig [ˈaːɐ̯tɪç], artiger, am artigsten ⟨Adj.⟩: *gehorsam:* ein artiges Kind; sich artig verhalten. *Syn.:* brav.

der **Ar|ti|kel** [arˈtiːkl]; -s, -: **1.** *schriftlicher Beitrag in einer Zeitung:* ein interessanter, kurzer Artikel; einen Artikel schreiben, veröffentlichen; sie hat bereits mehrere Artikel über das deutsche Schulsystem geschrieben. *Syn.:* Abhandlung, Arbeit, Aufsatz. *Zus.:* Zeitungsartikel. **2.** *Abschnitt eines Gesetzes- oder Vertragstextes:* das steht im Artikel 3 der Verfassung. *Syn.:* Absatz, Paragraf. *Zus.:* Gesetzesartikel. **3.** *Ware:* dieser Artikel ist im Augenblick nicht am Lager. *Syn.:* Fabrikat, Produkt. *Zus.:* Büroartikel,

A

Exportartikel, Geschenkartikel, Haushaltsartikel, Sportartikel. **4.** *Wort, das das grammatische Geschlecht eines Nomens bezeichnet:* der unbestimmte Artikel; im Deutschen gibt es drei bestimmte Artikel: der, die, das.

die **Arz|nei** [aːɐ̯ts'naɪ̯]; -, -en (veraltend): *Medikament:* eine Arznei verordnen, verschreiben. *Syn.:* Heilmittel, Mittel.

das **Arz|nei|mit|tel** [aːɐ̯ts'naɪ̯mɪtl̩]; -s, -: *Medikament:* ein wirksames Arzneimittel. *Syn.:* Arznei, Heilmittel. *Zus.:* Arzneimittelgesetz, Arzneimittelmissbrauch.

der **Arzt** [aːɐ̯tst]; -es, Ärzte ['ɛːɐ̯tstə], die **Ärz|tin** ['ɛːɐ̯tstɪn]; -, -nen: *Person, die Medizin studiert hat:* der behandelnde Arzt; sie ist praktische Ärztin *(ohne Spezialgebiet, Allgemeinärztin);* den Arzt aufsuchen, holen, rufen lassen; zum Arzt gehen; ich muss noch meine Ärztin anrufen. *Syn.:* Doktor (ugs.), Doktorin (ugs.). *Zus.:* Augenarzt, Augenärztin, Frauenarzt, Frauenärztin, Hals-Nasen-Ohren-Arzt, Hals-Nasen-Ohren-Ärztin, Hausarzt, Hausärztin, Hautarzt, Hautärztin, Kinderarzt, Kinderärztin, Nervenarzt, Nervenärztin, Tierarzt, Tierärztin, Zahnarzt, Zahnärztin.

der **Arzt|hel|fer** ['aːɐ̯tsthɛlfɐ]; -s, -, die **Arzt|hel|fe|rin** ['aːɐ̯tsthɛlfərɪn]; -, -nen: *Person, die dem Arzt in der Praxis hilft:* eine Ausbildung als Arzthelferin machen.

ärzt|lich ['ɛːɐ̯tstlɪç] ⟨Adj.⟩: **1.** *zum Arzt gehörend:* die ärztliche Praxis; der ärztliche Beruf. **2.** *vom Arzt:* eine ärztliche Untersuchung; ein ärztliches Attest; unter ärztlicher Aufsicht; sich ärztlich behandeln lassen; sie ist schon seit Wochen in ärztlicher Behandlung.

die **Arzt|pra|xis** ['aːɐ̯tstpraksɪs]; -, Arztpraxen ['aːɐ̯tstpraksn̩]: *Räume, in denen ein Arzt arbeitet:* die Arztpraxis war im dritten Stockwerk. *Syn.:* Praxis.

die **Asche** ['aʃə]; -, -n: *das, was von verbranntem Material in Form von Pulver übrig bleibt:* heiße, kalte, glühende Asche; die Asche [von der Zigarre] abstreifen, abklopfen. *Zus.:* Zigarettenasche.

der **Aschen|be|cher** ['aʃnbɛçɐ]; -s, -: *Gefäß für die Asche von Zigaretten.*

aso|zi|al ['azotsi̯aːl], asozialer, am asozialsten ⟨Adj.⟩: *unfähig zum Leben in der Gemeinschaft:* eine asoziale Lebensweise; ein asozialer Charakter; asozial sein.

der **As|pekt** [as'pɛkt]; -[e]s, -e: *Art der Betrachtung:* die verschiedenen Aspekte eines Problems; etwas unter einem bestimmten Aspekt sehen, betrachten. *Syn.:* Gesichtspunkt.

der **As|phalt** [as'falt]; -[e]s, -e: *dem Teer ähnliche Masse als Belag auf der Straße:* das Auto kam auf dem nassen Asphalt ins Schleudern.

aß [aːs]: ↑ essen.

das **Ass** [as]; -es, -e: **1.** *Spielkarte:* kein Ass, alle vier Asse in der Hand haben. *Zus.:* Herzass, Karoass, Kreuzass, Pikass, Trumpfass. **2.** *der oder die Beste auf einem bestimmten Gebiet:* sie ist ein Ass in Mathematik; diese beiden Spielerinnen sind die großen Asse der Mannschaft. *Syn.:* Meister, Meisterin.

der **As|sis|tent** [asɪs'tɛnt]; -en, -en, die **As|sis|ten|tin** [asɪs'tɛntɪn]; -, -nen: *Person, die eine andere bei deren Arbeit unterstützt:* sie arbeitet als wissenschaftliche Assistentin bei Professor Müller. *Syn.:* Helfer, Helferin, Mitarbeiter, Mitarbeiterin. *Zus.:* Regieassistent, Regieassistentin.

as|sis|tie|ren [asɪs'tiːrən], assistiert, assistierte, assistiert; jmdm. a.⟩: *jmdm. bei einer Arbeit helfen:* der junge Arzt assistierte der Professorin bei der Operation. *Syn.:* unterstützen.

der **Ast** [ast]; -[e]s, Äste ['ɛstə]: *Zweig:* ein dicker Ast; das Eichhörnchen hüpft von Ast zu Ast.

äs|the|tisch [ɛs'teːtɪʃ], ästhetischer, am ästhetischsten ⟨Adj.⟩: *angenehm [wirkend], ansprechend:* ein ästhetischer Anblick. *Syn.:* geschmackvoll, schön.

die **As|t|ro|lo|gie** [astrolo'giː]; -: *Lehre, die sich mit dem angeblichen Einfluss der Sterne auf das menschliche Schicksal befasst:* die Astrologie ist ihr Hobby.

der **As|t|ro|naut** [astro'naʊ̯t]; -en, -en, die **As|tro|nau|tin** [astro'naʊ̯tɪn]; -, -nen: *Person, die an einem Flug in den Weltraum teilnimmt:* viele Kinder wollen Astronaut werden.

die **As|t|ro|no|mie** [astrono'miː]; -: *Wissenschaft von den Himmelskörpern:* er hat Astronomie studiert.

as|t|ro|no|misch [astro'noːmɪʃ] ⟨Adj.⟩: **1.** *die Astronomie betreffend:* eine astronomische Uhr. **2.** (ugs.) *außerordentlich, sehr groß:* astronomische Summen, Preise. *Syn.:* außergewöhnlich, beträchtlich, enorm, riesig, unvorstellbar.

das **Asyl** [a'zyːl]; -s, -e: **1.** *Unterkunft für Menschen, die keine Wohnung haben:* in einem Asyl übernachten. *Zus.:* Obdachlosenasyl. **2.** *Aufnahme und Schutz (bes. für politisch Verfolgte):* Asyl beantragen, erhalten; um politisches Asyl bitten;

jmdm. Asyl zusichern, bieten, gewähren. *Syn.:* Zuflucht.

der **Asy|lant** [azyˈlant]; -en, -en, die **Asy|lan|tin** [azyˈlantɪn]; -, -nen: *Person, die um politisches Asyl bittet* (wird gelegentlich als diskriminierend empfunden).

der **Asyl|be|wer|ber** [aˈzyːlbəvɛrbɐ]; -s, -, die **Asyl|be|wer|be|rin** [aˈzyːlbəvɛrbərɪn]; -, -nen: *Person, die [politisches] Asyl beantragt:* die Zahl der Asylbewerber ist seit Jahren konstant.

-at [aːt] 〈Suffix〉: **1.** der; -en, -en: *drückt aus, dass jemand ein bestimmtes Amt, einen bestimmten Beruf ausübt:* Diplomat; Kandidat. **2.** das; -s, -e: *bezeichnet in Bildungen mit Nomen eine Institution:* Konsulat; Kommissariat; Rektorat. **3.** das; -s, -e: *bezeichnet in Bildungen mit Verbstämmen einen Vorgang:* Diktat; Telefonat. **4.** das; -s, -e: *bezeichnet in Bildungen mit Verbstämmen ein Ergebnis:* Filtrat; Konzentrat; Zertifikat.

das **Ate|li|er** [ateˈlje:]; -s, -s: *Raum für künstlerische Arbeiten:* er verbringt seine ganze Freizeit in seinem Atelier mit Malen. *Syn.:* Studio. *Zus.:* Filmatelier.

der **Atem** [ˈaːtəm]; -s: **1.** *das Atmen:* schneller, schwacher Atem; der Atem setzte aus. **2.** *Luft, die ein- oder ausgeatmet wird:* [tief] Atem holen; sie ist außer Atem; nach Atem ringen. *Syn.:* Sportler.

atem|los [ˈaːtəmloːs], atemloser, am atemlosesten 〈Adj.〉: **1.** *außer Atem:* sie kamen atemlos am Bahnhof an. **2.** *schnell:* ein atemloses Tempo; in atemloser Folge. **3.** *voller Spannung:* atemlose Stille; atemlos lauschen; atemlos schaute er sie an. *Syn.:* gespannt.

der **Athe|ist** [ateˈɪst]; -en, -en, die **Athe|is|tin** [ateˈɪstɪn]; -, -nen: *Person, die die Existenz Gottes verneint:* er ist überzeugter Atheist.

der **Ath|let** [atˈleːt]; -en, -en: **1.** *muskulöser, kräftiger Mann:* er ist gebaut wie ein Athlet. **2.** *männliche Person, die an einem sportlichen Wettkampf teilnimmt:* die Athleten liefen eine Runde im Olympiastadion. *Syn.:* Sportler.

die **Ath|le|tin** [atˈleːtɪn]; -, -nen: *weibliche Person, die an einem sportlichen Wettkampf teilnimmt:* die Athletinnen winkten den Zuschauern zu. *Syn.:* Sportlerin.

ath|le|tisch [atˈleːtɪʃ], athletischer, am athletischsten 〈Adj.〉: *sehr muskulös und stark:* ein athletischer Körper, Typ. *Syn.:* kräftig, sportlich.

die **-a|tik** [aˈtɪk]; -, -en 〈Suffix〉: **1.** bezeichnet eine Gesamtheit: Dramatik; Problematik; Programmatik; Thematik. **2.** bezeichnet ein Fachgebiet: Grammatik; Informatik; Mathematik.

der **At|las** [ˈatlas]; - und -ses, Atlanten [atˈlantn̩] und -se: *Landkarten, die in Form eines Buches zusammengefasst sind:* wenn du wissen willst, wo Paris liegt, dann schau bitte im Atlas nach.

at|men [ˈaːtmən], atmet, atmete, geatmet: **1.** 〈itr.; hat〉 *Luft einziehen [und ausstoßen]:* durch den Mund, die Nase atmen; schwer, tief atmen. *Zus.:* durchatmen. **2.** 〈tr.; hat; etw. a.〉 *einatmen:* frische Luft atmen; in der Stadt atmen man nur Abgase.

die **At|mo|sphä|re** [atmoˈsfɛːrə]; -, -n: **1.** 〈ohne Plural〉 *Luft, die die Erde als Hülle umgibt:* der Satellit verglüht beim Eintritt in die Atmosphäre. *Zus.:* Erdatmosphäre. **2.** *Stimmung:* eine angenehme, gespannte Atmosphäre; dieser Vorfall vergiftete die Atmosphäre; die Atmosphäre wäre gereizt.

das **Atom** [aˈtoːm]; -s, -e: *kleinstes Teilchen einer chemischen Substanz:* ein Molekül besteht aus mehreren Atomen. *Zus.:* Wasserstoffatom.

ato|mar [atoˈmaːɐ̯] 〈Adj.〉: *auf der Energie des Atoms beruhend:* ein atomarer Antrieb; atomare Waffen; atomar angetrieben werden.

das **At|ten|tat** [ˈatn̩taːt]; -[e]s, -e: *Versuch, eine im öffentlichen Leben stehende Person zu töten:* das Attentat auf den Präsidenten missglückte; ein Attentat vereiteln. *Zus.:* Bombenattentat, Sprengstoffattentat.

der **At|ten|tä|ter** [ˈatn̩tɛːtɐ]; -s, -, die **At|ten|tä|te|rin** [ˈatn̩tɛːtərɪn]; -, -nen: *Person, die ein Attentat begeht, begangen hat:* die Attentäter wurden schnell gefasst und verurteilt.

das **At|test** [aˈtɛst]; -[e]s, -e: *ärztliche Bescheinigung:* jmdm. ein Attest ausstellen; ein Attest beibringen, vorlegen. *Zus.:* Gesundheitsattest.

die **At|trak|ti|on** [atrakˈtsi̯oːn]; -, -en: *etwas, was viele Menschen anzieht:* auf dem Fest gab es einige Attraktionen; der Fernsehturm ist eine besondere Attraktion. *Zus.:* Hauptattraktion, Touristenattraktion.

at|trak|tiv [atrakˈtiːf], attraktiver, am attraktivsten 〈Adj.〉: **1.** *besondere Vorteile bietend:* der Dienst in der Verwaltung ist noch immer attraktiv; eine sehr attraktive Form der Geldanlage. **2.** *anziehend aufgrund eines ansprechenden Äußeren:* eine attraktive Frau, Erscheinung.

A

¹ **auch** [au̯x] ⟨Adverb⟩: **1.** dient dazu, auszu-drücken, dass sich etwas in gleicher Weise verhält, dass Gleiches Geltung hat: alle schwiegen, auch ich war still; das gilt nicht nur für ihn, sondern auch für euch. *Syn.:* ebenfalls, ebenso, gleich-falls. **2.** dient dazu, auszudrücken, dass zu etwas Genanntem etwas Weiteres hinzukommt: ich kann nicht, ich will auch nicht; nun muss ich auch noch die Kosten tragen. *Syn.:* außerdem, überdies.

² **auch** [au̯x] ⟨Partikel⟩: **1.** dient dazu, aus-zudrücken, dass ein bestimmter Sach-verhalt in Einklang mit einer bestimm-ten Erwartung oder Annahme steht: was man verspricht, muss man auch tun; »Das klingt nach Mozart.« – »Ist es auch.«. **2.** dient dazu, Unmut oder Ärger auszudrücken: der ist auch überall dabei; warum kommst du auch so spät! **3.** dient in Verbindung bes. mit Relativ-pronomina dazu, Beliebigkeit auszudrü-cken: wer es auch getan hat ... *(gleich-gültig, wer es getan hat ...);* was auch [immer] geschieht ... *(gleichgültig, was geschieht ...);* wie dem auch sei *(es ist gleichgültig, wie es sich verhält).*

¹ **auf** [au̯f] ⟨Präp.⟩: **1.** ⟨mit Dativ; Frage: wo?⟩ kennzeichnet die Berührung von oben: das Buch liegt auf dem Tisch. **2.** ⟨mit Dativ; Frage: wo?⟩ gibt den [regelmäßigen] Aufenthalt, das Tätig-sein an einem bestimmten Ort, die Teil-nahme an einer Veranstaltung an: auf dem Gymnasium sein; auf der Post, auf dem Bau arbeiten; er ist auf *(in)* seinem Zimmer; auf dem Parteitag; auf der Messe; sie ist auf Urlaub. **3.** ⟨mit Akk.; Frage: wohin?⟩ bezeichnet das Ziel einer Bewegung an der Oberseite von etwas: sie legte das Buch auf den Tisch. **4.** ⟨mit Akk.; Frage: wohin?⟩ bezeichnet den Gang zu einem / in einen Raum, zu einem / in ein [öffentliches] Gebäude, gibt die Richtung in einem Seins-, Geschehens-, Tätigkeitsbereich an: er geht auf sein Zimmer; sie schickte den Jungen auf die Post; sie geht auf die Uni-versität *(sie studiert).* **5.** ⟨mit Akk.; Frage: wohin?⟩ gibt die Hinwendung zur Teilnahme an etwas, den Beginn einer Handlung, den Antritt von etwas an: auf einen Ball gehen; auf Urlaub gehen. **6.** ⟨mit Akk.; Frage: wohin?⟩ ⟨in Verbin-dung mit zwei gleichen Nomen; zur Angabe der Wiederholung, der direkten Aufeinanderfolge⟩: Welle auf Welle; Schlag auf Schlag. **7.** ⟨mit Akk.; vor

einem nominalisierten Superlativ⟩: jmdn. auf das Herzlichste begrüßen. **8.** ⟨mit Dativ und Akk.; in Abhängigkeit von bestimmten Wörtern⟩: auf diese Weise; auf elegante Art; sich auf Deutsch unterhalten; auf etwas beru-hen; auf etwas hoffen; auf etwas trinken; auf etwas warten; auf Veranlassung von Herrn Schmidt; auf Regen folgt Sonnen-schein.

² **auf** [au̯f] ⟨Adverb⟩: **1.** *los, vorwärts:* auf, lass uns gehen!; auf ins Schwimmbad! **2.** *geöffnet:* die Tür ist auf; Fenster auf!; Augen auf im Straßenverkehr! **3.** *nicht im Bett:* ich bin schon seit fünf Uhr auf; bist du schon, noch auf? **4.** ⟨in Wortpaa-ren⟩: auf und ab/nieder *(nach oben und nach unten).* **5.** ⟨mit »von« in bestimm-ten Verbindungen⟩: von klein auf; von Grund auf.

auf- [au̯f] ⟨trennbares, betontes verbales Präfix⟩: **1.** kennzeichnet die Richtung nach oben: *nach oben, in die Höhe:* auf-fahren; aufhängen; aufheben; aufhelfen; aufstapeln; aufsteigen. **2.** drückt aus, dass etwas sich vergrößert: aufblähen; aufblasen; aufpumpen; aufquellen. **3.** kennzeichnet das unvermittelte Ein-setzen eines Vorgangs: aufblitzen; auf-glühen; aufschreien. **4.** kennzeichnet die Richtung auf einen Gegenstand, eine Person hin und die Erreichung des Zie-les, den Kontakt: aufkleben; aufprallen; aufzwingen. **5.** drückt aus, dass etwas geöffnet wird: aufbrechen; auflassen; aufmachen; aufschließen; aufziehen. **6.** drückt aus, dass etwas verschwindet: aufbrauchen; aufessen; aufrauchen. **7.** drückt aus, dass jmd., etwas in einen bestimmten Zustand gelangt: auffri-schen; aufheitern; aufmuntern. **8.** inten-sivierend: aufgliedern; aufspeichern; auftauen; aufzeigen.

der **Auf|bau** [ˈau̯fbau̯], -s, -ten: **1.** ⟨ohne Plural⟩ *das Aufbauen:* sie sind noch mit dem Aufbau der Tribüne beschäftigt. *Zus.:* Neuaufbau, Wiederaufbau. **2.** ⟨ohne Plu-ral⟩ *Schaffung, Herstellung:* der Aufbau des Sozialismus; das Geschäft ist noch im Aufbau. **3.** ⟨ohne Plural⟩ *Art der Anlage, des Gegliedertseins, der Anord-nung:* der Aufbau des Dramas; den Auf-bau einer Zelle darstellen. *Syn.:* Struktur, Zusammensetzung. **4.** *(auf etwas ande-res) aufgebautes, aufgesetztes Teil:* ein bühnenartiger Aufbau; die Aufbauten des Schiffs; der Aufbau *(die Karosserie)* eines Autos.

auf|bau|en ['aʊfbaʊən], baut auf, baute auf, aufgebaut: **1.** ⟨tr.; hat; etw. a.⟩ *zu einem Ganzen zusammenfügen* /Ggs. abbauen/: *ein Zelt aufbauen; ein Haus wieder aufbauen.* **2.** ⟨tr.; hat; etw. a.⟩ *nach und nach schaffen:* eine Partei aufbauen; ich habe mir eine neue Existenz aufgebaut. **3.** ⟨tr.; hat; jmdn. a.⟩ *planmäßig auf eine Aufgabe vorbereiten:* eine Sängerin, einen Politiker aufbauen. **4.** ⟨itr.; hat; auf etw. (Dativ) a.⟩ *etwas zur Grundlage nehmen:* auf den neuesten Erkenntnissen aufbauen. **5.** ⟨sich irgendwo a.⟩ (ugs.) *sich an einer bestimmten Stelle hinstellen:* er baute sich vor ihm, an der Mauer auf. *Syn.:* sich aufstellen, sich postieren.

auf|be|rei|ten ['aʊfbəraɪtn̩], bereitet auf, bereitete auf, aufbereitet ⟨tr.; hat; etw. a.⟩: *zur weiteren Verwendung vorbereiten, geeignet machen:* Mineralien, Trinkwasser aufbereiten.

auf|bes|sern ['aʊfbɛsɐn], bessert auf, besserte auf, aufgebessert ⟨tr.; hat; etw. a.⟩: *in der Qualität oder Quantität steigern, erhöhen:* die Verpflegung, die alten Möbel, jmds. Gehalt aufbessern. *Syn.:* verbessern.

auf|be|wah|ren ['aʊfbəvaːrən], bewahrt auf, bewahrte auf, aufbewahrt ⟨tr.; hat; etw. a.⟩: *an einem geeigneten, sicheren Ort unterbringen und dort lassen:* jmds. Schmuck sorgfältig aufbewahren; Fotos als/zum Andenken aufbewahren. *Syn.:* aufheben, verwahren (geh.).

auf|bie|ten ['aʊfbiːtn̩], bietet auf, bot auf, aufgeboten ⟨tr.; hat; etw. a.⟩: *zur Erledigung einer Aufgabe, zur Erreichung eines Ziels einsetzen:* die Polizei gegen Ausschreitungen aufbieten; seinen ganzen Einfluss aufbieten.

auf|bla|sen ['aʊfblaːzn̩], bläst auf, blies auf, aufgeblasen: **1.** ⟨tr.; hat; etw. a.⟩ *durch Blasen prall werden lassen:* einen Luftballon aufblasen. **2.** ⟨sich a.⟩ (ugs.) *sich wichtig machen:* blas dich nicht so auf! *Syn.:* angeben, aufschneiden.

auf|blei|ben ['aʊfblaɪbn̩], bleibt auf, blieb auf, aufgeblieben ⟨itr.; ist⟩: **1.** *nicht ins Bett gehen, sich nicht schlafen legen:* die ganze Nacht, bis 12 Uhr aufbleiben. **2.** *geöffnet bleiben, nicht geschlossen werden:* die Tür soll aufbleiben.

auf|bli|cken ['aʊfblɪkn̩], blickt auf, blickte auf, aufgeblickt ⟨itr.; hat⟩: **1.** *den Blick nach oben, in die Höhe richten:* kurz [von seiner Arbeit] aufblicken. **2.** ⟨zu jmdm. a.⟩ *bewundernd verehren:* ein Mensch, zu dem man aufblicken kann. *Syn.:* achten, bewundern, verehren.

auf|blü|hen ['aʊfblyːən], blüht auf, blühte auf, aufgeblüht ⟨itr.; ist⟩: **1.** *sich blühend entfalten, zu blühen beginnen:* die Knospen, die Rosen sind aufgeblüht. *Syn.:* aufgehen. **2.** *sich entfalten, Aufschwung nehmen:* Wissenschaft und Handel blühten auf. **3.** *sich positiv verändern:* seit dem Wechsel des Arbeitsplatzes blüht sie auf.

auf|brau|chen ['aʊfbraʊxn̩], braucht auf, brauchte auf, aufgebraucht ⟨tr.; hat; etw. a.⟩: *ganz, restlos verbrauchen:* seine Ersparnisse aufbrauchen.

auf|bre|chen ['aʊfbrɛçn̩], bricht auf, brach auf, aufgebrochen: **1.** ⟨tr.; hat; etw. a.⟩ *gewaltsam öffnen:* den Tresor aufbrechen. *Syn.:* knacken (ugs.). **2.** ⟨itr.; ist⟩ *sich [platzend] öffnen:* die Knospe ist aufgebrochen; die Eisdecke brach auf. *Syn.:* aufgehen, aufreißen, platzen. **3.** ⟨itr.; ist⟩ *den Ort, an dem man sich befindet, verlassen:* die Klasse bricht gerade zu einer Wanderung auf; wir müssen langsam aufbrechen. *Syn.:* sich aufmachen.

der **Auf|bruch** ['aʊfbrʊx]; -[e]s: *das Aufbrechen, Weggehen:* zum Aufbruch drängen, treiben.

auf|brü|hen ['aʊfbryːən], brüht auf, brühte auf, aufgebrüht ⟨tr.; hat; etw. a.⟩: *(Kaffee oder Tee) durch Übergießen mit kochendem Wasser zubereiten:* ich brühe dir neuen Tee auf.

auf|de|cken ['aʊfdɛkn̩], deckt auf, deckte auf, aufgedeckt: **1.** ⟨tr.; hat; jmdn., etw. a.⟩ *die Decke (von jmdm., etwas) wegnehmen:* das Kind, die Betten aufdecken. **2.** ⟨tr.; hat; etw. a.⟩ *(eine Spielkarte) mit der Seite des Bildes nach oben hinlegen:* seine Karten aufdecken. **3.** ⟨tr.; hat; etw. a.⟩ *(etwas Verborgenes) bekannt machen:* ein Verbrechen, Widersprüche aufdecken. *Syn.:* enthüllen. **4.** ⟨itr.; hat⟩ *den Tisch decken:* kann ich schon aufdecken?

auf|drän|gen ['aʊfdrɛŋən], drängt auf, drängte auf, aufgedrängt: **1.** ⟨tr.; hat; jmdm. etw. a.⟩ *jmdm. gegen dessen Willen geben, übertragen:* jmdm. eine Ware, ein Amt aufdrängen. **2.** ⟨sich [jmdm.] a.⟩ *jmdm. seine Hilfe, seine Begleitung in aufdringlicher Weise anbieten:* ich will mich [ihr] nicht aufdrängen. **3.** ⟨sich [jmdm.] a.⟩ *sich unwillkürlich in jmds. Bewusstsein einstellen, sich von allein ergeben:* es drängt sich die Frage auf, ob dies nötig war; ein Gedanke drängt sich mir auf.

auf|dre|hen ['aufdreːən], dreht auf, drehte auf, aufgedreht: **1.** ⟨tr.; hat; etw. a.⟩ *durch Drehen öffnen:* den Hahn aufdrehen. **2.** ⟨tr.; hat; etw. a.⟩ (ugs.) *durch Öffnen eines Ventils oder dergleichen [aus]strömen lassen:* das Gas, das Wasser aufdrehen. *Syn.:* andrehen, anmachen, anstellen. **3.** ⟨tr.; hat; etw. a.⟩ *durch Drehen lockern:* den Deckel, die Schraube aufdrehen. **4.** ⟨tr.; hat; etw. a.⟩ (ugs.) *laut[er] stellen:* das Radio aufdrehen. **5.** ⟨itr.; hat⟩ (ugs.) *die Geschwindigkeit erhöhen:* auf der Autobahn drehte sie ganz schön auf. *Syn.:* beschleunigen.

auf|dring|lich ['aufdrɪŋlɪç], aufdringlicher, am aufdringlichsten ⟨Adj.⟩: *sich in lästiger Weise [mit einem Anliegen] an einen anderen wendend:* ein aufdringlicher Vertreter; sei doch nicht so aufdringlich. *Syn.:* zudringlich.

auf|ei|nan|der [aufˌlaiˈnandɐ] ⟨Adverb⟩: **1.** *eins auf dem andern:* aufeinander abgestimmt sein; aufeinander auffahren. **2.** *einer auf den andern:* aufeinander warten; aufeinander angewiesen sein.

auf|ei|n|an|der- [aufˌlaiˈnandɐ] ⟨trennbares, betontes verbales Präfix⟩: *eins auf das andere:* aufeinandertreffen; aufeinanderlegen; aufeinanderprallen.

der **Auf|ent|halt** ['aufˌlɛnthalt]; -[e]s, -e: *das Verweilen, Bleiben an einem Ort (für eine bestimmte Zeit):* sie verlängerte ihren Aufenthalt in der Stadt; der Zug hat nur fünf Minuten Aufenthalt. *Zus.:* Auslandsaufenthalt, Erholungsaufenthalt, Forschungsaufenthalt, Kuraufenthalt.

die **Auf|ent|halts|er|laub|nis** ['aufˌlɛnthaltsˌlɛɐ̯laupnɪs]; -: *offizielle Erlaubnis [für Ausländerinnen und Ausländer, sich in einem Land aufzuhalten]:* eine Aufenthaltserlaubnis beantragen; die Verwaltung hat ihr die Aufenthaltserlaubnis erteilt.

auf|es|sen ['aufˌlɛsn̩], isst auf, aß auf, aufgegessen ⟨tr.; hat; etw. a.⟩: *essen, ohne etwas übrig zu lassen:* sie haben das ganze Brot aufgegessen.

auf|fah|ren ['aufˌfaːrən], fährt auf, fuhr auf, aufgefahren ⟨itr.; ist⟩: **1.** *von hinten auf ein Fahrzeug, das vor einem herfährt, aufprallen:* auf einen Lastwagen auffahren. **2.** *den Abstand zu einem Fahrzeug, das vor einem herfährt, kleiner werden lassen:* du fährst zu dicht auf. **3.** *sich erschrocken schnell in die Höhe richten:* aus dem Schlaf auffahren.

auf|fal|len ['aufˌfalən], fällt auf, fiel auf, aufgefallen ⟨itr.; ist⟩: **1.** *durch irgendeine Besonderheit Aufmerksamkeit erregen:* er fällt wegen seiner Größe auf; ihre Höflichkeit fiel angenehm auf; eine auffallende Ähnlichkeit. **2.** ⟨jmdm. a.⟩ *von jmdm. bemerkt werden:* ist dir nichts aufgefallen an ihm?; das ist mir gleich aufgefallen.

auf|fäl|lig ['aufˌfɛlɪç], auffälliger, am auffälligsten ⟨Adj.⟩: *die Aufmerksamkeit auf sich ziehend:* ein auffälliges Kleid, Benehmen; es war sehr auffällig *(verdächtig),* dass er schwieg. *Syn.:* auffallend.

auf|fan|gen ['aufˌfaŋən], fängt auf, fing auf, aufgefangen ⟨tr.; hat⟩: **1.** ⟨jmdn., etw. a.⟩ *im Flug, im Fallen fassen:* einen Ball auffangen. *Syn.:* fangen. **2.** ⟨etw. a.⟩ *in etwas hineinfallen, -fließen lassen:* das Wasser [mit Eimern] auffangen. **3.** ⟨etw. a.⟩ *in seiner Bewegung, Wucht abstoppen:* einen Stoß, Schlag auffangen.

auf|fas|sen ['aufˌfasn̩], fasst auf, fasste auf, aufgefasst ⟨tr.; hat⟩: **1.** ⟨etw. irgendwie a.⟩ *in einer bestimmten Weise deuten, verstehen:* er hatte ihre Bemerkung als Kritik aufgefasst; sie hatte seine Frage falsch aufgefasst. *Syn.:* ansehen, auslegen, interpretieren. **2.** ⟨etw. a.⟩ *mit dem Verstand aufnehmen, geistig erfassen:* die Zusammenhänge schnell auffassen; ⟨auch itr.⟩ das Kind fasst leicht auf. *Syn.:* begreifen, kapieren (ugs.), verstehen.

die **Auf|fas|sung** ['aufˌfasʊŋ]; -, -en: **1.** *Meinung über etwas:* unterschiedliche Auffassungen haben. *Syn.:* Anschauung, Ansicht. **2.** *allgemeine Einstellung zu etwas:* ihre Auffassung von Pünktlichkeit ist unglaublich. *Zus.:* Arbeitsauffassung, Dienstauffassung, Lebensauffassung. **3.** *Fähigkeit zu begreifen:* eine gute Auffassung haben.

auf|for|dern ['aufˌfɔrdɐn], fordert auf, forderte auf, aufgefordert ⟨tr.; hat; jmdn. [zu etw.] a.⟩: *nachdrücklich bitten, ermuntern, etwas Bestimmtes zu tun:* jmdn. zur Mitarbeit auffordern; sie wurde aufgefordert, ihren Ausweis zu zeigen; der junge Mann forderte sie [zum Tanz] auf *(bat sie, mit ihm zu tanzen).*

die **Auf|for|de|rung** ['aufˌfɔrdərʊŋ]; -, -en: *mit Nachdruck vorgebrachte Bitte:* eine freundliche Aufforderung erhalten; wir können Ihrer Aufforderung leider nicht nachkommen. *Syn.:* Verlangen. *Zus.:* Zahlungsaufforderung.

auf|füh|ren [ˈaʊffyːrən], führt auf, führte auf, aufgeführt: **1.** ⟨tr.; hat; etw. a.⟩ *einem Publikum darbieten:* eine Oper, ein Schauspiel aufführen. *Syn.:* spielen, vorführen, zeigen. **2.** ⟨sich irgendwie a.⟩ *sich in bestimmter (meist schlechter) Weise benehmen:* sich anständig aufführen; sie führten sich wie die Herren auf; führ dich nicht so auf! *Syn.:* sich betragen. **3.** ⟨tr.; hat; jmdn., etw. a.⟩ *(in einer Liste oder dergleichen) verzeichnen:* sie war namentlich in dem Buch aufgeführt.

die **Auf|füh|rung** [ˈaʊffyːrʊŋ]; -, -en: *das Aufführen eines Stückes:* die gelungene Aufführung der Oper. *Zus.:* Erstaufführung, Theateraufführung.

die **Auf|ga|be** [ˈaʊfɡaːbə]; -, -n: **1.** ⟨ohne Plural⟩ *das Aufgeben, das Aufhören (mit etwas):* sie entschloss sich zur Aufgabe des Geschäftes. **2.** *etwas, was jmd. tun oder muss:* eine unangenehme Aufgabe übernehmen, bewältigen; die Katze zu füttern, gehört zu seinen täglichen Aufgaben. *Syn.:* Pflicht. **3.** *Hausaufgabe:* statt ihre Aufgaben zu machen, sah Lena fern. *Syn.:* Schularbeit.

der **Auf|gang** [ˈaʊfɡaŋ]; -[e]s, Aufgänge [ˈaʊfɡɛŋə]: **1.** *das Erscheinen über dem Horizont:* beim Aufgang der Sonne, des Mondes. *Zus.:* Sonnenaufgang. **2.** *Weg, der nach oben führt:* der Aufgang zur Burg.

auf|ge|ben [ˈaʊfɡeːbn̩], gibt auf, gab auf, aufgegeben: **1.** ⟨tr.; hat; jmdm. etw. a.⟩ *als Aufgabe übertragen:* jmdm. ein Rätsel aufgeben; der Lehrer hat den Schülern ein Gedicht (zu lernen) aufgegeben. **2.** ⟨tr.; hat; etw. a.⟩ *auf etwas verzichten, mit etwas aufhören:* seinen Widerstand aufgeben; seinen Beruf, seine Pläne aufgeben. **3.** ⟨itr.; hat⟩ *nicht weitermachen:* sie gibt nicht so leicht auf; nach zehn Runden gab der Boxer auf. **4.** ⟨tr.; hat; etw. [irgendwo] a.⟩ *zur Beförderung oder weiteren Bearbeitung übergeben:* den Koffer bei der Bahn aufgeben; ich muss noch dieses Paket auf/bei der Post aufgeben.

auf|ge|hen [ˈaʊfɡeːən], geht auf, ging auf, aufgegangen ⟨itr.; ist⟩: **1.** *am Horizont erscheinen* /Ggs. untergehen/: die Sonne geht auf. **2.** *sich öffnen:* das Fenster ist durch den Wind aufgegangen; die Tür geht nur schwer auf; der Knoten, Reißverschluss geht immer wieder auf. **3.** *(aus Samen) zu wachsen beginnen:* die Saat geht auf. *Syn.:* keimen.

auf|ge|schlos|sen [ˈaʊfɡəʃlɔsn̩], aufgeschlossener, am aufgeschlossensten ⟨Adj.⟩: *(an neuen Gedanken, Vorschlägen) interessiert, nicht ablehnend:* er ist sehr aufgeschlossen [für neue Ideen].

auf|ge|weckt [ˈaʊfɡəvɛkt], aufgeweckter, am aufgewecktesten ⟨Adj.⟩: *rasch begreifend:* ein aufgewecktes Kind.

auf|grei|fen [ˈaʊfɡraɪfn̩], greift auf, griff auf, aufgegriffen ⟨tr.; hat; etw. a.⟩: *als Anregung nehmen und darauf eingehen:* einen Vorschlag, Gedanken aufgreifen.

¹**auf|grund, auf Grund** [aʊfˈɡrʊnt] ⟨Präp. mit Gen.⟩: *begründet, veranlasst durch:* aufgrund der Berichte; Beweise, aufgrund deren er verurteilt wurde.

²**auf|grund, auf Grund** [aʊfˈɡrʊnt] ⟨Adverb in Verbindung mit »von«⟩: *begründet, veranlasst von:* aufgrund von Berichten.

auf|ha|ben [ˈaʊfhaːbn̩], hat auf, hatte auf, aufgehabt (ugs.): **1.** ⟨itr.; hat; etw. a.⟩ *aufgesetzt haben:* einen Hut, eine Mütze aufhaben. **2.** ⟨itr.; hat; etw. a.⟩ *als Hausaufgabe machen müssen:* in Deutsch haben wir heute nichts auf. **3.** ⟨itr.; hat⟩ *geöffnet haben:* am Sonntag hat der Bäcker, der Laden nicht auf.

auf|hal|ten [ˈaʊfhaltn̩], hält auf, hielt auf, aufgehalten: **1.** ⟨tr.; hat; jmdn., etw. a.⟩ *an einer Tätigkeit, Entwicklung (einige Zeit) hindern:* ich bin noch nicht fertig, er hat mich eine Stunde aufgehalten; den Fortschritt der Technik kann niemand aufhalten. **2.** ⟨tr.; hat; etw. a.⟩ *geöffnet halten:* sie hielt die Tür auf. **3.** ⟨sich irgendwo a.⟩ *vorübergehend sein:* sich im Ausland aufhalten.

auf|hän|gen [ˈaʊfhɛŋən], hängt auf, hängte auf, aufgehängt: **1.** ⟨tr.; hat; etw. [an etw. (Dativ)] a.⟩ *auf etwas hängen:* die Wäsche zum Trocknen aufhängen; das Bild [an einem Nagel] aufhängen. **2.** ⟨tr.; hat; jmdn., sich a.⟩ *(emotional) durch Hängen töten:* sie hatten den Verräter an einem Baum aufgehängt; er wollte sich aus Verzweiflung aufhängen.

auf|he|ben [ˈaʊfheːbn̩], hebt auf, hob auf, aufgehoben ⟨tr.; hat; etw. a.⟩: **1.** *(vom Boden) in die Höhe heben:* das Papier [vom Boden] aufheben. **2.** *wieder abschaffen:* eine Anordnung, ein Urteil aufheben. **3.** *aufbewahren, nicht wegwerfen:* alte Briefe aufheben; er hatte mir ein Stück Kuchen aufgehoben.

auf|ho|len [ˈaʊfhoːlən], holt auf, holte auf, aufgeholt ⟨tr.; hat; etw. a.⟩: *(einen Vorsprung, eine Verspätung) ausgleichen:* die Läuferin hat fünf Meter aufgeholt; der Zug konnte die Verspätung nicht mehr aufholen.

auf|hor|chen ['aʊfhɔrçn̩], horcht auf, horchte auf, aufgehorcht ⟨itr.; hat⟩: *plötzlich interessiert zuhören:* sie horchte auf, als ihr Name erwähnt wurde.

auf|hö|ren ['aʊfhøːrən], hört auf, hörte auf, aufgehört ⟨itr.; hat⟩: **1.** *nicht länger dauern:* der Regen hörte endlich auf. **2.** *zu einem Ende kommen:* nach einem Kilometer hörte die Straße plötzlich auf. **3.** *mit etwas nicht fortfahren:* mit der Arbeit aufhören; sie hörte nicht auf zu pfeifen. *Syn.:* beenden, einstellen.

auf|klap|pen ['aʊfklapn̩], klappt auf, klappte auf, aufgeklappt ⟨tr.; hat; etw. a.⟩: *nach oben klappen:* den Deckel einer Kiste aufklappen. *Syn.:* öffnen.

auf|kla|ren ['aʊfklaːrən], klart auf, klarte auf, aufgeklart ⟨itr.; hat⟩: *klar, schön werden (vom Wetter o. Ä.):* das Wetter, der Himmel klarte auf; ⟨auch unpers.⟩ es klart auf.

auf|klä|ren ['aʊfklɛːrən], klärt auf, klärte auf, aufgeklärt: **1.** ⟨tr.; hat; etw. a.⟩ *herausfinden, wer etwas warum und wie getan hat:* einen Mord, ein Verbrechen aufklären. **2.** ⟨tr.; hat; jmdn. [über etw. (Akk.)] a.⟩ *jmds. ungenügendes Wissen (zum Beispiel in sexuellen Fragen) beseitigen:* die Eltern hatten die Kinder nicht aufgeklärt; sie klärte ihn über den wahren Sachverhalt auf. *Syn.:* informieren.

die **Auf|klä|rung** ['aʊfklɛːrʊŋ]; -, -en: **1.** *das Aufklären:* die Aufklärung des Verbrechens. **2.** ⟨ohne Plural⟩ *das Aufklären über sexuelle Fragen:* Großvater übernahm die Aufklärung von uns Kindern. **3.** ⟨ohne Plural⟩ *geistige Richtung des 18. Jahrhunderts in Europa, die sich gegen Vorurteile und unvernünftige Traditionen richtete.*

auf|kle|ben ['aʊfkleːbn̩], klebt auf, klebte auf, aufgeklebt ⟨tr.; hat; etw. [auf etw. (Akk.)] a.⟩: *mit Klebstoff befestigen:* er klebte die Adresse [auf das Paket] auf.

der **Auf|kle|ber** ['aʊfkleːbɐ]; -s, -: *aufklebbarer, aufgeklebter Zettel:* was steht auf dem Aufkleber?

auf|kom|men ['aʊfkɔmən], kommt auf, kam auf, aufgekommen ⟨itr.; ist⟩: **1.** *[unerwartet] entstehen und spürbar werden:* ein Wind, Gewitter kam auf; Unruhe, Misstrauen kam auf. **2.** *die entstehenden Kosten tragen, übernehmen:* er musste für die Schulden seines Sohnes aufkommen. *Syn.:* bezahlen.

auf|la|den ['aʊflaːdn̩], lädt auf, lud auf, aufgeladen ⟨tr.; hat; etw. a.⟩: **1.** *zum Tra-gen oder zum Transport auf etwas laden* /Ggs. abladen/: die Möbel [auf den Lastwagen] aufladen. **2.** *elektrisch laden:* die Batterie, die Akkus aufladen.

die **Auf|la|ge** ['aʊflaːɡə]; -, -n: **1.** *die Exemplare eines Buches, einer Zeitung, die auf einmal gedruckt worden sind:* die Zeitschrift hat eine Auflage von 5 000 [Exemplaren]. *Zus.:* Neuauflage. **2.** *Verpflichtung:* er bekam die Auflage, sich jeden Tag bei der Polizei zu melden.

auf|las|sen ['aʊflasn̩], lässt auf, ließ auf, aufgelassen ⟨tr.; hat; etw. a.⟩ (ugs.): *geöffnet lassen:* die Tür, die Kiste, die Flasche auflassen.

der **Auf|lauf** ['aʊflaʊf]; -s, Aufläufe ['aʊflɔyfə]: **1.** *erregte Menge von Menschen an einem Ort:* es gab einen großen Auflauf vor dem Parlament. **2.** *in einer Form gebackene Speise aus Mehl, Reis, Nudeln oder Gemüse:* wir servieren als Nachtisch einen süßen Auflauf aus Reis mit Rosinen.

auf|le|gen ['aʊfleːgn̩], legt auf, legte auf, aufgelegt ⟨tr.; hat; etw. a.⟩: *auf etwas legen:* eine neue CD auflegen; das Telefon, den Hörer auflegen *(das Gespräch am Telefon beenden).*

auf|lo|ckern ['aʊflɔkɐn], lockert auf, lockerte auf, aufgelockert ⟨tr.; hat⟩: *ungezwungener oder freundlicher gestalten:* der Unterricht sollte ein wenig aufgelockert werden.

auf|lö|sen ['aʊfløːzn̩], löst auf, löste auf, aufgelöst: **1.** ⟨tr.; hat; etw. [in etw. (Dativ)] a.⟩ *Bestandteil einer Flüssigkeit werden lassen:* eine Tablette in kaltem Wasser auflösen. **2.** ⟨sich [in etw. (Dativ)] a.⟩ *Bestandteil einer Flüssigkeit werden:* die Tablette löst sich in Wasser auf. **3.** ⟨tr.; hat; etw. a.⟩ *(eine Institution, Einrichtung) nicht länger bestehen lassen:* das Parlament wurde aufgelöst; ich werde mein Konto bei der Bank auflösen.

die **Auf|lö|sung** ['aʊfløːzʊŋ]; -, -en: **1.** *Abschaffung (einer Institution, Einrichtung):* die Auflösung des Bündnisses wird die betroffenen Staaten schwächen. **2.** *Lösung:* die Auflösung des Rätsels verraten wir nächste Woche.

auf|ma|chen ['aʊfmaxn̩], macht auf, machte auf, aufgemacht: **1.** ⟨tr.; hat; etw. a.⟩ *öffnen* /Ggs. zumachen/: ein Fenster aufmachen. **2.** ⟨itr.; hat⟩ *zum Verkauf von Waren geöffnet werden* /Ggs. zumachen/: die Geschäfte machen morgens um 8 Uhr auf.

auf|merk|sam [ˈaʊfmɛrkzaːm], aufmerksamer, am aufmerksamsten ⟨Adj.⟩: **1.** *darum bemüht, sich nichts entgehen zu lassen:* ein aufmerksamer Beobachter, Leser, Zuschauer; die Kinder hörten aufmerksam zu. **2.** *höflich und hilfsbereit:* vielen Dank, das ist sehr aufmerksam von Ihnen.

die **Auf|merk|sam|keit** [ˈaʊfmɛrkzaːmkaɪt]; -, -en: **1.** ⟨ohne Plural⟩ *das Aufmerksamsein:* darf ich einen Moment um Ihre Aufmerksamkeit bitten? **2.** *höfliche und freundliche Handlung:* er versuchte sich durch kleine Aufmerksamkeiten beliebt zu machen.

auf|mun|tern [ˈaʊfmʊntɐn], muntert auf, munterte auf, aufgemuntert ⟨tr.; hat⟩: *heiter stimmen:* jmdn. durch eine Unterhaltung aufmuntern.

die **Auf|nah|me** [ˈaʊfnaːmə]; -, -n: **1.** *das Aufnehmen in eine Gemeinschaft oder Institution:* zur Aufnahme in diese Schule muss man eine Prüfung ablegen. **2.** *das Beginnen (mit einer Tätigkeit):* Diplomaten aus fünf Staaten waren zur Aufnahme der Verhandlungen zusammengetroffen. **3.** *auf Film, Videoband, CD u. Ä. Gespeichertes:* ich habe im Urlaub Aufnahmen von sehr schönen Landschaften gemacht; willst du meine Aufnahme des Konzerts hören?

auf|neh|men [ˈaʊfneːmən], nimmt auf, nahm auf, aufgenommen: **1.** ⟨tr.; hat; jmdn. a.⟩ *jmdm. eine Unterkunft bieten:* jmdn. bei sich aufnehmen; das Hotel kann keine Gäste mehr aufnehmen. **2.** ⟨tr.; hat; jmdn. a.⟩ *Teil einer Gemeinschaft werden lassen:* jmdn. in eine Schule, in einen Verein aufnehmen. **3.** ⟨tr.; hat; etw. a.⟩ *(mit einer Tätigkeit) beginnen:* die Arbeit [wieder] aufnehmen; mit einem Staat Verhandlungen aufnehmen. **4.** ⟨tr.; hat; etw. a.⟩ *auf Film, Videoband, CD u. Ä. speichern:* ein Bild, eine Szene aufnehmen; ich habe die Sendung auf Video aufgenommen.

auf|pas|sen [ˈaʊfpasn̩], passt auf, passte auf, aufgepasst: **1.** ⟨itr.; hat⟩ *aufmerksam sein, um etwas rechtzeitig zu bemerken, nichts zu verpassen:* pass auf, da kommt ein Auto!; ihr müsst im Unterricht, in der Schule [gut] aufpassen. **2.** ⟨itr.; hat; auf jmdn., etw. a.⟩ *beaufsichtigen, bewachen:* auf ein Kind aufpassen; pass bitte auf meinen Koffer auf, ich bin gleich zurück!

der **Auf|prall** [ˈaʊfpral]; -[e]s, -e: *das Aufprallen:* ein harter Aufprall.

auf|pral|len [ˈaʊfpralən], prallt auf, prallte auf, aufgeprallt ⟨itr.; ist; auf etw. (Akk./ Dativ) a.⟩: *heftig auftreffen:* das Flugzeug prallte auf dem Wasser auf; ihr Wagen war auf einen anderen aufgeprallt.

der **Auf|preis** [ˈaʊfpraɪs]; -es, -e: *Betrag, um den der eigentliche Preis erhöht wird:* der Wagen wird gegen einen Aufpreis auch mit Automatik geliefert. *Syn.:* Zuschlag.

auf|pro|bie|ren [ˈaʊfprobiːrən], probiert auf, probierte auf, aufprobiert ⟨tr.; hat; etw. a.⟩: *zur Probe aufsetzen:* einen Hut, eine Mütze, eine Brille aufprobieren. *Syn.:* anprobieren.

auf|pum|pen [ˈaʊfpʊmpn̩], pumpt auf, pumpte auf, aufgepumpt ⟨tr.; hat; etw. a.⟩: *durch Pumpen mit Luft füllen:* den Reifen, die Luftmatratze aufpumpen.

auf|räu|men [ˈaʊfrɔymən], räumt auf, räumte auf, aufgeräumt: **1.** ⟨tr.; hat; etw. a.⟩ *in einen ordentlichen Zustand bringen:* die Wohnung, den Schreibtisch aufräumen; ⟨auch itr.⟩ ich muss [hier] erst mal ein bisschen aufräumen. **2.** ⟨itr.; hat; mit etw. a.⟩ (ugs.) *beseitigen, abschaffen:* mit Vorurteilen, mit überholten Begriffen aufräumen; der Staat soll endlich mit diesen Missständen aufräumen.

auf|recht [ˈaʊfrɛçt], aufrechter, am aufrechtesten ⟨Adj.⟩: **1.** *aufgerichtet, gerade:* er hat einen aufrechten Gang. **2.** *ehrlich, für seine Überzeugung einstehend:* ein aufrechter Mann.

auf|recht|er|hal|ten [ˈaʊfrɛçtlɐhaltn̩], erhält aufrecht, erhielt aufrecht, aufrechterhalten ⟨tr.; hat; etw. a.⟩: *nicht aufgeben, beibehalten:* Ruhe und Ordnung aufrechterhalten; gegen dieses Argument konnte er seine Behauptung nicht aufrechterhalten; er hat auch später die Verbindung mit ihm aufrechterhalten.

auf|re|gen [ˈaʊfreːgn̩], regt auf, regte auf, aufgeregt: **1.** ⟨tr.; hat; jmdn. a.⟩ *in Erregung versetzen:* man darf Kranke nicht aufregen; der Lärm, der Kerl regt mich auf; das braucht dich nicht weiter aufzuregen *(zu beunruhigen). Syn.:* erregen. **2.** ⟨sich a.⟩ *in Erregung geraten:* du darfst dich jetzt nicht aufregen. **3.** ⟨sich über jmdn., etw. a.⟩ (ugs.) *sich ärgern:* das ganze Dorf regte sich über sie, ihren Lebenswandel auf. *Syn.:* sich empören, sich entrüsten, sich erregen.

auf|re|gend [ˈaʊfreːgn̩t], aufregender, am aufregendsten ⟨Adj.⟩: **1.** *dazu geeignet, einen Menschen aufzuregen, für Aufregung sorgend:* ein aufregendes Erlebnis;

das war der aufregendste Moment der ganzen Aktion; die letzten Tage waren ziemlich aufregend. *Syn.:* spannend. **2.** *interessant, in angenehmer Weise erregend:* eine der aufregendsten Städte der Welt; eine aufregende Frau; ihr neuer Roman ist nicht sehr, nicht besonders aufregend. *Syn.:* spannend.

die **Auf|re|gung** [ˈaʊfreːɡʊŋ]; -, -en: *heftige Gefühlsbewegung. Syn.:* Erregung.

auf|rei|ßen [ˈaʊfraɪsn̩], reißt auf, riss auf, aufgerissen: **1.** ⟨tr.; hat; etw. a.⟩ *mit heftiger Bewegung öffnen:* das Fenster, die Schubladen aufreißen. **2.** ⟨tr.; hat; etw. a.⟩ *gewaltsam, durch Reißen öffnen:* eine Verpackung, einen Brief aufreißen; die Straße musste wegen eines Rohrbruchs aufgerissen werden. **3.** ⟨itr.; ist⟩ *sich plötzlich öffnen:* die Wunde, die Naht ist aufgerissen. *Syn.:* aufbrechen.

auf|rich|ten [ˈaʊfrɪçtn̩], richtet auf, richtete auf, aufgerichtet: **1.** ⟨tr.; hat; etw. a.⟩ *in eine aufrechte Lage bringen:* der umgestürzte Lastwagen wurde mit einem Kran wieder aufgerichtet; sie richteten den verletzt am Boden liegenden Mann auf. **2.** ⟨sich a.⟩ *aufstehen, eine aufrechte Haltung annehmen:* sich im Bett aufrichten; sich aus seiner gebückten Haltung aufrichten. **3.** ⟨tr.; hat; jmdn. a.⟩ *[durch Anteilnahme und Zuspruch] neuen Mut zum Leben geben:* er hat sie nach der verpatzten Prüfung wieder aufgerichtet.

auf|rich|tig [ˈaʊfrɪçtɪç], aufrichtiger, am aufrichtigsten ⟨Adj.⟩: *echt, wirklich, ehrlich:* aufrichtiges Mitgefühl, Bemühen; er ist nicht immer ganz aufrichtig; es tut mir aufrichtig leid.

auf|rü|cken [ˈaʊfrʏkn̩], rückt auf, rückte auf, aufgerückt ⟨itr.; ist⟩: **1.** *sich rückend weiterbewegen, fortbewegen:* wenn ihr ein Stück aufrückt, passen euch auch noch auf die Bank; »bitte [nach hinten] aufrücken!«, rief der Busfahrer. **2.** *befördert werden, [im Rang] aufsteigen:* er ist in eine leitende Stellung aufgerückt; zum Vorarbeiter aufrücken.

der **Auf|ruf** [ˈaʊfruːf]; -[e]s, -e: *öffentliche Aufforderung:* es erging ein Aufruf an die Bevölkerung, Vorräte anzulegen.

auf|ru|fen [ˈaʊfruːfn̩], ruft auf, rief auf, aufgerufen ⟨tr.; hat; jmdn., etw. a.⟩: **1.** *mit lauter Stimme, rufend [beim Namen] nennen:* einen Schüler aufrufen; nehmen Sie bitte im Wartezimmer Platz, bis Sie aufgerufen werden; du musst warten, bis deine Nummer aufgerufen wird. **2.** ⟨tr.; hat; jmdn. zu etw. a.⟩ *auffordern:* die

Bevölkerung wurde zu Spenden aufgerufen.

auf|run|den [ˈaʊfrʊndn̩], rundet auf, rundete auf, aufgerundet ⟨tr.; hat; etw. a.⟩: *(eine Zahl, Summe) in die nächstgrößere runde Zahl verwandeln:* 99,50 Euro auf 100 Euro aufrunden.

aufs [aʊfs] ⟨Verschmelzung von »auf« + »das«⟩: **1.** ⟨die Verschmelzung kann aufgelöst werden⟩ aufs neue Jahr anstoßen. **2.** ⟨die Verschmelzung kann nicht aufgelöst werden⟩ seinen guten Ruf aufs Spiel setzen.

auf|sa|gen [ˈaʊfzaːɡn̩], sagt auf, sagte auf, aufgesagt ⟨tr.; hat; etw. a.⟩: *auswendig vortragen:* der Schüler sagt ein Gedicht auf.

auf|sam|meln [ˈaʊfzamln̩], sammelt auf, sammelte auf, aufgesammelt ⟨tr.; hat; etw. a.⟩: *einzeln aufheben:* er sammelte die Münzen auf, die ihm aus dem Geldbeutel gefallen waren.

der **Auf|satz** [ˈaʊfzats]; -es, Aufsätze [ˈaʊfzɛtsə]: **1.** *(in der Schule) schriftliche Arbeit über ein bestimmtes Thema:* einen Aufsatz schreiben; Aufsätze korrigieren. *Zus.:* Klassenaufsatz, Schulaufsatz. **2.** *[wissenschaftliche] Abhandlung:* einen Aufsatz in einer Zeitschrift veröffentlichen.

auf|schie|ben [ˈaʊfʃiːbn̩], schiebt auf, schob auf, aufgeschoben ⟨tr.; hat; etw. a.⟩: **1.** *schiebend öffnen:* ein Fenster, eine Tür aufschieben. **2.** *auf einen [unbestimmten] späteren Zeitpunkt verschieben:* die Beantwortung einer Frage, dringende Reparaturen, die Abreise [immer wieder] aufschieben.

auf|schla|gen [ˈaʊfʃlaːɡn̩], schlägt auf, schlug auf, aufgeschlagen: **1.** ⟨itr.; ist⟩ *im Fall hart auftreffen:* die Rakete schlug auf das / auf dem Wasser auf. *Syn.:* aufprallen. **2.** ⟨tr.; hat; etw. a.⟩ *die Schale, die harte Hülle von etwas zerschlagen:* ein Ei, eine Nuss aufschlagen. **3.** ⟨itr.; hat; sich (Dativ) etw. a.⟩ *beim Aufprallen, Auftreffen verletzen:* ich habe mir das Bein aufgeschlagen. **4.** ⟨tr.; hat; etw. a.⟩ *(ein Buch oder dergleichen) aufklappen:* schlagt bitte euer Lesebuch auf; schlagt Seite 17 im Lesebuch auf.

auf|schlie|ßen [ˈaʊfʃliːsn̩], schließt auf, schloss auf, aufgeschlossen: **1.** ⟨tr.; hat; etw. a.⟩ *mit einem Schlüssel öffnen* /Ggs. zuschließen/: die Tür aufschließen. *Syn.:* aufsperren (bes. österr., südd.). **2.** ⟨itr.; hat⟩ *den Abstand verringern:* bitte aufschließen!; die Mannschaft möchte in den nächsten Spielen zum Tabellenführer aufschließen.

der **Auf|schluss** [ˈaʊfflʊs], -es, Aufschlüsse [ˈaʊfflʏsə]: *Einsichten, Erkenntnisse, die Antworten auf bestimmte Fragen darstellen:* er suchte endgültigen Aufschluss über den Sinn des Lebens; sein Tagebuch gibt Aufschluss über seine Leiden.

auf|schnap|pen [ˈaʊffnapn̩], schnappt auf, schnappte auf, aufgeschnappt ⟨tr.; hat; etw. a.⟩ (ugs.): *zufällig hören und sich merken:* ein Wort, eine Information, ein Gerücht aufschnappen; wo hast du das denn aufgeschnappt? *Syn.:* mitbekommen.

auf|schnei|den [ˈaʊffnaɪdn̩], schneidet auf, schnitt auf, aufgeschnitten: **1.** ⟨tr.; hat; etw. a.⟩ *durch Schneiden öffnen:* den Karton, die Tüte aufschneiden; im Krankenhaus haben sie ihr gleich den Bauch aufgeschnitten und den Blinddarm rausgenommen. **2.** ⟨tr.; hat; etw. a.⟩ *in Scheiben schneiden:* den Braten, den Schinken, das Brot, die Wurst, den Käse aufschneiden. **3.** ⟨itr.; hat⟩ *beim Erzählen übertreiben, um den Zuhörern zu imponieren:* wenn er von seinen Reisen berichtet, schneidet er immer fürchterlich auf. *Syn.:* angeben.

der **Auf|schnitt** [ˈaʊffnɪt]; -[e]s: *Scheiben von Wurst, Braten, Schinken und Käse, die aufs Brot gelegt werden. Zus.:* Käseaufschnitt, Wurstaufschnitt.

der **Auf|schrei** [ˈaʊffraɪ]; -[e]s, -e: **1.** *plötzlicher kurzer Schrei:* er hörte einen erschreckten Aufschrei; ein Aufschrei der Freude. **2.** *Ausdruck großer Empörung, empörter Protest:* wenn die Regierung diese Subventionen streichen würde, gäbe es [in der Bauernschaft] einen Aufschrei.

auf|schrei|ben [ˈaʊffraɪbn̩], schreibt auf, schrieb auf, aufgeschrieben: **1.** ⟨tr.; hat; etw. a.⟩ *schriftlich festhalten:* seine Erlebnisse aufschreiben. *Syn.:* aufzeichnen. **2.** ⟨tr.; hat; jmdn. a.⟩ *wegen eines Verstoßes jmds. Namen und Adresse oder jmds. Autonummer notieren:* er wurde von einem Polizisten aufgeschrieben, weil er bei Rot über die Straße gegangen war.

auf|schrei|en [ˈaʊffraɪən], schreit auf, schrie auf, aufgeschrien ⟨itr.; hat⟩: *plötzlich einen Schrei ausstoßen:* vor Schmerz, vor Schreck [laut] aufschreien.

die **Auf|schrift** [ˈaʊffrɪft]; -, -en: *etwas, was auf etwas geschrieben steht:* die Aufschrift [auf dem Deckel] war mit roter Tinte geschrieben.

der **Auf|schub** [ˈaʊffuːp]; -[e]s: *das Aufschieben*

auf eine spätere Zeit: diese Angelegenheit duldet keinen Aufschub; einem Schuldner Aufschub gewähren. *Zus.:* Strafaufschub, Vollstreckungsaufschub, Zahlungsaufschub.

der **Auf|schwung** [ˈaʊffvʊŋ]; -[e]s, Aufschwünge [ˈaʊffvʏŋə]: **1.** *Schwung nach oben an einem Turngerät.* **2.** *gute wirtschaftliche Entwicklung:* auf einen Aufschwung hoffen. *Zus.:* Wirtschaftsaufschwung.

das **Auf|se|hen** [ˈaʊfzeːən]; -s: *besondere allgemeine Beachtung:* Aufsehen erregen; er wollte [jedes] Aufsehen vermeiden.

auf|set|zen [ˈaʊfzɛtsn̩], setzt auf, setzte auf, aufgesetzt: **1.** ⟨tr.; hat; etw. a.⟩ *auf den Kopf, auf die Nase setzen:* eine Mütze, seine Brille aufsetzen. **2.** ⟨tr.; hat; etw. a.⟩ *schriftlich entwerfen:* ein Gesuch, einen Brief, einen Vertrag aufsetzen. *Syn.:* schreiben, verfassen. **3.** ⟨sich a.⟩ *sich sitzend aufrichten:* der Kranke setzte sich im Bett auf. **4.** ⟨itr.; hat⟩ *bei der Landung den Boden berühren:* das Flugzeug setzte [auf, neben der Landebahn] auf; die Sonde setzte weich [auf dem Mond] auf.

die **Auf|sicht** [ˈaʊfzɪçt]; -: **1.** *das Beaufsichtigen:* sie hatte die Aufsicht über die Kinder; die Aufsicht führen. *Syn.:* Überwachung. *Zus.:* Pausenaufsicht. **2.** *Person, die die Aufgabe hat, etwas zu beaufsichtigen, zu überwachen:* gefundene Gegenstände bei der Aufsicht abgeben.

auf|span|nen [ˈaʊffpanən], spannt auf, spannte auf, aufgespannt ⟨tr.; hat; etw. a.⟩: **1.** *spannend ausbreiten, entfalten:* er spannte die Leine, das Segel auf; den Schirm aufspannen. **2.** *(auf etwas) spannen:* ein neues Blatt Papier [auf das Reißbrett] aufspannen.

auf|sper|ren [ˈaʊffpɛrən], sperrt auf, sperrte auf, aufgesperrt ⟨tr.; hat; etw. a.⟩: **1.** *weit öffnen:* die jungen Vögel sperrten ihre Schnäbel auf. *Syn.:* aufreißen. **2.** (bes. österr., südd.) *aufschließen:* ich sperrte die Tür auf.

auf|sprin|gen [ˈaʊffprɪŋən], springt auf, sprang auf, aufgesprungen ⟨itr.; ist⟩: **1.** *sich plötzlich erheben:* er sprang empört [vom Stuhl] auf. **2.** *auf ein fahrendes Fahrzeug springen:* sie ist auf die Straßenbahn aufgesprungen. **3.** *sich plötzlich öffnen:* das Schloss des Koffers sprang auf.

auf|stamp|fen [ˈaʊfftampfn̩], stampft auf, stampfte auf, aufgestampft ⟨itr.; hat⟩: *stampfend auftreten:* sie stampfte zornig

A

[mit dem Fuß] auf; ich stampfte mit den
Füßen auf, um den Schnee von den Stie-
feln zu schütteln.

der **Auf|stand** [ˈaufʃtant]; -[e]s, Aufstände
[ˈaufʃtɛndə]: ⟨Plural⟩ *auf einen Umsturz
zielender, gegen eine Regierung gerichte-
ter Kampf:* der Aufstand gegen die
Regierung wurde niedergeschlagen. *Syn.:*
Aufruhr, Unruhen ⟨Plural⟩. *Zus.:* Arbei-
teraufstand, Bauernaufstand, Sklaven-
aufstand, Volksaufstand.

auf|ste|hen [ˈaufʃteːən], steht auf, stand
auf, aufgestanden: 1. ⟨itr.; ist⟩ *sich aus
sitzender oder liegender Stellung erheben:* bei der Begrüßung stand er [von
seinem Stuhl] auf. 2. ⟨itr.; ist⟩ *das Bett
verlassen:* ich stehe normalerweise um
sechs auf. 3. ⟨itr.; hat⟩ (ugs.) *offen stehen:*
das Fenster stand den ganzen Tag auf.
4. ⟨itr.; ist⟩ (geh.) *sich gegen jmdn. erheben:* das Volk ist gegen seine Unterdrü-
cker aufgestanden.

auf|stei|gen [ˈaufʃtaign], steigt auf, stieg
auf, aufgestiegen ⟨itr.; ist⟩: 1. *sich bes.
auf ein Tier oder ein Fahrrad setzen
/Ggs. absteigen/:* der Radfahrer stieg auf
und fuhr los. 2. *in die Höhe steigen:*
Rauch stieg [aus dem Schornstein] auf.
3. *in eine bestimmte höhere [berufliche]
Stellung gelangen:* er stieg zum Minister
auf (wurde Minister). *Syn.:* aufrücken.
4. *(bes. im Sport) in eine höhere Klasse
eingestuft werden /Ggs. absteigen/:* die
Mannschaft stieg letztes Jahr auf.

auf|stel|len [ˈaufʃtɛlən], stellt auf, stellte
auf, aufgestellt: 1. ⟨tr.; hat; etw. a.⟩ *auf-
recht hinstellen:* Stühle in einem Saal
aufstellen. 2. ⟨tr.; hat; jmdn. a.⟩ *für eine
Wahl vorschlagen:* Kandidaten für die
Bundestagswahl aufstellen. 3. ⟨tr.; hat;
etw. a.⟩ *(eine Mannschaft, Truppe oder
dergleichen) bilden:* Truppen aufstellen.
4. ⟨tr.; hat; etw. a.⟩ *(eine Liste oder dergleichen) erstellen:* ein Programm aufstellen; eine Liste der vorhandenen
Gegenstände aufstellen. *Syn.:* machen,
zusammenstellen.

auf|sto|ßen [ˈaufʃtoːsn], stößt auf, stieß
auf, aufgestoßen: 1. ⟨tr.; hat; etw. a.⟩
durch Stoßen öffnen /Ggs. zustoßen/: die
Tür mit dem Fuß aufstoßen. 2. ⟨itr.; hat⟩
*Luft aus dem Magen hörbar durch den
Mund ausstoßen:* das Baby muss noch
aufstoßen.

auf|stüt|zen [ˈaufʃtʏtsn], stützt auf, stützte
auf, aufgestützt ⟨tr.; hat; etw. a.⟩: *auf
etwas stützen:* seine Arme [auf die Lehne
des Sessels] aufstützen.

auf|su|chen [ˈaufzuːxn], sucht auf, suchte
auf, aufgesucht ⟨tr.; hat; jmdn., etw. a.⟩:
*(zu jmdm., etwas) aus einem bestimmten
Grund hingehen:* den Arzt, ein Krankenhaus aufsuchen.

der **Auf|takt** [ˈauftakt]; -[e]s, -e: *etwas, womit
etwas eingeleitet oder begonnen wird:*
den Auftakt der Veranstaltung bildete
die Rede der Bürgermeisterin. *Syn.:*
Anfang, Beginn.

auf|tau|chen [ˈauftauxn], taucht auf,
tauchte auf, aufgetaucht ⟨itr.; ist⟩: 1. *an
die Oberfläche (des Wassers) kommen:*
Wale müssen regelmäßig auftauchen,
um zu atmen. 2. *erscheinen, sich zeigen:*
nachdem wir drei Jahre nichts von ihm
gehört hatten, ist er vorige Woche plötzlich wieder aufgetaucht.

auf|tau|en [ˈauftauən], taut auf, taute auf,
aufgetaut: 1. ⟨tr.; hat; etw. a.⟩ *zum Tauen
bringen:* die Sonne hat das Eis aufgetaut;
für das Abendessen haben wir eine
Pizza aufgetaut. 2. ⟨itr.; ist⟩ *aus dem
gefrorenen Zustand in den nicht mehr
gefrorenen übergehen:* das Eis taut auf.

auf|tei|len [ˈauftailən], teilt auf, teilte auf,
aufgeteilt ⟨tr.; hat; etw. a.⟩: 1. *(ein Ganzes) in Stücke teilen, völlig verteilen:* den
Kuchen gerecht aufteilen. 2. *gliedern:*
der Text wurde in fünf kürzere
Abschnitte aufgeteilt.

der **Auf|trag** [ˈauftraːk]; -[e]s, Aufträge
[ˈauftrɛːɡə]: 1. *Bestellung einer Arbeit,
einer Ware:* die Firma hat viele Aufträge
bekommen. 2. *Anweisung (eine Arbeit
auszuführen):* er bekam den Auftrag,
einen Bericht über die Studienfahrt zu
schreiben. *Syn.:* Aufgabe.

auf|tra|gen [ˈauftraːɡn], trägt auf, trug auf,
aufgetragen ⟨tr.; hat; etw. a.⟩: 1. (geh.)
*auf den Tisch bringen, servieren /Ggs.
abtragen/:* das Essen auftragen. 2. *auf
etwas streichen:* die Farbe dünn auftragen und zwei Stunden trocknen lassen.
3. *so lange anziehen, bis es völlig abgenutzt ist:* die Kinder wachsen so schnell,
dass sie ihre Kleidung gar nicht auftragen können. *Syn.:* abtragen.

der **Auf|trag|ge|ber** [ˈauftraːkɡeːbɐ]; -s, -, die
Auf|trag|ge|be|rin [ˈauftraːkɡeːbərɪn]; -,
-nen: *Person, die einen Auftrag erteilt:*
mein Auftraggeber möchte das nicht;
ein Treffen mit meiner Auftraggeberin.

auf|trei|ben [ˈauftraibn], treibt auf, trieb
auf, aufgetrieben ⟨tr.; hat⟩: (ugs.) *nach
längerem Suchen finden, bekommen:* sie
konnten in der ganzen Stadt keinen Dol-
metscher auftreiben; er versuchte, etwas

Geld aufzutreiben. *Syn.:* ¹beschaffen, besorgen.

auf|tre|ten [ˈaʊftreːtn̩], tritt auf, trat auf, aufgetreten ⟨itr.; ist⟩: **1.** *den Fuß auf den Boden setzen (und ihn belasten):* er hatte sich am Fuß verletzt und konnte nicht auftreten. **2.** *sich in bestimmter Weise zeigen, benehmen:* sie trat bei den Verhandlungen sehr energisch auf. *Syn.:* sich verhalten. **3.** *beim Theater spielen:* der Schauspieler tritt nicht mehr auf. **4.** *sich (später) herausstellen, ergeben:* Fehler, Probleme, Schwierigkeiten traten auf. *Syn.:* sich zeigen.

der **Auf|tritt** [ˈaʊftrɪt]; -[e]s, -e: *das Auftreten auf der Bühne:* die Schauspielerin wartete auf ihren Auftritt.

auf|wa|chen [ˈaʊfvaxn̩], wacht auf, wachte auf, aufgewacht ⟨itr.; ist⟩: *wach werden* /Ggs. einschlafen/: durch den Lärm wachte das Baby auf; sie ist erst nach Stunden aus der Narkose aufgewacht. *Syn.:* erwachen.

auf|wach|sen [ˈaʊfvaksn̩], wächst auf, wuchs auf, aufgewachsen ⟨itr.; ist⟩: *(in bestimmter Umgebung) seine Kindheit verbringen und dort groß werden:* sie sind bei den Großeltern, auf dem Land, in der Stadt aufgewachsen.

der **Auf|wand** [ˈaʊfvant]; -[e]s: *Einsatz (für eine Aufgabe, Arbeit):* ein großer Aufwand an Energie, Kraft; der ganze Aufwand hat sich nicht gelohnt. *Zus.:* Arbeitsaufwand, Zeitaufwand.

auf|wän|dig [ˈaʊfvɛndɪç]: ↑ aufwendig.

auf|wär|men [ˈaʊfvɛrmən], wärmt auf, wärmte auf, aufgewärmt: **1.** ⟨tr.; hat; etw. a.⟩ *(Speisen) wieder warm machen:* das Essen aufwärmen. **2.** ⟨sich a.⟩ *den Körper warm werden lassen:* sich am Ofen aufwärmen. **3.** ⟨sich a.⟩ *den Körper durch leichte Übungen auf eine sportliche Tätigkeit vorbereiten:* wir machen vor dem Rennen ein paar Übungen, um uns aufzuwärmen.

auf|wärts [ˈaʊfvɛrts] ⟨Adverb⟩: *nach oben* /Ggs. abwärts/: aufwärts ging es langsamer als abwärts.

auf|wärts|ge|hen [ˈaʊfvɛrtsɡeːən], geht aufwärts, ging aufwärts, aufwärtsgegangen ⟨itr.; ist⟩: *nach oben gehen, hinaufgehen:* wir sind zwei Stunden nur aufwärtsgegangen; * **mit jmdm., etwas geht es aufwärts:** *jmdm. geht es besser, etwas wird besser:* nach der Operation ist es mit ihrer Gesundheit gleich wieder aufwärtsgegangen *(ihre Gesundheit hat sich verbessert).*

auf|we|cken [ˈaʊfvɛkn̩], weckt auf, weckte auf, aufgeweckt ⟨tr.; hat; jmdn. a.⟩: *wach machen:* der Lärm hat sie aufgeweckt. *Syn.:* wecken.

auf|wei|sen [ˈaʊfvaɪzn̩], weist auf, wies auf, aufgewiesen ⟨itr.; hat⟩: *erkennen lassen:* das Gerät funktioniert ganz gut, weist aber noch einige kleinere Mängel auf.

auf|wen|den [ˈaʊfvɛndn̩], wendet auf, wandte/wendete auf, aufgewandt/aufgewendet ⟨tr.; hat; etw. a.⟩: *(für einen bestimmten Zweck, für ein Ziel) einsetzen:* viel Geld, Kraft für etwas aufwenden. *Syn.:* aufbieten.

auf|wen|dig [ˈaʊfvɛndɪç], aufwändig, aufwendiger/aufwändiger, am aufwendigsten/aufwändigsten ⟨Adj.⟩: *einen besonderen, großen Aufwand erfordernd:* eine aufwendige Ausstattung; ein Umbau des Hotels wäre zu aufwendig.

auf|wer|fen [ˈaʊfvɛrfn̩], wirft auf, warf auf, aufgeworfen ⟨tr.; hat; etw. a.⟩: *ansprechen, zur Diskussion stellen:* in den Gesprächen werden wir auch einige heikle Fragen aufwerfen müssen.

auf|wi|schen [ˈaʊfvɪʃn̩], wischt auf, wischte auf, aufgewischt ⟨tr.; hat; etw. a.⟩: **1.** *mit einem Lappen durch Wischen [vom Boden] entfernen:* ich wischte die verschüttete Milch auf. *Syn.:* abwischen. **2.** *durch Wischen reinigen:* hast du den Fußboden aufgewischt? *Syn.:* putzen, wischen.

auf|zäh|len [ˈaʊftsɛːlən], zählt auf, zählte auf, aufgezählt ⟨tr.; hat; etw. a.⟩: *einzeln und nacheinander nennen:* soll ich mal aufzählen, was mir alles an ihm nicht gefällt?

auf|zeich|nen [ˈaʊftsaɪçnən], zeichnet auf, zeichnete auf, aufgezeichnet ⟨tr.; hat; etw. a.⟩: *schriftlich oder in Bild, Ton festhalten:* ein Gespräch, eine Sendung aufzeichnen; sie hat viele Jahre lang ihre Beobachtungen aufgezeichnet.

die **Auf|zeich|nung** [ˈaʊftsaɪçnʊŋ]; -, -en: *etwas Aufgezeichnetes:* die Dichterin berichtet darüber in ihren Aufzeichnungen; das Fernsehen zeigt das Fußballspiel in einer Aufzeichnung. *Zus.:* Tagebuchaufzeichnung, Videoaufzeichnung.

auf|zei|gen [ˈaʊftsaɪɡn̩], zeigt auf, zeigte auf, aufgezeigt ⟨tr.; hat; etw. a.⟩: *deutlich (auf etwas) hinweisen:* Probleme, Widersprüche aufzeigen.

auf|zie|hen [ˈaʊftsiːən], zieht auf, zog auf, aufgezogen: **1.** ⟨tr.; hat; etw. a.⟩ *durch Ziehen öffnen* /Ggs. zuziehen/: den Vorhang aufziehen. **2.** ⟨tr.; hat; etw. a.⟩ *(eine*

Uhr o. Ä.) durch Spannen einer mechanischen Feder zum Funktionieren bringen: den Wecker aufziehen. **3.** ⟨itr.; ist⟩ *herankommen, sich nähern:* ein Gewitter zog auf. *Syn.:* aufkommen.

der **Auf|zug** [ˈaʊftsuːk]; -[e]s, Aufzüge [ˈaʊftsyːɡə]: **1.** *Anlage zum Befördern von Personen oder Sachen nach oben oder unten:* in diesen Aufzug gehen nur 4 Personen. *Syn.:* Fahrstuhl, Lift. *Zus.:* Lastenaufzug, Personenaufzug. **2.** *(unangenehm) auffallende, ungewöhnliche Kleidung:* in diesem Aufzug kannst du nicht auf die Straße. **3.** *Akt eines Dramas:* der Vorhang öffnete sich zum zweiten Aufzug.

das **Au|ge** [ˈaʊɡə]; -s, -n: *das Organ, mit dem man sieht:* sie hat blaue, strahlende Augen; er hatte Tränen in den Augen; mach die Augen zu und träum was Schönes!; * **ein Auge / beide Augen zudrücken** (ugs.): *einen Fehler, ein Vergehen großzügig übersehen:* hier dürfen Sie nicht parken, aber ich will heute noch mal ein Auge zudrücken; * **jmdm. die Augen öffnen:** *jmdn. über die unangenehme Wirklichkeit aufklären:* sein feiges Verhalten hat mir über ihn die Augen geöffnet; * **jmdn. aus den Augen verlieren:** *die Verbindung mit jmdm. verlieren:* nach dem Abitur hatte ich meine Mitschüler aus den Augen verloren; * **unter vier Augen:** *zu zweit und ohne Zeugen:* wir sollten die Angelegenheit besser unter vier Augen besprechen.

das Auge

der **Au|gen|blick** [ˈaʊɡnˌblɪk]; -[e]s, -e: *sehr kurze Zeit:* nach wenigen Augenblicken war alles vorbei; warte noch einen Augenblick! *Syn.:* Moment.
au|gen|blick|lich [ˈaʊɡnˌblɪklɪç] ⟨Adj.⟩: **1.** *sofort, ohne jede Verzögerung:* du hast augenblicklich zu kommen. *Syn.:* unverzüglich. **2.** *jetzt [bestehend]:* die augenblickliche Lage ist ernst; die Ware ist augenblicklich nicht lieferbar. *Syn.:* gegenwärtig, momentan.

der **Au|gen|zeu|ge** [ˈaʊɡnˌtsɔʏɡə]; -n, -n, die **Au|gen|zeu|gin** [ˈaʊɡnˌtsɔʏɡɪn]; -, -nen: *Person, die einen Vorfall gesehen hat [und den Verlauf schildern kann]:* er wurde Augenzeuge des Unfalls; es gibt eine Augenzeugin für die Tat. *Syn.:* Zeuge, Zeugin.

der **Au|gust** [aʊˈɡʊst]; -[s]: *achter Monat des Jahres:* im August sind die meisten Menschen in den Sommerferien.

die **Au|la** [ˈaʊla]; -, Aulen [ˈaʊlən] und -s: *großer Raum für Veranstaltungen oder Versammlungen in Schulen und Universitäten:* alle Schülerinnen und Schüler wurden in die Aula gerufen.

¹**aus** [aʊs] ⟨Präp. mit Dativ⟩: **1.** gibt die Richtung, die Bewegung von innen nach außen an: aus dem Zimmer gehen. **2.** gibt die Herkunft, den Ursprung an: ein Werk aus dem vorigen Jahrhundert; aus drei Meter Entfernung; aus Berlin stammen. **3.** gibt das Material an, aus dem etwas besteht: eine Bank aus Holz; ein Kleid aus Seide. **4.** gibt den Grund, die Ursache an: etwas aus Eifersucht tun; sie hat mir aus Versehen auf den Fuß getreten.

²**aus** [aʊs] ⟨Adverb⟩: **1.** *nicht eingeschaltet:* der Fernseher ist aus; ⟨elliptisch als Teil eines Verbs⟩ Licht aus!; Motor aus! **2.** *beendet:* wenn das Konzert aus ist, gehen wir zusammen etwas trinken. **3.** ⟨in der Verbindung »von … aus«⟩: vom Fenster aus *(vom Fenster her)* konnte man den Fluss sehen; von hier aus *(von hier ausgehend)* ist es nicht weit zum Bahnhof; * **von mir aus** (ugs.): *ich wäre damit einverstanden:* von mir aus können wir auch zu Hause bleiben.

aus- [aʊs] ⟨trennbares, betontes verbales Präfix⟩: **1.** *von innen nach außen:* ausatmen; auslaufen; ausreisen; ausschütten; ausströmen. **2.** drückt das Entfernen aus einem Ganzen aus: ausbauen; ausgraben; auspressen; ausreißen; ausschrauben. **3.** drückt das (vollständige) Entfernen von Schmutz aus: ausbürsten; ausfegen; ausmisten. **4.** drückt eine Erweiterung, Ausdehnung aus: ausbreiten; ausbuchten. **5.** drückt aus, dass etwas sortiert, vom Übrigen getrennt wird: auslosen; aussuchen; auswählen. **6.** drückt Vollständigkeit, einen Abschluss aus: ausdiskutieren; ausheilen; auslesen; auslöschen; aussterben; austrocknen. **7.** drückt das Beenden einer Funktion aus: ausdrehen; ausmachen; ausschalten.

aus|ar|bei|ten [ˈaʊsˌʔarbaɪtn], arbeitet aus, arbeitete aus, ausgearbeitet ⟨tr.; hat; etw. a.⟩: *erarbeiten, erstellen:* einen Plan, ein Konzept ausarbeiten.

aus|at|men [ˈaʊsˌʔaːtmən], atmet aus, atmete aus, ausgeatmet ⟨tr.; hat; etw. a.⟩: *den Atem aus der Lunge strömen lassen*

/Ggs. einatmen/: Luft durch die Nase ausatmen.

der **Aus|bau** [ˈau̯sbau̯]; -s: *das Vergrößern, Verbessern*: der Ausbau der Wohnung hat viel Geld gekostet.

aus|bau|en [ˈau̯sbau̯ən], baut aus, baute aus, ausgebaut ⟨tr.; hat; etw. a.⟩: **1.** *vergrößern, verbessern*: ein Haus, das Straßennetz ausbauen; einen Vorsprung ausbauen. **2.** *(etwas, was bereits in etwas eingebaut war) wieder entfernen*: den Motor [aus dem Auto] ausbauen.

aus|bes|sern [ˈau̯sbɛsɐn], bessert aus, besserte aus, ausgebessert ⟨tr.; hat; etw. a.⟩: *(etwas Kaputtes) wieder in einen guten Zustand versetzen*: Wäsche, das Dach eines Hauses ausbessern.

aus|beu|ten [ˈau̯sbɔy̯tn̩], beutet aus, beutete aus, ausgebeutet ⟨tr.; hat; jmdn. a.⟩: *(emotional) [zum eigenen Vorteil] ausnutzen*: die Bodenschätze eines Landes ausbeuten; die Arbeiter wurden ausgebeutet.

aus|bil|den [ˈau̯sbɪldn̩], bildet aus, bildete aus, ausgebildet: **1.** ⟨tr.; hat; jmdn., etw. a.⟩ *auf eine [berufliche] Tätigkeit vorbereiten*: Lehrlinge ausbilden; er wird zum Fernmeldetechniker ausgebildet. **2.** ⟨tr.; hat; etw. a.⟩ *durch Schulung entwickeln*: seine Fähigkeiten ausbilden.

der **Aus|bil|der** [ˈau̯sbɪldɐ]; -s, -, die **Aus|bil|de|rin** [ˈau̯sbɪldərɪn]; -, -nen: *Person, die jmdn. für eine [berufliche, bes. militärische] Tätigkeit ausbildet*: sie arbeitet als Ausbilderin an einem Krankenhaus.

die **Aus|bil|dung** [ˈau̯sbɪldʊŋ]; -, -en: **1.** *das Ausbilden*: eine Ausbildung zum/als Mechaniker; die Firma übernimmt die Ausbildung von Lehrlingen. **2.** *Ergebnis des Ausbildens*: keine, eine abgeschlossene Ausbildung haben; ohne Ausbildung hast du keine Chance, eine Arbeit zu finden.

aus|blei|ben [ˈau̯sblai̯bn̩], bleibt aus, blieb aus, ausgeblieben ⟨itr.; ist⟩: *nicht eintreten, obwohl damit gerechnet wird*: der Erfolg blieb aus.

der **Aus|blick** [ˈau̯sblɪk]; -[e]s, -e: **1.** *Blick in die Ferne*: wir genossen den herrlichen Ausblick auf die Dünen und das Meer. *Syn.:* Aussicht, Sicht. **2.** *Darstellung von etwas, was kommen wird*: die Wissenschaftler gaben einen kurzen Ausblick auf die Zukunft der Raumfahrt.

aus|bor|gen [ˈau̯sbɔrgn̩], borgt aus, borgte aus, ausgeborgt (bes. österr.): **1.** ⟨tr.; hat; jmdm. etw. a.⟩ *ausleihen*: kannst du mir das Buch bis Sonntag ausborgen?

2. ⟨sich (Dativ) etw. [von jmdm.] a.⟩ *sich leihen*: ich habe mir von ihm einen Regenschirm ausgeborgt.

aus|bre|chen [ˈau̯sbrɛçn̩], bricht aus, brach aus, ausgebrochen: **1.** ⟨itr.; ist⟩ *aus einem Gefängnis entkommen*: drei Gefangene sind ausgebrochen. *Syn.:* fliehen. **2.** ⟨itr.; ist⟩ *plötzlich und sehr rasch entstehen*: Jubel, Streit, eine Panik, ein Feuer brach aus; eine Epidemie, Krankheit ist ausgebrochen. **3.** ⟨itr.; ist⟩ *(von einem Vulkan) tätig werden*: der Ätna ist ausgebrochen. **4.** ⟨itr.; ist; in etw. a.⟩ *(in Bezug auf das Äußern von Gefühlen) plötzlich und heftig mit etwas beginnen*: in Tränen ausbrechen; die Menge brach in Jubel, Gelächter aus.

aus|brei|ten [ˈau̯sbrai̯tn̩], breitet aus, breitete aus, ausgebreitet: **1.** ⟨tr.; hat; etw. a.⟩ *nach den Seiten hin ausstrecken*: die Flügel, die Arme ausbreiten. **2.** ⟨sich a.⟩ *Raum, Boden gewinnen; sich nach allen Richtungen ausdehnen*: das Feuer hat sich schnell weiter ausgebreitet. *Syn.:* sich verbreiten.

aus|bren|nen [ˈau̯sbrɛnən], brennt aus, brannte aus, ausgebrannt ⟨itr.; ist⟩: *durch Feuer völlig zerstört werden*: der Wagen ist bei dem Unfall völlig ausgebrannt.

der **Aus|bruch** [ˈau̯sbrʊx]; -[e]s, Ausbrüche [ˈau̯sbrʏçə]: **1.** *das Ausbrechen aus einem Gefängnis; Flucht*: der Ausbruch der Gefangenen kam völlig überraschend. **2.** *plötzlicher Beginn von etwas*: der Ausbruch von Streit; den Ausbruch des Krieges war sie fünf Jahre alt; der Ausbruch *(das Auftreten)* dieser Krankheit beunruhigte die Bevölkerung; er fotografierte den Ausbruch des Vulkans *(wie der Vulkan ausbrach)*. *Zus.:* Krankheitsausbruch, Kriegsausbruch, Vulkanausbruch. **3.** *unkontrollierte, starke Gefühle*: er fürchtete sich vor den unbeherrschten Ausbrüchen seines Vaters. *Zus.:* Freudenausbruch, Wutausbruch.

aus|bürs|ten [ˈau̯sbʏrstn̩], bürstet aus, bürstete aus, ausgebürstet ⟨tr.; hat; etw. a.⟩: *mit einer Bürste sauber machen*: die Hose ausbürsten; das Haar ausbürsten *(kräftig bürsten)*. *Syn.:* bürsten.

die **Aus|dau|er** [ˈau̯sdau̯ɐ]; -: *Fähigkeit, etwas über längere Zeit zu tun*: er hatte keine Ausdauer bei der Arbeit; beim Schwimmen fehlt ihr noch die Ausdauer.

aus|dau|ernd [ˈau̯sdau̯ɐnt], ausdauernder, am ausdauerndsten ⟨Adj.⟩: *mit großer Ausdauer; unermüdlich*: eine ausdauernde Läuferin; Peters ausdauerndes

A

> Man schreibt »auseinander« mit dem folgenden Verb zusammen, wenn es den gemeinsamen Hauptakzent trägt: »Wir Fragen ärgerte die Eltern. *Syn.:* beharr-

> müssen uns mit diesem Problem auseinandersetzen.«; »Die Lehrerin will Hans und Peter auseinandersetzen.«

Fragen ärgerte die Eltern. *Syn.:* beharr-
lich, hartnäckig, zäh.

aus|deh|nen [ˈaʊsdeːnən], dehnt aus, dehnte aus, ausgedehnt: **1.** ⟨sich a.⟩ *größer werden, an Umfang zunehmen:* Wasser dehnt sich bei Erwärmung aus; der See hat sich durch die wochenlangen Regenfälle stark ausgedehnt; die Wüste dehnt sich immer weiter aus. **2.** ⟨sich [irgendwohin] a.⟩ *sich ausbreiten:* das schlechte Wetter dehnt sich nach Norden aus. **3.** ⟨tr.; hat; etw. a.⟩ *länger dauern lassen; verlängern:* sie haben ihren Besuch bis zum nächsten Tag ausgedehnt; ein ausgedehnter *(langer)* Spaziergang.

die **Aus|deh|nung** [ˈaʊsdeːnʊŋ]; -, -en: *die Größe, der Umfang:* die Ausdehnung eines Gewitters beträgt oft nur wenige Kilometer.

aus|den|ken [ˈaʊsdɛŋkn̩], denkt aus, dachte aus, ausgedacht ⟨sich etw. a.⟩: *erfinden:* sich eine Überraschung ausdenken; ich hatte mir einen tollen Trick ausgedacht; er denkt sich jeden Tag etwas Neues aus. *Syn.:* finden.

der ¹**Aus|druck** [ˈaʊsdrʊk]; -[e]s, Ausdrücke [ˈaʊsdrʏkə]: **1.** *sprachliche Bezeichnung:* das ist ein umgangssprachlicher Ausdruck; diesen Ausdruck habe ich noch nie gehört. *Syn.:* Begriff, Vokabel, Wort. *Zus.:* Fachausdruck, Modeausdruck. **2.** ⟨ohne Plural⟩ *Art und Weise, wie jemand spricht oder schreibt:* sein Ausdruck ist nicht sehr elegant. *Syn.:* Stil.

der ²**Aus|druck** [ˈaʊsdrʊk]; -[e]s, -e: *ausgedruckter Text:* kannst du mir einen Ausdruck des Protokolls machen? *Zus.:* Computerausdruck.

aus|drü|cken [ˈaʊsdrʏkn̩], drückt aus, drückte aus, ausgedrückt: **1.** ⟨tr.; hat; etw. a.⟩ *Flüssigkeit aus etwas drücken, pressen:* eine Zitrone, eine Apfelsine ausdrücken. **2.** ⟨tr.; hat; etw. a.⟩ *(etwas Brennendes) durch Drücken löschen:* eine Zigarette im Aschenbecher ausdrücken; du solltest die Glut ausdrücken. **3.** ⟨sich a.⟩ *sich äußern:* der Autor drückt sich klar und verständlich aus. *Syn.:* formulieren.

aus|drück|lich [ˈaʊsdrʏklɪç], ausdrücklicher, am ausdrücklichsten ⟨Adj.⟩: *klar und deutlich:* ein ausdrückliches Verbot;

ich habe ausdrücklich gesagt, dass er sofort bezahlen muss. *Syn.:* extra.

aus|ei|n|an|der [aʊslaɪˈnandɐ] ⟨Adverb⟩: *einer vom anderen getrennt, entfernt:* die beiden Familien wohnen weit auseinander; sie sind im Alter nicht weit auseinander *(sind fast gleich alt)*.

aus|ei|n|an|der- [aʊslaɪˈnandɐ] ⟨trennbares, betontes verbales Präfix⟩: **1.** *einer vom andern weg:* auseinanderrücken; auseinandergehen. **2.** *in einzelne Teile:* auseinanderbauen; auseinanderbrechen. **3.** *auf-:* auseinanderfalten; auseinanderziehen.

aus|ei|n|an|der|set|zen [aʊslaɪˈnandɐzɛtsn̩], setzt auseinander, setzte auseinander, auseinandergesetzt: **1.** ⟨itr.; hat; sich mit etwas a.⟩ *sich intensiv mit etwas beschäftigen:* ich habe mich mit diesem Problem lange auseinandergesetzt. **2.** ⟨tr.; hat; jmdn. a.⟩ *voneinander wegsetzen:* die Lehrerin hatte die beiden Freundinnen auseinandergesetzt.

die **Aus|ei|n|an|der|set|zung** [aʊslaɪˈnandɐzɛtsʊŋ]; -, -en: *Streit mit Worten:* sie hatte mit ihrem Chef eine Auseinandersetzung. *Syn.:* Konflikt, Krach (ugs.), Zank.

aus|fah|ren [ˈaʊsfaːrən], fährt aus, fuhr aus, ausgefahren: **1.** ⟨itr.; ist⟩ *seinen Standort verlassen; wegfahren:* die Boote sind am frühen Morgen ausgefahren. *Syn.:* auslaufen. **2.** ⟨tr.; hat; etw. a.⟩ *mit einem Fahrzeug liefern:* die Post hat das Paket noch nicht ausgefahren. *Syn.:* ausliefern.

die **Aus|fahrt** [ˈaʊsfaːɐ̯t]; -, -en: *Stelle, an der ein Fahrzeug aus etwas herausfährt* /Ggs. Einfahrt/: vor der Ausfahrt dürfen Sie nicht parken; bitte die Ausfahrt freihalten; bei der nächsten Ausfahrt verlassen wir die Autobahn. *Zus.:* Autobahnausfahrt, Hafenausfahrt, Hofausfahrt.

der **Aus|fall** [ˈaʊsfal]; -[e]s, Ausfälle [ˈaʊsfɛlə]: **1.** *das Ausfallen:* der Ausfall der Zähne, der Haare. *Syn.:* Verlust. *Zus.:* Haarausfall. **2.** *das Nichtstattfinden:* der Ausfall des Unterrichts dauerte drei Tage; der Ausfall des Konzerts kam sehr überraschend. *Zus.:* Arbeitsausfall, Unterrichtsausfall.

aus|fal|len [ˈaʊsfalən], fällt aus, fiel aus, ausgefallen ⟨itr.; ist⟩: **1.** *an einer Stelle* *des Körpers nicht mehr halten; ausgehen:* ihm fallen schon die Haare aus; seine Zähne sind alle ausgefallen. **2.** *nicht stattfinden:* weil der Sänger krank ist, fällt das Konzert aus. **3.** *plötzlich nicht mehr funktionieren:* mitten auf der Autobahn fällt der Motor aus; die Maschine ist ausgefallen. *Syn.:* aussetzen, streiken.

aus|fal|lend [ˈaʊsfalənt], ausfallender, am ausfallendsten ⟨Adj.⟩: *beleidigend, unverschämt:* sie machte eine ausfallende Bemerkung; wenn er betrunken ist, wird er oft ausfallend. *Syn.:* frech, gemein.

aus|fin|dig [ˈaʊsfɪndɪç]: in der Verbindung * **jmdn., etwas ausfindig machen:** *jmdn., etwas nach längerem Suchen finden:* ich habe ein Geschäft ausfindig gemacht, wo man preiswert einkaufen kann; kannst du mal seine Adresse ausfindig machen *(ermitteln)? Syn.:* etwas herausfinden, jmdn., etwas aufspüren, jmdn., etwas entdecken.

der **Aus|flug** [ˈaʊsfluːk]; -[e]s, Ausflüge [ˈaʊsflyːɡə]: *Fahrt in die Umgebung:* am Sonntag machen wir einen Ausflug nach Berlin; er plant einen Ausflug ins Grüne *(in die Natur). Syn.:* Exkursion, Trip (ugs.). *Zus.:* Betriebsausflug, Familienausflug, Klassenausflug, Schulausflug, Tagesausflug, Wochenendausflug.

aus|fra|gen [ˈaʊsfraːɡn̩], fragt aus, fragte aus, ausgefragt ⟨tr.; hat; jmdn. a.⟩: *viele, genaue Fragen stellen:* lass dich nicht von ihr ausfragen!; er hat ihn über seinen Chef ausgefragt.

aus|füh|ren [ˈaʊsfyːrən], führt aus, führte aus, ausgeführt ⟨tr.; hat; etw. a.⟩: **1.** *in die Tat umsetzen; verwirklichen:* willst du diesen Plan wirklich ausführen?; führen Sie meine Anweisung bitte sofort aus. *Syn.:* durchführen, erledigen, realisieren. **2.** *ins Ausland verkaufen* /Ggs. einführen/: Italien führt viele Früchte aus. *Syn.:* exportieren.

aus|führ|lich [ˈaʊsfyːɐ̯lɪç], ausführlicher, am ausführlichsten ⟨Adj.⟩: *bis ins Detail; umfangreich:* eine ausführliche Anleitung; sie berichtete ausführlich über ihre letzte Reise. *Syn.:* gründlich, umfassend.

die **Aus|füh|rung** [ˈaʊsfyːrʊŋ]; -, -en: **1.** *das Ausführen, die Umsetzung:* es gab Schwierigkeiten bei der Ausführung des Planes; sie verweigerte die Ausführung des Auftrags. **2.** *Art und Weise, in der eine Ware gestaltet ist:* dieses Sofa gibt es in verschiedenen Ausführungen; wollen Sie die einfache oder die elegante Ausführung sehen? *Syn.:* Modell, Variante, Version. *Zus.:* Sonderausführung, Standardausführung.

aus|fül|len [ˈaʊsfʏlən], füllt aus, füllte aus, ausgefüllt ⟨tr.; hat; etw. a.⟩: **1.** *(ein Formular) mit allen erforderlichen Angaben versehen:* einen Scheck ausfüllen; bitte füllen Sie den Fragebogen vollständig aus. **2.** *als Raum beanspruchen, einnehmen:* der Schrank füllt die ganze Ecke des Zimmers aus; sein Kopf füllte fast das ganze Bild aus.

die **Aus|ga|be** [ˈaʊsɡaːbə]; -, -n: **1.** *das Ausgeben, Aushändigen:* die Ausgabe der Fahrkarten, von Büchern. *Zus.:* Essensausgabe, Materialausgabe, Warenausgabe. **2.** ⟨Plural⟩ *Kosten:* wegen des Umzugs hatte sie große Ausgaben; unsere Ausgaben für das Personal werden im nächsten Jahr weiter steigen. *Syn.:* Unkosten. *Zus.:* Betriebsausgaben, Geldausgaben, Personalausgaben. **3.** *Veröffentlichung einer Zeitung oder eines Buches:* die neueste Ausgabe dieser Zeitschrift erhalten Sie jetzt am Kiosk; in der nächsten Ausgabe setzen wir die Reihe fort. *Syn.:* Auflage. *Zus.:* Abendausgabe, Bibelausgabe, Gesamtausgabe, Originalausgabe.

der **Aus|gang** [ˈaʊsɡaŋ]; -[e]s, Ausgänge [ˈaʊsɡɛŋə]: **1.** *Tür aus einem Gebäude heraus* /Ggs. Eingang/: der Saal hat zwei Ausgänge; wo finde ich hier den Ausgang? *Zus.:* Hinterausgang, Notausgang, Theaterausgang. **2.** *Ergebnis, Ende:* der Ausgang des Krieges stand kurz bevor; der Ausgang der Wahlen hat mich überrascht; ein Unfall mit tödlichem Ausgang. *Syn.:* Schluss. *Zus.:* Wahlausgang.

der **Aus|gangs|punkt** [ˈaʊsɡaŋspʊŋkt]; -[e]s, -e: *Stelle o. Ä., an der etwas anfängt, von der etwas ausgeht, auf der etwas aufbaut:* der Ausgangspunkt einer Reise; wir nehmen diesen Vorfall zum Ausgangspunkt für die Diskussion; wieder zum Ausgangspunkt zurückkehren. *Syn.:* Anfang, Basis, Grundlage.

aus|ge|ben [ˈaʊsɡeːbn̩], gibt aus, gab aus, ausgegeben ⟨tr.; hat; etw. a.⟩: **1.** *[Geld] verbrauchen, bezahlen:* auf der Reise hat sie viel [Geld] ausgegeben; wie viel hast du für die Hose ausgegeben? *Syn.:* zahlen. **2.** *austeilen, aushändigen:* an die Schüler wurden neue Bücher ausgegeben; das Unternehmen gibt neue Aktien aus.

aus|ge|bucht [ˈaʊsɡəbuːxt] ⟨Adj.⟩: **1.** *voll belegt:* das Flugzeug ist ausgebucht. *Syn.:* voll. **2.** *ohne einen freien Termin:* die Künstlerin ist schon seit Tagen ausgebucht.

aus|ge|fal|len [ˈaʊsɡəfalən], ausgefallener, am ausgefallensten ⟨Adj.⟩: *anders als üblich,* *nicht alltäglich:* sie hatte einen ausgefallenen Wunsch; ihr Geschmack war schon immer etwas ausgefallen. *Syn.:* außergewöhnlich, exotisch, ungewöhnlich.

aus|ge|gli|chen [ˈaʊsɡəɡlɪçn̩], ausgeglichener, am ausgeglichensten ⟨Adj.⟩: **1.** *in sich ruhend, gelassen:* er ist ein ausgeglichener Mensch; sie hat ein ausgeglichenes Wesen; er ist immer sehr ausgeglichen. *Syn.:* besonnen, ruhig. **2.** *gleichmäßig, ohne große Schwankungen:* in dieser Gegend herrscht ein sehr ausgeglichenes Klima; die Mannschaft ist ein ausgeglichenes Team *(ein Team aus gleich guten Spielern);* sie haben ausgeglichen *(gleich gut)* gespielt.

aus|ge|hen [ˈaʊsɡeːən], geht aus, ging aus, ausgegangen ⟨itr.; ist⟩: **1.** *aufhören zu brennen oder zu leuchten* /Ggs. angehen/: das Licht, die Lampe ist ausgegangen. **2.** *zum Vergnügen, zum Tanzen in ein Lokal o. Ä. gehen:* wir gehen heute Abend aus. **3.** *enden:* die Angelegenheit wird nicht gut ausgehen. *Syn.:* aufhören, ausklingen. **4.** *stehen bleiben, nicht mehr laufen:* warum ist der Motor ausgegangen?; der Fernseher geht immer wieder aus. **5.** *ausfallen:* ihm gehen die Haare aus.

aus|ge|las|sen [ˈaʊsɡəlasn̩], ausgelassener, am ausgelassensten ⟨Adj.⟩: *fröhlich, vergnügt:* die Kinder sind heute sehr ausgelassen; sie haben ein ausgelassenes Fest gefeiert. *Syn.:* heiter, lebhaft, lustig, übermütig.

aus|ge|nom|men [ˈaʊsɡənɔmən] ⟨Konj.⟩: *nur nicht; außer:* ich bin täglich zu Hause, ausgenommen am Sonntag; alle waren gekommen, ausgenommen sein Bruder; wir werden kommen, ausgenommen *(nur nicht wenn)* es regnet.

aus|ge|rech|net [ˈaʊsɡəreçnət] ⟨Partikel⟩: drückt Ärger oder Bedauern aus: *gerade:* ausgerechnet ich habe diesen Fehler gemacht; ausgerechnet an seinem Geburtstag war er krank; ausgerechnet heute regnet es.

aus|ge|schlos|sen [ˈaʊsɡəʃlɔsn̩]: in der Verbindung * **etwas ist ausgeschlossen:** *etwas ist nicht möglich, kann nicht sein:* ein Irrtum ist ausgeschlossen; es ist ausgeschlossen, dass ich nächste Woche zurückkomme.

aus|ge|spro|chen [ˈaʊsɡəʃprɔxn̩] ⟨Adj.⟩: ⟨intensivierend bei Adjektiven⟩: *sehr, besonders:* er mag sie ausgesprochen gern; das wird ein ausgesprochen heißer Sommer. *Syn.:* außergewöhnlich, außerordentlich, überaus, unglaublich (ugs.).

aus|ge|zeich|net [ˈaʊsɡətsaɪçnət] ⟨Adj.⟩: *sehr gut, hervorragend:* ausgezeichnete Zeugnisse; sie ist eine ausgezeichnete Lehrerin; er spielt ausgezeichnet Geige. *Syn.:* exzellent, klasse (ugs.), prima (ugs.), toll (ugs.), unübertrefflich.

aus|gie|big [ˈaʊsɡiːbɪç], ausgiebiger, am ausgiebigsten ⟨Adj.⟩: *reichlich:* ein ausgiebiges Frühstück; ausgiebiger Regen; sich ausgiebig unterhalten; ausgiebig schlafen.

aus|gie|ßen [ˈaʊsɡiːsn̩], gießt aus, goss aus, ausgegossen ⟨tr.; hat; etw. a.⟩: **1.** *aus einem Gefäß gießen:* das Wasser [aus der Schüssel] ausgießen. *Syn.:* ausschütten, schütten. **2.** *ein Gefäß leeren, indem man die Flüssigkeit ausschüttet:* eine Flasche ausgießen.

aus|glei|chen [ˈaʊsɡlaɪçn̩], gleicht aus, glich aus, ausgeglichen: **1.** ⟨tr.; hat; etw. a.⟩ *Unterschiede, Gegensätze beseitigen, aufheben:* Differenzen, Konflikte ausgleichen; eine schlechte Note in Englisch durch eine Eins in Mathematik ausgleichen. **2.** ⟨sich a.⟩ *(im Ergebnis) gleich sein:* Einnahmen und Ausgaben gleichen sich aus; die Unterschiede zwischen beiden Gruppen gleichen sich allmählich aus.

der **Aus|guss** [ˈaʊsɡʊs]; -es, Ausgüsse [ˈaʊsɡʏsə]: **1.** *Becken zum Ausgießen von Flüssigkeiten (besonders in der Küche):* den Kaffee in den Ausguss schütten. **2.** *Abfluss eines Ausgusses:* der Ausguss ist schon wieder verstopft.

aus|hal|ten [ˈaʊshaltn̩], hält aus, hielt aus, ausgehalten: **1.** ⟨tr.; hat; etw. a.⟩ *mit Unangenehmem konfrontiert sein:* sie hatten Hunger auszuhalten; dass es im Winter kalt ist, muss man einfach aushalten; die Schmerzen sind nicht mehr auszuhalten. *Syn.:* ertragen, hinnehmen, überstehen. **2.** ⟨tr.; hat; etw. a.⟩ *nicht ausweichen:* jmds. Blick aushalten. **3.** ⟨itr.; hat; es a.⟩ *ertragen:* er hat es in dem Betrieb nur ein Jahr ausgehalten; heute hält man es vor Hitze kaum aus. *Syn.:* durchhalten.

aus|han|deln [ˈaʊshandl̩n], handelt aus, handelte aus, ausgehandelt ⟨tr.; hat; etw. a.⟩: *durch Verhandlungen vereinbaren:* eine Regelung, einen Kompromiss aushandeln. *Syn.:* sich verständigen auf/über.

aus|hän|di|gen [ˈaʊshɛndɪɡn̩], händigt aus, händigte aus, ausgehändigt ⟨tr.; hat; jmdm. etw. a.⟩: *jmdm. etwas übergeben, in die Hand geben:* jmdm. ein Dokument, eine Urkunde aushändigen. *Syn.:* überbringen.

der **Aus|hang** ['aʊshaŋ]; -[e]s, Aushänge ['aʊshɛŋə]: *öffentlich ausgehängte Bekanntmachung:* einen Aushang machen; sie las auf dem Aushang, dass er eine Wohnung suchte.

¹**aus|hän|gen** ['aʊshɛŋən], hängt aus, hing aus, ausgehangen ⟨itr.; hat⟩: *öffentlich angebracht sein:* der Stundenplan hängt am Schwarzen Brett aus; die Liste der Kandidaten hing zwei Wochen aus. *Syn.:* hängen.

²**aus|hän|gen** ['aʊshɛŋən], hängt aus, hängte aus, ausgehängt ⟨tr.; hat; etw. a.⟩: **1.** *zum Lesen aufhängen, öffentlich anschlagen:* eine Bekanntmachung aushängen; man hat den neuen Fahrplan noch nicht ausgehängt. *Syn.:* anbringen. **2.** *aus der Befestigung heben:* eine Tür aushängen.

aus|hel|fen ['aʊshɛlfn̩], hilft aus, half aus, ausgeholfen ⟨itr.; hat⟩: *jmdm. in einer schwierigen Situation mit Geld o. Ä. helfen:* weil ich kein Geld mehr hatte, half sie mir [mit 100 Euro] aus. *Syn.:* unterstützen. **2.** *vorübergehend helfen:* sie hat für vier Wochen im Geschäft ausgeholfen, weil eine Verkäuferin krank geworden ist.

die **Aus|hil|fe** ['aʊshɪlfə]; -, -n: *Person, die für eine bestimmte Zeit mitarbeitet:* Aushilfe für die Sommermonate gesucht!

aus|ken|nen ['aʊskɛnən], kennt aus, kannte aus, ausgekannt ⟨sich a.⟩: *mit etwas vertraut sein; etwas gut kennen, in einem Bereich genau Bescheid wissen:* ich kenne mich in Berlin gut aus; auf dem Gebiet kennt sie sich nicht aus.

aus|kip|pen ['aʊskɪpn̩], kippt aus, kippte aus, ausgekippt ⟨tr.; hat; etw. a.⟩: **1.** *aus einem Gefäß ausschütten:* Zigarettenasche auskippen. **2.** *ein Gefäß durch Kippen leeren:* einen Eimer, Papierkorb auskippen. *Syn.:* ausleeren, ausschütten.

der **Aus|klang** ['aʊsklaŋ]; -[e]s, Ausklänge ['aʊsklɛŋə] (geh.): *Ende, Abschluss von etwas:* zum Ausklang des Tages gönnte sie sich ein Glas Wein.

aus|klin|gen ['aʊsklɪŋən], klingt aus, klang aus, ausgeklungen ⟨itr.; ist⟩ (geh.): *in bestimmter Weise enden; zu Ende gehen:* die Feier ist harmonisch ausgeklungen. *Syn.:* aufhören.

aus|ko|chen ['aʊskɔxn̩], kocht aus, kochte aus, ausgekocht ⟨tr.; hat; etw. a.⟩: **1.** *kochen lassen, um daraus eine Brühe zu gewinnen:* Knochen, ein Stück Rind-

fleisch auskochen. **2.** *in kochendem Wasser steril, keimfrei machen:* Instrumente, Babyflaschen auskochen. *Syn.:* desinfizieren, sterilisieren.

aus|kom|men ['aʊskɔmən], kommt aus, kam aus, ausgekommen ⟨itr.; ist⟩: **1.** ⟨mit etw. a.⟩ *so viel von etwas haben, dass es genügt:* sie kommt mit ihrem Geld gut aus. **2.** ⟨ohne jmdn., etw. a.⟩ *nicht brauchen, unabhängig sein:* er kommt ohne Auto aus; ich komme ohne dich nicht aus. *Syn.:* zurechtkommen. **3.** ⟨mit jmdm. a.⟩ *sich mit jmdm. vertragen, verstehen:* sie kommt mit den Nachbarn gut aus.

das **Aus|kom|men** ['aʊskɔmən], -s: ⟨Plural⟩ *genügend Geld zum Leben:* ein gutes, reichliches Auskommen haben; er hat ein gesichertes Auskommen. *Syn.:* Einkommen, Einkünfte ⟨Plural⟩, Vermögen.

aus|kos|ten ['aʊskɔstn̩], kostet aus, kostete aus, ausgekostet ⟨tr.; hat; etw. a.⟩: *bis zum Ende genießen:* die Urlaubstage auskosten; er kostete seinen Triumph aus.

die **Aus|kunft** ['aʊskʊnft]; -, Auskünfte ['aʊskʏnftə]: **1.** *Information, die auf eine Frage hin gegeben wird:* eine ausführliche, zuverlässige Auskunft; jmdn. um eine Auskunft bitten. *Zus.:* Rechtsauskunft. **2.** ⟨ohne Plural⟩ *Stelle, die bestimmte Auskünfte erteilt:* die Auskunft [wegen einer Telefonnummer] anrufen; sie hat bei der Auskunft [am Bahnhof] nach dem Zug gefragt. *Syn.:* Information. *Zus.:* Bahnauskunft, Telefonauskunft.

aus|la|chen ['aʊslaxn̩], lacht aus, lachte aus, ausgelacht ⟨tr.; hat; jmdn. a.⟩: *sich über jmdn. lustig machen:* sie lachten ihn wegen seiner komischen Mütze aus. *Syn.:* lachen über, spotten über.

¹**aus|la|den** ['aʊsla:dn̩], lädt aus, lud aus, ausgeladen ⟨tr.; hat; etw. a.⟩: **1.** *(aus einem Wagen) herausnehmen* /Ggs. ¹einladen/: eine Fracht, die Kartoffeln [aus dem Wagen] ausladen. *Syn.:* ausräumen. **2.** *durch Herausnehmen der Ladung leer machen:* den Lastwagen ausladen. *Syn.:* abladen, entladen.

²**aus|la|den** ['aʊsla:dn̩], lädt aus, lud aus, ausgeladen ⟨tr.; hat⟩ (ugs.): *die Einladung wieder absagen* /Ggs. ²einladen/: du kannst die Gäste doch jetzt nicht mehr ausladen!

aus|la|dend ['aʊsla:dn̩t] ⟨Adj.⟩: **1.** *sehr groß; von etwas abstehend:* ein ausladender Balkon. **2.** *nach außen gebogen:* ein ausladendes Gefäß. **3.** *mit großen Bewe-*

gungen [ausgeführt]: der Redner machte weit ausladende Gesten.

die **Aus|la|ge** ['aʊsla:gə]; -, -n: **1.** *ins Schaufenster gelegte Ware:* die Auslagen eines Geschäfts betrachten. **2.** ⟨Plural⟩ *Geldbetrag, der ausgelegt wurde:* die Auslagen für Verpflegung und Hotel werden ersetzt. *Syn.:* Kosten, Unkosten.

das **Aus|land** ['aʊslant]; -[e]s: *alle Gebiete, die nicht zum eigenen Staat gehören* /Ggs. Inland/: sie arbeitet im Ausland; viele unserer Gäste kommen aus dem Ausland; das Ergebnis der Wahlen wurde vom Ausland *(von den Regierungen, der Presse der anderen Staaten)* ausführlich kommentiert.

der **Aus|län|der** ['aʊslɛndɐ]; -s, -, die **Aus|län|de|rin** ['aʊslɛndərɪn]; -, -nen: *Person, die einem anderen Staat angehört:* ein Deutscher ist in China Ausländer.

aus|län|disch ['aʊslɛndɪʃ] ⟨Adj.⟩: *zum Ausland gehörend; aus dem Ausland kommend, stammend:* ausländische Besucher, Zeitungen. *Syn.:* fremd.

aus|las|sen ['aʊslasn̩], lässt aus, ließ aus, ausgelassen: **1.** ⟨tr.; hat; etw. a.⟩ *nicht berücksichtigen:* beim Abschreiben [versehentlich] einen Satz auslassen. **2.** ⟨tr.; hat; jmdn., etw. a.⟩ *in der Reihenfolge nicht berücksichtigen:* ich habe bei der Prüfung die dritte Aufgabe ausgelassen; wir lassen den nächsten Zug aus und nehmen den übernächsten. *Syn.:* überspringen. **3.** ⟨tr.; hat; etw. an jmdm. a.⟩ *seine Wut, seinen Ärger andere fühlen lassen:* er ließ seinen Zorn an seinen Mitarbeitern aus. **4.** ⟨tr.; hat; etw. a.⟩ *erhitzen und dabei das Fett herauslösen:* Speck in der Pfanne auslassen. **5.** ⟨tr.; hat; etw. a.⟩ (ugs.) *ausgezogen lassen; nicht anziehen:* den Mantel kannst du heute ruhig auslassen. **6.** ⟨tr.; hat; etw. a.⟩ (ugs.) *ausgeschaltet lassen:* die Lampe, das Radio, den Fernseher auslassen.

aus|las|ten ['aʊslastn̩], lastet aus, lastete aus, ausgelastet ⟨tr.; hat⟩: **1.** ⟨etw. a.⟩ *voll belasten, bis zur Grenze des Möglichen ausnutzen:* die Maschinen, die Kapazität eines Betriebes auslasten. **2.** ⟨jmdn. a.⟩ *voll in Anspruch nehmen:* die Hausarbeit lastet mich nicht aus. *Syn.:* ausfüllen.

aus|lau|fen ['aʊslaʊfn̩], läuft aus, lief aus, ausgelaufen ⟨itr.; ist⟩: **1.** *aus etwas herausfließen:* die Milch ist ausgelaufen. **2.** *durch Herausfließen leer werden:* die Flasche läuft aus. **3.** *den Hafen verlassen:* das neue Schiff läuft morgen [nach New York] aus; auslaufende Schiffe. **4.** *aufhö-*

ren zu bestehen, Gültigkeit, Wirkung zu haben: der Vertrag, die Amtszeit läuft aus. *Syn.:* ablaufen.

der **Aus|laut** ['aʊslaʊt]; -[e]s, -e: *Laut, mit dem ein Wort, eine Silbe endet:* das Wort »Brot« hat ein »t« im Auslaut.

aus|lee|ren ['aʊsle:rən], leert aus, leerte aus, ausgeleert ⟨tr.; hat; etw. a.⟩: *[ein Gefäß] leer machen:* seine Taschen, eine Dose, Flasche, einen Eimer ausleeren. *Syn.:* leeren.

aus|le|gen ['aʊsle:gn̩], legt aus, legte aus, ausgelegt ⟨tr.; hat⟩: **1.** ⟨etw. a.⟩ *zur Ansicht, zum Betrachten hinlegen:* die Bücher im Schaufenster auslegen. *Syn.:* ausstellen. **2.** ⟨etw. [mit etw.] a.⟩ *als Schmuck, als Schutz bedecken:* den Boden mit Teppichen auslegen; das Badezimmer mit Fliesen auslegen. **3.** ⟨etw. a.⟩ *vorläufig für eine andere Person bezahlen:* kannst du mir zehn Euro auslegen? **4.** ⟨etw. a.⟩ *erläutern, interpretieren:* einen Text, eine Vorschrift, ein Gesetz auslegen; du hast meine Äußerungen falsch ausgelegt. *Syn.:* erklären.

die **Aus|lei|he** ['aʊslaɪə]; -, -n: **1.** ⟨ohne Plural⟩ *das Ausleihen von Büchern:* beim Ausleihe: Montag bis Freitag von 8 bis 17 Uhr. **2.** *Raum in einer Bibliothek, in dem Bücher ausgeliehen werden:* die Ausleihe ist geschlossen.

aus|lei|hen ['aʊslaɪən], leiht aus, lieh aus, ausgeliehen ⟨tr.; hat⟩: **1.** ⟨jmdm. etw. a.⟩ *einem anderen etwas leihen:* er hat ihm ein Buch ausgeliehen. *Syn.:* ausborgen (landsch.), borgen, verleihen. **2.** ⟨sich (Dativ) etw. [von jmdm., bei jmdm.] a.⟩ *sich (von jmdm.) leihen:* ich werde mir das Zelt von ihm ausleihen; sie lieh sich bei ihrer Freundin ein Fahrrad aus. *Syn.:* ausborgen (landsch.), borgen, entleihen.

¹**aus|le|sen** ['aʊsle:zn̩], liest aus, las aus, ausgelesen ⟨tr.; hat; etw. a.⟩: *zu Ende lesen:* hast du das Buch, die Zeitung schon ausgelesen?

²**aus|le|sen** ['aʊsle:zn̩], liest aus, las aus, ausgelesen ⟨tr.; hat; etw. a.⟩: *aussortieren:* die faulen Kartoffeln auslesen. *Syn.:* aussuchen, auswählen.

aus|lie|fern ['aʊsli:fɐn], liefert aus, lieferte aus, ausgeliefert ⟨tr.; hat⟩: **1.** ⟨jmdn., etw. jmdm., etw. an jmdn., etw. a.⟩ *auf eine Forderung hin übergeben:* der Agent wird an sein Heimatland ausgeliefert. **2.** ⟨[etw.] a.⟩ *zum Verkauf an den Handel liefern:* die neuen Bücher werden im Herbst ausgeliefert; am 31. Juli liefern wir aus.

aus|lie|gen [ˈausliːgn̩], liegt aus, lag aus, ausgelegen ⟨itr.; hat; südd., österr., schweiz.: ist⟩: *zum Ansehen hingelegt sein:* die neuen Zeitschriften liegen in der Bibliothek aus.

aus|lö|sen [ˈausløːzn̩], löst aus, löste aus, ausgelöst ⟨tr.; hat⟩: **1.** ⟨etw. a.⟩ *in Gang setzen:* sie löste durch Knopfdruck den Alarm aus. **2.** ⟨sich a.⟩ *zu funktionieren beginnen:* die Alarmanlage löst sich automatisch aus. **3.** ⟨etw. a.⟩ *als Wirkung, Reaktion bewirken:* Überraschung, Freude auslösen; die Sängerin löste große Begeisterung aus. *Syn.:* verursachen.

der Aus|lö|ser [ˈausløːzɐ]; -s, -: *Knopf am Fotoapparat, den man drückt, um ein Foto zu machen:* den, auf den Auslöser drücken.

aus|ma|chen [ˈausmaxn̩], macht aus, machte aus, ausgemacht: **1.** ⟨tr.; hat; etw. a.⟩ (ugs.) *vereinbaren, verabreden:* einen Termin ausmachen; [mit jmdm.] etwas ausmachen (ugs.; *sich [mit jmdm.] zu einem Treffen verabreden*). *Syn.:* absprechen. **2.** ⟨tr.; hat; etw. a.⟩ *nicht weiter in Funktion lassen* /Ggs. anmachen/: das Licht ausmachen. *Syn.:* abdrehen, abschalten, abstellen, ausschalten. **3.** ⟨itr.; hat⟩ *Mühe bereiten:* macht es dir etwas aus, den Platz zu tauschen? *Syn.:* stören.

aus|ma|len [ˈausmaːlən], malt aus, malte aus, ausgemalt: **1.** ⟨tr.; hat; etw. a.⟩ *Flächen mit Farbe ausfüllen:* die Kinder malen die Bilder aus. **2.** ⟨tr.; hat; etw. a.⟩ *(jmdm.) anschaulich beschreiben:* ich malte ihr das Leben in der Großstadt [in den schönsten Farben] aus. *Syn.:* darstellen, schildern. **3.** ⟨sich (Dativ) etw. a.⟩ *sich etwas vorstellen:* ich malte mir aus, wie es werden würde.

das Aus|maß [ˈausmaːs]; -es, -e: **1.** *räumliche Größe:* die Ausmaße eines Gebäudes; ein Berg von gewaltigen Ausmaßen. *Syn.:* Ausdehnung, Dimension. **2.** *Umfang, Größe von Ereignissen oder bestimmten Dingen:* das Ausmaß der Schäden, der Katastrophe; die Zerstörung der Regenwälder nimmt immer bedrohlichere Ausmaße an. *Syn.:* Maß.

die Aus|nah|me [ˈausnaːmə]; -, -n: *etwas, was anders ist als das Übliche; Abweichung von einer Regel, Norm:* eine Ausnahme machen; mit Ausnahme von Peter waren alle anwesend; *** Ausnahmen bestätigen die Regel:** *Abweichungen kommen immer vor:* heute kam er pünktlich zum Sport – Ausnahmen bestätigen die Regel (*sonst kommt er immer zu spät*).

aus|nahms|los [ˈausnaːmsloːs] ⟨Adverb⟩: *ohne Ausnahme:* die Mitglieder stimmten ausnahmslos für den Antrag. *Syn.:* alle, sämtlich.

aus|nahms|wei|se [ˈausnaːmsvaizə] ⟨Adverb⟩: *als Ausnahme:* sie darf ausnahmsweise früher aus dem Unterricht weggehen.

aus|neh|men [ˈausneːmən], nimmt aus, nahm aus, ausgenommen ⟨tr.; hat⟩: **1.** ⟨etw. a.⟩ *durch Herausnehmen leer machen:* eine Gans, einen Fisch ausnehmen *(die Innereien vor dem Braten oder Kochen herausnehmen);* ein Nest ausnehmen *(die darin liegenden Eier herausnehmen).* **2.** ⟨jmdn., sich, etw. a.⟩ *nicht mitzählen, als Ausnahme behandeln:* alle haben Schuld, ich nehme keinen aus; der Weg ist für Autos gesperrt, Anwohner ausgenommen. *Syn.:* ausschließen.

aus|neh|mend [ˈausneːmənt] ⟨Adverb⟩: *besonders, in besonderem Maße, außergewöhnlich:* das Kleid gefällt mir ausnehmend gut; sie ist ausnehmend hübsch. *Syn.:* ausgesprochen, außerordentlich, äußerst, überaus, unglaublich (ugs.).

aus|nut|zen [ˈausnʊtsn̩], nutzt aus, nutzte aus, ausgenutzt ⟨tr.; hat; jmdn., etw. a.⟩ (bes. nordd.): *ganz zum eigenen Vorteil nutzen:* er nutzte ihre Schwächen, ihre Unkenntnis rücksichtslos aus; sie hatte ihre Untergebenen jahrelang ausgenutzt.

aus|nüt|zen [ˈausnʏtsn̩], nützt aus, nützte aus, ausgenützt ⟨tr.; hat; jmdn., etw. a.⟩ (bes. südd., österr., schweiz.): ↑ ausnutzen.

aus|pa|cken [ˈauspakn̩], packt aus, packte aus, ausgepackt: **1.** ⟨tr.; hat; etw. a.⟩ *von der Verpackung befreien* /Ggs. einpacken/: ein Geschenk auspacken. **2.** ⟨tr.; hat; etw. a.⟩ *die eingepackten Dinge aus etwas herausnehmen* /Ggs. einpacken/: das Paket, den Koffer auspacken. **3.** ⟨itr.; hat⟩ (ugs.) *bestimmte (bisher verschwiegene) Informationen verraten:* nach langem Verhör packte der Verbrecher aus.

aus|prä|gen [ˈausprɛːgn̩], prägt aus, prägte aus, ausgeprägt ⟨sich a.⟩: *sich bilden, sich erkennen lassen:* sein liebenswerter Charakter hatte sich schon in seiner Jugend ausgeprägt.

aus|pro|bie|ren [ˈausprobiːrən], probiert aus, probierte aus, ausprobiert ⟨tr.; hat⟩: *prüfen, wie etwas funktioniert oder ob etwas geeignet, brauchbar ist:* hast du die neue Waschmaschine schon ausprobiert?; ich probierte eine andere Methode aus. *Syn.:* testen.

der **Aus|puff** [ˈaʊspʊf]; -[e]s, -e: *Rohr, durch das die Abgase (von Autos) geleitet werden:* eine schwarze Wolke kam aus dem Auspuff des Lastwagens.

aus|ra|die|ren [ˈaʊsradiːrən], radiert aus, radierte aus, ausradiert ⟨tr.; hat; etw. a.⟩: *durch Radieren entfernen:* er hat das Datum auf dem Formular ausradiert.

aus|ran|gie|ren [ˈaʊsrãʒiːrən], rangiert aus, rangierte aus, ausrangiert ⟨tr.; hat; etw. a.⟩ (ugs.): *etwas, was alt, nicht mehr brauchbar ist, aussortieren (und wegwerfen):* abgetragene Kleidung ausrangieren; ein ausrangierter Plattenspieler.

aus|rau|ben [ˈaʊsraʊbn̩], raubt aus, raubte aus, ausgeraubt ⟨tr.; hat; jmdm. a.⟩: *jmdm. (gewaltsam und ohne das Recht dazu zu haben) alles Wertvolle abnehmen, was er bei sich hat:* er ist nachts im Park von zwei Männern ausgeraubt worden.

aus|räu|men [ˈaʊsrɔymən], räumt aus, räumte aus, ausgeräumt ⟨tr.; hat; etw. a.⟩: **1.** *aus etwas herausnehmen* /Ggs. einräumen/: die Bücher [aus dem Regal] ausräumen. *Syn.:* entfernen, wegnehmen. **2.** *leer machen* /Ggs. einräumen/: die Wohnung, den Schreibtisch ausräumen. **3.** *beseitigen:* Vorurteile, Bedenken ausräumen.

aus|rech|nen [ˈaʊsrɛçnən], rechnet aus, rechnete aus, ausgerechnet: **1.** ⟨tr.; hat; etw. a.⟩ *durch Rechnen ermitteln:* die Kosten, die Zinsen ausrechnen; ich habe ausgerechnet, dass die Vorräte etwa drei Wochen reichen müssten. *Syn.:* berechnen. **2.** ⟨sich etw. a.⟩ *voraussehen:* du kannst dir ja ausrechnen, wie lange das gut geht; ich rechne mir keine großen Chancen aus.

die **Aus|re|de** [ˈaʊsreːdə]; -, -n: *etwas, was als Entschuldigung für etwas genannt wird, aber nicht der wirkliche Grund ist:* eine billige, faule Ausrede; seine Ausrede war, dass man ihm eine falsche Adresse gegeben habe.

aus|re|den [ˈaʊsreːdn̩], redet aus, redete aus, ausgeredet: **1.** ⟨itr.; hat⟩ *zu Ende sprechen:* lass sie doch erst einmal ausreden. **2.** ⟨tr.; hat; jmdm. etw. a.⟩ *jmdn. dazu überreden, auf etwas zu verzichten, etwas nicht zu tun:* er versuchte, den Kindern den Plan auszureden.

aus|rei|chen [ˈaʊsraɪçn̩], reicht aus, reichte aus, ausgereicht ⟨itr.; hat⟩: *genügen:* das Geld reicht für den Bau des Hauses nicht aus. *Syn.:* reichen.

aus|rei|chend [ˈaʊsraɪçn̩t] ⟨Adj.⟩: *so viel wie nötig:* sie hatte keine ausreichende Erfahrung im Umgang mit Pferden; Getränke waren ausreichend vorhanden.

die **Aus|rei|se** [ˈaʊsraɪzə]; -, -n: *das Ausreisen* /Ggs. Einreise/: bei der Ausreise wird der Pass kontrolliert; jmdm. die Ausreise verweigern.

aus|rei|sen [ˈaʊsraɪzn̩], reist aus, reiste aus, ausgereist ⟨itr.; ist⟩: *über die Grenze ins Ausland reisen* /Ggs. einreisen/: er ist bei Basel in die Schweiz ausgereist.

aus|rei|ßen [ˈaʊsraɪsn̩], reißt aus, riss aus, ausgerissen: **1.** ⟨tr.; hat; etw. a.⟩ *durch gewaltsames Ziehen aus etwas entfernen:* sie hat die schönen Blumen einfach ausgerissen und weggeworfen. **2.** ⟨itr.; ist⟩ (ugs.) *(aus einer unangenehmen Situation) fliehen:* der Junge ist [von zu Hause, aus dem Heim] ausgerissen.

aus|rich|ten [ˈaʊsrɪçtn̩], richtet aus, richtete aus, ausgerichtet: **1.** ⟨tr.; hat; jmdm. etw. a.⟩ *mitteilen, wozu man von jmd. anders gebeten worden ist:* jmdm. Grüße ausrichten; richte ihm bitte aus, dass ich erst später kommen kann. **2.** ⟨tr.; hat⟩ *durch seine Bemühungen erreichen:* sie konnte bei den Verhandlungen nicht viel ausrichten. **3.** *veranstalten:* die Stadt wird die nächsten Olympischen Spiele ausrichten.

der **Aus|ruf** [ˈaʊsruːf]; -[e]s, -e: *kurzes (spontanes) Rufen:* sie begrüßte uns mit einem Ausruf der Freude.

aus|ru|fen [ˈaʊsruːfn̩], ruft aus, rief aus, ausgerufen ⟨tr.; hat; etw. a.⟩: **1.** *(spontan) rufen:* »Herrlich!«, rief sie aus. **2.** *öffentlich verkünden:* den Notstand, einen Streik ausrufen; nach der Revolution wurde die Republik ausgerufen.

das **Aus|ru|fe|zei|chen** [ˈaʊsruːfətsaɪçn̩]; -s, -: *Zeichen, mit dem Sätze als Ausrufe, Befehle oder Wünsche gekennzeichnet werden können:* sei bitte still!; sie setzte ein großes Ausrufezeichen hinter das Wort »sofort«.

aus|ru|hen [ˈaʊsruːən], ruht aus, ruhte aus, ausgeruht ⟨itr.; hat; [sich] [von etw.] a.⟩: *ruhen, um sich zu erholen:* ich muss [mich] ein wenig ausruhen; ruh dich erst einmal von der Arbeit aus.

die **Aus|rüs|tung** [ˈaʊsrʏstʊŋ]; -, -en: *alle Geräte, die man zu einem bestimmten Zweck braucht:* eine vollständige Ausrüstung zum Skilaufen, Fotografieren; für den Transport der Ausrüstung wurden zwei Lastwagen gebraucht. *Zus.:* Fotoausrüstung, Taucherausrüstung.

aus|rut|schen [ˈaʊsrʊtʃn̩], rutscht aus,

A

rutschte aus, ausgerutscht ⟨itr.; ist⟩: *auf zu glattem Boden den Halt verlieren und fallen:* ich bin auf dem Eis ausgerutscht.

Aus|sa|ge [ˈaʊzaːɡə]; -, -n: *Angabe, Mitteilung (die man bei einer Behörde macht):* vor Gericht eine Aussage machen; die Zeugin verweigerte die Aussage [über den Unfall]. *Zus.:* Zeugenaussage.

aus|sa|gen [ˈaʊzaːɡn̩], sagt aus, sagte aus, ausgesagt ⟨tr.; hat; [etw.] [für, gegen jmdn.] a.⟩: *[vor Gericht] mitteilen, was man weiß:* der Zeuge ist bereit, im Prozess auszusagen; sie hat vor Gericht gegen ihren früheren Freund ausgesagt *(ihn belastet);* wir werden für dich aussagen *(deine Unschuld bestätigen);* ich werde nichts aussagen.

aus|schal|ten [ˈaʊsʃaltn̩], schaltet aus, schaltete aus, ausgeschaltet ⟨tr.; hat; etw. a.⟩: *durch Betätigen eines Hebels, eines Schalters die Funktion beenden* /Ggs. einschalten/: den Motor, das Licht ausschalten; schalten Sie bitte das Mikrofon ab. *Syn.:* abschalten, ausmachen.

Aus|schank [ˈaʊsʃaŋk]; -[e]s: *das Verkaufen (und Servieren) von Getränken:* der Ausschank alkoholischer Getränke ist bei Fußballspielen nicht gestattet.

Aus|schau [ˈaʊsʃaʊ]: in der Verbindung * **nach jmdm., etwas Ausschau halten:** *jmdn., etwas suchen:* er ging vors Haus, um nach den Kindern Ausschau zu halten.

aus|schau|en [ˈaʊsʃaʊən], schaut aus, schaute aus, ausgeschaut ⟨itr.; hat; irgendwie a.⟩ (südd., österr.): **1.** *einen bestimmten Anblick bieten:* sie schaut heute sehr fröhlich aus; der Himmel schaut nach Regen aus *(es wird wohl bald regnen).* **2.** *(in bestimmter Weise) beschaffen sein:* wie die Beziehungen zwischen den beiden Staaten in Zukunft ausschauen werden, weiß man noch nicht; ⟨unpers.⟩ mit ihr, mit ihrer Gesundheit schaut es schlecht aus.

aus|schei|den [ˈaʊsʃaɪdn̩], scheidet aus, schied aus, ausgeschieden ⟨itr.; ist; [aus etw.] a.⟩: *nicht mehr weiter teilnehmen:* die Mannschaft ist in der ersten Runde aus dem Wettbewerb ausgeschieden; es sind schon fast alle Teilnehmer ausgeschieden.

aus|schimp|fen [ˈaʊsʃɪmpfn̩], schimpft aus, schimpfte aus, ausgeschimpft ⟨tr.; hat; jmdn. a.⟩: *schimpfen:* sie hat das Kind [wegen seines schlechten Benehmens] ausgeschimpft.

aus|schla|fen [ˈaʊsʃlaːfn̩], schläft aus, schlief aus, ausgeschlafen: **1.** ⟨itr.; hat; [sich] a.⟩ *so lange schlafen, bis man genug geschlafen hat:* am Sonntag können wir ausschlafen; du solltest dich erst mal richtig ausschlafen. **2.** ⟨tr.; hat; etw. a.⟩ *durch Schlafen vergehen lassen:* seinen Rausch ausschlafen.

der Aus|schlag [ˈaʊsʃlaːk]; -[e]s, Ausschläge [ˈaʊsʃlɛːɡə]: *krankhafte Veränderung der Haut:* die Ärztin behandelte den Ausschlag mit einer Salbe. *Zus.:* Hautausschlag.

aus|schlie|ßen [ˈaʊsʃliːsn̩], schließt aus, schloss aus, ausgeschlossen: **1.** ⟨tr.; hat; jmdn. [aus, von etw.] a.⟩ *nicht (mehr) teilnehmen lassen:* er wurde vom Spiel ausgeschlossen; man will sie aus der Partei ausschließen. **2.** ⟨tr.; hat; etw. a.⟩ *unmöglich machen:* euer Misstrauen schließt jede Zusammenarbeit aus. *Syn.:* verhindern. **3.** ⟨tr.; hat; etw. a.⟩ *für unmöglich halten:* ich kann nicht ausschließen, dass es ein Versehen war.

¹aus|schließ|lich [ˈaʊsʃliːslɪç] ⟨Adj.⟩: *ohne Ausnahme:* eine ausschließliche Ernährung mit Gemüse wäre zu einseitig.

²aus|schließ|lich [ˈaʊsʃliːslɪç] ⟨Adverb⟩: *nur:* er interessiert sich ausschließlich für Sport. *Syn.:* bloß.

der Aus|schluss [ˈaʊsʃlʊs]; -es, Ausschlüsse [ˈaʊsʃlʏsə]: *das Ausschließen:* die Partei drohte mir mit dem Ausschluss; unter Ausschluss der Öffentlichkeit.

aus|schnei|den [ˈaʊsʃnaɪdn̩], schneidet aus, schnitt aus, ausgeschnitten ⟨tr.; hat; etw. a.⟩: *(mit der Schere) aus etwas entfernen:* ein Bild, einen Artikel aus der Zeitung ausschneiden.

der Aus|schnitt [ˈaʊsʃnɪt]; -[e]s, -e: **1.** *das Ausgeschnittene:* er hat viele Ausschnitte aus Zeitungen gesammelt. *Zus.:* Zeitungsausschnitt. **2.** *Teil, der etwas aus einem Ganzen zeigt:* Ausschnitte aus einem Film zeigen.

aus|schrei|ben [ˈaʊsʃraɪbn̩], schreibt aus, schrieb aus, ausgeschrieben ⟨tr.; hat; etw. a.⟩: **1.** *(beim Schreiben) nicht abkürzen:* seinen Namen ausschreiben. **2.** *bekannt machen und dadurch zur Beteiligung oder Bewerbung auffordern:* die Wahlen für September ausschreiben; die neue Stelle wird öffentlich ausgeschrieben.

der Aus|schuss [ˈaʊsʃʊs]; -es, Ausschüsse [ˈaʊsʃʏsə]: *ausgewählte Gruppe von Personen, die eine besondere Aufgabe hat:* über den Entwurf des neuen Gesetzes wird in mehreren Ausschüssen beraten werden. *Syn.:* Kommission.

A

aus|schüt|ten [ˈaʊsʃʏtn̩], schüttet aus, schüttete aus, ausgeschüttet ⟨tr.; hat; etw. a.⟩: **1.** *aus einem Gefäß schütten:* das Wasser [aus der Kanne, aus dem Glas] ausschütten. *Syn.:* schütten. **2.** *durch Schütten leer machen:* einen Korb, eine Kanne, ein Glas ausschütten.

aus|se|hen [ˈaʊszeːən], sieht aus, sah aus, ausgesehen ⟨itr.; hat; irgendwie a.⟩: **1.** *einen bestimmten Anblick bieten:* sie sah sehr müde aus; der Himmel sieht nach Schnee aus *(es wird wohl bald schneien);* das Kind sieht aus, als ob es gleich weinen wollte. **2.** *(in bestimmter Weise) beschaffen sein:* der Vertrag sieht so aus, dass alle Entscheidungen gemeinsam getroffen werden müssen; ⟨unpers.⟩ mit unseren Chancen, das Spiel noch zu gewinnen, sieht es schlecht aus.

das **Aus|se|hen** [ˈaʊszeːən]; -s: *Anblick (in seiner Wirkung auf andere):* ein gesundes, gutes Aussehen; die neue Frisur hat sein Aussehen sehr verändert.

au|ßen [ˈaʊsn̩] ⟨Adverb⟩: *an der äußeren Seite* /Ggs. innen/: die Tasse ist außen schmutzig; von außen sieht es gut aus.

der **Au|ßen|mi|nis|ter** [ˈaʊsnmɪnɪstɐ]; -s, -, die **Au|ßen|mi|nis|te|rin** [ˈaʊsnmɪnɪstərɪn], -nen: *Minister, Ministerin für Angelegenheiten, die die Beziehungen zu anderen Staaten betreffen:* der französische Außenminister kam zu einer Besprechung nach Berlin.

die **Au|ßen|po|li|tik** [ˈaʊsnpoliˌtiːk]; -: *Politik, die die Beziehungen zu anderen Staaten betrifft* /Ggs. Innenpolitik/: die Außenpolitik der Regierung bemüht sich um eine friedliche Zusammenarbeit aller Staaten.

der **Au|ßen|sei|ter** [ˈaʊsnzaɪtɐ]; -s, -, die **Au|ßen|sei|te|rin** [ˈaʊsnzaɪtərɪn], -, -nen: *Person, die sich nicht in eine Gruppe einfügt:* sie war schon in der Schule eine Außenseiterin.

¹**au|ßer** [ˈaʊsɐ] ⟨Präp. mit Dativ⟩: **1.** *ausgenommen; ohne:* außer ihm gingen ins Schwimmbad. **2.** *nicht in einem bestimmten Zustand:* der Zug war noch außer Sichtweite *(war noch nicht zu sehen),* aber man konnte ihn schon hören; sie ist außer Gefahr; * **außer Betrieb sein:** *nicht mehr funktionieren:* der Automat war außer Betrieb. **3.** * **außer sich** (Dativ) **sein:** *besonders starke Gefühle haben:* sie war außer sich vor Freude, vor Wut.

²**au|ßer** [ˈaʊsɐ] ⟨Konj.⟩: *ausgenommen, mit Ausnahme [von ...]:* ich gehe samstags immer tanzen, außer diesen Samstag; wir werden kommen, außer [wenn] es regnet.

äu|ßer... [ˈɔʏsər...] ⟨Adj.⟩ /Ggs. inner.../: *[von] außen:* der äußere Kreis; die äußerste Schicht; der äußere Eindruck war positiv.

au|ßer|dem [ˈaʊsɐdeːm] ⟨Adverb⟩: *überdies, darüber hinaus:* er ist nett, außerdem sieht er gut aus; Radfahren ist sportliche und außerdem noch gesünder als Autofahren. *Syn.:* auch, dazu, ferner, zudem.

das **Äu|ße|re** [ˈɔʏsərə]; -n ⟨aber: [sein, ihr] Äußeres⟩: *äußere Erscheinung, Aussehen* ein gepflegtes Äußeres; er achtet sehr au sein Äußeres. *Syn.:* Bild, Oberfläche.

au|ßer|ge|wöhn|lich [ˈaʊsɐɡəˌvøːnlɪç], außergewöhnlicher, am außergewöhnlichsten ⟨Adj.⟩: *anders als normal oder gewöhnlich:* das ist ein außergewöhnliches Buch; sie ist außergewöhnlich hübsch; er arbeitet außergewöhnlich viel. *Syn.:* auffallend, außerordentlich, bemerkenswert, besonders, ungewöhnlich, unglaublich (ugs.).

¹**au|ßer|halb** [ˈaʊsɐhalp] ⟨Präp. mit Gen.⟩: **1.** *(räumlich) nicht in, nicht innerhalb:* außerhalb des Zimmers; sie wohnt außerhalb der Stadt. *Syn.:* außen. **2.** ⟨zeitlich⟩ *nicht während:* außerhalb der Arbeitszeit.

²**au|ßer|halb** [ˈaʊsɐhalp] ⟨Adverb⟩: *in der Umgebung:* er wohnt außerhalb [von Berlin]; wir liefern auch nach außerhalb. *Syn.:* auswärts.

äu|ßer|lich [ˈɔʏsɐlɪç] ⟨Adj.⟩: *nach außen, dem Äußeren nach:* äußerlich machte er einen gefassten Eindruck. *Syn.:* oberflächlich.

äu|ßern [ˈɔʏsɐn], äußert, äußerte, geäußert: **1.** ⟨sich zu etw. ä.⟩ *seine Meinung sagen:* sie hat sich [zu seinem Vorschlag] nicht geäußert; willst du dich dazu äußern? *Syn.:* reden, sprechen. **2.** ⟨sich ä.⟩ *sich zeigen, sichtbar werden:* seine Unruhe äußerte sich in seiner Unaufmerksamkeit. *Syn.:* sich ausdrücken.

au|ßer|or|dent|lich [ˈaʊsɐˈɔrdn̩tlɪç] ⟨Adj.; verstärkend bei Adjektiven und Verben⟩ *ganz besonders:* dies ist eine außerordentlich schwierige Frage; es ist außerordentlich erfolgreich; das freut mich außerordentlich. *Syn.:* außergewöhnlich besonders, sehr, überaus, ungeheuer, ungemein, ungewöhnlich, unglaublich (ugs.), unwahrscheinlich (ugs.).

äu|ßerst [ˈɔʏsɐst] ⟨Adverb⟩: *in höchstem Maße; sehr:* sie lebt äußerst bescheiden; e ist äußerst empfindlich. *Syn.:* außerordentlich, enorm, höchst, unheimlich (ugs

die **Äu|ße|rung** [ˈɔʏsərʊŋ]; -, -en: *das Gesagte,*

Ausgesprochene: eine lobende, kritische, unvorsichtige Äußerung; nimmst du diese Äußerung zurück? *Syn.:* Aussage, Behauptung, Bemerkung. *Zus.:* Meinungsäußerung, Willensäußerung.

aus|set|zen [ˈau̯szɛtsn̩], setzt aus, setzte aus, ausgesetzt: **1.** ⟨itr.; hat⟩ *für eine kurze Zeit aufhören zu funktionieren:* die Atmung, das Herz setzte plötzlich aus. *Syn.:* aufhören, ausfallen, stillstehen. **2.** ⟨tr.; hat; jmdn. a.⟩ *an einen einsamen Ort bringen und dort alleine lassen:* er setzte den Hund im Wald aus; jmdn. auf einer einsamen Insel aussetzen. **3.** * **an jmdm., etwas etwas auszusetzen haben:** *jmdn., etwas kritisieren:* immer hast du etwas an mir auszusetzen!; ich habe daran nichts auszusetzen *(bin damit zufrieden).*

Aus|sicht [ˈau̯szɪçt]; -, -en: **1.** ⟨ohne Plural⟩ *Blick ins Freie, in die Ferne:* von dem Fenster hat man eine schöne Aussicht [auf den Park]; er genießt die schöne Aussicht. *Syn.:* Ausblick, Sicht. **2.** *Chance, Hoffnung:* seine Aussichten, die Prüfung zu bestehen, sind gering; es besteht keine Aussicht auf Erfolg. *Syn.:* Möglichkeit, Perspektive. *Zus.:* Berufsaussicht, Erfolgsaussicht, Zukunftsaussichten. * **jmdm. etwas in Aussicht stellen:** *versprechen:* sie hat ihm als Belohnung eine Reise in Aussicht gestellt.

aus|sichts|los [ˈau̯szɪçtslo:s], aussichtsloser, am aussichtslosesten ⟨Adj.⟩: *ohne Aussicht auf Erfolg:* wir befinden uns in einer ziemlich aussichtslosen Lage; die Situation ist aussichtslos; ich halte diesen Versuch für aussichtslos. *Syn.:* ausweglos, hoffnungslos.

Aus|sied|ler [ˈau̯szi:dlɐ]; -s, -, die **Aus|sied|le|rin** [ˈau̯szi:dlərɪn]; -, -nen: (Amtsspr.) *Person aus einem Staat des östlichen Europas, die die deutsche Staatsangehörigkeit hat und in die Bundesrepublik übersiedelt:* in diesem Haus wohnen viele Aussiedlerinnen und Aussiedler aus Polen.

aus|sor|tie|ren [ˈau̯szɔrti:rən], sortiert aus, sortierte aus, aussortiert ⟨tr.; hat; etw. a.⟩: *herausnehmen:* wir haben die faulen Äpfel von Hand aussortiert; fehlerhafte Teile werden automatisch aussortiert.

Aus|spra|che [ˈau̯sʃpra:xə]; -: **1.** *Art, wie etwas richtig gesprochen wird:* die Aussprache eines Wortes steht in Lautschrift hinter dem Stichwort. *Zus.:* Bühnenaussprache. **2.** *Art, wie jmd. spricht:* eine gute, schlechte Aussprache haben;

ihre Aussprache ist klar und deutlich; an seiner Aussprache erkennt man, dass er aus Frankreich kommt. *Syn.:* Akzent, Sprache.

aus|spre|chen [ˈau̯sʃprɛçn̩], spricht aus, sprach aus, ausgesprochen: **1.** ⟨tr.; hat; etw. irgendwie a.⟩ *sprechen:* wie spricht man dieses Wort [richtig] aus? **2.** ⟨tr.; hat; etw. a.⟩ *zum Ausdruck bringen, mit Worten ausdrücken:* eine Bitte, Empfehlung, Drohung aussprechen; sprich deinen Wunsch ruhig aus; ich möchte Ihnen meinen Dank aussprechen. *Syn.:* äußern, vorbringen. **3.** ⟨sich für/gegen jmdn., etw. a.⟩ *für/gegen jmdn., etwas sein:* sie spricht sich dafür aus, es noch mal zu versuchen; er hat sich gegen diesen Versuch ausgesprochen; mein Kollege hat sich für den jüngeren Bewerber ausgesprochen. *Syn.:* stimmen für. **4.** ⟨sich a.⟩ *mit jmdm. über ein Problem offen reden:* du solltest dich mit deinen Eltern einmal aussprechen; wir haben uns gestern darüber ausgesprochen. *Syn.:* sprechen.

aus|spu|cken [ˈau̯sʃpʊkn̩], spuckt aus, spuckte aus, ausgespuckt ⟨tr.; hat; etw. a.⟩: *aus dem Mund spucken:* er spuckte die Kirschkerne aus.

aus|spü|len [ˈau̯sʃpy:lən], spült aus, spülte aus, ausgespült ⟨tr.; hat; etw. a.⟩: *durch Spülen innen reinigen:* eine Teekanne ausspülen; ich habe mir den Mund mit Wasser ausgespült. *Syn.:* spülen.

aus|stat|ten [ˈau̯sʃtatn̩], stattet aus, stattete aus, ausgestattet ⟨tr.; hat; etw. a.⟩: *mit etwas ausrüsten:* seine Wohnung ist mit teuren Möbeln ausgestattet. *Syn.:* einrichten.

die **Aus|stat|tung** [ˈau̯sʃtatʊŋ]; -, -en: *Möbel und Geräte; Einrichtung:* die Ausstattung des Krankenhauses ist modernisiert worden. *Syn.:* Inventar, Mobiliar. *Zus.:* Innenausstattung, Wohnungsausstattung.

aus|ste|hen [ˈau̯sʃte:ən], steht aus, stand aus, ausgestanden ⟨itr.; hat; etw. a.⟩: *ertragen, erdulden:* er hatte viel Angst ausgestanden. *Syn.:* durchmachen, mitmachen. * **jmdn., etwas nicht ausstehen können:** *jmdn., etwas nicht leiden können:* ich kann diesen Kerl nicht ausstehen; die beiden können sich auf den Tod nicht ausstehen.

aus|stei|gen [ˈau̯sʃtai̯ɡn̩], steigt aus, stieg aus, ausgestiegen ⟨itr.; ist⟩ /Ggs. einsteigen/: *ein Fahrzeug verlassen:* aus dem Bus, der Straßenbahn aussteigen; an der nächsten Haltestelle müssen wir aussteigen.

aus|stel|len [ˈaʊsʃtɛlən], stellt aus, stellte aus, ausgestellt ⟨tr.; hat; etw. a.⟩: **1.** *zur Ansicht, zum Verkauf hinstellen:* der Künstler stellt seine Werke in der städtischen Galerie aus; im Schaufenster ist schon die Mode für den nächsten Winter ausgestellt. *Syn.:* präsentieren, zeigen. **2.** *(ein Formular) ausfüllen und jmdm. geben:* jmdm. eine Bestätigung, Bescheinigung ausstellen; wann wurde dieser Pass ausgestellt?; der Arzt stellt der Patientin ein Attest aus.

die **Aus|stel|lung** [ˈaʊsʃtɛlʊŋ]; -, -en: **1.** ⟨ohne Plural⟩ *das Erstellen (eines Dokuments):* für die Ausstellung des Passes musste er 10 Euro bezahlen. **2.** *Sammlung von Gegenständen, die öffentlich gezeigt wird:* eine Ausstellung moderner Kunst; die Ausstellung zeigt viele unbekannte Bilder von Picasso; eine Ausstellung eröffnen, zeigen, besuchen; wollen wir in eine Ausstellung gehen?; hast du dir diese Ausstellung schon angesehen? *Zus.:* Automobilausstellung, Dauerausstellung, Gemäldeausstellung, Sonderausstellung.

der **Aus|stieg** [ˈaʊsʃtiːk]; -[e]s, -e /Ggs. Einstieg/: **1.** *Öffnung, Stelle zum Aussteigen:* der Ausstieg ist hinten; wir sitzen direkt neben dem Ausstieg. *Syn.:* Ausgang, Tür. *Zus.:* Notausstieg. **2.** *das Aussteigen:* der Ausstieg aus der Atomenergie; er hat seinen Ausstieg aus der Firma angekündigt. *Zus.:* Atomausstieg.

aus|sto|ßen [ˈaʊsʃtoːsn̩], stößt aus, stieß aus, ausgestoßen ⟨tr.; hat⟩: **1.** ⟨etw. a.⟩ *laut und deutlich hervorbringen:* einen Schrei, einen Seufzer ausstoßen. **2.** ⟨jmdn. a.⟩ *ausschließen:* er wurde aus der Partei ausgestoßen; sie wird von den anderen ausgestoßen. *Syn.:* ausschließen, verstoßen.

aus|strah|len [ˈaʊsʃtraːlən], strahlt aus, strahlte aus, ausgestrahlt ⟨tr.; hat; etw. a.⟩: *verbreiten:* der Ofen strahlt Wärme aus; die Lampe strahlte ein schwaches Licht aus; sie ist eine Frau, die Energie und Optimismus ausstrahlt.

aus|stre|cken [ˈaʊsʃtrɛkn̩], streckt aus, streckte aus, ausgestreckt: **1.** ⟨tr.; hat; etw. a.⟩ *(ein Glied des Körpers) von sich strecken:* sie streckte ihre Arme [nach dem Kind] aus; er läuft mit ausgestreckten Armen auf sie zu. **2.** ⟨sich a.⟩ *sich langmachen:* ich streckte mich [auf dem Bett] aus. *Syn.:* sich strecken.

aus|su|chen [ˈaʊszuːxn̩], sucht aus, suchte aus, ausgesucht ⟨tr.; hat; sich (Dativ) etw. a.⟩: *wählen:* er suchte für seinen Freund ein gutes Buch aus; ich durfte mir ein Geschenk aussuchen; dass du dir gerade diesen Mann aussuchen musstest! *Syn.:* auswählen, sich entscheiden für.

der **Aus|tausch** [ˈaʊstaʊʃ]; -[e]s: **1.** *das Tauschen, Austauschen:* der Austausch von Erfahrungen kann sehr hilfreich sein; ich habe das Buch im Austausch gegen eine CD bekommen. *Syn.:* Tausch. *Zus.:* Erfahrungsaustausch, Gedankenaustausch, Gefangenenaustausch, Schüleraustausch. **2.** *das Ersetzen:* der Austausch der Batterie war dringend nötig.

aus|tau|schen [ˈaʊstaʊʃn̩], tauscht aus, tauschte aus, ausgetauscht: **1.** ⟨tr.; hat; etw. a.⟩ *auswechseln:* einen Motor austauschen. *Syn.:* ersetzen, tauschen, wechseln. **2.** ⟨tr.; hat; etw. a.⟩ *sich gegenseitig etwas mitteilen:* sie tauschten ihre Erfahrungen aus. **3.** ⟨sich a.⟩ *diskutieren, sich unterhalten:* Ärzte und Schwestern tauschen sich über ihre Patienten aus. *Syn.:* sich beraten.

aus|tei|len [ˈaʊstaɪlən], teilt aus, teilte aus, ausgeteilt ⟨tr.; hat⟩: *verteilen:* der Lehrer teilt die Hefte aus; er teilt das Essen an die Kranken aus; Schläge, Ohrfeigen austeilen. *Syn.:* ausgeben.

aus|to|ben [ˈaʊstoːbn̩], tobt aus, tobte aus, ausgetobt ⟨sich a.⟩: **1.** *sehr toben:* auf der Tribüne tobten sich einige betrunkene Fans aus. **2.** *wild und vergnügt sein:* die Kinder konnten sich im Garten richtig austoben. *Syn.:* toben.

aus|tra|gen [ˈaʊstraːgn̩], trägt aus, trug aus, ausgetragen ⟨tr.; hat; etw. a.⟩: **1.** *dem Empfänger ins Haus bringen:* Zeitungen, die Post austragen. *Syn.:* ausliefern, liefern, verteilen, zustellen. **2.** *(ein Kind bis zur Geburt) im Mutterleib tragen:* sie konnte das Baby austragen. *Syn.:* behalten, bekommen.

aus|tre|ten [ˈaʊstreːtn̩], tritt aus, trat aus, ausgetreten: **1.** ⟨tr.; hat; etw. a.⟩ *durch Darauftreten löschen:* er hat die brennende Zigarette ausgetreten. **2.** ⟨itr.; ist⟩ *auf eigenen Wunsch ausscheiden* /Ggs. eintreten/: aus einem Verein, einer Partei austreten; letztes Jahr ist er aus der Kirche ausgetreten. *Syn.:* ausscheiden. **3.** ⟨itr.; ist⟩ *herauskommen:* aus dem Tanker tritt Öl aus. *Syn.:* auslaufen.

aus|trin|ken [ˈaʊstrɪŋkn̩], trinkt aus, trank aus, ausgetrunken ⟨tr.; hat; etw. a.⟩: *leer trinken:* sein Glas austrinken; trink aus, wir wollen gehen!

aus|trock|nen [ˈaʊstrɔknən], trocknet aus, trocknete aus, ausgetrocknet: **1.** ⟨tr.; hat; etw. a.⟩ *völlig trocken machen:* die Hitze hat den Boden ausgetrocknet. **2.** ⟨itr.; ist⟩ *Feuchtigkeit, Flüssigkeit verlieren; völlig trocken werden:* der See trocknet im Sommer aus; meine Haut ist von der Sonne ganz ausgetrocknet.

aus|üben [ˈaʊs|yːbn̩], übt aus, übte aus, ausgeübt ⟨tr.; hat; etw. a.⟩: *regelmäßig oder längere Zeit ausführen:* eine Beschäftigung ausüben; er übt keinen Beruf aus *(ist nicht beruflich tätig).*

ie **Aus|wahl** [ˈaʊsvaːl]; -: **1.** *das Auswählen:* wir haben die Auswahl unter mehreren Möglichkeiten. *Syn.:* Wahl. **2.** *Menge von Dingen, aus der ausgewählt werden kann:* die Auswahl an preiswerten Möbeln war nicht sehr groß; der Katalog bietet eine reiche Auswahl. *Syn.:* Angebot.

aus|wäh|len [ˈaʊsvɛːlən], wählt aus, wählte aus, ausgewählt ⟨tr.; hat; etw. a.⟩: *aus einer angebotenen Menge (prüfend) wählen:* Geschenke auswählen; sie wählte ein Paar Schuhe mit hohem Absatz aus.

er **Aus|wan|de|rer** [ˈaʊsvandərɐ]; -s, -, die **Aus|wan|de|rin** [ˈaʊsvandərɪn]; -, -nen: *Person, die auswandert, ausgewandert ist.* *Syn.:* Emigrant, Emigrantin.

aus|wan|dern [ˈaʊsvandɐn], wandert aus, wanderte aus, ausgewandert ⟨itr.; ist⟩: *seine Heimat verlassen, um in einem anderen Land eine neue Heimat zu finden* /Ggs. einwandern/: im 18. Jahrhundert wanderten viele arme Menschen aus Deutschland nach Amerika aus. *Syn.:* emigrieren.

aus|wär|tig [ˈaʊsvɛrtɪç] ⟨Adj.⟩: **1.** *das Ausland betreffend:* das Auswärtige Amt *(für die Außenpolitik zuständige Behörde in Deutschland).* **2.** *an einem anderen Ort lebend, seinen Sitz habend:* unsere auswärtigen Kunden; die auswärtigen Filialen der Firma.

aus|wärts [ˈaʊsvɛrts] ⟨Adverb⟩: **1.** *nach außen (gerichtet, gebogen):* die Stäbe sind stark [nach] auswärts gebogen. **2.** *nicht zu Hause:* auswärts essen; die Mannschaft spielt auswärts.

aus|wa|schen [ˈaʊsvaʃn̩], wäscht aus, wusch aus, ausgewaschen ⟨tr.; hat; etw. a.⟩: **1.** *durch Waschen entfernen:* die Flecken [aus einem Kleid] auswaschen. **2.** *mit der Hand [kurz] waschen:* Socken, Unterwäsche auswaschen; mit Öl verschmutzte Kleidung am besten gleich auswaschen.

aus|wech|seln [ˈaʊsvɛksl̩n], wechselt aus, wechselte aus, ausgewechselt ⟨tr.; hat; jmdn., etw. a.⟩: *durch einen anderen, etwas anderes ersetzen:* den Motor eines Autos auswechseln; der Torwart wurde in der Halbzeit ausgewechselt.

der **Aus|weg** [ˈaʊsveːk]; -[e]s, -e: *Möglichkeit, sich aus einer unangenehmen oder schwierigen Situation zu befreien:* nach einem Ausweg suchen; jetzt wussten auch wir keinen Ausweg mehr aus unserer gefährlichen Lage.

aus|weg|los [ˈaʊsveːkloːs], auswegloser, am ausweglosesten ⟨Adj.⟩: *keine Möglichkeit der Rettung oder Hilfe aus einer Not erkennen lassend:* er befindet sich in einer ausweglosen Lage; die Situation scheint ausweglos. *Syn.:* aussichtslos, hoffnungslos.

aus|wei|chen [ˈaʊsvaɪçn̩], weicht aus, wich aus, ausgewichen ⟨itr.; ist⟩: **1.** ⟨jmdm., etwas a.⟩ *sich (seitlich) bewegen, um aus dem Weg zu gehen:* einem Radfahrer ausweichen; sie konnte dem Hindernis weder ausweichen noch rechtzeitig bremsen. **2.** ⟨etwas (Dativ) a.⟩ *vermeiden; zu entgehen suchen:* einem Kampf ausweichen; er wich meiner Frage aus. **3.** *[gezwungenermaßen] etwas anderes wählen:* auf eine andere Möglichkeit ausweichen.

der **Aus|weis** [ˈaʊsvaɪs]; -es, -e: *Dokument, das als Bestätigung (amtlich) ausgestellt worden ist und Angaben zur betreffenden Person enthält:* ein gültiger, gefälschter, gestohlener Ausweis; seinen Ausweis vorzeigen; an der Grenze wurde die Ausweise kontrolliert. *Syn.:* Pass. *Zus.:* Fahrausweis, Personalausweis, Studentenausweis.

aus|wei|sen [ˈaʊsvaɪzn̩], weist aus, wies aus, ausgewiesen: **1.** ⟨tr.; hat; jmdn. a.⟩ *zum Verlassen des Landes zwingen:* sie wurde als Spionin verdächtigt und aus dem Land ausgewiesen. **2.** ⟨sich a.⟩ *durch Dokumente seine Identität, seine Berechtigung zu etwas nachweisen:* können Sie sich ausweisen?; er konnte sich als Besitzer des Autos ausweisen.

aus|wen|dig [ˈaʊsvɛndɪç] ⟨Adj.⟩: *aus dem Gedächtnis:* ein Gedicht auswendig aufsagen; ein Lied auswendig lernen *(so lernen, dass man es, ohne auf den Text zu schauen, vortragen kann).*

aus|wer|ten [ˈaʊsveːɐ̯tn̩], wertet aus, wertete aus, ausgewertet ⟨tr.; hat; etw. a.⟩: *etwas prüfen, um den Inhalt für etwas anderes nutzen zu können:* eine Statistik auswerten; sie wollen die Daten sammeln, erfassen und kritisch auswerten.

aus|wir|ken ['aʊsvɪrkn̩], wirkt aus, wirkte aus, ausgewirkt ⟨sich a.⟩: *bestimmte Folgen haben:* die politische Krise wirkt sich ungünstig auf die Wirtschaft aus.

die **Aus|wir|kung** ['aʊsvɪrkʊŋ]; -, -en: *Wirkung:* welche Auswirkungen die Erfindung auf die Zukunft des Autos hat, kann man heute noch nicht sagen.

aus|zah|len ['aʊstsaːlən], zahlt aus, zahlte aus, ausgezahlt: **1.** ⟨tr.; hat; etw. a.⟩ *jmdm. das Geld geben, das er verdient oder beantragt hat:* Prämien, die Gehälter auszahlen; ich lasse mir die Zinsen jährlich auszahlen. **2.** ⟨sich a.⟩ *sich lohnen:* jetzt zahlt sich seine Mühe aus; Verbrechen zahlen sich nicht aus. *Syn.:* sich rentieren.

aus|zäh|len ['aʊstsɛːlən], zählt aus, zählte aus, ausgezählt ⟨tr.; hat; etw. a.⟩: *durch Zählen die genaue Anzahl von etwas feststellen:* nach der Wahl wurden die Stimmen ausgezählt.

aus|zeich|nen ['aʊstsaɪçnən], zeichnet aus, zeichnet aus, ausgezeichnet: **1.** ⟨tr.; hat; jmdn., etw. a.⟩ *auf besondere Weise (zum Beispiel durch einen Preis oder Orden) ehren:* die Schauspielerin wurde für ihre Leistung mit einem Preis ausgezeichnet. **2.** ⟨sich a.⟩ *wegen guter Eigenschaften auffallen:* er zeichnet sich durch Fleiß aus. **3.** ⟨tr.; hat; etw. a.⟩ *ein Preisschild an etwas anbringen:* Waren auszeichnen.

die **Aus|zeich|nung** ['aʊstsaɪçnʊŋ]; -, -en: **1.** *das Auszeichnen mit einem Preis oder Orden:* die Auszeichnung der besten Schülerinnen und Schüler erfolgt morgen in der Aula. **2.** *etwas, womit jmd. ausgezeichnet wird:* er erhielt eine Auszeichnung für seine Verdienste. **3.** *das Anbringen von Preisschildern:* sie war gerade mit der Auszeichnung der neu gelieferten Waren beschäftigt.

aus|zie|hen ['aʊstsiːən], zieht aus, zog aus, ausgezogen: **1.** ⟨tr.; hat; jmdn., sich a.⟩ *die Kleidung vom Körper entfernen* /Ggs. anziehen/: die Mutter hat das Kind ausgezogen; ich musste mich zur Untersuchung [nackt] ausziehen. **2.** ⟨tr.; hat; etw. a.⟩ *(ein Kleidungsstück) vom Körper entfernen* /Ggs. anziehen/: ich habe meine Schuhe und Strümpfe ausgezogen. *Syn.:* ablegen. **3.** ⟨itr.; ist⟩ *(eine Wohnung) aufgeben und verlassen* /Ggs. einziehen/: wir sind vor einem Jahr [aus dem Haus] ausgezogen; mit 18 Jahren ist sie von zu Hause ausgezogen.

der *und* die **Aus|zu|bil|den|de** ['aʊstsubɪldn̩də]; -n, -n ⟨aber: [ein] Auszubildender, [eine] Auszubildende, Plural: [viele] Auszubildende⟩: *Person, die für einen Beruf ausgebildet wird:* die Firma stellt dieses Jahr wieder Auszubildende ein. *Syn.:* Lehrling

der **Aus|zug** ['aʊstsuːk]; -[e]s, Auszüge ['aʊstsyːɡə]: **1.** *das Ausziehen aus einer Wohnung* /Ggs. Einzug/: nach dem Auszug der Mieter muss das Haus renoviert werden. **2.** *wichtiger Teil, der aus einem Text ausgewählt worden ist:* Auszüge aus ihrer Rede wurden in der Zeitung abgedruckt. *Syn.:* Ausschnitt. **3.** *Beleg über die Summen, die auf ein Konto eingezahlt oder von ihm abgehoben wurden:* hast du dir die Auszüge von der Bank schon angesehen? *Zus.:* Kontoauszug.

das Auto

das **Au|to** ['aʊto]; -s, -s: *Fahrzeug mit einem Motor, das zum Befördern von Personen oder Gütern auf Straßen dient:* ein altes, neues Auto fahren; gebrauchte Autos verkaufen; wir waren lange mit dem Auto unterwegs. *Syn.:* Kraftfahrzeug, Wagen.

Auto

Die Namen der Autotypen beziehungsweise der Automarken sind im Deutschen fast immer männlich: »der Ford Mondeo«, »der Opel Astra«, »der VW« (Ausnahme: »die Isabella«).

---

die **Au|to|bahn** ['aʊtobaːn]; -, -en: *für Kraftfahrzeuge gebaute Straße mit mehreren Fahrbahnen:* wir fuhren auf der Autobahn in Richtung Berlin; wenn du über die Autobahn fährst, bist du schneller dort. *Syn.:* Schnellstraße.

der **Au|to|mat** [aʊto'maːt]; -en, -en: **1.** *Apparat, der nach dem Bezahlen mit einer Münze etwas ausgibt:* lösen Sie den Fahrschein bitte am Automaten!; Zigaretten können Sie am Automaten ziehen. *Zus.:* Fahrkartenautomat, Zigarettenautomat. **2.** *Maschine, Vorrichtung, die technische Abläufe selbsttätig steuert:* die Flaschen werden von Automaten abgefüllt.

au|to|ma|tisch [aʊto'maːtɪʃ] ⟨Adj.⟩: **1.** *mithilfe eines Automaten funktionierend:* eine automatische Steuerung; die Türen öffnen sich automatisch. **2.** *von selbst, ohne dass man sich darum kümmern* *muss:* ihr Gehalt wird alle zwei Jahre automatisch erhöht.

er **Au|tor** [ˈau̯toːɐ̯]; -s, Autoren [au̯ˈtoːrən], die **Au|to|rin** [au̯ˈtoːrɪn]; -, -nen: *Person, die einen Text, ein Buch geschrieben hat:* der Autor eines Romans, eines Artikels; er ist ein bekannter, viel gelesener Autor; sie ist die Autorin des berühmten Buches. *Syn.:* Verfasser, Verfasserin. *Zus.:* Krimiautor, Krimiautorin.

ie **Axt** [akst]; -, Äxte [ˈɛkstə]: *Werkzeug mit schmaler Schneide und längerem Stiel, besonders zum Fällen von Bäumen:* die Axt schwingen.

die Axt

er **Azu|bi** [aˈt͡suːbi]; -s, -s, die **Azu|bi;** -, -s (ugs.): ↑ Auszubildende.

B *b*

as **Ba|by** [ˈbeːbi]; -s, -s: *Kind, das noch jünger als ein Jahr ist:* ein Baby haben, bekommen, kriegen; ein Baby erwarten *(schwanger sein).* *Syn.:* Säugling.

er **Ba|by|sit|ter** [ˈbeːbizɪtɐ]; -s, -, die **Ba|by|sit|te|rin** [ˈbeːbizɪtərɪn]; -, -nen: *Person, die kleine Kinder [gegen Bezahlung] beaufsichtigt, wenn die Eltern nicht zu Hause sind:* unser Babysitter konnte gestern nicht kommen; sie verdient sich ein Taschengeld als Babysitterin.

er **Bach** [bax]; -[e]s, Bäche [ˈbɛçə]: *kleiner, weder breiter noch tiefer Fluss:* durch das Tal fließt ein Bach.

die Backe

e **Ba|cke** [ˈbakə]; -, -n (ugs.): *Teil des menschlichen Gesichts zwischen Auge, Nase und Ohr:* rote, runde Backen haben; er kaut

mit vollen Backen *(mit sehr vollem Mund).* *Syn.:* Wange (geh.).

ba|cken [ˈbakn̩], bäckt/backt, backte, gebacken: **1.** ⟨tr.; hat; etw. b.⟩ *etwas aus Teig Geformtes in einem Ofen (bei größerer Hitze) garen:* Brot, einen Kuchen, eine Pizza backen. **2.** ⟨itr.; hat⟩ *(bei größerer Hitze) im Backofen gar werden:* wie lange muss der Kuchen noch backen?

der **Bä|cker** [ˈbɛkɐ]; -s, -: *männliche Person, deren Beruf das Herstellen von Brot, Brötchen, Kuchen ist.*

die **Bä|cke|rei** [bɛkəˈrai̯]; -, -en: *Laden, in dem Brot, Brötchen, Kuchen verkauft werden:* die Bäckerei in der Bahnhofstraße hat das beste Brot.

die **Bä|cke|rin** [ˈbɛkərɪn]; -, -nen: weibliche Form zu ↑ Bäcker.

der **Back|ofen** [ˈbaklˌoːfn̩]; -s, Backöfen [ˈbaklˌøːfn̩]: *Ofen zum Backen und Braten:* einen Braten in den Backofen schieben.

das **Bad** [baːt]; -[e]s, Bäder [ˈbɛːdɐ]: **1.** *das Baden:* ein Bad nehmen; ein erfrischendes Bad im Meer; sich nach dem Bad in die Sonne legen. **2.** *Badezimmer:* sich im Bad einschließen; wir hatten ein Zimmer mit Bad bestellt.

der Badeanzug

der **Ba|de|an|zug** [ˈbaːdəlanˌt͡suːk]; -[e]s, Badeanzüge [ˈbaːdəlanˌt͡syːɡə]: *beim Schwimmen, Baden meist von Frauen getragenes Kleidungsstück:* sie hatte unter dem Kleid schon ihren Badeanzug an.

die Badehose

die **Ba|de|ho|se** [ˈbaːdəhoːzə]; -, -n: *beim Schwimmen, Baden von Männern getragene kurze Hose:* hast du deine Badehose eingepackt?

der Bademantel

der **Ba|de|man|tel** [ˈbaːdəmantl̩]; -s, Bademäntel [ˈbaːdəmɛntl̩]: *eine Art Mantel zum Abtrocknen und Aufwärmen nach dem*

B

Baden: in den Hotelzimmern lagen Bademäntel für die Gäste.

ba|den ['baːdn̩], badet, badete, hat gebadet: **1.** ⟨tr.; hat; jmdn., sich b.⟩ *im Wasser säubern, erfrischen:* sich, das Baby baden. **2.** ⟨itr.; hat⟩ *sich im Wasser säubern, erfrischen:* täglich baden; sie badet gern sehr warm. **3.** ⟨itr.; hat⟩ *in einem Schwimmbad, Gewässer schwimmen, sich erfrischen:* baden gehen; wir haben jeden Tag im Meer gebadet.

die **Ba|de|wan|ne** ['baːdəvanə]; -, -n: *Wanne zum Baden:* er lag entspannt in der Badewanne.

das **Ba|de|zim|mer** ['baːdət͜sɪmɐ]; -s, -: *zum Baden eingerichteter Raum mit Badewanne, Dusche, Waschbecken:* hol mir doch bitte mein Handtuch aus dem Badezimmer. *Syn.:* Bad.

der **Bag|ger** ['bagɐ]; -s, -: *auf Baustellen eingesetzte große Maschine zum Bewegen, Laden, Transportieren von Erde:* der Bagger hob eine tiefe Grube aus.

der Bagger

das **Ba|guette** [ba'gɛt]; -s, -s: *längliches französisches Brot:* er brachte ein Baguette vom Bäcker mit.

die **Bahn** [baːn]; -, -en: **1.** *Eisenbahn:* mit der Bahn reisen; wir nehmen die Bahn bis Hamburg und fahren dann mit der Fähre weiter. **2.** *gekennzeichnete Strecke (für sportliche Veranstaltungen):* sie läuft im ersten Rennen auf Bahn 3; der Schlitten wurde aus der Bahn geschleudert.

der **Bahn|hof** ['baːnhoːf]; -[e]s, Bahnhöfe ['baːnhøːfə]: *Gebäude, an dem Züge anhalten:* jmdn. zum Bahnhof bringen; im Bahnhof auf jmdn. warten. *Syn.:* Station. *Zus.:* Güterbahnhof.

der **Bahn|steig** ['baːnʃtaik]; -[e]s, -e: *neben den Schienen liegende, erhöhte Plattform auf dem Gelände des Bahnhofs, wo die Züge halten:* der ICE nach Hannover fährt von Bahnsteig 7.

die **Bak|te|rie** [bak'teːriə]; -, -n: *winzig kleiner Organismus, der Krankheiten auslösen kann:* die Forscher haben neue Bakterien entdeckt. *Syn.:* Bazille, Keim.

bald [balt] ⟨Adverb⟩: **1.** *nach kurzer Zeit:* er wird bald kommen; wir werden uns so bald als/wie möglich bei Ihnen melden. **2.** (ugs.) *beinahe:* wir warten schon bald drei Stunden. *Syn.:* fast.

der **Bal|ken** ['balkn̩]; -s, -: *bearbeiteter Stamm eines Baumes, der beim Bauen verwendet wird:* die Decke wird von Balken getragen, gestützt.

der **Bal|kon** [bal'kõ]; -s, -s; (bes. südd.:) [bal'koːn]; -s, -e: *von einem Geländer umgebener, vorspringender Teil an einem Gebäude, den man vom Inneren des Gebäudes aus betreten kann:* eine Wohnung mit Balkon; im Sommer frühstücken wir auf dem Balkon.

der **¹Ball** [bal]; -[e]s, Bälle ['bɛlə]: *runder, oft mit Luft gefüllter Gegenstand aus Leder oder Kunststoff für Sport oder Spiel:* den Ball werfen, fangen; komm, wir spielen Ball *(mit dem Ball)*. *Zus.:* Fußball, Gummiball, Lederball, Tennisball.

der **²Ball** [bal]; -[e]s, Bälle ['bɛlə]: *festliche Veranstaltung, bei der getanzt wird:* einen Ball geben, veranstalten; auf einen/zu einem Ball gehen. *Zus.:* Faschingsball, Fastnachtsball, Silvesterball.

das **Bal|lett** [ba'lɛt]; -s, -e: **1.** ⟨ohne Plural⟩ *künstlerischer Tanz einer Gruppe von Tänzerinnen und Tänzern auf der Bühne:* klassisches und modernes Ballett tanzen. **2.** *Gruppe von Tänzerinnen und Tänzern einer Bühne:* das Ballett begeisterte sein Publikum.

der **Bal|lon** [ba'lõ]; -s, -s; (bes. südd.:) [ba'loːn]; -s, -e: **1.** *Luftballon.* **2.** *mit Gas gefüllter, schwebender, zum Fahren in der Luft geeigneter runder Körper:* ein Ballon steigt auf, fliegt langsam nach Westen.

das **Ball|spiel** ['balʃpiːl]; -[e]s, -e: *[im Sport zwischen Mannschaften ausgetragenes] Spiel mit einem Ball.*

die **Ba|na|ne** [ba'naːnə]; -, -n: *essbare längliche, leicht gebogene Frucht mit gelber Schale:* wir fütterten die Affen mit Bananen.

die Banane

band [bant]: ↑ binden.

das **¹Band** [bant]; -[e]s, Bänder ['bɛndɐ]: **1.** *schmaler Streifen (aus Stoff):* ein buntes Band; sie trug ein blaues Band aus

das ¹Band (1)

Seide im Haar. *Zus.:* Gummiband, Halsband. **2.** *Tonband: Musik auf Band aufnehmen.*

e **²Band** [bɛnt]; -, -s: *Gruppe von Musikern, die besonders Rock oder Jazz spielt:* die Band gibt zwei Konzerte in Berlin und eins in München; sie spielt elektrische Gitarre in einer Band. *Zus.:* Jazzband, Rockband.

die ²Band

r **³Band** [bant]; -[e]s, Bände ['bɛndə]: *Buch [das zu einer Reihe von Büchern gehört]:* ein Band Gedichte; das Lexikon besteht aus zwölf Bänden. *Zus.:* Bildband, Gedichtband.

der ³Band

e **¹Bank** [baŋk]; -, Bänke ['bɛŋkə]: *langer und schmaler Sitzplatz für mehrere Personen:* sich auf eine Bank im Park setzen. *Zus.:* Eckbank, Gartenbank, Kirchenbank, Parkbank, Sitzbank.

die ¹Bank

e **²Bank** [baŋk]; -, -en: *Unternehmen, das mit Geld handelt, Geld verleiht u. a.:* Geld von der Bank holen, zur Bank bringen; die Macht der Banken. *Syn.:* Sparkasse. *Zus.:* Großbank, Kreditbank, Nationalbank, Staatsbank.

die ²Bank

e **Bank|no|te** ['baŋkno:tə]; -, -n: *Geldschein:* gefälschte Banknoten. *Syn.:* ²Schein.
bar [ba:ɐ̯] ⟨Adj.⟩: **1.** *in Form von Geldscheinen oder Münzen [vorhanden]:* bares

Geld; etwas [in] bar bezahlen. **2.** (geh.) *ganz eindeutig und unverkennbar:* barer Unsinn; bares Entsetzen, bare Angst. *Syn.:* ¹rein.

die **Bar** [ba:ɐ̯]; -, -s: **1.** *erhöhter Tisch in einem Lokal, an dem Getränke ausgeschenkt werden:* er saß, stand an der Bar und trank Whisky. *Syn.:* Theke, Tresen. *Zus.:* Hausbar. **2.** *kleineres, intimes [Nacht]lokal:* in eine Bar gehen. *Zus.:* Hotelbar, Nachtbar, Tanzbar.

der **Bär** [bɛ:ɐ̯]; -en, -en: **1.** *großes, kompakt gebautes Raubtier mit dickem Fell und kurzem Schwanz:* er ist stark wie ein Bär. *Zus.:* Braunbär, Graubär. **2.** * **jmdm. einen Bären aufbinden** (ugs.): *jmdm. etwas Unwahres erzählen:* mit dieser Geschichte hat er dir aber einen ganz schönen Bären aufgebunden.

der Bär

-bar [ba:ɐ̯] ⟨adjektivisches Suffix⟩: **1.** ⟨bei transitivem Basiswort⟩ *sich ... lassend:* erpressbar; vernachlässigbar; vorhersehbar; zumutbar; (auch als Teil einer Zusammensetzung:) maschinenlesbar. **2.** ⟨bei intransitivem Basiswort⟩ *... könnend:* gerinnbar; (oft in Bildungen mit »un-«:) unsinkbar; unverzichtbar.

die **Ba|ra|cke** [ba'rakə]; -, -n: *flacher Bau von schlechter Qualität, der nur als Ersatz für eine richtige Unterkunft dient:* in den Slums wohnen viele Menschen in Baracken ohne fließendes Wasser und Strom. *Syn.:* Bude, Hütte. *Zus.:* Holzbaracke, Wohnbaracke.

der **Bä|ren|hun|ger** ['bɛ:rənhʊŋɐ]; -s (ugs.): *großer Hunger:* ich habe einen Bärenhunger!
bar|fuß ['ba:ɐ̯fu:s]: ⟨in Verbindung mit bestimmten Verben⟩ *mit bloßen Füßen, ohne Schuhe und Strümpfe:* barfuß laufen, gehen, sein.
barg [bark]: ↑ bergen.
das **Bar|geld** ['ba:ɐ̯gɛlt]; -[e]s: *Geld in Form von Scheinen und Münzen:* so viel Bargeld habe ich nicht bei mir.
ba|rock [ba'rɔk] ⟨Adj.⟩: *im Stil des Barocks gestaltet, aus der Zeit des Barocks stammend:* barocke Kirchen, Häuser, Bilder, Musik.
der *oder* das **Ba|rock** [ba'rɔk]; -[s]: *Stil in der europäischen Kunst, Dichtung und Musik des 17. und 18. Jahrhunderts, der durch*

verschwenderische Formen gekennzeichnet ist: das Zeitalter des Barock[s].

das **Ba|ro|me|ter** [baro'me:tɐ]; -s, -: *Instrument zum Messen des Drucks der Luft:* das Barometer steigt, fällt.

der **Bar|ren** ['barən]; -s, -: *Stück eines Metalls (meist in rechteckiger Form):* ein Barren Gold. *Zus.:* Goldbarren, Metallbarren, Silberbarren.

die **Bar|ri|e|re** [ba'ri̯e:rə]; -, -n: *Sperre:* Barrieren errichten, aufstellen, niederreißen.

barsch [barʃ], barscher, am barschsten ⟨Adj.⟩: *mit heftiger, unfreundlicher Stimme kurz und knapp geäußert:* barsche Worte; in barschem Ton sprechen; der Chef fuhr seinen Mitarbeiter barsch an. *Syn.:* schroff.

der **Bart** [ba:ɐ̯t]; -[e]s, Bärte ['bɛ:ɐ̯tə]: **1.** *(bei Männern) dicht wachsende Haare um die Lippen, auf Wangen und Kinn:* ich lasse mir einen Bart wachsen; sich den Bart abnehmen *(abrasieren)* lassen. *Zus.:* Backenbart, Kinnbart, Spitzbart, Stoppelbart. **2.** *Teil des Schlüssels, der im Schloss den Riegel bewegt:* der Bart ist abgebrochen.

bär|tig ['bɛ:ɐ̯tɪç], bärtiger, am bärtigsten ⟨Adj.⟩: *einen Bart habend:* bärtige Gesichter, Männer.

die **Bar|zah|lung** ['ba:ɐ̯tsa:lʊŋ]; -, -en: *Zahlung in bar:* bei Barzahlung kriegst du 3% Rabatt.

der **Ba|sar** [ba'za:ɐ̯]; auch: Bazar; -s, -e: **1.** *Markt für unterschiedlichste Waren [im Orient].* **2.** *Verkauf von Waren zu einem guten Zweck. Zus.:* Weihnachtsbasar, Wohltätigkeitsbasar.

die **Ba|sis** ['ba:zɪs]; -, Basen ['ba:zn̩]: *etwas, worauf sich etwas gründet, stützt:* Forschungen auf breiter Basis betreiben; etwas ist, bildet die Basis für etwas. *Syn.:* Grundlage. *Zus.:* Existenzbasis, Gesprächsbasis, Rechtsbasis, Vertrauensbasis.

der **Bas|ket|ball** ['ba(:)skətbal]; -[e]s, Basketbälle ['ba(:)skətbɛlə]: **1.** *Ballspiel mit Korb.* **2.** *im Basketball verwendeter Ball.*

der **Bass** [bas]; -es, Bässe ['bɛsə]: *sehr tief klingendes Streichinstrument:* er spielt Bass.

das **Bas|sin** [ba'sɛ̃]; -s, -s: *künstlich angelegtes Wasserbecken:* Fische aus dem Bassin holen; im Bassin baden. *Zus.:* Schwimmbassin, Wasserbassin.

bas|ta ['basta] ⟨Interjektion⟩ (ugs.): *Schluss damit!, genug jetzt!:* nun weißt du es, und damit basta!

bas|teln ['bastln̩], bastelt, bastelte, gebastelt: **1.** ⟨itr.; hat⟩ *sich als Hobby mit kleineren handwerklichen Arbeiten beschäftigen:* er bastelt gern; an einem Lampenschirm basteln. **2.** ⟨tr.; hat; etw. b.⟩ *durch Basteln herstellen:* ein Spielzeug basteln; selbst gebastelte Regale. *Syn.:* machen.

bat [ba:t]: ↑ bitten.

die **Bat|te|rie** [batə'ri:]; -, Batterien [batə'ri:ən]: *kleines Gerät, das Strom erzeugt:* der Wecker, die Taschenlampe braucht neue Batterien.

 die Batterie

der **Bau** [bau]; -[e]s, -e oder -ten: **1.** ⟨ohne Plural⟩ *das Bauen:* den Bau eines Hauses planen; das Schiff ist im/auch: in Bau *(es wird daran gebaut);* auf dem Bau arbeiten *(als Arbeiter tätig sein). Zus.:* Hausbau, Schiffsbau, Straßenbau. **2.** ⟨ohne Plural⟩ *Art, in der etwas gebaut, zusammengesetzt ist:* der Bau eines Satzes, des menschlichen Körpers. *Syn.:* Aufbau. *Zus.:* Körperbau, Satzbau. **3.** ⟨Plural: Bauten⟩ *etwas, was gebaut ist:* ein moderner repräsentativer, barocker Bau. *Syn.:* Bauwerk, Gebäude. *Zus.:* Backsteinbau, Barockbau, Flachbau, Prachtbau. **4.** ⟨Plural: Baue⟩ *von bestimmten Tieren in die Erde grabene Höhle:* der Fuchs, Dachs versteckte sich, verschwand in seinem Bau. *Syn.:* Loch. *Zus.:* Dachsbau, Fuchsbau, Kaninchenbau.

der **Bauch** [baux]; -[e]s, Bäuche ['bɔyçə]: **1.** *unterer Teil des Rumpfes:* den Bauch einziehen; auf dem Bauch liegen; einen leeren Bauch haben (ugs.; *nichts gegessen haben). Syn.:* Unterleib. **2.** *deutlich hervortretende Wölbung am unteren Teil des Rumpfes:* einen Bauch bekommen, ansetzen, haben.

der **Bauch|schmerz** ['bauxʃmɛrts]; -es, -en: *Schmerz im Bauch:* Bauchschmerzen haben.

bau|en ['bauən], baut, baute, gebaut: **1.** ⟨tr.; hat; etw. b.⟩ *nach einem bestimmten Plan ausführen, errichten [lassen]:* ein Haus, ein Schiff, eine Straße, eine Brücke, einen Tunnel bauen; der Vogel baut sich (Dativ) ein Nest; ⟨auch itr.⟩ an dieser Kirche wird schon lange gebaut; er will bauen *(sich ein Haus bauen [lassen]). Syn.:* erbauen. **2.** ⟨tr.; hat; etw. b.⟩ *[in handwerklicher Arbeit] herstellen, aus Teilen zusammensetzen:* eine

Maschine, einen Rennwagen, eine Gitarre bauen. **3.** ⟨itr.; hat; auf jmdn., etw. b.⟩ *sich verlassen, fest vertrauen:* auf ihn, seine Erfahrung kannst du bauen. *Syn.:* zählen.

er **¹Bau|er** [ˈbaue̯ɐ̯]; -n, -n: **1.** *männliche Person, die Landwirtschaft betreibt:* der Bauer arbeitet auf dem Feld. *Syn.:* Landwirt. *Zus.:* Bergbauer. **2.** *niedrigste Figur im Schachspiel:* mein Bauer hat deinen Läufer geschlagen.

las, *auch* der **²Bau|er** [ˈbaue̯ɐ̯]; -s, -: *Käfig für Vögel:* der Vogel sitzt im Bauer. *Zus.:* Drahtbauer, Vogelbauer.

lie **Bäu|e|rin** [ˈbɔy̯ərɪn]; -, -nen: **1.** *weibliche Person, die Landwirtschaft betreibt:* die Bäuerin ist im Stall bei den Kühen. *Syn.:* Landwirtin. **2.** *Frau eines Bauern.*

bäu|er|lich [ˈbɔy̯ɐ̯lɪç] ⟨Adj.⟩: *den Bauern betreffend, zum Bauern gehörend:* bäuerliche Erzeugnisse; die bäuerliche Bevölkerung. *Syn.:* ländlich, rustikal.

er **Bau|ern|hof** [ˈbaue̯ɐ̯nhoːf]; -[e]s, Bauernhöfe [ˈbaue̯ɐ̯nhøːfə]: *landwirtschaftlicher Betrieb:* Ferien auf dem Bauernhof. *Syn.:* Gut, Hof.

ie **Bau|ers|frau** [ˈbaue̯ɐ̯sfrau̯]; -, -en: *Bäuerin.*

er **Bau|kas|ten** [ˈbau̯kastn̩]; -s, Baukästen [ˈbau̯kɛstn̩]: *Spielzeug mit kleinen Einzelteilen zum Bauen:* Bausteine aus dem Baukasten holen.

er **Baum** [bau̯m]; -[e]s, Bäume [ˈbɔy̯mə]: *großes Gewächs mit einem Stamm aus Holz, aus dem Äste wachsen, die sich in Zweige mit Laub oder Nadeln teilen:* die Bäume schlagen aus, blühen, lassen ihre Blätter fallen; einen Baum fällen, pflanzen. *Zus.:* Apfelbaum, Kastanienbaum, Kirschbaum, Nussbaum.

bau|meln [ˈbau̯mln̩], baumelt, baumelte, gebaumelt ⟨itr.; hat⟩ (ugs.): *lose hängen [und dabei hin und her schwingen, schaukeln]:* an dem Ast baumelte ein Schild; die Füße, die Beine baumeln lassen.

ie **Baum|wol|le** [ˈbau̯mvɔlə]; -: *Faser einer bestimmten Pflanze, aus der Textilien hergestellt werden:* ein Kleid aus [reiner, hundert Prozent] Baumwolle.

ie **Bau|stel|le** [ˈbau̯ʃtɛlə]; -, -n: *Stelle, an der gebaut wird:* der Verkehr staute sich wegen einer Baustelle.

as **Bau|werk** [ˈbau̯vɛrk]; -[e]s, -e: *größeres, meist eindrucksvolles Gebäude:* ein mächtiges, historisches Bauwerk. *Syn.:* Bau, Haus.

er **Ba|zar** [baˈtsaːɐ̯]; ↑ Basar.

ie **Ba|zil|le** [baˈtsɪlə]; -, -n (ugs.): *Bakterie:* gefährliche Bazillen und Viren. *Syn.:* Keim.

be- [bə] ⟨Präfix⟩: **1.** dient zur Bildung transitiver Verben mit verbalem Basiswort: bekritzeln; beschimpfen; besteigen; bestrahlen; bestreuen. **2.** dient zur Bildung transitiver Verben mit nominalem Basiswort: beschriften; bezuschussen. **3.** dient zur Bildung von Adjektiven mit nominalem Basiswort: bebrillt; bewaldet.

be|ab|sich|ti|gen [bəˈʔapzɪçtɪɡn̩], beabsichtigt, beabsichtigte, beabsichtigt ⟨tr.; hat; etw. b.⟩: *die Absicht haben, wollen:* er beabsichtigt, nach München zu ziehen; das war nicht beabsichtigt. *Syn.:* gedenken, planen, vorhaben.

be|ach|ten [bəˈʔaxtn̩], beachtet, beachtete, beachtet ⟨tr.; hat; etw. b.⟩: *(auf jmdn., etwas) achten:* er beachtete sie, ihre Ratschläge überhaupt nicht; eine Vorschrift, die Spielregeln beachten *(respektieren).*

be|acht|lich [bəˈʔaxtlɪç], beachtlicher, am beachtlichsten ⟨Adj.⟩: *ziemlich wichtig, bedeutsam, groß:* beachtliche Fortschritte; eine beachtliche Summe; sie hat sich beachtlich gesteigert. *Syn.:* bedeutend, beträchtlich, erheblich.

die **Be|ach|tung** [bəˈʔaxtʊŋ]; -: *das Beachten:* die Beachtung der Verkehrszeichen; jmdm., einer Sache Beachtung schenken *(jmdn., etwas beachten).*

der **Be|am|te** [bəˈʔamtə]; -n, -n ⟨aber: [ein] Beamter, Plural: [viele] Beamte⟩, die **Be|am|tin** [bəˈʔamtɪn]; -, -nen: *Person, die für den Staat arbeitet:* ein höherer, mittlerer Beamter; sie ist Beamtin im Schuldienst; für Ihr Anliegen ist ein anderer Beamter zuständig. *Zus.:* Finanzbeamter, Finanzbeamtin, Polizeibeamter, Polizeibeamtin.

be|ängs|ti|gend [bəˈʔɛŋstɪɡn̩t], beängstigender, am beängstigendsten ⟨Adj.⟩: *Angst hervorrufend, einflößend:* ein beängstigender Anblick; der Zustand des Kranken ist beängstigend.

be|an|tra|gen [bəˈʔantraːɡn̩], beantragt, beantragte, beantragt ⟨tr.; hat; etw. b.⟩: *durch einen Antrag verlangen:* ein Stipendium beantragen; die Staatsanwältin beantragte die Bestrafung des Schuldigen.

be|ant|wor|ten [bəˈʔantvɔrtn̩], beantwortet, beantwortete, beantwortet ⟨tr.; hat; etw. b.⟩: **1.** *(in einer Prüfung) auf eine Frage eine Antwort geben:* zwei der zehn Fragen konnte ich nicht beantworten.

bedanken

Sie können sich mit den Worten »Danke!«, »Vielen Dank!«, »Danke sehr!«, »Danke schön!« oder »Herzlichen Dank!« bedanken. Wenn Sie besonders freundlich sein möchten, können Sie auch sagen: »Danke. Das ist wirklich sehr nett von Ihnen!« Es ist höflich, auf einen solchen Dank mit »Bitte sehr!« oder »Gern geschehen!« zu antworten.

2. *eine mündliche, schriftliche Antwort geben: eine Frage, eine Mail ausführlich, kurz beantworten. Syn.:* antworten auf, reagieren auf. 3. *auf etwas in einer bestimmten Weise reagieren:* er beantwortete die Ohrfeige mit einem Kinnhaken.

be|ar|bei|ten [bəˈʔarbaɪtn̩], bearbeitet, bearbeitete, bearbeitet ⟨tr.; hat⟩: 1. ⟨etw. b.⟩ *unter bestimmten Gesichtspunkten [neu] gestalten, in bestimmter Weise behandeln; an etwas arbeiten:* die Erde [mit dem Pflug] bearbeiten; der Stein wurde [mit Hammer und Meißel] bearbeitet; ein Thema bearbeiten; er hat das Hörspiel für die Bühne bearbeitet. 2. ⟨etw. b.⟩ *sich mit der Erledigung einer bestimmten Angelegenheit beschäftigen:* einen Antrag, einen Kriminalfall bearbeiten. 3. ⟨jmdn. b.⟩ *(ugs.) eindringlich auf jmdn. einreden, einwirken, um ihn dazu zu bringen, etwas Bestimmtes zu tun:* man bearbeitete ihn so lange, bis er zustimmte, bis er die Information preisgab.

be|auf|sich|ti|gen [bəˈʔaʊfzɪçtɪɡn̩], beaufsichtigt, beaufsichtigte, beaufsichtigt ⟨tr.; hat; etw. b.⟩: *(auf jmdn., etw.) aufpassen:* die Kinder, eine Klasse, die Arbeiten beaufsichtigen. *Syn.:* überwachen.

be|ben [ˈbeːbn̩], bebt, bebte, gebebt ⟨itr.; hat⟩: 1. *erschüttert werden:* die Erde, das Haus bebte. 2. (geh.) *zittern:* sie bebte vor Angst, Kälte.

der Be|cher [ˈbɛçɐ], -s, -: *höheres Gefäß (zum Trinken), dessen Form meist der eines Zylinders ähnelt:* einen Becher Milch trinken. *Zus.:* Joghurtbecher, Pappbecher, Trinkbecher, Zahnputzbecher.

das Be|cken [ˈbɛkn̩], -s, -: 1. *[großes] flaches, schüsselförmiges Gefäß:* ich muss noch das Becken *(das Waschbecken)* sauber machen. *Zus.:* Toilettenbecken, Waschbecken, Weihwasserbecken. 2. *(meist größere) Anlage für Wasser usw.:* das Becken des Springbrunnens; das Schwimmbad hat mehrere Becken. *Syn.:* Bassin. *Zus.:* Schwimmbecken, Speicherbecken. 3. *aus Knochen gebildeter Ring,* der den unteren Teil des Rumpfes mit den Beinen verbindet.

be|dan|ken [bəˈdaŋkn̩], bedankt, bedankte, bedankt ⟨sich [bei jmdm.] [für etw.] b.⟩: *(jmdm.) danken:* sich herzlich bei jmdm. bedanken; er bedankte sich für die Einladung.

der Be|darf [bəˈdarf]; -[e]s, (Fachspr.:) -e: *in einer bestimmten Lage Benötigtes, Gewünschtes:* es besteht Bedarf an Lebensmitteln; bei Bedarf kommt sie sofort; mein Bedarf ist gedeckt *(ich habe genug). Zus.:* Energiebedarf.

be|dau|er|lich [bəˈdaʊɐlɪç], bedauerlicher, am bedauerlichsten ⟨Adj.⟩: *zu bedauern:* ein bedauerlicher Vorfall, Irrtum; das ist sehr bedauerlich. *Syn.:* schade, traurig.

be|dau|ern [bəˈdaʊɐn], bedauert, bedauerte, bedauert ⟨tr.; hat⟩: 1. ⟨jmdn. b.⟩ *(mit jmdm.) Mitgefühl empfinden:* er bedauerte sie wegen ihres Misserfolgs; diese armen Menschen sind zu bedauern. 2. ⟨etw. b.⟩ *schade finden:* er bedauerte den Vorfall aufrichtig, von Herzen; ich bedauere [es] sehr, dass ich euch nicht mehr gesehen habe.

das Be|dau|ern [bəˈdaʊɐn]; -s: *mitfühlende Anteilnahme; Mitgefühl:* ein Polizeisprecher äußerte sein Bedauern wegen des Vorfalls; zu meinem [großen] Bedauern *(leider)* kann ich heute nicht kommen.

be|dau|erns|wert [bəˈdaʊɐnsveːɐt], bedauernswerter, am bedauernswertesten ⟨Adj.⟩: *Mitleid verdienend:* bedauernswerte Menschen; das Land befindet sich in einer bedauernswerten Lage; etwas bedauernswert *(schade)* finden.

be|de|cken [bəˈdɛkn̩], bedeckt, bedeckte, bedeckt ⟨tr.; hat; jmdn., sich, etw. b.⟩: *durch etwas, was darübergelegt wird, schützen oder nicht mehr sichtbar sein lassen:* sie bedeckte das Kind mit ihrem Mantel; der größte Teil der Erde ist von Wasser bedeckt.

be|deckt [bəˈdɛkt] ⟨Adj.⟩: *vollständig von Wolken überzogen:* der Himmel ist bedeckt.

be|den|ken [bəˈdɛŋkn̩], bedenkt, bedachte, bedacht ⟨tr.; hat⟩: 1. ⟨etw. b.⟩ *in seine Überlegungen einbeziehen:* das hatte er nicht bedacht; das ist eine tolle Leistung, wenn man bedenkt, dass er erst zwölf ist. *Syn.:* berücksichtigen. **2.** ⟨jmdn. [mit etw.] b.⟩ (geh.) *beschenken:* die Kinder wurden zu Weihnachten reichlich mit Geschenken bedacht.

das **Be|den|ken** [bəˈdɛŋkn̩]; -s, -: *Zweifel an der Richtigkeit (eines Verhaltens):* seine Bedenken [gegen etw.] vorbringen, äußern; da habe ich keinerlei Bedenken; das war mein einziges Bedenken.

be|den|ken|los [bəˈdɛŋkn̩loːs], bedenkenloser, am bedenkenlosesten ⟨Adj.⟩: **1.** *ohne Hemmungen:* die bedenkenlose Ausbeutung der natürlichen Ressourcen; er gibt sein Geld bedenkenlos aus. *Syn.:* gewissenlos, hemmungslos. **2.** *ohne Bedenken haben zu müssen:* den Vertrag kannst du bedenkenlos unterschreiben.

be|denk|lich [bəˈdɛŋklɪç], bedenklicher, am bedenklichsten ⟨Adj.⟩: *Bedenken hervorrufend, Besorgnis erregend:* in einer bedenklichen Lage sein; das Feuer kam bedenklich nah heran. *Syn.:* beängstigend, bedrohlich.

be|deu|ten [bəˈdɔytn̩], bedeutete, bedeutet ⟨itr.; hat⟩: **1.** ⟨etw. b.⟩ *als Bedeutung haben:* ich weiß nicht, was dieses Wort bedeuten soll. *Syn.:* heißen. **2.** ⟨jmdm. etw. b.⟩ *wichtig sein, einen bestimmten Wert haben (für jmdn.):* meine Kinder bedeuten mir viel; materielle Dinge bedeuteten ihm nichts.

be|deu|tend [bəˈdɔytn̩t], bedeutender, am bedeutendsten ⟨Adj.⟩: **1.** *groß, wichtig:* ein bedeutendes Werk, Ereignis; sie besitzt ein bedeutendes Vermögen; der Mann ist nicht sehr bedeutend. *Syn.:* beachtlich, bemerkenswert, relevant. **2.** *erheblich:* der neue Turm ist bedeutend höher als der alte. *Syn.:* beträchtlich, viel, weit, wesentlich.

be|deut|sam [bəˈdɔytzaːm], bedeutsamer, am bedeutsamsten ⟨Adj.⟩: *wichtig, besondere Bedeutung habend:* eine bedeutsame Entdeckung.

die **Be|deu|tung** [bəˈdɔytʊŋ]; -, -en: **1.** *Inhalt, Sinn eines Zeichens, eines Worts:* das Wort hat mehrere Bedeutungen; er kannte die Bedeutung des Zeichens, des Wortes nicht. *Syn.:* Inhalt, Sinn. *Zus.:* Wortbedeutung. **2.** *Wichtigkeit:* etwas hat große, besondere, politische, [überhaupt] keine Bedeutung; das ist nicht von Bedeutung *(nicht wichtig). Syn.:* Gewicht.

be|deu|tungs|los [bəˈdɔytʊŋsloːs], bedeutungsloser, am bedeutungslosesten ⟨Adj.⟩: *nicht wichtig; ohne Bedeutung:* eine bedeutungslose Minderheit. *Syn.:* unwesentlich, unwichtig.

be|deu|tungs|voll [bəˈdɔytʊŋsfɔl], bedeutungsvoller, am bedeutungsvollsten ⟨Adj.⟩: **1.** *voll Bedeutung; wichtig:* ein bedeutungsvoller Tag; dieses Verfahren ist für die Patienten besonders bedeutungsvoll. *Syn.:* bedeutend, bedeutsam, denkwürdig. **2.** *wissend:* er warf ihr einen bedeutungsvollen Blick zu; jmdn. bedeutungsvoll ansehen.

be|die|nen [bəˈdiːnən], bediente, bedient: **1.** ⟨tr.; hat; jmdn. b.⟩ *(für jmdn.) Dienste leisten:* seine Gäste, die Kunden bedienen; ⟨auch itr.⟩ sie bedient im Café Beyer. **2.** ⟨sich b.⟩ *sich etwas von etwas Angebotenem nehmen:* bitte, bedienen Sie sich (höfliche Aufforderung). *Syn.:* zugreifen. **3.** ⟨tr.; hat; etw. b.⟩ *durch die geeigneten Handgriffe zum Funktionieren bringen:* kannst du die Maschine, den Fahrstuhl, den Videorekorder bedienen? **4.** ⟨tr.; hat; sich einer Sache (Gen.) bedienen⟩ (geh.) *(jmdn., etwas) benutzen, verwenden:* er bediente sich eines Vergleichs. *Syn.:* benützen (bes. südd.), einsetzen, gebrauchen.

die **Be|die|nung** [bəˈdiːnʊŋ]; -, -en: **1.** *das Bedienen (einer Person):* die Bedienung des Kunden erfolgte prompt; ein Restaurant mit Bedienung. *Syn.:* Service. *Zus.:* Selbstbedienung. **2.** *das Bedienen (eines Geräts oder dergleichen):* die Bedienung dieser Maschine ist nicht schwer. *Zus.:* Fernbedienung. **3.** *Person, die bedient:* die Bedienung rufen. *Syn.:* Kellner, Kellnerin, Ober, Servierer, Serviererin.

be|dingt [bəˈdɪŋt] ⟨Adj.⟩: *nur unter bestimmten Voraussetzungen geltend:* eine bedingte Zusage; die Aussage war nur bedingt richtig.

die **Be|din|gung** [bəˈdɪŋʊŋ]; -, -en: **1.** *etwas, was eine notwendige Voraussetzung für etwas anderes ist:* eine Bedingung stellen; diese Bedingung kann ich nicht akzeptieren, erfüllen; ich komme nur unter der Bedingung, dass du mich später nach Hause bringst. *Zus.:* Aufnahmebedingung, Teilnahmebedingung, Zulassungsbedingung. **2.** ⟨Plural⟩ *gegebene Umstände:* die klimatischen Bedingungen. *Syn.:* Verhältnisse ⟨Plural⟩, Voraussetzungen ⟨Plural⟩. *Zus.:* Arbeitsbedingungen, Existenzbedingungen, Lebensbedingungen, Umweltbedingungen, Witterungsbedingungen.

be|din|gungs|los [bəˈdɪŋʊŋsloːs], bedingungsloser, am bedingungslosesten ⟨Adj.⟩: *ohne Einschränkung:* bedingungsloses Vertrauen; das Kind gehorcht bedingungslos. *Syn.:* unbedingt, uneingeschränkt.

be|dro|hen [bə'dro:ən], bedroht, bedrohte, bedroht ⟨tr.; hat⟩: **1.** ⟨jmdn. [mit etw.] b.⟩ *(jmdm.) mit Anwendung von Gewalt drohen:* er bedrohte sie mit dem Messer. **2.** ⟨jmdn., etw. b.⟩ *gefährlich sein (für jmdn., etwas):* eine Seuche, das Hochwasser bedroht die Stadt. *Syn.:* gefährden.

be|droh|lich [bə'dro:lɪç], bedrohlicher, am bedrohlichsten ⟨Adj.⟩: *Unheil, Gefahr befürchten lassend:* eine bedrohliche Situation; die Wolken sehen bedrohlich aus; das Auto, das Feuer kam bedrohlich nah. *Syn.:* bedenklich, brenzlig (ugs.), gefährlich.

be|drü|cken [bə'drʏkn̩], bedrückt, bedrückte, bedrückt ⟨tr.; hat; jmdn. b.⟩: *seelisch belasten, traurig machen:* Sorgen und Angst bedrücken uns; was bedrückt dich?; er saß bedrückt *(traurig)* in einer Ecke.

be|dür|fen [bə'dʏrfn̩], bedarf, bedurfte, bedurft ⟨itr.; hat; jmds., einer Sache b.⟩ (geh.): *(etwas) nötig haben, brauchen:* sie bedurfte seiner, seines Rates nicht; das bedarf einer näheren Erklärung.

das Be|dürf|nis [bə'dʏrfnɪs]; -ses, -se: **1.** *Gefühl, jmds., einer Sache zu bedürfen:* ein großes, dringendes Bedürfnis nach Ruhe haben. *Syn.:* Verlangen. *Zus.:* Geltungsbedürfnis, Mitteilungsbedürfnis, Ruhebedürfnis, Schlafbedürfnis, Schutzbedürfnis. **2.** ⟨Plural⟩ *das, was man zum Leben braucht:* materielle, geistige Bedürfnisse; das Haus war auf die Bedürfnisse der Behinderten eingerichtet.

be|dürf|tig [bə'dʏrftɪç], bedürftiger, am bedürftigsten ⟨Adj.⟩: *[materielle] Hilfe nötig habend:* einer bedürftigen Familie helfen; er ist nicht bedürftig. *Syn.:* arm, mittellos.

be|ei|len [bə'ailən], beeilt, beeilte, beeilt: **1.** ⟨sich b.⟩ *dasjenige, was man tut, schnell tun:* er muss sich [mit seiner Arbeit] sehr beeilen; bitte beeil dich, der Zug fährt gleich ab. **2.** * *sich beeilen, etwas zu tun* (geh.): *etw. gleich, sofort tun:* sie beeilte sich zu versichern, dass sie nichts dagegen habe.

be|ein|dru|cken [bə'aindrʊkn̩], beeindruckt, beeindruckte, beeindruckt ⟨tr.; hat; jmdn. b.⟩: *starken Eindruck machen,*

große Wirkung haben (auf jmdn.): das Gemälde, die Aufführung beeindruckte alle; ihr selbstbewusstes Auftreten hatte ihn sehr beeindruckt. *Syn.:* imponieren.

be|ein|flus|sen [bə'ainflʊsn̩], beeinflusst, beeinflusste, beeinflusst ⟨tr.; hat; jmdn., etw. b.⟩: *(auf jmdn., etw.) Einfluss haben, ausüben:* jmdn. [in seinem Denken] stark, maßgeblich beeinflussen; die neuesten Entwicklungen hatten die Entscheidung stark beeinflusst.

be|ein|träch|ti|gen [bə'aintrɛçtɪgn̩], beeinträchtigt, beeinträchtigte, beeinträchtigt ⟨tr.; hat; jmdn., etw. b.⟩: *(jmdn.) in etw. einschränken:* jmdn. in seiner Freiheit sehr beeinträchtigen; Allergien beeinträchtigen das Wohlbefinden ganz erheblich. *Syn.:* beschränken.

be|en|den [bə'ɛndn̩], beendet, beendete, beendet ⟨tr.; hat; etw. b.⟩: *enden lassen, zum Abschluss bringen* /Ggs. anfangen/: ein Gespräch, eine Beziehung, die Arbeit beenden. *Syn.:* abbrechen, abschließen.

be|er|di|gen [bə'le:ɐdɪgn̩], beerdigt, beerdigte, beerdigt ⟨tr.; hat; jmdn. b.⟩: *ins Grab legen:* den Toten, Verstorbenen beerdigen. *Syn.:* bestatten.

die Be|er|di|gung [bə'le:ɐdɪgʊŋ]; -, -en: *Bestattung:* zu einer Beerdigung gehen; an der Beerdigung nahmen viele Leute teil. *Syn.:* Beisetzung (geh.).

die Bee|re ['be:rə]; -, -n: *kleine, runde oder längliche Frucht mit mehreren Kernen:* Beeren pflücken, sammeln.

das Beet [be:t]; -[e]s, -e: *abgegrenztes Stück Land zum Pflanzen von Blumen, Gemüse oder dergleichen:* Beete anlegen.

be|fas|sen [bə'fasn̩], befasst, befasste, befasst ⟨sich mit jmdm., etw. b.⟩: *sich auseinandersetzen, beschäftigen:* sie befasst sich intensiv mit ihren Schülerinnen und Schülern; mit diesem Problem, mit dieser Frage befasst er sich schon drei Jahre. *Syn.:* sich beschäftigen, sich widmen.

der Be|fehl [bə'fe:l]; -[e]s, -e: **1.** *Aufforderung (eines Vorgesetzten), etwas Bestimmtes zu tun:* einen Befehl geben; den Befehl verweigern; Befehle müssen befolgt werden. *Syn.:* Anordnung, Anweisung, Weisung. *Zus.:* Dienstbefehl, Marschbefehl, Schießbefehl, Zahlungsbefehl. **2.** (EDV) *Anweisung an den Computer:* Befehle müssen mit der Enter-Taste bestätigt werden.

be|feh|len [bə'fe:lən], befiehlt, befahl, befohlen ⟨tr.; hat; jmdm. etw. b.⟩: *(jmdm.) einen Befehl geben:* er befahl mir, mit ihm zu kommen; sie hat den Kindern befohlen, die Katze in Ruhe zu lassen. *Syn.:* anordnen.

be|fes|ti|gen [bəˈfɛstɪgn̩] ⟨tr.; hat⟩: **1.** ⟨etw. [an, auf usw. etw. (Dativ)] b.⟩ *(an etwas) festmachen:* ein Schild an der Tür befestigen. *Syn.:* anbringen, anmachen (ugs.), montieren. **2.** ⟨etw. b.⟩ *etwas so [um]bauen, dass es nur schwer zerstört oder überwunden werden kann:* eine Straße, den Deich, die Stadt, Grenze befestigen.

die **Be|fes|ti|gung** [bəˈfɛstɪgʊŋ] -, -en: **1.** *das Befestigen.* **2.** *Anlage, die dazu dient, etwas zu befestigen:* die Befestigung am Ufer muss dringend erneuert werden. *Zus.:* Grenzbefestigung, Uferbefestigung.

be|fin|den [bəˈfɪndn̩], befindet, befand, befunden: **1.** ⟨sich irgendwo b.⟩ *(an einem bestimmten Ort) sein, sich aufhalten:* sie, das Fahrrad befand sich im Haus, auf der Straße. **2.** ⟨sich irgendwie b.⟩ (geh.) *in einem bestimmten Zustand, in einer bestimmten Lage sein:* sich in einer unangenehmen Lage, in schlechtem Zustand befinden; Sie befinden sich im Irrtum. **3.** ⟨tr.; hat; jmdn., etw. irgendwie b.⟩ *halten (für etwas):* etwas für richtig, als gut befinden; er wurde von den Richtern für schuldig befunden. *Syn.:* ansehen als.

das **Be|fin|den** [bəˈfɪndn̩]; -s: *gesundheitlicher Zustand:* wie ist Ihr Befinden heute?; sich nach jmds. Befinden erkundigen. *Syn.:* Verfassung. *Zus.:* Allgemeinbefinden.

be|fol|gen [bəˈfɔlgn̩], befolgt, befolgte, befolgt ⟨tr.; hat; etw. b.⟩: *sich richten (nach etwas):* einen Befehl, eine Vorschrift befolgen; wenn du klug bist, befolgst du meinen Rat, seinen Vorschlag. *Syn.:* hören auf, sich halten an, sich richten nach.

be|för|dern [bəˈfœrdɐn], befördert, beförderte, befördert ⟨tr.; hat⟩: **1.** ⟨jmdn., etw. b.⟩ *von einem Ort an einen andern bringen:* Reisende in Bussen befördern; immer mehr Güter sollen mit der Bahn befördert werden. *Syn.:* transportieren. **2.** ⟨jmdn. [zu etw.] b.⟩ *in eine höhere Stellung aufrücken lassen:* sie wurde [zur Abteilungsleiterin] befördert.

die **Be|för|de|rung** [bəˈfœrdərʊŋ]; -, -en: **1.** *das Befördern:* die Beförderung von Gütern. *Syn.:* Transport. *Zus.:* Briefbeförderung, Gepäckbeförderung, Personenbeförderung. **2.** *das Aufrücken in eine höhere Stellung:* die Beförderung zum Abteilungsleiter.

be|fra|gen [bəˈfraːgn̩], befragt, befragte, befragt ⟨tr.; hat; jmdn. b.⟩: *Fragen richten (an jmdn.):* der Staatsanwalt hatte die Zeugin eingehend befragt.

be|frei|en [bəˈfraiən], befreit, befreite, befreit ⟨tr.; hat⟩: **1.** ⟨jmdn. [aus etw.] b.⟩ *frei machen, die Freiheit geben:* Gefangene befreien; jmdn. aus dem Gefängnis befreien. **2.** ⟨jmdn. von etw. b.⟩ *(von etwas) frei machen:* er hat sie von ihrer Krankheit befreit. **3.** ⟨jmdn. von etw. b.⟩ *(von etwas) freistellen:* sich vom Unterricht befreien lassen. *Syn.:* freistellen.

be|freun|den [bəˈfrɔyndn̩], befreundet, befreundete, befreundet ⟨sich [mit jmdm.] b.⟩: *eine Freundschaft beginnen:* die Kinder befreundeten sich schnell. *Syn.:* sich anfreunden.

be|frie|di|gen [bəˈfriːdɪgn̩], befriedigt, befriedigte, befriedigt ⟨tr.; hat; jmdn., etw. b.⟩: *(jmds. Verlangen, Erwartung) erfüllen:* jmds. Wünsche, Forderungen befriedigen; das Hausfrauendasein befriedigte sie nicht.

be|frie|di|gend [bəˈfriːdɪgn̩t], befriedigender, am befriedigendsten ⟨Adj.⟩: **1.** *den Erwartungen weitgehend entsprechend:* wir fanden schnell eine [für alle] befriedigende Lösung. **2.** *der Schulnote 3 entsprechend:* sie hatte im Test nur die Note befriedigend.

be|fugt [bəˈfuːkt]: in der Verbindung * **zu etwas befugt sein:** *zu etwas berechtigt sein:* er ist [nicht] befugt, dies zu tun.

der **Be|fund** [bəˈfʊnt]; -[e]s, -e: *nach Untersuchung festgestelltes Ergebnis:* ein ärztlicher Befund; der Befund war positiv, negativ. *Zus.:* Laborbefund, Obduktionsbefund.

be|fürch|ten [bəˈfʏrçtn̩], befürchtet, befürchtete, befürchtet ⟨tr.; hat; etw. b.⟩: *(etwas Unangenehmes, Schlimmes) erwarten:* es muss das Schlimmste befürchtet werden; wir befürchten, dass er ins Krankenhaus muss. *Syn.:* fürchten.

be|gabt [bəˈgaːpt], begabter, am begabtesten ⟨Adj.⟩: *(von Geburt an) mit besonderen Fähigkeiten ausgestattet:* ein [vielseitig, mäßig] begabter Schüler; sie ist künstlerisch begabt. *Syn.:* talentiert. *Zus.:* sprachbegabt.

die **Be|ga|bung** [bəˈgaːbʊŋ]; -, -en: *angeborene Gabe:* eine künstlerische, bemerkenswerte, große Begabung; sie hat eine besondere Begabung für den Umgang mit Menschen. *Syn.:* Talent. *Zus.:* Sprachbegabung.

be|gann [bəˈgan]; ↑beginnen.

be|ge|ben [bə'ge:bn̩], begibt, begab, begeben (geh.): **1.** ⟨sich irgendwohin b.⟩ *gehen, fahren:* sich an seinen Platz, nach Hause, ins Hotel begeben; sich auf die Suche begeben; sie hatte sich auf eine längere Reise begeben; ich werde mich wegen dieses Leidens in ärztliche Behandlung begeben. **2.** ⟨sich b.⟩ *sich ereignen, sich zutragen:* er erzählte, was sich begeben hatte. *Syn.:* geschehen, passieren, vorfallen.

die **Be|ge|ben|heit** [bə'ge:bn̩haɪt]; -, -en (geh.): *Ereignis:* eine seltsame, heitere Begebenheit erzählen; der Film beruht auf einer wahren Begebenheit. *Syn.:* Vorfall.

be|geg|nen [bə'ge:gnən], begegnet, begegnete, begegnet ⟨itr.; ist⟩: **1.** ⟨jmdm. b.⟩ *zufällig (mit jmdm.) zusammentreffen:* ich bin ihm auf der Straße begegnet; im Supermarkt sind sie sich/einander zum ersten Mal begegnet. *Syn.:* treffen. **2.** ⟨einer Sache (Dativ) b.⟩ (geh.) *gegen etwas Schwieriges, Bedrohliches angehen, ihm nicht ausweichen:* den Schwierigkeiten, einer Gefahr, einem Angriff [mit Klugheit, Umsicht] begegnen.

die **Be|geg|nung** [bə'ge:gnʊŋ]; -, -en: *das Sichbegegnen, Zusammentreffen:* nach der ersten Begegnung mit ihr war er völlig begeistert. *Syn.:* Meeting, Treffen, Wiedersehen.

be|ge|hen [bə'ge:ən], begeht, beging, begangen ⟨tr.; hat; etw. b.⟩: **1.** (geh.) *festlich gestalten; feiern:* ein Fest begehen; heute begehen wir ihren neunzigsten Geburtstag. **2.** *tun (was nicht gut, richtig ist):* ein Verbrechen begehen.

be|geh|ren [bə'ge:rən], begehrt, begehrte, begehrt ⟨tr.; hat; jmdn., etw. b.⟩ (geh.): *großes Verlangen (nach jmdm., etw.) haben:* er begehrte sie mit allen Sinnen; hier finden Sie alles, was das Herz begehrt. *Syn.:* wünschen.

be|geis|tern [bə'gaɪstɐn], begeistert, begeisterte, begeistert: **1.** ⟨tr.; hat; jmdn. [für etw.] b.⟩ *in freudige Erregung versetzen:* er, seine Rede begeisterte alle; jmdn. für eine Sache begeistern; sie waren alle von ihr, von ihrem Charme begeistert; die Zuhörer signalisierten begeisterte Zustimmung. **2.** ⟨sich [an etw. (Dativ), für etw.] b.⟩ *(durch etwas) in freudige Erregung geraten:* sie begeisterten sich an der Schönheit der Landschaft; für solche Filme kann ich mich nicht begeistern.

die **Be|geis|te|rung** [bə'gaɪstərʊŋ]; -: *freudige Erregung:* große, jugendliche Begeisterung; das Kind bastelt mit Begeisterung Strohsterne. *Syn.:* Enthusiasmus, Leidenschaft. *Zus.:* Kunstbegeisterung, Naturbegeisterung, Sportbegeisterung.

der **Be|ginn** [bə'gɪn]; -s: *Anfang:* nach Beginn der Vorstellung werden Sie nicht mehr eingelassen! *Zus.:* Arbeitsbeginn, Dienstbeginn, Jahresbeginn, Schulbeginn, Semesterbeginn, Unterrichtsbeginn.

be|gin|nen [bə'gɪnən], beginnt, begann, begonnen: **1.** ⟨tr.; hat; etw./mit etw. b.⟩ *etwas Neues tun, was man vorher nicht (mehr) getan hat, anfangen:* eine Arbeit, ein Gespräch beginnen; nach der Verletzung hat er jetzt wieder mit dem Training begonnen. **2.** ⟨itr.; hat⟩ *seinen (zeitlichen oder räumlichen) Anfang haben; anfangen:* ein neues Jahrtausend hat begonnen; bald beginnen die Osterferien; der Wald beginnt hinter dem Haus.

be|glau|bi|gen [bə'glaʊbɪgn̩], beglaubigt, beglaubigte, beglaubigt ⟨tr.; hat; etw. b.⟩: *amtlich als echt, richtig bestätigen:* die Abschrift eines Zeugnisses beglaubigen [lassen]. *Syn.:* anerkennen, bescheinigen.

be|glei|chen [bə'glaɪçn̩], begleicht, beglich, beglichen ⟨tr.; hat⟩ (geh.): *einen (noch nicht bezahlten) Betrag bezahlen:* eine Rechnung begleichen.

be|glei|ten [bə'glaɪtn̩]: begleitet, begleitete, begleitet ⟨tr.; hat; jmdn. b.⟩: *(mit jmdm.) mitgehen:* jmdn. nach Hause begleiten. *Syn.:* bringen, gehen mit.

der **Be|glei|ter** [bə'glaɪtɐ]; -s, -, die **Be|glei|te|rin** [bə'glaɪtərɪn]; -, -nen: *Person, die jmdn., etwas begleitet:* ihr Begleiter kommt mir bekannt vor; mit seiner Begleiterin sprechen. *Zus.:* Flugbegleiter, Flugbegleiterin, Reisebegleiter, Reisebegleiterin, Zugbegleiter, Zugbegleiterin.

die **Be|glei|tung** [bə'glaɪtʊŋ]; -: *das Begleiten:* er bot mir seine Begleitung an; der Bundeskanzler kam in Begleitung von drei Ministerinnen; ich komme nicht allein, sondern (ich bin) in Begleitung.

be|glück|wün|schen [bə'glʏkvʏnʃn̩], beglückwünscht, beglückwünschte, beglückwünscht ⟨tr.; hat; jmdn. zu etw. b.⟩: *jmdm. gratulieren:* sie hat ihn zu seinem Erfolg beglückwünscht.

be|gnü|gen [bə'gny:gn̩], begnügt, begnügte, begnügt ⟨sich b.⟩: *(mit etwas) zufrieden sein, nicht nach mehr verlangen:* er begnügt sich mit dem wenigen, was er hat. *Syn.:* sich beschränken.

be|gon|nen [bə'gɔnən]: ↑ beginnen.

be|grei|fen [bə'graɪfn̩], begreift, begriff,

begriffen: **1.** ⟨tr.; hat; etw. b.⟩ *geistig vollständig erfassen:* eine Mathematikaufgabe begreifen. *Syn.:* verstehen. **2.** ⟨itr.; hat⟩ *Verständnis haben (für jmdn., etwas):* ich begreife nicht, wie das passieren konnte. *Syn.:* verstehen.

be|greif|lich [bəˈgraiflɪç], begreiflicher, am begreiflichsten ⟨Adj.⟩: *verständlich:* ein begreiflicher Wunsch; es ist nicht recht begreiflich, wie er das tun konnte. *Syn.:* erklärlich.

be|gren|zen [bəˈgrɛntsn̩], begrenzt, begrenzte, begrenzt ⟨tr.; hat; etw. b.⟩: *(eine Sache) beschränken:* die Geschwindigkeit [in der Stadt] begrenzen; unser Wissen ist begrenzt. *Syn.:* einschränken.

der Be|griff [bəˈgrɪf]; -[e]s, -e: **1.** *Wort, Name für eine Vorstellung:* ein philosophischer Begriff; der Begriff »Staat« kommt aus dem Lateinischen; für meine Begriffe *(meiner Meinung nach)* ist diese Aufgabe zu schwierig; du machst dir gar keinen Begriff *(kannst dir gar nicht vorstellen),* wie schwer das ist. *Syn.:* Bezeichnung. **2.** * **im Begriff sein/stehen:** *gerade etwas anfangen, tun wollen:* er war im Begriff fortzugehen. * **schwer/langsam von Begriff sein** (ugs.): *nur langsam begreifen, verstehen:* sei doch nicht so schwer von Begriff!

be|grün|den [bəˈgrʏndn̩], begründet, begründete, begründet ⟨tr.; hat; etw. b.⟩: **1.** *Argumente haben, Gründe nennen (für etwas):* sie kann ihre Meinung gut begründen. **2.** *eine Grundlage schaffen (für etwas); gründen:* dieser Erfolg begründete seinen Reichtum.

be|grü|ßen [bəˈgryːsn̩], begrüßt, begrüßte, begrüßt ⟨tr.; hat⟩: **1.** ⟨jmdn. b.⟩: *jmdn. am Anfang einer Begegnung grüßen:* er begrüßte mich mit den Worten: »Dich habe ich ja ewig nicht gesehen.«; die Gäste herzlich begrüßen. *Syn.:* empfangen. **2.** ⟨etw. b.⟩ *zustimmen:* einen Vorschlag begrüßen; die Parteien im Bundestag begrüßen das Urteil.

die Be|grü|ßung [bəˈgryːsʊŋ]; -, -en: *das Begrüßen:* ihre Begrüßung war herzlich; die Begrüßung der Tagungsteilnehmer fand im Rathaus statt.

be|haart [bəˈhaːɐ̯t], behaarter, am behaartesten ⟨Adj.⟩: *mit Haaren versehen:* behaarte Beine.

be|hal|ten [bəˈhaltn̩], behält, behielt, behalten: **1.** ⟨itr.; hat; etw. b.⟩: *dort lassen, wo es ist:* den Gewinn behalten; sie durfte den Rest des Geldes behalten; ein Geheimnis für sich behalten *(nicht wei-*

tererzählen). *Syn.:* aufbewahren, aufheben. **2.** ⟨itr.; hat; etw. b.⟩: *nach wie vor in gleicher Weise haben, nicht verlieren:* seine gute Laune behalten; ein Haus behält seinen Wert. **3.** ⟨tr.; hat; etw. b.⟩ *sich merken und nicht vergessen:* eine Adresse, eine Melodie behalten; das kann ich nicht behalten, ich schreibe es mir auf; etwas im Gedächtnis, im Kopf behalten.

der Be|häl|ter [bəˈhɛltɐ]; -s, -: *Gegenstand, der zum Aufbewahren, Transportieren dient:* einen Behälter mit Benzin füllen; ein Behälter für giftige Flüssigkeiten. *Syn.:* Gefäß.

be|han|deln [bəˈhandl̩n], behandelt, behandelte, behandelt ⟨tr.; hat⟩: **1.** ⟨jmdn., etw. irgendwie b.⟩ *in einer bestimmten Art (mit jmdm./etwas) umgehen:* jmdn. unfreundlich behandeln; sie behandelt ihre alten Bücher sehr sorgsam. *Syn.:* verfahren mit. **2.** ⟨etw. b.⟩ *künstlerisch, wissenschaftlich darstellen, untersuchen:* bestimmte Probleme in einem Roman, einer Arbeit behandeln; der Film behandelt das Thema anders als das Buch. **3.** ⟨jmdn., etw. b.⟩ *durch ein bestimmtes Verfahren heilen:* einen Kranken mit einem neuen Medikament, einem Antibiotikum behandeln; diese Krankheit kann ambulant behandelt werden.

be|harr|lich [bəˈharlɪç], beharrlicher, am beharrlichsten ⟨Adj.⟩: *bei etwas bleibend, an etwas festhaltend:* ein beharrlicher Vertreter; mit beharrlichem Fleiß; der Angeklagte schwieg beharrlich. *Syn.:* ausdauernd, hartnäckig.

be|haup|ten [bəˈhauptn̩], behauptet, behauptete, behauptet: **1.** ⟨tr.; hat; etw. b.⟩ *als sicher darstellen, ohne dass man es beweist:* etwas hartnäckig, steif und fest behaupten; sie behauptete, nichts davon gewusst zu haben. **2.** ⟨tr.; hat; etw. b.⟩ (geh.) *erfolgreich verteidigen:* sie behauptet ihre Stellung in der Firma, in der Familie. *Syn.:* bewahren, erhalten, halten. **3.** ⟨sich b.⟩ (geh.) *sich gegen alle Widerstände halten:* er, die Firma konnte sich nicht behaupten. *Syn.:* sich durchsetzen.

die Be|haup|tung [bəˈhauptʊŋ]; -, -en: *Äußerung, mit der etwas behauptet wird:* eine freche Behauptung; eine Behauptung aufstellen. *Zus.:* Schutzbehauptung.

be|he|ben [bəˈheːbn̩], behebt, behob, behoben ⟨tr.; hat; etw. b.⟩: *wieder in Ordnung bringen, beseitigen:* einen Schaden beheben. *Syn.:* reparieren.

be|hei|ma|tet [bə'haima:tət] ⟨Adj.⟩: *seinen festen Wohnsitz, seine Heimat habend:* sie ist in einer kleinen Stadt beheimatet.

be|hel|fen [bə'hɛlfn̩], behilft, behalf, beholfen ⟨sich [mit etw.] b.⟩: *sich mit einem Ersatz helfen; auch ohne jmdn., etwas zurechtkommen:* heute müssen wir uns mit dem kleinen Tisch behelfen; er wusste sich auch ohne Auto zu behelfen.

be|herr|schen [bə'hɛrʃn̩], beherrscht, beherrschte, beherrscht ⟨tr.; hat⟩:
1. ⟨jmdn., etw. b.⟩ *über jmdn., etwas Macht haben; als Herrscher regieren:* ein Land, ein Volk beherrschen. *Syn.:* herrschen über. **2.** ⟨jmdn., etw. b.⟩ *im Vordergrund stehen, alles andere überragen:* seit ein paar Jahren beherrscht dieses Produkt den Markt; der Berg beherrscht die ganze Landschaft; diese Vorstellung beherrscht ihr ganzes Denken. *Syn.:* bestimmen. **3.** ⟨etw., sich b.⟩ *unter Kontrolle haben:* die Technik beherrschen; sie weiß sich, ihre Gefühle stets zu beherrschen; er konnte sich nicht beherrschen; mit beherrschter *(ruhiger, gefestigter)* Stimme sprechen; sie ist stets beherrscht *(ruhig, diszipliniert).* **4.** ⟨etw. b.⟩ *sehr gut können:* die lateinische Grammatik, mehrere Sprachen beherrschen.

die **Be|herr|schung** [bə'hɛrʃʊŋ]; -: **1.** *Kontrolle über etwas, sich:* die Beherrschung der neuen Technik ist Voraussetzung für diese Arbeit; ihre Beherrschung in dieser Situation war erstaunlich; * **seine/ die Beherrschung verlieren:** *ungeduldig, laut, zornig werden:* in der Besprechung hat er die Beherrschung verloren. **2.** *Können:* die Beherrschung der Orthografie.

be|hilf|lich [bə'hɪlflɪç]: in der Verbindung * **jmdm. behilflich sein:** *jmdm. helfen:* er war mir bei der Arbeit behilflich.

be|hin|dern [bə'hɪndɐn], behindert, behinderte, behindert ⟨tr.; hat; jmdn., etw. b.⟩: *beeinträchtigen; stören:* der Nebel behindert die Sicht; sie behindert mich bei der Arbeit.

be|hin|dert [bə'hɪndɐt] ⟨Adj.⟩: *durch eine körperliche, geistige oder seelische Schädigung beeinträchtigt:* ein behindertes Kind haben; das Baby kam behindert auf die Welt.

der *und* die **Be|hin|der|te** [bə'hɪndɐtə]; -n, -n ⟨aber: [ein] Behinderter, [eine] Behinderte, Plural: [viele] Behinderte⟩: *Person, die durch eine körperliche, geistige oder seelische Schädigung beeinträchtigt ist:* ein Sportfest für Behinderte. *Syn.:* Invalide. *Zus.:* Gehbehinderte, Gehbehinderte, Körperbehinderter, Körperbehinderte, Schwerbehinderter, Schwerbehinderte.

die **Be|hör|de** [bə'hø:ɐ̯də]; -, -n: *staatliche, kirchliche oder kommunale Stelle:* mit dieser Frage müssen Sie sich an die dafür zuständige Behörde wenden. *Syn.:* Amt, Verwaltung. *Zus.:* Aufsichtsbehörde, Einwanderungsbehörde, Finanzbehörde, Gesundheitsbehörde, Justizbehörde, Schulbehörde.

be|hü|ten [bə'hy:tn̩], behütet, behütete, behütet ⟨tr.; hat; jmdn., etw. b.⟩: *sorgsam aufpassen (auf jmdn., etwas):* das Kind [vor Gefahr, Schaden] behüten; der Hund behütet das Haus. *Syn.:* beschützen, schützen, verteidigen.

be|hut|sam [bə'hu:tza:m], behutsamer, am behutsamsten ⟨Adj.⟩: *vorsichtig, rücksichtsvoll handelnd; vorsichtig-zart:* behutsame Veränderungen vornehmen; in dieser Frage muss man behutsam vorgehen; die Kranke behutsam anfassen. *Syn.:* sanft.

bei [bai] ⟨Präp. mit Dativ⟩: **1.** ⟨räumlich⟩ dient zur Angabe der Nähe, eines Ortes, der Zugehörigkeit zu einem Bereich o. Ä.: Offenbach bei Frankfurt; er wohnt bei seinen Eltern; sie arbeitet bei einer Bank; er saß bei ihm; sie war bei den Demonstranten; sie nahm das Kind bei der Hand. **2.** ⟨zeitlich⟩ dient zur Angabe eines Zeitpunktes oder der Dauer eines Ereignisses: bei Ende der Vorstellung; bei Tag; Vorsicht bei Abfahrt des Zuges! Paris bei Nacht. **3.** dient zur Angabe von Umständen: bei einer Schlägerei wurde er verletzt; bei guter Gesundheit, bei Kräften sein; selbst bei größter Sparsamkeit reichte das Geld nicht; bei passender Gelegenheit; bei der hohen Miete kann er sich kein Auto leisten; bei ihm muss man vorsichtig sein; die Schuld liegt bei dir; er war bei einer Hochzeit; sie trägt den Pass bei sich.

bei- [bai] ⟨trennbares, betontes Präfix⟩: **1.** *hinzu-:* beibringen; beigeben; beimischen. **2.** *unterstützen, zu Hilfe kommen:* beistehen.

bei|brin|gen ['baibrɪŋən], bringt bei, brachte bei, beigebracht ⟨tr.; hat; jmdm. etw. b.⟩: **1.** *erklären, zeigen, wie etwas gemacht wird; lehren:* jmdm. das Lesen, einen Tanz beibringen; er bringt den Kindern allerlei Unsinn bei. *Syn.:* unterrichten, vermitteln. **2.** (ugs.) *(Unange-*

nehmes) vorsichtig mitteilen: man muss ihr diese Nachricht schonend beibringen.

die **Beich|te** [ˈbaiçtə]; -, -n: *Gestehen der Vergehen in der christlichen Kirche:* zur Beichte gehen; bei einem Priester die Beichte ablegen; der Priester nahm ihm die Beichte ab. *Zus.:* Ohrenbeichte.

beich|ten [ˈbaiçtn̩], beichtet, beichtete, gebeichtet ⟨tr.; hat; etw. b.⟩: **1.** *eine Beichte ablegen:* dem Priester alle seine Sünden beichten; ⟨auch itr.⟩ in die Kirche gehen, um zu beichten. **2.** *gestehen:* ich muss dir etwas beichten.

bei|de [ˈbaidə] ⟨Zahladjektiv, Artikelwort und Pronomen⟩: **1.** ⟨mit Artikelwort oder Pronomen⟩ bezieht sich auf zwei Personen, Dinge, Vorgänge, die zusammengefasst werden: *zwei:* diese beiden Bücher hat er mir geliehen; wir beide/ (seltener:) beiden werden das tun; ihr beide[n] könnt jetzt gehen; mit unser beider Hilfe; für uns, euch beide; die beiden sind gerade weggegangen. **2.** ⟨ohne Artikelwort oder Pronomen⟩ drückt aus, dass die Aussage die zwei in gleicher Weise betrifft: *alle zwei; der, die, das eine wie der, die, das andere:* in beiden Fällen hatte er Recht; beide jungen/(seltener:) junge Frauen; ich habe beide gefragt; die Produktion beider großen/ (selten:) großer Betriebe. **3.** ⟨allein stehend in den Formen »beides« und »beidem«⟩ bezieht sich auf Verschiedenes, das aber als Einheit gesehen wird: sie liebt beides, die Musik und den Tanz; er hat von beidem gegessen.

der **Bei|fah|rer** [ˈbaifaːrɐ]; -s, -, die **Bei|fah|re|rin** [ˈbaifaːrərɪn]; -, -nen: *Person, die in einem Auto mitfährt [und neben dem Fahrer oder der Fahrerin sitzt]:* die Beifahrerin wurde bei dem schweren Unfall getötet. *Syn.:* Begleiter, Begleiterin.

der **Bei|fall** [ˈbaifal]; -[e]s: **1.** *Händeklatschen, um Begeisterung auszudrücken:* stürmischer, anhaltender Beifall; die Schauspielerin bekam viel, starken Beifall. *Syn.:* Applaus, Jubel. **2.** *Zustimmung:* der Friedensvertrag findet allgemeinen Beifall. *Syn.:* Anklang.

bei|fü|gen [ˈbaifyːɡn̩], fügt bei, fügte bei, beigefügt ⟨tr.; hat; etw. b.⟩: *dazulegen, mitschicken:* einer Warensendung die Rechnung beifügen. *Syn.:* ¹anhängen, beilegen.

beige [beːʃ] ⟨Adj.; nicht flektierbar⟩: *wie heller Sand [aussehend]:* ein beige Kleid; die Tasche ist beige.

die **Bei|hil|fe** [ˈbaihɪlfə]; -, -n: **1.** *[Geld]unterstützung, materielle Hilfe:* monatlich eine kleine Beihilfe bekommen. *Syn.:* Beitrag, Zuschuss. *Zus.:* Erziehungsbeihilfe, Unterhaltsbeihilfe. **2.** *Hilfe, die jmd. bei einem Verbrechen geleistet hat:* jmdn. wegen Beihilfe zum Mord anklagen.

das **Beil** [bail]; -[e]s, -e: *Werkzeug mit breiter Schneide und kurzem Stiel:* ein scharfes Beil; das Holz mit einem Beil spalten.

das Beil

die **Bei|la|ge** [ˈbailaːɡə]; -, -n: **1.** *etwas, was einer Zeitschrift, Zeitung beiliegt:* am Wochenende hat die Zeitung immer viele Beilagen. *Zus.:* Literaturbeilage, Sonntagsbeilage. **2.** *etwas, was zum Fleisch oder Fisch serviert wird:* als Beilage können Sie Kartoffeln, Reis oder Nudeln sowie verschiedene Gemüse wählen. *Zus.:* Gemüsebeilage.

bei|le|gen [ˈbaileːɡn̩], legt bei, legte bei, beigelegt ⟨tr.; etw. (Dativ) etw. b.⟩: **1.** *(zu etwas Vorhandenem) legen:* meine Eltern legen ihren Briefen an mich oft Geld bei. *Syn.:* beifügen. **2.** *beenden:* einen Streit beilegen.

das **Bei|leid** [ˈbailait]; -[e]s: *Mitgefühl bei einem Todesfall:* [mein] aufrichtiges, herzliches Beileid!; jmdm. sein Beileid aussprechen, ausdrücken. *Syn.:* Anteilnahme, Trost.

bei|lie|gen [ˈbailiːɡn̩], liegt bei, lag bei, beigelegen ⟨itr.; hat⟩: *beigefügt, beigelegt sein:* der Sendung liegt die Rechnung bei; beiliegend finden Sie die gewünschten Unterlagen.

beim [baim] ⟨Verschmelzung von »bei« + »dem«⟩: **1.** ⟨die Verschmelzung kann aufgelöst werden⟩ der Baum steht beim Haus. **2.** ⟨die Verschmelzung kann nicht aufgelöst werden⟩ jmdn. beim Wort nehmen. **3.** ⟨die Verschmelzung kann nicht aufgelöst werden; in Verbindung mit einem nominalisierten Infinitiv und »sein«⟩ drückt aus, dass jmd. gerade dabei ist, etwas zu tun: ich bin gerade beim Frühstücken *(ich bin gerade dabei zu frühstücken).*

das **Bein** [bain]; -[e]s, -e: **1.** *Körperteil zum Stehen und Sichfortbewegen bei Menschen und Tieren:* das rechte, linke Bein; gerade, krumme, schlanke, dicke Beine;

B

die Beine ausstrecken. **2.** ⟨mit Attribut⟩ *Teil eines Möbelstücks oder Geräts, mit dem es auf dem Boden steht:* ein Tisch mit drei Beinen. *Zus.:* Stuhlbein, Tischbein.

das Bein

bei|nah ['baina:], **bei|na|he** ['baina:ə] ⟨Adverb⟩: *kaum noch von einem Zustand, Ergebnis, einer Anzahl, Größe entfernt; fast:* er wartete beinah[e] drei Stunden; beinah[e] hätte ich es vergessen. *Syn.:* bald (ugs.), nahezu.

be|in|hal|ten [bə'ɪnhaltn̩], beinhaltet, beinhaltete, beinhaltet ⟨itr.; hat⟩: *zum Inhalt haben:* das Schreiben beinhaltet einige wichtige Fragen. *Syn.:* enthalten.

bei|pflich|ten ['baipflɪçtn̩], pflichtet bei, pflichtete bei, beigepflichtet ⟨itr.; hat⟩: *Recht geben:* viele pflichteten ihrem Vorschlag bei. *Syn.:* zustimmen.

bei|sam|men [bai'zamən] ⟨Adverb⟩: *zusammen, miteinander:* nach langer Zeit waren sie endlich wieder einmal ein paar Tage beisammen.

das **Bei|sein** ['baizain]: in der Verbindung * **im Beisein von jmdm.:** *in Anwesenheit von:* im Beisein der Eltern; das Museum wurde im Beisein der Bundeskanzlerin eröffnet.

bei|sei|te [bai'zaitə] ⟨Adverb⟩: *auf der Seite, zur Seite; seitlich:* etwas beiseite abstellen; Spaß beiseite! (ugs.: *genug gespaßt, jetzt ganz im Ernst*).

bei|sei|te- [bai'zaitə] ⟨trennbares, betontes verbales Präfix⟩: *auf die Seite, in gewisse Entfernung, zur Seite:* beiseitespringen; beiseitelegen.

das **Bei|sel** ['baizl]; -s, -n (bayr. ugs., österr.): *Kneipe, einfaches Gasthaus:* am Abend gingen sie noch in das Beisel an der Ecke.

die **Bei|set|zung** ['baizɛtsʊŋ]; -, -en (geh.): *Beerdigung:* sie gehen heute zu einer Beisetzung. *Syn.:* Bestattung (geh.).

das **Bei|spiel** ['baiʃpi:l]; -[e]s, -e: **1.** *einzelner Fall, mit dem man etwas erklärt, beweist, anschaulich macht:* ein gutes, anschauliches Beispiel geben, nennen, anführen; er illustriert seine Vorträge immer mit vielen treffenden Beispielen. **2.** * **sich an jmdm., etwas ein Beispiel nehmen:**

jmdn., etwas als Vorbild haben: nimm dir ein Beispiel an deinem Bruder!; * **ohne Beispiel sein:** *noch nie passiert sein:* ihre Leistung ist ohne Beispiel; * **[wie] zum Beispiel:** *um ein Beispiel zu geben, zu nennen; etwa* (Abkürzung: z. B.): einige Farben mag sie nicht, [wie] zum Beispiel Grau; ich zum Beispiel wäre nicht hingegangen.

bei|spiel|los ['baiʃpi:llo:s] ⟨Adj.⟩: *ohne Vorbild:* beispiellose Erfolge, Triumphe; seine Frechheit ist beispiellos. *Syn.:* einmalig (emotional), einzigartig, unvergleichlich.

bei|spiels|wei|se ['baiʃpi:lsvaizə] ⟨Adverb⟩: *zum Beispiel:* es gibt etliche Möglichkeiten, das Problem zu lösen, beispielsweise durch den Erlass von Schulden.

bei|ßen ['baisn̩], beißt, biss, gebissen: **1.** ⟨itr.; hat⟩ *mit den Zähnen (in etwas) eindringen:* in den Apfel beißen; ich habe mir/mich aus Versehen auf die Zunge gebissen. **2.** ⟨tr.; hat; etw. b.⟩ *mit den Zähnen zerkleinern:* er kann das harte Brot nicht mehr beißen. **3.** ⟨tr.; hat; jmdn. b.⟩ *mit den Zähnen fassen und verletzen:* eine Schlange hat sie gebissen; der Hund hat ihm ins Bein gebissen; ⟨auch itr.⟩ der Hund hat ihm ins Bein gebissen. **4.** ⟨itr.; hat⟩ *bissig sein:* vorsicht, der Hund beißt!

bei|ste|hen ['baiʃte:ən], steht bei, stand bei, beigestanden ⟨itr.; hat; jmdm. b.⟩: *helfen:* jmdm. mit Rat und Tat beistehen. *Syn.:* unterstützen.

der **Bei|trag** ['baitra:k]; -[e]s, Beiträge ['baitrɛ:gə]: **1.** *Teil, Anteil:* einen wichtigen Beitrag zur Entwicklung eines Landes leisten; mit seiner Arbeit lieferte er einen bedeutenden Beitrag zur Lösung des Problems. *Zus.:* Diskussionsbeitrag, Verteidigungsbeitrag. **2.** *Betrag, der regelmäßig zu zahlen ist:* die Beiträge [für einen Verein] zahlen, überweisen; jeden Monat kassierte sie die Beiträge für die Partei. *Zus.:* Gewerkschaftsbeitrag, Krankenkassenbeitrag, Mitgliedsbeitrag, Monatsbeitrag. **3.** *Aufsatz, Artikel für eine Zeitung, ein Buch:* das Buch enthält mehrere Beiträge bekannter Autoren. *Syn.:* Abhandlung, Arbeit, Studie.

bei|tra|gen ['baitra:gn̩], trägt bei, trug bei, beigetragen ⟨itr.; hat; zu etw. b.⟩: *seinen Beitrag leisten (zu etwas), mithelfen (bei etwas):* jeder wollte zum Gelingen des Festes beitragen; ⟨auch tr.; etw. zu etw. b.⟩ etwas, seinen Teil dazu beitragen, dass ... *Syn.:* sich beteiligen, helfen.

bei|tre|ten [ˈbaitreːtn̩], tritt bei, trat bei, beigetreten ⟨itr.; ist; etw. (Dativ) b.⟩: *Mitglied werden:* einem Verein, einer Partei beitreten; das Land ist der Europäischen Union beigetreten. *Syn.:* sich anschließen, eintreten.

der **Bei|tritt** [ˈbaitrɪt]; -[e]s *das Beitreten:* der Beitritt zur Europäischen Union brachte dem Land viele Vorteile. *Syn.:* Eintritt.

bei|zei|ten [baiˈtsaitn̩] ⟨Adverb⟩: *früh genug:* morgen müssen wir beizeiten aufstehen; beizeiten vorsorgen. *Syn.:* frühzeitig, rechtzeitig.

be|ja|hen [bəˈjaːən], bejaht, bejahte, bejaht ⟨tr.; hat; etw. b.⟩: **1.** *(eine Frage) mit Ja beantworten:* sie bejahte meine Frage; eine bejahende Antwort. **2.** *mit etwas einverstanden sein:* das Leben, einen Plan, eine Idee bejahen. *Syn.:* akzeptieren, annehmen, billigen, einwilligen, übereinstimmen, zustimmen.

be|kämp|fen [bəˈkɛmpfn̩], bekämpft, bekämpfte, bekämpft ⟨tr.; hat⟩: **1.** ⟨jmdn. b.⟩ *gegen jmdn. kämpfen:* einen Gegner, die Feinde bekämpfen; er bekämpfte seine Familie mit allen Mitteln. *Syn.:* angehen gegen. **2.** ⟨etw. b.⟩ *etwas zu verhindern suchen:* eine Seuche, die Grippe bekämpfen; die steigende Kriminalität bekämpfen; die Regierung bekämpft die Arbeitslosigkeit. *Syn.:* angehen gegen, kämpfen gegen.

be|kannt [bəˈkant], bekannter, am bekanntesten ⟨Adj.⟩: **1.** *von vielen gekannt:* eine bekannte Melodie; die Geschichte ist [allgemein] bekannt; dieses Restaurant ist für seine guten Weine bekannt *(hat sich damit einen Namen gemacht).* *Zus.:* altbekannt, stadtbekannt, weltbekannt. **2.** *berühmt:* eine bekannte Künstlerin, Ärztin. *Syn.:* anerkannt, angesehen, prominent. **3.** in den Verbindungen * **jmdm. bekannt sein:** *jmdm. nicht fremd, nicht neu sein:* sie, ihr Fall ist mir gut bekannt; davon ist mir nichts bekannt *(davon weiß ich nichts);* * **jmdm. bekannt vorkommen:** *jmdm. nicht fremd erscheinen:* er, diese Gegend kommt mir bekannt vor; * **etwas bekannt geben:** *etwas öffentlich mitteilen:* das Ergebnis, seine Heirat bekannt geben. *Syn.:* ankündigen, mitteilen.; * **etwas bekannt machen:** *von behördlicher Seite öffentlich mitteilen:* etwas in der Zeitung, über die Medien bekannt machen; das neue Gesetz wurde bekannt gemacht. *Syn.:*

ankündigen, mitteilen, verbreiten, veröffentlichen; * **bekannt werden:** *in die Öffentlichkeit dringen:* der Wortlaut darf nicht bekannt werden; wenn dies bekannt wird, ist sie verloren; es ist nichts Nachteiliges über ihn bekannt geworden.

der *und* die **Be|kann|te** [bəˈkantə]; -n, -n ⟨aber: [ein] Bekannter, [eine] Bekannte, Plural: [viele] Bekannte⟩: *Person, mit der jmd. gut bekannt ist:* ein Bekannter meines Vaters; heute Abend kommt eine Bekannte zu Besuch; gute, alte Bekannte. *Syn.:* Freund, Freundin, Kamerad, Kameradin, Kumpel (ugs.).

be|kannt|ge|ben [bəˈkantgeːbn̩], gibt bekannt, gab bekannt, bekanntgegeben ⟨tr.; hat; etwas b.⟩: ↑ bekannt.

be|kannt|lich [bəˈkantlɪç] ⟨Adverb⟩: *wie allgemein bekannt, wie man weiß:* in den Bergen regnet es bekanntlich viel.

be|kannt|ma|chen [bəˈkantmaxn̩], macht bekannt, machte bekannt, bekanntgemacht ⟨tr.; hat; etw. b.⟩: ↑ bekannt.

die **Be|kannt|schaft** [bəˈkantʃaft]; -, -en: **1.** *Personen, die jmd. näher kennt:* in seiner Bekanntschaft war niemand, der ihm helfen konnte. **2.** *persönliche Beziehung:* eine Bekanntschaft [mit jmdm.] anknüpfen; in der ersten Zeit unserer Bekanntschaft; * **jmds. Bekanntschaft machen:** *jmdn. kennenlernen:* ich machte letztes Jahr ihre Bekanntschaft; * **mit etwas Bekanntschaft machen** (ugs.): *mit etwas Unangenehmem in Berührung kommen:* mit dem Stock, mit der Polizei Bekanntschaft machen.

be|kannt|wer|den [bəˈkantveːɐ̯dn̩], wird bekannt, wurde bekannt, bekanntgeworden ⟨itr., ist⟩: ↑ bekannt.

be|ken|nen [bəˈkenən], bekennt, bekannte, bekannt: **1.** ⟨tr.; hat; etw. b.⟩ *offen aussprechen, zugeben:* seine Schuld bekennen; er bekannte, dass er die Tat lange geplant hatte. *Syn.:* gestehen. **2.** ⟨sich zu jmdm., etw. b.⟩ *zu jmdm., etwas stehen, Ja sagen:* er bekannte sich zu seinem Freund; sie bekennt sich offen zu ihrem Glauben; er hat sich zu seiner Vergangenheit bekannt.

die **Be|klei|dung** [bəˈklaidʊŋ]; -, -en: *Kleidung:* er wurde ohne Bekleidung im Park angetroffen; warme Bekleidung für Herbst und Winter. *Zus.:* Berufsbekleidung, Damenbekleidung, Sportbekleidung, Winterbekleidung.

be|kom|men [bəˈkɔmən], bekommt, bekam, bekommen: **1.** ⟨itr.; hat⟩ erhal-

B

ten: ein Buch, einen Preis, Finderlohn bekommen; Verpflegung, Urlaub, Lohn bekommen; einen Brief, eine Nachricht bekommen; zum Geburtstag bekam sie viele Blumen, Glückwünsche; du bekommst noch 5 Euro von mir *(ich schulde dir noch 5 Euro);* er bekommt Rente *(ist Rentner);* dieses Medikament bekommt man nur in der Apotheke; ⟨in Verbindung mit einem Infinitiv mit »zu«⟩ bis 22 Uhr bekommt man in diesem Restaurant etwas zu essen. *Syn.:* beziehen, kriegen (ugs.). **2.** in verblasster Bedeutung: lässt sich meist passivisch mit »werden« umschreiben: einen Kuss, ein Lob, eine Strafe bekommen *(geküsst, gelobt, bestraft werden);* Besuch bekommen *(besucht werden);* vom Arzt eine Spritze bekommen; eine Ohrfeige bekommen; Wut, Angst, Heimweh bekommen; ich bekomme allmählich Hunger; Fieber, Schnupfen, die Grippe bekommen; wir bekommen anderes Wetter; du wirst nichts als Ärger bekommen; er hat die Anweisung bekommen, sofort abzureisen. *Syn.:* erhalten, kriegen (ugs.). **3.** ⟨itr.; hat⟩ *sich etwas beschaffen:* keine Arbeit, eine neue Stellung bekommen; wann bekomme ich eine Antwort von dir?; ich habe die Sachen billig bekommen; habt ihr den Zug noch bekommen *(erreicht)?;* sie bekommt ein Kind *(ist schwanger).* *Syn.:* erhalten, kriegen (ugs.). **4.** ⟨itr.; hat⟩ *jmdn. dazu bringen, etwas zu tun:* ich habe ihn nicht aus dem Bett bekommen. *Syn.:* kriegen (ugs.). **5.** ⟨itr.; ist⟩ *(für jmdn.) gut verträglich sein:* die Kur ist ihr [gut] bekommen; das fette Essen bekommt mir nicht.

be|kräf|ti|gen [bə'krɛftɪɡn̩], bekräftigt, bekräftigte, bekräftigt ⟨tr.; hat; etw. b.⟩: *(das, was vorher gesagt wurde) bestätigen, indem man es noch einmal wiederholt:* ein Versprechen, eine Aussage bekräftigen.

be|kreu|zi|gen [bə'krɔytsɪɡn̩], bekreuzigt, bekreuzigte, bekreuzigt ⟨sich b.⟩: *mit der Hand vor Kopf und Brust das Zeichen des Kreuzes andeuten:* beim Eintreten in die Kirche bekreuzigten sie sich.

be|küm|mert [bə'kʏmɐt], bekümmerter, am bekümmertsten ⟨Adj.⟩: *voll Sorge, Kummer:* mit bekümmertem Blick; er war tief bekümmert. *Syn.:* gedrückt, niedergeschlagen, traurig.

be|la|den [bə'la:dn̩], belädt, belud, beladen ⟨tr.; hat; etw. b.⟩: *mit einer Ladung ver-*

sehen: einen Wagen, ein Schiff [mit Kisten] beladen.

der **Be|lag** [bə'la:k]; -[e]s, Beläge [bə'lɛːɡə]: **1.** *dünne Schicht, mit der etwas bedeckt ist:* der Belag des Fußbodens, der Straße; die Bremsen brauchen neue Beläge; seine Zunge hatte einen weißen Belag. *Zus.:* Bodenbelag, Bremsbelag, Fahrbahnbelag, Gummibelag, Straßenbelag, Zahnbelag. **2.** *etwas (z. B. Wurstscheiben, Käse), womit ein [Butter]brot, eine Pizza belegt ist:* Brotschnitten mit verschiedenem Belag. *Zus.:* Brotbelag, Pizzabelag.

be|lang|los [bə'laŋloːs], belangloser, am belanglosesten ⟨Adj.⟩: *ohne große Bedeutung:* belanglose Dinge; das ist doch völlig belanglos. *Syn.:* bedeutungslos, gleichgültig, nebensächlich, unbedeutend, unerheblich, unwesentlich, unwichtig.

be|las|sen [bə'lasn̩], belässt, beließ, belassen ⟨tr.; hat, etw. b.⟩: *unverändert lassen:* einen Text in seiner jetzigen Form belassen; wir wollen es dabei belassen! *(damit erledigt sein lassen).*

be|las|ten [bə'lastn̩], belastet, belastete, belastet ⟨tr.; hat⟩: **1.** ⟨etw. b.⟩ *mit einer Last versehen:* einen Wagen zu stark belasten. *Syn.:* beschweren. **2.** ⟨etw. b.⟩ *in seiner Existenz, seinem Wert beeinträchtigen:* schädliche Stoffe belasten Boden, Wasser und Luft; mit Schadstoffen belastete Lebensmittel. **3.** ⟨jmdn., sich, etw. [mit etw.] b.⟩ *in starkem Maß anstrengen:* die viele Arbeit, die große Verantwortung belastet ihn sehr; belaste dich, dein Gedächtnis nicht mit solchen Nebensächlichkeiten; fette Speisen belasten den Magen. **4.** *schuldig erscheinen lassen:* ihre Aussage belastete den Angeklagten schwer. *Syn.:* beschuldigen.

be|läs|ti|gen [bə'lɛstɪɡn̩], belästigt, belästigte, belästigt ⟨tr.; hat; jmdn. [mit etw.] b.⟩: *(jmdn.) lästig werden:* jmdn. mit Fragen belästigen; er fühlte sich durch ihre dauernden Anrufe belästigt; er belästigte sie auf der Straße *(wurde zudringlich).* *Syn.:* anmachen (ugs.).

die **Be|las|tung** [bə'lastʊŋ]; -, -en: *das Belastet sein:* der Kauf eines Hauses ist mit einer hohen finanziellen Belastung verbunden; die Trennung der Eltern war eine große seelische Belastung für die Kinder

der **Be|leg** [bə'le:k]; -[e]s, -e: *Nachweis:* eine Rechnung als Beleg vorlegen. *Syn.:* Bescheinigung, Quittung, ¹Schein. *Zus.:* Einzahlungsbeleg, Kaufbeleg.

be|le|gen [bə'le:ɡn̩], belegt, belegte, belegt

⟨tr.; hat⟩: **1.** ⟨etw. b.⟩ *mit einem Belag versehen:* ein Brot mit Käse, Wurst belegen; belegte Brötchen. **2.** ⟨etw. b.⟩ *für jmdn., für sich selbst reservieren:* einen Platz im Zug belegen; die Betten sind belegt; die Hotels waren alle belegt *(es waren keine Zimmer mehr frei).* *Syn.:* besetzen. **3.** ⟨etw. [mit, durch etw.] b.⟩ *(durch ein Dokument) beweisen:* einen Kauf mit einer Quittung belegen.

die **Be|leg|schaft** [bəˈleːkʃaft]; -, -en: *alle Beschäftigten eines Betriebes:* die Belegschaft versammelte sich in der Kantine. *Syn.:* Personal.

be|leh|ren [bəˈleːrən], belehrt, belehrte, belehrt ⟨tr.; hat; jmdn. über etw. (Akk.) b.⟩: *informieren:* du lässt dich nicht belehren; Sie brauchen mich nicht [über meine Pflichten] zu belehren.

be|lei|di|gen [bəˈlaɪdɪɡn̩], beleidigt, beleidigte, beleidigt ⟨tr.; hat; jmdn. b.⟩: *durch eine Äußerung verletzen:* mit diesen Worten hat er ihn sehr, tief beleidigt; sei doch nicht immer gleich beleidigt! *(sei doch nicht so empfindlich).* *Syn.:* kränken.

die **Be|lei|di|gung** [bəˈlaɪdɪɡʊŋ]; -, -en: *beleidigende Äußerung:* etwas als Beleidigung auffassen; das ist eine Beleidigung!

be|leuch|ten [bəˈlɔʏçtn̩], beleuchtet, beleuchtete, beleuchtet ⟨tr.; hat; etw. b.⟩: *Licht richten (auf etwas):* die Bühne, die Straße beleuchten; der Saal war festlich beleuchtet.

be|lie|big [bəˈliːbɪç] ⟨Adj.⟩: *irgendein, irgendwie:* einen beliebigen Namen auswählen; ein Stoff von beliebiger Farbe; etwas beliebig ändern, wiederholen.

be|liebt [bəˈliːpt], beliebter, am beliebtesten ⟨Adj.⟩: *von vielen geschätzt:* ein beliebter Lehrer; ein beliebtes Thema; ein besonders bei Kindern sehr beliebtes Essen; eine beliebte *(weit verbreitete)* Ausrede; sie ist sehr beliebt; er will sich damit nur [bei seinen Mitschülern] beliebt machen. *Syn.:* angesehen, geliebt.

be|lie|fern [bəˈliːfɐn], beliefert, belieferte, beliefert ⟨tr.; hat; jmdn. b.⟩: *versorgen:* jmdn. mit etwas beliefern; das Hotel wird regelmäßig von einem Weingut beliefert. *Syn.:* liefern.

bel|len [ˈbɛlən], bellt, bellte, gebellt ⟨itr.; hat⟩: *(von Hunden) kurze, kräftige Laute von sich geben:* in der Ferne hörte man einen Hund bellen. *Syn.:* kläffen (abwertend).

be|loh|nen [bəˈloːnən], belohnt, belohnte, belohnt ⟨tr.; hat⟩: **1.** ⟨jmdn. b.⟩ *zum Dank beschenken:* jmdn. für seine Hilfe, Mühe belohnen; der ehrliche Finder wurde reich belohnt. **2.** ⟨etw. b.⟩ *für etwas danken:* eine gute Tat belohnen; das muss belohnt werden.

die **Be|loh|nung** [bəˈloːnʊŋ]; -, -en: *etwas, womit jmd. für etwas belohnt wird:* jmdm. eine Belohnung geben; eine Belohnung für etwas aussetzen; sie bekam dafür eine Belohnung. *Syn.:* Dank, Preis.

be|lü|gen [bəˈlyːɡn̩], belügt, belog, belogen ⟨tr.; hat; jmdn. b.⟩: *(jmdm.) nicht die Wahrheit sagen:* sie hat ihn belogen. *Syn.:* beschwindeln (ugs.), flunkern (ugs.), lügen, schwindeln (ugs.).

be|ma|len [bəˈmaːlən], bemalt, bemalte, bemalt ⟨tr.; hat; etw. b.⟩: *mit Farbe anmalen:* Ostereier, die Wände bemalen.

be|män|geln [bəˈmɛŋl̩n], bemängelt, bemängelte, bemängelt ⟨tr.; hat; etw. b.⟩: *als Fehler oder Mangel kritisieren:* jmds. Unpünktlichkeit bemängeln; die Qualität der Waren bemängeln; sie bemängelte, dass sie immer zu spät kamen; er hat immer an allem etwas zu bemängeln. *Syn.:* sich beschweren über, klagen über, missbilligen.

be|merk|bar [bəˈmɛrkbaːɐ̯] ⟨Adj.⟩: **1.** *sich erkennen lassend:* ein kaum bemerkbarer Unterschied. **2.** in der Verbindung * **sich bemerkbar machen:** die Eingeschlossenen versuchten, sich durch Klopfen bemerkbar zu machen *(versuchten, durch Klopfen auf sich aufmerksam zu machen);* die Müdigkeit macht sich bemerkbar *(wird spürbar).* *Syn.:* sich abzeichnen, sich zeigen.

be|mer|ken [bəˈmɛrkn̩], bemerkt, bemerkte, bemerkt ⟨tr.; hat⟩: **1.** ⟨jmdn., etw. b.⟩ *wahrnehmen, entdecken:* er bemerkte die Fehler, ihr Erstaunen nicht; sie wurde in der Menge nicht bemerkt. *Syn.:* erkennen, feststellen, merken, sehen. **2.** ⟨etw. b.⟩ *(etwas) mit wenigen Worten sagen, äußern:* »Sie haben noch eine Stunde Zeit«, bemerkte der Vorsitzende; sie hatte noch etwas Wichtiges zu bemerken; das gefällt mir, am Rande bemerkt, gar nicht; etwas nebenbei bemerken. *Syn.:* anmerken.

be|mer|kens|wert [bəˈmɛrknsveːɐ̯t], bemerkenswerter, am bemerkenswertesten ⟨Adj.⟩: **1.** *beachtlich:* eine bemerkenswerte Arbeit, Leistung, Sammlung. *Syn.:* außergewöhnlich, bedeutend, besonder..., enorm, imposant, interessant. **2.** ⟨verstärkend bei Adjektiven⟩ *sehr,* *beachtlich:* eine bemerkenswert schöne Kollektion; er hat sich bemerkenswert gut geschlagen, erholt.

die **Be|mer|kung** [bə'mɛrkʊŋ]; -, -en: *kurze Äußerung, Stellungnahme:* eine treffende, abfällige, kritische Bemerkung machen, fallen lassen. *Syn.:* Anmerkung, Kommentar. *Zus.:* Nebenbemerkung, Randbemerkung, Zwischenbemerkung.

be|mit|lei|den [bə'mɪtlaidn̩], bemitleidet, bemitleidete, bemitleidet ⟨tr.; hat; jmdn., sich b.⟩: *Mitleid empfinden:* er will nur bemitleidet werden; sie bemitleidet sich immer selbst.

be|mü|hen [bə'my:ən], bemüht, bemühte, bemüht: **1.** ⟨sich b.⟩ *sich Mühe geben:* er bemühte sich sehr, das Ziel zu erreichen. *Syn.:* sich anstrengen. **2.** ⟨sich um jmdn., etw. b.⟩ *sich kümmern, sich einsetzen (für jmdn., etwas):* sie bemühten sich alle um den Kranken; sie hat sich immer um eine gute Zusammenarbeit bemüht. **3.** ⟨sich um jmdn., etw. b.⟩ *zu bekommen suchen:* sich um eine Stellung bemühen; er hat sich erfolglos um einen Vorstellungstermin bemüht; mehrere Bühnen bemühten sich um den Regisseur. *Syn.:* sich bewerben um, sich interessieren für.

die **Be|mü|hung** [bə'my:ʊŋ]; -, -en: *das Sichbemühen; Anstrengung:* trotz aller Bemühungen konnte der Verunglückte nicht gerettet werden.

be|nach|bart [bə'naxbaɐ̯t] ⟨Adj.⟩: *nicht weit entfernt:* im benachbarten Ort; benachbarte Fachgebiete; ihre Häuser sind benachbart.

be|nach|rich|ti|gen [bə'na:xrɪçtɪgn̩], benachrichtigt, benachrichtigte, benachrichtigt ⟨tr.; hat; jmdn. b.⟩: *informieren, in Kenntnis setzen:* die Polizei, die Feuerwehr benachrichtigen; wir müssen sofort seine Eltern [davon] benachrichtigen. *Syn.:* mitteilen, unterrichten, verständigen.

be|nach|tei|li|gen [bə'na:xtailɪgn̩], benachteiligt, benachteiligte, benachteiligt ⟨tr.; hat; jmdn. b.⟩: *nicht die gleichen Rechte zugestehen:* er hat den ältesten Sohn immer benachteiligt; ein wirtschaftlich, klimatisch benachteiligtes Gebiet. *Syn.:* diskriminieren.

die **Be|nach|tei|li|gung** [bə'na:xtailɪgʊŋ]; -, -en: *das Benachteiligen:* eine Benachteiligung aufgrund der Hautfarbe, des Geschlechts, des Alters ist nicht zulässig.

be|neh|men [bə'ne:mən], benimmt, benahm, benommen ⟨sich irgendwie b.⟩:

sich verhalten: er benahm sich sehr merkwürdig; sie hat sich ihm gegenüber anständig, höflich, schlecht, gemein benommen; er kann sich einfach nicht benehmen; benimm dich! *Syn.:* sich aufführen, sich betragen, handeln.

das **Be|neh|men** [bə'ne:mən]; -s: *Art, wie sich jmd. benimmt:* ein gutes, schlechtes Benehmen. *Syn.:* Betragen, Verhalten.

be|nei|den [bə'naidn̩], beneidet, beneidete, beneidet ⟨tr.; hat; jmdn. um jmdn./etw. b.; jmdn. wegen etw. (Gen.) b.⟩: *(auf jmdn.) neidisch sein:* ich beneide ihn um diese Sammlung, wegen seiner Fähigkeiten; sie ist nicht zu beneiden *(sie kann einem leidtun).*

be|nom|men [bə'nɔmən] ⟨Adj.⟩: *leicht schwindlig:* sie war von dem Sturz ganz benommen.

be|nö|ti|gen [bə'nø:tɪgn̩], benötigt, benötigte, benötigt ⟨tr.; hat; jmdn., etw. b.⟩: *brauchen:* er benötigte noch etwas Geld, ein Visum; bitte sagen Sie, wenn Sie Hilfe benötigen.

be|nut|zen [bə'nʊtsn̩], benutzt, benutzte, benutzt ⟨tr.; hat⟩ (bes. nordd.): **1.** ⟨etw. b.⟩ *Gebrauch machen (von etwas):* ein Taschentuch benutzen; dafür sollte man einen Schraubenschlüssel benutzen; die Straßenbahn, den Fahrstuhl, den vorderen Eingang benutzen; unser Videoraum wird wenig, selten, kaum benutzt; das benutzte Geschirr in die Spülmaschine stellen. *Syn.:* sich bedienen, benützen (bes. südd., österr., schweiz.), gebrauchen, nutzen (bes. nordd.), nützen (bes. südd., österr., schweiz.), verwenden. **2.** ⟨jmdn., etw. als, zu, für etw. b.⟩ *jmdn., etwas für einen bestimmten Zweck verwenden:* den Raum als Gästezimmer benutzen; du hast sie als Alibi benutzt. **3.** ⟨jmdn., etw. zu, als etw. b.⟩ *verwenden, nutzen:* er benutzte die Wartezeit zum Lesen; sie benutzt jede Gelegenheit, die sich bietet, zu einem Spaziergang.

be|nüt|zen [bə'nʏtsn̩] (bes. südd., österr., schweiz.): ↑ benutzen.

die **Be|nut|zung** [bə'nʊtsʊŋ]; - (bes. nordd.): *das Benutzen, das Benutztwerden:* für die Benutzung der Garderobe, Toilette, Autobahn wird eine Gebühr erhoben; etwas in Benutzung haben *(etwas benutzen);* in Benutzung sein *(benutzt werden);* etwas in Benutzung nehmen *(etwas zu benutzen beginnen).*

die **Be|nüt|zung** [bə'nʏtsʊŋ]; - (bes. südd.): *Benutzung.*

das **Ben|zin** [bɛn'tsi:n]; -s, -e: *Kraftstoff für*

Motoren: bleifreies, verbleites Benzin; er konnte nicht weiterfahren, weil ihm das Benzin ausgegangen war; die Tankstellen bieten verschiedene Benzine an. *Zus.:* Flugbenzin, Normalbenzin, Superbenzin.

be|ob|ach|ten [bəˈʔoːbaxtn̩], beobachtet, beobachtete, beobachtet ⟨tr.; hat⟩: **1.** *aufmerksam, genau betrachten:* jmdn. lange, heimlich beobachten; die Natur, seltene Tiere, Sterne beobachten; sich beobachtet fühlen. *Syn.:* angucken (ugs.), anschauen (bes. südd., österr., schweiz.), ansehen. **2.** *überwachen:* einen Patienten beobachten; sie beobachtet sich dauernd selbst; jmdn., alle seine Handlungen beobachten lassen. *Syn.:* aufpassen auf. **3.** *feststellen:* eine Veränderung, nichts Besonderes [an jmdm.] beobachten; das habe ich an seinem Verhalten beobachten können. *Syn.:* bemerken, entdecken, erkennen.

die Be|ob|ach|tung [bəˈʔoːbaxtʊŋ]; -, -en: **1.** *das Beobachten:* das hat man durch genaue Beobachtung der Tiere herausgefunden; Beobachtungen [an etwas] anstellen; sie ist zur Beobachtung im Krankenhaus. *Zus.:* Naturbeobachtung, Selbstbeobachtung, Wetterbeobachtung. **2.** *Feststellung:* ich habe eine interessante Beobachtung gemacht.

be|quem [bəˈkveːm], bequemer, am bequemsten ⟨Adj.⟩: **1.** *angenehm:* ein bequemer Sessel; bequeme Kleidung, Schuhe; ein bequemes *(faules, nicht anstrengendes)* Leben führen; man kann den Ort bequem *(ohne Mühe)* erreichen; sitzen Sie bequem?; sie macht es sich auf dem Sofa bequem. *Syn.:* gemütlich. **2.** *faul:* zum Radfahren ist er viel zu bequem. *Syn.:* träge.

be|ra|ten [bəˈraːtn̩], berät, beriet, beraten: **1.** ⟨tr.; hat; jmdn. b.⟩ *(jmdm.) einen Rat geben, mit Rat beistehen:* sich von einem Anwalt beraten lassen; sie hat ihn beim Kauf seines neuen Computers beraten. **2.** ⟨tr.; hat; etw. b.⟩ *gemeinsam überlegen und besprechen:* einen Plan beraten; ⟨auch itr.⟩ sie haben lange [darüber] beraten. **3.** ⟨sich [mit jmdm.] b.⟩ *sich mit jmdm. besprechen:* ich muss mich zuerst mit meiner Anwältin beraten; die beiden berieten sich lange.

be|rech|nen [bəˈrɛçnən], berechnet, berechnete, berechnet ⟨tr.; hat; etw. b.⟩: **1.** *durch Rechnen feststellen, ermitteln:* den Preis, die Entfernung, die Kosten berechnen. *Syn.:* ausrechnen. **2.** *in eine Rechnung einbeziehen, in Rechnung stellen:* die Verpackung hat er [mir] nicht berechnet; das berechne ich [Ihnen] nur mit 10 Euro.

be|rech|nend [bəˈrɛçnənt], berechnender, am berechnendsten ⟨Adj.⟩: *stets auf Gewinn, den eigenen Vorteil bedacht:* sie ist sehr berechnend.

die Be|rech|nung [bəˈrɛçnʊŋ]; -, -en: **1.** *das Ausrechnen:* die Berechnung ergab, dass sie dieses Jahr 10 Prozent Gewinn gemacht hatte. **2.** *auf eigenen Vorteil zielende Überlegung, Absicht:* aus reiner, kalter Berechnung handeln.

be|rech|ti|gen [bəˈrɛçtɪɡn̩], berechtigt, berechtigte, berechtigt ⟨tr., auch itr.; hat; [jmdn.] zu etw. b.⟩: *das Recht, die Genehmigung geben:* die Karte berechtigt [dich] zum Eintritt; er war nicht [dazu] berechtigt, diesen Titel zu tragen.

be|rech|tigt [bəˈrɛçtɪçt], berechtigter, am berechtigtsten ⟨Adj.⟩: *zu Recht bestehend, begründet:* berechtigte Klagen, Gründe; sein Vorwurf war deshalb umso berechtigter.

die Be|rech|ti|gung [bəˈrɛçtɪɡʊŋ]; -, -en: *das Berechtigt-, Befugtsein:* die Berechtigung zum Lehren erwerben. *Syn.:* Recht. *Zus.:* Aufenthaltsberechtigung, Daseinsberechtigung, Existenzberechtigung, Lehrberechtigung, Wahlberechtigung.

der Be|reich [bəˈraɪç]; -[e]s, -e: **1.** *Raum, Fläche, Gebiet von bestimmter Ausdehnung, Größe:* im Bereich der Stadt. *Zus.:* Herrschaftsbereich. **2.** *thematisch begrenztes, unter bestimmten Gesichtspunkten in sich geschlossenes Gebiet:* das fällt in den Bereich der Kunst, der Technik; die Angelegenheit fällt nicht in meinen Bereich. *Syn.:* Feld, Gebiet, Sachgebiet. *Zus.:* Anwendungsbereich, Arbeitsbereich, Aufgabenbereich, Geltungsbereich, Wirkungsbereich.

be|rei|chern [bəˈraɪçɐn], bereichert, bereicherte, bereichert: **1.** ⟨tr.; hat; jmdn., etw. [um etw.] b.⟩ *reicher machen, erweitern, vergrößern:* seine Sammlung um einige wertvolle Stücke bereichern; die Reise hat uns [sehr] bereichert *(innerlich reicher gemacht)*. **2.** ⟨sich b.⟩ *sich (auf Kosten anderer) einen Gewinn, Vorteile verschaffen:* er hat sich im Krieg am Eigentum anderer bereichert; sie hat ihr Amt dazu missbraucht, sich persönlich zu bereichern.

be|rei|ni|gen [bəˈraɪnɪɡn̩], bereinigt, bereinigte, bereinigt ⟨tr.; hat; etw. b.⟩: *wieder in Ordnung bringen:* die Angelegenheit muss möglichst schnell bereinigt werden.

be|rei|sen [bəˈraizn̩], bereist, bereiste, bereist ⟨tr.; hat; etw. b.⟩: *(in einem Gebiet, Land) reisen:* ein Land bereisen. *Syn.:* besuchen.

be|reit [bəˈrait]: in den Verbindungen * **bereit sein:** *fertig sein:* ich bin bereit, wir können gehen; seid ihr bereit?; * **zu etwas bereit sein/bereit sein, etwas zu tun:** *den Willen zu etwas haben, zu etwas entschlossen sein:* sie ist zu allem bereit; ich bin [nicht] bereit, das zu unterstützen.

be|rei|ten [bəˈraitn̩], bereitet, bereitete, bereitet ⟨tr.; hat⟩: **1.** ⟨[jmdm.] etw. b.⟩ *vorbereiten, machen:* Tee bereiten; jmdm. das Essen, ein Bad bereiten. **2.** ⟨jmdm. etw. b.⟩ *dafür sorgen, dass etwas Bestimmtes entsteht, stattfindet:* jmdm. eine Freude, Kummer, einen schönen Empfang bereiten.

be|reit|hal|ten [bəˈraithaltn̩], hält bereit, hielt bereit, bereitgehalten ⟨tr.; hat; etw. b.⟩: *zur Verfügung halten:* das Geld [abgezählt] bereithalten.

be|reits [bəˈraits] ⟨Adverb⟩: *schon:* sie wusste es bereits; es ist bereits sechs Uhr; er ist bereits fertig.

die **Be|reit|schaft** [bəˈraitʃaft]; -: *das Bereitsein:* er erklärte seine Bereitschaft zur Hilfe, uns zu helfen. *Zus.:* Einsatzbereitschaft, Hilfsbereitschaft, Opferbereitschaft, Verhandlungsbereitschaft.

be|reit|ste|hen [bəˈraitʃteːən], steht bereit, stand bereit, bereitgestanden ⟨itr.; hat⟩: *für den Gebrauch zur Verfügung stehen:* das Auto steht bereit.

be|reit|stel|len [bəˈraitʃtɛlən], stellt bereit, stellte bereit, bereitgestellt ⟨tr.; hat; etw. b.⟩: *zur Verfügung stellen:* eine größere Summe Geld, Waren für bestimmte Zwecke bereitstellen.

be|reit|wil|lig [bəˈraitvɪlɪç], bereitwilliger, am bereitwilligsten ⟨Adj.⟩: *ohne zu zögern, gleich bereit (das Gewünschte zu tun):* bereitwillig gab er ihr Auskunft. *Syn.:* gern, gerne.

be|reu|en [bəˈrɔyən], bereut, bereute, bereut ⟨tr.; hat; etw. b.⟩: *(über etwas) Reue empfinden, (etwas) sehr bedauern:* sie bereute diese Tat, ihre Worte; er bereute es, diesen Mann empfohlen zu haben; du wirst es noch bereuen, dass du nicht mitgekommen bist. *Syn.:* bedauern.

der **Berg** [bɛrk]; -[e]s, -e: **1.** *sehr großer, hoher* Hügel: ein hoher, steiler Berg; auf einen Berg steigen, klettern. **2.** ⟨Plural⟩ *Gebirge:* in die Berge fahren. **3.** * **ein Berg [von] …, Berge von …:** *viel[e], zahlreiche:* ein Berg [von] Akten liegt auf dem Tisch; Berge von Abfall türmen sich auf den Straßen.

berg|ab [bɛrkˈlap] ⟨Adverb⟩: *den Berg hinunter:* bergab laufen; die Straße geht bergab. *Syn.:* abwärts.

berg|auf [bɛrkˈlauf] ⟨Adverb⟩: *den Berg hinauf:* bergauf muss er das Fahrrad schieben; langsam bergauf gehen. *Syn.:* aufwärts.

ber|gen [ˈbɛrgn̩], birgt, barg, geborgen ⟨tr.; hat; jmdn., etw. b.⟩: *in Sicherheit bringen:* eine Schiffsladung bergen; die Verschütteten konnten nur noch tot geborgen werden. *Syn.:* retten.

ber|gig [ˈbɛrgɪç], bergiger, am bergigsten ⟨Adj.⟩: *viele Berge aufweisend, reich an Bergen:* eine bergige Gegend, Landschaft. *Syn.:* hügelig.

das **Berg|werk** [ˈbɛrkvɛrk]; -[e]s, -e: *Anlage zum Abbauen von Bodenschätzen:* im Bergwerk arbeiten. *Syn.:* Grube, Mine.

der **Be|richt** [bəˈrɪçt]; -[e]s, -e: *sachliche Wiedergabe, Mitteilung, Darstellung eines Geschehens, Sachverhalts:* ein mündlicher, schriftlicher, langer, knapper Bericht; einen Bericht von/über etwas anfordern, geben.

be|rich|ten [bəˈrɪçtn̩], berichtet, berichtete, berichtet ⟨tr.; hat; [jmdm.] etw. b.⟩: *(über einen Sachverhalt, ein Geschehen) informieren:* er hat seinem Vorgesetzten alles genau berichtet; ⟨auch itr.⟩ sie berichtete über ihre Erlebnisse, von ihrer Reise.

be|rich|ti|gen [bəˈrɪçtɪgn̩], berichtigt, berichtigte, berichtigt ⟨tr.; hat⟩: **1.** ⟨etw. b.⟩ *(etwas Fehlerhaftes, Falsches) zu etwas Richtigem machen:* einen Fehler berichtigen. *Syn.:* korrigieren, verbessern. **2.** ⟨jmdn. b.⟩ *(jmdn., der etwas Falsches gesagt hat) verbessern:* ich muss mich, dich berichtigen. *Syn.:* korrigieren

Ber|lin [bɛrˈliːn]; -s: Hauptstadt Deutschlands.

der **Ber|li|ner** [bɛrˈliːnɐ]; -s, -, die **Ber|li|ne|rin** [bɛrˈliːnərɪn]; -, -nen: *Person, die in Berlin lebt, aus Berlin stammt:* ich bin Berliner.

be|rück|sich|ti|gen [bəˈrʏkzɪçtɪgn̩], berücksichtigt, berücksichtigte, berücksichtigt ⟨tr.; hat; jmdn., etw. b.⟩: *in seine Überlegungen einbeziehen, bei seinem Handeln beachten, nicht übergehen:* die Verhältnisse, das Wetter berücksichtigen; man

Berufsausbildung

In Deutschland, Österreich und der Schweiz findet die Berufsausbildung an zwei verschiedenen, sich ergänzenden Lernorten statt – im ausbildenden Betrieb und in der Berufsschule. Aus diesem Grund wird die Ausbildung auch als duale Ausbildung bezeichnet. Diese Art der Berufsausbildung erfolgt in allen drei Ländern nur in gesetzlich anerkannten Ausbildungsberufen. Ihre Dauer beträgt, je nach Beruf, 2 bis 4 Jahre. Die meisten Ausbildungen dauern drei Jahre.

In Österreich und in der deutschsprachigen Schweiz nennt man die Ausbildung »Lehre«. Derjenige, der eine Lehre macht, heißt dementsprechend Lehrling. In Deutschland gelten die Wörter »Lehre« und »Lehrling« als etwas veraltet. Hier spricht man stattdessen von einer »Ausbildung« und von den »Auszubildenden« (kurz auch »Azubis« genannt).

muss sein Alter, seine schwierige Lage berücksichtigen; wir konnten Sie, Ihren Antrag leider nicht berücksichtigen *(konnten Ihre Wünsche, Vorstellungen nicht erfüllen).*

der **Be|ruf** [bə'ruːf]; -[e]s, -e: *[erlernte] Arbeit, Tätigkeit, mit der jmd. sein Geld verdient:* einen Beruf ergreifen, ausüben; seinem Beruf nachgehen; sie ist von Beruf Lehrerin. *Syn.:* Gewerbe.

be|ru|fen [bə'ruːfn̩], beruft, berief, berufen: **1.** ⟨tr.; hat; jmdn. b.⟩ *in ein Amt einsetzen:* er wurde ins Ministerium, zum Vorsitzenden berufen. *Syn.:* engagieren, ernennen. **2.** ⟨sich auf jmdn., etw. b.⟩ *sich (zur Rechtfertigung, zum Beweis oder dergleichen) auf jmdn., etwas beziehen:* Sie können sich immer auf mich, auf diesen Befehl berufen.

be|ruf|lich [bə'ruːflɪç] ⟨Adj.⟩: *den Beruf betreffend:* ihre berufliche Zukunft; er hat berufliche Schwierigkeiten; sie ist beruflich und privat viel auf Reisen; sich beruflich weiterbilden, verändern. *Zus.:* hauptberuflich, nebenberuflich.

die **Be|rufs|schu|le** [bə'ruːfsʃuːlə]; -, -n: *Schule, die man im Rahmen einer Berufsausbildung besucht:* die Berufsschule besuchen.

be|rufs|tä|tig [bə'ruːfstɛːtɪç] ⟨Adj.⟩: *einen Beruf ausübend:* berufstätige Mütter; er ist nicht mehr berufstätig.

be|ru|hen [bə'ruːən], beruht, beruhte, beruht: **1.** ⟨itr.; hat; auf etw. b.⟩ *(in etwas) seinen Grund, seine Ursache haben:* seine Aussagen beruhten auf einem Irrtum. **2.** * *etwas auf sich beruhen lassen:* etwas nicht weiter untersuchen; etwas so lassen, wie es ist: diesen Fall können wir auf sich beruhen lassen.

be|ru|hi|gen [bə'ruːɪɡn̩], beruhigt, beruhigte, beruhigt: **1.** ⟨tr.; hat; jmdn. b.⟩ *wie-*

der zur Ruhe bringen: das weinende Kind beruhigen. *Syn.:* beschwichtigen. **2.** ⟨sich b.⟩ *zur Ruhe kommen, ruhig werden:* er konnte sich nur langsam beruhigen; das Meer, der Sturm beruhigte sich allmählich. *Syn.:* sich fassen.

be|rühmt [bə'ryːmt], berühmter, am berühmtesten ⟨Adj.⟩: *durch besondere Leistung, Qualität weithin bekannt:* ein berühmter Künstler; ein berühmter Roman; dieses Buch, dieser Film hat sie berühmt gemacht. *Zus.:* hochberühmt, weltberühmt.

be|rüh|ren [bə'ryːrən], berührt, berührte, berührt ⟨tr.; hat⟩: **1.** ⟨jmdn., etw. b.⟩ *(jmdm., einer Sache) so nahe kommen, dass kein Abstand mehr vorhanden ist:* jmdn., etwas leicht, zufällig, mit der Hand, am Rücken berühren; [die Ware] bitte nicht berühren!; ihre Hände berührten sich. *Syn.:* anfassen, anrühren, fassen an. **2.** ⟨etw. b.⟩ *kurz erwähnen:* eine Frage, eine Angelegenheit im Gespräch berühren. *Syn.:* anschneiden, ansprechen, aufwerfen. **3.** ⟨jmdn. b.⟩ *ein bestimmtes Gefühl in jmdm. wecken:* das hat ihn seltsam, schmerzlich, peinlich, unangenehm berührt; die Nachricht berührte sie tief, im Innersten. *Syn.:* ¹bewegen.

die **Be|rüh|rung** [bə'ryːrʊŋ]; -, -en: *das Berühren, Anfassen:* jede noch so leichte Berührung der Wunde kann zu einer Infektion führen.

be|sänf|ti|gen [bə'zɛnftɪɡn̩], besänftigt, besänftigte, besänftigt ⟨tr.; hat; jmdn., etw. b.⟩: *beruhigen:* er versuchte ihn, seinen Zorn zu besänftigen.

die **Be|sat|zung** [bə'zatsʊŋ]; -, -en: **1.** *Mannschaft bes. eines Schiffs, eines Flugzeugs:* sie gehört zur Besatzung. *Syn.:* Crew. *Zus.:* Flugzeugbesatzung, Schiffsbesatzung. **2.** *Truppen, die ein fremdes Land besetzt halten: die Besatzung zog ab.*

be|schä|di|gen [bəˈʃɛːdɪɡn̩], beschädigt, beschädigte, beschädigt ⟨tr.; hat; etw. b.⟩: *(an etwas) Schaden verursachen:* das Haus wurde durch Bomben [schwer] beschädigt.

die Be|schä|di|gung [bəˈʃɛːdɪɡʊŋ]; -, -en: **1.** *das Beschädigen:* er hatte sich über die Beschädigung seines Wagens beschwert. *Zus.:* Sachbeschädigung. **2.** *beschädigte Stelle:* sie hatten schwere Beschädigungen angerichtet. *Syn.:* Defekt, Schaden.

¹be|schaf|fen [bəˈʃafn̩], beschafft, beschaffte, beschafft ⟨tr.; hat; [jmdm., sich] etw. b.⟩: *[unter Überwindung von Schwierigkeiten] dafür sorgen, dass etwas, was gebraucht wird, zur Verfügung steht:* jmdm., sich Geld, Arbeit beschaffen. *Syn.:* auftreiben (ugs.), besorgen, organisieren (ugs.).

²be|schaf|fen [bəˈʃafn̩]: in der Verbindung * ... beschaffen sein: *in bestimmter Weise gemacht, gestaltet sein:* das Material ist so beschaffen, dass es Wasser abstößt.

be|schäf|ti|gen [bəˈʃɛftɪɡn̩], beschäftigt, beschäftigte, beschäftigt: **1.** ⟨sich mit jmdm., etw. b.⟩ *zum Gegenstand seiner Tätigkeit, seines Denkens machen:* sich mit einem Problem, einer Frage beschäftigen; ich beschäftige mich viel mit den Kindern; die Polizei musste sich mit diesem Fall beschäftigen; sie war damit beschäftigt *(war dabei),* das Essen zuzubereiten. *Syn.:* sich befassen, sich widmen. **2.** ⟨tr.; hat; jmdn. b.⟩ *innerlich bewegen:* dieses Problem beschäftigte ihn schon lange. **3.** ⟨tr.; hat; jmdn. b.⟩ *angestellt haben:* er beschäftigt in seiner Firma hundert Leute; eine Hilfskraft beschäftigen. **4.** ⟨jmdn. [mit etw.] b.⟩ *(jmdm. etwas) zu tun geben:* die Kinder [mit einem Spiel] beschäftigen.

be|schäf|tigt [bəˈʃɛftɪçt], beschäftigter, am beschäftigtsten ⟨Adj.⟩: **1.** *zu tun habend, Arbeit habend:* sie ist sehr beschäftigt. **2.** *als Arbeitnehmer[in] in einem Arbeitsverhältnis stehend:* die in dem Krankenhaus, bei der Firma, im öffentlichen Dienst beschäftigten Personen; sie ist bei der Stadt beschäftigt. *Syn.:* angestellt, tätig.

die Be|schäf|ti|gung [bəˈʃɛftɪɡʊŋ]; -, -en: **1.** *das Sichbeschäftigen (mit etwas):* durch jahrelange Beschäftigung mit diesem Thema kennt sie sich damit wirklich gut aus. *Zus.:* Freizeitbeschäftigung, Lieblingsbeschäftigung. **2.** *Tätigkeit:* den Kin-

dern eine sinnvolle Beschäftigung geben. **3.** *Arbeitsplatz, Anstellung:* eine [neue, sitzende] Beschäftigung suchen; ohne Beschäftigung sein. *Syn.:* Arbeit, Job (ugs.), Stelle, Stellung, Tätigkeit. *Zus.:* Ferienbeschäftigung, Ganztagsbeschäftigung, Halbtagsbeschäftigung, Hauptbeschäftigung, Nebenbeschäftigung, Teilzeitbeschäftigung, Vollzeitbeschäftigung.

der Be|scheid [bəˈʃait]; -[e]s, -e: *[amtliche, verbindliche] Auskunft bestimmten Inhalts über jmdn., etwas:* Bescheid [über etwas] erwarten, geben, hinterlassen; haben Sie schon einen Bescheid bekommen? *Syn.:* Mitteilung, Nachricht. *Zus.:* Einstellungsbescheid, Entlassungsbescheid, Rentenbescheid, Steuerbescheid, Zwischenbescheid. * [jmdm.] Bescheid sagen: *jmdn. mündlich benachrichtigen:* sag [mir] bitte gleich Bescheid, wenn du fertig bist; * Bescheid wissen: *informiert sein:* weiß sie [darüber] Bescheid?

be|schei|den [bəˈʃaidn̩], bescheidener, am bescheidensten ⟨Adj.⟩: **1.** *sich nicht in den Vordergrund stellend; in seinen Ansprüchen maßvoll:* ein bescheidener Mensch; du solltest etwas bescheidener sein; sie lebt sehr bescheiden. *Syn.:* anspruchslos, genügsam. **2.** *in seiner Einfachheit gehobeneren Ansprüchen nicht genügend:* ein bescheidenes Zimmer, Einkommen. *Syn.:* ärmlich, kümmerlich.

be|schei|ni|gen [bəˈʃainɪɡn̩], bescheinigt, bescheinigte, bescheinigt ⟨tr.; hat; [jmdm.] etw. b.⟩: *schriftlich bestätigen:* den Empfang des Geldes bescheinigen.

die Be|schei|ni|gung [bəˈʃainɪɡʊŋ]; -, -en: **1.** *das Bescheinigen.* **2.** *Schriftstück, mit dem etwas bescheinigt wird:* er braucht eine Bescheinigung über seinen Aufenthalt im Krankenhaus. *Syn.:* Beleg, ²Schein. *Zus.:* Empfangsbescheinigung, Lohnbescheinigung.

be|schen|ken [bəˈʃɛŋkn̩], beschenkt, beschenkte, beschenkt ⟨tr.; hat; jmdn. b.⟩: *(jmdm.) etwas schenken:* jmdn. reich beschenken; zu Weihnachten beschenken sie sich [gegenseitig]. *Syn.:* bedenken (geh.).

be|schimp|fen [bəˈʃɪmpfn̩], beschimpft, beschimpfte, beschimpft ⟨tr.; hat; jmdn. b.⟩: *mit groben Worten beleidigen:* er hat sie auf übelste Weise beschimpft.

¹be|schla|gen [bəˈʃlaːɡn̩], beschlägt, beschlug, beschlagen ⟨itr.; ist⟩: *sich mit einer dünnen Schicht (besonders aus*

Wassertropfen) überziehen: das Fenster beschlägt schnell, ist beschlagen.

²**be|schla|gen** [bəˈʃlaːgn̩], beschlagener, am beschlagensten ⟨Adj.⟩: *(auf einem Gebiet) gut Bescheid wissend, sich auskennend:* eine ungewöhnlich beschlagene Fachfrau; er ist auf seinem Gebiet sehr beschlagen.

be|schleu|ni|gen [bəˈʃlɔynɪɡn̩], beschleunigt, beschleunigte, beschleunigt: **1.** ⟨itr.; hat; etw. b.⟩ *schneller werden lassen:* seine Schritte beschleunigen; das Tempo, einen Vorgang, die Arbeit beschleunigen; ⟨auch itr.⟩ der Fahrer, das Auto beschleunigte [auf 100 km/h]. **2.** ⟨sich b.⟩ *schneller werden:* sein Puls beschleunigte sich; das Wirtschaftswachstum beschleunigte sich im letzten Jahr.

be|schlie|ßen [bəˈʃliːsn̩], beschließt, beschloss, beschlossen ⟨tr.; hat; etw. b.⟩: **1.** *einen bestimmten Entschluss fassen:* sie beschlossen, doch schon früher abzureisen; der Bundestag beschließt ein neues Gesetz; ⟨auch itr.⟩ über die Steuergesetzgebung beschließen. *Syn.:* sich entschließen zu. **2.** *auf bestimmte Weise enden lassen:* eine Feier [mit einem Lied] beschließen. *Syn.:* abschließen, beenden.

der **Be|schluss** [bəˈʃlʊs]; -es, Beschlüsse [bəˈʃlʏsə]: *[gemeinsam] festgelegte Entscheidung:* einen Beschluss verwirklichen; einen Beschluss fassen *(etwas beschließen);* auf Beschluss der Direktion. *Syn.:* Entscheidung, Entschluss. *Zus.:* Gerichtsbeschluss, Grundsatzbeschluss, Mehrheitsbeschluss, Regierungsbeschluss.

be|schmut|zen [bəˈʃmʊtsn̩], beschmutzt, beschmutzte, beschmutzt ⟨tr.; hat⟩: **1.** ⟨jmdn., etw. b.⟩ *schmutzig machen:* den Teppich beschmutzen; du hast dich beschmutzt. *Syn.:* verschmutzen. **2.** ⟨etw. b.⟩ *schlechtmachen, schädigen:* das Andenken der Verstorbenen beschmutzen; den Namen, den Ruf der Familie beschmutzen.

be|schnei|den [bəˈʃnaidn̩], beschneidet, beschnitt, hat beschnitten ⟨tr.; hat; etw. b.⟩: **1.** *durch Schneiden kürzen, in die richtige Form bringen:* die Äste der knorrigen Bäume beschneiden; Papier, Bretter beschneiden. *Syn.:* schneiden. **2.** (geh.) *geringer, eingeschränkter, begrenzter werden lassen:* jmdm. seine Freiheit beschneiden; jmds. Rechte beschneiden. *Syn.:* beschränken, mindern, verringern.

be|schrän|ken [bəˈʃrɛŋkn̩], beschränkt, beschränkte, beschränkt: **1.** ⟨tr.; hat; etw. b.⟩ *geringer, eingeengter werden lassen:* jmds. Rechte, Freiheit beschränken; die Zahl der Plätze ist beschränkt; in beschränkten *(ärmlichen)* Verhältnissen leben. *Syn.:* begrenzen, beschneiden (geh.), einschränken, verringern. **2.** ⟨sich [auf etw. (Akk.)] b.⟩ *über etwas Bestimmtes nicht hinausgehen, ein bestimmtes Maß nicht überschreiten:* bei seiner Rede beschränkte er sich auf das Notwendigste; sie weiß sich zu beschränken. *Syn.:* sich begnügen.

be|schrankt [bəˈʃraŋkt] ⟨Adj.⟩: *mit Schranken versehen:* ein beschrankter Bahnübergang.

be|schränkt [bəˈʃrɛŋkt], beschränkter, am beschränktesten ⟨Adj.⟩ (abwertend): *von geringer Intelligenz:* eine beschränkte Person; er ist etwas beschränkt. *Syn.:* blöd[e] (ugs.), dämlich (ugs.), doof (ugs.), dumm, idiotisch, unbedarft.

be|schrei|ben [bəˈʃraibn̩], beschreibt, beschrieb, beschrieben ⟨tr.; hat; etw. b.⟩: **1.** *(auf etwas)* Buchstaben, Noten o. Ä. *schreiben:* ein Blatt Papier beschreiben. **2.** *mit Worten in Einzelheiten darstellen, wiedergeben:* seine Eindrücke beschreiben; einen Vorgang, einen Gegenstand [genau, ausführlich] beschreiben; es ist nicht zu beschreiben, wie schön, großartig, langweilig es war. *Syn.:* erzählen.

die **Be|schrei|bung** [bəˈʃraibʊŋ]; -, -en: **1.** *das Beschreiben, Erklären:* die Beschreibung des Weges war nicht leicht; *** jeder Beschreibung spotten:** *so schlimm sein, dass man es mit Worten nicht wiedergeben kann:* ihre Frechheit spottet jeder Beschreibung. **2.** *Text, in dem etwas beschrieben wird:* die Beschreibung des Täters trifft auf die festgenommene Person zu.

be|schrif|ten [bəˈʃrɪftn̩], beschriftet, beschriftete, beschriftet ⟨tr.; hat; etw. [mit etw.] b.⟩: *mit einer Aufschrift versehen:* ein Schild, einen Umschlag mit Name und Adresse beschriften. *Syn.:* beschreiben.

be|schul|di|gen [bəˈʃʊldɪɡn̩], beschuldigt, beschuldigte, beschuldigt ⟨tr.; hat; jmdn. [einer Sache (Gen.)] b.⟩: *(jmdm.) die Schuld (an etwas) geben:* man beschuldigte sie des Mordes; man beschuldigte ihn, einen Diebstahl begangen zu haben. *Syn.:* anklagen.

be|schüt|zen [bəˈʃʏtsn̩], beschützt,

beschützte, beschützt ⟨tr.; hat; jmdn. b.⟩: *vor Angriffen, Gefahren schützen:* er beschützte seinen kleinen Bruder [vor dem Angreifer]. *Syn.:* behüten.

die **Be|schwer|de** [bəˈʃveːɐ̯də]; -, -n: **1.** *mündliche oder schriftliche Äußerung, durch die sich jmd. beschwert:* sie richtete eine Beschwerde an die zuständige Stelle. *Syn.:* Klage. **2.** ⟨Plural⟩ *körperliche Leiden:* die Beschwerden des Alters. *Zus.:* Altersbeschwerden, Herzbeschwerden, Magenbeschwerden, Schluckbeschwerden.

be|schwe|ren [bəˈʃveːrən], beschwert, beschwerte, beschwert: **1.** ⟨sich [über jmdn., etw.] b.⟩ *bei einer zuständigen Stelle Klage führen:* du hast dich bei ihr über diesen Vorfall/wegen dieses Vorfalls beschwert; ich werde mich über Sie beschweren. *Syn.:* sich beklagen. **2.** ⟨tr.; hat; etw. [mit etw.] b.⟩ *(auf etwas) etwas Schweres legen:* sie beschwerte die Papiere mit einem Stein.

be|schwer|lich [bəˈʃveːɐ̯lɪç], beschwerlicher, am beschwerlichsten ⟨Adj.⟩: *anstrengend:* eine beschwerliche Arbeit; der Weg war lang und beschwerlich. *Syn.:* hart, mühsam, schwer.

be|schwich|ti|gen [bəˈʃvɪçtɪɡn̩], beschwichtigt, beschwichtigte, beschwichtigt ⟨tr.; hat; jmdn. b.⟩: *beruhigen:* er versuchte, seinen zornigen Freund zu beschwichtigen. *Syn.:* besänftigen.

be|schwin|deln [bəˈʃvɪndl̩n], beschwindelt, beschwindelte, beschwindelt ⟨tr.; hat; jmdn. b.⟩ (ugs.): *nicht die Wahrheit sagen; belügen:* sie hat ihre Eltern ganz schön beschwindelt.

be|schwö|ren [bəˈʃvøːrən], beschwört, beschwor, beschworen ⟨tr.; hat; etw. b.⟩: *durch einen Eid bestätigen:* er musste seine Aussagen [vor Gericht] beschwören; kannst du das beschwören? *Syn.:* schwören.

be|sei|ti|gen [bəˈzaɪ̯tɪɡn̩], beseitigt, beseitigte, beseitigt ⟨tr.; hat⟩: **1.** ⟨etw. b.⟩ *entfernen, zum Verschwinden bringen:* den Schmutz, einen Fleck beseitigen; kannst du bitte diese Abfälle auf dem Tisch beseitigen; wie können wir das Problem, dieses Hindernis beseitigen? **2.** ⟨jmdn. b.⟩ (verhüllend) *ermorden, umbringen:* er hat seinen Konkurrenten beseitigt; sie haben alle Zeugen brutal beseitigen lassen.

die **Be|sei|ti|gung** [bəˈzaɪ̯tɪɡʊŋ]; -: **1.** *das Beseitigen, Entfernen:* die Beseitigung des Mülls war nicht billig; die Beseitigung

der Schäden ist sehr aufwendig; die Beseitigung *(Lösung)* des Problems dauerte mehrere Stunden. *Zus.:* Abfallbeseitigung, Müllbeseitigung, Schadensbeseitigung. **2.** (verhüllend) *das Ermorden:* die Beseitigung der wichtigsten Zeugin; er beschloss die Beseitigung des Rivalen. *Syn.:* Tötung.

der **Be|sen** [ˈbeːzn̩]; -s, -: *Gegenstand zum Kehren, Fegen:* der Besen steht in der Kammer. *Zus.:* Kehrbesen, Strohbesen.

der Besen

be|ses|sen [bəˈzɛsn̩]: in der Verbindung * **von etwas besessen sein:** *von etwas ganz erfüllt, fasziniert sein:* von einer Idee besessen sein; sie ist vom Handball ganz besessen; er ist besessen von der Idee, den Nobelpreis zu bekommen.

be|set|zen [bəˈzɛtsn̩], besetzt, besetzte, besetzt ⟨tr.; hat; etw. b.⟩: **1.** *in etwas eindringen und es in Besitz nehmen:* ein Land besetzen; das Haus wurde von Demonstranten besetzt; sie besetzte *(belegte)* einen Fensterplatz im Abteil. *Syn.:* einnehmen. **2.** *an jmdn. vergeben:* eine Rolle beim Theater besetzen; ist die neue Stelle schon besetzt? *Zus.:* fehlbesetzen.

besetzt [bəˈzɛtst] ⟨Adj.⟩: *nicht frei:* die Toilette ist besetzt; dieser Platz ist leider [schon] besetzt; alle Tische waren [voll] besetzt *(an keinem der Tische war mehr ein Platz frei);* die Leitung ist besetzt *(es wird gerade telefoniert).* *Syn.:* belegt.

die **Be|set|zung** [bəˈzɛtsʊŋ]; -, -en: **1.** *das Erobern, Einnehmen:* die Besetzung eines Landes durch feindliche Truppen. **2.** *das Besetzen einer offenen Stelle durch einen Bewerber, eine Bewerberin:* die Besetzung der Rolle, der Stelle erwies sich als schwierig.

be|sich|ti|gen [bəˈzɪçtɪɡn̩], besichtigt, besichtigte, besichtigt ⟨tr.; hat; etw. b.⟩: *ansehen, betrachten:* heute Nachmittag besichtigen wir das Schloss; kann ich die Wohnung heute besichtigen? *Syn.:* angucken (ugs.), anschauen (bes. südd., österr., schweiz.).

be|sie|gen [bəˈziːɡn̩], besiegt, besiegte, besiegt ⟨tr.; hat⟩: **1.** ⟨jmdn. b.⟩ *gegen jmdn. gewinnen:* er hat seinen Gegner beim Tennis besiegt; sie hat ihn mit Worten besiegt. *Syn.:* bezwingen, gewinnen gegen, schlagen, siegen über. **2.** ⟨etw. b.⟩ *überwinden, stärker sein als:* sie hat die schwere Krankheit besiegt; er konnte seine Angst besiegen.

be|sinn|lich [bəˈzɪnlɪç], besinnlicher, am besinnlichsten ⟨Adj.⟩: *ruhig und nachdenklich:* eine besinnliche Stunde im Advent.

die **Be|sin|nung** [bəˈzɪnʊŋ]; -: **1.** *ruhiges Nachdenken:* nach einer Weile der Besinnung war er ruhiger geworden; hier kommt man vor lauter Lärm nicht zur Besinnung. *Syn.:* Ruhe. *Zus.:* Selbstbesinnung. **2.** *Bewusstsein:* sie war seit Tagen ohne Besinnung; hast du die Besinnung *(den Verstand)* verloren?

be|sin|nungs|los [bəˈzɪnʊŋsloːs] ⟨Adj.⟩: **1.** *ohne Bewusstsein:* sie ist besinnungslos geworden; nach dem Schlag auf den Kopf brach er besinnungslos zusammen. *Syn.:* bewusstlos, ohnmächtig. **2.** *außer sich; rasend:* sie schlugen besinnungslos vor Wut auf das Opfer ein; in besinnungsloser Angst rannte er weg.

der **Be|sitz** [bəˈzɪts]; -es: **1.** *was jmdm. gehört; Eigentum:* das Haus ist sein einziger Besitz. *Syn.:* Habe. *Zus.:* Familienbesitz, Grundbesitz, Privatbesitz. **2.** *das Besitzen, Zustand des Besitzens:* der Besitz eines Autos ist nicht billig; im Besitz von etwas sein *(etwas besitzen);* etwas in Besitz haben *(etwas besitzen);* etwas in Besitz nehmen *(etwas an sich nehmen, sich einer Sache bemächtigen).* *Zus.:* Kapitalbesitz, Kunstbesitz, Waffenbesitz.

be|sit|zen [bəˈzɪtsn̩], besitzt, besaß, besessen ⟨itr.; hat; etw. b.⟩: *als Eigentum haben:* sie besitzt ein Haus auf dem Land; ihre Tochter besitzt jetzt ein eigenes Auto.

der **Be|sit|zer** [bəˈzɪtsɐ]; -s, -, die **Be|sit|ze|rin** [bəˈzɪtsərɪn]; -, -nen: *Person, die etwas besitzt:* wer ist der Besitzer dieses Hauses?; das Lokal hat einen neuen Besitzer. *Syn.:* Inhaber, Inhaberin. *Zus.:* Autobesitzer, Autobesitzerin, Fabrikbesitzer, Fabrikbesitzerin, Hotelbesitzer, Hotelbesitzerin, Hausbesitzer, Hausbesitzerin.

be|sof|fen [bəˈzɔfn̩], besoffener, am besoffensten ⟨Adj.⟩ (salopp): *betrunken:* ein besoffener Autofahrer; sie war auf der Feier total besoffen.

be|soh|len [bəˈzoːlən], besohlte, besohlt ⟨tr.; hat; etw. b.⟩: *mit neuen Soh-*

len versehen: ich möchte ein Paar Schuhe [neu] besohlen lassen.

be|son|der... [bəˈzɔndɐ...] ⟨Adj.⟩: *groß:* er wollte seiner Frau eine besondere Freude machen; er hat eine besondere Vorliebe für Süßigkeiten. *Syn.:* außergewöhnlich, außerordentlich, ungewöhnlich.

die **Be|son|der|heit** [bəˈzɔndɐhait]; -, -en: *besondere Eigenschaft, besonderes Merkmal:* die Besonderheit dieser Apfelsorte ist der saure Geschmack; welche Besonderheiten hat dieses Fahrrad?

be|son|ders [bəˈzɔndɐs] ⟨Adverb⟩: **1.** *sehr:* dieses Bild ist besonders schön; in der Arbeit sind besonders viele Fehler. *Syn.:* ausgesprochen, außergewöhnlich, außerordentlich, ungemein, ungewöhnlich. **2.** *vor allem:* der Sturm hat besonders an der Nordsee große Schäden verursacht. *Syn.:* hauptsächlich, insbesondere. **3.** (ugs.) * *nicht besonders: nicht gut, eher schlecht:* der Film war nicht besonders.

be|son|nen [bəˈzɔnən], besonnener, am besonnensten ⟨Adj.⟩: *ruhig und vernünftig:* ein besonnener Mensch; sie hat nach dem Unfall sehr besonnen reagiert. *Syn.:* gelassen, überlegt.

be|sor|gen [bəˈzɔrɡn̩], besorgt, besorgte, besorgt ⟨tr.; hat; etw. b.⟩: *kaufen, holen:* kannst du uns etwas zum Essen besorgen; ich muss noch ein Geschenk für ihn besorgen. *Syn.:* ¹beschaffen.

die **Be|sorg|nis** [bəˈzɔrknɪs]; -, -se: *Sorge:* seine Besorgnis um den kranken Jungen war sehr groß. *Syn.:* Angst.

besorgt [bəˈzɔrkt], besorgter, am besorgtesten ⟨Adj.⟩: *von Sorge erfüllt:* ein besorgter Vater; ich bin wegen deines Hustens sehr besorgt; sie war um deine Gesundheit, ihre Tochter besorgt.

be|spre|chen [bəˈʃprɛçn̩], bespricht, besprach, besprochen ⟨tr.; hat; etw. b.⟩: *über etwas sprechen:* der Lehrer wollte die Lösung mit den Schülern besprechen; wann können wir das Problem besprechen? *Syn.:* reden über.

die **Be|spre|chung** [bəˈʃprɛçʊŋ]; -, -en: *Gespräch, in dem sachliche Fragen diskutiert werden:* sie ist in einer wichtigen Besprechung; er hat eine Besprechung mit seinem Chef; wann findet die Besprechung statt? *Syn.:* Meeting, Unterredung. *Zus.:* Arbeitsbesprechung, Lagebesprechung, Redaktionsbesprechung.

be|sprit|zen [bəˈʃprɪtsn̩], bespritzt,

bespritzte, bespritzt ⟨tr.; hat; jmdn., etw. b.⟩: **1.** *durch Spritzen nass machen:* er hat sie [mit Wasser] bespritzt. **2.** *durch Spritzen schmutzig machen:* das vorbeifahrende Auto hat mich, meinen Mantel bespritzt; er hat seinen Mitschüler mit Tinte bespritzt.

¹bes|ser [ˈbɛsɐ]: ↑ gut.

²bes|ser [ˈbɛsɐ] ⟨Adverb⟩: *lieber:* das solltest du besser nicht tun; geh besser zum Arzt; er hätte besser schweigen sollen.

bes|sern [ˈbɛsɐn], bessert, besserte, gebessert ⟨sich b.⟩: *besser werden:* seine Laune hat sich gebessert; morgen soll sich das Wetter bessern. *Syn.:* sich verbessern.

die Bes|se|rung [ˈbɛsərʊŋ]; -: *das Besserwerden:* eine Besserung der Lage ist nicht in Sicht; der Kranke befindet sich auf dem Weg der Besserung *(es geht ihm besser). Syn.:* Verbesserung. *Zus.:* Wetterbesserung. *** **jmdm. gute Besserung wünschen:** *jmdm. wünschen, dass er, sie gesund wird:* sie wünschte dem Patienten gute Besserung; gute Besserung!

best... [ˈbɛst...] ⟨Adj.⟩: Superlativ von »gut«: das ist das beste Restaurant der Stadt; Lara ist meine beste *(engste)* Freundin; das ist die beste Pizza, die ich je gegessen habe; es wird das Beste sein, nach Hause zu gehen.

der Be|stand [bəˈʃtant]; -[e]s, Bestände [bəˈʃtɛndə]: *vorhandene Menge:* der Bauer hat seinen Bestand an Tieren vergrößert. *Zus.:* Baumbestand, Viehbestand, Waldbestand.

be|stän|dig [bəˈʃtɛndɪç], beständiger, am beständigsten ⟨Adj.⟩: **1.** *dauernd, ständig:* sie lebt in beständiger Sorge; sie zeichnet sich durch beständige Leistungen aus. *Syn.:* andauernd, kontinuierlich. **2.** *gleichbleibend:* das Wetter ist schon seit Wochen beständig. *Syn.:* stabil. *Zus.:* wertbeständig.

der Be|stand|teil [bəˈʃtanttail]; -[e]s, -e: *Teil eines Ganzen:* etwas in seine Bestandteile zerlegen; Fett ist ein notwendiger Bestandteil unserer Nahrung. *Zus.:* Grundbestandteil, Hauptbestandteil.

be|stär|ken [bəˈʃtɛrkn̩], bestärkt, bestärkte, bestärkt ⟨tr.; hat; jmdn. in etw. (Dativ) b.⟩: *sagen, dass jmd. etwas gut macht:* ich möchte dich in deiner Arbeit bestärken. *Syn.:* ermuntern zu.

be|stä|ti|gen [bəˈʃtɛːtɪgn̩], bestätigt, bestätigte, bestätigt: **1.** ⟨tr.; hat; etw. b.⟩ *etwas für wahr, richtig erklären:* ich kann bestätigen, dass er das gesagt hat; du solltest dir das schriftlich bestätigen lassen. **2.** ⟨sich b.⟩ *sich als wahr, richtig herausstellen:* die Nachricht hat sich bestätigt; seine Befürchtungen haben sich bestätigt.

be|stat|ten [bəˈʃtatn̩], bestattet, bestattete, bestattet ⟨tr.; hat; jmdn. b.⟩: *beerdigen:* auf welchem Friedhof wird der Tote bestattet?

die Be|stat|tung [bəˈʃtatʊŋ]; -, -en (geh.): *Begräbnis:* die Bestattung findet um 11 Uhr auf dem alten Friedhof statt. *Zus.:* Erdbestattung, Feuerbestattung.

be|stau|nen [bəˈʃtaunən], bestaunt, bestaunte, bestaunt ⟨tr.; hat; etw. b.⟩: *staunend ansehen:* sie bestaunten das neue Auto. *Syn.:* bewundern, staunen über.

be|ste|chen [bəˈʃtɛçn̩], besticht, bestach, bestochen ⟨tr.; hat; jmdn. b.⟩: *jmdn. durch Geschenke dazu bringen, etwas [nicht Erlaubtes] für einen zu tun:* man darf einen Beamten nicht bestechen; womit hast du den Mann am Eingang bestochen?

be|stech|lich [bəˈʃtɛçlɪç] ⟨Adj.⟩: *leicht zu bestechen:* ein bestechlicher Polizist ist kein gutes Vorbild; der Beamte ist bestechlich. *Syn.:* käuflich.

die Be|ste|chung [bəˈʃtɛçʊŋ]; -, -en: *das Bestechen:* er wurde wegen Bestechung angeklagt; ihm wird Bestechung in zwei Fällen vorgeworfen. *Zus.:* Beamtenbestechung.

das Be|steck [bəˈʃtɛk]; -[e]s, -e: *Messer, Gabel und Löffel:* das Besteck ist nicht richtig sauber. *Zus.:* Kinderbesteck, Salatbesteck, Silberbesteck.

das Besteck

be|ste|hen [bəˈʃteːən], besteht, bestand, bestanden: **1.** ⟨itr.; hat⟩ *vorhanden sein:* zwischen den beiden Sorten besteht kein Unterschied; das Geschäft besteht *(gibt es)* noch nicht lange; es besteht kein Zweifel an ihren Worten. *Syn.:* existieren. **2.** ⟨itr.; hat⟩ *zusammengesetzt sein:* sein Frühstück besteht aus Kaffee und Müsli; die Prüfung besteht aus drei Teilen. *Syn.:* umfassen, sich zusammensetzen aus. **3.** ⟨tr.; hat; etw. b.⟩ *mit Erfolg hinter sich bringen:* sie hat die Prüfung mit »sehr gut« bestanden. *Syn.:* absolvieren.

be|steh|len [bəˈʃteːlən], bestiehlt, bestahl, bestohlen ⟨tr.; hat; jmdn. b.⟩: *von jmdm. etwas stehlen:* er hat seinen Freund bestohlen.

be|stel|len [bəˈʃtɛlən], bestellt, bestellte, bestellt ⟨tr.; hat⟩: **1.** ⟨etw. b.⟩ *sich bringen lassen:* sie bestellten beim Kellner eine Flasche Wein; er hat sich ein Schnitzel bestellt; du kannst das Buch im Internet bestellen *(anfordern).* **2.** ⟨jmdn., etw. b.⟩ *kommen lassen:* wer hat das Taxi bestellt?; er ist für 17 Uhr bestellt *(hat einen Termin um 17 Uhr).* **3.** ⟨etw. b.⟩ *reservieren lassen:* ein Zimmer bestellen, Karten für ein Konzert bestellen. **4.** ⟨jmdm. etw. b.⟩ *sagen:* bestell ihr bitte meine Grüße. *Syn.:* ausrichten.

die **Be|stel|lung** [bəˈʃtɛlʊŋ]; -, -en: *Auftrag zur Lieferung von etwas:* eine Bestellung aufgeben, abschicken, entgegegennehmen; wie lange wird die Bestellung dauern? *(wie lange wird es dauern, bis die bestellte Ware da ist?);* die Bestellung von Büchern im Internet ist ganz einfach; diesen Schrank erhalten Sie nur auf Bestellung *(wenn Sie ihn bestellt haben);* Herr Ober, können wir die Bestellung aufgeben? *Zus.:* Bücherbestellung, Kartenbestellung, Zimmerbestellung.

bes|ten [ˈbɛstn̩]: ↑ gut.

bes|tens [ˈbɛstn̩s] ⟨Adverb⟩: *ausgezeichnet, sehr gut:* die Jacke ist bestens für Wind und Regen geeignet; ich bin bestens auf die Prüfung vorbereitet. *Syn.:* blendend, exzellent, hervorragend, prima (ugs.).

be|steu|ern [bəˈʃtɔyɐn], besteuert, besteuerte, besteuert ⟨tr.; hat; etw. b.⟩: *für etwas Steuern fordern:* der Staat besteuert Einkommen und Vermögen, seine Bürgerinnen und Bürger; das besteuerte *(mit Steuern belegte)* Einkommen.

be|stim|men [bəˈʃtɪmən], bestimmt, bestimmte, bestimmt ⟨tr.; hat; etw. b.⟩: **1.** *festlegen:* hast du schon einen Termin für das Treffen bestimmt? *Syn.:* festsetzen. **2.** *entscheiden:* das kann ich nicht alleine bestimmen; hier bestimme ich! *Syn.:* vorschreiben.

¹**be|stimmt** [bəˈʃtɪmt] ⟨Adj.⟩: **1.** *genau festgelegt:* hast du ein bestimmtes Ziel?; sie verfolgt eine bestimmte Absicht. *Syn.:* fest, feststehend. **2.** *entschieden, fest:* er hat den Vorschlag höflich, aber bestimmt abgelehnt. *Syn.:* deutlich.

²**be|stimmt** [bəˈʃtɪmt] ⟨Adverb⟩: *ganz sicher:* er wird bestimmt kommen; das

hat er ganz bestimmt nicht so gemeint. *Syn.:* gewiss, sicherlich, zweifellos.

die **Be|stim|mung** [bəˈʃtɪmʊŋ]; -, -en: *Anordnung, Vorschrift:* die neuen Bestimmungen für das Parken in der Innenstadt müssen beachtet werden. *Syn.:* Gesetz.

be|stra|fen [bəˈʃtraːfn̩], bestraft, bestrafte, bestraft ⟨tr.; hat⟩: **1.** ⟨jmdn. b.⟩ *jmdm. eine Strafe geben:* dafür sollte man ihn nicht bestrafen; kann man eine 14-Jährige für so etwas bestrafen? *Syn.:* verurteilen. **2.** ⟨etw. b.⟩ *für etwas eine Strafe geben:* sein leichtsinniges Verhalten sollte man bestrafen.

be|strebt [bəˈʃtreːpt]: in der Verbindung * **bestrebt sein:** *sich Mühe geben:* sie war immer bestrebt, alles richtig zu machen. *Syn.:* sich bemühen.

die **Be|stre|bun|gen** [bəˈʃtreːbʊŋən] ⟨Plural⟩: *Mühe:* alle seine Bestrebungen waren vergebens. *Syn.:* Anstrengung. *Zus.:* Autonomiebestrebungen, Reformbestrebungen.

be|strei|chen [bəˈʃtraɪçn̩], bestreicht, bestrich, bestrichen ⟨tr.; hat⟩: *etw. mit etw. b.⟩: streichend mit einer dünnen Schicht versehen:* ein Brot dick mit Butter bestreichen. *Syn.:* schmieren.

be|strei|ten [bəˈʃtraɪtn̩], bestreitet, bestritt, bestritten ⟨tr.; hat; etw. b.⟩: *leugnen:* er bestreitet, ihn jemals gesehen zu haben; sie hat ihre Schuld heftig bestritten; es lässt sich nicht bestreiten *(es ist richtig),* dass sie sehr gut aussieht.

be|stürzt [bəˈʃtʏrtst], bestürzter, am bestürztesten ⟨Adj.⟩: *betroffen:* ein bestürztes Gesicht machen; er knallte die Tür zu – bestürzt blickte man ihm nach. *Syn.:* entsetzt.

der **Be|such** [bəˈzuːx]; -[e]s, -e: **1.** *das Besuchen:* der Besuch beim Arzt dauerte zwei Stunden; morgen kommt meine Schwester zu Besuch; morgen machen wir einen Besuch im Krankenhaus. *Zus.:* Arztbesuch, Kinobesuch, Krankenbesuch, Theaterbesuch. **2.** ⟨Plural⟩ *Person oder Gruppe von Personen, die jmdn. besucht:* ich erwarte Besuch; der Besuch musste auf dem Sofa schlafen; bringst du den Besuch zum Bahnhof? *Syn.:* Besucher, Besucherin, Besucher ⟨Plural⟩, Besucherinnen ⟨Plural⟩, Gast, Gäste ⟨Plural⟩.

be|su|chen [bəˈzuːxn̩], besucht, besuchte, besucht ⟨tr.; hat⟩: **1.** ⟨jmdn. b.⟩ *zu jmdm. gehen, fahren und dort einige Zeit bleiben:* ich will eine Freundin besuchen; er besucht seine Eltern, seinen kranken

Vater jede Woche. *Syn.:* aufsuchen, vorbeigehen bei. **2.** ⟨etw. b.⟩ *an einen bestimmten Ort gehen:* eine Ausstellung, ein Konzert besuchen; meine Tochter besucht das Gymnasium *(geht auf das Gymnasium).*

der **Be|su|cher** [bə'zu:xɐ]; -s, -, die **Be|su|che|rin** [bə'zu:xərɪn]; -, -nen: **1.** *Person, die eine andere Person besucht:* die Besucher müssen jetzt das Krankenhaus verlassen; die Besucherin war plötzlich abgereist. *Syn.:* Besuch. **2.** *Person, die eine Veranstaltung besucht:* die Besucher des Konzerts, einer Ausstellung; viele Besucher kamen aus dem Ausland. *Syn.:* Gast. *Zus.:* Kinobesucher, Kinobesucherin, Konzertbesucher, Konzertbesucherin, Theaterbesucher, Theaterbesucherin.

be|tä|ti|gen [bə'tɛ:tɪɡn̩], betätigt, betätigte, betätigt ⟨sich b.⟩: *tätig sein:* er will sich politisch betätigen; in meiner Freizeit betätige ich mich künstlerisch; abends betätigt er sich *(arbeitet er)* als Gärtner. *Syn.:* wirken.

be|tei|li|gen [bə'taɪlɪɡn̩], beteiligt, beteiligte, beteiligt: **1.** ⟨sich [an etw.] b.⟩ *aktiv teilnehmen (an etwas), mitwirken:* sich an einem Preisausschreiben, Wettbewerb beteiligen; sich rege, lebhaft an der Diskussion beteiligen. *Syn.:* mitmachen. **2.** *an etwas (Dativ) beteiligt sein: an etwas teilhaben:* er ist an der Firma, am Gewinn, an dem Projekt beteiligt.

der *und* die **Be|tei|lig|te** [bə'taɪlɪçtə]; -n, -n ⟨aber: [ein] Beteiligter, [eine] Beteiligte, Plural: [viele] Beteiligte⟩: *Person, die an etwas beteiligt, von etwas betroffen ist:* alle an der Tat Beteiligten wurden festgenommen; eine Lösung, die für alle Beteiligten befriedigend ist. *Syn.:* Teilnehmer, Teilnehmerin. *Zus.:* Unfallbeteiligte.

be|ten ['be:tn̩], betet, betete, gebetet ⟨itr.; hat⟩: *sich im Gebet an Gott wenden:* still, laut beten; zu Gott beten; für jmdn., um Rettung beten; ⟨auch tr.⟩ ein Vaterunser, einen Rosenkranz beten.

der **Be|ton** [be'tõ:]; -s: *am Bau verwendete Mischung aus Zement, Wasser, Sand o. Ä., die im trockenen Zustand sehr hart und fest ist:* eine Mauer aus Beton; Beton mischen. *Zus.:* Eisenbeton, Gussbeton, Spritzbeton, Stahlbeton.

be|to|nen [bə'to:nən], betont, betonte, betont ⟨tr.; hat; etw. b.⟩: **1.** *durch stärkeren Ton hervorheben:* ein Wort, eine Silbe, eine Note betonen. **2.** *hervorheben, mit Nachdruck sagen:* seinen Standpunkt betonen; dies möchte ich noch einmal besonders betonen. *Syn.:* unterstreichen.

die **Be|to|nung** [bə'to:nʊŋ]; -, -en: **1.** *das Betonen:* die Betonung der ersten Silbe. **2.** *nachdrückliche Hervorhebung:* die Betonung des eigenen Standpunktes.

Be|tracht [bə'traxt]: *in Verbindungen wie* * **in Betracht kommen:** *als möglich betrachtet werden:* das kommt nicht in Betracht; * **etwas in Betracht ziehen:** *etwas berücksichtigen:* mehrere Möglichkeiten in Betracht ziehen; * **etwas außer Betracht lassen:** *etwas nicht berücksichtigen.*

be|trach|ten [bə'traxtn̩], betrachtet, betrachtete, betrachtet ⟨tr.; hat⟩: **1.** ⟨jmdn., etw. b.⟩ *ausgiebig ansehen:* jmdn., etwas neugierig betrachten; ein Bild betrachten. *Syn.:* angucken (ugs.), anschauen (bes. südd., österr., schweiz.), ansehen. **2.** ⟨jmdn., etw. als etw. (Akk.) b.⟩ *als etwas ansehen, für etwas halten:* jmdn. als seinen Freund, seinen Feind, seinen Verbündeten betrachten; er betrachtete es als seine Pflicht. **3.** ⟨etw. irgendwie b.⟩ *in einer bestimmten Weise beurteilen:* einen Fall einseitig, objektiv, von zwei Seiten betrachten; so betrachtet hat die Sache auch ihr Gutes.

be|trächt|lich [bə'trɛçtlɪç], beträchtlicher, am beträchtlichsten ⟨Adj.⟩: **1.** *ziemlich groß:* eine beträchtliche Summe. *Syn.:* beachtlich, bedeutend, erheblich. **2.** *erheblich:* er ist in letzter Zeit beträchtlich gewachsen; er war beträchtlich schneller als du. *Syn.:* bedeutend, viel, weit, wesentlich.

die **Be|trach|tung** [bə'traxtʊŋ]; -, -en: **1.** *das Betrachten:* die Betrachtung eines Bildes, eines Schaufensters. **2.** *[schriftlich formulierte] Gedanken über ein bestimmtes Thema:* eine politische, wissenschaftliche Betrachtung; Betrachtungen anstellen. *Zus.:* Kunstbetrachtung, Literaturbetrachtung.

der **Be|trag** [bə'tra:k]; -[e]s, Beträge [bə'trɛ:ɡə]: *bestimmte Menge Geld:* ein Betrag von tausend Euro; einen großen Betrag ausgeben, investieren, auf jmds. Konto überweisen. *Syn.:* Summe. *Zus.:* Fehlbetrag, Geldbetrag.

be|tra|gen [bə'tra:ɡn̩], beträgt, betrug, betragen: **1.** ⟨itr.; hat; etw. b.⟩ *eine bestimmte Höhe, Größe haben:* der Gewinn betrug 500 Euro; die Entfernung beträgt vier Meter. **2.** ⟨sich irgendwie b.⟩

sich benehmen: er hat sich gut, schlecht betragen. *Syn.:* sich aufführen, sich verhalten.

das **Be|tra|gen** [bəˈtraːgn̩]; -s: *Benehmen:* dein Betragen ist unmöglich!; sie hatte in der Schule in Betragen immer eine Eins. *Syn.:* Verhalten.

der **Be|treff** [bəˈtrɛf]; -[e]s, -e (Amtsspr.): *Angabe des Themas am Beginn eines Briefs, einer E-Mail:* Wie soll der Betreff lauten? *Syn.:* Gegenstand.

be|tref|fen [bəˈtrɛfn̩], betrifft, betraf, betroffen ⟨tr.; hat; jmdn., etw. b.⟩: *sich (auf jmdn., etwas) beziehen:* das betrifft uns alle; was dies betrifft, brauchst du dir keine Sorgen zu machen; die betreffende *(infrage kommende)* Regel noch einmal lesen. *Syn.:* angehen.

¹**be|tre|ten** [bəˈtreːtn̩], betritt, betrat, betreten ⟨tr.; hat; etw. b.⟩: **1.** *(auf etwas) treten, gehen:* den Rasen nicht betreten. **2.** *(in einen Raum) hineingehen:* ein Zimmer betreten.

²**be|tre|ten** [bəˈtreːtn̩], betretener, am betretensten ⟨Adj.⟩: *verlegen, peinlich berührt:* es herrschte betretenes Schweigen; ein betretenes Gesicht machen; betreten den Blick senken.

be|treu|en [bəˈtrɔyən], betreut, betreute, betreut ⟨tr.; hat⟩: **1.** ⟨jmdn. b.⟩ *für jmdn. sorgen, sich um jmdn. kümmern:* einen Kranken, die Kinder betreuen. **2.** ⟨etw. b.⟩ *sich um etwas kümmern:* eine Abteilung, ein Arbeitsgebiet betreuen; sie betreut in seiner Abwesenheit das Geschäft.

der **Be|treu|er** [bəˈtrɔyɐ]; -s, -, die **Be|treu|e|rin** [bəˈtrɔyərɪn]; -, -nen: *Person, die jmdn. betreut:* tagsüber kümmert sich eine Betreuerin um die Kinder.

der **Be|trieb** [bəˈtriːp]; -[e]s, -e: **1.** *industrielles, gewerbliches Unternehmen:* ein landwirtschaftlicher, privater, staatlicher Betrieb; einen Betrieb leiten. *Syn.:* Firma, Geschäft, Unternehmen, Werk. *Zus.:* Chemiebetrieb, Dienstleistungsbetrieb, Familienbetrieb, Gewerbebetrieb, Großbetrieb, Handwerksbetrieb, Industriebetrieb, Privatbetrieb. **2.** *reges Treiben:* auf den Straßen, auf dem Bahnhof, in den Geschäften ist viel Betrieb, herrscht großer Betrieb. **3.** *das In-Funktion-Sein, Arbeiten:* das Werk hat den Betrieb aufgenommen, eingestellt; das Atomkraftwerk ist außer, in Betrieb; in Betrieb gehen; die Maschine außer, in Betrieb setzen; die Anlage in Betrieb nehmen.

der **Be|triebs|aus|flug** [bəˈtriːpsˌʔausfluːk]; -[e]s, Betriebsausflüge [bəˈtriːpsˌʔausflyːgə]: *von der Belegschaft eines Betriebs unternommener Ausflug:* einen Betriebsausflug machen, organisieren, unternehmen; an einem Betriebsausflug teilnehmen.

der **Be|triebs|rat** [bəˈtriːpsraːt]; -[e]s, Betriebsräte [bəˈtriːpsrɛːtə]: **1.** *von der Belegschaft eines Betriebs gewählter Ausschuss, der die Interessen der Arbeitnehmer und Arbeitnehmerinnen gegenüber der Firmenleitung vertritt:* der Betriebsrat verhandelt mit dem Vorstand über höhere Gehälter. **2.** *männliches Mitglied eines Betriebsrats:* Betriebsrat sein.

die **Be|triebs|rä|tin** [bəˈtriːpsrɛːtɪn]; -, -nen: weibliche Form zu ↑ Betriebsrat.

be|trin|ken [bəˈtrɪŋkn̩], betrinkt, betrank, betrunken ⟨sich b.⟩: *trinken, bis man einen Rausch hat:* sich [aus Kummer] betrinken.

be|trof|fen [bəˈtrɔfn̩], betroffener, am betroffensten ⟨Adj.⟩: **1.** *von etwas Schlimmem stark berührt, tief beeindruckt:* betroffen schweigen; ernstlich betroffen sein; dieser Vorwurf macht mich betroffen. *Syn.:* bestürzt, fassungslos. **2.** * **von etwas betroffen sein:** *die Auswirkungen von etwas (Unangenehmem) an sich erfahren:* von der Regelung sind alle Studenten betroffen; die vom Streik betroffenen Betriebe.

die **Be|trof|fen|heit** [bəˈtrɔfn̩haɪt]; -: *das Betroffensein, Berührtsein:* man sah ihm seine Betroffenheit an; die Nachricht löste große Betroffenheit aus.

der **Be|trug** [bəˈtruːk]; -[e]s: *das Täuschen, Hintergehen eines andern:* jmdm. Betrug vorwerfen; der Betrug wurde aufgedeckt; er wurde wegen Betruges verurteilt. *Syn.:* Schwindel (ugs.). *Zus.:* Scheckbetrug, Selbstbetrug, Versicherungsbetrug, Wahlbetrug.

be|trü|gen [bəˈtryːgn̩], betrügt, betrog, betrogen ⟨tr.; hat⟩: **1.** ⟨jmdn. [um etw.] b.⟩ *um des eigenen Vorteils willen durch bewusste Täuschung schädigen:* bei diesem Geschäft hat er mich [um tausend Euro] betrogen; sie ist betrogen worden; ⟨auch itr.⟩ er betrügt öfter. *Syn.:* hereinlegen (ugs.), hintergehen, prellen. **2.** ⟨jmdn. [mit jmdm.] b.⟩ *(dem [Ehe]partner) untreu sein:* er hat seine Frau [mit einer anderen] betrogen.

der **Be|trü|ger** [bəˈtryːgɐ]; -s, -, die **Be|trü|ge|rin** [bəˈtryːgərɪn]; -, -nen: *Person, die*

B

betrügt: er war auf einen Betrüger hereingefallen.

be|trü|ge|risch [bə'try:gərɪʃ], betrügerischer, am betrügerischsten ⟨Adj.⟩: *betrügend, einen Betrug planend:* ein betrügerischer Kassierer; in betrügerischer Absicht.

be|trun|ken [bə'trʊŋkn̩], betrunkener, am betrunkensten ⟨Adj.⟩: *zu viel Alkohol getrunken habend* /Ggs. nüchtern/: ein betrunkener Gast; sie war total betrunken; betrunken Auto fahren. *Syn.:* besoffen (salopp), voll (ugs.).

das **Bett** [bɛt]; -[e]s, -en: *Gestell mit Matratze, Kissen und Decke, das zum Schlafen, Ausruhen o. Ä. dient:* die Betten machen; sie liegt noch im Bett; sich ins Bett legen; ins/zu Bett gehen. *Zus.:* Doppelbett, Ehebett, Einzelbett, Gästebett, Gitterbett, Hotelbett, Kinderbett, Klappbett.

bet|teln ['bɛtl̩n], bettelt, bettelte, gebettelt ⟨itr.; hat⟩: **1.** *fremde Menschen aus Not um Geld o. Ä. bitten:* auf der Straße betteln; um ein Stück Brot betteln; betteln gehen. **2.** *jemanden andauernd und nachdrücklich bitten:* Laura bettelte so lange, bis ich ihr ein Eis kaufte.

bett|lä|ge|rig ['bɛtlɛːgərɪç] ⟨Adj.⟩: *durch Krankheit gezwungen, im Bett zu liegen:* sie ist schon seit Wochen bettlägerig.

die **Bett|wä|sche** ['bɛtvɛʃə]; -: *Laken und Bezüge für Kissen und Deckbett:* frische Bettwäsche; die Bettwäsche wechseln.

das **Bett|zeug** ['bɛtsɔyk]; -[e]s (ugs.): *Bettwäsche, Kissen und Decken.*

be|tucht [bə'tu:xt], betuchter, am betuchtesten ⟨Adj.⟩ (ugs.): *reich, vermögend:* sie war die Tochter betuchter Eltern; sehr [gut] betucht sein.

beu|gen ['bɔygn̩], beugt, beugte, gebeugt: **1.** ⟨tr.; hat; etw. b.⟩ *krumm machen, [nach unten] biegen:* den Nacken beugen; den Kopf über etwas beugen; den Arm, die Knie beugen. **2.** ⟨sich irgendwohin b.⟩ *sich [über etwas hinweg] nach vorn, unten neigen:* sich aus dem Fenster, nach vorn, über das Geländer beugen. *Zus.:* herabbeugen, hinausbeugen, hinüberbeugen, vorbeugen. **3.** ⟨sich [jmdm., einer Sache] b.⟩ *keinen Widerstand mehr leisten:* er hat sich ihr, seinem Willen gebeugt. *Syn.:* sich fügen, nachgeben, sich unterordnen. **4.** ⟨tr.; hat; etw. b.⟩ *flektieren:* ein Wort beugen.

die **Beu|le** ['bɔylə]; -, -n: **1.** *durch Stoß oder Schlag entstandene Schwellung der Haut:* eine Beule am Kopf haben. **2.** *durch Stoß*

oder Schlag entstandene eingedrückte Stelle in einem festen Material:* das Auto hatte mehrere Beulen. *Syn.:* Delle.

be|un|ru|hi|gen [bə'ʊnru:ɪgn̩], beunruhigt, beunruhigte, beunruhigt: **1.** ⟨tr.; hat; jmdn. b.⟩ *in Unruhe, Sorge versetzen:* die Nachricht beunruhigte sie. *Syn.:* aufregen. **2.** ⟨sich b.⟩ *in Unruhe, Sorge versetzt werden:* du brauchst dich wegen ihrer Krankheit nicht zu beunruhigen. *Syn.:* sich aufregen, sich sorgen.

be|ur|tei|len [bə'ʊrtailən], beurteilte, beurteilte, beurteilt ⟨tr.; hat; jmdn., etw. b.⟩: *ein Urteil (über jmdn., etwas) abgeben:* jmdn. nach seinem Äußeren beurteilen; jmds. Arbeit, Leistung beurteilen. *Syn.:* bewerten, einschätzen, urteilen über.

die **Beu|te** ['bɔytə]; -: *etwas, was jmd. einem andern gewaltsam weggenommen hat:* den Dieben ihre Beute wieder abnehmen. *Zus.:* Diebesbeute, Jagdbeute, Kriegsbeute, Siegesbeute.

der **Beu|tel** ['bɔytl̩]; -s, -: *kleinerer Sack:* ein Beutel für die Turnschuhe, die Schmutzwäsche. *Zus.:* Müllbeutel, Staubbeutel, Tabaksbeutel, Teebeutel, Brustbeutel, Klammerbeutel.

be|völ|kern [bə'fœlkɐn], bevölkert, bevölkerte, bevölkert ⟨tr.; hat⟩: **1.** ⟨etw. b.⟩ *in großer Zahl ein bestimmtes Gebiet einnehmen:* viele Menschen bevölkerten die Straßen. **2.** ⟨sich b.⟩ *sich mit [vielen] Menschen füllen:* der Strand, das Stadion bevölkerte sich rasch.

die **Be|völ|ke|rung** [bə'fœlkərʊŋ]; -, -en: *alle Bewohner, Einwohner eines bestimmten Gebietes:* die gesamte Bevölkerung des Landes; die Bevölkerung wächst. *Syn.:* Volk. *Zus.:* Erdbevölkerung, Landbevölkerung.

be|voll|mäch|ti|gen [bə'fɔlmɛçtɪgn̩], bevollmächtigt, bevollmächtigte, bevollmächtigt ⟨tr.; hat; jmdn. [zu etw.] b.⟩: *jmdm. eine bestimmte Vollmacht geben:* der Chef hatte ihn bevollmächtigt, die Briefe zu unterschreiben. *Syn.:* erlauben.

be|vor [bə'fo:ɐ] ⟨Konj.⟩: **1.** ⟨zeitlich⟩ *leitet einen Nebensatz ein, dessen Handlung nach der des Hauptsatzes stattfindet:* ehe; vor dem Zeitpunkt, da...: bevor wir verreisen, müssen wir noch vieles erledigen; es geschah, kurz bevor er starb. **2.** *drückt in einem verneinten Nebensatz, der von einem ebenfalls verneinten übergeordneten Satz abhängt, eine Bedingung aus: solange:* keiner geht nach Hause, bevor die Arbeit nicht beendet ist.

be|vor|mun|den [bə'foːɐ̯mʊndn̩], bevormundet, bevormundete, bevormundet ⟨tr.; hat; jmdn. b.⟩: *einem andern vorschreiben, was er tun soll, wie er sich verhalten soll:* ich lasse mich nicht länger von dir bevormunden.

be|vor|ste|hen [bə'foːɐ̯ʃteːən], steht bevor, stand bevor, bevorgestanden ⟨itr.; hat⟩: *bald geschehen, zu erwarten sein:* seine Abreise, das Fest stand [unmittelbar, nahe] bevor.

be|vor|zu|gen [bə'foːɐ̯t͡suːgn̩], bevorzugt, bevorzugte, bevorzugt ⟨tr.; hat; jmdn., etw. b.⟩: *(jmdm., einer Sache) den Vorzug, Vorrang geben; lieber mögen:* er bevorzugt diese Sorte Kaffee. *Syn.:* vorziehen.

be|wa|chen [bə'vaxn̩], bewacht, bewachte, bewacht ⟨tr.; hat; jmdn., etw. b.⟩: *(auf eine Person oder eine Sache) genau aufpassen:* das Haus des Präsidenten wird Tag und Nacht bewacht; die Gefangenen wurden streng, scharf bewacht; ein Lager bewachen; ein bewachter Parkplatz. *Syn.:* beaufsichtigen, beobachten, hüten, überwachen.

be|wah|ren [bə'vaːrən], bewahrt, bewahrte, bewahrt ⟨tr.; hat⟩: **1.** ⟨jmdn., etw. vor etw. b.⟩ *(vor Schaden, vor einer unerwünschten Erfahrung) behüten:* jmdn. vor einem Verlust, vor Enttäuschungen bewahren. *Syn.:* schützen. **2.** ⟨etw b.⟩ *weiterhin erhalten:* Traditionen, die es wert sind, bewahrt zu werden; ich habe mir meine Freiheit, meine Unabhängigkeit bewahrt. *Syn.:* aufrechterhalten, behalten.

be|wäh|ren [bə'vɛːrən], bewährt, bewährte, bewährt ⟨sich b.⟩: *sich als brauchbar, zuverlässig, geeignet herausstellen:* er muss sich in der neuen Stellung erst bewähren; der Mantel hat sich bei dieser Kälte bewährt; ein bewährtes Mittel.

be|wäl|ti|gen [bə'vɛltɪgn̩], bewältigt, bewältigte, bewältigt ⟨tr.; hat; etw. b.⟩: *(mit etwas Schwierigem) fertig werden:* eine schwere Aufgabe allein, nur mit Mühe bewältigen. *Syn.:* meistern, schaffen.

die **Be|wandt|nis** [bə'vantnɪs]: in der Verbindung * **mit jmdm., etwas hat es seine eigene/besondere Bewandtnis:** *mit jmdm., etwas hat es etwas Besonderes auf sich:* mit diesem Brunnen hat es seine besondere Bewandtnis.

be|wäs|sern [bə'vɛsɐn], bewässert, bewässerte, bewässert ⟨tr.; hat; etw. b.⟩:

[künstlich] mit Wasser versorgen: die Felder, trockene Gebiete bewässern. *Syn.:* sprengen.

¹**be|we|gen** [bə'veːgn̩], bewegt, bewegte, bewegt: **1.** ⟨tr.; hat; etw. b.⟩ *die Lage, Stellung (von etwas) verändern:* die Beine, den Arm bewegen; der Wind bewegte die Blätter; die See war leicht, stark bewegt. *Zus.:* fortbewegen, herabbewegen, hinaufbewegen, umherbewegen. **2.** ⟨sich b.⟩ *seine Lage, Stellung verändern, bewegt werden:* die Blätter bewegen sich im Wind; er stand da und bewegte sich nicht; du bewegst dich zu wenig *(du hast zu wenig Bewegung).* **3.** ⟨sich irgendwohin b.⟩ *sich an einen anderen Ort begeben, den Ort wechseln:* der Zug bewegte sich zur Festhalle; sich im Kreis bewegen. *Syn.:* sich fortbewegen. **4.** ⟨tr.; hat; jmdn. b.⟩ *innerlich in Anspruch nehmen, in jmdm. wirksam sein:* der Plan, Wunsch bewegt sie schon seit Langem. *Syn.:* beschäftigen. **5.** ⟨tr.; hat; jmdn. b.⟩ *(bei jmdm.) starke Gefühle auslösen:* die Nachricht bewegte alle [tief, schmerzlich]; er nahm sichtlich bewegt *(gerührt, ergriffen)* Abschied. *Syn.:* berühren, erschüttern.

²**be|we|gen** [bə'veːgn̩], bewegt, bewog, bewogen ⟨tr.; hat; jmdn. zu etw. b.⟩: *dazu bringen, etwas Bestimmtes zu tun:* sie versuchten, ihn zum Bleiben zu bewegen; niemand wusste, was sie zu dieser Tat bewogen hatte; sie war durch nichts dazu zu bewegen, es zuzugeben. *Syn.:* veranlassen.

be|weg|lich [bə'veːklɪç], beweglicher, am beweglichsten ⟨Adj.⟩: **1.** *sich leicht bewegen lassend:* eine Puppe mit beweglichen Armen und Beinen. **2.** *schnell [und lebhaft] reagierend* /Ggs. unbeweglich/: ihr beweglicher Geist, Verstand; er ist [geistig] sehr beweglich.

die **Be|we|gung** [bə'veːgʊŋ]; -, -en: **1.** *das Bewegen, Sichbewegen:* er machte eine rasche, abwehrende Bewegung [mit der Hand]; seine Bewegungen waren geschmeidig, flink. *Zus.:* Abwärtsbewegung, Armbewegung, Drehbewegung, Handbewegung, Kopfbewegung. **2.** *(durch ein Erlebnis ausgelöstes) starkes Gefühl:* als sie vom Tod ihrer Mutter hörte, konnte sie ihre Bewegung nicht verbergen. *Syn.:* Betroffenheit, Erschütterung.

der **Be|weis** [bə'vais]; -es, -e: **1.** *etwas, woraus ohne Zweifel zu erkennen ist, dass eine bestimmte Behauptung oder Annahme* *zutrifft:* für seine Behauptung hatte er keine Beweise; etwas als/zum Beweis vorlegen. *Syn.:* Nachweis. **2.** *Zeichen, das etwas deutlich, klar sichtbar werden lässt:* die Äußerung ist ein Beweis seiner Schwäche; das Geschenk war ein Beweis ihrer Dankbarkeit. *Syn.:* ¹Ausdruck. *Zus.:* Freundschaftsbeweis, Liebesbeweis, Vertrauensbeweis.

be|wei|sen [bə'vaizn̩], beweist, bewies, bewiesen ⟨tr.; hat; etw. b.⟩: **1.** *einen Beweis (für etwas) liefern:* seine Unschuld, die Richtigkeit einer Behauptung beweisen; dieser Brief beweist gar nichts. *Syn.:* belegen, nachweisen, zeigen. **2.** *erkennen, sichtbar, offenbar werden lassen:* Mut beweisen; ihre Kleidung beweist, dass sie Geschmack hat. *Syn.:* zeigen.

be|wer|ben [bə'vɛrbn̩], bewirbt, bewarb, beworben ⟨sich um etw. b.⟩: *versuchen, eine Stelle, ein Amt zu bekommen:* sich um ein Amt, einen Posten bewerben; sich bei einer Firma [um eine Stelle] bewerben; bitte bewerben Sie sich schriftlich mit Lebenslauf und Foto.

die Be|wer|bung [bə'vɛrbʊŋ]; -, -en: **1.** *das Sichbewerben:* die Bewerbung muss schriftlich erfolgen. **2.** *Schreiben, mit dem sich jmd. um etwas bewirbt:* eine Bewerbung schreiben, abschicken.

be|wer|ten [bə'veːɐ̯tn̩], bewertet, bewertete, bewertet ⟨tr.; hat; etw. b.⟩: *dem Wert, der Bedeutung nach einschätzen:* jmds. Leistungen, einen Aufsatz bewerten; das Haus wurde zu hoch bewertet. *Syn.:* beurteilen.

be|wil|li|gen [bə'vɪlɪɡn̩], bewilligt, bewilligte, bewilligt ⟨tr.; hat; etw. b.⟩: *[auf einen Antrag hin] genehmigen, zugestehen:* man hat ihm den Kredit nicht bewilligt. *Syn.:* einräumen, gewähren.

be|wir|ken [bə'vɪrkn̩], bewirkt, bewirkte, bewirkt ⟨tr.; hat; etw. b.⟩: *als Wirkung haben:* sein Protest bewirkte, dass eine Besserung eintrat; eine Änderung bewirken. *Syn.:* verursachen.

be|wir|ten [bə'vɪrtn̩], bewirtet, bewirtete, bewirtet ⟨tr.; hat; jmdn. b.⟩: *(einem Gast) zu essen und zu trinken geben:* Geschäftsfreunde, Besucher bewirten; sie wurden bei ihr gut, mit Tee und Gebäck bewirtet.

be|wog [bə'voːk]: ↑ ²bewegen.

be|wo|gen [bə'voːgn̩]: ↑ ²bewegen.

be|woh|nen [bə'voːnən], bewohnt, bewohnte, bewohnt ⟨tr.; hat; etw. b.⟩: *als Wohnung, als Wohnort haben, benutzen:* sie bewohnt eine kleine Dachwohnung; eine nur von ein paar Fischern bewohnte Insel. *Syn.:* wohnen auf/in.

der Be|woh|ner [bə'voːnɐ]; -s, -, die Be|woh|ne|rin [bə'voːnərɪn]; -, -nen: *Person, die etwas bewohnt:* die Bewohner des ersten Stocks, des Hauses, der Insel, des Planeten. *Zus.:* Dorfbewohner, Dorfbewohnerin, Hausbewohner, Hausbewohnerin.

be|wöl|ken [bə'vœlkn̩], bewölkt, bewölkte, bewölkt ⟨sich b.⟩: *sich mit Wolken bedecken:* der Himmel bewölkte sich rasch. *Syn.:* sich beziehen.

die Be|wöl|kung [bə'vœlkʊŋ]; -: *Gesamtheit der den Himmel bedeckenden Wolken:* am Nachmittag lockert die Bewölkung auf.

be|wun|dern [bə'vʊndɐn], bewundert, bewunderte, bewundert ⟨tr.; hat; jmdn., etw. b.⟩: *großartig, imponierend, in hohem Maße anerkennenswert finden:* jmdn. [wegen seiner Leistungen] bewundern; jmds. Geduld bewundern; er bewunderte im Stillen ihren Mut. *Syn.:* bestaunen.

die Be|wun|de|rung [bə'vʊndərʊŋ]; -, -en: *das Bewundern:* jmdm. Bewunderung abnötigen; jmdn., etwas voller Bewunderung betrachten; er verdient unsere Bewunderung.

be|wusst [bə'vʊst], bewusster, am bewusstesten ⟨Adj.⟩: **1.** *mit voller Absicht [handelnd]:* eine bewusste Lüge, Irreführung; das hat er ganz bewusst getan. *Syn.:* absichtlich, vorsätzlich. **2.** *(bestimmte Tatsachen) klar erkennend und bedenkend:* bewusst leben *(sich viele Gedanken über seine Lebensweise machen);* jmdm. seine Situation bewusst machen; ich bin mir dessen, der Gefahr durchaus bewusst.

be|wusst|los [bə'vʊstloːs] ⟨Adj.⟩: *ohne Bewusstsein:* er brach bewusstlos zusammen; sie war bewusstlos. *Syn.:* besinnungslos, ohnmächtig.

das Be|wusst|sein [bə'vʊstzain]; -s: *wacher, klarer Verstand:* bei dem schrecklichen Anblick verlor sie das Bewusstsein; sie ist wieder bei Bewusstsein *(sie nimmt ihre Umgebung wieder wahr und kann auf sie reagieren).* *Syn.:* Besinnung.

be|zah|len [bə'tsaːlən], bezahlt, bezahlte, bezahlt ⟨tr.; hat⟩: **1.** ⟨etw. b.⟩ *für etwas Geld geben:* ich möchte den Kaffee bezahlen; sie kann ihre Schulden nicht bezahlen; hast du letztes Jahr weniger Steuern bezahlt?; wie viel, was hast du dafür bezahlt?; ⟨auch itr.:⟩ Herr Ober, ich möchte bitte bezahlen!; hast du schon bezahlt? *Syn.:* zahlen. **2.** ⟨jmdn. b.⟩ *jmdm. für seine Arbeit Geld geben:* einen Arbeiter, den Schneider bezahlen; er wird für seine Arbeit gut bezahlt.

die **Be|zah|lung** [bə'tsaːlʊŋ]; -, -en: *Geld, das jmdm. für etwas bezahlt wird:* sie arbeitet ohne Bezahlung, nur gegen Bezahlung; ihre Bezahlung ist schlecht *(sie verdient wenig Geld). Syn.:* Einkommen, Honorar, Lohn.

be|zau|bernd [bə'tsaʊbɐnt], bezaubernder, am bezauberndsten ⟨Adj.⟩: *charmant:* ein bezauberndes junges Mädchen; sie kann bezaubernd lächeln; sie hat ein bezauberndes Lächeln. *Syn.:* reizend.

be|zeich|nen [bə'tsaiçnən], bezeichnet, bezeichnete, bezeichnet ⟨tr.; hat; etw. b.⟩: **1.** *nennen:* er bezeichnete die Villa als einfache Hütte; sie bezeichneten ihn als Verräter; die Presse bezeichnete die Mannschaft als Helden; sie bezeichnet sich als Architekten. **2.** *ein Name, eine Benennung für etwas sein:* das Wort »Hof« kann verschiedene Dinge bezeichnen.

be|zeich|nend [bə'tsaiçnənt], bezeichnender, am bezeichnendsten ⟨Adj.⟩: *typisch:* diese taktlose Bemerkung ist bezeichnend für ihn.

die **Be|zeich|nung** [bə'tsaiçnʊŋ]; -, -en: *Wort, mit dem man etwas benennt:* für diesen Gegenstand gibt es mehrere Bezeichnungen; »Wagen« ist eine andere Bezeichnung für »Auto«. *Syn.:* ¹Ausdruck, Begriff. *Zus.:* Berufsbezeichnung.

be|zeu|gen [bə'tsɔʏɡn̩], bezeugt, bezeugte, bezeugt ⟨tr.; hat; etw. b.⟩: *bestätigen:* ich kann bezeugen, dass es wahr ist. *Syn.:* bekräftigen.

be|zie|hen [bə'tsiːən], bezieht, bezog, bezogen: **1.** ⟨tr.; hat; etw. b.⟩ *Stoff über etwas ziehen:* ein Sofa neu beziehen lassen; die Betten frisch *(mit frischer Bettwäsche)* beziehen. **2.** ⟨tr.; hat; etw. b.⟩ *einziehen:* ein Haus, ein Zimmer beziehen. **3.** ⟨sich b.⟩ *sich bewölken:* der Himmel bezieht sich. **4.** ⟨sich auf etw. (Akk.) b.⟩ *sich auf etwas berufen:* in seinem Brief bezieht er sich auf das Gespräch mit Frau Müller. *Syn.:* anknüpfen an. **5.** ⟨tr.; hat; etw. auf sich b.⟩ *anwenden:* du solltest diese Kritik nicht auf dich beziehen; er bezieht alles auf sich. *Syn.:* übertragen.

die **Be|zie|hung** [bə'tsiːʊŋ]; -, -en: **1.** *Kontakt:* kulturelle, diplomatische, politische Beziehungen; die Beziehungen zwischen beiden Ländern sind sehr eng; er hat gute Beziehungen zu Kollegen in Frankreich; Beziehungen zu Freunden muss man pflegen. *Syn.:* Verhältnis. *Zus.:* Auslandsbeziehung, Geschäftsbeziehung. **2.** *Partnerschaft:* Streit gehört zu einer guten Beziehung dazu; sie hat die Beziehung mit Sascha beendet. *Syn.:* Verhältnis. *Zus.:* Liebesbeziehung, Zweierbeziehung. **3.** *Verbindung:* gibt es eine Beziehung zwischen den beiden Morden?; ja, zwischen beiden Taten besteht eine enge Beziehung. *Syn.:* Bezug, Zusammenhang.

be|zie|hungs|wei|se [bə'tsiːʊŋsvaizə] ⟨Konj.⟩: *oder:* er war mit ihm bekannt beziehungsweise befreundet.

der **Be|zirk** [bə'tsɪrk]; -[e]s, -e: *Teil einer Stadt:* er wohnt in einem anderen Bezirk [der Stadt]. *Syn.:* Stadtteil, Viertel. *Zus.:* Stadtbezirk.

der **Be|zug** [bə'tsuːk]; -[e]s, Bezüge [bə'tsyːɡə]: **1.** *Stoff, mit dem etwas bezogen ist:* der Bezug des Kissens. *Zus.:* Bettbezug, Kissenbezug. **2.** *Verbindung:* der Roman hat viele Bezüge zur Vergangenheit. *Syn.:* Zusammenhang. *Zus.:* Gegenwartsbezug. * **in Bezug auf:** *über jmdn., etwas:* in Bezug auf ihre Krankheit hat sie nichts gesagt.

be|züg|lich [bə'tsyːklɪç] ⟨Präp. mit Gen.⟩: *über jmdn., etwas:* bezüglich seiner Pläne hat er sich nicht geäußert; was können Sie bezüglich des Unfalls berichten? *Syn.:* hinsichtlich.

be|zwei|feln [bə'tsvaifl̩n], bezweifelt, bezweifelte, bezweifelt ⟨tr.; hat; etw. b.⟩: *an etwas zweifeln:* ich bezweifle seine Eignung für den Posten; ich bezweifle, dass das richtig ist. *Syn.:* anzweifeln.

be|zwin|gen [bə'tsvɪŋən], bezwingt, bezwang, bezwungen ⟨tr.; hat; jmdn., sich, etw. b.⟩: *besiegen:* einen Gegner im [sportlichen] Kampf bezwingen; er konnte sich, seine Neugier kaum bezwingen *(beherrschen). Syn.:* gewinnen gegen, siegen über, triumphieren über.

die **Bi|bel** ['biːbl̩]; -, -n: *das heilige Buch der Christen:* das steht in der Bibel; was haben die Bibel und der Koran gemeinsam?; auf dem Nachttisch lag eine/die Bibel. *Syn.:* Heilige Schrift. *Zus.:* Lutherbibel.

die **Bi|blio|thek** [biblio'teːk]; -, -en: *Sammlung von Büchern für die Öffentlichkeit:* sich ein Buch in/von der Bibliothek leihen; treffen wir uns in der Bibliothek? *Syn.:*

Bücherei. *Zus.:* Staatsbibliothek, Stadtbibliothek, Universitätsbibliothek.

bi|blisch [ˈbiːblɪʃ] ⟨Adj.⟩: *in der Bibel:* biblische Gestalten; die biblischen Geschichten.

bie|gen [ˈbiːɡn̩], biegt, bog, gebogen: **1.** ⟨tr.; hat; etw. b.⟩ *krumm machen:* der Draht lässt sich ganz leicht biegen; er hat eine gebogene Nase; mit gebogenem Rücken sitzen. *Syn.:* verbiegen. **2.** ⟨sich b.⟩ *krumm werden:* die Bäume biegen sich im Wind. *Syn.:* sich krümmen, sich neigen.

die **Bie|gung** [ˈbiːɡʊŋ]; -, -en: *Stelle, an der etwas einen Bogen macht:* die Biegung der Straße; hier macht der Fluss eine Biegung. *Syn.:* Kurve. *Zus.:* Straßenbiegung, Wegbiegung.

die **Bie|ne** [ˈbiːnə]; -, -n: *Insekt, das Honig macht:* Bienen züchten, halten; sie ist von einer Biene gestochen worden. *Zus.:* Honigbiene, Wildbiene.

die Biene

das **Bier** [biːɐ̯]; -[e]s, -e: *alkoholisches Getränk:* Bier vom Fass; starkes, alkoholfreies Bier; ein [Glas] helles, dunkles Bier trinken; wo wird dieses Bier gebraut?; Herr Ober, noch zwei Bier *(Gläser Bier),* bitte! *Zus.:* Altbier, Bockbier, Exportbier, Fassbier, Flaschenbier, Malzbier, Weißbier, Weizenbier.

der **Bier|gar|ten** [ˈbiːɐ̯ɡartn̩]; -s, Biergärten [ˈbiːɐ̯ɡɛrtn̩]: *Lokal im Freien:* bei gutem Wetter ist der Biergarten immer voll.

bie|ten [ˈbiːtn̩], bietet, bot, geboten: **1.** ⟨tr.; hat; jmdm. etw. b.⟩ *anbieten:* wie viel hat er dir für das Auto geboten?; dieser Fernseher bietet viel [Extras] für wenig Geld; die Firma bietet den Mitarbeitern die Möglichkeit, Sprachkurse zu besuchen. **2.** ⟨sich [jmdm.] b.⟩ *[als Möglichkeit] bestehen:* diese Möglichkeit bietet sich [uns] nicht so schnell wieder. *Syn.:* sich anbieten, sich ergeben, sich eröffnen.

der **Bi|ki|ni** [biˈkiːni]; -s, -s: *(für Frauen) Badebekleidung aus zwei Teilen:* sie trägt lieber einen Bikini als einen Badeanzug. *Syn.:* Badeanzug.

die **Bi|lanz** [biˈlants]; -, -en: **1.** (Wirtsch.) *Vergleich von Einnahmen und Ausgaben, Vermögen und Schulden:* eine positive, negative Bilanz; heute legte der Konzern seine Bilanz offen. *Syn.:* Abrechnung. *Zus.:* Außenhandelsbilanz, Handelsbilanz, Jahresbilanz, Schlussbilanz, Zwischenbilanz. **2.** *Ergebnis, Fazit:* eine erfreuliche Bilanz aufweisen; der Bundeskanzler zog eine positive Bilanz seiner Politik. *Syn.:* Resultat.

das **Bild** [bɪlt]; -[e]s, -er: **1.** *Zeichnung oder Gemälde:* ein Bild malen, aufhängen; ein Buch mit vielen bunten Bildern; das Bild hängt schief; in der Ausstellung sind viele bekannte Bilder von Picasso zu sehen. *Syn.:* Abbildung, Darstellung. *Zus.:* Aktbild, Aquarellbild, Landschaftsbild, Ölbild. **2.** *Foto:* ein Bild machen; hast du die Bilder schon abgeholt? *Zus.:* Familienbild, Farbbild, Hochzeitsbild, Schwarz-Weiß-Bild, Urlaubsbild. **3.** *Vorstellung, Eindruck:* die Straße bot ein friedliches Bild *(wirkte friedlich);* ich kann mir von dieser Zeit kein richtiges Bild machen; jmdm. ein richtiges, falsches Bild von etwas geben. *Zus.:* Menschenbild, Traumbild, Weltbild, Wunschbild.

bil|den [ˈbɪldn̩], bildet, bildete, gebildet: **1.** ⟨tr.; hat; etw. b.⟩ *formen:* Sätze bilden; eine Regierung bilden *(die Mitglieder der Regierung bestimmen);* bilden Sie bitte einen Kreis; hast du dir eine Meinung gebildet? **2.** ⟨sich b.⟩ *entstehen:* auf der heißen Milch hat sich eine Haut gebildet; am Zaun bildet sich Rost. *Syn.:* sich entwickeln, geben. **3.** ⟨tr.; hat; jmdn., sich b.⟩ *klüger machen:* die Jugend [politisch] bilden; die Lektüre hat ihn, seinen Geist gebildet; er versuchte, sich durch Reisen zu bilden; ⟨auch itr.⟩ Reisen, Lesen bildet. *Syn.:* schulen.

das **Bil|der|buch** [ˈbɪldɐbuːx]; -[e]s, Bilderbücher [ˈbɪldɐbyːçɐ]: *Buch [für kleine Kinder], das viele Bilder und nur wenig Text hat:* ein Bilderbuch anschauen.

bild|lich [ˈbɪltlɪç] ⟨Adj.⟩: *in Form eines Bildes:* bildliche Ausdrücke; einen Ablauf bildlich darstellen; er war, bildlich gesprochen, der Kopf der Gruppe. *Syn.:* anschaulich, symbolisch.

der **Bild|schirm** [ˈbɪltʃɪrm]; -[e]s, -e: *elektronisches Gerät, das ein Bild erzeugt:* der Computer hat einen großen Bildschirm; sie arbeitet den ganzen Tag am Bildschirm; der Bildschirm flimmert stark. *Syn.:* Monitor. *Zus.:* Computerbildschirm, Fernsehbildschirm.

die **Bil|dung** [ˈbɪldʊŋ]; -, -en: **1.** *das Entstehen:* die Bildung von Schaum, Rauch; die Bildung *(Gründung)* einer neuen Partei. *Syn.:* Entstehung. *Zus.:* Meinungsbildung, Regierungsbildung, Vermögensbildung, Willensbildung, Wortbildung. **2.** ⟨ohne Plural⟩ *Wissen:* eine solide, gute Bildung; er hat eine gründliche Bildung erhalten; das gehört zur allgemeinen Bildung. *Syn.:* Ausbildung. *Zus.:* Allgemeinbildung, Hochschulbildung, Schulbildung.

das **Bil|lard** [ˈbɪljart]; -s: *Spiel mit Kugeln auf einer Art Tisch, der mit grünem Stoff überzogen ist:* Billard spielen.

das **Bil|lett** [bɪlˈjet]; -[e]s, -e und -s: **1.** *Fahrkarte:* am Schalter ein Billett lösen, kaufen. *Syn.:* Fahrkarte, Fahrschein, Ticket. **2.** (bes. schweiz.) *Eintrittskarte:* ein Billett fürs Theater. *Syn.:* Karte. **3.** (österr.) *Karte mit Glückwünschen:* er schickte ihr zum Geburtstag ein Billett.

bil|lig [ˈbɪlɪç], billiger, am billigsten ⟨Adj.⟩: **1.** *niedrig im Preis* /Ggs. teuer/: billige Schuhe; ich habe das Brot von gestern billiger bekommen; in diesem Geschäft kann man sehr billig einkaufen. *Syn.:* günstig, preiswert. **2.** (abwertend) *schlecht:* eine billige Ausrede; ein billiger Trost. *Syn.:* unbefriedigend.

bil|li|gen [ˈbɪlɪɡn̩], billigt, billigte, gebilligt ⟨tr.; hat; etw. b.⟩: *gut finden:* ich billige dein Verhalten nicht; das Parlament billigte *(bewilligte)* die Pläne der Regierung. *Syn.:* akzeptieren, zustimmen.

bim|meln [ˈbɪml̩n], bimmelt, bimmelte, gebimmelt ⟨itr.; hat⟩ (ugs.): *hell läuten:* eine Glocke läutet, ein Glöckchen bimmelt. *Syn.:* klingen.

bin [bɪn]: ↑ ¹sein.

die **Bin|de** [ˈbɪndə]; -, -n: **1.** *Rolle aus Stoff, mit dem man eine Wunde verbindet:* eine elastische Binde. *Syn.:* Verband. *Zus.:* Mullbinde. **2.** *(für Frauen) Streifen aus verschiedenen Materialien, der bei der Menstruation das Blut auffängt:* eine Binde tragen. **3.** * [sich ⟨Dativ⟩] einen hinter die Binde gießen** (ugs.): *Alkohol trinken:* musst du dir jeden Freitag einen hinter die Binde gießen? *Syn.:* sich betrinken.

bin|den [ˈbɪndn̩], bindet, band, gebunden: **1.** ⟨[jmdm.] etw. b.⟩ *eine Schlinge mit einem Knoten machen, formen:* einen Schal, ein Tuch binden; kannst du mir die Krawatte binden?; jmdm. die Schuhe binden *(zumachen).* **2.** ⟨tr.; hat; jmdn., sich, etw. [irgendwohin] b.⟩ *mit einem Knoten festmachen:* das Pferd, den Hund an einen Baum binden; zur Hochzeit

werden wir ihnen Dosen ans Auto binden. *Syn.:* anbinden, befestigen. **3.** ⟨jmdn. b.⟩ *zu etwas verpflichten:* der Vertrag bindet ihn für zwei Jahre; diese Zusage ist bindend *(verbindlich).* *Syn.:* festlegen. * **an etwas gebunden sein:** *sich an etwas halten müssen:* er ist an sein Versprechen gebunden. **4.** ⟨sich b.⟩ *heiraten:* sie wollte sich noch nicht binden; sind Sie schon gebunden? *Syn.:* sich verheiraten.

der **Bin|der** [ˈbɪndɐ]; -s, -: *Krawatte.* *Syn.:* Schlips (ugs.).

die **Bin|dung** [ˈbɪndʊŋ]; -, -en: **1.** *Gefühl, zu jmdm., etwas zu gehören:* ihre Bindung an die Heimat blieb immer stark; die Bindung an seine Familie war sehr eng. *Zus.:* Mutterbindung, Vaterbindung. **2.** *Beziehung:* eine Bindung mit jmdm. eingehen; die Bindung zu jmdm. lösen; er wollte aus alten Bindungen ausbrechen. *Syn.:* Verbindung.

bin|nen [ˈbɪnən] ⟨Präp. mit Dativ, seltener Gen.⟩: *innerhalb, im Verlauf von:* binnen drei Jahren; binnen einem Monat/eines Monats muss die Arbeit fertig sein. *Syn.:* in.

die **Bio|gra|fie** [biograˈfiː]; -, Biografien [bio-graˈfiːən], Biographie; -, Biographien: *Beschreibung des Lebens einer bekannten Person:* die Biografie eines Dichters schreiben. *Syn.:* Erinnerungen ⟨Plural⟩, Memoiren ⟨Plural⟩. *Zus.:* Autobiografie, Künstlerbiografie.

die **Bio|lo|gie** [bioloˈɡiː]; -: *Wissenschaft vom Leben der Pflanzen, Tiere und Menschen:* sie unterrichtet Mathematik und Biologie; er hat Biologie studiert. *Zus.:* Meeresbiologie, Mikrobiologie.

bio|lo|gisch [bioˈloːɡɪʃ] ⟨Adj.⟩: *die Biologie betreffend, auf ihr beruhend:* die biologischen Vorgänge im menschlichen Körper; sie arbeitet in der biologischen Forschung.

die **Bio|ton|ne** [ˈbiːotɔnə]; -, -n: *Mülltonne für natürlichen, biologischen Abfall:* Eierschalen und verschimmeltes Brot kommen in die Biotonne; die Biotonne wird montags geleert.

birgt [bɪrkt]: ↑ bergen.

die Birke

die **Bir|ke** [ˈbɪrkə]; -, -n: *Laubbaum mit weißer Rinde:* die Birke blüht.

B

die **Bir|ne** ['bɪrnə]; -, -n: **1.** *Frucht, die unten rund ist und zum Stiel hin dünner wird:* möchtest du lieber eine einen Apfel oder eine Birne? **2.** *leuchtender Teil einer Lampe:* die Birne ist kaputt; eine Birne austauschen.

die Birne

¹**bis** [bɪs] ⟨Präp. mit Akk.⟩: **1.** gibt das Ende eines Zeitraums an: die Konferenz dauert bis morgen, bis nächsten Sonntag; von 16 [Uhr] bis 18 Uhr; er bleibt bis 17 Uhr hier; bis gleich!; bis wann können Sie bleiben? **2.** gibt das Ende einer Strecke an: wir fahren bis Köln, bis dorthin; von unten bis oben.

²**bis** [bɪs] ⟨Adverb⟩: **1.** ⟨in Verbindung mit bestimmten Präpositionen⟩ bis an/in das Haus; bis zur Mauer; bis in den Morgen [hinein]; bis zum Abend. **2.** * bis auf (+ Akk.): *außer:* alle waren einverstanden, bis auf einen. *Syn.:* ausgenommen; * bis zu: bis zu 50 Personen passen in diesen Bus; einige Züge hatten bis zu dreißig Minuten Verspätung.

³**bis** [bɪs] ⟨Konj.⟩: **1.** leitet einen Nebensatz ein, der etwas zeitlich begrenzt: ihr dürft noch draußen spielen, bis es dunkel wird; wir warten, bis du kommst; du musst bleiben, bis die Arbeit getan ist. **2.** verbindet bei Maßen oder Mengen die untere und obere Grenze miteinander: es dauerte drei bis vier Wochen; eine Strecke von 8 bis 10 Metern; in 3 bis 4 Stunden.

der **Bi|schof** ['bɪʃɔf]; -s, Bischöfe ['bɪʃœfə]: *hoher Geistlicher in der katholischen oder evangelischen Kirche:* der Bischof von Mainz. *Zus.:* Erzbischof, Landesbischof.

die **Bi|schö|fin** ['bɪʃœfɪn]; -, -nen: *hohe Geistliche in der evangelischen Kirche. Zus.:* Landesbischöfin.

bis|her [bɪs'heːɐ̯] ⟨Adverb⟩: *bis jetzt:* bisher war alles in Ordnung. *Syn.:* bislang.

bis|he|rig [bɪs'heːrɪç] ⟨Adj.⟩: *bis zu diesem Zeitpunkt:* der bisherige Minister; er gibt seine bisherigen Forderungen auf; die bisherigen Gespräche blieben ohne Ergebnis. *Syn.:* früher.

bis|lang [bɪs'laŋ] ⟨Adverb⟩: *bis jetzt:* dieses Problem habe ich bislang noch nie gehabt. *Syn.:* bisher.

biss [bɪs]: ↑ beißen.

der **Biss** [bɪs]; -es, -e: **1.** *das Beißen:* der Biss dieser Schlange ist gefährlich. **2.** *durch Beißen entstandene Verletzung:* der Biss des Hundes war deutlich zu sehen. *Zus.:* Flohbiss, Hundebiss, Schlangenbiss, Zeckenbiss.

biss|chen ['bɪsçən]: in der Verbindung * ein bisschen: *ein wenig; etwas:* du musst mir ein bisschen mehr Zeit lassen; dazu braucht man ein bisschen Mut.

der **Bis|sen** ['bɪsn̩]; -s, -: *Stück einer Speise, das man in den Mund stecken kann:* er schob den letzten Bissen in den Mund. *Syn.:* Happen (ugs.). *Zus.:* Leckerbissen.

bis|sig ['bɪsɪç], bissiger, am bissigsten ⟨Adj.⟩: **1.** *gefährlich, weil er schnell beißt:* ein bissiger Hund. **2.** *verletzend:* eine bissige Bemerkung; er kann sehr bissig sein. *Syn.:* boshaft, spitz (ugs.).

bis|wei|len [bɪs'vailən] ⟨Adverb⟩: *manchmal:* bisweilen kommt sie zu spät. *Syn.:* gelegentlich, mitunter.

das **Bit** [bɪt]; -[s], -, -[s]: *kleinste Einheit der Informationseinheit beim Computer:* ein Byte besteht aus acht Bit; ein Bit steht entweder auf 0 oder auf 1.

bit|te ['bɪtə] ⟨Partikel⟩: **1.** macht eine Bitte einen Wunsch freundlich oder höflich: bitte setzen Sie sich!; würden Sie bitte das Fenster schließen?; wie spät ist es, bitte?; bitte nicht berühren; ja, bitte! *(kommen Sie herein!);* ja, bitte? *(was wünschen Sie?).* **2.** fordert jmdn. dazu auf, etwas zu wiederholen, da man es nicht verstanden hat (oft zusammen mit »wie«): [wie] bitte? **3.** in der gesprochenen Sprache als Antwort, wenn sich jemand bedankt: »Vielen Dank!« – »Bitte [sehr]!«. **4.** zeigt in der gesprochenen Sprache, dass man jemandem etwas gibt: bitte [sehr], [hier ist] Ihr Pils; bitte [schön], da kannst du schlafen. **5.** zeigt in der gesprochenen Sprache, dass man ein Angebot annimmt: »Nehmen Sie noch etwas Tee?« – »Ja bitte/Bitte [ja]!« »Soll ich das Fenster öffnen?« – »Oh, ja bitte!«. **6.** zeigt, dass etwas sehr wichtig ist: bitte, [bitte,] verzeih mir doch!

die **Bit|te** ['bɪtə]; -, -n: *Wunsch, den man jmdm. gegenüber äußert:* eine herzliche, höfliche, große Bitte; eine Bitte aussprechen, äußern; jmdm. eine Bitte erfüllen ich habe eine dringende Bitte [an dich]. *Syn.:* Anliegen.

bit|ten ['bɪtn̩], bittet, bat, gebeten ⟨tr.; hat⟩ jmdn. [um etw.] b.⟩: *sich mit einer Bitte (an jmdn.) wenden:* jmdn. um Auskunft

Hilfe bitten; sie bat mich, ihm zu helfen; sie bat mich zu sich *(sie bat mich, zu ihr zu kommen)*; ⟨auch itr.⟩ er bat um Ruhe. *Syn.:* auffordern.

bit|ter [ˈbɪtɐ], bitterer, am bittersten ⟨Adj.⟩: **1.** *im Geschmack unangenehm, scharf:* eine bittere Medizin; der Tee schmeckt sehr bitter. *Zus.:* halbbitter. **2.** *verletzend:* sie musste eine bittere Niederlage hinnehmen; diese Erfahrung war sehr bitter für ihn. **3.** ⟨verstärkend bei bestimmten Verben⟩ *sehr:* er hat sich bitter beklagt, gerächt.

das **Bla|bla** [blaˈblaː]; - (ugs. abwertend): *nichtssagendes Gerede:* was er gesagt hat, war nur Blabla. *Syn.:* Geschwätz (ugs. abwertend).

blä|hen [ˈblɛːən], bläht, blähte, gebläht: **1.** ⟨tr.; hat; etw. b.⟩ *mit Luft füllen und dadurch prall machen:* der Wind blähte die Segel. **2.** ⟨itr.; hat⟩ *Blähungen verursachen:* zu frisches Brot bläht.

die **Blä|hung** [ˈblɛːʊŋ]; -, -en: *übermäßige Ansammlung von Gas in Magen und Darm:* Blähungen haben.

bla|ma|bel [blaˈmaːbl̩], blamabler, am blamabelsten ⟨Adj.⟩: *für jmdn. eine Blamage bedeutend; beschämend:* eine blamable Niederlage; diese neuerliche Panne war für die Polizei ziemlich blamabel. *Syn.:* peinlich.

die **Bla|ma|ge** [blaˈmaːʒə]; -, -n: *etwas sehr Peinliches, Beschämendes:* diese Niederlage war eine große Blamage für den Verein; bei der Prüfung erlebte sie eine schwere Blamage.

bla|mie|ren [blaˈmiːrən], blamiert, blamierte, blamiert: **1.** ⟨tr.; hat; jmdn. b.⟩ *(jmdm.) eine Blamage bereiten; (jmdn.) in eine peinliche Lage bringen:* er hat uns durch sein schlechtes Benehmen vor allen Leuten blamiert. **2.** ⟨sich b.⟩ *eine Blamage erleben, sich lächerlich machen:* bei dem Elfmeter hat er sich schwer blamiert.

blank [blaŋk], blanker, am blanksten ⟨Adj.⟩: **1.** *sehr glatt und glänzend:* blankes Metall; blanke, blank geputzte Stiefel. **2.** *nicht bedeckt; bloß:* die blanke Haut; sie setzten sich auf die blanke Erde, den blanken Boden. **3.** * **blank sein** (ugs.): *kein Geld mehr haben.*

die **Bla|se** [ˈblaːzə]; -, -n: **1.** *kleinerer, hohler Raum von rundlicher Form, der mit Luft gefüllt ist:* Blasen im Glas, Teig; im Wasser steigen Blasen auf. *Zus.:* Gasblase, Luftblase. **2.** *mit Flüssigkeit gefüllte Schwellung der Haut, die durch zu große Reibung oder durch Verbrennung entsteht:* nach der Wanderung hatte er eine Blase am Fuß. *Zus.:* Blutblase, Brandblase. **3.** *inneres Organ, in dem sich der Harn sammelt. Zus.:* Harnblase.

bla|sen [ˈblaːzn̩], bläst, blies, geblasen ⟨tr.; hat⟩: **1.** ⟨etw. irgendwohin b.⟩ *Luft aus dem Mund ausstoßen:* er blies ihm den Rauch ins Gesicht; das Kind bläst Seifenblasen in die Luft; ⟨auch itr.⟩ durch, in ein Rohr blasen. **2.** ⟨etw. b.⟩ *(ein Blasinstrument) spielen:* die Flöte, Trompete blasen. **3.** ⟨etw. b.⟩ *auf einem Blasinstrument spielen:* eine Melodie, ein Signal [auf der Trompete] blasen.

das **Blas|in|s|tru|ment** [ˈblaːsʔɪnstrumɛnt]; -[e]s, -e: *Musikinstrument, bei dem die Töne durch Hineinblasen erzeugt werden. Zus.:* Blechblasinstrument, Holzblasinstrument.

blass [blas], blasser, am blassesten ⟨Adj.⟩: **1.** *ohne die natürliche, frische Farbe des Gesichts:* ein blasses junges Mädchen; blass sein, werden. *Syn.:* bleich, fahl, weiß. *Zus.:* leichenblass. **2.** *in der Färbung nicht kräftig:* ein blasses Blau; die Schrift war nur noch ganz blass. *Syn.:* fahl, hell, matt, schwach.

die **Bläs|se** [ˈblɛsə]; -: *das Blasssein:* ihre Blässe, die Blässe ihres Gesichts war auffallend.

das **Blatt** [blat]; -[e]s, Blätter [ˈblɛtɐ]: **1.** *flacher, meist grüner Teil einer Pflanze:* grüne, welke Blätter. *Zus.:* Efeublatt, Eichenblatt, Kleeblatt, Salatblatt, Tabakblatt, Teeblatt. **2.** *rechteckiges Stück Papier:* ein leeres Blatt [Papier]. *Syn.:* Bogen. *Zus.:* Kalenderblatt, Notenblatt. **3.** *Zeitung:* ein bekanntes, überregional verbreitetes Blatt; ich lese dieses Blatt nicht. *Zus.:* Abendblatt, Extrablatt, Fachblatt, Parteiblatt, Sonntagsblatt.

blät|tern [ˈblɛtɐn], blättert, blätterte, geblättert ⟨itr.; hat⟩: *die Blätter eines Hefts, eines Buchs, einer Zeitung auf die andere Seite wenden:* in einer Zeitschrift blättern.

der **Blät|ter|teig** [ˈblɛtɐtaik]; -[e]s: *Teig, der nach dem Backen aus einzelnen dünnen Schichten besteht:* eine Pastete aus Blätterteig machen.

blau [blau], blauer, am blau[e]sten ⟨Adj.⟩: **1.** *in der Färbung dem wolkenlosen Himmel ähnlich:* blaue Blüten. *Syn.:* bläulich. *Zus.:* dunkelblau, graublau, hellblau, tiefblau, türkisblau. **2.** * **blau sein** (ugs.): *betrunken sein:* nach 5 Bier und 4 Schnäpsen war er total blau.

die **Blau|bee|re** ['blaubeːrə]; -, -n: *Heidelbeere.*

bläu|lich ['blɔʏlıç], bläulicher, am bläulichsten ⟨Adj.⟩: *leicht blau:* ein bläulicher Schimmer; ein bläuliches Weiß; der See schimmerte bläulich.

das **Blau|licht** ['blaulıçt]; -[e]s, -er: *(bes. an der Fahrzeugen der Polizei, der Feuerwehr und an Notarzt- und Krankenwagen) blinkendes blaues Licht:* der Polizeiwagen fuhr mit Sirene und Blaulicht.

das Blaulicht

blau|ma|chen ['blaumaxn̩], macht blau, machte blau, blaugemacht ⟨itr.; hat⟩ (ugs.): *ohne Grund nicht zur Arbeit gehen:* er macht heute blau.

das **Blech** [blɛç]; -[e]s, -e: **1.** *Metall in Form einer dünnen Platte. Zus.:* Aluminiumblech, Eisenblech, Stahlblech, Zinkblech. **2.** *[für einen bestimmten Zweck zugeschnittenes] Stück Blech, Teil aus Blech, aus Blech hergestellter Gegenstand:* zwei miteinander verschweißte Bleche; ein Blech *(Backblech)* voll Zwetschgenkuchen. *Zus.:* Backblech, Kuchenblech, Schutzblech.

das **Blei** [blai]; -[e]s: *weiches schweres Metall:* die Leitungsrohre sind aus Blei.

blei|ben ['blaibn̩], bleibt, blieb, geblieben ⟨itr.; ist⟩: **1.** ⟨irgendwo b.⟩ *nicht weggehen:* zu Hause bleiben; er blieb in Berlin. **2.** *seinen Zustand nicht ändern:* die Tür bleibt offen, geschlossen, gleich, gesund, am Leben bleiben; liegen bleiben, sitzen bleiben, stehen bleiben, hängen bleiben, kleben bleiben, stecken bleiben. **3.** *übrig sein:* jetzt bleibt nur noch eins [zu tun]; das ist alles, was ihr [von ihrem einstigen Besitz] geblieben ist. **4.** ⟨bei etw. b.⟩ *(etwas) nicht ändern, nicht aufgeben:* bei seinem Entschluss bleiben; es bleibt dabei! *(es wird nichts geändert):* bei dieser Zigarettenmarke bleibe ich.

blei|bend ['blaibn̩t] ⟨Adj.⟩: *im Laufe der Zeit nicht verschwindend, sich nicht verlierend:* eine bleibende Erinnerung; bleibende Schäden anrichten; ein Geschenk von bleibendem Wert.

bleich [blaiç], bleicher, am bleichsten ⟨Adj.⟩: *(bes. in Bezug auf die Haut) [sehr] blass und ohne die normale natürliche Farbe:* bleiche Wangen; ein bleiches

Gesicht; sie wurde bleich vor Schreck, vor Wut. *Syn.:* fahl, weiß. *Zus.:* kreidebleich, schreckensbleich, totenbleich, wachsbleich.

der **Blei|stift** ['blaiʃtıft]; -[e]s, -e: *zum Schreiben und Zeichnen verwendeter Stift:* den Bleistift [an]spitzen; mit [einem] Bleistift schreiben.

blen|den ['blɛndn̩], blendet, blendete, geblendet ⟨tr.; hat; jmdn. b.⟩: **1.** *durch sehr helles Licht am Sehen hindern:* die Sonne blendete mich; der Fahrer wurde durch entgegenkommende Autos geblendet. **2.** *durch äußerliche Vorzüge beeindrucken:* ihr geschicktes Auftreten blendet die Kunden.

blen|dend ['blɛndn̩t], blendender, am blendendsten ⟨Adj.⟩: *sehr gut:* er hielt eine blendende Rede; sie sieht blendend aus; wir haben uns blendend amüsiert, unterhalten. *Syn.:* ausgezeichnet, hervorragend, prächtig.

der **Blick** [blık]; -[e]s, -e: **1.** *das Blicken, Sehen, Schauen:* ein [kurzer] Blick auf die Uhr, in den Kalender; ein freundlicher Blick; ihre Blicke trafen sich; jmdm. einen Blick zuwerfen; jmds. Blick ausweichen; den Blick senken; das sieht man doch mit einem Blick; auf den ersten Blick schien alles in Ordnung zu sein. **2.** *Ausdruck der Augen:* ein offener, sanfter Blick. *Zus.:* Kennerblick, Unschuldsblick. **3.** *Möglichkeit, ins Freie, in die Ferne zu sehen:* ich möchte ein Zimmer mit Blick auf den See; ein weiter Blick ins Land. *Syn.:* Ausblick, Aussicht, Sicht. *Zus.:* Ausblick, Fernblick, Meeresblick, Rundblick, Seeblick.

bli|cken ['blıkn̩], blickt, blickte, geblickt ⟨itr.; hat⟩: **1.** ⟨irgendwohin b.⟩ *die Augen auf ein Ziel richten:* auf die Tür, aus dem Fenster, in die Ferne, in die Runde, zur Seite, nach links blicken; jmdm. in die Augen, über die Schulter blicken. *Syn.:* gucken (ugs.), schauen (bes. südd.), sehen. **2.** ⟨irgendwie b.⟩ *eine bestimmte Miene machen:* freundlich, kühl, streng blicken. *Syn.:* gucken (ugs.), schauen (bes. südd.). **3.** * *sich blicken lassen:* erscheinen, auftauchen: lass dich doch mal wieder [bei uns] blicken; der soll sich hier ja nicht mehr blicken lassen!

bli|cken|las|sen ['blıkn̩lasn̩], lässt blicken, ließ blicken, blickenlassen ⟨sich; irgendwo, irgendwann bei jmdm. b.⟩: ↑blicken.

blieb [bliːp]: ↑bleiben.

blies [bliːs]: ↑ blasen.

blind [blɪnt] ⟨Adj.⟩: **1.** *nicht sehen können:* ein blindes Kind; von Geburt an blind sein; blind werden. *Zus.:* farbenblind, halbblind, nachtblind. **2.** *keiner Kontrolle durch den Verstand unterworfen:* blinder Hass; blindes Vertrauen.

der *und* die **Blin|de** [ˈblɪndə]; -n, -n ⟨aber: [ein] Blinder, [eine] Blinde, Plural: [viele] Blinde⟩: *Person, die nicht sehen kann:* einen Blinden führen.

die **Blind|heit** [ˈblɪnthai̯t]; -: *das Blindsein:* die Krankheit kann zu Blindheit führen.

blin|ken [ˈblɪŋkn̩], blinkt, blinkte, geblinkt ⟨itr.; hat⟩: **1.** *blitzend, funkelnd leuchten:* die Sterne blinken; der Spiegel blinkt in der Sonne. *Syn.:* glitzern. **2.** *durch Aufleuchtenlassen eines Lichts Signale geben:* der Fahrer hatte vor dem Überholen nicht geblinkt; ⟨auch tr.; etw. b.⟩ Signale, SOS blinken.

der **Blin|ker** [ˈblɪŋkɐ]; -s, -: *Licht an Kraftfahrzeugen, das durch Blinken den Wechsel der Fahrtrichtung anzeigt:* der linke hintere Blinker geht nicht; den Blinker betätigen. *Syn.:* Blinklicht.

das **Blink|licht** [ˈblɪŋklɪçt]; -[e]s, -er: **1.** *[als Signal dienendes] blinkendes Licht:* nachts wird die Ampel auf gelbes Blinklicht geschaltet. **2.** *Blinker.*

blin|zeln [ˈblɪntsl̩n], blinzelt, blinzelte, geblinzelt ⟨itr.; hat⟩: *die Augen zu einem schmalen Spalt verengen und die Augenlider schnell auf und ab bewegen:* er blinzelte in der hellen Sonne.

der **Blitz** [blɪts]; -es, -e: *kurz und grell aufleuchtendes Licht, das bei Gewitter entsteht:* der Blitz hat in einen Baum eingeschlagen; vom Blitz erschlagen werden. *Zus.:* Elektronenblitz, Kugelblitz. * **wie der Blitz** (ugs.): *sehr schnell:* er rannte wie der Blitz; * **wie ein Blitz aus heiterem Himmel:** *völlig unerwartet und Schrecken hervorrufend:* die Nachricht von seinem Unfall traf uns wie ein Blitz aus heiterem Himmel.

blit|zen [ˈblɪtsn̩], blitzt, blitzte, geblitzt ⟨itr.; hat⟩: **1.** ⟨es blitzt⟩ *einen Blitz geben:* bei dem Gewitter hat es oft geblitzt. **2.** *[plötzlich] funkelnd, glänzend leuchten, im Licht glänzen:* die Fensterscheiben blitzten; ihre Zähne blitzten; der Ring blitzt am Finger; mit blitzenden Augen. *Syn.:* funkeln, glitzern.

das **Blitz|licht** [ˈblɪtslɪçt]; -[e]s, -er: *grell aufblitzendes Licht, das zum Fotografieren, bes. in Räumen, verwendet wird:* mit Blitzlicht fotografieren.

der **Block** [blɔk]; -[e]s, -s und Blöcke [ˈblœkə]: **1.** ⟨Plural: Blöcke⟩ *größeres Stück eines festen Materials:* ein Block aus Granit, Beton. *Syn.:* Brocken, Klotz. *Zus.:* Eisblock, Felsblock, Granitblock, Holzblock, Marmorblock. **2.** ⟨Plural: Blocks oder Blöcke⟩ *rechteckige mit Häusern bebaute Fläche innerhalb eines Stadtgebietes, die von vier Straßen begrenzt wird:* einmal um den Block gehen. *Zus.:* Häuserblock, Wohnblock. **3.** ⟨Plural: Blocks oder Blöcke⟩ *an einer Kante zusammengeheftete Blätter, die einzeln abgerissen werden können:* ein Block Briefpapier. *Zus.:* Abreißblock, Briefblock, Formularblock, Notizblock, Schreibblock, Zeichenblock. **4.** ⟨Plural: Blöcke, seltener Blocks⟩ *eine Einheit bildende Gruppe von politischen oder wirtschaftlichen Kräften:* die drei linken Parteien bildeten einen Block. *Zus.:* Machtblock, Militärblock, Wirtschaftsblock.

die **Block|flö|te** [ˈblɔkfløːtə]; -, -n: *einfache hölzerne Flöte:* Blockflöte spielen.

blöd [bløːt], blöder, am blödesten ⟨Adj.⟩ (ugs.): **1.** *dumm:* ein blöder Kerl; so eine blöde Frage!; sich blöd[e] anstellen, benehmen. *Syn.:* dämlich (ugs.), doof (ugs.), idiotisch (ugs. abwertend). **2.** *Ärger verursachend, sich unangenehm auswirkend:* in einer ganz blöden Situation sein; zu blöd[e], dass ich das vergessen habe! *Syn.:* ärgerlich, dumm (ugs.).

der **Blöd|sinn** [ˈbløːtsɪn]; -[e]s (ugs. abwertend): *Unsinn, sinnloses Reden oder Handeln:* so ein Blödsinn!; Blödsinn reden; alles, was er sagte, war Blödsinn. *Syn.:* Quatsch (ugs.), Unsinn.

blond [blɔnt], blonder, am blondesten ⟨Adj.⟩: **1.** *(vom Haar) gelblich; golden schimmernd:* blonde Locken; das Haar blond färben. **2.** *blonde Haare habend:* ein blondes Mädchen; er ist ganz blond. *Zus.:* dunkelblond, goldblond, hellblond, mittelblond, rotblond.

¹**bloß** [bloːs] ⟨Adj.⟩: **1.** *nicht bedeckt, nicht bekleidet:* bloße Füße; mit bloßem Oberkörper; auf der bloßen Haut. *Syn.:* blank, nackt. **2.** *nichts anderes als:* das ist doch bloßes Gerede; nach dem bloßen Augenschein; die bloße Nennung des Namens genügt nicht; wir konnten den Stern mit bloßem Auge *(ohne Hilfsmittel)* erkennen.

²**bloß** [bloːs] ⟨Adverb⟩ (ugs.): *nur:* er könnte es schon; er ist bloß zu faul; ich

habe bloß noch fünf Euro; sie denkt bloß an sich selbst.

³**bloß** [bloːs] ⟨Partikel⟩: **1.** dient dazu, einer Aufforderung o. Ä. besonderen Nachdruck zu verleihen: lass mich bloß in Ruhe damit!; bloß nichts überstürzen!; lasst euch bloß nicht erwischen! **2.** dient dazu auszudrücken, dass einem eine bestimmte Frage keine Ruhe lässt: was hat er bloß?; warum tut er das bloß?; wie macht sie das bloß? **3.** dient dazu, einem Wunsch besonderen Nachdruck zu geben: wenn ich bloß wüsste, was er vorhat!; wäre ich bloß zu Hause geblieben!; wenn ich bloß erst dort wäre! *Syn.:* nur.

blü|hen [ˈblyːən], blüht, blühte, geblüht ⟨itr.; hat⟩: **1.** *Blüten hervorgebracht haben, aufgeblüht sein, in Blüte stehen:* die Rosen blühen; überall grünt und blüht es. **2.** *sich gut entwickeln, auf einem hohen Niveau sein:* der Handel blüht; Künste und Wissenschaften blühten. *Syn.:* boomen.

die **Blu|me** [ˈbluːmə]; -, -n: **1.** *Pflanze, die größere, auffallende Blüten hervorbringt:* Rosen, Tulpen und andere Blumen; die Blumen blühen; Blumen pflanzen, umtopfen. **2.** *am Stil abgeschnittene Blume:* Blumen in die Vase stellen; ein Strauß Blumen; Blumen pflücken. *Zus.:* Feldblume, Frühlingsblume, Gartenblume, Wiesenblume.

der **Blu|men|kohl** [ˈbluːmənkoːl]; -[e]s: *Kohl, dessen weiße Knollen als Gemüse verwendet werden:* Blumenkohl kochen.

der Blumenkohl

der **Blu|men|strauß** [ˈbluːmənʃtraʊs]; -es, Blumensträuße [ˈbluːmənʃtrɔʏsə]: *Strauß aus abgeschnittenen Blumen, Zweigen o. Ä.:* jmdm. zum Geburtstag einen Blumenstrauß schenken; einen Blumenstrauß binden. *Syn.:* ²Strauß.

der Blumenstrauß

die Blumenvase

der **Blu|men|topf** [ˈbluːməntɔpf]; -[e]s, Blumentöpfe [ˈbluːməntœpfə]: *Topf aus Ton,* *Porzellan, Kunststoff o. Ä. zum Einpflanzen von Blumen:* etwas in einen Blumentopf pflanzen.

der Blumentopf

die **Blu|men|va|se** [ˈbluːmənvaːzə]; -, -n: *Vase für Blumen:* eine hohe, bauchige Blumenvase; den Strauß in eine Blumenvase stellen.

die **Blu|se** [ˈbluːzə]; -, -n: *(bes. von Frauen) zu Rock oder Hose getragenes Kleidungsstück, das den Oberkörper bedeckt:* eine Bluse aus Seide.

die Bluse

das **Blut** [bluːt]; -[e]s: *rote Flüssigkeit, die durch den Körper fließt:* Blut spenden, übertragen; jmdm. Blut abnehmen; Alkohol im Blut haben.

die **Blü|te** [ˈblyːtə]; -, -n: **1.** *(nicht grüner, sondern roter, weißer, blauer usw.) Teil einer Pflanze, der Frucht und Samen hervorbringt:* eine duftende, verwelkte Blüte; ein Baum voller Blüten. *Syn.:* Blume. *Zus.:* Lindenblüte, Rosenblüte. **2.** *das Blühen:* die Zeit der Blüte; die Bäume stehen in [voller] Blüte. *Zus.:* Apfelblüte, Baumblüte, Kirschblüte, Obstblüte, Pfirsichblüte. **3.** *hoher Stand der Entwicklung:* eine Zeit der geistigen, wirtschaftlichen Blüte.

blu|ten [ˈbluːtn̩], blutet, blutete, geblutet ⟨itr.; hat⟩: **1.** *Blut verlieren:* stark, fürchterlich bluten; er, seine Nase blutete; die Wunde blutete *(es kam Blut aus ihr heraus)*. **2.** *(ugs.) (für etwas, in einer bestimmten Lage) viel Geld aufbringen müssen:* sie hat ganz schön bluten müssen.

der **Blut|er|guss** [ˈbluːtlɛɐ̯ɡʊs]; -es, Blutergüsse [ˈbluːtlɛɐ̯ɡʏsə]: *Stelle am Körper, an der sich unter der Haut nach einer Verletzung Blut gesammelt hat:* einen Bluterguss haben; sich einen Bluterguss zuziehen.

blu|tig [ˈbluːtɪç], blutiger, am blutigsten ⟨Adj.⟩: *mit Blut bedeckt:* blutige Hände; jmdn. blutig schlagen; blutige Kämpfe *(Kämpfe, bei denen Blut fließt).*

die **Blu|tung** [ˈbluːtʊŋ]; -, -en: **1.** *das Austreten von Blut:* innere, äußere Blutungen; eine Blutung zum Stillstand bringen. *Zus.:* Hirnblutung, Magenblutung. **2.** *Menstruation:* ihre Blutung war ausgeblieben. *Syn.:* Periode, Regel.

die **Bock|wurst** [ˈbɔkvʊrst]; -, Bockwürste [ˈbɔkvʏrstə]: *Wurst aus magerem Fleisch, die vor dem Essen in heißem Wasser warm gemacht wird:* einmal Bockwurst mit Brötchen und Senf, bitte!

der **Bo|den** [ˈboːdn̩]; -s, Böden [ˈbøːdn̩]: **1.** *obere Schicht der Erde:* sandiger, schwerer, fruchtbarer Boden; der Boden ist hart gefroren. *Zus.:* Ackerboden, Waldboden. **2.** *Fußboden:* der Boden in der Küche ist mit Fliesen belegt; das Buch ist auf den Boden gefallen. **3.** *untere Fläche von etwas:* der Boden einer Kiste, einer Schachtel; das Schiff sank auf den Boden des Meeres. *Zus.:* Meeresboden.

die **Bo|den|schät|ze** [ˈboːdn̩ʃɛtsə] ⟨Plural⟩: *für die Industrie wichtige Vorräte an Rohstoffen, die aus dem Boden gewonnen werden:* ein an Bodenschätzen reiches Land.

bog [boːk]: ↑ biegen.

der **Bo|gen** [ˈboːgn̩]; -s, - (bes. südd., österr. und schweiz. auch:) Bögen [ˈbøːgn̩]: **1.** *gekrümmte, gebogene Linie:* der Fluss fließt im Bogen um die Stadt. **2.** *Gerät zum Schießen mit Pfeilen:* sie gingen mit Pfeil und Bogen auf die Jagd. **3.** *größeres, rechteckiges Blatt Papier:* er hat sich einen Hut aus einem Bogen Zeitungspapier gefaltet. *Zus.:* Briefbogen.

die **Boh|ne** [ˈboːnə]; -, -n: *Pflanze, deren grüne Früchte und längliche Samen als Gemüse oder in der Suppe gegessen werden:* Bohnen anbauen; heute gibt es [grüne] Bohnen mit Speck; die Bohnen müssen vor dem Kochen eingeweicht werden.

die Bohne

boh|ren [ˈboːrən], bohrt, bohrte, gebohrt: **1.** ⟨tr.; hat; etw. b.⟩ *durch drehende Bewegung eines Werkzeugs herstellen, hervorbringen:* ein Loch [in die Wand, durch das Brett] bohren; einen Brunnen bohren. **2.** ⟨itr.; hat; nach etw. b.⟩ *mithilfe eines entsprechenden Geräts nach etwas suchen:* sie haben in der Wüste nach Erdöl, Wasser gebohrt.

der **Boh|rer** [ˈboːrɐ]; -s, -: *Gerät, mit dem man bohren kann:* fast jeder Handwerker hat einen elektrischen Bohrer; ich habe keine Angst vor dem Zahnarzt, sondern vor seinem Bohrer.

der **Boi|ler** [ˈbɔylɐ]; -s, -: *Gerät, mit dem man Wasser heiß machen und speichern kann:* ist noch warmes Wasser im Boiler?

die **Bo|je** [ˈboːjə]; -, -n: *auf dem Wasser schwimmender Körper, der den Schiffen als Signal dient:* flache Stellen im See sind durch Bojen gekennzeichnet.

die **Bom|be** [ˈbɔmbə]; -, -n: *mit Sprengstoff gefüllter Behälter, der (von Flugzeugen abgeworfen oder in Gebäuden oder Verkehrsmitteln versteckt) bei der Explosion schwere Schäden verursacht:* eine Bombe legen, werfen; die Nachricht wirkte wie eine Bombe (erregte großes Aufsehen). *Zus.:* Atombombe, Zeitbombe.

der **Bon** [bɔŋ]; -s, -s: *als Gutschein oder Quittung dienender Zettel:* auf/für diesen Bon bekommen Sie ein Mittagessen; wenn du den Bon noch hast, kannst du die Jacke umtauschen. *Syn.:* Kassenzettel. *Zus.:* Essensbon, Getränkebon, Kassenbon.

der *oder* das **Bon|bon** [bɔŋˈbɔŋ]; -s, -s: *Süßigkeit zum Lutschen:* die Tante hatte den Kindern eine Tüte Bonbons mitgebracht. *Zus.:* Fruchtbonbon, Hustenbonbon.

der **Bo|nus** [ˈboːnʊs]; - und -ses, - und -se: *zusätzlicher Anteil am Gewinn (z. B. bei Aktien):* einen Bonus auszahlen. *Syn.:* Prämie.

boo|men [ˈbuːmən], boomt, boomte, geboomt ⟨itr.; hat⟩: *einen sehr raschen Aufschwung nehmen:* die amerikanische Wirtschaft boomt wie nie zuvor. *Syn.:* blühen.

das **Boot** [boːt]; -[e]s, -e: *kleines, meist offenes Schiff:* die Boote liegen am Ufer; mit dem Boot hinausfahren. *Zus.:* Motorboot, Ruderboot, Segelboot.

das Boot

das ¹**Bord** [bɔrt]; -[e]s, -e: *an der Wand befestigtes Brett (das als Ablage dient):* Bücher, Gläser auf ein Bord stellen. *Zus.:* Bücherbord.

der ²**Bord** [bɔrt]; -[e]s, -e: **1.** *oberer Rand eines Schiffes [an den sich das Deck anschließt]:* der Bord des sinkenden

Schiffes war bereits von den Wellen überspült; * **etwas über Bord werfen:** *etwas endgültig aufgeben:* alle Pläne über Bord werfen. 2. *das Innere, der Innenraum [eines Schiffes, Flugzeugs]:* an Bord eines Tankers; Fracht, Passagiere an Bord nehmen; über Bord gehen *(vom Schiff ins Wasser fallen);* die Fluggäste gingen von Bord *(verließen das Flugzeug).*

der **Bord|stein** [ˈbɔrtʃtai̯n]; -s, -e: *Kante aus Stein, die den Bürgersteig gegen die Fahrbahn einer Straße begrenzt:* sie stolperte über den Bordstein.

bor|gen [ˈbɔrgn̩], borgt, borgte, geborgt: 1. ⟨tr.; hat; jmdm. etw. b.⟩ *für eine begrenzte Zeit überlassen:* er muss mir Geld borgen; kannst du mir einen Regenschirm borgen? *Syn.:* leihen. 2. ⟨itr.; hat; sich (Dativ) etw. b.⟩ *sich für eine begrenzte Zeit geben lassen:* ich habe mir bei/von ihr Geld geborgt; er hat sich den Schirm nur geborgt. *Syn.:* leihen.

die **Bör|se** [ˈbœrzə]; -, -n: 1. *Markt (in einem entsprechenden Gebäude) für den Handel mit Aktien:* sie arbeitet an der Frankfurter Börse; an der Börse waren alle Kurse gestiegen. 2. *Portemonnaie:* eine lederne, leere, volle Börse. *Syn.:* Geldbeutel, Geldbörse. *Zus.:* Geldbörse.

bös [bøːs]: ↑ böse.

bös|ar|tig [ˈbøːsˌlaːɐ̯tɪç], bösartiger, am bösartigsten ⟨Adj.⟩: 1. *auf versteckte, heimtückische Weise böse:* ein bösartiger Mensch; seine bösartigen Bemerkungen haben sie sehr gekränkt. *Syn.:* boshaft, böswillig, gehässig. 2. *(von Krankheiten) sehr gefährlich:* eine bösartige Geschwulst.

bö|se [ˈbøːzə], böser, am bösesten ⟨Adj.⟩: 1. *moralisch schlecht:* ein böser Mensch; eine böse Tat; etwas aus böser Absicht tun. *Syn.:* gemein. 2. *auf gefährliche Weise übel, unangenehm:* eine böse Geschichte; jmdm. bös[e] mitspielen; eine böse Krankheit. *Syn.:* schlimm. 3. *(ugs.) ärgerlich, zornig:* böse sein, werden; auf jmdn. bös[e] sein *(sich über jmdn. ärgern);* bist du mir noch böse? *(ärgerst du dich noch über mich?).*

bos|haft [ˈboːshaft], boshafter, am boshaftesten ⟨Adj.⟩: 1. *immer (gern) bereit, anderen zu schaden:* er ist ein boshafter Mensch. *Syn.:* bösartig, böswillig. 2. *verletzend (und mit Freude daran):* eine boshafte Antwort; sie grinste boshaft, als sie von unserem Unglück hörte.

bös|wil|lig [ˈbøːsvɪlɪç], böswilliger, am böswilligsten ⟨Adj.⟩: *in böser Absicht; absichtlich böse:* eine böswillige Verleumdung. *Syn.:* bösartig, boshaft.

bot [boːt]: ↑ bieten.

die **Bo|ta|nik** [boˈtaːnɪk]; -: *Lehre und Wissenschaft von den Pflanzen:* sie studierte Botanik in Heidelberg.

der **Bo|te** [ˈboːtə]; -n, -n, die **Bo|tin** [ˈboːtɪn]; -, -nen: *Person, die etwas im Auftrag einer anderen überbringt:* ein zuverlässiger Bote; eine Botin mit den Dokumenten schicken. *Syn.:* Kurier, Kurierin. *Zus.:* Postbote, Postbotin.

die **Bot|schaft** [ˈboːtʃaft]; -, -en: 1. *wichtige Nachricht, Mitteilung [die durch jmdn. überbracht wird]:* eine willkommene, traurige Botschaft; jmdm. eine Botschaft senden, schicken; eine Botschaft erhalten. *Syn.:* Meldung. *Zus.:* Friedensbotschaft, Unglücksbotschaft. 2. *von einem Botschafter, einer Botschafterin geleitete Vertretung eines Staates im Ausland:* die deutschen Botschaften in Ostasien.

der **Bot|schaf|ter** [ˈboːtʃaftɐ]; -s, -, die **Bot-schaf|te|rin** [ˈboːtʃaftərɪn]; -, -nen: *Leiter, Leiterin einer Botschaft:* die französische Botschafterin; jmdn. zum Botschafter ernennen.

die **Bou|tique** [buˈtiːk]; -, -n: *kleiner Laden, in dem modische Artikel, besonders Kleidungsstücke verkauft werden:* sie arbeitet halbtags in einer Boutique; die Bluse habe ich mir in einer Boutique in Wien gekauft.

die **Bow|le** [ˈboːlə]; -, -n: *Getränk aus Wein, Sekt, Zucker und Früchten:* eine Bowle ansetzen. *Zus.:* Erdbeerbowle, Pfirsichbowle.

bo|xen [ˈbɔksn̩], boxt, boxte, geboxt: 1. ⟨itr.; hat⟩ *[nach bestimmten Regeln] mit den Fäusten kämpfen:* taktisch klug boxen; um die Meisterschaft boxen; gegen jmdn. boxen. 2. ⟨tr.; hat; jmdn. b.⟩ *mit der Faust schlagen, [leicht] stoßen:* er boxte ihn; ⟨auch itr.; jmdm. irgendwohin b.⟩ sie boxte ihm in die Seite.

brach [braːx]: ↑ brechen.

brach|te [ˈbraxtə]: ↑ bringen.

die **Bran|che** [ˈbrãːʃə]; -, -n: *Bereich in der Wirtschaft, im geschäftlichen Leben:* in der gleichen Branche tätig sein. *Zus.:* Hotelbranche, Modebranche, Textilbranche.

der **Brand** [brant]; -[e]s, Brände [ˈbrɛndə]: *großes, vernichtendes Feuer:* ein Brand brach aus; die Feuerwehr löschte den

Brand; * etwas in Brand stecken / setzen: *etwas anzünden, um es zu zerstören:* die Soldaten hatten das ganze Dorf in Brand gesteckt.

die **Bran|dung** ['brandʊŋ]; -, -en: *hohe Wellen am Strand, an der Küste:* sie stürzte sich in die Brandung.

brann|te ['brantə]: ↑ brennen.

bra|ten ['braːtn̩], brät, briet, gebraten: **1.** ⟨tr.; hat; etw. b.⟩ *in heißem Fett gar und außen braun werden lassen:* etwas in Öl braten; er briet ihr ein Schnitzel; eine Gans knusprig braten. **2.** ⟨itr.; hat⟩ *in heißem Fett gar werden:* das Fleisch brät schon eine Stunde.

der **Bra|ten** ['braːtn̩]; -s, -: *größeres gebratenes (oder noch zum Braten bestimmtes) Stück Fleisch:* ein saftiger, knuspriger Braten; einen Braten beim Fleischer besorgen. *Zus.:* Gänsebraten, Kalbsbraten.

das **Brat|hähn|chen** ['braːtheːnçən]; -s, -: *gebratenes (oder noch zum Braten bestimmtes) Hähnchen:* wir nahmen zwei Brathähnchen für das Picknick mit.

die **Brat|kar|tof|feln** ['braːtkartɔfl̩n] ⟨Plural⟩: *Gericht aus gebratenen, in Scheiben oder Würfel geschnittenen Kartoffeln:* wir aßen Bratkartoffeln mit Speck und Zwiebeln.

die **Brat|pfan|ne** ['braːtpfanə]; -, -n: *zum Braten verwendete Pfanne:* in der Bratpfanne brieten vier Spiegeleier.

die Bratpfanne

die **Brat|sche** ['braːtʃə]; -, -n: *der Geige ähnliches, aber etwas größeres Musikinstrument:* er übte am ganzen Nachmittag auf seiner Bratsche.

die **Brat|wurst** ['braːtvʊrst]; -, Bratwürste ['braːtvʏrstə]: *gebratene (oder zum Braten bestimmte) Wurst:* in der Pause des Fußballspiels haben wir Bratwurst mit Pommes frites gegessen.

der **Brauch** [braux]; -[e]s, Bräuche ['brɔyçə]: *aus früherer Zeit stammende, innerhalb einer Gemeinschaft fest gewordene Gewohnheit:* ein schöner, überlieferter Brauch; die ländlichen Bräuche bewahren, pflegen. *Syn.:* Tradition. *Zus.:* Fastnachtsbrauch, Hochzeitsbrauch, Osterbrauch.

brauch|bar ['brauxbaːɐ̯], brauchbarer, am brauchbarsten ⟨Adj.⟩: *[für etwas] geeignet:* brauchbare Vorschläge machen; sie suchten in den Trümmern des Hauses nach brauchbarem Material für den Neubau.

brau|chen ['brauxn̩], braucht, brauchte, gebraucht: **1.** ⟨tr.; hat; jmdn., etw. b.⟩ *nötig haben, benötigen:* die Kranke braucht Ruhe; wir brauchen dringend einen Arzt; der Zug braucht zwei Stunden bis Stuttgart; das wird aber noch gebraucht *(darf nicht weggeworfen werden).* **2.** ⟨mit Infinitiv mit »zu«; verneint oder eingeschränkt⟩ *müssen:* er braucht heute nicht zu arbeiten; du brauchst keine Angst zu haben; sie hätte nur zu sagen brauchen, dass sie nicht kommen wollte.

die **Braue** ['brauə]; -, -n: *Haare über dem Auge in Form eines Bogens:* die Brauen runzeln. *Zus.:* Augenbraue.

brau|en ['brauən], braut, braute, gebraut ⟨tr.; hat; etw. b.⟩: *(Bier) herstellen:* hier wird ein kräftiges Bier gebraut.

die **Brau|e|rei** [brauəˈrai]; -, -en: *Betrieb, in dem Bier gebraut wird:* wir konnten eine alte tschechische Brauerei besichtigen.

braun [braun], brauner, am braunsten ⟨Adj.⟩: **1.** *von der Farbe feuchter Erde:* braunes Haar haben; das Kleid ist braun. *Zus.:* dunkelbraun, hellbraun, rotbraun. **2.** *von der Sonne gebräunt:* du bist im Urlaub ja ganz braun geworden!; braun gebrannt kamen sie aus Spanien zurück.

der **Brau|ne** ['braunə]; -n, -n ⟨aber: [ein] Brauner, Plural: [zwei] Braune⟩: (österr.) *Mokka mit Milch:* einen Braunen mit / ohne Zucker bestellen.

bräu|nen ['brɔynən], bräunt, bräunte, gebräunt: **1.** ⟨tr.; hat; jmdn., etw. b.⟩ *braun werden lassen:* die Sonne hat ihn, seine bloßen Arme gebräunt. **2.** ⟨itr.; ist⟩ *braun werden:* meine Haut ist sehr schnell in der Sonne gebräunt.

die **Brau|se** ['brauzə]; -, -n: **1.** (veraltend) *Dusche:* die Brause aufdrehen, abstellen. **2.** (ugs. veraltend) *Limonade:* eine Brause trinken.

brau|sen ['brauzn̩], braust, brauste, gebraust: ⟨itr.; ist⟩ (ugs.) *sich mit großer Geschwindigkeit bewegen:* sie ist um die Ecke, über die Autobahn gebraust. *Syn.:* rasen (ugs.).

die **Braut** [braut]; -, Bräute ['brɔytə]: **1.** (veraltend) *Frau, die ein Mann bald heiraten wird:* eine heimliche Braut haben; sie ist seine Braut. **2.** *Frau an ihrem Hochzeits-*

tag: die Braut trug ein weißes Kleid; die Braut zum Altar führen.

der **Bräu|ti|gam** ['brɔytɪɡam]; -s, -e: **1.** (veraltend) *Mann, den eine Frau bald heiraten wird:* sie stellte ihn uns als ihren Bräutigam vor. **2.** *Mann an seinem Hochzeitstag:* der Bräutigam führte seine Braut selbst zum Altar.

das **Braut|kleid** ['brautklait]; -[e]s, -er: *[weißes] Kleid, das die Braut zur Hochzeit trägt:* das Brautkleid war ein Traum aus weißer Seide.

das **Braut|paar** ['brautpaːɐ̯]; -[e]s, -e: *Braut und Bräutigam zusammen am Tag der Hochzeit:* das Brautpaar ließ sich vor der Kirche fotografieren.

der Bräutigam · die Braut · das Brautkleid · das Brautpaar

brav [braːf], braver, am bravsten ⟨Adj.⟩: *(von Kindern) sich so verhaltend, wie es die Erwachsenen wünschen oder erwarten:* ein braves Kind; brav sitzen bleiben. *Syn.:* artig, lieb.

bra|vo ['braːvo] ⟨Interjektion⟩: *sehr gut; ausgezeichnet:* bravo, das hast du gut gemacht!

die **BRD** [beːʔɛrˈdeː]: Bundesrepublik Deutschland.

bre|chen ['brɛçn̩], bricht, brach, gebrochen: **1.** ⟨itr.; ist⟩ *durch Druck, Anwendung von Gewalt in Stücke gehen:* das Eis brach unter seinem Gewicht; das Material bricht sehr leicht. *Syn.:* entzweigehen, krachen (ugs.), zerbrechen. **2.** ⟨tr.; hat; etw. b.⟩ *durch Druck, Gewalt in Stücke teilen:* das Brot brechen; einen Stock [in Stücke] brechen. **3.** ⟨tr.; hat; sich (Dativ) etw. b.⟩ *einen Unfall haben, bei dem ein bestimmter Knochen bricht:* sich eine Rippe brechen; sich das Bein *(einen der Knochen des Beins)* brechen; einen gebrochenen Fuß haben. **4.** ⟨tr.; hat; etw. b.⟩ *sich an eine Verpflichtung, die man eingegangen ist, nicht halten:* er hat den Vertrag, die Ehe, den Eid gebrochen; * **sein Wort brechen:** *ein gegebenes Versprechen nicht halten:* sie hat schon mehrere Male ihr Wort gebrochen. **5.** ⟨sich [an etw. (Dativ)] b.⟩ *auf etwas auftreffen und dabei an Wucht verlieren:* die Wellen brechen sich an der Mole. **6.** ⟨itr.; hat; mit jmdm. b.⟩ *die bisherige Verbindung, Beziehung aufgeben, abbre-*

chen: sie hat mit ihm endgültig gebrochen. **7.** ⟨itr.; hat⟩ *erbrechen:* er hat nach dem Essen gebrochen. *Syn.:* sich übergeben. **8.** ⟨tr.; hat; etw. b.⟩ *durch Erbrechen von sich geben:* sie brach Blut, Galle. *Syn.:* erbrechen.

der **Brei** [brai]; -[e]s, -e: *Püree:* ein Brei aus Grieß; dem Baby einen Brei aus Karotten kochen. *Syn.:* Mus. *Zus.:* Grießbrei, Haferbrei, Kartoffelbrei, Milchbrei, Reisbrei.

breit [brait], breiter, am breitesten ⟨Adj.⟩: **1.** *eine große Breite habend* / Ggs. schmal: eine breite Straße, Hand. **2.** ⟨in Verbindung mit Angaben von Maßen⟩ *eine bestimmte Breite habend:* ein 3 cm breiter Saum; der Stoff ist 2 Meter breit. **3.** *große Teile des Volkes, der Öffentlichkeit betreffend:* die breite Masse; die Aktion fand ein breites *(großes)* Interesse.

die **Brei|te** ['braitə]; -, -n: **1.** *seitliche Ausdehnung:* die Straße hat eine Breite von fünf Metern. *Zus.:* Fingerbreite, Zimmerbreite. **2.** *Abstand eines Ortes vom Äquator:* der Ort liegt auf/unter 52 Grad nördlicher Breite.

breit|ma|chen ['braitmaxn̩], macht breit, machte breit, breitgemacht ⟨sich b.⟩: **1.** *sehr viel Platz beanspruchen:* mach dich hier nicht so breit! **2.** *sich immer weiter ausbreiten:* Krankheiten, die sich jetzt auch in Europa breitmachen.

die **Brem|se** ['brɛmzə]; -, -n: *Vorrichtung an Fahrzeugen, mit deren Hilfe die Fahrt verlangsamt und das Fahrzeug zum Stehen gebracht werden kann:* er trat auf die Bremse *(auf das Pedal der Bremse);* die Bremsen quietschten, versagten; der Lokführer löst die Bremsen. *Zus.:* Backenbremse, Fußbremse, Handbremse, Notbremse, Rücktrittbremse.

brem|sen ['brɛmzn̩], bremst, bremste, gebremst: **1.** ⟨itr.; hat⟩ *die Bremse betätigen:* er hat zu spät gebremst. **2.** ⟨tr.; hat; etw. b.⟩ *die Geschwindigkeit von etwas [bis zum Stillstand] verringern:* der Fahrer konnte den Bus nicht mehr rechtzeitig bremsen.

bren|nen ['brɛnən], brennt, brannte, gebrannt: **1.** ⟨itr.; hat⟩ *in Flammen stehen:* das Haus, die Scheune brennt. **2.** ⟨itr.; hat⟩ *sich [in einer bestimmten Weise] verbrennen lassen:* das trockene Holz brennt gut, schnell, leicht; Asbest brennt nicht. **3.** ⟨itr.; hat⟩ *eingeschaltet, angezündet sein und leuchten:* das Licht, die Lampe brennt. **4.** ⟨tr.; hat; etw. irgendwohin b.⟩ *durch Hitze entstehen lassen:* einem Rind ein Brandzeichen in

Fell brennen; ich habe mir mit der Zigarette ein Loch in den Anzug gebrannt. **5.** ⟨tr.; hat; etw. b.⟩ *(bestimmte Erzeugnisse) mithilfe großer Hitze fertigstellen:* Ziegel, Porzellan, Ton brennen. **6.** ⟨tr.; hat; etw. b.⟩ *herstellen:* Schnaps brennen. **7.** ⟨sich b.⟩ *sich durch Hitze oder Feuer verletzen:* ich habe mich [am Ofen, am Herd] gebrannt. *Syn.:* sich verbrennen. **8.** ⟨itr.; hat⟩ *ein unangenehmes, beißendes Gefühl erzeugen:* die Wunde brennt; mir brennen die Augen [vor Müdigkeit, vom vielen Lesen]. **9.** ⟨tr.; hat; etw. b.⟩ (EDV) *(eine CD oder CD-ROM) mit Daten beschreiben:* die CD habe ich mir selbst gebrannt.

die **Brenn|nes|sel** ['brɛnnɛsl̩]; -, -n: *Pflanze, die bei Berührung auf der Haut brennende Bläschen hervorruft.*

der **Brenn|stoff** ['brɛnʃtɔf]; -[e]s, -e: *leicht brennbarer Stoff, der zur Erzeugung von Wärme verwendet wird.*

brenz|lig ['brɛntslɪç], brenzliger, am brenzligsten ⟨Adj.⟩ (ugs.): *mit einem gewissen Risiko verbunden:* eine brenzlige Situation; die Sache ist, wird [mir] zu brenzlig. *Syn.:* gefährlich, kritisch, riskant.

das **Brett** [brɛt]; -[e]s, -er: *flaches, langes, aus einem Baumstamm geschnittenes Stück Holz:* ein dünnes, dickes, schweres, stabiles Brett; Bretter schneiden, sägen; eine Wand aus Brettern; * **Schwarzes Brett:** *Tafel für Mitteilungen, Anschläge:* den Stundenplan ans Schwarze Brett hängen.

die *oder* das **Bre|zel** ['breːtsl̩]; -, -n: *salziges Gebäck mit einer besonderen Form:* eine Brezel essen. *Zus.:* Salzbrezel.

bricht [brɪçt]: ↑ brechen.

der Brief

der **Brief** [briːf]; -[e]s, -e: *schriftliche Mitteilung, die an jmdn. in einem Umschlag geschickt wird:* ein langer, privater, anonymer Brief; einen Brief schreiben, öffnen, erhalten; sie beantwortete seine Briefe nicht. *Syn.:* Schreiben. *Zus.:* Abschiedsbrief, Bittbrief, Dankesbrief, Drohbrief, Eilbrief, Leserbrief, Liebesbrief.

'rief

vgl. Anhang (ein Beispiel für einen offiziellen Brief steht unter »Bewerbung«).

der **Brief|kas|ten** ['briːfkastn̩]; -s, Briefkästen ['briːfkɛstn̩]: **1.** *Kasten zum Einwerfen von Briefen und dergleichen, die die Post befördern soll:* wo ist hier der nächste Briefkasten?; der Briefkasten wird um 17 Uhr geleert; einen Brief in den Briefkasten werfen. **2.** *Kasten (am bzw. im Haus oder am Tor), in den der Briefträger die Briefe einwirft:* wenn ich nicht zu Hause bin, kannst du mir die Schlüssel einfach in den Briefkasten werfen.

der Briefkasten

der **Brief|kopf** ['briːfkɔpf]; -[e]s, Briefköpfe ['briːfkœpfə]: *oberer Teil eines Briefes, auf dem die Adresse des Absenders, der Absenderin steht.*

die **Brief|mar|ke** ['briːfmarkə]; -, -n: *von der Post herausgegebene Marke von bestimmtem Wert, die auf den Briefumschlag, die Postkarte oder das Päckchen aufgeklebt wird:* eine Briefmarke auf den Umschlag kleben; sie sammelt Briefmarken. *Syn.:* Marke.

die **Brief|ta|sche** ['briːftaʃə]; -, -n: *kleine Mappe [mit verschiedenen Fächern], in der man Ausweise, Geld usw. bei sich tragen kann:* die Brieftasche zücken *(die Brieftasche aus der Hosen- oder Jackentasche ziehen, um zu bezahlen);* die Räuber stahlen ihm seine Brieftasche. *Syn.:* Portemonnaie.

der **Brief|trä|ger** ['briːftrɛːgɐ]; -s, -, die Briefträ|ge|rin ['briːftrɛːgərɪn]; -, -nen: *Person, die die Post zustellt.* *Syn.:* Postbote, Postbotin.

der **Brief|um|schlag** ['briːfʊmʃlaːk]; -[e]s, Briefumschläge ['briːfʊmʃlɛːgə]: *Umschlag aus Papier, in den man den Brief steckt, den man verschicken möchte:* einen Brief in den Briefumschlag stecken; den Briefumschlag öffnen. *Syn.:* Kuvert.

der **Brief|wech|sel** ['briːfvɛksl̩]; -s: *Austausch von Briefen (zwischen zwei Personen):* mit jmdm. einen Briefwechsel führen; mit jmdm. in Briefwechsel stehen. *Syn.:* Korrespondenz.

briet [briːt]: ↑ braten.

das **Bri|kett** [briˈkɛt]; -s, -s: *in eine bestimmte Form gepresste Kohle:* den Ofen mit Briketts heizen.

bril|lant [brɪlˈjant], brillanter, am brillantesten ⟨Adj.⟩: *ausgezeichnet, hervorragend, von höchster Qualität:* ein brillanter Einfall; eine brillante Rede; die Aufführung war einfach brillant. *Syn.:* blendend.

die **Bril|le** [ˈbrɪlə]; -, -n: *Gestell mit Bügeln und zwei Gläsern, das man vor den Augen trägt, um besser sehen zu können oder um die Augen zu schützen:* eine schärfere, stärkere Brille brauchen; die Brille aufsetzen, absetzen, abnehmen, putzen; eine Brille tragen. *Zus.:* Goldbrille, Lesebrille, Skibrille, Sonnenbrille, Taucherbrille.

die Brille

brin|gen [ˈbrɪŋən], bringt, brachte, gebracht: **1.** ⟨tr.; hat; jmdm. jmdn., etw. b., jmdn., etw. [irgendwohin] b.⟩ *an einen Ort tragen, befördern, bewegen [und jmdm. übergeben]:* jmdm. etwas bringen; der Briefträger bringt die Post; er brachte den Koffer zum Bahnhof. **2.** ⟨tr.; hat; jmdn. irgendwohin b.⟩ *[zu Fuß] begleiten oder mit einem Fahrzeug befördern:* jmdn. nach Hause, zum Zug, ins Krankenhaus bringen; den Betrunkenen auf die Wache bringen. *Syn.:* begleiten. **3.** ⟨tr.; hat; jmdn., etw. irgendwohin b.⟩ *dafür sorgen, dass jmd., etwas an einen bestimmten Ort kommt, gerät:* die Kinder ins Bett bringen; jmdn. ins Gefängnis, vor Gericht bringen; den Satelliten in eine Umlaufbahn bringen. **4.** ⟨tr.; hat; jmdn., etw. irgendwohin b.⟩ *in verblasster Bedeutung:* das Gespräch auf ein anderes Thema bringen *(lenken);* sich, jmdn. in Gefahr bringen *(gefährden);* etwas zum Einsatz bringen *(einsetzen);* sich nicht aus der Ruhe bringen *(sich nicht nervös machen)* lassen; etwas auf den Markt bringen *(anbieten).* **5.** ⟨itr.; hat; es irgendwohin, zu etw. bringen⟩ *aufgrund seiner Arbeit, seiner Leistungen ein bestimmtes [berufliches] Ziel erreichen:* sie hat es [im Leben, auf diesem Gebiet] zu hohem Ansehen, zu nichts gebracht; er hat es bis zum Direktor gebracht; es weit bringen. **6.** ⟨itr.; hat; [jmdm.] etw. b.⟩ *für jmdn. zu einem bestimmten Ergebnis führen:* das Geschäft brachte ihm viel Geld, hohen Gewinn, große Verluste; das bringt doch nichts (ugs.; *lohnt sich doch nicht, dabei kommt*

nichts heraus). **7.** ⟨itr.; hat; jmdn. um etw. b.⟩ *erreichen, verursachen, dass jmd. Schaden erleidet, etwas verliert:* jmdn. um seine Stellung, seinen guten Ruf bringen; der Lärm brachte sie um den Schlaf. **8.** ⟨tr.; hat; etw. b.⟩ *bieten, darbieten:* das Programm bringt nichts Neues; die Zeitung brachte nur einen kurzen Artikel über den Unfall. **9.** ⟨tr.; hat; etw. b.⟩ (ugs.) *leisten [können], fertigbringen, schaffen:* er bringt das jederzeit; etwas gut, nicht bringen.

die **Bri|se** [ˈbriːzə]; -, -n: *leichter Wind [von der See]:* vom Meer her weht eine leichte, sanfte, frische, kühle Brise.

brö|cke|lig [ˈbrœkəlɪç], bröckeliger, am bröckeligsten ⟨Adj.⟩: **1.** *aus vielen kleinen Brocken bestehend:* bröckelige Kohle; die Erde ist von der Hitze ganz bröckelig geworden. **2.** *zum Bröckeln neigend:* bröckeliges Brot; das Mauerwerk ist bröckelig.

brö|ckeln [ˈbrœkln̩], bröckelt, bröckelte, gebröckelt ⟨itr.; hat⟩: *in kleine Stücke, Brocken zerfallen:* das Brot bröckelt sehr

der **Bro|cken** [ˈbrɔkn̩], -s, -: *größeres, unregelmäßig geformtes Stück (das von etwas abgebrochen ist):* ein schwerer Brocken Lehm, Erde, Kohle; ein fetter Brocken Fleisch. *Syn.:* Klumpen. *Zus.:* Felsbrocken, Fleischbrocken, Gesteinsbrocken, Käsebrocken.

bro|deln [ˈbroːdln̩], brodelt, brodelte, gebrodelt ⟨itr.; hat⟩: *[beim Kochen] Blasen bilden und in starker Bewegung sein:* das kochende Wasser brodelt im Topf. *Syn.:* kochen, sieden, sprudeln.

die **Brom|bee|re** [ˈbrɔmbeːrə]; -, -n: *an einer stacheligen Pflanze wachsende schwarze, essbare Beere:* Brombeeren pflücken.

die **Bron|ze** [ˈbrõːsə]; -: *Mischung aus Kupfer und einem anderen Metall von gelblich brauner Farbe:* eine Halskette aus Bronze.

die **Bro|sche** [ˈbrɔʃə]; -, -n: *schmückender Gegenstand, der mit einer Nadel angesteckt wird:* sich eine Brosche anstecken; eine Brosche tragen. *Syn.:* Spange.

bro|schiert [brɔˈʃiːɐ̯t] ⟨Adj.⟩: *(in Bezug auf Bücher) mit einem weichen (sich leicht biegen lassenden) Umschlag gebunden:* eine broschierte Ausgabe.

die **Bro|schü|re** [brɔˈʃyːrə]; -, -n: *dünnes Buch, dessen Seiten wie bei einem Heft mit Klammern zusammengehalten werden:* eine Broschüre des Gesundheitsministeriums zum Thema Rauchen lesen. *Syn.:* Prospekt.

as Brot [bro:t]; -[e]s, -e: **1.** *rundes oder ovales Nahrungsmittel, das aus einem Teig von Mehl, Wasser, Salz und Hefe gebacken wird:* gern frisches Brot essen; ein Kilo, ein Laib, ein Stück Brot; Brot backen; zwei Brote kaufen. *Zus.:* Roggenbrot, Vollkornbrot, Weißbrot, Weizenbrot. **2.** *abgeschnittene Scheibe von einem Brot [mit einem Belag]:* ein [mit Wurst] belegtes Brot; Brote machen; sich Butter aufs Brot streichen. *Syn.:* Sandwich, Schnitte. *Zus.:* Butterbrot, Honigbrot, Käsebrot, Marmeladenbrot, Wurstbrot.

as Bröt|chen ['brø:tçən]; -s, -: *(rundes oder längliches) Gebäck aus Mehl, Hefe und Milch oder Wasser:* frische, trockene, belegte Brötchen; ein Brötchen mit Wurst. *Syn.:* Semmel (landsch.). *Zus.:* Kümmelbrötchen, Mohnbrötchen, Roggenbrötchen, Rosinenbrötchen, Sesambrötchen.

er Bruch [brʊx]; -[e]s, Brüche ['brʏçə]: **1.** *das Brechen, Auseinanderbrechen, Zerbrechen von etwas (bes. durch Einwirkung von Druck oder Stoß):* der Bruch eines Rades, einer Achse. *Zus.:* Achsenbruch, Dammbruch, Deichbruch, Rohrbruch. **2.** * *in die Brüche/zu Bruch gehen:* zerbrechen: ihr Fahrrad ist in die Brüche gegangen; ihre Ehe ist in die Brüche gegangen *(sie haben sich scheiden lassen). Syn.:* brechen, entzweigehen, kaputtgehen (ugs.). **3.** (Med.) *das Brechen, Gebrochensein eines Knochens:* ein einfacher, komplizierter Bruch; der Bruch ist gut verheilt; einen Bruch erleiden, schienen. *Zus.:* Armbruch, Beinbruch, Knochenbruch, Schädelbruch. **4.** *das Nichteinhalten einer Abmachung oder dergleichen:* der Bruch eines Vertrages, des Waffenstillstandes. *Zus.:* Ehebruch, Friedensbruch, Vertragsbruch. **5.** *das Abbrechen einer Verbindung, Beziehung:* der Bruch mit dem Elternhaus; es kam zum [offenen] Bruch zwischen ihnen *(sie brachen nach einem Streit o. Ä. ihre Beziehungen ab).* **6.** *Darstellung einer [nicht zu den ganzen Zahlen gehörenden] Zahl durch zwei untereinanderstehende Zahlen, die durch einen waagerechten oder schrägen Strich voneinander getrennt sind:* $\frac{1}{2}$ ist ein echter Bruch; einen Bruch erweitern, kürzen.

brü|chig ['brʏçɪç], brüchiger, am brüchigsten ⟨Adj.⟩: *so beschaffen, dass es leicht bricht, zerfällt:* brüchiges Gestein; Vorsicht! – die Mauer ist schon brüchig; ein brüchiger *(unsicherer)* Frieden. *Syn.:* bröckelig, mürbe.

das Bruch|stück ['brʊxʃtʏk]; -[e]s, -e: *kleiner Teil eines Ganzen:* er hörte von der Unterhaltung nur Bruchstücke.

die Brü|cke ['brʏkə]; -, -n: *Bauwerk, das den Verkehr über ein Hindernis führt:* die Brücke führt, spannt sich über den Fluss, die Schlucht; eine Brücke über eine Eisenbahnlinie, eine Autobahn bauen. *Syn.:* Überführung, Übergang. *Zus.:* Autobahnbrücke, Eisenbahnbrücke, Holzbrücke.

der Bru|der ['bru:dɐ]; -s, Brüder ['bry:dɐ]: *männliche Person, die dieselben Eltern hat wie man selbst oder eine der Person, über die man spricht* /Ggs. Schwester/: mein älterer, kleiner, großer (fam.; *älterer*) Bruder; sie sind Brüder. *Zus.:* Adoptivbruder, Zwillingsbruder.

brü|der|lich ['bry:dɐlɪç], brüderlicher, am brüderlichsten ⟨Adj.⟩: *wie bei guten Brüdern üblich; im Geiste von Brüdern:* etwas brüderlich teilen.

die Brü|he ['bry:ə]; -, -n: **1.** *Flüssigkeit, die man erhält, indem man Fleisch oder Knochen kocht:* eine heiße, klare, kräftige Brühe kochen; eine Tasse Brühe. *Zus.:* Fleischbrühe, Hühnerbrühe. **2.** *verschmutztes Wasser, schmutzige Flüssigkeit:* in dieser Brühe soll ich baden?

brül|len ['brʏlən], brüllt, brüllte, gebrüllt: **1.** ⟨itr.; hat⟩ *[aus Erregung oder Wut] sehr laut sprechen:* er brüllte so laut, dass man ihn im Nebenzimmer hörte. *Syn.:* schreien. **2.** ⟨tr.; hat; etw. b.⟩ *sehr laut rufen, mit sehr lauter Stimme äußern:* er brüllte ihm etwas ins Ohr; ⟨auch itr.⟩ bei dem Lärm musste sie brüllen, um sich zu verständigen. *Syn.:* schreien. **3.** ⟨itr.; hat⟩ *laut schreien:* er brüllte vor Schmerzen. **4.** ⟨itr.; hat⟩ (ugs.) *sehr laut und heftig weinen:* das Kind brüllte die ganze Nacht. *Syn.:* weinen.

brum|men ['brʊmən], brummt, brummte, gebrummt: **1.** ⟨itr.; hat⟩ *längere tiefe Töne von sich geben:* der Bär brummt; ein brummender Motor. **2.** ⟨tr.; hat; etw. b.⟩ *unverständlich [in mürrischer Weise] sagen:* eine Antwort brummen; er brummte etwas ins Telefon.

der Brun|nen ['brʊnən]; -s, -: *Stelle, an der man Wasser aus der Erde holen kann (meist ein tiefes Loch in der Erde, das mit einer Mauer umgeben und mit einer Vorrichtung zum Hochziehen eines Eimers ver-*

sehen ist): Wasser vom Brunnen holen; einen Brunnen bohren. *Zus.:* Dorfbrunnen, Marktbrunnen.

der Brunnen

brüsk [brʏsk], brüsker, am brüskesten ⟨Adj.⟩: *in unerwartet unhöflicher Weise barsch, schroff:* ein brüsker Ton; einen Vorschlag brüsk ablehnen. *Syn.:* unfreundlich.

die **Brust** [brʊst]; -, Brüste [ˈbrʏstə]: **1.** *vordere Hälfte des Rumpfes:* eine breite, behaarte Brust; jmdn. an die Brust drücken. **2.** *Busen:* große, schöne, straffe, schlaffe, hängende Brüste; dem Kind die Brust geben *(es stillen). Zus.:* Mutterbrust.

brust|schwim|men [ˈbrʊstʃvɪmən] ⟨itr.; meist nur im Infinitiv⟩: *schwimmen, indem man die Arme nach vorn streckt und dann auseinanderzieht (und die Beine anzieht und ausstreckt):* er kann gut brustschwimmen.

die **Brüs|tung** [ˈbrʏstʊŋ]; -, -en: *starkes Geländer oder Mauer in der Höhe der Brust (zum Schutz gegen Absturz):* an die Brüstung treten; er beugte sich über die Brüstung. *Zus.:* Balkonbrüstung, Fensterbrüstung.

die **Brut** [bru:t]; -, -en: *(bei bestimmten Tierarten) aus den Eiern geschlüpfte junge Tiere:* der Vogel füttert seine hungrige Brut.

bru|tal [bruˈtaːl], brutaler, am brutalsten ⟨Adj.⟩: *grausam, roh und gefühllos:* ein brutaler Mensch; jmdn. brutal ermorden, misshandeln.

brü|ten [ˈbryːtn̩], brütet, brütete, gebrütet ⟨itr.; hat⟩: **1.** *(von Vögeln) auf den Eiern sitzen und sie erwärmen, sodass sich die Jungen entwickeln und schließlich schlüpfen können:* die Amsel, Glucke brütet. **2.** ⟨über etw. (Dativ) b.⟩ (ugs.) *lange, intensiv über etwas nachdenken:* der Schüler brütete über einer Mathematikaufgabe.

brut|to [ˈbrʊto] ⟨Adverb⟩ (Kaufmannsspr.): *das Gewicht der Verpackung, verschiedene Abgaben (z. B. Steuern) noch nicht abgezogen* /Ggs. netto/: die Ware wiegt brutto 5 kg; er verdient monatlich 2 500 Euro brutto.

das **Brut|to|ge|wicht** [ˈbrʊtoɡəvɪçt]; -[e]s, -e: *Gewicht einer Ware einschließlich der Verpackung* /Ggs. Nettogewicht/.

der **Bub** [bu:p]; -en, -en (südd., österr., schweiz.): ¹*Junge:* er ist ein frecher Bub. *Syn.:* Knabe (geh.). *Zus.:* Schulbub.

der **Bu|be** [ˈbuːbə]; -n, -n: *in der Rangfolge von oben an vierter Stelle stehende Spielkarte:* den Buben ausspielen.

das **Buch** [bu:x]; -[e]s, Bücher [ˈbyːçɐ]: **1.** *[größere] Anzahl bedruckter oder beschriebener Blätter, die an einer Seite miteinander verbunden und von einem Umschlag bedeckt sind:* das Buch öffnen, aufschlagen, zuklappen; in einem Buch blättern; ein Buch in die Hand nehmen, aus der Hand legen. *Syn.:* ³Band. *Zus.:* Gebetbuch, Gesangbuch, Gesetzbuch, Jugendbuch, Kinderbuch, Kochbuch, Liederbuch, Märchenbuch. **2.** *in Form eines Buches veröffentlichter literarischer, wissenschaftlicher oder sonstiger Text:* ein spannendes, hochaktuelles Buch; ein Buch lesen; er hat ein Buch über dieses Thema geschrieben. *Syn.:* Schrift, Werk.

das Buch

die **Bu|che** [ˈbuːxə]; -, -n: *Laubbaum mit glatter, grauer Rinde, meist hohem, schlankem Stamm und kleinen Früchten:* eine Buche pflanzen, fällen.

die Buche

bu|chen [ˈbuːxn̩], bucht, buchte, gebucht ⟨tr.; hat; etw. b.⟩: **1.** *in ein Buch für geschäftliche Angelegenheiten oder in eine Liste eintragen:* er hat Einnahmen und Ausgaben gebucht. **2.** *(einen Platz für eine Reise) im Voraus bestellen, reservieren lassen:* er hat einen Flug nach New York gebucht.

die **Bü|che|rei** [byːçəˈraɪ]; -, -en: *kleinere Bibliothek:* die Schule hat eine eigene Bücherei; ein Buch aus der Bücherei ausleihen entleihen; das Buch in die Bücherei zurückbringen. *Zus.:* Schulbücherei, Stadtbücherei.

die **Buch|füh|rung** [ˈbuːxfyːrʊŋ]; -: *die Aufzeichnung aller Einnahmen und Ausga-*

B

ben einer Firma:* sie macht in der Firma die Buchführung.

Buch|hal|tung ['buːxhaltʊŋ]; -, -en: **1.** *Buchführung:* die Buchhaltung lernen. **2.** *Abteilung eines Betriebes, die für die Buchführung verantwortlich ist:* in der Buchhaltung arbeiten. *Zus.:* Lohnbuchhaltung.

Buch|hand|lung ['buːxhandlʊŋ]; -, -en: *Geschäft, in dem Bücher verkauft werden:* in der Buchhandlung ein Buch kaufen, bestellen.

Buch|se ['bʊksə]; -, -n: *runde Öffnung, in die ein Stecker gesteckt werden kann.* *Syn.:* Steckdose.

Büch|se ['bʏksə]; -, -n: *kleineres Gefäß, Behälter mit Deckel, oft für Konserven:* eine Büchse für Gebäck; eine Büchse Milch; eine Büchse mit Wurst. *Syn.:* Dose. *Zus.:* Blechbüchse, Konservenbüchse, Sammelbüchse.

Buch|sta|be ['buːxʃtaːbə]; -ns, -n: *Zeichen einer Schrift, das einem Laut entspricht:* große, kleine Buchstaben. *Zus.:* Anfangsbuchstabe, Goldbuchstabe, Großbuchstabe, Leuchtbuchstabe.

buch|sta|bie|ren [buːxʃtaˈbiːrən], buchstabiert, buchstabierte, buchstabiert ⟨tr.; hat; etw. b.⟩: *die Buchstaben eines Wortes nacheinander nennen:* ein Wort, seinen Namen buchstabieren.

buch|stäb|lich ['buːxʃtɛːplɪç] ⟨Adverb⟩: *in der Tat, im wahrsten Sinne des Wortes:* die Leute haben mir die Eintrittskarten buchstäblich aus der Hand gerissen.

Bucht [bʊxt]; -, -en: *in das Festland ragender Teil eines Meeres oder Sees:* die Küste hat zahlreiche Buchten; in einer Bucht ankern. *Zus.:* Meeresbucht.

bü|cken ['bʏkn̩], bückt, bückte, gebückt ⟨sich [nach etw.] b.⟩: *den Oberkörper nach vorn beugen:* er bückte sich nach dem heruntergefallenen Bleistift.

bud|deln ['bʊdl̩n], buddelt, buddelte, gebuddelt: **1.** ⟨itr.; hat⟩ *(bes. von Kindern) im Sand graben:* der Kleine sitzt den ganzen Tag am Strand und buddelt. **2.** ⟨tr.; hat; etw. b.⟩ *(ugs.) durch Buddeln herstellen:* ein Loch buddeln. *Syn.:* graben.

Bud|dhis|mus [bʊˈdɪsmʊs]; -: *in Indien entstandene, heute vor allem in China, der Mongolei, Japan und einigen Ländern Südostasiens verbreitete Religion:* sich zum Buddhismus bekennen; Anhängerin des Buddhismus sein.

Bu|de ['buːdə]; -, -n: **1.** *eine Art Häuschen, das meist aus Brettern [für kürzere Zeit]*

aufgebaut ist (z. B. für das Verkaufen von Waren): Buden aufschlagen; dort an der Bude bekommst du heiße Würstchen. *Zus.:* Bretterbude, Holzbude, Jahrmarktsbude, Marktbude, Würstchenbude. **2.** *(ugs.) Räumlichkeit, in der jemand wohnt, sich aufhält:* sie ging mit ihm auf die Bude; gestern hatten wir die Bude voll mit Gästen. *Syn.:* Wohnung, Zimmer. *Zus.:* Studentenbude.

Bud|get [byˈdʒeː]; -s, -s: **1.** *Plan für die öffentlichen Einnahmen und Ausgaben:* das Budget aufstellen, bewilligen. *Syn.:* Etat, Haushalt. *Zus.:* Staatsbudget. **2.** *(ugs. scherzh.) Geld, das einem für bestimmte Ausgaben zur Verfügung steht:* mein Budget ist erschöpft; solche Reisen lässt mein Budget leider nicht zu.

Bü|fett [byˈfɛt]; -[e]s, -s und -e, Buffet [bʏˈfeː]; -s, -s (bes. österr. u. schweiz.): **1.** *Schrank für Geschirr:* ein Büfett aus Eiche; die Gläser aus dem Büfett holen, ins Büfett stellen. **2.** * *kaltes Büfett: bei festlichen Anlässen auf einem langen Tisch zur Selbstbedienung angerichtete kalte Speisen:* ein kaltes Büfett bestellen, herrichten.

büf|feln ['bʏfl̩n], büffelt, büffelte, gebüffelt ⟨tr.; hat; etw. b.⟩ *(ugs.): (im Hinblick auf eine bevorstehende Prüfung) intensiv lernen:* Mathematik büffeln; ⟨auch itr.⟩ fürs Abitur büffeln; den ganzen Tag büffeln. *Syn.:* pauken (ugs.).

Buf|fet: ↑ Büfett.

Bü|gel ['byːgl̩]; -s, -: **1.** *Kleiderbügel.* **2.** *am Ende gebogener Teil des Brillengestells, mit dem die Brille hinter den Ohren festgehalten wird.*

Bü|gel|brett ['byːgl̩brɛt]; -s, -er: *Brett (mit Ständer), auf dem man bügelt:* das Bügelbrett zusammengeklappt in die Ecke stellen.

das Bügeleisen/-brett

das Bügeleisen
das Bügelbrett

Bü|gel|ei|sen ['byːgl̩ˌai̯zn̩]; -s, -: *[elektrisch geheiztes] Gerät zum Glätten von Wäsche:* vergiss nicht, das Bügeleisen auszuschalten, bevor du weggehst.

bü|geln ['byːgl̩n], bügelt, bügelte, gebügelt ⟨tr.; hat; etw. b.⟩: *mit einem Bügeleisen glätten:* Wäsche [feucht] bügeln; ⟨auch itr.⟩ er hat den ganzen Morgen gebügelt.

die **Büh|ne** ['by:nə]; -, -n: *erhöhte Fläche im Theater, auf der gespielt wird:* zwei Schauspielerinnen betraten die Bühne; er steht jeden Abend auf der Bühne *(spielt jeden Abend);* sie will zur Bühne *(sie will Schauspielerin, Sängerin werden).*

der **Bul|le** ['bʊlə]; -n, -n: **1.** *männliches Rind:* auf der Wiese standen ein Bulle, zwei Kühe und ein Kalb. *Syn.:* Ochse, Stier. **2.** (ugs. abwertend) *Polizist:* ich will keinen Ärger mit den Bullen bekommen.

der **Bum|mel** ['bʊml̩]; -s, - (ugs.): *kleiner Spaziergang (bei dem man sich etwas ansieht):* wir wollen morgen einen Bummel durch die Altstadt machen. *Zus.:* Einkaufsbummel, Stadtbummel.

bum|meln ['bʊml̩n], bummelt, bummelte, gebummelt: **1.** ⟨itr.; ist⟩ (ugs.) *zum Vergnügen, ohne bestimmtes Ziel durch die Straßen gehen:* er ist durch die Innenstadt gebummelt. **2.** ⟨itr.; hat⟩ (ugs. abwertend) *sich bei etwas zu viel Zeit lassen:* hättest du nicht so gebummelt, dann wärst du mit der Arbeit längst fertig.

der **¹Bund** [bʊnt]; -[e]s, Bünde ['bʏndə]: **1.** *zu gemeinsamem Handeln zusammengeschlossene Gruppe:* ein Bund zwischen drei Staaten; einen Bund schließen, lösen. *Syn.:* Bündnis. *Zus.:* Geheimbund, Staatenbund. **2.** *(in der Bundesrepublik Deutschland) der gesamte Staat im Unterschied zu den einzelnen Bundesländern:* Bund und Länder. **3.** (ugs.) *Bundeswehr:* zum Bund (gehen) müssen; zum Bund gehen. **4.** *oberer Rand bei Hosen und Röcken:* die Hose ist am Bund zu eng. *Zus.:* Hosenbund.

das **²Bund** [bʊnt]; -[e]s, -e: *Dinge, die [geordnet] zusammengebunden sind:* ein Bund Radieschen; fünf Bunde Stroh.

das **Bün|del** ['bʏndl̩]; -s, -: *Dinge, die zusammengebunden sind:* ein Bündel Akten, Briefe; ein Bündel schmutziger Wäsche.

das **Bun|des|heer** ['bʊndəshe:ɐ̯]; -[e]s: *Armee der Republik Österreich:* er diente als Offizier beim Bundesheer.

der **Bun|des|kanz|ler** ['bʊndəskantslɐ]; -s, -, die **Bun|des|kanz|le|rin** ['bʊndəskantslərın]; -, -nen: **1.** *Leiter, Leiterin der Bundesregierung in der Bundesrepublik Deutschland oder in Österreich.* **2.** *Vorsteher, Vorsteherin der dem Bundespräsidenten unterstellten Kanzlei des Bundesrates und der Bundesversammlung in der Schweiz.*

das **Bun|des|land** ['bʊndəslant]; -[e]s, Bundesländer ['bʊndəslɛndɐ]: *einzelner Staat eines Bundesstaates:* die neuen Bundesländer *(die deutschen Bundesländer auf dem Gebiet der ehemaligen DDR);* die alten Bundesländer *(die deutschen Bundesländer auf dem Gebiet der Bundesrepublik von vor 1990).*

die **Bun|des|li|ga** ['bʊndəsli:ga]; -, Bundesligen ['bʊndəsli:gn̩]: *oberste Klasse für sportliche Wettbewerbe in Deutschland:* Fußballspiele der Bundesliga werden häufig im Fernsehen übertragen. *Zus.:* Basketballbundesliga, Eishockeybundesliga, Fußballbundesliga.

der **Bun|des|mi|nis|ter** ['bʊndəsminıstɐ]; -s, -, die **Bun|des|mi|nis|te|rin** ['bʊndəsminıstərın]; -, -nen: *Person, die ein Bundesministerium in der Bundesrepublik Deutschland oder in Österreich leitet.*

das **Bun|des|mi|nis|te|ri|um** ['bʊndəsminıste:rjʊm]; -s, Bundesministerien ['bʊndəsminıste:rjən]: *oberste, für einen bestimmten Bereich des Bundesstaats zuständige Behörde in der Bundesrepublik Deutschland und in Österreich.*

der **Bun|des|prä|si|dent** ['bʊndəsprezidɛnt]; -en, -en, die **Bun|des|prä|si|den|tin** ['bʊndəsprezidɛntın]; -, -nen: **1.** *Staatsoberhaupt in der Bundesrepublik Deutschland oder in Österreich.* **2.** *Vorsitzender, Vorsitzende des Bundesrates in der Schweiz.*

der **Bun|des|rat** ['bʊndəsra:t]; -[e]s, Bundesräte ['bʊndəsrɛ:tə]: **1.** ⟨ohne Plural⟩ *aus Vertretern der Bundesländer gebildetes Verfassungsorgan in der Bundesrepublik Deutschland oder in Österreich.* **2.** ⟨ohne Plural⟩ *zentrale Regierung in der Schweiz.* **3.** *Mitglied des Bundesrates in Österreich oder in der Schweiz.*

die **Bun|des|re|gie|rung** ['bʊndəsregi:rʊŋ]; -, -en: *Regierung eines Bundesstaates wie Österreich oder Deutschland.*

die **Bun|des|re|pu|blik** ['bʊndəsrepubli:k]; -: *Republik, die aus mehreren Bundesländern besteht:* die Schweiz ist eine Bundesrepublik; die österreichische Bundesrepublik; Bundesrepublik Deutschland.

der **Bun|des|staat** ['bʊndəsʃta:t]; -[e]s, -en: **1.** *Staat, in dem mehrere Länder vereinigt sind.* **2.** *einzelnes Land eines Bundesstaates.*

die **Bun|des|stra|ße** ['bʊndəsʃtra:sə]; -, -n: *über weitere Strecken führende Straße in der Bundesrepublik Deutschland und in Österreich:* wenn die Autobahn verstopft ist, fahren viele Autos über die Bundesstraße.

Bun|des|tag ['bʊndəstaːk]; -[e]s: *Parlament der Bundesrepublik Deutschland:* im Bundestag wurde über ein neues Gesetz zum Umweltschutz beraten. *Syn.:* Nationalrat (österr., schweiz.).

Bun|des|tags|prä|si|dent ['bʊndəstaːksprezidɛnt]; -en, -en, die **Bun|des|tags|prä|si|den|tin** ['bʊndəstaːksprezidɛntɪn]; -, -nen: *Präsident, Präsidentin des Deutschen Bundestags.*

Bun|des|ver|samm|lung ['bʊndəsfɛɐ̯zamlʊŋ]; -: **1.** *Versammlung, die den Präsidenten der Bundesrepublik Deutschland wählt.* **2.** *Parlament des Schweizer Bundes.*

Bun|des|wehr ['bʊndəsveːɐ̯]; die; -: *Armee der Bundesrepublik Deutschland:* er hatte zwei Jahre bei der Bundeswehr gedient.

Bünd|nis ['bʏntnɪs]; -ses, -se: *Vereinbarung zu gemeinsamem Handeln:* ein militärisches, wirtschaftliches Bündnis zwischen den westlichen Staaten; ein Bündnis schließen, lösen. *Zus.:* Militärbündnis, Regierungsbündnis.

bunt [bʊnt], bunter, am buntesten ⟨Adj.⟩: **1.** *mehrere, oft leuchtende Farben habend:* bunte Ostereier; der Stoff ist sehr bunt. *Syn.:* farbig. **2.** *aus vielen verschiedenen Dingen bestehend:* wir bieten unseren Gästen ein buntes Programm.

Bunt|stift ['bʊntʃtɪft]; -[e]s, -e: *Stift mit farbiger Mine, der meist zum Zeichnen verwendet wird:* die Kinder malten mit ihren Buntstiften Blumen und Bäume.

Burg [bʊrk]; -, -en: *Gebäude, das in früherer Zeit häufig auf Bergen errichtet und durch Graben und Mauer vor Feinden geschützt wurde:* die Burg aus dem 13. Jahrhundert; die Burg wurde gestürmt und zerstört. *Zus.:* Ritterburg, Wasserburg.

Bür|ge ['bʏrgə]; -n, -n: *Person, die dafür garantiert, dass eine andere eine Vereinbarung (zum Beispiel geliehenes Geld zurückzuzahlen) einhält:* für dieses Darlehen brauche ich zwei Bürgen.

bür|gen ['bʏrgn̩], bürgt, bürgte, gebürgt ⟨itr.; hat; für jmdn., für etw. b.⟩: *als Bürge, Bürgin einstehen:* seine Eltern haben für ihn gebürgt; ich bürge dafür, dass alles pünktlich bezahlt wird.

Bür|ger ['bʏrgɐ]; -s, -, die **Bür|ge|rin** ['bʏrgərɪn]; -, -nen: *Angehöriger, Angehörige einer Gemeinde oder eines Staates:* das Denkmal auf dem Marktplatz wurde von Bürgern und Bürgerinnen der Stadt gestiftet. *Syn.:* Einwohner, Einwohnerin.

Zus.: Mitbürger, Mitbürgerin, Staatsbürger, Staatsbürgerin.

die **Bür|ger|in|i|ti|a|ti|ve** ['bʏrgɐlinitsi̯atiːvə]; -, -n: *Bürger und Bürgerinnen, die sich (außerhalb von Parteien) zum Erreichen eines bestimmten politischen Ziels zusammengeschlossen haben:* sie gründeten eine Bürgerinitiative gegen den Ausbau des Flughafens.

bür|ger|lich ['bʏrgɐlɪç] ⟨Adj.⟩: *Bürger und Bürgerinnen betreffend:* die bürgerlichen Rechte und Pflichten; gutbürgerlich kochen *(eher einfach, aber gut und nahrhaft kochen).*

der **Bür|ger|meis|ter** ['bʏrgɐmaistɐ]; -s, -, die **Bür|ger|meis|te|rin** ['bʏrgɐmaistərɪn]; -, -nen: *Leiter, Leiterin der Verwaltung einer Gemeinde:* die Bürgermeisterin hielt eine kurze Rede zur Eröffnung der Messe.

der **Bür|ger|steig** ['bʏrgɐʃtaik]; -[e]s, -e: *von der Fahrbahn abgetrennter, erhöhter Weg für Fußgänger:* den Bürgersteig benutzen.

die **Bür|gin** ['bʏrgɪn]; -, -nen: *weibliche Form zu* ↑ Bürge.

die **Bürg|schaft** ['bʏrkʃaft]; -, -en: *das Bürgen für jmdn.:* eine Bürgschaft übernehmen.

das **Bü|ro** [by'roː]; -s, -s: *Raum, in dem in einer Firma oder Organisation besonders die schriftlichen Arbeiten erledigt werden:* sie arbeitet in einem Büro; in den meisten Büros hat der Computer die Schreibmaschine verdrängt. *Zus.:* Anwaltsbüro, Lohnbüro.

die **Bü|ro|klam|mer** [by'roːklamɐ]; -, -n: *kleine Klammer aus Draht, mit der Zettel und Blätter aneinander befestigt werden können:* der Stapel Formulare ist zu dick für eine Büroklammer.

bü|ro|kra|tisch [byro'kraːtɪʃ], bürokratischer, am bürokratischsten ⟨Adj.⟩ (abwertend): *zu sehr auf Vorschriften und Regeln achtend und deshalb unerträglich umständlich:* ein bürokratischer Mensch; es gab zu viele bürokratische Hindernisse für das Projekt.

die **Bürs|te** ['bʏrstə]; -, -n: *Gegenstand, mit dem man (trockenen) Staub, Schmutz entfernen, Haare glätten kann:* mit einer groben Bürste den Schmutz von den Stiefeln gut abbekommen. *Zus.:* Haarbürste, Kleiderbürste, Schuhbürste, Zahnbürste.

bürs|ten ['bʏrstn̩], bürstet, bürstete, gebürstet ⟨tr.; hat⟩: **1.** ⟨etw. von etw. b.⟩ *mit der Bürste entfernen:* den Staub von den Schuhen bürsten.

B

2. ⟨jmdm., sich (Dativ) etw. b.⟩ *mit der Bürste [in bestimmter Weise] bearbeiten, behandeln:* du musst dir öfter die Haare bürsten; der Katze das Fell bürsten.

der **Bus** [bʊs]; -ses, -se: *größerer Kraftwagen mit vielen Sitzen zur Beförderung einer größeren Zahl von Personen:* den Bus nehmen, verpassen; mit dem Bus in die Stadt fahren. *Syn.:* Omnibus. *Zus.:* Reisebus, Schulbus.

der **Bus|bahn|hof** [ˈbʊsbaːnhøːf]; -[e]s, Busbahnhöfe [ˈbʊsbaːnhøːfə]: *Platz, an dem mehrere Buslinien beginnen oder enden:* der Busbahnhof liegt ganz in der Nähe vom Theater.

der **Busch** [bʊʃ]; -[e]s, Büsche [ˈbʏʃə]: *Pflanze mit vielen dicht gewachsenen, schon am Boden beginnenden Zweigen:* ein blühender Busch; sich hinter einem Busch verstecken.

der Busch

der **Bu|sen** [ˈbuːzn̩]; -s, -: *weibliche Brust:* das Kind schlief an ihrem Busen; die neue Mode zeigt viel Busen.

die **Bus|hal|te|stel|le** [ˈbʊshaltəʃtɛlə]; -, -n: *Platz, an dem ein Bus hält, um Fahrgäste ein- und aussteigen zu lassen:* zur nächsten Bushaltestelle sind es nur wenige Minuten.

die **Bus|li|nie** [ˈbʊsliːni̯ə]; -, -n: *(mit einer Zahl oder einem Buchstaben gekennzeichnete) Strecke, auf der ein Bus regelmäßig verkehrt:* mit den Buslinien 5, 7 oder 12 kommt man von hier aus am schnellsten zum Bahnhof.

der **Büs|ten|hal|ter** [ˈbʏstn̩haltɐ]; -s, -: *Teil der Unterwäsche, der der weiblichen Brust Halt [und Form] gibt:* im Sommer trägt sie meistens keinen Büstenhalter.

die **But|ter** [ˈbʊtɐ]; -: *aus Milch gewonnenes Fett:* ein Stück Butter in der Pfanne schmelzen lassen; Eier in Butter braten; sich die Butter dick aufs Brot streichen. *Zus.:* Kräuterbutter.

das **But|ter|brot** [ˈbʊtɐbroːt]; -[e]s, -e: *mit Butter bestrichene Scheibe Brot:* in der Pause aßen die Kinder ihre Butterbrote.

das **Byte** [baɪt]; -[s], -[s]: *aus acht Bits bestehende Einheit, die die Größe eines Speichers im Computer kennzeichnet:* ein Megabyte umfasst 1 048 576 Bytes. *Zus.:* Gigabyte, Megabyte.

C c

das **Ca|b|rio** [ˈkaːbrio], Ka|b|rio; -s, -s: *Auto mit einem Dach, das sich aufklappen lässt:* im Sommer macht es besonderen Spaß, Cabrio zu fahren.

das **Ca|fé** [kaˈfeː]; -s, -s: *Lokal, in dem man vorwiegend Kaffee und Kuchen verzehrt:* ein gemütliches, schön gelegenes Café; ins Café gehen. *Zus.:* Eiscafé, Strandcafé, Tanzcafé.

die **Ca|fe|te|ria** [kafeˈtaʀiːa]; -, -s und Cafeterien [kafeˈtaʀiːən]: *Restaurant mit Selbstbedienung:* die meisten Studierenden essen in der Mensa oder in der Cafeteria der Uni.

der **Ca|mem|bert** [ˈkamɛmbɛːɐ]; -s, -s: *ein französischer Käse mit weißem Belag aus essbarem Schimmel:* ein Brot mit Camembert; wir aßen gebackenen Camembert mit Preiselbeeren.

der **Ca|mi|on** [kaˈmi̯õː]; -s, -s (schweiz.): *Lastkraftwagen. Syn.:* Lastwagen, Lkw.

das **Cam|ping** [ˈkɛmpɪŋ]; -s: *das Wohnen im Zelt oder im Wohnwagen (besonders im Urlaub):* wir fuhren jedes Jahr zum Camping an den Bodensee.

der **Cam|ping|platz** [ˈkɛmpɪŋplats]; -es, Campingplätze [ˈkɛmpɪŋplɛtsə]: *für das Camping bestimmtes und gekennzeichnetes Gelände:* am Ufer des Flusses war ein neuer Campingplatz angelegt worden.

der **Cap|puc|ci|no** [kapʊˈtʃiːno]; -[s], -s: *heißes Getränk aus Kaffee mit schaumiger Milch oder geschlagener Sahne:* drei [Tassen] Cappuccino, bitte!

die CD

die **CD** [tseːˈdeː]; -, -s: 1. *kleine dünne Scheibe aus Metall, auf der Töne elektronisch gespeichert sind:* eine CD hören *(die Musik, die auf der CD gespeichert ist, hören);* es ist eine neue CD mit Aufnahmen der frühen Werke von Beethoven erschienen. *Zus.:* Klassik-CD, Pop-CD. 2. *CD-ROM:* zuerst die CD ins Laufwerk legen; eine CD brennen *(Daten auf ihr speichern).*

C

e **CD-ROM** [tse:de:ˈrɔm]; -, -s: *kleine dünne Scheibe aus Metall, auf der Daten elektronisch gespeichert sind, die abgerufen, aber nicht verändert werden können:* manche Wörterbücher gibt es als Buch oder als CD-ROM.

as **Cel|lo** [ˈtʃɛlo]; -s, -s und Celli [ˈtʃɛli]: *der Geige ähnliches, aber größeres Musikinstrument, das beim Spielen zwischen den Knien gehalten wird:* eine Sonate für Cello und Klavier spielen; auf dem Cello spielen.

Cel|si|us [ˈtsɛlziʊs]; -: *Einheit, in der die Temperatur gemessen wird:* bei null Grad Celsius gefriert das Wasser.

er **Cent** [sɛnt]; -s, -s: *Untereinheit der Währungseinheiten verschiedener Länder und des Euros:* die Zeitung kostet 80 Cent; ich möchte Cents in Scheine umtauschen. *Zus.:* Eurocent.

as **Cha|let** [ʃaˈleː]; -s, -s: *Haus in ländlichem Stil. Syn.:* Landhaus.

er **Cham|pa|gner** [ʃamˈpanjə]; -s *(in Frankreich erzeugter) Sekt:* mit Champagner auf jmdn., etwas anstoßen; den Champagner kalt stellen.

er **Cham|pi|gnon** [ˈʃampɪnjõ]; -s, -s: *kleinerer, essbarer weißer Pilz:* die Pizza war mit Tomaten und frischen Champignons belegt.

ie **Chan|ce** [ˈʃãsə]; -, -n: *günstige Gelegenheit, etwas zu erreichen; Aussicht auf Erfolg:* ich hatte eine riesige Chance, das Spiel zu gewinnen, aber ich habe sie nicht genutzt; sie hat gute Chancen, ihren Job zu behalten. *Zus.:* Gewinnchance, Torchance.

as **Cha|os** [ˈkaːɔs]; -: *völliges Durcheinander:* in meiner Küche herrscht mal wieder ein unbeschreibliches Chaos. *Zus.:* Verkehrschaos.

cha|o|tisch [kaˈoːtɪʃ], chaotischer, am chaotischsten ⟨Adj.⟩: *ohne jede Ordnung:* nach der Katastrophe herrschten in jener Gegend chaotische Zustände; er ist sehr lieb, aber ein furchtbar chaotischer Typ.

er **Cha|rak|ter** [kaˈraktɐ]; -s, Charaktere [karakˈteːrə]: **1.** *durch seine geistigen und seelischen Eigenschaften bestimmte persönliche Art eines Menschen:* er hat einen guten Charakter; sie hat Charakter *(ist eine Persönlichkeit).* **2.** ⟨ohne Plural⟩ *besondere Art einer Sache:* der unverwechselbare Charakter einer Landschaft; eine Stadt mit ländlichem Charakter.

cha|rak|te|ri|sie|ren [karakteriˈziːrən], charakterisiert, charakterisierte, charakterisiert ⟨tr.; hat; jmdn., etw. c.⟩: *den*

Charakter treffend beschreiben: er hat sie als sehr hilfsbereit charakterisiert; eine Situation genau charakterisieren.

cha|rak|te|ris|tisch [karakteˈrɪstɪʃ], charakteristischer, am charakteristischsten ⟨Adj.⟩: *die besondere Art, das Typische einer Person oder Sache erkennen lassend:* eine charakteristische Kleidung; die grellen Farben sind für seine Bilder charakteristisch. *Syn.:* typisch.

cha|rak|ter|los [kaˈraktɐloːs], charakterloser, am charakterlosesten ⟨Adj.⟩: *keinen guten Charakter zeigend:* er ist ein charakterloser Mensch; sie hat charakterlos gehandelt.

char|mant [ʃarˈmant], charmanter, am charmantesten ⟨Adj.⟩, schar|mant: *Charme besitzend:* ein charmanter Herr; sie ist überaus charmant. *Syn.:* bezaubernd.

der **Charme** [ʃarm]; -s, Scharm: *liebenswürdige, anziehende Art:* ihrem Charme konnte niemand widerstehen; im Frühling hat Paris einen ganz besonderen Charme.

der **Chauf|feur** [ʃɔˈføːɐ̯]; -s, -e, die **Chauf|feu|rin** [ʃɔˈføːrɪn]; -, -nen: *Person, deren Beruf es ist, andere in einem Auto zu fahren:* er war der Chauffeur des Direktors; sie arbeitet als Chauffeurin bei einer Schweizer Firma. *Zus.:* Taxichauffeur, Taxichauffeurin.

die **Chaus|see** [ʃɔˈseː]; -, Chausseen [ʃɔˈseːən]: *Landstraße:* wir fuhren über eine staubige Chaussee hinauf ins Gebirge.

der **Chef** [ʃɛf]; -s, -s, die **Che|fin** [ˈʃɛfɪn]; -, -nen: *Leiter, Leiterin einer Gruppe von Personen, einer Abteilung, Firma, Organisation:* ich möchte den Chef sprechen; sie wird Chefin der neuen Filiale in Hongkong. *Zus.:* Firmenchef, Firmenchefin, Küchenchef, Küchenchefin, Personalchef, Personalchefin.

die **Che|mie** [çeˈmiː]; -: **1.** *Wissenschaft, die die Eigenschaften der Stoffe und ihrer Verbindungen erforscht:* sie studiert Chemie. *Zus.:* Biochemie, Lebensmittelchemie. **2.** (ugs.) *(als schädlich und ungesund abgelehnte) Chemikalien:* wir wollen wissen, was wir an Chemie in unserem Essen, in unserem Wasser und in unserer Luft haben.

die **Che|mi|ka|lie** [çemiˈkaːliə]; -, -n: *industriell hergestellter chemischer Stoff:* die meisten Lebensmittel sind nicht frei von Chemikalien.

che|misch [ˈçeːmɪʃ] ⟨Adj.⟩: *die Chemie betreffend:* die chemische Industrie; eine bestimmte chemische Verbindung; etwas chemisch reinigen lassen.

das **-chen** [çən]; -s, - ⟨Suffix; bewirkt oft Umlaut⟩: **1.** drückt aus, dass etwas ziemlich klein ist: Ärmchen; Autochen; Fensterchen; Fläschchen; Häuschen. **2.** drückt aus, dass man etwas gernhat: Kindchen; Muttchen. **3.** drückt abwertend aus, dass etwas für nicht wichtig gehalten wird: Filmchen; Problemchen.

chic [ʃik] ⟨Adj.; bei attributivem Gebrauch oder Steigerung: schick, schicker, am schicksten⟩: **1.** *modisch und geschmackvoll:* dein neuer Mantel ist chic; sich chic anziehen. **2.** *dem Trend entsprechend:* es gilt als chic, dort Urlaub zu machen.

der **Chip** [tʃip]; -s, -s: **1.** *in Fett gebackene dünne Scheiben von rohen Kartoffeln:* beim Fernsehen tranken wir Bier und knabberten Chips. **2.** *winziges dünnes Plättchen, auf dem elektronische Informationen gespeichert werden:* viele Geräte im Haushalt werden heute von Chips gesteuert.

die **Chi|rur|gie** [çirʊrˈgiː]; -: *Behandlung von Krankheiten durch Operation:* die Fortschritte der modernen Chirurgie haben unzähligen Menschen das Leben gerettet; er wurde in die Chirurgie *(in die Abteilung für Chirurgie)* des städtischen Krankenhauses eingewiesen. *Zus.:* Herzchirurgie, Kieferchirurgie, Unfallchirurgie.

das **Cho|les|te|rin** [kolɛsteˈriːn]: *Stoff, der in tierischen Nahrungsmitteln vorkommt und dessen übermäßige Aufnahme als eine Ursache für zu hohen Blutdruck gilt:* Butter, Eier und fettes Fleisch enthalten besonders viel Cholesterin.

der **Chor** [koːɐ̯]; -[e]s, Chöre [ˈkøːrə]: **1.** *Gruppe gemeinsam singender Personen:* ein mehrstimmiger Chor; ein gemischter Chor *(ein Chor mit Frauen- und Männerstimmen)*. *Zus.:* Frauenchor, Kirchenchor, Knabenchor, Männerchor, Schulchor, Theaterchor. **2.** *meist nach Osten ausgerichteter, im Inneren abgesetzter Teil einer Kirche mit dem Altar.*

der **Christ** [krist]; -en, -en: *Anhänger des Christentums.*

der **Christ|baum** [ˈkristbaum]; -[e]s, Christbäume [ˈkristbɔymə]: *Weihnachtsbaum.*

das **Chris|ten|tum** [ˈkristn̩tuːm]; -s: *auf Jesus Christus zurückgehende, heute in allen Erdteilen verbreitete Religion:* sie bekennt sich zum Christentum.

die **Chris|tin** [ˈkristin]; -, -nen: weibliche Form zu ↑ Christ.

das **Christ|kind** [ˈkristkint]; -[e]s: *gedachte (am Jesuskind orientierte) Gestalt, die den Kindern zu Weihnachten Geschenke bringt:* er glaubt nicht mehr ans Christkind.

christ|lich [ˈkristliç], christlicher, am christlichsten ⟨Adj.⟩: *auf Christus und seine Lehre zurückgehend:* die christliche Lehre, Kunst, Moral; wir sind im Geist der christlichen Nächstenliebe erzogen worden.

das **Chrom** [kroːm]; -s: *silberweiß glänzendes, sehr hartes Metall:* ein schönes, neues Auto mit viel glänzendem Chrom; den Chrom putzen.

die **Chro|nik** [ˈkroːnik]; -, -en: *Aufzeichnung geschichtlicher Ereignisse nach ihrem zeitlichen Ablauf:* eine Chronik aus dem siebzehnten Jahrhundert. *Zus.:* Dorfchronik, Familienchronik, Landeschronik, Schulchronik, Stadtchronik.

chro|nisch [ˈkroːniʃ] ⟨Adj.⟩: **1.** *sich langsam entwickelnd, langsam verlaufend, lange dauernd* /Ggs. akut/: eine chronische Bronchitis. **2.** (ugs.) *gar nicht mehr aufhörend, nicht mehr zu beheben:* ein chronisches Übel; der Geldmangel ist bei ihm schon chronisch [geworden].

circa, zir|ka [ˈtsirka] ⟨Adverb⟩: *ungefähr, etwa:* es kostet circa 300 Euro; in circa drei Wochen.

die **Ci|ty** [ˈsiti]; -, -s: *Zentrum [mit den großen Geschäften] einer Stadt:* die großen Warenhäuser in der City haben längere Öffnungszeiten; große Teile der City wurden zur Fußgängerzone deklariert. *Syn.:* Innenstadt.

die **Cli|que** [ˈklikə]; -, -n: **1.** (abwertend) *kleinere Gruppe von Menschen, die sich gegenseitig Vorteile verschaffen:* eine verbrecherische Clique; eine Clique von Zuhältern. **2.** *Gruppe, Kreis von Freunden, Bekannten [die regelmäßig gemeinsam etwas unternehmen]:* er gehört auch zu unserer Clique.

der **Clown** [klaun]; -s, -s, die **Clow|nin** [ˈklaunin]; -, -nen: *Person, die im Zirkus oder im Varieté mit allerlei lustigen Vorführungen zum Lachen reizt. Zus.:* Zirkusclown, Zirkusclownin.

der **Club** [klʊp]; -s: ↑ Klub.

das **Cock|pit** [ˈkɔkpit]; -s, -s: *Stelle, Raum zum Sitzen (z. B. für den Piloten, für den Fahrer eines Rennwagens).*

der **Cock|tail** [ˈkɔkteːl]; -s, -s: *Getränk, das aus verschiedenen alkoholischen Getränken, Früchten, Säften usw. gemixt ist:* an der Bar einen Cocktail mixen. *Zus.:* Champagnercocktail.

der **Coif|feur** [kŏaˈføːɐ̯]; -s, -e (bes. schweiz.), die **Coif|feu|rin** [kŏaˈføːrɪn]; -, -nen (seltener), die **Coif|feu|se** [kŏaˈføːzə]; -, -n (bes. schweiz.): *Friseur[in].* Syn.: Friseur, Friseurin.

das **Co|la;** -s, -s und die **Cola;** -, -s [ˈkoːla]: *ein braunes Erfrischungsgetränk:* vier Cola *(vier Gläser bzw. Flaschen Cola)* bitte!; Cola mit Rum bestellen.

der **Co|mic** [ˈkɔmɪk]; -s, -s, der **Co|mic|strip** [ˈkɔmɪkstrɪp]; -s, -s: *Geschichte, die in einer Reihe von Bildern mit wenig Text dargestellt ist und meist einen abenteuerlichen oder komischen Inhalt hat:* einen Comic lesen.

der **Com|pu|ter** [kɔmˈpjuːtɐ]; -s, -: *elektronisches Gerät zur Datenverarbeitung.* Syn.: PC, Personalcomputer, Rechner. Zus.: Bordcomputer, Mikrocomputer, Schachcomputer.

der **Con|tai|ner** [kɔnˈteːnɐ]; -s, -: *größerer Behälter zur Beförderung von Gütern:* ein fahrbarer Container. Syn.: Behälter.

cool [kuːl], cooler, am coolsten ⟨Adj.⟩ (ugs.): **1.** *kühl-gelassen und ohne Gefühle zu zeigen; sich unbeeindruckt und distanziert gebend:* ein cooler Typ; immer schön cool bleiben. Syn.: gelassen, kühl, ruhig. **2.** *sehr gut, sehr schön, hervorragend:* ein cooles Café; eine coole CD. Syn.: geil (salopp, bes. Jugendspr.), klasse (ugs.), toll (ugs.).

die **Couch** [kaŭtʃ]; -, -es und -en: *flaches, gepolstertes Möbelstück zum Liegen und Sitzen:* vor dem Fernseher auf der Couch sitzen, liegen. Syn.: Sofa. Zus.: Ausziehcouch, Bettcouch, Ledercouch, Schlafcouch.

die Couch

der **Cou|sin** [kuˈzɛ̃ː]; -s, -s: *Sohn eines Onkels oder einer Tante.*

die **Cou|si|ne,** Ku|si|ne [kuˈziːnə]; -, -n: *Tochter eines Onkels oder einer Tante.*

das **Cou|vert** [kuˈveːɐ̯]: ↑ Kuvert.

die **Creme,** Krem, Kre|me [kreːm]; -, -s: **1.** *Masse zur Pflege der Haut:* die Creme zieht schnell ein. Syn.: Salbe. Zus.: Fettcreme, Gesichtscreme, Hautcreme, Kindercreme, Nachtcreme, Reinigungscreme, Sonnenschutzcreme, Tagescreme. **2.** *schaumige, lockere Süßspeise, auch als Füllung für Torten und dergleichen.* Zus.:

Eiscreme, Schokoladencreme, Vanillecreme, Weincreme.

die **Crew** [kruː]; -, -s: *Gruppe von Personen, die zusammen eine bestimmte Aufgabe erfüllen (z. B. auf Schiffen, in Flugzeugen, im Sport):* die Crew geht immer zuletzt von Bord. Syn.: Besatzung, Kollektiv, Mannschaft, Team, Truppe.

das **Crois|sant** [krŏaˈsã:]; -s, -s: *wie ein Hörnchen geformtes Gebäck aus einem besonders lockeren (dem Blätterteig ähnlichen) Teig:* zum Frühstück gab es Croissants und Kaffee. Syn.: Hörnchen.

der **Cup** [kap]; -s, -s: **1.** *Pokal als Preis für den Sieger eines sportlichen Wettkampfs:* nach dem Gewinn der Meisterschaft küssten alle den gewonnenen Cup. **2.** *sportlicher Wettkampf, Wettbewerb mit einem Pokal als Preis für den Sieger.*

der **Cur|sor** [ˈkøːɐ̯zɐ]; -s, -[s]: *meist blinkendes Zeichen auf dem Bildschirm, das anzeigt, wo die nächste Eingabe erscheint:* den Cursor zum oberen Bildschirmrand bewegen.

D

D *d*

¹da [daː] ⟨Adverb⟩: **1.** *an der Stelle:* da hinten; der Mann da; da steht sie; es muss noch Brot da *(vorhanden)* sein; von seinen alten Bekannten waren nicht mehr viele da *(am Leben).* Syn.: dort. **2.** *zu dem Zeitpunkt, in dem Augenblick:* da lachte er; da werde ich hoffentlich Zeit haben; von da an *(seitdem)* war sie wie verwandelt; endlich war der Moment da *(gekommen),* auf den sie gewartet hatte. Syn.: dann. **3.** *hier:* da sind wir; da hast du den Schlüssel; ich bin gleich wieder da *(komme gleich zurück).* **4.** *in dieser Hinsicht:* da bin ich ganz Ihrer Meinung.

²da [daː] ⟨Konj.⟩: *weil:* da wir verreist waren, konnten wir nicht kommen.

da|bei [daˈbaɪ̯] ⟨Pronominaladverb⟩: **1.** *bei dieser Sache:* ich habe die Lieferung bekommen, aber eine Rechnung war nicht dabei; er bleibt dabei *(ändert seine Meinung nicht).* **2.** *während dieses Vorgangs, in dieser Situation, angesichts dessen:* er bügelt und hört dabei Musik; ich fühlte mich gar nicht wohl dabei;

was denkst du dir eigentlich dabei [wenn du so etwas sagst]? **3.** *unter diesen Dingen, Personen:* ich habe mir die Krawatten alle angesehen, aber es war leider nichts Passendes dabei. **4.** leitet einen Hauptsatz ein, der einen Gegensatz ausdrückt: er hat seine Arbeit noch immer nicht abgeschlossen, dabei beschäftigt er sich schon jahrelang damit.

da|bei|blei|ben [da'baiblaibn̩] ⟨itr.; ist⟩: *nicht damit aufhören:* wenn man sich für so einen Kurs anmeldet, sollte man möglichst auch [bis zum Ende] dabeibleiben.

da|bei|ha|ben [da'baiha:bn̩] ⟨tr.; hat; etw. d.⟩ (ugs.): *bei sich haben:* hast du einen Regenschirm dabei?

das **Dach** [dax]; -[e]s, Dächer [ˈdɛçɐ]: *Teil des Hauses oder eines Fahrzeugs, das es nach oben hin abschließt, zudeckt:* ein flaches, niedriges Dach; das Dach mit Ziegeln, Stroh decken; das Dach des Wagens ist beschädigt. *Zus.:* Flachdach, Hausdach, Kirchendach, Strohdach.

dach|te [ˈdaxtə]: ↑ denken.

da|durch [da'dʊrç] ⟨Pronominaladverb⟩: **1.** *durch diese, durch diese Sache:* es gibt nur eine Tür, dadurch müssen alle gehen. **2.** *durch dieses Mittel, aufgrund dieser Sache:* dadurch wirst du wieder gesund; er hat uns dadurch sehr geholfen, dass er uns vorübergehend sein Auto zur Verfügung stellte.

da|für [da'fy:ɐ̯] ⟨Pronominaladverb⟩: **1.** *für dies, für diese Sache:* das ist das richtige Werkzeug dafür; dafür habe ich kein Verständnis; die Mehrheit ist dafür; alles spricht dafür, die blaue Farbe zu nehmen; dafür *(wenn man berücksichtigt)* dass sie noch nie in Frankreich war, spricht sie hervorragend Französisch. **2.** *als Gegenleistung; als Ausgleich, Entschädigung:* sie hat dafür 20 Euro bezahlt; er arbeitet langsam, aber dafür gründlich; heute habe ich keine Zeit, kann ich dafür morgen kommen?

da|ge|gen [da'ge:gn̩] ⟨Pronominaladverb⟩: **1.** ⟨räumlich⟩ *gegen diese Sache, in Richtung auf diese Sache:* er trug die Leiter zur Hauswand und richtete sie dagegen auf. **2.** *gegen diese Sache, diese Angelegenheit:* sie sträubte, wehrte sich dagegen; dagegen sind wir machtlos; es gibt kein Mittel dagegen. **3.** *im Vergleich, im Gegensatz dazu:* die Aufsätze der anderen waren glänzend, seiner ist nichts dagegen.

da|heim [da'haim] ⟨Adverb⟩ (bes. südd., österr., schweiz.): *zu Hause:* er ruht sich am Wochenende daheim aus; bei uns daheim.

da|heim|blei|ben [da'haimblaibn̩], bleibt daheim, blieb daheim, daheimgeblieben ⟨itr.; ist⟩ (bes. südd., österr., schweiz.): *zu Hause bleiben:* gestern Abend bin ich nicht ausgegangen, sondern daheimgeblieben.

da|her [da'he:ɐ̯] ⟨Adverb⟩: **1.** *von dort:* »Fahren Sie nach Hamburg?« – »Daher komme ich gerade.«. **2.** *aus dieser Quelle; dadurch verursacht, verin begründet:* daher also seine Aufregung; sie wusste nicht, ob es daher kam, dass er keine Arbeit hatte. **3.** *aus diesem Grund; deshalb:* wir sind zurzeit in Urlaub und können Sie daher leider erst in drei Wochen besuchen. *Syn.:* darum, deswegen.

da|hin [da'hɪn] ⟨Adverb⟩: **1.** *dorthin:* es ist nicht mehr weit bis dahin. **2.** * bis dahin: *bis zu dem Zeitpunkt:* bis dahin muss ich mit der Arbeit fertig sein.

da|hin|ten [da'hɪntn̩] ⟨Adverb⟩: *dort hinten:* dahinten ziehen sich dunkle Wolken zusammen.

da|hin|ter [da'hɪntɐ] ⟨Pronominaladverb⟩ /Ggs. davor/: **1.** *hinter dieser Sache o. Ä.:* ein tolles Haus mit einem großen Garten dahinter. **2.** *hinter diese Sache:* sie legte das Besteck auf den Tisch und stellte die Gläser dahinter auf.

da|hin|ter|kom|men [da'hɪntɐkɔmən], kommt dahinter, kam dahinter, dahintergekommen ⟨itr.; ist⟩ (ugs.): *etwas herausfinden:* wir kommen schon noch dahinter, was ihr vorhabt; ich komme einfach nicht dahinter, was sie meint.

da|hin|ter|ste|cken [da'hɪntɐʃtɛkn̩], steckt dahinter, steckte dahinter, dahintergesteckt ⟨itr.; hat⟩ (ugs.): *der eigentliche Grund, die wahre Ursache für etwas sein:* überraschend wurde er versetzt, ich möchte wissen, was dahintersteckt.

da|mals [ˈda:ma:ls] ⟨Adverb⟩: *zu jener Zeit:* damals ging es ihm noch besser; seit damals *(seit jener Zeit)* hat sich viel geändert.

die **Da|me** [ˈda:mə]; -, -n: **1.** *gebildete, gepflegte Frau* /Ggs. Herr/: sie benahm sich wie eine Dame; (als höfliche Anrede): meine Damen!; sehr geehrte Damen und Herren! *Syn.:* Frau. **2.** *für den Angriff stärkste Figur im Schachspiel.* **3.** *(im Kartenspiel)* *in der Rangfolge an dritter

Stelle stehende Spielkarte: die Dame legen.

¹da|mit [daˈmɪt] ⟨Pronominaladverb⟩: *mit dieser Sache:* er hatte die Sonnenmilch genommen und cremte sich damit ein; sie ist damit einverstanden; damit habe ich nichts zu tun; unser Gespräch endet jedes Mal damit, dass wir in Streit geraten.

²da|mit [daˈmɪt] ⟨Konj.⟩: *zu dem Zweck, dass:* schreib es dir auf, damit du es nicht wieder vergisst. *Syn.:* dass.

däm|lich [ˈdɛːmlɪç], dämlicher, am dämlichsten ⟨Adj.⟩: (ugs.) *[in ärgerlicher Weise] dumm:* dämliche Fragen stellen; guck nicht so dämlich!; der ist viel zu dämlich, um das zu begreifen. *Syn.:* beschränkt, blöd[e] (ugs.), doof (ugs.).

der **Damm** [dam]; -[e]s, Dämme [ˈdɛmə]: *länglicher, aus Erde und Steinen bestehender Bau, der das Wasser am Weiterfließen hindern soll:* einen Damm bauen; nach den ausgiebigen Regenfällen war der Damm (Deich) gebrochen. *Syn.:* Deich. *Zus.:* Schutzdamm, Staudamm.

däm|mern [ˈdɛmɐn], dämmert, dämmerte, gedämmert ⟨itr.; hat⟩: **1.** ⟨es dämmert⟩ *Morgen, Abend werden:* es dämmert schon. **2.** *zu dämmern beginnen:* der Morgen, der Abend dämmerte. **3.** ⟨jmdm. d.⟩ (ugs.) *allmählich klar werden:* langsam dämmerte ihr, was los war.

die **Däm|me|rung** [ˈdɛmərʊŋ], -: *Übergang vom Tag zur Nacht [oder umgekehrt]:* die Dämmerung bricht herein. *Zus.:* Abenddämmerung, Morgendämmerung.

der **Dampf** [dampf]; -[e]s, Dämpfe [ˈdɛmpfə]: *zu Gas gewordenes erhitztes Wasser, in der Luft schwebender Dunst:* die Küche war voller Dampf.

damp|fen [ˈdampfn̩], dampft, dampfte, gedampft ⟨itr.; hat⟩: *Dampf von sich geben:* die Kartoffeln dampfen in der Schüssel.

der **Damp|fer** [ˈdampfɐ]; -s, -: *Schiff, das durch die Kraft des Dampfes fährt:* mit einem Dampfer fahren. *Zus.:* Ausflugsdampfer, Fischdampfer, Flussdampfer, Ozeandampfer.

da|nach [daˈnaːx] ⟨Pronominaladverb⟩: **1.** ⟨zeitlich⟩ *nach diesem Vorgang, Zeitpunkt:* erst wurde gegessen, danach getanzt. **2.** ⟨räumlich⟩ *hinter dieser Person, Sache, hinter ihnen:* voran gingen die Eltern, danach kamen die Kinder. **3.** *nach dieser Sache:* sie hielt den Ball in der Hand, das Kind griff sofort danach; er hatte sich immer danach gesehnt, wieder nach Italien zurückzukehren; ihr

kennt die Regeln, nun richtet euch danach.

da|ne|ben [daˈneːbn̩] ⟨Pronominaladverb⟩: **1.** ⟨Frage: wo?⟩ *neben dieser Sache:* auf dem Tisch steht eine Lampe, daneben liegt ein Buch. **2.** ⟨Frage: wohin?⟩ *neben diese Sache:* auf dem Tisch stand ein Glas, er hat die Flasche direkt daneben hingestellt. **3.** *darüber hinaus:* sie arbeitet sehr viel, daneben hat sie noch ihren Haushalt zu besorgen. *Syn.:* außerdem, dazu, zudem, zusätzlich.

da|ne|ben|ge|hen [daˈneːbŋɡeːən], geht daneben, ging daneben, danebengegangen ⟨itr.; ist⟩ (ugs.): *das Ziel verfehlen:* der Schuss ging daneben; der Versuch ist danebengegangen *(misslungen).*

dank [daŋk] ⟨Präp. mit Gen., auch mit Dativ⟩: *bewirkt durch:* dank des Wetters/ dem Wetter; dank Frau Müller kann die Party im Garten stattfinden; dank ihr, ihres Engagements kam es zu einer Lösung.

der **Dank** [daŋk]; -[e]s: *[in Worten geäußertes] Gefühl, das man Menschen gegenüber empfindet, die einem Gutes getan haben:* jmdm. Dank sagen, schulden; von Dank erfüllt; zum Dank schenkte er mir ein Buch; vielen, besten, herzlichen Dank!

dank|bar [ˈdaŋkbaːɐ̯], dankbarer, am dankbarsten ⟨Adj.⟩: **1.** *vom Gefühl des Dankes erfüllt:* ein dankbares Kind; jmdm. dankbar sein; die Oma ist dankbar für jeden Besuch, den sie bekommt. **2.** *lohnend:* eine dankbare Arbeit, Aufgabe; diese Pflanze ist sehr dankbar *(gedeiht, blüht, ohne viel Arbeit zu machen).*

dan|ke [ˈdaŋkə] ⟨Partikel⟩: **1.** *dient dazu, etwas in höflicher Form anzunehmen oder abzulehnen:* ja danke!; nein danke!; »Wollen Sie mitfahren?« – »Danke [nein]!«; »Soll ich Ihnen helfen?« – »Danke, es geht schon!«; danke schön!; danke sehr!; jmdm. für etwas Danke sagen. **2.** *leitet einen Satz ein, mit dem man sich bedanken möchte:* danke, das war sehr freundlich von Ihnen.

dan|ken [ˈdaŋkn̩], dankt, dankte, gedankt ⟨itr.; hat; jmdm. [für etw.] d.⟩: *seinen Dank (jmdm. gegenüber) äußern, ausdrücken:* ich möchte Ihnen sehr für Ihre Hilfe danken; er dankte ihr mit einer Widmung; ich danke Ihnen. *Syn.:* sich bedanken.

dann [dan] ⟨Adverb⟩: **1.** *[gleich] danach:* erst badeten sie, dann sonnten sie sich. *Syn.:* anschließend, hinterher. **2.** *in der Zeit, zu dem Zeitpunkt:* bald habe ich

Urlaub, dann besuche ich euch. *Syn.:* da.
3. *in dem Fall:* wenn sie sich etwas vorgenommen hat, dann führt sie es auch aus. **4.** *außerdem, ferner:* und dann vergiss bitte nicht, zur Post zu gehen.

da|ran [da'ran] ⟨Pronominaladverb⟩: **1.** *an dieser Sache:* vergiss nicht, den Brief in den Kasten zu werfen, wenn du daran vorbeikommst; wir arbeiten schon lange daran; kein Wort ist daran wahr; mir liegt viel daran; du wirst deine Freude daran haben; daran kann man sterben. **2.** *an diese Sache:* ich kann mich kaum daran erinnern; das Beste ist, du denkst gar nicht mehr daran; sie klammert sich daran.

da|r|auf [da'rauf] ⟨Pronominaladverb⟩: **1.** *auf dieser Sache:* wer hat denn nur mein Kissen? – Paul sitzt darauf!; er bekam eine Geige geschenkt und versuchte auch gleich, darauf zu spielen. **2.** *auf diese Sache:* ich möchte darauf hinweisen, dass es schon ziemlich spät ist. **3.** *danach:* ein Jahr darauf starb sie; erst blitzte es und gleich darauf kam der Donner. *Syn.:* später.

da|r|auf- [da'rauf] ⟨trennbares, betontes verbales Präfix:* auf etwas:* darauflegen; daraufsetzen; daraufstellen.

da|rauf|hin [darauf'hın] ⟨Adverb⟩: *deshalb, im Anschluss daran:* es kam zu einer so heftigen Auseinandersetzung, dass daraufhin das Gespräch abgebrochen wurde. *Syn.:* danach, dann.

da|raus [da'raus] ⟨Pronominaladverb⟩: *aus dieser Sache:* sie öffnete ihren Koffer und holte daraus einen Pullover hervor; sie kaufte ein paar Reste, um daraus etwas für die Kinder zu nähen; daraus kannst du viel lernen.

dar|bie|ten ['da:ɐbi:tn̩], bietet dar, bot dar, dargeboten ⟨tr.; hat; etw. d.⟩ (geh.): *(künstlerische oder unterhaltende Werke) aufführen:* in dem Kurort wurden täglich Konzerte dargeboten.

die Dar|bie|tung ['da:ɐbi:tʊŋ], -, -en: *etwas, was innerhalb einer Veranstaltung aufgeführt, vorgetragen wird:* die musikalischen Darbietungen waren besonders schön. *Syn.:* Vorstellung.

darf [darf]: ↑ dürfen.

da|rin [da'rın] ⟨Pronominaladverb⟩: *in dieser Sache, Angelegenheit:* sie mieteten ein Haus, um darin die Ferien zu verbringen; darin ist er dir weit überlegen.

das Dar|le|hen ['da:ɐle:ən], -s, -: *[gegen Zinsen] geliehene größere Geldsumme:* ein Darlehen aufnehmen; jmdm. ein [zinsloses] Darlehen gewähren. *Syn.:* Kredit.

der Darm [darm]; -[e]s, Därme ['dɛrmə]: *langes, einem Schlauch ähnliches Organ, das Nahrung verdaut:* seit er am Darm erkrankt ist, hat er ständig Durchfall.

dar|stel|len ['da:ɐʃtɛlən], stellt dar, stellte dar, dargestellt: **1.** ⟨tr.; hat; jmdn., etw. d.⟩ *in einem Bild zeigen:* die Zeichnung stellt ein junges Mädchen dar. *Syn.:* abbilden, wiedergeben. **2.** ⟨tr.; hat; etw. d.⟩ *beschreiben:* das Problem ausführlich, falsch darstellen. *Syn.:* erläutern. **3.** ⟨itr.; hat; etw. d.⟩ *sein:* das Ereignis stellte einen Wendepunkt in seinem Leben dar.

der Dar|stel|ler ['da:ɐʃtɛlɐ], -s, -, die Dar|stel|le|rin ['da:ɐʃtɛlərın]; -, -nen: *Schauspieler, Schauspielerin:* der Darsteller des Hamlet; eine großartige Darstellerin.

die Dar|stel|lung ['da:ɐʃtɛlʊŋ]; -, -en: **1.** *Bild:* eine wundervolle Darstellung der Liebe; Goyas Darstellung des Todes ist schockierend. **2.** *Beschreibung:* eine ausführliche Darstellung der Ereignisse; das Buch enthält eine realistische Darstellung des Krieges. *Zus.:* Einzeldarstellung, Gesamtdarstellung, Kurzdarstellung.

da|r|ü|ber [da'ry:bɐ] ⟨Pronominaladverb⟩: **1.** ⟨räumlich⟩ *über dieser Person, Sache:* das Sofa steht an der Wand, darüber hängt ein Spiegel; sie trug ein Kleid und darüber einen Mantel. **2.** ⟨räumlich⟩ *über diese Person, Sache:* er packte die Gegenstände in einen Koffer und breitete darüber Folie aus. **3.** *über diese Sache:* lass uns darüber reden; du brauchst dir keine Sorgen darüber zu machen; wir wollen uns nicht darüber streiten. **4.** * **darüber hinaus:** *außerdem:* darüber hinaus gibt es noch viele andere Angebote. *Syn.:* ansonsten, daneben, ferner, überdies.

da|r|über- [da'ry:bɐ] ⟨trennbares, betontes verbales Präfix⟩: *über etwas:* darüberfahren; darüberlegen.

da|r|über|ste|hen [da'ry:bɐʃte:ən], steht darüber, stand darüber, darübergestanden ⟨itr.; hat⟩: *jmdm., etwas überlegen sein:* die Kritik stört sie nicht, sie steht darüb[er]

da|rum [da'rʊm] ⟨Pronominaladverb⟩: **1.** *um diese Sache:* darum brauchst du dir keine Sorgen zu machen, das mache ich schon. **2.** *deshalb:* er hat gestern beim Tennis verloren, darum ist er auch so schlecht gelaunt; wir wollen ein Haus bauen, darum müssen wir sparen. *Syn.:* deswegen, insofern.

da|r|un|ter [da'rʊntɐ] ⟨Pronominaladverb⟩: **1.** ⟨räumlich; Frage: wo?⟩ *unter dieser Sache:* im Stockwerk darunter wohnen die Großeltern. *Syn.:* unterhalb. **2.** ⟨räum[lich]

lich; Frage: wohin?⟩ *unter diese Sache:* sie drehte die Dusche auf und stellte sich darunter hin. **3.** *von diesen Personen, Sachen:* er hatte viele Schülerinnen, einige darunter waren sehr begabt; ich habe hier vier Katzen, darunter eine weiße. *Syn.:* davon, dazwischen. **4.** ⟨in Verbindung mit Verben, die mit der Präposition »unter« stehen⟩ *unter dieser Sache:* ein »Spion«? Darunter kann ich mir nichts vorstellen.

da|r|un|ter- [da'rʊntɐ] ⟨trennbares, betontes verbales Präfix⟩: *unter etwas:* darunterlegen; darunterliegen; daruntersetzen; darunterstellen.

¹**das** [das] ⟨bestimmter Artikel der Neutra⟩: **1.** zeigt an, dass jemand, etwas bekannt ist oder schon einmal erwähnt wurde: das Kind ist krank. **2.** zeigt an, dass jemand, etwas Einzelnes stellvertretend für die ganze Art stehen soll: das Eichhörnchen ist ein Nagetier.

²**das** [das] ⟨Demonstrativpronomen⟩: die können das doch gar nicht. *Syn.:* dies[es], jenes.

³**das** [das] ⟨Relativpronomen⟩: das Haus, das an der Ecke steht. *Syn.:* welches.

Da|sein [ˈdaːzai̯n]; -s: *das menschliche Leben:* der Kampf ums Dasein; er führt ein bescheidenes Dasein. *Syn.:* Existenz.

dass [das] ⟨Konj.⟩: **1.** ⟨in Inhaltssätzen⟩ leitet Nebensätze ein: dass du mir geschrieben hast, hat mich sehr gefreut; er weiß, dass du ihn nicht leiden kannst; die Hauptsache ist, dass du glücklich bist. **2.** ⟨in Adverbialsätzen⟩ leitet Nebensätze ein: das liegt daran, dass du nicht aufgepasst hast; beeil dich, dass du fertig wirst; die Sonne blendete sie so, dass sie nichts sehen konnte. **3.** ⟨mit bestimmten Präpositionen⟩ leitet Nebensätze ein: er kaufte den Wagen, ohne dass wir es wussten.

das|sel|be [das'zɛlbə]: ↑ derselbe.

da|ste|hen [ˈdaːʃteːən], steht da, stand da, dagestanden ⟨itr.; hat⟩: **1.** *an einem Ort stehen:* ruhig, lange dastehen; ich stehe schon seit zwei Stunden da und warte. **2.** *sein:* ohne Geld dastehen.

Da|tei [da'tai̯]; -, -en: *elektronisches Dokument mit eigenem Namen:* eine [elektronische] Datei abspeichern, umbenennen, löschen; die Kunden der Firma sind in einer Datei gespeichert. *Zus.:* Grafikdatei, Kundendatei, Textdatei.

Da|ten [ˈdaːtn̩] ⟨Plural⟩: **1.** *Zahlen, Angaben:* exakte Daten bekannt geben. *Syn.:* Werte. **2.** *elektronisch gespeicherte Anga-*

ben, Zahlen: ich schicke dir die Daten per E-Mail.

Da|ten|bank [ˈdaːtn̩baŋk]; -, -en: *elektronisches System, das große Mengen von Daten verwaltet:* alle Kunden werden in einer Datenbank gespeichert.

Da|ten|ver|ar|bei|tung [ˈdaːtn̩fɛɐ̯ʔarbai̯tʊŋ]; -, -en: *das Bearbeiten und Speichern von elektronischen Daten:* die moderne Datenverarbeitung macht die Arbeit leichter und schneller.

Da|tum [ˈdaːtʊm]; -s, Daten [ˈdaːtn̩]: **1.** *Tag im Kalender:* der Brief ist ohne Datum; die wichtigsten Daten der Geschichte. *Zus.:* Eingangsdatum, Geburtsdatum, Verfallsdatum. **2.** ⟨Plural⟩ ↑ Daten.

Dau|er [ˈdau̯ɐ]; -: *Zeit:* die Dauer seines Aufenthaltes; für die Dauer von einem Jahr. *Zus.:* Aufenthaltsdauer, Gültigkeitsdauer. * **auf die Dauer:** *langfristig gesehen, über einen längeren Zeitraum [andauernd]:* auf die Dauer macht mir die Arbeit keinen Spaß; * **auf Dauer:** *für immer:* auf Dauer möchte ich nicht in diesem Land leben.

dau|ern [ˈdau̯ɐn], dauert, dauerte, gedauert ⟨itr.; hat⟩: *eine bestimmte Zeit brauchen:* der Film dauert zwei Stunden; die Reise dauerte fünf Tage.

dau|ernd [ˈdau̯ɐnt] ⟨Adj.⟩ (emotional): drückt Ärger aus: *ständig, immer wieder:* er kommt dauernd zu spät; du unterbrichst mich ja dauernd. *Syn.:* andauernd, laufend.

Dau|men [ˈdau̯mən]; -s, -: **1.** *erster, dickster Finger der Hand:* das Kind lutscht am Daumen. **2.** * **jmdm. die Daumen drücken:** *jmdm. bei etwas Erfolg wünschen:* ich drücke dir die Daumen!

der Daumen

da|von [da'fɔn] ⟨Pronominaladverb⟩: *von dieser Sache:* du hast zu laut gesprochen, davon ist sie wach geworden; davon weiß ich nichts; ich habe Geld bekommen, davon kaufe ich mir eine CD; das Museum ist nicht weit davon *(von dort)* entfernt. *Syn.:* hiervon.

da|von|kom|men [da'fɔnkɔmən], kommt davon, kam davon, davongekommen ⟨itr.; ist⟩: *der Gefahr entkommen:* da bist du noch einmal davongekommen; sie ist mit dem [bloßen] Schrecken davongekommen *(außer, dass sie sich erschreckt hat, ist nichts passiert)*; bei dem Unfall ist er mit dem Leben davongekommen *(hat er knapp überlebt)*.

da|vor [daˈfoːɐ̯] ⟨Pronominaladverb⟩: **1.** ⟨räumlich; Frage: wo?⟩ *vor dieser Sache* /Ggs. dahinter/: ein Haus mit einem Garten davor; das ist unsere Garage, du kannst das Auto davor hinstellen. **2.** ⟨zeitlich⟩ *vor dieser Zeit:* nach der Pause wurde das Spiel spannend, davor war es ziemlich langweilig. *Syn.:* vorher, zuvor. **3.** ⟨in Verbindung mit Verben, die mit der Präposition »vor« stehen⟩ *vor dieser Sache:* morgen ist die Prüfung, ich fürchte mich etwas davor.

da|vor- [daˈfoːɐ̯] ⟨trennbares, betontes verbales Präfix⟩: *vor etwas:* ein herrliches Gemälde, sie haben lange davorgestanden; die Tür schließt nicht gut, wir müssen den Riegel davorschieben.

da|zu [daˈt͜suː] ⟨Pronominaladverb⟩: **1.** ⟨in Verbindung mit Verben, die mit der Präposition »zu« stehen⟩ *zu dieser Sache, Angelegenheit:* ich lasse mich von niemandem dazu zwingen; er wollte sich nicht näher dazu äußern; er hat mich dazu überredet, ihm zu helfen. **2.** *zu diesem Zweck:* dazu bist du noch viel zu langsam; dazu ist es noch zu früh.

da|zu|ge|hö|ren [daˈt͜suːɡəhøːrən], gehört dazu, gehörte dazu, dazugehört ⟨itr.; hat⟩: *zu dieser Sache, Person gehören:* zu einem Brötchen gehört Butter dazu; sie will gern zu der Gruppe dazugehören.

da|zwi|schen [daˈt͜svɪʃn̩] ⟨Pronominaladverb⟩: *zwischen diesen Sachen, Personen:* es gab einen teuren und einen billigen Wein, dazwischen gab es nichts; wir reisen erst nach Florenz und dann nach Rom, dazwischen fahren wir ans Meer; ich habe alle Briefe durchsucht, aber deiner war nicht dazwischen.

da|zwi|schen|kom|men [daˈt͜svɪʃn̩kɔmən], kommt dazwischen, kam dazwischen, dazwischengekommen ⟨itr.; ist⟩: *unerwartet als Störung, Unterbrechung eintreten:* wenn nichts dazwischenkommt, werden wir euch noch in diesem Jahr besuchen. *Syn.:* sich ereignen.

die **DDR** [deːdeːˈʔɛr]: Deutsche Demokratische Republik (1949–1990).

de- [de] ⟨vor Vokal auch ↑ »des-«; untrennbares, verbales Präfix; fremdsprachliches Basiswort⟩: drückt aus, dass etwas rückgängig gemacht, beseitigt wird: demotivieren; destabilisieren; deaktivieren.

die **De|bat|te** [deˈbatə]; -, -n: *Diskussion [im Parlament]:* die Debatte eröffnen; unnötige Debatten führen.

das **De|büt** [deˈbyː]; -s, -s: *erster Auftritt:* in dieser Kneipe gab er sein Debüt als Sänger.

das **Deck** [dɛk]; -[e]s, -s: **1.** *offener Bereich eines Schiffes:* alle Mann an Deck! **2.** *Stockwerk eines Schiffes:* die Kabinen sind auf Deck zwei. *Zus.:* Sonnendeck, Zwischendeck.

die **De|cke** [ˈdɛkə]; -, -n: **1.** *großes Tuch, mit dem man jmdn., etwas zudeckt:* eine warme Decke; unter die Decke kriechen. *Syn.:* Federbett. *Zus.:* Bettdecke, Daunendecke, Steppdecke, Tischdecke, Wolldecke. **2.** *oberer Abschluss eines Raumes* /Ggs. Boden/: das Zimmer hat eine niedrige, hohe Decke; die Decke streichen; eine Lampe an die Decke hängen. *Zus.:* Holzdecke, Stuckdecke.

der **De|ckel** [ˈdɛkl̩]; -s, -: *flacher Gegenstand, mit dem man ein Gefäß verschließt:* den Deckel auf den Topf machen; den Deckel des Topfes abnehmen. *Zus.:* Topfdeckel.

de|cken [ˈdɛkn̩], deckt, deckte, gedeckt: **1.** ⟨tr.; hat; etw. d.⟩ *den Tisch für das Essen vorbereiten:* [den Tisch] für drei Personen decken; eine festlich gedeckte Tafel. **2.** ⟨tr.; hat; jmdn., etw. d.⟩ *geheim halten, schützen:* seinen Komplizen, ein Verbrechen decken. **3.** ⟨sich d.⟩ *einander gleich sein:* die beiden Dreiecke decken sich; der Vorschlag deckt sich mit meiner Idee. *Syn.:* übereinstimmen.

de|fekt [deˈfɛkt] ⟨Adj.⟩: *nicht in Ordnung; kaputt:* der Motor, das Licht ist defekt; ein defektes Gerät.

der **De|fekt** [deˈfɛkt]; -[e]s, -e: *Schaden:* die Lampe hat einen Defekt; kannst du den Defekt beheben? *Syn.:* Fehler, Mangel.

de|fi|nie|ren [defiˈniːrən], definiert, definierte, definiert ⟨tr.; hat; etw. d.⟩ *bestimmen, erklären:* einen Begriff definieren; die Farbe des Kleides ist schwer zu definieren.

die **De|fi|ni|ti|on** [definiˈt͜si̯oːn]; -, -en: *Bestimmung, Erklärung eines Begriffes:* eine mathematische Definition; eine klare Definition für ein Wort geben.

das **De|fi|zit** [ˈdeːfit͜sɪt]; -[e]s, -e: **1.** *Geld, das beim Vergleich von Einnahmen und Ausgaben fehlt:* ein Defizit von einer Million Euro; die Firma hat im letzten Jahr ein großes Defizit gemacht. *Syn.:* Minus. *Zus.:* Außenhandelsdefizit, Haushaltsdefizit. **2.** *Mangel:* ein Defizit an Liebe; er hat im Fach Englisch ein großes Defizit; ein Defizit aufholen *(den Mangel verkleinern)*. *Zus.:* Informationsdefizit.

def|tig [ˈdɛftɪç] ⟨Adj.⟩: *derb, kräftig:* er bekam eine deftige Ohrfeige; ein deftiges *(sehr nahrhaftes, mit Fleisch zubereitetes)* Mittagessen. *Syn.:* handfest.

deh|nen [ˈdeːnən], dehnt, dehnte, gedehnt: **1.** ⟨tr.; hat; etw. d.⟩ *auseinanderziehen:* einen Gummi dehnen; die Muskeln dehnen. *Syn.:* spannen, strecken. **2.** ⟨sich d.⟩ *breiter, länger, größer werden:* der Stoff dehnt sich noch etwas; der Pullover dehnt sich am Körper.

der **Deich** [daɪç]; -[e]s, -e: *länglicher Bau aus Erde, der das dahinterliegende Land gegen Hochwasser schützt:* einen Deich bauen; der Deich ist gebrochen. *Syn.:* Damm. *Zus.:* Schutzdeich.

¹**dein** [daɪn], dein, deine, dein ⟨Possessivartikel⟩: *drückt aus, dass jmd., etwas [zu] einer mit »du« angeredeten Person gehört:* dein Buch; das Leben deiner Kinder; das sind deine, nicht meine Freunde.

²**dein** [daɪn] ⟨Possessivpronomen⟩: deiner, deine, dein(e)s; *drückt aus, dass jmd., etwas [zu] einer mit »du« angeredeten Person gehört:* ist das ihr Schal oder deiner?

dei|ner [ˈdaɪnɐ] ⟨Personalpronomen; Gen. von »du«⟩: wir werden deiner gedenken.

das **De|ka|gramm** [ˈdɛkagram] (österr.): *Einheit der Masse (Abkürzung: dag):* 10 Gramm: ich hätte gern 20 Dekagramm *(200 Gramm)* Pralinen.

de|kli|nie|ren [dekliˈniːrən], dekliniert, deklinierte, dekliniert ⟨tr.; hat; etw. d.⟩: *(bei einem Nomen, Adjektiv, Pronomen oder Artikelwort) durch eine Endung den Fall (Kasus) und den Numerus (Singular oder Plural) angeben:* Adjektive kann man stark und schwach deklinieren. *Syn.:* beugen, flektieren.

die **De|le|ga|ti|on** [delegaˈtsi̯oːn]; -, -en: *Gruppe von Personen mit einem [politischen] Auftrag:* eine Delegation entsenden; die spanische Delegation wurde vom Bundespräsidenten empfangen. *Zus.:* Handelsdelegation, Regierungsdelegation.

de|le|gie|ren [deleˈɡiːrən], delegiert, delegierte, delegiert ⟨tr.; hat⟩: **1.** ⟨jmdn. [zu etw./irgendwohin] d.⟩ *schicken:* jmdn. zu einem Kongress delegieren. **2.** ⟨etw. [an jmdn.] d.⟩ *[eine Aufgabe] an jmdn. weitergeben:* der Manager delegiert einen Teil seiner Arbeit an andere; ⟨auch itr.⟩ sie kann gut delegieren. *Syn.:* übertragen.

der **Del|fin** [dɛlˈfiːn]; -s, -e, Del|phin: *intelligentes Säugetier im Wasser, das an der Wasseroberfläche springen kann:* manchen kranken Kindern hilft es, mit Delfinen zu schwimmen.

die **De|li|ka|tes|se** [delikaˈtɛsə]; -, -n: *Leckerbissen, besonders feine und teure Speise:* Lachs ist eine Delikatesse; das Essen ist eine Delikatesse *(ist sehr lecker!).*

das **De|likt** [deˈlɪkt]; -[e]s, -e: *Vergehen:* ein schweres Delikt verüben; ein Delikt begehen. *Syn.:* Verbrechen, Verstoß. *Zus.:* Eigentumsdelikt, Verkehrsdelikt, Wirtschaftsdelikt.

die **Del|le** [ˈdɛlə]; -, -n (landsch.): *eingedrückte Stelle:* das Auto hat hinten eine Delle. *Syn.:* Beule.

dem [deːm]: Dativ Singular von: ↑ der, ↑ das.

dem|nach [ˈdeːmˈnaːx] ⟨Adverb⟩: *also:* es gibt demnach keine andere Möglichkeit. *Syn.:* deshalb, deswegen, infolgedessen, somit.

dem|nächst [ˈdeːmˈnɛːçst] ⟨Adverb⟩: *in nächster Zeit:* demnächst erscheint die zweite Auflage des Buches. *Syn.:* bald.

die **De|mo** [ˈdeːmo]; -, -s (Jargon): ↑ Demonstration.

die **De|mo|kra|tie** [demokraˈtiː]; -, Demokratien [demokraˈtiːən]: *Staat, in dem von allen zur Wahl berechtigten Bürgern ein Parlament gewählt wird:* wir leben in einer Demokratie. *Zus.:* Volksdemokratie.

de|mo|kra|tisch [demoˈkraːtɪʃ] ⟨Adj.⟩: *wie eine Demokratie aufgebaut:* ein demokratischer Staat; etwas demokratisch *(gleichberechtigt)* entscheiden.

der **De|mons|t|rant** [demɔnˈstrant]; -en, -en, die **De|mons|t|ran|tin** [demɔnˈstrantɪn]; -, -nen: *Person, die an einer Demonstration teilnimmt:* mehrere Demonstranten wurden verhaftet.

die **De|mons|t|ra|ti|on** [demɔnstraˈtsi̯oːn]; -, -en: *öffentliche Versammlung für oder gegen etwas:* eine Demonstration gegen den Krieg veranstalten; zu einer Demonstration gehen; an einer Demonstration teilnehmen. *Syn.:* Demo (Jargon), Kundgebung. *Zus.:* Antikriegsdemonstration, Friedensdemonstration, Massendemonstration, Protestdemonstration.

de|mons|t|rie|ren [demɔnˈstriːrən]: **1.** ⟨itr.; hat⟩ *durch eine Demonstration seine Meinung zeigen:* für den Frieden, gegen den Krieg demonstrieren; die Arbeiter demonstrierten gemeinsam mit den Studenten. *Syn.:* protestieren. **2.** ⟨tr.; hat; etw. d.⟩ *deutlich zeigen:* er demonstriert uns, wie das Gerät funktioniert; er hat damit seine Entschlossenheit demonstriert. *Syn.:* vorführen.

de|mü|ti|gen [ˈdeːmyːtɪɡn̩], demütigt, demütigte, gedemütigt ⟨tr.; hat⟩: *erniedrigen:* es macht ihm Freude, andere zu demütigen; sie hat ihren Mann vor allen anderen gedemütigt.

den [ˈdeːn]: **1.** Akk. Singular von: ↑ der. **2.** Dativ Plural von: ↑ der, ↑ die, ↑ das.

denk|bar [ˈdɛŋkbaːɐ̯] ⟨Adj.⟩: **1.** *möglich:* ohne Luft und Licht ist kein Leben denkbar. **2.** ⟨verstärkend bei Adjektiven⟩ *äußerst:* dieser Termin ist denkbar ungünstig; zwischen uns besteht das denkbar beste *(allerbeste)* Verhältnis. *Syn.:* ausgesprochen, überaus.

den|ken [ˈdɛŋkn̩], denkt, dachte, gedacht: **1.** ⟨itr.; hat⟩ *geistig arbeiten:* logisch denken; sie denkt immer praktisch; ich kann vor Müdigkeit nicht mehr klar denken; bei dieser Arbeit muss man viel denken. *Syn.:* nachdenken, ¹überlegen. **2.** ⟨itr.; hat; etw. von jmdm., etw./über jmdn., etw. irgendwie d.⟩ *beurteilen:* die Leute denken nur gut von dir; ich weiß nicht, was ich davon denken *(halten)* soll; wie denkst du darüber? *Syn.:* einschätzen, halten von. **3.** ⟨itr.; hat; etw. d.⟩ *annehmen:* ich dachte, ich hätte ihr das Buch schon gegeben; sie hätte nicht gedacht, dass sie so schnell Deutsch lernen würde. *Syn.:* glauben, meinen. **4.** ⟨itr.; hat; sich (Dativ) etw. d.⟩ *erwarten:* du hättest dir doch denken können, dass ich später komme; was hast du dir eigentlich dabei gedacht, als du den Schlüssel weggeworfen hast? *Syn.:* ahnen, vermuten. **5.** ⟨itr.; hat; an jmdn., etw. d.⟩ *sich erinnern:* er denkt oft an seine verstorbenen Eltern; sie musste noch lange an diesen Tag denken.

das **Denk|mal** [ˈdɛŋkmaːl]; -s, Denkmäler [ˈdɛŋkmɛːlɐ]: **1.** *Figur:* das Denkmal Schillers und Goethes; jmdm. ein Denkmal errichten. *Syn.:* Monument. *Zus.:* Arbeiterdenkmal, Kriegerdenkmal. **2.** ⟨mit Attribut⟩ *Zeugnis einer früheren Kultur:* diese Handschrift gehört zu den Denkmälern des Mittelalters. *Syn.:* Arbeit, Werk. *Zus.:* Baudenkmal, Industriedenkmal, Kulturdenkmal, Literaturdenkmal.

denk|wür|dig [ˈdɛŋkvʏrdɪç], denkwürdiger, am denkwürdigsten ⟨Adj.⟩: *so wichtig, dass man noch lange daran denken wird, bedeutend:* ein denkwürdiges Ergebnis, Ereignis. *Syn.:* bedeutsam, bedeutungsvoll, unvergesslich.

¹**denn** [dɛn] ⟨Konj.⟩: **1.** dient dazu, einen begründenden Hauptsatz anzuschließen:

wir blieben zu Hause, denn es regnete. **2.** *als:* ⟨in Verbindung mit »je« nach Komparativ⟩ sie war schöner denn je.

²**denn** [dɛn] ⟨Partikel⟩: **1.** drückt Überraschung aus: hast du denn so viel Geld?; hat sie es denn nicht gewusst?; ist das denn die Möglichkeit?! **2.** drückt einen Vorwurf aus: hast du denn keine Augen im Kopf?!; bist du denn taub? **3.** fordert weitere Informationen ein: wie hat er es denn begründet?; wie lange hast du diese Schmerzen denn schon? **4.** fordert eine Erklärung oder Rechtfertigung: was ist das denn hier für ein Durcheinander?; was bildet sie sich denn ein?; was soll das denn?; was habt ihr euch denn dabei gedacht?; warum bist du denn nicht gekommen?

den|noch [ˈdɛnɔx] ⟨Adverb⟩: *trotzdem:* er war krank, dennoch wollte er seine Reise nicht verschieben. *Syn.:* doch, jedoch.

das **Deo** [ˈdeːo]; -s, -s: Deodorant.

das **De|o|do|rant** [dedoˈrant]; -s, -s, auch: -e: *Mittel, das unter die Achseln gegeben wird, um nicht nach Schweiß zu riechen:* ein Deodorant benutzen, verwenden.

die **De|po|nie** [depoˈniː]; -, Deponien [depoˈniːən]: *Platz, große Anlage für Müll:* die Deponie liegt weit vor der Stadt. *Zus.:* Mülldeponie, Sondermülldeponie.

das **De|pot** [deˈpoː]; -s, -s: **1.** *Lager für Vorräte:* Uniformen, Waffen aus dem Depot holen. *Syn.:* Lager. *Zus.:* Getreidedepot, Lebensmitteldepot, Materialdepot, Verpflegungsdepot, Waffendepot. **2.** *Ort, an dem Straßenbahnen und Omnibusse (über Nacht) abgestellt werden:* die Straßenbahn ins Depot fahren. *Zus.:* Fahrzeugdepot, Straßenbahndepot.

die **De|pres|si|on** [deprɛˈsi̯oːn]; -, -en: *sehr traurige Stimmung (als seelische Erkrankung):* an Depressionen leiden.

de|pres|siv [deprɛˈsiːf], depressiver, am depressivsten ⟨Adj.⟩: *(krankhaft) traurig, niedergeschlagen:* eine depressive Stimmung; sie ist, wurde depressiv.

de|pri|mie|ren [depriˈmiːrən], deprimierte, am deprimiertesten ⟨tr.; hat; jmdn. d.⟩: *bedrücken:* dieser Vorfall hat mich sehr deprimiert; ⟨häufig im 2. Partizip⟩ nach seiner Niederlage war er völlig deprimiert; ⟨häufig im 1. Partizip⟩ eine deprimierende Situation, Prognose.

¹**der** [deːɐ̯] ⟨bestimmter Artikel der Maskulina⟩: **1.** zeigt an, dass jemand, etwas bekannt ist oder schon einmal erwähnt wurde: der König hatte einen Sohn. **2.** drückt aus, dass jemand, etwas Ein-

zelnes für die ganze Art steht: der Mensch ist sterblich.

²der [deːɐ̯] ⟨Demonstrativpronomen⟩ (empfindet man oft als unhöflich, wenn es auf Personen bezogen wird): das hat mein Vater gesagt, der weiß ja immer alles besser; ausgerechnet der muss mir das sagen. *Syn.:* dieser, jener.

³der [deːɐ̯] ⟨Relativpronomen⟩: der Mann, der mir das Lesen beigebracht hat … *Syn.:* welcher.

der|art [ˈdeːɐ̯ˌʔaːɐ̯t] ⟨Adverb⟩: *in solcher Weise, so (sehr):* es hat lange nicht mehr derart geregnet; man hat ihn derart [schlecht] behandelt, dass …

der|ar|tig [ˈdeːɐ̯ˌʔaːɐ̯tɪç] ⟨Adj.⟩: *so [geartet]:* eine derartige Kälte hat es seit Langem nicht mehr gegeben; sie schrie derartig, dass … *Syn.:* solch.

derb [dɛrp], derber, am derbsten ⟨Adj.⟩: **1.** *einfach, gewöhnlich:* ein derber Bursche; derbe Witze, Scherze; seine Ausdrucksweise ist derb *(ungeschliffen)*. *Syn.:* barsch, bäurisch, grob, plump. **2.** *einfach, kräftig:* derbe Kost. *Syn.:* deftig. **3.** *fest, stabil:* derbes Leder, Schuhwerk; derber Stoff. *Syn.:* grob, kräftig.

¹de|ren [ˈdeːrən] ⟨Gen. Singular von ↑ die⟩: **1.** ⟨demonstrativ⟩ vor den Toren der Stadt betrachtete er deren zahlreiche Türme; ich hatte eine Anfahrtsskizze, und anhand deren habe ich den Weg [ohne Schwierigkeiten] gefunden. **2.** ⟨relativisch⟩ die Künstlerin, deren Spiel uns begeisterte; eine Nachricht, aufgrund deren es zu Unruhen kam; die Beliebtheit, deren sie sich erfreut.

²de|ren [ˈdeːrən] ⟨Gen. Plural von ↑ der, ↑ die, ↑ das⟩: **1.** ⟨demonstrativ⟩ er begrüßte ihre Freunde und deren Kinder; das waren weniger wichtige Erlebnisse, und deren erinnert sie sich heute kaum mehr. **2.** ⟨relativisch⟩ Nachrichten, deren Bedeutung er nicht verstand; Erlebnisse, deren sich die Eltern erinnern.

de|rer [ˈdeːrɐ] ⟨Demonstrativpronomen⟩: ⟨Gen. Plural von ↑ der, ↑ die⟩ wir erinnern uns derer, die früher bei uns waren; das Schicksal derer, die einem Krieg hilflos ausgesetzt sind.

der|glei|chen [ˈdeːɐ̯ˈɡlaɪ̯çn̩] ⟨Demonstrativpronomen; nicht flektierbar⟩: *so etwas, solches, Derartiges:* dergleichen geschieht immer wieder; und dergleichen mehr (Abkürzung: u. dgl. m.).

der|je|ni|ge [ˈdeːɐ̯ˈjeːnɪɡə] ⟨Demonstrativpronomen⟩: dient dazu, auf eine Person oder Sache nach-

drücklich hinzuweisen: ⟨attributiv⟩ der Antiquar verkaufte diejenigen Bücher, die beschädigt waren, für den halben Preis; ⟨allein stehend⟩ diejenige, die es getan hat, soll sich freiwillig melden.

der|sel|be [deːɐ̯ˈzɛlbə], dieselbe, dasselbe ⟨Artikelwort und Demonstrativpronomen⟩: dient dazu, eine Person oder Sache als sie selbst (und keine andere) zu kennzeichnen: es handelt sich um [ein und] dieselbe Person; sie hat denselben Vornamen [wie ich]; er nimmt immer denselben Wein *(Wein derselben Sorte)*; sie hat dieselben Probleme *(Probleme derselben Art)* [wie du]; das ist nicht ganz dasselbe *(es gibt einen Unterschied)*; er hat sich genau denselben Tisch (ugs.; *einen genau gleichen Tisch, genau so einen Tisch)* bauen lassen wie ich. *Syn.:* gleich, identisch.

der|zeit [ˈdeːɐ̯ˈtsaɪ̯t] ⟨Adv.⟩: *zurzeit, momentan:* dieses Fabrikat habe ich derzeit nicht an Lager.

des [dɛs]: Gen. Singular von: ↑ der, ↑ das.

des- [dɛs] ⟨vor Vokalen, sonst ↑ »des-«; untrennbares verbales Präfix; fremdsprachliches Basiswort⟩: ⟨verbal⟩ drückt aus, dass etwas verhindert wird, nicht möglich ist: desinformieren; desinfizieren.

des|halb [ˈdɛsˈhalp] ⟨Adverb⟩: *aus diesem Grund:* sie ist verreist, deshalb kann sie nicht teilnehmen; er ist krank und fehlt deshalb; deshalb brauchst du doch nicht zu weinen! *Syn.:* daher, darum, deswegen.

das **De|sign** [diˈzaɪ̯n]; -s, -s: *Gestaltung und Form eines Gegenstandes:* das Design des Fernsehers gefällt mir nicht; das Gerät hat ein modernes Design. *Syn.:* Aussehen.

des|in|fi|zie|ren [dɛsʔɪnfiˈtsiːrən], desinfiziert, desinfizierte, desinfiziert ⟨tr.; hat; etw. d.⟩: *keimfrei machen:* eine Wunde, eine Spritze, die Kleidung, einen Raum desinfizieren. *Syn.:* sterilisieren.

das **Des|in|te|res|se** [ˈdɛsʔɪntərɛsə]; -s: *fehlendes Interesse:* er gab sich keine Mühe, sein Desinteresse zu verbergen.

des|sen [ˈdɛsn̩]: Gen. Singular von: ↑ der, ↑ das.

das **Des|sert** [dɛˈseːɐ̯]; -s, -s: *Nachspeise:* als Dessert, zum Dessert gibt es Eis. *Syn.:* Nachtisch.

des|to: ↑ ³je.

de|struk|tiv [destrʊkˈtiːf], destruktiver, am destruktivsten ⟨Adj.⟩: *zerstörerisch:* ein destruktives Verhalten, Potenzial; das war eine rein destruktive Kritik.

des|we|gen [ˈdɛsˈveːɡn̩] ⟨Adverb⟩: *deshalb:*

»Ich bin plötzlich krank geworden.« –
»Ach so, deswegen hast du nicht angerufen!«. *Syn.:* daher, darum.

das De|tail [deˈtai], -s, -s: *Einzelheit:* einen Vorgang bis ins kleinste Detail schildern; sie hat beim Erzählen nicht ein einziges Detail ausgelassen.

de|tail|liert [detaˈji:ɐ̯t], detaillierter, am detailliertesten ⟨Adj.⟩: *sehr genau, gründlich:* eine detaillierte Aufstellung der Kosten; detailliert antworten.

deu|ten [ˈdɔytn̩], deutet, deutete, gedeutet ⟨itr.; hat; irgendwohin d.⟩: *(mit etwas) auf jmdn., etwas zeigen:* sie deutete [mit dem Finger] nach Norden, auf ihn, in diese Richtung. *Syn.:* weisen auf.

deut|lich [ˈdɔytlɪç], deutlicher, am deutlichsten ⟨Adj.⟩: **1.** *sich klar erkennen lassend:* eine deutliche Stimme, Schrift; bitte sprechen, schreiben Sie deutlich!; sich deutlich [an etwas] erinnern; dieser Vorfall macht deutlich, dass … *Syn.:* klar, verständlich. **2.** *eindeutig:* er sagte ihr klar und deutlich die Meinung; ich denke, ich habe mich deutlich genug ausgedrückt.

deutsch [dɔytʃ] ⟨Adj.⟩: **1.** *Deutschland und seine Bevölkerung betreffend:* das deutsche Schulsystem; die deutsche Staatsangehörigkeit erlangen. **2.** *in der Sprache bes. der Bevölkerung Deutschlands, Österreichs und mancher Teile der Schweiz:* die deutsche Übersetzung eines Romans; gut deutsch sprechen.

das Deutsch [dɔytʃ], -[s]: **1.** *die deutsche Sprache:* gutes, gepflegtes, fehlerfreies Deutsch; Deutsch lernen, verstehen; fließend Deutsch sprechen; etwas auf Deutsch sagen; der Brief ist in Deutsch geschrieben, abgefasst. **2.** ⟨ohne Artikelwort⟩ *die deutsche Sprache und Literatur als Fach:* sie lehrt, gibt Deutsch; er ist Lehrer für Deutsch als Fremdsprache; wir haben in der zweiten Stunde Deutsch; in Deutsch eine Zwei haben.

der *und* die ¹Deut|sche [ˈdɔytʃə], -n, -n ⟨aber: [ein] Deutscher, [eine] Deutsche, Plural: [viele] Deutsche⟩: *Angehörige[r] des deutschen Volkes:* ein typischer Deutscher; sie ist Deutsche; die Deutschen *(die deutsche Mannschaft, die deutschen Reiter)* haben das Turnier gewonnen.

das ²Deut|sche [ˈdɔytʃə], -n: *die deutsche Sprache im Allgemeinen:* das Deutsche ist eine indogermanische Sprache; etwas aus dem Deutschen/vom Deutschen ins Französische übersetzen; der Konjunktiv im Deutschen.

Deutsch|land [ˈdɔytʃlant], -s: *Staat in Mitteleuropa:* die Bundesrepublik Deutschland; in Deutschland wohnen; aus Deutschland kommen; Deutschland hat über 80 Millionen Einwohner.

deutsch|spra|chig [ˈdɔytʃʃpraːxɪç] ⟨Adj.⟩: **1.** *Deutsch sprechend, als Muttersprache habend:* die deutschsprachigen Schweizerinnen und Schweizer. **2.** *in deutscher Sprache abgefasst:* deutschsprachige Literatur.

deutsch|sprach|lich [ˈdɔytʃʃpraːxlɪç] ⟨Adj.⟩: *die deutsche Sprache betreffend:* in dieser französischen Schule wird auch der deutschsprachliche Unterricht auf Französisch gehalten.

die De|vi|se [deˈviːzə], -, -n: **1.** ⟨Plural⟩ *Zahlungsmittel in ausländischer Währung:* keine Devisen haben. **2.** *Motto:* seine Devise ist: leben und leben lassen; mehr Freizeit, lautet heute die Devise.

der De|zem|ber [deˈtsɛmbɐ], -[s]: *zwölfter Monat im Jahr:* am 6. Dezember ist Nikolaustag; im Dezember geboren sein.

de|zent [deˈtsɛnt] ⟨Adj.⟩: *zurückhaltend, unaufdringlich, nicht [unangenehm] auffallend:* ein dezentes Parfüm; sie wies ihn dezent auf seinen Fehler hin; die Räume sind dezent gestaltet.

der *oder* das De|zi|li|ter [ˈdeːtsiliːtɐ], -s, -: *Einheit für Flüssigkeiten (Abkürzung: dl):* 100 Milliliter: für die Soße brauche ich zwei Deziliter *(200 Milliliter)* Sahne.

die Di|a|gno|se [diaˈɡnoːzə], -, -n: *Bestimmung einer Krankheit:* eine richtige, falsche Diagnose stellen; wie lautet die Diagnose? *Syn.:* Befund. *Zus.:* Fehldiagnose.

dia|go|nal [diaɡoˈnaːl] ⟨Adj.⟩: *zwei nicht benachbarte Ecken bes. eines Vierecks geradlinig verbindend:* eine diagonale Linie; diagonal über den Platz gehen; die Linien verlaufen diagonal. *Syn.:* schräg.

der Di|a|lekt [diaˈlɛkt]; -[e]s, -e: *Mundart:* der hessische, sächsische Dialekt; er spricht Dialekt. *Zus.:* Heimatdialekt, Stadtdialekt.

der Di|a|log [diaˈloːk]; -[e]s, -e: **1.** *Gespräch zwischen zwei oder mehr Personen* /Ggs. Monolog/: zwischen ihnen entwickelte sich ein lebhafter Dialog. *Syn.:* Debatte, Diskussion, Konversation, Unterhaltung. **2.** *Gespräche zwischen zwei Interessengruppen:* der Dialog zwischen den Kirchen, den Großmächten.

der Di|a|mant [diaˈmant]; -en, -en: *extrem harter, kostbarer Stein, der häufig als Schmuck verwendet wird:* der Diamant strahlt, funkelt. *Zus.:* Rohdiamant.

die **Di|ät** [di'ɛ:t]; -, -en: *Ernährung eines Menschen, der krank oder zu dick ist:* er musste wegen seiner Galle, seines Übergewichts eine strenge Diät einhalten; der Arzt hat sie auf Diät gesetzt *(hat ihr eine Diät verordnet);* Diät kochen, essen.

die **Di|ä|ten** [di'ɛ:tn̩] ⟨Plural⟩: *Gehalt eines/einer Abgeordneten:* die Diäten der Abgeordneten sollen erhöht werden.

dich [dɪç] ⟨Personalpronomen; Akk. von »du«⟩: **1.** ich liebe dich. **2.** ⟨reflexivisch⟩ beeil dich!

dicht [dɪçt], dichter, am dichtesten ⟨Adj.⟩: **1.** *nur mit wenig Zwischenraum:* dichtes Haar, Gebüsch; dichter Nebel; die Pflanzen stehen zu dicht; die Zuschauer standen dicht an dicht. **2.** *keine Flüssigkeit durchlassend:* die Gummistiefel sind nicht mehr dicht. **3.** ⟨in Verbindung mit einer Präp.⟩ *in unmittelbarer Nähe (von etwas):* dicht am Ufer; der Ort liegt ganz dicht bei Kiel; dicht vor mir machte er Halt. *Syn.:* direkt, unmittelbar.

die **Dich|te** ['dɪçtə]; -: *dichtes Nebeneinander:* die Dichte der Bevölkerung, des Straßenverkehrs. *Zus.:* Bevölkerungsdichte, Fahrzeugdichte, Verkehrsdichte.

¹**dich|ten** ['dɪçtn̩], dichtet, dichtete, gedichtet ⟨itr.; hat⟩: *in künstlerischer Sprache schreiben:* in meiner Jugend habe ich auch gedichtet; ⟨auch tr.; etw. d.⟩ ein Gedicht, ein Lied dichten. *Syn.:* reimen.

²**dich|ten** ['dɪçtn̩], ⟨tr.; hat; etw. d.⟩ *(Öffnungen) verschließen, sodass keine Flüssigkeit oder Feuchtigkeit mehr eindringen kann:* das Fenster, das Dach, den Wasserhahn dichten. *Syn.:* isolieren, verstopfen. **2.** ⟨itr.; hat⟩ *zum Dichten geeignet sein:* der Kitt dichtet gut.

der **Dich|ter** ['dɪçtɐ]; -s, -, die **Dich|te|rin** ['dɪçtərɪn]; -, -nen: *Person, die dichtet:* Goethe und Schiller sind bekannte deutsche Dichter. *Syn.:* Autor, Autorin, Erzähler, Erzählerin, Schriftsteller, Schriftstellerin. *Zus.:* Balladendichter, Balladendichterin, Heimatdichter, Heimatdichterin.

die ¹**Dich|tung** ['dɪçtʊŋ]; -, -en: **1.** *Gesamtheit der sprachlichen Kunstwerke:* die Dichtung des Mittelalters. *Syn.:* Literatur, Schrifttum. *Zus.:* Heldendichtung, Volksdichtung. **2.** *sprachliches Kunstwerk:* eine epische, antike Dichtung.

die ²**Dich|tung** ['dɪçtʊŋ]; -, -en: *Schicht (meist aus Gummi), die das Auslaufen von Flüssigkeit verhindert:* die Dichtung am Wasserhahn muss erneuert werden. *Zus.:* Gummidichtung, Rohrdichtung.

dick [dɪk], dicker, am dicksten ⟨Adj.⟩: **1.** *einen beträchtlichen Umfang habend* /Ggs. dünn/: ein dicker Mann, Ast; ein dickes Brett, Buch; eine dicke Schicht; sie ist in den letzten Jahren dicker geworden; das Brot dick mit Butter bestreichen. *Syn.:* breit, fett (emotional), korpulent, rund, üppig (ugs.). **2.** *geschwollen:* eine dicke Backe, Lippe haben; der Fuß ist ganz dick geworden. **3.** ⟨in Verbindung mit Maßangaben; nachgestellt⟩ *eine bestimmte Dicke habend:* das Brett ist 1 cm dick. *Syn.:* stark. **4.** *dicht:* dicker Nebel, Qualm; ich fahr doch nicht im dicksten Verkehr quer durch Frankfurt! **5.** (ugs.) *besonders stark:* eine dicke Freundschaft; ein dickes Lob.

der **Dick|kopf** ['dɪkkɔpf]; -[e]s, Dickköpfe ['dɪkkœpfə] (ugs.): *sture Person:* unsere kleine Tochter ist ein richtiger Dickkopf; du bist vielleicht ein Dickkopf!

¹**die** [di:] ⟨bestimmter Artikel der Feminina⟩: **1.** zeigt an, dass jemand, etwas bekannt ist oder schon einmal erwähnt wurde: die Witwe hatte zwei Töchter. **2.** drückt aus, dass jemand, etwas Einzelnes für die ganze Art steht: die Geduld ist eine Tugend.

²**die** [di:] ⟨Demonstrativpronomen⟩ (wird oft als unhöflich empfunden, wenn es auf Personen bezogen wird): »Wann kommt denn Petra, deine Tante?« – »Die hat abgesagt«; ausgerechnet die muss mir das sagen; die können das doch gar nicht.

³**die** [di:] ⟨Relativpronomen⟩: die Frau, die das gesagt hat, ist bereits weggegangen. *Syn.:* welche.

der **Dieb** [di:p]; -[e]s, -e, die **Die|bin** ['di:bɪn]; -, -nen: *Person, die anderen ihr Eigentum wegnimmt:* ein Dieb hat der Frau die Handtasche gestohlen; die Diebin wurde vom Detektiv verfolgt und schließlich erwischt. *Syn.:* Räuber, Räuberin. *Zus.:* Autodieb, Autodiebin, Ladendieb, Ladendiebin, Taschendieb, Taschendiebin.

der **Dieb|stahl** ['di:pʃta:l]; -[e]s, Diebstähle ['di:pʃtɛ:lə]: *das Stehlen; das unerlaubte An-sich-Nehmen von fremdem Eigentum:* ein schwerer Diebstahl; geistiger Diebstahl; einen Diebstahl begehen, aufdecken; er wurde beim Diebstahl erwischt. *Syn.:* Raub. *Zus.:* Ladendiebstahl.

die|je|ni|ge ['di:je:nɪɡə]: ↑ derjenige.

die **Die|le** ['di:lə]; -, -n: *[großer] Flur:* das Telefon steht auf dem Tisch in der Diele.

D

die|nen ['di:nən], dient, diente, gedient ⟨itr.; hat⟩: **1.** *beim Militär arbeiten:* er hat zwei Jahre bei der Marine gedient; haben Sie gedient?. **2.** *nützlich sein (für jmdn., etwas):* diese Brille dient zum Lesen; das Schloss dient heute als Museum. *Syn.:* nutzen (bes. nordd.), nützen (bes. südd.). **3.** *helfen:* womit kann ich [Ihnen] dienen? *(wie kann ich Ihnen helfen; was kann ich für Sie tun?).*

der **Dienst** [di:nst]; -[e]s, -e: *berufliche Arbeit [in einer staatlichen, kirchlichen Institution]:* der Arzt hat heute von 7 bis 15 Uhr Dienst *(arbeitet heute von 7 bis 15 Uhr);* der öffentliche *(vom Staat bezahlte)* Dienst, der medizinische Dienst. *Zus.:* Küchendienst, Nachtdienst, Polizeidienst, Rettungsdienst, Telefondienst.

der **Diens|tag** [di:nsta:k]; -[e]s, -e: *zweiter Tag der Woche:* in der Nacht von Montag auf/zu Dienstag.

die **Dienst|leis|tung** ['di:nstlaistʊŋ]; -, -en (Wirtsch.): *Arbeit, bei der nicht [direkt] etwas produziert wird, sondern bei der der Service am Kunden im Vordergrund steht:* private Dienstleistungen *(z. B. Banken, Versicherungen);* viele Unternehmen bieten heute zusätzliche Dienstleistungen an; unsere Kundinnen nehmen diese Dienstleistung gern in Anspruch.

dienst|lich ['di:nstlɪç] ⟨Adj.⟩: *so, dass es die Arbeit, den Beruf betrifft* /Ggs. privat/: ein dienstliches Telefongespräch; ich bin dienstlich hier.

dies [di:s]: ↑ dieser.

die|se ['di:zə]: ↑ dieser.

der **Die|sel** ['di:zl]; -s, -: **1.** *Öl für eine bestimmte Art von Motoren:* Diesel tanken; Diesel ist zurzeit billiger als Benzin. **2.** *Auto, das mit Diesel fährt:* wir fahren einen Diesel.

die|sel|be [di:'zɛlbə]: ↑ derselbe.

die|ser ['di:zɐ], diese, dies[es] ⟨Artikelwort und Demonstrativpronomen⟩: dient dazu, auf eine Person oder Sache nachdrücklich hinzuweisen: dieser Mann ist es; diese Frau kenne ich auch; im März dieses Jahres; all dies[es] war mir bekannt.

die|sig ['di:zɪç], diesiger, am diesigsten ⟨Adj.⟩: *neblig, nicht klar:* diesiges Wetter; es ist heute sehr diesig draußen.

dies|mal ['di:sma:l] ⟨Adverb⟩: *dieses Mal:* diesmal hast du wirklich Unrecht!

¹**dies|seits** ['di:szaits] ⟨Präp. mit Gen.⟩: *auf dieser Seite* /Ggs. jenseits/: diesseits des Flusses steht ein Haus.

²**dies|seits** ['di:szaits] ⟨Adverb⟩: *auf dieser Seite* /Ggs. jenseits/: ich wohne diesseits vom Rhein.

die **Dif|fe|renz** [dɪfə'rɛnts]; -, -en: **1.** *Unterschied zwischen zwei Zahlen:* die Differenz zwischen 25 und 17 ist 8. *Zus.:* Preisdifferenz, Temperaturdifferenz, Zeitdifferenz. **2.** ⟨Plural⟩ *Unterschiede in der Meinung:* er hatte ständig Differenzen mit seinen Kollegen. *Syn.:* Meinungsverschiedenheit ⟨Singular⟩.

di|gi|tal [digi'ta:l] ⟨Adj.⟩: **1.** *in Ziffern dargestellt:* die Uhrzeit wird digital angezeigt. **2.** *mit einem Verfahren arbeitend oder hergestellt, das auf der Verarbeitung von Ziffernreihen (bestehend aus 0 und 1) aufbaut:* digital arbeitende Geräte; eine digitale Kamera, Unterschrift.

das **Dik|tat** [dɪk'ta:t]; -[e]s, -e: *wörtlich aufgeschriebener Text, den jemand vorgesprochen hat:* die Sekretärin nimmt bei ihrem Chef ein Diktat auf; wir schreiben heute in der Schule ein Diktat.

dik|tie|ren [dɪk'ti:rən], diktiert, diktierte, diktiert ⟨tr.; hat; [etw.] d.⟩: *zum wörtlichen Aufschreiben vorsprechen:* langsam diktieren; die Chefin diktierte ihrer Sekretärin einen Brief aufs Band.

die **Di|men|si|on** [dimɛn'zjo:n]; -, -en: *Ausmaß, Umfang:* die geschichtliche Dimension; in neuen Dimensionen denken.

das **Ding** [dɪŋ]; -[e]s, -e: **1.** *Gegenstand, Sache:* ein wertloses Ding; Dinge zum Verschenken. *Syn.:* Objekt. **2.** ⟨Plural⟩ *Tatsachen, Angelegenheiten:* geschäftliche Dinge; du kannst die Dinge nicht ändern; über diese Dinge möchte ich nicht sprechen. *Syn.:* Ereignis ⟨Singular⟩, Sache ⟨Singular⟩. *Zus.:* Alltagsdinge, Gefühlsdinge.

das **Di|plom** [di'plo:m]; -[e]s, -e: *Zeugnis [einer Universität], Urkunde:* sie macht ihr Diplom in Psychologie; ich habe mein Diplom an der Universität Heidelberg erworben. *Syn.:* Zertifikat. *Zus.:* Ingenieurdiplom, Physikdiplom.

der **Di|p|lo|mat** [diplo'ma:t]; -en, -en, die **Di|p|lo|ma|tin** [diplo'ma:tɪn]; -, -nen: *Person im Ausland, die die politischen Interessen ihres Landes vertritt:* eine geschickte Diplomatin; die deutschen Diplomaten haben das Land verlassen. *Syn.:* Botschafter, Botschafterin.

di|p|lo|ma|tisch [diplo'ma:tɪʃ], diplomatischer, am diplomatischsten ⟨Adj.⟩: *klug, geschickt und umsichtig:* ein diplomatischer Mensch; es war nicht sehr diplomatisch von dir, das zu sagen; das Problem wurde diplomatisch gelöst.

dir [diːɐ̯] ⟨Personalpronomen; Dativ von »du«⟩: **1.** das hat er dir längst verziehen. **2.** ⟨reflexivisch⟩ wünsch dir was!

di|rekt [diˈrɛkt], direkter, am direktesten ⟨Adj.⟩: **1.** *gerade, ohne Umwege:* das ist der direkte Weg zum Bahnhof; bitte geben Sie mir eine direkte Verbindung *(ohne Umsteigen)* nach Hamburg; wir kaufen das Gemüse direkt vom Bauern; ich komme nach dem Kino direkt nach Hause. **2.** *unmittelbar, ohne Zwischenraum:* das Haus steht direkt neben einer Tankstelle. *Syn.:* dicht. **3.** (ugs.) *unmissverständlich, eindeutig* /Ggs. indirekt/: sie ist immer sehr direkt in ihren Äußerungen; musstest du das so direkt sagen? *Syn.:* offen.

die **Di|rek|ti|on** [dirɛkˈtsi̯oːn]; -, -en: *Leitung eines Unternehmens o. Ä.:* im Juli hat sie die Direktion des Hotels übernommen. *Syn.:* Führung, Management.

der **Di|rek|tor** [diˈrɛktoːɐ̯]; -s, Direktoren [dirɛkˈtoːrən], die **Direktorin** [dirɛkˈtoːrɪn]; -, -nen: *Person, die eine Institution, eine Behörde, ein Unternehmen leitet:* Herr Schmidt ist Direktor der Schule. *Syn.:* Chef, Chefin, ¹Leiter, Leiterin. *Zus.:* Bankdirektor, Bankdirektorin, Theaterdirektor, Theaterdirektorin.

der **Di|ri|gent** [diriˈgɛnt]; -en, -en, die **Di|ri|gen|tin** [diriˈgɛntɪn]; -, -nen: *Person, die ein Orchester, einen Chor leitet. Zus.:* Gastdirigent, Gastdirigentin.

di|ri|gie|ren [diriˈgiːrən], dirigiert, dirigierte, dirigiert ⟨tr.; hat; etw. d.⟩: *(ein Orchester) leiten:* Beethovens neunte Sinfonie, ein Orchester dirigieren.

dis- [dɪs] ⟨Präfix⟩: **1.** ⟨verbal⟩ drückt aus, dass etwas nicht erreicht wird: disqualifizieren; disharmonieren. **2.** ⟨adjektivisch⟩ drückt aus, dass etwas nicht erreicht wird: disharmonisch; diskontinuierlich.

die **Dis|co** [ˈdɪsko], Dis|ko; -, -s: *Diskothek.*

die **Dis|ket|te** [dɪsˈkɛtə]; -, -n: *kleine Platte, auf der Daten elektronisch gespeichert werden können:* ich habe den Text nicht nur auf der Festplatte, sondern auch auf [einer] Diskette gespeichert.

die Diskette

die **Dis|ko|thek** [dɪskoˈteːk]; -, -en: *Lokal bes. für junge Leute, in dem man zur Musik von Schallplatten und CDs tanzen kann:* in der Diskothek wird donnerstags immer Housemusic gespielt. *Syn.:* Disco, Klub.

dis|kret [dɪsˈkreːt], diskreter, am diskretesten ⟨Adj.⟩: *taktvoll, rücksichtsvoll; so, dass es nicht auffällt* /Ggs. indiskret/: ein diskreter Blick; sie wandte sich diskret von ihrem Tischnachbarn ab; die Angelegenheit wurde diskret *(vertraulich)* behandelt. *Syn.:* unauffällig.

dis|kri|mi|nie|ren [dɪskrimiˈniːrən], diskriminiert, diskriminierte, diskriminiert ⟨tr.; hat; jmdn. d.⟩ (bildungsspr.): *jmdn. mit weniger Respekt behandeln als andere:* in vielen Ländern werden Menschen immer noch wegen ihrer Hautfarbe oder ihrer Religion diskriminiert. *Syn.:* benachteiligen.

die **Dis|kus|si|on** [dɪskuˈsi̯oːn]; -, -en: *[lebhaftes, wissenschaftliches] Gespräch über ein bestimmtes Thema, Problem:* eine lange, politische, öffentliche Diskussion; wir haben eine heftige Diskussion gehabt, geführt. *Syn.:* Debatte, Dialog, Erörterung. *Zus.:* Fernsehdiskussion.

dis|ku|tie|ren [dɪskuˈtiːrən], diskutiert, diskutierte, diskutiert: **1.** ⟨tr.; hat; etw. d.⟩: *besprechen:* ein Thema, einen [offenen] Punkt diskutieren; wir haben diese Frage ausführlich diskutiert. *Syn.:* behandeln, erörtern. **2.** ⟨itr.; hat⟩: *in einem Gespräch seine Meinung über etwas austauschen:* sie diskutierten mit ihren Freunden stundenlang über die Bücher, die sie gelesen hatten; darüber können wir diskutieren.

dis|qua|li|fi|zie|ren [dɪskvalifiˈtsiːrən]: disqualifiziert, disqualifizierte, disqualifiziert ⟨tr.; hat; jmdn. d.⟩: *verbieten, dass jmd. weiter an einem Wettkampf teilnimmt:* der Läufer wurde wegen Dopings disqualifiziert.

die **Dis|ser|ta|ti|on** [dɪsɛrtaˈtsi̯oːn]; -, -en: *Doktorarbeit:* sie schreibt gerade ihre Dissertation; er arbeitete 2 Jahre lang an seiner Dissertation.

die **Dis|tanz** [dɪsˈtants]; -, -en: *Abstand, Entfernung:* die Distanz zwischen beiden Läufern betrug nur wenige Meter; sie hatte zu der Sache nicht die nötige Distanz; er kann die Ereignisse jetzt aus der Distanz beurteilen.

dis|tan|zie|ren [dɪstanˈtsiːrən]: distanziert, distanzierte, distanziert ⟨sich d.⟩: *(mit jmdm., etwas) nichts zu tun haben wollen, Abstand nehmen:* sich von einer Äußerung, einer Veröffentlichung distanzieren; er hat sich von seinen Parteifreunden distanziert. *Syn.:* abrücken.

die **Dis|zi|plin** [dɪstsi'pliːn]; -, -en: **1.** ⟨ohne Plural⟩ *Ordnung, das bewusste Respektieren bestimmter Regeln:* in der Klasse herrscht keine Disziplin; Disziplin halten, üben. *Zus.:* Selbstdisziplin, Verkehrsdisziplin. **2.** *Teilbereich im Sport:* die olympischen Disziplinen. *Syn.:* Sportart. *Zus.:* Wettkampfdisziplin.

dis|zi|pli|niert [dɪstsipli'niːɐ̯t], disziplinierter, am diszipliniertesten ⟨Adj.⟩: *an Ordnung gewöhnt; kontrolliert, beherrscht:* die Klasse ist sehr diszipliniert; die Gruppe trat sehr diszipliniert auf.

di|vers... [di'vɛrz...] ⟨Adj.⟩: *mehrere [verschiedene]:* diverse Farben; es gibt diverse Möglichkeiten, seine Sprachkenntnisse zu verbessern. *Syn.:* etlich..., manch, verschieden, einig...

di|vi|die|ren [divi'diːrən], dividiert, dividierte, dividiert ⟨tr.; hat⟩: *etw. [durch etw. (Akk.)] d.: teilen* /Ggs. multiplizieren/: zwanzig dividiert durch fünf ist vier.

die **Di|vi|si|on** [divi'zi̯oːn]; -, -en: *Rechnung, bei der eine Zahl geteilt wird* /Ggs. Multiplikation/: eine einfache, komplizierte Division vornehmen.

¹**doch** [dɔx] ⟨Konj.⟩: *aber:* ich habe mehrmals angerufen, doch er war nicht zu Hause; sie ist zwar sehr hektisch, doch nicht chaotisch.

²**doch** [dɔx] ⟨Adverb⟩: *dennoch, trotzdem:* er fühlte sich nicht gesund, und doch machte er die Reise mit; sie sagte es höflich und doch sehr deutlich.

³**doch** [dɔx] ⟨Partikel⟩: **1.** dient der Verstärkung einer Äußerung: nehmen Sie doch Platz!; lass uns doch heute Abend einen trinken gehen!; pass doch auf!; lass mich doch in Ruhe! **2.** drückt aus, dass die betreffende Sache bekannt ist und man nur an sie erinnern möchte: fragen Sie Frau Müller, sie ist doch die Expertin auf diesem Gebiet; das hatte ich doch schon gesagt. **3.** drückt aus, dass man eine zustimmende Antwort erwartet: ihr kommt doch heute Abend mit ins Kino?; ich kann mich doch darauf verlassen?; das ist doch nicht dein Ernst, oder? **4.** kennzeichnet Wunschsätze: wenn er doch hier wäre!; hättest du doch auf sie gehört! **5.** als widersprechende Antwort auf eine negativ formulierte Frage oder Äußerung: »Hast du keine Lust mehr?« – »Doch.«; »Hat sie etwa nicht angerufen?« – »Doch [das schon, nur leider zu spät].«; »Das geht dich überhaupt nichts an.« – »[Oh] doch!«; »Geht es dir nicht gut?« – »Doch [es geht mir gut].«.

der **Docht** [dɔxt]; -[e]s, -e: *Faden in einer Kerze oder Lampe:* der Docht ist langsam heruntergebrannt. *Zus.:* Kerzendocht.

der **Dok|tor** ['dɔktoːɐ̯]; -s, Doktoren [dɔk-'toːrən]: **1.** ⟨ohne Plural⟩ *höchster akademischer Grad; Träger des Doktortitels* (Abkürzung: Dr.): er hat letztes Jahr seinen Doktor [in Biologie] gemacht; sie ist jetzt Doktor der Philosophie; Frau Dr. Hansen arbeitet bei uns als Juristin. *Zus.:* Ehrendoktor, Ehrendoktorin. **2.** (ugs.) *Arzt:* den Doktor rufen, kommen lassen.

die **Dok|to|rin** [dɔk'toːrɪn]; -, -nen (ugs.): *weibliche Form zu* ↑ Doktor.

das **Do|ku|ment** [doku'mɛnt]; -[e]s, -e: *Urkunde, amtliches Schriftstück:* ein geheimes, wichtiges, offizielles Dokument; er hat die Dokumente beim Arbeitsamt eingereicht; die Richterin hat die Dokumente vor dem Prozess eingesehen. *Syn.:* Akte, Unterlagen ⟨Plural⟩. *Zus.:* Originaldokument.

die **Do|ku|men|ta|ti|on** [dokumɛnta'tsi̯oːn]; -, -en: *Zusammenstellung von Dokumenten:* eine Dokumentation über die Entwicklung der Schrift vorlegen.

do|ku|men|tie|ren [dokumɛn'tiːrən], dokumentiert, dokumentierte, dokumentiert ⟨tr.; hat⟩: *etwas d.:* **1.** *durch Urkunden, Dokumente belegen:* etwas mit Fotos, Protokollen dokumentieren; ein ausgezeichnet dokumentierter Bericht. **2.** *deutlich zeigen:* den Willen zum Frieden durch einen Vertrag dokumentieren.

der **Dolch** [dɔlç]; -[e]s, -e: *Waffe mit kurzer, spitzer Klinge:* der Mörder hatte seine Opfer mit einem Dolch getötet.

der **Dol|lar** ['dɔlar]; -[s], -s: *Währungseinheit in den USA und einigen anderen Staaten:* auf dem internationalen Markt wird der Preis für Erdöl in Dollar festgelegt; 10 Dollar.

dol|met|schen ['dɔlmɛtʃn̩], dolmetscht, dolmetschte, gedolmetscht ⟨itr.; hat⟩: *bei einem Gespräch zwischen Personen, die verschiedene Sprachen sprechen, übersetzen:* sie musste auf dem Kongress dolmetschen.

der **Dol|met|scher** ['dɔlmɛtʃɐ]; -s, -, die **Dol|met|sche|rin** ['dɔlmɛtʃərɪn]; -, -nen: *Person, deren Beruf es ist, (gesprochene Sprache) zu übersetzen. Syn.:* Übersetzer, Übersetzerin.

der **Dom** [doːm]; -[e]s, -e: *große Kirche [eines Bischofs]:* in diesem Dom wurden früher Könige bestattet. *Syn.:* Kathedrale.

der **Don|ner** ['dɔnɐ]; -s, -: *lautes Geräusch, das bei einem Gewitter dem Blitz folgt:* der Donner hatte die Kinder geweckt.

don|nern ['dɔnɐn], donnert, donnerte, gedonnert ⟨itr.; hat⟩: **1.** ⟨unpers.⟩ *(bei* *einem Gewitter) als Donner zu hören sein:* es blitzt und donnert. **2.** *ein dem Donner ähnliches Geräusch verursachen:* die Kanonen donnerten.

der **Don|ners|tag** ['dɔnɐsta:k]; -[e]s, -e: *vierter Tag der Woche:* früher hatten die Läden nur am Donnerstag länger geöffnet.

das **Don|ner|wet|ter** ['dɔnɐvɛtɐ]; -s, - (ugs.):
1. *lautes, heftiges Schimpfen:* zu Hause gab es ein Donnerwetter, weil ich so spät gekommen war. **2.** Ausruf des Staunens oder des Zorns: Donnerwetter, das hätte ich nicht erwartet!; [zum] Donnerwetter, hör endlich auf zu heulen!

doof [do:f], doofer, am doofsten ⟨Adj.⟩ (ugs.): **1.** *dumm:* ein doofer Kerl; sie ist zu doof, um das zu kapieren. *Syn.:* dämlich (ugs.). **2.** *ärgerlich, nicht den Erwartungen entsprechend:* die doofe Tür bleibt nicht zu.

das **Do|ping** ['do:pɪŋ]; -s, -s: *Anwendung von unerlaubten Mitteln, um die sportliche Leistung zu steigern:* einen Läufer wegen Dopings disqualifizieren.

das **Dop|pel|bett** ['dɔplbɛt]; -s, -en: *breites Bett für zwei Personen:* das Zimmer war mit einem Schrank und einem Doppelbett eingerichtet.

dop|pelt ['dɔplt] ⟨Adj.⟩: *ein zweites Mal [vorhanden]:* die doppelte Länge, Menge; doppelt verglaste Fenster; ein Buch doppelt haben; ich bin doppelt so alt wie du.

das **Dop|pel|zim|mer** ['dɔpltsɪmɐ]; -s, -: *(in einem Hotel) Zimmer mit zwei Betten:* bitte reservieren Sie mir ein Doppelzimmer für das nächste Wochenende.

das **Dorf** [dɔrf]; -[e]s, Dörfer ['dœrfɐ]: *kleine Ortschaft auf dem Land:* auf dem Dorf, in einem Dorf wohnen; ihre Eltern stammen aus einem Dorf in den Bergen. *Zus.:* Bauerndorf, Bergdorf, Fischerdorf.

der **Dorn** [dɔrn]; -[e]s, -en: *spitzer, harter Teil am Stiel einer Pflanze:* diese Kakteen haben Dornen. *Syn.:* Stachel.

dort [dɔrt] ⟨Adverb⟩: *an jenem Platz, Ort; nicht hier:* dort oben, drüben; von dort aus ist die Stadt leicht zu erreichen.

die **Do|se** ['do:zə]; -, -n: **1.** *kleiner Behälter mit Deckel:* eine Dose mit Pralinen füllen. *Syn.:* Büchse. *Zus.:* Puderdose, Tabaksdose. **2.** *Büchse für Konserven:* eine Dose Erbsen aufmachen. *Zus.:* Bierdose, Konservendose.

der **Do|sen|öff|ner** ['do:znœfnɐ]; -s, -: *Gerät zum Öffnen von Konserven:* sie öffnete die Konserve mit einem elektrischen Dosenöffner.

do|sie|ren [do'zi:rən] ⟨tr.; hat; etw. d.⟩: *die*

richtige Dosis abmessen: ein Medikament genau dosieren.

die **Do|sis** ['do:zɪs]; -, Dosen ['do:zn]: *abgemessene Menge von einem Medikament:* die Kranke war mit einer zu niedrigen Dosis des Antibiotikums behandelt worden. *Zus.:* Überdosis.

der **Do|zent** [do'tsɛnt]; -en, -en, die **Do|zen|tin** [do'tsɛntɪn]; -, -nen: *Person, die an einer Hochschule oder Universität unterrichtet:* sie ist Dozentin für deutsche Literatur.

der **Dra|che** ['draxə]; -n, -n: *(in Märchen vorkommendes) großes, furchterregendes, Feuer spuckendes Tier:* der Ritter versuchte, den fürchterlichen Drachen zu töten.

der Drache

der **Dra|chen** ['draxn̩]; -s, -: *an einer langen Schnur gehaltenes leichtes Gerät (aus buntem Papier), das vom Wind nach oben getragen wird und sich in der Luft hält:* einen Drachen steigen lassen.

der **Draht** [dra:t]; -[e]s, Drähte ['drɛ:tə]: *dünn (wie eine Schnur) gezogenes Metall:* ein Stück Draht; Drähte spannen; etwas mit Draht umwickeln. *Zus.:* Kupferdraht.

das **Dra|ma** ['dra:ma]; -s, Dramen ['dra:mən]:
1. *Schauspiel, in dem ein tragischer Konflikt dargestellt wird:* ein Drama in fünf Akten. **2.** *aufregendes, trauriges Geschehen:* ihre Ehe war ein einziges Drama. *Zus.:* Familiendrama, Geiseldrama.

dra|ma|tisch [dra'ma:tɪʃ], dramatischer, am dramatischsten ⟨Adj.⟩: *aufregend und voller Spannung:* ein dramatischer Zwischenfall, Augenblick; die Rettung der Kinder verlief äußerst dramatisch.

dran [dran] ⟨Adverb⟩ (ugs.): *daran:* ich gehe dran vorbei; gut, schlecht dran sein *(es gut, schlecht haben);* * **dran sein:** *an der Reihe sein:* wer ist jetzt dran?

drang [draŋ]: ↑ dringen.

der **Drang** [draŋ]; -[e]s: *starkes Bedürfnis, etwas zu tun, zu erleben:* der Drang nach Freiheit und Abenteuer. *Syn.:* Sehnsucht, Verlangen. *Zus.:* Bewegungsdrang.

drän|geln ['drɛŋln̩], drängelt, drängelte, gedrängelt ⟨itr.; hat⟩: *in einer Menge andere zur Seite schieben, um möglichst schnell nach vorn zu kommen:* jetzt drängle doch nicht so, es ist genug da.

drän|gen ['drɛŋən], drängt, drängte, gedrängt ⟨tr.; hat⟩: **1.** ⟨itr.; hat; [sich] irgendwohin*

d.) *sich (in einer Menge) ungeduldig
schiebend bewegen:* die Menschen
drängten an die Kasse, zu den Ausgän-
gen; sie drängte sich durch die Menge.
2. ⟨tr.; hat; jmdn. zu etw. d.⟩ *jmdn. ungeduldig (zu einem bestimmten Handeln)
zu bewegen suchen:* sie hat ihren Freund
dazu gedrängt, sich zum Examen zu
melden. *Syn.:* überreden. **3.** ⟨itr.; hat⟩
rasches Handeln verlangen: die Zeit
drängt; wir haben einige drängende Fragen, Probleme auf der Tagesordnung.

dran|kom|men ['drankɔmən], kommt dran,
kam dran, drangekommen ⟨itr.; ist⟩
(ugs.): *an die Reihe kommen, aufgerufen
werden:* es wartet nur noch eine Person
vor uns, dann kommen wir dran; ich bin
beim Arzt schon nach zehn Minuten
drangekommen; heute ist sie in Englisch
mehrmals drangekommen.

dras|tisch ['drastɪʃ], drastischer, am dras-
tischsten ⟨Adj.⟩: *sehr deutlich (negativ)
zu spüren:* es mussten drastische Maß-
nahmen ergriffen werden; die Lage hat
sich drastisch verschlechtert. *Syn.:* ein-
schneidend.

drauf [draʊf] ⟨Adverb⟩ (ugs.): *darauf:* ein
Stück Kuchen mit Sahne drauf; * **gut drauf
sein:** *gut gelaunt sein:* wenn er gut drauf ist,
ist er der netteste Mensch der Welt.

drau|ßen ['draʊsn̩] ⟨Adverb⟩: *außerhalb
[eines Raumes]; im Freien* /Ggs. drin-
nen/: sie sitzt draußen und wartet; bei
dem Wetter könnt ihr nicht draußen
spielen.

der **Dreck** [drɛk]; -[e]s (ugs.): **1.** *Schmutz:* den
Dreck von den Schuhen kratzen. **2.** (emotional abwertend) *etwas Wertloses:* nun
hast du wieder so einen Dreck gekauft,
den keiner gebrauchen kann!

dre|ckig ['drɛkɪç], dreckiger, am dreckigs-
ten ⟨Adj.⟩ (ugs.): *schmutzig:* dreckige
Schuhe; ich habe mich dreckig gemacht.

dre|hen ['dreːən], dreht, drehte, gedreht:
1. ⟨tr.; hat; jmdn., sich, etw. d.⟩ *im Kreise
um seine Achse bewegen; in eine andere,
bestimmte Richtung bringen:* den Schlüssel im Schloss drehen; den Kopf leicht
zur Seite drehen; den Schalter am Radio
[nach links] drehen; sich auf den Rücken
drehen. **2.** ⟨sich d.⟩ *sich im Kreis um
seine Achse bewegen:* die Räder drehen
sich; das Karussell dreht sich im Kreise.
3. ⟨tr.; hat; etw. d.⟩ *durch eine rollende
Bewegung formen, herstellen:* Zigaretten
drehen. **4.** ⟨tr.; hat; etw. d.⟩ *Aufnahmen
machen und so herstellen:* einen Film
drehen. **5.** ⟨sich um etw. d.⟩ *zum Thema*

haben: das Gespräch dreht sich um Politik.

drei [draɪ] ⟨Kardinalzahl⟩: drei Personen;
bis drei zählen.

das **Drei|eck** ['draɪlɛk]; -[e]s, -e: *von drei gera-
den Linien begrenzte Fläche:* viele Ver-
kehrszeichen haben die Form eines Dreiecks.

das Dreieck

drei|ßig ['draɪsɪç] ⟨Kardinalzahl⟩: welche
Monate haben mehr als dreißig Tage?

drei|zehn ['draɪtseːn] ⟨Kardinalzahl⟩: es
waren genau dreizehn Personen im Zimmer.

drin|gen ['drɪŋən], dringt, drang, gedrun-
gen ⟨itr.; ist⟩: **1.** ⟨irgendwohin d.⟩ *durch
etwas hindurch [irgendwohin] kommen,
gelangen:* Musik dringt durch die Wand;
Wasser ist in den Keller gedrungen.
2. ⟨aus etw. d.⟩ *aus etwas herauskommen:*
laute Stimmen dringen aus dem Haus.
Syn.: kommen.

drin|gend ['drɪŋənt], dringender, am drin-
gendsten ⟨Adj.⟩: *unbedingt zu erledigen
sein:* eine dringende Angelegenheit; um
die dringendsten Probleme kümmere
ich mich selbst; die Menschen dort
benötigen dringend Nahrungsmittel.

drin|nen ['drɪnən] ⟨Adverb⟩: *innerhalb
[eines Raumes]* /Ggs. draußen/: sie sitzt
drinnen und wartet; bei dem Wetter
sollte man lieber drinnen bleiben.

dritt... ['drɪt...] ⟨Ordinalzahl⟩: sie hat
gerade ihr drittes Kind bekommen.

das **Drit|tel** ['drɪtl̩]; -s, -: *dritter Teil von etwas:*
das erste Drittel unserer Reise haben wir
schon hinter uns.

die **Dro|ge** ['droːɡə]; -, -n: *Rauschgift (von dem
jmd. abhängig ist):* er nimmt harte Dro-
gen; das Verbrechen geschah unter dem
Einfluss von Drogen.

die **Dro|ge|rie** [droɡə'riː]; -, Drogerien [droɡə-
'riːən]: *Geschäft, in dem Heilmittel, Che-
mikalien und kosmetische Artikel verkauft werden:* bring mir doch bitte ein
Paket Waschmittel aus der Drogerie mit

dro|hen ['droːən], droht, drohte, gedroht
⟨itr.; hat⟩: **1.** ⟨jmdm. mit etw. d.⟩ *jmdm.
etwas Unangenehmes ankündigen:*
jmdm. mit einem Stock drohen; sie
haben uns mit einer Klage gedroht. **2.** *(in
Bezug auf etwas Gefährliches, Unangenehmes) möglicherweise eintreffen:* den
Bauern droht eine schlechte Ernte; sie

wollte ihre Familie vor allen drohenden Gefahren schützen. **3.** ⟨drohen + zu + Inf.⟩ *in Gefahr sein (etwas zu tun):* das Haus drohte einzustürzen.

die **Dro|hung** ['dro:ʊŋ]; -, -en: *drohende Äußerung:* die Terroristen könnten ihre Drohung wahr machen. *Zus.:* Bombendrohung, Morddrohung.

drü|ben ['dry:bn̩] ⟨Adverb⟩: *auf der Seite gegenüber:* drüben am anderen Ufer stand ein Storch.

drü|ber ['dry:bɐ] ⟨Adverb⟩ (ugs.): *darüber:* ein Graben mit einem Brett drüber.

der **¹Druck** [drʊk]; -[e]s, Drücke ['drʏkə]: **1.** *auf eine Fläche, auf die Wände eines Behälters wirkende Kraft:* die Leitung für das Gas steht unter hohem Druck. *Zus.:* Blutdruck, Luftdruck. **2.** ⟨ohne Plural⟩ *etwas, was jmdn. belastet, was ihn dazu zwingen könnte, etwas zu tun:* Druck auf jmdn. ausüben; jmdn. unter Druck setzen; er konnte den ständigen politischen Druck nicht mehr aushalten.

der **²Druck** [drʊk]; -[e]s: *Vorgang, bei dem Texte oder Bilder auf Papier (oder Stoff) übertragen werden:* die Kosten für den Druck des Buches berechnen; etwas in Druck geben *(es drucken lassen).*

dru|cken ['drʊkn̩], druckt, druckte, gedruckt ⟨tr.; hat; etw. d.⟩: *durch Druck herstellen:* Bücher, Zeitungen drucken; ein Muster in mehreren Farben drucken.

drü|cken ['drʏkn̩], drückt, drückte, gedrückt: **1.** ⟨itr.; hat; auf etw. d.⟩ *einen Druck auf etwas ausüben:* auf den Knopf drücken; drücken Sie auf die linke Taste. **2.** ⟨tr.; hat; [jmdm.] etw. d.⟩ *pressend Druck (auf etwas) ausüben:* den Knopf drücken; er drückte mir zum Abschied die Hand. **3.** ⟨tr.; hat; [jmdm.] etw. irgendwohin d.⟩ *[unter Anwendung von Kraft] bewirken, dass jmd./etwas an einen bestimmten Ort kommt:* jmdm. Geld in die Hand drücken; sie drückte ihr Gesicht in die Kissen. **4.** ⟨itr.; hat⟩ *das Gefühl unangenehmen Druckes bewirken:* die Schuhe drücken; der Rucksack drückt. **5.** ⟨sich [vor etw.] d.⟩ (ugs.) *[unauffällig] eine Arbeit nicht machen, eine Pflicht nicht erfüllen:* sich vor der Arbeit drücken; sie hätte helfen können, hat sich aber wieder einmal gedrückt.

drü|ckend ['drʏknt̩], drückender, am drückendsten ⟨Adj.⟩: *schwül lastend:* eine drückende Hitze; es ist heute drückend.

der **Dru|cker** ['drʊkɐ]; -s, -: *Gerät zum Drucken von im Computer gespeicherten Texten, Grafiken usw.:* der Drucker ist kaputt.

der **Druck|knopf** ['drʊkknɔpf]; -[e]s, Druckknöpfe ['drʊkknœpfə]: *aus zwei Plättchen bestehender Knopf, der sich durch Aneinanderdrücken der beiden Teile schließen lässt.*

drun|ter ['drʊntɐ] ⟨Adverb⟩ (ugs.): *darunter.*

du [du:] ⟨Personalpronomen; 2. Person Singular⟩: *dient dazu, eine vertraute Person anzureden:* bringst du mir das Buch morgen mit?; jmdn. mit Du anreden.

der **Duft** [dʊft]; -[e]s, Düfte ['dʏftə]: *angenehmer, feiner Geruch:* der Duft einer Blume, eines Parfüms. *Syn.:* Aroma, Geruch. *Zus.:* Blumenduft, Bratenduft.

dul|den ['dʊldn̩], duldet, duldete, geduldet: **1.** ⟨itr.; hat; [etw.] d.⟩ *[Schweres, Schreckliches] über sich ergehen lassen, mit Gelassenheit ertragen:* standhaft, still dulden; Not und Verfolgung dulden. *Syn.:* aushalten, ertragen. **2.** ⟨tr.; hat; etw. d.⟩ *hinnehmen, akzeptieren, zulassen:* keinen Widerspruch dulden; ich dulde nicht, dass du weggehst. *Syn.:* erlauben. **3.** ⟨tr.; hat; jmdn. d.⟩ *an einem bestimmten Ort leben, sich aufhalten lassen:* sie duldeten ihn nicht in ihrer Mitte; wir sind hier nur geduldet.

die **Dul|dung** ['dʊldʊŋ]; -, -en: *das Dulden, Zulassen (von etwas):* die Duldung dieser Verhältnisse ist ein Skandal; es geschah unter stillschweigender Duldung der Regierung.

dumm [dʊm], dümmer, am dümmsten ⟨Adj.⟩: **1.** *wenig intelligent:* ein dummer Mensch; er ist zu dumm, das zu begreifen; sich dumm stellen. *Syn.:* beschränkt (abwertend), blöd[e] (ugs.), dämlich (ugs.), doof (ugs.). **2.** *unklug, ungeschickt:* das war aber dumm von dir, ihr das jetzt zu sagen; stell dich nicht so dumm an! *Syn.:* dämlich (ugs.), doof (ugs.), idiotisch (ugs. abwertend). **3.** (ugs.) *in ärgerlicher Weise unangenehm:* das ist eine dumme Geschichte. *Syn.:* ärgerlich, blöd[e] (ugs.), misslich.

die **Dumm|heit** ['dʊmhai̯t]; -, -en: **1.** *schwache Intelligenz:* ich finde, dass eine solche Bemerkung ein Zeichen großer Dummheit ist. **2.** *unkluge Handlung:* eine Dummheit begehen.

die **Dü|ne** ['dy:nə]; -, -n: *Hügel aus Sand, der durch den Wind entstanden ist:* als wir Urlaub am Meer gemacht haben, sind wir oft auf den Dünen entlanggelaufen. *Zus.:* Sanddüne, Wanderdüne.

dün|gen ['dʏŋən], düngt, düngte, gedüngt ⟨tr.; hat; etw. d.⟩: *mit Dünger versorgen:* das Feld, den Rasen [mit Mist] düngen.

durcheinander

Man schreibt »durcheinander« in der Regel mit dem folgenden Verb zusammen, wenn es den gemeinsamen Hauptakzent trägt: durcheinanderbringen, durcheinanderlaufen. durcheinanderreden. »Warum hast du denn hier alles durcheinandergebracht? Es herrscht ja eine völlige Unordnung!«

D

der **Dün|ger** [ˈdʏŋɐ]; -s, -: *Stoff, der auf Feldern und Wiesen verteilt wird, um den Boden fruchtbarer zu machen:* künstlicher Dünger; Dünger auf die Felder ausbringen. *Zus.:* Blumendünger, Rasendünger.

dun|kel [ˈdʊŋkl̩], dunkler, am dunkelsten ⟨Adj.⟩: **1.** *nicht oder nur wenig hell, beleuchtet:* dunkle Straßen; es wird schon früh dunkel. *Syn.:* finster. **2.** *nicht hell, sondern sich in der Farbe eher dem Schwarz nähernd:* ein dunkler Anzug; ein dunkles Grün; die Brille ist dunkel getönt. **3.** *(von Klängen, Tönen) nicht hell, sondern tief [wirkend]:* eine dunkle Stimme; dunkel klingen. **4.** *zweifelhaft, verdächtig:* dunkle Geschäfte machen.

die **Dun|kel|heit** [ˈdʊŋkl̩hai̯t]; -: *Zustand, in dem es fast kein Licht gibt:* bei Einbruch der Dunkelheit; in völliger Dunkelheit. *Syn.:* Finsternis.

dünn [dʏn], dünner, am dünnsten ⟨Adj.⟩: **1.** *von [zu] geringem Umfang, Durchmesser, wenig dick /Ggs. dick/:* ein dünner Ast; dünnes Papier; ein dünner Stoff; sie ist sehr dünn. *Zus.:* haardünn. **2.** *nur in geringer Menge, Anzahl vorhanden; wenig:* dünnes Haar; das Land ist dünn bevölkert. **3.** *wässrig und deshalb wenig Geschmack besitzend:* die Suppe, der Kaffee ist [mir] zu dünn.

der **Dunst** [dʊnst]; -[e]s, Dünste [ˈdʏnstə]: *in der Luft schwebende winzige Wassertröpfchen und Schmutz, die die Sicht beeinträchtigen:* die Berge sind in Dunst gehüllt. *Syn.:* Dampf, Nebel, Smog.

düns|ten [ˈdʏnstn̩], dünstet, dünstete, gedünstet ⟨tr.; hat; etw. d.⟩: *in verschlossenem Topf in [Fett und] Wasserdampf gar werden lassen:* Gemüse dünsten. *Syn.:* kochen, sieden (landsch.).

durch [dʊrç] ⟨Präp. mit Akk.⟩: **1.** *kennzeichnet eine Bewegung, die auf der einen Seite in etwas hinein- und auf der anderen Seite wieder hinausführt:* durch die Tür, den Wald gehen. **2.** *kennzeichnet die vermittelnde, bewirkende Person, das Mittel, die Ursache:* etwas durch das Los entscheiden; die Stadt wurde durch ein Erdbeben zerstört. *Syn.:* aufgrund, infolge, mit, mittels, per.

¹**durch-** [ˈdʊrç] ⟨trennbares, betontes verbales Präfix⟩: **1.** *drückt aus, dass eine bestimmte Bewegung durch etwas hindurch erfolgt:* durchfahren; durchkriechen. **2.** *drückt aus, dass bei einem bestimmten Vorgang ein Objekt durchdrungen wird:* durchstechen; durchschneiden; durchsägen; durchscheuern. **3.** *drückt aus, dass ein Vorgang mit großer Intensität erfolgt:* durchatmen; durchprügeln. **4.** *drückt aus, dass ein Vorgang bis zum Ende eines bestimmten Zeitraums andauert:* durcharbeiten; durchfeiern.

²**durch-** [dʊrç] ⟨untrennbares, unbetontes Präfix transitiver Verben⟩: **1.** *drückt aus, dass eine bestimmte Bewegung durch etwas hindurch erfolgt:* durchfahren; durcheilen. **2.** *drückt aus, dass etwas durchdrungen oder durchtrennt wird:* durchbohren; durchschneiden. **3.** *drückt aus, dass mit einer bestimmten Tätigkeit eine Zeit verbracht wird:* durchfeiern; durchtanzen.

durch|aus [dʊrçˈau̯s] ⟨Adverb⟩: *völlig, ganz:* was sie sagt, ist durchaus richtig. *Syn.:* absolut, ganz, völlig, vollkommen.

durch|ei|n|an|der [dʊrçai̯ˈnandɐ] ⟨Adverb⟩: **1.** *ungeordnet:* hier ist ja alles durcheinander; die Waren waren ganz durcheinander in Kisten verpackt. **2.** *verwirrt:* ich bin heute völlig durcheinander.

das **Durch|ei|nan|der** [dʊrçai̯ˈnandɐ]; -s: *Unordnung, allgemeine Verwirrung:* in deinem Zimmer herrscht ein großes Durcheinander. *Syn.:* Chaos.

durch|ei|n|an|der- [dʊrçai̯ˈnandɐ] ⟨trennbares betontes verbales Präfix⟩: **1.** *so, dass Unordnung entsteht:* durcheinanderbringen; durcheinandergeraten; durcheinanderwerfen. **2.** *so, dass es von Verwirrung zeugt:* (alles) durcheinanderbringen *(verwirrt sein);* (im Schlaf) durcheinanderreden.

der **Durch|fall** [ˈdʊrçfal]; -[e]s, Durchfälle [ˈdʊrçfɛlə]: *dünner, wässriger Stuhl:* Durchfall bekommen, haben.

durch|fal|len [ˈdʊrçfalən], fällt durch, fiel durch, durchgefallen ⟨itr.; ist⟩: *eine Prüfung nicht bestehen:* im Examen durchfallen.

durch|füh|ren [ˈdʊrçfyːrən], führt durch, führte durch, durchgeführt ⟨tr.; hat; etw. d.⟩: *stattfinden lassen, verwirklichen:*

eine Untersuchung durchführen; eine Abstimmung durchführen; ein Projekt planen und durchführen.

durch|ge|hend ['dʊrçgeːənt] ⟨Adj.⟩: **1.** *direkt bis ans Ziel einer Reise fahrend:* ein durchgehender Zug. **2.** *ohne Pause oder Unterbrechung:* die Geschäfte sind durchgehend geöffnet.

durch|hal|ten ['dʊrçhaltn̩], hält durch, hielt durch, durchgehalten: **1.** ⟨itr.; hat⟩ *nicht aufgeben:* bis zum Schluss durchhalten. **2.** ⟨tr.; hat; etw. d.⟩ *aushalten, ertragen:* die Strapazen halte ich [gesundheitlich] nicht durch. *Syn.:* überstehen.

durch|las|sen ['dʊrçlasn̩], lässt durch, ließ durch, durchgelassen: **1.** ⟨tr.; hat; jmdn., etw. [durch etw.] d.⟩: *vorbeigehen lassen:* sie haben mich an der gesperrten Straße nicht durchgelassen. **2.** ⟨itr.; hat; etw. d.⟩: *durchlässig sein; (etwas) eindringen lassen:* die Schuhe lassen Wasser durch.

durch|läs|sig ['dʊrçlɛsɪç], durchlässiger, am durchlässigsten ⟨Adj.⟩: *nicht dicht; (Luft, Wasser) durchlassend:* durchlässige Gefäße, Zellen. *Syn.:* undicht. *Zus.:* luftdurchlässig, wasserdurchlässig.

durch|le|sen ['dʊrçleːzn̩], liest durch, las durch, durchgelesen ⟨tr.; hat; etw. d.⟩: *von Anfang bis Ende lesen:* ein Buch durchlesen; lies [dir] mal diesen Text durch!

durch|ma|chen ['dʊrçmaxn̩], macht durch, machte durch, durchgemacht: **1.** ⟨tr.; hat; etw. d.⟩ *(etwas Schlimmes) erleben, mitmachen:* viel durchmachen müssen; sie hat Schreckliches, eine schlimme Krankheit durchgemacht. *Syn.:* aushalten, ertragen. **2.** ⟨itr.; hat⟩ (ugs.) *vom Abend bis zum nächsten Morgen keine Pause machen:* ich werde mit der Arbeit nicht fertig und muss die Nacht durchmachen; lasst uns [die Nacht] durchmachen *(nicht schlafen gehen).*

der **Durch|mes|ser** ['dʊrçmɛsɐ]; -s, -: *gerade Linie, die durch den Mittelpunkt eines Kreises geht:* den Durchmesser eines Kreises berechnen; etwas misst 3 Meter im Durchmesser.

die **Durch|rei|se** ['dʊrçraɪzə]; -, -n: *Reise durch einen Ort, ein Land:* sich auf der Durchreise befinden; die Stadt nur von der Durchreise kennen.

die **Durch|sa|ge** ['dʊrçzaːɡə]; -, -n: *Mitteilung, die über Funk oder über das Radio verbreitet wird:* Achtung, Achtung, Sie hören eine Durchsage der Polizei!

durch|schnei|den ['dʊrçʃnaɪdn̩], schneidet durch, schnitt durch, durchgeschnitten ⟨tr.; hat; etw. d.⟩: *in zwei Teile schneiden:* er schnitt die Leine durch; sie schneidet das Brot in der Mitte durch. *Syn.:* halbieren, teilen.

der **Durch|schnitt** ['dʊrçʃnɪt]; -[e]s, -e: *mittlerer Wert:* ihre Leistungen liegen über dem Durchschnitt. *Syn.:* Mittel, Norm, Schnitt. *Zus.:* Jahresdurchschnitt, Leistungsdurchschnitt, Notendurchschnitt.

durch|schnitt|lich ['dʊrçʃnɪtlɪç] ⟨Adj.⟩: **1.** *dem Durchschnitt entsprechend; im Allgemeinen:* ein durchschnittliches Einkommen von 3 000 Euro; sie sind durchschnittlich nicht älter als 15 Jahre. **2.** *von mittlerer Qualität, mittelmäßig:* eine durchschnittliche Bildung, Intelligenz; ihre Leistungen in der Schule sind durchschnittlich. *Syn.:* mäßig.

durch|se|hen ['dʊrçzeːən], sieht durch, sah durch, durchgesehen: **1.** ⟨itr.; hat⟩ *durch etwas sehen:* lass mich auch mal [durch das Fernrohr] durchsehen! **2.** ⟨tr.; hat⟩ *auf etwas hin untersuchen, durchlesen:* die Arbeiten der Schüler [auf Fehler] durchsehen. *Syn.:* inspizieren, kontrollieren, nachsehen, prüfen, überprüfen.

durch|set|zen ['dʊrçzɛtsn̩], setzt durch, setzte durch, durchgesetzt: **1.** ⟨tr.; hat; etw. d.⟩ *gegen Widerstände verwirklichen:* Reformen durchsetzen. **2.** ⟨sich d.⟩ *Widerstände überwinden:* sich gegen Konkurrenten durchsetzen; du wirst dich schon durchsetzen; die neue Technik wird sich durchsetzen *(sie wird genutzt werden).*

durch|sich|tig ['dʊrçzɪçtɪç], durchsichtiger, am durchsichtigsten ⟨Adj.⟩: *so beschaffen, dass man hindurchsehen kann:* eine durchsichtige Folie. *Syn.:* transparent.

durch|strei|chen ['dʊrçʃtraɪçn̩], streicht durch, strich durch, durchgestrichen ⟨tr.; hat; etw. d.⟩: *(etwas Geschriebenes) durch einen Strich hindurch als ungültig kennzeichnen:* eine Zeile, ein Wort durchstreichen; du sollst das etwas ordentlicher durchstreichen! *Syn.:* streichen.

durch|su|chen [dʊrçˈzuːxn̩], durchsucht, durchsuchte, durchsucht ⟨tr.; hat; jmdn., etw. d.⟩: *genau prüfen, untersuchen:* die Polizei hat ihn am Flugplatz durchsucht, konnte aber nichts finden; eine Wohnung [nach Waffen] durchsuchen.

die **Durch|wahl** ['dʊrçvaːl]; -, -en: *Telefonnummer, die zum einzelnen Anschluss führt:* ich gebe Ihnen meine Durchwahl; die Durchwahl von Kollegin Schmidt ist [die] 619.

D

Zu Kindern und Jugendlichen (bis ca. 16 Jahre), zu Angehörigen der eigenen Familie und zu guten Freunden sagt man »Du«. Auch Studenten duzen einander. (Nom. Singular/Plural:) »Kommst du/Kommt ihr mich heute besuchen?« (Dativ Singular/Plural:) »Wie gefällt es dir/euch?« (Akk. Singular/Plural:) »Wann soll ich dich/euch abholen?«
Fremde Erwachsene spricht man mit »Sie« an. (Nom. Singular + Plural:) »Kommen Sie mich heute besuchen?« (Dativ Singular + Plural:) »Wie gefällt es Ihnen?« (Akk. Singular + Plural:) »Wann soll ich Sie abholen?«

Wenn Sie unsicher sind, ob Sie jemanden mit »Du« oder »Sie« ansprechen sollen, sagen Sie besser »Sie«. Das ist höflicher, allerdings auch distanzierter. Möchten Sie vom »Sie« zum »Du« wechseln, sollten Sie vorher den anderen um Erlaubnis fragen, z. B. mit: »Wollen wir uns duzen?« oder »Haben Sie etwas dagegen, wenn wir ›du‹ zueinander sagen?«. In der Regel stellt eine solche Frage der/die Ältere dem/der Jüngeren. In Firmen bieten Mitarbeiter, die höher stehen oder schon länger in der Firma beschäftigt sind, neueren/niedriger stehenden Kollegen/Kolleginnen das »Du« an.

dür|fen ['dʏrfn̩], darf, durfte, gedurft/dürfen: **1.** ⟨Modalverb; hat⟩ 2. Partizip: dürfen⟩ *die Erlaubnis haben, etwas zu tun:* »darf ich heute Nachmittag schwimmen gehen?« – »du darfst [schwimmen gehen]«; ich habe nicht kommen dürfen; darf ich Sie bitten, das Formular auszufüllen?; darf ich bitten? (höfliche Aufforderung zum Tanz, zum Essen, zum Betreten eines Raumes). *Syn.:* können. **2.** ⟨Modalverb; hat; 2. Partizip: dürfen⟩ drückt einen Wunsch, eine Bitte, eine Aufforderung aus (oft verneint): du darfst jetzt nicht aufgeben!; ihm darf nichts geschehen; das darf doch nicht wahr sein! (ugs.: *das ist doch nicht zu verstehen!*). **3.** ⟨Modalverb; hat; 2. Partizip: dürfen⟩ *das Recht haben, etwas zu tun:* du darfst Tiere nicht quälen!; das hätte er nicht tun dürfen!; die Frage ist nicht, ob es machbar ist, sondern ob man es tun darf. *Syn.:* sollen. **4.** ⟨Modalverb; hat; 2. Partizip: dürfen; im 2. Konjunktiv⟩ *es ist wahrscheinlich, dass ...:* diese Zeitung dürfte die größte Zahl an Lesern haben; es dürfte nicht schwer sein, das zu zeigen; es dürfte ein Gewitter geben. **5.** ⟨Vollverb; itr.; hat; 2. Partizip: gedurft; etw. d.⟩ *(etwas Bestimmtes) tun dürfen, sich (an einen bestimmten Ort) begeben dürfen:* darfst du das?; um diese Zeit dürfen die Kinder nicht mehr [zum Spielen] nach draußen; ich durfte nicht nach Hause; er hat nicht gedurft *(es ist ihm nicht erlaubt worden)*.

die **Dür|re** ['dʏrə]; -, -n: *längere Zeit mit sehr trockenem Wetter:* das Land wurde von einer Dürre heimgesucht.

der **Durst** [dʊrst]; -[e]s: *Bedürfnis zu trinken:* großen Durst haben; seinen Durst löschen, stillen. *Zus.:* Bierdurst, Kaffeedurst. * **einen über den Durst trinken** (ugs. scherzh.): *zu viel Alkohol trinken:* die Party gestern war klasse, allerdings habe ich einen über den Durst getrunken.

durs|tig ['dʊrstɪç], durstiger, am durstigsten ⟨Adj.⟩: *Durst habend:* hungrig und durstig kamen wir zu Hause an.

das **Dusch|bad** ['dʊʃbaːt]; -[e]s, Duschbäder ['dʊʃbɛːdɐ]: **1.** *flüssige Seife speziell zum Duschen:* schreibst du bitte noch »Duschbad« auf die Einkaufsliste? **2.** *Badezimmer mit einer Dusche:* diese Wohnung verfügt über ein Duschbad. **3.** *das Duschen:* bevor wir gehen, nehme ich noch schnell ein Duschbad.

die **Du|sche** ['dʊʃə]; -, -n: **1.** *Gerät im Badezimmer zum Nassmachen des Körpers mit Wasser von oben:* unter die Dusche gehen. *Syn.:* Brause (veraltend). **2.** *das Duschen:* eine heiße Dusche nehmen.

du|schen ['dʊʃn̩]: **1.** ⟨itr.; hat⟩ *sich unter einer Dusche reinigen, entspannen:* kalt, warm, lange duschen. **2.** ⟨tr.; hat; jmdn., sich, etw. d.⟩ *mit der Dusche bespritzen:* sich, die Kinder abends duschen; [jmdm., sich] den Rücken duschen.

der **Du|ty-free-Shop** ['djuːtifriːʃɔp]; - [s], -s: *Geschäft auf Flughäfen oder Schiffen, in dem Waren verkauft werden, für die man keinen Zoll zahlen muss:* ich kaufe mir im Duty-free-Shop ein neues Parfüm.

das **Dut|zend** ['dʊtsn̩t]; -s, -e: **1.** *Menge von zwölf Stück:* ein Dutzend Eier kostet zwei Euro. **2.** * **Dutzende/dutzende von:** *sehr viele:* Dutzende/dutzende von Beispielen. *Syn.:* einige, etliche, viele, zahlreiche

du|zen ['du:ʦn̩], duzt, duzte, geduzt ⟨tr.; hat; jmdn. d.⟩: *zu jmdm. Du sagen* /Ggs. siezen/: er duzte ihn; sie duzen sich.

der **Dy|na|mo** [dy'na:mo]; -s, -s: *Maschine zur Erzeugung elektrischen Stroms:* der Dynamo an meinem Fahrrad ist kaputt.

E*e*

die **-e** [ə]; -, -n ⟨Suffix⟩: **1.** ⟨verbale Basis⟩ bildet Sachbezeichnungen: Binde; Liege; Leuchte. **2.** ⟨adjektivische Basis⟩ bildet vor allem abstrakte Eigenschaftsbezeichnungen: Höhe; Liebe; Stärke; Schwäche.

die **Eb|be** ['ɛbə]; -, -n: *das Sinken des Wassers im Meer, das auf die Flut folgt* /Ggs. Flut/: es ist Ebbe; bei Ebbe kann man im Watt wandern.

¹eben ['e:bn̩], ebener, am ebensten ⟨Adj.⟩: **1.** *flach, ohne Berge oder Hügel:* ebenes Land. **2.** *glatt, ohne Hindernis:* ein ebener Weg.

²eben ['e:bn̩] ⟨Adverb; zeitlich⟩: **1.** *gerade jetzt, in diesem Augenblick:* eben kommt er. *Syn.:* gerade, soeben. **2.** *gerade vorhin:* sie war eben noch hier. *Syn.:* gerade.

³eben ['e:bn̩] ⟨Partikel⟩: **1.** dient dazu, eine Feststellung zu bekräftigen: so ist er eben; das ist eben so; man kann sich eben auf sie verlassen. *Syn.:* halt (südd., österr., schweiz.). **2.** dient zur Betonung von etwas ganz Bestimmtem: eben das wollte ich ja damit sagen; eben dieser Brief war plötzlich verschwunden. *Syn.:* genau, gerade. **3.** dient dazu, Zustimmung auszudrücken: »Er hat es schließlich selbst so gewollt.« – »[Ja,] eben.«; »Meines Erachtens kann sie das nicht objektiv beurteilen.« – »Sie kennt das Problem aber aus eigener Erfahrung.« – »Eben [drum].«.

die **Ebe|ne** ['e:bənə]; -, -n: *flaches Land:* eine weite, fruchtbare Ebene.

eben|falls ['e:bn̩fals] ⟨Adverb⟩: *gleichfalls, ebenso, auch:* er war ebenfalls verhindert zu kommen; danke, ebenfalls! *(das wünsche ich Ihnen auch!)*. *Syn.:* genauso.

eben|so ['e:bn̩zo:] ⟨Adverb⟩: *in dem gleichen Maße, in der gleichen Weise:* das Kleid kostet ebenso viel [wie dieses]; du hättest ebenso gut mit der Bahn fahren können; er war über das Ergebnis ebenso froh wie du. *Syn.:* genauso.

das **Echo** ['ɛço]; -s, -s: **1.** *Ton, der auf eine Wand trifft und von dort zurückkommt:* in diesem Tunnel gibt es ein schönes Echo. **2.** *Reaktion:* der Vorschlag fand ein sehr positives, unterschiedliches Echo; ich hatte mit einem so großen Echo [auf den Artikel] überhaupt nicht gerechnet.

¹echt [ɛçt] ⟨Adj.⟩: **1.** *nicht künstlich hergestellt, nicht gefälscht:* ein echter Pelz; der Ring ist echt Gold *(ist aus echtem Gold)*; echte Blumen; dieser Diamant ist echt. *Syn.:* original. **2.** *wahr, wirklich:* ein echtes Problem; echte Freude, Trauer.

²echt [ɛçt] ⟨Adverb⟩ (ugs.): *tatsächlich, in der Tat:* ich bin echt frustriert; du hast mich damit echt überrascht; das finde ich echt gut.

die **Ecke** ['ɛkə]; -, -n: **1.** *Spitze:* die obere Ecke des Dreiecks; eine scharfe, vorspringende Ecke; Möbel mit abgerundeten Ecken; ich habe mich an der Ecke des Tischs gestoßen. **2.** *Winkel, der durch zwei aufeinanderstoßende Seiten einer Fläche gebildet wird:* das Datum steht in der rechten oberen Ecke [des Briefbogens]; das Buch war in der hintersten Ecke; er warf seine Schuhe in die Ecke. *Zus.:* Zimmerecke. **3.** *Stelle, an der zwei Reihen von Häusern, zwei Straßen aufeinanderstoßen:* an der Ecke stehen; der Supermarkt ist dort vorn an der Ecke; um die Ecke biegen. *Zus.:* Hausecke, Straßenecke.

eckig ['ɛkɪç] ⟨Adj.⟩: **1.** *Ecken, Kanten habend* /Ggs. rund/: ein eckiger Tisch. **2.** *steif, unbeholfen:* ihre Bewegungen waren eckig.

edel ['e:dl̩], edler, am edelsten ⟨Adj.⟩: **1.** *von hoher Qualität; besonders wertvoll:* ein edles Holz, ein edles Tier; aus Frankreich kommen edle Weine. *Syn.:* erlesen, exquisit, fein, kostbar. **2.** *menschlich vornehm und selbstlos:* ein edler Mensch; edel handeln, denken. *Syn.:* gut, gütig.

die **EDV** [e:de:'faʊ]: elektronische Datenverarbeitung.

der **Ef|fekt** [ɛ'fɛkt]; -[e]s, -e: *[außerordentliche] Wirkung, die etwas hat:* mit der neuen Technik konnten sie einen großen Effekt erzielen; der Effekt seiner Anstrengungen war gleich null; etwas hat [wenig] Effekt; das ist im Effekt *(im Ergebnis)* das Gleiche. *Syn.:* Erfolg, Ergebnis. *Zus.:* Nebeneffekt, Überraschungseffekt.

ef|fek|tiv [efɛk'tiːf], effektiver, am effektivsten ⟨Adj.⟩: *(die erwünschte) Wirkung zeigend:* wir haben sehr effektiv zusammengearbeitet; es wurden effektive Kontrollen durchgeführt. *Syn.:* wirksam, wirkungsvoll.

egal [e'ɡaːl] ⟨Adj.; nicht flektierbar⟩: *unwichtig, ohne Bedeutung:* es ist [mir] doch egal, was sie gesagt hat. *Syn.:* gleichgültig.

ehe ['eːə] ⟨Konj.⟩: *bevor:* es vergingen drei Stunden, ehe das Flugzeug landen konnte; ehe ihr nicht still seid, werde ich die Geschichte nicht vorlesen.

die **Ehe** ['eːə]; -, -n: *[gesetzlich anerkannte] Gemeinschaft von Mann und Frau:* eine glückliche Ehe; eine Ehe schließen, eingehen *(heiraten);* die Ehe wurde nach 5 Jahren geschieden; er hat einen Sohn aus erster Ehe.

die **Ehe|frau** ['eːəfrau̯]; -, -en: *Partnerin in der Ehe:* sie ist die Ehefrau eines meiner Kollegen. *Syn.:* Frau, Gattin (geh.).

ehe|lich ['eːəlɪç] ⟨Adj.⟩: *aus einer Ehe stammend:* sie hat drei eheliche Kinder; das Kind ist ehelich [geboren].

ehe|ma|lig ['eːəmaːlɪç] ⟨Adj.⟩: *früher:* ein ehemaliger Offizier; in unserer ehemaligen Wohnung lebt heute ein Freund.

der **Ehe|mann** ['eːəman]; -[e]s, Ehemänner ['eːəmɛnɐ]: *Partner in der Ehe:* sie hat drei Ehemänner überlebt. *Syn.:* Gatte (geh.), Mann.

das **Ehe|paar** ['eːəpaːɐ̯]; -[e]s, -e: *verheiratetes Paar:* unten wohnt ein älteres Ehepaar.

eher ['eːɐ] ⟨Adverb⟩: **1.** *zu einem [noch] früheren Zeitpunkt:* ich konnte leider nicht eher kommen. **2.** *wahrscheinlicher:* das könnte ich mir schon eher vorstellen; sie wird sich eher nicht beteiligen. **3.** *genauer gesagt:* das ist eher eine Frage des Geschmacks.

die **Eh|re** ['eːrə]; -, -n: **1.** ⟨ohne Plural⟩ *persönliche Würde, äußeres Ansehen:* die Ehre eines Menschen, einer Familie; seine Ehre wahren, verlieren; sie fühlte sich in ihrer Ehre verletzt. *Zus.:* Berufsehre, Standesehre. **2.** *Auszeichnung, Handlung, mit der man jmdn. ehrt:* er wurde zu seinem Jubiläum mit Ehren überhäuft.

eh|ren ['eːrən], ehrt, ehrte, geehrt ⟨tr.; hat; jmdn., etw. e.⟩: *seine Hochachtung vor jmdm., etwas ausdrücken:* jmdn. mit einem Orden ehren; bei dem Treffen wurden verdiente Mitglieder geehrt; du sollst Vater und Mutter ehren *(achten);*

meine sehr geehrten Damen und Herren (einleitende höfliche Anrede).

eh|ren|amt|lich ['eːrənʔamtlɪç] ⟨Adj.⟩: *ohne Bezahlung:* sie arbeitet ehrenamtlich für das Rote Kreuz; eine ehrenamtliche Tätigkeit.

der **Ehr|geiz** ['eːɐ̯ɡai̯ts]; -es: *stark ausgeprägtes Streben nach Erfolg, Geltung, Anerkennung:* politischer Ehrgeiz; er ist von Ehrgeiz besessen.

ehr|gei|zig ['eːɐ̯ɡai̯tsɪç], ehrgeiziger, am ehrgeizigsten ⟨Adj.⟩: *voll Ehrgeiz:* eine ehrgeizige Politikerin; er arbeitet sehr ehrgeizig für sein Examen.

ehr|lich ['eːɐ̯lɪç], ehrlicher, am ehrlichsten ⟨Adj.⟩: *nicht lügend, nicht betrügend:* ein ehrlicher Kassierer; sag mir ehrlich, wie dir das Kleid gefällt; wir erwarten eine ehrliche Antwort. *Syn.:* aufrichtig.

das **Ei** [ai̯]; -[e]s, -er: **1.** *etwas, was von Vögeln und anderen Tieren [in ein Nest] gelegt wird und in dem ein neues Tier entsteht:* Eier legen, ausbrüten; Schildkröten vergraben ihre Eier im Sand. *Zus.:* Gänseei, Hühnerei. **2.** *(meist von einem Huhn gelegtes) Ei als Nahrungsmittel:* ein Ei kochen, braten; unsere Nudeln werden mit frischen Eiern hergestellt.

die **-ei** [ai̯]; -, -en ⟨Suffix⟩: *dient zur Bildung einer Ortsangabe:* Bäckerei; Fleischerei; Wäscherei.

die **Ei|che** ['ai̯çə]; -, -n: *großer Laubbaum mit schwerem, hartem Holz und länglichen Blättern:* die Eiche gilt als der typische deutsche Baum.

die **Ei|chel** ['ai̯çl̩]; -, -n: *längliche runde Frucht der Eiche:* die Schweine des Bauern wurden mit Eicheln gefüttert.

die Eiche/ die Eichel

das **Eich|hörn|chen** ['ai̯çhœrnçən]; -s, -: *auf Bäumen lebendes kleines Tier mit auffallendem Schwanz, das sich von Nüssen und Eicheln ernährt:* wir haben im Park ein Eichhörnchen gesehen.

das Eichhörnchen

der **Eid** [ai̯t]; -[e]s, -e: *in feierlicher Form abgegebene Versicherung, dass eine Aussage wahr ist oder ein Versprechen gehalten* *werden wird:* einen Eid [auf die Verfassung] schwören, leisten. *Syn.:*Schwur.

ei|des|statt|lich [ˈaɪdəsˌʃtatlɪç] 〈Adj.〉: *für einen Eid stehend:* eine eidesstattliche Erklärung abgeben; etwas eidesstattlich versichern.

der **Ei|fer** [ˈaɪfɐ]; -s: *ständiges Streben, Bemühen:* ein unermüdlicher, fieberhafter Eifer; sein Eifer erlahmte bald; * **im Eifer des Gefechts:** *in der Aufregung, in der Hektik:* im Eifer des Gefechts habe ich vergessen zu antworten.

die **Ei|fer|sucht** [ˈaɪfɐzʊxt]; -: *starke Furcht, jmds. Liebe o. Ä. mit anderen teilen zu müssen:* ihre Eifersucht auf seine Kollegin ist fast schon krankhaft.

ei|fer|süch|tig [ˈaɪfɐzʏçtɪç], eifersüchtiger, am eifersüchtigsten 〈Adj.〉: *voll Eifersucht:* ein eifersüchtiger Mensch, Blick; eifersüchtig auf jmdn. sein; eifersüchtig beobachtete er, wie seine Frau mit dem Mann ihrer Freundin tanzte.

das **Ei|gelb** [ˈaɪɡɛlp]; -s, -e, (in Mengenangaben meist) -: *gelber Bestandteil des Eis:* für den Teig braucht man drei Eigelb.

ei|gen [ˈaɪɡn̩] 〈Adj.〉: **1.** *[zu] jmdm. selbst gehörend:* ein eigenes Haus, Auto besitzen; sie hat keine eigenen Kinder; eine eigene Meinung, einen eigenen Willen haben. **2.** *für einen selbst bestimmt:* er hat ein eigenes Zimmer. **3.** *betont sorgfältiger als andere:* sie ist [in diesen Dingen] sehr eigen.

ei|gen|ar|tig [ˈaɪɡn̩ˌʔaːɐ̯tɪç], eigenartiger, am eigenartigsten 〈Adj.〉: *[auffallend] fremd:* ein eigenartiges Wesen; er vertritt eine sehr eigenartige Theorie; es ist eigenartig, wie oft wir uns zufällig begegnen. *Syn.:* merkwürdig, seltsam, sonderbar.

ei|gen|hän|dig [ˈaɪɡn̩hɛndɪç] 〈Adj.〉: *von der eigenen Hand ausgeführt:* das Dokument trägt ihre eigenhändige Unterschrift; ich habe den Brief eigenhändig abgegeben.

ei|gen|mäch|tig [ˈaɪɡn̩mɛçtɪç], eigenmächtiger, am eigenmächtigsten 〈Adj.〉: *ohne vorher um Erlaubnis gefragt zu haben [ausgeführt]:* eine eigenmächtige Handlung; Sie hätten nicht eigenmächtig vorgehen dürfen.

die **Ei|gen|schaft** [ˈaɪɡn̩ʃaft]; -, -en: *zum Wesen einer Person oder Sache gehörendes Merkmal:* gute, schlechte Eigenschaften haben; zu ihren charakteristischen Eigenschaften gehört Ausdauer.

ei|gen|stän|dig [ˈaɪɡn̩ˌʃtɛndɪç], eigenständiger, am eigenständigsten 〈Adj.〉: *nach eigenen Gesetzen gewachsen:* eine eigenständige Kultur, Dichtung.

¹**ei|gent|lich** [ˈaɪɡn̩tlɪç] 〈Adj.〉: *wirklich, tatsächlich:* die eigentliche Ursache; den eigentlichen Zweck seines Besuchs hat er uns nicht verraten; ihr eigentlicher Name ist Maria.

²**ei|gent|lich** [ˈaɪɡn̩tlɪç] 〈Adverb〉: **1.** *in Wirklichkeit:* er heißt eigentlich Karl-Heinz, aber alle nennen ihn Kalle. **2.** *im Grunde, bei genauer Betrachtung:* ich musste zugeben, dass sie eigentlich recht hatte; eigentlich geht das nicht; dafür müsste man ihn eigentlich bestrafen.

³**ei|gent|lich** [ˈaɪɡn̩tlɪç] 〈Partikel〉: **1.** drückt eine freundliche Anteilnahme aus: wie ist die Sache damals eigentlich ausgegangen?; wie geht es ihm eigentlich? **2.** drückt Empörung oder Entrüstung aus: was denkst du dir eigentlich dabei, immer zu stören?

das **Ei|gen|tum** [ˈaɪɡn̩tuːm]; -s, -e: *etwas, was jmdm. gehört:* das Grundstück ist sein Eigentum; die Bücher gehören zu meinem persönlichen Eigentum. *Syn.:* Besitz. *Zus.:*Privateigentum, Staatseigentum.

die **Ei|le** [ˈaɪlə]; -: *Bestreben, ein bestimmtes Ziel rasch zu erreichen:* in großer Eile handeln; er ist immer in Eile. *Syn.:*Hast.

ei|lig [ˈaɪlɪç], eiliger, am eiligsten 〈Adj.〉: **1.** *in Eile:* eilig davonlaufen; sie ging mit eiligen Schritten über die Straße; es eilig haben *(in Eile sein).* **2.** *keinen Aufschub zulassend:* ein eiliger Auftrag. *Syn.:*dringend, dringlich.

der **Ei|mer** [ˈaɪmɐ]; -s, -: *(oben offenes) Gefäß mit Henkel, in dem man etwas transportiert oder aufbewahrt:* einen Eimer mit Wasser, Kohlen füllen; in der Ecke stand ein Eimer mit Farbe; die Bäuerin trug einen Eimer Milch über den Hof. *Zus.:* Abfalleimer, Kohleneimer.

¹**ein** [aɪn], ein, eine, ein 〈unbestimmter Artikel〉: sie kauft sich einen Computer; er wollte ihr eine Freude machen; sie hat ein schönes Haus; ein Wal ist kein Fisch; eine Pflanze braucht Wasser; ein Auto kostet viel Geld.

²**ein** [aɪn], ein, eine, eine, ein(e)s 〈Indefinitpronomen〉: **1.** (ugs.) *jemand:* einer, eine von euch, uns, ihnen; ich kenne einen, der schon dort war; er ist mit einer aus dem Kosovo verheiratet. **2.** *man:* man sollte nichts essen, was einem nicht bekommt, was einen krank macht; 〈seltener im Nom.〉 da muss einer doch wütend werden!

³**ein** [aɪn] 〈Kardinalzahl〉: ein Euro fünfzig;

E

für mindestens eine Person; genau ein Jahr später; er hat nicht einen Tag gefehlt.

ein- [aɪn] ⟨trennbares, betontes verbales Präfix⟩: **1.** *(von außen) in etwas hinein:* einatmen; einbauen; eingießen; eingraben; einheften; einschließen. **2.** drückt aus, dass etwas vollständig mit etwas umgeben, bedeckt wird: einhüllen; einpacken; einwickeln; einzäunen. **3.** drückt einen (allmählichen) Beginn aus: sich einarbeiten; einschlafen. **4.** drückt eine Beschädigung, Zerstörung aus: einreißen; einschlagen; einstürzen.

eiˈnianˈder [aɪˈnandɐ] ⟨Pronomen⟩ (geh.): *sich, euch, uns gegenseitig:* sie kämmten einander die Haare; wir schenken einander nichts zu Weihnachten.

einˈatˈmen [ˈaɪnlaːtmən], atmet ein, atmete ein, eingeatmet ⟨tr.; hat; etw. e.⟩: *(den Atem) in die Lunge einziehen* /Ggs. ausatmen/: die frische Luft einatmen; ⟨auch itr.⟩ bitte einatmen und die Luft anhalten.

die **Einˈbahnˈstraˈße** [ˈaɪnbaːnʃtraːsə]; -, -n: *Straße, die nur in einer Richtung befahren werden darf:* die engen Gassen sind fast alle Einbahnstraßen.

einˈbauˈen [ˈaɪnbaʊən], baut ein, baute ein, eingebaut ⟨tr.; hat; etw. [in etw. (Akk./Dativ)] e.⟩: *in etwas [nachträglich, zusätzlich] bauen, einsetzen:* wir wollen im Flur einen Schrank einbauen lassen; in die Tür wurde ein neues Schloss eingebaut.

einˈbeˈruˈfen [ˈaɪnbəruːfn̩], beruft ein, berief ein, einberufen ⟨tr.; hat; etw. e.⟩: *die Mitglieder, Teilnehmer auffordern, sich (an einem bestimmten Ort und Zeitpunkt) zu versammeln:* eine Sitzung, Tagung, Versammlung einberufen; das Parlament einberufen.

das **Einˈbettˈzimˈmer** [ˈaɪnbɛtsɪmɐ]; -s, -: *Zimmer (im Hotel oder Krankenhaus) mit nur einem Bett:* sie hatte ein kleines, aber helles Einbettzimmer bekommen.

einˈbeˈzieˈhen [ˈaɪnbətsiːən], bezieht ein, bezog ein, einbezogen ⟨tr.; hat; jmdn., etw. [mit] e.⟩: *mit berücksichtigen:* neue Erkenntnisse in seine Arbeit [mit] einbeziehen; einen Gast in ein Gespräch [mit] einbeziehen.

einˈbilˈden [ˈaɪnbɪldn̩], bildet ein, bildete ein, eingebildet: **1.** ⟨sich etw. e.⟩ *sich etwas vorstellen, was nicht der Wirklichkeit entspricht:* du bildest dir nur ein, krank zu sein. *Syn.:* sich vormachen. **2.** ⟨sich etw. auf etw. e.⟩ *besonders stolz auf sich sein, sich besonders wichtig fühlen:* er bildet sich viel auf sein Wissen ein

die **Einˈbilˈdung** [ˈaɪnbɪlduŋ]; -, -en: **1.** *[bloße] Fantasie:* diese Probleme gibt es nur in deiner Einbildung. **2.** *trügerische, falsche Vorstellung:* seine Krankheit ist reine Einbildung.

einˈblenˈden [ˈaɪnblɛndn̩], blendet ein, blendete ein, eingeblendet ⟨tr.; hat; etw. [in etw. (Akk./Dativ)] e.⟩: *in eine Sendung oder einen Film einfügen:* am Ende der Sendung wurde eine Telefonnummer eingeblendet.

einˈbreˈchen [ˈaɪnbrɛçn̩], bricht ein, brach ein, eingebrochen: **1.** ⟨itr.; ist; [in etw. (Akk.)] e.⟩ *gewaltsam in einen Raum, ein Gebäude eindringen, besonders um zu stehlen:* die Diebe sind in die Werkstatt eingebrochen. **2.** ⟨itr.; ist⟩ *durch die Oberfläche brechen:* der Junge war auf dem Eis des Sees eingebrochen.

der **Einˈbreˈcher** [ˈaɪnbrɛçɐ]; -s, -, die **Einˈbreˈcheˈrin** [ˈaɪnbrɛçərɪn]; -, -nen: *Person, die einbricht:* die Einbrecher waren durch ein Fenster eingestiegen.

der **Einˈbruch** [ˈaɪnbrʊx]; -[e]s, Einbrüche [ˈaɪnbrʏçə]: **1.** *gewaltsames Eindringen in ein Gebäude, besonders um zu stehlen:* an dem Einbruch waren drei Männer beteiligt. *Zus.:* Bankeinbruch. **2.** ⟨ohne Plural⟩ *plötzlicher Beginn:* sie wollten vor Einbruch der Nacht zurückkehren. *Zus.:* Kälteeinbruch, Wintereinbruch.

einˈbürˈgern [ˈaɪnbʏrgɐn], bürgert ein, bürgerte ein, eingebürgert: **1.** ⟨tr.; hat; jmdn e.⟩ *die Staatsangehörigkeit verleihen:* er wird bald eingebürgert werden; sie ist in die/der Schweiz eingebürgert worden. **2.** ⟨sich e.⟩ *üblich werden:* das Wort hat sich allmählich bei uns eingebürgert.

einˈcheˈcken [ˈaɪntʃɛkn̩], checkt ein, checkte ein, eingecheckt ⟨itr.; hat⟩: *auf dem Flughafen vor dem Abflug alles Notwendige erledigen:* die meisten Passagiere hatten schon früh eingecheckt; ⟨auch tr.; hat; etw. e.⟩ ich habe den Koffer schon gestern eingecheckt.

einˈcreˈmen [ˈaɪnkreːmən], einˈkreˈmen, cremt ein, cremte ein, eingecremt ⟨tr.; hat; jmdn., jmdm. etw. e.⟩: *mit Creme oder Lotion einreiben:* jmdm. den Rücken eincremen; ich creme mir das Gesicht ein; das Baby wurde gebadet und eingecremt.

einˈdeuˈtig [ˈaɪndɔytɪç], eindeutiger, am eindeutigsten ⟨Adj.⟩: *klar, deutlich:* eine eindeutige Anordnung; er bekam eine eindeutige Antwort. *Syn.:* präzis[e].

ein|drin|gen [ˈaindrɪŋən], dringt ein, drang ein, eingedrungen ⟨itr.; ist⟩: **1.** *in etwas dringen, gelangen:* Wasser drang in den Keller ein; der Splitter ist tief ins Bein eingedrungen. **2.** *mit Gewalt in einen Raum, ein Gebiet gehen:* Diebe drangen in das Geschäft ein; feindliche Soldaten sind in das Land eingedrungen.

ein|dring|lich [ˈaindrɪŋlɪç], eindringlicher, am eindringlichsten ⟨Adj.⟩: *mit Nachdruck:* eindringlich auf etwas hinweisen; er hat eindringlich auf sie eingeredet. *Syn.:* mahnend, nachdrücklich.

der **Ein|druck** [ˈaindrʊk]; -[e]s, Eindrücke [ˈaindrʏkə]: *Vorstellung:* einen guten, falschen Eindruck von etwas bekommen; einen flüchtigen, bleibenden Eindruck hinterlassen; wie ist dein Eindruck von dem neuen Kollegen?; das Haus macht einen guten Eindruck *(ist in gutem Zustand). Zus.:* Gesamteindruck.

ei|ne [ˈainə]: ↑ ein.

ei|ner [ˈainɐ]: ↑ ein.

ei|ner|lei [ˈainɐˈlai] ⟨Adj.; indeklinabel⟩: *egal:* ob du anrufst oder eine E-Mail schreibst, ist mir einerlei; das ist [mir] alles einerlei. *Syn.:* gleich, gleichgültig.

ei|ner|seits [ˈainɐzaits] ⟨Adverb⟩: in der Verbindung * **einerseits … and[e]rerseits …:** *auf der einen Seite … auf der anderen Seite …:* einerseits macht das Training Spaß, andererseits ist es auch anstrengend.

¹**ein|fach** [ˈainfax], einfacher, am einfachsten ⟨Adj.⟩: **1.** *schlicht, bescheiden:* in einfachen Verhältnissen leben; seine Eltern waren einfache Leute; ein einfaches Essen; sie zieht sich betont einfach an. *Syn.:* simpel (oft abwertend). **2.** *leicht:* eine einfache Aufgabe; das ist gar nicht so einfach; du hast es dir zu einfach gemacht.

²**ein|fach** [ˈainfax] ⟨Partikel⟩: **1.** verstärkt eine Aussage und zeigt, dass man keinen Zweifel daran zulässt: *eben:* es ist einfach so; ich kann es mir einfach nicht vorstellen; dazu fehlt mir einfach die Zeit. *Syn.:* ²eben, ¹halt. (südd., österr., schweiz.). **2.** verstärkt eine Aufforderung und deutet an, dass man ihr leicht folgen kann: *statt lange zu überlegen:* komm doch einfach mit!; frag ihn doch einfach mal!; warum fragst du ihn nicht einfach? **3.** (ugs.) verstärkt eine Aussage, einen Ausruf emotional: *wirklich:* das Essen war einfach spitze!; das wäre einfach toll!; das ist einfach unmöglich!

die **Ein|fahrt** [ˈainfaːɐt]; -, -en: **1.** *das Hinein-fahren:* die Einfahrt in das enge Tor war schwierig; Vorsicht bei der Einfahrt des Zuges. **2.** *Stelle, an der ein Fahrzeug in etwas hineinfährt* /Ggs. Ausfahrt/: die Einfahrt in den Hafen ist sehr eng; das Haus hat eine breite Einfahrt; bitte die Einfahrt frei halten!; Einfahrt verboten! *Zus.:* Hafeneinfahrt, Werk[s]einfahrt.

der **Ein|fall** [ˈainfal]; -[e]s, Einfälle [ˈainfɛlə]: *neuer Gedanke; Idee:* einen Einfall haben; das ist ein guter Einfall.

ein|fal|len [ˈainfalən], fällt ein, fiel ein, eingefallen ⟨itr.; ist⟩: **1.** *einstürzen:* die Mauer ist eingefallen. **2.** ⟨jmdm. e.⟩ *sich an jmdn., etwas erinnern:* mir fällt sein Name nicht ein.

ein|far|big [ˈainfarbɪç] ⟨Adj.⟩: *in nur einer Farbe:* ein einfarbiges Kleid.

der **Ein|fluss** [ˈainflʊs], -es, Einflüsse [ˈainflʏsə]: **1.** *Wirkung:* sie übt keinen guten Einfluss auf ihn aus; er stand lange unter dem Einfluss seines Freundes; der Einfluss der französischen Literatur auf die deutsche; er hatte auf diese Entscheidung keinen Einfluss. **2.** *Macht:* Einfluss besitzen; seinen ganzen Einfluss einsetzen; Personen mit Einfluss / von großem Einfluss.

ein|fü|gen [ˈainfyːɡn̩], fügt ein, fügte ein, eingefügt ⟨tr.; hat⟩: *einsetzen:* neue Steine in das Mauerwerk einfügen; ein Zitat in einen Text einfügen. *Syn.:* einbauen, fügen, integrieren.

die **Ein|fuhr** [ˈainfuːɐ]; -, -en: *das Einführen von Waren:* die Einfuhr von Fleisch wurde beschränkt. *Syn.:* Import. *Zus.:* Wareneinfuhr.

ein|füh|ren [ˈainfyːrən], führt ein, führte ein, eingeführt ⟨tr.; hat; etw. e.⟩: **1.** *Waren aus dem Ausland in das eigene Land bringen* /Ggs. ausführen/: Erdöl, Getreide [aus Übersee] einführen. *Syn.:* importieren. **2.** *etwas Neues verbreiten:* neue Lehrbücher, Regeln einführen; eine neue Währung einführen. **3.** *durch eine Öffnung hineinschieben, -stecken:* ein Zäpfchen einführen. *Syn.:* stecken in.

die **Ein|ga|be** [ˈainɡaːbə]; -, -n: **1.** *schriftliche Bitte oder Beschwerde an eine Behörde:* eine Eingabe machen, bearbeiten. *Syn.:* Antrag. **2.** ⟨ohne Plural⟩ *das Eingeben:* die Eingabe von Daten in den Computer.

der **Ein|gang** [ˈainɡaŋ]; -[e]s, Eingänge [ˈainɡɛŋə]: *Tür in ein Gebäude hinein* /Ggs. Ausgang/: das Haus hat zwei Eingänge; wo ist der Eingang?; der Eingang ist verschlossen. *Syn.:* Zugang. *Zus.:* Bühneneingang, Hauseingang.

---

einige

Ein Adjektiv oder Partizip, das auf »einige« folgt, wird im Plural stark dekliniert (↑ Deklination der Adjektive): »einige hohe Türme«, »einige kleine Mäuse«, »einige gelesene Bücher«. Das gilt auch, wenn das Adjektiv (oder Partizip) nominalisiert ist: »einige Verliebte«. Im Singular schwankt die Deklination des Adjektivs.

---

ein|ge|ben ['aɪngeːbn̩], gibt ein, gab ein, eingegeben ⟨tr.; hat; etw. e.⟩: *(Daten) in einen Computer tippen:* Daten, Informationen [in einen Computer] eingeben.

ein|ge|bil|det ['aɪngəbɪldət], eingebildeter, am eingebildetsten ⟨Adj.⟩: *sehr überzeugt von sich:* ein eingebildeter Mensch; sie ist eingebildet. *Syn.:* arrogant, hochmütig, hochnäsig.

ein|ge|hen ['aɪngeːən], geht ein, ging ein, eingegangen: **1.** ⟨itr.; ist; [auf] etw. e.⟩ *sich auf etwas einlassen:* einen Handel eingehen; ein Bündnis [mit jmdm.] eingehen; auf einen Plan, Vorschlag eingehen; eine Wette eingehen *(mit jmdm. wetten);* eine Ehe eingehen *(heiraten);* ein Risiko eingehen *(etwas riskieren).* **2.** ⟨itr.; ist; auf jmdn., etw. e.⟩ *sich mit etwas beschäftigen:* auf einen Gedanken, ein Problem eingehen; er ist auf seinen Kollegen gar nicht eingegangen. *Syn.:* sich befassen mit, sich einlassen auf. **3.** ⟨itr.; ist⟩ *beim Waschen enger werden:* die neuen Jeans sind beim Waschen eingegangen. *Syn.:* einlaufen.

ein|ge|hend ['aɪngeːənt], eingehender, am eingehendsten ⟨Adj.⟩: *sorgfältig, gründlich:* eine eingehende Beschreibung; der Arzt hat den Patienten eingehend untersucht. *Syn.:* ausführlich, intensiv.

ein|ge|schrie|ben ['aɪngəʃriːbn̩] ⟨Adj.⟩ (österr.): *als Einschreiben:* ich habe den Brief eingeschrieben verschickt.

ein|ge|wöh|nen ['aɪngəvøːnən], gewöhnt ein, gewöhnte ein, eingewöhnt ⟨sich [irgendwo] e.⟩: *vertraut, heimisch werden:* hast du dich in der neuen Schule schon eingewöhnt?; sie hat sich inzwischen bei uns eingewöhnt. *Syn.:* sich einleben, sich gewöhnen an.

ein|glie|dern ['aɪngliːdɐn], gliedert ein, gliederte ein, eingegliedert ⟨tr.; hat; jmdn., sich in etw. (Akk.) e.⟩: *einfügen, einordnen:* einen Gefangenen wieder in die Gesellschaft eingliedern; es fällt ihm schwer, sich in die Gemeinschaft einzugliedern. *Syn.:* integrieren.

ein|grei|fen ['aɪngraɪfn̩], greift ein, griff ein, eingegriffen ⟨itr.; hat; in, bei etw. e.⟩: *etwas beeinflussen, lenken:* in die Diskussion eingreifen; die Polizei musste bei der Schlägerei eingreifen.

ein|hei|misch ['aɪnhaɪmɪʃ] ⟨Adj.⟩: *an einem Ort, in einem Land zu Hause:* einheimische Firmen; die einheimische Bevölkerung; einen Einheimischen nach dem Weg fragen. *Syn.:* ansässig.

die **Ein|heit** ['aɪnhaɪt]; -, -en: **1.** *das Zusammengehören:* die nationale, wirtschaftliche Einheit eines Volkes; die einzelnen Teile des Werkes bilden zusammen eine Einheit *(ein Ganzes).* **2.** *vereinbarte Größe zum Messen:* die Einheit des Gewichts einer Ware heißt Kilogramm.

ein|heit|lich ['aɪnhaɪtlɪç], einheitlicher, am einheitlichsten ⟨Adj.⟩: *überall, für alle gleich:* ein einheitlicher Preis; die Kleidung ist einheitlich; der Text muss einheitlich gestaltet werden.

ein|ho|len ['aɪnhoːlən], holt ein, holte ein, eingeholt ⟨tr.; hat⟩: **1.** ⟨jmdn. e.⟩ *einen Rückstand auf jmdn. ausgleichen:* er konnte ihn kurz vor dem Ziel noch einholen; in Englisch hatte sie ihre Mitschüler bald eingeholt. **2.** ⟨etw. e.⟩ *gutmachen, aufholen:* sie wollte die verlorene Zeit wieder einholen. **3.** (ugs.) *einkaufen:* Brot, Wurst einholen; sie ist noch rasch einholen gegangen.

ei|nig ['aɪnɪç] ⟨Adj.⟩: *einer Meinung:* sie sind über den Preis einig geworden; in dieser Frage sind wir einig.

ei|nig... ['aɪnɪɡ...] ⟨Artikelwort und Indefinitpronomen⟩: **1.** einiger, einige, einiges ⟨Singular⟩: *ein bisschen; etwas:* mit einigem guten Willen hätte man dieses Problem lösen können; er wusste wenigstens einiges. **2.** einige ⟨Plural⟩: *mehrere, aber nicht viele:* er war einige Wochen verreist; sie hat nur einige Fehler. **3.** *viel:* das wird noch einigen Ärger bringen; die Reparatur wird sicher einiges kosten.

ei|ni|gen ['aɪnɪɡn̩], einigt, einigte, geeinigt ⟨sich [mit jmdm.] e.⟩: *zu einer gemeinsamen Lösung kommen:* sie können sich nicht einigen; er hat sich mit seinem Nachbarn geeinigt; sie haben sich über den Preis geeinigt *(verständigt).*

ei|ni|ger|ma|ßen [ˈainɪgɐˈmaːsn̩] ⟨Adverb⟩: *nicht schlecht, aber auch nicht gut:* auf diesem Gebiet weiß er einigermaßen Bescheid; sie hat sich wieder einigermaßen erholt; die Arbeit ist ihm einigermaßen gelungen. *Syn.:* halbwegs (ugs.), leidlich, mittelmäßig.

der Ein|kauf [ˈainkauf]; -[e]s, Einkäufe [ˈainkɔyfə]: *das Einkaufen:* sie erledigten ihre Einkäufe und fuhren nach Hause; beim Einkauf von Obst sollten Sie auf den Preis achten. *Syn.:* Kauf.

ein|kau|fen [ˈainkaufn̩], kauft ein, kaufte ein, eingekauft ⟨tr.; hat; etw. e.⟩: *kaufen:* Lebensmittel, Möbel einkaufen; etwas billig einkaufen; ⟨auch itr.⟩ er kauft immer im Supermarkt ein; sie ist einkaufen gegangen.

das Ein|kom|men [ˈainkɔmən]; -s, -: *Bezahlung für Arbeit:* ihr monatliches Einkommen beträgt 3 000 Euro; sie hat ein höheres Einkommen als ihr Mann. *Syn.:* Gehalt, Lohn, Verdienst.

ein|kre|men [ˈainkreːmən]: ↑ eincremen.

die Ein|künf|te [ˈainkʏnftə] ⟨Plural⟩: *eingenommenes Geld:* feste, regelmäßige Einkünfte haben; Einkünfte aus Sparguthaben versteuern. *Syn.:* Einnahmen.

¹ein|la|den [ˈainlaːdn̩], lädt ein, lud ein, eingeladen ⟨tr.; hat; etw. e.⟩: *in ein Fahrzeug bringen* /Ggs. ¹ausladen/: Pakete, Kisten [in den Lkw] einladen. *Syn.:* laden.

²ein|la|den [ˈainlaːdn̩], lädt ein, lud ein, eingeladen ⟨tr.; hat; jmdn. e.⟩: **1.** *als Gast zu sich bitten* /Ggs. ²ausladen/: wen willst du zum Geburtstag einladen? **2.** *jmdn. zu etwas auffordern und es ihm bezahlen:* er möchte uns ins Theater, zum Essen einladen.

die Ein|la|dung [ˈainlaːdʊŋ]; -, -en: **1.** *Bitte, mit der man jmdn. ²einlädt:* eine Einladung aussprechen; eine Einladung zu einer Feier bekommen; eine Einladung annehmen, ablehnen. **2.** *Brief, mit dem man jmdn. ²einlädt:* Einladungen schreiben, verschicken.

ein|las|sen [ˈainlasn̩], lässt ein, ließ ein, eingelassen ⟨tr.; hat; jmdn. e.⟩ *jmdn. hereinlassen:* er wollte niemanden einlassen. **2.** ⟨sich auf jmdn. e.⟩ *engen Kontakt zu jmdm. haben:* wie konnte er sich nur mit diesem gemeinen Kerl einlassen? *Syn.:* sich abgeben (ugs.), verkehren. **3.** ⟨sich auf etw. e.⟩ *bei etwas mitmachen:* sich auf ein Abenteuer einlassen; sich nicht in ein Gespräch mit jmdm. einlassen. *Syn.:* eingehen.

ein|lau|fen [ˈainlaufn̩], läuft ein, lief ein, eingelaufen: **1.** ⟨itr.; ist⟩ *hineinfließen:* das Wasser ist in die Badewanne eingelaufen. *Syn.:* laufen. **2.** ⟨itr.; ist⟩ *beim Waschen enger werden:* das Kleid ist beim Waschen eingelaufen. *Syn.:* eingehen.

ein|le|ben [ˈainleːbn̩], lebt ein, lebte ein, eingelebt ⟨sich [irgendwo] e.⟩: *sich eingewöhnen:* sich in einer anderen Stadt einleben; er hat sich gut bei uns eingelebt.

ein|lei|ten [ˈainlaitn̩], leitet ein, leitete ein, eingeleitet ⟨tr.; hat; etw. e.⟩: **1.** *eröffnen:* eine Feier mit Musik einleiten; er sprach einige einleitende *(einführende)* Worte. *Syn.:* anfangen, beginnen. **2.** *beginnen:* eine Untersuchung, Maßnahmen einleiten; einen Prozess, ein Verfahren gegen jmdn. einleiten. *Syn.:* vorbereiten.

die Ein|lei|tung [ˈainlaitʊŋ]; -, -en: *einleitendes Kapitel:* eine kurze Einleitung; die Einleitung eines Buches; in der Einleitung auf etwas hinweisen.

¹ein|mal [ˈainmaːl] ⟨Adverb⟩: **1.** *ein einziges Mal:* er war [schon, erst, nur, mindestens] einmal in Venedig; ich versuche es noch einmal *(wiederhole den Versuch);* *** auf einmal:** sie kamen alle auf einmal *(gleichzeitig);* auf einmal *(plötzlich)* stand sie auf und ging. **2.** *eines Tages:* er wird sein Verhalten [noch] einmal bereuen. **3.** *früher:* es ging ihm einmal besser als heute; (formelhafter Anfang im Märchen) es war einmal … *Syn.:* einst, einstmals, mal.

²ein|mal [ˈainmaːl] ⟨Partikel⟩: **1.** drückt aus, dass an einem bestimmten Sachverhalt nichts zu ändern ist: so liegen die Dinge [nun] einmal. **2.** drückt aus, dass man nicht mit einer ablehnenden Antwort rechnet: darf ich dich einmal etwas fragen?; komm [doch bitte] einmal her! **3.** in den Verbindungen *** erst, zunächst einmal:** *vor allem anderen:* wir sollten erst einmal etwas essen; ich möchte mich zunächst einmal bei den anderen bedanken, die mitgeholfen haben; *** nicht einmal:** *sogar … nicht:* er kann nicht einmal lesen.

ein|ma|lig [ˈainmaːlɪç] ⟨Adj.⟩: **1.** *nur ein einziges Mal vorkommend:* eine einmalige Zahlung, Gelegenheit. **2.** (emotional) *einzigartig:* dieser Film ist einmalig. *Syn.:* außerordentlich, besonder…, ungewöhnlich.

ein|mi|schen [ˈainmɪʃn̩], mischt ein, mischte ein, eingemischt ⟨sich e.⟩: *sich ungefragt äußern, ungefragt eingreifen:* die Erziehung der Kinder ist eure Sache, ich mische mich da ein; misch dich bloß nicht ein, das geht dich nichts an!

die **Ein|nah|me** [ˈainnaːmə]; -, -n: **1.** ⟨Plural⟩ *das Einkommen:* seine monatlichen Einnahmen schwanken. *Syn.:* Einkünfte ⟨Plural⟩. **2.** ⟨ohne Plural⟩ *das Schlucken:* die Einnahme von Tabletten einschränken.

ein|neh|men [ˈainneːmən], nimmt ein, nahm ein, eingenommen ⟨tr.; hat; etw. e.⟩: **1.** *als Einkommen erhalten:* wir haben heute viel eingenommen; er gibt mehr aus, als er einnimmt. *Syn.:* bekommen, beziehen, erhalten, kriegen, verdienen. **2.** *zu sich nehmen:* einen Imbiss einnehmen *(essen);* Pillen, seine Tropfen einnehmen *(schlucken).* **3.** *als Platz beanspruchen:* der Schrank nimmt viel Platz ein; das Bild nimmt die halbe Seite ein. *Syn.:* ausfüllen, brauchen, wegnehmen. **4.** *kämpfend erobern:* die Stadt, Festung wurde von den gegnerischen Truppen eingenommen. *Syn.:* besetzen, nehmen.

ein|ord|nen [ˈainlɔrdnən], ordnet ein, ordnete ein, eingeordnet: **1.** ⟨tr.; hat; etw. [in etw. (Akk.)] e.⟩ *in eine Ordnung einfügen:* Karteikarten einordnen; die neuen Bücher in den Bücherschrank einordnen. *Syn.:* einräumen, einstellen. **2.** ⟨sich [in etw. (Akk.)] e.⟩ *sich anpassen:* sich in eine Gemeinschaft einordnen. *Syn.:* sich einfügen, sich eingliedern, sich integrieren. **3.** *die Fahrbahn wechseln:* der Fahrer muss sich rechtzeitig vor dem Abbiegen links einordnen.

ein|pa|cken [ˈainpakn̩], packt ein, packte ein, eingepackt ⟨tr.; hat; etw. e.⟩ /Ggs. auspacken/: **1.** *in einen Koffer, eine Tasche packen:* ich habe schon alles für die Reise eingepackt. *Syn.:* verpacken. **2.** *in Papier wickeln:* Geschenke einpacken. *Syn.:* einschlagen, einwickeln, verpacken.

ein|par|ken [ˈainparkn̩], parkt ein, parkte ein, eingeparkt ⟨itr.; hat⟩: *in eine Lücke hineinfahren:* ich kann nicht gut einparken.

ein|prä|gen [ˈainprɛːgn̩], prägt ein, prägte ein, eingeprägt: **1.** ⟨tr.; hat; jmdm., sich etw. e.⟩ *unvergesslich machen:* du musst dir diese Vorschrift genau einprägen; er hat den Kindern eingeprägt, nicht mit Fremden mitzugehen. *Syn.:* beibringen, lernen, sich merken. **2.** ⟨sich e.⟩ *im Gedächtnis bleiben:* der Text prägt sich leicht ein.

ein|räu|men [ˈainrɔymən], räumt ein, räumte ein, eingeräumt ⟨tr.; hat⟩: **1.** ⟨etw. [in etw. (Akk.)] e.⟩ *hineinstellen oder -legen* /Ggs. ausräumen/: die Möbel [ins Zimmer] einräumen; das Geschirr [in den Schrank] einräumen. *Syn.:* einordnen, einstellen, räumen. **2.** ⟨etw. e.⟩ *mit etwas füllen:* das Zimmer, den Schrank einräumen. **3.** ⟨jmdm. etw. e.⟩ *zugestehen, gewähren:* jmdm. ein Recht, eine gewisse Freiheit einräumen. *Syn.:* bewilligen, geben, gewähren, zugestehen.

ein|re|den [ˈainreːdn̩], redet ein, redete ein, eingeredet ⟨tr.; hat⟩: **1.** ⟨jmdm., sich etw. e.⟩ *etwas glauben machen:* wer hat dir denn diesen Unsinn eingeredet?; ich lasse mir doch nicht einreden, dass ich zu dick bin. **2.** ⟨auf jmdn. e.⟩ *ohne Unterbrechung zu jmdm. sprechen:* er redete heftig, stundenlang auf mich ein.

ein|rei|ben [ˈainraibn̩], reibt ein, rieb ein, eingerieben ⟨tr.; hat; etw. [mit etw.] e.⟩: *reibend auftragen:* die Schuhe mit Fett einreiben; ich rieb [mir] mein Gesicht mit Creme ein; ⟨auch: sich e.⟩ du musst dich vor dem Sonnenbad gut einreiben. *Syn.:* eincremen.

ein|rei|chen [ˈainraiçn̩], reicht ein, reichte ein, eingereicht ⟨tr.; hat; etw. e.⟩: *zur Prüfung, Bearbeitung vorlegen:* ein Gesuch, eine Rechnung, eine Examensarbeit einreichen; Beschwerden sind bei der Hausverwaltung einzureichen. *Syn.:* abgeben, abliefern.

die **Ein|rei|se** [ˈainraizə]; -, -n: *das Einreisen* /Ggs. Ausreise/: die Einreise in ein Land beantragen; bei der Einreise in die Schweiz, nach Frankreich.

ein|rei|sen [ˈainraizn̩], reist ein, reiste ein, eingereist ⟨itr.; ist⟩: *über die Grenze in ein Land reisen* /Ggs. ausreisen/: sie ist bei Basel [illegal] in die Schweiz, nach Deutschland eingereist.

ein|rich|ten [ˈainrɪçtn̩], richtet ein, richtet ein, eingerichtet: **1.** ⟨tr.; hat; etw. e.⟩ *mit Möbeln, Geräten ausstatten:* sie haben ihre Wohnung neu eingerichtet; modern eingerichtet sein. **2.** ⟨tr.; hat; etw. e.⟩ *möglich machen:* ich kann es so einrichten, dass wir uns um 17 Uhr am Bahnhof treffen. **3.** ⟨tr.; hat; etw. e.⟩ *neu schaffen, gründen:* in den Vororten werden Filialen der Bank eingerichtet. *Syn.:* errichten. **4.** ⟨sich auf jmdn., etw. e.⟩ (ugs.) *sich vorbereiten:* sie hat sich auf viele Geburtstagsgäste eingerichtet; er hatte sich auf einen längeren Aufenthalt eingerichtet. *Syn.:* sich einstellen.

die **Ein|rich|tung** [ˈainrɪçtʊŋ]; -, -en: **1.** *Möbel, mit denen ein Raum eingerichtet ist:* eine geschmackvolle Einrichtung. *Syn.:* Ausstattung, Inventar, Mobiliar. *Zus.:* Wohnungseinrichtung. **2.** *Institution:* soziale staatliche, kommunale, öffentliche Einrichtungen; Kinderhorte sind eine wichtige öffentliche Einrichtung.

eins [ains] ⟨Kardinalzahl⟩: eins und eins ist/macht/gibt zwei.

ein|sam ['ainzaːm], einsamer, am einsamsten ⟨Adj.⟩: **1.** *völlig allein:* sie lebt sehr einsam. **2.** *abgelegen:* eine einsame Gegend; der Bauernhof liegt sehr einsam. *Syn.:* entlegen.

der **Ein|satz** ['ainzats]; -es, Einsätze ['ainzɛtsə]: **1.** ⟨ohne Plural⟩ *das Verwenden:* der Einsatz von Flugzeugen, Soldaten im Krieg; der Einsatz des verletzten Spielers ist fraglich; dieses Projekt verlangt den vollen Einsatz *(die ganze Kraft und Energie)* [der Person]. *Zus.:* Ernteeinsatz. **2.** *zusätzliches Teil eines Behälters, Gerätes:* zu dem Topf gehört ein Einsatz. **3.** *Geldbetrag bei einer Wette, beim [Glücks]spiel:* sie spielte mit einem niedrigen, hohen Einsatz.

ein|schal|ten ['ainʃaltn̩], schaltet ein, schaltete ein, eingeschaltet: **1.** ⟨tr.; hat; etw. e.⟩ *durch Betätigen eines Hebels, eines Schalters in Gang setzen* /Ggs. ausschalten/: den Strom, den Fernseher einschalten; vergiss nicht, die Spülmaschine einzuschalten! *Syn.:* anmachen (ugs.), anschalten, anstellen. **2.** ⟨sich e.⟩ *(in eine Angelegenheit) eingreifen:* er schaltete sich in die Verhandlungen ein. **3.** ⟨tr.; hat; jmdn. e.⟩ *[zur Unterstützung] hinzuziehen:* nach dem Anruf des Entführers wurde die Polizei eingeschaltet.

ein|schät|zen ['ainʃɛtsn̩], schätzt ein, schätzte ein, eingeschätzt ⟨tr.; hat; jmdn., etw. irgendwie e.⟩: *beurteilen:* er hatte die Lage, die Situation völlig falsch eingeschätzt; ich kann meinen neuen Chef noch nicht richtig einschätzen.

ein|schla|fen ['ainʃlaːfn̩], schläft ein, schlief ein, eingeschlafen ⟨itr.; ist⟩: **1.** *in Schlaf sinken, fallen* /Ggs. aufwachen/: sofort, beim Lesen einschlafen. **2.** *gefühllos werden:* mein Bein ist beim Sitzen eingeschlafen. **3.** *allmählich aufhören:* der Briefwechsel zwischen uns ist eingeschlafen; die Sache schläft mit der Zeit ein *(gerät in Vergessenheit)*.

ein|schlie|ßen ['ainʃliːsn̩], schließt ein, schloss ein, eingeschlossen: **1.** ⟨tr.; hat; jmdn. [in etw. (Akk./Dativ)] e.⟩ *durch Abschließen der Tür daran hindern, einen Raum zu verlassen:* sie haben die Kinder [in der Wohnung] eingeschlossen; ⟨auch: sich e.⟩ sie hat sich [in ihrem Zimmer] eingeschlossen *(hat die Tür*

abgeschlossen und lässt niemanden zu sich herein). **2.** ⟨tr.; hat; etw. [in etw. (Akk./Dativ)] e.⟩ *in einem Behälter, Raum verschließen:* er hatte sein Geld, den Schmuck [in die/in der Schublade] eingeschlossen. **3.** ⟨tr.; hat; jmdn., sich, etw. e.⟩ *mit einbeziehen:* die Fahrtkosten sind, die Bedienung ist im Preis eingeschlossen *(darin enthalten).*

¹**ein|schließ|lich** ['ainʃliːslɪç] ⟨Präp. mit Gen.⟩: *unter Einschluss:* die Kosten einschließlich des Portos, der Gebühren; einschließlich Porto; einschließlich Getränken.

²**ein|schließ|lich** ['ainʃliːslɪç] ⟨Adverb⟩: *das Genannte einbegriffen:* bis zum 20. März, bis Seite 345 einschließlich; bis einschließlich 2006. *Syn.:* inbegriffen, inklusive.

ein|schnap|pen ['ainʃnapn̩], schnappt ein, schnappte ein, eingeschnappt ⟨itr.; ist⟩: **1.** *sich fest schließen:* das Schloss ist nicht sofort eingeschnappt; die Tür ist eingeschnappt *(ist ins Schloss gefallen).* *Syn.:* zuschlagen. **2.** (ugs.) *beleidigt, gekränkt reagieren:* jetzt ist sie eingeschnappt, weil wir sie nicht mitnehmen.

ein|schnei|den ['ainʃnaidn̩], schneidet ein, schnitt ein, eingeschnitten: **1.** ⟨tr.; hat⟩ *sich in die Haut hineindrücken:* der Riemen, das Gummiband schnitt [in den Arm] ein. **2.** ⟨tr.; hat; etw. e.⟩ *einen Schnitt in etwas machen:* das Papier an den Ecken einschneiden; die Stiele der Rosen einschneiden.

ein|schnei|dend ['ainʃnaidn̩t], einschneidender, am einschneidendsten ⟨Adj.⟩: *sich stark auswirkend:* einschneidende Änderungen, Maßnahmen. *Syn.:* drastisch, empfindlich, merklich.

ein|schrän|ken ['ainʃrɛŋkn̩], schränkt ein, schränkte ein, eingeschränkt: **1.** ⟨tr.; hat; etw. e.⟩ *reduzieren:* seine Ausgaben einschränken. *Syn.:* beschränken, herabsetzen, kürzen, verringern. **2.** ⟨sich e.⟩ *wenig Geld ausgeben können:* sie müssen sich sehr einschränken; sie leben sehr eingeschränkt.

ein|schrei|ben ['ainʃraibn̩], schreibt ein, schrieb ein, eingeschrieben: **1.** ⟨tr.; hat; jmdn., sich, etw. [in etw. (Akk.)] e.⟩ *eintragen:* Einnahmen und Ausgaben in ein Heft einschreiben; ich habe mich *(meinen Namen)* in die Liste der Teilnehmer eingeschrieben; sie hat sich an einer Universität eingeschrieben. *Syn.:* anmelden, erfassen, immatrikulieren, registrieren. **2.** ⟨etw. e.⟩ *bei der Post sichern:*

E

einen Brief einschreiben lassen; ein eingeschriebener Brief.

das **Ein|schrei|ben** [ˈainʃraibn̩]; -s, -: *Post, die Gebühr kostet und dem Empfänger gegen eine Unterschrift zugestellt wird:* einen Brief als Einschreiben schicken; der Vertrag wird Ihnen per Einschreiben zugeschickt.

ein|schu|len [ˈainʃuːlən], schult ein, schulte ein, eingeschult ⟨tr.; hat; jmdn. e.⟩: *ein Kind in eine Schule aufnehmen:* sie wurde mit sechs Jahren eingeschult.

ein|se|hen [ˈainzeːən], sieht ein, sah ein, eingesehen ⟨tr.; hat; etw. e.⟩: **1.** *erkennen:* seinen Irrtum, ein Unrecht, einen Fehler einsehen. *Syn.:* begreifen, realisieren, verstehen. **2.** *verstehen:* ich sehe ein, dass du unter diesen Umständen nicht kommen kannst. *Syn.:* zugeben.

ein|sei|tig [ˈainzaitɪç] ⟨Adj.⟩: **1.** *nur auf einer Seite:* er ist einseitig gelähmt; das Papier ist nur einseitig bedruckt; eine einseitige *(nicht gegenseitige)* Zuneigung; ein einseitiger Beschluss. **2.** *auf ein bestimmtes Gebiet beschränkt:* eine einseitige Begabung, Ausbildung; ihre Ernährung ist zu einseitig *(nicht ausgewogen).* **3.** *nur einen Aspekt berücksichtigend:* eine einseitige Beurteilung, Maßnahme. *Syn.:* parteiisch, subjektiv.

ein|sen|den [ˈainzɛndn̩], sendet ein, sandte/ (seltener:) sendete ein, eingesandt/ (seltener:) eingesendet ⟨tr.; hat; etw. e.⟩: *an eine zuständige Stelle senden:* Unterlagen einsenden. *Syn.:* schicken.

ein|set|zen [ˈainzɛtsn̩], setzt ein, setzte ein, eingesetzt: **1.** ⟨tr.; hat; etw. [in etw. (Akk.)] e.⟩ *einfügen, einbauen:* eine Fensterscheibe einsetzen; einen Flicken [in die Hose] einsetzen. **2.** ⟨tr.; hat; jmdn., etw. e.⟩ *(für ein Amt, eine Aufgabe) bestimmen:* eine Kommissarin, einen Untersuchungsausschuss einsetzen; er wurde als Verwalter eingesetzt. *Syn.:* berufen, einstellen. **3.** *in Aktion treten lassen:* Polizei, Truppen, Flugzeuge einsetzen; in der Industrie werden immer mehr Roboter eingesetzt. **4.** *zusätzlich fahren lassen:* zur Entlastung des Verkehrs wurden weitere Busse, Züge eingesetzt. **5.** ⟨sich für jmdn., etw. e.⟩ *unterstützen:* er hat sich stets für dieses Projekt, für diesen Mann eingesetzt.

ein|sil|big [ˈainzɪlbɪç] ⟨Adj.⟩: **1.** *nur aus einer Silbe bestehend:* ein einsilbiges Wort. **2.** *nur wenig zum Reden geneigt:* er antwortete sehr einsilbig. *Syn.:* lakonisch, maulfaul (salopp), schweigsam.

ein|spa|ren [ˈainʃpaːrən], spart ein, sparte ein, eingespart ⟨tr.; hat; jmdn., etw. e.⟩: *(durch Sparen) behalten:* die Firma will eine Million Euro einsparen; auch in dieser Abteilung müssen jetzt Arbeitskräfte eingespart werden. *Syn.:* sparen.

ein|sper|ren [ˈainʃpɛrən], sperrt ein, sperrte ein, eingesperrt ⟨tr.; hat⟩: **1.** ⟨jmdn., sich [in etw. (Akk./Dat.)] e.⟩: *in einen Raum bringen und dort einschließen:* den Hund in die/der Wohnung einsperren. **2.** ⟨jmdn. e.⟩ (ugs.) *ins Gefängnis bringen:* den Dieb einsperren. *Syn.:* verhaften. **3.** ⟨etw. [in etw. (Akk./ Dat.)] e.⟩ (österr.) *in einem Behälter, Raum verschließen; einschließen:* abends sperren wir die wichtigsten Unterlagen [in den/im Schreibtisch] ein.

ein|sprin|gen [ˈainʃprɪŋən], springt ein, sprang ein, eingesprungen ⟨itr.; ist⟩: *jmdn. (der verhindert ist) vertreten:* als sie krank wurde, ist eine Sängerin aus Leipzig für sie eingesprungen.

Ein|spruch [ˈainʃprʊx]: in der Verbindung * **Einspruch erheben:** *(gegen etwas) protestieren:* gegen ein Urteil Einspruch erheben.

einst [ainst] ⟨Adverb⟩: **1.** *vor langer Zeit:* einst stand hier eine Burg. *Syn.:* einmal, einstmals (geh.). **2.** *in ferner Zukunft:* du wirst es einst bereuen. *Syn.:* einmal, einstmals (geh.), noch, später.

ein|ste|cken [ˈainʃtɛkn̩], steckt ein, steckte ein, eingesteckt ⟨tr.; hat⟩: **1.** ⟨etw. [in etw. (Akk.)] e.⟩ *(in etwas) stecken:* den Stecker einstecken; ich habe den Brief heute früh eingesteckt *(in den Briefkasten geworfen).* **2.** ⟨etw. e.⟩ *etwas in die Tasche stecken, um es bei sich zu haben:* den Schlüssel einstecken; steck [dir] etwas Geld ein; hast du genügend Geld eingesteckt *(bei dir; in der Tasche)?*

ein|ste|hen [ˈainʃteːən], steht ein, stand ein, eingestanden ⟨itr.; hat/ist; für etw. e.⟩: *(für einen Schaden) die Kosten bezahlen:* die Eltern haben/sind für den Schaden eingestanden, den ihre Kinder verursacht haben. *Syn.:* aufkommen, ²haften, [wieder] gutmachen.

ein|stei|gen [ˈainʃtaign̩], steigt ein, stieg ein, eingestiegen ⟨itr.; ist; [in etw. (Akk.)] e.⟩: *in ein Fahrzeug steigen* /Ggs. aussteigen/: in eine Straßenbahn, ein Auto einsteigen; ab 20 Uhr bitte nur vorn beim Fahrer einsteigen!

ein|stel|len [ˈainʃtɛlən], stellt ein, stellte

ein, eingestellt: **1.** ⟨tr.; hat; jmdn. e.⟩ *(jmdm. in seinem Unternehmen) Arbeit, eine Stelle geben:* neue Mitarbeiter einstellen. *Syn.:* anstellen, beschäftigen. **2.** ⟨tr.; hat; etw. e.⟩ *(eine Tätigkeit) nicht fortsetzen:* die Produktion, die Arbeit einstellen; das Rauchen einstellen. *Syn.:* abbrechen, aufgeben, beenden. **3.** ⟨tr.; hat; etw. [auf etw. (Akk.)] / irgendwie e.⟩ *(ein technisches Gerät) so regulieren, dass es nach Wunsch funktioniert:* das Radio leise einstellen; den Fotoapparat auf eine bestimmte Entfernung einstellen; sie stellte einen anderen Sender ein.

e **Ein|stel|lung** [ˈai̯nʃtɛlʊŋ]; -, -en: **1.** *das Einstellen:* die Einstellung neuer Mitarbeiter. **2.** *das Beenden:* das Gericht verfügte die Einstellung der Bauarbeiten. **3.** *(inneres) Verhältnis, das jmd. zu einer bestimmten Sache oder Person hat:* wie ist deine Einstellung zu diesem Krieg? *Syn.:* Ansicht, Auffassung, Meinung.

er **Ein|stieg** [ˈai̯nʃtiːk]; -[e]s, -e: *Öffnung, Stelle (an einem Fahrzeug) zum Einsteigen* /Ggs. Ausstieg/: bei dieser Straßenbahn ist der Einstieg hinten. *Syn.:* Eingang, Tür, Zugang.

eins|tig [ˈai̯nstɪç] ⟨Adj.⟩: *in einer früheren Zeit, zu einem früheren Zeitpunkt:* die einstige Weltmeisterin. *Syn.:* alt, ehemalig, früher.

einst|mals [ˈai̯nstmaːls] ⟨Adverb⟩ (geh.): *vor langer Zeit:* in diesem Wald lebte einstmals ein Riese. *Syn.:* damals, einmal, einst, früher.

er **Ein|sturz** [ˈai̯nʃtʊrts]; -es, Einstürze [ˈai̯nʃtʏrtsə]: *das Einstürzen:* beim Einsturz des Hauses wurden zwei Menschen verletzt.

ein|stür|zen [ˈai̯nʃtʏrtsn̩], stürzt ein, stürzte ein, eingestürzt ⟨itr.; ist⟩: *plötzlich in Trümmer fallen:* viele Häuser stürzten bei dem Erdbeben ein. *Syn.:* einfallen.

einst|wei|len [ˈai̯nstˈvai̯lən] ⟨Adverb⟩: **1.** *fürs Erste, zunächst einmal:* einstweilen bleibt uns nichts übrig, als zu abzuwarten. *Syn.:* vorerst, vorläufig. **2.** *inzwischen:* ich muss noch an den Salat machen, du kannst einstweilen schon den Tisch decken. *Syn.:* indes[sen] (geh.), unterdessen.

ein|tei|len [ˈai̯ntai̯lən], teilt ein, teilte ein, eingeteilt ⟨tr.; hat⟩. **1.** ⟨jmdn., etw. in etw. (Akk.) / nach etw. e.⟩ *aufteilen, in Teile untergliedern:* Pflanzen in/nach Arten einteilen; ein Buch in Kapitel einteilen. *Syn.:* aufteilen, gliedern, ordnen, sortie-

ren, teilen, unterteilen. **2.** ⟨etw. e.⟩ *überlegt mit etwas umgehen:* du musst dir deine Zeit, dein Geld gut einteilen; ich habe mir die Arbeit genau eingeteilt.

ein|tra|gen [ˈai̯ntraːgn̩], trägt ein, trug ein, eingetragen: **1.** ⟨tr.; hat; jmdn., etw. [in etw. (Akk./Dativ)] e.⟩ *in etwas schreiben* /Ggs. austragen/: seinen Namen in eine / (seltener:) einer Liste eintragen; einen Vermerk ins Klassenbuch eintragen. *Syn.:* notieren. **2.** ⟨sich e.⟩ *seinen Namen in etwas schreiben:* die Bundeskanzlerin trug sich in das Goldene Buch der Stadt ein.

ein|tref|fen [ˈai̯ntrɛfn̩], trifft ein, traf ein, eingetroffen ⟨itr.; ist⟩: **1.** *ankommen:* die Reisenden werden um fünf Uhr eintreffen; die Pakete sind noch nicht eingetroffen. *Syn.:* kommen. **2.** *Wirklichkeit werden:* die Voraussage ist eingetroffen. *Syn.:* sich verwirklichen.

ein|tre|ten [ˈai̯ntreːtn̩], tritt ein, trat ein, eingetreten: **1.** ⟨itr.; ist; [in etw. (Akk.)] e.⟩ *in einen Raum gehen oder kommen:* ich war leise in das Zimmer eingetreten; bitte treten Sie ein! **2.** ⟨itr.; ist; in etw. (Akk.) e.⟩ *mit etwas beginnen; etwas eröffnen, anfangen lassen:* in den Krieg, in Verhandlungen eintreten; die Verhandlungen sind in eine neue Phase eingetreten *(sind in ein neues Stadium gelangt, gekommen). Syn.:* aufnehmen, beginnen mit, eröffnen. **3.** ⟨itr.; ist⟩ *sich ereignen; Wirklichkeit werden:* der Tod war unerwartet eingetreten; was wir befürchteten, ist nicht eingetreten; eine Stille war eingetreten *(es war still geworden);* eine Besserung ist eingetreten *(es ist besser geworden). Syn.:* sich ereignen, erfolgen, geschehen, kommen, passieren, stattfinden. **4.** ⟨itr.; ist; in etw. (Akk.) e.⟩ *Mitglied werden* /Ggs. austreten/: ich trete in die Partei, in den Verein ein. *Syn.:* beitreten.

der **Ein|tritt** [ˈai̯ntrɪt]; -[e]s, -e: **1.** *Zugang zu etwas (wenn man bezahlt hat):* der Eintritt kostet drei Euro; Kinder haben freien Eintritt. **2.** *das Eintreten:* Eintritt verboten!

die **Ein|tritts|kar|te** [ˈai̯ntrɪtskartə]; -, -n: *Karte, die zum Besuch von etwas berechtigt:* eine Eintrittskarte lösen, kaufen; wir sollten die Eintrittskarten schon im Vorverkauf holen, an der Abendkasse gibt es bestimmt keine mehr. *Syn.:* Billett (bes. schweiz.), Karte, Ticket.

ein|ver|stan|den [ˈai̯nfɛɐ̯ʃtandn̩]: in der Verbindung * mit jmdm., etwas einverstanden sein: *keine Einwände gegen

E

jmdn., etwas haben, einer Sache zustimmen: ich war mit dem Vorschlag einverstanden; »Können wir über dieses Thema in der Sitzung am 15. Mai sprechen?« – »Ja, einverstanden.«. *Syn.:* jmdn., etwas akzeptieren.

das **Ein|ver|ständ|nis** [ˈai̯nfɛɐ̯ʃtɛntnɪs]; -ses: *Zustimmung:* sein Einverständnis zu etwas geben, erklären; im Einverständnis mit seinem Partner handeln. *Syn.:* Erlaubnis, Genehmigung.

der **Ein|wand** [ˈai̯nvant]; -[e]s, Einwände [ˈai̯nvɛndə]: *andere Auffassung:* ein berechtigter Einwand gegen diesen Vorschlag.

der **Ein|wan|de|rer** [ˈai̯nvandərɐ]; -s, -, die **Ein|wan|de|rin** [ˈai̯nvandərɪn]; -, -nen: *Person, die in ein Land einwandert oder eingewandert ist:* viele Einwanderer lernen schnell Deutsch. *Syn.:* Immigrant, Immigrantin.

ein|wan|dern [ˈai̯nvandɐn], wandert ein, wanderte ein, eingewandert ⟨itr.; ist; [irgendwohin] e.⟩: *in ein anderes Land gehen, um dort zu leben und zu arbeiten* /Ggs. auswandern/: die Familie ist vor elf Jahren nach Deutschland eingewandert.

ein|wand|frei [ˈai̯nvantfrai̯] ⟨Adj.⟩: **1.** *ohne Fehler oder Mängel:* eine einwandfreie Ware; die neue Maschine funktioniert einwandfrei. *Syn.:* fehlerlos, makellos, perfekt, vollkommen. **2.** *eindeutig:* einwandfreie Beweise; das ist einwandfrei erwiesen. *Syn.:* klar, wirklich.

ein|wech|seln [ˈai̯nvɛksl̩n], wechselt ein, wechselte ein, eingewechselt ⟨tr.; hat⟩: **1.** ⟨etw. [in etw. (Akk.)] e.⟩ *(Geld in eine andere Währung) tauschen:* Dollars in Euro einwechseln. *Syn.:* wechseln. **2.** ⟨jmdn. e.⟩ *einen Spieler, eine Spielerin gegen einen anderen, eine andere austauschen:* sie wurde erst im letzten Drittel des Spiels eingewechselt.

ein|wei|chen [ˈai̯nvai̯çn̩], weicht ein, weichte ein, eingeweicht ⟨tr.; hat; etw. e.⟩: **1.** *(Wäsche) vor dem Waschen in Wasser mit Seife legen, damit sich der Schmutz löst:* Wäsche einweichen. **2.** *in Wasser o. Ä. legen, damit es weich wird:* Erbsen einweichen.

ein|wei|hen [ˈai̯nvai̯ən], weiht ein, weihte ein, eingeweiht ⟨tr.; hat⟩: **1.** ⟨etw. e.⟩ *(ein Bauwerk) mit einer Feier eröffnen:* ein Theater, eine Kirche einweihen. **2.** ⟨jmdn. in etw. (Akk.) e.⟩ *jmdm. etwas im Vertrauen sagen:* sie weihte ihn in ihre Pläne ein; er ist nicht eingeweiht.

ein|wei|sen [ˈai̯nvai̯zn̩], weist ein, wies ein,

eingewiesen ⟨tr.; hat; jmdn. [in etw. (Akk.)] e.⟩: **1.** *veranlassen, dass jmd. an einem bestimmten Ort aufgenommen, untergebracht wird:* jmdn. ins Krankenhaus, in ein Heim einweisen. *Syn.:* unterbringen. **2.** *(jmdm. an seinem [neuen] Arbeitsplatz) die nötigen Anweisungen für seine Arbeit geben:* der Chef hat sie [in ihre neue Arbeit] eingewiesen. *Syn.:* anleiten, ausbilden, einführen.

ein|wen|den [ˈai̯nvɛndn̩], wendet ein, wandte/wendete ein, eingewandt/eingewendet ⟨tr.; hat; etw. e.⟩: *einen Einwand gegen jmdn., etwas vorbringen:* gegen diesen Vorschlag habe ich nichts einzuwenden; gegen eine Tasse Kaffee hätte ich nichts einzuwenden (ugs.; *eine Tasse Kaffee würde ich gern trinken).*

ein|wi|ckeln [ˈai̯nvɪkl̩n], wickelt ein, wickelte ein, eingewickelt ⟨tr.; hat; etw., jmdn., sich [in etw. (Akk.)] e.⟩: *(zum Schutz) in etwas wickeln, hüllen:* ein Geschenk in buntes Papier einwickeln; einen Kranken in warme Decken einwickeln. *Syn.:* einpacken, verpacken.

ein|wil|li|gen [ˈai̯nvɪlɪɡn̩], willigt ein, willigte ein, eingewilligt ⟨itr.; hat; [in etw. (Akk.)] e.⟩: *(einer Sache) zustimmen, (mit etwas) einverstanden sein:* ich willigte [in den Vorschlag] ein. *Syn.:* akzeptieren, annehmen, bejahen, zustimmen.

die **Ein|wil|li|gung** [ˈai̯nvɪlɪɡʊŋ]; -, -en: *das Einwilligen; Zustimmung, Einverständnis:* die Einwilligung der Eltern ist nötig; seine Einwilligung zu etwas geben.

der **Ein|woh|ner** [ˈai̯nvoːnɐ]; -s, -, die **Ein|woh|ne|rin** [ˈai̯nvoːnərɪn]; -, -nen: *Person, die in einer Stadt, einem Land, einem Gebiet wohnt:* die Stadt hat zwei Millionen Einwohner; als Einwohner von München missfällt mir hier auch manches. *Syn.:* Bewohner, Bewohnerin.

ein|zah|len [ˈai̯ntsaːlən], zahlt ein, zahlte ein, eingezahlt ⟨tr.; hat⟩: **1.** *(auf das Konto des Empfängers) überweisen:* sie zahlte ihre Miete auf das Konto des Vermieters ein. **2.** *Geld auf sein Konto buchen lassen* /Ggs. abheben/: monatlich 200 Euro auf sein Sparkonto einzahlen. *Syn.:* zahlen.

die **Ein|zel|heit** [ˈai̯ntsl̩hai̯t]; -, -en: *einzelner Teil eines Ganzen:* er berichtete in allen Einzelheiten; auf Einzelheiten kann ich jetzt nicht eingehen. *Syn.:* Detail.

ein|zeln [ˈai̯ntsl̩n] ⟨Adj.⟩: **1.** *für sich allein; nicht mit anderen zusammen:* der einzelne Mensch; sie können jeden Band der Enzyklopädie einzeln kaufen; die

Gäste kamen einzeln; bitte einzeln eintreten!; jeder Einzelne; darauf kann ich im Einzelnen *(genauer)* nicht eingehen. **2.** *manche[s], einige[s] aus einer größeren Anzahl oder Menge:* einzelne Schneefälle; einzelne gute Bilder; Einzelnes hat mir gefallen; es sind nur Einzelne, die dies behaupten. *Syn.:* einig....

das **Ein|zel|zim|mer** [ˈai̯nts̩l̩ts̩ɪmɐ]; -s, -: *Zimmer (im Hotel) mit einem Bett, für eine Person:* haben Sie noch ein Einzelzimmer für die Nacht von Mittwoch auf/zu Donnerstag?; was kostet ein Einzelzimmer?

ein|zie|hen [ˈai̯ntsiːən], zieht ein, zog ein, eingezogen: **1.** ⟨itr.; ist; [in etw. (Akk.)]⟩ e.⟩ *in eine Wohnung, ein Haus, ein Zimmer ziehen:* wir zogen am nächsten Tag in das Haus ein. **2.** *Syn.:* beziehen. ⟨tr.; hat; etw. e.⟩ *(Geld, das man zahlen muss) kassieren:* die Bank zog den Betrag ein. **3.** ⟨tr.; hat; jmdn. e.⟩ *zum [Militär]dienst einberufen:* er wurde im Herbst eingezogen. **4.** ⟨itr.; ist; [in etw. (Akk.)] e.⟩ *eindringen:* die Salbe zieht schnell [in die Haut] ein.

¹**ein|zig** [ˈai̯ntsɪç] ⟨Adj.⟩: **1.** *nicht mehrfach vorkommend:* sie verlor ihre einzige Tochter; wir waren die einzigen Gäste; das ist der einzige Weg ins Dorf; die einzige Sitzung, an der ich nicht teilnehmen konnte; ich hatte als Einzige Bedenken; das war das Einzige, was sich erreichen ließ. **2.** *nicht häufig vorkommend; unvergleichlich:* das ist einzig in seiner Art; diese Leistung steht einzig da. *Syn.:* außergewöhnlich, außerordentlich, beispiellos, einmalig (emotional), einzigartig.

²**ein|zig** [ˈai̯ntsɪç] ⟨Adverb⟩: *allein, nur:* einzig [und allein] er ist schuld; das ist einzig [und allein] deine Schuld; der einzig gangbare Weg; das einzig Richtige.

ein|zig|ar|tig [ˈai̯ntsɪçlaːɐtɪç] ⟨Adj.⟩: *unvergleichlich:* eine einzigartige Leistung; der Ausblick ist einzigartig. *Syn.:* außergewöhnlich, außerordentlich, beispiellos, einmalig (emotional).

das **Eis** [ai̯s]; -es: **1.** *gefrorenes Wasser:* es ist warm geworden, das Eis schmilzt schon; das Eis trägt noch nicht; zu Eis werden. *Zus.:* Polareis. **2.** *gefrorene Milch, Sahne oder gefrorenes Wasser zum Essen:* gehen wir [ein] Eis essen?; du musst das Eis schneller lecken, sonst kleckert es; Eis am Stiel; Eis in der Waffel; Eis im Becher. *Zus.:* Erdbeereis, Schokoladeneis, Vanilleeis.

das **Eis|ca|fé** [ˈai̯skafeː]; -s, -s: *kleinere Gaststätte, in der es Eis und Getränke gibt:* in der Stadt hat ein neues Eiscafé eröffnet.

die **Eis|die|le** [ˈai̯sdiːlə]; -, -n: *[kleinere Gaststätte, in der es Eis und Getränke gibt:* die Eisdiele in der Brückenstraße hat das beste Eis in der Stadt.

das **Ei|sen** [ˈai̯zn̩]; -s: *weißlich graues, schweres Metall, das leicht rostet:* das Tor ist aus Eisen.

die **Ei|sen|bahn** [ˈai̯zn̩baːn]; -, -en: *Fahrzeug, das auf Schienen fährt und Orte miteinander verbindet; Zug:* mit der Eisenbahn nach Paris fahren. *Syn.:* Bahn. *Zus.:* Spielzeugeisenbahn. * **es ist höchste Eisenbahn:** *es ist höchste Zeit:* wenn wir noch pünktlich in die Oper kommen wollen, dann ist es höchste Eisenbahn *(dann müssen wir jetzt los).*

ei|sig [ˈai̯zɪç], eisiger, am eisigsten ⟨Adj.⟩: **1.** *sehr kalt:* ein eisiger Wind; die Luft war eisig. **2.** *ablehnend:* ein eisiger Empfang; eisiges Schweigen. *Syn.:* kalt, reserviert.

eis|kalt [ˈai̯skalt] ⟨Adj.⟩: **1.** *[als] sehr kalt, eisig [empfunden]:* ein eiskalter Raum; im Winter ist dieses Büro immer eiskalt; ein Getränk eiskalt servieren. **2.** *kein Mitleid habend:* ein eiskalter Mörder; etwas eiskalt mit einkalkulieren. *Syn.:* kalt.

eis|lau|fen [ˈai̯slaufn̩], läuft eis, lief eis, eisgelaufen ⟨itr.; ist⟩: im Winter kann man hier gut eislaufen.

ei|tel [ˈai̯tl̩], eitler, am eitelsten ⟨Adj.⟩ (abwertend): *so, dass man sehr auf sein Äußeres (z. B. Kleidung) Wert legt:* er ist ein sehr eitler Mensch; sich eitel vor dem Spiegel drehen. *Syn.:* kokett.

der **Ei|ter** [ˈai̯tɐ]; -s: *gelbliche, dicke Flüssigkeit, die sich bei einer Entzündung bildet:* in der Wunde hat sich Eiter gebildet.

ei|tern [ˈai̯tɐn], eitert, eiterte, geeitert ⟨itr.; hat⟩: *Eiter bilden:* die Wunde eitert.

eit|rig [ˈai̯trɪç], eitriger, am eitrigsten ⟨Adj.⟩: *Eiter bildend:* eine eitrige Wunde.

das **Ei|weiß** [ˈai̯vai̯s]; -es, -e, (in Mengenangaben meist) -: **1.** *farbloser Teil des Eis:* Eiweiß und Eigelb trennen; drei Eiweiß zu Schnee schlagen. **2.** *Substanz, die ein wichtiger Bestandteil von pflanzlichen und tierischen Körpern ist:* man soll auf das Eiweiß in der Nahrung achten.

der **Ekel** [ˈeːkl̩]; -s: *heftiger Widerwille (der durch Geruch, Geschmack oder Aussehen erregt wird):* einen Ekel vor fettem Fleisch haben; sich voll Ekel von jmdm. abwenden. *Syn.:* Antipathie.

ekel|haft [ˈeːkl̩haft], ekelhafter, am ekelhaftesten ⟨Adj.⟩: **1.** *in als besonders widerlich empfundener Weise Abscheu,*

Widerwillen erregend, Ekel hervorrufend:
ein ekelhaftes Tier; eine ekelhafte Tat;
ekelhaft riechen, schmecken, aussehen.
Syn.: abscheulich, abstoßend, eklig,
grässlich (ugs.). **2.** ⟨verstärkend bei
Adjektiven und Verben⟩ (ugs.) *in einem
unangenehm hohen Maße:* es ist ekelhaft
kalt draußen. *Syn.:* bitter, entsetzlich
(ugs.), erbärmlich (ugs.), furchtbar
(ugs.), fürchterlich (ugs.), grauenhaft
(emotional), irrsinnig (emotional),
scheußlich, schrecklich (ugs.), verflucht
(salopp).

ekeln [ˈeːkl̩n], ek[e]le, ekelte, geekelt ⟨sich
[vor jmdm., etw.] e.⟩: *Ekel empfinden:* ich
ek[e]le mich vor Schlangen.

ek|lig [ˈeːklɪç] ⟨Adj.⟩: **1.** ⟨ekliger, am ekligs-
ten⟩ *so, dass es bei jmdm. Ekel verur-
sacht:* eine eklige Kröte. *Syn.:* ekelhaft,
grässlich (ugs.), scheußlich, widerlich
(abwertend). **2.** ⟨verstärkend bei Adjektiven und Verben⟩ (ugs.) *sehr:* ich habe
mir eklig wehgetan. *Syn.:* entsetzlich
(ugs.), furchtbar (ugs.), schrecklich
(ugs.).

das **Ek|zem** [ɛkˈtseːm]; -s, -e: *Ausschlag auf der
Haut (der meist juckt):* das Ekzem wird
immer größer. *Syn.:* Geschwür.

-el [l̩]; -s, - ⟨Suffix⟩: *bildet vor allem Gerä-
tebezeichnungen:* Deckel; Flügel; Hebel;
Klingel.

der **Ele|fant** [eleˈfant]; -en, -en: *großes graues
und schweres Säugetier mit sehr großen
Ohren:* unser Zoo hat einen jungen Ele-
fanten aus Indien bekommen.

der Elefant

ele|gant [eleˈɡant], eleganter, am elegan-
testen ⟨Adj.⟩: *geschmackvoll:* ein elegan-
ter Herr; sie ist immer sehr elegant
gekleidet. *Syn.:* schick, vornehm.

elek|trisch [eˈlɛktrɪʃ] ⟨Adj.⟩: **1.** *durch Elek-
trizität bewirkt:* elektrische Energie.
2. *durch Elektrizität funktionierend:* ein
elektrisches Gerät; unser Herd funktioniert nicht mit Gas, sondern elektrisch.

die **Elek|tri|zi|tät** [elɛktritsiˈtɛːt]; -: *Energie, mit
deren Hilfe Licht und Wärme erzeugt
wird; Strom:* Elektrizität in Licht
umwandeln.

die **Elek|tro|nik** [elɛkˈtroːnɪk]; -: *Gebiet der
Technik, das sich mit bestimmten physi-
kalischen Vorgängen, die durch elektrische Ströme, Licht, Strahlen oder Wärme*
beeinflusst werden, beschäftigt: Elektronik studieren.

elek|tro|nisch [elɛkˈtroːnɪʃ] ⟨Adj.⟩: *die Elek-
tronik betreffend:* elektronische Geräte;
eine elektronisch gesteuerte Anlage.

das **Ele|ment** [eleˈmɛnt]; -[e]s, -e: **1.** *Stoff, der in
der Natur vorkommt und aus dem
andere, komplexe Stoffe zusammengesetzt sind:* Sauerstoff ist ein chemisches
Element. **2.** *einzelner Bestandteil, Teil
von etwas:* das Regal besteht aus fünf
Elementen. **3.** * **in seinem Element sein:**
*etwas tun, was man gerne tut und gut
kann:* wenn sie etwas zu organisieren
hat, ist sie in ihrem Element.

elend [ˈeːlɛnt], elender, am elendesten
⟨Adj.⟩: **1.** *von Elend und Leid bestimmt:*
ein elendes Leben. **2.** *von Armut zeu-
gend:* eine elende Hütte. *Syn.:* kümmerlich. **3.** (ugs.) *in einem sehr schlechten
körperlichen Zustand:* elend aussehen;
sich elend fühlen.

das **Elend** [ˈeːlɛnt]; -[e]s *große Armut und Not:*
das Elend der Bevölkerung; die Krise
stürzte viele Familien ins Elend. *Zus.:*
Flüchtlingselend.

elf [ɛlf] ⟨Kardinalzahl⟩: elf Personen.

elf|te [ˈɛlftə] ⟨Ordinalzahl⟩: der elfte Okto-
ber.

-ell [ɛl] ⟨adjektivisches Suffix⟩: kennzeichnet die Zugehörigkeit, die Beziehung zu
etwas: konfessionell; oppositionell; traditionell.

der **Ell|bo|gen** [ˈɛlboːɡn̩]; -s, -: *Bereich des
Gelenks in der Mitte des Arms:* ich stieß
sie heimlich mit dem Ellbogen an.

der Ell(en)bogen

der **Ell|len|bo|gen** [ˈɛlənboːɡn̩]; -s, -: Ellbogen.

die **Els|ter** [ˈɛlstɐ]; -, -n: *Vogel mit schwarz-wei-
ßen Federn und langem Schwanz:* man
sagt, dass Elstern Silber stehlen würden.

die **El|tern** [ˈɛltɐn] ⟨Plural⟩: *Vater und Mutter:*
meine Eltern. *Syn.:* Erziehungsberech-
tigte. *Zus.:* Adoptiveltern, Brauteltern.

das **El|tern|haus** [ˈɛltɐnhaus]; -es, Elternhäuser
[ˈɛltɐnhɔyzɐ]: **1.** *Haus der Eltern:* mein
Elternhaus steht noch. **2.** *Familie, in der
jmd. aufwächst und von der er geprägt
ist:* er kommt aus einem protestantischen Elternhaus.

die **E-Mail** [ˈiːmeːl]; -, -s, (bes. schweiz.) das
E-Mail; -s, -s: *elektronisch am Computer*

übermittelte Nachricht: hast du mein[e] E-Mail bekommen?

die **Eman|zi|pa|ti|on** [emantsipa'tsi̯o:n]; -, -en: *rechtliche und gesellschaftliche Gleichstellung [bes. der Frauen mit den Männern]:* für die Emanzipation der Frau kämpfen. *Syn.:* Gleichberechtigung.

eman|zi|pie|ren [emantsi'pi:rən], emanzipiert, emanzipierte, emanzipiert ⟨sich e.⟩: *sich aus der Abhängigkeit befreien:* in einigen Ländern haben sich die Frauen auch heute noch nicht emanzipiert.

der **Emi|grant** [emi'grant]; -en, -en, die **Emi-gran|tin** [emi'grantɪn]; -, -nen: *Person, die emigriert ist:* viele Emigranten sind nach dem Krieg nach Deutschland zurückgekehrt. *Syn.:* Auswanderer, Auswanderin.

emi|grie|ren [emi'gri:rən], emigriert, emigrierte, emigriert ⟨itr.; ist⟩: *(bes. aus politischen Gründen) in ein anderes Land auswandern:* er ist nach Amerika emigriert.

emo|ti|o|nal [emotsi̯o'na:l], emotionaler, am emotionalsten ⟨Adj.⟩: *vom Gefühl bestimmt:* ein emotionales, nicht objektives Urteil; ein sehr emotionaler Mensch; sei nicht so emotional.

der **Emp|fang** [em'pfaŋ]; -[e]s, Empfänge [em'pfɛŋə]: **1.** *das Entgegennehmen (von etwas, was gebracht, geschickt wird):* den Empfang einer Ware bestätigen. **2.** *das Empfangen einer Sendung (in Rundfunk oder Fernsehen):* mit der neuen Antenne haben wir einen viel besseren Empfang. *Zus.:* Fernsehempfang, Rundfunkempfang, Satellitenempfang. **3.** *[offizielle] Begrüßung:* ein freundlicher, kühler, herzlicher Empfang. **4.** *festliche Veranstaltung von kürzerer Dauer [bei einer Person des öffentlichen Lebens]:* der Botschafter gab einen Empfang. *Zus.:* Neujahrsempfang, Presseempfang.

emp|fan|gen [em'pfaŋən], empfängt, empfing, empfangen ⟨tr.; hat⟩: **1.** ⟨etw. e.⟩ *etwas, was an einen gerichtet ist, entgegennehmen:* Geschenke, einen Brief empfangen. **2.** ⟨etw. e.⟩ *(eine Sendung) im Radio, Fernsehen hören bzw. sehen können:* dieser Sender ist nicht gut zu empfangen. **3.** ⟨jmdn. e.⟩ *(einen Gast) bei sich begrüßen:* jmdn. freundlich empfangen.

der **Emp|fän|ger** [em'pfɛŋɐ]; -s, -, die **Emp|fän-ge|rin** [em'pfɛŋərɪn]; -, -nen: *Person, an die Post adressiert ist:* der Empfänger des Briefes war verzogen.

emp|feh|len [em'pfe:lən], empfiehlt, empfahl, empfohlen: **1.** ⟨tr.; hat; [jmdm.] etw. e.⟩ *(jmdm. etwas) als besonders vorteilhaft nennen, vorschlagen:* können Sie mir ein Restaurant empfehlen?; er empfahl mir, ein Taxi zu nehmen; dieses Fabrikat ist sehr zu empfehlen. **2.** ⟨es empfiehlt sich⟩ *ratsam sein:* es empfiehlt sich, einen Regenschirm mitzunehmen.

emp|feh|lens|wert [em'pfe:lənsve:ɐ̯t], empfehlenswerter, am empfehlenswertesten ⟨Adj.⟩: *wert, empfohlen zu werden:* empfehlenswerte Bücher.

die **Emp|feh|lung** [em'pfe:lʊŋ]; -, -en: *das Empfehlen:* ich habe mich aufgrund der Empfehlung eines Bekannten für dieses Hotel entschieden. *Syn.:* Rat, Tipp.

emp|fin|den [em'pfɪndn̩], empfindet, empfand, empfunden ⟨tr.; hat⟩: **1.** ⟨etw. e.⟩ *(als einen über die Sinne vermittelten Reiz) verspüren:* Durst, Kälte, Schmerz empfinden. *Syn.:* fühlen, spüren, wahrnehmen. **2.** ⟨etw. e.⟩ *von etwas ergriffen werden:* Ekel, Reue empfinden; Liebe für jmdn. empfinden. *Syn.:* fühlen. **3.** ⟨etw. als etw. e.⟩ *in bestimmter Weise auffassen:* diese Bemerkung empfand sie als kränkend, als [eine] Wohltat.

emp|find|lich [em'pfɪntlɪç], empfindlicher, am empfindlichsten ⟨Adj.⟩: **1.** *leicht auf bestimmte Einflüsse, Reize reagierend:* eine empfindliche Haut; sie ist sehr empfindlich *(wird leicht krank).* **2.** *sehr sensibel:* sie ist sehr empfindlich; sei doch nicht so empfindlich! **3.** *leicht schmutzig werdend:* eine empfindliche Tapete.

em|por [em'po:ɐ̯] ⟨Adverb⟩: *in die Höhe, hinauf:* empor zu den Sternen, zum Licht. *Syn.:* hoch.

em|pö|ren [em'pø:rən], empört, empörte, empört: **1.** ⟨sich [über etw. (Akk.)] e.⟩ *sich heftig, mit aufgeregten Äußerungen über jmdn., etwas entrüsten:* ich empörte mich über diese Ungerechtigkeit; er war über dein Verhalten empört. *Syn.:* sich aufregen, sich erregen. **2.** ⟨itr.; hat; jmdn. e.⟩ *(in jmdm.) Ärger, Entrüstung hervorrufen:* diese Behauptung empörte ihn; ihr Benehmen war empörend.

die **Em|pö|rung** [em'pø:rʊŋ]; -: *das Empörtsein:* seiner Empörung Ausdruck geben. *Syn.:* Erregung.

das **En|de** ['ɛndə]; -s, -n: **1.** *Stelle, wo etwas aufhört* /Ggs. Anfang/: sie wohnt ganz am [anderen] Ende der Straße; das vordere, hintere Ende des Zugs. *Zus.:* Tischende, Zeilenende. **2.** *Zeitpunkt, an dem etwas aufhört* /Ggs. Anfang/: das Ende der Veranstaltung; Ende Oktober *(die letzten Tage im Oktober);* die Ferien sind zu

Ende *(vorüber)*; der Urlaub geht zu Ende *(neigt sich dem Ende zu)*. *Syn.:* Abschluss, Ausgang, Schluss. *Zus.:* Ferienende, Jahresende, Monatsende.

en|den ['ɛndn̩], endet, endete, geendet ⟨itr.; hat⟩: **1.** *(an einer bestimmten Stelle) ein Ende haben, nicht weiterführen:* der Weg endet hier. *Syn.:* aufhören. **2.** *(zu einem bestimmten Zeitpunkt) nicht länger andauern, sondern aufhören:* der Vortrag endete pünktlich.

end|gül|tig ['ɛntɡyltɪç] ⟨Adj.⟩: *sich nicht mehr ändernd:* das ist noch keine endgültige Lösung; wir haben uns jetzt endgültig entschlossen umzuziehen.

end|lich ['ɛntlɪç] ⟨Adverb⟩: *nach längerer Zeit:* endlich wurde das Wetter etwas freundlicher. *Syn.:* schließlich, zuletzt.

end|los ['ɛntloːs] ⟨Adj.⟩: *sich (räumlich oder zeitlich) sehr in die Länge ziehend:* eine endlose Straße; ein endloser Streit; etwas dauert endlos lange. *Syn.:* ewig, unendlich.

die **End|sta|ti|on** ['ɛntʃtatsi̯oːn]; -, -en: *letzte Station, letzte Haltestelle:* an der Endstation müssen alle aussteigen.

die **Ener|gie** [enɛrˈɡiː]; -, Energien [enɛrˈɡiːən]: **1.** *körperliche und geistige Kraft:* große Energie besitzen; nicht die nötige Energie haben. *Syn.:* Tatkraft. **2.** *physikalische Kraft (die zur Ausführung von Arbeit nötig ist):* elektrische Energie; alternative Energien; Energie [ein]sparen. *Zus.:* Atomenergie, Sonnenenergie, Wärmeenergie, Windenergie.

ener|gisch [eˈnɛrɡɪʃ], energischer, am energischsten ⟨Adj.⟩: **1.** *voller Energie und Tatkraft:* ein energischer Mann; sie griff energisch durch. **2.** *mit Nachdruck (ausgeführt):* energische Maßnahmen; ich habe mir diesen Ton energisch verbeten.

eng [ɛŋ], enger, am engsten ⟨Adj.⟩: **1.** *von geringer Ausdehnung nach den Seiten:* enge Straßen; der Durchgang ist eng. *Syn.:* schmal. **2.** *dicht gedrängt, sodass nur noch wenig Zwischenraum da ist:* die Bäume stehen eng [nebeneinander]; vier eng beschriebene Seiten. **3.** *(von Kleidungsstücken) dem Körper fest anliegend /Ggs. weit/:* ein enges Kleid; der Rock ist mir zu eng. *Syn.:* knapp. **4.** *eingeschränkt und mit wenig Überblick:* einen engen Gesichtskreis haben; du siehst die Sache zu eng. **5.** *sehr vertraut:* eine enge Freundschaft; jmdm. eng verbunden sein.

en|ga|gie|ren [ãɡaˈʒiːrən], engagiert, engagierte, engagiert: **1.** ⟨tr.; hat; jmdn. e.⟩ *(bes. einem Schauspieler, einem Musiker eine Stellung, einen Arbeitsvertrag geben)* sie wurde vom Staatstheater engagiert. *Syn.:* verpflichten. **2.** ⟨sich e.⟩ *sich für etwas einsetzen:* sich für die Ziele einer Partei, in einem Verein engagieren; sie sind sozial sehr engagiert.

der **En|gel** ['ɛŋl̩]; -s, -: **1.** *(in manchen Religionen gedachtes) Wesen von menschlicher Gestalt mit Flügeln:* ein Bild mit Engeln. *Zus.:* Weihnachtsengel. **2.** *als Helfer oder Retter wirkender Mensch:* sie ist mein guter Engel; er kam als rettender Engel; Sie sind ein Engel! Ohne Sie hätte ich das nicht geschafft.

der Engel

der **En|kel** ['ɛŋkl̩]; -s, -, die **En|ke|lin** ['ɛŋkəlɪn]; -nen: *Kind eines Sohnes oder einer Tochter:* sie hat drei Kinder und acht Enkel.

enorm [eˈnɔrm], enormer, am enormsten ⟨Adj.⟩: *in beeindruckender Weise über das Gewohnte oder Erwartete hinausgehend:* ein enormer Aufwand; diese Leistung ist enorm; das neue Gerät ist enorm praktisch; die Preise sind enorm gestiegen. *Syn.:* außergewöhnlich, außerordentlich, beachtlich, gewaltig (emotional), unglaublich (ugs.).

ent- [ɛnt] ⟨untrennbares verbales Präfix⟩: **1.** drückt aus, dass etwas von etwas entfernt wird: entkorken; entkleiden; entwässern. **2.** drückt aus, dass etwas wieder rückgängig gemacht, in den Ausgangszustand zurückgeführt wird: entkrampfen; entloben; entschlüsseln. **3.** drückt aus, dass ein Vorgang, eine Handlung beginnt: entbrennen; entfachen; entflammen. **4.** drückt aus, dass sich jmd., etwas von etwas entfernt oder entfernt wird: entfliehen; entlaufen; entreißen. **5.** drückt aus, dass etwas aus etwas herausgelangt: entnehmen; entsteigen.

der **-ent** [ɛnt]; -en, -en ⟨Suffix⟩: dient zur Bildung von maskulinen Nomen, die Personen bezeichnen, die etwas Bestimmtes tun: Dirigent; Produzent; Student.

ent|beh|ren [ɛntˈbeːrən], entbehrt, entbehrte, entbehrt: **1.** ⟨tr.; hat; jmdn., etw. e.⟩ *nicht haben, nicht bekommen [können]:* wir haben diese Freiheit schmerzlich entbehrt; er kann ihn, seinen Rat nicht entbehren; sie hat in ihrer Kindheit viel entbehren müssen. **2.** ⟨itr.; hat; einer Sache (Gen.) e.⟩ (geh.) *(etwas) nicht haben:* diese Behauptung entbehrt jeder Grundlage.

die **Ent|bin|dung** [ɛntˈbɪndʊŋ]; -, -en: *das Gebären eines Kindes:* Mutter und Kind haben die Klinik schon am Tag nach der Entbindung verlassen.

ent|de|cken [ɛntˈdɛkn̩], entdeckt, entdeckte, entdeckt ⟨tr.; hat⟩: **1.** ⟨etw. e.⟩ *(etwas bisher Unbekanntes) als Erster sehen, bemerken, finden:* eine Insel, einen Kontinent, einen Stern entdecken. **2.** ⟨jmdn., etw. e.⟩ *[überraschend, an unvermuteter Stelle] bemerken, erkennen, finden:* einen Fehler entdecken; er hat ihn in der Menge entdeckt.

die **Ent|de|ckung** [ɛntˈdɛkʊŋ]; -, -en: *das Entdecken:* die Entdeckung Amerikas; das Zeitalter der Entdeckungen.

die **En|te** [ˈɛntə]; -, -n: *Vogel, der schwimmt und einen breiten Schnabel hat:* die Enten haben Junge bekommen.

die Ente

ent|fal|len [ɛntˈfalən], entfällt, entfiel, entfallen ⟨itr.; ist⟩: **1.** ⟨jmdm. e.⟩ *(jmdm.) plötzlich aus dem Gedächtnis verschwinden:* der Name ist mir entfallen. **2.** ⟨auf jmdn., etw. e.⟩ *(jmdm.) bei einer Teilung als Anteil zugesprochen werden:* vom Gewinn entfallen 250 Euro auf ihn.

ent|fer|nen [ɛntˈfɛrnən], entfernt, entfernte, entfernt: **1.** ⟨tr.; hat; jmdn., etw. e.⟩ *verschwinden lassen, beseitigen:* Flecke entfernen; jmdn. aus seinem Amt entfernen. **2.** ⟨sich e.⟩ *einen Ort verlassen:* er hat sich von der Unfallstelle entfernt. *Syn.:* abhauen (ugs.), weggehen.

ent|fernt [ɛntˈfɛrnt], entfernter, am entferntesten ⟨Adj.⟩: *weit fort von jmdm., etwas:* bis in die entferntesten Teile des Landes; der Ort liegt weit entfernt von der nächsten Stadt. *Syn.:* abgelegen, entlegen, fern.

die **Ent|fer|nung** [ɛntˈfɛrnʊŋ]; -, -en: **1.** *Abstand zwischen zwei Punkten:* die Entfernung beträgt 100 Meter. *Syn.:* Distanz, Zwischenraum. **2.** *das Entfernen, Beseitigen:* die Entfernung der Trümmer.

ent|füh|ren [ɛntˈfyːrən], entführt, entführte, entführt ⟨tr.; hat; jmdn., etw. e.⟩:

gewaltsam an einen Ort bringen und dort festhalten:* jmdn., ein Kind, ein Flugzeug entführen. *Syn.:* kidnappen.

die **Ent|füh|rung** [ɛntˈfyːrʊŋ]; -, -en: *das Entführen:* die Entführung der Tochter des Präsidenten. *Zus.:* Flugzeugentführung, Kindesentführung.

¹**ent|ge|gen** [ɛntˈgeːgn̩] ⟨Präp. mit Dativ⟩: *im Widerspruch, Gegensatz zu etwas:* entgegen anderslautenden Meldungen hat der Sänger seine Tournee nicht abgesagt.

²**ent|ge|gen** [ɛntˈgeːgn̩] ⟨Adverb⟩: *[in Richtung] auf jmdn., etwas hin/zu:* ihm kam ein Motorradfahrer entgegen.

ent|ge|gen- [ɛntˈgeːgn̩] ⟨trennbares verbales Präfix⟩: besagt, dass etwas auf jmdn., etwas hin oder zu erfolgt: entgegenblicken; entgegendrängen; entgegenwerfen.

ent|ge|gen|ge|hen [ɛntˈgeːgŋɡeːən], geht entgegen, ging entgegen, entgegengegangen ⟨itr.; ist; jmdm. e.⟩: *sich jmdm. von vorne nähern:* sie ging ihm [ein Stück] entgegen.

ent|ge|gen|ge|setzt [ɛntˈgeːgŋɡəzɛtst] ⟨Adj.⟩: **1.** *in völlig anderer Richtung liegend:* sie wohnt am entgegengesetzten Ende der Stadt. **2.** *umgekehrt:* sie liefen in entgegengesetzter Richtung. **3.** *gegenteilig, völlig verschieden:* er war entgegengesetzter Meinung.

ent|ge|gen|kom|men [ɛntˈgeːgŋkɔmən], kommt entgegen, kam entgegen, entgegengekommen ⟨itr.; ist⟩: **1.** ⟨jmdm. e.⟩ *sich jmdm. nähern:* sie kam mir auf der Treppe entgegen; das entgegenkommende Auto blendete ihn. **2.** ⟨jmdm., etw. e.⟩ *jmds. Wünsche berücksichtigen:* wir kommen Ihnen entgegen und bieten Ihnen einen Rabatt von 20 % an; das kommt mir sehr entgegen; der Chef war äußerst entgegenkommend.

ent|ge|gen|neh|men [ɛntˈgeːgŋneːmən], nimmt entgegen, nahm entgegen, entgegengenommen ⟨tr.; hat; etw. e.⟩: *etwas annehmen, in Empfang nehmen:* ein Geschenk, ein Paket, Glückwünsche entgegennehmen; der Verkäufer hat eine Bestellung entgegengenommen.

ent|geg|nen [ɛntˈgeːgnən], entgegnet, entgegnete, entgegnet ⟨tr.; hat; [jmdm.] etw. e.⟩: *auf eine Frage oder ein Argument als Antwort äußern:* »Das stimmt nicht«, entgegnete sie; er entgegnete ihr, dass er es nicht gewusst habe. *Syn.:* antworten, erwidern.

ent|ge|hen [ɛntˈgeːən], entgeht, entging, entgangen ⟨itr.; ist⟩: **1.** ⟨jmdm., etw. e.⟩:

von jmdm., etwas verschont bleiben, von etwas nicht betroffen werden: einer Gefahr, dem Tod knapp entgehen; er ist seinen Verfolgern entgangen. *Syn.:* entkommen. **2.** ⟨jmdm. e.:⟩ *von jmdm. nicht bemerkt werden:* das ist mir völlig entgangen. *Syn.:* übersehen.

das **Ent|gelt** [ɛntˈɡɛlt]; -[e]s, -e: *für eine Arbeit gezahlte Entschädigung:* er musste gegen ein geringes Entgelt, ohne Entgelt arbeiten. *Syn.:* ¹Gehalt, Lohn.

ent|glei|sen [ɛntˈɡlaɪzn̩], entgleist, entgleiste, entgleist ⟨itr.; ist⟩: *aus dem Gleis springen:* der Zug ist entgleist.

ent|hal|ten [ɛntˈhaltn̩], enthält, enthielt, enthalten ⟨itr.; hat; etw. e.⟩: *als, zum Inhalt haben:* die Flasche enthält Alkohol; das Buch enthält alle wichtigen Informationen; das Trinkgeld ist im Preis nicht enthalten. *Syn.:* einschließen.

ent|hül|len [ɛntˈhʏlən], enthüllt, enthüllte, enthüllt ⟨tr.; hat; etw. e.⟩: **1.** *von einer Hülle befreien:* das Denkmal wurde feierlich enthüllt. **2.** (geh.) *nicht länger geheim halten, aufdecken, mitteilen:* er hat ihnen seinen Plan enthüllt; das Geheimnis wurde enthüllt. *Syn.:* sagen, verraten.

der **En|thu|si|as|mus** [ɛntuˈziasmʊs]; -: *sehr große Begeisterung:* der Enthusiasmus des Publikums war grenzenlos; mit jugendlichem Enthusiasmus kämpften sie für ihre Ideen. *Syn.:* Eifer, Leidenschaft, Schwung, Tatkraft.

ent|kal|ken [ɛntˈkalkn̩], entkalkt, entkalkte, entkalkt ⟨tr.; hat; etw. e.⟩: *von weißen Belägen (Kalk) befreien:* sie hat die Kaffeemaschine und den Wasserkocher mit Essig entkalkt.

ent|kom|men [ɛntˈkɔmən], entkommt, entkam, entkommen ⟨itr.; ist; jmdm., etw. e.⟩: *fliehen können:* er ist seinen Verfolgern entkommen; haltet sie fest, sie darf auf keinen Fall entkommen. *Syn.:* ausreißen (ugs.), entlaufen, flüchten.

ent|la|den [ɛntˈlaːdn̩], entlädt, entlud, entladen ⟨tr.; hat; etw. e.⟩: *eine Ladung (von etwas) herunternehmen:* zwei Männer haben den Wagen entladen. *Syn.:* abladen, ¹ausladen, ausräumen.

¹**ent|lang** [ɛntˈlaŋ] ⟨Präp. mit Dativ⟩: *seitlich (von etwas Langem):* entlang dem Fluss stehen kleine Bäume; entlang dem Weg läuft ein Zaun; ⟨bei Nachstellung mit Akk.⟩ den Wald entlang geht ein kleiner Weg.

²**ent|lang** [ɛntˈlaŋ] ⟨Adverb⟩: *der Länge nach:* sich an der Mauer entlang aufstellen; einen Weg am Ufer entlang verfolgen.

ent|lang|ge|hen [ɛntˈlaŋɡeːən], geht entlang, ging entlang, entlanggegangen ⟨itr., ist⟩: *einen bestimmten Weg in einer bestimmten Richtung gehen:* am Ufer entlanggehen.

ent|las|sen [ɛntˈlasn̩], entlässt, entließ, entlassen ⟨tr.; hat; jmdn. e.⟩: **1.** *gehen lassen:* einen Gefangenen entlassen; die Ärztin will den Patienten nächste Woche aus dem Krankenhaus entlassen. **2.** *nicht weiter beschäftigen:* die Fabrik musste zahlreiche Arbeiter entlassen. *Syn.:* kündigen.

die **Ent|las|sung** [ɛntˈlasʊŋ]; -, -en: *Lösung eines Arbeitsvertrags, Kündigung:* sie bat ihren Chef um ihre Entlassung.

ent|lau|fen [ɛntˈlaʊfn̩], entläuft, entlief, entlaufen ⟨itr.; ist; jmdm. e.⟩: *von jmdm. fortlaufen:* der Hund war seiner Besitzerin entlaufen. *Syn.:* ausreißen (ugs.), fliehen, weglaufen.

ent|le|gen [ɛntˈleːɡn̩], entlegener, am entlegensten ⟨Adj.⟩: *weit entfernt und nur schwer zu erreichen:* ein entlegenes Dorf in den Bergen. *Syn.:* abgelegen, einsam.

ent|lei|hen [ɛntˈlaɪən], entleiht, entlieh, entliehen ⟨tr.; hat; [sich (Dat.)] etw. e.⟩: *sich für eine begrenzte Zeit geben lassen:* ich habe [mir] das Buch von ihm, aus der Bibliothek entliehen; Zeitungen können generell nicht entliehen werden. *Syn.:* ausleihen, borgen, leihen.

ent|mach|ten [ɛntˈmaxtn̩], entmachtet, entmachtete, entmachtet ⟨tr.; hat; jmdn. e.⟩: *jmdm. seine Macht wegnehmen:* die Regierung wurde entmachtet.

ent|mu|ti|gen [ɛntˈmuːtɪɡn̩], entmutigt, entmutigte, entmutigt ⟨tr.; hat; jmdn. e.⟩: *jmdm. den Mut, das Selbstvertrauen nehmen:* der Misserfolg hat ihn entmutigt; sie ließ sich durch nichts entmutigen.

ent|neh|men [ɛntˈneːmən], entnimmt, entnahm, entnommen ⟨tr.; hat; jmdm., [aus] etw. etw. e.⟩: *(aus etwas) herausnehmen:* sie hat heimlich [aus] der Kasse Geld entnommen; das Zitat hat er der Bibel entnommen; dem Fahrer wurde Blut entnommen.

ent|rei|ßen [ɛntˈraɪsn̩], entreißt, entriss, entrissen ⟨tr.; hat; jmdm. etw. e.⟩: *gewaltsam mit einer heftigen Bewegung wegnehmen:* er entriss ihr die Handtasche. *Syn.:* abnehmen, klauen (ugs.), rauben, stehlen.

ent|rich|ten [ɛntˈrɪçtn̩], entrichtet, entrichtete, entrichtet ⟨tr.; hat; etw. e.⟩: *[bezahlen:* für die Bearbeitung müssen Sie eine Gebühr von 8 Euro entrichten.

entschuldigen

Wenn Sie sich entschuldigen möchten, können Sie »Entschuldigung!« oder »Entschuldigen Sie bitte!« sagen. Mit diesen Worten können Sie auch höfliche Fragen einleiten, z. B., wenn Sie nach der Uhrzeit fragen: »Entschuldigen Sie bitte, können Sie mir sagen, wie spät es ist?« oder nach dem Weg: »Entschuldigen Sie bitte, wie komme ich denn zum Hauptbahnhof?«.

Außer »Entschuldigung / Entschuldigen Sie bitte!« können Sie auch »Verzeihung!« sagen. Dieses Wort wird allerdings seltener gebraucht. Vor allem wenn man eine Frage einleiten will, ist »Entschuldigen Sie bitte / Entschuldigung!« üblicher als »Verzeihen Sie bitte / Verzeihung!«.

E

ent|rüs|ten [ɛnt'rʏstn̩], entrüstet, entrüstete, entrüstet: **1.** ⟨sich e.⟩ *sehr ärgerlich, empört sein:* er hat sich über die Steuererhöhung entrüstet. *Syn.:* sich aufregen, sich erregen. **2.** ⟨itr.; hat; jmdn. e.⟩ *zornig machen:* diese Frechheit entrüstete ihn; sie war entrüstet über diese unhöfliche Bemerkung; sie machte ein entrüstetes Gesicht. *Syn.:* empören, schockieren.

ent|schä|di|gen [ɛnt'ʃɛːdɪɡn̩], entschädigt, entschädigte, entschädigt ⟨tr.; hat; jmdn. für etw. e.⟩: *(jmdm. für einen Schaden) einen Ersatz geben:* sie wurde für den Verlust ihres Koffers von der Fluggesellschaft entschädigt. *Syn.:* abfinden.

Ent|schä|di|gung [ɛnt'ʃɛːdɪɡʊŋ]; -, -en: *Ersatz für einen Schaden:* eine finanzielle Entschädigung; wir haben für das gestohlene Bild eine hohe Entschädigung von der Versicherung bekommen. *Syn.:* Abfindung.

ent|schei|den [ɛnt'ʃaidn̩], entscheidet, entschied, entschieden: **1.** ⟨tr.; hat; etw. e.⟩ *(eine Sache) klären; über etwas urteilen:* das Gericht wird den Streit, den Fall entscheiden; wer soll das entscheiden?; du musst allein entscheiden, was zu tun ist. **2.** ⟨itr.; hat; über etw. e.⟩ *bestimmen:* der Arzt entscheidet über die Therapie. **3.** ⟨itr.; hat⟩ *in einer bestimmten Richtung festlegen:* das Los entscheidet; ich an deiner Stelle hätte anders entschieden; ⟨im 1. Partizip⟩ ein entscheidendes Ereignis; für ihn ist entscheidend, dass die Bezahlung stimmt; ich halte diesen Aspekt für ganz entscheidend. **4.** ⟨sich e.⟩ *zwischen mehreren Möglichkeiten wählen:* hast du dich entschieden, ob du morgen mitkommen wirst?; ich kann mich nicht entscheiden; sie hat sich entschieden, zu kündigen, ⟨sich für jmdn., etw. / gegen jmdn., etw. e.⟩ ich habe mich für diesen Mann entschieden; er entschied sich

dagegen, eine Krawatte umzubinden. *Syn.:* sich entschließen.

die Ent|schei|dung [ɛnt'ʃaidʊŋ]; -, -en: *Lösung eines Problems, Klärung einer offenen Frage:* eine schnelle, schwere, gerichtliche Entscheidung; wir müssen endlich eine Entscheidung treffen. *Zus.:* Gerichtsentscheidung, Vorentscheidung.

ent|schie|den [ɛnt'ʃiːdn̩], entschiedener, am entschiedensten ⟨Adj.⟩: **1.** *fest entschlossen, überzeugt:* er war ein entschiedener Gegner dieses Krieges; sie hat seinen Vorschlag entschieden abgelehnt. *Syn.:* bestimmt, deutlich, eisern, energisch, fest. **2.** *eindeutig:* hör auf, das geht entschieden zu weit!

ent|schlie|ßen [ɛnt'ʃliːsn̩], entschließt, entschloss, entschlossen ⟨sich [zu etw. (Dat.)] e.⟩: *beschließen, etwas Bestimmtes zu tun, sich entscheiden:* wozu hast du dich entschlossen?; ich habe mich [dazu] entschlossen, den Führerschein zu machen.

ent|schlos|sen [ɛnt'ʃlɔsn̩], entschlossener, am entschlossensten ⟨Adj.⟩: *energisch, ohne zu zögern* /Ggs. unentschlossen/: er war ein entschlossener Gegner der Todesstrafe; sie zeigte sich mutig und entschlossen; wir sind fest entschlossen, für unsere Ziele zu kämpfen; kurz entschlossen packte sie ihren Koffer und reiste ab. *Syn.:* bestimmt, konsequent.

die Ent|schlos|sen|heit [ɛnt'ʃlɔsn̩hait]; -: *fester Wille, etwas Bestimmtes zu tun, entschlossene Haltung:* ihre Entschlossenheit führte sie schließlich zum Ziel.

der Ent|schluss [ɛnt'ʃlʊs]; -es, Entschlüsse [ɛnt'ʃlʏsə]: *Entscheidung, etwas Bestimmtes zu tun:* ein kluger, rascher, fester Entschluss; mein Entschluss steht fest; er blieb bei seinem Entschluss; gemeinsam fassten sie einen Entschluss. *Syn.:* Beschluss.

ent|schul|di|gen [ɛnt'ʃʊldɪɡn̩], entschuldigt, entschuldigte, entschuldigt: **1.** ⟨sich e.⟩

E

(für etwas) um Verständnis, Verzeihung bitten: er hat sich für seine Verspätung, für den rauen Ton entschuldigt. *Syn.:* bedauern. **2.** ⟨tr.; hat⟩ *jmds. Fehlen mitteilen und begründen:* sie hat ihr Kind beim Lehrer entschuldigt; Herr Hauser lässt sich wegen eines dringenden Termins entschuldigen. **3.** ⟨tr.; hat⟩ *(für etwas) um Verständnis bitten:* ich kann dieses Verhalten nicht entschuldigen; entschuldigen Sie bitte die Störung; ⟨auch itr.⟩ entschuldigen Sie bitte (Höflichkeitsformel); entschuldigen Sie bitte, darf ich Sie kurz etwas fragen? *Syn.:* verzeihen. **4.** ⟨tr.; hat⟩ *rechtfertigen, erklären:* ihre Krankheit entschuldigt ihre schlechte Laune nicht; er entschuldigte sein Verhalten mit Nervosität.

die **Ent|schul|di|gung** [ɛnt'ʃʊldɪɡʊŋ]; -, -en: **1.** *Rechtfertigung:* für dieses Verhalten gab es keine Entschuldigung; seine Entschuldigung wurde angenommen. **2.** * [ich bitte um] Entschuldigung: *entschuldigen Sie bitte* (Höflichkeitsformel): Entschuldigung, dürfte ich Sie kurz sprechen?

ent|set|zen [ɛnt'zɛtsn̩], entsetzt, entsetzte, entsetzt ⟨tr.; hat; jmdn. e.⟩: *erschrecken, fassungslos machen:* diese schreckliche Nachricht hat mich entsetzt; ich war darüber entsetzt. *Syn.:* schockieren.

das **Ent|set|zen** [ɛnt'zɛtsn̩]; -s: *Angst, Schrecken:* ein lähmendes, furchtbares Entsetzen; sie war bleich vor Entsetzen. *Syn.:* Grauen, Horror, Schreck.

ent|setz|lich [ɛnt'zɛtslɪç], entsetzlicher, am entsetzlichsten ⟨Adj.⟩: **1.** *voller Schrecken:* ein entsetzliches Unglück ist passiert. *Syn.:* furchtbar, fürchterlich, grässlich (emotional), grauenhaft (emotional), schrecklich. **2.** (ugs.) *sehr [groß], stark:* entsetzliche Schmerzen haben; er war entsetzlich müde; sie hat sich entsetzlich geärgert. *Syn.:* furchtbar (ugs.), fürchterlich (ugs.), schrecklich (ugs.), wahnsinnig (ugs.).

ent|sor|gen [ɛnt'zɔrɡn̩], entsorgt, entsorgte, entsorgt ⟨tr.; hat; etw. e.⟩: *beseitigen:* der Müll, der Abfall muss umweltgerecht entsorgt werden; das Altöl wurde auf hoher See illegal entsorgt.

ent|span|nen [ɛnt'ʃpanən], entspannt, entspannte, entspannt: **1.** ⟨tr.; hat; etw. e.⟩ *locker machen:* schließen Sie Ihre Augen und entspannen Sie Ihren Körper. *Syn.:* lockern. **2.** ⟨sich e.⟩ *sich körperlich oder seelisch von einer Belastung frei machen:* entspann dich ein bisschen!; sie hat sich beim Yoga sehr gut entspannt; ⟨auch

ohne »sich« beim Lesen kann ich herrlich entspannen. *Syn.:* sich ausruhen, sich erholen, ruhen. **3.** ⟨sich e.⟩ *sich beruhigen, friedlicher werden:* die Situation im Krisengebiet hat sich entspannt.

die **Ent|span|nung** [ɛnt'ʃpanʊŋ]; -, -en: *das Lockerlassen, Entspannen:* bei einem Glas Rotwein abends fand sie endlich Entspannung.

ent|spre|chen [ɛnt'ʃprɛçn̩], entspricht, entsprach, entsprochen ⟨itr.; hat⟩: **1.** ⟨jmdm., etw. e.⟩: *mit etwas, jemandem gleichwertig sein, übereinstimmen:* sechzig Minuten entsprechen einer Stunde; das entspricht [nicht] der Wahrheit, den Tatsachen, meinen Erwartungen. **2.** *in der gewünschten Weise (auf etwas) reagieren:* er hat meiner Bitte entsprochen und ist gegangen. *Syn.:* erfüllen.

¹**ent|spre|chend** [ɛnt'ʃprɛçn̩t] ⟨Adj.⟩: **1.** *[zu etwas] passend:* ich bin dem Wetter entsprechend angezogen. **2.** *zuständig, kompetent:* bei der entsprechenden Behörde anfragen. *Syn.:* betreffend.

²**ent|spre|chend** [ɛnt'ʃprɛçn̩t] ⟨Präp. mit Dativ⟩: *gemäß, nach:* entsprechend dem Wetterbericht hat es nachmittags geregnet; seinem Vorschlag entsprechend wurde gehandelt. *Syn.:* gemäß, laut.

ent|ste|hen [ɛnt'ʃteːən], entsteht, entstand, entstanden ⟨itr.; ist⟩: *sich bilden, entwickeln:* aus dem Samen entsteht eine neue Pflanze; auf dem Grundstück soll ein Schwimmbad entstehen *(gebaut, angelegt werden);* es entstehen Ihnen dadurch keine Kosten *(es ist für Sie kostenlos). Syn.:* auftreten, sich bilden, sich entwickeln, erwachsen, werden.

die **Ent|ste|hung** [ɛnt'ʃteːʊŋ]; -, -en: *die Entwicklung:* die Entstehung des Lebens.

ent|täu|schen [ɛnt'tɔyʃn̩], enttäuscht, enttäuschte, enttäuscht ⟨tr.; hat; jmdn. e.⟩: *jmds. Hoffnungen oder Erwartungen nicht erfüllen und ihn dadurch traurig machen:* er hat mich sehr enttäuscht; der Film hat uns sehr enttäuscht; ich war von dem Kurs enttäuscht; ich will Ihr Vertrauen nicht enttäuschen; das Ergebnis war enttäuschend; ich bin enttäuscht.

die **Ent|täu|schung** [ɛnt'tɔyʃʊŋ]; -, -en: *Hoffnung oder Erwartung, die nicht erfüllt wurde:* eine bittere, herbe Enttäuschung; sie hat schon viele Enttäuschungen erlebt; er wollte seine Enttäuschung nicht zeigen.

ent|we|der ['ɛntveːdɐ]: nur in der Verbindung * **entweder ... oder** ⟨Konj.⟩: ein Lexikon entweder als Buch oder als CD kaufen; entweder essen wir Nudeln oder Reis; entweder Klaus oder Tim muss abwaschen; entweder ich oder du sprichst mit ihr; entweder ich spreche mit ihr oder du.

ent|wer|fen [ɛnt'vɛrfn̩], entwirft, entwarf, entworfen ⟨tr.; hat; etw. e.⟩: *einen Entwurf machen:* ein neues Modell, Möbel, Plakate entwerfen; sie entwirft gerade eine Folie für die Präsentation.

ent|wer|ten [ɛnt'veːɐ̯tn̩], entwertet, entwertete, entwertet ⟨tr.; hat; etw. e.⟩: *ungültig machen:* die Fahrkarten müssen am Automaten entwertet werden.

ent|wi|ckeln [ɛnt'vɪkl̩n], entwickelt, entwickelte, entwickelt: **1.** ⟨sich [zu etw.] e.⟩ *allmählich entstehen, zu etwas Neuem werden, in etwas anderes übergehen:* aus der Raupe entwickelt sich der Schmetterling; sie hat sich zu einer Persönlichkeit entwickelt. **2.** ⟨tr.; hat; etw. e.⟩ *(eine neue Art, einen neuen Typ von etwas) konstruieren, erfinden:* ein schnelleres Flugzeug entwickeln; für diesen Vorgang wurde ein neues Verfahren entwickelt. **3.** ⟨tr.; hat; etw. e.⟩ *(einen Film) mit Chemikalien behandeln, sodass das Aufgenommene sichtbar wird:* einen Film entwickeln lassen.

die **Ent|wick|lung** [ɛnt'vɪklʊŋ]; -, -en: **1.** *allmähliches Entstehen, Übergang:* er hat in seiner persönlichen Entwicklung Fortschritte gemacht. **2.** *Erfindung:* die Entwicklung dieses Medikaments hat Millionen gekostet.

das **Ent|wick|lungs|land** [ɛnt'vɪklʊŋslant]; -[e]s, Entwicklungsländer [ɛnt'vɪklʊŋslɛndɐ]: *wirtschaftlich noch sehr schwaches Land ohne größere Industrie:* die reichen Staaten unterstützen die Entwicklungsländer mit Krediten.

der **Ent|wurf** [ɛnt'vʊrf]; -[e]s, Entwürfe [ɛnt'vʏrfə]: *(vorläufiger) ausgearbeiteter Plan; Skizze:* den Entwurf eines Hauses vorlegen; der Entwurf eines Vertrages, Vortrages, eines Briefes. *Syn.:* Konzept. *Zus.:* Gesetzentwurf, Vertragsentwurf.

ent|zün|den [ɛnt'tsʏndn̩], entzündet, entzündete, entzündet ⟨sich e.⟩: **1.** *zu brennen beginnen:* das Heu hat sich von selbst entzündet. **2.** *rot und schmerzhaft dick werden:* die Wunde hat sich entzündet.

die **Ent|zün|dung** [ɛnt'tsʏndʊŋ]; -, -en: *das Sichentzünden einer bestimmten Stelle des Körpers:* Entzündung der Nebenhöhlen; die Entzündung ist chronisch geworden. *Zus.:* Mittelohrentzündung.

ent|zwei [ɛnt'tsvai̯] ⟨Adj.; nicht flektierbar⟩: *in Stücke zerbrochen, in einzelne Teile auseinandergefallen:* das Glas, der Teller ist entzwei. *Syn.:* kaputt (ugs.).

ent|zwei|ge|hen [ɛnt'tsvai̯geː̯ən], geht entzwei, ging entzwei, entzweigegangen ⟨itr.; ist⟩: *in einzelne Teile auseinanderfallen:* meine Brille ist entzweigegangen. *Syn.:* kaputtgehen (ugs.).

die **-enz** [ɛnts]; -, -en ⟨Suffix⟩: ↑ -anz.

die **Epo|che** [e'pɔxə]; -, -n: *größerer Abschnitt in der Geschichte, der durch eine Persönlichkeit oder ein Ereignis geprägt ist:* der Beginn, das Ende einer Epoche; eine Epoche des Aufschwungs begann.

er [eːɐ̯] ⟨Personalpronomen; 3. Person Singular Maskulinum⟩: er ist klug; wenn er dir nicht schmeckt, brauchst du den Nachtisch nicht zu essen.

er- [ɛɐ̯] ⟨verbales Präfix⟩: *drückt aus, dass etwas erfolgreich abgeschlossen wird, zum [gewünschten] Erfolg führt:* erkämpfen; ertasten; erwirtschaften.

der **-er** [ɐ]; -s, - ⟨Suffix⟩: **1.** *männliche Person, die durch eine bestimmte Tätigkeit charakterisiert wird:* Fußballer; Lehrer; Macher; Maler; Schlagzeuger; Schornsteinfeger; Sprinter. **2.** *Gerät, das einem bestimmten Zweck dient:* Anrufbeantworter; Entsafter; Geschirrspüler; Türöffner. **3.** *Einwohner:* Kölner; Pfälzer; Schweizer. **4.** *drückt ein bestimmtes Geschehen aus:* Ausrutscher; Seufzer. **5.** *Gegenstand, der durch ein Maß, eine Menge charakterisiert wird:* Dreitausender; Fünfziger.

Er|ach|ten [ɛɐ̯'laxtn̩]: in der Verbindung * **meines Erachtens:** *meiner Meinung nach:* weitere Diskussionen sind meines Erachtens nicht nötig.

er|bau|en [ɛɐ̯'bau̯ən], erbaut, erbaute, erbaut ⟨tr.; hat; etw. e.⟩: *(ein Gebäude) bauen:* die Kirche wurde in fünf Jahren erbaut. *Syn.:* errichten.

das **¹Er|be** ['ɛrbə]; -s: **1.** *etwas, was eine Person bei ihrem Tode hinterlässt und das jmdm. als Erbschaft zufällt:* sein Erbe antreten; auf sein Erbe [nicht] verzichten. **2.** *heute noch wirksame geistige oder kulturelle Leistung früherer Generationen:* das geistige Erbe der Antike.

der **²Er|be** ['ɛrbə]; -n, -n: *männliche Person, die etwas erbt oder erben wird:* der Ehemann ist der alleinige Erbe; jmdn. als Erben einsetzen. *Zus.:* Alleinerbe, Thronerbe.

er|ben ['ɛrbn̩], erbt, erbte, geerbt ⟨tr.; hat; etw. e.⟩: **1.** *als Erbe erhalten:* der Sohn hat das Geld geerbt und die Tochter die Häuser. **2.** *als Eigenschaft, Talent von den Vor-*

fahren mitbekommen: das Talent zum Singen hat sie von ihrer Oma geerbt.

die **Er|bin** [ˈɛrbɪn]; -, -nen: weibliche Form zu ↑²Erbe.

erb|lich [ˈɛrplɪç] ⟨Adj.⟩: *durch Erben übernommen:* ein erblicher Adelstitel; die Krankheit seiner Mutter war zum Glück nicht erblich.

er|bli|cken [ɛɐ̯ˈblɪkn̩], erblickt, erblickte, erblickt ⟨tr.; hat⟩ (geh.): *mit den Augen [plötzlich] wahrnehmen:* am Horizont erblickten sie die Berge; sie erblickte sich im Spiegel. *Syn.:* sehen.

er|bre|chen [ɛɐ̯ˈbrɛçn̩], erbricht, erbrach, erbrochen ⟨tr.; hat⟩: *den Inhalt des Magens durch den Mund wieder von sich geben:* er hat das ganze Essen erbrochen; ⟨auch: sich e.⟩ sie hat [sich] heute schon dreimal erbrochen. *Syn.:* brechen, sich übergeben.

die **Erb|schaft** [ˈɛrpʃaft]; -, -en: *etwas, was jmd. erbt:* eine Erbschaft antreten; zu unserem großen Erstaunen hat sie die Erbschaft nicht angenommen. *Syn.:* ¹Erbe.

die **Erb|se** [ˈɛrpsə]; -, -n: *Pflanze, deren runde, grüne Samen als Gemüse oder in der Suppe gegessen werden:* nächstes Jahr bauen wir Erbsen an; zum Mittagessen gab es Schnitzel mit Erbsen.

der **Erd|ap|fel** [ˈeːɐ̯tlapfl̩]; -s, Erdäpfel [ˈeːɐ̯tlɛpfl̩] (bes. österr.): *Kartoffel:* Sie können auch Erdäpfel als Beilage nehmen.

das **Erd|be|ben** [ˈeːɐ̯tbeːbn̩]; -s, -: *starkes Beben der Erde:* durch das Erdbeben sind mehrere Häuser eingestürzt.

die **Erd|bee|re** [ˈeːɐ̯tbeːrə]; -, -n: *rote, saftige Frucht einer niedrig wachsenden Pflanze:* frische Erdbeeren auf dem Markt kaufen; Erdbeeren mit Schlagsahne essen.

die Erdbeere

die **Er|de** [ˈeːɐ̯də]; -: **1.** *Gemisch aus Gestein und organischen Stoffen (in dem Pflanzen wachsen):* fruchtbare, lockere Erde; Erde in einen Blumentopf füllen. *Zus.:* Blumenerde, Gartenerde. **2.** *fester Boden:* etwas von der Erde aufheben. **3.** *der von Menschen bewohnte Planet:* die Erde dreht sich um die Sonne.

das **Erd|gas** [ˈeːɐ̯tɡaːs]; -es, -e: *aus der Erde gefördertes Gas:* das Kraftwerk wird mit Erdgas betrieben.

das **Erd|ge|schoss** [ˈeːɐ̯tɡəʃɔs], **Erd|ge|schoß**

[ˈeːɐ̯tɡəʃoːs]; -es, -e (österr.): *zu ebener Erde gelegene Etage:* unsere Wohnung liegt im Erdgeschoss. *Syn.:* Parterre.

die **Erd|nuss** [ˈeːɐ̯tnʊs]; -, Erdnüsse [ˈeːɐ̯tnʏsə] *essbarer Samen einer in heißen Ländern wachsenden Pflanze:* wir knabberten gesalzene Erdnüsse und tranken Bier.

das **Erd|öl** [ˈeːɐ̯tløːl]; -s, -e: *aus der Erde gefördertes Öl, aus dem Benzin und Heizöl gemacht werden:* Erdöl fördern; die Erdöl exportierenden Länder.

er|drü|cken [ɛɐ̯ˈdrʏkn̩], erdrückt, erdrückte, erdrückt ⟨tr.; hat⟩: **1.** *zu Tode drücken:* zehn Menschen wurden von einer Lawine erdrückt. **2.** *in zu hohem Maße belasten:* seine Sorgen erdrückten ihn; sie scheint von ihren Schulden fast erdrückt zu werden.

der **Erd|teil** [ˈeːɐ̯ttail]; -s, -e: *eines der großen zusammenhängenden Gebiete der Erde:* Europa und Asien sind nicht durch ein Meer getrennte Erdteile. *Syn.:* Kontinent.

die **-e|rei** [əˈrai]; -, -en ⟨Suffix⟩ (oft abwertend): *drückt ein sich ständig wiederholendes (lästiges) Verhalten, Tun aus:* Fahrerei; Faulenzerei; Lauferei; Singerei.

er|eig|nen [ɛɐ̯ˈlaignən], ereignet, ereignete ereignet ⟨sich e.⟩: *(als bemerkenswertes Ereignis) geschehen:* wo und wann hat sic der Unfall ereignet?; es hat sich nichts Besonderes ereignet. *Syn.:* passieren.

das **Er|eig|nis** [ɛɐ̯ˈlaignɪs]; -ses, -se: *(bemerkenswertes) Geschehen:* ein wichtiges, trauriges, seltenes Ereignis; das Ereigni hatte sich lange angekündigt; ein freudiges Ereignis (die Geburt eines Kindes). *Syn.:* Vorfall. *Zus.:* Naturereignis.

¹**er|fah|ren** [ɛɐ̯ˈfaːrən], erfährt, erfuhr, erfahren: **1.** ⟨tr.; hat; [von] etw. e.⟩ *von anderen mitgeteilt, erzählt bekommen:* ich habe nur durch Zufall davon erfahren; sie hatte durch ihre Freundin von der leer stehenden Wohnung erfahren; warum erfahren wir das erst heute? *Syn.* hören. **2.** ⟨itr.; hat; etw. e.⟩ (geh.) *erleben zu spüren bekommen:* sie hat viel Leid, aber auch viel Gutes erfahren.

²**er|fah|ren** [ɛɐ̯ˈfaːrən], erfahrener, am erfahrensten ⟨Adj.⟩: *(auf einem bestimmten Gebiet) Erfahrung habend:* eine erfahrene Ärztin; er ist auf seinem Gebiet sehr erfahren.

die **Er|fah|rung** [ɛɐ̯ˈfaːrʊŋ]; -, -en: **1.** *bei der praktischen Arbeit (auf einem bestimmten Gebiet) erworbene Übung, Kenntnis:* er hat viel Erfahrung auf diesem Gebiet sie verfügt über eine reiche, langjährige

Erfahrung. *Zus.:* Berufserfahrung. **2.** *[wiederholtes] Erleben, aus dem man etwas lernt:* Erfahrungen sammeln; die Erfahrung hat gezeigt, dass Schweigen nicht hilft; das weiß ich aus eigener Erfahrung; ich habe mit ihm schlechte Erfahrungen gemacht.

er|fas|sen [ɛɐ̯ˈfasn̩], erfasst, erfasste, erfasst: **1.** ⟨tr.; hat; jmdn. e.⟩ *(von Fahrzeugen) im Vorbeifahren zu Boden reißen:* der Radfahrer wurde von der Straßenbahn erfasst und zur Seite geschleudert. **2.** ⟨tr.; hat; etw. e.⟩ *mit dem Verstand oder Gefühl aufnehmen und begreifen:* er erfasst den Zusammenhang nicht; sie hatte die Bedeutung dieser Aussage sofort erfasst. *Syn.:* erkennen. **3.** ⟨tr.; hat; etw. e.⟩ *(in einem Verzeichnis) aufführen, registrieren:* die Statistik soll alle Personen über 65 Jahre erfassen. **4.** ⟨tr.; hat; etw. e.⟩ *(Daten) in einen Computer eingeben:* Texte erfassen; diese Liste muss noch erfasst werden. *Syn.:* eingeben.

er|fin|den [ɛɐ̯ˈfɪndn̩], erfindet, erfand, erfunden ⟨tr.; hat⟩: **1.** ⟨etw. e.⟩ *durch Forschen und Experimentieren etwas Neues hervorbringen:* er hat ein neues Verfahren zur Reinigung von Abgasen erfunden. *Syn.:* entwickeln. **2.** ⟨jmdn., etw. e.⟩ *mithilfe der Fantasie hervorbringen:* diese Ausrede hast du doch erfunden!; die Personen des Romans sind frei erfunden. *Syn.:* sich ausdenken.

Er|fin|dung [ɛɐ̯ˈfɪndʊŋ]; -, -en: **1.** *etwas, was erfunden wurde:* der Geschirrspüler ist wirklich eine praktische Erfindung. **2.** *etwas, was sich jmd. ausgedacht hat und was nicht wahr ist:* diese Behauptung ist eine reine Erfindung.

Er|folg [ɛɐ̯ˈfɔlk]; -[e]s, -e: *positives Ergebnis einer Bemühung* /Ggs. Misserfolg/: das Experiment führte zum Erfolg; die Aufführung war ein großer Erfolg. *Zus.:* Lernerfolg, Teilerfolg.

er|fol|gen [ɛɐ̯ˈfɔlgn̩], erfolgt, erfolgte, erfolgt ⟨itr.; ist⟩: *geschehen:* es erfolgt keine weitere Benachrichtigung; eine Kontrolle ist nicht erfolgt; wenige Stunden nach dem Unfall erfolgte der Tod *(trat der Tod ein).* *Syn.:* stattfinden.

er|folg|reich [ɛɐ̯ˈfɔlkraɪ̯ç], erfolgreicher, am erfolgreichsten ⟨Adj.⟩: *mit viel Erfolg:* ein erfolgreicher Forscher; er hat die Arbeit erfolgreich beendet; die Therapie war erfolgreich *(hat Erfolg gehabt).*

er|for|der|lich [ɛɐ̯ˈfɔrdɐlɪç], erforderlicher, am erforderlichsten ⟨Adj.⟩: *notwendig:* das erforderliche Geld haben; für die Reise in dieses Land ist ein Visum erforderlich. *Syn.:* nötig.

er|for|dern [ɛɐ̯ˈfɔrdɐn], erfordert, erforderte, erfordert ⟨itr.; hat; etw. e.⟩: *notwendig machen, verlangen:* das Projekt erfordert viel Geld; diese Arbeit erfordert Geduld, Erfahrung. *Syn.:* brauchen, fordern, voraussetzen.

er|for|schen [ɛɐ̯ˈfɔrʃn̩], erforscht, erforschte, erforscht ⟨tr.; hat; etw. e.⟩: *wissenschaftlich untersuchen:* den Weltraum erforschen; die Ursache der Krankheit muss gründlich erforscht werden.

er|fra|gen [ɛɐ̯ˈfraːgn̩], erfragt, erfragte, erfragt ⟨tr.; hat; etw. e.⟩: *nach etwas fragen:* ich erfragte ihre Adresse; den Preis an der Kasse erfragen. *Syn.:* fragen nach.

er|freu|en [ɛɐ̯ˈfrɔʏ̯ən], erfreut, erfreute, erfreut ⟨tr.; hat; jmdn. e.⟩: *eine Freude machen:* jmdn. mit einem Geschenk erfreuen; ihr Besuch hat ihn sehr erfreut.

er|freu|lich [ɛɐ̯ˈfrɔʏ̯lɪç], erfreulicher, am erfreulichsten ⟨Adj.⟩: *so, dass man sich darüber freut:* eine erfreuliche Mitteilung; dieser Anblick ist nicht gerade erfreulich. *Syn.:* angenehm.

er|frie|ren [ɛɐ̯ˈfriːrən], erfriert, erfror, erfroren ⟨itr.; ist⟩: *durch Kälte sterben:* im kalten Wasser ist er sofort erfroren; viele Pflanzen sind erfroren.

er|fri|schen [ɛɐ̯ˈfrɪʃn̩], erfrischt, erfrischte, erfrischt: **1.** ⟨sich e.⟩ *sich frisch machen:* du kannst dich im Badezimmer, mit einem Glas Wasser erfrischen. **2.** ⟨tr.; hat; jmdn. e.⟩ *wach, frisch machen:* dieses Getränk wird dich erfrischen; ⟨auch itr.⟩ warmer Tee erfrischt besonders gut; ein erfrischendes Bad nehmen.

die **Er|fri|schung** [ɛɐ̯ˈfrɪʃʊŋ]; -, -en: *etwas, was frisch macht:* jetzt brauche ich eine Erfrischung, vielleicht ein Bier oder eine Limonade; das Bad im Meer war eine wunderbare Erfrischung.

das **Er|fri|schungs|ge|tränk** [ɛɐ̯ˈfrɪʃʊŋsɡətrɛŋk]; -s, -e: *kaltes Getränk ohne Alkohol:* neben Kaffee und Tee gab es auch Erfrischungsgetränke; Cola ist das beliebteste Erfrischungsgetränk.

er|fül|len [ɛɐ̯ˈfʏlən], erfüllt, erfüllte, erfüllt: **1.** ⟨tr.; hat; [jmdm.] etw. e.⟩ *(einer Bitte, Forderung) entsprechen:* eine Bitte erfüllen; sie hat ihre Aufgabe erfüllt; er hat dem Kind jeden Wunsch erfüllt. *Syn.:* nachkommen. **2.** ⟨sich e.⟩ *Wirklichkeit werden:* mein Wunsch, ihre Vorhersage hat sich erfüllt. *Syn.:* eintreffen, sich verwirklichen.

E

er|gän|zen [ɛɐ̯'ɡɛntsn̩], ergänzt, ergänzte, ergänzt: **1.** ⟨tr.; hat; etw. e.⟩ *erweitern:* eine Liste, eine Sammlung ergänzen; die Einrichtung wurde um einige neue Möbel ergänzt. *Syn.:* vervollständigen. **2.** ⟨sich e.⟩ *durch unterschiedliche Eigenschaften gut zusammenpassen; sich ausgleichen:* die beiden Partner ergänzen sich prima; wir ergänzen uns in unseren Fähigkeiten.

er|ge|ben [ɛɐ̯'ɡe:bn̩], ergibt, ergab, ergeben: **1.** ⟨itr.; hat; etw. e.⟩ *als Ergebnis liefern:* die Untersuchung ergab keinen Beweis für seine Schuld; zwei mal vier ergibt *(ist gleich)* acht. **2.** ⟨sich e.⟩ *(in einem Krieg) keinen Widerstand mehr leisten:* die Truppen mussten sich ergeben. *Syn.:* kapitulieren, sich unterwerfen.

das Er|geb|nis [ɛɐ̯'ɡe:pnɪs]; -ses, -se: **1.** *Folge:* das Ergebnis war, dass er davonlief. *Syn.:* Auswirkung, Konsequenz, Wirkung. **2.** *Resultat, Abschluss:* ein gutes, negatives Ergebnis erzielen; die Verhandlungen führten zu keinem Ergebnis. *Syn.:* Erfolg. *Zus.:* Untersuchungsergebnis, Verhandlungsergebnis. **3.** *etwas, was durch Rechnen, Messen ermittelt wird:* ein falsches, richtiges Ergebnis; das Ergebnis einer Mathematikaufgabe. *Syn.:* Lösung. *Zus.:* Endergebnis, Gesamtergebnis, Wahlergebnis, Zwischenergebnis.

er|gie|big [ɛɐ̯'ɡi:bɪç], ergiebiger, am ergiebigsten ⟨Adj.⟩: *groß, stark:* ergiebiger Regen; die Ernte war ergiebig.

er|grei|fen [ɛɐ̯'ɡraɪfn̩], ergreift, ergriff, ergriffen: **1.** ⟨tr.; hat; etw. e.⟩ *in die Hand nehmen:* ein Glas, den Bleistift ergreifen; zum Abschied ergriff er ihre Hand; ein Kind an/bei der Hand ergreifen. *Syn.:* fassen, greifen. **2.** ⟨tr.; hat; jmdn. e.⟩ *verhaften:* der Täter wurde bei einer Polizeikontrolle ergriffen. *Syn.:* fangen, fassen, festnehmen. **3.** ⟨tr.; hat; jmdn. e.⟩ *innerlich berühren, bewegen:* sein Tod hat alle tief ergriffen; eine ergreifende Szene; die Zuhörer waren tief ergriffen. *Syn.:* aufwühlen, erschüttern, rühren, treffen. **4.** als Funktionsverb: einen Beruf ergreifen *(wählen);* die Flucht ergreifen *(fliehen);* die Initiative ergreifen *(zu handeln beginnen).*

er|hal|ten [ɛɐ̯'haltn̩], erhält, erhielt, erhalten: **1.** ⟨itr.; hat; etw. e.⟩ *bekommen:* einen Orden, eine gute Note erhalten; dieses Buch habe ich als Geschenk erhalten; einen Brief, eine Nachricht erhalten; er hat drei Jahre Gefängnis [als Strafe] erhalten. *Syn.:* kriegen (ugs.). **2.** ⟨tr.; hat etw. e.⟩ *bewahren:* das alte Gebäude soll erhalten werden; etwas frisch, in gutem Zustand erhalten; den Frieden erhalten; die Möbel sind gut erhalten.

er|hält|lich [ɛɐ̯'hɛltlɪç] ⟨Adj.⟩: *zu kaufen:* eine nicht mehr erhältliche Zutat; der neue Artikel ist noch nicht in allen Geschäften erhältlich.

er|he|ben [ɛɐ̯'he:bn̩], erhebt, erhob, erhoben: **1.** ⟨sich e.⟩ *aufstehen:* das Publikum erhob sich von den Plätzen; der Betrunkene war nicht mehr in der Lage, sich zu erheben. *Syn.:* sich aufrichten. **2.** ⟨sich e.⟩ *einen Aufstand machen:* das Volk erhob sich [gegen den Diktator]. **3.** ⟨tr.; hat; etw. e.⟩ als Funktionsverb: Anspruch auf etwas (Akk.) erheben *(etwas beanspruchen);* Einspruch erheben *(widersprechen, protestieren);* Klage erheben *(klagen).*

er|heb|lich [ɛɐ̯'he:plɪç], erheblicher, am erheblichsten ⟨Adj.⟩: *bedeutend:* ein erheblicher *(großer)* Schaden, Unterschied; dieser Staubsauger ist erheblich *(viel)* besser, billiger; die Preise wurden erheblich *(stark)* erhöht. *Syn.:* beträchtlich, gewaltig (emotional), wesentlich.

er|hit|zen [ɛɐ̯'hɪtsn̩], erhitzt, erhitzte, erhitzt ⟨tr.; hat; etw. e.⟩: *heiß machen:* die Milch erhitzen; er erhitzt das Metall bis es flüssig wird. *Syn.:* erwärmen.

er|hö|hen [ɛɐ̯'hø:ən], erhöht, erhöhte, erhöht: **1.** ⟨tr.; hat; etw. e.⟩ *höher machen:* die Preise erhöhen. **2.** ⟨tr.; hat; etw. e.⟩ *vergrößern, steigern:* das Tempo erhöhen; mit erhöhter Geschwindigkeit *(zu schnell)* fahren. **3.** ⟨sich e.⟩ *höher werden:* die Steuern, unsere Kosten erhöhen sich; die Preise haben sich um zehn Prozent erhöht. *Syn.:* steigen.

er|ho|len [ɛɐ̯'ho:lən], erholt, erholte, erholt ⟨sich e.⟩: *wieder zu Kräften kommen:* sich von den Strapazen der Reise, von einer Krankheit erholen; sich im Urlaub gut erholen; er sieht sehr erholt aus. *Syn.:* ausruhen, sich entspannen.

die Er|ho|lung [ɛɐ̯'ho:lʊŋ]; -: *erneuter Aufbau der körperlichen und geistigen Kräfte:* Erholung suchen, nötig haben; der Urlaub dient der Erholung; zur Erholung [an die See, in die Berge] fahren. *Syn.:* Entspannung.

er|in|nern [ɛɐ̯'lɪnɐn], erinnert, erinnerte, erinnert: **1.** ⟨sich e.⟩ *an etwas Vergangenes denken:* ich erinnere mich noch an diesen Tag; erinnerst du dich an deinen ersten Schultag? **2.** ⟨tr.; hat; jmdn. an etw. e.⟩ *jmdn. auf etwas hinweisen, aufmerksam machen:* jmdn. an einen Termin, an sein Versprechen erinnern. **3.** ⟨tr.; hat; jmdn. an jmdn., etw. e.⟩ *denken lassen:* sie erinnert mich an meine Tante; ⟨auch itr.⟩ die Form erinnert an einen Fisch.

die **Er|in|ne|rung** [ɛɐ̯'ɪnərʊŋ]; -, -en: **1.** *Erlebnis, an das man sich erinnert:* bei dem Gedanken an seine Flucht wurden schreckliche Erinnerungen in ihm wach; das ist eine meiner schönsten Erinnerungen. *Zus.:* Jugenderinnerung, Kindheitserinnerung, Reiseerinnerung. **2.** ⟨ohne Plural⟩ *Fähigkeit, an etwas Vergangenes zu denken:* meine Erinnerung setzt hier aus. *Syn.:* Gedächtnis.

er|käl|ten [ɛɐ̯'kɛltn̩], erkältet, erkältete, erkältet ⟨sich e.⟩: *eine Erkältung bekommen:* pass auf, dass du dich mit deinen nassen Haaren nicht erkältest. *Syn.:* sich verkühlen (österr.).

er|käl|tet [ɛɐ̯'kɛltət] ⟨Adj.⟩: *an einer Erkältung erkrankt:* seit dem Tag im Schwimmbad ist er erkältet.

die **Er|käl|tung** [ɛɐ̯'kɛltʊŋ]; -, -en: *Erkrankung mit Schnupfen und Husten:* eine leichte, schwere Erkältung haben; ich habe mir eine Erkältung geholt. *Syn.:* Grippe.

er|ken|nen [ɛɐ̯'kɛnən], erkennt, erkannte, erkannt: **1.** ⟨tr.; hat; jmdn., etw. e.⟩ *deutlich sehen, hören:* ohne Brille kann ich das nicht erkennen; auf dem Foto ist das Gesicht nicht zu erkennen. **2.** *als bekannt wahrnehmen:* er erkannte die Stimme am Telefon sofort; er hat mich angeschaut, aber er hat mich nicht erkannt. **3.** ⟨tr.; hat; jmdn., etw. e.⟩ *durch bestimmte Merkmale feststellen, finden:* der Täter wurde an seiner Kleidung erkannt; der Arzt hat die Krankheit sofort [richtig] erkannt. *Syn.:* identifizieren. **4.** ⟨tr.; hat; etw. e.⟩ *klarsehen:* sie erkannte, dass sie sich geirrt hatte; sein Talent wurde nicht erkannt. *Syn.:* sehen, verstehen.

die **Er|kennt|nis** [ɛɐ̯'kɛntnɪs]; -, -se: **1.** *Ergebnis von Überlegungen:* eine wichtige Erkenntnis gewinnen; neue Erkenntnisse der Forschung. *Zus.:* Selbsterkenntnis. **2.** ⟨ohne Plural⟩ *Fähigkeit, etwas zu erkennen:* bei diesen Fragen stößt man an die Grenzen der menschlichen Erkenntnis. *Syn.:* Geist, Intellekt, Vernunft, Verstand.

er|klä|ren [ɛɐ̯'klɛːrən], erklärt, erklärte, erklärt: **1.** ⟨tr.; hat; jmdm. etw. e.⟩ *verständlich machen:* einen Text, Zusam-

menhänge erklären; kannst du mir diesen Satz erklären?; er versuchte, ihr ungewöhnliches Verhalten psychologisch zu erklären. *Syn.:* erläutern. **2.** ⟨tr.; hat; etw. e.⟩ *offiziell mitteilen:* er erklärte das Treffen für beendet; der Minister erklärte seinen Rücktritt; jmdm. den Krieg erklären *(durch eine Mitteilung mit jmdm. einen Krieg beginnen).* **3.** ⟨sich e., mit Umstandsangabe⟩ *sein, sich zeigen:* sich mit etwas einverstanden erklären; sich zu etwas bereit erklären.

er|klär|lich [ɛɐ̯'klɛːɐ̯lɪç] ⟨Adj.⟩: *[leicht] zu erklären:* ein schwer erklärliches Verhalten; ihre Antwort ist durchaus erklärlich, wenn man an ihre Situation denkt. *Syn.:* begreiflich, verständlich.

die **Er|klä|rung** [ɛɐ̯'klɛːrʊŋ]; -, -en: **1.** *Grund, Begründung:* gibt es eine Erklärung für das schlechte Ergebnis?; ich habe keine Erklärung für sein Verhalten. **2.** *offizielle Mitteilung:* der Bundeskanzler gibt heute eine Erklärung dazu ab; die Erklärung der Ministerin. *Syn.:* Äußerung, Stellungnahme. *Zus.:* Kriegserklärung, Liebeserklärung, Regierungserklärung.

er|kran|ken [ɛɐ̯'kraŋkn̩], erkrankt, erkrankte, erkrankt ⟨itr.; ist⟩: *krank werden:* sie ist schwer an Grippe erkrankt; er muss einen erkrankten Kollegen vertreten.

die **Er|kran|kung** [ɛɐ̯'kraŋkʊŋ]; -, -en: *Krankheit:* eine schwere, gefährliche Erkrankung; eine Erkrankung feststellen.

er|kun|di|gen [ɛɐ̯'kʊndɪɡn̩], erkundigt, erkundigte, erkundigt ⟨sich e.⟩: *nach etwas, jmdm. fragen:* sich nach dem Preis erkundigen; sie erkundigte sich nach ihren Kindern; hast du dich erkundigt, wie viel die Fahrt kostet?

er|las|sen [ɛɐ̯'lasn̩], erlässt, erließ, erlassen ⟨tr.; hat⟩: **1.** ⟨etw. e.⟩ *amtlich verkünden:* ein Verbot, eine Richtlinie erlassen. *Syn.:* aussprechen, verfügen. **2.** ⟨jmdm. etw. e.⟩ *jmdn. von etwas befreien:* jmdm. seine Schulden, die Steuern erlassen.

er|lau|ben [ɛɐ̯'laʊ̯bn̩], erlaubt, erlaubte, erlaubt: **1.** ⟨tr.; hat; jmdm. etw. e.⟩ *zu etwas Ja sagen:* meine Eltern haben es erlaubt; ich habe ihm erlaubt mitzugehen. *Syn.:* genehmigen, gestatten, zulassen. **2.** ⟨itr.; hat; jmdm. etw. e.⟩ *möglich machen:* seine Mittel erlauben es ihm [nicht], sich einen guten Anwalt zu nehmen. *Syn.:* ermöglichen, gestatten. **3.** ⟨sich etw. e.⟩ *sich leisten:* ich kann mir diese teuren Schuhe nicht erlauben; heute erlaube ich mir mal einen riesigen Eisbecher. *Syn.:* sich gönnen.

die **Er|laub|nis** [ɛɐ̯'laʊpnɪs]; -: *das »Ja«; Zustimmung:* das Kind darf nicht ohne Erlaubnis spielen gehen; etwas mit, ohne Erlaubnis tun. *Syn.:* Einverständnis, Genehmigung. *Zus.:* Arbeitserlaubnis, Aufenthaltserlaubnis, Einreiseerlaubnis, Landeerlaubnis, Starterlaubnis.

er|läu|tern [ɛɐ̯'lɔʏtɐn], erläutert, erläuterte, erläutert ⟨tr.; hat; etw. e.⟩: *erklären:* einen Text, eine Grafik erläutern; diese Angaben werde ich gleich noch näher erläutern. *Syn.:* kommentieren.

die **Er|läu|te|rung** [ɛɐ̯'lɔʏtərʊŋ]; -, -en: *Erklärung:* fachliche, zusätzliche Erläuterungen; die Erläuterungen helfen, den Text besser zu verstehen.

er|le|ben [ɛɐ̯'le:bn̩], erlebt, erlebte, erlebt ⟨itr.; hat; etw. e.⟩: *etwas im Leben mitmachen, mitbekommen:* er hat Schreckliches erlebt; eine Überraschung, Enttäuschungen erleben; das möchte ich nicht noch einmal erleben.

das **Er|leb|nis** [ɛɐ̯'le:pnɪs]; -ses, -se: *etwas, was jemand erlebt hat:* die Ferien auf dem Land waren ein schönes Erlebnis für die Kinder; auf ihrer Reise hatten sie einige aufregende Erlebnisse. *Syn.:* Abenteuer, Ereignis. *Zus.:* Ferienerlebnis, Kriegserlebnis, Naturerlebnis, Reiseerlebnis.

er|le|di|gen [ɛɐ̯'le:dɪgn̩], erledigt, erledigte, erledigt ⟨tr.; hat; etw. e.⟩: *ausführen, zu Ende führen:* kannst du den Einkauf für mich erledigen?; er wollte erst seine Arbeit erledigen. *Syn.:* machen.

er|le|digt [ɛɐ̯'le:dɪçt] ⟨Adj.⟩ (ugs.): *erschöpft:* ich bin [völlig] erledigt; sie war von der Arbeit ganz erledigt. *Syn.:* fertig (ugs.), k. o. (ugs.), kaputt (ugs.).

er|leich|tern [ɛɐ̯'laɪçtɐn], erleichtert, erleichterte, erleichtert: **1.** ⟨tr.; hat; jmdm. etw. e.⟩ *leichter, einfacher machen:* der Stock erleichtert ihm das Gehen; du musst versuchen, dir das Leben ein bisschen zu erleichtern. **2.** ⟨tr.; hat; [sich (Dativ)] etw. e.⟩ *von einer Sorge befreien:* er wollte mit ihr sprechen, um sein Gewissen zu erleichtern; er erleichterte sich das Herz.

er|leich|tert [ɛɐ̯'laɪçtɐt], erleichterter, am erleichtertsten ⟨Adj.⟩: *von einer Sorge oder Angst befreit:* sie war erleichtert, dass ihm bei dem Unfall nichts passiert war; er atmete erleichtert auf. *Syn.:* beruhigt.

die **Er|leich|te|rung** [ɛɐ̯'laɪçtərʊŋ]; -: *Nachlassen des inneren Drucks:* Erleichterung empfinden; ein Seufzer der Erleichterung.

er|ler|nen [ɛɐ̯'lɛrnən], erlernt, erlernte, erlernt ⟨tr.; hat; etw. e.⟩: *lernen:* einen Beruf, ein Handwerk, eine Fremdsprache erlernen; sie wollte das Reiten erlernen.

er|lö|sen [ɛɐ̯'lø:zn̩], erlöst, erlöste, erlöst ⟨tr.; hat; jmdn. [von etw.] e.⟩: *(von Not, Schmerzen) befreien:* der Tod hatte ihn von seinen Qualen erlöst; ein Anruf erlöste sie von ihrer Sorge.

er|mah|nen [ɛɐ̯'ma:nən], ermahnt, ermahnte, ermahnt ⟨tr.; hat; jmdn. [zu etw.] e.⟩: *eindringlich dazu auffordern, etwas zu tun oder etwas nicht zu vernachlässigen:* jmdn. zur Pünktlichkeit, zur Vorsicht ermahnen; sie musste die Kinder immer wieder ermahnen, ruhig zu sein. *Syn.:* mahnen.

die **Er|mä|Bi|gung** [ɛɐ̯'mɛ:sɪgʊŋ]; -, -en: *Betrag, um den ein Preis gesenkt wird:* das Kino bietet eine Ermäßigung von 20 % für Studierende an. *Syn.:* Rabatt. *Zus.:* Beitragsermäßigung, Fahrpreisermäßigung.

er|mes|sen [ɛɐ̯'mɛsn̩], ermisst, ermaß, ermessen ⟨tr.; hat; etw. e.⟩: *in seiner Bedeutung erfassen:* das Ausmaß der Schäden ist noch gar nicht zu ermessen. *Syn.:* einschätzen.

er|mit|teln [ɛɐ̯'mɪtl̩n], ermittelt, ermittelte, ermittelt ⟨tr.; hat⟩: *durch Nachforschen herausfinden:* den Täter ermitteln; es lässt sich nicht mehr ermitteln, wo die Dokumente geblieben sind.

die **Er|mitt|lung** [ɛɐ̯'mɪtlʊŋ]; -, -en: *[der Aufklärung einer Straftat oder eines Unglücks dienende] Untersuchung durch die Polizei oder eine Behörde:* der Staatsanwalt hat die Ermittlungen eingestellt.

er|mög|li|chen [ɛɐ̯'mø:klɪçn̩], ermöglicht, ermöglichte, ermöglicht ⟨tr.; hat; etw. e.⟩: *möglich machen:* sein Onkel hat ihm das Studium ermöglicht.

er|mor|den [ɛɐ̯'mɔrdn̩], ermordet, ermordete, ermordet ⟨tr.; hat; jmdn. e.⟩: *(einen Menschen) vorsätzlich töten:* aus Eifersucht hat er seine Frau ermordet. *Syn.:* umbringen.

er|mü|den [ɛɐ̯'my:dn̩], ermüdet, ermüdete, ermüdet ⟨tr.; hat; jmdn. e.⟩: *müde, schläfrig machen:* das Fahren auf den endlosen geraden Autobahnen ermüdet einen schnell; ⟨im 1. Partizip⟩ der Vortrag war ermüdend.

er|mun|tern [ɛɐ̯'mʊntɐn], ermuntert, ermunterte, ermuntert ⟨tr.; hat; jmdn. zu etw. e.⟩: *Mut oder Lust machen:* jmdn. zu einer Arbeit, zu einem Spaziergang ermuntern; jmdn. ermuntern, etwas zu tun. *Syn.:* motivieren.

er|näh|ren [ɛɐ̯'neːrən], ernährt, ernährte, ernährt ⟨tr.; hat; jmdn., sich e.⟩: **1.** *[regelmäßig] mit Nahrung versorgen:* viele Kinder in den armen Ländern werden nicht ausreichend ernährt; sich vegetarisch ernähren. **2.** *für den Lebensunterhalt sorgen:* von seinem Einkommen kann er die Familie kaum ernähren.

die Er|näh|rung [ɛɐ̯'neːrʊŋ]; -: *Versorgung mit Nahrung:* eine gesunde Ernährung besteht aus viel frischem Gemüse und Obst. *Zus.:* Säuglingsernährung, Unterernährung.

er|nen|nen [ɛɐ̯'nɛnən], ernennt, ernannte, ernannt ⟨tr.; hat; jmdn. zu etw. e.⟩: *jmdm. eine bestimmte offizielle Aufgabe, ein Amt geben:* jmdn. zum Nachfolger, Botschafter, eine Frau zur Ministerin ernennen. *Syn.:* berufen.

er|neut [ɛɐ̯'nɔyt] ⟨Adj.⟩: *noch einmal ausgeführt, geschehend:* ein erneuter Versuch; es kam zu erneuten Zusammenstößen zwischen beiden Parteien; er will erneut kandidieren.

ernst [ɛrnst], ernster, am ernstesten ⟨Adj.⟩: **1.** *nicht fröhlich oder lustig, sondern eher nachdenklich und besorgt:* ein ernstes Gesicht machen; er war ein sehr ernster Mensch. **2.** *wirklich so gemeint:* es ist ihre ernste Absicht; er nimmt die Sache nicht ernst. **3.** *Besorgnis veranlassend:* eine ernste Situation; der Zustand der Kranken, Verletzten ist ernst. *Syn.:* gefährlich, kritisch.

ernst|haft ['ɛrnsthaft], ernsthafter, am ernsthaftesten ⟨Adj.⟩: **1.** *sachlich, nicht leichtfertig:* ernsthaft mit jmdm. sprechen. **2.** *gewichtig und nicht zu unterschätzend:* ernsthafte Zweifel an etwas haben; das Gerät hat ernsthafte Mängel. **3.** *wirklich so gemeint:* ein ernsthaftes Angebot. **4.** *Besorgnis veranlassend:* eine ernsthafte Verletzung.

die Ern|te ['ɛrntə]; -, -n: **1.** *das Ernten:* die Ernte hat begonnen; bei der Ernte helfen. *Zus.:* Getreideernte. **2.** *Gesamtheit der [geernteten] reifen Früchte:* es gab eine reiche Ernte an Getreide und Obst; das Unwetter vernichtete die Ernte. *Zus.:* Missernte, Rekordernte.

ern|ten ['ɛrntn̩], erntet, erntete, geerntet ⟨tr.; hat; etw. e.⟩: *(die reifen Früchte des Feldes oder Gartens) bergen:* Weizen, Obst, Kartoffeln ernten.

er|obern [ɛɐ̯'loːbɐn], erobert, eroberte, erobert ⟨tr.; hat; etw. e.⟩: **1.** *(fremdes* *Gebiet) durch eine militärische Aktion in Besitz nehmen:* der Feind konnte zwei wichtige Städte erobern. *Syn.:* einnehmen. **2.** *für sich gewinnen:* ihre Musik hat die Welt erobert.

er|öff|nen [ɛɐ̯'lœfnən], eröffnet, eröffnete, eröffnet ⟨tr.; hat; etw. e.⟩ *(zum ersten Mal) für das Publikum öffnen:* eine Ausstellung, ein neues Museum eröffnen. **2.** ⟨tr.; hat; etw. e.⟩ *gründen, einrichten:* ein Geschäft, eine Praxis in der Innenstadt eröffnen; wir werden bei der Bank ein Konto eröffnen. **3.** ⟨tr.; hat; etw. e.⟩ *(offiziell) beginnen lassen:* einen Kongress, eine Diskussion eröffnen; sie eröffnete die Partie mit einem überraschenden Zug. **4.** ⟨tr.; hat; jmdm. etw. e.⟩ *(etwas Unerwartetes) mitteilen:* er eröffnete seinen Eltern seine Absicht zu heiraten, das Studium abzubrechen. **5.** ⟨sich jmdm., für jmdn. e.⟩ *neu entstehen, sich ergeben:* durch diese Veränderung der Lage eröffnen sich für uns ganz neue Möglichkeiten. *Syn.:* sich bieten.

die Er|öff|nung [ɛɐ̯'lœfnʊŋ]; -, -en: **1.** *erste Öffnung für das Publikum:* zur Eröffnung des neuen Theaters wurde ein Stück von Schiller aufgeführt. **2.** *Gründung, Einrichtung:* die Eröffnung der neuen Filiale wurde um einen Monat verschoben. **3.** *Beginn:* sie kennt alle wichtigen Eröffnungen beim Schach.

er|ör|tern [ɛɐ̯'lœrtɐn], erörtert, erörterte, erörtert ⟨tr.; hat; etw. e.⟩: *ausführlich besprechen:* eine Frage, einen Fall [mit jmdm.] erörtern. *Syn.:* beraten, diskutieren.

die Er|ör|te|rung [ɛɐ̯'lœrtərʊŋ]; -, -en: *das Erörtern:* nach ausführlichen Erörterungen haben wir uns auf eine Lösung geeinigt. *Syn.:* Besprechung, Diskussion.

ero|tisch [e'roːtɪʃ], erotischer, am erotischsten ⟨Adj.⟩: *die sinnliche Liebe betreffend:* erotische Literatur; sie spricht sehr offen über ihre erotischen Beziehungen.

er|pres|sen [ɛɐ̯'prɛsn̩], erpresst, erpresste, erpresst ⟨tr.; hat⟩: **1.** ⟨jmdn. e.⟩ *durch Drohungen zu etwas zwingen:* sie benutzte den Brief dazu, ihn zu erpressen; ich lasse mich nicht erpressen. **2.** ⟨etw. [von jmdm.] e.⟩ *durch Drohungen von jmdm. erhalten:* Geld, eine Unterschrift erpressen.

die Er|pres|sung [ɛɐ̯'prɛsʊŋ]; -, -en: *das Erpressen:* durch Erpressung und Bestechung war er an die Macht gekommen.

er|ra|ten [ɛɐ̯'raːtn̩], errät, erriet, erraten

⟨tr.; hat; etw. e.⟩: *durch richtiges Einschätzen bestimmter Anzeichen herausfinden:* du hast meinen Wunsch, meine
Absichten erraten; es ist nicht schwer zu
erraten, wo sie gewesen ist.

er|re|gen [ɛɐ̯ˈreːɡn̩], erregt, erregte, erregt
⟨tr.; hat⟩: **1.** ⟨jmdn. e.⟩ *in einen Zustand
heftigen Zornes versetzen:* ihn erregt
jede Kleinigkeit; sie haben sehr erregt
diskutiert; die erregten Gemüter beruhigen; er war so erregt, dass er rot anlief.
Syn.: aufregen. **2.** ⟨etw. e.⟩ *auslösen,
bewirken:* Furcht, Staunen, Heiterkeit,
Neugier erregen; ich wollte keinen Verdacht erregen; seine Reportage hat Aufsehen erregt.

die **Er|re|gung** [ɛɐ̯ˈreːɡʊŋ]; -, -en: *von Zorn,
Aufregung bestimmter Zustand:* seine
Erregung nicht verbergen können; in
Erregung geraten; er zitterte vor Erre-
gung.

er|rei|chen [ɛɐ̯ˈraɪçn̩], erreicht, erreichte,
erreicht ⟨tr.; hat⟩: **1.** ⟨etw. e.⟩ *(mit dem
ausgestreckten Arm, mit einem Gegenstand) an etwas reichen:* sie erreichte
das oberste Regal, ohne auf die Leiter
steigen zu müssen. **2.** ⟨jmdn. e.⟩ *(mit
jmdm.) in [telefonische] Verbindung treten:* unter welcher Nummer kann ich Sie
erreichen?; du warst gestern nirgends zu
erreichen. **3.** ⟨etw. e.⟩ *an ein Ziel gelangen:* der kleine Ort ist nur mit dem Auto
zu erreichen; sie mussten sich beeilen,
um den Zug noch zu erreichen. **4.** ⟨etw.
e.⟩ *gegen Widerstände verwirklichen:* er
hat seine Ziele, hat alles erreicht, was er
wollte; bei ihr wirst du [damit] nichts
erreichen.

er|rich|ten [ɛɐ̯ˈrɪçtn̩], errichtet, errichtete,
errichtet ⟨tr.; hat; etw. e.⟩: **1.** *aus Teilen
zusammenbauen, aufstellen:* eine Tri-
büne, ein Gerüst errichten. **2.** *(ein
Gebäude) bauen:* ein Haus errichten.

er|rin|gen [ɛɐ̯ˈrɪŋən], erringt, errang,
errungen ⟨tr.; hat; etw. e.⟩: *(in einem
Wettbewerb) durch Anstrengung erlangen:* er errang den Sieg, den ersten Preis;
die Partei konnte weitere Sitze im Parlament erringen.

der **Er|satz** [ɛɐ̯ˈzats]; -es: *Person oder Sache,
die an die Stelle einer nicht mehr vorhandenen Sache oder nicht mehr verfügbaren Person tritt:* für den erkrankten Sänger musste ein Ersatz gefunden werden;
er bot ihr als Ersatz für das von ihm
beschädigte Buch ein neues an.

der *oder* das **Er|satz|teil** [ɛɐ̯ˈzatstaɪl]; -[e]s, -e: *Teil,
das ein unbrauchbar gewordenes oder*

*verlorenes Teil eines Gerätes, einer
Maschine ersetzen kann:* wir brauchen
ein Ersatzteil für die Waschmaschine.

er|schaf|fen [ɛɐ̯ˈʃafn̩], erschafft, erschuf,
erschaffen ⟨tr.; hat⟩: *etwas machen, her-
vorbringen (was so vorher noch nicht da
war):* in der Bibel steht, dass Gott die
Welt erschaffen hat.

er|schei|nen [ɛɐ̯ˈʃaɪnən], erscheint,
erschien, erschienen ⟨itr.; ist⟩: **1.** *(an
einen bestimmten Ort) kommen:* er ist
heute nicht zum Dienst erschienen.
2. *(als Buch, Zeitung) in den Handel
kommen:* ihr neuer Roman ist im Herbst
erschienen; die Zeitschrift erscheint ein
mal im Monat. *Syn.:* herauskommen.
3. ⟨jmdm. irgendwie e.⟩ *einen bestimmten Eindruck auf jmdn. machen:* seine
Darstellung erscheint [mir] glaubwür-
dig, widersprüchlich.

die **Er|schei|nung** [ɛɐ̯ˈʃaɪnʊŋ]; -, -en: *etwas,
was man beobachten kann:* Schnee im
Sommer ist in dieser Gegend eine seltene Erscheinung; sie erforscht
bestimmte physikalische Erscheinun-
gen. *Syn.:* Phänomen. *Zus.:* Alterser-
scheinung, Begleiterscheinung.

er|schie|ßen [ɛɐ̯ˈʃiːsn̩], erschießt, erschoss,
erschossen ⟨tr.; hat; jmdn., sich e.⟩: *mit
einer Schusswaffe töten:* zwei Polizisten
sind von den Verbrechern erschossen
worden.

er|schla|gen [ɛɐ̯ˈʃlaːɡn̩], erschlägt,
erschlug, erschlagen ⟨tr.; hat; jmdn. e.⟩:
*durch Schläge mit einem harten Gegen-
stand töten:* er erschlug sein Opfer mit
einem Hammer.

er|schlie|ßen [ɛɐ̯ˈʃliːsn̩], erschließt,
erschloss, erschlossen ⟨tr.; hat; etw. e.⟩:
*für einen bestimmten Zweck nutzbar
machen:* Bodenschätze erschließen; ein
Grundstück für den Bau von Häusern
erschließen.

er|schöpft [ɛɐ̯ˈʃœpft], erschöpfter, am
erschöpftesten ⟨Adj.⟩: *aufgrund größere
Anstrengung kraftlos und matt:*
erschöpft sanken sie ins Bett.

die **Er|schöp|fung** [ɛɐ̯ˈʃœpfʊŋ]; -, -en: *Zustand
in dem man nach größerer Anstrengung
keine Kraft mehr hat:* sie arbeiteten bis
zur völligen Erschöpfung; sie fiel vor
Erschöpfung um.

¹er|schre|cken [ɛɐ̯ˈʃrɛkn̩], erschrickt,
erschrak, erschrocken ⟨itr.; ist⟩: *einen
Schrecken bekommen:* er erschrak, als e
den Knall hörte; ich bin bei der Nachricht furchtbar erschrocken; erschrocken sprang sie auf.

²er|schre|cken [ɛɐ̯'ʃrɛkn̩], erschreckt, erschreckte, erschreckt ⟨tr.; hat; jmdn., sich e.⟩: *(jmdn.) in Angst versetzen:* die Explosion erschreckte die Bevölkerung; diese Nachricht hat uns furchtbar erschreckt.

er|schüt|tern [ɛɐ̯'ʃʏtɐn], erschüttert, erschütterte, erschüttert ⟨tr.; hat⟩: **1.** ⟨etw. e.⟩ *in zitternde, wankende Bewegung bringen:* die Explosion erschütterte alle Häuser in der Gegend. **2.** ⟨jmdn. e.⟩ *im Innersten bewegen, ergreifen:* der Tod der Kollegin hat uns tief erschüttert; ihn kann so leicht nichts erschüttern; erschütternde Szenen spielten sich ab.

die Er|schüt|te|rung [ɛɐ̯'ʃʏtərʊŋ]; -, -en: **1.** *heftig rüttelnde Bewegung:* die Explosion verursachte eine starke Erschütterung. **2.** *tiefe innere Bewegung:* eine schwere seelische Erschütterung; seine Erschütterung kaum verbergen können. *Syn.:* Betroffenheit.

er|schwing|lich [ɛɐ̯'ʃvɪŋlɪç], erschwinglicher, am erschwinglichsten ⟨Adj.⟩: *so teuer, dass man es noch bezahlen kann:* die Kosten für das Fahrrad sind gerade noch erschwinglich; kaum erschwingliche Preise.

er|set|zen [ɛɐ̯'zɛtsn̩], ersetzt, ersetzte, ersetzt ⟨tr.; hat⟩: **1.** ⟨jmdm. jmdn. e.⟩ *an die Stelle von jmdm., etwas treten:* sein Onkel musste ihm jetzt den Vater ersetzen. **2.** ⟨jmdm. etw. e.⟩ *erstatten:* die Fahrkosten werden Ihnen ersetzt.

¹erst [e:ɐ̯st] ⟨Adverb⟩: **1.** *an erster Stelle:* erst kommt sie an die Reihe, danach kommen die andern; das muss sich erst noch zeigen *(das ist noch nicht sicher).* **2.** *zu Beginn:* erst ging alles gut, aber dann wurden die Zuschauer unruhig. *Syn.:* anfangs, zuerst, zunächst. **3.** *nicht eher als:* er will erst morgen abreisen; das Kino fängt erst um acht Uhr an. **4.** *nicht mehr als:* ich habe erst dreißig Seiten in dem Buch gelesen; er ist erst zehn Jahre alt. **5.** *vor gar nicht langer Zeit, nämlich ...:* ich habe ihn erst gestern gesehen.

²erst [e:ɐ̯st] ⟨Partikel⟩: *verstärkt einen Wunsch:* wenn ich das Examen nur erst hinter mir hätte!; wären wir doch erst zu Hause!

erst... [e:ɐ̯st...] ⟨Ordinalzahl⟩: *in einer Reihe oder Folge den Anfang bildend:* die erste Etage; die ersten Rosen blühen im Park; am ersten Juli; am Ersten [des Monats] gibt es Geld.

er|stat|ten [ɛɐ̯'ʃtatn̩], erstattet, erstattete, erstattet ⟨tr.; hat⟩: **1.** ⟨jmdm. etw. e.⟩ *(Unkosten, Auslagen) zurückzahlen, ersetzen:* man hat ihr die Fahrtkosten erstattet. **2.** *drückt als Funktionsverb aus, dass etwas in bestimmter, meist offizieller Form an entsprechender Stelle vorgebracht wird:* gegen jmdn. Anzeige erstatten *(jmdn. anzeigen);* Meldung erstatten *(etwas offiziell melden).*

er|stau|nen [ɛɐ̯'ʃtaʊnən], erstaunt, erstaunte, erstaunt ⟨itr.; hat; jmdn. e.⟩: *durch etwas Unerwartetes (positiv oder negativ) beeindrucken:* ihre Reaktion hat uns sehr erstaunt; seine überraschende Freundlichkeit erstaunte mich. *Syn.:* überraschen, verwundern.

er|staun|lich [ɛɐ̯'ʃtaʊnlɪç], erstaunlicher, am erstaunlichsten ⟨Adj.⟩: *Erstaunen, Bewunderung hervorrufend:* eine erstaunliche Leistung; es ist erstaunlich, wie sie das alles schafft; sie läuft erstaunlich schnell.

er|staunt [ɛɐ̯'ʃtaʊnt], erstaunter, am erstauntesten ⟨Adj.⟩: *Verwunderung, Staunen ausdrückend:* ein erstaunter Blick traf sie.

er|stei|gern [ɛɐ̯'ʃtaɪɡɐn], ersteigert, ersteigerte, ersteigert ⟨tr.; hat; etw. e.⟩: *für etwas, was versteigert wird, am meisten bieten und es so bekommen:* sie hat das Bild für zwei Millionen ersteigert.

er|stel|len [ɛɐ̯'ʃtɛlən], erstellt, erstellte, erstellt ⟨tr.; hat; etw. e.⟩: *(vollständig, in Einzelheiten) anfertigen, ausarbeiten:* ein Gutachten, einen Plan erstellen.

er|sti|cken [ɛɐ̯'ʃtɪkn̩], erstickt, erstickte, erstickt ⟨itr.; ist⟩: *durch Mangel an Luft, an Sauerstoff sterben:* sie wäre fast an dem Bissen erstickt.

erst|mals ['e:ɐ̯stma:ls] ⟨Adverb⟩: *zum ersten Mal:* der Versuch ist uns erstmals gelungen.

er|stre|cken [ɛɐ̯'ʃtrɛkn̩], erstreckt, erstreckte, erstreckt ⟨sich auf jmdn., etw. e.⟩: *jmdn., etwas betreffen:* das Gespräch erstreckte sich auf alle wichtigen Fragen.

er|tei|len [ɛɐ̯'taɪlən], erteilt, erteilte, erteilt ⟨tr.; hat; jmdm. etw. e.⟩: *geben:* jmdm. einen Rat, einen Befehl, eine Vollmacht, eine Auskunft erteilen; sie erteilte ihm eine Abfuhr, eine Lektion.

der Er|trag [ɛɐ̯'tra:k]; -[e]s, Erträge [ɛɐ̯'trɛ:ɡə]: **1.** *erzeugte Produkte:* gute Erträge; der Ertrag eines Ackers; höhere Erträge erzielen. *Syn.:* Ernte. *Zus.:* Bodenertrag, Ernteertrag. **2.** ⟨Plural⟩ *Gewinn:* seine

Häuser bringen einen guten Ertrag; sie verfügt über Erträge aus Vermietungen. *Syn.:* Einkünfte 〈Plural〉, Einnahmen 〈Plural〉.

er|tra|gen [ɛɐ̯ˈtraːɡn̩], erträgt, ertrug, ertragen 〈tr.; hat; jmdn., etw. e.〉: *aushalten:* sie musste furchtbare Schmerzen ertragen; ich weiß nicht, wie ich diese Ungewissheit ertragen soll; sein Geschwätz ist schwer/nicht zu ertragen.

er|träg|lich [ɛɐ̯ˈtrɛːklɪç], erträglicher, am erträglichsten 〈Adj.〉: **1.** *sich ertragen lassend:* die Schmerzen sind gerade noch erträglich; die augenblickliche Hitze ist kaum noch erträglich. **2.** (ugs.) *nicht besonders schlecht:* er hat ein erträgliches Auskommen. *Syn.:* akzeptabel, leidlich.

er|trin|ken [ɛɐ̯ˈtrɪŋkn̩], ertrinkt, ertrank, ertrunken 〈itr.; ist〉: *im Wasser ums Leben kommen:* der Junge ist beim Baden ertrunken.

er|üb|ri|gen [ɛɐ̯ˈlyːbrɪɡn̩], erübrigte, erübrigt 〈tr.; hat; etw. e.〉 *übrig haben:* wenn Sie 10 Euro erübrigen können, dann spenden Sie; für etwas [keine] Zeit erübrigen können *([keine] Zeit haben).* **2.** 〈sich e.〉 *überflüssig sein:* weitere Nachforschungen, Diskussionen erübrigen sich.

er|wa|chen [ɛɐ̯ˈvaxn̩], erwacht, erwachte, erwacht 〈itr.; ist〉: **1.** *wach werden:* als er erwachte, war es schon Tag; sie erwachte erst nach drei Tagen aus der Bewusstlosigkeit. *Syn.:* aufwachen. **2.** *sich in jmdm. regen:* sein Ehrgeiz, Misstrauen, Argwohn, Interesse war plötzlich erwacht. *Syn.:* aufkommen.

¹er|wach|sen [ɛɐ̯ˈvaksn̩], erwächst, erwuchs, erwachsen 〈itr.; ist; aus etw. e.〉: *allmählich entstehen:* daraus kann ihr nur Schaden erwachsen; aus dieser Erkenntnis erwuchs die Forderung nach härteren Maßnahmen. *Syn.:* sich entwickeln, sich ¹ergeben.

²er|wach|sen [ɛɐ̯ˈvaksn̩], erwachsener, am erwachsensten 〈Adj.〉: *volljährig:* sie haben drei erwachsene Töchter; er wirkt schon sehr erwachsen. *Syn.:* groß.

der *und* die **Er|wach|se|ne** [ɛɐ̯ˈvaksənə]; -n, -n 〈aber: [ein] Erwachsener, [eine] Erwachsene, Plural: [viele] Erwachsene〉: *erwachsene Person:* der Film ist nur für Erwachsene; die Erwachsenen haben oft wenig Verständnis für die Ängste der Kinder.

die **Er|wach|se|nen|bil|dung** [ɛɐ̯ˈvaksənənbɪldʊŋ]; - 〈ohne Plural〉: *Einrichtungen und* *Maßnahmen zur Weiterbildung von Erwachsenen:* im Rahmen der Erwachsenenbildung; neue Programme zur Erwachsenenbildung wurden vorgelegt.

er|wäh|nen [ɛɐ̯ˈvɛːnən], erwähnte, erwähnt 〈tr.; hat; jmdn., etw. e.〉: *beiläufig nennen:* er hat die letzten Ereignisse mit keinem Satz erwähnt; sie hat dich [in ihrem Brief] lobend erwähnt; die Stadt wurde um 1000 erstmals erwähnt *(urkundlich genannt).*

er|wär|men [ɛɐ̯ˈvɛrmən], erwärmte, erwärmt: **1.** 〈tr.; hat; etw. e.〉 *wärmer machen:* die Sonne erwärmt die Erde; Wasser auf 50° erwärmen. *Syn.:* aufwärmen, erhitzen. **2.** 〈sich e.〉 *warm werden:* die Luft, das Wasser hat sich im Laufe des Tages erwärmt. **3.** 〈sich für jmdn., etw. e.〉 *jmdn., etwas sympathisch finden:* ich konnte mich für seine Ideen nicht erwärmen. *Syn.:* sich begeistern.

er|war|ten [ɛɐ̯ˈvartn̩], erwartete, erwartet 〈tr.; hat〉: **1.** 〈jmdn., etw. e.〉 *jmdm., etwas entgegensehen:* ich erwarte Sie um 9 Uhr am Flugplatz; Besuch, ein Paket, einen Anruf erwarten; sie erwartet ein Kind *(ist schwanger).* **2.** 〈etw. [von jmdm.] e.〉 *mit etwas rechnen:* etwas Ähnliches hatte ich erwartet; dass es so kommen würde, hatte niemand erwartet. *Syn.:* annehmen, denken, vermuten.

er|wei|tern [ɛɐ̯ˈvaitɐn], erweiterte, erweitert 〈tr.; hat; etw. e.〉: *vergrößern:* das Warenangebot, die Produktion erweitern; das Areal wurde um einige Hektar erweitert. *Syn.:* ausbauen, ausdehnen, ausweiten.

er|wer|ben [ɛɐ̯ˈvɛrbn̩], erwirbt, erwarb, erworben 〈tr.; hat; etw. e.〉: **1.** *erlangen:* die Achtung, das Vertrauen der Mitmenschen erwerben; er hat ein beträchtliches Vermögen erworben. *Syn.:* bekommen, erhalten, kriegen (ugs.), verdienen. **2.** *sich aneignen:* Kenntnisse erwerben; sie hatte ihr Wissen durch Lektüre erworben. *Syn.:* erarbeiten, erlernen, lernen. **3.** *durch Kauf, Verhandlungen erhalten:* ein Grundstück käuflich erwerben; die Rechte für die Verfilmung eines Buches erwerben; das Museum hat drei wertvolle Gemälde erworben.

er|werbs|los [ɛɐ̯ˈvɛrpsloːs] 〈Adj.〉: *ohne Arbeit:* derzeit sind mehrere Millionen Menschen erwerbslos. *Syn.:* arbeitslos.

er|wi|dern [ɛɐ̯ˈviːdɐn]: **1.** 〈itr.; hat〉 *antworten:* er wusste nichts zu erwidern; sie erwiderte, dass sie das nicht glauben könne. *Syn.:* entgegnen. **2.** 〈tr.; hat; etw.

e.⟩ *auf etwas in gleicher Weise reagieren:* jmds. Gefühle erwidern; er hat ihren Besuch erwidert; sie erwiderte seinen Gruß mit einem Kopfnicken.

er|wi|schen [ɛɐ̯'vɪʃn̩], erwischt, erwischte, erwischt ⟨tr.; hat⟩ (ugs.): **1.** ⟨jmdn. e.⟩ *überraschen:* sie wurde beim Stehlen erwischt; man hat den Falschen erwischt. *Syn.:* fangen, kriegen (ugs.), schnappen (ugs.). **2.** ⟨etw. e.⟩ *gerade noch bekommen, erreichen:* für das Konzert hatte er keine Karte mehr erwischt; ich habe den Zug noch erwischt. *Syn.:* kriegen (ugs.).

er|wünscht [ɛɐ̯'vʏnʃt], erwünschter, am erwünschtesten ⟨Adj.⟩: **1.** *jmds. Vorstellungen entsprechend:* die ärztliche Behandlung hatte die erwünschte Wirkung. **2.** *gern gesehen:* du bist hier nicht erwünscht; Fremdsprachenkenntnisse sind erwünscht. *Syn.:* willkommen.

das **Erz** [eːɐ̯ts]; -es, -e: *Mineral, das ein Metall enthält:* wertvolle Erze; Erz gewinnen, abbauen, schmelzen.

er|zäh|len [ɛɐ̯'tsɛːlən], erzählt, erzählte, erzählt ⟨tr.; hat; etw. e.⟩: **1.** *schriftlich oder mündlich darstellen:* eine Geschichte erzählen; sie weiß immer viel zu erzählen. *Syn.:* vorbringen, vortragen. **2.** *berichten:* sie erzählt nie etwas von sich selbst; er hat mir erzählt, dass er in Scheidung lebt. *Syn.:* mitteilen.

die **Er|zäh|lung** [ɛɐ̯'tsɛːlʊŋ]; -, -en: **1.** ⟨ohne Plural⟩ *das Erzählen:* sie hörte seiner Erzählung aufmerksam zu. **2.** *Geschichte:* eine spannende, kurze, historische Erzählung; er schrieb mehrere Erzählungen. *Zus.:* Nacherzählung.

er|zeu|gen [ɛɐ̯'tsɔʏɡn̩], erzeugt, erzeugte, erzeugt ⟨tr.; hat; etw. e.⟩: **1.** *entstehen lassen:* Reibung erzeugt Wärme; sie versteht es, Spannung zu erzeugen. *Syn.:* auslösen, bewirken, verursachen. **2.** *produzieren:* Strom, landwirtschaftliche Waren erzeugen; der Boden erzeugt alles, was wir brauchen. *Syn.:* herstellen, hervorbringen.

das **Er|zeug|nis** [ɛɐ̯'tsɔʏknɪs]; -ses, -se: *Produkt:* landwirtschaftliche, industrielle Erzeugnisse; diese Vase ist ein deutsches Erzeugnis; seine Erzeugnisse ausstellen, vertreiben, ins Ausland liefern. *Syn.:* Artikel, Fabrikat, Ware. *Zus.:* Exporterzeugnis, Spitzenerzeugnis.

er|zie|hen [ɛɐ̯'tsiːən], erzieht, erzog, erzogen ⟨tr.; hat; jmdn. e.⟩: *jmds. (bes. eines Kindes) Entwicklung fördern:* ein Kind erziehen; er wurde in einem Internat erzogen; jmdn. zur Selbstständigkeit erziehen; ein gut erzogenes Kind.

der **Er|zie|her** [ɛɐ̯'tsiːɐ]; -s, -, die **Er|zie|he|rin** [ɛɐ̯'tsiːərɪn]; -, -nen: *Person, die Kinder und Jugendliche erzieht:* er ist der geborene Erzieher; sie arbeitet als Erzieherin in einem Kindergarten. *Syn.:* Pädagoge, Pädagogin.

die **Er|zie|hung** [ɛɐ̯'tsiːʊŋ]; -: **1.** *das Erziehen:* eine freie, autoritäre Erziehung; sie haben ihren Kindern eine gute Erziehung gegeben. *Zus.:* Kindererziehung. **2.** *Benehmen, das man bereits in der Kindheit erlernt:* ihm fehlt jegliche Erziehung. *Syn.:* Anstand, Betragen.

der *und* die **Er|zie|hungs|be|rech|tig|te** [ɛɐ̯'tsiːʊŋsbərɛçtɪçtə]; -n, -n ⟨aber: [ein] Erziehungsberechtigter, [eine] Erziehungsberechtigte, Plural: [viele] Erziehungsberechtigte⟩: *Person, die die Rechte und Pflichten von Eltern ausübt:* bei einer Waise ist der Vormund der Erziehungsberechtigte.

es [ɛs] ⟨Personalpronomen; 3. Person Singular Neutrum, Nom. und Akk.⟩: das Kind weint, weil es krank ist; ich habe es gewusst; es ist schön, dass du gekommen bist; es regnet; es klopft; es wurde viel gelacht; hier wohnt es sich schön; er hat es gut; ihr habt es nicht leicht mit mir.

der **Esel** ['eːzl̩]; -s, -: *Tier mit grauem Fell und langen Ohren, das dem Pferd ähnlich ist:* der Esel trägt Lasten.

der Esel

der **Es|pres|so** [ɛs'prɛso]; -[s], -s *und* Espressi [ɛs'prɛsi]: *starker Kaffee:* Möchten Sie noch einen Espresso trinken?

ess|bar ['ɛsbaːɐ̯] ⟨Adj.⟩: *so, dass man es essen kann:* essbare Pilze.

es|sen ['ɛsn̩], isst, aß, gegessen: **1.** ⟨tr.; hat⟩ *als Nahrung aufnehmen:* einen Apfel essen; sie isst kein Fleisch; was gibt es heute zu essen? **2.** ⟨itr.; hat⟩ *[feste] Nahrung aufnehmen:* hastig essen und trinken; im Restaurant, bei Kerzenlicht essen; ich habe noch nicht zu Mittag gegessen; bei uns wird um 13 Uhr gegessen; heute Abend werde ich warm *(warme Speisen)* essen.

das **Es|sen** ['ɛsn̩]; -s, -: **1.** *Nahrung, Speise:* die Mutter kocht das Essen; das Essen ist fertig; das Essen schmeckt mir nicht;

etwas

Ein Adjektiv, das auf »etwas« folgt, wird immer stark dekliniert: »Ich habe etwas Neues (Akkusativ) erfunden.« – »Er hat

etwas Interessantes (Akkusativ) gesagt.« – »In der Schale lag noch etwas frisches Obst (Nominativ).«

warmes, kaltes Essen. *Syn.:* Gericht, Imbiss, Mahlzeit, Menü. *Zus.:* Abendessen, Festessen, Lieblingsessen, Mittagessen. **2.** *Einnahme von Speisen:* sie saßen beim Essen; ich lud ihn zum Essen ein; wir beginnen mittags pünktlich mit dem Essen. *Syn.:* Mahlzeit.

der **Es|sig** ['ɛsɪç]; -s, -: *saure Flüssigkeit zum Würzen:* milder, scharfer Essig; sie stellte Essig und Öl für den Salat auf den Tisch; Gurken in Essig einlegen. *Zus.:* Kräuteressig, Obstessig.

der **Ess|löf|fel** ['ɛslœfl̩]; -s, -: *größerer Löffel, bes. zum Essen von Suppe:* zwei Esslöffel Zucker; einen Esslöffel [voll] Milch in den Teig geben.

der **Ess|tisch** ['ɛstɪʃ]; -s, -e: *Tisch, an dem gegessen wird:* an dem Esstisch können maximal 6 Personen sitzen.

die **Eta|ge** [e'taːʒə]; -, -n: ²*Stock:* 98 m² Wohnfläche auf zwei Etagen; wir wohnen in der ersten Etage. *Syn.:* Stockwerk.

die **Etap|pe** [e'tapə]; -, -n: *(räumlicher oder zeitlicher) Abschnitt:* die letzte Etappe der Tour; die Radfahrer sind die Strecke in Etappen gefahren.

der **Etat** [e'taː]; -s, -s: *Geld, das man ausgeben kann:* der Etat für Schulbücher; der Etat schrumpft jedes Jahr, ist ausgeglichen, wächst. *Syn.:* Budget, Haushalt, Finanzen ⟨Plural⟩. *Zus.:* Haushaltsetat.

etc. [ɛt 'tseːtera]: et cetera: *und so weiter:* Ballspiele wie Fußball, Basketball etc.

die **Ethik** ['eːtɪk]; -: *alle sittlichen Normen und Werte einer Gesellschaft:* die Ethik des 19. Jahrhunderts; die Ethik der Mediziner.

ethisch ['eːtɪʃ], ethischer, am ethischsten ⟨Adj.⟩: *sittlich, moralisch:* ethische Werte, Motive; ein ethisch denkender Mensch.

das **Eti|kett** [eti'kɛt]; -[e]s, -e[n] und -s: *kleines Schild zum Aufkleben, Anhängen:* ein Etikett ankleben, entfernen; der Preis steht auf dem Etikett. *Syn.:* Aufkleber. *Zus.:* Flaschenetikett, Preisetikett.

et|lich... ['ɛtlɪç...] ⟨Zahladjektiv und Indefinitpronomen⟩: *einig...:* etliche Freunde.

¹**et|wa** ['ɛtva] ⟨Adverb⟩: **1.** *ungefähr, circa:* in etwa einer halben Stunde; er dürfte etwa dreißig Jahre alt sein. **2.** *zum Beispiel:* wenn man Europa etwa mit Australien vergleicht; einige wichtige Städte wie etwa München, Köln oder Hamburg.

3. (schweiz.) *manchmal:* er hat uns etwa besucht.

²**et|wa** ['ɛtva] ⟨Partikel⟩: drückt aus, dass man auf eine verneinende Antwort hofft: ist er etwa krank?; hast du etwa gelogen?; hast du etwa vergessen, die Milch einzukaufen?; ist sie etwa schwanger? *Syn.:* eventuell, vielleicht, womöglich.

et|was ['ɛtvas] ⟨Zahladjektiv und Indefinitpronomen⟩: **1.** bezeichnet eine kleine Menge oder das geringe Maß von etwas: sie nahm etwas Salz; jetzt ist er etwas ruhiger; etwas höher. **2.** bezeichnet eine nicht näher bestimmte Sache: er kauft etwas, was ihr Freude macht; ein freier Nachmittag ist etwas Schönes.

die **EU** [eː'|uː]; -: *Europäische Union:* dieses Land gehört nicht zur EU; der EU beitreten.

euch [ɔyç] ⟨Personalpronomen; Dativ und Akk. von »ihr«⟩: **1.** das glaube ich euch nicht; ich habe euch gesehen. **2.** ⟨reflexivisch⟩ macht euch keine Sorgen!; ihr irrt euch. **3.** ⟨reziprok⟩ ihr müsst euch [gegenseitig] vertrauen; ihr belügt euch [gegenseitig].

¹**eu|er** ['ɔyɐ] ⟨Possessivpronomen⟩: drückt aus, dass jmd., etwas zu einer mit »ihr« angeredeten Gruppe von Personen gehört: euer Haus ist zu klein; das ist nicht unser Auto, sondern eu[e]res.

²**eu|er** ['ɔyɐ] ⟨Personalpronomen; Gen. vor »ihr«⟩: wir werden euer gedenken.

der **Eu|ro** ['ɔyro]; -[s], -s ⟨aber: 10 Euro⟩: *gemeinsame Währung vieler Länder der EU* (1 Euro = 100 Cent; Zeichen: €): kann man bei Ihnen britische Pfund in Euro wechseln?; die CD kostet 14 Euro und 99 Cent.

Eu|ro|pa [ɔy'roːpa]; -s: *Kontinent auf dem nördlichen Teil der Erde:* Spanien, Frankreich und Griechenland liegen in Europa; das nördliche Europa.

der **Eu|ro|pä|er** [ɔyro'pɛːɐ]; -s, -, die **Eu|ro|pä|erin** [ɔyro'pɛːərɪn]; -, -nen: *Einwohner, Einwohnerin von Europa:* er ist der erfolgreichste Europäer in Hollywood.

eu|ro|pä|isch [ɔyro'pɛːɪʃ], europäischer, am europäischsten ⟨Adj.⟩: *zu Europa gehörend:* die europäischen Nachbarn.

evan|ge|lisch [evaŋ'geːlɪʃ] ⟨Adj.⟩: *zu den Kirchen gehörend, die reformiert wurden, protestantisch:* die evangelische Konfes sion; sie ist evangelisch; er wurde evangelisch getauft. *Syn.:* reformiert.

¹**even|tu|ell** [evɛn'tu̯ɛl] ⟨Adj.⟩: *unter Umständen möglich:* bei eventuellen Problemen hilft Ihnen die Lehrerin.

²**even|tu|ell** [evɛn'tu̯ɛl] ⟨Adverb⟩: *unter Umständen; vielleicht:* eventuell komme ich morgen etwas später. *Syn.:* womöglich.

ewig ['e:vɪç] ⟨Adj.⟩: **1.** *zeitlich ohne Ende, für immer bestehend:* das ewige Leben; ewiger Schnee *(Schnee, der im Sommer nicht schmilzt);* sie schworen ewige Treue. *Syn.:* bleibend, endlos, unendlich, zeitlos. **2.** (ugs.) *endlos, nicht endend:* ich habe von dem ewigen Warten auf die Busse genug; soll das ewig so weitergehen? *Syn.:* ständig, unaufhörlich.

die **Ewig|keit** ['e:vɪçkai̯t]; -, -en: **1.** ⟨ohne Plural⟩ *endlose Dauer:* die Ewigkeit des Universums. **2.** (ugs.) *sehr lange Dauer, übermäßig lange Zeit, endlos scheinende Zeit:* das ist schon Ewigkeiten her, dass ich ihn gesehen habe; das dauert ja wieder eine Ewigkeit an dieser Kasse!

ex|akt [ɛ'ksakt], exakter, am exaktesten ⟨Adj.⟩: *genau, präzise:* eine exakte Definition, Beschreibung; sie arbeitet immer sehr exakt.

die **Ex|akt|heit** [ɛ'ksakthai̯t]; -: *Genauigkeit, Sorgfalt:* mit größter Exaktheit arbeiten. *Syn.:* Präzision.

das **Ex|a|men** [ɛ'ksa:mən]; -s, - und Examina [ɛ'ksa:mina]: *Prüfung (bes. am Ende eines Studiums):* das mündliche, schriftliche Examen; sie hat das Examen [in Biologie] bestanden; (ugs.) er ist letztes Jahr durchs Examen gefallen. *Zus.:* Abschlussexamen, Staatsexamen.

das **Ex|em|p|lar** [ɛksɛm'pla:ɐ̯]; -s, -e: *einzelnes Stück, Individuum:* ein seltenes, schönes Exemplar; die ersten Tausend Exemplare des Buches waren schon verkauft; der Schmetterling war ein besonders schönes Exemplar seiner Art.

das **Exil** [ɛ'ksi:l]; -s, -e: *längerer Aufenthalt in einem fremden Land, weil man aus dem eigenen fliehen muss:* ins Exil gehen; im Exil leben.

die **Exis|tenz** [ɛksɪs'tɛnts]; -, -en: **1.** ⟨ohne Plural⟩ *das Bestehen:* sie wusste nichts von der Existenz dieses Briefes; die Existenz eines Staates. **2.** *(menschliches) Dasein, Leben:* die menschliche Existenz; sie konnten nur die nackte Existenz retten. **3.** ⟨ohne Plural⟩ *materielle Grundlage für den Lebensunterhalt:* eine [sichere] Existenz haben; ich baue mir eine neue Existenz auf.

exis|tie|ren [ɛksɪs'ti:rən], existiert, existierte, existiert ⟨itr.; hat⟩: **1.** *vorhanden sein, da sein, bestehen:* diese Person existiert nur in deiner Fantasie; das alte Haus, der kleine Laden existiert noch. *Syn.:* geben, leben, vorkommen. **2.** *von wenig Geld leben:* von 300 Euro im Monat kann man kaum existieren.

ex|klu|siv [ɛksklu'zi:f], exklusiver, am exklusivsten ⟨Adj.⟩: *vornehm, anspruchsvoll:* ein exklusives Restaurant; im Urlaub wohnen sie immer sehr exklusiv. *Syn.:* gehoben, nobel (geh.).

die **Ex|kur|si|on** [ɛkskʊr'zi̯o:n]; -, -en: *Ausflug [zu wissenschaftlichen Zwecken]:* eine botanische, geografische Exkursion [in die Alpen] unternehmen. *Syn.:* Expedition, Fahrt, Reise.

exo|tisch [ɛ'kso:tɪʃ], exotischer, am exotischsten ⟨Adj.⟩: **1.** *aus einem fernen Land stammend und fremd wirkend:* exotische Tiere, Pflanzen, Früchte, Völker; exotische Musik. **2.** *ausgefallen, ungewöhnlich:* ein exotisches Hobby.

die **Ex|pe|di|ti|on** [ɛkspedi'tsi̯o:n]; -, -en: *Reise, die zur Erforschung eines unbekannten Gebietes unternommen wird:* eine Expedition zum Nordpol; an einer Expedition teilnehmen.

das **Ex|pe|ri|ment** [ɛksperi'mɛnt]; -[e]s, -e: **1.** *wissenschaftlicher Versuch:* ein [physikalisches] Experiment durchführen. **2.** *mit einem Risiko verbundenes Unternehmen:* wir sollten keine Experimente machen.

der **Ex|per|te** [ɛks'pɛrtə]; -n, -n, die **Ex|per|tin** [ɛks'pɛrtɪn]; -, -nen: *Person, die sich auf einem bestimmten Gebiet gut auskennt:* in dieser Frage sind sich selbst die Experten nicht einig; sie ist Expertin auf diesem Gebiet. *Syn.:* Fachfrau, Fachmann, Spezialist, Spezialistin. *Zus.:* Finanzexperte, Finanzexpertin, Wirtschaftsexperte, Wirtschaftsexpertin.

ex|plo|die|ren [ɛksplo'di:rən], explodiert, explodierte, explodiert ⟨itr.; ist⟩: **1.** *durch übermäßigen Druck (z. B. von Dampf oder chemischen Gasen) von innen plötzlich unter lautem Geräusch platzen:* eine Mine, eine Bombe, der Kessel explodierte. **2.** *sehr rasch wachsen:* die Kosten explodieren; die Bevölkerung explodiert. *Syn.:* zunehmen.

die **Ex|plo|si|on** [ɛksplo'zi̯o:n]; -, -en: **1.** *heftiges, lautes Zerstören durch übermäßigen Druck von innen:* bei der Explosion wurde das Haus völlig zerstört. *Zus.:* Gasexplosion. **2.** *sehr rasches Wachsen:* eine Explosion der Kosten, der Bevölke-

E

rungszahlen. *Syn.:* Wachstum, Zunahme.

der **Ex|port** [ɛks'pɔrt]; -[e]s, -e: *das Exportieren* /Ggs. Import/: den Export fördern; für den Export bestimmte Waren. *Zus.:* Waffenexport, Warenexport.

ex|por|tie|ren [ɛkspɔr'tiːrən], exportiert, exportierte, exportiert ⟨tr.; hat; etw. e.⟩: *(Waren) ausführen* /Ggs. importieren/: dieses Land exportiert landwirtschaftliche Produkte; die Autos werden nach Dänemark exportiert.

ex|qui|sit [ɛkskvi'ziːt], exquisiter, am exquisitesten ⟨Adj.⟩: *von vorzüglicher Qualität:* exquisite Genüsse, Speisen; der Wein ist exquisit.

ex|tern [ɛks'tɛrn] ⟨Adj.⟩: *draußen, außerhalb, äußer...:* externe Mitarbeiter; diese Arbeit lassen wir extern machen.

ex|tra ['ɛkstra] ⟨Adverb⟩: **1.** *für sich, einzeln:* etwas extra einpacken. *Syn.:* separat. **2.** *zusätzlich:* mit Sahne kostet das Eis 50 Cent extra. **3.** *mit einer ganz bestimmten Absicht:* extra deinetwegen habe ich es getan.

ex|trem [ɛks'treːm], extremer, am extremsten ⟨Adj.⟩: *bis an die äußerste Grenze gehend:* extreme Temperaturen; extreme Gegensätze; das war extrem unsportlich.

ex|zel|lent [ɛkstsɛ'lɛnt], exzellenter, am exzellentesten ⟨Adj.⟩: *sich durch höchste Qualität auszeichnend:* ein exzellenter Kenner der Verhältnisse; das Essen war exzellent; sie hat exzellent gespielt. *Syn.:* ausgezeichnet, hervorragend.

die **Fa|brik** [fa'briːk]; -, -en: *Betrieb, in dem bestimmte Produkte in großer Zahl hergestellt werden. Syn.:* Werk. *Zus.:* Maschinenfabrik, Möbelfabrik.

das **Fach** [fax]; -[e]s, Fächer ['fɛçɐ]: **1.** *abgeteilter Raum (z. B. in einem Schrank):* ein Fach im Schrank, in der Handtasche. *Zus.:* Besteckfach, Bücherfach, Gefrierfach, Geheimfach, Wäschefach. **2.** *Gebiet des Wissens, einer praktischen Tätigkeit:*

das Fach Geschichte studieren; sie beherrscht ihr Fach. *Syn.:* Bereich, Sachgebiet. *Zus.:* Schulfach, Studienfach.

der **Fach|ar|bei|ter** ['faxˌʔarbaitɐ]; -s, -, die **Fach|ar|bei|te|rin** ['faxˌʔarbaitərɪn]; -, -nen: *Arbeiter, Arbeiterin mit einer abgeschlossenen Ausbildung in einem Beruf.*

der **Fach|arzt** ['faxˌʔaːɐ̯tst]; -es, Fachärzte ['faxˌʔɛːɐ̯tstə], die **Fach|ärz|tin** ['faxˌʔɛːɐ̯tstɪn]; -, -nen: *Arzt, Ärztin mit einer zusätzlichen Ausbildung auf einem bestimmten medizinischen Gebiet.*

die **Fach|frau** ['faxfrau]; -, -en: *weibliche Form zu* ↑ Fachmann.

die **Fach|hoch|schu|le** ['faxhoːxʃuːlə]; -, -n: *auf bestimmte Fächer spezialisierte Hochschule:* die Fachhochschule besuchen.

Fachhochschule

Das Studium an einer Fachhochschule ist stärker an der Praxis orientiert als ein Studium an Universitäten. Außerdem ist es in der Regel kürzer. Es dauert mindestens 3, manchmal auch 4 Jahre.

fach|lich ['faxlɪç] ⟨Adj.⟩: *ein bestimmtes Fach betreffend, dazu gehörend:* ein großes fachliches Wissen haben; fachlich ist er sehr kompetent.

der **Fach|mann** ['faxman]; -[e]s, Fachleute ['faxlɔytə] und Fachmänner ['faxmɛnɐ]: *männliche Person, die in einem bestimmten Fach ausgebildet ist und entsprechende Kenntnisse hat. Syn.:* Experte, Kapazität, Spezialist. *Zus.:* Börsenfachmann, Werbefachmann.

fach|män|nisch ['faxmɛnɪʃ], fachmännischer, am fachmännischsten ⟨Adj.⟩: *einem Fachmann, einer Fachfrau entsprechend:* ein fachmännisches Urteil einholen; eine Maschine fachmännisch reparieren. *Syn.:* beschlagen.

die **Fa|ckel** ['fakl̩]; -, -n: *Stab [aus Holz] mit einer brennbaren Schicht am oberen Ende:* die Fackel brennt.

fa|de ['faːdə], fader, am fadesten ⟨Adj.⟩: **1.** *ohne Geschmack, nicht ausreichend gewürzt:* die Suppe ist sehr fade. *Syn.:* geschmacklos. **2.** *ohne jeden Reiz, langweilig:* ein fader Mensch; immer nur fades Zeug reden.

der **Fa|den** ['faːdn̩]; -s, Fäden ['fɛːdn̩]: *langes dünnes, aus Fasern gedrehtes Gebilde (z. B. zur Herstellung von Textilien, zum Nähen):* ein langer Faden; den Faden abschneiden, einfädeln. *Syn.:* Garn. *Zus.:* Baumwollfaden, Wollfaden.

fä|hig [ˈfɛːɪç], fähiger, am fähigsten ⟨Adj.⟩: **1.** *das nötige Können besitzend:* eine fähige Juristin. *Syn.:* tüchtig. **2.** * **zu etwas fähig sein:** *zu etwas in der Lage, imstande sein:* er ist zu keinem klaren Gedanken fähig; sie war nicht fähig, darüber zu sprechen.

-fä|hig [fɛːɪç] ⟨adjektivisches Suffix⟩: dient zur Bildung von Adjektiven, die eine bestimmte Fähigkeit oder Eignung bezeichnen: anpassungsfähig; lernfähig; saugfähig; strapazierfähig; transportfähig; verhandlungsfähig.

die **Fä|hig|keit** [ˈfɛːɪçkait]; -, -en: **1.** *das Fähigsein:* sie hat große schöpferische Fähigkeiten; Fähigkeiten erwerben, nutzen. *Syn.:* Begabung, Gabe, Können, Talent. *Zus.:* Denkfähigkeit, Wandlungsfähigkeit. **2.** *das Imstandesein, In-der-Lage-Sein zu etwas:* die Fähigkeit zur Anpassung; die Fähigkeit, jmdn. zu überzeugen. *Syn.:* Vermögen (geh.). *Zus.:* Anpassungsfähigkeit, Begeisterungsfähigkeit.

fahl [faːl], fahler, am fahlsten ⟨Adj.⟩: *fast ohne Farbe:* ein fahles Gesicht; der Himmel war fahl. *Syn.:* blass, bleich, farblos, weiß.

fahn|den [ˈfaːndn̩], fahndet, fahndete, gefahndet ⟨itr.; hat; nach jmdm., etw. f.⟩: *polizeilich suchen:* die Polizei fahndet nach dem gestohlenen Bild, dem Täter.

die **Fahn|dung** [ˈfaːndʊŋ]; -, -en: *polizeiliche Suche:* die Fahndung nach den Tätern läuft; eine Fahndung einleiten.

die **Fah|ne** [ˈfaːnə]; -, -n: *meist rechteckiges, an einer Seite an einer Stange befestigtes Tuch, das die Farben eines Landes, das Zeichen eines Vereins oder dergleichen zeigt:* die italienische, die schwarz-rot-goldene Fahne; die Fahne der EU, der Türkei; die Fahne hissen, einholen. *Syn.:* Flagge. *Zus.:* Vereinsfahne.

der **Fahr|aus|weis** [ˈfaːɐ̯|ausvais]; -es, -e: *Fahrkarte, Fahrschein:* er ist ohne gültigen Fahrausweis gefahren.

die **Fahr|bahn** [ˈfaːɐ̯baːn]; -, -en: *Teil der Straße, auf dem die Fahrzeuge fahren:* die Fahrbahn überqueren.

die **Fäh|re** [ˈfɛːrə]; -, -n: *Schiff, mit dem Fahrzeuge und Personen über ein Gewässer übergesetzt werden können:* mit der Fähre nach Dover übersetzen. *Zus.:* Autofähre, Eisenbahnfähre.

fah|ren [ˈfaːrən], fährt, fuhr, gefahren: **1.** ⟨itr.; ist⟩ *sich auf Rädern rollend oder gleitend oder schwebend fortbewegen:* fährt der Zug schon?; das Auto, der Schlitten, das Schiff, der Ballon fuhr

ziemlich schnell; der Bus fährt zum Hauptbahnhof. **2.** ⟨itr.; ist⟩ *sich mit einem Fahrzeug fortbewegen, irgendwohin begeben:* ihr fahrt und wir laufen; mit der Eisenbahn fahren; wir fahren nach Wien; auf/in Urlaub fahren. **3.** ⟨itr.; ist⟩ *ein Fahrzeug führen:* wenn ich etwas getrunken habe, fahre ich nicht; kannst du fahren? **4.** ⟨tr.; hat; etw. f.⟩ *(ein bestimmtes Fahrzeug) regelmäßig benutzen:* Auto, Straßenbahn, ein schweres Motorrad, ein Cabrio fahren. **5.** ⟨tr.; hat; etw. irgendwohin f.⟩ *(ein Fahrzeug) als Fahrer irgendwohin bewegen:* den Wagen in die Garage fahren. **6.** ⟨itr.; ist; etw. f.⟩ *sich mit einem bestimmten Hilfsmittel auf eine besondere Weise fortbewegen:* Karussell, Ski, Schlittschuh, Schlitten fahren. **7.** ⟨tr.; hat; jmdn., etw. [irgendwohin] f.⟩ *mit einem Fahrzeug transportieren:* Sand, Mist fahren; sie hat ihn ins Krankenhaus gefahren. *Syn.:* befördern, bringen. **8.** ⟨itr.; ist; irgendwohin f.⟩ *sich rasch, hastig in eine bestimmte Richtung, an einen bestimmten Ort bewegen:* aus dem Bett, in die Kleider fahren; vor Schreck in die Höhe fahren. **9.** ⟨itr.; ist; irgendwohin f.⟩ *mit der Hand eine Bewegung machen, über, durch etwas streichen, wischen:* dem Kind, sich mit der Hand durchs Haar fahren.

der **Fah|rer** [ˈfaːrɐ]; -s, -, die **Fah|re|rin** [ˈfaːrərɪn]; -, -nen: *Person, die ein Fahrzeug fährt:* sie ist eine sichere Fahrerin; die Firma sucht noch einen Fahrer. *Syn.:* Chauffeur, Chauffeurin. *Zus.:* Autofahrer, Autofahrerin, Busfahrer, Busfahrerin, Radfahrer, Radfahrerin, Taxifahrer, Taxifahrerin.

die **Fah|rer|flucht** [ˈfaːrɐflʊxt]; -: *unerlaubtes Sichentfernen vom Ort eines Verkehrsunfalls:* Fahrerflucht begehen.

der **Fahr|gast** [ˈfaːɐ̯gast]; -es, Fahrgäste [ˈfaːɐ̯gɛstə]: *Person, die ein öffentliches Verkehrsmittel benutzt:* nur ein einziger Fahrgast saß in der Straßenbahn.

das **Fahr|geld** [ˈfaːɐ̯gɛlt]; -es, -er: *Geld, das man als Fahrgast bezahlt:* das Fahrgeld bekommen Sie erstattet.

die **Fahr|kar|te** [ˈfaːɐ̯kartə]; -, -n: *Karte, die zum Fahren mit einem öffentlichen Verkehrsmittel berechtigt:* eine Fahrkarte am Schalter, am Automaten kaufen. *Syn.:* Billett (schweiz.), Fahrausweis, Fahrschein, Ticket. *Zus.:* Rückfahrkarte, Schülerfahrkarte.

der **Fahr|kar|ten|au|to|mat** [ˈfaːɐ̯kartn̩|automaːt]; -en, -en: *Automat zur Aus-*

gabe von Fahrkarten: alle Fahrkartenautomaten waren defekt.

der **Fahr|kar|ten|schal|ter** [ˈfaːɐ̯kartn̩ʃaltɐ]; -s, -: *Schalter, an dem Fahrkarten ausgegeben werden:* vor dem Fahrkartenschalter steht eine lange Warteschlange.

fahr|läs|sig [ˈfaːɐ̯lɛsɪç], fahrlässiger, am fahrlässigsten ⟨Adj.⟩: *die nötige Vorsicht, Aufmerksamkeit fehlen lassend [und dadurch Schaden verursachend]:* sehr fahrlässig handeln. *Syn.:* gedankenlos, leichtsinnig, unvorsichtig.

der **Fahr|plan** [ˈfaːɐ̯plaːn]; -[e]s, Fahrpläne [ˈfaːɐ̯plɛːnə]: *Plan, der die Ankunfts- und Abfahrtszeiten von Zügen, Bussen usw. enthält:* ab Juni gibt es einen neuen Fahrplan. *Zus.:* Eisenbahnfahrplan, Sommerfahrplan, Winterfahrplan.

das **Fahr|rad** [ˈfaːɐ̯raːt]; -[e]s, Fahrräder [ˈfaːɐ̯rɛːdɐ]: *zweirädriges Fahrzeug, dessen Räder hintereinander angeordnet sind und das durch Treten der Pedale angetrieben wird:* zu Ostern kauft er sich ein neues Fahrrad. *Zus.:* Rad. *Zus.:* Damenfahrrad, Herrenfahrrad.

das Fahrrad

der **Fahr|schein** [ˈfaːɐ̯ʃain]; -[e]s, -e: *Fahrkarte:* wer ohne Fahrschein fährt, muss Strafe zahlen. *Syn.:* Billett (schweiz.), Fahrausweis, Ticket.

die **Fahr|schu|le** [ˈfaːɐ̯ʃuːlə]; -, -n: *Unternehmen, in dem man das Fahren eines Kraftfahrzeugs lernen kann:* sich in der Fahrschule anmelden.

der **Fahr|stuhl** [ˈfaːɐ̯ʃtuːl]; -[e]s, Fahrstühle [ˈfaːɐ̯ʃtyːlə]: *Aufzug:* mit dem Fahrstuhl [in den fünften Stock] fahren. *Syn.:* Lift.

die **Fahrt** [faːɐ̯t]; -, -en: **1.** *das Fahren:* während der Fahrt ist die Unterhaltung mit dem Fahrer verboten; der Zug verlangsamt die Fahrt. *Zus.:* Autofahrt, Heimfahrt, Rückfahrt, Weiterfahrt. **2.** *Reise:* es war eine anstrengende Fahrt; wir planen eine Fahrt nach Rügen. *Zus.:* Autofahrt, Bahnfahrt, Busfahrt.

die **Fähr|te** [ˈfɛːɐ̯tə]; -, -n: *Spur der Tritte bestimmter Tiere im Boden:* die Fährte des Fuchses verfolgen.

das **Fahr|zeug** [ˈfaːɐ̯tsɔyk]; -[e]s, -e: *Gerät, mit dem man fahren und mit dem man fahrend Menschen und Lasten befördern kann:* Fahrzeuge aller Art, vom Fahrrad über das Motorrad bis zum Auto. *Zus.:* Motorfahrzeug, Straßenfahrzeug.

fair [fɛːɐ̯], fairer, am fairsten ⟨Adj.⟩: *gerecht in seinem Verhalten gegenüber anderen:* ein faires Angebot; er machte uns einen fairen Preis; mir das vorzuwerfen ist nicht fair; jmdn. fair behandeln. *Syn.:* anständig, korrekt.

der **Fak|tor** [ˈfaktoːɐ̯]; -s, Faktoren [fakˈtoːrən]: **1.** *Zahl, mit der eine andere multipliziert wird:* du musst den Betrag mit dem Faktor 10 multiplizieren. **2.** *etwas, was in einer bestimmten Hinsicht von Bedeutung ist, eine Rolle spielt:* dies ist ein wesentlicher Faktor; die Entscheidung hängt von mehreren Faktoren ab. *Zus.:* Kostenfaktor, Zeitfaktor.

der **Fall** [fal]; -[e]s, Fälle [ˈfɛlə]: **1.** *das Fallen:* der Fallschirm öffnet sich während des Falls. *Syn.:* Absturz, Sturz. **2.** *Angelegenheit:* ein typischer, hoffnungsloser, schwieriger Fall; auf diesen Fall komme ich noch zurück; das gilt nur, wenn dieser Fall eintritt; ich werde dir auf jeden Fall Bescheid sagen. *Syn.:* Sache. *Zus.:* Glücksfall, Notfall, Streitfall, Todesfall, Unglücksfall, Zweifelsfall. **3.** *Form der Beugung (eines deklinierbaren Worts):* das Wort steht hier im 4. Fall *(im Akkusativ).*

die **Fal|le** [ˈfalə]; -, -n: *Vorrichtung zum Fangen von Tieren:* eine Falle aufstellen. *Zus.:* Mausefalle.

fal|len [ˈfalən], fällt, fiel, gefallen ⟨itr.; ist⟩: **1.** *sich (durch sein Gewicht) aus einer bestimmten Höhe rasch abwärts bewegen:* Dachziegel sind vom Dach gefallen; der Baum fiel krachend zu Boden; lass die Vase bitte nicht fallen! *Syn.:* abstürzen. *Zus.:* herunterfallen, hinunterfallen. **2.** *das Gleichgewicht, den festen Halt verlieren und mit dem Körper auf den Boden landen:* pass auf, dass du nicht fällst!; nach hinten, auf die Nase, in den Schmutz, zu Boden fallen. *Syn.:* hinfallen, stürzen. **3.** *niedriger werden:* das Hochwasser, die Temperatur, das Barometer, der Kurs, der Preis ist gefallen. **4.** ⟨irgendwohin f.⟩ *sich plötzlich irgendwohin bewegen:* auf die Knie, jmdm. um den Hals fallen. **5.** *als Soldat im Krieg sterben:* er ist im Golfkrieg gefallen. **6.** ⟨irgendwohin f.⟩ *zu einem bestimmten Zeitpunkt stattfinden:* Neujahr fällt dieses Jahr auf einen Sonntag. **7.** ⟨irgendwo hin f.⟩ *zu einem bestimmten Bereich gehören:* in/unter dieselbe Kategorie fallen. **8.** als Funktionsverb: die Entscheidung, das Urteil ist gefallen *(gefällt worden);* es fiel ein Tor *(es wurde ein Tor* erzielt); es fielen Schüsse *(es wurde mehrmals geschossen)*. **9.** * **etwas fallen lassen:** 1. *etwas aufgeben:* sie ließ den Plan fallen. 2. *etwas beiläufig bemerken:* einen Namen, eine Bemerkung fallen lassen.

fäl|len [ˈfɛlən], fällt, fällte, gefällt ⟨tr.; hat; etw. f.⟩: **1.** *zum Fallen bringen:* der Baum soll gefällt werden. **2.** *als Funktionsverb:* ein Urteil, eine Entscheidung fällen *(urteilen, entscheiden).*

fäl|lig [ˈfɛlɪç] ⟨Adj.⟩: **1.** *(zu einem bestimmten Zeitpunkt) zu zahlen:* der fällige Betrag; die Miete ist am ersten Tag des Monats fällig. *Syn.:* zahlbar. **2.** *zu erledigen:* eine Renovierung der Wohnung ist fällig.

falls [fals] ⟨Konj.⟩: *für den Fall, unter der Voraussetzung, dass:* falls du Lust hast, kannst du mitgehen. *Syn.:* sofern, wenn.

falsch [falʃ], falscher, am falschesten ⟨Adj.⟩: **1.** *nicht richtig, fehlerhaft, nicht zutreffend:* unter falschem Namen reisen; ein falsches Wort gebrauchen; in den falschen Zug einsteigen; die Antwort ist falsch; falsch singen; das hast du falsch verstanden; die Uhr geht falsch; falsche *(nicht der Wahrheit entsprechende)* Angaben, Versprechungen machen. *Syn.:* fehlerhaft, inkorrekt, unwahr, verkehrt. **2.** *künstlich, nicht echt:* falsche Zähne; falsche Haare; falsches *(gefälschtes)* Geld. **3.** (abwertend) *nicht aufrichtig:* ein falscher Mensch; sie ist falsch. *Syn.:* hinterhältig.

fäl|schen [ˈfɛlʃn], fälscht, fälschte, gefälscht ⟨tr.; hat; etw. f.⟩: *in betrügerischer Absicht nachbilden:* Geld, eine Unterschrift fälschen; ein gefälschtes Gemälde.

fälsch|lich [ˈfɛlʃlɪç] ⟨Adj.⟩: *auf einem Irrtum, Versehen, Fehler beruhend:* eine fälschliche Behauptung; ich wurde fälschlich beschuldigt.

die **Fäl|schung** [ˈfɛlʃʊŋ], -, -en: **1.** *das Fälschen:* die Fälschung einer Unterschrift. *Zus.:* Scheckfälschung, Urkundenfälschung. **2.** *etwas Gefälschtes:* dieses Bild ist eine Fälschung. *Syn.:* Imitation.

die **Fal|te** [ˈfaltə], -, -n: **1.** *Bruch (bes. in Stoff):* als sie aufstand, war ihr Rock voller Falten; eine Falte in ein Kleidungsstück bügeln. *Zus.:* Bügelfalte, Rockfalte. **2.** *tiefe, unregelmäßig geformte Linie in der Haut:* er hat schon viele Falten; Falten des Zorns zeigten sich auf ihrer Stirn. *Zus.:* Kummerfalte, Sorgenfalte.

fal|ten [ˈfaltn̩], faltet, faltete, gefaltet ⟨tr.; hat; etw. f.⟩: **1.** *so zusammenlegen, dass an der umgeschlagenen Stelle eine Falte entsteht:* einen Brief, eine Zeitung [zweimal] falten. *Syn.:* knicken. **2.** *(die Hände) zusammenlegen und ineinander verschränken:* die Hände [andächtig, vor der Brust, zum Gebet] falten.

fal|tig [ˈfaltɪç], faltiger, am faltigsten ⟨Adj.⟩: *von Falten durchzogen:* ein faltiges Gesicht; die Hände waren faltig.

fa|mi|li|är [famiˈliɛːɐ̯], familiärer, am familiärsten ⟨Adj.⟩: **1.** *die Familie betreffend:* familiäre Sorgen, Pflichten. **2.** *ungezwungen:* eine familiäre Atmosphäre; sie redeten in familiärem Ton miteinander; bei uns im Verein geht es sehr familiär zu. *Syn.:* vertraut.

die **Fa|mi|lie** [faˈmiːli̯ə], -, -n: **1.** *Gemeinschaft von Eltern und Kindern:* eine große Familie; eine Familie mit vier Kindern; eine Familie gründen, haben. *Zus.:* Nachbarsfamilie. **2.** *Gesamtheit von miteinander verwandten Personen einschließlich früherer Generationen:* das Haus ist schon seit zweihundert Jahren im Besitz der Familie; aus guter Familie stammen; in eine vornehme Familie einheiraten. *Syn.:* Anhang, Geschlecht. *Zus.:* Adelsfamilie, Arbeiterfamilie.

der **Fa|mi|li|en|na|me** [faˈmiːli̯ənnaːmə], -ns, -n: *neben dem Vornamen von einer Person getragener Name der Familie:* »Müller« und »Schmidt« gehören zu den häufigsten Familiennamen in Deutschland. *Syn.:* Nachname.

der **Fa|mi|li|en|stand** [faˈmiːli̯ənʃtant]; -[e]s: *Angabe, ob jemand ledig, verheiratet, geschieden oder verwitwet ist:* in der dritten Zeile des Formulars bitte den Familienstand eintragen.

der **Fan** [fɛn], -s, -s: *begeisterter Anhänger, begeisterte Anhängerin einer Person oder Sache:* viele Fans kamen, um die Band zu hören. *Zus.:* Fußballfan, Jazzfan.

der **Fa|na|ti|ker** [faˈnaːtikɐ], -s, -, die **Fa|na|ti|ke|rin** [faˈnaːtikərɪn]; -, -nen: *Person, die eine Idee oder eine Sache mit [rücksichtslosem] Eifer vertritt:* religiöse Fanatiker forderten eine Zensur des Films. *Zus.:* Glaubensfanatiker, Glaubensfanatikerin.

fa|na|tisch [faˈnaːtɪʃ], fanatischer, am fanatischsten ⟨Adj.⟩: *sich rücksichtslos für etwas einsetzend:* er war ein fanatischer Anhänger des Vereins; fanatisch für eine Idee kämpfen.

fand [fant]: ↑ finden.

der **Fang** [faŋ], -[e]s, Fänge [ˈfɛŋə]: **1.** ⟨ohne

F

Fasching/Karneval

Der Höhepunkt der Faschingszeit (die »offiziell« am 11.11. um 11:11 Uhr beginnt) sind die letzten sechs Tage vor Aschermittwoch (meist im Februar). In dieser Zeit gibt es große Umzüge durch die Straßen und Faschingsfeste, bei denen die Menschen verkleidet sind. Auf den Umzügen gibt es immer eine Musikkapelle und die Menschen tanzen auf den Straßen. Auf den Festen werden Reden gehalten, in denen man sich über bekannte Persönlichkeiten, besonders über Politiker, lustig macht. Die größten Umzüge und Feiern gibt es traditionell im Rheinland (Mainz, Köln, Düsseldorf) und in Basel.

Plural⟩ *das Fangen:* der Fang von Fischen. *Zus.:* Fischfang. **2.** *beim Fangen gemachte Beute:* der Angler hat seinen Fang nach Hause getragen.

fan|gen [ˈfaŋən], fängt, fing, gefangen: **1.** ⟨tr.; hat⟩ *jmdn., etw. f.⟩ als Beute bekommen:* Schmetterlinge, Fische fangen. **2.** ⟨tr.; hat; etw. f.⟩ *etwas, was geworfen wird, mit der Hand ergreifen und festhalten:* einen Ball fangen. **3.** ⟨sich f.⟩ *wieder sein seelisches Gleichgewicht finden:* nach dem Tod ihres Ehemannes hat sie sich jetzt endlich wieder gefangen.

die **Fan|ta|sie** [fantaˈziː]; -, Fantasien [fantaˈziːən], Phan|ta|sie; -, Phantasien: **1.** ⟨ohne Plural⟩ *Fähigkeit, sich etwas auszudenken:* etwas regt die Fantasie an; der Weltraum beschäftigt die Fantasie der Menschen schon seit Jahrhunderten. **2.** *nicht der Wirklichkeit entsprechende, nur ausgedachte Vorstellung:* seine Beschreibung der Vorgänge ist reine Fantasie.

fan|ta|sie|ren [fantaˈziːrən], phan|ta|sieren; fantasiert/phantasiert, fantasierte/phantasierte, fantasiert/phantasiert ⟨itr.; hat⟩: *von etwas träumen, sich etwas in seiner Fantasie vorstellen [und davon reden]:* du fantasierst doch!; er fantasiert immer von einem Auto.

fan|ta|sie|voll [fantaˈziːfɔl], phan|ta|sievoll; fantasievoller/phantasievoller, am fantasievollsten/phantasievollsten ⟨Adj.⟩: *voll Fantasie:* sie kann sehr fantasievoll erzählen.

fan|tas|tisch [fanˈtastɪʃ], phan|tas|tisch; fantastischer/phantastischer, am fantastischsten/phantastischsten ⟨Adj.⟩: *begeisternd und großartig:* er ist ein fantastischer Mensch; sie hatte mit ihrem ersten Roman einen fantastischen Erfolg. *Syn.:* außerordentlich.

die **Far|be** [ˈfarbə]; -, -n: **1.** *Eigenschaft, die durch das Licht für das Auge sichtbar wird:* die Farbe des Kleides ist Rot; die meisten Bilder sind in Farbe (*farbig, bunt*). *Zus.:* Augenfarbe, Haarfarbe,

Hautfarbe. **2.** *Mittel zum Färben, Bemalen:* schnell trocknende, leuchtende Farben. *Zus.:* Ölfarbe, Wasserfarbe.

fär|ben [ˈfɛrbn̩], färbt, färbte, gefärbt: **1.** ⟨tr.; hat; etw. f.⟩ *farbig machen:* zu Ostern Eier färben; ich habe meine Haare, mir die Haare gefärbt. **2.** ⟨sich f.⟩ *eine bestimmte Farbe bekommen:* die Blätter der Bäume färben sich gelb.

far|ben|blind [ˈfarbn̩blɪnt] ⟨Adj.⟩: *unfähig, Farben richtig zu erkennen oder zu unterscheiden:* sie ist farbenblind.

far|big [ˈfarbɪç], farbiger, am farbigsten ⟨Adj.⟩: **1.** *eine oder mehrere Farben aufweisend:* ein farbiger Druck; farbig hervorgehobener Text. *Syn.:* bunt. *Zus.:* mehrfarbig, verschiedenfarbig. **2.** *eine Hautfarbe aufweisend, die nicht weiß ist:* die Bevölkerung ist überwiegend farbig.

der *und* die **Far|bi|ge** [ˈfarbɪɡə]; -n, -n: ⟨aber: [ein] Farbiger, [eine] Farbige; Plural: [viele] Farbige⟩: *Person, deren Hautfarbe nicht weiß ist:* Farbige aus vielen Ländern leben in diesem Viertel der Stadt.

farb|los [ˈfarploːs], farbloser, am farblosesten ⟨Adj.⟩: **1.** *nicht gefärbt:* eine farblose Flüssigkeit. **2.** *durch keine besonderen Eigenschaften auffallend:* ein farbloser Politiker. *Syn.:* unauffällig.

das **Fa|schier|te** [faˈʃiːɐ̯tə] -n (österr.): **1.** *Hackfleisch:* ein Kilo Faschiertes kaufen. **2.** *Speise aus Hackfleisch:* auf der Speisekarte stand Faschiertes mit Reis.

der **Fa|sching** [ˈfaʃɪŋ]; -s: *Zeit vieler Feste und Umzüge mit Kostümen und Masken:* Fasching feiern. *Syn.:* Karneval.

der **Fa|schis|mus** [faˈʃɪsmʊs]; -: *extrem nationalistische, nicht demokratische, einem Führer bedingungslos folgende politische Bewegung:* der Faschismus trieb viele Künstler und Gelehrte ins Exil.

die **Fa|ser** [ˈfaːzɐ]; -, -n: *feines, dünnes Gebilde, aus dem Garn hergestellt werden kann:* ein Gewebe aus künstlichen, pflanzlichen Fasern. *Zus.:* Kunstfaser, Naturfaser.

das **Fass** [fas]; -es, Fässer [ˈfɛsɐ]: *größeres Gefäß aus Holz oder Metall, besonders* *für die Aufbewahrung von Flüssigkeiten:* Bier vom Fass; (als Maßangabe) drei Fass Bier bestellen; der Wein lagert in alten Fässern. *Zus.:* Bierfass, Weinfass.

die **Fas|sa|de** [fa'saːdə]; -, -n: *an der Straße liegende vordere Seite eines Gebäudes:* das Haus hat eine schöne Fassade.

fas|sen ['fasn̩], fasst, fasste, gefasst: **1.** ⟨tr.; hat; jmdn., etw. f.⟩: *ergreifen und festhalten:* jmdn. am Arm, an der Hand fassen; das Seil mit beiden Händen fassen; der Dieb konnte rasch gefasst *(festgenommen)* werden. **2.** ⟨itr.; hat⟩ *mit der Hand an eine bestimmte Stelle greifen:* an den heißen Ofen fassen. **3.** ⟨itr.; hat; etw. f.⟩ *(als Inhalt) aufnehmen können:* der Tank fasst 80 Liter. **4.** ⟨tr.; hat; etw. f.⟩ *in einer Fassung befestigen:* einen Diamanten [in echtes Gold] fassen. **5.** ⟨tr.; hat; etw. f.⟩ *in seinem Zusammenhang begreifen:* ich kann immer noch nicht richtig fassen, was gestern geschehen ist; das ist doch nicht zu fassen! *Syn.:* verstehen. **6.** ⟨sich f.⟩ *wieder sein inneres Gleichgewicht finden:* sie erschrak, fasste sich aber schnell [wieder]. **7.** ⟨tr.; hat; etw. f.⟩ als Funktionsverb: einen Entschluss fassen *(sich zu etwas entschließen).*

die **Fas|sung** ['fasʊŋ]; -, -en: **1.** *Vorrichtung, in die eine Glühbirne geschraubt wird:* eine neue Birne in die Fassung schrauben. **2.** *Gebilde, in dem etwas befestigt wird:* der Diamant hat sich aus der Fassung gelöst. **3.** ⟨ohne Plural⟩ *gelassene innere Haltung:* seine Fassung bewahren, verlieren; jmdn. aus der Fassung bringen. **4.** *Form eines literarischen, künstlerischen Werkes:* die zweite Fassung eines Romans; der Film wurde zum ersten Mal in einer vollständigen Fassung gezeigt. *Zus.:* Fernsehfassung, Kurzfassung, Originalfassung.

fas|sungs|los ['fasʊŋsloːs], fassungsloser, am fassungslosesten ⟨Adj.⟩: *erschüttert und völlig verwirrt:* fassungslos sah sie ihn an. *Syn.:* bestürzt.

fast [fast] ⟨Adverb⟩: *beinahe:* das Buch kostet fast 100 Euro; sie ist fast so groß wie er; sie waren fast alle derselben Meinung; er ist mit der Arbeit fast fertig.

fas|ten ['fastn̩], fastet, fastete, gefastet ⟨itr.; hat⟩: *(für eine bestimmte Zeit) wenig oder nichts essen:* weil sie zu dick ist, will sie eine Woche fasten.

die **Fast|nacht** ['fastnaxt]; -: *die letzten drei oder vier Tage des Karnevals, besonders der letzte Tag:* an Fastnacht verkleiden wir uns und gehen tanzen.

fau|chen ['fauxn̩], faucht, fauchte, gefaucht ⟨itr.; hat⟩: *(bes. von Tieren) drohende, zischende Laute ausstoßen:* die Katze fauchte wütend.

faul [faul], fauler, am faulsten ⟨Adj.⟩: **1.** *verdorben, ungenießbar geworden:* faule Äpfel, Eier, Tomaten. **2.** *sehr zweifelhaft, bedenklich:* ein fauler Kompromiss; eine faule Ausrede; an der Sache ist etwas faul. **3.** *(emotional) nicht fleißig:* er ist ein fauler Schüler; sie ist zu faul, sich etwas zu essen zu machen; faul herumsitzen. *Zus.:* denkfaul, schreibfaul.

fau|len ['faulən], fault, faulte, gefault ⟨itr.; ist⟩: *faul, ungenießbar werden:* die Pfirsiche fangen schon an zu faulen.

die **Faul|heit** ['faulhait]; -: *das Faulsein:* alle ärgern sich über ihre Faulheit; er hat es aus reiner Faulheit nicht getan.

der **Faul|pelz** ['faulpɛlts]; -es, -e (ugs. abwertend): *faule Person:* dieser Faulpelz hat wieder seine Vokabeln nicht gelernt.

die **Faust** [faust]; -, Fäuste ['fɔystə]: *fest geschlossene Hand:* eine Faust machen; er schlug mit der Faust auf den Tisch.

der **Fau|teuil** [fo'tøːj]; -s, -s (österr., schweiz.): *Sessel:* setz dich doch in den Fauteuil.

der **Fa|vo|rit** [favo'riːt]; -en, -en, die **Fa|vo|ri|tin** [favo'riːtɪn]; -, -nen: *Person, von der man einen Sieg, die beste Leistung erwartet:* sie geht als Favoritin an den Start; er ist bei den Meisterschaften klarer Favorit.

der *oder* das **Fax** [faks]; -, -e: **1.** *Gerät zum Faxen:* unser Fax ist kaputt. **2.** *gefaxtes Schriftstück:* hast du mein Fax bekommen?

fa|xen ['faksn̩], faxt, faxte, gefaxt ⟨tr.; hat; jmdm. etw. f.⟩: *mithilfe eines besonderen Geräts über das Telefon als Kopie übermitteln:* ich faxe Ihnen gern ein Formular; ich habe ihm gefaxt, dass wir den Termin verschieben möchten.

das **Fa|zit** ['faːtsɪt]; -s: *zusammenfassend festgestelltes Ergebnis:* das Fazit der Untersuchungen war in beiden Fällen gleich.

der **Fe|ber** ['feːbɐ]; -s, - (österr.): *Februar:* mein letzter Urlaub war im Feber.

der **Fe|bru|ar** ['feːbruaɐ̯]; -[s]: *zweiter Monat des Jahres:* alle vier Jahre hat der Februar 29 Tage.

die **Fe|der** ['feːdɐ]; -, -n: **1.** *auf dem Körper von Vögeln wachsendes, dem Fliegen und dem Schutz vor Kälte dienendes Gebilde:* ein Schwan hat weiße Federn; ein mit Federn gefülltes Kissen. *Zus.:* Gänsefeder, Schwanzfeder. **2.** *Spitze aus Metall, die Teil eines Gerätes zum Schreiben oder Zeichnen ist:* mit einer breiten, spitzen Feder schreiben. **3.** *bewegliches Teil aus Metall, mit dem eine Spannung erzeugt werden kann:* die Feder der Uhr ist gebrochen; die Federn in der Matratze quietschten.

das **Fe|der|bett** ['fe:dɐbɛt]; -[e]s, -en: *mit Federn gefüllte Decke für das Bett:* ich deckte mich mit dem Federbett zu.

fe|dern ['fe:dɐn], federt, federte, gefedert ⟨itr.; hat⟩: *einem Gewicht nachgeben und danach wieder in die alte Lage zurückkehren:* die Matratzen federn gut.

die **Fe|de|rung** ['fe:dərʊŋ]; -, -en: *die Teile eines Fahrzeugs, die dazu dienen, beim Fahren Stöße aufzufangen:* der Wagen hat eine gute, sehr weiche Federung.

die **Fee** [fe:]; -, Feen ['fe:ən]: *meist schöne weibliche Gestalt aus dem Märchen, die zaubern kann:* die gute Fee hatte ihm drei Wünsche erfüllt. *Zus.:* Märchenfee.

fe|gen ['fe:gn], fegt, fegte, gefegt: **1.** ⟨tr.; hat; etw. f.⟩ (bes. nordd.) *mit einem Besen von Staub, Schmutz befreien:* die Straße, den Flur, den Hof, den Fußboden fegen; ⟨auch itr.⟩ hast du [nebenan] schon gefegt? *Syn.:* kehren (bes. südd.). **2.** ⟨tr.; hat; etw. irgendwohin f.⟩ *mit dem Besen irgendwohin bewegen:* sie hat den Schmutz aus dem Zimmer gefegt.

feh|len ['fe:lən], fehlt, fehlte, gefehlt ⟨itr.; hat⟩: **1.** *nicht anwesend, nicht vorhanden sein:* er fehlte unter den Gästen; sie hat wegen einer Grippe eine Woche [in der Schule] gefehlt; auf dem Brief fehlt die Unterschrift. **2.** ⟨jmdm. f.⟩ *vermisst, entbehrt werden:* die Mutter fehlt ihnen sehr; das Auto fehlt mir gar nicht; was fehlt ihr denn? *(an welcher Krankheit leidet sie?);* mir fehlt nichts *(ich bin nicht krank).* **3.** *verloren gegangen sein:* an der Jacke fehlt ein Knopf. **4.** ⟨unpers.; es fehlt an etw.⟩ *nicht ausreichen, zu knapp sein:* es fehlt ihm an Zeit, Geld, Personal.

der **Feh|ler** ['fe:lɐ]; -s, -: **1.** *etwas, was falsch ist, falsch gemacht worden ist:* die Fehler in einem Text korrigieren; er macht beim Rechnen viele Fehler. *Zus.:* Bedienungsfehler, Druckfehler, Konstruktionsfehler. **2.** *falsches Verhalten:* einen Fehler begehen, machen; ich möchte meinen Fehler wiedergutmachen. *Syn.:* Irrtum, Versehen. **3.** *etwas, was das richtige Funktionieren stört oder verhindert:* in der Werkstatt wurde der Fehler gefunden und das Gerät repariert. **4.** *schlechte Eigenschaft:* er hat viele Fehler und Eigenarten.

feh|ler|frei ['fe:lɐfraɪ] ⟨Adj.⟩: *ohne Fehler:*

sie antwortete in fehlerfreiem Französisch; der Text ist absolut fehlerfrei. *Syn.:* fehlerlos.

feh|ler|haft ['fe:lɐhaft], fehlerhafter, am fehlerhaftesten ⟨Adj.⟩: *Fehler aufweisend:* fehlerhaftes Material; der Text wurde fehlerhaft übersetzt.

feh|ler|los ['fe:lɐlo:s] ⟨Adj.⟩: *ohne Fehler:* sie spricht ein fehlerloses Englisch; der Pianist spielte fehlerlos. *Syn.:* fehlerfrei.

der **Fehl|schlag** ['fe:lʃlaːk]; -[e]s, Fehlschläge ['fe:lʃlɛːgə]: *Misserfolg:* nach mehreren Fehlschlägen wurden die Experimente abgebrochen.

fehl|schla|gen ['fe:lʃlaːgn], schlägt fehl, schlug fehl, fehlgeschlagen ⟨itr.; ist⟩: *nicht gelingen:* das Experiment war fehlgeschlagen.

die **Fei|er** ['faɪɐ]; -, -n: *Veranstaltung anlässlich eines besonderen Ereignisses:* zu ihrem Jubiläum fand eine große Feier statt. *Syn.:* Fest. *Zus.:* Familienfeier, Geburtstagsfeier, Hochzeitsfeier, Trauerfeier.

der **Fei|er|abend** ['faɪɐaːbnt]; -s, -e: **1.** *Ende der Arbeitszeit:* früher war in diesem Betrieb für alle um fünf Uhr Feierabend. **2.** *Freizeit nach der Arbeit:* er verbringt seinen Feierabend mit Lesen.

fei|er|lich ['faɪɐlɪç], feierlicher, am feierlichsten ⟨Adj.⟩: *dem Ernst, der Würde des Geschehens entsprechend:* ein feierlicher Augenblick; es herrschte feierliche Stille die Hochzeit war sehr feierlich.

fei|ern ['faɪɐn], feiert, feierte, gefeiert: **1.** ⟨tr.; hat; etw. f.⟩ *festlich begehen:* einen Geburtstag, eine Verlobung, Weihnachten feiern. **2.** ⟨itr.; hat⟩ *fröhlich, lustig beisammen sein:* wir haben gestern noch bis nach Mitternacht gefeiert. **3.** ⟨tr.; hat jmdn. f.⟩ *durch lebhaften Beifall, Jubel ehren:* der Sänger, die Siegerin, der Sportler wurde sehr gefeiert.

der **Fei|er|tag** ['faɪɐtaːk]; -[e]s, -e: *gesetzlich festgelegter Tag, an dem nicht gearbeitet wird:* der 1. Mai ist ein Feiertag; ein kirchlicher, gesetzlicher, hoher Feiertag.

fei|ge ['faɪgə], feiger, am feigsten ⟨Adj.⟩ (abwertend): *so ängstlich, dass man dafür verachtet wird:* feige sein; er hat uns feige im Stich gelassen.

die **Fei|ge** ['faɪgə]; -, -n: *in südlichen Ländern wachsende Frucht:* zum Nachtisch gab es frische Feigen.

die **Feig|heit** ['faɪkhaɪt]; - (abwertend): *das Feigesein:* jmdm. Feigheit vorwerfen; er hatte aus Feigheit geschwiegen.

der **Feig|ling** ['faɪklɪŋ]; -s, -e (abwertend): *Person, die feige ist:* sie, er ist ein großer

Feigling; der Feigling würde sich nie trauen, seinem Vater zu widersprechen.

die **Fei|le** ['failə]; -, -n: *Werkzeug aus Stahl zum Glätten von Metall oder Holz:* der Tischler bearbeitete die Kante des Bretts mit einer Feile. *Zus.:* Nagelfeile.

fei|len ['failən], feilt, feilte, gefeilt ⟨tr.; hat; etw. f.⟩: *mit einer Feile bearbeiten:* diese Kante muss noch ein wenig gefeilt werden; sie feilte ihre Fingernägel.

feil|schen ['failʃn], feilscht, feilschte, gefeilscht ⟨itr.; hat⟩: *versuchen, einen möglichst günstigen Preis zu vereinbaren:* er feilscht beim Einkaufen um jeden Cent. *Syn.:* handeln.

fein [fain], feiner, am feinsten ⟨Adj.⟩: **1.** *dünn, zart, nicht grob:* feines Gewebe; ihre Haare sind sehr fein; du musst den Kaffee feiner mahlen. **2.** *von hoher Qualität:* feines Gebäck; Schuhe aus feinstem Leder. *Syn.:* ausgezeichnet, hervorragend. **3.** *viele Einzelheiten erkennend, berücksichtigend:* er hat ein feines Gehör; ein Instrument fein einstellen; die Unterschiede fein herausarbeiten. *Syn.:* exakt, genau. **4.** *anständig, vornehm:* sie ist ein feiner Mensch; sein Benehmen war nicht fein. **5.** *erfreulich:* das ist eine feine Sache; das hast du wirklich fein gemacht. *Syn.:* schön.

der **Feind** [faint]; -es, -e: **1.** *männliche Person, die jmdn. oder etwas entschieden ablehnt, hasst, bekämpft:* sich jmdn. zum Feind machen; sein größter, schlimmster Feind ist einer seiner früheren Freunde; wir dürfen den Feinden der Demokratie nicht die Macht überlassen. *Syn.:* Gegner. *Zus.:* Menschenfeind, Staatsfeind. **2.** *militärischer Gegner:* der Feind steht vor der Hauptstadt.

die **Fein|din** ['faindin]; -, -nen: *weibliche Person, die jmdn. oder etwas entschieden ablehnt, hasst, bekämpft:* sie ist eine Feindin jeder Form von Intoleranz. *Syn.:* Gegnerin. *Zus.:* Menschenfeindin, Staatsfeindin.

feind|lich ['faintlɪç] ⟨Adj.⟩: **1.** ⟨feindlicher, am feindlichsten⟩ *entschieden ablehnend:* eine feindliche Haltung, Atmosphäre; feindliche Blicke; einer Sache feindlich gegenüberstehen. **2.** *den militärischen Gegner betreffend:* feindliche Truppen.

die **Feind|schaft** ['faintʃaft]; -, -en: *feindliche Einstellung, Haltung gegenüber anderen:* sich jmds. Feindschaft zuziehen; sie lebten miteinander in Feindschaft.

fein|füh|lig ['fainfy:lɪç], feinfühliger, am feinfühligsten ⟨Adj.⟩: *fein empfindend:* sie ist ein sehr feinfühliger Mensch. *Syn.:* sensibel.

das **Feld** [fɛlt]; -[e]s, -er: **1.** *Stück Land zum Anbau von Obst und Gemüse:* Felder und Wiesen; die Bauern arbeiten auf dem Feld. *Syn.:* Acker. *Zus.:* Getreidefeld, Kartoffelfeld, Kornfeld, Reisfeld. **2.** *kleine, abgegrenzte Fläche:* die Felder des Schachbretts; ziehen Sie drei Felder vor und würfeln Sie noch einmal. **3.** *Bereich, Gebiet:* das Feld der Wissenschaften, der Wirtschaftspolitik; auf diesem Feld gibt es viel Konkurrenz. *Zus.:* Arbeitsfeld, Geschäftsfeld.

der **Feld|weg** ['fɛltve:k]; -[e]s, -e: *Weg für Fahrzeuge der Landwirtschaft:* der Feldweg ist für den allgemeinen Verkehr gesperrt.

die **Fel|ge** ['fɛlgə]; -, -n: *Teil des Rades, auf dem der Reifen sitzt:* einen Reifen auf die Felge ziehen. *Zus.:* Alufelge, Sportfelge.

das **Fell** [fɛl]; -[e]s, -e: *dicht behaarte Haut bestimmter Tiere:* ein dichtes, weiches Fell; einem Hasen das Fell abziehen; dem Pferd das Fell bürsten. *Syn.:* Pelz. *Zus.:* Bärenfell, Lammfell, Schaf[s]fell.

der **Fels** [fɛls]; -: *hartes Gestein:* beim Graben stießen sie auf Fels; das Haus steht auf [dem] Fels. *Syn.:* Stein.

der **Fel|sen** ['fɛlzn]; -s, -: *großer Block aus Stein:* sie kletterten auf einen Felsen.

fe|mi|nin [femi'ni:n] ⟨Adj.⟩: **1.** (Sprachw.) *mit weiblichem Genus:* feminine Nomen, Formen. **2.** ⟨femininer, am femininsten⟩ *weiblich:* sie hat eine sehr feminine Figur; das Kleid ist ausgesprochen feminin; seine Bewegungen wirken feminin.

der **Fe|mi|nis|mus** [femi'nɪsmʊs]; -: *Bewegung, die für die Gleichberechtigung der Frau kämpft:* der Feminismus war in den 80er-Jahren besonders stark.

das **Fens|ter** ['fɛnstɐ]; -s, -: *Öffnung in einer Wand oder im Dach, die mit einer Scheibe aus Glas verschlossen ist:* das Fenster öffnen; er schaut zum Fenster hinaus; die Fenster *(Fensterscheiben)* müssen geputzt werden. *Zus.:* Dachfenster, Kellerfenster, Kirchenfenster, Klofenster, Küchenfenster, Schiebefenster.

das Fenster
der Fensterladen
die Fensterscheibe

das **Fens|ter|brett** ['fɛnstɐbrɛt]; -[e]s, -er: *Brett unterhalb eines Fensters:* auf dem Fensterbrett stehen Blumen.

der **Fens|ter|la|den** ['fɛnstɐla:dn̩]; -s, Fensterlä-
den ['fɛnstɛlɛ:dn̩]: *Brett, mit dem ein
Fenster von außen verschlossen wird:* die
Fensterläden schließen; das Haus hat
grüne Fensterläden.

die **Fens|ter|schei|be** ['fɛnstɐʃaibə]; -, -n:
Scheibe aus Glas vor einem Fenster: die
Fensterscheiben putzen; eine Fenster-
scheibe [mit einem Stein] einwerfen.

die **Fe|ri|en** ['fe:rjən] ⟨Plural⟩: **1.** *Zeit, in der kein
Unterricht ist:* morgen beginnen die Ferien.
Zus.: Osterferien, Sommerferien, Weih-
nachtsferien. **2.** *Zeit, in der nicht gearbeitet
wird:* das Theater hat im Sommer Ferien;
die Ferien beginnen bald. *Zus.:* Betriebsfe-
rien, Parlamentsferien, Semesterferien,
Theaterferien, Werksferien. **3.** *Zeit, in der
man verreist:* Ferien an der See; er braucht
dringend Ferien. *Syn.:* Urlaub.

das **Fer|kel** ['fɛrkl]; -s, -: *junges Schwein:* die
Ferkel quietkten laut. *Zus.:* Spanferkel.

¹**fern** [fɛrn], ferner, am fernsten ⟨Adj.⟩:
1. *weit entfernt:* fernes Donnern; er
erzählte von fernen Ländern; von fern
zuschauen. **2.** *lange vergangen:* eine
Geschichte aus fernen Tagen. **3.** *in weiter
Zukunft* /Ggs. nah[e]/: eines fernen
Tages; der Tag der Abrechnung ist nicht
mehr fern.

²**fern** [fɛrn] ⟨Präp. mit Dativ⟩: *weit entfernt
von:* fern der Heimat.

die **Fern|be|die|nung** ['fɛrnbədi:nʊŋ]; -, -en:
*Gerät, mit dem man ein anderes Gerät
aus einiger Entfernung ohne Kabel bedienen kann:* weißt du, wo die Fernbedie-
nung für den Fernseher ist?

die **Fer|ne** ['fɛrnə]; -, -n: *weit entfernter
Bereich:* in der Ferne donnerte es; in die
Ferne blicken, ziehen; einen Gruß aus
der Ferne *(aus einem fernen Land)*
bekommen.

fer|ner ['fɛrnɐ] ⟨Adverb⟩: *außerdem:* die
Kinder brauchen neue Mäntel, ferner
Kleider und Schuhe. *Syn.:* auch, dazu,
überdies, zudem, zusätzlich.

das **Fern|glas** ['fɛrngla:s]; -es, Ferngläser ['fɛrn-
glɛ:zɐ]: *Gerät, mit dem man weit ent-
fernte Dinge besser, größer sieht:* durch
das Fernglas beobachtet er die Rehe.

der **Fern|seh|ap|pa|rat** ['fɛrnze:ʔapara:t]; -[e]s,
-e: *Gerät zum Empfang von Sendungen
mit Bild und Ton:* der Fernsehapparat ist
kaputt. *Syn.:* Fernseher (ugs.).

fern|se|hen ['fɛrnze:ən], sieht fern, sah
fern, ferngesehen ⟨itr.; hat⟩: *Sendungen
im Fernsehen sehen:* er sah den ganzen
Abend fern; Kinder sollen nicht so viel
fernsehen.

das **Fern|se|hen** ['fɛrnze:ən]; -s: *Massenme-
dium mit Bild und Ton:* im Fernsehen
gibt es heute einen Kriminalfilm; im
Fernsehen *(in einer Sendung des Fernse-
hens)* auftreten. *Zus.:* Farbfernsehen,
Kabelfernsehen, Satellitenfernsehen.

der **Fern|se|her** ['fɛrnze:ɐ]; -s, - (ugs.): *Fernseh-
apparat:* vor dem Fernseher sitzen; den
Fernseher einschalten.

der **Fern|spre|cher** ['fɛrnʃprɛçɐ]; -s, -
(Amtsspr.): *Telefon.*

die **Fer|se** ['fɛrzə]; -, -n: *hinterer Teil des Fußes:*
mir tun vom Laufen die Fersen weh.

fer|tig ['fɛrtɪç] ⟨Adj.⟩: **1.** *beendet, abge-
schlossen:* er lieferte die fertige Arbeit
ab; das Haus ist fertig. **2.** *zu Ende, bis
zum Ende:* die Koffer noch fertig packen;
du musst erst fertig essen; sie ist [mit
der Arbeit] noch rechtzeitig fertig
geworden. **3.** *vorbereitet:* sie sind fertig
zur Abreise; bist du endlich fertig, dass
wir gehen können?; kommt ihr, das
Essen ist fertig! **4.** (ugs.) *sehr müde,
erschöpft:* [körperlich und seelisch] fertig sein; nach der schweren Arbeit war
er völlig fertig. *Syn.:* erledigt (ugs.), k. o.
(ugs.), kaputt (ugs.).

fer|tig|ma|chen ['fɛrtɪçmaxn̩], macht fertig,
machte fertig, fertiggemacht ⟨tr.; hat;
jmdn. f.⟩ (ugs.): *scharf kritisieren:* er wurde
wegen des Fehlers von seinem Chef vor
allen anderen fertiggemacht. *Syn.:*
beschimpfen, heruntermachen (ugs.).

die **Fes|sel** ['fɛsl]; -, -n: *Kette, Seil, womit jmd.
gefesselt wird:* der Gefangene hatte Fes-
seln an Händen und Füßen. *Zus.:* Fuß-
fessel, Handfessel.

fes|seln ['fɛsl̩n], fesselt, fesselte, gefesselt
⟨tr.; hat; jmdn. f.⟩: **1.** *jmdn. an etwas binden, damit er nicht fortläuft:* sie fesselten
den Gefangenen an einen Baum. *Syn.:*
anbinden, festmachen. **2.** *jmdm. die
Hände, Füße zusammenbinden:* der Verbrecher wurde gefesselt und ins Gefängnis gebracht.

fest [fɛst], fester, am festesten ⟨Adj.⟩:
1. *hart:* ist der Pudding schon fest?; das
Wachs ist fest geworden. *Zus.:* bissfest,
halbfest, schnittfest. **2.** *stabil und solide:*
feste Schuhe; das Material ist sehr fest.
Syn.: beständig, robust, haltbar. *Zus.:*
bruchfest, feuerfest, kratzfest, reißfest,
spülmaschinenfest, waschmaschinen-
fest. **3.** *tief, ganz und gar:* er ist fest
davon überzeugt; die Kinder schlafen
schon fest. **4.** *verbindlich, festgelegt:* eine
feste Zusage; sie leben in einer festen
Beziehung; ein festes Einkommen, einen

festen Wohnsitz haben; dafür gibt es keine festen Regeln; sie hat sich fest vorgenommen, mit dem Rauchen aufzuhören; er ist fest *(auf Dauer)* angestellt.

das **Fest** [fɛst]; -[e]s, -e: **1.** *Feier, Veranstaltung zu einem besonderen Ereignis:* zu ihrem 60. Geburtstag gibt sie ein großes Fest; ein Fest feiern, veranstalten; willst du ihn zum Fest einladen? *Syn.:* Fete (ugs.), Party. *Zus.:* Familienfest, Gartenfest, Geburtstagsfest, Grillfest, Hochzeitsfest, Schulfest, Sommerfest, Volksfest. **2.** *religiöser, kirchlicher Feiertag:* die Kirche feiert mehrere Feste im Laufe des Jahres. *Zus.:* Erntedankfest, Laubhüttenfest, Osterfest, Passahfest, Pfingstfest, Reformationsfest, Weihnachtsfest.

fest- [ˈfɛst] ⟨trennbares, betontes verbales Präfix⟩: **1.** drückt aus, dass jmd., etwas durch eine Handlung an einem Ort oder in einer Position gehalten, befestigt wird: du musst den Hund gut festhalten; einen Haken an der Wand festschrauben. **2.** drückt aus, dass etwas durch eine Handlung gültig, verbindlich ist: einen Preis festsetzen; beim ersten Treffen wurde das gemeinsame Ziel festgelegt. **3.** drückt aus, dass etwas keinen Zweifel zulässt: diese Tatsache steht fest; er stellte fest, dass der Angeklagte falsche Angaben gemacht hat.

fest|hal|ten [ˈfɛsthaltn̩], hält fest, hielt fest, festgehalten: **1.** ⟨tr.; hat; jmdn., etw. f.⟩ *halten und nicht loslassen:* sie hielt das Kind [am Arm] fest; halt mich fest, mir ist schwindelig! **2.** ⟨sich [an jmdm., etw.] f.⟩ *nach jmdm., etwas greifen (um nicht zu fallen):* sie hielten sich am Geländer fest; in der Straßenbahn musst du dich [gut] festhalten; halt dich an der Kurve gut an mir fest. **3.** ⟨tr.; hat; etw. f.⟩ *in Bild, Ton, Schrift aufzeichnen:* ein Ereignis im Film, auf Video festhalten; diese Idee ist gut, wir sollten sie festhalten. *Syn.:* aufnehmen, aufschreiben, dokumentieren, notieren.

die **Fes|tig|keit** [ˈfɛstɪçkait̯]; -: **1.** *Stabilität:* Beton besitzt eine hohe Festigkeit. *Syn.:* Härte. **2.** *Entschlossenheit:* mit Festigkeit auftreten; mit Geduld und Festigkeit verhandeln.

fest|le|gen [ˈfɛstleːgn̩], legt fest, legte fest, festgelegt ⟨tr.; hat; etw. f.⟩: *bestimmen, was gemacht werden soll, wie oder wann etwas gemacht werden soll:* sie legten den Tag für ihre Reise fest; die Stationen der Reise sind festgelegt. *Syn.:* festmachen, festsetzen.

fest|lich [ˈfɛstlɪç], festlicher, am festlichsten ⟨Adj.⟩: *feierlich:* ein festliches Kleid; ihr Geburtstag wurde festlich begangen; der Saal war festlich geschmückt; die Stimmung war sehr festlich.

fest|ma|chen [ˈfɛstmaxn̩], macht fest, machte fest, festgemacht: **1.** ⟨tr.; hat; etw. [an etw. (Dativ)] f.⟩ *anbinden:* das Boot am Ufer festmachen; sie machte den Hund an der Kette fest. **2.** ⟨tr.; hat; etw. f.⟩ *fest vereinbaren:* einen Termin festmachen; hast du die Reise schon festgemacht? *Syn.:* festlegen, festsetzen.

fest|neh|men [ˈfɛstneːmən], nimmt fest, nahm fest, festgenommen ⟨tr.; hat; jmdn. f.⟩: *verhaften:* die Polizei nahm mehrere Verdächtige fest; Sie sind vorläufig festgenommen!

die **Fest|plat|te** [ˈfɛstplatə]; -, -n: *Magnetscheibe, die zum Speichern von Daten fest im Computer eingebaut ist:* eine Datei auf der Festplatte speichern.

fest|set|zen [ˈfɛstzɛtsn̩], setzt fest, setzte fest, festgesetzt: **1.** ⟨tr.; hat; etw. f.⟩ *bestimmen, festlegen:* die Termine wurden neu festgesetzt; die Firma hat die Preise neu festgesetzt. **2.** ⟨sich f.⟩ *kleben, haften bleiben:* der Schmutz hat sich an den Schuhen festgesetzt. **3.** ⟨tr.; hat; jmdn. f.⟩ *festnehmen:* einige Demonstranten wurden festgesetzt; sie wurde wegen Betrug festgesetzt. *Syn.:* einsperren (ugs.), verhaften.

fest|ste|hen [ˈfɛstʃteːən], steht fest, stand fest, festgestanden ⟨itr.; hat; südd., österr., schweiz. auch: ist⟩: *abgemacht sein:* es steht fest, dass sie morgen kommt; der Termin steht noch nicht genau fest.

fest|stel|len [ˈfɛstʃtɛlən], stellt fest, stellte fest, festgestellt: **1.** ⟨tr.; hat; etw. f.⟩ *herausfinden, ermitteln:* man hat seinen Geburtsort nicht feststellen können; können Sie feststellen, ob dieses Bild echt ist? *Syn.:* erfahren, herausbekommen. **2.** ⟨tr.; hat; etw. f.⟩ *auf etwas aufmerksam werden; merken:* er stellte plötzlich fest, dass sein Geldbeutel nicht mehr da war. *Syn.:* bemerken, entdecken. **3.** ⟨itr.; hat; etw. f.⟩ *deutlich, klar sagen:* ich möchte feststellen, dass diese Aussage nicht zutrifft. *Syn.:* betonen, hervorheben, unterstreichen.

die **Fe|te** [ˈfeːtə]; -, -n (ugs.): *Fest, Party:* wir wollen eine Fete geben, machen; auf eine Fete gehen. *Syn.:* Feier.

fett [fɛt], fetter, am fettesten ⟨Adj.⟩: **1.** *mit viel Fett* /Ggs. mager/: fetter Käse,

F

Speck; wir essen meistens zu fett *(Speisen mit zu viel Fett)*. **2.** (emotional) *sehr dick:* ein fetter Kerl; er ist in letzter Zeit richtig fett geworden. *Syn.:* füllig, korpulent, rund. **3.** (Jugendspr.) *sehr gut:* die Party war total fett! *Syn.:* klasse (ugs.), super (ugs.), toll (ugs.).

das **Fett** [fɛt]; -[e]s, -e: *Bestandteil der Nahrung, der viele Kalorien hat:* pflanzliche, tierische Fette; Fleisch in Fett braten; die Milch hat 3,8 % Fett. *Zus.:* Pflanzenfett, Schweinefett, Speisefett.

fet|tig ['fɛtɪç], fettiger, am fettigsten ⟨Adj.⟩: *mit viel Fett:* eine fettige Salbe; die Pommes frites sind sehr fettig; er hatte ganz fettige *(mit Fett verschmierte)* Finger.

feucht [fɔɪçt], feuchter, am feuchtesten ⟨Adj.⟩: *ein bisschen nass:* die Wäsche ist noch feucht; das Gras war feucht; seine Augen wurden feucht.

die **Feuch|tig|keit** ['fɔɪçtɪçkai̯t]; -: *leichte Nässe:* die Feuchtigkeit im Keller wurde immer stärker. *Zus.:* Luftfeuchtigkeit.

das **Feu|er** ['fɔɪɐ]; -s, -: *das Verbrennen mit Flammen und Hitze:* das Feuer im Ofen brennt gut; bei dem Unfall hatte das Auto Feuer gefangen *(hatte angefangen zu brennen);* haben Sie Feuer *(ein Feuerzeug oder Streichhölzer)?;* er gab ihr Feuer *(zündete ihr die Zigarette, Pfeife an). Zus.:* Holzfeuer, Kaminfeuer, Kohlenfeuer, Lagerfeuer.

feu|er|ge|fähr|lich ['fɔɪɐgəfɛːɐ̯lɪç], feuergefährlicher, am feuergefährlichsten ⟨Adj.⟩: *leicht brennbar:* feuergefährliche Stoffe nicht in der Garage lagern!

der **Feu|er|lö|scher** ['fɔɪɐlœʃɐ]; -s, -: *tragbares rotes Gerät, mit dem man kleine Feuer löscht:* auf jeder Etage hängt ein Feuerlöscher; den Feuerlöscher bitte nur im Notfall benutzen.

der Feuerlöscher

die **Feu|er|wehr** ['fɔɪɐveːɐ̯]; -, -en: *Mannschaft, die bei Bränden Hilfe leistet und das Feuer löscht:* wir müssen die Feuerwehr alarmieren, rufen; die Feuerwehr hatte den Brand schnell gelöscht; die Bewoh-

die Feuerwehr

ner wurden von der Feuerwehr durchs Fenster gerettet. *Zus.:* Betriebsfeuerwehr, Werk[s]feuerwehr.

das **Feu|er|werk** ['fɔɪɐvɛrk]; -[e]s, -e: *das Abschießen von kleinen Raketen, die bei der Explosion bunt am dunklen Himmel leuchten:* heute Abend gibt es ein buntes, prächtiges Feuerwerk; ein Feuerwerk veranstalten.

das **Feu|er|zeug** ['fɔɪɐtsɔɪk]; -[e]s, -e: *kleines Gerät, mit dem man eine Flamme entzünden kann:* die Zigarette, Kerze mit dem Feuerzeug anzünden.

das **Feuil|le|ton** [fœjə'tõː]; -s, -s: *literarischer oder kultureller Teil einer Zeitung:* wir lesen am liebsten das Feuilleton.

feu|rig ['fɔɪrɪç], feuriger, am feurigsten ⟨Adj.⟩: *voller Temperament, voller Leidenschaft:* ein feuriges Pferd; ein feuriger Liebhaber. *Syn.:* lebhaft, leidenschaftlich, stürmisch, temperamentvoll.

die **Fich|te** ['fɪçtə]; -, -n: *Nadelbaum mit länglichen Zapfen:* die Fichte fällen.

das **Fie|ber** ['fiːbɐ]; -s: *erhöhte Körpertemperatur aufgrund einer Erkrankung:* ich muss Fieber messen; der Patient hat hohes Fieber.

fieb|rig ['fiːbrɪç], fiebriger, am fiebrigsten ⟨Adj.⟩: *mit Fieber verbunden:* eine fiebrige Erkrankung; er sieht fiebrig aus.

fiel [fiːl]: ↑ fallen.

fies [fiːs], fieser, am fiesesten ⟨Adj.⟩ (ugs.): *höchst unangenehm:* ein fieser Kerl; fieses Verhalten; das war fies von dir; er sieht richtig fies aus. *Syn.:* eklig, unsympathisch, widerlich (abwertend).

die **Fi|gur** [fiˈɡuːɐ̯]; -, -en: **1.** *äußere Erscheinung eines Menschen:* sie hat eine gute, tolle Figur; ich muss etwas für meine Figur tun. *Syn.:* Gestalt, Körper, Leib (geh.). *Zus.:* Idealfigur. **2.** *plastische Darstellung von einem Menschen oder Tier:* die Künstlerin schafft Figuren aus Holz und Stein. *Syn.:* ¹Plastik, Statue. *Zus.:* Heiligenfigur, Porzellanfigur, Wachsfigur. **3.** *Gebilde aus Linien oder Flächen:* sie malte Figuren aufs Papier. **4.** *handelnde Person in einem Werk der Dichtung:* die Figuren des Dramas; eine Figur aus einem Märchen. *Syn.:* Gestalt, Rolle. *Zus.:* Märchenfigur, Romanfigur. **5.** *Stein, bes. beim Schach:* es fehlen vier Figuren von meinem Schachspiel. *Zus.:* Schachfigur, Spielfigur.

die **Fi|li|a|le** [fiˈli̯aːlə]; -, -n: *Niederlassung eines Unternehmens:* Sie können es in unserer Filiale in der Schlossstraße versuchen; die Bank hat dieses Jahr viele Filialen geschlossen. *Syn.:* Zweigstelle.

der **Film** [fɪlm]; -[e]s, -e: **1.** *zu einer Rolle gedrehtes transparentes, mit einer besonderen Schicht versehenes Material, auf dem Fotos gespeichert werden:* einen neuen Film in die Kamera einlegen. *Zus.:* Farbfilm, Mikrofilm, Schwarz-Weiß-Film. **2.** *Folge von bewegten Bildern, die zum Vorführen im Kino oder Fernsehen bestimmt ist:* in diesem Film spielt sie die Hauptrolle. *Zus.:* Abenteuerfilm, Dokumentarfilm, Fernsehfilm, Gangsterfilm, Horrorfilm, Spielfilm, Tierfilm. **3.** *dünne Schicht, die die Oberfläche von etwas bedeckt:* das Wasser war mit einem Film aus Öl bedeckt. *Zus.:* Fettfilm, Ölfilm, Schmutzfilm.

der *oder* das **Fil|ter** [ˈfɪltɐ]; -s, -: **1.** *Vorrichtung, mit der aus einem Gas oder einer Flüssigkeit bestimmte darin enthaltene [feste] Stoffe von den übrigen Bestandteilen getrennt werden können:* der Filter im Staubsauger muss regelmäßig ausgetauscht werden; Zigaretten mit Filter. *Syn.:* Sieb. *Zus.:* Luftfilter, Staubfilter. **2.** *Vorrichtung, die bestimmte Lichtstrahlen nicht durchlässt:* bei Sonne und Schnee muss man mit einem Filter fotografieren. *Zus.:* Farbfilter, Strahlenfilter, UV-Filter.

der **Filz** [fɪlts]; -es, -e: *dicker Stoff aus gepressten Fasern:* ein Hut aus Filz.

das **Fi|na|le** [fiˈnaːlə]; -s, -: **1.** *letzter Teil eines größeren Musikstücks:* das Finale der Sinfonie. *Syn.:* Schluss. **2.** *letzte Runde eines Turniers:* die Mannschaft kommt ins Finale, hat im Finale verloren. *Zus.:* Achtelfinale, Halbfinale, Viertelfinale.

das **Fi|nanz|amt** [fiˈnantsˌamt]; -[e]s, Finanzämter [fiˈnantsˌɛmtɐ]: *Behörde, deren Aufgabe es ist, Steuern einzuziehen:* sie arbeitet beim Finanzamt.

die **Fi|nan|zen** [fiˈnantsn̩] ⟨Plural⟩: **1.** *Einkünfte des Staates, einer Gemeinde:* die Finanzen [des Bundes, des Landes, der Gemeinde] sanieren. *Zus.:* Bundesfinanzen, Staatsfinanzen. **2.** ⟨Plural⟩ (ugs.) *Geld, das jmd. zur Verfügung hat:* mit meinen Finanzen steht es schlecht. *Syn.:* Mittel ⟨Plural⟩.

fi|nan|zi|ell [finanˈtsi̯ɛl] ⟨Adj.⟩: *das Geld, Vermögen betreffend:* er hat finanzielle Schwierigkeiten; die Bauern sollen einen finanziellen Ausgleich bekommen. *Syn.:* wirtschaftlich.

fi|nan|zie|ren [finanˈtsiːrən], finanziert, finanzierte, finanziert ⟨tr.; hat; etw. f.⟩:

(für etwas) das erforderliche Geld zur Verfügung stellen: dieses Projekt muss der Staat finanzieren; sie haben ihren Kindern das Studium finanziert. *Syn.:* bezahlen, aufkommen für.

fin|den [ˈfɪndn̩], findet, fand, gefunden: **1.** ⟨tr.; hat; jmdn., etw. f.⟩ *zufällig oder durch Suchen entdecken:* ein Geldstück, den verlorenen Schlüssel finden. **2.** ⟨sich f.⟩ *wieder entdeckt werden, zum Vorschein kommen:* das vermisste Buch hat sich jetzt gefunden. *Syn.:* auftauchen. **3.** ⟨tr.; hat; etw. f.⟩ *durch Nachdenken auf etwas kommen:* einen Fehler, eine Lösung finden; sie findet immer die richtigen Worte. **4.** ⟨itr.; hat; jmdn., etw. irgendwie f.⟩ *halten (für etwas):* er findet sie, sich schön; ich finde, dass sie recht hat.

fing [fɪŋ]: ↑ fangen.

der **Fin|ger** [ˈfɪŋɐ]; -s, -: *eines der fünf beweglichen Glieder der Hand des Menschen:* der kleine Finger; jmdm., sich einen Ring an den Finger stecken. *Zus.:* Mittelfinger, Ringfinger, Zeigefinger.

der **Fin|ger|na|gel** [ˈfɪŋɐnaːɡl̩]; -s, Fingernägel [ˈfɪŋɐnɛːɡl̩]: *kleine, feste Platte vorn auf der oberen Seite des Fingers:* sich die Fingernägel schneiden, feilen, lackieren; er kaut Fingernägel / an den Fingernägeln.

das **Fin|ger|spit|zen|ge|fühl** [ˈfɪŋɐʃpɪtsn̩ɡəfyːl]; -s: *Taktgefühl im Umgang mit Menschen und Dingen:* für diese schwierige Aufgabe fehlt es ihm an Fingerspitzengefühl; sie besitzt das nötige Fingerspitzengefühl für personelle Entscheidungen. *Syn.:* Takt.

fins|ter [ˈfɪnstɐ], finst[e]rer, am finstersten ⟨Adj.⟩: **1.** *dunkel, völlig ohne Licht:* draußen war finstere Nacht. **2.** *bedrohlich:* sie macht ein finsteres Gesicht; ein finsterer Bursche. *Syn.:* unheimlich.

die **Fins|ter|nis** [ˈfɪnstɐnɪs]; -: *besonders tiefe Dunkelheit:* sie gingen hinaus in die Finsternis der Nacht.

die **Fir|ma** [ˈfɪrma]; -, Firmen [ˈfɪrmən]: *Unternehmen der Wirtschaft, Industrie* (Abkürzung: Fa.): eine Firma gründen; bei einer Firma, für eine Firma arbeiten. *Zus.:* Baufirma, Lieferfirma.

der Fisch
die Flosse

der **Fisch** [fɪʃ]; -[e]s, -e: **1.** *im Wasser lebendes Tier, das sich mithilfe von Flossen* *schwimmend fortbewegt:* Fische fangen, braten, räuchern. *Zus.:* Flussfisch, Seefisch, Speisefisch, Zierfisch. **2.** *als Nahrungsmittel dienendes Fleisch von Fischen:* freitags essen wir immer Fisch. *Zus.:* Backfisch.

fi|schen ['fɪʃn̩], fischt, fischte, gefischt ⟨tr.; hat; etw. f.⟩: *Fische fangen:* sie fischen Heringe; ⟨auch itr.⟩ sie fischen mit Netzen. *Syn.:* angeln.

die **Fi|so|le** [fiˈzoːlə]; -, -n ⟨österr.⟩: *grüne Bohne:* Fisolen pflücken.

fit [fɪt], fitter, am fittesten ⟨Adj.⟩: *in guter körperlicher, gesundheitlicher Verfassung:* eine fitte Sportlerin; wir halten uns durch tägliches Joggen fit.

die **Fit|ness** ['fɪtnɛs]; -: *gute körperliche Verfassung:* durch Joggen die Fitness verbessern.

fix [fɪks], fixer, am fixesten ⟨Adj.⟩: **1.** ⟨ugs.⟩ *in erfreulicher Weise schnell:* mach fix!; das geht fix von der Hand; er arbeitet sehr fix. *Syn.:* flink, rasch. **2. * fix und fertig** ⟨ugs.⟩: 1. *ganz fertig:* das Essen stand fix und fertig auf dem Tisch. 2. *völlig erschöpft:* der Umzug hat sie fix und fertig gemacht.

flach [flax], flacher, am flachsten ⟨Adj.⟩: **1.** *ohne größere Erhebung oder Vertiefung:* flaches Gelände; er musste sich flach hinlegen; ein Schlag mit der flachen (*geöffneten, ausgestreckten*) Hand. **2.** *von geringer Höhe:* ein flacher Bau; sie trägt flache Absätze. *Syn.:* niedrig. **3.** *von geringer Tiefe:* ein flaches Gewässer; flache Teller.

die **Flä|che** ['flɛçə]; -, -n: *Gebiet mit einer Ausdehnung in Länge und Breite:* eine senkrechte, waagrechte, viereckige, runde Fläche; eine Fläche von 1 000 Quadratmetern. *Zus.:* Ackerfläche, Anbaufläche, Gewerbefläche, Nutzfläche.

fla|ckern ['flakɐn], flackert, flackerte, geflackert ⟨itr.; hat⟩: *unruhig brennen, leuchten:* die Kerzen flackerten im Wind; die Neonröhre flackert.

die **Flag|ge** ['flagə]; -, -n: *Fahne:* die Flagge hissen; das Schiff fährt unter britischer, amerikanischer, neutraler Flagge. *Zus.:* Europaflagge, Staatsflagge.

die Flamme

die **Flam|me** ['flamə]; -, -n: *leuchtende, nach oben spitz auslaufende, meist bläuliche*

oder gelbrote Erscheinung, die bei der Verbrennung von bestimmten Stoffen entsteht: die Flamme der Kerze; eine Flamme schießt empor. *Zus.:* Gasflamme.

die **Fla|sche** ['flaʃə]; -, -n: *[verschließbares] Gefäß (meist aus Glas oder Kunststoff) mit enger Öffnung, bes. für Flüssigkeiten:* wir kaufen nur Milch in Flaschen. *Zus.:* Bierflasche, Literflasche, Milchflasche, Parfumflasche, Pfandflasche, Sektflasche, Wasserflasche, Weinflasche.

die Flasche

flat|tern ['flatɐn], flattert, flatterte, geflattert: **1.** ⟨itr.; ist⟩ *mit schnellen Bewegungen der Flügel fliegen:* Schmetterlinge flattern um die Blüten. **2.** ⟨itr.; ist; irgendwohin f.⟩ *sich durch die Luft irgendwohin bewegen:* Blätter flattern durch die Luft; die Geldscheine flatterten zu Boden. **3.** ⟨itr.; hat⟩ *im Wind wehen; heftig hin und her bewegt werden:* die Wäsche flattert im Wind; eine Fahne flattert auf dem Dach.

flau [flaʊ], flauer, am flau[e]sten ⟨Adj.⟩: *matt, schwach:* sie hat ein flaues Gefühl im Magen; ihm ist, wird flau (*schlecht*).

der **Flaum** [flaʊm]; -[e]s: *[erster] dünner zartweicher Haarwuchs (z. B. in Bezug auf den Bart):* ein zarter Flaum zeigte sich auf seinem Kinn. *Zus.:* Bartflaum.

flech|ten ['flɛçtn̩], flicht, flocht, geflochten ⟨tr.; hat; etw. f.⟩: *Haar, Blumen oder dergleichen ineinanderschlingen und dabei etwas Bestimmtes herstellen:* einen Zopf, Kranz, Korb flechten.

der **Fleck** [flɛk]; -[e]s, -e, **Fle|cken** ['flɛkn̩]; -s, -: **1.** *Stelle, an der etwas verschmutzt ist:* die Tischdecke hat einige Flecke[n]. *Zus.:* Blutfleck[en], Fettfleck[en], Rotweinfleck[en]. **2.** *andersfarbige Stelle:* das Pferd hat einen weißen Fleck[en] auf der Stirn; sie hatte vom Sturz blaue Flecke[n] am ganzen Körper.

die **Fle|der|maus** ['fleːdɐmaʊs]; -, Fledermäuse ['fleːdɐmɔyzə]: *kleines Insekten fressendes, bei Dunkelheit fliegendes Säugetier.*

fle|hen ['fleːən], fleht, flehte, gefleht ⟨itr.; hat; [um etw.] f.⟩ ⟨geh.⟩: *inständig bitten:* der Gefangene flehte um Gnade, um sein Leben; ein flehender Blick. *Syn.:* betteln.

das **Fleisch** [flaiʃ]; -[e]s: **1.** *aus Muskeln bestehende weiche Teile des menschlichen
und tierischen Körpers:* er hat sich mit
dem Messer tief ins Fleisch geschnitten.
2. *essbare Teile des tierischen Körpers:* er
isst nur sehr wenig Fleisch. *Zus.:* Hackfleisch, Hammelfleisch, Hühnerfleisch,
Rindfleisch, Schaffleisch, Schweinefleisch, Suppenfleisch.

der **Flei|scher** [ˈflaiʃɐ]; -s, -: *männliche Person,
deren Beruf es ist, Tiere zu schlachten,
das Fleisch zu verarbeiten und zu verkaufen:* er will Fleischer werden. *Syn.:*
Metzger (bes. westd., südd.), Schlachter
(nordd.), Schlächter (nordd.).

die **Flei|sche|rei** [flaiʃəˈrai]; -, -en: *Betrieb,
Laden eines Fleischers, einer Fleischerin:*
wir kauften in der Fleischerei Wurst und
Speck. *Syn.:* Fleischhauerei (österr.),
Metzgerei (bes. westd., südd.).

die **Flei|sche|rin** [ˈflaiʃərɪn]; -, -nen: weibliche
Form zu ↑ Fleischer.

die **Fleisch|hau|e|rei** [flaiʃhauəˈrai]; -, -en
(österr.): *Fleischerei. Syn.:* Fleischerei,
Metzgerei (bes. westd., südd.).

der **Fleiß** [flais]; -es: *das Fleißigsein:* durch
Fleiß hat sie ihr Ziel erreicht. *Zus.:* Bie-
nenfleiß.

flei|ßig [ˈflaisɪç], fleißiger, am fleißigsten
⟨Adj.⟩: *unermüdlich und viel arbeitend:*
beide sind sehr fleißige Menschen; wenn
du fleißig arbeitest, lernst du und wirst du die
Prüfung auch bestehen.

flek|tie|ren [flɛkˈtiːrən], flektiert, flek-
tierte, flektiert ⟨tr.; hat; etw. f.⟩: *ein Wort
in seinen grammatischen Formen verändern:* ein Nomen, Adjektiv, Verb flektie-
ren. *Syn.:* beugen.

flen|nen [ˈflɛnən], flennt, flennte, geflennt
⟨itr.; hat⟩ (ugs. abwertend): *weinen:* hör
auf zu flennen! *Syn.:* heulen (ugs.).

fle|xi|bel [flɛˈksiːbl̩], flexibler, am flexi-
belsten ⟨Adj.⟩: **1.** *beweglich:* das Buch hat
einen flexiblen Einband; das Material ist
sehr flexibel. **2.** *fähig, sich den jeweiligen
Umständen anzupassen:* bei meinen Ter-
minen bin ich flexibel; darauf muss man
flexibel reagieren können.

flicht [flɪçt]: ↑ flechten.

fli|cken [ˈflɪkn̩], flickt, flickte, geflickt ⟨tr.;
hat; etw. f.⟩: *ausbessern, reparieren:* eine
zerrissene Hose flicken; sie flickte den
Fahrradschlauch; wir haben das kaputte
Dach notdürftig geflickt.

der **Fli|cken** [ˈflɪkn̩]; -s, -: *kleines Stück eines
geeigneten Materials zum Flicken:* die
Hose hat schon mehrere Flicken; einen
Flicken aufsetzen.

der **Flie|der** [ˈfliːdɐ]; -s: *Pflanze mit weißen
oder lila, stark duftenden Blüten:* der
Flieder blüht; ein Strauß Flieder.

die Fliege (1)

die **Flie|ge** [ˈfliːɡə]; -, -n: **1.** *kleines Insekt mit
zwei Flügeln:* eine Fliege fangen, verja-
gen, totschlagen. *Zus.:* Eintagsfliege,
Fruchtfliege. **2.** *um den Hemdkragen
gebundene, vorne quer sitzende Schleife,
die von Männern getragen wird:* er trägt
immer eine rote Fliege.

die Fliege (2)

flie|gen [ˈfliːɡn̩], fliegt, flog, geflogen:
1. ⟨itr.; ist; [irgendwohin] f.⟩ *sich (mit
Flügeln oder durch die Kraft eines
Motors) in der Luft fortbewegen:* nicht
alle Vögel können fliegen; im Herbst
fliegen die Schwalben in den Süden; die
Flugzeuge fliegen sehr hoch. **2.** ⟨itr.; ist;
[irgendwohin] f.⟩ *sich mit einem Luft-,
Raumfahrzeug fortbewegen:* ich fliege
nicht gern; nach Paris, in die Türkei,
nach Hause, auf den Mond, zur Raum-
station fliegen. **3.** ⟨tr.; hat; etw. f.⟩ *als
Pilot steuern:* diese Maschine würde ich
gern mal fliegen. **4.** ⟨itr.; ist; irgendwohin f.⟩ *sich [im Fall, als Geschoss] durch
die Luft bewegen:* Blätter, Steine flogen
durch die Luft; der Ball flog ins Aus.
5. ⟨itr.; ist; irgendwohin f.⟩ (ugs.) *hinfallen, stürzen:* pass auf, dass du nicht von
der Leiter fliegst!; auf die Nase fliegen.
Syn.: fallen, stürzen. **6.** ⟨itr.; ist; irgendwohin f.⟩ (ugs.) *entlassen werden:* er ist
von der Schule geflogen, weil er mit Drogen gedealt hat.

der **Flie|ger** [ˈfliːɡɐ]; -s, -: **1.** *Pilot:* die abge-
schossenen Flieger konnten sich mit
dem Fallschirm retten. **2.** (ugs.) *Flugzeug:* unser Flieger geht schon um halb
fünf morgens; sie sitzen im Flieger nach
Mallorca. *Syn.:* Maschine.

die **Flie|ge|rin** [ˈfliːɡərɪn]; -, -nen: *Pilotin.*

flie|hen [ˈfliːən], flieht, floh, geflohen ⟨itr.;
ist⟩: *davonlaufen:* sie flohen vor dem
Unwetter; sie floh entsetzt aus dem
Haus; der Gefangene konnte fliehen; der

Verdächtige ist ins Ausland geflohen. *Syn.:* entkommen, flüchten.

die **Flie|se** ['fliːzə]; -, -n: *kleine Platte zum Ver-kleiden von Wänden oder als Belag für Fußböden:* der Fußboden im Badezim-mer war mit Fliesen ausgelegt. *Syn.:* Kachel. *Zus.:* Marmorfliese, Steinfliese.

flie|ßen ['fliːsn̩], fließt, floss, geflossen ⟨itr.; ist⟩: *(von flüssigen Stoffen, bes. von Wasser) sich gleichmäßig fortbewegen:* ein Bach fließt durch die Wiesen; Blut floss aus der Wunde; ein Zimmer mit fließendem Wasser *(mit Anschluss an die Wasserleitung);* der Champagner floss in Strömen *(es wurde sehr viel Champagner getrunken).* *Syn.:* laufen, strömen.

flie|ßend ['fliːsn̩t], fließender, am flie-ßendsten ⟨Adj.⟩: **1.** *flüssig:* das Kind liest schon fließend; sie spricht fließend Eng-lisch. **2.** *ohne feste Abgrenzung:* fließende Übergänge; die Grenzen zwischen Phy-sik und Chemie sind fließend.

flink [flɪŋk], flinker, am flinksten ⟨Adj.⟩: *rasch und geschickt:* sie arbeitet mit flin-ken Händen; er bewegte sich flink und zielsicher. *Syn.:* schnell.

der **Flirt** [fløːɐ̯t]; -s, -s: *kurze erotische Bezie-hung:* ein harmloser Flirt; einen Flirt mit jmdm. haben/anfangen. *Syn.:* Verhältnis.

flir|ten ['fløːɐ̯tn̩], flirtet, flirtete, geflirtet ⟨itr.; hat⟩: *versuchen, durch Blicke, scherzhafte Worte eine erotische Bezie-hung anzuknüpfen:* er versuchte den ganzen Abend, mit ihr zu flirten.

flit|zen ['flɪtsn̩], flitzt, flitzte, geflitzt ⟨itr.; ist⟩ (ugs.): *sich sehr schnell bewegen:* er flitzte über die Straße, um die Ecke; der Wagen flitzt über die Autobahn. *Syn.:* rasen (ugs.), sausen (ugs.).

flocht [flɔxt]: ↑ flechten.

die **Flo|cke** ['flɔkə]; -, -n: *kleines leichtes Stück:* Flocken von Staub wirbelten auf; dicke Flocken *(Schneeflocken)* fielen vom Himmel. *Zus.:* Schneeflocke.

flog [floːk]: ↑ fliegen.

der **Floh** [floː]; -[e]s, Flöhe ['fløːə]: *kleines Insekt, das Blut saugt:* der Floh hüpft, springt; der Hund hat Flöhe; *** jmdm. einen Floh ins Ohr setzen** (ugs.): *bei jmdm. einen Wunsch wecken, der diesen dann nicht mehr ruhen lässt:* sein Vater hat ihm den Floh ins Ohr gesetzt, dass er den Wettbewerb gewinnen könne.

der **Floh|markt** ['floːmarkt]; -[e]s, Flohmärkte ['floːmɛrktə]: *Markt, auf dem gebrauchte Gegenstände verkauft werden:* auf dem Flohmarkt seine alten Bücher verkaufen; auf den Flohmarkt gehen.

der **Flop** [flɔp]; -s, -s: *Misserfolg:* ein großer, totaler, finanzieller Flop; das Buch war in den USA ein Flop, in Deutschland dagegen verkaufte es sich sehr gut; der Film erwies sich / entpuppte sich als ein großer Flop. *Syn.:* Fehlschlag.

floss [flɔs]: ↑ fließen.

die **Flos|se** ['flɔsə]; -, -n: **1.** *Organ, mit dem sich Fische fortbewegen:* der Fisch bewegt die Flossen. *Zus.:* Brustflosse, Haifischflosse, Rückenflosse, Schwanzflosse. **2.** (ugs.) *Hand:* nimm deine Flossen da weg!

die **Flö|te** ['fløːtə]; -, -n: *längliches Blasinstru-ment:* meine Tochter lernt [auf der] Flöte spielen. *Syn.:* Blockflöte.

die Flöte

flott [flɔt], flotter, am flottesten ⟨Adj.⟩: **1.** *schnell, flink:* eine flotte Bedienung; er arbeitet sehr flott. *Syn.:* rasch, zügig. **2.** *schick:* ein flotter Hut, ein flottes Kleid. **3.** *hübsch:* ein flottes Mädchen.

der **Fluch** [fluːx]; -[e]s, Flüche ['flyːçə]: **1.** *böses Wort:* einen Fluch aussprechen, aussto-ßen; mit einem kräftigen Fluch verließ er das Haus. **2.** ⟨ohne Plural⟩ *Unheil:* ein Fluch liegt über dieser Familie.

flu|chen ['fluːxn̩], flucht, fluchte, geflucht ⟨itr.; auf/über jmdn., etw. f.⟩: *schimpfen:* sie fluchten über das schlechte Essen.

die **Flucht** [flʊxt]; -: *das Fliehen:* die Flucht aus dem Gefängnis; seine Flucht vorbe-reiten, organisieren; ihr gelang die Flucht vor den Verfolgern; sie wurden auf der Flucht erschossen; *** die Flucht ergreifen:** *[vor etwas, jmdm.] davonlau-fen, fliehen:* der Dieb hat die Flucht ergriffen; *** jmdn. in die Flucht schla-gen:** *jmdn. dazu bringen, zu fliehen:* mit einem Messer konnten sie den Einbrecher in die Flucht schlagen.

flüch|ten ['flʏçtn̩], flüchtet, flüchtete, geflüchtet: **1.** ⟨itr.; ist⟩ *(vor einer Gefahr) davonlaufen:* als die fremden Soldaten kamen, flüchteten die Bewohner der Stadt; sie sind vor dem Gewitter in ein nahes Gebäude geflüchtet. *Syn.:* fliehen. **2.** ⟨sich an jmdn., irgendwohin f.⟩ *sich in Sicherheit bringen:* das Kind flüchtet sich ängstlich zu seiner Mutter; sie flüchten sich vor dem Regen in einen Hauseingang; er flüchtete sich in den Alkohol, statt seine Probleme zu lösen.

Die Namen der Flüsse sind im Deutschen meist weiblich: »die Oder«, »die Elbe«, »die Spree«, »die Mosel«, »die Donau«. Nur einige Flussnamen, die noch aus vorgermanischer Zeit stammen, sind männlich: »der Rhein«, »der Neckar«, »der Main«, »der Inn«.

flüch|tig ['flʏçtɪç], flüchtiger, am flüchtigsten ⟨Adj.⟩: **1.** *geflüchtet:* der flüchtige Verbrecher wurde wieder gefangen; der Täter ist flüchtig. *Syn.:* entlaufen. **2.** *von kurzer Dauer:* ein flüchtiger Blick; sie hat die Bilder nur flüchtig angesehen. **3.** *oberflächlich:* einen flüchtigen Eindruck von jmdm., einer Sache haben; ich kenne ihn nur flüchtig.

der **Flücht|ling** ['flʏçtlɪŋ], -s, -e: *Person, die vor jmdm. oder etwas flieht oder geflohen ist:* ein politischer Flüchtling; sie kam als Flüchtling nach Deutschland; Flüchtlinge in einem Land aufnehmen, aus einem Land abschieben. *Syn.:* Asylant, Asylantin, Auswanderer, Auswanderin, Emigrant, Emigrantin.

der **Flug** [flu:k]; -[e]s, Flüge ['fly:gə]: **1.** *das Fliegen:* er beobachtete den Flug der Vögel, der Segelflugzeuge. *Zus.:* Kunstflug, Segelflug. **2.** *Reise im Flugzeug:* ein teurer, billiger Flug; ein Flug nach Amerika, in die USA; einen Flug buchen, stornieren, verpassen. *Zus.:* Hinflug, Linienflug, Rückflug.

das **Flug|blatt** ['flu:kblat]; -[e]s, Flugblätter ['flu:kblɛtɐ]: *Aufruf auf einem einzelnen Blatt, das in großen Mengen verteilt wird:* sie verteilten vor dem Werkstor Flugblätter an die Arbeiter.

der **Flü|gel** ['fly:gl̩], -s, -: **1.** *Körperteil von Vögeln und Insekten zum Fliegen:* ein Schmetterling mit gelben Flügeln; der Vogel breitet die Flügel aus. *Zus.:* Insektenflügel, Schmetterlingsflügel. * **die Flügel hängen lassen:** *mutlos und bedrückt sein:* nur weil es diesmal nicht geklappt hat, musst du doch nicht gleich die Flügel hängen lassen! **2.** *seitlicher Teil eines Gebäudes:* sein Zimmer lag im linken Flügel des Krankenhauses. *Zus.:* Seitenflügel. **3.** *dem Klavier ähnliches Musikinstrument:* eine Sonate auf dem Flügel spielen; jmdn. am / auf dem Flügel begleiten. *Syn.:* Klavier.

die **Flug|ge|sell|schaft** ['flu:kgəzɛlʃaft]; -, -en: *Unternehmen, das planmäßig Flugzeuge verkehren lässt:* die Lufthansa ist die größte deutsche Fluggesellschaft.

der **Flug|ha|fen** ['flu:kha:fn̩]; -s, Flughäfen ['flu:khɛ:fn̩]: *großer Flugplatz mit*

Gebäuden: jmdn. zum Flughafen bringen, vom Flughafen abholen; einen Flughafen anfliegen; Frankfurt ist ein internationaler Flughafen.

die **Flug|li|nie** ['flu:kli:njə]; -, -n: **1.** *Strecke, die planmäßig von Flugzeugen beflogen wird:* auf dieser Fluglinie verkehren täglich drei Maschinen. **2.** (ugs.) *Fluggesellschaft:* er fliegt oft mit dieser Fluglinie.

der **Flug|platz** ['flu:kplats]; -es, Flugplätze ['flu:kplɛtsə]: *Gelände zum Starten und Landen von Flugzeugen:* auf dem Flugplatz standen mehrere Maschinen. *Syn.:* Flughafen. *Zus.:* Militärflugplatz.

das **Flug|zeug** ['flu:ktsɔʏk]; -[e]s, -e: *Gerät, mit dem man fliegen kann und mit dem man fliegend Menschen und Lasten befördern kann:* das Flugzeug startet, landet; das Flugzeug ist abgestürzt. *Syn.:* Flieger (ugs.), Maschine. *Zus.:* Passagierflugzeug.

flun|kern ['flʊŋkɐn], flunkert, flunkerte, geflunkert ⟨itr.⟩: (ugs.) *nicht die Wahrheit sagen:* man kann nicht alles glauben, was er sagt, denn er flunkert gerne. *Syn.:* lügen, schwindeln (ugs.).

der **Flur** [flu:ɐ̯]; -[e]s, -e: *Gang, der die Räume einer Wohnung oder eines Gebäudes miteinander verbindet:* er wartete auf dem Flur, bis er ins Zimmer gerufen wurde. *Syn.:* Diele.

der **Fluss** [flʊs]; -es, Flüsse ['flʏsə]: **1.** *größeres fließendes Wasser:* sie badeten in einem Fluss. *Syn.:* Bach, Strom. *Zus.:* Nebenfluss, Quellfluss. **2.** *ununterbrochener Fortgang:* der Fluss der Rede, des Straßenverkehrs. *Zus.:* Redefluss, Verkehrsfluss. * **im Fluss sein:** *in der Entwicklung sein, noch nicht endgültig abgeschlossen sein:* die Dinge sind noch im Fluss, alles kann sich noch ändern!

flüs|sig ['flʏsɪç], flüssiger, am flüssigsten ⟨Adj.⟩: **1.** *nicht fest:* flüssige Nahrung; die Butter ist durch die Wärme flüssig geworden. *Zus.:* dickflüssig. **2.** *fließend:* sie schreibt und spricht sehr flüssig; sein Englisch ist flüssiger als deines. **3.** *(von Geld) verfügbar:* flüssige Gelder; ich bin im Moment nicht flüssig.

die **Flüs|sig|keit** ['flʏsɪçkai̯t]; -, -en: *ein Stoff in flüssigem Zustand:* in der Flasche war eine helle Flüssigkeit.

flüs|tern [ˈflʏstɐn]: flüstert, flüsterte, geflüstert ⟨tr.; etw. f.⟩: *mit leiser Stimme sagen:* er flüsterte ihm schnell die Lösung der Aufgabe ins Ohr; ⟨auch itr.⟩ sie flüstert immer *(spricht immer leise).* *Syn.:* murmeln.

die **Flut** [fluːt]; -, -en: **1.** ⟨ohne Plural⟩ *das Ansteigen des Meeres* /Ggs. Ebbe/: die Flut kommt; die Bewohner des Hafenviertels wurden von der Flut überrascht. *Zus.:* Springflut, Sturmflut. **2.** * **eine Flut von etwas:** *eine große Menge von etwas:* sie bekam eine [wahre] Flut von Briefen.

der **Fö|de|ra|lis|mus** [føderaˈlɪsmʊs]; -: *Organisation eines Bundesstaates, in der die Einzelstaaten relativ eigenständig sind:* die staatliche Organisation der Bundesrepublik Deutschland beruht auf dem Prinzip des Föderalismus.

fö|de|ra|tiv [føderaˈtiːf], föderativer, am föderativsten ⟨Adj.⟩: *in der Art eines Bündnisses:* Deutschland, Österreich und die Schweiz sind föderative Staaten.

das **Foh|len** [ˈfoːlən]; -s, -: *junges Pferd:* die Stute hat ein Fohlen bekommen.

der **Föhn** [føːn]; -[e]s, -e: **1.** *warmer Wind von den Hängen der Alpen:* wir haben Föhn; bei Föhn bekommt sie immer Kopfschmerzen. **2.** *elektrisches Gerät zum Trocknen der Haare:* mein Föhn ist kaputt.

die **Fol|ge** [ˈfɔlɡə]; -, -n: **1.** *Konsequenz:* unangenehme, verheerende Folgen befürchten; sein Leichtsinn hatte schlimme Folgen; die Folgen einer Entwicklung abschätzen, absehen können. *Syn.:* Ergebnis, Wirkung. *Zus.:* Todesfolge, Unfallfolge. **2.** *Reihe:* es kam zu einer ganzen Folge von Unfällen; in rascher Folge erschienen mehrere Romane dieses Autors. *Syn.:* Serie.

fol|gen [ˈfɔlɡn̩], folgt, folgte, gefolgt: **1.** ⟨itr.; ist; jmdm., etw. (Dativ) f.⟩ *nachgehen:* sie ist dem Vater ins Haus gefolgt; er folgte den Spuren im Schnee; er folgte ihnen mit den Augen. *Syn.:* nachfolgen, verfolgen. **2.** ⟨itr.; ist; etw. (Dativ) f.⟩ *verstehen:* sie folgten seinem Vortrag aufmerksam; sie ist zu müde, um dem Unterricht folgen zu können. **3.** ⟨itr.; ist; jmdm., etw. (Dativ) f.⟩ *auf jmdn., etw. f.⟩ zeitlich nach jmdm., etwas kommen:* dem kalten Winter folgte ein schönes Frühjahr; auf Kaiser Karl V. folgte Ferdinand I.; es folgt der Wetterbericht. *Syn.:* sich anschließen, nachfolgen. **4.** ⟨itr.; ist⟩ *aus etwas hervorgehen:* aus seinem Brief folgt, dass er sich geärgert hat. *Syn.:* sich ergeben.

fol|gend [ˈfɔlɡn̩t] ⟨Adj.⟩: *nach etwas kommend:* bitte bringen Sie folgende Unterlagen mit: Ausweis, Foto, Geburtsurkunde; auf den folgenden Seiten werde ich darlegen, dass ...; am folgenden Abend trafen sie sich wieder; ich muss Ihnen folgende Mitteilung machen ...

die **Fo|lie** [ˈfoːli̯ə]; -, -n: *sehr dünnes Material zum Verpacken:* das Geschenk, die Blumen in Folie verpacken; in Folie eingepackte Butterbrote; sie deckte die Schüssel mit den restlichen Nudeln mit Folie ab. *Zus.:* Alufolie, Aluminiumfolie, Klarsichtfolie, Plastikfolie.

fol|tern [ˈfɔltɐn], foltert, folterte, gefoltert ⟨tr.; jmdn. f.⟩: *große körperliche Schmerzen zufügen:* die Gefangenen wurden gefoltert. *Syn.:* misshandeln, quälen.

for|dern [ˈfɔrdɐn], fordert, forderte, gefordert ⟨tr.; hat⟩: **1.** ⟨etw. f.⟩ *mit Nachdruck verlangen:* er forderte die Bestrafung der Täter; sie fordert ihr Recht; die Gewerkschaften forderten höhere Löhne. *Syn.:* bestehen auf, wollen. **2.** ⟨jmdn. f.⟩ *eine Leistung verlangen, die alle Kräfte beansprucht:* Beruf und Familie fordern sie sehr; die Schüler wurden im Unterricht nicht genug gefordert.

för|dern [ˈfœrdɐn], fördert, förderte, gefördert ⟨tr.; hat; jmdn., etw. f.⟩: *unterstützen:* er hat viele junge Künstler gefördert; sie hat die Begabung ihres Sohnes gefördert; den Handel, den Absatz fördern. *Syn.:* helfen, sich einsetzen für.

die **For|de|rung** [ˈfɔrdərʊŋ]; -, -en: **1.** *nachdrückliches Verlangen:* eine berechtigte, maßlose, übertriebene, unverschämte Forderung; Forderungen [an jmdn.] stellen; welche Forderungen erheben Sie?; Forderungen geltend machen, erfüllen, verwirklichen. *Syn.:* Bitte, Wunsch. **2.** *finanzieller Anspruch:* Forderungen an jmdn. haben; die ausstehende Forderung beträgt 20 000 Euro. *Zus.:* Lohnforderung, Restforderung.

die **För|de|rung** [ˈfœrdərʊŋ]; -, -en: *Unterstützung:* eine staatliche, öffentliche, finanzielle, steuerliche Förderung; die Förderung der Kinder, der wissenschaftlichen Forschung. *Syn.:* Hilfe. *Zus.:* Absatzförderung, Nachwuchsförderung, Technologieförderung.

die **Fo|rel|le** [foˈrɛlə]; -, -n: *in Bächen lebender Fisch:* Forellen angeln, züchten.

die **Form** [fɔrm]; -, -en: **1.** *äußere Gestalt:* die Vase hat eine schöne, elegante, plumpe Form; die Form einer Kugel haben; die Form seines Kopfes erinnert an eine

Birne. *Syn.:* Design, Format. *Zus.:* Gesichtsform, Kopfform. **2.** *Art der Darstellung:* die Form dieses Gedichtes ist die Ballade; zusätzliche Abmachungen bedürfen der schriftlichen Form *(müssen geschrieben vorliegen),* um gültig zu sein. **3.** *gesellschaftlicher Umgang:* die Form wahren, verletzen. *Syn.:* Benehmen, Manieren ⟨Plural⟩. * **in aller Form:** *ausdrücklich und verbindlich):* ich habe mich in aller Form bei ihm entschuldigt. **4.** *Gefäß, in dem eine weiche Masse die gewünschte feste Gestalt bekommt:* in der Gießerei wird das flüssige Metall in Formen gefüllt; sie hat den Kuchenteig in eine Form gefüllt. *Zus.:* Backform, Kastenform. **5.** ⟨ohne Plural⟩ *körperliche Verfassung:* gut, nicht in Form sein. *Syn.:* Kondition. *Zus.:* Bestform.

for|mal [fɔr'ma:l], formaler, am formalsten ⟨Adj.⟩: *die äußere Gestalt betreffend:* die formale Gliederung des Buches; ein formales Problem. *Syn.:* äußerlich.

die **For|ma|li|tät** [fɔrmali'tɛ:t]; -, -en: *[behördliche] Vorschrift:* die notwendigen, üblichen, rechtlichen Formalitäten einhalten; vor seinem Aufenthalt im Ausland musste er viele Formalitäten erledigen.

das **For|mat** [fɔr'ma:t]; -[e]s, -e: **1.** *Größe eines Gegenstandes nach Länge und Breite:* das Buch, Bild hat ein großes Format. **2.** ⟨ohne Plural⟩ *Bedeutung einer Person:* ihm fehlt [das] Format dazu; er ist ein Künstler von Format; sie hat als Sportlerin internationales Format. *Syn.:* Klasse, Niveau, Rang.

die **For|mel** [ˈfɔrml̩]; -, -n: **1.** *fester sprachlicher Ausdruck:* die Formel des Eides sprechen. *Zus.:* Eidesformel, Grußformel. **2.** *Folge von Zeichen (Buchstaben, Zahlen):* chemische, physikalische, mathematische Formeln; die chemische Formel für Wasser ist H_2O.

for|men [ˈfɔrmən], formt, formte, geformt ⟨tr.; hat⟩: **1.** *⟨etw. f.⟩ eine bestimmte Form geben:* sie formten Gefäße aus Ton. *Syn.:* bilden, gestalten, modellieren. **2.** ⟨jmdn., etw. f.⟩ *in einer bestimmten Weise prägen:* diese Ereignisse haben ihn, seinen Charakter geformt. *Syn.:* bilden.

förm|lich [ˈfœrmlɪç], förmlicher, am förmlichsten ⟨Adj.⟩: **1.** *unpersönlich:* das war aber eine förmliche Begrüßung; er verabschiedete sich sehr förmlich. **2.** *drückt eine Verstärkung aus: regelrecht, geradezu:* er überschlägt sich ja förmlich vor Hilfsbereitschaft; der Posten wurde ihr förmlich aufgedrängt. *Syn.:* buchstäblich, direkt.

form|los [ˈfɔrmlo:s], formloser, am formlosesten ⟨Adj.⟩: **1.** *ohne feste Gestalt:* der Schneemann war zu einem formlosen Klumpen geschmolzen. **2.** *ohne Formalitäten:* eine formlose Begrüßung; in dieser Angelegenheit genügt es, einen formlosen Antrag zu stellen.

das **For|mu|lar** [fɔrmuˈlaːɐ̯]; -[e]s, -e: *Blatt, auf dem die Fragen bereits gedruckt sind:* ein Formular ausfüllen, unterschreiben; die Formulare bekommen Sie am Schalter zwei. *Syn.:* Vordruck. *Zus.:* Anmeldeformular, Auftragsformular.

for|mu|lie|ren [fɔrmuˈliːrən], formuliert, formulierte, formuliert ⟨tr.; er hat; etw. f.⟩: *in eine sprachliche Form bringen:* einen Brief formulieren; ein gut, schlecht formulierter Satz, Text; er hat das Schreiben, die Anzeige neu formuliert.

for|schen [ˈfɔrʃn̩], forscht, forschte, geforscht ⟨itr.⟩: **1.** ⟨nach jmdm., etw. f.⟩ *intensiv suchen:* er forschte nach den Ursachen des Unglücks; die Polizei forschte nach den Tätern; sie sah ihn mit forschendem Blick an. *Syn.:* ermitteln, fahnden, nachforschen, untersuchen. **2.** *Forschung betreiben:* sie forscht auf dem Gebiet der Intensivmedizin. *Syn.:* erforschen, studieren.

der **For|scher** [ˈfɔrʃɐ]; -s, -, die **For|sche|rin** [ˈfɔrʃərɪn]; -, -nen: *Person:* eine Gruppe von Forschern und Forscherinnen versucht, die Ursache der Krankheit zu finden. *Zus.:* Höhlenforscher, Höhlenforscherin.

die **For|schung** [ˈfɔrʃʊŋ]; -, -en: **1.** *das Arbeiten an wissenschaftlichen Erkenntnissen:* ihre Forschungen beschäftigten sie viele Jahre; neuere Forschungen belegen diese Vermutung. **2.** ⟨ohne Plural⟩ *die forschende Wissenschaft:* die Forschung macht große Fortschritte; er arbeitet in der Forschung.

der **Förs|ter** [ˈfœrstɐ]; -s, -, die **Förs|te|rin** [ˈfœrstərɪn]; -, -nen: *Person:* die Försterin zeigte uns, wo wir die Rehe beobachten konnten.

fort [fɔrt] ⟨Adverb⟩: *[von einem Ort] weg:* die Kinder sind zwei Stunden fort gewesen; wir müssen morgen wieder fort.

fort- [fɔrt] ⟨trennbares verbales Präfix⟩: **1.** *[von einem Ort] weg:* fortbleiben; fortgehen; fortschicken. **2.** drückt aus, dass etwas weiter geschieht oder besteht: fortbestehen; fortdauern; fortleben.

fort|be|we|gen [ˈfɔrtbəveːɡn̩], bewegt fort, bewegte fort, fortbewegt: **1.** ⟨tr.; hat; etw. f.⟩ *von der Stelle bewegen:* er versuchte, den schweren Stein fortzubewegen; die große Kiste lässt sich nicht leicht fortbewegen. *Syn.:* entfernen. **2.** ⟨sich f.⟩ *sich vorwärtsbewegen:* nach seinem Unfall konnte er sich wochenlang nur mit Krücken fortbewegen; wir haben uns im Urlaub meist mit dem Auto fortbewegt. *Syn.:* fahren, gehen, laufen.

die **Fort|bil|dung** ['fɔrtbɪldʊŋ]; -, -en: *zusätzliche Schulung, Ausbildung:* wir müssen etwas für die Fortbildung unserer Angestellten tun. *Syn.:* Weiterbildung.

fort|fah|ren ['fɔrtfaːrən], fährt fort, fuhr fort, fortgefahren **1.** ⟨itr.; ist⟩ *(mit einem Fahrzeug) einen Ort verlassen:* er ist gestern mit dem Auto fortgefahren. **2.** ⟨itr.; hat/ist; mit etw. f.⟩ *(nach einer Unterbrechung) wieder beginnen:* mit seiner Arbeit, seiner Erzählung fortfahren.

der *und die* **Fort|ge|schrit|te|ne** ['fɔrtgəʃrɪtənə]; -n, -n ⟨aber: [ein] Fortgeschrittener, [eine] Fortgeschrittene, Plural: [viele] Fortgeschrittene⟩: *Person, die mit den Grundlagen eines Gebietes bereits vertraut ist, kein Anfänger, keine Anfängerin mehr ist:* dieser Kurs ist nur für Fortgeschrittene geeignet, nicht für Anfänger.

fort|lau|fen ['fɔrtlaʊfn̩], läuft fort, lief fort, fortgelaufen ⟨itr.; ist⟩: *sich laufend entfernen:* die Kinder bekamen Angst und liefen fort.

fort|pflan|zen ['fɔrtpflantsn̩], pflanzt fort, pflanzte fort, fortgepflanzt ⟨sich f.⟩: *Nachwuchs hervorbringen:* manche Tiere pflanzen sich im Zoo nicht fort. *Syn.:* sich vermehren.

die **Fort|pflan|zung** ['fɔrtpflantsʊŋ]; -: *Vorgang, bei dem sich Lebewesen vermehren, Nachkommen zeugen:* geschlechtliche, ungeschlechtliche Fortpflanzung.

der **Fort|schritt** ['fɔrtʃrɪt]; -[e]s, -e: *positiv bewertete höhere Stufe der Entwicklung:* der Fortschritt der Technik; die Medizin hat große Fortschritte gemacht.

fort|schritt|lich ['fɔrtʃrɪtlɪç], fortschrittlicher, am fortschrittlichsten ⟨Adj.⟩: *den Fortschritt betreffend:* er ist ein fortschrittlicher Mensch; ihre Methoden sind äußerst fortschrittlich. *Syn.:* progressiv.

fort|set|zen ['fɔrtzɛtsn̩], setzt fort, setzte fort, fortgesetzt ⟨tr.; hat⟩: *(eine begonnene Tätigkeit) nach einer Unterbrechung wieder aufnehmen:* nach einer kurzen Pause setzte er seine Arbeit fort.

die **Fort|set|zung** ['fɔrtzɛtsʊŋ]; -, -en: **1.** *das Fortsetzen:* man beschloss die Fortsetzung des Gesprächs. **2.** *Teil eines in einzelnen, aufeinanderfolgenden Teilen veröffentlichten Werkes:* der Roman erscheint in der Illustrierten in Fortsetzungen; Fortsetzung folgt.

das **Fo|to** ['foːto]; -s, -s: *Fotografie:* ein gerahmtes, farbiges Foto; ein Foto von jmdm., etwas machen; das Foto zeigt meine Eltern im Urlaub. *Syn.:* Bild. *Zus.:* Erinnerungsfoto, Familienfoto, Passfoto.

der **Fo|to|ap|pa|rat** ['foːtoʔaparaːt]; -[e]s, -e: *Apparat zum Fotografieren:* er hat zu Weihnachten einen neuen Fotoapparat bekommen. *Syn.:* Kamera.

die **Fo|to|gra|fie** [fotogra'fiː]; -, Fotografien [fotogra'fiːən]: *durch Fotografieren entstandenes Bild:* eine Fotografie von jmdm. machen; auf dieser Fotografie hätte ich dich fast nicht erkannt. *Syn.:* Aufnahme, Foto.

fo|to|gra|fie|ren [fotogra'fiːrən], fotografiert, fotografierte, fotografiert ⟨tr.; hat; jmdn., etw. f.⟩: *einen Film (in einem Fotoapparat) belichten und dadurch eine Abbildung von jmdm., etwas machen:* sie fotografiert am liebsten ihre Kinder; alle wollten die Wasserfälle fotografieren; ⟨auch itr.:⟩ sie fotografiert gerne.

die **Fo|to|ko|pie** [fotoko'piː]; -, Fotokopien [fotoko'piːən]: *durch eine besondere Art des Fotografierens hergestellte Kopie:* wir haben unserem Brief eine Fotokopie der Rechnung beigefügt.

das **Foul** [faʊl]; -s, -s: *unfaires, nicht den Regeln entsprechendes Verhalten bei Sportarten wie Fußball, Eishockey, Basketball:* ein grobes Foul.

die **Fracht** [fraxt]; -, -en: *zu befördernde Last, Ladung [eines Schiffes oder Flugzeuges]:* Fracht an Bord nehmen; das Schiff war mit einer gefährlichen Fracht beladen. *Zus.:* Luftfracht.

die **Fra|ge** ['fraːgə]; -, -n: **1.** *Äußerung, auf die man eine Antwort erwartet:* eine dumme, gute Frage; er konnte die Fragen des Lehrers nicht beantworten; sie stellte ihrem Vater die Frage, ob er denn ein guter Schüler gewesen sei. *Zus.:* Prüfungsfrage. **2.** *Angelegenheit, die besprochen werden soll oder muss:* sie diskutierten über politische Fragen; es gibt noch einige zu klärende Fragen; das ist eine Frage des Geldes, des Taktgefühls. *Syn.:* Problem. *Zus.:* Geldfrage, Glaubensfrage, Schicksalsfrage. *** nur eine Frage der Zeit sein:** *mit Gewissheit früher oder später eintreten:* sie wusste, dass sie siegen würde, es war nur eine Frage der Zeit.

fra|gen ['fra:ɡn̩], fragt, fragte, gefragt: **1.** ⟨tr.; hat; etw. f.⟩ *sich mit einer Frage an jmdn. wenden:* er fragte den Lehrer, ob er nach Hause gehen dürfe; frag deine Mutter doch mal, was sie von deinen Plänen hält; darf ich dich etwas fragen?; ⟨auch itr.⟩ es muss erst fragen, wie das geht. **2.** ⟨sich f.⟩ *sich etwas überlegen, sich die Frage stellen:* das habe ich mich auch schon gefragt; er fragte sich, wie er sein Ziel am schnellsten erreichen könne. **3.** ⟨tr.; hat; [jmdn.] nach jmdm., etw. f.⟩ *durch Fragen herauszufinden versuchen:* ich frage den Verkäufer mal nach dem Preis für die Vase; ⟨auch itr.⟩ hat jemand nach mir gefragt? *(wollte mich jemand sprechen?).*

das **Fra|ge|zei|chen** ['fra:ɡətsaiçn̩]; -s, -: *Zeichen, mit dem Sätze als Fragen gekennzeichnet werden können:* hinter »wie gefällt dir das?« steht ein Fragezeichen.

die **Frak|ti|on** [frak'tsi̯o:n]; -, -en: *die Abgeordneten eines Parlaments, die derselben Partei angehören:* die beiden Fraktionen haben sich zusammengeschlossen.

der **Fran|ken** ['fraŋkn̩]; -s, -: *Währungseinheit in der Schweiz* (1 Franken = 100 Rappen): wir haben 100 Euro in Franken gewechselt.

fran|kie|ren [fraŋ'ki:rən], frankiert, frankierte, frankiert ⟨tr.; hat; etw. f.⟩: *Briefmarken auf einen Brief, ein Paket kleben:* sie frankierte die Briefe und brachte sie zur Post. *Syn.:* freimachen.

fraß [fra:s]: ↑ fressen.

die **Frau** [frau̯]; -, -en: **1.** *erwachsene weibliche Person* /Ggs. Mann/: eine ledige, verheiratete, berufstätige Frau; es waren Männer und Frauen dabei. *Zus.:* Geschäftsfrau. **2.** *Ehefrau* /Ggs. Mann/: er brachte seiner Frau Blumen mit. *Syn.:* Gattin (geh.). **3.** in der Anrede/Ggs. Herr/: guten Tag, Frau Frings!; gnädige Frau; Frau Professorin, Ministerin.

der **Frau|en|arzt** ['frau̯ən|a:ɐ̯tst]; -es, Frauenärzte ['frau̯ən|ɛ:ɐ̯tstə], die **Frau|en|ärz|tin** ['frau̯ən|ɛ:ɐ̯tstɪn]; -, -nen: *Arzt, Ärztin für die Krankheiten von Frauen:* sie geht regelmäßig zur Frauenärztin.

das **Fräu|lein** ['frɔy̯lai̯n]; -s, -: **1.** (veraltend) *nicht verheiratete [junge] Frau ohne Kinder:* in dieser Wohnung wohnt ein älteres Fräulein. **2.** (veraltet) in der Anrede *für eine unverheiratete weibliche Person* (heute allgemein durch »Frau« ersetzt): guten Tag, Fräulein Simon. **3.** (ugs. veraltet) Anrede für eine Verkäuferin, Kellnerin: Fräulein, bitte zahlen!

frech [frɛç], frecher, am frechsten ⟨Adj.⟩: **1.** *auf unangenehme Art ohne Respekt:* eine freche Antwort; er war sehr frech zu seiner Mutter; sie grinste frech. *Syn.:* unverschämt. **2.** *auf liebenswerte Art ohne Respekt:* ein freches Chanson; dieser Journalist schreibt witzig und frech.

die **Frech|heit** ['frɛçhai̯t]; -, -en: *unangenehm freches Benehmen:* lass dir solche Frechheiten nicht gefallen; er hatte die Frechheit, uns alle zu belügen; so eine Frechheit! *Syn.:* Unverschämtheit.

frei [frai̯], freier, am freisten ⟨Adj.⟩: **1.** *ohne Zwang, nicht zu etwas verpflichtet:* freie Wahlen; sich frei entscheiden; ich bin ein freier Mensch und kann tun und lassen, was ich will; morgen habe ich frei *(brauche ich nicht zu arbeiten).* **2.** *so, dass darüber noch verfügt werden kann:* der Stuhl ist noch frei; haben Sie noch ein Doppelzimmer frei?; er hat nur wenig freie Zeit; ein paar Tage frei machen; bitte die Ausfahrt frei halten! **3.** *durch nichts bedeckt:* den Oberkörper frei machen; das Kleid lässt die Schultern frei. **4.** *ohne Bezahlung:* Kinder bis zu 6 Jahren haben freien Eintritt. *Syn.:* kostenlos.

-frei [frai̯] ⟨adjektivisches Suffix⟩: **1.** *ohne das im Basiswort Genannte:* akzentfrei; alkoholfrei; fehlerfrei; fieberfrei; schmerzfrei; vorurteilsfrei. **2.** *drückt aus, dass etwas nicht gefordert wird:* gebührenfrei; portofrei; rezeptfrei; steuerfrei. **3.** *drückt aus, dass etwas Unerwünschtes nicht eintritt:* rostfrei; störungsfrei. **4.** *drückt aus, dass was nötig ist:* bügelfrei. **5.** *drückt aus, dass etwas nicht stattfindet:* dienstfrei; schulfrei; vorlesungsfrei.

frei|hal|ten ['frai̯haltn̩], hält frei, hielt frei, freigehalten ⟨tr.; hat; jmdn. f.⟩: *in einem Lokal (für jmdn.) bezahlen:* ich werde euch heute Abend freihalten. *Syn.:* ²einladen.

frei|hän|dig ['frai̯hɛndɪç] ⟨Adj.⟩: *ohne die Hände zu benutzen:* freihändig Rad fahren.

die **Frei|heit** ['frai̯hai̯t]; -, -en: **1.** *Zustand, in dem jmd. unabhängig ist und sich nicht eingeschränkt fühlt:* die persönliche, politische Freiheit; wir ließen den Kindern alle Freiheiten. *Zus.:* Meinungsfreiheit, Pressefreiheit. **2.** ⟨ohne Plural⟩ *Möglichkeit, sich frei zu bewegen:* einem Gefangenen die Freiheit schenken.

frei|las|sen ['frai̯lasn̩], lässt frei, ließ frei, freigelassen ⟨tr.; hat; jmdn., etw. f.⟩, **frei**

Fräulein

»Fräulein« war früher die Anrede für eine (junge) Frau, die nicht verheiratet ist. Da diese Anrede heute als diskriminierend und veraltet empfunden wird, sollte man sie nicht mehr benutzen. In

Cafés und Restaurants werden heute manchmal noch Kellnerinnen mit dem Wort »Fräulein« gerufen. Auch das ist unpassend. Besser ist es, einfach mit »Hallo« nach der Kellnerin zu rufen.

las|sen: *nicht länger gefangen halten:* die Gefangenen wurden freigelassen; sie hat den Vogel wieder freigelassen.

frei|lich [ˈfraɪlɪç] ⟨Adverb⟩: **1.** *jedoch, allerdings:* sie arbeitet sehr zuverlässig, freilich auch sehr langsam. *Syn.:* aber. **2.** (südd.) als bekräftigende Antwort: »Du kommst doch morgen?« »Freilich!«. *Syn.:* selbstverständlich.

frei|ma|chen [ˈfraɪmaxn̩], macht frei, machte frei, freigemacht ⟨tr.; hat; etw. f.⟩: *Briefmarken auf einen Brief, ein Paket kleben:* sie hat den Brief freigemacht. *Syn.:* frankieren.

frei|spre|chen [ˈfraɪʃprɛçn̩], spricht frei, sprach frei, freigesprochen ⟨tr.; hat; jmdn. f.⟩: *gerichtlich feststellen, dass eine Person, die angeklagt war, nicht schuldig ist oder dass ihre Schuld nicht bewiesen werden kann:* die Angeklagten wurden beide freigesprochen.

frei|ste|hen [ˈfraɪʃteːən], steht frei, stand frei, freigestanden ⟨itr.; hat; südd., österr., schweiz.: ist; jmdm. f.⟩: *jmds. Entscheidung überlassen sein:* es steht jedem frei / jedem steht frei, wie er seine Freizeit verbringt.

frei|stel|len [ˈfraɪʃtɛlən], stellt frei, stellte frei, freigestellt ⟨tr.; hat⟩: **1.** *jmdn. zwischen mehreren Möglichkeiten entscheiden lassen:* man stellte ihr frei, in München oder in Berlin zu studieren. **2.** *vom Dienst, Unterricht befreien:* er ist vom Wehrdienst freigestellt worden.

der **Frei|tag** [ˈfraɪtaːk]; -s, -e: *fünfter Tag der Woche:* wir essen jeden Freitag Fisch.

frei|wil|lig [ˈfraɪvɪlɪç] ⟨Adj.⟩: *aus eigenem freiem Willen:* freiwillige Helfer; sie hat freiwillig auf ihren Gewinn verzichtet.

die **Frei|zeit** [ˈfraɪtsaɪt]; -: *Zeit, in der man nicht zu arbeiten braucht:* wenig Freizeit haben; in der Freizeit viel lesen.

fremd [frɛmt], fremder, am fremdesten ⟨Adj.⟩: **1.** *nicht bekannt, nicht vertraut:* ein fremder Mann sprach sie an; du bist mir fremd geworden. *Syn.:* unbekannt. **2.** *nicht zu Hause, sich nicht auskennend:* wir sind hier fremd, können Sie uns sagen, wo der Bahnhof ist? **3.** *einem anderen gehörend:* fremdes Eigentum.

der *und* die **¹Frem|de** [ˈfrɛmdə]; -n, -n ⟨aber: [ein] Fremder, [eine] Fremde, Plural: [viele] Fremde⟩: **1.** *Person, die an einem Ort fremd ist:* im Sommer kommen viele Fremde in die Stadt. **2.** *Person, die jmdm. unbekannt ist:* ein Fremder stand vor der Tür; die Kinder fürchteten sich vor der Fremden.

die **²Frem|de** [ˈfrɛmdə]; -: *weit entferntes Ausland:* sie lebte lange in der Fremde.

der **Frem|den|füh|rer** [ˈfrɛmdn̩fyːrɐ]; -s, -, die **Frem|den|füh|re|rin** [ˈfrɛmdn̩fyːrərɪn]; -, -nen: *Person, deren Aufgabe es ist, Touristen und Touristinnen die Sehenswürdigkeiten einer Stadt, einer Gegend zu zeigen und zu erläutern:* unsere Fremdenführerin wusste sehr viel über die Geschichte ihrer Stadt.

die **Fremd|spra|che** [ˈfrɛmtʃpraːxə]; -, -n: *fremde Sprache:* als zweite Fremdsprache lernt sie Französisch in der Schule.

das **Fremd|wort** [ˈfrɛmtvɔrt]; -[e]s, Fremdwörter [ˈfrɛmtvœrtɐ]: *aus einer fremden Sprache übernommenes Wort:* der übertriebene Gebrauch von Fremdwörtern wird oft kritisiert.

fres|sen [ˈfrɛsn̩], frisst, fraß, gefressen: **1.** ⟨itr.; hat⟩ *(von Tieren) feste Nahrung zu sich nehmen:* die Tiere fressen gerade; das Reh fraß mir aus der Hand. **2.** ⟨tr.; hat; etw. f.⟩ *(von Tieren) als Nahrung zu sich nehmen:* Kühe fressen Gras. **3.** ⟨itr.; hat⟩ (derb) *(von Menschen) viel (und ohne Benehmen) essen:* der isst ja nicht, der frisst. **4.** ⟨tr.; hat; etw. f.⟩ (ugs.) *verbrauchen:* der Motor frisst viel Benzin.

die **Freu|de** [ˈfrɔydə]; -: *Gefühl des Glücks, frohe Stimmung:* ihre Freude über den Besuch war groß; es ist eine Freude, ihr zuzusehen; jmdm. mit etwas eine Freude machen, bereiten *(jmdn. mit etwas erfreuen).* *Syn.:* Vergnügen. *Zus.:* Lebensfreude, Wiedersehensfreude.

freu|dig [ˈfrɔydɪç], freudiger, am freudigsten ⟨Adj.⟩: **1.** *voll Freude:* die Kinder waren in freudiger Erwartung; freudig erregt, überrascht sein; ich wurde von allen freudig begrüßt. *Syn.:* fröhlich. **2.** *froh, erfreulich:* eine freudige Nachricht bringen.

freu|en [ˈfrɔʏən], freut, freute, gefreut:
1. ⟨sich f.⟩ *glücklich, zufrieden über etwas sein:* ich freue mich, dass Sie gekommen sind; sie hat sich über die Blumen gefreut. **2.** ⟨sich auf etw. f.⟩ *etwas mit Freude erwarten:* ich freue mich auf deinen Besuch; die Kinder freuen sich schon auf Weihnachten. **3.** ⟨itr.; hat; jmdn. freuen⟩ *glücklich, zufrieden machen:* deine Worte haben mich sehr gefreut; es freut mich, dass du morgen kommst. *Syn.:* erfreuen.

der **Freund** [frɔʏnt]; -[e]s, -e, die **Freun|din** [ˈfrɔʏndɪn]; -, -nen: **1.** *Person, die man sehr mag und gut kennt:* er ist ein guter Freund von mir; sie ist meine beste Freundin; das ist mein Freund Klaus, meine Freundin Karen; sie hat viele Freundinnen; er trifft einen Freund. *Syn.:* Kamerad, Kameradin, Kumpel (ugs.). *Zus.:* Geschäftsfreund, Geschäftsfreundin, Jugendfreund, Jugendfreundin, Parteifreund, Parteifreundin, Schulfreund, Schulfreundin. **2.** *Person, die mit einer anderen ein Paar bildet:* er wohnt mit seiner Freundin zusammen; er hat eine neue Freundin; sie hat schon einen Freund. *Syn.:* Partner, Partnerin.

freund|lich [ˈfrɔʏntlɪç], freundlicher, am freundlichsten ⟨Adj.⟩: *hilfsbereit, nett zu anderen Menschen:* eine freundliche Begrüßung; ein freundliches Gesicht machen; wir danken für die freundliche Unterstützung; die Verkäuferin ist immer sehr freundlich zu mir; würden Sie so freundlich sein, mir zu helfen? *Syn.:* herzlich, liebenswürdig.

die **Freund|lich|keit** [ˈfrɔʏntlɪçkaɪt]; -: *freundliches Verhalten:* wir wurden mit großer Freundlichkeit empfangen; seine Freundlichkeit überraschte ihn; hätten Sie die Freundlichkeit, uns zu begleiten? *(würden Sie uns bitte begleiten?).*

die **Freund|schaft** [ˈfrɔʏntʃaft]; -, -en: *Beziehung zwischen Personen, die sich sehr mögen und gut kennen:* ihre Freundschaft dauerte ein ganzes Leben lang; uns verbindet eine tiefe Freundschaft. *Zus.:* Jugendfreundschaft.

der **Frie|den** [ˈfriːdn̩]; -s: **1.** *Verhältnis zwischen Staaten, die sich nicht mit Waffen angreifen /Ggs. Krieg/:* Frieden schließen; den Frieden bewahren. **2.** *Harmonie, Gleichgewicht:* der häusliche, eheliche Frieden; sie können nicht in Frieden miteinander leben. *Syn.:* Ruhe. *Zus.:* Familienfrieden.

der **Fried|hof** [ˈfriːthoːf]; -[e]s, Friedhöfe [ˈfriːthøːfə]: *Ort, an dem die Toten beerdigt werden:* auf den Friedhof gehen; der Verstorbene wird morgen auf dem Friedhof des Ortes begraben. *Zus.:* Soldatenfriedhof, Waldfriedhof.

fried|lich [ˈfriːtlɪç], friedlicher, am friedlichsten ⟨Adj.⟩: **1.** *ohne Gewalt, ohne Krieg:* an diesem Ort leben Menschen aus vielen Ländern friedlich nebeneinander; einen Streit, einen Konflikt friedlich lösen. **2.** *sanft, ruhig:* ein friedlicher Anblick; friedlich einschlafen (sterben); er ist ein friedlicher Mensch; sei friedlich! *(fang nicht an zu streiten).*

frie|ren [ˈfriːrən], friert, fror, gefroren: **1.** ⟨itr.; hat⟩ *Kälte empfinden:* sie friert sehr leicht; ich habe ganz erbärmlich gefroren; sie friert immer an den Füßen. *Syn.:* frösteln. **2.** ⟨itr.; hat; unpers.⟩ *(von der Temperatur) unter null Grad Celsius sinken:* heute Nacht wird es sicher frieren. **3.** ⟨itr.; ist⟩ *zu Eis werden:* das Wasser ist gefroren. *Syn.:* gefrieren.

die **Fri|ka|del|le** [frikaˈdɛlə]; -, -n: *gebratener Kloß aus Hackfleisch:* eine Frikadelle mit Senf. *Syn.:* Klops.

frisch [frɪʃ], frischer, am frischesten ⟨Adj.⟩: **1.** *erst vor kurzer Zeit entstanden, hergestellt /Ggs. alt/:* frisches Brot; das Obst war nicht mehr frisch; eine frische Wunde; Vorsicht, [die Tür ist] frisch gestrichen! *Zus.:* druckfrisch, fangfrisch. **2.** *noch nicht gebraucht, sauber:* ein frisches Hemd anziehen; frische Luft ins Zimmer lassen; die Handtücher sind frisch; das Bett ist frisch *(mit sauberer Wäsche)* bezogen; * **sich frisch machen:** *sich nach einer Anstrengung, einer Reise reinigen (und umziehen):* wollt ihr euch vor dem Essen noch frisch machen?

der **Fri|seur** [friˈzøːɐ̯]; -s, -e, die **Fri|seu|rin** [friˈzøːrɪn]; -, -nen: *Person, die anderen die Haare schneidet:* ein Termin beim Friseur; meine Haare sind viel zu lang, ich muss dringend zum Friseur [gehen]. *Syn.:* Coiffeur, Coiffeurin, Coiffeuse.

fri|sie|ren [friˈziːrən], frisiert, frisierte, frisiert ⟨jmdn., sich, etw. f.⟩: *die Haare in Form bringen:* du hast dein Haar sehr schön frisiert; ich muss mich noch frisieren.

frisst [frɪst]: ↑ fressen.

die **Frist** [frɪst]; -, -en: *Zeitraum, in dem etwas geschehen muss:* eine Frist für etwas setzen; die Frist für Reklamationen ist verstrichen; sie gab ihm eine Frist von 8 Tagen für seine Arbeit. *Zus.:* Anmeldefrist, Annahmefrist, Kündigungsfrist, Lieferfrist, Meldefrist, Zahlungsfrist.

die **Fri|sur** [friˈzuːɐ̯]; -, -en: *Form der Haare:*

Frühstück

Zum Frühstück essen viele Deutsche, Schweizer und Österreicher Brot. Wer es gern süß mag, streicht Marmelade oder Honig darauf. Wer lieber herzhaft isst, belegt das Brot mit Wurst oder Käse. Sehr beliebt sind auch Cornflakes oder Müsli. Dazu trinken die Erwachsenen Kaffee oder Tee, die Kinder Milch.

eine moderne Frisur; die neue Frisur steht dir gut. *Syn.:* Haarschnitt. *Zus.:* Kurzhaarfrisur, Lockenfrisur.

froh [fro:], froher, am frohesten ⟨Adj.⟩: *erleichtert, dankbar:* frohe Menschen, Gesichter; sie ist froh, dass die Kinder gesund zurückgekehrt sind; bin ich froh, dass nichts Schlimmes passiert ist! *Syn.:* erfreut, fröhlich.

fröh|lich ['frø:lɪç], fröhlicher, am fröhlichsten ⟨Adj.⟩: *vergnügt, heiter:* fröhliche Gesichter; ein fröhliches Kind; sie saßen fröhlich beisammen; sie lachten fröhlich. *Syn.:* froh, glücklich.

die **Fröh|lich|keit** ['frø:lɪçkait]; -: fröhliche *Stimmung:* seine Fröhlichkeit steckte alle anderen an. *Syn.:* Heiterkeit.

fromm [frɔm], frommer/frömmer, frommste/frömmste ⟨Adj.⟩: *gläubig, religiös:* ein frommer Christ, Mensch.

fror [fro:ɐ̯]: ↑ frieren.

der **Frosch** [frɔʃ]; -[e]s, Frösche ['frœʃə]: *im Wasser lebendes Tier mit großen Augen, langen Hinterbeinen und einem breiten Maul:* die Frösche quaken. *Zus.:* Grasfrosch, Laubfrosch, Ochsenfrosch.

der **Frost** [frɔst]; -[e]s, Fröste ['frœstə]: *Temperatur, bei der es friert (unter null Grad Celsius):* draußen herrscht strenger Frost. *Zus.:* Dauerfrost, Nachtfrost.

frös|teln ['frœstl̩n], fröstelt, fröstelte, gefröstelt ⟨itr.; hat⟩: *vor Kälte leicht zittern:* sie fröstelte in ihrem dünnen Kleid. *Syn.:* frieren, schlottern.

die **Frucht** [frʊxt]; -, Früchte ['frʏçtə]: *essbares Produkt von Bäumen und Sträuchern:* die Früchte reifen, fallen ab; Birnen und Pflaumen mag ich von allen Früchten am liebsten. *Syn.:* Obst. *Zus.:* Baumfrucht, Südfrucht, Zitrusfrucht.

frucht|bar ['frʊxtbaːɐ̯], fruchtbarer, am fruchtbarsten ⟨Adj.⟩: **1.** *so, dass dort viele Früchte wachsen:* ein fruchtbarer Boden; das Land ist sehr fruchtbar. **2.** *mit vielen Nachkommen:* Mäuse und Kaninchen sind besonders fruchtbar.

fruch|tig ['frʊxtɪç], fruchtiger, am fruchtigsten ⟨Adj.⟩: *wie frische Früchte:* ein Wein von fruchtigem Geschmack; das Parfüm riecht fruchtig; eine fruchtig schmeckende Limonade.

¹**früh** [fry:], früher, am frühesten ⟨Adj.⟩: **1.** *am Beginn eines Zeitraumes:* am frühen Morgen, Nachmittag, Abend; es ist noch früh am Tag; schon in früher Jugend hat er angefangen zu schreiben. **2.** *vor dem gedachten Zeitpunkt:* ein früher Winter; wir nehmen einen früheren Zug; du kamst früher als erwartet; sie traf drei Stunden früher ein; seine früh verstorbene Mutter.

²**früh** [fry:] ⟨Adverb⟩: *am Morgen; morgens:* heute früh; um sechs Uhr früh; ich bin sehr früh aufgestanden; er arbeitet von früh bis spät.

die **Frü|he** ['fry:ə]; -: *Beginn des Tages:* in der Frühe des Tages brachen wir auf; die Handwerker kamen in aller Frühe *(sehr früh am Morgen)*.

¹**frü|her** ['fry:ɐ̯] ⟨Adj.⟩ /Ggs. später/: *ehemalig, zeitlich zurückliegend:* der frühere Eigentümer des Hauses; eine frühere Kollegin; in früheren *(vergangenen)* Zeiten.

²**frü|her** ['fry:ɐ̯] ⟨Adverb⟩ /Ggs. später/: **1.** *in der Vergangenheit:* alles sieht noch aus wie früher; früher ging es besser. *Syn.:* damals, einst. **2.** ⟨in Verbindung mit einer Zeitangabe⟩ *davor, vorher:* einige Minuten früher; warum hast du mir das nicht zwei Tage früher gesagt? *Syn.:* eher, zuvor.

frü|hes|tens ['fry:əstn̩s] ⟨Adverb⟩: *(zeitlich) nicht vor* /Ggs. spätestens/: ich komme frühestens morgen; wir können frühestens um 12 Uhr zu Hause sein.

das **Früh|jahr** ['fry:jaːɐ̯]; -[e]s, -e: *Frühling:* im Frühjahr reisen wir nach Italien.

der **Früh|ling** ['fry:lɪŋ]; -s, -e: *Jahreszeit zwischen Winter und Sommer:* es wird Frühling; es riecht nach Frühling. *Syn.:* Frühjahr.

das **Früh|stück** ['fry:ʃtʏk]; -[e]s, -e: *erste Mahlzeit am Morgen:* ein reichliches Frühstück; zum Frühstück gibt es Kaffee und Brötchen; bitte bringen Sie uns das Frühstück aufs Zimmer. *Syn.:* Morgenessen (schweiz.).

früh|stü|cken ['fry:ʃtʏkn̩], frühstückt, frühstückte, gefrühstückt: **1.** ⟨itr.; hat⟩ *das Frühstück einnehmen:* im Wohnzimmer frühstücken; wann willst du frühstü-

cken?; sie hat ausgiebig gefrühstückt.
2. ⟨tr.; hat; etw. f.⟩ *zum Frühstück essen:*
was möchtest du frühstücken?

früh|zei|tig ['fryːtsaitɪç], frühzeitiger, am
frühzeitigsten ⟨Adj.⟩: *zu einem frühen
Zeitpunkt; früh:* du solltest die Karten
fürs Kino frühzeitig bestellen; wir sind
frühzeitig aufgestanden.

der **Frust** [frʊst]; -[e]s (ugs.): *Enttäuschung:*
alle Arbeit war umsonst, so ein Frust!

der **Fuchs** [fʊks]; -es, Füchse ['fʏksə]: *kleineres
Raubtier mit rötlich braunem Fell, spitzer
Schnauze und großen, spitzen Ohren:*
Füchse gibt es hier nur noch selten; frü-
her haben Füchse den Bauern die Hüh-
ner gestohlen.

der Fuchs

fuch|teln ['fʊxtl̩n], fuchtelt, fuchtelte,
gefuchtelt ⟨itr.; hat⟩: *etwas schnell und
erregt hin und her bewegen:* der alte
Mann fuchtelte wütend mit dem Stock.

fü|gen ['fyːgn̩], fügt, fügte, gefügt ⟨sich
[jmdm., etw.] f.⟩: *gehorchen, sich unter-
ordnen:* nach anfänglichem Widerstand
fügte ich mich; wir mussten uns seinen
Anordnungen fügen. *Syn.:* sich beugen.

füh|len ['fyːlən], fühlt, fühlte, gefühlt /
(nach Infinitiv auch) fühlen: **1.** ⟨tr.; hat;
etw. f.⟩ *durch Berühren feststellen:* man
konnte die Beule am Kopf fühlen. *Syn.:*
tasten. **2.** ⟨tr.; hat; etw. f.⟩ *körperlich
oder seelisch empfinden:* Schmerzen im
Bein fühlen; sie fühlte die Wärme im
Gesicht; Abneigung, Mitleid fühlen; er
fühlte *(merkte)* sofort, dass er einen Fehler gemacht hatte. *Syn.:* spüren. **3.** ⟨sich
f.⟩ *sich halten für:* ich fühlte mich krank;
sie fühlt sich schuldig.

fuhr [fuːɐ̯]: ↑ fahren.

füh|ren ['fyːrən], führt, führte, geführt:
1. ⟨tr.; hat; jmdn. f.⟩ *jmdn. begleiten [um
ihm den Weg zu zeigen]:* Fremde durch
die Stadt führen; einen Blinden führen;
er führte sie nach dem Tanz an ihren
Tisch; Hunde sind im Stadtpark an der
Leine zu führen *(müssen an die Leine
genommen werden).* **2.** ⟨tr.; hat; etw. f.⟩
leiten: ein Geschäft, eine Firma führen.
Syn.: lenken. **3.** ⟨itr.; hat⟩ *(in einem Wettbewerb) an erster Stelle sein:* die Mannschaft führt nach Punkten; sie führte bei
dem Rennen; eine führende *(wichtige)*
Rolle spielen. **4.** ⟨itr.; hat; irgendwohin f.⟩
in eine bestimmte Richtung, an einen

bestimmten Ort verlaufen: die Straße
führt in die Stadt; die Brücke führt über
den Fluss. **5.** ⟨itr.; hat; zu etw. führen⟩
ein bestimmtes Ergebnis haben: der Hinweis führte zur Ergreifung der Täter; das
führt zu nichts *(ist sinnlos).* **6.** ⟨itr.; hat;
jmdn. zu jmdm. f.⟩ *bringen:* die Spur
führte die Polizei zu einer 25-jährigen
Frau; was führt Sie zu mir? *(was
wünschen Sie?).* **7.** ⟨tr.; hat; etw. f.⟩ als
Funktionsverb: ein Gespräch führen
(sprechen); einen Prozess führen *(pro-
zessieren);* Klage führen *(klagen).*

der **Füh|rer** ['fyːrɐ]; -s, -: **1.** *männliche Person,
die eine Gruppe von Personen auf einer
Reise, bei einer Besichtigung begleitet
und Erklärungen gibt:* der Führer einer
Gruppe von Touristen; ohne Führer solltest du nicht auf diesen Berg steigen.
Syn.: Begleiter, Fremdenführer. *Zus.:*
Bergführer, Museumsführer. **2.** *männliche Person, die eine Organisation leitet:*
der Führer der Opposition; wer ist der
geistige Führer dieser Sekte? *Syn.:*
Anführer, Chef, ¹Leiter. *Zus.:* Fraktions-
führer, Gewerkschaftsführer, Oppositi-
onsführer, Parteiführer. **3.** *Buch, das
Informationen für eine Reise, Besichtigung gibt:* sie kauften einen Führer
durch Paris; dieser Führer zeigt Ihnen,
wo Sie gut essen und übernachten können. *Zus.:* Hotelführer, Sprachführer,
Stadtführer.

der **Füh|rer|aus|weis** ['fyːrɐʔausvais]; -es, -e
(schweiz.): *Führerschein:* den Führerausweis vorzeigen.

die **Füh|re|rin** ['fyːrərɪn]; -, -nen: **1.** *weibliche
Person, die eine Gruppe von Personen auf
einer Reise, bei einer Besichtigung beglei-
tet und Erklärungen gibt.* **2.** *weibliche
Person, die eine Organisation leitet:* die
Führerin wurde im Amt bestätigt.

der **Füh|rer|schein** ['fyːrɐʃain]; -[e]s, -e:
*Dokument, das jmdm. erlaubt, ein Kraft-
fahrzeug zu fahren:* er hat keinen Führerschein; jmdm. den Führerschein
entziehen; den Führerschein machen
*(das Fahren lernen und eine Prüfung
machen).* *Syn.:* Führerausweis (schweiz.).

die **Füh|rung** ['fyːrʊŋ]; -, -en: **1.** ⟨ohne Plural⟩
Leitung: der Sohn hat die Führung des
Geschäftes übernommen. **2.** ⟨ohne Plu-
ral⟩ *Position ganz vorn, erste Position:*
dieser Läufer lag von Anfang an in Führung. *Syn.:* Spitze. *Zus.:* Tabellenführung.
3. *Gruppe von Personen, die wichtige Entscheidungen trifft:* die Führung des Kon-
zerns, einer Partei. *Syn.:* Leitung, Präsi-

dium, Vorstand. *Zus.:* Geschäftsführung, Konzernführung, Parteiführung, Staatsführung. **4.** *Besichtigung mit Erläuterungen:* die nächste Führung durch das Schloss findet um 15 Uhr statt.

fül|len ['fʏlən], füllt, füllte, gefüllt: **1.** ⟨tr.; hat; etw. [mit etw.] f.⟩ *etwas Leeres vollmachen:* einen Sack mit Kartoffeln füllen; ein Glas bis zum Rand füllen. **2.** ⟨tr.; hat; etw. in etw. f.⟩ *gießen, schütten (in ein Gefäß):* Milch in eine Flasche, Sand in einen Sack füllen. *Zus.:* einfüllen. **3.** ⟨sich f.⟩ *voll werden:* die Badewanne füllte sich langsam; das Theater füllte sich bis auf den letzten Platz.

der **Fül|ler** ['fʏlɐ]; -s, - (ugs.): *Stift, der mit Tinte schreibt:* mit einem Füller schreiben.

fül|lig ['fʏlɪç], fülliger, am fülligsten ⟨Adj.⟩: *rund, dick:* eine füllige Dame; er ist etwas füllig geworden. *Syn.:* mollig.

die **Fül|lung** ['fʏlʊŋ]; -, -en: **1.** *besondere Masse in bestimmten Speisen, Süßigkeiten:* die Füllung der Schokolade; hat das Croissant eine Füllung? *Zus.:* Tortenfüllung. **2.** *Material, das ein Loch in einem Zahn verschließt:* eine Füllung aus Gold, Keramik; eine Füllung erneuern. *Syn.:* Plombe. *Zus.:* Kunststofffüllung.

fum|meln ['fʊmln̩], fummelt, fummelte, gefummelt ⟨itr.; hat⟩ (ugs.): **1.** ⟨an etw. f.⟩ *etwas ungeschickt anfassen:* er fummelt nervös an seiner Krawatte. **2.** ⟨[mit jmdm.] f.⟩ *jmdn. berühren, streicheln:* mit Mädchen im Park fummeln; die beiden haben [miteinander] gefummelt.

der **Fund** [fʊnt]; -[e]s, -e: **1.** *das Finden von etwas:* einen seltsamen, grausigen Fund machen; du musst den Fund bei der Polizei melden. *Syn.:* Entdeckung. **2.** *gefundener Gegenstand:* archäologische Funde; ein Fund aus alter Zeit. *Zus.:* Gräberfund, Münzfund.

das **Fund|bü|ro** ['fʊntbyroː]; -s, -s: *amtliche Stelle, wo gefundene Sachen abgegeben oder abgeholt werden können.*

fünf [fʏnf] ⟨Kardinalzahl⟩ (als Ziffer: 5): fünf Finger an einer Hand.

fünft... ['fʏnft...] ⟨Ordinalzahl⟩ (als Ziffer: 5): der fünfte Tag der Woche; in der fünften Etage.

fünf|zig ['fʏnftsɪç] ⟨Kardinalzahl⟩ (in Ziffern: 50): fünfzig Euro; fünfzig Personen einladen.

der **Funk** [fʊŋk]; -s: *Senden und Empfangen von Nachrichten durch elektrische Wellen:* die Polizei wurde über Funk benachrichtigt; das Schiff gab per Funk SOS. *Zus.:* Amateurfunk, Polizeifunk.

der **Fun|ke** ['fʊŋkə]; -ns, -n, **Fun|ken** ['fʊŋkn̩]; -s, -: *glühendes Teilchen, das aus dem Feuer fliegt:* bei dem Brand flogen Funken durch die Luft.

fun|keln ['fʊŋkln̩], funkelt, funkelte, gefunkelt ⟨itr.; hat⟩: *hell leuchten:* die Sterne, die Lichter der Stadt funkeln in der Nacht; ihre Brillanten, Brillengläser funkeln. *Syn.:* blinken, glitzern, strahlen.

der **Fun|ken** ['fʊŋkn̩]: ↑ Funke.

die **Funk|ti|on** [fʊŋk'tsi̯oːn]; -, -en: *Amt, Aufgabe:* eine Funktion ausüben; welche Funktion hast du in diesem Betrieb?; sie erfüllt ihre Funktion gut. *Syn.:* Position, Tätigkeit.

der **Funk|ti|o|när** [fʊŋktsi̯o'nɛːɐ̯]; -s, -e, die **Funk|ti|o|nä|rin** [fʊŋktsi̯o'nɛːrɪn]; -, -nen: *Person, die im Auftrag einer Organisation arbeitet:* sein Vater ist ein hoher Funktionär in der Partei, Gewerkschaft. *Zus.:* Gewerkschaftsfunktionär, Gewerkschaftsfunktionärin, Parteifunktionär, Parteifunktionärin.

funk|ti|o|nie|ren [fʊŋktsi̯o'niːrən], funktioniert, funktionierte, funktioniert ⟨itr.; hat⟩: **1.** *(als Maschine, Gerät) arbeiten:* das Radio funktioniert tadellos; wie funktioniert diese Maschine?; der Fernseher funktioniert wieder. *Syn.:* gehen, laufen. **2.** *ablaufen:* die Zusammenarbeit funktioniert gut.

¹**für** [fyːɐ̯] ⟨Präp. mit Akk.⟩: **1.** *bezeichnet einen Zweck, ein Ziel:* für höhere Löhne kämpfen; er arbeitet für sein Examen. **2.** *bezeichnet den Empfänger, die Empfängerin:* das Buch ist für dich; die Blumen sind für den Kranken. **3.** *bezeichnet den Preis, Wert:* sie hat ein Haus für viel Geld gekauft. **4.** *bezeichnet den Grund, die Ursache:* für seine Tat bekam er eine Strafe; er dankte ihm für seine Hilfe. **5.** *bezeichnet eine Person oder Sache, die ersetzt wird:* ich nehme für Herrn Müller an der Besprechung teil. **6.** *drückt ein Verhältnis aus:* für den Preis ist der Stoff zu schlecht; für sein Alter ist das Kind sehr groß. **7.** *bezeichnet die Dauer:* für einige Zeit verreisen; er geht für zwei Jahre nach Amerika.

²**für** [fyːɐ̯]: in der Verbindung * **was für [ein]: 1.** *als Frage nach der Art oder Qualität; welch:* was für ein Kleid möchten Sie kaufen?; was für ein Fahrrad hast du? **2.** *zur besonderen Betonung; so [ein]:* was für ein tolles Wetter!

die **Furcht** [fʊrçt]; -: *Angst wegen einer drohenden Gefahr:* er hatte große Furcht vor seinem Vater; seine Furcht überwinden; die Furcht vor Strafe. *Syn.:* Panik.

furcht|bar [ˈfʊrçtbaːɐ̯] ⟨Adj.⟩: **1.** ⟨furchtbarer, am furchtbarsten⟩ *sehr schlimm, schrecklich:* ein furchtbares Unglück; die Schmerzen sind furchtbar; der Verletzte sah furchtbar aus. *Syn.:* beängstigend, entsetzlich, fürchterlich. **2.** ⟨furchtbarer, am furchtbarsten⟩ (ugs.) *sehr stark, sehr groß:* eine furchtbare Hitze. *Syn.:* fürchterlich (ugs.), schlimm. **3.** (ugs.) *sehr:* ich habe mich furchtbar blamiert; es war furchtbar nett, dass Sie mir geholfen haben. *Syn.:* ausnehmend, außerordentlich, äußerst, besonders, fürchterlich (ugs.), schrecklich (ugs.).

fürch|ten [ˈfʏrçtn̩], fürchtet, fürchtete, gefürchtet: **1.** ⟨tr.; hat; jmdn., etw. f.⟩ *vor jmdm., vor etwas Angst haben:* das Schlimmste fürchten; sie fürchtet den Tod; ich fürchte, hier kommen wir nicht weiter; er fürchtete, den Arbeitsplatz zu verlieren. **2.** ⟨sich f.⟩ *Furcht empfinden, Angst haben:* sie fürchtet sich vor dem Hund; als Kind hat er sich im Dunkeln gefürchtet.

fürch|ter|lich [ˈfʏrçtɐlɪç], fürchterlicher, am fürchterlichsten ⟨Adj.⟩: **1.** *schrecklich, furchtbar:* eine fürchterliche Katastrophe. *Syn.:* entsetzlich, schlimm. **2.** (ugs.) *sehr groß, sehr stark:* eine fürchterliche Hitze. *Syn.:* furchtbar (ugs.), schlimm. **3.** (ugs.) *sehr:* sie hat sich fürchterlich aufgeregt; es war fürchterlich kalt draußen. *Syn.:* furchtbar (ugs.), schrecklich (ugs.).

für|ei|nan|der [fyːɐ̯ʔaiˈnandɐ] ⟨Adverb⟩: *einer für den andern:* sie hatten nie Zeit füreinander; sie haben sich füreinander entschieden; füreinander da sein.

fürs [fyːɐ̯s] ⟨Verschmelzung von »für« + »das«⟩ (oft ugs.): **1.** ⟨die Verschmelzung kann aufgelöst werden⟩ der Schlüssel fürs Auto. **2.** ⟨die Verschmelzung kann nicht aufgelöst werden⟩ ein Partner, der Bund fürs Leben; *** fürs Erste:** *zunächst, vorläufig:* fürs Erste habe ich genug gelernt.

die **Für|sor|ge** [ˈfyːɐ̯zɔrɡə]; -: *Pflege, Hilfe:* nur durch ihre Fürsorge ist der Kranke wieder gesund geworden.

die **Fu|si|on** [fuˈzi̯oːn]; -, -en: *der Zusammenschluss [zweier oder mehrerer Unternehmen, Organisationen]:* die Fusion zweier Firmen, zwischen politischen Parteien.

der **Fuß** [fuːs]; -es, Füße [ˈfyːsə]: **1.** *unterster Teil des Beines:* ein schmaler, zierlicher Fuß; im Schnee bekam sie kalte Füße; ich möchte lieber zu Fuß gehen [als mit dem Auto fahren]; er ist heute Abend zu Fuß gekommen. **2.** ⟨mit Attribut⟩ *Teil, auf dem ein Gegenstand steht:* die Füße des Schrankes. *Zus.:* Bettfuß, Lampenfuß.

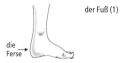

der Fuß (1)

die Ferse

der **Fuß|ball** [ˈfuːsbal]; -[e]s, Fußbälle [ˈfuːsbɛlə]: **1.** *Ball zum Fußballspielen:* der Fußball flog in die Fensterscheibe. *Syn.:* Leder (Jargon). **2.** ⟨ohne Plural⟩ *Fußballspiel als Sportart:* er hat in der ersten Bundesliga Fußball gespielt.

das **Fuß|ball|spiel** [ˈfuːsbalʃpiːl]; -[e]s, -e: *Spiel von zwei Mannschaften mit je elf Spieler[inne]n, bei dem der Ball in das Tor des Gegners geschossen werden soll:* ich möchte heute Abend das Fußballspiel im Fernsehen sehen; das Fußballspiel wurde live übertragen.

der **Fuß|bo|den** [ˈfuːsboːdn̩]; -s, Fußböden [ˈfuːsbøːdn̩]: *untere Fläche eines Raumes, auf der man geht:* ein Fußboden aus Stein; einmal pro Woche wischt sie den Fußboden. *Syn.:* Boden, Erde. *Zus.:* Holzfußboden, Parkettfußboden.

die *oder* der **Fus|sel** [ˈfʊsl̩]; -, -n und -s, -[n]: *kleiner Faden o. Ä., der sich irgendwo festgesetzt hat und stört:* sie hat die Fusseln an ihrem Mantel mit einer Bürste entfernt.

der **Fuß|gän|ger** [ˈfuːsɡɛŋɐ]; -s, -, die **Fuß|gän|ge|rin** [ˈfuːsɡɛŋərɪn]; -, -nen: *Person, die zu Fuß geht:* eine Ampel für Radfahrer und Fußgänger; eine Fußgängerin wurde bei dem Unfall verletzt. *Syn.:* Passant, Passantin.

die **Fuß|gän|ger|zo|ne** [ˈfuːsɡɛŋɐtsoːnə]; -, -n: *Bereich einer Stadt, in dem keine Autos fahren dürfen:* die Innenstadt hat eine moderne Fußgängerzone mit vielen Geschäften.

die **Fuß|no|te** [ˈfuːsnoːtə]; -, -n: *Anmerkung, die am Ende einer gedruckten Seite steht:* der Text hat viele Fußnoten.

das ¹**Fut|ter** [ˈfʊtɐ]; -s: *Nahrung der Tiere:* den Katzen Futter geben. *Zus.:* Hundefutter, Vogelfutter.

das ²**Fut|ter** [ˈfʊtɐ]; -s, -: *Stoff auf der Innenseite von Kleidungsstücken:* das Futter im Mantel ist kaputt. *Zus.:* Mantelfutter, Rockfutter, Seidenfutter.

¹**füt|tern** [ˈfʏtɐn], füttert, fütterte, gefüttert ⟨tr.; hat; jmdn. f.⟩: *(jmdm., einem Tier)* ¹*Futter geben:* er füttert die Vögel im Winter; die Mutter füttert das Baby.

²**füt|tern** ['fʏtɐn], füttert, fütterte, gefüttert ⟨tr.; hat⟩; etw. f.⟩: *ein ²Futter in ein Kleidungsstück nähen:* der Schneider hat den Mantel gefüttert; der Rock ist nicht gefüttert; gefütterte Schuhe.

G g

gab [ga:p]: ↑ geben.

die **Ga|be** ['ga:bə]; -, -n: **1.** *Geschenk, Aufmerksamkeit:* er verteilte die Gaben; die Gaben unter den Christbaum legen; jmdm. etwas als Gabe mitbringen. *Syn.:* Mitbringsel (fam.), Präsent. **2.** *jmds. besondere Fähigkeit, Talent:* die Gabe der Rede; sie hat die Gabe, spannend erzählen zu können. *Zus.:* Beobachtungsgabe.

die **Ga|bel** ['ga:bl̩]; -, -n: *Gerät, mit dem man essen kann:* das Gemüse mit der Gabel essen; das Kind kann schon mit Messer und Gabel essen. *Zus.:* Kuchengabel.

ga|ckern ['gakɐn], gackert, gackerte, gegackert ⟨itr.; hat⟩: *(von Hühnern) Laute produzieren:* die Henne, das Huhn gackerte.

die **Ga|ge** ['ga:ʒə]; -, -n: ²*Gehalt, Honorar eines Künstlers, einer Künstlerin:* eine hohe Gage; sie bekam nur eine niedrige Gage; der Sänger ist ohne Gage aufgetreten. *Syn.:* Bezahlung, Entgelt, Lohn.

gäh|nen ['gɛːnən], gähnt, gähnte, gegähnt ⟨itr.; hat⟩: *vor Müdigkeit oder Langeweile den Mund weit öffnen und dabei tief atmen:* er gähnte laut, herzhaft; sie musste vor Müdigkeit gähnen.

die **Ga|le|rie** [galə'ri:]; -, Galerien [galə'ri:ən]: **1.** *[öffentliche] Räume, in denen Gemälde ausgestellt werden:* die Stadt hat mehrere große Galerien. *Syn.:* Ausstellung, Museum. *Zus.:* Bildergalerie, Gemäldegalerie, Staatsgalerie. **2.** *Geschäft, in dem man Bilder kaufen kann und das auch Ausstellungen organisiert:* sie hat das Bild in einer Galerie gekauft.

die **Gal|le** ['galə]; -, -n: *Organ, das für die Verdauung wichtig ist:* sie wurde an der Galle operiert.

galt [galt]: ↑ gelten.

gam|meln ['gamln̩], gammelt, gammelte, gegammelt ⟨itr.; hat⟩ (ugs.): **1.** *(von Nahrungsmitteln) schlecht, ungenießbar werden:* das Brot gammelt im Schrank. *Syn.:* faulen, verderben. **2.** (oft abwertend) *ohne geregelte Arbeit seine Zeit verbringen:* nach dem Abitur hat er drei Jahre gegammelt.

der **Gang** [gaŋ]; -[e]s, Gänge ['gɛŋə]: **1.** ⟨ohne Plural⟩ *Art des Gehens:* einen aufrechten Gang haben; sein Gang war schwerfällig; er beschleunigte seinen Gang. *Syn.:* Schritt, Tritt. **2.** *das Gehen (zu einem bestimmten Ziel):* der morgendliche Gang zum Bäcker. *Syn.:* Weg. **3.** ⟨ohne Plural⟩ *Ablauf, Verlauf:* der Gang der Untersuchung; der Gang der Geschichte hat das ganz klar bewiesen. *Syn.:* Entwicklung, Lauf. **4.** *Hausflur:* ein langer Gang; am Ende des Ganges rechts ist das Büro. *Syn.:* Diele, Flur. **5.** *einzelne Speise einer größeren Mahlzeit:* das Essen hatte vier Gänge; als letzten Gang gab es Käse. *Zus.:* Hauptgang. **6.** *(von Autos, Fahrrädern o. Ä.) Stufe, in die die Kraft übersetzt wird:* ein Auto mit fünf Gängen; den ersten Gang einlegen; in den zweiten Gang schalten; er fährt auf der Autobahn im fünften Gang. *Zus.:* Rückwärtsgang.

gän|gig ['gɛŋɪç], gängiger, am gängigsten ⟨Adj.⟩: *allgemein üblich, gebräuchlich:* eine gängige Meinung; das ist heute eine gängige Praxis; wir verkaufen Kleider in allen gängigen Größen. *Syn.:* alltäglich, gewohnt, herkömmlich, verbreitet.

die **Gans** [gans]; -, Gänse ['gɛnzə]: *größerer, meist weißer Vogel mit langem Hals und nach unten gebogenem Schnabel:* die Gänse schnattern; die Gans wurde im Ofen gebraten. *Zus.:* Graugans, Weihnachtsgans, Wildgans.

ganz [gants] ⟨Adj.⟩: **1.** *gesamt:* er kennt ganz Europa; die Sonne hat den ganzen Tag geschienen; das ist nicht die ganze Wahrheit; sie hat die Nudeln nicht ganz aufgegessen; das habe ich ganz vergessen! *Syn.:* völlig, vollständig. **2.** (ugs.) *heil* /Ggs. kaputt/: ist der Teller noch ganz? **3.** *ziemlich, einigermaßen:* das Wetter war ganz schön; er spricht ganz gut Deutsch; sie ist ganz nett. **4.** *sehr:* ich bin ganz müde; er ist ein ganz großer Künstler; sie wusste ganz genau, dass das nicht richtig war; (ugs.) ganz viele Zuschauer waren gekommen.

¹**gar** [ga:ɐ̯] ⟨Adj.⟩: *(von Essen) genügend gekocht oder gebacken:* der Reis, der Kuchen ist gar. *Syn.:* fertig.

²gar [gaːɐ̯]: ⟨Adverb⟩ *absolut:* er hat gar kein Interesse an dem Auto; das ist gar nicht wahr. *Syn.:* überhaupt.

die **Ga|ra|ge** [gaˈraːʒə]; -, -n: *Raum, in dem man ein Fahrzeug parken kann:* das Auto in die Garage fahren, stellen; sie holte das Motorrad aus der Garage.

die **Ga|ran|tie** [garanˈtiː]; -, Garantien [garanˈtiːən]: **1.** *Gewähr, Sicherheit:* viel Sport zu treiben ist keine Garantie für ein langes Leben. **2.** (Kaufmannsspr.) *Zusage einer kostenlosen Reparatur:* die Uhr hat ein Jahr Garantie; die Garantie auf, für die Kamera ist abgelaufen.

ga|ran|tie|ren [garanˈtiːrən], garantiert, garantierte, garantiert: **1.** ⟨tr.; hat; etw. g.⟩ *etwas fest zusichern, versprechen:* [jmdm.] ein festes Einkommen garantieren; die Verfassung garantiert die Rechte der Bürger. *Syn.:* sichern. **2.** ⟨itr.; hat; für etw. g.⟩ *für etwas einstehen:* wir garantieren für die Qualität unserer Produkte; ich garantiere dafür, dass die Lieferung pünktlich kommt. *Syn.:* ²haften für.

die **Gar|de|ro|be** [gardəˈroːbə]; -, -n: **1.** *Gegenstand, an dem man seinen Mantel, Hut o. Ä. aufhängt:* er kam herein und hängte seine Jacke an die Garderobe; neben der Garderobe hängt ein Spiegel. *Syn.:* Haken. **2.** *Stelle im Theater o. Ä., bei der man Mäntel und Schirme abgeben kann:* die Besucher gaben ihre Mäntel an der Garderobe ab. *Zus.:* Theatergarderobe. **3.** ⟨Plural⟩ *gesamte Kleidung, die jmd. besitzt oder gerade trägt:* für dieses Fest fehlt ihr die passende Garderobe; wir haften nicht für die Garderobe *(für Mäntel u. Ä.)* unserer Gäste. *Syn.:* Kleider ⟨Plural⟩. *Zus.:* Abendgarderobe, Wintergarderobe.

die **Gar|di|ne** [garˈdiːnə]; -, -n: *Vorhang aus leichtem Stoff für die Fenster:* die Gardinen aufhängen, zuziehen, waschen; wir haben keine Gardinen vor den Fenstern.

die Gardine

ga|ren [ˈgaːrən], gart, garte, gegart ⟨tr.; hat; etw. g.⟩: *gar werden lassen:* er hat den Fisch in der Pfanne langsam gegart.

das **Garn** [garn]; -[e]s, -e: *Faden:* dünnes, blaues Garn; sie kaufte eine Rolle Garn. *Zus.:* Nähgarn.

gar|nie|ren [garˈniːrən], garniert, garnierte, garniert ⟨tr.; hat; etw. g.⟩: *schöner machen, schmücken:* sie garniert die Torte; den Kartoffelsalat mit Tomaten und Gurken garnieren.

die **Gar|ni|tur** [garniˈtuːɐ̯]; -, -en: *mehrere zusammenpassende Stücke:* eine Garnitur Wäsche *(z. B. Unterhose und Unterhemd). Syn.:* Satz, Serie, ¹Set. *Zus.:* Möbelgarnitur, Wäschegarnitur.

der **Gar|ten** [ˈgartn̩]; -s, Gärten [ˈgɛrtn̩]: *Stück Land [am, um ein Haus], in dem Gemüse, Obst oder Blumen gepflanzt werden:* ein großer, gepflegter Garten; wir suchen ein Haus mit Garten; einen Garten anlegen; in den Garten gehen; im Garten liegen, arbeiten. *Zus.:* Klostergarten, Obstgarten, Rosengarten, Schlossgarten.

der **Gar|ten|zwerg** [ˈgartn̩tsverk]; -s, -e: *kleine bunte Figur in der Form eines Zwerges, die im Garten aufgestellt wird:* er sammelte Gartenzwerge aus allen Ländern.

der **Gärt|ner** [ˈgɛrtnɐ]; -s, -, die **Gärt|ne|rin** [ˈgɛrtnərɪn]; -, -nen: *Person, die beruflich Pflanzen pflegt:* sein Sohn ist Gärtner. *Zus.:* Friedhofsgärtner, Friedhofsgärtnerin.

die **Gärt|ne|rei** [gɛrtnəˈrai̯]; -, -en: *Betrieb eines Gärtners:* bei uns im Dorf gibt es eine kleine Gärtnerei. *Zus.:* Blumengärtnerei, Gemüsegärtnerei.

das **Gas** [gaːs]; -es, -e: **1.** *unsichtbarer Stoff, ähnlich wie Luft:* giftiges, übel riechendes Gas; einen Ballon mit Gas füllen. **2.** *brennbarer, zum Kochen und Heizen verwendeter Stoff:* das Gas strömt aus, explodiert; sie kochen und heizen mit Gas; das Gas *(Gas am Herd o. Ä.)* anzünden, abstellen. *Syn.:* Brennstoff. *Zus.:* Heizgas. **3.** * **Gas geben:** [beim Auto] die Geschwindigkeit erhöhen:* nun gib endlich Gas! *Syn.:* beschleunigen.

die **Gas|hei|zung** [ˈgaːshai̯tsʊŋ]; -, -en: *Heizung, die mit Gas betrieben wird:* das Haus hat keine Ölheizung, sondern eine Gasheizung.

die **Gas|se** [ˈgasə]; -, -n: *schmale Straße:* eine enge Gasse; sie spazierten durch die Gassen der Altstadt.

der **Gast** [gast]; -[e]s, Gäste [ˈgɛstə]: **1.** *Person, die von jmdm. eingeladen worden ist:* ein willkommener Gast; wir haben heute Abend Gäste; Gäste zum Essen einladen, erwarten; seien Sie heute Abend mein Gast! *Syn.:* Besuch, Besucher, Besucherin. *Zus.:* Geburtstagsgast, Partygast. **2.** *Person, die ein Lokal besucht oder in einem Hotel o. Ä. wohnt:* die letzten

Gäste verließen die Kneipe kurz nach Mitternacht; ein Gast hat sich über den Lärm im Nachbarzimmer beschwert. *Zus.:* Feriengast, Hotelgast.

der **Gast|ar|bei|ter** ['gast|arbaitɐ]; -s, -, die **Gast|ar|bei|te|rin** ['gast|arbaitərɪn]; -, -nen (veraltend): *Person, die für eine bestimmte Zeit im Ausland als Arbeiter, Arbeiterin tätig ist:* er kam damals als Gastarbeiter nach Deutschland.

das **Gäs|te|zim|mer** ['gɛstətsɪmɐ]; -s, -: *Zimmer, in dem Gäste wohnen können:* wir haben ein großes Gästezimmer.

gast|freund|lich ['gastfrɔyntlɪç], gastfreundlicher, am gastfreundlichsten ⟨Adj.⟩: *gern bereit, Gäste zu empfangen und zu bewirten:* eine sehr gastfreundliche Familie; sie wurde gastfreundlich aufgenommen.

die **Gast|freund|schaft** ['gastfrɔyntʃaft]; -: *freundliche Aufmerksamkeit, die Gästen entgegengebracht wird:* sie genoss seine Gastfreundschaft; er gewährte ihr Gastfreundschaft; darf ich für zwei Tage deine Gastfreundschaft in Anspruch nehmen?; vielen Dank für Ihre Gastfreundschaft!

der **Gast|ge|ber** ['gastge:bɐ]; -s, -, die **Gast|ge|be|rin** ['gastge:bərɪn]; -, -nen: *Person, die jmdn. zu Gast hat:* der Gastgeber erwartet seine Gäste an der Haustür; sie ist eine aufmerksame Gastgeberin.

das **Gast|haus** ['gasthaus]; -es, Gasthäuser ['gasthɔyzɐ]: *Haus, in dem man gegen Bezahlung essen [und übernachten] kann:* im Gasthaus essen, übernachten; nach der Wanderung kehrten wir in einem Gasthaus ein. *Syn.:* Beisel (bayr. ugs.; österr.), Gasthof, Gaststätte, Gastwirtschaft, Kneipe (ugs.), Lokal, Restaurant, Wirtschaft.

der **Gast|hof** ['gastho:f]; -[e]s, Gasthöfe ['gasthø:fə]: *größeres Gasthaus auf dem Lande:* in einem Gasthof essen. *Syn.:* Gaststätte, Gastwirtschaft, Restaurant.

die **Gas|tro|no|mie** [gastrono'mi:]; -: *Gewerbe, das sich mit der Betreuung und Verpflegung der Besucher von Gaststätten, Restaurants, Hotels usw. befasst.*

das **Gast|spiel** ['gastʃpi:l]; -[e]s, -e: *Vorstellung an einer fremden Bühne:* ein Gastspiel geben.

die **Gast|stät|te** ['gastʃtɛtə]; -, -n: *Betrieb der Gastronomie, in dem man Essen und Getränke bekommt:* in einer Gaststätte zu Abend essen. *Syn.:* Beisel (bayr. ugs.; österr.), Gasthaus, Gasthof, Gastwirt-

schaft, Kneipe (ugs.), Lokal, Restaurant, Wirtschaft.

die **Gast|stu|be** ['gastʃtu:bə]; -, -n: *Raum in einem Gasthaus, in dem die Gäste bewirtet werden:* das ist die Tür zur Gaststube.

der **Gast|wirt** ['gastvɪrt]; -[e]s, -e, die **Gast|wir|tin** ['gastvɪrtɪn]; -, -nen: *Person, die eine Gaststätte führt. Syn.:* Wirt, Wirtin.

die **Gast|wirt|schaft** ['gastvɪrtʃaft]; -, -en: *[einfache, ländliche] Gaststätte. Syn.:* Beisel (bayr. ugs.; österr.), Gasthaus, Gasthof, Gaststätte, Kneipe (ugs.), Lokal, Wirtschaft.

der **Gat|te** ['gatə]; -n, -n: **1.** (geh.) *Ehemann:* wie geht es Ihrem Gatten?; sie war in Begleitung ihres Gatten. *Syn.:* Ehemann, Mann. **2.** ⟨Plural⟩ (geh. veraltend) *Eheleute:* beide Gatten stammen aus München.

die **Gat|tin** ['gatɪn]; -, -nen (geh.): *Ehefrau:* bitte grüßen Sie Ihre Gattin von mir. *Syn.:* Ehefrau, Frau.

die **Gat|tung** ['gatʊŋ]; -, -en: *Gruppe von Dingen, Lebewesen, die wichtige Merkmale oder Eigenschaften gemeinsam haben:* eine Gattung der Dichtung ist das Drama; eine zur Gattung der Uhus gehörende Eulenart. *Zus.:* Kunstgattung, Literaturgattung, Pflanzengattung.

der **Gaul** [gaul]; -[e]s, Gäule ['gɔylə] (oft abwertend): *Pferd:* ein alter, lahmer Gaul.

der **Gau|men** ['gaumən]; -s, -: *obere Wölbung im Innern des Mundes:* mein Gaumen ist ganz trocken.

der **Gau|ner** ['gaunɐ]; -s, -, die **Gau|ne|rin** ['gaunərɪn]; -, -nen: (abwertend) *Person, die sich auf unerlaubte Weise und zum Schaden anderer Vorteile verschafft:* diese Gaunerin wollte mich erpressen; du alter Gauner wolltest mich reinlegen

ge- [gə] ⟨untrennbares verbales Präfix⟩: *liegt in einigen schon älteren Bildungen vor:* gebrauchen; gefallen; gestalten.

Ge- [gə] ⟨Präfix⟩ (oft abwertend) *dient zu Bildung von Nomen, die einen andauernden oder sich wiederholenden Vorgang bezeichnen:* Gefrage; Geklapper[e]; Gemecker[e]; Gequietsche.

das **Ge|bäck** [gə'bɛk]; -[e]s, -e: *feines [aus süßem Teig hergestelltes] Gebackenes:* zum Tee aßen wir Gebäck. *Syn.:* Plätzchen. *Zus.:* Hefegebäck, Käsegebäck, Teegebäck, Weihnachtsgebäck.

ge|bar [gə'ba:ɐ]: ↑ gebären.

die **Ge|bär|de** [gə'bɛːɐdə]; -, -n: *Bewegung der Arme oder des ganzen Körpers, mit der* *etwas ausgedrückt wird:* er machte eine drohende Gebärde. *Syn.:* Geste, Wink. *Zus.:* Drohgebärde.

ge|bä|ren [gəˈbɛːrən], gebärt, gebar, geboren ⟨tr.; hat; jmdn. g.⟩: *(ein Kind) zur Welt bringen:* sie hat zwei Kinder geboren; er wurde im Jahre 1950 als Sohn italienischer Eltern in München geboren; wo, wann bist du geboren?

e **Ge|bär|mut|ter** [gəˈbɛːɐ̯mʊtɐ]; -, Gebärmütter [gəˈbɛːɐ̯mʏtɐ]: *hohles Organ des weiblichen Körpers, in dem bei einer Schwangerschaft das Kind heranwächst:* ihr musste die Gebärmutter entfernt werden.

s **Ge|bäu|de** [gəˈbɔydə]; -s, -: *größerer Bau, Bauwerk:* öffentliche Gebäude; das neue Gebäude des Theaters wird im nächsten Jahr fertiggestellt. *Syn.:* Haus. *Zus.:* Fabrikgebäude, Hauptgebäude, Nebengebäude, Schulgebäude.

ge|baut [gəˈbaʊt] ⟨Adj.⟩: *(in bestimmter Weise) gewachsen, einen bestimmten Körperbau habend:* eine athletisch gebaute Frau; gut, zart gebaut sein.

ge|ben [ˈgeːbn̩], gibt, gab, gegeben: **1.** ⟨tr.; hat; jmdm. etw. g.⟩ *(durch Überreichen, Aushändigen) in jmds. Hände gelangen lassen:* gib mir mal bitte den Bleistift; lass dir eine Quittung geben; kannst du mir etwas zu essen, zu trinken geben?; ⟨auch itr.⟩ jmdm. zu essen, zu trinken geben. *Syn.:* hergeben, reichen (geh.), übergeben. **2.** ⟨sich irgendwie g.⟩ *sich in einer bestimmten Weise benehmen:* er gibt sich, wie er ist; sie gibt sich gelassen. *Syn.:* sich aufführen, auftreten, sich benehmen, sich betragen. **3.** ⟨itr.; hat; es gibt jmdn., etw.⟩ *vorhanden sein, existieren, vorkommen:* es gibt noch die Möglichkeit ...; der billigste Wein, den es gibt; beim Bäcker gab es um zehn Uhr schon keine Brötchen mehr; gibt es hier ein gutes Restaurant?; es könnte Schnee, ein Gewitter geben; was gibts? (ugs.: *was ist los?*). **4.** ⟨tr.; hat; [jmdm.] etw. g.⟩ in verblasster Bedeutung: [jmdm.] einen Befehl geben *(etwas befehlen);* [jmdm.] eine Antwort geben *(antworten);* [jmdm.] Auskunft geben *(etwas, wonach man gefragt wurde, mitteilen);* jmdm. einen Rat geben *(jmdm. etwas raten);* jmdm. ein Versprechen geben *(etwas versprechen);* [jmdm.] die Erlaubnis zu etwas geben *(etwas erlauben);* jmdm. einen Kuss geben *(jmdn. küssen);* ein Konzert, eine Party geben *(ein Konzert, eine Party veranstalten);* * **es jmdm. geben** (ugs.):

jmdm. deutlich die Meinung sagen: dem hast du es aber gegeben!

das **Ge|bet** [gəˈbeːt]; -[e]s, -e: *an Gott gerichtete Bitte:* er faltete die Hände und sprach ein Gebet. *Syn.:* Andacht. *Zus.:* Abendgebet, Dankgebet, Tischgebet.
ge|be|ten [gəˈbeːtn̩]: ↑ bitten.

das **Ge|biet** [gəˈbiːt]; -[e]s, -e: **1.** *Fläche von bestimmter Ausdehnung:* ein fruchtbares, dicht besiedeltes Gebiet; das Gebiet um München; weite Gebiete des Landes sind überschwemmt; ein Gebiet besetzen, annektieren, erobern; auf schweizerischem Gebiet. *Zus.:* Anbaugebiet, Grenzgebiet, Industriegebiet, Naturschutzgebiet, Wohngebiet. **2.** *Fach:* das ist nicht mein Gebiet; auf diesem Gebiet kennt sie sich aus; dieses Land ist auf wirtschaftlichem Gebiet führend. *Syn.:* Feld, Sachgebiet. *Zus.:* Fachgebiet, Sachgebiet, Spezialgebiet.

das **Ge|bil|de** [gəˈbɪldə]; -s, -: **1.** *etwas, was in nicht näher bestimmter Weise gestaltet, geformt ist:* ein eiförmiges, rundliches, längliches, künstliches Gebilde; diese Wolken waren feine, luftige Gebilde. **2.** *nur in der Vorstellung o. Ä. existierendes Bild:* ein Gebilde deiner Fantasie. *Zus.:* Traumgebilde, Wunschgebilde.
ge|bil|det [gəˈbɪldət], gebildeter, am gebildetsten ⟨Adj.⟩: *Bildung habend /* Ggs. ungebildet/: diese Anspielungen versteht jeder [halbwegs, einigermaßen] gebildete Leser sofort; sie ist sehr gebildet. *Zus.:* hochgebildet.

das **Ge|bir|ge** [gəˈbɪrgə]; -s, -: ⟨Plural⟩ *Gruppe von hohen Bergen:* die Alpen sind das höchste Gebirge Europas; in den Ferien fahren wir ins Gebirge. *Syn.:* Berge ⟨Plural⟩. *Zus.:* Hochgebirge, Mittelgebirge.

das **Ge|biss** [gəˈbɪs]; -es, -e: **1.** *Gesamtheit der in beiden Kiefern sitzenden Zähne:* ein gesundes, kräftiges, vollständiges Gebiss. **2.** *eine größere Anzahl künstlicher Zähne:* ein künstliches Gebiss; sein Gebiss herausnehmen.
ge|bis|sen [gəˈbɪsn̩]: ↑ beißen.
ge|blie|ben [gəˈbliːbn̩]: ↑ bleiben.
ge|blümt [gəˈblyːmt] ⟨Adj.⟩: *mit einem Muster aus Blümchen verziert:* eine [rosa, bunt] geblümte Tapete, Bluse, Tischdecke, Tasse.
ge|bo|gen [gəˈboːgn̩]: ↑ biegen.
¹ge|bo|ren [gəˈboːrən]: ↑ gebären.
²ge|bo|ren [gəˈboːrən] ⟨Adj.⟩: **1.** *dient zur Angabe des Familiennamens, den eine Person bei ihrer Geburt hatte (Abkürzung: geb.):* sie ist eine geborene Schrö-

der; Frau Marie Berger, geborene Schröder. **2.** dient in Verbindung mit Einwohnerbezeichnungen dazu, auszudrücken, dass die betreffende Person dort, wo sie wohnt, auch geboren ist: nicht alle Berliner sind geborene Berliner. **3.** *von Natur aus zu etwas Bestimmtem begabt:* sie ist eine geborene Schauspielerin; er ist nicht zum Lehrer geboren.

ge|bor|gen [gəˈbɔrgn̩]: ↑ bergen.

ge|bol|ten [gəˈboːtn̩]: ↑ bieten.

gebracht [gəˈbraxt]: ↑ bringen.

ge|brannt [gəˈbrant]: ↑ brennen.

der **Ge|brauch** [gəˈbraux]; -[e]s, Gebräuche [gəˈbrɔʏçə]: **1.** *das Gebrauchen:* vor allzu häufigem Gebrauch des Medikamentes wird gewarnt. *Zus.:* Eigengebrauch, Schulgebrauch, Schulwaffengebrauch. **2.** ⟨Plural⟩ *Sitten, Bräuche:* in dem Dorf gibt es noch viele alte Gebräuche.

ge|brau|chen [gəˈbrauxn̩], gebraucht, gebrauchte, gebraucht ⟨tr.; hat; etw. g.⟩: *als Gegenstand, Mittel für etwas benutzen, damit umgehen:* Werkzeuge richtig gebrauchen; seinen Verstand gebrauchen; das Wort wird meist im Präsens gebraucht; die Maschine ist gut, zu vielem zu gebrauchen. *Syn.:* benutzen (bes. nordd.), benützen (bes. südd.), verwenden. * **jmdn., etwas gebrauchen können:** *für jmdn., etwas Verwendung haben:* den Karton kann ich gut gebrauchen; den ganzen Kram kann ich nicht mehr gebrauchen; Faulenzer können wir hier nicht gebrauchen.

ge|bräuch|lich [gəˈbrɔʏçlɪç], gebräuchlicher, am gebräuchlichsten ⟨Adj.⟩: *allgemein verwendet:* ein gebräuchliches Sprichwort. *Syn.:* gängig, üblich.

die **Ge|brauchs|an|lei|tung** [gəˈbrauxs-|anlaitʊŋ]: -, -en (bes. österr., schweiz.): *Gebrauchsanweisung.*

die **Ge|brauchs|an|wei|sung** [gəˈbrauxs-|anvaizʊŋ]; -, -en: *Anleitung, wie man etwas gebrauchen, anwenden soll:* vor der Benutzung des Gerätes bitte die Gebrauchsanweisung lesen.

ge|braucht [gəˈbrauxt] ⟨Adj.⟩: **1.** *nicht mehr frisch, nicht mehr unbenutzt:* das gebrauchte Geschirr in die Spülmaschine räumen; das Handtuch ist schon gebraucht. **2.** *von einem früheren Besitzer übernommen, aus zweiter Hand stammend* /Ggs. neu/: ein gebrauchtes Auto kaufen; den Computer habe ich gebraucht gekauft.

der **Ge|braucht|wa|gen** [gəˈbrauxtvaːgn̩]; -s, -:

gebrauchtes Auto: er handelt mit Neu- und Gebrauchtwagen.

ge|brech|lich [gəˈbreçlɪç], gebrechlicher, am gebrechlichsten ⟨Adj.⟩: *durch Alter körperlich schwach:* eine gebrechliche alte Frau; er ist alt und gebrechlich. *Syn* hinfällig, klapprig (ugs.).

¹ge|bro|chen [gəˈbrɔxn̩]: ↑ brechen.

²ge|bro|chen [gəˈbrɔxn̩] ⟨Adj.⟩: **1.** *vollkommen mutlos; sehr niedergeschlagen:* er war ein gebrochener Mann; sie stand gebrochen am Grab ihres Mannes. **2.** *nicht fließend [gesprochen]:* sich in gebrochenem Deutsch unterhalten; er spricht gebrochen Englisch.

das **Ge|brüll** [gəˈbrʏl]; -[e]s: *[lang andauerndes] als unangenehm empfundenes Brül* len: das Gebrüll der begeisterten Menge *Syn.:* Geschrei. *Zus.:* Freudengebrüll, Sie gesgebrüll, Wutgebrüll.

die **Ge|bühr** [gəˈbyːɐ̯]; -, -en: *Betrag, der für [öffentliche] Leistungen zu bezahlen ist:* die Gebühr für einen neuen Pass beträg 18 Euro; eine Gebühr erheben, entrichten; die Gebühren erhöhen; hier kann man gegen eine geringe Gebühr Fahrrä der leihen. *Syn.:* Abgabe, Preis, ²Steuer. *Zus.:* Bearbeitungsgebühr, Fernsehgebühr, Immatrikulationsgebühr, Leihgebühr, Parkgebühr, Prüfungsgebühr, Rundfunkgebühr, Studiengebühr.

ge|büh|ren|frei [gəˈbyːrənfrai] ⟨Adj.⟩: *kostenlos* /Ggs. gebührenpflichtig/: dieser Anruf ist gebührenfrei.

ge|büh|ren|pflich|tig [gəˈbyːrənpflɪçtɪç] ⟨Adj.⟩: *mit einer Gebühr verbunden* /Gg. gebührenfrei/: das Ausstellen eines Rei sepasses ist gebührenpflichtig.

ge|bun|den [gəˈbʊndn̩]: ↑ binden.

die **Ge|burt** [gəˈbuːɐ̯t]; -, -en: *das Geborenwer den, das Zur-Welt-Kommen:* sie hat die Geburt [ihres Kindes] gut überstanden wir freuen uns über die Geburt unseres Sohnes / unserer Tochter. *Zus.:* Frühgeburt, Hausgeburt, Totgeburt.

ge|bür|tig [gəˈbʏrtɪç] ⟨Adj.⟩: *als etwas Bestimmtes geboren:* er ist gebürtiger Schweizer; sie ist aus Berlin gebürtig *(s. ist in Berlin geboren).

das **Ge|burts|da|tum** [gəˈbuːɐ̯tsdaːtʊm]; -s, Geburtsdaten [gəˈbuːɐ̯tsdaːtn̩]: *Datum der Geburt eines Menschen:* tragen Sie hier bitte Ihr Geburtsdatum ein.

der **Ge|burts|ort** [gəˈbuːɐ̯tsɔrt]; -[e]s, -e: *Ort, an dem ein Mensch geboren ist:* ihr Geburtsort ist Bonn.

der **Ge|burts|tag** [gəˈbuːɐ̯tstaːk]; -[e]s, -e: *Jah restag der Geburt eines Menschen:* er fe ert heute seinen 50. Geburtstag; jmdm. zum Geburtstag gratulieren; jmdm. etwas zum Geburtstag schenken.

das **Ge|burts|tags|ge|schenk** [gə'bu:ɐ̯tsta:ksgə-ʃɛŋk]; -[e]s, -e: *Geschenk, das jmd. zum Geburtstag bekommt:* ich brauche noch ein Geburtstagsgeschenk für meinen Bruder.

das **Ge|büsch** [gə'bɤʃ]; -[e]s, -e: *dicht beisammenstehende Büsche:* ein dichtes Gebüsch; sich im Gebüsch verstecken.

ge|dacht [gə'daxt]; ↑ denken.

das **Ge|dächt|nis** [gə'dɛçtnɪs]; -ses: **1.** *Fähigkeit, sich an etwas zu erinnern:* er hat ein gutes Gedächtnis; sein Gedächtnis trainieren. *Zus.:* Kurzzeitgedächtnis, Langzeitgedächtnis, Personengedächtnis. * **ein Gedächtnis wie ein Sieb haben** (ugs.): *sehr vergesslich sein.* **2.** *Erinnerung:* etwas im Gedächtnis behalten; dieses Erlebnis wird ihr immer im Gedächtnis bleiben.

der **Ge|dan|ke** [gə'daŋkə]; -ns, -n: *etwas, was gedacht wird:* ein kluger, guter Gedanke; einen Gedanken haben, fassen; auf den Gedanken, ihn zu fragen, wäre ich nie gekommen; auf dumme Gedanken kommen *(auf die Idee kommen, irgendwelche Dummheiten zu begehen);* sich über etwas Gedanken machen *(über etwas nachdenken);* ich war ganz in Gedanken *(konzentrierte mich ganz auf meine Gedanken). Syn.:* Einfall, Idee. *Zus.:* Rachegedanke, Selbstmordgedanke. * **[jmds.] Gedanken lesen:** *[jmds.] Gedanken erraten;* * **sich** (Dativ) **Gedanken [über jmdn., etwas / wegen jmd., etwas] machen:** *sich Sorgen [um jmdn., etwas] machen.*

ge|dan|ken|los [gə'daŋknlo:s], gedankenloser, am gedankenlosesten ⟨Adj.⟩: *ohne an die [schlimmen] Folgen seines Verhaltens zu denken:* ein schrecklich gedankenloser Mensch; so ein gedankenloses Benehmen!; wie kann man so gedankenlos sein!

ge|dank|lich [gə'daŋklɪç] ⟨Adj.⟩: *das Denken betreffend:* ein gedanklicher Zusammenhang.

das **Ge|deck** [gə'dɛk]; -[e]s, -e: *Teller und Besteck:* ein Gedeck für den Gast auflegen. *Zus.:* Frühstücksgedeck, Kaffeegedeck.

ge|den|ken [gə'dɛŋkn], gedenkt, gedachte, gedacht ⟨itr; hat⟩: **1.** ⟨jmds., einer Sache g.⟩ *(an jmdn., etwas) in ehrfürchtiger Weise denken:* er gedachte seines toten Vaters. *Syn.:* sich erinnern. **2.** ⟨etw. zu

tun g.⟩ *beabsichtigen:* was gedenkst du jetzt zu tun? *Syn.:* vorhaben.

das **Ge|den|ken** [gə'dɛŋkn]; -s: *das Sicherinnern, Andenken:* zum Gedenken an die Opfer des Nationalsozialismus; dem Firmengründer zum Gedenken.

die **Ge|denk|stät|te** [gə'dɛŋkʃtɛtə]; -, -n: *zur Erinnerung an ein Ereignis oder eine Person eingerichtete Stätte:* eine Gedenkstätte für die Opfer des Krieges.

das **Ge|dicht** [gə'dɪçt]; -[e]s, -e: *sprachliches Kunstwerk in Versen, Reimen oder in einem besonderen Rhythmus:* Gedichte schreiben, lesen; ein Gedicht auswendig lernen, vortragen. *Zus.:* Heldengedicht, Liebesgedicht, Spottgedicht.

das **Ge|drän|ge** [gə'drɛŋə]; -s: *dichte, drängelnde Menschenmenge:* in der Straßenbahn war, herrschte ein großes Gedränge.

ge|drückt [gə'drɤkt], gedrückter, am gedrücktesten ⟨Adj.⟩: *niedergeschlagen, bedrückt:* in gedrückter Stimmung sein.

ge|drun|gen [gə'drʊŋən]; ↑ dringen.

die **Ge|duld** [gə'dʊlt]; -: *Fähigkeit, in Ruhe zu warten, Unangenehmes über längere Zeit ruhig zu ertragen /* Ggs. Ungeduld/: der Lehrer hat sehr viel Geduld mit dem schlechten Schüler; er trug seine Krankheit mit viel, mit großer Geduld; meine Geduld ist zu Ende. *Zus.:* Engelsgeduld.

ge|dul|den [gə'dʊldn], geduldet, geduldete, geduldet ⟨sich g.⟩: *geduldig warten:* du musst dich noch ein bisschen gedulden. *Syn.:* abwarten, warten.

ge|dul|dig [gə'dʊldɪç], geduldiger, am geduldigsten ⟨Adj.⟩: *Geduld habend, mit Geduld /* Ggs. ungeduldig/: sie ist ein sehr geduldiger Mensch; er hörte mir geduldig zu.

ge|durft [gə'dʊrft]; ↑ dürfen.

ge|eig|net [gə'|aignət], geeigneter, am geeignetsten ⟨Adj.⟩: *für einen bestimmten Zweck brauchbar, zu einer bestimmten Aufgabe fähig:* mir fehlt ein geeignetes Werkzeug, ein geeignetes Reinigungsmittel; sie ist für den Posten [nicht] geeignet. *Syn.:* tauglich.

die **Ge|fahr** [gə'fa:ɐ̯]; -, -en: *Möglichkeit, dass jmdm. etwas zustößt, dass ein Schaden entsteht:* eine drohende, tödliche Gefahr; die Gefahr eines Krieges; es besteht die Gefahr, dass ...; einer Gefahr entrinnen; in Gefahr sein, schweben; sich in [eine] Gefahr begeben; die Gefahr ist gebannt. *Zus.:* Einsturzgefahr, Explosionsgefahr, Hochwassergefahr, Infektionsgefahr, Lebensgefahr, Todesgefahr, Verletzungs-

G

gefahr. *** Gefahr laufen:** *in Gefahr sein, kommen, geraten:* die Partei läuft Gefahr, das Vertrauen der Wähler zu verlieren.

ge|fähr|den [gəˈfɛːɐ̯dn̩], gefährdet, gefährdete, gefährdet ⟨tr.; hat; jmdn., etw. g.⟩: *in Gefahr bringen:* mit deiner Fahrweise gefährdest du andere und dich selbst; Rauchen gefährdet die Gesundheit; der Streik gefährdet das Projekt; auf der A 5 gefährdet dichter Nebel den Verkehr; es sind keine Arbeitsplätze gefährdet.

ge|fähr|lich [gəˈfɛːɐ̯lɪç], gefährlicher, am gefährlichsten ⟨Adj.⟩ /Ggs. ungefährlich/: **1.** *eine Gefahr, eine Bedrohung darstellend:* eine gefährliche Kurve, Situation, Krankheit; ein gefährlicher Gewaltverbrecher. **2.** *mit einem hohen Risiko verbunden, gewagt, riskant:* ein gefährliches Abenteuer, Spiel; da mache ich nicht mit, das ist mir zu gefährlich; in dem Job lebt man gefährlich.

die **Ge|fähr|lich|keit** [gəˈfɛːɐ̯lɪçkai̯t]; -: *das Gefährlichsein; gefährliche Art:* die Gefährlichkeit dieses Virus wurde bisher unterschätzt; eine trotz ihrer Gefährlichkeit sehr schlecht bezahlte Arbeit.

¹**ge|fal|len** [gəˈfalən], gefällt, gefiel, gefallen ⟨itr.; hat⟩: **1.** ⟨jmdm. g.⟩ *für jmdn. angenehm aussehen, sich angenehm verhalten:* dieses Bild gefällt mir; das Mädchen hat ihm sehr [gut] gefallen; es gefällt mir nicht, dass sie sich immer einmischt. *Syn.:* zusagen. **2. * sich** (Dativ) **etwas gefallen lassen:** *sich gegen etwas (was man eigentlich nicht will) nicht wehren:* so eine Frechheit würde ich mir [von ihm] nicht gefallen lassen.

²**ge|fal|len** [gəˈfalən]: ↑ fallen.

der ¹**Ge|fal|len** [gəˈfalən]; -s, -: *etwas, was man freiwillig für jmdn. tut, um ihm zu helfen:* würdest du mir einen Gefallen tun?; ich möchte Sie um einen Gefallen bitten.

das ²**Ge|fal|len** [gəˈfalən]; -s: *persönliche Freude an jmdm., an etwas:* sie hatte bald Gefallen an ihrer neuen Arbeit gefunden.

ge|fäl|ligst [gəˈfɛlɪçst] ⟨Partikel⟩: betont (auf unfreundliche, leicht gereizte Art) eine Aufforderung: pass gefälligst auf!; sie soll sich gefälligst beeilen.

der *und* die **Ge|fan|ge|ne** [gəˈfaŋənə]; -n, -n ⟨aber: [ein] Gefangener, [eine] Gefangene; Plural: [viele] Gefangene⟩: **1.** *Person, die im Krieg vom Feind gefangen genommen wurde:* die Gefangenen durften erst nach Jahren wieder nach Hause zurückkehren. *Zus.:* Kriegsgefangene, Kriegsgefangener. **2.** *Person, die sich in*

Haft befindet: der Gefangene wurde aus dem Gefängnis entlassen. *Syn.:* Häftling, Insasse, Insassin.

das **Ge|fäng|nis** [gəˈfɛŋnɪs]; -ses, -se: **1.** *Gebäude, in dem Häftlinge die Strafe verbringen, zu der sie verurteilt wurden:* ins Gefängnis müssen, kommen; im Gefängnis sitzen. **2.** *als Häftling zu verbringende Zeit:* zu drei Jahren Gefängnis verurteilt werden. *Syn.:* Haft, Knast (ugs.).

das **Ge|fäß** [gəˈfɛːs]; -es, -e: *kleinerer Behälter:* ein Gefäß für Salz, Öl; etwas in ein Gefäß füllen. *Zus.:* Trinkgefäß, Wassergefäß.

ge|fasst [gəˈfast], gefasster, am gefasstesten ⟨Adj.⟩: *(in einer schwierigen, verzweifelten Lage) nach außen hin ruhig:* der Angeklagte hörte gefasst das Urteil des Gerichts; sie war gefasst, als sie die Nachricht vom Tod ihres Mannes erhielt.

ge|floch|ten [gəˈflɔxtən]: ↑ flechten.

ge|flo|gen [gəˈfloːɡən]: ↑ fliegen.

das **Ge|flü|gel** [gəˈflyːɡl̩]; -s: *Vögel wie Hühner, Enten, Gänse, die vom Menschen gezüchtet und gegessen werden:* Geflügel halten, züchten; viel Geflügel essen.

ge|fragt [gəˈfraːkt], gefragter, am gefragtesten ⟨Adj.⟩: *von vielen begehrt, gewünscht:* ein gefragter Schauspieler; Bier ist dort das bei Weitem gefragteste Getränk.

ge|fres|sen [gəˈfrɛsn̩]: ↑ fressen.

ge|frie|ren [gəˈfriːrən], gefriert, gefror, gefroren ⟨itr.; ist⟩: *infolge von Kälte starr werden:* der Regen gefror augenblicklich [zu Eis]; der Boden ist gefroren.

das **Ge|frier|fach** [gəˈfriːɐ̯fax]; -[e]s, Gefrierfächer [gəˈfriːɐ̯fɛçɐ]: *Fach in einem Kühlschrank, in dem die Temperatur unter null Grad Celsius sinkt:* das Eis ist im Gefrierfach.

ge|fro|ren [gəˈfroːrən]: ↑ frieren.

das **Ge|fühl** [gəˈfyːl]; -[e]s, -e: **1.** ⟨ohne Plural⟩ *etwas, was man körperlich spürt:* ein angenehmes, unangenehmes Gefühl; ein komisches Gefühl im Magen haben. **2.** *etwas, was man seelisch spürt:* ein Gefühl der Freude; er zeigte nie seine Gefühle; jmds. Gefühle *(jmds. Zuneigung)* erwidern. *Zus.:* Mitgefühl, Pflichtgefühl, Schuldgefühl, Verantwortungsgefühl. **3.** ⟨ohne Plural⟩ *undeutlicher Eindruck:* sie hatte plötzlich das Gefühl nicht allein im Zimmer zu sein.

ge|fühl|los [gəˈfyːlloːs], gefühlloser, am gefühllosesten ⟨Adj.⟩: *ohne Mitgefühl:* wie kannst du nur so gefühllos sein.

ge|fun|den [gə'fʊndn̩]: ↑ finden.

ge|gan|gen [gə'gaŋən]: ↑ gehen.

ge|gen ['ge:gn̩] ⟨Präp. mit Akk.⟩: **1.** bezeichnet einen Gegensatz, einen Widerstand, eine Abneigung: ein Medikament gegen Husten; ich bin gegen einen Urlaub am Meer; er hat das gegen meinen Willen getan; was hat sie nur gegen meine Mutter? **2.** bezeichnet einen Ort: er lehnte sich gegen den Zaun; das Auto fuhr gegen eine Mauer. **3.** *ungefähr:* wir treffen uns erst gegen 11 Uhr. **4.** in Abhängigkeit von bestimmten Wörtern: gegen jmdn. kämpfen; gegen den Wind segeln; wir liefern nur gegen Barzahlung.

e **Ge|gend** ['ge:gn̩t]; -, -en: *bestimmtes Gebiet (ohne feste Grenzen):* eine schöne Gegend; er lebt jetzt in der Gegend von Hamburg; ein Haus in einer vornehmen Gegend von Paris.

ge|gen|ei|nan|der [ge:gn̩lai̯'nandɐ] ⟨Adverb⟩: *einer gegen den andern:* gegeneinander kämpfen.

er **Ge|gen|satz** ['ge:gn̩zats]; -es, Gegensätze ['ge:gn̩zɛtsə]: *Verhältnis zwischen völlig verschiedenen Eigenschaften:* zwischen den beiden Parteien besteht ein tiefer Gegensatz; hier wird der Gegensatz zwischen Armen und Reichen besonders deutlich sichtbar; im Gegensatz *(Unterschied)* zu ihr ist er katholisch.

ge|gen|sätz|lich ['ge:gn̩zɛtslɪç], gegensätzlicher, am gegensätzlichsten ⟨Adj.⟩: *einen Gegensatz bildend:* gegensätzliche Meinungen, Interessen; die beiden Parteien vertreten gegensätzliche Ansichten; gegensätzlicher als die beiden können Geschwister kaum sein.

ge|gen|sei|tig ['ge:gn̩zai̯tɪç] ⟨Adj.⟩: *jeder in Bezug auf den oder die anderen:* sich gegenseitig beschimpfen, unterstützen; sie helfen sich gegenseitig bei den Schulaufgaben. *Syn.:* wechselseitig.

er **Ge|gen|stand** ['ge:gn̩ʃtant]; -[e]s, Gegenstände ['ge:gn̩ʃtɛndə]: **1.** *(fester) nicht näher bezeichneter Körper:* ein schwerer, runder Gegenstand; auf dem Tisch lagen verschiedene Gegenstände. *Syn.:* Ding. *Zus.:* Gebrauchsgegenstand, Wertgegenstand. **2.** *etwas, worum es in einem Gespräch, einer Arbeit geht:* Fußball war der einzige Gegenstand ihrer Unterhaltungen; Gegenstand ihrer Forschungen sind die Tiere Südamerikas. *Syn.:* Thema. *Zus.:* Diskussionsgegenstand, Forschungsgegenstand.

s **Ge|gen|teil** ['ge:gn̩tai̯l]; -[e]s, -e: *etwas,*

was etwas anderem völlig entgegengesetzt ist: »schlecht« ist das Gegenteil von »gut«; er behauptete das Gegenteil; mit deinem dauernden Schimpfen erreichst du nur das Gegenteil [dessen, was du willst]; ich habe mich nicht gelangweilt, im Gegenteil *(das Gegenteil trifft zu).*

ge|gen|über [ge:gn̩'ly:bɐ] ⟨Präp. mit Dativ⟩: **1.** *auf der entgegengesetzten Seite von:* die Schule steht gegenüber der Kirche / dem Rathaus gegenüber. **2.** *im Umgang mit jmdm.:* sie ist gegenüber dem Lehrer / dem Lehrer gegenüber sehr höflich. **3.** *verglichen mit:* er ist dir gegenüber eindeutig im Vorteil; gegenüber dem letzten Jahr hatten wir dieses Jahr viel Schnee.

ge|gen|über- [ge:gn̩'ly:bɐ] ⟨trennbares, betontes verbales Präfix⟩: drückt aus, dass sich zwei Personen oder Dinge auf entgegengesetzten Seiten befinden oder sich dorthin bewegen: gegenüberliegen; gegenübersitzen; gegenübertreten.

ge|gen|über|ste|hen [ge:gn̩'ly:bɐʃte:ən], steht gegenüber, stand gegenüber, gegenübergestanden ⟨itr.; hat; südd., österr., schweiz.: ist⟩: **1.** ⟨jmdm. g.⟩ *gegenüber von jmdm., etwas stehen:* plötzlich standen uns drei Polizisten gegenüber. **2.** ⟨jmdm., etw. irgendwie g.⟩ *eine bestimmte Einstellung haben:* einem Plan kritisch, feindlich, ablehnend gegenüberstehen.

ge|gen|über|stel|len [ge:gn̩'ly:bɐʃtɛlən], stellt gegenüber, stellte gegenüber, gegenübergestellt ⟨tr.; hat; jmdn. jmdm. g.⟩: *eine Begegnung herbeiführen, bei der jmd. wiedererkannt werden soll:* der Angeklagte wurde der Zeugin gegenübergestellt und sie hat ihn als den Täter identifiziert.

der **Ge|gen|ver|kehr** ['ge:gn̩fɛɐ̯ke:ɐ̯]; -s: *Verkehr in der entgegengesetzten Richtung:* es herrschte starker Gegenverkehr; du musst auch auf diesen engen Straßen immer mit Gegenverkehr rechnen.

die **Ge|gen|wart** ['ge:gn̩vart]; -: **1.** *Zeit zwischen Vergangenheit und Zukunft:* die Kunst, die Musik der Gegenwart. **2.** *Anwesenheit:* seine Gegenwart ist nicht erwünscht; sprich in ihrer Gegenwart nicht über dieses Thema.

ge|gen|wär|tig ['ge:gn̩vɛrtɪç] ⟨Adj.⟩: *in der Gegenwart:* die gegenwärtige Lage; er ist gegenwärtig in Urlaub. *Syn.:* augenblicklich, momentan.

ge|gli|chen [gə'glɪçn̩]: ↑ gleichen.

G

ge|glit|ten [gə'glɪtn̩]: ↑ gleiten.

ge|glom|men [gə'glɔmən]: ↑ glimmen.

der **Geg|ner** ['ge:gnɐ]; -s, -, die **Geg|ne|rin** ['ge:gnərɪn]; -, -nen: **1.** *Person, die gegen eine andere Person oder eine Sache ist, sie bekämpft:* er ist erbitterter, persönlicher Gegner; er wollte die Gegnerin mit Argumenten überzeugen; sie ist eine entschiedene Gegnerin der Todesstrafe. *Syn.:* Feind, Feindin. **2.** *jmd., gegen den man im Sport gewinnen möchte:* der Gegner war für uns viel zu stark.

geg|ne|risch ['ge:gnərɪʃ] ⟨Adj.⟩: *zum Gegner, zur Gegnerin gehörend:* die gegnerische Mannschaft führte mit zwei Toren.

ge|gol|ten [gə'gɔltn̩]: ↑ gelten.

ge|gos|sen [gə'gɔsn̩]: ↑ gießen.

ge|grif|fen [gə'grɪfn̩]: ↑ greifen.

das ¹**Ge|halt** [gə'halt]: -[e]s, Gehälter [gə'hɛltɐ] *regelmäßige [monatliche] Bezahlung der Beamt[inn]en und Angestellten:* ein Gehalt beziehen; die Gehälter werden erhöht, angehoben, gekürzt; jmdm. sein Gehalt auszahlen, überweisen. *Zus.:* Bruttogehalt, Jahresgehalt, Monatsgehalt, Nettogehalt.

der ²**Ge|halt** [gə'halt]: -[e]s, -e: **1.** *gedanklicher Inhalt:* der Gehalt einer Dichtung; der politische Gehalt eines Werkes. *Zus.:* Wahrheitsgehalt. **2.** *Anteil eines Stoffes in einer Mischung oder in einem anderen Stoff:* der Gehalt an Gold in diesem Erz ist gering. *Zus.:* Alkoholgehalt.

ge|han|gen [gə'haŋən]: ↑ ¹hängen.

ge|häs|sig [gə'hɛsɪç], gehässiger, am gehässigsten ⟨Adj.⟩: *sehr boshaft und gemein:* ein gehässiger Mensch; eine gehässige Bemerkung. *Syn.:* böse.

das **Ge|häu|se** [gə'hɔyzə]; -s, -: *feste, schützende Hülle:* das Gehäuse der Uhr, eines Apparates.

geh|be|hin|dert ['ge:bəhɪndɐt] ⟨Adj.⟩: *(durch Krankheit oder Verletzung) im Gehen behindert:* sie ist seit ihrem Unfall stark gehbehindert.

ge|heim [gə'haim], geheimer, am geheimsten ⟨Adj.⟩: *andern, der Öffentlichkeit absichtlich nicht mitgeteilt:* eine geheime Zusammenkunft; eine geheimsten Gedanken, Wünsche; der Ort der Verhandlungen wurde streng geheim gehalten, soll geheime bleiben.

das **Ge|heim|nis** [gə'haimnɪs]; -ses, -se: *etwas, was (anderen) unbekannt ist:* das ist mein Geheimnis; wie sie das gemacht hat, wird immer ein Geheimnis bleiben; sie haben keine Geheimnisse voreinander; er vertraute ihr ein Geheimnis an.

ge|heim|nis|voll [gə'haimnɪsfɔl], geheimnisvoller, am geheimnisvollsten ⟨Adj.⟩: *unerklärlich, voller Geheimnisse:* eine geheimnisvolle Angelegenheit; er verschwand auf geheimnisvolle Weise.

ge|hen ['ge:ən], geht, ging, ist gegangen ⟨itr.; ist⟩: **1.** *sich in aufrechter Haltung auf den Füßen bewegen:* schnell, langsam, zu Fuß gehen; geradeaus, um die Ecke, über die Straße gehen. **2.** ⟨irgendwohin g.⟩ *sich (zu einem bestimmten Zweck) an einen Ort begeben:* einkaufen, essen, schwimmen, tanzen gehen; auf den Markt, ins Bett gehen; zum Arzt gehen; zur Polizei gehen; in die / zur Schule gehen. **3.** *sich von einem Ort entfernen:* ich muss jetzt leider gehen; er ist wortlos gegangen; er muss Ende des Jahres gehen *(wird entlassen).* **4.** *[laut Fahrplan] abfahren:* der nächste Zug geht erst in zwei Stunden. **5.** *funktionieren:* die Uhr geht richtig; die Klingel geht wieder; der Fernseher geht nicht. **6.** ⟨irgendwie g.⟩ *sich entwickeln:* die Geschäfte gehen gut; es geht alles wie geplant, nach Wunsch. **7.** *zu machen sein:* geht das überhaupt ohne Werkzeug?; das geht alles ganz einfach; das wird nur schwer gehen. **8.** *sich (bis zu einem bestimmten Punkt) erstrecken:* sein kleiner Bruder geht ihm nur bis zur Schulter; das Wasser ging mir bis an den Hals. **9.** *eine bestimmte Richtung haben; auf etwas gerichtet sein:* der Weg geht geradeaus, durch den Wald; das Fenster geht zum Hof. **10.** *passen:* in den Krug geht gerade ein Liter; der Schrank geht nicht durch die Tür, in das Zimmer. **11.** ⟨unpers.; es geht jmdm. irgendwie⟩ *sich (in einem bestimmten körperlichen oder seelischen Zustand) befinden:* wie geht es Ihnen?; es geht ihr gesundheitlich, finanziell sehr gut. **12.** ⟨unpers.; es geht jmdm. um etw.⟩ *sich (um jmdn., etwas) handeln:* es geht um meine Familie; worum geht es in dem Film?

das **Ge|hirn** [gə'hɪrn]; -[e]s, -e: *Organ, das beim Menschen (auch) Sitz des Bewusstseins ist:* er zog sich bei dem Unfall eine Verletzung des Gehirns zu.

¹**ge|ho|ben** [gə'ho:bn̩]: ↑ heben.

²**ge|ho|ben** [gə'ho:bn̩], gehobener, am gehobensten ⟨Adj.⟩: *sich vom Alltäglichen (als schöner, besser) abhebend:* Kleidung für den gehobenen Geschmack.

ge|hol|fen [gə'hɔlfn̩]: ↑ helfen.

das **Ge|hör** [gə'hø:ɐ̯]; -[e]s: *Fähigkeit, Töne*

durch die Ohren wahrzunehmen: er hat ein gutes Gehör; das Gehör verlieren; ihr Gehör lässt nach, ist sehr schlecht.

ge|hor|chen [gə'hɔrçn̩], gehorcht, gehorchte, gehorcht ⟨itr.; hat; [jmdm., etw.] g.⟩: *tun, was jmd. bestimmt oder befiehlt:* er musste gehorchen lernen; das Kind gehorchte den Eltern.

ge|hö|ren [gə'hø:rən], gehört, gehörte, gehört: **1.** ⟨itr.; hat; jmdm. g.⟩ *jmds. Eigentum sein:* das Buch gehört mir; wem gehört dieser Kugelschreiber? **2.** ⟨itr.; hat; zu jmdm., etw. g.⟩ *Teil von etwas sein:* zu ihren Aufgaben gehört auch das Planen der Projekte; er gehört zu den besten Spielern der Mannschaft. **3.** ⟨itr.; hat; zu etw. g.⟩ *für etwas erforderlich sein:* es gehört Mut dazu, eine eigene Firma zu gründen. **4.** ⟨sich g.⟩ *anständigem Verhalten entsprechen:* nimm die Füße vom Tisch, das gehört sich nicht!

ge|hör|los [gə'hø:ɐ̯lo:s] ⟨Adj.⟩: *ohne die Fähigkeit zu hören:* ein gehörloses Kind. *Syn.:* taub.

ge|hor|sam [gə'ho:ɐ̯za:m], gehorsamer, am gehorsamsten ⟨Adj.⟩: *brav, artig:* er setzte sich gehorsam auf die Bank; »Wir gehen jetzt«, sagte sie. Und der Junge folgte ihr gehorsam.

Geh|steig ['ge:ʃtaɪ̯k]; -[e]s, -e: *Bürgersteig.* *Syn.:* Gehweg, Trottoir (schweiz.).

Geh|weg ['ge:ve:k]; -[e]s, -e: *Bürgersteig:* das Parken auf dem Gehweg ist erlaubt. *Syn.:* Gehsteig, Trottoir (schweiz.).

Gei|ge ['gaɪ̯gə]; -, -n: *Streichinstrument mit vier Saiten, das beim Spielen auf der Schulter liegt:* eine alte, wertvolle Geige; die Geige hat einen guten Klang; Geige spielen; sie spielt Geige, er spielt Cello. *Syn.:* Violine.

die Geige

geil [gaɪ̯l], geiler, am geilsten ⟨Adj.⟩: **1.** (oft abwertend) *sexuell erregt:* ihr Anblick machte ihn geil; sie war ganz geil. **2.** (salopp, bes. Jugendspr.) *toll, großartig:* geile Musik; diese Möbel sind [echt] geil; diese CD finde ich einfach geil.

Gei|sel ['gaɪ̯zl̩]; -, -n: *Person, die mit Gewalt festgehalten wird und erst freigelassen wird, wenn bestimmte Forderungen erfüllt sind:* jmdn. als/zur Geisel nehmen; die Täter drohen damit, die Geiseln zu erschießen.

Geist [gaɪ̯st]; -[e]s, -er: **1.** ⟨ohne Plural⟩ *Fähigkeit zu denken; Verstand:* der menschliche Geist; sein lebendiger Geist brachte viele neue Ideen hervor; sein Geist ist verwirrt; seinen Geist anstrengen. *Zus.:* Erfindergeist, Forschergeist. **2.** ⟨mit Attribut⟩ ⟨ohne Plural⟩: *eine bestimmte Einstellung, geistige Haltung:* unter den Schülern herrscht ein positiver Geist; der Geist der Freiheit; der Geist der Zeit. *Syn.:* Gesinnung. *Zus.:* Gemeinschaftsgeist. **3.** *Gespenst:* gute, böse Geister; Geister beschwören. *Zus.:* Erdgeist, Hausgeist.

geis|tes|ab|we|send ['gaɪ̯stəsʔapve:znt], geistesabwesender, am geistesabwesendsten ⟨Adj.⟩: *mit seinen Gedanken woanders; abwesend:* geistesabwesend stand er am Fenster.

Geis|tes|wis|sen|schaf|ten ['gaɪ̯stəsvɪsn̩ʃaftn̩] ⟨Plural⟩: *Wissenschaften, die sich mit der Kultur und dem geistigen Leben beschäftigen:* Geschichte, Politik, Sprachen und Philosophie gehören zu den Geisteswissenschaften.

geis|tig ['gaɪ̯stɪç] ⟨Adj.⟩: *den Verstand betreffend* /Ggs. körperlich/: geistige und körperliche Arbeit; geistige Fähigkeiten; trotz seines hohen Alters ist er geistig noch sehr wach. *Syn.:* intellektuell.

geist|lich ['gaɪ̯stlɪç] ⟨Adj.⟩: *religiös, kirchlich:* der geistliche Stand; geistliche Lieder singen.

Geist|li|che ['gaɪ̯stlɪçə], -n, -n ⟨aber: [ein] Geistlicher, [eine] Geistliche, Plural: [viele] Geistliche⟩: *Person, die Theologie studiert hat und für die Kirche arbeitet:* sie ist Geistliche; der Kranke verlangte nach einem Geistlichen. *Syn.:* Pastor (landsch.), Pastorin (landsch.), Pfarrer, Pfarrerin, Priester, Priesterin.

geist|los ['gaɪ̯stlo:s], geistloser, am geistlosesten ⟨Adj.⟩: *dumm und langweilig:* er machte nur geistlose Bemerkungen; seine Witze sind geistlos. *Syn.:* oberflächlich.

geist|reich ['gaɪ̯straɪ̯ç], geistreicher, am geistreichsten ⟨Adj.⟩: *mit viel Witz, guten Ideen:* ein geistreicher Autor; eine geistreiche Unterhaltung; sie versteht geistreich zu plaudern. *Syn.:* spritzig, witzig.

Geiz [gaɪ̯ts]; -es: *übertriebene Sparsamkeit:* er ist von krankhaftem Geiz besessen; vor lauter Geiz gönnt sie sich nichts.

gei|zig ['gaɪ̯tsɪç], geiziger, am geizigsten ⟨Adj.⟩: *übertrieben sparsam:* er ist sehr geizig, er wird dir nichts schenken.

ge|kannt [gə'kant]: ↑ kennen.

ge|klun|gen [gə'klʊŋən]: ↑ klingen.
ge|knif|fen [gə'knɪfn̩]: ↑ kneifen.
¹**ge|konnt** [gə'kɔnt]: ↑ können.
²**ge|konnt** [gə'kɔnt], gekonnter, am gekonntesten ⟨Adj.⟩: *gut, geschickt:* die Mannschaft zeigte ein sehr gekonntes Spiel; er hat den Motor gekonnt repariert. *Syn.:* fachmännisch, professionell.

das **Gel** [ge:l]; -s, -e: *Mittel ohne Fett für die Pflege des Körpers:* bei Sonnenbrand ist ein kühlendes Gel gut; hast du Gel in den Haaren? *Zus.:* Duschgel, Haargel.

das **Ge|läch|ter** [gə'lɛçtɐ]; -s: *lautes Lachen:* die Zuhörer brachen in schallendes Gelächter aus. *Zus.:* Hohngelächter.

das **Ge|län|de** [gə'lɛndə]; -s, -: **1.** *Landschaft:* ein ebenes, hügeliges Gelände; das ganze Gelände ist mit Büschen bewachsen. *Syn.:* Fläche, Gebiet. **2.** *großes Grundstück:* das Gelände des Flughafens, des Bahnhofs; ein Gelände für eine Fabrik erwerben; verlassen Sie bitte das Gelände; die Polizei sperrte das Gelände ab. *Syn.:* Bereich, Gebiet. *Zus.:* Fabrikgelände, Hafengelände, Messegelände.

das **Ge|län|der** [gə'lɛndɐ]; -s, -: *seitliche Begrenzung von Balkonen, Treppen, Brücken, die Halt gibt:* ein hohes, niedriges Geländer; er hielt sich am Geländer fest; sie beugte sich über das Geländer und schaute ins Wasser. *Zus.:* Brückengeländer, Treppengeländer.

ge|lang [gə'laŋ]: ↑ gelingen.
ge|lan|gen [gə'laŋən], gelangt, gelangte, gelangt ⟨itr.; ist; irgendwohin g.⟩: *(an ein bestimmtes Ziel) kommen:* der Brief gelangte nicht in seine Hände; durch diese Straße gelangt man zum Bahnhof.
¹**ge|las|sen** [gə'lasn̩]: ↑ lassen.
²**ge|las|sen** [gə'lasn̩], gelassener, am gelassensten ⟨Adj.⟩: *ruhig, geduldig:* sie hörte sich die Beschuldigungen gelassen an; trotz der Probleme blieb er gelassen. *Syn.:* gefasst.

die **Ge|la|ti|ne** [ʒela'ti:nə]; -: *Substanz, die Lebensmittel dick oder fest macht:* Gelatine für die Marmelade verwenden.

ge|launt [gə'laʊnt] ⟨Adj.; in Verbindung mit einer näheren Bestimmung⟩: *in einer bestimmten Stimmung, Laune:* sie ist gut, schlecht gelaunt; wie ist er heute gelaunt?

gelb [gɛlp], gelber, am gelbsten ⟨Adj.⟩: *in der Farbe der Sonne:* eine gelbe Bluse; die Blätter werden schon gelb; die Ampel springt auf Gelb. *Zus.:* blassgelb, dunkelgelb, hellgelb.

gelb|lich ['gɛlplɪç], gelblicher, am gelb-

lichsten ⟨Adj.⟩: *leicht gelb:* ein gelbliches Licht; das Foto ist schon gelblich geworden; gelblich schimmern.

das **Geld** [gɛlt]; -[e]s: *Mittel zum Zahlen in Form von Münzen und Scheinen:* großes Geld *(Scheine);* kleines Geld *(Münzen);* 200 Euro sind viel Geld; Geld verdienen; kein Geld haben; hast du Geld dabei?; Geld vom Konto abheben; das kostet viel Geld; alle verfügbaren Gelder fließen in die Bildung. *Zus.:* Eintrittsgeld, Papiergeld, Wechselgeld.

der **Geld|au|to|mat** ['gɛltʔaʊtoma:t]; -en, -en: *Automat, an dem man mit einer Scheckkarte oder Kreditkarte Geld erhält:* der Geldautomat ist außer Betrieb.

der Geldautomat

der **Geld|beu|tel** ['gɛltbɔʏtl̩]; -s, -: *Portemonnaie:* den Geldbeutel mitnehmen.

die **Geld|bör|se** ['gɛltbœrzə]; -, -n: *Portemonnaie:* die Geldbörse vermissen.

die **Geld|kar|te** ['gɛltkartə]; -, -n: *kleine Karte aus Plastik, mit der man ohne Bargeld bezahlen kann:* wollen Sie die Fahrkarte in bar oder mit der Geldkarte bezahlen? eine Geldkarte am Automaten aufladen.

der **Geld|schein** ['gɛltʃaɪn]; -[e]s, -e: *vom Staat gedrucktes Stück Papier, mit dem man bezahlen kann:* dieser Geldschein ist 50 Euro wert; er nahm einen Geldschein aus seinem Portemonnaie; dieser Geldschein ist nicht echt. *Syn.:* Banknote, Schein.

das **Geld|stück** ['gɛltʃtʏk]; -[e]s, -e: *Münze:* die Touristen werfen Geldstücke in den Brunnen. *Syn.:* Geld.

der *oder* das **Ge|lee** [ʒe'le:]; -s, -s: *Saft von Früchten, der fest geworden ist und den man aufs Brot schmiert:* Gelee aus Äpfeln bereiten; machst du Marmelade oder Gelee aus den Kirschen? *Zus.:* Apfelgelee, Himbeergelee, Quittengelee.

¹**ge|le|gen** [gə'le:gn̩] ⟨Adj.⟩: *eine bestimmte geografische Lage habend:* ein außerhalb, zentral gelegener Bahnhof; der abseits von der Hauptstraße, hoch oben in den Bergen gelegene Gasthof.
²**ge|le|gen** [gə'le:gn̩]: ↑ liegen.

die **Ge|le|gen|heit** [gə'le:gn̩haɪt]; -, -en: *geeigneter Augenblick, günstiger Moment (für eine Handlung):* die Gelegenheit ist günstig; jmdm. Gelegenheit geben, etwas zu tun; bei dieser Gelegenheit möchte ich Sie etwas fragen. *Syn.:* Chance, Möglichkeit.

ge|le|gent|lich [gə'le:gntlɪç] ⟨Adj.⟩: **1.** *wenn sich die Gelegenheit bietet:* ich werde dich gelegentlich besuchen; ich werde ihn gelegentlich fragen, ob er mir einmal hilft. **2.** *manchmal, ab und zu:* er trinkt gelegentlich ein Glas Bier; gelegentlich gibt es Niederschläge. *Syn.:* bisweilen, mitunter.

ge|lehrt [gə'le:ɐ̯t], gelehrter, am gelehrtesten ⟨Adj.⟩: *gebildet:* ein gelehrter Mann.

und die **Ge|lehr|te** [gə'le:ɐ̯tə]; -n, -n ⟨aber: [ein] Gelehrter, [eine] Gelehrte, Plural: [viele] Gelehrte⟩: *gebildete, gelehrte Person:* ein berühmter Gelehrter; sie ist eine bekannte Gelehrte. *Syn.:* Akademiker, Akademikerin, Wissenschaftler, Wissenschaftlerin.

Ge|lenk [gə'lɛŋk]; -[e]s, -e: *bewegliche Verbindung zwischen Knochen:* steife, knotige Gelenke; sie hat Schmerzen in den Gelenken. *Zus.:* Armgelenk, Fußgelenk, Handgelenk, Hüftgelenk, Kniegelenk.

ge|len|kig [gə'lɛŋkɪç], gelenkiger, am gelenkigsten ⟨Adj.⟩: *beweglich:* für sein Alter ist er noch ganz schön gelenkig; sie sprang gelenkig über den Zaun.

ge|lernt [gə'lɛrnt] ⟨Adj.⟩: *(in einem Beruf) ausgebildet:* er ist [ein] gelernter Mechaniker; sie ist gelernte Ärztin.

und die **Ge|lieb|te** [gə'li:ptə]; -n, -n ⟨aber: [ein] Geliebter, [eine] Geliebte, Plural: [viele] Geliebte⟩: *Person, die mit einer [verheirateten] Frau bzw. mit einem [verheirateten] Mann eine sexuelle Beziehung hat:* seine Geliebte hat ihn verlassen; sie hat einen Geliebten; der eifersüchtige Ehemann erschoss den Geliebten seiner Frau. *Syn.:* Liebhaber.

ge|lie|hen [gə'li:ən]: ↑ leihen.

ge|lin|gen [gə'lɪŋən], gelingt, gelang, gelungen ⟨itr.; ist⟩: *nach Plan verlaufen; glücken:* die Arbeit ist ihm gelungen; es muss gelingen, das Feuer zu löschen; es gelang mir nicht, ihn zu überzeugen; eine gelungene Aufführung.

ge|lit|ten [gə'lɪtn̩]: ↑ leiden.

Ge|löb|nis [gə'lø:pnɪs]; -ses, -se: *feierliches, festes Versprechen:* ein Gelöbnis ablegen. *Syn.:* Schwur.

ge|lo|gen [gə'lo:gn̩]: ↑ lügen.

ge|löst [gə'lø:st], gelöster, am gelöstesten ⟨Adj.⟩: *frei von Sorge; entspannt und locker:* wir waren in gelöster Stimmung; sie wirkt heute so gelöst. *Syn.:* unbefangen, ungezwungen.

gel|ten ['gɛltn̩], gilt, galt, gegolten ⟨itr.; hat⟩: **1.** *gültig sein:* die Fahrkarte gilt zwei Monate; diese Briefmarke gilt nicht mehr; das Gesetz gilt für alle; geltendes Recht. **2.** *eingeschätzt, angesehen werden:* er gilt als klug, als guter Kamerad; es gilt als sicher, dass sie kommt.

ge|lun|gen [gə'lʊŋən]: ↑ gelingen.

das **Ge|mäl|de** [gə'mɛ:ldə]; -s, -: *Bild:* ein altes, wertvolles Gemälde; ein Gemälde an die Wand hängen. *Zus.:* Deckengemälde, Ölgemälde, Wandgemälde.

ge|mäß [gə'mɛ:s] ⟨Präp. mit Dativ⟩: *in Übereinstimmung mit:* dem Vertrag, seinem Wunsche gemäß; er hat die Aufgabe den Erwartungen gemäß gelöst. *Syn.:* entsprechend.

ge|mä|ßigt [gə'mɛ:sɪçt] ⟨Adj.⟩: *nicht extrem:* die gemäßigten Kräfte in der Partei; ein gemäßigtes Klima; eine gemäßigte Meinung vertreten. *Syn.:* maßvoll.

ge|mein [gə'main], gemeiner, am gemeinsten ⟨Adj.⟩: **1.** *bösartig:* ein gemeines Lachen; ein gemeiner Betrüger; er hat gemein gehandelt; sei nicht so gemein zu mir! *Syn.:* böse, fies (ugs.). *Zus.:* hundsgemein. **2.** (ugs.) *ärgerlich, ungerecht:* ich habe nie solches Glück, das ist doch gemein; das finde ich einfach gemein!

die **Ge|mein|de** [gə'maində]; -, -n: **1.** *kleinstes Gebiet mit eigener Verwaltung:* eine ärmere, reichere Gemeinde; die Gemeinde hat 5 000 Einwohner; wir wohnen in der gleichen Gemeinde. *Syn.:* Kommune. **2.** *Mitglieder einer Kirche in einem kleinen Gebiet:* die Gemeinde hat die Orgel durch Spenden mitfinanziert. *Zus.:* Kirchengemeinde.

die **Ge|mein|heit** [gə'mainhait]; -, -en: **1.** *gemeine Handlung:* das ist eine bodenlose Gemeinheit; eine Gemeinheit begehen; er ist zu jeder Gemeinheit fähig. **2.** ⟨ohne Plural⟩ *etwas, was ärgerlich ist:* ich bin wieder der Letzte, so eine Gemeinheit!

ge|mein|nüt|zig [gə'mainnʏtsɪç] ⟨Adj.⟩: *nützlich für alle Menschen:* das Geld wird für gemeinnützige Zwecke verwendet. *Syn.:* sozial.

ge|mein|sam [gə'mainza:m] ⟨Adj.⟩: **1.** *von mehreren Personen geteilt:* unser gemeinsamer Garten; gemeinsame Interessen; das Grundstück gehörte ihnen gemeinsam *(beiden, allen).* **2.** *zusammen, in der Gruppe:* eine gemeinsame Wanderung machen; wir wollen das gemeinsam besprechen; wir gingen gemeinsam ins Theater. *Syn.:* gemeinschaftlich.

die **Ge|mein|sam|keit** [gə'mainzaːmkait]; -, -en: *gemeinsame Eigenschaft:* die beiden Bücher haben viele Gemeinsamkeiten; die Tochter hat viele Gemeinsamkeiten mit ihrer Mutter.

die **Ge|mein|schaft** [gə'mainʃaft]; -, -en: *Gruppe von Personen mit gleichen Werten, Zielen oder Interessen:* eine Gemeinschaft bilden; einer Gemeinschaft angehören. *Syn.:* Kollektiv, Team. *Zus.:* Glaubensgemeinschaft, Interessengemeinschaft, Religionsgemeinschaft.

ge|mein|schaft|lich [gə'mainʃaftlɪç] ⟨Adj.⟩: *gemeinsam:* das Haus ist unser gemeinschaftlicher Besitz; ein gemeinschaftlicher Spaziergang; etwas gemeinschaftlich organisieren.

ge|mes|sen [gə'mɛsn̩], gemessener, am gemessensten ⟨Adj.⟩: *langsam und mit Würde:* er kam mit gemessenen Schritten daher; sein Benehmen war ernst und gemessen. *Syn.:* majestätisch.

ge|mie|den [gə'miːdn̩]: ↑ meiden.

das **Ge|misch** [gə'mɪʃ]; -[e]s, -e: *Mischung:* ein Gemisch aus Cola und Limonade; ein Gemisch aus Öl und Benzin tanken. *Zus.:* Gasgemisch, Ölgemisch.

ge|mocht [gə'mɔxt]: ↑ mögen.

das **Ge|mü|se** [gə'myːzə]; -s, -: *Pflanzen, die ganz oder teilweise als Nahrung dienen:* grünes, junges Gemüse; er isst gern Gemüse, besonders Erbsen, Möhren, Kartoffeln und Bohnen; Gemüse anbauen, kochen; welches Gemüse möchten Sie dazu? *Zus.:* Freilandgemüse, Wintergemüse.

ge|musst [gə'mʊst]: ↑ müssen.

ge|müt|lich [gə'myːtlɪç], gemütlicher, am gemütlichsten ⟨Adj.⟩: **1.** *eine angenehme Atmosphäre schaffend:* ein gemütliches Zimmer; hier finde ich es recht gemütlich; ein gemütlich eingerichtetes Lokal; in der Küche war es gemütlich warm. *Syn.:* lauschig, wohnlich. **2.** *gesellig, ungezwungen:* jetzt beginnt der gemütliche Teil des Abends; wir plauderten gemütlich miteinander.

das **Gen** [geːn]; -s, -e (Biol.): *kleines Teilchen im Kern einer Zelle, das wichtige Informationen für die Funktion der Zelle in einem Organismus enthält:* Wissenschaftler haben die Gene des Menschen erforscht; ein neues Gen entdecken.

ge|nannt [gə'nant]: ↑ nennen.

ge|nas [gə'naːs]: ↑ genesen.

¹**ge|nau** [gə'nau], genauer, am genauesten ⟨Adj.⟩: **1.** *präzise, bis in die Einzelheiten:* genaue Angaben machen; sie konnte sich genau daran erinnern; das ist genau das Gleiche; es ist genau 11 Uhr. *Syn.:* exakt. **2.** *gründlich, sorgfältig:* genaue Kenntnis von etwas haben; das musst du genau unterscheiden; ich kenne ihn ganz genau; sie arbeitet sehr genau. *Syn.:* detailliert, gewissenhaft.

²**ge|nau** [gə'nau] ⟨Adverb⟩: **1.** betont, dass eine Angabe präzise ist: sie kam genau zur rechten Zeit; das ist genau 100 km von hier entfernt. **2.** drückt aus, dass jmd., etwas passend für jmdn., etwas ist: das reicht genau für zwei Personen; er ist genau der richtige Mann für diese Aufgabe. **3.** verstärkt eine schon gemachte Aussage: genau das wollte ich sagen; »Er ist einfach zu blöd dazu.« – »Genau!«.

ge|nau|so [gə'nauzoː] ⟨Adverb⟩: *in der gleichen Weise, im gleichen Maße:* er hat es genauso gemacht wie sein Chef; er ist genauso groß wie ich. *Syn.:* ebenso.

ge|neh|mi|gen [gə'neːmɪɡn̩], genehmigt, genehmigte, genehmigt ⟨tr.; hat; etw. g.⟩: *amtlich erlauben, gestatten:* die Behörde hat den Bau des Hauses genehmigt; der Umbau musst du vorher genehmigen lassen. *Syn.:* bewilligen.

die **Ge|neh|mi|gung** [gə'neːmɪɡʊŋ]; -, -en: **1.** *das Genehmigen:* eine Genehmigung einholen, erhalten; die Genehmigung zur Ausreise erteilen. *Syn.:* Einverständnis, Erlaubnis, Zustimmung. **2.** *Schriftstück, durch das etwas genehmigt wird:* eine Genehmigung haben, vorlegen. *Zus.:* Arbeitsgenehmigung, Aufenthaltsgenehmigung, Ausreisegenehmigung.

die **Ge|ne|ra|ti|on** [ɡenəraˈtsi̯oːn]; -, -en: **1.** *Gesamtheit der Menschen [in einem Land], die alle zu etwa derselben Zeit geboren sind:* die junge, ältere Generation; die Generation unserer Großeltern; Menschen deiner, unserer Generation. *Zus.:* Elterngeneration, Nachkriegsgeneration. **2.** *Zeitraum, der ungefähr die Lebenszeit eines Menschen umfasst:* es wird noch Generationen dauern, bis das Patriarchat verschwindet. **3.** *Gesamtheit von Apparaten, Geräten, Maschinen, die durch einen bestimmten gemeinsamen Stand in der technischen Entwicklung gekennzeichnet sind:* ein Computer der dritten Generation.

ge|ne|rell [ɡenəˈrɛl] ⟨Adj.⟩: *für die meisten oder alle Fälle derselben Art geltend, zutreffend:* eine generelle Lösung; das i ein generelles Problem; etwas generell verbieten. *Syn.:* allgemein.

ge|ne|sen [gəˈneːzn̩], genest, genas, genesen ⟨itr.; ist⟩ (geh.): *gesund werden:* sie ist von ihrer langen Krankheit genesen. *Syn.:* gesunden.

ge|ni|al [geˈni̯aːl], genialer, am genialsten ⟨Adj.⟩: *Genie besitzend, erkennen lassend; überragend, großartig:* eine geniale Künstlerin; eine geniale Erfindung; er schreibt genial; sie hat das Problem genial gelöst.

as Ge|nick [gəˈnɪk]; -[e]s, -e: *hinterer Teil des Halses:* ein steifes Genick haben; sie stürzte so unglücklich, dass sie sich das Genick brach.

as Ge|nie [ʒeˈniː]; -s, -s: 1. *Mensch mit einer hohen schöpferischen Begabung:* er ist [in Mathematik] ein wahres Genie. *Zus.:* Finanzgenie, Universalgenie. 2. *hohe schöpferische Begabung:* ihr Genie wurde lange Zeit verkannt. *Syn.:* Talent.

ge|nie|ßen [gəˈniːsn̩], genießt, genoss, genossen ⟨tr.; hat; etw. g.⟩: 1. *essen oder trinken:* diesen Wein sollte man kühl genießen; die Erdbeeren sind ohne Zucker nicht zu genießen. 2. *mit Freude, Vergnügen auf sich wirken lassen:* die Natur, seinen Urlaub genießen; sie genoss die herrliche Aussicht; er genoss es sichtlich, so gefeiert zu werden. 3. *[zu seinem Nutzen, Vorteil] erhalten:* sie hat eine gründliche Ausbildung genossen; (oft in verblasster Bedeutung:) jmds. Achtung genießen *(von jmdm. geachtet werden);* er genießt *(hat)* unser Vertrauen.

ge|nie|ße|risch [gəˈniːsərɪʃ], genießerischer, am genießerischsten ⟨Adj.⟩: *mit großem Behagen, voll Genuss:* ein genießerischer Schluck; er zog genießerisch an seiner Zigarre.

as Ge|ni|ta|le [geniˈtaːlə]; -s, Genitalien [geniˈtaːli̯ən] (bes. Med.): *Geschlechtsorgan:* das männliche Genitale; die Genitalien der Frau.

ge|nom|men [gəˈnɔmən]: ↑ nehmen.

ge|noss [gəˈnɔs]: ↑ genießen.

er Ge|nos|se [gəˈnɔsə]; -n, -n, die **Ge|nos|sin** [gəˈnɔsɪn]; -, -nen: *Person, mit der jmd. durch die gemeinsame linke politische Einstellung verbunden ist* (bes. als Anrede zwischen Mitgliedern einer linken Partei): alte kampferprobte Genossen [der SPD]; Genosse Schröder; Genossin Vorsitzende.

ge|nos|sen [gəˈnɔsn̩]: ↑ genießen.

ge|nug [gəˈnuːk] ⟨Adverb⟩: *ausreichend,*

genügend: ich habe genug Geld / Geld genug; dazu ist sie jetzt alt genug.

ge|nü|gen [gəˈnyːgn̩], genügt, genügte, genügt ⟨itr.; hat⟩: 1. *ausreichen, reichen:* dies genügt für unsere Zwecke; für diesen Vorhang genügen zwei Meter Stoff; zwei Zimmer genügen mir [nicht]. *Syn.:* langen (ugs.). 2. ⟨einer Sache (Dativ) g.⟩ *(einer Forderung, Anforderung) entsprechen:* den gesellschaftlichen Pflichten genügen; er genügte den Anforderungen nicht.

ge|nüg|sam [gəˈnyːkzaːm], genügsamer, am genügsamsten ⟨Adj.⟩: *nicht viel brauchend, mit wenig zufrieden:* ein genügsamer Mensch; genügsame Pflanzen; er ist sehr genügsam [im Essen]. *Syn.:* bescheiden.

die **Ge|nug|tu|ung** [gəˈnuːktuːʊŋ]; -: *tiefe innere Befriedigung:* das ist mir eine große Genugtuung; Genugtuung über etwas empfinden; etwas mit Genugtuung vernehmen.

der **Ge|nuss** [gəˈnʊs]; -es, Genüsse [gəˈnʏsə]: 1. *Aufnahme von Nahrung oder Genussmitteln:* übermäßiger Genuss von Alkohol ist schädlich; sie ist nach dem Genuss des Fischs krank geworden. *Zus.:* Alkoholgenuss, Fleischgenuss, Kaffeegenuss, Tabakgenuss. 2. *Freude bei etwas, was jmd. auf sich wirken lässt:* dieses Konzert war ein besonderer Genuss; ein Buch mit Genuss lesen; die Genüsse des Lebens. *Zus.:* Hochgenuss, Kunstgenuss.

das **Ge|nuss|mit|tel** [gəˈnʊsmɪtl̩]; -s, -: *etwas, was man nicht zur Ernährung, sondern wegen seines guten Geschmacks, seiner anregenden Wirkung zu sich nimmt:* Genussmittel sind z. B. Schokolade, Kaffee, Alkohol und Tabak.

die **Geo|gra|fie, Geo|gra|phie** [geograˈfiː]; -: *Wissenschaft von der Erde, besonders von ihrer Oberfläche:* sie studiert Geografie; in Geografie hat er eine Zwei.

die **Geo|me|trie** [geomeˈtriː]; -: *Teilgebiet der Mathematik, das sich mit den Gebilden der Ebene (z. B. Kreisen) und des Raums (z. B. Kugeln) befasst:* in Mathe machen wir zurzeit Geometrie.

geo|me|trisch [geoˈmeːtrɪʃ] ⟨Adj.⟩: *die Geometrie betreffend:* geometrische Formen.

das **Ge|päck** [gəˈpɛk]; -[e]s: *Gesamtheit der Gegenstände, die man auf eine Reise mitnimmt (bes. Taschen, Koffer):* [nicht] viel Gepäck haben; das Gepäck aufgeben, verstauen; das Gepäck wurde kontrolliert. *Zus.:* Handgepäck, Reisegepäck.

die **Ge|päck|ver|si|che|rung** [gəˈpɛkfɛɐ̯zɪçərʊŋ];

-, -en: *Versicherung gegen den Verlust von Gepäck.*

ge|quol|len [gə'kvɔlən]: ↑ quellen.

¹ge|ra|de [gə'ra:də], gerader, am geradesten ⟨Adj.⟩: **1.** *in immer gleicher Richtung verlaufend, nicht gekrümmt:* eine gerade Linie, Straße; auf gerader Strecke fährt der ICE über 300 Stundenkilometer; der Ball wird schneller, seine Flugbahn gerader; der Acker mit den geradesten Furchen. **2.** *nicht schief:* ein gerader Baumstamm; eine gerade *(aufrechte)* Haltung; gerade gewachsen sein; sich gerade halten; sitz, steh gerade!; das Bild hängt gerade. *Syn.:* aufrecht. *Zus.:* kerzengerade.

²ge|ra|de [gə'ra:də] ⟨Adverb⟩: **1.** *in diesem Augenblick:* sie ist gerade hier; er ist gerade *(vor ganz kurzer Zeit)* hinausgegangen. *Syn.:* ²eben. **2.** *nur mit Mühe, ganz knapp:* er kam gerade noch zur rechten Zeit; das reicht gerade [noch] für zwei Personen. *Syn.:* ²eben. **3.** *erst recht:* nun werde ich es gerade tun!

³ge|ra|de [gə'ra:də] ⟨Partikel⟩: **1.** dient dazu, etwas Bestimmtes hervorzuheben: gerade das wollte ich vermeiden; gerade er sollte lieber ruhig sein. **2.** *ausgerechnet:* gerade heute muss es regnen!; warum gerade ich? **3.** (ugs.) dient nach »nicht« dazu, die Verneinung abzuschwächen (oft um eine Kritik abzumildern, auch ironisch): das ist nicht gerade viel; er ist nicht gerade ein Athlet; dass sie ein Genie ist, kann man nicht gerade behaupten.

die **Ge|ra|de** [gə'ra:də]; -, -n ⟨aber: zwei -[n]⟩: *gerade Linie:* eine Gerade, zwei Gerade[n] zeichnen; die kürzeste Verbindung zwischen zwei Punkten ist eine Gerade.

ge|ra|de|aus [gəra:də'|aus] ⟨Adverb⟩: *in gerader Richtung weiter; ohne die Richtung zu ändern:* [immer] geradeaus fahren.

ge|ra|de|zu [gə'ra:dətsu:] ⟨Adverb⟩: drückt eine Verstärkung aus: ein geradezu ideales Beispiel; er hat sie geradezu angefleht. *Syn.:* buchstäblich, direkt, förmlich, regelrecht, richtig.

ge|rad|li|nig [gə'ra:tli:nɪç], geradliniger, am geradlinigsten ⟨Adj.⟩: **1.** *in gerader Richtung, gerade verlaufend:* die Strecke verläuft geradlinig. **2.** *klar und aufrichtig:* ein geradlinig denkender Mensch. *Syn.:* aufrichtig, klar.

ge|rannt [gə'rant]: ↑ rennen.

das **Ge|rät** [gə'rɛ:t]; -[e]s, -e: **1.** *Gegenstand, mit dessen Hilfe etwas bearbeitet, herge-*

stellt wird: landwirtschaftliche, elektrische Geräte; die Geräte instand halten; das Gerät ist leicht zu bedienen. *Syn.:* Apparat. **2.** *beim Turnen verwendete Vorrichtung:* an den Geräten turnen.

¹ge|ra|ten [gə'ra:tn̩], gerät, geriet, geraten ⟨itr.; ist⟩: **1.** *gelingen:* der Kuchen ist heute [gut, nicht] geraten; alles, was er tat, geriet ihm gut. **2.** *(zufällig) irgendwohin kommen:* in eine unbekannte Gegend, in einen Sumpf geraten; in Schwierigkeiten geraten; das Auto geriet ins Schleudern; (häufig in verblasster Bedeutung:) in Streit geraten *(zu streiten anfangen);* in Vergessenheit geraten *(vergessen werden).*

²ge|ra|ten [gə'ra:tn̩]: ↑ raten.

ge|räu|mig [gə'rɔymɪç], geräumiger, am geräumigsten ⟨Adj.⟩: *viel Platz, Raum (für etwas) bietend:* eine geräumige Wohnung; der Schrank ist sehr geräumig. *Syn.:* groß.

das **Ge|räusch** [gə'rɔyʃ]; -[e]s, -e: *etwas, was mit den Ohren mehr oder weniger stark wahrgenommen wird:* ein lautes, verdächtiges, unangenehmes, zischendes Geräusch; keine unnötigen Geräusche machen; ein Geräusch hatte sie aufgeweckt. *Syn.:* Laut, Ton. *Zus.:* Motor[en]geräusch, Nebengeräusch.

ge|recht [gə'rɛçt], gerechter, am gerechtesten ⟨Adj.⟩: **1.** *nach bestehenden Gesetzen, Regeln, Maßstäben handelnd, urteilend:* ein gerechter Richter, Lehrer; ihr für diesen Aufsatz nur eine Drei zu geben find ich nicht gerecht; gerecht sein; handeln; etwas gerecht verteilen, aufteilen. **2.** * jmdm., einer Sache gerecht werden: *jmdm., etwas angemessen beurteilen:* die Kritik wird dem Buch, der Autorin nicht gerecht; * einer Sache (Dativ) gerecht werden: *einer Sache genügen:* das Produkt muss den Ansprüchen unserer Kunden gerecht werden.

die **Ge|rech|tig|keit** [gə'rɛçtɪçkait]; -: *das Gerechtsein, gerechtes Verhalten:* die Gerechtigkeit der Richterin, eines Urteils; Gerechtigkeit fordern; mehr soziale Gerechtigkeit.

das **Ge|re|de** [gə're:də]; -s: **1.** (ugs.) *sinnloses, überflüssiges Reden:* das Gerede von der Sicherheit; dieses dumme Gerede kann man ja nicht ernst nehmen. *Syn.:* Blabla (ugs. abwertend), Geschwätz (ugs. abwertend). **2.** *abfälliges Reden über einen Abwesenden; Klatsch:* es hat viel Gerede gegeben; sich dem Gerede der Leute aussetzen. **3.** * jmdn. ins Gerede bringen:

Gesamtschule

In einigen Bundesländern in Deutschland gibt es Gesamtschulen. Dort werden die Schüler von der 5. bis zur 10. Klasse oder von der 7. bis zur 10. Klasse unterrichtet. Es ist eine einheitliche Schule, die Hauptschule, Realschule und Gymnasium verbindet. In der Gesamtschule können die Schüler einen Haupt- schul- oder einen Realschulabschluss machen. Oder sie können nach der 10. Klasse in die Oberstufe eines Gymnasiums wechseln. In manchen Bundesländern existiert die Gesamtschule als einzige Schulform, in anderen gibt es sie als Alternative zu Haupt- und Realschulen sowie Gymnasien.

bewirken, dass über jmdn. [schlecht] geredet wird: hör damit auf, du bringst uns ins Gerede!; * **ins Gerede kommen/geraten:** *Gegenstand des Klatsches, eines Gerüchtes werden:* das Institut kam wegen der Unterschlagung ins Gerede.

ge|reizt [gə'raitst], gereizter, am gereiztesten ⟨Adj.⟩: *durch etwas Unangenehmes erregt, verärgert und deshalb empfindlich:* in gereizter Stimmung sein; in gereiztem Ton sprechen. *Syn.:* ↑ ärgerlich.

das **¹Ge|richt** [gə'rɪçt]; -[e]s, -e: *öffentliche Institution, die Verstöße gegen die Gesetze bestraft und bei Streitigkeiten entscheidet:* jmdn. bei Gericht verklagen; eine Sache vor Gericht bringen; das Gericht (die Richterinnen und Richter) zieht sich zur Beratung zurück; das Gericht (das Gebäude, in dem sich das Gericht befindet) war von Polizei umstellt. *Zus.:* Amtsgericht, Arbeitsgericht, Schiedsgericht, Schwurgericht, Verfassungsgericht, Verwaltungsgericht.

das **²Ge|richt** [gə'rɪçt]; -[e]s, -e: *zubereitete Speise:* ein Gericht aus Fleisch und Gemüse; ein Gericht auftragen. *Syn.:* Essen, Mahl (geh.), Mahlzeit.

ge|richt|lich [gə'rɪçtlɪç] ⟨Adj.⟩: *das ¹Gericht betreffend:* eine gerichtliche Entscheidung; etw. gerichtlich klären lassen.

ge|riet [gə'riːt]: ↑ ¹geraten.

ge|ring [gə'rɪŋ], geringer, am geringsten ⟨Adj.⟩: *nicht groß, nicht viel:* nur geringe Einkünfte haben; die Kosten sind [nicht] gering; das spielt nur eine geringe Rolle; * **nicht das Geringste:** *überhaupt nichts;* * **nicht im Geringsten:** *überhaupt nicht.*

das **Ge|rip|pe** [gə'rɪpə]; -s, -: *Knochengerüst des Körpers:* sie ist fast bis zum Gerippe abgemagert. *Syn.:* Skelett.

ge|ris|sen [gə'rɪsn̩]: ↑ reißen.

ge|rit|ten [gə'rɪtn̩]: ↑ reiten.

gern [gɛrn], **ger|ne** ['gɛrnə], lieber, am liebsten ⟨Adverb⟩: **1.** *mit Vergnügen; mit Vorliebe:* gern[e] lesen; ich helfe Ihnen gern[e]; sie geht gern[e] früh schlafen; das kannst du gern[e] tun; ich möchte lieber lesen [und nicht fernsehen]; er trinkt lieber Tee als Kaffee; lesen mag er lieber als sie; im Sommer esse ich am liebsten Eis. **2.** * **jmdn. gern[e] haben:** *Zuneigung zu jmdm. empfinden;* * **etwas gern[e] haben:** *Gefallen an etwas finden:* ich habe es gern[e], wenn sie die alten Lieder spielt. **3.** drückt eine Bestätigung aus: *ohne Weiteres:* das glaube ich dir gern[e]; du kannst gern[e] mitkommen. **4.** drückt einen Wunsch aus: *nach Möglichkeit, wenn es geht, möglich ist:* ich wüsste es gern[e]; ich hätte gern[e] ein Kilo Äpfel.

ge|ro|chen [gə'rɔxn̩]: ↑ riechen.

die **Gers|te** ['gɛrstə]; -: *Getreide, das vor allem zum Brauen von Bier und als Viehfutter verwendet wird:* drei Sack Gerste.

der **Ge|ruch** [gə'rux]; -[e]s, Gerüche [gə'rʏçə]: *etwas, was mit der Nase mehr oder weniger stark wahrgenommen wird:* ein süßlicher, stechender, harziger, beißender Geruch. *Syn.:* Aroma, Duft. *Zus.:* Essengeruch, Gasgeruch, Mundgeruch.

ge|ruch|los [gə'ruxloːs] ⟨Adj.⟩: *ohne Geruch:* ein geruchloses Gas.

das **Ge|rücht** [gə'rʏçt]; -[e]s, -e: *Geschichte, Behauptung, von der nicht bekannt ist, ob sie wirklich zutrifft:* ein Gerücht in die Welt setzen, verbreiten; etwas stellt sich als bloßes Gerücht heraus; es geht das Gerücht, dass sie wieder heiraten wolle.

das **Ge|rüm|pel** [gə'rʏmpl̩]; -s (abwertend): *alte, unbrauchbar und wertlos gewordene Gegenstände:* der Dachboden steht voller Gerümpel.

ge|run|gen [gə'rʊŋən]: ↑ ringen.

das **Ge|rüst** [gə'rʏst]; -[e]s, -e: *Konstruktion aus Stangen und Brettern, bes. für Bauarbeiten:* ein Gerüst aufbauen, aufstellen; der Maler, Maurer fiel, stürzte vom Gerüst. *Zus.:* Baugerüst, Stahlgerüst.

ge|samt [gə'zamt] ⟨Adj.⟩: *alle[s] ohne Ausnahme; ganz, vollständig:* die gesamte Bevölkerung; er hat sein gesamtes Vermögen verloren.

G

Ge|samt- [gə'zamt] ⟨Präfix⟩: *vollständig:* Gesamtbetrag; Gesamtgewicht; Gesamtkosten.

die **Ge|samt|heit** [gə'zamtḫait̮], -: *alle Teile eines Ganzen:* die Gesamtheit der Arbeiter und Arbeiterinnen; die Gesamtheit der Kenntnisse auf dem Gebiet der Nuklearmedizin.

die **Ge|samt|schu|le** [gə'zamtʃuːlə], -, -n: *Schule, in der Hauptschule, Realschule und Gymnasium vereinigt sind:* meine Tochter besucht die Gesamtschule.

ge|sandt [gə'zant]: ↑¹senden.

der **Ge|sang** [gə'zaŋ], -[e]s, Gesänge [gə'zɛŋə]: *das Singen:* froher Gesang ertönte; der Gesang der Vögel. *Zus.:* Chorgesang, Sologesang, Sprechgesang.

das **Ge|säß** [gə'zɛːs], -es, -e: *Teil des Körpers, auf dem man sitzt:* er zog die Beine ans Gesäß. *Syn.:* Hintern (ugs.), Po (ugs.), Popo (fam. scherzh.).

das **Ge|schäft** [gə'ʃɛft], -[e]s, -e: **1.** *gewerbliches, kaufmännisches Unternehmen, Firma:* ein renommiertes Geschäft; ein Geschäft eröffnen, führen, leiten; morgen gehe ich nicht ins Geschäft (ugs.; *zum Arbeiten in die Firma, ins Büro*). *Syn.:* Betrieb. *Zus.:* Speditionsgeschäft. **2.** *Laden:* warten, bis die Geschäfte öffnen; das Geschäft ist heute geschlossen. *Zus.:* Blumengeschäft, Feinkostgeschäft, Lebensmittelgeschäft, Schreibwarengeschäft, Schuhgeschäft, Spielwarengeschäft. **3.** *Vereinbarung, durch die zwei Partner sich verpflichten, für den jeweils anderen eine bestimmte Leistung zu erbringen:* die Geschäfte gehen gut; mit jmdm. Geschäfte, ein Geschäft machen; jmdm. ein Geschäft vorschlagen; da würde ich ein schlechtes Geschäft machen *(das würde mir statt eines Gewinns einen Verlust bringen);* das Geschäft ist rege *(es kommen viele Geschäfte zustande, es wird viel verkauft).* *Zus.:* Millionengeschäft, Tauschgeschäft. **4.** *Angelegenheit, Tätigkeit, Aufgabe, die zu erledigen ist, mit der ein bestimmter Zweck verfolgt wird:* ein schwieriges, ein undankbares Geschäft; sie hat viele Geschäfte zu erledigen. *Syn.:* Arbeit. *Zus.:* Amtsgeschäft, Dienstgeschäft.

ge|schäf|tig [gə'ʃɛftɪç], geschäftiger, am geschäftigsten ⟨Adj.⟩: *durch ständiges Beschäftigtsein mit irgendwelchen Tätigkeiten gekennzeichnet:* geschäftiges Treiben; sie lief geschäftig hin und her.

ge|schäft|lich [gə'ʃɛftlɪç] ⟨Adj.⟩: *die Angelegenheiten eines gewerblichen Unternehmens betreffend:* geschäftliche Dinge besprechen; sie ist geschäftlich unterwegs, hier. *Syn.:* dienstlich.

die **Ge|schäfts|frau** [gə'ʃɛftsfrau], -, -en: *Frau, die Geschäfte tätigt, ein kaufmännisches Unternehmen oder dergleichen führt:* eine versierte Geschäftsfrau; du wärst eine tüchtige Geschäftsfrau geworden.

die **Ge|schäfts|leu|te** [gə'ʃɛftslɔytə] ⟨Plural⟩: **1.** ↑ Geschäftsmann. **2.** *Personen, die Geschäfte tätigen, ein kaufmännisches Unternehmen führen:* die meisten Hotelgäste waren ausländische Geschäftsleute.

der **Ge|schäfts|mann** [gə'ʃɛftsman]; -[e]s, Geschäftsleute [gə'ʃɛftslɔytə]: *Mann, der Geschäfte tätigt, ein kaufmännisches Unternehmen oder dergleichen führt:* er ist ein schlechter Geschäftsmann.

die **Ge|schäfts|stel|le** [gə'ʃɛftsʃtɛlə]; -, -n: *Stelle, Büro einer Institution, wo die laufenden Geschäfte erledigt und Kunden bedient werden:* die Geschäftsstelle des Vereins befindet sich im Rathaus.

ge|schäfts|tüch|tig [gə'ʃɛftstʏçtɪç], geschäftstüchtiger, am geschäftstüchtigsten ⟨Adj.⟩: *kaufmännisch geschickt:* eine geschäftstüchtige Frau; er ist mir etwas zu geschäftstüchtig *(zu sehr darauf aus, finanziell zu profitieren).*

ge|schah [gə'ʃaː]: ↑ geschehen.

ge|sche|hen [gə'ʃeːən], geschieht, geschah, geschehen ⟨itr.; ist⟩: **1.** *vor sich gehen, sich ereignen, passieren:* es ist ein Unglück geschehen; in dieser Sache muss etwas geschehen *(unternommen werden);* etwas geschehen lassen *(einen Vorgang, ein Ereignis dulden).* *Syn.:* eintreten, sich ereignen, erfolgen, vorfallen vorgehen. **2.** ⟨jmdm. g.⟩ *widerfahren:* ihr ist Unrecht geschehen; das geschieht dir ganz recht *(das hast du verdient).*

das **Ge|sche|hen** [gə'ʃeːən], -s: *etwas, was geschieht; Folge von [besonderen, auffallenden] Vorgängen, Ereignissen:* ein dramatisches Geschehen; das politische Geschehen der letzten zehn Jahre. *Zus.:* Kriegsgeschehen, Tagesgeschehen.

das **Ge|scheh|nis** [gə'ʃeːnɪs]; -ses, -se (geh.): *Ereignis, Vorgang:* die Geschehnisse während der Revolution; über ein Geschehnis berichten.

ge|scheit [gə'ʃait], gescheiter, am gescheitesten ⟨Adj.⟩: *Verstand habend, intelligent:* ein gescheiter Mensch; ein gescheiter Einfall; sie ist sehr gescheit; du bist wohl nicht ganz / nicht recht gescheit! (ugs.; *du bist wohl nicht bei Verstand!*). *Syn.:* aufgeweckt, klug, schlau.

das **Ge|schenk** [gə'ʃɛŋk]; -[e]s, -e: *etwas, was man jmdm. schenkt bzw. von jmdm. geschenkt bekommt:* ein großzügiges Geschenk; ein Geschenk aussuchen, kaufen, überreichen; jmdm. etwas zum Geschenk machen. *Syn.:* Gabe, Mitbringsel (fam.), Präsent. *Zus.:* Gastgeschenk, Geburtstagsgeschenk, Hochzeitsgeschenk, Weihnachtsgeschenk.

die **Ge|schich|te** [gə'ʃɪçtə]; -, -n: **1.** *politische, gesellschaftliche, kulturelle Entwicklung eines bestimmten geografischen, kulturellen Bereichs:* die deutsche Geschichte; die Geschichte Spaniens, der Musik; Geschichte studieren. *Zus.:* Kirchengeschichte, Kulturgeschichte, Literaturgeschichte, Menschheitsgeschichte, Sprachgeschichte, Weltgeschichte. **2.** *mündliche oder schriftliche Schilderung eines tatsächlichen oder erdachten Geschehens:* eine wahre, erfundene Geschichte; die Geschichte von Robinson Crusoe; eine spannende Geschichte erzählen. *Syn.:* Erzählung, Story (ugs.). *Zus.:* Bildergeschichte, Indianergeschichte, Kurzgeschichte, Tiergeschichte. **3.** (ugs.) *[unangenehme] Angelegenheit, Sache:* das ist eine dumme, verzwickte Geschichte; sie hat von der ganzen Geschichte nichts gewusst; das sind alte Geschichten *(längst bekannte Tatsachen)*. *Syn.:* Angelegenheit, Sache. *Zus.:* Liebesgeschichte.

ge|schicht|lich [gə'ʃɪçtlɪç] ⟨Adj.⟩: *die Geschichte betreffend:* ein geschichtliches Ereignis. *Syn.:* historisch.

das **Ge|schick** [gə'ʃɪk]; -[e]s: *besondere Fähigkeit, etwas zu tun:* handwerkliches, diplomatisches Geschick; etwas mit großem Geschick tun. *Syn.:* Talent.

die **Ge|schick|lich|keit** [gə'ʃɪklɪçkai̯t]; -: *besondere Fähigkeit, etwas zu tun:* große, handwerkliche Geschicklichkeit; er führte die Arbeiten mit großer Geschicklichkeit aus; alle bewunderten ihre Geschicklichkeit bei den Verhandlungen. *Syn.:* Fähigkeit, Talent.

ge|schickt [gə'ʃɪkt], geschickter, am geschicktesten ⟨Adj.⟩: *so, dass man eine besondere Fähigkeit hat, etwas zu tun:* ein geschickter Handwerker; das kleine Mädchen stellt sich beim Basteln sehr geschickt an; er hat geschickt argumentiert. *Syn.:* schlau, talentiert.

¹**ge|schie|den** [gə'ʃiːdn̩]: ↑ scheiden.

²**ge|schie|den** [gə'ʃiːdn̩] ⟨Adj.⟩: *nicht mehr verheiratet:* wie ist Ihr Familienstand: ledig, verheiratet oder geschieden?; sie war mit 28 bereits geschieden; meine geschiedene Frau hat wieder geheiratet.

ge|schieht [gə'ʃiːt]: ↑ geschehen.

ge|schie|nen [gə'ʃiːnən]: ↑ scheinen.

das **Ge|schirr** [gə'ʃɪr]; -[e]s, -e: *alle Teller, Tassen, Töpfe und Gläser u. Ä., die man zum Essen und Trinken benutzt:* leicht zerbrechliches Geschirr; das Geschirr abwaschen, spülen. *Syn.:* Porzellan, Service. *Zus.:* Kaffeegeschirr, Porzellangeschirr.

der **Ge|schirr|spü|ler** [gə'ʃɪrʃpyːlɐ]; -s, -: *Maschine, die das schmutzige Geschirr reinigt:* wer räumt heute den Geschirrspüler aus?

das **Ge|schlecht** [gə'ʃlɛçt]; -[e]s, -er: **1.** ⟨ohne Plural⟩ *alle Merkmale, die einen Menschen oder ein Tier als männlich oder weiblich bestimmen:* das weibliche, männliche Geschlecht. **2.** *Gattung, Art:* das menschliche Geschlecht. *Zus.:* Menschengeschlecht. **3.** *Familie:* das Geschlecht der Hohenstaufen. *Zus.:* Adelsgeschlecht, Bauerngeschlecht.

ge|schlecht|lich [gə'ʃlɛçtlɪç] ⟨Adj.⟩: **1.** *das Geschlecht betreffend:* die geschlechtliche Fortpflanzung; sich geschlechtlich vermehren. *Zus.:* gegengeschlechtlich, gleichgeschlechtlich. **2.** *sexuell:* die geschlechtliche Liebe, Beziehung.

das **Ge|schlechts|or|gan** [gə'ʃlɛçtsʔɔrgaːn]; -s, -e: *Organ für die Fortpflanzung:* die inneren, äußeren, weiblichen, männlichen Geschlechtsorgane.

der **Ge|schlechts|ver|kehr** [gə'ʃlɛçtsfɛɐ̯keːɐ̯]; -s: *sexueller Kontakt mit einer Partnerin, einem Partner:* Geschlechtsverkehr [mit jmdm.] haben. *Syn.:* Sex, Verkehr.

¹**ge|schlos|sen** [gə'ʃlɔsn̩]: ↑ schließen.

²**ge|schlos|sen** [gə'ʃlɔsn̩], geschlossener, am geschlossensten ⟨Adj.⟩: **1.** *gemeinsam, ohne Ausnahme, einheitlich:* sie stimmten geschlossen für die neue Regelung. **2.** *in sich zusammenhängend:* eine geschlossene Ortschaft; die Wolkendecke ist geschlossen.

der **Ge|schmack** [gə'ʃmak]; -[e]s: **1.** *das, was man mit der Zunge schmeckt:* er hat wegen seines Schnupfens keinen Geschmack. **2.** *Art, wie etwas schmeckt:* ein süßer, bitterer, intensiver Geschmack. *Syn.:* Aroma, Würze. *Zus.:* Nachgeschmack, Orangengeschmack. **3.** *Sinn für etwas Schönes:* einen guten, sicheren, teuren Geschmack haben; sie

hat einen leicht kitschigen Geschmack.
4. *das, was jmdm. gefällt:* das ist nicht
mein, nach meinem Geschmack.

ge|schmack|los [gəˈʃmaklo:s], geschmack-
loser, am geschmacklosesten ⟨Adj.⟩:
1. *so, dass es keinen Sinn für Schönheit
erkennen lässt:* ein geschmackloses Bild;
geschmacklos gekleidet sein. *Syn.:* kit-
schig. **2.** *ohne Taktgefühl:* ein
geschmackloser Witz. *Syn.:* unange-
bracht, unpassend. **3.** *ohne Geschmack,
Würze:* ein geschmackloses weißes Pulver; das Essen war völlig geschmacklos.

ge|schmack|voll [gəˈʃmakfɔl], geschmack-
voller, am geschmackvollsten ⟨Adj.⟩: *so,
dass es Sinn für Schönheit erkennen
lässt:* geschmackvolle Möbel; sich
geschmackvoll kleiden. *Syn.:* ästhetisch,
elegant, schön, wunderbar.

ge|schmol|zen [gəˈʃmɔltsn̩]: ↑ schmelzen.

ge|schnit|ten [gəˈʃnɪtn̩]: ↑ schneiden.

ge|scho|ben [gəˈʃo:bn̩]: ↑ schieben.

ge|schos|sen [gəˈʃɔsn̩]: ↑ schießen.

das **Ge|schrei** [gəˈʃrai]; -s: *längeres Schreien:*
sie hörte lautes Geschrei auf der Straße.
Syn.: Gebrüll. *Zus.:* Freudengeschrei, Kin-
dergeschrei.

ge|schrie|ben [gəˈʃri:bn̩]: ↑ schreiben.

ge|schrien [gəˈʃri:n]: ↑ schreien.

das **Ge|schwätz** [gəˈʃvɛts]; -es (ugs. abwer-
tend): *ärgerliches, überflüssiges Reden:*
das ist nur [leeres, dummes] Geschwätz;
ach, hör doch nicht auf sein Geschwätz!
Syn.: Blabla (ugs. abwertend), Gerede
(ugs.), Klatsch.

ge|schwät|zig [gəˈʃvɛtsɪç], geschwätziger,
am geschwätzigsten ⟨Adj.⟩ (abwertend):
zu viel redend: eine geschwätzige alte
Frau; er ist schrecklich geschwätzig.

ge|schwie|gen [gəˈʃvi:gn̩]: ↑ schweigen.

die **Ge|schwin|dig|keit** [gəˈʃvɪndɪçkait]; -, -en:
Schnelligkeit: die Geschwindigkeit [in
Sekunden] messen; Unfälle wegen über-
höhter Geschwindigkeit; der Zug fuhr
mit einer Geschwindigkeit von fast 300
km/h. *Syn.:* Tempo. *Zus.:* Durchschnitts-
geschwindigkeit, Höchstgeschwindig-
keit.

die **Ge|schwin|dig|keits|be|schrän|kung** [gəˈ-
ʃvɪndɪçkaitsbəʃrɛŋkʊŋ]; -, -en: *Verbot,
schneller als eine bestimmte Geschwindigkeit zu fahren:* auf Autobahnen gilt
eine allgemeine Geschwindigkeitsbe-
schränkung von 130 km/h; er hält sich
an keine Geschwindigkeitsbeschrän-
kung.

das **Ge|schwis|ter** [gəˈʃvɪstɐ] ⟨Plural⟩: *Brüder
und Schwestern:* meine [jüngeren]

Geschwister; »Hast du noch Geschwis-
ter?« – »Ja, zwei Brüder [und eine
Schwester].«; wir sind Geschwister. *Zus.:*
Halbgeschwister, Zwillingsgeschwister.

ge|schwol|len [gəˈʃvɔlən]: ↑ schwellen.

ge|schwom|men [gəˈʃvɔmən]: ↑ schwim-
men.

ge|schwo|ren [gəˈʃvo:rən]: ↑ schwören.

die *oder* das **Ge|schwulst** [gəˈʃvʊlst]; -,
Geschwülste [gəˈʃvʏlstə]: *krankhaftes
dickes Gewebe im Körper:* eine gutartige,
bösartige Geschwulst; eine Geschwulst
entfernen. *Syn.:* Tumor.

ge|schwun|gen [gəˈʃvʊŋən]: ↑ schwingen.

das **Ge|schwür** [gəˈʃvy:ɐ̯]; -[e]s, -e: *geschwol-
lene [eitrige] Entzündung:* ein eitriges
Geschwür; der Arzt schnitt das
Geschwür auf. *Zus.:* Magengeschwür.

ge|sel|lig [gəˈzɛlɪç], geselliger, am gesel-
ligsten ⟨Adj.⟩: *so, dass man gern mit
anderen Menschen zusammen ist:* er ist
ein geselliger Mensch; einen geselligen
Abend veranstalten; du könntest ruhig
etwas geselliger sein!

die **Ge|sell|schaft** [gəˈzɛlʃaft]; -, -en: **1.** *Kreis,
Gruppe von Menschen:* eine große, nette
Gesellschaft. *Syn.:* Runde. *Zus.:* Hoch-
zeitsgesellschaft. **2.** ⟨ohne Plural⟩ *Beglei-
tung:* sie kam in [der] Gesellschaft
zweier Herren; ich habe das Wochenende in netter Gesellschaft verbracht.
3. ⟨Plural⟩ *alle Menschen, die in einer
politischen, wirtschaftlichen und sozialen Form zusammenleben:* die bürgerli-
che, sozialistische, offene Gesellschaft;
die Gesellschaft des 21. Jahrhunderts; sie
will die Gesellschaft verändern. *Syn.:* All-
gemeinheit, Bevölkerung, Öffentlichkeit,
Leute ⟨Plural⟩, Menschen ⟨Plural⟩. *Zus.:*
Informationsgesellschaft, Klassengesell-
schaft, Konsumgesellschaft. **4.** *Vereinigung mit bestimmten Zwecken:* eine wis-
senschaftliche Gesellschaft; eine Gesellschaft mit beschränkter Haftung (Abkürzung: GmbH). *Syn.:* Betrieb, Firma,
Konzern, Unternehmen. *Zus.:* Aktienge-
sellschaft, Filmgesellschaft, Fluggesell-
schaft, Telefongesellschaft.

ge|sell|schaft|lich [gəˈzɛlʃaftlɪç] ⟨Adj.⟩: *die
Gesellschaft betreffend:* die gesellschaft-
lichen Entwicklungen erkennen; politische und gesellschaftliche Verhältnisse.

ge|ses|sen [gəˈzɛsn̩]: ↑ sitzen.

das **Ge|setz** [gəˈzɛts]; -es, -e: **1.** *staatliche Vor-
schrift, die für alle verbindlich ist:* ein
Gesetz beschließen, verabschieden; er
hat gegen ein Gesetz verstoßen; das
Gesetz regelt den Schutz der Umwelt.

Syn.: Regel. *Zus.:* Arbeitsschutzgesetz, Bundesgesetz, Einwanderungsgesetz, Grundgesetz. **2.** *festes Prinzip, das das Verhalten oder den Ablauf von etwas bestimmt:* die Gesetze der Natur; der Markt verhält sich nach dem Gesetz von Angebot und Nachfrage. *Syn.:* Regel. *Zus.:* Naturgesetz.

ge|setz|lich [ɡəˈzɛtslɪç] ⟨Adj.⟩: *dem Gesetz entsprechend:* die Eltern sind die gesetzlichen Vertreter des Kindes; ich bin gesetzlich verpflichtet, diese Steuern zu zahlen. *Syn.:* legal, rechtlich.

ge|setzt [ɡəˈzɛtst], gesetzter, am gesetztesten ⟨Adj.⟩: *reif, ruhig und besonnen:* für seine Jugend wirkt er überraschend gesetzt; ein Herr in gesetztem Alter *(nicht mehr ganz jung)* sein.

ge|setz|wid|rig [ɡəˈzɛtsviːdrɪç] ⟨Adj.⟩: *so, dass es gegen das Gesetz verstößt:* eine gesetzwidrige Handlung; das ist gesetzwidrig! *Syn.:* illegal, kriminell, strafbar, unerlaubt, ungesetzlich, verboten.

Ge|sicht [ɡəˈzɪçt]; -[e]s, -er: *vordere Seite des Kopfes:* sie hat ein schönes, rundes, blasses Gesicht; ich habe viele bekannte Gesichter gesehen; sich das Gesicht waschen; ein freundliches, trauriges Gesicht machen. *Zus.:* Durchschnittsgesicht, Engelsgesicht, Kindergesicht.

Ge|sichts|punkt [ɡəˈzɪçtspʊŋkt]; -[e]s, -e: *bestimmte Art, eine Sache zu betrachten:* das ist ein neuer Gesichtspunkt; wir müssen das unter politischen Gesichtspunkten diskutieren. *Syn.:* Aspekt, Perspektive.

Ge|sin|nung [ɡəˈzɪnʊŋ]; -, -en: *Art des Denkens, Haltung:* eine fortschrittliche Gesinnung haben; seine [politische] Gesinnung wechseln. *Syn.:* Einstellung, Mentalität, Weltanschauung.

ge|sit|tet [ɡəˈzɪtət], gesitteter, am gesittetsten ⟨Adj.⟩: *so, dass es dem guten Benehmen entspricht:* die Kinder benahmen sich, waren recht gesittet. *Syn.:* artig, brav.

ge|sof|fen [ɡəˈzɔfn̩]: ↑ saufen.

ge|so|gen [ɡəˈzoːɡn̩]: ↑ saugen.

ge|spannt [ɡəˈʃpant], gespannter, am gespanntesten ⟨Adj.⟩: **1.** *erwartungsvoll, neugierig:* die Kinder hörten den Geschichte gespannt zu; er ist gespannt auf das Fußballspiel heute Abend; ich bin gespannt, ob sie den Mut dazu hat. **2.** *nicht locker:* die politische Lage ist gespannt; gespannte Beziehungen. *Syn.:* kritisch.

Ge|spenst [ɡəˈʃpɛnst]; -[e]s, -er: *Geist (in*

Menschengestalt): er glaubte nicht an Gespenster; im Dunkeln hat sie Angst vor Gespenstern. *Zus.:* Schlossgespenst.

ge|spens|tisch [ɡəˈʃpɛnstɪʃ], gespenstischer, am gespenstischsten ⟨Adj.⟩: *(wie ein Gespenst) unheimlich, Angst hervorrufend:* eine gespenstische Geschichte; in dem alten Haus ist es sehr gespenstisch. *Syn.:* makaber.

ge|spon|nen [ɡəˈʃpɔnən]: ↑ spinnen.

Ge|spräch [ɡəˈʃprɛːç]; -[e]s, -e: *Unterhaltung:* er hat ein langes Gespräch mit seinem Kollegen geführt; an einem Gespräch teilnehmen; etwas in einem [persönlichen] Gespräch klären; sie saß neben dem Telefon und wartete auf ein Gespräch *(einen Anruf)* aus Singapur. *Syn.:* Besprechung, Diskussion, Erörterung, Unterredung. *Zus.:* Beratungsgespräch, Ferngespräch, Ortsgespräch, Selbstgespräch, Telefongespräch, Verkaufsgespräch, Vorstellungsgespräch.

ge|sprä|chig [ɡəˈʃprɛːçɪç], gesprächiger, am gesprächigsten ⟨Adj.⟩: *gern und oft redend:* sie ist [heute] nicht sehr gesprächig. *Syn.:* geschwätzig (abwertend).

Ge|sprächs|part|ner [ɡəˈʃprɛːçspartnɐ]; -s, -, die **Ge|sprächs|part|ne|rin** [ɡəˈʃprɛːçspartnərɪn]; -, -nen: *Person, mit der man spricht:* er ist ein interessanter Gesprächspartner; sie unterbrach ihre Gesprächspartnerin.

Ge|sprächs|the|ma [ɡəˈʃprɛːçsteːma]; -s, Gesprächsthemen [ɡəˈʃprɛːçsteːmən]: *Gegenstand eines Gesprächs:* das Wetter ist immer ein geeignetes Gesprächsthema.

Ge|spür [ɡəˈʃpyːɐ̯]; -s: *Fähigkeit, etwas [im Voraus] zu erfassen, zu ahnen:* ein ausgeprägtes, sicheres Gespür für etwas haben; er hatte ein sicheres Gespür für neue Trends. *Syn.:* Gefühl, Instinkt, Sinn.

Ge|stalt [ɡəˈʃtalt]; -, -en: **1.** ⟨ohne Plural⟩ *sichtbare äußere Erscheinung:* er hat eine kräftige Gestalt; sie ist zierlich von Gestalt. *Syn.:* Figur, Konstitution, Körper. **2.** *von einem Dichter geschaffene Figur:* die Gestalt des Hamlet. *Syn.:* Person, Rolle. *Zus.:* Fantasiegestalt, Frauengestalt, Romangestalt. **3.** *Form eines Gegenstandes:* die Wolke hat die Gestalt eines Drachen.

ge|stal|ten [ɡəˈʃtaltn̩], gestaltet, gestaltete, gestaltet ⟨tr.; hat; etw. g.⟩: *(einer Sache) eine bestimmte Form, ein bestimmtes Aussehen geben:* die Wohnung nach seinen Wünschen gestalten; der Abend wurde sehr unterhaltsam gestaltet; nach dem Tod ihres Mannes hat sie ihr Leben völlig neu gestaltet. *Syn.:* bilden, formen, prägen.

ge|stand [ɡəˈʃtant]: ↑ gestehen.

ge|stan|den [ɡəˈʃtandn̩]: ↑ gestehen.

ge|stan|den [ɡəˈʃtandn̩]: ↑ stehen.

das **Ge|ständ|nis** [ɡəˈʃtɛntnɪs]; -ses, -se: *Erklärung, mit der man eine Schuld zugibt:* der Täter legte ein [umfassendes] Geständnis ab; ich muss dir ein Geständnis machen; sein Geständnis widerrufen. *Syn.:* Beichte. *Zus.:* Schuldgeständnis.

der **Ge|stank** [ɡəˈʃtaŋk]; -[e]s: *sehr unangenehmer Geruch:* woher kommt der schreckliche Gestank?; der Gestank war fürchterlich und nicht mehr zu ertragen. *Syn.:* Geruch, Mief (salopp abwertend). *Zus.:* Benzingestank.

ge|stat|ten [ɡəˈʃtatn̩], gestattet, gestattete, gestattet ⟨tr.; hat⟩: **1.** ⟨jmdm. etw. g.⟩ *[förmlich] erlauben:* er gestattete mir, die Bibliothek zu benutzen; gestatten Sie, dass ich das Fenster öffne?; Rauchen nicht gestattet. *Syn.:* akzeptieren, billigen, genehmigen, zulassen. **2.** ⟨sich (Dativ) etw. g.⟩ *[förmlich] erlauben:* ich gestatte mir gewisse Freiheiten; diesen Luxus gestattete sie sich von Zeit zu Zeit; wenn ich mir eine Frage gestatten darf: Woher kommen Sie?

die **Ges|te** [ˈɡɛstə]; -, -n: *Bewegung der Hände oder Arme während des Sprechens:* er sprach mit lebhaften Gesten; sie machte eine zustimmende Geste. *Syn.:* Gebärde.

ge|ste|hen [ɡəˈʃteːən], gesteht, gestand, gestanden ⟨tr.; hat; [jmdm.] etw. g.⟩: **1.** *(etwas Unrechtes) zugeben:* eine Schuld gestehen; sie hat dem Polizisten die Tat gestanden; er hat gestanden, dass er den Mord begangen hat; »Ich habe dein Zimmer durchsucht«, gestand er kleinlaut; ⟨auch itr.⟩ der Verdächtige hat gestanden. *Syn.:* beichten, bekennen. **2.** *mitteilen:* er gestand ihr seine Liebe; ich muss gestehen, dass ich großen Hunger habe; offen gestanden habe ich Angst vor dieser Entscheidung. *Syn.:* zugeben.

das **Ge|stell** [ɡəˈʃtɛl]; -[e]s, -e: **1.** *Aufbau aus Stangen, Brettern o. Ä., auf den man etwas stellen oder legen kann:* die Flaschen liegen auf einem Gestell. *Syn.:* Regal, Ständer. *Zus.:* Büchergestell, Flaschengestell, Holzgestell, Wäschegestell. **2.** *fester Rahmen:* das Gestell der Brille ist zerbrochen. *Zus.:* Bettgestell, Brillengestell, Drahtgestell.

ges|tern [ˈɡɛstɐn] ⟨Adverb⟩: *am Tag vor heute:* ich habe ihn gestern gesehen; gestern Morgen war sie nicht in der Schule; gestern Abend.

ge|stie|gen [ɡəˈʃtiːɡn̩]: ↑ steigen.

ge|sto|chen [ɡəˈʃtɔxn̩]: ↑ stechen.

ge|stoh|len [ɡəˈʃtoːlən]: ↑ stehlen.

ge|stor|ben [ɡəˈʃtɔrbn̩]: ↑ sterben.

ge|streift [ɡəˈʃtraɪft] ⟨Adj.⟩: *mit Streifen:* blau, längs, quer gestreift; ein blau-weiß gestreiftes Oberhemd; der Tiger hat ein gestreiftes Fell.

ge|stri|chen [ɡəˈʃtrɪçn̩]: ↑ streichen.

gest|rig [ˈɡɛstrɪç] ⟨Adj.⟩: *von gestern:* es stand in der gestrigen Zeitung; unser gestriges Gespräch.

ge|strit|ten [ɡəˈʃtrɪtn̩]: ↑ streiten.

ge|stun|ken [ɡəˈʃtʊŋkn̩]: ↑ stinken.

ge|sund [ɡəˈzʊnt], gesünder, am gesündesten ⟨Adj.⟩: **1.** *ohne Krankheit* /Ggs. krank/: ein gesundes Kind; gesunde Zähne haben; gesund bleiben, sein, werden. *Syn.:* fit. *Zus.:* kerngesund. **2.** *gut für die Gesundheit:* gesunde Luft; Radfahren ist gesund; sich gesund ernähren.

ge|sun|den [ɡəˈzʊndn̩], gesundet, gesundete, gesundet ⟨itr.; ist⟩: *gesund werden:* nach der schweren Krankheit ist er schnell wieder gesundet. *Syn.:* sich erholen, genesen (geh.).

die **Ge|sund|heit** [ɡəˈzʊnthaɪt]; -: *das Gesundsein* /Ggs. Krankheit/: eine gute, kernige Gesundheit haben; du musst etwas für deine Gesundheit tun; achten Sie auf Ihre Gesundheit; Gesundheit! (Ausruf, wenn jemand gerade geniest hat); (schweiz.) Gesundheit! (als Trinkspruch)

ge|sund|heit|lich [ɡəˈzʊnthaɪtlɪç] ⟨Adj.⟩: *die Gesundheit betreffend:* er hat große gesundheitliche Probleme; aus gesundheitlichen Gründen kann sie zurzeit nicht arbeiten; es geht ihm gesundheitlich besser. *Syn.:* körperlich, physisch.

ge|sun|gen [ɡəˈzʊŋən]: ↑ singen.

ge|sun|ken [ɡəˈzʊŋkn̩]: ↑ sinken.

ge|tan: ↑ tun.

das **Ge|tränk** [ɡəˈtrɛŋk]; -[e]s, -e: *Flüssigkeit zum Trinken:* ein heißes, kaltes, alkoholfreies, erfrischendes Getränk; an der Bar die Getränke bestellen. *Zus.:* Erfrischungsgetränk, Heißgetränk.

der **Ge|trän|ke|markt** [ɡəˈtrɛŋkəmarkt]; -[e]s, Getränkemärkte [ɡəˈtrɛŋkəmɛrktə]: *größeres Geschäft, in dem [nur] Getränke verkauft werden:* er fuhr in den Getränkemarkt und kaufte eine Kiste Bier.

das **Ge|trei|de** [ɡəˈtraɪdə]; -s, -: *Pflanzen wie Weizen, Hafer, Roggen, aus denen u. a.*

Mehl gewonnen wird: der Landwirt baut Getreide an; das reife Getreide wird geerntet. *Syn.:* ¹Korn. *Zus.:* Futtergetreide, Sommergetreide, Wintergetreide.

das **Ge|trie|be** [gə'triːbə]; -s, -: *Vorrichtung in Maschinen und Fahrzeugen, die Bewegungen überträgt:* ein automatisches Getriebe; das Getriebe in meinem Auto ist kaputt. *Zus.:* Automatikgetriebe, Fünfganggetriebe, Schaltgetriebe.

ge|trie|ben [gə'triːbn̩]: ↑ treiben.

ge|trof|fen [gə'trɔfn̩]: ↑ treffen.

das **Ge|wächs** [gə'vɛks]; -es, -e: *(nicht näher charakterisierte) Pflanze:* in seinem Garten gibt es seltene Gewächse.

ge|wach|sen [gə'vaksn̩]: in der Verbindung* jmdm., einer Sache gewachsen sein: *sich gegen jmdn. behaupten können, etwas bewältigen können:* seinem Gegner, einem Problem, der Situation gewachsen sein.

ge|wagt [gə'vaːkt], gewagter, am gewagtesten ⟨Adj.⟩: *mit hohem Risiko verbunden:* ein gewagtes Unternehmen; eine solche Vorgehensweise wäre mir zu gewagt. *Syn.:* riskant.

die **Ge|währ** [gə'vɛːɐ̯]; -: *die Versicherung, dass etwas sich als zutreffend erweist:* ein hoher Preis ist noch keine Gewähr für Qualität; die Angaben erfolgen, sind ohne Gewähr [für die Richtigkeit]. *Syn.:* Garantie.

ge|wäh|ren [gə'vɛːrən], gewährt, gewährte, gewährt ⟨tr.; hat; jmdm. etw. g.⟩: *etwas Gewünschtes (großzügig) geben:* die Bank gewährte dem Unternehmen einen hohen Kredit; die Kirche gewährte den Flüchtlingen Unterkunft und Schutz. *Syn.:* bewilligen, zugestehen.

ge|währ|leis|ten [gə'vɛːɐ̯ˌlaɪstn̩], gewährleistet, gewährleistete, gewährleistet ⟨tr.; hat; etw. g.⟩: *dafür sorgen, dass etwas so ist, wie man es erwarten kann:* jmds. Sicherheit gewährleisten. *Syn.:* garantieren.

die **Ge|walt** [gə'valt]; -, -en: **1.** *Macht, über jmdn., etwas zu bestimmen, zu herrschen:* die elterliche, staatliche Gewalt; Gewalt über jmdn. haben. *Zus.:* Befehlsgewalt, Staatsgewalt. **2.** ⟨ohne Plural⟩ *rücksichtslos ausgeübte Macht:* in einer Diktatur geht Gewalt vor Recht. **3.** ⟨ohne Plural⟩ *körperliche Kraft:* er öffnete die Tür mit Gewalt; der Betrunkene wurde mit Gewalt aus der Gaststätte gebracht. **4.** *natürliche starke Kraft:* die Gewalt des Sturms, der Wellen. *Zus.:* Naturgewalt.

ge|wal|tig [gə'valtɪç], gewaltiger, am gewaltigsten ⟨Adj.⟩ (emotional): *sehr groß:* ein gewaltiger Felsen; er hat gewaltige Schmerzen; sie hatte einen gewaltigen Hunger. *Syn.:* enorm, gigantisch, mächtig (ugs.).

ge|walt|sam [gə'valtzaːm], gewaltsamer, am gewaltsamsten ⟨Adj.⟩: *mit Gewalt [durchgeführt]:* er öffnete die Tür gewaltsam; der Streik wurde gewaltsam beendet.

ge|wann [gə'van]: ↑ gewinnen.

das **Ge|wäs|ser** [gə'vɛsɐ]; -s, -: *größere, beständige Ansammlung von Wasser* (zum Beispiel Teich, Fluss, Meer): ein stehendes, fließendes Gewässer; sie fischen in internationalen Gewässern.

das **Ge|we|be** [gə'veːbə]; -s, -: **1.** *aus Fäden gewebter Stoff:* ein feines, grobes Gewebe. *Zus.:* Baumwollgewebe, Leinengewebe, Mischgewebe. **2.** *Substanz, die aus miteinander in Zusammenhang stehenden Zellen besteht* (bei Pflanzen, Tieren und beim Menschen): die Gewebe des Körpers. *Zus.:* Fettgewebe.

das **Ge|wehr** [gə'veːɐ̯]; -[e]s, -e: *größere Schusswaffe:* das Gewehr laden. *Zus.:* Jagdgewehr, Luftgewehr.

das **Ge|weih** [gə'vaɪ]; -[e]s, -e: *etwas, das wie Hörner auf dem Kopf von Hirschen wächst und Zacken hat:* im Winter verlieren die Tiere ihr Geweih. *Zus.:* Hirschgeweih.

das **Ge|wer|be** [gə'vɛrbə]; -s, -: *selbstständige berufliche Tätigkeit in bestimmten Bereichen:* ein Gewerbe ausüben; sein Gewerbe ist der Handel mit alten Autos.

die **Ge|werk|schaft** [gə'vɛrkʃaft]; -, -en: *Organisation der Arbeitnehmer[innen]:* die Gewerkschaft der Transportarbeiter; sie ist in der Gewerkschaft. *Zus.:* Industriegewerkschaft, Postgewerkschaft.

der **Ge|werk|schaf|ter** [gə'vɛrkʃaftɐ]; -s, -, die **Ge|werk|schaf|te|rin** [gə'vɛrkʃaftərɪn]; -, -nen, der **Ge|werk|schaft|ler** [gə'vɛrkʃaftlɐ]; -s, -, die **Ge|werk|schaft|le|rin** [gə'vɛrkʃaftlərɪn]; -, -nen: *Mitglied einer Gewerkschaft:* als erfahrene Gewerkschafterin konnte sie gut mit dem Arbeitgeber verhandeln.

ge|we|sen [gə'veːzn̩]: ↑ sein.

das **Ge|wicht** [gə'vɪçt]; -[e]s, -e: **1.** ⟨ohne Plural⟩ *Last eines Körpers:* das Paket hatte ein Gewicht von 3 kg; bitte tragen Sie Ihr Gewicht in das Formular ein. *Zus.:* Bruttogewicht, Gesamtgewicht, Körpergewicht, Nettogewicht, Übergewicht. **2.** *zum Wiegen als Maß verwendeter Körper:* er legte drei Gewichte auf die

Waage. **3.** *Bedeutung:* dieser Vorfall hat kein Gewicht, ist ohne Gewicht.

ge|wich|tig [gə'vɪçtɪç], gewichtiger, am gewichtigsten ⟨Adj.⟩: *[in einem bestimmten Zusammenhang] bedeutungsvoll:* sie hat gewichtige Gründe für ihre Ansicht.

das **Ge|win|de** [gə'vɪndə]; -s, -: *an einer Schraube oder in der Mutter einer Schraube in Form einer Spirale eingeschnittene Rille:* die Schraube ließ sich nicht mehr verwenden, weil das Gewinde beschädigt war.

der **Ge|winn** [gə'vɪn]; -[e]s, -e: **1.** *das, was übrig bleibt, wenn man von den Einnahmen die Kosten abzieht* /Ggs. Verlust/: das Unternehmen arbeitet mit Gewinn, macht Gewinne; es wurde ein Gewinn von 5 % erreicht. *Syn.:* Ertrag, Profit, Überschuss. **2.** *etwas, was als Preis bei einem Wettbewerb oder bei einer Lotterie ausgesetzt worden ist:* zu den Gewinnen gehört eine Reise in die USA. *Zus.:* Hauptgewinn.

ge|win|nen [gə'vɪnən], gewinnt, gewann, gewonnen ⟨tr.; hat⟩: **1.** ⟨etw. g.⟩ *(in etwas) Sieger sein* /Ggs. verlieren/: ein Spiel, einen Kampf, Prozess gewinnen; er gewann die Meisterschaft; ⟨auch itr.⟩ sie hat [in diesem Spiel] hoch gewonnen, gegen alle anderen gewonnen. **2.** ⟨etw. g.⟩ *erlangen, bekommen:* einen Vorteil, einen Vorsprung gewinnen; er hat im Lotto 100 Euro gewonnen. **3.** ⟨jmdn. für etw. g.⟩ *dazu bringen, sich an etwas zu beteiligen:* die Firma hat für das Projekt eine bekannte Wissenschaftlerin gewonnen.

der **Ge|win|ner** [gə'vɪnɐ]; -s, -, die **Ge|win|ne|rin** [gə'vɪnərɪn]; -, -nen: *Person, die bei einem Wettbewerb oder bei einer Lotterie gewonnen hat:* die Gewinnerin des ersten Preises ist eine Schülerin aus Berlin.

ge|wiss [gə'vɪs] ⟨Adj.⟩: **1.** ⟨gewisser, am gewissesten⟩ *ohne jeden Zweifel* /Ggs. ungewiss/: seine Niederlage, Bestrafung ist gewiss; so viel ist gewiss: Dieses Jahr können wir nicht verreisen. *Syn.:* sicher. *Zus.:* siegesgewiss. **2.** *nicht näher bezeichnet:* in gewissen Kreisen spricht man über diese Vorgänge.

das **Ge|wis|sen** [gə'vɪsn̩]; -s, -: *auf das eigene Handeln bezogenes Bewusstsein von Gut und Böse:* ein gutes, reines Gewissen haben *(sich keiner Schuld bewusst sein);* ihn quält sein schlechtes Gewissen.

ge|wis|sen|haft [gə'vɪsn̩haft], gewissenhafter, am gewissenhaftesten ⟨Adj.⟩: *sehr sorgfältig vorgehend:* ein gewissenhafter Beamter; gewissenhaft arbeiten.

ge|wis|sen|los [gə'vɪsn̩lo:s], gewissenloser, am gewissenlosesten ⟨Adj.⟩: *ohne jede moralische Hemmung:* ein gewissenloser Verbrecher.

ge|wis|ser|ma|ßen [gə'vɪsɐ'ma:sn̩] ⟨Adverb⟩: *in gewissem Sinne, Grade:* sie war gewissermaßen gezwungen, so zu handeln. *Syn.:* sozusagen.

die **Ge|wiss|heit** [gə'vɪshait]; -: *sicheres Wissen:* ich muss Gewissheit darüber bekommen, ob er uns betrügt oder nicht.

das **Ge|wit|ter** [gə'vɪtɐ]; -s, -: *Unwetter mit Blitz, Donner [und heftigem Regen]:* ein schweres, nächtliches Gewitter; am Abend soll es Gewitter geben.

ge|wo|gen [gə'vo:gn̩]: ↑ wiegen.

ge|wöh|nen [gə'vø:nən], gewöhnt, gewöhnt, gewöhnt ⟨tr.; hat; sich an jmdn., etw. g.⟩: *(mit jmdm., etwas) vertraut machen:* ein Kind an Sauberkeit gewöhnen; sie konnte sich nicht an die Kälte, an den neuen Kollegen gewöhnen; man gewöhnt sich an alles.

die **Ge|wohn|heit** [gə'vo:nhait]; -, -en: *das, was man immer wieder tut, sodass es schon selbstverständlich ist:* das abendliche Glas Wein war ihm zur Gewohnheit geworden; sie hatte aus Gewohnheit noch einmal die alte Telefonnummer gewählt. *Zus.:* Essgewohnheit, Kaufgewohnheit.

ge|wöhn|lich [gə'vø:nlɪç], gewöhnlicher, am gewöhnlichsten ⟨Adj.⟩: *durchschnittlichen, normalen Verhältnissen entsprechend:* unsere gewöhnliche Beschäftigung; ein Mensch wie er findet sich im gewöhnlichen Leben nur schwer zurecht; [für] gewöhnlich kommt sie um sieben.

ge|wohnt [gə'vo:nt], gewohnter, am gewohntesten ⟨Adj.⟩: *vertraut, zur Gewohnheit geworden:* die gewohnte Arbeit, Umgebung; * **etwas gewohnt sein:** *an etwas gewöhnt sein, mit etwas vertraut sein:* sie ist [es] nicht gewohnt, früh aufzustehen; er ist schwere Arbeit gewohnt.

ge|won|nen [gə'vɔnən]: ↑ gewinnen.

ge|wor|fen [gə'vɔrfn̩]: ↑ werfen.

das **Ge|würz** [gə'vʏrts]; -es, -e: *(häufig aus Teilen von bestimmten Pflanzen bestehendes) Mittel zum Würzen von Speisen:* ein scharfes Gewürz; wir kochen gerne mit Kräutern und Gewürzen.

ge|wusst [gə'vʊst]: ↑ wissen.

die **Ge|zei|ten** [gə'tsaitn̩] ⟨Plural⟩: *Ebbe und Flut in ihrem Wechsel:* am Meer muss man die Gezeiten berücksichtigen.

ge|zo|gen [gə'tso:gn̩]: ↑ziehen.
ge|zwun|gen [gə'tsvʊŋən]: ↑zwingen.
ge|zwun|ge|ner|ma|ßen [gə'tsvʊŋənə-
'ma:sn̩] ⟨Adverb⟩: *einem Zwang folgend:*
da kein Bus mehr fuhr, gingen wir
gezwungenermaßen zu Fuß nach Hause.
gibt [gi:pt]: ↑geben.
der **Gie|bel** ['gi:bl̩]; -s, -: *der obere, spitze Teil
der Wand eines Gebäudes, der auf beiden
Seiten von der schrägen Kante des Dachs
begrenzt wird:* am Giebel des Rathauses
war eine große Uhr angebracht.

der Giebel

die **Gier** [gi:ɐ̯]; -: *(auf Genuss oder Besitz
gerichtetes) sehr heftiges Verlangen:*
seine Gier nach Macht und Einfluss war
allen bekannt; in ihrer Gier aß sie die
ganze Tafel Schokolade auf einmal. *Zus.:*
Geldgier, Habgier, Machtgier.
gie|rig ['gi:rɪç], gieriger, am gierigsten
⟨Adj.⟩: *von Gier erfüllt:* gierige Blicke;
gierig trank sie das Glas leer.
gie|ßen ['gi:sn̩], gießt, goss, gegossen:
1. ⟨tr.; hat; etw. irgendwohin g.⟩ *(eine
Flüssigkeit) aus einem Gefäß fließen lassen:* Tee in die Tasse gießen; ich habe
mir den Kaffee aufs/übers Kleid gegos-
sen. *Syn.:* schütten. **2.** ⟨tr.; hat; etw. g.⟩
(Pflanzen) mit Wasser versorgen: ich
muss noch die Blumen gießen.
3. ⟨unpers.⟩ (ugs.) *stark regnen:* es gießt
in Strömen.
das **Gift** [gɪft]; -[e]s, -e: *Stoff, der im Körper
eine schädliche oder tödliche Wirkung
hat:* ein sofort wirkendes Gift; sie hat
Gift genommen *(sich durch Gift selbst
getötet). Zus.:* Rattengift, Schlangengift.
gif|tig ['gɪftɪç], giftiger, am giftigsten ⟨Adj.⟩:
1. *ein Gift enthaltend:* giftige Pflanzen,
Pilze; giftige Stoffe dürfen nicht in die
Umwelt gelangen. **2.** (ugs.) *böse und voll
Hass:* ihre giftigen Bemerkungen hatten
ihn sehr gekränkt. *Syn.:* gehässig.
gi|gan|tisch [gi'gantɪʃ], gigantischer, am
gigantischsten ⟨Adj.⟩: *außerordentlich
groß:* es wurden gigantische Summen
investiert; ein gigantisches Unternehmen. *Syn.:* riesig, ungeheuer.
gilt [gɪlt]: ↑gelten.
ging [gɪŋ]: ↑gehen.
der **Gip|fel** ['gɪpfl̩]; -s, -: **1.** *Spitze eines hohen
Berges:* auf einen Gipfel steigen. **2.** *höchs-*

ter Punkt in einer Entwicklung: er ist auf
dem Gipfel seiner Karriere. *Syn.:* Höhepunkt.
der **Gips** [gɪps]; -es: *weißes Pulver, das mit
Wasser vermischt zu einer harten Masse
wird:* ein Loch in der Wand mit Gips verschmieren; eine Büste aus Gips; sie hat
den rechten Arm in Gips *(in einem mit
Gips starr gemachten Verband).*
die **Gi|raf|fe** [gi'rafə]; -, -n: *großes Tier aus
Afrika mit sehr langem Hals, langen Beinen und gelbem Fell mit großen braunen
Flecken:* im Zoo ist eine junge Giraffe
geboren worden.

die Giraffe

die **Gir|lan|de** [gɪr'landə]; -, -n: *längere Schnur
mit Blumen, Blättern oder buntem
Papier, die als Schmuck in Räumen oder
an Häusern angebracht wird:* der Saal,
die Straße war mit bunten Girlanden
geschmückt.

die Girlande

das **Gi|ro|kon|to** ['ʒi:rokɔnto]; -s, Girokonten
['ʒi:rokɔntn̩]: *Konto, mit dessen Hilfe
man ohne Bargeld zahlen kann:* ein Girokonto eröffnen, bei einer Bank haben;
einen Betrag auf ein Girokonto überwei-
sen, vom Girokonto abbuchen lassen.
die **Gi|tar|re** [gi'tarə]; -, -n: *Musikinstrument
mit flachem Körper und langem Hals mit
sechs Saiten:* sie begleitet sich selbst auf
der Gitarre.

die Gitarre

das **Git|ter** ['gɪtɐ]; -s, -: *aus (parallelen) Stäben
bestehende Vorrichtung, die etwas
absperrt:* ein Haus mit Gittern vor den
Fenstern.
die **Gla|ce** ['glasə]; -, -n (schweiz.): *Eis (zum
Essen):* eine gemischte Glace; eine Kugel
Glace essen.
der **Glanz** [glants]; -es: *Licht, das sich auf einer
glatten Fläche spiegelt:* der Glanz des
Goldes; der seidige Glanz ihrer Haare.
Zus.: Lichterglanz, Seidenglanz.

G

glän|zen ['glɛntsn̩], glänzt, glänzte, geglänzt ⟨itr.; hat⟩: **1.** *Glanz haben, ein Licht spiegeln:* das frisch gewaschene Auto glänzt in der Sonne; seine Augen glänzten vor Freude. **2.** *Bewunderung hervorrufen:* sie glänzte durch ihr Wissen, Können; er hat glänzende *(hervorragende)* Zeugnisse.

das **Glas** [glaːs], -es, Gläser ['glɛːzɐ]: **1.** ⟨ohne Plural⟩ *hartes, leicht zerbrechliches, meist durchsichtiges Material:* farbiges, gepresstes Glas; Glas blasen, schleifen. *Zus.:* Fensterglas. **2.** *gläsernes Gefäß zum Trinken:* sein Glas erheben, leeren; (als Maßangabe) fünf Glas Bier. *Zus.:* Bierglas, Schnapsglas, Sektglas, Weinglas. **3.** *gläsernes Gefäß, in dem etwas aufgehoben wird:* Gläser für Honig, Bonbons. *Zus.:* Gurkenglas, Marmeladenglas.

glä|sern ['glɛːzɐn] ⟨Adj.⟩: *aus Glas hergestellt:* eine gläserne Tür.

die **Gla|sur** [glaˈzuːɐ̯], -, -en: *wie Glas aussehende, glänzende äußere Schicht:* die Glasur an der Vase ist abgesprungen.

glatt [glat], glatter, am glattesten ⟨Adj.⟩: **1.** *ohne raue, unebene Stellen:* eine glatte Fläche; der Wasserspiegel ist ganz glatt. **2.** *so, dass man leicht darauf ausrutscht:* die Straßen sind glatt; er ist auf den glatten Steinen ausgerutscht. *Zus.:* eisglatt, regenglatt. **3.** *ohne Schwierigkeiten, Komplikationen:* die Operation ist glatt verlaufen. *Syn.:* problemlos.

die **Glät|te** ['glɛtə], -: **1.** *Eigenschaft, glatt zu sein:* die Glätte der Wasseroberfläche. **2.** *Eigenschaft, so glatt zu sein, dass man leicht ausrutscht:* die Glätte des Parketts; die Glätte der Straße bei Glatteis. *Zus.:* Eisglätte, Straßenglätte.

das **Glatt|eis** ['glat|ais], -es: *dünne, glatte Schicht Eis auf der Straße:* bei Glatteis muss Sand auf die Wege gestreut werden.

glät|ten ['glɛtn̩], glättet, glättete, geglättet ⟨tr.; hat; etw. g.⟩: *[wieder] glatt machen:* die Falten des Kleides glätten.

die **Glat|ze** ['glatsə], -, -n: *kahle Stelle auf dem Kopf, kahler Kopf:* eine Glatze bekommen; sich eine Glatze rasieren; er hatte schon mit dreißig Jahren eine Glatze.

der **Glau|be** ['glaubə], -ns: **1.** *nicht von Beweisen abhängige Überzeugung:* ein starker, unerschütterlicher Glaube. *Zus.:* Fortschrittsglaube, Wunderglaube. **2.** *religiöse Überzeugung; Konfession:* der christliche, jüdische, islamische Glaube.

glau|ben ['glaubn̩], glaubt, glaubte, geglaubt: **1.** ⟨tr.; hat; etw. g.⟩ *einer*

bestimmten Überzeugung sein:* er glaubte, sie gesehen zu haben; das glaube ich auch; glaubst du, dass er kommt? **2.** ⟨tr.; hat; jmdm. etw. g.⟩ *ohne Beweise für wahr halten:* das glaube ich dir nicht; du darfst nicht alles glauben, was er sagt. **3.** ⟨itr.; hat; an jmdn., an etw. g.⟩ *jmdm., einer Sache vertrauen:* glaube an sie, an ihre Zuverlässigkeit; an das Gute im Menschen glauben. **4.** ⟨itr.; hat; an jmdn., etw. g.⟩ *von der Wahrheit einer bestimmten religiösen Vorstellung überzeugt sein:* an Gott glauben; sie glaubt, dass schlechte Menschen in die Hölle kommen.

glaub|haft ['glauphaft], glaubhafter, am glaubhaftesten ⟨Adj.⟩: *wahr erscheinend:* eine glaubhafte Entschuldigung; ihre Beschreibung des Vorfalls klingt glaubhaft. *Syn.:* glaubwürdig.

gläu|big ['glɔybɪç], gläubiger, am gläubigsten ⟨Adj.⟩: *eine bestimmte religiöse Überzeugung habend:* ein gläubiger Christ; eine gläubige Muslimin, Jüdin; die ganze Familie ist sehr gläubig. *Syn.:* fromm, religiös.

der *und* die **Gläu|bi|ge** ['glɔybɪɡə], -n, -n ⟨aber: [ein] Gläubiger, [eine] Gläubige, Plural: [viele] Gläubige⟩: *gläubiger, religiöser Mensch:* am Sonntag versammeln sich die Gläubigen in der Kirche.

glaub|wür|dig ['glaupvʏrdɪç], glaubwürdiger, am glaubwürdigsten ⟨Adj.⟩: *so, dass man der Person, der Sache glauben kann:* sie machte eine glaubwürdige Aussage; der Zeuge erschien allen glaubwürdig.

¹**gleich** [glaiç] ⟨Adj.⟩: **1.** *in seinen Merkmalen völlig übereinstimmend:* die gleiche Farbe, Wirkung; das gleiche Ziel haben; gleich alt, groß sein; wir haben am gleichen Tag Geburtstag; die beiden Schwestern haben die gleiche Figur. **2.** *gleichgültig:* es war ihr völlig gleich, was die Leute sagten.

²**gleich** [glaiç] ⟨Adverb⟩: **1.** *in kurzer Zeit:* ich komme gleich; wir sind gleich fertig; du brauchst nicht gleich aufzugeben, wenn etwas nicht klappt; ich habe dir gleich *(von Anfang an)* gesagt, es wird Schwierigkeiten geben. *Syn.:* sofort. **2.** *ganz in der Nähe:* sein Zimmer ist gleich neben der Treppe; gleich hinter dem Haus beginnt der Wald.

gleich- [glaiç] ⟨trennbares, betontes verbales Präfix⟩: drückt aus, dass etwas übereinstimmend ist oder werden soll: gleichkommen; gleichstellen; gleichziehen.

gleich|be|rech|tigt [ˈɡlaɪçbəreçtɪçt] ⟨Adj.⟩: *die gleichen Rechte habend:* Frauen und Männer sollen auch in der Politik gleichberechtigt sein; die verschiedenen Interessen stehen gleichberechtigt nebeneinander.

die **Gleich|be|rech|ti|gung** [ˈɡlaɪçbəreçtɪɡʊŋ]; -: *das Bestehen von gleichen Rechten:* für die Gleichberechtigung [der Frau] kämpfen. *Syn.:* Emanzipation.

glei|chen [ˈɡlaɪçn̩], gleicht, glich, geglichen ⟨itr.; hat; jmdm., etw. g.⟩: *sehr ähnlich sein:* die Brüder gleichen sich/einander wie ein Ei dem andern.

gleich|falls [ˈɡlaɪçfals] ⟨Adverb⟩: *auch, ebenfalls:* der Mann blieb gleichfalls stehen; »Guten Appetit!« – »Danke, gleichfalls!« (*ich wünsche Ihnen das Gleiche*).

das **Gleich|ge|wicht** [ˈɡlaɪçɡəvɪçt]; -[e]s: **1.** *stabiler Zustand eines Körpers, in dem er nicht schwankt oder kippt:* sie verlor das Gleichgewicht und fiel ins Wasser. **2.** *innere, seelische Ruhe:* lange nach der Krise hat sie schließlich ihr Gleichgewicht wieder gefunden.

gleich|gül|tig [ˈɡlaɪçɡʏltɪç], gleichgültiger, am gleichgültigsten ⟨Adj.⟩: **1.** *ohne seelisch von etwas berührt zu werden:* gegen alles gleichgültig bleiben, sein; die Sache ließ ihn völlig gleichgültig. **2.** *ohne Bedeutung:* über gleichgültige Dinge sprechen; die Sache war ihr völlig gleichgültig. *Syn.:* bedeutungslos, unwichtig.

die **Gleich|heit** [ˈɡlaɪçhaɪt]; -: *gleiche rechtliche Stellung:* die Gleichheit aller Menschen vor dem Gesetz.

gleich|mä|ßig [ˈɡlaɪçmɛːsɪç], gleichmäßiger, am gleichmäßigsten ⟨Adj.⟩: **1.** *ruhig und regelmäßig:* ein gleichmäßiger Puls; gleichmäßig atmen. **2.** *zu gleichen Teilen aufgeteilt:* die Arbeiten gleichmäßig verteilen.

gleich|set|zen [ˈɡlaɪçzɛtsn̩], setzt gleich, setzte gleich, gleichgesetzt ⟨tr.; hat⟩: *als dasselbe ansehen:* Weihnachten kann man nicht mit Schenken gleichsetzen.

gleich|stel|len [ˈɡlaɪçʃtɛlən], stellt gleich, stellte gleich, gleichgestellt ⟨tr.; hat; jmdn. [jmdm., mit jmdm.] g.⟩: *gleich behandeln, auf die gleiche Stufe stellen:* die Arbeiter wurden den Angestellten / mit den Angestellten gleichgestellt; Frauen und Männer müssen endlich rechtlich gleichgestellt werden.

die **Gleich|stel|lung** [ˈɡlaɪçʃtɛlʊŋ]; -, -en: *das Gleichstellen:* sie kämpft für die Gleichstellung von Frauen und Männern in der Gesellschaft.

die **Glei|chung** [ˈɡlaɪçʊŋ]; -, -en: *(durch eine Reihe von Zeichen dargestelltes) Gleichsetzen zweier mathematischer Größen:* eine Gleichung mit mehreren Unbekannten; die Gleichung geht auf.

gleich|wer|tig [ˈɡlaɪçveːɐ̯tɪç] ⟨Adj.⟩: *ebenso viel wert:* wir suchen einen gleichwertigen Ersatz für das verlorene Stück.

gleich|zei|tig [ˈɡlaɪçtsaɪtɪç] ⟨Adj.⟩: *zur gleichen Zeit [stattfindend]:* alle redeten gleichzeitig; ich kann gleichzeitig telefonieren und im Internet surfen.

das **Gleis** [ɡlaɪs]; -es, -e: *die Schienen, auf denen die Eisenbahn oder Straßenbahn fährt:* die Gleise überqueren; der Zug steht auf Gleis 4 (*am Bahnsteig*). *Zus.:* Abstellgleis.

glei|ten [ˈɡlaɪtn̩], gleitet, glitt, geglitten ⟨itr.; ist⟩: **1.** *sich leicht (und lautlos) auf einer Fläche oder durch die Luft bewegen:* Schlitten gleiten über das Eis; das Segelschiff glitt in die Bucht; Adler gleiten durch die Luft. **2.** (ugs.) *Anfang und Ende der täglichen Arbeitszeit im Rahmen einer Vereinbarung frei wählen:* kannst du in deiner Firma gleiten?; wir haben gleitende Arbeitszeit.

glich [ɡlɪç]: ↑ gleichen.

das **Glied** [ɡliːt]; -[e]s, -er: **1.** *Teil eines Ganzen:* die Glieder einer Kette; ein nützliches Glied der Gesellschaft. **2.** *männliches Geschlechtsorgan:* das männliche Glied. *Syn.:* Penis.

glie|dern [ˈɡliːdɐn], gliedert, gliederte, gegliedert ⟨tr.; hat; etw. g.⟩: *in einzelne Abschnitte einteilen:* einen Roman in 10 Kapitel gliedern; der Vortrag war gut, schlecht gegliedert.

die **Glie|de|rung** [ˈɡliːdərʊŋ]; -, -en: *durch Gliedern entstandene Ordnung:* die Gliederung des Vortrages, des Buches; eine Gliederung machen.

die **Glied|ma|ße** [ˈɡliːtmaːsə]; -, -n: *Arm oder Bein beim Menschen, Bein beim Säugetier:* die vorderen, hinteren Gliedmaßen des Hundes; das Kind hat gesunde Gliedmaßen.

glim|men [ˈɡlɪmən], glimmt, glomm/glimmte, geglommen/geglimmt ⟨itr.; hat⟩: *schwach, ohne Flamme brennen:* in der Asche glimmt noch ein Stück Holz.

glit|schig [ˈɡlɪtʃɪç], glitschiger, am glitschigsten ⟨Adj.⟩: *feucht und glatt, sodass man leicht ausrutscht:* der Boden ist glitschig.

glitt [ɡlɪt]: ↑ gleiten.

glit|zern [ˈɡlɪtsɐn], glitzert, glitzerte, geglitzert ⟨itr.; hat⟩: *das Licht in einzel-*

nen Punkten spiegeln: das Eis, der Schnee glitzert; ihr Schmuck glitzerte im Rampenlicht. *Syn.:* blinken.

glo|bal [glo'ba:l], globaler, am globalsten ⟨Adj.⟩: *die ganze Erde betreffend:* eine globale Krise; global denken, lokal handeln.

der **Glo|bus** ['glo:bʊs]; - und -ses, -se, auch: Globen ['glo:bn̩]: *Modell der Erde in Form einer Kugel, die sich drehen lässt:* einen Ort auf dem Globus suchen.

die **Glo|cke** ['glɔkə]; -, -n: **1.** *hohler, nach unten offener Körper aus Metall, der weit klingende Töne erzeugt:* die Glocken läuten. *Zus.:* Kirchenglocke, Kuhglocke, Schiffsglocke. **2.** (österr.) *Klingel:* hast du die Glocke gehört?

glomm [glɔm]: ↑ glimmen.

das **Glück** [glʏk]; -[e]s: **1.** *günstiger Umstand, günstiger Verlauf (den man selbst nicht herbeiführen oder beeinflussen kann)* /Ggs. Pech/: sie hatte bei der Sache großes Glück; wir wünschen dir viel Glück; zum Glück ist nichts Schlimmeres passiert. **2.** *Gefühl der Zufriedenheit; das Glücklichsein:* sein häusliches Glück war ihm wichtiger als die Karriere.

glü|cken ['glʏkn̩], glückt, glückte, geglückt ⟨itr.; ist⟩: *nach Wunsch gehen, geraten* /Ggs. missglücken/: bisher ist ihr alles geglückt; die Torte will mir nicht glücken. *Syn.:* gelingen.

glu|ckern ['glʊkɐn], gluckert, gluckerte, gegluckert ⟨itr.; hat⟩: *(von einer Flüssigkeit) ein leises, dunkel klingendes Geräusch verursachen:* das Wasser gluckert an der Wand des Schiffes.

glück|lich ['glʏklɪç], glücklicher, am glücklichsten ⟨Adj.⟩: **1.** *froh und zufrieden:* ein glückliches, glücklich verheiratetes Paar; glückliche Tage, eine glückliche Zeit verleben; jmdn. glücklich machen; wir wünschen Ihnen ein glückliches neues Jahr. **2.** *auf Glück beruhend:* sie ist glückliche Gewinnerin einer Reise nach Australien; das war ein glücklicher Zufall.

glück|li|cher|wei|se ['glʏklɪçɐ'vaizə] ⟨Adverb⟩: *durch glückliche Umstände:* glücklicherweise wurde niemand verletzt.

das **Glücks|spiel** ['glʏksʃpiːl]; -[e]s, -e: *[verbotenes] Spiel um Geld, bei dem Gewinn und Verlust vom Zufall abhängen:* durch Glücksspiel und Leichtsinn hat er sein ganzes Geld verloren.

der **Glück|wunsch** ['glʏkvʊnʃ]; -[e]s, Glückwünsche ['glʏkvʏnʃə]: *Formel, mit man jmdm. (bei einem bestimmten*

Anlass) Glück wünscht: herzlichen Glückwunsch!; die besten Glückwünsche zum Geburtstag! *Zus.:* Geburtstagsglückwunsch, Neujahrsglückwunsch.

die **Glüh|bir|ne** ['gly:bɪrnə]; -, -n: *(wie eine Birn geformte) Glühlampe:* eine neue Glühbirn [in die Lampe] einschrauben; eine Glühbirne ausdrehen, auswechseln. *Syn.:* Birne

glü|hen ['gly:ən], glüht, glühte, geglüht ⟨itr.; hat⟩: **1.** *rot leuchten und starke Hitze ausstrahlen:* die Kohlen glühen; das Eisen glüht im Feuer. **2.** *vor Hitze stark gerötet sein:* ihre Wangen glühten.

die **Glüh|lam|pe** ['gly:lampə]; -, -n (Fachspr.): *aus Glas bestehender Teil einer Lampe, in dem ein Faden aus Metall durch elektrischen Strom zum Leuchten gebracht wird:* wir verwenden nur die neuen, energiesparenden Glühlampen. *Syn.:* Birne, Glühbirne.

die Glühlampe

der **Glüh|wein** ['gly:vain]; -[e]s, -e: *heiß getrunkener Rotwein mit Zucker und Gewürzen:* auf dem Weihnachtsmarkt tranken wir einen Glühwein.

die **Glut** [glu:t]; -: *glühender, ohne Flamme brennender Teil oder Rest (eines Feuers):* die Zigarette hat keine Glut mehr; im Ofen ist noch ein wenig Glut.

die **Gna|de** ['gna:də]; -: *mitleidiges Verschonen:* der Verbrecher bat um Gnade; sie ließ alle ihre Feinde ohne Gnade töten.

gnä|dig ['gnɛ:dɪç], gnädiger, am gnädigsten ⟨Adj.⟩: *nicht zu streng:* ein gnädiger Richter.

das **Gold** [gɔlt]; -es: *wertvolles Metall von gelber Farbe:* sie trägt nur Schmuck aus reinem Gold.

gol|den ['gɔldn̩] ⟨Adj.⟩: *aus Gold bestehend:* eine goldene Uhr, Münze; ein goldener Ring.

der **Gong** [gɔŋ]; -s, -s: *runde Scheibe aus Metall, die durch einen Schlag zum Klingen gebracht wird:* der Gong ertönte, um das Ende der Pause anzuzeigen.

gön|nen ['gœnən], gönnt, gönnte, gegönnt **1.** ⟨tr.; hat; jmdm. etw. g.⟩ *ohne Neid zugestehen:* dem Lehrer die Ferien, jmdm. seinen Erfolg gönnen; dein Glück gönne ich dir von Herzen. **2.** ⟨sich etw. g.⟩ *sich etwas (Besonderes) erlauben:* ich sollte mir einen Tag Ruhe gönnen; wir werden uns jetzt eine Portion Eis gönnen.

goss [gɔs]: ↑ gießen.

die **Go|tik** [ˈgoːtɪk], -: *Stil in der europäischen Architektur und Kunst des 12. bis 15. Jahrhunderts, der bei Gebäuden besonders durch hohe, spitze Bogen und hohe Fenster gekennzeichnet ist:* die Kirchen der Gotik.

der **Gott** [gɔt]; -es, Götter [ˈgœtɐ]: **1.** ⟨ohne Plural⟩ *(in verschiedenen Religionen, bes. im Christentum) höchstes gedachtes und verehrtes Wesen:* der liebe, gütige, allmächtige Gott; an Gott glauben; auf Gott vertrauen; Gott sei Dank, dass nichts Schlimmeres passiert ist. **2.** *(in verschiedenen Kulturen) unsterbliches höheres Wesen, das einem bestimmten Bereich zugeordnet ist:* der Gott des Feuers, des Meeres; die Götter der Griechen, der Germanen. *Zus.:* Hausgott, Kriegsgott, Wettergott.

der **Got|tes|dienst** [ˈgɔtəsdiːnst]; -[e]s, -e: *(in den christlichen Kirchen) religiöse Feier der Gemeinde (mit Predigt, Gebet, Gesang):* ein evangelischer, katholischer Gottesdienst; den Gottesdienst besuchen. *Zus.:* Bittgottesdienst, Dankgottesdienst.

die **Göt|tin** [ˈgœtɪn]; -, -nen: *weiblicher Gott:* Minerva, die römische Göttin der Weisheit. *Zus.:* Glücksgöttin, Liebesgöttin, Schutzgöttin, Siegesgöttin.

gött|lich [ˈgœtlɪç] ⟨Adj.⟩: *Gott zugehörig; von Gott stammend:* die göttliche Gerechtigkeit, Gnade; ein göttliches Gebot.

das **Grab** [graːp]; -[e]s, Gräber [ˈgrɛːbɐ]: *Stelle, an der ein Toter beerdigt ist:* ein Grab bepflanzen, pflegen, besuchen; Blumen aufs Grab legen. *Zus.:* Familiengrab, Kindergrab, Massengrab, Urnengrab.

gra|ben [ˈgraːbn̩], gräbt, grub, gegraben: **1.** ⟨itr.; hat⟩ *Erde ausheben:* im Garten graben; er grub so lange, bis er auf Fels stieß. *Zus.:* aufgraben, ausgraben, eingraben, umgraben, vergraben. **2.** ⟨tr.; hat; etw. g.⟩ *durch Graben herstellen:* ein Loch, ein Beet graben; einen Stollen [in die Erde] graben; der Maulwurf hat sich einen Bau gegraben. *Syn.:* buddeln (ugs.), schaufeln.

der **Gra|ben** [ˈgraːbn̩]; -s, Gräben [ˈgrɛːbn̩]: *längere, schmale Vertiefung:* ein tiefer, langer, breiter Graben; Gräben [zur Bewässerung] anlegen; einen Graben ziehen, damit das Wasser abfließen kann; in einen Graben fallen, stürzen.

der *oder* das **Grad** [graːt]; -[e]s, -e: ⟨Zeichen: °⟩ *Einheit für die Temperaturmessung:* wir haben heute 20 Grad Celsius im Schatten; es sind 20 Grad; heute ist es um einen halben/ein halbes Grad wärmer als gestern; das Thermometer zeigt 5 Grad minus, 5 Grad unter null; sie hat 39 Grad Fieber. *Zus.:* Hitzegrad, Kältegrad.

die **Gra|fik** [ˈgraːfɪk], Graphik; -, -en: **1.** ⟨ohne Plural⟩ *zeichnerische Gestaltung von Flächen:* ein Meister der Grafik; eine Fachhochschule für Grafik. **2.** *einzelnes Werk der Grafik:* eine farbige Grafik von Picasso; eine Ausstellung von Grafiken besuchen. **3.** *Darstellung von Informationen in einem Bild:* die Ergebnisse der Untersuchung werden durch eine Grafik verdeutlicht.

das **Gramm** [gram]; -s, -e: *Einheit der Masse (Abkürzung: g): tausendster Teil eines Kilogramms:* ein Kilogramm hat 1 000 Gramm; 100 Gramm gekochten Schinken kaufen.

die **Gram|ma|tik** [graˈmatɪk]; -, -en: **1.** ⟨ohne Plural⟩ *Lehre vom Bau einer Sprache:* die Regeln der deutschen Grammatik. **2.** *Buch, das den Bau einer Sprache behandelt:* er hat einige moderne Grammatiken; eine Grammatik der deutschen, der französischen Sprache. *Zus.:* Schulgrammatik.

die **Gra|phik** [ˈgraːfɪk]: ↑ Grafik.

das **Gras** [graːs]; -es, Gräser [ˈgrɛːzɐ]: *Pflanzendecke aus Gräsern:* hohes, saftiges, dürres, grünes Gras; das Gras muss gemäht werden; der Hang ist mit Gras bewachsen; im Gras liegen. *Syn.:* Rasen, Wiese.

gra|sen [ˈgraːzn̩], grast, graste, gegrast ⟨itr.; hat⟩: *Gras fressen:* die Kühe grasen auf der Weide; grasende Rehe am Waldrand.

gräss|lich [ˈgrɛslɪç], grässlicher, am grässlichsten ⟨Adj.⟩: **1.** (emotional) *schrecklich:* ein grässlicher Anblick; der Ermordete war grässlich verstümmelt. *Syn.:* entsetzlich, furchtbar, grauenhaft (emotional), schlimm. **2.** (ugs.) *sehr unangenehm:* ein grässlicher Kerl; das Wetter war ganz grässlich. *Syn.:* scheußlich, widerlich. **3.** (ugs.) *sehr:* ich war grässlich müde, aufgeregt; wir haben uns dort grässlich gelangweilt. *Syn.:* entsetzlich (ugs.), furchtbar (ugs.), schrecklich (ugs.).

die **Grä|te** [ˈgrɛːtə]; -, -n: *ganz dünner Knochen des Fisches:* ihm ist eine Gräte im Hals stecken geblieben; Fisch von den Gräten befreien. *Zus.:* Fischgräte.

gra|tis [ˈgraːtɪs] ⟨Adverb⟩: *ohne dafür bezahlen zu müssen:* der Eintritt ist gratis; etwas gratis bekommen. *Syn.:* frei, gebührenfrei, kostenlos, umsonst.

G

gra|tu|lie|ren [gratu'li:rən], gratuliert, gratulierte, gratuliert ⟨itr.; hat; jmdm. g.⟩: *beglückwünschen:* ich gratuliere dir [zum Geburtstag, zu dem Erfolg]!; [ich] gratulierten!; alle gratulierten ihm zur bestandenen Abschlussprüfung.

grau [grau], grauer, am grauesten ⟨Adj.⟩: **1.** *Farbton zwischen Schwarz und Weiß:* eine graue Hose; graue Augen; er hat schon graue Haare; der Himmel ist grau; heute ist ein grauer *(wolkenverhangener)* Tag; sie ist ganz grau geworden *(hat graue Haare bekommen);* er wurde grau *(fahl)* im Gesicht. *Zus.:* blassgrau, dunkelgrau, hellgrau. **2.** *langweilig:* der graue Alltag; alles erschien ihm grau und öde. *Syn.:* fade, monoton.

grau|en|haft ['grauənhaft], grauenhafter, am grauenhaftesten ⟨Adj.⟩: **1.** (emotional) *furchtbar:* ein grauenhafter Anblick; sie machte eine grauenhafte Entdeckung; die Verwüstungen waren grauenhaft. *Syn.:* entsetzlich, fürchterlich, schlimm, schrecklich. **2.** (ugs.) *sehr:* es war grauenhaft kalt. *Syn.:* entsetzlich (ugs.), furchtbar (ugs.), fürchterlich (ugs.), schrecklich (ugs.).

grau|sam ['grauzam], grausamer, am grausamsten ⟨Adj.⟩: **1.** *unmenschlich, brutal:* er ist ein grausamer Mensch; grausame Verbrechen, Kriege; sie wurden grausam behandelt, gefoltert. *Syn.:* kaltblütig, roh. **2.** (ugs.) *sehr schwer zu ertragen:* sie hat eine grausame Enttäuschung erfahren; es ist grausam, zu wissen, dass es keine Hilfe mehr gibt. *Syn.:* entsetzlich, furchtbar, schrecklich.

greif|bar ['graifba:ɐ̯] ⟨Adj.⟩: **1.** (greifbarer, am greifbarsten) *deutlich sichtbar:* greifbare Erfolge, Ergebnisse, Vorteile; die Reformen mit den greifbarsten Verbesserungen für die Bürger. *Syn.:* kenntlich, sichtbar. **2.** *schnell zur Hand:* haben Sie die Unterlagen greifbar? **3.** *verfügbar:* die Ware ist zurzeit nicht greifbar *(nicht auf Lager);* der zuständige Beamte war nicht greifbar; jetzt müsste ein Arzt greifbar sein. *Syn.:* anwesend.

grei|fen ['graifn], greift, griff, gegriffen: **1.** ⟨tr.; hat; etw. g.⟩ *ergreifen:* einen Bleistift, [sich] einen Stock greifen; etwas mit der Hand greifen. *Syn.:* ergreifen, fassen. *Zus.:* herausgreifen, hineingreifen, hingreifen. **2.** ⟨itr.; hat; irgendwohin g.⟩ *fassen:* das Baby greift mit der Hand nach dem Spielzeug; in den Korb greifen, um einen Apfel herauszuholen. *Syn.:* langen (ugs.).

grell [grɛl], greller, am grellsten ⟨Adj.⟩: **1.** *blendend hell:* in der grellen Sonne; das Licht ist sehr grell. *Syn.:* hell. **2.** *(von Farben) auffallend:* ein grelles Rot; er liebte grelle Farben; das Grün ist mir zu grell. **3.** *(von Geräuschen) schrill:* grelle Schreie, Pfiffe; ihre Stimme tönte grell an mein Ohr. *Syn.:* ¹laut.

die **Gren|ze** ['grɛntsə]; -, -n: **1.** *Linie, die zwei Länder, Grundstücke trennt:* über die Grenze gehen; die Grenze zwischen Deutschland und Frankreich; die Grenze zu Tschechien; an der Grenze nach Bayern stauten sich die Lkws; einen Flüchtling über die Grenze bringen; die Grenze *(der Grenzübergang)* war gesperrt; er ist über die grüne Grenze gegangen (ugs.; *ist illegal, an einem unkontrollierten Abschnitt von einem Land in ein benachbartes gewechselt);* jmdn. über die Grenze abschieben; die Grenze des Grundstücks verläuft unterhalb des Waldes; eine Grenze ziehen, berichtigen; dieser Fluss bildet eine natürliche Grenze. *Zus.:* Landesgrenze, Staatsgrenze. **2.** ⟨mit Attribut⟩ *(nur gedachte) Linie zwischen unterschiedlichen oder gegensätzlichen Bereichen:* die Grenze zwischen Kitsch und Kunst; etwas bewegt sich an der Grenze zum Kriminellen; die Grenze des Erlaubten überschreiten. **3.** *Begrenzung, Abschluss[linie]:* eine zeitliche Grenze; jmdm., einer Entwicklung und enge Grenzen gesetzt; sein Ehrgeiz kannte keine Grenzen; etwas ist in Grenzen *(in einem bestimmten Maß)* erlaubt. *Syn.:* Maß.

gren|zen ['grɛntsn], grenzt, grenzte, gegrenzt ⟨itr.; hat; an etw. (Akk.) g.⟩: **1.** *eine gemeinsame Grenze mit etwas haben:* Mexiko grenzt an Guatemala; das Wohnzimmer grenzt an die Küche. *Syn.:* anschließen an. *Zus.:* abgrenzen, angrenzen, begrenzen, eingrenzen. **2.** *fast gleichkommen:* das grenzt schon an Erpressung. *Syn.:* ähneln.

gren|zen|los ['grɛntsnlo:s] ⟨Adj.⟩: *sehr groß:* eine grenzenlose Ausdauer haben; sein Vertrauen in sie war grenzenlos. *Syn.:* außerordentlich, maßlos.

der **Grieß** [gri:s]; -es: *körnig gemahlenes Getreide (bes. Weizen, Reis oder Mais):* einen Brei aus Grieß kochen.

griff [grɪf]: ↑ greifen.

der **Griff** [grɪf]; -[e]s, -e: **1.** *Teil eines Gegenstandes zum Tragen und Festhalten:* der Griff der Aktentasche, des Messers, der Tür. *Syn.:* Henkel, Klinke. *Zus.:* Fenstergriff,

Haltegriff, Koffergriff, Tragegriff, Türgriff. **2.** *zufassende Handbewegung:* ein Griff nach dem Hut; einen Griff in die Pralinenschachtel tun. *Syn.:* Handgriff.

griff|be|reit ['grɪfbəraɪt] ⟨Adj.⟩: *zum raschen Greifen vorbereitet:* alles ist, liegt griffbereit.

er **Grill** [grɪl]; -s, -s: *Gerät zum Rösten von Fleisch, Geflügel, Fisch:* Steaks, Bratwürste auf den Grill legen, auf dem Grill wenden; wer will noch Hähnchen, Tomaten vom Grill? *Syn.:* ¹Rost.

der Grill

gril|len ['grɪlən], grillt, grillte, gegrillt ⟨tr.; hat; etw. g.⟩: *auf dem Grill rösten:* das Fleisch grillen; gegrilltes Schweinshaxen.

grim|mig ['grɪmɪç], grimmiger, am grimmigsten ⟨Adj.⟩: *wütend:* ein grimmiges Aussehen; der Mann lachte grimmig; grimmig dreinschauen. *Syn.:* ärgerlich, missmutig, sauer (ugs.).

grin|sen ['grɪnzn̩], grinst, grinste, gegrinst ⟨itr.; hat⟩: *breit lächeln:* sie grinste spöttisch, unverschämt; er grinste über das ganze Gesicht. *Syn.:* schmunzeln.

ie **Grip|pe** ['grɪpə]; -, -n: *Krankheit mit Fieber, Husten und Schnupfen:* an [einer] Grippe erkrankt sein; er hat Grippe; sie lag zwei Wochen mit Grippe im Bett.

grob [gro:p], gröber, am gröbsten ⟨Adj.⟩: **1.** *nicht sehr fein:* grober Sand; grobes Leinen, Papier; der Kaffee ist grob gemahlen; sie hat grobe Hände; seine Gesichtszüge sind grob. **2.** *auf das Wichtigste beschränkt:* etwas in groben Zügen darstellen. **3.** (emotional) *schlimm:* ein grober Fehler, Irrtum; das war grobe Fahrlässigkeit. **4.** (abwertend) *unfreundlich:* er ist ein grober Kerl; grobe Worte, Späße; sein Ton ist furchtbar grob; jmdn. grob anfahren. *Syn.:* barsch, derb.

er **Grog** [grɔk]; -s, -s: *heißes Getränk aus Rum, Zucker und Wasser:* einen Grog brauen, trinken.

er **Gro|schen** ['grɔʃn̩]; -s, -: **1.** (früher) *Untereinheit des österreichischen Schillings:* ein Schilling hatte hundert Groschen. **2.** (scherzh.) *wenig Geld (als Besitz, Einnahme):* er hat nicht einen einzigen Groschen *(kein Geld)* in der Tasche; seine [paar] Groschen zusammenhalten.

¹**groß** [gro:s], größer, am größten ⟨Adj.⟩:

1. *von beträchtlicher Ausdehnung, Menge, Zahl* /Ggs. klein/: ein großes Haus, Auto; die Zimmer sind groß; das Kind ist sehr groß *(hochgewachsen)* für sein Alter; das Wort steht groß *(in großen Buchstaben)* an der Tafel. **2.** ⟨einer Maßangabe nachgestellt⟩ *von einer bestimmten räumlichen Ausdehnung, Größe:* er ist fast zwei Meter groß; wie groß ist das Haus? **3.** *von langer Dauer:* eine große Verzögerung, Zeitspanne; die großen Ferien *(Sommerferien)*. **4.** *beträchtlich:* großen Hunger, große Angst haben; große Schmerzen; bei großer Kälte; großes Aufsehen erregen; große Fortschritte in etwas machen; ihre Freude über das Geschenk war groß. **5.** *bedeutend, wichtig:* sie hat eine große Rede gehalten; Ereignisse aus der großen Politik; das war der größte Tag, die größte Chance seines Lebens; ein großer Augenblick ist gekommen; das spielt [k]eine große Rolle; sie ist eine große Künstlerin; einen großen Namen haben. *Syn.:* bedeutsam. **6.** *älter:* sein großer Bruder; wenn du größer bist, darfst du länger aufbleiben; [schon] große *(bereits erwachsene)* Kinder haben.

²**groß** [gro:s] ⟨Adverb⟩ (ugs.): *besonders:* du brauchst nicht groß zu fragen, ob du das darfst; nicht groß auf etwas achten.

groß|ar|tig ['gro:s|a:ɐ̯tɪç], großartiger, am großartigsten ⟨Adj.⟩ (emotional): *beeindruckend:* eine großartige Leistung, Idee; das hast du großartig *(sehr gut)* gemacht! *Syn.:* fantastisch.

die **Grö|ße** ['grø:sə]; -, -n: **1.** *Ausdehnung, Umfang:* die Größe einer Stadt, eines Landes; die Größe eines Hauses, eines Gefäßes; ein Mann von mittlerer Größe; die Größe einer Schulklasse, eines Bienenvolkes. **2.** *genormtes Maß bei Kleidungsstücken für die verschiedenen Körpergrößen:* sie trägt Größe 38; der Anzug ist in allen Größen erhältlich. *Zus.:* Kleidergröße, Schuhgröße. **3.** ⟨mit Attribut; ohne Plural⟩ *Ausmaß von etwas:* die Größe des Unheils, der Katastrophe.

die **Groß|el|tern** ['gro:s|ɛltɐn] ⟨Plural⟩: *Großvater und Großmutter:* die Großeltern besuchen.

die **Groß|macht** ['gro:smaxt]; -, Großmächte ['gro:smɛçtə]: *Staat, der über große wirtschaftliche und militärische Macht verfügt:* die Großmacht USA.

die **Groß|mut|ter** ['gro:smʊtɐ]; -, Großmütter ['gro:smʏtɐ]: *die Mutter von Mutter oder Vater eines Kindes:* meine Großmutter väterlicherseits; sie ist zum dritten Mal

Großmutter geworden *(sie hat ein drittes Enkelkind bekommen)*. Syn.: Oma *(fam.)*.

der **Groß|raum|wa|gen** ['groːsʁaumvaːɡn̩]; -s, -: **1.** *Straßenbahn, die aus zwei oder drei miteinander verbundenen Wagen besteht:* in unserer Großstadt gibt es jetzt moderne Großraumwagen. **2.** *Eisenbahnwagen ohne Abteile:* ich möchte zwei Sitzplätze im Großraumwagen, Nichtraucher, reservieren.

das **Groß|rei|ne|ma|chen** [ɡroːsˈʁainəmaxn̩]; -s: *gründliches Putzen der Wohnung, des Hauses:* im Frühjahr müssen wir in unserer WG mal wieder ein Großreinemachen veranstalten. Syn.: Reinemachen.

die **Groß|stadt** ['groːsʃtat]; -, Großstädte ['groːsʃtɛːtə]: *große Stadt mit vielen Einwohnern:* in der Großstadt leben; ich bin in einer Großstadt aufgewachsen.

der **Groß|teil** ['groːstail]; -[e]s: *der größte, überwiegende Teil, die Mehrheit (von Personen oder Sachen):* der Großteil der Menschen lebt heute schon in den Städten; die Bücher stammen zum Großteil aus dem Nachlass ihres Vaters. Syn.: Mehrzahl.

größ|ten|teils ['grøːstn̩tails] ⟨Adverb⟩: *zum größten Teil:* diese Erfolge gehen größtenteils auf ihr Verdienst zurück. Syn.: vorwiegend.

der **Groß|va|ter** ['groːsfaːtɐ]; -s, Großväter ['groːsfɛːtɐ]: *der Vater von Vater oder Mutter eines Kindes:* meine beiden Großväter. Syn.: Opa *(fam.)*.

groß|zie|hen ['groːstsiːən], zieht groß, zog groß, großgezogen ⟨tr.; hat; jmdn. g.⟩: *ein Kind oder ein junges Tier so lange ernähren und betreuen, bis es groß ist:* sie musste ihren Sohn allein großziehen; Jungtiere [mit der Flasche] großziehen.

groß|zü|gig ['groːstsyːɡɪç], großzügiger, am großzügigsten ⟨Adj.⟩: **1.** *gern gebend, Geschenke machend:* meine Eltern haben uns ein großzügiges Geschenk gemacht; die Renovierung der Kirche finanziell großzügig unterstützen; er hat sich großzügig gezeigt. **2.** *eine großzügige Haltung zeigend:* er gibt immer ein großzügiges Trinkgeld. **3.** *nicht klein:* ein großzügiger Bau; die Gartenanlage ist sehr großzügig. Syn.: üppig. **4.** *nicht kleinlich [denkend]; tolerant:* großzügig über vieles hinwegsehen.

grub [gruːp]; ↑ graben.

die **Gru|be** ['gruːbə]; -, -n: **1.** *größeres Loch in der Erde:* eine tiefe Grube graben, ausheben; in eine Grube fallen. Zus.: Baugrube. **2.** *technische Anlage, bes. unter der Erde, in der Bodenschätze gefördert werden:* diese Grube ist reich an Erz; eine Grube stilllegen. Syn.: Bergwerk, Mine. Zus.: Erzgrube, Kiesgrube.

grü|beln ['ɡryːbl̩n], grübelt, grübelte, gegrübelt ⟨itr.; hat⟩: **1.** ⟨[über etw. (Akk./Dativ)] g.⟩: *lange, intensiv (über etwas) nachdenken:* ich habe oft über dieses/diesem Problem gegrübelt. **2.** *sich mit Gedanken quälen:* du grübelst zu viel. Syn.: brüten *(ugs.)*.

grü|e|zi ['ɡryːɛtsi] ⟨Interjektion⟩: schweizerische Grußformel.

grün [gryːn], grüner, am grünsten ⟨Adj.⟩: **1.** *von der Farbe der meisten Pflanzen:* grünes Gras; grüne Blätter; die Wälder sind wieder grün *(haben wieder grüne Blätter)*. Zus.: dunkelgrün, flaschengrün, grasgrün, moosgrün, olivgrün. **2.** *noch nicht reif:* grünes Obst; die Tomate ist noch grün; die Bananen werden grün geerntet. **3.** *eine Partei betreffend, die sich ursprünglich besonders mit der Ökologie beschäftigt hat:* eine grüne Partei; grüne Abgeordnete; sie haben grün gewählt; die Grünen *(die grüne Partei)* sind im Bundestag vertreten. **4.** *den Umweltschutz besonders beachtend:* grünes Denken; grüne Produkte kaufen.

das **Grün** [gryːn]; -s, - und *(ugs.)* -s: **1.** *Farbton, der der Farbe der meisten Pflanzen entspricht:* ein helles, kräftiges Grün; bei Grün *(bei grüner Ampel)* über die Straße gehen. **2.** ⟨ohne Plural⟩ *Pflanzen:* sie haben viel Grün in der Wohnung; das erste frische Grün des Frühlings.

der **Grund** [ɡrʊnt]; -[e]s, Gründe ['ɡrʏndə]: **1.** *Ursache, Motiv für ein Verhalten:* ein einleuchtender Grund; es gibt keinen, nicht den geringsten Grund zur Aufregung; keinen Grund zum Klagen haben; die Gründe für die Tat sind unbekannt. Syn.: Anlass, Veranlassung. Zus.: Entlassungsgrund, Krankheitsgrund, Scheidungsgrund. **2.** ⟨ohne Plural⟩ *Eigentum an Land, Boden:* der Wert meines Grund und Bodens. Syn.: Feld, Grundstück. Zus.: Baugrund. **3.** ⟨ohne Plural⟩ *Boden eines Gewässers:* bei dem klaren Wasser kann man bis auf den Grund sehen; das Schiff lief auf Grund. Zus.: Meeresgrund. **4.** ⟨ohne Plural⟩ *Boden eines Gefäßes:* die Teeblätter haben sich auf dem Grund der Kanne abgesetzt.

grün|den ['ɡrʏndn̩], gründet, gründete, gegründet ⟨tr.; hat; etw. g.⟩: *ins Leben rufen:* einen Verein, eine Partei, ein Unternehmen gründen; sie wollen eine

Grundschule

In Deutschland heißt die erste Schule, die jedes Kind besucht, Grundschule. Wenn die Kinder in die 1. Klasse der Grundschule kommen, sind sie ungefähr sechs Jahre alt. Sie bleiben dort in der Regel vier, in einigen Bundesländern sechs Jahre. Danach wechseln sie auf eine Hauptschule, eine Realschule oder ein Gymnasium. In manchen Bundesländern können die Schüler auch eine Gesamtschule besuchen.

Familie gründen *(gemeinsame Kinder bekommen)*. Syn.: errichten, schaffen.

das **Grund|ge|setz** [ˈɡrʊntɡəzɛts]; -es, -e: **1.** *Prinzip, das einer Sache zugrunde liegt:* ein biologisches Grundgesetz; ein Grundgesetz der modernen Wirtschaft. **2.** *Verfassung, die für die Bundesrepublik Deutschland gültig ist:* das Grundgesetz wurde verkündet, trat in Kraft; diese Regelung verstößt gegen das Grundgesetz; etwas ist im Grundgesetz geregelt, verankert.

die **Grund|la|ge** [ˈɡrʊntlaːɡə]; -, -n: *etwas, von dem man ausgehen kann, von dem sich etwas ableiten lässt:* Basis: die wissenschaftlichen Grundlagen dieses Werks; die theoretischen, gesetzlichen Grundlagen für etwas schaffen; die Behauptungen entbehren jeder Grundlage *(sind unwahr)*. Zus.: Arbeitsgrundlage, Diskussionsgrundlage.

¹**grund|le|gend** [ˈɡrʊntleːɡn̩t], grundlegender, am grundlegendsten ⟨Adj.⟩: *von entscheidender Bedeutung:* ein grundlegender Unterschied; eine grundlegende Voraussetzung; die grundlegendsten menschlichen Bedürfnisse. Syn.: absolut.

²**grund|le|gend** [ˈɡrʊntleːɡn̩t] ⟨Adverb⟩: *von Grund auf, in jeder Weise:* sie hat ihre Ansicht grundlegend geändert. Syn.: völlig, vollkommen.

gründ|lich [ˈɡrʏntlɪç]: gründlicher, am gründlichsten ⟨Adj.⟩: *sehr sorgfältig, nicht nur oberflächlich:* eine gründliche Untersuchung; sie arbeitet sehr gründlich; sich gründlich waschen. Syn.: genau, gewissenhaft, sorgfältig.

grund|los [ˈɡrʊntloːs] ⟨Adj.⟩: *ohne Begründung, Grund:* ein grundloses Misstrauen; ich finde, sie ist grundlos verärgert. Syn.: unbegründet, unmotiviert.

grund|sätz|lich [ˈɡrʊntzɛtslɪç], grundsätzlicher, am grundsätzlichsten ⟨Adj.⟩: **1.** *grundlegend, prinzipiell, besonders wichtig:* eine grundsätzliche Frage; diese Entscheidung ist von grundsätzlicher Bedeutung; er hat sich dazu grundsätzlich geäußert; sie lehnt es grundsätzlich ab, einem Bettler etwas zu geben. **2.** *eigentlich, im Prinzip, im Allgemeinen:* ich bin grundsätzlich für Gleichbehandlung, aber nicht in diesem Fall; er ist grundsätzlich bereit, an dem Projekt mitzuarbeiten, aber er kann dies erst ab nächster Woche tun.

die **Grund|schu|le** [ˈɡrʊntʃuːlə]; -, -n: *Schule, die alle Kinder die ersten vier (oder sechs) Jahre lang besuchen.*

das **Grund|stück** [ˈɡrʊntʃtʏk]; -[e]s, -e: *Stück Land, das jmdm. gehört:* ein Grundstück kaufen; sie haben ein großes Grundstück am See geerbt. Syn.: Boden, Grund, Immobilie. Zus.: Baugrundstück, Gartengrundstück.

die **Grün|dung** [ˈɡrʏndʊŋ]; -, -en: *das Gründen:* die Gründung einer Partei. Zus.: Familiengründung, Parteigründung, Vereinsgründung.

grün|lich [ˈɡrʏːnlɪç], grünlicher, am grünlichsten ⟨Adj.⟩: *leicht grün:* ein grünliches Auto; das Licht unter den Bäumen ließ alles grünlich aussehen.

die **Grup|pe** [ˈɡrʊpə]; -, -n: **1.** *kleinere Zahl von Menschen:* eine Gruppe von Kindern, Schauspielern, Touristinnen; eine Gruppe diskutierender Studenten; die Lehrerin bildete Gruppen zu je fünf Schülern; die Menschen standen in Gruppen zusammen. **2.** *Gemeinschaft von Menschen, die sich wegen gemeinsamer Interessen zusammengeschlossen haben:* soziale, politische Gruppen; an dem Werk hat eine ganze Gruppe gearbeitet. Syn.: Kollektiv, Team. Zus.: Arbeitsgruppe, Berufsgruppe, Wandergruppe. **3.** ⟨mit Attribut⟩ *Anzahl von Dingen, Lebewesen mit gemeinsamen Eigenschaften:* eine Gruppe von Inseln; Kühe gehören zur Gruppe der Säugetiere. Zus.: Baumgruppe, Häusergruppe.

der **Gruß** [ɡruːs]; -es, Grüße [ˈɡryːsə]: *freundliche Worte oder Geste bei der Begegnung, beim Abschied, im Brief:* ich soll dir einen Gruß von Peter ausrichten; sie gab ihm zum Gruß die Hand; mit besten, freundlichen, herzlichen Grüßen … (als Briefschluss). Zus.: Abschiedsgruß, Geburtstagsgruß, Neujahrsgruß, Ostergruß, Urlaubsgruß, Weihnachtsgruß.

G

grü|ßen [ˈgryːsn̩], grüßt, grüßte, gegrüßt ⟨tr./itr.; hat; [jmdm.] g.⟩: **1.** *(jmdm.) einen Gruß zurufen, durch eine Geste »Guten Tag« sagen:* den Nachbarn auf der Straße freundlich grüßen; sie grüßte nach allen Seiten; die beiden grüßen einander nicht mehr; Grüß dich! (Grußformel); Grüß Gott! (bes. südd., österr., schweiz.; Grußformel). **2.** *jmdm. Grüße ausrichten:* ich soll dich von ihm grüßen.

die **Grüt|ze** [ˈgrʏtsə]; -, -n: **1.** *Brei aus grob gemahlenem Getreide:* die Kinder essen gern süße Grütze. **2.** * **rote Grütze:** *Süßspeise, die aus rotem Fruchtsaft (und roten Früchten) gekocht wird:* zum Nachtisch gab es heute rote Grütze mit Vanillesoße.

gu|cken [ˈgʊkn̩], guckt, guckte, geguckt (ugs.): **1.** ⟨itr.; hat⟩ *in eine bestimmte Richtung sehen:* aus dem Fenster, ins Buch gucken; guck doch mal, da kommen deine Eltern. *Syn.:* blicken, schauen (bes. südd., österr., schweiz.). **2.** ⟨itr.; hat; [irgendwie] g.⟩ *seine Umwelt, andere Menschen auf eine bestimmte Art ansehen:* freundlich gucken; bei dieser Frage guckte sie verständnislos. **3.** ⟨tr./itr.; hat; etw. g.⟩ *(Bilder, einen Film, ein Fernsehstück) ansehen:* bis spät in die Nacht einen Film gucken. *Syn.:* angucken (ugs.), anschauen (bes. südd., österr., schweiz.).

das *oder der* **Gu|lasch** [ˈguːlaʃ]; -[e]s, -e *und* -s: *[scharf gewürztes] warmes Essen aus klein geschnittenem Rind-, Schweine- oder Kalbfleisch:* ungarisches/ungarischer Gulasch; ein saftiges/saftiger Gulasch; sie kocht die verschiedensten Gulasche/Gulaschs. *Zus.:* Paprikagulasch, Rindsgulasch.

gül|tig [ˈgʏltɪç] ⟨Adj.⟩: *so, dass etwas gilt, in Kraft ist:* ein gültiger Fahrschein, Ausweis, Pass; die Aufenthaltserlaubnis ist gültig bis 31. Dezember; diese Eintrittskarte ist nicht mehr gültig. *Zus.:* rechtsgültig.

der *oder das* **Gum|mi** [ˈgʊmi]; -s, -[s]: *weiches Material, aus dem verschiedene Dinge hergestellt werden:* Dichtungen, Autoreifen aus Gummi; für das neue Produkt waren verschiedene Gummi[s] getestet worden.

güns|tig [ˈgʏnstɪç], günstiger, am günstigsten ⟨Adj.⟩: *Vorteile, Gewinn, Nutzen bringend; vorteilhaft:* eine günstige Gelegenheit; dieser Preis ist wirklich günstig; die Bedingungen sind günstig.

die **Gur|gel** [ˈgʊrɡl̩]; -, -n: *vordere Seite des Halses:* jmdn. an/bei der Gurgel packen; er wollte, sprang ihr an die Gurgel.

gur|geln [ˈgʊrɡl̩n], gurgelt, gurgelte, gegurgelt ⟨itr.; hat⟩: *den Hals spülen:* bei Halsschmerzen [mit Salbei], nach dem Zähneputzen gurgeln.

die **Gur|ke** [ˈgʊrkə]; -, -n: *längliche grüne Frucht, die auf dem Boden wächst und meist als Salat oder in Essig eingelegt gegessen wird:* ich könnte heute Abend einen Salat aus Gurken und Tomaten machen. *Zus.:* Essiggurke, Gewürzgurke, Salatgurke, Salzgurke, Senfgurke.

die Gurke

der **Gurt** [gʊrt]; -[e]s, -e: *festes, breites Band zum Halten oder Tragen:* im Auto muss man den Gurt anlegen; den Gurt festziehen. *Syn.:* Riemen. *Zus.:* Ledergurt, Sicherheitsgurt, Tragegurt.

der **Gür|tel** [ˈgʏrtl̩]; -s, -: *Band aus Stoff, Leder, das über der Kleidung um die Taille getragen wird:* ein Gürtel aus Leder.

der **Guss** [gʊs]; -es, Güsse [ˈgʏsə]: **1.** *das Gießen von Metall in eine Form:* beim Guss der Glocke zusehen. *Zus.:* Bronzeguss, Glockenguss. **2.** *Glasur auf Gebäck, bes. auf einer Torte:* die Torte mit einem süßen Guss überziehen. *Zus.:* Schokoladenguss, Tortenguss, Zuckerguss. **3.** *(emotional) kurzer, heftiger Regen:* der Guss kam aus heiterem Himmel *(völlig unerwartet).* *Zus.:* Regenguss.

gut [guːt], besser, am besten ⟨Adj.⟩: **1.** *so, dass es bestimmten Erwartungen, einer Norm entspricht; so, dass man damit einverstanden ist* /Ggs. schlecht/: ein guter Schüler; kennst du eine gute Frauenärztin?; das ist das beste Mittel gegen Husten; gute Arbeit leisten; kein gutes Geschäft machen; dieser Anzug sitzt besser als der andere; gutes Deutsch schreiben. **2.** *(als Ergebnis) erfreulich, günstig* /Ggs. schlecht/: eine gute Ernte; ein gutes Zeugnis bekommen; jmdm. ein gutes neues Jahr, gute Reise wünschen; jmdm. guten Tag sagen; das Geschäft, die Erträge waren gut; ihr ist heute nicht gut *(sie fühlt sich nicht gesund, ist krank);* ihm geht es schon seit Tagen nicht gut *(er fühlt sich nicht gesund, ist krank);* ihr geht es in Spanien sehr gut *(sie fühlt sich wohl in Spanien);* das ist ja gerade noch einmal gut gegangen (ugs., *hat gerade noch geklappt). Syn.:* angenehm, glücklich. **3.** *jmdm. freundschaftlich verbunden:* eine gute Freundin, Bekannte. **4.** *moralisch hoch*

Gymnasium

Schulen, die die Schüler zum Abitur (Deutschland) bzw. zur Matura (Österreich/Schweiz) führen, heißen Gymnasien. Das Bestehen des Abiturs bzw. der Matura ist die Voraussetzung dafür, an einer Universität studieren zu dürfen. In Deutschland dauert das Gymnasium 8 oder 9 Jahre (von der 5. bis zur 12. oder 13. Klasse), und es schließt an die Grundschule an.
In der Schweiz dauert das Gymnasium in der Regel 6 Jahre (von der 7. bis zur 12. Klasse). Es schließt sich an die Primarschule an. Der Gymnasialunterricht der 7. bis 10. Klasse wird in einigen Kantonen an sogenannten Mittelschulen, Sekundarschulen oder Bezirksschulen erteilt.
In Österreich führen Gymnasium (altsprachlicher Schwerpunkt), Realgymnasium (neusprachlicher Schwerpunkt) und wirtschaftskundliches Realgymnasium zur Matura. Sie alle dauern 8 Jahre und schließen an die Volksschule an.

/Ggs. schlecht/: ein guter Mensch; eine gute Tat; ihre Absicht war gut; es war gut gemeint. *Syn.:* edel, gütig, menschlich. **5.** *frisch, nicht verdorben* /Ggs. schlecht/: die Wurst ist noch gut, aber heute sollten wir sie essen. **6.** *wirksam, nützlich:* diese Creme ist gut für deine Haut.

das **Gut** [guːt]; -[e]s, Güter [ˈgyːtɐ]: **1.** *Besitz, der einen materiellen oder ideellen Wert hat:* gestohlenes Gut; Gesundheit ist das höchste Gut; bewegliches Gut (z. B. Möbel); jmds. Hab und Gut *(alles, was jmd. besitzt).* **2.** *Ware, die verschickt oder versendet wird:* leicht verderbliche Güter; Güter umladen, umschlagen. *Syn.:* Artikel, Erzeugnis, Produkt. *Zus.:* Eilgut, Expressgut, Frachtgut, Handelsgut, Versandgut. **3.** *Bauernhof mit viel Land:* er bewirtschaftet ein großes Gut. *Zus.:* Bauerngut, Landgut.

das **Gut|ach|ten** [ˈguːtʔaxtn̩], -s, -: *[schriftliche] Aussage eines Experten, einer Expertin, z. B. in einem Prozess:* ein medizinisches Gutachten; ein Gutachten abgeben, einholen. *Zus.:* Rechtsgutachten, Sachverständigengutachten.

gut|ar|tig [ˈguːtʔaːɐ̯tɪç] ⟨Adj.⟩: **1.** ⟨gutartiger, am gutartigsten⟩ *von gutem Charakter:* ein gutartiges Kind; der Hund ist gutartig. **2.** *das Leben des Patienten nicht gefährdend:* ein gutartiges Geschwür; der Tumor war gutartig.

gut|ha|ben [ˈguːthaːbn̩], hat gut, hatte gut, gutgehabt ⟨itr.; hat; etw. g.⟩: *noch zu bekommen haben:* du hast [bei mir] noch zehn Euro gut; er hat bei mir noch etwas gut *(ich muss ihm noch einen Gefallen tun).* *Syn.:* erhalten, kriegen (ugs.).

das **Gut|ha|ben** [ˈguːthaːbn̩], -s, -: *(bei einer Bank) gespartes Geld:* ein großes Guthaben auf der Bank haben; Zinsen auf das Guthaben bekommen. *Zus.:* Bankguthaben, Sparguthaben, Zinsguthaben.

gül|tig [ˈgʏltɪç], gültiger, am gültigsten ⟨Adj.⟩: *nicht streng, nicht hart, gutmütig:* ein gütiger Mensch; gütig lächeln.

gut|ma|chen [ˈguːtmaxn̩], macht gut, machte gut, gutgemacht ⟨tr.; hat; etw. g.⟩: *wieder in Ordnung bringen:* einen Fehler, Schaden gutmachen; Sie haben mir so oft geholfen. Wie kann ich das wieder gutmachen? *(Was kann ich jetzt für Sie tun?).*

gut|mü|tig [ˈguːtmyːtɪç], gutmütiger, am gutmütigsten ⟨Adj.⟩: *geduldig, hilfsbereit und freundlich:* ein gutmütiger Mensch; sie ist gutmütig [veranlagt]. *Syn.:* gütig.

der **Gut|schein** [ˈguːtʃain], -[e]s, -e: *Schein, für den man etwas kaufen kann:* ich habe zum Geburtstag einen Gutschein fürs Kino bekommen; ein Gutschein im Wert von 50 Euro. *Zus.:* Geschenkgutschein.

gut|schrei|ben [ˈguːtʃraibn̩], schreibt gut, schrieb gut, gutgeschrieben ⟨tr.; hat; jmdm./etw. etw. g.⟩: *als Guthaben anrechnen, eintragen:* das Geld wurde ihr gutgeschrieben; dem Konto 100 Euro gutschreiben.

gut|tun [ˈguːtuːn], tut gut, tat gut, gutgetan ⟨itr.; hat; jmdm. g.⟩: *bei jmdm., etwas gut wirken:* seine Worte taten mir gut; der Tee wird dir guttun.

der **Gym|na|si|ast** [gʏmnaˈziast], -en, -en, die **Gym|na|si|as|tin** [gʏmnaˈziastɪn]; -, -nen: *Schüler, Schülerin eines Gymnasiums:* nach der letzten Prüfung fahren die Gymnasiastinnen und Gymnasiasten mit Autos durch die Stadt und hupen laut. *Syn.:* Schüler, Schülerin.

das **Gym|na|si|um** [gʏmˈnaːzi̯ʊm]; -s, Gymnasien [gʏmˈnaːzi̯ən]: *Schule, an der man das Abitur oder die Matura ablegt:* das Gymnasium besuchen; das Gymnasium mit dem Abitur abschließen. *Syn.:* Schule. *Zus.:* Abendgymnasium, Sportgymnasium, Wirtschaftsgymnasium.

H h

das **Haar** [haːɐ̯]; -[e]s, -e: **1.** *kleine, dünne Fäden, die auf der Haut und auf dem Kopf wachsen:* die Haare an den Beinen, unter der Achsel; er hat schon [ein paar] graue Haare; sich die Haare kämmen, bürsten. *Zus.:* Achselhaar, Barthaar, Katzenhaar, Pferdehaar. **2.** *Gesamtheit der auf dem Kopf wachsenden Haare:* blondes, lockiges, langes Haar; das Haar kurz tragen. *Zus.:* Kopfhaar.

Haa|res|brei|te [ˈhaːrəsbraitə]: in der Verbindung* **um Haaresbreite:** *äußerst knapp:* er hat das Ziel um Haaresbreite verfehlt; [nur] um Haaresbreite dem Tod entgehen.

haar|ge|nau [ˈhaːɐ̯ɡəˈnau] ⟨Adverb⟩ (emotional): *sehr, ganz genau:* das stimmt haargenau; haargenau dasselbe erzählen. *Syn.:* exakt, präzis[e].

haar|scharf [ˈhaːɐ̯ʃarf] ⟨Adverb⟩ (emotional): **1.** *ganz knapp, sehr dicht:* der Wagen raste haarscharf an den Zuschauern vorbei. **2.** *ganz genau:* jetzt heißt es haarscharf nachdenken.

der **Haar|schnitt** [ˈhaːɐ̯ʃnɪt]; -[e]s, -e: *durch Schneiden des Haars entstandene Frisur:* ein kurzer Haarschnitt.

haar|sträu|bend [ˈhaːɐ̯ʃtrɔybn̩t], haarsträubender, am haarsträubendsten ⟨Adj.⟩ (emotional): *so, dass es jmdn. empört, schockiert, ärgert:* ein haarsträubender Unsinn; das ist ja haarsträubend! *Syn.:* ¹unerhört, ungeheuerlich, unglaublich.

die **Ha|be** [ˈhaːbə]; -: *alles, was jmd. hat, besitzt:* unsere einzige Habe war das, was wir am Körper trugen. *Syn.:* Besitz, Eigentum.

ha|ben [ˈhaːbn̩], hat, hatte, gehabt: **1.** ⟨itr.; hat; etw. h.⟩ *(als Eigentum, als Eigenschaft) besitzen; über etwas verfügen; etwas fühlen:* ein [eigenes] Haus, einen Hund, einen Garten haben; Geld haben; [genug] zu trinken, zu essen haben; Anspruch auf etwas haben; keinen Humor, blaue Augen, ein gutes Herz haben; Zeit, Muße haben; Husten, Hunger, Angst, Sorgen, Heimweh haben; ich habe damit wenig Erfahrung; das Haus hat 10 Stockwerke; das Buch hat 800 Seiten; heute haben wir den dritten Mai, Dienstag *(heute ist der dritte Mai, Dienstag).* **2.** ⟨itr; hat; etw. zu tun h.⟩ *müssen:* du hast mir zuzuhören, wenn ich mit dir spreche; du hast mir nicht zu widersprechen. **3.** ⟨Hilfsverb⟩ *bildet in Verbindung mit dem 2. Partizip die Zeiten des Perfekts:* hast du mich gerufen?; ich hatte mich gerade hingelegt, als er anrief; das hätte ich dir gleich sagen können; sie wird es wohl vergessen haben.

die **Hab|gier** [ˈhaːpɡiːɐ̯]; -: *übertriebenes Streben, den eigenen Besitz zu vermehren:* ihre Habgier ist grenzenlos; er hat ihn aus Habgier umgebracht.

hab|gie|rig [ˈhaːpɡiːrɪç], habgieriger, am habgierigsten ⟨Adj.⟩: *voller Habgier:* ein habgieriger Mensch.

der **Ha|bicht** [ˈhaːbɪçt]; -s, -e: *Vogel mit braunen Federn und scharfen Krallen:* der Habicht stürzt sich auf eine Maus.

die **Hab|se|lig|kei|ten** [ˈhaːpzeːlɪçkaitn̩] ⟨Plural⟩: *[wenige] Dinge, die jmd. besitzt:* auf der Flucht konnten sie nur ein paar Habseligkeiten mitnehmen. *Syn.:* Besitz ⟨Singular⟩, Eigentum ⟨Singular⟩, Habe ⟨Singular⟩.

die ¹**Ha|cke** [ˈhakə]; -, -n: *Gerät zum Hacken des Bodens (auf dem Feld und im Garten):* das Unkraut mit der Hacke aushacken.

die ²**Ha|cke** [ˈhakə]; -, -n: **1.** *Ferse:* jmdm. auf die Hacke treten. **2.** *Absatz des Schuhs:* Schuhe mit hohen Hacken; * **sich** (Dativ) **die Hacken nach etwas ablaufen/abrennen:** *viele Wege wegen etwas machen:* ich habe mir die Hacken nach einem passenden Geschenk abgelaufen/abgerannt.

ha|cken [ˈhakn̩], hackt, hackte, gehackt ⟨tr.; hat; etw. h.⟩: **1.** *mit einer Hacke bearbeiten:* das Beet, den Kartoffelacker hacken. **2.** *zerkleinern:* Kräuter, Holz hacken.

der **Ha|cken** [ˈhakn̩]; -s, - (landsch.): ²*Hacke.*

das **Hack|fleisch** [ˈhakflaiʃ]; -[e]s: *rohes, durch einen Wolf gedrehtes Fleisch:* ein Kilo Hackfleisch [vom Rind, Lamm, Schwein]. *Syn.:* Faschierte[s] (österr.).

der **Ha|fen** [ˈhaːfn̩]; -s, Häfen [ˈhɛːfn̩]: *Ort, wo Schiffe ankommen und abfahren:* das Boot liegt im Hafen; die Kneipe am Hafen. *Zus.:* Bootshafen, Fischereihafen, Jachthafen.

der **Ha|fer** [ˈhaːfɐ]; -s: *Getreide, das besonders als Futter für Pferde verwendet und vom Menschen als Haferflocken gegessen wird:* Hafer säen, ernten.

die **Ha|fer|flo|cken** [ˈhaːfɐflɔkn̩] ⟨Plural⟩: *flach*

gedrückte Körner des Hafers: aus Haferflocken und Milch eine Suppe kochen; Müsli mit Haferflocken.

das **Haff** [haf]; -[e]s, -s und -e: *flacher Teil des Meeres, der von Inseln oder Dünen abgetrennt wird:* zwischen dem Land und der See liegt eine breites Haff.

die **Haft** [haft]; -: *das Eingesperrtsein; Gefängnis:* seine Haft verbüßen; er wurde vorzeitig aus der Haft entlassen; er wurde zu zwei Jahren, zu lebenslänglicher Haft verurteilt. *Syn.:* Knast (ugs.).

der **Haft|be|fehl** ['haftbəfe:l]; -[e]s, -e: *gerichtliche Anordnung, jmdn. zu verhaften:* gegen die Betrügerin war ein Haftbefehl erlassen worden.

¹**haf|ten** ['haftn̩], haftet, haftete, gehaftet ⟨itr.; hat; [irgendwo] h.⟩: *fest auf einer Oberfläche sitzen, kleben:* das Etikett haftet nicht richtig; diese Notizzettel haften auf jeder glatten Oberfläche.

²**haf|ten** ['haftn̩], haftet, haftete, gehaftet ⟨itr.; hat; für etw. h.⟩: *die Verantwortung tragen:* für Schäden, die ein Kind anrichtet, müssen die Eltern haften; für die Garderobe wird nicht gehaftet.

der **Häft|ling** ['heftlɪŋ]; -s, -e: *Person, die sich in Haft befindet:* ein Häftling ist geflohen. *Syn.:* Gefangene, Gefangener.

die **Ha|ge|but|te** ['ha:gəbʊtə]; -, -n: *kleine rote Frucht, die an bestimmten Rosen wächst:* ein Tee aus getrockneten Hagebutten.

der **Ha|gel** ['ha:gl̩]; -s: *Niederschlag, der aus Körnern von Eis besteht:* der Hagel richtete großen Schaden an.

ha|geln ['ha:gl̩n], hagelt, hagelte, gehagelt ⟨itr.; hat⟩: **1.** ⟨es hagelt⟩ *[als] Hagel fallen:* es fing an zu hageln. **2.** ⟨es hagelt etw.⟩ *(von etwas Unangenehmem) innerhalb kurzer Zeit häufig auftreten:* es hagelte Proteste, Vorwürfe [gegen die Politikerin].

ha|ger ['ha:gɐ], hagerer, am hagersten ⟨Adj.⟩: *sehr mager, dünn:* eine hagere Gestalt; sie ist sehr hager.

der **Hahn** [ha:n]; -[e]s, Hähne ['he:nə]:

der Hahn (1)

1. *männliches Tier mancher Vögel, bes. männliches Huhn:* der Hahn kräht. **2.** *Vorrichtung zum Öffnen und Schließen*

von Leitungen: der Hahn tropft; den Hahn zudrehen. *Zus.:* Gashahn, Wasserhahn.

das **Hähn|chen** ['he:nçən]; -s, -: *geschlachteter,*

der Hahn (2)

gebratener junger Hahn: ich bestellte mir ein halbes Hähnchen mit Pommes frites. *Syn.:* Hend[e]l (bayr., österr.), Poulet (schweiz.). *Zus.:* Backhähnchen, Brathähnchen.

der **Hai** [hai̯]; -[e]s, -e: *großer Raubfisch mit spitzen Zähnen und großen Flossen:* Haie beobachten; gibt es in diesem Meer Haie? *Syn.:* Haifisch.

der **Hai|fisch** ['hai̯fɪʃ]; -[e]s, -e: *Hai.*

hä|keln ['he:kl̩n], häkelt, häkelte, gehäkelt ⟨tr.; hat; etw. h.⟩: *(eine Handarbeit) mit einer vorn gebogenen Nadel anfertigen:* einen Pullover häkeln; ⟨auch itr.⟩ sie häkelt immer beim Fernsehen.

der **Ha|ken** ['ha:kn̩]; -s, -: **1.** *gebogener Gegenstand, an dem etwas aufgehängt werden kann:* ein Bild an einem Haken aufhängen; er hängte seinen Mantel an einen Haken an der Wand. *Zus.:* Bilderhaken, Garderobenhaken, Kleiderhaken, Wandhaken. **2.** (ugs.) *nicht gleich erkennbarer, aber erheblicher Nachteil:* die Angelegenheit hat einen Haken.

halb [halp] ⟨Adj.⟩: **1.** *die Hälfte von etwas:* eine halbe Stunde; ein halber Meter, Liter; das Glas ist halb voll; ⟨bleibt vor geografischen Namen ungebeugt, wenn diese ohne Artikelwort stehen⟩ halb Dänemark; * **halb ... halb:** *teils ... teils:* halb lachend, halb weinend; ein Wesen, halb Mensch, halb Tier. **2.** *nicht ordentlich, nicht vollständig:* das ist nur die halbe Wahrheit; etwas nur halb tun. **3.** *fast [ganz], so gut wie:* es sind ja noch halbe Kinder; er hat schon halb zugestimmt; halb verdurstet.

halb|her|zig ['halphɛrtsɪç], halbherziger, am halbherzigsten ⟨Adj.⟩: *ohne Überzeugung, ohne Entschlossenheit [erfolgend]:* eine halbherzige Reaktion, Maßnahme, Politik; etwas nur halbherzig tun.

hal|bie|ren [hal'bi:rən], halbiert, halbierte, halbiert ⟨tr.; hat; etw. h.⟩: **1.** *in zwei gleiche Teile teilen:* einen Apfel halbieren. *Syn.:* durchschneiden. **2.** *um die Hälfte* *verringern:* den Energieverbrauch, die Kosten halbieren.

das **Halb|jahr** ['halpjaːɐ̯]; -[e]s, -e: *Hälfte eines Jahres, Schuljahrs:* im ersten, zweiten Halbjahr 2007.

die **Halb|pen|si|on** ['halppãzi̯oːn]; -: *Unterkunft (z. B. in einem Hotel) mit Frühstück und einer warmen Mahlzeit:* er nahm sich ein Zimmer mit Halbpension.

halb|tags ['halptaːks] ⟨Adverb⟩: *den halben Tag lang:* nur halbtags arbeiten.

halb|wegs ['halpˈveːks] ⟨Adverb⟩ (ugs.): *einigermaßen, bis zu einem gewissen Grade:* der Lehrer ist mit ihr halbwegs zufrieden; sich wie ein halbwegs zivilisierter Mensch benehmen. *Syn.:* einigermaßen, leidlich.

die **Halb|zeit** ['halptsait]; -, -en: **1.** *Hälfte der Spielzeit:* in der zweiten Halbzeit wurde das Spiel sehr hektisch. **2.** *Pause zwischen der ersten und zweiten Hälfte der Spielzeit:* in der Halbzeit erfrischten sich die Spieler in der Kabine.

half [half]: ↑ helfen.

die **Hälf|te** ['helftə]; -, -n: *einer von zwei gleich großen Teilen eines Ganzen:* die Hälfte des Apfels, des Vermögens; in der ersten Hälfte des vorigen Jahrhunderts; zur Hälfte gehört es mir. *Zus.:* Jahreshälfte, Monatshälfte, Spielhälfte.

die **Hal|le** ['halə]; -, -n: **1.** *größeres Gebäude, das aus einem hohen, weiten Raum besteht:* besuchen Sie uns auf der Messe in Halle 3; der Sportunterricht findet heute in der Halle *(Sporthalle, Turnhalle)* statt. *Zus.:* Bahnhofshalle, Fabrikhalle, Kühlhalle, Lagerhalle, Montagehalle. **2.** *größerer Raum in einem [öffentlichen] Gebäude:* in der Halle des Hotels warten. *Zus.:* Eingangshalle, Empfangshalle, Hotelhalle.

hal|len ['halən], hallt, hallte, gehallt ⟨itr.; hat⟩: *laut und hohl tönen:* die Schritte hallten im Gang; ein Schrei hallt durch die Nacht.

das **Hal|len|bad** ['halənbaːt]; -[e]s, Hallenbäder ['halənbɛːdɐ]: *Schwimmbad in einer Halle:* ins Hallenbad gehen.

hal|lo ['halo] ⟨Interjektion⟩: **1.** Ruf, mit dem man jmdn. auf sich aufmerksam macht: hallo, ist da jemand? **2.** (ugs.) Grußformel: hallo, Leute!

der **Halm** [halm]; -[e]s, -e: *sehr dünner, leichter Stängel (von Getreide, Gras):* die Halme bewegen sich im Wind hin und her. *Zus.:* Grashalm, Strohhalm.

der **Hals** [hals]; -es, Hälse ['hɛlzə]: **1.** *Teil des Körpers zwischen Kopf und Oberkörper:* ein kurzer, langer Hals; jmdm. vor Freude um den Hals fallen. **2.** *Rachen und Kehle:* der Hals ist entzündet; der Hals tut mir weh. **3.** *langer, schmaler Teil eines Gegenstands:* der Hals der Geige, Gitarre, Flasche. *Zus.:* Flaschenhals.

hals|bre|che|risch ['halsbrɛçərɪʃ], halsbrecherischer, am halsbrecherischsten ⟨Adj.⟩: *sehr gewagt:* eine halsbrecherische Kletterpartie. *Syn.:* gefährlich, riskant.

die **Hals|schmer|zen** ['halsʃmɛrtsn̩] ⟨Plural⟩: *Schmerzen im Hals:* Halsschmerzen haben.

¹**halt** [halt] ⟨Partikel⟩ (südd., österr., schweiz.): *bekräftigt eine Feststellung:* eben: das ist halt so; dann entschuldige dich halt bei ihr.

²**halt** [halt] ⟨Interjektion⟩: *nicht weiter!; anhalten!; aufhören!; stopp!:* halt! Wer da?; halt, so geht das nicht.

der **Halt** [halt]; -[e]s: **1.** *etwas zum Befestigen, Festhalten; Stütze:* Halt suchen; keinen Halt finden; den Halt verlieren; in diesem Schuh hat der Fuß keinen Halt *(wird er nicht gestützt).* **2.** *[kurze] Unterbrechung, bes. einer Fahrt:* der Zug fährt ohne Halt durch.

halt|bar ['haltbaːɐ̯], haltbarer, am haltbarsten ⟨Adj.⟩: **1.** *nicht verderbend:* etwas haltbar machen; geräuchertes Fleisch ist länger haltbar als rohes. **2.** *fest, robust, stabil:* haltbares Material; diese Schuhe sind sehr haltbar. **3.** *so, dass man es rechtfertigen kann; vertretbar:* eine nicht haltbare Theorie.

hal|ten ['haltn̩], hält, hielt, gehalten: **1.** ⟨tr.; hat; etw. h.⟩ *in die Hand nehmen und nicht loslassen:* die Tasse am Henkel halten; halt bitte mal kurz meinen Schirm; etwas in der Hand halten. **2.** ⟨tr.; hat; etw. h.⟩ *bewirken, dass etwas Halt hat:* der Haken kann 10 kg halten; ihre Haare werden von einem Band gehalten. **3.** ⟨tr.; hat; etw. h.⟩ *an eine bestimmte Stelle bewegen und dort lassen:* halt die Hand mal unter die Lampe, ins Wasser. **4.** ⟨tr.; hat; etw. h.⟩ *(einen Ball) daran hindern, ins Tor zu gehen:* einen Ball, einen Strafstoß halten. **5.** ⟨tr.; hat; etw. h.⟩ *bei etwas bleiben, etwas nicht aufgeben:* den Ton, Takt halten; Diät halten; den Abstand, Kurs halten; sein Wort, ein Versprechen halten *(tun, was man versprochen hat).* **6.** ⟨sich an etw. (Akk.) h.⟩ *(eine Vorschrift oder dergleichen) befolgen, beachten:* sich an die Gesetze, Spielregeln halten. **7.** ⟨tr.; hat; etw. h.⟩ als Funktionsverb: Unterricht halten *(unterrichten);*

einen Vortrag halten *(etwas vortragen)*. **8.** ⟨itr.; hat; zu jmdm. h.⟩ *jmdn. unterstützen, nicht im Stich lassen:* die meisten haben zu ihr gehalten. **9.** ⟨sich h.⟩ *so bleiben, wie es ist; nicht verderben:* diese Äpfel halten sich gut, nicht lange; die Milch hält sich höchstens noch bis morgen; ⟨auch itr.; hat⟩ ob das Wetter wohl hält? **10.** ⟨itr.; hat⟩ *ganz bleiben, nicht entzweigehen:* die Schuhe haben lange gehalten; der Knoten hält *(geht nicht auf)*; das Seil hat nicht gehalten *(ist gerissen)*. **11.** ⟨tr.; hat; jmdn., etw. für etw. h.⟩ *als etwas Bestimmtes betrachten, beurteilen:* jmdn. für dumm, ehrlich, tot halten; etwas für denkbar halten; jmdn. für einen Betrüger, ein Genie halten. **12.** ⟨itr.; hat; etw. von jmdm., etw. h.⟩ *über jmdn., etwas ein bestimmtes Urteil haben:* von ihr, von ihrem Vorschlag halte ich viel, wenig, nichts; was hältst du davon? **13.** ⟨itr.; hat⟩ *anhalten, stehen bleiben:* da die Ampel rot war, musste er halten; wir hielten genau vor der Tür; der Zug hält in Köln; wie lange hält der Zug? *Syn.:* stoppen.

der **Hal|ter** [ˈhaltɐ]; -s, -: *einfache Vorrichtung, die etwas festhält:* die Rolle Toilettenpapier hing an einem Halter. *Zus.:* Handtuchhalter, Kerzenhalter.

die **Hal|te|stel|le** [ˈhaltəʃtɛlə]; -, -n: *Stelle, an der ein öffentliches Verkehrsmittel regelmäßig anhält, damit die Fahrgäste ein- und aussteigen können:* an der Haltestelle warten. *Syn.:* Station. *Zus.:* Bushaltestelle, Straßenbahnhaltestelle.

Symbol für die Haltestelle

haltmachen [ˈhaltmaxn̩], macht halt, machte halt, haltgemacht ⟨itr.; hat⟩: *anhalten und eine Pause machen:* wir machten an einem Rasthalte halt.

die **Hal|tung** [ˈhaltʊŋ]; -; -1. *Art, in der jmd. seinen Körper hält:* eine aufrechte Haltung; in verkrampfter Haltung dasitzen. *Syn.:* Stellung. *Zus.:* Körperhaltung. **2.** *innere Einstellung, Meinung:* eine ablehnende, feindliche Haltung einnehmen, haben. *Zus.:* Abwehrhaltung, Geisteshaltung.

der **Ham|bur|ger** [ˈhambʊrgɐ]; -s, -: *flache Frikadelle in einem aufgeschnittenen Brötchen:* er aß einen Hamburger mit Pommes frites.

er **Ham|mer** [ˈhamɐ]; -s, Hämmer [ˈhɛmɐ]: *Werkzeug zum Schlagen und Klopfen:* mit dem Hammer einen Nagel in die Wand schlagen. *Zus.:* Holzhammer.

der Hammer

die **Hand** [hant]; -, Hände [ˈhɛndə]: *unterster Teil des Arms mit fünf Fingern:* die linke, rechte Hand; jmdm. die Hand geben, schütteln; das Kind an die Hand nehmen; etwas in die Hand nehmen; die Kinder gingen Hand in Hand *(hielten sich beim Gehen an den Händen)*; mit der Hand /von Hand *(nicht mit einer Maschine)*; *** unter der Hand:** *im Geheimen, auf inoffiziellem Wege:* das habe ich unter der Hand erfahren.

die Hand

die **Hand|ar|beit** [ˈhantʔarbait]; -, -en: **1.** *Arbeit, die nicht mit einer Maschine ausgeführt wird:* etwas in Handarbeit herstellen. **2.** *von Hand hergestellter Gegenstand:* Handarbeiten anfertigen.

der **Hand|ball** [ˈhantbal]; -[e]s, Handbälle [ˈhantbɛlə]: **1.** ⟨ohne Plural⟩ *Spiel zweier Mannschaften, bei dem man den Ball mit der Hand ins Tor wirft:* Handball spielen. *Zus.:* Hallenhandball. **2.** *Ball zum Handballspielen.*

das **Hand|buch** [ˈhantbuːx]; -[e]s, Handbücher [ˈhantbyːçɐ]: **1.** *Buch mit den wichtigsten Informationen zu einem Gebiet des Wissens:* ein Handbuch der Physik. *Zus.:* Biologiehandbuch, Medizinhandbuch. **2.** *Anleitung, Gebrauchsanweisung:* der Computer wird mit einem umfangreichen Handbuch geliefert.

der **Hän|de|druck** [ˈhɛndədrʊk]; -[e]s, Händedrücke [ˈhɛndədrʏkə]: *Drücken der Hand eines anderen (bes. bei der Begrüßung oder beim Abschied):* sie verabschiedete sich von mir mit einem kräftigen Händedruck.

der **Han|del** [ˈhandl̩]; -s: **1.** *Kauf und Verkauf von Waren, Gütern:* der Handel mit Autos, Medikamenten; mit Stoff, Wolle Handel treiben. *Zus.:* Drogenhandel, Getreidehandel, Holzhandel, Immobilienhandel, Kunsthandel, Waffenhandel.

2. *Bereich der Wirtschaft, der Waren kauft und wieder verkauft:* der Handel erhöht die Preise für Kaffee und Tee. *Zus.:* Buchhandel, Einzelhandel, Großhandel.

han|deln ['handln], handelt, handelte, gehandelt: **1.** ⟨itr.; hat⟩ *etwas tun, eingreifen:* schnell, richtig handeln; sie durfte nicht länger warten, sie musste endlich handeln. **2.** ⟨itr.; hat; mit jmdm., etw. h.⟩ *kaufen und verkaufen:* mit Wein, Obst handeln; er handelt mit vielen ausländischen Firmen. **3.** ⟨tr.; hat; etw. h.⟩ *zum Kauf anbieten:* die Aktien werden an der Börse gehandelt. **4.** ⟨itr.; hat; von jmdm., etw. h.⟩ *zum Inhalt haben:* das Buch handelt vom Untergang der Titanic; * **es handelt sich um jmdn., etwas:** *es betrifft jmdn., etwas:* es handelt sich [dabei] um ein größeres Problem, um meine Schwester; worum handelt es sich bitte?; es handelt sich darum, dass sie nicht zur Schule kommen kann.

hän|de|rin|gend ['hɛndərɪŋənt] ⟨Adj.⟩: *in höchster Not, sehr eindringlich:* sie bat ihn händeringend um schnelle Hilfe. *Syn.:* inständig.

der **Hand|fe|ger** ['hantfeːgɐ]; -s, -: *kleiner Besen:* sie fegte den Schmutz mit dem Handfeger auf das Kehrblech.

hand|fest ['hantfɛst], handfester, am handfestesten ⟨Adj.⟩: **1.** *kräftig gebaut und robust:* einige handfeste junge Männer. *Syn.:* stark. **2.** *einfach, aber sehr kräftig und nahrhaft:* eine handfeste Mahlzeit. *Syn.:* deftig, gesund. **3.** *sehr deutlich, konkret:* handfeste Beweise, Argumente; ein handfester Skandal, Krach. *Syn.:* eindeutig, greifbar, klar, offensichtlich.

die **Hand|flä|che** ['hantflɛçə]; -, -n: *innere Seite der Hand:* seine Handflächen waren feucht vor Aufregung.

das **Hand|ge|lenk** ['hantɡəlɛŋk]; -[e]s, -e: *Verbindung zwischen Hand und Unterarm:* ein kräftiges, schmales Handgelenk; die Uhr am linken Handgelenk tragen; das Handgelenk ist gebrochen.

das **Hand|ge|päck** ['hantɡəpɛk]; -[e]s: *Gepäck, das jmd. im Flugzeug bei sich hat:* wichtige Dinge gehören ins Handgepäck.

der **Hand|griff** ['hantɡrɪf]; -[e]s, -e: **1.** *kleine Bewegung mit der Hand:* bei der Operation sind alle Handgriffe Routine; einen Handgriff üben. **2.** *Teil, an dem man etwas anfassen oder halten kann:* der Handgriff des Koffers. *Syn.:* Henkel.

hän|disch ['hɛndɪʃ] ⟨Adj.⟩ (südd., österr. ugs.): *mit der Hand:* die Eier händisch

verpacken; das können wir nicht automatisch tun, das müssen wir händisch erledigen. *Syn.:* manuell.

der **Händ|ler** ['hɛndlɐ]; -s, -, die **Händ|le|rin** ['hɛndlərɪn]; -, -nen: *Person, die mit etwas handelt:* der Händler verdiente bei dem Verkauf des Gebrauchtwagens sehr gut. *Syn.:* Geschäftsfrau, Geschäftsmann, Kauffrau, Kaufmann. *Zus.:* Autohändler, Autohändlerin, Gemüsehändler, Gemüsehändlerin.

hand|lich ['hantlɪç], handlicher, am handlichsten ⟨Adj.⟩: *bequem, leicht zu benutzen:* das Buch hat ein handliches Format; der Staubsauger ist nicht sehr handlich. *Syn.:* praktisch.

die **Hand|lung** ['handlʊŋ]; -, -en: **1.** *Tat, Aktion:* eine spontane, unüberlegte Handlung. *Zus.:* Kampfhandlung. **2.** *das, was passiert; Inhalt:* die Handlung des Romans, Films; die Handlung war nicht sehr spannend. *Syn.:* Story.

Hand|schlag ['hantʃlaːk]: in Verbindungen wie * **mit, durch Handschlag:** *indem man die Hand gibt:* jmdn. mit Handschlag begrüßen; * **keinen Handschlag tun** (ugs.): *gar nichts arbeiten, tun:* am Sonntag tue ich keinen Handschlag.

die **Hand|schrift** ['hantʃrɪft]; -, -en: **1.** *Art und Weise, wie jmd. etwas mit der Hand schreibt:* eine klare, unleserliche Handschrift haben; das ist die Handschrift von Petra. **2.** *mit der Hand geschriebener alter Text:* eine Handschrift aus dem 14. Jahrhundert. *Syn.:* Manuskript.

hand|schrift|lich ['hantʃrɪftlɪç] ⟨Adj.⟩: *mit der Hand geschrieben:* der Bewerbung liegt ein handschriftlicher Lebenslauf bei.

der **Hand|schuh** ['hantʃuː]; -[e]s, -e: *Kleidungsstück, das die Hände (bes. gegen Kälte) schützt:* Handschuhe aus Wolle; Handschuhe anziehen, anhaben, ausziehen; [mit Lammfell] gefütterte Handschuhe. *Zus.:* Boxhandschuh, Lederhandschuh, Torwarthandschuh.

der Handschuh

die **Hand|ta|sche** ['hanttaʃə]; -, -n: *kleinere Tasche (für Damen):* sie steckte den Lippenstift wieder in ihre Handtasche; etwas aus der Handtasche holen, nehmen; die Handtasche durchsuchen; ihr wurde in der U-Bahn die Handtasche geklaut. *Zus.:* Lederhandtasche.

das **Hand|tuch** ['hanttu:x]; -[e]s, Handtücher ['hanttyːçɐ]: *Tuch zum Abtrocknen der Hände, des Körpers nach dem Waschen:* die Handtücher wechseln, zum Trocknen aufhängen. *Zus.:* Badehandtuch.

das **Hand|werk** ['hantvɛrk]; -[e]s, -e: *Beruf, in dem vor allem mit der Hand und mit einfachen Werkzeugen gearbeitet wird:* das Handwerk des Schuhmachers erlernen. *Zus.:* Bäckerhandwerk, Fleischerhandwerk, Friseurhandwerk.

der **Hand|wer|ker** ['hantvɛrkɐ]; -s, -, die **Hand|wer|ke|rin** ['hantvɛrkarɪn]; -, -nen: *Person, die ein Handwerk ausübt:* Maler, Klempner und Elektriker sind Handwerker; morgens um 7 Uhr kamen die Handwerker.

das **Han|dy** ['hɛndi]; -s, -s: *kleines, mobiles Telefon:* sein Handy [nicht] dabeihaben; sein Handy einschalten, ausschalten; er hat ihr eine SMS aufs Handy geschickt; klingelnde Handys gehören heute zum Alltag. *Syn.:* Mobiltelefon.

das Handy

der **Hang** [haŋ]; -[e]s, Hänge ['hɛŋə]: **1.** *Seite eines Berges, die nicht sehr steil abfällt:* das Haus liegt am Hang. *Zus.:* Berghang, Skihang. **2.** ⟨ohne Plural⟩ *Neigung, Vorliebe:* er hat einen Hang zur Bequemlichkeit, Übertreibung. *Syn.:* Tendenz.

¹**hän|gen** ['hɛŋən], hängt, hing, gehangen ⟨itr.; hat⟩: **1.** ⟨irgendwo, irgendwie h.⟩: *oben festgemacht sein:* das Bild hängt an der Wand, hängt schief; der Mantel hing am Haken, über einem Bügel; die Kleider hängen im Schrank; die Wäsche hängt ordentlich auf der Leine; sie ließ den Mantel an der Garderobe hängen. **2.** * **sich hängen lassen** (ugs.): *ohne Mut, Energie und Disziplin sein:* du darfst dich nicht so hängen lassen!; * **jmdn. hängen lassen** (ugs.): *jmdm. wider Erwarten nicht helfen:* er hat uns beim Umzug hängen lassen. **3.** ⟨an jmdm., etw. h.⟩: *jmdn., etwas sehr gern haben und sich nicht davon trennen wollen:* an seiner Heimat, an seinen Eltern hängen; sie hing sehr an ihrem Hund.

²**hän|gen** ['hɛŋən], hängt, hängte, gehängt: **1.** ⟨tr.; hat; etw. irgendwohin h.⟩ *etwas oben festmachen:* sie hat den Mantel an den Haken, in den Schrank gehängt; er hat das Bild an die Wand gehängt; sie hängte die Tasche über die Schulter. **2.** ⟨itr.; hat; etw. irgendwohin h.⟩ *nach unten fallen lassen:* den Arm beim Autofahren aus dem Fenster hängen; ich hängte den Teebeutel ins Wasser. **3.** ⟨tr.; hat; jmdn. h.⟩ *durch einen Strick um den Hals töten:* der Mörder wurde gestern gehängt.

hän|seln ['hɛnzl̩n], hänselt, hänselte, gehänselt ⟨tr.; hat; jmdn. h.⟩: *sich über jmdn. lustig machen:* jmdn. wegen seiner abstehenden Ohren hänseln. *Syn.:* ärgern, spotten über.

der **Hap|pen** ['hapn̩]; -s, - (ugs.): *kleines Stück zu essen, Bissen:* ein Happen Fleisch; ich habe heute noch keinen Happen *(noch nichts)* gegessen.

das **Hap|py End** [hɛpi 'ɛnt]; - -[s], - -s, **Hap|py-end;** [hɛpi'ɛnt]; -[s], -s: *glücklicher Schluss:* der Film hat kein Happy End.

der **Ha|rass** ['haras]; -es, -e (schweiz.): *Kasten, Kiste:* kauf bitte zwei Harasse Cola!

die **Hard|ware** ['haːɐ̯tvɛːɐ̯]; -, -s: *elektronische und mechanische Teile eines Computers:* die Festplatte, der Bildschirm und die Tastatur gehören zur Hardware.

die **Har|ke** ['harkə]; -, -n (bes. nordd.): *Gerät, mit dem man Laub oder geschnittenes Gras zusammenholt:* er holte das Laub mit einer Harke zusammen.

harm|los ['harmloːs], harmloser, am harmlosesten ⟨Adj.⟩: *nicht gefährlich:* ein harmloses Tier; eine harmlose Verletzung; der Mann ist [ganz] harmlos; sie fragte ganz harmlos; es fing alles ganz harmlos an. *Syn.:* gutartig, ungefährlich.

har|mo|nie|ren [harmo'niːrən], harmoniert, harmonierte, harmoniert ⟨itr.; hat⟩: *zueinander passen:* die Farben harmonieren gut miteinander, harmonieren nicht.

der **Harn** [harn]; -[e]s, -e: *gelbliche, klare Flüssigkeit, die der Körper regelmäßig ausscheidet:* die Spieler mussten wegen einer Dopingkontrolle Harn lassen. *Syn.:* Urin, Wasser.

hart [hart], härter, am härtesten ⟨Adj.⟩: **1.** *nicht weich, sondern fest:* hartes Brot; ich schlafe gern auf einer harten Matratze; eine harte *(sichere)* Währung. *Syn.:* fest, steif. **2.** *anstrengend, schwer:* ein hartes Schicksal; sie hatte ein hartes Leben. *Syn.:* beschwerlich, mühsam. **3.** *ohne Rücksicht, streng:* harte Worte; ein hartes Urteil. *Syn.:* drastisch, schonungslos. **4.** *heftig, intensiv:* ein harter Winter; eine harte Auseinandersetzung; er hat immer hart gearbeitet.

H

die **Här|te** ['hɛrtə]; -, -n: **1.** *Festigkeit:* die Härte eines Diamanten. **2.** *Belastung:* die Härten des Lebens haben sie geprägt; die Härte des Gesetzes. **3.** ⟨ohne Plural⟩ *Intensität, Stärke:* die Härte des Kampfes, des Winters. *Syn.:* Gewalt, Kraft, Wucht.

hart|nä|ckig ['hartnɛkɪç], hartnäckiger, am hartnäckigsten ⟨Adj.⟩: *nicht bereit, aufzugeben; beharrlich:* ein hartnäckiger Politiker; eine hartnäckige *(lange dauernde)* Krankheit; sie schwiegen hartnäckig; sie verfolgt hartnäckig ihre Ziele. *Syn.:* ausdauernd, unaufhörlich.

das **Harz** [ha:ɐ̯ts]; -es, -e: *klebrige, gelbbraune Masse im Holz:* die Zweige sind klebrig von Harz. *Zus.:* Tannenharz.

das **Hasch** [haʃ]; -s (ugs.), der *oder* das **Haschisch** ['haʃɪʃ]; -[s]: *Rauschgift aus den Blüten und Blättern einer indischen Pflanze:* Haschisch rauchen, schmuggeln.

der **Ha|se** ['ha:zə]; -n, -n: *braunes Nagetier mit langen Ohren und langen Hinterbeinen:* die Hasen hoppelten schnell über das Feld; einen Hasen jagen. *Zus.:* Feldhase, Stallhase.

die **Ha|sel|nuss** ['ha:zlnʊs]; -, Haselnüsse ['ha:zlnʏsə]: *Nuss mit glatter, brauner Schale und rundem Kern:* ein Müsli mit Rosinen und Haselnüssen.

der **Hass** [has]; -es: *starkes Gefühl der Feindschaft* /Ggs. Liebe/: blinder, tödlicher Hass; einen Hass auf/gegen jmdn. haben; er war von Hass erfüllt. *Syn.:* Antipathie, Widerwille. *Zus.:* Fremdenhass, Menschenhass.

has|sen ['hasn̩], hasst, hasste, gehasst ⟨tr.; hat; jmdn., etw. h.⟩: *sehr große Abneigung gegen jmdn., etwas empfinden:* seinen Chef, das lange Warten, die Schule [auf den Tod] hassen; sie hasst Stress; die beiden hassen sich; ich hasse es, morgens so früh aufzustehen.

häss|lich ['hɛslɪç], hässlicher, am hässlichsten ⟨Adj.⟩: **1.** *nicht schön:* ein hässliches Gesicht, Haus; sie findet sich hässlich. *Syn.:* grässlich (ugs.), scheußlich. **2.** *gemein:* eine hässliche Bemerkung; du warst sehr hässlich zu mir. *Syn.:* eklig, fies (ugs.).

die **Hast** [hast]; -: *große Eile:* sie ging ohne Hast zum Bahnhof. *Syn.:* Hektik.

has|ten ['hastn̩], hastet, hastete, gehastet ⟨itr.; ist⟩: *eilig, hastig laufen:* zum Bahnhof hasten. *Syn.:* hetzen.

has|tig ['hastɪç], hastiger, am hastigsten ⟨Adj.⟩: *eilig, hektisch:* hastige Schritte; sie antwortete hastig; hastig essen. *Syn.:* schnell, überstürzt.

hat [hat]: ↑ haben.

hat|te ['hatə]: ↑ haben.

der **Hauch** [haʊx]; -[e]s: **1.** *sichtbarer Atem:* in der Kälte war der Hauch zu sehen. **2.** *ganz leichter Geruch:* ein Hauch von Parfüm hing in der Luft. **3.** *eine kleine Menge:* sie hatte nur einen Hauch Make-up aufgetragen; der Hauch eines Lächelns. *Syn.:* Schimmer, Spur.

hauch|dünn ['haʊxdʏn] ⟨Adj.⟩: *sehr dünn:* den Toast hauchdünn mit Butter bestreichen.

hau|en ['haʊən], haut, haute/hieb, gehauen: **1.** ⟨haute; tr.; hat; jmdn. h.⟩ *(jmdn.) schlagen:* er haut immer seinen kleinen Bruder. *Syn.:* prügeln, verprügeln. **2.** ⟨haute / (geh.) hieb; itr.; hat; [jmdm. / (selten:) jmdn.] irgendwohin h.⟩ *(auf, gegen, in etwas) schlagen:* er haute ihm freundschaftlich auf die Schulter; mit der Faust auf den Tisch hauen. **3.** ⟨haute; tr.; hat; etw. irgendwohin h.⟩ (ugs.) *etwas [mit einem Werkzeug] in etwas schlagen:* sie haute den Nagel mit dem Hammer in die Wand.

der **Hau|fen** ['haʊfn̩]; der -s, -: **1.** *Menge übereinanderliegender Dinge:* ein Haufen schmutziger Wäsche; alles auf einen Haufen legen. *Syn.:* Stapel, Stoß. *Zus.:* Komposthaufen, Misthaufen. **2.** (ugs.) *große Menge, sehr viel:* sie besitzt einen Haufen Kleider; das kostet einen Haufen Geld.

hau|fen|wei|se ['haʊfn̩vaɪzə] ⟨Adverb⟩ (ugs.): *sehr viel, in großen Mengen:* haufenweise Geld haben; die Leute strömten haufenweise ins Kino. *Syn.:* massenhaft (oft emotional).

häu|fig ['hɔyfɪç], häufiger, am häufigsten ⟨Adj.⟩: *in großer Zahl vorkommend, sich wiederholend:* häufige Fehler; sie kommt häufig zu spät. *Syn.:* oft, öfter, vielfach.

das **Haupt** [haʊpt]; -[e]s, Häupter ['hɔyptɐ] (geh.): **1.** *Kopf:* das Haupt des Löwen. *Zus.:* Lockenhaupt. **2.** ⟨mit Attribut⟩ *wichtigste Person (mit leitender Funktion):* das Haupt der Familie, des Staates. *Syn.:* Führer, Führerin, ¹Leiter, Leiterin.

der **Haupt|bahn|hof** ['haʊptbaːnhoːf]; -[e]s, Hauptbahnhöfe ['haʊptbaːnhøːfə]: *größter Bahnhof eines Ortes:* sie kam am Hamburger Hauptbahnhof an.

die **Haupt|rol|le** ['haʊptrɔlə]; -, -n: *wichtigste Rolle in Schauspiel, Oper oder Film:* die Hauptrolle in einem Film spielen; das Baby spielt bei ihnen jetzt die Hauptrolle *(ist wichtiger als alles andere).*

Hauptschule

In Deutschland dauert die Hauptschule in der Regel 5 Jahre (von der 5. bis zur 9. Klasse). Der Unterricht soll eine allgemeine, grundlegende Bildung vermitteln und auf das spätere Berufsleben vorbereiten. Die Hauptschule ist eine Alternative zu Realschule und Gymnasium. Jugendliche mit Hauptschulabschluss machen meist eine Ausbildung. Allerdings ist es für sie in den letzten Jahren sehr schwierig geworden, einen Ausbildungsplatz zu finden.

In der deutschsprachigen Schweiz heißen Schulen, die vor allem eine grundlegende Bildung und praktische Fertigkeiten vermitteln sollen, je nach Kanton Realschule, Berufswahlschule oder Oberschule. Sie dauern 3 bis 4 Jahre.

In Österreich dauert die Hauptschule 4 Jahre und sie soll vor allem auf das Berufsleben vorbereiten. Sie schließt sich an die Volksschule (= Grundschule) an. Im Unterschied zu Deutschland und der Schweiz können in Österreich Hauptschüler mit einem guten Abschluss auch auf ein Gymnasium oder Realgymnasium wechseln. Die meisten machen jedoch danach eine Berufsausbildung oder besuchen eine weiterführende Schule, die auf bestimmte Berufe vorbereitet (z. B. die polytechnische Schule).

H

die **Haupt|sa|che** [ˈhaʊptzaxə]; -, -n: *etwas, was wichtiger als alles andere ist:* Geld war für sie die Hauptsache; die Hauptsache ist, dass du mitkommst; Hauptsache, du bist gesund.

haupt|säch|lich [ˈhaʊptzɛçlɪç]; ⟨Adverb⟩ *vor allem, in erster Linie:* er braucht hauptsächlich Geld; sie übersetzt hauptsächlich ins Englische. *Syn.:* besonders, insbesondere.

die **Haupt|schu|le** [ˈhaʊptʃuːlə]; -, -n: *Schule, die auf der Grundschule aufbaut und das 5. bis 9. Schuljahr umfasst:* er geht auf die Hauptschule; von der Grundschule auf die Hauptschule wechseln.

die **Haupt|stadt** [ˈhaʊptʃtat]; -, Hauptstädte [ˈhaʊptʃtɛːtə]: *Stadt mit dem Sitz der Regierung eines Staates:* die Hauptstadt von Deutschland ist Berlin. *Syn.:* Metropole, Zentrum. *Zus.:* Landeshauptstadt.

die **Haupt|stra|ße** [ˈhaʊptʃtraːsə]; -, -n: *breite, wichtige Straße [mit Geschäften]:* Sie müssen der Hauptstraße folgen und dann rechts einbiegen.

das **Haus** [haʊs]; -es, Häuser [ˈhɔʏzɐ]: *Gebäude [bes. zum Wohnen oder Arbeiten]:* ein modernes, großes Haus; wir bauen gerade ein Haus; ich bin hier zu Haus[e] *(bin hier daheim, nicht fremd);* sie geht nach dem Kurs direkt nach Hause; er kommt gerade von zu Hause. *Zus.:* Bauernhaus, Einfamilienhaus, Geschäftshaus, Hochhaus, Mietshaus, Reihenhaus, Wohnhaus. * **mit etwas Haus halten:** *sparsam mit etwas umgehen:* sie hält mit ihrem Geld gut Haus; du musst mit deinen Kräften Haus halten.

die **Haus|auf|ga|be** [ˈhaʊsʔaʊfɡaːbə]; -, -n: *Aufgabe für die Schule, die man zu Hause erledigt:* sie hatten viele Hausaufgaben aufbekommen, aufgehabt; hast du deine Hausaufgaben schon gemacht?

der **Haus|flur** [ˈhaʊsfluːɐ̯]; -[e]s, -e: *Gang, der sich zwischen der Haustür und der Treppe befindet:* sie traf ihre Nachbarin im Hausflur und grüßte. *Syn.:* Treppenhaus.

die **Haus|frau** [ˈhaʊsfraʊ]; -, -en: *weibliche Person, die die Arbeiten im Haushalt erledigt, während der Partner berufstätig ist:* eine moderne, gute Hausfrau.

der **Haus|halt** [ˈhaʊshalt]; -[e]s, -e: **1.** *Gemeinschaft von Personen, die zusammenleben:* ein Haushalt mit vier Personen; in fast jedem Haushalt steht heute ein Computer; jmdm. den Haushalt führen *(für jmdn. kochen, waschen, bügeln etc.). Syn.:* Familie. *Zus.:* Privathaushalt, Singlehaushalt. **2.** *Einnahmen und Ausgaben (eines Staates):* der öffentliche Haushalt; über den Haushalt beraten. *Syn.:* Budget, Etat, Finanzen ⟨Plural⟩. *Zus.:* Landeshaushalt, Staatshaushalt.

die **Haus|halts|kas|se** [ˈhaʊshaltskasə]; -, -n: *Kasse mit dem Geld für den Haushalt:* die Haushaltskasse ist leer.

häus|lich [ˈhɔʏslɪç] ⟨Adj.⟩: **1.** *zu Hause, in der Familie:* häusliches Glück; häusliche Pflege; wie sind die häuslichen Verhältnisse?; sie vernachlässigte ihre häuslichen Pflichten immer mehr. **2.** ⟨häuslicher, am häuslichsten⟩ *so, dass jmd. gern zu Hause ist:* er ist sehr häuslich geworden.

der **Haus|mann** [ˈhaʊsman]; -[e]s, Hausmänner [ˈhaʊsmɛnɐ]: *männliche Person, die die Arbeiten im Haushalt erledigt, während die Partnerin, der Partner berufstätig ist:*

seit der Geburt des zweiten Kindes ist er Hausmann; seine Rolle als Hausmann gefällt ihm.

der **Haus|meis|ter** [ˈhaʊsmaɪstɐ]; -s, -, die **Haus|meis|te|rin** [ˈhaʊsmaɪstərɪn]; -, -nen: *Person, die in einem größeren Gebäude für Ordnung sorgt und Dinge repariert:* sie bittet den Hausmeister, das Licht im Treppenhaus zu reparieren. *Syn.:* Abwart (schweiz.), Abwartin (schweiz.).

die **Haus|num|mer** [ˈhaʊsnʊmɐ]; -, -n: *Nummer eines Gebäudes in einer bestimmten Straße:* bei der Anschrift bitte die Hausnummer nicht vergessen!

der **Haus|schlüs|sel** [ˈhaʊsʃlʏsl̩]; -s, -: *Schlüssel für die Haustür:* er hat den Hausschlüssel verloren.

der **Haus|schuh** [ˈhaʊsʃuː]; -[e]s, -e: *bequemer Schuh, der zu Hause getragen wird:* wenn er von der Arbeit kommt, zieht er sich gern Hausschuhe an. *Syn.:* Pantoffel.

das **Haus|tier** [ˈhaʊstiːɐ]; -[e]s, -e: *Tier, das in einem Haushalt gehalten werden kann:* als Haustier haben sie einen Hasen.

die **Haus|tür** [ˈhaʊstyːɐ]; -, -en: *Tür am Eingang eines Hauses:* hast du die Haustür abgeschlossen?

die **Haut** [haʊt]; -, Häute [ˈhɔʏtə]: *Gewebe, das den Körper eines Menschen oder eines Tieres außen schützt:* trockene, fettige dunkle, helle Haut. *Zus.:* Kopfhaut.

haut|eng [ˈhaʊtˈlɛŋ] ⟨Adj.⟩: *sehr eng:* die Tänzerin trug ein hautenges Kleid.

die **Heb|am|me** [ˈheːplamə]; -, -n: *ausgebildete Helferin bei Geburten:* sie arbeitet als Hebamme in einem Krankenhaus.

der **He|bel** [ˈheːbl̩]; -s, -: *Griff zum Einschalten, Steuern einer Maschine:* einen Hebel bedienen, betätigen, herumlegen. *Zus.:* Fußhebel, Schalthebel.

he|ben [ˈheːbn̩], hebt, hob, gehoben ⟨tr.; hat; etw. h.⟩: *in die Höhe bewegen:* eine Kiste heben; die Hand heben; sie hoben den Sieger auf die Schultern. *Syn.:* anheben, aufheben.

das **Heck** [hɛk]; -[e]s, -e und -s: *hinterer Teil eines Schiffes, Flugzeugs, Autos:* bei dem Unfall wurde das Heck stark beschädigt. *Zus.:* Flugzeugheck, Wagenheck.

die **He|cke** [ˈhɛkə]; -, -n: *dichte Reihe aus Büschen, Sträuchern:* die Hecke schneiden. *Zus.:* Brombeerhecke, Rosenhecke.

das **Heer** [heːɐ]; -[e]s, -e: **1.** *Truppen eines Staates:* ein siegreiches Heer; ein Heer aufstellen. *Syn.:* Armee, Militär. *Zus.:* Belagerungsheer, Söldnerheer. **2.** *Truppen, die auf dem Boden kämpfen:* das Heer und die Marine wurden eingesetzt.

die **He|fe** [ˈheːfə]; -, -n: *Mittel, das beim Backen verwendet wird und den Teig größer werden lässt:* ist der Teig mit Hefe? *Zus.:* Backhefe, Trockenhefe.

der **He|fe|teig** [ˈheːfətaik]; -[e]s, -e: *Teig mit Hefe:* einen Hefeteig ansetzen.

das **Heft** [hɛft]; -[e]s, -e: **1.** *dünnes, flexibles Buch mit leeren Blättern zum Schreiben:* der Lehrer sammelte die Hefte ein, teilte die Hefte aus. *Zus.:* Aufsatzheft, Hausaufgabenheft, Rechenheft, Vokabelheft, Zeichenheft. **2.** *dünnes, flexibles Buch mit Bildern und Text:* ein Heft mit Gedichten; von dieser Zeitschrift erscheinen jährlich zwölf Hefte *(Ausgaben). Zus.:* Comicheft, Romanheft.

hef|ten [ˈhɛftn̩], heftet, heftete, geheftet ⟨tr.; hat; etw. irgendwohin h.⟩: *mit Nadeln, Klammern befestigen:* sie heftete das Foto an den Brief.

hef|tig [ˈhɛftɪç], heftiger, am heftigsten ⟨Adj.⟩: **1.** *stark, schwer:* ein heftiger Aufprall, Schlag; ein heftiger Sturm; heftige Schmerzen; heftig atmen, zittern. *Syn.:* gewaltig (emotional), kräftig. **2.** *erregt, unbeherrscht:* heftig reagieren; er wird leicht heftig. *Syn.:* aggressiv, jähzornig.

die **Hei|de** [ˈhaɪdə]; -, -n: *sandige Landschaft, in der fast nur Sträucher und Gräser wachsen:* durch die Heide wandern.

die **Hei|del|bee|re** [ˈhaɪdl̩beːrə]; -, -n: *gut schmeckende blauschwarze Frucht, die an kleinen Sträuchern wächst:* Heidelbeeren sammeln, pflücken. *Syn.:* Blaubeere.

hei|kel [ˈhaɪkl̩], heikler, am heikelsten ⟨Adj.⟩: *schwierig, gefährlich:* ein heikles Thema; er geriet in eine heikle Situation. *Syn.:* brenzlig (ugs.), kompliziert.

heil [haɪl] ⟨Adj.⟩: *gesund, nicht verletzt:* er hat den Unfall heil überstanden; das Knie ist wieder heil.

das **Heil** [haɪl]; -[e]s: *Erlösung:* das ewige Heil; er betet für das Heil seiner Seele.

hei|len [ˈhaɪlən], heilt, heilte, geheilt: **1.** ⟨tr.; hat; jmdn. h.⟩ *gesund machen:* er hatte den Kranken geheilt; der Patient konnte geheilt werden. *Syn.:* retten. **2.** ⟨tr.; hat; etw. h.⟩ *durch eine medizinische Behandlung beseitigen:* die Ärztin hat die Krankheit geheilt. **3.** ⟨itr.; ist⟩ *(von einer Verletzung) verschwinden:* die Wunde heilt schnell, nur sehr langsam. *Syn.:* verheilen.

heil|froh [ˈhaɪlˈfroː] ⟨Adj.⟩ (ugs.): *sehr froh:* ich bin heilfroh, dass der Krieg zu Ende ist. *Syn.:* erleichtert, glücklich.

hei|lig [ˈhaɪlɪç] ⟨Adj.⟩: *von Gott kommend:*

das heilige Abendmahl; die heilige Messe; die Heilige Schrift *(Bibel);* der Heilige Vater *(Papst).*

der **Heiligabend** [ˈhailɪçˈlaːbn̩t], -s, -e: *Tag vor dem ersten Weihnachtstag:* Heiligabend ist am 24. Dezember.

der *und* die **Heilige** [ˈhailɪgə], -n, -n (aber: [ein] Heiliger, [eine] Heilige, Plural: [viele] Heilige): *längst verstorbene Person, die in der [katholischen] Kirche besonders verehrt wird:* Augustinus ist ein großer Heiliger; der Papst hat sie in den Kreis der Heiligen erhoben.

das **Heiligtum** [ˈhailɪçtuːm]; -[e]s, Heiligtümer [ˈhailɪçtyːmɐ]: *heiliges Gebäude, heiliger Ort, an dem man einen Gott ehrt:* antike, christliche Heiligtümer; die großen Heiligtümer des Islam.

heillos [ˈhailoːs] ⟨Adj.⟩ (emotional): *völlig:* auf seinem Schreibtisch herrschte ein heilloses Durcheinander; sie waren heillos zerstritten. *Syn.:* furchtbar, schrecklich.

das **Heilmittel** [ˈhailmɪtl̩]; -s, -: *Mittel zum Heilen von Krankheiten:* diese Pflanze ist in vielen Heilmitteln enthalten. *Syn.:* Medikament, Medizin.

der **Heilpraktiker** [ˈhailpraktikɐ], -s, -, die **Heilpraktikerin** [ˈhailpraktikərɪn], -, -nen: *Person [ohne ärztliche Ausbildung, aber mit staatlicher Zulassung], die Krankheiten mit natürlichen Methoden heilt:* sie ist staatlich geprüfte Heilpraktikerin; einen Heilpraktiker aufsuchen.

die **Heilung** [ˈhailʊŋ]; -, -en: *das Heilwerden, Gesundwerden:* die Salbe fördert die Heilung; die Heilung der Wunde macht gute Fortschritte; es gab keine Heilung für ihn.

das **Heim** [haim]; -[e]s, -e: **1.** ⟨ohne Plural⟩ *Zuhause:* ein eigenes, schönes, gemütliches Heim. *Syn.:* Haus, Wohnung. *Zus.:* Eigenheim. **2.** *Wohnhaus für bestimmte Personen:* ein Heim für geistig Behinderte; seine alte Mutter wohnt in einem Heim; er hat seine ganze Kindheit in Heimen verbracht. *Zus.:* Altenwohnheim, Kinderheim, Pflegeheim, Seniorenheim, Studentenwohnheim.

die **Heimat** [ˈhaimaːt], -: *Land, Gegend oder Ort, wo jmd. groß geworden ist:* die Berge sind ihre Heimat; seine Heimat verlassen; in die Heimat zurückkehren. *Syn.:* Geburtsort, Vaterland (geh., oft emotional).

heimatlich [ˈhaimaːtlɪç] ⟨Adj.⟩: *in der Heimat:* der heimatliche Dialekt; die heimatlichen Berge; die heimatlichen Bräuche haben sie nie aufgegeben.

heimisch [ˈhaimɪʃ] ⟨Adj.⟩: **1.** *in einer bestimmten Gegend zu Hause:* heimische Pflanzen; die Produkte der heimischen Industrie. *Syn.:* einheimisch. **2.** ⟨heimischer, am heimischsten⟩ *wie zu Hause:* er fühlte sich hier [nie] heimisch; sie sind in der neuen Stadt schon heimisch geworden.

heimkehren [ˈhaimkeːrən], kehrt heim, kehrte heim, heimgekehrt ⟨itr.; ist⟩: *nach Hause zurückkehren:* aus dem Krieg, aus der Gefangenschaft heimkehren; von einer Expedition, Reise heimkehren. *Syn.:* wiederkehren, wiederkommen, zurückkommen.

heimlich [ˈhaimlɪç], heimlicher, am heimlichsten ⟨Adj.⟩: *so, dass es niemand sieht oder merkt:* eine heimliche Zusammenkunft; sie trafen sich heimlich; sie gab ihm heimlich einen Zettel. *Syn.:* geheim, verborgen.

heimtückisch [ˈhaimtʏkɪʃ], heimtückischer, am heimtückischsten ⟨Adj.⟩: *hinterhältig:* ein heimtückischer Mensch, Überfall; jmdn. heimtückisch ermorden.

das **Heimweh** [ˈhaimveː]; -s: *sehnsüchtiger Wunsch, zu Hause, in der Heimat zu sein:* auf der Klassenfahrt hatten mehrere Kinder Heimweh. *Syn.:* Sehnsucht.

die **Heirat** [ˈhairaːt]; -, -en: *das Schließen einer Ehe:* seit ihrer Heirat im letzten Jahr wohnen sie in Köln. *Syn.:* Hochzeit.

heiraten [ˈhairaːtn̩], heiratet, heiratete, geheiratet: **1.** ⟨itr.; hat⟩ *eine Ehe schließen:* sie hat früh, jung geheiratet; wir wollen heiraten. **2.** ⟨tr.; hat; jmdn. h.⟩ *mit jmdm. eine Ehe schließen:* er hat sie nur wegen ihres Geldes geheiratet.

der **Heiratsantrag** [ˈhairaːtsˌantraːk]; -[e]s, Heiratsanträge [ˈhairaːtsˌantrɛːgə]: *Angebot, jmdn. zu heiraten:* jmdm. einen Heiratsantrag machen; einen Heiratsantrag bekommen, ablehnen, annehmen.

heiser [ˈhaizɐ], heiserer, am heisersten ⟨Adj.⟩: *(von der menschlichen Stimme) rau und fast tonlos:* eine heisere Stimme haben; sich heiser schreien; ich bin heute ganz heiser.

die **Heiserkeit** [ˈhaizɐkait]; -: *das Heisersein:* Honig ist gut gegen Heiserkeit.

heiß [hais], heißer, am heißesten ⟨Adj.⟩: **1.** *sehr warm* /Ggs. kalt/: heiße Würstchen; heiße Kohlen; ein heißer Sommer; der Kaffee, die Suppe ist noch heiß; heiß duschen. **2.** *heftig, leidenschaftlich:* ein heißer Kampf; sich heiß nach jmdm. sehnen; dieses Produkt ist heiß begehrt.

hei|ßen ['haɪsn̩], heißt, hieß, geheißen ⟨itr.; hat⟩: **1.** ⟨irgendwie h.⟩ *als Namen haben; genannt werden:* er heißt Wolfgang; wie heißt du?; wie heißt das auf Deutsch? **2.** ⟨etw. h.⟩ *bedeuten:* was soll das heißen?; heißt das, dass ich gehen soll?; er kommt am 24. Mai, das heißt nächsten Dienstag. **3.** ⟨es heißt⟩ *zu hören, zu lesen sein:* es heißt, er war lange im Ausland; in dem Buch heißt es auf Seite 24 …

der **Heiß|hun|ger** ['haɪshʊŋɐ], -s: *großer Hunger:* sie bekam plötzlich einen Heißhunger auf Schokolade; nach der Wanderung aßen sie mit Heißhunger zu Abend. *Syn.:* Appetit.

die **-heit** [haɪt], -, -en ⟨Suffix⟩: bildet mit einem Adjektiv oder zweiten Partizip ein Nomen, das einen Zustand oder eine Eigenschaft ausdrückt: Abgenutztheit; Belebtheit; Beschränktheit; Erregtheit; Isoliertheit; Geschlossenheit; Überraschtheit.

hei|ter ['haɪtɐ] ⟨Adj.⟩: **1.** ⟨heiterer, am heitersten⟩ *lustig:* ein heiteres Fest, eine heitere Geschichte. *Syn.:* amüsant, ausgelassen. **2.** *(vom Wetter) meist ohne Wolken:* heiteres Wetter; am Dienstag ist es heiter bis wolkig. *Syn.:* klar, sonnig.

die **Hei|ter|keit** ['haɪtɐkaɪt], -: *heitere, fröhliche Stimmung:* ihr gefiel seine Heiterkeit; seine Worte lösten Heiterkeit aus. *Syn.:* Fröhlichkeit.

hei|zen ['haɪtsn̩], heizt, heizte, geheizt: **1.** ⟨tr.; hat; etw. h.⟩ *(einen Raum) erwärmen:* eine Wohnung heizen; das Haus lässt sich schlecht heizen, ist gut geheizt. **2.** ⟨itr.; ist; [irgendwo] h.⟩ *Wärme erzeugen:* im Oktober, im Schlafzimmer heizen wir noch nicht; ⟨unpers.⟩ seit gestern wird geheizt.

die **Heiz|kos|ten** ['haɪtskɔstn̩] ⟨Plural⟩: *Kosten für die Heizung:* die Heizkosten sind in diesem Jahr höher.

das **Heiz|öl** ['haɪtsøːl], -[e]s: *Öl zum Heizen:* Heizöl für den Winter bestellen.

die **Hei|zung** ['haɪtsʊŋ], -, -en: *Anlage, Gerät zum Heizen von Räumen:* die Heizung anstellen, ausstellen; die Heizung abdrehen, andrehen; hast du die Heizung angemacht, ausgemacht? *Zus.:* Fußbodenheizung, Gasheizung, Kohlenheizung, Ofenheizung, Ölheizung.

die **Hek|tik** ['hɛktɪk], -: *Eile, Hast:* die Hektik des Großstadtverkehrs; was soll diese Hektik, lass dir doch Zeit!

hek|tisch ['hɛktɪʃ], hektischer, am hektischsten ⟨Adj.⟩: *eilig, hastig:* auf der Straße herrschte hektischer Verkehr; sie suchte hektisch nach ihrer Handtasche. *Syn.:* aufgeregt, erregt.

der **Held** [hɛlt], -en, -en: **1.** *männliche Person, die von anderen für ihre mutigen Taten bewundert wird:* jmdn. als Helden feiern. *Zus.:* Freiheitsheld, Volksheld. **2.** *Hauptperson in einer Geschichte:* der tragische, jugendliche Held. *Zus.:* Filmheld, Romanheld, Westernheld.

hel|den|haft ['hɛldn̩haft], heldenhafter, am heldenhaftesten ⟨Adj.⟩: *wie ein Held; mutig:* ein heldenhafter Kampf; er kämpft heldenhaft für seine Rechte. *Syn.:* tapfer, unerschrocken.

die **Hel|din** ['hɛldɪn], -, -nen: *weibliche Form zu* ↑ Held.

hel|fen ['hɛlfn̩], hilft, half, geholfen ⟨itr.; hat⟩: **1.** ⟨2. Partizip nach Infinitiv ohne »zu« auch: helfen; jmdm. h.⟩ *jmdm. Hilfe leisten, jmdn. unterstützen:* dem Bruder bei den Schularbeiten helfen; sie hilft mir putzen; ich habe ihr tragen helfen/ geholfen; kann ich [dir] helfen? *Syn.:* beistehen. *Zus.:* mithelfen. **2.** ⟨[jmdm.] h.⟩ *nützlich, wirksam sein:* das Medikament hilft gegen Schmerzen; seine Lügen halfen [ihm] nicht; da hilft kein Jammern und kein Klagen; mit dieser Feststellung ist uns nicht geholfen. *Syn.:* nutzen (bes. nordd.), nützen (bes. südd.).

der **Hel|fer** ['hɛlfɐ], -s, -, die **Hel|fe|rin** ['hɛlfərɪn], -, -nen: *Person, die bei etwas hilft:* nach der Katastrophe gab es viele freiwillige Helfer; für den Umzug benötigen wir einige Helfer. *Zus.:* Arzthelfer, Arzthelferin, Entwicklungshelfer, Entwicklungshelferin, Erntehelfer, Erntehelferin.

der **He|li|kop|ter** [heli'kɔptɐ], -s, -: *Hubschrauber:* die Verletzte wurde mit einem Helikopter ins Krankenhaus geflogen.

hell [hɛl], heller, am hellsten ⟨Adj.⟩: **1.** *mit viel Licht:* eine helle Lampe; ein heller Stern; hell leuchten. **2.** *von Licht erfüllt:* ein heller Raum; um 7 Uhr ist es hell *(beginnt der Tag).* **3.** *nicht dunkel:* eine helle Farbe; ein helles Blau; sie hat helles *(blondes)* Haar.

hell|hö|rig ['hɛlhøːrɪç], hellhöriger, am hellhörigsten ⟨Adj.⟩: **1.** *schlecht gegen Geräusche, Schall isoliert:* hellhörige Wände; diese Wohnung ist sehr hellhörig. **2.** *aufmerksam:* spätestens nach diesem Vorgang hätte die Ministerin hellhörig werden müssen; dieser Widerspruch machte den Richter hellhörig.

die **Hel|lig|keit** [ˈhɛlɪçkait]; -: *Licht:* seine Augen mussten sich erst an die Helligkeit gewöhnen.

hell|wach [ˈhɛlˈvax] ⟨Adj.⟩: *völlig wach:* als es draußen donnerte, war ich [plötzlich] hellwach.

der **Helm** [hɛlm]; -[e]s, -e: *harte Kopfbedeckung, die vor Verletzungen schützt:* der Motorradfahrer hatte keinen Helm auf; auf der Baustelle müssen die Arbeiter immer einen Helm tragen. *Zus.:* Fahrradhelm, Motorradhelm, Schutzhelm.

der Helm

das **Hemd** [hɛmt]; -[e]s, -en: **1.** *Kleidungsstück für Männer mit Knöpfen, Kragen und Ärmeln:* ein Hemd mit langen, kurzen Ärmeln; bei der Arbeit trägt er immer Hemd und Krawatte. *Syn.:* Oberhemd. *Zus.:* Baumwollhemd, Freizeithemd, Herrenhemd, Leinenhemd. **2.** *Unterhemd:* er zog sich bis aufs Hemd aus.

das Hemd (1)

hem|men [ˈhɛmən], hemmt, hemmte, gehemmt ⟨tr.; hat; jmdn., etw. h.⟩: *aufhalten, behindern:* eine Entwicklung, den Fortschritt hemmen. *Syn.:* stören.

die **Hem|mung** [ˈhɛmʊŋ]; -, -en: *Bedenken, Scheu:* er hatte keine Hemmungen und nahm sich das größte Stück Kuchen. *Syn.:* Angst, Furcht.

hem|mungs|los [ˈhɛmʊŋsloːs], hemmungsloser, am hemmungslosesten ⟨Adj.⟩: *ganz frei, ohne Hemmungen:* ein hemmungsloser Mensch; hemmungslos weinen; er gab sich hemmungslos seinen Leidenschaften hin. *Syn.:* bedenkenlos, ungeniert.

das **Hen|del** [ˈhɛndl̩]; -s, -n (bayr., österr.): *Hähnchen, gebratenes Huhn:* ein Hendel essen.

der **Hengst** [hɛŋst]; -[e]s, -e: *männliches Pferd:* ein schwarzer Hengst und eine braune Stute. *Zus.:* Zuchthengst.

der **Hen|kel** [ˈhɛŋkl̩]; -s, -: *Griff zum Heben oder*

Tragen: der Henkel der Tasse ist abgebrochen.

der Henkel

die **Hen|ne** [ˈhɛnə]; -, -n: *weibliches Huhn:* die Henne gackert und legt ein Ei.

her [heːɐ̯] ⟨Adverb⟩: **1.** ⟨räumlich⟩ gibt die Richtung an: *auf die sprechende Person zu:* her mit dem Geld!; her damit!; her zu mir! *Zus.:* hierher. **2.** ⟨zeitlich⟩ gibt [von einem bestimmten Zeitpunkt gesehen] an, wie weit etwas zurückliegt: *vergangen:* es ist schon sehr lange, drei Jahre her; ich kenne sie von früher her.

her- [heːɐ̯] ⟨trennbares, betontes verbales Präfix⟩: gibt die Richtung an: *auf die sprechende Person zu:* herbringen, herkommen, hersehen.

he|r|ab [hɛˈrap] ⟨Adverb⟩: *nach [hier] unten:* von den Bergen herab wehte ein frischer Wind. *Syn.:* herunter.

he|r|ab|bli|cken [hɛˈrapblɪkn̩], blickt herab, blickte herab, herabgeblickt ⟨itr.; hat⟩: **1.** ⟨von etw. h.⟩ *nach [hier] unten sehen:* sie blickte vom Balkon zu uns herab. **2.** ⟨auf jmdn. h.⟩ *jmdn. hochnäsig, herablassend ansehen:* mit Verachtung blickte er auf die Armen herab.

he|r|ab|las|send [hɛˈraplasn̩t], herablassender, am herablassendsten ⟨Adj.⟩: *so, dass es die eigene [soziale] Überlegenheit zeigt:* herablassende Worte; sie war sehr herablassend zu uns; er grüßte herablassend. *Syn.:* arrogant, hochnäsig.

he|r|an [hɛˈran] ⟨Adverb⟩: *auf die sprechende Person zu:* nur heran, ihr zwei!; heran zu mir! *Syn.:* her.

he|r|an|zie|hen [hɛˈrantsiːən], zieht heran, zog heran, herangezogen ⟨tr.; hat⟩: **1.** ⟨jmdn. [zu etw.] h.⟩ *[zusätzlich] einsetzen:* zur Klärung dieser Fragen wurde eine Expertin herangezogen. **2.** ⟨etw. h.⟩ *berücksichtigen:* etwas zum Vergleich, als Maßstab heranziehen.

he|r|auf [hɛˈrauf] ⟨Adverb⟩: *nach [hier] oben* /Ggs. herunter/: zu unserem Dorf herauf braucht man etwa zwei Stunden.

he|r|aus [hɛˈraus] ⟨Adverb⟩: *nach [hier] draußen* /Ggs. herein/: heraus mit euch an die frische Luft!

he|r|aus|be|kom|men [hɛˈrausbəkɔmən], bekommt heraus, bekam heraus, herausbekommen ⟨tr.; hat; etw. h.⟩: **1.** *erkennen, ausfindig machen:* in diesem Fall hat man die Wahrheit bis heute nicht herausbekommen. *Syn.:* herausfinden. **2.** *einen zu viel gezahlten Betrag (in Kleingeld) ausgezahlt bekommen:* sie bekam noch zwei Euro heraus.

he|r|aus|brin|gen [hɛˈʁaʊsbʁɪŋən], bringt heraus, brachte heraus, herausgebracht ⟨tr.; hat; etw. h.⟩: **1.** *etwas neu auf den Markt bringen:* der Verlag hat ein neues Buch herausgebracht. **2.** (ugs.) *herausfinden:* in dieser Sache hat die Polizei noch nichts herausgebracht. **3.** *als Laut erzeugen:* vor Schreck brachte sie keinen Ton heraus.

he|r|aus|fin|den [hɛˈʁaʊsfɪndn̩], findet heraus, fand heraus, herausgefunden: **1.** ⟨itr.; hat⟩ *den Weg nach [hier] draußen finden:* sie fand nur schwer aus dem Labyrinth heraus. **2.** ⟨tr.; hat; etw. h.⟩ *erkennen, ausfindig machen:* sie haben die Ursache des Unglücks herausgefunden.

he|r|aus|for|dern [hɛˈʁaʊsfɔʁdɐn], fordert heraus, forderte heraus, herausgefordert: **1.** ⟨tr.; hat; jmdn. h.⟩ *zum Kampf auffordern, reizen:* er hat seinen Gegner durch Beleidigungen herausgefordert. **2.** ⟨itr.; hat; etw. h.⟩ *zu etwas reizen:* ihre Worte forderten zur Kritik heraus. *Syn.:* provozieren.

die **He|r|aus|for|de|rung** [hɛˈʁaʊsfɔʁdəʁʊŋ]; -, -en: **1.** *das Herausfordern:* er nahm die Herausforderung seines Gegners an. **2.** *schwierige, aber lohnende Aufgabe:* eine berufliche Herausforderung.

he|r|aus|ge|ben [hɛˈʁaʊsɡeːbn̩], gibt heraus, gab heraus, herausgegeben ⟨tr.; hat⟩: **1.** ⟨jmdm.] etw. h.⟩ *einen zu viel gezahlten Betrag (in Kleingeld) auszahlen:* er gab mir für Euro heraus; ⟨auch itr.⟩ ich kann [Ihnen] nicht herausgeben; können Sie [mir] auf hundert Euro herausgeben? **2.** ⟨etw. h.⟩ *(in einem Verlag) veröffentlichen:* ein Buch über Goethe herausgeben. *Syn.:* herausbringen.

he|r|aus|ho|len [hɛˈʁaʊshoːlən], holt heraus, holte heraus, herausgeholt ⟨tr.; hat⟩: **1.** ⟨jmdn., etw. h.⟩ *aus dem Innern von etwas holen:* er öffnete seine Tasche und holte die Zeitung heraus; wir wollten die Verletzten aus dem zerstörten Gebäude herausholen. **2.** ⟨etw. h.⟩ (ugs.) *Vorteil, Gewinn erreichen:* sie hat bei den Verhandlungen viel [für uns] herausgeholt.

he|r|aus|kom|men [hɛˈʁaʊskɔmən], kommt heraus, kam heraus, herausgekommen ⟨itr.; ist⟩: **1.** ⟨[aus etw.] h.⟩ *nach [hier] draußen kommen:* er wollte nicht [aus seinem Zimmer] herauskommen. **2.** *veröffentlicht werden:* das Buch, die CD kommt im Herbst heraus. **3.** (ugs.) *öffentlich bekannt werden:* wenn das herauskommt, gibt es einen Skandal. **4.** *sich als Ergebnis zeigen:* bei den Verhandlungen ist nichts herausgekommen.

he|r|aus|neh|men [hɛˈʁaʊsneːmən], nimmt heraus, nahm heraus, herausgenommen: **1.** ⟨tr.; hat; etw. [aus etw.] h.⟩ *aus dem Inneren von etwas nehmen:* Wäsche aus dem Schrank, Geld aus dem Portemonnaie herausnehmen. *Syn.:* herausholen. **2.** * sich (Dativ) etwas herausnehmen (ugs.): *sich frech, unverschämt verhalten:* er hat sich [ihr gegenüber] zu viel herausgenommen.

he|r|aus|re|den [hɛˈʁaʊsʁeːdn̩], redet heraus, redete heraus, herausgeredet ⟨sich h.⟩ (ugs.): *sich durch Ausreden von einem Verdacht, aus einer unangenehmen Situation befreien:* sie versuchte sich damit herauszureden, dass sie nichts davon wusste.

he|r|aus|rü|cken [hɛˈʁaʊsʁʏkn̩], rückt heraus, rückte heraus, herausgerückt (ugs.): **1.** ⟨tr.; hat; etw. h.⟩ *hergeben:* schließlich hat er das Geld herausgerückt. **2.** ⟨itr.; ist; mit etw. h.⟩ *nach längerem Zögern sagen:* er ist mit der Wahrheit herausgerückt.

he|r|aus|stel|len [hɛˈʁaʊsʃtɛlən], stellt heraus, stellte heraus, herausgestellt: **1.** ⟨sich h.⟩ *deutlich werden, sich zeigen:* es stellte sich heraus, dass der Mann ein Betrüger war. **2.** ⟨tr.; hat; etw. h.⟩ *hervorheben, in den Mittelpunkt stellen:* das Wesentliche herausstellen; die Leistung der Ärzte wurde groß herausgestellt.

herb [hɛʁp], herber, am herbsten ⟨Adj.⟩: *leicht bitter oder säuerlich im Geschmack:* ein herber Wein; die Schokolade schmeckt herb.

her|bei [hɛɐ̯ˈbaɪ] ⟨Adverb⟩ (geh.): *dient zur Angabe der Richtung auf die sprechende Person zu:* herbei [zu mir]! *Syn.:* her.

her|bei|füh|ren [hɛɐ̯ˈbaɪfyːʁən], führt herbei, führte herbei, herbeigeführt ⟨tr.; hat; etw. h.⟩: *absichtlich bewirken:* er wollte eine Entscheidung herbeiführen; ihr Eingreifen führte eine Wende herbei

her|bei|ru|fen [hɛɐ̯ˈbaɪruːfn̩], ruft herbei, rief herbei, herbeigerufen ⟨tr.; hat; jmdn. h.⟩: *durch Rufen auffordern, herzukommen:* sie rief die Kinder herbei, als das Essen fertig war.

der **Herbst** [hɛʁpst]; -[e]s -e: *Jahreszeit zwischen Sommer und Winter:* ein sonniger

Herbst; es ist, wird Herbst; im Herbst werden die Trauben geerntet.

herbst|lich ['hɛrpstlɪç] ⟨Adj.⟩: *zum Herbst gehörend:* herbstliches Laub; herbstliche Farben.

der **Herd** [heːɐ̯t]; -[e]s, -e: *Gerät zum Kochen, Backen und Braten:* auf dem Herd stehen Töpfe; die Pfanne vom Herd nehmen. *Zus.:* Elektroherd, Gasherd.

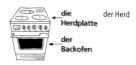

die **Herd|plat|te**

der **Herd**

die **Herd|platte**

der **Backofen**

die **Her|de** ['heːɐ̯də]; -, -n: *Gruppe von Tieren der gleichen Art:* eine Herde Schafe, Elefanten. *Zus.:* Rinderherde, Viehherde.

die **Herd|plat|te** ['heːɐ̯tplatə]; -, -n: *Teil eines Elektroherds, worauf man die Töpfe oder Pfannen stellt, die erhitzt werden sollen:* sie hat sich an einer heißen Herdplatte verbrannt.

he|r|ein [hɛˈra̯in] ⟨Adverb⟩: *nach [hier] drinnen* /Ggs. heraus/: nur herein mit euch, das Essen ist gleich fertig!; »Herein!« (bittet jmdn., der angeklopft hat, einzutreten).

he|r|ein|fal|len [hɛˈra̯infalən], fällt herein, fiel herein, hereingefallen ⟨itr.; ist; [auf jmdn., etw.] h.⟩: *getäuscht, betrogen werden:* auf einen Betrüger, auf einen Trick hereinfallen; mit dem gebrauchten Auto bin ich ganz schön hereingefallen.

he|r|ein|kom|men [hɛˈra̯inkɔmən], kommt herein, kam herein, hereingekommen ⟨itr.; ist⟩: **1.** *in einen Raum, ein Gebäude kommen:* kann ich hereinkommen?; wie bist du ohne Schlüssel hereingekommen? **2.** *geliefert werden:* die Ware kommt morgen wieder herein.

he|r|ein|le|gen [hɛˈra̯inleːgn̩], legt herein, legte herein, hereingelegt ⟨tr.; hat; jmdn. h.⟩ (ugs.): *täuschen, betrügen:* er wollte mich hereinlegen; lass dich [von ihr] nicht hereinlegen.

die **Her|fahrt** ['heːɐ̯faːɐ̯t]; -, -en: *Fahrt, durch die man hergekommen ist* /Ggs. Rückfahrt/: hoffentlich haben wir nicht wieder so viel Verkehr wie bei/auf der Herfahrt. *Syn.:* Hinfahrt.

her|ge|ben ['heːɐ̯geːbn̩], gibt her, gab her, hergegeben: **1.** ⟨tr.; hat; etw. h.⟩ *nicht für sich behalten:* sie hat ihr ganzes Geld für die Armen hergegeben; gib sofort meinen Bleistift her! **2.** ** sich für/zu etwas hergeben: zu etwas (Zweifelhaftem)*

bereit sein: wie konntest du dich für/zu so etwas hergeben?

der **He|ring** ['heːrɪŋ]; -s, -e: *im Meer lebender Fisch mit bläulichem Rücken:* gesalzene Heringe.

her|kom|men ['heːɐ̯kɔmən], kommt her, kam her, hergekommen ⟨itr.; ist⟩: **1.** *(zum Sprechenden) kommen:* komm bitte mal her! **2.** *seine Herkunft, seinen Ursprung haben:* wo kommen Sie her? *(wo sind Sie geboren?);* wo kommt dieses Geld her?

her|kömm|lich ['heːɐ̯kœmlɪç] ⟨Adj.⟩: *wie von früher gewohnt, nicht neu:* mit den herkömmlichen Methoden werden wir diesmal keinen Erfolg haben.

die **Her|kunft** ['heːɐ̯kʊnft]; -: **1.** *bestimmter gesellschaftlicher, nationaler, kultureller Bereich, aus dem jmd. kommt:* einfacher, adliger, unbekannter Herkunft sein. **2.** *Ort, von dem etwas kommt; Ursprung einer Sache:* die Herkunft der Waffen ist bekannt; über die Herkunft des Wortes wissen wir nichts.

her|lei|ten ['heːɐ̯la̯itn̩], leitet her, leitete her, hergeleitet: **1.** ⟨tr.; hat; etw. aus etw. / von jmdm., etw. h.⟩ *feststellen, woher etwas stammt:* ein Wort aus dem Spanischen herleiten; sie leitet ihren Namen von polnischen Einwanderern her. *Syn.:* ableiten. **2.** ⟨sich aus etw. / von etw. h.⟩ *aus etwas, von jmdm., etwas stammen:* die Familie leitet sich aus altem Adel her; dieses Wort leitet sich vom Lateinischen her. *Syn.:* sich ableiten.

her|ma|chen ['heːɐ̯maxn̩], macht her, machte her, hergemacht (ugs.): **1.** ⟨sich über etw. h.⟩ *sofort beginnen:* ich machte mich über die Arbeit, über das Buch her; die Kinder machten sich über den Kuchen her *(begannen, gierig davon zu essen).* **2.** ⟨itr.; hat; etw. h.⟩ *eine besondere Wirkung haben:* das Geschenk macht viel, wenig her.

das **He|ro|in** [heroˈiːn]; -s: *sehr starkes Rauschgift:* von Heroin abhängig sein.

der **Herr** [hɛr]; -n, -en: **1.** (als höfliche Bezeichnung) *Mann* /Ggs. Dame/: ein junger, älterer, freundlicher, feiner Herr; ein Herr möchte Sie sprechen; meine [Damen und] Herren! **2.** als Teil der Anrede /Ggs. Frau/: Herr Müller; Herr Professor; die Rede des Herrn Abgeordneten Müller. **3.** ⟨mit Attribut⟩ *männliche Person, die über jmdn., etwas herrscht:* er ist der Herr des Hauses; die fremden Soldaten machten sich zu Herren des Landes.

der **Herr|gott** [ˈhɛrgɔt]; -[e]s: *Gott:* unser Herrgott; zu seinem Herrgott beten.

die **Her|rin** [ˈhɛrɪn]; -, nen: *weibliche Person, die über jmdn., etwas herrscht:* sie war Herrin über mehrere Provinzen.

herr|lich [ˈhɛrlɪç], herrlicher, am herrlichsten 〈Adj.〉 (emotional): *besonders gut, schön:* ein herrlicher Tag, Abend; der Urlaub, das Wetter war herrlich. *Syn.:* hervorragend, wunderbar.

die **Herr|schaft** [ˈhɛrʃaft]; -, -en: **1.** 〈ohne Plural〉 *Recht und Macht, über etwas, jmdn. zu herrschen:* die Herrschaft des Staates, der Parteien; die Herrschaft über ein Land ausüben. **2.** 〈Plural〉 *Damen und Herren:* ältere, vornehme Herrschaften; die Herrschaften werden gebeten, ihre Plätze einzunehmen.

herr|schen [ˈhɛrʃn̩], herrscht, herrschte, geherrscht 〈itr.; hat〉: **1.** 〈[über jmdn., etw.] h.〉 *Macht, Gewalt ausüben, haben:* über viele Länder herrschen; der herrschenden Partei, Klasse angehören. **2.** *allgemein verbreitet sein:* es herrschte völlige Stille; es herrschte eine furchtbare Kälte in diesem Winter; damals herrschten furchtbare Zustände.

der **Herr|scher** [ˈhɛrʃɐ]; -s, -, die **Herr|sche|rin** [ˈhɛrʃərɪn]; -, -nen: *Person, die herrscht:* ein absoluter Herrscher; sie ist Herrscherin über ein großes Land.

herrsch|süch|tig [ˈhɛrʃzʏçtɪç], herrschsüchtiger, am herrschsüchtigsten 〈Adj.〉: *über andere unbedingt bestimmen wollend:* ein herrschsüchtiger Mensch.

her|stel|len [ˈheːɐ̯ʃtɛlən], stellt her, stellte her, hergestellt 〈tr.; hat; etw. h.〉: *(Geräte) bauen, produzieren:* etwas maschinell, von Hand herstellen; diese Firma stellt Motoren her; das Radio wurde in Japan hergestellt.

die **Her|stel|lung** [ˈheːɐ̯ʃtɛlʊŋ]; -, -en: *das Herstellen:* die serienmäßige, maschinelle Herstellung von Gütern, Waren. *Syn.:* Produktion.

her|ü|ber [hɛˈryːbɐ] 〈Adverb〉: *von [der anderen Seite] drüben nach hier:* vom anderen Ufer herüber hörte man leise Musik. *Syn.:* her.

her|um [hɛˈrʊm] 〈Adverb; oft in Verbindung mit »um«〉: **1.** *im Kreis; etwas umgebend:* um das Haus herum standen Bäume. **2.** (ugs.) *ungefähr, etwa:* ich rufe dich um fünf Uhr herum an; das Buch kostet so um die 20 Euro herum. **3.** *vergangen:* die Woche ist schon fast wieder herum. *Syn.:* vorbei.

her|um|drü|cken [hɛˈrʊmdrʏkn̩], drückt herum, drückte herum, herumgedrückt (ugs.): **1.** 〈sich um etw. h.〉 *erreichen, dass man etwas nicht tun muss:* geschickt hat sie sich um diese Arbeit herumgedrückt. **2.** 〈sich irgendwo h.〉 *sich aufhalten (ohne etwas Bestimmtes zu tun):* er drückt sich den ganzen Tag in Lokalen herum.

her|um|kom|men [hɛˈrʊmkɔmən], kommt herum, kam herum, herumgekommen 〈itr.; ist〉: **1.** *weit und viel reisen:* sie ist viel in der Welt herumgekommen. **2.** 〈um etw. h.〉 *(etwas Unangenehmes) nicht tun müssen:* um diese Arbeit wirst du nicht herumkommen.

her|um|krie|gen [hɛˈrʊmkriːgn̩], kriegt herum, kriegte herum, herumgekriegt 〈tr.; hat〉 (ugs.): **1.** 〈jmdn. h.〉 *bewirken, dass jmd. seine Meinung ändert und das tut, was man selbst will:* er wollte nicht mitgehen, aber wir haben ihn dann doch herumgekriegt. *Syn.:* überreden. **2.** 〈etw. h.〉 *(eine bestimmte Zeit) überstehen:* ich weiß nicht, wie ich die Woche ohne sie herumkriegen soll.

her|um|schla|gen [hɛˈrʊmʃlaːgn̩], schlägt herum, schlug herum, herumgeschlagen 〈sich mit jmdm., etw. h.〉 (ugs.): *sich mit etwas Unangenehmem beschäftigen:* er schlägt sich mit Problemen herum.

her|um|trei|ben [hɛˈrʊmtraibn̩], treibt herum, trieb herum, herumgetrieben 〈sich h.〉: *sich ohne Beschäftigung bald hier, bald dort aufhalten:* er hat seine Arbeit aufgegeben und treibt sich jetzt nur noch herum; wo hast du dich denn wieder herumgetrieben?

her|un|ter [hɛˈrʊntɐ] 〈Adverb〉: *von [dort] oben nach [hier] unten* /Ggs. herauf/: herunter mit euch!; herunter bis ins Tal sind es zwei Stunden mit dem Auto.

her|un|ter|ge|kom|men [hɛˈrʊntɐgəkɔmən], heruntergekommener, am heruntergekommensten 〈Adj.〉: *in einem schlechten Zustand (der einmal besser war):* eine heruntergekommene Fabrik.

her|un|ter|hau|en [hɛˈrʊntɐhauən], haut herunter, haute herunter, heruntergehauen: *in der Wendung* * **jmdm. eine/ ein paar herunterhauen** (ugs.): *jmdm. eine Ohrfeige geben:* er war so frech, dass ich ihm eine heruntergehaut habe.

her|un|ter|ma|chen [hɛˈrʊntɐmaxn̩], macht herunter, machte herunter, heruntergemacht 〈tr.; hat; jmdn., etw. h.〉 (ugs.): *(eine Leistung, Qualität) nur schlecht darstellen:* der Kritiker hat den

heucheln

Schauspieler ziemlich heruntergemacht; musst du immer alles heruntermachen?

he|r|un|ter|schlu|cken [hɛˈʀʊntɐʃlʊkn̩], schluckt herunter, schluckte herunter, heruntergeschluckt ⟨tr.; hat; etw. h.⟩: **1.** *vom Mund durch den Hals in den Magen gelangen lassen:* sie hat die Nudeln fast ohne zu kauen heruntergeschluckt. **2.** *sich seinen Ärger über etwas nicht anmerken lassen:* er hat die Kritik heruntergeschluckt.

her|vor [hɛɐ̯ˈfoːɐ̯] ⟨Adverb⟩: *von [dort] hinten nach [hier] vorn:* hervor mit euch!

her|vor|brin|gen [hɛɐ̯ˈfoːɐ̯brɪŋən], bringt hervor, brachte hervor, hervorgebracht ⟨tr.; hat; etw. h.⟩: *aus eigener Leistung entstehen lassen:* der Dichter hat bedeutende Werke hervorgebracht. *Syn.:* schaffen.

her|vor|ge|hen [hɛɐ̯ˈfoːɐ̯ɡeːən], geht hervor, ging hervor, hervorgegangen ⟨itr.; ist; aus etw. h.⟩: **1.** *in etwas seinen Ursprung haben:* aus ihrer Ehe gingen drei Kinder hervor; aus dieser Schule gingen bedeutende Persönlichkeiten hervor. **2.** *sich aus etwas erkennen lassen:* aus dem Brief geht hervor, dass er seine Arbeit noch nicht beendet hat.

her|vor|he|ben [hɛɐ̯ˈfoːɐ̯heːbn̩], hebt hervor, hob hervor, hervorgehoben ⟨tr.; hat; etw. h.⟩: *nachdrücklich betonen, unterstreichen:* ihre sozialen Verdienste wurden besonders hervorgehoben.

her|vor|ra|gend [hɛɐ̯ˈfoːɐ̯ʀaːɡn̩t], hervorragender, am hervorragendsten ⟨Adj.⟩: *sehr gut:* eine hervorragende Aufführung, Leistung; eine hervorragendsten Wissenschaftlerinnen auf diesem Gebiet; der Wein ist hervorragend; er singt hervorragend. *Syn.:* ausgezeichnet.

das **Herz** [hɛrts]; -ens, -en: **1.** *Organ in der Brust, das das Blut durch die Adern pumpt:* ein gesundes, kräftiges, schwaches Herz; das Herz schlägt schnell, gleichmäßig; sein Herz hat versagt, arbeitet nicht mehr. **2.** (meist geh.) *das Empfinden:* er hat ein gütiges, fröhliches Herz *(er ist ein gütiger, fröhlicher Mensch);* sie hat ein Herz aus Stein *(sie ist gefühllos);* sein Schicksal rührte, bewegte, ergriff die Herzen der Menschen *(löste bei ihnen starke Gefühle aus). Syn.:* Seele. * **sich ein Herz fassen:** *seine Scheu, seine Angst überwinden:* er fasste sich ein Herz und bat sie um einen Tanz. **3.** *Gegenstand in der Form eines Herzens (mit zwei Bögen oben und einer Spitze unten):* sie trägt eine Kette

mit einem kleinen goldenen Herzen daran. **4.** *innerster Bereich von etwas; Zentrum, Mittelpunkt:* die Straße liegt im Herzen Berlins. *Syn.:* Mitte. **5.** *Farbe im Kartenspiel:* Herz sticht, ist Trumpf.

herz|haft [ˈhɛrtshaft], herzhafter, am herzhaftesten ⟨Adj.⟩: *deftig, nahrhaft:* ein herzhaftes Essen; der Eintopf war, schmeckte sehr herzhaft; er isst gern etwas Herzhaftes. *Syn.:* kräftig, würzig.

der **Herz|in|farkt** [ˈhɛrtsɪnfarkt]; -[e]s, -e: *Infarkt, von dem das Herz betroffen ist:* einen Herzinfarkt bekommen, haben, erleiden; an einem Herzinfarkt sterben.

¹**herz|lich** [ˈhɛrtslɪç], herzlicher, am herzlichsten ⟨Adj.⟩: *freundlich, gütig:* ein sehr herzlicher Mensch; herzliche Worte; jmdn. herzlich begrüßen; herzlichen Dank! (Dankesformel).

²**herz|lich** [ˈhɛrtslɪç] ⟨Adverb⟩: *wirklich sehr:* das war herzlich wenig; ich musste herzlich lachen; herzlich gern!

herz|los [ˈhɛrtsloːs], herzloser, am herzlosesten ⟨Adj.⟩: *ohne Mitleid, Mitgefühl:* ein herzloser Mensch; das war sehr herzlos von ihm; herzlos handeln. *Syn.:* gefühllos, kalt, roh, unbarmherzig.

der **Herz|schlag** [ˈhɛrtsʃlaːk]; -[e]s, Herzschläge [ˈhɛrtsʃlɛːɡə]: **1.** *plötzlicher [tödlicher] Stillstand des Herzens:* einen Herzschlag erleiden, kriegen. **2.** *das Schlagen des Herzens:* der Herzschlag setzt aus.

herz|zer|rei|ßend [ˈhɛrtstseɐ̯ʀaisn̩t], herzzerreißender, am herzzerreißendsten ⟨Adj.⟩: *Mitleid erregend, kläglich:* ein herzzerreißender Anblick; sie weinte herzzerreißend.

het|zen [ˈhɛtsn̩], hetzt, hetzte, gehetzt: **1.** ⟨tr.; hat; jmdn., etw. h.⟩ *verfolgen, treiben:* die Polizei hetzt den Verbrecher; Wild mit Hunden [zu Tode] hetzen. **2.** ⟨tr.; hat; jmdn., etw. auf jmdn. h.⟩ *dazu bringen, jmdn. anzugreifen:* die Hunde auf jmdn. hetzen. **3.** ⟨itr.; hat; gegen jmdn., etw. h.⟩ (abwertend) *jmdn., etwas vor anderen schlecht machen; heftig kritisieren:* gegen seine Kollegen, die Regierung hetzen. **4.** ⟨itr.; hat⟩ *etwas hastig tun:* wir brauchen nicht zu hetzen, es ist Zeit genug. **5.** ⟨itr.; ist; irgendwohin h.⟩ *rennen, hasten:* sie hetzt von einem Termin zum andern.

das **Heu** [hɔy]; -[e]s: *getrocknetes Gras, das vor allem als Futter verwendet wird:* Heu fressen; sich ins Heu legen.

heu|cheln [ˈhɔyçln̩], heuchelt, heuchelte, geheuchelt: **1.** ⟨tr.; hat; etw. h.⟩ *(ein nicht vorhandenes Gefühl) vorspielen, simulie-*

H

ren: Liebe, Trauer, Interesse heucheln;
»Hilfe!«, sagte er mit geheuchelter Überraschung. **2.** ⟨itr.; hat⟩ *sich verstellen;
nicht seine wirklichen Gefühle, Gedanken
zeigen, äußern:* du heuchelst doch nur.

heu|er [ˈhɔyɐ] ⟨Adverb⟩ (landsch.): *in die-
sem Jahr:* heuer haben wir dauernd
schlechtes Wetter.

heu|len [ˈhɔylən], heult, heulte, geheult
⟨itr.; hat⟩: **1.** (ugs.) *weinen:* hör endlich
auf zu heulen!; deswegen brauchst du
doch nicht zu heulen. *Syn.:* flennen (ugs.
abwertend). **2.** *lange [klagende] Töne
von sich geben:* die Wölfe heulen.

heu|te [ˈhɔytə] ⟨Adverb⟩: **1.** *an diesem Tag:*
heute ist Sonntag; die Zeitung von
heute; seit heute läuft ein neuer Film.
2. *in der Gegenwart, in unserer Zeit:* vieles ist heute anders als früher; die
Jugend von heute. *Syn.:* heutzutage.

heu|tig [ˈhɔytɪç] ⟨Adj.⟩: **1.** *an diesem Tag,
von heute:* ich habe die heutige Post
noch nicht durchgesehen; am heutigen
Tage *(heute).* **2.** *jetzt, heute gültig, vorhanden:* der heutige Stand der Technik;
in der heutigen Zeit *(heute, heutzutage).*
Syn.: gegenwärtig, zeitgenössisch.

heut|zu|ta|ge [ˈhɔyttsutaːgə] ⟨Adverb⟩: *in
unserer Zeit, heute:* heutzutage lebt man
gefährlicher als früher; heutzutage ist
das nicht mehr üblich. *Syn.:* jetzt.

die **He|xe** [ˈhɛksə]; -, -n: **1.** *böse [alte] Frau im
Märchen, die zaubern kann:* die Kinder
wurden von einer Hexe verzaubert.
2. (abwertend) *böse weibliche Person* (oft
als Schimpfwort): die alte Hexe soll uns
in Ruhe lassen!

hieb [hiːp]: ↑ hauen.

der **Hieb** [hiːp]; -[e]s, -e: *kräftiger Schlag:* ein
Hieb mit der Axt genügte, um das Holz
zu spalten; jmdm. einen Hieb auf den
Kopf geben; einen Hieb abwehren; Hiebe
(ugs.; *Prügel*) bekommen. *Zus.:* Faust-
hieb, Peitschenhieb, Stockhieb.

hielt [hiːlt]: ↑ halten.

hier [hiːɐ̯] ⟨Adverb⟩: **1.** ⟨räumlich⟩ *an dieser Stelle, diesem Ort, an dem man sich
befindet oder auf den man zeigt:* ich
wohne gern hier; hier in Köln; hier oben,
vorn, drinnen; von hier bis zum Wald
sind es 500 Meter; wo ist hier *(in dieser
Stadt)* die Post?; hier hast du einen Euro
(nimm diesen Euro); hier, nimm das
Buch! *(nimm dieses Buch!);* ⟨als nachge-
stelltes Attribut⟩ das Buch hier; unser
Freund hier; das hier ist mein Pass. **2.** *in
dieser Sache:* auf dieses Problem wollen
wir hier nicht eingehen; hier irrst du.

hier|her [ˈhiːɐ̯ˈheːɐ̯] ⟨Adverb⟩: *von dort
nach hier, an diese Stelle hier:* auf dem
Weg hierher ist er verunglückt; das
gehört nicht hierher *(das gehört nicht zu
unserem Thema).*

hier|in [ˈhiːˈrɪn] ⟨Pronominaladverb⟩: *in
dieser Frage:* hierin gebe ich dir recht;
hierin hat er sich geirrt.

hier|mit [ˈhiːɐ̯ˈmɪt] ⟨Pronominaladverb⟩:
mit dieser Sache, Angelegenheit: hiermit
hatte der Betrieb großen Erfolg; die hiermit verbundenen Risiken; hiermit *(mit
diesen Worten)* erkläre ich die Ausstellung für eröffnet.

hier|von [ˈhiːɐ̯ˈfɔn] ⟨Pronominaladverb⟩:
von dieser Sache, Angelegenheit: die
hiervon betroffenen Personen.

hier|zu [ˈhiːɐ̯ˈtsuː] ⟨Pronominaladverb⟩:
1. *zu dieser Sache, Angelegenheit:* ich
möchte mich hierzu nicht äußern; im
Gegensatz hierzu. **2.** *um dies zu erreichen:* hierzu werde ich erst einmal klären, wer dafür zuständig ist.

hier|zu|lan|de [ˈhiːɐ̯tsuˈlandə] ⟨Adverb⟩: *in
diesem Land:* italienische Möbel sind
hierzulande sehr teuer. *Syn.:* hier.

hie|sig [ˈhiːzɪç] ⟨Adj.⟩: *in dieser Gegend
vorhanden:* die hiesige Bevölkerung; die
hiesigen Zeitungen, Gebräuche.

hieß [hiːs]: ↑ heißen.

das **High|tech** [ˈhaɪ̯tɛk]; -[s], die **High|tech**; -:
*hoch entwickelte, dem neusten Stand der
Forschung entsprechende Technik:* durch
den Einsatz von Hightech in der Produktion können die Kosten oft gesenkt
werden.

die **Hil|fe** [ˈhɪlfə]; -, -n: **1.** *das Helfen; Unterstüt-
zung:* nachbarliche, ärztliche, finanzielle
Hilfe; er hat es ohne fremde Hilfe
geschafft; Hilfe leisten; jmdn. um Hilfe
bitten; um Hilfe rufen; niemand kam
dem Verunglückten zu Hilfe; hat da
jemand »Hilfe!« gerufen? *Zus.:* Orientie-
rungshilfe. **2.** *Person, die für Arbeiten in
einem Haushalt, Geschäft angestellt ist:*
wir suchen eine Hilfe für den Haushalt.
Zus.: Haushaltshilfe, Putzhilfe.

hilf|los [ˈhɪlfloːs], hilfloser, am hilflosester
⟨Adj.⟩: *auf Hilfe angewiesen:* ein hilfloser
Greis; sie lag hilflos auf der Straße.

hilf|reich [ˈhɪlfraɪ̯ç], hilfreicher, am hilf-
reichsten ⟨Adj.⟩: *nützlich:* das Buch ist
ein äußerst hilfreicher Ratgeber; diese
Kritik war nicht sehr hilfreich.

hilfs|be|reit [ˈhɪlfsbəraɪ̯t], hilfsbereiter, am
hilfsbereitesten ⟨Adj.⟩: *bereit zu helfen:*
ein hilfsbereiter Mensch; er ist nicht
sehr hilfsbereit.

die **Hilfs|be|reit|schaft** ['hɪlfsbəraitʃaft]; -: *Bereitschaft, Wille zu helfen:* er war auf ihre Hilfsbereitschaft angewiesen.

das **Hilfs|mit|tel** ['hɪlfsmɪtl̩]; -s, -: *etwas, was zum Erreichen eines Ziels benutzt wird:* moderne, technische Hilfsmittel.

hilft [hɪlft]: ↑ helfen.

die **Him|bee|re** ['hɪmbeːrə]; -, -n: *essbare rote Beere, die an stacheligen Sträuchern wächst:* Himbeeren pflücken, sammeln.

der **Him|mel** ['hɪml̩]; -s: 1. *Raum hoch über der Erde:* ein blauer, wolkenloser Himmel; der Himmel ist grau, bedeckt, trübe, verhangen; die Sonne steht hoch am Himmel. *Zus.:* Sternenhimmel. 2. (bes. christl. Religion) *Reich Gottes, in dem sich auch die Engel und diejenigen Menschen aufhalten, denen Gott das ewige Leben gegeben hat:* in den Himmel kommen.

der **Him|mels|kör|per** ['hɪml̩skœrpɐ]; -s, -: *im All befindlicher Körper (z. B. Stern, Planet, Satellit):* einen Himmelskörper [mit dem Fernglas] beobachten.

die **Him|mels|rich|tung** ['hɪml̩srɪçtʊŋ]; -, -en: *Richtung, die sich an den Polen der Erde orientiert:* »In welche Himmelsrichtung fahren wir?« – »Nach Südwesten.«; aus welcher Himmelsrichtung weht der Wind, aus Ost oder West?

himm|lisch ['hɪmlɪʃ], himmlischer, am himmlischsten ⟨Adj.⟩ (emotional): *wunderbar, herrlich:* hier draußen herrscht himmlische Ruhe; das Wetter ist himmlisch; das Essen schmeckt himmlisch; sie kocht himmlisch.

hin [hɪn] ⟨Adverb⟩: 1. *bei räumlichen oder zeitlichen Angaben mit einer Präposition:* die Fenster liegen zur Straße hin; nach rechts hin; über die ganze Welt hin; zum Winter, zum Wochenende hin. *Zus.:* dorthin, wohin. 2. * vor sich (Akk.) hin: *ohne erkennbaren Zweck, einfach so:* vor sich hin reden, lachen, singen, starren. 3. * auf etwas (Akk.) hin: *aufgrund einer Sache, durch etwas veranlasst:* wir taten es auf ihren Rat hin; er hat sich auf eine Anzeige hin beworben.

hin- [hɪn] ⟨trennbares, betontes verbales Bestimmungswort⟩: 1. *nach dort:* hingehen; hinlaufen; hinsehen. 2. *zu Boden:* hinfallen; hinwerfen.

hi|n|ab [hɪ'nap] ⟨Adverb⟩: *nach dort unten; hinunter:* der Weg hinab ins Tal.

hi|n|auf [hɪ'nauf] ⟨Adverb⟩: *nach dort oben:* los, hinauf mit dir [auf den Wagen]!; den Berg hinauf ging es schwerer.

hi|n|aus [hɪ'naus] ⟨Adverb⟩: *nach draußen:* hinaus [aus dem Zimmer] mit euch!; hinaus in die Ferne; hinaus aufs Meer.

hi|n|aus|ge|hen [hɪ'nausgeːən], geht hinaus, ging hinaus, hinausgegangen ⟨itr.; ist⟩: 1. *nach draußen:* [in den Garten] hinausgehen. 2. * über etwas (Akk.) hinausgehen: *größer sein als etwas; etwas übersteigen:* das geht über das normale Maß, über meine Kräfte hinaus.

hi|n|aus|lau|fen [hɪ'nauslaufn̩], läuft hinaus, lief hinaus, hinausgelaufen ⟨itr.; ist⟩: 1. *nach dort draußen laufen:* [auf die Straße] hinauslaufen. 2. * auf etwas (Akk.) hinauslaufen: *etwas zum Ergebnis haben:* es läuft darauf hinaus, dass ich die Arbeit allein machen muss; der Plan läuft auf eine Schließung der Fabrik hinaus.

Hin|blick ['hɪnblɪk]: in der Verbindung * in/im Hinblick auf etwas (Akk.): *mit Rücksicht auf etwas; wegen:* in Hinblick auf die besondere Lage kann hier eine Ausnahme gemacht werden.

hin|brin|gen ['hɪnbrɪŋən], bringt hin, brachte hin, hingebracht ⟨tr.; hat; jmdn., etw. h.⟩: *(an einen bestimmten Ort) bringen:* wo soll ich die Pakete hinbringen?; ich muss zum Bahnhof, könntest du mich schnell mit dem Auto hinbringen?

hin|der|lich ['hɪndɐlɪç], hinderlicher, am hinderlichsten ⟨Adj.⟩: *behindernd, störend:* der Verband ist sehr hinderlich.

hin|dern ['hɪndɐn], hindert, hinderte, gehindert ⟨tr.; hat; jmdn. an etw. (Dativ) h.⟩: *jmdm. etwas unmöglich machen:* der Polizist hinderte ihn an der Weiterfahrt; ich kann sie leider nicht daran hindern, diese Drogen zu nehmen. *Syn.:* abhalten.

das **Hin|der|nis** ['hɪndɐnɪs]; -ses, -se: 1. *etwas, was das Erreichen eines Ziels unmöglich macht:* das ist kein Hindernis für unseren Plan; ein Hindernis aus dem Weg räumen, überwinden; es war eine Reise mit Hindernissen. 2. *etwas, was den Weg zu etwas versperrt:* ein unüberwindliches Hindernis; ein Hindernis errichten, beseitigen, wegräumen. *Syn.:* Barriere. *Zus.:* Verkehrshindernis.

hin|deu|ten ['hɪndɔytn̩], deutet hin, deutete hin, hingedeutet ⟨itr.; hat; auf etw. (Akk.) h.⟩: *auf etwas schließen lassen, etwas vermuten lassen:* alle Anzeichen deuten auf eine Infektion hin; diese Spuren deuten auf ein Verbrechen hin.

der **Hin|du|is|mus** [hɪndu'ɪsmʊs]; -: *hauptsächlich in Indien weit verbreitete Religion:*

im Hinduismus gibt es die Vorstellung, dass der Mensch immer wieder geboren wird.

hin|durch [hɪnˈdʊrç] ⟨Präp. mit Akk., nachgestellt⟩: *durch:* die ganze Nacht hindurch; den Sommer hindurch.

hi|n|ein [hɪˈnain] ⟨Adverb⟩: *nach dort drinnen:* hinein [mit euch] ins Haus!; oben hinein; zur Tür hinein.

hi|n|ein|knien [hɪˈnainkniːn], kniet hinein, kniete hinein, hineingekniet ⟨sich in etw. h.⟩ (ugs.): *sich in etwas vertiefen:* um seinen Kummer zu vergessen, hat er sich in seine Arbeit hineingekniet. *Syn.:* sich widmen, sich befassen mit.

hi|n|ein|ver|set|zen [hɪˈnainfɛɐ̯zɛtsn̩], versetzt hinein, versetzte hinein, hineinversetzt ⟨sich in jmdn., etw. h.⟩: *sich vorstellen, man wäre selbst in einer bestimmten Lage, an jmds. Stelle:* er konnte sich gut in seinen Freund, in meine Lage hineinversetzen.

hin|fah|ren [ˈhɪnfaːrən], fährt hin, fuhr hin, hingefahren: **1.** ⟨itr.; ist⟩ *an einen bestimmten Ort fahren:* Rom hat mir gefallen, ich werde bald mal wieder hinfahren; da solltest du auch mal hinfahren. **2.** ⟨tr.; hat; jmdn., etw. h.⟩ *(mit einem Fahrzeug) an einen bestimmten Ort bringen:* ich muss zum Bahnhof, könntest du mich schnell hinfahren? *Syn.:* hinbringen.

die **Hin|fahrt** [ˈhɪnfaːɐ̯t]; -, -en: *Fahrt zum Ziel einer Reise* im /Ggs. Rückfahrt/: auf der Hinfahrt gab es keinen einzigen Stau.

hin|fal|len [ˈhɪnfalən], fällt hin, fiel hin, hingefallen ⟨itr.; ist⟩: *beim Gehen, Laufen zu Boden fallen, stürzen:* das Kind fiel der Länge nach hin; fall nicht hin!

hin|fäl|lig [ˈhɪnfɛlɪç] ⟨Adj.⟩: **1.** *inzwischen nicht mehr notwendig, nicht mehr geltend:* meine Einwände sind hinfällig geworden. **2.** ⟨hinfälliger, am hinfälligsten⟩ *durch Krankheit, durch das Alter stark geschwächt:* ein hinfälliger alter Mann; sie ist schon sehr hinfällig. *Syn.:* gebrechlich, klapprig (ugs.).

hing [hɪŋ]: ↑ ¹hängen.

die **Hin|ga|be** [ˈhɪngaːbə]; -: *große innere Beteiligung, großer Eifer:* er spielte mit Hingabe Klavier. *Syn.:* Begeisterung.

hin|ge|ben [ˈhɪngeːbn̩], gibt hin, gab hin, hingegeben: **1.** ⟨tr.; hat; etw. h.⟩ (geh.) *opfern:* sein Leben für jmdn. hingeben. **2.** ⟨sich etw. (Dativ) h.⟩ *sich einer Sache ganz widmen:* sich dem Vergnügen, dem Genuss hingeben; darüber gebe ich mich keinen Illusionen hin *(darüber mache ich mir keine Illusionen).* **3.** ⟨sich jmdm. h.⟩ (verhüllend) *Geschlechtsverkehr haben:* sie gab sich ihm hin.

hin|ge|gen [hɪnˈgeːgn̩] ⟨Konj.⟩: *aber:* sie redet viel, er hingegen ist eher ruhig.

hin|ge|hen [ˈhɪngeːən], geht hin, ging hin, hingegangen ⟨itr.; ist⟩: **1.** *an einen bestimmten Ort gehen:* wo gehst du hin? **2.** *ein bestimmtes Ziel haben:* niemand wusste, wo die Reise, das Schiff hinging.

hin|ge|hö|ren [ˈhɪngəhøːrən], gehört hin, gehörte hin, hingehört ⟨itr.; hat⟩: *seinen Platz haben:* zeig deinem Bruder, wo Messer und Gabeln hingehören; wo gehören die Handtücher hin?

hin|hal|ten [ˈhɪnhaltn̩], hält hin, hielt hin, hingehalten ⟨tr.; hat⟩: **1.** ⟨jmdm. etw. h.⟩ *so halten, dass es jmd. ergreifen (oder sehen) kann:* sie hielt ihm die Hand, ein Glas Wasser, ihren Ausweis hin. **2.** ⟨jmdn. h.⟩ *auf das Erfüllen einer Forderung warten lassen:* die Gläubiger mit Ausreden hinhalten.

hin|ken [ˈhɪŋkn̩], hinkt, hinkte, gehinkt ⟨itr.; hat⟩: *beim Gehen ein Bein nachziehen:* seit dem Unfall hinkt er [dem rechten Bein]. *Syn.:* humpeln.

hin|kom|men [ˈhɪnkɔmən], kommt hin, kam hin, hingekommen ⟨itr.; ist⟩: **1.** *an einen bestimmten Ort kommen:* als ich hinkam, war der Vortrag schon zu Ende. **2.** *irgendwo seinen Platz erhalten:* wo kommen die Bücher hin? **3.** (ugs.) *[ungefähr] ausreichen, richtig sein:* die Größe, das Gewicht müsste hinkommen.

hin|krie|gen [ˈhɪnkriːgn̩], kriegt hin, kriegte hin, hingekriegt ⟨tr.; hat; etw. h.⟩ (ugs.): *zum gewünschten Ergebnis bringen:* die Farbe haben sie nicht richtig hingekriegt; der Termin ist knapp, aber wir werden das schon hinkriegen.

hin|le|gen [ˈhɪnleːgn̩], legt hin, legte hin, hingelegt: **1.** ⟨tr.; hat; jmdn., sich, etw. h.⟩ *an eine bestimmte Stelle legen:* wo habe ich denn meine Zeitung hingelegt? **2.** ⟨tr.; hat; etw. h.⟩ (ugs.) *(viel Geld) bezahlen:* für das Bild musste das Museum 100 000 Euro hinlegen. *Syn.:* ausgeben. **3.** ⟨sich h.⟩ *sich [kürzere Zeit] schlafen legen oder im Liegen ausruhen:* ich habe mich für eine halbe Stunde hingelegt.

hin|neh|men [ˈhɪnneːmən], nimmt hin, nahm hin, hingenommen ⟨tr.; hat; etw. h.⟩: *sich gegen etwas nicht wehren:* er nahm die Vorwürfe gelassen hin. *Syn.:* akzeptieren, ertragen.

die **Hin|rich|tung** [ˈhɪnrɪçtʊŋ]; -, -en: *das Töten*

aufgrund eines gerichtlichen Urteils: die Hinrichtung der angeblichen Hexe fand auf dem Marktplatz statt.

hin|setzen ['hınzɛtsn̩], setzt hin, setzte hin, hingesetzt ⟨sich h.⟩: *sich an einen bestimmten Ort setzen:* du kannst dich dort drüben hinsetzen.

die **Hin|sicht** ['hınzıçt]; -, -en: *bestimmte Art, in der eine Sache betrachtet werden kann:* in dieser, mancher, verschiedener Hinsicht hat er recht; das ist vor allem in finanzieller Hinsicht problematisch. *Syn.:* Gesichtspunkt.

hin|sicht|lich ['hınzıçtlıç] ⟨Präp. mit Gen.⟩: *über jmdn., etwas:* hinsichtlich eines neuen Termins wurde noch nichts vereinbart. *Syn.:* bezüglich.

hin|stel|len ['hınʃtɛlən], stellt hin, stellte hin, hingestellt: **1.** ⟨tr.; hat; jmdn., sich, etw. h.⟩ *an einen bestimmten Platz stellen:* du kannst den Koffer dort drüben hinstellen; am Eingang hatte man zwei Polizisten hingestellt; sie stellte sich vor mich hin. **2.** ⟨tr.; hat; jmdn., etw. als jmdn., etw. h.⟩ *erscheinen lassen:* sie stellte die peinliche Angelegenheit als ein Versehen hin; er hat sie mir als Vorbild hingestellt.

hin|ten ['hıntn̩] ⟨Adverb⟩ /Ggs. vorn[e]/: *auf der entfernter gelegenen, abgewandten Seite:* bitte hinten einsteigen; du musst dich hinten *(an letzter Stelle)* anstellen.

hin|ter ['hıntɐ] ⟨Präp.⟩: **1.** ⟨mit Dativ; Frage: wo?⟩ *auf der Rückseite von:* hinter dem Haus, Vorhang; die Tür hinter sich schließen. **2.** ⟨mit Akk.; Frage: wohin?⟩ *auf die Rückseite von:* hinter das Haus, den Vorhang gehen; ich stelle mich hinter ihn. **3.** ⟨mit Dativ und Akk.; abhängig von bestimmten Wörtern⟩: ich bin froh, dass ich die Prüfung hinter mir habe *(sie überstanden habe)*; ich möchte die Sache möglichst schnell hinter mich bringen *(erledigen).*

hin|ter... ['hıntɐ...] ⟨Adj.⟩: *sich hinten befindend:* die hintere Tür war verschlossen; wir wohnen im hinteren Teil des Hauses; sie saßen in der hintersten *(letzten)* Reihe.

der und die **Hin|ter|blie|be|ne** [hıntɐ'bliːbənə]; -n, -n ⟨aber: [ein] Hinterbliebener, [eine] Hinterbliebene, [viele] Hinterbliebene⟩: *jmd., der zu einer verstorbenen Person in einer engen Beziehung stand:* die trauernden Hinterbliebenen versammelten sich auf dem Friedhof.

hin|ter|ei|n|an|der [hıntɐlai̯'nandɐ]

⟨Adverb⟩: **1.** *einer hinter dem/den andern:* hintereinander ankommen, weggehen; sich hintereinander aufstellen. **2.** *unmittelbar aufeinander folgend:* ich arbeitete acht Stunden hintereinander.

hin|ter|ei|n|an|der- [hıntɐlai̯'nandɐ] ⟨trennbares, betontes verbales Präfix⟩: *einer hinter dem/den anderen, eins hinter dem andern/das andere:* hintereinandergehen; hintereinanderstehen; hintereinanderstellen.

hin|ter|ge|hen [hıntɐ'geːən], hintergeht, hinterging, hintergangen ⟨tr.; hat; jmdn. h.⟩: *betrügen, täuschen:* wir wurden von unserem besten Freund hintergangen.

der **Hin|ter|grund** ['hıntɐgrʊnt]; -[e]s, Hintergründe ['hıntɐgrʏndə]: **1.** *hinterer Teil des Bereichs, den man sieht* /Ggs. Vordergrund/: im Hintergrund des Saals, der Bühne, des Bildes; eine Stimme aus dem Hintergrund. **2.** *Grund, Zusammenhang:* die Tat hatte vielleicht einen politischen Hintergrund.

hin|ter|häl|tig ['hıntɐhɛltıç], hinterhältiger, am hinterhältigsten ⟨Adj.⟩: *heimlich einen bösen Zweck verfolgend:* ein hinterhältiger Mensch; er hat sein Ziel mit hinterhältigen Methoden erreicht. *Syn.:* heimtückisch, hinterlistig.

hin|ter|her [hıntɐ'heːɐ] ⟨Adverb⟩: *nach einem bestimmten Vorgang oder Ereignis; danach:* ich gehe essen und werde hinterher ein wenig schlafen; hinterher ist man immer schlauer. *Syn.:* nachher.

hin|ter|las|sen [hıntɐ'lasn̩], hinterlässt, hinterließ, hinterlassen ⟨tr.; hat⟩: **1.** ⟨jmdn. h.⟩ *nach dem Tode zurücklassen:* eine Frau und vier Kinder hinterlassen; viele Schulden hinterlassen. **2.** ⟨jmdm. etw. h.⟩ *nach dem Tode als Erbe zurücklassen:* ihr Onkel hat ihr ein großes Grundstück hinterlassen. **3.** ⟨[jmdm.] etw. h.⟩ *beim Weggehen zurücklassen:* er hat [uns] eine Nachricht hinterlassen.

hin|ter|le|gen [hıntɐ'leːgn̩], hinterlegt, hinterlegte, hinterlegt ⟨tr.; hat; etw. h.⟩: **1.** *jmdm. zum sicheren Aufbewahren geben:* Geld auf der Bank hinterlegen. **2.** *jmdm. als Sicherheit geben:* [bei jmdm.] eine Kaution hinterlegen.

hin|ter|lis|tig ['hıntɐlıstıç], hinterlistiger, am hinterlistigsten ⟨Adj.⟩: *heimlich bestrebt, jmdm. zu schaden, sich einen Vorteil zu verschaffen:* ein hinterlistiger Mensch; jmdn. hinterlistig betrügen. *Syn.:* heimtückisch, hinterhältig.

H

der **Hin|tern** ['hɪntɐn]; -s, - (ugs.): *Gesäß:* sie finden ihren Hintern zu dick. *Syn.:* Po (ugs.).

die **Hin|ter|tür** ['hɪntɐtyːɐ̯]; -, -en: *hintere Tür:* der Dieb entkam durch die Hintertür.

hin|ter|zie|hen [hɪntɐ'tsiːən], hinterzieht, hinterzog, hinterzogen ⟨tr.; hat; etw. h.⟩: *(Steuern) nicht bezahlen:* er hat eine Million Euro Steuern hinterzogen.

hi|n|ü|ber [hɪ'nyːbɐ] ⟨Adverb⟩: *zur anderen Seite, nach drüben:* rasch hinüber auf die andere Seite!; die Musik war bis hinüber ans andere Ufer des Sees zu hören.

hi|n|un|ter [hɪ'nʊntɐ] ⟨Adverb⟩: *nach dort unten:* immer geradeaus die Straße hinunter; hinunter ins Tal brauchen Sie höchstens eine halbe Stunde.

hin|weg [hɪn'vɛk] ⟨Adverb⟩: **1.** *fort, weg von hier:* hinweg damit! **2.** *über jmdn., etwas hinüber:* über die Zeitung hinweg konnte sie ihn beobachten.

hin|weg|set|zen [hɪn'vɛkzɛtsn̩], setzt hinweg, setzte hinweg, hinweggesetzt ⟨sich über etw. (Akk.) h.⟩: *etwas bewusst nicht beachten:* er setzte sich über die Warnungen, den Befehl, alle Regeln hinweg.

der **Hin|weis** ['hɪnvai̯s]; -es, -e: **1.** *kurze Mitteilung (die auf etwas aufmerksam machen soll):* einen Hinweis [auf etwas] geben; einem Hinweis folgen. *Zus.:* Programmhinweis, Veranstaltungshinweis. **2.** *Anzeichen für etwas:* es gibt nicht den geringsten Hinweis darauf, dass ein Verbrechen begangen wurde. *Syn.:* Anhaltspunkt.

hin|wei|sen ['hɪnvai̯zn̩], weist hin, wies hin, hingewiesen: **1.** ⟨tr.; hat; jmdn. auf etw. (Akk.) h.⟩ *aufmerksam machen:* jmdn. auf eine Gefahr, eine günstige Gelegenheit hinweisen. **2.** ⟨itr.; hat; auf etw. (Akk.) h.⟩ *auf etwas schließen lassen:* alles weist darauf hin, dass niemand in dem Haus wohnt.

hin|wer|fen ['hɪnvɛrfn̩], wirft hin, warf hin, hingeworfen ⟨tr.; hat; etw. h.⟩: **1.** *an einen bestimmten Ort werfen:* wo hast du den Ball denn hingeworfen? **2.** (ugs.) *aufgeben, nicht wie geplant beenden:* sie hat ihr Studium hingeworfen; ⟨auch itr.⟩ du kannst doch kurz vor dem Ende nicht einfach hinwerfen.

hin|zu|fü|gen [hɪn'tsuːfyːgn̩], fügt hinzu, fügte hinzu, hinzugefügt ⟨tr.; hat; etw. h.⟩: **1.** *zu etwas geben:* der Suppe noch etwas Sahne hinzufügen. **2.** *zusätzlich, als Ergänzung sagen:* dem habe ich nichts hinzuzufügen; »Aber es gibt Ausnahmen«, fügte sie hinzu.

das **Hirn** [hɪrn]; -[e]s, -e: (ugs.) *Gehirn des Menschen als Sitz des Verstandes:* sein Hirn anstrengen.

der **Hirsch** [hɪrʃ]; -[e]s, -e: *größeres Tier mit einem Geweih, das im Wald lebt:* wir konnten auf der Lichtung einen Hirsch und drei Rehe beobachten.

der Hirsch

his|sen ['hɪsn̩], hisst, hisste, gehisst ⟨tr.; hat; etw. h.⟩: *an einer Stange in die Höhe ziehen:* die Flagge, das Segel hissen.

his|to|risch [hɪs'toːrɪʃ] ⟨Adj.⟩: **1.** *die Geschichte betreffend:* die historische Entwicklung Deutschlands. *Syn.:* geschichtlich. **2.** *für die Geschichte bedeutend:* es war ein historischer Augenblick, als der Vertrag von zwölf Nationen unterzeichnet wurde.

der **Hit** [hɪt]; -[e]s, -s (ugs.): *etwas, was besonders erfolgreich, beliebt ist:* der Schlager, das Buch verspricht ein Hit zu werden.

die **Hit|ze** ['hɪtsə]; -: *sehr starke [unangenehme] Wärme:* es herrschte eine glühende Hitze; bei der Hitze kann man doch nicht arbeiten. *Zus.:* Mittagshitze.

hit|zig ['hɪtsɪç], hitziger, am hitzigsten ⟨Adj.⟩: **1.** *oft heftig, leidenschaftlich, jähzornig in seinen Reaktionen:* sie ist ein hitziger Mensch, Kopf. *Syn.:* unbeherrscht. **2.** *erregt:* eine hitzige Debatte. *Syn.:* leidenschaftlich.

der **Hitz|schlag** ['hɪtsʃlaːk]; -[e]s, Hitzschläge ['hɪtsʃlɛːgə]: *Anfall von Schwäche und Übelkeit, weil man sich in großer Hitze körperlich sehr angestrengt hat:* beim Tennis einen Hitzschlag bekommen.

hob [hoːp]: ↑ heben.

das **Hob|by** ['hɔbi]; -s, -s: *Beschäftigung, der man in der Freizeit aus Freude und Interesse nachgeht:* das Züchten von Rosen ist ein schönes Hobby; sein Hobby ist Fußball.

der **Ho|bel** ['hoːbl̩]; -s, -: *Werkzeug mit einer scharfen Klinge, dem Holz glatt gemacht wird:* sie bearbeitet die Kante des Brettes mit einem Hobel.

ho|beln ['hoːbl̩n], hobelt, hobelte, gehobelt ⟨tr.; hat; etw. h.⟩: *mit einem Hobel bearbeiten:* ein Brett glatt hobeln; ⟨auch itr.⟩ er sägt und hobelt den ganzen Tag.

hoch [hoːx], höher, am höchsten ⟨Adj.⟩: **1.** *weit nach oben [reichend]* /Ggs. niedrig/: ein hoher Turm, Raum; sie liebte die hohen Berge, Tannen ihrer Heimat;

das Regal ist fast drei Meter hoch; das Wasser steigt immer höher. **2.** *in großer Höhe, weit oben* /Ggs. niedrig, tief/: das Flugzeug fliegt sehr hoch; der Ort liegt hoch in den Bergen. **3.** *[gesellschaftlich] bedeutend, wichtig:* ein hoher Feiertag; ein hoher Beamter. **4.** *groß, stark* /Ggs. niedrig/: ein zu hohes Gewicht; der höchste Gewinn: sie ist eine Million Euro; hohe *(teure)* Mieten; hohes Fieber; er fuhr mit zu hoher Geschwindigkeit. **5.** *hell klingend* /Ggs. tief/: ein hoher Ton; sie hat eine sehr hohe Stimme.

das **Hoch** [ho:x]; -s, -s: **1.** *Gebiet mit hohem Luftdruck* /Ggs. Tief/: ein kräftiges Hoch wandert über Europa. **2.** *Ruf, mit dem jmd. gefeiert wird:* ein Hoch auf die Jubilarin!

die **Hoch|ach|tung** [ˈhoːxˌʔaxtʊŋ]; -: *hohe, große Achtung:* größte Hochachtung vor jmdm. haben.

das **Hoch|deutsch** [ˈhoːxdɔytʃ]; -[s]: *nicht regional geprägtes Deutsch:* in der Schule sollen die Kinder Hochdeutsch sprechen.

hoch|ge|hen [ˈhoːxɡeːən], geht hoch, ging hoch, hochgegangen ⟨itr.; ist⟩ (ugs.): **1.** (landsch.) *nach oben gehen:* gehen Sie bitte die Treppe hoch und dann nach links. **2.** *plötzlich wütend werden:* reizt ihn nicht, er geht leicht hoch.

hoch|gra|dig [ˈhoːxɡraːdɪç] ⟨Adj.⟩: *in hohem Grad, Ausmaß; sehr:* hochgradige Erschöpfung; sie ist hochgradig nervös. *Syn.:* äußerst.

hoch|hal|ten [ˈhoːxhaltn̩], hält hoch, hielt hoch, hochgehalten ⟨tr.; hat⟩: **1.** ⟨jmdn., etw. h.⟩ *in die Höhe halten:* den Arm hochhalten; der Vater hielt das Kind hoch, damit es den Umzug sehen konnte. **2.** ⟨etw. h.⟩ *aus Achtung weiterhin bewahren, pflegen:* eine alte Tradition hochhalten.

das **Hoch|haus** [ˈhoːxhaus]; -[e]s, Hochhäuser [ˈhoːxhɔyzɐ]: *sehr hohes Gebäude mit vielen Etagen:* am Rand der Stadt wurden viele Hochhäuser gebaut.

hoch|kom|men [ˈhoːxkɔmən], kommt hoch, kam hoch, hochgekommen ⟨itr.; ist⟩: *eine höhere berufliche, gesellschaftliche Stellung erreichen:* durch Fleiß hochkommen.

hoch|le|ben [ˈhoːxleːbn̩]: in der Verbindung * jmdn., etwas hochleben lassen: *jmdn., etwas mit einem Hoch feiern:* wir ließen den Jubilar hochleben.

der **Hoch|mut** [ˈhoːxmuːt]; -[e]s: *stolze, herablassende Art:* voll Hochmut auf jmdn. herabsehen.

hoch|mü|tig [ˈhoːxmyːtɪç], hochmütiger, am hochmütigsten ⟨Adj.⟩: *überheblich, herablassend:* eine hochmütige Person; ein hochmütiges Gesicht. *Syn.:* arrogant.

hoch|nä|sig [ˈhoːxnɛːzɪç], hochnäsiger, am hochnäsigsten ⟨Adj.⟩: *eingebildet und herablassend:* ein hochnäsiger Kerl.

hoch|ran|gig [ˈhoːxraŋɪç], hochrangiger, am hochrangigsten ⟨Adj.⟩: *eine hohe Position habend:* hochrangige Offiziere.

die **Hoch|schu|le** [ˈhoːxʃuːlə]; -, -n: *Institution für wissenschaftliche Ausbildung und Forschung:* an einer Hochschule studieren. *Syn.:* Universität. *Zus.:* Kunsthochschule, Musikhochschule.

der **Hoch|som|mer** [ˈhoːxzɔmɐ]; -s: *Mitte, Höhepunkt des Sommers:* es herrschten Temperaturen wie im Hochsommer.

die **Hoch|span|nung** [ˈhoːxʃpanʊŋ]; -, -en: *hohe elektrische Spannung:* Vorsicht, Hochspannung!

die **Hoch|spra|che** [ˈhoːxʃpraːxə]; -, -n: *Sprache, die allgemein akzeptierten Normen entspricht:* in der deutschen Hochsprache wird »wegen« meistens mit dem Genitiv gebraucht.

höchst [høːçst] ⟨Adverb⟩: *überaus, äußerst:* das ist höchst merkwürdig, unwahrscheinlich; so etwas kommt höchst selten vor.

höchst... [høːçst]: ↑ hoch.

der **Hoch|stap|ler** [ˈhoːxʃtaːplɐ]; -s, -, die **Hochstap|le|rin** [ˈhoːxʃtaːplərɪn]; -, -nen: *Person, die so tut, als habe sie eine höhere gesellschaftliche Stellung als in Wirklichkeit:* auf einen Hochstapler hereinfallen; eine Hochstaplerin hatte behauptet, die Leiterin der Behörde zu sein.

höchs|tens [ˈhøːçstn̩s] ⟨Adverb⟩: **1.** *nicht mehr als* /Ggs. mindestens/: er schläft höchstens sechs Stunden. *Syn.:* maximal. **2.** *im äußersten Falle:* er geht nicht oft aus, höchstens gelegentlich ins Kino.

die **Höchst|ge|schwin|dig|keit** [ˈhøːçstɡəʃvɪndɪçkait]; -, -en: *höchste Geschwindigkeit:* der Zug fährt mit einer Höchstgeschwindigkeit von über 300 km/h.

das **Höchst|maß** [ˈhøːçstmaːs]; -es: *höchstes Maß:* die Arbeit erfordert ein Höchstmaß an Sorgfalt. *Syn.:* Maximum.

das **Hoch|was|ser** [ˈhoːxvasɐ]; -s, -: *sehr hoher, bedrohlicher Stand des Wassers im Meer, in einem Fluss oder See:* bei Hochwasser werden die Häuser am Ufer geräumt.

die **Hoch|zeit** [ˈhoːxtsait]; -, -en: *mit einer Heirat verbundenes Fest:* wann ist denn deine Hochzeit?; im Sommer wollen sie Hochzeit feiern. *Zus.:* Silberhochzeit.

das **Hoch|zeits|ge|schenk** ['hɔxtsaitsgəʃɛŋk]; -[e]s, -e: *Geschenk, das ein Brautpaar zur Hochzeit bekommt:* Blumenvasen sind beliebte Hochzeitsgeschenke.

der **Hoch|zeits|tag** ['hɔxtsaitstaːk]; -[e]s, -e: *Tag oder Jahrestag der Hochzeit:* am Hochzeitstag regnete es; sie haben morgen [ihren zwölften] Hochzeitstag.

ho|cken ['hɔkn̩], hockt, hockte, gehockt: **1.** ⟨itr.; hat; südd., österr., schweiz.: ist⟩ *mit angezogenen Beinen sitzen:* die Kinder hocken auf dem Boden. *Syn.:* sitzen. **2.** ⟨sich h.⟩ *sich mit angezogenen Beinen hinsetzen:* komm, wir hocken uns auf den Boden. *Syn.:* sich niederlassen, sich setzen. **3.** ⟨itr.; hat; südd., österr., schweiz.: ist⟩ (ugs., emotional) *sitzen:* jeden Abend in der Kneipe, vor dem Fernseher hocken.

der **Ho|cker** ['hɔkɐ]; -s, -: *Möbel zum Sitzen ohne Lehne:* ein niedriger, runder Hocker; ein Hocker mit 3 Beinen; sich auf den Hocker setzen. *Zus.:* Barhocker, Klavierhocker, Küchenhocker.

das **Ho|ckey** ['hɔke]; -s: *Spiel von zwei Mannschaften, bei dem ein kleiner Ball mit krummen Schlägern in das gegnerische Tor geschlagen wird:* Hockey spielen. *Zus.:* Eishockey, Hallenhockey.

der **Ho|den** ['hoːdn̩]; -s, -: *Teil der männlichen Geschlechtsorgane, in dem der Samen produziert wird:* der rechte Hoden hängt etwas tiefer als der linke.

der **Hof** [hoːf]; -[e]s, Höfe: **1.** *zu einem Gebäude gehörender Platz, der von Mauern oder Zäunen umgeben ist:* die Kinder spielen im Hof. *Zus.:* Fabrikhof, Gefängnishof, Kirchhof, Schulhof. **2.** *Bauernhof:* zwei benachbarte Höfe; mein Onkel hat einen Hof; auf dem Hof des Nachbarn arbeiten. *Zus.:* Gutshof. **3.** *Wohnsitz und Haushalt eines Fürsten:* der kaiserliche Hof; am Hof Karls des Großen. *Zus.:* Königshof.

hof|fen ['hɔfn̩], hofft, hoffte, gehofft ⟨itr.; hat; [auf] etw. h.⟩: *wünschen, dass etwas passiert; erwarten:* ich hoffe, dass alles gut geht; sie hofft auf schöneres Wetter; ich hoffe darauf, dass er sich meldet.

hof|fent|lich ['hɔfntlɪç] ⟨Adverb⟩: *drückt aus, dass man sich etwas wünscht: nach meinem Wunsch:* hoffentlich geht alles gut!; hoffentlich verpassen wir nicht den Zug.

die **Hoff|nung** ['hɔfnʊŋ]; -, -en: *Wunsch, Erwartung für die Zukunft:* die Hoffnung auf Frieden; er hatte keine Hoffnung mehr; die Hoffnung [nie] aufgeben.

hoff|nungs|los ['hɔfnʊŋsloːs], hoffnungsloser, am hoffnungslosesten ⟨Adj.⟩: **1.** *ohne Chance, ohne Aussicht auf eine positive Entwicklung:* er war in einer hoffnungslosen Lage, Situation. *Syn.:* aussichtslos, ausweglos. **2.** ⟨verstärkend bei Adjektiven und Verben⟩ (ugs.) *sehr:* ein hoffnungslos überfüllter Zug; sie hatte sich hoffnungslos in ihn verliebt. *Syn.:* furchtbar (ugs.), fürchterlich (ugs.), leidenschaftlich, total (ugs.), unheimlich (ugs.), wahnsinnig (ugs.).

hoff|nungs|voll ['hɔfnʊŋsfɔl], hoffnungsvoller, am hoffnungsvollsten ⟨Adj.⟩: **1.** *mit großer Hoffnung:* hoffnungsvoll wartete er auf ihren Anruf. *Syn.:* optimistisch, zuversichtlich. **2.** *mit Chance auf Erfolg:* ein hoffnungsvoller Start.

höf|lich ['høːflɪç], höflicher, am höflichsten ⟨Adj.⟩: *anderen gegenüber freundlich und rücksichtsvoll:* ein höflicher Mensch; ein höfliches Benehmen; jmdn. höflich grüßen. *Syn.:* aufmerksam, taktvoll.

die **Höf|lich|keit** ['høːflɪçkait]; -: *Freundlichkeit:* das sagt, tut er nur aus Höflichkeit.

die **Hö|he** ['høːə]; -, -n: **1.** *Ausmaß, Größe:* die Höhe des Tisches; der Berg hat eine Höhe von 2 000 m. **2.** *in Zahlen ausgedrückte Größe, messbare Stärke:* die Höhe der Temperatur, des Fiebers; * **in Höhe von:** *im Wert von:* ein Scheck in Höhe von 300 Euro.

der **Hö|he|punkt** ['høːəpʊŋkt]; -[e]s, -e: *wichtigster Teil einer Entwicklung:* der Höhepunkt des Abends; die Stimmung erreichte ihren Höhepunkt; sie steht auf dem Höhepunkt ihrer Karriere; sie kamen gleichzeitig zum Höhepunkt *(Orgasmus).* *Syn.:* Gipfel.

hö|her ['høːɐ]; -: ↑ hoch.

hohl [hoːl], hohler, am hohlsten ⟨Adj.⟩: *innen leer, ohne Inhalt:* ein hohler Baum, Zahn; die Kugel ist [innen] hohl.

die **Höh|le** ['høːlə]; -, -n: *[natürlicher] größerer Raum unter der Erde:* der Bär schlief in seiner Höhle; sie suchten in der Höhle Schutz vor dem Gewitter. *Syn.:* Loch. *Zus.:* Erdhöhle, Tropfsteinhöhle.

der **Hohn** [hoːn]; -[e]s: *Äußerung, mit der man sich über jmdn. oder etwas lustig macht und seine Verachtung zeigt; Spott:* dieses Angebot war blanker Hohn; mit seinem Vorschlag erntete er nur Hohn.

höh|nisch ['høːnɪʃ], höhnischer, am höhnischsten ⟨Adj.⟩: *voll Spott und Verachtung:* eine höhnische Grimasse; höhnisch grinsen. *Syn.:* boshaft, spöttisch.

hol|len ['ho:lən], holt, holte, geholt: **1.** ⟨tr.; hat; etw. h.⟩ *an einen Ort gehen und von dort herbringen:* ein Buch aus der Bibliothek holen; ich gehe mal schnell ein paar Brötchen holen (ugs.: *kaufen*). *Syn.:* ¹beschaffen, besorgen, organisieren (ugs.). **2.** ⟨tr.; hat; jmdn. h.⟩ *[schnell] herbeirufen, an einen bestimmten Ort bitten:* die Feuerwehr holen; den Arzt zu einem Kranken holen. *Syn.:* rufen. **3.** ⟨sich etw. h.⟩ *sich etwas geben lassen, verschaffen:* ich wollte mir bei ihm Rat, Trost holen. **4.** ⟨sich etw. h.⟩ (ugs.) *eine Krankheit bekommen:* ich habe mir eine Erkältung, einen Virus geholt. *Syn.:* erkranken an, sich anstecken an, sich infizieren mit.

die **Höl|le** ['hœlə], -: *Reich des Teufels /*Ggs. Himmel/: die Flammen der Hölle; in die Hölle kommen.

höl|lisch ['hœlɪʃ], höllischer, am höllischsten ⟨Adj.⟩ (emotional): **1.** *ganz besonders groß:* höllischen Respekt vor jmdm. haben; höllische Schmerzen. **2.** ⟨verstärkend bei Adjektiven und Verben⟩ *sehr, überaus:* es ist höllisch kalt; er musste höllisch aufpassen, um keinen Fehler zu machen. *Syn.:* enorm, entsetzlich (ugs.), furchtbar (ugs.), total (ugs.).

der **Ho|lo|caust** ['hɔ:lokaust]; -[s], -s *Vernichtung fast aller Menschen, die zu einer Gruppe gehören:* ein atomarer Holocaust; der Holocaust *(das Töten von Juden und Mitgliedern anderer Minderheiten durch das nationalsozialistische Regime in Deutschland).*

hol|pern ['hɔlpɐn], holpert, holperte, geholpert ⟨itr.; ist⟩: *auf unebener Strecke mit rüttelnden Bewegungen fahren:* der Wagen holperte über das Pflaster.

holp|rig ['hɔlprɪç], holpriger, am holprigsten ⟨Adj.⟩: *durch Löcher, Steine nicht eben:* ein holpriger Weg.

das **Holz** [hɔlts]; -es, Hölzer ['hœltsɐ]: *feste, harte Substanz von Bäumen:* nasses, helles Holz; der Tisch ist aus massivem Holz; edle, tropische Hölzer *(Sorten Holz).* Zus.: Brennholz, Kiefernholz.

höl|zern ['hœltsɐn], hölzerner, am hölzernsten ⟨Adj.⟩: **1.** *aus Holz:* ein hölzernes Brett. **2.** *ungeschickt:* der junge Mann ist recht hölzern. *Syn.:* linkisch.

hol|zig ['hɔltsɪç], holziger, am holzigsten ⟨Adj.⟩: *(von Pflanzen und Früchten) hart, zäh:* der Spargel ist holzig; holzige Kohlrabi, Radieschen.

die **Ho|mo|se|xu|a|li|tät** [homozɛksualiˈtɛ:t]; -: *Sexualität, die auf das gleiche Geschlecht gerichtet ist:* die Homosexualität des Mannes, der Frau; sich zu seiner Homosexualität bekennen.

ho|mo|se|xu|ell [homozeˈksuɛl] ⟨Adj.⟩: *sexuell vom gleichen Geschlecht angezogen:* er, sie ist homosexuell; homosexuelle Paare.

der **Ho|nig** ['ho:nɪç], -s, -e: *von Bienen produzierte gelbe, süße Masse zum Essen:* flüssiger, echter Honig; sich Honig aufs Brot streichen, schmieren. *Zus.:* Bienenhonig.

das **Ho|no|rar** [honoˈra:ɐ], -s, -e: *Bezahlung für Personen, die freie Berufe ausüben:* der Arzt, die Sängerin erhielt ein hohes Honorar; ein Honorar vereinbaren.

hopp|la ['hɔpla] ⟨Interjektion⟩: *Ausruf, mit dem man auf ein Missgeschick, z. B. ein Stolpern, reagiert:* hoppla, fallen Sie nicht!; hoppla, fast wäre mir das Glas aus der Hand gefallen!

hop|sen ['hɔpsn̩], hopst, hopste, gehopst ⟨itr.; ist⟩: *kleine Sprünge machen, hüpfen:* die Kinder hopsen vor Freude durchs Zimmer. *Syn.:* springen.

hör|bar ['hø:ɐba:ɐ] ⟨Adj.⟩: *so, dass man es hören kann:* ein leises, aber hörbares Geräusch; im Flur wurden Schritte hörbar; seine leise Stimme war in dem großen Zimmer kaum hörbar.

hor|chen ['hɔrçn̩], horcht, horchte, gehorcht ⟨itr.; hat⟩: *versuchen, etwas [heimlich] zu hören:* wir horchten an der Tür; sie horchte, ob er noch einmal wiederkäme. *Syn.:* lauschen.

hö|ren ['hø:rən], hört, hörte, gehört: **1.** ⟨tr.; hat; 2. Partizip nach Infinitiv meist: hören; jmdn., etw. [etw. tun] h.⟩ *über die Ohren wahrnehmen:* eine Stimme hören; ich habe ihn kommen hören. **2.** ⟨itr.; hat; irgendwie h.⟩ *Art, wie man etwas mit den Ohren wahrnimmt:* meine Oma hört nicht mehr gut; schlecht hören [können]. **3.** ⟨tr.; hat; etw. h.⟩ *über das Ohr in sich aufnehmen:* ein Konzert, eine CD hören; Musik, Radio hören. *Syn.:* anhören, wahrnehmen. **4.** ⟨tr.; hat; etw. h.⟩ *etwas erfahren:* hast du etwas Neues von ihr gehört?; ich habe gehört, sie sei krank; ich habe nur Gutes von ihm / über ihn gehört. *Syn.:* mitbekommen (ugs.). **5.** ⟨itr.; hat; auf jmdn., etw. h.⟩ *jmdn., etwas respektieren:* er hört auf den Lehrer, die Mutter, seine innere Stimme hören; er hörte auf den Rat, auf die Worte seines Vaters. *Syn.:* folgen, gehorchen.

der **Hö|rer** ['hø:rɐ]; -s, -, die **Hö|re|rin** ['hø:rərɪn]; -, -nen: *Person, die zuhört, bes. am Radio:* liebe Hörerinnen und Hörer! *Zus.:* Radiohörer, Radiohörerin.

der **Ho|ri|zont** [hori'tsɔnt]; -[e]s, -e: **1.** *Linie in der Ferne, an der sich Himmel und Erde berühren:* am Horizont tauchte ein Schiff auf; die Sonne verschwand hinter dem Horizont. **2.** *geistiger Bereich, den jmd. überblickt:* einen beschränkten, engen, weiten Horizont haben.

ho|ri|zon|tal [horitsɔn'ta:l] ⟨Adj.⟩: *waagerecht* /Ggs. vertikal/: eine horizontale Linie.

das **Hor|mon** [hɔr'mo:n]; -s, -e: *Wirkstoff im menschlichen Körper, der die Funktion von Organen steuert:* das Mittel hemmt die Produktion von Hormone. *Zus.:* Sexualhormon, Wachstumshormon.

das **Horn** [hɔrn]; -[e]s, Hörner ['hœrnɐ]: **1.** *spitzer, oft gebogener Teil am Kopf bestimmter Tiere:* ein Bulle hat Hörner. **2.** *Blasinstrument:* der Student bläst Horn. *Zus.:* Jagdhorn, Waldhorn.

das **Hörn|chen** ['hœrnçən]; -s, -: *Gebäck in der Form eines Horns:* ich hätte gern drei Brötchen und ein Hörnchen. *Zus.:* Mandelhörnchen, Rosinenhörnchen.

das **Ho|ro|s|kop** [horo'sko:p]; -s, -e: *Voraussage der Zukunft durch die Sterne:* das Horoskop für die nächste Woche; sein Horoskop [in der Zeitschrift] lesen; sie ließ sich ihr Horoskop stellen.

der **Hor|ror** ['hɔrɔɐ̯]; -s: *starke Abneigung:* er hatte einen Horror vor dem Älterwerden; sie hatte einen Horror vor Schlangen.

der **Hor|ror|film** ['hɔrɔɐ̯fɪlm]; -[e]s, -e: *Film, der Angst und Entsetzen erzeugt:* echte Horrorfilme werden im Fernsehen erst sehr spät gezeigt.

das **Hör|spiel** ['høːɐ̯ʃpiːl]; -[e]s, -e: *für den Rundfunk geschriebenes oder bearbeitetes Stück:* ein Hörspiel schreiben, aufnehmen, senden; ich habe gestern ein interessantes Hörspiel im Radio gehört.

der **Hort** [hɔrt]; -[e]s, -e: *Einrichtung, in der Schulkinder nach der Schule betreut werden:* von 13 bis 16 Uhr geht unser Sohn immer in den Hort. *Zus.:* Kinderhort.

die **Ho|se** ['ho:zə]; -, -n: *Kleidungsstück, das das Gesäß und die Beine bedeckt:* eine enge, kurze, lange Hose anhaben; die Hose muss noch gebügelt, gekürzt werden. *Zus.:* Lederhose, Trainingshose.

der **Ho|sen|an|zug** ['ho:znˌantsuːk]; -[e]s, Hosenanzüge ['ho:znˌantsyːgə]: *Kleidungsstück für Frauen, das aus langer Hose und dazugehöriger Jacke besteht:* sie trug einen eleganten Hosenanzug.

das **Hos|pi|tal** [hɔspi'ta:l]; -s, -e und Hospitäler [hɔspi'tɛ:lɐ]: *[kleineres] Krankenhaus:* er

liegt schon seit einigen Tagen im Hospital. *Syn.:* Klinik, Krankenhaus, Spital (bes. österr., schweiz.).

die **Hos|tess** [hɔs'tɛs]; -, -en: *junge Frau, die auf Messen, bei Reisen, in Hotels die Gäste betreut:* sie arbeitete mehrere Jahre als Hostess.

das **Ho|tel** [ho'tɛl]; -s, -s: *größeres Haus, in dem man gegen Geld übernachten [und essen] kann:* wir haben drei Tage in einem Hotel übernachtet, gewohnt. *Syn.:* Gasthaus, Gasthof, Pension. *Zus.:* Fünf-Sterne-Hotel, Luxushotel, Sporthotel.

der **Ho|tel|füh|rer** [ho'tɛlfyːrɐ]; -s, -: *Verzeichnis, das die Namen der Hotels eines Ortes und weitere Informationen dazu enthält:* der Hotelführer empfiehlt das Hotel am See.

das **Ho|tel|zim|mer** [ho'tɛlˌtsɪmɐ]; -s, -: *Zimmer für Gäste in einem Hotel:* die Sekretärin hatte drei Hotelzimmer auf meinen Namen bestellt, reserviert.

die **Hot|line** ['hɔtlain]; -, -s: *telefonischer Service zur Lösung von [meist technischen] Problemen:* die Computerfirmen bieten heute fast alle eine telefonische Hotline an; die / bei der Hotline anrufen; die / bei der Hotline ist immer besetzt.

hübsch [hʏpʃ], hübscher, am hübschesten ⟨Adj.⟩: *schön* /Ggs. hässlich/: ein hübsches Mädchen; eine hübsche Melodie, Landschaft. *Syn.:* attraktiv, bezaubernd.

der **Hub|schrau|ber** ['hu:pʃraubɐ]; -s, -: *eine Art Flugzeug mit Flügeln, die sich waagerecht drehen:* mit dem Hubschrauber fliegen; der Hubschrauber landete auf dem Krankenhaus. *Syn.:* Helikopter.

 der Hubschrauber

der **Huf** [hu:f]; -[e]s, -e: *unterer Teil des Fußes bei manchen Tieren:* der Huf des Pferdes, Rindes; die Hufe klapperten auf der Straße. *Zus.:* Hinterhuf, Vorderhuf.

das **Huf|ei|sen** ['hu:fˌlaizn̩]; -s, -: *flaches, gebogenes Stück Eisen, das als Schutz an der Unterseite des Hufes befestigt wird:* das Pferd hat ein Hufeisen verloren.

die **Hüf|te** ['hʏftə]; -, -n: *Teil des Körpers seitlich von Gesäß und Taille:* schmale, breite Hüften haben; die Arme in die Hüften stemmen.

der **Hü|gel** ['hy:gl̩]; -s, -: *kleiner Berg:* die Hügel in der Toskana; einen Hügel hinaufgehen. *Zus.:* Maulwurfshügel, Schneehügel

hü|ge|lig ['hy:gəlɪç], **hüg|lig** ['hy:glɪç], hüg[e]liger, am hüg[e]ligsten ⟨Adj.⟩: *mit*

Hügeln: eine hüg[e]lige Landschaft. *Syn.:* bergig.

das **Huhn** [huːn]; -[e]s, Hühner [ˈhyːnɐ]: **1.** *größerer Vogel, der Eier legt und dessen Fleisch gegessen wird:* Hühner halten, züchten; heute Mittag gibt es Huhn mit Reis und Gemüse. **2.** *Henne:* das Huhn hat ein Ei gelegt.

die **Hül|le** [ˈhʏlə]; -, -n: *etwas, was um einen Gegenstand herum ist und ihn schützt:* die Hülle des Füllers, der Pralinenschachtel, des Buches; die Hülle entfernen. *Zus.:* Plastikhülle, Schutzhülle.

hül|len [ˈhʏlən], hüllt, hüllte, gehüllt ⟨tr.; hat; jmdn. in etw. h.⟩: *(als Hülle) mit etwas umgeben:* ich habe das Kind in eine Decke gehüllt. *Syn.:* einpacken.

hu|man [huˈmaːn], humaner, am humansten ⟨Adj.⟩: **1.** *dem Menschen und seiner Würde entsprechend:* eine humane Tat; die Gefangenen human behandeln. *Syn.:* menschlich. **2.** *ohne Härte:* der Chef hat sehr human entschieden. *Syn.:* tolerant, verständnisvoll.

hu|ma|ni|tär [humaniˈtɛːɐ̯] ⟨Adj.⟩: *zum Wohl der Menschen:* humanitäre Hilfe; humanitäre Aufgaben. *Syn.:* karitativ.

der **Hu|mor** [huˈmoːɐ̯]; -s: *Gabe eines Menschen, heiter zu sein, viel zu lachen und Witze zu machen:* keinen, viel Humor haben; er hat [k]einen Sinn für Humor. *Syn.:* Fröhlichkeit, Heiterkeit.

hu|mor|los [huˈmoːɐ̯loːs], humorloser, am humorlosesten ⟨Adj.⟩: *ohne Humor:* ein humorloser Mensch; es ist bekannt, dass sie humorlos ist.

hu|mor|voll [huˈmoːɐ̯fɔl], humorvoller, am humorvollsten ⟨Adj.⟩: *mit Humor:* ein humorvoller Kollege; die Rede war sehr humorvoll. *Syn.:* heiter, lustig.

hum|peln [ˈhʊmpl̩n], humpelt, humpelte, gehumpelt: **1.** ⟨itr.; ist/hat⟩ *auf einem Fuß nicht richtig gehen können:* nach dem Unfall ist/hat sie noch 2 Wochen gehumpelt. *Syn.:* hinken. **2.** ⟨itr.; ist; irgendwohin h.⟩ *sich hinkend irgendwohin bewegen:* er ist mit seinem verletzten Fuß nach Hause gehumpelt.

der Hund

der **Hund** [hʊnt]; -[e]s, -e: *Haustier, das ein gutes Gehör hat und gut riechen kann:* der Hund bellt, beißt; Vorsicht, bissiger

Hund!; der Hund tut [dir/Ihnen] nichts. *Syn.:* Köter (abwertend). *Zus.:* Blindenhund, Polizeihund, Wachhund.

hun|dert [ˈhʊndɐt] ⟨Kardinalzahl⟩ (in Ziffern: 100): hundert Personen; von eins bis hundert zählen; mehrere hundert Autos.

das **¹Hun|dert** [ˈhʊndɐt]; -s, -e und (nach unbestimmtem Zahladjektiv) -: **1.** *Einheit von hundert Stück:* ein halbes Hundert; mehrere Hundert Menschen. **2.** **vom Hundert: Prozent:* die Zinsen machen acht vom Hundert aus.

die **²Hun|dert** [ˈhʊndɐt]; -, -en: *die Zahl 100.*

hun|dert|pro|zen|tig [ˈhʊndɐtprotsɛntɪç] ⟨Adj.⟩: *völlig, absolut:* mit hundertprozentiger Sicherheit; ich kann mich hundertprozentig auf sie verlassen. *Syn.:* ganz, restlos (ugs.), total, vollkommen.

hun|dertst... [ˈhʊndɐtst...] ⟨Ordinalzahl⟩ (in Ziffern: 100.): der hundertste Besucher der Ausstellung.

der **Hun|ger** [ˈhʊŋɐ]; -s: *Bedürfnis nach Nahrung; Verlangen, etwas zu essen:* Hunger bekommen; großen Hunger, keinen Hunger [mehr] haben. *Syn.:* Appetit.

hun|gern [ˈhʊŋɐn], hungert, hungerte, gehungert ⟨itr.; hat⟩: *Hunger haben:* im Krieg musste die Bevölkerung hungern.

hung|rig [ˈhʊŋrɪç], hungriger, am hungrigsten ⟨Adj.⟩: *Hunger habend:* das hungrige Kind; [sehr, gar nicht] hungrig sein; hungrig zu Bett gehen.

die **Hu|pe** [ˈhuːpə]; -, -n: *Teil eines Fahrzeugs, mit dem man einen lauten Ton erzeugt, um andere zu warnen:* eine laute Hupe; [bei Gefahr] auf die Hupe drücken.

hu|pen [ˈhuːpn̩], hupt, hupte, gehupt ⟨itr.; hat⟩: *mit der Hupe einen lauten Ton produzieren:* der Fahrer hupte, als der Hund auf die Straße lief; in geschlossenen Ortschaften ist Hupen verboten.

hüp|fen [ˈhʏpfn̩], hüpft, hüpfte, gehüpft ⟨itr.; ist⟩: *kleine Sprünge machen, sich in kleinen Sprüngen fortbewegen:* die Kinder hüpften vor Freude im Garten umher; der Frosch hüpft durch das Gras. *Syn.:* hopsen, springen.

die **Hür|de** [ˈhʏrdə]; -, -n: (Sport) *Hindernis, über das ein Läufer, eine Läuferin oder ein Pferd springen muss:* eine Hürde nehmen, überspringen; ** eine Hürde nehmen: eine Schwierigkeit überwinden:* im Leben muss viele Hürden nehmen.

hur|ra [hʊˈraː] ⟨Interjektion⟩: *Ausruf der Begeisterung:* hurra, es hat geschneit!; hurra, morgen beginnen die Ferien!

hu|schen [ˈhʊʃn̩], huscht, huschte,

gehuscht ⟨itr.; ist⟩: *sich lautlos und flink fortbewegen:* leise huschte sie ins Zimmer; schnell über die Straße huschen; ein Lächeln huschte über ihr Gesicht.

hüs|teln ['hy:stln], hüstelt, hüstelte, gehüstelt ⟨itr.; hat⟩: *mehrmals kurz und schwach husten:* er hüstelte ärgerlich, verlegen.

hus|ten ['hu:stn̩], hustet, hustete, gehustet ⟨itr.; hat⟩: *Luft laut und in Stößen ausatmen:* sie ist erkältet und hustet stark. *Syn.:* hüsteln.

der **Hus|ten** ['hu:stn̩]; -s: *Krankheit, bei der jmd. oft und stark husten muss:* ein Medikament gegen Husten; er hatte Fieber und starken Husten und Schnupfen. *Zus.:* Raucherhusten.

der **Hut** [hu:t]; -[e]s, Hüte ['hy:tə]: *Kopfbedeckung:* einen Hut tragen; den Hut abnehmen, aufsetzen, an die Garderobe hängen. *Zus.:* Damenhut, Strohhut.

der Hut

hü|ten ['hy:tn̩], hütet, hütete, gehütet: **1.** ⟨tr.; hat; jmdn., etw. h.⟩ *auf etwas aufpassen:* die Schafe, die Kinder hüten; sie hütet unser Haus während unseres Urlaubs. *Syn.:* achten auf, sehen nach, sich kümmern um. **2.** ⟨sich vor jmdm., etw. h.⟩ *sich in Acht nehmen; jmdm., etwas aus dem Weg gehen:* hüte dich vor dem Hund; hüte dich davor, so etwas zu tun; ich werde mich hüten, dir meine Pläne zu verraten.

die **Hüt|te** ['hʏtə]; -, -n: *kleines, einfaches Haus [mit nur einem Raum]:* eine kleine, niedrige Hütte; sie übernachteten in einer Hütte im Wald. *Zus.:* Holzhütte, Hundehütte, Jagdhütte.

die **Hy|gi|e|ne** [hy'gje:nə]; -: *Sauberkeit:* die Hygiene in diesem Lokal ist mangelhaft. *Zus.:* Körperhygiene.

hy|gi|e|nisch [hy'gje:nɪʃ] ⟨Adj.⟩: *die Hygiene betreffend:* die hygienischen Bedingungen sind katastrophal; etwas ist hygienisch (sauber) verpackt. *Syn.:* keimfrei, ¹rein.

die **Hym|ne** ['hʏmnə]; -, -n: *besonders feierliches Musikstück:* vor dem Fußballspiel werden die Hymnen der beiden Länder gespielt. *Zus.:* Landeshymne, Nationalhymne.

die **Hyp|no|se** [hʏp'no:zə]; -, -n: *dem Schlaf ähnlicher Zustand, in dem jmd. Befehle ausführt oder Fragen beantwortet, ohne* dass es ihm bewusst ist: jmdn. in Hypnose versetzen; aus der Hypnose erwachen.

die **Hys|te|rie** [hʏste'ri:]; -: *Zustand extremer nervöser Aufregung:* die Hysterie der Fans wurde immer größer; seine Angst vor Hunden war fast schon zur Hysterie geworden. *Zus.:* Massenhysterie.

hys|te|risch [hʏs'te:rɪʃ] ⟨Adj.⟩: *extrem nervös und aufgeregt:* die hysterisch kreischenden Fans; wegen so einer kleinen Spinne brauchst du nicht gleich hysterisch zu werden.

i

der **-i** [i]; -s, -s und die; -, -s ⟨Suffix⟩ (ugs.): *Kurzform für Personen oder Namen:* Assi *(Assistent);* Studi *(Studierende/Studierender);* Gabi *(Gabriele);* Wolfi *(Wolfgang).*

-i|bel [i:bl] ⟨adjektivisches Suffix zu einem Nomen auf »-ion«⟩: *drückt aus, dass etwas gemacht werden kann:* flexibel; kompressibel.

ich [ɪç] ⟨Personalpronomen; 1. Person Singular⟩: *bezeichnet die eigene Person:* ich lese; ich Dummkopf!

ide|al [ide'a:l], idealer, am idealsten ⟨Adj.⟩: *nicht besser vorstellbar:* ein idealer Partner; die Voraussetzungen waren ideal. *Syn.:* perfekt.

das **Ide|al** [ide'a:l]; -s, -e: *höchstes erstrebtes Ziel:* das Ideal der Freiheit; sie war ihren Idealen immer treu geblieben. *Zus.:* Schönheitsideal.

der **Ide|a|lis|mus** [idea'lɪsmʊs]; -: *der Glaube an Ideale:* sie ist aus Idealismus Krankenschwester geworden.

ide|a|lis|tisch [idea'lɪstɪʃ], idealistischer, am idealistischsten ⟨Adj.⟩: *an Ideale glaubend:* eine idealistische Ärztin.

die **Idee** [i'de:]; -, Ideen [i'de:ən]: *Gedanke, Einfall:* das ist eine gute Idee; wir brauchen neue Ideen für unsere Werbung; hast du eine Idee, was wir ihr zum Geburtstag schenken könnten?

iden|ti|fi|zie|ren [ɪdɛntifi'ʦi:rən], identifiziert, identifizierte, identifiziert ⟨tr.; hat⟩: **1.** ⟨jmdn., etw. i.⟩ *genau feststellen, um wen oder was es sich handelt:* einen Toten, einen gefundenen Gegenstand identifizieren. **2.** ⟨sich mit etw. i.⟩ *voll mit jmdm., etwas übereinstimmen:* sich mit einem Verein, mit den Beschlüssen der Partei identifizieren.

iden|tisch [i'dɛntɪʃ] ⟨Adj.⟩: *völlig gleich, übereinstimmend:* es wurden zwei identische Kopien hergestellt; ihre Interessen sind identisch.

e **Iden|ti|tät** [identi'tɛːt]; -, -en: **1.** *wer jmd. oder was etwas wirklich ist:* die Polizei versucht, die Identität des Toten festzustellen. **2.** *völliges Übereinstimmen:* die inhaltliche Identität der beiden Texte überraschte uns.

e **Ide|o|lo|gie** [ideolo'giː]; -, Ideologien [ideolo'giːən]: *Weltanschauung:* nach der dort herrschenden Ideologie war privates Eigentum nicht zulässig.

ide|o|lo|gisch [ideo'loːgɪʃ] ⟨Adj.⟩: *von einer Ideologie bestimmt:* ideologische Vorurteile können eine vernünftige Politik unmöglich machen.

er **Idi|ot** [i'djoːt]; -en, -en (ugs. abwertend): *jmd., dessen Verhalten, Benehmen als ärgerlich und dumm angesehen wird:* irgendein Idiot hat sein Auto genau vor meine Garage gestellt; kannst du Idiot nicht aufpassen?

idi|o|tisch [i'djoːtɪʃ], idiotischer, am idiotischsten ⟨Adj.⟩ (ugs. abwertend): *ärgerlich und unsinnig:* so ein idiotischer Plan konnte nur misslingen; es war idiotisch, gerade ihm alles zu erzählen. *Syn.:* blöd[e] (ugs.), dämlich (ugs.).

is **Idol** [i'doːl]; -s, -e: *jmd., den man als großes Vorbild verehrt:* er ist ihr Idol.

-iell [i̯ɛl] ⟨adjektivisches Suffix⟩: kennzeichnet die Beziehung zu dem im Basiswort Genannten: finanziell; ministeriell; prinzipiell.

-ie|ren [iːrən] ⟨verbales Suffix⟩: **1.** gibt eine Tätigkeit zu einem nominalen Wortstamm an: frisieren; notieren; studieren. **2.** drückt in Verbindung mit einem Adjektiv aus, in welchen Zustand jmd., etwas gebracht wird: komplettieren; legitimieren; ⟨auch in Verbindung mit »ver-«⟩ verabsolutieren.

-ig [ɪç] ⟨adjektivisches Suffix⟩: **1.** *mit dem im Basiswort Genannten:* andächtig; durstig; großformatig *(in großem Format);* sommersprossig; übergewichtig. **2.** *wie das im Basiswort Genannte:* jazzig; käsig; klotzig.

der **Igel** ['iːgl̩]; -s, -: *kleines braunes Tier mit Stacheln:* der Igel stellt die Stacheln auf.

der Igel

ig|no|rie|ren [ɪgnoˈriːrən], ignoriert, ignorierte, ignoriert ⟨tr.; hat⟩: *nicht beachten:* sie hat seine Bemerkungen, diese Vorschriften einfach ignoriert.

ihm [iːm] ⟨Personalpronomen; Dativ von »er« und »es«⟩: ich habe es ihm gesagt; das Kind war krank, aber es geht ihm wieder gut.

ihn [iːn] ⟨Personalpronomen; Akk. von »er«⟩: ich kenne ihn gar nicht.

ih|nen ['iːnən] ⟨Personalpronomen; Dativ von »sie« (Plural)⟩: das muss man ihnen verzeihen, denn es war nur ein Scherz.

Ih|nen ['iːnən] ⟨Personalpronomen; Dativ von »Sie«⟩: ich bin Ihnen beiden sehr dankbar dafür.

¹**ihr** [iːɐ̯] ⟨Personalpronomen⟩: **1.** ⟨2. Person Plural⟩ dient dazu, mehrere vertraute Personen anzureden: ihr habt den Nutzen davon. **2.** ⟨Dativ von »sie« (Singular)⟩ er hat ihr die Heirat versprochen.

²**ihr** [iːɐ̯] ⟨Artikelwort und Possessivpronomen⟩: drückt aus, dass jmd., etwas [zu] einer Gruppe von Personen oder einer weiblichen Person gehört: ihr Kleid ist zu lang; sie sind bei ihren Großeltern; sie hat nur mithilfe der erfahrenen Kollegen das Ihre zum Erfolg des Projekts beitragen können.

Ihr [iːɐ̯] ⟨Artikelwort und Possessivpronomen⟩: drückt aus, dass jmd., etwas [zu] einer mit »Sie« angeredeten [Gruppe von] Person[en] gehört: was sagt Ihnen Ihr Gefühl?; Sie werden sich schon das Ihre gedacht haben *(sich Ihre eigenen Gedanken gemacht haben).*

ih|rer ['iːrɐ] ⟨Personalpronomen; Genitiv von »sie«⟩: es bedarf ihrer wie nie zuvor.

Ih|rer ['iːrɐ] ⟨Personalpronomen; Genitiv von »Sie«⟩: das wäre Ihrer würdig.

die **-ik** [ɪk]; -, -en ⟨Suffix⟩: **1.** bildet zu Adjektiven (auf »-isch«) Nomen, die eine Eigenschaft oder ein Verhalten ausdrücken: Erotik; Hektik; Theatralik. **2.** bezeichnet eine Gesamtheit: Gestik; Methodik; Touristik. **3.** bezeichnet ein Fachgebiet: Elektronik; Germanistik; Pädagogik. **4.** bezeichnet eine Epoche: Gotik; Klassik; Romanik.

il- ['ɪl] ⟨adjektivisches Präfix; vor Adjektiven, die mit »l« anlauten⟩: *un-, nicht-:* illegal; illegitim.

il|le|gal [ˈɪlega:l] ⟨Adj.⟩: *gegen das Gesetz verstoßend, ohne Genehmigung der Behörden* /Ggs. legal/: *eine illegale Organisation, Partei; sie waren illegal eingewandert. Syn.: gesetzwidrig.*

die **Il|lu|si|on** [ɪluˈzio:n]; -, -en: *Einbildung, falsche Hoffnung:* sich keine Illusionen machen; jmdm. seine Illusionen rauben.

il|lu|so|risch [ɪluˈzo:rɪʃ], illusorischer, am illusorischsten ⟨Adj.⟩: *nicht zu verwirklichen:* seine Pläne waren völlig illusorisch. *Syn.: utopisch.*

die **Il|lus|tra|ti|on** [ɪlʊstraˈtsi̯o:n]; -, -en: *Bild, das zu einem Text gehört:* das Buch enthält über hundert Illustrationen.

il|lus|trie|ren [ɪlʊsˈtri:rən], illustriert, illustrierte, illustriert ⟨tr.; hat; etw. i.⟩: **1.** *(einen Text o. Ä.) mit Bildern schmücken:* ein Märchenbuch illustrieren. **2.** *deutlich machen:* ich möchte Ihnen den Vorgang an einem Beispiel illustrieren. *Syn.: veranschaulichen.*

die **Il|lus|trier|te** [ɪlʊsˈtri:ɐ̯tə]; -n, -n ⟨ohne »die« im Plural: [viele] Illustrierte⟩: *Zeitschrift mit vielen Bildern und Artikeln über allgemein interessierende und unterhaltende Themen:* in den Illustrierten konnte man alles über die Hochzeit des Präsidenten lesen; im Wartezimmer des Arztes lagen viele Illustrierte.

im [ɪm] ⟨Verschmelzung von »in« + »dem«⟩: **1.** ⟨die Verschmelzung kann aufgelöst werden⟩ sie arbeitet im Garten. **2.** ⟨die Verschmelzung kann nicht aufgelöst werden⟩ im Oktober; im Grunde.

das **Image** [ˈɪmɪtʃ]; -[s], -s: *Bild, das sich jmd. von einer Person oder Sache macht:* das Image einer Politikerin prägen; die Scheidung hat seinem Image als perfektem Ehemann geschadet.

der **Im|biss** [ˈɪmbɪs]; -es, -e: *kleine, meistens rasch eingenommene Mahlzeit:* wir hatten am Bahnhof noch Zeit für einen kleinen Imbiss.

die **Imi|ta|ti|on** [imitaˈtsi̯o:n]; -, -en: *(minderwertiges) Produkt, das so gestaltet wurde, dass es einem anderen (wertvolleren) täuschend ähnlich ist:* wie man später bemerkte, handelte es sich bei dem Gemälde nicht um ein Original, sondern nur um eine Imitation.

imi|tie|ren [imiˈti:rən], imitiert, imitierte, imitiert ⟨tr.; hat; jmdn., etw. i.⟩: *genau wiedergeben, was für jmdn., etwas typisch ist:* die Stimme eines Vogels, einen Clown imitieren. *Syn.: nachmachen (ugs.).*

der **Im|ker** [ˈɪmkɐ]; -s, -, die **Im|ke|rin** [ˈɪmkərɪn]; -, -nen: *Person, die Bienen (zur Produktion von Honig) züchtet:* wir kaufen unseren Honig direkt beim Imker.

im|ma|tri|ku|lie|ren [ɪmatrikuˈli:rən], immatrikuliert, immatrikulierte, immatrikuliert ⟨sich i.⟩: *sich als Student, Studentin (an einer Hochschule) eintragen:* ich habe mich gestern an der Universität in Heidelberg immatrikuliert. *Syn.: sich einschreiben.*

¹**im|mer** [ˈɪmɐ] ⟨Adverb⟩: **1.** *gleichbleibend oder sich jeweils wiederholend:* sie ist immer fröhlich; er spielte immer dieselbe Melodie; das ist für immer *(in alle Zukunft)* vorbei. **2.** *jedes Mal:* immer wenn wir ausgehen wollen, regnet es; wir hatten wie immer keinen Schirm dabei. **3.** ⟨+ Komparativ⟩ *zunehmend:* es wird immer dunkler; ihre Laune wurde immer schlechter. *Syn.: ständig.*

²**im|mer** [ˈɪmɐ] ⟨Partikel⟩: zur Verstärkung von »noch«: du bist ja immer noch / noch immer hier; sie ist immer noch nicht zu Hause.

im|mer|hin [ˈɪmɐˈhɪn] ⟨Adverb⟩: drückt aus, dass von etwas Bedeutendem die Rede ist: sie ist immerhin stellvertretende Vorsitzende; er hatte beim Lotto immer hin vier Richtige.

im|mer|zu [ˈɪmɐˈtsu:] ⟨Adverb⟩: *ständig [sich wiederholend], immer wieder:* er is immerzu krank; du sollst mich nicht immerzu unterbrechen! *Syn.: dauernd.*

der **Im|mi|grant** [ɪmiˈɡrant]; -en, -en, die **Im|mi|gran|tin** [ɪmiˈɡrantɪn]; -, -nen: *Person, di in ein Land eingewandert ist:* viele Immigranten kommen aus Ländern, in denen Krieg ist. *Syn.: Einwanderer, Einwanderin.*

die **Im|mo|bi|lie** [ɪmoˈbi:li̯ə]; -, -n: *unbeweglicher Besitz (z. B. Haus, Grundstück, Gebäude):* mit Immobilien handeln; sein Geld in Immobilien anlegen.

im|mun [ɪˈmu:n] ⟨Adj.⟩: **1.** *vor bestimmten Krankheiten geschützt:* er war immun gegen Erkältungen. **2.** *gegen etwas unempfindlich:* gegen Kritik schien sie immun zu sein.

imp|fen [ˈɪmpfn̩], impft, impfte, geimpft ⟨tr.; hat; jmdn. i.⟩: *einen Stoff geben, der vor einer bestimmten gefährlichen Krankheit schützt:* Kinder [gegen Pocken] impfen; wer in diese Länder reist, sollte sich vorher impfen lassen.

die **Imp|fung** [ˈɪmpfʊŋ]; -, -en: *das Impfen:* de Arzt empfahl mir eine Impfung gegen Grippe.

im|po|nie|ren [ɪmpoˈniːrən], imponiert, imponierte, imponiert ⟨itr.; hat; jmdm. i.⟩: *Bewunderung entstehen lassen:* ihre Leistungen imponierten den Zuschauern. *Syn.:* beeindrucken.

r **Im|port** [ɪmˈpɔrt]; -[e]s, -e: *Einfuhr von Waren, Gütern aus dem Ausland* /Ggs. Export/: den Import beschränken. *Zus.:* Erdölimport, Rohstoffimport.

im|por|tie|ren [ɪmpɔrˈtiːrən], importiert, importierte, importiert ⟨tr.; hat; etw. i.⟩: *(Waren aus dem Ausland) einführen* /Ggs. exportieren/: Obst [aus Italien] importieren.

im|po|sant [ɪmpoˈzant], imposanter, am imposantesten ⟨Adj.⟩ (geh.): *beeindruckend, (durch Größe) auffallend:* die Wasserfälle waren ein imposanter Anblick. *Syn.:* gewaltig (emotional).

im|po|tent [ˈɪmpotɛnt] ⟨Adj.⟩: **1.** *(vom Mann) nicht fähig zum Geschlechtsverkehr:* die Aufregung und der Alkohol machten ihn in dieser Nacht impotent. **2.** *(vom Mann) nicht fähig, ein Kind zu zeugen:* eine Verletzung hat ihn impotent gemacht. *Syn.:* unfruchtbar.

im|pro|vi|sie|ren [ɪmproviˈziːrən], improvisiert, improvisierte, improvisiert ⟨tr.; hat; etw. i.⟩: *ohne Vorbereitung ausführen:* eine Rede improvisieren; ⟨auch itr.⟩ er improvisiert gern; am Klavier improvisieren.

r **Im|puls** [ɪmˈpʊls]; -es, -e: *etwas, was jmdn. oder etwas antreibt:* einem Gespräch neue Impulse geben; sie folgte einem plötzlichen Impuls und fuhr ans Meer.

im|pul|siv [ɪmpʊlˈziːf], impulsiver, am impulsivsten ⟨Adj.⟩: *spontan, einem plötzlichen Impuls folgend:* eine impulsive Handlung; impulsiv reagieren.

im|stan|de [ɪmˈʃtandə], **im Stan|de:** in der Verbindung * **zu etwas imstande sein:** *etwas tun, leisten können:* er war nicht imstande, ruhig zu sitzen; sie könnte zu einer großen Leistung imstande sein.

¹**in** [ɪn] ⟨Präp.⟩: **1.** ⟨räumlich; mit Dativ; Frage: wo?⟩ kennzeichnet den Ort, wo sich jmd., etwas befindet: er ist in der Küche; die Kinder sind in der Badewanne; der Mantel hängt in der Diele; sie wohnten in Berlin. **2.** ⟨räumlich; mit Akk.; Frage: wohin?⟩ kennzeichnet den Ort, wohin sich jmd. begibt, wohin etwas gebracht wird: in die Stadt fahren; das Kleid in den Schrank hängen. **3.** ⟨zeitlich; mit Dativ; Frage: wann?⟩ kennzeichnet einen Zeitpunkt oder Zeitraum, in dem etwas geschieht: in

zwei Tagen ist er fertig; in den letzten Tagen hat es viel geregnet. **4.** ⟨mit Dativ⟩ kennzeichnet die Art, die Umstände: ein Bild in vielen Farben; er war in Schwierigkeiten. **5.** ⟨mit Dativ und Akk.; in Abhängigkeit von bestimmten Wörtern⟩ der Text ist in deutscher Sprache abgefasst; in diesem Punkt sind wir uns einig; er ist tüchtig in seinem Beruf; sich in jmdn. verlieben.

²**in** [ɪn]: in der Verbindung * **in sein** (ugs.): *in Mode sein, den meisten gefallen:* das Lokal ist bei den Studierenden in; damals war es an unserer Schule in, sich die Haare rot zu färben.

in- [ˈɪn] ⟨adjektivisches Präfix; meist bei fremdsprachlichem Basiswort⟩: *un-, nicht-:* inakzeptabel; indiskret; inhuman; inkorrekt; intolerant.

die **-in** [ɪn]; -, -nen ⟨Suffix⟩: **1.** ⟨oft an Suffixen wie »-ant«, »-ar«, »-ent«, »-er«, »-ist«⟩ bezeichnet weibliche Personen oder Tiere und wird meist an die Bezeichnung männlicher Personen oder Tiere angehängt: Ausländerin; Chefin; Elefantin; Ministerin; Friseurin; Partnerin; Philosophin; Sportlerin; Verkäuferin. **2.** ⟨mit gleichzeitigem Umlaut⟩ bezeichnet weibliche Personen oder Tiere und wird meist an die Bezeichnung männlicher Personen oder Tiere angehängt: Anwältin; Ärztin; Füchsin; Hündin; Schwägerin. **3.** ⟨ohne das auslautende -e beim Basiswort⟩ bezeichnet weibliche Personen oder Tiere und wird meist an die Bezeichnung männlicher Personen oder Tiere angehängt: Beamtin; Kundin; Löwin; Psychologin; Türkin. **4.** ⟨mit Umlaut und ohne das auslautende -e⟩ bezeichnet weibliche Personen oder Tiere und wird meist an die Bezeichnung männlicher Personen oder Tiere angehängt: Französin.

in|be|grif|fen [ˈɪnbəɡrɪfn̩] ⟨Adj.; nicht flektierbar⟩: *(in etwas) enthalten:* die Lieferung, die Bedienung ist im Preis inbegriffen; zum Preis von 89 Euro (Mehrwertsteuer inbegriffen); alles inbegriffen. *Syn.:* inklusive.

in|dem [ɪnˈdeːm] ⟨Konj.⟩: **1.** *während; zu dem Zeitpunkt, als:* indem er sprach, öffnete sich die Tür. **2.** *dadurch, dass; damit, dass:* er weckte uns, indem er ins Zimmer stürzte und »Aufstehen!« rief.

in|des [ɪnˈdɛs], **in|des|sen** [ɪnˈdɛsn̩] ⟨Adverb⟩ (geh.): **1.** *inzwischen:* es hatte indes[sen] zu regnen begonnen; du kannst indes[sen] schon anfangen.

2. *jedoch:* man machte ihm mehrere Angebote. Er lehnte indes[sen] alles ab. *Syn.:* aber, allerdings, freilich.

der **In|dex** ['ɪndɛks]; -[es], -e und Indizes ['ɪndiːtseːs]: *alphabetisches Verzeichnis von Namen oder Stichwörtern; Register:* das Buch ist am Ende im Index; im Index nachschlagen; einen Index benutzen.

in|di|rekt ['ɪndirɛkt] ⟨Adj.⟩: *nicht unmittelbar* /Ggs. direkt/: die Entscheidung, das Ergebnis indirekt beeinflussen; indirekte Beleuchtung *(bei der man die Lampe selbst nicht sieht).*

in|dis|kret ['ɪndiskreːt], indiskreter, am indiskretesten ⟨Adj.⟩: *über etwas, das geheim bleiben sollte, zu offen sprechend* /Ggs. diskret/: eine indiskrete Frage; sei doch nicht so indiskret! *Syn.:* taktlos.

die **In|di|vi|du|a|li|tät** [ɪndividu̯aliˈtɛːt]; -: *Eigenart, durch die sich jemand von anderen unterscheidet:* seine Individualität nicht aufgeben; Kinder in ihrer Individualität fördern. *Syn.:* Besonderheit.

in|di|vi|du|ell [ɪndiviˈdu̯ɛl] ⟨Adj.⟩: **1.** *von einer bestimmten Person; für eine bestimmte Person:* die individuellen Bedürfnisse, Ansichten; eine individuelle Entscheidung, Lösung; die Wirkung ist individuell *(bei den einzelnen Menschen)* verschieden. *Syn.:* persönlich, subjektiv. **2.** ⟨individueller, am individuellsten⟩ *in einem besonderen Stil:* eine individuelle Verpackung; einen Raum individuell gestalten.

das **In|di|vi|du|um** [ɪndiˈviːdu̯ʊm]; -s, Individuen [ɪndiˈviːdu̯ən]: **1.** *Mensch als einzelnes Wesen:* das Individuum in der Masse. **2.** (abwertend) *als fragwürdig abzulehnender Mensch:* mit diesem Individuum will ich nichts zu tun haben.

das **In|diz** [ɪnˈdiːts]; -es, -ien [ɪnˈdiːtsiən]: **1.** (Rechtsspr.) *Umstand, der vor Gericht darauf schließen lässt, dass jemand schuldig oder unschuldig ist (z. B. eine Zeugenaussage, Fingerabdrücke):* belastende, schwerwiegende Indizien; die Indizien deuten darauf hin, dass der Angeklagte unschuldig ist. **2.** *Anzeichen:* der Kurssturz ist ein deutliches Indiz für die Verunsicherung der Anleger. *Syn.:* Hinweis.

die **In|dus|t|rie** [ɪndʊsˈtriː]; -, Industrien [ɪndʊsˈtriːən]: *Gesamtheit der Unternehmen, die Produkte entwickeln und herstellen:* eine Industrie aufbauen; in dieser Gegend gibt es nicht viel Industrie. *Syn.:* Wirtschaft. *Zus.:* Autoindustrie, Filmindustrie, Nahrungsmittelindustrie, Rüstungsindustrie, Stahlindustrie.

in|dus|t|ri|ell [ɪndustriˈɛl] ⟨Adj.⟩: *die Industrie betreffend, zur Industrie gehörend:* die industrielle Produktion.

in|ei|n|an|der [ɪnlaɪˈnandɐ] ⟨Adverb⟩: *einer in den anderen:* bei dem Unfall hatten sich beide Fahrzeuge ineinander verkeilt; ineinander verliebt sein.

in|ei|n|an|der- [ɪnlaɪˈnandɐ] ⟨trennbares betontes verbales Präfix⟩: *eins in das andere:* ineinanderlegen; ineinanderfügen; ineinanderfließen.

der **In|farkt** [ɪnˈfarkt]; -[e]s, -e (Med.): *plötzliches Absterben eines Teils von einem Organ, der längere Zeit nicht mit Blut versorgt wurde:* der Arzt stellte einen Infarkt fest. *Zus.:* Herzinfarkt.

der **In|fekt** [ɪnˈfɛkt]; -[e]s, -e: *akutes Erkranktsein durch eine Infektion:* ein grippaler Infekt; einen Infekt haben, bekommen; er ist für Infekte besonders anfällig. *Syn.:* Krankheit.

die **In|fek|ti|on** [ɪnfɛkˈtsi̯oːn]; -, -en: *Ansteckung durch krank machende Viren oder Bakterien:* an einer Infektion erkranken; sich vor einer Infektion schützen; einer Infektion vorbeugen. *Syn.:* Übertragung. *Zus.:* Virusinfektion, Wundinfektion.

in|fi|zie|ren [ɪnfiˈtsiːrən], infiziert, infizierte, infiziert: **1.** ⟨tr.; hat; jmdn. [mit etw.] i.⟩ *krank machende Viren oder Bakterien auf jmdn. übertragen:* jmdn. [mit einer Krankheit, mit einem Virus] infizieren; die Wunde darf nicht infiziert werden. *Syn.:* anstecken. **2.** ⟨sich i.⟩ *krank machende Viren oder Bakterien aufnehmen:* ich muss mich bei dir infiziert haben; sie könnte sich im Krankenhaus infiziert haben. *Syn.:* sich anstecken.

die **In|fla|ti|on** [ɪnflaˈtsi̯oːn]; -, -en: *Verlust des Geldes an Wert und gleichzeitige Erhöhung der Preise:* eine niedrige, hohe, galoppierende *(rasant steigende)* Inflation; die Inflation ist im Monat Mai auf 3 Prozent gestiegen, gesunken; die Inflation beträgt zurzeit 2 Prozent.

die **In|fo** ['ɪnfo]; -, -s (ugs.): Kurzform von: *Information:* gibt es neue Infos? *Syn.:* Auskunft, Mitteilung, Nachricht.

in|fol|ge [ɪnˈfɔlɡə] ⟨Präp. mit Gen.⟩: *gibt die Ursache für etwas an: wegen:* das Spiel musste infolge schlechten Wetters ausfallen; seine Familie war infolge des Krieges arm geworden. *Syn.:* aufgrund.

in|fol|ge|des|sen [ɪnfɔlɡəˈdɛsn̩] ⟨Adverb⟩: *als Folge dessen, dadurch:* er ist erst kurz hier und hat infolgedessen wenig Erfahrung. *Syn.:* deshalb, deswegen.

ie **In|for|ma|tik** [ɪnfɔr'ma:tɪk]; -: *Wissenschaft, die sich mit der Verarbeitung und Übermittlung von Informationen durch Computer beschäftigt:* Informatik studieren.

ie **In|for|ma|ti|on** [ɪnfɔrma'tsi̯o:n]; -, -en: **1.** *Angaben, Fakten, Einzelheiten zu einem bestimmten Thema, die man [auf Nachfrage] von jmdm. erhält:* Informationen erhalten, bekommen; ausführliche Informationen dazu finden Sie in unserer Broschüre. *Syn.:* Auskunft, Info (ugs.), Mitteilung, Nachricht. *Zus.:* Presseinformation. **2.** *Stelle, die Informationen erteilt:* Fragen Sie doch an der Information nach!

in|for|ma|tiv [ɪnfɔrma'ti:f], informativer, am informativsten ⟨Adj.⟩ (geh.): *viele Informationen gebend und deshalb interessant:* ein informatives Gespräch.

in|for|mie|ren [ɪnfɔr'mi:rən], informiert, informierte, informiert: **1.** ⟨tr.; hat; jmdn. [über etw. (Akk.)] i.⟩ *jmdm. etwas mitteilen; jmdm. Informationen über etwas geben:* du hättest mich sofort informieren sollen; er hat die Öffentlichkeit über die Ereignisse informiert. *Syn.:* benachrichtigen, unterrichten. **2.** ⟨sich [über etw. (Akk.)] i.⟩ *sich Informationen (über etwas) besorgen; sich nach etwas erkundigen:* er informierte sich über die Ereignisse bei seinen Freunden. *Syn.:* fragen, sich unterrichten.

in|fra|ge [ɪn'fra:ɡə], **in Fra|ge**: in den Verbindungen * **infrage kommen**: *in Betracht kommen; im Bereich des Möglichen liegen:* eine solche Lösung kommt schon aus finanziellen Gründen nicht infrage; das kommt gar nicht infrage!; * **etwas infrage stellen**: 1. *etwas als fraglich hinstellen; etwas anzweifeln:* ich will deinen Mut gar nicht infrage stellen; er stellt in seinem Buch unser ganzes Wirtschaftssystem infrage. 2. *die Verwirklichung von etwas gefährden:* die Finanzkrise stellt das Projekt infrage; durch die Erkrankung des Dirigenten ist das Konzert infrage gestellt.

ie **In|fra|struk|tur** ['ɪnfraʃtrʊktuːɐ̯]; -, -en: *(technische und soziale) Einrichtungen, Institutionen und menschliche Fähigkeiten, die notwendig sind, damit ein Land und seine Wirtschaft funktionieren können, z. B. Straßen, Schulen, Behörden, Bildung, technisches Know-how:* eine moderne Infrastruktur haben, schaffen, brauchen; dem Land fehlt die für den Tourismus nötige Infrastruktur.

e **In|fu|si|on** [ɪnfu'zi̯o:n]; -, -en (Med.): *Ein-*

führung größerer Mengen einer Flüssigkeit in den Organismus: der Patient erhielt, bekam eine Infusion; die Krankenschwester gab ihr eine Infusion.

der **In|ge|ni|eur** [ɪnʒe'ni̯ø:ɐ̯]; -s, -e, die **In|ge|ni|eu|rin** [ɪnʒe'ni̯ø:rɪn]; -, -nen: *Person, die [an einer Hochschule] eine technische Ausbildung erhalten hat:* sie arbeitet als Ingenieurin; Ingenieure werden wieder gesucht. *Syn.:* Techniker, Technikerin. *Zus.:* Bauingenieur, Bauingenieurin, Diplomingenieur, Diplomingenieurin, Elektroingenieur, Elektroingenieurin.

der **In|ha|ber** ['ɪnha:bɐ]; -s, -, die **In|ha|be|rin** ['ɪnha:bərɪn]; -, -nen: *Person, die etwas besitzt, der etwas gehört:* die Inhaberin des Geschäfts. *Syn.:* Besitzer, Besitzerin, Eigentümer, Eigentümerin, Halter, Halterin. *Zus.:* Firmeninhaber, Firmeninhaberin, Kontoinhaber, Kontoinhaberin, Ladeninhaber, Ladeninhaberin.

der **In|halt** ['ɪnhalt]; -[e]s, -e: **1.** *etwas, was in etwas (z. B. in einem Gefäß) enthalten ist:* der Inhalt der Flasche, des Pakets. *Zus.:* Packungsinhalt, Tascheninhalt. **2.** *das, was in etwas mitgeteilt, ausgedrückt, dargelegt ist:* der Inhalt des Briefs; den Inhalt eines Romans erzählen. *Syn.:* Aussage. *Zus.:* Vertragsinhalt.

in|halt|lich ['ɪnhaltlɪç] ⟨Adj.⟩: *den Inhalt betreffend, dem Inhalt nach:* inhaltliche Gemeinsamkeiten zwischen zwei Büchern feststellen; der Aufsatz ist inhaltlich hervorragend.

die **In|i|ti|a|ti|ve** [initsi̯a'ti:və]; -, -n: **1.** * **die Initiative ergreifen**: *aus eigenem Entschluss heraus zu handeln beginnen; etwas unternehmen:* als sie mich aus dem Verein ausschlossen, habe ich die Initiative ergriffen und selbst einen Verein gegründet. **2.** *Zusammenschluss von Bürgern, Verbänden, Vereinen, Firmen und/oder öffentlichen Einrichtungen, um ein gemeinsames [großes] Ziel zu erreichen:* eine private, unternehmerische, europäische Initiative; eine Initiative starten, gründen, unterstützen; sich einer Initiative anschließen. *Syn.:* Projekt. *Zus.:* Bürgerinitiative, Elterninitiative, Umweltinitiative, Wählerinitiative.

die **In|jek|ti|on** [ɪnjɛk'tsi̯o:n]; -, -en (Med.): *das Einspritzen (von Flüssigkeit) in den Körper:* das Medikament wird in Form von Tabletten oder als Injektion verabreicht. *Syn.:* Spritze.

¹**in|klu|si|ve** [ɪnklu'zi:və] ⟨Präp. mit Gen.⟩: *einschließlich:* inklusive aller Gebühren; inklusive Getränke. *Syn.:* einschließlich.

²**in|klu|si|ve** [ɪnkluˈziːvə] 〈Adverb〉: *einschließlich; bis zum 4. April inklusive; bis Seite 56 inklusive. Syn.:*einschließlich.

in|kom|pe|tent [ˈɪnkɔmpetɛnt], inkompetenter, am inkompetentesten 〈Adj.〉: *nicht kompetent:* der neue Mitarbeiter hat sich leider als total inkompetent erwiesen. *Syn.:*unfähig.

in|kon|se|quent [ˈɪnkɔnzekvɛnt], inkonsequenter, am inkonsequentesten 〈Adj.〉: *nicht konsequent:* sie ist, verhält sich manchmal sehr inkonsequent. *Syn.:* widersprüchlich.

in|kor|rekt [ˈɪnkɔrɛkt], inkorrekter, am inkorrektesten 〈Adj.〉 /Ggs. korrekt/: **1.** *falsch, fehlerhaft, nicht korrekt:* eine inkorrekte Wiedergabe der Ereignisse; ein inkorrekt gebildeter Satz; sie hielt die gemachten Behauptungen für inkorrekt. **2.** *so, dass es bestimmten Normen oder [moralischen] Grundsätzen nicht entspricht:* er verhält sich politisch inkorrekt. *Syn.:*falsch.

das **In|land** [ˈɪnlant]; -[e]s: *das eigene Land im Hinblick auf seine Regierung, seine Bewohner* /Ggs. Ausland/: die Reaktionen des In- und Auslandes.

in|ne|ha|ben [ˈɪnəhaːbn̩], hat inne, hatte inne, innegehabt 〈itr.; hat; etw. i.〉: *(eine bestimmte Position, Stellung) haben, besitzen:* einen Posten, ein Amt innehaben. *Syn.:*ausüben.

in|ne|hal|ten [ˈɪnəhaltn̩], hält inne, hielt inne, innegehalten 〈itr.; hat; [in etw.] i.〉: *(mit etwas) plötzlich für kürzere Zeit aufhören; etwas unterbrechen:* in der Arbeit innehalten; im Laufen innehalten.

in|nen [ˈɪnən] 〈Adverb〉: *im Innern* /Ggs. außen/: ein Gebäude innen und außen renovieren; ich habe das Haus noch nie von innen gesehen.

der **In|nen|dienst** [ˈɪnəndiːnst]; -[e]s, -e /Ggs. Außendienst/: *Arbeit innerhalb der Firma oder der Behörde:* im Innendienst arbeiten.

die **In|nen|po|li|tik** [ˈɪnənpoliˌtiːk]; -: *der Teil der Politik, der sich mit den inneren Angelegenheiten eines Staates beschäftigt* /Ggs. Außenpolitik/: die Innenpolitik der Regierung.

die **In|nen|stadt** [ˈɪnənʃtat]; -, Innenstädte [ˈɪnənʃtɛːtə]: *Zentrum einer Stadt:* in der Innenstadt einkaufen; in die Innenstadt fahren. *Syn.:*Altstadt, City.

in|ner... [ˈɪnɐ...] 〈Adj.〉 /Ggs. äußer.../: *sich innen befindend, im Innern gelegen:* die inneren Bezirke der Stadt; die inneren Organe; seine innerste Überzeugung.

das **In|ne|re** [ˈɪnərə], Inner[e]n 〈aber: [sein] Inneres〉: **1.** *Raum, der von etwas begrenzt wird; Mitte; etwas, was innen ist:* das Innere des Hauses, des Landes. *Zus.:*Erdinnere, Landesinnere. **2.** *das Fühlen und Denken eines Menschen:* sein Inneres offenbaren; wer weiß schon, was in ihrem Inneren vorgeht? *Syn.:*Herz, Seele.

die **In|ne|rei|en** [ɪnəˈraiən] 〈Plural〉: *essbare innere Organe von Tieren (z. B. Herz, Leber, Nieren):* Innereien essen.

¹**in|ner|halb** [ˈɪnɐhalp] 〈Präp. mit Gen.〉: **1.** *kennzeichnet etwas als einen Raum oder als einen Bereich, in dem etwas geschieht:* in /Ggs. außerhalb/: innerhalb des Hauses; innerhalb der Familie. **2.** *während, in:* innerhalb der Ferien; innerhalb dieser Frist; innerhalb eines Jahres war sie viermal krank gewesen; 〈mit Dativ, wenn der Gen. formal nicht zu erkennen ist〉 innerhalb fünf Monaten.

²**in|ner|halb** [ˈɪnɐhalp] 〈Adverb〉: **1.** *im Bereich* /Ggs. außerhalb/: innerhalb von Berlin. **2.** *in einem Zeitraum:* innerhalb von zwei Jahren hatte er 13 kg zugenommen. *Syn.:*binnen, während.

in|ner|lich [ˈɪnɐlɪç] 〈Adj.〉: *im Innern:* nach außen wirkte er ruhig, aber innerlich war er sehr nervös; sie musste innerlich lachen.

das **In|ners|te** [ˈɪnɐstə]; -n 〈aber: [sein] Innerstes〉: *Herz, Seele (eines Menschen):* jmdm. sein Innerstes offenbaren; von etwas bis ins Innerste getroffen sein. *Syn.:*Innere.

in|nig [ˈɪnɪç], inniger, am innigsten 〈Adj.〉: *besonders herzlich, tief empfunden:* die beiden verband eine innige Freundschaft; sich innig lieben.

die **In|nung** [ˈɪnʊŋ]; -, -en: *Zusammenschluss von Handwerkern desselben Handwerks zu dem Zweck, die gemeinsamen Interessen zu fördern:* einer Innung angehören; sich einer Innung anschließen. *Zus.:* Bäckerinnung, Handwerksinnung, Maurerinnung, Metzgerinnung, Schreinerinnung, Schuhmacherinnung.

in|of|fi|zi|ell [ˈɪnʔɔfitsiɛl] 〈Adj.〉 /Ggs. offiziell/: **1.** *(noch) nicht von einer offiziellen Stelle bestätigt oder anerkannt; nicht von einer offiziellen Stelle ausgehend:* nach inoffiziellen Angaben liegt die Zahl der Verwundeten bei 500. **2.** *nicht förmlich, nicht feierlich; nicht in offiziellem Rahmen:* es war eine kleine inoffizielle Feier.

ins [ɪns] 〈Verschmelzung von »in« + »das«〉: **1.** 〈die Verschmelzung kann aufgelöst werden⟩ er sprang ins tiefe Wasser. **2.** ⟨die Verschmelzung kann nicht aufgelöst werden⟩ die Veranstaltung ist ins Wasser gefallen; ins Schleudern, Schwärmen geraten.

er **In|sas|se** ['ɪnzasə]; -n, -n, die **In|sas|sin** ['ɪnzasɪn]; -, -nen: **1.** *Person, die sich in einem Fahrzeug befindet:* alle Insassen des Flugzeugs kamen ums Leben. *Syn.:* Passagier, Passagierin. *Zus.:* Autoinsasse, Autoinsassin, Fahrzeuginsasse, Fahrzeuginsassin. **2.** *Person, die in einem Heim o. Ä. lebt:* die Insassinnen des Gefängnisses. *Zus.:* Gefängnisinsasse, Gefängnisinsassin.

ins|be|son|de|re [ɪnsbə'zɔndərə] ⟨Adverb⟩: *vor allem, besonders:* er isst gern Obst, insbesondere Äpfel und Bananen. *Syn.:* besonders, hauptsächlich.

e **In|schrift** ['ɪnʃrɪft]; -, -en: *Text, der zum Gedenken an eine Person oder an ein Ereignis in einen Stein, ein Metall oder Holz geritzt oder gehauen wurde:* eine lateinische Inschrift; eine alte Inschrift auf einem Grabstein. *Syn.:* Aufschrift.

s **In|sekt** [ɪn'zɛkt]; -[e]s, -en: *kleines Tier, das meist Flügel hat und dessen Körper deutlich in Kopf, Brust und Hinterkörper gegliedert ist:* Mücken, Fliegen, Schmetterlinge, Käfer und andere Insekten.

e **In|sel** ['ɪnzl̩]; -, -n: *Land, das von allen Seiten von Wasser umgeben ist:* eine kleine Insel im Atlantik; wir machen dieses Jahr Urlaub auf der Insel Mallorca.

s **In|se|rat** [ɪnze'raːt]; -[e]s, -e: *Annonce, Anzeige in einer Zeitung, einer Zeitschrift oder im Internet:* viele Leute lasen das Inserat; ein Inserat in der Zeitung aufgeben, schalten; sein Auto über ein Inserat kaufen, verkaufen.

in|se|rie|ren [ɪnze'riːrən], inseriert, inserierte, inseriert: **1.** ⟨itr.; hat; [in etw. (Dativ)] i.⟩ *ein Inserat aufgeben:* sie inserierte in der Zeitung. *Syn.:* annoncieren. **2.** ⟨tr.; hat; etw. [in etw. (Dativ)] i.⟩ *durch ein Inserat anbieten, suchen:* er hat sein Auto, Haus [zum Verkauf] inseriert.

ins|ge|heim [ɪnsgə'haim] ⟨Adverb⟩: *heimlich, im Geheimen:* insgeheim beneidete er die anderen.

ins|ge|samt [ɪnsgə'zamt] ⟨Adverb⟩: *alles/ alle zusammen; in der Gesamtheit:* er war insgesamt 10 Tage krank; insgesamt war es eine gelungene Veranstaltung.

¹**in|so|fern** [ɪn'zoːfɛrn] ⟨Adverb⟩: *in dieser Hinsicht:* insofern hat er doch recht. *Syn.:* hierin, insoweit.

²**in|so|fern** [ɪnzo'fɛrn] ⟨Konj.⟩: *für den Fall;*

vorausgesetzt, dass: insofern sie genügend Zeit hat, will sie dir helfen; der Vorschlag ist gut, insofern er niemandem schadet. *Syn.:* falls, insoweit, sofern, wenn.

¹**in|so|weit** [ɪn'zoːvait] ⟨Adverb⟩: *in dieser Hinsicht; insofern:* insoweit hat er recht.

²**in|so|weit** [ɪnzo'vait] ⟨Konj.⟩: *in dem Maße, wie:* insoweit es möglich ist, wird man ihm helfen. *Syn.:* wenn.

die **In|spek|ti|on** [ɪnspɛk'tsi̯oːn]; -, -en: *Überprüfen von etwas:* die Inspektion des Gebäudes nahm ein Experte vor; ich muss mein Auto zur Inspektion [in die Werkstatt] bringen. *Syn.:* Prüfung.

in|spi|rie|ren [ɪnspi'riːrən], inspiriert, inspirierte, inspiriert ⟨tr.; hat; jmdn. [zu etw.] i.⟩: *(jmdm./einer Sache) Impulse verleihen, Anregungen geben:* das Ereignis inspirierte ihn zu seinem Roman; sie ließ sich von der Musik inspirieren.

in|spi|zie|ren [ɪnspi'tsiːrən], inspiziert, inspizierte, inspiziert ⟨tr.; hat; etw. i.⟩: *in allen Einzelheiten besichtigen und prüfen:* ein Gebäude von einem Sachverständigen inspizieren lassen. *Syn.:* kontrollieren, überprüfen.

der **In|stal|la|teur** [ɪnstala'tøːɐ̯]; -s, -e, die **In|stal|la|teu|rin** [ɪnstala'tøːrɪn]; -, -nen: *Person, die technische Anlagen (besonders für Heizung, Wasser, Gas) installiert und ihr Funktionieren überprüft:* den Installateur bestellen.

die **In|stal|la|ti|on** [ɪnstala'tsi̯oːn]; -, -en: *das Installieren:* die Installation der Heizung, des Heißwassergeräts, der Dusche würde ich einem Fachmann überlassen.

in|stal|lie|ren [ɪnsta'liːrən], installiert, installierte, installiert ⟨tr.; hat; etw. [irgendwo] i.⟩: *(eine technische Vorrichtung, ein Gerät, eine Software) an der dafür vorgesehenen Stelle einbauen:* einen Kühlschrank, einen Herd installieren; eine Software, ein Computerprogramm installieren. *Syn.:* anschließen.

in|stand [ɪn'ʃtant], **in Stand**: in Verbindungen wie * **etwas instand halten:** *etwas in brauchbarem Zustand halten:* den Zaun, das Haus, das Auto instand halten; in Verbindungen wie * **etwas instand setzen:** *etwas reparieren:* das Haus instand setzen.

in|stän|dig ['ɪnʃtɛndɪç], inständiger, am inständigsten ⟨Adj.⟩: *sehr dringlich und flehend:* inständige Hoffnung, Bitten, Fragen; inständig bitten; sie hofft inständig, ihre Mutter gesund wiederzusehen. *Syn.:* eindringlich, innig.

die **In|s|tanz** [ɪn'stants]; -, -en: *Gericht oder Behörde, die für eine Entscheidung zuständig ist:* sich an eine höhere Instanz wenden; die Klägerin hat in allen Instanzen recht bekommen; durch alle Instanzen gehen *(eine Rechtssache bis vor das höchste Gericht bringen).*

der **In|s|tinkt** [ɪn'stɪŋkt]; -[e]s, -e: **1.** *eine Fähigkeit bei Tieren und Menschen, die angeboren ist:* seinem Instinkt folgen. *Zus.:* Jagdinstinkt. **2.** *innerer Impuls, der jmdn. in bestimmten Situationen ohne Überlegen das Richtige tun lässt:* sein Instinkt sagte ihm, dass hier eine Gefahr lauerte; seine Äußerung zeigt, dass er keinen politischen Instinkt besitzt. *Syn.:* Gefühl.

in|s|tink|tiv [ɪnstɪŋk'tiːf] ⟨Adj.⟩: **1.** *vom Instinkt gesteuert:* instinktives Verhalten; ein Tier reagiert instinktiv. **2.** *unwillkürlich:* sie tat instinktiv das einzig Richtige.

das **In|s|ti|tut** [ɪnsti'tuːt]; -[e]s, -e: *Einrichtung [als Teil einer Hochschule], die wissenschaftlicher Arbeit, der Forschung, Erziehung o. Ä. dient:* er ist Assistent am Pädagogischen Institut der Universität. *Syn.:* Seminar. *Zus.:* Dolmetscherinstitut, Forschungsinstitut, Hochschulinstitut, Wirtschaftsinstitut.

die **In|s|ti|tu|ti|on** [ɪnstitu'tsi̯oːn]; -, -en: **1.** *Einrichtung, die für bestimmte Aufgaben zuständig ist:* kirchliche, politische, öffentliche, staatliche Institutionen; die Universitäten sind Institutionen des öffentlichen Rechts. **2.** *Person oder Sache, die überall bekannt ist und sich aus dem öffentlichen Leben nicht mehr wegdenken lässt:* das Café am Berliner Platz ist längst eine Institution geworden; er ist auf dem besten Weg, eine Institution zu werden.

das **In|s|tru|ment** [ɪnstru'mɛnt]; -[e]s, -e: **1.** *[kleines] Gerät für wissenschaftliche oder technische Arbeiten:* optische, medizinische Instrumente; ein Instrument zur Messung des Widerstandes benutzen, verwenden. *Syn.:* Apparat, Mittel, Werkzeug. *Zus.:* Messinstrument. **2.** *Musikinstrument:* er spielt, beherrscht mehrere Instrumente; die Musiker waren noch beim Stimmen der Instrumente. *Zus.:* Blasinstrument, Schlaginstrument, Tasteninstrument.

in|sze|nie|ren [ɪnstse'niːrən], inszeniert, inszenierte, inszeniert ⟨tr.; hat⟩: **1.** *(ein Stück beim Theater, beim Fernsehen, einen Film) technisch und künstlerisch* vorbereiten, gestalten und leiten: ein Drama, eine Oper, einen Film inszenieren. **2.** *gezielt organisieren:* einen Skandal inszenieren; was aussah wie ein Zufall, war in Wahrheit geschickt inszeniert worden.

in|takt [ɪn'takt], intakter, am intaktesten ⟨Adj.⟩: *unbeschädigt, heil:* eine intakte Maschine; ein intaktes Immunsystem; eine intakte Familie; das Ökosystem ist noch weitgehend intakt.

die **In|te|gra|ti|on** [ɪntegra'tsi̯oːn]; -, -en: *das Integrieren:* die Integration der Ausländer [in unsere Gesellschaft] erleichtern, fördern; diese Maßnahme trägt zur Integration behinderter Menschen bei.

in|te|grie|ren [ɪnte'griːrən], integriert, integrierte, integriert ⟨tr.; hat⟩; jmdn., sich in etw. (Akk.) i.⟩: *jmdn. oder etwas in ein bestehendes Ganzes eingliedern:* jmdn. in ein Team integrieren; den Zuwanderern die Chance geben, sich [in unsere Gesellschaft] zu integrieren. *Syn.* einfügen.

der **In|tel|lekt** [ɪntɛ'lɛkt]; -[e]s: *Fähigkeit, durch Denken Erkenntnisse oder Einsichten zu gewinnen; Verstand:* einen scharfen Intellekt haben.

in|tel|lek|tu|ell [ɪntɛlɛk'tu̯ɛl] ⟨Adj.⟩: *den Intellekt betreffend; verstandesmäßig, geistig:* die intellektuelle Entwicklung des Kindes; er nutzt seine intellektuellen Fähigkeiten; sie ist ihm intellektuell weit überlegen.

der *und* die **In|tel|lek|tu|el|le** [ɪntɛlɛk'tu̯ɛlə]; -n, -n ⟨aber: [ein] Intellektueller, Plural: [viele] Intellektuelle⟩: *Person, die wissenschaftlich oder künstlerisch gebildet ist und geistig arbeitet:* sie als Intellektuelle hat das Problem sofort durchschaut. *Syn.:* Wissenschaftler, Wissenschaftlerin.

in|tel|li|gent [ɪntɛli'gɛnt], intelligenter, am intelligentesten ⟨Adj.⟩: *schlau:* ein intelligenter Mensch; sie ist sehr intelligent. *Syn.:* gescheit, klug.

die **In|tel|li|genz** [ɪntɛli'gɛnts]; -: **1.** *Fähigkeit des Menschen, abstrakt und vernünftig zu denken:* sein Vater war ein Mensch von großer Intelligenz; ein hohes Maß an Intelligenz beweisen; mit wenig Intelligenz ausgestattet sein. *Syn.:* Klugheit, Scharfsinn. **2.** *Gesamtheit der Intellektuellen [eines Landes]:* die Intelligenz des Landes stand geschlossen auf der Seite der Partisanen.

die **In|ten|si|tät** [ɪntɛnzi'tɛːt]; -, -en: *Maß, in dem etwas vorhanden oder ausgeprägt* *ist:* die Intensität ihrer Bemühungen, Gefühle; die Intensität des Schmerzes, der Empfindung, der Strahlung. *Syn.:* Ausmaß, Stärke, Umfang.

in|ten|siv [ɪntɛnˈziːf], intensiver, am intensivsten ⟨Adj.⟩: **1.** *gründlich, ausdauernd und sehr auf die betreffende Sache konzentriert:* er hat intensive Forschungen im Bereich der Meeresbiologie betrieben; ich habe mich lange intensiv mit dem Thema Kindererziehung beschäftigt. *Syn.:* stark. **2.** *(von etwas, das man mit den Sinnen wahrnimmt oder fühlt) heftig, stark:* das intensive Licht der Scheinwerfer ließ seine Augen tränen; der Schmerz in der linken Brustseite wurde immer intensiver. *Syn.:* extrem.

die **In|ten|ti|on** [ɪntɛnˈtsi̯oːn], -, -en: *Absicht, Bestreben:* der Film hat eine künstlerische Intention; diese Interpretation widerspricht der Intention der Autorin.

in|te|r|es|sant [ɪntəreˈsant], interessanter, am interessantesten ⟨Adj.⟩: *so, dass es Interesse weckt, neugierig macht:* eine interessante Geschichte; unser Großvater kann so interessant erzählen; der will sich mit dieser Geschichte nur interessant machen *(Aufmerksamkeit erregen). Syn.:* anregend, spannend.

das **In|te|r|es|se** [ɪntəˈrɛsə], -s, -n: **1.** ⟨ohne Plural⟩ *besondere Aufmerksamkeit, Neugier:* etwas mit Interesse verfolgen; er hat großes Interesse für/an Sport. **2.** ⟨Plural⟩ *das, was für jmdn. wichtig, nützlich ist:* als Chefin muss sie die Interessen des Betriebs vertreten.

in|te|r|es|sie|ren [ɪntəreˈsiːrən], interessiert, interessierte, interessiert: **1.** ⟨sich für jmdn., etw. i.⟩ *Interesse haben:* ich interessiere mich nicht für Fußball; ich interessiere mich für die blaue Tasche, die im Schaufenster steht; er scheint an dem Angebot interessiert zu sein. **2.** ⟨itr.; hat; jmdn. i.⟩ *(für jmdn.) von Interesse, interessant sein:* der Fall interessiert ihn sehr; das interessiert mich nicht.

in|te|r|es|siert [ɪntəreˈsiːɐ̯t], interessierter, am interessiertesten ⟨Adj.⟩: *[großes] Interesse (1) habend, zeigend:* er sprach vor interessierten Zuhörern; sie hörte ihm nicht richtig zu, machte aber dennoch ein interessiertes Gesicht; ich bin an Fußball nicht interessiert; ich bin schon seit meiner Schulzeit politisch interessiert. *Syn.:* aufgeschlossen, aufmerksam. *Zus.:* fußballinteressiert, kunstinteressiert, musikinteressiert.

in|tern [ɪnˈtɛrn] ⟨Adj.⟩: *nur eine kleine Gruppe betreffend; nicht öffentlich, geheim:* eine interne Angelegenheit, Besprechung; darüber müssen wir erst einmal intern beraten. *Syn.:* vertraulich.

das **In|ter|nat** [ɪntɐˈnaːt]; -[e]s, -e: *Schule mit einem Wohnheim für die Schülerinnen und Schüler:* ich bin früher aufs Internat gegangen.

in|ter|na|ti|o|nal [ɪntɐnatsi̯oˈnaːl] ⟨Adj.⟩: *zwischen mehreren Staaten [bestehend], mehrere Staaten umfassend, einschließend:* ein internationales Abkommen; international zusammenarbeiten; sie ist ein international *(in vielen Teilen der Welt)* bekannter Popstar.

das **In|ter|net** [ˈɪntɐnɛt]; -s: *weltweites Netz von miteinander verbundenen Computern:* Zugang zum Internet haben; ins Internet gehen; einen Text ins Internet stellen; im Internet surfen.

die **In|ter|pre|ta|ti|on** [ɪntɐpretaˈtsi̯oːn]; -, -en: *Erklärung des Sinns (von etwas):* die Interpretation eines Textes, seiner Worte. *Syn.:* Erläuterung.

in|ter|pre|tie|ren [ɪntɐpreˈtiːrən], interpretiert, interpretierte, interpretiert ⟨tr.; hat; jmdn., etw. [als etw. / irgendwie] i.⟩: **1.** *etwas, was unterschiedlich verstanden werden kann, erklären:* ein Gedicht, einen Gesetzestext interpretieren. *Syn.:* auslegen, erläutern. **2.** *jmds. Verhalten in bestimmter Weise auslegen:* ihre Äußerung wurde als Versuch interpretiert, von den eigentlichen Problemen abzulenken. *Syn.:* auffassen, verstehen als.

das **In|ter|view** [ˈɪntɐvjuː]; -s, -s: *Gespräch zwischen einem Journalisten, einer Journalistin und einer Person, die zu einem bestimmten Thema befragt wird:* jmdm. ein Interview gewähren, geben; sie führte ein Interview mit der Ministerin. *Zus.:* Fernsehinterview, Rundfunkinterview, Zeitungsinterview.

in|ter|vie|wen [ɪntɐˈvjuːən], interviewt, interviewte, interviewt ⟨tr.; hat; jmdn. [über jmdn./etw.] i.⟩: *(mit jmdm.) ein Interview führen:* einen Politiker interviewen. *Syn.:* befragen.

in|tim [ɪnˈtiːm] ⟨Adj.⟩: **1.** ⟨intimer, am intimsten⟩ *sehr nah und sehr vertraut:* ein intimer Freund der Familie; das Verhältnis zu seinem Vorgesetzten ist sehr intim. *Syn.:* eng, familiär, innig. **2.** *sexuell:* intime Beziehungen mit jmdm. haben; mit jmdm. intim sein *(mit jmdm. eine sexuelle Beziehung haben);* sie wurden intim *(es kam zwischen ihnen zum Sex).*

in|to|le|rant [ˈɪntolerant], intoleranter, am intolerantesten ⟨Adj.⟩: *nicht tolerant; Toleranz vermissen lassend:* ein intoleranter Chef; eine intolerante Haltung; sie ist ihm gegenüber sehr intolerant.

die **In|to|le|ranz** [ˈɪntolerants̩]; -: *mangelnde Toleranz:* durch seine Intoleranz ihnen gegenüber hat er viele Freunde verloren. *Syn.:* Vorurteil.

die **In|tri|ge** [ɪnˈtriːɡə]; -, -n: *hinterhältige Aktion gegen jmdn.:* die Politikerin wurde [zum] Opfer einer Intrige.

der *oder* die **In|va|li|de** [ɪnvaˈliːdə]; -n, -n, die **In|va|li|din** [ɪnvaˈliːdɪn]; -, -nen: *Person, die durch Krankheit, Verletzung nicht mehr arbeiten kann:* Invalide sein; zur Invalidin werden. *Syn.:* Behinderte, Behinderter.

das **In|ven|tar** [ɪnvɛnˈtaːɐ̯]; -s, -e: ⟨Plural⟩ *die gesamte Einrichtung, die zu einem Unternehmen oder Haus gehört:* das Inventar eines Geschäfts; das ganze Inventar wurde versteigert. *Syn.:* Möbel ⟨Plural⟩.

in|ves|tie|ren [ɪnvɛsˈtiːrən], investiert, investierte, investiert ⟨tr.; hat; etw. [in etw. (Akk.)] i.⟩: **1.** *(Geld) anlegen:* Geld gewinnbringend investieren; sie hat ihr Vermögen in Häuser[n] investiert. **2.** *(auf jmdn., etwas) in großem Ausmaß verwenden:* er hat viel Zeit in den Aufbau seiner Modelleisenbahn investiert; die Geschäftsleitung hat ihre ganze Kraft in die Vergrößerung der Firma investiert. *Syn.:* aufwenden, einsetzen.

die **In|ves|ti|ti|on** [ɪnvɛstiˈtsi̯oːn]; -, -en: **1.** *langfristiges Anlegen von Kapital:* private, staatliche Investitionen; Investitionen vornehmen. **2.** *Aufwenden von Geld, Arbeit:* die neue Heizung war eine gute Investition; Bildung ist eine wichtige Investition für die Zukunft.

in|zwi|schen [ɪnˈtsvɪʃn̩] ⟨Adverb⟩: **1.** drückt aus, dass etwas in der abgelaufenen Zeit geschehen ist: *in der Zwischenzeit, unterdessen:* inzwischen ist das Haus fertig geworden; es geht ihr inzwischen finanziell wieder besser. *Syn.:* seitdem. **2.** drückt aus, dass etwas gleichzeitig mit etwas anderem geschieht: ich muss diesen Brief noch schreiben, du kannst ja inzwischen den Tisch decken. *Syn.:* einstweilen, indessen (geh.).

die **-i|on** [ˈi̯oːn]; -n, -en ⟨Suffix⟩: bildet von Verben auf »-ieren« abgeleitete Nomen: Explosion; Division; Präzision.

ir- [ˈɪr] ⟨adjektivisches Präfix; vor Adjektiven, die mit »r« beginnen⟩: *un-, nicht-:* irrational; irreal; irrelevant; irreparabel.

ir|gend [ˈɪrɡn̩t] ⟨Adverb⟩: **1.** (ugs.) zur Verstärkung der Unbestimmtheit: es ist wieder irgend so ein Vertreter vor der Tür. **2.** zur Verstärkung: *unter irgendwelchen Umständen:* bitte komm, wenn es dir irgend möglich ist; sie unterstützte ihn, solange sie irgend konnte.

ir|gend- [ˈɪrɡn̩t]: drückt als erster Wortbestandteil mit »ein...«, »was«, »welch...«, »wer« und »einmal«, »wann«, »wie«, »wo«, »woher«, »wohin« aus, dass es sich um eine nicht näher bestimmte Person oder Sache, einen unbestimmten Ort oder Raum, eine unbestimmte Zeit handelt: irgendein Herr Krause hat angerufen; irgendwie muss ich das schaffen; irgendwo und irgendwann werden wir uns wiedersehen.

die **Iro|nie** [iroˈniː]; -, -n: *Spott, der dadurch entsteht, dass man das Gegenteil von dem sagt, was man meint:* eine leise, verletzende Ironie lag in seinen Worten; etwas mit [unverhüllter] Ironie sagen; ihre Rede war voller Ironie.

iro|nisch [iˈroːnɪʃ] ⟨Adj.⟩: *Ironie enthaltend; voller Ironie:* eine ironische Bemerkung machen; mit ironischem Unterton; diese Bemerkung sollte ironisch sein; sie lächelte ironisch. *Syn.:* spöttisch.

ir|re [ˈɪrə], irrer, am irrsten ⟨Adj.⟩: **1.** *verwirrt:* mit irrem Blick; er redete völlig irre. **2.** (salopp) *aufregend, beeindruckend:* Los Angeles war für sie eine ganz irre Stadt; ich habe gestern einen irren Typ kennengelernt. *Syn.:* außergewöhnlich, beispiellos, einmalig (emotional), einzigartig, unvergleichlich. **3.** (salopp) *sehr groß, stark:* in der Diskothek war eine irre Hitze. *Syn.:* gewaltig (emotional), irrsinnig (emotional), unbeschreiblich, unglaublich, unheimlich (ugs.), unvorstellbar (emotional). **4.** ⟨verstärkend bei Adjektiven und Verben⟩ (salopp) *sehr, in höchstem Maße, außerordentlich:* es war irre heiß in der Telefonzelle; der Film war irre komisch; ich habe mich irre gefreut, als sie kam. *Syn.:* enorm (ugs.), irrsinnig (emotional), mächtig (ugs.), total (ugs.), unbeschreiblich, ungeheuer, unglaublich (ugs.).

ir|ren [ˈɪrən], irrt, irrte, geirrt: **1.** ⟨sich i.⟩

etwas Falsches annehmen, glauben: du irrst dich sehr, wenn du das glaubst; ich habe mich gründlich mit meiner Prognose geirrt; ich habe mich in Datum geirrt; ⟨auch itr.⟩ da kommt der neue Chef, wenn ich nicht irre. *Syn.:* sich täuschen. **2.** ⟨sich in jmdm., etw. i.⟩ *jmdn., etwas falsch einschätzen:* ich glaubte, er sei ehrlicher als seine Schwester, aber ich habe mich [in ihm] geirrt. *Syn.:* sich täuschen.

ir|rig [ˈɪrɪç], irriger, am irrigsten ⟨Adj.⟩: *auf einem Irrtum beruhend und daher nicht zutreffend:* ich war der irrigen Meinung, das sei bereits erledigt. *Syn.:* falsch.

ir|ri|tie|ren [ɪriˈtiːrən], irritiert, irritierte, irritiert ⟨tr.; hat; jmdn. i.⟩: *in seinem Verhalten unsicher, nervös machen:* die Lichter der anderen Autos irritierten ihn; der Lärm irritierte sie. *Syn.:* stören, verunsichern.

irr|sin|nig [ˈɪrzɪnɪç], irrsinniger, am irrsinnigsten ⟨Adj.⟩ (emotional): **1.** *nicht vernünftig handelnd:* eine irrsinnige Tat; wer bei diesem Nebel ins Watt hinausgeht, muss irrsinnig sein. *Syn.:* wahnsinnig (ugs.). **2.** *außerordentlich groß, stark:* sie hatte irrsinnige Schmerzen im Bein; ein irrsinniges Geschrei brach plötzlich los. *Syn.:* gewaltig (emotional), heftig, irre (emotional), riesig, unbeschreiblich, unglaublich, unheimlich (ugs.), unsagbar, unvorstellbar (emotional). **3.** ⟨verstärkend bei Adjektiven und Verben⟩ *sehr:* in diesem Kleid siehst du irrsinnig komisch aus; sie freute sich irrsinnig über das Geschenk. *Syn.:* außerordentlich, irre (emotional), total (ugs.), überaus, unbeschreiblich, ungeheuer, ungemein.

er Irr|tum [ˈɪrtuːm]; -s, Irrtümer [ˈɪrtyːmɐ]: *Fehler, falsche Vorstellung:* ein großer, verhängnisvoller Irrtum; entschuldigen Sie bitte, das ist ein bedauerlicher Irrtum; ihre Annahme erwies sich als Irrtum; hier dürfte ein Irrtum vorliegen. *Syn.:* Missverständnis, Versehen. * **im Irrtum sein; sich im Irrtum befinden:** *sich in Bezug auf etwas irren:* er war bei dieser Diskussion im Irrtum; du befindest dich im Irrtum, wenn du glaubst, dass ich diese Arbeiten allein erledige.

irr|tüm|lich [ˈɪrtyːmlɪç] ⟨Adj.⟩: *auf einem Irrtum beruhend:* er hat die Rechnung irrtümlich zweimal bezahlt. *Syn.:* fälschlich, versehentlich.

-isch [ɪʃ] ⟨adjektivisches Suffix⟩: bezeichnet Zugehörigkeit: amerikanisch; astronomisch; charakteristisch; polnisch; tabellarisch; technisch; theoretisch; schweizerisch; zeichnerisch.

der Is|lam [ɪsˈlaːm]; -[s]: *Religion, die auf den Propheten Mohammed zurückgeht und deren wichtigster Text der Koran ist:* die Welt des Islam[s]; sie ist zum Islam übergetreten.

der -is|mus [ɪsmʊs]; - ⟨Suffix⟩: kennzeichnet eine gedankliche Richtung: Bürokratismus; Extremismus; Fanatismus; Faschismus; Feminismus; Humanismus; Idealismus; Impressionismus; Kapitalismus; Kommunismus; Protestantismus; Sozialismus; Zynismus.

iso|lie|ren [izoˈliːrən], isoliert, isolierte, isoliert ⟨tr.; hat⟩: **1.** ⟨jmdn., etw. i.⟩: *(von etwas, jmdm.) streng trennen, um jede Berührung, jeden Kontakt zu vermeiden:* die Kranken, die sich mit dem Virus infiziert haben, wurden sofort isoliert; den Gegner politisch isolieren; sie hat sich in der letzten Zeit ganz [von uns] isoliert *(zurückgezogen).* **2.** ⟨etw. i.⟩: *etwas so machen, dass es gegen Strom, Wasser, Luft geschützt ist:* Rohre, Kabel isolieren; Fenster und Türen isolieren.

isst [ɪst]: ↑ essen.

der -ist [ɪst]; -en, -en ⟨Suffix⟩: **1.** ⟨nominales Basiswort⟩ kennzeichnet eine männliche Person in Bezug auf Beruf, Tätigkeit oder Überzeugung: Anglist; Bassist; Germanist; Solist; Terrorist. **2.** ⟨fremdsprachliches adjektivisches oder nominales Basiswort auf »-istisch« bzw. »-ismus«/»-istik«⟩ kennzeichnet eine männliche Person, die die entsprechende Einstellung, Haltung hat: Aktionist; Individualist; Kommunist; Optimist; Pazifist.

die -i|tät [itɛːt]; -, -en ⟨Suffix⟩: **1.** dient zur Bezeichnung von Eigenschaften und Zuständen: Elastizität; Flexibilität; Komplexität; Liquidität; Mobilität; Modalität; Objektivität; Sensibilität; Spontaneität; Trivialität. **2.** dient zur Bezeichnung von Sachen oder Gegenständen: Extremität; Lokalität.

-iv [iːf] ⟨adjektivisches Suffix; Basiswort meist Nomen, seltener Verb⟩: kennzeichnet eine Eigenschaft, Beschaffenheit oder eine Fähigkeit zu etwas: argumentativ; expansiv; explosiv; informativ; kreativ; negativ; positiv; produktiv.

ja [ja:] ⟨Partikel⟩: **1.** drückt Zustimmung aus: »Kommst du?« – »Ja.« /Ggs. nein/; »Habt ihr schon gegessen?« – »Ja.«; »Das ist ein guter Preis.« – »Ja [das finde ich auch].«; »Wir müssen jetzt los.« – »Ja, ich bin so weit.«; ja gewiss; ja sicher; ja gern; oh ja!; aber ja doch!; »Ist das nicht schön?« – »Ja [sehr schön].«; Nach dem »Ja« in der Volksabstimmung kann die neue Regelung in Kraft treten. **2.** drückt aus, dass man eine Bestätigung haben möchte: du warst gestern in Berlin, ja?; du bleibst doch noch ein bisschen, ja? *(bleib doch bitte noch ein bisschen!)*. **3.** drückt aus, dass man das Gesagte für bekannt oder anerkannt hält: Wale sind ja [bekanntlich] Säugetiere; das ist ja nichts Neues; du kennst ihn ja; sie kann das erledigen, sie hat ja Zeit. **4.** drückt Erstaunen oder Ironie aus: *wirklich; tatsächlich:* es schneit ja; da wird ihr [endlich]!; das kann ja heiter werden (ugs. ironisch; *es wird mancherlei Schwierigkeiten geben*). **5.** ⟨deutlich betont⟩ drückt aus, dass etwas sehr ernst gemeint ist: lass das ja sein!; erzähl das ja nicht weiter!; sieh dich ja vor! *Syn.:* bloß. **6.** drückt aus, dass man bereit ist zuzuhören, darauf wartet, dass das Gegenüber spricht: »Herr Schmidt!« – »Ja.«; ja [bitte]? (am Telefon: *wer ist dort?; was wünschen Sie?*). **7.** drückt als Frage aus, dass man glaubt, nicht richtig gehört zu haben, und eine Bestätigung haben möchte: »Die beiden wollen heiraten.« – »Ja [wirklich]?«

die **Ja|cke** [ˈjakə]; -, -n: *Kleidungsstück (mit langem Arm) für den Oberkörper, das über Hemd, Bluse oder Pullover gezogen wird:* eine bunte Jacke; eine leichte Jacke für den Sommer; die Jacke ausziehen; ist dir kalt, willst du die Jacke anbehalten?; er steckte die Papiere in die Innentasche seiner Jacke. *Zus.:* Pelzjacke, Strickjacke.

das **Ja|ckett** [ʒaˈkɛt]; -s, -s: *Jacke, die zu einem Anzug für Herren gehört:* ein kariertes Jackett; darf ich mein Jackett ablegen?

die **Jagd** [ja:kt]; -, -en: **1.** *das Verfolgen und Töten von Wild:* die Jagd auf Hasen; sie wollen am nächsten Wochenende auf die Jagd gehen. *Zus.:* Bärenjagd, Fuchsjagd, Hasenjagd, Wildschweinjagd. **2.** *Verfolgung, um jmdn. zu ergreifen:* die Jagd auf einen Verbrecher.

ja|gen [ˈja:gn̩], jagt, jagte, gejagt: **1.** ⟨tr.; hat; ein Tier j.⟩ *Wild verfolgen, um es zu fangen oder zu töten:* er hat das Wildschwein gejagt; Wildenten dürfen von August an gejagt werden. **2.** ⟨itr.; hat⟩ *auf die Jagd gehen:* im Urlaub wollen sie in den Bergen jagen. **3.** ⟨tr.; hat; jmdn., etw. j.⟩ *versuchen, jmdn. zu ergreifen:* einen Verbrecher jagen; der Flüchtige wurde monatelang vergeblich gejagt; die Polizei jagte das Fluchtauto. *Syn.:* verfolgen.

der **Jä|ger** [ˈjɛːgɐ]; -s, -, die **Jä|ge|rin** [ˈjɛːgərɪn]; -, -nen: *Person, die auf die Jagd geht:* die Jäger bleiben die Nacht über im Wald.

jäh [jɛː] ⟨Adj.⟩: **1.** *ganz schnell und heftig, ohne dass man darauf vorbereitet war:* ein jäher Entschluss; ein jäher Windstoß; durch den Unfall nahm ihre Karriere ein jähes Ende. *Syn.:* plötzlich, schlagartig. **2.** *sehr stark, nahezu senkrecht abfallend:* ein jäher Abgrund lag plötzlich vor ihnen; dort ging es jäh in die Tiefe. *Syn.:* steil.

das **Jahr** [ja:ɐ̯]; -[e]s, -e: *Zeitraum von zwölf Monaten:* ein Jahr voller Aufregung; wir wünschen euch ein gutes, glückliches, gesundes neues Jahr; in diesem Jahr hatten wir einen schönen Sommer; er ist sieben Jahre alt; Kinder bis zu 14 Jahren zahlen die Hälfte des Eintrittspreises.

jah|re|lang [ˈjaːrəlaŋ] ⟨Adj.⟩: *viele Jahre [dauernd]:* jahrelange Unterdrückung; die jahrelange Ungewissheit hat ein Ende; sie hat sich jahrelang bemüht, einen Arbeitsplatz zu finden.

der **Jah|res|tag** [ˈjaːrəstaːk]; -[e]s, -e: *Tag, an dem ein Ereignis gefeiert oder begangen wird, das ein oder mehrere Jahre zuvor stattgefunden hat:* am Jahrestag der Revolution wurden Kränze an den Gräbern der Gefallenen niedergelegt.

die **Jah|res|zahl** [ˈjaːrəstsaːl]; -, -en: *Zahl, die ein Jahr im Kalender kennzeichnet:* ich muss die Jahreszahl der Französischen Revolution für Geschichte lernen.

die **Jah|res|zeit** [ˈjaːrəstsait̮]; -, -en: *einer der vier Abschnitte, in die das Jahr eingeteilt ist (Frühling, Sommer, Herbst, Winter):* die warme Jahreszeit; das Wetter ist für die Jahreszeit zu kühl.

der **Jahr|gang** [ˈjaːɐ̯gaŋ]; -[e]s, Jahrgänge

['ja:ɐɡɐŋə]: **1.** *alle Menschen, die im gleichen Jahr geboren wurden:* der Jahrgang 1959; für die geburtenstarken Jahrgänge gibt es nicht genügend Ausbildungsplätze; er ist mein Jahrgang *(im selben Jahr wie ich geboren).* *Syn.:* Generation. **2.** *alle Nummern einer Zeitung oder Zeitschrift, die in einem Jahr erschienen sind:* ich suche die Jahrgänge 2004 bis 2006 dieser Zeitschrift.

das **Jahr|hun|dert** [ja:ɐ̯'hʊndɐt]; -s, -e: *hundert Jahre (jeweils vom Jahre 1 bis zum Jahre 100 einer Hundertzahl):* das Jahrhundert der Aufklärung; wir leben im 21. Jahrhundert.

jähr|lich ['jɛːɐ̯lɪç] ⟨Adj.⟩: *in jedem Jahr geschehend, erfolgend, fällig:* jährliche Rentenanpassung; die jährliche Abrechnung der Nebenkosten; die Bezahlung erfolgt jährlich.

das **Jahr|zehnt** [ja:ɐ̯'tseːnt]; -[e]s, -e: *zehn Jahre:* es dauerte Jahrzehnte, bis es so weit war; in den ersten Jahrzehnten dieses Jahrhunderts; seit wenigen Jahrzehnten.

jäh|zor|nig ['jɛːtsɔrnɪç] ⟨Adj.⟩: *so, dass man zu plötzlichen Anfällen von Zorn neigt:* er ist ein jähzorniger Mensch; jähzornig *(unbeherrscht)* fuhr er auf. *Syn.:* hitzig.

die **Ja|lou|sie** [ʒalu'zi:]; -, Jalousien [ʒalu-'zi:ən]: *Vorrichtung aus Holz, Plastik, Metall oder Stoff am Fenster zum Schutz gegen Sonne und Licht:* abends die Jalousien herablassen; sie zieht morgens zuerst immer die Jalousien hoch. *Syn.:* Rollladen.

jam|mern ['jamɐn], jammert, jammerte, gejammert ⟨itr.; hat⟩: *laut klagen:* das kranke Kind lag in seinem Bettchen und jammerte; ich mache meine Arbeit und jammere nicht; sie jammerte über das verlorene Geld; hör doch endlich auf zu jammern und tu lieber was!

der **Jän|ner** ['jɛnɐ]; -s, - (österr.): *Januar:* sie wurde im Jänner 1959 geboren.

der **Ja|nu|ar** ['janu̯aːɐ̯]; -[s]: *erster Monat des Jahres:* seit Januar hat sie einen Job.

jä|ten ['jɛːtn̩], jätet, jätete, gejätet ⟨tr.; hat; etw. (Akk.) j.⟩: *(Unkraut) aus dem Boden ziehen:* im Garten Unkraut jäten.

jauch|zen ['jau̯xtsn̩], jauchzt, jauchzte, gejauchzt ⟨itr.; hat⟩: *seine Freude durch Rufe, Schreie ausdrücken:* die Kinder jauchzten vor Freude; sie jauchzte über diese Nachricht. *Syn.:* jubeln.

jau|len ['jau̯lən], jault, jaulte, gejault ⟨itr.;

hat⟩: *(von Hunden) laut heulen, klagen:* der Hund hat die ganze Nacht gejault.

ja|wohl [ja'vo:l] ⟨Partikel⟩: drückt eine Zustimmung besonders nachdrücklich aus: *ja:* jawohl, ich komme mit.

der **Jazz** [dzɛs]; -: *Musik, die ihren Ursprung in der Musik der nordamerikanischen Farbigen hat:* sie hörten die ganze Nacht Jazz; zu Jazz tanzen.

¹**je** [je:] ⟨Adverb⟩: **1.** *jedes Mal in einer bestimmten Anzahl:* bei je 10 Personen kann eine Person umsonst mitfahren; je ein Exemplar der Bücher wurde ihr zugesandt. *Syn.:* jeweils. **2.** *jede einzelne Person oder Sache für sich genommen:* die Schränke sind je einen Meter breit. **3.** ⟨in Verbindung mit »nach«⟩ drückt aus, dass etwas von einer bestimmten Bedingung abhängt: je nach Größe und Gewicht; je nach Geschmack. **4.** gibt eine unbestimmte Zeit an: *irgendwann, überhaupt [einmal]; jemals:* wer hätte das je gedacht!; das ist das Schlimmste, was ich je erlebt habe.

²**je** [je:] ⟨Präp. mit Akk.⟩: *für jede einzelne Person oder Sache; pro:* die Kosten betragen 5 Euro je [angebrochene] Stunde, Erwachsenen.

³**je** [je:] ⟨Konj.⟩: **1.** * je ... desto/umso: setzt zwei Komparative zueinander in Beziehung: je früher du kommst, desto mehr Zeit haben wir; je länger ich darüber nachdenke, umso besser gefällt mir die Idee. **2.** ⟨in Verbindung mit »nachdem«⟩ drückt aus, dass etwas von einem bestimmten Umstand abhängt: wir entscheiden uns je nachdem, ob es uns gefällt oder nicht; er geht mit, je nachdem [ob] er Zeit hat.

die **Jeans** [dʒiːns] ⟨Plural⟩: *[blaue] Hose aus fester Baumwolle:* ein Paar echte Jeans; wo sind meine alten Jeans?; er fühlt sich in Jeans am wohlsten; ⟨auch Singular: die; -, -⟩ heute ziehe ich meine neue Jeans an; in meiner roten Jeans ist ein Loch. *Syn.:* Hose. *Zus.:* Bluejeans.

je|de ['je:də]: ↑ jeder.

je|den|falls ['je:dn̩fals] ⟨Adverb⟩: **1.** *auf jeden Fall:* ich bin jedenfalls morgen nicht da. **2.** *zumindest:* er war durch nichts zu erschüttern, jedenfalls glaubte er das; ich jedenfalls *(was mich betrifft)* habe keine Lust mehr. *Syn.:* aber.

je|der ['je:dɐ], jede, jedes ⟨Artikelwort und Indefinitpronomen⟩: bezeichnet alle Einzelnen in einer Gruppe von Personen oder Gegenständen: jeder Angestellte; die Rinde jedes alten Baumes; jeder

J

jener

Ein Adjektiv oder Partizip, das auf »jener« folgt, wird schwach dekliniert (↑ Deklination der Adjektive): »jener witzige Mensch«, »jene alte Geschichte«, »jenes neue Geschäft«; »jene hohen Türme«, »jene vermissten Socken«. Das gilt auch, wenn das Adjektiv (oder Partizip) nominalisiert ist: »jene Verliebten«.

bekam ein Geschenk; jedes der Kinder; jeder, der mitmacht, ist willkommen. *Syn.:* all ⟨Plural⟩, jedermann.

je|der|mann [ˈjeːdɐman] ⟨Indefinitpronomen⟩: *jeder [ohne Ausnahme]:* jedermann wusste davon; Spargel ist nicht jedermanns *(eines jeden)* Geschmack. *Syn.:* all ⟨Plural⟩, jeder.

je|der|zeit [ˈjeːdɐˈtsait] ⟨Adverb⟩: *immer:* ich bin jederzeit bereit, dir zu helfen.

je|des [ˈjeːdəs]: ↑ jeder.

je|doch [jeˈdɔx] ⟨Adverb⟩: *aber; doch:* die Sonne schien, es war jedoch kalt; wir haben ihr ein Paket geschickt, sie hat sich jedoch nie bedankt. *Syn.:* allerdings, dennoch, indes[sen] (geh.).

je|mals [ˈjeːmaːls] ⟨Adverb⟩: *überhaupt einmal:* es ist nicht sicher, ob sie jemals kommt; er bestritt, sie jemals gesehen zu haben. *Syn.:* je.

je|mand [ˈjeːmant] ⟨Indefinitpronomen⟩: bezeichnet irgendeine beliebige Person /Ggs. niemand/: sie hat jemand[en] gefunden, der ihr hilft; es hat gerade jemand geklingelt.

je|ner [ˈjeːnɐ], jene, jenes ⟨Artikelwort und Demonstrativpronomen⟩: wählt etwas aus, das zeitlich oder räumlich entfernt liegt, und weist nachdrücklich darauf hin: diese Rose ist schön, jene ist noch schöner; jene berühmte Rede, die sie vor Jahren gehalten hat.

¹jen|seits [ˈjeːnzaits] ⟨Präp. mit Gen.⟩ /Ggs. diesseits/: *auf der anderen Seite:* jenseits des Flusses. *Syn.:* drüben.

²jen|seits [ˈjeːnzaits] ⟨Adverb⟩ /Ggs. diesseits/: *auf der anderen Seite:* jenseits vom Rhein; jenseits von Australien.

¹jetzt [jɛtst] ⟨Adverb⟩: *in diesem Augenblick:* ich habe jetzt keine Zeit, ich komme später; ich muss jetzt gehen, sonst komme ich zu spät; jetzt ist es zu spät, um das Projekt noch zu retten; von jetzt an; bis jetzt.

²jetzt [jɛtst] ⟨Partikel⟩: **1.** drückt eine leichte Verärgerung aus: was soll das denn jetzt!?; was macht sie denn jetzt [wieder] für einen Unsinn? **2.** drückt Ratlosigkeit aus: wie soll ich das jetzt [wieder] machen?

je|weils [ˈjeːˈvails] ⟨Adverb⟩: *immer, jedes Mal:* er muss jeweils die Hälfte abgeben; die Zeitschrift erscheint jeweils am 1. des Monats.

der **Job** [dʒɔp]; -s, -s (ugs.): **1.** *vorübergehende Beschäftigung, um Geld zu verdienen:* viele Schüler suchen in den Ferien einen Job. *Syn.:* Tätigkeit. **2.** *Arbeitsplatz, Stelle:* in dieser Gegend gibt es wenig attraktive Jobs; dieser Job ist sehr anstrengend. *Syn.:* Arbeit, Tätigkeit. *Zus.:* Halbtagsjob, Teilzeitjob.

job|ben [ˈdʒɔbn̩], jobbt, jobbte, gejobbt ⟨itr.; hat⟩ (ugs.): *vorübergehend arbeiten:* sie hat in den Ferien wieder gejobbt.

das **Jog|ging** [ˈdʒɔgɪŋ]; -s: *Training, bei dem man in mäßigem Tempo läuft:* ich empfehle Ihnen Jogging, um fit zu werden.

der *oder* das **Jo|ghurt, Jo|gurt** [ˈjoːgʊrt]; -[s], -[s], (ugs. und österr. auch:) die; -, -[s]: *Lebensmittel, das aus Milch hergestellt wird und leicht säuerlich schmeckt:* sie aßen Joghurt mit Früchten; die Firma bietet drei neue Joghurts *(Sorten Joghurt)* an. *Zus.:* Fruchtjoghurt, Naturjoghurt.

die **Jo|han|nis|bee|re** [joˈhanɪsbeːrə]; -, -n: *Strauch mit kleinen roten, weißen oder schwarzen Beeren, die säuerlich oder herb schmecken:* sie haben weiße und schwarze Johannisbeeren im Garten; Johannisbeeren pflücken; Saft, Gelee aus/von Johannisbeeren.

der **Joint** [dʒɔynt]; -s, -s: *Zigarette, die man selbst dreht und die neben Tabak Haschisch oder Marihuana enthält:* einen Joint nehmen, kreisen lassen.

jon|glie|ren [ʒõˈgliːrən], jongliert, jonglierte, jongliert ⟨itr.; hat⟩: **1.** ⟨[mit etw.] j.⟩ *(mit Bällen, Ringen o. Ä.) geschickt spielen:* sie kann mit acht Bällen jonglieren. **2.** ⟨mit etw. j.⟩ *geschickt mit etwas umgehen:* mit Zahlen jonglieren; der Mann, der mit Millionen jongliert.

das **Joule** [dʒuːl]; -[s], -: *Maßeinheit für die Energie, z. B. für die verwertbare Energie in Lebensmitteln (1 Kalorie = 4,186 Joule):* wenn man eine Diät macht, muss man auf die Joule achten.

das **Jour|nal** [ʒʊrˈnaːl]; -s, -e: *Zeitung oder Zeitschrift:* ein Journal für Mode, Kunst;

in einem Journal blättern. *Syn.:*Illustrierte, Magazin. *Zus.:*Modejournal.

er **Jour|na|list**[ʒʊrnaˈlɪst]; -en, -en, die **Journa|lis|tin**[ʒʊrnaˈlɪstɪn]; -, -nen: *Person, die Artikel für Zeitungen schreibt:* sie ist freie Journalistin; er arbeitet als Journalist beim Rundfunk. *Syn.:*Reporter, Reporterin. *Zus.:*Auslandsjournalist, Auslandsjournalistin, Fernsehjournalist, Fernsehjournalistin, Sportjournalist, Sportjournalistin, Wirtschaftsjournalist, Wirtschaftsjournalistin.

er **Ju|bel** [ˈjuːbl̩]; -s: *große, laut und lebhaft geäußerte Freude:* die Fans brachen in Jubel aus, als die Band auf die Bühne kam. *Syn.:*Applaus, Beifall.

ju|beln [ˈjuːbl̩n], jubelt, jubelte, gejubelt ⟨itr.; hat⟩: *seine Freude über etwas laut, stürmisch ausdrücken; in Jubel ausbrechen:* die Kinder jubelten, als sie den Großvater sahen.

as **Ju|bi|lä|um** [jubiˈlɛːʊm]; -s, Jubiläen [jubiˈlɛːən]: *[festlich begangener] Jahrestag eines bestimmten Ereignisses:* das hundertjährige Jubiläum der Firma feiern. *Zus.:*Dienstjubiläum.

ju|cken [ˈjʊkn̩], juckt, juckte, gejuckt: **1.** ⟨itr.; hat; [jmdm./jmdn.] j.⟩ *einen Reiz auf der Haut bereiten:* die Hand juckt [mir/mich]. *Syn.:*brennen, kribbeln. **2.** ⟨itr.; hat; [jmdn.] j.⟩ *die Haut reizen:* die Wolle, der Verband juckt [ihn]. *Syn.:* kitzeln, kratzen. **3.** ⟨itr.; hat; jmdn., sich j.⟩ (ugs.) *sich kratzen:* sich wegen eines Mückenstichs jucken; kannst du mich mal bitte auf dem Rücken jucken?; der Hund juckt sich.

er **Ju|de** [ˈjuːdə]; -n, -n: *Angehöriger eines Volkes, das seine Grundlage in den Schriften des Alten Testaments hat:* europäische, russische Juden; die Juden Amerikas.

s **Ju|den|tum**[ˈjuːdn̩tuːm]; -s: **1.** *Gesamtheit der Jüdinnen und Juden; das jüdische Volk:* das Alte Testament ist das wichtigste Buch für das Judentum. **2.** *jüdische Religion, Kultur und Geschichte:* das Judentum ist eine der ältesten Religionen der Welt.

e **Jü|din** [ˈjyːdɪn]; -, -nen: *weibliche Form zu* ↑Jude.

jü|disch [ˈjyːdɪʃ] ⟨Adj.⟩: *zu den Juden, zum Judentum gehörend, von ihnen abstammend:* das jüdische Volk.

e **Ju|gend**[ˈjuːɡn̩t]; -: **1.** *Zeit, in der man jung ist* /Ggs. Alter/: eine sorglose Jugend gehabt haben; sie verbrachte ihre Jugend im Ausland. **2.** *Gesamtheit junger Men*

schen; junge Leute: die studentische Jugend; ist die heutige Jugend unpolitisch? *Zus.:*Dorfjugend, Landjugend.

die **Ju|gend|her|ber|ge** [ˈjuːɡn̩thɛrbɛrɡə]; -, -n: *preiswerte Unterkunft besonders für Jugendliche und Familien:* wir fahren jedes Jahr in die Jugendherberge.

ju|gend|lich [ˈjuːɡn̩tlɪç], jugendlicher, am jugendlichsten ⟨Adj.⟩: **1.** *vom Alter her zwischen Kindheit und Erwachsensein stehend:* die jugendlichen Fans, Käuferinnen. **2.** *jung wirkend, auch wenn man es nicht mehr ist:* jugendliches Aussehen; sie wirkt noch sehr jugendlich.

der *und die* **Ju|gend|li|che**[ˈjuːɡn̩tlɪçə]; -n, -n ⟨aber: [ein] Jugendlicher, [eine] Jugendliche, Plural: [viele] Jugendliche⟩: *junger Mensch, bes. im Alter von 14 bis 18 Jahren:* kein Eintritt für Jugendliche unter 16 Jahren. *Syn.:*Teenager.

der **Ju|li**[ˈjuːli]; -[s]: *siebenter Monat des Jahres:* im Juli gibt es endlich Sommerferien!

jung [jʊŋ], jünger, am jüngsten ⟨Adj.⟩: *noch nicht alt* /Ggs. alt/: ein junges Mädchen; ein junges Pferd; eine junge *(erst wenige Jahre bestehende)* Firma; (du bist noch zu jung für diesen Film *(um diesen Film zu sehen)*; sie sind ein jung gebliebenes Paar; mein Bruder ist vier Jahre jünger als ich.

der ¹**Jun|ge** [ˈjʊŋə]; -n, -n: **1.** *Kind oder jüngere Person männlichen Geschlechts* /Ggs. Mädchen/: der Junge kommt bald in die Schule; Jungen haben es schwerer als Mädchen. *Syn.:*Bub (südd., österr., schweiz.), Knabe (geh.). **2.** ⟨Plural⟩ (schweiz.) *die Jugendlichen:* das ist ein Konzert für die Jungen.

das ²**Jun|ge** [ˈjʊŋə]; -n, -n ⟨aber: [ein] Junges, Plural: [viele] Junge⟩: *junges [gerade geborenes] Tier:* die Vögel füttern ihre Jungen. *Zus.:*Entenjunge[s].

die **Jung|frau** [ˈjʊŋfrau]; -, -en: *Mädchen, das noch keinen Geschlechtsverkehr gehabt hat:* sie ist noch Jungfrau.

der **Jung|ge|sel|le** [ˈjʊŋɡəzɛlə]; -n, -n, die **Jungge|sel|lin** [ˈjʊŋɡəzɛlɪn]; -, -nen: *Person, die [noch] nicht geheiratet hat:* er ist ein eingefleischter Junggeselle; sie lebt allein als Junggesellin. *Syn.:*²Single.

¹**jüngst** [jʏŋst] ⟨Adj.⟩: *vor kurzer Zeit geschehen:* sie berichtete über die jüngsten Ereignisse.

²**jüngst** [jʏŋst] ⟨Adverb⟩: *vor Kurzem:* dieser Vorfall hat erst jüngst zugetragen. *Syn.:*kürzlich, letztens, neulich.

der **Ju|ni**[ˈjuːni]; -[s]: *sechster Monat des Jahres:* der Juni war in diesem Jahr sehr heiß.

der **Ju|ni|or** ['juːni̯oːɐ̯]; -s, Junioren
[juˈni̯oːrən], die **Ju|ni|o|rin** [juˈni̯oːrɪn]; -,
-nen: **1.** *Sohn bzw. Tochter (im Verhältnis
zum Vater, zur Mutter):* die Juniorin hilft
dem Vater im Geschäft; die Mutter
chauffiert täglich die Junioren. *Syn.:*
Sohn, Tochter. **2.** *junger Sportler bzw.
junge Sportlerin bis zu einem bestimmten
Alter:* sie schwimmt noch bei den Junio-
rinnen; die Junioren haben gewonnen.

die **Jun|ta** ['xʊnta]; -, Junten ['xʊntn̩]: *Regie-
rung, die von Offizieren gebildet wird:*
nach dem Putsch wurde das Land von
einer Junta regiert. *Zus.:* Militärjunta,
Offiziersjunta.

der *oder die* **Ju|pe** [ʒyːp]; -s, -s (schweiz.): ¹*Rock:*
der Jupe passt nicht zu dieser Bluse.

Ju|ra ['juːra] ⟨ohne Artikelwort⟩: *Wissen-
schaft vom Recht und seiner Anwendung:*
sie studiert Jura im achten Semester.

der **Ju|rist** [juˈrɪst]; -en, -en, die **Ju|ris|tin** [juˈrɪs-
tɪn]; -, -nen: *Person, die Jura studiert
[hat]:* in der Kanzlei arbeiten mehr als
20 Juristinnen und Juristen.

ju|ris|tisch [juˈrɪstɪʃ] ⟨Adj.⟩: *das Recht, die
Wissenschaft vom Recht betreffend:* eine
juristische Abhandlung lesen; juristische Argumente finden; juristisch ist
der Fall klar. *Syn.:* rechtlich.

die **Ju|ry** [ʒyˈriː]; -, -s: *Gruppe von Personen, die
bei Wettbewerben aus einer Anzahl von
Personen oder Sachen die besten aus-
wählt:* die Jury bestand aus neun Fachleuten; der Preis wird von einer unabhängi-
gen Jury verliehen. *Zus.:* Fachjury.

die **Jus|tiz** [jʊsˈtiːts]; -: **1.** *Pflege des Rechts:* in
manchen Bundesländern herrscht eine
strengere Justiz als in anderen. *Zus.:*
Militärjustiz, Strafjustiz. **2.** *Behörde, die
für die Pflege des Rechts verantwortlich
ist:* der Täter wurde der Justiz übergeben; die Justiz reformieren.

das *oder* der ¹**Ju|wel** [juˈveːl]; -s, -en: *kostbares
Schmuckstück, kostbarer Stein:* selbst
zum Karneval trägt sie die kostbarsten
Juwelen. *Zus.:* Kronjuwel.

das ²**Ju|wel** [juˈveːl]; -s, -e (emotional): *Person
oder Sache, die für jmdn. besonders wertvoll ist:* meine Oma ist ein Juwel; das
Rathaus ist ein Juwel der Gotik.

der **Ju|we|lier** [juveˈliːɐ̯]; -s, -e, die **Ju|we|lie|rin**
[juveˈliːrɪn]; -, -nen: *Person, die Schmuck
herstellt und mit Schmuck handelt:* ich
habe eine tolle Kette beim Juwelier gesehen.

der **Jux** [jʊks]; -es (ugs.): *Spaß, Scherz:* das war
doch alles nur [ein] Jux; er hat es nur aus
Jux *(zum Spaß)* gesagt.

K *k*

das **Ka|ba|rett** [kabaˈrɛt]; -s, -e und -s: **1.** *[klei-
nes] Theaterstück, in dem mit ironisch-
witzigen Texten und Liedern die aktuelle
Politik oder die Gesellschaft kritisiert
wird:* wollen wir morgen in die Aufführung des neuen Kabaretts gehen?
2. *[kleines] Theater, in dem Kabarett-
stücke aufgeführt werden:* das Kabarett
liegt im Stadtzentrum. *Syn.:* Bühne.

das **Ka|bel** ['kaːbl̩]; -s, -: *isolierte elektrische
Leitung:* ein Kabel verlegen. *Zus.:*
Anschlusskabel, Schwachstromkabel,
Starkstromkabel, Telefonkabel.

die **Ka|bi|ne** [kaˈbiːnə]; -, -n: *kleiner Raum zur
Umziehen:* Frau Müller, Kabine 4 bitte!;
dort hinten ist die Kabine, dort können
Sie den Anzug anprobieren; die Mannschaft ist schon zum Umkleiden in der
Kabine. *Syn.:* Raum. *Zus.:* Ankleideka-
bine, Umkleidekabine.

das **Ka|bi|nett** [kabiˈnɛt]; -s, -e: **1.** *Regierung,
die aus den Ministerinnen und Ministern
sowie dem Kanzler oder Ministerpräsi-
denten besteht:* der Kanzler berief eine
außerordentliche Sitzung des Kabinetts
ein. **2.** *kleiner Raum [in Museen], in dem
etwas ausgestellt wird:* im Kabinett wurden seltene Stücke gezeigt. *Zus.:* Kunst-
kabinett, Münzkabinett.

das **Ka|b|rio** ['kaːbrio]; -s, -s: ↑ Cabrio.

die **Ka|chel** ['kaxl̩]; -, -n: *Platte aus Ton, mit der
Wände, besonders in Küche und Bad,
bedeckt werden:* sollen wir einfarbige
oder gemusterte Kacheln für das Bad
nehmen? *Syn.:* Fliese. *Zus.:* Wandkachel.

der **Kä|fer** ['kɛːfɐ]; -s, -: *Insekt mit harten
Decken über den Flügeln:* in diesem
Sommer gibt es unglaublich viele Käfer.

der **Kaf|fee** ['kafe]; -s, -s: **1.** *Samen einer tropi-
schen Pflanze, der geröstet und gemah-
len wird und aus dem man mit kochendem Wasser ein Getränk bereitet:* Kaffee
mahlen, rösten; zentralamerikanische
Kaffees *(Kaffeesorten)*; entkoffeinierter
Kaffee. *Zus.:* Kaffeebohne, Kaffee-
pflanze. **2.** *Pulver aus gemahlenem Kaffee:* ein Pfund Kaffee, bitte! **3.** *[heißes]
dunkelbraunes bis schwarzes Getränk,*

das leicht bitter schmeckt: schwarzer Kaffee; der Kaffee ist sehr stark; eine Tasse, Kanne Kaffee; den Kaffee mit Milch und Zucker trinken; Kaffee weiß *(mit Milch);* Kaffee kochen, machen; Herr Ober, zwei Kaffee *(Tassen Kaffee)* bitte. *Zus.:* Kaffeekanne, Kaffeelöffel, Kaffeemaschine, Kaffeetasse. **4.** *kleine Mahlzeit am Nachmittag, bei der man Kaffee trinkt:* jmdn. zum Kaffee einladen. *Zus.:* Nachmittagskaffee. **5.** *erste kleine Mahlzeit am Morgen, Frühstück mit Kaffee:* hast du schon Kaffee getrunken? *(gefrühstückt?).*

die **Kaf|fee|boh|ne** [ˈkafeboːnə]; -, -n: *Samen einer tropischen Pflanze, der die Form einer Bohne hat und der geröstet und gemahlen wird:* eine Handvoll Kaffeebohnen mahlen.

das **Kaf|fee|haus** [kaˈfeːhaus]; -es, Kaffeehäuser [kaˈfeːhɔyzɐ]: *Café:* im Kaffeehaus »Central« gibts die besten Torten.

die **Kaf|fee|ma|schi|ne** [ˈkafemaʃiːnə]; -, -n: *elektrisches Gerät, in dem Kaffee zubereitet wird:* Kaffeemaschinen waren früher beliebte Hochzeitsgeschenke; hast du die Kaffeemaschine ausgemacht?

der **Kä|fig** [ˈkɛːfɪç]; -s, -e: *Raum mit Gittern für bestimmte Tiere:* im Käfig sitzen fünf Affen; ab und zu darf der Wellensittich aus dem Käfig. *Syn.:* ²Bauer. *Zus.:* Affenkäfig, Vogelkäfig.

kahl [kaːl], kahler, am kahlsten ⟨Adj.⟩: **1.** *etwas nicht mehr habend:* kahle Berge *(ohne Bäume oder Pflanzen);* er hat einen kahlen Kopf *(hat keine Haare);* die Bäume sind kahl *(ohne Laub).* **2.** *nur wenig oder gar nichts als Schmuck habend:* ein kahler Raum; kein Bild, alles nur kahle Wände. *Syn.:* leer.

der **Kahn** [kaːn]; -[e]s, Kähne [ˈkɛːnə]: *kleines Boot zum Rudern:* wir fahren [mit dem] Kahn. *Zus.:* Ruderkahn.

der **Kai** [kai]; -s, -e und -s: *befestigtes Ufer, an dem Schiffe anlegen und be- oder entladen werden können:* ein Schiff liegt am Kai. *Zus.:* Passagierkai, Verladekai.

der **Kai|ser** [ˈkaizɐ]; -s, -: *oberster Herrscher (in bestimmten Staaten):* er wurde zum Kaiser gekrönt.

die **Kai|se|rin** [ˈkaizərɪn]; -, -nen: **1.** weibliche Form zu ↑ Kaiser. **2.** *Ehefrau eines Kaisers:* die japanische Kaiserin besucht Deutschland, Österreich und die Schweiz.

der **Kai|ser|schnitt** [ˈkaizɐʃnɪt]; -[e]s, -e: *Entbindung, bei der das Kind durch eine Operation am Bauch der Mutter auf die Welt kommt:* das Kind kam mit/per/ durch Kaiserschnitt auf die Welt.

die **Ka|jü|te** [kaˈjyːtə]; -, -n: *Wohn- und Schlafraum auf größeren Booten und Schiffen:* das Schiff hat zehn Kajüten. *Zus.:* Bootskajüte, Kapitänskajüte, Offizierskajüte.

der **Ka|kao** [kaˈkau]; -s: **1.** *Frucht des Kakaobaums, die gemahlen wird:* Kakao importieren. **2.** *Pulver aus gemahlenem Kakao:* ein Päckchen Kakao kaufen; den Kuchen mit Kakao bestäuben. **3.** *braunes Getränk, das aus Kakao, Milch und Zucker bereitet wird:* eine Tasse Kakao trinken.

der **Kak|tus** [ˈkaktʊs]; -, Kakteen [kakˈteːən]: *Pflanze, die meist wie eine Säule oder Kugel wächst, Dornen hat und in trockenen Gebieten zu Hause ist:* sie sammelt Kakteen aus aller Welt.

der Kaktus

das **Kalb** [kalp]; -[e]s, Kälber [ˈkɛlbɐ]: *junges Rind:* auf der Wiese stehen lauter kleine Kälber.

das **Kalb|fleisch** [ˈkalpflaiʃ]; -[e]s: *Fleisch vom Kalb:* Kalbfleisch ist besonders zart.

der **Ka|len|der** [kaˈlɛndɐ]; -s, -: *Verzeichnis der Tage, Wochen, Monate eines Jahres (in Form eines Blocks, Hefts, Blatts):* Termine in den Kalender eintragen; führst du schon einen elektronischen *(im Computer gespeicherten)* Kalender? *Zus.:* Kunstkalender, Notizkalender, Terminkalender, Wandkalender.

die **Ka|len|der|wo|che** [kaˈlɛndɐvɔxə]; -, -n: *(im Kalender festgelegte) Woche von Montag bis Sonntag:* wir haben nur noch drei Kalenderwochen bis zum Erscheinungstermin.

die **Kal|ku|la|ti|on** [kalkulaˈtsjoːn]; -, -en (Wirtsch.): *Berechnung (von Kosten):* eine genaue Kalkulation der Kosten erstellen; diese Kosten habe ich in meiner Kalkulation nicht berücksichtigt. *Zus.:* Preiskalkulation.

kal|ku|lie|ren [kalkuˈliːrən], kalkuliert, kalkulierte, kalkuliert ⟨tr.; hat; etw. k.⟩ (Wirtsch.): *(Kosten) im Voraus berechnen:* wir müssen die Kosten für das Projekt kalkulieren; der Preis ist sehr niedrig kalkuliert. *Syn.:* ansetzen.

die **Ka|lo|rie** [kaloˈriː]; -, Kalorien [kaloˈriːən]: *Einheit, in der die Energie in Lebensmit-*

K

teln gemessen wird: Gemüse enthält wenige Kalorien; seit sie abnehmen will, achtet sie sehr darauf, wie viele Kalorien etwas enthält.

kalt [kalt], kälter, am kältesten ⟨Adj.⟩: **1.** *von niedriger Temperatur* /Ggs. warm, heiß/: das Essen ist kalt; die Getränke kalt stellen. *Syn.:* ̓eisig, kühl. *Zus.:* ̓eiskalt. **2.** *ohne Gefühl; nüchtern:* ein kalter Blick; sie mordete mit kalter Berechnung; er sah sie kalt an; seine Tränen ließen sie kalt. *Syn.:* ̓gleichgültig, ungerührt.

kalt|blü|tig [ˈkaltblyːtɪç], kaltblütiger, am kaltblütigsten ⟨Adj.⟩: **1.** *ruhig, beherrscht:* kaltblütig stellte er sich den Einbrechern entgegen. *Syn.:* ̓gefasst, ungerührt. **2.** *ohne Mitleid, Mitgefühl:* ein kaltblütiger Verbrecher; sie wurde kaltblütig ermordet. *Syn.:* ̓brutal, eiskalt.

die **Käl|te** [ˈkɛltə]; -: **1.** *Temperatur, die man als kalt empfindet:* bei der Kälte kann man nicht arbeiten; es herrscht eisige Kälte dort. *Zus.:* ̓Winterkälte. **2.** *Temperatur unter 0 Grad Celsius:* Berlin meldet 15 Grad Kälte. *Syn.:* ̓Frost.

die **Kalt|mie|te** [ˈkaltmiːtə]; -, -n: *Miete ohne Heizkosten und andere Nebenkosten:* zur Kaltmiete kommen noch hohe Nebenkosten; wir mussten zwei Kaltmieten als Kaution zahlen.

kam [kaːm]: ↑ kommen.

das **Ka|mel** [kaˈmeːl]; -[e]s, -e: *Tier mit einem oder zwei Höckern, das [besonders in der Wüste] zum Reiten und zum Transport von Lasten verwendet wird:* auf einem Kamel reiten; Kamele kommen mit sehr wenig Wasser aus.

das Kamel

die **Ka|me|ra** [ˈkaməra]; -, -s: **1.** *Gerät, mit dem man einen Film drehen kann:* sie lächelte in die laufende Kamera; er stand zum ersten Mal vor der Kamera. *Zus.:* ̓Filmkamera. **2.** *Fotoapparat:* meine neue Kamera macht ganz tolle Fotos. *Zus.:* Digitalkamera, Kleinbildkamera.

der **Ka|me|rad** [kaməˈraːt]; -en, -en, die **Ka|me|ra|din** [kaməˈraːdɪn]; -, -nen: *Freund[in] in einer bestimmten Gruppe:* sie waren Kameraden bei der Bundeswehr; schon in der Schule waren sie die besten Kameraden. *Syn.:* ̓Kumpel (ugs.). *Zus.:* Klassenkamerad, Klassenkameradin.

die **Ka|mil|le** [kaˈmɪlə]; -, -n: *Pflanze mit weiß-gelben Blüten, die in der Medizin verwendet werden:* sie kochte Tee aus Salbei und Kamille; Kamille hilft gut bei Entzündungen.

der **Ka|min** [kaˈmiːn]; -s, -e: *Stelle für offenes Feuer in einem Raum:* am Kamin sitzen; im Kamin brannte Feuer.

der **Kamm** [kam]; -[e]s, Kämme [ˈkɛmə]: *flacher Gegenstand, mit dem man das Haar ordnet:* Kamm und Bürste; sie kämmt sich die Haare mit einem Kamm; er hat immer einen Kamm in der Hosentasche.

der Kamm

käm|men [ˈkɛmən], kämmt, kämmte, gekämmt ⟨tr.; hat; jmdm., sich, etw. k.⟩: *die Haare mit einem Kamm ordnen, frisieren:* das Mädchen hat die Puppe gekämmt; ich habe mir das Haar gekämmt; sie kämmt sich.

die **Kam|mer** [ˈkamɐ]; -, -n: *kleiner Raum [in dem etwas abgestellt, gelagert wird]:* hol doch bitte mal den Staubsauger aus der Kammer! *Zus.:* ̓Abstellkammer, Besenkammer, Dachkammer, Vorratskammer.

der **Kampf** [kampf]; -[e]s, Kämpfe [ˈkɛmpfə]: **1.** *militärische Auseinandersetzung:* es gab einen blutigen Kampf um die Brücke; in den Kampf ziehen; im Kampf fallen. *Syn.:* ̓Krieg, Schlacht. *Zus.:* Abwehrkampf, Befreiungskampf, Entscheidungskampf, Freiheitskampf. **2.** *körperliche Auseinandersetzung:* ein ungleicher Kampf entstand zwischen beiden; es kam zu einem heftigen Kampf; ein Kampf auf Leben und Tod. **3.** *das Bemühen, etwas zu erreichen oder etwas zu beenden:* der Kampf gegen den Hunger in der Welt, für den Weltfrieden; sie hat den Kampf gegen ihre schwere Krankheit verloren.

kämp|fen [ˈkɛmpf̩n], kämpft, kämpfte, gekämpft ⟨itr.; hat⟩: **1.** ⟨für, gegen etw. k.⟩ *sich mit ganzer Kraft gegen, für jmdn., etwas einsetzen:* um seine Existenz, gegen die Unterdrückung kämpfen; sie kämpfte verzweifelt gegen die Krankheit. *Syn.:* ̓sich wehren gegen. **2.** ⟨[für, gegen jmdn., etw.] k.⟩ *[militärische] Gewalt einsetzen:* der Boxer kämpft gegen einen starken Gegner; die Soldaten kämpften bis zur Erschöpfung.

der **Ka|nal** [kaˈnaːl]; -s, Kanäle [kaˈnɛːlə]: **1.** *künstlicher Fluss, der Seen, Meere oder andere Flüsse verbindet:* einen Kanal anlegen, bauen; der Kanal verbindet die Nordsee mit der Ostsee. **2.** *Rohr unter der Erde für schmutziges Wasser und Regenwasser:* der Kanal ist verstopft; in den Kanälen unter der Stadt leben viele Ratten. *Zus.:* Abwasserkanal. **3.** (Rundf., Fernsehen) *Radio- oder Fernsehsender:* einen Kanal wählen, einstellen; auf welchem Kanal gibt es jetzt Nachrichten?

der **Kan|di|dat** [kandiˈdaːt]; -en, -en, die **Kan|di|da|tin** [kandiˈdaːtɪn]; -, -nen: *Person, die sich um etwas bewirbt:* um diese Stelle bewerben sich drei Kandidatinnen; zwanzig Kandidaten haben sich zur Prüfung gemeldet. *Zus.:* Kanzlerkandidat, Kanzlerkandidatin.

die **Kan|di|da|tur** [kandidaˈtuːɐ̯]; -, -en: *Bewerbung für ein Amt:* die meisten Abgeordneten unterstützen ihre Kandidatur.

kan|di|die|ren [kandiˈdiːrən], kandidiert, kandidierte, kandidiert ⟨itr.; hat⟩: *sich zur Wahl stellen:* er kandidiert für das Amt des Präsidenten; sie kandidiert gegen den jetzigen Ministerpräsidenten. *Syn.:* sich bewerben.

das **Kän|gu|ru** [ˈkɛŋɡuru]; -s, -s: *Tier in Australien, das mit seinen hinteren Beinen hüpft und seine Jungen in einem Beutel trägt:* hast du in Australien viele Kängurus gesehen?

das **Ka|nin|chen** [kaˈniːnçən]; -s, -: *Tier, das dem Hasen ähnelt, aber etwas kleiner ist:* Kaninchen beobachten; Kaninchen halten; ein Kaninchen schlachten. *Syn.:* Karnickel (ugs.).

der **Ka|nis|ter** [kaˈnɪstɐ]; -s, -: *tragbarer Behälter für Flüssigkeiten:* den Kanister füllen; mit einem Kanister Benzin holen. *Syn.:* Gefäß. *Zus.:* Benzinkanister, Blechkanister, Ölkanister, Wasserkanister.

kann [kan]: ↑ können.

die **Kan|ne** [ˈkanə]; -, -n: *größeres Gefäß für Flüssigkeiten mit einem Griff und einer Stelle, an der man die Flüssigkeit ausgießen kann:* Milch, den Kaffee in eine Kanne auf den Tisch stellen; (als Maßangabe) wir haben drei Kannen Tee getrunken. *Syn.:* Karaffe, Krug. *Zus.:* Blechkanne, Kaffeekanne, Milchkanne, Teekanne.

kann|te [ˈkantə]: ↑ kennen.

der **Ka|non** [ˈkaːnɔn]; -s, -s: *Lied mit einer Melodie für mehrere Personen, die nacheinander anfangen zu singen:* der Chor sang einen Kanon. *Syn.:* Gesang.

die **Ka|no|ne** [kaˈnoːnə]; -, -n: *fahrbares Gerät mit langem Rohr, das weit schießen kann:* eine Kanone abfeuern.

die **Kan|te** [ˈkantə]; -, -n: *Rand einer Fläche:* der Tisch hat eine scharfe Kante; ich habe mich an der Kante des Schreibtischs gestoßen. *Zus.:* Außenkante, Bettkante, Innenkante.

die **Kan|ti|ne** [kanˈtiːnə]; -, -n: *Raum zum Essen in großen Betrieben:* sie isst mittags in der Kantine der Firma; die Kantine ist von 12 bis 14 Uhr geöffnet. *Zus.:* Werkskantine.

der **Kan|ton** [kanˈtoːn]; -s, -e (schweiz.): *Bezeichnung eines Bundeslandes in der Schweiz:* im Kanton Aargau, Bern, Graubünden wohnen.

der **Kan|to|nal|prä|si|dent** [kantoˈnaːlprɛzidɛnt]; -en, -en, die **Kan|to|nal|prä|si|den|tin** [kantoˈnaːlprɛzidɛntɪn]; -, -nen (schweiz.): *Leiter[in] der Regierung eines Kantons in der Schweiz.*

die **Kan|zel** [ˈkant͡sl̩]; -, -n: *erhöhter Platz zum Predigen in der Kirche:* auf der Kanzel stehen; die Pfarrerin predigte von der Kanzel herab.

der **Kanz|ler** [ˈkant͡slɐ]; -s, -, die **Kanz|le|rin** [ˈkant͡slərɪn]; -, -nen: *(in Deutschland und in Österreich) Regierungschef[in]:* der Kanzler ist die wichtigste politische Person; gestern trafen sich die Kanzlerin und ihre Minister hinter verschlossenen Türen. *Zus.:* Bundeskanzler, Bundeskanzlerin.

die **Ka|pa|zi|tät** [kapat͡siˈtɛːt]; -, -en: **1.** ⟨ohne Plural⟩ *Fähigkeit, (eine bestimmte Menge von etwas) aufzunehmen:* das Stadion hat eine Kapazität von 70 000 Besuchern; die Kapazität der Festplatte beträgt 250 Gigabyte. *Zus.:* Speicherkapazität. **2.** *Experte, Expertin:* diese Forscherin ist eine Kapazität auf dem Gebiet der Chemie. *Syn.:* Fachfrau, Fachmann.

die ¹**Ka|pel|le** [kaˈpɛlə]; -, -n: **1.** *kleine Kirche:* oben auf dem Berg steht eine Kapelle; die Kapelle des Krankenhauses steht allen Patienten offen. *Zus.:* Burgkapelle, Friedhofskapelle, Schlosskapelle. **2.** *kleiner Raum innerhalb einer Kirche:* links vom Eingang gibt es eine kleine Kapelle zum Beten.

die ²**Ka|pel|le** [kaˈpɛlə]; -, -n: *kleines Orchester, das Musik zur Unterhaltung, zum Tanz spielt:* zu dem Fest wird eine Kapelle engagiert. *Syn.:* ²Band, Gruppe, Orchester. *Zus.:* Blaskapelle, Jazzkapelle.

ka|pie|ren [kaˈpiːrən], kapiert, kapierte, kapiert ⟨tr.; hat; etw. k.⟩ (ugs.): *verstehen:* ich habe die Matheaufgabe nicht kapiert; ich kapier das einfach nicht; ⟨auch itr.⟩ hast du endlich kapiert?; er

K

will nicht kapieren, dass sie keine Lust mehr hat. *Syn.:* begreifen.

das **Ka|pi|tal** [kapiˈtaːl]; -s: **1.** *Geld, das man in etwas investiert:* sein Kapital anlegen, in ein Geschäft stecken; hast du genug Kapital, um das Haus zu kaufen? **2.** *Vermögen eines Unternehmens:* die Aktiengesellschaft will ihr Kapital erhöhen.

der **Ka|pi|ta|lis|mus** [kapitaˈlɪsmʊs]; -: *Form der Wirtschaft, in der jeder Besitz erwerben kann und der Wettbewerb frei ist:* im Kapitalismus wird es immer Arme und Reiche geben.

der **Ka|pi|tän** [kapiˈtɛːn]; -s, -e, die **Ka|pi|tä|nin** [kapiˈtɛːnɪn]; -, -nen: *Führer[in] eines Schiffes:* der Kapitän ist verantwortlich für das Leben aller Passagiere. *Zus.:* Schiffskapitän, Schiffskapitänin.

das **Ka|pi|tel** [kaˈpɪtl̩]; -s, -: *Abschnitt eines Buches:* das letzte Kapitel des Romans; sie liest ihrem Sohn jeden Abend ein Kapitel vor. *Syn.:* Teil. *Zus.:* Anfangskapitel, Schlusskapitel.

ka|pi|tu|lie|ren [kapituˈliːrən], kapituliert, kapitulierte, kapituliert ⟨itr.; hat⟩: *(in einem Krieg) aufgeben:* alle Truppen haben kapituliert; der Feind wird bestimmt bald kapitulieren. *Syn.:* sich ¹ergeben.

der **Ka|plan** [kaˈplaːn]; -s, Kapläne [kaˈplɛːnə]: *katholischer Geistlicher, der einem Pfarrer hilft:* unsere Gemeinde bekommt einen neuen Kaplan.

die **Kap|pe** [ˈkapə]; -, -n: **1.** *flache Kopfbedeckung:* sie trug eine modische Kappe; wie heißt die Kappe, die Juden in der Synagoge tragen? *Syn.:* Mütze. *Zus.:* Badekappe, Pelzkappe. **2.** *schmaler, langer Deckel:* die Kappe eines Füllers aufdrehen. *Zus.:* Verschlusskappe.

die **Kap|sel** [ˈkapsl̩]; -, -n: *kleine Portion eines Medikaments in einer glatten Hülle:* von diesen Kapseln muss ich täglich drei Stück einnehmen.

ka|putt [kaˈpʊt], kaputter, am kaputtesten ⟨Adj.⟩ (ugs.): **1.** *nicht mehr funktionierend:* die Uhr, die Maschine, das Auto ist kaputt. **2.** *zerbrochen:* die Puppe, die Vase, der Teller ist kaputt; der Kleine hat sein Spielzeug kaputt gemacht. *Syn.:* beschädigt, defekt, entzwei, zerstört. **3.** *erschöpft, müde:* er machte einen kaputten Eindruck; ich bin ganz kaputt. *Syn.:* erledigt (ugs.), fertig (ugs.), k. o. (ugs.), schlapp.

ka|putt|ge|hen [kaˈpʊtɡeːən], geht kaputt, ging kaputt, kaputtgegangen ⟨itr.; ist⟩ (ugs.): **1.** *nicht mehr funktionieren:* der neue Fernseher ist schon nach einem Monat kaputtgegangen. **2.** *zerbrechen:* das Spielzeug ist kaputtgegangen; mir ist die teure Tasse kaputtgegangen. *Syn.:* entzweigehen.

ka|putt|ma|chen [kaˈpʊtmaxn̩], macht kaputt, machte kaputt, kaputtgemacht ⟨tr.; hat; etw. k.⟩ (ugs.): ↑ kaputt.

die **Ka|pu|ze** [kaˈpuːtsə]; -, -n: *feste Kopfbedeckung an einer Jacke:* ein Anorak mit Kapuze; die Kapuze aufsetzen, über den Kopf ziehen.

die Kapuze

der **Ka|pu|zi|ner** [kapuˈtsiːnɐ]; -, - (österr.): *Kaffee mit etwas Milch:* einen Kapuziner trinken, bestellen.

die **Ka|raf|fe** [kaˈrafə]; -, -n: *rundes Gefäß aus Glas mit schmalem Hals [und Stöpsel]:* aus einer Karaffe Wein, Likör einschenken. *Syn.:* Kanne, Krug. *Zus.:* Essigkaraffe, Wasserkaraffe.

der **Kar|di|nal** [kardiˈnaːl]; -s, Kardinäle [kardiˈnɛːlə]: *höchster katholischer Geistlicher unter dem Papst:* die Kardinäle wählen den Papst.

die **Kar|di|nal|zahl** [kardiˈnaːltsaːl]; -, -en: *Grundzahl, natürliche Zahl:* (z. B. eins, zwei, drei …) /Ggs. Ordinalzahl/.

karg [kark], karger/kärger, am kargsten/kärgsten ⟨Adj.⟩: *sehr bescheiden, einfach:* ein karges Leben führen; die Ausstattung ist sehr karg; sie fuhren durch eine karge Landschaft *(eine Landschaft mit wenig Pflanzen)*. *Syn.:* ärmlich, kärglich, kläglich, kümmerlich, mager.

kärg|lich [ˈkɛrklɪç], kärglicher, am kärglichsten ⟨Adj.⟩: *bescheiden, einfach:* eine kärgliche Mahlzeit; in kärglichen Verhältnissen leben. *Syn.:* ärmlich, karg.

ka|riert [kaˈriːɐt] ⟨Adj.⟩: *mit einem Muster aus Karos:* ein kariertes Hemd.

die **Ka|ri|es** [ˈkaːriɛs]; -: *Erkrankung der Zähne, die durch Zucker entsteht:* viele Kinder leiden bereits an Karies.

die **Ka|ri|ka|tur** [karikaˈtuːɐ]; -, -en: *kritische, aber lustige Zeichnung, in der Personen durch typische Merkmale leicht zu erkennen sind:* eine politische Karikatur; eine Karikatur zeichnen.

ka|ri|ta|tiv [karitaˈtiːf] ⟨Adj.⟩: *für Menschen in Not bestimmt:* eine karitative

Einrichtung; für karitative Zwecke spenden. *Syn.:* humanitär.

der **Kar|ne|val** [ˈkarnəval]; -s: *Fest mit Kostümen und bunten Umzügen:* Karneval feiern; zum Karneval gehen. *Syn.:* Fasching, Fastnacht.

das **Kar|ni|ckel** [karˈnɪkl̩]; -s, - (ugs.): *Kaninchen.*

das **Ka|ro** [ˈkaːro]; -s, -s: **1.** *auf der Spitze stehendes Quadrat:* eine Krawatte mit bunten Karos. **2.** ⟨ohne Plural⟩ *Sorte von Karten im Kartenspiel:* Karo ausspielen; spielst du Kreuz, Pik, Herz oder Karo?

die **Ka|ros|se|rie** [karɔsəˈriː]; -, Karosserien [karɔsəˈriːən]: *Hülle aus Blech beim Auto:* eine Karosserie mit zwei, vier Türen; beim Parken wurde die Karosserie vorn leicht beschädigt.

die **Ka|rot|te** [kaˈrɔtə]; -, -n: *Möhre. Syn.:* Mohrrübe (landsch.).

die Karotte

die **Kar|re** [ˈkarə]; -, -n, der **Kar|ren** [ˈkarən]; -s, -: *kleiner Wagen zum Schieben oder Ziehen:* eine Karre, einen Karren ziehen; Säcke auf die Karre, den Karren laden.

die **Kar|rie|re** [kaˈrjeːrə]; -, -n: *erfolgreicher Weg im Beruf:* eine große Karriere vor sich haben; er will unbedingt Karriere machen. *Syn.:* Laufbahn.

die **Kar|te** [ˈkartə]; -, -n: **1.** *Postkarte:* jmdm. eine Karte schicken. *Syn.:* Ansichtskarte. *Zus.:* Geburtstagskarte, Glückwunschkarte, Weihnachtskarte. **2.** *Eintrittskarte:* zwei Karten fürs Kino kaufen. *Syn.:* Billett. (bes. schweiz.). *Zus.:* Kinokarte, Konzertkarte, Theaterkarte. **3.** *Fahrkarte:* wo hast du die Karte für die Rückfahrt? *Syn.:* Billett, Fahrschein, Ticket. *Zus.:* Monatskarte, Platzkarte, Rückfahrkarte. **4.** *Speisekarte:* bringen Sie mir bitte die Karte! **5.** *Spielkarte:* die Karten mischen, geben. *Zus.:* Bridgekarte, Rommékarte, Skatkarte, Spielkarte. **6.** *Landkarte:* einen Ort auf der Karte suchen. *Zus.:* Autokarte, Seekarte, Straßenkarte, Wanderkarte.

die **Kar|tei** [karˈtai]; -, -en: *[alphabetische] Sammlung von Karten mit Informationen zu Personen oder Dingen:* eine Kartei anlegen, führen; alle Patienten werden beim Arzt in einer Kartei registriert. *Zus.:* Kundenkartei, Mitgliederkartei.

das **Kar|ten|spiel** [ˈkartn̩ʃpiːl]; -[e]s; -e: *Spiel mit Spielkarten:* ein lustiges Kartenspiel; ein Kartenspiel machen, spielen.

die **Kar|tof|fel** [karˈtɔfl̩]; -, -n: *außen braunes, innen gelbes Gemüse, das unter der Erde wächst:* feste, mehlige Kartoffeln; rohe, gekochte Kartoffeln; Kartoffeln schälen, pellen, abgießen. *Syn.:* Erdapfel (bes. österr.). *Zus.:* Speisekartoffel, Winterkartoffel.

die Kartoffel

der **Kar|tof|fel|brei** [karˈtɔfl̩brai]; [e]s, -e: *Brei aus gekochten, zerdrückten Kartoffeln und Milch:* heute gibt es Kartoffelbrei und Bratwurst. *Syn.:* Püree.

der **Kar|tof|fel|sa|lat** [karˈtɔfl̩zalaːt]; [e]s, -e: *Salat aus gekochten Kartoffeln, die in Scheiben geschnitten werden:* heute gibt es Kartoffelsalat mit Bockwurst.

der **Kar|ton** [karˈtɔŋ]; -s, -s: **1.** *sehr festes Papier:* die Verpackung ist aus Karton. *Syn.:* Pappe. **2.** *Schachtel aus Pappe:* die Ware in einen Karton verpacken; 10 Karton[s] Seife. *Zus.:* Pappkarton, Schuhkarton, Umzugskarton.

das **Ka|rus|sell** [karʊˈsɛl]; -s, -s und -e: *(auf Jahrmärkten oder Spielplätzen) Gerät mit Sitzen, das sich im Kreis dreht:* [mit dem] Karussell fahren. *Zus.:* Kettenkarussell, Kinderkarussell.

der **Kä|se** [ˈkeːzə]; -s, -: *weißes oder gelbes Nahrungsmittel aus Milch, das man zusammen mit Brot isst:* zum Abendbrot gibt es Brot mit Wurst und Käse; besonders gern esse ich Käse aus der Schweiz. *Zus.:* Hartkäse, Schafskäse, Streichkäse, Weichkäse, Ziegenkäse.

die **Ka|ser|ne** [kaˈzɛrnə]; -, -n: *militärisches Gebäude mit Zimmern für Soldaten:* eine Kaserne bewachen.

kä|sig [ˈkeːzɪç], käsiger, am käsigsten ⟨Adj.⟩ (ugs.): *sehr blass, bleich [wie Käse]:* ein käsiges Gesicht. *Syn.:* fahl, leichenblass, weiß.

das *oder* der **Kas|per|le** [ˈkaspɐlə]; -s, -: *lustige männliche Hauptfigur des Puppenspiels (mit spitzer Mütze, einer großen Nase und einem großen, lachenden Mund):* das Kasperle verprügelte die Hexe.

das **Kas|per|le|thea|ter** [ˈkaspɐləteaːtɐ]; -s, -: *Theater mit Puppen für die Hand, mit*

K

Kasperle als Hauptperson: sie geht mit den Kindern ins Kasperletheater.

die **Kas|sa** [ˈkasa]; -, Kassen [ˈkasn̩] (österr.): *Kasse.*

die **Kas|se** [ˈkasə]; -, -n: 1. *Behälter, in dem Geld aufbewahrt wird:* das Geld in die Kasse legen. *Syn.:* Kassa (österr.), Kassette. **2.** *Stelle, wo man etwas bezahlt:* die Ware an der Kasse bezahlen; Eintrittskarten an der Kasse des Theaters abholen. *Zus.:* Kinokasse, Ladenkasse, Theaterkasse. **3.** *Stelle in einer Bank, wo Geld ein- und ausgezahlt wird:* an der Kasse einen Scheck einlösen. *Syn.:* Kassa (österr.), Schalter. **4.** *Krankenkasse:* die Kasse zahlt die Behandlung. *Syn.:* Kassa (österr.), Versicherung.

der **Kas|sen|zet|tel** [ˈkasn̩tsetl̩]; -s, -: *Zettel, der den Kauf einer Ware bestätigt:* er vergleicht den Kassenzettel mit den Sachen im Korb; ohne Kassenzettel können Sie den Mantel nicht umtauschen. *Syn.:* Bon, Quittung, Rechnung.

die **Kas|set|te** [kaˈsetə]; -, -n: 1. *kleines Tonband in einer festen Hülle aus Kunststoff:* eine Kassette auflegen, abspielen; Musik auf Kassette aufnehmen; die Aufnahme gibt es auf Kassette und auf CD; eine Kassette hören. **2.** *sicherer Behälter für Geld oder wertvolle Gegenstände:* die Kassette enthielt Schmuck und Geld; eine Kassette aufbrechen. *Syn.:* Kasse. *Zus.:* Geldkassette, Schmuckkassette.

der **Kas|set|ten|re|kor|der** [kaˈsetn̩rekɔrdɐ], **Kas|set|ten|re|cor|der**; -s, -: *Gerät, mit dem man Kassetten hört oder aufnimmt:* den Kassettenrekorder anmachen, ausmachen; ein tragbarer Kassettenrekorder.

kas|sie|ren [kaˈsiːrən], kassiert, kassierte, kassiert ⟨tr.; hat; etw. k.⟩: *(Geld) einnehmen, einziehen:* das Geld, die Beiträge kassieren.

die **Kas|ta|nie** [kasˈtaːni̯ə]; -, -n: 1. *Laubbaum mit großen Blättern und harten, braunen Früchten, die in einer Schale mit Stacheln wachsen:* am Ufer stehen viele Kastanien. **2.** *Frucht des Kastanienbaums:* die Kinder sammeln Kastanien.

die Kastanie

der **Kas|ten** [ˈkastn̩]; -s, Kästen [ˈkɛstn̩]: *rechteckiger Behälter, der aus festem Material besteht und mit dem vor allem Flaschen*

transportiert werden: ein Kasten für Flaschen; 2 Kasten/Kästen Bier. *Syn.:* Harass (schweiz.), Kiste. *Zus.:* Blumenkasten, Briefkasten, Geigenkasten, Karteikasten, Werkzeugkasten.

kas|t|rie|ren [kasˈtriːrən], kastriert, kastrierte, kastriert ⟨tr.; hat; jmdn., etw. k.⟩ (Med.): *die Hoden oder Eierstöcke entfernen:* eine Katze kastrieren. *Syn.:* sterilisieren.

der **Ka|ta|log** [kataˈloːk]; -[e]s, -e: *Verzeichnis von Büchern, Gegenständen, Waren:* etwas aus einem Katalog bestellen, kaufen; etwas in den Katalog aufnehmen; zu der Gemäldeausstellung gibt es einen Katalog. *Syn.:* Kartei, Liste. *Zus.:* Ausstellungskatalog.

der **Ka|ta|ly|sa|tor** [katalyˈzaːtoːɐ̯]; -s, Katalysatoren [katalyzaˈtoːrən]: *Vorrichtung, mit der Schadstoffe in Abgasen umweltfreundlich beseitigt werden:* alle neuen Autos haben einen Katalysator.

der **Ka|tarrh** [kaˈtar], **Ka|tarr**; -s, -e: *Entzündung der Atmungsorgane:* einen Katarrh im Hals haben.

ka|ta|stro|phal [katastroˈfaːl], katastrophaler, am katastrophalsten ⟨Adj.⟩: *sehr schlimm:* die anhaltende Dürre hat katastrophale Folgen; der Mangel an Wasser war katastrophal. *Syn.:* entsetzlich, furchtbar, schrecklich.

die **Ka|ta|stro|phe** [katasˈtroːfə]; -, -n: 1. *schreckliches Ereignis, bei dem viele Menschen sterben:* es kam beinahe zur Katastrophe; eine Katastrophe verhindern; das Hochwasser wuchs sich zu einer schweren Katastrophe aus. *Syn.:* Unglück. *Zus.:* Hochwasserkatastrophe, Hungerkatastrophe, Naturkatastrophe, Unwetterkatastrophe. **2.** (ugs.) *etwas, was als sehr schlecht empfunden wird, was unangenehme Folgen haben kann:* wenn meine Eltern davon erfahren, gibt es eine Katastrophe; der Film ist eine Katastrophe.

die **Ka|te|go|rie** [kategoˈriː]; -, Kategorien [kategoˈriːən]: *Klasse, Gruppe, in die jmd. oder etwas eingeordnet wird:* etwas in eine / unter eine Kategorie einordnen. *Syn.:* Art, Gattung, Sorte.

ka|te|go|risch [kateˈɡoːrɪʃ], kategorischer, am kategorischsten ⟨Adj.⟩: *keinen Widerspruch zulassend:* etwas kategorisch ablehnen, behaupten. *Syn.:* bestimmt, energisch, entschieden.

der **Ka|ter** [ˈkaːtɐ]; -s, -: 1. *männliche Katze.* **2.** (ugs.) *körperliche Beschwerden, die nach dem Genuss von zu viel Alkohol* *auftreten: am nächsten Morgen hatte er einen Kater.*

die **Ka|the|dra|le** [kate'dra:lə]; -, -n: *mit dem Sitz eines Bischofs verbundene Kirche (bes. in Spanien, Frankreich und England): die Kathedrale von Reims.*

der **Ka|tho|lik** [kato'li:k]; -en, -en, die **Ka|tho|li|kin** [kato'li:kɪn]; -, -nen: *Person, die der katholischen Kirche angehört: er ist ein strenger Katholik.*

ka|tho|lisch [ka'to:lɪʃ], katholischer, am katholischsten ⟨Adj.⟩: *der vom Papst angeführten Kirche angehörend, sie betreffend: ein katholischer Geistlicher; sie ist katholisch.*

die **Kat|ze** ['katsə]; -, -n: *kleineres Haustier mit langem Schwanz, das Mäuse fängt: die Katze faucht, miaut, macht einen Buckel; eine Katze ist uns zugelaufen.*

die Katze

kau|en ['kauən], kaut, kaute, gekaut: **1.** ⟨tr.; hat; etw. k.⟩ *mit den Zähnen zerkleinern: das Brot, das Fleisch kauen; ⟨auch itr.⟩ gut, langsam, gründlich kauen; lange an einem zähen Stück Fleisch kauen (mühsam zu zerkleinern suchen). Syn.:*beißen. **2.** ⟨itr.; hat⟩ *an etwas nagen, knabbern: am, auf dem Bleistift, an den Fingernägeln kauen.*

der **Kauf** [kauf]; -[e]s, Käufe ['kɔyfə]: *Erwerb von etwas für Geld: ein günstiger Kauf; einen Kauf abschließen, tätigen, rückgängig machen; ein Haus zum Kauf anbieten. Syn.:*Anschaffung, Einkauf, Erwerb. *Zus.:*Gelegenheitskauf, Ratenkauf.

kau|fen ['kaufn], kauft, kaufte, gekauft ⟨tr.; hat; etw. k.⟩: **1.** *für Geld erwerben: ich will [mir] ein Auto kaufen; etwas billig, für viel Geld kaufen; hier gibt es alles zu kaufen. Syn.:*anschaffen. **2.** *einkaufen: sie kauft nur im Supermarkt; vergiss nicht, Milch zu kaufen!*

der **Käu|fer** ['kɔyfɐ]; -s, -, die **Käu|fe|rin** ['kɔyfərɪn]; -, -nen: *Person, die etwas kauft oder gekauft hat: einen Käufer für etwas suchen, gefunden haben. Syn.:*Kunde, Kundin, Kundschaft.

die **Kauf|frau** ['kauffrau]; -, -en: *weibliche Person, die eine kaufmännische Ausbildung hat: sie ist Kauffrau. Syn.:*Geschäftsfrau,

Händlerin. *Zus.:*Diplomkauffrau, Einzelhandelskauffrau, Exportkauffrau.

das **Kauf|haus** ['kaufhaus]; -es, Kaufhäuser ['kaufhɔyzɐ]: *Geschäft mit mehreren Etagen, in dem Waren verschiedenster Art angeboten werden: in einem Kaufhaus einkaufen. Syn.:*Warenhaus.

käuf|lich ['kɔyflɪç], käuflicher, am käuflichsten ⟨Adj.⟩: **1.** *gegen Geld erhältlich: etwas käuflich erwerben.* **2.** *bestechlich: ein käuflicher Beamter; er ist käuflich. Syn.:*korrupt.

der **Kauf|mann** ['kaufman]; -[e]s, Kaufleute ['kauflɔytə]: *männliche Person, die eine kaufmännische Ausbildung hat: er ist Kaufmann. Syn.:*Geschäftsmann, Händler. *Zus.:*Diplomkaufmann, Einzelhandelskaufmann, Exportkaufmann.

kauf|män|nisch ['kaufmɛnɪʃ] ⟨Adj.⟩: *die Arbeit, Stellung des Kaufmanns betreffend, nach Art eines Kaufmanns: sie ist kaufmännische Angestellte.*

der *oder* das **Kau|gum|mi** ['kaugʊmi]; -s, -s: *Süßigkeit, die beim Kauen weich wie Gummi wird: Kaugummi kauen.*

kaum [kaum] ⟨Adverb⟩: **1.** *wahrscheinlich nicht, vermutlich nicht: sie wird es kaum tun.* **2.** *fast nicht, nur mit Mühe: das ist kaum zu glauben; ich kann es kaum erwarten.* **3.** *nur sehr wenig, fast gar nicht: sie hatte kaum geschlafen; er ist kaum älter als sie.* **4.** *gerade eben; erst seit ganz kurzer Zeit: kaum war er zu Hause, rief er mich an; sie hatten kaum mit der Arbeit begonnen, da mussten sie schon wieder damit aufhören.*

die **Kau|ti|on** [kau'tsio:n]; -, -en: *Geldsumme, die man als Sicherheit beim Mieten einer Wohnung hinterlegen muss: wir müssen für die Wohnung zwei Monatsmieten Kaution bezahlen. Syn.:*Pfand.

der **Ka|va|lier** [kava'li:ɐ]; -s, -e: *Mann, der sich bes. Frauen gegenüber höflich und hilfsbereit zeigt: dieser Mann ist ein Kavalier.*

keck [kɛk], kecker, am kecksten ⟨Adj.⟩: *frech [wirkend]: eine kecke Antwort, Nase; er hatte die Mütze keck in die Stirn gezogen. Syn.:*kess.

der **Ke|gel** ['ke:gl̩]; -s, -: **1.** *geometrischer Körper, der nach oben immer schmaler wird und einen kreisförmigen Boden hat: ein spitzer, stumpfer Kegel.* **2.** *Figur für das Kegelspiel: alle Kegel gleichzeitig umwerfen.*

ke|geln ['ke:gl̩n], kegelt, kegelte, gekegelt ⟨itr.; hat⟩: *eine Kugel so werfen, dass sie über die Bahn rollt und von den neun*

Kegeln möglichst viele umwirft: wir wollen heute Abend kegeln.

die **Keh|le** [ˈkeːlə]; -, -n: **1.** *vordere Seite des Halses:* er packte ihn an der Kehle; der Marder hat dem Huhn die Kehle durchgebissen. *Syn.:* Gurgel. **2.** *der Rachen (mit Luft- und Speiseröhre):* als er den Fisch aß, blieb ihm eine Gräte in der Kehle stecken. *Syn.:* Hals.

das **Kehr|blech** [ˈkeːɐ̯bleç]; -s, -e: *kleine Schaufel, mit der man den zusammengefegten Schmutz aufnimmt:* er fegte die Scherben mit dem Handfeger auf das Kehrblech.

keh|ren [ˈkeːrən], kehrt, kehrte, gekehrt ⟨tr.; hat⟩: **1.** ⟨bes. südd.⟩ *(etw. k.)* *von einem Besen von Schmutz, Staub befreien:* die Küche, die Straße kehren; ⟨auch itr.⟩ ich muss noch kehren. *Syn.:* fegen (bes. nordd.). **2.** ⟨etw. irgendwohin k.⟩ *mit einem Besen entfernen:* die Blätter von der Terrasse kehren; den Staub unter den Teppich kehren. *Syn.:* fegen (bes. nordd.).

der *oder* das **Kehr|richt** [ˈkeːrɪçt]; -s: *mit dem Besen Zusammengekehrtes:* den Kehricht in den Mülleimer schütten. *Syn.:* Dreck, Müll, Schmutz.

die **Kehr|sei|te** [ˈkeːɐ̯zaitə]; -, -n: *nachteilige Seite einer Sache:* die Kehrseite bei der Sache ist, dass ... *Syn.:* Haken (ugs.), Nachteil.

kehrt|ma|chen [ˈkeːɐ̯tmaxn̩], macht kehrt, machte kehrt, kehrtgemacht ⟨itr.; hat⟩: *sich umdrehen und sich wieder in die Gegenrichtung bewegen:* ich musste auf halbem Weg kehrtmachen, weil ich das Brot vergessen hatte; als er seine ehemaligen Rivalen sah, machte er kehrt. *Syn.:* umkehren, wenden.

kei|fen [ˈkaifn̩], keift, keifte, gekeift ⟨itr.; hat⟩: *auf eine böse Art laut schimpfen:* die Frau keift den ganzen Tag.

der **Keim** [kaim]; -[e]s, -e: **1.** *Trieb einer Pflanze:* die jungen Keime wurden schon sichtbar. *Zus.:* Pflanzenkeim. **2.** *organischer Erreger von Krankheiten:* vorhandene Keime mit einem Desinfektionsmittel abtöten. *Syn.:* Bakterie, Virus. *Zus.:* Krankheitskeim.

kei|men [ˈkaimən], keimt, keimte, gekeimt ⟨itr.; hat; etw. k.⟩: *(von einem Samen) zu wachsen beginnen:* die Bohnen keimen schon. *Syn.:* aufgehen.

keim|frei [ˈkaimfrai] ⟨Adj.⟩: *frei von Krankheitserregern; sterilisiert:* ein keimfreier Verband; Instrumente, Milch keimfrei machen. *Syn.:* steril.

kein [kain], kein, keine, kein ⟨unbestimmter Artikel⟩; keiner, keine, kein(e)s ⟨Indefinitpronomen⟩: **1.** *nicht ein, nicht irgendein:* kein Wort sagen; kein Mensch war da. **2.** *nicht, nichts von:* keine Angst haben; er kann kein Englisch. **3.** kehrt das folgende Adjektiv ins Gegenteil: das ist keine schlechte Idee; er ist kein schlechter Lehrer. **4.** (ugs.) ⟨vor Kardinalzahlen⟩ *nicht ganz, nicht einmal:* es hat keine 10 Minuten gedauert. **5.** ⟨allein stehend⟩ *keine Person, keine Sache:* keiner muss sich schämen; keine von beiden hatte es böse gemeint; keines der Mittel hilft besser als dieses.

kei|ner|lei [ˈkainɐˈlai] ⟨Zahladjektiv⟩: *nicht der, die, das Geringste; keine Art von:* er will keinerlei Verpflichtungen eingehen; es lagen keinerlei Beweise zugrunde.

kei|nes|falls [ˈkainəsˈfals] ⟨Adverb⟩: *gewiss nicht, auf keinen Fall:* ich werde sie keinesfalls besuchen; das habe ich keinesfalls gesagt. *Syn.:* keineswegs, nicht, nie.

kei|nes|wegs [ˈkainəsˈveːks] ⟨Adverb⟩: *durchaus nicht:* das ist keineswegs der Fall; das war keineswegs böse Absicht. *Syn.:* keinesfalls, nicht.

die **-keit** [kait]; -, -en ⟨Suffix⟩: **1.** ⟨Ableitung von Adjektiven auf »-bar«⟩ Kostbarkeit; Trennbarkeit. **2.** ⟨Ableitung von Adjektiven auf »-ig«⟩ Abhängigkeit; Einigkeit; Gefälligkeit; Notwendigkeit. **3.** ⟨Ableitung von Adjektiven auf »-lich«⟩ Gastfreundlichkeit; Herzlichkeit; Höflichkeit; Öffentlichkeit. **4.** ⟨Ableitung von Adjektiven auf »-er«⟩ Biederkeit; Sauberkeit; Tapferkeit. **5.** ⟨Ableitung von Adjektiven auf »-el«⟩ Eitelkeit; Übelkeit.

der, (österr.) das **Keks** [keːks]; - und -es - und -e: **1.** *Plätzchen:* Kekse backen, essen; eine Dose, Packung Keks. *Syn.:* Gebäck. **2.** (ugs.) in der Verbindung * **jmdm. auf den Keks gehen:** *jmdm. lästig werden, auf die Nerven gehen:* langsam gehst du mir auf den Keks mit deinem Gejammer.

die **Kel|le** [ˈkɛlə]; -, -n: *großer Löffel mit langem Stiel:* die Bowle, Suppe mit der Kelle aus dem Topf schöpfen. *Zus.:* Schöpfkelle, Suppenkelle.

der **Kel|ler** [ˈkɛlɐ]; -s, -: *teilweise oder ganz unter der Erde liegender Teil eines Hauses:* ein dunkler, feuchter Keller; zu jeder Wohnung gehört ein Keller.

der **Kell|ner** [ˈkɛlnɐ]; -s, -, die **Kell|ne|rin** [ˈkɛlnərɪn]; -, -nen: *Person, die in Restaurants oder Cafés den Gästen Speisen und Getränke serviert:* er arbeitet als Kellner, den Kellner rufen; er bat die Kellnerin um die Rechnung. *Syn.:* Bedienung, Ober, Servierer, Serviererin.

kell|nern [ˈkɛlnɐn], kellnert, kellnerte, gekellnert ⟨itr.; hat⟩ (ugs.): *als Kellner arbeiten:* sie kellnert am Wochenende. *Syn.:* bedienen, servieren.

ken|nen [ˈkɛnən], kennt, kannte, gekannt ⟨itr.; hat⟩: **1.** ⟨etw. k.⟩ *wissen:* jmds. Namen, Adresse kennen; kennst du ein gutes Restaurant?; ich kenne den Grund für sein Verhalten. **2.** ⟨jmdn., sich, etw. k.⟩ *mit etwas vertraut sein:* ich kenne Berlin; sie kennt die Verhältnisse. *Syn.:* sich auskennen in/mit. **3.** ⟨jmdn. k.⟩ *mit jmdm. bekannt sein:* jmdn. näher, nur flüchtig kennen; wir kennen einander/uns seit Kindertagen.

ken|nen|ler|nen [ˈkɛnənlɛrnən], lernt kennen, lernte kennen, kennengelernt, **kennen lernen** ⟨tr.; hat; jmdn., etw. k.⟩: *mit jmdm., etwas bekannt, vertraut werden:* jemanden kennenlernen; ich habe sie letztes Jahr kennengelernt; ich freue mich, Sie kennzulernen!; die Stadt, die Gegend kennenlernen.

kennt|lich [ˈkɛntlɪç] ⟨Adj.⟩: *gut zu erkennen:* Zitate durch abweichenden Druck im Text kenntlich machen *(kennzeichnen). Syn.:* sichtbar.

die **Kennt|nis** [ˈkɛntnɪs]; -, -se: **1.** ⟨ohne Plural⟩ *das Wissen von etwas:* es geschah ohne meine Kenntnis; sie hatte [keine] Kenntnis von dem Vorhaben; sich aus eigener Kenntnis ein Bild von etwas machen können; nach meiner Kenntnis ist die Sache anders gelaufen. *Zus.:* Menschenkenntnis, Ortskenntnis, Sachkenntnis. **2.** ⟨Plural⟩ *[durch Erfahrung oder Studium erworbenes] Wissen auf einem bestimmten Gebiet, in einem bestimmten Fach:* auf einem bestimmten Gebiet besondere, hervorragende Kenntnisse haben, besitzen; Kenntnisse in mehreren Fremdsprachen haben; ich will meine Kenntnisse in Deutsch auffrischen, erweitern, vertiefen. *Zus.:* Sprachkenntnisse.

das **Kenn|wort** [ˈkɛnvɔrt]; -[e]s, Kennwörter [ˈkɛnvœrtɐ]: **1.** *einzelnes Wort als Kennzeichen:* Angebote sind unter dem Kennwort »Flughafen« einzusenden; Spenden bitte auf unser Konto unter dem Kennwort »Flutkatastrophe« einzahlen. *Syn.:* Zeichen. **2.** *nur bestimmten Personen bekanntes Wort, das jmdn. zu etwas berechtigt:* Eintritt erhält nur, wer sich durch das Kennwort ausweisen kann; zum Aufrufen der Internetseite geben Sie bitte Ihr Kennwort ein.

das **Kenn|zei|chen** [ˈkɛntsaɪçn̩]; -s, -: **1.** *charakteristisches Merkmal:* auffälliges Kennzeichen des Gesuchten ist eine große Narbe im Gesicht. *Syn.:* Besonderheit, Eigenschaft. **2.** *Schild mit Buchstaben und/oder Zahlen, das als amtliches Zeichen an einem Kraftfahrzeug angebracht sein muss:* das polizeiliche Kennzeichen des Fahrzeugs ist nicht bekannt; der Fahrer des Wagens mit dem Kennzeichen MA-YP 376 wird zu seinem Fahrzeug gebeten. *Zus.:* Autokennzeichen.

kenn|zeich|nen [ˈkɛntsaɪçnən], kennzeichnet, kennzeichnete, gekennzeichnet ⟨tr.; hat; etw. k.⟩: *mit einem Kennzeichen versehen:* alle Waren sind gekennzeichnet *(mit Preisschildern versehen);* Zitate werden durch Anführungsstriche gekennzeichnet. *Syn.:* markieren.

kenn|zeich|nend [ˈkɛntsaɪçnənt] ⟨Adj.⟩: *für jmdn., etwas typisch:* kennzeichnende Eigenschaften; die Farben sind kennzeichnend für diese Malerin. *Syn.:* bezeichnend, charakteristisch.

die **Ke|ra|mik** [keˈraːmɪk]; -, -en: *Gefäß oder anderer Gegenstand aus gebranntem Ton:* eine Ausstellung alter Keramiken.

der **Kerl** [kɛrl]; -s, -e und abwertend auch: -s (ugs.): *männliche Person:* ein junger, kräftiger, großer Kerl; ein tüchtiger, anständiger, feiner Kerl; ein grober, gemeiner Kerl; ich kann den Kerl nicht leiden. *Syn.:* ¹Junge, Mann, Typ.

der **Kern** [kɛrn]; -[e]s, -e: **1.** *Samen einer Frucht (z. B. von Apfel, Kirsche, Haselnuss). Syn.:* Stein. *Zus.:* Apfelkern, Kirschkern, Pfirsichkern, Sonnenblumenkern. **2.** *wichtigster Teil von etwas:* der Kern des Problems; die Sache hat einen wahren Kern.

die **Kern|ener|gie** [ˈkɛrnʔenɛrgiː]; -: *bei der Spaltung von Atomen frei werdende Energie:* die friedliche Nutzung der Kernenergie.

ker|nig [ˈkɛrnɪç], kerniger, am kernigsten ⟨Adj.⟩: **1.** *ursprünglich und kraftvoll:* ein kerniger Mann, Ausspruch. **2.** *(von Früchten) voll von Kernen:* die Mandarinen sind sehr kernig.

die **Kern|kraft** [ˈkɛrnkraft]; -: Kernenergie.

der Docht

die Kerze

die **Ker|ze** [ˈkɛrtsə]; -, -n: *Gebilde aus gegossenem Wachs mit einem Docht in der Mitte, der langsam brennt und dessen Funktion es ist, Licht zu spenden:* eine

Kerze anzünden, ausblasen. *Zus.:* Adventskerze, Duftkerze, Wachskerze.

ker|zen|ge|ra|de ['kɛrtsŋɡəˈraːdə] ⟨Adj.⟩: *völlig gerade:* auf einer kerzengeraden Straße fahren; er saß kerzengerade in seinem Sessel. *Syn.:* aufrecht.

kess [kɛs], kesser, am kessesten ⟨Adj.⟩: *frech, respektlos:* kesse Antworten, Kommentare; ein kesses Mädchen; sie ist sehr kess. *Syn.:* keck.

der **Kes|sel** ['kɛsl̩]; -s, -: *großes Gefäß aus Metall zum Kochen:* ein kupferner Kessel; im Kessel kocht Suppe. *Zus.:* Kaffeekessel, Kupferkessel, Wasserkessel.

der *oder* das **Ket|chup** ['kɛtʃap], **Ket|schup;** -[s], -s: *pikante dicke Soße zum Würzen:* Pommes frites mit Ketchup. *Zus.:* Tomatenketchup.

die **Ket|te** ['kɛtə]; -, -n: **1.** *Gegenstand, der aus einzelnen beweglichen Gliedern besteht und meist aus Metall ist:* eine eiserne, stählerne Kette; die Kette klirrt; den Hund an die Kette legen. *Zus.:* Absperrkette, Ankerkette, Eisenkette. **2.** *Schmuck für den Hals:* sie trägt eine goldene Kette. *Zus.:* Halskette, Perlenkette. **3.** *Reihe von Menschen, die sich an den Händen gefasst haben:* die Polizisten, Demonstranten bildeten eine Kette. *Zus.:* Menschenkette.

keu|chen ['kɔyçn̩], keucht, keuchte, gekeucht ⟨itr.; hat⟩: *schwer, mühsam und geräuschvoll atmen:* er keuchte schwer unter seiner Last; sein Atem ging keuchend. *Syn.:* schnauben.

die **Keu|le** ['kɔylə]; -, -n: *Schenkel von bestimmtem Geflügel; Oberschenkel von Tieren:* eine dicke, fleischige, gebratene Keule; die Keule von Gans, Hase, Reh. *Syn.:* Bein. *Zus.:* Gänsekeule, Kalbskeule, Lammkeule, Rehkeule.

ki|chern ['kɪçɐn], kichert, kicherte, gekichert ⟨itr.; hat⟩: *leise, mit hoher Stimme lachen:* die Mädchen kicherten dauernd; was gibts denn da so blöd zu kichern?; ein boshaftes Kichern.

ki|cken ['kɪkn̩], kickt, kickte, gekickt (ugs.): **1.** ⟨tr.; hat⟩ *(den Ball) mit dem Fuß schießen:* der Stürmer kickte den Ball ins Tor. **2.** ⟨itr.; hat⟩ *Fußball spielen:* er kickt jetzt für einen anderen Verein.

kid|nap|pen ['kɪtnɛpn̩], kidnappt, kidnappte, gekidnappt ⟨tr.; hat; jmdn. k.⟩: *entführen:* Gangster haben den Sohn des Präsidenten gekidnappt.

der **¹Kie|fer** ['kiːfɐ]; -s, -: *Teil des Schädels, in dem die Zähne sitzen:* ein kräftiger Kiefer; den Kiefer röntgen. *Zus.:* Oberkiefer, Unterkiefer.

der ¹Kiefer

die **²Kie|fer** ['kiːfɐ]; -, -n: *Nadelbaum mit langen, in Bündeln wachsenden Nadeln und kleinen Zapfen:* in diesem Wald stehen viele Kiefern.

die ²Kiefer

der **Kies** [kiːs]; -es: *kleine Steine, die man vor allem an Flüssen und am Meer findet und die auch zum Bauen verwendet werden:* der Weg ist mit Kies bedeckt.

kif|fen ['kɪfn̩], kifft, kiffte, gekifft ⟨itr.; hat⟩ (ugs.): *Haschisch oder Marihuana rauchen:* er kifft schon seit vielen Jahren.

der **Kil|ler** ['kɪlɐ]; -s, -, die **Kil|le|rin** ['kɪlərɪn]; -, -nen (ugs.): *Person, die kaltblütig mordet:* der Killer wurde zum Tode verurteilt. *Syn.:* Mörder, Mörderin.

das **Ki|lo** ['kiːlo]; -s, -[s]: *Kilogramm:* zwei Kilo Apfelsinen.

das **Ki|lo|gramm** [kiloˈɡram]; -s, -e: *Einheit der Masse (Abkürzung: kg):* 1 000 Gramm: vier Kilogramm Mehl. *Syn.:* Kilo.

der **Ki|lo|me|ter** [kiloˈmeːtɐ]; -s, -: *Einheit der Länge (Abkürzung: km):* 1 000 Meter: bis zum nächsten Dorf sind es noch zwei Kilometer zu Fuß.

das **Kind** [kɪnt]; -[e]s, -er: **1.** *Mensch in der Kindheit:* ein gesundes, kräftiges, neugeborenes Kind; ein begabtes, lebhaftes, ungezogenes Kind; ein Kind wird geboren; sie erwartet ein Kind; die Kinder spielen im Garten; Kinder bis zu 12 Jahren / bis 12 Jahre; ein Kind von einem halben Jahr; sie kennen sich von Kind an/auf. *Syn.:* Baby, Säugling. *Zus.:* Kleinkind, Schulkind, Waisenkind. **2.** *der eigene Sohn oder die eigene Tochter:* sein eigenes, leibliches Kind; ihre Kinder sind alle verheiratet. *Syn.:* Nachwuchs. *Zus.:* Adoptivkind, Enkelkind.

der **Kin|der|gar|ten** ['kɪndɐɡartn̩]; -s, Kindergärten ['kɪndɐɡɛrtn̩]: *Einrichtung zur Betreuung und Förderung von Kindern*

Kindergarten

In Deutschland, Österreich und der Schweiz besuchen fast alle Kinder (über 90 %) einen Kindergarten. Der Besuch des Kindergartens ist allerdings freiwillig, nicht verpflichtend. Viele Kindergärten sind bis mittags geöffnet; nachmittags sind die Kinder zu Hause. Andere haben ganztags geöffnet. In Deutschland und Österreich sind die Kinder meistens drei Jahre im Kindergarten (ab dem 4. Lebensjahr), in der Schweiz 2 bis 3 Jahre (ab dem 5. oder 6. Lebensjahr, je nach Kanton).

im Alter von 3 bis 6 Jahren: unser Kind geht ganztags in den Kindergarten.

der **Kin|der|gärt|ner** [ˈkɪndɐɡɛrtnɐ]; -s, -, die **Kin|der|gärt|ne|rin** [ˈkɪndɐɡɛrtnərɪn]; -, -nen: *Person, die als Erzieher, Erzieherin in einem Kindergarten arbeitet. Syn.:* Erzieher, Erzieherin.

das **Kin|der|geld** [ˈkɪndɐɡɛlt]; -[e]s: *Geld, das der Staat Familien mit Kindern zahlt:* Kindergeld beantragen; das Kindergeld erhöhen; wir bekommen jeden Monat Kindergeld.

kin|der|leicht [ˈkɪndɐˈlaɪçt] ⟨Adj.⟩ (emotional): *sehr einfach, ohne jede Schwierigkeit:* eine kinderleichte Aufgabe; die Prüfung war kinderleicht.

kin|der|lieb [ˈkɪndɐliːp] ⟨Adj.⟩: *Kinder liebend, gern mit Kindern zu tun habend:* ein kinderlieber Mann; der Hund ist sehr kinderlieb.

kin|der|los [ˈkɪndɐloːs] ⟨Adj.⟩: *kein Kind habend, ohne eigene Kinder:* ein kinderloses Paar; sie sind kinderlos geblieben.

kin|der|reich [ˈkɪndɐraɪç] ⟨Adj.⟩: *viele Kinder habend:* eine kinderreiche Familie.

der **Kin|der|wa|gen** [ˈkɪndɐvaːɡn̩]; -s, -: *Wagen, in dem Babys spazieren gefahren werden:* heute schob den Vater den Kinderwagen; das Baby in den Kinderwagen legen.

die **Kind|heit** [ˈkɪnthaɪt]; -: *die Zeit, in der der Mensch ein Kind ist; Zeit von der Geburt bis etwa zur Pubertät:* sie hat eine glückliche Kindheit verbracht; er erinnert sich kaum noch an seine Kindheit.

kin|disch [ˈkɪndɪʃ], kindischer, am kindischsten ⟨Adj.⟩ (abwertend): *(als Erwachsener) sich wie ein Kind benehmend; unreif, albern:* ein kindisches Verhalten; benimm dich doch nicht so kindisch! *Syn.:* blöd[e] (ugs.).

kind|lich [ˈkɪntlɪç] ⟨Adj.⟩: **1.** *für ein Kind typisch:* die kindliche Lust am Spielen; die kindliche Psyche. **2.** *(über einen Erwachsenen) sich wie ein Kind benehmend, wie ein Kind aussehend, wirkend:* eine kindliche Figur; ein kindliches Gesicht; sie wirkt noch sehr kindlich; er hat ein kindliches Vergnügen an der elektrischen Eisenbahn. *Syn.:* jugendlich, jung.

die **Kin|ker|litz|chen** [ˈkɪŋkəlɪtsçən] ⟨Plural⟩ (ugs.): *unwichtige Kleinigkeiten, Nichtigkeiten:* um solche Kinkerlitzchen wollte er sich nicht kümmern.

das **Kinn** [kɪn]; -[e]s, -e: *Teil des Gesichts unterhalb des Mundes:* ein spitzes, vorstehendes Kinn.

das **Ki|no** [ˈkiːno]; -s, -s: **1.** *Raum, Gebäude, in dem Spielfilme gezeigt werden:* einen Film im Kino sehen; was läuft denn heute im Kino? *(welcher Film wird denn heute im Kino gezeigt?). Zus.:* Autokino. **2.** ⟨ohne Plural⟩ *Vorstellung, bei der ein Spielfilm vorgeführt wird:* ins Kino gehen; das Kino fängt um 9 Uhr an.

der **Ki|osk** [ˈkiːɔsk]; -[e]s, -e: *kleines Häuschen mit einem Geschäft, wo vor allem Zeitungen, Getränke, Zigaretten verkauft werden:* am Kiosk eine Zeitung kaufen. *Syn.:* Bude, Trafik (österr.). *Zus.:* Zeitungskiosk.

das **Kip|fel** [ˈkɪpfl̩]; -s, -, **Kip|ferl** [ˈkɪpfɐl]; -s, -n (bayr., österr.): **1.** *Hörnchen, das man zum Frühstück isst.* **2.** *kleines Gebäck, Plätzchen in der Form eines Hörnchens, das man vor allem im Advent isst:* Kipfel/Kipferln backen.

die **¹Kip|pe** [ˈkɪpə]; -, -n (ugs.): *Rest einer gerauchten Zigarette:* die Kippe im Aschenbecher ausdrücken. *Zus.:* Zigarettenkippe.

²Kip|pe [ˈkɪpə]: in der Verbindung * **auf der Kippe stehen** (ugs.): *gefährdet sein:* die Zukunft der Firma steht auf der Kippe; nach den gescheiterten Verhandlungen steht der Frieden auf der Kippe.

kip|pen [ˈkɪpn̩]; kippt, kippte, gekippt: **1.** ⟨tr.; hat; etw. [irgendwohin] k.⟩ *schräg stellen:* das Fenster kippen; den Eimer kippen; er hat die Kiste nach hinten gekippt. **2.** ⟨tr.; hat; etw. [irgendwohin] k.⟩ *ausschütten, wobei man den Behälter schräg hält:* sie hat den Müll einfach auf die Straße gekippt. *Syn.:* ausleeren.

K

3. ⟨itr.; ist⟩ *sich neigen, umfallen:* der Tisch kippt; das Boot ist gekippt.

die Kir|che ['kɪrçə]; -, -n: **1.** *Gebäude für den christlichen Gottesdienst:* eine Kirche besichtigen; in die Kirche gehen. *Zus.:* Dorfkirche, Klosterkirche. **2.** ⟨ohne Plural⟩ *christlicher Gottesdienst:* wann ist heute Kirche?; die Kirche hat schon angefangen. *Syn.:* Andacht, ¹Messe. **3.** *(zu einer Institution zusammengeschlossene) christliche Gemeinschaft von Gläubigen:* die katholische, anglikanische Kirche; der evangelischen Kirche angehören; aus der Kirche austreten.

die Kir|chen|steu|er ['kɪrçn̩ʃtɔyɐ]; -, -n: *Steuer, die die Mitglieder einer Kirche zahlen:* monatlich Kirchensteuer[n] zahlen.

kirch|lich ['kɪrçlɪç] ⟨Adj.⟩: *die Kirche betreffend, der Kirche gehörend, nach den Formen, Vorschriften der Kirche:* eine kirchliche Einrichtung; sich kirchlich trauen lassen.

die Kir|mes ['kɪrmɛs]; -, -sen (landsch.): *Markt mit Karussells u. Ä.:* zur / auf die Kirmes gehen.

die Kir|sche ['kɪrʃə]; -, -n: *kleine, rote, süß bis säuerlich schmeckende Frucht mit einem Kern:* süße, saftige, saure, madige Kirschen; Kirschen pflücken, ernten, entsteinen. *Zus.:* Sauerkirsche, Süßkirsche.

die Kirsche

das Kis|sen ['kɪsn̩]; -s, -: *Hülle aus Stoff, die mit weichem Material gefüllt ist und die man auf den Stuhl, ins Bett oder auf das Sofa legt:* ein rundes, hartes, weiches, flaches Kissen; sich ein Kissen nehmen, unterschieben; seinen Kopf auf das Kissen legen. *Syn.:* Polster (österr.). *Zus.:* Kopfkissen, Sitzkissen, Sofakissen.

das Kissen

die Kis|te ['kɪstə]; -, -n: **1.** *rechteckiger Behälter aus einem festen Material, meist mit Deckel und häufig benutzt, um Dinge zu transportieren:* eine leere, schwere, große Kiste; etwas in Kisten verpacken. *Zus.:* Bücherkiste, Holzkiste, Porzellan-

kiste, Weinkiste. **2.** (österr.) *Kasten:* 2 Kisten Bier kaufen. *Syn.:* Harass (schweiz.). *Zus.:* Bierkiste.

der Kitsch [kɪtʃ]; - [e]s: *Produkt, das als übertrieben sentimal empfunden wird und deshalb lächerlich und geschmacklos wirkt:* die Bilder sind reiner Kitsch; die Andenkenläden sind voller Kitsch.

kit|schig ['kɪtʃɪç], kitschiger, am kitschigsten ⟨Adj.⟩: *Kitsch darstellend:* kitschige Farben; das Bild, die Geschichte ist kitschig; ich finde den Film nicht kitschig!

der Kit|tel ['kɪtl̩]; -s, -: *einem Mantel ähnliches Kleidungsstück, das bei der Arbeit getragen wird:* sich einen Kittel überziehen; die Ärztin trägt einen weißen Kittel. *Zus.:* Arbeitskittel, Arztkittel.

kit|zeln ['kɪtsl̩n], kitzelt, kitzelte, gekitzelt: **1.** ⟨itr.; hat⟩ *reizen, kribbeln:* das Haar kitzelt im Ohr; das kitzelt ja fürchterlich! **2.** ⟨tr.; hat⟩ jmdn. [an etw.] k.⟩ *jmdn. zum Lachen bringen, indem man ihn mehrere Male schnell hintereinander berührt:* jmdn. an den Fußsohlen kitzeln; sie kitzelte das Baby am Bauch.

kitz|lig ['kɪtslɪç], kitzliger, am kitzligsten ⟨Adj.⟩: *auf Kitzeln leicht reagierend:* eine kitzlige Stelle; sie ist sehr kitzlig.

die Ki|wi ['kiːvi]; -, -s: *ovale Frucht mit saftigem grünen Fleisch und brauner behaarter Schale:* eine Kiwi essen.

kläf|fen ['klɛfn̩], kläfft, kläffte, gekläfft ⟨itr.; hat⟩ (abwertend): *(von Hunden) laut bellen:* der Hund kläfft den ganzen Tag.

die Kla|ge ['klaːgə]; -, -n: **1.** *Äußerung, durch die man Ärger, Schmerz, Trauer oder Kummer ausdrückt:* die Klagen über die schlechten Arbeitsbedingungen, die ungerechte Behandlung; sie hatten keinen Grund zur Klage; die Angehörigen des Toten brachen in laute Klagen aus. **2.** *bei Gericht vorgebrachte Beschwerde, Forderung:* eine Klage einreichen; der Staatsanwalt hat Klage gegen ihn erhoben; der Richter hat die Klage abgewiesen. *Syn.:* Anklage, Beschwerde.

kla|gen ['klaːgn̩], klagt, klagte, geklagt ⟨itr.; hat⟩: **1.** *(über etwas Bestimmtes) seine Unzufriedenheit äußern:* er klagte, es gehe ihm gesundheitlich, finanziell nicht gut; über Schmerzen klagen. *Syn.:* jammern. **2.** *(bei Gericht) jmdn. anklagen:* sie will gegen die Firma klagen. *Syn.:* prozessieren.

der Klä|ger ['klɛːgɐ]; -s, -, die Klä|ge|rin ['klɛːgərɪn]; -, -nen: *Person, die vor Gericht Klage erhebt:* der Kläger wurde bei der Verhandlung von seinem Anwalt vertreten; die Klägerin war erfolgreich.

kläg|lich [ˈklɛːklɪç], kläglicher, am kläglichsten ⟨Adj.⟩: **1.** *gering, schwach, klein; nicht ausreichend:* der Verdienst ist kläglich; ein klägliches Ergebnis; zum Essen gab es nur noch die kläglichen Reste des Vortages. *Syn.:* bescheiden, karg, kümmerlich, mager. **2.** *in beschämender oder mitleiderregender Weise:* in einem kläglichen Zustand sein; der Versuch ist kläglich gescheitert; die Spieler haben kläglich versagt; das Tier ist kläglich verendet. *Syn.:* bedauernswert, elend.

klamm [klam] ⟨Adj.⟩: **1.** *[noch] leicht feucht:* die Betten waren klamm. *Syn.:* feucht. **2.** *(bes. in Bezug auf Finger oder Hände) steif vor Kälte:* klamme Finger haben. *Syn.:* starr.

die **Klam|mer** [ˈklamɐ]; -, -n: **1.** *kleiner Gegenstand, mit dessen Hilfe etwas befestigt oder zusammengehalten werden kann:* die Wäsche mit Klammern an der Wäscheleine befestigen. *Zus.:* Büroklammer, Haarklammer, Wäscheklammer. **2.** *Zeichen, mit dem man einen Teil eines Textes einschließen kann:* eckige, runde Klammern; die Zahl wird in Klammern gesetzt.

klam|mern [ˈklamɐn], klammert, klammerte, geklammert: **1.** ⟨tr.; hat; etw. [an etw. (Akk.)] k.⟩ *mit Klammern befestigen:* einen Zettel an ein Schriftstück klammern; eine Wunde klammern. *Syn.:* befestigen, festmachen. **2.** ⟨sich k.; sich an jmdn., etw. (Akk.) k.⟩ *sich ängstlich, krampfhaft an jmdm., etwas festhalten:* die Überlebenden hatten sich verzweifelt an die Überreste des Bootes geklammert; das Kind klammerte sich ängstlich an die Mutter; er klammert sich an die Hoffnung, es doch noch schaffen zu können. *Syn.:* sich anklammern.

die **Kla|mot|te** [klaˈmɔtə]; -, -n (ugs.): ⟨Plural⟩ (salopp) *Kleidungsstück:* er kauft sich immer sehr teure Klamotten; pack deine Klamotten und verschwinde! *Syn.:* Kleidung, Kleider ⟨Plural⟩, Sachen ⟨Plural⟩ (ugs.).

klang [klaŋ]: ↑ klingen.

der **Klang** [klaŋ]; -[e]s, Klänge [ˈklɛŋə]: **1.** *das Erklingen:* beim Klang der Glocke. *Syn.:* Schall, Ton. *Zus.:* Harfenklang, Hörnerklang, Orgelklang. **2.** *(von einem Instrument oder einer Stimme erzeugter) Ton:* ein heller, dunkler, weicher, unverwechselbarer Klang; das Klavier hat einen

schönen Klang. *Syn.:* Sound. *Zus.:* Missklang, Wohlklang. **3.** ⟨Plural⟩ *Musik:* moderne, wohlbekannte Klänge; sie tanzten nach den Klängen eines Walzers.

die **Klap|pe** [ˈklapə]; -, -n: **1.** *Vorrichtung zum Öffnen und Schließen einer Öffnung:* die Klappe am Briefkasten öffnen, schließen. **2.** (salopp) *Mund:* halt die Klappe!

klap|pen [ˈklapn̩], klappt, klappte, geklappt ⟨itr.; hat⟩ (ugs.): *wie gewünscht verlaufen:* der Versuch klappte [nicht]; es hat alles reibungslos, vorzüglich geklappt. *Syn.:* gelingen, glücken.

klap|pern [ˈklapɐn] ⟨itr.; hat⟩: *harte Gegenstände immer wieder aneinanderschlagen und dadurch ein Geräusch machen:* die Tür klappert; klappernde Fensterläden; das Kind klapperte mit den Deckeln.

klapp|rig [ˈklaprɪç], klappriger, am klapprigsten ⟨Adj.⟩ (ugs.): **1.** *(von einem Auto o. Ä.) alt und nicht mehr sehr stabil oder nicht mehr gut funktionierend:* ein klappriges Fahrrad, Auto. **2.** *(von einem alten Menschen) körperlich schwach, hinfällig geworden:* der Großvater ist sehr klapprig geworden. *Syn.:* gebrechlich, schwächlich, zittrig.

der **Klaps** [klaps]; -es, -e: *leichter Schlag auf den Körper:* er gab ihm einen aufmunternden, freundschaftlichen, leichten Klaps auf die Schulter; sie gab dem Kind einen Klaps auf den Po.

klar [klaːɐ̯], klarer, am klarsten ⟨Adj.⟩: **1.** *(von Flüssigkeiten) vollkommen durchsichtig:* klares Wasser; eine klare Fleischbrühe; das Wasser des Sees ist ganz klar und sauber. *Syn.:* rein. *Zus.:* kristallklar. **2.** *(von der Atmosphäre) frei von Wolken, Nebel, Dunst:* klares Wetter; der Himmel ist klar; bei klarem Wetter kann man bis zu den Alpen sehen. *Syn.:* heiter, schön. **3.** *deutlich erkennbar, eindeutig:* klare Konturen; die Abgrenzung der einzelnen Farben ist klar und deutlich zu erkennen; die Partei hatte einen klaren Sieg errungen. *Syn.:* deutlich, eindeutig. **4.** *eindeutig und für jedermann verständlich:* klare Begriffe verwenden; alles klar? *(hast du alles verstanden?);* etwas klar und deutlich zum Ausdruck bringen. *Syn.:* deutlich, exakt, genau, treffend. * **sich über etwas klar werden:** *Klarheit, Gewissheit über etwas erlangen, etwas erkennen:* sein falsches Verhalten ist ihm zu spät klar geworden; ich bin mir über meinen Fehler klar geworden.

klä|ren ['klɛːrən], klärt, klärte, geklärt: **1.** ⟨tr.; hat; etw. k.⟩ *(durch [Rück]fragen) eine bestimmte Sache klarstellen:* diese Angelegenheit, Frage muss noch geklärt werden; der Arzt wird die Todesursache klären. **2.** ⟨sich k.⟩ *(in Bezug auf etwas, worüber Zweifel oder Unklarheiten bestehen) klar werden:* die Sache, Angelegenheit hat sich geklärt.

klar|kom|men ['klaːɐ̯kɔmən], kommt klar, kam klar, klargekommen ⟨itr.; ist; mit jmdm., etw. k.⟩ (ugs.): **1.** *mit etwas Schwierigem fertig werden:* er kam mit dieser schwierigen Aufgabe einfach nicht klar. *Syn.:* bewältigen, meistern, schaffen, zurechtkommen. **2.** *sich mit jmdm. verstehen, mit jmdm. auskommen:* wie kommst du mit der neuen Chefin klar?; wir kommen schon klar!

klar|ma|chen ['klaːɐ̯maxn̩], macht klar, machte klar, klargemacht ⟨tr.; hat; jmdm. etw. k.⟩: *deutlich machen:* wir haben ihr die Folgen ihres Handelns klargemacht; sie muss ihm klarmachen, dass es so nicht weitergehen kann.

klar|se|hen ['klaːɐ̯zeːən], sieht klar, sah klar, klargesehen ⟨itr.; hat⟩: *die Zusammenhänge von etwas erkennen:* ich sehe bei deinen Plänen noch nicht ganz klar.

klar|stel|len ['klaːɐ̯ʃtɛlən], stellt klar, stellte klar, klargestellt ⟨tr.; hat; etw. k.⟩ (ugs.): *etwas klar und deutlich sagen und damit eventuell entstandene Missverständnisse beseitigen:* es muss zuerst einmal klargestellt werden, was hier erlaubt ist und was nicht. *Syn.:* klären, verdeutlichen.

die **Klä|rung** ['klɛːrʊŋ]; -, -en: **1.** *Beseitigung, Aufklärung, Lösung:* eine sofortige, baldige, schnelle Klärung des Vorwurfs herbeiführen; zur Klärung der Frage beitragen. **2.** *Reinigung, Säuberung von Schmutz:* die Klärung der Abwässer.

klar|wer|den ['klaːɐ̯veːɐ̯dn̩], wird klar, wurde klar, klargeworden ⟨sich über etw. k.⟩: ↑ klar.

klas|se ['klasə] ⟨Adj.⟩ (ugs.): *sehr gut, sehr schön:* ein klasse Typ; der Film war klasse! *Syn.:* ausgezeichnet, genial, großartig, prima (ugs.), spitze (ugs.), toll (ugs.).

die **Klas|se** ['klasə]; -, -n: **1.** *Gruppe von Lebewesen oder Dingen, die gemeinsame Merkmale, Eigenschaften, Fähigkeiten besitzen:* die Klasse der Säugetiere. *Syn.:* Gruppe, Kategorie. **2.** *Gruppe, deren Angehörige sich in der gleichen ökonomischen und sozialen Lage befinden:* die Klasse der Arbeiterinnen und Arbeiter. *Syn.:* Schicht. *Zus.:* Arbeiterklasse. **3.** *Stufe von Komfort, Qualität (bei Dienstleistungen u. Ä.):* ich fahre erster Klasse in der Eisenbahn; der Patient liegt zweiter Klasse im Krankenhaus. *Zus.:* Luxusklasse, Touristenklasse. **4.** *Raum in einer Schule, in dem Unterricht stattfindet:* die Klasse erhält eine neue Tafel. **5.** *Gruppe von Schülerinnen und Schülern, die zusammen unterrichtet wird:* eine große, ruhige, wilde Klasse; die Klasse hat 30 Schülerinnen und Schüler; die Klasse ist sehr unruhig. *Zus.:* Schulklasse. **6.** *eine ein Jahr umfassende Stufe innerhalb der Schule:* sie geht in die dritte Klasse; die Klasse wiederholen, überspringen. *Zus.:* Abschlussklasse. **7.** ⟨ohne Plural⟩ (ugs.) *Qualität (in Bezug auf hervorragende Leistungen):* eine Künstlerin erster Klasse; dein Motorrad ist Klasse (ist toll). *Zus.:* Spitzenklasse, Superklasse.

die **Klas|sen|ar|beit** ['klasn̩ʔarbaɪt]; -, -en: *schriftliche Arbeit, die von der Schulklasse während des Unterrichts angefertigt und vom Lehrer anschließend benotet wird:* eine Klassenarbeit schreiben; in der letzten Klassenarbeit in Englisch hatte ich eine Drei *(bekam ich die Note »drei«). Syn.:* Arbeit, Schularbeit (österr.).

das **Klas|sen|buch** ['klasn̩buːx]; -[e]s, Klassenbücher ['klasn̩byːçɐ]: *Heft, in das die Lehrerin bzw. der Lehrer einträgt, was behandelt wurde, welche Schülerinnen und Schüler fehlten und welche Noten sie bekamen:* einen Schüler in das Klassenbuch eintragen; eine Eintragung ins Klassenbuch vornehmen.

die **Klas|sik** ['klasɪk]; -: **1.** *Kultur und Kunst der Antike.* **2.** *Richtung in der Kunst (besonders im Bereich von Literatur und Musik), die sich durch Harmonie und Vollkommenheit in ihren Werken auszeichnet:* die Klassik der deutschen Literatur war durch das Wirken Schillers und Goethes bestimmt. *Zus.:* Hochklassik, Nachklassik, Vorklassik.

der **Klas|si|ker** ['klasɪkɐ]; -s, -: **1.** *Vertreter der Klassik:* Mozart und Beethoven als Klassiker; die großen Werke unserer Klassiker. **2.** *Werk, das der Richtung der Klassik angehört.* **3.** *Künstler, dessen Werk als herausragend angesehen wird:* die Klassiker der antiken Philosophie. **4.** *ein Werk (besonders ein Buch oder ein Film), das seit Langem besonders beliebt und von sehr hoher Qualität ist:* das Buch

»Die Blechtrommel« von Günter Grass ist längst ein Klassiker geworden.

die **Klas|si|ke|rin** ['klasɪkərɪn]; -, -nen: **1.** *Vertreterin der Klassik.* **2.** *Künstlerin, deren Werk als herausragend angesehen wird.*

klas|sisch ['klasɪʃ] ⟨Adj.⟩: **1.** *die antike Klassik betreffend:* das klassische *(griechische und römische)* Altertum; eine schmale, klassisch gebogene Nase. **2.** *zur Klassik gehörend:* ein klassisches Drama; klassische Musik. **3.** *(wegen seiner Schönheit oder Qualität) niemals veraltend:* ein Werk von klassischer Schönheit; ein Stoff mit klassischem Muster. *Syn.:* vollendet, vollkommen. **4.** *ein typisches Beispiel für etwas darstellend:* ein klassisches Beispiel für falsche Bescheidenheit; ein klassischer, immer wieder gemachter Fehler. *Syn.:* charakteristisch, typisch.

der **Klatsch** [klatʃ]; -[e]s, -e: **1.** *klatschendes Geräusch:* mit einem Klatsch fiel die Tasche ins Wasser. **2.** ⟨ohne Plural⟩ *hässliches, oft gehässiges Gerede über jmdn., der nicht anwesend ist:* der Klatsch der Nachbarn störte ihn wenig; der Zwischenfall gab Anlass zu bösem Klatsch. *Syn.:* Gerede (ugs.), Geschwätz (ugs. abwertend).

klat|schen ['klatʃn̩], klatscht, klatschte, geklatscht ⟨itr.; hat⟩: **1.** ⟨irgendwohin k.⟩ *mit einem lauten Geräusch auf etwas fallen, gegen etwas schlagen:* der Regen klatschte gegen die Fenster. *Syn.:* prasseln, trommeln. *** in die Hände klatschen:** *die Hände zusammenschlagen:* das Kind klatschte vor Freude in die Hände. **2.** *Beifall spenden:* das Publikum klatschte lange; die Zuschauer haben Beifall geklatscht. **3.** *schlecht über jmdn. sprechen:* die Frauen standen auf der Straße und klatschten über den Pfarrer. *Syn.:* lästern.

klatsch|nass ['klatʃˈnas] ⟨Adj.⟩ (ugs.): *sehr nass:* die Wäsche ist noch klatschnass; sie waren in den Regen gekommen und klatschnass geworden.

klau|en ['klaʊən], klaut, klaute, geklaut ⟨tr.; hat⟩ ⟨[jmdm.] etw. k.⟩ (ugs.): *[kleinere Dinge] stehlen:* er hat das Geld geklaut; ⟨auch itr.⟩ sie fing schon im Alter von 12 Jahren an zu klauen.

die **Klau|sur** [klaʊˈzuːɐ̯]; -, -en: *Klassenarbeit:* wir schreiben heute eine Klausur in Physik; in der letzten Klausur hatte sie eine Zwei *(bekam sie die Note »zwei«).* *Syn.:* Arbeit, Schularbeit (österr.).

das **Kla|vier** [klaˈviːɐ̯]; -s, -e: *Musikinstrument mit Tasten:* Klavier spielen; eine Sonate auf dem Klavier spielen; ein Konzert für Klavier und Orchester.

das Klavier

das **Kle|be|band** ['kleːbəbant]; -[e]s, Klebebänder ['kleːbəbɛndɐ]: *Streifen aus Kunststoff oder Papier mit einer klebenden Schicht:* das Poster mit Klebeband an der Wand festmachen.

kle|ben ['kleːbn̩], klebt, klebte, geklebt: **1.** ⟨tr.; hat; etw. irgendwohin k.⟩ *mithilfe von Klebstoff an/auf/in etwas befestigen:* eine Briefmarke auf die Postkarte, Fotos ins Album kleben. *Zus.:* ankleben, aufkleben, einkleben, überkleben, zukleben, zusammenkleben. **2.** ⟨itr.; hat; irgendwo k.⟩ *fest (an/auf/in) etwas haften:* der Kaugummi klebt an ihren Zähnen; Plakate klebten auf der Bretterwand.

kleb|rig ['kleːbrɪç], klebriger, am klebrigsten ⟨Adj.⟩: *so beschaffen, dass etwas leicht daran klebt, haften bleibt:* du hast klebrige Finger; die Bonbons sind klebrig.

der **Kleb|stoff** ['kleːpʃtɔf]; -[e]s, -e: *zähflüssiger oder cremiger Stoff, mit dem man etwas [aneinander]kleben kann:* etwas mit Klebstoff festkleben. *Syn.:* Kleister, Leim.

kle|ckern ['klɛkɐn], kleckert, kleckerte, gekleckert (ugs.): **1.** ⟨itr.; hat⟩ *etwas aus Versehen verschütten und dadurch Flecken verursachen:* du hast [beim Essen, beim Malen] gekleckert. **2.** ⟨tr.; hat; etw. irgendwohin k.⟩ *kleckernd auf etwas fallen lassen:* Eis auf das T-Shirt kleckern. **3.** ⟨itr.; ist; irgendwohin k.⟩ *(von Flüssigkeiten o. Ä.) auf etwas tropfen und Flecken machen:* etwas Farbe, Saft ist auf die Decke gekleckert.

der **Klecks** [klɛks]; -es, -e: **1.** *kleine Menge einer Flüssigkeit oder eines Breis, die auf etwas gefallen ist:* auf der Tischdecke war ein Klecks. *Syn.:* Fleck. **2.** (ugs.) *kleine Menge (etwa ein Löffel) einer weichen Masse:* jmdm. einen Klecks Marmelade, Schlagsahne auf den Teller geben.

der **Klee** [kleː]; -s: *kleine Pflanze mit meist aus drei Teilen bestehenden Blättern und* *kugeligen weißen, gelben oder rötlichen Blüten, die auf Wiesen wächst.*

der Klee / das Kleeblatt

das **Klee|blatt** ['kle:blat]; -[e]s, Kleeblätter ['kle:blɛtɐ]: *Blatt des Klees, das meist aus drei Teilen besteht:* der Glückspilz fand ein Kleeblatt mit vier Blättern.

das **Kleid** [klait]; -[e]s, -er: **1.** *Kleidungsstück von unterschiedlicher Länge für Frauen und Mädchen:* ein neues, elegantes Kleid tragen. *Syn.:* Rock (schweiz.). *Zus.:* Abendkleid, Damenkleid, Kinderkleid, Puppenkleid, Sommerkleid. **2.** ⟨Plural⟩ *Gesamtheit der Kleidungsstücke, die jmd. trägt:* morgens mussten sie schnell in die Kleider schlüpfen *(sich anziehen).*

das Kleid

klei|den ['klaidn̩], kleidet, kleidete, gekleidet: **1.** ⟨itr.; hat; jmdm., sich k.⟩ *(als Kleidungsstück) jmdm. stehen, zu jmdm. passen:* der Mantel kleidet dich gut; die Brille kleidet ihn nicht. **2.** ⟨tr.; hat; jmdn. irgendwie k.⟩ *jmdn., sich in einer bestimmten Weise anziehen:* die Mutter kleidet ihre Kinder sehr geschmackvoll; er kleidet sich auffällig; sie ist immer gut gekleidet. *Zus.:* ankleiden, auskleiden, entkleiden.

der **Klei|der|bü|gel** ['klaidɐby:gl̩]; -s, -: *Gegenstand zum Aufhängen von Kleidungsstücken:* nachdem sie das Hemd gebügelt hatte, hängte sie es auf einen Kleiderbügel. *Syn.:* Bügel.

der **Klei|der|schrank** ['klaidɐʃraŋk]; -[e]s, Kleiderschränke ['klaidɐʃrɛŋkə]: *hoher Schrank, in dem besonders Kleidung hängend aufbewahrt wird:* den Anzug in den Kleiderschrank hängen.

die **Klei|dung** ['klaidʊŋ]; -: ⟨Plural⟩ *Gesamtheit der Kleidungsstücke:* ihre Kleidung ist sehr gepflegt; er gibt für Kleidung viel Geld aus. *Syn.:* Garderobe, Klamotten ⟨Plural⟩ (salopp), Kleider ⟨Plural⟩, Sachen ⟨Plural⟩ (ugs.). *Zus.:* Arbeitskleidung, Damenkleidung, Herrenkleidung, Kinderkleidung.

das **Klei|dungs|stück** ['klaidʊŋsʃtʏk]; -[e]s, -e: *einzelnes, zur Kleidung gehörendes Teil:* sie hat nach der Reise verschiedene Kleidungsstücke in die Reinigung gegeben.

klein [klain], kleiner, am kleinsten ⟨Adj.⟩: **1.** *von geringer Größe* /Ggs. groß/: ein kleines Haus, Land; meine Frau ist eher klein *(klein an Gestalt).* **2.** *aus einer verhältnismäßig geringen Menge, Anzahl bestehend:* eine kleine Menge, Zahl; die Teilnehmerzahl wird immer kleiner. *Syn.:* gering, wenig. **3.** *klein und nicht wichtig, unbedeutend:* das sind alles nur kleine Fehler; der Unterschied zwischen beiden ist klein. *Syn.:* gering, lächerlich, minimal, unerheblich. **4.** *(besonders von Kindern und jungen Tieren) noch sehr jung:* kleine Kinder; als du noch klein warst, ... **5.** *(von einer Person) ohne große Bedeutung, ohne Macht und Einfluss:* ein kleiner Angestellter; die kleinen Leute; sie haben klein (ugs.; *sehr bescheiden, ohne viel Geld)* angefangen.

das **Klein|geld** ['klaingɛlt]; -[e]s: *Geld in Münzen:* zum Bezahlen bitte Kleingeld bereithalten.

die **Klei|nig|keit** ['klainiçkait]; -, -en: **1.** *kleiner (nicht näher bezeichneter) Gegenstand:* noch ein paar Kleinigkeiten besorgen; jmdm. eine Kleinigkeit mitbringen. **2.** ⟨Plural⟩ *unwichtige Sache; Angelegenheit von geringer Bedeutung:* sie muss sich mit so vielen Kleinigkeiten herumschlagen; du regst dich bei jeder, über jede Kleinigkeit auf. *Syn.:* Kinkerlitzchen ⟨Plural⟩ (ugs.).

klein|krie|gen ['klainkri:gn̩], kriegt klein, kriegte klein, kleingekriegt ⟨tr.; hat; etw k.⟩ (ugs.): *es schaffen, etwas zu zerstören:* das Kind hat das neue Spielzeug in kürzester Zeit kleingekriegt. *Syn.:* kaputtmachen (ugs.), zerbrechen.

klein|laut ['klainlaut], kleinlauter, am kleinlautesten ⟨Adj.⟩: *nach vorher allzu selbstsicherem Auftreten plötzlich sehr bescheiden:* nach dem Debakel war er auf einmal ganz kleinlaut; sie bat kleinlaut um Verzeihung. *Syn.:* ²betreten.

klein|lich ['klainlɪç], kleinlicher, am kleinlichsten ⟨Adj.⟩ (abwertend): *etwas Unwichtiges, Belangloses übertrieben wichtig nehmend:* ein kleinlicher Mensch; sei nicht so kleinlich!

die **Klein|stadt** ['klainʃtat]; -, Kleinstädte ['klainʃtɛ:tə]: *kleine, kleinere Stadt:* sie kommt aus einer Kleinstadt.

der **Kleis|ter** ['klaistɐ]; -s, -: *Klebstoff aus Stärke oder Mehl und Wasser:* Kleister anrühren. *Syn.:* Leim.

K

die **Klem|me** ['klɛmə]; -, -n: **1.** *Gegenstand, mit dem man etwas festklemmt:* Haarsträhnen mit einer Klemme feststecken; die Lampe mit Klemmen anschließen. *Syn.:* Klammer. *Zus.:* Haarklemme. **2.** (ugs.) *peinliche oder schwierige Situation, in der sich jmd. befindet:* in der Klemme sitzen; sie versuchte, uns aus der Klemme zu helfen. *Syn.:* Schwierigkeit. *Zus.:* Finanzklemme, Geldklemme.

klem|men ['klɛmən], klemmt, klemmte, geklemmt: **1.** ⟨tr.; hat; etw. irgendwohin k.⟩ *fest an den Körper oder an einen Gegenstand pressen und auf diese Weise halten:* die Bücher unter den Arm klemmen; der Hund klemmt den Schwanz zwischen die Hinterbeine. **2.** ⟨itr.; hat⟩ *sich nicht glatt, ungehindert bewegen lassen:* die Tür, die Schublade klemmt.

klet|tern ['klɛtɐn], klettert, kletterte, geklettert: **1.** ⟨itr.; ist; irgendwohin k.⟩ *sich mithilfe von Händen und Füßen sehr steil aufwärts oder abwärts fortbewegen:* die Kinder kletterten auf die Mauer, vom Baum, über den Zaun. *Zus.:* herabklettern, heraufklettern, herunterklettern, hinaufklettern, hinunterklettern, hochklettern. **2.** ⟨itr.; ist/hat⟩ *im Gebirge wandern und dabei auch sehr steile Strecken überwinden:* wir klettern gerne, viel; sie sind zum Klettern in die Berge gefahren.

kli|cken ['klɪkn̩], klickt, klickte, geklickt ⟨itr.; hat⟩: **1.** *ein kurzes helles Geräusch von sich geben:* der Verschluss des Fotoapparats klickte bei der Aufnahme. **2.** (EDV) *die Taste der Maus drücken (während sich der Zeiger an einer bestimmten Stelle auf dem Bildschirm befindet):* für weitere Informationen klicken Sie bitte hier.

das **Kli|ma** ['kli:ma]; -s: *Ablauf der Witterung, wie er für ein bestimmtes Gebiet oder eine geografische Zone typisch ist:* ein mildes Klima. *Zus.:* Heilklima, Kontinentalklima, Landklima, Reizklima, Seeklima.

die **Kli|ma|an|la|ge** ['kli:maʔanlaːgə]; -, -n: *Anlage zur Regelung der Temperatur und der Feuchtigkeit der Luft in [größeren] Räumen oder Fahrzeugen:* die Klimaanlage funktionierte nicht, fiel aus.

die **Klin|ge** ['klɪŋə]; -, -n: *Teil eines Messers oder dergleichen, an dessen Rand sich die Schneide befindet:* eine breite, schmale, lange, spitze Klinge. *Zus.:* Degenklinge, Rasierklinge.

die **Klin|gel** ['klɪŋl̩]; -, -n: *Vorrichtung (z. B. an der Haustür, am Fahrrad), mit deren* Hilfe man ein (meist helles) Geräusch erzeugen kann, um irgendetwas zu signalisieren: eine laute, schrille Klingel; die Klingel geht nicht, ist abgestellt; auf die Klingel drücken. *Syn.:* Glocke (österr.). *Zus.:* Fahrradklingel, Türklingel.

klin|geln ['klɪŋl̩n], klingelt, klingelte, geklingelt: **1.** ⟨itr.; hat⟩ *die Klingel betätigen:* ich habe dreimal geklingelt; zur Pause, zum Beginn (des Konzertes), zum Unterricht klingeln; ⟨auch unpers.⟩ es hat geklingelt *(die Klingel wurde soeben betätigt).* *Syn.:* schellen (landsch.). **2.** ⟨tr.; hat; jmdn. aus etw. k.⟩ (ugs.) *durch Klingeln aus einem bestimmten Zustand holen:* jmdn. aus dem Schlaf, aus dem Bett klingeln.

klin|gen ['klɪŋən], klingt, klang, geklungen ⟨itr.; hat⟩: **1.** *einen hellen, eine kurze Weile hallenden Ton, Klang hervorbringen:* die Gläser klingen beim Anstoßen; man hört von ferne Glocken klingen. **2.** ⟨irgendwie k.⟩ *einen bestimmten Klang haben:* das Echo klingt hohl; etwas klingt unschön, silberhell. *Syn.:* sich anhören. *Zus.:* erklingen, verklingen. **3.** ⟨irgendwie k.⟩ *etwas Bestimmtes auszudrücken scheinen:* ihre Worte klangen zuversichtlich, wie ein Vorwurf. *Syn.:* sich anhören, erscheinen, wirken.

die **Kli|nik** ['kli:nɪk]; -, -en: *[großes] Krankenhaus:* sie muss morgen zur Operation in die Klinik. *Syn.:* Hospital, Spital (bes. österr., schweiz.). *Zus.:* Augenklinik, Frauenklinik, Kinderklinik, Poliklinik, Privatklinik, Universitätsklinik.

die **Klin|ke** ['klɪŋkə]; -, -n: *Griff an einer Tür, mit dem man sie öffnen oder schließen kann. Zus.:* Türklinke.

klir|ren ['klɪrən], klirrt, klirrte, geklirrt ⟨itr.; hat⟩: *einen in kurzer Folge sich wiederholenden hellen und harten Klang hervorbringen:* als die Bombe explodierte, klirrten die Scheiben; die Gläser fielen klirrend zu Boden.

das **Klo** [klo:]; -s, -s (fam.): *Klosett:* ich muss mal aufs Klo. *Syn.:* Toilette, WC.

das Klo

klo|big ['klo:bɪç], klobiger, am klobigsten ⟨Adj.⟩: *von eckiger, plumper Form:* ein klobiger Schrank; etwas sieht klobig aus.

das **Klo|pa|pier** ['klo:papiːɐ̯]; -s, -e (ugs.):

Papier zur Säuberung nach der Benutzung der Toilette: eine Rolle, ein Stück Klopapier. *Syn.:* Toilettenpapier.

klop|fen [ˈklɔpfn̩], klopft, klopfte, geklopft: **1.** ⟨itr.; hat⟩ *mehrmals leicht gegen etwas schlagen (um auf sich aufmerksam zu machen):* an die Scheibe, die Wand klopfen; nachdem er geklopft hatte, öffnete sie die Tür; es hat geklopft *(jemand hat an die Tür geklopft). Syn.:* pochen. *Zus.:* beklopfen. **2.** ⟨tr.; hat; etw. k.⟩ *schlagend bearbeiten:* der Teppich muss mal wieder geklopft werden. **3.** ⟨tr.; hat; etw. irgendwohin k.⟩ *mit einem Hammer o. Ä. schlagen:* einen Nagel in die Wand klopfen. *Syn.:* hauen.

der **Klops** [klɔps]; -es, -e: *gekochter, auch gebratener Kloß aus Hackfleisch. Zus.:* Fleischklops.

das **Klo|sett** [kloˈzɛt]; -s, -s (ugs.): *Toilette mit Wasserspülung. Syn.:* Klo (fam.), Toilette, WC. *Zus.:* Wasserklosett.

der **Kloß** [kloːs]; -es, Klöße [ˈkløːsə]: *aus einem Teig oder einer ähnlichen Masse geformtes rundes Gebilde, das man isst:* Klöße aus Fleisch, Kartoffeln. *Syn.:* Knödel. *Zus.:* Fleischkloß, Hefekloß, Kartoffelkloß.

das **Klos|ter** [ˈkloːstɐ]; -s, Klöster [ˈkløːstɐ]: *meist aus mehreren Gebäuden bestehende Anlage, in der Mönche oder Nonnen leben:* ein altes, katholisches Kloster; ins Kloster gehen *(Mönch/Nonne werden). Zus.:* Frauenkloster, Mönchskloster, Nonnenkloster.

der **Klotz** [klɔts]; -es, Klötze [ˈklœtsə]: *großer, plumper, oft eckiger Gegenstand aus einem festen Material:* ein Klotz aus Holz, Beton. *Syn.:* Block. *Zus.:* Bauklotz, Betonklotz, Holzklotz.

der **Klub** [klʊp], Club; -s, -s: *Vereinigung von Personen mit bestimmten gemeinsamen Interessen (z. B. auf dem Gebiet des Sports):* ein Klub von Wanderfreunden; einen Klub gründen; einem Klub angehören. *Syn.:* Verein. *Zus.:* Fußballklub, Herrenklub, Kegelklub, Ruderklub, Skatklub, Sportklub.

die **¹Kluft** [klʊft]; -, Klüfte [ˈklʏftə]: *tief reichender, scharfer Gegensatz:* es besteht eine tiefe Kluft zwischen den Parteien; eine Kluft überbrücken, überwinden. *Syn.:* Differenz.

die **²Kluft** [klʊft]; -, -en (ugs.): *Kleidung, die die Zugehörigkeit zu einer bestimmten Gruppe erkennen lässt:* die Kluft der Pfadfinder.

klug [kluːk], klüger, am klügsten ⟨Adj.⟩: **1.** *mit Intelligenz, logischem Denkvermögen begabt:* ein kluger Mensch; eine kluge *(von Klugheit zeugende)* Antwort; sie ist sehr klug. *Syn.:* gescheit, intelligent, schlau. **2.** *vernünftig, sinnvoll; [taktisch] geschickt und diplomatisch [vorgehend]:* ein kluger Rat; das hat er klug angefangen; ich halte es für das Klügste, erst einmal abzuwarten.

die **Klug|heit** [ˈkluːkhai̯t]; -: **1.** *scharfer Verstand:* ein Mann von großer Klugheit; sich durch ungewöhnliche Klugheit auszeichnen. *Syn.:* Begabung, Intelligenz, Scharfsinn. **2.** *kluges, besonnenes Verhalten, Handeln:* mit höchster Klugheit vorgehen.

klum|pen [ˈklʊmpn̩], klumpt, klumpte, geklumpt ⟨itr.; hat⟩: *kleine Klumpen bilden:* Mehl klumpt leicht.

der **Klum|pen** [ˈklʊmpn̩]; -s, -: *[zusammenklebende] Masse ohne bestimmte Form:* ein Klumpen Blei, Butter, Lehm. *Syn.:* Brocken. *Zus.:* Eisklumpen, Erdklumpen.

knab|bern [ˈknabɐn], knabbert, knabberte, geknabbert ⟨tr.; hat; etw. k.⟩: *etwas Hartes, Knuspriges essen, indem man kleine Stückchen davon abbeißt und sie klein kaut:* Nüsse, Kekse, Salzstangen knabbern; ⟨auch itr.⟩ der Hase knabbert an einer Möhre.

der **Kna|be** [ˈknaːbə]; -n, -n (geh.): *Junge:* ein blonder, aufgeweckter Knabe; Knaben und Mädchen.

das **Knä|cke|brot** [ˈknɛkəbroːt]; -[e]s, -e: *sehr knuspriges, trockenes, lange haltbares Brot, meist in rechteckigen, dünnen Scheiben:* eine Scheibe Knäckebrot.

kna|cken [ˈknakn̩], knackt, knackte, geknackt: **1.** ⟨itr.; hat⟩ *einen kurzen, harten, hellen Ton von sich geben:* das Bett, das Gebälk knackt; der Boden knackt unter seinen Schritten; ⟨unpers.:⟩ es knackt im Radio, im Telefon. **2.** ⟨tr.; hat; etw. k.⟩ *die harte äußere Hülle von etwas zerbrechen (um an den darin enthaltenen Kern zu gelangen):* Mandeln, Nüsse knacken. *Syn.:* aufbrechen, öffnen. *Zus.:* aufknacken. **3.** ⟨tr.; hat; etw. k.⟩ (ugs.) *gewaltsam aufbrechen:* das Schloss, einen Geldschrank, ein Auto knacken.

kna|ckig [ˈknakɪç], knackiger, am knackigsten ⟨Adj.⟩ (ugs.): *(von Essbarem) saftig und zugleich fest, prall:* knackige Äpfel; eine knackige Wurst; der Salat ist frisch und knackig.

der **Knall** [knal]; -[e]s, -e: *kurzes, scharfes Geräusch (wie es z. B. bei einem Schuss entsteht):* ein lauter, heller, dumpfer, furchtbarer Knall; mit einem Knall fiel die Tür ins Schloss. *Syn.:*Krach, Schlag. *Zus.:*Peitschenknall.

knal|len [ˈknalən], knallt, knallte, geknallt: **1.** ⟨itr.; hat⟩ *einen Knall hervorbringen:* die Peitsche knallt; mit der Peitsche, der Tür knallen; Schüsse knallten; ⟨unpers.:⟩ es knallt *(ein Knall ist zu hören).* *Syn.:* krachen. **2.** ⟨tr.; hat; etw. irgendwohin k.⟩ *(ugs.) mit Wucht an eine bestimmte Stelle werfen, stellen:* die Tasche in die Ecke knallen. *Syn.:*pfeffern (ugs.), schmeißen (ugs.). *Zus.:*hinknallen. **3.** ⟨itr.; ist; irgendwohin k.⟩ *(ugs.) mit Heftigkeit gegen etwas prallen:* bei seinem Sturz knallte er mit dem Kopf auf die Bordsteinkante; der Wagen ist an die Leitplanke geknallt.

knal|lig [ˈknalɪç], knalliger, am knalligsten ⟨Adj.⟩ (ugs.): *(von Farben) sehr grell und schreiend:* ein knalliges Gelb; die Farben sind mir zu knallig.

knapp [knap], knapper, am knappsten ⟨Adj.⟩: **1.** *kaum ausreichend:* ein knappes Einkommen; die Lebensmittel werden knapp; die Mahlzeiten waren zu knapp [bemessen]. **2.** *gerade ausreichend, eben noch [erreicht]:* ein knapper Sieg; der Wahlausgang war sehr knapp. **3.** *etwas weniger als; nicht ganz:* er ist knapp fünfzig; vor einer knappen Stunde/ knapp vor einer Stunde; es dauerte knappe zehn Minuten / knapp zehn Minuten. **4.** *(von Kleidungsstücken) sehr eng anliegend, fast zu eng:* die Hose ist/ sitzt sehr knapp; ein knapper Pullover. **5.** *(von einer mündlichen oder schriftlichen Äußerung) kurz und auf das Wesentliche beschränkt:* etwas mit knappen Worten mitteilen; seine Rede war kurz und knapp.

knar|ren [ˈknarən], knarrt, knarrte, geknarrt ⟨itr.; hat⟩: *klanglose [schnell aufeinanderfolgende] Töne von sich geben:* die Tür knarrt; eine knarrende Treppe.

er Knast [knast]; -[e]s, Knäste [ˈknɛstə], auch: -e (ugs.): **1.** *Strafe, die darin besteht, dass die betreffende Person für eine bestimmte Zeit eingesperrt wird:* er bekam drei Monate Knast. *Syn.:*Gefängnis, Haft. **2.** *Gefängnis:* er sitzt im Knast.

knat|tern [ˈknatən], knattert, knatterte, geknattert ⟨itr.; hat⟩: *kurz aufeinanderfolgende harte, einem Knall ähnliche Töne hervorbringen:* Maschinengewehre knattern. *Syn.:*knallen, krachen.

as oder der Knäu|el [ˈknɔyəl]; -s, -: *zu einer Kugel aufgewickeltes Garn:* ein Knäuel Wolle. *Zus.:*Garnknäuel, Wollknäuel.

knei|fen [ˈknaifn̩], kneift, kniff, gekniffen: **1.** ⟨tr.; hat; jmdn. k.⟩ *(bei jmdm.) ein Stückchen Haut zwischen Daumen und Zeigefinger so zusammendrücken, dass es schmerzt:* er hat mich gekniffen; sie kneift ihn in den Arm; ⟨auch itr.⟩ er kneift ihm in den Arm. *Syn.:*zwicken. **2.** ⟨itr.; hat⟩ *(von Kleidungsstücken) zu eng sein und dadurch ein unangenehmes Gefühl verursachen:* die Hose, das Gummiband kneift. **3.** ⟨itr.; hat⟩ (ugs. abwertend) *sich aus Angst oder Feigheit einer bestimmten Anforderung nicht stellen; sich [vor etwas] drücken:* er hat vor der Aufgabe gekniffen; hier wird nicht gekniffen! *Syn.:*ausweichen.

die Knei|pe [ˈknaipə]; -, -n (ugs.): *einfaches Lokal (in dem besonders Getränke serviert werden):* eine dunkle, rauchige, gemütliche Kneipe; in die Kneipe gehen; sie zogen von Kneipe zu Kneipe. *Syn.:* Beisel (bayr. ugs.; österr.), Gaststätte, Gastwirtschaft, Wirtschaft.

kni|cken [ˈknɪkn̩], knickt, knickte, geknickt ⟨tr.; hat; etw. k.⟩: **1.** *einen Knick in etwas hervorbringen:* das Dokument darf nicht geknickt werden; ⟨auch itr.⟩ bitte nicht knicken! *Syn.:*falten. **2.** *etwas Steifes so brechen, dass die noch zusammenhängenden Teile einen scharfen Winkel miteinander bilden:* ein Streichholz, einen Zweig knicken. *Zus.:*abknicken, umknicken.

das Knie [kniː]; -s, -: *Gelenk zwischen Ober- und Unterschenkel:* das Knie beugen; ihm zittern die Knie; die Knie durchdrücken; er warf sich vor ihr auf die Knie; auf die Knie fallen; der Rock reicht bis ans, bis zum Knie.

das Knie

knien [kniːn], kniet, kniete, gekniet: **1.** ⟨itr.; hat; südd.: ist⟩ *eine Haltung einnehmen, bei der das Gewicht des Körpers auf einem oder beiden Knien ruht:* er kniet auf dem Teppich, vor dem Altar. **2.** ⟨sich [irgendwohin] k.⟩ *sich auf die Knie niederlassen:* sich auf den Boden, neben jmdn. knien; sie kniete sich, um den Ball unter dem Tisch hervorzuholen. **3.** ⟨sich in etw. (Akk.) k.⟩ *sich inten-*

K

siv mit einer Sache beschäftigen: sich in die Arbeit knien.

der **Knie|strumpf** ['kni:ʃtrʊmpf]; -[e]s, Knie-strümpfe ['kni:ʃtrʏmpfə]: *Strumpf, der bis ans Knie reicht:* sie trug Knie-strümpfe.

kniff [knɪf]: ↑ kneifen.

kniff|lig ['knɪflɪç], kniffliger, am knffligs-ten ⟨Adj.⟩: **1.** *Geduld, Geschicklichkeit, Intelligenz erfordernd:* eine knifflige Arbeit, Frage; das Entwirren der Fäden ist sehr knifflig. *Syn.:* beschwerlich, mühsam. **2.** *Vorsicht erfordernd; heikel:* eine knifflige Situation, Angelegenheit; das Thema ist etwas knifflig. *Syn.:* schwierig.

knip|sen ['knɪpsn̩], knipst, knipste, geknipst ⟨tr.; hat; jmdn., etw. k.⟩ (ugs.): *fotografieren:* sie hat ihre Freundin geknipst; die Kirche, das Schloss knip-sen; ⟨auch itr.⟩ ich habe im Urlaub viel geknipst. *Syn.:* aufnehmen.

knir|schen ['knɪrʃn̩], knirscht, knirschte, geknirscht ⟨itr.; hat⟩: *ein mahlendes, hartes, helles Geräusch hervorbringen:* der Sand, der Schnee knirscht unter den Schuhen; im Schlaf mit den Zähnen knirschen.

knis|tern ['knɪstɐn], knistert, knisterte, geknistert ⟨itr.; hat⟩: *ein helles, feines Geräusch, wie es z. B. von brennendem Holz ausgehen kann, hervorbringen:* Papier, Seide knistert; er knistert mit Bonbonpapier; das Feuer knistert im Ofen. *Syn.:* knacken, prasseln, rascheln.

der **Knob|lauch** ['kno:plaux]; -[e]s: *als Gewürz verwendete Knolle mit strengem Geruch und Geschmack:* Knoblauch an den Salat geben; sie mag keinen Knoblauch.

der **Knö|chel** ['knœçl̩]; -s, -: **1.** *hervorspringen-der Knochen am Fußgelenk:* sich den Knöchel brechen, verstauchen; das Kleid reicht bis zum Knöchel. **2.** *mittleres Gelenk am Finger:* zarte, spitze Knöchel; mit dem Knöchel auf den Tisch klopfen.

der **Kno|chen** ['knɔxn̩]; -s, -: **1.** *einzelner Teil des Skeletts:* schwere, kräftige Knochen; die Knochen der Hand, des Schädels. *Zus.:* Armknochen, Backenknochen, Beckenknochen, Fußknochen, Hand-knochen. **2.** ⟨Plural⟩ (ugs.) *der ganze Kör-per:* nach dem Sturz taten ihr alle Kno-chen weh.

der **Knö|del** ['knø:dl̩]; -s, - (südd.): *Kloß:* Knö-del aus gekochten Kartoffeln; Schweins-haxe mit Knödeln.

die **Knol|le** ['knɔlə]; -, -n: *über oder unter der Erde wachsender, dicker Teil einer*

Pflanze: Kohlrabi, Kartoffeln sind Knol-len.

der **Knopf** [knɔpf]; -[e]s, Knöpfe ['knœpfə]: **1.** *kleiner, meist runder und flacher Gegenstand, der an Kleidungsstücken zum Zusammenhalten oder als Schmuck dient:* ein runder, flacher, glänzender Knopf; der Knopf ist ab, auf, zu; einen Knopf annähen, verlieren; ich kriege den Knopf nicht auf. *Zus.:* Glasknopf, Perl-muttknopf. **2.** *an einem Gerät o. Ä. befindlicher Teil, das auf Druck oder durch Drehen eine Funktion in Gang setzt bzw. beendet:* der linke Knopf ist für die Lautstärke; auf einen Knopf drü-cken; an den Knöpfen des Fernsehers drehen. *Zus.:* Schaltknopf.

 der Knopf (1)

 der Knopf (2)

die **Knos|pe** ['knɔspə]; -, -n: *Blüte, die sich noch nicht entfaltet hat, noch geschlossen ist:* die Knospen sprießen, platzen, blü-hen auf, brechen auf; der Baum treibt Knospen; Knospen ansetzen, bilden. *Zus.:* Blütenknospe, Rosenknospe.

der **Kno|ten** ['kno:tn̩]; -s, -: *rundliches Gebilde, das entsteht, wenn man zwei Schnüre oder die beiden Enden einer Schnur mit-einander verbindet und festzieht:* ein fes-ter, loser, doppelter Knoten; einen Kno-ten schlingen, machen; der Knoten ist aufgegangen.

das **Know-how** [noːˈhau]; -[s]: *besondere Kenntnisse und Erfahrungen:* sie hat das technische Know-how dafür; ihm fehlt das entsprechende Know-how.

der **Knüp|pel** ['knʏpl̩]; -s, -: *kurzer, derber Stock:* einen Hund mit dem Knüppel schlagen; die Polizei trieb die Demons-tranten mit Knüppeln auseinander.

knur|ren ['knʊrən], knurrt, knurrte, geknurrt ⟨itr.; hat⟩: *als Zeichen von Ärger brummende, rollende Laute von sich geben:* der Hund knurrt; sie knurrte wegen des schlechten Essens.

knus|prig ['knʊsprɪç], knuspriger, am knuspigsten ⟨Adj.⟩: *mit harter, leicht platzender Kruste:* knuspriges Brot; die Brötchen sind knusprig; ein knusprig gebratenes Hähnchen.

knut|schen ['knuːtʃn̩], knutscht, knutschte, geknutscht ⟨itr.; hat⟩ (ugs.): *heftig umarmen, drücken und küssen:* er hat mit ihr geknutscht; hört auf zu knutschen; ⟨auch tr.⟩ sie hat ihn geknutscht; sie knutschten sich/einander.

k. o. [ka:ˈloː] ⟨Adj.⟩: (ugs.) *(nach einer großen Anstrengung o. Ä.) körperlich erschöpft:* nach der langen Reise waren sie völlig k. o. *Syn.:* fertig (ugs.), kaputt (ugs.), müde.

die **Ko|a|li|ti|on** [koali'tsjoːn]; -, -en: *Bündnis bes. von politischen Parteien:* eine Koalition mit jmdm. bilden, eingehen; die rot-grüne Koalition; eine große Koalition *(Koalition der [beiden] zahlenmäßig stärksten Parteien in einem Parlament).*

der **Koch** [kɔx]; -[e]s, Köche [ˈkœçə]: *männliche Person, deren Beruf das Kochen ist:* Koch sein, werden; als Koch in einer Kantine arbeiten; ihr Mann ist ein begeisterter Koch *(kocht gern). Zus.:* Chefkoch, Hobbykoch, Hotelkoch, Schiffskoch.

das **Koch|buch** [ˈkɔxbuːx]; -[e]s, Kochbücher [ˈkɔxbyːçɐ]: *Buch mit Rezepten:* ein Kochbuch für Nudelgerichte; nach dem Kochbuch kochen.

ko|chen [ˈkɔxn̩], kocht, kochte, gekocht: **1.** ⟨tr.; hat; etw. k.⟩ *(warme Speisen, Getränke) auf dem Herd o. Ä.:* das Essen, Gemüse, Suppe, Tee, Kaffee kochen; etwas lange, bei mittlerer Hitze kochen; ⟨auch itr.⟩ sie kann sehr gut kochen. **2.** ⟨itr.; hat⟩ *(bestimmte Nahrungsmittel) auf dem Herd o. Ä. durch Hitze gar werden lassen:* der Pudding muss fünf Minuten kochen. *Syn.:* garen, sieden. **3.** ⟨tr.; hat; etw. k.⟩ *bis zum Sieden erhitzen:* Wasser kochen. **4.** ⟨itr.; hat⟩ *in sprudelnder Bewegung sein:* das Wasser kocht. **5.** ⟨itr.; hat⟩ *in kochendem Wasser liegen, damit es gar wird:* der Reis, die Kartoffeln müssen 20 Minuten kochen. *Syn.:* ziehen.

das **Koch|feld** [ˈkɔxfɛlt]; -[e]s, -er: *(bei einem Herd) Fläche mit mehreren Platten zum Kochen:* ein Kochfeld aus Glaskeramik; das Kochfeld mit einem weichen Tuch abwischen.

die **Kö|chin** [ˈkœçɪn]; -, -nen: *weibliche Person, deren Beruf das Kochen ist:* Köchin sein, werden; als Köchin in einer Kantine arbeiten; sie ist eine sehr gute Köchin. *Zus.:* Chefköchin, Hobbyköchin, Hotelköchin, Meisterköchin.

der **Koch|topf** [ˈkɔxtɔpf]; -[e]s, Kochtöpfe [ˈkɔxtœpfə]: *Topf, in dem Essen gekocht wird:* den Kochtopf auf den Herd stellen; Milch in den Kochtopf schütten.

der **Kof|fer** [ˈkɔfɐ]; -s, -: *tragbarer Gegenstand, in dem man seine Kleider transportiert, wenn man auf Reisen geht:* ein großer, schwerer, handlicher Koffer; die Koffer packen, auspacken; sie packte den Pullover in den Koffer. *Syn.:* Gepäck. *Zus.:* Kosmetikkoffer, Reisekoffer.

der **Kof|fer|raum** [ˈkɔfɐraʊm]; -[e]s, Kofferräume [ˈkɔfɐrɔymə]: *hinterer Teil des Autos, in dem größeres Gepäck, Kisten u. Ä. transportiert werden können:* den Kofferraum aufmachen, schließen; die Kiste in den Kofferraum stellen; den Koffer in den Kofferraum legen.

der **Kohl** [koːl]; -[e]s, -e: *Gemüse, das oft die Form von großen, runden Köpfen hat:* Kohl pflanzen, ernten, kochen. *Zus.:* Blumenkohl, Grünkohl, Rotkohl, Weißkohl.

die **Koh|le** [ˈkoːlə]; -, -n: *ein schwarzer, wie Stein aussehender Brennstoff aus der Erde:* mit Kohle[n] heizen; Kohle abbauen, fördern. *Syn.:* Brikett. *Zus.:* Braunkohle, Eierkohle, Steinkohle.

der **Kohl|ra|bi** [koːlˈraːbi]; -[s], -[s]: *weißliche Kohlart in der Form einer Knolle:* die Kohlrabi in Streifen schneiden.

das **Ko|ka|in** [kokaˈiːn]; -s: *Rauschgift aus den Blättern eines bestimmten Strauchs:* Kokain schnupfen. *Syn.:* Koks (Jargon).

ko|kett [koˈkɛt], koketter, am kokettesten ⟨Adj.⟩: *so, dass man versucht, andere auf sich aufmerksam zu machen und ihnen zu gefallen:* ein kokettes Mädchen; jmdm. kokett zulächeln.

der *oder* das **Koks** [koːks]; -es (Jargon): *Kokain:* Koks schnupfen.

der **Kol|le|ge** [kɔˈleːgə]; -n, -n, die **Kol|le|gin** [kɔˈleːgɪn]; -, -nen: *Person, mit der man beruflich zusammenarbeitet oder die den gleichen Beruf hat:* eine hilfsbereite Kollegin; den Kollegen fragen; wir sind Kollegen, Kolleginnen; er ist einer meiner Kollegen; sie ist eine meiner Kolleginnen. *Zus.:* Arbeitskollege, Arbeitskollegin, Fachkollege, Fachkollegin.

die **Kol|lek|ti|on** [kɔlɛkˈtsjoːn]; -, -en: *Sammlung von Mustern bestimmter Waren, bes. von neuer Kleidung:* in Paris wurde die neueste Kollektion von Mänteln und Kostümen gezeigt.

das **Kol|lek|tiv** [kɔlɛkˈtiːf]; -s, -e *auch:* -s: *Gruppe von Menschen, die durch gemeinsame Interessen und Aufgaben verbunden sind:* in einem Kollektiv leben, arbeiten; die Bauern schlossen sich zu einem Kollektiv zusammen. *Syn.:* Team. *Zus.:* Autorenkollektiv, Künstlerkollektiv.

das **Kol|lo|qui|um** [kɔˈloːkviʊm]; -s, Kolloquien

[kɔˈloːkvi̯ən]: *wissenschaftliches Gespräch:* ein internationales Kolloquium über Fragen der Ethik; ein Kolloquium [ab]halten. *Syn.:* Konferenz, Kongress, Seminar, Tagung, Treffen.

die **Ko|lo|nie** [koloˈniː]; -, Kolonien [koloˈniːən]: *Besitz eines Staates, der politisch und wirtschaftlich von diesem abhängig ist:* die ehemaligen französischen Kolonien in Afrika.

ko|los|sal [kolɔˈsaːl], kolossaler, am kolossalsten ⟨Adj.⟩: **1.** *(vor allem in Bezug auf Bauwerke) sehr groß und beeindruckend:* ein kolossales Bauwerk. *Syn.:* gewaltig (emotional), imposant, mächtig, monumental, riesig (ugs.). **2.** *(ugs. emotional) sehr groß, stark:* einen kolossalen Schrecken bekommen; sie hatten kolossales Glück bei dem Unfall. **3.** ⟨verstärkend bei Adjektiven und Verben⟩ *ganz besonders, sehr:* die Sache hat ihn kolossal geärgert; das erleichtert die Sache kolossal. *Syn.:* außerordentlich, enorm (ugs.), gewaltig (emotional), wahnsinnig (ugs.).

kom|bi|nie|ren [kɔmbiˈniːrən], kombiniert, kombinierte, hat kombiniert ⟨tr.; hat; etw. k.⟩: **1.** *etwas miteinander verbinden:* Rock und Bluse, Blau und Grün [miteinander] kombinieren; ein kombiniertes Wohn-Schlaf-Zimmer. **2.** *gedankliche Beziehungen zwischen verschiedenen Dingen herstellen:* sie hat richtig kombiniert, dass der Gärtner nicht der Mörder sein konnte; ⟨auch itr.⟩ blitzschnell, falsch kombinieren. *Syn.:* folgern, schließen.

der **Kom|fort** [kɔmˈfoːɐ̯]; -s: *bequeme, luxuriöse Ausstattung:* der Komfort eines Hotels; sie genießt den Komfort; das Ferienhaus bietet allen Komfort; die Wohnung ist mit allem Komfort ausgestattet. *Zus.:* Wohnkomfort.

kom|for|ta|bel [kɔmfɔrˈtaːbl̩], komfortabler, am komfortabelsten ⟨Adj.⟩: **1.** *mit Komfort:* eine komfortable Wohnung; komfortabel eingerichtete Zimmer. *Syn.:* bequem. **2.** *ohne Mühe zu benutzen:* das Gerät ist sehr komfortabel zu bedienen / in der Bedienung. *Syn.:* einfach, leicht, mühelos.

ko|misch [ˈkoːmɪʃ], komischer, am komischsten ⟨Adj.⟩: **1.** *seltsam, sonderbar:* ein komischer Mensch; sie war so komisch zu mir; das kommt mir [doch allmählich] komisch vor; komisch, dass ich noch keinen Brief erhalten habe. *Syn.:* eigenartig, merkwürdig. **2.** *lustig, witzig:* ein komisches Aussehen; eine

komische Situation; ihr Aufzug wirkte unvorstellbar komisch; jmdn., etwas irrsinnig komisch finden. *Syn.:* ulkig (ugs.).

das **Kom|ma** [ˈkɔma]; -s, -s und -ta: *Zeichen in Form eines kleinen Strichs, mit dem man Sätze oder Satzteile trennt:* hier muss ein Komma stehen; ein Komma setzen; einen Teilsatz in Kommas einschließen.

kom|men [ˈkɔmən], kommt, kam, gekommen ⟨itr.; ist⟩: **1.** *einen bestimmten Ort erreichen:* pünktlich, zu spät kommen; wir sind vor einer Stunde gekommen; da kommt der Bus; ich komme mit der Bahn, mit dem Fahrrad; ich komme gleich *(gehe jetzt los und bin schnell da)*; der Zug kommt gleich. *Syn.:* ankommen, eintreffen. **2.** *sich auf ein Ziel hin bewegen und dorthin gelangen:* nach Hause, nach Berlin, ans Ziel kommen; komme ich hier zum Bahnhof?; wie komme ich am schnellsten auf die Autobahn?; wir müssen heute noch zu einem Ergebnis kommen. *Syn.:* erreichen. **3.** *von irgendwoher eintreffen:* aus Berlin, aus dem Theater, von der Arbeit kommen; der Zug kommt aus [Richtung] Mailand; der Wagen kam von rechts. **4.** *zu etwas erscheinen, an etwas teilnehmen:* zu einer Tagung kommen; wie viele Leute werden kommen?; kommen Sie auch?; ich weiß noch nicht, ob ich morgen kommen kann. **5.** *jmdn. besuchen:* wir kommen gern einmal zu euch; komm doch mal herüber; die Ärztin kommt zu dem Kranken. **6.** ⟨kommen + lassen⟩ *machen, dass jmd. kommt oder etwas gebracht wird:* einen Arzt kommen lassen; ich habe [mir] ein Taxi kommen lassen. *Syn.:* bestellen, rufen. **7.** *gebracht werden:* ist eine Nachricht gekommen?; für dich ist keine Post gekommen; das Essen kommt gleich [auf den Tisch]. **8.** *hervortreten, sich (bei jmdm.) zeigen:* die ersten Blüten kommen; bei unserer Tochter kommt der erste Zahn; ⟨jmdm. k.⟩ vor Freude kamen ihm die Tränen. **9.** ⟨auf jmdn., etw. k.⟩ *die Idee zu etwas haben:* sie kam auf den Gedanken, die Idee eine Boutique zu eröffnen; wie kommen Sie denn darauf?; wir kamen dabei auf dich. **10.** ⟨irgendwohin k.⟩ *irgendwo aufgenommen, untergebracht o. Ä. werden:* zur Schule, ins Krankenhaus, ins Gefängnis kommen; der Film kommt jetzt in die Kinos *(wird im Kino gezeigt)*. **11.** ⟨irgendwohin k.⟩ *an einen bestimmten Platz gestellt, gelegt werden:* das Buch kommt ins Regal; diese Löffel kommen rechts ins Fach. **12.** ⟨irgendwohin k.⟩ *in einen Zustand, eine bestimmte Lage geraten:* in Gefahr, Not kommen; sie kam in den Verdacht, das Geld gestohlen zu haben. **13.** *Zeit, Gelegenheit für etwas finden:* endlich komme ich dazu, dir zu schreiben; ich bin noch nicht zum Reparieren des Radios gekommen; wir kommen heute nur bis zur Hälfte dieser Lektion; nur selten ins Theater kommen *(nur selten Zeit oder Gelegenheit finden, das Theater zu besuchen).* **14.** *[langsam] eintreten, geschehen:* der Tag, die Nacht kommt; es kam alles ganz anders; was auch immer kommen mag, ich bleibe bei dir; es kommt zum Krieg; das kam für mich völlig überraschend. **15.** *etwas [wieder]bekommen:* zu Geld, zu Kräften, zur Ruhe kommen. **16.** *durch eigene Anstrengung etwas bekommen:* wie bist du an das Foto, an diese Information gekommen? *Syn.:*erhalten, kriegen (ugs.). **17.** ⟨irgendwoher k.⟩ *seinen Ausgangspunkt, Geburtsort, Ursprung, Grund haben:* mein Mann kommt aus Spanien; woher kommt das viele Geld?; sein Husten kommt vom Rauchen; aus einfachen Verhältnissen kommen; wie kommt es, dass du so viel Geld verloren hast? *(warum hast du …?).* **18.** *an der Reihe sein, folgen:* wer kommt als Nächster?; Sie kommen vor mir. **19.** ⟨im 1. Part.⟩ *folgende, nächste:* die kommende Generation; am kommenden Montag; in den kommenden zwei Wochen habe ich Urlaub.

der **Kom|men|tar** [kɔmɛnˈtaːɐ̯]; -s, -e: *Erklärung zu einem Text, Ereignis o. Ä:* einen Kommentar [zu etwas] abgeben; auf deinen Kommentar kann ich gut verzichten.

kom|men|tie|ren [kɔmɛnˈtiːrən], kommentiert, kommentierte, kommentiert ⟨tr.; hat; etw. k.⟩: *einen Kommentar zu etwas geben:* der Minister lehnte es ab, seinen Rücktritt zu kommentieren.

kom|mer|zi|ell [kɔmɛrˈtsi̯ɛl], kommerzieller, am kommerziellsten ⟨Adj.⟩: **1.** *am Gewinn orientiert:* ein kommerzielles Unternehmen; eine Technik kommerziell nutzen. **2.** *den Gewinn betreffend:* der Film war ein kommerzieller Erfolg.

der **Kom|mi|li|to|ne** [kɔmiliˈtoːnə]; -n, -n, die **Kom|mi|li|to|nin** [kɔmiliˈtoːnɪn]; -, -nen: *Person, die gleichzeitig mit einer bestimmten anderen Person studiert:* er heiratete später eine ehemalige Kommilitonin; mit seinen Kommilitoninnen und Kommilitonen diskutieren.

die **Kom|mis|si|on** [kɔmɪˈsi̯oːn]; -, -en: *Gruppe von Personen, die eine bestimmte Aufgabe hat:* eine Kommission einsetzen. *Syn.:*Ausschuss, Rat. *Zus.:*Mordkommission, Sonderkommission.

die **Kom|mo|de** [kɔˈmoːdə]; -, -n: *kleinerer Schrank mit Schubladen, in denen man Sachen aufbewahren kann:* die Wäsche in die Kommode legen. *Zus.:*Wäschekommode, Wickelkommode.

kom|mu|nal [kɔmuˈnaːl] ⟨Adj.⟩: *die Kommune, Gemeinde betreffend, der Kommune gehörend:* kommunale Einrichtungen.

die **Kom|mu|ne** [kɔˈmuːnə]; -, -n: *Gemeinde:* Bund, Länder und Kommunen; die Kommunen haben zu wenig Geld.

die **Kom|mu|ni|ka|ti|on** [kɔmunikaˈtsi̯oːn]; -, -en: *Verständigung vor allem durch Sprache:* die Kommunikation innerhalb der Firma muss verbessert werden; die Kommunikation per Telefon, Fax oder E-Mail.

die **Kom|mu|ni|on** [kɔmuˈni̯oːn]; -, -en: *Feier, Empfang des Abendmahls in der katholischen Kirche:* [das erste Mal] zur Kommunion gehen. *Zus.:*Erstkommunion.

der **Kom|mu|nis|mus** [kɔmuˈnɪsmʊs]; -: *gegen den Kapitalismus gerichtetes System mit sozialistischen Zielen in Wirtschaft und Gesellschaft:* der internationale Kommunismus.

die **Ko|mö|die** [koˈmøːdi̯ə]; -, -n: *Bühnenstück mit lustigem Inhalt. Zus.:*Filmkomödie, Gaunerkomödie, Gesellschaftskomödie.

kom|pakt [kɔmˈpakt], kompakter, am kompaktesten ⟨Adj.⟩: *relativ klein:* eine kompakte, aber exzellente Stereoanlage; das Auto wirkt sehr kompakt; das Wörterbuch ist schön klein und kompakt.

der **Kom|pass** [ˈkɔmpas]; -es, -e: *Gerät zur Bestimmung der Himmelsrichtung:* nach dem Kompass laufen; einen Kompass benutzen.

kom|pe|tent [kɔmpeˈtɛnt], kompetenter, am kompetentesten ⟨Adj.⟩: *sehr gute Kenntnisse, Fähigkeiten (auf einem Gebiet) habend:* eine [fachlich, in solchen Fragen] sehr kompetente Kollegin.

die **Kom|pe|tenz** [kɔmpeˈtɛnts]; -, -en: **1.** *Kenntnis, Fähigkeit:* seine Kompetenz auf diesem Gebiet ist unbestritten; ich zweifle nicht an ihrer fachlichen Kompetenz; sie hat sich auf diesem Gebiet große Kompetenzen erworben. **2.** (bes. Rechtsspr.) *die (amtlich gegebene) Möglichkeit, etwas*

K

entscheiden, bestimmen zu dürfen: mit dieser Anordnung hat sie ihre Kompetenzen überschritten; das übersteigt meine Kompetenz; die Kompetenzen müssen klar geregelt sein; jmdn. mit weitreichenden Kompetenzen ausstatten.

kom|plett [kɔm'plɛt], kompletter, am komplettesten ⟨Adj.⟩: *ganz, vollständig vorhanden:* eine komplette Ausstattung; seine Sammlung ist komplett.

der **Kom|plex** [kɔm'plɛks]; -es, -e: **1.** *geschlossenes Ganzes, das aus vielen, miteinander zusammenhängenden Teilen besteht:* ein Komplex von Fragen; der große Komplex der historischen Wissenschaften. **2.** *seelisch bedrückende negative Vorstellung in Bezug auf die eigene Person:* an Komplexen leiden; Komplexe haben. *Zus.:* Minderwertigkeitskomplex.

die **Kom|pli|ka|ti|on** [kɔmplika'tsi̯oːn]; -, -en: *(plötzlich auftretende) Schwierigkeit, nicht erwartetes Problem:* es hatte noch ein paar Komplikationen gegeben, bevor der Vertrag unterschrieben werden konnte; wenn keine Komplikationen eintreten, kann der Patient bald aus dem Krankenhaus entlassen werden.

das **Kom|pli|ment** [kɔmpli'mɛnt]; -[e]s, -e: *etwas Lobendes, Schmeichelhaftes, das man jmdm. sagt:* jmdm. Komplimente machen; [mein] Kompliment, das ist eine hervorragende Leistung!

kom|pli|ziert [kɔmpli'tsiːɐ̯t], komplizierter, am kompliziertesten ⟨Adj.⟩: *vielfältig und unübersichtlich und deshalb schwierig:* eine komplizierte Angelegenheit; die Bedienung des Geräts ist zu kompliziert.

kom|po|nie|ren [kɔmpo'niːrən], komponiert, komponierte, komponiert ⟨tr.; hat; etw. k.⟩: *sich eine Musik ausdenken (und aufschreiben):* eine Oper komponieren; ⟨auch itr.⟩ er spielt Klavier und komponiert.

der **Kom|po|nist** [kɔmpo'nɪst]; -en, -en, die **Kom|po|nis|tin** [kɔmpo'nɪstɪn]; -, -nen: *Person, die komponiert:* das Lied wurde von der Komponistin selbst vorgetragen. *Zus.:* Opernkomponist, Opernkomponistin.

der **Kom|post** [kɔm'pɔst]; -[e]s, -e: *Gemisch aus pflanzlichen Abfällen, das (nach einer gewissen Zeit) als Dünger verwendet wird:* der Gärtner mischte Erde und Kompost für ein neues Beet.

das **Kom|pott** [kɔm'pɔt]; -[e]s, -e: *mit Zucker gekochtes Obst:* als Nachtisch gab es ein Kompott aus Birnen. *Zus.:* Apfelkompott, Pflaumenkompott.

die **Kom|pres|se** [kɔm'prɛsə]; -, -n: *feuchtes Tuch, das um einen Körperteil gelegt wird, um Schmerzen zu lindern:* bei Kopfschmerzen hat mir oft eine kalte Kompresse geholfen.

der **Kom|pro|miss** [kɔmpro'mɪs]; -es, -e: *Übereinkunft, die durch gegenseitige Zugeständnisse erreicht wird:* nach längerem Streit konnte endlich ein Kompromiss geschlossen werden.

die **Kon|di|ti|on** [kɔndi'tsi̯oːn]; -, -en: **1.** *körperliche Verfassung eines Menschen (als Voraussetzung für eine Leistung):* der Sportler hat eine gute Kondition. **2.** *Bedingung für geschäftliche Zahlungen und Lieferungen:* etwas zu günstigen Konditionen anbieten.

die **Kon|di|to|rei** [kɔndito'rai̯]; -, -en: *Geschäft, in dem feines Gebäck, Kuchen und Torten hergestellt und verkauft werden und zu dem meist ein Café gehört:* wir treffen uns zum Kaffee in der Konditorei.

das *oder der* **Kon|dom** [kɔn'doːm]; -s, -e: *Hülle aus Gummi, die vor dem Geschlechtsverkehr über den Penis gezogen wird, damit die Frau nicht schwanger wird und um sich nicht mit einer Krankheit anzustecken:* wer Kondome benutzt, schützt sich und seine Partnerin. *Syn.:* Präservativ.

das **Kon|fekt** [kɔn'fɛkt]; -[e]s, -e: *feine Süßigkeiten:* er bekam zum Geburtstag eine große Schachtel Konfekt.

die **Kon|fe|renz** [kɔnfe'rɛnts]; -, -en: *Treffen mehrerer Personen, eines Kreises von Experten und Expertinnen, um über bestimmte Fragen zu beraten:* eine Konferenz zum Thema Umweltschutz einberufen; an einer Konferenz teilnehmen. *Zus.:* Abrüstungskonferenz, Lehrerkonferenz, Pressekonferenz.

die **Kon|fes|si|on** [kɔnfe'si̯oːn]; -, -en: *religiöse Gemeinschaft des gleichen Glaubens:* welcher Konfession gehören Sie an?; hier leben Anhänger verschiedener Konfessionen friedlich zusammen.

die **Kon|fir|ma|ti|on** [kɔnfɪrma'tsi̯oːn]; -, -en: *feierliche Aufnahme eines Jugendlichen in die kirchliche Gemeinschaft in der evangelischen Kirche:* Konfirmation feiern; zur Konfirmation hatte sie von ihrer Tante eine goldene Uhr geschenkt bekommen.

die **Kon|fi|tü|re** [kɔnfi'tyːrə]; -, -n: *Marmelade aus nur einer Sorte Obst:* er stellte mehrere Gläser mit Konfitüre für das Frühstück auf den Tisch. *Zus.:* Erdbeerkonfitüre, Himbeerkonfitüre, Orangenkonfitüre.

er **Kon|flikt** [kɔnˈflɪkt]; -[e]s, -e: *durch gegensätzliche Interessen entstehende schwierige Situation:* ein schwerer, offener, blutiger, bewaffneter Konflikt; zwischen den beiden Brüdern kam es zu einem Konflikt; der Konflikt droht zu eskalieren; einen Konflikt lösen, beilegen. *Zus.:* Grenzkonflikt, Interessenkonflikt.

kon|fron|tie|ren [kɔnfrɔnˈtiːrən], konfrontiert, konfrontierte, konfrontiert ⟨tr.; hat; jmdn. mit etw. k.⟩: *jmdn. zwingen, sich mit etwas Unangenehmem auseinanderzusetzen:* jmdn. mit einem Problem, mit der Realität konfrontieren.

er **Kon|gress** [kɔnˈɡrɛs]; -es, -e: *größeres Treffen von Vertretern politischer Gruppen oder fachlicher Verbände, bei dem über bestimmte Themen gesprochen, beraten wird:* der Präsident des Verbandes eröffnete den Kongress. *Syn.:* Tagung. *Zus.:* Ärztekongress, Gewerkschaftskongress.

er **Kö|nig** [ˈkøːnɪç]; -s, -e: **1.** *oberster Herrscher in bestimmten Monarchien:* jmdn. zum König krönen; er ist König von Schweden. **2.** *wichtigste Figur beim Schach:* der König wird von der Dame bedroht. **3.** *(im Kartenspiel) in der Rangfolge an zweiter Stelle stehende Spielkarte:* den König legen; beim Poker sind drei Könige besser als zwei Asse. *Zus.:* Herzkönig, Karokönig, Kreuzkönig, Pikkönig.

ie **Kö|ni|gin** [ˈkøːnɪɡɪn]; -, -nen: **1.** *oberste Herrscherin in bestimmten Monarchien:* am Geburtstag der Königin mussten die Kinder nicht zur Schule. **2.** *Ehefrau eines Königs:* die spanische Königin eröffnete das Fest.

kö|nig|lich [ˈkøːnɪklɪç] ⟨Adj.⟩: *den König, die Königin betreffend:* die königliche Familie; das königliche Schloss.

kon|ju|gie|ren [kɔnjuˈɡiːrən], konjugiert, konjugierte, konjugiert ⟨tr.; hat; etw. k.⟩: *(ein Verb) flektieren:* konjugieren Sie bitte das Verb »laufen«. *Syn.:* beugen.

ie **Kon|junk|tur** [kɔnjʊŋkˈtuːɐ̯]; -, -en: *gesamte wirtschaftliche Lage und wirtschaftliche Tendenz:* bei sinkender Konjunktur sind Arbeitsplätze in Gefahr.

kon|kret [kɔnˈkreːt], konkreter, am konkretesten ⟨Adj.⟩: *auf die Wirklichkeit bezogen, klar und anschaulich* /Ggs. abstrakt/: konkrete Angaben, Vorschläge machen; was heißt das konkret?

e **Kon|kur|renz** [kɔnkʊˈrɛnts]; -, -en: **1.** ⟨ohne Plural⟩ *das Konkurrieren:* sich, einander Konkurrenz machen. *Syn.:* Wettbewerb. **2.** ⟨ohne Plural⟩ *, mit dem man wirtschaftlich konkurriert:* die Konkurrenz ist billiger; wenn der Kunde nicht zufrieden ist, wird er zur Konkurrenz gehen.

kon|kur|rie|ren [kɔnkʊˈriːrən], konkurriert, konkurrierte, konkurriert ⟨itr.; hat; mit jmdm. k.⟩: *sich gleichzeitig mit anderen um etwas bewerben; mit anderen in Wettbewerb treten:* diese Firmen konkurrieren miteinander.

der **Kon|kurs** [kɔnˈkʊrs]; -es, -e: *wirtschaftliches Ende einer Firma:* in Konkurs gehen; Konkurs anmelden müssen.

kön|nen [ˈkœnən], kann, konnte, gekonnt/können: **1.** ⟨Modalverb; hat; 2. Partizip: können; mit Infinitiv⟩ *die Möglichkeit, Fähigkeit, Erlaubnis haben, etwas zu tun:* er kann Auto fahren; wer kann mir das erklären?; ich konnte vor Schmerzen nicht schlafen; ich hatte leider nicht kommen können; können Sie mir bitte sagen, wie spät es ist?; Sie können hier parken; kann ich bitte mal den Zucker haben? **2.** ⟨Modalverb; hat; 2. Partizip: können; mit Infinitiv⟩ drückt aus, dass etwas möglicherweise geschieht: der Arzt kann jeden Augenblick kommen; das Paket kann verloren gegangen sein; das kann sie so nicht gesagt haben. **3.** ⟨Vollverb; itr.; hat; 2. Partizip gekonnt; [etw.] k.⟩ *fähig sein, etwas auszuführen, zu leisten:* sie kann [gut] Russisch, kein Russisch; diese Übungen habe ich früher alle gekonnt; er lief so schnell, wie er konnte; er aß, bis er nicht mehr konnte.

das **Kön|nen** [ˈkœnən]; -s: *erworbene Fähigkeit, etwas zu leisten:* in dieser entscheidenden Phase zeigte er sein ganzes Können.

konn|te [ˈkɔntə]: ↑ können.

kon|se|quent [kɔnzeˈkvɛnt], konsequenter, am konsequentesten ⟨Adj.⟩: *fest entschlossen bei etwas bleibend:* ein konsequenter Gegner des Regimes; die Untersuchungen konsequent zu Ende führen.

die **Kon|se|quenz** [kɔnzeˈkvɛnts]; -, -en: **1.** *aus einer Handlung sich ergebende Folge:* die Konsequenzen aus etwas ziehen; die Konsequenzen [seines Verhaltens] tragen müssen. **2.** ⟨ohne Plural⟩ *beharrliche Haltung:* sein Ziel mit [aller, großer, äußerster] Konsequenz verfolgen.

kon|ser|va|tiv [kɔnzɛrvaˈtiːf], konservativer, am konservativsten ⟨Adj.⟩: *in Gewohnheiten, Meinungen am Alten, Traditionellen festhaltend:* eine konservative Partei; meine Tante war sehr konservativ.

die **Kon|ser|ve** [kɔn'zɛrvə]; -, -n: *haltbar gemachte Nahrung in Dosen oder Gläsern:* man sollte sich nicht nur von Konserven ernähren. *Zus.:* Fischkonserve, Gemüsekonserve, Obstkonserve.

der **Kon|so|nant** [kɔnzo'nant]; -en, -en: *Laut, bei dessen Aussprache die Luft im Mund mit der Zunge oder den Lippen gebremst wird:* der Konsonant d wird im Deutschen am Ende des Wortes wie t gesprochen.

kon|s|tant [kɔn'stant], konstanter, am konstantesten ⟨Adj.⟩: *sich nicht verändernd; ständig gleichbleibend:* bei konstanter Temperatur, Geschwindigkeit, Höhe; den Druck konstant halten.

die **Kon|s|tel|la|ti|on** [kɔnstɛla'tsi̯o:n]; -, -en: *Lage, Situation, wie sie sich aus dem Zusammentreffen von bestimmten Verhältnissen, Umständen ergibt:* bei dieser politischen Konstellation darf man auf Reformen hoffen. *Zus.:* Machtkonstellation.

die **Kon|s|ti|tu|ti|on** [kɔnstitu'tsi̯o:n]; -: *körperliche (und seelische) Verfassung:* sie hat eine robuste Konstitution und wird den Stress schon aushalten können.

kon|s|t|ru|ie|ren [kɔnstru'i:rən], konstruiert, konstruierte, konstruiert ⟨tr.; hat; etw. k.⟩: *entwerfen und bauen:* ein Flugzeug, eine Brücke konstruieren.

die **Kon|s|t|ruk|ti|on** [kɔnstrʊk'tsi̯o:n]; -, -en: **1.** ⟨ohne Plural⟩ *das Entwerfen und Bauen:* die Konstruktion der Maschine bereitete Schwierigkeiten. **2.** *mit besonderen technischen Mitteln oder Methoden errichtetes Bauwerk:* eine imposante Konstruktion aus Glas und Beton. *Zus.:* Dachkonstruktion, Holzkonstruktion, Stahlkonstruktion.

kon|s|t|ruk|tiv [kɔnstrʊk'ti:f], konstruktiver, am konstruktivsten ⟨Adj.⟩ (bildungsspr.): *sinnvolles Vorgehen, einen sinnvollen Ablauf fördernd:* ein konstruktiver Vorschlag; nur konstruktive Kritik hilft uns weiter.

der **Kon|sul** ['kɔnzʊl]; -s, -n, die **Kon|su|lin** ['kɔnzʊlɪn]; -, -nen: *Person, die einen Staat in einem fremden Staat vertritt (mit bestimmten begrenzten Aufgaben):* sie lebte lange als Konsulin in Indien.

das **Kon|su|lat** [kɔnzu'la:t]; -[e]s, -e: *Behörde eines Konsuls oder einer Konsulin:* sie hat die Genehmigung zur Einreise auf dem Konsulat beantragt.

der **Kon|sum** [kɔn'zu:m]; -s: *Verbrauch (von Nahrungs-, Genussmitteln):* du solltest deinen Konsum an / von Schokolade einschränken. *Zus.:* Alkoholkonsum.

der **Kon|su|ment** [kɔnzu'mɛnt]; -en, -en, die **Kon|su|men|tin** [kɔnzu'mɛntɪn]; -, -nen: *Person, die etwas konsumiert:* den Konsumentinnen wird hier ein großes Angebot an Waren präsentiert. *Syn.:* Verbraucher, Verbraucherin.

kon|su|mie|ren [kɔnzu'mi:rən], konsumiert, konsumierte, konsumiert ⟨tr.; hat; etw. k.⟩: *(Nahrungs- und Genussmittel) verbrauchen:* er konsumiert in der Woche mindestens einen Kasten Bier.

der **Kon|takt** [kɔn'takt]; -[e]s, -e: *Verbindung zwischen Menschen:* persönliche, diplomatische, berufliche Kontakte; mit jmdm. Kontakt halten, haben, aufnehmen; wir sollten in Kontakt bleiben. *Zus.:* Augenkontakt, Blickkontakt.

die **Kon|takt|lin|se** [kɔn'taktlɪnzə]; -, -n: *dünne, kleine Schale aus durchsichtigem Material, die anstatt einer Brille direkt auf dem Auge getragen wird:* Kontaktlinsen tragen.

der **Kon|ti|nent** ['kɔntinɛnt]; -[e]s, -e: *eines der großen, zum Teil von den Meeren umgebenen zusammenhängenden Gebiete der Erde:* sie hat auf ihren Reisen schon alle Kontinente besucht.

kon|ti|nu|ier|lich [kɔntinu'i:ɐ̯lɪç], kontinuierlicher, am kontinuierlichsten ⟨Adj.⟩: *(gleichmäßig) ohne Unterbrechungen fortgesetzt:* eine kontinuierliche Politik, Entwicklung; die Schüler und Schülerinnen müssen es lernen, kontinuierlich zu arbeiten; seine Leistungen werden kontinuierlich besser.

die **Kon|ti|nu|i|tät** [kɔntinui'tɛ:t]; -, -en: *kontinuierlicher Zusammenhang:* historische, politische Kontinuität; für Kontinuität [in] der Entwicklung sorgen.

das **Kon|to** ['kɔnto]; -s, Konten ['kɔntn̩]: *Abrechnen von Einnahmen und Ausgaben für den Kunden, besonders bei einer Bank:* ein Konto bei der Bank eröffnen, einrichten; wir werden das Geld auf Ihr Konto überweisen. *Zus.:* Bankkonto, Gehaltskonto, Girokonto, Spendenkonto.

der **Kon|to|aus|zug** ['kɔntolaʊstsu:k]; -[e]s, Kontoauszüge ['kɔntolaʊstsy:gə]: *Übersicht über die Auszahlungen und Einzahlungen auf einem Konto:* die Kontoauszüge von der Bank holen; auf meinem Kontoauszug war ein großes Minus zu erkennen.

der **Kon|to|aus|zugs|dru|cker** ['kɔnto-

[austsu:ksdrʊkɐ]; -s, -: *Gerät, das automatisch Kontoauszüge druckt und ausgibt:* jemand hatte seine Kontoauszüge am Kontoauszugsdrucker vergessen.

der Kontoauszugsdrucker

Kon|to|num|mer ['kɔntonʊmɐ]; -, -n: *Nummer eines Kontos:* vergessen Sie bitte nicht, auf dem Formular für die Überweisung Ihre Kontonummer anzugeben.

Kon|to|stand ['kɔntoʃtant]; -[e]s, Kontostände ['kɔntoʃtɛndə]: *Stand eines Kontos zu einem bestimmten Zeitpunkt:* den Kontostand kann man auf dem Kontoauszug ablesen.

Kon|trast [kɔn'trast]; -[e]s, -e: *starker Gegensatz, auffallender Unterschied:* die Farben bilden einen auffallenden Kontrast. *Zus.:*Farbkontrast.

Kon|trol|le[kɔn'trɔlə]; -, -n: **1.** *das Überprüfen, ob etwas richtig (nach der Vorschrift) vorhanden ist oder abläuft:* eine genaue, scharfe Kontrolle; die Kontrollen an der Grenze sind verschärft worden. *Zus.:*Ausweiskontrolle, Fahrkartenkontrolle, Geschwindigkeitskontrolle, Grenzkontrolle, Qualitätskontrolle. **2.** ⟨ohne Plural⟩ *Zustand, in dem man etwas beherrscht:* sie hat die Kontrolle über das Auto verloren; der Brand wurde unter Kontrolle gebracht.

Kon|trol|leur [kɔntro'løːɐ̯]; -s, -e, die **Kon|trol|leu|rin** [kɔntro'løːrɪn]; -, -nen: *Person, die etwas (besonders Fahrscheine) kontrolliert:* der Kontrolleur ließ sich die Fahrkarten zeigen.

kon|trol|lie|ren [kɔntrɔ'liːrən], kontrolliert, kontrollierte, kontrolliert ⟨tr.; hat⟩: **1.** ⟨jmdn., etw. k.⟩ *Kontrollen durchführen:* die Qualität kontrollieren; beim Zoll wurden die Reisenden scharf kontrolliert; der Pilot kontrollierte seine Instrumente. **2.** ⟨etw. k.⟩ *(in einem bestimmten Bereich) beherrschenden Einfluss haben:* der Konzern kontrolliert mit seiner Produktion den europäischen Markt. *Syn.:* beherrschen.

kon|ven|ti|o|nell [kɔnvɛntsi̯o'nɛl], konventioneller, am konventionellsten ⟨Adj.⟩: *von traditioneller Art:* konventionelle Ansichten, Methoden; sie ist sehr konventionell gekleidet. *Syn.:*herkömmlich.

die **Kon|ver|sa|ti|on** [kɔnvɛrza'tsi̯oːn]; -, -en: *unverbindliches, aus Höflichkeit geführtes Gespräch:* eine Konversation über das Wetter beginnen; Konversation machen, betreiben; Gegenstand der Konversation war das Essen.

die **Kon|zen|tra|ti|on** [kɔntsɛntra'tsi̯oːn]; -, -en: *geistige Anstrengung, alle Kräfte auf eine Tätigkeit zu lenken und sich nicht ablenken zu lassen:* sie arbeitet mit großer Konzentration.

kon|zen|trie|ren[kɔntsɛn'triːrən], konzentriert, konzentrierte, konzentriert: **1.** ⟨tr.; hat; etw., sich auf jmdn., etw. k.⟩ *seine Gedanken, seine Aufmerksamkeit auf etwas lenken:* seine Bemühungen, Überlegungen auf jmdn., etwas konzentrieren; seine ganze Kraft auf das Examen konzentrieren. **2.** ⟨sich k.⟩ *alle Kräfte auf eine Tätigkeit lenken und sich nicht ablenken lassen:* ich muss mich bei der Arbeit konzentrieren.

das **Kon|zept** [kɔn'tsɛpt]; -[e]s, -e: *Entwurf, erste Fassung eines Textes:* sie hielt ihre Rede ohne Konzept; * **jmdn. aus dem Konzept bringen:** *jmdn. bei einer Tätigkeit, beim Reden verwirren:* mit ihrer Frage hatte sie den Redner völlig aus dem Konzept gebracht.

der **Kon|zern** [kɔn'tsɛrn]; -[e]s, -e: *Gruppe mehrerer Firmen, die eine wirtschaftliche Einheit bilden:* die großen Konzerne versuchten, die Preise auf dem Markt zu bestimmen. *Zus.:*Automobilkonzern, Medienkonzern, Versicherungskonzern.

das **Kon|zert**[kɔn'tsɛrt]; -[e]s, -e: *(öffentliche) Aufführung eines oder mehrerer Werke der Musik:* ein Konzert geben; wir wollen morgen ins Konzert gehen. *Zus.:* Jazzkonzert, Rockkonzert, Sinfoniekonzert, Wunschkonzert.

die **Ko|ope|ra|ti|on** [koʔopera'tsi̯oːn]; -, -en: *Zusammenarbeit (auf politischem oder wirtschaftlichem Gebiet):* eine Kooperation mit jmdm. eingehen; die Industrie suchte die Kooperation mit staatlichen Einrichtungen.

ko|ope|rie|ren [koʔope'riːrən], kooperiert, kooperierte, kooperiert ⟨itr.; hat; [mit jmdm.] k.⟩: *(auf politischem oder wirtschaftlichem Gebiet) zusammenarbeiten:* bei einem so großen Projekt werden wir mit anderen Firmen kooperieren müssen; die Behörden der benachbarten Länder wollen enger kooperieren.

ko|or|di|nie|ren [koʔɔrdi'niːrən], koordiniert, koordinierte, koordiniert ⟨tr.; hat; etw. k.⟩: *für ein bestimmtes Ziel ein*

K

gemeinsames Vorgehen erreichen und
sichern: ein Ausschuss koordiniert die
Wünsche der einzelnen Länder.

der **Kopf** [kɔpf]; -[e]s, Köpfe [ˈkœpfə]: auf dem
Hals sitzender Teil des menschlichen
oder tierischen Körpers (zu dem Gehirn,
Augen, Nase, Mund und Ohren gehören):
ein dicker, kahler Kopf; der Kopf der
Katze, des Vogels; den Kopf schütteln.
Syn.: Haupt (geh.). Zus.: Frauenkopf,
Katzenkopf, Puppenkopf. * **den Kopf
hängen lassen:** mutlos sein: lass den
Kopf nicht hängen, das nächste Mal hast
du bestimmt mehr Glück; * **nicht auf
den Kopf gefallen sein** (ugs.): nicht
dumm sein: der Kleine ist nicht auf den
Kopf gefallen; * **sich** (Dativ) **den Kopf
[über etwas** (Akk.)] **zerbrechen** (ugs.):
angestrengt [über etwas] nachdenken: sie
zerbrach sich den Kopf darüber, was sie
mit dem Geld anfangen sollte.

die **Kopf|be|de|ckung** [ˈkɔpfbədɛkʊŋ]; -, -en:
Teil der Kleidung, der auf dem Kopf
getragen wird: sie verließ das Haus nie
ohne Kopfbedeckung.

der **Kopf|hö|rer** [ˈkɔpfhøːrɐ]; -s, -: Gerät, das
man (zum Hören) so auf den Kopf setzt,
dass auf den Ohren zwei Lautsprecher
sitzen: Musik über Kopfhörer hören; der
Pilot setzte seine Kopfhörer auf.

der Kopfhörer

kopf|los [ˈkɔpfloːs], kopfloser, am kopflo-
sesten ⟨Adj.⟩: völlig verwirrt, ohne Überlegung: er rannte kopflos aus dem Zimmer, als er von dem Unfall hörte.

die **Kopf|schmer|zen** [ˈkɔpfʃmɛrtsn̩] ⟨Plural⟩:
Schmerzen im Kopf: wenn du so starke
Kopfschmerzen hast, nimm doch eine
Tablette.

der **Kopf|sprung** [ˈkɔpfʃprʊŋ]; -[e]s, Kopf-
sprünge [ˈkɔpfʃprʏŋə]: Sprung [ins Was-
ser] mit dem Kopf voran: mit einem
Kopfsprung tauchte sie ins Wasser.

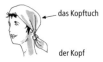

das Kopftuch

der Kopf

das **Kopf|tuch** [ˈkɔpftuːx]; -[e]s, Kopftücher
[ˈkɔpftyːçɐ]: Tuch, das um den Kopf
getragen wird: im Winter trug die alte

Frau draußen immer ein Kopftuch; im
Islam hat das Kopftuch religiöse Bedeutung.

kopf|über [kɔpfˈʔyːbɐ] ⟨Adverb⟩: mit dem
Kopf voran: kopfüber ins Wasser springen.

das **Kopf|zer|bre|chen** [ˈkɔpftsɛɐ̯brɛçn̩]; -s: Sor-
gen (weil man für ein Problem keine
Lösung findet): dieses Problem macht,
bereitet [ihr] Kopfzerbrechen.

die **Ko|pie** [koˈpiː]; -, Kopien [koˈpiːən]: 1. Foto-
kopie: die Kopie einer Urkunde; ich schi-
cke Ihnen eine Kopie meines Zeugnis-
ses; kannst du mir von dem Schreiben
eine Kopie machen? Zus.: Farbkopie.
2. genaue Nachbildung eines Gegenstands: die Kopie des Haustürschlüssels;
das Bild ist eine [schlechte] Kopie.

ko|pie|ren [koˈpiːrən], kopiert, kopierte,
kopiert ⟨tr.; hat; etw. k.⟩: 1. (einen Text)
durch eine besondere Art des Fotografie-
rens noch einmal auf Papier abbilden:
eine Seite aus einem Buch kopieren;
einen Brief für die Akten kopieren. Syn.:
vervielfältigen. 2. Daten, Bilder oder Ton
an einem zweiten, weiteren Ort speichern: eine Datei kopieren; die CD darf
nicht kopiert werden.

der **Ko|pie|rer** [koˈpiːrɐ]; -s, -: Gerät zum Her-
stellen von Fotokopien: den Kopierer
reparieren; dürfte ich mal den Kopierer
benutzen?

der **Ko|ran** [koˈraːn]; -s: das heilige Buch des
Islam: den Koran, im Koran lesen; das
steht im Koran.

der **Korb** [kɔrp]; -[e]s, Körbe [ˈkœrbə]: stabiler
Behälter, der aus dem Material bestimm-
ter Pflanzen geflochten wird: der Korb
war voll Äpfel; er geht mit einem Korb
auf den Markt. Zus.: Brotkorb, Obstkorb,
Papierkorb, Wäschekorb.

der **Kork** [kɔrk]; -s: aus der Rinde eines
bestimmten Baumes gewonnenes Material: ihre Sandalen hatten Sohlen aus
Kork.

der **Kor|ken** [ˈkɔrkn̩]; -s, -: Verschluss [aus
Kork] für Flaschen: der Korken sitzt fest
in der Weinflasche. Syn.: Pfropfen, Stöp-
sel. Zus.: Flaschenkorken, Sektkorken.

der **Kor|ken|zie|her** [ˈkɔrkn̩tsiːɐ]; -s, -: Gerät
zum Herausziehen eines Korkens: wir
können den Wein nicht trinken – ich
habe keinen Korkenzieher.

das ¹**Korn** [kɔrn]; -[e]s, Körner: 1. kleine, harte
Frucht einer Pflanze: die Körner des
Weizens; die Hühner picken nach den
Körnern. Zus.: Gerstenkorn, Getreide-
korn, Haferkorn, Maiskorn, Pfefferkorn,

Reiskorn, Weizenkorn. **2.** ⟨ohne Plural⟩ *Getreide:* das Korn mahlen.

der **²Korn** [kɔrn]; -[e]s, -: *klarer Schnaps aus Getreide:* eine Flasche Korn; noch zwei [Gläser] Korn, bitte!

kör|nig [ˈkœrnɪç], körniger, am körnigsten ⟨Adj.⟩: *wie aus Körnern:* körniger Sand; das Bild ist sehr körnig. *Zus.:* feinkörnig, grobkörnig.

der **Kör|per** [ˈkœrpɐ]; -s, -: **1.** *Gestalt eines Menschen oder Tieres:* der menschliche Körper; ein schöner Körper; den ganzen Körper waschen; den Körper trainieren. *Syn.:* Leib (geh.). **2.** *Gegenstand, der gesehen und gefühlt werden kann:* ein spitzer, fester Körper; den Inhalt eines Körpers berechnen. *Syn.:* Ding, Objekt, Sache.

kör|per|lich [ˈkœrpɐlɪç], körperlicher, am körperlichsten ⟨Adj.⟩: *mit dem Körper:* körperliche Anstrengungen; körperlich arbeiten; sie muss körperlich viel leisten. *Syn.:* physisch.

die **Kör|per|pfle|ge** [ˈkœrpɐpfleːgə]; -: *Waschen, Reinigen des menschlichen Körpers:* die Körperpflege vernachlässigen; sich Zeit für die Körperpflege nehmen; viel Geld für die Körperpflege ausgeben.

der **Kör|per|teil** [ˈkœrpɐtail]; -[e]s, -e: *Teil des Körpers (bei Menschen und Tieren):* welche Körperteile tun Ihnen weh?

kor|pu|lent [kɔrpuˈlɛnt], korpulenter, am korpulentesten ⟨Adj.⟩: *dick, rund:* sie ist ziemlich korpulent. *Syn.:* füllig, mollig.

kor|rekt [kɔˈrɛkt], korrekter, am korrektesten ⟨Adj.⟩ /Ggs. inkorrekt/: *richtig, ohne Fehler:* eine korrekte Auskunft; wie ist die korrekte Schreibung?; die Übersetzung ist korrekt; der Satz ist nicht korrekt. *Syn.:* einwandfrei, fehlerfrei, fehlerlos.

die **Kor|rek|tur** [kɔrɛkˈtuːɐ̯]; -, -en: *Verbesserung, Berichtigung eines Fehlers:* Korrekturen in einem Text anbringen; Korrekturen mit rotem Stift machen.

die **Kor|res|pon|denz** [kɔrɛspɔnˈdɛnts]; -, -en: **1.** *Austausch von Briefen; Briefwechsel:* mit jmdm. in Korrespondenz stehen. **2.** *alle Briefe, die man bekommt oder abschickt:* die Korrespondenz durchsehen. *Syn.:* Post. *Zus.:* Geschäftskorrespondenz, Privatkorrespondenz.

kor|ri|gie|ren [kɔriˈɡiːrən], korrigiert, korrigierte, korrigiert ⟨tr.; hat; etw. k.⟩: **1.** *(einen Text) durchlesen und verbessern:* einen Text korrigieren. **2.** *(etwas*

Falsches) verbessern, berichtigen: einen Irrtum korrigieren; jmdn. korrigieren.

kor|rupt [kɔˈrʊpt], korrupter, am korruptesten ⟨Adj.⟩ (abwertend): *bestechlich, sodass man ihm nicht vertrauen kann:* ein korrupter Beamter, Politiker. *Syn.:* käuflich.

die **Kor|rup|ti|on** [kɔrʊpˈtsi̯oːn]; -, -en (abwertend): *unerlaubtes Handeln zum persönlichen Vorteil; nicht legale Geschäfte:* die Korruption greift um sich; sie wurde der Korruption beschuldigt. *Syn.:* Bestechung.

die **Kos|me|tik** [kɔsˈmeːtɪk]; -: *Mittel, die die Haut (vor allem im Gesicht) pflegen und verschönern sollen:* ich gebe viel Geld für Kosmetik aus. *Syn.:* Körperpflege. *Zus.:* Haarkosmetik, Hautkosmetik, Naturkosmetik.

kos|me|tisch [kɔsˈmeːtɪʃ] ⟨Adj.⟩: *für die Schönheit des Körpers:* ein kosmetisches Mittel; eine kosmetische Operation.

der **Kos|mos** [ˈkɔsmɔs]; -: *Weltall.*

die **Kost** [kɔst]; -: *Nahrung:* einfache, gesunde Kost zu sich nehmen; sie hat freie Kost *(das Essen kostet sie nichts). Syn.:* Essen. *Zus.:* Biokost, Naturkost, Rohkost.

kost|bar [ˈkɔstbaːɐ̯], kostbarer, am kostbarsten ⟨Adj.⟩: *sehr wertvoll:* kostbare Bilder, Möbel; kostbarer Schmuck. *Syn.:* edel, exquisit, teuer.

¹kos|ten [ˈkɔstn̩], kostet, kostete, gekostet ⟨tr.; hat; etw. k.⟩: *(Essen) probieren:* er kostete die Soße; ⟨auch itr.⟩ sie kostete von der Suppe. *Syn.:* versuchen.

²kos|ten [ˈkɔstn̩], kostet, kostete, gekostet ⟨itr.; hat⟩: *einen bestimmten Preis haben:* das Buch kostet 5 Euro; die Reparatur kostet uns bestimmt viel [Geld].

die **Kos|ten** [ˈkɔstn̩] ⟨Plural⟩: *Betrag, den man für etwas bezahlt; Ausgaben:* die Kosten für den Bau des Hauses waren hoch; die Kosten ersetzen. *Syn.:* Auslagen. *Zus.:* Arztkosten, Fahrtkosten, Hotelkosten.

kos|ten|los [ˈkɔstn̩loːs] ⟨Adj.⟩: *ohne Bezahlung; gratis:* eine kostenlose Reparatur; die Teilnahme ist kostenlos. *Syn.:* frei, gebührenfrei, umsonst, unentgeltlich.

köst|lich [ˈkœstlɪç], köstlicher, am köstlichsten ⟨Adj.⟩: *besonders lecker:* ein köstliches Essen. *Syn.:* fein, schmackhaft.

kost|spie|lig [ˈkɔstʃpiːlɪç], kostspieliger, am kostspieligsten ⟨Adj.⟩: *teuer:* eine kostspielige Reise; ein kostspieliges Hobby haben.

das **Kos|tüm** [kɔsˈtyːm]; -s, -e: **1.** *Kleidungsstück für Frauen, das aus Rock und Jacke* besteht: bei der Arbeit trägt sie oft ein Kostüm. *Zus.:* Frühjahrskostüm, Reisekostüm, Wollkostüm. **2.** *Verkleidung:* mittelalterliche Kostüme; welches Kostüm trägst du zum Fasching? *Zus.:* Faschingskostüm, Narrenkostüm.

der **Kot** [ko:t]; -[e]s: *Abfall aus dem Darm von Menschen und Tieren:* ich finde es entsetzlich, dass hier überall der Kot von Hunden herumliegt. *Syn.:* Stuhl (bes. Med.), Stuhlgang. *Zus.:* Hundekot.

das **Ko|te|lett** [kotə'let]; -s, -s: *Stück Fleisch [mit Knochen] aus der Rippe:* Koteletts braten. *Syn.:* Steak. *Zus.:* Hammelkotelett, Lammkotelett, Schweinekotelett.

der **Kö|ter** ['kø:tɐ]; -s, - (abwertend): *Hund:* halten Sie Ihren Köter fest; ständig bellt dieser Köter, wenn ich vorbeigehe.

kot|zen ['kɔtsn̩], kotzt, kotzte, gekotzt ⟨itr.; hat⟩ (ugs.): *[sich] erbrechen:* ich musste kotzen; sie fühlte sich zum Kotzen *(sehr schlecht).* *Syn.:* brechen, sich übergeben.

krab|beln ['krabl̩n], krabbelt, krabbelte, gekrabbelt ⟨itr.; ist⟩: **1.** *(von Kleinkindern) sich auf Händen und Knien fortbewegen:* das Baby fängt an zu krabbeln. **2.** *(von kleinen Tieren) laufen:* ein Käfer ist an der Wand gekrabbelt; wohin ist die Spinne gekrabbelt? *Syn.:* kriechen.

der **Krach** [krax]; -[e]s, Kräche ['krɛçə]: **1.** ⟨ohne Plural⟩ *lautes, störendes Geräusch:* die Maschine macht viel Krach. *Syn.:* Lärm. **2.** (ugs.) *lauter Streit:* in der Familie ist ständig Krach. *Syn.:* Zank. *Zus.:* Ehekrach, Familienkrach.

kra|chen ['kraxn̩], kracht, krachte, gekracht: **1.** ⟨itr.; hat⟩ *einen lauten Knall erzeugen:* der Donner kracht; ein Schuss krachte. **2.** ⟨itr.; ist⟩ (ugs.) *mit einem Knall gegen etwas stoßen:* das Auto ist gegen den Baum gekracht. *Syn.:* prallen gegen, rammen, zusammenstoßen mit.

kräch|zen ['krɛçtsn̩], krächzt, krächzte, gekrächzt ⟨itr.; hat⟩: *raue Laute erzeugen:* der Rabe krächzt.

die **Kraft** [kraft]; -, Kräfte ['krɛftə]: **1.** *körperliche Stärke:* der Junge hat viel, große Kraft; er haut mit aller Kraft gegen die Tür. **2.** * **in Kraft treten:** *gültig werden:* das neue Gesetz tritt am 1. Juli in Kraft.

das **Kraft|fahr|zeug** ['kraftfa:ɐ̯tsɔyk]; -[e]s, -e: *Fahrzeug mit einem Motor:* ein Kraftfahrzeug lenken, steuern; dieser Weg ist für Kraftfahrzeuge gesperrt. *Syn.:* Wagen.

kräf|tig ['krɛftɪç], kräftiger, am kräftigsten ⟨Adj.⟩: **1.** *mit viel [körperlicher] Kraft:* ein kräftiger Helfer; ein kräftiger Schlag; die Sonne ist im Mai schon sehr kräftig. *Syn.:* heftig, kraftvoll, wuchtig. **2.** *stark, groß:* kräftiger Regen, Sturm; einen kräftigen Schluck nehmen; kräftige Farben.

kraft|los ['kraftlo:s], kraftloser, am kraftlosesten ⟨Adj.⟩: *mit wenig Kraft:* kraftlose Beine; ganz kraftlos fiel er in den Sessel. *Syn.:* schlapp, schwach.

der **Kraft|stoff** ['kraftʃtɔf]; -[e]s, -e: *Stoff aus Erdöl, mit dem ein Motor Energie erzeugt:* Benzin ist ein Kraftstoff; welchen Kraftstoff muss ich tanken? *Zus.:* Dieselkraftstoff.

kraft|voll ['kraftfɔl], kraftvoller, am kraftvollsten ⟨Adj.⟩: *mit viel Kraft:* ein kraftvoller Sprung; kraftvoll den Ball schießen. *Syn.:* kräftig.

der **Kraft|wa|gen** ['kraftva:gn̩]; -s, -: *Auto:* die Zahl der neu zugelassenen Kraftwagen ist dieses Jahr gestiegen. *Syn.:* Fahrzeug, Kraftfahrzeug, Wagen.

das **Kraft|werk** ['kraftvɛrk]; -[e]s, -e: *industrielle Anlage, die elektrische Energie erzeugt:* ein mit Braunkohle betriebenes Kraftwerk. *Zus.:* Atomkraftwerk, Kohlekraftwerk, Wasserkraftwerk.

der **Kra|gen** ['kra:gn̩]; -s, -: *Teil des Kleidungsstücks, der den Hals umgibt:* der Kragen am Hemd; den Kragen des Mantels hochschlagen. *Zus.:* Hemdkragen, Mantelkragen, Pelzkragen, Stehkragen.

die **Krä|he** ['krɛ:ə]; -, -n: *großer schwarzer Vogel mit dunklem, kräftigem Schnabel und krächzender Stimme:* auf den Feldern sitzen überall Krähen. *Syn.:* Rabe. *Zus.:* Saatkrähe.

krä|hen ['krɛ:ən], kräht, krähte, gekräht ⟨itr.; hat⟩: *so schreien wie ein Hahn:* der Hahn kräht jeden Morgen zur selben Zeit.

der **Kram** [kra:m]; -[e]s: *wertlose Gegenstände, Dinge:* es befindet sich viel Kram im Keller. *Syn.:* Gerümpel (abwertend), Zeug. *Zus.:* Papierkram, Trödelkram.

kra|men ['kra:mən], kramt, kramte, gekramt ⟨itr.; hat; nach etw. (Dativ) k.⟩: *zwischen vielen Gegenständen, Dingen etwas suchen:* in allen Schubladen nach Bildern kramen.

der **Kran** [kra:n]; -[e]s, Kräne ['krɛ:nə]: *Vorrichtung aus Metall, mit der auf Baustellen schwere Dinge hoch in die Luft gehoben und transportiert werden:* der Kran hebt die Balken.

krank [kraŋk], kränker, am kränksten ⟨Adj.⟩: *so, dass man sich schlecht fühlt*

und körperlich schwach ist /Ggs.
gesund/: krank sein, werden; er liegt
krank im Bett. *Syn.:*kränklich. *Zus.:*
herzkrank, krebskrank, todkrank.

er *und* die **Kran|ke**['kraŋkə]; -n, -n ⟨aber: [ein]
Kranker, [eine] Kranke, Plural: [viele]
Kranke⟩: *Person, die krank ist:* die
Kranke wurde ins Krankenhaus
gebracht. *Zus.:*Aidskranke, Aidskranker,
Herzkranke, Herzkranker.

krän|keln ['krɛŋkl̩n], kränkelt, kränkelte,
gekränkelt ⟨itr.; hat⟩: *[über lange Zeit]
leicht krank sein:* seit der Winter begonnen hat, kränkelt er ständig.

krän|ken ['krɛŋkn̩], kränkt, kränkte,
gekränkt ⟨tr.; hat; jmdn. k.⟩: *jmdn. seelisch verletzen:* diese Bemerkung hatte
sie sehr gekränkt; ihr Verhalten kränkte
ihn manchmal, aber er sagte nichts.
*Syn.:*beleidigen, treffen.

as **Kran|ken|haus**['kraŋkn̩haʊs], -es, Kranken-
häuser ['kraŋkn̩hɔyzɐ]: *Gebäude, in dem
Kranke [mehrere Tage lang] behandelt
werden:* der Kranke wurde ins Krankenhaus gebracht; nach fünf Tagen konnte
sie das Krankenhaus wieder verlassen.
*Syn.:*Hospital, Klinik, Spital (bes.
österr., schweiz.).

e **Kran|ken|kas|sa**['kraŋkn̩kasa]; -, Kranken-
kassen ['kraŋkn̩kasn̩] (österr.): *Krankenkasse.*

e **Kran|ken|kas|se**['kraŋkn̩kasə]; -, -n: *Versi-
cherung, die die Kosten für medizinische
Behandlung bezahlt:* die Krankenkasse
angeben; bei welcher Krankenkasse sind
Sie? *Syn.:*Kassa (österr.), Kasse, Kran-
kenkassa (österr.), Krankenversicherung.

r **Kran|ken|pfle|ger**['kraŋkn̩pfleːgɐ]; -s, -:
*männliche Person, die beruflich kranke
Menschen pflegt:* er ist ausgebildeter
Krankenpfleger; als Krankenpfleger
arbeiten. *Syn.:*Pfleger.

r **Kran|ken|schein**['kraŋkn̩ʃaɪn]; -[e]s, -e
(österr.): *persönliche Karte für die Ver-
sicherten einer Krankenkasse:* haben Sie
Ihren Krankenschein dabei?

e **Kran|ken|schwes|ter**['kraŋkn̩ʃvɛstɐ]; -, -n:
*weibliche Person, die beruflich kranke
Menschen pflegt:* sie arbeitet als Krankenschwester in einem Krankenhaus; sie
möchte Krankenschwester werden. *Syn.:*
Schwester.

e **Kran|ken|ver|si|che|rung** ['kraŋkn̩fɛɐ̯zɪçə-
rʊŋ]; -, -en: *Versicherung, die bei einer
Krankheit die Kosten für die Behandlung
bezahlt:* die gesetzliche Krankenversicherung; eine private Krankenversiche-

rung abschließen; sie zahlt einen hohen
Beitrag für die Krankenversicherung.
*Syn.:*Krankenkasse.

der **Kran|ken|wa|gen**['kraŋkn̩vaːgn̩], -s, -:
*Auto, in dem kranke Menschen [ins
Krankenhaus] transportiert werden:*
einen Krankenwagen rufen. *Syn.:*Rettung (österr.).

der Krankenwagen

krank|haft ['kraŋkhaft] ⟨Adj.⟩: *nicht nor-
mal:* ein krankhafter Ehrgeiz; diese
übertriebene Sparsamkeit ist schon
krankhaft. *Syn.:*unnatürlich.

die **Krank|heit**['kraŋkhaɪt], -, -en: ⟨Plural⟩ *Stö-
rung der körperlichen oder seelischen
Funktionen* /Ggs. Gesundheit/: eine
ansteckende Krankheit; an einer
Krankheit leiden. *Syn.:*Erkrankung,
Beschwerden (Plural), Leiden. *Zus.:*
Hautkrankheit, Infektionskrankheit,
Kinderkrankheit.

der **Krank|heits|er|re|ger** ['kraŋkhaɪtsˀɛʀeːgɐ];
-s, -: *Bakterie, Virus:* mögliche Krank-
heitserreger mit einem Desinfektionsmittel abtöten. *Syn.:*Keim.

kränk|lich ['krɛŋklɪç], kränklicher, am
kränklichsten ⟨Adj.⟩: *nicht richtig
gesund, immer etwas krank:* ein kränkli-
ches Aussehen haben. *Syn.:*krank, lei-
dend.

die **Krän|kung** ['krɛŋkʊŋ]; -, -en: *Verletzung
der Gefühle:* eine tiefe, persönliche Kränkung; eine Kränkung erleben. *Syn.:*
Beleidigung.

der **Kranz** [krants], -es, Kränze ['krɛntsə]: *Ring
aus Blumen oder Zweigen.* *Zus.:*Blumen-
kranz, Dornenkranz, Lorbeerkranz, Sie-
geskranz, Trauerkranz.

krass [kras], krasser, am krassesten ⟨Adj.⟩:
1. *deutlich, extrem:* seine Handlungen
stehen in krassem Gegensatz zu seinen
Worten; sie ist eine krasse Außenseite-
rin. *Syn.:*scharf. **2.** (bes. Jugendspr.) *in
begeisternder Weise gut, schön:* der
Urlaub war voll krass.

der **Kra|ter** ['kraːtɐ], -s, -: **1.** *Öffnung eines Vul-
kans:* aus dem Krater steigt Rauch in die
Luft. **2.** *tiefes Loch im Boden:* die Bombe
hat einen großen Krater hinterlassen.
*Zus.:*Bombenkrater, Mondkrater.

krat|zen ['kratsn̩], kratzt, kratzte, gekratzt:
1. ⟨tr.; hat; jmdn. k.⟩ *mit Nägeln oder
Krallen leicht verletzten:* die Katze hat
mich gekratzt. **2.** ⟨tr.; hat; jmdn., sich k.⟩

K

reiben, weil es juckt: jmdn. auf dem Rücken kratzen; ich kratze mich am Kopf. *Syn.:* scheuern. **3.** ⟨itr.; hat⟩ *rau auf der Haut sein; jucken:* der Stoff des Kleides kratzt fürchterlich.

der **Krat|zer** [ˈkratsɐ]; -s, -: *kleine, dünne Beschädigung; Schramme:* ein paar Kratzer im Gesicht haben; das Auto hat einen Kratzer auf der linken Seite.

krau|len [ˈkraʊlən], krault, kraulte, gekrault ⟨tr.; hat⟩: *heftig, aber angenehm mit den Fingern streicheln:* jmdn. am Kinn, einen Hund am Hals kraulen.

kraus [kraʊs], krauser, am krausesten ⟨Adj.⟩: *mit vielen sehr kleinen Locken:* sie hat krauses Haar.

das **Kraut** [kraʊt]; -[e]s, Kräuter [ˈkrɔʏtɐ]: **1.** *Pflanze, die als Medikament oder Gewürz verwendet wird:* ein Tee aus Kräutern. *Zus.:* Heilkraut, Küchenkraut, Suppenkraut. **2.** ⟨ohne Plural⟩ (bes. süddt., österr.) *Kohl:* sie bestellte Würstchen auf Kraut. *Zus.:* Rotkraut, Sauerkraut, Weißkraut.

der **Kra|wall** [kraˈval]; -s, -e: ⟨Plural⟩ *Proteste mit Gewalt:* auf den Straßen kam es zu Demonstrationen und Krawallen. *Syn.:* Unruhen ⟨Plural⟩. *Zus.:* Straßenkrawall.

die **Kra|wat|te** [kraˈvatə]; -, -n: *Kleidungsstück für Herren, das bei einem Hemd um den Kragen gebunden wird:* eine Krawatte binden, tragen; ohne Krawatte kommst du nicht in dieses Lokal. *Syn.:* Binder, Schlips (ugs.).

die Krawatte

kra|xeln [ˈkraksl̩n], kraxelt, kraxelte, gekraxelt ⟨itr.; ist⟩ (ugs., bes. süddt., österr.): *klettern, steigen:* auf einen Baum, Berg kraxeln.

kre|a|tiv [kreaˈtiːf], kreativer, am kreativsten ⟨Adj.⟩: *voll neuer, guter Ideen:* sie ist sehr kreativ; ich bewundere immer seine kreativen Fähigkeiten *(seine Fähigkeit, sich etwas Neues auszudenken);* ein kreativer Beruf *(ein Beruf, der neue Ideen verlangt).*

der **Kre|dit** [kreˈdiːt]; -s, -e: *Geld, das man leiht oder verleiht:* er brauchte einen Kredit, um das Haus bauen zu können; die Bank gab ihm einen Kredit; sie wollen einen Kredit bei der Bank aufnehmen. *Syn.:* Darlehen.

die **Kre|dit|kar|te** [kreˈdiːtkartə]; -, -n: *Karte aus Kunststoff, mit der man bezahlen kann:* das Restaurant akzeptiert auch Kreditkarten; er zahlte das Essen mit seiner Kreditkarte.

die **Krei|de** [ˈkraɪdə]; -, -n: *weiches Material zum Schreiben, Malen an einer Tafel:* ein Stück Kreide; weiße, rote Kreide; etwas mit Kreide an die Tafel schreiben.

der **Kreis** [kraɪs]; -es,-e: **1.** *gleichmäßig runde Linie um einen Punkt in der Mitte:* einen Kreis zeichnen; die Kinder bildeten einen Kreis *(stellten, setzten sich im Kreis hin);* sich im Kreis *(um die Mitte herum)* drehen. **2.** ⟨mit Attribut⟩ *Gruppe von Personen:* ein Kreis von jungen, interessierten Leuten; ein exklusiver Kreis; einflussreiche Kreise. *Syn.:* Runde. *Zus.:* Bekanntenkreis, Freundeskreis.

der Kreis

krei|schen [ˈkraɪʃn̩], kreischt, kreischte, gekreischt ⟨itr.; hat⟩: *mit schriller Stimme schreien:* der Papagei kreischt seit einer Stunde; hör auf, so hysterisch zu kreischen!

krei|sen [ˈkraɪzn̩], kreist, kreiste, gekreist ⟨itr.; hat/ist⟩: *sich in einem Kreis [um etwas] bewegen:* am Himmel kreiste ein Segelflugzeug; der Hund kreist um die Herde.

der **Kreis|lauf** [ˈkraɪslaʊf]; -[e]s: **1.** *durch die Tätigkeit des Herzens bewirkte Bewegung des Blutes in den Adern:* etwas belastet den Kreislauf. **2.** *Bewegung, die immer wieder von vorn beginnt:* der Kreislauf des Wassers; der ewige Kreislauf des Lebens.

die **Krem, Kre|me** [kreːm]; -, -s: ↑ Creme.

das **Kreuz** [krɔʏts]; -es, -e: **1.** *Gegenstand, Zeichen aus zwei (meist rechtwinklig) sich schneidenden Linien, Balken oder dergleichen:* etwas mit einem Kreuz kennzeichnen; auf dem Altar stand ein schlichtes Kreuz aus Marmor, Holz. **2.** *unterer Teil des Rückens:* mir tut das Kreuz weh. *Syn.:* Rücken. **3.** *[höchste] Farbe im Kartenspiel:* Kreuz ist Trumpf Kreuz spielen.

kreu|zen [ˈkrɔʏtsn̩], kreuzt, kreuzte, gekreuzt ⟨tr.; hat; etw. k.⟩: **1.** *[schräg] übereinanderlegen, -schlagen:* sie hat die Arme, Beine gekreuzt. **2.** *quer über etwas hinwegführen, in seinem Verlauf schnei-*

den: dort kreuzt die Straße die Bahnlinie; der Punkt, wo sich die Wege kreuzen.

die **Kreu|zung** [ˈkrɔytsʊŋ]; -, -en: *Stelle, wo sich zwei oder mehrere Straßen treffen:* an der nächsten Kreuzung müssen wir links abbiegen; mitten auf der Kreuzung blieb der Motor stehen. *Zus.:* Straßenkreuzung, Verkehrskreuzung, Wegkreuzung.

krib|beln [ˈkrɪbl̩n], kribbelt, kribbelte, gekribbelt ⟨itr.; hat⟩: *einen prickelnden Reiz spüren, von einem prickelnden Gefühl befallen sein:* mein Rücken kribbelt; es kribbelt mir/mich in den Fingern. *Syn.:* jucken.

krie|chen [ˈkriːçn̩], kriecht, kroch, gekrochen ⟨itr.; ist⟩: *sich dicht am Boden fortbewegen:* eine braune Schlange kriecht durch das Gebüsch; er ist auf dem Bauch, auf allen vieren durchs Zimmer gekrochen.

der **Krieg** [kriːk]; -[e]s, -e: *größere Auseinandersetzung zwischen Völkern oder Staaten mit militärischen Mitteln:* einem Land den Krieg erklären; als der Krieg ausbrach, war sie noch klein; wir müssen den Krieg so schnell wie möglich beenden. *Zus.:* Angriffskrieg, Atomkrieg, Bürgerkrieg, Eroberungskrieg, Glaubenskrieg, Luftkrieg, Weltkrieg.

krie|gen [ˈkriːgn̩], kriegt, kriegte, gekriegt (ugs.): **1.** ⟨itr.; hat; etw. k.⟩ *bekommen:* einen Brief, eine Nachricht, einen Preis, Post, Finderlohn kriegen; kann man hier noch etwas zu essen kriegen?; was hast du zum Geburtstag gekriegt?; dieses Medikament kriegt man nur in der Apotheke; wann kriege ich eine Antwort von dir?; sie kriegt ein Kind *(ist schwanger);* du kriegst noch 5 Euro von mir *(ich schulde dir noch 5 Euro);* er kriegt Rente *(ist Rentner). Syn.:* erhalten. **2.** ⟨itr.; hat; etw. k.⟩ *bekommen:* einen Kuss, ein Lob, eine Strafe kriegen *(geküsst, gelobt, bestraft werden);* Besuch kriegen *(besucht werden);* sie kriegt seinen Hass zu spüren; etwas geschickt, gesagt kriegen; eine Spritze kriegen; eine Ohrfeige kriegen; Angst, Heimweh kriegen; ich kriege allmählich Hunger; Fieber, Schnupfen, Grippe kriegen; wir kriegen heute noch Regen. **3.** ⟨itr.; hat; jmdn., etw. irgendwie, irgendwohin, zu etw. k.⟩ *in einen bestimmten Zustand bringen; dazu bringen, etwas Bestimmtes zu tun:* ich habe ihn nicht aus dem Bett gekriegt; hast du die Kiste in den Kofferraum gekriegt?; es ist schwer, sie zum

Reden zu kriegen; die Kinder satt kriegen; die Wäsche trocken kriegen; das werden wir schon geregelt kriegen. *Syn.:* bekommen. **4.** ⟨itr.; hat; jmdn. k.⟩ *finden und fangen, festnehmen:* die Polizei wird den Dieb schon kriegen. *Syn.:* ergreifen, erwischen (ugs.), schnappen (ugs.).

der **Kri|mi** [ˈkrɪmi]; -s, -s (ugs.): **1.** *Kriminalfilm:* sich einen Krimi angucken. **2.** *Kriminalroman:* sie liest einen Krimi nach dem anderen.

der **Kri|mi|nal|film** [krimiˈnaːlfɪlm]; -[e]s, -e: *Film, der von einem Verbrechen und dessen Aufklärung handelt:* ein Kriminalfilm nach Christie. *Syn.:* Krimi (ugs.).

die **Kri|mi|na|li|tät** [kriminaliˈtɛːt]; -: *Zahl und Umfang der kriminellen Handlungen:* die steigende Kriminalität Jugendlicher. *Zus.:* Computerkriminalität, Jugendkriminalität, Verkehrskriminalität.

die **Kri|mi|nal|po|li|zei** [krimiˈnaːlpolitsai̯]; -: *Abteilung der Polizei, die für die Verhütung, Bekämpfung und Aufklärung von Verbrechen zuständig ist:* ein Herr von der Kriminalpolizei möchte dich sprechen; die Kriminalpolizei ermittelt im Mordfall Schreiner. *Syn.:* Kripo.

der **Kri|mi|nal|ro|man** [krimiˈnaːlroˌmaːn]; -[e]s, -e: *Roman, der von einem Verbrechen und dessen Aufklärung handelt:* ich lese am liebsten Kriminalromane. *Syn.:* Krimi (ugs.).

kri|mi|nell [krimiˈnɛl], krimineller, am kriminellsten ⟨Adj.⟩: **1.** *strafbare Handlungen begehend:* kriminelle Jugendliche. **2.** *strafbar:* eine kriminelle Tat.

der **Krims|krams** [ˈkrɪmskrams]; -[es] (ugs.): *unbedeutende, unwichtige kleinere, ungeordnet herumliegende Dinge:* in der Kellerecke lag allerlei Krimskrams herum. *Syn.:* Gerümpel (abwertend), Kram, Zeug.

die **Kri|po** [ˈkriːpo]; -: *Kriminalpolizei:* sie ist bei der Kripo.

die **Krip|pe** [ˈkrɪpə]; -, -n: **1.** *Behälter für Futter von Vieh oder größerem Wild:* der Bauer warf frisches Heu in die Krippe. *Zus.:* Futterkrippe, Pferdekrippe. **2.** *Einrichtung zur Betreuung von Kindern unter 3 Jahren:* am Vormittag ist das Kind in der Krippe. *Zus.:* Kinderkrippe.

die **Kri|se** [ˈkriːzə]; -, -n: *schwierige, bedrohliche Situation:* eine wirtschaftliche, finanzielle, politische Krise; sich in einer Krise befinden; in eine schwere Krise geraten. *Zus.:* Ehekrise, Finanzkrise, Lebenskrise.

der **¹Kris|tall** [krɪsˈtal]; -s, -e: *fester, regelmäßig

geformter Körper mit gleichmäßig ange-
ordneten ebenen Flächen: wenn das
Wasser verdunstet, bildet das Eis Kris-
talle. *Zus.:* Eiskristall, Salzkristall.

das **²Kris|tall** [krıs'tal]; -s: *stark glänzendes,
meist geschliffenes Glas:* Weingläser aus
Kristall. *Syn.:* Glas.

das **Kri|te|ri|um** [kri'te:riʊm]; -s, Kriterien
[kri'te:riən]: *Merkmal, nach dem etwas
beurteilt oder entschieden wird:* Kriterien für etwas aufstellen; nach welchen Kriterien beurteilst du die
Bücher?

die **Kri|tik** [kri'ti:k]; -, -en: **1.** *negative Bewer-
tung:* seine Kritik ist nicht begründet;
keine Kritik vertragen können; an jmds.
Entscheidung, Haltung Kritik üben. *Syn.:*
Vorwurf. *Zus.:* Gesellschaftskritik,
Selbstkritik, Sprachkritik, Zeitkritik.
2. *Text, in dem ein Kunstwerk oder dergleichen beurteilt wird:* eine Kritik über
ein Buch, eine Aufführung schreiben; in
der Zeitung ist heute eine Kritik zu dem
Film; der Künstler bekam eine gute Kritik. *Zus.:* Buchkritik, Filmkritik, Litera-
turkritik, Theaterkritik.

der **Kri|ti|ker** ['kri:tikɐ]; -s, -, die **Kri|ti|ke|rin**
['kri:tikərın]; -, -nen: **1.** *Person, die
jmdn., etwas kritisiert:* ein scharfer Kriti-
ker der Regierungspolitik. *Zus.:* Gesell-
schaftskritiker, Gesellschaftskritikerin.
2. *Person, die in Zeitungen, Zeitschriften
[berufsmäßig] Kritiken schreibt:* eine
bekannte Kritikerin berichtete über die
Aufführung der Oper. *Zus.:* Filmkritiker,
Filmkritikerin, Theaterkritiker, Theater-
kritikerin.

kri|tisch ['kri:tıʃ], kritischer, am kritischs-
ten ⟨Adj.⟩: **1.** *sich ein eigenes Urteil bildend:* ein kritischer Leser; etwas kritisch
betrachten. *Zus.:* gesellschaftskritisch,
selbstkritisch, zeitkritisch. **2.** *ein negatives Urteil enthaltend, ausdrückend:* seine
kritischen Bemerkungen verletzten sie;
sich kritisch über jmdn., etwas äußern.
3. *eine Krise kennzeichnend:* eine kritische Phase, Situation.

kri|ti|sie|ren [kriti'zi:rən], kritisiert, kriti-
sierte, kritisiert ⟨tr.; hat⟩: *mit jmdm.,
etwas nicht einverstanden sein und dies
auch ausdrücken:* die Regierung kritisieren; eine Entscheidung scharf kritisieren.

krit|zeln ['krıtsl̩n], kritzelt, kritzelte,
gekritzelt ⟨tr.; hat; etw. [irgendwohin]
k.⟩: *in kleiner, unregelmäßiger und
schlecht lesbarer Schrift schreiben:*
Bemerkungen an den Rand kritzeln.

das **Kro|ko|dil** [kroko'di:l]; -s, -e: *großes räu-
berisches Reptil, das im und am Wasser
lebt, einen lang gestreckten Kopf, ein
großes Maul mit scharfen, unregelmäßigen Zähnen und einen langen, kräftigen Schwanz hat:* er ist beim Baden
von einem Krokodil angegriffen worden.

die **Kro|ne** ['kro:nə]; -, -n: **1.** *Schmuck, den
Herrscher, Herrscherinnen als Zeichen
der Macht auf dem Kopf tragen:* die
Krone der deutschen Kaiser; sich die
Krone aufsetzen. *Zus.:* Goldkrone, Kai-
serkrone, Königskrone, Papierkrone,
Zackenkrone. **2.** *oberster Teil von etwas:*
die Wellen hatten weiße Kronen aus
Schaum; die Krone des Baumes. *Zus.:*
Baumkrone, Laubkrone.

die **Krü|cke** ['krʏkə]; -, -n: *Stock für einen
beim Gehen behinderten Menschen, der
mit einer Stütze für den Unterarm versehen ist:* seit seinem Unfall muss er
an / (auch:) auf Krücken gehen; sie
kann sich nur noch mit Krücken fortbewegen.

der **Krug** [kru:k]; -[e]s, Krüge ['kry:gə]: *Gefäß
mit einem Henkel zum Aufbewahren von
Getränken:* ein irdener, gläserner Krug;
ein Krug aus Ton; ein Krug [mit] Milch;
ein Krug voll Wein. *Syn.:* Kanne, Karaffe.
Zus.: Bierkrug, Porzellankrug, Wasser-
krug.

der **Krü|mel** ['kry:ml̩]; -s, -: *kleines Teilchen von
Brot o. Ä.:* lass nicht so viele Krümel auf
den Boden fallen! *Zus.:* Brotkrümel,
Kuchenkrümel.

krü|me|lig ['kry:məlıç], krümeliger, am
krümeligsten ⟨Adj.⟩: *in sehr kleine Stücke
zerfallend, sich auflösend:* krümelige
Erde; der Kuchen, das Brot war ganz
krümelig.

krü|meln ['kry:ml̩n], krümelt, krümelte,
gekrümelt ⟨itr.; hat⟩: **1.** *in sehr kleine Stücke zerfallen:* das Brot krümelt. **2.** *[viele]
Krümel machen, entstehen lassen:* krümel beim Essen nicht so!

krumm [krʊm], krummer, am krummsten
⟨Adj.⟩: *in seiner Form, seinem Wuchs
nicht gerade:* eine krumme Linie, Nase;
der Nagel ist krumm; er hat krumme
Beine; sie, ihr Rücken ist mit den Jahren
ganz krumm geworden.

krüm|men ['krʏmən], krümmt, krümmte,
gekrümmt: **1.** ⟨tr.; hat; etw. k.⟩ *krumm
machen:* ein Bein, einen Finger krümmen; in gekrümmter Haltung,
gekrümmt (krumm) sitzen. *Syn.:* beugen,
biegen. **2.** ⟨sich k.⟩ *krumm, gebogen wer-*

den; *eine krumme Haltung annehmen:*
die Blätter krümmen sich in der Sonne;
sich vor Lachen, Schmerzen krümmen.
Syn.: sich biegen.

die **Krus|te** [ˈkrʊstə]; -, -n: *harte, oft trockene,*
spröde äußere Schicht, Oberfläche von
etwas Weicherem: auf der Wunde hat
sich eine Kruste gebildet; das Brot hat
eine harte Kruste. *Syn.:* Rinde. *Zus.:* Brot-
kruste, Erdkruste, Zuckerkruste.

der **Kü|bel** [ˈkyːbl̩]; -s, -: *größeres, nach oben*
hin etwas weiteres Gefäß (oft aus Holz,
Metall, Ton): ein Kübel Wasser; ein
Kübel mit Abfällen; Oleander, Palmen in
Kübeln. *Zus.:* Abfallkübel, Blumenkübel,
Eiskübel, Wasserkübel.

der *oder das* **Ku|bik|me|ter** [kuˈbiːkˌmeːtɐ]; -s, -:
Maß des Raums von je 1 m Länge, Breite
und Höhe: vier Kubikmeter Beton, Gas.

die **Kü|che** [ˈkʏçə]; -, -n: **1.** *Raum zum Kochen:*
eine kleine, enge, geräumige, modern
eingerichtete Küche; in der Küche helfen. **2.** *bestimmte Art, Speisen zuzuberei-*
ten: die feine, französische, Wiener
Küche.

der **Ku|chen** [ˈkuːxn̩]; -s, -: *süßes Gebäck aus*
Mehl, Fett, Zucker, Eiern und anderen
Zutaten: ein trockener, flacher, hoher
Kuchen; ein Kuchen mit Rosinen, mit
Streuseln; einen Kuchen backen,
anschneiden; ein Stück Kuchen essen.
Zus.: Apfelkuchen, Geburtstagskuchen,
Hefekuchen, Kirschkuchen.

der **Kü|chen|schrank** [ˈkʏçn̩ˌʃraŋk]; -[e]s,
Küchenschränke [ˈkʏçn̩ˌʃrɛŋkə]: *Schrank*
in der Küche, bes. für Geschirr: die Tassen kommen oben links in den Küchenschrank.

der **Ku|ckuck** [ˈkʊkʊk]; -s, -e: *Vogel, der seine*
Eier in die Nester anderer Vögel legt:
hörst du den Kuckuck?

die **Ku|gel** [ˈkuːɡl̩]; -, -n: *Gegenstand, der regel-*
mäßig rund ist: eine schwere, eiserne
Kugel; eine Kugel aus Holz, Glas; die
Kugel rollt, hat einen Durchmesser von
20 cm; die Erde ist eine Kugel. *Zus.:* Bil-
lardkugel, Christbaumkugel, Erdkugel,
Glaskugel.

ku|gel|rund [ˈkuːɡl̩ˈrʊnt] ⟨Adj.⟩: *rund wie*
eine Kugel: ein kugelrunder Kopf, Apfel.

der **Ku|gel|schrei|ber** [ˈkuːɡl̩ˌʃraibɐ]; -s, -: *Stift*
zum Schreiben, in dessen Mine sich vorn
eine kleine Kugel befindet, die beim
Schreiben Farbe abgibt: kann ich bitte
mal kurz Ihren Kugelschreiber haben?

die **Kuh** [kuː]; -, Kühe [ˈkyːə]: **1.** *weibliches*
Rind: eine braune, gescheckte Kuh; die
Kuh kalbt, gibt [keine] Milch; die Kühe

melken, auf die Weide treiben. *Syn.:*
Rind. **2.** (salopp abwertend) *weibliche*
Person: sie ist eine blöde Kuh; (auch als
Schimpfwort:) dämliche Kuh!

die Kuh

kühl [kyːl], kühler, am kühlsten ⟨Adj.⟩:
1. *mehr kalt als warm:* ein kühler Abend;
hier ist es schön kühl; hier ist es mir zu
kühl; der Wein dürfte etwas kühler sein;
Lebensmittel kühl lagern. **2.** *leicht*
abweisend und auf andere distanziert
und frostig wirkend: ein kühler Blick,
Empfang; er war zuerst recht kühl [zu
mir]; sich kühl von jmdm. verabschieden. *Syn.:* reserviert.

küh|len [ˈkyːlən] ⟨tr.; hat; etw. k.⟩: *kühl*
machen, werden lassen: Getränke küh-
len; sie kühlte ihre heiße Stirn [mit Was-
ser].

der **Kühl|schrank** [ˈkyːlʃraŋk]; -[e]s, Kühl-
schränke [ˈkyːlʃrɛŋkə]: *Gerät, in dem*
Speisen, Lebensmittel, Getränke gekühlt
oder kühl gehalten werden: der Kühlschrank ist voll, leer; etwas in den Kühlschrank legen, im Kühlschrank aufbewahren.

kühn [kyːn], kühner, am kühnsten ⟨Adj.⟩:
1. *die Gefahr nicht scheuend:* ein kühner
Fahrer; eine kühne Tat; sich durch einen
kühnen Sprung, eine kühne Flucht ret-
ten. **2.** *in seiner Art weit über das Übliche*
hinausgehend: eine kühne Konstruktion;
eine kühne Idee, Zusammenstellung.

das **Kü|ken** [ˈkyːkn̩]; -s, -: *Junges von Geflügel*
(bes. des Huhns): das Küken war gerade
aus dem Ei geschlüpft.

der **Ku|ku|ruz** [ˈkʊkurʊts]; -[es] (österr., sonst
landsch.): *Mais:* Kukuruz ernten.

der **Ku|li** [ˈkuːli]; -s, -s (ugs.): *Kugelschreiber:*
gib mir mal bitte den Kuli!

ku|llern [ˈkʊlɐn], kullert, kullerte, gekul-
lert ⟨itr.; ist; irgendwohin k.⟩: *wie eine*
Kugel rollen: der Korb fiel um, und die
Äpfel kullerten durch die Küche, über
den Fußboden; ihr kullerten die Tränen
über die Backen.

der **Kult** [kʊlt]; -[e]s, -e: *religiöse Verehrung*
eines Gottes, einer Göttin oder derglei-
chen: der christliche Kult; der Kult des
Dionysos, der Jungfrau Maria. *Zus.:*
Ahnenkult, Marienkult, Totenkult.

die **Kul|tur** [kʊlˈtuːɐ]; -, -en: **1.** *Gesamtheit der*
geistigen, künstlerischen und techni-

K

schen Leistungen eines Volks: ein durch Sprache und Kultur verbundenes Volk; die abendländische Kultur; frühe, verschollene Kulturen; die Kultur der Griechen, Mayas. **2.** *gepflegte, kultivierte Lebensweise:* sie haben keine Kultur; ein Mensch ohne Kultur. *Zus.:* Esskultur, Wohnkultur.

kul|tu|rell [kʊltuˈrɛl] 〈Adj.〉: *den Bereich der Kultur, bes. der Kunst betreffend:* kulturelle Veranstaltungen; kulturell interessiert sein.

der **Kum|mer** [ˈkʊmɐ]; -s: *von Sorge bestimmter innerer Zustand eines Menschen:* der Junge macht seinen Eltern viel Kummer; er konnte vor Kummer nicht schlafen.

küm|mer|lich [ˈkʏmɐlɪç], kümmerlicher, am kümmerlichsten 〈Adj.〉: **1.** *(von Menschen, Tieren, Pflanzen) klein und schwächlich, in der Entwicklung zurückgeblieben:* eine kümmerliche Gestalt. *Syn.:* mickrig (ugs. abwertend). **2.** *ärmlich:* eine kümmerliche Behausung, Kleidung; er lebte kümmerlich, in einem kümmerlichen Zimmer.

küm|mern [ˈkʏmɐn], kümmert, kümmerte, gekümmert: **1.** 〈sich um jmdn., etw. k.〉 *sich (um jmdn., etwas) sorgen:* sich um die Gäste, die Kinder, den Haushalt kümmern; er kümmerte sich nicht um den Kranken; kümmere dich nicht um Dinge, die dich nichts angehen! *Syn.:* betreuen, schauen nach (bes. südd.), sehen nach, sorgen für. **2.** 〈itr.; hat; jmdn. k.〉 *betreffen, angehen:* wen kümmert das?; was kümmert dich das?; wie ich das Geld beschaffe, braucht dich nicht zu kümmern. *Syn.:* interessieren.

der **Kum|pel** [ˈkʊmpl̩]; -s, - (ugs.): *Person, mit der man befreundet ist, öfter gemeinsam etwas unternimmt:* er ist ein alter Kumpel von mir; sie sind Kumpel geworden.

der **Kun|de** [ˈkʊndə]; -n, -n: *männliche Person, die [regelmäßig] in einem Geschäft kauft oder bei einer Firma einen Auftrag erteilt:* ein guter, langjähriger Kunde; Kunden beliefern, bedienen; neue Kunden werben; er zählt zu unseren besten Kunden.

der **Kun|den|dienst** [ˈkʊndn̩diːnst]; -[e]s, -e: *Gesamtheit von Leistungen, die eine Firma ihren Kunden anbietet; Abteilung einer Firma, die für solche Leistungen zuständig ist:* wir müssen unseren Kundendienst verbessern; den Kundendienst anrufen, in Anspruch nehmen. *Syn.:* ²Service.

die **Kund|ge|bung** [ˈkʊntɡeːbʊŋ]; -, -en: *öffent-*

liche, politische Versammlung [unter freiem Himmel]: eine Kundgebung gege den Krieg; der Arbeitsminister sprach auf einer Kundgebung zum 1. Mai. *Syn.* Demonstration.

kün|di|gen [ˈkʏndɪɡn̩], kündigt, kündigte gekündigt: **1.** 〈itr.; hat〉 *seinen Arbeitsvertrag für beendet erklären, lösen:* sie hat [schriftlich] bei der Firma gekündigt; er will zum 1. Juli kündigen. **2.** 〈itr. hat; jmdm. k.〉 *den Arbeitsvertrag eines Mitarbeiters für beendet erklären:* jmdm zum Ende des Monats kündigen; ihr kann nicht gekündigt werden. *Syn.:* ent lassen. **3.** 〈itr.; hat; jmdm. k.〉 *jmds. Mietvertrag für beendet erklären:* mein Vermieterin hat mir zum 30. Juni gekü digt. **4.** 〈tr.; hat; etw. k.〉 *einen Vertrag f beendet erklären:* einen Kredit kündige ich habe meinen Vertrag bei der Versicherung gekündigt.

die **Kün|di|gung** [ˈkʏndɪɡʊŋ]; -, -en: *Lösung eines Vertrags, besonders eines Miet- oder Arbeitsvertrags:* eine fristlose Kür digung; ihr wurde ordnungsgemäß gekündigt; Kündigungen aussprechen, zurücknehmen; eine Kündigung vor Gericht anfechten; die Kündigung wurde ihm per Einschreiben geschickt

die **Kun|din** [ˈkʊndɪn]; -, -nen: *weibliche Form* zu ↑ Kunde.

die **Kund|schaft** [ˈkʊntʃaft]; -: 〈Plural〉 *Gesam heit der Kundinnen und Kunden:* eine zahlreiche Kundschaft; die unzufriede Kundschaft blieb nach einiger Zeit we er zählt zur festen Kundschaft des Geschäfts. *Syn.:* Käufer 〈Plural〉, Kunde 〈Plural〉, Kundinnen 〈Plural〉.

¹**künf|tig** [ˈkʏnftɪç] 〈Adj.〉: *in der Zukunft liegend; in kommender, späterer Zeit:* künftige Generationen werden noch stärker mit Energieproblemen zu tun haben; sie stellte mir ihren künftigen Mann vor. *Syn.:* später.

²**künf|tig** [ˈkʏnftɪç] 〈Adverb〉: *von heute a in Zukunft:* das soll künftig ganz ander werden; ich bitte dies künftig zu beach ten.

die **Kunst** [kʊnst]; -, Künste [ˈkʏnstə]: **1.** *schö ferisches Gestalten aus verschiedenen Materialien oder mit den Mitteln der Sprache, der Töne:* die bildende Kunst; abstrakte Kunst; moderne Kunst interessiert mich nicht; sich der Kunst wid men; ein Förderer der Künste; sie beschäftigt sich viel mit Kunst. *Zus.:* Baukunst, Dichtkunst, Erzählkunst, Filmkunst, Schauspielkunst. **2.** 〈ohne

Plural) *einzelnes Werk, die Gesamtheit der Werke eines Künstlers, einer Künstlerin, einer Epoche:* die antike, moderne Kunst; die Kunst der Ägypter; die Kunst Rembrandts; dieses Bild ist nicht Kunst, sondern Kitsch; Kunst sammeln. **3.** * **eine brotlose Kunst:** *Arbeit, die kein Geld einbringt:* werd bloß nicht Übersetzerin, das ist eine brotlose Kunst; * **keine Kunst sein** (ugs.): *leicht, einfach sein, keine besonderen Fähigkeiten erfordernd:* diese Matheaufgabe zu lösen ist ja wohl keine Kunst!

er **Künst|ler** [ˈkʏnstlɐ]; -s, -, die **Künst|le|rin** [ˈkʏnstlərɪn]; -, -nen: *Person, die Kunstwerke schafft und damit Geld verdient:* er ist ein begabter, genialer Künstler; sie ist eine freischaffende Künstlerin; die Künstler und Künstlerinnen verneigten sich vor dem Vorhang; die Künstlerin erhielt viel Beifall; eine namhafte Künstlerin für ein Gastspiel gewinnen; das Deckengemälde ist das Werk eines unbekannten Künstlers.

künst|le|risch [ˈkʏnstlərɪʃ] ⟨Adj.⟩: *die Kunst, einen Künstler, das Wesen der Kunst betreffend:* der künstlerische Wert dieses Gemäldes ist gering; sie hat die künstlerische Leitung; künstlerische Freiheit *(Freiheit des Künstlers, der Künstlerin, von der Realität, von bestimmten Normen abzuweichen);* etwas künstlerisch darstellen, gestalten.

künst|lich [ˈkʏnstlɪç] ⟨Adj.⟩: **1.** *nicht natürlich, sondern nachgemacht:* die künstlichen Blumen sahen täuschend echt aus; ein großer Garten mit künstlichem See; bei künstlichem Licht kann er nicht arbeiten; der Pudding schmeckt heute wieder künstlich. *Syn.:* falsch, unecht. **2.** *nicht auf natürliche Weise geschehend:* künstliche Befruchtung; künstliche Ernährung. **3.** ⟨künstlicher, am künstlichsten⟩: *unnatürlich:* ihr Lachen war, wirkte künstlich.

er **Kunst|stoff** [ˈkʊnstʃtɔf]; -[e]s, -e: *Material, das chemisch hergestellt wird, nicht in der Natur vorkommt:* Spielzeug, Geschirr aus Kunststoff. *Syn.:* ²Plastik.

as **Kunst|werk** [ˈkʊnstvɛrk]; -[e]s, -e: **1.** *Produkt, das ein Künstler, eine Künstlerin geschaffen hat:* dieser Roman ist ein literarisches Kunstwerk; mit Kindern Kunstwerke bestaunen. **2.** *etwas besonders Kunstvolles:* die Frisur ist ja ein wahres Kunstwerk!

kun|ter|bunt [ˈkʊntɐbʊnt] ⟨Adj.⟩ (emotional): **1.** *bunt, voller [kräftiger] Farben:* kunterbunte Sonnenschirme; kunterbunt bemalte Ostereier. *Syn.:* farbig. **2.** *vielfältig, bunt gemischt:* beim Volksfest gibt es am Nachmittag ein kunterbuntes Programm für Jung und Alt; ihr Leben verlief recht kunterbunt. **3.** *chaotisch:* in diesem Zimmer herrscht ja ein kunterbuntes Durcheinander; beim Umzug ging es kunterbunt zu.

das **Kup|fer** [ˈkʊpfɐ]; -s: *rötlich glänzendes, weiches Metall:* Kupfer abbauen, fördern; eine Münze aus Kupfer.

die **Kup|pel** [ˈkʊpl̩]; -, -n: *Decke über einem Raum, die die Form einer Halbkugel hat:* die Kirche hat eine große Kuppel. *Zus.:* Glaskuppel, Kirchenkuppel, Zirkuskuppel.

die **Kur** [kuːɐ̯]; -, -en: *Aufenthalt unter Aufsicht und Betreuung von Ärzten, der der Erholung und Genesung dient:* die Kur dauert drei Wochen; eine Kur beantragen; wegen seines schwachen Herzens musste er eine Kur machen; jmdm. eine Kur verordnen; zur Kur gehen; sie wurde vom Arzt in/zur Kur geschickt; sie ist an die See zur Kur gefahren.

die **Kür** [kyːɐ̯]; -, -en: *Übung, deren Teile der Sportler, die Sportlerin frei zusammenstellen kann:* eine schwierige Kür; die Kür der Damen im Kunstturnen, im Eiskunstlauf. *Zus.:* Damenkür, Herrenkür.

der **Kür|bis** [ˈkʏrbɪs]; -ses, -se: *große und meist runde, gelb-orange Frucht:* der größte Kürbis wog 6 Kilo; süßsauer eingelegte Kürbisse.

der **Ku|rier** [kuˈriːɐ̯]; -s, -e, die **Ku|rie|rin** [kuˈriːrɪn]; -, -nen: *Person, die eine Nachricht oder Sendung überbringt:* ein diplomatischer Kurier; eine Nachricht durch einen Kurier überbringen lassen; das Paket wird Ihnen per Kurier zugestellt. *Syn.:* Bote.

ku|ri|os [kuˈrjoːs], kurioser, am kuriosesten ⟨Adj.⟩: *irgendwie sonderbar, merkwürdig:* ein kurioser Vorfall; eine kuriose Geschichte, Idee; das ist ja wirklich kurios; die Unterredung ist kurios verlaufen. *Syn.:* seltsam.

der **Kurs** [kʊrs]; -es, -e: **1.** *mehrere Unterrichtsstunden, die zusammengehören; Lehrgang:* ein Kurs in Englisch; dieser Kurs richtet sich an Anfängerinnen; einen Kurs besuchen, mitmachen; einen Kurs leiten, abhalten. *Zus.:* Abendkurs, Ferienkurs, Fortbildungskurs, Kochkurs, Nähkurs, Skikurs, Sprachkurs, Tanzkurs, Wochenendkurs. **2.** *Preis, zu dem Aktien, Devisen o. Ä. gehandelt werden:* hohe,

K

niedrige, stabile Kurse; der Kurs des Euro[s] ist schon wieder gestiegen; die Kurse fallen wegen des Krieges; Gold steht zurzeit nicht mehr so hoch im Kurs *(ist nicht mehr so viel wert)* wie früher. *Zus.:* Aktienkurs, Devisenkurs, Dollarkurs, Goldkurs. **3.** *Richtung, die ein Schiff oder Flugzeug nimmt:* einen Kurs steuern, einschlagen; den Kurs wechseln, beibehalten; das Schiff nimmt Kurs auf Hamburg; das Flugzeug fliegt den / auf dem vorgeschriebenen Kurs; das Flugzeug ist vom Kurs abgekommen und abgestürzt. *Syn.:* Weg.

das **Kurs|buch** [ˈkʊrsbuːx]; -[e]s, *Kursbücher* [ˈkʊrsbyːçɐ]: *Buch mit den Fahrplänen der Eisenbahn:* ich muss mir unbedingt das neue Kursbuch besorgen.

der **Kurs|lei|ter** [ˈkʊrslaɪtɐ]; -s, -, die **Kurs|lei|te|rin** [ˈkʊrslaɪtərɪn]; -, -nen: *Person, die einen Kurs leitet:* er hat sich bei der Kursleiterin für morgen entschuldigt. *Syn.:* ¹Leiter, Leiterin.

die **Kur|ve** [ˈkʊrvə]; -, -n: *Biegung einer Straße, eines [Verkehrs]weges:* eine scharfe, enge, unübersichtliche Kurve; der Wagen wurde aus der Kurve getragen; eine Kurve schneiden, ausfahren, [zu schnell] nehmen; die Straße windet sich in vielen Kurven den Berg hinauf; das Auto wurde aus der Kurve getragen, geschleudert; der Motorradfahrer legte sich in die Kurve. *Zus.:* Linkskurve, Rechtskurve.

kurz [kʊrts], kürzer, am kürzesten ⟨Adj.⟩: **1.** *von geringer räumlicher Ausdehnung, von geringer Länge /*Ggs. lang/: eine kurze Strecke; sie trägt sehr kurze Röcke; es ist nur noch ein kurzes Stück zu laufen; der kürzeste Weg zum Bahnhof; das Haar ist kurz geschnitten; ich muss einige Kleider kürzer machen; der Faden ist zu kurz. **2.** ⟨in Verbindung mit Ortsbestimmungen⟩ *in geringer Entfernung von etwas; mit geringem Abstand:* kurz vor der Mauer kam das Auto zum Stehen; kurz hinter dem Bahnhof zweigt die Straße ab. **3.** *von geringer Dauer:* ein kurzer Urlaub, Besuch; sie warf ihm einen kurzen Blick zu; er machte eine kurze Pause; sein Leben war kurz *(er ist früh gestorben);* die Freude währte nur kurze Zeit. **4.** ⟨in Verbindung mit Zeitbestimmungen⟩ *mit geringem zeitlichem Abstand von etwas, jmdm.:* kurz nach Mitternacht; ich kam kurz vor ihm nach Hause; kurz zuvor hatte sie ihn noch gesehen. **5.** *nicht ausführlich; auf das*

Wesentliche beschränkt: ein kurzer Brief; eine kurze Mitteilung; das Protokoll ist kurz abgefasst; etwas nur kurz andeuten. *Syn.:* knapp. **6.** *rasch; ohne Umstände:* einen kurzen Entschluss *(rasch einen Entschluss)* fassen; sich kurz zusammensetzen, um etwas zu besprechen; sie ist kurz entschlossen *(ohne lange zu überlegen)* abgereist.

die **Kurz|ar|beit** [ˈkʊrtsˌarbaɪt]; -: *verkürzte Arbeitszeit, weil zu wenig Aufträge da sind:* Kurzarbeit verordnen; für die Beschäftigten des Betriebes wurde Kurzarbeit angeordnet.

die **Kür|ze** [ˈkʏrtsə]; -: **1.** *geringe räumliche Ausdehnung in einer Richtung; geringe Länge:* die Kürze des Kleides, der Haare; die Kürze der Transportwege ermöglicht eine Kostensenkung. **2.** *geringe zeitliche Dauer:* die Kürze der Zeit erlaubt keine langen Diskussionen.

kür|zen [ˈkʏrtsn̩], kürzt, kürzte, gekürzt ⟨tr.; hat; etw. k.⟩: **1.** *kürzer machen:* einen Rock [um einige Zentimeter] kürzen; die Schnur muss noch etwas gekürzt werden. **2.** *von etwas, was jmd. normalerweise bekommt, einen Teil wegnehmen; verringern:* jmdm. die Rente kürzen; ihr Taschengeld wurde um die Hälfte gekürzt; der Etat musste gekürzt werden. *Syn.:* mindern, reduzieren. **3.** *in kürzere Form bringen:* eine Rede kürzer; die gekürzte Fassung eines Romans.

kur|zer|hand [ˈkʊrtsɐˈhant] ⟨Adverb⟩: *rasch und ohne langes Überlegen:* sich kurzerhand zu etwas entschließen; sie ist kurzerhand abgereist.

kurz|fris|tig [ˈkʊrtsfrɪstɪç], kurzfristiger, am kurzfristigsten ⟨Adj.⟩: **1.** *ohne dass es vorher angekündigt wird [erfolgend]:* eine kurzfristige Abreise; eine kurzfristige Absage; eine Sendung kurzfristig vom Programm absetzen; kurzfristig einen Termin festsetzen. *Syn.:* plötzlich, unvermittelt. **2.** *nur für kurze Zeit Geltung habend; nur kurze Zeit dauernd /*Ggs. langfristig/: kurzfristige Unterbrechung der Wasserversorgung; kurzfristige Verträge *(Verträge, die nur kurze Zeit gültig sind);* in einigen Bereichen kann es kurzfristig noch schlimmer werden. **3.** *in kurzer Zeit [erfolgend]:* man muss kurzfristige Lösungen finden; die Missstände sollen kurzfristig verbessert werden. *Syn.:* prompt, rasch, schnell.

kürz|lich [ˈkʏrtslɪç] ⟨Adverb⟩: *vor nicht langer Zeit; irgendwann in letzter Zeit:* das ist erst kürzlich passiert; wir haben kürzlich davon gesprochen. *Syn.:* jüngst, letztens, neulich, unlängst.

der **Kurz|schluss** [ˈkʊrtsʃlʊs]; -es, Kurzschlüsse [ˈkʊrtsʃlʏsə]: *Ausfall des Stroms, der durch den Kontakt von zwei elektrischen Leitungen entsteht:* einen Kurzschluss verursachen, hervorrufen; als er das defekte Gerät an den Strom anschloss, gab es einen Kurzschluss; der Brand war durch einen Kurzschluss entstanden.

kurz|sich|tig [ˈkʊrts.zɪçtɪç], kurzsichtiger, am kurzsichtigsten ⟨Adj.⟩ /Ggs. weitsichtig/: **1.** *so, dass man nur auf kurze Entfernung gut sehen kann:* sie hielt das Buch vor ihre kurzsichtigen Augen; er muss eine Brille tragen, weil er kurzsichtig ist. **2.** *zum eigenen Schaden nicht an die [negativen] Folgen in der Zukunft denkend:* eine kurzsichtige Politik betreiben; kurzsichtig handeln.

die **Kür|zung** [ˈkʏrtsʊŋ]; -, -en: **1.** *das Reduzieren:* die Kürzung des Gehalts; das Parlament beschloss eine Kürzung der staatlichen Ausgaben. **2.** *das Kürzen [von Text]:* bevor das Wörterbuch in [den] Druck geht, müssen noch Kürzungen vorgenommen werden.

ku|scheln [ˈkʊʃln], kuschelt, kuschelte, gekuschelt ⟨sich k.⟩ (fam.): *sich an jmdn., etwas ganz fest andrücken, zärtlich sein:* sie hatte sich an ihn, er hatte sich ins Bett gekuschelt; ⟨auch itr.⟩ komm, wir kuscheln noch ein bisschen.

die **Ku|si|ne** [kuˈziːnə]: ↑ Cousine.

der **Kuss** [kʊs]; -es, Küsse [ˈkʏsə]: *das liebevolle Berühren von jmdm., etwas mit den Lippen:* ein flüchtiger, langer, leidenschaftlicher Kuss; er gab ihr einen zarten Kuss [auf den Mund]; sie bedeckte sein Gesicht mit Küssen; die beiden Politiker begrüßten sich mit einem Kuss auf die Wange. *Zus.:* Abschiedskuss, Begrüßungskuss.

küs|sen [ˈkʏsn̩], küsst, küsste, geküsst ⟨tr.; hat; jmdn., etw. k.⟩: *einen oder mehrere Küsse geben:* jmdn. stürmisch, leidenschaftlich küssen; das Baby zärtlich küssen; er küsste seine Frau auf den Mund; er küsste ihr die Hand; ⟨auch itr.⟩ sie küssten sich/einander stürmisch; sie kann gut küssen.

die **Küs|te** [ˈkʏstə]; -, -n: *Teil des Landes, der unmittelbar an das Meer grenzt:* eine flache, felsige, steil abfallende Küste; an der Küste entlangfahren; im Sommer an die Küste fahren; das Dorf liegt direkt an der Küste. *Zus.:* Felsenküste, Meeresküste.

die **Kut|sche** [ˈkʊtʃə]; -, -n: *Wagen, der von Pferden gezogen wird und in dem Leute fahren können:* eine von vier Pferden gezogene Kutsche fährt vor; in eine Kutsche steigen; in einer Kutsche fahren. *Zus.:* Hochzeitskutsche, Pferdekutsche, Postkutsche.

die **Kut|te** [ˈkʊtə]; -, -n: *langer, weiter Mantel mit Kapuze, den Mönche anhaben:* der Mönch trug eine schwarze Kutte.

das **Ku|vert** [kuˈveːɐ̯]; -s, -s: *Briefumschlag:* sie steckte den Brief in das Kuvert.

la|bil [laˈbiːl], labiler, am labilsten ⟨Adj.⟩: **1.** *nicht fest, stabil, sondern zu Veränderung, zu Schwankungen neigend, unbeständig:* eine labile politische Situation; das Wirtschaftssystem erwies sich als labil. **2.** *zu Störungen, Krankheiten neigend, anfällig:* er hat eine labile Gesundheit; ein [psychisch] labiler Mensch; ihr Kreislauf ist sehr labil. *Syn.:* empfindlich.

das **La|bor** [laˈboːɐ̯]; -s, -s, auch: -e: *Raum für naturwissenschaftliche, technische oder medizinische Arbeiten, Untersuchungen, Versuche:* ein chemisches Labor; das Labor einer Klinik, eines Zahntechnikers; Blutproben in einem medizinischen Labor untersuchen lassen; das Labor betreten, verlassen, abschließen.

das **La|by|rinth** [labyˈrɪnt]; -[e]s, -e: *Anlage, Gebäude mit vielen Gängen, in denen man sich leicht verirrt:* eine Gartenanlage mit einem Labyrinth.

lä|cheln [ˈlɛçl̩n], lächelt, lächelte, gelächelt ⟨itr.; hat⟩: **1.** *mit dem Gesicht und den Lippen Freude, Freundlichkeit ausdrücken:* als er ins Zimmer trat, lächelte sie; sie sah uns lächelnd an; ein flüchtiges Lächeln zeigte sich auf seinem Gesicht; ein Lächeln spielte um ihren Mund; sie empfing uns mit einem Lächeln. **2.** *ein anderes Gefühl als Freude, Freundlichkeit lächelnd ausdrücken:* verlegen, ironisch, böse, traurig lächeln; ein süffisantes, spöttisches Lächeln; ein Lächeln der Erleichterung; für dieses Angebot hatte sie nur ein müdes Lächeln (ugs.; *es interessierte sie nicht im Geringsten*). **3.** ⟨über jmdn., etw. l.⟩ *sich über jmdn., etwas lustig machen:* alle lächeln über sie.

la|chen ['laxn̩], lacht, lachte, gelacht ⟨itr.; hat⟩: **1.** *Bewegungen mit dem Gesicht und Geräusche machen, die Freude, Erheiterung, Belustigung o. Ä. erkennen lassen* /Ggs. weinen/: er ist ein fröhlicher Mensch, der oft lacht; das Baby lacht den ganzen Tag; als sie die Geschichte hörten, mussten sie sehr lachen; laut, schallend lachen; sie lachte über das ganze Gesicht; er lachte vor Vergnügen; über einen Witz lachen; ein herzhaftes, lautes Lachen; sich das Lachen verbeißen; jmdn. mit etwas zum Lachen bringen; in dieser Situation war ihnen nicht nach Lachen [zumute]; Lachen ist gesund. **2.** *ein anderes Gefühl lachend ausdrücken:* gehässig, schadenfroh lachen; er lachte triumphierend. **3.** ⟨über jmdn., etw. l.⟩ *sich über jmdn., etwas lustig machen:* man lacht über ihn; sie musste innerlich darüber lachen; über dieses Verhalten kann man doch nur lachen (abwertend; *es ist in ärgerlicher Weise unverständlich, kindisch*). **4.** * **das/es wäre ja gelacht, wenn …** [nicht] …: *es gibt gar keinen Zweifel [darüber, dass jemand etwas Bestimmtes tun kann]:* es wäre ja gelacht, wenn sie die Prüfung nicht bestehen würde; * **[bei jmdm., irgendwo] nichts zu lachen haben:** *[bei jmdm., irgendwo] streng, schlecht behandelt werden:* die Kinder haben bei ihrem Vater nichts zu lachen.

lä|cher|lich ['lɛçɐlɪç], lächerlicher, am lächerlichsten ⟨Adj.⟩: **1.** *komisch [wirkend] und zum Lachen reizend:* ein lächerliches Kleid; ihr Getue wirkt einfach lächerlich *(wirkt albern);* sein Benehmen kommt mir lächerlich vor *(ist zum Lachen).* **2.** *[in ärgerlicher Weise] albern, unsinnig:* ein geradezu lächerlicher Einwand; es ist einfach lächerlich, so etwas zu behaupten; ich finde ihn, sein Verhalten ganz lächerlich. *Syn.:* blöd[e] (ugs.), dumm, komisch, lachhaft (abwertend). **3.** *[in ärgerlicher Weise] minimal, gering, unbedeutend:* eine lächerliche Summe; er hat dafür einen lächerlichen Betrag bezahlt; die Bezahlung war geradezu lächerlich; ein lächerlicher Anlass; diese lächerliche Kleinigkeit hat sie so wütend gemacht; die Sache war im Grunde ganz lächerlich.

4. ⟨verstärkend vor Adjektiven⟩ *viel zu:* lächerlich wenig Geld verdienen; er hat für das Haus einen lächerlich niedrigen Preis bezahlt.

lach|haft ['laxhaft], lachhafter, am lachhaftesten ⟨Adj.⟩ (abwertend): *(in ärgerlicher Weise) nicht ernst zu nehmend:* eine lachhafte Ausrede; seine Behauptung ist einfach lachhaft. *Syn.:* ²albern, blöd[e] (ugs.), dumm, lächerlich.

der **Lachs** [laks], -es, -e: *großer, im Meer lebender Fisch mit rötlichem Fleisch:* Lachse fangen, züchten, räuchern; heute gibt es Lachs und Bandnudeln. *Zus.:* Räucherlachs.

der **Lack** [lak], -[e]s, -e: *[farblose] Flüssigkeit, mit der z. B. Möbel oder Fingernägel angestrichen werden:* farbloser, schnell trocknender Lack; der Lack springt ab, blättert ab; der Lack bekommt schon Risse. *Zus.:* Nagellack.

la|ckie|ren [la'kiːrən], lackiert, lackierte, lackiert ⟨tr.; hat; etw. l.⟩: *Lack auftragen:* Fenster, Möbel lackieren; lackierte Türen; sich die Fingernägel lackieren; lackierte Fußnägel.

¹**la|den** ['laːdn̩], lädt, lud, geladen ⟨tr.; hat; etw. l.⟩: **1.** *zum Transport (in oder auf etwas) bringen, (etwas mit einer Last, Fracht) versehen:* er lädt Holz auf den Wagen; das Schiff hat Weizen geladen *(ist mit Weizen beladen);* ⟨auch itr.⟩ die Abfahrt wird sich verzögern, wir haben noch nicht geladen. *Syn.:* aufladen, ¹einladen, verladen. **2.** *elektrischen Strom (in etwas) speichern:* eine Batterie laden; der Draht ist elektrisch geladen. **3.** *ein Programm oder eine Datei durch einen Befehl im Computer vom Speicher in den Rechner holen:* ich muss noch ein paar Dateien laden, dann können wir beginnen. **4.** * **geladen sein** (ugs.): *wütend sein:* sprich lieber erst morgen mit ihr darüber, sie ist heute sowieso schon geladen.

²**la|den** ['laːdn̩], lädt, lud, geladen ⟨tr.; hat; jmdn. l.⟩: **1.** (geh.) ²*einladen:* jmdn. zu sich laden; zum Essen laden; sie war nicht geladen worden; eine Veranstaltung für geladene Gäste. **2.** *auffordern, vor Gericht zu erscheinen:* er wird [als Zeuge] vor Gericht, zu der Verhandlung geladen.

der **La|den** ['laːdn̩], -s, Läden ['lɛːdn̩]: **1.** *Raum zum Verkauf von Waren:* ein kleiner, eleganter Laden; ein Laden für Schmuck, Sportbekleidung; sonntags sind die Läden geschlossen; sie will sich selbstständig machen und einen Laden eröffnen; einen Laden aufmachen; sie bedient im Laden, steht den ganzen Tag im Laden *(verkauft von morgens bis abends). Syn.:* Geschäft, Trafik (österr.). *Zus.:* Andenkenladen, Blumenladen, Buchladen, Delikatessenladen, Gemüseladen, Spielzeugladen, Zeitschriftenladen. **2.** ⟨ohne Plural⟩ (ugs.) *Sache, Angelegenheit:* der Laden läuft; der Laden geht seinen normalen, gewohnten Gang; du hältst den ganzen Laden auf; wie ich den Laden *(die Verhältnisse, Umstände)* kenne, wird man für die Entscheidung noch lange Zeit brauchen.

die **La|dung** [ˈlaːdʊŋ]; -, -en: *Fracht, Ware, die mit einem Fahrzeug transportiert wird:* eine schwere, wertvolle Ladung; eine Ladung Holz, Kohle; die Ladung ist verrutscht; das Schiff fährt ohne Ladung *(leer). Zus.:* Schiffsladung, Wagenladung.

die **La|ge** [ˈlaːɡə]; -, -n: **1.** *Stelle, wo etwas liegt / gelegen ist:* ein Haus in sonniger, ruhiger, verkehrsgünstiger Lage; ein Büro in zentraler Lage suchen; die geografische Lage eines Landes. *Syn.:* Platz. *Zus.:* Hanglage, Höhenlage. **2.** *die [augenblicklichen] Verhältnisse, die bestehende Situation:* er ist in einer günstigen Lage für die Verhandlungen; seine Lage ist sehr unangenehm; die wirtschaftliche Lage ist ernst, gespannt; die Lage hat sich verschärft; sie hat die Lage sofort erfasst; die Lage überblicken, überschauen; den Ernst der Lage erkennen; der Kranke war nicht in der Lage *(imstande)* aufzustehen; ich bin in der glücklichen Lage *(habe das Glück),* Ihnen diesen Gefallen tun zu können; ich werde wohl nie in die Lage kommen, mir zu viel leisten zu können; versetze dich einmal in meine Lage!; nach Lage der Dinge war nichts anderes zu erwarten. *Syn.:* Stand, Zustand. *Zus.:* Beschäftigungslage, Ertragslage, Finanzlage, Geschäftslage, Rechtslage. **3.** *Art des Liegens:* der Kranke hatte eine unbequeme Lage, befindet sich nicht in der richtigen Lage. *Syn.:* Haltung. *Zus.:* Bauchlage, Rückenlage.

das **La|ger** [ˈlaːɡɐ]; -s, -: **1.** *Platz zum provisorischen Wohnen oder Übernachten:* die Truppen schlugen ihr Lager auf, brachen ihr Lager ab; die Flüchtlinge sind in Lagern untergebracht. *Zus.:* Flüchtlingslager, Zeltlager. **2.** *Platz, Raum, Gebäude für die Lagerung von Waren und Vorräten:* das Lager ist leer; ein Lager leiten, verwalten; im Lager arbeiten; das Ersatzteil haben wir nicht am/auf Lager. *Zus.:* Auslieferungslager, Ersatzteillager, Lebensmittellager, Möbellager, Waffenlager, Warenlager. **3.** *Gruppe von Personen, Staaten o. Ä., die in politischen Fragen einer Meinung sind:* die Partei ist in zwei Lager gespalten.

la|gern [ˈlaːɡɐn], lagert, lagerte, gelagert: **1.** ⟨itr.; hat⟩ *(von Waren, Material) einige Zeit aufbewahrt werden:* das Holz lagert in einem Schuppen; Medikamente müssen kühl und trocken lagern. **2.** ⟨tr.; hat; etw. l.⟩ *(Waren, Material) einige Zeit aufbewahren:* Holz, Waren, Lebensmittel trocken lagern.

lahm [laːm], lahmer, am lahmsten ⟨Adj.⟩: **1.** *gelähmt und daher unbeweglich:* ein lahmer Arm, Flügel; auf dem linken Bein, in der Hüfte lahm sein. **2.** (ugs. abwertend) *ohne jeden Schwung; schwach und matt:* eine lahme Diskussion; seine Witze waren ziemlich lahm.

läh|men [ˈlɛːmən], lähmt, lähmte, gelähmt ⟨tr.; hat; jmdn., etw. l.⟩: **1.** *bewirken, dass jmd. sich oder einen Körperteil nicht mehr bewegen kann:* das Gift lähmt die Muskeln; seit dem Unfall ist sie an beiden Beinen gelähmt. **2.** *kaum noch oder gar nicht mehr funktionieren lassen:* der Krieg lähmte das wirtschaftliche Leben.

lahm|le|gen [ˈlaːmleːɡn̩], legt lahm, legte lahm, lahmgelegt ⟨tr.; hat; etw. l.⟩: *machen, dass etwas stillsteht und nicht mehr funktioniert:* das schwere Unwetter legte die gesamte Stromversorgung lahm; durch den Unfall wurde der gesamte Verkehr lahmgelegt.

die **Läh|mung** [ˈlɛːmʊŋ]; -, -en: *Zustand, in dem ein Körper oder ein Körperteil sich nicht mehr bewegen lässt:* eine Lähmung beider Beine; er hat nach dem Schlaganfall eine Lähmung auf der rechten Seite. *Zus.:* Gesichtslähmung, Muskellähmung.

der **Laie** [ˈlaɪ̯ə]; -n, -n, die **Lai|in** [ˈlaɪ̯ɪn]; -, -nen: *Person, die keine fachlichen Kenntnisse hat:* auf technischem Gebiet bin ich ein völliger Laie.

das **La|ken** [ˈlaːkn̩]; -s, -: *großes Tuch, das über die Matratze gelegt wird:* das Laken wechseln. *Zus.:* Bettlaken.

la|ko|nisch [laˈkoːnɪʃ], lakonischer, am lakonischsten ⟨Adj.⟩: *kurz, einfach und ohne weitere Erläuterung:* eine lakonische Auskunft, Feststellung.

lal|len [ˈlalən], lallt, lallte, gelallt ⟨tr.; hat; etw. l.⟩: *in sehr undeutlichen Lauten her-*

vorbringen: der Betrunkene lallte ein paar unverständliche Worte.

das **Lamm** [lam]; -[e]s, Lämmer ['lɛmɐ]: *junges Schaf:* auf der Wiese grasten einige Lämmer.

die **Lam|pe** ['lampə]; -, -n: *Gerät, das als Quelle von (elektrischem) Licht dient:* eine Lampe anmachen, ausschalten; eine Lampe zum Lesen; alle Lampen im Zimmer brannten. *Zus.:* Deckenlampe, Hängelampe, Leselampe, Nachttischlampe, Schreibtischlampe, Stehlampe.

das **Lam|pen|fie|ber** ['lampn̩fiːbɐ]; -s: *nervöse Erregung vor öffentlichem Auftreten:* vor dem Konzert hatte der Sänger Lampenfieber.

der **Lam|pi|on** [lam'pjõː]; -s, -s: *bunte Laterne aus Papier:* im Garten Lampions für eine Party aufhängen.

das **Land** [lant]; -[e]s, Länder ['lɛndɐ]: **1.** *politisch zusammenhängendes Gebiet mit klar definierten Grenzen:* die südlichen Länder Europas; er reist gern in ferne Länder; die Länder (*Bundesländer*) der Bundesrepublik Deutschland. *Syn.:* Staat. *Zus.:* Geburtsland, Nachbarland, Reiseland, Ursprungsland. **2.** ⟨ohne Plural⟩ *nutzbares oder schon bebautes, genutztes Gelände:* fruchtbares Land; sie besaß ein Stück Land, auf dem sie ein Haus bauen wollte. *Zus.:* Ackerland, Bauland, Weideland. **3.** ⟨ohne Plural⟩ *Teil der nicht vom Wasser bedeckten Oberfläche der Erde:* an Land gehen; diese Tiere leben im Wasser und auf dem Land. **4.** ⟨ohne Plural⟩ *Gebiet außerhalb der Städte:* auf dem Land leben; sie sind aufs Land gezogen.

lan|den ['landn̩], landet, landete, gelandet ⟨itr.; ist⟩: **1.** *(aus der Luft) ankommen:* das Flugzeug ist sicher [auf dem Flughafen] gelandet. **2.** (ugs.) *schließlich an eine bestimmte Stelle gelangen (die dafür eigentlich nicht vorgesehen war):* der Betrunkene ist im Graben gelandet; die Werbung landete im Papierkorb.

das **Land|haus** ['lanthaus], -es, Landhäuser ['lanthɔyzɐ]: *(größeres, gut ausgestattetes) Haus in ländlicher Umgebung:* die reichen Leute hatten sich Landhäuser im Süden gebaut.

die **Land|kar|te** ['lantkartə]; -, -n: *großes Blatt, auf das ein bestimmtes (größeres) Gebiet gezeichnet ist und mit dem man sich orientieren kann:* eine Landkarte von Europa; sieh mal auf der Landkarte nach, wo wir hier sein könnten, wie dieser Fluss heißt. *Syn.:* Karte.

länd|lich ['lɛntlɪç], ländlicher, am ländlichsten ⟨Adj.⟩: *für das Land, das Leben auf dem Land charakteristisch:* genießen wir die ländliche Stille; dieser Brauch entspricht einer alten ländlichen Tradition.

die **Land|schaft** ['lantʃaft]; -, -en: *durch eine besondere natürliche (oder vom Menschen veränderte) Form charakterisiertes Gebiet:* dichte Wälder und romantische kleine Städte bestimmen die Landschaft im Osten der Insel. *Zus.:* Gebirgslandschaft, Küstenlandschaft.

land|schaft|lich ['lantʃaftlɪç] ⟨Adj.⟩: *die Landschaft betreffend:* die landschaftlichen Schönheiten Tirols.

die **Land|stra|ße** ['lantʃtraːsə]; -, -n: *außerhalb von Ortschaften verlaufende, befestigte Straße:* wir fahren lieber auf der Landstraße als über die Autobahn. *Syn.:* Chaussee.

der **Land|tag** ['lantːaːk]; -[e]s, -e: *Parlament eines Bundeslandes:* der hessische Landtag; einen neuen Landtag wählen.

die **Lan|dung** ['landʊŋ]; -, -en: *das Landen:* das Flugzeug wurde zur Landung gezwungen.

der **Land|wirt** ['lantvɪrt]; -[e]s, -e, die **Land|wir|tin** ['lantvɪrtɪn]; -, -nen: *Person, die beruflich in der Landwirtschaft arbeitet:* vor allem die Landwirte waren mit der Politik der Regierung nicht einverstanden. *Syn.:* ¹Bauer, Bäuerin.

die **Land|wirt|schaft** ['lantvɪrtʃaft]; -: *das professionelle Erzeugen von pflanzlichen und tierischen Produkten:* sie sind in der Landwirtschaft tätig; die moderne Landwirtschaft setzt Dünger und Pflanzenschutzmittel nur sparsam ein.

land|wirt|schaft|lich ['lantvɪrtʃaftlɪç] ⟨Adj.⟩: *die Landwirtschaft betreffend:* landwirtschaftliche Erzeugnisse, Produkte, Maschinen, Betriebe; eine Fläche landwirtschaftlich nutzen.

lang [laŋ], länger, am längsten ⟨Adj.⟩: **1.** *räumlich in einer Richtung besonders ausgedehnt* /Ggs. kurz/: ein langer Weg; langes Haar; sie hat einen langen Brief, Bericht geschrieben. *Zus.:* kilometerlang. **2.** *zeitlich besonders ausgedehnt* /Ggs. kurz/: eine lange Zeit; ein langes Leben; nach langem Überlegen entschied sie sich für das teurere Buch; seit Langem (*seit langer Zeit*). *Zus.:* jahrelang, jahrzehntelang, lebenslang, monatelang, nächtelang, stundenlang, tagelang, wochenlang. **3.** *von bestimmter Länge oder Dauer:* das Brett ist 2 m lang; ein

2 m langes Brett; es regnete drei Tage lang; das werde ich mein Leben lang nicht vergessen.

lan|ge ['laŋə] ⟨Adverb⟩: **1.** *lange Zeit, eine lange Zeit über:* sie musste lange warten; lange nach Mitternacht; ich habe [schon] lange nichts mehr von ihr gehört. *Syn.:* ewig (ugs.). **2.** verstärkend bei »nicht«: das ist [noch] lange nicht alles; er spielt lange nicht so gut wie du.

die **Län|ge** ['lɛŋə]; -, -n: **1.** *räumliche Ausdehnung in einer Richtung:* eine Stange von drei Meter[n] Länge; die Autobahn ist auf einer Länge von 10 km gesperrt. *Zus.:* Bootslänge, Rocklänge, Streichholzlänge. **2.** *Abstand eines Ortes von einer gedachten Linie 0 auf der Erde (in Greenwich):* Berlin liegt auf 13 Grad östlicher Länge. **3.** *Umfang (eines Textes):* die Zeitung ist in voller Länge abgedruckt. **4.** * *etwas in die Länge ziehen: dafür sorgen, dass etwas unnötig lange dauert:* er will die Debatte nur in die Länge ziehen; * *sich* (Akk.) **in die Länge ziehen:** *länger dauern als erwartet:* die Sitzung zog sich sehr in die Länge.

lan|gen ['laŋən], langt, langte, gelangt ⟨itr.; hat⟩ (ugs.): **1.** *ausreichen:* der Rest Stoff langt gerade noch für eine Bluse; fünfzig Euro langen für einen Fernseher nicht. *Syn.:* reichen. * **jmdm. langt es** (ugs.): *jmds. Geduld ist zu Ende:* jetzt langt es mir aber wirklich, ich gehe nach Hause! **2.** ⟨irgendwohin l.⟩ *die Hand ausstrecken, um etwas zu fassen:* er langte nach seinem Stock; sie langte in die Tasche und holte 5 Euro heraus.

die **Lan|ge|wei|le** ['laŋəvailə]; -: *Gefühl, dass die Zeit nicht vergeht, weil einem Anregung oder Beschäftigung fehlt:* Langeweile haben; er war aus Langeweile fast eingeschlafen.

lang|fris|tig ['laŋfristɪç], längerfristig/ langfristiger, am langfristigsten ⟨Adj.⟩ /Ggs. kurzfristig/: *lange Zeit geltend; lange Zeit dauernd:* langfristige Verträge, Darlehen; eine langfristige Planung.

lang|jäh|rig ['laŋjɛːrɪç] ⟨Adj.⟩: *viele Jahre existierend, dauernd:* eine langjährige Kundin, Freundin; ein langjähriger Prozess; die Mitarbeiterin verfügt über langjährige Erfahrung.

lang|le|big ['laŋleːbɪç], langlebiger, am langlebigsten ⟨Adj.⟩: **1.** *lange Zeit lebend:* langlebige Tiere, Pflanzen. **2.** *nicht leicht entzweigehend:* die Schuhe waren aus

besonders langlebigem Material. *Syn.:* haltbar.

läng|lich ['lɛŋlɪç], länglicher, am länglichsten ⟨Adj.⟩: *schmal und von einer gewissen Länge:* ein länglicher Kasten.

¹**längs** [lɛŋs] ⟨Adverb⟩: *der Länge nach /Ggs. quer/:* ein Brötchen längs durchschneiden.

²**längs** [lɛŋs] ⟨Präp. mit Gen. oder Dativ⟩: *entlang:* die Wälder längs des Flusses / längs dem Fluss.

¹**lang|sam** ['laŋzaːm], langsamer, am langsamsten ⟨Adj.⟩: *(im Vergleich zur benötigten Zeit) mit sehr geringer Geschwindigkeit /Ggs. schnell/:* der Zug konnte wegen der Baustelle nur langsam fahren; sprechen Sie bitte langsam und deutlich; das Projekt macht nur langsame Fortschritte.

²**lang|sam** ['laŋzaːm] ⟨Adverb⟩ (ugs.): *allmählich, nach und nach:* so langsam habe ich keine Lust mehr; jetzt könnte er aber langsam mal aufhören.

längst [lɛŋst] ⟨Adverb⟩: *seit langer Zeit:* das weiß ich längst; zu dem Zeitpunkt war sie längst zu Hause.

lang|wei|len ['laŋvailən], langweilt, langweilte, gelangweilt ⟨tr.; hat; jmdn. l.⟩ *(jmdm.) Langeweile bereiten:* er langweilt mich mit seinen Geschichten. **2.** ⟨sich l.⟩ *Langeweile haben:* ich habe mich bei dem Vortrag sehr gelangweilt.

lang|wei|lig ['laŋvailɪç], langweiliger, am langweiligsten ⟨Adj.⟩: *so, dass man es völlig uninteressant findet, man dabei fast einschläft:* ein langweiliger Vortrag, Mensch; es war sehr langweilig auf der Party. *Zus.:* sterbenslangweilig, todlangweilig.

lang|wie|rig ['laŋviːrɪç], langwieriger, am langwierigsten ⟨Adj.⟩: *lange dauernd und nicht ganz einfach:* erst nach langwierigen Verhandlungen wurde ein Kompromiss erzielt. *Syn.:* mühsam.

der **Lap|pen** ['lapn̩], -s, -: *[altes] Stück Stoff:* etwas mit einem Lappen putzen. *Syn.:* Tuch. *Zus.:* Putzlappen, Wischlappen.

läp|pisch ['lɛpɪʃ], läppischer, am läppischsten ⟨Adj.⟩ (abwertend): *lächerlich, nicht ernst zu nehmen:* ein läppisches Spiel; eine läppische (sehr geringe) Summe.

der oder das **Lap|top** ['lɛptɔp], -s, -s: *flacher, tragbarer PC:* sie arbeitete während des Fluges auf ihrem Laptop.

der **Lärm** [lɛrm]; -s: *als störend und (zu) laut empfundene Geräusche:* in der Fabrik herrschte ein unbeschreiblicher Lärm; die Maschinen machen viel, großen, einen furchtbaren Lärm. *Syn.:* Krach. *Zus.:* Fluglärm, Straßenlärm, Verkehrslärm.

lär|men [ˈlɛrmən], lärmt, lärmte, gelärmt ⟨itr.; hat⟩: *Lärm machen:* die Schüler lärmen auf dem Hof.

las [laːs]: ↑ lesen.

lasch [laʃ], lascher, am laschesten ⟨Adj.⟩ (ugs.): **1.** *ohne Kraft, Energie:* ein lascher Händedruck. *Syn.:* kraftlos, schlaff. **2.** *nicht streng genug:* die Kontrollen wurden nur lasch durchgeführt.

die **La|sche** [ˈlaʃə]; -, -n: *schmales, längliches Stück (aus weichem Material) als Verschluss oder Teil eines Verschlusses:* zum Öffnen der Packung soll man an dieser Lasche ziehen.

las|sen [ˈlasn̩], lässt, ließ, gelassen/lassen: **1.** ⟨Modalverb; hat⟩ 2. Partizip: lassen⟩ *veranlassen (dass etwas geschieht):* ein Kleid reinigen lassen; einen Arzt kommen, rufen lassen. **2.** ⟨tr.; hat; 2. Partizip: gelassen; jmdn., etw. [irgendwohin] l.⟩ *erlauben, nicht hindern:* lass ihn doch ausreden, schlafen, weiterschlafen; lassen Sie mich kurz nachdenken; er lässt uns nicht in die Wohnung, aus dem Haus; frische Luft ins Zimmer lassen. **3.** ⟨sich l.; 2. Partizip: lassen⟩ *die Möglichkeit bieten:* der Draht lässt sich gut biegen; das Problem lässt sich leicht lösen. **4.** ⟨tr.; hat; 2. Partizip: gelassen; jmdn., etw. irgendwie l.⟩ *den Zustand nicht ändern:* nichts unversucht lassen; jmdn. im Ungewissen lassen; sie möchte alles so lassen, wie es ist; lass mich [in Ruhe]! **5.** ⟨itr.; hat; 2. Partizip: gelassen; etw. l.⟩ *nicht tun; unterlassen:* lass das!; lass die dummen Witze! **6.** ⟨tr.; hat; 2. Partizip: gelassen; jmdm. etw. l.⟩ *zugestehen:* ich lasse mir Zeit; lass ihm doch seinen Spaß! **7.** ⟨tr.; hat; 2. Partizip: gelassen; jmdn., etw. irgendwo l.⟩ *(absichtlich oder versehentlich) nicht mitnehmen:* heute lasse ich das Auto in der Garage; als ich zahlen sollte, merkte ich, dass ich meinen Geldbeutel zu Hause gelassen hatte.

läs|sig [ˈlɛsɪç], lässiger, am lässigsten ⟨Adj.⟩: *ungezwungen, locker:* sie ist ein eher lässiger Typ; sich lässig kleiden.

die **Last** [last]; -, -en: *etwas, was durch sein Gewicht nach unten drückt oder zieht:* eine Last tragen, heben; das Paket war eine schwere Last für die Frau.

las|ten [ˈlastn̩], lastet, lastete, gelastet ⟨itr.; hat; auf etw. l.⟩: *als Last auf etwas liegen:* das ganze Gewicht lastete auf meinem

Rücken; auf ihm lastet eine schwere Schuld.

der **Las|ter** [ˈlastɐ]; -s, - (ugs.): *Lastkraftwagen.*

läs|tern [ˈlɛstɐn], lästert, lästerte, gelästert ⟨itr.; hat; [über jmdn.] l.⟩: *sich spöttisch oder ein wenig boshaft äußern:* wir haben über ihn gelästert; sie stehen am Fenster und lästern.

läs|tig [ˈlɛstɪç], lästiger, am lästigsten ⟨Adj.⟩: **1.** *als (unnötig) belastend empfunden:* eine lästige Pflicht, Verantwortung. **2.** *störend:* die Fliegen werden [mir] lästig.

der **Last|kraft|wa|gen** [ˈlastkraftvaːgn̩]; -s, -: *größeres Kraftfahrzeug zum Transport von Gütern:* im Winter ist diese Straße für Lastkraftwagen gesperrt. *Syn.:* Camion (schweiz.), Lastwagen, Lkw.

der **Last|wa|gen** [ˈlastvaːgn̩]; -s, -: *Lastkraftwagen:* schwer beladene Lastwagen fuhren durch die engen Straßen der Altstadt. *Syn.:* Camion (schweiz.), Laster (ugs.), Lastkraftwagen, Lkw.

la|tent [laˈtɛnt], latenter, am latentesten ⟨Adj.⟩: *[der Möglichkeit nach] vorhanden, aber nicht deutlich erkennbar:* latente Vorurteile können jederzeit zu Konflikten führen; es besteht noch keine akute aber schon eine latente Gefahr.

die **La|ter|ne** [laˈtɛrnə]; -, -n: *Lampe zur Beleuchtung von Straßen u. Ä.:* in den Straßen brannten schon die Laternen; sie leuchtete mit einer Laterne in die dunkle Höhle. *Zus.:* Gaslaterne, Straßenlaterne.

der **La|ter|nen|pfahl** [laˈtɛrnənpfaːl]; -s, Laternenpfähle [laˈtɛrnənpfɛːlə]: *lange senkrechte Stange als Teil einer Laterne:* er hatte sein Fahrrad an einen Laternenpfahl gelehnt.

die Laterne

der Laternenpfahl

lat|schen [ˈlaːtʃn̩], latscht, latschte, gelatscht ⟨itr.; ist⟩ (ugs.): *(langsam und schwerfällig) gehen:* er latschte in Pantoffeln über den Hof. *Syn.:* schlurfen, trotten.

die **Lat|te** [ˈlatə]; -, -n: *längliches, schmales Stück Holz:* sie bauten sich eine kleine Hütte aus Latten und Brettern. *Zus.:* Holzlatte, Querlatte, Zaunlatte.

lau [lau̯], lauer, am lau[e]sten ⟨Adj.⟩:

mäßig warm: die Suppe ist nur lau; eine laue Sommernacht.

das **Laub** [laup]; -[e]s: *die Blätter der Bäume:* frisches Laub; das Laub wird bunt, fällt. *Zus.:* Eichenlaub, Weinlaub.

der **Laub|baum** ['laupbaum]; -[e]s, Laubbäume ['laupbɔymə]: *Baum, der Blätter trägt* /Ggs. Nadelbaum/: so weit oben im Gebirge wachsen keine Laubbäume mehr.

die **Lau|be** ['laubə]; -, -n: *kleines, nach einer Seite offenes Haus in einem Garten:* bei schönem Wetter saßen wir in der Laube und tranken Tee. *Zus.:* Gartenlaube.

der **Lauch** [laux]; -[e]s, -e: *als Gemüse angebaute Pflanze mit dickem, rundem Stiel, die aus einer Zwiebel entsteht:* er schnitt ein paar Möhren und etwas Lauch in die Suppe. *Syn.:* Porree.

lau|ern ['lauɐn], lauert, lauerte, gelauert ⟨itr.; hat⟩: *gespannt auf jmdn., etwas warten:* die Katze lauert auf eine Maus.

der **Lauf** [lauf]; -[e]s, Läufe ['lɔyfə]: **1.** *das Laufen als Sport:* einen Lauf gewinnen. *Syn.:* Rennen, Sprint. *Zus.:* 100-Meter-Lauf, Eisschnelllauf, Hindernislauf, Hürdenlauf, Langlauf, Marathonlauf, Skilanglauf, Staffellauf. **2. * im Lauf[e]:** *während, innerhalb:* im Lauf[e] der Untersuchung; ich rufe im Lauf[e] des Tages an.

die **Lauf|bahn** ['laufbaːn]; -, -en: *Weg im Beruf:* sie begann ihre wissenschaftliche Laufbahn an der Hamburger Universität; eine politische, militärische, sportliche Laufbahn einschlagen. *Syn.:* Karriere.

lau|fen ['laufn̩], läuft, lief, gelaufen: **1.** ⟨itr.; ist⟩: *rennen:* ein Kind, eine Katze lief über die Straße; um die Wette laufen. *Syn.:* flitzen (ugs.), sausen (ugs.). *Zus.:* fortlaufen, nachlaufen, vorlaufen, weglaufen, zurücklaufen. **2.** ⟨tr.; ist/hat; etw. l.⟩: *eine Strecke rennen:* Marathon laufen; er ist/hat 100 Meter in 12 Sekunden gelaufen. **3.** ⟨itr.; ist⟩: *[zu Fuß] gehen:* sollen wir [zum Bahnhof] ein Taxi nehmen oder laufen?; ich kann kaum noch laufen; das Kind kann schon laufen. **4. * jmdn. laufen lassen:** *freilassen, nicht bestrafen:* einen Dieb laufen lassen. **5.** ⟨itr.; ist⟩ *in Betrieb sein, an sein:* das Radio läuft; der Film läuft seit sieben Wochen *(ist seit 7 Wochen im Programm).* **6.** ⟨itr.; ist⟩ *fließen:* das Wasser läuft in die Badewanne. *Syn.:* strömen. *Zus.:* herauslaufen, hineinlaufen, hinunterlaufen.

lau|fend ['laufn̩t] ⟨Adj.⟩: *immer wieder [vorkommend]:* laufende Ausgaben,

Unkosten; er hat mich laufend betrogen. *Syn.:* andauernd, regelmäßig, ständig.

lau|fen|las|sen ['laufn̩lasn̩], lässt laufen, ließ laufen, laufengelassen ⟨tr.; hat; jmdn. l.⟩: ↑ laufen.

der **Läu|fer** ['lɔyfɐ]; -s, -: **1.** *männliche Person, die das Laufen als Sport betreibt:* 70 Läufer gehen an den Start. *Zus.:* Hürdenläufer, Marathonläufer, Skilangläufer, Skiläufer, Staffelläufer. **2.** *Figur im Schachspiel, die sich nur schräg, diagonal bewegt:* am Anfang stehen die beiden Läufer neben der Dame und dem König; den schwarzen Läufer ziehen.

die **Läu|fe|rin** ['lɔyfərɪn]; -, -nen: *weibliche Person, die das Laufen als Sport betreibt:* die russische Läuferin erreichte als Erste das Ziel.

das **Lauf|werk** ['laufvɛrk]; -[e]s, -e (EDV): *Gerät im Computer, das Daten speichert oder liest:* der Computer hat drei Laufwerke. *Zus.:* CD-ROM-Laufwerk, Diskettenlaufwerk, Festplattenlaufwerk.

die **Lau|ge** ['laugə]; -, -n: *Wasser mit Seife:* die Wäsche in der Lauge einweichen. *Zus.:* Seifenlauge, Waschlauge.

die **Lau|ne** ['launə]; -: *Stimmung eines Menschen:* schlechte Laune haben; guter Laune sein; wie ist seine Laune heute?

lau|nisch ['launɪʃ], launischer, am launischsten ⟨Adj.⟩: *mit oft wechselnder Stimmung, Laune:* mit einem launischen Partner kann man schlecht umgehen; sie ist sehr launisch. *Syn.:* unberechenbar.

lau|schen ['lauʃn̩], lauscht, lauschte, gelauscht ⟨itr.; hat⟩: *aufmerksam oder heimlich zuhören:* der Musik, einer Erzählung lauschen; sie lauschte heimlich an der Tür.

lau|schig ['lauʃɪç], lauschiger, am lauschigsten ⟨Adj.⟩: *verborgen und gemütlich:* ein lauschiger Ort, Platz. *Syn.:* ruhig, still.

lau|sig ['lauzɪç], lausiger, am lausigsten ⟨Adj.⟩ (ugs.): *schlecht:* lausiges Wetter; die Mannschaft hat lausig gespielt. *Syn.:* mies (abwertend), miserabel (emotional), übel.

¹**laut** [laut], lauter, am lautesten ⟨Adj.⟩: **1.** *so, dass man es deutlich hört* /Ggs. leise/: laute Musik; laut singen, sprechen. *Syn.:* lautstark. **2.** *voller Lärm:* eine laute Gegend, Straße; hier ist es zu laut. *Syn.:* unruhig.

²**laut** [laut] ⟨Präp. mit Gen. oder Dativ⟩: *so wie es irgendwo geschrieben steht; so wie es jmd. gesagt hat:* laut eines Gesetzes /

L

einem Gesetz; laut unserer/unseren Rechnungen; laut Gesetzen; laut Bericht vom 1. Oktober; laut Gesetz; laut Paragraf 12; laut [Professor] Schmidt. *Syn.:* gemäß.

der **Laut** [laut]; -[e]s, -e: **1.** *Ton:* man hörte keinen Laut; klagende Laute von sich geben. *Syn.:* Geräusch. *Zus.:* Schmerzenslaut. **2.** *kleinste Einheit der gesprochenen Sprache:* der Laut a; Laute bilden.

läu|ten ['lɔytn̩], läutet, läutete, geläutet: **1.** ⟨itr.; hat⟩ *(von einer Glocke) Töne erzeugen; tönen:* die Glocke läutet vom Kirchturm. *Syn.:* bimmeln. **2.** ⟨tr.; hat⟩ *(eine Glocke) ertönen lassen:* sie läutet die Glocke.

lau|ter ['lautɐ] ⟨Adj.; indeklinabel⟩: *nur, nichts als:* das sind lauter Lügen; er redete lauter dummes Zeug; sie hat vor lauter Aufregung ihre Fahrkarte nicht gefunden.

laut|los ['lautlo:s] ⟨Adj.⟩: *nicht hörbar; ohne Geräusch:* lautlose Stille; lautlos schleichen.

der **Laut|spre|cher** ['lautʃprɛçɐ]; -s, -: *elektrisches Gerät, das Töne laut hörbar macht:* den Lautsprecher des Radios reparieren; eine Rede über Lautsprecher halten.

laut|stark ['lautʃtark] ⟨Adj.⟩: *mit großer Lautstärke:* lautstarker Beifall, Protest; sich lautstark streiten. *Syn.:* heftig, ¹laut.

die **Laut|stär|ke** ['lautʃtɛrkə]; -: *Stärke des Schalls:* beim Radio die Lautstärke regeln; bei dieser Lautstärke tun mir ja die Ohren weh.

lau|warm ['lauvarm] ⟨Adj.⟩: *ein bisschen warm, nicht richtig warm:* lauwarme Milch.

die **La|va** ['la:va]; -: *flüssiges Gestein, das aus einem Vulkan kommt:* die Lava floss sehr schnell auf das Dorf zu.

die **La|wi|ne** [la'vi:nə]; -, -n: *große Menge Schnee, die von einem Berg ins Tal rutscht:* ein Skifahrer hatte eine Lawine ausgelöst; im Tal ist eine Lawine niedergegangen; eine Lawine zerstörte die Hütte; die Lawine hat fünf Menschen verschüttet. *Zus.:* Eislawine, Schneelawine.

das **La|za|rett** [latsa'rɛt]; -[e]s, -e: *Krankenhaus für Soldaten:* der Verletzte wurde ins Lazarett gebracht.

le|ben ['le:bn̩], lebt, lebte, gelebt ⟨itr.; hat⟩: **1.** *am Leben sein, nicht tot sein:* das Kind lebt [noch]. **2.** *irgendwie sein Leben verbringen:* gut, schlecht, in Frieden leben; leb[e] wohl! (Gruß zum Abschied). **3.** *wohnen:* er lebt in Köln; wir haben lange im Ausland gelebt. *Syn.:* ¹sein. **4.** *sich ernähren:* der Vogel lebt von Würmern und Beeren; von der Rente allein kann er nicht leben.

das **Le|ben** ['le:bn̩]; -s, -: **1.** *Dasein (bei Menschen und Tieren):* ein schönes, langes Leben; sein Leben genießen; er hat sich schnell an das Leben als Rentner gewöhnt. *Syn.:* Existenz. *Zus.:* Soldatenleben, Studentenleben. * **ums Leben kommen:** *sterben:* seine Eltern sind bei einem Autounfall ums Leben gekommen. **2.** *bestimmter Bereich im Leben der Menschen:* das kulturelle Leben in einer Stadt; das politische Leben in der Hauptstadt. *Zus.:* Arbeitsleben, Berufsleben, Familienleben, Kulturleben, Musikleben, Nachtleben, Privatleben.

le|ben|dig [le'bɛndɪç] ⟨Adj.⟩: **1.** *lebend, am Leben* /Ggs. tot/: der Fisch ist noch lebendig; nach der Anstrengung fühle ich mich mehr tot als lebendig. **2.** ⟨lebendiger, am lebendigsten⟩ *munter, lebhaft:* das Kind hat eine lebendige Fantasie; sie erzählt sehr lebendig. *Syn.:* angeregt.

die **Le|bens|dau|er** ['le:bn̩sdauɐ]; -, -n: *Zeit von der Geburt bis zum Tod:* die durchschnittliche Lebensdauer des Menschen.

die **Le|bens|ge|fahr** ['le:bn̩sgəfa:ɐ]; -: *Gefahr für das Leben; Gefahr zu sterben:* bei der Patientin besteht Lebensgefahr; der Kranke ist in, außer Lebensgefahr; »Achtung, Lebensgefahr!«.

der **Le|bens|ge|fähr|te** ['le:bn̩sgəfɛ:ɐtə]; -n, -n, die **Le|bens|ge|fähr|tin** ['le:bn̩sgəfɛ:ɐtɪn] -, -nen (geh.): *Person, die mit einer anderen Person ein Paar bildet; Partner[in]:* er hat eine neue Lebensgefährtin; sie lebt mit ihrem Lebensgefährten auf einem Bauernhof. *Syn.:* Freund, Freundin.

le|bens|läng|lich ['le:bn̩slɛŋlɪç] ⟨Adj.⟩: *(bei einer Strafe) bis zum Tode:* eine lebenslängliche Freiheitsstrafe; für den Mord wurde sie zu lebenslänglicher Haft verurteilt.

der **Le|bens|lauf** ['le:bn̩slauf]; -[e]s, Lebensläufe ['le:bn̩slɔyfə]: *(im Rahmen einer Bewerbung) schriftliche Darstellung der schulischen und beruflichen Laufbahn:* seinen Lebenslauf schreiben.

das **Le|bens|mit|tel** ['le:bn̩smɪtl̩]; -s, -: *Nahrung:* Milch ist ein wertvolles Lebensmittel; Lebensmittel einkaufen; mit Lebensmitteln handeln. *Syn.:* Essen, Nahrungsmittel.

le|bens|mü|de ['le:bn̩smy:də] ⟨Adj.⟩: *so, dass man nicht mehr leben will:* ein Polizist rettete den lebensmüden Mann aus dem Wasser.

le|bens|nah ['le:bn̩sna:] ⟨Adj.⟩: *so wie im [wirklichen] Leben:* lebensnaher Unterricht; ein lebensnahes Beispiel geben; ein lebensnah geschriebener Roman.

der **Le|bens|stan|dard** ['le:bn̩sʃtandart]; -s, -s: *materieller Reichtum; Wohlstand:* der Lebensstandard steigt, sinkt; einen hohen, niedrigen Lebensstandard haben.

der **Le|bens|un|ter|halt** ['le:bn̩sʊntɐhalt]; -[e]s: *Geld für Dinge des alltäglichen Lebens wie Nahrung, Kleidung, Wohnung:* seinen Lebensunterhalt verdienen; jmdm. den Lebensunterhalt zahlen. *Syn.:* Unterhalt.

die **Le|bens|ver|si|che|rung** ['le:bn̩sfɛɐ̯zɪçərʊŋ]; -, -en: *Versicherung, die bei einem frühen Tod oder in einem bestimmten Alter Geld auszahlt:* eine Lebensversicherung abschließen; die Lebensversichung zahlte der Frau des Toten eine Million Euro.

der **Le|bens|weg** ['le:bn̩sve:k]; -[e]s, -e: *Verlauf des Lebens:* ein langer, gemeinsamer Lebensweg. *Syn.:* Leben.

die **Le|bens|wei|se** ['le:bn̩svaɪ̯zə]; -, -n: *die Art und Weise, wie man lebt:* eine gesunde, solide Lebensweise; seine Lebensweise ändern. *Syn.:* Leben.

le|bens|wich|tig ['le:bn̩svɪçtɪç], lebenswichtiger, am lebenswichtigsten ⟨Adj.⟩: *zum Leben notwendig:* lebenswichtige Vitamine; ein lebenswichtiger Bestandteil der Nahrung. *Syn.:* wichtig.

das **Le|bens|zei|chen** ['le:bn̩stsaɪ̯çn̩]; -s, -: *Anzeichen, Beweis dafür, dass jmd. noch lebt:* der Verunglückte gab kein Lebenszeichen mehr von sich; ein Lebenszeichen von jmdm. erhalten *(nach langer Zeit wieder einmal etwas von jmdm. hören).*

die **Le|ber** ['le:bɐ]; -, n: **1.** *Organ bei Tieren und Menschen, das das Blut reinigt:* die Leber der Patientin arbeitet nicht richtig; wer zu viel Alkohol trinkt, schadet seiner Leber. **2.** *als Essen gekochtes, gebratenes Organ von Tieren:* es gab Leber mit Kartoffelbrei und Zwiebeln. *Zus.:* Gänseleber, Hühnerleber, Kalbsleber, Schweineleber.

die **Le|ber|wurst** ['le:bɐvʊrst]; -, Leberwürste ['le:bɐvʏrstə]: *Wurst aus gekochter Leber:* eine Scheibe Brot mit Leberwurst bestreichen. *Zus.:* Kalbsleberwurst.

das **Le|be|we|sen** ['le:bəve:zn̩]; -s, -: *etwas, was lebt, bes. Mensch und Tier:* ein seltenes Lebewesen; Lebewesen im Meer; ein Lebewesen aus Fleisch und Blut.

leb|haft ['le:phaft], lebhafter, am lebhaftesten ⟨Adj.⟩: **1.** *lebendig, munter:* ein lebhafter Mensch; eine lebhafte Diskussion; lebhaftes Treiben auf der Straße. *Syn.:* schwungvoll, temperamentvoll, wild. **2.** *sehr stark:* lebhafter Beifall; das interessiert mich lebhaft. *Syn.:* gewaltig (emotional), mächtig (ugs.), riesig (ugs.).

der **Leb|ku|chen** ['le:pku:xn̩]; -s, -: *süßes Gebäck mit vielen Gewürzen, das besonders zu Weihnachten gegessen wird:* ich esse gern Lebkuchen; im Dezember backen wir immer Lebkuchen.

leb|los ['le:plo:s] ⟨Adj.⟩: *ohne Leben:* ein lebloser Körper; leblos daliegen. *Syn.:* starr, tot, unbeweglich.

le|cken ['lɛkn̩], leckt, leckte, geleckt ⟨tr.; hat; etw. l.⟩: *mit der Zunge berühren:* die Katze leckt ihre Jungen; der Hund leckt seine Wunden, leckt mir die Hand; ⟨auch itr.⟩ das Kind leckt am Eis. *Syn.:* lutschen.

le|cker ['lɛkɐ], leckerer, am leckersten ⟨Adj.⟩: *sehr gut im Geschmack; wohlschmeckend:* ein leckerer Kuchen; dieses Gericht sieht lecker aus, ist lecker; das schmeckt aber lecker! *Syn.:* köstlich.

der **Le|cker|bis|sen** ['lɛkɐbɪsn̩]; -s, -: *besonders leckeres Essen:* dieser Braten ist ein köstlicher Leckerbissen; einen Leckerbissen servieren. *Syn.:* Delikatesse.

das **Le|der** ['le:dɐ]; -s, -: *behandelte Haut von Tieren (z. B. für Kleidung, Taschen):* festes, weiches Leder; eine Hose, Jacke aus Leder. *Zus.:* Krokodilleder, Rindsleder, Schlangenleder, Schweinsleder.

le|dig ['le:dɪç] ⟨Adj.⟩: *nicht verheiratet:* ein lediger junger Mann; ledig bleiben; Familienstand: ledig. *Syn.:* solo (ugs.).

le|dig|lich ['le:dɪklɪç] ⟨Adverb⟩: *nur:* ich habe dich lediglich gefragt; ich bin lediglich enttäuscht, aber nicht wütend. *Syn.:* bloß.

leer [le:ɐ̯] ⟨Adj.⟩: **1.** *ohne Inhalt /Ggs. voll/:* ein leeres Fass; mit leerem Magen zur Arbeit gehen; der Tank ist leer. **2.** *frei /Ggs. besetzt/:* ein leerer Stuhl; der Platz blieb leer; die Wohnung steht seit drei Monaten leer. *Zus.:* luftleer, menschenleer. **3.** ⟨leerer, am leersten⟩ *mit wenigen Menschen /Ggs. voll/:* leere Straßen; heute war es beim Arzt ganz leer; im Kino war es gestern leerer als heute.

-leer [le:ɐ̯] ⟨adjektivisches Suffix⟩: drückt in Verbindung mit einem Nomen aus, dass etwas fehlt: *ohne: ausdrucksleer, gedankenleer, inhaltsleer.*

die **Lee|re** ['le:rə]; -: *das Leersein:* die Leere auf den Straßen war ungewöhnlich; eine innere Leere fühlen.

lee|ren ['le:rən], leert, leerte, geleert ⟨tr.; hat; etw. l.⟩: *leer machen:* den Briefkasten leeren; donnerstags werden bei uns die Mülltonnen geleert; sie leerte das Glas in einem Zug *(trank das Glas in einem Zug aus). Syn.:* ausleeren.

das **Leer|gut** ['le:ɐ̯gu:t]; -[e]s: ⟨Plural⟩ *leere Flaschen aus Glas, die man ins Geschäft zurückbringt, damit sie erneut gefüllt werden können:* das Leergut zurückgeben. *Syn.:* Pfandflaschen ⟨Plural⟩.

die **Lee|rung** ['le:rʊŋ]; -, -en: *das Leeren, Leermachen:* die nächste Leerung des Briefkastens ist um 17 Uhr. *Zus.:* Briefkastenleerung.

le|gal [le'ga:l] ⟨Adj.⟩: *vom Gesetz erlaubt, nicht verboten* /Ggs. illegal/: etwas auf legalem Wege machen; das ist vollkommen legal; sich legal verhalten. *Syn.:* legitim, zulässig.

le|ga|li|sie|ren [legali'zi:rən], legalisiert, legalisierte, legalisiert ⟨tr.; hat; etw. l.⟩: *im Gesetz erlauben:* Drogen, die Abtreibung legalisieren; etwas nachträglich legalisieren.

die **Le|ga|li|tät** [legali'tɛ:t]; -: *Übereinstimmung mit dem Gesetzen:* sich am Rande der Legalität bewegen; an der Legalität einer Sache zweifeln; die Legalität einer Handlung überprüfen.

le|gen ['le:gn̩], legt, legte, gelegt: **1.** ⟨tr.; hat; jmdn., etwas [irgendwohin] l.⟩ *an eine bestimmte Stelle tun; in flacher Lage irgendwo absetzen:* das Buch auf den Tisch, das Brot in den Korb legen; die Wärmflasche ins Bett legen; die Henne legt *(produziert)* zwei Eier am Tag. *Zus.:* fortlegen, hinlegen. **2.** ⟨sich [irgendwohin] l.⟩ *sich flach ausstrecken:* sich ins Bett legen; er hat sich aufs Sofa gelegt. *Syn.:* sich hinlegen. **3.** ⟨sich l.⟩ *aufhören:* der Wind legt sich; ihr Zorn hat sich gelegt. *Syn.:* sich beruhigen, nachlassen.

le|gen|där [legɛn'dɛ:ɐ̯], legendärer, am legendärsten ⟨Adj.⟩: *berühmt, bekannt; wie in einer Legende:* ein legendärer Sportler; dieses Konzert ist legendär geworden.

die **Le|gen|de** [le'gɛndə]; -, -n: *religiöse Erzählung:* eine Legende erzählen, lesen.

le|ger [le'ʒɛ:ɐ̯], legerer, am legersten ⟨Adj.⟩: **1.** *lässig, locker:* eine legere Atmosphäre; sie lebten im Urlaub ganz leger;

sein Benehmen war sehr leger. *Syn.:* entspannt, ungezwungen. **2.** *(von Kleidung) bequem:* legere Hosen; sich leger anziehen, kleiden. *Syn.:* salopp.

le|gi|tim [legi'ti:m] ⟨Adj.⟩: *berechtigt, legal* /Ggs. illegitim/: ein legitimer Anspruch; der legitime Erbe; unsere Mittel, dies zu erreichen, sind legitim; ist diese Forderung legitim?

le|gi|ti|mie|ren [legiti'mi:rən], legitimiert, legitimierte, legitimiert (bildungsspr.): **1.** ⟨tr.; hat; jmdn., etw. l.⟩ *jmdn., etwas für legitim erklären:* ihr Vorgehen wurde nachträglich legitimiert. *Syn.:* billigen, erlauben, genehmigen, gestatten. **2.** ⟨sich l.⟩ *sich ausweisen:* können Sie sich legitimieren?

die **Leh|ne** ['le:nə]; -, -n: *Stütze eines Stuhls für den Rücken:* ein Stuhl mit hoher Lehne. *Zus.:* Rückenlehne, Stuhllehne.

leh|nen ['le:nən], lehnt, lehnte, gelehnt: **1.** ⟨tr.; hat; etw. an etw. (Akk.), gegen etw. l.⟩ *schräg an einen Gegenstand stellen:* das Brett an/gegen die Wand lehnen. **2.** ⟨sich an, gegen jmdn., etw. l.⟩ *sich seitlich auf, gegen etwas, jmdn. stützen:* sie lehnte sich an ihn; er lehnte sich gegen die Wand.

die **Leh|re** ['le:rə]; -, -n: **1.** *Ausbildung für einen bestimmten Beruf, die zum Teil an einer Schule und zum Teil in einem Betrieb stattfindet:* eine dreijährige Lehre machen; sie hat eine Lehre als Tischlerin gemacht; eine Lehre abschließen. *Syn.:* Ausbildung. *Zus.:* Banklehre, Tischlerlehre. **2.** *Gebiet in der Wissenschaft:* die Lehre vom Schall. *Syn.:* Theorie. *Zus.:* Betriebswirtschaftslehre, Volkswirtschaftslehre, Wärmelehre.

leh|ren ['le:rən], lehrt, lehrte, gelehrt ⟨tr.; hat; [jmdn.] etw. (Akk.) l.⟩: *etwas unterrichten, jmdm. etwas beibringen:* an der Universität Deutsch, Geschichte lehren; ich lehre die Kinder rechnen, lesen, schwimmen.

der **Leh|rer** ['le:rɐ]; -s, -, die **Leh|re|rin** ['le:rə-rɪn]; -, -nen: *Person, die [an einer Schule] unterrichtet:* sie arbeitet als Lehrerin in einem Gymnasium; welchen Lehrer habt ihr in Englisch? *Syn.:* Ausbilder, Ausbilderin, Dozent, Dozentin, Pädagoge, Pädagogin. *Zus.:* Grundschullehrer, Grundschullehrerin, Gymnasiallehrer, Gymnasiallehrerin, Hauptschullehrer, Hauptschullehrerin, Realschullehrer, Realschullehrerin.

der **Lehr|gang** ['le:ɐ̯gaŋ]; -[e]s, Lehrgänge ['le:ɐ̯gɛŋə]: *Veranstaltung, die dazu* *dient, einer Gruppe von Personen bestimmte Kenntnisse, bestimmte Fähigkeiten zu vermitteln:* ein zweiwöchiger, sechsmonatiger Lehrgang; einen Lehrgang machen, absolvieren; an einem Lehrgang teilnehmen. *Syn.:* Kurs.

das **Lehr|jahr** ['le:ɐ̯ja:ɐ̯]; -[e]s, -e: *Jahr während der Lehre:* im ersten Lehrjahr sein, stehen.

der **Lehr|ling** ['le:ɐ̯lɪŋ]; -s, -e (bes. österr., schweiz.): *Auszubildende[r]:* er, sie ist Lehrling. *Zus.:* Banklehrling, Fleischerlehrling, Maurerlehrling, Tischlerlehrling.

lehr|reich ['le:ɐ̯raɪç], lehrreicher, am lehrreichsten ⟨Adj.⟩: *so beschaffen, dass man etwas daraus lernen kann:* ein lehrreiches Buch, Erlebnis.

die **Lehr|stel|le** ['le:ɐ̯ʃtɛlə]; -, -n: *Arbeitsplatz für einen Auszubildenden, eine Auszubildende:* sie sucht eine Lehrstelle im Buchhandel.

der **Lehr|stoff** ['le:ɐ̯ʃtɔf]; -[e]s, -e: *Stoff, der im Unterricht durchgenommen wird:* ein umfangreicher Lehrstoff.

der **Leib** [laɪp]; -[e]s, Leiber ['laɪbɐ] (geh.): *Körper:* ein ausgemergelter Leib; am ganzen Leib zittern, frieren; * **mit Leib und Seele:** *mit Begeisterung und innerer Beteiligung:* er ist mit Leib und Seele Arzt; * **sich jmdn. vom Leib halten** (salopp): *näheren Kontakt mit jmdm. vermeiden;* * **einer Sache (Dativ) zu Leibe rücken:** *einer schwierigen, unangenehmen Aufgabe nicht ausweichen, sondern sie zu bewältigen versuchen.*

leib|haf|tig [laɪpˈhaftɪç] ⟨Adj.⟩: *mit den Sinnen wahrnehmbar, konkret vorhanden:* plötzlich stand sie leibhaftig vor uns; eine leibhaftige Prinzessin.

leib|lich ['laɪplɪç] ⟨Adj.⟩: *von jmdm. direkt abstammend:* mein Stiefvater und mein leiblicher Vater.

die **Lei|che** ['laɪçə]; -, -n: *toter menschlicher Körper:* die Leiche eines Ertrunkenen wurde angeschwemmt. *Syn.:* Leichnam (geh.).

lei|chen|blass ['laɪçn̩ˈblas] ⟨Adj.⟩: *(bes. durch Schreck, Angst) in höchstem Grade blass:* als sie vom Unfall hörte, sank sie leichenblass in den Sessel. *Syn.:* bleich.

der **Leich|nam** ['laɪçna:m]; -s, -e (geh.): *Leiche:* der Leichnam der Verstorbenen wurde in ihre Heimatstadt überführt.

leicht [laɪçt], leichter, am leichtesten ⟨Adj.⟩: **1.** *geringes Gewicht habend, nicht schwer [zu tragen]* /Ggs. schwer/:

ein leichter Koffer; das Paket ist leicht. **2.** *sich leicht verdauen lassend:* eine leichte Mahlzeit. **3.** *nur schwach ausgeprägt, von geringem Ausmaß:* eine leichte Verletzung; leichter Regen; leichtes Fieber; ihr Gesicht war leicht gerötet. *Syn.:* minimal, schwach. **4.** *keine Schwierigkeiten bereitend, mühelos [zu bewältigen]:* leichte Arbeit, Lektüre; es war nicht leicht für mich, Abschied zu nehmen; dieses Problem lässt sich leicht lösen; sie lernt, begreift leicht; der Stoff lässt sich leicht färben; die Maschine ist leicht zu bedienen; er wird leicht *(schon aus geringem Anlass)* böse.

die **Leicht|ath|le|tik** ['laɪçtʔatleˌtɪk]; -: *Gesamtheit der sportlichen Disziplinen, in denen man läuft, springt oder wirft:* Leichtathletik treiben.

leicht|fal|len ['laɪçtfalən], fällt leicht, fiel leicht, leichtgefallen ⟨itr.; ist; jmdm. l.⟩: *keine Schwierigkeiten machen:* es fiel ihm nicht leicht, die Niederlage einzugestehen; Latein ist ihr leichtgefallen.

leicht|fer|tig ['laɪçtfɛrtɪç], leichtfertiger, am leichtfertigsten ⟨Adj.⟩: *in verantwortungsloser Weise gedankenlos:* ein leichtfertiger Mensch; leichtfertige Worte; sein Geld leichtfertig verschwenden; etwas leichtfertig aufs Spiel setzen. *Syn.:* fahrlässig, leichtsinnig.

leicht|gläu|big ['laɪçtglɔybɪç], leichtgläubiger, am leichtgläubigsten ⟨Adj.⟩: *den Worten anderer zu leicht glaubend, zu wenig misstrauisch:* leichtgläubige ältere Menschen wurden um ihr Geld betrogen; du bist zu leichtgläubig. *Syn.:* naiv.

leicht|hin ['laɪçtˈhɪn] ⟨Adverb⟩: *ohne zu überlegen, ohne sich viele Gedanken zu machen:* etwas leichthin sagen, versprechen.

der **Leicht|sinn** ['laɪçtzɪn]; -[e]s: *unvorsichtige, [allzu] sorglose Haltung; fahrlässiges Verhalten:* ein beispielloser, gefährlicher Leichtsinn, alle Warnungen zu missachten; sie hat ihren Leichtsinn mit dem Leben bezahlt; so ein Leichtsinn!

leicht|sin|nig ['laɪçtzɪnɪç], leichtsinniger, am leichtsinnigsten ⟨Adj.⟩: *durch Leichtsinn gekennzeichnet:* leichtsinnige Jugendliche; ein leichtsinniges Überholmanöver; sei doch nicht immer so leichtsinnig!

leid [laɪt]: in der Verbindung * **jmdn., etwas leid sein** (ugs.): *jmdn., etwas nicht mehr ertragen können:* ich bin das dauernde Genörgel leid; sie war ihn leid; ich bin es allmählich leid, dich immer wieder daran erinnern zu müssen.

das **Leid** [laɪt]; -[e]s: *tiefer seelischer Schmerz:* der Krieg hat unermessliches Leid über die Menschen gebracht; schweres Leid erfahren, erdulden. *Syn.:* Qual, Schmerz. ***jmdm. sein Leid klagen:** *jmdm. von seinem Kummer, Ärger oder dergleichen erzählen:* heute Mittag war meine Nachbarin da und hat mir ihr Leid geklagt.

lei|den ['laɪdn̩], leidet, litt, gelitten: **1.** ⟨itr.; hat⟩ *eine schwere Krankheit, seelisches Leid oder Schmerzen zu ertragen haben:* die Kranke muss viel leiden, leidet sehr; er hatte schwer zu leiden. **2.** ⟨itr.; hat⟩ *an etwas erkrankt sein, von etwas körperlich oder seelisch stark beeinträchtigt werden:* an einer schweren Krankheit leiden; unter der Einsamkeit, der Hitze, dem Gefühl der Unsicherheit leiden. **3.** ⟨itr.; hat; etw. l.⟩ *von etwas (Negativem) betroffen sein:* Mangel leiden; Hunger, Durst, Qualen leiden. **4.** ***jmdn., etwas nicht leiden können:** *jmdn., etwas überhaupt nicht mögen:* ich kann ihren Freund, diese Musik nicht leiden; sie kann es nicht leiden, beim Telefonieren gestört zu werden. *Syn.:* ertragen.

das **Lei|den** ['laɪdn̩], -s, -: **1.** *lang dauernde Krankheit:* ein erbliches Leiden; sie hat das schwere Leiden seit ihrer Kindheit. *Syn.:* Erkrankung, Krankheit. *Zus.:* Krebsleiden, Leberleiden, Magenleiden, Nervenleiden. **2.** *Erleben von Leid:* die Freuden und Leiden der Jugend, des Lebens. *Syn.:* Kummer, Schmerz.

die **Lei|den|schaft** ['laɪdn̩ʃaft]; -, -en: **1.** *starke Neigung, Vorliebe, große Begeisterung:* Reiten war ihre Leidenschaft; er ist Sammler aus Leidenschaft; mit wahrer Leidenschaft Schach spielen. *Syn.:* Enthusiasmus. *Zus.:* Jagdleidenschaft, Sammelleidenschaft, Theaterleidenschaft. **2.** *heftiges Verlangen (nach einem Menschen):* von einer wilden Leidenschaft [für jmdn.] ergriffen werden.

lei|den|schaft|lich ['laɪdn̩ʃaftlɪç], leidenschaftlicher, am leidenschaftlichsten ⟨Adj.⟩: **1.** *mit hoher Intensität, sehr stark:* leidenschaftlicher Hass; eine leidenschaftliche Diskussion; jmdn. leidenschaftlich küssen, lieben; etwas leidenschaftlich verteidigen. *Syn.:* heftig. **2.** *begeistert, eifrig:* eine leidenschaftliche Surferin; ein leidenschaftlicher Jäger.

lei|der ['laɪdɐ] ⟨Adverb⟩: *zu meinem Bedauern, unglücklicherweise:* leider haben wir keine Zeit; ich kann leider nicht kommen.

lei|dig ['laɪdɪç] ⟨Adj.⟩: *schon lange oder immer wieder als unangenehm, lästig empfunden:* wenn das leidige Geld nicht wäre; über dieses leidige Thema, diese leidige Angelegenheit möchte ich jetzt eigentlich nicht reden. *Syn.:* unangenehm, unerfreulich.

leid|lich ['laɪtlɪç] ⟨Adj.⟩: *(gerade noch) ausreichend, einigermaßen den Erwartungen entsprechend:* die Straßen sind in leidlichem Zustand; mir geht es leidlich [gut].

leid|tun ['laɪttuːn], tut leid, tat leid, leidgetan ⟨itr.; hat; jmdm. l.⟩: **1.** *von jmdm. bedauert werden:* es tut mir sehr leid, dass ich nicht kommen kann; so leid es mir tut, aber ich kann es nicht ändern. **2.** *jmds. Mitgefühl erregen:* die alte Frau tat ihm leid.

leid|voll ['laɪtfɔl], leidvoller, am leidvollsten ⟨Adj.⟩ (geh.): *durch Leid gekennzeichnet, mit Leid verbunden:* leidvolle Erfahrungen.

Leid|we|sen ['laɪtveːzn̩]: in der Verbindung ***zu jmds. Leidwesen:** *zu jmds. großem Bedauern:* zum Leidwesen meiner Mutter wollte ich nicht Klavier spielen lernen.

lei|hen ['laɪən], leiht, lieh, geliehen: **1.** ⟨tr.; hat; jmdm. etw. l.⟩ *(jmdm.) für eine gewisse Zeit geben:* sie lieh mir hundert Euro, ihren Stift. *Syn.:* ausborgen (landsch.), ausleihen, borgen. **2.** ⟨sich (Dativ) etw. [von jmdm.] l.⟩ *sich für eine gewisse Zeit geben lassen:* ich habe mir das Buch [von meinem Freund] geliehen. *Syn.:* ausborgen (landsch.), ausleihen, borgen.

der **Leim** [laɪm]; -[e]s, -e: **1.** *Mittel zum Kleben bes. von Holz:* den Leim trocknen lassen; etwas mit Leim bestreichen. *Syn.:* Klebstoff, [Kleister. *Zus.:* Holzleim, Tischlerleim. **2.** ***jmdm. auf den Leim gehen** (ugs.): *auf jmdn., jmds. Tricks hereinfallen:* sie ist dem Gauner auf den Leim gegangen.

lei|men ['laɪmən], leimt, leimte, geleimt ⟨tr.; hat; etw. l.⟩: *mit Leim kleben, reparieren:* ein Spielzeug leimen. *Zus.:* zusammenleimen.

das **-lein** [laɪn]; -s, - ⟨Suffix; bewirkt Umlaut⟩: *drückt aus, dass die bezeichnete Person oder Sache klein ist:* Äuglein; Brüderlein; Tischlein; Tüchlein; Vög[e]lein.

die **Lei|ne** ['laɪnə]; -, -n: *kräftige, längere Schnur, an oder mit der etwas befestigt wird:* etwas mit einer Leine festbinden, absperren; die Wäsche hängt auf der Leine; den Hund an die Leine nehmen. *Syn.:* Seil, Strick. *Zus.:* Angelleine, Hundeleine, Wäscheleine.

das **Lei|nen** ['lainən]; -s: *aus den Fasern einer bestimmten Pflanze hergestelltes, festes, haltbares Gewebe:* ein Tischtuch aus Leinen.

die **Lein|wand** ['lainvant]; -, Leinwände ['lainvɛndə]: *Fläche aus Kunststoff o. Ä., auf die Filme und Dias projiziert werden:* eine Leinwand aufspannen; auf die Leinwand starren. *Zus.:* Filmleinwand, Kinoleinwand.

lei|se ['laizə], leiser, am leisesten ⟨Adj.⟩:
1. *schwach hörbar /Ggs. laut/:* eine leise Stimme; leise Geräusche; leise gehen, singen, lachen; das Radio leiser stellen.
2. *kaum wahrnehmbar, nur schwach ausgeprägt:* ein leiser Verdacht; leise Zweifel; noch eine leise Hoffnung haben. *Syn.:* gering, klein, minimal, winzig.

die **Leis|te** ['laistə]; -, -n: *schmale Latte aus Holz:* am Rand eine Leiste anbringen; etwas mit Leisten einfassen. *Zus.:* Holzleiste, Querleiste, Zierleiste.

leis|ten ['laistn̩], leistet, leistete, geleistet:
1. ⟨tr.; hat; etw. l.⟩ *durch Arbeiten erreichen (dass ein bestimmtes Ergebnis erzielt wird):* viel leisten; sie hat Großes, Erstaunliches geleistet. 2. ⟨tr.; hat; etw. l.⟩ *als Funktionsverb:* Beistand leisten *(beistehen);* Hilfe, Ersatz, Garantie leisten *(helfen, ersetzen, garantieren).*
3. ⟨sich (Dativ) etw. l.⟩ (ugs.) *sich (etwas Besonderes) kaufen, anschaffen:* wir leisten uns ein neues Auto; ein Haus können wir uns nicht leisten; jetzt leiste ich mir ein Eis. 4. ⟨sich (Dativ) etw. l.⟩ *(etw., was einem nicht zusteht) tun, zu tun wagen:* was der sich heute wieder [für Unverschämtheiten] geleistet hat!;
* **sich etwas leisten können:** *etwas tun können, ohne dass es negative Auswirkungen hätte:* bei deiner Figur kannst du es dir doch leisten, einen Minirock zu tragen; ich kann es mir leisten, den Termin abzusagen.

die **Leis|tung** ['laistʊŋ]; -, -en: 1. *Produkt einer körperlichen oder geistigen Arbeit:* eine schwache Leistung bringen; gute Leistungen zeigen; große, hervorragende Leistungen vollbringen; sie war mit ihren Leistungen zufrieden. *Zus.:* Arbeitsleistung, Höchstleistung. 2. *nutzbare Kraft [einer Maschine]:* die Maschine erreichte sehr bald ihre volle Leistung; ein Motor mit einer Leistung von 155 Kilowatt. *Zus.:* Motorleistung.

das **Leit|bild** ['laitbɪlt]; -[e]s, -er: *ein Ideal, das dem Menschen in seinem Empfinden und Handeln als Vorbild dient:* einem religiösen, ethischen Leitbild folgen. *Syn.:* Muster, Vorbild.

lei|ten ['laitn̩], leitet, leitete, geleitet:
1. ⟨als Manager, Managerin⟩ lenken, führen: einen Betrieb, eine Abteilung, ein Institut leiten. 2. ⟨tr.; hat; etw. irgendwohin l.⟩ *machen, dass etwas an eine bestimmte Stelle kommt:* Wasser in ein Becken leiten. 3. ⟨tr.; hat; etw. l.⟩ *hindurchgehen lassen:* Kupfer leitet Wärme, Elektrizität [sehr gut]; ⟨auch itr.⟩ Glas leitet nicht *(leitet den elektrischen Strom nicht).*

der **¹Lei|ter** ['laitɐ]; -s, -: *männliche Person, die etwas leitet:* der Leiter der Abteilung. *Zus.:* Abteilungsleiter, Delegationsleiter, Filialleiter.

die **²Lei|ter** ['laitɐ]; -, -n: *Gerät mit Sprossen oder Stufen zum Hinauf- und Hinuntersteigen:* eine Leiter aufstellen; von der Leiter fallen. *Zus.:* Feuerwehrleiter, Stehleiter.

die Leiter

die **Lei|te|rin** ['laitərɪn]; -, nen: weibliche Form zu ↑ ¹Leiter.

der **Leit|fa|den** ['laitfaːdn̩]; -s, Leitfäden ['laitfɛːdn̩]: *knapp gefasste Darstellung zur Einführung in ein bestimmtes Fach:* ein Leitfaden der Chemie.

die **Leit|plan|ke** ['laitplaŋkə]; -, -n: *[an gefährlichen Kurven] seitlich der Straße angebrachte Bretter, die verhindern sollen, dass ein Fahrzeug aus Versehen die Fahrbahn verlässt:* der Wagen geriet ins Schleudern und prallte gegen die Leitplanke.

die **Lei|tung** ['laitʊŋ]; -, -en: 1. *das Leiten, das Führen:* die Leitung übernehmen. *Syn.:* Führung. 2. *leitende Personengruppe:* der Leitung eines Kaufhauses angehören. *Syn.:* Direktion, Führung, Management, Präsidium, Vorstand. *Zus.:* Gewerkschaftsleitung, Konzernleitung, Parteileitung. 3. *aus Rohren, Kabeln oder dergleichen bestehende Anlage, die dazu dient, Flüssigkeiten, Gas, Elektrizität irgendwohin zu leiten:* eine Leitung verlegen. *Zus.:* Gasleitung, Rohrleitung, Telefonleitung, Wasserleitung.

das **Lei|tungs|was|ser** ['laɪtʊŋsvasɐ]; -s: *Wasser aus der Wasserleitung:* bei uns kann man das Leitungswasser ohne Weiteres trinken.

die **Lek|ti|on** [lɛk'tsi̯oːn]; -, -en: **1.** *Abschnitt eines Lehrbuchs, der als Einheit behandelt werden soll:* die 10. Lektion durchnehmen. *Zus.:* Einführungslektion. **2.** *einprägsame Lehre, Belehrung:* eine bittere Lektion; eine Lektion in Höflichkeit erhalten; jmdm. eine Lektion erteilen.

der **Lek|tor** ['lɛktoːɐ̯]; -s, Lektoren [lɛk'toːrən], die **Lek|to|rin** [lɛk'toːrɪn]; -, -nen: **1.** *an einer Hochschule angestellte Person, die Übungen in einer fremden Sprache abhält:* sie ist Lektorin an der Sorbonne. **2.** *bei einem Verlag angestellte Person, die die Manuskripte prüft und bearbeitet.* *Zus.:* Verlagslektor, Verlagslektorin.

die **Lek|tü|re** [lɛk'tyːrə]; -, -n: **1.** *Literatur, die [in der Schule] gelesen wird:* die Lektüre auswählen. *Zus.:* Pflichtlektüre, Privatlektüre. **2.** *das Lesen [eines Textes]:* jmdn. bei seiner Lektüre stören; dies fiel mir bei der Lektüre des Briefes auf.

len|ken ['lɛŋkn̩], lenkt, lenkte, gelenkt: **1.** ⟨tr.; hat; etw. l.⟩ *als Fahrer eines Fahrzeugs dafür sorgen, dass das Fahrzeug sich genau so bewegt, wie es gewünscht ist:* ein Auto lenken; ⟨auch itr.⟩ du musst richtig lenken! *Syn.:* führen, steuern. **2.** ⟨tr.; hat; etw. irgendwohin l.⟩ *veranlassen, dass sich etwas auf jmdn., etwas richtet:* den Verdacht auf jemand anderes lenken; das Gespräch auf ein anderes Thema lenken. *Syn.:* leiten, richten.

der **Len|ker** ['lɛŋkɐ]; -s, -: *Teil des Fahrrads, mit dem gelenkt wird:* den Lenker festhalten.

das **Lenk|rad** ['lɛŋkraːt]; -[e]s, Lenkräder ['lɛŋkrɛːdɐ]: *Teil des Fahrzeugs, der einem Ring ähnelt und dem Lenken dient:* das Lenkrad festhalten, drehen, loslassen. *Syn.:* ¹Steuer.

ler|nen ['lɛrnən], lernt, lernte, gelernt ⟨tr.; hat; etw. l.⟩: **1.** *in die Lage kommen, die Fähigkeit erwerben, etwas Bestimmtes zu tun:* das Kind lernt sprechen; schwimmen lernen; warten, verzichten lernen; eine Sprache, einen Beruf lernen; ⟨auch itr.⟩ aus der Geschichte, aus Fehlern, aus der Erfahrung lernen. **2.** *sich (durch Übung) einprägen:* ein Gedicht [auswendig] lernen; ich muss noch Geschichte lernen *(mir noch bestimmte Kenntnisse aus dem Fach Geschichte aneignen);*

⟨auch itr.⟩ sie lernt leicht; fürs Abitur lernen.

lern|fä|hig ['lɛrnfɛːɪç], lernfähiger, am lernfähigsten ⟨Adj.⟩: *fähig (aus eigenen Fehlern) zu lernen:* lernfähige Politiker; aber zumindest scheint sie lernfähig zu sein.

die **Les|be** ['lɛsbə]; -, -n (ugs.): *lesbische Frau:* Schwule und Lesben.

les|bisch ['lɛsbɪʃ] ⟨Adj.⟩: *(von Frauen) homosexuell:* lesbische Frauen, Paare.

le|sen ['leːzn̩], liest, las, gelesen ⟨tr.; hat; etw. l.⟩: **1.** *einen Text mit den Augen und dem Verstand erfassen:* ein Buch, einen Brief, Zeitung lesen; ⟨auch itr.⟩ in einem Lexikon lesen. **2.** *erkennen, wahrnehmen:* kannst du Gedanken lesen?; aus jmds. Augen Verachtung, Verbitterung lesen.

der **Le|ser** ['leːzɐ]; -s, -, die **Le|se|rin** ['leːzərɪn]; -, -nen: *Person, die etwas Bestimmtes liest:* ein kritischer Leser; die Leserinnen der Zeitschrift. *Zus.:* Zeitungsleser, Zeitungsleserin.

le|ser|lich ['leːzɐlɪç], leserlicher, am leserlichsten ⟨Adj.⟩: *sich (leicht) lesen lassend* /Ggs. unleserlich/: eine leserliche Handschrift haben; schreib bitte leserlich.

letzt... [lɛtst...] ⟨Adj.⟩: **1.** *in einer Reihe oder Folge den Schluss bildend:* der letzte Versuch; das letzte Haus links; die letzte Tankstelle vor der Grenze; am letzten Tag des Monats; ich warne dich zum letzten Mal!; es kommt niemand mehr, ich bin die Letzte. **2.** *(unmittelbar) vor dem gegenwärtigen Zeitpunkt liegend:* in der letzten halben Stunde; ich war letzte Woche, letzten Dienstag in Köln; ich habe seit ihrem letzten Besuch nichts mehr von ihr gehört. *Syn.:* vorig... **3.** *(als Einziges) noch übrig geblieben:* mein letztes Geld; die letzten Exemplare.

letz|tens ['lɛtstn̩s] ⟨Adverb⟩: *neulich:* ich habe letztens etwas darüber gelesen. *Syn.:* jüngst, kürzlich, unlängst.

letzt|lich ['lɛtstlɪç] ⟨Adverb⟩: *schließlich und endlich:* letztlich hängt alles von dir ab; das ist letztlich die Hauptsache.

leuch|ten ['lɔɪçtn̩], leuchtet, leuchtete, geleuchtet ⟨itr.; hat⟩: **1.** *Licht von sich geben, verbreiten:* die Lampe leuchtet; die Sterne leuchten am Himmel. *Syn.:* scheinen, strahlen. **2.** ⟨irgendwohin l.⟩ *ein Licht auf jmdn. oder etwas richten:* leuchte mal mit der Taschenlampe!; durch den Türspalt, unter den Schrank, in die Ecke, jmdm. ins Gesicht leuchten.

der **Leucht|turm** ['lɔʏçttʊrm]; -[e]s, Leucht-
türme ['lɔʏçttʏrmə]: *Turm an oder vor
einer Küste, der Lichtsignale für die
Schifffahrt abgibt:* einen Leuchtturm an
der Küste errichten.

leug|nen ['lɔʏgnən], leugnet, leugnete,
geleugnet ⟨tr.; hat; etw. l.⟩: *behaupten,
dass etwas (was andere für eine Tatsache halten) keine Tatsache sei:* die Existenz Gottes leugnen; eine Schuld leugnen; er leugnet, die Frau zu kennen;
⟨auch itr.⟩ der Angeklagte leugnete hartnäckig. *Syn.:* bestreiten.

die **Leu|te** ['lɔʏtə] ⟨Plural⟩: *Menschen:* junge,
alte, erwachsene, kluge, einflussreiche
Leute; die Meyers sind nette Leute; sie
haben nur der Leute wegen *(um vor
anderen nicht unangenehm aufzufallen)*
geheiratet. *Syn.:* Mensch ⟨Singular⟩, Person ⟨Singular⟩.

das **Le|xi|kon** ['lɛksikɔn]; -s, Lexika ['lɛksika]:
*nach Stichwörtern alphabetisch geordne-
tes Nachschlagewerk:* ein zehnbändiges
Lexikon; im Lexikon nachschlagen,
nachsehen. *Zus.:* Kinderlexikon, Litera-
turlexikon, Musiklexikon, Taschenbuch-
lexikon, Zitatenlexikon.

li|be|ral [libeˈraːl], liberaler, am liberalsten
⟨Adj.⟩: **1.** *eine politische Richtung kennzeichnend, der es darum geht, dass der
Staat die Freiheit des Individuums möglichst wenig einschränkt:* liberale Politik;
eine liberale Partei. **2.** *dem Einzelnen
weitgehend die Möglichkeit uneinge-
schränkter, eigener Lebensgestaltung lassend:* er denkt sehr liberal; die Kinder
haben eine liberale Erziehung genossen.
Syn.: tolerant.

-lich [lɪç] ⟨adjektivisches Suffix⟩: **1.** *so,
dass es sich auf etwas bezieht:* beruflich;
ehelich; festlich; freundlich; gastlich;
heimatlich; kindlich. **2.** *ungefähr so, wie
in dem Basiswort beschrieben:* bläulich;
gelblich; länglich; rötlich; rundlich.

licht [lɪçt], lichter, am lichtesten ⟨Adj.⟩:
dünn bewachsen: eine lichte Stelle im
Wald; seine Haare werden licht.

das **Licht** [lɪçt]; -[e]s, -er: **1.** ⟨ohne Plural⟩ *Hel-
ligkeit, die von etwas ausgeht:* natürli-
ches, künstliches Licht; das Licht der
Sonne; das grelle Licht blendet; die
Pflanzen brauchen viel Licht; bei diesem
Licht kann man wirklich nicht arbeiten.
Zus.: Kerzenlicht, Tageslicht. **2.** *etwas,
was Helligkeit ausstrahlt:* das Licht
anmachen, anknipsen, ausmachen; vom
Flugzeug aus sah man die Lichter der
Stadt. *Syn.:* Lampe. *Zus.:* Bremslicht.

das **Licht|bild** ['lɪçtbɪlt]; -[e]s, -er: (Amtsspr.)
*kleine Fotografie für einen Ausweis oder
Pass:* bitte bringen Sie zwei Lichtbilder
mit. *Syn.:* Aufnahme, Bild, Foto.

die **Lich|tung** ['lɪçtʊŋ]; -, -en: *Stelle im Wald
ohne Bäume:* am Rand einer Lichtung
kann man abends immer Rehe beobachten.

das **Lid** [liːt]; -[e]s, -er: *bewegliche Haut über
den Augen:* sie schminkt ihre Lider
immer ziemlich stark; die Lider schließen. *Zus.:* Augenlid.

lieb [liːp], lieber, am liebsten ⟨Adj.⟩:
1. *freundlich, herzlich:* ein lieber Brief;
bitte bestell ihr einen lieben Gruß; sei so
lieb und komm nicht zu spät!; die Großmutter ist wirklich sehr lieb zu den Kindern. *Syn.:* gut, liebenswürdig, nett. *Zus.:*
kinderlieb, tierlieb. **2.** *jmds. Liebe besitzend, geschätzt:* deine liebe Frau; man
muss die Kleine einfach lieb haben; ich
hab dich [sehr] lieb; wir wollen uns
immer lieb haben. **3.** *liebenswert:* eine
[ganz] liebe Freundin; er ist wirklich ein
lieber Junge. *Syn.:* nett, reizend, sympathisch. **4.** in der vertraulichen Anrede
[im Brief]: liebe Sabine!; lieber Herr
Müller!; liebe Besucherinnen und Besucher! **5.** *sehr willkommen, angenehm:* es
wäre mir lieb, wenn er nichts davon
wüsste.

die **Lie|be** ['liːbə]; -: **1.** *starkes positives Gefühl
für jmdn.:* mütterliche, kindliche Liebe;
die Liebe zu Gott; ihre Liebe wurde von
ihm nicht erwidert; aus Liebe heiraten.
Zus.: Kinderliebe, Mutterliebe, Tierliebe.
2. *starkes positives Gefühl für etwas:* die
Liebe zur See, zur Musik; sie erzählt
immer mit großer Liebe zum Detail; er
hat aus Liebe zu seiner Heimat gehandelt; sie hat den Tisch mit Liebe
gedeckt. *Zus.:* Freiheitsliebe, Heimat-
liebe, Wahrheitsliebe. **3.** (ugs.) *geliebter
Mensch:* die große Liebe seines, ihres
Lebens; er ist ihre alte Liebe; sie war
seine späte Liebe. *Zus.:* Jugendliebe.

die **Lie|be|lei** [liːbəˈlai̯]; -, -en: *flüchtige, nicht
besonders ernste Beziehung:* es war keine
Liebe, sondern bloß eine Liebelei. *Syn.:*
Flirt, Verhältnis.

lie|ben ['liːbn̩], liebt, liebte, geliebt: **1.** ⟨tr.;
hat; jmdn. l.⟩ *jmdn. sehr gern haben:* ein
Mädchen, einen Jungen, seine Eltern lieben; liebt ihr euch?; sie lieben sich leidenschaftlich, von ganzem Herzen. *Syn.:*
begehren (geh.), mögen, schätzen. **2.** ⟨tr.;
hat; etwas l.⟩ *ein starkes positives Verhältnis zu etwas haben:* er liebt seine

Heimat, seinen Beruf. **3.** ⟨tr.; hat; jmdn. l.⟩ *mit jmdm. Geschlechtsverkehr haben:* wir liebten uns auf dem Teppich. **4.** ⟨tr.; hat; etw. l.⟩ *eine Vorliebe für etwas haben:* er liebt Wein; sie liebt Blumen und kostbaren Schmuck; ⟨auch itr.⟩ sie liebt es nicht aufzufallen. *Syn.:* bevorzugen, mögen.

lie|bens|wert [ˈliːbn̩sveːɐ̯t], liebenswerter, am liebenswertesten ⟨Adj.⟩: *so, dass man eine Person gern mag:* ein liebenswertes junges Mädchen; die beiden sind wirklich liebenswert; ich finde ihn eigentlich ganz, wirklich sehr liebenswert. *Syn.:* anziehend, charmant, nett, sympathisch.

lie|bens|wür|dig [ˈliːbn̩svʏrdɪç], liebenswürdiger, am liebenswürdigsten ⟨Adj.⟩: *(im Umgang mit anderen) freundlich:* eine liebenswürdige Kollegin; vielen Dank, das ist sehr liebenswürdig von Ihnen; sie begrüßte uns mit einem liebenswürdigen Lächeln. *Syn.:* aufmerksam, nett, sympathisch.

¹**lie|ber** [ˈliːbɐ]: ↑ gern.

²**lie|ber** [ˈliːbɐ] ⟨Adverb⟩: *weil es besser, klüger ist:* ich hätte lieber warten sollen; geh lieber nach Hause!

der **Lie|bes|brief** [ˈliːbəsbriːf]; -[e]s, -e: *Brief, den jmd. an die geliebte Person schreibt und der von der Liebe handelt:* die beiden haben sich wunderschöne Liebesbriefe geschrieben; jede Woche bekam sie einen Liebesbrief von ihm.

der **Lie|bes|kum|mer** [ˈliːbəskʊmɐ]; -s: *Traurigkeit wegen einer unglücklichen Liebe:* sie hat schon wieder Liebeskummer.

der **Lieb|ha|ber** [ˈliːphaːbɐ]; -s, -: **1.** *Mann, der zu jmdm. eine sexuelle Beziehung hat:* sie hat schon wieder einen neuen Liebhaber; er gilt als guter, feuriger Liebhaber. *Syn.:* Partner. **2.** ⟨mit Attribut⟩ *männliche Person, die aus persönlichem Interesse bestimmte Dinge kauft oder sammelt:* er ist ein Liebhaber der Kunst; ein Liebhaber alter Münzen. *Syn.:* Freund. *Zus.:* Kunstliebhaber, Musikliebhaber, Weinliebhaber.

die **Lieb|ha|be|rin** [ˈliːphaːbərɪn]; -, -nen: ⟨mit Attribut⟩ *weibliche Person, die aus persönlichem Interesse bestimmte Dinge kauft oder sammelt:* sie ist eine Liebhaberin der Kunst; eine Liebhaberin antiker Möbel. *Syn.:* Freundin. *Zus.:* Kunstliebhaberin, Musikliebhaberin, Weinliebhaberin.

lieb|lich [ˈliːplɪç], lieblicher, am lieblichsten ⟨Adj.⟩ (geh.): *mild, sanft:* eine liebliche Landschaft, Melodie; manche Leute trinken gern lieblichen *(milden, süßen)* Wein; es duftet lieblich. *Syn.:* angenehm, hübsch, reizend, schön.

der **Lieb|ling** [ˈliːplɪŋ]; -s, -e: *Person, die besonders geliebt, bevorzugt wird:* sie war Vaters Liebling; dieser Sänger ist der Liebling des Publikums; (als zärtliche Anrede) mein Liebling. *Syn.:* Favorit, Schatz. *Zus.:* Publikumsliebling.

lieb|los [ˈliːploːs], liebloser, am lieblosesten ⟨Adj.⟩: *ohne Liebe:* eine lieblose Kindheit; sie behandeln einander sehr lieblos; ein lieblos gekochtes Essen.

liebs|ten [ˈliːpstn̩]: ↑ gern.

das **Lied** [liːt]; -[e]s, -er: *Melodie mit einem Text:* ein altes, trauriges, bekanntes, schönes, lustiges Lied; wir sangen alle 13 Strophen des Liedes. *Zus.:* Kinderlied, Liebeslied, Wanderlied, Weihnachtslied.

lie|der|lich [ˈliːdɐlɪç], liederlicher, am liederlichsten ⟨Adj.⟩: *unordentlich:* im Zimmer sieht es sehr liederlich aus; der Mann machte einen liederlichen Eindruck.

lief [liːf]: ↑ laufen.

der **Lie|fe|rant** [lifəˈrant]; -en, -en, die **Lie|fe|ran|tin** [lifəˈrantɪn]; -, -nen: *Person, Firma, die bestellte Waren bringt:* der Eingang für Lieferanten; die Firma ist eine bedeutende Lieferantin von Radaranlagen.

lie|fer|bar [ˈliːfɐbaːɐ̯] ⟨Adj.⟩: *(von einer Ware) vorrätig, erhältlich:* das Buch ist zurzeit leider nicht lieferbar; dieses Auto ist auch als Cabrio lieferbar.

lie|fern [ˈliːfɐn], liefert, lieferte, geliefert ⟨tr.; hat; [jmdm.] etw. l.⟩: **1.** *(bestellte Waren) bringen oder schicken:* wir liefern Ihnen die Möbel direkt ins Haus; ⟨auch itr.⟩ die Firma ist pleite und kann deshalb nicht liefern. *Syn.:* bringen. **2.** *erzeugen, hervorbringen:* das Land liefert Rohstoffe.

die **Lie|fe|rung** [ˈliːfərʊŋ]; -, -en: **1.** *das Bringen:* eine schnelle, zügige Lieferung; die Lieferung der Möbel erfolgt in drei Tagen, an die angegebene Adresse. *Syn.:* Versand. **2.** *Ware, die gebracht werden soll:* die Lieferung kommt morgen, ist eingetroffen; wir haben eben eine Lieferung frischer Austern bekommen. *Zus.:* Ersatzlieferung, Waffenlieferung, Warenlieferung.

die **Lie|ge** [ˈliːɡə]; -, -n: *eine Art Bett:* unsere Gäste schlafen immer auf der Liege; die Liege ausklappen; sich im Garten auf die Liege legen. *Zus.:* Campingliege.

lie|gen ['li:gn̩], liegt, lag, gelegen ⟨itr.; hat, südd., österr., schweiz.: ist⟩: **1.** *in waagerechter Lage sein, sich der Länge nach auf etwas ausruhen:* auf dem Rücken liegen; im Bett liegen; sie muss noch ein paar Tage liegen; er liegt seit 2 Wochen im Krankenhaus; sie war so müde, dass sie noch etwas liegen blieb; die Arbeit ist seit einem Monat liegen geblieben *(nicht erledigt worden).* **2.** *sich befinden:* die Zeitung liegt auf dem Tisch; einige Bücher stehen im Regal, einige liegen auf dem Schreibtisch; das Schiff liegt im Hafen; er hat seine Zigaretten in der Kneipe liegen lassen *(vergessen).* **3.** *eine bestimmte geografische Lage haben:* Hamburg liegt an der Elbe. **4.** *durch etwas begründet sein:* das liegt an dem schlechten Management; es liegt [nicht] an dir, dass wir so viele Probleme haben.

der **Lie|ge|stuhl** ['li:gəʃtu:l]; -[e]s, Liegestühle ['li:gəʃty:lə]: *bequemer Stuhl zum Sitzen oder Liegen, den man z. B. im Garten oder am Strand benutzt:* wir haben uns im Urlaub jeden Tag einen Sonnenschirm und zwei Liegestühle gemietet; sich in den Liegestuhl legen.

der Liegestuhl

der **Lie|ge|wa|gen** ['li:gəva:gn̩]; -s, -: *(bei Zügen) Waggon mit Abteilen, in denen man schlafen kann:* von Kopenhagen bis München einen Platz im Liegewagen buchen.

lieh [li:]: ↑ leihen.

ließ [li:s]: ↑ lassen.

liest [li:st]: ↑ lesen.

der **Lift** [lɪft]; -[e]s, -e und -s: *Aufzug:* den Lift benutzen; der Lift ist kaputt; das Hotel hat vier Lifte/Lifts. *Syn.:* Fahrstuhl.

der **Li|kör** [liˈkøːɐ̯]; -s, -e: *süßes, stark alkoholisches Getränk:* abends trinkt sie gerne ein Gläschen Likör. *Zus.:* Eierlikör, Orangenlikör.

li|la ['li:la] ⟨Adj.; indeklinabel⟩: *in der Färbung zwischen Blau u. Rot liegend:* eine lila Bluse; die Lösung färbt sich lila. *Syn.:* violett.

die **Li|mo** ['lɪmo]; -, -[s]: (ugs.) Kurzform von: Limonade.

die **Li|mo|na|de** [limoˈnaːdə]; -, -n: *alkoholfreies Getränk mit Fruchtgeschmack:* eine Limonade bestellen, trinken; selbst gemachte Limonade; ich hätte gern eine Limonade mit Eis. *Zus.:* Orangenlimonade, Zitronenlimonade.

die **Lin|de** ['lɪndə]; -, -n: *großer Laubbaum mit gelblichen, angenehm süß riechenden Blüten. Zus.:* Dorflinde.

die Linde

lin|dern ['lɪndɐn], lindert, linderte, gelindert ⟨tr.; hat; etw. l.⟩: *(in Bezug auf etwas Unangenehmes) weniger schlimm machen:* Not, Schmerzen, das Elend der Flüchtlinge lindern. *Syn.:* bessern, erleichtern.

das **Li|ne|al** [lineˈaːl]; -s, -e: *langes, schmales, dünnes Gerät aus Holz oder Plastik, mit dem man messen und gerade Linien ziehen kann:* sie hat mit Bleistift und Lineal einen Strich gezeichnet.

der **-ling** [lɪŋ]; -s, -e ⟨Suffix⟩: **1.** (ironisch oder abschätzig) *bezeichnet eine männliche Person, die mit der genannten Eigenschaft charakterisiert wird:* Feigling; Naivling; Schönling; Weichling. **2.** *Person oder Sache, mit der etwas getan wird:* Häftling; Lehrling; Säugling.

die **Li|nie** ['li:njə]; -, -n: **1.** *längerer Strich:* eine gerade, krumme Linie; Linien ziehen. *Zus.:* Verbindungslinie. **2.** *Anordnung von Personen, Dingen in einer Reihe nebeneinander:* in einer Linie stehen; eine Linie bilden. *Syn.:* Reihe. **3.** *Verkehrsstrecke zwischen bestimmten Punkten:* die Linie Frankfurt–New York; die Linie 8. *Syn.:* Strecke. *Zus.:* Bahnlinie, Buslinie, Straßenbahnlinie. **4.** *Bus, Bahn auf einer bestimmten Strecke:* die Linie 5 fährt zum Hauptbahnhof. **5.** * in erster, zweiter Linie: *an erster, zweiter (weniger wichtiger) Stelle:* in erster Linie kommt es darauf an, dass du wieder gesund wirst.

link... [lɪŋk...] ⟨Adj.⟩ /Ggs. recht.../: **1.** *sich auf der Seite befindend, auf der das Herz ist:* die linke Hand, der linke Fuß. **2.** *(in politischer Hinsicht) die Linke betreffend, zur Linken gehörend:* der linke Flügel der Partei; man warf ihr vor, linke Politik zu betreiben.

die **Lin|ke** ['lɪŋkə]; -n /Ggs. Rechte/: *Gruppe von Leuten, die kommunistische oder sozialistische Ideen vertreten:* die radikale, äußerste, neue Linke.

lin|kisch ['lɪŋkɪʃ], linkischer, am linkischsten ⟨Adj.⟩: *ungeschickt und unbeholfen:* dieser linkische Mensch hat schon wieder ein Glas zerbrochen; mit linkischen Bewegungen versuchte er das Regal zusammenzubauen. *Syn.:* hölzern, steif.

¹**links** [lɪŋks] ⟨Adverb⟩ /Ggs. rechts/: **1.** *auf der linken Seite:* nach links gehen, abbiegen; jmdn. links überholen; die Garage steht links von dem Haus. **2.** *eine linke Auffassung habend:* links stehen, wählen. *Syn.:* sozialistisch.

²**links** [lɪŋks] ⟨Präp. mit Gen.⟩ /Ggs. rechts/: *auf der linken Seite von etwas gelegen:* die Garage steht links des Hauses; der Ort liegt links des Rheins.

der **Links|hän|der** [ˈlɪŋkshɛndɐ]; -s, -, die **Links-hän|de|rin** [ˈlɪŋkshɛndərɪn]; -, -nen: *Person, die mit der linken Hand schreibt:* sie ist Linkshänderin; eine Schere für Linkshänder.

die ¹**Lin|se** [ˈlɪnzə]; -, -n: *der Erbse ähnliches graues oder rotes Gemüse:* heute Mittag gibt es Linsen mit Speck.

die ²**Lin|se** [ˈlɪnzə]; -, -n: *(in der Optik) Körper aus durchsichtigem Material mit zwei Flächen, die das Licht brechen:* die Linse der Kamera, des Fernglases; die Linse ist staubig. *Zus.:* Konkavlinse, Konvexlinse.

die **Lip|pe** [ˈlɪpə]; -, -n: *der rötliche Rand des Mundes:* volle, schmale, trockene, rot angemalte Lippen; sich die Lippen schminken; er küsste ihre Lippen. *Syn.:* Mund. *Zus.:* Oberlippe, Unterlippe.

die Lippe

der **Lip|pen|stift** [ˈlɪpn̩ʃtɪft]; -[e]s, -e: **1.** *(meist roter) Stift zum Schminken der Lippen:* ich habe mir gestern einen neuen Lippenstift gekauft. **2.** *die farbige Masse des Lippenstifts:* zur Feier des Tages trug sie Lippenstift; er hatte Lippenstift am Hemd.

die **List** [lɪst]; -, -en: *Trick:* eine teuflische List. *Syn.:* Intrige.

die **Lis|te** [ˈlɪstə]; -, -n: *Verzeichnis von bestimmten Personen oder Sachen:* eine lange Liste; wir erstellen eine Liste mit unseren Bücherwünschen; Ihr Name fehlt in meiner Liste. *Syn.:* Index, Übersicht. *Zus.:* Adressenliste, Einkaufsliste, Literaturliste, Teilnehmerliste, Wählerliste, Wortliste, Wunschliste.

lis|tig [ˈlɪstɪç], listiger, am listigsten ⟨Adj.⟩: *schlau:* ein listiger Plan; er ist ganz schön listig.

der *oder* das **Li|ter** [ˈliːtɐ]; -s, -: *Maß für Flüssigkeiten (Abkürzung:* l*):* zwei Liter Milch; ein Liter französischer Rotwein; er hatte zwei Liter Bier getrunken.

li|te|ra|risch [lɪtəˈraːrɪʃ], literarischer, am literarischsten ⟨Adj.⟩: *die Literatur betreffend:* eine literarische Zeitschrift; sie ist literarisch interessiert.

die **Li|te|ra|tur** [lɪtəraˈtuːɐ̯]; -, -en: **1.** *alle Romane, Gedichte, Theaterstücke u. Ä.:* die deutsche Literatur des 18. Jahrhunderts; unterhaltende, klassische, moderne Literatur; er interessiert sich sehr für Literatur. *Syn.:* ¹Dichtung. *Zus.:* Frauenliteratur, Gegenwartsliteratur, Kinderliteratur, Unterhaltungsliteratur. **2.** *Gesamtheit der Bücher und Aufsätze zu einem Thema:* die wissenschaftliche Literatur; er kennt die entsprechende Literatur; Sie hätten in Ihrer Arbeit die Literatur mehr berücksichtigen müssen. *Zus.:* Fachliteratur.

die **Lit|faß|säu|le** [ˈlɪtfaszɔylə]; -, -n: *frei stehende große Säule, auf die Plakate geklebt werden:* das Kinoprogramm hängt an der Litfaßsäule aus.

litt [lɪt]: ↑ leiden.

live [laif] ⟨Adj.; indeklinabel⟩: **1.** *unmittelbar, direkt:* das Fußballspiel wird live übertragen; Sie können das Spiel live mitverfolgen. **2.** *real vorhanden (nicht nur als Bild im Fernsehen oder in der Zeitung):* er hat den Filmstar live auf der Bühne gesehen; in der Kneipe hat er die Sängerin live erlebt. *Syn.:* leibhaftig, persönlich, unmittelbar.

die **Live|sen|dung** [ˈlaifzɛndʊŋ], **Live-Sen|dung;** -, -en: *Sendung im Radio oder Fernsehen, die unmittelbar vom Ort der Aufnahme aus gesendet wird:* unsere Show ist eine Livesendung.

die **Li|zenz** [liˈtsɛnts]; -, -en: *Genehmigung, Berechtigung:* er hatte die Lizenz bekommen, alkoholische Getränke auszuschenken; etwas in Lizenz bauen. *Syn.:* Erlaubnis. *Zus.:* Exportlizenz, Kneipenlizenz, Trainerlizenz, Verkaufslizenz.

der **Lkw** [ˈɛlkaːveː]; -[s], -s: *Lastkraftwagen:* einen Lkw überholen.

das **Lob** [loːp]; -[e]s: *Anerkennung, Zuspruch* /Ggs. Tadel/: das Lob der Lehrerin freute den Schüler; ein Lob verdienen, bekommen. *Zus.:* Eigenlob.

lo|ben [ˈloːbn̩], lobt, lobte, gelobt ⟨tr.; hat⟩: *jmdn. l.):* *jmdm. sagen, dass man sein Tun, Verhalten o. Ä. gut findet:* die Lehrerin lobte die Schülerin; er wurde wegen seiner Hilfsbereitschaft gelobt. *Syn.:* anerkennen, auszeichnen, ehren.

das **Loch** [lɔx]; -[e]s, Löcher [ˈlœçɐ]: **1.** *offene, leere Stelle in der Oberfläche von etwas:* der Strumpf, der Zahn hat ein Loch; ein Loch ins Kleid reißen. *Syn.:* Lücke, Öffnung. *Zus.:* Guckloch, Mauerloch. **2.** in den Verbindungen * **jmdm. ein Loch / Löcher in den Bauch fragen** (salopp): *jmdm. pausenlos Fragen stellen;* **auf dem letzten Loch pfeifen** (salopp): *mit seiner Kraft o. Ä. am Ende sein, nicht mehr können.* **3.** *runde, tiefe Stelle:* ein Loch in die Erde graben. *Syn.:* Grube. *Zus.:* Erdloch.

lo|chen [ˈlɔxn̩], locht, lochte, gelocht ⟨tr.; hat; etw. l.⟩: *Löcher in etwas machen, sodass man es in einen Ordner tun kann:* die Rechnungen lochen und im Ordner ablegen.

die **Lo|cke** [ˈlɔkə]; -, -n: *mehrere Haare in der Form einer Welle:* sie hat schöne Locken; eine Locke fiel ihm in die Stirn. *Zus.:* Haarlocke.

lo|cker [ˈlɔkɐ], lockerer, am lockersten ⟨Adj.⟩: **1.** *nicht fest, nur lose zusammenhängend:* ein lockerer Zahn; der Schnürsenkel ist locker. **2.** *leicht, lässig, entspannt:* er hat die Prüfung locker geschafft; sie ist humorvoll und locker; sie haben eine eher lockere Beziehung; das musst du locker sehen! *Syn.:* ungezwungen.

lo|cker|las|sen [ˈlɔkɐlasn̩], lässt locker, ließ locker, lockergelassen ⟨itr.; hat⟩ (ugs.): *aufgeben, nachgeben:* ⟨meist verneint⟩ wir müssen weitermachen, dürfen nicht lockerlassen; er hat nicht lockergelassen, bis ich endlich Ja gesagt habe.

lo|ckern [ˈlɔkɐn], lockert, lockerte, gelockert: **1.** ⟨tr.; hat; etw. l.⟩ *locker machen:* den Gürtel lockern; vor dem Sport müssen die Muskeln gelockert werden. **2.** ⟨sich l.⟩ *locker werden:* Vorsicht, das Brett hat sich gelockert; die Vorschriften haben sich etwas gelockert *(sind nicht mehr so streng).*

lo|ckig [ˈlɔkɪç], lockiger, am lockigsten ⟨Adj.⟩: *(von Haaren) in der Form von Wellen:* sie hat schönes lockiges Haar.

der **Löf|fel** [ˈlœfl̩]; -s, -: *Gerät, mit dem man Suppe essen kann:* ein großer, kleiner, silberner Löffel; er kann schon alleine mit dem Löffel essen. *Zus.:* Eierlöffel, Holzlöffel, Soßenlöffel, Teelöffel.

löf|feln [ˈlœfl̩n], löffelt, löffelte, gelöffelt ⟨tr.; hat; etw. l.⟩: *mit dem Löffel essen:* den Joghurt löffeln; ohne Appetit löffelte er seine Suppe.

log [lo:k]: ↑ lügen.

die **Lo|ge** [ˈlo:ʒə]; -, -n: *abgeteilter, kleiner Raum mit Sitzplätzen im Theater oder im Kino:* ich möchte gerne in der Loge sitzen. *Zus.:* Seitenloge, Theaterloge.

die **Lo|gik** [ˈlo:gɪk]; -: *exakte Art des Denkens:* dieser Aussage fehlt jede Logik.

lo|gisch [ˈlo:gɪʃ], logischer, am logischsten ⟨Adj.⟩: **1.** *richtig, konsequent gedacht* /Ggs. unlogisch/: sie denkt in logischen Zusammenhängen; deine Argumente sind logisch. **2.** (ugs.) *selbstverständlich:* das ist völlig logisch!; logisch, dass ich mich von dem Kerl getrennt habe.

der **Lohn** [lo:n]; -[e]s, Löhne [ˈlø:nə]: **1.** ⟨Plural⟩ *Bezahlung für geleistete [meist körperliche] Arbeit:* den Lohn erhöhen, kürzen; früher wurde jeden Freitag der Lohn ausgezahlt. *Syn.:* Einkünfte ⟨Plural⟩, Entgelt, ¹Gehalt, Verdienst. *Zus.:* Arbeitslohn, Bruttolohn, Monatslohn, Nettolohn, Stundenlohn, Wochenlohn. **2.** (österr., schweiz.) ¹*Gehalt:* die Löhne in der Schweiz sind hoch, die Steuern aber auch.

loh|nen [ˈlo:nən], lohnt, lohnte, gelohnt ⟨sich l.⟩: *ein Gewinn sein:* der Aufwand, die Mühe hat sich gelohnt; es lohnt sich, die teurere Version zu kaufen; das lohnt sich nun wirklich nicht. *Syn.:* sich auszahlen, sich rentieren.

die **Lohn|steu|er** [ˈlo:nʃtɔyɐ]; -, -n: *Steuer, die für erhaltenen Lohn bezahlt werden muss:* die Lohnsteuer wird vom Arbeitgeber abgeführt; wir müssen dieses Jahr viel Lohnsteuer bezahlen.

die **Lok** [lɔk]; -, -s: Kurzform von: *Lokomotive:* die Lok war kaputt.

lo|kal [loˈka:l] ⟨Adj.⟩: *einen bestimmten Ort oder Bereich betreffend; nur für einen bestimmten Ort oder Bereich geltend:* sie ist eine lokale Berühmtheit; es ergaben sich Schwierigkeiten zwischen den lokalen und den auswärtigen Organisatoren; global denken, lokal handeln. *Syn.:* örtlich, regional.

das **Lo|kal** [loˈka:l]; -[e]s, -e: *Betrieb der Gastronomie, in dem man gegen Bezahlung essen und trinken kann; Gaststätte:* sie führen ein gut besuchtes Lokal; ein Lokal besuchen, in ein Lokal gehen; das Lokal hat montags geschlossen; kennst du ein nettes Lokal in der Nähe? *Syn.:* Gasthaus, Gasthof, Gastwirtschaft, Restaurant, Wirtschaft. *Zus.:* Ausflugslokal, Feinschmeckerlokal, Speiselokal, Weinlokal.

die **Lo|ko|mo|ti|ve** [lokomoˈtiːvə]; -, -n: *Fahrzeug auf Schienen zum Ziehen von Eisenbahnwaggons:* in der Ausstellung kann man auch alte Lokomotiven sehen. *Zus.:* Dampflokomotive, Diessellokomotive, Elektrolokomotive, Rangierlokomotive.

 die Lokomotive

der **Look** [lʊk]; -s, -s: *(besonders in Bezug auf Mode) bestimmter Stil:* einen sportlichen Look bevorzugen; einen neuen Look kreieren. *Zus.:* Safarilook, Trachtenlook.

¹**los** [loːs] ⟨Adj.; nicht flektierbar⟩: *[ab]getrennt, frei (von etwas):* der Knopf ist los; der Hund ist [von der Kette] los.

²**los** [loːs] ⟨Adverb⟩: *weg!, fort!, schnell!:* /als Aufforderung/: los, beeil dich!; los, hau endlich ab!

das **Los** [loːs]; -es, -e: **1.** *Zettel oder anderer Gegenstand, mit dessen Hilfe man den Zufall über etwas entscheiden lässt:* das Los soll entscheiden; die Reihenfolge wird durch das Los bestimmt. **2.** *Zettel mit einer Nummer, den man kauft und mit dem man bei einer Lotterie gewinnen kann:* die drei Lose waren Nieten; ein Gewinn von 5 000 Euro entfiel auf das Los mit der Nummer …; jedes zweite Los gewinnt. *Zus.:* Glückslos, Lotterielos. **3.** (geh.) *Schicksal:* mit seinem Los zufrieden sein; es ist unser aller Los, zu sterben.

los- [loːs] ⟨trennbares, stets betontes verbales Präfix⟩: **1.** *beginnen, etwas zu tun:* losfahren; losheulen; loskichern; loslaufen; losschicken. **2.** *etwas, jmdn. von etwas, jmdm. lösen, trennen:* losbinden; loslassen; losmachen; (sich) losreißen.

-los [loːs] ⟨adjektivisches Suffix⟩: *ohne:* ärmellos; ausweglos; bargeldlos; gehörlos; kinderlos; konzeptionslos; kraftlos; lautlos; neidlos; obdachlos; schnurlos; torlos.

lös|bar [ˈløːsbaːɐ̯] ⟨Adj.⟩: *sich lösen lassend:* lösbare Probleme; diese Aufgabe ist durchaus lösbar.

lö|schen [ˈlœʃn̩], löscht, löschte, gelöscht ⟨tr.; hat; etw. l.⟩: **1.** *dafür sorgen, dass etwas nicht mehr brennt:* die Kerzen löschen; das Feuer wurde schnell gelöscht. **2.** *ausschalten:* das Licht löschen. **3.** *etwas wieder beseitigen:* den Satz auf der Tafel löschen; eine Videoaufnahme löschen; die Datei löschen. *Syn.:* tilgen.

lo|se [ˈloːzə], loser, am losesten ⟨Adj.⟩: **1.** *so, dass es sich nur locker an etwas befindet:* ein loses Blatt; der Knopf ist, hängt lose. **2.** *nicht verpackt:* das Geld lose in der Tasche haben.

lo|sen [ˈloːzn̩], lost, loste, gelost ⟨itr.; hat⟩: *eine Entscheidung durch das Los herbeiführen:* um den einzigen Computer losen; wir losten, wer zuerst fahren sollte.

lö|sen [ˈløːzn̩], löst, löste, gelöst: **1.** ⟨tr.; hat; etw. l.⟩ *bewirken, dass etwas lose wird:* Fesseln, einen Knoten lösen; Fleisch von den Knochen lösen. *Syn.:* lockern. **2.** ⟨sich l.⟩ *lose werden:* ein Ziegel, eine Schraube hat sich gelöst. *Syn.:* abgehen. **3.** ⟨tr.; hat; etw. l.⟩ *nicht länger bestehen lassen:* einen Vertrag lösen. **4.** ⟨sich l.⟩ *sich von jmdm., etwas frei machen:* sich aus einer Umarmung lösen; ich habe mich von den sogenannten Freunden gelöst. *Syn.:* sich trennen von jmdm., etwas. **5.** ⟨tr.; hat; etw. l.⟩ *(durch Nachdenken) klären:* ein Problem, ein Rätsel lösen. **6.** *sich klären:* ⟨sich l.⟩ das Rätsel, Problem hat sich gelöst. **7.** ⟨tr.; hat; etw. l.⟩ *(eine Fahr- oder Eintrittskarte) kaufen:* einen Fahrschein lösen. *Syn.:* erwerben.

los|fah|ren [ˈloːsfaːrən], fährt los, fuhr los, losgefahren ⟨itr.; ist⟩: *abfahren:* wir fahren morgen früh los; der Bus fährt immer ganz pünktlich los.

los|ge|hen [ˈloːsɡeːən], geht los, ging los, losgegangen ⟨itr.; ist⟩: **1.** *aufbrechen:* wenn wir nicht zu spät kommen wollen, müssen wir jetzt losgehen. **2.** *beginnen, anfangen:* das Kino geht um acht [Uhr] los; hoffentlich geht es jetzt bald los; es geht los / los gehts!

los|las|sen [ˈloːslasn̩], lässt los, ließ los, losgelassen ⟨tr.; hat; jmdn., etw. l.⟩: *nicht mehr festhalten:* das Lenkrad loslassen; lass mich los!; einen Hund [von der Kette] loslassen; sie ließ seine Hände los.

lös|lich [ˈløːslɪç], löslicher, am löslichsten ⟨Adj.⟩: *sich (in einer Flüssigkeit) auflösen lassend:* löslicher Kaffee; diese chemische Verbindung ist leicht löslich. *Zus.:* fettlöslich, wasserlöslich.

los|rei|ßen [ˈloːsraɪsn̩], reißt los, riss los, losgerissen: **1.** ⟨tr.; hat; etw. l.⟩ *gewaltsam lösen:* der Sturm hat die Wäsche von der Leine losgerissen. **2.** ⟨sich l.⟩ *sich [gewaltsam] lösen, trennen:* die Kuh hat sich losgerissen; ich kann mich gar nicht losreißen von hier, so gut gefällt es mir hier.

die **Lö|sung** ['løːzʊŋ]; -, -en: **1.** ⟨ohne Plural⟩ *Auflösung:* die Lösung des Rätsels war schwer. **2.** *Ergebnis des Nachdenkens darüber, wie etwas Schwieriges zu bewältigen ist:* dies ist keine befriedigende Lösung des Problems. *Syn.:* Ausweg.

los|wer|den ['loːsveːɐ̯dn̩], wird los, wurde los, losgeworden ⟨itr.; ist⟩: **1.** ⟨jmdn., etw. l.⟩ (ugs.) *erreichen, dass jmd., der einem lästig ist, einen in Ruhe lässt, von einem weggeht:* so schnell wirst du mich nicht los. **2.** ⟨etw. l.⟩ *sich (von etwas, was einem lästig ist) frei machen:* ich kann meine Albträume nicht loswerden. **3.** ⟨etw. l.⟩ (ugs.) *verkaufen können:* wir sind die alte Schreibmaschine auf dem Flohmarkt losgeworden; auf Anhieb bin ich alle 100 Exemplare losgeworden. **4.** ⟨etw. l.⟩ (ugs.) *etwas nicht mehr haben (was man bedauert):* beim Einkaufen bin ich wieder mal viel Geld losgeworden; im Gedränge ist sie ihre goldene Uhr losgeworden.

die **Lo|ti|on** [loˈt͡si̯oːn]; -, -en: *Flüssigkeit zur Reinigung und Pflege der Haut:* eine hautverträgliche, pflegende Lotion. *Zus.:* Körperlotion.

die **Lot|te|rie** [lɔtəˈriː]; -, Lotterien [lɔtəˈriːən]: *Glücksspiel, an dem man durch den Kauf von Losen teilnimmt:* in der Lotterie spielen, gewinnen.

das **Lot|to** ['lɔto]; -s, -s: *Glücksspiel, bei dem man die richtigen Zahlen ankreuzen muss:* vier Richtige im Lotto haben.

der **Lö|we** ['løːvə]; -n, -n, die **Lö|win** ['løːvɪn]; -, -nen: *großes Raubtier, das in Afrika zu Hause ist und kurzes, graugelbes Fell, einen langen Schwanz und (beim männlichen Tier) dicke Haare um Schultern und Nacken hat:* der Zoo hat zwei neue Löwen bekommen.

die **Lü|cke** ['lʏkə]; -, -n: **1.** *offene, leere Stelle; Stelle, an der etwas fehlt:* eine Lücke im Zaun; eine Lücke lassen; die Lücke muss noch gefüllt werden. *Syn.:* Loch, Zwischenraum. *Zus.:* Zahnlücke. **2.** *etwas, was nicht ausreichend vorhanden ist und als Mangel empfunden wird:* auf diesem Gebiet habe ich ziemliche Lücken; eine Lücke im Gesetz finden. *Zus.:* Bildungslücke, Gedächtnislücke, Wissenslücke.

lü|cken|los ['lʏkn̩loːs], lückenloser, am lückenlosesten ⟨Adj.⟩: **1.** *keine Lücke aufweisend:* ein lückenloses Gebiss; die Teile fügen sich lückenlos ineinander. **2.** *ohne dass etwas fehlt, absolut vollständig:* wir fordern lückenlose Aufklärung; etwas lückenlos dokumentieren. *Syn.:* komplett.

lud [luːt]: ↑ ¹,² laden.

die **Luft** [lʊft]; -: *das, was Menschen und Tiere zum Atmen (und damit zum Leben) brauchen:* frische, gute, verbrauchte, verschmutzte Luft; die Luft anhalten, einziehen; keine Luft mehr kriegen *(nicht mehr atmen können).* *Zus.:* Abendluft, Bergluft, Frischluft, Frühlingsluft, Kaltluft, Landluft, Meeresluft, Nachtluft, Seeluft, Warmluft. * **dicke Luft** (ugs.): *schlechte Stimmung; Ärger:* beim Chef ist heute dicke Luft; * **Luft für jmdn. sein** (ugs.): *jmdm. egal, gleichgültig sein:* seitdem sie das gesagt hat, ist sie Luft für mich; * **an die frische Luft (gehen):** *rausgehen, einen Spaziergang machen, um sich zu erholen:* das Kind muss mal wieder an die frische Luft (gehen), es ist ganz blass.

der **Luft|bal|lon** ['lʊftbalõː]; -s, -s; (bes. südd.:) ['lʊftbaloːn]; -s, -e: *kleines Teil aus Plastik, das aufgeblasen wird und dann einem Ball ähnlich sieht, in die Luft fliegt und schnell platzt:* einen Luftballon aufblasen; zum Kindergeburtstag wird die Wohnung mit bunten Luftballons geschmückt.

luft|dicht ['lʊftdɪçt], luftdichter, am luftdichtesten ⟨Adj.⟩: *für Luft nicht durchlässig:* eine Glas luftdicht verschließen.

lüf|ten ['lʏftn̩], lüftet, lüftete, gelüftet: **1.** ⟨itr.; hat⟩ *frische Luft in einen Raum lassen:* ich lüfte morgens immer gründlich; ⟨auch tr.; etw. l.⟩ bevor die Kantine geöffnet wird, muss sie erst einmal gelüftet werden. **2.** ⟨tr.; hat; etw. l.⟩ *etwas vorher Geheimes bekannt machen:* sein Geheimnis lüften. *Syn.:* mitteilen, verraten.

die **Luft|li|nie** ['lʊftliːni̯ə]; -, -n: *kürzeste Entfernung zwischen zwei Punkten, Orten:* Luftlinie sind es bis Berlin 600 km, auf der Autobahn aber 700.

die **Luft|ma|trat|ze** ['lʊftmatrat͡sə]; -, -n: *Matratze, die aufgeblasen wird:* ich möchte die Luftmatratze mit zum Strand nehmen; mit Zelt und Luftmatratze Campingurlaub machen.

die **Luft|post** ['lʊftpɔst]; -: *Beförderung von Post mit dem Flugzeug:* den Brief nach Australien per/mit Luftpost schicken.

die **Luft|pum|pe** ['lʊftpʊmpə]; -, -n: *Gerät, mit dem man Fahrradreifen, Luftmatratzen, Bälle u. Ä. aufpumpt:* eine Luftpumpe am Fahrrad haben; die Luftpumpe immer dabeihaben.

die **Lüf|tung** ['lʏftʊŋ]; -, -en: *Anlage zum Lüften:* die Lüftung im Auto ist kaputt.

die **Luft|ver|schmut|zung** ['lʊftfɐɐ̯ʃmʊtsʊŋ]; -: *durch Abgase verursachte Schäden der Atmosphäre:* die Luftverschmutzung stoppen, verringern.

die **Lü|ge** ['ly:gə]; -, -n: *falsche Aussage, die bewusst gemacht wird und jmdn. täuschen soll:* dass du gestern Abend noch gearbeitet hast, ist eine glatte Lüge; jmdm. nur Lügen auftischen. *Syn.:* Schwindel.

lü|gen ['ly:gn̩], lügt, log, gelogen ⟨itr.; hat⟩: *bewusst etwas Falsches sagen, um jmdn. zu täuschen:* du lügst, wenn du das behauptest; man sieht dir an, dass du lügst; das ist doch glatt gelogen. *Syn.:* schwindeln (ugs.).

der **Lüg|ner** ['ly:gnɐ]; -s, -, die **Lüg|ne|rin** ['ly:gnərɪn]; -, -nen: *Person, die [häufig] lügt:* ein erbärmlicher Lügner; ich nenne sie eine gemeine Lügnerin.

lu|kra|tiv [lukra'ti:f], lukrativer, am lukrativsten ⟨Adj.⟩ (bildungsspr.): *gewinnbringend, Vorteile bietend:* sie hat ein lukratives Stellenangebot erhalten.

der **Lüm|mel** ['lʏml̩]; -s, -: (ugs. fam.) *kleiner frecher Junge:* er ist ein richtiger Lümmel!

lüm|meln ['lʏml̩n], lümmelt, lümmelte, gelümmelt ⟨sich l.⟩ (ugs.): *sich locker irgendwohin setzen oder legen:* ich lümmelte mich aufs Sofa, in einen Sessel.

die **Lun|ge** ['lʊŋə]; -, -n: *Organ des Menschen und der höheren Tiere, mit dem geatmet wird:* eine kräftige, gesunde Lunge.

die **Lu|pe** ['lu:pə]; -, -n: *optisches Gerät, durch das man Dinge vergrößert sehen kann:* mit der Lupe lesen; etwas unter der Lupe betrachten; * **jmdn., etwas unter die Lupe nehmen** (ugs.): *kritisch prüfen:* diese Rechnungen müssen wir aber noch einmal unter die Lupe nehmen. *Syn.:* kontrollieren.

die **Lust** [lʊst]; -, Lüste ['lʏstə]: **1.** *Freude, Vergnügen:* es ist eine Lust, dem Baby beim Krabbeln zuzusehen; bei dieser Arbeit kann einem die Lust vergehen. **2.** *Verlangen:* ich habe Lust, mal wieder ins Theater zu gehen; hast du Lust, mit ins Schwimmbad zu kommen?; ein andermal gehe ich mit zum Sport, aber heute habe ich überhaupt keine Lust; ich habe Lust auf ein Eis, du auch?

lus|tig ['lʊstɪç], lustiger, am lustigsten ⟨Adj.⟩: *so, dass man lachen muss; Vergnügen bereitend:* ein lustiger Lehrer; lustige Geschichten, Streiche; der Film war lustig. *Syn.:* komisch. * **sich über jmdn., etwas lustig machen:** *über*

jmdn., etwas spöttisch lachen und sich dabei amüsieren: die Kinder machen sich über die coolen Jugendlichen lustig.

lust|los ['lʊstlo:s], lustloser, am lustlosesten ⟨Adj.⟩: *ohne Lust, Freude:* mit lustlosen Mienen zusehen; lustlos den Ball wegkicken; lustlos im Essen stochern. *Syn.:* gleichgültig.

lut|schen ['lʊtʃn̩], lutscht, lutschte, gelutscht: **1.** ⟨itr.; hat⟩ *etwas in den Mund stecken und daran saugen:* am Daumen lutschen. **2.** ⟨tr.; hat; etw. l.⟩ *etwas im Mund sich auflösen lassen:* ein Bonbon, ein Eis lutschen.

lu|xu|ri|ös [lʊksu'rjø:s], luxuriöser, am luxuriösesten ⟨Adj.⟩: *großen Luxus aufweisend:* ein luxuriöser Wagen; sie wohnen luxuriös.

der **Lu|xus** ['lʊksʊs]; -: *Aufwand, der nur dem Genuss und Vergnügen dient:* diesen Luxus kann ich mir nicht leisten, erlauben; ich gönne mir den Luxus einer Fernreise; im Luxus leben.

die **Ly|rik** ['ly:rɪk]; -: *Gesamtheit aller Gedichte:* Lyrik lesen; Lyrik verkauft sich schwer. *Syn.:* ¹Dichtung, Poesie. *Zus.:* Liebeslyrik.

Mm

ma|chen ['maxn̩], macht, machte, gemacht ⟨tr.; hat; etw. m.⟩: **1.** *etwas herstellen:* Fotos machen; soll ich uns eine Tasse Kaffee machen?; ist dieser Kuchen selbst gemacht?; sich ein Kleid machen lassen. *Syn.:* anfertigen. **2.** *durchführen, erledigen:* Hausaufgaben machen; einen Spaziergang machen; unser Sohn macht diesen Sommer das Abitur; in diesem Urlaub machen wir endlich mal wieder eine Reise. **3.** *in Ordnung bringen:* Betten machen; das Zimmer machen. **4.** *tun:* die Kinder durften alles machen; was machst du gerade?; ich weiß nicht, was ich machen soll; da kann man nichts machen; was machen deine Eltern? *(wie geht es deinen Eltern?);* das macht doch nichts; machs gut! (ugs.; Abschiedsformel). **5.** *als Funktionsverb:* den Anfang machen *(anfangen);* einen Fehler machen *(sich irren)*; Lärm machen *(lärmen)*; Musik machen *(musizieren)*; jmdm. Mut machen; einen Versuch machen *(versuchen)*.

die **Macht** [maxt]; -, Mächte ['mɛçtə]: **1.** ⟨ohne Plural⟩ *Einfluss; Fähigkeit, über jmdn. oder etwas zu bestimmen:* die Macht haben, ausüben; er hat Macht über sie gewonnen; * **in jmds. Macht stehen:** *jmdm. möglich sein:* es steht nicht in meiner Macht, daran etwas zu ändern. **2.** *Herrschaft in einem Staat:* bei den Wahlen will diese Partei an die Macht kommen *(die Regierung bilden können)*. **3.** *Gruppe von Menschen, Staat mit großem Einfluss:* die geistliche und die weltliche Macht im Mittelalter; die verbündeten Mächte England und Frankreich. *Zus.:* Besatzungsmacht, Feind[es]macht, Kolonialmacht.

mäch|tig ['mɛçtɪç], mächtiger, am mächtigsten ⟨Adj.⟩: **1.** *Macht, Gewalt habend:* ein mächtiger Herrscher; die wirtschaftlich mächtigen Unternehmer. *Syn.:* stark. **2.** * **einer Sache** (Gen.) **mächtig sein** (geh.): *etwas können, beherrschen:* des Englischen mächtig sein. **3.** *(vom Umfang) sehr groß:* ein mächtiger Balken; eine mächtige Eiche; er hat eine mächtige Stimme. *Syn.:* gewaltig (emotional), gigantisch, riesig, ungeheuer. **4.** (ugs.) ⟨verstärkend bei Adjektiven und Verben⟩ *sehr:* mächtig groß; der Junge ist mächtig gewachsen. *Syn.:* enorm, kolossal (ugs. emotional), unglaublich, unheimlich (ugs.), unwahrscheinlich (ugs.).

macht|los ['maxtlo:s], machtloser, am machtlosesten ⟨Adj.⟩: **1.** *ohne Macht:* die machtlose Opposition; sie waren machtlos gegen die Feinde / gegenüber den Feinden. **2.** *nicht in der Lage [seiend], etwas zu machen:* gegen[über] so viel Dummheit ist man machtlos. *Syn.:* hilflos, ohnmächtig, ratlos.

das **Mäd|chen** ['mɛːtçən], -s, -: *Kind oder jüngere Person weiblichen Geschlechts* /Ggs. Junge/: das kleine Mädchen fing an zu weinen; die Freundin meines Sohnes ist ein nettes Mädchen; sie hat ein Mädchen *(eine Tochter)* bekommen; * **Mädchen für alles** (ugs.): *jmd., der viele verschiedene Dinge tun muss:* sie ist hier immer das Mädchen für alles.

der **Mäd|chen|na|me** ['mɛːtçənnaːmə]; -ns, -n: **1.** *weiblicher Vorname:* welche Mädchennamen findest du schön? **2.** *Nachname der Frau vor der Heirat:* wie lautet eigentlich Ihr Mädchenname?

mag [mak]: ↑ mögen.

das **Ma|ga|zin** [magaˈʦiːn]; -s, -e: **1.** *unterhaltsame Zeitschrift mit vielen Bildern:* ein Magazin lesen, am Kiosk kaufen. *Syn.:* Blatt, Heft, Illustrierte, Journal, Zeitschrift, Zeitung. *Zus.:* Modemagazin, Nachrichtenmagazin. **2.** *Sendung im Radio oder Fernsehen mit Beiträgen zu aktuellen Ereignissen, Problemen:* unser Magazin informiert heute über die geplante Reform der Renten. *Zus.:* Gesundheitsmagazin, Wirtschaftsmagazin. **3.** *[größerer] Raum zum Lagern von Waren:* etwas aus dem Magazin holen. *Syn.:* Depot, Lager, Speicher.

der **Ma|gen** ['maːgn̩], -s, Mägen ['mɛːgn̩]: *Organ des Körpers, das die Nahrung verdaut:* mein Magen knurrt; sich den Magen verderben; mit leerem Magen zur Schule gehen.

ma|ger ['maːgɐ], magerer, am magersten ⟨Adj.⟩: **1.** *sehr dünn:* ein mageres Kind; früher war er eher dick, jetzt ist er richtig mager. *Syn.:* hager, schmal. **2.** *mit wenig Fett* /Ggs. fett/: magerer Käse; das Fleisch ist mager.

die **Ma|ger|milch** ['maːgɐmɪlç]; -: *Milch mit wenig Fett:* er trinkt lieber Magermilch als Vollmilch.

die **Ma|gie** [maˈgiː]; -, Magien [maˈgiːən]: *Zauberei:* bei bestimmten Völkern spielt die Magie eine große Rolle; * **schwarze Magie:** *die Kunst, böse Geister zu beschwören:* ein Meister der schwarzen Magie.

der **Ma|gis|ter** [maˈgɪstɐ], -s, -: *Titel, der (in den Geisteswissenschaften) von der Universität verliehen wird:* einen Magister machen; auf Magister studieren.

der **Ma|gis|trat** [magɪsˈtraːt]; -[e]s, -e: *Teil der Verwaltung (in bestimmten Städten):* der Magistrat informiert die Bürger. *Syn.:* Senat.

der **Ma|g|net** [maˈgneːt]; -[e]s und -en, -e[n]: *Stück Metall, das Eisen anzieht:* einen Zettel mit einem Magnet[en] am Kühlschrank festmachen.

mä|hen ['mɛːən], mäht, mähte, gemäht ⟨tr.; hat; etw. m.⟩: *(Gräser, Halme) kurz schneiden:* den Rasen mähen; die Wiese muss gemäht werden.

das **Mahl** [maːl]; -[e]s, -e und -e (geh.): *Essen:* ein einfaches, festliches Mahl. *Syn.:* Mahlzeit. *Zus.:* Hochzeitsmahl, Mittagsmahl.

mah|len ['maːlən], mahlt, mahlte, gemahlen ⟨tr.; hat; etw. m.⟩: *zu Pulver machen:* Kaffee, Korn, Getreide mahlen; der Müller mahlt das Korn zu Mehl.

M

die **Mahl|zeit** [ˈmaːltsai̯t]; -, -en: *Essen:* eine warme Mahlzeit; sie isst drei Mahlzeiten am Tag. *Syn.:* Mahl (geh.).

mah|nen [ˈmaːnən], mahnt, mahnte, gemahnt ⟨tr.; hat; jmdn. m.⟩: *an eine Frist erinnern:* jmdn. öffentlich, schriftlich mahnen; die Bank mahnte ihn, seine Schulden zu bezahlen.

die **Mah|nung** [ˈmaːnʊŋ]; -, -en: *schriftliche Erinnerung an eine Frist:* Mahnungen verschicken; wir bekamen eine Mahnung, unsere Steuern zu bezahlen.

der **Mai** [mai̯]; -[s]: *fünfter Monat des Jahres:* der Mai beginnt mit einem Feiertag.

das **Mai|glöck|chen** [ˈmai̯ɡlœkçən]; -s, -: *Blume, die im Frühjahr blüht und weiße, duftende Blüten hat:* Maiglöckchen pflücken.

der **Mai|kä|fer** [ˈmai̯kɛːfɐ]; -s, -: *großer Käfer mit braunem Rücken, der besonders im Mai zu sehen ist:* einen Maikäfer fangen.

mai|len [ˈmeːlən], mailt, mailte, gemailt ⟨tr.; hat; etw. m.⟩: *in einer E-Mail schicken:* ich habe ihr Glückwünsche zum Geburtstag gemailt; die Freundin mailte, dass sie nicht kommen könne; ⟨auch itr.; [jmdm.] m.⟩ hast du ihm schon gemailt? *Syn.:* schreiben.

der **Mais** [mai̯s]; -es: *Gemüse aus feinen, gelben Körnern, die rund um einen Stab wachsen:* Mais ist in vielen Ländern ein wichtiges Nahrungsmittel; aus Mais kann man Popcorn machen.

die **Ma|jes|tät** [majɛsˈtɛːt]; -, -en: *Titel und Anrede von Kaiser[in] und König[in]:* Seine Majestät, der Kaiser; Ihre Majestät, die Königin, wird den Ball eröffnen; (in der Anrede:) Eure Majestät.

ma|jes|tä|tisch [majɛsˈtɛːtɪʃ], majestätischer, am majestätischsten ⟨Adj.⟩: *würdig, mit Würde:* der majestätische Anblick des Gebirges; sie schreitet majestätisch durch den Saal. *Syn.:* feierlich, gemessen.

die **Ma|jo|nä|se** [majoˈnɛːzə]: ↑ Mayonnaise.

ma|ka|ber [maˈkaːbɐ], makab[e]rer, am makabersten ⟨Adj.⟩: *unheimlich, weil es an den Tod erinnert:* ein makabrer Scherz; das Lied war sehr makaber.

der **Ma|kel** [ˈmaːkl̩]; -s, -: *Fehler, Mangel:* dass sie nicht lesen kann, empfindet sie als Makel. *Syn.:* Defizit, Schwäche.

ma|kel|los [ˈmaːkl̩loːs] ⟨Adj.⟩: *ohne Fehler, Mangel:* eine makellose Figur, Haut; ihr Ruf war makellos; der Himmel ist makellos blau. *Syn.:* perfekt, vollkommen.

das **Make-up** [meɪkˈʔap]; -s, -s: *kosmetisches Mittel für das Gesicht:* Make-up verwenden, auflegen. *Syn.:* Schminke.

der **Mak|ler** [ˈmaːklɐ]; -s, -, die **Mak|le|rin** [ˈmaːklərɪn]; -, -nen: *Person, die Häuser oder Grundstücke für jemand anders verkauft oder vermietet:* um schnell eine neue Wohnung zu finden, rief sie mehrere Makler an; wie hoch ist die Provision für die Maklerin? *Syn.:* Vermittler, Vermittlerin. *Zus.:* Grundstücksmakler, Grundstücksmaklerin, Immobilienmakler, Immobilienmaklerin.

¹**mal** [maːl] ⟨Adverb⟩: *einmal:* ich hatte mal *(früher)* einen Hund; versuch es doch noch mal *(eine weiteres Mal);* er wird es mal *(eines Tages)* bereuen.

²**mal** [maːl] ⟨Partikel⟩: **1.** drückt aus, dass etwas nicht zu ändern ist: so liegen die Dinge [nun] mal. **2.** drückt aus, dass man einer Aussage, Frage nicht so große Bedeutung geben möchte: ich versuche es mal; ich gehe mal kurz raus; hör mal zu; leihst du mir das Buch mal?

³**mal** [maːl] ⟨Konj.⟩: drückt aus, dass eine Zahl mit einer anderen multipliziert wird: drei mal drei ist neun; wie viel ist neun mal sieben?

das ¹**Mal** [maːl]; -[e]s, -e (geh.): *Fleck auf der Haut:* an diesem Mal erkennt man dich. *Syn.:* Narbe. *Zus.:* Brandmal, Muttermal.

das ²**Mal** [maːl]; -[e]s, -e ⟨mit Attribut⟩: *Zeitpunkt, zu dem etwas Bestimmtes geschieht:* das einzige Mal; zum ersten Mal; mehrere Male; bis zum nächsten Mal!; * **jedes Mal:** *immer;* in jedem einzelnen Fall: sie kommt jedes Mal zu spät; wenn er Sorgen hat, betrinkt er sich jedes Mal; * **ein für alle Mal[e]:** *endgültig, für immer:* damit ist ein für alle Mal[e] Schluss!; * **mit einem Mal[e]:** *plötzlich:* mit einem Mal[e] warst du verschwunden.

ma|len [ˈmaːlən], malt, malte, gemalt: **1.** ⟨tr.; hat; jmdn., etw. m.⟩ *mit Pinsel und Farbe oder mit [bunten] Stiften herstellen:* ein Bild, ein Gemälde, ein Porträt malen. *Syn.:* zeichnen. **2.** ⟨tr.; hat; jmdn., etw. m.⟩ *jmdn., etwas mit Pinsel und Farbe oder mit [bunten] Stiften darstellen:* eine Landschaft, eine Frau malen; ⟨auch itr.⟩ meine Tochter malt sehr gern in ihrer Freizeit.

der **Ma|ler** [ˈmaːlɐ]; -s, -: **1.** *Künstler, der malt:* ein berühmter Maler. *Zus.:* Aquarellmaler, Landschaftsmaler, Porträtmaler. **2.** *Handwerker, der Wände und Türen streicht:* den Maler bestellen; nächste Woche kommen die Maler.

manche

Ein Adjektiv oder Partizip, das auf »manche« folgt, kann man im Plural stark oder schwach deklinieren (↑ Deklination der Adjektive): »manche hohe(n) Türme«, »manche kleine(n) Mäuse«, »manche gelesene(n) Bücher«. Das gilt

auch, wenn das Adjektiv (oder Partizip) nominalisiert ist: »manche Verliebte(n)«. Im Singular wird das Adjektiv schwach dekliniert: »mancher eifrige Beamte«, »manches schöne Kleid«.

die **Mal|le|rei** [ma:ləˈraɪ]; -: *Kunst des Malens:* die Malerei des 20. Jahrhunderts. *Zus.:* Barockmalerei, Höhlenmalerei, Landschaftsmalerei, Ölmalerei.

die **Mal|le|rin** [ˈmaːlərɪn]; -, -nen: weibliche Form zu ↑ Maler.

mal|le|risch [ˈmaːlərɪʃ], malerischer, am malerischsten ⟨Adj.⟩: *so schön, dass man es malen könnte:* ein malerischer Anblick; das Dorf liegt malerisch am Berg. *Syn.:* bezaubernd.

die **Ma|ma** [ˈmama]; -, -s ⟨fam.⟩: *Mutter:* hast du die Mama gesehen?; (als Anrede:) Mama, kommst du mal?

man [man] ⟨Indefinitpronomen⟩: **1.** *jemand (in einer bestimmten Situation):* von dort oben hat man eine tolle Aussicht. **2.** *die Leute:* man klopft; man denkt heute anders darüber. **3.** *ich, wir (wie auch andere Personen):* bei dem Lärm versteht man ja sein eigenes Wort nicht; wenn man sich die Sache richtig überlegt.

das **Ma|na|ge|ment** [ˈmɛnɪtʃmənt]; -s, -s: *Leitung, Führung eines Unternehmens:* das mittlere, obere Management; sie gehört dem Management an. *Syn.:* Vorstand.

ma|na|gen [ˈmɛnɪdʒn̩], managt, managte, gemanagt ⟨tr.; hat; etw. m.⟩ ⟨ugs.⟩: *organisieren:* sie hat die ganze Sache gemanagt; er hat das Treffen geschickt gemanagt. *Syn.:* hinkriegen ⟨ugs.⟩.

der **Ma|na|ger** [ˈmɛnɪdʒɐ]; -s, -, die **Ma|na|ge|rin** [ˈmɛnɪdʒərɪn]; -, -nen: *leitende Person in einem Unternehmen:* das Unternehmen suchte einen Manager; sie ist eine hoch bezahlte Managerin. *Zus.:* Topmanager, Topmanagerin.

manch [manç] ⟨Zahladjektiv und Indefinitpronomen⟩: **1.** ⟨Plural⟩ *der, die, das eine oder andere:* manch nettes Wort / manches nette Wort; manch einer / mancher hat sich darüber gewundert; manches verstehe ich nicht. *Syn.:* einige ⟨Plural⟩, einzelne ⟨Plural⟩. **2.** manche ⟨Plural⟩; *ein paar; einige unter anderen:* die Straße hat an manchen Stellen Löcher; für manche ältere/älteren Leute; manche Grüne/Grünen; man-

chen gefällt diese Musik nicht so gut. *Syn.:* einige.

man|cher|lei [ˈmançɐˈlaɪ] ⟨Zahladjektiv und Indefinitpronomen⟩: *mehrere, viele [verschiedene]:* es lassen sich mancherlei Ursachen feststellen; mancherlei Ratschläge; ich habe in der Zeit mancherlei *(viel)* gelernt. *Syn.:* allerlei.

manch|mal [ˈmançmaːl] ⟨Adverb⟩: *ab und zu:* ich treffe ihn manchmal auf der Straße; manchmal ist sie nicht ganz ehrlich. *Syn.:* bisweilen, gelegentlich, mitunter.

der **Man|dant** [manˈdant]; -en, -en, die **Man|dan|tin** [manˈdantɪn]; -, -nen (bes. Rechtsspr.): *Kunde, Kundin eines Rechtsanwalts, einer Rechtsanwältin:* jmdn. als Mandanten annehmen; in der Pause sprach die Anwältin mit ihrem Mandanten. *Syn.:* Auftraggeber, Auftraggeberin.

die **Man|da|ri|ne** [mandaˈriːnə]; -, -n: *Frucht, die wie eine kleine Apfelsine aussieht, aber anders schmeckt:* eine Mandarine kann man gut mit der Hand schälen.

das **Man|dat** [manˈdaːt]; -[e]s, -e: *Auftrag und Amt eines, einer Abgeordneten:* ein Mandat erhalten; sie legte ihr Mandat nieder. *Zus.:* Abgeordnetenmandat, Bundestagsmandat, Landtagsmandat.

die **Man|del** [ˈmandl̩]; -, -n: **1.** *Frucht eines Baumes, die eine sehr harte Schale hat und einen flachen weißen Kern mit brauner Haut:* süße, bittere Mandeln; gebrannte Mandeln essen; Mandeln hacken, reiben; aus Mandeln kann man Marzipan machen. *Zus.:* Bittermandel. **2.** *Organ rechts und links im Hals, das Infektionen verhindert:* ihre Mandeln sind geschwollen; mir tun die Mandeln weh. *Zus.:* Rachenmandel.

die **Ma|ne|ge** [maˈneːʒə]; -, -n: *runde Fläche für Darbietungen von Künstlern und Tieren im Zirkus:* die Löwen kommen in die Manege; Manege frei! *Syn.:* Arena. *Zus.:* Zirkusmanege.

der **Man|gel** [ˈmaŋl̩]; -s, Mängel [ˈmɛŋl̩]: **1.** ⟨ohne Plural⟩ *das Fehlen von etwas, was man braucht:* Mangel an Geld, Lebensmitteln; Mangel an Gefühl, Takt,

M

Vertrauen; es herrscht Mangel an Arbeitsplätzen. *Syn.:* Manko. *Zus.:* Geldmangel, Lehrermangel, Vitaminmangel. **2.** *Fehler:* technische Mängel; an der Maschine traten schwere Mängel auf. *Syn.:* Defekt, Schaden.

man|gel|haft ['maŋlhaft] ⟨Adj.⟩: *schlecht:* die Ware ist mangelhaft verpackt; mangelhafte Kenntnisse in Mathematik; er spricht Französisch nur sehr mangelhaft; Note: mangelhaft. *Syn.:* unbefriedigend.

man|gels ['maŋls] ⟨Präp., meist mit Gen.⟩: bezeichnet etwas, das fehlt: *aus Mangel an:* mangels guten Willens; mangels Gewinn; mangels Beweisen, Erfolgen.

ma|nier|lich [ma'ni:ɐ̯lɪç], manierlicher, am manierlichsten ⟨Adj.⟩: *gut, anständig:* sie benahmen sich manierlich; die Kinder saßen manierlich am Tisch. *Syn.:* artig, brav, ordentlich.

ma|ni|pu|lie|ren [manipu'li:rən], manipuliert, manipulierte, manipuliert ⟨tr., hat; jmdn. m.⟩: *Menschen bewusst beeinflussen, etwas Bestimmtes zu tun:* die Meinung der Wählerinnen und Wähler manipulieren.

das **Man|ko** ['maŋko]; -s, -s: *Mangel:* es ist ein Manko, dass sie keine Fremdsprachen kann; am Schluss ist bei dem Geschäft ein Manko *(Verlust)* herausgekommen.

der **Mann** [man]; -[e]s, Männer ['mɛnɐ] und (als Mengenangabe nach Zahlen) - /Ggs. Frau/: **1.** *erwachsene Person männlichen Geschlechts:* ein junger, alter Mann; vom Jungen zum Mann werden. *Zus.:* Fachmann, Hausmann. **2.** *Ehemann:* darf ich Ihnen meinen Mann vorstellen?

männ|lich ['mɛnlɪç] ⟨Adj.⟩ /Ggs. weiblich/: **1.** *zum zeugenden Geschlecht gehörend:* ein Kind männlichen Geschlechts; ein männlicher Nachkomme. **2.** ⟨männlicher, am männlichsten⟩ *für den Mann typisch, charakteristisch:* eine männliche Eigenschaft; ein männliches Auftreten; er wirkt sehr männlich. *Syn.:* maskulin.

die **Mann|schaft** ['manʃaft]; -, -en: **1.** *Gruppe von Sportlerinnen und Sportlern, die gemeinsam für ein Ziel kämpfen:* die siegreiche Mannschaft; die Mannschaft hat mit 0 : 1 verloren. *Syn.:* Crew, Team. *Zus.:* Fußballmannschaft, Nationalmannschaft, Olympiamannschaft. **2.** *Besatzung eines Schiffes, Flugzeuges:* der Kapitän und seine Mannschaft begrüßen Sie an Bord. *Syn.:* Crew. *Zus.:* Schiffsmannschaft.

das **Ma|nö|ver** [ma'nø:vɐ]; -s, -: **1.** *militäri-*sche Übung: die Truppen nehmen an einem Manöver teil. *Zus.:* Flottenmanöver, Herbstmanöver. **2.** *(bei Fahrzeugen) bestimmte Art der Bewegung:* er überholte das vor ihm fahrende Auto in einem gefährlichen Manöver. *Zus.:* Anlegemanöver, Landemanöver, Überholmanöver, Wendemanöver.

ma|nö|vrie|ren [manø'vri:rən], manövriert, manövrierte, manövriert ⟨tr.; hat; etw. irgendwohin m.⟩: *lenken, steuern:* das Auto in eine Parklücke manövrieren; ⟨auch itr.⟩ im Hafen vorsichtig manövrieren. *Syn.:* fahren. *Zus.:* hinausmanövrieren, hineinmanövrieren.

die **Man|sar|de** [man'zardə]; -, -n: *Etage im Dach eines Hauses, die als Wohnung genutzt wird:* in einer Mansarde.

der **Man|tel** ['mantl]; -s, Mäntel ['mɛntl]: *Kleidungsstück mit langen Ärmeln und Knöpfen, das man draußen zum Schutz gegen Kälte trägt:* ein dicker, warmer, leichter Mantel; den Mantel anziehen, ausziehen. *Zus.:* Damenmantel, Herrenmantel, Pelzmantel, Wintermantel.

ma|nu|ell [ma'nu̯ɛl] ⟨Adj.⟩: *mit der Hand:* eine manuelle Tätigkeit; die manuelle Herstellung von Waren; die Maschine muss manuell bedient werden.

das **Ma|nu|skript** [manu'skrɪpt]; -[e]s, -e: *Text, der als Vorlage für ein Buch oder eine Rede dient:* ein fertiges Manuskript; das Manuskript muss noch überarbeitet werden; das Manuskript sollte mit der Maschine geschrieben sein. *Syn.:* Aufzeichnung.

die **Map|pe** ['mapə]; -, -n: *rechteckige, flache, stabile Tasche für einzelne Blätter Papier oder Hefte:* sie legte das Zeugnis in ihre Mappe; sie verschwand mit einer Mappe unter dem Arm; er schlug die Mappe auf und zeigte seine Zeichnungen. *Syn.:* Ordner. *Zus.:* Aktenmappe, Kunstmappe, Sammelmappe, Zeichenmappe.

das **Mär|chen** ['mɛ:ɐ̯çən]; -s, -: *Geschichte, in der das Gute und dem Bösen kämpft:* viele Märchen erzählen von bösen Hexen und verzauberten Prinzen und Prinzessinnen; die Märchen aus 1001 Nacht; das klingt wie ein Märchen; die Großmutter liest den Kindern das Märchen von Schneewittchen und den sieben Zwergen vor. *Zus.:* Kindermärchen, Kunstmärchen, Volksmärchen.

mär|chen|haft ['mɛ:ɐ̯çənhaft], märchenhafter, am märchenhaftesten ⟨Adj.⟩:

schön wie im Märchen: eine märchenhafte Landschaft; ein märchenhaftes Schloss. *Syn.:* bezaubernd, malerisch.

die **Mar|ga|ri|ne** [marga'ri:nə]; -: *gelbliches Fett [von Pflanzen], das man wie Butter aufs Brot streicht:* Margarine zum Kochen nehmen. *Zus.:* Diätmargarine, Pflanzenmargarine.

der **Ma|ri|en|kä|fer** [ma'ri:ənkɛ:fɐ]; -s, -: *kleiner roter Käfer mit schwarzen Punkten:* sie zählte die Punkte auf dem Marienkäfer.

das **Ma|ri|hu|a|na** [mari'hu̯a:na]; -[s]: *Rauschgift aus den Blättern einer Pflanze:* Marihuana rauchen.

die **Ma|ril|le** [ma'rɪlə]; -, -n (österr., sonst landsch.): *Aprikose:* Marillen pflücken; sie kocht Marmelade aus Marillen.

die ¹**Mark** [mark]; -, - *deutsche Währungseinheit (bis 2001):* die Deutsche Mark; der Eintritt kostet zwei Mark.

das ²**Mark** [mark]; -[e]s: *Substanz im Innern von Knochen:* diese Knochen enthalten viel Mark. *Zus.:* Knochenmark, Rückenmark.

die **Mar|ke** ['markə]; -, -: **1.** *Briefmarke:* eine Marke auf den Brief kleben. **2.** *Name, unter dem bestimmte Produkte auf den Markt gebracht werden:* welche Marke rauchst du?; als Zweitwagen haben sie ein kleineres Modell derselben Marke. *Zus.:* Automarke, Zigarettenmarke. **3.** *kleiner Gegenstand (z. B. ein Plättchen aus Metall, ein Schein), der als Ausweis dient oder zu etwas berechtigt:* der Hund trägt eine Marke am Hals; wenn du den Mantel an der Garderobe abgibst, bekommst du eine Marke mit einer Nummer; für diese Marke erhält man in diesem Restaurant ein Mittagessen. *Zus.:* Erkennungsmarke, Essen[s]marke.

der **Mar|ken|ar|ti|kel** ['markn̩artiːkl̩]; -s, - (Wirtschaft): *Artikel von einer bekannten Marke:* sie kauft nur Markenartikel.

mar|kie|ren [mar'ki:rən], markiert, markierte, markiert: **1.** ⟨tr.; hat; etw. m.⟩ *durch ein Zeichen kenntlich machen:* Zugvögel [durch Ringe] markieren; eine Stelle auf der Landkarte markieren; einen Weg durch Stangen markieren. *Syn.:* kennzeichnen. **2.** ⟨itr.; hat; [etw.] m.⟩ (ugs.) *spielen; zu sein vorgeben:* der Betrüger markierte den Harmlosen; den Dummen markieren; sie ist nicht krank, sie markiert *(simuliert)* bloß.

die **Mar|kie|rung** [mar'ki:rʊŋ]; -, -en: **1.** *das Kenntlichmachen, Markieren:* für die Markierung des Wanderwegs haben wir drei Tage gebraucht. **2.** *Zeichen, mit dem*

etwas markiert ist: an einem Baum eine Markierung anbringen; die Markierungen auf der Fahrbahn, auf dem Fußballplatz. *Syn.:* Kennzeichen. *Zus.:* Fahrbahnmarkierung, Farbmarkierung.

der **Markt** [markt]; -[e]s, Märkte ['mɛrktə]: **1.** *Marktplatz:* das Haus steht am Markt; quer über den Markt gehen. **2.** *Verkauf von Waren, Handel mit Waren auf der Straße, auf einem Marktplatz oder in einer großen Halle:* jeden Donnerstag ist hier Markt; auf dem Markt einkaufen; die Kartoffeln sind vom Markt. *Zus.:* Weihnachtsmarkt, Wochenmarkt. **3.** *(von Angebot und Nachfrage bestimmter) Bereich des Handels in einem bestimmten Gebiet:* der europäische Markt; wir produzieren hauptsächlich für den einheimischen Markt; die Gesetze des Marktes; ein neues Produkt auf den Markt bringen *(anbieten)*. *Zus.:* Weltmarkt.

der **Markt|platz** ['marktplats]; -es, Marktplätze ['marktplɛtsə]: *[zentraler] Platz in einer Stadt, auf dem der Markt stattfindet:* die alten Häuser am Marktplatz.

die **Markt|wirt|schaft** ['marktvɪrtʃaft]; -, -en: *Wirtschaftssystem, in dem die Produktion und Verteilung von Gütern durch den Markt gesteuert wird:* eine freie, soziale Marktwirtschaft.

die **Mar|me|la|de** [marmə'la:də]; -, -n: *süße Masse aus gekochten Früchten, die man [zum Frühstück] aufs Brot schmiert:* ein Glas Marmelade; Marmelade aufs Brot streichen. *Syn.:* Konfitüre. *Zus.:* Aprikosenmarmelade, Erdbeermarmelade.

der **Mar|mor** ['marmoːɐ̯]; -s, -e: *sehr hartes, weißes oder farbiges Gestein (aus Kalk), das bes. für Plastiken verwendet wird:* eine Statue aus weißem Marmor.

der ¹**Marsch** [marʃ]; -[e]s, Märsche ['mɛrʃə]: **1.** *das Gehen einer längeren Strecke in relativ schnellem Tempo:* nach einem Marsch von zwei Stunden, über 20 Kilometer erreichten wir ein Gasthaus; sie haben einen langen Marsch hinter sich. *Zus.:* Protestmarsch. **2.** *Musikstück im Rhythmus des Marschierens:* einen Marsch spielen, komponieren. *Zus.:* Hochzeitsmarsch, Trauermarsch.

die ²**Marsch** [marʃ]; -, -en: *flaches Land an der Küste der Nordsee mit sehr fruchtbarem Boden:* ein Dorf in der Marsch.

mar|schie|ren [mar'ʃi:rən], marschiert, marschierte, marschiert ⟨itr.; [irgendwohin] m.⟩: **1.** *in geschlossener Reihe [und gleichem Schritt] gehen:* wir sind den ganzen Tag marschiert; die Soldaten marschierten im Gleichschritt durch die Stadt. **2.** *in relativ schnellem Tempo eine größere Strecke gehen:* wir sind heute drei Stunden marschiert; und von dort sind wir dann wieder zur Pension marschiert. *Syn.:* laufen, wandern. *Zus.:* abmarschieren, losmarschieren.

der **Mär|ty|rer** [ˈmɛrtyrɐ]; -s, -, die **Mär|ty|re|rin** [ˈmɛrtyrərɪn]; -, -nen: *Person, die sich für ihren Glauben opfert, Verfolgungen und den Tod auf sich nimmt:* die frühchristlichen Märtyrer; sie ist als Märtyrerin gestorben.

der **März** [mɛrts]; -[es]: *dritter Monat des Jahres:* am 21. März beginnt der Frühling.

das **Mar|zi|pan** [martsiˈpaːn]; (österr.:) der; -s, -e: *weiche Masse aus fein gemahlenen Mandeln und Zucker, die zu Süßigkeiten verarbeitet wird:* ein Schweinchen aus Marzipan.

die **Ma|sche** [ˈmaʃə]; -, -n: **1.** *beim Häkeln oder Stricken entstandene Schlinge:* Maschen aufnehmen; eine rechte, linke Masche stricken. *Syn.:* Schlaufe. **2.** (ugs.) *schlaue Vorgehensweise [die zur Lösung eines Problems führt]; Trick:* das ist seine neueste Masche; sich eine neue Masche ausdenken; immer nach der gleichen Masche vorgehen. *Syn.:* Methode.

die **Ma|schi|ne** [maˈʃiːnə]; -, -n: **1.** *mechanische Vorrichtung aus beweglichen Teilen, mit deren Hilfe bestimmte Arbeiten [leichter als von Hand] ausgeführt werden können:* eine moderne, einfache, komplizierte Maschine; etwas mit einer Maschine herstellen; die Wäsche in die Maschine *(Waschmaschine)* stecken; Maschine schreiben *(mit einer Schreibmaschine schreiben). Syn.:* Anlage, Apparat, Gerät. *Zus.:* Bohrmaschine, Geschirrspülmaschine, Kaffeemaschine, Nähmaschine. **2.** *Flugzeug:* die Maschine nach Paris hat Verspätung. *Syn.:* Flieger (ugs.). *Zus.:* Chartermaschine, Militärmaschine, Transportmaschine. **3.** *Motorrad:* er fährt eine schwere Maschine.

ma|schi|nell [maʃiˈnɛl] ⟨Adj.⟩: *mit einer Maschine [hergestellt]:* etwas maschinell herstellen; eine maschinelle Übersetzung. *Syn.:* automatisch.

die **Mas|ke** [ˈmaskə]; -, -n: *etwas, was man vor dem Gesicht trägt, um nicht erkannt zu werden:* er trug beim Faschingsball die Maske eines Teufels; die Maske ablegen, abnehmen. *Zus.:* Fastnachtsmaske.

mas|ku|lin [maskuˈliːn] ⟨Adj.⟩: **1.** (Sprachw.) *mit männlichem Geschlecht:* ein mas-

kulines Nomen. *Syn.:* männlich. **2.** ⟨maskuliner, am maskulinsten⟩ *für das männliche Geschlecht kennzeichnend, charakteristisch; betont männlich:* ein maskuliner Mann; er sieht sehr maskulin aus.

maß [maːs]: ↑ messen.

das **Maß** [maːs]; -es, -e: **1.** *Einheit, mit der die Größe oder Menge von etwas gemessen wird:* deutsche, englische, metrische Maße und Gewichte. *Zus.:* Flächenmaß, Längenmaß. **2.** *Zahl, Größe, die durch Messen ermittelt worden ist:* die Maße des Zimmers; einen Anzug nach Maß machen lassen; sie hat ideale Maße *(eine ideale, sehr gute Figur). Syn.:* Abmessung. *Zus.:* Idealmaß, Körpermaß. **3.** *Grad, Ausmaß, Umfang:* die Anschuldigungen gingen über das übliche Maß weit hinaus; sie brachte ihm ein hohes Maß an Vertrauen entgegen. *Syn.:* Dimension, Größe. *Zus.:* Höchstmaß, Mindestmaß, Mittelmaß. **4.** * **Maß halten:** *das rechte Maß einhalten; sich mäßigen:* beim Essen Maß halten.

die **Mas|sa|ge** [maˈsaːʒə]; -, -n: *Behandlung des menschlichen Körpers oder einzelner Körperteile durch Klopfen, Kneten, Reiben, Streichen:* eine Massage bekommen; der Arzt hat ihr gegen die Rückenschmerzen Massagen verschrieben. *Zus.:* Bürstenmassage, Körpermassage.

die **Mas|se** [ˈmasə]; -, -n: **1.** *ungeformter Stoff:* eine weiche, klebrige, zähe Masse; eine glühende Masse. *Syn.:* Materie, Substanz. **2.** *große Anzahl, Menge:* eine Masse faule[r] Äpfel/von faulen Äpfeln lag/(seltener:) lagen auf dem Boden; die Massen *(die in großer Zahl vorhandenen Menschen)* strömten zum Sportplatz. *Syn.:* Haufen (ugs.), Unmenge. **3.** (oft abwertend) *große Zahl von Menschen, die sich alle durch mangelnde Individualität auszeichnen:* eine namenlose, anonyme Masse. *Zus.:* Volksmasse.

mas|sen|haft [ˈmasnhaft] ⟨Adj.⟩ (oft emotional): *in auffallend großer Zahl, Menge [vorhanden]:* ein massenhaftes Auftreten von Maikäfern; derartige Fehler sind ihm massenhaft unterlaufen. *Syn.:* haufenweise (ugs.), massig (ugs.).

das **Mas|sen|me|di|um** [ˈmasnmeːdi̯ʊm]; -s, Massenmedien [ˈmasnmeːdi̯ən]: *Mittel zur Verbreitung von Informationen (z. B.

Fernsehen, Rundfunk, Zeitung), mit *dem man sehr viele Menschen erreichen kann:* eine von den Massenmedien hochgespielte Affäre.

maß|ge|bend [ˈmaːsɡeːbn̩t] ⟨Adj.⟩: *das Verhalten der Menschen in bestimmten Situationen, ihr Urteil über bestimmte Dinge bestimmend:* eine maßgebende Persönlichkeit; eine maßgebende Rolle spielen; was er sagt, ist für mich nicht maßgebend; er war maßgebend für diese Entwicklung.

maß|geb|lich [ˈmaːsɡeːplɪç] ⟨Adj.⟩: *von entscheidender Bedeutung:* die maßgeblichen Leute im Konzern, in der Partei; seine Meinung ist maßgeblich; an einer Entscheidung maßgeblich beteiligt sein. *Syn.:* bedeutend, wesentlich, wichtig.

mas|sie|ren [maˈsiːrən], massiert, massierte, massiert ⟨tr.; hat; jmdm., etw. m.⟩: *jmds. Körper oder einen Teil davon mit den Händen streichen, kneten, klopfen usw., um die Muskeln zu lockern:* jmdn. massieren; jmdm. den Rücken massieren; sich massieren lassen.

mas|sig [ˈmasɪç], massiger, am massigsten ⟨Adj.⟩: **1.** *groß und wuchtig:* ein massiger Körper; der Schrank wirkt in dem kleinen Zimmer zu massig. *Syn.:* wuchtig. **2.** ⟨verstärkend bei Verben⟩ (ugs.) *in großer Menge, Anzahl:* massig Geld haben; es gab massig Probleme. *Syn.:* haufenweise (ugs.), massenhaft (oft emotional).

mä|ßig [ˈmɛːsɪç], mäßiger, am mäßigsten ⟨Adj.⟩: **1.** *das rechte Maß einhaltend; wenig:* mäßig trinken; sie raucht nur mäßig. *Syn.:* bescheiden, gemäßigt, maßvoll. **2.** *relativ gering:* ein mäßiges Einkommen; nur mäßige Beachtung finden. *Syn.:* mittelmäßig, schwach.

mä|ßi|gen [ˈmɛːsɪɡn̩], mäßigt, mäßigte, gemäßigt: **1.** ⟨itr.; hat; etw. m.⟩ *geringer werden lassen; verringern:* sein Tempo mäßigen; seine Ungeduld, seinen Zorn mäßigen. **2.** ⟨sich m.⟩ *maßvoller werden:* du musst dich beim/im Essen und Trinken etwas mäßigen; er muss noch lernen, sich zu mäßigen. *Syn.:* sich beherrschen, sich zurückhalten.

mas|siv [maˈsiːf], massiver, am massivsten ⟨Adj.⟩: **1.** ⟨ohne Steigerung⟩ *nicht nur an der Oberfläche, sondern ganz aus dem gleichen, festen Material bestehend:* ein Ring aus massivem Gold; massives Holz. **2.** *fest, kompakt [und schwer wirkend]:* ein massiver Tisch;

massiv gebaute Häuser. *Syn.:* massig, wuchtig. **3.** *(von etwas Unangenehmem) heftig, stark:* massive Drohungen; massive Kritik an jmdm. üben; jmdn. massiv unter Druck setzen.

maß|los [ˈmaːsloːs], maßloser, am maßlosesten ⟨Adj.⟩: *über das gewöhnliche Maß weit hinausgehend; extrem:* maßlose Ansprüche; maßloser Ärger; er ist maßlos in seinen Forderungen; er ist maßlos eifersüchtig; sie übertreibt maßlos; ich war maßlos enttäuscht.

die **Maß|nah|me** [ˈmaːsnaːmə]; -, -n: *Handlung, die etwas Bestimmtes bewirken soll:* eine vorsorgliche, unpopuläre Maßnahme; die Maßnahme hat sich bewährt; [geeignete] Maßnahmen gegen die Inflation, zur Verhütung von Unfällen ergreifen, treffen. *Syn.:* Schritt. *Zus.:* Gegenmaßnahme, Schutzmaßnahme, Sparmaßnahme, Vorsichtsmaßnahme.

der **Maß|stab** [ˈmaːsʃtaːp]; -[e]s, Maßstäbe [ˈmaːsʃtɛːbə]: **1.** *Verhältnis zwischen zwei Zahlen, das angibt, wie stark vergrößert oder verkleinert etwas dargestellt ist:* ein Modell im Maßstab 10 : 1; eine Karte im Maßstab 1 : 100 000; etwas in einem größeren Maßstab zeichnen. **2.** *Norm, nach der jmds. Handeln, Leistung beurteilt wird:* bei der Auswahl gelten strenge Maßstäbe; ihre Arbeit hat Maßstäbe gesetzt. *Syn.:* Kriterium. *Zus.:* Vergleichsmaßstab.

maß|voll [ˈmaːsfɔl], maßvoller, am maßvollsten ⟨Adj.⟩: *das normale Maß nicht übersteigend:* maßvolle Forderungen stellen; sie urteilt immer äußerst maßvoll. *Syn.:* gemäßigt, mäßig.

der ¹**Mast** [mast]; -[e]s, -e und -en: *hohe Stange:* der Mast eines Segelschiffs; die Fahne ist an einem Mast befestigt.

die ²**Mast** [mast]; -, -en: *das Mästen bestimmter Haustiere, die später geschlachtet werden sollen:* die Mast von Schweinen, Gänsen, Enten; sie verwenden zur Mast ausschließlich Körner.

mäs|ten [ˈmɛstn̩], mästet, mästete, gemästet ⟨tr.; hat; ein Tier m.⟩: *(besonders von Vieh) reichlich mit Futter versorgen, damit es dick und fett wird:* Schweine mästen; Gänse mit Körnern mästen.

das **Ma|te|ri|al** [mateˈrɪ̯aːl]; -s, Materialien [mateˈrɪ̯aːljən]: **1.** *Stoff, aus dem etwas besteht oder hergestellt wird:* hochwertiges, strapazierfähiges Material; ein Produkt aus solidem Material. **2.** *etwas,*

was für einen bestimmten Zweck, eine bestimmte Arbeit benötigt wird: das für die Installation benötigte Material wird mitgeliefert; statistisches, belastendes Material; Material zusammentragen, auswerten, sichten; Materialien für die Büroarbeit. *Zus.:* Arbeitsmaterial, Baumaterial, Beweismaterial, Bildmaterial, Filmmaterial, Informationsmaterial, Verpackungsmaterial.

die **Ma|te|rie** [maˈteːri̯ə]; -, -n: **1.** *als Stoff, Substanz Vorhandenes:* organische, tote Materie. **2.** *Thema, Gegenstand der Beschäftigung:* sie muss sich erst mal mit der Materie vertraut machen; in dieser Materie kennt er sich bestens aus. *Syn.:* Gebiet, Sachgebiet, Stoff.

ma|te|ri|ell [mateˈri̯ɛl] ⟨Adj.⟩: *die [zum Leben notwendigen] Dinge, Güter betreffend:* materielle Bedürfnisse, Werte; materiell geht es ihm sehr gut. *Syn.:* finanziell, wirtschaftlich.

die **Ma|the|ma|tik** [matemaˈtiːk]; -: *Wissenschaft, die sich mit Zahlen, Mengen und den Beziehungen zwischen ihnen beschäftigt:* Mathematik studieren; in Mathematik hat er im Abitur eine Eins. *Zus.:* Finanzmathematik, Versicherungsmathematik, Wirtschaftsmathematik.

ma|the|ma|tisch [mateˈmaːtɪʃ] ⟨Adj.⟩: *die Mathematik betreffend; auf den Gesetzen der Mathematik beruhend:* ein mathematisches Verfahren; alles wurde mathematisch exakt berechnet.

die **Ma|t|rat|ze** [maˈtratsə]; -, -n: *großes festes Polster (als Teil eines Betts):* die Matratze ist mir zu weich. *Zus.:* Federkernmatratze, Schaumgummimatratze.

der **Ma|t|ro|se** [maˈtroːzə]; -n, -n: *Seemann:* als Matrose anheuern, zur See fahren; er ist Matrose auf einem Containerschiff.

der **Matsch** [matʃ]; -[e]s (ugs.): *weicher, feuchter Boden; Schlamm:* wenn es taut, ist viel Matsch auf der Straße; lauf nicht durch den Matsch! *Syn.:* Dreck, Schmutz. *Zus.:* Schneematsch.

mat|schig [ˈmatʃɪç], matschiger, am matschigsten ⟨Adj.⟩ (ugs.): **1.** *von Matsch bedeckt:* matschige Feldwege. **2.** *(von zu reifem oder nicht mehr frischem Obst oder Gemüse) weich und wie Matsch:* ein [schon etwas] matschiger Pfirsich; die Tomaten sind ja ganz matschig!

matt [mat], matter, am mattesten ⟨Adj.⟩: **1.** *schwach, müde, erschöpft:* er ist nach dieser Anstrengung, der Krankheit ganz matt; sich sehr matt fühlen. *Syn.:* erledigt (ugs.), fertig (ugs.), k. o. (ugs.),

kaputt (ugs.), kraftlos. **2.** *ohne Glanz; nur schwach leuchtend:* mattes Licht; matte Farben. *Zus.:* halbmatt, seidenmatt.

die **Mat|te** [ˈmatə]; -, -n: *etwas, was als [weiche] Unterlage auf den Boden gelegt wird:* auf der Matte turnen; er trat sich die Füße auf der Matte vor der Wohnungstür ab. *Syn.:* Läufer, Teppich. *Zus.:* Badematte, Filzmatte, Fußmatte, Schilfmatte, Strohmatte, Turnmatte.

die **Ma|tu|ra** [maˈtuːra]; - (österr., schweiz.): *Abitur:* die Matura machen. *Syn.:* Abitur, Reifeprüfung.

die **Mau|er** [ˈmaʊ̯ɐ]; -, -n: *Wand aus Steinen oder Beton:* eine Mauer bauen; sich auf eine Mauer setzen; über eine Mauer klettern; die Grenze ist durch eine hohe Mauer gesichert; das Haus ist von einer efeubewachsenen Mauer umgeben. *Zus.:* Betonmauer, Steinmauer.

das **Maul** [maʊ̯l]; -[e]s, Mäuler [ˈmɔɪ̯lɐ]: **1.** *Mund bei manchen Tieren:* das Maul der Kuh; einem Pferd ins Maul schauen. *Syn.:* Schnauze. *Zus.:* Fischmaul, Froschmaul. **2.** (derb) *Mund:* halts Maul! *(sei still, schweig!).* *Syn.:* Klappe (salopp), Schnabel (ugs.), Schnauze (derb).

maul|faul [ˈmaʊ̯lfaʊ̯l], maulfauler, am maulfaulsten ⟨Adj.⟩ (salopp): *ungern sprechend, antwortend* /Ggs. gesprächig/: sie saßen maulfaul um den Tisch herum. *Syn.:* einsilbig, schweigsam.

der **Maul|korb** [ˈmaʊ̯lkɔrp]; -[e]s, Maulkörbe [ˈmaʊ̯lkœrbə]: *Korb, der Hunden vors Maul gebunden wird, damit sie nicht beißen können:* alle Kampfhunde müssen einen Maulkorb tragen.

der **Maul|wurf** [ˈmaʊ̯lvʊrf]; -[e]s, Maulwürfe [ˈmaʊ̯lvʏrfə]: *kleines Tier mit braunem Fell und kurzen Vorderbeinen, das unter der Erde lebt und dort Gänge gräbt:* der Maulwurf ist fast blind.

der **Mau|rer** [ˈmaʊ̯rɐ]; -s, -, die **Mau|re|rin** [ˈmaʊ̯rərɪn]; -, -nen: *Person, die im Beruf Mauern [von Häusern] baut:* mein Vater ist Maurer von Beruf; die Maurer kommen morgen früh um 7 Uhr.

die Maus (1)

die **Maus** [maʊ̯s]; -, Mäuse [ˈmɔɪ̯zə]: **1.** *kleines [graues] Tier mit spitzer Schnauze, nackten Ohren und langem Schwanz:* die Mäuse knabberten am Käse; die Maus ging in die Falle. *Zus.:* Feldmaus.

2. (EDV) *Gerät, mit dem man beim Computer den Cursor auf dem Monitor steuert:* die Maus hin und her bewegen; mit der Maus auf ein Symbol klicken. *Zus.:* Funkmaus.

die Maus (2)

die **Maut** [maut]; -, -en (österr.): *Gebühr für das Benutzen von Straßen, Brücken o. Ä.:* Maut bezahlen. *Syn.:* Abgabe. *Zus.:* Autobahnmaut, Brückenmaut.

¹**ma|xi|mal** [maksi'ma:l] ⟨Adj.⟩: *größte, höchste* /Ggs. minimal/: die maximale Geschwindigkeit eines Autos; wir haben das Wetter maximal ausgenutzt.

²**ma|xi|mal** [maksi'ma:l] ⟨Adverb⟩: *nicht mehr als; höchstens:* er arbeitet maximal zehn Stunden am Tag; die maximal zulässige Geschwindigkeit beträgt 180 km/h.

das **Ma|xi|mum** ['maksimʊm]; -s, Maxima ['maksima]: *das größte, höchste Maß* /Ggs. Minimum/: Autos, die ein Maximum an Sicherheit bieten; das Maximum ist noch nicht erreicht. *Syn.:* Höchstmaß.

die **Ma|yon|nai|se** [majɔ'nɛ:zə], Ma|jo|nä|se; -, -n: *dicke, kalte Soße aus Eigelb und Öl:* Kartoffelsalat mit Mayonnaise zubereiten; Avocados, gefüllt mit Krabben und Mayonnaise; meine Pommes esse ich am liebsten mit Mayonnaise. *Zus.:* Kräutermayonnaise.

die **Me|cha|nik** [me'ça:nɪk]; -: **1.** *Teil der Physik, der sich mit den Bewegungen der Körper und den Beziehungen der entstehenden Kräfte befasst:* diese Maschine ist ein Wunder der Mechanik. *Zus.:* Aeromechanik, Elektromechanik, Feinmechanik, Quantenmechanik. **2.** *Art, wie eine Maschine konstruiert ist und wie sie funktioniert:* die Mechanik dieser alten Uhr ist noch ausgezeichnet. *Syn.:* Mechanismus, Technik.

der **Me|cha|ni|ker** [me'ça:nikɐ]; -s, -, die **Me|cha|ni|ke|rin** [me'ça:nikərɪn]; -, -nen: *Person, die Maschinen, technische Geräte o. Ä. baut, prüft und repariert:* die Mechanikerin überprüfte die Ventile.

me|cha|nisch [me'ça:nɪʃ], mechanischer, am mechanischsten ⟨Adj.⟩: **1.** *maschinell:* eine mechanische *(nicht elektronische)* Schreibmaschine; etwas mecha-

nisch fertigen. *Syn.:* automatisch, selbsttätig. *Zus.:* elektromechanisch, feinmechanisch, fotomechanisch. **2.** *ohne Nachdenken:* eine mechanische Bewegung, Arbeit; mechanisch grüßen, antworten, vorlesen. *Syn.:* automatisch, schematisch.

der **Me|cha|nis|mus** [meça'nɪsmʊs]; -, Mechanismen [meça'nɪsmən]: *Funktionsweise:* die Maschine hat einen komplizierten Mechanismus. *Syn.:* Konstruktion. *Zus.:* Kontrollmechanismus, Steuerungsmechanismus.

me|ckern ['mɛkɐn], meckert, meckerte, gemeckert ⟨itr.; hat⟩: **1.** *(von Ziegen) helle, schnell aufeinanderfolgende Laute produzieren:* die Ziegen meckerten. **2.** (ugs. abwertend) *schimpfen:* er meckerte über die Arbeit, das Essen; er hat immer etwas zu meckern; hört endlich auf zu meckern! *Syn.:* sich beklagen, sich beschweren.

die **Me|dail|le** [me'daljə]; -, -n: *runde Scheibe aus Metall zum Andenken (an etwas) oder als Auszeichnung für besondere [sportliche] Leistungen:* jmdm. eine Medaille [für etwas] verleihen; sie hat bereits 5 Medaillen gewonnen; bei diesen Olympischen Spielen wollen sie ihre erste Medaille holen. *Syn.:* Auszeichnung, Preis. *Zus.:* Bronzemedaille, Gedenkmedaille, Goldmedaille, Olympiamedaille, Silbermedaille.

Me|di|en ['me:djən]: ↑ Medium.

das **Me|di|ka|ment** [medika'mɛnt]; -[e]s, -e: *Mittel zur Heilung von Krankheiten:* ein neues, teures Medikament; der Arzt verschreibt ihr ein Medikament gegen Kopfschmerzen; dieses Medikament bekommen Sie nur auf Rezept; etwas mit Medikamenten behandeln; er ist allergisch gegen dieses Medikament. *Syn.:* Arznei (veraltend), Heilmittel, Medizin, Mittel, Präparat. *Zus.:* Herzmedikament, Kopfschmerzmedikament.

die **Me|di|ta|ti|on** [medita'tsjo:n]; -, -en: (bildungsspr.) *Art, sich in Gedanken zu vertiefen:* religiöse, fernöstliche Meditation.

me|di|tie|ren [medi'ti:rən], meditiert, meditierte, meditiert ⟨itr.; hat⟩: **1.** ⟨über etw. m.⟩ (bildungsspr.) *sich ganz in Gedanken vertiefen:* über das Leben, über einen Text meditieren. *Syn.:* nachdenken. **2.** *sich mit bestimmten Methoden gedanklich in etwas vertiefen:* er sitzt auf einem Kissen und meditiert; sie meditiert täglich eine halbe Stunde.

das **Me|di|um** ['me:djʊm]; -s, Medien

M

---

mehrere

Ein Adjektiv oder Partizip, das auf »mehrere« folgt, wird stark dekliniert (↑Deklination der Adjektive): »mehrere hohe Türme«, »die Türen mehrerer	neuer Autos«, »mehrere gelesene Bücher«. Das gilt auch, wenn das Adjektiv (oder Partizip) nominalisiert ist: »mehrere Verliebte«.

['me:djən]: *etwas, was Inhalte transportiert und vermittelt:* Fernsehen und Internet sind die Medien unserer Zeit; eine Nachricht über die Medien verbreiten; Sprache als Medium der Verständigung. *Zus.:* Informationsmedium, Kommunikationsmedium, Printmedium.

die **Me|di|zin** [medi'tsi:n]; -, -en: **1.** ⟨ohne Plural⟩ *Wissenschaft vom gesunden und kranken Menschen, von seinen Krankheiten und seiner Heilung:* die moderne, traditionelle, chinesische Medizin; sie studiert Medizin. *Zus.:* Allgemeinmedizin, Sportmedizin, Veterinärmedizin, Zahnmedizin. **2.** *[flüssiges] Medikament:* eine wirksame Medizin; hast du deine Medizin schon genommen? *Syn.:* Arznei (veraltend), Mittel, Präparat. *Zus.:* Pflanzenmedizin.

me|di|zi|nisch [medi'tsi:nɪʃ] ⟨Adj.⟩: *die Medizin betreffend, auf ihr beruhend:* medizinische Hilfe benötigen; in der medizinischen Forschung arbeiten.

das **Meer** [me:ɐ̯]; -[e]s, -e: *große Fläche von salzigem Wasser auf der Oberfläche der Erde:* das blaue, tiefe Meer; im Meer tauchen; wir fahren im Sommer wieder ans Meer; er hat seinen ganzen Urlaub am Meer verbracht. *Syn.:* Ozean, ²See. *Zus.:* Polarmeer, Weltmeer.

die **Mee|res|früch|te** ['me:rəsfryçtə] ⟨Plural⟩: *alle im Meer lebenden kleinen Tiere, die man essen kann:* Pizza mit Meeresfrüchten; sie ist allergisch gegen Meeresfrüchte.

das **Meer|schwein|chen** ['me:ɐ̯ʃvainçən]; -s, -: *(aus Südamerika stammendes) kleines Haustier mit kurzen Beinen, weichem Fell und einem ganz kurzen Schwanz:* wir haben zwei braune und ein weißes Meerschweinchen.

das **Mee|ting** ['mi:tɪŋ]; -s, -s: *Treffen:* ein Meeting zwischen führenden Politikerinnen und Politikern; sie ist auf / in einem Meeting; das Meeting findet um 15 Uhr statt. *Syn.:* Sitzung.

das **Me|ga|byte** ['me:gabait]; -[s], -[s]: *aus 1 048 576 Byte bestehende Einheit, die die Größe eines Speichers im Computer kennzeichnet* (Abkürzung: MB): eine 20 Megabyte große Datei; ein alter Computer mit 256 Megabyte Speicher.

das **Mehl** [me:l]; -[e]s: *Pulver, das durch Mahlen von Getreide entsteht und zum Backen verwendet wird:* für den Kuchen brauchen Sie 250 Gramm Mehl. *Zus.:* Roggenmehl, Weizenmehl.

die **Mehl|spei|se** ['me:lʃpaizə]; -, -n: *Gericht aus Mehl und Milch, Butter, Eiern:* Strudel und Knödel sind Mehlspeisen.

¹**mehr** [me:ɐ̯] ⟨Indefinitpronomen und Zahladjektiv; Komparativ von »viel«⟩: *drückt aus, dass etwas viel ist im Vergleich zu etwas anderem, eine Gruppe von Menschen wächst oder größer ist als eine andere:* wir brauchen mehr Geld; es kamen immer mehr Gäste; mehr als die Hälfte war/waren schon wieder gesund.

²**mehr** [me:ɐ̯] ⟨Adverb⟩: **1.** *in höherem Maße:* sie sollte sich mehr zurückhalten; das war mehr als dumm von dir. **2.** *drückt in Verbindung mit einer Negation aus, dass etwas nicht fortgesetzt wird:* es ist kein Bier mehr da; ich kann nicht mehr so schnell laufen. **3.** * **mehr oder weniger:** *insgesamt gesehen:* die Besprechung war mehr oder weniger sinnlos; dass wir uns gesehen haben, war mehr oder weniger Zufall. *Syn.:* gewissermaßen, sozusagen.

mehr|deu|tig ['me:ɐ̯dɔytɪç] ⟨Adj.⟩: *auf verschiedene Art zu verstehen:* eine mehrdeutige Interpretation liefern; seine Antwort, Formulierung ist mehrdeutig.

meh|rer... ['me:rər...] ⟨Zahladjektiv und Indefinitpronomen⟩: **1.** *einige; ein paar:* sie war mehrere Tage unterwegs; mehrere Häuser wurden zerstört; die Wahl mehrerer Abgeordneter. *Syn.:* manch... **2.** *nicht nur ein[es] oder eine; verschiedene:* es gibt mehrere Möglichkeiten; das Wort hat mehrere Bedeutungen.

mehr|fach ['me:ɐ̯fax] ⟨Adverb und Zahladjektiv⟩: *mehr als einmal:* mehrfach vorbestraft sein; mehrfacher Meister in der Bundesliga. *Syn.:* mehrmals, oft, vielfach.

die **Mehr|heit** ['me:ɐ̯hait]; -, -en /Ggs. Minderheit/: *der größere Teil einer Gruppe von Personen:* die schweigende Mehrheit; die Partei hat im Land die Mehrheit; die Mehrheit des Volkes hat sich dafür entschieden. *Syn.:* Großteil, Mehrzahl. *Zus.:* Stimmenmehrheit, Zweidrittelmehrheit.

mehr|mals ['me:ɐ̯maːls] ⟨Adverb⟩: *mehrere Male; öfter:* er hat es schon mehrmals versucht; sie machen mehrmals im Jahr Urlaub; das Telefon klingelte mehrmals, bevor er abhob. *Syn.:* häufig, mehrfach, oft, vielfach, wiederholt.

die **Mehr|wert|steu|er** ['me:ɐ̯veːɐ̯tʃtɔyɐ]; -, -n: *bestimmter Teil des Preises eines Produktes, den das Finanzamt bekommt:* in Deutschland muss man auf jede Ware Mehrwertsteuer bezahlen; die Mehrwertsteuer beträgt 19 %; die Mehrwertsteuer ist in dem Betrag enthalten.

die **Mehr|zahl** ['me:ɐ̯tsaːl]; -: *der größere Teil einer bestimmten Anzahl; die meisten:* die Mehrzahl der Schülerinnen und Schüler lernt Französisch; die Teilnehmenden sind in der Mehrzahl junge Frauen. *Syn.:* Großteil, Mehrheit.

mei|den ['maidn̩], meidet, mied, gemieden ⟨tr.; hat; jmdn., etw., sich m.⟩: *jmdm., einer Sache, mit der man nicht in Kontakt kommen will, aus dem Wege gehen:* die beiden meiden sich/einander; bei Einnahme von Medikamenten sollte man Alkohol meiden; er mied laute Veranstaltungen. *Syn.:* ausweichen, ²umgehen, vermeiden.

¹**mein** [main], mein, meine, mein ⟨Possessivartikel⟩: drückt aus, dass etwas, jemand [zu] einem selbst gehört: mein Buch; meine Freunde; die Kleider meiner Schwestern.

²**mein** [main], meiner, meine, mein[e]s ⟨Possessivpronomen⟩: drückt aus, dass etwas, jemand [zu] einem selbst gehört: dieses Haus ist meines.

mei|nen ['mainən], meint, meinte, gemeint ⟨itr.; hat⟩: **1.** ⟨etw. m.⟩ *glauben, denken:* ich meine, dass sie recht hat; du meinst also, dass wir lieber mit dem Zug fahren sollten; was meinst du dazu? **2.** ⟨etw. m.⟩ *(als Ansicht) äußern:* sie meinte zu Klaus, er sei dazu nicht fähig; sie meinte, es sei nicht so wichtig. *Syn.:* bemerken, sagen. **3.** ⟨jmdn., etw. m.⟩ *(bei einer Äußerung, Handlung o. Ä.) im Sinn haben:* was meinst du damit?; sie hatte ihn gemeint, nicht seinen Bruder; meinen Sie mich?; welches Buch meinst du?; so hatte er das nicht gemeint.

mei|ner ['mainɐ] ⟨Personalpronomen;

Gen. von »ich«⟩ (geh.): wirst du dich meiner erinnern?

mei|net|we|gen ['mainət've:gn̩] ⟨Adverb⟩: **1.** *was mich betrifft, wegen mir:* meinetwegen hat sie auf vieles verzichtet; er ist nur meinetwegen gekommen. **2.** (ugs.) *von mir aus:* meinetwegen hau doch ab!

die **Mei|nung** ['mainʊŋ]; -, -en: *das, was jmd. glaubt, für richtig hält:* was ist Ihre Meinung zu diesem Thema?; wir sind unterschiedlicher, geteilter Meinung; ich bin der Meinung, dass diese Lösung falsch ist; er hat seine Meinung mittlerweile geändert; nach meiner Meinung/meiner Meinung nach ist die Sache schon entschieden; man muss ihr mal deutlich die Meinung sagen. *Syn.:* Ansicht, Auffassung, Einstellung, Standpunkt.

die **Mei|nungs|frei|heit** ['mainʊŋsfraihait]; -: *das Recht, die persönliche Meinung (vor allem in politischen Fragen) äußern zu dürfen:* die Meinungsfreiheit ist ein wichtiges Menschenrecht.

die **Mei|nungs|ver|schie|den|heit** ['mainʊŋsfɐʃiːdn̩hait]; -, -en: **1.** *unterschiedliche Meinung:* zum Thema Rauchen hatten wir eine kleine Meinungsverschiedenheit. **2.** (verhüllend) *Diskussion, Streit:* sie hatten eine heftige Meinungsverschiedenheit. *Syn.:* Auseinandersetzung, Konflikt, Krach (ugs.).

meist [maist] ⟨Adverb⟩: *fast regelmäßig; gewöhnlich; fast immer:* der Streit endet meist friedlich; unsere Lehrerin kommt meist zu spät zum Unterricht. *Syn.:* größtenteils, häufig, meistens.

¹**meist...** [maist...]: ↑ viel.

²**meist...** [maist...] ⟨Zahladjektiv und Indefinitpronomen⟩: *der größte Teil einer bestimmten Anzahl oder Menge:* die meiste Zeit braucht man fürs Überlegen; das Badezimmer hat das meiste Geld gekostet; die meisten konnten nicht kommen.

meis|tens ['maistn̩s] ⟨Adverb⟩: *in den meisten Fällen; fast immer:* er macht seine Reisen meistens im Sommer; das Kind schläft nachts meistens durch; beim Skat gewinnt meistens sie. *Syn.:* größtenteils, häufig, meist, oft, öfter.

der **Meis|ter** ['maistɐ]; -s, -: **1.** *Handwerker, der seine Ausbildung mit der Meisterprüfung abgeschlossen hat:* bei einem Meister kann man eine Ausbildung machen. *Zus.:* Bäckermeister, Elektromeister, Fleischermeister, Friseurmeis-

M

ter, Schneidermeister. **2.** ⟨mit Attribut⟩ *männliche Person, die ein Fach, eine Kunst o. Ä. hervorragend beherrscht:* ein berühmter Meister; die alten Meister der Malerei; er ist ein Meister seines Faches. *Syn.:* Ass, Experte, Fachmann, Kapazität. **3.** *Person oder Mannschaft, die im Sport eine Meisterschaft gewonnen hat:* er ist vielfacher Meister im Boxen; die Bayern sind wieder Meister geworden. *Zus.:* Europameister, Landesmeister, Schachmeister, Weltmeister. **4.** *Titel im Sport:* die Mannschaft war dreimal Deutscher Meister im Rudern.

meis|ter|haft [ˈmaɪstɐhaft] ⟨Adj.⟩: *sehr gut:* eine meisterhafte Aufführung; die Mannschaft hat meisterhaft gespielt. *Syn.:* ausgezeichnet, exzellent, großartig, hervorragend, perfekt, super (ugs.).

die **Meis|te|rin** [ˈmaɪstərɪn]; -, -nen: weibliche Form zu ↑ Meister.

meis|tern [ˈmaɪstɐn], meistert, meisterte, gemeistert ⟨tr.; hat; etw. m.⟩: *mit etwas, was schwierig ist, zurechtkommen:* eine Aufgabe, Situation meistern; sie meistert ihr schweres Schicksal in bewundernswerter Weise. *Syn.:* bewältigen, lösen, schaffen.

die **Meis|ter|schaft** [ˈmaɪstɐʃaft]; -, -en: **1.** ⟨ohne Plural⟩ *großes Können:* sie hat es in der Malerei zur Meisterschaft gebracht. **2.** *Wettkampf, durch den der Meister, die Meisterin in einer bestimmten Disziplin ermittelt wird:* die deutsche Meisterschaft im Springreiten. *Syn.:* Turnier. *Zus.:* Fußballmeisterschaft, Leichtathletikmeisterschaft, Tennismeisterschaft.

me|lan|cho|lisch [melaŋˈkoːlɪʃ], melancholischer, am melancholischsten ⟨Adj.⟩: *traurig, depressiv:* ein melancholischer Mensch; er macht einen melancholischen Eindruck; die Musik ist, wirkt sehr melancholisch. *Syn.:* bedrückt, pessimistisch, unglücklich.

die **Me|lan|ge** [meˈlãːʒə]; -, -n: (österr.) *starker Kaffee mit viel Milch:* sie hat im Kaffeehaus einen Apfelstrudel und eine Melange bestellt. *Syn.:* Milchkaffee.

mel|den [ˈmɛldn̩], meldet, meldete, gemeldet: **1.** ⟨tr.; hat; jmdn., sich, etw. m.⟩ *anmelden, [dienstlich] anzeigen:* einen Unfall [bei] der Polizei, der Versicherung melden; diesen Vorfall muss ich dem Chef melden; sich krank, arbeitslos melden. *Syn.:* anmelden, informieren, sagen, verständigen,

bekannt geben. **2.** ⟨tr.; hat; etw. m.⟩ *als Nachricht bekannt geben:* der Wetterbericht meldet schönes Wetter. *Syn.:* mitteilen, verkünden (geh.). **3.** ⟨sich m.⟩ *von sich hören lassen, Nachricht geben:* wenn ich ankomme, melde ich mich gleich bei dir; meld dich doch mal wieder! **4.** ⟨sich m.⟩ *antworten:* unter der Nummer meldet sich keiner; auf meine Anzeige in der Lokalzeitung hat sich noch niemand gemeldet; er hat sich im Unterricht oft gemeldet *(hat oft gezeigt, dass er etwas sagen möchte).*

die **Mel|dung** [ˈmɛldʊŋ]; -, -en: *etwas, was man der Öffentlichkeit (besonders durch die Massenmedien) wissen lässt:* eine aktuelle, wichtige Meldung; die letzte Meldung; die Meldung des Flugzeugabsturzes hat uns alle schockiert. *Syn.:* Info (ugs.), Information, Nachricht. *Zus.:* Agenturmeldung, Pressemeldung, Verkehrsmeldung, Zeitungsmeldung.

mel|ken [ˈmɛlkn̩], melkt, molk/melkte, gemolken ⟨tr.; hat; ein Tier m.⟩: *die Milch aus einem Tier herauspressen:* Kühe [mit der Melkmaschine] melken; sie melkte die Ziegen.

die **Me|lo|die** [meloˈdiː]; -, Melodien [meloˈdiːən]: *Folge von Tönen, die man singen kann:* eine Melodie singen; die Melodie eines Liedes. *Zus.:* Titelmelodie.

die **Me|lo|ne** [meˈloːnə]; -, -n: *runde, saftige Kürbisfrucht:* im Sommer essen wir oft Melone; die Melone durchschneiden. *Zus.:* Honigmelone, Wassermelone.

die **Me|moi|ren** [meˈmŏaːrən] ⟨Plural⟩: *Erinnerungen an das Leben einer Person:* er schreibt seine / an seinen Memoiren. *Syn.:* Biografie ⟨Singular⟩.

die **Men|ge** [ˈmɛŋə]; -, -n: **1.** *bestimmte Anzahl:* eine kleine Menge Zucker; die doppelte Menge [an] Wasser; schon eine geringe Menge des Gifts ist tödlich. *Syn.:* Portion. *Zus.:* Wassermenge. **2.** * *eine Menge: viel[e]:* das hat eine Menge Geld gekostet; wir haben eine Menge Freunde; eine Menge Leute kam/kamen zusammen; wir haben noch eine Menge Zeit, bis der Zug abfährt. **3.** *große Anzahl von Menschen:* eine große Menge drängte sich auf dem Marktplatz; der Politiker bekam den Beifall der Menge. *Syn.:* Ansammlung, Auflauf, Volk (ugs.). *Zus.:* Menschenmenge, Volksmenge.

die **Men|sa** [ˈmɛnza]; -, Mensen [ˈmɛnzn̩]: *Restaurant, das zu einer Hochschule gehört:*

mittags essen die Studierenden meistens in der Mensa.

der **Mensch** [mɛnʃ]; -en, -en: *Lebewesen, das denken und sprechen kann:* der denkende, moderne Mensch; ein normaler, ruhiger, schrecklicher Mensch; die Fähigkeit zu sprechen ist der Unterschied zwischen Mensch und Tier; einen Menschen lieben; Menschen wie du und ich. *Syn.:* Individuum, Person. *Zus.:* Durchschnittsmensch, Nachtmensch.

die **Men|schen|kennt|nis** [ˈmɛnʃn̩kɛntnɪs]; -: *die Fähigkeit, andere Menschen richtig zu beurteilen:* dem Chef fehlt es an Menschenkenntnis; sie hat Menschenkenntnis, verfügt über Menschenkenntnis.

die **Mensch|heit** [ˈmɛnʃhai̯t]; -: *alle Menschen:* die ganze Menschheit; die Geschichte der Menschheit.

mensch|lich [ˈmɛnʃlɪç], menschlicher, am menschlichsten ⟨Adj.⟩: **1.** *zum Menschen gehörend:* der menschliche Körper; das ist eine menschliche Schwäche; menschliches Versagen war die Ursache für den Unfall. **2.** *gütig und voll Verständnis* /Ggs. unmenschlich/: sie hat eine menschliche Art; der Chef hat seine Mitarbeiterinnen und Mitarbeiter immer sehr menschlich behandelt. *Syn.:* freundlich, gut, human.

die **Mensch|lich|keit** [ˈmɛnʃlɪçkai̯t]; -: *gütige und verständnisvolle Gesinnung:* er tut es aus reiner Menschlichkeit; ein Verbrechen gegen die Menschlichkeit.

die **Mens|tru|a|ti|on** [mɛnstruaˈt͡si̯oːn]; -, -en: *Blutung, die bei Frauen außerhalb von Schwangerschaften periodisch auftritt:* junge Mädchen bekommen immer früher ihre erste Menstruation. *Syn.:* Periode, Regel, Tage ⟨Plural⟩ (ugs. verhüllend).

die **Men|ta|li|tät** [mɛntaliˈtɛːt]; -: *Art zu denken und zu fühlen:* in südlichen Ländern herrscht eine andere Mentalität; sie kann sich gut in die Mentalität anderer Menschen einfühlen. *Syn.:* Einstellung.

das **Me|nü** [meˈnyː]; -s, -s: **1.** *Mahlzeit, die aus mehreren Gängen besteht:* für die Feier haben wir ein kleines Menü zusammengestellt; das Restaurant bietet verschiedene Menüs an. *Syn.:* Essen, Mahl (geh.). *Zus.:* Festmenü, Fünfgangmenü, Mittagsmenü, Viergangmenü. **2.** (schweiz.) *Mahlzeit:* in der Firma bekommen wir mittags ein warmes Menü. *Zus.:* Abendmenü, Mittagsmenü. **3.** (EDV) *Liste der Funktionen eines Programms, die auf dem Bildschirm angezeigt werden und* mit der Tastatur oder der Maus ausgewählt werden können: ein Menü aufrufen; aus dem Menü durch Anklicken auswählen; das Programm kann über das Menü gesteuert werden.

mer|ken [ˈmɛrkn̩], merkt, merkte, gemerkt: **1.** ⟨itr.; hat; etw. m.⟩ *wahrnehmen:* er merkte gar nicht, dass man sich über ihn lustig machte. *Syn.:* bemerken, mitbekommen. **2.** ⟨sich (Dativ) jmdn., etw. m.⟩ *im Gedächtnis behalten:* sich Zahlen, Namen merken; ich habe mir deine Telefonnummer gemerkt.

merk|lich [ˈmɛrklɪç] ⟨Adj.⟩: *so, dass man es bemerken kann:* ein merklicher Unterschied, eine merkliche Besserung; draußen ist es merklich kühler geworden.

das **Merk|mal** [ˈmɛrkmaːl]; -s, -e: *Zeichen, Eigenschaft, woran man etwas erkennen kann:* ein typisches, untrügliches Merkmal; er weist alle Merkmale einer Infektion auf; keine besonderen Merkmale. *Syn.:* Anzeichen, Besonderheit. *Zus.:* Geschlechtsmerkmal, Qualitätsmerkmal, Unterscheidungsmerkmal.

merk|wür|dig [ˈmɛrkvʏrdɪç], merkwürdiger, am merkwürdigsten ⟨Adj.⟩: *so, dass es Staunen, auch Misstrauen hervorruft:* eine merkwürdige Geschichte; er erlebt immer die merkwürdigsten Sachen; das kommt mir doch merkwürdig vor; es ist merkwürdig still hier; gestern ist mir etwas Merkwürdiges passiert. *Syn.:* eigenartig, seltsam, sonderbar.

der **Mess|be|cher** [ˈmɛsbɛçɐ]; -s, -: *Gefäß, mit dem man Mehl, Zucker, aber auch Waschmittel u. Ä. abmisst:* das Mehl mit dem Messbecher abmessen; oft reicht ein halber Messbecher Waschmittel.

die **¹Mes|se** [ˈmɛsə]; -, -n: *katholischer Gottesdienst:* die heilige Messe; eine Messe feiern, lesen. *Zus.:* Abendmesse, Frühmesse, Weihnachtsmesse.

die **²Mes|se** [ˈmɛsə]; -, -n: *große [internationale] Ausstellung von neuen Waren:* die Messe war gut besucht; auf der Messe waren viele Verlage vertreten; die Frankfurter, Leipziger Messe. *Zus.:* Buchmesse, Herbstmesse, Möbelmesse.

mes|sen [ˈmɛsn̩], misst, maß, gemessen: **1.** ⟨tr.; hat; etw. m.⟩ *das Maß von etwas bestimmen:* die Länge, Höhe von etwas messen; die Temperatur, den Blutdruck messen; [bei jmdm.] Fieber messen; die Zeit mit der Stoppuhr messen. **2.** ⟨sich m.⟩ *die eigenen Kräfte, Fähigkeiten im Vergleich mit denen eines anderen ermit-*

M

teln; sich vergleichen: er wollte sich mit ihm einmal messen; was die Freundlichkeit betrifft, kann er sich mit ihr nicht messen; die Spitzenpolitiker maßen sich in einer Fernsehdiskussion.

das **Mes|ser** [ˈmɛsɐ]; -s, -: *Gegenstand mit einem Griff und einer scharfen Klinge zum Schneiden:* ein spitzes Messer; mit Messer und Gabel essen; das Messer in die rechte Hand nehmen; das Messer schneidet nicht mehr gut, wir müssen es schärfen lassen. *Zus.:* Brotmesser, Buttermesser, Fleischmesser, Käsemesser, Küchenmesser, Taschenmesser.

das **Me|tall** [meˈtal]; -s, -e: *Stoff, der Wärme und Elektrizität gut leitet und in der Industrie verarbeitet wird:* edle Metalle wie Gold und Silber; es gibt weiches und hartes Metall; das flüssige Metall wird in Formen gegossen. *Zus.:* Edelmetall, Leichtmetall, Schwermetall.

der *oder* das **Me|ter** [ˈmeːtɐ]; -s, -: Einheit der Länge (Abkürzung: m): die Mauer ist drei Meter hoch; mit drei Meter[n] Stoff / mit drei Metern kommen wir aus; der Ort liegt in 1 000 Meter Höhe.

das **Me|ter|maß** [ˈmeːtɐmaːs]; -es, -e: *Band oder Stab, der in Zentimeter und Millimeter eingeteilt ist und zum Messen von Längen benutzt wird:* mit dem Metermaß ausmessen, wie lang der Flur ist.

die **Me|tho|de** [meˈtoːdə]; -, -n: **1.** *Verfahren mit festen Regeln, um zu [wissenschaftlichen] Erkenntnissen zu gelangen:* eine analytische Methode; die historischkritische Methode; eine Methode zur Bestimmung des Gewichts. **2.** *Art der Durchführung; Weg, wie man zu einem Ziel gelangen kann:* diese Methoden gefallen mir gar nicht. *Syn.:* Mittel.

die **Me|tro|po|le** [metroˈpoːlə]; -, -n: *Hauptstadt; eine große, bedeutende Stadt:* New York, London, Paris, Peking und Berlin sind Metropolen der Welt; München, die Metropole Bayerns; Köln ist die rheinische Metropole. *Zus.:* Dienstleistungsmetropole, Handelsmetropole.

der **Metz|ger** [ˈmɛtsgɐ]; -s, -, die **Metz|ge|rin** [ˈmɛtsgərɪn]; -, -nen (bes. westd., südd.): *Fleischer[in]:* sie arbeitet als Metzgerin; ein Pfund Fleisch vom Metzger mitbringen. *Syn.:* Schlachter (nordd.), Schlächter (nordd.), Schlachterin (nordd.), Schlächterin (nordd.).

die **Metz|ge|rei** [mɛtsgəˈrai]; -, -en (bes. westd., südd.): *Fleischerei:* wir kaufen Fleisch und Wurst nur in guten Metzgereien. *Syn.:* Fleischhauerei (österr.).

die **Meu|te** [ˈmɔytə]; -: **1.** *Gruppe von Hunden für die Jagd:* die Meute hetzte das Wild. *Zus.:* Hundemeute, Jagdmeute. **2.** (ugs. abwertend) *Gruppe von Menschen, die gemeinsam [aggressiv] auftreten und handeln:* eine Meute Halbstarker; eine ganze Meute war hinter dem Täter her.

mi|au|en [miˈauən], miaut, miaute, miaut ⟨itr.; hat⟩: *(von Katzen) einen Laut von sich geben, der wie »miau« klingt:* der Hund bellte und die Katze miaute.

mich [mɪç] ⟨Personalpronomen; Akk. von »ich«⟩: **1.** liebst du mich? **2.** ⟨reflexivisch⟩ ich erinnere mich nicht daran.

mick|rig [ˈmɪkrɪç], mickriger, am mickrigsten ⟨Adj.⟩ (ugs. abwertend): *kümmerlich:* ein mickriges Pflänzchen; er hatte nur ein mickriges Geschenk für sie. *Syn.:* klein.

mied [miːt]: ↑ meiden.

der **Mief** [miːf]; -[e]s (salopp abwertend): *Luft (in einem Raum), die als unangenehm empfunden wird, verbraucht ist; Gestank:* im Schlafsaal herrschte ein fürchterlicher Mief; sie hat sich vom Mief der Kleinstadt *(von der beschränkten Atmosphäre)* befreit.

die **Mie|ne** [ˈmiːnə]; -, -n: *Ausdruck des Gesichtes, der eine Stimmung oder Meinung erkennen lässt:* eine ernste, freundliche Miene; eine saure, finstere Miene machen; als sie ihren Freund sah, hellte sich ihre Miene gleich auf; ohne eine Miene zu verziehen *(ohne ein Gefühl zu zeigen),* ertrug sie den Schmerz. *Syn.:* Gesicht, Mimik. *Zus.:* Leidensmiene, Trauermiene, Unschuldsmiene.

mies [miːs], mieser, am miesesten ⟨Adj.⟩ (ugs.): **1.** (abwertend) *schlecht in einer Art, die Ärger hervorruft:* so ein mieser Kerl!; er hat einen ganz miesen Charakter; das war ein echt mieses Spiel; ich finde sie total mies; das Geschäft geht mies; immerzu macht er ihn mies *(spricht er schlecht über ihn).* **2.** *(gesundheitlich) schlecht, krank:* ihm geht es mies; sie fühlt sich schon seit Tagen ziemlich mies. *Syn.:* kränklich.

die **Mie|te** [ˈmiːtə]; -, -n: **1.** *Preis, den man für das Mieten (von etwas) bezahlen muss:* die Miete für die Wohnung bezahlen; die Miete wurde erhöht; nach einem Wasserschaden kann man die Miete mindern; die Miete ist am Anfang eines Monats fällig. *Zus.:* Kaltmiete, Warmmiete, Wohnungsmiete. **2.** ⟨ohne Plural⟩

das Mieten: wir wohnen zur Miete *(sind Mieter[innen]);* Kauf ist manchmal günstiger als Miete.

mie|ten [ˈmiːtn̩], mietet, mietete, gemietet ⟨tr.; hat; etw. m.⟩ /Ggs. vermieten/: *etwas gegen Bezahlung benutzen dürfen:* ein Zimmer mieten; wir haben die Wohnung für fünf Jahre gemietet; im Urlaub mieten wir uns ein Auto.

der **Mie|ter** [ˈmiːtɐ], -s, -, die **Mie|te|rin** [ˈmiːtərɪn]; -, -nen: *Person, die etwas mietet:* der Mieter einer Wohnung; Mieterinnen und Mietern kann nicht einfach gekündigt werden. *Zus.:* Hauptmieter, Hauptmieterin, Nachmieter, Nachmieterin, Untermieter, Untermieterin.

das **Miets|haus** [ˈmiːtshaus], -es, Mietshäuser [ˈmiːtshɔyzɐ]: *großes Wohnhaus, in dem man zur Miete wohnt:* in einem Mietshaus wohnen.

der **Miet|ver|trag** [ˈmiːtfɐʁtraːk]; -[e]s, Mietverträge [ˈmiːtfɐʁtrɛːɡə]: *Vertrag zwischen Vermieter[in] und Mieter[in] über das Vermieten von etwas:* den Mietvertrag unterschreiben, kündigen; das ist im Mietvertrag festgeschrieben.

die **Mi|grä|ne** [miˈɡrɛːnə]; -, -n: *starke Kopfschmerzen:* Migräne haben.

der **Mi|grant** [miˈɡrant]; -en, -en, die **Mi|gran|tin** [miˈɡrantɪn]; -, -nen: *Person, die in ein anderes Land auswandert:* sie ist die Tochter türkischer Migranten.

die **Mi|gra|ti|on** [miɡraˈtsi̯oːn]; -, -en: *das Auswandern:* Migration ist nicht erst ein Phänomen unserer Zeit.

das **Mi|k|ro|fon, Mi|k|ro|phon** [mikroˈfoːn]; -s, -e: *Gerät, durch das Töne (z. B. auf Tonband oder Kassette) aufgenommen oder über Lautsprecher lauter gemacht werden können:* der Reporter spricht ins Mikrofon; jmdn. ans Mikrofon bitten; jmdn. vors Mikrofon holen, bekommen.

das **Mi|k|ro|skop** [mikroˈskoːp]; -s, -e: *Gerät, mit dem sehr kleine Dinge aus geringer Entfernung stark vergrößert und sichtbar gemacht werden können:* etwas durch das Mikroskop betrachten; die Probe unter dem Mikroskop untersuchen.

die **Mi|k|ro|wel|le** [ˈmiːkrovɛlə]; -, -n: *Herd, in dem man Speisen in kurzer Zeit auftauen, erwärmen kann:* das Essen in der Mikrowelle aufwärmen, warm machen.

die **Milch** [mɪlç]; -: *weiße Flüssigkeit von Kühen, Ziegen, Schafen, die als Nahrungsmittel dient:* möchtest du warme oder kalte Milch?; die Milch ist sauer *(schlecht);* Milch gerinnt; die Milch ist übergelaufen; Milch in den Kaffee gie-

ßen; den Kaffee mit Milch trinken; frische Milch trinken. *Zus.:* Kuhmilch, Schafsmilch, Ziegenmilch.

mil|chig [ˈmɪlçɪç] ⟨Adj.⟩: *weiß und trüb wie Milch:* eine milchige Flüssigkeit.

mild [ˈmɪlt], **mil|de** [ˈmɪldə], milder, am mildesten ⟨Adj.⟩: **1.** *gütig; nicht streng; nicht hart:* kein strenger, sondern ein milder Richter; das Urteil ist sehr mild[e], ist mild[e] ausgefallen. **2.** *keine extreme Temperaturen aufweisend; nicht rau:* ein mildes Klima; ein milder Winter; ein Zustrom milder Meeresluft; die Nacht war mild[e]. **3.** *(bes. von Speisen) nicht stark gewürzt, nicht scharf:* milde Speisen; der Käse ist sehr mild. **4.** *(bes. von bestimmten Chemikalien) nicht scharf, etwas nicht angreifend:* eine milde Seife; das Shampoo ist ganz mild.

das **Mi|li|eu** [miˈli̯øː]; -s, -s: *soziale Umgebung, in der ein Mensch lebt und die ihn prägt:* das soziale Milieu; sie stammt aus einem gutbürgerlichen Milieu; in einem ärmlichen Milieu aufwachsen; das Milieu hier ist sehr kleinbürgerlich.

das **Mi|li|tär** [miliˈtɛːɐ̯]; -s: **1.** *Gesamtheit der Soldaten eines Landes:* das französische Militär; er ist beim Militär; zum Militär müssen *(Soldat werden müssen).* *Syn.:* Armee, Heer. **2.** ⟨Plural⟩. *(eine bestimmte Anzahl von) Soldaten:* gegen die Demonstranten wurde [das] Militär eingesetzt. *Syn.:* Armee, Heer, Truppen ⟨Plural⟩.

die **Mil|li|ar|de** [mɪˈli̯ardə]; -, -n: *tausend Millionen:* vier bis fünf Milliarden, einige Milliarden Euro; auf der Erde leben rund sechs Milliarden Menschen.

der *oder* das **Mil|li|me|ter** [ˈmɪlimetɐ]; -s, -: Einheit der Länge (Abkürzung: mm): *der tausendste Teil eines Meters:* eine Schraube von fünf Millimeter Durchmesser.

die **Mil|li|on** [mɪˈli̯oːn]; -, -en: *tausend mal tausend* (Abkürzung: Mio., Mill.; in Ziffern: 1 000 000): eine halbe Million Euro; dieses Haus kostet eine Million Euro; rund eine Million Menschen war/waren auf der Flucht.

der **Mil|li|o|när** [mɪli̯oˈnɛːɐ̯]; -s, -e, die **Mil|li|o|nä|rin** [mɪli̯oˈnɛːrɪn]; -, -nen: *Person, die eine oder mehrere Millionen Euro, Dollar o. Ä. besitzt:* sie ist Millionärin.

die **Mi|mik** [ˈmiːmɪk]; -: *Veränderungen der Miene als Ausdruck von Gefühlen:* er hat eine lebhafte Mimik.

min|der... [ˈmɪndɐ...] ⟨Adj.⟩: *(bezogen auf Wert, Qualität, Ansehen) nicht hoch;*

M

gering: eine mindere Qualität; Fragen von minderer Bedeutung.

die Min|der|heit [ˈmɪndɐhai̯t]; -, -en: **1.** *kleinerer Teil einer Gruppe von Personen* /Ggs. Mehrheit/: eine Minderheit ist gegen diesen Entwurf; die Gegner des Planes bilden eine Minderheit; in der Minderheit *(zahlenmäßig unterlegen)* sein. **2.** *relativ kleine und damit unterlegene und machtlose Gruppe (in einer Gemeinschaft, einem Staat o. Ä.):* eine religiöse, ethnische Minderheit; die Unterdrückung von Minderheiten.

min|der|jäh|rig [ˈmɪndɐjɛːrɪç] ⟨Adj.⟩: *noch nicht volljährig* /Ggs. volljährig/: er ist minderjährig; in Deutschland ist man mit 17 Jahren noch minderjährig, mit 18 wird man dann volljährig.

min|dern [ˈmɪndɐn], mindert, minderte, gemindert ⟨tr.; hat; etw. m.⟩: *geringer werden oder erscheinen lassen:* der kleine Fehler mindert die gute Leistung der Schülerin keineswegs; durch schlechtes Benehmen das Ansehen mindern. *Syn.:* verringern.

min|der|wer|tig [ˈmɪndɐveːɐ̯tɪç], minderwertiger, am minderwertigsten ⟨Adj.⟩: *von geringer Qualität:* minderwertiges Fleisch verwenden; dieses Material ist minderwertig.

min|dest... [ˈmɪndəst...] ⟨Adj.⟩: *drückt aus, dass etwas nur im geringsten Maße vorhanden ist: geringst...:* ich habe davon nicht die mindeste Ahnung; wenn man nur die mindesten Aussichten hätte; das ist das Mindeste/(auch:) mindeste, was man erwarten kann.

min|des|tens [ˈmɪndəstn̩s] ⟨Adverb⟩: *auf keinen Fall weniger als* /Ggs. höchstens/: es waren mindestens drei Täter; das Zimmer ist mindestens fünf Meter lang; so ein Kühlschrank kostet mindestens 500 Euro. *Syn.:* wenigstens.

die Mi|ne [ˈmiːnə]; -, -n: **1.** *Waffe, die in den Boden oder das Wasser gelegt wird und bei Berührung explodiert:* an der Grenze sind Minen gelegt; Minen suchen, entschärfen; auf eine Mine treten. *Zus.:* Landmine, Seemine. **2.** *dünnes Stäbchen in einem Bleistift, Kugelschreiber o. Ä., das Farbe enthält und das Schreiben ermöglicht:* eine rote Mine; die Mine meines Kugelschreibers ist leer; die Mine auswechseln. **3.** *Bergwerk unter der Erde:* eine Mine schließen, stilllegen. *Syn.:* Grube.

das Mi|ne|ral [minəˈraːl]; -s, -e und -ien: *Stoff, der in der Erde vorkommt und z. B. als Erz zur Gewinnung von Metallen dient oder als Stein für Schmuck:* in dieser Gegend gibt es viele Minerale.

das Mi|ne|ral|was|ser [minəˈraːlvasɐ]; -s, Mineralwässer [minəˈraːlvɛsɐ]: *Trinkwasser, das von einer Quelle stammt und Spuren von Mineralien und Salzen enthält:* ein Mineralwasser bestellen; auf der Karte stehen fünf Mineralwässer *(Sorten Mineralwasser). Syn.:* Sprudel.

das Mi|ni|for|mat [ˈminiformaːt]; -s, -e: *kleines Format:* das ist der Berliner Fernsehturm im Miniformat.

mi|ni|mal [miniˈmaːl] ⟨Adj.⟩: *so gering, niedrig, wie es geht:* ein minimaler Unterschied; die Verluste waren minimal; ihr Vorsprung in diesem Rennen war minimal. *Syn.:* winzig.

das Mi|ni|mum [ˈmiːnimʊm]; -s, Minima [ˈmiːnima]: *geringstes, niedrigstes Maß* /Ggs. Maximum/: die Unfälle wurden auf ein Minimum reduziert; ein Minimum an Kraft aufwenden.

der Mi|nis|ter [miˈnɪstɐ]; -s, -, die Mi|nis|te|rin [miˈnɪstərɪn]; -, -nen: *Mitglied einer Regierung, das einen bestimmten Bereich verwaltet:* jmdn. zum Minister, zur Ministerin ernennen; Frau Minister / Frau Ministerin Schulze; sie ist Ministerin für Familie und Gesundheit; einen Minister ernennen, vereidigen, stürzen. *Zus.:* Familienminister, Familienministerin, Finanzminister, Finanzministerin, Justizminister, Justizministerin, Kultusminister, Kultusministerin, Umweltminister, Umweltministerin, Wirtschaftsminister, Wirtschaftsministerin.

das Mi|nis|te|ri|um [minɪsˈteːri̯ʊm]; -s, Ministerien [minɪsˈteːri̯ən]: *oberste Behörde in der Verwaltung eines Staates, die für einen bestimmten Bereich zuständig ist:* das Ministerium des Innern. *Syn.:* Amt. *Zus.:* Außenministerium, Finanzministerium, Wirtschaftsministerium.

der Mi|nis|ter|prä|si|dent [miˈnɪstɐprɛzidɛnt]; -en, -en, die Mi|nis|ter|prä|si|den|tin [miˈnɪstɐprɛzidɛntɪn]; -, -nen: *Chef, Chefin der Regierung eines Bundeslandes:* die Ministerpräsidentin wird für vier Jahre gewählt; die Ministerpräsidentinnen und Ministerpräsidenten treffen sich regelmäßig zu Beratungen.

¹mi|nus [ˈmiːnʊs] ⟨Konj.⟩ /Ggs. plus/: *drückt aus, dass eine Zahl von der anderen subtrahiert wird: weniger:* fünf minus drei ist zwei.

²mi|nus [ˈmiːnʊs] ⟨Präp., meist mit Gen.⟩ /Ggs. plus/: *drückt aus, dass etwas um*

eine bestimmte Summe weniger ist: dieser Betrag minus der üblichen Abzüge; minus Rabatt; minus Abzügen. *Syn.:* abzüglich, ohne.

³**mi|nus** [ˈmiːnʊs] ⟨Adverb⟩ /Ggs. plus/: **1.** drückt aus, dass eine Zahl, ein Wert negativ, kleiner als null ist: minus drei; minus fünf Grad/fünf Grad minus. **2.** drückt aus, dass eine negative elektrische Ladung vorhanden ist: der Strom fließt von plus nach minus.

das **Mi|nus** [ˈmiːnʊs]; - /Ggs. Plus/: **1.** *finanzieller Verlust:* ein Minus von zehn Euro; bei diesem Geschäft habe ich Minus gemacht; ins Minus kommen, geraten. *Syn.:* Defizit. **2.** *Nachteil, Mangel:* der schlechte Kundendienst dieser Firma ist ein großes Minus gegenüber dem Konkurrenten. *Syn.:* Schwäche.

die **Mi|nu|te** [miˈnuːtə]; -, -n: **1.** *Zeitdauer von 60 Sekunden:* eine Stunde hat 60 Minuten; eine Schulstunde dauert normalerweise 45 Minuten; der Zug kommt in wenigen Minuten. **2.** *Augenblick, Moment:* die Minuten der Ungewissheit wurden ihnen zur Qual; jede freie Minute nutzen; hast du eine Minute, ein paar Minuten Zeit für mich?; sie wartet immer bis zur letzten Minute; er kam in letzter Minute; von Minute zu Minute wurde es dunkler.

mir [miːɐ̯] ⟨Personalpronomen; Dativ von »ich«⟩: **1.** gib mir mal das Buch. **2.** ⟨reflexivisch⟩ ich wünsche mir etwas Ruhe.

das **Misch|brot** [ˈmɪʃbroːt]; -[e]s, -e: *Brot aus Roggen- und Weizenmehl:* ich hätte gern zwei Mischbrote.

mi|schen [ˈmɪʃn̩], mischt, mischte, gemischt: **1.** ⟨tr.; hat; etw. [mit etw.] m.⟩ *verschiedene Stoffe zusammenbringen und verbinden:* Sirup und Wasser mischen; Gips mit Wasser mischen. *Syn.:* mixen. **2.** ⟨tr.; hat; etw. in, unter etw. (Akk.) m.⟩ *eine Substanz zu einer anderen hinzufügen und mit ihr vermischen:* Zucker in, unter den Brei mischen; jmdm. Gift ins Essen mischen. **3.** ⟨tr.; hat; etw. m.⟩ *durch Vermischen mehrerer Stoffe entstehen lassen:* einen Drink mischen; der Maler mischt sich seine Farben selbst. *Syn.:* mixen. **4.** ⟨sich [mit etw.] m.⟩ *sich mit etwas vermischen:* Wasser mischt sich nicht mit Öl. **5.** ⟨sich [in etw. (Akk.)] m.⟩ *zu etwas hinzukommen und sich damit vermischen:* in meine Freude mischte sich Angst. **6.** ⟨tr.; hat; etw. m.⟩ *(Spielkarten) in eine möglichst ungeordnete Reihenfolge bringen:*

die Karten mischen; ⟨auch itr.⟩ wer mischt? *Syn.:* durcheinanderbringen. **7.** ⟨sich in etw. (Akk.) m.⟩ *sich einmischen:* sie mischt sich ständig in meine Angelegenheiten. **8.** ⟨sich unter jmdn., etw. m.⟩ *sich zu einer Anzahl von Menschen begeben, um [unerkannt, unauffällig] mit ihnen zusammen zu sein:* wir mischten uns unters Volk, unter die Zuschauenden.

der **Misch|ling** [ˈmɪʃlɪŋ]; -s, -e: *Tier, das von Tieren verschiedener Rassen abstammt:* unser Hund ist ein Mischling.

die **Mi|schung** [ˈmɪʃʊŋ]; -, -en: *etwas, was durch Mischen entstanden ist:* eine gute, schlechte, kräftige Mischung; dieser Kaffee, Tee, Tabak ist eine Mischung edelster Sorten. *Syn.:* Gemisch.

mi|se|ra|bel [mizəˈraːbl̩], miserabler, am miserabelsten ⟨Adj.⟩ (emotional): *sehr schlecht:* ein miserabler Film; sie spricht ein miserables Englisch; das Wetter, das Essen ist miserabel; er ist ein ganz miserabler *(gemeiner, übler)* Kerl; ich habe heute Nacht miserabel geschlafen; ich fühle mich miserabel; er hat sich miserabel benommen; die Arbeiter werden miserabel bezahlt. *Syn.:* lausig (ugs.), mies (abwertend).

die **Mi|se|re** [miˈzeːrə]; -, -n: *bedauerliche Lage, Notlage:* eine finanzielle Misere; die Misere an den Schulen und Universitäten; in einer Misere sein; jmdm. aus der Misere helfen.

miss- [mɪs] ⟨untrennbares verbales Präfix⟩: **1.** drückt aus, dass etwas Bestimmtes falsch, nicht gut erfolgt: *falsch, schlecht:* missdeuten; missinterpretieren; missverstehen. **2.** drückt eine Verneinung aus: *nicht:* missachten; missbilligen; missglücken; missgönnen; misstrauen.

miss|ach|ten [mɪsˈʔaxtn̩], missachtet, missachtete, missachtet ⟨tr.; hat⟩: *nicht beachten:* ein Verbot missachten.

miss|bil|li|gen [mɪsˈbɪlɪɡn̩], missbilligt, missbilligte, missbilligt ⟨tr.; hat⟩: etw. m.⟩: *nicht billigen:* jmds. Verhalten missbilligen; er sah sie missbilligend an.

der **Miss|brauch** [ˈmɪsbraux]; -[e]s, Missbräuche [ˈmɪsbrɔɣ̯çə]: *das Missbrauchen:* der Missbrauch eines Amtes, der Macht; Missbrauch mit etwas treiben; vor dem Missbrauch von Medikamenten warnen; die Folgen sexuellen Missbrauchs *(Missbrauchtwerdens).*

miss|brau|chen [mɪsˈbrauxn̩], missbraucht, missbrauchte, missbraucht ⟨tr.; hat; jmdn., etw. m.⟩: *falsch gebrauchen; in* unerlaubter Weise gebrauchen, benutzen: sie missbrauchte ihr Amt, ihre Macht; jmds. Vertrauen missbrauchen *(jmdn. täuschen);* er hat sie überfallen und sexuell missbraucht *(vergewaltigt).*

mis|sen [ˈmɪsn̩]: in der Verbindung **jmdn., etwas nicht missen wollen/ mögen: ohne jmdn., etwas nicht auskommen wollen/mögen:* ich habe mich an das Gerät so gewöhnt, dass ich es nicht mehr missen wollte; ich möchte diese Erfahrung nicht missen.

der **Miss|er|folg** [ˈmɪsɐfɔlk]; -[e]s, -e: *das Ausbleiben eines Erfolgs /Ggs. Erfolg/:* berufliche Misserfolge; einen Misserfolg erleben, haben; das Konzert war ein Misserfolg *(brachte nicht den erwarteten Erfolg).* Syn.: Fehlschlag, Flop.

miss|fal|len [mɪsˈfalən], missfällt, missfiel, missfallen ⟨itr.; hat; jmdm. m.⟩: *ganz und gar nicht gefallen:* mir missfiel die Art, wie sie behandelt wurde; was missfällt dir so an der Sache?

das **Miss|ge|schick** [ˈmɪsɡəʃɪk]; -[e]s, -e: *peinlicher, ärgerlicher Vorfall:* jmdm. passiert, widerfährt ein Missgeschick.

miss|glü|cken [mɪsˈɡlʏkn̩], missglückt, missglückte, missglückt ⟨itr.; ist⟩: *nicht glücken:* der erste Versuch missglückte; ein missglücktes Unternehmen. Syn.: danebengehen (ugs.), fehlschlagen, misslingen, scheitern.

miss|han|deln [mɪsˈhandl̩n], misshandelt, misshandelte, misshandelt ⟨tr.; hat; jmdn. m.⟩: *jmdm. absichtlich körperliche Schmerzen zufügen:* einen Gefangenen misshandeln. Syn.: foltern, quälen.

die **Mis|si|on** [mɪˈsi̯oːn]; -, -en: **1.** *Verbreitung einer Religion, bes. des Christentums:* Mission [be]treiben; in der Mission tätig sein. **2.** *Auftrag:* eine gefährliche, politische Mission; ihre Mission ist erfüllt, gescheitert, beendet; er war in geheimer Mission unterwegs.

miss|lich [ˈmɪslɪç], misslicher, am misslichsten ⟨Adj.⟩: *unangenehm, ärgerlich:* sich in einer misslichen Lage befinden; dieser Zustand ist äußerst misslich. Syn.: unerfreulich.

miss|lin|gen [mɪsˈlɪŋən], misslingt, misslang, misslungen ⟨itr.; ist⟩: *nicht so werden wie beabsichtigt, gewünscht:* das Unternehmen ist misslungen; sie wusste, dass die Flucht misslingen würde; ein misslungener Kuchen.

miss|mu|tig [ˈmɪsmuːtɪç], missmutiger, am missmutigsten ⟨Adj.⟩: *schlecht gelaunt:* ein missmutiger Mensch; ein missmuti-

ges Gesicht machen; jmdn. missmutig anschauen. Syn.: ärgerlich, mürrisch, sauer (ugs.), säuerlich, unzufrieden.

miss|ra|ten [mɪsˈraːtn̩], missrät, missriet, missraten ⟨itr.; ist⟩: *nicht [gut] gelingen:* misslingen: der Kuchen ist ihr missraten Syn.: danebengehen (ugs.).

misst [mɪst]: ↑ messen.

miss|trau|en [mɪsˈtrau̯ən], misstraut, misstraute, misstraut ⟨itr.; hat; jmdm., einer Sache m.⟩: *nicht vertrauen:* er misstraute ihm; wir misstrauten ihren Worten.

das **Miss|trau|en** [ˈmɪstrau̯ən]; -s: *skeptische Einstellung jmdm., etwas gegenüber:* sie sah ihn mit unverhohlenem Misstrauen an; tiefes Misstrauen erfüllte ihn; das Misstrauen [gegen sie] war unbegründet; ein gesundes Misstrauen haben. Syn.: Skepsis.

miss|trau|isch [ˈmɪstrau̯ɪʃ], misstrauischer, am misstrauischsten ⟨Adj.⟩: *voller Misstrauen:* ein misstrauischer Mensch, Blick; misstrauisch sein, werden; diese Bemerkung hat mich misstrauisch gemacht; misstrauisch verfolgte er jede Bewegung. Syn.: skeptisch.

miss|ver|ständ|lich [ˈmɪsfɛɐ̯ʃtɛntlɪç], missverständlicher, am missverständlichster ⟨Adj.⟩: *leicht zu einem Missverständnis führend:* eine missverständliche Formulierung; der Text ist missverständlich; sich missverständlich ausdrücken.

das **Miss|ver|ständ|nis** [ˈmɪsfɛɐ̯ʃtɛntnɪs]; -ses, -se: *(unbeabsichtigtes) falsches Verstehen:* ein folgenschweres, fatales, bedauerliches Missverständnis; hier liegt wohl ein Missverständnis vor; ein Missverständnis aufklären, beseitigen, aus der Welt schaffen, ausräumen.

miss|ver|ste|hen [ˈmɪsfɛɐ̯ʃteːən], missversteht, missverstand, missverstanden ⟨tr.; hat; jmdn., etw. m.⟩: *(unbeabsichtigt) falsch verstehen:* ich habe es anders gemeint, du hast mich missverstanden; sie fühlte sich missverstanden.

der **Mist** [mɪst]; -[e]s: **1.** *mit Stroh o. Ä. vermischter Kot und Urin von Haustieren:* Mist streuen; mit Mist düngen. Zus.: Hühnermist, Pferdemist, Schafmist. **2.** (ugs. abwertend) *wertlose, lästige, unnütze Gegenstände:* ich werfe den ganzen Mist weg; was hast du denn da für einen Mist gekauft? **3.** (ugs. abwertend) *lästige, ärgerliche, dumme Sache:* was soll der Mist?; mach deinen Mist doch allein!; Mist machen; (in Flüchen) so ein Mist!; [verfluchter] Mist! Syn.: Scheiße (derb abwertend).

der **Mist|kü|bel** [ˈmɪstkyːbḷ]; -s, - (österr.): *Mülleimer:* bringst du heute mal den Mistkübel runter?

¹**mit** [mɪt] ⟨Präp. mit Dativ⟩: **1.** drückt eine Gemeinsamkeit, ein Zusammensein, ein Zusammenwirken aus: sie war mit uns in der Stadt; willst du mit uns essen?; er spielt mit den Kindern der Nachbarn. **2.** drückt eine Zugehörigkeit aus: ein Haus mit Garten; ein Hotel mit 70 Zimmern; Familien mit Kindern; die Miete beträgt 600 Euro mit *(einschließlich)* Nebenkosten. **3.** gibt an, was der Inhalt eines bestimmten Behältnisses ist: ein Glas mit Honig; ein Sack mit Kartoffeln. **4.** gibt die Umstände einer Handlung an: sie aßen mit Appetit; das hat er mit Absicht getan; sie lag mit Fieber im Bett. **5.** gibt ein [Hilfs]mittel oder ein Material an: sich die Hände mit Seife waschen; der Brief ist mit der Maschine geschrieben; sie ist mit der Bahn gefahren. **6.** in Abhängigkeit von bestimmten Verben: mit etwas anfangen, aufhören; etwas mit etwas vergleichen; sich mit etwas beschäftigen, befassen; sich mit jmdm. streiten, abwechseln; die Umstände brachten es mit sich, dass ...; was ist los mit dir? **7.** nennt ein Ereignis, das parallel zu einem anderen eintritt: mit [dem] *(bei)* Einbruch der Nacht; mit dem Tode des Vaters änderte sich die Lage; mit 25 Jahren *(im Alter von 25 Jahren)* machte sie ihr Examen.

²**mit** [mɪt] ⟨Adverb⟩: *neben anderem, neben [einem, mehreren] anderen; auch; ebenfalls:* das gehört mit zu deinen Aufgaben; das musst du mit berücksichtigen; ⟨in Verbindung mit einem Superlativ⟩ das ist mit das wichtigste der Bücher *(eines der wichtigsten);* das ist mit deine Schuld.

mit- [mɪt] ⟨trennbares, betontes verbales Präfix⟩: **1.** drückt aus, dass etwas Bestimmtes nicht von jmdm. allein, sondern zusammen mit jmd. anderem getan wird: mitarbeiten; mitbenutzen, mitmachen; mitverantworten. **2.** dient dazu, auszudrücken, dass ein bestimmter Vorgang zugleich mit etwas anderem erfolgt: mithören; mitschreiben.

mit|ar|bei|ten [ˈmɪtarbaɪtṇ], arbeitet mit, arbeitete mit, mitgearbeitet ⟨itr.; hat; irgendwo m.⟩: **1.** *mit anderen zusammen tätig sein:* im elterlichen Geschäft mitarbeiten; an dem Projekt werden fünf Personen mitarbeiten. *Syn.:* mitmachen. **2.** *sich mit anderen aktiv an einer Arbeit beteiligen:* der Junge müsste im Unterricht besser mitarbeiten. *Syn.:* sich engagieren.

der **Mit|ar|bei|ter** [ˈmɪtarbaɪtɐ]; -s, -, die **Mit|ar|bei|te|rin** [ˈmɪtarbaɪtərɪn]; -, -nen: *Person, die für jmdn. arbeitet, die (in nicht leitender Funktion) bei einer Firma beschäftigt ist:* langjährige, treue, tüchtige Mitarbeiter; die Firma hat 2 000 Mitarbeiter; er arbeitet als freier Mitarbeiter für eine Zeitung, bei einer Zeitung; der Minister hat einen Stab von Mitarbeiterinnen und Mitarbeitern. *Syn.:* Angestellter, Angestellte.

mit|be|kom|men [ˈmɪtbəkɔmən], bekommt mit, bekam mit, mitbekommen ⟨itr.; hat; etw. m.⟩: **1.** *zum Mitnehmen bekommen:* ein Lunchpaket mitbekommen. **2.** *etwas, was eigentlich nicht für einen bestimmt ist, [unbeabsichtigt] hören, wahrnehmen:* die Kinder haben den Streit der Eltern mitbekommen; wir bekamen mit, dass das Geschäft geschlossen werden sollte. *Syn.:* aufschnappen (ugs.), bemerken. **3.** *(eine Äußerung o. Ä.) verstehen:* es war so laut, er war so müde, dass er nur die Hälfte mitbekam. **4.** *erleben:* sie hat von den Ereignissen nichts, nur wenig mitbekommen.

die **Mit|be|stim|mung** [ˈmɪtbəʃtɪmʊŋ]; -: *aktive Beteiligung an Entscheidungen:* in dieser Frage hat der Betriebsrat ein Recht auf Mitbestimmung.

der **Mit|be|woh|ner** [ˈmɪtbəvoːnɐ]; -s, -, die **Mit|be|woh|ne|rin** [ˈmɪtbəvoːnərɪn]; -, -nen: *Person, die mit jmd. anderem gemeinsam eine Wohnung oder ein Haus bewohnt:* das kann er doch seinen Mitbewohnern nicht zumuten; die Hausarbeit teile ich mir mit meiner Mitbewohnerin.

mit|brin|gen [ˈmɪtbrɪŋən], bringt mit, brachte mit, mitgebracht: **1.** ⟨tr.; hat; jmdn., etw. m.⟩ *irgendwohin bringen, wenn man ohnehin dorthin geht, fährt:* [jmdn., sich] etwas aus der Stadt, von der Reise mitbringen; wenn du zum Markt gehst, bring doch bitte Kartoffeln mit; einen Freund [zum Essen, auf eine Party] mitbringen; er hat seiner Frau Blumen mitgebracht *(geschenkt).* **2.** ⟨tr.; hat; etw. m.⟩ *als Voraussetzung haben, aufweisen:* der neue Kollege bringt hervorragende Fachkenntnisse mit.

das **Mit|bring|sel** [ˈmɪtbrɪŋzl̩]; -s, - (fam.): *kleines Geschenk, das man jmdm. mitbringt:* ich möchte noch ein paar Mitbringsel für die Kinder besorgen.

der **Mit|bür|ger** [ˈmɪtbʏrgɐ]; -s, -, die **Mit|bür-**

ge|rin ['mɪtbʏrɡərɪn]; -, -nen: *Person, die dem gleichen Staat angehört oder in der gleichen Stadt lebt, wohnt:* liebe Mitbürgerinnen und Mitbürger!

mit|ei|n|an|der [mɪtlai̯ˈnandɐ] ⟨Adverb⟩: **1.** *gemeinsam, zusammen:* sie gehen miteinander nach Hause. **2.** *einer mit dem anderen:* miteinander sprechen; wir kommen miteinander gut aus; die Fälle haben nichts miteinander zu tun; die beiden sind miteinander verheiratet; miteinander in Verbindung stehen.

mit|fah|ren ['mɪtfaːrən], fährt mit, fuhr mit, mitgefahren ⟨itr.; ist⟩: *mit jmdm. fahren:* kann ich [bei dir im Auto] mitfahren?; er will bei der Tour de France mitfahren.

mit|füh|len ['mɪtfyːlən], fühlt mit, fühlte mit, mitgefühlt ⟨itr.; hat⟩: *Mitgefühl haben, ausdrücken:* mit jmdm. mitfühlen; ein mitfühlender Mensch; mitfühlende Worte.

mit|ge|ben ['mɪtɡeːbn̩], gibt mit, gab mit, mitgegeben ⟨tr.; hat; jmdm. etw. m.⟩: *zum Mitnehmen geben:* dem Kind etwas zu essen mitgeben; kann ich dir einen Brief an meine Eltern mitgeben?

das **Mit|ge|fühl** ['mɪtɡəfyːl]; -[e]s: *Anteilnahme am Leid, an der Not anderer:* tiefes Mitgefühl haben, zeigen, empfinden; für jmdn. kein Mitgefühl aufbringen. *Syn.:* Mitleid, Teilnahme.

mit|ge|hen ['mɪtɡeːən], geht mit, ging mit, mitgegangen ⟨itr.; ist⟩: *mit jmdm. gehen:* darf ich ins Kino mitgehen?

das **Mit|glied** ['mɪtɡliːt]; -[e]s, -er: *Person, die einer bestimmten Gemeinschaft, Gruppe angehört:* ein Mitglied der Familie, des Königshauses; Mitglieder des Parlaments, des Ausschusses, der Regierung; in einer Partei, einer Gewerkschaft, einem Verein Mitglied sein, werden; [neue] Mitglieder werben. *Zus.:* Familienmitglied, Parteimitglied.

die **Mit|glied|schaft** ['mɪtɡliːtʃaft]; -, -en: *das Mitgliedsein in einer Organisation, einem Verein, einer Partei o. Ä.:* die Mitgliedschaft erwerben, kündigen.

¹**mit|hil|fe, mit Hil|fe** [mɪtˈhɪlfə] ⟨Präp. mit Gen.⟩: *unter Verwendung von; mit:* mithilfe einer Pinzette, geeigneter Methoden.

²**mit|hil|fe, mit Hil|fe** [mɪtˈhɪlfə] ⟨Adverb in Verbindung mit »von«⟩: *unter Verwendung (von):* der Stickstoff wird mithilfe von Wasserstoff aus der Luft gewonnen.

mit|kom|men ['mɪtkɔmən], kommt mit, kam mit, mitgekommen ⟨itr.; ist⟩: **1.** *mit jmdm. kommen:* kommst du mit [ins Kino]? **2.** *ebenso schnell sein wie die anderen, die dabei sind:* geht doch bitte etwas langsamer, ich komme sonst nicht mit; er unterrichtet so, dass alle Schüler gut mitkommen.

das **Mit|leid** ['mɪtlait]; -[e]s: *innere Anteilnahme am Leid anderer:* Mitleid empfinden; Mitleid mit jmdm. haben; er tat es nur aus Mitleid. *Syn.:* Mitgefühl.

mit|lei|dig ['mɪtlaidɪç], mitleidiger, am mitleidigsten ⟨Adj.⟩: *von Mitleid erfüllt:* eine mitleidige Seele.

mit|ma|chen ['mɪtmaxn̩], macht mit, machte mit, mitgemacht ⟨tr.; hat; etw. m.⟩: **1.** *(bei etwas) dabei sein; (an etwas) [aktiv] teilnehmen:* einen Kurs, Ausflug mitmachen; er macht jeden Ulk, sie macht jede Mode mit; ⟨auch itr.⟩ bei etwas mitmachen; willst du nicht auch mitmachen? **2.** *(ugs.) (Leid, Schwieriges) durchmachen, erleben, ertragen:* sie haben während des Krieges viele Bombenangriffe mitgemacht; er hat im letzten Stadium seiner Krankheit viel mitgemacht (hatte sehr zu leiden).

mit|neh|men ['mɪtneːmən], nimmt mit, nahm mit, mitgenommen ⟨tr.; hat; jmdn., etw. m.⟩: *mit sich nehmen, mitkommen lassen:* ich werde vorsichtshalber einen Regenschirm mitnehmen; wenn du keinen Babysitter hast, nimm die Kinder doch einfach mit; könntest du mich [in deinem Auto] mitnehmen?

mit|rei|ßen ['mɪtraisn̩], reißt mit, riss mit, mitgerissen ⟨tr.; hat; jmdn. m.⟩: *(ein Publikum) begeistern:* ihre Rede riss alle mit; die Fans ließen sich von der Musik mitreißen; ein mitreißendes Spiel.

der **Mit|schü|ler** ['mɪtʃyːlɐ]; -s, -, die **Mit|schü|le|rin** ['mɪtʃyːlərɪn]; -, -nen: *Schüler/Schülerin, der/die dieselbe Schule oder Klasse (wie eine bestimmte andere Person) besucht:* seine Mitschülerinnen und Mitschüler konnten ihn gut leiden.

mit|spie|len ['mɪtʃpiːlən], spielt mit, spielte mit, mitgespielt ⟨itr.; hat⟩: **1.** *(bei einem Spiel) mitmachen, sich beteiligen:* lasst den Kleinen auch mitspielen!; er hat nur in der ersten Halbzeit mitgespielt; das Wetter hat leider nicht mitgespielt (das Wetter war nicht wie gewünscht). *Syn.:* teilnehmen. **2.** ⟨jmdm. irgendwie m.⟩ *(schlecht) mit jmdm. umgehen:* er hat der Frau übel mitgespielt. *Syn.:* behandeln.

der **Mit|tag** ['mɪtaːk]; -s, -e: *Zeit um die Mitte des Tages (gegen und nach 12 Uhr):* ich

M

Mittagessen

In Deutschland, Österreich und der Schweiz isst man mittags meistens warm: Sehr beliebt sind Gerichte mit Kartoffeln, Gemüse und Fleisch sowie Nudelgerichte. Da die Schüler in der Regel mittags von der Schule nach Hause kommen, essen sie zu Hause. Eine Schulkantine gibt es nur selten. Für Berufstätige gibt es in großen Firmen Kantinen. Hat die Firma keine Kantine, muss man sich etwas zu essen mitbringen oder ins Restaurant gehen. Um nach Hause zu fahren und zu Hause zu essen, ist die Zeit oft zu kurz. Die Mittagspause in einer Firma/Behörde dauert nämlich in der Regel nur eine halbe bis eine Stunde. Studenten essen häufig in der Mensa.

treffe ihn gegen Mittag *(gegen 12 Uhr)*; gestern, heute, morgen Mittag; zu Mittag essen; über Mittag ist der Laden zu.

das **Mit|tag|es|sen** [ˈmɪtaːkʔɛsn̩], -s, -: **1.** *das Essen einer [warmen] Mahlzeit am Mittag:* beim Mittagessen sein, sitzen; jmdn. zum Mittagessen einladen. **2.** *[warme] Mahlzeit, die gegen Mittag gegessen wird:* das Mittagessen ist fertig; das Mittagessen machen.

mit|tags [ˈmɪtaːks] ⟨Adverb⟩: *jeden Mittag, zu Mittag:* mittags um eins; [bis] mittags hatte es geregnet; sie treffen sich immer dienstags mittags.

die **Mit|tags|pau|se** [ˈmɪtaːkspaʊzə], -, -n: *Pause am Mittag:* wir haben, machen von 12 bis 13 Uhr Mittagspause.

die **Mit|te** [ˈmɪtə], -, -n: **1.** *Punkt von etwas, der von allen Enden gleich weit entfernt ist:* die Mitte des Kreises, der Strecke; in der Mitte des Zimmers steht ein großer Tisch; ich habe das Buch etwa bis zur Mitte gelesen; jmdn. in die Mitte *(zwischen sich)* nehmen. **2.** *Zeitpunkt, der vom Anfang und Ende eines Zeitraums gleich weit entfernt ist:* die Mitte des Jahres; in der Mitte des 20. Jahrhunderts; Mitte Mai *(um den 15. Mai herum)*; er ist Mitte fünfzig *(ungefähr 55 Jahre alt).*

mit|tei|len [ˈmɪttaɪlən], teilt mit, teilte mit, mitgeteilt ⟨tr.; hat; [jmdm.] etw. m.⟩: *jmdn. über etwas informieren:* jmdm. etwas schriftlich, mündlich, telefonisch, vertraulich mitteilen; jmdm. eine Absicht, eine Neuigkeit mitteilen; ich habe dir etwas Wichtiges mitzuteilen! *Syn.:* berichten, sagen.

die **Mit|tei|lung** [ˈmɪttaɪlʊŋ], -, -en: *etwas, was man jmdm. mitteilt; Information:* eine kurze, vertrauliche Mitteilung; ich muss dir eine traurige Mitteilung machen; nach Mitteilung der Behörden.

das **Mit|tel** [ˈmɪtl̩], -s, -: **1.** *etwas, was dabei hilft, ein Ziel zu erreichen:* ein wirksames, erlaubtes Mittel; hierfür ist jedes Mittel recht; er versuchte es mit allen Mitteln; das muss mit allen [zur Verfügung stehenden] Mitteln verhindert werden; zum letzten, äußersten Mittel greifen. *Syn.:* Methode. *Zus.:* Hilfsmittel, Kommunikationsmittel, Produktionsmittel, Unterrichtsmittel. **2.** *Medikament:* ein schmerzstillendes Mittel; ein wirksames Mittel gegen Husten, für die Verdauung, zum Einschlafen. *Syn.:* Arznei (veraltend), Medizin, Präparat. **3.** *chemische Substanz für einen bestimmten Zweck:* ein Mittel für die Reinigung, gegen Ungeziefer; ein Mittel zum Spülen, zum Entfernen hartnäckiger Flecken. *Zus.:* Desinfektionsmittel, Putzmittel, Spülmittel, Waschmittel. **4.** ⟨Plural⟩ *[zur Verfügung stehendes] Geld:* meine Mittel sind erschöpft; der Staat muss die Mittel für neue Schulen bereitstellen; nicht die nötigen Mittel haben; etwas aus eigenen Mitteln bezahlen. **5.** *Durchschnitt:* die Temperatur betrug im Mittel 10 Grad Celsius.

mit|tel|fris|tig [ˈmɪtlfrɪstɪç] ⟨Adj.⟩: *für einen mittleren Zeitraum:* mittelfristige Kredite; mittelfristig planen.

mit|tel|los [ˈmɪtlloːs] ⟨Adj.⟩: *ohne Geld oder Besitz:* sie waren als mittellose Flüchtlinge in das Land gekommen; sie stand völlig mittellos da. *Syn.:* arm, bedürftig.

mit|tel|mä|ßig [ˈmɪtlmɛːsɪç] ⟨Adj.⟩: *nicht gut und auch nicht schlecht; durchschnittlich:* ein mittelmäßiger Schauspieler; eine mittelmäßige Leistung; ihre Bilder sind mittelmäßig; er hat heute nur mittelmäßig gespielt. *Syn.:* leidlich.

der **Mit|tel|punkt** [ˈmɪtl̩pʊŋkt], -[e]s, -e: **1.** *Punkt in der Mitte eines Kreises oder einer Kugel:* der Mittelpunkt des Kreises, der Erde. *Syn.:* Zentrum. *Zus.:* Erdmittelpunkt. **2.** *Person oder Sache, die im Zentrum des Interesses steht:* sie war der Mittelpunkt des Abends; diese Stadt ist der künstlerische, geistige Mittelpunkt des Landes; er will immer im Mittelpunkt stehen.

M

mit|tels [ˈmɪtl̩s] 〈Präp., meist mit Gen.〉: *mit:* mittels genauer Beobachtung; mittels strenger Gesetze; mittels Telefon; mittels Kabel und Satellit. *Syn.:* durch, mithilfe.

mit|ten [ˈmɪtn̩] 〈Adverb〉: *in der/die Mitte:* 〈oft mit einer Präposition〉: der Teller brach mitten durch; der Zug hielt mitten auf der Strecke; mitten im Zimmer; der Verkehr geht mitten durch die Stadt; mitten in der Nacht. *Syn.:* direkt, unmittelbar.

die **Mit|ter|nacht** [ˈmɪtɐnaxt]; -: *12 Uhr nachts, 24 Uhr:* es ist Mitternacht; sie hat bis Mitternacht gearbeitet; nach, gegen, um Mitternacht.

mitt|ler... [ˈmɪtlər...] 〈Adj.〉: **1.** *in der Mitte [stehend, liegend]:* die drei mittleren Finger; im mittleren Haus wohne ich. **2.** *nicht niedrig und auch nicht hoch; durchschnittlich:* eine mittlere Größe, Temperatur; ein Mann mittleren Alters; Arbeitnehmer mit mittlerem Einkommen; ein mittlerer Betrieb *(ein Betrieb von durchschnittlicher Größe).*

mitt|ler|wei|le [ˈmɪtlə'vailə] 〈Adverb〉: *in der Zwischenzeit:* unsere Tochter hat mittlerweile laufen gelernt; es ist mittlerweile zu spät dafür; es ist mittlerweile Frühling geworden. *Syn.:* unterdessen.

der **Mitt|woch** [ˈmɪtvɔx]; -[e]s, -e: *dritter Tag der Woche:* Montag, Dienstag, Mittwoch ...; am Mittwoch habe ich frei; nächsten Mittwoch hat sie Geburtstag.

mit|un|ter [mɪt'ʊntɐ] 〈Adverb〉: *ab und zu, manchmal:* im Winter ist es hier mitunter sehr kalt. *Syn.:* bisweilen, gelegentlich.

mit|wir|ken [ˈmɪtvɪrkn̩], wirkt mit, wirkte mit, mitgewirkt 〈itr.; [an etw. (Akk.), bei etw.] m.〉: *aktiv mitmachen, mitarbeiten:* bei einer Aufführung, bei der Aufklärung eines Verbrechens mitwirken; er wirkte bei dem Konzert als Sänger mit. *Syn.:* sich beteiligen an.

mi|xen [ˈmɪksn̩], mixt, mixte, gemixt 〈tr.; hat; etw. m.〉: *aus verschiedenen Getränken mischen:* einen Cocktail mixen; [sich] einen Drink mixen. *Syn.:* anrühren. *Zus.:* zusammenmixen.

der **Mi|xer** [ˈmɪksɐ]; -s, -: *elektrisches Gerät zum Zerkleinern und Mischen:* das Eiweiß mit dem Mixer steif schlagen; die Zutaten im Mixer drei Minuten auf höchster Stufe mischen.

mob|ben [ˈmɔbn̩], mobbt, mobbte, gemobbt 〈tr.; hat; jmdn. m.〉 (Jargon): *(einen Kollegen oder eine Kollegin) bei* der Arbeit ständig quälen, damit er/sie die Firma verlässt: an seinem neuen Arbeitsplatz wurde er ständig gemobbt.

das **Mö|bel** [ˈmøːbl̩] 〈Plural〉: *Gegenstände für eine Wohnung, z. B. Schrank, Tisch, Stuhl:* moderne, neue Möbel kaufen. *Syn.:* Ausstattung, Einrichtung, Inventar, Mobiliar. *Zus.:* Büromöbel, Gartenmöbel, Küchenmöbel, Wohnzimmermöbel.

mo|bil [moˈbiːl], mobiler, am mobilsten 〈Adj.〉: *beweglich:* mobile Büchereien; wer mobil sein will, braucht ein Auto; mobil *(mit dem Handy)* telefonieren.

das **Mo|bi|li|ar** [mobiˈli̯aːɐ̯]; -s: *alle Möbel und Gegenstände in einer Wohnung, einem Haus:* ein teures Mobiliar; das gesamte Mobiliar verkaufen. *Syn.:* Einrichtung, Inventar.

mo|bi|li|sie|ren [mobiliˈziːrən], mobilisiert, mobilisierte, mobilisiert 〈tr.; hat〉: **1.** 〈jmdn. m.〉 *dazu bringen, aktiv zu werden:* die Wähler mobilisieren; die Gewerkschaften mobilisierten die Menschen gegen die Rüstung. **2.** 〈etw. m.〉 *verfügbar machen:* alle Kräfte [für etwas] mobilisieren; der Läufer mobilisierte die letzten Energien. *Syn.:* aufbieten, einsetzen.

das **Mo|bil|te|le|fon** [moˈbiːltelefoːn]; -s, -e: *Handy.*

mö|bliert [møˈbliːɐ̯t] 〈Adj.〉: *mit Möbeln ausgestattet:* ein möbliertes Zimmer, eine möblierte Wohnung mieten. *Syn.:* eingerichtet.

moch|te [ˈmɔxtə]: ↑ mögen.

möch|te [ˈmœçtə]: ↑ mögen.

die **Mo|de** [ˈmoːdə]; -, -n: **1.** *Geschmack einer Zeit:* sich nach der neuesten Mode kleiden; aus der Mode kommen *(nicht mehr dem Geschmack der Zeit entsprechen);* mit der Mode gehen; es ist jetzt bei Jugendlichen große Mode *(sehr beliebt),* sich SMS zu schicken. *Zus.:* Tagesmode, Zeitmode. **2.** *Kleidung:* die Mode für den nächsten Winter; Mode für Kinder. *Zus.:* Damenmode, Herrenmode, Kindermode, Sommermode, Wintermode.

das **Mo|dell** [moˈdɛl]; -s, -e: **1.** *verkleinerte Ausführung eines großen Objekts, die oft als Vorlage für den Bau dient:* ein Modell für ein neues Museum; der Architekt stellt ein Modell des Hochhauses vor; er bastelt an einem Modell der »Titanic«. *Zus.:* Eisenbahnmodell, Flugzeugmodell, Schiffsmodell. **2.** *bestimmte Ausführung eines Produkts:* sein Auto ist ein ganz neues Modell; welches Modell interessiert Sie? *Syn.:* Typ. *Zus.:* Luxusmodell,

Standardmodell. **3.** *Person, die einem Künstler als Vorlage für ein Werk dient:* einem Maler Modell stehen. *Zus.:* Aktmodell, Fotomodell.

mo|del|lie|ren [mode'li:rən], modelliert, modellierte, modelliert ⟨tr.; hat; etw. m.⟩: *plastisch formen, gestalten:* [das] Wachs modellieren; ihr Bild war in Ton modelliert.

mo|de|rie|ren [mode'ri:rən], moderiert, moderierte, moderiert ⟨tr./itr.; hat; [etw.] m.⟩: *mit Erläuterungen durch eine Sendung (im Fernsehen, Radio) führen:* ein politisches Magazin moderieren; sie moderiert beim Fernsehen; eine Diskussion moderieren *(leiten).*

mo|dern [mo'dɛrn], moderner, am modernsten ⟨Adj.⟩: **1.** *aktuell, von heute:* die moderne Physik, Literatur. *Syn.:* heutig, zeitgenössisch. **2.** *nach der neuesten Mode gestaltet* /Ggs. altmodisch/: die Wohnung ist modern eingerichtet; ein modern gestaltetes Hotel. *Syn.:* modisch. *Zus.:* hochmodern, supermodern.

mo|der|ni|sie|ren [modɛrni'zi:rən], modernisiert, modernisierte, modernisiert ⟨tr.; hat; etw. m.⟩: *moderner machen:* eine Fabrik, die Produktion modernisieren; die Räume des Hotels werden modernisiert. *Syn.:* erneuern, renovieren.

mo|disch ['mo:dɪʃ], modischer, am modischsten ⟨Adj.⟩: *nach der neuesten Mode:* eine modische Handtasche; sie ist immer modisch gekleidet. *Syn.:* chic, modern, schick. *Zus.:* topmodisch.

mo|geln ['mo:gl̩n], mogelt, mogelte, gemogelt ⟨itr.; hat⟩: *sich nicht an die Regeln halten, um besser zu sein:* beim Schachspiel mogeln; beim Test in Mathematik konnte man gut mogeln; in der Schule hat sie immer ein bisschen gemogelt.

¹mö|gen ['mø:gn̩] ⟨Modalverb; hat; 2. Partizip: mögen⟩: **1.** zum Ausdruck der Vermutung: *vielleicht …:* da mögen Sie recht haben; jetzt mag er denken, wir legten keinen Wert auf seinen Besuch; es mochten dreißig Leute sein; was mag *(kann)* das bedeuten? **2.** *wollen:* ich mag heute ins Kino gehen; (besonders verneint): ich mag nicht [gern] weggehen; sie mochte keinen Fisch essen. **3.** ⟨möchte; Konjunktiv Präteritum zum Ausdruck eines höflichen Wunsches meist in der Bedeutung eines Indikativs Präsens⟩ *wollen:* ich

möchte [gern] kommen; ich möchte gern schwimmen gehen; ich möchte nicht *(hätte nicht gern),* dass du das tust; das möchte ich sehen; ⟨auch als höflich übermittelte Aufforderung⟩ Frau Maier, Sie möchten *(sollen)* bitte zum Chef kommen.

²mö|gen ['mø:gn̩] ⟨Vollverb; tr.; hat; 2. Partizip: gemocht; jmdn., etw. m.⟩: **1.** *gernhaben:* ich mag meine Schwester sehr; die beiden Frauen mögen sich nicht; er mag [gern] *(isst gern)* Pizza; ich mag keinen *(trinke nicht gern)* Rotwein; sie mag *(hört gern)* klassische Musik. *Syn.:* lieben, schätzen. **2.** ⟨möchte; Konjunktiv Präteritum zum Ausdruck eines höflichen Wunsches, meist in der Bedeutung eines Indikativs Präsens⟩ *haben wollen:* ich möchte gern ein Pfund Schinken; was möchtest du, Cola oder Limo?

mög|lich ['mø:klɪç] ⟨Adj.⟩: *so, dass es sein kann; denkbar:* alle möglichen Fälle untersuchen; das ist leicht möglich; es ist möglich, dass ich mich täusche; so schnell wie möglich *(wie es geht);* wir haben alles Mögliche versucht. *Zus.:* frühestmöglich, schnellstmöglich.

die **Mög|lich|keit** ['mø:klɪçkait]; -, -en: **1.** *Gelegenheit, Chance:* es gibt keine andere Möglichkeit, das Problem zu lösen; haben wir die Möglichkeit, ihn persönlich zu fragen? *Syn.:* Perspektive, Weg. **2.** *etwas, was geschehen kann:* mit der Möglichkeit rechnen, dass man krank wird; hast du an die Möglichkeit gedacht, dass dein Film keinen Erfolg hat?

mög|lichst ['mø:klɪçst] ⟨Adverb⟩: **1.** *so … wie möglich:* er soll möglichst schnell kommen; ich brauche einen möglichst großen Briefumschlag. **2.** *wenn es möglich ist:* ich will mich da möglichst raushalten; möglichst heute noch; sie sucht eine Wohnung, möglichst mit Balkon.

die **Möh|re** ['mø:rə]; -, -n: *Gemüse, das als rot-gelbe Rübe unter der Erde wächst:* Hasen fressen Möhren besonders gern; Möhren enthalten viel Karotin. *Syn.:* Karotte, Mohrrübe (landsch.), Rübe.

die **Mohr|rü|be** ['mo:ɐ̯ry:bə]; -, -n (landsch.): *Möhre.*

der **Mok|ka** ['mɔka]; -s, -s: *sehr starker schwarzer Kaffee:* nach dem Essen wurde der Mokka in kleinen Tassen serviert.

die **Mo|le** ['mo:lə]; -, -n: *Damm, der einen Hafen schützt:* das Schiff legte an der Mole an. *Zus.:* Hafenmole.

M

mol|lig ['mɔlıç], molliger, am molligsten ⟨Adj.⟩: *(von Personen) etwas dick, rund:* ein molliges Mädchen; sie ist ganz schön mollig geworden. *Syn.:* füllig, korpulent.

der **Mo|ment** [mo'mɛnt]; -[e]s, -e: **1.** *eine kurze Zeit:* warte einen Moment, ich komme gleich; einen Moment bitte! *Syn.:* Augenblick, Sekunde (ugs.), Weile. **2.** *bestimmter Zeitpunkt:* ein wichtiger Moment; in diesem Moment ging das Licht aus. *Syn.:* Augenblick. *Zus.:* Schicksalsmoment. **3.** ** im Moment: momentan:* im Moment darf ich keinen Sport machen.

mo|men|tan [momɛn'ta:n] ⟨Adj.⟩: *jetzt, augenblicklich:* sie hat momentan keine Arbeit; seine momentane Stimmung ist nicht so gut. *Syn.:* gegenwärtig.

die **Mo|nar|chie** [monar'çi:]; -, Monarchien [monar'çi:ən]: *Staat, in dem ein Kaiser oder König, eine Kaiserin oder Königin regiert:* eine absolute, parlamentarische Monarchie; die Monarchie abschaffen.

der **Mo|nat** ['mo:nat]; -[e]s, -e: *Zeitraum von 30 bzw. 31 Tagen:* das Jahr hat 12 Monate; der Februar hat als einziger Monat nur 28 oder 29 Tage; in welchem Monat hast du Geburtstag?; im Monat Mai. *Zus.:* Frühlingsmonat, Herbstmonat, Sommermonat, Wintermonat.

mo|nat|lich ['mo:natlıç] ⟨Adj.⟩: *jeden Monat [fällig, stattfindend]:* das monatliche Gehalt; die Miete wird monatlich bezahlt. *Zus.:* zweimonatlich.

der **Mönch** [mœnç]; -[e]s, -e: *männlicher Geistlicher, der in einem Kloster lebt:* die Mönche gehen schon um 5 Uhr morgens zur Messe; die Mönche schweigen beim Essen. *Zus.:* Benediktinermönch, Bettelmönch, Dominikanermönch.

der **Mond** [mo:nt]; -[e]s, -e: *Himmelskörper, der die Erde umkreist:* abnehmender, zunehmender Mond; der Mond geht auf. *Zus.:* Halbmond, Neumond, Vollmond.

der **Mo|ni|tor** ['mo:nito:ɐ]; -s, Monitoren [moni'to:rən], auch: -e: *Bildschirm eines Computers:* ein großer, kleiner Monitor; vor dem Monitor sitzen.

der **Mo|no|log** [mono'lo:k]; -s, -e: *Gespräch mit sich selbst (bes. im Drama)* /Ggs. Dialog/: einen Monolog halten, führen; der Monolog des sterbenden Helden.

das **Mo|no|pol** [mono'po:l]; -s, -e (Wirtsch.): *ausschließliches Recht darauf, eine Ware herzustellen oder eine Dienstleistung anzubieten:* früher hatte die Post das Monopol beim Transport von Briefen; ein Monopol besitzen. *Syn.:* Vorrecht. *Zus.:* Pressemonopol, Tabakmonopol.

mo|no|ton [mono'to:n], monotoner, am monotonsten ⟨Adj.⟩: *immer gleich und deswegen langweilig:* ein monotones Geräusch; ein monotoner Vortrag. *Syn.:* ermüdend.

das **Mons|ter** ['mɔnstɐ]; -s, -: *großes, hässliches, gefährliches Wesen in der Fantasie:* in dem Film bedroht ein Monster die Stadt; das Monster greift die Menschen an und frisst sie lebendig auf. *Syn.:* Ungeheuer. *Zus.:* Filmmonster.

der **Mon|tag** ['mo:nta:k]; -[e]s, -e: *erster Tag der Woche:* am Montag fängt die Schule wieder an; nächsten Montag werden die Mülltonnen nicht geleert. *Zus.:* Ostermontag, Pfingstmontag, Rosenmontag.

die **Mon|ta|ge** [mɔn'ta:ʒə]; -, -n: *das Zusammenbauen (einer Maschine oder technischen Anlage):* die Montage der Maschinen, der Brücke. *Syn.:* Aufbau, Installation. *Zus.:* Fahrzeugmontage, Heizungsmontage.

mon|tie|ren [mɔn'ti:rən], montiert, montierte, montiert ⟨tr.; hat; etw. m.⟩: **1.** *(an einer bestimmten Stelle) anbringen:* die Lampe an der Decke montieren. *Syn.:* befestigen, festmachen. **2.** *aufstellen, zusammenbauen:* ein Regal, einen Schrank montieren; eine Waschmaschine montieren *(anschließen).*

das **Mo|nu|ment** [monu'mɛnt]; -[e]s, -e: *großes Denkmal:* ein riesiges, gewaltiges Monument; ein Monument für die Toten errichten.

mo|nu|men|tal [monumɛn'ta:l], monumentaler, am monumentalsten ⟨Adj.⟩: *riesig, gewaltig:* die monumentalen Denkmäler und Bauten der alten Römer. *Syn.:* gewaltig (emotional), gigantisch, massiv.

das **Moor** [mo:ɐ]; -[e]s, -e: *Gelände mit weichem, sehr feuchtem Boden, in dem man an manchen Stellen untergehen kann:* ein einsames Moor; im Moor versinken. *Syn.:* Morast.

das **Moos** [mo:s]; -es, -e: *niedrige grüne Pflanze, die den Boden, Bäume oder Steine bedeckt:* weiches, feuchtes Moos; die Steine sind mit Moos bedeckt.

das **Mo|ped** ['mo:pɛt]; -s, -s: *Fahrrad mit Motor, das max. 45 km/h fährt:* auch für ein Moped braucht man einen Führerschein.

die **Mo|ral** [mo'ra:l]; -: **1.** *Regeln für anständiges, gutes Verhalten:* noch vor 100 Jahren war die sexuelle Moral sehr streng; er hat keine Moral. *Syn.:* Ethik. *Zus.:* Arbeitsmoral, Doppelmoral, Zahlungsmoral. **2.** *Aussage, Lehre (einer*

Geschichte): die Moral einer Geschichte, eines Theaterstückes. *Syn.:* Erkenntnis, Weisheit.

mo|ra|lisch [moˈraːlɪʃ] ⟨Adj.⟩: **1.** *durch die Moral begründet:* eine moralische Verpflichtung; moralische Bedenken haben; sein Handeln lässt sich moralisch nicht rechtfertigen. *Syn.:* ethisch, sittlich. **2.** ⟨moralischer, am moralischsten⟩ *daran interessiert, dass alle die Moral beachten* /Ggs. unmoralisch/: er ist ein sehr moralischer Mensch.

der **Mo|rast** [moˈrast]; -[e]s: *Schlamm:* das Auto blieb im Morast stecken. *Syn.:* Dreck (ugs.), Matsch.

der **Mord** [mɔrt]; -[e]s, -e: *absichtliche, vorsätzliche Tötung:* ein heimtückischer, grausamer, feiger Mord; einen Mord begehen; die Polizei hat den Mord aufgeklärt. *Zus.:* Kindermord, Massenmord, Selbstmord, Sexualmord, Völkermord.

mor|den [ˈmɔrdn̩], mordet, mordete, gemordet: ⟨itr.; hat⟩ *einen Mord begehen:* er hat aus Liebe gemordet; der Täter ist immer noch frei und mordet weiter. *Syn.:* töten.

der **Mör|der** [ˈmœrdɐ]; -s, -, die **Mör|de|rin** [ˈmœrdərɪn]; -, -nen: *Person, die einen Mord begangen hat:* eine gesuchte, gefährliche Mörderin; der Mörder wurde von der Polizei verhaftet. *Syn.:* Attentäter, Attentäterin, Täter, Täterin, Verbrecher, Verbrecherin. *Zus.:* Raubmörder, Raubmörderin, Selbstmörder, Selbstmörderin.

mor|gen [ˈmɔrgn̩] ⟨Adverb⟩: *an dem Tag, der auf heute folgt:* wenn ich heute keine Zeit habe, komme ich morgen; morgen geht sie in Urlaub; morgen früh; morgen Abend. *Zus.:* übermorgen.

der **Mor|gen** [ˈmɔrgn̩]; -s, -: *Beginn des Tages* /Ggs. Abend/: ein schöner, sonniger Morgen; heute, gestern Morgen; vom Morgen bis zum Abend; am Morgen geht die Sonne auf; guten Morgen! (Gruß zu Beginn des Tages). *Syn.:* Frühe, Vormittag. *Zus.:* Maimorgen, Montagmorgen, Ostermorgen, Wintermorgen.

mor|gend|lich [ˈmɔrgn̩tlɪç] ⟨Adj.⟩: *zum Morgen gehörend:* die morgendliche Stille; die morgendliche Fahrt zur Arbeit.

das **Mor|gen|es|sen** [ˈmɔrgn̩ʔɛsn̩]; -s, - (schweiz.): *Frühstück:* das Morgenessen gibt es von 7 bis 10 Uhr.

mor|gens [ˈmɔrgn̩s] ⟨Adverb⟩: *am Morgen* /Ggs. abends/: er rief morgens vor dem Frühstück an; er steht morgens sehr

früh auf; die Schule beginnt morgens um acht Uhr. *Zus.:* frühmorgens.

mor|gig [ˈmɔrgɪç] ⟨Adj.⟩: *morgen stattfindend:* die morgige Reise ist gut geplant; die morgige Zeitung *(die Zeitung von morgen);* sie kann den morgigen *(kommenden)* Tag kaum erwarten.

morsch [mɔrʃ], morscher, am morschesten ⟨Adj.⟩: *so, dass es leicht zerbricht; brüchig:* eine morsche Brücke; ein morsches Dach; morsche Balken.

der **Mör|tel** [ˈmœrtl̩]; -s: *graue Masse, die beim Bau einer Mauer zwischen die Steine geschmiert wird:* den Mörtel verteilen. *Syn.:* Beton, Zement.

das **Mo|sa|ik** [mozaˈiːk]; -s, -en: *Bild aus kleinen bunten Steinen oder Glasstücken:* das Mosaik stellt einen römischen Kaiser dar. *Zus.:* Fußbodenmosaik, Glasmosaik, Steinmosaik, Wandmosaik.

die **Mo|schee** [mɔˈʃeː]; -, Moscheen [mɔˈʃeːən]: *Gebäude, in dem sich islamische Gläubige zum Gebet treffen:* zum Gebet in die Moschee gehen.

der **Mos|lem** [ˈmɔslɛm]; -s, -s, die **Mos|le|min** [mɔsˈleːmɪn]; -, -nen; der **Mus|lim** [ˈmʊslɪm]; -[s], Muslime [mʊsˈliːmə] u. -s, die **Mus|li|min** [mʊsˈliːmɪn]; -, -nen: *Person, die dem Islam angehört:* in dieser Stadt leben Moslems, Christen und Juden; als gläubiger Moslem betet er fünfmal am Tag zu Allah.

der **Most** [mɔst]; -[e]s, -e: *Saft aus Obst:* aus Äpfeln Most machen; Most trinken; der Most gärt. *Syn.:* Saft. *Zus.:* Apfelmost.

das **Mo|tel** [ˈmoːtəl]; -s, -s: *Hotel an der Autobahn mit Garagen für Reisende:* in einem Motel übernachten; ein Motel suchen.

das **Mo|tiv** [moˈtiːf]; -s, -e: **1.** *Grund (für eine Handlung):* das Motiv des Mordes war Eifersucht; die Arbeiter streikten nicht aus sozialen, sondern aus politischen Motiven. *Syn.:* Anlass, Veranlassung. *Zus.:* Hauptmotiv, Tatmotiv. **2.** *etwas, was künstlerisch gestaltet wird:* diese Landschaft ist ein schönes Motiv für den Maler; sie verwendete ein Motiv aus einem alten Volkslied. *Syn.:* Thema.

mo|ti|vie|ren [motiˈviːrən], motiviert, motivierte, motiviert ⟨tr.; hat; jmdn. m.⟩: *jmdm. Lust zu etwas machen; ermuntern:* Schüler motivieren; jmdn. zur Arbeit motivieren. *Syn.:* anregen.

der **Mo|tor** [ˈmoːtoːɐ̯]; -s, Motoren [moˈtoːrən]: *Maschine, die Energie verbraucht und damit Bewegung erzeugt:* der Motor ist kaputt; das Schiff hat drei Motoren; den Motor laufen lassen, abstellen. *Zus.:* Die-

M

selmotor, Elektromotor, Ottomotor, Verbrennungsmotor.

das **Mo|tor|rad** [ˈmoːtoːɐ̯raːt]; -[e]s, Motorräder [ˈmoːtoːɐ̯rɛːdɐ]: *Fahrzeug mit zwei Rädern und Motor:* auf dem Motorrad ist das Tragen eines Helms Pflicht; sie wurde bei 180 km/h von einem Motorrad überholt. *Syn.:* Mofa, Moped.

das Motorrad

der **Mo|tor|rol|ler** [ˈmoːtoːɐ̯rɔlɐ]; -s, -: *dem Motorrad ähnliches, meist langsameres Fahrzeug mit kleineren Rädern:* sie wollten mit ihren Motorrollern bis nach Italien fahren.

die **Mot|te** [ˈmɔtə]; -, -n: *Insekt, dessen Raupen Stoffe aus Wolle fressen:* der Mantel ist von Motten zerfressen; die Motte zählt zu den Schmetterlingen.

das **Mot|to** [ˈmɔto]; -s, -s: *kurzer Satz:* der Parteitag steht unter dem Motto »Umweltschutz geht alle an«.

das **Moun|tain|bike** [ˈmaʊntn̩baɪk]; -s, -s: *Fahrrad zum Fahren in bergigem Gelände oder im Gebirge:* sie war mit ihrem Mountainbike bös gestürzt.

die **Mö|we** [ˈmøːvə]; -, -n: *weißer Vogel, der am Meer, an Seen oder Flüssen lebt:* das laute Geschrei der Möwen; Möwen begleiteten das Schiff.

die Möwe

der **MP3-Play|er** [ɛmpeːˈdraɪplɐ]; -s, -: *kleines Gerät, mit dem Musik, die im MP3-Format gespeichert wurde, gehört werden kann:* leihst du mir deinen MP3-Player für die Klassenfahrt?

der MP3-Player

die **Mü|cke** [ˈmʏkə]; -, -n: *kleines [blutsaugendes] Insekt, das stechen kann:* der Rauch des Feuers sollte die Mücken vertreiben. *Zus.:* Malariamücke, Stechmücke.

mü|de [ˈmyːdə], müder, am müdesten ⟨Adj.⟩: **1.** *in einem Zustand, der nach Schlaf verlangt* /Ggs. munter/: Bier macht müde; sie war so müde, dass sie sofort einschlief. *Syn.:* schläfrig. *Zus.:* hundemüde, todmüde. **2.** *von einer Anstrengung erschöpft:* wir waren müde vom Wandern, von der schweren Arbeit.

die **Mü|dig|keit** [ˈmyːdɪçkaɪt]; -: *Bedürfnis nach Schlaf oder Ruhe:* sie konnte vor Müdigkeit kaum die Augen offenhalten.

muf|fig [ˈmʊfɪç], muffiger, am muffigsten ⟨Adj.⟩: *nicht gelüftet, schlecht riechend:* im Keller riecht es muffig.

die **Mü|he** [ˈmyːə]; -, -n: *Anstrengung:* unter großen Mühen erreichten sie den Gipfel des Berges; alle Mühen waren umsonst.

mü|he|los [ˈmyːəloːs], müheloser, am mühelosesten ⟨Adj.⟩: *ohne besondere Anstrengung:* etwas mühelos schaffen; sie erreichte mühelos den Gipfel des Berges. *Syn.:* bequem, leicht, spielend.

die **Müh|le** [ˈmyːlə]; -, -n: **1.** *Anlage, Maschine zum Zerkleinern von Getreide oder anderen festen Substanzen:* der Müller schüttete das Korn in die Mühle. *Zus.:* Getreidemühle, Kaffeemühle, Pfeffermühle. **2.** *Haus mit einer Mühle:* sie wohnen jetzt in einer ehemaligen Mühle. *Zus.:* Wassermühle, Windmühle.

müh|sam [ˈmyːzaːm], mühsamer, am mühsamsten ⟨Adj.⟩: *mit großer Mühe verbunden:* eine mühsame Aufgabe; der alte Mann kann nur mühsam gehen. *Syn.:* anstrengend, beschwerlich.

der **Müll** [mʏl]; -s: *Abfälle aus Haushalt, Gewerbe und Industrie:* den Müll zu einer Deponie fahren; bringst du mal bitte den Müll zur Mülltonne? *Zus.:* Giftmüll, Hausmüll, Industriemüll.

die **Müll|ab|fuhr** [ˈmʏlʔapfuːɐ̯]; -: *Unternehmen das den Müll abholt und entsorgt:* die städtische Müllabfuhr kommt einmal in der Woche.

der **Müll|beu|tel** [ˈmʏlbɔytl̩]; -s, -: *Beutel aus Plastik für den Müll:* ist der Müllbeutel schon wieder voll?

der **Müll|ei|mer** [ˈmʏlʔaɪmɐ]; -s, -: *Eimer für Müll:* Abfälle in den Mülleimer werfen. *Syn.:* Abfalleimer.

die **Müll|ton|ne** [ˈmʏltɔnə]; -, -n: *größerer Behälter für den Müll, den die Müllabfuhr abholt:* bitte keine heiße Asche in die Mülltonne füllen.

die **Müll|tren|nung** [ˈmʏltrɛnʊŋ]; -: *das Sortieren verschiedener Arten von Abfall, die auf verschiedenen Wegen entsorgt werden:* alte Flaschen und altes Papier kommen bei der Mülltrennung in besondere Container.

mul|mig ['mʊlmɪç], mulmiger, am mulmigsten ⟨Adj.⟩: *unangenehm, leicht beängstigend:* als das Gewitter immer näher kam, wurde uns mulmig; vor seiner Rede war ihm etwas mulmig zumute. *Syn.:* unbehaglich.

mul|ti|kul|tu|rell [mʊltikʊltuˈrɛl] ⟨Adj.⟩: *mehrere Kulturen umfassend:* eine multikulturelle Veranstaltung.

die **Mul|ti|pli|ka|ti|on** [mʊltiplikaˈtsi̯oːn]; -, -n: *Rechnung, bei der Zahlen multipliziert werden* /Ggs. Division/: addieren und subtrahieren kann sie gut, aber mit der Multiplikation hat sie noch Probleme.

mul|ti|pli|zie|ren [mʊltipliˈtsiːrən], multipliziert, multiplizierte, multipliziert ⟨tr.; hat; etw. mit etw. m.⟩: *um eine bestimmte Zahl vervielfachen* /Ggs. dividieren/: zwei multipliziert mit drei gibt sechs.

der **Mund** [mʊnt], -[e]s, Münder ['mʏndɐ]: *von den Lippen umgebene Öffnung im Gesicht des Menschen, die besonders zum Essen, Trinken, Sprechen dient:* ein breiter, lächelnder Mund; er küsste sie auf den Mund; das Kind steckt den Daumen in den Mund; er hatte ein Bonbon im Mund.

die **Mund|art** ['mʊntlaːɐ̯t]; -, -en: *besondere Form der Sprache in einer Landschaft:* Mundart sprechen; Gedichte und Lieder in der Mundart verfassen. *Syn.:* Dialekt.

mün|den ['mʏndn̩], mündet, mündete, gemündet ⟨itr.; ist; in etw. (Akk.) m.⟩: *in etwas hineinfließen:* der Neckar mündet in den Rhein.

mün|dig ['mʏndɪç] ⟨Adj.⟩: **1.** *alt genug für bestimmte rechtliche Handlungen:* mit 18 Jahren wird man mündig. *Syn.:* volljährig. **2.** *als erwachsener Mensch zu eigenem Urteil fähig:* der mündige Bürger weiß, wie die Reden und Taten der Politiker zu bewerten sind.

münd|lich ['mʏntlɪç] ⟨Adj.⟩: *durch Sprechen erfolgend* /Ggs. schriftlich/: eine mündliche Prüfung, Verhandlung; einen Termin mündlich vereinbaren.

die **Mün|dung** ['mʏndʊŋ]; -, -en: *Stelle, an der ein Fluss mündet:* an der Mündung ist der Fluss am breitesten. *Zus.:* Flussmündung.

mun|keln ['mʊŋkl̩n], munkelt, munkelte, gemunkelt ⟨itr.; hat; von etw. m.⟩: *im Geheimen reden, erzählen:* man munkelte schon lange davon; ⟨auch tr.⟩ man munkelt so allerlei.

mun|ter ['mʊntɐ], munterer, am muntersten ⟨Adj.⟩: **1.** *nicht mehr oder noch nicht schläfrig* /Ggs. müde/: er war bereits um 6 Uhr munter. *Syn.:* wach. **2.** *heiter, gut gelaunt:* die Kinder spielten vergnügt und munter im Garten. *Syn.:* fröhlich.

die **Mün|ze** ['mʏntsə]; -, -n: *kleine runde Scheibe aus Metall, mit der man bezahlen kann:* in Münzen zahlen; der Automat nimmt nicht nur Münzen, sondern auch Geldscheine. *Syn.:* Geldstück. *Zus.:* Gedenkmünze, Goldmünze.

mür|be ['mʏrbə], mürber, am mürbsten ⟨Adj.⟩: *leicht bröckelnd:* ein mürber Kuchen.

mur|meln ['mʊrml̩n], murmelt, murmelte, gemurmelt ⟨tr.; hat; etw. m.⟩: *leise und undeutlich sprechen:* er murmelte unverständliche Worte.

mur|ren ['mʊrən], murrt, murrte, gemurrt ⟨itr.; hat⟩: *mit unfreundlichen Worten deutlich machen, dass man unzufrieden ist:* er murrt immer über das Essen; sie ertrug alles, ohne zu murren. *Syn.:* meckern.

mür|risch ['mʏrɪʃ], mürrischer, am mürrischsten ⟨Adj.⟩: *unfreundlich und schlecht gelaunt:* er macht ein mürrisches Gesicht. *Syn.:* missmutig.

das **Mus** [muːs]; -es, -e: *Brei aus gekochtem Obst:* Mus kochen. *Zus.:* Apfelmus.

die **Mu|schel** ['mʊʃl̩]; -, -n: *im Wasser lebendes Tier mit zwei harten Schalen:* wir suchten im flachen Wasser nach Muscheln.

die Muschel

das **Mu|se|um** [muˈzeːʊm]; -s, Museen [muˈzeːən]: *Institut, in dem eine Sammlung von [künstlerisch, historisch] wertvollen Gegenständen besichtigt werden kann:* wir gehen ins Museum; in unserem Museum sind Bilder von van Gogh ausgestellt. *Zus.:* Naturkundemuseum.

das **Mu|si|cal** ['mjuːzɪkl̩]; -s, -s: *ein Stück für die Bühne mit populärer Musik, Gesang und Tanz:* in Hamburg wurde das Musical »Der König der Löwen« aufgeführt.

die **Mu|sik** [muˈziːk]; -, -en: **1.** *Folge von Tönen, die als Melodie gesungen oder auf Instrumenten gespielt werden kann:*

M

müssen/dürfen	
Die Verneinung von »müssen« ist »nicht dürfen«: »Paul muss pünktlich zur Schule kommen.« – »Paul darf nicht unpünktlich sein.« Wer etwas nicht	muss, kann es tun auch nicht: »Paul fühlt sich krank. Deshalb muss er heute nicht zum Schwimmen gehen.«

Musik [von Bach] hören; aus dem Radio tönte, kam laute, ernste Musik; die Musik zu einem Film schreiben. *Zus.:* Filmmusik, Tanzmusik. **2.** *Kunst, die aus Tönen Melodien und Rhythmen macht:* sie studiert Musik im 4. Semester.

mu|si|ka|lisch [muziˈkaːlɪʃ] ⟨Adj.⟩: **1.** *zur Musik gehörend:* musikalische Darbietungen. **2.** ⟨musikalischer, am musikalischsten⟩ *für Musik begabt:* beide Töchter waren sehr musikalisch.

der **Mu|si|ker** [ˈmuːzikɐ]; -s, -, die **Mu|si|ke|rin** [ˈmuːzikərɪn]; -, -nen: *Person, die eine Tätigkeit im musikalischen Bereich ausübt:* das Orchester bestand aus fast sechzig Musikern und Musikerinnen.

das **Mu|sik|in|s|t|ru|ment** [muˈziːkʔɪnstrumɛnt]; -[e]s, -e: *Instrument, auf dem Musik gespielt wird:* die Gitarre gehört zu den beliebtesten Musikinstrumenten.

mu|si|zie|ren [muziˈtsiːrən], musiziert, musizierte, musiziert ⟨itr.; hat⟩: *[mit jmdm. zusammen] Musik machen:* sie musizieren zusammen in ihrer Freizeit.

der **Mus|kel** [ˈmʊskl̩]; -s, -n: *Gewebe, das beim menschlichen und tierischen Körper die Bewegung ermöglicht:* ein gut trainierter Muskel ermüdet nicht so schnell. *Zus.:* Armmuskel, Bauchmuskel.

mus|ku|lös [mʊskuˈløːs], muskulöser, am muskulösesten ⟨Adj.⟩: *sichtbare, kräftige Muskeln habend:* muskulöse Arme, Beine haben; sie ist sehr muskulös.

das **Müs|li** [ˈmyːsli]; -s, -s: *Gericht aus Haferflocken, Obst, Rosinen, geriebenen Nüssen, Milch:* zum Frühstück aß sie nur einen Teller Müsli.

der **Mus|lim** [ˈmʊslɪm], die **Mus|li|min** [mʊsˈliːmɪn]; ↑ Moslem, Moslemin.

muss [mʊs]: ↑ müssen.

die **Mu|ße** [ˈmuːsə]; -: *freie Zeit und Ruhe, in der man seinen eigenen Interessen nachgehen kann:* im Urlaub hatte ich die Muße, ein paar Bücher zu lesen.

müs|sen [ˈmʏsn̩], muss, musste, gemusst/müssen: **1.** ⟨Modalverb; hat; 2. Partizip: müssen⟩ drückt aus, dass man die Pflicht hat, etwas zu tun: ich muss um 8 Uhr im Büro sein; ich musste es tun,

sagen; du musst mir helfen. **2.** ⟨Modalverb; hat; 2. Partizip: müssen⟩ drückt aus, dass etwas notwendig ist: der Brief muss heute noch abgeschickt werden; diese Bilder muss man gesehen haben; wir mussten lachen. **3.** ⟨Modalverb; hat; 2. Partizip: müssen⟩ drückt eine Gewissheit oder hohe Wahrscheinlichkeit aus: so muss es gewesen sein; sie müssen, müssten jeden Moment kommen. **4.** ⟨Modalverb im 2. Konjunktiv; hat; 2. Partizip: müssen⟩ drückt aus, dass etwas wünschenswert ist: so müsste es immer sein; Geld müsste man haben. **5.** ⟨Vollverb; itr.; hat; 2. Partizip: gemusst⟩ drückt aus, dass etwas dringend zu erledigen ist: ich muss in die Stadt, zum Arzt; ich muss mal [zur Toilette].

muss|te [ˈmʊstə]: ↑ müssen.

das **Mus|ter** [ˈmʊstɐ]; -s, -: **1.** *sich wiederholende [schmückende] Figuren:* das Muster der Tapete, des Kleides. *Zus.:* Blumenmuster, Streifenmuster, Tapetenmuster. **2.** *Probe, kleine Menge:* sich Muster von Stoffen, Tapeten ansehen. **3.** *Vorbild, gutes Beispiel:* er war ein Muster an Hilfsbereitschaft.

mus|tern [ˈmʊstɐn], mustert, musterte, gemustert ⟨tr.; hat⟩: **1.** ⟨jmdn., etw. m.⟩ *prüfend ansehen, kritisch betrachten:* sie musterte die neuen Schülerinnen mit aufmerksamem Blick. **2.** ⟨jmdn. m.⟩ *medizinisch untersuchen, ob jmd. für die Ausbildung zum Soldaten tauglich ist:* er wurde gestern gemustert.

der **Mut** [muːt]; -[e]s: *Bereitschaft, etwas zu tun, obwohl man Angst davor hat:* den Mut haben, einen Plan auszuführen; nur Mut, es wird gelingen!

mu|tig [ˈmuːtɪç], mutiger, am mutigsten ⟨Adj.⟩: *Mut habend, zeigend:* durch ihre mutige Tat konnte das Kind gerettet werden; mutig seine Ansichten verteidigen. *Syn.:* tapfer, unerschrocken.

mut|los [ˈmuːtloːs], mutloser, am mutlosesten ⟨Adj.⟩: *ohne Mut, resignierend:* ich wurde schon ganz mutlos, weil mir nichts gelang.

mut|maß|lich [ˈmuːtmaːslɪç] ⟨Adj.⟩: *aufgrund bestimmter Tatsachen möglich,* *wahrscheinlich:* der mutmaßliche Täter wurde von der Polizei verhaftet.

die **¹Mut|ter** [ˈmʊtɐ]; -, Mütter [ˈmʏtɐ]: *Frau, die ein oder mehrere Kinder geboren hat, ein oder mehrere Kinder versorgt, erzieht:* sie ist Mutter von drei Kindern; eine werdende Mutter *(eine schwangere Frau).*

die **²Mut|ter** [ˈmʊtɐ]; -, -n: *Stück aus Metall, das ein Gewinde hat und auf eine Schraube gedreht wird:* die Muttern fest anziehen, lockern. *Zus.:* Schraubenmutter.

müt|ter|lich [ˈmʏtɐlɪç] ⟨Adj.⟩: **1.** *zur Mutter gehörend:* die Firma stammt aus dem mütterlichen Erbe. **2.** ⟨mütterlicher, am mütterlichsten⟩ *in der Art einer Mutter:* ein mütterlicher Typ; die Lehrerin behandelt die Kinder sehr mütterlich.

mut|ter|see|len|al|lein [ˈmʊtɐˌzeːlənˈlaˈlain] ⟨Adj.⟩ (emotional): *ganz allein:* sie stand mutterseelenallein in der großen Halle.

die **Mut|ter|spra|che** [ˈmʊtɐʃpraːxə]; -, -n: *Sprache, die man als Kind gelernt hat:* ihre Muttersprache ist Deutsch.

der **Mut|ter|tag** [ˈmʊtɐtaːk]; -[e]s, -e: *Sonntag im Mai, an dem die Mütter geehrt werden:* am Muttertag machten die Kinder das Frühstück und schenkten ihrer Mutter einen großen Blumenstrauß.

mut|wil|lig [ˈmuːtvɪlɪç] ⟨Adj.⟩: *aus [böser] Absicht geschehend:* etwas mutwillig beschädigen. *Syn.:* vorsätzlich.

die **Müt|ze** [ˈmʏtsə]; -, -n: *Kopfbedeckung aus weichem Material (z. B. Wolle):* im Winter eine Mütze aufsetzen. *Zus.:* Matrosenmütze, Pelzmütze, Wollmütze.

N *n*

na [na] ⟨Interjektion⟩ (ugs.): leitet eine Äußerung ein, die ein persönliches Empfinden oder Interesse ausdrückt: na, das ist aber eine Überraschung!; na, da seid ihr ja endlich!; na, wer wird denn gleich weinen?; na, wie geht es dir?

der **Na|bel** [ˈnaːbl̩]; -s, -: *rundliche Stelle in der Mitte des menschlichen Bauches:* das T-Shirt war so kurz, dass man ihren Nabel sah. *Zus.:* Bauchnabel.

der Nabel

nach [naːx] ⟨Präp. mit Dativ⟩: **1.** bezeichnet eine bestimmte Richtung oder ein Ziel: nach oben, unten, hinten, vorn; von links nach rechts schreiben; nach Hause gehen; der Zug fährt von Rostock nach Dresden; gehen Sie einfach der Straße nach. **2.** drückt aus, dass etwas einem genannten Zeitpunkt oder Vorgang [unmittelbar] folgt: nach wenigen Tagen kam sie wieder zurück; ich fahre erst nach Weihnachten; es ist jetzt fünf Minuten nach drei. **3.** zur Angabe einer Reihenfolge: er verließ das Zimmer nach dir; eins nach dem andern. **4.** *einer Sache entsprechend:* meiner Meinung nach / nach meiner Meinung hast du dich getäuscht; nach der neuesten Mode gekleidet sein; nach Vorschrift, altem Brauch, geltendem Recht. **5.** in den Verbindungen* **nach und nach:** *allmählich:* nach und nach füllte sich der Saal; * **nach wie vor:** *noch immer:* er arbeitet nach wie vor in diesem Betrieb.

nach- [naːx] ⟨trennbares, betontes Präfix⟩: **1.** *hinter jmdm., einer Sache her:* nachfahren; nachrufen; nachschleichen. **2.** drückt aus, dass etwas noch einmal erfolgt: nachbauen; nachbestellen; nachdrucken; nachfärben; nachfüllen; nachgießen; nachpolieren; nachsalzen. **3.** drückt aus, dass etwas überprüft wird: nachmessen; nachrechnen; nachzählen. **4.** drückt aus, dass etwas wiederholt wird: nachmachen; nachsprechen.

nach|ah|men [ˈnaːxˌʔaːmən], ahmt nach, ahmte nach, nachgeahmt ⟨tr.; hat; jmdn., etw. n.⟩: *etwas möglichst genauso tun wie ein anderer:* einen Vogelruf, jmds. Art zu sprechen nachahmen; er konnte alle Lehrer treffend nachahmen. *Syn.:* imitieren, nachmachen.

der **Nach|bar** [ˈnaxbaːɐ̯]; -n und -s, -n, die **Nach|ba|rin** [ˈnaxbaːrɪn]; -, -nen: *Person, die neben jmdm. oder ganz in der Nähe* die **Nach|bar|schaft** [ˈnaxbaːɐ̯ʃaft], -: *unmittelbare räumliche Nähe zu jmdm.:* in der Nachbarschaft wohnen; in jmds. Nachbarschaft ziehen.

nach|dem [naːxˈdeːm] ⟨Konj.⟩: *als:* nachdem sie ihre Partner begrüßt hatte, kam sie sehr schnell zum Thema.

nach|den|ken [ˈnaːxdɛŋkn̩], denkt nach, dachte nach, nachgedacht ⟨itr.; hat; [über jmdm., etw.] n.⟩: *sich in Gedanken mit jmdm., etwas beschäftigen:* ich habe über seine Worte lange nachgedacht; wenn du scharf nachdenkst, wird es dir wieder einfallen. *Syn.:* ¹überlegen.

nach|denk|lich [ˈnaːxdɛŋklɪç], nachdenklicher, am nachdenklichsten ⟨Adj.⟩: *mit etwas in Gedanken beschäftigt:* ein nachdenkliches Gesicht machen; das stimmte mich nachdenklich *(veranlasste mich, darüber nachzudenken)*.

der **Nach|druck** [ˈnaːxdrʊk], -s: *bestimmte, eindringliche Art:* sie verlangte mit Nachdruck eine Entschuldigung.

nach|drück|lich [ˈnaːxdrʏklɪç], nachdrücklicher, am nachdrücklichsten ⟨Adj.⟩: *bestimmt und eindringlich:* nachdrückliche Forderungen, Mahnungen; auf etwas nachdrücklich hinweisen. *Syn.:* energisch, entschieden.

nach|ei|n|an|der [naːxlaɪ̯ˈnandɐ] ⟨Adverb⟩: *aufeinanderfolgend:* sie betraten nacheinander den Saal.

nach|fol|gen [ˈnaːxfɔlgn̩], folgt nach, folgte nach, nachgefolgt ⟨itr.; ist; jmdm., etw. (Dativ) n.⟩ (geh.): **1.** *hinter jmdm., etwas gehen, laufen, fahren:* das Brautpaar ging voran, die Gäste folgten nach. *Syn.:* folgen, nachkommen. **2.** *kommen; (auf jmdn., etwas) folgen:* jmdm. im Amt nachfolgen.

der **Nach|fol|ger** [ˈnaːxfɔlgɐ]; -s, -, die **Nach|fol|ge|rin** [ˈnaːxfɔlgərɪn]; -, -nen: *Person, die jmds. Arbeit, Aufgabe, Amt übernimmt:* die älteste Tochter wurde seine Nachfolgerin; jmdn. zum Nachfolger ernennen, berufen. *Zus.:* Amtsnachfolger, Amtsnachfolgerin.

nach|for|schen [ˈnaːxfɔrʃn̩], forscht nach, forschte nach, nachgeforscht ⟨itr.; hat⟩: *sich genaue Informationen über jmdn., etwas verschaffen:* ich forschte nach, wie sich der Unfall ereignet hatte. *Syn.:* ermitteln.

die **Nach|fra|ge** [ˈnaːxfraːgə]; -: *Verlangen der Käufer nach bestimmten Waren:* es

herrscht eine starke Nachfrage nach diesen Artikeln; je größer die Nachfrage, desto teurer die Ware. *Syn.:* Bedarf.

nach|fra|gen [ˈnaːxfraːgn̩], fragt nach, fragte nach, nachgefragt ⟨itr.; hat⟩: *sich erkundigen:* ich fragte beim Abteilungsleiter nach; fragen Sie doch bitte morgen noch einmal nach! *Syn.:* anfragen.

nach|ge|ben [ˈnaːxgeːbn̩], gibt nach, gab nach, nachgegeben ⟨itr.; hat⟩: **1.** *sich überreden lassen:* er gab schließlich nach; nach langer Diskussion habe ich nachgegeben. *Syn.:* aufgeben, sich beugen. **2.** *einem Druck nicht standhalten:* der Boden, die Wand gibt nach.

nach|ge|hen [ˈnaːxgeːən], geht nach, ging nach, nachgegangen ⟨itr.; ist⟩: **1.** ⟨jmdm., etw. Dativ n.⟩ *folgen:* ich bin dem Mädchen, der Musik nachgegangen; einer Spur nachgehen. *Syn.:* nachfolgen, nachkommen. **2.** ⟨etw. (Dativ) n.⟩ *überprüfen:* einem Hinweis, einer Frage nachgehen. **3.** ⟨etw. (Dativ) n.⟩ *(eine Tätigkeit regelmäßig) ausüben:* seinem Beruf, einem Hobby nachgehen. **4.** *(von Messgeräten) zu langsam gehen:* der Tacho geht nach; die Uhr geht fünf Minuten nach.

nach|gie|big [ˈnaːxgiːbɪç], nachgiebiger, am nachgiebigsten ⟨Adj.⟩: *schnell bereit, sich den Willen anderer anzupassen:* ein nachgiebiger Mensch; du bist ihr gegenüber viel zu nachgiebig. *Syn.:* weich.

nach|hel|fen [ˈnaːxhɛlfn̩], hilft nach, half nach, nachgeholfen ⟨itr.; hat⟩: *Hilfe, Unterstützung gewähren:* dem Schüler in Englisch nachhelfen; bei ihr geht es sehr langsam, da muss man etwas nachhelfen *(man muss sie antreiben)*. *Syn.:* helfen, unterstützen.

nach|her [naːxˈheːɐ̯] ⟨Adverb⟩: **1.** *etwas später:* ich komme nachher noch bei dir vorbei; nachher gehen wir einkaufen. *Syn.:* bald, gleich. **2.** *danach, hinterher:* erst gehen wir ins Kino und nachher noch ins Restaurant; nachher will es keiner gewesen sein. *Syn.:* anschließend, dann, später.

die **Nach|hil|fe** [ˈnaːxhɪlfə]; -, -n: *zusätzlicher Unterricht für schwache Schüler, Schülerinnen:* Nachhilfe bekommen, geben. *Zus.:* Englischnachhilfe.

nach|ho|len [ˈnaːxhoːlən], holt nach, holte nach, nachgeholt ⟨tr.; hat⟩: **1.** ⟨jmdn., etw. [irgendwohin] n.⟩ *nachträglich an einen bestimmten Ort holen:* seine

Familie an den neuen Wohnort nachholen. **2.** *nachträglich erledigen:* den Lehrstoff in kurzer Zeit nachholen. *Syn.:* aufholen.

nach|kom|men [ˈnaːkɔmən], kommt nach, kam nach, nachgekommen ⟨itr.; ist⟩: **1.** *später kommen:* ich werde in einer halben Stunde nachkommen. *Syn.:* folgen, nachfolgen. **2.** ⟨mit etw. n.⟩ *nicht zurückbleiben:* mit der Produktion kaum nachkommen; beim Diktat mit dem Schreiben nicht nachkommen.

nach|las|sen [ˈnaːxlasn̩], lässt nach, ließ nach, nachgelassen: **1.** ⟨itr.; hat⟩ *weniger, schwächer werden:* die Spannung, der Widerstand, der Regen lässt nach; die Sehkraft, das Gedächtnis, das Fieber lässt nach. *Syn.:* abklingen, abnehmen, sinken, sich verringern, zurückgehen. **2.** ⟨tr.; hat; etw. n.⟩ *weniger berechnen:* sie haben keinen Cent nachgelassen.

nach|ma|chen [ˈnaːxmaxn̩], macht nach, machte nach, nachgemacht ⟨tr.; hat⟩ (ugs.): **1.** ⟨jmdn., etw. n.⟩ *genau das tun, was ein anderer, eine andere tut:* das Kind macht dem großen Bruder alles nach; die Schüler machten den Lehrer nach. **2.** ⟨etw. n.⟩ *fälschen:* die Unterschrift, die Banknote war schlecht nachgemacht. **3.** ⟨etw. n.⟩ *nachholen:* eine Prüfung nachmachen.

der **Nach|mie|ter** [ˈnaːxmiːtɐ]; -s, -, die **Nach|mie|te|rin** [ˈnaːxmiːtərɪn]; -, -nen: *Person, die nach einem anderen Mieter, einer anderen Mieterin eine Wohnung mietet:* Nachmieter für schönes helles Zimmer in WG gesucht!

der **Nach|mit|tag** [ˈnaːxmɪtaːk]; -s, -e: *Zeit vom Mittag bis zum Beginn des Abends:* den Nachmittag im Schwimmbad verbringen; sie kamen am späten Nachmittag; heute, morgen, gestern Nachmittag. *Zus.:* Dienstagnachmittag, Spätnachmittag.

nach|mit|tags [ˈnaːxmɪtaːks] ⟨Adverb⟩: *am Nachmittag; jeden Nachmittag:* nachmittags um drei; wir sind nachmittags zu Hause.

der **Nach|na|me** [ˈnaːxnaːmə]; -ns, -n: *Zuname:* und wie heißt dein Freund Felix mit Nachnamen? *Syn.:* Familienname, Name.

nach|prü|fen [ˈnaːxpryːfn̩], prüft nach, prüfte nach, nachgeprüft ⟨tr.; hat; etw. n.⟩: *zur Kontrolle prüfen:* jmds. Angaben nachprüfen; ich musste alle Rechnungen noch einmal nachprüfen. *Syn.:* kontrollieren, nachsehen, überprüfen.

die **Nach|richt** [ˈnaːxrɪçt]; -, -en: **1.** *Mitteilung:* eine schlechte, amtliche Nachricht; keine Nachricht erhalten; eine Nachricht von jmdm. überbringen. *Syn.:* Durchsage, Info (ugs.), Information, Meldung, Neuigkeit. *Zus.:* Todesnachricht. **2.** ⟨Plural⟩ *Sendung im Rundfunk oder Fernsehen, in der die aktuellen Ereignisse mitgeteilt werden:* die Nachrichten einschalten, hören, sehen; in den Nachrichten wurde ausführlich darüber berichtet. *Zus.:* Abendnachrichten, Kurznachrichten, Verkehrsnachrichten.

nach|sa|gen [ˈnaːxzaːɡn̩], sagt nach, sagte nach, nachgesagt ⟨tr.; hat⟩: **1.** ⟨etw. n.⟩ *genauso wiederholen:* einen Satz nachsagen; die Kinder sagten nach, was man ihnen vorgesprochen hatte. *Syn.:* ²wiederholen. **2.** ⟨jmdm. etw. n.⟩ *von jmdm. behaupten, sagen:* jmdm. Arroganz, große Fähigkeiten nachsagen.

nach|schla|gen [ˈnaːxʃlaːɡn̩], schlägt nach, schlug nach, nachgeschlagen ⟨tr.; hat; etw. in etw. (Dativ) n.⟩: *in einem Lexikon oder [Wörter]buch nachlesen:* ein Zitat, ein Wort nachschlagen; ⟨auch itr.⟩ in einem Buch nachschlagen. *Syn.:* nachsehen, suchen.

das **Nach|schla|ge|werk** [ˈnaːxʃlaːɡəvɛrk]; -[e]s, -e: *Buch, in dem, meist alphabetisch geordnet, bestimmte Sachgebiete behandelt sind:* ein kleines, großes, zuverlässiges Nachschlagewerk. *Syn.:* Lexikon.

nach|se|hen [ˈnaːxzeːən], sieht nach, sah nach, nachgesehen: **1.** ⟨itr.; hat; jmdm., etw. n.⟩ *mit den Blicken folgen:* jmdm. traurig nachsehen; ich sah dem Zug, Auto nach. **2.** ⟨itr.; hat⟩ *prüfen, ob etwas im gewünschten Zustand ist:* ich muss nachsehen, ob das Fenster geschlossen ist. *Syn.:* kontrollieren, nachprüfen. **3.** ⟨tr.; hat; etw. n.⟩ *auf Fehler hin ansehen, durchsehen:* Rechnungen, die Schularbeiten nachsehen.

Nach|se|hen [ˈnaːxzeːən]: in der Verbindung * **das Nachsehen haben:** *benachteiligt worden sein, nur noch das Schlechtere bekommen:* sie waren zu spät gekommen und hatten nun das Nachsehen – es gab keinen Kuchen mehr.

die **Nach|spei|se** [ˈnaːxʃpaɪzə]; -, -n: *Nachtisch:* und was gibt es heute als Nachspeise? *Syn.:* Dessert, Süßspeise.

N

nächst... ['nɛːçst...] ⟨Adj.⟩: **1.** *unmittelbar in der Nähe befindlich:* die nächste Stadt ist 100 km entfernt; jmdn. an der nächsten Ecke erwarten; lies die nächste Strophe. **2.** *zeitlich unmittelbar folgend:* nächstes Jahr; wir machen im nächsten Monat Urlaub; der nächste Zug fährt in zwei Stunden; das nächste Mal.

die **Nacht** [naxt]; -, Nächte ['nɛçtə]: *Zeit der Dunkelheit zwischen Abend und Morgen:* eine kalte, mondhelle Nacht; bei Anbruch der Nacht; in der Nacht von Samstag auf Sonntag; gestern, heute, morgen Nacht. *Zus.:* Dienstagnacht, Frostnacht, Silvesternacht.

der **Nach|teil** ['naːˌtai̯l]; -[e]s, -e: *etwas, was sich für jmdn. negativ auswirkt* /Ggs. Vorteil/: es ist ein Nachteil, dass wir kein Auto haben; die Sache hat den Nachteil, dass ...; dieser Vertrag brachte ihr nur Nachteile; er ist dir gegenüber im Nachteil *(ist benachteiligt). Syn.:* Mangel, Schattenseite, Schwäche.

das **Nacht|hemd** ['naxthɛmt]; -[e]s, -en: *einem Hemd ähnliches Kleidungsstück, das im Bett getragen wird:* im Sommer trägt sie Nachthemden, im Winter Schlafanzüge.

der **Nach|tisch** ['naːxtɪʃ]; -[e]s, -e: *nach dem eigentlichen Essen gereichte, meist süße, oft aus Pudding, Eis, Obst o. Ä. bestehende Speise:* gibt es denn heute keinen Nachtisch? *Syn.:* Dessert, Nachspeise, Süßspeise.

nächt|lich ['nɛçtlɪç] ⟨Adj.⟩: *in, während der Nacht:* die nächtliche Kühle; bei einem nächtlichen Spaziergang.

der **Nach|trag** ['naːxtraːk]; -[e]s, Nachträge ['naːxtrɛːɡə]: *Ergänzung am Schluss einer schriftlichen Arbeit, eines Buches:* dem Aufsatz noch einen Nachtrag hinzufügen. *Syn.:* Zusatz.

nach|tra|gen ['naːxtraːɡn̩], trägt nach, trug nach, nachgetragen: **1.** ⟨tr.; hat; jmdm. etw. n.⟩ *hinterhertragen:* sie hat ihm seinen Schirm, den er vergessen hatte, nachgetragen. **2.** ⟨itr.; hat; jmdm. etw. n.⟩ *übel nehmen:* sie trug ihm seine herabsetzenden Äußerungen noch lange nach. **3.** ⟨tr.; hat; etw. n.⟩ *nachträglich hinzufügen:* Zahlen, Daten nachtragen; ich muss in den Aufsatz noch etwas nachtragen. *Syn.:* einfügen, ergänzen.

nach|tra|gend ['naːxtraːɡn̩t], nachtragender, am nachtragendsten ⟨Adj.⟩: *längere Zeit nicht verzeihen könnend:* ein nach-

tragender Mensch; sei doch nicht so nachtragend!

nach|träg|lich ['naːxtrɛːklɪç] ⟨Adj.⟩: *hinterher erfolgend:* ein nachträglicher Glückwunsch; nachträglich alles Gute zum Geburtstag!; nachträglich sah sie alles ein. *Syn.:* nachher.

nachts [naxts] ⟨Adverb⟩: *in, während der Nacht:* ich arbeite häufig nachts; um 3 Uhr nachts; montags nachts; nachts spät nach Hause kommen.

der **Nacht|tisch** ['naxttɪʃ]; -[e]s, -e: *kleiner Tisch neben dem Bett:* auf dem Nachttisch stapelten sich die Bücher.

der **Nach|weis** ['naːxvai̯s]; -es, -e: *das Beschaffen, Vorlegen von Beweisen:* der Nachweis ihrer Unschuld ist gelungen; den Nachweis für etwas erbringen, führen, liefern. *Zus.:* Echtheitsnachweis, Leistungsnachweis.

nach|wei|sen ['naːxvai̯zn̩], weist nach, wies nach, nachgewiesen ⟨tr.; hat⟩: **1.** ⟨etw. n.⟩ *den Nachweis für etwas erbringen:* das lässt sich nur schwer nachweisen; jmdm. einen Fehler nachweisen. *Syn.:* belegen, beweisen. **2.** ⟨jmdm. etw. n.⟩ *jmdm. etwas vermitteln:* jmdm. eine Stelle, ein Zimmer nachweisen.

der **Nach|wuchs** ['naːxvuːks]; -es: **1.** *Kind oder Kinder (in einer Familie):* was macht der Nachwuchs?; wir haben Nachwuchs bekommen. **2.** *jüngere, heranwachsende Kräfte, Mitarbeiter:* der wissenschaftliche Nachwuchs; die Industrie klagt über den Mangel an Nachwuchs. *Zus.:* Führungsnachwuchs, Handwerkernachwuchs.

nach|zäh|len ['naːxtsɛːlən], zählt nach, zählte nach, nachgezählt ⟨tr.; hat⟩: *zur Kontrolle [noch einmal] zählen:* das Geld sorgfältig nachzählen.

nach|zie|hen ['naːxtsiːən], zieht nach, zog nach, nachgezogen: **1.** ⟨tr.; hat; etw. n.⟩ *(ein Bein) nicht richtig bewegen können:* das linke Bein nachziehen. **2.** ⟨tr.; hat; etw. n.⟩ *durch Farbe betonen:* sie zog die Linien mit roter Tusche nach; ich habe mir die Augenbrauen nachgezogen. **3.** ⟨tr.; hat; etw. n.⟩ *durch Ziehen, Drehen noch fester machen:* die Seile, Schrauben nachziehen. **4.** ⟨itr.; hat; [mit etw.] n.⟩ *einem Beispiel folgen:* andere Staaten haben nachgezogen.

der **Na|cken** ['nakn̩]; -s, -: *hinterer Teil des Halses:* ein schmaler, feister Nacken; den Nacken beugen; den Kopf in den Nacken legen. *Syn.:* Genick.

nackt [nakt] ⟨Adj.⟩: *ohne Bekleidung:* mit nacktem Oberkörper; nackt baden; sich nackt ausziehen. *Syn.:* ausgezogen.

die **Na|del** ['na:dl̩]; -, -n: **1.** *dünner, meist spitzer Gegenstand aus Metall, der je nach Verwendungszweck (wie Nähen, Stricken, Spritzen u. a.) unterschiedlich geformt ist:* die Nadeln klappern beim Stricken; eine Nadel einfädeln; sich mit einer Nadel stechen; etwas mit Nadeln feststecken; die Nadel des Kompasses zeigte genau nach Norden. *Zus.:* Injektionsnadel, Kompassnadel, Nähnadel, Sicherheitsnadel, Stecknadel, Stricknadel. **2.** *in der Funktion dem Blatt vergleichbares Gebilde an Nadelbäumen:* die Fichte verliert die Nadeln. *Zus.:* Fichtennadel, Kiefernnadel, Tannennadel.

die (Näh-)Nadel (1)

der **Na|del|baum** ['na:dl̩baʊ̯m]; -[e]s, Nadelbäume ['na:dl̩bɔʏmə]: *Baum, der Nadeln trägt* /Ggs. Laubbaum/: so weit oben im Gebirge wachsen nur noch Nadelbäume.

der Nagel (1)

der **Na|gel** ['na:gl̩]; -s, Nägel ['nɛ:gl̩]: **1.** *Stift aus Metall mit Spitze und flachem Kopf:* der Nagel sitzt fest, hält nicht; einen Nagel in die Wand schlagen; etwas mit Nägeln befestigen. *Syn.:* Reißnagel, Reißzwecke. *Zus.:* Eisennagel, Polsternagel. **2.** *kleine, feste Platte an den äußeren Enden von Fingern und Zehen:* die Nägel schneiden. *Zus.:* Fingernagel, Fußnagel, Zehennagel.

der Nagel (2)

na|geln ['na:gl̩n], nagelt, nagelte, genagelt: **1.** ⟨tr.; hat; etw. irgendwohin n.⟩ *mit einem Nagel befestigen:* ein Schild an die Wand nageln. **2.** ⟨tr.; hat; etw. n.⟩ *mithilfe von Nägeln zusammenfügen:* Weinkisten nageln. **3.** ⟨tr.; hat; etw. n.⟩ *mit einem speziellen Nagel wieder zusammenfügen:* der Knochen, das Bein, der Bruch muss genagelt werden.

¹**nah** [na:], **na|he** ['na:ə] ⟨Adj.⟩ näher, am nächsten: **1.** *nicht weit entfernt:* der nahe Wald; in der näheren Umgebung; geh nicht zu nah an das Feuer heran!; nahe bei der Kirche. **2.** *bald* /Ggs. fern/: in naher Zukunft; die nahe Abreise; Hilfe war nahe. **3.** *in enger Beziehung zu jmdm., etwas stehend:* ein naher Angehöriger; nahe mit jmdm. verwandt, befreundet sein. *Syn.:* eng.

²**nah** [na:], **na|he** ['na:ə] ⟨Präp. mit Dat.⟩ (geh.): *in der Nähe von:* ein Ort nahe der Grenze.

na|he ['na:ə]: ↑ nah.

die **Nä|he** ['nɛ:ə]; -: *geringe räumliche Entfernung:* das Theater liegt ganz in der Nähe [des Bahnhofs]; die Nähe zur Stadt macht die Wohnung noch attraktiver; etwas aus nächster Nähe beobachten; etwas rückt in greifbare Nähe. *Syn.:* Nachbarschaft, Umgebung. *Zus.:* Küstennähe, Stadtnähe, Strandnähe, Ufernähe.

na|he|le|gen ['na:əle:gn̩], legt nahe, legte nahe, nahegelegt ⟨tr.; hat; jmdm. etw. n.⟩: *empfehlen; zu etwas auffordern:* seine Partei legt ihm den Rücktritt nahe.

na|he|lie|gen ['na:əli:gn̩], liegt nahe, lag nahe, nahegelegen ⟨itr.; hat⟩: *als möglich erscheinen, sich anbieten:* aus naheliegenden Gründen lehnte sie das Angebot ab; diese Vermutung liegt nahe.

nä|hen ['nɛ:ən], näht, nähte, genäht: **1.** ⟨itr.; hat⟩ *Teile von Textilien, Leder o. Ä. mithilfe von Nadel und Faden fest miteinander verbinden:* mit der Maschine, mit der Hand nähen; nähen lernen; sie näht sehr gern. *Zus.:* annähen, festnähen, zunähen, zusammennähen. **2.** ⟨tr.; hat; etw. n.⟩ *durch Nähen herstellen:* ein Kleid nähen. **3.** ⟨tr.; hat; etw. an etw. (Akk.) n.⟩ *durch Nähen befestigen:* Knöpfe an das Kleid nähen. **4.** ⟨tr.; hat; etw. n.⟩ (Med.) *(bei einer Verletzung das Gewebe) wieder zusammenfügen:* eine Wunde nähen.

nä|her ['nɛ:ɐ] ⟨Adj.⟩: **1.** Komparativ zu ↑ nah, nahe. **2.** *genauer ins Einzelne gehend:* nähere Auskünfte erteilen; darauf wollen wir nicht näher eingehen; du musst ihn näher kennenlernen.

nä|her|kom|men ['nɛ:ɐkɔmən], kommt näher, kam näher, nähergekommen ⟨itr.; ist; jmdm., sich n.⟩: *zu jmdm., zueinander eine engere Beziehung*

N

bekommen: jmdm., sich, einander näherkommen; das Team ist sich bei dem Projekt auch menschlich nähergekommen.

nä|hern [ˈnɛːɐn], nähert, näherte, genähert ⟨sich n.⟩: **1.** *sich auf jmdn., etwas zubewegen; näher herankommen:* der Feind nähert sich der Stadt; niemand darf sich dem Kranken nähern. *Syn.:* kommen an/zu. **2.** *in zeitliche Nähe von etwas kommen:* der Sommer, der Urlaub nähert sich dem Ende.

na|he|ste|hen [ˈnaːəʃteːən], steht nahe, stand nahe, nahegestanden ⟨itr.; hat; südd., österr., schweiz.: ist; jmdm., sich, etw. n.⟩: er steht der Politik der Grünen sehr nahe; sie haben sich/einander damals persönlich nahegestanden.

na|he|zu [ˈnaːəˈtsuː] ⟨Adverb⟩: *beinahe, fast:* nahezu die Hälfte; nahezu 100 Prozent; nahezu 5 000 Zuschauer sahen das Spiel. *Syn.:* praktisch.

nahm [naːm]: ↑ nehmen.

die **Näh|ma|schi|ne** [ˈnɛːmaʃiːnə]; -, -n: *Maschine zum Nähen:* eine elektrische Nähmaschine.

nahr|haft [ˈnaːɐhaft], nahrhafter, am nahrhaftesten ⟨Adj.⟩: *reich an Stoffen, die für den Körper wichtig sind:* nahrhafte Kost; Brot ist sehr nahrhaft. *Syn.:* gesund.

der **Nähr|stoff** [ˈnɛːɐʃtɔf]; -[e]s, -e: *Stoff, der für den Körper wichtig ist:* Jod, Eisen und Vitamine sind wichtige Nährstoffe.

die **Nah|rung** [ˈnaːrʊŋ]; -, -en: *alles, was ein Mensch oder ein Tier zur Ernährung braucht:* feste, flüssige, pflanzliche Nahrung. *Syn.:* Essen, Kost, Nahrungsmittel ⟨Plural⟩. *Zus.:* Babynahrung, Hauptnahrung.

das **Nah|rungs|mit|tel** [ˈnaːrʊŋsmɪtl̩]; -s, -: *etwas, was (roh oder zubereitet) als Nahrung dient:* Kartoffeln sind ein billiges Nahrungsmittel; leicht verderbliche Nahrungsmittel wie Milch, Butter und Tiefkühlkost; um die Hungerkatastrophe zu verhindern, wurden für 1,6 Millionen Euro Nahrungsmittel in das Land geschafft. *Syn.:* Essen, Lebensmittel.

die **Naht** [naːt]; -, Nähte [ˈnɛːtə]: *Linie, die beim Zusammennähen von etwas entsteht:* eine Naht nähen, auftrennen. *Zus.:* Hosennaht.

na|iv [naˈiːf], naiver, am naivsten ⟨Adj.⟩: **1.** *kindlich unbefangen:* naive Freude, naiver Stolz. *Syn.:* leichtgläubig.

2. *unwissend:* alle haben über seine naiven Fragen gelacht; bist du aber naiv!

der **Na|me** [ˈnaːmə]; -ns, -n: **1.** *Kennzeichnung eines Wesens oder Dinges:* geografische Namen; die Namen der Sterne; sie, das Schiff hat einen schönen, ausgefallenen Namen; sie hat sich unter falschem, seinem richtigen Namen angemeldet; der deutsche, italienische, französische, offizielle Name der Schweiz; das Kind erhielt den Namen Peter; können Sie Ihren Namen bitte buchstabieren?; ich kenne ihn nur dem Namen nach *(nicht persönlich);* den Namen des Flusses, der Straße, der Stadt habe ich vergessen. *Zus.:* Doppelname, Eigenname, Familienname, Firmenname, Flussname, Frauenname, Künstlername, Ländername, Mädchenname, Markenname, Nachname, Ortsname, Rufname, Spitzname, Vorname, Zuname. * **im Namen:** *im Auftrag, in Vertretung:* ich spreche im Namen aller Kollegen. **2.** *Wort, mit dem etwas als Vertreter einer Art benannt wird:* kennst du den [deutschen, lateinischen, botanischen] Namen dieser Pflanze[n]?; sich für ein neues Produkt einen Namen ausdenken; die Dinge beim Namen nennen *(sie als das bezeichnen, was sie sind).* *Zus.:* Gattungsname. **3.** *Ruf:* der Autor hat bereits einen Namen; er hat schließlich einen [guten] Namen zu verlieren. *Syn.:* Ansehen.

näm|lich [ˈnɛːmlɪç] ⟨Adverb⟩: **1.** kennzeichnet eine Aussage als Erklärung oder Begründung (einer vorangehenden Aussage): ich komme sehr früh an, ich fahre nämlich mit dem ersten Zug; sonntags sind sie nämlich nie da. **2.** *und zwar, genauer gesagt:* einmal in der Woche, nämlich am Mittwoch.

nann|te [ˈnantə]: ↑ nennen.

die **Nar|be** [ˈnarbə]; -, -n: *sichtbare Spur einer verheilten Wunde auf der Haut:* eine große, rote, hässliche Narbe. *Syn.:* ¹Mal. *Zus.:* Brandnarbe, Operationsnarbe.

die **Nar|ko|se** [narˈkoːzə]; -, -n: *ein dem Schlaf ähnlicher Zustand, in den der Arzt einen Patienten vor einer Operation versetzt, damit dieser keinen Schmerz empfindet:* dem Patienten eine Narkose machen; aus der Narkose erwachen. *Zus.:* Vollnarkose.

na|schen [ˈnaʃn̩], nascht, naschte, genascht: **1.** ⟨tr.; hat; etw. n.⟩ *(Süßigkeiten o. Ä.) außerhalb der normalen Mahlzeiten genießerisch essen:* Schokolade

---

Nationalfeiertag

In Deutschland ist der 3. Oktober der Nationalfeiertag. An diesem Tag trat im Jahr 1990 die DDR der Bundesrepublik Deutschland offiziell bei. Damit war der Prozess der Wiedervereinigung formal abgeschlossen.

Die Österreicher begehen am 26. Oktober ihren Nationalfeiertag. Dieser Tag wurde zum Nationalfeiertag erklärt, weil am 26. Oktober 1955 das österreichische Parlament das »Gesetz der immerwährenden (d. h. ewigen) Neutralität« beschloss. Alle fremden Soldaten, die seit dem Ende des Zweiten Weltkriegs noch im Land waren, mussten daraufhin Österreich verlassen.

Der 1. August ist der schweizerische Nationalfeiertag. An diesem Tag gedenken die Schweizer und Schweizerinnen mit vielen Festen, feierlichen Reden und Feuern, die über Täler und Berge hinwegleuchten, der Entstehung ihres Landes. Die Anfänge der Schweiz gehen auf den Zusammenschluss der drei Kantone Uri, Schwyz und Unterwalden Anfang August des Jahres 1291 zurück.

---

naschen; ⟨auch itr.⟩ sie nascht gern, viel. **2.** ⟨itr.; hat⟩ *[heimlich] ein wenig (von etwas) essen:* wer hat von dem Teig genascht?

die **Na|se** [ˈnaːzə]; -, -n: *herausragender Teil des Gesichts oberhalb des Mundes, mit dem Gerüche wahrgenommen werden:* eine spitze, große Nase; eine verstopfte Nase haben; sich die Nase putzen.

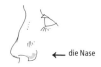

← die Nase

das **Na|sen|blu|ten** [ˈnaːznbluːtn̩]; -s: *Blutung aus der Nase:* Nasenbluten haben.

nass [nas], nasser, am nassesten ⟨Adj.⟩:
1. *viel Wasser enthaltend oder damit bedeckt; nicht trocken:* nasse Hände, Haare haben; seine Kleider waren völlig nass; die Straße ist nass. *Syn.:* feucht, klamm. **2.** *durch häufiges Regnen gekennzeichnet:* es war ein nasser Sommer.

die **Näs|se** [ˈnɛsə]; -: *starke Feuchtigkeit:* vor Nässe triefen.

die **Na|ti|on** [naˈtsi̯oːn]; -, -en: *größere Gemeinschaft von Menschen mit gleicher Herkunft, Geschichte, Sprache, Kultur und dem Bewusstsein politisch-kultureller Zusammengehörigkeit, die einen Staat bilden:* die europäischen Nationen; eine geteilte Nation; die Entführung des Politikers erschütterte die ganze Nation. *Syn.:* Bevölkerung, Staat, Volk.

na|ti|o|nal [natsi̯oˈnaːl] ⟨Adj.⟩: **1.** *die Nation betreffend, zur Nation gehörend:* nationale Eigentümlichkeiten; die nationale Unabhängigkeit, Sicherheit; nationale Interessen verfolgen; auf nationaler (*innerstaatlicher*) Ebene. *Syn.:* staatlich. **2.** *die Interessen der eigenen Nation (in oft übertriebener Weise) vertretend:* eine nationale Partei; national denken, fühlen. *Syn.:* nationalistisch, patriotisch.

der **Na|ti|o|nal|fei|er|tag** [natsi̯oˈnaːlfai̯ɐtaːk]: *Feiertag, an dem an ein wichtiges nationales Ereignis erinnert wird:* dieses Jahr wurde der Nationalfeiertag besonders festlich gefeiert; einen Tag zum Nationalfeiertag erklären.

der **Na|ti|o|na|lis|mus** [natsi̯onaˈlɪsmʊs]; -: *politische Haltung, aus der heraus in übertriebener, intoleranter Weise Größe und Macht des eigenen Staates angestrebt werden:* Nationalismus schüren (*fördern*), stoppen.

na|ti|o|na|lis|tisch [natsi̯onaˈlɪstɪʃ], nationalistischer, am nationalistischsten ⟨Adj.⟩: *für den Nationalismus charakteristisch:* nationalistische Politiker; nationalistisch eingestellt sein. *Syn.:* national, patriotisch.

die **Na|ti|o|na|li|tät** [natsi̯onaliˈtɛːt]; -, -en: **1.** *Zugehörigkeit zu einem bestimmten Volk oder Staat:* jmdn. nach seiner Nationalität fragen; seine Nationalität angeben. *Syn.:* Staatsangehörigkeit. **2.** *nationale Gruppe innerhalb eines Staates:* die verschiedenen Nationalitäten in einem Staat. *Syn.:* Minderheit, Nation, Stamm, Volk.

der **Na|ti|o|nal|rat** [natsi̯oˈnaːlraːt]; -[e]s, Nationalräte [natsi̯oˈnaːlrɛːtə] (österr.; schweiz.): **1.** *Bezeichnung für das nationale Parlament in Österreich und in der Schweiz:* der Nationalrat hat ein neues Gesetz beschlossen; das Volk wählt diesen Sonntag den neuen Natio-

N

nalrat. **2.** *Mitglied des Nationalrats:* Nationalrat Heinz Blücher; er ist seit drei Jahren Nationalrat.

die **Na|tur** [na'tuːɐ̯]; -, -en: **1.** ⟨ohne Plural⟩ *Pflanzen, Tiere oder Gewässer als Teil eines bestimmten Gebietes, der nicht oder nur wenig vom Menschen verändert wurde:* die Natur schützen; der Natur schaden; einen Ausflug in die freie Natur unternehmen. **2.** *Art, Wesen, Charakter einer Person, eines Tiers:* die männliche, tierische Natur; ihre Naturen sind zu verschieden; er hat eine glückliche Natur. *Syn.:* Persönlichkeit, Typ. **3.** ⟨ohne Plural⟩ *das Typische, Besondere:* es liegt in der Natur der Sache, dass Schwierigkeiten entstehen.

na|tur|ge|treu [na'tuːɐ̯ɡətrɔy] ⟨Adj.⟩: *der Wirklichkeit, dem Vorbild genau entsprechend:* eine naturgetreue Nachbildung der Figur; das Modell soll möglichst naturgetreu sein.

die **Na|tur|ka|ta|s|t|ro|phe** [na'tuːɐ̯katastroːfə]; -, -n: *Katastrophe, zu der es durch natürliche Vorgänge (z. B. Erdbeben, Sturm) kommt:* eine der schwersten Naturkatastrophen der letzten Jahre; viele Menschen waren von dieser schlimmen Naturkatastrophe betroffen.

¹**na|tür|lich** [na'tyːɐ̯lɪç], natürlicher, am natürlichsten ⟨Adj.⟩: **1.** *zur Natur gehörend, in der Natur vorkommend; nicht künstlich:* natürliche Blumen; im Westen bildet der Atlantische Ozean die natürliche Grenze. **2.** *der Wirklichkeit entsprechend:* eine Figur in natürlicher Größe. **3.** *ungezwungen:* sie hat ein natürliches Benehmen, Wesen; sich natürlich bewegen. *Syn.:* ungeniert. **4.** *normal:* es ist doch ganz natürlich, dass er jetzt traurig ist.

²**na|tür|lich** [na'tyːɐ̯lɪç], Adverb: *wie zu erwarten ist; ganz selbstverständlich:* er hat natürlich recht; natürlich käme ich gerne, aber ich habe keine Zeit. *Syn.:* freilich (südd.), zweifellos.

der **Na|tur|schutz** [na'tuːɐ̯ʃʊts]; -es: *Maßnahmen zum Schutz der Natur:* ein Waldgebiet unter Naturschutz stellen.

der **Ne|bel** ['neːbl̩]; -s, -: *dichter, weißer Dunst:* die Sicht war durch dichten Nebel behindert. *Syn.:* Dampf. *Zus.:* Bodennebel, Frühnebel, Herbstnebel, Hochnebel.

ne|ben ['neːbn̩] ⟨Präp.⟩: **1.** ⟨mit Dativ; Frage: wo?⟩ *unmittelbar an der Seite von; dicht bei:* er sitzt neben seinem Bruder; der Schrank steht [dicht, direkt] neben der Tür; auf dem Parkplatz steht Auto neben Auto *(stehen viele Autos dicht nebeneinander).* *Syn.:* seitlich. **2.** ⟨mit Akk.; Frage: wohin?⟩ *unmittelbar an die Seite von; dicht bei:* er stellte seinen Stuhl neben meinen; sie bauten Haus neben Haus *(bauten viele Häuser dicht nebeneinander).* **3.** ⟨mit Dativ⟩ *außer:* neben ihrem Beruf muss sie sich auch um ihren Haushalt kümmern; wir brauchen neben *(zusätzlich zu)* Papier und Schere auch Klebstoff. **4.** ⟨mit Dativ⟩ *verglichen mit; im Vergleich zu:* neben ihm bist du ja noch harmlos.

ne|ben|an [neːbn̩'ʔan] ⟨Adverb⟩: *direkt daneben:* das Haus nebenan; der Herr von nebenan.

ne|ben|bei [neːbn̩'bai̯] ⟨Adverb⟩: **1.** *gleichzeitig mit etwas anderem:* diese Arbeit kann ich noch nebenbei tun; sie arbeitet als Sekretärin und lernt nebenbei noch Portugiesisch. *Syn.:* außerdem. **2.** ⟨in Bezug auf eine Äußerung, Bemerkung⟩ *ohne besonderen Nachdruck:* er erwähnte dies nur nebenbei; nebenbei bemerkt, finde ich das eine Unverschämtheit.

ne|ben|ei|n|an|der [neːbn̩ʔai̯'nandɐ] ⟨Adverb⟩: **1.** ⟨mit Bezug auf das Objekt⟩ *einer neben den anderen:* wir werden die Zelte nebeneinander aufbauen. **2.** ⟨mit Bezug auf das Subjekt⟩ *einer neben dem anderen:* sie gingen nebeneinander die Treppe hinauf.

das **Ne|ben|fach** ['neːbn̩fax]; -[e]s, Nebenfächer ['neːbn̩fɛçɐ]: *weniger wichtiges Fach in der Schule; zweites oder drittes Fach beim Studieren:* er hat Geschichte und Politik als Hauptfach und Deutsch als Nebenfach studiert; Englisch im Nebenfach belegen.

der **Ne|ben|fluss** ['neːbn̩flʊs]; -es, Nebenflüsse ['neːbn̩flʏsə]: *Fluss, der in einen anderen Fluss mündet:* die [linken] Nebenflüsse der Donau.

die **Ne|ben|kos|ten** ['neːbn̩kɔstn̩] ⟨Plural⟩: *Kosten für eine Wohnung, die zusätzlich zur Miete entstehen (z. B. für Wasser, Heizung):* die Nebenkosten an den Vermieter zahlen.

die **Ne|ben|kos|ten|ab|rech|nung** ['neːbn̩kɔstn̩lapreçnʊŋ]; -, -en: *Rechnung, in der der Vermieter nachweist, wie hoch die tatsächlichen Nebenkosten eines Jahres waren, und die Differenz zu den vom Mieter im Voraus gezahlten*

Nebenkosten ermittelt: die Nebenkostenabrechnung erstellen, erhalten.

die **Ne|ben|sa|che** ['ne:bn̩zaxə]; -, -n: *Sache, Angelegenheit, die weniger wichtig ist:* das ist Nebensache; bei diesem Spiel wurde das Gewinnen zur Nebensache.

ne|ben|säch|lich ['ne:bn̩zɛçlɪç], nebensächlicher, am nebensächlichsten ⟨Adj.⟩: *von geringerer Bedeutung:* es ist jetzt nebensächlich, ob es teuer ist oder nicht. *Syn.:* belanglos, gleichgültig, sekundär, unbedeutend, unerheblich, unwesentlich.

die **Ne|ben|stra|ße** ['ne:bn̩ʃtra:sə]; -, -n: *Straße von geringerer Bedeutung, die von einer Hauptstraße abbiegt:* eine kleine, ruhige Nebenstraße; eine Nebenstraße der Champs-Élysées; in eine Nebenstraße abbiegen; auf einer Nebenstraße fahren. *Syn.:* Querstraße, Seitenstraße.

neb|lig ['ne:blɪç], nebliger, am nebligsten ⟨Adj.⟩: *von Nebel erfüllt:* heute ist es sehr neblig; ein nebliger Tag. *Syn.:* diesig.

nee [ne:] ⟨Partikel⟩ (ugs.): *nein.*

der **Nef|fe** ['nɛfə]; -n, -n: *Sohn von jmds. Bruder, Schwester, Schwager oder Schwägerin:* ich habe drei Neffen.

ne|ga|tiv ['ne:gati:f], negativer, am negativsten ⟨Adj.⟩ /Ggs. positiv/: **1.** *ablehnend, verneinend:* er erhielt eine negative Antwort, einen negativen Bescheid; er nahm eine negative Haltung dazu ein. **2.** *nicht gut:* eine negative Entwicklung; sehr negative Leistungen; die Verhandlungen verliefen negativ; etwas negativ bewerten. *Syn.:* nachteilig, schlecht, schlimm, übel, ungünstig. **3.** *(bes. bei medizinischen Untersuchungen) einen Verdacht nicht bestätigend:* ein negativer Befund; das Ergebnis war negativ; negativ [getestet] sein.

neh|men ['ne:mən], nimmt, nahm, genommen ⟨tr.; hat⟩: **1.** ⟨jmdn., etw. n.⟩ *mit der Hand greifen, erfassen und festhalten:* sie nahm ihren Mantel und ging; er nahm den Hammer und schlug damit den Nagel in die Wand. **2.** ⟨jmdn., etw. n.⟩ *etwas (auf legale oder illegale Weise) in seinen Besitz bringen:* er nahm, was er bekommen konnte; wenn du von den Sachen irgendwas gebrauchen kannst, nimm es dir einfach; die Einbrecher nahmen alles, was ihnen wertvoll erschien. **3.** ⟨etw. n.⟩ *(etwas Angebotenes) annehmen:* er

nimmt kein Trinkgeld; nehmen Sie noch ein Stück Kuchen?; nimm [dir] doch noch etwas Salat; er nahm [sich] noch ein Bier. **4.** ⟨jmdm. etw. n.⟩ *jmdm. etwas wegnehmen:* jmdm. die Sicht nehmen; dieses Recht kann ihm niemand nehmen; er ließ es sich nicht nehmen *(bestand darauf)*, persönlich zu gratulieren. **5.** ⟨etw. n.⟩ *(für einen bestimmten Zweck) benutzen, verwenden:* sie nimmt zum Braten nur Öl; man nehme: 250 g Zucker, 300 g Mehl ...; dafür nimmst du am besten einen Schraubenzieher; eine Abkürzung nehmen. **6.** ⟨jmdn., etw. irgendwohin n.⟩ *an eine [bestimmte] Stelle bei sich bringen:* die Tasche unter den Arm nehmen; er nahm das Kind auf den Schoß; sie nahmen mich in die Mitte *(gingen rechts und links von mir);* ich nahm die Sachen an mich *(nahm sie, um sie aufzubewahren).* **7.** ⟨etw. aus/von etw. n.⟩ *(aus etwas) herausnehmen, (von etwas) wegnehmen:* Geschirr aus dem Schrank, Geld aus der Brieftasche nehmen; er nahm den Hut vom Kopf, das Bild von der Wand. *Syn.:* entnehmen, herausholen, holen. **8.** ⟨jmdn., etw. n.⟩ *sich jmdn. oder etwas aussuchen, sich für jmdn. oder etwas entscheiden:* den Bus, die Straßenbahn nehmen; diese Wohnung nehmen wir; ich nehme eine Pizza, ein Bier; mein Sohn nimmt das schwarze Kaninchen; ich werde [mir] ein Zimmer im Hotel nehmen. **9.** * **etwas auf sich** (Akk.) **nehmen:** *etwas Schwieriges, Unangenehmes übernehmen:* die Verantwortung, alle Schuld auf sich nehmen. **10.** ⟨etw. n.⟩ *in Anspruch nehmen, sich geben lassen:* Klavierstunden, Tanzunterricht nehmen; Urlaub nehmen. **11.** ⟨etw. n.⟩ *als Preis fordern:* er hat für die Fahrt fünf Euro genommen; sie hat nichts dafür genommen. **12.** ⟨etw. n.⟩ *(ein Medikament) einnehmen:* seine Arznei nehmen; sie nimmt die Pille. *Syn.:* schlucken. **13.** ⟨jmdn., etw., sich irgendwie n.⟩ *in einer bestimmten Weise betrachten, auffassen, bewerten:* etwas [sehr] ernst, [zu] leicht, schwer nehmen; er nimmt dich nicht ernst; * **jmdn. [nicht] für voll nehmen** (geh.): *jmdn. und das, was er sagt oder tut, [nicht] ernst nehmen:* ich kann diesen Schreihals einfach nicht für voll nehmen. **14.** *als Funktionsverb:* an etwas Anstoß nehmen *(sich über etwas ärgern);* etwas in Betrieb, in

Dienst nehmen *(beginnen, etwas zu benutzen, einzusetzen);* in etwas Einsicht, Einblick nehmen *(etwas einsehen);* auf jmdn., etwas Einfluss nehmen *(jmdn., etwas beeinflussen);* jmdn. ins Verhör nehmen *(jmdn. verhören).*

der **Neid** [naıt]; -[e]s: *Gefühl von Ärger darüber, dass eine andere Person mehr besitzt oder mehr Erfolg hat als man selbst:* Neid empfinden; jmdn. voller Neid ansehen; von Neid erfüllt sein; sie wurde blass vor Neid (emotional: *ihr war ihr Neid deutlich anzusehen).*

nei|disch [ˈnaɪdɪʃ], neidischer, am neidischsten ⟨Adj.⟩: *von Neid erfüllt, bestimmt:* neidische Nachbarn; auf jmdn., etwas neidisch sein.

nei|gen [ˈnaɪgn̩], neigt, neigte, geneigt: **1.** ⟨tr.; hat; sich, etw. [irgendwohin] n.⟩ *schräg halten oder nach unten biegen, senken:* das Glas neigen; den Kopf neigen; der Baum neigt seine Zweige bis zur Erde. **2.** ⟨sich n.⟩ *sich schräg legen, sich nach unten biegen:* das Schiff neigt sich zur Seite; sich über das Geländer neigen. *Syn.:* sich beugen, sich bücken, sich krümmen, sich lehnen. **3.** ⟨sich n.⟩ *schräg abfallen:* das Gelände neigt sich zum Fluss. **4.** ⟨itr.; hat; zu etw. n.⟩ *einen Hang (zu etwas) haben:* er neigt zu Depressionen, zur Verschwendung; ich neige mehr zu deiner Ansicht; ich neige dazu, ihm recht zu geben.

die **Nei|gung** [ˈnaɪgʊŋ]; -, -en: **1.** *das Ansteigen oder Abfallen eines Geländes, einer Straße o. Ä.:* die Neigung einer Straße. **2.** *besonderes Interesse für etwas, bestimmter Hang zu etwas:* etwas aus Neigung tun; ein Mensch mit künstlerischen Neigungen; sie verspürte eine starke Neigung zur Musik. *Syn.:* Tendenz, Vorliebe. **3.** *Gefühl der Zuneigung:* eine starke Neigung zu jmdm. empfinden; seine Neigung zu ihr wurde erwidert. *Syn.:* Liebe, Sympathie.

nein [naın] ⟨Partikel⟩: **1.** leitet einen Ausruf der Überraschung, des Erstaunens, der Freude oder des Erschreckens ein: nein, so ein, was für ein Glück!; nein, so was!; nein, das darf nicht wahr sein! **2.** (als Antwort auf eine Frage, als Reaktion auf eine Behauptung oder auf eine Bitte) drückt aus, dass man nicht zustimmt bzw. dass man ablehnt: »Kommt er mit?« – »Nein.«; »Leihst du mir das Buch mal?« – »Nein[, das geht leider nicht].«; »Wollte er nicht mitkommen?« – »Nein, er hat zu viel zu

tun.«; »nein, das ist unmöglich.«; »Nimmst du noch Tee?« – »Nein danke.«; »Bist du fertig?« – »Nein!« (Ggs. ja); aber nein; nein, niemals; nein, natürlich nicht. *Syn.:* nee (ugs.). **3.** dient dazu, eine verneinte Frage zustimmend zu beantworten: »Hast du keine Angst?« – »Nein.«; »Du gibst doch nicht auf[, nein]?« – »Nein, nein!«; das Nein berücksichtigen.

nen|nen [ˈnɛnən], nennt, nannte, genannt ⟨tr.; hat⟩: **1.** ⟨jmdn., etw. n.⟩ *(jmdm.) einen bestimmten Namen geben:* wie wollt ihr das Kind nennen?; wir nennen das Kind Lina. **2.** ⟨jmdn., etw. n.⟩ *(als etwas) bezeichnen:* er hat meinen Onkel einen Lügner genannt; das nenne ich *(das ist wirklich)* Mut; ⟨jmdn., etw. irgendwie n.⟩ das nenne ich *(das ist wirklich)* erfreulich. **3.** ⟨jmdn. bei etw. / mit etw. n.⟩ *mit einer bestimmten Anrede ansprechen:* sie nannte ihn beim / bei seinem / mit seinem Vornamen. **4.** ⟨etw. n.⟩ *als Angabe, Auskunft o. Ä. mitteilen:* er nannte seinen Namen; jmdm. den Grund für etwas nennen; sie, ihr Name wurde nicht, wurde an erster Stelle genannt *(angeführt, erwähnt);* nennen Sie die wichtigsten Punkte *(zählen Sie sie auf).* *Syn.:* angeben, aufführen, erwähnen, sagen. **5.** ⟨sich n.⟩ (oft ironisch) *(etwas Bestimmtes) zu sein behaupten:* er nennt sich freier Schriftsteller; und so was nennt sich nun dein Freund.

nen|nens|wert [ˈnɛnənsveːɐ̯t] ⟨Adj.⟩: *so bedeutend, dass es sich lohnt, erwähnt zu werden:* es sind keine nennenswerten Niederschläge zu erwarten; eine kaum nennenswerte Inflationsrate; es gab nennenswerte Fortschritte. *Syn.:* beachtlich, bemerkenswert, besonder...

der **Nerv** [nɛrf]; -s, -en: *Bündel aus Fasern im Körper, das Reize zwischen dem Gehirn und dem übrigen Organismus vermittelt:* der Arzt hat mit der Spritze einen Nerv getroffen; gute, starke, schlechte Nerven haben; die Nerven behalten *(ruhig und beherrscht bleiben).* *Zus.:* Geruchsnerv, Geschmacksnerv, Sehnerv.

ner|ven [ˈnɛrfn̩], nervt, nervte, genervt ⟨tr.; hat; jmdn. n.⟩ (ugs.): *jmdm. sehr lästig werden:* der Kerl nervt mich mit seinem dummen Gerede; ⟨auch itr.⟩ du nervst! *Syn.:* ärgern, aufregen, reizen.

ner|vös [nɛrˈvøːs], nervöser, am nervösesten ⟨Adj.⟩: *innerlich unruhig; leicht* *gereizt:* vor einer Prüfung bin ich immer sehr nervös; der Lärm macht mich nervös. *Syn.:*aufgeregt, hektisch.

die **Ner|vo|si|tät** [nɛrvoziˈtɛːt]; -: *nervöses Aufgeregtsein, Angespanntsein:* durch seine Nervosität verpatzte der Spieler alle seine Chancen. *Syn.:*Unruhe.

das **Nest** [nɛst]; -[e]s, -er: *rundes Gebilde, das Vögel aus Zweigen und Gräsern machen, um darin ihre Eier abzulegen:* die Vögel bauen, verlassen ihre Nester. *Zus.:*Taubennest, Vogelnest.

nett [nɛt], netter, am nettesten ⟨Adj.⟩:
1. *freundlich und liebenswürdig, angenehm im Wesen:* sie sind nette Leute; er war sehr nett zu mir; wären Sie bitte so nett, einmal kurz zu mir zu kommen?; (ironisch) du bist mir ja ein netter Freund. *Syn.:*entgegenkommend, herzlich, lieb, liebenswert, sympathisch. **2.** *so beschaffen, dass es (jmdm.) gefällt; hübsch und ansprechend:* es war ein netter Abend. *Syn.:* schön, süß (emotional). **3.** *ziemlich groß, beträchtlich:* ein netter Profit. *Syn.:*gewaltig (emotional), ordentlich (ugs.), tüchtig (ugs.).

net|to [ˈnɛto] ⟨Adverb⟩ (Kaufmannsspr.): *das Gewicht der Verpackung abgezogen; verschiedene Abgaben (Steuern o. Ä.) abgezogen, nicht enthaltend /Ggs. brutto/:* die Ware wiegt netto fünf Kilo; er verdient 2 000 Euro netto.

das **Net|to|ge|wicht** [ˈnɛtoɡəvɪçt]; -[e]s, -e: *Gewicht einer Ware ohne ihre Verpackung /Ggs. Bruttogewicht/.*

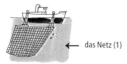

← das Netz (1)

das **Netz** [nɛts]; -es, -e: **1.** *aus Fäden oder Seilen gemachtes Gebilde aus Maschen:* die Fischer warfen ihre Netze (Fischer-, Fangnetze) aus; die Fische gingen ins Netz; den Ball ins Netz schlagen; der Ball ging ins Netz; die Einkäufe ins Netz legen. *Zus.:*Einkaufsnetz, Fangnetz, Fischernetz, Haarnetz, Spinnennetz, Tennisnetz. **2.** *System, das aus vielen einander kreuzenden Linien o. Ä. besteht:* das Netz von Schienen, elektrischen Leitungen, Kanälen. *Zus.:*Bahnnetz, Händlernetz, Kabelnetz, Schienennetz, Straßennetz, Streckennetz, Stromnetz, Telefonnetz, Verkehrsnetz.

3. (EDV) *Internet:* im Netz surfen; einen Computer ans Netz anschließen; Informationen ins Netz stellen.

neu [nɔy], neuer, am neu[e]sten ⟨Adj.⟩:
1. *vor kurzer Zeit hergestellt, entstanden, begonnen /Ggs. alt/:* ein neues Haus; zum neuen Jahr Glück wünschen; neuer Wein; neue Lieder; eine neue Methode; eine neue Wissenschaft. **2.** *noch nicht verbraucht, berührt, getragen, benutzt /Ggs. gebraucht/:* ein neues Auto; neue Schuhe, Kleider; nimm dir doch ein neues Handtuch; das Geschirr sieht noch aus wie neu. *Syn.:*frisch, sauber. **3.** *noch nicht lange irgendwo anwesend; seit kurzer Zeit erst dazugehörend:* neue Mitglieder; ich bin hier neu; sie ist neu in der Abteilung, in diesem Beruf. **4.** *gerade erst an die Stelle einer anderen Person oder Sache getreten oder zu dieser gerade hinzukommend:* eine neue Stellung, Wohnung haben; die neue Chefin; wir machen eine neue (weitere) Flasche auf; etwas neu tippen, formulieren. **5.** * **aufs Neue:** *erneut:* das üben wir aufs Neue; * **seit Neuestem/neuestem:** *seit Kurzem, neuerdings:* sie hat seit Neuestem ein eigenes Pferd; * **von Neuem/neuem:** *noch einmal, von vorn:* von Neuem zu zählen beginnen.

neu|ar|tig [ˈnɔylaːɐ̯tɪç], neuartiger, am neuartigsten ⟨Adj.⟩: *neu, von neuer Art; noch nicht üblich:* neuartige Methoden; in dem Betrieb wird ein ganz neuartiges Verfahren angewendet. *Syn.:* modern.

der **Neu|bau** [ˈnɔybau]; -[e]s, -ten: **1.** *neu gebautes Gebäude:* in einen Neubau einziehen. **2.** ⟨ohne Plural⟩ *das Bauen, Errichten (eines neuen Bauwerks):* den Neubau einer Brücke, eines Theaters planen.

neu|er|dings [ˈnɔyɐˌdɪŋs] ⟨Adverb⟩: *seit kurzer Zeit; seit Neuestem:* er fährt neuerdings mit der Straßenbahn; neuerdings liest sie sehr viel.

die **Neu|gier** [ˈnɔyɡiːɐ̯], **Neu|gier|de** [ˈnɔyɡiːɐ̯də]; -: *starker Wunsch, etwas [Neues] zu erfahren:* seine Neugier[de] befriedigen; die Neugier[de] auf den neuen Kollegen; jmdn. packt die Neugier[de]; ich frage aus reiner Neugier[de]. *Syn.:*Interesse.

neu|gie|rig [ˈnɔyɡiːrɪç], neugieriger, am neugierigsten ⟨Adj.⟩: *von Neugier erfüllt, voller Neugier:* neugierige Menschen, Blicke; sie ist sehr neugierig, ob

N

nichts

Ein Adjektiv, das auf »nichts« folgt, wird immer stark dekliniert. Auf den Kasus des darauf folgenden Adjektivs hat »nichts« im Deutschen keinen Einfluss:

»Ich habe nichts Neues (Akkusativ) erfahren.« – »Er hat nichts Böses (Akkusativ) getan«. – »Heute ist nichts Aufregendes (Nominativ) passiert.«

es klappt; neugierig fragen. *Syn.:* interessiert.

die **Neu|heit** [ˈnɔyhait]; -, -en: *etwas Neues, insbesondere ein neues Produkt:* eine technische, modische Neuheit; auf der Messe werden viele Neuheiten gezeigt. *Zus.:* Messeneuheit.

die **Neu|ig|keit** [ˈnɔyɪçkait]; -, -en: *Ereignis, das noch nicht allgemein bekannt ist; neue Nachricht:* sie brachte viele Neuigkeiten aus der Besprechung mit; jmdm. eine Neuigkeit erzählen. *Syn.:* Info (ugs.), Information, Meldung, Mitteilung.

das **Neu|jahr** [ˈnɔyjaːɐ̯]; -s: *[als Feiertag begangener] erster Tag des Jahres:* Neujahr fällt diesmal auf einen Sonntag; jmdm. zu Neujahr etwas schenken.

neu|lich [ˈnɔylɪç] ⟨Adverb⟩: *vor kurzer Zeit, vor einiger Zeit:* ich bin ihm neulich begegnet; neulich bei der Konferenz; unser Gespräch von neulich *(das wir neulich hatten)*. *Syn.:* kürzlich, letztens.

neun [nɔyn] ⟨Kardinalzahl⟩ (als Ziffer: 9): neun Personen; die neun Monate bis zur Geburt; das Mädchen ist neun [Jahre alt].

neunt... [ˈnɔynt...] ⟨Ordinalzahl⟩ (als Ziffer: 9.): der neunte Baum.

neun|zig [ˈnɔyntsɪç] ⟨Kardinalzahl⟩ (als Ziffer: 90): neunzig Personen.

neu|t|ral [nɔyˈtraːl], neutraler, am neutralsten ⟨Adj.⟩: **1.** *nicht an eine bestimmte Interessengruppe, Partei o. Ä. gebunden:* ein neutrales Land; eine neutrale Beobachterin; sich neutral verhalten. *Syn.:* objektiv, unparteiisch. **2.** *ohne etwas Besonderes:* eine neutrale Farbe; geschmacklich neutral.

die **Neu|t|ra|li|tät** [nɔytraliˈtɛːt]; -: *neutrales Verhalten:* die Neutralität des Landes garantieren, respektieren, verletzen; sich zur Neutralität verpflichten.

¹**nicht** [nɪçt] ⟨Adverb⟩: dient dazu, eine Verneinung auszudrücken: ich habe ihn nicht gesehen; die Pilze sind nicht essbar; nicht berufstätige Personen; das war schlecht *(das war recht gut)*; ich gehe nicht mehr zur Schule.

²**nicht** [nɪçt] ⟨Partikel⟩: **1.** dient in Fragen dazu, auszudrücken, dass man eine bejahende Antwort erwartet: ist das nicht Karl?; hast du nicht gehört?; willst du nicht gehorchen? **2.** dient in Ausrufen dazu, Staunen o. Ä. auszudrücken: was du nicht alles kannst!; was es nicht alles gibt!

die **Nich|te** [ˈnɪçtə]; -, -n: *Tochter von jmds. Schwester, Bruder, Schwägerin oder Schwager:* ich war mit meiner kleinen Nichte und meinem Neffen im Zoo.

der **Nicht|rau|cher** [ˈnɪçtrauxɐ]; -s, -: **1.** *männliche Person, die nicht raucht:* er ist Nichtraucher. **2.** ⟨ohne Artikelwort⟩ (ugs.) *Eisenbahnabteil, in dem nicht geraucht werden darf:* hier ist Nichtraucher; sie fährt im Nichtraucher.

die **Nicht|rau|che|rin** [ˈnɪçtrauxərɪn]; -, -nen: *weibliche Person, die nicht raucht:* sie ist seit 3 Jahren Nichtraucherin.

nichts [nɪçts] ⟨Indefinitpronomen und Artikelwort⟩: **1.** drückt das Gegenteil von »alles«, »etwas« aus: [gar] nichts sagen; nichts zu essen haben; er weiß auch nichts Neues; das Medikament nützt [überhaupt] nichts. **2.** *kein Ding, keine Sache:* ich habe heute noch nichts gegessen; sie kauft nichts Unnötiges; er spricht von nichts anderem mehr.

nichts|sa|gend [ˈnɪçts zaːgn̩t]: *ohne Aussagekraft, leer:* er gab eine nichtssagende Antwort; ein nichtssagendes Gesicht.

ni|cken [ˈnɪkn̩], nickt, nickte, genickt ⟨itr.; hat⟩: *den Kopf [mehrmals] kurz senken und wieder heben, um Ja zu sagen oder um jmdn. zu begrüßen:* er nickte zustimmend, nachdenklich.

nie [niː] ⟨Adverb⟩: *zu keiner Zeit, unter keinen Umständen, überhaupt nicht:* das werde ich nie vergessen; das schafft er nie; sie ist nie da; du bist nie zufrieden; jetzt oder nie; er wird nie seine Zustimmung geben; ich werde nie wieder Muscheln essen. *Syn.:* niemals.

nie|der|ge|schla|gen [ˈniːdɐɡəʃlaːɡn̩], niedergeschlagener, am niedergeschlagensten ⟨Adj.⟩: *traurig:* nach dem Besuch bei der Ärztin war sie sehr niedergeschlagen; er wirkt niedergeschlagen; sie macht einen niedergeschlage-

N

nen Eindruck. *Syn.:* deprimiert, entmutigt, mutlos.

die **Nie|der|la|ge** ['niːdɐlaːgə]; -, -n: *das Besiegtwerden in einem Kampf* / Ggs. Sieg/: eine militärische, persönliche Niederlage; eine schwere Niederlage erleiden, hinnehmen müssen. *Syn.:* Misserfolg. *Zus.:* Wahlniederlage.

nie|der|las|sen ['niːdɐlasn̩], lässt nieder, ließ nieder, niedergelassen ⟨sich n.⟩:
1. *sich setzen:* er hat sich auf dem Sofa niedergelassen. 2. *an einen bestimmten Ort ziehen (und dort arbeiten):* die Firma hat sich in Mannheim niedergelassen; sie hat sich als Ärztin niedergelassen.

die **Nie|der|las|sung** ['niːdɐlasʊŋ]; -, -en: *Teil eines Betriebes, der selbstständig arbeitet und in einem anderen Ort als der eigentliche Betrieb ist:* das Unternehmen hat Niederlassungen in verschiedenen Städten. *Zus.:* Auslandsniederlassung.

der **Nie|der|schlag** ['niːdɐʃlaːk]; -[e]s, Niederschläge ['niːdɐʃleːgə]: *Wasser, das von oben auf die Erde fällt:* geringe, reichliche Niederschläge; kräftige Niederschläge in Form von Regen und Schnee.

nie|der|schla|gen ['niːdɐʃlaːgn̩], schlägt nieder, schlug nieder, niedergeschlagen: 1. ⟨tr.; hat; jmdn. n.⟩ *durch einen Schlag zu Boden werfen:* er hat ihn niedergeschlagen. 2. ⟨tr.; hat; etw. n.⟩ *(den Blick o. Ä.) nach unten senken:* die Augen, die Lider, den Blick niederschlagen.

nied|lich ['niːtlɪç], niedlicher, am niedlichsten ⟨Adj.⟩: *hübsch:* ein niedliches Kind, Kätzchen. *Syn.:* süß (emotional).

nied|rig ['niːdrɪç], niedriger, am niedrigsten ⟨Adj.⟩: 1. *von geringer Höhe* / Ggs. hoch/: ein niedriges Haus; der Stuhl ist zu niedrig. *Syn.:* flach, klein. 2. *sich in geringer Höhe befindend* / Ggs. hoch/: eine niedrige Zimmerdecke; die Lampe hängt sehr niedrig. 3. *zahlen-, mengenmäßig gering, wenig* / Ggs. hoch/: ein niedriges Einkommen; niedrige Temperaturen; die Kosten zu niedrig ansetzen.

nie|mals ['niːmaːls] ⟨Adverb⟩: *nie:* das werde ich niemals tun, zulassen; so etwas haben wir niemals behauptet.

nie|mand ['niːmant] ⟨Indefinitpronomen⟩: *nicht ein Einziger, nicht eine Einzige, überhaupt keine[r], kein Mensch* / Ggs. jemand/: niemand hat mich besucht; sie hat alle gefragt, aber niemand hat etwas gesehen; ich habe den Plan niemand/niemandem erzählt.

die **Nie|re** ['niːrə]; -, -n: *als Paar vorkommendes Organ im Bauch, das Harn bildet:* die rechte, linke Niere; eine Niere spenden; ihr musste eine Niere entfernt werden.

nie|seln ['niːzl̩n], nieselt, nieselte, genieselt ⟨itr.; hat; unpers.⟩: *leicht regnen:* es nieselt heute den ganzen Tag.

der **Nie|sel|re|gen** ['niːzl̩reːgn̩]; -s, -: *leichter Regen in feinen Tropfen:* sie warteten im kalten Nieselregen.

nie|sen ['niːzn̩], niest, nieste, geniest ⟨itr.; hat⟩: *die Luft schnell und laut durch Mund und Nase ausstoßen:* sie musste wegen ihres Schnupfens heftig niesen; er niest mir ins Gesicht.

das **Ni|ko|tin** [niko'tiːn]; -s: *giftiger Stoff im Tabak:* diese Zigarette enthält wenig Nikotin.

nimmt [nɪmt]: ↑ nehmen.

nir|gends ['nɪrgn̩ts] ⟨Adverb⟩: *an keinem Ort, an keiner Stelle* / Ggs. überall/: er fühlt sich nirgends zu Hause; ich kann meinen Schlüssel nirgends finden; nirgends sonst/sonst nirgends gibt es eine so große Auswahl an CDs.

-nis [nɪs]: 1. ⟨das; -ses, -se⟩: dient zur Bezeichnung von Vorgängen oder Ergebnissen davon: Bedürfnis; Erlebnis. 2. ⟨die; -, -se⟩: dient zur Bezeichnung von Vorgängen oder Ergebnissen davon: Erlaubnis; Kenntnis.

die **Ni|sche** ['niːʃə]; -, -n: *kleine Erweiterung eines Raumes:* der Stuhl stand in einer Nische.

das **Ni|veau** [ni'voː]; -s, -s: 1. *waagerechte, ebene Fläche in bestimmter Höhe:* Straße und Bahnlinie haben das gleiche Niveau. 2. *Stufe:* das Niveau der Preise, der Kurse. *Zus.:* Preisniveau, Zinsniveau. 3. *geistiger Rang, Grad:* ein literarisches Werk mit hohem Niveau; das künstlerische Niveau einer Veranstaltung; das Niveau halten, heben. *Syn.:* Klasse, Qualität. *Zus.:* Bildungsniveau, Durchschnittsniveau.

no|bel ['noːbl̩], nobler, am nobelsten ⟨Adj.⟩: 1. (geh.) *großzügig und edel:* ein nobler Mann, Charakter; nobel handeln. 2. *(in Luxus o. Ä.) hohen Ansprüchen genügend:* ein nobles Hotel; die Einrichtung der Wohnung wirkt nobel und teuer. *Syn.:* elegant, fein, geschmackvoll, vornehm. 3. *großzügig:* noble Geschenke; sie zeigt sich sehr nobel.

¹noch [nɔx] ⟨Adverb⟩: **1.** drückt aus, dass ein Zustand weiterhin anhält: sie ist noch krank; er ist noch in Brasilien; eine [immer] noch offene Frage; es regnet kaum noch *(fast nicht mehr)*; ich versuche es noch einmal *(wiederhole den Versuch)*. **2.** drückt aus, dass es sich bei etwas um einen Rest handelt: ich habe [nur] noch 2 Euro; es dauert jetzt noch 5 Minuten. **3.** *bevor etwas anderes geschieht:* ich mache das heute noch fertig; ich möchte dich[, bevor du gehst,] noch etwas fragen. **4.** *irgendwann später:* er wird noch kommen; vielleicht kann man die Schraube noch mal gebrauchen. **5.** drückt aus, dass der genannte Zeitpunkt nicht lange zurückliegt: gestern habe ich noch mit ihm gesprochen. **6.** drückt aus, dass ein bestimmter Zustand einige Zeit später nicht mehr möglich [gewesen] wäre: ich habe sie kurz vor der Abfahrt noch telefonisch erreicht. **7.** drückt aus, dass etwas hinzukommt: er ist Maler und arbeitet am Wochenende noch als Taxifahrer. **8.** drückt vor einem Komparativ aus, dass die betreffende Eigenschaft schon intensiv vorhanden ist: es ist heute noch wärmer als gestern.

²**noch** [nɔx] ⟨Konj.⟩: schließt zusammen mit einer Negation ein zweites Glied [und weitere Glieder] an eine Aufzählung an: *und auch nicht:* er kann weder lesen noch schreiben; weder er noch seine Frau noch die Kinder fuhren dieses Jahr in Urlaub.

³**noch** [nɔx] ⟨Partikel⟩: drückt in Fragen aus, dass man die Antwort zwar eigentlich kennt, aber vergessen hat: wie war noch [gleich] sein Name?; wie war noch das französische Wort für »Flasche«?

noch|mals ['nɔxmaːls] ⟨Adverb⟩: *ein weiteres Mal; noch einmal:* ich möchte das nochmals betonen; den Text nochmals schreiben. *Syn.:* abermals, erneut.

non-, Non- [nɔn] ⟨Präfix⟩: **1.** ⟨mit Nomen⟩ dient zur Verneinung des im Basiswort Genannten: Nonstop-Flug; Non-Food-Abteilung. **2.** ⟨mit Adjektiv⟩ dient zur Verneinung des im Basiswort Genannten: nonkonform; nonverbal.

Nord [nɔrt]: ⟨ohne Artikelwort, nicht flektierbar⟩ *Norden:* der Wind kommt aus, von Nord; Menschen aus Nord und Süd kommen zusammen.

der **Nor|den** ['nɔrdn̩], -s: *Himmelsrichtung, die dem Süden entgegengesetzt ist:* der Norden ist meistens oben auf der Landkarte; Greifswald liegt im Norden von Deutschland und fährt nach Norden; sie kommt von Norden in die Stadt; der Wind weht aus Norden.

¹**nörd|lich** ['nœrtlɪç], nördlicher, am nördlichsten ⟨Adj.⟩: **1.** *im Norden gelegen:* am nördlichen Himmel; der nördliche Teil der Stadt; der nördlichste Punkt Europas. **2.** *nach Norden gerichtet:* das Schiff steuert in nördlicher Richtung.

²**nörd|lich** ['nœrtlɪç] ⟨Präp. mit Gen.⟩: *im Norden von:* die Autobahn verläuft nördlich der Stadt.

³**nörd|lich** ['nœrtlɪç] ⟨Adverb; in Verbindung mit »von«⟩: nördlich von Heidelberg.

der **Nord|pol** ['nɔrtpoːl], -s: *nördlicher Pol der Erde:* eine Expedition zum Nordpol.

die **Nord|see** ['nɔrtzeː], -: *Meer am nordöstlichen Rand des Atlantischen Ozeans:* wir machen Urlaub an der Nordsee.

die **Norm** [nɔrm], -, -en: *Vorschrift, Regel, nach der etwas durchgeführt oder hergestellt werden soll:* technische Normen; für die Herstellung der Maschinen wurden bestimmte Normen festgesetzt; etwas entspricht einer Norm. *Syn.:* Maßstab, Standard. *Zus.:* DIN-Norm, ISO-Norm.

nor|mal [nɔrˈmaːl], normaler, am normalsten ⟨Adj.⟩: *allgemein üblich, durchschnittlich:* ein normales Gewicht haben; die Apparate funktionieren, arbeiten wieder normal; das ist ganz normal.

nor|ma|ler|wei|se [nɔrˈmaːlɐvaɪzə] ⟨Adverb⟩: *unter normalen Umständen:* normalerweise müssen Sie erst einen Termin vereinbaren, bevor Sie mit dem Arzt sprechen können.

nor|ma|li|sie|ren [nɔrmaliˈziːrən], normalisiert, normalisierte, normalisiert ⟨sich n.⟩: *wieder in einen allgemein üblichen Zustand zurückkehren:* die Verhältnisse in der zerstörten Stadt haben sich wieder normalisiert.

die **Not** [noːt], -, Nöte ['nøːtə]: **1.** ⟨Plural selten⟩ *Zustand, in dem etwas Lebenswichtiges fehlt:* die Not der Menschen war groß; sie sind in große wirtschaftliche Not geraten; die Not leidende Bevölkerung. *Syn.:* Armut, Elend. *Zus.:* Geldnot, Wohnungsnot. **2.** *schlimme, gefährliche Lage, in die jmd. gekommen ist:* sie war in Not und brauchte Hilfe; Rettung aus höchster Not. *Syn.:* Gefahr. **3.** ⟨häufig Plural⟩ *Angst:* seelische Not;

In Deutschland und in der Schweiz reicht die Notenskala von 1 bis 6. Dabei ist in Deutschland die Note 1 die beste Note (»sehr gut«), die Note 6 (»ungenügend«) die schlechteste. Mit der Note 4 (»ausreichend«) hat der Schüler / die Schülerin noch bestanden, mit der Note 5 (»mangelhaft«) nicht mehr. Wer am Ende des Schuljahres im Zeugnis zwei »ungenügend« hat, muss das Schuljahr wiederholen.

In der Schweiz ist es genau umgekehrt. Dort ist die Note 6 (»sehr gut«) die beste Note, die Note 1 (»unbrauchbar«) die schlechteste. Bestanden hat, wer mindestens eine 2,5 (»sehr schwach bis schwach«) erreicht hat.
In Österreich gibt es nur fünf Noten: vier positive, von 1 (»sehr gut«) bis 4 (»genügend«), und nur eine negative: 5 (»nicht genügend«). Wie in Deutschland ist die Note 1 die beste Note.

---

sie kam mit ihren Nöten zu ihrer Mutter.

der **No|tar** [no'taːɐ̯]; -s, -e, die **No|ta|rin** [no'taːrɪn]; -, -nen: *Jurist, Juristin, der bzw. die Verträge, Urkunden o. Ä. beglaubigt:* sie gingen wegen ihres Ehevertrags zum Notar.

der **Not|arzt** ['noːtˌlaːɐ̯t͡st]; -es, Notärzte ['noːtˌlɛːɐ̯t͡stə], die **Not|ärz|tin** ['noːtˌlɛːɐ̯t͡stɪn]; -, -nen: *Arzt, Ärztin, der bzw. die in Notfällen hilft:* er hatte so starke Schmerzen, dass seine Frau den Notarzt rief; die Notärztin traf nach 10 Minuten ein.

die **Not|auf|nah|me** ['noːtˌlaʊ̯fnaːmə]; -, -n: *Station im Krankenhaus, in der man in einem Notfall aufgenommen wird:* der Krankenwagen hielt direkt vor der Notaufnahme.

der **Not|aus|gang** ['noːtˌlaʊ̯sɡaŋ]; -[e]s, Notausgänge ['noːtˌlaʊ̯sɡɛŋə]: *Ausgang, der bei Gefahr, Feuer o. Ä. benutzt werden kann:* die Notausgänge sind beleuchtet; den Notausgang suchen.

Symbol für den Notausgang

not|dürf|tig ['noːtˌdʏrftɪç], notdürftiger, am notdürftigsten ⟨Adj.⟩: *provisorisch:* das ist nur ein notdürftiger Schutz vor dem Regen; etwas notdürftig reparieren. *Syn.:* vorläufig.

die Note (1)

die **No|te** ['noːtə]; -, -n: **1.** *(in der Musik) für einen bestimmten Ton stehendes Zeichen:* eine halbe, ganze Note; sie kann [keine] Noten lesen; die Noten [der Lieder] liegen auf dem Klavier. **2.** *(durch*

eine Ziffer oder ein Wort ausgedrückte) Bewertung: sie hat die Prüfung mit der Note »gut« bestanden; eine gute, die beste Note in Chemie haben. *Syn.:* Zensur. *Zus.:* Examensnote, Zeugnisnote. **3.** (bes. schweiz.) *Banknote:* können Sie mir diese Note wechseln? *Syn.:* Geldschein, Schein. *Zus.:* Hundertfrankennote, Zwanzigfrankennote.

Lesen / Schreiben / Rechnen

die Note (2)

das **Note|book** ['noʊtbʊk]; -s, -s: *kleiner, tragbarer Computer:* auf Reisen konnte sie mit ihrem Notebook arbeiten.

der **Not|fall** ['noːtfal]; -[e]s, Notfälle ['noːtfɛlə]: *schwierige, gefährliche Situation:* im Notfall wählen Sie bitte die Telefonnummer 110; für den Notfall habe ich vorgesorgt.

not|falls ['noːtfals] ⟨Adverb⟩: *wenn es keine andere Möglichkeit gibt:* notfalls mit Gewalt; notfalls bleiben wir hier.

no|tie|ren [no'tiːrən], notiert, notierte, notiert ⟨tr.; hat; [sich (Dativ)] etw. n.⟩: *[sich] etwas aufschreiben, damit man es nicht vergisst:* du musst [dir] den Namen, die Adresse, den Geburtstag notieren; hast du [dir] die Autonummer notiert?

nö|tig ['nøːtɪç], nötiger, am nötigsten ⟨Adj.⟩: *für einen bestimmten Zweck notwendig, erforderlich:* ihr fehlt die nötige Ruhe; das war einfach nötig; er hat Erholung nötiger als sie; Geld brauchten sie am nötigsten *(dringendsten).* *Syn.:* unentbehrlich, unvermeidlich.

die **No|tiz** [no'tiːt͡s]; -, -en: **1.** *kurze Aufzeichnung:* seine Notizen ordnen; sich Noti-

N

zen über etwas machen; sie hinterließ ihm eine kurze Notiz; er hat sich während der Vorlesung Notizen gemacht. **2.** *kurze Meldung in der Zeitung:* in der Zeitung erschien eine kurze Notiz über seinen Tod.

not|lan|den ['noːtlandn̩], notlandet, notlandete, notgelandet ⟨itr.; ist⟩: *(von Flugzeugen) in einem Notfall irgendwo landen:* das Flugzeug musste [auf einem Feld] notlanden.

der **Not|ruf** ['noːtruːf]; -[e]s, -e: *Telefonnummer, unter der man in Notfällen Hilfe anfordern kann:* über [den] Notruf den Notarzt, die Feuerwehr, die Polizei rufen.

Symbol für den Notruf

die **Not|wehr** ['noːtveːɐ̯]; -: *Handlung, durch die ein Angriff abgewehrt wird:* sie wurde freigesprochen, weil es Notwehr war; jmdn. in Notwehr töten.

not|wen|dig ['noːtvɛndɪç], notwendiger, am notwendigsten ⟨Adj.⟩: *in einem bestimmten Zusammenhang unbedingt erforderlich, unvermeidlich:* notwendige Anschaffungen; etwas für notwendig erachten; wir mussten uns auf das Notwendigste beschränken. *Syn.:* nötig. *Zus.:* lebensnotwendig.

der **No|vem|ber** [noˈvɛmbɐ]; -[s]: *elfter Monat des Jahres:* am ersten November ist Allerheiligen.

nüch|tern ['nʏçtɐn] ⟨Adj.⟩: **1.** *ohne (nach dem nächtlichen Schlaf) etwas gegessen zu haben:* die Tabletten morgens nüchtern einnehmen; auf nüchternen Magen rauchen. **2.** ⟨nüchterner, am nüchternsten⟩ *keinen Alkohol getrunken habend* /Ggs. betrunken/: der Fahrer muss nüchtern bleiben; nicht mehr ganz nüchtern sein *(leicht betrunken sein).* **3.** ⟨nüchterner, am nüchternsten⟩ *sich auf das Sachliche beschränkend:* sie betrachtet alles sehr nüchtern; er ist sehr nüchtern, ein sehr nüchterner Mensch. *Syn.:* sachlich. **4.** ⟨nüchterner, am nüchternsten⟩ *auf das Wesentliche beschränkt, ohne Schmuck:* nüchterne Fassaden; die Zimmer sind alle sehr nüchtern eingerichtet.

die **Nu|del** ['nuːdl̩]; -, -n: *Lebensmittel aus Teig, das in kochendem Wasser gar gekocht wird:* Nudeln kochen, abgie-

ßen; Suppe mit Nudeln. *Syn.:* Teigware. *Zus.:* Bandnudel, Suppennudel.

null [nʊl]: **1.** ⟨Kardinalzahl⟩ (als Ziffer: 0): er hat im Diktat null Fehler; null Komma eins; man darf nicht durch null teilen; das Thermometer zeigt null Grad, steht auf null. **2.** * **null und nichtig sein, werden** (emotional verstärkend): *[rechtlich] ungültig sein, werden:* der Vertrag ist null und nichtig; * **in null Komma nichts** (ugs.): *sehr schnell:* das Essen war in null Komma nichts fertig.

die **Null** [nʊl]; -, -en: **1.** *Ziffer 0:* eine Eins mit sechs Nullen steht für eine Million; um mit 10 zu multiplizieren, brauchst du doch nur eine Null anzuhängen. **2.** (ugs. abwertend) *unfähiger Mensch:* eine glatte, reine Null sein.

die **Num|mer** ['nʊmɐ]; -, -n: *Zahl, mit der etwas gekennzeichnet wird:* die Nummer des Loses; er wohnt [in Zimmer] Nummer 10. *Zus.:* Hausnummer, Kontonummer, Zimmernummer.

num|me|rie|ren [nʊməˈriːrən], nummeriert, nummerierte, nummeriert ⟨tr.; etw. n.⟩: *mit einer Nummer versehen:* die Seiten eines Manuskripts nummerieren; nummerierte Plätze. *Zus.:* durchnummerieren.

¹**nun** [nuːn] ⟨Adverb⟩: *jetzt:* ich muss nun leider gehen; von nun an soll alles anders werden; nun kann ich ruhig schlafen.

²**nun** [nuː] ⟨Partikel⟩: **1.** dient dazu, die Einsicht in einen Tatbestand, der für unabänderlich gehalten wird, zu unterstreichen; *eben:* es ist nun [einmal] nicht anders. **2.** dient am Satzanfang dazu, eine resümierende Feststellung oder eine Frage einzuleiten; *also:* nun, was sagst du dazu?

¹**nur** [nuːɐ̯] ⟨Adverb⟩: **1.** *nicht mehr als:* es war nur ein Traum; es hat nur zwei Minuten gedauert; ich habe nur [noch] einen Euro; ich habe ihr nur gesagt, sie solle nichts erzählen. *Syn.:* bloß, lediglich. **2.** *nichts anderes als:* ich konnte nur staunen.

²**nur** [nuːɐ̯] ⟨Konj.⟩: dient dazu, die Aussage des vorangegangenen Satzes einzuschränken; *aber:* er ist schön, nur müsste er netter sein.

³**nur** [nuːɐ̯] ⟨Partikel⟩: **1.** dient dazu, auszudrücken, dass einem eine bestimmte Frage keine Ruhe lässt; *bloß:* was hat sie sich nur dabei gedacht?; was hat er nur? **2.** dient in Aufforderungen dazu, auszudrücken, dass die Aufforderung

als gut gemeinter Rat zu verstehen ist: nur Mut!; nur nicht aufregen!; lass dich nur nicht verwirren. **3.** dient dazu, einem Wunsch besonderen Nachdruck zu geben: *bloß:* wenn ich nur wüsste, was er vorhat!; wenn ich nur erst dort wäre!

die **Nuss** [nʊs]; -, Nüsse [ˈnʏsə]: *Frucht mit harter, holziger Schale, die einen meist essbaren Kern enthält:* Nüsse knacken. *Zus.:* Erdnuss, Haselnuss, Walnuss.

nutz|bar [ˈnʊtsbaːɐ̯] ⟨Adj.⟩: *sich nutzen lassend:* nutzbares Holz; etwas in nutzbare Energie umwandeln; etwas nutzbar machen.

nut|zen [ˈnʊtsn̩], nutzt, nutzte, genutzt (bes. nordd.): **1.** ⟨tr.; hat; etw. n.⟩ *(eine bestehende Möglichkeit, eine Gelegenheit) für einen bestimmten Zweck benutzen:* in diesem Gebiet nutzt man die Wasserkraft der großen Flüsse [zur Stromerzeugung]; er nutzt jede Gelegenheit, Geld zu verdienen; wir müssen die Zeit gut nutzen. *Syn.:* ausnutzen (bes. nordd.), ausnützen (bes. südd., österr., schweiz.), verwerten. **2.** ⟨itr.; hat; [jmdm.] etw. n.⟩ *einen bestimmten Nutzen haben:* ihre Erfahrungen nutzen ihr sehr viel; alle Mühe nutzt nichts, wenn beim andern der gute Wille fehlt. *Syn.:* helfen.

nüt|zen [ˈnʏtsn̩], nützt, nützte, genützt (bes. südd., österr., schweiz.): ↑ nutzen.

der **Nut|zen** [ˈnʊtsn̩]; -s, -: *Vorteil, Gewinn, den man von etwas Bestimmtem hat:* ein großer, kleiner, geringer, allgemeiner Nutzen; aus etwas Nutzen ziehen; etwas ist von Nutzen *(ist nützlich).*

nütz|lich [ˈnʏtslɪç], nützlicher, am nützlichsten ⟨Adj.⟩: *für einen bestimmten Zweck sehr brauchbar; Nutzen bringend:* eine nützliche Beschäftigung; allerlei nützliche Dinge kaufen; das Wörterbuch erweist sich als nützlich für meine Arbeit. *Syn.:* hilfreich.

nutz|los [ˈnʊtsloːs], nutzloser, am nutzlosesten ⟨Adj.⟩: *keinen Nutzen bringend:* nutzlose Versuche, Anstrengungen; die Bemühungen waren völlig nutzlos.

die **Nut|zung** [ˈnʊtsʊŋ]; -: *das Benutzen:* die friedliche Nutzung der Kernenergie; die landwirtschaftliche Nutzung eines Gebietes. *Syn.:* Anwendung, Einsatz, Gebrauch.

O o

die **Oa|se** [oˈaːzə]; -, -n: *fruchtbare Stelle mit Wasser und üppiger Vegetation in einer Wüste:* die Karawane erreichte die Oase.

ob [ɔp] ⟨Konj.⟩: **1.** leitet eine indirekte Frage ein, die man mit Ja oder Nein beantworten muss: er hat gefragt, ob du morgen kommst; sie will wissen, ob es geklappt hat; ob das wahr ist, bleibt dahingestellt. **2.** in Verbindung mit »als« in irrealen Vergleichssätzen: sie tat [so], als ob sie nichts gemerkt hätte. **3.** * **ob ..., ob ...:** *ganz gleich ob ... oder ...:* alle, ob Arm, ob Reich, waren von der Sache betroffen. **4.** * **und ob** (ugs.) »Kennst du ihn eigentlich?« – »Und ob [ich ihn kenne]!«

ob|dach|los [ˈɔpdaxloːs] ⟨Adj.⟩: *ohne Wohnung:* obdachlose Flüchtlinge; über 100 000 Menschen wurden durch das Erdbeben obdachlos.

oben [ˈoːbn̩] ⟨Adverb⟩ /Ggs. unten/: **1.** *an einer hoch, höher gelegenen Stelle, in großer, größerer Höhe, in der Nähe des oberen Endes:* die Flasche steht im Regal oben links; oben auf dem Dach; er schlug den Nagel ein Stückchen weiter oben ein; den Sack oben zubinden; hier, dort oben liegt noch Schnee; hoch oben am Himmel flog ein Adler; sie schaute nach oben; nimm bitte die Koffer mit nach oben *(ins obere Stockwerk).* **2.** (ugs.) *an einer höheren Stelle in einer Rangordnung:* die da oben haben keine Ahnung von unseren Problemen; der Befehl kam von ganz oben. **3.** (ugs.) *im Norden:* oben in Kiel; sie ist auch von da oben. **4.** *weiter vorne (in einem Text):* siehe oben; wie bereits oben erwähnt; die oben genannte, stehende Summe.

der **Ober** [ˈoːbɐ]; -s, -: *Kellner:* ein freundlicher Ober; [Herr] Ober, bitte ein Bier, bitte zahlen! *Syn.:* Bedienung, Servierer.

ober... [ˈoːbɐr...] ⟨Adj.⟩: **1.** *[weiter] oben liegend, gelegen, sich befindend:* der obere der beiden Knöpfe; der oberste der fünf Knöpfe; die obere, oberste Schublade. **2.** *dem Rang nach über den* *übrigen stehend:* die oberen Schichten der Bevölkerung; die oberste Instanz.

die **Ober|flä|che** ['o:bɐflɛçə]; -, -n: **1.** *Gesamtheit der Flächen, die einen Körper begrenzen:* eine raue, glatte, blanke, polierte Oberfläche; die Oberfläche einer Kugel. *Zus.:* Erdoberfläche. **2.** *waagerechte Fläche, die eine Flüssigkeit nach oben begrenzt:* die verschmutzte Oberfläche des Tümpels; etwas schwimmt an der Oberfläche. *Zus.:* Wasseroberfläche.

ober|fläch|lich ['o:bɐflɛçlɪç], oberflächlicher, am oberflächlichsten ⟨Adj.⟩: **1.** *sich an/auf der Oberfläche von etwas befindend, nicht tief in etwas eindringend:* eine oberflächliche Verletzung der Haut; die Wunde ist nur oberflächlich. **2.** *dazu neigend, alles nach dem Äußeren zu beurteilen, ohne das Wesentliche zu erkennen:* ein oberflächlicher Mensch. **3.** *nicht gründlich:* bei oberflächlicher Betrachtung; ich kenne ihn nur oberflächlich; etwas nur oberflächlich untersuchen. *Syn.:* flüchtig, ungenau.

¹ober|halb ['o:bɐhalp] ⟨Präp. mit Gen.⟩ /Ggs. unterhalb/: *höher als, über:* die Burg liegt oberhalb des Dorfes; oberhalb 2 000 Meter; oberhalb der Schneegrenze; Temperaturen oberhalb 80 °C; oberhalb des Knies.

²ober|halb ['o:bɐhalp] ⟨Adverb⟩ /Ggs. unterhalb/: *über etwas, höher als etwas gelegen:* das Hambacher Schloss liegt oberhalb von Neustadt.

das **Ober|hemd** ['o:bɐhɛmt]; -[e]s, -en: *gewöhnlich über einem Unterhemd getragenes Hemd (als Teil der Oberbekleidung von Männern):* im Sommer trägt er immer kurzärmlige Oberhemden.

der **Ober|kör|per** ['o:bɐkœrpɐ]; -s, -: *oberer Teil des menschlichen Rumpfes:* sie beugte den Oberkörper weit nach vorn; beim Arzt den Oberkörper frei machen.

der Oberschenkel

der **Ober|schen|kel** ['o:bɐʃɛŋkl]; -s, -: *Teil des Beins zwischen Knie und Hüfte:* er hat sich den Oberschenkel gebrochen. *Syn.:* Schenkel.

die **Ober|wei|te** ['o:bɐvaitə]; -, -n: *Brustumfang:* wissen Sie Ihre Oberweite?; die Oberweite messen.

ob|gleich [ɔp'glaiç] ⟨Konj.⟩: *obwohl:* sie kam sofort, obgleich sie nicht viel Zeit hatte; obgleich es ihm selbst nicht gut ging, half er mir.

das **Ob|jekt** [ɔp'jɛkt]; -[e]s, -e: *Person oder Sache, auf die das Denken, das Handeln, das Interesse gerichtet ist:* ein geografisches, astronomisches Objekt; sie betrachtete das Objekt mit dem Mikroskop; das Objekt seiner Neugier, Begierde; der Makler hatte ein paar interessante Objekte *(Immobilien)* anzubieten.

ob|jek|tiv [ɔpjɛk'ti:f], objektiver, am objektivsten ⟨Adj.⟩: *nicht von Gefühlen und Vorurteilen bestimmt:* eine objektive Untersuchung; eine objektive Berichterstatterin; sein Urteil ist nicht objektiv; etwas objektiv betrachten. *Syn.:* nüchtern, sachlich.

obli|ga|to|risch [obliga'to:rɪʃ] ⟨Adj.⟩: *vorgeschrieben:* obligatorische Unterrichtsfächer, Vorlesungen; für diese Ausbildung ist das Abitur obligatorisch.

das **Obst** [o:pst]; -[e]s: *essbare Früchte bestimmter Bäume und Sträucher:* frisches, reifes, gedörrtes Obst; Obst pflücken, einmachen, ernten, schälen; eine Schale mit Obst. *Zus.:* Beerenobst, Dörrobst.

der **Obst|sa|lat** ['o:pstzala:t]; -[e]s, -e: *Salat aus verschiedenen Früchten:* als Nachtisch gab es Obstsalat.

ob|wohl [ɔp'vo:l] ⟨Konj.⟩: *trotz der Tatsache, dass …:* wir gingen spazieren, obwohl es regnete; sie hat das Paket nicht mitgenommen, obwohl ich sie darum gebeten hatte. *Syn.:* obgleich.

der **Ochse** ['ɔksə]; -n, -n: **1.** *kastriertes männliches Rind:* die Ochsen vor den Pflug spannen. **2.** *Dummkopf* (Schimpfwort, meist für männliche Personen): du Ochse! *Syn.:* Idiot (ugs. abwertend).

oder ['o:dɐ] ⟨Konj.⟩: **1.** verbindet gleichartige Sätze oder Teile von Sätzen und drückt aus, dass es sich um Alternativen handelt: einer muss die Arbeit machen: du oder dein Bruder; wohnt sie in Wismar oder in Lübeck?; das Papier kann weiß oder rot oder [auch] blau sein; fährst du heute oder morgen?; ich werde sie anrufen oder ihr schreiben; komm jetzt endlich, oder ich gehe *(sonst gehe ich)* allein! **2.** dient als angehängte Frage dazu, eine angesprochene Person aufzufordern, eine Aussage zu bestätigen: du gehst doch auch bald in Urlaub, oder?; das ist doch nicht dein Ernst, oder?

der **Ofen** ['oːfn̩]; -s, **Öfen** ['øːfn̩]: **1.** *Vorrichtung zum Heizen eines Raumes mit brennbarem Material wie Holz, Kohlen, Öl:* ein großer, eiserner, gekachelter Ofen; der Ofen brennt schlecht, ist ausgegangen; den Ofen anmachen, anzünden. *Syn.:* Heizung. *Zus.:* Kohlenofen, Ölofen. **2.** *Backofen:* den Kuchen, Braten aus dem Ofen holen.

der Ofen (1)

of|fen ['ɔfn̩] ⟨Adj.⟩: **1.** *so beschaffen, dass jmd., etwas heraus- oder hineingelangen kann; nicht geschlossen; geöffnet:* eine offene Tür; das Fenster war, stand offen; mit offenem Mund atmen; ein offener *(nicht zugeklebter)* Umschlag; der Laden hat auch sonntags offen; sie hatte die Augen offen. **2.** *noch nicht entschieden:* es bleiben noch viele offene Fragen; der Ausgang, die Angelegenheit ist noch völlig offen. *Syn.:* unentschieden. **3.** *noch nicht bezahlt:* eine offene Rechnung. **4.** *(von Stellen, Arbeitsplätzen) noch nicht besetzt; frei:* offene Stellen. *Syn.:* frei, vakant (bildungsspr.). **5.** ⟨offener, am offensten⟩ *seine Gedanken und Gefühle nicht verbergend:* sie ist ein sehr offener Mensch; offene Worte; ein offenes Gespräch; offen zu jmdm. sein; etwas offen bekennen, zugeben; offen seine Meinung sagen; sie unterhielten sich ganz offen über das Problem; ich habe, offen gesagt, kein Verständnis für dein Verhalten. *Syn.:* aufrichtig, ehrlich. **6.** *klar und deutlich und so für jeden erkennbar:* offener Protest wurde laut; offene Feindschaft; seine Abneigung offen zeigen.

¹**of|fen|bar** ['ɔfnbaːɐ̯], offenbarer, am offenbarsten ⟨Adj.⟩: *klar, deutlich:* ein offenbarer Irrtum; eine offenbare Lüge; ihre Absicht wurde allen offenbar. *Syn.:* offensichtlich.

²**of|fen|bar** ['ɔfnbaːɐ̯] ⟨Adverb⟩: *wie es scheint:* er hat sich offenbar verspätet; offenbar hatte er bemerkt, dass er beobachtet wurde. *Syn.:* anscheinend, offensichtlich.

die **Of|fen|heit** ['ɔfnhait]; -: *Ehrlichkeit:* er sprach mit großer Offenheit von seinen Fehlern; etwas in aller Offenheit *(ganz ehrlich, deutlich)* sagen; ich bewundere ihre Offenheit.

of|fen|las|sen ['ɔfnlasn̩], lässt offen, ließ offen, offengelassen ⟨tr.; hat; etwas o.⟩: *noch nicht entscheiden:* sie hat offengelassen, ob sie kommt oder nicht.

¹**of|fen|sicht|lich** ['ɔfnzɪçtlɪç], offensichtlicher, am offensichtlichsten ⟨Adj.⟩: *klar, deutlich:* ein offensichtlicher Irrtum; er hörte mit offensichtlichem Interesse zu. *Syn.:* offenbar, sichtlich.

²**of|fen|sicht|lich** ['ɔfnzɪçtlɪç] ⟨Adverb⟩: *wie es scheint:* sie hat offensichtlich nicht daran gedacht; er hatte offensichtlich zu viel getrunken. *Syn.:* anscheinend, offenbar, wohl.

öf|fent|lich ['œfntlɪç] ⟨Adj.⟩: **1.** *für alle Menschen zu hören, zu sehen:* eine öffentliche Verhandlung; die Abstimmung ist öffentlich; etwas öffentlich erklären. **2.** *für alle, für die Allgemeinheit:* öffentliche Toiletten, Bibliotheken; öffentliche Verkehrsmittel.

die **Öf|fent|lich|keit** ['œfntlɪçkait]; -: ⟨Plural⟩ *die große Menge der Menschen [in einem Land]:* die Öffentlichkeit weiß nichts von diesen Dingen; mit etwas vor die Öffentlichkeit treten; etwas an die Öffentlichkeit bringen; etwas in aller Öffentlichkeit *(vor allen Leuten)* tun, sagen; sich in der Öffentlichkeit *(an öffentlichen Plätzen)* zeigen. *Syn.:* Allgemeinheit, Bevölkerung, die Bürger ⟨Plural⟩.

of|fi|zi|ell [ɔfi'tsiɛl] ⟨Adj.⟩ /Ggs. inoffiziell/: **1.** *mit amtlichem Auftrag:* die offizielle Reise des Kanzlers nach Peking; etwas offiziell ankündigen, verbieten; etwas offiziell *(amtlich)* bestätigen. *Syn.:* amtlich, dienstlich. **2.** *förmlich, nicht privat:* ein offizieller Empfang; jmdm. einen offiziellen Besuch abstatten.

der **Of|fi|zier** [ɔfi'tsiːɐ̯]; -s, -e, die **Of|fi|zie|rin** [ɔfi'tsiːrɪn]; -, -nen: *Person mit hohem militärischem Rang:* als Offizier ist er für die Ausbildung der Soldaten zuständig. *Zus.:* Infanterieoffizier, Infanterieoffizierin, Marineoffizier, Marineoffizierin, Sanitätsoffizier, Sanitätsoffizierin.

öff|nen ['œfnən], öffnet, öffnete, geöffnet: **1.** ⟨tr.; hat; etw. ö.⟩ *etwas aufmachen* /Ggs. schließen/: die Tür, das Fenster öffnen; einen Schrank, eine Schublade öffnen; ein Paket, einen Brief öffnen; sie öffnete das Buch *(schlug es auf)*; den

O

Wasserhahn öffnen *(aufdrehen);* einem Besucher die Tür öffnen; der Laden ist ab 10 Uhr geöffnet. **2.** ⟨itr.; hat⟩ *für Kunden, Besucher aufmachen* /Ggs. schließen/: *das Geschäft öffnet um 8 Uhr; wir öffnen montags erst um 14 Uhr; du darfst nicht öffnen, wenn es klingelt.* **3.** ⟨sich ö.⟩ *aufgehen:* die Blüten haben sich über Nacht geöffnet; einer der Fallschirme öffnete sich nicht; das Tor öffnet sich automatisch, nicht.

die **Öff|nung** ['œfnʊŋ]; -, -en: *Stelle, an der etwas offen ist:* eine schmale, kleine Öffnung; sie waren durch eine Öffnung im Zaun hereingekommen. *Syn.:* Loch.

oft [ɔft], öfter, am öftesten ⟨Adverb⟩ /Ggs. selten/: *viele Male, immer wieder:* er ist oft krank; der Zug hielt oft; ich bin oft dort gewesen; ich habe ihm das schon so oft gesagt, aber er hört nicht. *Syn.:* häufig, mehrmals, wiederholt.

öf|ter ['œftɐ] ⟨Adverb⟩: *ab und zu; nicht selten:* wir haben uns öfter gesehen; dieser Fehler kommt öfter vor; er geht abends öfter ins Theater. *Syn.:* häufiger.

¹**oh|ne** ['oːnə] ⟨Präp. mit Akk.⟩: **1.** drückt aus, dass jmd., etwas nicht vorhanden ist: *nicht mit:* ohne Geld; er ist [seit vier Wochen] ohne Arbeit; sie war lange ohne Nachricht von ihrer Familie; ohne jmdn. nicht leben können; er war ohne Schuld. **2.** drückt aus, dass jmd. nicht beteiligt ist, dass etwas weggelassen wurde /Ggs. mit/: ein Kleid ohne Ärmel; ein Zimmer ohne Frühstück; ohne die Eltern verreisen; ohne Mantel nach draußen gehen; ihr müsst ohne mich ins Kino gehen; ein Kaffee ohne Milch, aber mit Zucker.

²**oh|ne** ['oːnə] ⟨Konj.; in Verbindung mit »dass« oder mit Infinitiv mit »zu«⟩: drückt aus, dass etwas nicht geschieht oder getan wird: er kam herein, ohne dass ich ihn dazu aufgefordert hatte; er nahm das Geld, ohne zu fragen.

die **Ohn|macht** ['oːnmaxt]; -, -en: **1.** *zeitweilige Bewusstlosigkeit:* eine tiefe, schwere Ohnmacht; aus der Ohnmacht erwachen; in Ohnmacht fallen, sinken. **2.** ⟨ohne Plural⟩ *Unfähigkeit zu handeln:* die politische, wirtschaftliche Ohnmacht eines Landes; er erkannte seine Ohnmacht gegenüber dem Staat.

ohn|mäch|tig ['oːnmɛçtɪç] ⟨Adj.⟩: **1.** *für eine kurze Zeit ohne Bewusstsein:* ohnmächtig sein, werden. *Syn.:* besinnungslos, bewusstlos. **2.** ⟨ohnmächtiger, am ohnmächtigsten⟩ *ohne die Mög-*

lichkeit, dagegen etwas zu tun: ohnmächtige Wut hatte sie erfasst; ohnmächtig musste er zusehen, wie sich das Feuer ausbreitete. *Syn.:* machtlos.

das **Ohr** [oːɐ̯]; -[e]s, -en: *Organ zum Hören:* große, kleine Ohren; anliegende, abstehende Ohren haben; meine Ohren tun weh; er hat gute, schlechte Ohren *(hört gut, schlecht);* sich die Ohren zuhalten; den Hörer ans Ohr halten; auf dem linken Ohr ist er taub; jmdm. etwas ins Ohr flüstern; *** jmdn. übers Ohr hauen (ugs.): *betrügen:* beim Kauf des Autos hast du dich aber ganz schön übers Ohr hauen lassen!

das Ohr

die **Ohr|fei|ge** ['oːɐ̯faɪ̯ɡə]; -, -n: *Schlag mit der flachen Hand auf die Backe:* jmdm. eine Ohrfeige geben.

ohr|fei|gen ['oːɐ̯faɪ̯ɡn̩], ohrfeigt, ohrfeigte, geohrfeigt ⟨tr.; hat; jmdn. o.⟩: *jmdm. eine Ohrfeige geben:* sie hat ihn vor allen Leuten geohrfeigt. *Syn.:* hauen, schlagen.

¹**okay** [oˈkeː] ⟨Adj.⟩ (ugs.): *in Ordnung:* das Essen, der Preis ist okay; ist es okay, wenn ich mal kurz das Fenster aufmache? *Syn.:* gut.

²**okay** [oˈkeː] ⟨Partikel⟩: drückt im Gespräch aus, dass man mit etwas einverstanden ist: *ja:* okay, das machen wir!; »Kann ich mitkommen?« – »Okay, wenn du willst.« *Syn.:* abgemacht.

die **Öko|lo|gie** [økoloˈɡiː]; -: *Wissenschaft von den Beziehungen zwischen Lebewesen und ihrer Umwelt:* die Ökologie ist ein wichtiges Gebiet der Biologie.

öko|lo|gisch [økoˈloːɡɪʃ], ökologischer, am ökologischsten ⟨Adj.⟩: **1.** *so, dass es die Umwelt, das ökologische Gleichgewicht schont:* ökologisches Bauen; ökologische Landwirtschaft; ökologisch wirtschaftende Betriebe. **2.** *im Verhältnis von Lebewesen und Umwelt:* der ökologische Kreislauf; Störungen des ökologischen Gleichgewichts; dieses Gebiet ist ökologisch noch gesund.

öko|no|misch [økoˈnoːmɪʃ] ⟨Adj.⟩: **1.** *wirtschaftlich:* ökonomische Faktoren; ein Land ökonomisch stärken. **2.** ⟨ökonomischer, am ökonomischsten⟩ *sparsam:* eine ökonomische Arbeitsweise; die vorhandenen Gelder, Vorräte ökonomisch einsetzen. *Syn.:* wirtschaftlich.

der **Ok|to|ber** [ɔk'to:bɐ]; -[s]: *zehnter Monat des Jahres:* im Oktober gibt es Ferien.

das **Öl** [ø:l]; -[e]s, -e: **1.** *essbares, flüssiges Fett von Pflanzen:* Öl zum Kochen verwenden; in Öl gebratener Fisch; Salat mit Essig und Öl. *Zus.:* Olivenöl, Salatöl, Sonnenblumenöl, Speiseöl. **2.** *Erdöl:* der Tanker hat Öl geladen; nach Öl bohren. **3.** *Heizöl:* mit Öl heizen.

die **Öl|hei|zung** ['ø:lhaɪʦʊŋ]; -, -en: *Heizung, die Öl verbrennt:* das Haus hat eine Ölheizung.

die **Oli|ve** [o'li:və]; -, -n: *kleine Frucht mit Kern, die in warmen Ländern wächst und viel Fett enthält:* grüne und schwarze Oliven; Oliven in Öl einlegen.

das **Oli|ven|öl** [o'li:vn̩ʔø:l]; -[e]s, -e: *essbares Öl, das aus Oliven gepresst wird:* den Salat mit Olivenöl anmachen.

die **Olym|pi|a|de** [olʏm'pi̯a:də]; -, -n: *sportliche Veranstaltung, bei der alle vier Jahre Sportler[innen] aus aller Welt um Medaillen kämpfen:* er nimmt an der Olympiade teil; sie hat bei der letzten Olympiade zwei Goldmedaillen gewonnen. *Syn.:* Olympische Spiele. *Zus.:* Sommerolympiade, Winterolympiade.

olym|pisch [o'lʏmpɪʃ] ⟨Adj.; nur attributiv⟩: *bei der Olympiade:* ein olympischer Wettkampf; eine olympische Disziplin; ein olympischer Rekord; eine olympische Medaille erringen.

die **Oma** ['o:ma]; -, -s ⟨fam.⟩: *Großmutter:* die Oma passt auf ihren Enkel auf.

das **Ome|lett** [ɔm(ə)'lɛt]; -[e]s, -e und -s: *salziges Gericht aus Eiern, das wie ein Pfannkuchen gemacht wird:* heute gibt es Omelett mit Pilzen.

der **Om|ni|bus** ['ɔmnibʊs]; -ses, -se: *großer Kraftwagen mit Plätzen für viele Personen; Bus:* mit dem Omnibus fahren; der Omnibus hält direkt vor unserem Haus.

der **On|kel** ['ɔŋkl̩]; -s, -: *Bruder oder Schwager der Mutter oder des Vaters:* sein Onkel finanzierte ihm das Studium; morgen besuchen wir Onkel Karl; es waren alle Onkel und Tanten eingeladen.

der **Opa** ['o:pa]; -s, -s ⟨fam.⟩: *Großvater:* die Kinder besuchen ihren Opa.

die **Oper** ['o:pɐ]; -, -n: **1.** *längeres Musikstück mit großem Orchester und vielen Sängerinnen und Sängern:* eine Oper von Mozart aufführen. **2.** *Aufführung einer Oper:* heute Abend gehen wir in die Oper; die Oper endet um 23 Uhr. **3.** ⟨ohne Plural⟩ *Theater, in dem überwiegend Opern gespielt werden:* die Oper wurde vor Kurzem renoviert; ich warte vor der Oper auf dich.

die **Ope|ra|ti|on** [opəra'ʦi̯o:n]; -, -en: *medizinische Behandlung [im Krankenhaus], bei der der Körper des Patienten aufgeschnitten wird:* eine komplizierte, schwere Operation; eine Operation durchführen, vornehmen; sie hat die Operation gut überstanden; sich einer Operation unterziehen; eine Operation am Herz[en], am Magen. *Zus.:* Augenoperation, Darmoperation, Gehirnoperation, Herzoperation, Magenoperation.

ope|ra|tiv [opəra'ti:f] ⟨Adj.⟩: *durch eine Operation:* ein operativer Eingriff; das Geschwür wurde operativ entfernt.

ope|rie|ren [opə'ri:rən], operiert, operierte, operiert ⟨tr.; hat; jmdn., etw. o.⟩: *an jmdm., etwas eine Operation vornehmen:* einen Patienten operieren; der Tumor muss operiert werden; sich von einem Spezialisten operieren lassen; ⟨auch itr.⟩ wir müssen noch einmal operieren.

das **Op|fer** ['ɔpfɐ]; -s, -: **1.** *etwas, worauf man für jmd. anders, für etwas verzichtet:* diese Arbeit verlangt persönliche Opfer; sie hat für die Erziehung ihrer Kinder große Opfer gebracht. **2.** *Geschenk an einen Gott:* ein Opfer bringen. *Zus.:* Dankopfer. **3.** *Person, die Schaden erleidet [und daran stirbt]:* Opfer eines Verkehrsunfalls; die Überschwemmung forderte viele Opfer. *Zus.:* Kriegsopfer, Unfallopfer.

die **Op|po|si|ti|on** [ɔpozi'ʦi̯o:n]; -, -en: **1.** *Widerstand:* eine offene Opposition; in vielen Teilen der Bevölkerung regte sich Opposition; Opposition treiben, machen. **2.** *politische Gruppen oder Parteien, die nicht an der Regierung beteiligt sind:* die politische Opposition; aus den Reihen der Opposition kam Widerspruch; die Opposition griff den Minister heftig an.

die **Op|tik** ['ɔptɪk]; -: *Lehre vom Licht:* die Gesetze der Optik.

der **Op|ti|ker** ['ɔptɪkɐ]; -s, -, die **Op|ti|ke|rin** ['ɔptɪkərɪn]; -, -nen: *Fachmann, Fachfrau, die Geräte der Optik herstellt und verkauft:* heute gehe ich zum Optiker und hole meine Brille ab.

op|ti|mal [ɔpti'ma:l] ⟨Adj.⟩: *so gut wie möglich:* optimale Bedingungen zum Arbeiten; die Jacke bietet optimalen Schutz gegen Wind und Regen; einen

O

Kunden optimal beraten; etwas optimal planen, nutzen. *Syn.:*best...

der **Op|ti|mis|mus** [ɔptiˈmɪsmʊs]; -: *positive, zuversichtliche Einstellung* /Ggs. Pessimismus/: *übertriebener Optimismus; es herrscht leichter Optimismus; ihr Optimismus ist ungebrochen; mit Optimismus in die Zukunft blicken.*

der **Op|ti|mist** [ɔptiˈmɪst]; -en, -en, die **Op|ti|mis|tin** [ɔptiˈmɪstɪn]; -, -nen: *Person, die vor allem die guten Seiten der Dinge sieht* /Ggs. Pessimist, Pessimistin/: *er ist von Natur aus ein Optimist; du bist vielleicht ein Optimist! (du unterschätzt die Schwierigkeiten).*

op|ti|mis|tisch [ɔptiˈmɪstɪʃ], optimistischer, am optimistischsten ⟨Adj.⟩: *positiv, zuversichtlich* /Ggs. pessimistisch/: *sie hat eine optimistische Einstellung; diese Darstellung ist mir zu optimistisch; die Lage optimistisch beurteilen; optimistisch in die Zukunft blicken. Syn.:*hoffnungsvoll.

oran|ge [oˈrãːʒ(ə)] ⟨Adj.; indeklinabel⟩: *von der Farbe der Orange: orange Blüten; der Pullover ist orange; einen Stoff orange färben.*

die **Oran|ge** [oˈrãːʒə]; -, -n: *Apfelsine:* eine Orange essen, schälen.

der **Oran|gen|saft** [oˈrãːʒn̩zaft]; -[e]s, Orangensäfte [oˈrãːʒn̩zɛftə]: *Saft von Orangen:* frisch gepresster Orangensaft; ein Glas Orangensaft trinken.

das **Or|ches|ter** [ɔrˈkɛstɐ]; -s, -: *feste Gruppe von Musikern, die mit einem Dirigenten, einer Dirigentin Konzerte geben:* ein kleines, großes Orchester; das Orchester probt; ein Orchester dirigieren; in einem Orchester [mit]spielen. *Zus.:* Hochschulorchester, Rundfunkorchester.

das Orchester

or|dent|lich [ˈɔrdn̩tlɪç], ordentlicher, am ordentlichsten ⟨Adj.⟩: **1.** *geordnet, aufgeräumt:* ein ordentliches Zimmer; die Bücher ordentlich ins Regal stellen; auf dem Schreibtisch sah es sehr ordentlich aus; ein ordentlicher Mensch *(jmd., der Ordnung hält).* **2.** *so, wie es sich gehört; anständig:* sie stammt aus einer ordentlichen Familie; ein ordentliches Leben führen. **3.** (ugs.) *gehörig, kräftig:* er nahm einen ordentlichen Schluck; greif nur ordentlich zu!; daran hat sie

ordentlich verdient; dem hat er es ordentlich gegeben! *Syn.:*tüchtig (ugs.).

die **Or|di|nal|zahl** [ɔrdiˈnaːltsaːl]; -, -en: *Zahl, die zur Kennzeichnung einer bestimmten Stelle innerhalb einer Reihe oder Reihenfolge dient* (z. B. erst..., zweit...) /Ggs. Kardinalzahl/: die Ordinalzahlen werden dekliniert wie Adjektive.

die **Or|di|na|ti|on** [ɔrdinaˈtsi̯oːn]; -, -en (österr.): **1.** *Arztpraxis:* sie eröffnet eine Ordination. **2.** *Sprechstunde eines Arztes, einer Ärztin:* Ordination ist heute von 8 bis 12 Uhr.

ord|nen [ˈɔrdnən], ordnet, ordnete, geordnet ⟨tr.; hat; etw. o.⟩: **1.** *in eine bestimmte Reihenfolge, Ordnung bringen:* Briefmarken, Papiere ordnen. *Syn.:* anordnen, sortieren. **2.** *in einen ordentlichen Zustand bringen:* seine Haare, Kleider ordnen.

der Ordner (1)

der **Ord|ner** [ˈɔrdnɐ]; -s, -: **1.** *stabile Mappe zum Ordnen und Aufbewahren von gelochten Blättern:* einen Ordner anlegen; etwas in einen/einem Ordner abheften. *Zus.:* Aktenordner. **2.** (EDV) *elektronisches Verzeichnis auf der Festplatte eines Computers, in dem Dateien gespeichert werden:* einen Ordner anlegen, löschen; eine Datei in einen anderen Ordner kopieren.

der Ordner (2)

die **Ord|nung** [ˈɔrdnʊŋ]; -: **1.** *Zustand, in dem alles einen bestimmten Platz hat:* Ordnung halten; die Ordnung wiederherstellen; im Zimmer, auf dem Schreibtisch Ordnung machen, schaffen; er wollte seine Papiere in Ordnung bringen; die Wörter sind in alphabetischer Ordnung *(Anordnung);* * **in Ordnung sein:** *so sein, wie es sein soll:* der Motor ist nicht in Ordnung *(funktioniert nicht);* bist du wieder in Ordnung *(gesund)?* **2.** *fester Ablauf, geordnete Lebensweise:* ein Kind braucht seine Ordnung; die gewohnte Ordnung stören, durcheinanderbringen. **3.** *Einhaltung von Regeln:* die öffentliche Ordnung; es gelang ihm nicht, Ordnung in die Klasse zu bringen. *Syn.:* Disziplin.

das **Or|gan** [ɔr'ga:n]; -s, -e: *Teil des Körpers, der eine bestimmte Aufgabe erfüllt:* die inneren Organe; ein Organ verpflanzen, spenden. *Zus.:* Atmungsorgan, Sinnesorgan, Verdauungsorgan.

die **Or|ga|ni|sa|ti|on** [ɔrganiza'tsi̯o:n]; -, -en: **1.** *das Organisieren:* eine reibungslose Organisation; die Organisation eines Ausflugs übernehmen. *Zus.:* Arbeitsorganisation. **2.** *Gruppe mit bestimmten Aufgaben, Zielen:* die politischen Organisationen; einer Organisation angehören. *Syn.:* Vereinigung. *Zus.:* Arbeitnehmerorganisation, Hilfsorganisation, Verbraucherorganisation.

or|ga|ni|sa|to|risch [ɔrganiza'to:rɪʃ] ⟨Adj.⟩: *im Hinblick auf die Organisation von etwas; das Organisieren betreffend:* organisatorische Mängel; organisatorische Veränderungen vornehmen.

or|ga|nisch [ɔr'ga:nɪʃ] ⟨Adj.⟩: **1.** *ein Organ des Körpers, den Organismus betreffend:* ein organisches Leiden; organisch gesund sein. **2.** *zur belebten Natur gehörend:* organische Stoffe.

or|ga|ni|sie|ren [ɔrgani'zi:rən], organisiert, organisierte, organisiert: **1.** ⟨tr.; hat; etw. o.⟩ *planmäßig aufbauen, einrichten:* eine Ausstellung, Party organisieren; den Widerstand gegen etwas, jmdn. organisieren. *Syn.:* veranstalten. **2.** ⟨tr.; hat; etw. o.⟩ (ugs.) *[auf zweifelhafte Weise] beschaffen:* könntest du für morgen einen Diaprojektor organisieren?; sie organisierte uns eine Flasche Sekt. *Syn.:* auftreiben (ugs.), ¹beschaffen. **3.** ⟨sich o.⟩ *sich zu einem Verband zusammenschließen:* sich politisch, in Genossenschaften organisieren; organisierte Arbeiter.

der **Or|ga|nis|mus** [ɔrga'nɪsmʊs]; -, Organismen [ɔrga'nɪsmən]: *Körper (eines Lebewesens):* der menschliche Organismus; ein gesunder, kranker Organismus.

der **Or|gas|mus** [ɔr'gasmʊs]; -, Orgasmen [ɔr'gasmən]: *Höhepunkt der sexuellen Erregung:* einen Orgasmus haben; zum Orgasmus kommen.

der **Ori|ent** ['o:ri̯ɛnt]; -s: *westlicher und mittlerer Teil Asiens:* er kennt den Orient gut.

ori|en|ta|lisch [ɔri̯ɛn'ta:lɪʃ], orientalischer, am orientalischsten ⟨Adj.⟩: *den Orient betreffend, dem Orient, den Orientalen eigen:* orientalischer Baustil; orientalische Lebensart.

ori|en|tie|ren [ɔri̯ɛn'ti:rən], orientiert, orientierte, orientiert: **1.** ⟨sich o.⟩ *sich (in einer unbekannten Umgebung) zurechtfinden:* sich leicht, schnell orientieren; ich orientiere mich nach/an der Karte, den Sternen. **2.** ⟨sich o.⟩ *sich nach jmdm., etwas richten:* sich an jmdm., an jmds. Vorbild orientieren.

die **Ori|en|tie|rung** [ɔri̯ɛn'ti:rʊŋ]; -: *das Sich-orientieren:* ein Hilfsmittel zur Orientierung; die Orientierung verlieren.

ori|gi|nal [origi'na:l] ⟨Adj.⟩: *in seiner ursprünglichen Gestalt, Form vorhanden; unverfälscht:* eine originale Zeichnung des Künstlers; die Urkunde ist original; original indische Seide.

das **Ori|gi|nal** [origi'na:l]; -s, -e: **1.** *ursprüngliches, echtes Stück:* das Bild ist ein Original aus dem 18. Jahrhundert; eine Abschrift des Originals anfertigen. **2.** *seltsamer, durch eigenartige Kleidung oder Lebensweise auffallender Mensch:* er, sie war ein echtes Original.

die **Ori|gi|na|li|tät** [originali'tɛ:t]; - (bildungsspr.): **1.** *Echtheit:* an der Originalität des Dokumentes zweifelt niemand. **2.** *auf bestimmtem schöpferischen Einfällen beruhende Besonderheit; einmalige Note:* die Originalität ihres Stils; dem Schriftsteller fehlt es an Originalität.

ori|gi|nell [origi'nɛl], origineller, am originellsten ⟨Adj.⟩: *viele eigene Ideen haben:* sie ist ein origineller Kopf; eine originelle Idee; die Geschichte ist originell.

der **Ort** [ɔrt]; -[e]s, -e: **1.** *Platz, Stelle, wo etwas Bestimmtes vorgeht:* am Ort der Katastrophe, des Verbrechens, des Geschehens. *Zus.:* Aufbewahrungsort, Fundort, Tagungsort, Unfallort, Versammlungsort. **2.** *Dorf, kleinere Stadt:* ein kleiner Ort an der Küste, in der Nähe von Köln. *Syn.:* Ortschaft. *Zus.:* Aufenthaltsort, Geburtsort, Heimatort, Kurort, Nachbarort, Urlaubsort, Wohnort.

ört|lich ['œrtlɪç] ⟨Adj.⟩: *den jeweiligen Ort betreffend:* die örtliche Polizei; die örtlichen Verhältnisse, Besonderheiten berücksichtigen. *Syn.:* lokal.

die **Ort|schaft** ['ɔrtʃaft]; -, -en: *kleinere Gemeinde.* *Syn.:* Dorf, Ort.

-ös [ø:s] ⟨adjektivisches Suffix⟩: *dient dazu, ausgehend von Nomen Adjektive zu bilden:* luxuriös; muskulös; strapaziös.

Ost [ɔst]: ⟨ohne Artikelwort, nicht flektierbar⟩: *Osten:* der Wind kommt aus, von Ost; Menschen aus Ost und West kommen zusammen.

Ostern

Am Ostersonntag suchen die Kinder im Haus und im Garten nach Ostereiern, die der Osterhase (angeblich) versteckt hat. Diese Ostereier sind Hühnereier, die vorher gekocht und bunt bemalt wurden. Im »Nest« des Osterhasen liegen neben diesen Eiern meist auch Schoko-ladeneier. An einem Strauß aus Zweigen, dem Osterstrauß, hängen als Schmuck ausgeblasene und bunt verzierte Ostereier. Am Ostersonntag wird in vielen Familien ein Osterlamm gegessen. Das ist ein Gebäck aus Hefeteig in Form eines Lammes.

---

der **Os|ten** [ˈɔstn̩]; -s: **1.** *Himmelsrichtung, in der die Sonne aufgeht:* von, nach, im Osten. **2.** *östlicher Teil (eines Landes, einer Stadt usw.):* der Osten Frankreichs.

das **Os|ter|ei** [ˈoːstɐlai]; -[e]s, -er: *gefärbtes oder bemaltes gekochtes Hühnerei oder eiförmige Süßigkeit (als Geschenk zu Ostern):* Ostereier verstecken, suchen.

das Osterei

der **Os|ter|ha|se** [ˈoːstɐhaːzə]; -n, -n: *(in der Vorstellung der Kinder) Hase, der zu Ostern die Ostereier bringt:* sie glaubt noch an den Osterhasen.

der Osterhase

das **Os|tern** [ˈoːstɐn]; -, -: *Fest der Auferstehung Christi:* Ostern war verregnet; [(bes. nordd.:) zu / (bes. südd.:) an] Ostern verreisen; wir hatten ein schönes Ostern, (auch:) schöne Ostern; fröhliche Ostern!

Ös|ter|reich [ˈøːstɐraiç]; -s: *Staat in Mitteleuropa:* das heutige Österreich; sie ist aus Österreich.

der **Ös|ter|rei|cher**; -s, -, die **Ös|ter|rei|che|rin**; -, -nen: *Angehörige[r] des österreichischen Volks:* er ist Österreicher; er ist mit einer Österreicherin verheiratet; die Österreicher sagen zu Tomaten »Paradeiser«.

ös|ter|rei|chisch [ˈøːstɐraiçɪʃ] ⟨Adj.⟩: *Österreich und seine Bevölkerung betreffend:* das österreichische Volk; die österreichische Post.

¹**öst|lich** [ˈœstlɪç], östlicher, am östlichsten ⟨Adj.⟩: **1.** *im Osten liegend:* der östliche Teil der Stadt; der östlichste Punkt des Kontinents. **2.** *nach Osten gerichtet:* in östlicher Richtung fahren; wir müssen uns noch östlicher halten.

²**öst|lich** [ˈœstlɪç] ⟨Präp. mit Gen.⟩: *im Osten von:* östlich des Flusses.

³**öst|lich** [ˈœstlɪç] ⟨Adverb; in Verbindung mit »von«⟩: *östlich von Potsdam.*

Ost|see [ˈɔstzeː]; -: *im Westen mit der Nordsee verbundenes, im Übrigen von Land umschlossenes europäisches Meer:* eine polnische Stadt an der Ostsee.

out [aut]: in der Verbindung * **out sein** (ugs.): *nicht mehr in Mode sein; nicht mehr gefragt sein:* Latzhosen sind out; bei den Jugendlichen ist diese Disco schon lange out.

oval [oˈvaːl] ⟨Adj.⟩: *die Form eines Eis, einer Ellipse aufweisend:* ein ovales Gesicht; der Tisch ist oval.

das Oval

das **Oval** [oˈvaːl]; -[e]s, -e: *ovales Gebilde:* ein Oval zeichnen.

der **Oze|an** [ˈoːtseaːn]; -s, -e: *Meer zwischen Kontinenten. Syn.:* Meer.

P p

paar [paːɐ̯]: in der Verbindung * **ein paar:** *einige wenige; nicht sehr viele:* nur ein paar Leute waren gekommen; mit ein paar Worten beschrieb sie den Vorfall.

das **Paar** [paːɐ̯]; -[e]s, -e: **1.** *zwei eng miteinander verbundene Personen:* ein junges, unverheiratetes, kinderloses, verliebtes, tanzendes Paar. *Zus.:* Ehepaar, Elternpaar, Freundespaar, Hochzeitspaar, Liebespaar. **2.** *zwei zusammengehörige, gleichartige Dinge:* ich habe keine passenden Schuhe gefunden, obwohl ich zehn Paare anprobiert habe; ein, drei Paar Socken, Würstchen. *Zus.:* Flügelpaar, Wortpaar.

das **Päck|chen** [ˈpɛkçən]; -s, -: 1. *kleinere, fest verpackte Postsendung:* ein Päckchen bekommen; etwas als Päckchen verschicken. *Syn.:* Packerl (österr.). *Zus.:* Eilpäckchen, Einschreibepäckchen. 2. *kleine Packung:* ein Päckchen Zigaretten, Backpulver. *Syn.:* Packerl (österr.).

pa|cken [ˈpakn̩], packt, packte, gepackt: 1. ⟨tr.; hat; jmdn., etw. p.⟩ *mit den Händen ergreifen und festhalten:* er packte sie am Arm und drängte sie aus dem Zimmer. *Syn.:* fassen, greifen, schnappen. 2. ⟨tr.; hat; etw. irgendwohin p.⟩ *(in ein Behältnis) legen:* die Kleider in die Koffer packen; alle Waren ins Auto packen. *Syn.:* stecken, tun (ugs.). 3. ⟨tr.; hat; etw. p.⟩ *(ein Behältnis) mit Dingen füllen:* die Koffer, die Schultasche packen; ein Paket, Päckchen packen *(herstellen, fertig machen);* ⟨auch itr.⟩ ich muss noch packen; hilfst du mir packen? 4. ⟨tr.; hat; jmdn. p.⟩ *(von einem Gefühl) heftig von jmdm. Besitz ergreifen:* Fieber, Entsetzen, Wut, der Ehrgeiz packte sie; von Abenteuerlust gepackt. *Syn.:* erfassen, überkommen.

das **Pa|ckerl** [ˈpakɐl]; -s, -n (österr.): 1. *kleinere, fest verpackte Postsendung; Päckchen:* ich habe heute ein Packerl bekommen. 2. *kleine Packung:* ein Packerl Backpulver.

die **Pa|ckung** [ˈpakʊŋ]; -, -en: *Ware mit der sie umgebenden Hülle:* eine Packung Tabak. *Syn.:* Päckchen, Paket.

der **Pä|d|a|go|ge** [pɛdaˈgoːgə]; -n, -n, die **Pä|d|a|go|gin** [pɛdaˈgoːgɪn]; -, -nen: *Person, die sich berufsmäßig mit der Erziehung und Ausbildung bes. von Kindern und Jugendlichen befasst:* er ist der geborene Pädagoge. *Syn.:* Lehrer, Lehrerin.

pä|d|a|go|gisch [pɛdaˈgoːgɪʃ] ⟨Adj.⟩: *die Erziehung und Ausbildung betreffend:* eine pädagogische Ausbildung, Betreuung; pädagogische Maßnahmen.

das **Pad|del** [ˈpadl̩]; -s, -: *Stange mit flachem Ende zum Fortbewegen eines Boots:* das Paddel ins Wasser tauchen. *Syn.:* Ruder.

das **Pad|del|boot** [ˈpadl̩boːt]; -[e]s, -e: *kleineres Boot, das mit einem Paddel fortbewegt wird:* Paddelboot fahren.

pad|deln [ˈpadl̩n], paddelt, paddelte, gepaddelt: 1. ⟨itr.; hat/ist⟩ *Paddelboot fahren:* ich padd[e]le gern. 2. ⟨itr.; ist; irgendwohin p.⟩ *mit einem Paddelboot irgendwohin fahren:* ans Ufer, zur Insel, über den See paddeln.

das **Pa|ket** [paˈkeːt]; -[e]s, -e: 1. *fest verpackte Postsendung:* jmdm. ein Paket schicken. *Syn.:* Päckchen, Packerl (österr.). *Zus.:* Eilpaket, Schnellpaket. 2. *Packung:* ein Paket Nudeln, Kaffee.

das Paket (1)

die **Pa|la|t|schin|ke** [palaˈtʃɪŋkə]; -, -n (österr.): *gefüllter Pfannkuchen:* als Nachspeise gab es Palatschinken mit Marmelade.

pa|nie|ren [paˈniːrən], paniert, panierte, paniert ⟨tr.; hat; etw. p.⟩: *(bes. Fleisch, Fisch) vor dem Braten in Ei und Mehl tauchen:* ein paniertes Schnitzel.

die **Pa|nik** [ˈpaːnɪk]; -: *plötzlich aufkommende große Angst, die zu völlig unüberlegten Reaktionen führt:* unter den Passagieren brach eine Panik aus; sie geriet in Panik; von Panik ergriffen werden.

pa|nisch [ˈpaːnɪʃ], panischer, am panischsten ⟨Adj.⟩: *in Entsetzen und Furcht, in Panik:* in panischer Angst aus dem brennenden Haus rennen; panisch reagieren.

die **Pan|ne** [ˈpanə]; -, -n: 1. *an einem Fahrzeug auftretender Schaden, der eine Unterbrechung der Fahrt notwendig macht:* wir hatten unterwegs eine Panne. *Syn.:* Störung. *Zus.:* Reifenpanne. 2. *zu einem Misserfolg führendes Missgeschick:* bei dem Empfang des Staatsgastes hatte es einige Pannen gegeben.

der **Pan|tof|fel** [panˈtɔfl̩]; -s, -n: *flacher Hausschuh:* in Pantoffeln herumlaufen. *Zus.:* Filzpantoffel, Holzpantoffel.

der **Pa|pa** [ˈpapa]; -s, -s (fam.) *Vater:* mein Papa ist Lehrer.

das **Pa|pier** [paˈpiːɐ̯]; -s, -e: 1. *zu einer dünnen, platten Schicht gepresstes Material, das vorwiegend zum Beschreiben oder zum Verpacken dient:* ein Blatt, Stück Papier; etwas in Papier einwickeln. *Zus.:* Briefpapier, Butterbrotpapier, Geschenkpapier, Packpapier, Schreibmaschinenpapier, Toilettenpapier, Umwelt[schutz]papier, Zeitungspapier. 2. ⟨Plural⟩ *bestimmte Dokumente, bes. Ausweise:* ich habe meine Papiere verloren. *Zus.:* Ausweispapiere.

der **Pa|pier|korb** [paˈpiːɐ̯kɔrp]; -[e]s, Papierkörbe [paˈpiːɐ̯kœrbə]: *Behälter für Abfall aus Papier:* die alten Zeitungen in den Papierkorb werfen. *Syn.:* Abfalleimer, Mülleimer.

P

die **Pap|pe** ['papə]; -, -n: *dem Papier ähnliches, jedoch dickeres, steifes Material, das meist als Verpackung verwendet wird:* eine Schachtel aus dicker Pappe. *Syn.:* Karton. *Zus.:* Dachpappe, Wellpappe.

der **Pa|pri|ka** ['paprika]; -s, -[s]: *grüne, rote oder gelbe Frucht einer bestimmten Pflanze, die als Gemüse oder als Gewürz verwendet wird:* gedünsteter Paprika; mit scharfem, mildem Paprika gewürztes Gulasch.

der **Papst** [pa:pst]; -[e]s, Päpste ['pɛ:pstə]: *(in Rom residierendes) Oberhaupt der katholischen Kirche:* die Osterbotschaft des Papstes.
päpst|lich ['pɛ:pstlɪç] ⟨Adj.⟩: *den Papst, das Amt des Papstes betreffend:* ein päpstlicher Erlass.

der **Pa|ra|dei|ser** [para'daizɐ]; -s, - (österr.): *Tomate:* Paradeiser ernten.

das **Pa|ra|dies** [para'di:s]; -es, -e: **1.** *(im Alten Testament) Ort der Vollkommenheit, der Seligkeit:* Adam und Eva wurden aus dem Paradies vertrieben. **2.** *Gebiet, das ideale Möglichkeiten für eine bestimmte Sache bietet:* ein Paradies für Angler.

der **Pa|ra|graf, Pa|ra|graph** [para'gra:f]; -en, -en: *Abschnitt in einem längeren Text, besonders in einem Gesetz:* Paragraf 1 der Straßenverkehrsordnung.
pa|ral|lel [para'le:l] ⟨Adj.⟩: *in gleichbleibendem Abstand neben etw. anderem her verlaufend:* zwei, drei parallele Linien; die Straße verläuft parallel zur Bahn.

die **Pa|ral|le|le** [para'le:lə]; -, -n: *parallele Linie:* Parallelen schneiden sich im Unendlichen.

das **Par|füm** [par'fy:m]; -s, -e und -s: *alkoholische Flüssigkeit, in der Duftstoffe gelöst sind (als Kosmetikartikel):* ein Parfüm benutzen; sich mit Parfüm besprühen.

der **Park** [park]; -s, -s: *große, künstlich angelegte Grünfläche mit Wegen:* im Park spazieren gehen. *Syn.:* Anlage. *Zus.:* Schlosspark, Stadtpark.
par|ken ['parkn], parkt, parkte, geparkt ⟨tr.; hat; etw. p.⟩: *(ein Fahrzeug) vorübergehend abstellen:* den Wagen vor dem Laden parken; ⟨auch itr.⟩ wo kann man hier parken?; Parken verboten!

das **Par|kett** [par'kɛt]; -[e]s, -e und -s: **1.** *Fußboden aus kleinen Brettern, die in einem bestimmten Muster zusammengesetzt sind:* Parkett verlegen. **2.** *(im Theater, Kino) vorderer Teil eines Zuschauerraumes:* ein Platz im Parkett.

die **Park|ge|bühr** ['parkgəby:ɐ]; -, -en: *Gebühr, gegen die man sein Auto an einem*

bestimmten Ort für eine gewisse Zeit parken kann: die Parkgebühren sind schon wieder erhöht worden.

das **Park|haus** ['parkhaus]; -es, Parkhäuser ['parkhɔyzɐ]: *meist mehrstöckiges Gebäude, in dem Autos geparkt werden können:* das Parkhaus ist voll; ins Parkhaus fahren.

der **Park|platz** ['parkplats]; -es, Parkplätze ['parkplɛtsə]: **1.** *Platz, auf dem ein Fahrzeug geparkt werden kann:* an Samstagen findet man hier kaum einen Parkplatz. **2.** *für das Parken von Autos vorgesehene Fläche mit markierten einzelnen Plätzen:* ein bewachter Parkplatz.

die **Park|schei|be** ['parkʃaibə]; -, -en: *einem Zifferblatt ähnliche Pappscheibe, die dazu dient, die Dauer des Parkens zu kontrollieren:* mit Parkscheibe darf man hier bis zu zwei Stunden parken.

die Parkscheibe

der **Park|schein** ['parkʃain]; -[e]s, -e: *Beleg über eine bezahlte Parkgebühr, auf dem steht, bis wann man parken darf:* der Parkschein muss von außen lesbar unter die Windschutzscheibe gelegt werden.

der **Park|schein|au|to|mat** ['parkʃain|automa:t]; -en, -en: *Automat, an dem man eine Parkgebühr bezahlt und dafür einen Parkschein erhält:* wenn der Parkscheinautomat kaputt ist, kann man mit einer Parkscheibe parken.

die **Park|uhr** ['parku:ɐ]; -, -en: *Automat, der nach Einwurf einer Münze anzeigt, wie lange man an dieser Stelle parken darf:* meine Parkuhr läuft gleich ab.

das **Par|la|ment** [parla'mɛnt]; -[e]s, -e: **1.** *gewählte Vertretung des Volkes:* das Parlament auflösen; [neu] wählen; ein Gesetz durchs Parlament bringen. *Zus.:* Europaparlament, Landesparlament, Stadtparlament. **2.** *Parlamentsgebäude:* eine Demonstration vor dem Parlament.

die **Par|tei** [par'tai]; -, -en: **1.** *politische Organisation mit einem bestimmten Programm:* eine Partei wählen; in eine Partei eintreten; in einer Partei sein. *Zus.:* Koalitionspartei, Oppositionspartei, Regierungspartei. **2.** *Mieter[in] in einem Mietshaus:* in dem Haus wohnen zehn Parteien. **3.** *einer der Gegner in einem Rechtsstreit:* die streitenden Parteien. *Zus.:* Prozesspartei.

par|tei|isch [par'tai̯ʃ], parteiischer, am parteiischsten ⟨Adj.⟩): *nicht neutral:* eine parteiische Haltung; der Schiedsrichter war sehr parteiisch. *Syn.:* subjektiv.

das **Par|terre** [par'tɛr]; -s, -s: *zu ebener Erde liegende Etage:* wir wohnen im Parterre. *Syn.:* Erdgeschoss.

die **Par|tie** [par'tiː]; -, Partien [par'tiːən]: **1.** *Abschnitt, Ausschnitt eines größeren Ganzen:* die untere Partie des Gesichts; die Erzählung zerfällt in drei Partien. *Syn.:* Teil. *Zus.:* Mundpartie, Rückenpartie. **2.** *einzelne Runde (bei bestimmten Spielen):* wir spielen eine Partie Billard, Schach; eine Partie gewinnen. *Zus.:* Schachpartie, Skatpartie.

der **Part|ner** ['partnɐ]; -s, -, die **Part|ne|rin** ['partnərɪn]; -, -nen: **1.** *Person, die mit einer anderen etwas gemeinsam unternimmt oder die an etwas beteiligt ist:* die Partner des Vertrages; sie will sich für ihr Geschäft eine neue Partnerin suchen. *Zus.:* Geschäftspartner, Geschäftspartnerin, Tanzpartner, Tanzpartnerin, Tennispartner, Tennispartnerin. **2.** *Person, die mit einer anderen zusammenlebt:* er brachte seine Partnerin mit auf den Empfang; sie hat ihren Partner verloren. *Syn.:* Freund, Freundin, Lebensgefährte (geh.), Lebensgefährtin (geh.). *Zus.:* Ehepartner, Ehepartnerin.

die **Part|ner|schaft** ['partnɐʃaft]; -, -en: **1.** *Verhältnis von Partnern:* eine strategische, enge Partnerschaft; die deutsch-französische Partnerschaft; eine Partnerschaft eingehen, besiegeln, vereinbaren; die Partnerschaft mit Russland. **2.** *Verhältnis von Lebenspartnern zueinander:* in einer glücklichen Partnerschaft leben.

die **Par|ty** ['paːɐ̯ti]; -, -s: *privates Fest [mit Musik und Tanz]:* eine Party machen, veranstalten; auf eine / zu einer Party eingeladen sein. *Syn.:* Feier, Fete (ugs.). *Zus.:* Faschingsparty, Geburtstagsparty, Grillparty, Silvesterparty.

der Pass (1)

der **Pass** [pas]; -es, Pässe ['pɛsə]: **1.** ⟨Plural⟩. *amtlicher Ausweis (bei Reisen ins Ausland):* der Pass ist abgelaufen, ist gefälscht; hast du deinen Pass verlängern lassen? *Syn.:* Papiere ⟨Plural⟩. *Zus.:*

Diplomatenpass, Reisepass. **2.** *niedrigste Stelle eines Gebirges, die als Übergang benutzt wird:* die meisten Pässe der Alpen sind verschneit. *Zus.:* Alpenpass, Gebirgspass.

der Pass (2)

der **Pas|sa|gier** [pasa'ʒiːɐ̯]; -s, -e, die **Pas|sa|gie|rin** [pasa'ʒiːrɪn]; -, -nen: *Person, die mit dem Zug, dem Flugzeug oder dem Schiff reist:* bei dem Schiffsunglück ertranken fast alle Passagiere. *Syn.:* Reisender, Reisende. *Zus.:* Flugpassagier, Flugpassagierin, Schiffspassagier, Schiffspassagierin.

der **Pas|sant** [pa'sant]; -en, -en, die **Pas|san|tin** [pa'santɪn]; -, -nen: *Person, die zufällig auf der Straße vorübergeht:* viele Passanten blieben neugierig stehen; auf der Flucht nahm der Dieb eine Passantin als Geisel. *Syn.:* Fußgänger, Fußgängerin.

pas|sen ['pasn̩], passt, passte, gepasst ⟨itr.; hat⟩: **1.** ⟨irgendwie p.⟩ *nicht zu eng, zu weit, zu groß oder zu klein sein:* der Rock passt dir nicht, passt wie angegossen; seit sie abgenommen hat, passt ihr nichts mehr. *Syn.:* sitzen. **2.** ⟨zu jmdm., etw. [irgendwie] p.⟩ *für jmdn., etwas geeignet sein:* die Farbe passt nicht zu dir; der Deckel passt nicht auf den Topf; diese Freunde passen nicht zu ihr, zu uns; ⟨häufig im 1. Partizip⟩ bei passender Gelegenheit; die passenden Worte finden. **3.** ⟨meist verneint⟩ *jmdm. angenehm, sympathisch sein:* dein Benehmen, der Termin passt mir nicht. *Syn.:* gefallen, zusagen.

pas|sie|ren [pa'siːrən], passiert, passierte, passiert: **1.** ⟨itr.; ist⟩ *geschehen:* es ist ein Unglück, etwas Schreckliches passiert; was ist passiert?; mir ist etwas Seltsames passiert; hoffentlich ist dir nichts passiert. *Syn.:* eintreten, sich ereignen, vorfallen. **2.** ⟨tr.; hat; etw. p.⟩ *an einer bestimmten Stelle vorbeigehen, -fahren:* die Grenze, eine Kreuzung passieren; ⟨auch itr.⟩ wir durften passieren. *Syn.:* überqueren, überschreiten.

pas|siv ['pasiːf], passiver, am passivsten ⟨Adj.⟩ /Ggs. aktiv/: *untätig:* ich habe mich bei der Auseinandersetzung, der Diskussion passiv verhalten; ein passi-

P

ves *(nur Beitrag zahlendes)* Mitglied des Vereins.

das **Pass|wort** ['pasvɔrt]; -[e]s, Passwörter ['pasvœrtɐ]: (EDV) *Wort, das nur bestimmten Personen bekannt ist und mit dem ein Computerprogramm geöffnet werden kann:* zum Aufrufen des Programms geben Sie bitte Ihren Benutzernamen und Ihr Passwort ein.

der **Pas|tor** ['pasto:ɐ̯]; -s, Pastoren [pas'to:rən]: **1.** (landsch.) *evangelischer Pfarrer.* Syn.: Geistlicher. **2.** (landsch.) *katholischer Pfarrer.* Syn.: Geistlicher, Priester.

die **Pas|to|rin** [pas'to:rɪn]; -, -nen: (landsch.) *evangelische Pfarrerin:* die neue Pastorin begrüßen. Syn.: Geistliche.

der **Pa|te** ['pa:tə]; -n, -n, die **Pa|tin** ['pa:tɪn]; -, -nen: *Person, die bei der Taufe eines Kindes anwesend ist und die die Verpflichtung hat, sich (neben den Eltern) um die christliche Erziehung des Kindes zu kümmern.* Zus.: Taufpate, Taufpatin.

das **Pa|tent** [pa'tɛnt]; -[e]s, -e: *[Urkunde über die] amtliche Berechtigung, eine Erfindung allein zu verwerten:* eine Erfindung als Patent anmelden; das Patent erteilen; auf etwas ein Patent haben.

der **Pa|ti|ent** [pa'tsi̯ɛnt]; -en, -en, die **Pa|ti|en|tin** [pa'tsi̯ɛntɪn]; -, -nen: *Person, die ärztlich behandelt wird:* sie ist Patientin von Dr. Schmidt; Dr. Schmidt hat viele Patienten. Syn.: Kranker, Kranke. Zus.: Krebspatient, Krebspatientin.

der **Pa|tri|ot** [patri̯'o:t]; -en, -en, die **Pa|tri|o|tin** [-]; -, -nen: *Person, die eine patriotische Gesinnung hat:* die chilenische Patriotin wurde im Exil zu Grabe getragen.

pa|tri|o|tisch [patri̯'o:tɪʃ], patriotischer, am patriotischsten ⟨Adj.⟩: *von der Liebe zum Vaterland bestimmt:* sie hatte eine patriotische Gesinnung, war patriotisch gesinnt. Syn.: national.

die **Pa|tro|ne** [pa'tro:nə]; -, -n: **1.** *Behälter aus Kunststoff für Tinte, Tusche o. Ä., der in einen Füller, einen Kopierer eingelegt wird:* er braucht eine neue Patrone für seinen Füller; die Patrone am Kopierer, am Drucker auswechseln. **2.** *Hülle aus Metall, die mit Pulver gefüllt ist und beim Schießen aus der Schusswaffe geschleudert wird:* eine Patrone in den Gewehrlauf schieben. Syn.: Kugel. Zus.: Gewehrpatrone.

die **Pau|ke** ['pau̯kə]; -, -n: *Instrument in Form einer halben Kugel, auf das man mit zwei Stöcken schlägt:* die Pauke schlagen.

pau|ken ['pau̯kn̩], paukt, paukte, gepaukt ⟨tr.; hat; etw. p.⟩ (ugs.): *intensiv lernen:* sie paukt Latein, lateinische Vokabeln. Syn.: büffeln (ugs.).

pau|schal [pau̯'ʃa:l], pauschaler, am pauschalsten ⟨Adj.⟩: **1.** *nicht nach Einzelheiten gegliedert:* eine pauschale Summe zahlen; etwas pauschal berechnen. Syn.: gesamt, komplett. **2.** *sehr allgemein:* ein pauschales Urteil, das der Sache nicht gerecht wird.

die **Pau|se** ['pau̯zə]; -, -n: *kürzere Unterbrechung:* eine Pause einlegen, machen; die Theatervorstellung wurde von einer Pause unterbrochen. Zus.: Frühstückspause, Gesprächspause, Ruhepause, Verschnaufpause, Zigarettenpause.

der **PC** [pe:'tse:]; -[s], -[s]: *Personal Computer:* in fast jedem Büro steht ein PC.

der PC

das **Pech** [pɛç]; -s: *unglücklicher Zufall, der jmds. Pläne scheitern lässt* /Ggs. Glück/: er hat viel Pech gehabt; vom Pech verfolgt sein. Syn.: Unglück.

das **Pe|dal** [pe'da:l]; -s, -e: **1.** *(bes. im Auto) Hebel, der mit dem Fuß bedient wird:* auf das Pedal treten. Zus.: Bremspedal, Gaspedal, Kupplungspedal. **2.** *Teil am Fahrrad, der mit dem Fuß bewegt wird:* in die Pedalen treten *(schnell fahren).*

pein|lich ['pai̯nlɪç], peinlicher, am peinlichsten ⟨Adj.⟩: **1.** *in Verlegenheit bringend:* eine peinliche Frage; das Bekanntwerden seines Planes war ihm peinlich. Syn.: unangenehm. **2.** *äußerst sorgfältig:* hier herrscht peinliche Ordnung. Syn.: gründlich. **3.** ⟨intensivierend bei Adjektiven⟩ *sehr, äußerst:* etwas peinlich genau registrieren. Syn.: höchst, überaus.

pel|len ['pɛlən], pellt, pellte, gepellt ⟨tr.; hat; etw. p.⟩ (bes. nordd.): *schälen:* Kartoffeln pellen. Zus.: abpellen.

die **Pell|kar|tof|fel** ['pɛlkartɔfl̩]; -, -n: *mit der Schale gekochte Kartoffel:* heute Abend gibt es Pellkartoffeln und Heringe.

der **Pelz** [pɛlts]; -es, -e: **1.** *Fell:* der dicke Pelz eines Bären. **2.** *Kleidungsstück aus Fell, das bearbeitet wurde:* sie trägt einen teuren Pelz.

das **Pen|del** ['pɛndl̩]; -s, -: *Körper, der an einem Punkt aufgehängt ist und hin- und herschwingt:* das Pendel der Uhr anstoßen. Zus.: Uhrpendel.

pen|deln ['pɛndl̩n], pendelt, pendelte, gependelt: **1.** ⟨itr.; hat⟩ *hin- und herschwingen:* die Kiste pendelt an dem Kran. *Syn.:* baumeln (ugs.). **2.** ⟨itr.; ist⟩ *(bes. zur Arbeit) zwischen seinem Wohnort und dem Ort, an dem man arbeitet, hin- und herfahren:* sie ist jahrelang zwischen Frankfurt und Mannheim gependelt.

der **Pend|ler** ['pɛndlɐ]; -s, -, die **Pend|le|rin** ['pɛndlərɪn]; -, -nen: *Person, die aus beruflichen Gründen regelmäßig zwischen zwei Orten hin- und herfährt:* dieser Zug wird fast nur von Pendlern benutzt. *Zus.:* Berufspendler, Berufspendlerin.

der **Pe|nis** ['pe:nɪs]; -, -se: *männliches Geschlechtsorgan. Syn.:* Glied.

das **Pe|ni|zil|lin** [penitsɪ'li:n]; -s, -e (Med.): *Antibiotikum gegen Bakterien:* die Entzündung mit Penizillin behandeln.

die **Pen|si|on** [pã'zjoːn]; -, -en: **1.** *Rente eines Beamten, einer Beamtin im Ruhestand:* eine gute Pension bekommen. *Syn.:* Ruhegeld. *Zus.:* Beamtenpension, Lehrerpension. **2.** ⟨ohne Plural⟩ *Ruhestand eines Beamten, einer Beamtin:* sie geht in Pension, ist seit einiger Zeit in Pension. **3.** *kleineres, einfaches Hotel:* eine kleine, ruhige Pension; wir wohnten in der »Pension Finkenbein«. *Syn.:* Gasthaus, Gasthof. *Zus.:* Fremdenpension.

der **Pen|si|o|när** [pãzjoˈnɛːɐ̯]; -s, -e, die **Pen|si|o|nä|rin** [pãzjoˈnɛːrɪn]; -, -nen: *Person, die eine Pension bezieht. Syn.:* Rentner, Rentnerin.

pen|si|o|nie|ren [pãzjoˈniːrən], pensioniert, pensionierte, pensioniert: **1.** ⟨tr.; hat; jmdn. p.⟩ *in den Ruhestand versetzen und eine Pension gewähren:* sie wurde mit 65 Jahren pensioniert. **2.** ⟨sich p. lassen⟩ (schweiz.) *sich in den Ruhestand versetzen lassen:* sie wollte sich mit 50 Jahren pensionieren lassen.

das **Pen|sum** ['pɛnzʊm]; -s, Pensen ['pɛnzn̩] und Pensa ['pɛnza]: *Arbeit, die in einem bestimmten Zeitraum erledigt werden muss:* ich habe mein heutiges Pensum noch nicht geschafft. *Syn.:* Soll. *Zus.:* Arbeitspensum, Tagespensum.

per [pɛr] ⟨Präp. mit Akk.⟩: *mittels:* sie fuhr per Bahn; einen Brief per Luftpost befördern; etwas per Nachnahme senden; per Gesetz; per Satellit, Boten; ich habe sie per Zufall getroffen. *Syn.:* durch, mit.

per|fekt [pɛrˈfɛkt], perfekter, am perfektesten ⟨Adj.⟩: **1.** *vollkommen:* er ist ein perfekter Koch; er zeigte ein perfektes Spiel; sie spricht perfekt Englisch. *Syn.:* fehlerlos, makellos, meisterhaft. **2.** *abgemacht, gültig:* der Vertrag ist perfekt.

die **Pe|ri|o|de** [peˈrjoːdə]; -, -n: **1.** *zeitlicher Abschnitt:* eine historische Periode; eine Periode rastlosen Schaffens in seinem Leben. *Syn.:* Ära (geh.), Epoche. *Zus.:* Heizperiode, Hitzeperiode, Kälteperiode. **2.** *Menstruation:* sie hat ihre Periode. *Syn.:* Blutung, Regel.

die **Per|le** ['pɛrlə]; -, -n: **1.** *[hell] schimmernde kleine Kugel, die in der Muschel entsteht:* eine Kette aus Perlen; nach Perlen tauchen. *Zus.:* Zuchtperle. **2.** *kleine Kugel:* bunte Perlen aus Glas; das Kind fädelt die Perlen auf eine Schnur. **3.** *kleine Blase:* die aufsteigenden Perlen im Sekt.

der **Per|ron** [pɛˈrõː]; -s, -s (schweiz.): *Bahnsteig:* wir warten auf dem Perron auf dich.

die **Per|son** [pɛrˈzoːn]; -, -en: *Mensch als individuelles Wesen:* eine Familie von vier Personen; jede Person *(jeder)* zahlt fünf Euro; beide Ämter sind in einer Person vereinigt *(werden von einem Menschen geleitet)*. *Syn.:* Persönlichkeit. *Zus.:* Hauptperson, Kontaktperson.

das **Per|so|nal** [pɛrzoˈnaːl]; -s: *Beschäftigte eines Betriebes, der Dienstleistungen anbietet:* das technische Personal der Bahn; die Firma hat freundliches, gut geschultes Personal. *Syn.:* Belegschaft. *Zus.:* Begleitpersonal, Flugpersonal, Wachpersonal.

der **Per|so|nal|aus|weis** [pɛrzoˈnaːlʔausvais]; -es, -e: *amtlicher Ausweis einer Person mit Lichtbild, Angaben zur Person und Unterschrift des Inhabers, der Inhaberin:* einen neuen Personalausweis beantragen.

der Personalausweis

der **Per|so|nal Com|pu|ter** ['pøːɐ̯sənl kɔmˈpjuːtɐ]; - -s, - -: *kleiner Computer:* viele Schulen sind mit Personal Computern ausgestattet. *Syn.:* PC, Rechner.

die **Per|so|na|lie** [pɛrzoˈnaːljə]; -, -n: ⟨Plural⟩ *Angaben zur Person, wie Name, Datum und Ort der Geburt:* die Personalien feststellen, aufnehmen.

per|so|nell [pɛrzoˈnɛl] ⟨Adj.⟩: *die Belegschaft betreffend:* in dem Betrieb personelle Veränderungen vornehmen.

per|sön|lich [pɛrˈzøːnlɪç], persönlicher, am persönlichsten ⟨Adj.⟩: **1.** *die eigene Person betreffend:* eine persönliche Angelegenheit; die persönliche Freiheit; das ist meine ganz persönliche Ansicht, Meinung; er nimmt immer alles persönlich *(bezieht immer alles auf sich);* sie hat ein persönliches Interesse an der Sache. *Syn.:* eigen, individuell, privat. **2.** *selbst:* ich kenne sie persönlich; ich kümmere mich persönlich darum.

die **Per|sön|lich|keit** [pɛrˈzøːnlɪçkait]; -, -en: **1.** *Mensch mit individuellen Eigenschaften:* sie ist eine Persönlichkeit; ein Kind zu einer eigenständigen Persönlichkeit erziehen. **2.** *Person, die im öffentlichen Leben Ansehen hat:* zahlreiche prominente Persönlichkeiten waren anwesend. *Zus.:* Künstlerpersönlichkeit.

die **Per|s|pek|ti|ve** [pɛrspɛkˈtiːvə]; -, -n: **1.** *Aussicht für die Zukunft:* die Ausführungen des Ministers eröffnen eine neue Perspektive. *Syn.:* Möglichkeit, Weg. **2.** *Darstellung räumlicher Verhältnisse in einem Bild:* ein Maler muss auf die Perspektive achten. **3.** *Standpunkt, von dem aus etwas gesehen wird:* aus ihrer Perspektive sah dies ganz anders aus.

die **Pe|rü|cke** [peˈrʏkə]; -, -n: *künstliche Frisur aus echten oder künstlichen Haaren:* eine Perücke tragen. *Zus.:* Lockenperücke.

der **Pes|si|mis|mus** [pɛsiˈmɪsmʊs]; -: *negative Einstellung /Ggs. Optimismus/:* zum Pessimismus neigen. *Zus.:* Kulturpessimismus.

der **Pes|si|mist** [pɛsiˈmɪst]; -en, -en, die **Pes|si|mis|tin;** [pɛsiˈmɪstɪn]; -, -nen: *Person, die immer nur die schlechten Seiten des Lebens sieht:* sie ist eine unverbesserliche Pessimistin; du alter Pessimist!

pes|si|mis|tisch [pɛsiˈmɪstɪʃ], pessimistischer, am pessimistischsten ⟨Adj.⟩: *negativ eingestellt /Ggs. optimistisch/:* eine pessimistische Beurteilung der Lage; er ist von Natur aus pessimistisch.

die **Pe|ter|si|lie** [petɐˈziːljə]; -, -n: *Pflanze, deren Blätter zum Würzen von Speisen verwendet werden.*

der **Pfad** [pfaːt]; -[e]s, -e: *schmaler Weg:* durch die Wiesen zog sich ein Pfad bis an den Waldrand. *Zus.:* Fußpfad.

das **Pfand** [pfant]; -[e]s, Pfänder [ˈpfɛndɐ]: **1.** *Gegenstand, der als Bürgschaft dient:* jmdm. etwas als Pfand geben; etwas als Pfand behalten. *Syn.:* Garantie, Sicherheit. **2.** *Geldbetrag, der für Leergut berechnet und bei dessen Rückgabe erstattet wird:* Pfand für die Milchfla-

sche, das Joghurtglas bezahlen; auf den Flaschen ist 15 Cent Pfand. *Zus.:* Flaschenpfand.

die **Pfand|fla|sche** [ˈpfantflaʃə]; -, -n: *Flasche, für die man ein Pfand bezahlen muss:* die Pfandflaschen zurückbringen.

die **Pfan|ne** [ˈpfanə]; -, -n: **1.** *flaches, rundes Gefäß, das einen Stiel hat und in dem man z. B. Fleisch oder Eier brät:* Eier in die Pfanne schlagen. *Zus.:* Bratpfanne. **2.** (schweiz.) *Topf:* wir sollten die Nudeln in eine größere Pfanne tun. *Syn.:* Kochtopf.

der **Pfann|ku|chen** [ˈpfankuːxn̩]; -s, -: *in der Pfanne gebackener, dünner Teig aus Eiern, Mehl und Milch:* heute gab es Pfannkuchen mit Apfelmus. *Syn.:* Omelett, Palatschinke (österr.). *Zus.:* Eierpfannkuchen.

der **Pfar|rer** [ˈpfarɐ]; -s, -, die **Pfar|re|rin** [ˈpfarərɪn]; -, -nen: *Person, die einer kirchlichen Gemeinde vorsteht:* der neue Pfarrer hält heute seinen ersten Gottesdienst. *Syn.:* Geistlicher, Geistliche, Pastor (landsch.), Pastorin (landsch.). *Zus.:* Krankenhauspfarrer, Krankenhauspfarrerin.

der **Pfef|fer** [ˈpfɛfɐ]; -s, -: *scharfes Gewürz:* etwas mit Salz und Pfeffer würzen.

die **Pfef|fer|min|ze** [ˈpfɛfɐmɪntsə]; -: *Pflanze, die ein stark riechendes Öl enthält:* Tee aus Pfefferminze kochen.

der **Pfef|fer|minz|tee** [ˈpfɛfɐmɪntsteː]; -s, -s: *aus Blättern der Pfefferminze hergestellter Tee:* ich trinke gerne Pfefferminztee.

pfef|fern [ˈpfɛfɐn], pfeffert, pfefferte, gepfeffert ⟨tr.; hat; etw. p.⟩: **1.** *mit Pfeffer würzen:* Speisen pfeffern. **2.** (ugs.) *irgendwohin schleudern:* die Schultasche in die Ecke pfeffern. *Syn.:* werfen.

die **Pfei|fe** [ˈpfaifə]; -, -n: **1.** *kleines Blasinstrument, das einen lauten Ton hervorbringt:* die Pfeife des Schiedsrichters. *Zus.:* Signalpfeife, Trillerpfeife. **2.** *Gegenstand, in dem man Tabak raucht:* er raucht nur noch Pfeife. *Zus.:* Tabakspfeife.

pfei|fen [ˈpfaifn̩], pfeift, pfiff, gepfiffen: **1.** ⟨itr.; hat⟩ *mit dem Mund einen oder mehrere Töne hervorbringen:* laut, leise pfeifen; er pfiff, um auf sich aufmerksam zu machen; ein pfeifender Vogel; ⟨auch tr.; hat; etw. p.⟩ ein Lied, eine Melodie pfeifen. **2.** ⟨itr.; hat⟩ *mit einer Pfeife einen (lauten) Ton hervorbringen:* die Polizistin, die Schiedsrichterin pfeift. **3.** ⟨itr.; hat⟩ *ein scharfes, pfeifendes Geräusch hervorbringen:* der Wind pfeift; Kugeln pfiffen um ihn herum.

der **Pfeil** [pfail]; -[e]s, -e: **1.** *Stab mit Spitze, der mit einem Bogen auf ein Ziel geschossen*

wird: einen Pfeil auflegen, abschießen.
2. *grafisches Zeichen aus einem Strich mit einer Spitze, das eine Richtung oder einen Ort angibt:* der Pfeil zeigt nach Norden; die richtige Stelle ist mit einem blauen Pfeil markiert.

der **Pfei|ler** [ˈpfailɐ]; -s, -: *senkrechte Stütze in einem größeren Gebäude:* mächtige Pfeiler tragen das Dach der Kirche. *Syn.:* Säule. *Zus.:* Betonpfeiler, Brückenpfeiler, Eckpfeiler.

der **Pfen|nig** [ˈpfɛnɪç]; -s, -e: *kleine Einheit der Deutschen Mark:* eine Mark hatte hundert Pfennige. *Zus.:* Glückspfennig.

das **Pferd** [pfeːɐt]; -[e]s, -e: *großes Tier, auf dem man reitet oder das einen Wagen, eine Kutsche zieht:* ein Pferd / auf einem Pferd reiten; die Pferde füttern. *Syn.:* Gaul. *Zus.:* Reitpferd, Rennpferd.

der **Pfiff** [pfɪf]; -[e]s, -e: **1.** *kurzer, schriller Ton, der durch Pfeifen hervorgebracht wird:* nach dem Foul hörte man den Pfiff des Schiedsrichters. **2.** (ohne Plural) (ugs.) *besonderer Reiz einer Sache:* das farbige Tuch gibt dem Kleid erst den richtigen Pfiff.

der **Pfif|fer|ling** [ˈpfɪfɐlɪŋ]; -s, -e: *essbarer, wie ein Trichter geformter, gelber Pilz:* zu den Klößen gab es eine Soße aus Pfifferlingen und Sahne.

das **Pfings|ten** [ˈpfɪŋstn̩]; -, -: *christliches Fest 50 Tage nach Ostern:* Pfingsten war verregnet; wir wollen [(bes. nordd.:) zu /(bes. südd.:) an] Pfingsten verreisen; wir hatten ein schönes Pfingsten, (auch:) schöne Pfingsten; fröhliche Pfingsten!

der **Pfir|sich** [ˈpfɪrzɪç]; -s, -e: *saftige Frucht mit einem dicken Stein und einer dünnen, leicht rauen Schale:* eine Bowle mit Erdbeeren und Pfirsichen servieren.

die **Pflan|ze** [ˈpflantsə]; -, -n: *Gewächs aus Wurzeln, Stiel oder Stamm und Blättern:* die Pflanze wächst, blüht, trägt Früchte, wird welk; Blumen, Bäume und Sträucher sind Pflanzen. *Zus.:* Heilpflanze, Topfpflanze, Zimmerpflanze.

pflan|zen [ˈpflantsn̩], pflanzt, pflanzte, gepflanzt ⟨tr.; hat; etw. p.⟩: *(von Pflanzen) zum Wachsen in die Erde setzen:* sie hat Bäume, Sträucher und viele Blumen in ihrem Garten gepflanzt.

das **Pflan|zen|schutz|mit|tel** [ˈpflantsn̩ʃʊtsmɪtl̩]; -s, -: *Mittel, mit dem man Insekten bekämpft, die Pflanzen fressen:* chemische Pflanzenschutzmittel.

pflanz|lich [ˈpflantslɪç] ⟨Adj.⟩: *aus Pflanzen gewonnen, hergestellt:* pflanzliches Fett, pflanzliche Medikamente.

das Pflaster (1)

das **Pflas|ter** [ˈpflastɐ]; -s, -: **1.** *aus Steinen bestehende Oberfläche der Straße:* ein holpriges, glattes Pflaster; die Radfahrerin war auf dem nassen Pflaster gestürzt. *Zus.:* Straßenpflaster. **2.** *etwas, das zum Schutz von Wunden auf die Haut geklebt wird:* ein Pflaster auf die Wunde kleben; sie hatte ein großes Pflaster auf der Stirn. *Zus.:* Heftpflaster.

das Pflaster (2)

pflas|tern [ˈpflastɐn], pflastert, pflasterte, gepflastert ⟨tr.; hat; etw. p.⟩: *mit einem Pflaster (aus Steinen) versehen:* die Straße, der Hof wird gepflastert.

die **Pflau|me** [ˈpflaumə]; -, -n: *dunkelblaue, innen gelbe Frucht mit einem länglichen Stein:* es gab ein Kompott aus Pflaumen zum Nachtisch. *Syn.:* Zwetsche, Zwetschge (südd., schweiz., Fachspr.), Zwetschke (österr.).

die **Pfle|ge** [ˈpfleːgə]; -: **1.** *das Versorgen und Betreuen eines Menschen, der darauf angewiesen ist:* sie übernahm die Pflege ihres kranken Vaters. *Syn.:* Fürsorge. *Zus.:* Krankenpflege, Säuglingspflege. **2.** *das Erhalten oder Verbessern des Zustandes einer Sache:* eine Creme zur Pflege der Hände; die Blumen brauchen im Sommer viel Pflege. *Zus.:* Denkmalpflege, Fußpflege, Zahnpflege.

pfle|gen [ˈpfleːgn̩], pflegt, pflegte, gepflegt: **1.** ⟨tr.; hat; jmdn. p.⟩ *(besonders jmdn., der darauf angewiesen ist) betreuen und versorgen:* er pflegte seine alte Mutter. **2.** ⟨tr.; hat; etw. p.⟩ *einen Zustand erhalten oder verbessern:* sie pflegt ihre Hände, den Garten, die Blumen; ein sehr gut gepflegtes Auto. **3.** ⟨mit Infinitiv mit »zu«⟩ *die Gewohnheit haben, etwas zu tun:* sie pflegt zum Essen Wein zu trinken.

der **Pfle|ger** [ˈpfleːgɐ]; -s, -, die **Pfle|ge|rin** [ˈpfleːgərɪn]; -, -nen: *Person, die [kranke] Menschen oder Tiere betreut, pflegt:* ein Pfleger kümmerte sich um die Kranke. *Zus.:* Krankenpfleger, Krankenpflegerin, Tierpfleger, Tierpflegerin.

die **Pfle|ge|ver|si|che|rung** [ˈpfleːgəfɛɐzɪçərʊŋ];

-, -en: *Versicherung, die die Kosten für die Pflege eines (kranken oder alten) Menschen trägt:* die Beiträge für die Pflegeversicherung sind erhöht worden.

die **Pflicht** [pflɪçt]; -, -en: **1.** *etwas, was aus moralischen Gründen zu tun ist:* sie hielt es für ihre Pflicht, anderen zu helfen. **2.** *Aufgabe, die jmd. zu erledigen hat:* seine beruflichen Pflichten lassen ihm zu wenig Zeit für seine Familie. **3.** *Übung im Sport, deren Teile vorgeschrieben sind (im Unterschied zur Kür):* nach der Pflicht hatten die russischen Turner bereits einen großen Vorsprung.

pflü|cken [ˈpflʏkn̩], pflückt, pflückte, gepflückt ⟨tr.; hat; etw. p.⟩: *(von einer Pflanze) abnehmen, mit dem Stiel abbrechen, abschneiden:* Äpfel, Beeren, Bohnen, Blumen pflücken.

der **Pflug** [pfluːk]; -[e]s, Pflüge [ˈpflyːɡə]: *Gerät, mit dem die Erde eines Ackers zu Schollen aufgebrochen wird:* der Bauer hängte den Pflug an seinen Traktor.

pflü|gen [ˈpflyːɡn̩], pflügt, pflügte, gepflügt ⟨tr.; hat; etw. p.⟩: *mit dem Pflug bearbeiten:* den Acker pflügen; ⟨auch itr.⟩ die Bauern haben bis spät in die Nacht gepflügt.

der **Pfört|ner** [ˈpfœrtnɐ]; -s, -, die **Pfört|ne|rin** [ˈpfœrtnərɪn]; -, -nen: *Person, die den Eingang eines Gebäudes bewacht:* fragen wir doch beim Pförtner, in welchem Stock sich ihr Büro befindet.

der **Pfos|ten** [ˈpfɔstn̩]; -s, -: *senkrecht stehendes Stück Holz, besonders als stützender, tragender Teil:* er spannte den Draht von Pfosten zu Pfosten. *Zus.:* Türpfosten.

die **Pfo|te** [ˈpfoːtə]; -, -n: *Fuß verschiedener Tiere wie Hasen, Katzen, Hunde:* die Katze leckt sich die Pfoten.

der **Pfrop|fen** [ˈpfrɔpfn̩]; -s, -: *Korken:* sie zog den Pfropfen aus der Flasche. *Zus.:* Sektpfropfen.

pfui [pfui] ⟨Interjektion⟩: *Ausruf des Ekels, der moralischen Entrüstung:* pfui, fass das nicht an!; pfui, schäm dich!

das **Pfund** [pfʊnt]; -[e]s, -e: *ein halbes Kilo:* zwei Pfund Äpfel kaufen.

die **Pfüt|ze** [ˈpfʏtsə]; -, -n: *in einer Vertiefung des Bodens stehendes Wasser:* nach dem Regen standen auf dem Weg viele Pfützen, hatten sich Pfützen gebildet. *Zus.:* Regenpfütze, Wasserpfütze.

das **Phä|no|men** [fɛnoˈmeːn]; -s, -e: *bemer-*

kenswerte Erscheinung:* viele Phänomene können wir noch nicht erklären.

die **Phan|ta|sie** [fantaˈziː]: ↑ Fantasie.

phan|ta|sie|ren [fantaˈziːrən] usw.: ↑ fantasieren usw.

die **Pha|se** [ˈfaːzə]; -, -n: *Abschnitt einer Entwicklung:* die Verhandlungen sind jetzt in einer entscheidenden Phase. *Zus.:* Anfangsphase, Übergangsphase.

der **Phi|lo|soph** [filoˈzoːf]; -en, -en, die **Phi|lo|so|phin** [filoˈzoːfɪn]; -, -nen: *Person, die sich mit Philosophie befasst, sie an einer Hochschule lehrt:* Sokrates ist einer der bekanntesten Philosophen der Antike.

die **Phi|lo|so|phie** [filozoˈfiː]; -, Philosophien [filozoˈfiːən]: *Lehre, Wissenschaft vom Sinn des Lebens, der Welt und der Stellung des Menschen in der Welt:* die materialistische, idealistische Philosophie; Philosophie lehren, studieren. *Zus.:* Geschichtsphilosophie, Religionsphilosophie, Sprachphilosophie.

pho|to..., Pho|to... [foːto]: ↑ foto..., Foto...

die **Phy|sik** [fyˈziːk]; -: *Wissenschaft, die die Gesetze der Natur erforscht:* sie lehrt, studiert Physik an der Universität.

phy|si|ka|lisch [fyziˈkaːlɪʃ] ⟨Adj.⟩: *die Physik betreffend:* physikalische Gesetze, Phänomene, Experimente.

der **Phy|si|ker** [ˈfyːzikɐ]; -s, -, die **Phy|si|ke|rin** [ˈfyːzikərɪn]; -, -nen: *im Fach Physik ausgebildete Person:* an dem Kongress nahmen Physikerinnen und Physiker aus über vierzig Nationen teil.

phy|sisch [ˈfyːzɪʃ] ⟨Adj.⟩: *den Körper betreffend:* er ist physisch überfordert; ihre physischen Kräfte reichen dazu nicht aus. *Syn.:* körperlich.

der **Pi|a|nist** [piaˈnɪst]; -en, -en, die **Pi|a|nis|tin** [piaˈnɪstɪn]; -, -nen: *Person, die im Klavierspielen ausgebildet ist und es als (künstlerischen) Beruf ausübt:* das städtische Orchester hat zwei Pianisten engagiert. *Zus.:* Jazzpianist, Jazzpianistin, Konzertpianist, Konzertpianistin.

das **Pi|a|no** [ˈpiaːno]; -s, -s (veraltend): *Klavier:* er spielte ein paar Melodien auf dem Piano.

der **Pi|ckel** [ˈpɪkl̩]; -s, -: *kleine Entzündung der Haut:* er hat das Gesicht voller Pickel.

das **Pick|nick** [ˈpɪknɪk]; -s, -e und -s: *Mahlzeit im Freien:* sie hielten/machten Picknick auf einer Wiese am See.

pie|pen [ˈpiːpn̩], piept, piepte, gepiept ⟨itr.; hat⟩: *(bes. von Vögeln) in kurzen Abständen feine, hohe Töne hervorbringen:* der junge Vogel piepte leise.

das **Pik** [piːk]; -[s], -: *Farbe bei bestimmten Kartenspielen:* Pik sticht, ist Trumpf.

pi|kant [piˈkant], pikanter, am pikantesten ⟨Adj.⟩: *(scharf) gewürzt:* eine pikante Soße.

die **Pil|le** [ˈpɪlə]; -, -n: **1.** *Medikament in Form einer kleinen Kugel:* Pillen schlucken; Pillen für/gegen eine Krankheit verschreiben, einnehmen. *Syn.:* Tablette. **2.** (ugs.) *Medikament, das eine Schwangerschaft verhindert:* sie nimmt die Pille.

der **Pi|lot** [piˈloːt]; -en, -en, die **Pi|lo|tin** [piˈloːtɪn]; -, -nen: *Person, die ein Flugzeug steuert:* die Fluggesellschaft beschäftigt zwanzig Piloten und Pilotinnen. *Zus.:* Kopilot, Kopilotin, Testpilot, Testpilotin.

das **Pils** [pɪls]; -, -e: *helles, stark schäumendes und leicht bitter schmeckendes Bier:* ein [Glas] Pils trinken; Herr Ober, noch zwei Pils *(Gläser Pils)*, bitte!

der **Pilz** [pɪlts]; -es, -e: *wie eine Pflanze in der Erde wachsender Organismus, der meist aus einem Stiel und einem unterschiedlich geformten oberen Teil besteht:* Pilze sammeln, suchen, putzen. *Syn.:* Schwammerl (österr.). *Zus.:* Giftpilz.

der Pilz

der **Pin|sel** [ˈpɪnzl̩]; -s, -: *Werkzeug zum Malen mit flüssiger Farbe:* er malt mit einem dünnen Pinsel.

der Pinsel

die **Pin|zet|te** [pɪnˈtsɛtə]; -, -n: *kleines Instrument zum Greifen von sehr kleinen Dingen:* er zog sich den Stachel mit der Pinzette aus dem Finger.

die **Pis|to|le** [pɪsˈtoːlə]; -, -n: *kleinere Schusswaffe:* die Verbrecher bedrohten ihre Geiseln mit Pistolen und Messern.

die **Piz|za** [ˈpɪtsa]; -, -s und Pizzen [ˈpɪtsn̩]: *im Ofen gebackenes, flaches, rundes Stück Hefeteig mit einem Belag aus Tomaten, Käse und anderem:* eine frisch gebackene, knusprige Pizza; ein Stück Pizza.

der **Pkw** [ˈpeːkaːveː]; -[s], -s: *Personenkraftwagen:* mit dem eigenen Pkw fahren.

die **Pla|ge** [ˈplaːɡə]; -, -n: **1.** *etwas, was sehr anstrengend und mühsam für jmdn. ist:* sie hat ihre Plage mit den Kindern.
2. *etwas, was jmd. als sehr unangenehm empfindet:* das Ungeziefer ist hier eine Plage. *Zus.:* Mäuseplage, Mückenplage, Rattenplage.

pla|gen [ˈplaːɡn̩], plagt, plagte, geplagt: **1.** ⟨tr.; hat; jmdn. p.⟩ *beständig quälen und lästig sein:* Kopfschmerzen plagen mich seit Tagen; die Kinder plagten ihre Eltern mit Wünschen und Bitten; Sorgen, Gedanken an die Zukunft plagen ihn. **2.** ⟨sich p.⟩ *schwer arbeiten müssen:* sie hat sich ihr Leben lang geplagt.

das **Pla|kat** [plaˈkaːt]; -[e]s, -e: *großes Blatt Papier mit Text und Bild, das für ein Produkt, eine politische Partei werben oder eine Information verbreiten soll und dort angeklebt wird, wo es viele Menschen sehen:* vor den Wahlen hängen in der ganzen Stadt Plakate der politischen Parteien. *Zus.:* Kinoplakat, Wahlplakat, Werbeplakat.

der **Plan** [plaːn]; -[e]s, Pläne [ˈplɛːnə]: **1.** *Vorhaben, zu dem man sich schon überlegt hat, wie man es verwirklichen kann:* er hat große Pläne für das nächste Jahr; sie musste ihre beruflichen Pläne aufgeben; der Plan ist gescheitert. *Zus.:* Fluchtplan, Reiseplan, Urlaubsplan. **2.** *Entwurf in Form von technischen Zeichnungen:* der Architekt sollte einen Plan für den Bau der Brücke entwerfen. *Zus.:* Bauplan, Konstruktionsplan.

pla|nen [ˈplaːnən], plant, plante, geplant ⟨tr.; hat; etw. p.⟩: **1.** *einen Plan für etwas machen:* das Projekt muss genau geplant werden. **2.** *sich etwas vornehmen:* die nächste Besprechung ist für Donnerstag geplant; die Stadt plant, hier eine neue Straße zu bauen; die geplante Reise ist ins Wasser gefallen.

der **Pla|net** [plaˈneːt]; -en, -en: *um die Sonne kreisender Himmelskörper:* Erde, Venus und Jupiter sind Planeten.

plan|los [ˈplaːnloːs], planloser, am planlosesten ⟨Adj.⟩: *ohne Plan und Ziel, ohne genügende Überlegung:* sie liefen planlos in der Stadt herum. *Syn.:* chaotisch.

plan|mä|ßig [ˈplaːnmɛːsɪç] ⟨Adj.⟩: **1.** *einem bestimmten Plan entsprechend:* die planmäßige Abfahrt des Zuges. **2.** ⟨planmäßiger, am planmäßigsten⟩ *nach einem bestimmten Plan vorgehend:* bei seinem Vorhaben planmäßig vorgehen; der planmäßige Ausbau der Universität.

plan|schen [ˈplanʃn̩], planscht, planschte, geplanscht, **plant|schen** [ˈplantʃn̩] ⟨itr.;

P

hat⟩: *Wasser in Bewegung bringen, dass es spritzt:* die Kinder planschen in der Badewanne.

die ¹**Plas|tik** [ˈplastɪk]; -, -en: *künstlerische Darstellung aus Stein, Holz oder Metall:* eine bronzene, marmorne, antike Plastik; das Museum hat eine bedeutende Sammlung moderner Plastiken. *Zus.:* Bronzeplastik, Marmorplastik.

das ²**Plas|tik** [ˈplastɪk]; -s: *Kunststoff:* Folien, Tüten aus Plastik; die Schüssel ist nicht aus Glas, sondern aus Plastik.

die **Plas|tik|tü|te** [ˈplastɪktyːtə]; -, -n: *aus Plastik hergestellte Tüte:* sie trug ihre Kartoffeln in einer Plastiktüte nach Hause.

platt [plat], platter, am plattesten ⟨Adj.⟩: **1.** *flach:* eine platte Nase haben; sich platt auf den Boden legen. **2.** *ohne geistiges Niveau:* eine platte Komödie.

die **Plat|te** [ˈplatə]; -, -n: **1.** *flaches, dünnes Stück eines harten Materials:* eine Platte aus Metall, aus Stein; die Wand des Hauses wurde mit Platten aus Marmor verkleidet. *Zus.:* Glasplatte, Marmorplatte, Stahlplatte. **2.** *Schallplatte:* eine neue Platte auflegen; die Gruppe hat gerade ihre erste Platte aufgenommen. *Zus.:* Jazzplatte, Rockplatte, Tanzplatte.

der **Plat|ten|spie|ler** [ˈplatn̩ʃpiːlɐ]; -s, -: *Gerät zum Spielen von Schallplatten:* mein alter Plattenspieler ist kaputt.

die **Platt|form** [ˈplatfɔrm]; -, -en: *ebene Fläche auf hohen Gebäuden oder Bergen, von der aus man einen guten Ausblick hat:* auf der Plattform des Turmes drängten sich die Touristen.

der **Platz** [plats]; -es, Plätze [ˈplɛtsə]: **1.** *freie Fläche (in einer Stadt):* alle Straßen und Plätze waren mit Fahnen geschmückt. *Zus.:* Marktplatz, Schlossplatz. **2.** *Sitzplatz:* hier sind noch zwei Plätze frei; würdest du mir bitte mal kurz meinen Platz frei halten? *Zus.:* Fensterplatz, Tribünenplatz. **3.** *als Spielfeld dienende Fläche:* der Platz war noch nass von Regen; der Schiedsrichter stellte den Spieler wegen eines Fouls vom Platz *(schloss ihn vom Spiel aus). Syn.:* Sportplatz. *Zus.:* Fußballplatz, Golfplatz, Tennisplatz. **4.** ⟨ohne Plural⟩ *freie, nicht belegte Stelle:* für etwas Platz schaffen, keinen Platz haben; der Wagen bietet fünf Personen Platz. *Syn.:* Raum.

die **Platz|angst** [ˈplatsˌaŋst]; - (ugs.): *in geschlossenen Räumen empfundenes starkes Gefühl der Angst:* in Aufzügen kriege ich immer Platzangst.

das **Plätz|chen** [ˈplɛtsçən]; -s, -: *einzelnes kleines Stück Gebäck:* zu Weihnachten backt er Plätzchen für die ganze Familie. *Zus.:* Weihnachtsplätzchen.

plat|zen [ˈplatsn̩], platzt, platzte, geplatzt ⟨itr.; ist⟩: *durch großen Druck von innen mit lautem Knall kaputtgehen:* der Luftballon, der Autoreifen ist geplatzt. *Syn.:* explodieren.

die **Platz|kar|te** [ˈplatskartə]; -, -n: *Eintrittskarte oder Fahrkarte für einen bestimmten [nummerierten] Platz:* eine Platzkarte für einen Film reservieren; am Schalter erhielt er eine Fahrkarte, aber keine Platzkarte.

der **Platz|man|gel** [ˈplatsmaŋl̩]; -s: *Mangel an Platz:* wegen Platzmangels zieht die Firma in ein größeres Gebäude um.

plau|dern [ˈplaʊdɐn], plaudert, plauderte, geplaudert ⟨itr.; hat⟩: *sich mit jmdm. gemütlich unterhalten:* mit jmdm. plaudern; wir haben über Filme geplaudert; nach dem Theater plauderten wir noch eine Stunde bei einem Glas Wein.

die **Plom|be** [ˈplɔmbə]; -, -n: *Füllung eines Zahns:* das Kind hat schon mehrere Plomben; sie hat eine Plombe verloren. *Zus.:* Goldplombe, Zahnplombe.

plom|bie|ren [plɔmˈbiːrən], plombiert, plombierte, plombiert ⟨tr.; hat; etw. p.⟩: *(ein Loch in einem Zahn) mit einer Füllung schließen:* der Zahn wurde plombiert.

plötz|lich [ˈplœtslɪç] ⟨Adj.⟩: *unerwartet; von einem Moment zum anderen geschehend:* ein plötzlicher Abschied, Schmerz; er stand plötzlich auf und verließ das Zimmer; plötzlich ging das Licht aus und wir saßen im Dunkeln. *Syn.:* jäh, schlagartig, überraschend.

plump [plʊmp], plumper, am plumpesten ⟨Adj.⟩: **1.** *dick, unförmig:* ein plumper Mann; eine plump wirkende Frau. **2.** *ungeschickt, leicht zu durchschauen:* eine plumpe Falle; einen plumpen Scherz machen; sie machte ihm ein plumpes Angebot. *Syn.:* aufdringlich.

plün|dern [ˈplʏndɐn], plündert, plünderte, geplündert ⟨tr.; hat; etw. p.⟩: *mit Gewalt ausrauben:* Museen, Kirchen plündern; wegen des Hungers plünderten die Menschen die Geschäfte; ⟨auch itr.⟩ die Soldaten plünderten. *Syn.:* stehlen.

¹plus [plʊs] ⟨Konj.⟩ /Ggs. minus/: drückt aus, dass eine Zahl zu einer anderen addiert wird: *und:* fünf plus drei ist [gleich] acht; wie viel ist vier plus sieben?

²plus [plʊs] ⟨Präp. mit Gen.⟩ /Ggs. minus/ (bes. Kaufmannsspr.): drückt aus, dass ein Betrag zu einem anderen hinzukommt: dieser Preis plus der Zinsen; plus Rabatt; plus Zuschlägen. *Syn.:* zuzüglich.

³plus [plʊs] ⟨Adverb⟩ /Ggs. minus/: **1.** drückt aus, dass eine Zahl, ein Wert größer als null ist: minus drei mal minus drei ist plus neun; die Temperatur beträgt plus fünf Grad / fünf Grad plus. **2.** drückt aus, dass eine Leistung etwas über einer vollen Note liegt: sie hat eine Zwei plus in Englisch.

das **Plus** [plʊs] -, - /Ggs. Minus/: **1.** *etwas, was bei der [End]abrechnung übrig ist:* beim Abrechnen blieb ein Plus von zwanzig Euro; ein Plus von zwei Millionen Euro machen. *Syn.:* Ertrag, Gewinn, Überschuss. **2.** *Vorteil:* dieser Wagen hat das große Plus, dass er weniger Benzin braucht; das war für mich ein Plus.

der **Pneu** [pnɔy]; -s, -s (schweiz.): *Reifen:* der Wagen braucht neue Pneus.

der **Po** [po:]; -s, -s (ugs.): *Teil des Körpers, auf dem man sitzt:* sie ist auf den Po gefallen; die Hose ist am Po zu eng. *Syn.:* Hintern (ugs.), Popo (fam. scherzh.).

po|chen [ˈpɔxn̩], pocht, pochte, gepocht ⟨itr.; hat⟩: *klopfen, schlagen:* sein Herz pocht vor Angst; ihr pochte das Herz.

die **Po|cken** [ˈpɔkn̩] ⟨Plural⟩: *gefährliche Krankheit, die auf der Haut ansteckende Blasen mit Eiter bildet:* die Pocken haben; gegen Pocken geimpft sein.

das **Po|di|um** [ˈpo:djʊm]; -s, Podien [ˈpo:djən]: *erhöhter Platz vor einem Publikum:* auf dem Podium stehen; der Dirigent stieg aufs Podium. *Syn.:* Bühne.

die **Po|e|sie** [poeˈzi:]; -, Poesien [poeˈzi:ən]: *Lyrik, Gedichte:* ein bekanntes Motiv der Poesie; er liebt die Poesie Heines.

po|e|tisch [poˈe:tɪʃ] ⟨Adj.⟩: **1.** *zur Poesie gehörend:* das poetische Werk eines Dichters. **2.** ⟨poetischer, am poetischsten⟩ *schön, zart wie Poesie:* eine poetische Sprache; ein sehr poetischer Film.

die **Poin|te** [ˈpoɛ̃:tə]; -, -n: *witziger, überraschender Schluss:* die Pointe des Witzes; er hatte die Pointe vergessen.

der **Po|kal** [poˈka:l]; -s, -e: *Preis bei einem Wettbewerb:* sie hat beim Tennis einen Pokal gewonnen.

das **Po|ker** [ˈpo:kɐ]; -s: *Glücksspiel mit Karten:* Poker spielen; sie hat beim Poker viel Geld verloren.

po|kern [ˈpo:kɐn], pokert, pokerte, gepokert ⟨itr.; hat⟩: *Poker spielen:* mit Freunden pokern; hast du Lust zu pokern?

der **Pol** [po:l]; -s, -e: *Punkt, an dem die Achse der Erde die Oberfläche schneidet:* der Flug von Kopenhagen nach San Francisco führt über den Pol. *Zus.:* Nordpol, Südpol.

die **Po|li|ce** [poˈli:sə]; -, -n: *Urkunde über einen Vertrag mit einer Versicherung:* die Police sicher aufbewahren. *Zus.:* Versicherungspolice.

po|lie|ren [poˈli:rən], poliert, polierte, poliert ⟨tr.; hat; etw. p.⟩: *durch Reiben glatt und glänzend machen:* Möbel polieren; das Auto mit Wachs polieren; er poliert die Schuhe mit einem Lappen.

die **Po|li|tik** [poliˈti:k]; -: *Handlungen und Äußerungen von Politikern, Parteien und anderen Organisationen, die das Zusammenleben der Menschen in einer Gemeinschaft gestalten:* die Politik eines Staates, einer Regierung; die französische, amerikanische Politik; interessierst du dich für Politik?; beim Abendessen diskutiert die Familie über Politik. *Zus.:* Außenpolitik, Innenpolitik, Umweltpolitik, Wirtschaftspolitik.

der **Po|li|ti|ker** [poˈli:tikɐ]; -s, -, die **Po|li|ti|ke|rin** [poˈli:tikərɪn]; -, -nen: *Person, die ein politisches Amt hat:* ein liberaler, konservativer Politiker; eine Politikerin wählen; als Politiker für etwas verantwortlich sein. *Syn.:* Staatsmann, Staatsmännin. *Zus.:* Kommunalpolitiker, Kommunalpolitikerin.

po|li|tisch [poˈli:tɪʃ] ⟨Adj.⟩: *die Politik betreffend:* politische Bücher; eine politische Diskussion; diese Entscheidung ist politisch nicht klug. *Zus.:* finanzpolitisch, kommunalpolitisch, parteipolitisch, wirtschaftspolitisch.

die **Po|li|zei** [poliˈtsai]; -, -en: *Institution, die für die öffentliche Ordnung und Sicherheit sorgt:* die Polizei macht eine Kontrolle; die Polizei rufen; von

P

der Polizei gesucht werden. *Zus.:* Grenzpolizei, Verkehrspolizei, Wasserschutzpolizei.

die **Po|li|zei|sta|tion** [poli'tsai̯ʃtatsi̯oːn]; -, -en: *Büro der Polizei:* wo ist hier die nächste Polizeistation?

der **Po|li|zist** [poli'tsɪst]; -en, -en, die **Po|li|zis|tin** [poli'tsɪstɪn]; -, -nen: *Person, die bei der Polizei arbeitet:* ein Polizist in Uniform; eine Polizistin in Zivil; er möchte Polizist werden; sie ist Polizistin; er fragte einen Polizisten nach dem Weg. *Zus.:* Verkehrspolizist, Verkehrspolizistin.

der **Pol|len** ['pɔlən]; -s, -: *Staub einer Blüte, der andere Blüten befruchtet:* die Biene trägt den Pollen von einer Blüte zur anderen; der Pollen fliegt durch die Luft; sie ist allergisch gegen Pollen.

das, *österr.:* der **Pols|ter** ['pɔlstɐ]; -s, -, (österr.:) Pölster ['pœlstɐ]: *Schicht aus weichem Material, z. B. zum Sitzen:* der Stuhl hat ein Polster aus Schaumgummi. *Zus.:* Rückenpolster, Sitzpolster, Stuhlpolster.

pols|tern ['pɔlstɐn], polstert, polsterte, gepolstert ⟨tr.; hat; etw. p.⟩: *mit einem Polster ausstatten:* die Stühle neu polstern lassen; eine gepolsterte Rückenlehne.

der **Pol|ter|abend** ['pɔltɐʔaːbn̩t]; -s, -e: *Feier am Abend vor der Hochzeit, bei der die Gäste Geschirr vor dem Haus zerschlagen:* zum Polterabend einladen; auf einen Polterabend gehen.

die **Pommes frites** [pɔm 'frit] ⟨Plural⟩: *schmale Stäbchen aus Kartoffeln, die in heißem Fett gebacken sind:* Pommes frites mit Ketchup essen; sie bestellt ein Schnitzel mit Pommes frites und Salat.

das ¹**Po|ny** ['pɔni]; -s, -s *kleines Pferd einer besonderen Rasse:* die Kinder durften auf Ponys reiten.

der ²**Po|ny** ['pɔni]; -s, -s: *in die Stirn gekämmtes, gerade geschnittenes Haar:* sie ließ sich einen Pony schneiden; den Pony wachsen lassen.

der **Po|po** [po'poː]; -s, -s (fam. scherzh.): *Teil des Körpers, auf dem man sitzt:* einem Kind den Popo abwischen. *Syn.:* Hintern (ugs.), Po (ugs.).

po|pu|lär [popu'lɛːɐ̯], populärer, am populärsten ⟨Adj.⟩: *allgemein beliebt:* der Politiker ist populär; die Regierung trifft nicht sehr populäre Entscheidungen.

die **Po|re** ['poːrə]; -, -n: *kleine Öffnung in der Haut:* die Poren der Haut reinigen.

der **Por|ree** ['pɔre]; -s, -s: *Lauch:* er kauft drei Stangen Porree.

das **Por|tal** [pɔr'taːl]; -s, -e: *großes Tor, großer Eingang:* eine Kirche mit einem riesigen Portal; durch das Portal gehen. *Syn.:* ¹Tor. *Zus.:* Hauptportal, Nebenportal.

das **Por|te|mon|naie** [pɔrtmɔ'ne:], Port|monee; -s, -s: *kleine Tasche für Geld, das man unterwegs bei sich trägt:* ein Portemonnaie aus Leder; das Portemonnaie öffnen, schließen, verlieren. *Syn.:* Börse, Geldbeutel, Geldbörse.

der **Por|ti|er** [pɔr'tje:]; -s, -s: *Person, die in einem Bürogebäude oder Hotel den Eingang überwacht und Besucher empfängt:* er arbeitet als Portier in einem kleinen Hotel. *Zus.:* Nachtportier, Tagportier.

die **Por|ti|on** [pɔr'tsi̯oːn]; -, -en: *(beim Essen) Menge für eine Person:* eine kleine, große Portion Eis; die Portionen in der Kantine sind sehr klein. *Zus.:* Fleischportion, Kinderportion, Riesenportion.

das **Port|mo|nee** [pɔrtmɔ'ne:]; -s, -s: ↑ Portemonnaie.

das **Por|to** ['pɔrto]; -s, -s und Porti ['pɔrti]: *Geld, das man für den Transport von Briefen und Paketen (z. B. mit dem Kauf einer Briefmarke) bezahlt:* wie hoch ist das Porto für diesen Brief?; das Porto bezahlt der Empfänger. *Zus.:* Auslandsporto, Briefporto, Paketporto.

das **Por|trät** [pɔr'trɛ:]; -s, -s: *künstlerische Darstellung eines Menschen, die nur Kopf und Brust zeigt:* von jmdm. ein Porträt machen, zeichnen; ein Porträt des berühmten Staatsmannes. *Zus.:* Doppelporträt, Selbstporträt.

por|trä|tie|ren [pɔrtrɛ'tiːrən], porträtiert, porträtierte, porträtiert ⟨tr.; hat; jmdn. p.⟩: *von jmdm. ein Porträt machen:* sich von einem Maler porträtieren lassen; sie hat viele berühmte Politiker porträtiert. *Syn.:* malen, zeichnen.

das **Por|zel|lan** [pɔrtse'laːn]; -s; -s 1. *weißes Material, aus dem Geschirr gebrannt wird:* eine Vase aus echtem Porzellan. 2. *Geschirr:* sie sammelt altes Porzellan. *Zus.:* Hotelporzellan.

die **Po|si|ti|on** [pozi'tsi̯oːn]; -, -en: 1. *[berufliche] Stellung:* er hat eine führende Position in dieser Firma. *Syn.:* Posten. *Zus.:* Führungsposition. 2. *Stelle in einem Wettbewerb:* der Favorit liegt bisher nur an fünfter Position. *Syn.:* Platz. *Zus.:* Führungsposition, Spitzenposition.

3. *Stelle, an der sich ein Schiff oder Flugzeug befindet:* das Schiff gab seine Position an. *Syn.:* Lage. *Zus.:* Schiffsposition.

po|si|tiv [ˈpoːzitiːf], positiver, am positivsten ⟨Adj.⟩ /Ggs. negativ/: **1.** *zustimmend, bejahend:* jmdm. eine positive Antwort geben; eine positive Haltung zu etwas einnehmen. **2.** *gut:* positive Charaktereigenschaften; etwas positiv bewerten. **3.** ⟨ohne Steigerung⟩ *(bei medizinischen Untersuchungen) so, dass sich ein Verdacht bestätigt:* ein positiver Befund; das Ergebnis der Untersuchung war leider positiv.

die **Post** [pɔst]; -: **1.** *Unternehmen, das Briefe, Pakete usw. befördert:* einen Brief, ein Paket mit der Post schicken; sie arbeitet bei der Post. *Zus.:* Luftpost. **2.** *Filiale der Post:* die Post ist heute geschlossen; zur Post gehen; ein Paket zur Post bringen. **3.** *Briefe oder Pakete:* wir haben heute viel Post bekommen. *Syn.:* Sendungen ⟨Plural⟩. *Zus.:* Fanpost, Geschäftspost, Privatpost.

der **Post|bo|te** [ˈpɔstboːtə]; -n, -n, die **Post|bo|tin** [ˈpɔstboːtɪn]; -, -nen: *Person, die Briefe austrägt:* der Postbote kommt jeden Morgen gegen 9 Uhr. *Syn.:* Briefträger, Briefträgerin.

der **Pos|ten** [ˈpɔstn̩]; -s, -: **1.** *berufliche Stellung, Position:* sie hat einen guten Posten; einen Posten neu besetzen. *Syn.:* Stelle. *Zus.:* Vertreterposten, Verwaltungsposten. **2.** *militärische Wache:* der Posten kontrolliert alle Fahrzeuge. *Zus.:* Beobachtungsposten, Grenzposten.

das *oder* der **Pos|ter** [ˈpoːstɐ]; -s, -[s]: *großes, auf Papier gedrucktes Bild:* ein Poster an die Wand hängen. *Syn.:* Plakat.

das **Post|fach** [ˈpɔstfax]; -[e]s, Postfächer [ˈpɔstfɛçɐ]: *abschließbares Fach in der Post, aus dem man seine Briefe und Pakete selber abholt:* ein Postfach mieten; ich muss noch mein Postfach leeren.

pos|tie|ren [pɔsˈtiːrən], postiert, postierte, postiert ⟨tr.; hat; jmdn., sich irgendwo p.⟩: *an einem bestimmten Platz aufstellen:* einen Polizisten am Eingang postieren; er hatte sich vor dem/das Haus postiert. *Syn.:* hinstellen, platzieren.

die **Post|kar|te** [ˈpɔstkartə]; -, -n: *Karte, die man ohne Umschlag mit der Post verschickt:* jmdm. eine Postkarte schreiben; eine Postkarte schicken. *Syn.:* Ansichtskarte.

die **Post|leit|zahl** [ˈpɔstlaɪttsaːl]; -, -en: *Zahl,*

die in einer Anschrift vor dem Ort steht und der Post beim richtigen Transport von Briefen und Paketen hilft: alle Postleitzahlen in Deutschland haben fünf Stellen; 41564 ist die Postleitzahl von Kaarst; eine Stadt hat meist mehrere Postleitzahlen für die verschiedenen Bezirke.

der **Pöst|ler** [ˈpœstlɐ]; -s, -, die **Pöst|le|rin** [ˈpœstlərɪn]; -, -nen (schweiz.): *Briefträger[in]:* sie ist Pöstlerin in Bern; der Pöstler ist bei jedem Wetter unterwegs.

post|wen|dend [ˈpɔstvɛndn̩t] ⟨Adj.⟩: *sofort, gleich:* die Antwort war ihren Brief kam postwendend; nach ihrem Anruf ging er postwendend zu ihr. *Syn.:* unverzüglich.

po|ten|ti|ell [potɛnˈtsiɛl]: ↑ potenziell.

die **Po|tenz** [poˈtɛnts]; -: *sexuelle Leistung:* das Mittel steigert die Potenz; er hat Probleme mit der Potenz.

po|ten|zi|ell [potɛnˈtsiɛl], potentiell ⟨Adj.⟩: *möglich:* die potenziellen Leser eines Buches; das ist eine potenzielle Gefahr. *Syn.:* denkbar.

das **Poul|let** [puˈleː]; -s, -s (schweiz.): *Hähnchen:* zum Mittag habe ich ein halbes Poulet gegessen.

präch|tig [ˈprɛçtɪç], prächtiger, am prächtigsten ⟨Adj.⟩: *sehr schön:* Rom ist eine prächtige Stadt; das Wetter war gestern prächtig. *Syn.:* herrlich (emotional), wundervoll.

prä|gen [ˈprɛːɡn̩], prägt, prägte, geprägt ⟨tr.; hat; jmdn., etw. p.⟩: *stark beeinflussen:* dieses Erlebnis hat ihn sehr geprägt; der Krieg hat damals unser Leben geprägt. *Syn.:* bestimmen.

prag|ma|tisch [praˈɡmaːtɪʃ], pragmatischer, am pragmatischsten ⟨Adj.⟩: *für praktisches Handeln geeignet* /Ggs. theoretisch/: eine pragmatische Entscheidung; ein Problem pragmatisch lösen.

die **Prak|tik** [ˈpraktɪk]; -, -en: *Methode:* eine neue Praktik anwenden. *Syn.:* Technik, Verfahren. *Zus.:* Geschäftspraktik.

der **Prak|ti|kant** [praktiˈkant]; -en, -en, die **Prak|ti|kan|tin** [praktiˈkantɪn]; -, -nen: *Person, die ein Praktikum macht:* er arbeitete als Praktikant in einer Apotheke; wir haben eine neue Praktikantin.

das **Prak|ti|kum** [ˈpraktikʊm]; -s, Praktika [ˈpraktika]: *zeitlich begrenzte Tätigkeit in einem Unternehmen, um Erfahrungen zu sammeln:* in den Semesterferien machte er ein Praktikum bei der BASF;

P

sie machte ein sechswöchiges Praktikum an einer Schule.

¹prak|tisch [ˈpraktɪʃ], praktischer, am praktischsten ⟨Adj.⟩: **1.** *auf die Praxis, auf die Wirklichkeit bezogen:* praktische Erfahrungen besitzen; ein Problem nicht theoretisch, sondern praktisch lösen. **2.** *brauchbar, nützlich:* dieser Korkenzieher ist wirklich praktisch. **3.** *geschickt:* er ist ein praktischer Mensch, der sein Fahrrad selbst repariert.

²prak|tisch [ˈpraktɪʃ], Adverb: *so gut wie; in der Tat; in Wirklichkeit:* damit habe ich praktisch keine Schwierigkeiten; sie macht praktisch alles; es ist praktisch unmöglich, mit ihm einen Termin zu vereinbaren. *Syn.:* beinahe, buchstäblich, fast, nahezu, regelrecht.

prak|ti|zie|ren [prakti'tsiːrən], praktiziert, praktizierte, hat praktiziert: **1.** ⟨itr.; hat⟩ *als Arzt, Ärztin tätig sein:* in wenigen Monaten wird hier eine Augenärztin praktizieren. **2.** ⟨tr.; hat; etw. p.⟩ *anwenden:* eine bestimmte Methode praktizieren. *Syn.:* einsetzen, gebrauchen.

die **Pra|li|ne** [praˈliːnə]; -, -n: *kleines Stück aus feiner Schokolade:* mit Likör, Marzipan gefüllte Pralinen; eine Schachtel Pralinen. *Syn.:* Konfekt, Süßigkeit.

prall [pral], praller, am prallsten ⟨Adj.⟩: *voll gefüllt; straff und fest:* der Ball ist prall; ein prall gefüllter Sack.

pral|len [ˈpralən], prallt, prallte, geprallt ⟨itr.; ist⟩: *heftig (gegen jmdn., etwas) stoßen:* als das Auto plötzlich bremste, prallte der Fahrer mit dem Kopf gegen die Scheibe.

die **Prä|mie** [ˈprɛːmiə]; -, -n: **1.** *[einmalige] Geldsumme für eine bestimmte Leistung:* für besondere Leistungen eine Prämie erhalten. *Syn.:* Bonus. *Zus.:* Leistungsprämie, Treueprämie. **2.** *regelmäßig zu zahlender Betrag an eine Versicherung:* die Prämie seiner Lebensversicherung ist fällig. *Zus.:* Versicherungsprämie.

prä|mie|ren [prɛˈmiːrən], **prä|mi|ie|ren** [prɛmiˈiːrən], prämi[i]ert, prämi[i]erte, prämi[i]ert ⟨tr.; hat; jmdn., etw. p.⟩: *mit einem Preis belohnen, auszeichnen:* der Vorschlag wird mit 50 Euro prämiert.

das **Prä|pa|rat** [prɛpaˈraːt]; -[e]s, -e: *Medikament:* ein harmloses, pflanzliches Präparat. *Syn.:* Arznei (veraltend), Medizin. *Zus.:* Naturpräparat, Vitaminpräparat.

das **Prä|sent** [prɛˈzɛnt]; -[e]s, -e: *kleines Geschenk, kleine Aufmerksamkeit:* er brachte bei seinem Besuch ein Präsent mit. *Syn.:* Gabe, Mitbringsel (fam.).

die **Prä|sen|ta|tion** [prɛzɛntaˈtsi̯oːn]; -, -en: (bildungsspr.) *[öffentliche] Darstellung, Vorstellung von etwas:* morgen findet die Präsentation für das neue Projekt / des neuen Projekts statt.

prä|sen|tie|ren [prɛzɛnˈtiːrən], präsentiert, präsentierte, präsentiert: **1.** ⟨tr.; hat; [jmdm.] etw. p.⟩ *anbieten, überreichen:* [dem Kunden] ein Geschenk, eine Rechnung präsentieren. *Syn.:* vorlegen. **2.** ⟨sich p.⟩ *sich zeigen:* sie präsentierte sich als neue Chefin; er präsentiert sich gern in der Öffentlichkeit. *Syn.:* sich vorstellen.

das **Prä|ser|va|tiv** [prɛzɛrvaˈtiːf]; -s, -e: *Hülle aus Gummi für den Penis, die man beim Geschlechtsverkehr benutzt, damit die Frau nicht schwanger wird und damit man sich nicht mit einer Krankheit ansteckt:* ein Präservativ dabeihaben, benutzen. *Syn.:* Kondom.

der **Prä|si|dent** [prɛziˈdɛnt]; -en, -en, die **Prä|si|den|tin** [prɛziˈdɛntɪn]; -, -nen: **1.** *Oberhaupt eines Staates:* der Präsident der Vereinigten Staaten; die Präsidentin kam zu einem Staatsbesuch; er wurde zum Präsidenten gewählt. *Zus.:* Staatspräsident, Staatspräsidentin. **2.** *Leiter bzw. Leiterin einer Institution:* die Präsidentin der Gesellschaft. *Syn.:* Vorstand. *Zus.:* Bundestagspräsident, Bundestagspräsidentin, Gerichtspräsident, Gerichtspräsidentin, Parlamentspräsident, Parlamentspräsidentin, Polizeipräsident, Polizeipräsidentin.

das **Prä|si|di|um** [prɛˈziːdi̯ʊm]; -s, Präsidien [prɛˈziːdi̯ən]: **1.** *leitende Stelle:* die Mitglieder wählten ein neues Präsidium. *Syn.:* Leitung. *Zus.:* Parteipräsidium. **2.** *Gebäude, in dem ein Präsident (bes. der Polizei) mit seinem Amt untergebracht ist:* er muss sich auf dem Präsidium melden. *Zus.:* Polizeipräsidium.

pras|seln [ˈprasln], prasselt, prasselte, geprasselt ⟨itr.; hat/ist⟩: *mit trommelndem Geräusch aufschlagen:* der Regen hat / ist auf das Dach geprasselt.

die **Pra|xis** [ˈpraksɪs]; -, Praxen [ˈpraksn̩]: **1.** ⟨ohne Plural⟩ *berufliche Tätigkeit:* sie konnte fünf Jahre Praxis und zahlreiche Fortbildungen vorweisen. *Zus.:* Berufspraxis, Fahrpraxis, Unterrichtspraxis. **2.** ⟨ohne Plural⟩ *praktische Erfahrung:*

ein Mann mit viel Praxis; ob diese Methode richtig ist, wird die Praxis zeigen; in der Praxis sieht vieles anders aus; der Gegensatz von Theorie und Praxis. **3.** *Räume, in denen ein Arzt, eine Ärztin o. Ä. arbeitet:* er hat eine große Praxis; ihre Praxis geht gut *(sie hat viele Patientinnen und Patienten).* *Syn.:* Ordination (österr.). *Zus.:* Anwaltspraxis, Arztpraxis, Gemeinschaftspraxis.

prä|zis [prɛˈtsiːs], **prä|zi|se** [prɛˈtsiːzə], präziser, am präzisesten ⟨Adj.⟩: *sehr genau:* du musst sehr präzis[e] arbeiten; eine präzise Antwort geben. *Syn.:* eindeutig, exakt, klar.

prä|zi|sie|ren [prɛtsiˈziːrən], präzisiert, präzisierte, präzisiert ⟨tr.; hat; etw. p.⟩: *genau angeben, genauer bestimmen:* könnten Sie Ihre Darstellung bitte etwas präzisieren? *Syn.:* verdeutlichen.

die **Prä|zi|si|on** [prɛtsiˈzi̯oːn]; -: *Exaktheit:* die Instrumente arbeiten mit großer Präzision. *Syn.:* Sorgfalt.

pre|di|gen [ˈpreːdɪɡn̩]: predigt, predigte, gepredigt ⟨itr.; hat⟩: *im Gottesdienst eine Predigt halten:* der Pfarrer predigte über die Liebe.

die **Pre|digt** [ˈpreːdɪçt]; -, -en: *Lesung und Interpretation einer Stelle aus der Bibel während des Gottesdienstes:* eine [langweilige] Predigt halten. *Zus.:* Osterpredigt, Weihnachtspredigt.

der **Preis** [prais]; -es, -e: **1.** *Betrag in Geld, den man beim Kauf einer Ware zahlen muss:* die Preise steigen; einen hohen Preis zahlen; der Preis pro Stück beträgt 99 Cent. *Zus.:* Eintrittspreis, Fahrpreis, Nettopreis, Pauschalpreis, Selbstkostenpreis, Sonderpreis. **2.** *Gewinn für den Sieger:* sie hat den ersten Preis im Vorlesewettbewerb gewonnen. *Syn.:* Auszeichnung. *Zus.:* Kunstpreis, Literaturpreis.

das **Preis|aus|schrei|ben** [ˈpraisˌausʃraibn̩]; -s, -: *öffentlicher Wettbewerb, bei dem es für die richtige Lösung Preise gibt:* sie hat bei dem Preisausschreiben eine Reise nach Paris gewonnen. *Syn.:* Quiz, Rätsel.

das **Preis|schild** [ˈpraisʃɪlt]; -[e]s, -er: *kleines Schild, auf dem der Preis einer Ware steht:* das Preisschild entfernen.

preis|wert [ˈpraisveːɐt], preiswerter, am preiswertesten ⟨Adj.⟩: *günstig, nicht [zu] teuer:* ein preiswerter Mantel; das ist wirklich preiswert; etwas preiswert kaufen. *Syn.:* billig, erschwinglich.

prel|len [ˈprɛlən], prellt, prellte, geprellt:

1. ⟨itr.; hat; sich (Dativ) etw. p.⟩ *heftig stoßen, verletzen:* ich habe mir den Arm an der Tür geprellt. **2.** ⟨tr.; hat; jmdn. um etw. p.⟩ *betrügen:* jmdn. um den Erfolg, den Verdienst prellen.

die **Prel|lung** [ˈprɛlʊŋ]; -, -en: *Verletzung durch einen Stoß oder Schlag:* sich beim Fußball eine Prellung zuziehen.

die **Pre|mi|ere** [prəˈmi̯eːrə]; -, -n: *erste Aufführung eines Theaterstücks, Films usw.:* zur Premiere kamen viele Gäste.

die **Pres|se** [ˈprɛsə]; -: *alle regelmäßig erscheinenden Zeitungen und Zeitschriften:* etwas der Presse mitteilen; die Presse berichtete ausführlich darüber; sich in der Presse informieren; sie hatte gute Kontakte zur Presse *(zu Journalistinnen und Journalisten).* *Zus.:* Auslandspresse, Sportpresse, Tagespresse.

pres|sen [ˈprɛsn̩], presst, presste, gepresst ⟨tr.; hat⟩: **1.** ⟨etw. p.⟩ *zusammendrücken:* Obst, Pflanzen, Papier pressen. **2.** ⟨etw. aus etw. (Dativ) p.⟩ *den Saft gewinnen:* den Saft aus der Zitrone pressen; frisch gepresster Orangensaft. **3.** ⟨jmdn., sich, etw. irgendwohin p.⟩ *mit großer Kraft irgendwohin drücken:* den Kopf an die Scheibe pressen. *Syn.:* quetschen.

pres|sie|ren [prɛˈsiːrən], pressiert, pressierte, pressiert ⟨itr.; hat⟩: **1.** (bes. südd., österr., schweiz.) *eilig, dringend sein:* es, diese Sache pressiert; mir pressiert es damit. **2.** (schweiz.) *sich beeilen:* wir müssen pressieren, um nicht zu spät zu kommen.

das **Pres|ti|ge** [prɛsˈtiːʒə]; -s (bildungsspr.): *Ansehen einer Person, einer Gruppe, einer Institution o. Ä. in der Öffentlichkeit:* die Organisation hat an Prestige gewonnen, verloren; es geht ihm bei der Sache um das Prestige. *Syn.:* Image, Ruf.

pri|ckeln [ˈprɪkl̩n], prickelt, prickelte, geprickelt ⟨itr.; hat⟩: *kitzeln, jucken:* der Sekt prickelte auf der Zunge.

der **Pries|ter** [ˈpriːstɐ]; -s, -, die **Pries|te|rin** [ˈpriːstərɪn]; -, -nen: *Person, die in bestimmten Religionen ein Amt ausübt:* ein katholischer, indischer Priester; er ist Priester geworden; der Priester nimmt die Beichte ab. *Syn.:* Geistliche, Geistlicher.

pri|ma [ˈpriːma] ⟨Adj., nicht flektierbar⟩ (ugs.): *sehr gut, klasse:* von hier oben hat man eine prima Aussicht; das hast du prima gemacht. *Syn.:* ausgezeichnet, exzellent, genial, super (ugs.), toll (ugs.).

Primarschule

Die erste Schule, die alle Kinder besuchen, heißt in der deutschsprachigen Schweiz Primarschule. Sie entspricht damit (in etwa) der deutschen Grundschule und der österreichischen Volksschule. Die Schüler kommen in der Regel mit sechs Jahren in die Primarschule. Je nach Kanton bleiben sie dort vier bis sechs Jahre.

die **Pri|mar|schu|le** [ˈpriːmaːɐ̯ʃuːlə]; -, -n (schweiz.): *Grundschule:* er geht noch in die Primarschule.

die **Pri|mel** [ˈpriːml̩]; -, -n: *im Frühling blühende Pflanze mit roten, gelben oder violetten Blüten:* auf dem Markt kaufte sie drei Primeln für den Balkon.

pri|mi|tiv [primiˈtiːf], primitiver, am primitivsten ⟨Adj.⟩: *sehr einfach:* eine primitive Hütte. *Syn.:* ärmlich, schlicht.

die **Prin|te** [ˈprɪntə]; -, -n: *kleines Stück Gebäck, das wie Lebkuchen schmeckt:* sie kaufte 200 g Aachener Printen.

das **Prin|zip** [prɪnˈtsiːp]; -s, Prinzipien [prɪnˈtsiːpi̯ən]: *Regel:* ein einfaches, vernünftiges, politisches Prinzip; ein Mann mit Prinzipien; einem Prinzip treu bleiben; das hat er nur aus Prinzip getan; im Prinzip *(grundsätzlich)* habe ich nichts dagegen. *Syn.:* Idee, Schema.

prin|zi|pi|ell [prɪntsiˈpi̯ɛl] ⟨Adj.⟩: *einem Prinzip folgend:* ein prinzipieller Unterschied; wir machen prinzipiell keine Ausnahmen; sie ist prinzipiell dagegen. *Syn.:* grundsätzlich.

die **Pri|o|ri|tät** [prioriˈtɛːt]; -, -en: *größere Bedeutung (im Vergleich zu etwas anderem):* diese wichtige Sache hat absolute Priorität; du musst Prioritäten setzen und dich auf das Wichtigste konzentrieren. *Syn.:* Vorrang.

die **Pri|se** [ˈpriːzə]; -, -n: *kleine Menge, die zwischen zwei oder drei Fingern zu greifen ist:* eine Prise Salz in die Suppe geben.

die **Prit|sche** [ˈprɪtʃə]; -, -n: *schmales Bett:* die Verwundeten lagen auf Pritschen. *Syn.:* Liege. *Zus.:* Holzpritsche.

pri|vat [priˈvaːt], privater, am privatesten ⟨Adj.⟩: **1.** *nur die eigene Person betreffend:* dies sind private Angelegenheiten. *Syn.:* individuell, persönlich. **2.** *vertraulich, intern, nicht für die Öffentlichkeit bestimmt:* eine private Information; er sagte es ihm ganz privat. **3.** *familiär:* eine Feier in privatem Kreis; jmdn. privat unterbringen [und nicht in einem Hotel]. **4.** *nicht öffentlich, nicht staatlich:* die private Industrie; Gelder von privaten Sponsoren.

das **Pri|vi|leg** [priviˈleːk]; -[e]s, -ien: *besonderes Recht eines Einzelnen, einer Gruppe:* sie genießt das Privileg, morgens etwas später kommen zu dürfen; Privilegien abschaffen. *Syn.:* Monopol, Vorrecht.

pri|vi|le|giert [priviˈleːɡiːɐ̯t], privilegierter, am privilegiertesten ⟨Adj.⟩: *mit besonderen Rechten ausgestattet:* der Adel gehörte zu den privilegierten Schichten.

pro [proː] ⟨Präp. mit Akk.⟩: **1.** *je, für (jede einzelne Person oder Sache):* es gibt 200 Euro pro Person. **2.** *für:* eine Politik pro Umwelt und kontra Industrie.

die **Pro|be** [ˈproːbə]; -, -n: **1.** *Arbeit, die der Aufführung eines Theaterstücks vorangeht:* alle kamen pünktlich zur Probe; mit den Proben beginnen. *Zus.:* Orchesterprobe, Theaterprobe. **2.** *kleine Menge, Teil von etwas, an dem man das Ganze erkennt:* er untersuchte eine Probe von dieser Flüssigkeit. *Syn.:* Muster. *Zus.:* Stoffprobe, Warenprobe, Wasserprobe. **3.** *Versuch, Test:* sie hat die Probe bestanden; der Wein hat bei der Probe gut abgeschnitten. *Syn.:* Experiment. *Zus.:* Bremsprobe, Weinprobe.

pro|ben [ˈproːbn̩], probt, probte, geprobt ⟨tr.; hat; etw. p.⟩: *für eine Aufführung üben:* ein Theaterstück proben; ⟨auch itr.⟩ der Regisseur probt intensiv mit den Schauspielern.

die **Pro|be|zeit** [ˈproːbətsai̯t]; -, -en: *Zeitraum, in dem jmd. zeigen soll, ob er für eine Arbeit geeignet ist:* sie hat sechs Monate Probezeit; die Probezeit beträgt drei Monate.

pro|bie|ren [proˈbiːrən], probiert, probierte, probiert: **1.** ⟨itr.; hat⟩ *versuchen, ob etwas funktioniert:* kannst du bitte mal probieren, den Motor anzulassen? *Syn.:* ausprobieren, testen, überprüfen. **2.** ⟨tr.; hat; etw. p.⟩ *prüfen, wie etwas schmeckt:* die Suppe, den Wein probieren. *Syn.:* ¹kosten, versuchen.

das **Pro|blem** [proˈbleːm]; -s, -e: **1.** *Aufgabe, die schwer zu lösen ist:* ein technisches, mathematisches Problem; ernste, noch zu lösende Probleme.

P

Zus.: Verkehrsproblem. **2.** *Schwierigkeiten:* sie hat Probleme mit ihren Eltern; du musst mit deinen Problemen allein fertig werden.

pro|ble|ma|tisch [probleˈmaːtɪʃ], problematischer, am problematischsten ⟨Adj.⟩: *voller Schwierigkeiten:* eine problematische Sache, Frage. *Syn.:* heikel, kompliziert, schwierig, zweifelhaft.

pro|blem|los [proˈbleːmloːs], problemloser, am problemlosesten ⟨Adj.⟩: *ohne Probleme:* eine problemlose Reparatur; die Hose konnte sie problemlos umtauschen.

das **Pro|dukt** [proˈdʊkt]; -[e]s, -e: *etwas, was aus bestimmten Stoffen hergestellt ist:* Produkte der chemischen Industrie; ein neues Produkt entwickeln. *Syn.:* Erzeugnis, Ware. *Zus.:* Naturprodukt.

die **Pro|duk|ti|on** [prodʊkˈtsi̯oːn]; -, -en: *das Herstellen, Erzeugen von Waren, Gütern o. Ä.:* die tägliche Produktion von Autos wird ab Januar erhöht; 20 % der Produktion gehen ins Ausland. *Syn.:* Herstellung. *Zus.:* Filmproduktion, Jahresproduktion, Milchproduktion.

pro|duk|tiv [prodʊkˈtiːf], produktiver, am produktivsten ⟨Adj.⟩: *so, dass man viele Ergebnisse hervorbringt:* ein produktives Unternehmen; ich war heute sehr produktiv. *Syn.:* ergiebig. *Zus.:* hochproduktiv.

pro|du|zie|ren [produˈtsiːrən], produziert, produzierte, produziert ⟨tr.; hat⟩: *etw. p.: etwas herstellen:* wir können das neue Auto erst ab Frühjahr produzieren; ⟨auch itr.⟩ ein Konzern produziert sehr viel billiger als ein kleiner Betrieb. *Syn.:* anfertigen, erzeugen.

pro|fes|si|o|nell [profesi̯oˈnɛl], professioneller, am professionellsten ⟨Adj.⟩: **1.** *so, dass man etwas beruflich ausübt:* eine professionelle Sportlerin, Musikerin. **2.** *fachmännisch:* ein professioneller Bericht; eine professionell geschnittene Frisur. *Syn.:* gekonnt.

der **Pro|fes|sor** [proˈfɛsoːɐ̯]; -s, Professoren [profɛˈsoːrən], die **Pro|fes|so|rin** [profɛˈsoːrɪn]; -, -nen: *Person, die an einer Hochschule ein bestimmtes Fach unterrichtet:* er ist Professor für Physik an der Uni Jena; die Professorin hält heute zwei Vorlesungen. *Zus.:* Hochschulprofessor, Hochschulprofessorin.

der **Pro|fi** [ˈproːfi]; -s, -s (ugs.): *Sportler, Sportlerin, der bzw. die einen Sport als Beruf ausübt* /Ggs. Amateur, Amateurin/: er,

sie spielt als Profi in der Bundesliga. *Zus.:* Boxprofi, Fußballprofi, Radprofi.

das **Pro|fil** [proˈfiːl]; -s, -e: **1.** *Ansicht des Kopfes von der Seite:* jmdn. im Profil fotografieren; er hat ein scharf geschnittenes Profil. **2.** (bildungsspr.) *Persönlichkeit:* dieser Minister hat kein Profil. **3.** *Struktur an der Oberfläche eines Reifens:* der Reifen hat kein Profil mehr; das Profil ist abgefahren. *Zus.:* Reifenprofil.

der **Pro|fit** [proˈfiːt]; -[e]s, -e: *Gewinn, Nutzen, den jmd. von etwas hat:* die Firma macht Profit; er erzielt große Profite; der Profit stieg im letzten Jahr. *Zus.:* Millionenprofit, Riesenprofit.

pro|fi|tie|ren [profiˈtiːrən], profitiert, profitierte, profitiert ⟨itr.; hat; von, bei etw. (Dativ) p.⟩: *aus etwas Nutzen, Gewinn ziehen:* er profitierte vom Streit der beiden anderen.

das **Pro|gramm** [proˈgram]; -s, -e: **1.** *festgelegte Abfolge von Darbietungen:* das Programm einer Tagung, eines Konzertes; ein interessantes, buntes Programm. **2.** *Heft, Zettel, auf dem der Ablauf einer Veranstaltung steht:* das Programm kostet zwei Euro. *Zus.:* Konzertprogramm, Theaterprogramm. **3.** *Radio- oder Fernsehsender:* dieses Programm kann ich zu Hause nicht empfangen; auf das zweite Programm umschalten. **4.** *Arbeitsanweisung für einen Computer:* er hat das Programm für diese Aufgabe geschrieben; welches Programm benutzt du? *Syn.:* Software. *Zus.:* Computerprogramm, Korrekturprogramm. **5.** *alle Ideen, Konzepte und Grundsätze, die zum Erreichen eines bestimmten Zieles angewendet werden sollen:* die Partei wird ein neues Programm vorlegen; das Programm für die Produktion im nächsten Jahr festlegen. *Zus.:* Parteiprogramm, Regierungsprogramm.

pro|gram|mie|ren [prograˈmiːrən], programmiert, programmierte, programmiert ⟨tr.; hat; etw. p.⟩: *eine Software schreiben:* ich brauche ca. eine Woche, um das zu programmieren; ⟨auch itr.⟩ er kann seit Kurzem programmieren.

der **Pro|gram|mie|rer** [prograˈmiːrɐ]; -s, -, die **Pro|gram|mie|re|rin** [prograˈmiːrərɪn]; -, -nen: *Person, die programmiert:* sie arbeitet als Programmiererin bei einer kleinen Internetfirma.

pro|gres|siv [progrɛˈsiːf], progressiver, am

progressivsten ⟨Adj.⟩: *fortschrittlich:* der progressive Teil der Partei forderte Reformen.

das **Pro|jekt** [pro'jɛkt]; -[e]s, -e: *Vorhaben, Unternehmung:* ein interessantes, großes, kostspieliges Projekt; ein Projekt planen und durchführen; sie arbeitet an einem neuen Projekt. *Syn.:* Plan. *Zus.:* Bauprojekt, Zukunftsprojekt.

der **Pro|jek|tor** [pro'jɛkto:ɐ̯]; -s, Projektoren [projɛk'to:rən]: *Gerät, mit dem man Bilder auf einer hellen Fläche vergrößert zeigen kann:* den Projektor für den Vortrag bereitstellen; mit dem Projektor ein Bild auf die Leinwand werfen.

pro|ji|zie|ren [proji'tsi:rən], projiziert, projizierte, projiziert ⟨tr.; hat; etw. irgendwohin p.⟩: *(Bilder) vergrößert zeigen:* sie hat das Bild an die Wand, auf die Leinwand projiziert.

der **Pro|ku|rist** [proku'rɪst]; -en, -en, die **Pro|ku|ris|tin** [proku'rɪstɪn]; -, -nen: *Angestellter, Angestellte mit der Vollmacht, bestimmte Geschäfte selbstständig durchzuführen:* sie ist seit drei Monaten Prokuristin der Firma.

die **Pro|me|na|de** [promə'na:də]; -, -n: *schöner Weg zum Bummeln:* während seiner Kur ging er oft auf der Promenade spazieren. *Zus.:* Kurpromenade, Strandpromenade, Uferpromenade.

das **Pro|mil|le** [pro'mɪlə]; -[s], -: *tausendster Teil:* die Provision beträgt 5 Promille; der Fahrer hatte 1,8 Promille (ugs.: *1,8 Promille Alkohol im Blut*).

pro|mi|nent [promi'nɛnt], prominenter, am prominentesten ⟨Adj.⟩: *bekannt, berühmt:* prominente Persönlichkeiten aus Politik und Wirtschaft.

die **Pro|mi|nenz** [promi'nɛnts]; -: *alle bekannten Persönlichkeiten:* die Prominenz nahm nicht an der Veranstaltung teil; die gesamte Prominenz war anwesend.

die **Pro|mo|ti|on** [promo'tsi̯o:n]; -, -en: *Universitätsabschluss mit dem Doktorgrad:* er hat seine Promotion abgeschlossen; sie gratulierten ihr zur Promotion.

pro|mo|vie|ren [promo'vi:rən], promoviert, promovierte, promoviert ⟨tr.; hat; [jmdn.] p.⟩: *den Titel eines Doktors, einer Doktorin erwerben:* sie hat über Goethe, in Philosophie promoviert; er wurde zum Doktor der Physik promoviert; sie ist promovierte Juristin.

prompt [prɔmpt], prompter, am promptesten ⟨Adj.⟩: **1.** *unmittelbar, sofort:* er hat auf meinen Brief prompt geantwortet; prompte Bedienung. *Syn.:* augen-

blicklich, gleich, sogleich. **2.** *tatsächlich:* als wir spazieren gehen wollten, hat es prompt geregnet; obwohl ich ihn gewarnt hatte, ist er prompt gestolpert.

der **Pro|pel|ler** [pro'pɛlɐ]; -s, -: *sich drehende Flügel an einem Flugzeug, die es zum Starten bringen:* die Propeller der Maschine starteten.

der **Pro|phet** [pro'fe:t]; -en, -en, die **Pro|phe|tin** [pro'fe:tɪn]; -, -nen: *Person, die verkündet, was in der Zukunft geschehen wird:* die biblischen Propheten; man braucht kein Prophet zu sein, um das zu wissen.

pro|phe|zei|en [profe'tsai̯ən], prophezeit, prophezeite, prophezeit ⟨tr.; hat; etw. p.⟩: *etwas verkünden, was in der Zukunft geschehen wird:* sie prophezeite ihm eine große Zukunft.

die **Pro|sa** ['pro:za]; -: *freie Form der Sprache ohne Reime:* sie schreibt eine sehr anschauliche, moderne Prosa.

pro|sit ['pro:zɪt] ⟨Interjektion⟩: *Ausruf bes. beim Trinken und beim Beginn des neuen Jahres:* trinken wir auf den Erfolg des Projekts, prosit!; prosit Neujahr! *Syn.:* prost.

der, österr. auch das **Pros|pekt** [pro'spɛkt]; -[e]s, -e: **1.** *Blatt oder Heft zur Information über ein Angebot oder als Werbung:* einen farbigen Prospekt drucken, herausgeben. *Zus.:* Reiseprospekt, Werbeprospekt. **2.** (schweiz.) *Broschüre:* der Prospekt verzeichnet alle wichtigen Adressen der städtischen Behörden.

prost [pro:st] ⟨Interjektion⟩: *prosit:* er hob sein Glas und sagte »Prost!«. *Syn.:* prosit.

der *und* die **Pros|ti|tu|ier|te** [prostitu'i:ɐ̯tə]; -n, -n ⟨aber: [ein] Prostituierter, Plural: [viele] Prostituierte⟩: *Person, die der Prostitution nachgeht:* als Prostituierte arbeiten.

die **Pros|ti|tu|ti|on** [prostitu'tsi̯o:n]; -: *das Ausüben des Geschlechtsverkehrs oder anderer sexueller Handlungen als Gewerbe:* in der Gegend um den Bahnhof blühte die Prostitution.

der **Pro|test** [pro'tɛst]; -[e]s, -e: *Äußerung, dass man nicht einverstanden ist:* gegen etwas scharfen Protest erheben.

der **Pro|tes|tant** [protɛs'tant]; -en, -en, die **Pro|tes|tan|tin** [protɛs'tantɪn]; -, -nen: *Person, die einer protestantischen Kirche angehört:* sie ist Protestantin.

pro|tes|tan|tisch [protɛs'tantɪʃ] ⟨Adj.⟩: *zu einer christlichen Religion gehörend, die die verschiedenen evangelischen kirchli-*

chen *Gemeinschaften umfasst:* die protestantischen Kirchen; sie ist protestantisch. *Syn.:* evangelisch.

pro|tes|tie|ren [protɛs'tiːrən], protestiert, protestierte, protestiert ⟨itr.; hat; [gegen jmdn., etw.] p.⟩: *Protest äußern:* wenn dir etwas nicht passt, musst du protestieren; gegen den Krieg protestieren.

die **Pro|the|se** [pro'teːzə]; -, -n: *künstlicher Ersatz eines fehlenden Teils des Körpers:* seit ihrem Unfall muss sie eine Prothese tragen. *Zus.:* Armprothese, Beinprothese, Zahnprothese.

das **Pro|to|koll** [proto'kɔl]; -s, -e: *Text, in dem Aussagen, Beschlüsse während einer Sitzung schriftlich festgehalten werden:* [das] Protokoll führen; eine Vereinbarung im Protokoll festhalten. *Zus.:* Gerichtsprotokoll, Sitzungsprotokoll.

der **Pro|vi|ant** [pro'vi̯ant]; -s, -e: *auf eine Wanderung oder Reise mitgenommener Vorrat an Nahrungsmitteln:* er hat den Proviant im Rucksack. *Zus.:* Reiseproviant.

die **Pro|vinz** [pro'vɪnts]; -, -en: **1.** *größeres Gebiet mit eigener Verwaltung [in bestimmten Ländern]:* das Land ist in Provinzen eingeteilt. **2.** ⟨ohne Plural⟩ *ländliche Gegend im Unterschied zur Großstadt:* sie wohnt in der, stammt aus der Provinz.

die **Pro|vi|si|on** [provi'zi̯oːn]; -, -en: *für die Vermittlung eines Geschäfts gezahlter Anteil am Umsatz:* der Vertreter erhielt 12 Prozent Provision; auf, gegen Provision arbeiten.

pro|vi|so|risch [provi'zoːrɪʃ] ⟨Adj.⟩: *vorläufig:* eine provisorische Maßnahme; etwas provisorisch reparieren.

pro|vo|zie|ren [provo'tsiːrən], provoziert, provozierte, provoziert ⟨tr.; hat; jmdn. p.⟩: *versuchen, jmdn. zu einer bestimmten Reaktion zu veranlassen:* ich lasse mich von dir nicht provozieren; ⟨auch itr.⟩ sie will nur provozieren. *Syn.:* herausfordern.

das **Pro|zent** [pro'tsɛnt]; -[e]s, -e: *hundertster Teil* (Zeichen: %): für das Darlehen müssen neun Prozent Zinsen bezahlt werden; 60 Prozent [der Abgeordneten] haben zugestimmt; in dem Laden kriege ich Prozente (ugs.: *einen Rabatt*).

der **Pro|zent|satz** [pro'tsɛntsats]; -es, Prozentsätze [pro'tsɛntsɛtsə]: *in Prozent angegebener Teil:* ein hoher, niedriger Prozentsatz; das sind bei einem Prozentsatz von 20 [Prozent] genau 245 Euro.

der **Pro|zess** [pro'tsɛs]; -es, -e: **1.** *gerichtliches Verfahren zur Entscheidung eines juristischen Streits:* einen Prozess gegen jmdn. gewinnen, verlieren; der Prozess wird von einer erfahrenen Richterin geleitet. *Syn.:* Verhandlung. *Zus.:* Mordprozess, Schauprozess, Strafprozess. **2.** *über eine gewisse Zeit sich erstreckender Vorgang, bei dem etwas entsteht oder geschieht:* ein chemischer, biologischer Prozess; der Prozess der Heilung konnte beschleunigt werden. *Syn.:* Verlauf. *Zus.:* Entwicklungsprozess, Lernprozess, Produktionsprozess, Reifungsprozess.

pro|zes|sie|ren [protsɛ'siːrən], prozessiert, prozessierte, prozessiert ⟨itr.; hat; gegen jmdn./mit jmdm. p.⟩: *einen Prozess führen:* ich prozessiere gegen meinen Nachbarn; er prozessiert mit seiner Schwester um das Erbe seiner Eltern.

die **Pro|zes|si|on** [protsɛ'si̯oːn]; -, -en: *aus einem religiösen Anlass veranstalteter feierlicher Umzug:* die Prozession zog durch das Dorf.

prü|fen ['pryːfn̩], prüft, prüfte, geprüft ⟨tr.; hat: [auf etw. (Akk.)] p.⟩ *kontrollierend untersuchen:* ein Material auf Festigkeit prüfen; prüfen, ob jmds. Angaben richtig sind; prüfen Sie bitte die Dokumente sehr genau. *Syn.:* überprüfen. *Zus.:* nachprüfen. **2.** ⟨jmdn. [auf etw. (Akk.)] p.⟩ *jmds. Wissen, Fähigkeiten feststellen:* einen Schüler im Abitur mündlich [in Latein] prüfen; jmdn. auf seine Zuverlässigkeit prüfen.

die **Prü|fung** ['pryːfʊŋ]; -, -en: **1.** *kontrollierende Untersuchung:* die Prüfung von Lebensmitteln; Argumente einer genauen Prüfung unterziehen. **2.** *geregeltes Verfahren, das dazu dient, jmdn. zu prüfen:* sie hat die Prüfung in Chemie mit der besten Note bestanden; er bereitet sich gerade auf eine Prüfung vor. *Syn.:* Examen. *Zus.:* Aufnahmeprüfung, Fahrprüfung, Meisterprüfung, Zwischenprüfung.

der **Prü|gel** ['pryːɡl̩] ⟨Plural⟩: *Schläge:* Prügel bekommen, austeilen.

prü|geln ['pryːɡl̩n], prügelt, prügelte, geprügelt ⟨tr.; hat; jmdn. p.⟩ *heftig schlagen:* immer wenn er betrunken ist, prügelt er die Kinder. **2.** ⟨sich p.⟩ *sich schlagen:* die Schüler prügeln sich vor der Schule; er prügelte sich mit seinem Freund um das Mädchen.

pst [pst] ⟨Interjektion⟩: *Laut, mit dem*

P

man jmdn. auffordert, ganz still zu sein: Pst! Sie soll uns nicht hören.

die **Psy|che** [ˈpsyːçə]; -, -n: *das Denken und Fühlen, alle seelischen Vorgänge und Eigenschaften:* die weibliche, männliche Psyche. *Syn.:* Herz, Seele.

der **Psy|chi|a|ter** [psyˈçi̯aːtɐ]; -s, -, die **Psy|chi|a|te|rin** [psyˈçi̯aːtərɪn]; -, -nen: *Facharzt, Fachärztin für seelische Störungen:* er ließ sich von einem bekannten Psychiater behandeln. *Zus.:* Gerichtspsychiater, Gerichtspsychiaterin, Kinderpsychiater, Kinderpsychiaterin.

psy|chisch [ˈpsyːçɪʃ] ⟨Adj.⟩: *die Psyche betreffend, dadurch bedingt:* unter psychischem Druck stehen; psychisch krank sein; sich psychisch wohlfühlen. *Syn.:* geistig, seelisch.

der **Psy|cho|lo|ge** [psyçoˈloːgə]; -n, -n, die **Psy|cho|lo|gin** [psyçoˈloːgɪn]; -, -nen: *Person, die auf dem Gebiet der Psychologie wissenschaftlich ausgebildet ist:* die Kinder wurden von einem Psychologen getestet. *Zus.:* Diplompsychologe, Diplompsychologin, Schulpsychologe, Schulpsychologin.

die **Psy|cho|lo|gie** [psyçoloˈgiː]; -: *Wissenschaft von den bewussten und unbewussten seelischen Vorgängen des Menschen:* nach einem Studium der Psychologie arbeitet er jetzt in der Werbung. *Zus.:* Lernpsychologie, Werbepsychologie.

psy|cho|lo|gisch [psyçoˈloːgɪʃ] ⟨Adj.⟩: *die Psychologie betreffend:* eine psychologische Studie; eine psychologisch geschulte Ärztin.

die **Pu|ber|tät** [puberˈtɛːt]; -: *Zeit des sexuellen Reifens der Jugendlichen:* in der Pubertät sein; seine Töchter kommen jetzt allmählich in die Pubertät.

pu|blik [puˈbliːk] ⟨Adj.⟩: in der Verbindung * etwas publik machen: *etwas allgemein bekannt machen:* eine Tatsache, den Inhalt eines Briefs publik machen.

die **Pu|bli|ka|ti|on** [publikaˈtsi̯oːn]; -, -en: *veröffentlichtes literarisches oder wissenschaftliches Werk:* von ihr sind bereits mehrere Publikationen zur gesellschaftlichen Stellung der Frau erschienen. *Syn.:* Veröffentlichung.

das **Pu|bli|kum** [ˈpuːblikʊm]; -s: *Gesamtheit der Zuhörer, Besucher, an einem Thema interessierten Menschen:* das literarisch interessierte Publikum; das Publikum applaudierte lange. *Zus.:* Fernsehpublikum, Kinopublikum, Theaterpublikum.

pu|bli|zie|ren [publiˈtsiːrən], publiziert,

publizierte, publiziert ⟨tr.; hat; etw. p.⟩: *[in gedruckter Form] erscheinen lassen:* seinen ersten Roman hat der Autor bei einem anderen Verlag publiziert. *Syn.:* herausbringen, veröffentlichen.

der **Pud|ding** [ˈpʊdɪŋ]; -s, -e und -s: *Süßspeise, die als Nachtisch gegessen wird:* die Kinder aßen ihren Pudding.

der **Pu|del** [ˈpuːdl̩]; -s, -: *kleinerer Hund mit dichtem, krausem Fell:* sie band ihrem Pudel eine rosa Schleife um den Hals.

der **Pu|der** [ˈpuːdɐ]; -s, -: *feines Pulver, besonders für medizinische oder kosmetische Zwecke:* der Schauspieler hatte sich mit Schminke und Puder in einen kranken, alten Mann verwandelt. *Zus.:* Babypuder, Körperpuder, Wundpuder.

pu|dern [ˈpuːdɐn], pudert, puderte, gepudert ⟨tr.; hat; jmdn., etw. p.⟩: *mit Puder bestreuen:* die Wunde, die Füße pudern; hast du dir die Nase gepudert?

der **Pul|li** [ˈpʊli]; -s, -s (ugs.): *Pullover:* zieh deinen Pulli aus, es ist viel zu warm.

der **Pull|over** [pʊˈloːvɐ]; -s, -: *gestricktes, wärmeres Kleidungsstück, das oft über einem Hemd, einer Bluse getragen wird:* nimm einen Pullover mit, abends wird es schon ziemlich kühl. *Zus.:* Rollkragenpullover, Skipullover, Wollpullover.

der **Puls** [pʊls]; -es, -e: *rhythmische Bewegung des Blutes, die besonders stark hinter dem Gelenk der Hand zu fühlen ist:* den Puls des Patienten messen, zählen.

das **Pult** [pʊlt]; -[e]s, -e: **1.** *schmales, hohes Gestell mit schräg liegender Platte zum Lesen oder Schreiben:* der Redner trat an das Pult. *Zus.:* Notenpult, Rednerpult, Stehpult. **2.** (schweiz.) *Schreibtisch:* du solltest dein Pult ein wenig aufräumen.

das **Pul|ver** [ˈpʊlfɐ]; -s, -: **1.** *so fein wie Staub gemahlene Substanz:* der Arzt streute ein desinfizierendes Pulver auf die Wunde; das Pulver hatte sich im Wasser völlig aufgelöst. *Zus.:* Kaffeepulver, Mottenpulver, Puddingpulver, Waschpulver. **2.** *Mischung von fein gemahlenen Substanzen, die explodiert, wenn man sie anzündet:* sie luden die Kanonen mit Pulver und Kugeln.

die **Pum|pe** [ˈpʊmpə]; -, -n: *Gerät, mit dem Flüssigkeiten oder Gase durch Rohre oder Leitungen befördert werden:* Wasser gab es nur an einer Pumpe im Hof; mit starken Pumpen wird das Öl aus der Erde geholt. *Zus.:* Benzinpumpe, Luftpumpe, Wasserpumpe.

pum|pen [ˈpʊmpn̩], pumpt, pumpte, gepumpt: **1.** ⟨tr.; hat; etw. irgendwohin p.⟩ *mit einer Pumpe befördern:* das Wasser aus dem Keller, in den Tank pumpen. **2.** ⟨tr.; hat; jmdm. etw. p.⟩ (ugs.) *zum vorübergehenden Gebrauch geben:* ich kann dir das Geld pumpen. **3.** ⟨itr.; hat; sich (Dativ) etw. p.⟩ (ugs.) *sich zu vorübergehendem Gebrauch geben lassen:* kannst du dir das Geld nicht bei/von deinen Eltern pumpen?

der **Pum|per|ni|ckel** [ˈpʊmpɐnɪkl̩]; -s, -: *sehr dunkles Brot aus Roggen:* sie aß eine mit Käse belegte Scheibe Pumpernickel.

der **Pumps** [pœmps]; -, -: *vorn ausgeschnittener Schuh mit höherem Absatz für Damen:* sie zog ihre neuen Pumps an.

der **Punk** [paŋk]; -[s], -s: *Jugendlicher mit bewusst auffallendem Äußeren (zum Beispiel bunt gefärbten Haaren oder zerrissener Kleidung) und oft provozierendem Verhalten:* ein paar Punks standen auf dem Marktplatz und tranken Bier.

der **Punkt** [pʊŋkt]; -[e]s, -e: **1.** *(kleiner) runder Fleck:* ein weißer Stoff mit blauen Punkten. **2.** *Zeichen in Form eines winzigen runden Flecks, mit dem das Ende eines Satzes oder einer Abkürzung gekennzeichnet werden kann:* soll ich hier einen Punkt oder ein Ausrufezeichen setzen? *Zus.:* Abkürzungspunkt. **3.** *Stelle, Ort:* die Straßen laufen in einem Punkt zusammen; der höchste Punkt Deutschlands liegt in Bayern. *Zus.:* Mittelpunkt, Schnittpunkt, Treffpunkt. **4.** ⟨ohne Plural⟩ *(in Verbindung mit einer Uhrzeitangabe) genau [um]:* er ist [um] Punkt drei gekommen; das Spiel beginnt [um] Punkt 15 Uhr. **5.** *einzelnes Thema einer Besprechung:* auf diesen Punkt werden wir später noch zu sprechen kommen. *Zus.:* Streitpunkt, Verhandlungspunkt. **6.** *Einheit, mit der Leistungen in einem Wettbewerb bewertet werden:* die österreichische Mannschaft führte mit 20 Punkten Vorsprung. *Zus.:* Minuspunkt, Pluspunkt, Strafpunkt.

pünkt|lich [ˈpʏŋktlɪç], pünktlicher, am pünktlichsten ⟨Adj.⟩: *genau zum angegebenen Zeitpunkt:* er ist immer pünktlich; die Bahn kam pünktlich an.

der **Punsch** [pʊnʃ]; -[e]s, -e: *[heißes] alkoholisches Getränk mit Zucker, Zitrone und Tee oder Wasser:* sie hatte zu viel Punsch getrunken.

die **Pu|pil|le** [puˈpɪlə]; -, -n: *als schwarzer Punkt erscheinende Öffnung im Auge:* vor Schreck bekam sie weite Pupillen.

die **Pup|pe** [ˈpʊpə]; -, -n: *wie ein kleiner Mensch aussehendes Spielzeug:* eine Puppe mit richtigen Haaren; mit Puppen spielen. *Zus.:* Babypuppe, Holzpuppe, Stoffpuppe.

pur [puːɐ̯], purer, am pursten ⟨Adj.⟩: *ohne Zusatz:* eine Schale aus purem Gold. *Syn.:* rein.

das **Pü|ree** [pyˈreː]; -s, -s: *feiner Brei aus gekochtem Gemüse oder gekochten Kartoffeln:* ein Püree aus gekochten Kartoffeln, Erbsen zubereiten. *Zus.:* Kartoffelpüree, Tomatenpüree.

die Puppe

pus|ten [ˈpuːstn̩], pustet, pustete, gepustet ⟨tr.; hat; etw. irgendwohin p.⟩: *blasen:* den Staub von den Büchern pusten; ⟨auch itr.⟩ jmdm. ins Gesicht pusten.

die **Pu|te** [ˈpuːtə]; -, -n: *einem Huhn ähnlicher, aber größerer Vogel:* eine Pute braten.

der **Putz** [pʊts]; -es: *Gemisch aus Sand, Wasser und anderen Substanzen, das auf die Wände von Häusern aufgetragen wird:* der Putz bröckelt von den Wänden.

put|zen [ˈpʊtsn̩], putzt, putzte, geputzt ⟨tr.; hat; etw. p.⟩: **1.** *Schmutz von, aus etwas entfernen:* die Schuhe, die Wohnung putzen; ⟨auch itr.⟩ im Bad habe ich noch nicht geputzt. *Syn.:* reinigen, säubern. **2.** (österr.) *chemisch reinigen:* den Anzug putzen lassen.

die **Putz|frau** [ˈpʊtsfrau̯]; -, -en: *Frau, die gegen Entgelt für andere putzt:* als Putzfrau arbeiten.

das **Puz|zle|spiel** [ˈpazlʃpiːl]; -[e]s, -e: *Spiel, das aus vielen kleinen Teilen besteht, die zu einem Bild zusammengesetzt werden:* ein Puzzlespiel erfordert viel Geduld.

der **Py|ja|ma** [pyˈdʒaːma]; -s, -s: *Schlafanzug:* er frühstückte im Pyjama.

die **Py|ra|mi|de** [pyraˈmiːdə]; -, -n: *sehr großes Gebäude mit vier Seiten, die wie Dreiecke aussehen und an der Spitze zusammenstoßen (als Grab für Herrscher):* die Pyramiden in Ägypten besichtigen.

P

Q *q*

das **Qua|drat** [kvaˈdraːt]; -[e]s, -e: *Rechteck mit vier gleich langen Seiten:* die Fläche eines Quadrats berechnen.

das Quadrat

qua|dra|tisch [kvaˈdraːtɪʃ] ⟨Adj.⟩: *in der Form eines Quadrats:* das Haus steht auf einem quadratischen Grundstück.

der *oder* das **Qua|drat|me|ter** [kvaˈdraːtmeːtɐ]; -s, -: Einheit der Fläche (Abkürzung: qm/m²): die Wohnung hat 100 Quadratmeter [Wohnfläche]; der Bodenbelag kostet 6 Euro pro Quadratmeter.

die **Qual** [kvaːl]; -, -en: *länger andauerndes, [nahezu] unerträgliches Leid:* große, unsagbare, seelische Qualen; die Qualen der Angst, Sorge, Ungewissheit; große Qualen ertragen müssen; jmdm. Qualen, Qual bereiten, zufügen; jmds. Qualen, Qual lindern, mildern; die Arbeit wurde zur Qual; unter Qualen sterben.

quä|len [ˈkvɛːlən], quält, quälte, gequält: **1.** ⟨tr.; hat; jmdn. q.⟩ *jmdm. körperlichen oder seelischen Schmerz zufügen:* ein Tier quälen. *Syn.:* foltern, misshandeln. **2.** ⟨sich q.⟩ *sich mit etwas so angestrengt beschäftigen, dass es fast zur Qual wird:* der Schüler quälte sich mit dieser Aufgabe. *Syn.:* sich herumschlagen (ugs.), sich plagen.

die **Qua|li|fi|ka|ti|on** [kvalifikaˈtsi̯oːn]; -, -en: **1.** *Voraussetzung, um eine bestimmte [berufliche] Tätigkeit ausüben zu können:* für diesen Job fehlt ihm die nötige Qualifikation. **2.** *Berechtigung zur Teilnahme an einem sportlichen Wettkampf:* die beiden Boxer kämpften um die Qualifikation für das Finale.

qua|li|fi|zie|ren [kvalifiˈtsiːrən], qualifiziert, qualifizierte, qualifiziert ⟨sich q.⟩: *eine bestimmte Qualifikation erwerben; Qualifikation (1) vorweisen:* sie hat sich für diese Tätigkeit qualifiziert; qualifizierte *(fähige, geeignete)* Mitarbeiter; sich wissenschaftlich qualifizieren.

die **Qua|li|tät** [kvaliˈtɛːt]; -, -en: *[gute] Eigenschaften:* ein Stoff von bester Qualität; er achtet auf Qualität; wir wollen die Qualität unserer Produkte immer weiter verbessern. *Zus.:* Bildqualität, Klangqualität, Lebensqualität, Luftqualität, Tonqualität, Trinkwasserqualität.

qua|li|ta|tiv [kvalitaˈtiːf] ⟨Adj.⟩: *den Eigenschaften nach:* dieses Lexikon ist zwar nicht ganz so umfangreich, aber qualitativ bietet es dafür eindeutig mehr; das Produkt wurde qualitativ verbessert.

der **Qualm** [kvalm]; -[e]s: *Rauch, der in dicken Wolken aufsteigt:* die alte Dampflok macht viel Qualm.

qual|men [ˈkvalmən], qualmt, qualmte, gequalmt: **1.** ⟨itr.; hat⟩ *Qualm erzeugen:* der Schornstein qualmt. **2.** ⟨tr.; hat; etw. q.⟩ (ugs., meist abwertend) *rauchen:* er qualmt pro Tag zwanzig Zigaretten; sie qualmt auch ab und zu mal eine; ⟨auch itr.⟩ ich hab früher auch gequalmt; musst du schon wieder qualmen?

qual|voll [ˈkvaːlfɔl], qualvoller, am qualvollsten ⟨Adj.⟩: **1.** *mit großen Qualen verbunden:* ein langsamer, qualvoller Tod; elend und qualvoll zugrunde gehen. **2.** *von quälender Angst, Unruhe begleitet:* qualvolles Warten; er verbrachte qualvolle Stunden an ihrem Krankenbett.

die **Quan|ti|tät** [kvantiˈtɛːt]; -, -en: *Menge:* es kommt weniger auf die Quantität als vielmehr auf die Qualität an.

quan|ti|ta|tiv [kvantitaˈtiːf] ⟨Adj.⟩: *der Menge, der Anzahl nach:* zwischen den Produkten der beiden Verlage besteht nur ein quantitativer, kein qualitativer Unterschied.

die **Qua|ran|tä|ne** [karanˈtɛːnə]; -, -n: *das Isolieren von Personen, Tieren, die von einer ansteckenden Krankheit befallen sind oder diese haben könnten:* über die Mitglieder der Reisegruppe wurde Quarantäne verhängt; die Quarantäne aufheben; in Quarantäne kommen, müssen; jmdn., etwas unter Quarantäne stellen; unter Quarantäne stehen.

der **Quark** [kvark]; -s: **1.** *Nahrungsmittel, das aus saurer Milch hergestellt wird und wie weißer Brei aussieht:* zu Mittag gibt es Pellkartoffeln und Quark. *Syn.:* Topfen (österr.). *Zus.:* Kräuterquark, Magerquark, Sahnequark, Speisequark. **2.** (ugs.) *Äußerung, Handlung, die als dumm, falsch oder wertlos angesehen wird:* red nicht solchen Quark!; der Film war [ein] absoluter Quark. *Syn.:* Blödsinn (ugs. abwertend), Quatsch (ugs.), Unsinn.

das **Quar|tal** [kvar'ta:l]; -s, -e: *Viertel eines Jahres; drei Monate eines Jahres:* im dritten, letzten Quartal erlebte die Firma einen Aufschwung. *Syn.:* Vierteljahr.

das **Quar|tier** [kvar'ti:ɐ̯]; -s, -e: *Raum, in dem jemand vorübergehend (z. B. auf einer Reise) wohnt:* ein preiswertes Quartier; ein Quartier [für eine Nacht] suchen; ein neues Quartier beziehen; bei jmdm. Quartier nehmen. *Syn.:* Unterkunft. *Zus.:* Nachtquartier, Notquartier.

der **Quatsch** [kvatʃ]; -[e]s (ugs.): *Äußerung, Handlung, die als dumm, falsch oder wertlos angesehen wird:* in dem Artikel steht nur Quatsch; red, mach keinen Quatsch; lass den Quatsch und hilf mir lieber! *Syn.:* Blödsinn (ugs. abwertend), Quark (ugs.), Unsinn.

quat|schen [ˈkvatʃn̩], quatscht, quatschte, gequatscht ⟨itr.; hat; [etw.] q.⟩ (ugs.): **1.** (abwertend) *[viel] reden, sodass es stört:* musst du im Unterricht ständig quatschen?; er quatscht nur dummes Zeug; quatsch nicht so viel! **2.** *sich unterhalten:* wir haben die ganze Nacht nur miteinander gequatscht. *Syn.:* reden.

der **Quatsch|kopf** [ˈkvatʃkɔpf]; -[e]s, Quatschköpfe [ˈkvatʃkœpfə] (ugs. abwertend): *Person, die zu viel redet, Unsinn redet:* du bist doch ein alter Quatschkopf!

die **Quel|le** [ˈkvɛlə]; -, -n: **1.** *Wasser, das aus der Erde tritt und den Anfang eines Bachs, Flusses bildet:* sich an einer Quelle erfrischen; eine heiße Quelle. *Zus.:* Flussquelle, Heilquelle, Mineralquelle, Thermalquelle. **2.** *Ursprung, Herkunft:* die Quelle dieser Kunst liegt in der Antike; er bezieht seine Nachrichten aus geheimen Quellen. *Zus.:* Einnahmequelle, Energiequelle, Fehlerquelle, Gefahrenquelle, Geldquelle, Informationsquelle, Stromquelle, Wärmequelle. * **aus zuverlässiger Quelle:** *von zuverlässigen Personen oder Institutionen:* wie wir aus zuverlässiger Quelle erfahren haben ...; * **an der Quelle sitzen:** *Gelegenheit haben, [günstig] an Dinge oder Informationen zu kommen:* ich sitze an der Quelle, ich kann dir das Baumaterial besorgen.

quel|len [ˈkvɛlən], quillt, quoll, gequollen ⟨itr.; ist; aus etw./irgendwohin q.⟩: **1.** *herauskommen:* schwarzer Rauch quillt aus dem Kamin; aus ihren Augen quollen Tränen. **2.** *sich durch Aufnahme von Feuchtigkeit ausdehnen:* die Bohnen in Wasser legen und über Nacht quellen lassen.

quer [kve:ɐ̯] ⟨Adverb⟩: **1.** *im rechten Winkel zu einer Linie* /Ggs. längs/: den Tisch quer stellen; der Wagen steht quer auf der, zur Fahrbahn; ein Baum lag quer auf der Straße. **2.** ⟨in Verbindung mit den Präpositionen »durch«, »über«⟩ *[schräg] von einer Seite zur anderen, von einem Ende zum anderen:* er lief quer über die Straße; quer durch den Garten verläuft ein Weg; wir sind quer durch das ganze Land gefahren.

die **Quer|stra|ße** [ˈkve:ɐ̯ʃtra:sə]; -, -n: *Straße, die eine andere Straße kreuzt:* die Post befindet sich in der nächsten Querstraße links. *Syn.:* Nebenstraße, Seitenstraße.

quet|schen [ˈkvɛtʃn̩], quetscht, quetschte, gequetscht: **1.** ⟨tr.; hat; jmdn., sich, etw. irgendwohin q.⟩ *dort, wo kaum noch Platz ist, mühsam unterbringen:* den Bademantel noch mit in den Koffer quetschen; er quetschte sich in die volle Straßenbahn. **2.** ⟨tr.; hat; jmdm., sich etw. q.⟩ *durch Druck verletzen:* ich habe mir die Finger gequetscht. **3.** ⟨sich q.⟩ *durch Druck verletzen:* ich habe mich gequetscht.

quiet|schen [ˈkvi:tʃn̩], quietscht, quietschte, gequietscht ⟨itr.; hat⟩: **1.** *einen hohen, schrillen, langen Ton von sich geben:* die Bremsen quietschen; die Tür quietscht, sie muss geölt werden. **2.** (ugs.) *helle, schrille Laute ausstoßen:* die Kinder quietschten vor Vergnügen.

quillt [kvɪlt]: ↑ quellen.

der **Quirl** [kvɪrl]; -[e]s, -e: *Gerät zum Verrühren von Flüssigkeiten [mit Pulvern]:* Eier, Milch und Mehl mit dem Quirl verrühren.

quir|len [ˈkvɪrlən], quirlt, quirlte, gequirlt ⟨tr.; hat⟩: *mit dem Quirl verrühren:* sie hat Eigelb und/mit Zucker schaumig gequirlt.

quitt [kvɪt]: in der Verbindung * **[mit jmdm.] quitt sein** (ugs.): *in Bezug auf Pflichten, Versprechen, Geld) nichts

Q

mehr schuldig sein: hier ist das Geld, das du verlangst, jetzt sind wir quitt.

die Quit|tung [ˈkvɪtʊŋ]; -, -en: **1.** *Bescheinigung darüber, dass man etwas bezahlt hat:* sie gab ihm eine Quittung über den Betrag; jmdm. eine Quittung über 1 000 Euro ausstellen; eine Quittung verlangen. *Syn.:* Beleg. *Zus.:* Einzahlungsquittung. **2.** *unangenehme Folgen, die sich aus jmds. Verhalten ergeben:* das ist die Quittung dafür; nun kriegst du die Quittung für deine Faulheit.

das Quiz [kvɪs]; -, -: *unterhaltsames Frage-und-Antwort-Spiel (besonders im Fernsehen, Rundfunk):* ein Quiz veranstalten; an einem Quiz teilnehmen; beim Quiz gewinnen. *Zus.:* Fernsehquiz, Musikquiz.

quoll [kvɔl]: ↑ quellen.

R r

der Ra|batt [raˈbat]; -[e]s, -e: *Betrag, um den ein Preis reduziert wird:* ein hoher, niedriger Rabatt; jmdm. drei Prozent Rabatt auf alle Waren geben, gewähren. *Syn.:* Ermäßigung. *Zus.:* Mengenrabatt.

der Rab|bi|ner [raˈbiːnɐ]; -s, -, die Rab|bi|ne|rin [raˈbiːnərɪn]; -, -nen: *jüdischer Geistlicher, jüdische Geistliche:* der Rabbiner lehrt den jüdischen Glauben und das jüdische Gesetz; die Rabbinerin um Rat fragen.

der Ra|be [ˈraːbə]; -n, -n: *großer schwarzer Vogel mit dunklem, kräftigem Schnabel und krächzender Stimme:* im Baum saß ein großer Schwarm Raben.

die Ra|che [ˈraxə]; -: *Handlung, mit der man jmdm. schadet, der einem selbst geschadet hat:* eine fürchterliche, blutige Rache; das ist die Rache für ihre Gemeinheit; Rache fordern, schwören; auf Rache sinnen; das hat er aus Rache getan.

der Ra|chen [ˈraxn̩]; -s, -: *hinterer Teil des Mundes:* er hat einen entzündeten Rachen; der Rachen ist gerötet; ihr Rachen schmerzt, tut weh. *Syn.:* Hals.

das Ra|clette [ˈraklet]; -s, -s auch: die; -, -s: *schweizerisches Gericht aus Kartoffeln, die in kleinen Pfannen mit Käse über-*

backen werden: wir essen heute Abend Raclette.

das Rad [raːt]; -[e]s, Räder [ˈrɛːdɐ]: **1.** *runde Scheibe, auf der sich ein Fahrzeug vorwärts bewegt:* die Räder eines Autos; ein Rad wechseln; das Rad ist eine geniale Erfindung. *Zus.:* Hinterrad, Reserverad, Vorderrad. **2.** *Fahrrad:* ein stabiles, klappriges Rad; sein Rad hat zwölf Gänge; das Kind lernt Rad fahren; das Rad schieben, an die Mauer lehnen, abschließen; aufs Rad, vom Rad steigen; mit dem Rad wegfahren, stürzen. *Zus.:* Damenrad, Herrenrad, Kinderrad.

das Rad

das *oder* der Ra|dar [raˈdaːɐ̯]; -s, -e: *elektronisches Gerät, das die Position von Gegenständen misst und anzeigt:* man kann das Flugzeug auf dem Radar sehen; das Schiff ist mit Radar ausgerüstet.

ra|deln [ˈraːdln̩], radelt, radelte, geradelt ⟨itr.; ist⟩ (ugs.): *mit dem Fahrrad [irgendwohin] fahren:* viel, gern radeln; er radelt jeden Morgen zum Bahnhof; wir sind 50 km geradelt. *Zus.:* davonradeln.

der Rad|fah|rer [ˈraːtfaːrɐ]; -s, -, die Rad|fah|re|rin [ˈraːtfaːrərɪn]; -, -nen: *Person, die mit dem Fahrrad fährt:* auf den Straßen waren viele Radfahrer unterwegs; der Radfahrer wurde bei dem Unfall nur leicht verletzt.

ra|die|ren [raˈdiːrən], radiert, radierte, radiert ⟨itr.; hat⟩: *Bleistift auf dem Papier entfernen:* sie hat in der Zeichnung oft radiert. *Zus.:* wegradieren.

der Ra|dier|gum|mi [raˈdiːɐ̯ɡʊmi]; -s, -s: *Stück Gummi zum Radieren:* sie entfernte mit dem Radiergummi das letzte Wort.

das Radieschen

das Ra|dies|chen [raˈdiːsçən]; -s, -: *kleine, rote Knolle mit etwas scharfem Geschmack:* Radieschen zum Brot essen; die Radieschen brauchst du nicht zu schälen.

das Ra|dio [ˈraːdi̯o]; -s, -s: **1.** ⟨ohne Plural⟩ *Rundfunk:* das Radio bringt ausführliche Nachrichten; sie hört Radio; im Radio kommt heute eine interessante Sendung; das Fußballspiel wird nur im Radio übertragen; es ist elf Uhr: Sie hören Radio DRS. *Syn.:* Funk. **2.** ⟨südd., österr., schweiz. auch: der⟩ *Gerät, mit dem man Sendungen des Rundfunks hören kann:* ein kleines Radio; das Radio läuft, spielt den ganzen Tag; das Radio anstellen, einschalten; das Radio abstellen, abschalten. *Zus.:* Autoradio.

das **Rad|ren|nen** [ˈraːtrɛnən]; -s, -: *sportliches Rennen mit Fahrrädern:* am Sonntag findet ein Radrennen statt.

die **Rad|tour** [ˈraːttuːɐ̯]; -, -en: *Ausflug mit dem Fahrrad:* am Wochenende wollen wir eine Radtour machen.

der **Rad|weg** [ˈraːtveːk]; -[e]s, -e: *schmaler Weg nur für Radfahrer, der meist neben der Straße oder auf dem Bürgersteig verläuft:* auf dem Radweg fahren; Vorsicht, du gehst auf dem Radweg!

der **Rahm** [raːm]; -[e]s ⟨landsch.⟩: *Sahne:* der Rahm auf der Milch; er gab noch etwas Rahm in die Suppe.

rah|men [ˈraːmən], rahmt, rahmte, gerahmt ⟨tr.; hat; etw. r.⟩: *in einen Rahmen fassen:* ein Bild rahmen; du solltest die Zeichnung neu rahmen lassen; an der Wand hingen einige gerahmte Fotos.

der **Rah|men** [ˈraːmən]; -s, -: **1.** *feste, auf einer Seite durchsichtige oder offene Hülle, in der man ein Bild aufhängt oder aufstellt:* ein breiter, schmaler, goldener Rahmen; der dunkle Rahmen passt nicht zu dem Bild; sie nahm die Fotografie aus dem Rahmen. *Syn.:* Fassung. *Zus.:* Bilderrahmen, Goldrahmen, Holzrahmen. **2.** ⟨ohne Plural⟩ *Umgebung:* ein würdiger Rahmen für seinen 50. Geburtstag.

die **Ra|ke|te** [raˈkeːtə]; -, -n: *langer, spitzer Flugkörper mit Antrieb, der besonders in der Raumfahrt und beim Militär verwendet wird:* die Rakete startete zum Mond; die Bevölkerung fürchtet sich vor Angriffen mit Raketen. *Zus.:* Kurzstreckenrakete, Weltraumrakete.

die **Ral|lye** [ˈrɛli]; -, -s: *Autorennen im Gelände:* eine internationale Rallye; eine Rallye fahren, gewinnen; er nahm an der Rallye teil. *Syn.:* Rennen. *Zus.:* Autorallye.

ram|men [ˈramən], rammt, rammte, gerammt ⟨tr.; hat; etw. r.⟩: *mit einem Fahrzeug heftig an etwas stoßen:* das Fahrzeug hat bei dem Unfall einen Bus gerammt; das Auto hat einen Baum gerammt. *Syn.:* aufprallen auf, prallen an/gegen, zusammenstoßen mit.

der **Rand** [rant]; -[e]s, Ränder [ˈrɛndɐ]:

1. *äußere Begrenzung einer Fläche, eines bestimmten Gebietes:* der Rand eines Tisches; der gezackte Rand einer Briefmarke; der Rand einer Wiese; am Rande des Waldes, der Autobahn; sie wohnen am südlichen Rand des Ortes. *Syn.:* Kante. *Zus.:* Stadtrand, Straßenrand, Tellerrand. **2.** *runde, obere Kante eines Gefäßes:* der glatte, scharfe Rand einer Flasche; er saß auf dem Rand des Brunnens; sie füllt das Glas bis zum Rand. *Zus.:* Wannenrand. **3.** *äußerer, nicht beschriebener Teil eines Papiers:* einen schmalen, breiten Rand lassen; etwas an den Rand schreiben, auf dem Rand notieren. *Zus.:* Seitenrand.

rang [raŋ]: ↑ ringen.

der **Rang** [raŋ]; -[e]s, Ränge [ˈrɛŋə]: **1.** *Stellung, Position in einer Gruppe oder Organisation:* er nimmt beim Militär einen hohen Rang ein; er hat den Rang eines Generals; er ist ihr im Rang unterlegen. **2.** *Balkon hinten im Theater mit [preiswerten] Plätzen für Zuschauer:* das Theater hat drei Ränge.

rann|te [ˈrantə]: ↑ rennen.

der **Ran|zen** [ˈrantsn̩]; -s, -: *Tasche für die Schule, die man auf dem Rücken trägt:* der Junge packt seine Bücher in den Ranzen; sie setzt den Ranzen auf und läuft in die Schule. *Zus.:* Schulranzen.

ran|zig [ˈrantsɪç] ⟨Adj.⟩: *(von Fett) schlecht, alt:* ranzige Butter; die Nüsse sind ranzig; das Öl riecht, schmeckt ranzig.

der **Rap|pen** [ˈrapn̩]; -s, -: *kleine Einheit des Geldes in der Schweiz* (100 Rappen = 1 Franken): Sie bekommen noch zwanzig Rappen zurück.

rasch [raʃ], rascher, am raschesten ⟨Adj.⟩: *schnell:* rasche Fortschritte machen; sich rasch zu etwas entschließen; sie waren rasch fertig mit der Arbeit. *Syn.:* fix (ugs.), flink, zügig.

ra|scheln [ˈraʃln̩], raschelt, raschelte, geraschelt ⟨itr.; hat⟩: *ein Geräuch machen wie Blätter im Wind:* mit Papier rascheln; die Mäuse rascheln im Stroh.

ra|sen [ˈraːzn̩], rast, raste, gerast ⟨itr.; ist⟩ (ugs.): *sehr schnell fahren, laufen:* ras bitte nicht so!; ein Auto kam um die Ecke gerast; er ist mit dem Auto durch die Stadt gerast. *Syn.:* flitzen (ugs.), sausen (ugs.). *Zus.:* davonrasen, vorbeirasen.

der **Ra|sen** [ˈraːzn̩]; -s, -: *Fläche mit kurz geschnittenem Gras:* ein grüner, gepflegter Rasen; den Rasen mähen, pflegen; sie liegt auf dem Rasen und sonnt sich. *Syn.:* Wiese. *Zus.:* Zierrasen.

R

der **Ra|sier|ap|pa|rat** [raˈziːɐ̯aparaːt]; -[e]s, -e:
*kleines [elektrisches] Gerät zum Rasie-
ren:* ein elektrischer Rasierapparat; er
sucht eine Steckdose für den Rasierapparat.

der Rasierapparat

ra|sie|ren [raˈziːrən], rasiert, rasierte,
rasiert ⟨tr.; hat; jmdn., sich, etw. r.⟩:
Haare direkt über der Haut abschneiden:
er rasiert sich jeden Morgen; sie rasiert
sich die Beine; der Friseur rasiert ihn
sanft und gründlich; er hat sich beim
Rasieren geschnitten.

der **Ra|sie|rer** [raˈziːrɐ]; -s, - (ugs.): *Rasierappa-
rat:* er hat seinen Rasierer zu Hause vergessen.

die **Ra|sier|klin|ge** [raˈziːɐ̯klɪŋə]; -, -n: *Klinge
zum Rasieren:* eine scharfe, stumpfe
Rasierklinge; eine neue Rasierklinge in
den Rasierapparat einlegen.

die **Ras|se** [ˈrasə]; -, -n: **1.** (Biol.) *Gruppe von
Tieren oder Pflanzen einer Art mit
gemeinsamen Merkmalen:* diese Rasse
[Hunde] mag ich besonders gern; eine
neue Rasse züchten. *Zus.:* Hunderasse,
Rinderrasse. **2.** *eine von mehreren großen
Gruppen, in die die Menschen [bes. nach
ihrer Hautfarbe] eingeteilt werden:* niemand darf wegen seiner Rasse benach-
teiligt werden; die menschliche Rasse
(die Menschheit).

ras|seln [ˈrasl̩n], rasselt, rasselte, gerasselt
⟨itr.; hat⟩: *(bei Gegenständen aus Metall)
ein hartes, unangenehmes Geräusch
machen:* die Ketten der Gefangenen ras-
seln; sie rasselt mit dem Schlüsselbund;
der Wecker rasselte. *Syn.:* klirren.

rast|los [ˈrastloːs], rastloser, am rastloses-
ten ⟨Adj.⟩: **1.** *ohne Pause, immer beschäftigt:* er ist ein rastloser Mensch; sie
arbeitet, forscht rastlos. **2.** *unruhig, ohne
Halt:* ein rastloses Leben; sie irrte rastlos durch die Stadt. *Syn.:* hektisch.

der **Rast|platz** [ˈrastplats]; -es, Rastplätze
[ˈrastplɛtsə]: *Parkplatz an einer Autobahn oder Landstraße, auf dem die Auto-
fahrer eine Pause machen können [und
eine Tankstelle, Toiletten und eine Gaststätte finden]:* der nächste Rastplatz
kommt in 30 Kilometern; auf den nächsten Rastplatz fahren.

der **Rat** [raːt]; -[e]s, Räte [ˈrɛːtə]: **1.** ⟨ohne Plu-
ral⟩ *Hilfe mit Worten; Empfehlung, wie
man sich verhalten soll:* jmdm. einen
guten, schlechten Rat geben; ich gab
ihm den Rat nachzugeben; kannst du
mir einen Rat geben?; einen Rat befol-
gen; jmdn. um Rat fragen, bitten; auf
jmds. Rat hören; [bei jmdm.] Rat suchen
*(sich an jmdn. wenden, um sich von ihm
beraten zu lassen);* sich bei jmdm. Rat
holen *(sich von jmdm. beraten lassen).*
Syn.: Anregung, Ratschlag, Tipp, Vorschlag. **2.** *Gruppe von Personen, die
wichtige Entscheidungen treffen:* der Rat
hat gestern getagt; der Rat berät über
ein neues Gesetz; sie wurde in den Rat
gewählt. *Syn.:* Ausschuss, Kommission.
Zus.: Ältestenrat, Gemeinderat, Stadtrat.

die **Ra|te** [ˈraːtə]; -, -n: **1.** *Teil einer großen
Summe:* die nächste Rate ist am 1. Juli
fällig; etwas auf Raten kaufen *(vereinbaren, dass man den Preis in mehreren kleinen Teilen bezahlt);* er bezahlte den
Kühlschrank in vier Raten; sie war mit
drei Raten im Rückstand. *Zus.:* Abzah-
lungsrate, Leasingrate, Monatsrate. **2.** *in
Prozent angegebene Zahl, Anzahl:* die
Rate der Geburten sinkt. *Zus.:* Arbeitslo-
senrate, Inflationsrate.

ra|ten [ˈraːtn̩], rät, riet, geraten: **1.** ⟨itr.;
hat; jmdm. r.⟩ *einen Rat geben:* was rätst
du mir?; wozu rätst du mir?; lass dir von
einem erfahrenen Freund raten!; ich rate
Ihnen dringend, das Angebot anzuneh-
men. *Syn.:* empfehlen, vorschlagen. **2.**
⟨itr.; hat⟩ *eine Frage beantworten, ohne
die richtige Antwort genau zu kennen;
erraten:* richtig, falsch raten; ich weiß es
nicht, ich kann nur raten; du sollst rechnen, nicht raten. *Syn.:* spekulieren, ²tip-
pen (ugs.), vermuten. **3.** ⟨tr.; hat; etw. r.⟩
schätzen, erraten: er hat mein Alter richtig geraten; Rätsel raten *(lösen).* *Syn.:*
herausbekommen, herausfinden.

der **Rat|ge|ber** [ˈraːtɡeːbɐ]; -s, -: **1.** *männliche
Person, die jmdm. Ratschläge gibt:* du
bist ein schlechter Ratgeber; der Minister verlässt sich auf seine Ratgeber. *Syn.:*
Helfer. **2.** *Buch mit Anleitungen und Rat-
schlägen für praktische Dinge:* ein prak-
tischer, nützlicher Ratgeber für die
Küche; sie kaufte einen Ratgeber für
Eltern. *Syn.:* Handbuch, Leitfaden.

die **Rat|ge|be|rin** [ˈraːtɡeːbərɪn]; -, -nen: *weibli-
che Person, die jmdm. Ratschläge gibt:*
Marie ist eine gute Freundin und Ratge-
berin; sie ist eine enge politische Ratge-
berin des Präsidenten.

das **Rat|haus** [ˈraːthaʊ̯s]; -es, Rathäuser

['ra:thɔyzə]: *Gebäude des Bürgermeisters und der Verwaltung einer Gemeinde:* zum, aufs Rathaus gehen; das Standesamt ist im alten Rathaus.

ra|ti|o|na|li|sie|ren [ratsjonali'zi:rən], rationalisiert, rationalisierte, rationalisiert ⟨tr.; hat; etw. r.⟩: *etwas so verändern, dass es wirtschaftlicher ist:* er beschloss, das Unternehmen zu rationalisieren; ⟨auch itr.⟩ der Betrieb musste rationalisieren, hat mit Erfolg rationalisiert.

rat|los ['ra:tlo:s], ratloser, am ratlosesten ⟨Adj.⟩: *ohne Idee, was man tun kann:* die Experten waren ratlos; ratlos saßen sie da und wussten nicht weiter; ein ratloses Gesicht. *Syn.:* hilflos.

der **Rat|schlag** ['ra:tʃla:k]; -[e]s, Ratschläge ['ra:tʃlɛ:gə]: *Rat:* ein guter, vernünftiger, weiser Ratschlag; jmdm. Ratschläge geben, erteilen; du solltest ihren Ratschlag befolgen; ich hätte auf seine Ratschläge hören sollen. *Syn.:* Anregung, Empfehlung, Vorschlag.

das **Rät|sel** ['rɛ:tsl̩]; -s, -: 1. *eine Aufgabe, die man mit Nachdenken lösen kann:* ein einfaches, schwieriges Rätsel; Rätsel raten, lösen; der Lehrer gab den Schülern ein Rätsel auf. 2. *etwas, das man nicht erklären oder verstehen kann:* die Entstehung des Lebens ist auch heute noch ein Rätsel; das Rätsel des Todes, der Schöpfung; es ist mir ein Rätsel, wie das passieren konnte. *Syn.:* Geheimnis.

die **Rat|te** ['ratə]; -, -n: *kleines Tier mit dunklem Fell und langem Schwanz, das besonders in Kellern lebt:* eine fette, große Ratte; im Keller gibt es Ratten; Ratten fangen, totschlagen, vergiften.

rau [rau], rauer, am rau[e]sten ⟨Adj.⟩: 1. *stumpf, nicht glatt:* eine raue Oberfläche, Wand; raues Papier; ein rauer Stoff; raue Haut haben. 2. *(vom Wetter) kalt, windig, unangenehm:* ein raues Klima; der raue Norden, Wind; der Oktober war in diesem Jahr sehr rau. *Syn.:* eisig, frisch, streng, stürmisch. 3. *entzündet, kratzend:* ich habe einen rauen Hals; seine Stimme klingt rau *(heiser).*

rau|ben ['raubn̩], raubt, raubte, geraubt ⟨tr.; hat; [jmdm.] jmdn., etw. r.⟩: *mit Gewalt wegnehmen, stehlen:* er hat [ihr] das Geld und den Schmuck geraubt. *Syn.:* klauen (ugs.).

der **Räu|ber** ['rɔybɐ]; -s, -, die **Räu|be|rin** ['rɔybərɪn]; -, -nen: *Person, die raubt:* Räuber haben ihn überfallen; die Räuber konnten entkommen, fliehen; die Räuber haben mehrere wertvolle Bilder mit-

genommen. *Syn.:* Dieb, Diebin, Einbrecher, Einbrecherin. *Zus.:* Bankräuber, Bankräuberin.

das **Raub|tier** ['raupti:ɐ̯]; -[e]s, -e: *Tier mit kräftigen, scharfen Zähnen, das sich von anderen Tieren ernährt:* ein schnelles, gefährliches Raubtier; er wurde von einem Raubtier angegriffen.

der **Rauch** [raux]; -[e]s: *Wolken, die bei einem Feuer in die Luft steigen:* dicker, schwarzer Rauch; der Rauch einer Zigarette, aus einer Pfeife; der Rauch steigt in die Höhe; der Rauch war schon von Weitem zu sehen; das Zimmer war voll[er] Rauch. *Syn.:* Qualm. *Zus.:* Pfeifenrauch, Tabakrauch, Zigarettenrauch.

rau|chen ['rauxn̩], raucht, rauchte, geraucht: 1. ⟨tr.; hat; etw. r.⟩ *den Rauch von brennendem Tabak einatmen:* eine Zigarette, Zigarre rauchen; jeden Abend raucht sie nach dem Essen eine Zigarette; ⟨auch itr.⟩ ich darf nicht mehr rauchen. 2. ⟨itr.; hat⟩ *Rauch ausstoßen:* der Schornstein raucht. *Syn.:* qualmen.

der **Rau|cher** ['rauxɐ]; -s, -: 1. *männliche Person, die aus Gewohnheit raucht* /Ggs. Nichtraucher/: er war früher Raucher; als starker Raucher braucht er mindestens vierzig Zigaretten am Tag; bist du Raucher? *Zus.:* Kettenraucher, Pfeifenraucher. 2. ⟨ohne Artikelwort⟩ *Abteil, Platz für Raucher:* im Raucher sitzen; einmal nach Hamburg, 1. Klasse, Raucher bitte!

die **Rau|che|rin** ['rauxərɪn]; -, -nen: *weibliche Person, die aus Gewohnheit raucht* /Ggs. Nichtraucherin/: sind Sie Raucherin?; sie wohnt mit einer starken Raucherin zusammen. *Zus.:* Kettenraucherin.

der **Raum** [raum]; -[e]s, Räume ['rɔymə]: 1. *Zimmer:* ein kleiner, großer Raum; ein heller, dunkler Raum; ein Raum zum Arbeiten; die Wohnung hat fünf Räume; dieser Raum ist nicht heizbar; sie betrat, verließ den Raum; einen Raum möblieren, mehrere Räume mieten. *Zus.:* Konferenzraum, Vorratsraum, Wohnraum. 2. *Weltraum:* der Komet bewegt sich mit hoher Geschwindigkeit durch den Raum. *Zus.:* Himmelsraum.

räu|men ['rɔymən], räumt, räumte, geräumt ⟨tr.; hat⟩: 1. ⟨etw. r.⟩ *einen Platz, einen Raum frei machen:* die Wohnung, den Platz, ein Lager, eine Stadt räumen. *Syn.:* ausziehen, leeren, verlassen, weggehen. 2. ⟨etw. aus, von etw. / irgendwohin r.⟩ *irgendwo wegnehmen; irgendwohin bringen:* nach dem Essen räumt er

R

Realschule

Die Realschule dauert in Deutschland in der Regel sechs Jahre (von der 5. bis zur 10. Klasse). Die Unterrichtsinhalte sind schwieriger als in der Hauptschule und leichter als im Gymnasium. Die meisten Jugendlichen, die eine Realschule besucht haben, machen anschließend eine Ausbildung. Wenn sie die Realschule mit sehr guten Noten verlassen, können sie anschließend aber auch das Gymnasium besuchen.

In der deutschsprachigen Schweiz entspricht die Realschule in vielen Fällen der deutschen Hauptschule. Sie soll also vor allem auf eine (praktische) Berufsausbildung vorbereiten. Andere Bezeichnungen für die Realschule sind in der Schweiz Oberschule, Berufswahlschule oder Werkschule. Sie schließt sich an die sechsjährige Primarschule an und dauert in der Regel drei bis vier Jahre (von der 7. bis zur 9./10. Klasse).

---

das Geschirr vom Tisch; sie räumt die leeren Flaschen in den Keller. *Syn.:* befördern, transportieren. *Zus.:* forträumen, wegräumen.

die **Raum|fahrt** [ˈraʊmfaːɐ̯t]; -: *alles, was der Mensch unternimmt, um mit Fahrzeugen in den Weltraum zu gelangen:* die Raumfahrt fördern; der Beginn der Raumfahrt.

räum|lich [ˈrɔʏmlɪç] ⟨Adj.⟩: *den Raum, die Entfernung betreffend:* sie lebt räumlich getrennt von ihrem Mann; wir sind räumlich sehr beengt *(haben wenig Platz);* räumlich *(mit Unterscheidung von nah und fern)* sehen.

die **Rau|pe** [ˈraʊpə]; -, -n: *kleines Tier mit vielen Füßen, aus dem später ein Schmetterling wird:* igitt, im Salat ist eine Raupe!

der **Rausch** [raʊʃ]; -[e]s, Räusche [ˈrɔʏʃə]: *durch Alkohol oder Drogen veränderter Zustand, in dem die Wirklichkeit anders aussieht und Handeln und Denken langsamer werden:* einen leichten, schweren Rausch haben; sie musste ihren Rausch ausschlafen; sich einen Rausch antrinken; in seinem Rausch wusste er nicht, was er sagte. *Syn.:* Schwips.

rau|schen [ˈraʊʃn̩], rauscht, rauschte, gerauscht ⟨itr.; hat⟩: *ein Geräusch machen wie das Meer:* das Meer, der Bach rauscht; die Blätter rauschen im Wind; der Sender im Radio rauscht.

das **Rausch|gift** [ˈraʊʃɡɪft]; -[e]s, -e: ⟨Plural⟩ *Stoff, der die Wahrnehmung des Menschen verändert und ihn abhängig macht:* Rauschgift nehmen; mit Rauschgift handeln. *Syn.:* Drogen ⟨Plural⟩.

räus|pern [ˈrɔʏspɐn], räuspert, räusperte, geräuspert ⟨sich r.⟩: *durch einen kurzen, rauen Laut die Stimme frei machen:* er musste sich mehrmals räuspern.

die **Raz|zia** [ˈratsi̯a]; -, Razzien [ˈratsi̯ən]: *Aktion der Polizei, bei der viele Polizisten gleichzeitig nach bestimmten Personen oder Sachen suchen:* eine Razzia machen, durchführen; bei einer Razzia wurden mehrere Kilo Rauschgift gefunden. *Syn.:* Fahndung.

re|a|gie|ren [reaˈɡiːrən], reagiert, reagierte, reagiert ⟨itr.; hat; [auf etw. (Akk.)] irgendwie r.⟩: *in irgendeiner Weise ansprechen und eine Wirkung zeigen:* sie hat auf diese Vorwürfe heftig, prompt, falsch reagiert; er reagierte schnell; sie haben noch nicht auf unseren Brief reagiert. *Syn.:* antworten, entgegnen.

die **Re|ak|ti|on** [reakˈtsi̯oːn]; -, -en: *das Reagieren:* keinerlei Reaktion zeigen; ihre Reaktion war enttäuschend. *Syn.:* Antwort, Wirkung. *Zus.:* Abwehrreaktion.

das **Re|al|gym|na|si|um** [reˈaːlɡʏmnaːzi̯ʊm]; -s, Realgymnasien [reˈaːlɡʏmˈnaːzi̯ən] (österr.): *zur Matura führende Schule mit einem Schwerpunkt auf den modernen Fremdsprachen.*

re|a|li|sie|ren [realiˈziːrən], realisiert, realisierte, realisiert ⟨tr.; hat; etw. r.⟩: **1.** *in die Tat umsetzen:* einen Plan, Ideen realisieren; dieses Vorhaben ist technisch nicht zu realisieren. *Syn.:* ausführen, verwirklichen. **2.** *begreifen, erkennen:* ich kann das alles noch gar nicht realisieren; bis wir realisiert hatten, was vorging, war alles vorbei; sie realisiert gar nicht, wie verletzend ihre Bemerkung war. *Syn.:* erfassen, kapieren (ugs.), verstehen.

der **Re|a|list** [reaˈlɪst]; -en, -en, die **Re|a|lis|tin** [reaˈlɪstɪn]; -, -nen: *Person, die realistisch denkt und handelt:* sie war Realistin, er dagegen ein richtiger Träumer.

re|a|lis|tisch [reaˈlɪstɪʃ], realistischer, am realistischsten ⟨Adj.⟩: **1.** *so wie in der Wirklichkeit:* eine realistische Darstellung; der Film ist sehr realistisch. *Syn.:* lebensnah. **2.** *nüchtern, ohne Illusion:* eine realistische Einschätzung; etwas ganz realistisch sehen, betrachten, beurteilen. *Syn.:* objektiv, sachlich.

R

die Re|a|li|tät [reali'tɛːt]; -, -en: *tatsächliche Lage:* die Realität sieht anders aus; von den Realitäten ausgehen. *Syn.:* Tatsache, Wirklichkeit.

die Re|al|schu|le [re'aːlʃuːlə]; -, -n: *in Deutschland höhere Schule für die Klassen 5 bis 10:* auf die Realschule gehen.

die Re|be ['reːbə]; -, -n: *Pflanze, die Beeren als Früchte trägt, aus deren Saft Wein hergestellt wird. Zus.:* Weinrebe.

die Re|cher|che [re'ʃɛrʃə]; -, -n: *intensives Bemühen, sich Informationen, Kenntnisse zu verschaffen:* die Recherche des Journalisten blieb ergebnislos; ich begann mit meinen Recherchen über den Abgeordneten. *Syn.:* Ermittlung.

re|cher|chie|ren [reʃɛr'ʃiːrən], recherchiert, recherchierte, recherchiert: **1.** ⟨itr.; hat⟩ *Recherchen anstellen:* die Reporterin hat gründlich, erfolglos recherchiert. *Syn.:* nachforschen. **2.** ⟨tr.; hat; etw. r.⟩ *durch Recherchieren herausfinden:* die Hintergründe eines Falles recherchieren. *Syn.:* aufdecken, enthüllen, ermitteln.

rech|nen ['rɛçnən], rechnet, rechnete, gerechnet: **1.** ⟨itr.; hat⟩ *eine Rechnung ausführen:* hast du auch richtig gerechnet?; stundenlang an einer Aufgabe rechnen; ⟨auch tr.; etw. r.⟩ ich habe die Aufgabe richtig gerechnet. *Syn.:* ausrechnen. **2.** ⟨itr.; hat; auf/mit jmdm., etw. r.⟩ *jmdn., etw. erwarten:* auf ihn kannst du bei dieser Arbeit bestimmt rechnen; mit ihrer Hilfe ist nicht zu rechnen; bis wann kann ich mit einer Antwort rechnen?; ich habe nicht damit gerechnet, dass sie kommt. *Syn.:* sich verlassen auf.

der Rech|ner ['rɛçnɐ]; -s, -: *Computer:* ein leistungsfähiger Rechner; der Rechner ist so programmiert, dass er das erkennen kann. *Zus.:* Großrechner, Zentralrechner.

die Rech|nung ['rɛçnʊŋ]; -, -en: **1.** *etwas, was zu errechnen ist oder errechnet worden ist:* eine einfache Rechnung; die Rechnung stimmt nicht. *Syn.:* Aufgabe, Berechnung. **2.** *Zusammenstellung der Kosten für einen gekauften Gegenstand oder eine erbrachte Leistung:* offene, unbezahlte Rechnungen; eine Rechnung ausstellen, bezahlen, quittieren; die Rechnung liegt bei. *Syn.:* Forderung. *Zus.:* Arztrechnung, Hotelrechnung, Stromrechnung, Telefonrechnung.

recht [rɛçt] ⟨Adj.⟩: **1.** *richtig, passend (für einen bestimmten Zweck):* zur rechten Zeit kommen; ist dir dieser Termin recht?; du kommst gerade recht, um mit uns essen zu können. *Syn.:* ideal. **2.** *ziem-*

lich: sie war heute recht freundlich zu mir; das ist eine recht gute Arbeit; sei recht *(sehr)* herzlich gegrüßt. *Syn.:* ganz.

das Recht [rɛçt]; -[e]s, -e: **1.** *berechtigter Anspruch:* ein Recht auf Arbeit haben; seine Rechte verteidigen, in Anspruch nehmen; was gibt dir das Recht, so etwas zu behaupten? *Syn.:* Berechtigung. **2.** ⟨ohne Plural⟩ *Gesamtheit der Gesetze:* das deutsche, internationale Recht; Recht sprechen; gegen Recht und Gesetz; das Recht brechen, verdrehen, missachten; nach geltendem Recht urteilen. *Zus.:* Familienrecht. **3.** ⟨ohne Plural⟩ *das, was dem Gefühl für Recht gemäß ist:* das Recht war auf meiner Seite; im Recht sein, sich im Recht fühlen; nach Recht und Gewissen handeln; mit vollem Recht hat sie sich gegen diese Anschuldigungen gewehrt; * **recht/Recht haben:** *das Richtige geäußert, vermutet o. Ä. haben;* * **recht/Recht bekommen:** *bestätigt bekommen, dass man recht hat;* * **jmdm. recht/Recht geben:** *jmdm. zustimmen.*

recht... ['rɛçt...] ⟨Adj.⟩ /Ggs. link.../: **1.** *sich auf derjenigen Seite befindend, die der Seite, auf der das Herz ist, entgegengesetzt ist:* das rechte Bein, der rechte Arm; auf der rechten Seite. **2.** *(in politischer Hinsicht) die Rechte betreffend, zur Rechten gehörend:* sie gehört zum rechten Flügel der Partei. *Syn.:* konservativ.

die Rech|te ['rɛçtə]; -n /Ggs. Linke/: *Gruppe von Leuten, die konservative bis extrem nationalistische Ideen vertreten:* die radikale, äußerste, gemäßigte Rechte.

das Recht|eck ['rɛçtlɛk]; -[e]s, -e: *Viereck mit je zwei sich gegenüberliegenden parallelen und gleich langen Seiten:* berechne die Fläche des Rechtecks.

das Rechteck

recht|eckig ['rɛçtlɛkɪç] ⟨Adj.⟩: *die Form eines Rechtecks habend:* er baut einen Turm aus rechteckigen Holzplättchen.

recht|fer|ti|gen ['rɛçtfɛrtɪgn̩], rechtfertigt, rechtfertigte, gerechtfertigt: **1.** ⟨tr.; hat; etw. r.⟩ *als berechtigt erscheinen lassen:* ich versuchte, ihr Benehmen zu rechtfertigen; diese Tat ist durch nichts zu rechtfertigen. *Syn.:* entschuldigen, verteidigen. **2.** ⟨sich r.⟩ *sich wegen eines Vorwurfs verteidigen:* ich brauche mich

R

nicht zu rechtfertigen. *Syn.:* sich entschuldigen.

rechtlich ['rɛçtlɪç] ⟨Adj.⟩: *nach dem [gültigen] Recht, auf ihm beruhend:* etwas vom rechtlichen Standpunkt aus betrachten; dieses Vorgehen ist rechtlich nicht zulässig. *Syn.:* legal, legitim.

¹**rechts** [rɛçts] ⟨Adverb⟩ /Ggs. links/: **1.** *auf der rechten Seite:* nach rechts gehen, abbiegen; die zweite Querstraße rechts; die Garage steht rechts von dem Haus. **2.** *eine rechte Auffassung habend:* rechts stehen, wählen; rechts eingestellt sein. *Syn.:* konservativ.

²**rechts** [rɛçts] ⟨Präp. mit Gen.⟩ /Ggs. links/: *auf der rechten Seite von etwas gelegen:* die Garage steht rechts des Hauses; das Dorf liegt rechts des Rheins.

der **Rechts|an|walt** ['rɛçtsʔanvalt]; -[e]s, Rechtsanwälte ['rɛçtsʔanvɛltə], die **Rechts|an|wäl|tin** ['rɛçtsʔanvɛltɪn]; -, -nen: *Person, die jmdn. in rechtlichen Fragen berät oder (z. B. bei Prozessen vor Gericht) vertritt:* sich einen Rechtsanwalt nehmen; er ließ sich durch einen Rechtsanwalt vertreten.

recht|wink|lig ['rɛçtvɪŋklɪç] ⟨Adj.⟩: *einen Winkel von 90° habend:* ein rechtwinkliges Dreieck.

recht|zei|tig ['rɛçtsaitɪç], rechtzeitiger, am rechtzeitigsten ⟨Adj.⟩: *zum richtigen Zeitpunkt:* wir wollen rechtzeitig im Kino sein, damit wir noch gute Plätze bekommen; eine Krankheit rechtzeitig erkennen. *Syn.:* frühzeitig.

der **Re|cor|der** [re'kɔrdɐ]: ↑ Rekorder.

re|cy|celn [ri'saikl̩n], recycelte, recycelt ⟨tr.; hat; etw. r.⟩: *wiederaufbereiten:* Dosen, Papier recyceln.

das **Re|cy|cling** [ri'saiklɪŋ], -s, -s: *Aufbereitung und Wiederverwendung von Rohstoffen:* das Recycling von Altglas, Altpapier.

der **Re|dak|teur** [redak'tøːɐ̯]; -s, -e, die **Re|dak|teu|rin** [redak'tøːrɪn]; -, -nen: *Person, die für Zeitungen, Zeitschriften, Bücher oder für Rundfunk oder Fernsehen Beiträge auswählt, bearbeitet oder selbst verfasst:* er arbeitet als Redakteur bei einer Zeitung, in einem Verlag. *Syn.:* Journalist, Journalistin, Lektor, Lektorin. *Zus.:* Chefredakteur, Chefredakteurin, Sportredakteur, Sportredakteurin, Zeitungsredakteur, Zeitungsredakteurin.

die **Re|dak|ti|on** [redak'tsi̯oːn]; -, -en: **1.** *Abteilung bei einer Zeitung, einem Verlag, beim Rundfunk oder Fernsehen, in der Redakteure, Redakteurinnen arbeiten:* eine Redaktion leiten; in einer Redak-

tion arbeiten. **2.** *Gesamtheit der Redakteure und Redakteurinnen einer Zeitung, eines Verlages, einer Rundfunk- oder Fernsehanstalt:* die Redaktion versammelte sich zu einer Besprechung.

die **Re|de** ['reːdə]; -, -n: **1.** *Vortrag:* sie hielt eine Rede auf den Verstorbenen, vor dem Parlament, zum Tag des Baumes. *Syn.:* Referat. *Zus.:* Abschiedsrede, Antrittsrede, Gedenkrede, Grabrede. **2.** ⟨ohne Plural⟩ *das Sprechen:* die Rede auf etwas, jmdn. bringen, lenken; jmdm. in die Rede fallen; wovon war die Rede? *Syn.:* Gespräch, Unterhaltung.

re|den ['reːdn̩], redet, redete, geredet ⟨itr.; hat⟩: **1.** *sprechen:* laut, leise, undeutlich, langsam reden; ⟨auch tr.⟩ etw. r.⟩ Unsinn, kein Wort reden. *Syn.:* sich äußern, mitteilen. **2.** *ein Gespräch führen:* mit jmdm. reden; wir redeten über das Wetter. *Syn.:* plaudern, plauschen (landsch.), schwatzen, schwätzen (bes. südd.), sprechen, sich unterhalten. **3.** *eine Rede halten:* im Radio, vor einer großen Zuhörerschaft reden. *Syn.:* sprechen, vortragen.

die **Re|dens|art** ['reːdn̩sʔaːɐ̯t]; -, -en: **1.** *feste Verbindung von Wörtern (meist als Satz):* »wenn Ostern und Pfingsten auf einen Tag fallen« ist eine Redensart. *Syn.:* Redewendung. **2.** *nichtssagende Worte:* eine dumme, alberne Redensart; er speiste mich mit Redensarten ab.

die **Re|de|wen|dung** ['reːdəvɛndʊŋ]; -, -en: **1.** *feste Verbindung von Wörtern:* die Redewendung »jmdn. auf die Schippe nehmen«. *Syn.:* Redensart. **2.** ⟨Plural⟩ *gedankenlos gebrauchte Worte:* er antwortete nur mit allgemeinen Redewendungen. *Syn.:* Redensarten ⟨Plural⟩.

re|di|gie|ren [redi'ɡiːrən], redigiert, redigierte, redigiert ⟨tr.; hat; etw. r.⟩: *[als Redakteur, Redakteurin] einen Text für die Veröffentlichung bearbeiten:* sie redigierte den Artikel des Londoner Korrespondenten. *Syn.:* korrigieren.

der **Red|ner** ['reːdnɐ]; -s, -, die **Red|ne|rin** ['reːdnərɪn]; -, -nen: *Person, die eine Rede hält:* ein guter, überzeugender Redner; die Rednerin erhielt großen Applaus. *Syn.:* Referent, Referentin.

re|du|zie|ren [redu'tsiːrən], reduziert, reduzierte, reduziert ⟨tr.; hat; etw. r.⟩: *verringern:* die Preise, Ausgaben, Kosten reduzieren; die Regierung beschloss, ihre Truppen im Ausland zu reduzieren. *Syn.:* begrenzen, beschränken, kürzen.

das **Re|fe|rat** [refe'raːt]; -[e]s, -e: *Abhandlung über ein bestimmtes Thema, die vorge-*

tragen wird: ein Referat ausarbeiten, halten. *Syn.:* Arbeit, Aufsatz, Rede, Vortrag. *Zus.:* Kurzreferat.

der **Re|fe|ren|dar** [referɛn'daːɐ̯]; -s, -e, die **Re|fe|ren|da|rin** [referɛn'daːrɪn]; -, -nen: *Beamter, Beamtin in der Probezeit:* er ist Referendar in Potsdam; sie unterrichtet als Referendarin an einer Grundschule.

der **Re|fe|rent** [refe'rɛnt]; -en, -en, die **Re|fe|ren|tin** [refe'rɛntɪn]; -, -nen: *Person, die ein Referat hält:* Herr Müller, der Referent des heutigen Abends zum Thema »Schulreform«. *Syn.:* Redner, Rednerin.

der **Re|flex** [re'flɛks]; -es, -e: *unwillkürliche Reaktion auf einen von außen kommenden Reiz:* angeborene Reflexe; gute Reflexe haben. *Syn.:* Reaktion. *Zus.:* Greifreflex.

die **Re|form** [re'fɔrm]; -, -en: *Veränderung, Verbesserung des Bestehenden:* politische, soziale Reformen; sich für die Reform der Universitäten einsetzen. *Zus.:* Bildungsreform, Hochschulreform, Rechtschreibreform, Rentenreform, Steuerreform, Währungsreform.

re|for|mie|ren [refɔr'miːrən], reformiert, reformierte, reformiert ⟨tr.; hat; etw. r.⟩: *verändern und dabei verbessern:* die Steuergesetzgebung reformieren.

re|for|miert [refɔr'miːɐ̯t] ⟨Adj.⟩ (schweiz.): *evangelisch, protestantisch:* die reformierte Kirche.

das **Re|gal** [re'gaːl]; -s, -e: *Gestell für Bücher oder Waren:* Bücher ins Regal stellen, aus dem Regal nehmen. *Zus.:* Bücherregal, Wandregal.

das Regal

die **Re|gel** ['reːgl̩]; -, -n: **1.** *Vorschrift für ein Verhalten, Verfahren:* die Regeln der Höflichkeit, des Verkehrs beachten. *Syn.:* Gesetz, Norm. *Zus.:* Anstandsregel, Rechtschreibregel, Spielregel, Verkehrsregel. **2.** ⟨ohne Plural⟩ *regelmäßig, fast ausnahmslos geübte Gewohnheit:* dass sie so früh aufsteht, ist bei ihr die Regel; etw. tun, was von der Regel abweicht; das ist ihm zur Regel geworden, er hat sich zur Regel gemacht. **3.** *Menstruation:* sie bekommt ihre Regel; immer wenn sie ihre Regel hat, ist sie schlecht gelaunt. *Syn.:* Blutung, Periode.

re|gel|mä|ßig ['reːgl̩mɛːsɪç], regelmäßiger, am regelmäßigsten ⟨Adj.⟩: *einer Regel (die durch gleichmäßige Wiederkehr gekennzeichnet ist) entsprechend:* eine regelmäßige Teilnahme an dem Kurs ist erwünscht; die Kranke muss regelmäßig ihre Tabletten einnehmen.

re|geln ['reːgl̩n], regelt, regelte, geregelt ⟨tr.; hat; etw. r.⟩: *in eine bestimmte Ordnung bringen; ordnen:* den Ablauf der Arbeiten regeln; der Polizist, die Ampel regelt den Verkehr; die finanziellen Angelegenheiten müssen zuerst geregelt werden; die Nachfolge ist durch Gesetz geregelt; ⟨auch sich r.⟩ etwas regelt sich von selbst *(etwas kommt von selbst in Ordnung).* *Syn.:* festlegen.

re|gel|recht ['reːgl̩rɛçt] ⟨Adj.⟩: *echt; richtig:* eine regelrechte Schlägerei; ein regelrechter Reinfall; sie war regelrecht beleidigt. *Syn.:* buchstäblich, förmlich, geradezu.

die **Re|ge|lung** ['reːgəlʊŋ]; -, -en: *das Regeln; Art, wie etwas geregelt wird:* eine einheitliche Regelung finden. *Zus.:* Sonderregelung, Übergangsregelung, Verkehrsregelung.

der **Re|gen** ['reːgn̩]; -s, -: *Niederschlag, der aus Wassertropfen besteht:* heftiger, leichter, feiner Regen; der Regen hält an, lässt nach; der Regen trommelt auf das Dach, gegen die Scheiben. *Zus.:* Eisregen, Gewitterregen, Nieselregen, Schneeregen.

der **Re|gen|bo|gen** ['reːgn̩boːgn̩]; -s, -: *bunter Bogen am Himmel, der entsteht, wenn bei Regen die Sonne scheint:* über dem Wald erschien ein Regenbogen.

der **Re|gen|schirm** ['reːgn̩ʃɪrm]; -[e]s, -e: *Schirm zum Schutz gegen Regen:* den Regenschirm aufspannen, zumachen.

re|gie|ren [re'giːrən], regiert, regierte, regiert: **1.** ⟨tr.; hat; jmdn., etw. r.⟩ *über jmdn., etwas herrschen; jmdn., etwas leiten:* ein kleines Volk, ein reiches Land regieren; ein demokratisch regierter Staat. *Syn.:* führen, lenken. **2.** ⟨itr.; hat⟩ *herrschen:* streng, demokratisch, diktatorisch regieren; er regierte zehn Jahre lang.

die **Re|gie|rung** [re'giːrʊŋ]; -, -en: *Gesamtheit der Minister und Ministerinnen eines Landes oder Staates, die die politische Macht ausüben:* die Regierung ist zurückgetreten; eine neue Regierung bilden, ernennen; an die Regierung kommen; der Regierung angehören. *Zus.:* Kantonsregierung, Landesregierung, Militärregierung, Staatsregierung, Übergangsregierung.

R

das **Re|gime** [reˈʒiːm]; -s, - [reˈʒiːmə] (meist abwertend): *einem bestimmten politischen System entsprechende, von ihm geprägte Regierung:* ein totalitäres Regime; die Gegner des Regimes. *Zus.:* Militärregime, Naziregime.

die **Re|gi|on** [reˈɡi̯oːn]; -, -en: *bestimmter [räumlicher] Bereich:* der Krieg in dieser Region dauert schon einige Jahre; in den höheren Regionen des Gebirges schneite es; die einzelnen Regionen *(Abschnitte, Teile)* des menschlichen Körpers. *Syn.:* Bezirk, Gebiet, Gegend. *Zus.:* Schulterregion, Uferregion, Waldregion.

re|gi|o|nal [reɡi̯oˈnaːl] ⟨Adj.⟩: *eine bestimmte Region betreffend:* regionale Besonderheiten, Interessen, Nachrichten; regional begrenzte Maßnahmen.

das **Re|gis|ter** [reˈɡɪstɐ]; -s, -: 1. *alphabetisch geordnetes Verzeichnis in Büchern:* das Register befindet sich am Ende des Buches. *Syn.:* Index, Verzeichnis. *Zus.:* Namenregister, Personenregister, Schlagwortregister, Stichwortregister. 2. *amtliches Verzeichnis:* das Register beim Standesamt einsehen. *Zus.:* Sterberegister, Strafregister, Taufregister.

re|gis|t|rie|ren [reɡɪsˈtriːrən], registriert, registrierte, registriert ⟨tr.; hat; etw. r.⟩: 1. *in ein Register eintragen:* alle Kraftfahrzeuge werden von der Behörde registriert. *Syn.:* verzeichnen. 2. *selbsttätig aufzeichnen:* die Kasse registriert alle Einnahmen. 3. *in das Bewusstsein aufnehmen:* einen Stimmungsumschwung registrieren; sie registrierte mit scharfem Blick die winzigen Veränderungen. *Syn.:* bemerken, wahrnehmen.

reg|nen [ˈreːɡnən], regnet, regnete, geregnet ⟨itr.; hat; unpers.⟩: *als Regen auf die Erde fallen:* es regnet seit drei Stunden.

reg|ne|risch [ˈreːɡnərɪʃ] ⟨Adj.⟩: *gelegentlich leicht regnend:* ein regnerischer Tag; das Wetter war regnerisch.

re|gu|lie|ren [reɡuˈliːrən], reguliert, regulierte, reguliert ⟨tr.; hat; etw. r.⟩: 1. *[wieder] in Ordnung bringen:* die Produktion, den Verkehr regulieren; den Schaden bei der Versicherung regulieren *(regeln).* 2. *die richtige Stärke von etwas einstellen:* die Temperatur, Lautstärke regulieren.

re|gungs|los [ˈreːɡʊŋsloːs] ⟨Adj.⟩: *ohne Bewegung:* eine regungslose Gestalt; regungslos auf dem Boden liegen.

das **Reh** [reː]; -[e]s, -e: *dem Hirsch ähnliches, aber kleineres Tier mit kurzem Geweih:* Rehe sind sehr scheu.

die **Rei|be** [ˈraɪbə]; -, -n: *Gerät, mit dem etwas* (z. B. Käse, Kartoffeln, Möhren, Äpfel) *gerieben wird:* eine Reibe aus Edelstahl.

rei|ben [ˈraɪbn̩], reibt, rieb, gerieben: 1. ⟨tr.; hat; etw. r.⟩ *fest gegen etwas drücken und hin- und herbewegen:* beim Waschen den Stoff reiben; Metall [mit einem Tuch] blank reiben. *Syn.:* abreiben, polieren, scheuern. 2. ⟨tr.; hat; etw. r.⟩ *zerkleinern, indem man es auf einer Reibe hin- und herbewegt:* Käse, Kartoffeln reiben. *Syn.:* schaben. 3. ⟨itr.; hat⟩ *sich so auf der Haut hin- und herbewegen, dass eine wunde Stelle entsteht:* der Kragen reibt am Hals. *Syn.:* kratzen, scheuern.

die **Rei|bung** [ˈraɪbʊŋ]; -, -en: *das Reiben:* durch Reibung entsteht Wärme.

reich [raɪç], reicher, am reichsten ⟨Adj.⟩: 1. *viel besitzend* /Ggs. arm/: eine reiche Frau, ein reiches Land; er ist durch Erdöl reich geworden. *Syn.:* betucht (ugs.), vermögend. 2. *ergiebig:* eine reiche Ernte; ein reiches Vorkommen von Erzen; diese Frucht ist reich an Vitamin C. 3. *in hohem Maße:* eine reiche Auswahl; jmdn. reich belohnen, beschenken; das Buch ist reich bebildert.

das **Reich** [raɪç]; -[e]s, -e: 1. *Land, Staat eines Kaisers, Königs o. Ä:* ein mächtiges Reich; das Reich Alexanders des Großen. *Zus.:* Kaiserreich, Kolonialreich, Königreich, Zarenreich. 2. ⟨mit Attribut⟩ *Bereich, in dem etwas vorwiegt, vorherrscht, in dem jmd. bestimmend ist:* im Reich der Fantasie; das Reich Gottes. *Zus.:* Gedankenreich, Märchenreich, Pflanzenreich, Tierreich.

-reich [raɪç] ⟨adjektivisches Suffix⟩: *drückt in Bildungen mit Nomen aus, dass etwas in großer Menge oder in hohem Maße vorhanden ist:* fettreich; kalorienreich; kenntnisreich; kinderreich; verkehrsreich; vitaminreich.

rei|chen [ˈraɪçn̩], reicht, reichte, gereicht: 1. ⟨tr.; hat; jmdm. etw. r.⟩ (geh.) *etwas so halten, dass es jmd. ergreifen kann:* jmdm. ein Buch reichen; sie reichte ihm zum Abschied die Hand. *Syn.:* geben. 2. ⟨itr.; hat⟩ *genügen:* das Geld reicht nicht bis zum Ende des Monats; der Stoff muss für zwei Röcke reichen. *Syn.:* ausreichen. * **jmdm. reicht es** (ugs.): *jmds. Geduld ist zu Ende:* jetzt reichts mir, ich gehe nach Hause! 3. ⟨itr.; hat; irgendwohin r.⟩ *sich bis zu einem Punkt, einer Grenze ausdehnen:* ihr Garten reicht bis zur Straße.

der **Reich|tum** [ˈraɪçtuːm]; -s, Reichtümer [ˈraɪçtyːmɐ]: *Vermögen, Besitz von wert-*

vollen Dingen: sie war durch eine Erbschaft zu Reichtum gelangt.

reif [raif], reifer, am reifsten ⟨Adj.⟩: **1.** *für
die Ernte, zum Pflücken geeignet: reifes
Obst, Getreide; die Früchte sind reif.*
2. *durch Erfahrung geprägt:* sie ist sehr
reif für ihr Alter; die 14-Jährigen sind
heute reifer als zu meiner Zeit; du bist
reifer geworden. **3.** * **reif für etwas sein:**
*einen Zustand erreicht haben, in dem
etwas möglich oder notwendig wird:* ich
bin reif für den Urlaub.

der **Reif** [raif]; -[e]s: *weißer Belag aus gefrorenem Tau:* am Morgen lag Reif auf den
Wiesen; die Zweige sind mit Reif
bedeckt.

die **Rei|fe** ['raifə]; -: *durch Erfahrung geprägter,
seelisch stabiler Zustand:* ihr Verhalten
zeugt von mangelnder Reife; sie hat die
Schule mit der mittleren Reife beendet
(mit dem Abschluss der Realschule).

der **Rei|fen** ['raifn̩]; -s, -: *mit Luft gefüllte Hülle
aus Gummi, die bei Fahrrädern und
Autos den Rand des Rades bildet:* der
Reifen ist geplatzt, hat ein Loch; den
Reifen wechseln. *Zus.:* Autoreifen,
Ersatzreifen, Fahrradreifen, Reserve-
reifen, Sommerreifen, Winterreifen.

der Reifen

die **Rei|fe|prü|fung** ['raifəpry:fʊŋ]; -, -en:
*Abschlussprüfung an einer höheren
Schule:* die Reifeprüfung ablegen, bestehen. *Syn.:* Abitur, Matura (österr.,
schweiz.).

das **Rei|fe|zeug|nis** ['raifətsɔyknɪs]; -ses, -se:
Zeugnis über die abgelegte Reifeprüfung:
das Reifezeugnis ist Voraussetzung für
das Studium an einer Universität.

die **Rei|he** ['raiə]; -, -n: **1.** *mehrere in einer Linie
stehende Personen oder Dinge:* sich in
einer Reihe aufstellen. *Zus.:* Sitzreihe,
Stuhlreihe, Zuschauerreihe. **2.** *größere
Anzahl von Personen, Dingen:* sie hat
eine Reihe von Vorträgen gehalten; eine
ganze Reihe [von] Frauen hat/haben
protestiert. *Syn.:* Anzahl, Serie. **3.** in den
Verbindungen* **an der Reihe sein, an
die Reihe kommen:** *nicht mehr warten
müssen:* endlich kam der kleine Junge an
die Reihe und durfte sein Gedicht aufsa-
gen; nach dem Herrn mit dem schwarzen Hut sind wir an der Reihe.

die **Rei|hen|fol|ge** ['raiənfɔlgə]; -, -n: *Ordnung,
in der eine Person oder Sache nach der
anderen folgt:* etwas in zeitlicher, alphabetischer Reihenfolge behandeln; Ziffern in die richtige Reihenfolge bringen.

das **Rei|hen|haus** ['raiənhaus]; -es, Reihenhäu-
ser ['raiənhɔyzɐ]: *Haus, das mit anderen
Häusern eine Reihe bildet und in gleicher
Weise wie diese gebaut ist:* sie bewohn-
ten ein unauffälliges Reihenhaus.

der **Reim** [raim]; -[e]s: *gleichklingendes
Ende zweier Zeilen eines Gedichts:* einen
Reim auf ein bestimmtes Wort suchen.

rei|men ['raimən], reimt, reimte, gereimt
⟨sich [auf etw. (Akk.)] r.⟩: *die gleiche Form des
Reims haben; gleich klingen:* welches
Wort reimt sich auf »lachen«?; die Wörter »Herz« und »Schmerz« reimen sich.

¹**rein** [rain], reiner, am reinsten ⟨Adj.⟩:
1. *nicht mit etwas vermischt:* ein Kleid
aus reiner Seide. **2.** *sauber:* reine
Wäsche; eine reine Haut. **3.** *ohne Sünde:*
ein reines Gewissen, ein reines Herz
haben.

²**rein** [rain] ⟨Adverb⟩: *ausschließlich:* der
Brief hat rein persönlichen Charakter.

³**rein** [rain] ⟨Adverb⟩ (ugs.): *herein, hinein:*
rein mit euch!; alle Abfälle hier rein!

das **Rei|ne|ma|chen** ['rainəmaxn̩]; -s: *das Auf-
räumen und Saubermachen (in Zim-
mern):* vor Ostern begann ein großes
Reinemachen in der ganzen Wohnung.
Syn.: Großreinemachen.

rei|ni|gen ['rainɪgn̩], reinigt, reinigte,
gereinigt ⟨tr.; hat⟩: *säubern:* die Treppe
reinigen; eine Wunde reinigen; die Kleider chemisch reinigen lassen.

die **Rei|ni|gung** ['rainɪgʊŋ]; -, -en: **1.** ⟨ohne Plu-
ral⟩ *das Reinigen:* einen Filter zur Reinigung der Abgase einbauen. *Zus.:* Stra-
ßenreinigung, Treppenreinigung.
2. *Unternehmen, das Kleidung reinigt:*
etwas von der Reinigung abholen. *Zus.:*
Expressreinigung, Schnellreinigung.

der **Reis** [rais]; -es: *Nahrungsmittel, das in
warmen Ländern auf Feldern mit viel
Wasser wächst und aus kleinen weißen
Körnern besteht:* Reis anbauen, pflan-
zen, ernten; mittags gab es Huhn mit
Reis und Gemüse.

die **Rei|se** ['raizə]; -, -n: *Fahrt zu einem ent-
fernteren Ort:* eine weite Reise machen;
eine Reise in die Schweiz, nach Finnland, um die Welt, durch die USA; auf
ihren Reisen hat sie viele Menschen ken-
nengelernt. *Zus.:* Auslandsreise, Flug-
reise, Geschäftsreise, Urlaubsreise.

das **Rei|se|bü|ro** ['raizəbyro:]; -s, -s: *Unterneh-*

men, *das Reisen vermittelt und verkauft:* einen Flug über ein Reisebüro buchen.

der **Rei|se|füh|rer** ['raizəfy:rɐ]; -s, -: **1.** *männliche Person, die Reisende betreut und ihnen die Sehenswürdigkeiten am jeweiligen Ort zeigt:* er arbeitet als Reiseführer in Rom. **2.** *Buch, in dem Sehenswürdigkeiten beschrieben und andere Informationen für Reisende gegeben werden:* das neue Museum wurde in meinem alten Reiseführer noch nicht erwähnt.

die **Rei|se|füh|re|rin** ['raizəfy:rərɪn]; -, -nen: *weibliche Person, die Reisende betreut und ihnen die Sehenswürdigkeiten am jeweiligen Ort zeigt:* unsere Reiseführerin sprach perfekt Spanisch.

die **Rei|se|kran|ken|ver|si|che|rung** ['raizəkraŋknfɐ̯zɪçərʊŋ]; -, -en: *Versicherung, die für die Kosten einer Krankheit während einer Reise aufkommt:* eine Reisekrankenversicherung abschließen.

rei|sen ['raizn̩], reist, reiste, gereist ⟨itr.; ist⟩: *eine Reise machen:* wir reisen ans Meer, in die Berge, nach Paris.

der *und* die **Rei|sen|de** ['raizn̩də]; -n, -n ⟨aber: [ein] Reisender, [eine] Reisende, Plural: [viele] Reisende⟩: *Person, die eine Reise macht:* die Reisenden nach England, in die USA. *Zus.:* Geschäftsreisender, Geschäftsreisende.

der **Rei|se|pass** ['raizəpas]; -es, Reisepässe ['raizəpɛsə]: *Pass:* Sie brauchen für eine Reise nach Russland einen gültigen Reisepass und ein Visum.

das **Rei|se|zen|trum** ['raizətsɛntrʊm]; -s, Reisezentren ['raizətsɛntran]: *Stelle in einem größeren Bahnhof, an der Fahrkarten verkauft werden:* das Reisezentrum macht gleich zu *(schließt).*

rei|ßen ['raisn̩], reißt, riss, gerissen: **1.** ⟨tr.; hat; etw. r.⟩ *gewaltsam, durch kräftiges Ziehen in Stücke teilen:* Papier in kleine Stücke reißen. **2.** ⟨itr.; ist⟩ *mit einem Ruck (in zwei Teile) auseinandergehen:* unter der großen Last ist das Seil gerissen; die Schnur, das Papier reißt leicht. **3.** ⟨tr.; hat; jmdm. etw. von/aus etw. r.⟩ *mit raschem und festem Griff gewaltsam wegnehmen:* jmdm. ein Buch aus der Hand reißen; man hat ihm die Kleider vom Leib gerissen. **4.** ⟨sich um etw. r.⟩ (ugs.) *sich heftig darum bemühen, etwas zu bekommen:* die Fans rissen sich um die Eintrittskarten für das Konzert.

rei|ßend ['raisn̩t], reißender, am reißendsten ⟨Adj.⟩: **1.** *wild, heftig strömend:* ein reißender Fluss; in der reißenden Strömung konnte das Schiff nicht gesteuert

werden. **2.** *sehr schnell (zu verkaufen):* die Zeitung fand reißenden Absatz.

der **Reiß|na|gel** ['raisna:gl̩]; -s, Reißnägel ['raisnɛ:gl̩]: *Reißzwecke:* sie hatte das Poster mit Reißnägeln befestigt.

der **Reiß|ver|schluss** ['raisfɐ̯ʃlʊs]; -es, Reißverschlüsse ['raisfɐ̯ʃlʏsə]: *Verschluss an Kleidungsstücken oder Taschen, bei dem eine Art kleine Zähne ineinandergreifen:* der Reißverschluss klemmt; den Reißverschluss öffnen, zumachen.

 der Reißverschluss

die **Reiß|zwe|cke** ['raistsvɛkə]; -, -n: *kurzer Nagel mit breitem oberem Teil, der sich mit dem Finger in Holz oder in eine Wand drücken lässt:* das Foto war mit Reißzwecken an der Wand befestigt. *Syn.:* Reißnagel.

rei|ten ['raitn̩], reitet, ritt, geritten ⟨itr.; ist⟩ *sich von einem Pferd (oder einem entsprechenden Tier) auf dem Rücken tragen lassen:* sie ist auf ihrem Pferd durch den Wald geritten.

der **Rei|ter** ['raitɐ]; -s, -, die **Rei|te|rin** ['raitərɪn]; -, -nen: *Person, die reitet:* ein Reiter sprang mit seinem Pferd über den Graben.

der **Reiz** [raits]; -es, -e: **1.** *von außen oder innen kommende Wirkung auf einen Organismus:* der Reiz des grellen Lichts auf ihre Augen. *Zus.:* Brechreiz, Hustenreiz, Juckreiz. **2.** *das Interesse weckende Wirkung:* alles Fremde übt einen starken Reiz auf sie aus.

rei|zen ['raitsn̩], reizt, reizte, gereizt: **1.** ⟨tr.; hat; jmdn. r.⟩ *sehr ärgern, in heftige Erregung versetzen:* du reizt ihn, wenn du ihm dauernd widersprichst. *Syn.:* provozieren. **2.** ⟨tr.; hat; etw. r.⟩ *eine Wirkung auf einen Organismus auslösen:* die grelle Sonne hat ihre Augen gereizt. **3.** ⟨tr.; hat; jmdn. r.⟩ *jmds. Interesse für etwas, in jmdm. den Wunsch nach etwas erregen:* die Aufgabe reizt ihn; es reizt sie immer, etwas Neues anzufangen.

rei|zend ['raitsn̩t], reizender, am reizendsten ⟨Adj.⟩: *besonderes Gefallen erregend:* ein reizendes Kind; sie hat zwei ganz reizende Töchter. *Syn.:* bezaubernd.

die **Re|kla|ma|ti|on** [reklama'tsjo:n]; -, -en: *das Hinweisen auf einen Mangel, Fehler bei einer Ware oder Dienstleistung:* auf-

R

grund seiner Reklamation bekam der Kunde ein neues Gerät.

die **Re|kla|me** [re'kla:mə]; -, -n: *Werbung:* für etwas Reklame machen. *Zus.:* Waschmittelreklame, Zigarettenreklame.

der **Re|kord** [re'kɔrt]; -[e]s, -e: *(in bestimmten Sportarten) bisher noch nicht erreichte Leistung:* ein neuer, olympischer Rekord; mit diesem Sprung stellte sie einen neuen Rekord auf. *Zus.:* Weltrekord.

der **Re|kor|der** [re'kɔrdɐ], Re|cor|der; der; -s, -: *Gerät zur Aufzeichnung und Wiedergabe (von Musik, Filmen) auf Bändern:* sie schob die Kassette mit dem Film in den Rekorder.

der **Rek|tor** ['rɛkto:ɐ̯]; -s, Rektoren [rɛk-'to:rən], die **Rek|to|rin** [rɛk'to:rɪn]; -, -nen: **1.** *Person, die gewählt wird, um eine Hochschule zu repräsentieren:* sie ist die erste Rektorin in der Geschichte unserer Hochschule. *Syn.:* Präsident, Präsidentin. **2.** *Leiter, Leiterin einer Schule:* der Rektor bat die beiden neuen Lehrer, in sein Büro zu kommen.

re|la|tiv [rela'ti:f] ⟨Adj.⟩: *verglichen mit etwas anderem, verhältnismäßig:* ein relativ günstiger Preis; wir hatten einen relativ milden Winter.

re|le|vant [rele'vant], relevanter, am relevantesten ⟨Adj.⟩: *in einem bestimmten Zusammenhang bedeutsam, wichtig:* dieser Punkt ist für unser Thema nicht relevant; wir berichten über alle politisch relevanten Ereignisse.

die **Re|li|gi|on** [reli'gjo:n]; -, -en: *Glaube an Gott oder an ein göttliches Wesen und der sich daraus ergebende Kult:* die jüdische, christliche, islamische Religion; die Religion der Buddhisten.

re|li|gi|ös [reli'gjø:s], religiöser, am religiösesten ⟨Adj.⟩: *einer Religion angehörend, von ihr bestimmt:* die religiöse Erziehung der Kinder; sie ist sehr religiös. *Syn.:* fromm, gläubig.

das **Ren|dez|vous** [rãde'vu:]; - [rãde'vu:(s)], - [rãde'vu:s]: *Verabredung von Verliebten:* ein Rendezvous mit jmdm. haben; sie kam in das Café zum Rendezvous.

ren|nen ['rɛnən], rennt, rannte, gerannt ⟨itr.; ist⟩: **1.** *[schnell] laufen:* sie rannte, um den Bus noch zu erreichen. **2.** *heftig an jmdn., etwas stoßen:* er ist im Dunkeln gegen den Schrank gerannt.

das **Ren|nen** ['rɛnən]; -s, -: *Wettbewerb im Laufen, Reiten oder Fahren:* das Rennen findet am Nachmittag statt; an einem Rennen teilnehmen. *Zus.:* Autorennen, Hindernisrennen, Pferderennen, Radrennen.

re|no|vie|ren [reno'vi:rən], renoviert, renovierte, renoviert ⟨tr.; hat; etw. r.⟩: *wieder instand setzen:* eine Wohnung, ein Haus renovieren; das Hotel ist frisch renoviert.

die **Ren|te** ['rɛntə]; -, -n: *Einkommen aus einer gesetzlichen oder privaten Versicherung (für jmdn., der nicht mehr arbeitet):* er hat nur eine kleine Rente; Rente beantragen, bekommen; Anspruch auf eine Rente haben. *Syn.:* Pension, Ruhegeld. *Zus.:* Invalidenrente, Zusatzrente. * **in Rente gehen** (ugs.): *weil man das entsprechende Alter erreicht hat, nicht mehr arbeiten und eine Rente beziehen:* letztes Jahr ist sie in Rente gegangen.

die **Ren|ten|ver|si|che|rung** ['rɛntn̩fɛɐ̯zɪçərʊŋ]; -, -en: *Versicherung, die für die Rente aufkommt:* die Beiträge für die gesetzliche Rentenversicherung werden automatisch vom Gehalt abgezogen.

ren|tie|ren [rɛn'ti:rən], rentiert, rentierte, rentiert ⟨sich r.⟩: *von Nutzen sein; Gewinn bringen:* der Laden rentiert sich; diese Ausgabe hat sich nicht rentiert.

der **Rent|ner** ['rɛntnɐ]; -s, -, die **Rent|ne|rin** ['rɛntnərɪn]; -, -nen: *Person, die eine Rente bezieht:* für Rentner und Rentnerinnen gibt es billigere Eintrittskarten. *Syn.:* Pensionär, Pensionärin.

die **Re|pa|ra|tur** [repara'tu:ɐ̯]; -, -en: *Arbeit zur Beseitigung eines Mangels, Schadens:* eine Reparatur ausführen; eine Reparatur des Radios wäre teurer als der Kauf eines neuen. *Zus.:* Autoreparatur.

re|pa|rie|ren [repa'ri:rən], repariert, reparierte, repariert ⟨tr.; hat; etw. r.⟩: *eine Reparatur ausführen:* ein Auto reparieren; er hat die Waschmaschine nur provisorisch reparieren können.

die **Re|por|ta|ge** [repɔr'ta:ʒə]; -, -n: *ausführlicher Bericht in der Presse, im Rundfunk oder Fernsehen:* eine Reportage über das Leben beim Zirkus schreiben, machen.

der **Re|por|ter** [re'pɔrtɐ]; -s, -, die **Re|por|te|rin** [re'pɔrtərɪn]; -, -nen: *Person, die beruflich Reportagen macht:* der Sieger wurde von zahlreichen Reportern interviewt. *Syn.:* Journalist, Journalistin.

re|prä|sen|tie|ren [reprɛzɛn'ti:rən], repräsentiert, repräsentierte, repräsentiert: **1.** ⟨itr.; hat⟩ *seiner Stellung, Funktion entsprechend in der Öffentlichkeit auftreten:* er kann gut repräsentieren. **2.** ⟨tr.; hat; jmdn., etw. r.⟩ *nach außen vertreten:* sie repräsentiert eine große Firma, einen Verband der chemischen Industrie.

das **Rep|til** [rɛp'ti:l]; -s, Reptilien [rɛp'ti:li̯ən]:

Tier mit einer meist von Schuppen bedeckten Haut: im Zoo konnten wir Schlangen, Krokodile und andere Reptilien sehen.

die **Re|pu|blik** [repuˈbliːk]; -, -en: *Staatsform, bei der die oberste Gewalt durch Personen ausgeübt wird, die für eine bestimmte Zeit vom Volk oder dessen Vertretern gewählt werden:* demokratische, sozialistische Republiken; die Republik ausrufen. *Zus.:* Volksrepublik.

die **Re|ser|ve** [reˈzɛrvə]; -, -n: **1.** *etwas, was nicht gleich verbraucht, sondern für später, besonders für Notfälle, aufgehoben wird:* sich eine Reserve an Lebensmitteln anlegen; bald werden auch die letzten Reserven verbraucht sein. *Syn.:* Vorrat. *Zus.:* Energiereserve, Kraftreserve. **2.** in der Verbindung * **jmdn. aus der Reserve locken:** *jmdn. dazu bewegen, seine Vorsicht, sein Schweigen aufzugeben und sich offen zu äußern:* sie ließ sich auch durch provozierende Bemerkungen nicht aus der Reserve locken.

re|ser|vie|ren [rezɛrˈviːrən], reserviert, reservierte, reserviert ⟨tr.; hat; [jmdm., für jmdn.] etw. r.⟩: *für jmdn. frei halten, aufheben, nicht an andere geben:* können Sie uns bitte einen Platz in der ersten Reihe reservieren?; man hat für uns einen Tisch am Fenster reserviert.

re|ser|viert [rezɛrˈviːɐ̯t], reservierter, am reserviertesten ⟨Adj.⟩: *anderen Menschen, einer Sache gegenüber nicht sehr offen, eher skeptisch:* er steht dem Vorschlag sehr reserviert gegenüber.

re|si|gnie|ren [reziˈɡniːrən], resigniert, resignierte, resigniert ⟨itr.; hat⟩: *aufgrund von Misserfolgen, Enttäuschungen seine Pläne aufgeben, sich entmutigt mit etwas abfinden:* nach jahrelangem vergeblichem Kampf mit den Behörden resignierte er schließlich.

der **Res|pekt** [reˈspɛkt]; -[e]s: *Achtung, die auf Anerkennung und Bewunderung beruht:* vor jmdm. Respekt haben; es am nötigen Respekt fehlen lassen. *Syn.:* Hochachtung.

res|pek|tie|ren [respɛkˈtiːrən], respektiert, respektierte, respektiert ⟨tr.; hat⟩: **1.** ⟨jmdn. r.⟩ *(vor jmdm.) Respekt haben:* die Kinder respektieren die Lehrerin. *Syn.:* achten, anerkennen, schätzen. **2.** ⟨etw. r.⟩ *als legitim anerkennen, gelten lassen:* ich respektiere ihren Standpunkt, ihre Entscheidung. *Syn.:* akzeptieren.

der **Rest** [rɛst]; -[e]s, -e: *etwas, was als meist*

kleinerer Teil von etwas übrig geblieben, noch vorhanden ist: von dem Käse, von dem Wein ist noch ein Rest da; ein Rest Farbe; den Rest des Tages schliefen sie; den Rest des Weges zu Fuß gehen. *Syn.:* Überrest. *Zus.:* Speiserest.

das **Res|tau|rant** [rɛstoˈrãː]; -s, -s: *Gaststätte, die besonders wegen des Essens besucht wird:* ein kleines, teures, italienisches Restaurant; ins Restaurant gehen. *Syn.:* Gasthaus, Gasthof, Gastwirtschaft, Lokal. *Zus.:* Bahnhofsrestaurant, Selbstbedienungsrestaurant.

rest|lich [ˈrɛstlɪç] ⟨Adj.⟩: *einen Rest darstellend:* das restliche Geld; ich werde die restlichen Arbeiten später erledigen. *Syn.:* übrig.

rest|los [ˈrɛstloːs] ⟨Adj.⟩ (ugs.): *ganz und gar:* bis zur restlosen Erschöpfung; ich bin restlos begeistert. *Syn.:* ganz, hundertprozentig, komplett, total, völlig.

das **Re|sul|tat** [rezʊlˈtaːt]; -[e]s, -e: *Ergebnis:* das Resultat der Rechnung stimmte; die neuesten Resultate der Forschung; ein gutes Resultat erreichen, erzielen. *Zus.:* Endresultat, Gesamtresultat.

ret|ten [ˈrɛtn̩], rettet, rettete, gerettet ⟨tr.; hat⟩: **1.** ⟨jmdn. r.⟩ *(vor dem drohenden Tod) bewahren; (aus einer Gefahr, einer bedrohlichen Situation) befreien:* einen Ertrinkenden retten; jmdn. aus Lebensgefahr retten; er konnte sich durch einen Sprung aus dem Fenster retten. *Syn.:* bergen. **2.** ⟨etw. r.⟩ *vor der Zerstörung bewahren:* jmdm. das Leben retten; den Baumbestand retten; den Restaurator konnte das Gemälde retten. *Syn.:* erhalten. **3.** ⟨jmdn., etw. irgendwohin r.⟩ *in Sicherheit bringen:* sich ans Ufer retten; seine Habe, sich ins Ausland retten.

der **Ret|tich** [ˈrɛtɪç]; -s, -e: *essbare, würzig bis scharf schmeckende Wurzel einer bestimmten Pflanze:* zwei Rettiche; ein Kilo Rettich.

die **Ret|tung** [ˈrɛtʊŋ]; -, -en: **1.** *das Gerettetwerden:* für den Verletzten gab es keine Rettung. **2.** (österr.) *Krankenwagen:* er wurde mit der Rettung ins Spital gebracht.

die **Reue** [ˈrɔʏə]; -: *tiefes Bedauern über eine als übel, falsch erkannte eigene Handlung:* Reue empfinden, zeigen.

reu|mü|tig [ˈrɔʏmyːtɪç], reumütiger, am reumütigsten ⟨Adj.⟩: *von Reue erfüllt, Reue zeigend:* er kehrte reumütig zu den Eltern zurück. *Syn.:* zerknirscht.

das **Re|vier** [reˈviːɐ̯]; -s, -e: **1.** *(einer bestimmten Person, einem bestimmten Tier zugeord-*

neter) begrenzter Bereich: das Revier eines Försters; der Hirsch verteidigt sein Revier. *Syn.:* Bezirk, Gebiet. *Zus.:* Forstrevier, Jagdrevier. **2.** *Wache der Polizei, die für einen bestimmten Bezirk zuständig ist:* jmdn. aufs Revier bringen.

die **Re|vo|lu|ti|on** [revolu'tsi̯o:n]; -, -en: **1.** *Umsturz, der auf eine tief greifende Veränderung der bestehenden politischen und gesellschaftlichen Verhältnisse ausgerichtet ist:* eine Revolution ist ausgebrochen; die Französische Revolution. *Syn.:* Aufstand. *Zus.:* Kulturrevolution, Volksrevolution, Weltrevolution. **2.** *tief greifende Veränderung, die einen bestimmten Bereich des Lebens betrifft:* die industrielle, technische Revolution.

re|vo|lu|ti|o|när [revolutsi̯o'nɛ:ɐ̯] ⟨Adj.⟩: **1.** *die Revolution betreffend, von den Ideen einer Revolution bestimmt:* revolutionäre Ziele, Lieder. **2.** ⟨revolutionärer, am revolutionärsten⟩ *eine tief greifende Veränderung darstellend, was sich bringend:* eine revolutionäre Erfindung.

re|vo|lu|ti|o|nie|ren [revolutsi̯o'ni:ran], revolutioniert, revolutionierte, revolutioniert ⟨tr.; hat; etw. r.⟩: *von Grund aus umgestalten, verändern:* diese Maschine revolutioniert unsere Technik.

das **Re|zept** [re'tsɛpt]; -[e]s, -e: **1.** *vom Arzt ausgestelltes Dokument, das der Patient in der Apotheke vorlegen muss, um ein bestimmtes Medikament zu bekommen:* ein Rezept [aus]schreiben, ausstellen; das Medikament gibt es nur auf Rezept; den Arzt um ein Rezept bitten. **2.** *Anleitung für die Zubereitung von Speisen:* ein Rezept ausprobieren; genau nach Rezept kochen. *Zus.:* Backrezept, Kochrezept.

die **Re|zep|ti|on** [retsɛp'tsi̯o:n]; -, -en: *Raum eines Hotels, in dem man sich anmeldet und die Schlüssel bekommt:* an der Rezeption nach dem Schlüssel fragen; bei der Rezeption anrufen.

der **Rha|bar|ber** [ra'barbɐ]; -s: *dicke, saftige, säuerlich schmeckende Stiele einer bestimmten Pflanze:* ein Kompott aus Äpfeln und Rhabarber.

das **Rheu|ma** ['rɔyma]; -s, der **Rheu|ma|tis|mus** [rɔyma'tɪsmʊs]; -: *schmerzhafte Erkrankung der Gelenke, Muskeln, Nerven, Sehnen:* sie hat Rheuma. *Zus.:* Gelenkrheuma, Gelenkrheumatismus.

rhyth|misch ['rʏtmɪʃ], rhythmischer, am rhythmischsten ⟨Adj.⟩: *nach einem Rhythmus erfolgend:* rhythmische Gymnastik; das rhythmische Stampfen der Maschine.

der **Rhyth|mus** ['rʏtmʊs]; -, Rhythmen ['rʏtmən]: *Ablauf von Bewegungen oder Tönen in einem bestimmten Takt:* der Rhythmus der Musik; der Tänzer geriet aus dem Rhythmus.

rich|ten ['rɪçtn̩], richtet, richtete, gerichtet: **1.** ⟨etw. irgendwohin r.⟩ *einer Sache eine bestimmte Richtung geben, etwas irgendwohin zielen lassen:* den Blick nach oben, in die Ferne richten; er richtete die Waffe auf sie; einen Appell, eine Frage, einen Brief an jmdn. richten; einen Vorwurf gegen jmdn. richten. **2.** ⟨sich nach jmdm., etw. r.⟩ *von jmdm., etwas beeinflusst werden, abhängig sein:* ich richte mich ganz nach Ihnen, nach Ihren Wünschen; die Bezahlung richtet sich nach dem Tarif; unser Vorgehen wird sich nach den jeweiligen Umständen richten müssen.

der **Rich|ter** ['rɪçtɐ]; -s, -, die **Rich|te|rin** ['rɪçtərɪn]; -, -nen: *Person, die gerichtliche Entscheidungen trifft:* die Richterin ließ Milde walten. *Zus.:* Jugendrichter, Jugendrichterin, Untersuchungsrichter, Untersuchungsrichterin, Verfassungsrichter, Verfassungsrichterin.

rich|tig ['rɪçtɪç] ⟨Adj.⟩: **1.** ⟨richtiger, am richtigsten⟩ *bestimmten Kriterien entsprechend, bestimmte Anforderungen erfüllend; nicht falsch:* der richtige Weg; eine richtige Lösung; die richtige Entscheidung; den richtigen Zeitpunkt wählen, verpassen; ich halte das nicht für richtig; etwas richtig beurteilen, verstehen; ein Wort richtig schreiben, übersetzen; die Uhr geht richtig. **2.** *alle Merkmale von etwas aufweisend:* seine Kinder sollten erst einen richtigen Beruf lernen; wir haben schon seit Jahren keinen richtigen Sommer mehr gehabt; die Kinder spielen mit richtigem *(echtem)* Geld; sie ist nicht seine richtige *(leibliche)* Mutter; du bist ein richtiger (ugs.; *regelrechter)* Feigling; etwas richtig können; erst mal muss ich richtig ausschlafen; hier ist es richtig gemütlich; er wurde richtig wütend.

die **Rich|tung** ['rɪçtʊŋ]; -, -en: **1.** *Verlauf auf ein bestimmtes Ziel zu:* eine andere Richtung einschlagen; die Richtung ändern; ein Schritt in die richtige Richtung. *Zus.:* Blickrichtung, Fahrtrichtung, Flugrichtung, Marschrichtung. **2.** *spezielle Ausprägung innerhalb eines geistigen Bereichs:* die politische Richtung bestimmen; die verschiedenen Richtungen in der Kunst. *Zus.:* Fachrichtung,

R

Forschungsrichtung, Geistesrichtung, Kunstrichtung, Stilrichtung.

rie|chen ['riːçn̩], riecht, roch, gerochen: **1.** ⟨tr.; hat; jmdn., etw. r.⟩ *mit der Nase wahrnehmen:* ich rieche Gas; riechst du wirklich nichts?; der Hund hat uns schon gerochen; etwas nicht riechen können *(den Geruch von etwas nicht mögen).* **2.** ⟨itr.; hat; an etw. (Dativ) r.⟩ *den Geruch von etwas wahrnehmen wollen, indem man die Nase daran hält und schnuppert:* an einer Rose riechen; lass mich mal an dem Fisch riechen. *Syn.:* schnüffeln. **3.** ⟨itr.; hat⟩ *einen bestimmten Geruch haben, verbreiten:* der Kaffee riecht gut; er riecht aus dem Mund; der Käse riecht stark, köstlich; hier riecht es gut, schlecht, nach Gas, nach Essen.

rief [riːf]: ↑ rufen.

der Riegel (1)

der **Rie|gel** ['riːɡl̩]; -s, -: **1.** *Stab aus Metall als Teil einer Vorrichtung zum Verschließen von Türen usw.:* den Riegel an der Tür vorschieben, zurückschieben. *Syn.:* Sperre. *Zus.:* Eisenriegel, Fensterriegel, Türriegel. **2.** * **einer Sache einen Riegel vorschieben:** *etwas verhindern:* wir müssen diesem Missbrauch einen Riegel vorschieben. **3.** *Stück von etwas, meist unterteilt und in der Form einer Stange:* ein Riegel Schokolade, Seife. *Zus.:* Schoko[laden]riegel.

der Riegel (3)

der **Rie|men** ['riːmən]; -s, -: *schmaler, längerer Streifen aus Leder, festem Gewebe oder Kunststoff:* ein breiter Riemen; er hat den alten Koffer mit einem Riemen verschnürt. *Syn.:* ¹Band, Gurt. *Zus.:* Halteriemen, Lederriemen, Tragriemen.

der **Rie|se** ['riːzə]; -n, -n: **1.** *(in Märchen) Wesen von großer menschlicher Gestalt* /Ggs. Zwerg/: ein wilder, böser, gutmütiger, schwerfälliger Riese. **2.** *(scherzh.) besonders großer Mensch:* er ist ein richtiger Riese!

rie|sig ['riːzɪç] ⟨Adj.⟩: **1.** ⟨riesiger, am riesigsten⟩ *außerordentlich groß:* ein riesiger Fisch, Elefant; eine riesige Menschenmenge; eine riesige Freude, Anstrengung. *Syn.:* gewaltig, gigantisch.

2. ⟨verstärkend bei Adjektiven und Verben⟩ *sehr:* riesig groß, lang, interessant, nett; ich habe mich riesig gefreut.

die **Rie|sin** ['riːzɪn]; -, -nen: weibliche Form zu ↑ Riese.

riet [riːt]: ↑ raten.

die **Ril|le** ['rɪlə]; -, -n: *längere schmale und tiefere Linie in der Oberfläche von etwas:* die Rillen der Säule, in dem Glas.

das **Rind** [rɪnt]; -[e]s, -er: *großes, Hörner tragendes Haustier, das Milch gibt und dessen Fleisch gegessen wird:* Rinder halten, züchten; ein Stück Filet vom Rind. *Syn.:* Kuh. *Zus.:* Hausrind, Zuchtrind.

die **Rin|de** ['rɪndə]; -, -n: **1.** *äußere, feste, oft harte Schicht von Bäumen und Sträuchern:* raue, rissige, glatte Rinde. *Zus.:* Baumrinde, Birkenrinde, Buchenrinde, Eichenrinde, Tannenrinde. **2.** *äußere, härtere Schicht von etwas Weichem:* bei dem Käse kann man die Rinde mitessen; das Brot hat eine sehr harte Rinde. *Syn.:* Kruste. *Zus.:* Brotrinde, Käserinde.

das **Rind|fleisch** ['rɪntflaɪʃ]; -[e]s: *Fleisch vom Rind:* die Wurst enthält kein Rindfleisch.

der **Ring** [rɪŋ]; -[e]s, -e: **1.** *gleichmäßig runder, in sich geschlossener Gegenstand in der Form eines Kreises:* einen goldenen Ring am Finger tragen. *Zus.:* Armring, Dichtungsring, Fingerring, Gardinenring, Goldring, Gummiring, Metallring, Ohrring, Schlüsselring, Silberring.

2. *Gebilde, Anordnung, Figur in der Form eines Kreises:* das Glas hinterließ einen feuchten Ring auf dem Tisch; die olympischen Ringe; sie bildeten, schlossen einen Ring um mich *(stellten sich um mich herum).* *Zus.:* Baumring, Jahr[es]ring, Rauchring.

rin|gen ['rɪŋən], ringt, rang, gerungen: **1.** ⟨itr.; hat; mit jmdm. r.⟩ *mit körperlichem Einsatz [nach bestimmten Regeln] so kämpfen, dass der Gegner durch bestimmte Griffe bezwungen wird:* mit jmdm. ringen; * **mit etwas ringen:** *sich mit etwas intensiv beschäftigen und es zu bewältigen suchen:* mit einem Problem ringen. **2.** ⟨itr.; hat; um etw. r.⟩ *sich angestrengt, unter Einsatz aller Kräfte bemühen, etwas Bestimmtes zu erreichen, zu verwirklichen:* zäh, hart um den Sieg, um Erfolg, um Anerkennung ringen; sie rangen alle drei um dieses Amt.

rings [rɪŋs] ⟨Adverb⟩: *im Kreis, im Bogen um jmdn., etwas, auf allen Seiten:* der Ort ist rings von Bergen umgeben.

die **Rip|pe** ['rɪpə]; -, -n: **1.** *schmaler Knochen im*

Oberkörper in der Form eines Bogens: er hat sich bei dem Sturz eine Rippe gebrochen. **2.** *Gegenstand, der einer Rippe im Körper ähnlich ist, daran erinnert:* der Heizkörper hat 25 Rippen.

das **Ri|si|ko** [ˈriːziko]; -s, -s und Risiken [ˈriːzikn̩]: *[nicht ausgeschlossene, bewusst in Kauf genommene] Möglichkeit, zu Schaden zu kommen:* das Risiko übernehmen, tragen; sich auf kein Risiko einlassen. *Zus.:* Gesundheitsrisiko, Sicherheitsrisiko.

ris|kant [rɪsˈkant], riskanter, am riskantesten ⟨Adj.⟩: *mit einem Risiko, mit Gefahr verbunden und daher ziemlich gewagt:* ein riskantes Überholmanöver; der Plan ist [mir zu] riskant. *Syn.:* unsicher.

ris|kie|ren [rɪsˈkiːrən], riskiert, riskierte, riskiert ⟨tr.; hat; etw. r.⟩: **1.** *trotz des vorhandenen Risikos zu tun versuchen; wagen:* er riskierte es nicht, sie zu provozieren; das würde ich nicht riskieren. **2.** *als mögliche negative Folge in Kauf nehmen:* einen Unfall riskieren. **3.** *aufs Spiel setzen:* sein Amt, Leben riskieren.

riss [rɪs]: ↑ reißen.

der **Riss** [rɪs]; -es, -e: *durch Reißen, Brechen entstandener Spalt; Stelle, an der etwas gerissen, eingerissen ist:* ein Riss im Stoff; im Boden, in der Mauer waren tiefe Risse; die Hose hat einen langen Riss. *Zus.:* Muskelriss, Sehnenriss.

ritt [rɪt]: ↑ reiten.

die **Rit|ze** [ˈrɪt͡sə]; -, -n: *sehr schmale Spalte; schmaler Zwischenraum:* Staub setzt sich in die Ritzen; der Wind pfiff durch die Ritzen des alten Hauses. *Syn.:* Riss, Spalt. *Zus.:* Mauerritze, Türritze.

rit|zen [ˈrɪt͡sn̩], ritzt, ritzte, geritzt: **1.** ⟨tr.; hat; etw. in etw. (Akk.) r.⟩ *durch Schnitte oder durch Schaben in einer Oberfläche entstehen lassen:* seinen Namen in den Baum ritzen; etwas in den Stein ritzen. *Syn.:* kratzen. **2.** ⟨sich r.⟩ *sich durch einen spitzen Gegenstand die Haut verletzen:* ich habe mich an einem Nagel geritzt.

die **Rob|be** [ˈrɔbə]; -, -n: *im Meer lebendes Säugetier mit lang gestrecktem plumpem Körper:* auf den Felsen sonnten sich ein paar Robben.

der **Ro|bo|ter** [ˈrɔbɔtɐ]; -s, -: *Automat mit beweglichen Gliedern, der bestimmte mechanische Arbeiten ausführt:* die Autos werden von Robotern lackiert.

ro|bust [roˈbʊst], robuster, am robustesten ⟨Adj.⟩: *stabil, nicht empfindlich:* eine robuste Natur, Gesundheit; der Wagen

ist mit einem sehr robusten Motor ausgestattet. *Syn.:* unempfindlich.

roch [rɔx]: ↑ riechen.

rö|cheln [ˈrœçl̩n], röchelt, röchelte, geröchelt ⟨itr.; hat⟩: *mit rasselndem Geräusch atmen:* der Kranke röchelte.

der **¹Rock** [rɔk]; -[e]s, Röcke [ˈrœkə]: **1.** *Kleidungsstück für Frauen und Mädchen, das von der Hüfte abwärts reicht:* ein Kleid mit langem Rock; sie trug am liebsten Rock und Bluse. *Zus.:* Faltenrock, Kostümrock. **2.** (landsch.) *Jackett:* er zog seinen Rock wegen der Hitze aus. *Syn.:* Jacke. **3.** (schweiz.) *Kleid:* das Mädchen trug einen schwarzen Rock mit weißem Kragen.

der Rock (1)

der **²Rock** [rɔk]; -[s]: *(von kleineren Bands gespielte) elektronisch verstärkte, sehr rhythmische Musik:* Rock muss man laut hören, spielen.

das **Rock|kon|zert** [ˈrɔkkɔnt͡sert]; -s, -e: *Konzert, bei dem Rock gespielt wird:* im Sommer soll auf dem Marktplatz ein großes Rockkonzert stattfinden.

ro|deln [ˈroːdl̩n], rodelt, rodelte, gerodelt ⟨itr.; hat/ist⟩ *mit einem Schlitten im Schnee einen Hang hinunterfahren:* wir haben/sind den ganzen Nachmittag gerodelt.

der **Rog|gen** [ˈrɔgn̩]; -s: *Getreide, dessen Frucht bes. zu Mehl für Brot verarbeitet wird:* Brote aus Roggen.

roh [roː], roher, am roh[e]sten ⟨Adj.⟩: **1.** *nicht gekocht, nicht gebraten, nicht zubereitet:* rohe Kartoffeln; das Fleisch ist noch [halb, ganz] roh. **2.** *anderen gegenüber gefühllos und grob:* ein roher Mensch; er hat sie roh und gemein behandelt. *Syn.:* brutal.

das **Rohr** [roːɐ̯]; -[e]s, -e: *zum Bau von Leitungen und bestimmten anderen Konstruktionen verwendeter runder, langer, hohler, an den Enden offener Gegenstand:* Wasser durch ein Rohr pumpen; Rohre aus Stahl bildeten das Gerüst für die Plattform. *Syn.:* Röhre. *Zus.:* Abflussrohr, Auspuffrohr, Ofenrohr, Kanonenrohr, Leitungsrohr.

die **Röh|re** [ˈrøːrə]; -, -n: **1.** *besonders zum Bau von Leitungen und Kanälen verwendeter runder, langer, hohler, an den Enden offener Gegenstand:* Wasser durch eine

R

Röhre pumpen; durch endlose Röhren fließt das Öl bis zum nächsten Hafen; in der westlichen Röhre des Tunnels brach ein Feuer aus. *Syn.:* Rohr. **2.** *aus Glas bestehender Gegenstand, mit dem elektrische Ströme verstärkt oder gesteuert werden:* die alten Radios wurden noch mit Röhren gebaut. *Zus.:* Bildröhre.

der **Roh|stoff** ['roːʃtɔf]; -[e]s, -e: *Stoff, aus dem etwas hergestellt oder gewonnen wird:* Rohstoffe liefern, verarbeiten; Erdöl ist ein wertvoller Rohstoff.

die **Rol|le** ['rɔlə]; -, -n: **1.** *Gestalt, die ein Künstler, eine Künstlerin im Theater oder im Film spielt:* er spielt, singt die Rolle des Königs; in dieser Rolle hat sie das Publikum begeistert. *Zus.:* Hauptrolle, Nebenrolle, Titelrolle. **2.** *runder Gegenstand, auf dem etwas rollt oder gleitet:* ein Tisch, Sessel auf Rollen; das Seil läuft über Rollen. **3.** *etwas, das in eine seitlich von zwei runden Flächen begrenzte Form gebracht wurde:* eine Rolle Klopapier, Klebeband. **4.** *Übung beim Turnen, bei der der Körper sich um sich selbst dreht:* eine Rolle vorwärts, rückwärts.

rol|len ['rɔlən], rollt, rollte, gerollt: **1.** ⟨itr.; ist⟩ *sich um die eigne Achse drehend [irgendwohin] bewegen:* die Räder rollen; der Ball rollte ins Tor; die Kugel ist unter den Schrank gerollt. **2.** ⟨itr.; ist⟩ *sich auf den Rädern bewegen:* der Wagen ist noch ein Stück gerollt. **3.** ⟨tr.; hat; etw. irgendwohin r.⟩ *drehend, wälzend irgendwohin bewegen:* er hat das Fass in den Schuppen, den Stein zur Seite gerollt.

der Roller

der **Rol|ler** ['rɔlɐ]; -s, -: *Fahrzeug, das aus einem Brett mit zwei Rädern und einer Stange zum Lenken besteht und mit einem Bein vorwärtsbewegt wird:* Roller fahren.

der Rollkragen

der **Roll|kra|gen** ['rɔlkraːɡn̩]; -s, -: *oberer Teil eines Pullovers, der am Hals eine Art hohen Kragen bildet:* im Winter trägt er nur warme Pullover mit Rollkragen.

der **Roll|la|den** ['rɔlaːdn̩]; -s, Rollläden ['rɔllɛːdn̩]: *[mit einem langen Gurt von innen zu bedienende] Jalousie, die über eine Rolle läuft:* durch die geschlossenen Rollläden kam kein Licht ins Zimmer.

der **Roll|mops** ['rɔlmɔps]; -es, Rollmöpse ['rɔlmœpsə]: *gerollter Hering mit Zwiebeln und Gurken:* sie aß zum Frühstück gern einen Rollmops, wenn sie am Abend zuvor zu viel Alkohol getrunken hatte.

der **Roll|schuh** ['rɔlʃuː]; -, -e: *Schuh mit Rollen:* sie läuft auf der Straße Rollschuh.

der Rollschuh

der **Roll|stuhl** ['rɔlʃtuːl]; -[e]s, Rollstühle ['rɔlʃtyːlə]: *einem Sessel ähnliches Fahrzeug mit Rädern für Menschen, die nicht gehen können:* im Rollstuhl sitzen.

der Rollstuhl

die **Roll|trep|pe** ['rɔltrɛpə]; -, -n: *Treppe mit beweglichen Stufen, die sich zwischen zwei Stockwerken auf- oder abwärtsbewegen:* die Rolltreppe benutzen; mit der Rolltreppe in den dritten Stock fahren.

die Rolltreppe

der **Ro|man** [roˈmaːn]; -s, -e: *längere literarische Erzählung:* einen Roman lesen; sie hat über ihre Erlebnisse während des Krieges einen Roman geschrieben. *Zus.:* Abenteuerroman, Kriminalroman.

ro|man|tisch [roˈmantɪʃ], romantischer, am romantischsten ⟨Adj.⟩: *das Gefühl sehr stark betonend, auf das Gefühl wirkend:* nach einer guten Flasche Wein konnte er sehr romantisch werden; der Ort liegt in einer romantischen Bucht des Sees.

rönt|gen ['rœntɡn̩], röntgt, röntgte, geröntgt ⟨tr.; hat; jmdn., etw. r.⟩: *mithilfe von Röntgenstrahlen (die Knochen und Organe im Körper sichtbar machen kön-*

R

nen) *untersuchen: der gebrochene Arm musste geröntgt werden.*

ro|sa ['ro:za] ⟨Adj.; nicht flektierbar⟩: *von zartem, hellem Rot: ein rosa Kleid; etwas rosa färben. Zus.:* hellrosa, zartrosa.

die **Ro|se** ['ro:zə]; -, -n: *Blume mit Stacheln am Stiel und stark duftenden Blüten:* gelbe, weiße, rote Rosen; er schenkte ihr einen Strauß Rosen.

der **Ro|sen|mon|tag** [ro:zn̩ˈmo:nta:k]; -[e]s, -e: *Montag vor dem letzten Tag der Fastnacht:* am Rosenmontag finden in vielen Städten große Umzüge statt.

ro|sig ['ro:zɪç] ⟨Adj.⟩: **1.** *hell rötlich schimmernd, zartrot aussehend:* ein rosiges Gesicht; das Baby hatte eine gesunde, rosige Haut. **2.** *sehr positiv, erfreulich:* etwas in den rosigsten Farben darstellen; die Lage ist nicht rosig. *Syn.:* angenehm.

die **Ro|si|ne** [roˈzi:nə]; -, -n: *getrocknete, süß schmeckende Weintraube:* ein Kuchen mit Rosinen.

der **¹Rost** [rɔst]; -[e]s, -e: *Gitter aus Stäben, Drähten oder Latten:* Fleisch auf dem Rost braten. *Zus.:* Bettrost, Bratrost, Gitterrost, Lattenrost.

der **²Rost** [rɔst]; -[e]s: *an der Oberfläche von Gegenständen aus Eisen und Stahl sich bildende braune Schicht, die durch Feuchtigkeit entsteht:* etwas von Rost befreien, vor Rost schützen.

ros|ten ['rɔstn̩], rostet, rostete, gerostet ⟨itr.; ist/hat⟩: *rostig werden:* das Auto fängt an zu rosten.

rös|ten ['rø:stn̩], röstet, röstete, geröstet ⟨tr.; hat; etw. r.⟩: *(ohne Wasser) erhitzen und so bräunen, knusprig werden lassen:* Brot, Kaffee rösten.

ros|tig ['rɔstɪç], rostiger, am rostigsten ⟨Adj.⟩: *mit Rost bedeckt:* rostige Nägel; die eiserne Tür war schon ganz rostig.

rot [ro:t], röter, am rötesten ⟨Adj.⟩: *von der Farbe frischen Blutes:* sie trug ein rotes Kleid; er schenkte ihr rote Rosen; rot glühendes Eisen. *Zus.:* blutrot, dunkelrot, hellrot, kirschrot, weinrot, ziegelrot.

das **Rot** [ro:t]; -s: *rote Farbe:* ein leuchtendes Rot; das Rot der untergehenden Sonne; bei Rot *(wenn die Ampel Rot zeigt)* über die Straße gehen. *Zus.:* Abendrot, Morgenrot.

die **Rö|te** ['rø:tə]; -: *das Rotsein:* die Röte der Haut, der untergehenden Sonne. *Zus.:* Abendröte, Morgenröte.

der **Rot|kohl** ['ro:tko:l]; -[e]s (bes. nordd.): *Art des Kohls mit rötlich blauen Blättern:* zur

gebratenen Gans gab es Rotkohl und Klöße. *Syn.:* Rotkraut (bes. südd.).

das **Rot|kraut** ['ro:tkraʊt]; -[e]s (bes. südd.): *Rotkohl:* mittags wurde Bratwurst mit Rotkraut und Kartoffelbrei serviert.

röt|lich ['rø:tlɪç], rötlicher, am rötlichsten ⟨Adj.⟩: *leicht rot:* ein rötlicher Schimmer; er hatte blasse Haut und rötliches Haar.

der **Rot|wein** ['ro:tvaɪn]; -[e]s, -e: *aus blauen Trauben gewonnener roter Wein:* zum Essen trank sie gern ein Glas Rotwein.

die **Rou|la|de** [ruˈla:də]; -, -n: *Rolle aus einer Scheibe Fleisch, die mit Speck, Zwiebeln und Gurken gefüllt und gebraten wird:* in der Kantine gibt es heute Mittag Rouladen. *Zus.:* Kalbsroulade, Rinderroulade.

die **Rou|ti|ne** [ruˈti:nə]; -, -n: *durch häufige Wiederholung erworbene Erfahrung:* er weiß zwar, wie es gemacht wird, aber es fehlt ihm noch die [nötige] Routine.

die **Rü|be** ['ry:bə]; -, -n: *Pflanze mit einer dicken Wurzel, die als Gemüse oder als Futter für Tiere angebaut wird:* in dieser Gegend werden neben Getreide auch häufig Rüben angebaut. *Zus.:* Futterrübe, Zuckerrübe.

der **Ruck** [rʊk]; -[e]s: *plötzlicher heftiger Stoß:* der Zug fuhr mit einem Ruck los; mit einem Ruck hob er die Kiste hoch.

Rück- [rʏk] ⟨nominales Präfix⟩: **1.** *zurück:* Rückfahrt; Rückfahrkarte; Rückflug; Rückfrage; Rückporto; Rücktritt; Rückzahlung. **2.** *hinten befindlich, nach hinten:* Rücklicht; Rücksitz; Rückspiegel.

rü|cken ['rʏkn̩]: **1.** ⟨tr.; hat; etw. irgendwohin r.⟩ *oft mühsam über eine kurze Strecke schieben oder ziehen:* er rückte den Schrank von der Wand, in die Ecke. **2.** ⟨itr.; ist⟩ *sich [im Sitzen] etwas zur Seite bewegen [um jmdm. Platz zu machen]:* [ein Stück] zur Seite, [näher] an den Tisch rücken; kannst du noch ein bisschen rücken?

der **Rü|cken** ['rʏkn̩]; -s, -: *hintere Seite des menschlichen Rumpfes; Oberseite des tierischen Körpers:* ein breiter Rücken; auf dem Rücken liegen; auf dem Rücken des Pferdes sitzen.

die **Rü|cken|leh|ne** ['rʏkn̩le:nə]; -, -n: *Stütze eines Stuhls, Sessels oder Sofas für den Rücken:* der Sessel mit seiner hohen Rückenlehne sah sehr bequem aus.

die **Rück|fahr|kar|te** ['rʏkfa:ɐ̯kaʁtə]; -, -n: *Fahrkarte, die sowohl für die Hinfahrt als auch für die Rückfahrt gültig ist:* eine Rückfahrkarte lösen.

die **Rück|fahrt** ['rʏkfa:ɐ̯t]; -, -en: *Fahrt, Reise dahin zurück, wo die Reise begann* /Ggs.

R

Hinfahrt/: für die Rückfahrt haben wir länger gebraucht als für die Hinfahrt.

die **Rück|ga|be** [ˈrʏkgaːbə]; -, -n: *das Zurückgeben:* wir bitten um Rückgabe der geliehenen Bücher bis übermorgen.

das **Rück|grat** [ˈrʏkgraːt]; -[e]s, -e: *der lange mittlere Teil des Skeletts bei Wirbeltieren und Menschen, der den Schädel trägt und dem Rumpf als Stütze dient:* die Lehne soll das Rückgrat stützen; er hat sich bei einem Sturz das Rückgrat verletzt. *Syn.:* Wirbelsäule.

die **Rück|kehr** [ˈrʏkkeːɐ̯]; -: *das Zurückkommen nach längerer Abwesenheit:* der Zeitpunkt ihrer Rückkehr ist nicht bekannt.

das **Rück|licht** [ˈrʏklɪçt]; -[e]s, -er: *an der Rückseite von Fahrzeugen angebrachte kleine Lampe mit rotem Licht:* bei seinem Fahrrad war das Rücklicht defekt.

die **Rück|rei|se** [ˈrʏkraɪ̯zə]; -, -n: *Reise dahin zurück, wo die Reise begann:* die Rückreise antreten; auf der Rückreise sein. *Syn.:* Rückfahrt.

der **Rück|ruf** [ˈrʏkruːf]; -[e]s, -e: *Anruf als Antwort auf den Anruf einer anderen Person:* ich warte auf ihren Rückruf.

der **Ruck|sack** [ˈrʊkzak]; -[e]s, Rucksäcke [ˈrʊkzɛkə]: *auf dem Rücken getragener, einem Sack ähnlicher Behälter:* den Rucksack packen; beim Wandern einen Rucksack tragen.

der Rucksack

die **Rück|sei|te** [ˈrʏkzaɪ̯tə]; -, -n: *hintere Seite:* das Foto zeigt das Gebäude von der Rückseite; die Rückseite [des Bogens] bitte nicht beschreiben.

die **Rück|sicht** [ˈrʏkzɪçt]; -, -en: *Verhalten, das die Gefühle und Interessen anderer berücksichtigt:* sie hat ihre Ziele immer ohne Rücksicht auf andere zu erreichen versucht; du solltest auf deine Nachbarn Rücksicht nehmen *(gegenüber deinen Nachbarn rücksichtsvoll sein).*

rück|sichts|los [ˈrʏkzɪçtsloːs], rücksichtsloser, am rücksichtslosesten ⟨Adj.⟩: *ohne jede Rücksicht handelnd* /Ggs. rücksichtsvoll/: sein rücksichtsloses Benehmen werden wir nicht dulden.

rück|sichts|voll [ˈrʏkzɪçtsfɔl], rücksichtsvoller, am rücksichtsvollsten ⟨Adj.⟩: *in taktvoller Art, mit Rücksicht auf andere handelnd* /Ggs. rücksichtslos/: er war uns gegenüber immer sehr rücksichts-

voll; die Kranke muss rücksichtsvoll behandelt werden.

der **Rück|sitz** [ˈrʏkzɪts]; -es, -e: *hinterer Sitz eines Autos:* Kinder sollten immer auf dem Rücksitz fahren.

der **Rück|spie|gel** [ˈrʏkʃpiːɡl̩]; -s, -: *Spiegel an einem Fahrzeug, mit dem man sehen kann, was hinter einem geschieht:* vor dem Überholen muss man unbedingt in den Rückspiegel sehen; ich habe ihn im Rückspiegel kommen sehen.

die **Rück|spra|che** [ˈrʏkʃpraːxə]; -, -n: *Besprechung über Fragen, Angelegenheiten, die noch nicht geklärt sind:* nach [nochmaliger] Rücksprache mit Frau N. teile ich Ihnen heute mit, dass … *Syn.:* Gespräch.

der **Rück|tritt** [ˈrʏktrɪt]; -[s], -e: *das Aufgeben eines Amtes:* jmdn. zum Rücktritt auffordern; den Rücktritt des Ministers bekannt geben.

rück|wärts [ˈrʏkvɛrts] ⟨Adverb⟩ /Ggs. vorwärts/: **1.** *nach hinten:* rückwärts einparken; eine Rolle rückwärts machen. **2.** *von hinten nach vorn:* ein Wort rückwärts lesen; den Film rückwärts abspielen lassen.

rück|wärts|ge|hen [ˈrʏkvɛrtsɡeːən], geht rückwärts, ging rückwärts, rückwärtsgegangen ⟨itr.; ist⟩: **1.** *mit dem Rücken voran gehen:* es ist gar nicht so einfach, rückwärtszugehen. **2.** (ugs.) *schlechter werden, sich verschlechtern:* mit der Wirtschaft des Landes ist es immer mehr rückwärtsgegangen.

der **Rück|zug** [ˈrʏktsuːk]; -[e]s, Rückzüge [ˈrʏktsyːɡə]: *das Zurückweichen, weil man unterlegen ist:* den Rückzug antreten; sich auf dem Rückzug befinden.

das **Ru|der** [ˈruːdɐ]; -s, -: **1.** *Vorrichtung zum Steuern eines Schiffs:* das Ruder führen; das Ruder ist gebrochen. *Syn.:* ¹Steuer. *Zus.:* Steuerruder. **2.** *Stange mit flachem Ende zum Bewegen eines Bootes:* er zog die Ruder durchs Wasser und brachte das Boot rasch in die Mitte des Flusses.

ru|dern [ˈruːdɐn], rudert, ruderte, gerudert: **1.** ⟨itr.; ist/hat⟩ *ein Boot mit Rudern bewegen:* wir sind/haben den ganzen Nachmittag gerudert. **2.** ⟨tr.; hat; etw. [irgendwohin] r.⟩ *mit Rudern bewegen [und steuern]:* er wollte das Boot selbst rudern; sie ruderten das Schiff ans Ufer.

der **Ruf** [ruːf]; -[e]s, -e: **1.** *das Rufen:* wir hörten den Ruf eines Vogels; sie hörten nicht auf die Rufe der Eltern und rannten immer weiter in den Wald. *Zus.:* Bravoruf, Buhruf, Hilferuf, Vogelruf, Warnruf, Zwischenruf. **2.** ⟨ohne Plural⟩ Anse-

hen in der Öffentlichkeit: einen guten, schlechten Ruf haben. *Syn.:* Image.

ru|fen ['ruːfn̩], ruft, rief, gerufen: **1.** ⟨itr.; hat⟩ *seine Stimme weit hallend hören lassen:* konntest du jemanden rufen hören?; der Kuckuck ruft; er ruft um Hilfe. **2.** ⟨itr.; hat; nach jmdm., etw. r.⟩ *[mit lauter Stimme] auffordern zu kommen:* das Kind ruft nach der Mutter; der Gast rief nach der Bedienung. **3.** ⟨tr.; hat; jmdn. r.⟩ *zu sich kommen lassen:* der Kranke ließ den Arzt rufen; ich habe dich gerufen, weil wir etwas zu besprechen haben. *Syn.:* holen.

der **Ruf|na|me** ['ruːfnaːmə]; -ns, -n: *der Vorname einer Person, mit dem sie angeredet wird:* er heißt Peter Matthias Hans, aber sein Rufname ist Matthias. *Syn.:* Name, Vorname.

die **Ru|he** ['ruːə]; -: **1.** *[fast völlige] Stille:* die nächtliche Ruhe stören; in der Kirche herrscht völlige Ruhe; der Lehrer ruft: »Ruhe bitte!«. **2.** *das Entspannen, Sichausruhen; Erholung:* das Bedürfnis nach Ruhe haben; sie gönnt sich keine Ruhe. *Syn.:* Muße. **3.** *das Ungestörtsein, Nicht-gestört-Werden:* eine Arbeit in Ruhe erledigen; jmdn. in Ruhe lassen *(nicht stören, nicht ärgern);* er will immer seine Ruhe haben. **4.** *Geduld:* er bewahrt in schwierigen Situationen immer die Ruhe; sie strahlt eine bewundernswerte Ruhe aus; nach diesem Ereignis findet er keine Ruhe mehr. **5.** * *jmd. hat die Ruhe weg: jmd. ist bei allem, was er tut, sehr langsam:* sie hat wirklich die Ruhe weg, das regt mich auf; * *immer mit der Ruhe: ohne Stress:* immer mit der Ruhe, die Arbeit wird heute schon noch fertig.

das **Ru|he|geld** ['ruːəgɛlt]; -[e]s, -er: *Rente für Arbeiter[innen] und Angestellte. Syn.:* Pension, Rente.

ru|hen ['ruːən], ruht, ruhte, geruht ⟨itr.; hat⟩: **1.** *liegen, um sich auszuruhen:* nach dem Essen sollte man eine Stunde lang ruhen. **2.** (geh.) *bestattet sein:* hier ruhen ihre Angehörigen. **3.** *nicht in Bewegung, Tätigkeit sein:* der Ball, die Maschine ruht; wegen des Streiks ruht die Arbeit *(es wird nicht gearbeitet).*

der **Ru|he|stand** ['ruːəʃtant]; -[e]s: *Zeit nach dem Ausscheiden aus der Arbeit [im Alter]:* in den Ruhestand gehen, treten; sie ist Rektorin im Ruhestand.

der **Ru|he|tag** ['ruːətaːk]; -[e]s, -e: *Tag, an dem nicht gearbeitet wird, an dem ein Restaurant oder Geschäft geschlossen ist:* ein

Schild mit der Aufschrift: Heute Ruhetag; sie haben mittwochs Ruhetag.

¹ru|hig ['ruːɪç], ruhiger, am ruhigsten ⟨Adj.⟩: **1.** *ohne Geräusch, ohne Lärm:* eine ruhige Gegend; die Wohnung liegt ruhig *(in einer Gegend ohne Lärm);* bitte verhalten Sie sich ruhig! *Syn.:* leise, still. **2.** *nicht aufgeregt; frei von Erregung:* er hat ruhig gesprochen; in dieser aufregenden Situation blieb sie völlig ruhig; sein Leben verlief ruhig *(er hatte keine Aufregungen);* ruhig[es] Blut bewahren *(sich nicht erregen). Syn.:* ausgeglichen, beherrscht, gelassen. **3.** *sich nicht bewegend:* das Meer ist heute ruhig; ruhiges *(schönes und nicht windiges)* Wetter; eine ruhige *(nicht zitternde)* Hand haben; ruhig [da]sitzen; halt die Beine ruhig!; den gebrochenen Arm ruhig stellen *(in einer bestimmten Stellung halten, sodass er nicht bewegt werden kann):* das Geschäft verlief heute ruhig *(es kamen heute nur wenige Kund[inn]en).*

²ru|hig ['ruːɪç] ⟨Partikel⟩: *drückt aus, dass ein bestimmtes Verhalten, das man jmdm. nahelegt, in Ordnung ist:* geht ruhig schon vor; das kannst du ruhig unterschreiben; lass ihn ruhig ein paar Minuten warten; sie soll sich ruhig Zeit lassen.

der **Ruhm** [ruːm]; -[e]s: *hohes öffentliches Ansehen, das man durch hervorragende Leistungen erworben hat:* mit einem Werk [viel] Ruhm gewinnen; diese Erfindung begründet seinen Ruhm.

das **Rühr|ei** ['ryːɐ̯|lai]; -[e]s, -er: *Gericht aus Eiern, die gequirlt und in der Pfanne gebraten werden:* sich Rührei machen; er isst gerne Rührei[er] mit Spinat; ich möchte gern drei Rühreier mit Speck.

rüh|ren ['ryːrən], rührt, rührte, gerührt: **1.** ⟨tr.; hat; etw. r.⟩ *eine Flüssigkeit o. Ä. mit einem Löffel o. Ä. im Kreis bewegen:* die Suppe, den Teig rühren; dieser Kuchenteig muss besonders lange gerührt werden; ⟨auch itr.⟩ sie rührte gedankenverloren im Kaffee. **2.** ⟨itr.; hat; sich, etw. r.⟩ *ein Körperteil bewegen:* sie konnte sich [vor Schmerzen] nicht rühren; hier ist es aber voll, man kann sich ja kaum rühren; er kann kaum seine Glieder rühren. **3.** ⟨itr.; hat; jmdn., etw. r.⟩ *(bei jmdm.) innere Erregung, Anteilnahme bewirken:* das Unglück rührte ihn nicht; eine rührende Geschichte; sie war zu Tränen gerührt *(innerlich ergriffen). Syn.:* berühren, ¹bewegen, ergreifen.

die **Ru|i|ne** [ruˈiːnə]; -, -n: *Reste eines zum*

[größeren] Teil zerstörten [historischen] Bauwerks: wir wollen am Wochenende die Ruine der Burg besichtigen. *Zus.:* Burgruine, Klosterruine, Schlossruine.

der **Rumpf** [rʊmpf]; -[e]s, Rümpfe [ˈrʏmpfə]: **1.** *menschlicher oder tierischer Körper ohne Kopf und Gliedmaßen:* den Rumpf beugen; von der Statue ist nur noch der Rumpf erhalten geblieben. *Syn.:* Leib. **2.** *Körper eines Schiffes oder Flugzeugs:* die Autos wurden im Rumpf des Schiffes verstaut. *Zus.:* Flugzeugrumpf, Schiffsrumpf.

das **Rump|steak** [ˈrʊmpsteːk]; -s, -s: *kurz gebratene Scheibe Rindfleisch:* ein saftiges Rumpsteak. *Syn.:* Steak.

¹**rund** [rʊnt], runder, am rundesten ⟨Adj.⟩: **1.** *in der Form eines Kreises, einer Kugel* /Ggs. eckig/: ein runder Tisch; ein rundes Loch schneiden; das Kind machte runde Augen; durch die neue Frisur wirkt ihr Gesicht nicht mehr so rund; ein runder Rücken *(eine gekrümmte Wirbelsäule).* *Zus.:* halbrund, kugelrund. **2.** *(vom Körper, einem Körperteil) dick:* runde Arme; das Baby hat runde Bäckchen; er ist dick und rund geworden. *Syn.:* füllig, korpulent, mollig, üppig (ugs.). **3.** *(von gezählten oder gemessenen Dingen) ganz oder so gut wie ganz:* das Haus kostet eine runde Million.

²**rund** [rʊnt] ⟨Adverb⟩: **1.** *ungefähr, etwa:* der Anzug kostet rund 200 Euro; sie geht für rund drei Monate nach Australien; wir sind rund 40 Kilometer vor Leipzig. **2.** * **rund um:** *um ... um ... herum:* im Flug rund um die Erde; rund um mich herrscht Stille.

die **Run|de** [ˈrʊndə]; -, -n: **1.** ⟨ohne Plural⟩ *kleinerer Kreis von Personen:* wir nehmen die neuen Nachbarn gern in unsere Runde auf. *Syn.:* Gesellschaft, Gruppe. *Zus.:* Diskussionsrunde, Gesprächsrunde, Kaffeerunde, Skatrunde, Stammtischrunde. **2.** *das Absolvieren einer Strecke zum Laufen oder Fahren, die Anfang und Ende am gleichen Punkt hat:* nach zehn Runden hatte sie einen Vorsprung von mehreren Hundert Metern. *Zus.:* Ehrenrunde, Proberunde. **3.** *Rundgang o. Ä.:* der Wächter machte seine Runde; das Flugzeug musste vor dem Landen ein paar Runden drehen.

die **Rund|fahrt** [ˈrʊntfaːɐ̯t]; -, -en: *Fahrt, die an dem Punkt endet, an dem sie begonnen hat:* die Straßenbahn der Linie 5 macht eine Rundfahrt; sie haben eine Rundfahrt durch Europa gebucht.

der **Rund|funk** [ˈrʊntfʊŋk]; -s: *Verbreitung akustischer Sendungen, die mithilfe eines Radios gehört werden:* der Rundfunk sendet ausführliche Nachrichten; das Konzert wird im Rundfunk übertragen.

der **Rund|gang** [ˈrʊntgaŋ]; -[e]s, Rundgänge [ˈrʊntgɛŋə]: *Absolvieren eines Weges, der am gleichen Punkt anfängt und endet:* wir machen zuerst einen Rundgang durch die Stadt.

das **Rund|schrei|ben** [ˈrʊntʃraibn̩]; -s, -: *Schreiben, das vervielfältigt und an mehrere Empfänger geschickt wird:* das Rundschreiben der Firma wurde von allen Angestellten gelesen; die Kampagne wurde mit einem Rundschreiben gestartet. *Syn.:* Brief, Mitteilung.

run|ter [ˈrʊntɐ] ⟨Adverb⟩: für (ugs.) ↑ herunter; ↑ hinunter.

rup|fen [ˈrʊpfn̩], rupft, rupfte, gerupft ⟨tr.; hat; jmdn., etw. r.⟩: *mit einem Ruck ausreißen:* Gras, Unkraut rupfen; Hühner rupfen *(geschlachtete Hühner von den Federn befreien);* wie ein gerupftes Huhn aussehen

der **Ruß** [ruːs]; -es: *schwarze Substanz, die sich im Rauch eines Feuers befindet:* der Schornsteinfeger ist schwarz von Ruß. *Zus.:* Ofenruß.

rus|ti|kal [rʊstiˈkaːl], rustikaler, am rustikalsten ⟨Adj.⟩: *ländlich, bäuerlich, im Stil der Bauern:* es gab Speck, Würste und anderes rustikales Essen; ein handgewebter Stoff mit rustikalem Muster; ihre Wohnung war rustikal eingerichtet.

die **Rüs|tung** [ˈrʏstʊŋ]; -, -en: **1.** *das Verstärken der militärischen Mittel und Kräfte:* viel Geld für die Rüstung ausgeben. **2.** *Kleidung aus Metall, die vor Verletzungen im Kampf schützen soll:* eine Rüstung tragen. *Zus.:* Ritterrüstung.

rut|schen [ˈrʊtʃn̩], rutscht, rutschte, gerutscht ⟨itr.; ist⟩: **1.** *[auf glatter Fläche] nicht fest stehen, sitzen oder* ¹*haften:* ich bin auf dem Schnee gerutscht; das Kind rutschte vom Stuhl; seine Hose rutschte ständig; ihr rutschte der Teller aus der Hand. *Syn.:* ausrutschen, gleiten. **2.** *sich sitzend und gleitend bewegen:* du sollst nicht auf dem Boden rutschen; er rutschte auf der Bank etwas zur Seite.

rüt|teln [ˈrʏtl̩n], rüttelt, rüttelte, gerüttelt ⟨itr.; hat⟩: **1.** ⟨jmdn., etw. r.⟩ *heftig schütteln:* ein Sieb rütteln; jmdn. aus dem Schlaf rütteln; auf der holprigen Straße rüttelt der Wagen. **2.** ⟨an etw. (Dativ) r.⟩ *heftig hin- und herbewegen:* der Sturm rüttelt an der Tür; daran gibt es nichts zu rütteln *(das kann man nicht ändern).*

S S

der **Saal** [za:l]; -[e]s, Säle ['zɛ:lə]: *großer [und hoher] Raum für Feste, Versammlungen o. Ä.:* der Saal war bei diesem Konzert überfüllt. *Zus.:* Festsaal, Gerichtssaal, Konferenzsaal, Kongresssaal, Konzertsaal, Sitzungssaal, Speisesaal, Wartesaal.

der **Sach|be|ar|bei|ter** ['zaxbəlarbaitɐ]; -s, -, die **Sach|be|ar|bei|te|rin** ['zaxbəlarbaitərin]; -, -nen: *Person, die beruflich in einer Behörde o. Ä. einen bestimmten Bereich bearbeitet:* sie ist Sachbearbeiterin beim Finanzamt; er ist Sachbearbeiter mit besonderen Aufgaben; bitte wenden Sie sich an die zuständige Sachbearbeiterin, Frau Meier.

die **Sa|che** ['zaxə]; -, -n: **1.** ⟨mit Attribut⟩ *Angelegenheit:* das ist eine Sache des Vertrauens, des guten Geschmacks; das ist deine Sache und geht mich nichts an; das gehört nicht zur Sache. *Zus.:* Ansichtssache, Ehrensache, Formsache, Glückssache, Privatsache, Vertrauenssache. **2.** ⟨meist Plural⟩ *(nicht näher bezeichneter) Gegenstand:* diese Sachen müssen noch zur Post; es gab köstliche Sachen zu essen; sie isst furchtbar gern süße Sachen. *Syn.:* Ding. **3.** ⟨Plural⟩ (ugs.) *persönliche Gegenstände wie Kleidungsstücke o. Ä.:* räum doch mal deine Sachen auf!; wir haben unsere Sachen im Auto gelassen. *Zus.:* Badesachen, Sommersachen, Spielsachen, Wintersachen.

das **Sach|ge|biet** ['zaxɡəbi:t]; -[e]s, -e: *durch bestimmte Aufgaben definierter Bereich:* das Sachgebiet »Straßenbau« wird von ihr bearbeitet; er ist Experte auf diesem Sachgebiet; die Bücher sind nach Sachgebieten geordnet. *Syn.:* Gebiet.

sach|lich ['zaxlıç], sachlicher, am sachlichsten ⟨Adj.⟩: *nur von der Sache selbst, nicht von Gefühlen und Vorurteilen bestimmt* /Ggs. unsachlich/: sachliche Bemerkungen, Argumente; sie sprach in sachlichem Ton; er bemühte sich, bei diesem Gespräch sachlich zu bleiben; sachlich argumentieren, diskutieren. *Syn.:* nüchtern, objektiv.

der **Sach|scha|den** ['zaxʃa:dn̩]; -s, Sachschäden ['zaxʃɛ:dn̩]: *Schaden, der an einer Sache, an Sachen entstanden ist:* es entstand ein Sachschaden von insgesamt 2 500 Euro.

der **Sach|ver|halt** ['zaxfɛɐ̯halt]; -[e]s, -e: *die (tatsächlichen) Umstände, der genaue Stand der Dinge:* bei diesem Unfall muss der wahre Sachverhalt noch geklärt werden; diese Bezeichnung trifft den Sachverhalt besser; seine Äußerungen entsprachen nicht dem Sachverhalt. *Syn.:* Lage, Situation.

der **Sack** [zak]; -[e]s, Säcke ['zɛkə]: *größerer Behälter aus Stoff, Papier, Kunststoff o. Ä.:* er band den Sack zu; (als Maßangabe) vier Sack Mehl; der gelbe Sack *(gelber Plastiksack, in dem recycelbare Wertstoffe gesammelt werden).* *Syn.:* Beutel. *Zus.:* Kartoffelsack, Kohlensack, Mehlsack, Papiersack, Zementsack.

der Sack

das **Sa|ckerl** ['zakɐl]; -s, -n (österr.): *Beutel aus Papier oder Plastik:* ich hätte gern ein Sackerl.

die **Sack|gas|se** ['zakɡasə]; -, -n: *Straße, die am Ende geschlossen ist, sodass man nicht durch sie hindurchfahren kann:* ich geriet mit meinem Wagen in eine Sackgasse ohne Wendemöglichkeit; die Verhandlungen sind in eine Sackgasse geraten *(es kann nicht mehr weiterverhandelt werden).*

sä|en ['zɛ:ən], sät, säte, gesät ⟨tr.; hat; [etw.] s.⟩: *(Samen) auf Felder oder Beete streuen, in die Erde bringen:* der Bauer säte den Weizen; mit der Hand, maschinell säen; diese Worte säten *(verursachten)* Neid und Misstrauen; ⟨auch itr.⟩ der Bauer hatte den ganzen Tag gesät.

der *oder* das **Safe** [ze:f]; -s, -s: *Schrank o. Ä., der gegen Feuer und Einbruch besonders gesichert ist und in dem man Geld, Schmuck, wichtige Papiere aufbewahrt:* einen Safe in die Wand einbauen; den Safe knacken *(aufbrechen).* *Zus.:* Hotelsafe, Zimmersafe.

der **Sa|fer Sex** ['ze:fɐ 'zɛks]; - -es: *sexuelles Verhalten, das die Gefahr einer Aidsinfektion mindert:* über Safer Sex muss noch viel mehr aufgeklärt werden.

der **Saft** [zaft]; -[e]s, Säfte ['zɛftə]: *Getränk,*

das aus Obst oder Gemüse gewonnen wird: er trank ein Glas Saft. *Syn.:* Most. *Zus.:* Apfelsaft, Karottensaft, Orangensaft, Tomatensaft.

saf|tig ['zaftɪç], saftiger, am saftigsten ⟨Adj.⟩: **1.** *mit viel Saft:* eine saftige Zitrone. **2.** (ugs.) *hoch, kräftig:* wir hatten eine saftige Rechnung zu bezahlen; er bekam eine saftige Ohrfeige.

die **Sä|ge** ['zɛːgə]; -, -n: *Werkzeug, mit dem man harte Materialien, z. B. Holz, durchschneiden kann:* eine scharfe, elektrische Säge. *Zus.:* Handsäge, Kettensäge.

 die Säge

sa|gen ['zaːgn̩], sagt, sagte, gesagt ⟨tr.; hat⟩: **1.** ⟨etw. s.⟩: *sprechen, äußern:* etwas laut, leise, offen sagen; Mutter hat Ja dazu gesagt; Guten Tag sagen; hat dein Mann das im Ernst gesagt? **2.** ⟨[jmdm.] etw. s.⟩: *[jmdm.] etwas mündlich mitteilen:* der Zeuge sagte vor Gericht die volle Wahrheit; sie sagte: »Ich komme nicht«; ich habe ihm schon mehrmals gesagt, wie unser Urlaubsort in Spanien heißt; davon hat er uns nichts gesagt; die Adresse sagt mir gar nichts *(ich kenne sie nicht);* was wollen Sie [mir] damit sagen *(was meinen Sie damit?);* das hat nichts zu sagen *(das ist völlig unwichtig);* * **etwas, nichts zu sagen haben:** *aufgrund seiner Position das Recht, kein Recht haben, etwas zu sagen:* du hast hier überhaupt nichts zu sagen!; sie hat in ihrer Firma viel zu sagen. **3.** ⟨etw. s.⟩: *behaupten:* das will ich nicht sagen; der Zeuge sagt aber, du wärst dort gewesen.

sä|gen ['zɛːgn̩], sägt, sägte, gesägt ⟨tr.; hat; etw. s.⟩: *mit der Säge trennen:* sie musste das Brett in zwei Teile sägen; ⟨auch itr.⟩ er sägt draußen auf dem Hof.

sah [zaː]: ↑ sehen.

die **Sah|ne** ['zaːnə]; -: **1.** *viel Fett enthaltender Bestandteil der Milch:* Kaffee mit Zucker und Sahne trinken. *Zus.:* Kaffeesahne. **2.** *steif geschlagene Sahne:* Erdbeeren, Eis, ein Stück Torte mit Sahne. *Syn.:* Schlagobers (österr.), Schlagsahne.

die **Sah|ne|tor|te** ['zaːnətɔrtə]; -, -n: *Torte mit einer Füllung aus Sahne und anderen Zutaten:* ein Stück Sahnetorte essen. *Zus.:* Käsesahnetorte, Kirschsahnetorte.

die **Sai|son** [zɛ'zõː]; -, -s: *Abschnitt eines Jahres, in dem etwas am meisten vorhanden ist oder stattfindet:* im April beginnt die Saison für Spargel; da die Saison (die Zeit, in der Gäste kommen) beendet ist, ist das Hotel geschlossen. *Zus.:* Badesaison, Reisesaison, Sommersaison.

die **Sai|te** ['zaɪtə]; -, -n: *dünne Schnur, die über den Körper eines Musikinstruments gespannt ist und auf der durch Streichen, Zupfen oder Schlagen Töne erzeugt werden:* eine Saite der Gitarre ist gerissen; alle Saiten des Klaviers werden einzeln gestimmt. *Zus.:* Geigensaite, Gitarrensaite, Klaviersaite.

die **Sa|la|mi** [za'laːmi]; -, -[s]: *harte, lange haltbare Wurst:* das Brot war mit Salami und kleinen Gurken belegt.

der **Sa|lat** [za'laːt]; -[e]s, -e: **1.** *Pflanze mit grünen Blättern, die mit Salz, Essig und Öl (und Kräutern) gemischt und roh gegessen werden:* wir kauften auf dem Markt einen Salat und ein paar Tomaten. **2.** *kaltes Gericht aus klein geschnittenen rohen oder gekochten Lebensmitteln, die mit Essig, Öl, Salz und Gewürzen oder Kräutern oder Mayonnaise gemischt sind:* als Vorspeise gab es einen Salat aus frischen Pilzen und Rindfleisch; jeder brachte zur Party eine Schüssel Salat mit. *Zus.:* Bohnensalat, Fleischsalat, Geflügelsalat, Gurkensalat, Kartoffelsalat, Nudelsalat, Obstsalat, Tomatensalat, Wurstsalat.

die **Sal|be** ['zalbə]; -, -n: *Heilmittel, das aus einer weichen Masse besteht und auf die Haut aufgetragen wird:* die Salbe ist gut gegen schmerzende Gelenke. *Syn.:* Creme, Augensalbe, Hautsalbe.

der **Sa|lon** [za'lõː]; -s, -s: **1.** *für Besuch oder festliche Anlässe bestimmtes größeres Zimmer:* die Begrüßungscocktails wurden im Salon serviert. **2.** *Geschäft im Bereich der Mode, Kosmetik:* sie arbeitet als Friseurin in einem der bekanntesten Salons der Stadt. *Zus.:* Friseursalon, Kosmetiksalon, Modesalon.

sa|lopp [za'lɔp], salopper, am saloppsten ⟨Adj.⟩: *bewusst nachlässig in Kleidung, Benehmen oder Sprache:* er ist immer sehr salopp gekleidet. *Syn.:* lässig.

das **Salz** [zalts]; -es: *aus der Erde oder dem Meer gewonnene weiße, körnige Substanz [die zum Würzen der Speisen dient]:* würden Sie mir bitte das Salz reichen? *Zus.:* Kochsalz, Meersalz, Speisesalz.

sal|zen ['zaltsn̩], salzt, salzte, gesalzen/ (selten:) gesalzt ⟨tr.; hat; etw. s.⟩: *mit*

Salz würzen: der Koch hat die Suppe nicht gesalzen.

sal|zig [ˈzaltsɪç], salziger, am salzigsten ⟨Adj.⟩: *[stark] nach Salz schmeckend:* eine salzige Suppe; die Kartoffeln sind zu salzig.

-sam [zaːm] ⟨adjektivisches Suffix⟩: drückt aus, dass etwas gern, gut, häufig getan wird: anschmiegsam; einprägsam; erholsam; mitteilsam; wirksam.

der **Sa|men** [ˈzaːmən], -s, -: *Teil der Frucht einer Pflanze, aus dem eine neue Pflanze entstehen kann:* der Samen keimt, geht auf. *Zus.:* Blumensamen, Grassamen.

sam|meln [ˈzamln̩], sammelt, sammelte, gesammelt: **1.** ⟨tr.; hat; etw. s.⟩ *nach etwas suchen und es an einen Ort bringen, um es dann zu verbrauchen oder zu verarbeiten:* Beeren, Pilze, Brennholz sammeln; die Bienen sammeln Honig. **2.** ⟨tr.; hat; etw. s.⟩ *gleiche oder ähnliche Dinge, für die man sich interessiert, erwerben und aufbewahren:* Briefmarken und Münzen sammeln. **3.** ⟨tr.; hat; etw. s.⟩ *[jmdn.] bitten, etwas zu geben, zu spenden, um so eine größere Menge davon zu bekommen:* Altpapier, Geld sammeln; ⟨auch itr.⟩ für das Rote Kreuz sammeln. **4.** ⟨sich s.⟩ *sich an einem bestimmten Ort versammeln:* die Touristen sammelten sich um ihre Reiseführerin.

die **Samm|lung** [ˈzamlʊŋ], -, -en: **1.** *das Sammeln von Spenden:* die Sammlung für die Opfer des Erdbebens ergab fast eine Million Euro. **2.** *Gesamtheit von gesammelten Gegenständen:* mein Vater besitzt eine wertvolle Sammlung alter Münzen. *Zus.:* Briefmarkensammlung, Münzsammlung, Schallplattensammlung, Schmetterlingssammlung.

der **Sams|tag** [ˈzamstaːk], -[e]s, -e: *sechster Tag der Woche:* am Samstag machen wir einen Ausflug ans Meer. *Syn.:* Sonnabend (bes. nordd.).

sämt|lich [ˈzɛmtlɪç], sämtlicher, sämtliche, sämtliches ⟨Artikelwort, Zahladjektiv und Indefinitpronomen⟩: *alle[s]:* hier finden Sie sämtliches nützliche Zubehör fürs Auto; er kennt die richtige Betonung sämtlicher häufiger/ häufigen Namen; sie waren sämtlich erschienen.

der **Sand** [zant]; -[e]s, -e: *Substanz aus feinen Körnern, die ein Teil des Erdbodens ist:* die Kinder spielen im Sand; es gibt hier endlose Strände aus weißem Sand.

die **San|da|le** [zanˈdaːlə]; -, -n: *leichter Schuh, dessen oberer Teil aus Riemen besteht:* im Sommer trug sie nur Sandalen.

die Sandale

san|dig [ˈzandɪç], sandiger, am sandigsten ⟨Adj.⟩: **1.** *aus [lockerem] Sand bestehend:* sandiger Meeresgrund; ein sehr sandiger Weg; der erste Teil der Straße war gepflastert, dann kam ein langes Stück, das sandig war. **2.** *mit Sand beschmutzt:* die sandigen Kleider ausschütteln; deine Hose ist ja ganz sandig.

der **Sand|kas|ten** [ˈzantkastn̩]; -s, Sandkästen [ˈzantkɛstn̩]: *mit Brettern o. Ä. eingefasste Grube mit Sand zum Spielen für Kinder:* im Sandkasten spielen; wir kennen uns schon aus dem Sandkasten *(seit unserer frühesten Kindheit).*

sand|te [ˈzantə]: ↑ ¹senden.

das *oder* der **Sand|wich** [ˈzɛntvɪtʃ]; -[s], -[e]s und -e: *zwei zusammengelegte, innen mit Butter bestrichene und mit Fleisch, Fisch, Käse, Salat o. Ä. belegte Brotscheiben.* *Syn.:* Schnitte. *Zus.:* Käsesandwich, Schinkensandwich.

sanft [zanft], sanfter, am sanftesten ⟨Adj.⟩: **1.** *zart und vorsichtig:* eine sanfte Berührung; sanfte Hände; jmdn. sanft küssen; sie hielt das Kind sanft zurück. *Syn.:* behutsam. **2.** *freundlich:* sanfte Augen; sie hat das gleiche sanfte Wesen wie ihre Mutter; sanft lächeln. *Syn.:* gütig, mild[e].

sang [zaŋ]: ↑ singen.

der **Sän|ger** [ˈzɛŋɐ], -s, -, die **Sän|ge|rin** [ˈzɛŋərɪn]; -, -nen: *Person, die singt, die im Singen ausgebildet ist:* er ist Sänger; seine Mutter war eine berühmte Sängerin; die Sängerin wurde stürmisch gefeiert. *Zus.:* Opernsänger, Opernsängerin, Schlagersänger, Schlagersängerin.

der **Sa|ni|tä|ter** [zaniˈtɛːtɐ], -s, -, die **Sa|ni|tä|te|rin** [zaniˈtɛːtərɪn]; -, -nen: *Person, die ausgebildet ist, Erste Hilfe zu leisten oder Kranke zu pflegen:* eine Sanitäterin leistete Erste Hilfe; Sanitäter trugen den verletzten Spieler vom Platz. *Syn.:* Krankenpfleger, Krankenschwester.

sank [zaŋk]: ↑ sinken.

die **Sank|ti|on** [zaŋkˈtsi̯oːn]; -, -en: *Maßnahme zur Bestrafung eines anderen Staates:* Sanktionen gegen einen Staat beschließen, fordern; die Regierung drohte dem Nachbarstaat mit wirtschaftlichen Sank-

S

tionen. *Syn.:* Strafe. *Zus.:* Wirtschafts-
sanktion.

der **Sarg** [zark]; -[e]s, Särge [ˈzɛrgə]: *länglicher
Kasten (mit einem Deckel), in dem ein
Toter, eine Tote begraben wird:* ein höl-
zerner Sarg; die Tote wurde in den Sarg
gelegt; der Sarg wurde ins Grab gesenkt.
Zus.: Holzsarg, Kindersarg, Zinksarg.

saß [zaːs]: ↑ sitzen.

der **Sa|tel|lit** [zatɛˈliːt]; -en, -en: *Gerät, das im
Weltall auf eine Bahn um die Erde
gebracht worden ist und wissenschaftli-
che oder technische Aufgaben erfüllt:*
über Satellit empfangen wir mehr als
vierzig Sender für Radio und Fernsehen.
Zus.: Fernsehsatellit, Nachrichtensatel-
lit, Wettersatellit.

satt [zat], satter, am sattesten ⟨Adj.⟩:
1. *nicht [mehr] hungrig:* satte Gäste;
nach dem reichhaltigen Frühstück war
ich bis zum Abend satt; das Baby hat
sich satt getrunken; dieser Eintopf
macht satt. **2.** *(von Farben) intensiv:* ein
sattes Grün, Rot; sie liebte satte Farben.
Syn.: kräftig. **3.** * etw. satt sein:* etwas
nicht mehr mögen: sie war das ewige
Genörgel satt.

satt|ha|ben [ˈzathaːbn̩], hat satt, hatte satt,
sattgehabt: *jmdn., etwas nicht mehr
ertragen können:* ich habe es satt, mich
dauernd rechtfertigen zu müssen.

der **Satz** [zats]; -es, Sätze [ˈzɛtsə]: **1.** *in sich
geschlossene sprachliche Einheit, die eine
Aussage, Frage oder eine Aufforderung
enthält:* einen Satz bilden, schreiben,
wiederholen; ein kurzer, langer, unvoll-
ständiger Satz; lies bitte den letzten Satz
nochmals; er redet, schreibt in schwer
verständlichen Sätzen. *Zus.:* Aufforde-
rungssatz, Ausrufesatz, Befehlssatz, Fra-
gesatz, Wunschsatz. **2.** *Teil eines Musikstücks:* eine Sinfonie hat gewöhnlich vier
Sätze. **3.** *bestimmte Anzahl zusammen-
gehörender Dinge, Gegenstände:* ein Satz
Briefmarken. *Syn.:* Serie. **4.** *in seiner
Höhe festgelegter Betrag:* der Satz der
Sozialhilfe. *Syn.:* Tarif. *Zus.:* Beitragssatz,
Gebührensatz, Steuersatz, Zinssatz.

das **Satz|zei|chen** [ˈzatstsaiçn̩]; -s, -: *Zeichen
wie Punkt oder Komma, mit dem ein Satz
beim Schreiben gegliedert wird:* er setzt
seine Satzzeichen mehr nach Gefühl als
nach den Regeln.

sau|ber [ˈzaubɐ], sauberer, am saubersten
⟨Adj.⟩: **1.** *frei von Schmutz:* saubere
Hände; ein sauberes Glas aus dem
Schrank nehmen; im Wohnzimmer
muss noch sauber gemacht *(geputzt)*

werden. *Syn.:* blank, rein. **2.** *ordentlich,
einwandfrei:* sie hat eine sehr saubere
Schrift; sie lief eine saubere Kür; ihre
Aussprache ist sauber; deine Schwester
ist immer viel sauberer gekleidet als du;
er arbeitet sehr sauber. *Syn.:* korrekt.
3. *anständig, fair:* ein sauberer Charakter; das war eine saubere Lösung.

die **Sau|ber|keit** [ˈzaubɐkait]; -: **1.** *sauberer
Zustand:* die Sauberkeit in diesem Hotel
lässt zu wünschen übrig; auf Sauberkeit
Wert legen. **2.** *einwandfreie Beschaffenheit:* die Sauberkeit der Schrift.

säu|bern [ˈzɔybɐn], säubert, säuberte,
gesäubert ⟨tr.; hat; etw. s.⟩: *den Schmutz
von etwas entfernen:* den Anzug mit der
Bürste säubern; der Arzt säuberte zuerst
die Wunde; ich säuberte mir die Fingernägel. *Syn.:* putzen, reinigen.

die **Sau|ce** [ˈzoːsə]: ↑ Soße.

sau|er [ˈzauɐ], saurer, am sauersten ⟨Adj.⟩:
1. *nicht süß:* saures Obst; saure Gurken;
Essig ist sauer; der Wein schmeckt
sauer. *Syn.:* herb, säuerlich. *Zus.:* essig-
sauer, zitronensauer. **2.** *ungenießbar
[geworden]:* ein saurer Geruch kam aus
dem Raum; die Milch ist sauer gewor-
den, riecht sauer. *Syn.:* schlecht. **3.** ugs.
(über jmdn., etwas) verärgert: sie ist sehr
sauer auf ihren Chef; sie waren ziemlich
sauer wegen des miesen Hotels. *Syn.:*
ärgerlich, wütend, zornig.

säu|er|lich [ˈzɔyɐlɪç], säuerlicher, am säuer-
lichsten ⟨Adj.⟩: **1.** *ein wenig, leicht sauer:*
ein säuerlicher Apfel; die Bonbons
schmecken säuerlich. **2.** *missmutig:* eine
säuerliche Miene machen; sie lächelte
säuerlich.

der **Sau|er|stoff** [ˈzauɐʃtɔf]; -[e]s: *in der Luft
vorhandenes farbloses, geruchloses Gas:*
Luft enthält Sauerstoff; die Patientin
mit reinem Sauerstoff beatmen.

sau|fen [ˈzaufn̩], säuft, soff, gesoffen:
1. ⟨itr.; hat⟩ *(von Tieren) Flüssigkeit zu
sich nehmen:* der Hund säuft aus dem
Napf; ⟨auch tr.; hat; etw. s.⟩ die Katze
säuft Milch. **2.** ⟨tr.; hat; etw. s.⟩ (derb)
sehr viel trinken: sie saufen literweise
Limonade, Bier; ich hatte so großen
Durst, dass ich das Wasser nicht getrunken, sondern gesoffen habe. **3.** ⟨itr.; hat⟩
(derb) *zu viel Alkohol trinken:* seit dem
Tod seiner Frau säuft er.

¹**sau|gen** [ˈzaugn̩], saugt, sog /saugte, geso-
gen/gesaugt ⟨tr.; hat; etw. aus etw. s.⟩:
*(Flüssigkeit, Luft o. Ä.) in sich hineinzie-
hen, einziehen:* das Kind saugt mit dem
Strohhalm den Saft aus der Flasche; sie

S

sog/saugte die Luft durch die Zähne; die Bienen saugen Nektar aus den Blüten; ⟨auch itr.⟩ er saugt *(zieht)* ruhig an seiner Pfeife.

²**sau|gen** [ˈzaʊ̯ɡn̩], saugt, saugte, gesaugt ⟨tr.; hat; etw. s.⟩: *mit einem Staubsauger reinigen:* den Teppich, das Wohnzimmer saugen; ⟨auch itr.⟩ ich muss noch saugen. *Syn.:* staubsaugen.

das **Säu|ge|tier** [ˈzɔɡəti:ɐ̯]: -[e]s, -e: *Tier, das lebende Junge zur Welt bringt:* Hunde und Katzen sind Säugetiere.

der **Säug|ling** [ˈzɔɡklɪŋ], -s, -e: *Kind, das noch an der Brust oder mit der Flasche ernährt wird:* die Mutter gab dem Säugling die Brust. *Syn.:* Baby.

die **Säu|le** [ˈzɔɡlə]; -, -n: *senkrechte, meist runde Stütze bei größeren Bauwerken:* ein Haus mit hohen, weißen Säulen. *Syn.:* Pfeiler. *Zus.:* Marmorsäule.

die Säule

die **Sau|na** [ˈzaʊ̯na]; -, Saunen [ˈzaʊ̯nən] u. -s: *Raum, in dem sehr große trockene Hitze herrscht und in den man zum Schwitzen geht:* in die Sauna gehen; die Sauna *(der Aufenthalt in der Sauna)* hat mir gutgetan. *Zus.:* Damensauna, Familiensauna, Heimsauna.

die **Säu|re** [ˈzɔɡrə]; -, -n: *chemische Verbindung [mit einem kennzeichnenden Geschmack]:* eine ätzende Säure. *Zus.:* Fruchtsäure, Schwefelsäure, Zitronensäure.

sau|sen [ˈzaʊ̯zn̩], saust, sauste, gesaust ⟨itr.; ist⟩ (ugs.): *sich sehr schnell irgendwohin bewegen:* ins Kinderzimmer sausen; über die Autobahn sausen. *Syn.:* brausen (ugs.), flitzen (ugs.), rasen.

das **Sa|xo|fon, Sa|xo|phon** [zaksoˈfo:n]; -s, -e: *Blasinstrument aus Metall, das weich klingt und besonders im Jazz verwendet wird:* Saxofon spielen.

Symbol für die S-Bahn

die **S-Bahn** [ˈɛsba:n]; -, -en: *elektrisch betriebene Bahn für den Personenverkehr bes. in großen Städten und deren Umgebung:* sie fährt mit der S-Bahn zur Arbeit.

scha|ben [ˈʃa:bn̩], schabt, schabte, geschabt ⟨tr.; hat; etw. von etw. s.⟩: *durch Kratzen mit einer Klinge oder dergleichen entfernen:* er schabte den alten Lack mit einem Spachtel von dem Holz; das Fleisch von den Knochen schaben. *Syn.:* kratzen, scheuern.

das **Schach** [ʃax], -s, -s: **1.** *Brettspiel für zwei Personen, die mit je sechzehn schwarzen bzw. weißen Figuren abwechselnd spielen und dabei versuchen, den gegnerischen König anzugreifen:* mit jmdm. eine Partie Schach spielen. **2.** *Stellung im Schachspiel, bei der einer der beiden Könige angegriffen ist:* der weiße König steht im Schach; Schach! (Hinweis darauf, dass der gegnerische König angegriffen ist).

das **Schach|brett** [ˈʃaxbrɛt]; -[e]s, -er: *in je 32 schwarze und weiße Quadrate aufgeteiltes Brett zum Schachspielen:* der Stoff ist gemustert wie ein Schachbrett.

die **Schach|tel** [ˈʃaxtl]; -, -n: *meist flacher, rechtwinkliger oder runder Behälter [aus Pappe] mit einem Deckel zum Verpacken oder Aufbewahren:* eine leere Schachtel; eine Schachtel mit Fotos; eine Schachtel Zigaretten, Streichhölzer. *Syn.:* Karton, Packung. *Zus.:* Keksschachtel, Pappschachtel, Pralinenschachtel, Streichholzschachtel, Zigarettenschachtel.

scha|de [ˈʃa:də]: in den Verbindungen * **es ist schade:** *es ist bedauerlich:* [es ist] schade, dass du nicht kommen kannst; * **es ist schade um jmdn., etwas:** *es ist zu bedauern, was mit jmdm., etwas geschieht:* du solltest die alten Fotos nicht einfach wegwerfen, es wäre schade darum; * **für jmdn., etwas zu schade sein:** *zu wertvoll, zu gut für jmdn., etwas sein:* diese Frau ist viel zu schade für dich; für die Arbeit ist dieser Anzug zu schade; * **sich** ⟨Dativ⟩ **für etwas zu schade sein:** *der Meinung sein, etwas nicht nötig zu haben:* du bist dir wohl für diese Arbeit zu schade?

der **Schä|del** [ˈʃɛ:dl]; -s, -: *Kopf (als Gesamtheit der Knochen, die ihn bilden):* der Schädel einer Riesenechse, eines Neandertalers; der Schädel des Toten ist zertrümmert.

scha|den [ˈʃa:dn̩], schadet, schadete, geschadet ⟨itr.; hat⟩: *für jmdn., etwas von Nachteil sein; einen Verlust darstellen, bewirken:* diese Tat schadete seinem Ansehen; das viele Lesen schadet den Augen; du schadest damit nur deiner Gesundheit; ihre Gutmütigkeit hat ihr nur geschadet; es schadet ihr nichts,

S

wenn sie einmal für längere Zeit von zu Hause fort ist; es kann nichts schaden, wenn wir ihn auch informieren.

der **Schalden** [ˈʃaːdn̩]; -s, **Schäden** [ˈʃɛːdn̩]: **1.** *Verringerung des Wertes einer Sache:* ein kleiner Schaden; jmdm. [einen] Schaden zufügen; für einen Schaden aufkommen. **2.** *beschädigte Stelle, [teilweise] Zerstörung:* der Hagel hat gewaltige Schäden angerichtet; das Auto hat einen Schaden am Motor. *Syn.:* Beschädigung, Defekt. *Zus.:* Brandschaden, Feuerschaden, Frostschaden, Hagelschaden, Motorschaden, Wasserschaden. **3.** *negative Folge; etwas, was für jmdn., etwas ungünstig ist:* wenn du dich nicht beteiligst, so ist es dein eigener Schaden; bei etwas zu Schaden kommen. *Syn.:* Nachteil. **4.** *Verletzung:* ich habe bei einem Unfall einen Schaden am Bein erlitten; von Geburt an hatte sie am rechten Auge einen Schaden. *Zus.:* Bandscheibenschaden, Leberschaden.

der **Schalden|er|satz** [ˈʃaːdn̩lɐɐ̯zats]; -es: *Ersatz für einen erlittenen Schaden:* Schadenersatz fordern.

die **Schalden|freu|de** [ˈʃaːdn̩frɔɐ̯də]; -: *boshafte Freude über den Misserfolg, das Unglück anderer:* Schadenfreude über jmds. Missgeschick empfinden, äußern.

schalden|froh [ˈʃaːdn̩froː], schadenfroher, am schadenfrohesten ⟨Adj.⟩: *voll Schadenfreude:* schadenfrohes Gelächter; schadenfroh lachen, grinsen.

schäd|lich [ˈʃɛːtlɪç], schädlicher, am schädlichsten ⟨Adj.⟩: *Schäden verursachend:* schädliche Bakterien; schädliche Einflüsse; das hat für Sie keine schädlichen Folgen; das Rauchen ist sehr schädlich.

der **Schad|stoff** [ˈʃaːtʃtɔf]; -[e]s, -e: *Pflanzen, Tieren oder Menschen schadender Stoff:* Schadstoffe in der Luft; mit Schadstoffen belastete Gewässer, Lebensmittel. *Syn.:* Gift.

das Schaf

das **Schaf** [ʃaːf]; -[e]s, -e: *Haustier mit dickem Fell, das Wolle, Milch und Fleisch gibt:* die Schafe scheren; eine Herde Schafe.

der **Schä|fer|hund** [ˈʃɛːfɐhʊnt]; -[e]s, -e: *großer Hund mit spitzen Ohren, langem*

Schwanz und einem dunklen Fell: Schäferhunde sind gute Wachhunde.

der Schäferhund

¹**schaf|fen** [ˈʃafn̩], schafft, schuf, geschaffen: **1.** ⟨tr.; hat; etw. s.⟩ *durch eigene schöpferische Leistung hervorbringen:* ein Bild, eine Plastik, ein Kunstwerk, einen Roman schaffen. *Syn.:* erschaffen. **2.** schafft, schuf/schaffte, geschaffen / (seltener:) geschafft ⟨tr.; hat; etw. s.⟩ *entstehen lassen, zustande bringen:* die Voraussetzungen für etwas schaffen; sie sollten eine bessere Atmosphäre, neue Stellen schaffen; (in verblasster Bedeutung:) Abhilfe, Klarheit, Ordnung schaffen. *Syn.:* sorgen für.

²**schaf|fen** [ˈʃafn̩], schafft, schaffte, geschafft: **1.** ⟨itr.; hat⟩ (bes. südd.) *arbeiten:* wir haben den ganzen Tag [schwer] geschafft; sie schafft *(ist beschäftigt, angestellt)* bei der Post. **2.** ⟨tr.; hat; etw. s.⟩ *bewältigen, (mit etwas) fertig werden, zurechtkommen:* ich schaffe diese Arbeit nicht allein; du hast heute viel geschafft; sie wird die Prüfung schon schaffen *(bestehen);* das schaffst du *(gelingt dir)* nie! **3.** ⟨tr.; hat; jmdn., etwas irgendwohin s.⟩ *befördern, bringen:* schaff doch endlich mal das Gerümpel aus dem Haus! *Syn.:* tragen, transportieren.

der **Schaff|ner** [ˈʃafnɐ]; -s, -, die **Schaff|ne|rin** [ˈʃafnərɪn]; -, -nen: *Person, die in öffentlichen Verkehrsmitteln Fahrscheine verkauft und kontrolliert:* beim Schaffner eine Fahrkarte kaufen. *Zus.:* Zugschaffner, Zugschaffnerin.

die **-schaft** [ʃaft]; -, -en ⟨Suffix⟩: **1.** bezeichnet eine Gesamtheit von Personen, seltener Sachen, die gleichen oder einer ähnlichen Art: Arbeiterschaft; Ärzteschaft; Erbschaft; Hinterlassenschaft; Schülerschaft; Verwandtschaft. **2.** bezeichnet eine bestimmte Beschaffenheit, einen Zustand, das Verhältnis einer Person zu [einer] anderen / zu einer Sache: Bereitschaft; Freundschaft; Vaterschaft.

der **Schal** [ʃaːl]; -s, -s: *langes, schmales Tuch:* sich einen Schal um den Hals wickeln. *Zus.:* Seidenschal, Wollschal.

die **Scha|le** [ˈʃaːlə]; -, -n: **1.** *äußere [dem Schutz dienende] mehr oder weniger harte Schicht z. B. bei Früchten, Samen, Nüssen, Eiern:* die Schalen der Mandeln;

diese Eier haben eine sehr dünne Schale; dieser Apfel hat eine harte Schale. *Syn.:* Haut, Hülle. *Zus.:* Apfelschale, Bananenschale, Birnenschale, Mandarinenschale, Nussschale, Orangenschale, Zitronenschale, Zwiebelschale. **2.** *flaches, rundes, oben offenes Gefäß:* eine Schale mit, voll Obst. *Syn.:* Schüssel. *Zus.:* Gebäckschale, Kristallschale, Obstschale, Seifenschale.

schä|len ['ʃɛːlən], schält, schälte, geschält: **1.** ⟨tr.; hat; etw. s.⟩ *von der Schale befreien:* Kartoffeln, Eier schälen. *Syn.:* pellen (bes. nordd.). **2.** ⟨sich s.⟩ *kleine abgestorbene Teilchen der Haut verlieren:* ich schälte mich am ganzen Körper; nach dem Sonnenbrand schälte sich die Haut, mein Rücken.

der **Schall** [ʃal], -[e]s: *etwas, was mit den Ohren wahrgenommen wird:* die Geschwindigkeit des Schalls.

schal|len ['ʃalən], schallt, schallte / (seltener:) scholl, geschallt ⟨itr.; hat⟩: *laut tönen, weithin hörbar sein:* Stimmen, Rufe schallen über die Felder; lautes Gelächter schallt aus dem Nebenraum; sie verpasste ihm eine schallende Ohrfeige. *Syn.:* klingen, tönen. *Zus.:* entgegenschallen, heraufschallen, herüberschallen, zurückschallen.

schal|ten ['ʃaltn̩], schaltet, schaltete, geschaltet: **1.** ⟨tr.; hat; etw. s.⟩ *durch Betätigen eines Hebels oder dergleichen in einen bestimmten (Betriebs)zustand* versetzen: er hat den Apparat auf »ein« geschaltet; ⟨auch itr.⟩ du musst zweimal schalten (*den Schalter zweimal betätigen*). *Zus.:* ausschalten, einschalten, umschalten. **2.** ⟨itr.; hat⟩ *automatisch geschaltet werden:* das Notebook schaltet [automatisch] auf Akkubetrieb; die Ampel hatte gerade auf Gelb geschaltet. **3.** ⟨itr.; hat⟩ *einen [anderen] Gang wählen:* der Fahrer schaltete in den kleinsten, in den 4. Gang. **4.** ⟨itr.; hat⟩ (ugs.) *begreifen, verstehen:* sie schaltet immer etwas langsam; jetzt hat er endlich geschaltet!

der **Schal|ter** ['ʃaltɐ], -s, -: **1.** *Vorrichtung (in Form eines Hebels, Knopfs oder dergleichen) zum Schalten:* einen Schalter betätigen; er drückte auf den Schalter und das Licht ging aus. *Zus.:* Fußschalter, Lichtschalter, Notschalter. **2.** *Platz in einem Raum, an dem [hinter einer Scheibe] eine Person arbeitet, die Kunden bedient, z. B. in Banken, auf der Post und auf dem Bahnhof:* er gab den Brief am Schalter ab; bitte wenden Sie sich an

Schalter 3; vor dem Schalter hatte sich eine lange Schlange gebildet; dieser Schalter ist [vorübergehend] geschlossen. *Zus.:* Auskunftsschalter, Bankschalter, Fahrkartenschalter, Kassenschalter, Postschalter.

schä|men ['ʃɛːmən], schämt, schämte, geschämt ⟨sich s.⟩: *Scham empfinden:* ich habe mich wegen dieses Verhaltens sehr, zu Tode, in Grund und Boden geschämt; sich seiner Herkunft schämen; sie schämt sich für ihn; schäm dich, so zu lügen!

scharf [ʃarf], schärfer, am schärfsten ⟨Adj.⟩: **1.** *leicht und gut schneidend:* ein scharfes Messer; scharfe Zähne, Kanten; pass auf, die Schere ist sehr scharf; eine scharfe Axt, ein scharfes Beil. **2.** *sehr kräftig und charakteristisch schmeckend oder riechend:* scharfer Senf, Essig; ein scharfer Geruch; die Suppe war sehr, höllisch scharf; Gulasch mag ich am liebsten scharf. *Syn.:* pikant. **3.** *streng, schonungslos:* scharfe Kritik; ein scharfes Verhör; jmdn. scharf tadeln, anfassen. **4.** *(von den Sinnen, dem Verstand) sehr leistungsfähig:* ein scharfes Auge; er hat einen scharfen Verstand; trotz ihres Alters hat sie noch ein scharfes Gehör; sie dachte scharf nach. **5.** *klar erkennbare Umrisse aufweisend:* die Fotografie ist nicht, ist gestochen scharf; mit der alten Brille kann ich nicht mehr scharf sehen.

die **Schär|fe** ['ʃɛrfə], -: **1.** *scharfe Beschaffenheit:* die Schärfe des Messers, der Axt. **2.** *scharfer Geruch oder Geschmack.* **3.** *Strenge, Heftigkeit, Aggressivität:* der Kampf nimmt an Schärfe zu; er kritisierte sie in ungewohnter Schärfe. **4.** *Eignung zu scharfem, genauem Erfassen, Wahrnehmen:* die Schärfe seiner Augen, seines Gehörs, seines Verstands.

schär|fen ['ʃɛrfn̩], schärft, schärfte, geschärft ⟨tr.; hat; etw. s.⟩: *scharf machen, scharf schleifen:* ein Messer schärfen.

der **Scharf|sinn** ['ʃarfzɪn], -[e]s: *scharfer Intellekt, der sofort das Wesentliche erkennt:* er hat das Problem mit bewundertem Scharfsinn gelöst; man braucht keinen besonderen Scharfsinn, um das zu erkennen. *Syn.:* Intelligenz, Verstand.

scharf|sin|nig ['ʃarfzɪnɪç], scharfsinniger, am scharfsinnigsten ⟨Adj.⟩: *Scharfsinn habend, erkennen lassend:* eine scharfsinnige Analytikerin; er machte dazu eine scharfsinnige Bemerkung. *Syn.:* gescheit, intelligent, klug.

S

der **Scharm** [ʃarm]: † Charme.

das **Schar|nier** [ʃarˈniːɐ̯], -s, -e: *bewegliche Verbindung zur Befestigung von Türen, Deckeln usw.:* die Scharniere der Fenster ölen.

schar|ren [ˈʃarən], scharrt, scharrte, gescharrt ⟨itr.; hat⟩: *die Füße, Krallen wiederholt schleifend und hörbar über eine Oberfläche bewegen:* der Hund scharrt an der Tür; die Pferde scharren mit den Hufen; die Hühner scharren im Sand [nach Würmern]. *Syn.:* kratzen.

der *oder* das **Schasch|lik** [ˈʃaʃlɪk], -s, -s: *an einem kleinen Spieß (zusammen mit anderen Zutaten wie Zwiebeln, Paprika u. a.) gebratene Stückchen Fleisch:* wir aßen Schaschlik mit Pommes frites.

der **Schat|ten** [ˈʃatn̩], -s, -: **1.** *auf einer Fläche sichtbarer dunkler Bereich hinter einem beleuchteten Körper:* einen Schatten werfen; die Schatten der Bäume; abends werden die Schatten länger. *Zus.:* Erdschatten. **2.** *der Sonne nicht unmittelbar ausgesetzter Bereich:* die Bäume spenden Schatten; aus dem Schatten heraustreten; es ist gesünder, sich in den Schatten zu legen. *Zus.:* Halbschatten.

die **Schat|ten|sei|te** [ˈʃatn̩zaɪ̯tə], -, -n: **1.** *Seite, die im Schatten liegt:* die Schattenseite eines Berges; sein Zimmer liegt auf der Schattenseite des Hauses. **2.** *schlechte Seite; Nachteil:* die Schattenseiten des neuen Planes; jeder Erfolg hat auch seine Schattenseiten. *Syn.:* Fehler, Makel, Mangel, Manko.

schat|tig [ˈʃatɪç], schattiger, am schattigsten ⟨Adj.⟩: *im Schatten, nicht in der Sonne:* ein schönes, schattiges Plätzchen; eine schattige Bank.

der **Schatz** [ʃats], -es, Schätze [ˈʃɛtsə]: **1.** ⟨Plural⟩ *wertvolle Dinge:* einen vergrabenen Schatz finden; stolz zeigte sie uns ihren Schatz, ihre Schätze. *Syn.:* Reichtümer ⟨Plural⟩. *Zus.:* Erfahrungsschatz, Goldschatz, Kunstschatz. **2.** (meist in der Anrede) *Person, die von jmdm. geliebt wird:* komm her, mein Schatz; du bist mein Schatz! *Syn.:* Liebling.

schät|zen [ˈʃɛtsn̩], schätzt, schätzte, geschätzt: **1.** ⟨tr.; hat; etw. s.⟩ *die Größe, die Dauer, den Wert von etwas bestimmen:* man schätzt ihr Vermögen auf mehrere Millionen; ein Grundstück schätzen lassen; ⟨auch itr.⟩ ich schätze, wir sind in einer Woche fertig; »Wie groß bist du?« – »Schätz mal!«. **2.** ⟨tr.; hat; jmdn., etw. s.⟩ *achten, ehren:* alle schätzen die neue Mitarbeiterin sehr; er

schätzt *(liebt)* guten Wein; meine Großmutter schätzte *(legte großen Wert auf)* gutes Benehmen. *Syn.:* respektieren. **3.** ⟨itr.; hat⟩ (ugs.) *denken, glauben:* ich schätze, dass er heute einfach keine Lust hatte. *Syn.:* annehmen.

die **Schau** [ʃaʊ̯]; -, -en: *Show:* eine Schau mit vielen Stars. *Syn.:* Darbietung, Vorstellung.

schau|en [ˈʃaʊ̯ən], schaut, schaute, geschaut: **1.** ⟨itr.; hat; irgendwohin, irgendwie schauen⟩ (bes. südd., österr.) *blicken, gucken:* freundlich, traurig schauen; er schaute erst nach oben und dann zur Seite; schau einmal her!; schau doch nicht so blöd! *Syn.:* sehen. **2.** ⟨itr.; hat; nach jmdm., etw. s.⟩ (bes. südd., österr.) *sich um jmdn., etwas kümmern:* die Nachbarin schaut nach den Kindern.

die **Schau|fel** [ˈʃaʊ̯fl̩]; -, -n: **1.** *Gerät, mit dem man gräbt:* er hat das Loch für den neuen Baum mit einer Schaufel gegraben; das Kind hat seine Schaufel am Strand vergessen. *Syn.:* Spaten. *Zus.:* Kohlenschaufel, Schneeschaufel. **2.** *Kehrblech:* er fegte mit Besen und Schaufel die Krümel vom Boden. *Zus.:* Kehrichtschaufel, Kehrschaufel (südd.).

die Schaufel (1)

schau|feln [ˈʃaʊ̯fl̩n], schaufelt, schaufelte, geschaufelt ⟨tr.; hat⟩: **1.** ⟨etw. s.⟩ *mit einer Schaufel ausheben, graben:* einen Graben, ein tiefes Loch schaufeln; ⟨auch itr.⟩ sie schaufelten den ganzen Tag, bis die Grube fertig war. *Syn.:* buddeln (ugs.). **2.** ⟨etw. s.⟩ *mit einer Schaufel irgendwohin tun:* das Kind schaufelte stundenlang Sand in seinen Eimer; der kleine Junge hat fünf Stück Kuchen auf seinen Teller geschaufelt (ugs.: *getan*); Schnee schaufeln *(wegräumen)*.

das **Schau|fens|ter** [ˈʃaʊ̯fɛnstɐ]; -s, -: *Fenster eines Geschäfts, in dem die Waren ausgestellt werden:* etwas im Schaufenster ausstellen; ich habe im Schaufenster ein Kleid gesehen, das ich gern anprobieren würde; was kostet der kleine rote Fernseher im Schaufenster?

der **Schau|kas|ten** [ˈʃaʊ̯kastn̩]; -s, Schaukästen [ˈʃaʊ̯kɛstn̩]: *Kasten an der Wand, in dem hinter einer Scheibe etwas ausgestellt wird:* in einem Schaukasten am Eingang hing die Speisekarte.

die **Schau|kel** ['ʃaukl̩]; -, -n: *Brett an zwei Seilen, auf dem man sitzen und durch die Luft schwingen kann:* auf dem Spielplatz gibt es zwei neue Schaukeln; das Kind setzte, stellte sich auf die Schaukel; die Mutter sollte ihre Tochter auf der Schaukel anstoßen; der kleine Junge ist von der Schaukel gefallen.

die Schaukel

schau|keln ['ʃaukl̩n], schaukelt, schaukelte, geschaukelt: **1.** ⟨itr.; hat⟩ *von einer Seite zur anderen schwingen, sich hin- und herbewegen:* die Kinder schaukeln auf dem Spielplatz; sie hängt an einem Seil und schaukelt durch die Luft; das Boot schaukelt auf den Wellen. **2.** ⟨tr.; hat; jmdn., etw. s.⟩ *jmdn., etwas hin- und herbewegen:* ein Kind in der Wiege, auf dem Arm schaukeln; er schaukelte das Kind in den Schlaf. *Syn.:* wiegen.

der **Schau|kel|stuhl** ['ʃaukl̩ʃtuːl]; -[e]s, Schaukelstühle: *Stuhl, mit dem man schaukeln kann:* er sitzt am liebsten im Schaukelstuhl.

der **Schaum** [ʃaum]; -[e]s: *weiße, leichte Masse, die sich auf Flüssigkeiten bildet:* Schaum besteht aus ganz vielen kleinen Luftblasen; es ist zu wenig Bier und zu viel Schaum im Glas; zuerst das Eiweiß zu Schaum schlagen; in der Badewanne war sie unter dem Schaum kaum noch zu sehen. *Zus.:* Bierschaum, Rasierschaum, Seifenschaum.

schäu|men ['ʃɔymən], schäumt, schäumte, geschäumt ⟨itr.; hat⟩: *Schaum bilden:* das Bier schäumt im Glas; die Seife schäumt gut; eine stark schäumende Zahnpasta.

der **Schaum|gum|mi** ['ʃaumɡʊmi]; -s, -[s]: *leichter Kunststoff, der sehr gut federt:* die Matratze ist aus Schaumgummi; der Stuhl ist mit Schaumgummi gepolstert.

schau|mig ['ʃaumɪç], schaumiger, am schaumigsten ⟨Adj.⟩: *aus Schaum bestehend:* eine schaumige Masse; Butter und Eier schaumig *(zu Schaum)* rühren.

der **Schau|platz** ['ʃauplats]; -es, Schauplätze ['ʃauplɛtsə]: *Ort, an dem etwas passiert, geschieht:* dieses Haus war der Schauplatz des Verbrechens; der Roman spielt an mehreren Schauplätzen in Italien.

das **Schau|spiel** ['ʃauʃpiːl]; -[e]s, -e: **1.** *Theater-*

stück: ein Schauspiel schreiben, aufführen. *Syn.:* Drama, Stück. **2.** *Vorgang, den man beobachtet:* der Untergang der Sonne war ein beeindruckendes Schauspiel; eine Sonnenfinsternis ist ein interessantes Schauspiel. *Zus.:* Naturschauspiel.

der **Schau|spie|ler** ['ʃauʃpiːlɐ]; -s, -, die **Schau|spie|le|rin** ['ʃauʃpiːlərɪn]; -, -nen: *Person, die Rollen auf der Bühne oder im Film darstellt:* ein guter Schauspieler; sie ist Schauspielerin. *Syn.:* Darsteller, Darstellerin. *Zus.:* Filmschauspieler, Filmschauspielerin, Theaterschauspieler, Theaterschauspielerin.

der **Scheck** [ʃɛk]; -s, -s: *Formular, mit dem man etwas bezahlt:* sie stellte dem Verkäufer einen Scheck über 200 Euro aus; der Scheck kann bei jeder Bank eingelöst werden. *Zus.:* Barscheck, Blankoscheck, Postscheck, Reisescheck, Verrechnungsscheck.

die **Scheck|kar|te** ['ʃɛkkartə]; -, -n: *kleine Karte aus Plastik, mit der man Geld vom Konto abheben oder ohne Bargeld bezahlen kann:* mit der Scheckkarte können Sie auch im Ausland problemlos Geld abheben; ich möchte gerne mit Scheckkarte bezahlen; sie hat die gestohlene Scheckkarte sperren lassen.

die **Schei|be** ['ʃaibə]; -, -n: **1.** *dünne Platte aus Glas [in einem Rahmen]:* saubere, schmutzige Scheiben; sie schlugen die Scheibe des Schaufensters ein; die Scheiben klirrten; auf der rechten Seite des Wagens war die Scheibe kaputt. *Syn.:* Fenster. *Zus.:* Fensterscheibe, Frontscheibe, Glasscheibe, Heckscheibe, Schaufensterscheibe, Windschutzscheibe. **2.** *dünne, flache Schicht, die man von etwas abschneidet:* eine Scheibe Brot, Wurst, Zitrone; möchtest du noch eine Scheibe Käse?; eine Banane in Scheiben schneiden. *Zus.:* Brotscheibe, Wurstscheibe, Zitronenscheibe, Zwiebelscheibe. **3.** *flacher, runder Gegenstand:* früher dachten die Menschen, dass die Erde eine Scheibe ist; beim Schießen hat er genau die Mitte der Scheibe getroffen. *Zus.:* Kniescheibe, Schießscheibe, Zielscheibe.

der **Schei|ben|wi|scher** ['ʃaibn̩vɪʃɐ]; -s, -: *Gerät, das bei Regen oder Schnee die vordere oder hintere Scheibe eines Autos trocken wischt:* als es zu regnen begann, schaltete sie die Scheibenwischer ein; unter dem Scheibenwischer klemmte ein Zettel. *Zus.:* Heckscheibenwischer.

S

die **Schei|de** [ˈʃaidə]; -, -n: *Teil der weiblichen Geschlechtsorgane, der von der Gebärmutter nach außen führt:* einen Tampon in die Scheide einführen. *Syn.:* Vagina.

schei|den [ˈʃaidn̩], scheidet, schied, geschieden ⟨tr.; hat; jmdn., etw. s.⟩: *eine Ehe gerichtlich auflösen:* der Richter hatte ihre Ehe geschieden; sie wollen sich scheiden lassen *(ihre Ehe auflösen lassen);* er ist, sie sind geschieden.

die **Schei|dung** [ˈʃaidʊŋ]; -, -en: *gerichtliche Auflösung, Trennung der Ehe:* seine Frau hat die Scheidung eingereicht; der Ehemann wollte nicht in die Scheidung einwilligen. *Zus.:* Ehescheidung.

der **¹Schein** [ʃain]; -[e]s: **1.** *Licht:* der helle Schein der Lampe; der silberne Schein des Mondes; sie saßen im Schein einer Kerze; nur der Schein einer Straßenlaterne fiel ins Zimmer. *Syn.:* Helligkeit, Schimmer. *Zus.:* Kerzenschein, Lichtschein, Mondschein, Sonnenschein. **2.** *[falscher] äußerer Eindruck:* es geht ihr sehr schlecht, aber sie versucht den [äußeren] Schein zu wahren; die glückliche Familie, zwei erfolgreiche Kinder – das ist alles nur Schein.

der **²Schein** [ʃain]; -[e]s, -e: **1.** *Geldschein:* er hat keine Münzen, sondern nur Scheine in der Tasche; der Automat nimmt auch Scheine; ich hätte das Geld gern in kleinen Scheinen. *Syn.:* Banknote. **2.** *Bescheinigung:* bitte füllen Sie zuerst diesen Schein aus; er unterschreibt den Schein; wenn Sie diesen Schein vorzeigen, können Sie die Grenze passieren.

schein|bar [ˈʃainbaːɐ̯] ⟨Adj.⟩: *dem äußeren Eindruck nach; wie es scheint:* sie ist scheinbar zufrieden mit ihrem Leben; er hat den Termin scheinbar vergessen; das ist nur ein scheinbarer Widerspruch; sie ist nur scheinbar glücklich.

die **Schein|ehe** [ˈʃain|eːə]; -, -n: *Ehe, die aus praktischen Gründen nur zum Schein geschlossen wird:* in dem Film gelingt es dem Mann, durch eine Scheinehe weiter im Land zu bleiben; wärst du bereit, eine Scheinehe einzugehen?

schei|nen [ˈʃainən], scheint, schien, geschienen ⟨itr.; hat⟩: **1.** *Licht ausstrahlen:* die Lampe schien ihm ins Gesicht; die Sonne schien den ganzen Tag; der Mond scheint durch das Fenster. *Syn.:* leuchten, strahlen. **2.** ⟨[jmdm.] irgendwie s.⟩ *aussehen, wirken:* diese Erklärung scheint [mir] einleuchtend; ein Ziel, das [mir] unerreichbar scheint; es scheint so, als wäre längst alles zu spät; ⟨mit

»zu« + Infinitiv⟩ er scheint glücklich zu sein *(er scheint glücklich).* *Syn.:* erscheinen, vorkommen.

schein|hei|lig [ˈʃainhailɪç], scheinheiliger, am scheinheiligsten ⟨Adj.⟩ (abwertend): *nicht ehrlich:* dieser scheinheilige Mensch hat mich betrogen; sie machte ein scheinheiliges *(unschuldiges)* Gesicht; tu doch nicht so scheinheilig *(unschuldig)!* *Syn.:* falsch.

der **Schein|wer|fer** [ˈʃainvɛrfɐ]; -s, -: *Lampe, die weit in eine Richtung leuchtet:* das Auto hatte vier Scheinwerfer; er wurde von den Scheinwerfern des anderen Autos geblendet; sie stand auf der Bühne, mitten im Licht der Scheinwerfer. *Zus.:* Bühnenscheinwerfer, Nebelscheinwerfer.

die **Schei|ße** [ˈʃaisə]; -: **1.** (derb) *Kot:* in [die] Scheiße treten. *Syn.:* Stuhl (bes. Med.), Stuhlgang. **2.** (derb abwertend) *etwas sehr Schlechtes, Unangenehmes:* der Film ist große Scheiße; mach keine Scheiße; er hat Scheiße gebaut *(einen schweren Fehler gemacht);* so eine Scheiße!; verdammte, verfluchte Scheiße! *Syn.:* Mist (ugs. abwertend).

der **Schei|tel** [ˈʃaitl̩]; -s, -: *Linie, die das Haar des Kopfes in zwei Hälften teilt:* mit dem Kamm einen Scheitel ziehen; er trägt den Scheitel links, in der Mitte. *Zus.:* Mittelscheitel, Seitenscheitel.

schei|tern [ˈʃaitɐn], scheitert, scheiterte, gescheitert ⟨itr.; ist⟩: *keinen Erfolg haben:* er ist mit seinen Plänen gescheitert; die Verhandlungen sind gescheitert; ihre Ehe ist gescheitert; diese Idee ist zum Scheitern verurteilt *(hat keine Aussicht auf Erfolg).* *Syn.:* fehlschlagen, missglücken.

schel|len [ˈʃɛlən], schellt, schellte, geschellt ⟨itr.; hat⟩ (landsch.): *klingeln:* ich habe schon drei Mal geschellt; ⟨auch unpers.⟩ es hat [an der Tür] geschellt. *Syn.:* läuten.

das **Sche|ma** [ˈʃeːma]; -s, -s und Schemata [ˈʃeːmata], auch: Schemen [ˈʃeːmən]: **1.** *Plan, nach dem etwas abläuft; Muster:* ein festes, starres Schema; ein Schema aufstellen; bei uns folgt jeder Sonntag einem festen Schema. *Syn.:* Prinzip. *Zus.:* Denkschema, Grundschema, Versschema. **2.** *vereinfachte Zeichnung, die nur die Struktur von etwas zeigt:* das Schema einer elektrischen Schaltung; sie verdeutlichte das Gesagte durch ein Schema. *Zus.:* Schaltschema.

sche|ma|tisch [ʃeˈmaːtɪʃ] ⟨Adj.⟩: *in der Form eines Schemas; vereinfacht:* eine schematische Darstellung der Abläufe im Körper; die Personen im Roman sind sehr schematisch beschrieben.

der **Schen|kel** [ˈʃɛŋkl̩], -s, -: *Oberschenkel:* sie hat kräftige, dicke Schenkel; er schlägt sich lachend auf die Schenkel. *Zus.:* Unterschenkel.

schen|ken [ˈʃɛŋkn̩], schenkt, schenkte, geschenkt ⟨tr.; hat⟩: **1.** ⟨jmdm. etw. s.⟩ *jmdm. etwas als Besitz geben, ohne etwas dafür zu verlangen:* jmdm. Blumen, Schokolade schenken; jmdm. etwas zum Geburtstag, zu Weihnachten schenken; sie hat von ihren Eltern ein Auto geschenkt bekommen; den Kindern wird in dieser Schule nichts geschenkt *(sie müssen dort für alles hart arbeiten).* *Syn.:* verschenken. **2.** ⟨jmdm., sich etw. s.⟩ (ugs.) *etwas nicht tun, weil es nicht nötig ist; etwas nicht beachten, weil es nicht gut ist:* wir können uns diesen Besuch schenken; den zweiten Teil des Films kannst du dir schenken. *Syn.:* sparen. **3.** ⟨jmdm. etw. s.⟩ *als Funktionsverb:* jmdm., einer Sache [keine] Aufmerksamkeit, Beachtung schenken *(jmdn., etwas [nicht] beachten);* jmdm. Gehör schenken *(jmdm. zuhören);* jmdm. Glauben schenken *(jmdm. glauben);* jmdm. ein Lächeln schenken *(jmdn. anlächeln);* jmdm. Vertrauen schenken *(jmdm. vertrauen).*

die **Scher|be** [ˈʃɛrbə], -, -n: *Stück von einem zerbrochenen Gegenstand aus Glas oder Porzellan:* das Glas zerbrach in tausend Scherben; die Scherben des Tellers, Spiegels; sie hat sich an einer Scherbe geschnitten; es hat Scherben gegeben; Scherben bringen Glück! *Syn.:* Bruchstück. *Zus.:* Glasscherbe.

die Schere

die **Sche|re** [ˈʃeːrə], -, -n: *Werkzeug zum Schneiden von Papier, Pappe oder Stoff:* die Schüler bastelten mit Schere und Klebstoff; etwas mit der Schere abschneiden, ausschneiden, schneiden. *Zus.:* Gartenschere, Nagelschere, Papierschere.

der **Scherz** [ʃɛrts], -es, -e: *nicht ernst gemeinte Äußerung, Handlung, die Heiterkeit erregen soll:* er hat einen Scherz gemacht; seine Scherze über jmdn. machen *(sich über jmdn. lustig machen);* etwas aus,

im, zum Scherz sagen *(nicht ernst meinen).* *Syn.:* Jux (ugs.), Spaß, Witz. *Zus.:* Aprilscherz, Silvesterscherz.

scher|zen [ˈʃɛrtsn̩], scherzt, scherzte, gescherzt ⟨itr.; hat⟩: *einen Scherz, Scherze machen:* die Freunde scherzten den ganzen Abend; Sie scherzen wohl! *(das kann nicht Ihr Ernst sein!);* ich scherze nicht *(ich meine es ernst).*

scherz|haft [ˈʃɛrtshaft], scherzhafter, am scherzhaftesten ⟨Adj.⟩: *scherzend, nicht ernst [gemeint]:* eine scherzhafte Bemerkung.

scheu [ʃɔy], scheuer, am scheusten ⟨Adj.⟩: **1.** *voller Scheu:* ein scheues Wesen haben; der Junge ist sehr scheu. *Syn.:* schüchtern. *Zus.:* arbeitsscheu, menschenscheu, wasserscheu. **2.** *die Nähe des Menschen meidend:* ein scheuer Vogel.

die **Scheu** [ʃɔy], -: *Gefühl der Furcht:* er hat die Scheu vor seinem Lehrer überwunden.

scheu|ern [ˈʃɔyɐn], scheuert, scheuerte, gescheuert: **1.** ⟨tr.; hat; etw. s.⟩ *kräftig reiben, um es zu reinigen oder blank zu machen:* Töpfe, den Fußboden scheuern. **2.** ⟨tr.; hat; etw. von etw. s.⟩ *durch kräftiges Reiben entfernen:* den Schmutz von den Dielen scheuern. **3.** ⟨itr.; hat⟩ *unangenehm reibend:* der Kragen scheuert [am Hals].

scheuß|lich [ˈʃɔyslɪç], scheußlicher, am scheußlichsten ⟨Adj.⟩: **1.** *sehr unangenehm, kaum erträglich in seiner Wirkung auf die Sinne:* ein scheußlicher Anblick; die Suppe schmeckt scheußlich; ein scheußliches Gebäude. *Syn.:* grauenhaft (emotional), schrecklich. **2.** *in höchstem Grade unangenehm:* scheußliches Wetter; ein scheußlicher Husten; ich bin scheußlich erkältet. *Syn.:* schrecklich.

der **Schi** [ʃiː]: ↑Ski.

die **Schicht** [ʃɪçt], -, -en: **1.** *über, unter oder zwischen etwas anderem flächenhaft ausgebreitete Masse eines Stoffes:* eine dicke Schicht Staub; eine Schicht Kohle wechselte mit einer Schicht Erz. *Syn.:* Lage. *Zus.:* Eisschicht, Erdschicht, Farbschicht, Fettschicht, Gesteinsschicht, Luftschicht, Staubschicht. **2.** *Gruppe, Klasse innerhalb einer Gesellschaft:* die herrschenden, besitzenden Schichten; zu einer bestimmten sozialen Schicht gehören. *Syn.:* Klasse. *Zus.:* Bevölkerungsschicht, Gesellschaftsschicht, Mittelschicht, Oberschicht, Unterschicht. **3.** *Abschnitt eines Arbeitstages in durchgehend arbeitenden Betrieben:* meine

S

Schicht beginnt heute um 19 Uhr. *Zus.:*
Frühschicht, Nachtschicht, Spätschicht,
Tagschicht.

schick [ʃɪk], schicker, am schicksten ⟨Adj.⟩:
*(bes. in Bezug auf Kleidung) modisch
und geschmackvoll:* ein schicker Mantel;
ein schickes Auto; du bist heute sehr
schick [angezogen]. *Syn.:* elegant, flott.
Zus.: superschick, todschick.

schi|cken [ˈʃɪkn̩], schickt, schickte,
geschickt: **1.** ⟨tr.; hat; jmdn. irgendwohin
s.⟩ *veranlassen, sich an einen bestimmten Ort zu begeben, einen bestimmten Ort
zu verlassen:* sie schickte ihn einkaufen/
zum Einkaufen, zur Post, aus dem Zimmer, nach Hause. **2.** ⟨tr.; hat; etw. irgendwohin s.⟩ *bringen, befördern lassen:* er
schickte seinem Vater/an seinen Vater
ein Päckchen; etwas an jmds. Adresse,
nach Berlin schicken. *Syn.:* ¹senden. *Zus.:*
mitschicken, nachschicken, wegschi-
cken.

das **Schick|sal** [ˈʃɪkzaːl]; -s, -e: *das, was zu
erleben einem Menschen bestimmt ist:* er
fügte sich in sein Schicksal; sie überlie-
ßen ihn seinem Schicksal *(kümmerten
sich nicht weiter um ihn).* *Syn.:* Los. *Zus.:*
Einzelschicksal, Lebensschicksal, Men-
schenschicksal.

schie|ben [ˈʃiːbn̩], schiebt, schob, gescho-
ben: **1.** ⟨tr.; hat; etw. [irgendwohin] s.⟩
*durch Ausübung von Druck von der
Stelle, vor sich her, irgendwohin bewegen:*
die Kiste über den Flur schieben; den
Schrank in die Ecke schieben; einen Kinderwagen, ein Fahrrad schieben; die
Pizza in den Ofen schieben; den Riegel
vor die Tür schieben; ⟨auch itr.⟩ unser
Auto sprang nicht an, also schoben wir.
Syn.: drücken. *Zus.:* davorschieben,
dazwischenschieben, wegschieben,
zurückschieben, zusammenschieben.
2. ⟨tr.; hat; etw. auf jmdn. s.⟩ *(die Verantwortung für etwas) jmdm. geben:* er versucht, die Schuld auf mich zu schieben.

schied [ʃiːt]: ↑ scheiden.

der **Schieds|rich|ter** [ˈʃiːtsrɪçtɐ]; -s, -, die
Schieds|rich|te|rin [ˈʃiːtsrɪçtərɪn]; -, -nen:
unparteiische Person, die ein Spiel leitet:
der Schiedsrichter pfeift das Spiel an;
die Schiedsrichterin gibt einen Straf-
stoß.

schief [ʃiːf], schiefer, am schiefsten ⟨Adj.⟩:
*von der senkrechten oder waagerechten
Lage abweichend, nicht gerade:* eine
schiefe Mauer; eine schiefe Fläche,
Ebene; den Kopf schief halten; den Hut
schief auf den Kopf setzen. *Syn.:* diago-

nal, gebogen, gekrümmt, geneigt,
krumm, schräg.

schief|ge|hen [ˈʃiːfɡeːən], geht schief, ging
schief, schiefgegangen ⟨itr.; ist⟩ (ugs.):
schlecht enden, ausgehen; nicht gelingen:
die Sache hätte schiefgehen können; das
Experiment ist schiefgegangen.

schie|len [ˈʃiːlən], schielt, schielte,
geschielt ⟨itr.; hat⟩: **1.** *durch die fehler-
hafte Stellung eines oder beider Augen
nicht geradeaus sehen können:* sie schielt
auf dem linken Auge. **2.** ⟨irgendwohin s.⟩
(ugs.) *vorsichtig (nach etwas) blicken:* er
schielte nach rechts und nach links, ob
man ihn beobachtet hatte. *Syn.:* gucken
(ugs.), schauen (bes. südd.), sehen.

schien [ʃiːn]: ↑ scheinen.

das **Schien|bein** [ˈʃiːnbain]; -[e]s, -e: *der vor-
dere der beiden Knochen des Unterschen-
kels:* jmdm. gegen das Schienbein treten.

die **Schie|ne** [ˈʃiːnə]; -, -n: *Teil einer Anlage,
auf dem die Räder der Bahn rollen:*
Schienen für die Straßenbahn verlegen;
ein Wagen ist aus den Schienen
gesprungen. *Syn.:* Gleis. *Zus.:* Eisenbahn-
schiene, Straßenbahnschiene.

schie|ßen [ˈʃiːsn̩], schießt, schoss, geschos-
sen: **1.** ⟨itr.; hat⟩ *einen Schuss, Schüsse
abgeben:* er hat [mit einer Pistole] auf
den Polizisten geschossen. **2.** ⟨itr.; hat;
jmdn./jmdm. irgendwohin s.⟩ *(an einer
bestimmten Stelle) mit einem Schuss treffen:* er hat ihn/ihm in die Wade geschossen. *Syn.:* treffen. **3.** ⟨itr.; ist; irgendwohin s.⟩ *sich sehr schnell bewegen:* das
Boot schießt übers Wasser; ein Auto
schoss um die Ecke; sie schoss vom
Stuhl in die Höhe. *Zus.:* herausschießen,
hervorschießen, hochschießen. **4.** ⟨tr.;
hat; etw. irgendwohin s.⟩ *(beim Fußball)
den Ball mit dem Fuß an eine bestimmte
Stelle befördern:* er schoss den Ball ins
Tor, ins Aus. *Syn.:* kicken (ugs.), schlagen.

das Schiff (1)

das **Schiff** [ʃɪf]; -[e]s, -e: **1.** *größeres Wasser-
fahrzeug mit Aufbauten und einem oder
mehreren Decks:* mit einem Schiff fahren; zu Schiff den Ozean überqueren.
Syn.: Boot, Dampfer, Fähre. *Zus.:* Dampf-
schiff, Fährschiff, Fangschiff, Fracht-
schiff, Handelsschiff, Kriegsschiff, Segel-
schiff. **2.** *lang gestreckter Raum einer Kir-*

che: die Kirche hat drei Schiffe. *Zus.:* Hauptschiff, Mittelschiff, Querschiff, Seitenschiff.

schiff|bar ['ʃɪfbaːɐ̯] ⟨Adj.⟩: *für Schiffe befahrbar:* der Fluss ist schiffbar; ein Gewässer schiffbar machen.

der **Schiff|bruch** ['ʃɪfbrʊx]; -[e]s, Schiffbrüche ['ʃɪfbrʏçə]: *schwerer Unfall eines Schiffes:* die Überlebenden des Schiffbruch[e]s; * **Schiffbruch erleiden:** *keinen Erfolg haben; scheitern:* mit seinen Plänen erlitt er Schiffbruch.

die **Schiff|fahrt** ['ʃɪffaːɐ̯t]; -: *Schiffsverkehr:* der Rhein ist wegen Hochwassers für die Schifffahrt gesperrt. *Zus.:* Dampfschifffahrt, Seeschifffahrt.

das **Schild** [ʃɪlt]; -[e]s, -er *meist rechteckige Tafel, Platte, die, beschriftet oder mit sonstigen Zeichen versehen, auf etwas hinweist:* auf einem Schild an der Tür stand »Privat«; das Schild bedeutet »Überholverbot«. *Zus.:* Firmenschild, Hinweisschild, Namensschild, Nummernschild, Ortsschild, Stoppschild, Straßenschild, Türschild, Verbotsschild.

das Schild

die **Schild|krö|te** ['ʃɪltkrøːtə]; -, -n: *(bes. in den Tropen lebendes) schwerfälliges Reptil mit einem Rücken und Bauch bedeckenden Panzer, in dem es Kopf und Beine einziehen kann:* Schildkröten können sehr alt werden. *Zus.:* Meeresschildkröte, Riesenschildkröte, Wasserschildkröte.

der **Schil|ling** ['ʃɪlɪŋ]; -s, -e ⟨aber: 30 Schilling⟩: *Währungseinheit in Österreich (bis 2001):* das Heft kostete 7 Schilling; sie hatte nur noch 30 Schilling.

der **Schim|mel** ['ʃɪml]; -s, -: **1.** ⟨ohne Plural⟩ *weißliche oder grünliche Schicht, die sich an feuchten organischen Stoffen und Körpern bildet:* auf dem alten Brot hat sich Schimmel gebildet; etwas ist von/mit Schimmel überzogen. **2.** *weißes Pferd:* sie ritt einen Schimmel.

schim|me|lig ['ʃɪməlɪç], schimm|lig, schimm[e]liger, am schimm[e]ligsten ⟨Adj.⟩: *von Schimmel überzogen:* schimm[e]liges Brot.

schim|meln ['ʃɪml̩n], schimmelt, schimmelte, geschimmelt ⟨itr.; hat/ist⟩: *Schimmel ansetzen:* der Käse fängt an zu schimmeln. *Syn.:* verschimmeln.

der **Schim|mer** ['ʃɪmɐ]; -s: *mattes Leuchten,*

gedämpfter Glanz: der Schimmer des Goldes, der Seide, ihres Haars. *Syn.:* Glanz. *Zus.:* Kerzenschimmer, Lichtschimmer, Sternenschimmer.

schim|mern ['ʃɪmɐn], schimmert, schimmerte, geschimmert ⟨itr.; hat⟩: *einen matten, gedämpften Glanz haben:* das Kleid aus Seide schimmerte silbrig.

schimm|lig ['ʃɪmlɪç]: ↑ schimmelig.

schimp|fen ['ʃɪmpfn̩], schimpft, schimpfte, geschimpft ⟨itr.; hat; [auf/über jmdn., etw. s.⟩ *seinem Ärger (über jmdn., etwas) in heftigen Worten Ausdruck geben:* auf jmdn. schimpfen; er schimpfte maßlos [über das Essen]. *Syn.:* fluchen. **2.** ⟨itr.; hat; mit jmdm. s.⟩ *(bes. einem Kind) mit heftigen Worten Vorwürfe machen:* die Mutter schimpfte mit den Kindern.

das **Schimpf|wort** ['ʃɪmpfvɔrt]; -[e]s, Schimpfwörter ['ʃɪmpfvœrtɐ] und -e: *beleidigender, meist derber Ausdruck, mit dem man im Zorn jmdn. oder etwas bezeichnet:* ein grobes Schimpfwort gebrauchen; mit Schimpfwörtern um sich werfen.

der **Schin|ken** ['ʃɪŋkn̩]; -s, -: *geräucherte oder gekochte hintere Keule vom Schwein:* einen Schinken anschneiden; 100 Gramm roher, gekochter Schinken.

der **Schirm** [ʃɪrm]; -[e]s, -e: *[tragbarer] Gegenstand, der aufgespannt Schutz gegen Regen bzw. gegen Sonne bietet:* den Schirm aufspannen, über sich halten. *Zus.:* Gartenschirm, Regenschirm, Sonnenschirm, Taschenschirm.

der Schirm

schi|zo|phren [ʃitsoˈfreːn], schizophrener, am schizophrensten ⟨Adj.⟩ (bildungsspr.): *in sich widersprüchlich, inkonsequent:* eine schizophrene Politik; diese Entscheidung ist doch schizophren.

schlach|ten ['ʃlaxtn̩], schlachtet, schlachtete, geschlachtet ⟨tr.; hat; ein Tier s.⟩: *(Vieh, Geflügel) töten und in Stücke schneiden, um Fleisch für die menschliche Nahrung zu gewinnen:* ein Schwein, ein Huhn, ein Schaf schlachten; ⟨auch itr.⟩ dieser Fleischer schlachtet noch selbst.

der **Schläch|ter** ['ʃlaxtɐ], der **Schläch|ter** ['ʃlɛçtɐ]; -s, - (nordd.), die **Schlach|te|rin** ['ʃlaxtərɪn], die **Schläch|te|rin** ['ʃlɛçtərɪn];

S

-, -nen (nordd.): *Fleischer, Fleischerin:* sie will Schlachterin werden;
die Wurst macht unser Schlächter
selbst.

der **Schlaf** [ʃlaːf]; -[e]s: *Zustand der Ruhe, in
dem die körperlichen Funktionen redu-
ziert sind und das Bewusstsein ausge-
schaltet ist:* ein langer, ruhiger, tiefer
Schlaf; versäumten Schlaf nachholen; in
tiefem Schlaf liegen; aus dem Schlaf
erwachen; sie redet im Schlaf; Kinder
brauchen mehr Schlaf als Erwachsene;
ich komme mit wenig Schlaf aus. *Zus.:*
Halbschlaf, Nachtschlaf, Winterschlaf.

der **Schlaf|an|zug** [ˈʃlaː|ʔanˌt͡suːk]; -[e]s, Schlaf-
anzüge [ˈʃlaː|ʔanˌt͡syːgə]: *(aus Jacke und
Hose bestehende) Kleidung, die im Bett
getragen wird:* im Schlafanzug herum-
laufen. *Syn.:* Pyjama. *Zus.:* Damenschlaf-
anzug, Herrenschlafanzug, Kinder-
schlafanzug.

die **Schlä|fe** [ˈʃlɛːfə]; -, -n: *Stelle an der Seite
des Kopfes, zwischen Auge und Ohr:* der
Ball traf ihn an der Schläfe.

schla|fen [ˈʃlaːfn̩], schläft, schlief, geschla-
fen ⟨itr.; hat⟩: **1.** *sich im Zustand des
Schlafes befinden:* im Bett liegen und
schlafen; schlafen gehen; sich schlafen
legen; du kannst bei uns schlafen *(übernachten).* *Zus.:* durchschlafen, weiter-
schlafen. **2.** ⟨mit jmdm. s.⟩ *geschlechtlich
verkehren:* mit jmdm./miteinander
schlafen. **3.** *nicht aufmerksam sein, nicht
aufpassen:* wenn du im Unterricht
schläfst, kannst du natürlich nichts lernen; die Konkurrenz schläft nicht.

schlaff [ʃlaf], schlaffer, am schlaffsten
⟨Adj.⟩: **1.** *locker hängend, nicht straff,
nicht gespannt:* ein schlaffes Segel;
schlaffe Haut; die Schnur hing schlaff
herunter. **2.** *ohne Energie, Tatkraft:* ein
schlaffer Typ.

schlaf|los [ˈʃlaːfloːs] ⟨Adj.⟩: *ohne Schlaf,
ohne schlafen zu können:* sie lag stundenlang schlaflos; eine schlaflose Nacht.

das **Schlaf|mit|tel** [ˈʃlaːfmɪtl̩]; -s, -: *Medika-
ment, das bei gestörtem Schlaf helfen
soll:* ein leichtes, starkes Schlafmittel.

schläf|rig [ˈʃlɛːfrɪç], schläfriger, am schläf-
rigsten ⟨Adj.⟩: *von Müdigkeit befallen,
[schon] halb schlafend:* um 9 Uhr wurde
er schläfrig und ging zu Bett. *Syn.:*
müde, ²verschlafen.

der **Schlaf|sack** [ˈʃlaːfzak]; -[e]s, Schlafsäcke
[ˈʃlaːfzɛkə]: *Hülle, die an drei Seiten
geschlossen ist und die man, bes. beim
Übernachten im Freien, im Zelt nutzt:* im
Schlafsack schlafen.

der **Schlaf|wa|gen** [ˈʃlaːfvaːgn̩]; -s, -: *Eisen-
bahnwagen, der Abteile mit Betten ent-
hält:* der Zug hat keinen Schlafwagen.
Syn.: Liegewagen.

das **Schlaf|zim|mer** [ˈʃlaːfˌt͡sɪmɐ]; -s, -: *Zimmer
zum Schlafen:* das Schlafzimmer ist im
ersten Stock.

der **Schlag** [ʃlaːk]; -[e]s, Schläge [ˈʃlɛːgə]:
1. *[durch eine gezielte Bewegung mit der
Hand bewirktes] hartes Auftreffen eines
Gegenstands:* ein Schlag auf den Kopf,
mit der Faust, mit dem Schlagstock ließ
ihn zu Boden gehen; jmdm. einen Schlag
versetzen; Schläge kriegen, bekommen
([zur Strafe] geschlagen werden). *Syn.:*
Hieb. *Zus.:* Faustschlag, Hammerschlag,
Stockschlag. **2.** *Ereignis, das jmdn. sehr
hart trifft:* der Tod ihres Mannes war für
sie ein schwerer Schlag. *Zus.:* Schicksals-
schlag. **3.** *(österr.) Schlagsahne:* ein
Stück Torte mit Schlag.

die **Schlag|ader** [ˈʃlaːkˌʔaːdɐ]; -, -n: *Ader, die
das Blut vom Herzen zu einem Organ
oder Gewebe hinführt:* die Schlagader am
Hals. *Syn.:* Arterie.

der **Schlag|an|fall** [ˈʃlaːkˌʔanfal]; -[e]s, Schlag-
anfälle [ˈʃlaːkˌʔanfɛlə]: *plötzlicher Ausfall
bestimmter Funktionen des Gehirns:* die
Folgen eines Schlaganfalls.

schlag|ar|tig [ˈʃlaːkˌʔaːɐ̯tɪç], schlagartiger,
am schlagartigsten ⟨Adj.⟩: *plötzlich,
schnell und heftig (einsetzend):* es wurde
schlagartig dunkel. *Syn.:* jäh.

schla|gen [ˈʃlaːgn̩], schlägt, schlug,
geschlagen ⟨tr.; hat; jmdn., ein Tier
s.⟩ *jmdm., einem Tier oder mehrere
Schläge versetzen:* er hatte ihn [mit dem
Stock ins Gesicht] geschlagen. *Syn.:*
hauen, verprügeln. **2.** ⟨sich [mit jmdm.]
s.⟩ *schlug [mit jmdm.] prügeln:* er wollte
sich mit mir schlagen; die beiden Brüder
schlagen sich dauernd. **3.** ⟨itr.; hat; [etw.]
s.⟩ *etwas durch eine Folge von Tönen
anzeigen, signalisieren:* die Turmuhr
schlägt jede halbe Stunde; bald Mitternacht geschlagen. **4.** ⟨sich irgendwie s.⟩
*den Anforderungen genügen, sich bewäh-
ren:* sie hat sich in der Prüfung gut
geschlagen. **5.** ⟨tr.; hat; etw. irgendwohin
s.⟩ *durch Schläge (bes. mit einem Hammer) eindringen lassen:* einen Nagel in
die Wand schlagen. *Syn.:* hauen, klopfen.
6. ⟨tr.; hat; etw. irgendwohin s.⟩ *durch
einen Schlag irgendwohin befördern:* er
schlug den Ball ins Netz, ins Tor, ins
Aus. **7.** ⟨tr.; hat; jmdn. s.⟩ *besiegen:* im
Schach schlägt er mich immer; wir
haben sie 1 : 0 geschlagen. *Syn.:* bezwin-

gen. **8.** ⟨itr.; ist; irgendwohin s.⟩ *heftig gegen etwas prallen:* er ist mit dem Kopf gegen die Tür, auf die Fliesen geschlagen.

der **Schla|ger** [ˈʃlaːɡɐ]; -s, -: **1.** *beliebtes Lied mit einer Melodie, die man leicht behält, und einfachem Text:* sie hörten, sangen den ganzen Tag Schlager; viele interessieren sich für die Schlager der 60er- und 70er-Jahre. *Syn.:* Hit (ugs.). *Zus.:* Karnevalsschlager. **2.** *etwas, was großen Erfolg hat:* dieses Theaterstück ist der Schlager der Saison; diese Ware ist ein Schlager *(wird sehr gut verkauft). Syn.:* Hit (ugs.). *Zus.:* Exportschlager, Messeschlager, Verkaufsschlager.

der **Schlä|ger** [ˈʃlɛːɡɐ]; -s, -: *(bei verschiedenen Sportarten verwendetes) Gerät, mit dem ein Ball oder eine Kugel in eine bestimmte Richtung geschlagen wird:* einen neuen Schläger kaufen; einen Schläger bespannen. *Zus.:* Eishockeyschläger, Golfschläger, Hockeyschläger, Tennisschläger, Tischtennisschläger.

die **Schlä|ge|rei** [ʃlɛːɡəˈraɪ̯]; -, -en: *heftige, oft brutale körperliche Auseinandersetzung zwischen zwei oder mehreren Personen:* in eine Schlägerei verwickelt werden; es kam zu einer wilden Schlägerei.

das **Schlag|loch** [ˈʃlaːklɔx]; -[e]s, Schlaglöcher [ˈʃlaːklœçɐ]: *größeres Loch, defekte Stelle auf der Straße:* die Straße, der Weg ist voller Schlaglöcher; über Schlaglöcher holpern; ein Schlagloch umfahren.

das **Schlag|obers** [ˈʃlaːkloːbɐs]; - (österr.): *Schlagsahne.*

die **Schlag|sah|ne** [ˈʃlaːkzaːnə]; -: *flüssige oder geschlagene süße Sahne:* ein Stück Torte mit Schlagsahne. *Syn.:* Schlag (österr.), Schlagobers (österr.).

das **Schlag|wort** [ˈʃlaːkvɔrt]; -[e]s, Schlagworte [ˈʃlaːkvɔrtə], auch: Schlagwörter [ˈʃlaːkvœrtɐ]: *kurzer Spruch, der sehr vereinfachend eine Idee, ein Programm, eine Meinung wiedergeben soll:* das Schlagwort »Zurück zur Natur«.

die **Schlag|zei|le** [ˈʃlaːktsaɪ̯lə]; -, -n: *besonders auffällige Überschrift eines Artikels (auf der Titelseite) einer Zeitung:* eine reißerische Schlagzeile; die skandalösen Vorgänge lieferten Schlagzeilen für die Presse. *Syn.:* Überschrift. *** Schlagzeilen machen:** *über die Presse in der Öffentlichkeit Aufmerksamkeit erregen:* der Fall machte Schlagzeilen.

der **Schlamm** [ʃlam]; -[e]s: *Gemisch aus Erde, Wasser und Schmutz:* die Straßen waren nach der Überschwemmung voller Schlamm; auf dem Grund des Sees setzt sich Schlamm ab. *Syn.:* Dreck (ugs.), Matsch, Morast.

schlam|pig [ˈʃlampɪç], schlampiger, am schlampigsten ⟨Adj.⟩ (ugs.): *sehr unordentlich:* eine schlampige Wohnung; der Mechaniker hat schlampig *(ohne Sorgfalt)* gearbeitet. *Syn.:* liederlich.

schlang [ʃlaŋ]: ↑ schlingen.

die Schlange (1)

die **Schlan|ge** [ˈʃlaŋə]; -, -n: **1.** *(zu den Reptilien gehörendes) Tier mit lang gestrecktem Körper ohne Beine, das sich kriechend fortbewegt:* in Deutschland gibt es kaum Schlangen; von einer Schlange gebissen werden. *Zus.:* Giftschlange, Riesenschlange. **2.** *Reihe wartender Menschen:* eine lange Schlange steht vor der Theaterkasse; in der Schlange [an der Kasse] anstehen. *Zus.:* Menschenschlange, Warteschlange. **3.** *größere Anzahl von Autos, die in einem Stau stecken:* nach dem Unfall bildete sich eine kilometerlange Schlange. *Zus.:* Autoschlange, Fahrzeugschlange.

die Schlange (2)

schlank [ʃlaŋk], schlanker, am schlank[e]sten ⟨Adj.⟩: *groß oder hoch und zugleich schmal:* eine schlanke Gestalt; das Kleid macht dich schlank *(lässt dich schlank erscheinen);* schlanke Pappeln, Säulen. *Syn.:* dünn.

schlapp [ʃlap], schlapper, am schlappsten ⟨Adj.⟩: *erschöpft, schwach und matt:* die Erkältung, das Fieber hat sie ganz schlapp gemacht; sich schlapp fühlen; schlapp sein. *Syn.:* kraftlos, schwächlich.

schlau [ʃlaʊ̯], schlauer, am schlau[e]sten ⟨Adj.⟩: *klug, intelligent; so, dass man Vorteile für sich ausnutzt:* er ist ein schlauer Fuchs; so schlau wie wir bist du nicht.

der **Schlauch** [ʃlaʊ̯x]; -[e]s, Schläuche [ˈʃlɔʏçə]: **1.** *Röhre aus Gummi oder Kunststoff, durch die Flüssigkeiten oder Gase geleitet werden:* ein Schlauch zum Sprengen des Rasens; einen Schlauch aufrollen. *Zus.:* Gummischlauch, Wasserschlauch. **2.** *Teil* von Fahrrad- oder Autoreifen, der mit Luft gefüllt wird: an seinem Fahrrad war ein Schlauch geplatzt.

die **Schlau|fe** [ˈʃlaufə]; -, -n: **1.** *Band aus Leder, Kunststoff o. Ä., das als Griff zum Festhalten oder zum Tragen dient:* die Schlaufe an einem Skistock; die Schnur am Paket mit einer Schlaufe versehen. *Syn.:* Schlinge. **2.** *Streifen aus Stoff, der an die Kleidung angenäht ist und den Gürtel o. Ä. hält:* er machte den Gürtel auf und zog ihn aus den Schlaufen. *Zus.:* Gürtelschlaufe.

schlecht [ʃlɛçt], schlechter, am schlechtesten ⟨Adj.⟩: **1.** *von geringer Qualität, viele Mängel aufweisend, minderwertig* /Ggs. gut/: eine schlechte Ernte; der Stoff, das Material ist sehr schlecht; das Essen ist nicht schlecht *(ist sehr gut)*. *Syn.:* lausig (ugs.), mies (abwertend), miserabel (emotional). **2.** *ungünstig für etwas, nicht glücklich, schlimm* /Ggs. gut/: schlechte Zeiten; schlechte Voraussetzungen, schlechtes Wetter haben; die Prüfung ist schlecht für sie ausgegangen. *Syn.:* lausig (ugs.), mies (abwertend), miserabel (emotional), unerfreulich. **3.** *unangenehm:* eine schlechte Angewohnheit; ein schlechter Geruch. *Syn.:* ekelhaft, eklig, scheußlich, übel, unerfreulich, widerlich (abwertend). **4.** * jmdm. ist/wird schlecht: *jmd. fühlt sich nicht wohl, muss sich übergeben:* nach dem Essen wurde ihr ganz schlecht. **5.** (ugs.) *(von Speisen o. Ä.) verdorben und nicht mehr genießbar:* das Kompott ist schlecht [geworden]; du darfst die Sachen nicht schlecht werden lassen. *Syn.:* sauer, ungenießbar, verdorben. **6.** *moralisch nicht einwandfrei* /Ggs. gut/: er ist ein schlechter Mensch; in schlechte Gesellschaft geraten.

schlecht|ma|chen [ˈʃlɛçtmaxn̩], macht schlecht, machte schlecht, schlechtgemacht ⟨tr.; hat; jmdn., etw. s.⟩: *Negatives über jmdn., etwas sagen, verbreiten:* alles muss sie schlechtmachen; er versuchte, seinen Kollegen bei jeder Gelegenheit schlechtzumachen.

schlei|chen [ˈʃlaiçn̩], schleicht, schlich, geschlichen: **1.** ⟨itr.; ist⟩ *sich leise und langsam bewegen:* die Katze schleicht; er ist nachts ums Haus geschlichen; er schlich auf Zehenspitzen, um die Kinder nicht zu wecken. **2.** ⟨sich irgendwohin s.⟩ *sich heimlich und unbemerkt nähern oder entfernen:* ich hatte mich aus dem Haus geschlichen.

der **Schlei|er** [ˈʃlaiɐ]; -s, -: *Stück Stoff, das den Kopf oder das Gesicht einer Frau verhüllt:* Brautkranz und Schleier; einen Schleier tragen; den Schleier zurückschlagen. *Zus.:* Brautschleier, Spitzenschleier.

die Schleife

die **Schlei|fe** [ˈʃlaifə]; -, -n: *Gebilde aus den Enden einer Schnur, eines Bandes, das leicht gelöst werden kann:* er löste die Schleife an seinem Schuh; eine Schleife ins Haar binden. *Zus.:* Haarschleife.

¹**schlei|fen** [ˈʃlaifn̩], schleift, schliff, geschliffen ⟨tr.; hat; etw. s.⟩: **1.** *schärfen, indem man die Oberfläche an etwas Rauem reibt:* ein Messer, eine Schere, Säge schleifen; eine scharf geschliffene Sense. **2.** *die Oberfläche von Glas, Diamanten o. Ä. mit einem Werkzeug bearbeiten, sodass eine bestimmte Form entsteht:* Glas, Diamanten schleifen.

²**schlei|fen** [ˈʃlaifn̩], schleift, schleifte, geschleift: **1.** ⟨tr.; hat; jmdn., etw. [irgendwohin] s.⟩ *[gewaltsam, mit Mühe] über den Boden oder eine Fläche ziehen:* er schleifte den Sack [aus dem Hof, in eine Ecke]. **2.** ⟨itr.; hat; [irgendwo] s.⟩ *bei einer Bewegung den Boden oder eine Fläche reibend berühren:* das Kleid schleifte auf den, über den Boden.

der **Schleim** [ʃlaim]; -[e]s, -e: *zähflüssige, klebrige Masse, die von Zellen u. Ä. produziert wird:* blutiger, eitriger Schleim; Schleim im Hals, im Mund, in der Nase.

schlen|dern [ˈʃlɛndɐn], schlendert, schlenderte, geschlendert ⟨itr.; ist; [irgendwohin] s.⟩: *lässig und langsam gehen:* langsam, vergnügt schlendern; sie schlenderte durch die Straßen. *Syn.:* bummeln (ugs.), spazieren.

schlen|kern [ˈʃlɛŋkɐn], schlenkert, schlenkerte, geschlenkert ⟨tr.; hat; etw. s.⟩: *(etwas) hin und her schwingen; (etwas) locker hin und her bewegen:* er schlenkerte seine Arme; ⟨auch itr.; mit etw. s.⟩ mit den baumelnden Beinen hin und her, über den Boden schlenkern.

schlep|pen [ˈʃlɛpn̩], schleppt, schleppte, geschleppt: **1.** ⟨tr.; hat; etw. [irgendwohin] s.⟩ *(etwas Schweres) mühsam [irgendwohin] tragen:* schwere Kisten schleppen; die Schulanfänger schleppen in ihren Ranzen viel zu viele Bücher; Pakete zur Post schleppen. *Syn.:* transportieren. **2.** ⟨sich s.⟩ *sich mühsam, schwerfällig, mit letzter Kraft [irgendwohin] bewegen:* sich gerade noch zum Bett schleppen können; ein schleppender Gang. **3.** ⟨tr.; hat; jmdn. irgendwohin s.⟩ (ugs.) *jmdn. [gegen dessen Willen] mitnehmen:* jmdn. mit nach Hause, ins Kino, auf die Party schleppen.

schleu|dern [ˈʃlɔydɐn], schleudert, schleuderte, geschleudert: **1.** ⟨tr.; hat; etw. [irgendwohin] s.⟩ *mit kräftigem Schwung werfen, durch die Luft fliegen lassen:* den Speer schleudern; er hat das Buch in die Ecke, an die Wand geschleudert. *Syn.:* schmettern. **2.** ⟨tr.; hat; etw. s.⟩ *in einer Schleuder bearbeiten:* Wäsche schleudern; er hat den Salat geschleudert. **3.** ⟨itr.; ist⟩ *(von Fahrzeugen) nach beiden Seiten rutschen und aus der Spur geraten:* das Auto ist geschleudert, geriet ins Schleudern.

schlicht [ʃlɪçt], schlichter, am schlichtesten ⟨Adj.⟩: **1.** *auf das Wesentliche beschränkt; ohne Schmuck:* ein schlichtes Kleid; schlichte Ornamente, Muster; das Gebäude ist sehr schlicht und schmucklos. **2.** *nichts weiter als:* das ist eine schlichte Tatsache.

schlief [ʃliːf]: ↑ schlafen.

schlie|ßen [ˈʃliːsn̩], schließt, schloss, geschlossen: **1.** ⟨tr.; hat; etw. s.⟩ *nicht offen lassen; machen, dass etwas nicht mehr offen steht, offen ist* /Ggs. öffnen/: die Tür, das Fenster schließen; du musst den Deckel noch schließen; alle Dateien schließen. *Syn.:* zumachen. **2.** ⟨tr.; hat; etw. s.⟩ *machen, dass etwas [für eine bestimmte Zeit] nicht mehr offen ist:* das Geschäft schließen; die Schule musste wegen des Brandes geschlossen werden; ⟨auch itr.⟩ sie schließen pünktlich um 12 Uhr. *Syn.:* zumachen. **3.** ⟨itr.; hat⟩ *nicht mehr geöffnet sein:* das Geschäft schließt sonnabends um 20 Uhr; der Betrieb schließt für vier Wochen. *Syn.:* zumachen. **4.** ⟨tr.; hat; jmdn., etw. [in etw. (Akk.)] s.⟩ *jmdn., etwas einschließen:* den Schmuck in eine Kassette schließen. **5.** ⟨tr.; hat; etw. s.⟩ *(eine Veranstaltung o. Ä.) beenden:* ich schließe die Sitzung, die Versammlung. **6.** ⟨itr.; hat; [etw.] s.⟩ *zum Ende bringen, beenden:* sie schloss den Brief, ihren Vortrag mit folgenden Worten ...; hiermit möchte ich für heute schließen. **7.** ⟨itr.; hat⟩ *als Folge [logisch] aus etwas ableiten:* aus deiner Reaktion schließe ich, dass du anderer Meinung bist. *Syn.:* herleiten. **8.** als Funktions-

verb: Frieden schließen *(sich versöhnen)*; eine Ehe schließen *(heiraten)*; einen Vertrag schließen; mit jmdm. Freundschaft schließen.

das **Schließ|fach** [ˈʃliːsfax]; -[e]s, Schließfächer [ˈʃliːsfɛçɐ]: *Fach auf Bahnhöfen o. Ä., das man verschließen kann und in dem man gegen Geld sein Gepäck für eine bestimmte Zeit aufbewahren kann:* das Gepäck zum Schließfach bringen; den Koffer im Schließfach einschließen; wo sind denn hier die Schließfächer?

¹**schließ|lich** [ˈʃliːslɪç] ⟨Adverb⟩: *nach längerem Zögern; zum Schluss:* schließlich gab es nach; schließlich haben wir die Sache doch noch in Angriff genommen. *Syn.:* letztlich.

²**schließ|lich** [ˈʃliːslɪç] ⟨Partikel⟩: *drückt aus, dass etwas als Begründung gemeint ist:* immerhin; das muss man ihr zugestehen, sie ist schließlich die Chefin.

schlimm [ʃlɪm], schlimmer, am schlimmsten ⟨Adj.⟩: **1.** *verhängnisvoll und üble Folgen habend:* ein schlimmer Fehler; etwas nimmt ein schlimmes Ende, hat schlimme Folgen; die Sache war nicht so schlimm wie befürchtet. **2.** *sehr unangenehm, unerfreulich:* eine schlimme Erfahrung; schlimme Zeiten; eine schlimme Nachricht; das ist doch nicht so schlimm. *Syn.:* übel. **3.** *(in moralischer Hinsicht) böse, übel:* eine schlimme Handlungsweise, Tat. *Syn.:* bösartig, gemein. **4.** *schrecklich, arg:* die Wunde sieht schlimm aus.

die **Schlin|ge** [ˈʃlɪŋə]; -, -n: *Stück Schnur, Draht, Stoff, dessen Enden zu runder oder länglicher Form miteinander verknüpft wurden [und das zusammengezogen werden kann]:* eine Schlinge knüpfen, machen, zuziehen, lockern; eine Schlinge aus Draht. *Syn.:* Schlaufe.

schlin|gen [ˈʃlɪŋən], schlingt, schlang, geschlungen: **1.** ⟨tr.; hat; etw. um jmdn., etw. s.⟩ *etwas um etwas legen bzw. [mehrfach] um etwas wickeln:* sie hatte ein Tuch lose um den Hals geschlungen. *Syn.:* binden. **2.** ⟨sich s.⟩ *sich um etwas wickeln:* die Pflanze schlingt sich um das Geländer. **3.** ⟨tr.; hat; [etw.] s.⟩ *gierig und hastig essen:* er schlang seine Suppe; ⟨auch itr.⟩ schling nicht so!

der **Schlips** [ʃlɪps]; -es, -e (ugs.): *Krawatte:* einen Schlips umbinden, tragen. *Syn.:* Binder.

der **Schlit|ten** [ˈʃlɪtn̩]; -s, -: *niedriger Sitz aus Holz oder Plastik, auf dem man im Schnee gleiten kann:* die Kinder fahren

S

Schlitten, fahren mit dem Schlitten den Berg hinunter. *Zus.:* Hundeschlitten, Rodelschlitten.

der **Schlitt|schuh** [ˈʃlɪtʃuː]; -[e]s, -e: *Stiefel mit einem unter der Sohle angebrachten schmalen Stück Stahl, mit dem man auf dem Eis gleiten kann:* wir sind/haben [früher viel] Schlittschuh gelaufen; die Schlittschuhe ausziehen.

der **Schlitz** [ʃlɪts]; -es, -e: *längliche, schmale Öffnung:* er schob den Brief durch den Schlitz des Briefkastens; sie steckte eine Münze in den Schlitz des Automaten. *Zus.:* Briefkastenschlitz, Türschlitz.

schloss [ʃlɔs]; ↑ schließen.

das Schloss (1)

das **Schloss** [ʃlɔs]; -es, Schlösser [ˈʃlœsɐ]: **1.** *Vorrichtung zum Verschließen an Türen oder Behältern:* ein einfaches, rostiges Schloss; das Schloss der Tür, am Schrank, am Koffer; den Schlüssel ins Schloss stecken; wir müssen das Schloss auswechseln; das Schloss ölen; die Tür schlug ins Schloss *(fiel zu)*. *Zus.:* Sicherheitsschloss, Türschloss. **2.** *prächtiger Wohnsitz von Königen, des Adels:* dieses Schloss ist weltberühmt; auf/in einem Schloss wohnen; ein Schloss restaurieren. *Zus.:* Barockschloss, Fürstenschloss, Königsschloss.

das Schloss (2)

schlot|tern [ˈʃlɔtɐn], schlottert, schlotterte, geschlottert ⟨itr.; hat⟩: *heftig zittern:* sie schlotterten vor Kälte; sie ging mit schlotternden Knien zur Prüfung.

die **Schlucht** [ʃlʊxt]; -, -en: *tiefes, enges Tal mit steilen Wänden:* eine enge, felsige, dunkle Schlucht. *Zus.:* Bergschlucht, Felsenschlucht, Gebirgsschlucht.

der **Schluck** [ʃlʊk]; -[e]s, Schlucke, selten auch: Schlücke [ˈʃlʏkə]: *Menge an Flüssigkeit, die man beim Trinken mit einem Mal schluckt:* einen [kräftigen, tüchtigen, tiefen, großen, kleinen] Schluck trinken; noch drei Schlucke, und die Medizin ist weg; (als Maßangabe) einige Schluck

Wasser, Kaffee; etwas bis auf den letzten Schluck austrinken.

der **Schluck|auf** [ˈʃlʊklaʊf]; -s: *wiederholtes, unwillkürliches Einatmen, das mit einem bestimmten Geräusch verbunden ist:* einen Schluckauf kriegen, bekommen, haben.

schlu|cken [ˈʃlʊkn̩], schluckt, schluckte, geschluckt: **1.** ⟨tr.; hat; etw. s.⟩ *(vor allem Essen oder Trinken) vom Mund in den Magen gelangen lassen:* er schluckte die Tablette, ohne sie vorher zu kauen; sie hat beim Schwimmen aus Versehen Wasser geschluckt. *Zus.:* herunterschlucken, hinunterschlucken, runterschlucken. **2.** ⟨tr.; hat⟩ (ugs.) *sich einen Vorwurf o. Ä. ungern, aber ohne zu widersprechen, anhören:* er hat den Vorwurf, den Tadel geschluckt. *Syn.:* ertragen.

schlug [ʃluːk]; ↑ schlagen.

schlüp|fen [ˈʃlʏpfn̩], schlüpft, schlüpfte, geschlüpft ⟨itr.; ist; irgendwohin s.⟩: **1.** *sich schnell und geschickt irgendwohin bewegen:* sie schlüpfte unter die Decke; die Maus schlüpfte durch den Spalt unter der Tür. *Zus.:* durchschlüpfen, hindurchschlüpfen. **2.** *(in Bezug auf ein Kleidungsstück) ohne Mühe, mit einer schnellen Bewegung anziehen:* sie schlüpfte in den Mantel. *Zus.:* hineinschlüpfen. **3.** *(Vögel, Insekten) aus einem Ei herauskommen; hervorkommen:* die Küken, die Raupen sind geschlüpft.

der **Schlüp|fer** [ˈʃlʏpfɐ]; -s, -: *Unterhose mit kurzen Beinen, bes. für Damen und Kinder:* einen neuen Schlüpfer, ein Paar neue Schlüpfer anziehen. *Syn.:* Slip.

der **Schluss** [ʃlʊs]; -es, Schlüsse [ˈʃlʏsə]: **1.** ⟨ohne Plural⟩ *Zeitpunkt, an dem etwas aufhört, zu Ende geht:* um 10 Uhr ist Schluss; am Schluss, kurz vor Schluss der Veranstaltung; jetzt ist Schluss damit!; mit etwas Schluss machen *(mit etwas aufhören)*. *Syn.:* Ende. **2.** *letzter Abschnitt, Teil o. Ä. von etwas:* der Schluss des Briefes, des Buches; der Gepäckwagen befindet sich am Schluss des Zuges. *Syn.:* Ende. **3.** *Ergebnis einer Überlegung; logisch abgeleitete Folge:* den Schluss aus einer Äußerung, einem Ereignis ziehen; das ist kein zwingender Schluss *(es muss nicht unbedingt so sein)*; wir sind zu dem Schluss gekommen, dass es besser ist, hierzubleiben.

der **Schlüs|sel** [ˈʃlʏsl̩]; -s, -: **1.** *Gegenstand zum Öffnen und Schließen eines Schlosses:* der Schlüssel für den Koffer; den Schlüssel ins Schloss stecken; den Schlüssel im

Schloss umdrehen; den Schlüssel abziehen; sie hat den Schlüssel innen stecken lassen und kommt jetzt nicht in ihre Wohnung!; jmdm. die Schlüssel geben, aushändigen. *Zus.:* Autoschlüssel, Kellerschlüssel, Kofferschlüssel, Wohnungsschlüssel. **2.** *etwas, was den entscheidenden Hinweis für die Lösung einer Frage oder eines Problems liefert:* dieser Brief war der Schlüssel zum Verständnis seines Verhaltens.

der Schlüsselbund

der Schlüssel

der *oder* das **Schlüs|sel|bund** [ˈʃlʏslbʊnt]; -[e]s, -e: *Schlüssel, die durch einen Ring o. Ä. zusammengehalten werden:* er hat sein[en] Schlüsselbund verloren.

schmack|haft [ˈʃmakhaft], schmackhafter, am schmackhaftesten ⟨Adj.⟩: *gut schmeckend:* schmackhafte Früchte; das Essen schmackhaft zubereiten. *Syn.:* appetitlich, fein, köstlich, lecker. * **jmdm. etwas schmackhaft machen** (ugs.): *jmdm. etwas so darstellen, dass es für gut hält):* jmdm. ein Vorhaben, einen Gedanken, einen Job schmackhaft machen.

schmal [ʃmaːl], schmaler/schmäler, schmalste/seltener: schmälste ⟨Adj.⟩: **1.** *von geringer Ausdehnung in der Breite /Ggs. breit/:* ein schmaler Gang, Streifen, Weg; ein schmales Band, Brett; der Fluss ist an dieser Stelle sehr schmal. *Syn.:* eng. **2.** *(in Bezug auf die Figur eines Menschen oder einzelne Körperteile) auffallend schlank, zart wirkend:* er, sie ist sehr schmal [geworden]; seine Hüften, Schultern, Hände sind sehr schmal; sie hat ein schmales Gesicht, schmale Lippen. *Syn.:* dünn, schlank. **3.** (geh.) *gering, knapp; zum Leben kaum ausreichend:* schmale Kost; sie bezieht nur ein schmales Einkommen; die Erträge werden immer schmaler. *Syn.:* klein, unbedeutend, winzig.

das **Schmalz** [ʃmalts]; -es, (Sorten:) -e: *Fett, das aus fettem Fleisch gewonnen wird:* ein Brot mit Schmalz beschmieren; mit Schmalz kochen. *Zus.:* Gänseschmalz, Schweineschmalz.

schme|cken [ˈʃmɛkn̩], schmeckt, schmeckte, geschmeckt: ⟨itr.; hat; irgendwie s.⟩ *einen bestimmten*

Geschmack haben: etwas schmeckt süß, sauer, bitter, nach Knoblauch; das schmeckt [mir] gut, nicht; das Eis schmeckt wunderbar; schmeckts? *(schmeckt es gut?).*

die **Schmei|che|lei** [ʃmaiçəˈlai]; -, -en: *schmeichelnde Worte:* auf Schmeicheleien hereinfallen; Schmeicheleien sagen. *Syn.:* Kompliment.

schmei|chel|haft [ˈʃmaiçlhaft], schmeichelhafter, am schmeichelhaftesten ⟨Adj.⟩: *so, dass es jmdm. schmeichelt:* schmeichelhafte Reden; etwas ist sehr, ist wenig schmeichelhaft für jmdn.; sie machte über ihre Nachbarin eine wenig schmeichelhafte Bemerkung.

schmei|cheln [ˈʃmaiçl̩n], schmeichelt, schmeichelte, geschmeichelt ⟨itr.; hat; jmdm. s.⟩: **1.** *übertrieben Gutes über jmdn. sagen, ihn wortreich loben [um sich beliebt zu machen]:* er schmeichelte ihr, sie sei eine große Künstlerin; sie schmeicheln ihrem Chef. **2.** *jmdn. freuen, jmds. Selbstbewusstsein heben:* dieses Lob schmeichelte ihm. *Syn.:* erfreuen, gefallen, zusagen.

schmel|zen [ˈʃmɛltsn̩], schmilzt, schmolz, geschmolzen: **1.** ⟨itr.; ist⟩ *unter Einfluss von Wärme flüssig werden:* das Eis schmilzt [an/in der Sonne]; Eisen schmilzt bei 1538 °C. *Syn.:* tauen. **2.** ⟨tr.; hat; etw. s.⟩ *durch Wärme flüssig machen:* Erz, Eisen schmelzen; die Sonne schmolz den Schnee.

der **Schmerz** [ʃmɛrts]; -es, -en: **1.** *sehr unangenehme körperliche Empfindung, die durch eine Krankheit, eine Verletzung o. Ä. ausgelöst wird:* einen bohrenden, stechenden Schmerz empfinden, fühlen; vor Schmerzen aufschreien; von heftigen Schmerzen geplagt sein; jmdm. Schmerzen zufügen; hast du Schmerzen? *Syn.:* Qual. *Zus.:* Bauchschmerz, Kopfschmerz, Zahnschmerz. **2.** *das Gefühl, seelisch verletzt worden zu sein; Kummer, Leid:* der Schmerz über den Tod des Kindes; etwas erfüllt jmdn. mit Schmerz. *Syn.:* Qual. *Zus.:* Abschiedsschmerz.

schmer|zen [ˈʃmɛrtsn̩], schmerzt, schmerzte, geschmerzt ⟨itr.; hat; [jmdn.] s.⟩: **1.** ⟨[jmdn.] s.⟩ *körperliche Schmerzen bereiten, verursachen:* das verletzte Bein schmerzt; der Rücken schmerzte ihn/ ihm. *Syn.:* plagen, quälen, wehtun (ugs.). **2.** ⟨jmdn. s.⟩ *jmdn. mit Kummer, mit seelischem Schmerz erfüllen:* ihr schroffes Verhalten schmerzte mich. *Syn.:* kränken, treffen, verletzen.

S

schmerz|frei ['ʃmɛrtsfraɪ̯] ⟨Adj.⟩: *frei von Schmerzen, ohne Schmerzen:* die Patientin war den ganzen Tag schmerzfrei; eine schmerzfreie Behandlung. *Syn.:* schmerzlos.

schmerz|haft ['ʃmɛrtshaft], schmerzhafter, am schmerzhaftesten ⟨Adj.⟩: *Schmerzen verursachend; mit Schmerzen verbunden:* eine schmerzhafte Verletzung; ein schmerzhafter Eingriff.

schmerz|los ['ʃmɛrtslo:s] ⟨Adj.⟩: *keine Schmerzen verursachend; ohne Schmerzen:* eine schmerzlose Behandlung; ein schmerzloser Tod. *Syn.:* schmerzfrei.

der **Schmet|ter|ling** ['ʃmɛtɐlɪŋ], -s, -e: *Insekt, das zwei große, meist farbig gezeichnete Flügelpaare hat:* ein bunter, schöner Schmetterling; ein Schmetterling flattert, fliegt von Blüte zu Blüte.

der Schmetterling

schmet|tern ['ʃmɛtɐn], schmettert, schmetterte, geschmettert: **1.** ⟨tr.; hat; etw. irgendwohin s.⟩ *heftig und mit lautem Knall werfen, schleudern, schlagen o. Ä.:* er schmetterte das Buch auf den Tisch; sie schmetterte die Tür ins Schloss. *Zus.:* niederschmettern. **2.** ⟨tr.; hat⟩ *mit Trompeten, Posaunen o. Ä. eine sehr rhythmische Musik spielen:* ein Lied schmettern; die Kapelle schmetterte einen Marsch; ⟨auch itr.⟩ die Trompeten schmettern. **3.** ⟨tr.; hat⟩ *mit lauter Stimme singen:* auf dem Weg nach Hause schmetterten die Betrunkenen einen Schlager.

schmie|ren ['ʃmi:rən], schmiert, schmierte, geschmiert ⟨tr.; hat⟩: **1.** ⟨etw. irgendwohin s.⟩ *auf etwas streichen, etwas irgendwohin verteilen:* Butter, Honig aufs Brot schmieren; Gel ins Haar schmieren; ich habe mir Creme ins Gesicht geschmiert. *Syn.:* auftragen. **2.** ⟨etw. s.⟩ *bestreichen:* wenn du Hunger hast, schmier dir doch ein Brot; Marmeladenbrötchen, Butterbrote schmieren. **3.** ⟨etw. an etw. s.⟩ (abwertend) *an Wände o. Ä. schreiben, malen und diese dadurch hässlich machen:* [politische] Parolen, Symbole an Hauswände schmieren. **4.** ⟨jmdn., etw. s.⟩ (ugs. abwertend) *bestechen:* einen Politiker, eine Behörde schmieren; ⟨auch itr.⟩ früher

musste man schmieren, wenn man etwas erreichen wollte.

das **Schmier|pa|pier** ['ʃmi:ɐ̯papi:ɐ̯], -s, -e (ugs.): *bereits beschriebenes oder bedrucktes Papier, das man benutzt, wenn man etwas skizzieren oder notieren will:* etwas als Schmierpapier benutzen.

schmilzt [ʃmɪltst]: ↑schmelzen.

die **Schmin|ke** ['ʃmɪŋkə], -, ⟨Sorten:⟩ -n: *etwas (z. B. Creme, Puder), was besonders im Gesicht aufgetragen wird, um schöner oder anders auszusehen:* viel, wenig Schminke benutzen, auftragen; die Schminke ist verwischt; sie wusch sich die Schminke ab. *Syn.:* Make-up.

schmin|ken ['ʃmɪŋkn̩], schminkt, schminkte, geschminkt ⟨tr.; hat⟩: *Schminke, Make-up o. Ä. auftragen:* den Schauspieler für die Vorstellung schminken; sie hat sich, ihr Gesicht stark geschminkt.

schmolz [ʃmɔlts]: ↑schmelzen.

der **Schmuck** [ʃmʊk], -[e]s: **1.** *schmückender Gegenstand, der sichtbar am Körper getragen wird (z. B. Armbänder, Halsketten, Ringe):* goldener, silberner, echter, wertvoller, alter, modischer Schmuck; sie trug kostbaren Schmuck; Schmuck besitzen; den Schmuck anlegen, ablegen. *Zus.:* Bernsteinschmuck, Goldschmuck, Silberschmuck. **2.** *etwas, was schmückend hinzukommt:* der Schmuck der Fassade; die Designerin hat bewusst auf [allen, jeden] Schmuck verzichtet; als Schmuck standen Blumen auf dem Tisch. *Zus.:* Tischschmuck, Wandschmuck.

schmü|cken ['ʃmʏkn̩], schmückt, schmückte, geschmückt ⟨tr.; hat⟩: **1.** ⟨etw., jmdn. [mit etw.] s.⟩ *etwas, jmdn. mit schönen Dingen ausstatten; etwas mit Schmuck verschönern:* den Weihnachtsbaum schmücken; die Straßen mit Girlanden, Blumen, Lampions schmücken; die Braut [mit Schleier und Kranz] schmücken; sie schmückt sich gern (trägt gern Schmuck und schöne Kleider); eine reich, festlich geschmückte Tafel. **2.** ⟨etw. s.⟩ *als Schmuck bei einer Person oder Sache vorhanden sein und sie dadurch verschönern:* Blumen schmückten den Tisch; Malereien schmücken die Wände.

der **Schmug|gel** ['ʃmʊɡl̩], -s: *das Schmuggeln:* Schmuggel treiben; sie war beim Schmuggel ertappt worden; vom Schmuggel leben; der Schmuggel mit Waffen blüht.

schmug|geln ['ʃmʊgḷn], schmuggelt, schmuggelte, geschmuggelt ⟨etw.; hat; etw. [irgendwohin] s.⟩: **1.** *Waren heimlich und ohne offizielle Erlaubnis in ein Land einführen oder aus einem Land ausführen:* Diamanten, Waffen, Elfenbein, Schnaps schmuggeln; Waffen aus dem Land, über die Grenze, nach Afrika schmuggeln; ⟨auch itr.⟩ hier an der Grenze schmuggeln alle. **2.** *etwas heimlich, unerlaubt irgendwohin bringen:* einen Brief aus dem Gefängnis schmuggeln.

schmun|zeln ['ʃmʊntsḷn], schmunzelt, schmunzelte, geschmunzelt ⟨itr.; hat⟩: *ein freundliches, kleines Lächeln zeigen:* belustigt, freundlich schmunzeln; er schmunzelte über meine Bemerkung; sie musste schmunzeln, als sie daran dachte; schmunzelnd hörte sie sich seine Geschichte an. *Syn.:* lächeln.

schmu|sen ['ʃmuːzn̩], schmust, schmuste, geschmust ⟨itr.; hat; [mit jmdm.] s.⟩ (ugs.): *mit jmdm. zärtlich sein:* die Mutter schmust mit ihrem Kind; die beiden schmusten [miteinander]; ein schmusendes Paar. *Syn.:* streicheln.

der Schmutz [ʃmʊts]; -es: *etwas, was (z. B. den Fußboden, Kleidung) unsauber macht:* feuchter, klebriger Schmutz; der Schmutz auf dem Boden, unter den Möbeln; die Handwerker haben viel Schmutz in der Wohnung hinterlassen; den Schmutz zusammenkehren, aufwischen, wegfegen, abwaschen, von den Schuhen kratzen; etwas macht viel, keinen Schmutz; musst du immer durch den größten, dicksten Schmutz laufen?; die Schuhe waren über und über mit Schmutz bedeckt; etwas vom Schmutz befreien. *Syn.:* Dreck (ugs.).

schmut|zig ['ʃmʊtsɪç], schmutziger, am schmutzigsten ⟨Adj.⟩: **1.** *mit Schmutz daran, nicht sauber:* schmutzige Kleider, Hemden; schmutzige Hände haben; schmutziges *(gebrauchtes, abzuwaschendes)* Geschirr; eine schmutzige *(Schmutz verursachende, mit Schmutz verbundene)* Arbeit; das Wasser, die Luft ist schmutzig; die Fenster sind schon wieder schmutzig; sich, [sich] seinen Anzug schmutzig machen. *Syn.:* dreckig. **2.** (abwertend) *nicht anständig:* schmutzige Witze, Schimpfwörter; du hast eine schmutzige Fantasie; seine Geschichten sind immer ziemlich schmutzig. *Syn.:* derb, unmoralisch. **3.** (abwertend) *in moralischer Hinsicht sehr zweifelhaft:*

schmutzige Geschäfte, Tricks; ein schmutziger Handel; mit schmutzigen Mitteln arbeiten; schmutziges *(auf verbotene Weise erworbenes)* Geld.

der Schna|bel ['ʃnaːbl̩]; -s, Schnäbel ['ʃnɛːbl̩]: **1.** *Körperteil, mit dem Vögel die Nahrung aufnehmen:* ein langer, krummer, gelber Schnabel; die jungen Vögel sperrten die Schnäbel auf; der Vogel pickte, hackte mit dem Schnabel ein Loch in die Rinde. *Zus.:* Entenschnabel, Geierschnabel. **2.** (ugs.) *Mund:* mach mal deinen Schnabel auf!; halt den Schnabel! *(sei still!)*. *Syn.:* Klappe (salopp), Maul (derb), Schnauze (derb).

der Schnabel (1)

die Schnal|le ['ʃnalə]; -, -n: *Vorrichtung zum Schließen von Gürteln, Taschen u. a.:* eine runde, ovale Schnalle; die Schnalle am Schuh drückt; die Schnalle des Gürtels öffnen, schließen. *Zus.:* Gürtelschnalle, Schuhschnalle.

das Schnäpp|chen ['ʃnɛpçən]; -s, - (ugs.): *Ware, die preiswerter als sonst angeboten wird:* nach Weihnachten gibt es viele Schnäppchen in den Geschäften; ich habe ein Schnäppchen gemacht *(etwas preiswert gekauft)*.

schnap|pen ['ʃnapn̩], schnappt, schnappte, geschnappt: **1.** ⟨itr.; hat; nach jmdm., etw. s.⟩ *versuchen, mit dem Maul zu ergreifen:* der Hund schnappte nach meiner Hand. **2.** ⟨tr.; hat; jmdn. s.⟩ (ugs.) *einen Dieb, einen Verbrecher verhaften, festnehmen:* die Polizei hat den Bankräuber geschnappt. *Syn.:* ergreifen, erwischen (ugs.), fangen, fassen. **3.** ⟨tr.; hat; [sich] etw. s.⟩ (ugs.) *schnell ergreifen:* er schnappte seine Tasche und rannte die Treppe hinunter; sich schnell ein Brötchen schnappen. *Syn.:* greifen, nehmen.

der Schnaps [ʃnaps]; -es, Schnäpse ['ʃnɛpsə] (ugs.): *Getränk mit viel Alkohol:* klarer, scharfer Schnaps; eine Flasche Schnaps; er trinkt gern Schnaps; Schnaps brennen. *Zus.:* Kirschschnaps, Mirabellenschnaps, Pflaumenschnaps.

schnar|chen ['ʃnarçn̩], schnarcht, schnarchte, geschnarcht ⟨itr.; hat⟩: *im Schlaf beim Atmen laute Geräusche machen:* ihr Mann schnarcht laut, mit offenem Mund; er schnarcht so stark, dass ich nicht schlafen kann.

S

schnau|ben ['ʃnaubn̩], schnaubt, schnaubte, geschnaubt ⟨itr.; hat⟩: *Luft kräftig durch die Nase blasen und dadurch ein Geräusch machen:* das Pferd schnaubte ungeduldig; er schnaubte vor Wut. *Syn.:* fauchen.

die **Schnau|ze** ['ʃnautsə]; -, -n: **1.** *langes, schmales Maul bei bestimmten Tieren:* eine lange, kurze, spitze Schnauze; die Schnauze des Wolfs, des Fuchses, des Bären; bei einem gesunden Hund fühlt sich die Schnauze kalt und feucht an. *Zus.:* Hundeschnauze. **2.** ⟨ohne Plural⟩ (derb) *Mund:* jmdm. auf die Schnauze hauen; du kannst gleich ein paar auf die Schnauze kriegen; halt die Schnauze!; eine freche, lose Schnauze haben (*frech sein*); er hat eine große Schnauze (*er gibt mächtig an*).

die Schnauze (1)

schnäu|zen ['ʃnɔytsn̩], schnäuzt, schnäuzte, geschnäuzt ⟨sich s.⟩: *sich die Nase putzen:* sich kräftig, geräuschvoll schnäuzen.

der **Schnau|zer** ['ʃnautsɐ]; -s, - (ugs.): *kräftiger Bart über dem Mund:* er hatte sich einen Schnauzer wachsen lassen.

die **Schne|cke** ['ʃnɛkə]; -, -n: **1.** *weiches, längliches Tier, das auf dem Boden kriecht und oft ein rundes Haus auf dem Rücken trägt:* eine Schnecke kriecht über den Weg; die Schnecke zieht ihre Fühler ein, ist in ihrem Gehäuse; er ist langsam wie eine Schnecke. **2.** (ugs.) *flaches, rundes Gebäck, das wie das Haus einer Schnecke geformt ist:* sie kaufte zwei Schnecken. *Zus.:* Mohnschnecke, Nussschnecke.

die Schnecke (1)

der **Schnee** [ʃne:]; -s: *Niederschlag aus gefrorenem Wasser, der in weißen Flocken auf die Erde fällt:* matschiger, schmutziger Schnee; hoher, tiefer Schnee; gestern fielen zehn Zentimeter Schnee; der Schnee ist schon wieder getaut, bleibt nicht liegen; es fällt Schnee (*es schneit*); auf den Gipfeln, in den Bergen liegt Schnee; der Schnee knirscht unter den Sohlen; Schnee fegen, schaufeln. *Zus.:* Neuschnee, Pulverschnee.

der **Schnee|ball** ['ʃne:bal]; -[e]s, Schneebälle ['ʃne:bɛlə]: *kleine, mit den Händen geformte Kugel aus Schnee:* einen Schneeball formen, werfen, an den Kopf kriegen; mit Schneebällen [auf jmdn., nach jmdm.] werfen.

der **Schnee|be|sen** ['ʃne:be:zn̩]; -s, -: *Gerät in der Küche, mit dem man Eiweiß und Sahne schlägt oder andere Speisen rührt:* meine Oma schlägt die Sahne mit dem Schneebesen; das Pulver mit dem Schneebesen in die kochende Milch rühren.

die **Schnee|flo|cke** ['ʃne:flɔkə]; -, -n: *sehr kleines, leichtes, weißes Gebilde aus gefrorenem Wasser, das aus vielen Kristallen besteht:* kleine, dicke Schneeflocken fallen vom Himmel; die Schneeflocken schmelzen auf dem Boden.

der **Schnee|mann** ['ʃne:man]; -[e]s, Schneemänner ['ʃne:mɛnɐ]: *Figur aus Schnee, die aussieht wie ein Mensch:* die Kinder bauen im Winter einen Schneemann; als Nase für den Schneemann nehmen sie eine Möhre.

die **Schnei|de** ['ʃnaidə]; -, -n: *die scharfe Seite eines Gegenstandes, mit dem man schneidet:* eine scharfe, stumpfe Schneide; die Schneide eines Messers, eines Beiles. *Syn.:* Klinge.

schnei|den ['ʃnaidn̩], schneidet, schnitt, geschnitten ⟨tr.; hat⟩: **1.** ⟨etw. s.⟩ (*mit einem Messer, einer Schere o. Ä.) in mehrere Stücke teilen:* Papier, Pappe, Glas, Holz schneiden; Fleisch, Brot, Käse schneiden; schneidest du bitte mal den Kuchen?; etwas in Stücke, Scheiben, Würfel schneiden; ⟨auch itr.⟩ das Messer schneidet nicht [gut]. **2.** ⟨etw. s.⟩ (*mit einem Messer, einer Schere o. Ä.) abtrennen, abmachen:* Rosen schneiden; jmdm., sich eine Scheibe Brot, ein Stück vom Schinken schneiden; einen Artikel aus der Zeitung schneiden (*ausschneiden*). *Syn.:* abschneiden. **3.** ⟨etw. s.⟩ *mit einem Messer, einer Schere oder einem anderen Gerät kürzen:* jmdm., sich die Fingernägel schneiden; den Rasen, die Hecke schneiden; sich die Haare schneiden lassen. **4.** ⟨jmdn., sich [irgendwohin] s.⟩ *mit einem scharfen Gegenstand verletzen:* sich beim Schälen der Kartoffeln schneiden; jmdn., sich beim Rasieren schneiden; ich habe mich am Glas, mit dem Messer geschnitten; ich habe mich in den Finger geschnitten; ⟨auch itr.; jmdm. irgendwohin s.⟩ ich habe mir in den Finger geschnitten. *Syn.:* verletzen.

schnei|en [ˈʃnaiən], schneit, schneite, geschneit ⟨itr.; hat; unpers.⟩: *als Schnee vom Himmel fallen*: es schneit heftig, stark, seit zwei Tagen; es hat aufgehört zu schneien.

schnell [ʃnɛl], schneller, am schnellsten ⟨Adj.⟩: **1.** *mit großer Geschwindigkeit /Ggs. langsam/*: in schneller Fahrt; schnell laufen, sprechen, lesen, schreiben; er ist zu schnell gefahren; die Arbeit ging schneller als erwartet. *Syn.:* rasch, zügig. **2.** *innerhalb kurzer Zeit; rasch*: eine schnelle Bewegung, Drehung; schnelle Fortschritte machen; ich komme gleich, ich muss nur noch schnell telefonieren; wir müssen schnell handeln; die Krankheit hat sich schnell ausgebreitet; die Ware war schnell verkauft; sie waren überraschend schnell fertig. *Syn.:* fix (ugs.), flink, flott, zügig. **3.** *wenig Zeit für etwas benötigend*: ein schnelles Schiff, Flugzeug; eine freundliche und schnelle Bedienung; die Kassiererinnen in dem Supermarkt sind unglaublich schnell; die Handwerker waren nicht sehr schnell; der Computer könnte etwas schneller sein; ein schneller *(kurzer)* Imbiss.

schnell|le|big [ˈʃnɛlleːbiç], schnelllebiger, am schnelllebigsten ⟨Adj.⟩: *nur von kurzer Dauer*: eine schnelllebige Mode; eine schnelllebige Zeit *(eine Zeit, in der sich vieles schnell verändert)*.

schnells|tens [ˈʃnɛlstn̩s] ⟨Adverb⟩: *so schnell wie möglich*: das muss schnellstens erledigt werden; diese Fehler müssen schnellstens behoben werden. *Syn.:* kurzfristig, rasch, schnell.

die **Schnell|stra|ße** [ˈʃnɛlʃtraːsə], -, -n: *Landstraße mit mehreren Spuren in eine Richtung*: auf einer Schnellstraße fahren.

schnitt [ʃnɪt]: ↑ schneiden.

der **Schnitt** [ʃnɪt]; -[e]s, -e: **1.** *Öffnung, die durch Schneiden entstanden ist*: ein tiefer Schnitt war zu sehen; nach dem Rasieren hatte er mehrere Schnitte im Gesicht. *Syn.:* Wunde. **2.** *Form*: der Schnitt dieses Kleides gefällt mir; der Anzug hat einen eleganten, sportlichen Schnitt; ihr Haar hat einen modischen Schnitt. *Zus.:* Haarschnitt. **3.** *Durchschnitt*: er fuhr im Schnitt 100 km in der Stunde; sie raucht im Schnitt zwanzig Zigaretten am Tag.

die **Schnit|te** [ˈʃnɪtə], -, -n: *[belegte] Scheibe Brot*: eine Schnitte mit Wurst essen; ich nehme mir für die Pause ein paar Schnitten mit. *Syn.:* Brot, Butterbrot, Sandwich.

schnit|tig [ˈʃnɪtɪç], schnittiger, am schnittigsten ⟨Adj.⟩: *elegant, sportlich*: ein schnittiger Sportwagen; eine schnittige Jacht; der Flitzer sieht schnittig aus, ist sehr schnittig gebaut.

der **Schnitt|lauch** [ˈʃnɪtlaux]; -[e]s: *Pflanze mit Blättern, die wie kleine Röhren aussehen und klein geschnitten als Gewürz verwendet werden*: ein Bund Schnittlauch; Quark mit Schnittlauch.

das **Schnit|zel** [ˈʃnɪtsl̩], -s, -: *gebratene, meist panierte Scheibe Fleisch*: ein saftiges Schnitzel; ein Wiener Schnitzel *(paniertes Schnitzel vom Kalb)*; ein Schnitzel mit Pommes frites und Salat bitte! *Zus.:* Kalbsschnitzel, Putenschnitzel, Schweineschnitzel.

schnüf|feln [ˈʃnʏfl̩n], schnüffelt, schnüffelte, geschnüffelt ⟨itr.; hat⟩: *schnuppern*: der Hund schnüffelt an der Tasche. *Syn.:* riechen.

der **Schnul|ler** [ˈʃnʊlɐ], -s, -: *Gegenstand aus Gummi, an dem Babys saugen*: einem Kind den Schnuller in den Mund stecken; die Mutter gab dem Baby den Schnuller.

der **Schnup|fen** [ˈʃnʊpf̩n], -s, -: *Krankheit, bei der viel Schleim aus der Nase läuft*: [einen] Schnupfen haben, bekommen; ich habe mir einen Schnupfen geholt; ein Mittel gegen Schnupfen. *Syn.:* Erkältung.

schnup|pern [ˈʃnʊpɐn], schnuppert, schnupperte, geschnuppert ⟨itr.; hat⟩: *mehrmals kurz Luft durch die Nase einatmen, um etwas zu riechen*: der Hund schnuppert an meiner Tasche; an einem Glas Wein, am Kochtopf schnuppern. *Syn.:* schnüffeln.

die **Schnur** [ʃnuːɐ̯], -, Schnüre [ˈʃnyːrə]: **1.** *sehr dünner, langer, flexibler Gegenstand, den man um etwas wickeln und knoten oder zwischen zwei Punkten spannen kann*: eine dicke, dünne, lange Schnur; eine Rolle, ein Stück Schnur; etwas mit einer Schnur festbinden; ein Bild an einer Schnur aufhängen; der Junge trägt den Schlüssel an einer Schnur um den Hals; sie band eine Schnur um das Paket; einen Knoten in eine Schnur machen. *Syn.:* Faden, Leine, Seil. *Zus.:* Angelschnur, Paketschnur. **2.** (ugs.) *Kabel an elektrischen Geräten*: die Schnur des Staubsaugers ist kaputt; das Telefon hat eine acht Meter lange Schnur. *Zus.:* Telefonschnur.

schnü|ren [ˈʃnyːrən], schnürt, schnürte, geschnürt ⟨tr.; hat; etw. s.⟩: *mit einer*

S

Schnur zumachen, binden: ein Paket, die Schuhe schnüren; sie schnürte die Zeitungen zu einem Bündel. *Syn.:* zubinden, zusammenbinden. *Zus.:* verschnüren.

schnur|los [ˈʃnuːɐ̯loːs] ⟨Adj.⟩: *ohne Kabel, Schnur:* ein schnurloses Telefon; schnurlos telefonieren.

der **Schnür|sen|kel** [ˈʃnyːɐ̯zɛŋkl̩], -s, - (landsch.): *Schnur, mit der man die Schuhe zubindet:* dein rechter, linker Schnürsenkel ist aufgegangen.

schob [ʃoːp]: ↑ schieben.

der **Schock** [ʃɔk]; -[e]s, -s: **1.** *seelische Erschütterung durch ein belastendes Ereignis:* ein seelischer, psychischer Schock; der plötzliche Tod des Vaters war ein Schock für sie; einen Schock erleiden, gut verkraften; nach dem Unfall stand der Busfahrer unter Schock. **2.** (Med.) *Mangel an Sauerstoff durch eine akute Schwäche des Kreislaufs:* die Patientin steht unter Schock; der Fahrer wurde wegen eines Schocks ins Krankenhaus gebracht; ein allergischer *(durch eine Allergie ausgelöster)* Schock.

scho|ckie|ren [ʃɔˈkiːrən], schockiert, schockierte, schockiert ⟨tr.; hat; jmdn. s.⟩: *jmdn. fassungslos machen, entrüsten:* der Film schockierte das Publikum; sie waren über sein Verhalten, von seinen Worten schockiert. *Syn.:* empören, erschüttern.

die Schokolade (1)

die **Scho|ko|la|de** [ʃokoˈlaːdə], -, -n: **1.** *feste Masse aus Kakao, Milch und Zucker:* eine Tafel, ein Stück, ein Riegel Schokolade; feine, billige, dunkle, weiße Schokolade; ein Osterhase aus Schokolade; Kekse mit Schokolade. *Zus.:* Nussschokolade, Vollmilchschokolade. **2.** *Getränk aus Milch, Kakao und Zucker:* eine [Tasse] heiße Schokolade trinken. *Syn.:* Kakao.

scholl [ʃɔl]: ↑ schallen.

die **Schol|le** [ˈʃɔlə], -, -n: **1.** *großes Stück Eis, das auf dem Wasser schwimmt:* riesige Schollen haben sich vor der Brücke gestaut. *Syn.:* Platte. **2.** *flacher Fisch, der im Meer lebt:* heute gibt es Scholle in der Kantine.

¹**schon** [ʃoːn] ⟨Adverb⟩: **1.** drückt aus, dass etwas früh oder früher als erwartet geschieht oder geschehen ist: er kommt

schon um drei Uhr; wir fahren schon morgen in den Urlaub; es ist schon alles vorbereitet; hast du das tatsächlich schon vergessen?; es ist ja schon acht [Uhr] vorbei!; willst du schon gehen?; er wird nächstes Jahr schon sechzig. *Syn.:* bereits. **2.** drückt aus, dass das Genannte [für etwas Bestimmtes] genügt: ein Milligramm kann schon tödlich sein; Eintrittskarten gibt es schon für 3 Euro; ich habe schon genug Probleme! **3.** drückt aus, dass etwas vorher, in der Vergangenheit geschehen ist und deswegen nicht mehr neu oder nicht mehr nötig ist: schon Platon hat diese Ideen vertreten; das steht schon in der Bibel; eigentlich wollte ich vorhin schon gehen; hast du so etwas schon [ein]mal erlebt?; ich habe schon eingekauft; ich habe ihn schon gefragt, aber er weiß es nicht.

²**schon** [ʃoːn] ⟨Partikel⟩: **1.** bekräftigt oder verstärkt einen Ausruf oder eine Aussage: *wirklich:* es ist schon ein Elend!; du wirst schon sehen!; es wird schon [gut] gehen; es wird schon nichts passieren. **2.** drückt in Aufforderungen Ungeduld aus: *endlich:* mach, komm, red schon!; jetzt hör schon auf [mit diesem Blödsinn]! **3.** bekräftigt den Widerspruch zwischen zwei Aussagen: gut ist das Restaurant schon, nur leider viel zu teuer; Lust hätte ich schon, ich habe aber keine Zeit; »Hast du keine Lust mitzukommen?« – »Schon, nur keine Zeit.«; er ist mit dem neuen Chef gar nicht zufrieden, [aber] ich schon; »Dafür interessiert sich doch kein Mensch.« – »Ich schon!«.

schön [ʃøːn], schöner, am schönsten ⟨Adj.⟩: **1.** *so, dass es gefällt und bewundert wird:* eine schöne Frau; ein ausgesprochen schöner junger Mann; schöne Augen, Hände, Beine; eine schöne Stimme haben; sie ist sehr schön; jmd., etwas sieht schön aus; sie war schön angezogen. *Syn.:* bezaubernd, hübsch, reizend, toll (ugs.), wundervoll. **2.** *angenehm, gut:* es war eine schöne Zeit; wir hatten einen schönen Urlaub; das Wetter war schön; (in Höflichkeitsformeln:) schöne Ferien! *Syn.:* herrlich (emotional), prächtig, prima (ugs.), toll (ugs.). **3.** (ugs.) *groß, sehr:* einen schönen Schrecken bekommen; er ist ein schöner Angeber; das kostet eine schöne Summe Geld; sie ist schön dumm, wenn sie das macht; wir mussten uns ganz schön beeilen. *Syn.:* gewaltig (emotional), ordentlich (ugs.). **4.** (ugs. ironisch) *schlecht:* du bist mir ein schöner Freund!; das sind ja schöne Aussichten; das wird ja immer schöner mit dir!

scho|nen ['ʃoːnən], schont, schonte, geschont: **1.** ⟨tr.; hat; jmdn., etw. s.⟩ *jmdn., etwas sorgfältig, vorsichtig behandeln, gebrauchen:* seine Kleider, seine Kräfte, das Auto schonen; sie trägt beim Abwaschen immer Gummihandschuhe, um ihre Hände zu schonen; jmdm. eine schlechte Nachricht schonend beibringen. **2.** ⟨sich s.⟩ *Rücksicht auf seine Gesundheit nehmen:* du solltest dich [mehr] schonen; sie ist zwar wieder gesund, muss sich aber noch schonen.

die **Schön|heit** ['ʃøːnhai̯t]; -, -en: **1.** *das Schönsein:* die Schönheit des Stils, seines Gesichts; die Schönheit ihres Gesangs; ihre strahlende, jugendliche Schönheit. *Zus.:* Formschönheit, Klangschönheit. **2.** *auffallend schöne Person:* sie war schon als Kind eine kleine Schönheit; er ist nicht gerade eine Schönheit.

scho|nungs|los ['ʃoːnʊŋsloːs], schonungsloser, am schonungslosesten ⟨Adj.⟩: *ohne Rücksicht:* jemanden schonungslos kritisieren; etwas mit schonungsloser Offenheit erzählen. *Syn.:* brutal, rücksichtslos, unbarmherzig.

der **Schorn|stein** ['ʃɔrnʃtai̯n]; -[e]s, -e: *auf dem Dach befindlicher Teil des Hauses, durch den Rauch nach außen gelangen kann:* die Schornsteine der Fabrik, des Schiffs rauchen. *Zus.:* Fabrikschornstein.

der Schornstein

der **Schorn|stein|fe|ger** ['ʃɔrnʃtai̯nfeːɡɐ]; -s, -, die **Schorn|stein|fe|ge|rin** ['ʃɔrnʃtai̯nfeːɡə-rɪn]; -, -nen: *Person, die den Ruß aus Schornsteinen fegt:* morgen kommt der Schornsteinfeger; sie ist Schornsteinfegerin.

schoss [ʃɔs]: ↑ schießen.

der **Schoß** [ʃoːs]; -es, Schöße ['ʃøːsə]: *Vertiefung, die sich beim Sitzen zwischen Oberkörper und Beinen bildet:* sich auf jmds. Schoß, bei jmdm. auf den Schoß setzen; sie hatte ihre Puppe auf den Schoß; die Mutter nahm das Kind auf den Schoß.

schräg [ʃrɛːk], schräger, am schrägsten ⟨Adj.⟩: *von einer [gedachten] senkrechten oder waagerechten Linie in einem spitzen oder stumpfen Winkel abweichend:* eine schräge Linie, Wand; der Mast steht schräg; schräg über die Straße gehen; den Kopf schräg halten; er wohnt schräg gegenüber.

die **Schram|me** ['ʃramə]; -, -n: *von einem spitzen oder rauen Gegenstand durch Reiben, Kratzen verursachte Verletzung oder Beschädigung:* bei dem Unfall ist er mit ein paar Schrammen [im Gesicht] davongekommen; das Auto, der Tisch hat dabei eine Schramme abbekommen. *Syn.:* Kratzer.

der **Schrank** [ʃraŋk]; -[e]s, Schränke ['ʃrɛŋkə]: *meist verschließbares Möbelstück mit Türen zur Aufbewahrung von Dingen:* ein schwerer, eichener Schrank; etwas aus dem Schrank nehmen; etwas in den Schrank legen, stellen, tun; die Kleider in den Schrank hängen. *Syn.:* Kasten (südd., österr., schweiz.). *Zus.:* Aktenschrank, Arzneischrank, Besenschrank, Bücherschrank, Geschirrschrank, Hängeschrank, Kleiderschrank, Küchenschrank, Schlafzimmerschrank, Wandschrank.

der Schrank

die **Schran|ke** ['ʃraŋkə]; -, -n: *Stange zum Sperren eines Durchgangs oder Weges, die so befestigt ist, dass sie nach oben geschwenkt werden kann:* die Schranken sind geschlossen; die Schranke wird heruntergelassen, geht hoch. *Zus.:* Bahnschranke.

die **Schrau|be** ['ʃrau̯bə]; -, -n: *mit Gewinde und Kopf versehenes [Metall]teil zum Befestigen oder Verbinden von Teilen:* die Schraube sitzt fest, hat sich gelockert; eine Schraube anziehen, lockern, lösen; das Türschild mit Schrauben befestigen.

schrau|ben ['ʃrau̯bn̩], schraubt, schraubte, geschraubt ⟨tr.; hat; etw. irgendwohin s.⟩: **1.** *mit einer Schraube, mit Schrauben befestigen:* die Kotflügel an die Karosserie schrauben; sein Namensschild auf die Tür schrauben. *Zus.:* anschrauben, festschrauben. **2.** *mithilfe eines Gewindes durch Drehen befestigen oder lösen:* einen Haken in die Wand schrauben; den Deckel fest auf die Flasche schrauben; die Birne aus der Fassung schrauben.

der **Schrau|ben|schlüs|sel** [ˈʃraubn̩ʃlʏs]; -s, -: *Werkzeug zum Drehen von Schrauben und Muttern:* ich habe leider keinen passenden Schraubenschlüssel.

der **Schrau|ben|zie|her** [ˈʃraubn̩tsiːɐ̯]; -s, -: *Werkzeug zum Drehen von Schrauben, in deren Kopf sich ein Schlitz befindet.*

der **Schre|ber|gar|ten** [ˈʃreːbɐgartn̩]; -s, Schrebergärten [ˈʃreːbɐɡɛrtn̩]: *meist in einem besonderen Gebiet am Stadtrand gelegener privat genutzter Garten:* einen Schrebergarten haben; ein Grillfest im Schrebergarten.

der **Schreck** [ʃrɛk]; -[e]s, -e: *heftige seelische Erschütterung:* ein großer, mächtiger, ungeheurer Schreck; der Schreck saß ihr noch in den Gliedern; sie bekam einen ordentlichen Schreck, als es plötzlich an die Tür klopfte; jmdm. einen gewaltigen Schreck einjagen, versetzen; ihr fiel vor Schreck die Tasse aus der Hand; sich von dem Schreck erholen.

schre|cken [ˈʃrɛkn̩], schreckt, schreckte, geschreckt ⟨sich s.⟩ (österr.): *sich erschrecken:* schreck dich nicht!

der **Schre|cken** [ˈʃrɛkn̩]; -s, -: **1.** *von Entsetzen und Angst bestimmtes, quälendes und oft lähmendes Gefühl:* sie besetzten das Land und verbreiteten überall [Angst und] Schrecken; jmdn. in [Angst und] Schrecken versetzen; daran erinnere ich mich noch mit Schrecken. *Syn.:* Horror. **2.** (bes. landsch.) *Schreck:* ich bekam einen riesigen Schrecken. **3.** (geh.) *etwas, was Angst hervorruft:* die Schrecken des Krieges; die Antibiotika haben vielen schlimmen Krankheiten ihre[n] Schrecken genommen.

schreck|lich [ˈʃrɛklɪç], schrecklicher, am schrecklichsten ⟨Adj.⟩: **1.** *Schrecken, Entsetzen auslösend:* eine schreckliche Entdeckung, Nachricht, Krankheit; sie ist auf ganz schreckliche Weise ums Leben gekommen; der Anblick war schrecklich; das ist ja schrecklich! *Syn.:* entsetzlich, erschreckend, furchtbar, fürchterlich, grässlich (emotional), grauenhaft (emotional). **2.** (ugs. abwertend) *sehr unangenehm:* er ist ein schrecklicher Mensch, Kerl!; ein schrecklicher Lärm; [es ist] wirklich schrecklich [mit ihr], alles macht sie falsch; die Maschine ist schrecklich laut; er hat sich schrecklich benommen. **3.** (ugs.) *sehr:* es war ihm schrecklich peinlich; jmdn. schrecklich nett finden; sich schrecklich aufregen.

Syn.: furchtbar (ugs.), irre (emotional), irrsinnig (emotional), kolossal (ugs. emotional), unheimlich (ugs.).

der **Schrei** [ʃrai]; -[e]s, -e: *meist aus Angst ausgestoßener Laut eines Lebewesens:* er hörte einen lauten, kurzen, lang gezogenen Schrei; ein Schrei des Entsetzens, der Überraschung; einen Schrei ausstoßen, von sich geben. *Zus.:* Angstschrei, Freudenschrei, Hilfeschrei, Jubelschrei, Schmerzensschrei.

schrei|ben [ˈʃraibn̩], schreibt, schrieb, geschrieben: **1.** ⟨itr.; hat⟩ *Buchstaben, Zahlen, Noten in bestimmter Reihenfolge mit einem geeigneten Werkzeug (z. B. einem Bleistift) auf einer geeigneten Unterlage (meist Papier) hervorbringen:* schön, sauber, deutlich, unleserlich, mit der Hand, mit der Maschine, mit dem Bleistift, mit Tinte schreiben; auf/mit der Maschine schreiben; er kann weder schreiben noch lesen. **2.** ⟨tr.; hat; etw. [irgendwohin] s.⟩ *aus Buchstaben und bestimmten anderen Zeichen zusammensetzen, entstehen lassen, hervorbringen:* ein Wort, eine Zahl, einen Satz schreiben; seinen Namen an die Tafel, die Adresse auf den Umschlag schreiben; etwas falsch, richtig, mit Bindestrich schreiben; einen Roman, Bücher schreiben; [jmdm.] einen Brief schreiben. **3.** ⟨itr.; hat; [jmdm./an jmdn.] s.⟩ *sich schriftlich an jmdn. wenden; [etwas] in schriftlicher Form senden, schicken:* sie hat [mir] lange nicht geschrieben; ich schreibe dir aus dem Urlaub; wir schreiben uns regelmäßig; sie hat wegen der Sache an den Bundespräsidenten geschrieben. *Syn.:* anschreiben. **4.** ⟨itr.; hat⟩ *als Schriftsteller, Journalist oder dergleichen tätig sein:* er hat erst mit 50 angefangen zu schreiben; sie schreibt für eine Zeitung. **5.** ⟨itr.; hat⟩ *(als Werkzeug zum Schreiben) funktionieren:* der Stift schreibt gut, nicht.

das **Schrei|ben** [ˈʃraibn̩]; -s, -: *schriftliche Mitteilung, Brief:* ein amtliches, dienstliches, vertrauliches Schreiben; für Ihr Schreiben danken wir Ihnen. *Syn.:* Zuschrift. *Zus.:* Antwortschreiben, Begleitschreiben, Bewerbungsschreiben, Empfehlungsschreiben, Entschuldigungsschreiben, Glückwunschschreiben, Kündigungsschreiben, Mahnschreiben.

die **Schreib|kraft** [ˈʃraipkraft]; -, Schreibkräfte [ˈʃraipkrɛftə]: *Person, die beruflich Schreibarbeiten ausführt:* in dem Büro sind zwei Schreibkräfte beschäftigt.

Syn.: Sekretär, Sekretärin. *Zus.:* Büroschreibkraft, Halbtagsschreibkraft.

die **Schreib|ma|schi|ne** [ˈʃraipmaʃiːnə]; -, -n: *Gerät, mithilfe dessen man durch Niederdrücken von Tasten schreiben kann:* eine elektrische Schreibmaschine; sie kann gut Schreibmaschine schreiben. *Syn.:* Maschine. *Zus.:* Blindenschreibmaschine.

der **Schreib|tisch** [ˈʃraiptɪʃ]; -[e]s, -e: *Tisch, an dem man schreibt u. Ä. tut:* als ich ins Zimmer kam, saß er an, hinter seinem Schreibtisch.

schrei|en [ˈʃraiən], schreit, schrie, geschrie[e]n: **1.** ⟨itr.; hat⟩ *einen Schrei, Schreie ausstoßen:* das Baby hat die ganze Nacht geschrien; vor Angst, Schmerz, Freude schreien; um Hilfe schreien *(rufen);* schrei nicht so *(sprich nicht so laut),* ich bin nicht schwerhörig! *Syn.:* brüllen, kreischen. *Zus.:* losschreien. **2.** ⟨tr.; hat; etw. s.⟩ *mit sehr lauter Stimme sagen, rufen:* jmdn. seinen Namen; er schrie »Achtung!«.

schrei|end [ˈʃraiənt], schreiender, am schreiendsten ⟨Adj.⟩: *sehr grell, auffällig, ins Auge fallend:* ein schreiendes Gelb; die Farben des Kleides sind [mir] zu schreiend; schreiend bunte Teppiche.

schrie [ʃriː]: ↑ schreien.

schrieb [ʃriːp]: ↑ schreiben.

die **Schrift** [ʃrɪft]; -, -en: **1.** *System von Zeichen, mit denen die Laute, Wörter, Sätze einer Sprache festgehalten, lesbar gemacht werden:* die lateinische, arabische, griechische Schrift; die Fußnoten werden in einer kleineren Schrift gesetzt. *Zus.:* Bilderschrift, Blindenschrift, Buchstabenschrift, Geheimschrift, Runenschrift. **2.** *für einen Menschen charakteristische Handschrift:* sie hat eine schöne, deutliche, leserliche Schrift. **3.** *längerer Text, Abhandlung:* eine Schrift über das Waldsterben; philosophische, religiöse Schriften; die Heilige Schrift *(die Bibel). Syn.:* Buch. *Zus.:* Anklageschrift, Bittschrift, Schmähschrift, Streitschrift.

schrift|lich [ˈʃrɪftlɪç] ⟨Adj.⟩: *in geschriebener Form* /Ggs. mündlich/: schriftliche Anweisungen, Aufforderungen; die Kündigung muss in schriftlicher Form erfolgen; etwas schriftlich mitteilen.

der **Schrift|stel|ler** [ˈʃrɪftʃtɛlɐ]; -s, -, die **Schrift-stel|le|rin** [ˈʃrɪftʃtɛlərɪn]; -, -nen: *Person, die literarische Werke verfasst:* ein zeitgenössischer Schriftsteller; sie will Schriftstellerin werden. *Syn.:* Autor, Autorin, Dichter, Dichterin. *Zus.:* Nach-

wuchsschriftsteller, Nachwuchsschriftstellerin, Unterhaltungsschriftsteller, Unterhaltungsschriftstellerin.

das **Schrift|stück** [ˈʃrɪftʃtʏk]; -[e]s, -e: *amtliches Schreiben:* ein Schriftstück aufsetzen, verlesen, unterzeichnen. *Syn.:* Dokument.

schrill [ʃrɪl], schriller, am schrillsten ⟨Adj.⟩: *unangenehm hell, scharf und durchdringend [klingend]:* ein schriller Ton; ein schrilles Geräusch, Kreischen; die Glocke klingt sehr schrill.

der **Schritt** [ʃrɪt]; -[e]s, -e: **1.** *Bewegung eines Fußes, meist nach vorn, um sich fortzubewegen:* sie macht kleine, große Schritte; das Geschäft ist nur wenige Schritte *(nicht weit)* von hier entfernt; ein paar Schritte gehen (ugs.; *einen kurzen Spaziergang machen). Zus.:* Eilschritt, Marschschritt, Trippelschritt. **2.** *Art und Weise, wie jmd. geht:* jmdn. am Schritt erkennen; sie hat einen schleppenden, schweren Schritt. *Syn.:* Gang. **3.** *einem bestimmten Zweck dienende Maßnahme:* ein voreiliger, unüberlegter Schritt; gerichtliche Schritte [gegen jmdn., etwas] veranlassen.

das **Schritt|tem|po** [ˈʃrɪttɛmpo]; -s: *etwa der Geschwindigkeit eines Fußgängers entsprechendes Tempo:* im Stau kamen wir nur im Schritttempo vorwärts; Schritttempo/im Schritttempo fahren.

schroff [ʃrɔf], schroffer, am schroffsten ⟨Adj.⟩: *seine Ablehnung auf sehr direkte und unhöfliche, unfreundliche Art zum Ausdruck bringend:* etwas schroff zurückweisen; ein schroffes Auftreten. *Syn.:* barsch, brüsk, unfreundlich.

schrump|fen [ˈʃrʊmpfn̩], schrumpft, schrumpfte, geschrumpft ⟨itr.; ist⟩: **1.** *sich zusammenziehen und dadurch kleiner werden:* die Äpfel schrumpfen bei langem Lagern; der Pullover ist beim Waschen geschrumpft. *Zus.:* zusammenschrumpfen. **2.** *weniger werden; abnehmen:* der Vorrat, der Umsatz, das Kapital schrumpft. *Syn.:* sich verkleinern, sich verringern, zurückgehen. *Zus.:* zusammenschrumpfen.

die Schublade

die **Schub|la|de** [ˈʃuːplaːdə]; -, -n: *offener Kasten zum Ausziehen in einem Möbelstück (z. B. einer Kommode, einem Tisch):* die

S

Schubladen aufziehen, durchstöbern; in der obersten Schublade der Kommode. *Zus.:* Nachttischschublade, Schreibtischschublade.

der **Schubs** [ʃʊps], -es, -e (ugs.): *[leichter] Stoß:* plötzlich bekam ich von hinten einen Schubs.

schub|sen [ˈʃʊpsn̩], schubst, schubste, geschubst ⟨tr.; hat; jmdn., etw. [irgendwohin] s.⟩ (ugs.): *jmdm. oder einer Sache einen Schubs irgendwohin in Bewegung setzen:* jmdn. ins Wasser, zur Seite schubsen; er hat mich geschubst; ⟨auch itr.⟩ sie drängelten und schubsten. *Syn.:* stoßen. *Zus.:* herumschubsen, wegschubsen.

schüch|tern [ˈʃʏçtɐn], schüchterner, am schüchternsten ⟨Adj.⟩: *scheu, anderen gegenüber gehemmt:* ein schüchternes Kind; ein schüchterner Liebhaber; sie ist noch sehr schüchtern.

schuf [ʃuːf]: ↑ schaffen.

der **Schuh** [ʃuː], -[e]s, -e: *am Fuß getragenes Kleidungsstück:* ein Paar Schuhe; die Schuhe sind [mir] zu klein; das Kind braucht neue Schuhe; Schuhe kaufen gehen. *Zus.:* Damenschuh, Hausschuh, Herrenschuh, Kinderschuh, Lederschuh, Schnürschuh, Skischuh, Straßenschuh, Turnschuh.

der Schuh

der **Schuh|löf|fel** [ˈʃuːlœfl̩], -s, -: *länglicher Gegenstand, der als Hilfsmittel beim Anziehen von Schuhen dient:* ohne Schuhlöffel komme ich in die Stiefel nicht rein.

der **Schuh|ma|cher** [ˈʃuːmaxɐ], -s, -, die **Schuh-ma|che|rin** [ˈʃuːmaxərɪn], -, -nen: *Person, die Schuhe repariert:* sie will Schuhmacherin werden; kannst du mir einen Schuhmacher empfehlen? *Syn.:* Schuster, Schusterin.

die **Schul|ar|beit** [ˈʃuːlʔarbai̯t], -, -en: **1.** *[schriftliche] Hausaufgabe:* ich muss noch [meine] Schularbeiten machen; er hilft seinem Sohn bei den Schularbeiten. *Syn.:* Aufgabe, Hausaufgabe. **2.** (österr.) *Klassenarbeit:* wir schreiben morgen eine Schularbeit.

schuld [ʃʊlt]: in der Verbindung * **[an etwas** (Dativ)**] schuld sein:** *[an etwas]* die Schuld haben, *[für etwas]* verantwortlich sein: er ist schuld [an dem ganzen Ärger].

die **Schuld** [ʃʊlt]; -, -en: **1.** ⟨ohne Plural⟩ *Verantwortung für etwas Unangenehmes, Negatives:* eine schwere, moralische Schuld; es ist doch nicht meine Schuld, dass er immer zu spät kommt!; sie schiebt die Schuld gern auf andere; er trägt die Schuld am wirtschaftlichen Zusammenbruch des Landes; sie fühlt sich frei von jeder Schuld. *Zus.:* Mitschuld. **2.** * **[an etwas] [die] Schuld haben:** *[für etwas] verantwortlich sein:* immer soll ich an allem Schuld haben!; * **jmdm., einer Sache [an etwas] [die] Schuld geben:** *jmdn., etwas für etwas verantwortlich machen:* ich gebe dir ja gar nicht Schuld [daran]. **3.** *Geldbetrag, den jmd. einem anderen schuldet:* Schulden haben, zurückzahlen; um das Auto, Haus kaufen zu können, müssen wir Schulden machen; seine Schulden [nicht] begleichen, bezahlen. *Syn.:* Defizit, Minus. *Zus.:* Staatsschuld, Steuerschuld.

schul|den [ˈʃʊldn̩], schuldet, schuldete, geschuldet ⟨tr.; hat; jmdm. etw. s.⟩: *zu zahlen haben:* ich schulde ihm hundert Euro; was schulde ich Ihnen [für die Reparatur]?

schul|dig [ˈʃʊldɪç] ⟨Adj.⟩: **1.** *(an etwas) die Schuld tragend:* der Angeklagte war [des Mordes] schuldig; sie fühlte sich schuldig; das Gericht erklärte sie für schuldig. *Syn.:* straffällig. *Zus.:* mitschuldig. **2.** *zu zahlen verpflichtet:* jmdm. [noch] Geld schuldig sein; ich bin ihr noch zwanzig Euro schuldig; den Beweis hierfür ist er mir schuldig geblieben.

die **Schu|le** [ˈʃuːlə]; -, -n: **1.** *öffentliche oder private Einrichtung, in der Kinder und Jugendliche unterrichtet werden:* eine öffentliche, private, konfessionelle, weiterführende Schule; die Schule besuchen, wechseln; in die Schule/zur Schule gehen; aus der Schule kommen, entlassen werden; seine Tochter ist gerade sechs geworden und kommt im Herbst in die Schule; eine Schule für Lernbehinderte. *Zus.:* Abendschule, Berufsschule, Gesamtschule, Grundschule, Hauptschule, Hochschule, Musikschule, Privatschule, Realschule, Sportschule. **2.** ⟨ohne Plural⟩ *Unterricht:* die Schule beginnt um acht Uhr; heute haben wir keine Schule; morgen fällt die Schule aus. **3.** *Gebäude, in dem eine Schule untergebracht ist:* eine neue Schule bauen; eine modern ausgestattete Schule.

schu|len ['ʃuːlən], schult, schulte, geschult ⟨tr.; hat⟩: **1.** ⟨jmdn. s.⟩ *intensiv ausbilden:* die Mitarbeiter für neue Aufgaben schulen; die Firma hat gut geschultes Personal. *Zus.:* umschulen. **2.** ⟨etw. s.⟩ *durch systematische Übung besonders entwickeln:* das Auge, das Gedächtnis schulen; ein [gut] geschultes Gehör haben. *Syn.:* ausbilden, trainieren.

der **Schü|ler** ['ʃyːlɐ]; -s, -, die **Schü|le|rin** ['ʃyːlərɪn]; -, -nen: *Kind, das eine Schule besucht/jugendliche Person, die eine Schule besucht:* ein guter, durchschnittlicher, mittelmäßiger Schüler; sie ist eine ehemalige Schülerin von ihm; in meiner Klasse sind dreißig Schüler. *Zus.:* Berufsschüler, Berufsschülerin, Grundschüler, Grundschülerin, Hauptschüler, Hauptschülerin, Realschüler, Realschülerin.

die **Schul|fe|ri|en** ['ʃuːlfeːrjən] ⟨Plural⟩: *staatlich festgelegte Ferien für die Schulen:* bis zum 28. August sind noch Schulferien.

das **Schul|heft** ['ʃuːlhɛft]; -[e]s, -e: *dünnes, flexibles Buch mit leeren Blättern, das von den Schülern zum Schreiben, Rechnen oder Zeichnen benutzt wird:* das Kind holte die Schulhefte aus dem Ranzen.

das **Schul|jahr** ['ʃuːljaːɐ̯]; -[e]s, -e: *Zeitraum von zwölf Monaten für den Unterricht an der Schule:* das neue Schuljahr beginnt am 1. September.

die **Schul|ter** ['ʃʊltɐ]; -, -n: **1.** *(beim Menschen) oberer Teil des Rumpfes zu beiden Seiten des Halses, mit dem die Arme verbunden sind:* die linke, rechte Schulter; die Schultern heben, senken; jmdm. auf die Schulter klopfen; breite Schultern haben; Schulter an Schulter *(dicht gedrängt)* stehen. *Syn.:* Achsel. **2.** in den Verbindungen * jmdm., einer Sache die kalte Schulter zeigen (ugs.): *einer Person oder Sache keine Beachtung [mehr] schenken:* seit wir uns gestritten haben, zeigt sie mir die kalte Schulter; * etwas auf die leichte Schulter nehmen: *etwas nicht ernst genug nehmen:* du solltest diese Krankheit nicht auf die leichte Schulter nehmen.

die **Schu|lung** ['ʃuːlʊŋ]; -, -en: **1.** *zusätzliche Ausbildung, Qualifizierung:* alle Mitarbeiter nahmen freiwillig an der angebotenen Schulungen teil. **2.** *Training:* die Übungen dienen der Schulung des Gedächtnisses, des Gehörs.

die **Schul|zeit** ['ʃuːltsai̯t]; -, -en: *Jahre, in denen die Schule besucht wird:* ich erinnere

mich gern an meine Schulzeit; wir kennen uns schon seit unserer Schulzeit.

die **Schup|pe** ['ʃʊpə]; -, -n: **1.** *Plättchen, das den Körper bestimmter Tiere bedeckt:* die Forelle hat silbrige Schuppen. *Zus.:* Fischschuppe. **2.** *kleines Teilchen Haut, das (bes. auf dem Kopf) abgestoßen wird:* er hat [den Kragen voller] Schuppen; ein Haarwasser gegen Schuppen. *Zus.:* Hautschuppe, Kopfschuppe.

der **Schup|pen** ['ʃʊpn̩]; -s, -: *einfacher Bau [aus Holz] zum Unterstellen von Geräten, Wagen o. Ä.:* ein Schuppen für die Gartengeräte. *Zus.:* Bootsschuppen, Geräteschuppen, Holzschuppen.

schür|fen ['ʃʏrfn̩], schürft, schürfte, geschürft: **1.** ⟨itr.; hat; nach etw. s.⟩ *(durch Abtragen von Bodenschichten an der Erdoberfläche) nach Bodenschätzen graben:* man schürfte dort vergeblich nach Gold. *Syn.:* suchen. **2.** ⟨tr.; hat; sich (Dativ) etw. s.⟩ *(die Haut) durch Schaben mit etwas Scharfem verletzen:* ich habe mir beim Klettern die Haut, das Knie geschürft. *Syn.:* aufreißen.

die **Schür|ze** ['ʃʏrtsə]; -, -n: *Kleidungsstück, das zum Schutz über der übrigen Kleidung getragen wird:* beim Kochen trage ich immer eine Schürze; eine frische Schürze; sich eine Schürze umbinden. *Zus.:* Küchenschürze.

die Schürze

der **Schuss** [ʃʊs]; -es, Schüsse ['ʃʏsə]; (als Mengenangabe:) -: **1.** *das Schießen mit einer Waffe:* ein gezielter Schuss; der Schuss aus einer Pistole; mehrere Schüsse waren zu hören; es fielen zwei Schüsse *(es wurde zweimal geschossen);* ein Schuss *(abgefeuertes Geschoss)* hatte ihn ins Bein getroffen. *Zus.:* Gewehrschuss, Pistolenschuss, Warnschuss. **2.** *(bes. beim Fußball) das Schlagen, Treten eines Balles:* der Schuss ging neben das Tor; ein flacher Schuss. *Zus.:* Torschuss. **3.** ⟨ohne Plural⟩ *kleine Menge einer Flüssigkeit:* Tee mit einem Schuss Milch, Rum.

die **Schüs|sel** ['ʃʏsl̩]; -, -n: *tieferes, oben offenes Gefäß für Speisen:* eine Schüssel aus Porzellan, Plastik; eine Schüssel voll Kartoffelbrei, mit Gemüse. *Syn.:* Schale, Teller.

Zus.: Glasschüssel, Kristallschüssel, Salatschüssel, Suppenschüssel.

die **Schuss|waf|fe** [ˈʃʊsvafə]; -, -n: *Waffe, mit der man schießen kann:* der Polizist machte von der Schusswaffe Gebrauch. *Syn.:* Gewehr, Pistole.

der **Schus|ter** [ˈʃuːstɐ]; -s, -, die **Schus|te|rin** [ˈʃuːstərɪn]; -, -nen: *Person, die Schuhe repariert:* bringst du bitte noch die Schuhe zum Schuster? *Syn.:* Schuhmacher, Schuhmacherin.

schüt|teln [ˈʃʏtl̩n], schüttelt, schüttelte, geschüttelt: **1.** ⟨tr.; hat; jmdn., etw. s.⟩ *jmdn., etwas heftig hin und her bewegen:* die Flasche vor Gebrauch schütteln; jmdn. am Arm schütteln; den Kopf schütteln; er schüttelte mir die Hand *(er begrüßte mich);* ⟨auch itr.⟩ mit dem Kopf schütteln. *Syn.:* rütteln. *Zus.:* aufschütteln, durchschütteln. **2.** ⟨sich s.⟩ *heftig hin- und hergehende Bewegungen machen:* der nasse Hund schüttelt sich; ich schüttelte mich vor Lachen *(musste sehr lachen).* **3.** ⟨tr.; hat; etw. s.⟩ *schüttelnd von etwas entfernen:* Äpfel, Nüsse vom Baum schütteln; Mehl durch ein Sieb schütteln. *Zus.:* abschütteln, ausschütteln, herunterschütteln.

schüt|ten [ˈʃʏtn̩], schüttet, schüttete, geschüttet: **1.** ⟨tr.; hat; etw. irgendwohin s.⟩ *fließen, gleiten lassen:* Wasser ins Spülbecken schütten; den Zucker in die Dose schütten; etwas auf den Boden schütten; jmdm., sich etwas über das Kleid schütten. *Syn.:* ausgießen, ausleeren, gießen. *Zus.:* danebenschütten, einschütten, hinunterschütten, verschütten, wegschütten. **2.** ⟨itr.; hat⟩ (ugs.) *in Strömen regnen:* es schüttete die ganze Nacht. *Syn.:* gießen (ugs.).

der **Schutz** [ʃʊts]; -es: *Hilfe:* jmdm. Schutz gewähren; unter dem Schutz der Polizei verließ er das Stadion; die Hütte bietet Schutz vor Regen; ein Mittel zum Schutz gegen/vor Erkältungen; bei jmdm. Schutz [vor Verfolgung] suchen; ein Schutz suchender Flüchtling. *Syn.:* Sicherheit. *Zus.:* Kündigungsschutz, Lärmschutz, Sonnenschutz.

schüt|zen [ˈʃʏtsn̩], schützt, schützte, geschützt ⟨tr.; hat; jmdn., etw. [vor etw., gegen etw.] s.⟩: *jmdm., einer Sache Schutz gewähren:* ein Land vor seinen Feinden schützen; jmdn. vor Gefahr, vor persönlichen Angriffen, vor Strafe schützen; Vorsicht allein schützt nicht vor Unfällen; sich vor Krankheit, Kälte, vor Regen schützen; ⟨auch itr.⟩ ein

schützendes Dach; eine geschützte Stelle *(wo kein Regen oder Wind hinkommt).* *Syn.:* beschützen, bewahren, sichern, verteidigen. *Zus.:* beschützen.

schutz|los [ˈʃʊtslɔːs], schutzloser, am schutzlosesten ⟨Adj.⟩: *ohne Schutz, hilflos:* dem Gegner, dem Unwetter schutzlos ausgeliefert sein; schutzlose Kinder.

schwach [ʃvax], schwächer, am schwächsten ⟨Adj.⟩: **1.** *(in körperlicher Hinsicht) keine oder nur geringe Kraft besitzend:* ein schwaches Kind; eine abgemagerte, schwache Frau; er ist schon alt und schwach, fühlt sich sehr schwach; schwache Augen haben; er hat schwache Nerven, ein schwaches Herz. *Syn.:* erschöpft, gebrechlich, kraftlos, matt. *Zus.:* altersschwach. **2.** *nur gering:* schwacher Beifall; eine schwache Hoffnung haben; die Leistungen der Schülerin sind schwach. *Syn.:* mäßig. **3.** *nicht stark:* ein schwacher Kaffee; eine schwache Salzlösung; der Vortrag war sehr schwach *(oberflächlich);* das war ein schwaches Spiel *(ein schlechtes Spiel).* *Syn.:* miserabel (emotional). **4.** (Sprachw.) *durch gleichbleibenden [Stamm]vokal und (bei Präteritum und Partizip) durch das Vorhandensein des Konsonanten »t« gekennzeichnet:* die schwache Konjugation; schwache *(schwach konjugierte)* Verben. **5.** (Sprachw.) *(in Bezug auf Substantive) in den meisten Formen durch das Vorhandensein des Konsonanten »n« gekennzeichnet:* die schwache Deklination; schwache *(schwach deklinierte)* Nomen; schwach deklinierte Adjektive.

die **Schwä|che** [ˈʃvɛçə]; -, -n: **1.** ⟨ohne Plural⟩ *fehlende körperliche Kraft:* sein Zustand beruht auf einer allgemeinen Schwäche; die Schwäche der Augen, der Nerven; vor Schwäche zusammenbrechen. *Syn.:* Ohnmacht. *Zus.:* Altersschwäche, Gedächtnisschwäche, Herzschwäche, Konzentrationsschwäche, Muskelschwäche, Nervenschwäche. **2.** ⟨ohne Plural⟩ *besondere Vorliebe, die jmd. für jmdn., etwas hat:* eine Schwäche für schöne Frauen, für Schokolade haben; sie hat eine Schwäche für teure Kleidung. *Syn.:* Neigung.

schwä|chen [ˈʃvɛçn̩], schwächt, schwächte, geschwächt ⟨tr.; hat; jmdn., etw. s.⟩: **1.** *kraftlos, schwach machen:* das Fieber hat sie geschwächt; die Krankheit hat seinen Körper sehr geschwächt; ein geschwächtes Immunsystem. *Syn.:*

angreifen, anstrengen. *Zus.:*abschwä-
chen. **2.** *in seiner Wirkung herabsetzen,
mindern:* jmds. Ansehen, Macht schwächen; der Fehlschlag schwächte ihre
Position.

schwäch|lich [ˈʃvɛçlɪç], schwächlicher, am
schwächlichsten ⟨Adj.⟩: *körperlich,
gesundheitlich schwach, oft auch kränklich:* der Junge war von Natur aus
schwächlich; ein schwächliches Kind.
*Syn.:*anfällig, empfindlich, kraftlos.

der **Schwa|ger** [ˈʃvaːɡɐ]; -s, Schwäger [ˈʃvɛːɡɐ]:
*Ehemann der Schwester; Bruder des Ehe-
manns, der Ehefrau:* mein [zukünftiger]
Schwager; sie hat mehrere Schwäger.

die **Schwä|ge|rin** [ˈʃvɛːɡərɪn]; -, -nen: *Ehefrau
des Bruders; Schwester des Ehemanns,
der Ehefrau:* sie versteht sich gut mit
ihrer Schwägerin.

die **Schwal|be** [ˈʃvalbə]; -, -n: *Vogel mit brau-
nen oder schwarz-weißen Federn und
spitzem Schwanz:* die Schwalben kehren
im Frühjahr sehr zeitig zurück.

schwamm [ʃvam]; ↑ schwimmen.

der **Schwamm** [ʃvam]; -[e]s, Schwämme
[ˈʃvɛmə]: *weicher Gegenstand, der viel
Wasser aufnehmen kann und besonders
zum Waschen und Reinigen verwendet
wird:* ein feuchter, nasser, trockener
Schwamm; den Schwamm ausdrücken,
ausspülen; er hat die Tafel mit einem
Schwamm abgewischt. *Zus.:*Bade-
schwamm, Spülschwamm.

das **Schwam|merl** [ˈʃvaməl]; -s, -[n] (österr.):
Pilz: Schwammerl[n] suchen.

schwam|mig [ˈʃvamɪç], schwammiger, am
schwammigsten ⟨Adj.⟩: *weich wie ein
Schwamm:* eine schwammige Masse;
wenn das Material feucht wird, fühlt es
sich schwammig an.

der **Schwan** [ʃvaːn]; -[e]s, Schwäne [ˈʃvɛːnə]:
*großer Vogel, der schwimmt, einen sehr
langen Hals und weiße Federn hat:* ein
stolzer Schwan; auf dem Teich schwam-
men zwei Schwäne.

schwang [ʃvaŋ]; ↑ schwingen.

schwan|ger [ˈʃvaŋɐ] ⟨Adj.⟩: *ein Kind im
Leib tragend:* eine schwangere Frau; sie
ist im achten Monat schwanger; nachdem sie Hormone eingenommen hatte,
wurde sie endlich schwanger.

die **Schwan|ger|schaft** [ˈʃvaŋɐʃaft]; -, -en:
*Zustand einer Frau vom Zeitpunkt des
Zeugens bis zur Geburt des Kindes:* eine
ungewollte Schwangerschaft; die Ärztin
hat bei ihr eine Schwangerschaft im
dritten Monat festgestellt.

schwan|ken [ˈʃvaŋkn̩], schwankt,

schwankte, geschwankt: **1.** ⟨itr.; hat⟩ *sich
hin und her bewegen:* die Äste, Bäume
schwanken im Wind; der Mast des
Schiffes schwankt; die Brücke hat unter
der Last der Fahrzeuge geschwankt.
*Syn.:*wanken. **2.** ⟨itr.; ist; irgendwohin
s.⟩ *sich unsicher fortbewegen:* der
Betrunkene schwankte über die Straße.
*Syn.:*wanken. **3.** ⟨itr.; hat⟩ *nicht stabil
sein:* die Preise, Kurse, Temperaturen
schwanken; die Zahl der Teilnehmer
schwankte zwischen 100 und 150. **4.** ⟨itr.;
hat⟩ *unschlüssig sein:* zwischen zwei
Möglichkeiten, Methoden schwanken;
sie schwankt noch, ob sie zusagen oder
ablehnen soll. *Syn.:*zögern.

der **Schwanz** [ʃvants]; -es, Schwänze [ˈʃvɛntsə]:
1. *(bei Wirbeltieren) bewegliche Verlän-
gerung der Wirbelsäule über den Rumpf
hinaus:* ein langer, buschiger Schwanz;
der Schwanz eines Vogels, Fischs, Affen;
das Kind fasste die Katze am, beim
Schwanz; der Hund zog den Schwanz
ein. *Zus.:*Fuchsschwanz, Kuhschwanz,
Ringelschwanz. **2.** (derb) *Penis. Syn.:*
Glied.

schwän|zen [ˈʃvɛntsn̩], schwänzt,
schwänzte, geschwänzt ⟨tr.; hat; etw. s.⟩
(ugs.): *an etwas, bes. am Unterricht,
nicht teilnehmen, weil man gerade keine
Lust dazu hat:* den Unterricht, die
Schule schwänzen; ⟨auch itr.⟩ er hat
heute schon wieder geschwänzt.

der **Schwarm** [ʃvarm]; -[e]s, Schwärme
[ˈʃvɛrmə]: **1.** *Menge:* ein Schwarm Bienen, Mücken; Schwärme von Insekten.
2. *Idol:* dieser Schauspieler ist der
Schwarm vieler Teenager. *Syn.:*Vorbild.

schwarz [ʃvarts], schwärzer, am schwär-
zesten ⟨Adj.⟩: **1.** *von der dunkelsten Farbe
/Ggs. weiß/:* schwarzes Haar; schwarzer
Samt; ein schwarzer Stoff, Anzug; etwas
schwarz färben; schwarz wie Ruß. *Zus.:*
pechschwarz, rußschwarz, tiefschwarz.
2. *von sehr dunklem Aussehen:* schwarze
Kirschen, Trauben; schwarze Augen
haben; den Kaffee schwarz *(ohne Milch)*
trinken; die unterdrückte schwarze
Minderheit; sie sind stolz darauf,
schwarz zu sein. *Syn.:*dunkel. **3.** (ugs.)
von Schmutz dunkel: das Hemd, die
Wäsche ist schwarz. *Syn.:*dreckig,
schmutzig. **4.** (ugs.) *nicht legal:*
schwarze Geschäfte; etwas schwarz, auf
dem schwarzen Markt kaufen; schwarz
über die Grenze gehen; schwarz
gebrannter Schnaps. *Syn.:*illegal, uner-
laubt. **5.** *nicht gut, negativ:* heute war für

S

mich ein schwarzer Tag; alles schwarz in schwarz sehen, malen.

der *und die* **Schwar|ze** [ˈʃvartsə]; -n, -n ⟨aber: [ein] Schwarzer, [eine] Schwarze, Plural: [viele] Schwarze⟩: *Person, die zu einer Gruppe Menschen mit dunkelbrauner bis schwarzer Haut gehört.* Syn.: Farbiger, Farbige.

schwarz|se|hen [ˈʃvartseːən], sieht schwarz, sah schwarz, schwarzgesehen ⟨itr.; hat; für etwas s.⟩: *etwas pessimistisch beurteilen; Negatives befürchten:* für sein Examen sehe ich schwarz.

schwe|ben [ˈʃveːbn̩], schwebt, schwebte, geschwebt: ⟨itr.; hat⟩ *sich in der Luft, im Wasser o. Ä. im Gleichgewicht halten, ohne zu Boden zu sinken:* frei schweben; in der Luft, über dem Abgrund, zwischen Himmel und Erde schweben; der Adler schwebt hoch in der Luft; der Ballon hat über den Häusern geschwebt *(hat in der Luft stillgestanden).* Syn.: fliegen, gleiten.

schwei|gen [ˈʃvaɪɡn̩], schweigt, schwieg, geschwiegen ⟨itr.; hat⟩: *nichts sagen:* lange, ratlos, verlegen schweigen; der Angeklagte schweigt; die Zeugin schweigt aus Angst; die Regierung schwieg hartnäckig zu den Vorwürfen; sie schwiegen vor Staunen, vor Schreck. Zus.: verschweigen.

schweig|sam [ˈʃvaɪkzaːm], schweigsamer, am schweigsamsten ⟨Adj.⟩: *wenig redend; nicht gesprächig:* er ist von Natur aus ein schweigsamer Mensch; warum bist du heute so schweigsam? Syn.: einsilbig.

das Schwein (1)

das **Schwein** [ʃvaɪn]; -[e]s, -e: **1.** *Haustier mit dickem Körper, länglichem Kopf, kurzen Beinen und verlängerter Schnauze:* Schweine züchten, mästen; ein Schwein schlachten. Syn.: Ferkel. Zus.: Hausschwein, Mastschwein, Mutterschwein, Zuchtschwein. **2.** (derb; auch als Schimpfwort) *schmutziger, ungepflegter, nicht auf Sauberkeit achtender Mensch:* das Schwein hat sich wieder nicht gewaschen. Zus.: Dreckschwein. **3.** (derb; auch als Schimpfwort) *gemeine männliche Person:* das Schwein hat uns betrogen. Syn.: Gauner. **4.** * **Schwein haben** (ugs.): *Glück haben:* da haben wir noch mal Schwein gehabt!

das **Schwei|ne|fleisch** [ˈʃvaɪnəflaɪʃ]; -[e]s: *Fleisch vom Schwein:* ein Pfund Schweinefleisch kaufen; man soll nicht so viel Schweinefleich essen.

der **Schweiß** [ʃvaɪs]; -es, -e: *bes. bei Hitze oder größerer Anstrengung aus den Poren der Haut austretende wässrige Flüssigkeit:* ihm steht der Schweiß auf der Stirn; ihm läuft der Schweiß [den Rücken hinunter]. Syn.: Wasser. Zus.: Angstschweiß.

schwei|ßen [ˈʃvaɪsn̩], schweißt, schweißte, geschweißt ⟨tr.; hat; etw. s.⟩: *mithilfe von Wärme Teile aus Metall oder Kunststoff fest miteinander verbinden:* das Material lässt sich nicht schweißen; ⟨auch itr.⟩ ⟨auch itr.⟩; kannst du schweißen? Zus.: einschweißen, zusammenschweißen.

die **Schweiz** [ʃvaɪts]; -: *Staat in Mitteleuropa:* sie leben in der Schweiz; in die Schweiz fahren; aus der Schweiz kommen.

¹**Schwei|zer** [ˈʃvaɪtsɐ] ⟨Adj.; nicht flektierbar⟩: *die Schweiz und ihre Bevölkerung betreffend:* die Schweizer Alpen; Schweizer Käse; in Schweizer Franken zahlen.

der ²**Schwei|zer** [ˈʃvaɪtsɐ]; -s, -, die **Schwei|ze|rin**; -, -nen: *Angehörige[r] des schweizerischen Volks:* er ist Schweizer; er ist mit einer Schweizerin verheiratet; die Schweizer sagen statt Bahnsteig »Perron«.

schwei|ze|risch [ˈʃvaɪtsərɪʃ] ⟨Adj.⟩: *die Schweiz und ihre Bevölkerung betreffend:* im schweizerischen Neuchâtel; das schweizerische Ufer des Bodensees; die Schweizerische Eidgenossenschaft *(die Schweiz).*

die **Schwel|le** [ˈʃvɛlə]; -, -n: *etwas erhöht liegender Balken als unterer Abschluss einer Türöffnung:* er stolperte an der/ über die Schwelle. Zus.: Türschwelle.

schwel|len [ˈʃvɛlən], schwillt, schwoll, geschwollen ⟨itr.; ist⟩: *(von einem Organ oder Körperteil) sich vergrößern, dicker werden:* seine Mandeln sind geschwollen; geschwollene Beine.

die **Schwel|lung** [ˈʃvɛlʊŋ]; -, -en: *geschwollene Stelle:* er hat eine Schwellung unter dem linken Auge. Syn.: Beule.

schwen|ken [ˈʃvɛŋkn̩], schwenkt, schwenkte, geschwenkt ⟨tr.; hat; etw. s.⟩ *schwingend auf und ab, hin und her bewegen:* er schwenkte den Hut; die Kinder am Straßenrand schwenkten Fähnchen.

schwer [ʃveːɐ̯], schwerer, am schwersten ⟨Adj.⟩: **1.** *ein hohes Gewicht habend, nicht leicht [zu tragen]* /Ggs. leicht/: ein schwerer Koffer; die Möbelpacker hatten an der Truhe schwer zu tragen. *Zus.:* bleischwer, tonnenschwer, zentnerschwer. **2.** *ein bestimmtes Gewicht habend:* ein 5 Kilo schwerer Goldklumpen; dieses Bauteil ist nur wenige Gramm schwer; wie schwer bist du? **3.** *den Körper, bes. den Magen stark belastend:* schwere Speisen; der Wein, dieser Tabak ist mir zu schwer; das Essen liegt mir schwer im Magen. **4.** *von sehr großem Ausmaß, deutlich spürbar:* eine schwere Verletzung, Krankheit; ein schwerer Wolkenbruch; ein schweres Verbrechen; ein schwerer Vorwurf; sie ist schwer verletzt, krank; das wird schwer bestraft; hier muss man schwer *(sehr)* aufpassen. *Syn.:* erheblich, gewaltig (emotional), heftig, massiv, stark. **5.** *große körperliche und/oder geistige Anstrengung verlangend:* eine schwere Aufgabe; das Problem ist schwer zu lösen; schwer zu verstehen sein; schwer arbeiten müssen; er hat es im Leben immer schwer gehabt. *Syn.:* schwierig.

schwer|fal|len [ˈʃveːɐ̯falən], fällt schwer, fiel schwer, schwergefallen ⟨itr.; ist; jmdm. s.⟩: *für jmdn. schwierig sein, jmdm. Schwierigkeiten machen:* diese Arbeit fällt ihr schwer; es ist ihm nicht schwergefallen, die Niederlage einzugestehen.

schwer|fäl|lig [ˈʃveːɐ̯fɛlɪç], schwerfälliger, am schwerfälligsten ⟨Adj.⟩: *(in Bezug auf die körperliche und geistige Beweglichkeit) langsam:* schwerfällig laufen; er ist ein schwerfälliger Mensch.

schwer|hö|rig [ˈʃveːɐ̯høːrɪç], schwerhöriger, am schwerhörigsten ⟨Adj.⟩: *nicht gut hörend:* er ist schwerhörig.

der **Schwer|punkt** [ˈʃveːɐ̯pʊŋkt]; -[e]s, -e: *wichtigster zu berücksichtigender Punkt:* er legt in seiner Arbeit den Schwerpunkt auf die pädagogischen Probleme; hierin liegt der Schwerpunkt seines Schaffens.

schwer|tun [ˈʃveːɐ̯tuːn], tut schwer, tat schwer, schwergetan ⟨sich (Akk./Dativ) [mit jmdm., etwas]⟩ (ugs.): *mit jmdm., etwas Schwierigkeiten haben; etwas nicht gut können:* er tut sich mit der neuen Chefin noch etwas schwer; anfangs habe ich mich/mir mit dieser Arbeit schwergetan.

die **Schwes|ter** [ˈʃvɛstɐ]; -, -n: **1.** *weibliche Person, die dieselben Eltern hat wie man selbst oder wie die Person, über die man spricht* /Ggs. Bruder/: meine ältere, kleine, große (fam.; *ältere*) Schwester; sie sind Schwestern. *Zus.:* Adoptiv-

schwester, Zwillingsschwester. **2.** *Krankenschwester:* nach der Schwester klingeln. *Zus.:* Krankenschwester, Nachtschwester, Stationsschwester.

schwieg [ʃviːk]: ↑ schweigen.

die **Schwie|ger|el|tern** [ˈʃviːɡɐʔɛltɐn] ⟨Plural⟩: *Eltern des Ehemanns oder der Ehefrau:* im Haus meiner Schwiegereltern.

die **Schwie|ger|mut|ter** [ˈʃviːɡɐmʊtɐ]; -, Schwiegermütter [ˈʃviːɡɐmʏtɐ]: *Mutter des Ehemanns oder der Ehefrau:* meine Schwiegermutter.

der **Schwie|ger|sohn** [ˈʃviːɡɐzoːn]; -[e]s, Schwiegersöhne [ˈʃviːɡɐzøːnə]: *Ehemann der Tochter:* unser Schwiegersohn.

die **Schwie|ger|toch|ter** [ˈʃviːɡɐtɔxtɐ]; -, Schwiegertöchter [ˈʃviːɡɐtœçtɐ]: *Ehefrau des Sohnes:* meine zukünftige Schwiegertochter.

der **Schwie|ger|va|ter** [ˈʃviːɡɐfaːtɐ]; -s, Schwiegerväter [ˈʃviːɡɐfɛːtɐ]: *Vater des Ehemanns oder der Ehefrau:* der Schwiegervater meiner Schwester.

schwie|rig [ˈʃviːrɪç], schwieriger, am schwierigsten ⟨Adj.⟩: *nicht einfach zu bewältigen, Mühe, Anstrengung verlangend:* eine schwierige Frage, Aufgabe; sich in einer schwierigen Situation befinden; ich finde es äußerst schwierig, das zu entscheiden; er ist ein schwieriger Mensch *(ein Mensch, der im Umgang nicht einfach ist). Syn.:* schwer.

die **Schwie|rig|keit** [ˈʃviːrɪçkaɪt]; -, -en: **1.** *etwas, was für jmdn. eine nicht einfach zu bewältigende Angelegenheit darstellt, für jmdn. schwierig ist:* das Projekt stellte uns vor große Schwierigkeiten; die Schwierigkeit bei der Sache war, ihn von der Notwendigkeit seiner Teilnahme zu überzeugen. *Syn.:* Problem. *Zus.:* Anfangsschwierigkeit, Hauptschwierigkeit. **2.** ⟨Plural⟩ *etwas, was für jmdn. unangenehm ist, unangenehme Folgen haben kann:* in finanziellen Schwierigkeiten sein; müssen Sie uns immer Schwierigkeiten machen? *Zus.:* Geldschwierigkeiten, Zahlungsschwierigkeiten.

schwillt [ʃvɪlt]: ↑ schwellen.

das **Schwimm|bad** [ˈʃvɪmbaːt]; -[e]s, Schwimmbäder [ˈʃvɪmbɛːdɐ]: **1.** *Anlage [mit einem oder mehreren Becken] zum Schwimmen:* ins Schwimmbad gehen. **2.** *Becken zum Schwimmen:* sie haben ein Schwimmbad im Garten.

schwim|men [ˈʃvɪmən], schwimmt, schwamm, geschwommen: **1.** ⟨itr.; hat/ ist⟩ *sich im Wasser aus eigener Kraft*

S

(durch bestimmte Bewegungen der Gliedmaßen, des Körpers) fortbewegen: sie hat/ist zwei Stunden geschwommen; da schwimmt ein Aal, eine Forelle; er kann nicht schwimmen; sie geht täglich schwimmen. *Zus.:* brustschwimmen, hinausschwimmen, rückenschwimmen, weiterschwimmen, zurückschwimmen. **2.** ⟨itr.; ist; irgendwohin s.⟩ *sich im Wasser irgendwohin fortbewegen:* ans Ufer, zur Insel, über den See schwimmen. **3.** ⟨itr.; hat⟩ *ganz oder teilweise in einer Flüssigkeit liegen und von ihr getragen werden:* was schwimmt denn da [auf dem Wasser, im Wasser, in der Suppe]?; Fett schwimmt [oben].

der **Schwin|del** [ˈʃvɪndl̩]; -s: **1.** *Zustand, in dem man das Gefühl hat, alles drehe sich um einen:* von einem leichten Schwindel befallen werden. **2.** (ugs.) *Betrug, bewusste Täuschung:* sie fällt auf jeden Schwindel herein; das ist doch alles Schwindel!

schwin|del|frei [ˈʃvɪndlˌfrai̯] ⟨Adj.⟩: *nicht schwindlig werdend:* als Dachdecker muss man schwindelfrei sein.

schwin|deln [ˈʃvɪndl̩n], schwindelt, schwindelte, geschwindelt ⟨itr. hat⟩ (ugs.): *nicht die volle Wahrheit sagen:* er hat schon oft geschwindelt; schwindelst du auch nicht? *Syn.:* lügen. *Zus.:* anschwindeln, beschwindeln.

schwind|lig [ˈʃvɪndlɪç], schwindliger, am schwindligsten ⟨Adj.⟩: *in einem Zustand, in dem man das Gefühl hat, alles drehe sich um einen:* ich werde leicht schwindlig; ich bin vom Tanzen [ganz] schwindlig. *Syn.:* benommen.

schwin|gen [ˈʃvɪŋən], schwingt, schwang, geschwungen: **1.** ⟨itr.; hat⟩ *sich [gleichmäßig] hin- und herbewegen:* das Pendel schwang immer langsamer und stand schließlich still; an den Ringen, am Reck schwingen. *Syn.:* pendeln, schaukeln. *Zus.:* emporschwingen, hinaufschwingen, hochschwingen. **2.** ⟨tr.; hat; etw. s.⟩ *in einem Bogen hin und her, auf und ab bewegen:* eine Fahne, den Hammer schwingen. *Syn.:* schwenken. **3.** ⟨sich irgendwohin s.⟩ *sich mit einem kräftigen Sprung, mit Schwung irgendwohin bewegen:* der Vogel schwingt sich in die Luft; ich schwang mich auf den Sattel, aufs Fahrrad, über die Mauer.

schwit|zen [ˈʃvɪtsn̩], schwitzt, schwitzte, geschwitzt ⟨itr.; hat⟩: *Schweiß produzieren:* er schwitzte stark, am ganzen Körper; vor Hitze, Anstrengung, Aufregung, Angst schwitzen.

schwoll [ʃvɔl]: ↑ schwellen.

schwor [ʃvoːɐ̯]: ↑ schwören.

schwö|ren [ˈʃvøːrən], schwört, schwor, geschworen: **1.** ⟨tr.; hat; etw. s.⟩ *(ein Gelöbnis) ablegen:* einen Eid, den Diensteid, Fahneneid schwören; er hat einen Meineid *(einen falschen Eid)* geschworen. **2.** ⟨itr.; hat⟩ *mit, in einem Schwur, Eid nachdrücklich bekräftigen:* der Zeuge musste vor Gericht schwören; sie hat falsch geschworen. **3.** ⟨tr.; hat; [jmdm.] etw. s.⟩ *feierlich, nachdrücklich versichern:* ich schwöre [dir], dass ich nichts verraten habe; sie schworen Rache, Treue. *Syn.:* versprechen.

schwul [ʃvuːl] ⟨Adj.⟩ (ugs.): *(bes. von Männern) homosexuell:* er ist schwul; ein schwules Paar.

schwül [ʃvyːl], schwüler, am schwülsten ⟨Adj.⟩: *drückend heiß:* ein schwüler Tag; es ist heute furchtbar schwül.

der **Schwu|le** [ˈʃvuːlə]; -n, -n ⟨aber: [ein] Schwuler, Plural: [viele] Schwule⟩ (ugs.): *homosexueller Mann:* in der Kneipe verkehren hauptsächlich Schwule. *Syn.:* Homosexueller.

der **Schwung** [ʃvʊŋ]; -[e]s, Schwünge [ˈʃvʏŋə]: **1.** *kraftvolle, rasche, schwingend ausgeführte Bewegung:* er sprang mit elegantem Schwung über den Zaun. **2.** *mitreißende Kraft einer Person, einer Sache:* seine Rede war ohne Schwung; sein Schwung riss alle mit; diese Musik hat [keinen] Schwung.

schwung|voll [ˈʃvʊŋfɔl], schwungvoller, am schwungvollsten ⟨Adj.⟩: **1.** *viel Schwung, innere Kraft habend:* eine schwungvolle Melodie, Inszenierung, Rede. *Syn.:* flott, temperamentvoll. **2.** *mit kraftvoller Bewegung ausgeführt:* schwungvolle Gesten.

der **Schwur** [ʃvuːɐ̯]; -[e]s, Schwüre [ˈʃvyːrə]: *[feierliches] Versprechen:* ein feierlicher, heiliger Schwur; einen Schwur halten, brechen. *Syn.:* Gelöbnis. *Zus.:* Liebesschwur, Racheschwur, Treueschwur.

sechs [zɛks] ⟨Kardinalzahl⟩ (als Ziffer: 6): sechs Eier.

sechst... [ˈzɛkst...] ⟨Ordinalzahl⟩ (als Ziffer: 6.): der sechste Tag der Woche.

sech|zig [ˈzɛçtsɪç] ⟨Kardinalzahl⟩ (in Ziffern: 60): sechzig Kilogramm.

der ¹**See** [zeː]; -s, Seen [ˈzeːən]: *größeres stehendes Gewässer:* ein kleiner, großer, tiefer See; der See ist zugefroren; der Ort, das Haus liegt direkt am See. *Syn.:* Teich.

Zus.: Baggersee, Bergsee, Gebirgssee, Stausee, Waldsee.

die **²See** [zeː]; -: *Meer:* die See ist stürmisch; auf See sein *(mit einem Schiff auf dem Meer unterwegs sein);* im Urlaub an die See fahren; zur See fahren *(Seemann sein). Syn.:* Meer, Ozean. *Zus.:* Nordsee, Ostsee, Südsee.

die **See|le** [ˈzeːlə]; -, -n: **1.** *Teil des Menschen, der in religiöser Vorstellung unsterblich ist:* die Seelen der Toten. **2.** *Gesamtheit dessen, was das Fühlen, Empfinden, Denken eines Menschen ausmacht:* eine zarte, empfindsame, große Seele haben. *Syn.:* Herz, Psyche.

see|lisch [ˈzeːlɪʃ] ⟨Adj.⟩: *die Seele, die Psyche betreffend:* seelische Qualen; sie ist seelisch krank; seine Krankheit ist seelisch bedingt. *Syn.:* psychisch.

der **See|mann** [ˈzeːman]; -[e]s, Seeleute [ˈzeːlɔʏtə]: *männliche Person, die auf einem Schiff arbeitet, zur See fährt:* erfahrene Seeleute. *Syn.:* Matrose.

die **See|not** [ˈzeːnoːt]; -: *auf See entstandene lebensgefährliche Situation:* in Seenot sein, geraten; jmdn. aus Seenot retten.

das **Se|gel** [ˈzeːɡl̩]; -s, -: *großes starkes Tuch, mit dessen Hilfe man die Kraft des Windes nutzen kann, um z. B. ein Boot vorwärtszubewegen:* vom Wind geschwellte Segel; die Segel setzen. *Zus.:* Großsegel, Sturmsegel.

se|geln [ˈzeːɡl̩n], segelt, segelte, gesegelt: **1.** ⟨itr.; ist; irgendwohin s.⟩ *sich mithilfe eines Segels (und der Kraft des Windes) irgendwohin bewegen:* das Schiff segelt übers Meer; wir wollen nach Kreta segeln. **2.** ⟨itr.; ist/hat⟩ *mit einem Segelboot fahren:* morgen, in den Sommerferien wollen wir segeln. **3.** ⟨itr.; ist; irgendwohin s.⟩ *sich in der Luft schwebend irgendwohin bewegen:* eine Möwe segelte über das Wasser. **4.** ⟨itr.; ist⟩ *sich in der Luft schwebend fortbewegen:* über dem Tal segelte ein Adler. *Syn.:* fliegen, gleiten, schweben.

se|hen [ˈzeːən], sieht, sah, gesehen: **1.** ⟨itr.; hat⟩ *die Fähigkeit zur Wahrnehmung mit den Augen besitzen, davon Gebrauch machen:* gut, schlecht, scharf sehen; er sieht nur noch auf, mit einem Auge; sie kann wieder sehen. **2.** ⟨tr.; hat; 2. Partizip nach Inf. meist: sehen; jmdn., etw. s.⟩ *mit den Augen wahrnehmen:* siehst du den Vogel dort?; eine Zeugin will ihn am Tatort gesehen haben; ich habe es selbst, mit eigenen Augen, genau gesehen; lass [mich] mal

sehen, was du da hast; haben Sie den Film schon gesehen?; ich habe ihn aus der Kneipe kommen sehen; er sieht nichts *(er ist blind);* ich sehe *(treffe)* ihn wahrscheinlich heute Abend. **3.** ⟨tr.; hat; etw. irgendwie s.⟩ *(in bestimmter Weise) beurteilen:* er sieht alles sehr negativ; du musst die Dinge ganz nüchtern sehen; das sehe ich anders. *Syn.:* beurteilen, einschätzen. **4.** ⟨itr.; hat; irgendwohin s.⟩ *den Blick auf einen bestimmten Punkt, in eine bestimmte Richtung lenken:* nach vorne, zur Seite, in den Spiegel, aus dem Fenster, durchs Fernglas sehen; nach der/zur Uhr sehen. *Syn.:* blicken, gucken (ugs.), schauen (bes. südd.). **5.** ⟨tr.; hat; etw. s.⟩ *erkennen, feststellen:* das Problem wird von vielen Leuten gar nicht gesehen; ich sehe, aus dieser Sache wird nichts; er wird sehen, dass er so nicht weiterkommt; wie ich sehe, ist hier alles in Ordnung. *Syn.:* bemerken, einsehen, merken. **6.** ⟨itr.; hat; nach jmdm., etw. s.⟩ *sich um jmdn., etwas kümmern:* nach den Kindern, dem Kranken sehen; sieh doch mal bitte nach dem Braten im Ofen; solange du verreist bist, werde ich nach deinen Blumen sehen. **7.** * **siehe …:** *leitet einen Verweis auf eine bestimmte Stelle in einem Buch oder Text ein:* siehe Seite 94; siehe oben, unten.

se|hens|wert [ˈzeːənsveːɐ̯t], sehenswerter, am sehenswertesten ⟨Adj.⟩: *das Ansehen, eine Besichtigung lohnend:* eine [wirklich] sehenswerte Ausstellung.

die **Se|hens|wür|dig|keit** [ˈzeːənsvʏrdɪçkaɪt]; -, -en: *etwas (z. B. ein Bauwerk, Kunstwerk), was es wert ist, angesehen, betrachtet zu werden:* das Schloss ist die größte Sehenswürdigkeit der Stadt; die Sehenswürdigkeiten des Landes besichtigen. *Syn.:* Attraktion.

die **Seh|ne** [ˈzeːnə]; -, -n: *Verbindung zwischen Muskel und Knochen:* die Sehne am Fuß ist entzündet, gerissen, verletzt; ein Stück Fleisch ohne Fett und Sehnen.

seh|nen [ˈzeːnən], sehnt, sehnte, gesehnt ⟨sich nach jmdm., etw. s.⟩: *starkes, inniges Verlangen nach jmdm., etwas haben:* sich nach Ruhe, seiner Familie, seiner Heimat sehnen; er sehnte sich danach, im Meer zu schwimmen. *Syn.:* sich wünschen. *Zus.:* ersehnen, herbeisehnen.

die **Sehn|sucht** [ˈzeːnzʊxt]; -: *das Sichsehnen (nach jmdm., etwas):* Sehnsucht [nach jmdm., etwas] fühlen, empfinden,

S

haben; von großer, tiefer Sehnsucht erfüllt sein. *Syn.:* Verlangen. *Zus.:* Freiheitssehnsucht, Friedenssehnsucht.

sehn|süch|tig ['ze:nzʏçtɪç], sehnsüchtiger, am sehnsüchtigsten ⟨Adj.⟩: *voller Sehnsucht:* jmdn., etwas sehnsüchtig erwarten; ein sehnsüchtiges Verlangen nach etwas haben.

sehr [ze:ɐ̯] ⟨Adverb⟩: ⟨verstärkend bei Adjektiven und Verben⟩ *in großem, hohem Maße:* er ist sehr reich; eine sehr schöne Wohnung; sie bestand die Prüfung mit der Note »sehr gut«; ich bin sehr gespannt, enttäuscht, zufrieden; es geht ihr schon sehr viel besser; sie liebt ihn sehr; [ich] danke [Ihnen] sehr! *Syn.:* furchtbar (ugs.), fürchterlich (ugs.), irre (emotional), irrsinnig (emotional), schrecklich (ugs.), total (ugs.), ungeheuer, unglaublich (ugs.), unheimlich (ugs.), wahnsinnig (ugs.).

die **Sei|de** ['zaɪdə]; -, -n: **1.** *Faser, die aus dem Gesponnenen einer bestimmten Art von Schmetterlingen gewonnen wird:* chinesische Seide. **2.** *Stoff aus Seide:* ein Kleid aus [echter, reiner, blauer] Seide. *Zus.:* Kunstseide, Naturseide.

die **Sei|fe** ['zaɪfə]; -, -n: *feste oder flüssige Substanz, um sich zu waschen:* eine milde, parfümierte, medizinische Seife; die Seife abspülen; ein Stück Seife; sich die Hände mit Seife waschen. *Zus.:* Babyseife, Badeseife.

die **Sei|fen|bla|se** ['zaɪfn̩blaːzə]; -, -n: *rundes Gebilde, das aus Seifenwasser geblasen wird und schnell zerplatzt:* die Kinder machen Seifenblasen; in der Luft flogen lauter Seifenblasen herum.

das **Seil** [zaɪl]; -[e]s, -e: *starke Schnur, die aus Fasern oder Drähten hergestellt wird:* ein Seil spannen; etwas mit Seilen hochziehen. *Syn.:* Leine, Schnur, Strick, Tau. *Zus.:* Abschleppseil, Drahtseil, Kletterseil, Springseil, Stahlseil.

¹**sein** [zaɪn], ist, war, gewesen: **1.** ⟨itr.; ist; irgendwie s.⟩ gibt an, welche Eigenschaften eine Person oder Sache hat, wie eine Person oder Sache beschaffen ist: die Frau, die Rose ist schön; das Wetter war schlecht; sie ist alles andere als zufrieden; ihr seid wohl verrückt, besoffen!; wie ist der Wein?; wie alt bist du?; wie ist der Wein?; wie alt bist du?; wie ist der Wein?; wie alt bist du?; ⟨unpers.⟩ wie war es in Paris?; es war kalt, noch dunkel, schon hell; mir ist übel, nicht gut, warm; bei der Sache ist mir nicht wohl; so ist es *(so verhält es sich)* nun mal; *jmdm. ist, als ...: jmd. hat das unbe-

stimmte Gefühl, dass ...: mir ist, als ob ich einen Schrei gehört hätte/als hätte ich einen Schrei gehört; *jmdm. ist nach etwas: jmd. hat Lust zu, auf etwas:* mir ist nicht nach Feiern. **2.** ⟨itr.; ist⟩ kennzeichnet, dass jmd. oder etwas zu einer bestimmten Gruppe oder Kategorie gehört: er ist Bäcker; sie ist Französin, Künstlerin; wir sind Studenten; du bist ein Lügner; die Katze ist ein Haustier; Löwen sind Raubtiere; das ist eine Gemeinheit; wenn ich du wäre, würde ich ...; das ist mein Hut; zwei plus, mal, hoch zwei ist *(ist gleich)* vier; *es sein: es getan haben; der Schuldige, Gesuchte sein:* ich weiß, dass du es warst; nachher will es wieder keiner gewesen sein. **3.** ⟨itr.; ist; irgendwo s.⟩ *sich (an einem bestimmten Ort) befinden, aufhalten:* sie ist im Garten, zu Hause; er ist in Urlaub, im Kino; wo warst du?; was ist in der Tasche?; ich bin heute zum ersten Mal hier; ist bin gern in Deutschland. **4.** ⟨itr.; ist; irgendwoher s.⟩ *(irgendwoher) stammen:* seine Frau ist aus Köln; der Wein ist aus Italien, von der Mosel; das Kind ist nicht von ihm; sie ist aus reichem Hause. *Syn.:* kommen. **5.** ⟨itr.; ist⟩ dient dazu, einer Person oder Sache einen bestimmten Zustand zuzuschreiben: in Bewegung, beim Essen, am Arbeiten sein; ich bin gerade dabei, eine Mail zu schreiben; sie ist in Not, im Recht; das Gesetz ist in Kraft *(ist gültig).* **6.** ⟨itr.; ist⟩ ⟨unpers.⟩ dient dazu, Zeitangaben oder Angaben über gegebene Umstände zu machen: es ist spät, noch zu früh, Mitternacht, kurz nach drei, halb zwölf; heute ist der dritte Mai, Dienstag; wie viel Uhr, wie spät ist es?; es ist Nacht, Tag, Sommer, Ebbe, Hochwasser. **7.** ⟨itr.; ist⟩ *sich ereignen, geschehen, stattfinden:* das Erdbeben war im Sommer 1964; wann ist das Konzert?; morgen ist Premiere; wo war das noch?; nächsten Sonntag sind in Hessen Kommunalwahlen; wann sind [die] Osterferien?; Ostern ist dieses Jahr im April; es braucht nicht sofort zu sein; es muss sein, muss sein; das kann nicht sein *(das ist unmöglich).* **8.** ⟨itr.; ist⟩ *da sein, existieren, bestehen, leben:* was nicht ist, kann noch werden; wenn sie nicht gewesen wäre, hätte es eine Katastrophe gegeben; das war einmal *(das ist längst vorbei);* was ist denn? ([ugs.]: *was ist denn los?*). **9.** ⟨itr.; ist; mit Inf. mit »zu«⟩ entspricht einem mit »können« verbundenen Passiv: das ist nicht mit Geld zu bezahlen *(kann nicht mit Geld bezahlt werden).* **10.** ⟨itr.; ist; mit Inf. mit »zu«⟩ entspricht einem mit »müssen« verbundenen Passiv: am Eingang ist der Ausweis vorzulegen *(muss der Ausweis vorgelegt werden).* **11.** ⟨Hilfsverb⟩ dient in Verbindung mit dem 2. Partizip der Perfektumschreibung: sie ist gestern angekommen; die Eintrittskarten sind verfallen. **12.** ⟨Hilfsverb⟩ dient in Verbindung mit dem 2. Partizip der Bildung des Zustandspassivs: wir sind gerettet; damit ist die Sache erledigt.

²**sein** [zai̯n], sein, seine, sein ⟨Possessivartikel⟩: drückt aus, dass jmd., etwas [zu] einer Person, Sache (Maskulinum oder Neutrum, 3. Person Singular) gehört: seine Jacke ist mir zu groß.

³**sein** [zai̯n], seiner, seine, sein[e]s ⟨Possessivpronomen⟩: drückt aus, dass jmd., etwas [zu] einer Person, Sache (Maskulinum oder Neutrum, 3. Person Singular) gehört: der blaue Becher ist seiner.

sei|ner [ˈzai̯nɐ] ⟨Personalpronomen; Gen. von »er« und »es«⟩: sie konnten seiner nicht habhaft werden.

¹**seit** [zai̯t] ⟨Präp. mit Dativ⟩: *von einem bestimmten Zeitpunkt, Ereignis an:* seit meinem Besuch sind wir Freunde; seit Kurzem; seit wann bist du hier?

²**seit** [zai̯t] ⟨Konj.⟩: **1.** *genauso lange wie:* das weiß ich auch erst, seit ich in Mannheim wohne; seit er das Bier kennt, trinkt er kein anderes mehr. **2.** *von dem Zeitpunkt an, als:* seit sie den Unfall hatte, fährt sie nicht mehr Auto; ich fühle mich besser, seit ich im Urlaub war.

¹**seit|dem** [zai̯tˈdeːm] ⟨Adverb⟩: *von diesem, jenem (vorher genannten) Ereignis, Augenblick an:* ich habe ihn seitdem nicht mehr gesehen.

²**seit|dem** [zai̯tˈdeːm] ⟨Konj.⟩: *seit:* seitdem ich weiß, wie er wirklich denkt, traue ich ihm nicht mehr.

die **Sei|te** [ˈzai̯tə]; -, -n: **1.** *Fläche, Linie o. Ä., die einen Körper, einen Bereich o. Ä. begrenzt:* die hintere Seite des Hauses; die Seiten des Würfels, Dreiecks; an beiden Seiten des Bahnhofs stehen Taxen; die rechte, die linke Seite des Schranks; er fuhr dem Taxi in die [linke] Seite; mir tut die rechte, die ganze Seite weh; jmdm. einen Stoß in die Seite geben; auf der anderen Seite *(jenseits)* der Grenze. *Zus.:* Außenseite, Oberseite, Ostseite, Rückseite, Unter-

seite, Vorderseite. **2.** *eine der beiden Flächen eines Blatt Papiers, eines flachen Gegenstandes:* die zweite Seite der Schallplatte; die vordere Seite der Münze; das Buch hat 500 Seiten; auf die nächste Seite umblättern; die Nachricht stand auf der ersten Seite der Zeitung. **3.** *Richtung:* die Zuschauer kamen von allen Seiten; man muss beim Überqueren der Straße nach beiden Seiten schauen; das Auto kam von der [anderen] Seite; jmdn., etwas von der Seite fotografieren; zur Seite gehen, treten *(aus dem Weg gehen).* **4.** *eine von mehreren Eigenschaften, durch die jmd., etwas geprägt ist:* auch die guten Seiten an jmdm. sehen; sich von seiner, der besten Seite zeigen; das Frühjahr zeigte sich von der regnerischen Seite; ein Problem von der juristischen Seite beurteilen; der Streit hat auch eine gute Seite; die angenehmen Seiten des Lebens kennenlernen. **5.** *eine von zwei oder mehr Personen oder Gruppen von Personen, die in irgendeiner Weise miteinander zu tun haben:* die andere Seite zeigte sich zu Kompromissen bereit; sie hat sich auf seine Seite gestellt *(ihn unterstützt);* beide Seiten sind an Verhandlungen interessiert; das Recht ist auf seiner Seite; von kirchlicher Seite wurde nicht widersprochen; von offizieller Seite. *Syn.:* Partei. *Zus.:* Arbeitgeberseite, Arbeitnehmerseite.

die **Sei|ten|stra|ße** [ˈzai̯tn̩ʃtraːsə]; -, -n: *Nebenstraße:* sie wohnt in einer kleinen Seitenstraße; er kam aus der Seitenstraße und hat die Vorfahrt missachtet.

¹**seit|lich** [ˈzai̯tlɪç] ⟨Adj.⟩: **1.** *an, auf der Seite:* die seitliche Begrenzung der Straße; die Öffnungen waren in der Mitte und seitlich angebracht. **2.** *zur Seite [hin], nach der Seite:* etwas hat sich seitlich verschoben.

²**seit|lich** [ˈzai̯tlɪç] ⟨Präp. mit Gen.⟩: *an der Seite von:* die Telefonzelle steht seitlich des Einkaufszentrums; das Haus liegt seitlich der Bahn. *Syn.:* neben.

der **Se|kre|tär** [zekreˈtɛːɐ̯]; -s, -e: **1.** Bezeichnung für bestimmte hohe Beamte und für leitende Funktionäre: der ehemalige Sekretär des Sicherheitsrates. *Zus.:* Gewerkschaftssekretär, Staatssekretär. **2.** *kleiner Schrank, der eine Platte hat, die man zum Schreiben herunterklappen kann:* ein antiker Sekretär; sie hatte von ihrer Mutter einen wertvollen Sekretär geerbt. *Syn.:* Schreibtisch.

S

das **Se|kre|ta|ri|at** [zekreta'rĭaːt]; -[e]s, -e: *Abteilung in einer Firma, Organisation oder Behörde, die für deren Leitung Briefe schreibt, Termine vereinbart und andere organisatorische Aufgaben erledigt:* bitte lassen Sie sich im Sekretariat einen Termin geben.

die **Se|kre|tä|rin** [zekre'tɛːrɪn]; -, -nen: *Angestellte, die für eine leitende Persönlichkeit die Korrespondenz macht, organisatorische Aufgaben erledigt o. Ä.:* ihre Sekretärin hat mich wegen des Termins angerufen. *Syn.:* Schreibkraft. *Zus.:* Arztsekretärin, Chefsekretärin.

der **Sekt** [zɛkt]; -[e]s, -e: *aus Wein hergestelltes Getränk, das sprudelt und beim Öffnen der Flasche stark schäumt:* zur Feier des Tages eine Flasche Sekt aufmachen; der Sekt perlt; drei [Glas] Sekt bestellen.

die **Sek|te** ['zɛktə]; -, -n (meist abwertend): *kleinere Gemeinschaft, die auf meist radikale Weise religiöse Grundsätze vertritt, die nicht den ethischen Normen der Gesellschaft entsprechen:* einer Sekte beitreten, angehören; sich einer Sekte anschließen; aus einer Sekte austreten.

die **Se|kun|de** [ze'kʊndə]; -, -n: **1.** *sechzigster Teil einer Minute:* es ist auf die Sekunde genau 12 Uhr; er lief die 100-Meter-Distanz in 11 Sekunden. *Zus.:* Zehntelsekunde. **2.** (ugs.) *sehr kurzer Zeitraum; Augenblick:* jetzt warte doch mal 'ne Sekunde!; wir dürfen keine Sekunde verlieren; [eine] Sekunde bitte, ich bin gleich fertig. *Syn.:* Moment.

selb... ['zɛlb...] ⟨Demonstrativpronomen und Zahladjektiv⟩: steht zusammen mit einer Verschmelzung aus Artikel und Präposition und drückt eine Identität aus: beide Konzerte finden am selben Tag statt; wir wohnen im selben Haus; im selben Moment schlug der Blitz ein. *Syn.:* gleich.

sel|ber ['zɛlbɐ] ⟨Demonstrativpronomen; nicht flektierbar⟩ (ugs.): ¹*selbst:* mach das bitte selber; du brauchst mir das nicht zu erklären, ich weiß das selber.

¹**selbst** [zɛlpst] ⟨Demonstrativpronomen; nicht flektierbar⟩: *in eigener Person (und nicht ein anderer):* das mache ich selbst; damit hat sie nur sich selbst Probleme bereitet; das hast du doch selbst gesagt!; das glauben Sie ja selbst nicht!; man muss sich um alles selbst kümmern; der Minister selbst verteidigte den Beschluss. *Syn.:* selber.

²**selbst** [zɛlpst] ⟨Partikel⟩: *auch, sogar:* selbst mit Geld war er nicht dafür zu gewinnen; das Essen ist selbst mir zu scharf; er reagierte selbst auf die Bitten seiner Mutter nicht.

selb|stän|dig ['zɛlpʃtɛndɪç]; ↑ selbstständig.

die **Selbst|be|die|nung** ['zɛlpstbədiːnʊŋ]; -: **1.** *Form des Einkaufs, bei dem die Kundinnen und Kunden die Waren selbst nehmen und zur Kasse bringen:* bei Wurstwaren bitte keine Selbstbedienung. **2.** *Form des Sich-selbst-Bedienens in Gaststätten usw. ohne Personal, das bedient:* eine moderne Cafeteria mit Selbstbedienung.

selbst|be|wusst ['zɛlpstbəvʊst], selbstbewusster, am selbstbewusstesten ⟨Adj.⟩: *von sich und seinen Fähigkeiten überzeugt:* er trat sehr selbstbewusst auf; eine moderne, selbstbewusste Frau; er ist sehr selbstbewusst. *Syn.:* selbstsicher.

der **Selbst|mord** ['zɛlpstmɔrt]; -[e]s, -e: *das vorsätzliche Sich-selbst-Töten:* sie hat Selbstmord begangen, verübt; er droht häufig mit Selbstmord.

selbst|si|cher ['zɛlpstzɪçɐ], selbstsicherer, am selbstsichersten ⟨Adj.⟩: *in selbstbewusster Weise von der Richtigkeit seines Verhaltens, seines Tuns überzeugt:* ein selbstsicheres Auftreten ist in Verhandlungen besonders wichtig; sie ist, wirkt sehr selbstsicher. *Syn.:* selbstbewusst.

selbst|stän|dig ['zɛlpstʃtɛndɪç], selbständig: **1.** selb[st]ständiger, am selb[st]ständigsten ⟨Adj.⟩: *ohne Hilfe auskommend, aus eigener Fähigkeit, Initiative handelnd:* er ist für sein Alter schon sehr selbstständig; etwas selbstständig ausführen, erledigen. *Syn.:* allein, eigenhändig, eigenständig, selber, ¹selbst. **2.** ⟨Adj.⟩: *seine eigene Firma besitzend:* eine selbstständige Stellung, Tätigkeit haben; er will selbstständig sein.

der *und* die **Selbst|stän|di|ge** ['zɛlpstʃtɛndɪgə]; -n, -n ⟨aber: [ein] Selbstständiger, [eine] Selbstständige, Plural: [viele] Selbstständige⟩: *Person, die eine eigene Firma besitzt:* als Selbstständiger muss er keine Beiträge in die Arbeitslosenversicherung einbezahlen.

selbst|tä|tig ['zɛlpsttɛːtɪç] ⟨Adj.⟩: *sich selbst ein- und ausschaltend; von selbst funktionierend:* die Maschine arbeitet selbsttätig; die selbsttätige Regelung eines technischen Vorganges; die Türen schließen selbsttätig. *Syn.:* automatisch.

¹**selbst|ver|ständ|lich** ['zɛlpstfɛɐʃtɛntlɪç] ⟨Adj.⟩: *keiner besonderen Begründung bedürfend:* sie empfand es als selbstver-

ständliche Pflicht, Menschen in Not zu helfen; etwas als selbstverständlich betrachten; es ist für mich ganz selbstverständlich, dass ich sie im Krankenhaus besuche.

²selbst|ver|ständ|lich [ˈzɛlpstfɐɐ̯ʃtɛntlɪç] ⟨Adverb⟩: *ohne Frage, natürlich:* er hat selbstverständlich Recht; selbstverständlich käme ich gerne, aber ich habe keine Zeit. *Syn.:* freilich (südd.), zweifellos.

das **Selbst|ver|ständ|nis** [ˈzɛlpstfɐɐ̯ʃtɛntnɪs]; -ses: *Bild, Vorstellung von sich selbst:* das Selbstverständnis einer Partei.

das **Selbst|ver|trau|en** [ˈzɛlpstfɐɐ̯ʃtʀaʊ̯ən]; -s: *Vertrauen in die eigenen Kräfte und Fähigkeiten:* ein gesundes Selbstvertrauen ist ein wichtiges Ziel in der Erziehung; sie hat/besitzt nicht genug Selbstvertrauen; diese Maßnahmen stärken das Selbstvertrauen der Jugendlichen.

sel|ten [ˈzɛltn̩], seltener, am seltensten ⟨Adj.⟩: *in kleiner Zahl vorkommend, nicht häufig vorkommend* /Ggs. oft/: ein seltenes Tier; eine seltene und deshalb sehr wertvolle Briefmarke; ihre Besuche bei uns sind selten geworden; der Vorgang wird selten richtig verstanden; wir wissen selten vorher, was geschehen wird; das ist ein selten schönes Exemplar.

die **Sel|ten|heit** [ˈzɛltn̩haɪ̯t]; -, -en: *etwas, was es nur ganz selten gibt:* ein solches Exemplar ist heute schon eine Seltenheit; alleinerziehende Väter sind immer noch eine Seltenheit.

selt|sam [ˈzɛltzaːm], seltsamer, am seltsamsten ⟨Adj.⟩: *vom Üblichen abweichend und nicht leicht zu verstehen:* das kommt mir seltsam vor; er ist ein seltsamer Mensch; ich habe ein seltsames Gefühl bei der Sache; die Geschichte ist höchst seltsam. *Syn.:* komisch, merkwürdig, sonderbar.

das **Se|mes|ter** [zeˈmɛstɐ]; -s, -: *eine der beiden Einheiten eines akademischen Jahres:* das kommende Semester beginnt am 1. April und endet am 30. September; er ist im dritten Semester; sie studiert Medizin im achten Semester. *Zus.:* Sommersemester, Wintersemester.

das **Se|mi|nar** [zemiˈnaːɐ̯]; -s, -e: **1.** *wissenschaftliches Institut für einen bestimmten Bereich an einer Universität oder Hochschule:* er arbeitet am Historischen Seminar; im Theologischen Seminar findet heute Abend ein Vortrag statt. **2.** *Veranstaltung, die unter einem bestimmten* *Thema steht und an der sich die Teilnehmer (mit Referaten o. Ä.) aktiv beteiligen:* an einem Seminar über den modernen Roman teilnehmen; ein Seminar zum Thema »Deutsche Geschichte nach 1968« besuchen.

die **Sem|mel** [ˈzɛml]; -, -n (landsch.): *Brötchen:* knusprige, weiche Semmeln; eine Semmel mit Wurst, Käse; die neuen CDs gingen weg wie warme Semmeln *(ließen sich besonders schnell und gut verkaufen)*. *Zus.:* Käsesemmel, Wurstsemmel.

der **Se|nat** [zeˈnaːt]; -[e]s, -e: Bezeichnung für die Regierung des Landes in den Bundesländern Hamburg, Bremen und Berlin: der Senat lehnt es ab, ein neues Fußballstadion zu bauen. *Syn.:* Magistrat, Regierung.

¹sen|den [ˈzɛndn̩], sendet, sandte/sendete, gesandt/gesendet (geh.): **1.** ⟨tr.; hat; etw. jmdm./an jmdn. s.⟩ *veranlassen, dass etwas zu jmdm. gelangt:* einen Brief mit der Post senden; er sandte ihr Blumen durch einen Boten; sie sandte eine Nachricht an ihn. *Syn.:* schicken. *Zus.:* absenden, einsenden, zurücksenden, zusenden. **2.** ⟨tr.; hat; jmdn., etw. [irgendwohin] s.⟩ *jmdn. mit einem bestimmten Auftrag o. Ä. an einen bestimmten Ort schicken:* es wurde eine ganze Abordnung gesandt; wir senden eine Botin. *Zus.:* entsenden, hinsenden.

²sen|den [ˈzɛndn̩], sendet, sendete, gesendet ⟨tr.; hat; etw. s.⟩: *eine Rundfunk- bzw. Fernsehsendung über einen Sender verbreiten:* wir senden eine Zusammenfassung der heutigen Spiele um 22.30 Uhr; ⟨auch itr.⟩ das Fernsehen sendet 24 Stunden am Tag. *Syn.:* bringen, übertragen.

der **Sen|der** [ˈzɛndɐ]; -s, -: *Institution, die Fernseh- oder Rundfunksendungen produziert und ausstrahlt:* ein privater, ein öffentlich-rechtlicher Sender; einen Sender gut/schlecht empfangen können; einen anderen Sender einstellen. *Zus.:* Fernsehsender, Privatsender, Radiosender, Rundfunksender.

die **Sen|dung** [ˈzɛndʊŋ]; -, -en: **1.** *gesandte Menge (von Waren):* eine neue Sendung Gläser wurde geliefert, ist eingetroffen. *Zus.:* Büchersendung, Expresssendung, Paketsendung, Warensendung. **2.** *etwas, was durch Rundfunk oder Fernsehen übertragen, gesendet wird:* eine interessante Sendung zum Geburtstag des Dichters sehen, hören; eine Sendung im Fernsehen verfolgen *(mit Interesse*

S

anschauen); eine Sendung auf Video aufnehmen. *Zus.:* Fernsehsendung, Nachrichtensendung, Radiosendung, Rundfunksendung, Sportsendung.

der **Senf** [zɛnf]; -[e]s, (Sorten:) -e: *gelbliche, scharf schmeckende Soße:* Bratwurst mit viel Senf essen; von dieser Firma gibt es zwei Senfe: einen süßen und einen scharfen.

der **Se|ni|or** [ˈzeːni̯oːɐ̯]; -s, Senioren [zeˈni̯oːrən], die **Se|ni|o|rin** [zeˈni̯oːrɪn]; -, -nen: **1.** *älterer Mensch, Rentner:* verbilligte Fahrten für Senioren; eine Gruppe von Senioren stieg in den Bus. **2.** *Sportler bzw. Sportlerin über 18 Jahre:* er darf jetzt bei den Senioren starten.

das **Se|ni|o|ren|heim** [zeˈni̯oːrənhai̯m]; -[e]s, -e: *Heim für ältere Menschen:* ihre Mutter wohnt in einem Seniorenheim. *Syn.:* Altenheim.

sen|ken [ˈzɛŋkn̩], senkt, senkte, gesenkt: **1.** ⟨itr.; hat; etw. s.⟩ *nach unten bewegen; neigen:* er senkte den Kopf; sie lief mit gesenktem Blick an ihm vorbei. **2.** ⟨tr.; hat; etw. s.⟩ *nach unten in etwas gleiten lassen:* sie senkten den Sarg in die Erde; sie senkte *(tauchte)* ihren Arm ins Wasser. *Zus.:* hinabsenken, versenken. **3.** ⟨tr.; hat; etw. s.⟩ *bewirken, dass etwas niedriger wird:* dieses Mittel wird das Fieber senken; der Blutdruck muss gesenkt werden; der Preis für Benzin wurde deutlich gesenkt; deutlich gesenkte Zinsen. *Syn.:* reduzieren, verringern.

senk|recht [ˈzɛŋkrɛçt] ⟨Adj.⟩: *gerade von oben nach unten oder von unten nach oben* /Ggs. waagerecht/: der Rauch stieg senkrecht in die Höhe; am Rand des Weges ging es senkrecht in die Tiefe. *Syn.:* vertikal.

die **Sen|sa|ti|on** [zɛnzaˈtsi̯oːn]; -, -en: *Ereignis, das großes Aufsehen erregt; Überraschung:* der Sieg des unbekannten Sportlers war eine große Sensation; ihre Hochzeit war die Sensation des Jahres; der Roman ist eine literarische Sensation; mit der Zirkusnummer sorgte sie für eine Sensation. *Syn.:* Attraktion. *Zus.:* Riesensensation, Weltsensation.

sen|sa|ti|o|nell [zɛnzatsi̯oˈnɛl], sensationeller, am sensationellsten ⟨Adj.⟩: *großes Aufsehen erregend; überraschend:* sein Erfolg war sensationell; ihr ist eine geradezu sensationelle Leistung gelungen; der Prozess nahm eine sensationelle Wende.

sen|si|bel [zɛnˈziːbl̩], sensibler, am sensibelsten ⟨Adj.⟩: *empfindlich, leicht zu ver-*

letzen: sensible Menschen haben es nicht immer leicht; sie ist so sensibel und nimmt sich alles gleich zu Herzen; ihre Haut reagiert sehr sensibel auf Kälte. *Syn.:* feinfühlig. *Zus.:* hochsensibel.

se|pa|rat [zepaˈraːt] ⟨Adj.⟩: *getrennt von etwas anderem:* die Wohnung hat einen separaten Eingang; ich hätte gern eine separate Rechnung; die drei Bände sind auch separat erhältlich; diese Anfragen werden separat beantwortet. *Syn.:* extra.

der **Sep|tem|ber** [zɛpˈtɛmbɐ]; -[s]: *neunter Monat des Jahres:* im September war es noch warm und sonnig.

die **Se|rie** [ˈzeːri̯ə]; -, -n: **1.** *Sendung mit mehreren Teilen:* diese Sendung gehört zu einer Serie; heute Abend senden wir den ersten Teil einer neuen Serie. *Syn.:* Folge, Reihe. *Zus.:* Artikelserie, Fernsehserie, Romanserie. **2.** ⟨mit Attribut⟩ *Reihe, Folge von gleichen Ereignissen:* eine Serie von Erfolgen; die Serie schwerer Unfälle hört gar nicht auf. *Zus.:* Mordserie.

se|ri|ös [zeˈri̯øːs], seriöser, am seriösesten ⟨Adj.⟩: *Vertrauen erweckend:* eine seriöse Firma; er macht einen seriösen Eindruck; ein seriöser *(anständiger)* Beruf; bitte nur seriöse *(ernst gemeinte)* Antworten. *Syn.:* solide.

das **¹Ser|vice** [zɛrˈviːs]; - oder -s, -: *Geschirr mit mehreren Teilen, die zueinanderpassen:* zur Hochzeit bekamen sie ein wertvolles Service. *Zus.:* Essservice, Kaffeeservice, Tafelservice, Teeservice.

der **²Ser|vice** [ˈzøːɐ̯vɪs]; -: *Bedienung der Kunden oder Gäste; Kundendienst:* wir haben uns beim Ober über den schlechten Service beschwert; der Service in diesem Hotel ist ausgezeichnet. *Zus.:* Partyservice, Zimmerservice.

ser|vie|ren [zɛrˈviːrən], serviert, servierte, serviert ⟨tr.; hat; [jmdm.] etw. s.⟩: *(in einem Lokal) Speisen zum Essen an den Tisch bringen:* Sie können die Nachspeise servieren; heute servieren wir Ihnen Nudeln mit Lachs; ⟨auch itr.⟩ er serviert nicht an diesem Tisch.

der **Ser|vie|rer** [zɛrˈviːrɐ]; -s, -, die **Ser|vie|re|rin** [zɛrˈviːrərɪn]; -, -nen: *Person, die in einem Lokal serviert:* er arbeitet als Servierer; fünf Serviererinnen gesucht. *Syn.:* Bedienung, Kellner, Kellnerin.

die **Ser|viet|te** [zɛrˈvi̯ɛtə]; -, -n: *Stück Stoff oder Papier, mit dem man sich beim Essen den Mund abwischt:* die Serviette auf die Knie, auf den Schoß legen; auf den

Tischen standen, lagen bunte Servietten. *Zus.:* Papierserviette, Stoffserviette.

ser|vus [ˈzɛrvʊs] (bes. südd., österr.): Gruß zum Abschied, zur Begrüßung: »Servus, Ernst, was machst du denn hier?«; »Ich geh heim! Servus!«.

der **Ses|sel** [ˈzɛsl̩]; -s, -: **1.** *bequemes, gepolstertes Möbel zum Sitzen mit Lehnen für Rücken und Arme (für eine Person):* ein niedriger, bequemer, drehbarer Sessel; er saß im Sessel, ließ sich in den Sessel fallen. *Syn.:* Fauteuil (österr., schweiz.). *Zus.:* Drehsessel, Korbsessel, Ledersessel, Polstersessel. **2.** (österr.) *Stuhl:* Setzen Sie sich bitte auf den Sessel hier!

der Sessel (1)

sess|haft [ˈzɛshaft] (Adj.): *für lange Zeit an einem Ort wohnend:* sesshaft werden.

das *oder* der ¹**Set** [zɛt]; -[s], -s: **1.** *mehrere Gegenstände, die zueinanderpassen und zusammengehören:* ein Set aus Kamm, Bürste und Spiegel; sie wünscht sich ein Set aus Koffern und Taschen. *Syn.:* Garnitur. *Zus.:* Dreierset, Kofferset, Taschenset, Topfset. **2.** *kleine Decke, die beim Essen unter ein Gedeck gelegt wird:* heute nehmen wir die blauen Sets.

der ²**Set** [zɛt]; -s, -s: *Ort, an dem ein Film gedreht wird:* die Schauspieler sind jeden Tag am Set.

set|zen [ˈzɛtsn̩], setzt, setzte, gesetzt: **1.** (sich s.) *die Beine beugen und sich zum Sitzen niederlassen:* du darfst dich nicht auf den Boden setzen; setzt euch an den Tisch!; sie hat sich in den Schatten gesetzt. *Zus.:* sich dazusetzen, hinsetzen, niedersetzen. **2.** (tr.; hat; jmdn., etw. irgendwohin s.) *einen bestimmten Platz geben:* sie setzte das Kind auf ihren Schoß; er hat seine Mütze auf den Kopf gesetzt. *Syn.:* tun. *Zus.:* absetzen, aufsetzen, hinsetzen, umsetzen. **3.** (tr.; hat; etw. s.) *bei einer Wette als Einsatz riskieren:* wie viel setzt du?; ich setzte fünf Euro auf dieses Pferd. **4.** (tr.; hat; etw. s.) *pflanzen:* sie haben Kartoffeln gesetzt. *Zus.:* aussetzen, umsetzen. **5.** (tr.; hat; etw. s.) *die Vorlage für den Druck herstellen:* die Zeitung für morgen ist schon gesetzt. **6.** (tr.; hat) als Funktionsverb: etwas in Brand setzen *(etwas anzünden);* sich zur Wehr setzen *(sich wehren);* jmdn. auf freien Fuß setzen *(jmdn. aus der Gefangenschaft entlassen);* jmdm., einer Sache Grenzen, Schranken setzen *(verbieten, ein bestimmtes Maß zu überschreiten);* sich ein Ziel setzen *(sich etwas zum Ziel, zur Aufgabe machen).*

seuf|zen [ˈzɔyftsn̩], seufzt, seufzte, geseufzt: **1.** (itr.; hat) *beim Ausatmen einen Laut machen und damit Kummer, Sorge ausdrücken:* sie seufzte, als sie an den Abschied dachte. *Zus.:* aufseufzen. **2.** (tr.; hat; etw. s.) *etwas mit Kummer, Sorge sagen:* »Du liebst mich nicht mehr«, seufzte er.

der **Seuf|zer** [ˈzɔyftsɐ]; -s, -: *Laut beim Ausatmen, der Kummer, Sorge ausdrückt:* mit einem Seufzer setzte sie sich hin; er tat einen tiefen Seufzer. *Zus.:* Angstseufzer, Stoßseufzer.

der **Sex** [zɛks]; -[es] (ugs.): **1.** *Sexualität:* heute spricht man viel von Sex; Sex und Gewalt sind heute sehr oft im Kino zu sehen. **2.** *Geschlechtsverkehr:* heute haben viele Mädchen schon mit 12 ersten Sex; geschützter, ungeschützter Sex *(Sex mit bzw. ohne Kondom).*

der **Se|xis|mus** [zɛˈksɪsmʊs]; -: *Benachteiligung (bes. von Frauen) wegen des Geschlechts:* es gibt auch heute noch viele Anzeichen für Sexismus in der Gesellschaft.

se|xis|tisch [zɛˈksɪstɪʃ], sexistischer, am sexistischsten (Adj.): *so, dass jmd. wegen seines Geschlechts schlechter behandelt wird:* der Politiker musste wegen sexistischer Äußerungen zurücktreten.

die **Se|xu|a|li|tät** [zɛksu̯aliˈtɛːt]; -: *Gefühle und Handlungen, die körperliche Lust erzeugen und der Fortpflanzung dienen:* die männliche, weibliche Sexualität; für viele gehören Sexualität und Liebe zusammen; im Leben des Menschen spielt Sexualität eine wichtige Rolle. *Syn.:* Sex. *Zus.:* Bisexualität, Heterosexualität, Homosexualität.

das **Se|xu|al|ver|bre|chen** [zɛˈksu̯aːlfɛɐ̯breçn̩]; -s, -: *Verbrechen, das die sexuelle Freiheit eines Menschen verletzt (z. B. Vergewaltigung):* Missbrauch von Kindern ist ein besonders scheußliches Sexualverbrechen; die Polizei geht von einem Sexualverbrechen aus.

se|xu|ell [zɛˈksu̯ɛl] (Adj.): *im Bereich der Sexualität:* das sexuelle Verhalten der Bevölkerung erforschen; sexuelle Belästigung am Arbeitsplatz nimmt immer mehr zu; die Kinder sexuell aufklären; sexuelle Gewalt; Kinder vor sexuellem

Missbrauch schützen. *Zus.:* bisexuell, heterosexuell, homosexuell.

se|xy [ˈzɛksi] ⟨Adj.; indeklinabel⟩ (ugs.): *sexuell attraktiv, anziehend:* sie wirkt in dem Kleid richtig sexy; ein sexy Badeanzug; er sieht total sexy aus; ich finde seine Stimme sexy. *Syn.:* erotisch.

das **Sham|poo** [ˈʃampu]; -s, -s: *flüssiges Mittel, mit dem man die Haare wäscht:* ein Shampoo für fettiges, normales, trockenes Haar; er benutzt ein Shampoo gegen Schuppen. *Zus.:* Babyshampoo, Haarshampoo, Pflegeshampoo.

shop|pen [ˈʃɔpn̩], shoppt, shoppte, geshoppt ⟨itr.; hat⟩: *zum Vergnügen einkaufen:* morgen gehe ich shoppen; sie shoppt lieber in kleinen Geschäften; sie fahren zum Shoppen in die Stadt.

die **Shorts** [ʃoːɐ̯ts] ⟨Plural⟩: *kurze, sportliche Hose:* im Sommer trage ich am liebsten Shorts. *Zus.:* Damenshorts, Herrenshorts, Kindershorts, Tennisshorts.

die **Show** [ʃoː]; -, -s: *Fernsehsendung oder Vorstellung mit einem bunten Programm und vielen Gästen:* am nächsten Samstag gibt es im Fernsehen eine neue Show; er zieht immer eine große Show ab (ugs.; *er spielt sich auf, setzt sich in Szene*). *Syn.:* Schau. *Zus.:* Bühnenshow, Diashow, Liveshow, Quizshow, Talkshow.

sich [zɪç] ⟨Reflexivpronomen; Dativ und Akk.⟩: **1.** ⟨3. Person Singular und Plural⟩ weist auf ein Nomen oder Pronomen, meist das Subjekt des Satzes, zurück: sich freuen, schämen, wundern; er hat dich und sich [selbst] getäuscht; damit hat er dir und auch sich geschadet; er nahm die Schuld auf sich; sie haben das Kind zu sich genommen. **2.** ⟨3. Person Plural; reziprok⟩ *einer dem/den andern:* die Mädchen frisierten sich [gegenseitig]; sie grüßten sich schon lange nicht mehr; sie prügeln sich oft. *Syn.:* einander, gegenseitig, wechselseitig.

¹**si|cher** [ˈzɪçɐ], sicherer, am sichersten ⟨Adj.⟩: **1.** *nicht durch eine Gefahr bedroht:* sie wählte einen sicheren Weg; hier kannst du dich sicher fühlen; mit der Bahn kommen Sie sicher und bequem an Ihr Ziel; das Flugzeug ist ein sehr sicheres Verkehrsmittel. **2.** *so, dass man sich darauf verlassen kann; zuverlässig:* die Farbe seines Gesichts war ein sicheres Zeichen für seine Krankheit; diese Nachrichten sind nicht sicher; sie hat ein sicheres Einkommen; er fährt sehr sicher; als Chirurgin braucht sie eine sichere *(geübte)* Hand. *Syn.:* verläss-

lich. **3.** *ohne Hemmungen:* er hat ein sicheres Auftreten; sie wirkt, ist sehr sicher. *Syn.:* selbstbewusst, selbstsicher. *Zus.:* siegessicher. **4.** *ohne Zweifel; gewiss:* seine Niederlage ist jetzt sicher; die Mannschaft war sich ihres Erfolgs sicher; es ist sicher, dass er das Geld gestohlen hat.

²**si|cher** [ˈzɪçɐ] ⟨Adverb⟩: *bestimmt; ohne Zweifel:* du hast sicher recht, aber wir können es doch noch einmal überprüfen; mach dir keine Sorgen, er wird sicher bald kommen. *Syn.:* gewiss, sicherlich, zweifellos.

die **Si|cher|heit** [ˈzɪçɐhai̯t]; -: **1.** *Zustand, in dem jmd. oder etwas vor Gefahr oder Schaden sicher ist:* die Polizei musste für die Sicherheit der Besucher sorgen; die Flüchtlinge sind jetzt in Sicherheit. *Syn.:* Schutz. **2.** *sicheres Wissen; Gewissheit:* bei diesem Stoff haben Sie die Sicherheit, dass er sich gut waschen lässt. *Syn.:* Garantie, Gewähr. **3.** *Zuverlässigkeit, Erfahrung:* die Sicherheit seines Urteils hatte alle überzeugt; sie hat eine große Sicherheit in allen Fragen des Geschmacks. *Zus.:* Fahrsicherheit, Flugsicherheit, Treffsicherheit, Zielsicherheit. **4.** *sicheres Auftreten:* sie hielt ihre Rede mit großer Sicherheit; mit großer Sicherheit hat er sich unter den Stars bewegt. *Zus.:* Selbstsicherheit.

die **Si|cher|heits|na|del** [ˈzɪçɐhai̯tsnaːdl̩]; -, -n: *gebogene Nadel mit Verschluss, mit der man Stoff zusammenhalten kann:* sie befestigte die Schleife mit einer Sicherheitsnadel an ihrem Kleid; der Vorhang wurde nur von einer Sicherheitsnadel zusammengehalten.

si|cher|lich [ˈzɪçɐlɪç] ⟨Adverb⟩: *bestimmt, sicher:* sie hat sicherlich recht, aber wir müssen es doch noch einmal prüfen; sicherlich wird er morgen kommen; das war sicherlich keine Absicht. *Syn.:* gewiss, zweifellos.

si|chern [ˈzɪçɐn], sichert, sicherte, gesichert: **1.** ⟨tr.; hat; etw. s.⟩ *sicher machen, vor einer Gefahr schützen:* er hat das Fahrrad durch ein Schloss [gegen Diebstahl] gesichert; die Tür war mit einer Kette von innen gesichert; das Gesetz soll die Rechte aller Menschen sichern. *Zus.:* absichern. **2.** ⟨tr.; hat; etw. s.⟩ *etwas für bestimmte Zwecke festhalten:* die Polizei sicherte Spuren und Fingerabdrücke am Tatort. *Syn.:* dokumentieren, erfassen. **3.** ⟨tr.; hat; etw. [auf etw.] s.⟩

(EDV) *[als Kopie] speichern:* hast du das Dokument schon gesichert?

si|cher|stel|len ['zıçɐʃtɛlən], stellt sicher, stellte sicher, sichergestellt ⟨tr.; hat; etw. s.⟩: **1.** *finden und sicher aufbewahren:* ein Teil des gestohlenen Geldes konnte sichergestellt werden; die Polizei stellte die Mordwaffe sicher. **2.** *für etwas sorgen:* die Versorgung mit Strom und Wasser muss sichergestellt werden; stellen Sie sicher, dass Sie die nötige Unterstützung bekommen. *Syn.:* gewährleisten.

die **Si|che|rung** ['zıçərʊŋ]; -, -en: **1.** ⟨ohne Plural⟩ *Schutz:* die Sicherung der Grenze; sich um die Sicherung des Landes bemühen. *Zus.:* Absicherung, Friedenssicherung, Grenzsicherung. **2.** *Gerät, das elektrische Leitungen unterbricht, wenn der Strom zu stark ist:* eine Sicherung auswechseln; die Sicherung ist durchgebrannt, herausgesprungen.

die **Sicht** [zıçt]; -: **1.** *Möglichkeit, in die Ferne zu sehen:* bei diesem Wetter ist die Sicht gut; der Nebel nahm ihnen plötzlich die Sicht; wir hatten schlechte Sicht bei dieser Wanderung. *Syn.:* Aussicht, Blick. *Zus.:* Fernsicht. **2.** *Art und Weise, wie man etwas beurteilt; Perspektive:* seine Sicht ist oberflächlich; sie hat eine eigene Sicht der Welt entwickelt; aus meiner Sicht ist das anders.

sicht|bar ['zıçtbaːɐ̯] ⟨Adj.⟩: *deutlich [zu sehen]:* er hat sichtbare Fortschritte gemacht; der Zustand der Kranken hatte sich sichtbar gebessert; der Fleck auf dem Kleid war deutlich sichtbar.

sich|ten ['zıçtn̩], sichtet, sichtete, gesichtet ⟨tr.; hat; etw. s.⟩: **1.** *in größerer Entfernung entdecken:* sie hatten ein Schiff am Horizont gesichtet. *Syn.:* erblicken (geh.), erkennen, sehen. **2.** *ansehen und ordnen:* sie sichtete das Material für ihre Arbeit. *Syn.:* durchsehen, prüfen.

sicht|lich ['zıçtlıç] ⟨Adj.⟩: *deutlich erkennbar:* mit sichtlicher Freude; er hatte sichtliche Schwierigkeiten mit der fremden Aussprache; sie war sichtlich erfreut über das Lob. *Syn.:* merklich, offenbar. *Zus.:* ersichtlich, offensichtlich.

sie [zi:]: **1.** ⟨Personalpronomen 3. Person Singular Femininum; Nom. und Akk.⟩ sie ist schüchtern; ich kenne sie schon seit vielen Jahren; sie ist eine gute Freundin von mir. **2.** ⟨Personalpronomen 3. Person Plural; Nom. und Akk.⟩ sie sind verreist; wir haben sie beide benachrichtigt.

Sie [zi:] ⟨Personalpronomen 3. Person

Plural⟩: dient dazu, eine oder mehrere Personen höflich und nicht vertraulich anzureden: sehr geehrte Damen und Herren, ich begrüße Sie zu unserer Sitzung; Frau Hansen, haben Sie einen Moment Zeit für mich?; können Sie mir sagen, wie spät es ist?; die älteren Schüler redet der Lehrer mit Sie an.

das **Sieb** [ziːp]; -[e]s, -e: *eine Art Schüssel mit vielen kleinen Löchern, mit der man grobe und feine Teile bzw. Flüssigkeiten voneinander trennt:* Tee durch ein Sieb gießen; Mehl durch ein Sieb streichen; Salat in einem Sieb abtropfen lassen. *Zus.:* Kaffeesieb, Mehlsieb, Teesieb.

¹**sie|ben** ['ziːbn̩], siebt, siebte, gesiebt ⟨tr.; hat; etw. s.⟩: *etwas durch ein Sieb schütten:* Sand, Kies sieben; das Mehl in eine Schüssel sieben. *Zus.:* aussieben, durchsieben.

²**sie|ben** ['ziːbn̩] ⟨Kardinalzahl⟩ (als Ziffer: 7): sieben Personen; das Märchen von den sieben Zwergen; die sieben Weltwunder.

sie|bent... ['ziːbn̩t...], **siebt...** ['ziːpt...] ⟨Ordinalzahl⟩ (als Ziffer: 7.): das Buch hat den Titel »Das siebte Kreuz«; die sieb[en]te Bitte des Vaterunsers.

sieb|zig ['ziːptsıç] ⟨Kardinalzahl⟩ (in Ziffern: 70): siebzig Personen; hier darf man nur siebzig [Kilometer pro Stunde] fahren.

sie|den ['ziːdn̩], siedet, siedete, gesiedet ⟨itr.; hat⟩ (Physik): *von einer Flüssigkeit zu Gas werden; kochen:* Wasser siedet bei 100° C; die Flüssigkeit fängt an zu sieden.

der **Sieg** [ziːk]; -[e]s, -e: *Erfolg bei einem [sportlichen] Wettbewerb oder einem Kampf:* ein knapper, deutlicher Sieg; der Sieg des Fußballteams war sicher; sie kämpften für einen Sieg ihrer Partei; sich selbst zu besiegen ist der schönste Sieg. *Syn.:* Gewinn, Triumph. *Zus.:* Heimsieg, Olympiasieg, Wahlsieg.

sie|gen ['ziːgn̩], siegt, siegte, gesiegt ⟨itr.; hat⟩: *Sieger werden; einen Sieg erringen:* unsere Mannschaft hat diesmal gesiegt; die Vernunft siegte bei ihm über das Gefühl. *Syn.:* gewinnen. *Zus.:* besiegen.

der **Sie|ger** ['ziːgɐ]; -s, die **Sie|ge|rin** ['ziːgərın]; -, -nen: *Person, die bei einem [sportlichen] Wettbewerb oder einem Kampf gewonnen hat:* der strahlende Sieger; die Sieger wurden mit Blumen begrüßt; die Siegerin wurde geehrt; die Mannschaft ist Sieger nach Punkten. *Syn.:* Gewinner, Gewinnerin. *Zus.:* Olympiasieger, Olym-

S

piasiegerin, Turniersieger, Turniersiege-rin.

sieht [zi:t]: ↑ sehen.

sie|zen ['zi:tsn̩], siezt, siezte, gesiezt ⟨tr.; hat; jmdn. s.⟩: mit »Sie« anreden /Ggs. duzen/: wir siezen uns; die älteren Schü-ler werden von dem Lehrern gesiezt.

das **Si|gnal** [zɪ'gnaːl]; -s, -e: sichtbares oder hörbares Zeichen mit einer festen Bedeutung (z. B. als Warnung): ein deutliches, lautes Signal; ein rotes Sig-nal zeigt, dass das Baden heute verbo-ten ist; bei dem Unglück hatte der Füh-rer des Zuges das Signal nicht beachtet. Zus.: Alarmsignal, Lichtsignal, Startsig-nal, Warnsignal.

si|gna|li|sie|ren [zɪgnali'zi:rən], signali-siert, signalisierte, signalisiert ⟨tr.; hat; [jmdm.] etw. s.⟩: etwas durch ein Zeichen oder Signal anzeigen: das rote Licht sig-nalisiert, dass der Raum besetzt ist; die Chefin signalisiert ihm (gibt ihm zu ver-stehen), dass er gehen kann.

die **Si|gna|tur** [zɪgna'tu:ɐ̯]; -, -en: 1. Unter-schrift oder Zeichen, das die Unterschrift ersetzt: die Signatur [des Künstlers] ist auf diesem Bild schwer zu erkennen; sie sammelt die Signaturen berühmter Per-sonen. 2. Kombination aus Buchstaben und Zahlen, unter der ein bestimmtes Buch in der Bibliothek zu finden ist: bei der Bestellung müssen Sie auch die Sig-natur des Buches angeben.

si|gnie|ren [zɪ'gni:rən], signiert, signierte, signiert ⟨tr.; hat⟩: unterschreiben: das Dokument wurde von drei Ministern signiert; dieser Maler signiert seine Bil-der in der rechten unteren Ecke; ⟨auch itr.⟩ sie signiert mit einem großen K. Syn.: unterzeichnen.

die **Sil|be** ['zɪlbə]; -, -n: kleinste, aus einem oder mehreren Lauten gebildete Einheit innerhalb eines Wortes: eine betonte, unbetonte, kurze, lange Silbe; das Wort »Haus« hat nur eine Silbe; ein Wort Silbe für Silbe sprechen. Zus.: Nachsilbe, Sprechsilbe, Vorsilbe.

das **Sil|ber** ['zɪlbɐ]; -s: 1. wertvolles Metall von weißer Farbe: der Becher war aus Silber. 2. Besteck aus Silber: das Silber muss geputzt werden. Zus.: Tafelsilber.

sil|bern ['zɪlbɐn] ⟨Adj.⟩: aus Silber beste-hend: ein silberner Becher, Löffel.

die **Sil|hou|et|te** [zɪ'lu̯ɛtə]; -, -n: Umriss, der sich [dunkel] vom Hintergrund abhebt: man sah in der Ferne die Silhouette der Berge.

der oder das **Si|lo** ['zi:lo]; -s, -s: Speicher für Getreide, Erz o. Ä.: die Silos sind schon alle voll. Zus.: Getreidesilo, Zementsilo.

der oder das **Sil|ves|ter** [zɪl'vɛstɐ]; -s, -: letzter Tag des Jahres; 31. Dezember: Silvester feiern; [an/zu] Silvester sind wir nicht zu Hause. Syn.: Neujahr. Zus.: Silvester-feier, Silvesterparty.

sim|pel ['zɪmpl̩], simpler, am simpelsten ⟨Adj.⟩: 1. einfach: ein simpler Trick, Schwindel; der Lehrer stellte nur ganz simple Fragen; eine simple Methode zur Abfallbeseitigung. Syn.: unkompliziert. 2. (oft abwertend) anspruchslos: dieses simple Kleid hat 100 Euro gekostet; es fehlte an den simpelsten Dingen; ein simpler Nagel tut es auch. Syn.: einfach.

si|mu|lie|ren [zimu'li:rən], simuliert, simu-lierte, simuliert: 1. ⟨tr.; hat; etw. s.⟩ nur so tun, als ob: eine Krankheit, eine Ohn-macht simulieren; er simulierte vor der Polizei einen Schwächeanfall; ⟨auch itr.⟩ keiner erkannte, dass sie nur simulierte. 2. ⟨tr.; hat; etw. s.⟩ in realistischer Weise nachahmen: einen Raumflug, die Bedin-gungen eines Raumflugs simulieren.

si|mul|tan [zimʊl'ta:n] ⟨Adj.⟩: gleichzeitig: durch ein simultanes Vorgehen mehr erreichen; simultan dolmetschen.

die **Sin|fo|nie** [zɪnfo'ni:]; -, Sinfonien [zɪnfo-'ni:ən]: Musikstück für Orchester in meh-reren Sätzen: eine Sinfonie von Bruck-ner; eine Sinfonie komponieren, spielen, dirigieren.

sin|gen ['zɪŋən], singt, sang, gesungen: 1. ⟨itr.; hat⟩ mit der Stimme eine Melodie hervorbringen: er singt gut; mehrstim-mig, gemeinsam singen; sie hat in einem Chor gesungen; ich kann nicht singen. Zus.: mitsingen, nachsingen. 2. ⟨tr.; hat; etw. s.⟩ etwas singend vortragen: sie singt Lieder von Schubert.

die ¹**Sin|gle** ['zɪŋl̩]: -, -[s] kleinere Schallplatte oder CD mit nur wenigen Aufnahmen: seine neueste Single gefällt mir nicht. Zus.: Maxisingle.

der ²**Sin|gle** ['zɪŋl̩]; -[s], -s: Person, die allein, ohne feste Bindung an eine Partnerin, einen Partner lebt: er, sie ist ein Single; das Leben eines Singles führen. Syn.: Junggeselle, Junggesellin.

sin|ken ['zɪŋkn̩], sinkt, sank, gesunken ⟨itr.; ist⟩: 1. sich (in der Luft oder in einer Flüssigkeit) langsam abwärtsbewegen: die Fähre, das Schiff ist kurz vor dem Hafen gesunken; der Ballon, Fallschirm sinkt zur Erde; sie sank vor Müdigkeit auf einen Stuhl. Zus.: herabsinken, nie-dersinken. 2. niedriger werden: das Fieber, die Temperatur ist gesunken; der Wasserspiegel sank um 5 Meter. *Zus.:* absinken. **3.** *an Wert verlieren:* die Preise sind gesunken; die Aktienkurse werden weiter sinken; ihr Einfluss sank sehr schnell *(nahm sehr schnell ab)*. *Syn.:* fallen, nachlassen.

der **Sinn** [zɪn]; -[e]s, -e: **1.** ⟨ohne Plural⟩ *Bedeutung:* sie konnte den Sinn seiner Worte nicht verstehen; die Lehrerin fragte nach dem Sinn der Geschichte; sie wollte es in diesem Sinne verstanden wissen. *Syn.:* Aussage, Inhalt. *Zus.:* Doppelsinn, Hintersinn. **2.** *Sinnesorgan:* viele Tiere haben schärfere Sinne als der Mensch; die fünf Sinne des Menschen sind: Sehen, Hören, Riechen, Schmecken, Tasten. *Zus.:* Geruchssinn, Geschmackssinn, Gleichgewichtssinn, Orientierungssinn, Tastsinn. **3.** ⟨ohne Plural⟩ *Gefühl für etwas:* ihm fehlt jeder Sinn für Humor; sie hat viel Sinn für das Schöne. *Syn.:* Gespür. *Zus.:* Familiensinn, Geschäftssinn. **4.** ⟨ohne Plural⟩ *Ziel, Zweck:* mir ist der Sinn dieser ganzen Aktion nicht klar; hat es überhaupt einen Sinn, das zu tun?; es hat keinen, wenig, nicht viel Sinn, damit jetzt noch zu beginnen.

das **Sin|nes|or|gan** [ˈzɪnəs|ɔrɡaːn]; -s, -e: *(bei Menschen und höheren Tieren) Organ, durch das Reize aufgenommen und weitergeleitet werden:* die Nase ist ein Sinnesorgan; die Sinnesorgane sind bei Nachttieren besonders ausgeprägt.

sinn|lich [ˈzɪnlɪç] ⟨Adj.⟩: **1.** *mit den Sinnen wahrnehmbar:* eine sinnliche Empfindung; bestimmte Strahlen sind sinnlich nicht wahrnehmbar. **2.** *auf den geschlechtlichen Genuss ausgerichtet:* sinnliche Verlangen; ihr Mund ist sehr sinnlich. *Syn.:* erotisch.

sinn|los [ˈzɪnloːs], sinnloser, am sinnlosesten ⟨Adj.⟩: **1.** *ohne erkennbaren Sinn oder Zweck:* sinnloses Geschwätz; ein sinnloser Streit, Versuch; es ist sinnlos, noch länger zu warten. *Syn.:* unsinnig, witzlos (ugs.). **2.** (abwertend) *übermäßig, maßlos:* sie schlug in sinnloser Wut um sich; er war sinnlos betrunken.

sinn|voll [ˈzɪnfɔl], sinnvoller, am sinnvollsten ⟨Adj.⟩: *vernünftig:* eine sinnvolle Arbeit, Aufgabe; diese Entscheidung ist nicht sehr sinnvoll; das Geld sinnvoll verwenden; am sinnvollsten nutzt man die Wartezeit beim Arzt zum Lesen.

die **Sin|ti|za** [ˈzɪntitsa]; -, -s: weibliche Form zu ↑Sinto.

der **Sin|to** [ˈzɪnto]; -, Sinti [ˈzɪnti]: *Angehöriger einer in Deutschland lebenden Gruppe eines ursprünglich aus Südosteuropa stammenden Volkes (das vielfach als diskriminierend empfundene »Zigeuner« ersetzende Selbstbezeichnung):* es gibt immer mehr Gedenkstätten für verfolgte Sinti und Roma.

der **Si|phon** [ˈziːfõ]; -s, -s: **1.** *dicht verschlossenes Gefäß, aus dem Getränke unter Druck ausfließen:* aus dem Siphon Sodawasser ins Glas spritzen. **2.** *Vorrichtung bei Ausgüssen und Abflüssen, die ein Aufsteigen von Gasen verhindert:* der Siphon am Waschbecken ist verstopft.

die **Si|re|ne** [ziˈreːnə]; -, -n: *Gerät, das einen lang anhaltenden, lauten Ton hervorbringt, der als Alarm- oder Warnsignal dient:* die Sirene der Feuerwehr, des Unfallwagens; der Wagen ist mit Blaulicht und Sirene ausgerüstet. *Zus.:* Fabriksirene, Luftschutzsirene, Schiffssirene, Werkssirene.

der **Si|rup** [ˈziːrʊp]; -s, -e: *durch Kochen von Saft mit Zucker hergestellter, zähflüssiger Fruchtsaft:* den Pudding mit Sirup servieren. *Zus.:* Himbeersirup.

die **Sit|te** [ˈzɪtə]; -, -n: **1.** *im Laufe der Zeit entwickelte Gewohnheit, die für bestimmte Bereiche einer Gemeinschaft als verbindlich gilt:* in den Dörfern kennt man noch viele alte Sitten; die Sitten und Gebräuche eines Volkes. *Syn.:* Brauch. *Zus.:* Landessitte. **2.** *ethische, moralische Normen einer Gesellschaft:* die guten Sitten pflegen; das verstößt gegen die guten Sitten. **3.** ⟨Plural⟩ *Benehmen:* sie achten bei ihren Kindern auf gute Sitten; sie ist ein Mensch mit feinen, guten Sitten. *Syn.:* Betragen. *Zus.:* Tischsitten.

sitt|lich [ˈzɪtlɪç] ⟨Adj.⟩: *die Sitte, Moral betreffend:* sittliche Bedenken, Einwände; die sittliche Natur des Menschen. *Syn.:* ethisch, moralisch.

die **Si|tu|a|ti|on** [zituaˈtsi̯oːn]; -, -en: *Verhältnisse, Umstände, in denen sich jmd. befindet:* eine gefährliche, peinliche Situation; die Situation erfassen, überblicken; die Situation war äußerst kritisch; in dieser Situation konnte ich nicht anders handeln; aus dem Gespräch ergab sich eine neue, ganz andere Situation; sie war der Situation gewachsen. *Syn.:* Konstellation, Lage. *Zus.:* Ausgangssituation, Krisensituation, Notsituation.

der **Sitz** [zɪts]; -es, -e: **1.** *Fläche, Vorrichtung o. Ä., die zum Sitzen bestimmt ist:* der

S

Sitz des Stuhls hat ein Polster; sie hat sich einen Stein als Sitz ausgesucht; die Zuschauer erhoben sich von ihren Sitzen; sie legte ihre Jacke auf den Sitz im Auto. *Syn.:* Platz, Sitzplatz. *Zus.:* Autositz, Beifahrersitz, Klappsitz, Liegesitz, Notsitz, Rücksitz. **2.** *Platz mit Berechtigung zum Abstimmen:* die Partei hat dreißig Sitze im Stadtrat, im Parlament. **3.** *Ort, an dem sich eine Institution o. Ä. befindet:* der Sitz der Regierung ist Berlin; ein internationales Unternehmen mit Sitz in Mailand. *Zus.:* Firmensitz, Regierungssitz, Wohnsitz.

sit|zen [ˈzɪtsn̩], sitzt, saß, gesessen ⟨itr.; hat/ (südd., österr., schweiz.:) ist⟩:
1. *sich (auf einen Sitz) niedergelassen haben:* sie saß auf einem Stuhl; in diesem Sessel sitzt man sehr bequem; sie kann vor Schmerzen kaum sitzen; er war so faul, dass er zweimal sitzen blieb *(nicht in die nächste Klasse kam);* der Händler ist auf seiner Ware sitzen geblieben *(fand keinen Käufer).* *Zus.:* dasitzen, gegenübersitzen.
2. ⟨[irgendwo] s.⟩ (ugs.) *sich in Haft befinden:* er sitzt seit 3 Jahren [im Gefängnis]. *Zus.:* absitzen. **3.** ⟨irgendwie s.⟩ *in Größe und Schnitt passen:* der Anzug sitzt [gut, nicht]; das Kleid sitzt wie angegossen.

der Sitz|platz [ˈzɪtsplats]; -es, Sitzplätze [ˈzɪtsplɛtsə]: *Stuhl, Sessel in einem Zuschauerraum, Verkehrsmittel:* jmdm. einen Sitzplatz anbieten; in der Straßenbahn gibt es mehr Stehplätze als Sitzplätze; in manchen Verkehrsmitteln sind Sitzplätze für Behinderte reserviert; ein Saal mit 400 Sitzplätzen. *Syn.:* Platz, Sitz.

die Sit|zung [ˈzɪtsʊŋ]; -, -en: *Versammlung, bei der über etwas beraten wird, Beschlüsse gefasst werden:* eine lange, wichtige Sitzung; an einer öffentlichen Sitzung des Stadtrats teilnehmen; die Sitzung fand nicht statt; die Sitzung wurde auf den 21. Januar verschoben. *Syn.:* Besprechung, Konferenz, Tagung. *Zus.:* Fraktionssitzung, Redaktionssitzung.

der Skan|dal [skanˈdaːl]; -s, -e: *Geschehen, das große Empörung hervorruft:* es ist ein Skandal, wie man ihn behandelt; die Zustände in dieser Firma sind ein Skandal; einen Skandal verursachen, provozieren, vermeiden; sie war in einen Skandal verwickelt. *Zus.:* Bestechungsskandal, Dopingskandal, Finanzskandal.

der Skat [skaːt]; -[e]s: *ein Kartenspiel, an dem drei Personen teilnehmen:* Skat spielen.

das Ske|lett [skeˈlɛt]; -[e]s, -e: *alle Knochen des Körpers:* das menschliche Skelett; das Skelett eines Pferdes. *Syn.:* Gerippe. *Zus.:* Mammutskelett, Pferdeskelett.

die Skep|sis [ˈskɛpsɪs]; -: *kritische Zweifel:* seine Skepsis sollte sich als unbegründet erweisen; dem neuen Vorschlag begegnete sie mit äußerster Skepsis. *Syn.:* Bedenken, Misstrauen.

skep|tisch [ˈskɛptɪʃ], skeptischer, am skeptischsten ⟨Adj.⟩: *von Skepsis geprägt:* er machte ein skeptisches Gesicht; skeptisch betrachtete sie den Himmel. *Syn.:* kritisch, misstrauisch.

der Ski [ʃiː], Schi; -s, -er, auch: -: *langes, schmales Brett aus Holz oder Kunststoff, mit dem man sich gleitend über den Schnee fortbewegen kann:* ein Paar Ski; Ski laufen, fahren. *Zus.:* Langlaufski.

die Skiz|ze [ˈskɪtsə]; -, -n: **1.** *Zeichnung, die sich auf das Wichtigste beschränkt:* eine flüchtige Skizze; sie machte eine Skizze von dem Gebäude. *Zus.:* Bleistiftskizze, Lageskizze. **2.** *kurze Aufzeichnung:* die Skizze einer Rede; für den zweiten Teil seines Romans hatte er nur Skizzen hinterlassen. *Syn.:* Entwurf, Konzept. *Zus.:* Romanskizze.

skiz|zie|ren [skɪˈtsiːrən], skizziert, skizzierte, skizziert ⟨tr.; hat; etw. s.⟩: **1.** *mit wenigen Strichen zeichnen:* unterwegs skizzierte er mehrere Gebäude. **2.** *in großen Zügen umreißen:* er skizzierte den Inhalt des Buches. **3.** *ein Konzept machen:* sie skizzierte den Text für ihre Ansprache. *Syn.:* entwerfen.

der Slip [slɪp]; -s, -s: *kurze Unterhose, die eng anliegt:* sie trug einen schwarzen Slip. *Syn.:* Schlüpfer. *Zus.:* Baumwollslip, Damenslip, Herrenslip.

der Slo|gan [ˈsloːgn̩]; -s, -s: *einprägsamer Spruch, besonders in Werbung und Politik:* ein kurzer, treffender, eingängiger Slogan. *Zus.:* Wahlslogan, Werbeslogan.

smart [smaːɐ̯t], smarter, am smartesten ⟨Adj.⟩: *schlau, geschäftstüchtig:* ein smarter Bankdirektor; er ist viel zu smart, um darauf hereinzufallen.

der Smog [smɔk]; -[s], -s: *mit Abgasen, Rauch gemischter Dunst oder Nebel über Großstädten, Gebieten mit viel Industrie:* zurzeit herrscht bei uns wieder Smog; bei Smog gibt es Fahrverbot für alle Autos.

¹so [zoː] ⟨Adverb⟩: **1.** *in dieser Weise, von dieser Art:* so oder ähnlich; genau so habe ich mir das vorgestellt; es ist so, wie ich es mir gewünscht habe; so betrachtet/gesehen, hat er recht; das ist, wenn ich so sagen darf, eine Frechheit; recht so!; so kannst du das nicht machen; so ist es nicht gewesen; er spricht so, dass ihn jeder verstehen kann. *Syn.:* derart. **2.** *in solchem Maße, Grade:* er konnte nicht kommen, weil er so erkältet war; die Arbeit war nicht so schwer; einen so heißen Sommer hatten wir schon lange nicht mehr; er kam so spät, dass der Zug schon weg war; du musst so schnell wie möglich kommen; er ist so groß wie sein Bruder. **3.** (ugs.) *etwa, ungefähr:* er wird so um zwei Uhr hier ankommen; so an die 30 Leute waren da. **4.** (ugs.) drückt aus, dass ein Vorgang ohne etwas Bestimmtes erfolgt, was sonst oft damit verbunden ist: ich hatte meine Mitgliedskarte vergessen, da hat man mich so reingelassen; »Brauchen Sie eine Tüte?« – »Nein, ich nehme die zwei Flaschen so.«; »Wie viel hat das Poster gekostet?« – »Das habe ich so *(umsonst)* gekriegt.«. **5.** in der Verbindung * **so ein/eine** (ugs.) *solch ein/eine:* so ein Unglück; bei so einem Wetter wird er nicht kommen.

²**so** [zoː] ⟨Partikel⟩: **1.** verleiht einer Aufforderung besonderen Nachdruck: so hör doch endlich! **2.** fordert das Gegenüber auf, eine überraschende Mitteilung noch einmal zu bestätigen: »Ich werde nächste Woche verreisen.« – »So? [Wohin denn?]«. **3.** dient dazu, den Abschluss einer Angelegenheit [und den Übergang zu einer anderen] zu markieren: so, das wäre geschafft!; so, jetzt kann es losgehen; so, und was machen wir nun?

so|bald [zoˈbalt] ⟨Konj.⟩: *sofort wenn; sogleich wenn:* sie will anrufen, sobald sie zu Hause angekommen ist. *Syn.:* sowie.

die **So|cke** [ˈzɔkə] -, -n: *kurzer Strumpf, der bis an die Wade reicht:* [ein Paar] dicke, gestrickte, wollene Socken; Socken stopfen. *Zus.:* Baumwollsocke, Herrensocke.

die Socke

so|dass [zoˈdas], **so dass** ⟨Konj.⟩: *mit dem Ergebnis, der Folge, dass:* sie war krank, sodass sie absagen musste.

so|eben [zoˈleːbn̩] ⟨Adverb⟩: *in diesem Augenblick:* soeben kam die Nachricht,

dass er gut angekommen ist. *Syn.:* ²eben, gerade, jetzt.

das **So|fa** [ˈzoːfa]; -s, -s: *gepolstertes Möbelstück mit Lehnen für Arme und Rücken, auf dem mehrere Personen sitzen können:* ein bequemes, weich gepolstertes Sofa: auf dem Sofa sitzen, liegen, schlafen; er flegelte sich aufs Sofa. *Syn.:* Couch. *Zus.:* Ledersofa, Schlafsofa.

so|fern [zoˈfɛrn] ⟨Konj.⟩: *vorausgesetzt, dass:* wir werden kommen, sofern es euch passt; sofern es nicht in Strömen regnet, fahre ich mit dem Fahrrad. *Syn.:* falls, wenn.

soff [zɔf]: ↑ saufen.

so|fort [zoˈfɔrt] ⟨Adverb⟩: *unverzüglich; auf der Stelle:* der Arzt muss sofort kommen; sie musste sofort operiert werden. *Syn.:* augenblicklich, gleich, prompt.

die **Soft|ware** [ˈzɔftvɛːɐ̯]; -, -s: *(im Unterschied zur Hardware) alle nicht technisch-physikalischen Bestandteile eines Computers:* zur Software gehören das Betriebssystem und die Anwenderprogramme.

sog [zoːk]: ↑ saugen.

der **Sog** [zoːk]; -[e]s, -e: *saugende Strömung in Wasser oder Luft:* einen Sog erzeugen, ausüben; der Sog des Wassers riss das Boot fort.

so|gar [zoˈɡaːɐ̯] ⟨Partikel⟩: *auch, selbst:* er hat uns eingeladen und hat uns sogar mit dem Auto abgeholt; das war sogar ihr zu teuer; sogar an Wochentagen findet man dort einen Parkplatz. *Syn.:* überdies, zudem.

so|ge|nannt [ˈzoːɡənant] ⟨Adj.⟩: *wie es genannt wird, heißt; als... bezeichnet:* die Diskussion über ein Verbot der sogenannten Killerspiele; da haben sich die sogenannten Experten gründlich geirrt.

so|gleich [zoˈɡlaɪç] ⟨Adverb⟩: *sofort:* als die Gäste ankamen, wurden sie sogleich in ihre Zimmer geführt; er schien sogleich zu verstehen, was sie meinte. *Syn.:* augenblicklich, gleich, unverzüglich.

die **Soh|le** [ˈzoːlə]; -, -n: **1.** *untere Fläche des Fußes:* er hat Blasen an den Sohlen. *Zus.:* Fußsohle. **2.** *untere Fläche des Schuhs:* ihre Schuhe haben Sohlen aus Gummi; die Sohlen sind durchgelaufen. *Zus.:* Gummisohle, Ledersohle, Schuhsohle.

der **Sohn** [zoːn]; -[e]s, Söhne [ˈzøːnə]: *männliches Kind:* ein Sohn aus erster, zweiter Ehe; der älteste, jüngste, einzige Sohn; Vater und Sohn sehen sich überhaupt nicht ähnlich; die Familie hat zwei Söhne und eine Tochter. *Syn.:* Junior. *Zus.:* Adoptivsohn.

S

¹so|lang [zo'laŋ], ¹so|lan|ge [zo'laŋə] ⟨Konj.⟩: *für die Dauer der Zeit, während der ...:* du kannst bleiben, solang[e] du willst; solang[e] du Fieber hast, musst du im Bett bleiben; (bes. verneint oft mit der Nebenbedeutung einer Bedingung:) solang[e] du nicht aufgegessen hast, darfst du nicht vom Tisch aufstehen.

²so|lang [zo'laŋ], ²so|lan|ge [zo'laŋə] ⟨Adverb⟩: *inzwischen:* mach das ruhig erst fertig, ich lese solang[e] Zeitung. *Syn.:* einstweilen.

solch [zɔlç] ⟨Artikelwort, Zahladjektiv und Demonstrativpronomen⟩: solcher, solche, solches; ⟨unflektiert⟩ solch: **1.** *[genau]so; von derselben Art:* [ein] solches Vertrauen; mit solchen Leuten; solche Taten; solche schönen Häuser; die Sache als solche wäre schon sinnvoll. *Syn.:* derartig. **2.** dient dazu, etwas zu betonen: *so groß:* ich habe solchen Hunger; rede nicht [einen] solchen/solch Unsinn! *Syn.:* derartig.

der **Sold** [zɔlt]; -[e]s, -e: *[monatliche] Bezahlung der Wehrdienst leistenden Soldaten und Soldatinnen:* die Soldaten wurden auf halben Sold gesetzt. *Syn.:* ¹Gehalt.

der **Sol|dat** [zɔl'daːt]; -en, -en, die **Sol|da|tin** [zɔl'daːtɪn]; -, -nen: *Angehöriger, Angehörige des Militärs eines Landes:* ein einfacher, aktiver Soldat; die Soldaten bekamen Urlaub; sie wollte Soldatin werden. *Zus.:* Berufssoldat, Berufssoldatin, Zeitsoldat, Zeitsoldatin.

sol|li|da|risch [zoli'daːrɪʃ], solidarischer, am solidarischsten ⟨Adj.⟩: *auf Solidarität beruhend:* eine solidarische Haltung; wir fühlen uns solidarisch mit unseren streikenden Kollegen; meine Schwester hat sich mir gegenüber immer solidarisch verhalten.

die **Sol|li|da|ri|tät** [zolidari'tɛːt]; -: *unbedingtes Zusammenhalten mit jmdm. aufgrund gleicher Anschauungen und Ziele:* die Solidarität zwischen Beschäftigten und Arbeitslosen ist nicht allzu groß.

so|li|de [zo'liːdə], solider, am solidesten ⟨Adj.⟩: **1.** *fest, haltbar:* ein solides Blockhaus; die Mauern sind solide; die Schuhe sind solide gearbeitet. **2.** *gut:* solide Deutschkenntnisse haben.

das **Soll** [zɔl]; -[s], -[s]: *Arbeit, die in einer bestimmten Zeit erledigt werden muss:* ich habe heute mein Soll nicht erfüllt; ein Soll von 500 Autos pro Tag. *Syn.:* Pensum. *Zus.:* Jahressoll, Tagessoll.

sol|len ['zɔlən], soll, sollte, gesollt/sollen: **1.** ⟨Modalverb; hat; 2. Partizip: sollen⟩ drückt eine Aufforderung, einen Auftrag aus: er soll sofort kommen; du sollst ihn anrufen. **2.** ⟨Modalverb; hat; 2. Partizip: sollen⟩ drückt aus, dass ein bestimmtes Verhalten geboten ist oder von jmdm. erwartet wird: [sag ihm,] er soll sofort nach Hause kommen; das fünfte Gebot lautet: Du sollst nicht töten; ⟨auch im 2. Konjunktiv⟩ du solltest dich schämen!; das sollte er längst gemacht haben. **3.** ⟨Modalverb; hat; 2. Partizip: sollen⟩ ⟨bes. in Fragesätzen⟩ drückt Unsicherheit, Zweifel, Ratlosigkeit aus: was soll ich nur geben?; was soll ich nur machen?; wozu soll denn das gut sein? **4.** ⟨Modalverb; hat; 2. Partizip: sollen⟩ drückt einen Wunsch, eine Absicht aus: du sollst dich hier wie zu Hause fühlen; der Zettel soll mich daran erinnern, dass ich noch einkaufen muss. **5.** ⟨Modalverb; hat; 2. Partizip: sollen; häufig im 2. Konjunktiv⟩ drückt aus, dass ein bestimmtes Verhalten wünschenswert oder richtig ist: auf so etwas sollte man sich gar nicht einlassen; du hättest dich weigern sollen; dieses Buch sollte man gelesen haben. **6.** ⟨Modalverb; hat; 2. Partizip: sollen; im 2. Konjunktiv⟩ kennzeichnet einen abhängigen Satz als Konditionalsatz: sollte es regnen, [dann] bleiben wir zu Hause; wenn du ihn sehen solltest, sag es ihm bitte. **7.** ⟨Modalverb; hat; 2. Partizip: sollen; im Präsens⟩ drückt aus, dass es sich um eine Aussage Dritter handelt, die man ohne Überprüfung weitergibt: sie soll im Lotto gewonnen haben; das Restaurant soll sehr gut sein. **8.** ⟨Vollverb; itr.; hat; 2. Partizip: gesollt⟩ drückt aus, was jmd. tun muss oder nicht tun darf: gerade das hätte er nicht gesollt *(tun dürfen);* ich hätte heute eigentlich in die/zur Schule gesollt *(gehen müssen).* **9.** ⟨Vollverb; itr.; hat; 2. Partizip: gesollt; bes. in Fragesätzen⟩ fragt nach der Bedeutung oder dem Zweck: was soll sie dort? *(was soll sie dort tun?);* was soll denn das? *(welchen Sinn, Zweck hat das?).*

so|lo ['zoːlo] ⟨Adj.; indeklinabel⟩: **1.** *allein:* ich will nur noch solo singen, spielen. *Syn.:* einzeln. **2.** (ugs.) *allein, ohne Partner:* er ist wieder solo.

so|mit [zo'mɪt] ⟨Adverb⟩: *deswegen, deshalb:* sie war bei dem Vorfall nicht anwesend, somit konnte sie nicht darüber berichten. *Syn.:* also, demnach.

der **Som|mer** ['zɔmɐ]; -s, -: *Jahreszeit zwischen Frühling und Herbst:* ein heißer Sommer.

die **Som|mer|fe|ri|en** [ˈzɔmɐfeːrjən] ⟨Plural⟩: *lange Schulferien im Sommer:* in den Sommerferien will sie arbeiten; wir fahren in den Sommerferien ans Meer.

som|mer|lich [ˈzɔmɐlɪç], sommerlicher, am sommerlichsten ⟨Adj.⟩: *wie im Sommer:* es herrschte sommerliches Wetter; sommerliche Temperaturen; sich sommerlich anziehen; es war sommerlich warm. *Syn.:* warm.

Son|der- [zɔndɐ] ⟨nominales Präfix⟩: drückt aus, dass etwas nicht dem Üblichen entspricht oder für einen besonderen Zweck bestimmt ist: Sonderabteil; Sonderaktion; Sonderausstellung; Sonderparteitag; Sonderschicht; Sonderurlaub; Sonderzug.

das **Son|der|an|ge|bot** [ˈzɔndɐʔangəboːt]; -[e]s, -e: *Ware, die für kurze Zeit billiger als sonst verkauft wird:* achten Sie besonders auf unsere Sonderangebote; dieser Käse ist im Sonderangebot.

son|der|bar [ˈzɔndɐbaː], sonderbarer, am sonderbarsten ⟨Adj.⟩: *merkwürdig, eigenartig:* ein sonderbarer Mensch; ihr Benehmen war sonderbar; [ich finde es] sonderbar, dass niemand zu Hause ist; es war sonderbar still. *Syn.:* komisch, kurios, seltsam, verwunderlich.

son|dern [ˈzɔndɐn] ⟨Konj.; steht nach einem verneinten Satzglied oder Satz⟩: drückt aus, dass etwas anders als angenommen ist: *vielmehr:* ich komme nicht heute, sondern morgen; nicht nur die Kinder, sondern auch die Eltern waren krank geworden; du darfst nicht nur mitkommen, sondern ich bitte dich sogar darum.

der **Sonn|abend** [ˈzɔnʔaːbn̩t]; -s, -e (bes. nordd.): *Samstag:* gehst du am Sonnabend zum Fußball?

die **Son|ne** [ˈzɔnə]; -: **1.** *Himmelskörper, der Licht und Wärme ausstrahlt:* die Sonne war hinter den Wolken verborgen; die Sonne ist aufgegangen. **2.** *Licht und Wärme der Sonne:* diese Pflanzen brauchen viel Sonne; in der prallen Sonne sitzen; ich kann keine Sonne vertragen. *Zus.:* Abendsonne, Mittagssonne, Morgensonne.

son|nen [ˈzɔnən], sonnt, sonnte, gesonnt ⟨sich s.⟩: *in der Sonne sitzen oder liegen [um braun zu werden]:* ich will mich auf dem Balkon sonnen.

der **Son|nen|brand** [ˈzɔnənbrant]; -[e]s, -e: *Verbrennung der Haut durch die Strahlen der Sonne:* einen Sonnenbrand haben, bekommen.

die **Son|nen|bril|le** [ˈzɔnənbrɪlə]; -, -n: *Brille mit dunklen Gläsern, die die Augen vor der Sonne schützt:* er trägt im Sommer beim Autofahren oft eine Sonnenbrille; ohne Sonnenbrille kann man am Strand nicht gut lesen.

der **Son|nen|un|ter|gang** [ˈzɔnənʔʊntɐgaŋ]; -[e]s, Sonnenuntergänge [ˈzɔnənʔʊntɐgɛŋə]: *Untergang der Sonne am Abend:* sie saßen auf der Terrasse und beobachteten den Sonnenuntergang.

son|nig [ˈzɔnɪç], sonniger, am sonnigsten ⟨Adj.⟩: *mit Sonne:* ein sonniges Zimmer; ein sonniger Tag; das Wetter war sonnig; morgen wird es wieder sonnig.

der **Sonn|tag** [ˈzɔntaːk]; -[e]s, -e: *siebter Tag der Woche:* am Sonntag sind die Geschäfte geschlossen; gehst du nächsten Sonntag mit mir in die Kirche? *Zus.:* Adventssonntag, Ostersonntag, Pfingstsonntag.

sonst [zɔnst] ⟨Adverb⟩: **1.** *im anderen Falle:* du solltest eine Jacke anziehen, sonst frierst du; beeil dich, sonst kommen wir zu spät. *Syn.:* ander[e]nfalls, ansonsten (ugs.). **2.** *darüber hinaus:* haben Sie sonst noch eine Frage?; es war sonst niemand im Hause. *Syn.:* ansonsten (ugs.), außerdem. **3.** *normalerweise:* sie hat sich sonst immer bei uns verabschiedet; die sonst so klugen Experten haben sich da geirrt.

sons|tig [ˈzɔnstɪç] ⟨Adj.⟩: *ander..., weiter...:* Schrank, Bett und sonstige Möbel; das passt nicht zu deinen sonstigen Gewohnheiten; alles Sonstige besprechen wir morgen. *Syn.:* übrig.

so|oft [zoˈʔɔft] ⟨Konj.⟩: *immer wenn:* du kannst kommen, sooft du willst.

die **Sor|ge** [ˈzɔrgə]; -, -[e]n: *bedrückendes Gefühl der Unruhe und Angst:* ich habe große Sorgen; wir machen uns Sorgen um unseren Freund; meine Gesundheit macht mir Sorgen; keine Sorge, wir werden das schon schaffen. *Syn.:* Angst, Besorgnis. *Zus.:* Alltagssorge, Existenzsorge, Geldsorge.

sor|gen [ˈzɔrgn̩], sorgt, sorgte, gesorgt: **1.** ⟨sich s.⟩ *in Sorge sein:* Mutter sorgt sich wegen jeder Kleinigkeit; du brauchst dich nicht um mich zu sorgen. *Syn.:* sich beunruhigen. **2.** ⟨itr.; hat; für jmdn. s.⟩: *jmdn. versorgen, sich um jmdn. kümmern:* sie sorgt gut für ihre Familie; wer sorgt für den Hund? *Syn.:* betreuen. **3.** ⟨itr.; hat; für etw. s.⟩: *sich darum kümmern, dass etwas vorhanden ist oder erreicht wird:* für Getränke sorgen; für

S

eine gute Erziehung seiner Kinder sorgen; du musst endlich für Ruhe sorgen; dafür ist gesorgt.

die **Sorg|falt** [ˈzɔrkfalt]; -: *Vorsicht:* mit großer Sorgfalt arbeiten; die Bücher mit Sorgfalt behandeln.

sorg|fäl|tig [ˈzɔrkfɛltɪç], sorgfältiger, am sorgfältigsten ⟨Adj.⟩: *gründlich, vorsichtig:* der Arzt hat den Patienten sorgfältig untersucht; sie legten die Kleidung sorgfältig in den Schrank. *Syn.:* genau, gewissenhaft, ordentlich.

die **Sor|te** [ˈzɔrtə]; -, -n: *Art, Kategorie (bes. von Waren):* verschiedene Sorten Äpfel; eine besonders milde Sorte [von] Kaffee; diese Sorte Mensch findet man überall. *Syn.:* Gattung. *Zus.:* Gemüsesorte, Kaffeesorte, Käsesorte, Obstsorte.

sor|tie|ren [zɔrˈtiːrən], sortiert, sortierte, sortiert ⟨tr.; hat⟩: *ordnen:* die Wäsche, Akten, Fotos sortieren; die Schallplatten sind nicht sortiert; ein gut sortiertes Geschäft *(ein Geschäft mit einem großen Angebot).*

das **Sor|ti|ment** [zɔrtiˈmɛnt]; -[e]s, -e: *Auswahl von Waren, die in einem Geschäft angeboten werden:* sein Sortiment an Lebensmitteln erweitern, vergrößern; bei uns gibt es ein reiches Sortiment an Gläsern und Tassen. *Syn.:* Angebot. *Zus.:* Buchsortiment, Warensortiment.

so|sehr [zoˈzeːɐ̯] ⟨Konj.⟩: *wie sehr auch:* sosehr ich mich auch beeilte, ich kam zu spät.

so|so [zoˈzoː] ⟨Interjektion⟩: **1.** drückt Ironie oder Zweifel aus: soso, du warst also gestern krank. **2.** drückt aus, dass man das Gesagte nicht besonders interessant findet: »Ich habe heute Jonas getroffen.« – »Soso, das ist ja toll.«.

die **So|ße** [ˈzoːsə]; -, -n: *flüssige Beilage zu vielen Speisen:* er gießt die Soße über das Fleisch und die Kartoffeln; welche Soße möchten Sie zum Salat?; zum Pudding gab es eine leckere Soße aus frischen Himbeeren. *Zus.:* Bratensoße, Sahnesoße, Salatsoße, Tomatensoße, Vanillesoße.

das **Sou|ve|nir** [zuvəˈniːɐ̯]; -s, -s: *Gegenstand, den man als Erinnerung von einer Reise mitbringt:* ich will mir noch ein Souvenir kaufen. *Syn.:* Andenken.

so|viel [zoˈfiːl] ⟨Konj.⟩: **1.** *wie sehr, wie auch:* soviel ich auch arbeite, ich werde nicht rechtzeitig fertig. **2.** *nach dem, was:* soviel ich sehe, wird es bald regnen; soviel ich weiß, ist er krank. *Syn.:* soweit.

so|weit [zoˈvait] ⟨Konj.⟩: **1.** *in dem Maße,*

wie: soweit ich es beurteilen kann, geht es ihr gut. *Syn.:* sofern. **2.** *nach dem, was:* soweit ich weiß, ist sie verreist. *Syn.:* soviel.

so|wie [zoˈviː] ⟨Konj.⟩: **1.** in einer Aufzählung: *und [außerdem], und auch:* er kaufte Brot und Käse sowie eine Flasche Wein; die Schüler und ihr Lehrer sowie die Direktorin wurden eingeladen. **2.** *gleich als; sobald:* sowie sie ihn erblickte, lief sie davon. *Syn.:* als.

so|wie|so [zoviˈzoː] ⟨Adverb⟩: *auch ohne das, auch so:* du kannst mir das Buch mitgeben, ich gehe sowieso in die Bibliothek; mach langsam, wir kommen sowieso zu spät.

so|wohl [zoˈvoːl]: in der Verbindung * **sowohl ... als/wie [auch]**: *das eine genauso wie das andere; das eine wie auch das andere:* ich spreche sowohl Englisch als/wie [auch] Französisch; sie war sowohl wütend als/wie [auch] traurig.

so|zi|al [zoˈtsi̯aːl], sozialer, am sozialsten ⟨Adj.⟩: **1.** *in der Gesellschaft, Gemeinschaft:* sie fordert soziale Gerechtigkeit; er kritisierte die sozialen Verhältnisse; Frauen sind sozial benachteiligt. **2.** *für andere Menschen sorgend:* sie will einen sozialen Beruf ergreifen.

das **So|zi|al|amt** [zoˈtsi̯aːlʔamt]; -[e]s, Sozialämter [zoˈtsi̯aːlʔɛmtɐ]: *Amt, das für die Sozialhilfe zuständig ist:* zum Sozialamt gehen.

der **So|zi|al|ar|bei|ter** [zoˈtsi̯aːlʔarbaitɐ]; -s, -, die **So|zi|al|ar|bei|te|rin** [zoˈtsi̯aːlʔarbaitərɪn]; -, -nen: *Person, die Menschen in schwierigen sozialen Verhältnissen betreut:* er ist Sozialarbeiter in einem Gefängnis; die Sozialarbeiterin betreut rund 15 Personen.

die **So|zi|al|hil|fe** [zoˈtsi̯aːlhɪlfə]; -, -n: *staatliche (finanzielle) Hilfe für arme Menschen:* sie lebt von Sozialhilfe; er hat Sozialhilfe beantragt.

der **So|zi|a|lis|mus** [zotsi̯aˈlɪsmʊs]; -: *Form der Wirtschaft, in der die Produktion nach Plan erfolgt und die hergestellten Güter gleichmäßig und gerecht verteilt werden:* im Sozialismus gehören die Betriebe dem Volk; im Sozialismus spielen soziale Unterschiede keine große Rolle.

so|zi|a|lis|tisch [zotsi̯aˈlɪstɪʃ] ⟨Adj.⟩: *den Sozialismus betreffend:* eine sozialistische Regierung; die sozialistische Wirtschaft. *Syn.:* ¹links.

so|zu|sa|gen [zoːtsuˈzaːgn̩] ⟨Adverb⟩: *wenn man so sagen will:* unsere Verlobung ist sozusagen offiziell; der Ausflug ist sozusagen ins Wasser gefallen. *Syn.:* gewissermaßen, praktisch.

die **Spa|ghet|ti** [ʃpaˈɡɛti], **Spa|get|ti** ⟨Plural⟩: *lange, dünne Nudeln, die man beim Essen um die Gabel dreht:* es gab Spaghetti mit Tomatensoße.

der **Spalt** [ʃpalt]; -[e]s, -e: *lange, schmale Öffnung:* ich gucke durch einen Spalt in der Tür. *Syn.:* Riss, Ritze, Schlitz, Spalte. *Zus.:* Felsspalt, Türspalt.

die **Spal|te** [ˈʃpaltə]; -, -n: **1.** *langer Riss in einem festen Material:* in den Mauern waren tiefe Spalten zu erkennen. *Syn.:* Ritze, Schlitz, Spalt. *Zus.:* Felsspalte, Gletscherspalte. **2.** *Text, der so angeordnet ist, dass viele gleich lange Zeilen untereinanderstehen:* die Seiten des Lexikons haben drei Spalten; der Artikel in der Zeitung war eine Spalte lang.

spal|ten [ˈʃpaltn̩], spaltet, spaltete, gespalten und gespaltet: **1.** ⟨tr.; hat; etw. s.⟩ *(einen festen Gegenstand) der Länge nach in Teile teilen:* Holz spalten; ein vom Blitz gespaltener Baum. **2.** ⟨sich s.⟩ *sich teilen:* die Partei spaltete sich in zwei Gruppen.

die **Span|ge** [ˈʃpaŋə]; -, -n: *Gegenstand aus festem Material, mit dem etwas zusammengehalten wird:* sie steckt die Haare mit einer Spange hoch; unser Sohn muss seine Spange [für die Zähne] nur nachts tragen. *Zus.:* Haarspange, Schuhspange, Zahnspange.

spann [ʃpan]: ↑ spinnen.

span|nen [ˈʃpanən], spannt, spannte, gespannt: **1.** ⟨tr.; hat; etw. s.⟩ *so befestigen, dass es straff, glatt ist:* sie spannten ein Seil zwischen zwei Pfosten; eine Leine für die Wäsche von einer Wand zur anderen spannen. **2.** ⟨tr.; hat; etw. s.⟩ *dehnen, lang ziehen:* die Saiten einer Geige spannen; sie spannt das Gummi zwischen den Händen. **3.** ⟨tr.; hat; ein Tier irgendwohin s.⟩ *ein Tier vor einem Wagen festmachen:* die Pferde vor den Wagen spannen. **4.** ⟨itr.; hat; [irgendwo] s.⟩ *zu eng sein:* das Kleid spannt hinten.

span|nend [ˈʃpanənt], spannender, am spannendsten ⟨Adj.⟩: *aufregend, sehr interessant:* eine spannende Geschichte; der Film ist spannend; du erzählst sehr spannend.

die **Span|nung** [ˈʃpanʊŋ]; -, -en: **1.** ⟨ohne Plural⟩ *unruhige Erwartung; Neugier:* die Spannung unter den Zuschauern war groß; mit Spannung warteten sie auf das Ergebnis. *Syn.:* Erregung, Ungeduld.

2. *nicht ausgesprochener Konflikt; Unstimmigkeit:* in der Partei gab es große Spannungen. **3.** *Unterschied zwischen zwei elektrischen Polen:* die Spannung des Stroms beträgt 220 Volt; die Leitung steht unter Spannung. *Zus.:* Stromspannung.

das **Spar|buch** [ˈʃpaːɐ̯buːx]; -[e]s, Sparbücher [ˈʃpaːɐ̯byːçɐ]: *Heft, in dem eine Bank oder Sparkasse notiert, wie viel Geld jmd. dort gespart hat:* ein Sparbuch anlegen; auf meinem Sparbuch sind tausend Euro.

spa|ren [ˈʃpaːrən], spart, sparte, gespart: **1.** ⟨itr.; hat⟩ *Geld nicht ausgeben, sondern behalten:* für/auf ein Auto sparen; fleißig, bei einer Bank sparen; ⟨auch tr.; etw. s.⟩ ich habe nur wenig Geld sparen können; bei diesem Angebot sparen Sie 30 Euro. **2.** ⟨itr.; hat⟩ *wenig Geld ausgeben, sparsam sein:* sie spart sehr; sie bauen ein Haus und müssen deshalb sparen; wenn nicht alle Lampen an sind, sparen wir Strom. *Zus.:* einsparen. **3.** ⟨sich (Dativ) etw. s.⟩ *vermeiden:* die Mühe hättest du dir sparen können; spar dir deine Bemerkung.

der **Spar|gel** [ˈʃpaɐ̯ɡl̩]; -s: *lange weiße oder grüne Triebe einer Pflanze, die unter der Erde wachsen und als Gemüse gegessen werden:* ein Pfund, zehn Stangen Spargel; heute Abend gibt es bei uns Spargel mit Kartoffeln und Schinken.

die **Spar|kas|se** [ˈʃpaːɐ̯kasə]; -, -n: *Unternehmen, das mit Geld handelt, für gespartes Geld Zinsen zahlt oder Geld verleiht:* die Sparkasse hat bis vier geöffnet; sie hat ein Konto bei der Sparkasse. *Syn.:* ²Bank.

spar|sam [ˈʃpaːɐ̯zaːm], sparsamer, am sparsamsten ⟨Adj.⟩: **1.** *so, dass man wenig Geld ausgibt:* eine sparsame Hausfrau; sie leben sehr sparsam. **2.** *so, dass man wenig von etwas verbraucht:* du solltest mit dem Strom sparsamer sein; geh sparsam mit dem Wasser um! *Syn.:* ökonomisch.

der **Spaß** [ʃpaːs]; -es, Späße [ˈʃpɛːsə]: **1.** *etwas, was die Menschen zum Lachen bringt; Scherz:* glaub es nicht, es war nur ein Spaß; die Kinder lachten über die Späße des Clowns. *Syn.:* Jux (ugs.). **2.** ⟨ohne Plural⟩ *Vergnügen, Freude:* diese Arbeit macht ihr keinen Spaß; sie hatten viel Spaß auf der Reise.

spa|ßen [ˈʃpaːsn̩], spaßt, spaßte, gespaßt ⟨itr.; hat⟩: *Spaß, Scherze machen:* er spaßt immer gern; mit diesen gefährli-

S

spät

chen Stoffen ist nicht zu spaßen. *Syn.:* scherzen.

spät [ʃpɛ:t], später, am spätesten ⟨Adj.⟩:
1. *am Ende eines Zeitraums* /Ggs. früh/: am späten Abend; die späten Werke des Malers; es ist schon spät; er arbeitet von früh bis spät *(von morgens bis abends)*.
2. *nach dem üblichen, vereinbarten Zeitpunkt* /Ggs. früh/: ein später Sommer; er kommt immer zu spät; in diesem Jahr liegt Ostern später als sonst. *Syn.:* verspätet.
3. in der Frage * »wie spät ist es?«: »wie viel Uhr ist es?«: weißt du, wie spät es ist?

der **Spa|ten** [ˈʃpaːtn̩]; -s, -: *Gerät, mit dem man in fester Erde gräbt:* er gräbt mit einem Spaten ein tiefes Loch für den neuen Baum; sie tritt den Spaten mit dem Fuß in die Erde. *Syn.:* Schaufel.

der Spaten

¹**spä|ter** [ˈʃpɛːtɐ] ⟨Adj.⟩ /Ggs. früher/: *zeitlich nach etwas kommend; folgend:* spätere Generationen; in späteren Jahren ging es ihr sehr gut.

²**spä|ter** [ˈʃpɛːtɐ] ⟨Adverb⟩ /Ggs. früher/:
1. *in der Zukunft:* später wollen sie sich ein Haus bauen; nicht jetzt, das kannst du mir doch später erzählen; bis später! (Abschiedsgruß).
2. ⟨in Verbindung mit einer Zeitangabe⟩ *danach:* einige Minuten später; drei Jahre später war sie tot. *Syn.:* danach, darauf.

spä|tes|tens [ˈʃpɛːtəstn̩s] ⟨Adverb⟩: *nicht später als* /Ggs. frühestens/: wir sehen uns spätestens morgen; er muss spätestens um 12 Uhr zu Hause sein.

die **Spätz|le** [ˈʃpɛtslə] ⟨Plural⟩: *kleine, kurze Nudeln, die besonders in Süddeutschland als Beilage gegessen werden:* zum Fleisch gab es Spätzle mit Soße.

spa|zie|ren [ʃpaˈtsiːrən], spaziert, spazierte, spaziert ⟨itr.; ist⟩: *langsam, ohne Eile gehen:* sie spazierte durch die Straßen; * **spazieren gehen:** *zur Entspannung und Erholung im Freien gehen:* er geht jeden Tag eine Stunde spazieren; wollen wir ein bisschen spazieren gehen? *Syn.:* bummeln (ugs.).

der **Spa|zier|gang** [ʃpaˈtsiːɐ̯ɡaŋ]; -[e]s, Spaziergänge [ʃpaˈtsiːɐ̯ɡɛŋə]: *das Spazierengehen:* sie haben einen langen, weiten Spaziergang gemacht; auf meinem Spaziergang traf ich unsere Nachbarn. *Syn.:* Bummel (ugs.). *Zus.:* Abendspaziergang, Morgenspaziergang, Sonntagsspaziergang, Verdauungsspaziergang.

der **Spa|zier|gän|ger** [ʃpaˈtsiːɐ̯ɡɛŋɐ]; -s, -, die **Spa|zier|gän|ge|rin** [ʃpaˈtsiːɐ̯ɡɛŋərɪn]; -, -nen: *Person, die spazieren geht:* auf der Promenade trifft man viele Spaziergänger; eine Spaziergängerin entdeckte die Leiche.

der **Speck** [ʃpɛk]; -[e]s: *Schweinefleisch mit viel Fett:* zum Essen gab es Kartoffeln mit Speck.

der **Spei|chel** [ˈʃpaɪçl̩]; -s: *Flüssigkeit, die im Mund entsteht:* der Speichel lief ihm über das Kinn; sie schluckte die Tablette mit viel Speichel herunter. *Syn.:* Spucke (ugs.).

der **Spei|cher** [ˈʃpaɪçɐ]; -s, -: 1. *Bereich im Computer, in dem Daten gespeichert werden:* wie viel Speicher hat der Rechner?; der Speicher reicht nicht aus, ist zu klein. *Zus.:* Arbeitsspeicher, Datenspeicher.
2. *Gebäude, in dem Vorräte gelagert werden:* die Speicher waren mit Korn gefüllt. *Zus.:* Getreidespeicher.
3. (landsch.) *Dachboden:* sie haben die alten Möbel auf den Speicher gestellt. *Syn.:* Boden (landsch.).

spei|chern [ˈʃpaɪçɐn], speichert, speicherte, gespeichert ⟨tr.; hat; etw. s.⟩: 1. *in einem elektronischen Speicher aufbewahren:* eine Datei speichern; ein Dokument auf der Festplatte speichern. *Syn.:* sichern. 2. *sammeln und aufbewahren:* Vorräte, Getreide speichern; in dem großen Becken wird Wasser gespeichert. *Syn.:* lagern.

die **Spei|se** [ˈʃpaɪzə]; -, -n: *zubereitete Nahrung:* warme und kalte Speisen; Speisen und Getränke sind im Preis inbegriffen. *Syn.:* Essen, ²Gericht. *Zus.:* Lieblingsspeise, Mehlspeise, Milchspeise, Nachspeise, Süßspeise, Vorspeise.

die **Spei|se|kam|mer** [ˈʃpaɪzəkamɐ]; -, -n: *kleiner Raum, in dem Lebensmittel aufbewahrt werden:* in der Speisekammer ist es immer schön kühl; sie stellte den Kuchen in die Speisekammer. *Syn.:* Kammer.

die **Spei|se|kar|te** [ˈʃpaɪzəkartə]; -, -n: *Liste der Speisen, die in einem Lokal angeboten werden:* der Ober brachte die Speisekarte; dieses Menü steht nicht auf der Speisekarte. *Syn.:* Karte.

die **Spei|se|röh|re** [ˈʃpaɪzərøːrə]; -, -n: *Röhre, durch die das Nahrung vom Mund in den Magen kommt:* der Bissen steckte in der Speiseröhre fest.

der **Spei|se|wa|gen** [ˈʃpaɪzəvaːɡn̩]; -s, -: *(im Zug) Wagen mit einem Restaurant:* auf der Reise aßen sie im Speisewagen zu Mittag; wir gehen in den Speisewagen.

der **¹Spek|ta|kel** [ʃpɛk'taːkl̩]; -s (ugs.): *großer Lärm:* die Kinder machten im Hof einen großen Spektakel.

das **²Spek|ta|kel** [ʃpɛk'taːkl̩]; -s, -: *außergewöhnliches, beeindruckendes Ereignis:* das Gewitter war ein beeindruckendes Spektakel. *Syn.:* Schauspiel.

die **Spen|de** ['ʃpɛndə]; -, -n: *etwas, was man abgibt, um anderen zu helfen:* eine Spende für Kinder in Not; die Organisation hat viele Spenden erhalten. *Syn.:* Zuwendung. *Zus.:* Blumenspende, Geldspende, Kranzspende.

spen|den ['ʃpɛndn̩], spendet, spendete, gespendet: 1. ⟨tr.; hat; etw. s.⟩ *geben, schenken (um anderen Menschen zu helfen):* viele Menschen spendeten Kleider und Geld für die Opfer des Erdbebens; ⟨auch itr.⟩ für eine gute Sache spenden. 2. ⟨tr.; hat; etw. s.⟩ als Funktionsverb: Trost spenden *(trösten);* Freude spenden *(erfreuen);* Wärme spenden *(wärmen).*

der **Spen|der** ['ʃpɛndɐ]; -s, -, die **Spen|de|rin** ['ʃpɛndərɪn]; -, -nen: *Person, die etwas spendet oder gespendet hat:* eine großzügige Spenderin.

die **Sper|re** ['ʃpɛrə]; -, -n: 1. *Vorrichtung, die etwas sperrt:* an der Grenze mussten sie vor einer Sperre halten; vor der Sperre staute sich das Wasser. *Syn.:* Barriere, Hindernis, Schranke. *Zus.:* Straßensperre, Talsperre. 2. *Verbot, an sportlichen Wettkämpfen teilzunehmen:* gegen die Läuferin wurde eine Sperre verhängt; seine Sperre wurde nach zwei Monaten wieder aufgehoben. *Syn.:* Ausschluss.

sper|ren ['ʃpɛrən], sperrt, sperrte, gesperrt: 1. ⟨tr.; hat; etw. s.⟩ *den Zugang, die Durchfahrt verbieten:* das ganze Gebiet, die Straße, die Brücke wurde gesperrt. *Syn.:* absperren. 2. ⟨tr.; hat; [jmdm.] etw. s.⟩: *den Gebrauch von etwas verhindern:* [jmdm.] den Strom, das Telefon, das Konto sperren; seine Scheckkarte, Kreditkarte sperren lassen. 3. ⟨tr.; hat; jmdn., ein Tier in etw. s.⟩ *in einen Raum bringen und dort gefangen halten:* die Tiere wurden in einen Käfig gesperrt; man sperrte den Gefangenen in eine Zelle. *Syn.:* einsperren.

der **Sperr|müll** ['ʃpɛrmʏl]; -s: *Müll, der nicht in die Mülltonne passt und deshalb getrennt abgeholt wird:* heute ist Sperrmüll *(heute wird der Sperrmüll abgeholt);* sie stellten den Sperrmüll auf die Straße.

die **Spei|sen** ['ʃpeːzn̩] ⟨Plural⟩: *Ausgaben, die bei der Arbeit entstehen und ersetzt werden:* seine Spesen waren nicht sehr hoch; die Spesen für das Taxi und das Essen bekam er zurück. *Zus.:* Geschäftsspesen, Reisespesen, Telefonspesen.

Spe|zi|al- [ʃpe'tsi̯aːl] ⟨nominales Präfix⟩: drückt aus, dass etwas nicht dem Üblichen entspricht oder für einen besonderen Zweck bestimmt ist: Spezialanfertigung; Spezialgebiet; Spezialgeschäft.

spe|zi|a|li|sie|ren [ʃpetsi̯ali'ziːrən], spezialisiert, spezialisierte, spezialisiert ⟨sich [auf etw. (Akk.)] s.⟩: *sich auf ein bestimmtes Fachgebiet festlegen [um dort besonders gut zu sein]:* diese Buchhandlung hat sich auf Kinder- und Jugendliteratur spezialisiert.

der **Spe|zi|a|list** [ʃpetsi̯a'lɪst]; -en, -en, die **Spe|zi|a|lis|tin** [ʃpetsi̯a'lɪstɪn]; -, -nen: *Person, die sich in einem Fach besonders gut auskennt:* eine Spezialistin für Finanzfragen; frag doch mal einen Spezialisten. *Syn.:* Experte, Expertin, Fachfrau, Fachmann. *Zus.:* Computerspezialist, Computerspezialistin, Herzspezialist, Herzspezialistin.

die **Spe|zi|a|li|tät** [ʃpetsi̯ali'tɛːt]; -, -en: 1. *²Gericht, das typisch ist für einen Ort, eine Region:* dieses Gericht ist eine Kölner Spezialität; das ist eine italienische Spezialität; Gulasch ist die Spezialität des Hauses. *Syn.:* Besonderheit. 2. *²Gericht, das jmd. besonders gut zubereitet:* Kartoffelsalat ist die Spezialität des Kochs; Nudeln mit Lachs sind meine Spezialität.

spe|zi|ell [ʃpe'tsi̯ɛl], spezieller, am speziellsten ⟨Adj.⟩: *besonder...:* er hat spezielle Kenntnisse auf diesem Gebiet; haben Sie spezielle Wünsche?; speziell *(besonders)* an diesen Büchern war sie interessiert.

spe|zi|fisch [ʃpe'tsiːfɪʃ] ⟨Adj.⟩: *so, dass man jmdn., etwas daran erkennt; typisch:* der spezifische Duft dieser Blumen ist sehr herb; eine spezifisch weibliche Eigenschaft. *Syn.:* charakteristisch, kennzeichnend. *Zus.:* altersspezifisch, fachspezifisch, geschlechtsspezifisch.

der **Spie|gel** ['ʃpiːgl̩]; -s, -: *flacher Gegenstand aus Glas, in dem man sich selbst sehen kann:* er ging ins Badezimmer und schaute in den Spiegel; sich im Spiegel betrachten. *Zus.:* Außenspiegel, Handspiegel, Rückspiegel, Wandspiegel.

das **Spie|gel|bild** ['ʃpiːgl̩bɪlt]; -[e]s, -er: *Bild, das man in einem Spiegel sieht:* sie betrachtete lange ihr Spiegelbild.

S

das **Spie|gel|ei** [ˈʃpiːɡl̩|ai]; -[e]s, -er: *gebratenes Ei, das außen weiß und innen gelb ist:* heute gibt es Spiegeleier und Spinat.

spie|geln [ˈʃpiːɡl̩n], spiegelt, spiegelte, gespiegelt ⟨sich s.⟩: *auf einer glänzenden, glatten Fläche als Bild zu sehen sein:* die Sonne spiegelte sich in den Fenstern.

das **Spiel** [ʃpiːl]; -[e]s, -e: **1.** *das Spielen:* ein spannendes, lustiges, unterhaltsames, langweiliges Spiel; mitten im Spiel fing er an zu weinen; das ist doch nur ein Spiel; wollen wir ein Spiel spielen? *Zus.:* Fangspiel, Geschicklichkeitsspiel, Kinderspiel, Pfänderspiel. **2.** *Sammlung von Gegenständen (z. B. Karten), mit denen man nach bestimmten Regeln spielen kann:* er wünscht sich zum Geburtstag ein Spiel; das Spiel ist nicht mehr vollständig; was habt ihr denn für Spiele? *Zus.:* Brettspiel, Kartenspiel, Mühlespiel, Schachspiel, Skatspiel, Würfelspiel. **3.** *Glücksspiel:* dem Spiel verfallen, ergeben sein; sein Geld beim, im Spiel verlieren. *Zus.:* Lotteriespiel, Lottospiel, Roulettespiel. **4.** *sportlicher Wettkampf zwischen zwei Personen oder Mannschaften:* es war ein faires, spannendes Spiel; ein Spiel unterbrechen, verschieben; ein Spiel gewinnen, verlieren. *Zus.:* Endspiel, Freundschaftsspiel, Fußballspiel, Handballspiel, Länderspiel, Pokalspiel.

spie|len [ˈʃpiːlən], spielt, spielte, gespielt: **1.** ⟨itr.; hat; etw. s.⟩ *[zusammen mit anderen] in der Freizeit etwas tun, was Freude macht und nach bestimmten Regeln abläuft:* die Kinder spielen auf der Straße, mit dem Ball; Schach, Karten, Skat spielen; wollt ihr noch eine Partie spielen? **2.** ⟨itr.; hat⟩ *(im Glücksspiel) Geld einsetzen:* Lotto spielen; sie spielt hoch, riskant *(mit hohem Einsatz, Risiko).* **3.** ⟨tr.; hat; etw. s.⟩ *einen Sport mit Ball betreiben:* Fußball, Tennis spielen; sie spielt hervorragend Hockey. **4.** ⟨itr.; hat; mit Umstandsangabe⟩ *an einem sportlichen Spiel, Wettkampf teilnehmen:* er spielt in der Nationalmannschaft, als Stürmer, im Tor; die deutsche Mannschaft spielt gegen die Schweiz. *Syn.:* antreten. **5.** ⟨tr.; hat; etw. s.⟩ *aufführen, wiedergeben:* eine Sonate für Cello spielen; Theater, ein Stück, eine Komödie spielen; er hat den Hamlet gespielt *(dargestellt).* **6.** ⟨itr.; hat; oft mit Umstandsangabe⟩ *auftreten, ein Konzert geben:* morgen spielt die Band in Köln; er spielt solo. **7.** ⟨itr.; hat; irgendwo, irgendwann s.⟩ *sich ereignen:* der Roman spielt in Italien, im 19. Jahrhundert.

spie|lend [ˈʃpiːlənt] ⟨Adj.⟩: *ohne Mühe, Anstrengung:* er bewältigte die Aufgabe spielend; der Apparat ist spielend leicht *(sehr leicht)* zu bedienen. *Syn.:* leicht, mühelos.

der **Spie|ler** [ˈʃpiːlɐ]; -s, -, die **Spie|le|rin** [ˈʃpiːlərɪn]; -, -nen: **1.** *Person, die bei einem sportlichen Wettkampf [in einer Mannschaft] spielt:* ein fairer Spieler; unsere beste Spielerin; einen Spieler aufstellen; eine Spielerin auswechseln. **2.** *Person, die oft um Geld spielt:* mein Vater war ein leidenschaftlicher Spieler; sie ist überall als Spielerin bekannt.

das **Spiel|feld** [ˈʃpiːlfɛlt]; -[e]s, -er: *Fläche für sportliche Spiele:* die Zuschauer liefen auf das Spielfeld. *Syn.:* Feld, Platz.

der **Spiel|film** [ˈʃpiːlfɪlm]; -[e]s, -e: *Film im Kino oder Fernsehen, der eine Geschichte erzählt:* heute abend kommt im ersten Programm ein Spielfilm.

die **Spiel|kar|te** [ˈʃpiːlkartə]; -, -n: *Karte eines Kartenspiels:* neue Spielkarten kaufen.

der **Spiel|plan** [ˈʃpiːlplaːn]; -[e]s, Spielpläne [ˈʃpiːlplɛːnə]: *Plan, in dem die Termine für die Aufführungen eines Theaters stehen:* der Spielplan für die nächsten drei Monate; das Stück ist, steht nicht mehr auf dem Spielplan. *Syn.:* Programm. *Zus.:* Sommerspielplan, Winterspielplan.

der **Spiel|platz** [ˈʃpiːlplats]; -es, Spielplätze [ˈʃpiːlplɛtsə]: *Platz zum Spielen für Kinder:* die Kinder sind auf dem Spielplatz; auf dem Spielplatz gibt es eine Schaukel und einen Sandkasten. *Zus.:* Kinderspielplatz.

die **Spiel|re|gel** [ˈʃpiːlreːɡl̩]; -, -n: *Regel für ein Spiel:* dieser Fußballer scheint die Spielregeln nicht zu kennen; gegen die Spielregeln verstoßen; sich an die Spielregeln halten.

der **Spiel|ver|der|ber** [ˈʃpiːlfɛɐ̯dɛrbɐ]; -s, -, die **Spiel|ver|der|be|rin** [ˈʃpiːlfɛɐ̯dɛrbərɪn]; -, -nen: *Person, die durch ihr Verhalten anderen die Freude an etwas nimmt:* sei [doch] kein Spielverderber!; [du] Spielverderberin!

die **Spiel|wa|ren** [ˈʃpiːlvaːrən] ⟨Plural⟩: *Spielzeug für Kinder, das im Geschäft angeboten wird:* Spielwaren finden Sie im vierten Stock.

das **Spiel|zeug** [ˈʃpiːltsɔyk]; -[e]s, -e: **1.** *Gegenstand zum Spielen:* die Puppe, die Eisenbahn ist ihr liebstes Spielzeug; dem Kind zum Geburtstag ein Spielzeug kaufen; lass das Mikroskop, das ist kein Spielzeug! **2.** ⟨ohne Plural⟩ *Gegenstände zum Spielen:* dieses Kind hat viel zu viel Spielzeug; hast du das Spielzeug aufgeräumt? *Zus.:* Holzspielzeug.

der **Spieß** [ʃpiːs]; -es, -e: *spitzer Stab, auf den man Fleisch zum Braten steckt:* Fleisch am Spieß braten; den Spieß über dem Feuer drehen. *Zus.:* Bratspieß, Holzspieß, Schaschlikspieß.

spie|ßen [ˈʃpiːsn̩], spießt, spießte, gespießt ⟨tr.; hat; etw. auf etw. spießen⟩: *auf einen spitzen Gegenstand stecken:* die Kartoffel auf die Gabel spießen.

der **Spi|nat** [ʃpiˈnaːt]; -[e]s: *Pflanze mit dunkelgrünen Blättern, die als Gemüse gekocht werden:* als Kind mochte er keinen Spinat; sie liebt frischen Spinat.

die **Spin|ne** [ˈʃpɪnə]; -, -n: *Tier mit kleinem, rundem Körper und acht langen Beinen, das aus dünnen Fäden ein Netz spinnt:* viele Menschen haben Angst vor Spinnen; die Spinne krabbelte die Wand hoch; vor dem Fenster war ein großes Netz mit einer dicken Spinne in der Mitte. *Zus.:* Kreuzspinne, Vogelspinne.

die Spinne

spin|nen [ˈʃpɪnən], spinnt, spann, gesponnen: **1.** ⟨tr.; hat; etw. s.⟩ *zu einem Faden drehen:* Wolle spinnen. **2.** ⟨tr.; hat; etw. s.⟩ *aus Fasern herstellen:* Garn, einen Faden spinnen; die Spinne spinnt ein neues Netz. **3.** ⟨itr.; hat⟩ (ugs. abwertend) *seltsam, merkwürdig sein:* den darfst du nicht ernst nehmen, der spinnt [ein bisschen]; du spinnst wohl! *(was fällt dir ein!).*

die **Spinn|we|be** [ˈʃpɪnveːbə]; -, -n: *Faden, Netz einer Spinne:* mit einem Besen die Spinnweben von der Wand entfernen.

der **Spi|on** [ʃpiˈoːn]; -s, -e: *männliche Person, die für einen Staat geheime Informationen im Ausland ermittelt:* nicht alle Spione sind so wie James Bond; er wurde als Spion entlarvt.

die **Spi|o|na|ge** [ʃpioˈnaːʒə]; -: *das Ermitteln von geheimen Informationen im Ausland:* fast alle Länder treiben Spionage; er wurde wegen Spionage verhaftet. *Zus.:* Wirtschaftsspionage.

die **Spi|o|nin** [ʃpioˈnɪn]; -, -nen: *weibliche Form zu* ↑ Spion.

die **Spi|ra|le** [ʃpiˈraːlə]; -, -n: *Linie, die mit* immer größerem Abstand um einen Punkt herum verläuft: *eine Spirale zeichnen; die Feder hat die Form einer Spirale.*

die **Spi|ri|tu|o|se** [ʃpiriˈtu̯oːzə]; -, -n: *Getränk mit viel Alkohol:* mit Spirituosen handeln; ein Geschäft für Weine und Spirituosen. *Syn.:* Alkohol.

das *oder* der **Spi|tal** [ʃpiˈtaːl]; -[e]s, Spitäler [ʃpiˈtɛːlɐ] (bes. österr., schweiz.): *Krankenhaus:* der Krankenwagen brachte sie ins Spital. *Syn.:* Hospital, Klinik.

spitz [ʃpɪts], spitzer, am spitzesten ⟨Adj.⟩: **1.** *mit einer oder mehreren [scharfen] Spitzen* /Ggs. stumpf/: eine spitze Nadel, Gabel; spitze Zähne; der Bleistift ist nicht spitz genug; der Nagel ist sehr spitz; ein spitzer Winkel *(ein Winkel von weniger als 90 Grad). Syn.:* scharf. **2.** (ugs.) *gemein, verletzend:* spitze Bemerkungen machen; spitze Reden führen. *Syn.:* bissig, boshaft.

die **Spit|ze** [ˈʃpɪtsə]; -, -n: **1.** *Ende eines Gegenstands, das immer schmaler wird:* die Spitze des Turms; die Spitze des Bleistifts ist abgebrochen; auf der Spitze des Berges; die südliche Spitze der Insel. *Zus.:* Bergspitze, Bleistiftspitze, Fingerspitze, Kirchturmspitze, Messerspitze, Nasenspitze, Pfeilspitze, Zungenspitze. **2.** *erste, führende Position:* an der Spitze des Konzerns, des Staates stehen; die Mannschaft liegt an der Spitze der Tabelle; der Läufer hat die Spitze übernommen, abgegeben. *Syn.:* Führung. *Zus.:* Konzernspitze, Parteispitze, Tabellenspitze. **3.** *ironische, boshafte Bemerkung:* seine Rede enthielt einige Spitzen gegen die Regierung.

spit|zen [ˈʃpɪtsn̩], spitzt, spitzte, gespitzt ⟨tr.; hat; etw. s.⟩: *spitz machen:* den Bleistift spitzen. *Syn.:* anspitzen.

der **Spleen** [ʃpliːn]; -s, -e *und* -s: *merkwürdige, eigenartige Gewohnheit:* sie hat den Spleen, nur grüne Kleider zu tragen; das ist so ein Spleen von mir! *Syn.:* Angewohnheit, Tick (ugs.).

spon|sern [ˈʃpɔnzɐn], sponsert, sponserte, gesponsert ⟨tr.; hat; jmdn., etw. s.⟩: *finanziell unterstützen, um dafür seinerseits Leistungen zu erhalten:* einen Künstler, eine Veranstaltung sponsern.

der **Spon|sor** [ˈʃpɔnzoːɐ̯]; -s, Sponsoren [ʃpɔnˈzoːrən], die **Spon|so|rin** [ʃpɔnˈzoːrɪn]; -, -nen: *Person, Organisation oder Firma, die jmdn. oder etwas sponsert:* ohne die Sponsoren wäre die Ausstellung, die Tournee nicht zustande gekommen.

S

spon|tan [ʃpɔn'taːn], spontaner, am spontansten ⟨Adj.⟩: *aus einem plötzlichen Impuls heraus:* spontan seine Hilfe anbieten; nach dieser Bemerkung des Redners verließen die Zuhörer spontan den Saal. *Syn.:* plötzlich, unvermittelt.

der **Sport** [ʃpɔrt]; -[e]s: *nach bestimmten Regeln ausgeübte körperliche Betätigung:* Sport treiben; sich für [den] Sport begeistern; Golfspielen ist ein teurer Sport. *Zus.:* Angelsport, Reitsport, Schulsport, Schwimmsport, Wintersport.

die **Sport|art** [ʃpɔrtlaːɐ̯t]; -, -en: *sportliche Disziplin:* sie ist in mehreren Sportarten aktiv.

der **Sport|ler** ['ʃpɔrtlɐ]; -s, -, die **Sport|le|rin** ['ʃpɔrtlərɪn]; -, -nen: *Person, die Sport treibt:* er ist ein guter, fairer, professioneller Sportler; eine leidenschaftliche, erfolgreiche Sportlerin. *Syn.:* Athlet, Athletin. *Zus.:* Amateursportler, Amateursportlerin.

sport|lich ['ʃpɔrtlɪç], sportlicher, am sportlichsten ⟨Adj.⟩: **1.** *den Sport betreffend:* seine sportliche Laufbahn beenden; sich sportlich betätigen. **2.** *athletisch, kräftig:* sie hat eine sportliche Figur; er ist ein sportlicher Typ; sie wirkt sehr sportlich. **3.** *einfach und zweckmäßig:* ein sportliches Kostüm; ein sportlicher Anzug; sich sportlich kleiden.

der **Sport|platz** ['ʃpɔrtplats]; -es, Sportplätze ['ʃpɔrtplɛtsə]: *Anlage im Freien, auf der Sport getrieben wird:* der Sportplatz des Fußballvereins, der Schule.

der **Sport|wa|gen** ['ʃpɔrtvaːgn̩]; -s, -: *schnelles Auto mit starkem Motor, meist nur mit zwei Sitzen:* es ist sein größter Traum, sich einen teuren Sportwagen zu kaufen.

der **Spot** [spɔt]; -s, -s: *kurze Werbung im Rundfunk oder im Kino bzw. Fernsehen:* er produziert Werbefilme und Spots. *Zus.:* Fernsehspot, Radiospot, Werbespot.

der **Spott** [ʃpɔt]; -[e]s: *Äußerung, mit der man sich über jmdn. oder etwas lustig macht:* er sprach mit Spott von seinen Gegnern; jmdn. dem Spott der Öffentlichkeit preisgeben. *Syn.:* Hohn.

spot|ten ['ʃpɔtn̩], spottet, spottete, gespottet ⟨itr.; hat⟩: *Spott äußern:* über jmdn., jmds. Kleidung spotten; du hast gut spotten, du musst ja nicht ins Büro.

spöt|tisch ['ʃpœtɪʃ], spöttischer, am spöttischsten ⟨Adj.⟩: *Spott ausdrückend:* ein spöttisches Lächeln; ein spöttischer *(zum Spotten neigender)* Mensch; spöttisch grinsen; etwas spöttisch bemerken.

die **Spra|che** ['ʃpraːxə]; -, -n: **1.** ⟨ohne Plural⟩ *das Sprechen; die Fähigkeit zu sprechen:* durch den Schock verlor er die Sprache; die Sprache wiederfinden. **2.** *System von Zeichen und Lauten, das von Angehörigen einer bestimmten sozialen Gemeinschaft (z. B. von einem Volk) in gesprochener und geschriebener Form als Mittel zur Verständigung benutzt wird:* die deutsche, englische, russische Sprache; er beherrscht mehrere Sprachen; einen Text in eine andere Sprache übersetzen; eine lebende Sprache; eine tote Sprache *(Sprache, die nicht mehr gesprochen wird).* *Zus.:* Gaunersprache, Geheimsprache, Indianersprache, Taubstummensprache, Zeichensprache. **3.** *Art zu sprechen, zu formulieren:* seine Sprache ist sehr lebendig, poetisch, nüchtern; sie schreibt in der Sprache des einfachen Volkes; die Sprache Goethes. *Syn.:* Ausdruck, Stil. *Zus.:* Jugendsprache, Kindersprache, Schülersprache, Seemannssprache, Studentensprache, Vulgärsprache.

die **Sprach|kennt|nis|se** ['ʃpraːxkɛntnɪsə] ⟨Plural⟩: *Kenntnisse einer oder mehrerer Fremdsprachen:* sie hat gute Sprachkenntnisse in Deutsch und Englisch; ohne Sprachkenntnisse ist es schwer, eine interessante Arbeit zu finden.

der **Sprach|kurs** ['ʃpraːxkʊrs]; -es, -e: *Kurs in einer Fremdsprache:* sie hat schon zwei Sprachkurse in Deutsch gemacht.

das **Sprach|la|bor** ['ʃpraːxlaboːɐ̯]; -s, -s: *mit moderner Technik ausgerüstete Einrichtung für den Sprachunterricht, in der jeder Teilnehmer sich selbst beim Sprechen kontrollieren kann:* im elektronischen Sprachlabor hat jeder Deutschlerner seinen eigenen Arbeitsplatz.

sprach|lich ['ʃpraːxlɪç] ⟨Adj.⟩: *die Sprache betreffend, auf sie bezogen:* sich mit sprachlichen Mitteln äußern; eine sprachliche Feinheit; das ist sprachlich richtig, aber inhaltlich falsch; der Aufsatz ist sprachlich hervorragend.

sprach|los ['ʃpraːxloːs] ⟨Adj.⟩: *vor Erstaunen außerstande zu sprechen:* er war sprachlos [vor Entsetzen, Schrecken]; ich bin sprachlos *(das ist ja unglaublich).*

sprang [ʃpraŋ]: ↑ springen.

der oder das **Spray** [ʃpreː]; -s, -s: *Flüssigkeit, die aus einer speziellen Dose fein zerstäubt wird:* das Deo gibt es auch als Spray; ein Spray gegen Insekten. *Zus.:* Haarspray, Körperspray, Nasenspray.

spre|chen ['ʃprɛçn̩], spricht, sprach, gesprochen: **1.** ⟨itr.; hat⟩ *sich mit Worten äußern:* das Kind lernt sprechen; vor Schreck konnte er nicht mehr sprechen; laut, schnell, undeutlich, mit Akzent sprechen; sie sprach in ernstem Ton mit ihrem Sohn; er hat bei seinem Vortrag frei gesprochen *(nicht vom Manuskript abgelesen). Syn.:* sich ausdrücken. **2.** ⟨tr.; hat; etw. s.⟩ *eine Sprache beherrschen:* er spricht mehrere Sprachen; sie spricht fließend Französisch; dieser Dialekt wird kaum noch, nur noch von wenigen gesprochen. **3.** ⟨itr.; hat⟩ *(mit jmdm.) ein Gespräch führen, reden:* wir haben ihn nach dem Theater gesprochen; kann ich Herrn Meyer sprechen? **4.** ⟨itr.; hat⟩ *berichten:* er spricht von seiner Reise nach Amerika; vor aller Öffentlichkeit sprach sie über ihre familiären Verhältnisse. *Syn.:* erzählen, reden. **5.** ⟨itr.; hat⟩ *über etwas diskutieren, sich besprechen:* darüber müssen wir noch sprechen; ich habe mit dir noch zu sprechen. *Syn.:* sich beraten, erörtern, reden. **6.** ⟨itr.; hat⟩ *eine Rede o. Ä. halten:* der Professor spricht heute Abend [im Rundfunk]; der Vorsitzende hat nur kurz gesprochen und dann sofort die Diskussion eröffnet.

der **Spre|cher** ['ʃprɛçɐ], die **Spre|che|rin** ['ʃprɛçərɪn]; -, -nen: **1.** *Person, die (in Rundfunk oder Fernsehen) Nachrichten o. Ä. liest:* er ist Sprecher beim Rundfunk, Fernsehen. *Zus.:* Fernsehsprecher, Fernsehsprecherin, Nachrichtensprecher, Nachrichtensprecherin, Rundfunksprecher, Rundfunksprecherin. **2.** *Person, die im Namen einer bestimmten Gruppe o. Ä. spricht, deren Interessen in der Öffentlichkeit vertritt:* er wurde zum Sprecher der Bürgerinitiative gewählt. *Zus.:* Klassensprecher, Klassensprecherin, Pressesprecher, Pressesprecherin, Regierungssprecher, Regierungssprecherin, Vorstandssprecher, Vorstandssprecherin.

die **Sprech|stun|de** ['ʃprɛçʃtʊndə]; -, -n: *Zeit, in der jmd. für Beratungen (bzw. ein Arzt für Beratung und Behandlung) zur Verfügung steht:* mein Zahnarzt hat heute keine Sprechstunde; die Klassenlehrerin meines Sohnes hat mich in ihre Sprechstunde gebeten.

spren|gen ['ʃprɛŋən], sprengt, sprengte, gesprengt ⟨tr.; hat; etw. s.⟩: **1.** *mithilfe von Sprengstoff zerstören:* eine Brücke, ein Gebäude, Felsen sprengen; die Entführer drohten das Flugzeug in die Luft zu sprengen. **2.** *mit Gewalt öffnen:* Ketten, das Tor sprengen; sie sprengten den Tresor. *Syn.:* aufbrechen. **3.** *mit Wasser bespritzen:* den Rasen, die Straßen bei Trockenheit sprengen; die Wäsche vor dem Bügeln sprengen. *Syn.:* bewässern, gießen, spritzen.

der **Spreng|stoff** ['ʃprɛŋʃtɔf]; -[e]s, -e: *chemischer Stoff, der explodiert, wenn er gezündet wird:* Dynamit ist ein sehr gefährlicher Sprengstoff.

das **Sprich|wort** ['ʃprɪçvɔrt]; -[e]s, Sprichwörter ['ʃprɪçvœrtɐ]: *kurzer, einprägsamer Satz, der eine immer wieder gemachte Erfahrung ausdrückt:* »Man soll den Tag nicht vor dem Abend loben« ist ein altes Sprichwort.

sprin|gen ['ʃprɪŋən], springt, sprang, gesprungen: **1.** ⟨itr.; ist⟩ *sich kräftig mit den Beinen vom Boden abstoßen:* aus dem Stand, mit Anlauf, in die Höhe springen. *Syn.:* hopsen, hüpfen. *Zus.:* herunterspringen, hinabspringen, hinaufspringen, hochspringen, zurückspringen. **2.** ⟨itr.; ist; irgendwohin s.⟩ *sich springend bewegen:* auf den fahrenden Zug springen; aus dem Fenster, ins Wasser springen; das Kind sprang über die Straße; zur Seite springen. *Syn.:* hopsen, hüpfen. **3.** ⟨itr.; hat/ist⟩ (Sport) *eine bestimmte Distanz in Höhe oder Weite mit einem Sprung überwinden:* sie ist/hat 6,48 m [weit], 2 m [hoch] gesprungen; ⟨auch tr.⟩ sie ist/hat einen neuen Rekord gesprungen. **4.** ⟨itr.; ist⟩ *(von bestimmtem, sprödem Material) einen Sprung, Sprünge bekommen:* das Porzellan, das Glas ist gesprungen.

die Spritze (2)

die **Sprit|ze** ['ʃprɪtsə]; -, -n: **1.** *Gerät (der Feuerwehr) zum Löschen von Bränden mithilfe von Wasser:* die Feuerwehr löschte mit fünf Spritzen. *Zus.:* Wasserspritze. **2.** *medizinisches Gerät, mit dem ein Medikament in flüssiger Form in den Körper gespritzt wird:* eine Spritze aufziehen, auskochen. *Zus.:* Injektionsspritze. **3.** *das Hineinspritzen eines Medikamentes in flüssiger Form in den Körper:* jmdm. Spritzen geben; die Spritzen *(das in den Körper gespritzte Medikament)* wirkten schnell. *Syn.:* Injektion. *Zus.:* Beruhigungsspritze, Penizillinspritze.

sprit|zen ['ʃprɪtsn̩], spritzt, spritzte, gespritzt: **1.** ⟨tr.; hat; etw. irgendwohin s.) *Flüssigkeit in Form von Tropfen oder Strahlen irgendwohin gelangen lassen:* die Feuerwehr hat Wasser und Schaum in das Feuer gespritzt; das Kind spritzte mir Wasser ins Gesicht. *Syn.:* sprengen, sprühen. **2.** ⟨tr.; hat; etw. s.⟩ *über jmdn., etwas gießen, sprühen:* der Bauer spritzt die Bäume [gegen Schädlinge]; sein Auto neu spritzen *(lackieren)* lassen. **3.** ⟨itr.; ist/hat; s.⟩ *in Tropfen auseinandersprühen:* Wasser spritzt aus der defekten Leitung; heißes Fett spritzt aus der Pfanne. *Syn.:* sprühen. **4.** ⟨tr.; hat; etw. s.⟩ *ein Medikament als Injektion verabreichen:* die Schwester hat ihr ein Beruhigungsmittel gespritzt.

der **Sprit|zer** [ˈʃprɪtsɐ]; -s, -: **1.** *kleine Menge Flüssigkeit, die in / auf etwas gespritzt wird:* einige Spritzer trafen seinen Anzug; die Soße mit einem Spritzer *(Schuss)* Wein abschmecken. *Zus.:* Wasserspritzer. **2.** *kleiner, durch das Spritzen einer Flüssigkeit hervorgerufener Fleck:* auf ihrem Gesicht waren Spritzer von roter Farbe zu sehen. *Zus.:* Blutspritzer, Farbspritzer.

sprit|zig [ˈʃprɪtsɪç], spritziger, am spritzigsten ⟨Adj.⟩: *flott, geistreich und dadurch unterhaltsam:* spritzige Musik; eine spritzig geschriebene Reportage. *Syn.:* witzig.

der **Spruch** [ʃprʊx,]; -[e]s, Sprüche [ˈʃprʏçə]: **1.** *kurzer, einprägsamer Satz, der eine allgemeine Regel oder Weisheit zum Inhalt hat:* ein alter, frommer Spruch; Sprüche aus der Bibel. *Syn.:* Devise, Motto, Sprichwort, Wort, Zitat. *Zus.:* Kalenderspruch, Werbespruch. **2.** *Entscheidung einer Recht sprechenden Institution:* die Geschworenen müssen jetzt zu ihrem Spruch kommen. *Syn.:* Urteil. *Zus.:* Richterspruch, Urteilsspruch.

der **Spru|del** [ˈʃpruːdl̩]; -s, -: *stark sprudelndes Mineralwasser:* bei großer Hitze trinkt man am besten nur Sprudel.

spru|deln [ˈʃpruːdl̩n], sprudelt, sprudelte, gesprudelt: **1.** ⟨itr.; ist; aus etw./irgendwohin s.⟩ *in heftiger Bewegung strömen:* der Bach sprudelt über das Geröll; eine Quelle sprudelte aus dem Felsen. *Syn.:* fließen. *Zus.:* herausprudeln, hervorsprudeln. **2.** ⟨itr.; hat; s.⟩ *in heftiger Bewegung und Blasen aufsteigen lassen:* das kochende Wasser sprudelte im Topf; der Sekt sprudelt im Glas.

sprü|hen [ˈʃpryːən], sprüht, sprühte, gesprüht: **1.** ⟨tr.; hat; etw. s.⟩ *in kleinen Teilchen von sich schleudern:* das Feuer,

die Lokomotive sprüht Funken. *Syn.:* ausstoßen. **2.** ⟨tr.; hat; etw. irgendwohin s.⟩ *in vielen kleinen Tropfen irgendwohin gelangen lassen:* sie sprüht Wasser auf die Blätter; ich sprühte mir ein Deodorant unter die Achseln; sie sprühten Farbe auf Fahrzeuge und Häuserwände.

der **Sprung** [ʃprʊŋ]; -[e]s, Sprünge [ˈʃprʏŋə]: **1.** *Bewegung, bei der man sich mit einem Fuß oder mit beiden Füßen abstößt:* der Sportler kam bei beiden Sprüngen über 7 m; sie machte einen mächtigen Sprung über den Graben. *Zus.:* Hochsprung, Weitsprung. **2.** ⟨ohne Plural⟩ *kurze Entfernung:* bis zur Wohnung meiner Freundin ist es nur ein Sprung; komm doch auf einen Sprung *(für einen Augenblick)* zu mir herüber. **3.** *Stelle, an der etwas [leicht] eingerissen ist:* das Glas, die Scheibe hat einen Sprung. *Syn.:* Riss, Ritze, Spalt.

sprung|haft [ˈʃprʊŋhaft], sprunghafter, am sprunghaftesten ⟨Adj.⟩: **1.** *sich oft und plötzlich etwas anderem zuwendend:* sie hat ein sehr sprunghaftes Wesen; du denkst, arbeitest zu sprunghaft. *Syn.:* unbeständig. **2.** *ohne dass man damit gerechnet hat:* der sprunghafte Anstieg der Preise; der Verkehr hat sich sprunghaft entwickelt. *Syn.:* plötzlich, schlagartig, überraschend, unerwartet.

die **Spu|cke** [ˈʃpʊkə]; - (ugs.): *Speichel:* die Briefmarke mit etwas Spucke befeuchten.

spu|cken [ˈʃpʊkn̩], spuckt, spuckte, gespuckt: **1.** ⟨itr.; hat; [irgendwohin] s.⟩ *Speichel mit Druck aus dem Mund ausstoßen:* jmdm. ins Gesicht spucken; auf die Straße spucken. **2.** ⟨tr.; hat; etw. s.⟩ *spuckend von sich geben:* Blut spucken; spuck doch die Kirschkerne nicht einfach aus dem Fenster.

der **Spuk** [ʃpuːk]; -s: *unheimliches Treiben von Geistern:* um Mitternacht wiederholte sich der Spuk in dem alten, verlassenen Schloss.

spu|ken [ˈʃpuːkn̩], spukt, spukte, gespukt: **1.** ⟨itr.; hat; irgendwo s.⟩ *(als Gespenst) sein Unwesen treiben:* der Geist der Schlossherrin soll hier spuken; ⟨auch unpers.⟩ bei uns spukt es im Keller. **2.** ⟨itr.; ist; irgendwohin s.⟩ *sich als Geist bewegen:* ein Gespenst spukt durch das alte Haus.

die **Spü|le** [ˈʃpyːlə]; -, -n: *Möbel in der Küche mit Becken und Anschluss für Wasser:* stell das schmutzige Geschirr bitte auf/in die Spüle.

spü|len [ˈʃpyːlən], spült, spülte, gespült: **1.** ⟨tr.; hat; etw. s.⟩ *in einer Flüssigkeit reinigen:* das Geschirr, die Teller spülen. *Syn.:* abspülen, abwaschen. **2.** ⟨tr.; hat; etw. s.⟩ *ausspülen:* du musst den Pullover nach dem Waschen gut spülen; bei Zahnfleischentzündung muss man mehrmals am Tag den Mund mit Mundwasser spülen. **3.** ⟨itr.; hat⟩ *nach der Benutzung Wasser durch die Toilette laufen lassen:* vergiss nicht zu spülen!

die **Spül|ma|schi|ne** [ˈʃpyːlmaʃiːnə]; -, -n: ↑ Geschirrspüler.

das **Spül|mit|tel** [ˈʃpyːlmɪtl̩]; -s, -: *Mittel, mit dem Geschirr gereinigt werden kann:* ein flüssiges Spülmittel.

die **Spur** [ʃpuːɐ̯]; -, -en: **1.** *Abdruck von etwas im weichen Boden, im Schnee o. Ä.:* die Spuren eines Schlittens im Schnee; die Räder hinterließen eine Spur im Sand. *Zus.:* Bremsspur, Fußspur, Radspur, Reifenspur. **2.** *sichtbare Veränderung, verbliebenes Zeichen:* der Einbrecher hinterließ keine Spur; bei den Ausgrabungen stieß man auf Spuren alter Kulturen. *Syn.:* Anzeichen, Hinweis, Überrest. *Zus.:* Blutspur, Kratzspur, Ölspur. **3.** *sehr kleine Menge von etwas:* im Wasser fanden sich Spuren eines Giftes; in der Suppe ist keine Spur, nicht die Spur Salz *(überhaupt kein Salz).* *Syn.:* Hauch, Schimmer. **4.** *abgegrenzter Streifen einer Fahrbahn auf einer Straße [für den Verkehr in einer bestimmten Richtung]:* die Spur wechseln; auf der linken, falschen Spur fahren. *Zus.:* Abbiegespur, Linksabbiegerspur, Standspur, Überholspur.

spü|ren [ˈʃpyːrən], spürt, spürte, gespürt ⟨tr.; hat; etw. s.⟩: **1.** *mit den Sinnen wahrnehmen:* Hunger, Kälte, Durst, Müdigkeit spüren; sie spürte seine Hand auf ihrer Schulter. *Syn.:* bemerken, erkennen. **2.** *merken:* er spürte plötzlich ihre Erregung, ihre Unruhe; ich spürte Erleichterung, Verärgerung, Enttäuschung. *Syn.:* fühlen.

der **Staat** [ʃtaːt]; -[e]s, -en: **1.** *Gesamtheit der Institutionen, die das Zusammenleben der in einem bestimmten Gebiet lebenden Menschen gewährleisten sollen:* ein demokratischer, junger, neutraler, unabhängiger Staat; den Staat bekämpfen, verteidigen; einen Staat gründen, anerkennen; die Trennung von Staat und Kirche. **2.** *durch eine einheitliche politische Ordnung gekennzeichnetes Land:* die Staaten Südamerikas; er lebt schon

seit Jahren in den Staaten *(den Vereinigten Staaten von Amerika);* das Treffen der Regierungschefs benachbarter Staaten. *Syn.:* Land, Macht, Nation. *Zus.:* Heimatstaat, Küstenstaat, Nachbarstaat.

staa|ten|los [ˈʃtaːtn̩loːs] ⟨Adj.⟩: *keine Staatsangehörigkeit besitzend:* ein staatenloser Flüchtling; nach ihrer Flucht war sie staatenlos.

staat|lich [ˈʃtaːtlɪç] ⟨Adj.⟩: **1.** *den Staat betreffend:* staatliche Aufgaben; die staatliche Unabhängigkeit erlangen. *Syn.:* national. *Zus.:* innerstaatlich, zwischenstaatlich. **2.** *dem Staat gehörend:* ein staatliches Museum; dieser Betrieb ist staatlich, wird staatlich subventioniert.

die **Staats|an|ge|hö|rig|keit** [ˈʃtaːtsʔangəhøːrɪçkait]; -, -en: *Zugehörigkeit zu einem Staat:* die deutsche Staatsangehörigkeit besitzen; jmdm. die Staatsangehörigkeit aberkennen, zuerkennen.

der **Staats|an|walt** [ˈʃtaːtsʔanvalt]; -[e]s, Staatsanwälte [ˈʃtaːtsʔanvɛltə], die **Staats|an|wäl|tin** [ˈʃtaːtsʔanvɛltɪn]; -, -nen: *Person, die als Jurist, Juristin die Interessen des Staates vertritt:* der Staatsanwalt hielt sein Plädoyer; die Staatsanwältin beantragte eine Haftstrafe.

die **Staats|frau** [ˈʃtaːtsfrau]; -, -en: *weibliche Form zu* ↑ Staatsmann.

der **Staats|mann** [ˈʃtaːtsman]; -[e]s, Staatsmänner [ˈʃtaːtsmɛnɐ], die **Staats|män|nin** [ˈʃtaːtsmɛnɪn]; -, -nen: *bedeutender Politiker, bedeutende Politikerin eines Staates:* Bismarck war ein großer Staatsmann; die Staatsmännin Golda Meir wurde in Kiew geboren.

der **Staats|streich** [ˈʃtaːtsʃtraiç]; -[e]s, -e: *illegales [gewaltsames] Absetzen einer Regierung:* die Generale sind durch einen Staatsstreich an die Macht gekommen. *Syn.:* Umsturz.

der **Stab** [ʃtaːp]; -[e]s, Stäbe [ˈʃtɛːbə]: *runder, dünner und meist nicht sehr langer, einem Stock ähnlicher Gegenstand, z. B. aus Holz, Metall:* die Stäbe eines Gitters; der Stab des Dirigenten. *Syn.:* Stange. *Zus.:* Bambusstab, Eisenstab, Gitterstab, Holzstab, Pilgerstab, Zauberstab.

sta|bil [ʃtaˈbiːl], stabiler, am stabilsten ⟨Adj.⟩: **1.** *so beschaffen, dass es sicher steht und lange haltbar ist:* ein stabiler Schrank; der Korb ist stabil; das Haus ist stabil gebaut. *Syn.:* robust, solide. **2.** *dauerhaft:* eine stabile Regierung; die Währung ist stabil. *Syn.:* beständig. **3.** *nicht anfällig:* eine stabile Gesundheit

S

haben; ihr Immunsystem ist inzwischen stabil.

sta|bi|li|sie|ren [ʃtabili'ziːrən], stabilisiert, stabilisierte, stabilisiert ⟨tr.; hat; etw. s.⟩: **1.** *so sichern, dass es nicht umfällt, einstürzt:* ein Gerüst durch Stützen stabilisieren. **2.** *beständig machen:* die Preise müssen stabilisiert werden. *Syn.:* stärken.

stach [ʃtaːx]: ↑ stechen.

der **Sta|chel** [ˈʃtaxl̩]; -s, -n: **1.** *(bei bestimmten Pflanzen) spitzer, harter Teil an Zweigen [und Blättern]:* die Stacheln der Rose. *Syn.:* Dorn. **2.** *(bei bestimmten Tieren) in oder auf der Haut sitzendes hartes, spitzes Gebilde:* die Stacheln des Igels. *Zus.:* Bienenstachel, Giftstachel, Igelstachel.

das **Sta|di|on** [ˈʃtaːdi̯ɔn]; -s, Stadien [ˈʃtaːdi̯ən]: *große Anlage für sportliche Wettkämpfe:* im Stadion findet ein Fußballspiel statt. *Syn.:* Sportplatz. *Zus.:* Fußballstadion, Sportstadion.

das **Sta|di|um** [ˈʃtaːdi̯ʊm]; -s, Stadien [ˈʃtaːdi̯ən]: *Abschnitt einer Entwicklung:* in einem frühen Stadium kann die Krankheit noch geheilt werden. *Syn.:* Phase. *Zus.:* Anfangsstadium, Endstadium, Entwicklungsstadium, Planungsstadium, Versuchsstadium.

die **Stadt** [ʃtat]; -, Städte [ˈʃtɛːtə]: **1.** *größere Gemeinde, die bezüglich Verwaltung, Wirtschaft und Kultur den Mittelpunkt eines Gebietes darstellt:* die Stadt Wien; die Einwohner einer Stadt; am Rande, im Zentrum einer Stadt wohnen; in der Stadt leben; sie geht, muss in die Stadt *(in die Innenstadt)*. *Zus.:* Großstadt, Hafenstadt, Industriestadt, Kleinstadt, Messestadt, Millionenstadt, Universitätsstadt. **2.** ⟨ohne Plural⟩ *alle Einwohner einer Stadt:* die ganze Stadt empörte sich über den Theaterskandal. **3.** *Verwaltung einer Stadt:* bei der Stadt angestellt sein; sie arbeitet bei der Stadt.

städ|tisch [ˈʃtɛːtɪʃ], städtischer, am städtischsten ⟨Adj.⟩: **1.** *für die Stadt, das Leben in der Stadt charakteristisch:* die städtische Lebensweise; sich städtisch kleiden. **2.** *die Verwaltung einer Stadt betreffend:* die städtische Müllabfuhr; die städtischen Kindergärten, Verkehrsbetriebe; das Seniorenheim wird städtisch verwaltet.

der **Stadt|plan** [ˈʃtatplaːn]; -[e]s, Stadtpläne [ˈʃtatplɛːnə]: *Plan einer Stadt auf einem Blatt zum Falten:* einen Stadtplan von Hamburg kaufen; auf dem Stadtplan eine Straße suchen.

der **Stadt|prä|si|dent** [ˈʃtatprɛzidɛnt]; -en, -en, die **Stadt|prä|si|den|tin** [ˈʃtatprɛzidɛntɪn]; -, -nen (schweiz.): *Bürgermeister, Bürgermeisterin in Schweizer Städten.*

der **Stadt|teil** [ˈʃtattai̯l]; -[e]s, -e: *Teil einer Stadt, der eine gewisse Einheit darstellt:* ein neuer Stadtteil entsteht; in einen anderen Stadtteil umziehen.

stahl [ʃtaːl]: ↑ stehlen.

der **Stahl** [ʃtaːl]; -[e]s, Stähle [ˈʃtɛːlə]: *ein besonders festes Gemisch aus Eisen und anderen Elementen, das sehr gut geformt und hart gemacht werden kann:* nicht rostender Stahl; eine Brücke, ein Gitter, ein Helm, ein Rohr aus Stahl; Stahl härten, herstellen, kochen.

der **Stamm** [ʃtam]; -[e]s, Stämme [ˈʃtɛmə]: **1.** *fester, hölzerner Teil des Baumes, aus dem die Äste herauswachsen:* ein dicker, hohler, langer Stamm; einen Stamm zersägen, fällen. *Zus.:* Baumstamm. **2.** *Gruppe von Menschen mit gemeinsamer Abstammung, Sprache, Kultur und einem gemeinsamen Gebiet, in dem sie wohnen:* germanische, schwarzafrikanische, rivalisierende Stämme; ein Indianer vom Stamm der Apachen. *Syn.:* Nation, Volk. *Zus.:* Germanenstamm, Indianerstamm, Nachbarstamm.

stam|men [ˈʃtamən], stammt, stammte, gestammt ⟨itr.; hat; etw. s., von jmdm. s.⟩: **1.** *aus einer Stadt, einer Gegend oder einem Land kommen:* die Früchte stammen aus Italien; sie stammt aus Saarbrücken. *Syn.:* herkommen, ¹sein. **2.** *in einer bestimmten Zeit entstanden sein:* diese Urkunde stammt aus dem Mittelalter. **3.** *in einer bestimmten Schicht der Gesellschaft geboren und aufgewachsen sein:* aus einfachen Verhältnissen, von einfachen Leuten stammen. *Syn.:* herkommen, ¹sein. **4.** *(oft in Bezug auf Wörter, Sätze o. Ä.:) seine Herkunft, seinen Ursprung in einem bestimmten Bereich haben:* der Satz stammt aus der Bibel; das Wort stammt aus dem Lateinischen; die Angaben stammen nicht von mir. *Syn.:* sich herleiten, zurückgehen auf. **5.** *aus dem Besitz einer Person, Firma oder Institution herkommend:* der Schmuck stammt von ihrer Mutter; das Geld stammt von der Bank.

der **Stamm|tisch** [ˈʃtamtɪʃ]; -[e]s, -e: **1.** *meist größerer Tisch in einem Lokal, an dem ein Kreis von Gästen regelmäßig zusammenkommt:* nur am Stammtisch ist noch frei; am Stammtisch sitzen, über etwas diskutieren. **2.** *regelmäßiges Tref-*

fen von Menschen am Stammtisch: montags habe ich Stammtisch; zum Stammtisch gehen.

stand [ʃtant]: ↑ stehen.

der **Stand** [ʃtant]; -[e]s, Stände [ˈʃtɛndə]: **1.** ⟨ohne Plural⟩ *das aufrechte Stehen; Art des Stehens:* einen sicheren Stand haben. **2.** ⟨ohne Plural⟩ *Stufe einer Entwicklung, die zu einem bestimmten Zeitpunkt erreicht ist:* der heutige Stand der Wissenschaft; das Spiel wurde beim Stand von 2 : 0 abgebrochen; jmdn. auf den neuesten Stand bringen *(jmdm. über eine Sache alles sagen, was dazu bekannt ist).* *Zus.:* Entwicklungsstand, Höchststand, Informationsstand, Kenntnisstand, Leistungsstand, Tiefstand, Wissensstand. **3.** *Tisch eines Händlers, einer Händlerin; kleiner Platz, an dem ein Unternehmen auf einer Messe seine Produkte zeigt:* an vielen Ständen wird Obst angeboten; die Gemüsehändlerin baut gerade ihren Stand auf; kommen Sie auf die Messe zu unserem Stand. *Zus.:* Gemüsestand, Informationsstand, Marktstand, Messestand, Verkaufsstand, Würststand.

der **Stan|dard** [ˈʃtandart]; -s, -s: *etwas, was in Bezug auf Qualität, Leistung o. Ä. als üblich angesehen wird:* der technische Standard der Industrie; dieser Fernseher entspricht nicht mehr dem Standard. *Syn.:* Niveau, Stand. *Zus.:* Leistungsstandard, Qualitätsstandard, Sicherheitsstandard.

die **Stan|dard|spra|che** [ˈʃtandartʃpraːxə]; -, -n: *Hochsprache..*

der **Stän|der** [ˈʃtɛndɐ]; -s, -: *Vorrichtung, auf die etwas gelegt, gestellt oder gehängt werden kann:* die Noten liegen auf dem Ständer; den Mantel am Ständer aufhängen; eine Kerze auf einen Ständer stecken. *Syn.:* Gestell. *Zus.:* Fahrradständer, Notenständer, Schirmständer, Wäscheständer, Zeitungsständer.

stän|dig [ˈʃtɛndɪç] ⟨Adj.⟩: *sich oft wiederholend, regelmäßig wiederkehrend, [fast] ohne Unterbrechung:* sein ständiges Kritisieren nervt; sie hat ständig etwas an ihm auszusetzen; er ist ständig in ihrer Nähe; das ständige Einkommen; der Verkehr auf den Straßen nimmt ständig zu. *Syn.:* dauernd (emotional).

der **Stand|ort** [ˈʃtantʔɔrt]; -[e]s, -e: *Ort, Punkt, an dem jmd., etwas steht, an dem man sich gerade befindet:* der Pilot stellte den Standort des Flugzeugs fest; seinen Standort wechseln; von ihrem Standort

aus konnte sie das Haus nicht sehen; die Firma sucht noch nach einem geeigneten Standort für ihre neue Fabrik. *Syn.:* Lage, Position.

der **Stand|punkt** [ˈʃtantpʊŋkt]; -[e]s, -e: *bestimmte Einstellung, wie jmd. eine bestimmte Sache sieht, beurteilt; Meinung:* ein sehr vernünftiger Standpunkt; ich vertrete in dieser Frage einen anderen Standpunkt als du; sie nahm den Standpunkt ein, dass man hier nicht nachgeben sollte; warum beharrst du auf deinem Standpunkt?; er verteidigte seinen Standpunkt gegen alle Kritik. *Syn.:* Ansicht, Auffassung.

die **Stan|ge** [ˈʃtaŋə]; -, -n: **1.** *langer, relativ dünner Gegenstand aus Holz, Metall o. Ä. (mit rundem Querschnitt):* etwas mit einer Stange aus dem Wasser fischen. *Syn.:* Stab, Stock. *Zus.:* Eisenstange, Fahnenstange. **2.** * **jmdn. bei der Stange halten:** *bewirken, dass jmd. eine [begonnene] Sache zu Ende macht:* der Lehrer versuchte, seine Schüler bei den Übungen bei der Stange zu halten.

der **Stän|gel** [ˈʃtɛŋl̩]; -s, -: *langer, dünner Teil der Pflanze zwischen Wurzeln und Blüte:* den Stängel anschneiden. *Syn.:* Stiel.

stank [ʃtaŋk]: ↑ stinken.

der **Sta|pel** [ˈʃtaːpl̩]; -s, -: **1.** *[ordentlich] übereinandergelegte Menge gleicher Dinge:* ein Stapel Bücher, Holz; das Buch auf den Stapel legen, vom Stapel nehmen. *Syn.:* Stoß. *Zus.:* Aktenstapel, Bücherstapel, Holzstapel, Wäschestapel. **2.** * **vom Stapel laufen:** *[von neu gebauten Schiffen] zu Wasser gelassen werden;* * **etwas vom Stapel lassen:** *etwas (Lustiges oder Dummes) sagen, von sich geben:* was er da gestern wieder vom Stapel gelassen hat, war einfach unmöglich.

sta|peln [ˈʃtaːpl̩n], stapelt, stapelte, gestapelt: **1.** ⟨tr.; hat; etw. s.⟩ *zu einem Stapel aufeinanderlegen:* Bücher, Waren im Lager stapeln. **2.** ⟨sich s.⟩ *in größerer Menge übereinanderliegen:* im Laden stapelten sich die unverkauften Waren; die Briefe stapeln sich auf dem Schreibtisch. *Syn.:* sich ¹türmen.

der **Star** [staːɐ̯]; -s, -s: *Person aus dem Bereich Film, Fernsehen, Musik, Sport o. Ä., die sehr berühmt ist:* ein Film mit vielen Stars; sie ist ein Star geworden; dieser Film hat ihn über Nacht zu einem Star gemacht. *Zus.:* Filmstar, Fußballstar, Kinderstar, Schlagerstar, Showstar.

starb [ʃtarp]: ↑ sterben.

stark [ʃtark], stärker, am stärksten ⟨Adj.⟩:

S

1. *(von Menschen oder deren Organen) kräftig, sich in einem guten Zustand befindend:* für diese Arbeit brauchen wir einen starken Mann; ich bin nicht sehr stark; ein starkes Herz haben; für diesen Beruf braucht man starke Nerven. *Syn.:* robust. **2.** *(von Materialien o. Ä.) dick, fest, massiv o. Ä. und daher haltbar:* starke Bretter, Seile; dieser Balken ist nicht stark genug. *Syn.:* robust, stabil. **3.** *(in Bezug auf die Menge oder die Intensität) groß, intensiv:* eine starke Hitze; das ist aber eine starke Übertreibung; starker Frost, Beifall; sie spürte starke Schmerzen in den Ohren; sie ist eine starke Raucherin. *Syn.:* enorm (ugs.), gewaltig (emotional), heftig. **4.** *stark wirkend; viel leistend:* starker Kaffee; eine starke Zigarre; das Bier ist mir zu stark; ein starker Motor; eine stärkere Glühbirne einschrauben. **5.** *sehr:* stark duften, regnen; er ist stark erkältet; du erinnerst mich stark an deine Mutter. **6.** *(ugs.) großartig, hervorragend:* starke Musik; die Party war echt stark; ich finde den Typ stark. *Syn.:* cool (ugs.), geil (salopp, bes. Jugendspr.), klasse (ugs.), super (ugs.), toll (ugs.). **7.** Sprachw. *(in Bezug auf Verben) dadurch gekennzeichnet, dass sich der [Stamm]vokal ändert und das 2. Partizip auf »-en« endet:* die starke Konjugation; starke *(stark konjugierte)* Verben; das Verb »nehmen« wird stark konjugiert. **8.** Sprachw. *(in Bezug auf Nomen) dadurch gekennzeichnet, dass die Formen der Maskulina und Neutra im Genitiv Singular auf »-[e]s« enden:* die starke Deklination; starke *(stark deklinierte)* Nomen; das Wort »Haus« wird stark dekliniert.

-stark [ʃtark] ⟨adjektivisches Suffix⟩: **1.** *etwas in hohem Maß habend:* ausdrucksstark; charakterstark; gefühlsstark; leistungsstark; nervenstark; prinzipienstark; willensstark. **2.** *viel, eine hohe Menge von etwas habend:* auflagenstark; finanzstark; geburtenstark; umsatzstark; veröffentlichungsstark. **3.** *in etwas besonders gut seiend, darin besondere Qualitäten habend:* kampfstark; kopfballstark; spielstark.

die **Stär|ke** [ˈʃtɛrkə]; -, -n: **1.** ⟨ohne Plural⟩ *körperliche Kraft (die jmdn. zu bestimmten Leistungen befähigt):* er besiegte die Gegner durch seine Stärke. *Syn.:* Kraft. *Zus.:* Körperstärke, Muskelstärke. **2.** *besondere Fähigkeit auf einem bestimmten Gebiet, durch die jmd. eine* außergewöhnliche, hohe Leistung erbringt: Mathematik war schon immer ihre Stärke; Diplomatie war noch nie meine Stärke. **3.** ⟨ohne Plural⟩ *Grad der Intensität von etwas:* die Stärke des Lichts; die Stärke der Empfindung; eine Brille mittlerer Stärke. *Syn.:* Grad, Intensität. *Zus.:* Bebenstärke, Beleuchtungsstärke, Orkanstärke. **4.** *Umfang, Ausmaß, Größe o. Ä., in der etwas vorhanden und wirksam ist:* die militärische Stärke eines Landes; die Stärke einer politischen Bewegung unterschätzen. **5.** *Stabilität, Dicke:* Bretter, Platten von unterschiedlicher Stärke. *Zus.:* Wandstärke.

stär|ken [ˈʃtɛrkn̩], stärkt, stärkte, gestärkt: **1.** ⟨tr.; hat⟩ jmdn., etw. s.) *stark machen; jmdm. (neue, zusätzliche) physische oder psychische Kräfte geben:* der Schlaf stärkte den Menschen; Lob stärkt das Selbstvertrauen. **2.** ⟨sich s.⟩ *etwas essen, um für etwas Kraft zu haben:* bevor ich anfange zu arbeiten, muss ich mich noch stärken.

die **Stär|kung** [ˈʃtɛrkʊŋ]; -, -en: **1.** *etwas, was stärkt:* nach der langen Wanderung nahmen wir eine kleine Stärkung zu uns. *Syn.:* Erfrischung. **2.** *das Stärkerwerden, Festerwerden:* dieses Gesetz dient der Stärkung der Demokratie.

starr [ʃtar] ⟨Adj.⟩: *vollkommen unbeweglich:* der starre Körper einer Toten; meine Finger sind starr vor Kälte; ein starrer Blick. *Syn.:* steif.

star|ren [ˈʃtarən], starrt, starrte, gestarrt ⟨itr.; hat; irgendwohin s.⟩: *ohne Unterbrechung längere Zeit starr in eine Richtung sehen:* sie starrte auf den Fremden, in die Dunkelheit.

der **Start** [ʃtart]; -[e]s, -s: **1.** *Beginn eines Wettkampfs, eines Rennens; Anfang eines Projekts o. Ä.:* das Zeichen zum Start geben; die Läuferin hatte einen guten, schwachen Start; der erfolgreiche Start einer Werbekampagne. **2.** *Stelle, an der beim Wettkampf der Lauf oder die Fahrt beginnt:* die Läufer versammeln sich am Start. **3.** *Abflug:* der Start des Flugzeugs.

star|ten [ˈʃtartn̩], startet, startete, gestartet: **1.** ⟨itr.; ist⟩ *(bei einem Wettkampf) den Lauf, die Fahrt beginnen:* sie startete sehr schnell. *Syn.:* anfahren, anfangen, beginnen. **2.** ⟨itr.; ist⟩ *(an einem Wettkampf) aktiv teilnehmen:* ich starte bei allen großen Rennen; er ist für unseren Verein gestartet. *Syn.:* mitmachen, teilnehmen. **3.** ⟨itr.; ist⟩ *(von einem Flughafen) abfliegen* /Ggs. landen/: das Flugzeug ist um 9 Uhr gestartet. **4.** ⟨tr.; hat; etw. s.⟩ *veranlassen, dass ein Projekt beginnt; etwas organisieren:* sie startete eine große Aktion gegen den Hunger. *Syn.:* unternehmen, veranstalten.

die **Sta|ti|on** [ʃtaˈtsi̯oːn]; -, -en: **1.** *[kleinerer] Bahnhof:* an, bei der nächsten Station müssen wir aussteigen; der Zug hält an dieser Station nur eine Minute. *Syn.:* Haltestelle. *Zus.:* Bahnstation, Endstation, Talstation. **2.** *bestimmter Punkt, Abschnitt in einem Vorgang, einer Entwicklung:* die wichtigsten Stationen meines Lebens. **3.** *Abteilung eines Krankenhauses:* die chirurgische Station; den Patienten auf eine andere Station verlegen. *Zus.:* Intensivstation, Kinderstation.

sta|ti|o|när [ʃtatsi̯oˈnɛːɐ̯] ⟨Adj.⟩: *mit einem Aufenthalt in einem Krankenhaus verbunden:* eine stationäre Pflege; der Patient musste stationär behandelt werden.

sta|ti|o|nie|ren [ʃtatsi̯oˈniːrən], stationiert, stationierte, stationiert ⟨tr.; hat; jmdn., etw. s.⟩: *(militärische Truppen, Waffen o. Ä.) in einem bestimmten Land, an einem bestimmten Ort aufstellen:* Soldaten im Grenzgebiet stationieren; die früher in Deutschland stationierten amerikanischen Truppen.

der **Sta|tist** [ʃtaˈtɪst]; -en, -en: **1.** *Darsteller auf der Bühne oder im Film, der nichts sagen muss:* er verdiente sich ein bisschen Geld als Statist an der Oper. **2.** *unbedeutende Person:* in dieser Regierung ist der Wissenschaftsminister nur [ein] Statist.

die **Sta|tis|tik** [ʃtaˈtɪstɪk]; -, -en: *Sammlung von Informationen, die auf Zählungen oder Schätzungen beruht (meist in Form von Tabellen oder Grafiken):* eine Statistik der Arbeitslosenzahlen veröffentlichen, vorlegen; die Statistik zeigt, dass die Einwohnerzahlen deutlich zurückgehen; laut Statistik arbeiten immer mehr Frauen.

die **Sta|tis|tin** [ʃtaˈtɪstɪn]; -, -nen: weibliche Form zu ↑ Statist.

¹**statt** [ʃtat] ⟨Konj.⟩: schließt einen Satzteil an, in dem ein Ersatz, eine Alternative o. Ä. genannt wird: er schenkte ihr ein Buch, statt mit ihr ins Theater zu gehen; sie setzte sich neben statt auf den Stuhl; du solltest lieber arbeiten, statt zu jammern; statt dass du es abholst, kann ich es dir auch bringen. *Syn.:* anstatt.

²**statt** [ʃtat] ⟨Präp. mit Gen.⟩: *anstelle:* statt des Geldes gab sie ihm ihren Schmuck; statt des bestellten Buchs haben sie eine CD-ROM geliefert; statt Worten will ich endlich Taten sehen. *Syn.:* anstatt.

statt|des|sen [ʃtatˈdɛsn̩] ⟨Adverb⟩: *anstelle dessen, dafür:* sie passt im Unterricht nicht auf und schwatzt stattdessen; da ich keine Lust hatte, sie zu fahren, bestellte ich ihr stattdessen ein Taxi.

die **Stät|te** [ˈʃtɛtə]; -, -n: *Ort, Platz, der eine besondere (religiöse oder historische) Bedeutung hat oder einem besonderen Zweck dient:* eine heilige, historische Stätte; eine Stätte der Andacht, des Gedenkens; an die Stätten seiner Kindheit, Jugend zurückkehren. *Syn.:* Stelle. *Zus.:* Begräbnisstätte, Gedenkstätte, Grabstätte, Kultstätte, Unglücksstätte, Wirkungsstätte, Wohnstätte, Zufluchtsstätte.

statt|fin|den [ˈʃtatfɪndn̩], findet statt, fand statt, stattgefunden ⟨itr.; hat⟩: *(von einer Veranstaltung o. Ä.)* ¹*sein:* das Gastspiel findet Ende Mai statt; die Veranstaltung konnte wegen schlechten Wetters nicht im Freien stattfinden. *Syn.:* erfolgen, geschehen.

die **Sta|tue** [ˈʃtaːtu̯ə]; -, -n: *größere Figur aus Stein, Holz, Metall o. Ä., die einen Menschen oder ein Tier als Ganzes darstellt:* eine Statue aus Stein, Marmor, Bronze; im Park steht eine Statue des Kaisers. *Zus.:* Bronzestatue, Heiligenstatue, Marmorstatue, Reiterstatue.

der **Stau** [ʃtau̯]; -[e]s, -s und -e: *größere Zahl von Fahrzeugen, die z. B. wegen eines Unfalls nicht weiterfahren können:* Staus und Behinderungen [gibt es] auf folgenden Strecken: ...; in einen Stau geraten; im Stau stehen, stecken; es bildeten sich kilometerlange Staus; der gemeldete Stau hatte sich schon wieder aufgelöst.

der **Staub** [ʃtau̯p]; -[e]s, -e und Stäube [ˈʃtɔybə]: *Gesamtheit feinster Teilchen von Sand, Erde, Dreck u. Ä.:* die Möbel waren mit Staub bedeckt; der Wind wirbelte den Staub auf; den Staub wegwischen; den Staub [aus dem Tuch] ausschütteln.

stau|ben [ˈʃtau̯bn̩], staubt, staubte, gestaubt ⟨itr.; hat⟩: *Staub abgeben, von sich geben:* der Teppich staubt; ⟨unpers.⟩ auf der Straße staubt es.

stau|big [ˈʃtau̯bɪç], staubiger, am staubigsten ⟨Adj.⟩: *voll Staub, mit Staub bedeckt:* staubige Straßen; die Schuhe sind staubig.

staub|sau|gen [ˈʃtau̯pzau̯ɡn̩], staubsaugt, staubsaugte, gestaubsaugt ⟨itr.; hat⟩, oder **Staub sau|gen**, saugt Staub, saugte

S

Staub, Staub gesaugt: *mit einem Staubsauger arbeiten:* ich staubsauge/sauge Staub; hast du [nebenan] schon gestaubsaugt/Staub gesaugt?; ⟨auch tr.⟩; ich muss nur noch das Wohnzimmer staubsaugen/Staub saugen.

der **Staub|sau|ger** [ˈʃtaupzaugɐ]; -s, -: *elektrisches Gerät, mit dem man Staub und Schmutz von etwas absaugt:* der neue Staubsauger ist schon kaputt.

stau|en [ˈʃtauən], staut, staute, gestaut: **1.** ⟨tr.; hat; etw. s.⟩ *etwas durch eine Sperre oder einen Damm daran hindern, weiterzufließen:* einen Fluss stauen. **2.** ⟨sich s.⟩ *sich wegen eines Hindernisses o. Ä. an einer Stelle sammeln:* das Eis staut sich an den Brückenpfeilern; der Verkehr staute sich in den engen Gassen.

stau|nen [ˈʃtaunən], staunt, staunte, gestaunt ⟨itr.; hat; [über jmdn., etw.] s.⟩: *sich über etwas wundern, was man nicht erwartet hat:* ich staune, was du alles kannst; da staunst du [wohl]!; ihr werdet staunen, wenn ihr seht, wen sie mitgebracht hat; sie staunten über die vielen Geschenke.

das **Steak** [steːk]; -s, -s: *kurz gebratene Scheibe Fleisch (bes. von Rind oder Kalb):* ein saftiges Steak essen, zubereiten. *Zus.:* Pfeffersteak, Rindersteak, Schweinesteak.

ste|chen [ˈʃtɛçn̩], sticht, stach, gestochen: **1.** ⟨tr.; hat; jmdn., sich [mit etw.] s.⟩ *mit einem spitzen Gegenstand, einem Stachel o. Ä. verletzen:* die Wespe hat mich [ins Bein, am Hals] gestochen; er ist von einer Biene gestochen worden; pass auf, dass du dich [mit der Nadel, an den Dornen] nicht stichst; ⟨auch itr.⟩ Wespen stechen nur, wenn sie sich bedroht fühlen; bei den Mücken stechen nur die Weibchen; dein Bart sticht *(kratzt auf der Haut, wenn man damit in Berührung kommt).* **2.** ⟨itr.; hat; [jmdm.][mit etw.] in etw. s.⟩ *mit etwas, das spitz ist, in etwas eindringen:* stich doch mal mit der Gabel in den Braten; die Biene hat mir ins Bein gestochen; ich habe mir [mit einer Nadel] in den Finger gestochen. **3.** ⟨tr.; hat; [jmdm.] etw. in/durch etw. s.⟩ *einen spitzen Gegenstand in etwas hineinstecken oder durch etwas bohren:* eine Gabel in den Braten, einen Spieß durch das Fleisch stechen; jmdm. ein Messer in den Bauch, in die Brust, in den Rücken stechen. **4.** ⟨tr.; hat; etw. in etw. s.⟩ *durch Stechen entstehen lassen:* er stach mit einer Nadel ein paar Löcher

in die Folie; ich lasse mir Löcher in die Ohrläppchen stechen. **5.** ⟨itr.; hat; unpers.⟩ *in einer Weise schmerzen, die ähnlich wie die Stiche einer Nadel wirken:* es sticht mich im Rücken; stechende Schmerzen.

die **Steck|do|se** [ˈʃtɛkdoːzə], -, -n: *Vorrichtung, in die man einen Stecker hineinsteckt, um ein elektrisches Gerät mit Strom zu versorgen:* den Stecker in die Steckdose stecken; den Stecker aus der Steckdose ziehen; gibt es hier irgendwo eine Steckdose?

die Steckdose

¹**ste|cken** [ˈʃtɛkn̩], steckt, steckte, gesteckt: **1.** ⟨tr.; hat; etw. in etw. (Akk.) s.⟩ *(etwas, das eine Spitze hat) so in etwas hineinstechen, dass es darin bleibt:* die Nadel in den Stoff stecken; den Stock in den Boden stecken. *Syn.:* spießen. **2.** ⟨tr.; hat; etw. in etw. (Akk.) s.⟩ *in etwas hineintun:* die Hände in die Taschen, Geld ins Portemonnaie stecken; den Schlüssel ins Schloss stecken; den Brief in einen Umschlag stecken. *Syn.:* tun (ugs.). *Zus.:* hineinstecken, reinstecken.

²**ste|cken** [ˈʃtɛkn̩], steckt, steckte, gesteckt: **1.** ⟨itr.; hat; irgendwo s.⟩ *(an einer bestimmten Stelle) festgemacht sein, fest (an einer bestimmten Stelle) sitzen:* der Schlüssel steckt [in der Tür, im Schloss]; ein Ring steckte an ihrem Finger; du kannst den Schlüssel stecken lassen. *Syn.:* sich befinden, ¹sein, sitzen. **2.** ⟨itr.; ist; in etw. s.⟩ *aus etwas nicht mehr herauskommen; von einer bestimmten Stelle nicht mehr weiterkommen:* er steckte in einer tiefen Krise; das Auto blieb [im Matsch, Sand, Schnee] stecken; sie war mitten im Vortrag stecken geblieben.

der Stecker

der **Ste|cker** [ˈʃtɛkɐ]; -s, -: *Vorrichtung am Ende eines Kabels, die in die Steckdose gesteckt wird:* den Stecker in die Steckdose stecken; den Stecker aus der Steckdose ziehen, rausziehen.

die **Steck|na|del** [ˈʃtɛknaːdl̩]; -, -n: *kleine Nadel*

mit einem Kopf aus Metall oder buntem Glas, mit der man Stoffe zusammenhält, bevor man zu nähen beginnt: eine Naht vor dem Zusammennähen mit Stecknadeln abstecken.

ste|hen ['ʃte:ən], steht, stand, gestanden ⟨itr.; hat, südd., österr., schweiz.: ist⟩: **1.** in aufrechter Haltung sein: das Kind kann noch nicht [alleine] stehen; wir mussten während der ganzen Zugfahrt stehen; die Menschen standen dicht gedrängt; sie stand am Fenster, neben mir, hinter dem Vorhang, in der Ecke; auf einem Bein stehen; steh bitte gerade; sollen wir uns setzen oder wollen wir stehen bleiben? Zus.: dastehen, davorstehen, gegenüberstehen. **2.** sich in Ruhe befinden, nicht [mehr] in Bewegung sein: müsst ihr denn dauernd, an jedem Schaufenster stehen bleiben?; stehen bleiben oder ich schieße!; die Maschine steht; die Uhr steht (sie tickt nicht mehr); er ist auf einen stehenden Wagen aufgefahren; das Auto zum Stehen bringen; ein stehendes (nicht fließendes) Gewässer; ich würde das Fahrrad hier nicht unabgeschlossen stehen lassen. **3.** ⟨irgendwo s.⟩ (von Gegenständen) sich [an einer bestimmten Stelle] befinden: das Haus steht noch; der Baum steht direkt an der Straße; die Blumen stehen in der Vase; die Gläser, die Tassen, die Teller stehen schon auf dem Tisch; das Geschirr könnt ihr einfach [auf dem Tisch] stehen lassen; die Flasche, das Öl steht im Schrank; das Essen steht auf dem Herd; der Stuhl steht schief; das Spiel steht 1 : 1. **4.** ⟨jmdm. [irgendwie] s.⟩ (von Kleidungsstücken o. Ä.) zu jmdm. passen, an jmdm. gut aussehen: das Kleid, die Brille steht dir [nicht, gut]. Syn.: kleiden, passen. **5.** * zu etwas stehen: sich zu etwas bekennen, etwas nicht verleugnen: zu seinem Wort, zu seinem Versprechen stehen; * zu/hinter jmdm. stehen: zu jmdm. halten, jmdn. nicht im Stich lassen: seine Mutter steht zu/hinter ihm, egal was passiert.

steh|len ['ʃte:lən], stiehlt, stahl, gestohlen: **1.** ⟨tr.; hat; [jmdm.] etw. s.⟩ (etwas, was einem anderen gehört) ohne Erlaubnis [heimlich] an sich nehmen: man hat [mir] meine Uhr gestohlen; gestohlenes Geld; ⟨auch itr.⟩ ich glaube nicht, dass sie stiehlt. Syn.: klauen (ugs.), wegnehmen. **2.** ⟨sich irgendwohin s.⟩ heimlich, unbemerkt von einem bestimmten Ort weggehen, sich an einen bestimmten Ort bege-

ben: er stahl sich aus dem Haus, in die Wohnung.

steif [ʃtaif], steifer, am steifsten ⟨Adj.⟩: **1.** sich aufgrund seiner Beschaffenheit nicht leicht biegen, knicken lassend: steifes Blech, Papier; ein steifer Hut. Syn.: fest, hart, starr. **2.** (bes. von Gelenken, Gliedmaßen) von verminderter oder nicht mehr bestehender Beweglichkeit: ein steifer Hals; ein steifes Bein. Syn.: starr. **3.** die Form einen festen Schaums habend: die Sahne ist nicht steif genug; Eiweiß steif schlagen. **4.** förmlich und unpersönlich: bei dem Empfang ging es sehr steif zu.

stei|gen ['ʃtaign], steigt, stieg, gestiegen ⟨itr.; ist; [irgendwohin] s.⟩: **1.** sich nach oben, nach unten oder über etwas fortbewegen: auf einen Berg steigen; in den Keller, auf den Dachboden steigen; in die Badewanne, ins Wasser steigen; auf die Leiter steigen; mit einer Leiter aufs Dach steigen; über den Zaun steigen. **2.** sich in die Höhe bewegen: der Ballon, das Flugzeug steigt [schnell]; die warme Luft steigt nach oben, in die Höhe. **3.** stärker, größer, höher werden: die Temperatur, der Umsatz, die Spannung steigt; die Preise, die Kurse sind gestiegen. Syn.: zunehmen. **4.** (österr.) [versehentlich] (auf, in etwas) treten: auf eine Scherbe, in eine Pfütze steigen.

stei|gern ['ʃtaign], steigert, steigerte, gesteigert ⟨tr.; hat⟩: **1.** ⟨etw. s.⟩ verstärken, vergrößern: das Tempo, die Leistung, die Produktion steigern. Syn.: erhöhen. **2.** ⟨sich s.⟩ zu immer höherer Leistung, Erregung o. Ä. gelangen: die Mannschaft steigerte sich in den letzten Minuten des Spiels. **3.** ⟨sich s.⟩ stärker werden: die Schmerzen steigerten sich. Syn.: sich vergrößern, sich verstärken, zunehmen.

steil [ʃtail], steiler, am steilsten ⟨Adj.⟩: stark ansteigend oder abfallend: ein steiler Abhang; die Straße führt steil bergauf.

der **Stein** [ʃtain]; -[e]s, -e: **1.** harte, feste mineralische Substanz: der Fußboden ist aus Stein. Zus.: Feuerstein, Kalkstein, Naturstein, Sandstein. **2.** Stück Stein: mit Steinen werfen. Zus.: Kieselstein, Mosaikstein. **3.** für einen bestimmten Zweck aus Stein hergestellter Gegenstand: das Grab schmückte ein schlichter Stein; das Kernstück der Mühle ist der Stein. Zus.: Bordstein, Eckstein, Gedenkstein, Grabstein, Grenzstein, Mauerstein, Pflasterstein, Taufstein. **4.** *harter Kern (bestimmter Früchte):* die Aprikose hat einen flachen Stein; eine Dose Oliven ohne Stein[e]. *Zus.:* Aprikosenstein, Kirschstein, Olivenstein, Pfirsichstein, Pflaumenstein. **5.** *Figur beim Brettspiel. Zus.:* Halmastein, Mühlestein, Spielstein.

die **Stel|le** ['ʃtɛlə]; -, -n: **1.** *Ort, Platz [an dem sich etwas befindet oder ereignet]:* an dieser Stelle geschah der Unfall; sie suchten eine Stelle zum Lagern. *Syn.:* Punkt, Stätte. *Zus.:* Absturzstelle, Anlegestelle, Baustelle, Feuerstelle, Fundstelle, Futterstelle, Gefahrenstelle, Haltestelle, Kochstelle, Körperstelle, Sammelstelle, Tankstelle, Unfallstelle, Wasserstelle, Zapfstelle. **2.** *berufliche Stellung:* eine Stelle suchen; eine neue Stelle antreten. *Syn.:* Arbeitsplatz, Position, Posten, Stellung. *Zus.:* Ganztagsstelle, Halbtagsstelle. **3.** *(für etwas Bestimmtes zuständige) Behörde, Einrichtung oder dergleichen:* staatliche Stellen; sich an die zuständige Stelle wenden. *Zus.:* Annahmestelle, Einwohnermeldestelle, Passstelle, Regierungsstelle, Verwaltungsstelle.

stel|len ['ʃtɛlən], stellt, stellte, gestellt: **1.** ⟨tr.; hat; etw. irgendwohin s.⟩ *dafür sorgen, dass etwas irgendwo steht:* die Flasche, die Tassen, die Teller, das Essen, den Wein auf den Tisch stellen; das Fahrrad, Auto in die Garage stellen. *Syn.:* tun (ugs.). **2.** ⟨tr.; hat; etw. [irgendwie] s.⟩ *einstellen:* das Radio leise stellen; ich habe meine Uhr nach dem Radio gestellt; die Heizung auf 3 stellen; sich einen Wecker stellen. **3.** ⟨sich irgendwohin s.⟩ *sich irgendwohin begeben und dort stehen bleiben:* er stellte sich vor die Tür, ans Fenster, neben mich. *Syn.:* treten. **4.** ⟨sich jmdn. s.⟩ *sich freiwillig in jmds. Gewalt begeben:* der Gesuchte stellte sich der Polizei. **5.** ⟨sich irgendwie s.⟩ *sich einen bestimmten Anschein geben:* sich schlafend, bewusstlos, taub stellen; sie stellt sich dümmer, als sie ist. **6.** ⟨etw. als s.⟩ als Funktionsverb: [jmdm.] eine Frage stellen *([jmdn.] etwas fragen);* [jmdm.] eine Aufgabe stellen *([jmdm.] etwas aufgeben);* einen Antrag stellen *(etwas beantragen).*

stel|len|wei|se ['ʃtɛlənvaɪzə] ⟨Adverb⟩: *an manchen Stellen:* stellenweise liegt noch Schnee.

die **Stel|lung** ['ʃtɛlʊŋ]; -, -en: **1.** *Art, wie jmd., etwas steht, angeordnet ist:* in aufrechter Stellung; die Stellung der Gestirne am Himmel. *Syn.:* Haltung, Position. *Zus.:* Ruhestellung, Schalterstellung, Schrägstellung. **2.** *Posten, den jmd. als Angestellter in einer Firma innehat:* er hat eine interessante Stellung in einem Verlag, als Pressesprecher. *Syn.:* Arbeitsplatz, Position, Stelle. *Zus.:* Dauerstellung, Vertrauensstellung. **3.** *Grad des Ansehens, der Wichtigkeit in der Gesellschaft; Rang:* ihre Stellung als führende Politikerin ihrer Partei ist erschüttert; seine gesellschaftliche, soziale Stellung. *Syn.:* Position. *Zus.:* Machtstellung, Monopolstellung, Sonderstellung, Spitzenstellung, Vormachtstellung. **4.** * **zu etwas Stellung nehmen:** *zu etwas seine Meinung sagen:* er wollte zu den Vorwürfen keine Stellung nehmen.

die **Stel|lung|nah|me** ['ʃtɛlʊŋna:mə]; -, -n: *Kommentar zu etwas Bestimmtem:* die Presse forderte vom Minister eine klare Stellungnahme zu diesem Vorfall; sie war zu keiner Stellungnahme bereit. *Syn.:* Erklärung.

stell|ver|tre|tend ['ʃtɛlfɐtreːtn̩t] ⟨Adj.⟩: *den Posten eines Stellvertreters innehabend, anstelle eines anderen handelnd:* er ist stellvertretender Abteilungsleiter; sie leitete die Sitzung stellvertretend [für den erkrankten Kollegen].

der **Stell|ver|tre|ter** ['ʃtɛlfɐtreːtɐ]; -s, -, die **Stell|ver|tre|te|rin** ['ʃtɛlfɐtreːtərɪn]; -, -nen: *Person, deren Aufgabe es ist, jmdn. zu vertreten:* während der Krankheit des Chefs führt sein Stellvertreter die Geschäfte; sie ist meine Stellvertreterin. *Syn.:* Vertreter, Vertreterin.

stem|men ['ʃtɛmən], stemmt, stemmte, gestemmt ⟨tr.; hat⟩: **1.** (etw. [irgendwohin] s.⟩ *(etwas Schweres) mit viel Kraft mit den Armen in die Höhe drücken:* ein Gewicht [in die Höhe] stemmen. *Syn.:* heben. **2.** ⟨etw., sich irgendwohin s.⟩ *mit dem eigenen Körper mit viel Kraft gegen etwas drücken:* ich stemmte meinen Rücken, mich [mit der Schulter, mit aller Kraft] gegen die Tür.

der **Stem|pel** ['ʃtɛmpl̩]; -s, -: **1.** *Gerät, mit dem man auf einer geeigneten Unterlage einen Abdruck (bestimmter Wörter, Zeichen oder dergleichen) anbringen kann:* er hat einen Stempel mit seiner Adresse. *Zus.:* Datumsstempel, Nummernstempel, Prägestempel. **2.** *Abdruck eines Stempels:* den Brief mit Stempel und Unterschrift versehen. *Zus.:* Bibliotheksstempel, Datumsstempel, Firmenstempel, Namen[s]stempel.

S

stem|peln ['ʃtɛmpl̩n], stempelt, stempelte, gestempelt ⟨tr.; hat; etw. s.⟩: *mit dem Abdruck eines Stempels versehen:* das Formular, den Ausweis stempeln; der Brief, die Briefmarke ist nicht gestempelt. *Syn.:* abstempeln.

ster|ben ['ʃtɛrbn̩], stirbt, starb, gestorben ⟨itr.; ist⟩: *aufhören zu leben:* sie ist plötzlich gestorben; er ist an Krebs gestorben; einen langsamen, qualvollen Tod/ (geh.:) eines langsamen qualvollen Todes sterben.

sterb|lich ['ʃtɛrplɪç] ⟨Adj.⟩: *nicht ewig lebend:* der Mensch ist ein sterbliches Wesen.

ste|ril [ʃteˈriːl] ⟨Adj.⟩: *frei von Krankheitserregern:* ein steriler Verband; etwas steril machen. *Syn.:* desinfiziert, keimfrei, sterilisiert.

ste|ri|li|sie|ren [ʃterili'ziːrən], sterilisiert, sterilisierte, sterilisiert ⟨tr.; hat⟩: 1. ⟨etw. s.⟩ *keimfrei machen:* die Instrumente des Arztes werden sterilisiert; sterilisierte Milch. 2. ⟨jmdn., ein Tier s.⟩ *unfruchtbar, zur Fortpflanzung unfähig machen:* nach dem dritten Kind hat sie sich sterilisieren lassen.

der **Stern** [ʃtɛrn]; -[e]s, -e: 1. *als funkelnder Punkt besonders am nächtlichen Himmel sichtbarer Himmelskörper:* die Sterne funkeln, leuchten. *Zus.:* Abendstern, Morgenstern, Schweifstern. 2. *Figur, die aussieht wie ein Stern:* die Kinder schnitten Sterne aus buntem Papier. *Zus.:* Blütenstern, Strohstern.

das **Stern|bild** ['ʃtɛrnbɪlt]; -[e]s, -er: *Gruppe von Sternen am Himmel, die zusammen eine Figur darstellen:* die Sternbilder des Tierkreises, des nördlichen Sternenhimmels.

das ¹**Steu|er** ['ʃtɔyɐ], -s, -: *Vorrichtung an Fahrzeugen, mit der man die Richtung der Fahrt regelt:* das Steuer eines Schiffes; am Steuer sitzen *(ein Fahrzeug führen).*

die ²**Steu|er** ['ʃtɔyɐ], -, -n: *an den Staat, die Gemeinde zu zahlende Abgabe:* Steuern zahlen; Alkohol wurde mit einer neuen Steuer belegt. *Zus.:* Einkommen[s]steuer, Erbschaft[s]steuer, Kraftfahrzeugsteuer, Lohnsteuer, Mineralölsteuer, Tabaksteuer, Umsatzsteuer, Vermögen[s]steuer.

die **Steu|er|er|klä|rung** ['ʃtɔyɐlɐʔklɛːruŋ]; -, -en: *Gesamtheit der Angaben zum Einkommen jedes Einzelnen, die das Finanzamt benötigt, um die Höhe der Steuer festsetzen zu können:* seine Steuererklärung abgeben.

steu|ern ['ʃtɔyɐn], steuert, steuerte, gesteuert ⟨tr.; hat; etw. s.⟩: *(bei einem Fahrzeug) das Steuer, die Lenkung bedienen:* das Schiff, Auto steuern. *Syn.:* lenken.

die **Steu|e|rung** ['ʃtɔyərʊŋ]; -, -en: 1. *das Steuern (eines Fahrzeugs):* die Steuerung [des Schiffes] übernehmen. *Zus.:* Fernsteuerung. 2. *Vorrichtung zur Lenkung:* ein Defekt an der Steuerung.

der **Ste|ward** ['stjuːɐt]; -s, -s, die **Ste|war|dess** ['stjuːɐdɛs]; -, -en: *Person, die auf Schiffen, in Flugzeugen die Passagiere betreut:* er fährt als Steward zur See; die Stewardess brachte uns etwas zu trinken. *Zus.:* Schiffssteward, Schiffsstewardess.

der **Stich** [ʃtɪç]; -[e]s, -e: 1. *gewaltsames Eindringen eines spitzen Gegenstandes (in etwas):* der Stich der Biene; sie wurde durch einen Stich [mit einem Messer] in den Rücken getötet. *Zus.:* Insektenstich, Messerstich, Mückenstich, Nadelstich, Schnakenstich, Wespenstich. 2. *plötzlicher stechender Schmerz:* er spürte einen Stich im Arm. *Zus.:* Herzstich. 3. *einzelner Schritt beim Nähen, beim Herstellen einer Naht:* das Kleid mit großen, wenigen Stichen heften.

die **Stich|pro|be** ['ʃtɪçproːbə]; -, -n: *nur einen willkürlich ausgewählten kleinen Teil eines Ganzen erfassende Überprüfung:* die Grenzkontrollen beschränkten sich auf einige Stichproben.

sticht [ʃtɪçt]: ↑ stechen.

der **Stief|bru|der** ['ʃtiːfbruːdɐ]; -s, Stiefbrüder ['ʃtiːfbryːdɐ]: *nicht leiblicher Bruder, der ein leiblicher Sohn der Stiefmutter oder des Stiefvaters ist:* er ist mein Stiefbruder.

der **Stie|fel** ['ʃtiːfl̩]; -s, -: *Schuh mit hohem [bis zum Knie reichendem] Schaft:* enge, weite, hohe, gefütterte Stiefel. *Zus.:* Gummistiefel, Lederstiefel, Reitstiefel.

das **Stief|kind** ['ʃtiːfkɪnt]; -[e]s, -er: *nicht leibliches Kind, das ein leibliches Kind des Ehepartners oder der Ehepartnerin ist:* meine Stiefkinder sind mir genauso lieb wie meine eigenen Kinder.

die **Stief|mut|ter** ['ʃtiːfmʊtɐ]; -, Stiefmütter ['ʃtiːfmʏtɐ]: *(mit dem Vater verheiratete) nicht leibliche Mutter:* sie ist meine Stiefmutter.

die **Stief|schwes|ter** ['ʃtiːfʃvɛstɐ]; -, -n: *nicht leibliche Schwester, die eine leibliche Tochter der Stiefmutter oder des Stiefvaters ist:* meine Stiefschwester.

der **Stief|va|ter** ['ʃtiːffaːtɐ]; -s, Stiefväter

['ʃti:ffɐ:tɐ]: *(mit der Mutter verheirateter) nicht leiblicher Vater:* dein Stiefvater.

stieg [ʃti:k]: ↑ steigen.

die **Stie|ge** ['ʃti:gə]; -, -n (südd., österr.): *Treppe:* sie ist die Stiege hinuntergefallen.

stiehlt [ʃti:lt]: ↑ stehlen.

der **Stiel** [ʃti:l]; -[e]s, -e: **1.** *[ziemlich langer] fester Griff an einem [Haushalts]gerät:* der Stiel des Besens, der Pfanne. *Zus.:* Besenstiel, Hammerstiel, Holzstiel, Löffelstiel, Pfannenstiel, Pinselstiel. **2.** *Stängel einer Blume:* Rosen mit langen Stielen.

der **Stier** [ʃti:ɐ]; -[e]s, -e: *männliches Rind; Bulle:* ein junger Stier. *Zus.:* Jungstier, Kampfstier, Zuchtstier.

stieß [ʃti:s]: ↑ stoßen.

der **Stift** [ʃtɪft]; -[e]s, -e: *längliches Gerät zum Schreiben, Zeichnen, Malen:* mit einem roten Stift schreiben; kann ich mal kurz deinen Stift haben? *Zus.:* Bleistift, Buntstift, Farbstift, Filzstift, Kohlestift, Lippenstift, Tintenstift.

stif|ten ['ʃtɪftn̩], stiftet, stiftete, gestiftet ⟨tr.; hat; etw. s.⟩: **1.** *(aus dem eigenen Vermögen) zur Verfügung stellen, für andere bezahlen:* er stiftete einen Preis für den Sieger; ein Krankenhaus stiften. **2.** *entstehen lassen, verursachen, auslösen:* Frieden, Ordnung, Unheil, Verwirrung stiften. *Syn.:* erzeugen, herbeiführen.

die **Stif|tung** ['ʃtɪftʊŋ]; -, -en: *Einrichtung, Institution, die jmd. gestiftet hat:* dieses Kloster ist eine Stiftung des Königs.

der **Stil** [ʃti:l]; -[e]s, -e: *charakteristische Art und Weise, in der jmd. etwas Bestimmtes tut, in der etwas Bestimmtes gestaltet ist:* der Stil eines Gebäudes, Romans; ein Gebäude im Stil des Barocks; die Kirche ist in barockem Stil erbaut; er hat als Trompeter einen ganz eigenen Stil entwickelt; sie malt, schreibt, zeichnet in einem Stil, der mir nicht gefällt; er schreibt, schwimmt, läuft, fährt einen sehr guten Stil; das ist kein guter politischer Stil; das ist nicht sein Stil *(so verhält er sich nicht).* *Zus.:* Arbeitsstil, Baustil, Briefstil, Fahrstil, Führungsstil, Lebensstil, Sprachstil.

sti|lis|tisch [ʃtiˈlɪstɪʃ] ⟨Adj.⟩: *den Stil betreffend:* stilistische Mängel; sein Aufsatz ist stilistisch einwandfrei.

still [ʃtɪl], stiller, am stillsten ⟨Adj.⟩: **1.** *ohne ein Geräusch [zu verursachen]; ohne einen Laut [von sich zu geben]:* im Wald war es ganz still; er saß still an seinem Platz. *Syn.:* leise, ruhig. **2.** *ruhig und*

zurückhaltend in seinem Wesen; nicht viel redend: er ist ein stiller und bescheidener Junge; du bist heute so still – was ist los? *Syn.:* schweigsam.

die **Stil|le** ['ʃtɪlə]; -: *Zustand, bei dem kaum ein Laut zu hören ist; Ruhe:* die Stille der Nacht; es herrschte eine friedliche Stille; plötzlich trat eine beklemmende Stille ein. *Zus.:* Abendstille, Mittagsstille.

stil|len ['ʃtɪlən], stillt, stillte, gestillt ⟨tr.; hat⟩: **1.** ⟨jmdn. s.⟩: *(ein Kind) an der Brust trinken lassen:* die Mutter stillt ihr Kind; ⟨auch itr.⟩ wegen einer Brustentzündung konnte sie nicht stillen. **2.** ⟨etw. s.⟩: *(ein bestimmtes Bedürfnis) befriedigen:* den Hunger, den Durst stillen.

still|hal|ten ['ʃtɪlhaltn̩], hält still, hielt still, stillgehalten ⟨itr.; hat⟩: *sich nicht bewegen:* wie soll ich dir die Haare schneiden, wenn du nicht stillhältst?

still|ste|hen ['ʃtɪlʃte:ən], steht still, stand still, stillgestanden ⟨itr.; hat, südd., österr., schweiz auch: ist⟩: *aufhören, sich zu bewegen:* die Maschine steht still; der Verkehr stand vorübergehend still; die Zeit schien stillzustehen.

der **Stimm|bruch** ['ʃtɪmbrʊx]; -[e]s: *Übergang von der hohen zu einer tiefen Stimme bei männlichen Jugendlichen in der Pubertät:* mit 13 kam er in den Stimmbruch; er ist im Stimmbruch.

die **Stim|me** ['ʃtɪmə]; -, -n: **1.** *die Töne, Laute, die von Menschen oder Tieren produziert werden:* eine dunkle, laute Stimme; sie erkannte ihn an der Stimme; sie hat eine schöne Stimme. *Zus.:* Frauenstimme, Kinderstimme. **2.** *gespielte oder gesungene Melodie, die mit anderen zusammen ein Musikstück ergibt:* die obere, untere Stimme; er singt die zweite Stimme des Liedes. *Zus.:* Oberstimme. **3.** *Entscheidung bei einer Wahl o. Ä.:* seine Stimme bei der Wahl abgeben; der konservative Kandidat erhielt die meisten Stimmen; sie gab ihre Stimme den Liberalen. *Zus.:* Gegenstimme, Jastimme, Neinstimme, Wählerstimme.

stim|men ['ʃtɪmən], stimmt, stimmte, gestimmt: **1.** ⟨itr.; hat⟩ *richtig, korrekt sein:* die Rechnung, die Adresse stimmt nicht; der Preis für das Produkt stimmt; stimmt es, dass du morgen nach Paris fliegst? *Syn.:* zutreffen. **2.** ⟨tr.; etw. s.⟩ *einem Instrument die richtige Tonhöhe geben:* das Orchester stimmt die Instrumente vor dem Konzert; das Klavier muss mal wieder gestimmt werden. **3.** ⟨tr.; hat; jmdn. irgendwie s.⟩ *in eine* *bestimmte Stimmung versetzen:* das stimmt mich traurig; die Vorgänge stimmen mich nicht gerade zuversichtlich; jmdn. fröhlich stimmen. *Syn.:* machen. **4.** ⟨tr.; hat; für jmdn., etw./gegen jmdn., etw. s.⟩ *seine Stimme abgeben:* sie stimmte für die Sozialdemokraten; ⟨auch ohne Präpositionalobjekt⟩ 17 Personen haben mit Ja gestimmt, 4 mit Nein.

stimm|haft [ˈʃtɪmhaft], stimmhafter, am stimmhaftesten ⟨Adj.⟩ (Sprachw.): *so, dass es weich ausgesprochen wird:* b, d und g sind stimmhafte Konsonanten; das s in »Rose« wird stimmhaft ausgesprochen.

stimm|los [ˈʃtɪmloːs], stimmloser, am stimmlosesten ⟨Adj.⟩ (Sprachw.): *so, dass es hart ausgesprochen wird:* p, t und k sind stimmlose Konsonanten; das s in »Bus« wird stimmlos ausgesprochen.

die **Stim|mung** [ˈʃtɪmʊŋ]; -, -en: *innerer Zustand, seelische Verfassung:* es herrschte eine fröhliche Stimmung; die Stimmung war gedrückt; er war in schlechter Stimmung *(Laune);* lass mich in Ruhe, ich bin nicht in Stimmung *(ich habe keine Lust).* *Syn.:* Atmosphäre, Laune. *Zus.:* Abschiedsstimmung, Karnevalsstimmung, Weihnachtsstimmung.

der **Stimm|zet|tel** [ˈʃtɪmtsɛtl̩]; -s, -: *Formular, auf dem schriftlich eine Stimme abgegeben wird:* auf dem Stimmzettel darf nur ein Kreuz gemacht werden; Kandidatinnen und Kandidaten auf dem Stimmzettel ankreuzen.

stin|ken [ˈʃtɪŋkn̩], stinkt, stank, gestunken ⟨itr.; hat⟩: **1.** ⟨(irgendwie) s.⟩ (abwertend) *übel riechen:* die Abwässer der Fabrik stinken fürchterlich; ⟨auch unpers.⟩ draußen stinkt es nach Abgasen. **2.** ⟨jmdm. s.⟩ (salopp) *lästig werden:* die Arbeit, die Schule stinkt mir schon lange; mir stinkt, dass du ständig zu spät kommst; ⟨auch unpers.⟩ mir stinkts. *Syn.:* ärgern, missfallen.

das **Sti|pen|di|um** [ʃtiˈpɛndiʊm]; -s, Stipendien [ʃtiˈpɛndiən]: *finanzielle Unterstützung für Studierende:* sie hat ein Stipendium beantragt; er hat ein Stipendium von der Kirche bekommen. *Zus.:* Auslandsstipendium, Forschungsstipendium.

stirbt [ʃtɪrpt]: ↑ sterben.

die **Stirn** [ʃtɪrn]; -, -en: *oberer Teil des Gesichtes:* er hatte Schweiß auf der Stirn.

der **¹Stock** [ʃtɔk]; -[e]s, Stöcke [ˈʃtœkə]: **1.** *dünner Ast von einem Baum oder Strauch:*

der Opa schnitzte für die Kinder einen Stock; früher wurden Kinder noch mit dem Stock geschlagen. *Syn.:* Knüppel. **2.** *länglicher Gegenstand, auf den man sich beim Gehen stützen kann:* seit dem Schlaganfall muss sie am Stock gehen; beim Laufen stützt er sich gern auf seinen Stock. *Zus.:* Gehstock, Spazierstock.

der **²Stock** [ʃtɔk]; -s, -: *Etage, die höher liegt als das Erdgeschoss:* er wohnt im dritten Stock links. *Syn.:* Stockwerk.

das **Stock|werk** [ˈʃtɔkvɛrk]; -[e]s, -e: *²Stock:* das Haus hat zwölf Stockwerke. *Syn.:* Etage.

der **Stoff** [ʃtɔf]; -[e]s, -e: **1.** *Material, Substanz:* weiche, harte Stoffe; Wasser ist ein natürlicher Stoff; in vielen Lebensmitteln sind giftige Stoffe enthalten. *Zus.:* Brennstoff, Farbstoff, Giftstoff, Impfstoff, Klebstoff, Kunststoff, Rohstoff, Süßstoff. **2.** *Material, aus dem Kleidung hergestellt wird:* ein dünner, warmer Stoff; er trug einen Mantel aus grobem Stoff. *Syn.:* Gewebe. *Zus.:* Baumwollstoff, Gardinenstoff. **3.** *Motiv, Thema:* er sammelte Stoff für einen neuen Roman. *Syn.:* Material. *Zus.:* Gesprächsstoff, Lehrstoff, Unterrichtsstoff. **4.** ⟨ohne Plural⟩ (Jargon) *Rauschgift:* Stoff brauchen; sich Stoff besorgen.

das **Stoff|tier** [ˈʃtɔftiːɐ̯]; -[e]s, -e: *Spielzeug aus Stoff in der Form eines Tieres:* mein erstes Stofftier war ein brauner Teddybär.

stöh|nen [ˈʃtøːnən], stöhnt, stöhnte, gestöhnt ⟨itr.; hat⟩: *mit einem tiefen, lang gezogenen Laut schwer ausatmen:* leise, vor Schmerz, vor Lust stöhnen; der Kranke stöhnte laut; in der Nacht hörten wir ein Stöhnen; »Muss das sein?«, stöhnte sie. *Syn.:* seufzen.

der **Stol|len** [ˈʃtɔlən]; -s, -: *längliches Gebäck mit Rosinen, Mandeln und Gewürzen, das man in der Weihnachtszeit isst:* im Advent essen wir immer Stollen und Lebkuchen.

stol|pern [ˈʃtɔlpɐn], stolpert, stolperte, gestolpert ⟨itr.; ist⟩: *beim Gehen mit dem Fuß irgendwo hängen bleiben, sodass man fast hinfällt:* pass auf, dass du nicht stolperst!; er ist über einen Stein gestolpert und gestürzt.

stolz [ʃtɔlts], stolzer, am stolzesten ⟨Adj.⟩: **1.** *mit Selbstbewusstsein und Freude über einen Besitz oder eine Leistung erfüllt:* die stolzen Eltern; er ist stolz auf sein neues Auto. **2.** *eingebildet, arrogant:* er war zu stolz, um sich helfen zu lassen; sie ist eine stolze Frau. *Syn.:* eitel (abwertend), hochmütig, hochnäsig.

3. *so, dass es beeindruckt:* ein stolzes Gebäude; er hat dafür eine stolze Summe *(viel Geld)* bekommen. *Syn.:* beachtlich, bemerkenswert, imposant.

der **Stolz** [ʃtɔlts]; -es: **1.** *selbstbewusste Freude:* voller Stolz berichtete er über seine Erfolge. *Zus.:* Besitzerstolz, Vaterstolz. **2.** *Gefühl, dass man selbst viel wert ist:* männlicher Stolz verbietet es oft, Schwächen zuzugeben. *Syn.:* Hochmut. *Zus.:* Nationalstolz.

stop|fen [ˈʃtɔpfn̩], stopft, stopfte, gestopft: **1.** ⟨tr.; hat; etw. in etw. (Akk.) s.⟩ *etwas in etwas hineintun:* die Kleider in den Koffer stopfen; er stopfte sich Watte ins Ohr. *Syn.:* quetschen, stecken. **2.** ⟨tr.; hat; etw. s.⟩ *mit Nadel und Faden reparieren:* Socken, Strümpfe, die zerrissenen Hosen stopfen. *Syn.:* ausbessern, flicken, nähen.

stop|pen [ˈʃtɔpn̩], stoppt, stoppte, gestoppt: **1.** ⟨tr.; hat; jmdn., etw. s.⟩ *anhalten, aufhalten:* der Polizist stoppte den Wagen; die Produktion stoppen. **2.** ⟨itr.; hat⟩ *anhalten, stehen bleiben:* der Wagen stoppte, als das Kind auf die Straße rannte. *Syn.:* bremsen. **3.** ⟨tr.; hat; jmdn., etw. s.⟩ *bei einem Rennen o. Ä. die Zeit mit der Uhr messen:* er stoppte die Zeit der Skiläuferin; den 100-m-Lauf stoppen.

der **Stöp|sel** [ˈʃtœpsl̩]; -s, -: *kleiner Gegenstand, der zum Verschließen von Flaschen o. Ä. dient:* den Stöpsel aus der Badewanne ziehen; die Karaffe mit einem Stöpsel verschließen. *Syn.:* Korken, Pfropfen, Verschluss. *Zus.:* Glasstöpsel, Ohrenstöpsel.

der **Storch** [ʃtɔrç]; -[e]s, Störche [ˈʃtœrçə]: *größerer, schwarz-weißer Vogel mit langem Hals, sehr langem, rotem Schnabel und langen, roten Beinen:* der Storch hat sein Nest auf dem Dach; in Europa werden Störche immer seltener.

stö|ren [ˈʃtøːrən], stört, störte, gestört ⟨tr.; hat; jmdn. s.⟩: *(jmdn. bei etwas) belästigen, (von etwas) ablenken:* darf ich Sie einen Moment stören?; störe deinen Vater nicht bei der Arbeit!; die Unruhe stört den Unterricht; es stört mich, wenn du rauchst; ⟨auch itr.⟩ das Kind stört in der Schule; Entschuldigung, darf ich kurz stören? *Syn.:* aufhalten, beeinträchtigen, behindern, unterbrechen.

die **Stö|rung** [ˈʃtøːrʊŋ]; -, -en: **1.** *Unterbrechung:* eine kurze, nächtliche, vorübergehende Störung; entschuldigen Sie bitte die Störung, aber könnte ich Sie

kurz sprechen? *Zus.:* Ruhestörung. **2.** *Fehler:* wegen einer technischen Störung hat der Zug 30 Minuten Verspätung. *Syn.:* Defekt, Panne. *Zus.:* Empfangsstörung, Funktionsstörung, Verkehrsstörung.

die **Sto|ry** [ˈstoːri]; -, -s: *Inhalt eines Films, Romans o. Ä.:* eine spannende Story; sie erzählte die Story des Films mit wenigen Worten. *Syn.:* Geschichte, Handlung.

der **Stoß** [ʃtoːs]; -es, Stöße [ˈʃtøːsə]: **1.** *heftiger Ruck:* er gab, versetzte ihm einen Stoß, dass er umfiel. *Syn.:* Hieb, Klaps, Schlag. **2.** *Menge gleicher Dinge, die übereinanderliegen; Stapel:* ein Stoß Zeitungen.

sto|ßen [ˈʃtoːsn̩], stößt, stieß, gestoßen: **1.** ⟨tr.; hat; jmdn. [mit etw.] s.⟩ *mit einer heftigen Bewegung auf jmdn. treffen:* er hat seinen Mitschüler so heftig gestoßen, dass er hinfiel. **2.** ⟨tr.; hat; jmdn., sich etw. irgendwohin s.⟩ ⟨mit näherer Bestimmung⟩ *stechen:* sie hat ihm das Messer in den Rücken gestoßen. **3.** ⟨sich [an etw. (Dativ)] s.⟩ *gegen etwas prallen und sich verletzen:* er hat sich an der Tischkante gestoßen; sie hat sich am Knie gestoßen. **4.** ⟨itr.; ist; auf jmdn., etw. stoßen⟩ *[zufällig] finden, entdecken:* auf Erdöl stoßen; wir sind beim Aufräumen auf alte Fotos gestoßen.

stot|tern [ˈʃtɔtɐn], stottert, stotterte, gestottert ⟨itr.; hat⟩: *mit vielen kurzen Pausen und häufigen Wiederholungen sprechen:* vor Aufregung fing sie an zu stottern; der Motor stottert *(läuft ungleichmäßig).*

straf|bar [ˈʃtraːfbaːɐ̯] ⟨Adj.⟩: *so, dass man gegen das Gesetz verstößt und dafür bestraft werden kann:* eine strafbare Handlung; Diebstahl ist strafbar; lass das, du machst dich strafbar *(handelst so, dass du bestraft werden kannst).*

die **Stra|fe** [ˈʃtraːfə]; -, -n: **1.** *etwas, womit jmd. bestraft wird:* eine hohe, schwere Strafe; zur Strafe durfte er nicht ins Kino gehen. **2.** *Geld, das jmd. für eine kleine Verletzung des Rechts zahlen muss:* falsches Parken kostet 10 Euro Strafe.

stra|fen [ˈʃtraːfn̩], straft, strafte, gestraft ⟨tr.; hat; jmdn. [mit etw.] s.⟩: *jmdn. bestrafen:* der Lehrer strafte das Kind, weil es seine Hausaufgaben nicht gemacht hatte; ⟨auch itr.⟩ sie sah ihn strafend an.

straff [ʃtraf], straffer, am straffsten ⟨Adj.⟩:

1. *glatt, fest gespannt:* ein straffes Seil. **2.** *ohne Raum für Überflüssiges:* eine straffe Führung; ihr Tag war straff durchorganisiert. *Syn.:* streng.

straf|fäl|lig [ˈʃtraːfɛlɪç] ⟨Adj.⟩: *so, dass man etwas getan hat und dafür bestraft wird:* straffällige Jugendliche; viele Vorbestrafte werden wieder straffällig.

der **Strahl** [ʃtraːl]; -[e]s, -en: **1.** *schmaler Streifen von einer Flüssigkeit:* aus dem alten Wasserhahn kam nur ein dünner Strahl. *Zus.:* Blutstrahl, Wasserstrahl. **2.** *Streifen Licht:* ein blasser Strahl fiel ins Zimmer; die Strahlen der Sonne blendeten ihn. *Zus.:* Lichtstrahl, Sonnenstrahl. **3.** ⟨Plural⟩ *elektromagnetische Wellen:* schädliche Strahlen; die Bevölkerung musste sich vor Strahlen schützen. *Zus.:* Röntgenstrahl.

strah|len [ˈʃtraːlən], strahlt, strahlte, gestrahlt ⟨itr.; hat⟩: **1.** *Licht, große Helligkeit verbreiten:* die Lichter strahlen; die strahlende Sonne, ein strahlender (sonniger) Tag. *Syn.:* leuchten, scheinen. **2.** *glücklich aussehen:* das Mädchen strahlte, als es gelobt wurde; an ihrem Hochzeitstag strahlten beide vor Glück. *Syn.:* sich freuen.

die **Sträh|ne** [ˈʃtrɛːnə]; -, -n: *mehrere nebeneinanderliegende Haare:* eine Strähne hing ihm ins Gesicht; von der Sonne hatte sie blonde Strähnen bekommen. *Zus.:* Haarsträhne.

sträh|nig [ˈʃtrɛːnɪç], strähniger, am strähnigsten ⟨Adj.⟩: *in Form von Strähnen:* ihre Haare waren ungewaschen und strähnig.

der **Strand** [ʃtrant]; -[e]s, Strände [ˈʃtrɛndə]: *flache Küste am Meer mit Sand oder Steinen:* sie lagen im Bikini am Strand und sonnten sich; alle träumen von einem einsamen Strand mit weißem Sand und Palmen. *Zus.:* Badestrand, Sandstrand.

stra|pa|zi|ös [ʃtrapaˈtsi̯øːs], strapaziöser, am strapaziösesten ⟨Adj.⟩: *anstrengend, ermüdend:* eine strapaziöse Reise; der Umzug war sehr strapaziös. *Syn.:* beschwerlich, mühsam.

die **Stra|ße** [ˈʃtraːsə]; -, -n: *breiter Weg für Autos, Fahrräder und Fußgänger:* auf der Straße nach München kam es zu mehreren Unfällen; man darf nur bei Grün über die Straße gehen; die Schüler überquerten die Straße. *Syn.:* Fahrbahn, Gasse. *Zus.:* Einbahnstraße, Goethestraße, Hauptstraße, Landstraße, Seitenstraße, Vorfahrtsstraße.

die **Stra|ßen|bahn** [ˈʃtraːsnˌbaːn]; -, -en: *kleiner Zug, der in größeren Städten und deren Umgebung fährt:* er fährt immer mit der Straßenbahn zur Schule; sie hat die Straßenbahn verpasst. *Syn.:* Bahn, S-Bahn, Tram (südd., schweiz.).

die Straßenbahn

der **Strauch** [ʃtraux]; -[e]s, Sträucher [ˈʃtrɔʏçɐ]: *Pflanze mit vielen Zweigen, die schon am Boden beginnen:* an diesem Strauch wachsen Johannisbeeren. *Syn.:* Busch. *Zus.:* Brombeerstrauch, Haselnussstrauch, Rosenstrauch.

der **¹Strauß** [ʃtraus]; -es, -e: *großer Vogel, der einen langen Hals hat, sehr schnell laufen und nicht fliegen kann:* das Ei von einem Strauß wiegt etwa ein Kilogramm.

der **²Strauß** [ʃtraus]; -es, Sträuße [ˈʃtrɔʏsə]: *Blumen, Zweige, die man zusammen in eine Vase stellt:* er schenkte ihr zum Geburtstag einen Strauß Rosen; einen Strauß pflücken. *Zus.:* Blumenstrauß, Hochzeitsstrauß.

die **Stre|cke** [ˈʃtrɛkə]; -, -n: *bestimmte Entfernung:* eine lange, weite, kurze Strecke; die Strecke von München bis Stuttgart; auf der Strecke Rostock–Berlin herrscht immer viel Verkehr; wollen wir die Strecke zu Fuß gehen oder lieber fahren? *Syn.:* Distanz, Linie. *Zus.:* Bahnstrecke, Flugstrecke, Rennstrecke.

stre|cken [ˈʃtrɛkn̩] ⟨streckt, streckte, gestreckt⟩: **1.** ⟨tr.; hat; etw. s.⟩ *in eine gerade Position bringen:* nach dem langen Flug streckte er die Beine; den Arm in die Höhe strecken. **2.** ⟨sich s.⟩ *sich irgendwo ausgestreckt hinlegen:* sie streckte sich in der Sonne.

strei|cheln [ˈʃtraiçl̩n], streichelt, streichelte, gestreichelt ⟨tr.; hat; jmdn., etw. s.⟩: *mit sanften Bewegungen der Hand über jmdn., etwas streichen:* er streichelte sie, ihr Haar, ihr Gesicht, die Katze. *Syn.:* ¹kraulen.

strei|chen [ˈʃtraiçn̩], streicht, strich, gestrichen: **1.** ⟨tr.; hat; etw. irgendwohin s.⟩ *mit gleitender, glättender Bewegung als dünne Schicht auftragen:* sich Butter aufs Brot streichen. *Syn.:* schmieren. **2.** ⟨tr.; hat; etw. s.⟩ *bestreichen, mit einem Aufstrich versehen:* Brote streichen. *Syn.:* bestreichen, schmieren. **3.** ⟨tr.; hat; etw. s.⟩ *mithilfe*

S

eines Pinsels mit Farbe versehen: die Wände, die Fenster, den Zaun streichen; Vorsicht, die Tür ist frisch gestrichen. **4.** ⟨itr.; hat; irgendwohin s.⟩ *die Oberfläche von etwas mit gleitender Bewegung berühren:* jmdm. liebevoll durch die Haare, über den Kopf streichen. **5.** ⟨tr.; hat; etw. irgendwohin s.⟩ *mit einer gleitenden, glättenden Bewegung irgendwohin befördern:* sich die Haare aus der Stirn streichen. **6.** ⟨itr.; ist; irgendwohin s.⟩ *ohne erkennbares Ziel gehen:* er streicht nachts durch die Straßen, um ihr Haus. *Syn.:* streifen. **7.** ⟨tr.; hat; etw. [aus etw.] s.⟩ *durchstreichen, tilgen:* der Redakteur musste 10 Zeilen pro Manuskriptseite streichen; den Satz sollten wir aus dem Protokoll streichen.

das **Streich|holz** [ˈʃtraiçhɔlts]; -es, Streichhölzer [ˈʃtraiçhœltsɐ]: *kleines Stäbchen aus Holz oder Pappe, das an einem Ende mit einer besonderen Masse bedeckt ist, die sich durch Reibung leicht entzünden lässt:* er steckte ein Streichholz an; eine Schachtel Streichhölzer. *Syn.:* Zündholz.

die **Strei|fe** [ˈʃtraifə]; -, -n: **1.** *kleine Einheit bei Militär und Polizei, die in einem bestimmten Gebiet Fahrten oder Gänge zur Kontrolle durchführt:* er wurde von einer Streife festgenommen. *Zus.:* Funkstreife, Polizeistreife. **2.** *von einer Streife durchgeführte Fahrt, durchgeführter Gang:* auf Streife gehen, sein.

strei|fen [ˈʃtraifn̩], streift, streifte, gestreift: **1.** ⟨tr.; hat; etw. s.⟩ *im Verlauf einer [schnellen] Bewegung etwas leicht berühren, über die Oberfläche von etwas streichen:* die Kugel hat ihn nur an der Schulter gestreift; er hat beim Einparken einen Fußgänger gestreift. *Syn.:* berühren. **2.** ⟨tr.; hat; etw. s.⟩ *nur oberflächlich behandeln:* die geschichtlichen Aspekte des Problems hat sie in ihrem Vortrag nur gestreift. **3.** ⟨itr.; ist; irgendwohin s.⟩ *[ohne festes Ziel] einige Zeit (durch eine Gegend) wandern, ziehen:* er ist durch den Wald gestreift; ziellos durch die Gegend streifen. *Syn.:* streichen.

der **Strei|fen** [ˈʃtraifn̩]; -s, -: **1.** *langes, schmales Stück von etwas:* ein Streifen Papier, Stoff; etwas in Streifen schneiden. *Zus.:* Geländestreifen, Grünstreifen, Küstenstreifen, Landstreifen, Nebelstreifen, Rasenstreifen. **2.** *in der Art eines Bandes verlaufender langer, schmaler Abschnitt einer Fläche, der sich durch eine andere*

Farbe von der Umgebung abhebt: das Kleid hat blaue Streifen; hinter dem Flugzeug sah man einen weißen Streifen am Himmel. *Zus.:* Farbstreifen, Längsstreifen, Querstreifen.

der **Streik** [ʃtraik]; -[e]s, -s: *Weigerung zu arbeiten, um bestimmte Forderungen durchzusetzen:* in den Streik treten; zum Streik aufrufen. *Zus.:* Generalstreik, Warnstreik.

strei|ken [ˈʃtraikn̩], streikt, streikte, gestreikt ⟨itr.; hat⟩: **1.** *einen Streik durchführen, sich im Streik befinden:* sie streiken für höhere Löhne; hier wird gestreikt. **2.** (ugs.) *plötzlich nicht mehr funktionieren:* der Motor, die Maschine streikt.

der **Streit** [ʃtrait]; -[e]s, -e: *Auseinandersetzung, die aus unterschiedlichen Interessen und Meinungen oder Aggressionen entsteht und stark von Gefühlen bestimmt ist:* ein heftiger, langer, erbitterter Streit; ein Streit entsteht, bricht aus; einen Streit entfachen, anzetteln, austragen; den Streit zwischen zwei Kollegen schlichten; im Streit liegen, leben. *Syn.:* Krach (ugs.), Meinungsverschiedenheit (verhüllend), Streitigkeit, Zank. *Zus.:* Ehestreit, Meinungsstreit, Rechtsstreit, Tarifstreit.

strei|ten [ˈʃtraitn̩], streitet, stritt, gestritten: **1.** ⟨sich [mit jmdm.] s.⟩ *Streit haben:* die Kinder streiten sich schon wieder; du sollst dich nicht immer mit ihr streiten; ⟨auch itr.⟩ müsst ihr immer streiten? *Syn.:* [sich] zanken. **2.** ⟨itr.; hat⟩ *(um etwas, was man haben möchte) kämpfen:* sie stritten erbittert um das Erbe.

die **Strei|tig|keit** [ˈʃtraitɪçkait]; -, -en: *Streit, dauerndes Streiten:* es gab wegen dieser Sache bereits endlose Streitigkeiten. *Syn.:* Auseinandersetzung, Meinungsverschiedenheit (verhüllend), Zank.

streng [ʃtrɛŋ], strenger, am strengsten ⟨Adj.⟩: **1.** *unbedingt auf Ordnung und Disziplin bedacht:* ein strenger Lehrer, Vater, Richter; eine strenge Erziehung; er sah sie mit strengem Blick, strenger Miene an; sie ist sehr streng [mit den Kindern, zu den Schülern]; sie zensiert zu streng. *Syn.:* hart, scharf. **2.** *ohne Einschränkung, Abweichung, Ausnahme [geltend]:* eine strenge Ordnung; strenge Sitten; der Arzt verordnete ihr strenge Bettruhe; eine strenge Diät; sich streng an die Regeln, Vorschriften halten; Rauchen ist hier streng verboten. **3.** * **streng genommen:** *im Grunde genommen;*

wenn man ganz genau ist: streng genommen dürfte er gar nicht an dem Fest teilnehmen.

der **Stress** [ʃtrɛs]; -es: *erhöhte körperliche oder seelische Anspannung:* der Stress eines Arbeitstages, beim Autofahren; unter Stress stehen.

streu|en [ˈʃtrɔyən], streut, streute, gestreut ⟨tr.; hat; etw. s.⟩: **1.** *durch Fallenlassen, Werfen einigermaßen gleichmäßig über eine Fläche verteilen:* Sand, Asche [auf das Glatteis] streuen; sie streute noch etwas Salz auf, über die Kartoffeln. *Syn.:* verstreuen, verteilen. **2.** *(bei Glätte) mit Salz, Sand bestreuen:* die Straßen [mit Salz, Granulat] streuen; ⟨auch itr.⟩ die Hausbesitzer sind verpflichtet zu streuen.

strich [ʃtrɪç]: ↑ streichen.

der **Strich** [ʃtrɪç]; -[e]s, -e: **1.** *meist gerade verlaufende, nicht allzu lange Linie:* ein dicker, dünner, langer, kurzer, waagrechter, senkrechter, schräger Strich; einen Strich mit dem Lineal ziehen; etwas in großen, schnellen Strichen zeichnen. *Syn.:* Linie. *Zus.:* Kreidestrich, Querstrich, Schrägstrich. **2.** * **auf den Strich gehen** (ugs.): *der Prostitution auf der Straße nachgehen.*

der **Strick** [ʃtrɪk]; -[e]s, -e: *kurzes, starkes Seil; dicke Schnur, bes. zum Anbinden, Festbinden von etwas:* ein kurzer, langer, dicker Strick; der Strick hält, reißt; einen Strick um etwas binden, schlingen. *Syn.:* ²Tau. *Zus.:* Baststrick, Hanfstrick.

stri|cken [ˈʃtrɪkn̩], strickt, strickte, gestrickt: **1.** ⟨itr.; hat⟩ *einen Faden mithilfe von zwei langen Nadeln zu einer Art Stoff machen:* sie strickt gern, an einem Pullover. **2.** ⟨tr.; hat; etw. s.⟩ *strickend herstellen:* einen Pullover stricken; selbst gestrickte Socken.

stritt [ʃtrɪt]: ↑ streiten.

das **Stroh** [ʃtroː]; -[e]s: *trockene Halme von Getreide:* in einer Scheune auf Stroh, im Stroh schlafen. *Zus.:* Flachsstroh, Haferstroh, Maisstroh, Reisstroh.

der **Strom** [ʃtroːm]; -[e]s, Ströme [ˈʃtrøːmə]: **1.** *großer, breiter Fluss:* ein breiter, langer, mächtiger Strom; die Ufer des Stromes; das Unwetter hatte die Bäche in reißende Ströme verwandelt. *Syn.:* Fluss. **2.** *Strömung:* das Schiff fährt mit dem Strom, gegen den Strom; * **gegen den Strom schwimmen:** *nicht das tun, was von einem erwartet wird, sich nicht anpassen:* mit ihren Überzeugungen

schwimmt sie immer gegen den Strom. **3.** *Elektrizität:* den Strom abschalten, einschalten; Strom sparen; das Gerät verbraucht viel Strom.

strö|men [ˈʃtrøːmən], strömt, strömte, geströmt ⟨itr.; ist; irgendwohin s.⟩: **1.** *(von Flüssigkeiten oder Gasen) fließen:* Wasser strömt aus der Leitung, ins Becken; das Blut strömt aus der Wunde, durch die Adern, zum Herzen; Gas strömte aus der schadhaften Leitung; bei, in strömendem Regen. **2.** *sich in Massen in eine bestimmte Richtung fortbewegen:* die Leute strömten aus dem Stadion, ins Theater, zum Sportplatz.

die **Strö|mung** [ˈʃtrøːmʊŋ]; -, -en: *das Strömen; strömende, fließende Bewegung (von Wasser oder Luft):* der Fluss hat eine starke Strömung; gegen die Strömung, mit der Strömung schwimmen; das Boot wurde von der Strömung abgetrieben. *Zus.:* Meeresströmung, Windströmung.

die **Stro|phe** [ˈʃtroːfə]; -, -n: *[in gleicher Form sich wiederholender] Abschnitt eines Liedes oder Gedichtes, der aus mehreren Versen besteht:* wir singen die erste und die letzte Strophe; das Gedicht hat zehn Strophen. *Zus.:* Anfangsstrophe, Liedstrophe, Schlussstrophe.

der **Stru|del** [ˈʃtruːdl̩]; -s, -: *Stelle in einem Gewässer, wo sich das Wasser schnell und drehend [nach unten] bewegt:* in einen Strudel geraten; von einem Strudel erfasst werden. *Zus.:* Wasserstrudel.

die **Struk|tur** [ʃtrʊkˈtuːɐ̯]; -, -en: *innerer Aufbau, Anordnung der Teile eines Ganzen:* eine komplizierte Struktur; die Struktur eines Atoms, Kristalls; die politische, gesellschaftliche, wirtschaftliche Struktur eines Landes. *Zus.:* Gesellschaftsstruktur, Sprachstruktur, Verwaltungsstruktur, Wirtschaftsstruktur.

der **Strumpf** [ʃtrʊmpf]; der; -[e]s, Strümpfe [ˈʃtrʏmpfə]: *den Fuß und [teilweise] das Bein bedeckendes Kleidungsstück:* dicke, dünne, nahtlose, wollene Strümpfe; ein Paar Strümpfe; ein Loch im Strumpf haben.

die **Stu|be** [ˈʃtuːbə]; -, -n (veraltend, noch landsch.): *[Wohn]zimmer:* in die Stube treten; im Winter saßen wir gern in der warmen Stube. *Zus.:* Dachstube, Schlafstube, Wohnstube.

das **Stück** [ʃtʏk]; -[e]s, -e, (in Mengenangaben meist:) -: **1.** *[abgeschnittener, abgetrennter] Teil eines Ganzen:* ein kleines Stück; von etwas ein Stück abschneiden, abbeißen; ein Stück Stoff, Papier; ein Stück, drei Stück Kuchen; Papier in Stücke reißen. *Zus.:* Fleischstück, Kuchenstück, Tortenstück. **2.** *einzelnes Exemplar:* die Eier kosten das Stück 20 Cent/20 Cent das Stück; wir müssen die Scherben Stück für Stück einsammeln; bitte fünf Stück von den roten Rosen! *Zus.:* Ausstellungsstück, Gepäckstück, Kleidungsstück, Möbelstück, Prachtstück, Wäschestück. **3.** *Theaterstück:* ein Stück schreiben, lesen, aufführen, inszenieren; ein Stück von Brecht. *Syn.:* Drama, Schauspiel. *Zus.:* Bühnenstück, Kriminalstück. **4.** *Musikstück:* ein Stück für Cello und Klavier; ein Stück von Mozart spielen. *Zus.:* Gesangsstück, Klavierstück, Orchesterstück.

der **Stu|dent** [ʃtu'dɛnt]; -en, -en, die **Stu|den|tin** [ʃtu'dɛntɪn]; -, -nen: *Person, die an einer Hochschule studiert:* sie ist Studentin; Schüler und Studenten haben freien Eintritt. *Syn.:* Studierender, Studierende. *Zus.:* Jurastudent, Jurastudentin, Medizinstudent, Medizinstudentin, Sportstudent, Sportstudentin.

die **Stu|die** ['ʃtu:djə]; -, -n: *kürzere wissenschaftliche Arbeit, Abhandlung:* eine Studie über moderne Musik schreiben.

der **Stu|di|en|platz** ['ʃtu:djənplats]; -es, Studienplätze ['ʃtu:djənplɛtsə]: *(einer Person eingeräumte) Möglichkeit zu studieren:* einen Studienplatz [für Medizin] bekommen.

stu|die|ren [ʃtu'di:rən], studiert, studierte, studiert ⟨tr.; hat; etw. s.⟩: **1.** *an einer Hochschule eine Ausbildung (in einem bestimmten Fach) absolvieren:* er studiert Medizin; sie hat Germanistik studiert; ⟨auch itr.⟩ er studiert in Berlin; seine Kinder studieren lassen; sie studiert *(sie ist Studentin)*. **2.** *genau, prüfend durchlesen, durchsehen:* die Akten studieren; die Polizistin studierte seinen Ausweis; beim Studium die Immobilienangebote in der Zeitung. *Syn.:* lesen.

der *und* die **Stu|die|ren|de** [ʃtu'di:rəndə]; -n, -n ⟨aber: [ein] Studierender, [eine] Studierende, Plural: [viele] Studierende⟩ (Amtsspr.): *Person, die an einer Hochschule studiert:* die Studierenden sind herzlich zur Eröffnung der neuen Mensa eingeladen. *Syn.:* Student, Studentin.

das **Stu|dio** ['ʃtu:djo]; -s, -s: *Raum, in dem Filme gedreht oder Aufnahmen gemacht werden:* die Aufnahmen für die CD fanden in einem Studio in Berlin statt; der Film ist komplett im Studio gedreht.

Zus.: Aufnahmestudio, Fernsehstudio, Filmstudio, Tonstudio.

das **Stu|di|um** ['ʃtu:djʊm]; -s, Studien ['ʃtu:djən]: **1.** *das Studieren; Ausbildung in einem Fach, einer Wissenschaft an einer Hochschule:* ein vierjähriges Studium; das Studium der Theologie; sein Studium abbrechen, beenden; sie geht nach dem Studium für ein Jahr ins Ausland. *Zus.:* Germanistikstudium, Geschichtsstudium, Hochschulstudium, Jurastudium, Mathematikstudium, Medizinstudium, Theologiestudium, Universitätsstudium. **2.** *eingehende [wissenschaftliche] Beschäftigung mit etwas:* sich dem Studium antiker Münzen widmen; Studien [über etwas] treiben, anstellen; beim Studium *(genauen Lesen, Durchsehen)* der Akten. *Zus.:* Quellenstudium.

die **Stu|fe** ['ʃtu:fə]; -, -n: **1.** *kleinster, mit einem Schritt zu überwindender Abschnitt einer Treppe:* die unterste, oberste Stufe; die Treppe hat hohe Stufen; die Stufen hinuntersteigen; zwei Stufen auf einmal nehmen; Vorsicht, Stufe!; Achtung, Stufe! *Zus.:* Steinstufe, Treppenstufe. **2.** *Stadium, Etappe einer Entwicklung:* auf einer hohen geistigen, kulturellen Stufe, auf der Stufe von Steinzeitmenschen stehen. *Zus.:* Altersstufe, Bildungsstufe, Entwicklungsstufe, Kulturstufe.

der **Stuhl** [ʃtu:l]; -[e]s, Stühle ['ʃty:lə]: **1.** *Möbelstück mit vier relativ hohen Beinen und einer Lehne, auf dem eine Person sitzen kann:* ein harter, gepolsterter, drehbarer Stuhl; jmdm. einen Stuhl anbieten *(jmdn. zum Sitzen auffordern)*; sie rutschte unruhig auf dem Stuhl hin und her; vom Stuhl aufspringen. *Zus.:* Drehstuhl, Gartenstuhl, Holzstuhl, Kinderstuhl, Klappstuhl, Küchenstuhl, Schreibtischstuhl. **2.** (bes. Med.) *Kot des Menschen:* den Stuhl untersuchen lassen. *Syn.:* Scheiße (derb), Stuhlgang.

der Stuhl (1)

der **Stuhl|gang** ['ʃtu:lgaŋ]; -[e]s (bes. Med.): **1.** *Entleerung des Darms:* [keinen, regelmäßig] Stuhlgang haben. **2.** *Kot des Menschen:* harter, weicher Stuhlgang. *Syn.:* Scheiße (derb), Stuhl.

stumm [ʃtʊm] ⟨Adj.⟩: **1.** *nicht fähig zu sprechen:* ein stummes Kind; er ist von Geburt an stumm. **2.** *ohne zu sprechen:* ein stummer Zuhörer; sie sahen sich stumm *(schweigend)* an; stumm [und starr] dasitzen.

stumpf [ʃtʊmpf], stumpfer, am stumpf[e]sten ⟨Adj.⟩: **1.** *(von Messern) nicht scharf, nicht [mehr] gut schneidend:* ein stumpfes Messer; das Werkzeug ist stumpf [geworden]. **2.** *(von einem länglichen Gegenstand) nicht in eine Spitze auslaufend, nicht [mehr] spitz:* eine stumpfe Nadel; der Bleistift ist zu stumpf; ein stumpfer Winkel *(zwischen 90° und 180°)*. **3.** *(in Bezug auf die Oberfläche von etwas) leicht rau; nicht glatt und ohne Glanz:* der Lack wird mit der Zeit stumpf. *Syn.:* matt.

die **Stun|de** [ˈʃtʊndə]; -, -n: **1.** *Zeitraum von 60 Minuten:* eine viertel, ganze, knappe Stunde; sie musste 2 Stunden warten; ich komme eine Stunde früher, später; die Videothek hat 24 Stunden geöffnet. **2.** *Unterricht von etwa einer Stunde (in der Schule):* wie viele Stunden Deutsch habt ihr pro Woche?; die letzte Stunde fällt heute aus. *Zus.:* Lateinstunde, Musikstunde, Unterrichtsstunde.

stun|den|lang [ˈʃtʊndn̩laŋ] ⟨Adj.⟩: **1.** *einige Stunden lang:* stundenlange Wanderungen; sie kann sich stundenlang mit ihren Puppen beschäftigen. **2.** *(emotional übertreibend) [in ärgerlicher Weise] sehr lang:* sie hat gestern wieder stundenlang telefoniert. *Syn.:* endlos, ewig (ugs.).

der **Stun|den|lohn** [ˈʃtʊndn̩loːn]; -[e]s, Stundenlöhne [ˈʃtʊndn̩løːnə]: *Bezahlung, die man für eine Stunde Arbeit bekommt:* er arbeitet für 10 Euro Stundenlohn als Kellner; sie bekommt einen Stundenlohn von 15 Euro.

der **Stun|den|plan** [ˈʃtʊndn̩plaːn]; -[e]s, Stundenpläne [ˈʃtʊndn̩plɛːnə]: *festgelegte Reihenfolge von Unterrichtsstunden o. Ä.:* im neuen Schuljahr bekommen wir einen anderen Stundenplan.

stünd|lich [ˈʃtʏntlɪç] ⟨Adj.⟩: *jede Stunde:* der Zug fährt stündlich; nehmen Sie stündlich 10 Tropfen von dem Medikament.

stur [ʃtuːɐ̯], sturer, am stursten ⟨Adj.⟩: *nicht fähig, sich auf jemand anderen oder etwas anderes einzustellen:* ein sturer Mensch; er gab seine sture Haltung nicht auf; sie ist wirklich stur; sie bleibt stur [bei ihrer Meinung].

der **Sturm** [ʃtʊrm]; -[e]s, Stürme [ˈʃtʏrmə]: **1.** *heftiger, starker Wind:* ein furchtbarer Sturm; ein Sturm kommt auf; der Sturm tobt, hat sich gelegt, lässt nach; die Schiffe kämpften gegen den, mit dem Sturm; die Fischer waren in einen Sturm geraten. *Syn.:* Wind. *Zus.:* Herbststurm, Schneesturm. **2.** *heftiger, schneller Angriff:* eine Burg im Sturm nehmen; den Befehl zum Sturm auf die Stadt geben. *Syn.:* Angriff, Überfall. **3.** *alle Spielerinnen und Spieler einer Mannschaft, die angreifen:* die Mannschaft verlor das Spiel, weil der Sturm viel zu schwach war.

stür|men [ˈʃtʏrmən], stürmt, stürmte, gestürmt: **1.** ⟨itr.; hat; unpers.⟩ *(vom Wind) mit großer Heftigkeit wehen:* es stürmte heftig, die ganze Nacht. **2.** ⟨tr.; hat; etw. s.⟩ *schnell erobern, besetzen:* die Soldaten haben die feindlichen Stellungen gestürmt. *Syn.:* einnehmen. **3.** ⟨itr.; ist; irgendwohin s.⟩ *sehr schnell weglaufen oder irgendwohin laufen:* aus dem Haus stürmen; die Schüler sind auf den Sportplatz gestürmt. *Syn.:* flitzen (ugs.), rennen, sausen. **4.** ⟨itr.; hat⟩ *(bes. im Fußball) auf Angriff spielen:* in der zweiten Halbzeit stürmte unsere Mannschaft ohne Pause. *Syn.:* angreifen.

stür|misch [ˈʃtʏrmɪʃ], stürmischer, am stürmischsten ⟨Adj.⟩: **1.** *sehr windig:* ein stürmischer Tag; stürmisches Wetter; die Überfahrt war sehr stürmisch *(dabei herrschte stürmisches Wetter)*. *Syn.:* rau. **2.** *von Sturm bewegt; sehr unruhig:* das stürmische Meer; die See war sehr stürmisch. **3.** *leidenschaftlich:* ein stürmischer Liebhaber; eine stürmische Begrüßung; sie wurde von den Kindern stürmisch umarmt. *Syn.:* ausgelassen, übermütig. **4.** *sehr groß:* ein stürmischer Protest, Beifall; die Debatte war sehr stürmisch. **5.** *sehr schnell, rasch:* die stürmische Entwicklung der modernen Wissenschaft.

der **Sturz** [ʃtʊrts]; -es, Stürze [ˈʃtʏrtsə]: **1.** *Fall:* das Kind überlebte den Sturz aus dem dritten Stock; er hat sich bei einem Sturz vom Pferd den Arm gebrochen. **2.** *gewaltsam herbeigeführtes Ende einer Regierung:* den Sturz der Monarchie, eines Ministers vorbereiten; etwas führt zum Sturz des Regimes. *Syn.:* Untergang.

stür|zen [ˈʃtʏrtsn̩] ⟨stürzt, stürzte, gestürzt⟩: **1.** ⟨itr.; ist; irgendwoher, irgendwohin s.⟩ *in die Tiefe fallen:* aus dem Fenster stürzen; er ist vom Dach gestürzt; das Flugzeug stürzte ins Meer.

S

Syn.: fliegen (ugs.). **2.** ⟨itr.; ist⟩ *auf den Boden fallen:* das Pferd stürzte; beim Rollschuhlaufen, auf der Straße, mit dem Fahrrad stürzen. **Syn.:** fliegen (ugs.), hinfallen. **3.** ⟨tr.; hat; jmdn. s.⟩ *gewaltsam absetzen:* eine Regierung, den Präsidenten stürzen. **4.** ⟨tr.; hat; sich, jmdn. irgendwohin s.⟩ *aus einer gewissen Höhe hinunterstürzen:* sie hat sich von der Brücke, aus dem Fenster gestürzt.

der **Sturz|helm** [ˈʃtʊrtshɛlm]; -[e]s, -e: *harte Kopfbedeckung, die vor Verletzungen schützt:* der Motorradfahrer trug einen Sturzhelm, hatte einen Sturzhelm auf; den Sturzhelm aufsetzen, absetzen.

die **Stüt|ze** [ˈʃtʏtsə]; -, -n: *Gegenstand, der jmdn., etwas stützt:* der Baum braucht eine Stütze, sonst fällt er um; ein Stock diente ihm als Stütze; im Zug gibt es Sitze mit Stützen für die Füße. **Zus.:** Buchstütze, Fußstütze, Kopfstütze.

stüt|zen [ˈʃtʏtsn̩] (stützt, stützte, gestützt): **1.** ⟨tr.; hat; jmdn., sich, etw. s.⟩ *Halt geben:* die Halle wird von Säulen gestützt; die Krankenschwester stützt den Patienten. **2.** ⟨sich irgendwohin s.⟩ *etwas, jmdn. als Stütze benutzen:* er stützte sich auf seinen Stock; sich [mit den Händen, den Ellenbogen] auf den Tisch stützen. **3.** ⟨sich auf etw. (Akk.) s.⟩ *etwas als Grundlage haben, als Beweis, Argument o. Ä. verwenden:* das Urteil stützt sich auf Indizien, auf Beweise. **Syn.:** beruhen.

stut|zig [ˈʃtʊtsɪç]: in den Verbindungen * **jmdn. stutzig machen:** *jmdn. Verdacht schöpfen lassen:* seine häufigen Entschuldigungen machten mich stutzig; * **stutzig werden:** *plötzlich über etwas nachzudenken beginnen, Verdacht schöpfen, misstrauisch werden:* als ihn alle so übertrieben freundlich grüßten, wurde er stutzig.

sub|jek|tiv [zʊpjɛkˈtiːf], subjektiver, am subjektivsten ⟨Adj.⟩: *vom einseitigen, parteiischen Standpunkt einer Person aus gesehen; von persönlichen Meinungen bestimmt:* ein subjektives Urteil über etwas abgeben; subjektiv betrachtet finde ich die Entscheidung richtig. **Syn.:** einseitig, individuell, persönlich.

die **Sub|stanz** [zʊpˈstants]; -, -en: **1.** *Stoff, Materie:* eine chemische, in Wasser lösliche Substanz. **Syn.:** Material. **2.** ⟨ohne Plural⟩ *Grundlage, fester Bestand:* die Firma lebt von der Substanz (vom Vermögen, Kapital).

sub|tra|hie|ren [zʊptraˈhiːrən], subtrahiert,

subtrahierte, subtrahiert ⟨tr.; hat; etw. s.⟩: *eine Zahl um eine andere verringern* /Gegs. addieren/: 8 von 20 subtrahieren.

die **Sub|ven|ti|on** [zʊpvɛnˈtsi̯oːn]; -, -en: *Zuschuss vom Staat, um bestimmte Branchen zu unterstützen:* die Landwirtschaft erhält hohe Subventionen; die Subventionen wurden gekürzt, gestrichen.

die **Su|che** [ˈzuːxə]; -: *Versuch, jmdn. oder etwas zu finden:* die Suche nach dem vermissten Kind dauerte 3 Tage; eine Suche beginnen, abbrechen, aufgeben; er ist auf der Suche nach einem Job, nach einer Wohnung *(er ist dabei, einen Job, eine Wohnung zu suchen);* auf die Suche gehen, sich auf die Suche [nach jmdm., etwas] machen. **Zus.:** Arbeitssuche, Fehlersuche, Wohnungssuche.

su|chen [ˈzuːxn̩], sucht, suchte, gesucht: **1.** ⟨tr.; hat; jmdn., etw. s.⟩ *sich bemühen, etwas Verlorenes, Verstecktes zu finden:* jmdn., etwas verzweifelt suchen; sie sucht in der ganzen Wohnung den verlorenen Schlüssel, ihre Brille; im Wald Pilze suchen *(sammeln);* wir haben dich schon überall gesucht!; ⟨auch itr.⟩ wir haben schon überall nach dir gesucht!; die Polizei sucht noch nach dem Täter. **2.** ⟨tr.; hat⟩ *sich bemühen, etwas Bestimmtes zu bekommen:* einen Job, eine Wohnung suchen; er sucht eine Frau; (in Anzeigen:) Verkäuferin gesucht; Villa [zu kaufen, zu mieten] gesucht. **3.** ⟨tr.; hat; jmdn., etw. s.⟩ *sich bemühen, durch Überlegen, Nachdenken etwas herauszufinden:* eine Lösung suchen; ⟨auch itr.; nach jmdm., etw. s.⟩ nach dem Fehler in der Rechnung, nach Gründen suchen; nach dem Sinn des Lebens suchen. **4.** ⟨itr.; hat; etw. s.⟩ *etwas haben, erreichen wollen:* seinen Vorteil suchen; er hat bei seinem Vater Rat gesucht; sie suchten Schutz in einer kleinen Hütte; sie sucht Streit *(will offensichtlich streiten).*

die **Sucht** [zʊxt]; -, Süchte [ˈzʏçtə] und Suchten [ˈzʊxtn̩]: **1.** *starkes Verlangen nach etwas:* die Sucht nach Geld, nach Schokolade, nach Vergnügen. **Syn.:** Drang, Neigung. **Zus.:** Kaufsucht, Sensationssucht. **2.** *krankhaftes Abhängigsein von Alkohol, Nikotin o. Ä.:* die Sucht nach Tabletten, Drogen; eine Sucht bekämpfen; an einer Sucht leiden. **Zus.:** Alkoholsucht, Drogensucht, Nikotinsucht.

süch|tig [ˈzʏçtɪç], süchtiger, am süchtigsten ⟨Adj.⟩: **1.** *krankhaft abhängig:* ein süchtiger Patient; sie ist süchtig; er ist von den Tabletten süchtig geworden. *Zus.:* alkoholsüchtig, drogensüchtig, tablettensüchtig. **2.** *so, dass man ein starkes Verlangen nach etwas hat:* ich bin süchtig nach Schokolade. *Zus.:* rachsüchtig, streitsüchtig.

Süd [sy:t]: 〈ohne Artikelwort, nicht flektierbar〉: *Süden:* der Wind kommt aus, von Süd; Menschen aus Nord und Süd kommen zusammen.

der **Sü|den** [ˈzy:dn̩], -s: *Himmelsrichtung, in der die Sonne mittags am höchsten steht:* der Süden ist meistens unten auf der Landkarte; der Süden Italiens; Nürnberg liegt im Süden von Deutschland; die Straße führt nach Süden; der Zug kommt von Süden; sie fahren in den Ferien in den Süden *(in südliche Länder);* der sonnige Süden; der Wind weht aus Süden.

die **Süd|frucht** [ˈzy:tfrʊxt]; -, Südfrüchte [ˈzy:tfrʏçtə]: *Frucht, die aus südlichen Ländern mit warmem Klima stammt:* Apfelsinen, Bananen und andere Südfrüchte.

¹**süd|lich** [ˈzy:tlɪç], südlicher, am südlichsten 〈Adj.; attributiv〉: **1.** *im Süden gelegen:* der südliche Teil des Landes; der südlichste Punkt Europas. **2.** *nach Süden gerichtet:* der Zug fährt in südliche Richtung.

²**süd|lich** [ˈzy:tlɪç] 〈Präp. mit Gen.〉: *im Süden von:* die Straße verläuft südlich des Waldes.

³**süd|lich** [ˈzy:tlɪç] 〈Adverb; in Verbindung mit »von«〉: südlich von Erfurt.

der **Süd|pol** [ˈzy:tpo:l]; -s: *südlicher Pol der Erde:* eine Expedition zum Südpol.

die **Sum|me** [ˈzʊmə]; -, -n: **1.** *Ergebnis beim Addieren:* die Summe von 10 plus 4 ist 14; eine Summe ausrechnen. *Zus.:* Endsumme, Gesamtsumme. **2.** *Geldbetrag:* eine größere, hohe, riesige Summe; er hat eine Summe von 1 000 Euro gespendet; die volle Summe zahlen. *Zus.:* Kaufsumme, Versicherungssumme.

sum|men [ˈzʊmən], summt, summte, summt: **1.** 〈itr.; hat〉 *einen leisen, brummenden Ton produzieren:* die Bienen summen; der Ventilator, die Kamera summte. *Syn.:* brummen. **2.** 〈tr.; hat; etw. s.〉 *mit geschlossenem Mund ohne Worte singen:* sie summte ein Lied, eine Melodie, einen Ton; 〈auch itr.〉 er summte leise vor sich hin.

su|per [ˈzu:pɐ] 〈Adj.; indeklinabel〉 (ugs.): *überragend, Begeisterung hervorrufend:* eine super Schau; das Restaurant ist super; sie tanzt super. *Syn.:* ausgezeichnet, exzellent, großartig, hervorragend, klasse (ugs.), prima (ugs.), toll (ugs.).

der **Su|per|markt** [ˈzu:pɐmarkt]; -[e]s, Supermärkte [ˈzu:pɐmɛrktə]: *großes Geschäft mit einem breiten Angebot an Lebensmitteln:* in den Supermarkt gehen, fahren; in einem Supermarkt einkaufen.

die **Sup|pe** [ˈzʊpə]; -, -n: *warmes flüssiges Essen:* eine heiße, klare, salzige Suppe; der Kellner servierte als Erstes die Suppe; eine Suppe kochen; ein Teller Suppe. *Zus.:* Erbsensuppe, Fischsuppe, Gulaschsuppe, Kartoffelsuppe, Nudelsuppe, Tomatensuppe.

das **Surf|brett** [ˈzø:ɐ̯fbrɛt]; -[e]s, -er: *flaches, besonders geformtes Brett aus Holz oder Kunststoff, das zum Surfen verwendet wird:* an dem See kann man Surfbretter ausleihen.

sur|fen [ˈzø:ɐ̯fn̩], surft, surfte, gesurft 〈itr.; hat/ist〉: **1.** *einen Sport betreiben, bei dem man sich auf einem Surfbrett von den Wellen [der Brandung] tragen lässt:* er lernt surfen; sie hat/ist heute drei Stunden auf der Ostsee gesurft. **2.** *surfend irgendwohin gelangen:* über den See surfen. **3.** (EDV) *im Internet nach Informationen suchen:* er hat/ist heute eine Stunde gesurft, ohne die Information zu finden; in der Bibliothek kann kostenlos gesurft werden.

süß [zy:s], süßer, am süßesten 〈Adj.〉: **1.** *nicht sauer oder bitter, sondern den Geschmack von Zucker, Honig o. Ä. habend:* süße Trauben; die Kirschen schmecken süß. **2.** (emotional) *niedlich, hübsch:* ein süßes Mädchen; das Kleid ist süß. *Syn.:* bezaubernd, reizend.

sü|ßen [ˈzy:sn̩], süßt, süßte, gesüßt 〈tr.; hat〉: *süß machen:* den Tee mit Zucker, Honig, Süßstoff süßen; gesüßter Tee.

die **Sü|ßig|keit** [ˈzy:sɪçkai̯t]; -, -en: *etwas Süßes in Form von Bonbons, Pralinen, Schokolade o. Ä.:* gerne Süßigkeiten essen, knabbern.

die **Süß|spei|se** [ˈzy:sʃpai̯zə]; -, -n: *süße Speise, die es als Nachtisch gibt:* diese Süßspeise muss man nicht kochen. *Syn.:* Dessert, Nachspeise.

der **Süß|stoff** [ˈzy:sʃtɔf]; -[e]s, -e: *Stoff zum Süßen, der künstlich hergestellt wird oder aus einer natürlichen Verbindung besteht:* haben Sie auch Süßstoff statt Zucker?

das **Sweat|shirt** [ˈsvɛtʃø:ɐ̯t]; -s, -s: *Pullover, der bequem geschnitten ist und meist aus Baumwolle besteht:* in diesem Jahr sind

Sweatshirts mit Aufdrucken ganz modern.

das Sym|bol [zʏmˈboːl]; -s, -e: **1.** *Zeichen, Bild, das für etwas steht:* ein religiöses Symbol; der Ring ist ein Symbol der Liebe. *Zus.:* Friedenssymbol. **2.** (Fachspr.) *Formel, Zeichen:* ein mathematisches, chemisches Symbol; man muss auf das Symbol klicken, dann öffnet sich das Fenster auf dem Bildschirm.

sym|bo|lisch [zʏmˈboːlɪʃ], symbolischer, am symbolischsten ⟨Adj.⟩: **1.** *als Zeichen, Symbol für etwas anderes stehend:* als symbolisches Geschenk wurden dem Gast die Schlüssel der Stadt überreicht. **2.** *Symbole enthaltend; Symbole verwendend:* ein symbolisches Gedicht; eine symbolische Ausdrucksweise. *Syn.:* anschaulich, bildlich.

die Sym|pa|thie [zʏmpaˈtiː]; -, Sympathien [zʏmpaˈtiːən]: *positive Einstellung zu jmdm., etwas* /Ggs. Antipathie/: er bringt ihr viel Sympathie entgegen; sie hat große Sympathie für ihn; ihre Sympathie gehört der Opposition. *Syn.:* Neigung.

sym|pa|thisch [zʏmˈpaːtɪʃ], sympathischer, am sympathischsten ⟨Adj.⟩: *so, dass man auf andere angenehm wirkt, das Vertrauen anderer gewinnt:* ein sympathischer Mensch; sie sieht sehr sympathisch aus. *Syn.:* liebenswert, liebenswürdig, nett.

die Sy|na|go|ge [zynaˈɡoːɡə]; -, -n: *Gebäude der jüdischen Gemeinde, in dem gebetet wird:* in die neue Synagoge gehen; die Synagoge weihen.

das Sy|no|nym [zynoˈnyːm]; -s, -e: *Wort, das einem anderen Wort in der Bedeutung gleich oder ähnlich ist:* »Metzger« ist ein Synonym für »Fleischer«.

das Sys|tem [zʏsˈteːm]; -s, -e: **1.** *Ordnung, nach der etwas organisiert, aufgebaut wird; Plan, der als Hilfe für etwas dient:* die Forschungen wurden nach einem genau durchdachten System durchgeführt; die Maschine ist nach einem neuen System gebaut worden; System in eine Sache bringen. *Syn.:* Methode, Prinzip, Verfahren. *Zus.:* Ordnungssystem. **2.** *Form der staatlichen, wirtschaftlichen und gesellschaftlichen Organisation:* das demokratische System; das herrschende System eines Staates ändern. *Zus.:* Gesellschaftssystem, Schulsystem, Währungssystem. **3.** *wissenschaftliches Schema:* das philosophische System.

sys|te|ma|tisch [zʏsteˈmaːtɪʃ], systematischer, am systematischsten ⟨Adj.⟩: *nach* einem System, Plan; in einer sinnvollen Ordnung: eine systematische Darstellung; man muss bei diesem Problem streng systematisch vorgehen; die Gegend wurde systematisch nach dem vermissten Kind abgesucht. *Syn.:* planmäßig.

die Sze|ne [ˈstseːnə]; -, -n: **1.** *kurzer, abgeschlossener Teil eines Theaterstücks, Films o. Ä.:* erster Akt, fünfte Szene; die Szene spielt im Garten; eine Szene drehen, proben. *Syn.:* Auftritt, Aufzug. *Zus.:* Abschiedsszene, Filmszene, Liebesszene, Schlussszene, Sterbeszene. **2.** *Vorgang, Anblick, der jmdm. bemerkenswert oder eigenartig erscheint:* bei der Begrüßung gab es stürmische Szenen. **3.** *heftige Vorwürfe, die jmdm. bei einer Auseinandersetzung gemacht werden:* wenn sie dies sagte, gab es jedes Mal eine Szene; jmdm. eine Szene, Szenen machen. **4.** *Ort für bestimmte Tätigkeiten, für ein bestimmtes Milieu:* die literarische, politische Szene; er kennt sich in der Szene aus. *Zus.:* Drogenszene.

T t

der Ta|bak [ˈtaːbak]; -s, -e: *Pflanze, aus deren Blättern man Produkte zum Rauchen herstellt:* der Tabak schmeckt mir. *Zus.:* Pfeifentabak, Zigarettentabak.

die Ta|bel|le [taˈbɛlə]; -, -n: *Übersicht, die in Spalten eingeteilt ist:* die Ergebnisse wurden in einer Tabelle dargestellt. *Syn.:* Verzeichnis. *Zus.:* Gewichtstabelle, Preistabelle, Zahlentabelle.

das Ta|blett [taˈblɛt]; -[e]s, -s: *Brett mit höherem Rand, mit dem man Speisen, Geschirr o. Ä. tragen kann:* ein Tablett mit Geschirr hereinbringen.

die Tablette

die Ta|blet|te [taˈblɛtə]; -, -n: *Medikament in Form einer kleinen, flachen Scheibe:* eine

Tablette gegen Kopfschmerzen einnehmen. *Syn.:* Mittel, Pille, Präparat. *Zus.:* Kopfschmerztablette, Schlaftablette, Schmerztablette, Vitamintablette.

ta|bu [ta'buː]: in der Verbindung *tabu sein: so beschaffen sein, dass bestimmte Dinge nicht getan werden dürfen, dass über eine Sache nicht geredet werden darf:* dieses Thema ist bei uns tabu.

das **Ta|bu** [ta'buː]: -s, -s: *allgemein anerkanntes Verbot, bestimmte Dinge zu tun oder über sie zu reden:* ein gesellschaftliches Tabu; ein Tabu errichten, verletzen; an ein/einem Tabu rühren; gegen ein Tabu verstoßen.

der **Ta|cho** ['taxo]: -s, -s ⟨ugs.⟩: *Tachometer:* der Tacho zeigte 190 km/h an.

der *oder* das **Ta|cho|me|ter** [taxo'meːtɐ]: -s, -: *Gerät, das die Geschwindigkeit eines Fahrzeugs misst und anzeigt:* laut Tachometer war sie nicht schneller als 50 km/h gefahren.

die **Ta|fel** ['taːfl̩]: -, -n: **1.** *größeres Brett [an der Wand] zum Beschreiben, Anbringen von Zetteln o. Ä.:* hölzerne, steinerne Tafeln; der Lehrer schreibt die neuen Wörter an die Tafel; häng doch die Annonce an die Tafel am Eingang! *Zus.:* Anschlagtafel, Holztafel, Marmortafel, Rechentafel, Schautafel, Schiefertafel, Schreibtafel, Schultafel, Wandtafel. **2.** *flaches Stück einer Ware zum Essen:* eine Tafel Schokolade. *Zus.:* Schokoladentafel. **3.** *großer, gedeckter Tisch:* die Tafel war festlich geschmückt; sich von der Tafel erheben. *Zus.:* Festtafel, Geburtstagstafel, Hochzeitstafel, Kaffeetafel.

der **Tag** [taːk]: -[e]s, -e: **1.** *Zeitraum von 24 Stunden, von Mitternacht bis Mitternacht:* die sieben Tage der Woche; welchen Tag haben wir heute?; dreimal am Tag; von einem Tag auf den andern. *Zus.:* Arbeitstag, Feiertag, Ferientag, Geburtstag, Hochzeitstag, Jahrestag, Kalendertag, Namenstag, Ruhetag, Todestag, Urlaubstag, Vortag, Wochentag. **2.** *Zeit, in der es draußen hell ist:* ein heißer Tag; es wird Tag; die Tage werden kürzer, länger; die Arbeit musst du am/bei Tag machen. **3.** ⟨Plural⟩ ⟨ugs. verhüllend⟩ *[Tage der] Menstruation:* sie bekommt/ hat ihre Tage. *Syn.:* Blutung, Periode, Regel.

das **Ta|ge|buch** ['taːgəbuːx]; -[e]s, Tagebücher ['taːgəbyːçɐ]: *Buch, Heft, in das man täglich seine persönlichen Erlebnisse und Gedanken einträgt:* ein Tagebuch führen; sich dem Tagebuch anvertrauen.

ta|ge|lang ['taːgəlaŋ] ⟨Adj.⟩: *mehrere Tage dauernd:* die tagelange Aufregung hat sie fast krank gemacht; sie bekamen tagelang nichts zu essen.

ta|gen ['taːgn̩], tagt, tagte, getagt ⟨itr.; hat⟩: *eine Tagung stattfinden lassen:* der Verband tagt alle zwei Jahre.

das **Ta|ges|licht** ['taːgəslɪçt]; -[e]s: *Licht, natürliche Helligkeit des Tages:* ein Bad mit Tageslicht; diese Arbeit muss man bei Tageslicht machen.

die **Ta|ges|mut|ter** ['taːgəsmʊtɐ]: -, Tagesmütter ['taːgəsmʏtɐ]: *Frau, die kleinere Kinder von berufstätigen Eltern betreut und dafür bezahlt wird:* es ist sehr schwer, eine Tagesmutter zu finden.

die **Ta|ges|ord|nung** ['taːgəsˌʔɔrdnʊŋ]; -, -en: *die Themen, die bei einer Sitzung behandelt werden sollen, und ihre Reihenfolge:* der Vorstand setzte diesen Punkt auf die Tagesordnung; auf der Tagesordnung stehen; erster Punkt der Tagesordnung ist der Bericht der Präsidentin.

die **Ta|ges|zei|tung** ['taːgəsˌt͡saitʊŋ]; -, -en: *Zeitung, die täglich (außer am Sonntag) erscheint:* er gab ein Inserat in einer Tageszeitung auf.

täg|lich ['tɛːklɪç] ⟨Adj.⟩: *an jedem Tag:* die tägliche Arbeit; wir sehen uns täglich; die Tabletten müssen zweimal täglich eingenommen werden.

tags [taːks]: in den Verbindungen *tags zuvor: am Tag davor:* er hatte tags zuvor alles vorbereitet; *tags darauf: am darauffolgenden Tag:* tags darauf meldete sie den Vorfall bei der Polizei.

tags|über ['taːksˌʔyːbɐ] ⟨Adverb⟩: *am Tage, während des Tages:* tagsüber sind sie nicht zu Hause.

die **Ta|gung** ['taːgʊŋ]; -, -en: *größere Versammlung, Treffen von Fachleuten, Wissenschaftlern und Wissenschaftlerinnen:* eine Tagung veranstalten, besuchen; sie ist auf einer Tagung. *Syn.:* Konferenz, Kongress. *Zus.:* Arbeitstagung, Ärztetagung, Fachtagung, Jahrestagung.

die **Tail|le** ['taljə]; -, -n: *(beim Menschen) schmalere Stelle zwischen Oberkörper und Hüfte:* sie hat eine schlanke Taille; jmdn. um die Taille fassen.

der **Takt** [takt]; -[e]s, -e: **1.** *Einteilung eines Musikstücks in gleiche Einheiten:* den Takt angeben, schlagen; nach wenigen Takten hatte ich das Lied erkannt. **2.** ⟨ohne Plural⟩ *Taktgefühl:* er hat die Angelegenheit mit viel Takt behandelt.

das **Takt|ge|fühl** ['taktgəfyːl]; -[e]s: *richtiges Gefühl für Höflichkeit und gutes Beneh-*

T

men: er hat kein Taktgefühl; aus Taktgefühl wagte er es nicht, ihn auf die Sache anzusprechen. *Syn.:* Takt.

takt|los [ˈtaktloːs], taktloser, am taktlosesten ⟨Adj.⟩: *kein Gefühl für Höflichkeit und gutes Benehmen habend:* eine taktlose Bemerkung machen; sein Benehmen war taktlos. *Syn.:* geschmacklos, unangebracht, unpassend.

takt|voll [ˈtaktfɔl], taktvoller, am taktvollsten ⟨Adj.⟩: *Taktgefühl habend; auf die Gefühle anderer Rücksicht nehmend:* er ist immer sehr taktvoll; sie übersah taktvoll den Fehler. *Syn.:* diskret, feinfühlig, höflich, rücksichtsvoll.

das **Tal** [taːl]; -[e]s, Täler [ˈtɛːlɐ]: *tiefer liegendes Gelände, bes. zwischen Bergen:* ein enges, tiefes, weites Tal; der Weg dort führt ins Tal. *Zus.:* Flusstal, Gebirgstal.

das **Ta|lent** [taˈlɛnt]; -[e]s, -e: **1.** *besondere Begabung auf einem bestimmten Gebiet:* musikalisches, mathematisches Talent; er besaß großes Talent zum/im Malen. *Syn.:* Fähigkeit, Gabe. **2.** *Person, die Begabung besitzt:* ein aufstrebendes Talent; die Regisseurin sucht junge Talente. *Zus.:* Organisationstalent, Schauspielertalent, Sprachtalent.

ta|len|tiert [talɛnˈtiːɐ̯t], talentierter, am talentiertesten ⟨Adj.⟩: *Talent besitzend:* er ist ein talentierter Geiger; sie ist wirklich sehr talentiert. *Syn.:* begabt, fähig.

die **Talk|show** [ˈtɔːkʃoː]; -, -s: *Sendung im Fernsehen, in der [bekannte] Personen befragt werden oder diskutieren:* in einer Talkshow auftreten.

der **Tam|pon** [ˈtampɔn]; -s, -s: **1.** *Stück gepresster Watte oder anderen Materials zum Beseitigen von Flüssigkeiten:* das Blut mit einem Tampon stillen. **2.** *(für Frauen) längliche, feste Rolle aus Watte, die während der Menstruation in die Scheide eingeführt wird:* Tampons und Binden finden Sie in dem Fach dort.

der **Tan|go** [ˈtaŋɡo]; -s, -s: *Tanz, der aus Argentinien stammt:* [einen] Tango tanzen; einen Tango spielen.

der **Tank** [taŋk]; -s, -s: *Behälter für Flüssigkeiten, besonders für Benzin u. Ä.:* er hatte den Tank nicht ganz voll gemacht. *Zus.:* Benzintank, Reservetank, Wassertank.

tan|ken [ˈtaŋkn̩], tankt, tankte, getankt ⟨tr.; hat; etw. t.⟩: *Benzin o. Ä. in einen Tank füllen [lassen]:* Benzin, Öl tanken; ⟨auch itr.⟩ ich muss unbedingt tanken.

der **Tan|ker** [ˈtaŋkɐ]; -s, -: *Schiff mit großen Tanks für den Transport von Erdöl:* auf den Meeren ereignen sich immer wieder Unglücke mit Tankern. *Zus.:* Öltanker.

die **Tank|stel|le** [ˈtaŋkʃtɛlə]; -, -n: *Ort, an dem Autos [Benzin] tanken können:* die Tankstelle ist geschlossen, geöffnet.

die **Tan|ne** [ˈtanə]; -, -n: *hoher Nadelbaum mit dunkelgrünen Nadeln und aufrecht stehenden Zapfen:* als Weihnachtsbaum kaufen die Deutschen meistens eine Tanne. *Zus.:* Blautanne, Edeltanne, Rottanne.

die Tanne

der Tannenzapfen

der **Tan|nen|zap|fen** [ˈtanəntsapfn̩]; -s, -: *Frucht der Tanne:* wir sammeln Tannenzapfen.

die **Tan|te** [ˈtantə]; -, -n: **1.** *Schwester oder Schwägerin der Mutter oder des Vaters:* meine Tante; Tante Sophies Besuch. *Zus.:* Erbtante, Patentante. **2.** (Kinderspr. veraltend) *[dem Kind bekannte] weibliche Erwachsene:* sag der Tante Guten Tag! **3.** (ugs. abwertend) *weibliche Person:* was will diese komische Tante hier?

der **Tanz** [tants]; -es, Tänze [ˈtɛntsə]: **1.** *rhythmische Bewegungen des Körpers zu Musik:* alte, moderne, kultische Tänze; jmdn. um einen Tanz bitten, zum Tanz auffordern. *Zus.:* Bauchtanz, Gesellschaftstanz, Modetanz, Volkstanz. **2.** *Musikstück, zu dem getanzt werden kann:* einen Tanz komponieren. **3.** *Veranstaltung, auf der getanzt wird:* zum Tanz gehen. *Syn.:* ²Ball.

tan|zen [ˈtantsn̩], tanzt, tanzte, getanzt: **1.** ⟨itr.; hat; [mit jmdm.] t.⟩ *sich zu Musik rhythmisch bewegen:* gut tanzen; tanzen gehen; mit jmdm. tanzen; die halbe Nacht in der Disco tanzen. **2.** ⟨tr.; hat; etw. t.⟩ *sich zu bestimmter Musik rhythmisch bewegen:* einen Wiener Walzer, Tango tanzen.

der **Tän|zer** [ˈtɛntsɐ]; -s, -, die **Tän|ze|rin** [ˈtɛntsərɪn]; -, -nen: **1.** *Person, die tanzt:* sie ist eine gute Tänzerin; die Frauen fanden keine Tänzer. **2.** *Person, die den künstlerischen Tanz ausübt:* ein berühmter Tänzer; sie ist Tänzerin. *Zus.:* Balletttänzer, Balletttänzerin.

die **Ta|pe|te** [taˈpeːtə]; -, -n: *Papier oder Gewebe [mit farbigen Mustern], das an die Wände von Zimmern geklebt wird:* eine teure, einfache Tapete; wir brauchen neue Tapeten. *Zus.:* Raufasertapete, Stofftapete.

ta|pe|zie|ren [tapeˈtsiːrən], tapeziert, tape-

zierte, tapeziert ⟨tr.; hat; [etw.] t.⟩:
Tapete auf die Wände kleben: eine Wand,
ein Zimmer [neu] tapezieren; hier muss
tapeziert werden.

tap|fer [ˈtapfɐ], tapferer, am tapfersten
⟨Adj.⟩: *ohne Furcht:* sie hat sich tapfer
gewehrt; er hat die Schmerzen tapfer
ertragen. *Syn.:* heldenhaft, mutig.

der **Ta|rif** [taˈriːf]; -s, -e: **1.** *festgesetzter Preis:*
die Tarife der Bahn, der Post sind erhöht
worden. **2.** *festgelegtes System von Löh-
nen, Gebühren u. Ä.:* die Angestellten
werden nach, über Tarif bezahlt.

die **Ta|sche** [ˈtaʃə]; -, -n: **1.** *Teil in einem Klei-
dungsstück, in dem kleinere Dinge ver-
wahrt werden können:* er steckte den
Ausweis in die Tasche seiner Jacke; die
Hose hat drei Taschen. *Zus.:* Brustta-
sche, Hosentasche, Manteltasche, Sei-
tentasche. **2.** *Behälter aus Leder, Stoff
o. Ä. mit Henkel oder Griff zum Tragen
kleinerer Gegenstände:* ich habe ganz
wenig Gepäck, nur eine Tasche; hilfst du
mir die Tasche tragen? *Zus.:* Aktentasche, Einkaufstasche, Handtasche,
Ledertasche, Reisetasche, Tragetasche.

das **Ta|schen|buch** [ˈtaʃnbuːx]; -[e]s, Taschen-
bücher [ˈtaʃnbyːçɐ]: *billigeres Buch in
einem handlichen Format:* ich warte, bis
der Roman als Taschenbuch erscheint.

das **Ta|schen|geld** [ˈtaʃŋɡɛlt]; -[e]s, Taschengel-
der [ˈtaʃŋɡɛldɐ]: *kleinere Summe Geld,
die Kindern oder Personen, die sonst
nichts verdienen, regelmäßig gegeben
wird:* viele Kinder bekommen ihr erstes
Taschengeld mit sechs Jahren.

die **Ta|schen|lam|pe** [ˈtaʃŋlampə]; -, -n: *kleine
Lampe, die mit Batterie funktioniert:* sie
nimmt immer eine Taschenlampe mit.

der **Ta|schen|rech|ner** [ˈtaʃŋrɛçnɐ]; -s, -: *kleines
elektronisches Gerät zum Rechnen:* in der
Klausur darf der Taschenrechner
benutzt werden.

das **Ta|schen|tuch** [ˈtaʃntuːx]; -[e]s, Taschentü-
cher [ˈtaʃntyːçɐ]: *kleineres Tuch zum
Naseputzen o. Ä.:* ein frisch gewaschenes
Taschentuch; hast du mal ein Taschentuch für mich? *Zus.:* Papiertaschentuch.

die Tasse

die **Tas|se** [ˈtasə]; -, -n: *Gefäß aus Porzellan
o. Ä. mit einem Henkel an der Seite, aus
dem man trinkt:* die Tassen in den
Schrank stellen; sie trank eine Tasse

starken Kaffee; eine Tasse voll Reis;
trink deine Tasse aus; aus einer Tasse
trinken. *Zus.:* Kaffeetasse, Teetasse.

die **Tas|ta|tur** [tastaˈtuːɐ]; -, -en: **1.** (EDV)
*Gerät mit Tasten, über die Befehle und
Daten eingegeben werden:* die neue Tastatur an den Computer anschließen.
2. *Gesamtheit von Tasten an einem
Gerät:* die Tastatur des Telefons, der
Schreibmaschine. **3.** *Gesamtheit der Tasten eines Musikinstruments:* ein Deckel
schützt die Tastatur des Klaviers.

die Tastatur (1)

die **Tas|te** [ˈtastə]; -, -n: **1.** *Teil bestimmter
Geräte oder Maschinen, der bei der
Bedienung mit dem Finger gedrückt wird:*
die Tasten des Computers, Telefons.
2. *Teil an Musikinstrumenten, der beim
Spielen mit einem Finger gedrückt wird,
um einen Ton zu erzeugen:* eine Taste
anschlagen; er setzt sich ans Klavier und
greift in die Tasten.

tas|ten [ˈtastn̩], tastet, tastete, getastet
⟨itr.; hat; mit Umstandsangabe⟩: *mit den
Händen vorsichtig fühlende, suchende
Bewegungen machen:* er tastete nach
dem Lichtschalter; sie bewegte sich tas-
tend zur Tür.

die **Tat** [taːt]; -, -en: *etwas, was jmd. tut oder
getan hat:* eine gute, böse Tat; er bereut
seine Tat; einen Entschluss in die Tat
umsetzen *(ausführen)*. *Zus.:* Gewalttat,
Straftat. * **in der Tat:** *wirklich, tatsächlich:* es ist in der Tat so, wie du sagst.

der **Tat|be|stand** [ˈtaːtbəʃtant]; -[e]s, Tatbe-
stände [ˈtaːtbəʃtɛndə]: *die Tatsachen,
die unter einem bestimmten Gesichts-
punkt wichtig sind:* dieser Tatbestand
lässt sich nicht leugnen. *Syn.:* Sachver-
halt.

der **Tä|ter** [ˈtɛːtɐ]; -s, -, die **Tä|te|rin** [ˈtɛːtə-
rɪn]; -, -nen: *Person, die ein Verbrechen
begangen hat:* der Täter hat das Verbrechen gestanden; die Täterin wurde
verhaftet. *Syn.:* Verbrecher, Verbrecherin. *Zus.:* Gewalttäter, Gewalttäterin,
Mittäter, Mittäterin, Straftäter, Straf-
täterin.

tä|tig [ˈtɛːtɪç] ⟨Adj.⟩: **1.** *sich betätigend,
handelnd:* ein tätiger Mensch. *Syn.:*
aktiv, fleißig. **2.** *beruflich arbeitend:* sie
ist für eine Bank tätig; der in unserer
Firma tätige Ingenieur. *Syn.:* berufstätig.
Zus.: erwerbstätig, werktätig.

T

die **Tä|tig|keit** [ˈtɛːtɪçk a͜it]; -, -en: **1.** *das Tun, Handeln:* er entfaltete eine fieberhafte Tätigkeit. **2.** *das Arbeiten in einem Beruf:* eine interessante, gut bezahlte Tätigkeit; was für eine Tätigkeit haben Sie früher ausgeübt? *Syn.:* Job (ugs.).

die **Tat|kraft** [ˈtaːtkraft]; -: *Fähigkeit, etwas zu leisten:* sie besaß, entwickelte eine große Tatkraft. *Syn.:* Energie.

tät|lich [ˈtɛːtlɪç] ⟨Adj.⟩: *mit körperlicher Gewalt ausgeführt, verbunden:* tätliche Auseinandersetzungen; jmdn. tätlich angreifen.

die **Tat|sa|che** [ˈtaːtzaxə]; -, -n: *etwas, was geschehen oder vorhanden ist:* eine bekannte Tatsache; du musst dich mit den Tatsachen abfinden. *Syn.:* Realität, Sachverhalt, Tatbestand.

¹tat|säch|lich [ˈtaːtzɛçlɪç] ⟨Adj.⟩: *als Tatsache bestehend, vorhanden:* das ist der tatsächliche Grund für diese Entwicklung. *Syn.:* richtig, wahr, wirklich, zutreffend.

²tat|säch|lich [ˈtaːtzɛçlɪç] ⟨Adverb⟩: bestätigt eine Vermutung, die Richtigkeit einer Aussage, Behauptung: ist das tatsächlich wahr?; er ist es tatsächlich!; da habe ich mich doch tatsächlich geirrt. *Syn.:* wirklich.

der **¹Tau** [ta͜u]; -[e]s: *Feuchtigkeit, meist in Form von Tröpfchen auf dem Boden, an Pflanzen usw.:* am Morgen lag Tau auf den Wiesen. *Zus.:* Morgentau, Nachttau.

das **²Tau** [ta͜u]; -[e]s, -e: *starkes Seil (bes. auf Schiffen):* ein kräftiges, dickes Tau; er hielt sich an den Tauen fest. *Syn.:* Seil, Strick. *Zus.:* Schlepptau, Stahltau.

taub [ta͜up] ⟨Adj.⟩: **1.** *nicht [mehr] hören können:* die alte Dame ist völlig taub; er stellt sich taub. *Syn.:* gehörlos. **2.** ⟨tauber, am taubsten⟩ *(von Körperteilen) nichts mehr empfindend:* die Finger waren von der Kälte ganz taub.

die **Tau|be** [ˈta͜ubə]; -, -n: *Vogel mit häufig blaugrauem Gefieder, der auch gezüchtet und als Haustier gehalten wird:* Tauben züchten. *Zus.:* Brieftaube, Wildtaube.

tau|chen [ˈta͜uxn̩], taucht, tauchte, getaucht: **1.** ⟨itr.; hat/ist⟩ *unter die Wasseroberfläche gehen:* die Ente taucht; das U-Boot ist [auf den Grund] getaucht; nach einer Münze tauchen *(um sie aus dem Wasser zu holen).* **2.** ⟨tr.; hat; etw. in etw. (Akk.) t.⟩ *in eine Flüssigkeit halten:* er tauchte den Pinsel in die Farbe.

der **Tau|cher** [ˈta͜uxɐ]; -s, -, die **Tau|che|rin** [ˈta͜uxərɪn]; -, -nen: *Person, die taucht:* sie lässt sich zur Taucherin ausbilden; bei der Suche nach der Leiche wurden auch Taucher eingesetzt. *Zus.:* Perlentaucher, Perlentaucherin, Sporttaucher, Sporttaucherin.

tau|en [ˈta͜uən], taut, taute, getaut ⟨itr.; ist⟩: *(von Gefrorenem) durch Wärme zu Wasser werden:* das Eis, der Schnee taut; ⟨auch unpers.; hat⟩ es taut *(es ist draußen so warm, dass Schnee und Eis tauen).* *Syn.:* auftauen, schmelzen.

die **Tau|fe** [ˈta͜ufə]; -, -n: *das Taufen:* die Taufe findet im Rahmen des Gottesdienstes statt. *Zus.:* Erwachsenentaufe, Kindtaufe, Nottaufe.

tau|fen [ˈta͜ufn̩], tauft, taufte, getauft ⟨tr.; hat⟩: **1.** ⟨jmdn. t.⟩ *in einem feierlichen symbolischen Akt in die Kirche aufnehmen:* der Pfarrer hat das Kind getauft; sich taufen lassen. **2.** ⟨etw. t.⟩ *einen Namen geben:* das Schiff wurde auf den Namen »Helene« getauft; sie haben den Hund Struppi getauft.

tau|gen [ˈta͜ugn̩], taugt, taugte, getaugt ⟨itr.; hat⟩: *geeignet, brauchbar sein; einen Wert, Nutzen haben* (meist verneint oder fragend gebraucht): er taugt nicht zu schwerer Arbeit; das Messer taugt nichts; ob der Film wohl etwas taugt?

taug|lich [ˈta͜uklɪç], tauglicher, am tauglichsten ⟨Adj.⟩: *brauchbar, geeignet:* er ist für die Arbeit, dazu nicht tauglich.

der **Tausch** [ta͜uʃ]; -[e]s, e: *das Tauschen:* einen guten, schlechten Tausch machen. *Zus.:* Studienplatztausch, Wohnungstausch.

tau|schen [ˈta͜uʃn̩], tauscht, tauschte, getauscht ⟨tr.; hat; etw. [gegen etw.] t.⟩: *etwas geben, um etwas anderes dafür zu bekommen:* mit jmdm. Briefmarken tauschen; seine Wohnung gegen eine größere tauschen; wollen wir die Plätze tauschen?; ⟨auch itr.⟩ wenn du lieber am Fenster sitzt, können wir tauschen.

täu|schen [ˈtɔyʃn̩], täuscht, täuschte, getäuscht: **1.** ⟨tr.; hat; jmdn. t.⟩ *etwas, was nicht wahr ist, glauben lassen:* er hat mich mit seinen Behauptungen [bewusst] getäuscht; wenn mich nicht alles täuscht *(wenn ich mich nicht sehr irre),* hast du heute Geburtstag; ⟨auch itr.⟩ der Turm ist gar nicht so hoch, das täuscht. *Syn.:* betrügen, hereinlegen (ugs.), hintergehen. **2.** ⟨sich t.⟩ *sich irren:* wenn ich mich nicht täusche, kommt er dort vorne; da[rin] täuschst du dich; ich

Taxi

Ein Taxi bestellt man in Deutschland, Österreich und der Schweiz meist telefonisch. Man kann aber auch zu einem Taxistand gehen (oft an Bahnhöfen und großen Plätzen) oder ein leer fahrendes Taxi anhalten. Das Taxameter zeigt an, wie hoch der Preis ist. Zusätzlich gibt man etwas Trinkgeld.

---

habe mich in ihr getäuscht *(habe sie falsch eingeschätzt).*

täu|schend [ˈtɔyʃn̩t], täuschender, am täuschendsten ⟨Adj.⟩: *eine Verwechslung sehr nahelegend:* die Fälschung sieht dem Original täuschend ähnlich, wirkt täuschend echt.

die **Täu|schung** [ˈtɔyʃʊŋ]; -, -en: *das Täuschen:* eine plumpe Täuschung; auf eine Täuschung hereinfallen.

tau|send [ˈtauznt] ⟨Kardinalzahl⟩ (in Ziffern: 1000): tausend Personen; mehrere, einige, viele tausend Tote; bis tausend zählen.

das **¹Tau|send** [ˈtauznt]; -s, -e und (nach unbestimmten Zahladjektiven) -: *Einheit von tausend Stück:* ein volles, halbes Tausend; mehrere Tausend Nägel.

die **²Tau|send** [ˈtauznt]; -, -en: *die Zahl 1 000:* dieses M ist eine römische Tausend.

tau|sendst... [ˈtauzntst...] ⟨Ordinalzahl⟩ (in Ziffern: 1000.): der tausendste Besucher der Ausstellung.

die **Tax|card** [ˈtakskaːt]; -, -s (schweiz.): *Telefonkarte. Syn.:* Telefonwertkarte (österr.).

die **Ta|xe** [ˈtaksə]; -, -n: *Taxi:* sie fuhr mit einer Taxe nach Hause.

das, *schweiz. auch:* der **Ta|xi** [ˈtaksi]; -s, -s: *Auto, mit dem man sich gegen ein Entgelt befördern lassen kann:* ein Taxi bestellen, nehmen. *Syn.:* Taxe. *Zus.:* Funktaxi.

das Taxi

ta|xie|ren [taˈksiːrən], taxiert, taxierte, taxiert ⟨tr.; hat⟩ (ugs.): **1.** ⟨etw. t.⟩ *den Wert schätzen:* er taxierte das Haus auf eine Million Franken. **2.** ⟨jmdn., etw. t.⟩ *prüfend ansehen:* er taxierte sie von oben bis unten.

der **Ta|xi|fah|rer** [ˈtaksifaːrɐ]; -s, -, die **Ta|xi|fah|re|rin** [ˈtaksifaːrərɪn]; -, -nen: *Person, die beruflich ein Taxi fährt:* ich suche einen Job als Taxifahrer/Taxifahrerin.

das **Team** [tiːm]; -s, -s: **1.** *Gruppe von Personen, die gemeinsam an einer Aufgabe arbeiten:* ein Team von Fachleuten bilden; sie gehört zu unserem Team. *Syn.:* Mannschaft (ugs.). *Zus.:* Arbeitsteam, Ärzteteam, Kamerateam. **2.** *(im Sport) Mannschaft:* das dänische Team; sie spielt in unserem Team. *Zus.:* Fußballteam, Hockeyteam, Olympiateam.

die **Tech|nik** [ˈtɛçnɪk]; -, -en: **1.** *alle mechanischen, elektrischen, chemischen o. ä. Einrichtungen und Verfahren, die dazu dienen, etwas für den Menschen nutzbar zu machen:* die moderne Technik; im Zeitalter der Technik. *Syn.:* Technologie. *Zus.:* Bautechnik, Kraftfahrzeugtechnik, Nachrichtentechnik, Raumfahrttechnik, Tontechnik. **2.** *besondere Art, Methode, etwas auszuführen:* neue Techniken erlernen; die brillante Technik der Pianistin. *Syn.:* Verfahren.

der **Tech|ni|ker** [ˈtɛçnikɐ]; -s, -, die **Tech|ni|ke|rin** [ˈtɛçnikərɪn]; -, -nen: *Fachmann bzw. Fachfrau in einem technischen Beruf.* *Zus.:* Elektrotechniker, Elektrotechnikerin, Tontechniker, Tontechnikerin, Zahntechniker, Zahntechnikerin.

tech|nisch [ˈtɛçnɪʃ] ⟨Adj.⟩: *die Technik betreffend:* in der Fabrik gab es technische Probleme; technische Hochschulen; sie ist technisch begabt. *Zus.:* elektrotechnisch, funktechnisch.

die **Tech|no|lo|gie** [tɛçnoloˈgiː]; -, Technologien [tɛçnoloˈgiːən]: *die gesamten Kenntnisse, Fähigkeiten und Möglichkeiten auf dem Gebiet der Technik:* der Minister für Forschung und Technologie. *Zus.:* Biotechnologie.

der **Ted|dy|bär** [ˈtɛdibɛːɐ]; -en, -en: *Bär aus Stoff als Spielzeug für Kinder:* die Kleine nimmt ihren Teddybären mit ins Bett.

der **Tee** [teː]; -s, -s: **1.** *getrocknete Blätter eines asiatischen Strauches (aus denen ein anregendes Getränk zubereitet wird):* schwarzer, grüner, chinesischer Tee; eine Dose Tee. **2.** *aus den getrockneten Blättern eines asiatischen Strauchs zubereitetes anregendes Getränk:* heißen Tee trinken; Tee mit Rum, mit Milch, mit Zitrone. **3.** *aus getrockneten Pflanzen zubereitetes Getränk (auch als Heilmittel):* ein Tee aus Lindenblüten, Hagebutten. *Zus.:* Blasentee, Brusttee, Gallentee.

der **Tee|beu|tel** [ˈteːbɔytl̩]; -s, -: *kleiner, mit Tee*

T

gefüllter Beutel aus dünnem Papier: einen Teebeutel in die Kanne hängen.

der **Tee|löf|fel** [ˈteːlœfl̩]; -s, -: *kleiner Löffel:* silberne Teelöffel; zwei Teelöffel [voll] Zucker.

der **Teen|ager** [ˈtiːnˌeˑɪdʒɐ]; -s, -: *Person im Alter zwischen 13 und 19 Jahren:* kichernde, verwöhnte Teenager. *Syn.:* Jugendlicher, Jugendliche.

der **Teer** [teːɐ̯]; -[e]s, -e: *in der Technik benutzte zähe, klebrige schwarze Masse:* die Bretter riechen nach Teer.

tee|ren [ˈteːrən], teert, teerte, geteert ⟨tr.; hat⟩: *mit Teer bestreichen:* das Dach teeren.

der **Teich** [taɪ̯ç]; -[e]s, -e: *kleineres stehendes Gewässer:* einen Teich anlegen; in diesem Teich gibt es viele Frösche, Fische. *Syn.:* See. *Zus.:* Ententeich, Forellenteich.

der **Teig** [taɪ̯k]; -[e]s, -e: *weiche, zähe Masse, aus der Brot, Kuchen oder dergleichen hergestellt wird:* Teig ansetzen, gehen lassen; den Teig kneten, rühren. *Zus.:* Brotteig, Hefeteig, Kuchenteig, Mürbeteig, Nudelteig, Rührteig, Sauerteig.

die **Teig|wa|re** [ˈtaɪ̯kvaːrə]; -, -n: *Nudel oder einer Nudel ähnliches Lebensmittel:* Spaghetti, Spätzle und andere Teigwaren.

Teil [taɪ̯l]: **1.** der, auch: das; -[e]s, -e: *Glied oder Abschnitt eines Ganzen:* weite Teile des Landes sind verwüstet; der fünfte Teil *(ein Fünftel)* von etwas; einen großen Teil des Tages verbrachten sie am Strand. *Zus.:* Bevölkerungsteil, Großteil, Hauptteil, Ortsteil, Stadtteil. **2.** das; -[e]s, -e: *etwas, was mit anderem zu einem größeren Ganzen zusammenzusetzen ist:* der Bausatz besteht aus 78 Teilen; sie prüfte jedes Teil sorgfältig; er hat wichtige Teile des Motors ausgebaut. *Syn.:* Element. *Zus.:* Bauteil, Einzelteil, Ersatzteil, Fertigteil, Zusatzteil.

tei|len [ˈtaɪ̯lən], teilt, teilte, geteilt ⟨tr.; hat⟩: **1.** ⟨etw. t.⟩ *in Teile zerlegen:* einen Kuchen teilen; wir teilten die Äpfel unter uns; wir teilten uns das Geld; ⟨auch itr.⟩ er teilt nicht gern *(gibt nicht gern an einen andere etwas ab)*; ⟨auch sich t.⟩ die Zellen vermehren sich, indem sie sich teilen. *Zus.:* dreiteilen, zweiteilen. **2.** ⟨etw. durch etw. t.⟩ *ausrechnen, wie oft eine Zahl in einer anderen enthalten ist:* wenn man zehn durch drei teilt, bleibt ein Rest von eins; dreißig geteilt durch sechs ist fünf. *Syn.:* dividieren.

teil|ha|ben [ˈtaɪ̯lhaːbn̩], hat teil, hatte teil, teilgehabt ⟨itr.; hat; an etw. t.⟩: *beteiligt*

sein: an der Macht, der Regierung teilhaben; an einem Erlebnis teilhaben.

der **Teil|ha|ber** [ˈtaɪ̯lhaːbɐ]; -s, -, die **Teil|ha|be|rin** [ˈtaɪ̯lhaːbərɪn]; -, -nen: *Person, die an einer Firma finanziell beteiligt ist:* er hat einen Teilhaber in seinem Unternehmen. *Syn.:* Partner, Partnerin.

die **Teil|nah|me** [ˈtaɪ̯lnaːmə]; -: **1.** *das Teilnehmen, Mitmachen:* die Teilnahme an diesem Lehrgang ist freiwillig. **2.** (geh.) *Anteilnahme:* jmdm. seine herzliche Teilnahme *(sein Beileid)* aussprechen.

teil|nahms|los [ˈtaɪ̯lnaːmsloːs], teilnahmsloser, am teilnahmslosesten ⟨Adj.⟩: *kein Interesse zeigend:* ein teilnahmsloses Gesicht; er saß teilnahmslos da.

teil|neh|men [ˈtaɪ̯lneːmən], nimmt teil, nahm teil, teilgenommen ⟨itr.; hat; an etw. (Dativ) t.⟩: *sich beteiligen, (bei etwas) mitmachen:* an einer Versammlung, einem Kongress, einem Lehrgang, einer Demonstration teilnehmen.

der **Teil|neh|mer** [ˈtaɪ̯lneːmɐ]; -s, -, die **Teil|neh|me|rin** [ˈtaɪ̯lneːmərɪn]; -, -nen: *Person, die an etwas teilnimmt:* für den Wettkampf haben sich 200 Teilnehmer und Teilnehmerinnen gemeldet. *Zus.:* Diskussionsteilnehmer, Diskussionsteilnehmerin, Seminarteilnehmer, Seminarteilnehmerin.

teils [taɪ̯ls]: in der Verbindung * **teils …, teils …:** *je zu einem Teil:* wir hatten im Urlaub teils Regen, teils Sonnenschein; sie leben teils in Köln, teils in Berlin.

die **Tei|lung** [ˈtaɪ̯lʊŋ]; -, -en: *das Teilen:* der Krieg führte zur Teilung des Landes. *Zus.:* Arbeitsteilung, Zellteilung.

teil|wei|se [ˈtaɪ̯lvaɪ̯zə] ⟨Adverb⟩: *zum Teil; in einigen Fällen:* das Haus wurde teilweise zerstört; sie sind teilweise gefahren und teilweise zu Fuß gegangen.

die **Teil|zah|lung** [ˈtaɪ̯ltsaːlʊŋ]; -, -en: *Zahlung in Raten:* sie kaufte das Auto auf Teilzahlung.

der **Teint** [tɛ̃ː]; -s, -s: *Zustand und Farbe der Haut, bes. im Gesicht:* ein blasser Teint.

das **Te|le|fon** [teleˈfoːn]; -s, -e: *Apparat, der Gespräche über große Entfernungen möglich macht:* das Telefon läutet, klingelt; Telefon *(ein Anruf)* für dich; ans Telefon gehen. *Syn.:* Apparat, Fernsprecher (Amtsspr.). *Zus.:* Autotelefon, Diensttelefon, Kartentelefon, Mobiltelefon.

das **Te|le|fo|nat** [telefoˈnaːt]; -[e]s, -e: *Telefongespräch:* ein Telefonat führen.

das **Te|le|fon|buch** [teleˈfoːnbuːx]; -[e]s, Telefonbücher [teleˈfoːnbyːçɐ]: *Verzeichnis von Personen und Firmen mit ihren Tele-*

fonnummern: er steht nicht im Telefonbuch.

das **Te|le|fon|ge|spräch** [teleˈfoːngəʃprɛːç]; -[e]s, -e: *am Telefon geführtes Gespräch:* wir haben die Frage in einem langen Telefongespräch erörtert.

te|le|fo|nie|ren [telefoˈniːrən], telefoniert, telefonierte, telefoniert ⟨itr.; hat; [mit jmdm.] t.⟩: *ein Telefongespräch führen:* ich habe mit ihr telefoniert; nach einem Taxi telefonieren *(telefonisch ein Taxi rufen).*

te|le|fo|nisch [teleˈfoːnɪʃ] ⟨Adj.⟩: *mithilfe des Telefons:* eine telefonische Auskunft geben; etwas telefonisch beantworten.

der **Te|le|fo|nist** [telefoˈnɪst]; -en, -en, die **Te|le|fo|nis|tin** [telefoˈnɪstɪn]; -, -nen: *Person, die Telefongespräche vermittelt:* die Telefonistin der Firma hat mich mit seiner Sekretärin verbunden.

die **Te|le|fon|ka|bi|ne** [teleˈfoːnkabiːnə]; -, -n (schweiz.): *Telefonzelle:* ich rufe von einer Telefonkabine aus.

die **Te|le|fon|kar|te** [teleˈfoːnkartə]; -, -n: *Karte aus Plastik, mit der man öffentliche Telefone benutzen kann:* auf meiner Telefonkarte sind noch zwei Euro fünfzig. *Syn.:* Taxcard (schweiz.), Telefonwertkarte (österr.).

die Telefonkarte

die **Te|le|fon|num|mer** [teleˈfoːnnʊmɐ]; -, -n: *Nummer, die man wählen muss, um mit jmdm. zu telefonieren:* hast du meine Telefonnummer?

die **Te|le|fon|rech|nung** [teleˈfoːnrɛçnʊŋ]; -, -en: *Rechnung über die Gebühren für das Telefon:* er hat seine Telefonrechnung nicht bezahlt.

die **Te|le|fon|wert|kar|te** [teleˈfoːnveːɐ̯tkartə]; -, -n (österr.): *Telefonkarte:* du kannst gerne meine Telefonwertkarte benutzen. *Syn.:* Taxcard (schweiz.).

die Telefonzelle

die **Te|le|fon|zel|le** [teleˈfoːntsɛlə]; -, -n: *Kabine, in der ein Telefon installiert ist:* gibt es hier in der Nähe eine Telefonzelle? *Syn.:* Telefonkabine (schweiz.).

die **Te|le|fon|zen|tra|le** [teleˈfoːntsɛntraːlə]; -, -n: *Arbeitsplatz eines Telefonisten oder einer Telefonistin (z. B. in einer Firma):* sie arbeitet in der Telefonzentrale.

te|le|gra|fie|ren [telegraˈfiːrən], telegrafiert, telegrafierte, telegrafiert ⟨tr.; hat; [jmdm.] etw. t.⟩: *telegrafisch übermitteln:* er hat mir die Zeit seiner Ankunft telegrafiert; ⟨auch itr.⟩ ich muss telegrafieren *(ein Telegramm aufgeben).*

te|le|gra|fisch [teleˈgraːfɪʃ] ⟨Adj.⟩: *durch ein Telegramm:* eine telegrafische Mitteilung; Geld telegrafisch anweisen.

das **Te|le|gramm** [teleˈgram]; -s, -e: *schriftliche Nachricht, die elektrisch oder über Funk übermittelt wird:* ein Telegramm aufgeben, bekommen, zustellen, schicken. *Zus.:* Glückwunschtelegramm.

der **Tel|ler** [ˈtɛlɐ]; -s, -: *Teil des Geschirrs, von dem Speisen gegessen werden:* tiefe, flache, große, kleine Teller; er hat nur einen Teller [voll] Suppe gegessen. *Zus.:* Porzellanteller, Suppenteller, Unterteller.

der Teller

das **Tem|pe|ra|ment** [tɛmpəraˈmɛnt]; -[e]s, -e: *lebhafter, leicht zur Erregung neigender Charakter:* sie hat Temperament; sein Temperament ging mit ihm durch.

tem|pe|ra|ment|voll [tɛmpəraˈmɛntfɔl], temperamentvoller, am temperamentvollsten ⟨Adj.⟩: *mit viel Temperament:* er dirigierte sehr temperamentvoll; eine temperamentvolle Frau; sie hielt eine temperamentvolle Rede. *Syn.:* feurig.

die **Tem|pe|ra|tur** [tɛmpəraˈtuːɐ̯]; -, -en: *Wärme der Luft oder eines Körpers:* mittlere, gleichbleibende, ansteigende, sinkende, hohe, niedrige Temperaturen; eine angenehme, unerträgliche Temperatur. *Zus.:* Höchsttemperatur, Körpertemperatur, Lufttemperatur, Tiefsttemperatur, Wassertemperatur, Zimmertemperatur.

das **Tem|po** [ˈtɛmpo]; -s, -s: *Geschwindigkeit:* sie fährt in langsamem, schnellem Tempo; das Tempo erhöhen. *Zus.:* Eiltempo, Lauftempo, Schritttempo.

die **Ten|denz** [tɛnˈdɛnts]; -, -en: **1.** *Richtung, in die eine Entwicklung geht:* die Preise haben eine steigende Tendenz. *Syn.:* Neigung, Trend. *Zus.:* Entwicklungstendenz. **2.** *Neigung zu einem bestimmten Verhalten:* er hat die Tendenz, alles negativ zu beurteilen. *Syn.:* Hang.

T

ten|die|ren [tɛnˈdiːrən], tendiert, tendierte, tendiert ⟨itr.; hat⟩: *(zu etwas) neigen:* die Partei tendiert nach links; ich tendiere dazu, den Vertrag abzuschließen.

das Ten|nis [ˈtɛnɪs]; -: *Ballspiel, bei dem ein kleiner Ball mit Schlägern über ein Netz geschlagen wird:* im Tennis hat er mich noch nie geschlagen. *Zus.:* Tischtennis.

der Tep|pich [ˈtɛpɪç]; -s, -e: *aus Wolle o. Ä. hergestellter weicher Belag für den Fußboden:* ein wertvoller Teppich; der Teppich ist schon ganz abgetreten; für den Staatsbesuch wurde ein roter Teppich ausgerollt. *Syn.:* Matte.

der Ter|min [tɛrˈmiːn]; -s, -e: *festgelegter Zeitpunkt:* der festgesetzte Termin rückte heran; der Termin passt mir nicht; einen Termin festsetzen, vereinbaren, einhalten. *Zus.:* Liefertermin, Prüfungstermin, Sendetermin, Zahlungstermin.

der Ter|mi|nus [ˈtɛrminʊs]; -, Termini [ˈtɛrmini]: *festgelegte [fachliche] Bezeichnung:* ein philosophischer Terminus. *Zus.:* Fachterminus.

die Ter|ras|se [tɛˈrasə]; -, -n: *ebener, mit einem festen Boden ausgestatteter Platz an einem Haus für den Aufenthalt im Freien:* auf der Terrasse frühstücken. *Zus.:* Dachterrasse, Gartenterrasse.

der Ter|ror [ˈtɛroːɐ̯]; -s: *rücksichtsloser Einsatz von Gewalt, um [politische oder kriminelle] Ziele zu erreichen:* blutiger Terror; er kann sich nur durch Terror an der Macht halten. *Zus.:* Bombenterror.

ter|ro|ri|sie|ren [tɛroriˈziːrən], terrorisiert, terrorisierte, terrorisiert ⟨tr.; hat; jmdn. t.⟩: *durch Terror unterdrücken:* die Gangster terrorisierten die ganze Stadt.

der Ter|ro|ris|mus [tɛroˈrɪsmʊs]; -: *das Ausüben von Terror:* die Ursachen des Terrorismus; der Kampf gegen den Terrorismus.

der Ter|ro|rist [tɛroˈrɪst]; -en, -en, die Ter|ro|ris|tin [tɛroˈrɪstɪn]; -, -nen: *Person, die Terror ausübt:* linke, rechte Terroristen; die Terroristen sprengten ein Gebäude in die Luft.

der Test [tɛst]; -[e]s, -s und -e: *[wissenschaftlicher oder technischer] Versuch zur Feststellung bestimmter Eigenschaften, Leistungen oder dergleichen:* ein psychologischer Test; jmdn./eine Maschine einem Test unterziehen. *Zus.:* Eignungstest, Intelligenztest, Sprachtest.

das Tes|ta|ment [tɛstaˈmɛnt]; -[e]s, -e: *schriftliche Erklärung, mit der jmd. für den Fall seines Todes die Verteilung seines Vermögens festlegt:* ein handgeschriebenes,

[un]gültiges Testament; sie hat ihr Testament gemacht; sie will das Testament anfechten.

tes|ten [ˈtɛstn̩], testet, testete, getestet ⟨tr.; hat; jmdn., etw. t.⟩: *durch einen Test prüfen:* das neue Modell, der Bewerber muss noch getestet werden; einen Werkstoff [auf seine Festigkeit] testen.

teu|er [ˈtɔyɐ], teurer, am teuersten ⟨Adj.⟩: *viel Geld kostend* /Ggs. billig/: ein teurer Mantel; dieses Buch ist [mir] zu teuer; diese Reise war ein teures Vergnügen, ein teurer Spaß; sie trägt teuren *(wertvollen)* Schmuck; Benzin ist wieder teurer geworden; wie teuer ist *(was kostet)* dieses Kleid? *Syn.:* kostbar, kostspielig, unerschwinglich.

der Teu|fel [ˈtɔyfl̩]; -s, -: *Gestalt, die das Böse darstellt:* der leibhaftige Teufel; den Teufel austreiben; pfui Teufel! *(wie ekelhaft).*

der Teufel

der Text [tɛkst]; -[e]s, -e: **1.** *inhaltlich zusammenhängende Aussagen, die schriftlich vorliegen:* ein literarischer Text; einen Text entwerfen, lesen, korrigieren, schreiben; der Text wurde ins Englische übersetzt; der Text des Vertrages bleibt geheim. *Zus.:* Begleittext, Bibeltext, Gesetzestext, Originaltext, Übungstext, Vertragstext, Werbetext. **2.** *zu einem Musikstück gehörende Worte:* der Text des Songs ist von John Lennon; er hat den Text zu der Oper verfasst. *Zus.:* Operntext, Schlagertext.

das Tex|til|ge|schäft [tɛksˈtiːlɡəʃɛft]; -[e]s, -e: *Geschäft, in dem man Textilien, bes. Bekleidung, Wäsche usw., kaufen kann:* ihre Großeltern hatten ein Textilgeschäft in Hamburg.

die Tex|ti|li|en [tɛksˈtiːliən] ⟨Plural⟩: *aus Fasern hergestellte Stoffe, bes. Bekleidung, Wäsche usw.:* ein Waschmittel für farbige Textilien.

das The|a|ter [teˈaːtɐ]; -s, -: **1.** *zur Aufführung von Theaterstücken dienende Einrichtung:* das Theater der Stadt ist sehr berühmt; heute gehen wir ins Theater; nach dem Theater *(nach der Vorstellung)* treffen wir uns in einem Café; sie will zum Theater gehen *(will Schauspielerin werden).* *Zus.:* Kindertheater, Stadttheater. **2.** ⟨ohne Plural⟩ (ugs. abwertend) *Aufregung:* es gab viel Theater um diese Sache; wegen jeder Kleinigkeit macht sie Theater *(Ärger).*

das **The|a|ter|stück** [teˈaːtɐʃtʏk]; -[e]s, -e: *für die Bühne geschriebene Dichtung:* ein Theaterstück aufführen. *Syn.:* Drama, Schauspiel, Stück.

die **The|ke** [ˈteːkə]; -, -n: *hoher, nach einer Seite abgeschlossener Tisch, an dem Gäste oder Kunden bedient werden:* ein dicker Wirt stand hinter der Theke; die Verkäuferin reichte ihm die Brötchen über die Theke. *Syn.:* Tresen. *Zus.:* Kühltheke, Ladentheke, Salattheke.

das **The|ma** [ˈteːma]; -s, Themen [ˈteːmən]: **1.** *Gegenstand oder leitender Gedanke einer Untersuchung, eines Gesprächs o. Ä:* ein aktuelles, interessantes, politisches Thema; dieses Thema ist tabu; ein Thema behandeln; über ein Thema sprechen; was ist das Thema seines Vortrages, seiner Diplomarbeit? *Zus.:* Diskussionsthema, Gesprächsthema, Hauptthema, Lieblingsthema. **2.** *Folge von Tönen, die einer Komposition zugrunde liegt:* das Thema einer Sonate; ein Thema verarbeiten, variieren. *Syn.:* Melodie.

the|ma|tisch [teˈmaːtɪʃ] ⟨Adj.⟩: *ein Thema betreffend:* etwas nach thematischen Gesichtspunkten ordnen; der Roman ist thematisch sehr interessant.

the|o|re|tisch [teoˈreːtɪʃ] ⟨Adj.⟩: **1.** *die Theorie von etwas betreffend:* theoretische Kenntnisse; eine theoretische Ausbildung erhalten; sie hat ein großes theoretisches Wissen; theoretische Chemie, Physik. *Syn.:* akademisch, wissenschaftlich. *Zus.:* erkenntnistheoretisch, sprachtheoretisch. **2.** *nur gedacht:* theoretische Möglichkeiten; was du sagst, ist theoretisch richtig, aber die Wirklichkeit ist anders. *Syn.:* gedanklich.

die **The|o|rie** [teoˈriː]; -, Theorien [teoˈriːən]: *wissenschaftlich begründete Aussagen zur Erklärung bestimmter Tatsachen oder Erscheinungen:* eine kühne Theorie; eine Theorie aufstellen, beweisen. *Syn.:* Lehre. *Zus.:* Erkenntnistheorie, Relativitätstheorie.

die **The|ra|pie** [teraˈpiː]; -, Therapien [teraˈpiːən]: *Methode zur Heilung einer Krankheit:* sie wurde während der Kur nach einer neuen Therapie behandelt; er macht eine Therapie. *Zus.:* Bewegungstherapie, Psychotherapie.

das **Ther|mo|me|ter** [tɛrmoˈmeːtɐ]; -s, -: *Gerät zum Messen der Temperatur:* das Thermometer zeigt 5 Grad über null; das Thermometer steigt *(es wird wärmer).* *Zus.:* Fieberthermometer, Zimmerthermometer.

der **Thun|fisch** [ˈtuːnfɪʃ], **Tun|fisch**; -[e]s, -e: **1.** *bes. im Atlantik und Mittelmeer lebender großer Fisch:* Hochseefische wie Thunfisch und Hai sind vom Aussterben bedroht. **2.** *Fleisch des Thunfisches:* eine Büchse Thunfisch essen; serviert wurde ein Salat aus Tomaten, Ei, Thunfisch und Gurke.

der **Tick** [tɪk]; -[e]s, -s (ugs.): *lächerlich wirkende Angewohnheit:* er hatte den Tick, sich nach jedem Händedruck die Hände zu waschen. *Syn.:* Spleen.

ti|cken [ˈtɪkn̩], tickt, tickte, getickt ⟨itr.; hat⟩: *in gleichmäßiger Aufeinanderfolge einen kurzen, hellen Ton hören lassen:* die Uhr tickt.

das **Ti|cket** [ˈtɪkət]; -s, -s: *Fahrschein (bes. für eine Schiffs- oder Flugreise):* er bestellte zwei Tickets nach Rom; sie hatte kein gültiges Ticket. *Syn.:* Billett, Fahrkarte. *Zus.:* Flugticket.

tief [tiːf], tiefer, am tiefsten ⟨Adj.⟩: **1.** *weit nach unten ausgedehnt oder gerichtet:* ein tiefes Tal; ein tiefer Abgrund; der Brunnen, der See ist [sehr] tief; tief graben, bohren. *Zus.:* abgrundtief. **2.** *weit in etwas hineinreichend:* eine tiefe Wunde; die Bühne ist sehr tief; er wohnt in der tiefsten Provinz; bitte tief aus- und einatmen! **3.** ⟨in Verbindung mit Angaben von Maßen⟩ *eine bestimmte Tiefe habend:* eine zwei Meter tiefe Grube; die Bohrung ist 2 cm tief; der Schreibtisch ist 69 cm hoch und 80 cm tief. *Zus.:* knöcheltief, zentimetertief. **4.** *dunkel klingend* /Ggs. hoch/: ein tiefer Ton; er hat eine sehr tiefe Stimme. **5.** *bedeutend:* tiefe Gedanken; eine tiefe Einsicht; das hat einen tiefen Sinn; eine tief greifende *(stark wirkende)* Wandlung, Veränderung. **6.** *sehr groß oder stark:* ein tiefer Schmerz; in tiefer Not sein; tief erschüttert sein. *Syn.:* groß, heftig, stark.

das **Tief** [tiːf]; -s, -s: *Gebiet mit niedrigem Luftdruck* /Ggs. Hoch/: ein ausgedehntes Tief; von Westen zieht ein Tief heran. *Zus.:* Sturmtief.

die **Tie|fe** [ˈtiːfə]; -, -n: **1.** *Ausdehnung nach unten oder innen:* eine schwindelerregende Tiefe; die Tiefe eines Schachtes messen; in die Tiefe stürzen. *Zus.:* Meerestiefe. **2.** ⟨ohne Plural⟩ *wesentlicher, geistiger Gehalt:* die philosophische

T

Tiefe ihrer Gedanken; dem Roman fehlt die Tiefe. **3.** ⟨ohne Plural⟩ *(von Gefühlen, Empfindungen) großes Ausmaß, Heftigkeit:* die Tiefe ihres Schmerzes, ihrer Liebe. *Syn.:* Stärke.

die **Tief|ga|ra|ge** [ˈtiːfɡaraːʒə]; -, -n: *Parkhaus, das sich unter der Erde befindet:* ein modernes Bürogebäude mit Tiefgarage; er fährt das Auto in die Tiefgarage.

das **Tier** [tiːɐ̯]; -[e]s, -e: *Lebewesen, das sich vom Menschen durch das Fehlen von Vernunft und Sprache unterscheidet:* ein zahmes, wildes Tier; einheimische, exotische Tiere; sie kann gut mit Tieren umgehen; manche Vermieter erlauben nicht, Tiere in der Wohnung zu halten. *Zus.:* Fabeltier, Haustier.

der **Tier|gar|ten** [ˈtiːɐ̯ɡartn̩]; -s, Tiergärten [ˈtiːɐ̯ɡɛrtn̩]: *Park, in dem exotische und heimische Tiere gehalten und gezeigt werden:* im Frankfurter Tiergarten gibt es junge Löwen. *Syn.:* Zoo.

tie|risch [ˈtiːrɪʃ] ⟨Adj.⟩: **1.** *zum Tier gehörend, vom Tier stammend:* tierische Eiweiße; tierisches Fett. **2.** ⟨tierischer, am tierischsten⟩ (abwertend) *roh, nicht menschlich:* tierisches Verbrechen; tierische Grausamkeit. *Syn.:* hemmungslos.

der **Tier|ver|such** [ˈtiːɐ̯fɛɐ̯zuːx]; -[e]s, -e: *wissenschaftliches Experiment an oder mit lebenden Tieren:* Cremes, die im Tierversuch getestet wurden.

der **Ti|ger** [ˈtiːɡɐ]; -s, -: *großes Raubtier von rotbrauner Färbung mit schwarzen Streifen, das in Asien zu Hause ist:* es gibt nur noch wenige frei lebende Tiger.

til|gen [ˈtɪlɡn̩], tilgt, tilgte, getilgt ⟨tr.; hat; etw. t.⟩: *durch Zurückgeben des Geldes beseitigen:* ein Darlehen [durch monatliche Ratenzahlungen nach und nach] tilgen. *Syn.:* abzahlen.

die **Tin|te** [ˈtɪntə]; -, -n: *farbige Flüssigkeit, die zum Schreiben dient:* sie schreibt gern mit grüner Tinte.

die **-ti|on** [tsjoːn]; -, -en ⟨Suffix⟩: bildet von Verben auf »-ieren« abgeleitete Nomen: Delegation; Demonstration; Konzentration; Organisation; Produktion.

der **Tipp** [tɪp]; -s, -s: *Hinweis:* ein nützlicher, wertvoller Tipp; jmdm. einen Tipp geben; das war ein guter Tipp. *Syn.:* Empfehlung, Ratschlag, Vorschlag.

¹**tip|pen** [ˈtɪpn̩], tippt, tippte, getippt: **1.** ⟨itr.; hat; irgendwohin t.⟩ *(etwas, jmdn.) leicht berühren:* an die Scheibe tippen; er hat mir/mich auf die Schulter getippt. *Syn.:* klopfen. **2.** ⟨tr.; hat⟩ (ugs.) *auf einer Tastatur schreiben:* er hat den

Brief [selbst] getippt; die Journalisten tippen ihre Artikel direkt in den Computer; sie tippte pausenlos E-Mails in ihren Laptop; ⟨auch itr.⟩ ich kann nur mit zwei Fingern tippen.

²**tip|pen** [ˈtɪpn̩], tippt, tippte, getippt ⟨itr.; hat⟩: **1.** (ugs.) *etwas voraussagen oder vermuten:* mit deiner Vermutung hast du richtig getippt; ich tippe [darauf], dass er morgen kommt. *Syn.:* annehmen, sich ausrechnen, erwarten, schätzen (ugs.), vermuten. **2.** *im Toto oder Lotto wetten:* sie tippt jede Woche.

der **Tisch** [tɪʃ]; -[e]s, -e: *Möbelstück aus einer Platte, die waagerecht auf einer Stütze ruht (meist auf vier Beinen) und an der gegessen, gearbeitet, auf die etwas gestellt, gelegt werden kann:* ein großer, runder, viereckiger Tisch; sie sitzt am Tisch; ein schön gedeckter Tisch; ein Tisch im Lokal war noch frei; bei meinen Großeltern stand das Essen immer Punkt zwölf Uhr auf dem Tisch *(wurde immer pünktlich um zwölf Uhr gegessen).* *Zus.:* Esstisch, Gartentisch, Holztisch, Küchentisch, Schreibtisch.

der Tisch

der **Tisch|ler** [ˈtɪʃlɐ]; -s, -, die **Tisch|le|rin** [ˈtɪʃlərɪn]; -, -nen: *Person, die beruflich aus Holz (und auch aus Kunststoff) bestimmte Gegenstände, bes. Möbel, herstellt oder bearbeitet:* sie wollte unbedingt Tischlerin werden. *Syn.:* Schreiner, Schreinerin. *Zus.:* Möbeltischler, Möbeltischlerin.

das **Tisch|ten|nis** [ˈtɪʃtɛnɪs]; -: *Ballspiel, bei dem ein kleiner Ball auf einer großen Tischplatte mit Schlägern über ein Netz geschlagen wird:* in der Mittagspause spielte er mit Kollegen Tischtennis.

der **Ti|tel** [ˈtiːtl̩]; -s, -: **1.** *Bezeichnung von Rang, Stand, Amt einer Person:* ein akademischer, diplomatischer Titel; den Titel einer Professorin haben; er führt den Titel »Regierender Bürgermeister«. *Syn.:* Grad. *Zus.:* Adelstitel, Doktortitel, Ehrentitel, Professorentitel. **2.** *im sportlichen Wettkampf errungene Bezeichnung eines bestimmten Ranges:* sie hat sich mit dieser Übung den Titel einer Weltmeisterin im Bodenturnen gesichert; er hat in dieser Disziplin sämtliche Titel errungen. *Zus.:* Meistertitel, Siegertitel. **3.** *kennzeichnender Name eines Buches, Films oder Kunstwerks:* ein kurzer, prägnanter Titel; das Buch trägt einen vielversprechenden Titel; der Roman hat den Titel »Der Bär«; ein Film mit dem Titel »Titanic«. *Zus.:* Buchtitel, Filmtitel, Romantitel. **4.** (schweiz.) *Überschrift:* ein gelungener Titel.

der **Toast** [to:st]; -[e]s, -e und -s: **1.** *getoastetes Weißbrot:* eine Scheibe Toast; zum Frühstück isst er nur einen Toast mit Marmelade. *Syn.:* Schnitte. **2.** *kleine Rede, die bei festlichen Gelegenheiten zu jmds. Ehren gehalten wird (mit der Aufforderung, auf das Wohl des oder der Geehrten zu trinken):* einen Toast [auf jmdn.] ausbringen.

das **Toast|brot** [ˈtoːstbroːt]; -[e]s, -e: **1.** *Weißbrot [in Scheiben] zum Toasten:* Toastbrot kaufen. **2.** *einzelne Scheibe Toast:* Rührei mit Toastbrot.

toas|ten [ˈtoːstn̩], toastet, toastete, getoastet ⟨tr.; hat; etw. t.⟩: *(bes. Weißbrotscheiben) [mithilfe eines Toasters] rösten:* soll ich noch eine Scheibe toasten?; getoastetes Weißbrot.

der **Toas|ter** [ˈtoːstɐ]; -s, -: *elektrisches Gerät zum Rösten von (in Scheiben geschnittenem) Brot:* in meinem Toaster kann ich vier Scheiben gleichzeitig toasten.

to|ben [ˈtoːbn̩], tobt, tobte, getobt: **1.** ⟨itr.; hat⟩ *in wilder Bewegung und von zerstörerischer Wirkung) sein:* das Meer, der Sturm tobte; hier hat ein Unwetter getobt. **2.** ⟨itr.; hat⟩ *(von Kindern) wild und fröhlich sein:* im Garten können die Kinder toben, so viel sie wollen; ⟨auch itr.; ist⟩ die Kinder toben durchs Haus. *Syn.:* sich austoben, lärmen. *Zus.:* [he]rumtoben. **3.** ⟨itr.; hat⟩ *wütend, außer sich sein:* er tobte vor Wut.

die **Toch|ter** [ˈtɔxtɐ]; -, Töchter [ˈtœçtɐ]: *weibliches Kind:* eine Tochter aus erster Ehe; unsere älteste, jüngste, einzige Tochter; Mutter und Tochter sehen sich sehr ähnlich; sie haben zwei Töchter und einen Sohn. *Zus.:* Adoptivtochter.

der **Tod** [toːt]; -[e]s, -e: *das Sterben eines Lebewesens:* einen sanften, schweren Tod haben; der Tod ist durch Ersticken eingetreten; der Arzt konnte nur noch den Tod feststellen; sie hat ihren Leichtsinn mit dem Tod bezahlen müssen; der Mörder wurde zum Tode verurteilt. *Zus.:* Erstickungstod, Hungertod, Strahlentod, Unfalltod.

die **To|des|stra|fe** [ˈtoːdəsʃtraːfə]; -, -n: *Strafe, die darin besteht, dass die zu bestrafende Person getötet wird:* die Todesstrafe abschaffen.

töd|lich [ˈtøːtlɪç] ⟨Adj.⟩: **1.** *den Tod herbeiführend:* eine tödliche Verletzung, Krankheit; das tödliche Gift; eine tödliche Dosis; ein tödlicher Unfall; ein Abenteuer mit tödlichem Ausgang; er ist tödlich verunglückt *(durch einen Unfall zu Tode gekommen).* **2.** *das Leben bedrohend:* eine tödliche Gefahr. **3.** ⟨verstärkend bei Verben⟩ *sehr:* er hat sich tödlich gelangweilt, war tödlich beleidigt. *Syn.:* entsetzlich (ugs.), fürchterlich (ugs.), schrecklich (ugs.).

die **Toi|let|te** [tɔaˈlɛtə]; -, -n: **1.** *Becken zur Aufnahme und zum Wegspülen bes. der Ausscheidungen des Menschen:* etwas in die Toilette werfen. **2.** *meist kleinerer Raum mit einer Toilette [und einem Waschbecken]:* auf die, zur Toilette gehen, müssen; sich in der Toilette einschließen. *Syn.:* Klo (fam.), Klosett (ugs.), WC. *Zus.:* Damentoilette, Herrentoilette.

Toilette

Wenn Sie bei fremden Leuten auf die Toilette müssen, können Sie fragen: »Dürfte/Könnte ich bitte mal Ihre Toilette benutzen?« Ihr Gastgeber wird Ihnen dann erklären, wo sich die Toilette befindet.

das **Toi|let|ten|pa|pier** [tɔaˈlɛtn̩papiːɐ̯]; -s, -e: *Papier, mit dem man sich nach Benutzung der Toilette abwischt:* eine Rolle Toilettenpapier. *Syn.:* Klopapier (fam.).

toi, toi, toi [ˈtɔy ˈtɔy ˈtɔy] (ugs.): *Ausruf, mit dem man jmdm. für ein Vorhaben Glück, Erfolg wünscht:* na, dann toi, toi, toi [für deine Prüfung, für dein Vorstellungsgespräch, für morgen]!

to|le|rant [toleˈrant], toleranter, am tolerantesten ⟨Adj.⟩: *andere Meinungen, anderes Verhalten gelten lassend:* er hat eine tolerante Gesinnung; sie war tolerant gegenüber fremden Meinungen. *Syn.:* aufgeschlossen, verständnisvoll.

die **To|le|ranz** [toleˈrants]; -: *tolerante Gesinnung, tolerantes Verhalten:* Toleranz zeigen, üben. *Syn.:* Verständnis.

toll [tɔl], toller, am tollsten ⟨Adj.⟩ (ugs.): *sehr schön:* er fährt einen tollen Wagen; das Fest war einfach toll; sie hat ganz toll gesungen. *Syn.:* klasse (ugs.), prima (ugs.), spitze (ugs.), super (ugs.).

die **To|ma|te** [toˈmaːtə]; -, -n: *runde rote, fleischige Frucht, die als Gemüse verwendet

T

wird: getrocknete, gegrillte Tomaten; hast du Tomaten eingekauft?

die **To|ma|ten|sup|pe** [toˈmaːtṇzʊpə]; -, -n: *aus Tomaten hergestellte Suppe:* ein Teller Tomatensuppe.

die **Tom|bo|la** [ˈtɔmbola]; -, -s: *das Verlosen von [gestifteten] Gegenständen bei einem Fest:* eine Tombola veranstalten.

der **¹Ton** [toːn]; -[e]s, -e: *weiche Erde, die zur Herstellung von Gefäßen o. Ä. verwendet wird:* Ton kneten; etwas in Ton modellieren; eine Vase aus Ton.

der **²Ton** [toːn]; -[e]s, Töne [ˈtøːnə]: **1.** *hörbare gleichmäßige Schwingung der Luft:* leise, tiefe Töne; das Instrument hat einen schönen Ton *(Klang).* *Syn.:* Klang, Laut, Schall. *Zus.:* Geigenton, Glockenton, Orgelton, Pfeifton. **2.** ⟨ohne Plural⟩ *Betonung:* der Ton liegt auf der ersten Silbe; die erste Silbe trägt den Ton. **3.** ⟨ohne Plural⟩ *Art und Weise, wie man sich ausdrückt:* er ermahnte uns in freundlichem Ton; der überhebliche Ton seines Briefs ärgerte mich; bei uns herrscht ein rauer Ton. *Zus.:* Befehlston. **4.** *Farbton:* ein Gemälde in blauen, satten Tönen. *Syn.:* Farbe. *Zus.:* Blauton, Gelbton, Grünton, Rotton, Silberton, Violettton.

das **Ton|band** [ˈtoːnbant]; -[e]s, Tonbänder [ˈtoːnbɛndɐ]: *Band aus Kunststoff, auf dem Sprache und Musik elektronisch gespeichert werden können:* etwas auf Tonband aufnehmen; das Tonband abspielen, löschen, zurückspulen. *Syn.:* ¹Band, Kassette.

tö|nen [ˈtøːnən], tönt, tönte, getönt: **1.** ⟨itr.; hat⟩ *als Ton oder Schall hörbar sein:* Musik tönte aus dem Lokal. *Syn.:* hallen, klingen, schallen. *Zus.:* ertönen, übertönen. **2.** ⟨tr.; hat; etw. t.⟩ *in der Farbe verändern:* sie hat ihr Haar dunkel getönt; die Wand ist [leicht] gelb getönt.

die **Ton|ne** [ˈtɔnə]; -, -n: **1.** *großer, einem Fass ähnlicher Behälter:* der Müll wird sortiert und in drei Tonnen gesammelt. *Zus.:* Abfalltonne, Blechtonne, Mülltonne. **2.** *Einheit der Masse: tausend Kilogramm:* eine Tonne Getreide; die Maschine wiegt fünf Tonnen.

der Topf (1)

der **Topf** [tɔpf]; -[e]s, Töpfe [ˈtœpfə]: **1.** *Gefäß [mit Deckel], in dem Speisen gekocht werden:* einen Topf auf den Herd setzen; welchen Topf nimmst du für die

Nudeln? *Syn.:* Kessel, Kochtopf, Pfanne (schweiz.). *Zus.:* Fleischtopf, Schmortopf, Schnellkochtopf, Wassertopf. **2.** *Behälter mit flachem, meist rundem Boden:* ein Topf aus Porzellan für Milch; Töpfe mit Blumen. *Syn.:* Gefäß. *Zus.:* Blumentopf, Farbtopf, Honigtopf, Marmeladentopf, Milchtopf, Senftopf.

der **Top|fen** [ˈtɔpfṇ]; -s (österr.): *Quark:* ein Teig aus Topfen, Mehl und Eiern.

das **Tor** [toːɐ̯]; -[e]s, -e: **1.** *große Tür (in einer Mauer, einem Zaun o. Ä.) aus Holz, Metall o. Ä.:* ans Tor klopfen; das Tor öffnen, schließen, abschließen; ein schmiedeeisernes Tor. *Zus.:* Einfahrtstor, Eingangstor, Garagentor, Gartentor, Hoftor, Parktor. **2.** *(bes. bei Ballspielen) durch zwei Pfosten und eine sie verbindende Latte markiertes Ziel, in das der Ball zu spielen ist:* er trat, warf den Ball ins Tor; sie steht bei uns im Tor *(sie ist unsere Torwartin).* *Zus.:* Eishockeytor, Fußballtor, Handballtor. **3.** *Treffer mit dem Ball in das Tor:* ein Tor schießen; die Mannschaft siegte mit 4 : 2 Toren.

die **Tor|te** [ˈtɔrtə]; -, -n: *feiner runder Kuchen, der aus mehreren Schichten besteht:* eine selbst gemachte Torte; ein Stück Torte essen. *Zus.:* Geburtstagstorte, Obsttorte, Sahnetorte, Schokoladentorte.

der **Tor|wart** [ˈtoːɐ̯vart]; -[e]s, -e, die **Tor|war|tin** [ˈtoːɐ̯vartɪn]; -, -nen: *Person, die im Tor steht, um den Ball zu halten:* der Torwart hat sehr gut gehalten.

tot [toːt] ⟨Adj.⟩: *gestorben, nicht mehr am Leben:* ein toter Fisch; sie ist schon seit über zehn Jahren tot; ein toter Ast *(Ast, an dem keine Blätter mehr wachsen).*

to|tal [toˈtaːl] ⟨Adj.⟩: **1.** *vollständig, alles umfassend:* totale Zerstörung; ein totaler Misserfolg; eine totale Sonnenfinsternis, Mondfinsternis; ich bin total erschöpft, pleite; ich habe es total vergessen. *Syn.:* absolut, ganz, komplett, restlos (ugs.), völlig, vollkommen. **2.** ⟨verstärkend bei Adjektiven und Verben⟩ *(ugs.) sehr:* der Film ist total gut; sie ist total nett. *Syn.:* ausgesprochen, ausnehmend, außergewöhnlich, äußerst, irrsinnig (emotional).

to|ta|li|tär [totaliˈtɛːɐ̯], totalitärer, am totalitärsten ⟨Adj.⟩: *so, dass Demokratie vollständig unterdrückt wird:* eine totalitäre Herrschaft; ein totalitäres Regime; der Diktator regiert totalitär.

der *und* die **To|te** [ˈtoːtə]; -n, -n ⟨aber: [ein] Toter, [eine] Tote, Plural: [viele] Tote⟩: *Person, die tot ist:* bei der Toten handelt es sich um die seit Wochen vermisste Frau; bei dem Verkehrsunfall gab es zwei Tote *(kamen zwei Menschen ums Leben). Syn.:* Verstorbener, Verstorbene. *Zus.:* Drogentote, Hungertote, Unfalltote.

tö|ten [ˈtøːtn̩], tötet, tötete, getötet ⟨tr.; hat; jmdn. t.⟩: *den Tod eines Lebewesens herbeiführen, verursachen:* einen Menschen, ein Tier [mit Gift, durch einen Schuss] töten; diese Dosis reicht aus, um einen Menschen zu töten; der Aufprall hat ihn auf der Stelle getötet; ⟨auch itr.⟩ du sollst nicht töten. *Syn.:* ermorden, morden, umbringen.

tot|schwei|gen [ˈtoːtʃvaɪɡn̩], schweigt tot, schwieg tot, totgeschwiegen ⟨tr.; hat; jmdn., etw. t.⟩: *bewusst nicht erwähnen:* in der Familie wurde er totgeschwiegen; der Reaktorunfall wurde totgeschwiegen. *Syn.:* verschweigen.

die **Tö|tung** [ˈtøːtʊŋ]; -, -en: *das Töten:* man versuchte, die Seuche durch die Tötung Tausender von Tieren unter Kontrolle zu bringen.

der **Tou|ris|mus** [tuˈrɪsmʊs]; -: *das Reisen, durch das man fremde Orte und Länder kennenlernen und sich erholen möchte:* der Tourismus hat in den letzten Jahren stark zugenommen; in der Gegend gibt es kaum Tourismus; die Leute dort leben hauptsächlich vom Tourismus. *Zus.:* Massentourismus.

der **Tou|rist** [tuˈrɪst]; -en, -en, die **Tou|ris|tin** [tuˈrɪstɪn]; -, -nen: *Person, die reist, um fremde Orte und Länder kennenzulernen:* dieses Land wird von vielen Touristen besucht.

die **Tou|ris|ten|in|for|ma|ti|on** [tuˈrɪstn̩ɪnfɔrmatˈsi̯oːn]; -, -en: *Stelle, Büro, wo man Informationen über die Sehenswürdigkeiten, Hotels, Museen u. Ä. einer Stadt bekommen kann:* lass uns zuerst zur Touristeninformation gehen, dort bekommen wir sicher einen Stadtplan.

die **Tra|di|ti|on** [tradiˈtsi̯oːn]; -, -en: *das, was im Hinblick auf das Verhalten, auf Ideen, Kultur o. Ä. in der Geschichte entwickelt wird:* alte Traditionen pflegen; dieses Fest ist bereits [zur] Tradition geworden *(es findet schon seit Längerem regelmäßig statt). Syn.:* Brauch, Sitte. *Zus.:* Familientradition, Kulturtradition.

tra|di|ti|o|nell [tradiˈtsi̯oˈnɛl], traditioneller, am traditionellsten ⟨Adj.⟩: *der Tradition entsprechend:* am Sonntag findet der traditionelle Festzug statt.

traf [traːf]: ↑ treffen.

die **Tra|fik** [traˈfɪk]; -, -en (österr.): *Laden, in dem Zeitungen, Zigaretten u. Ä. verkauft werden:* ich gehe noch schnell in die Trafik und hole *(kaufe)* die Zeitung.

trag|bar [ˈtraːkbaɐ̯], tragbarer, am tragbarsten ⟨Adj.⟩: **1.** *so, dass man es gut, ohne große Mühe tragen kann:* tragbare Radios, Fernseher. **2.** *so, dass es keine [zu] große [finanzielle] Belastung darstellt:* die Kosten sind für uns, die Firma nicht mehr, gerade noch tragbar; die Vorsitzende ist für die Partei nicht länger tragbar *(sie schadet der Partei so sehr, dass sie abgelöst werden muss).*

trä|ge [ˈtrɛːɡə], träger, am trägsten ⟨Adj.⟩: *lustlos und ohne Schwung:* ein träger Mensch; die Hitze macht mich ganz träge. *Syn.:* bequem, faul (emotional).

tra|gen [ˈtraːɡn̩], trägt, trug, getragen ⟨tr.; hat⟩: **1.** ⟨jmdn., etw. t.⟩ *mit / in der Hand, in den Händen halten und mit sich nehmen, irgendwohin bringen:* ein Kind [auf dem Arm] tragen; einen Koffer [zum Bahnhof] tragen; etwas in der Hand, über der Schulter tragen; ⟨auch itr.⟩ wir hatten schwer zu tragen. *Syn.:* schleppen, transportieren. **2.** ⟨etw. t.⟩ *(ein bestimmtes Kleidungsstück) anhaben, (mit etwas Bestimmtem) bekleidet sein:* ein langes, schwarzes Kleid tragen; Schmuck, eine Brille tragen; getragene *(gebrauchte)* Kleider, Schuhe. **3.** ⟨etw. t.⟩ *haben:* einen Namen tragen; die Verantwortung für etwas tragen. **4.** ⟨etw. t.⟩ *bezahlen:* die Kosten für diese Reise trägt die Firma; die Kosten für die Behandlung trägt die Krankenkasse.

der **Trä|ger** [ˈtrɛːɡɐ]; -s, -: **1.** *männliche Person, die Lasten trägt:* für die Expedition wurden einheimische Träger gesucht. *Zus.:* Kofferträger, Möbelträger. **2.** *tragender Teil einer technischen Konstruktion:* die Decke ruht auf eisernen Trägern. *Zus.:* Eisenträger, Stahlträger. **3.** *Einrichtung, Institution:* Träger des Kindergartens ist die Stadt. **4.** *Band o. Ä. an einem Kleidungsstück:* ein Kleid mit breiten Trägern.

die **Trä|ge|rin** [ˈtrɛːɡərɪn]; -, -nen: **1.** *weibliche Person, die Lasten trägt.* **2.** *Einrichtung, Institution:* Trägerin des Kindergartens ist die Stadt.

die **Tra|gik** [ˈtraːɡɪk]; -: *schweres Leid:* die Tragik [seines Lebens, dieses Unfalls] lag darin, dass … *Syn.:* Unglück.

tra|gisch [ˈtraːɡɪʃ], tragischer, am tragischsten ⟨Adj.⟩: *so, dass es menschliche Erschütterung auslöst:* ein tragisches

T

Schicksal; auf tragische Weise ums Leben kommen.

die **Tra|gö|die** [traˈgøːdiə]; -, -n: **1.** *Drama, in dem menschliches Leid und menschliche Konflikte mit tragischem Ende dargestellt werden:* eine Tragödie schreiben, aufführen. **2.** *tragisches Geschehen, schrecklicher Vorfall:* in diesem Hause hat sich eine furchtbare Tragödie abgespielt. *Syn.:* Unglück. *Zus.:* Ehetragödie, Eifersuchtstragödie, Liebestragödie.

der **Trai|ner** [ˈtrɛːnɐ]; -s, -, die **Trai|ne|rin** [ˈtrɛːnərɪn]; -, -nen: *Person, die Sportler[innen] trainiert:* der Trainer der Bundesligamannschaft wurde entlassen.

trai|nie|ren [trɛˈniːrən], trainiert, trainierte, trainiert: **1.** ⟨tr.; hat; jmdn., etw. t.⟩ *durch systematisches Training auf sportliche Wettkämpfe vorbereiten:* jmdn., eine Mannschaft trainieren; ein trainierter Körper. **2.** ⟨itr.; hat⟩ *Training betreiben:* sie trainiert täglich. *Syn.:* üben.

das **Trai|ning** [ˈtrɛːnɪŋ]; -s, -s: *Durchführung eines Programms von verschiedenen Übungen, durch das man die sportlichen Leistungen und die Kondition verbessern will:* sie hat sich beim Training verletzt; zum Training gehen; am Training teilnehmen. *Zus.:* Fußballtraining, Leichtathletiktraining, Schwimmtraining.

der **Trak|tor** [ˈtraktoːɐ̯]; -s, Traktoren [trakˈtoːrən]: *schweres Fahrzeug, das besonders in der Landwirtschaft verwendet wird, um einen Anhänger oder Geräte zu ziehen:* einen neuen Traktor anschaffen.

die **Tram** [tram]; -, -s, (schweiz.:) das; -s, -s (südd., schweiz.): *Straßenbahn:* wir mussten zehn Minuten auf die nächste Tram warten.

tram|peln [ˈtrampl̩n], trampelt, trampelte, getrampelt: **1.** ⟨itr.; hat⟩ *mit den Füßen wiederholt fest auftreten:* trample doch nicht so! **2.** ⟨itr.; ist; irgendwohin t.⟩ (abwertend) *fest auftretend irgendwohin treten:* ihr sollt nicht immer durch die Beete trampeln!; der Tollpatsch trampelt mir dauernd auf die Füße.

tram|pen [ˈtrɛmpn̩], trampt, trampte, getrampt ⟨itr.; ist; [irgendwohin] t.⟩: *reisen, indem man Autos anhält und sich mitnehmen lässt:* als ich noch kein Auto hatte, bin ich viel getrampt; sie will nach Hamburg trampen.

die **Trä|ne** [ˈtrɛːnə]; -, -n: *Tropfen einer Flüssigkeit, die im Auge entsteht, wenn man sehr traurig oder bewegt ist:* jmdm. treten Tränen in die Augen; Tränen rollen über ihre Wangen. *Zus.:* Abschiedsträne.

trans|pa|rent [transpaˈrɛnt], transparenter, am transparentesten ⟨Adj.⟩: **1.** *Licht durchlassend:* transparentes Papier. *Syn.:* durchsichtig. **2.** *verständlich:* in dieser Darstellung werden die Zusammenhänge transparent.

das **Trans|pa|rent** [transpaˈrɛnt]; -[e]s, -e: *breites Band aus Stoff, Papier o. Ä., auf dem Forderungen stehen:* die Demonstranten trugen Transparente mit der Aufschrift »Kein Krieg!«.

der **Trans|port** [transˈpɔrt]; -[e]s, -e: **1.** *das Transportieren von Dingen oder Lebewesen:* die Waren wurden beim/auf dem Transport beschädigt; der Verletzte hat den Transport ins Krankenhaus nicht überstanden. *Syn.:* Beförderung. *Zus.:* Bahntransport, Gütertransport, Krankentransport, Möbeltransport, Schwertransport. **2.** *zur Beförderung zusammengestellte Menge, Anzahl von Waren oder Lebewesen:* ein Transport mit Lebensmitteln. *Syn.:* Ladung.

trans|por|tie|ren [transpɔrˈtiːrən]: transportiert, transportierte, transportiert ⟨tr.; hat; jmdn., etw. t.⟩: *befördern:* Waren auf Lastwagen, per Schiff, mit der Bahn transportieren; der Verletzte kann nur liegend transportiert werden; die Güter werden mit einem Lkw zum Hafen transportiert; wie willst du das alles transportieren?

das **Tra|pez** [traˈpeːts]; -es, -e: **1.** *Viereck mit zwei parallelen Seiten:* ein gleichschenkliges Trapez. **2.** *Stange [aus Holz], die an zwei Seilen befestigt ist und an der im Zirkus Künstler turnen:* Vorführungen am, auf dem Trapez.

die Traube (1)

die **Trau|be** [ˈtraʊbə]; -, -n: **1.** *Anzahl von Beeren, die in einer bestimmten Weise um einen Stiel angeordnet sind:* die Trauben eines Weinstocks, der Johannisbeere. **2.** *Weintraube:* ein Pfund Trauben kaufen.

der **Trau|ben|zu|cker** [ˈtraʊbn̩tsʊkɐ]; -s: *natürlicher Zucker, der besonders in Früchten und im Honig vorkommt:* Kinder mögen Bonbons aus Traubenzucker.

trau|en [ˈtraʊən], traut, traute, getraut: **1.** ⟨itr.; hat; jmdm., etw. t.⟩ *(zu jmdm.,* *etwas) Vertrauen haben; jmdm., einer Sache glauben:* du kannst ihm trauen; ich traue seinen Angaben nicht. *Syn.:* vertrauen, sich verlassen auf. **2.** ⟨sich t.⟩ *den Mut haben, etwas Bestimmtes zu tun:* ich traute mich nicht, ins Wasser zu springen. *Syn.:* wagen. **3.** ⟨tr.; hat; jmdn. t.⟩ *in einer staatlichen oder kirchlichen Feier ehelich verbinden:* dieser Pfarrer hat uns getraut; sie haben sich auf dem Standesamt trauen lassen. *Syn.:* verheiraten.

die **Trau|er** [ˈtrauɐ], -: **1.** *seelischer Schmerz über ein Unglück oder einen Verlust:* diese Nachricht erfüllte ihn mit Trauer; in Trauer um einen Verstorbenen sein. **2.** *zum Zeichen der Trauer getragene Kleidung:* Trauer tragen.

trau|ern [ˈtrauɐn], trauert, trauerte, getrauert ⟨itr.; hat; um jmdn., etw./über etw. (Akk.) t.⟩: *seelischen Schmerz (über etwas) empfinden:* er trauert um seine Mutter, über den Tod seiner Frau.

der **Traum** [traum]; -[e]s, Träume [ˈtrɔymə]: **1.** *Vorstellung und Bilder, die während des Schlafes auftreten:* ein schöner, schrecklicher Traum; einen Traum haben, deuten; jmdm. einen Traum erzählen; etwas im Traum erleben, sehen. **2.** *unerfüllter Wunsch:* damit ging für ihn ein Traum in Erfüllung; sich einen Traum erfüllen; es war immer ihr Traum, ein Haus am Meer zu besitzen. *Zus.:* Jugendtraum, Kindheitstraum, Lebenstraum, Menschheitstraum.

Traum- [traum] ⟨nominales Präfix⟩: drückt aus, dass etwas so schön, ideal ist, wie man es sich erträumt: Traumauto; Traumergebnis; Traumfrau; Traumhaus; Traumurlaub.

das **Trau|ma** [ˈtrauma]; -s, -ta und Traumen [ˈtraumən]: *starke seelische Erschütterung, die lange Wirkung hat:* der Kranke hat ein schreckliches Trauma.

träu|men [ˈtrɔymən], träumt, träumte, geträumt ⟨itr.; hat⟩: **1.** ⟨[von jmdm., etw.] t.⟩ *einen Traum haben:* ich habe heute Nacht [schlecht] geträumt, von meinem Vater geträumt; ich träume immerzu von dir; sie hat etwas Schreckliches geträumt. **2.** *seine Gedanken spielen lassen:* du träumst zu viel bei der Arbeit. **3.** ⟨von etw. t.⟩ *[ohne Bezug auf die Wirklichkeit] (auf etwas) hoffen:* er träumt von einer großen Zukunft. **4.** * **sich** (Dat.) **etwas nicht/nie träumen lassen:** *mit einer Möglichkeit überhaupt nicht*

rechnen: das hätte ich mir nie träumen lassen.

traum|haft [ˈtraumhaft], traumhafter, am traumhaftesten ⟨Adj.⟩: **1.** *wie in einem Traum:* er ging seinen Weg mit traumhafter Sicherheit. **2.** (emotional) *überaus schön:* eine traumhafte Landschaft; das Kleid ist traumhaft [schön]. *Syn.:* bezaubernd.

trau|rig [ˈtraurɪç], trauriger, am traurigsten ⟨Adj.⟩: **1.** *von Trauer erfüllt:* traurige Augen haben; sie war traurig über den Verlust ihres Ringes; warum guckst du so traurig? *Syn.:* bedrückt, bekümmert, unglücklich. **2.** *Trauer verursachend:* dieser Brief macht mich [sehr, ganz] traurig; ein trauriger Anlass; ein trauriges Ereignis; traurige Zustände. **3.** *kümmerlich:* es war nur noch ein trauriger Rest vorhanden; es ist traurig, wie wenig man sich auf sie verlassen kann.

die **Trau|rig|keit** [ˈtraurɪçkait], -: *das Traurigsein:* ihn befiel, überkam tiefe Traurigkeit.

der **Treff** [trɛf]; -s, -s (ugs.): **1.** *Treffen:* einen Treff vereinbaren, mit jmdm. haben. **2.** *Treffpunkt:* die Kneipe war früher immer unser Treff. *Zus.:* Jugendtreff.

tref|fen [ˈtrɛfn̩], trifft, traf, getroffen: **1.** ⟨tr.; hat; jmdn., etw. [irgendwie/irgendwo(hin)] t.⟩ *mit einem Schlag, Schuss o. Ä. jmdn., etwas erreichen:* der Stein hat ihn getroffen; der Schuss traf sie in den Rücken. **2.** ⟨tr.; hat; irgendwie/irgendwohin t.⟩ *mit einem Schlag, Wurf, Schuss erreichen:* sie hat geschossen, aber glücklicherweise niemanden getroffen; ein Ziel treffen; ins Tor treffen; ⟨auch itr.⟩ er hat [gut, schlecht, ins Schwarze, nicht] getroffen. **3.** ⟨itr.; hat; jmdn. t.⟩ *jmdn., den man kennt, zufällig begegnen:* sie hat zufällig eine Kollegin unterwegs auf der Straße getroffen. **4.** ⟨itr.; hat⟩ *mit jmdm. ein Treffen haben:* er hat seine Freunde zu einem gemeinsamen Mittagessen getroffen; sie treffen sich regelmäßig [zum Kartenspielen]. **5.** ⟨sich t.⟩ *(mit jmdm.) zu einem Treffen erscheinen:* ich treffe mich heute mit ihr. **6.** ⟨tr.; hat; jmdn. irgendwie/irgendwo[hin] t.⟩ *(im Innersten) verletzen:* jmdn. tief, schwer treffen; die Todesnachricht hat ihn furchtbar getroffen.

das **Tref|fen** [ˈtrɛfn̩], -s, -: *geplante Begegnung:* ein Treffen der Abiturienten abhalten, planen, organisieren; zu einem Treffen fahren; an einem Treffen teilnehmen; unser nächstes Treffen findet in Mün-

T

chen statt. *Syn.:* Treff (ugs.). *Zus.:* Familientreffen, Jugendtreffen, Klassentreffen.

tref|fend [ˈtrɛfn̩t], treffender, am treffendsten ⟨Adj.⟩: *der Sache völlig entsprechend:* ein treffender Ausdruck, Vergleich; etwas treffend charakterisieren.

der **Tref|fer** [ˈtrɛfɐ]; -s, -: **1.** *Schlag, Wurf o. Ä., der trifft:* auf 10 Schüsse 8 Treffer haben. **2.** *Schuss, Wurf, der ins Tor trifft:* einen Treffer erzielen. **3.** *Gewinn (in einer Lotterie o. Ä.):* auf zwanzig Nieten kommt ein Treffer.

der **Treff|punkt** [ˈtrɛfpʊŋkt]; -[e]s, -e: *Ort, an dem man sich [einer Verabredung folgend] trifft:* einen Treffpunkt ausmachen, vereinbaren; das Lokal ist unser Treffpunkt. *Syn.:* Treff (ugs.).

trei|ben [ˈtraɪbn̩], treibt, trieb, getrieben: **1.** ⟨tr.; hat; jmdn., etw. [irgendwohin] t.⟩ *dazu bringen, sich in eine bestimmte Richtung zu bewegen, an einen bestimmten Ort zu begeben:* Kühe auf die Weide treiben; die Polizei trieb die Demonstranten mit Wasserwerfern von der Straße. **2.** ⟨tr.; hat; jmdn. in etw. (Akk.)/zu etw. t.⟩ *(durch sein Verhalten o. Ä.) in einen bestimmten Zustand geraten lassen, dazu bringen, etwas Bestimmtes zu tun:* jmdn. zum Wahnsinn, zum Selbstmord, in den Tod treiben; der Junge treibt seine Lehrer zur Verzweiflung. **3.** ⟨tr.; hat; etw. t.⟩ *sich (mit etwas) beschäftigen:* er treibt viel Sport, Mathematik. **4.** ⟨tr.; hat; etw. t.⟩ *etwas ausüben, um damit Geld zu verdienen:* Waffenschmuggel treiben; Handel, ein Gewerbe, Landwirtschaft treiben. **5.** ⟨itr.; ist/hat; irgendwo t.⟩ *von einer Strömung fortbewegt werden:* auf dem Wasser trieben Eisschollen. *Syn.:* schwimmen.

das **Trei|ben** [ˈtraɪbn̩]; -s: *Tun, Tätigsein:* ein reges, geschäftiges, hektisches Treiben; wir müssen dem, ihrem kriminellen Treiben ein Ende setzen; das bunte Treiben in den Straßen gefiel mir.

der **Trend** [trɛnt]; -s, -s: *deutlich sichtbare Richtung einer Entwicklung; starke Tendenz:* ein neuer Trend zeichnet sich ab; der Trend im Automobilbau geht zu sparsamen Modellen. *Zus.:* Modetrend.

trenn|bar [ˈtrɛnbaːɐ̯] ⟨Adj.⟩: *in seine Bestandteile zerlegbar, getrennt werden könnend:* ein trennbares Verb; das ist eine trennbare Verbindung.

tren|nen [ˈtrɛnən], trennt, trennte, getrennt: **1.** ⟨tr.; hat; etw. t.⟩ *von etwas lösen:* das Futter aus der Jacke trennen.

Syn.: entfernen. **2.** ⟨tr.; hat; jmdn. t.⟩ *(von Personen, Tieren) ihre Verbindung lösen:* der Krieg hatte die Familie getrennt; Mutter und Kind voneinander trennen; die männlichen Tiere wurden von den weiblichen getrennt. **3.** ⟨sich t.⟩ *von einer bestimmten Stelle an einen gemeinsamen Weg o. Ä. nicht weiter fortsetzen:* sie trennten sich an der Straßenecke, vor der Haustür; nach zwei Stunden Diskussion trennte man sich. **4.** ⟨sich t.⟩ *eine Gemeinschaft, Partnerschaft auflösen, aufgeben:* das Paar hat sich getrennt; sie hat sich von ihrem Mann getrennt. **5.** ⟨sich t.⟩ *etwas hergeben, nicht länger behalten:* sich von Erinnerungsstücken nicht trennen können.

die **Trep|pe** [ˈtrɛpə]; -, -n: *aus mehreren Stufen bestehender Aufgang:* eine Treppe hinaufgehen, heruntergehen; eine Treppe mit 98 Stufen; nehmen wir die Treppe oder lieber den Aufzug?. *Syn.:* Stiege. *Zus.:* Holztreppe, Kellertreppe.

die Treppe

das **Trep|pen|ge|län|der** [ˈtrɛpŋ̩ɡəlɛndɐ]; -s, -: *Geländer an einer Treppe:* du sollst dich am Treppengeländer festhalten!

das **Trep|pen|haus** [ˈtrɛpŋ̩haʊs]; -es, Treppenhäuser [ˈtrɛpŋ̩hɔyzɐ]: *Teil eines Hauses, in dem sich die Treppe befindet:* die Kinder spielten im Treppenhaus.

der **Tre|sen** [ˈtreːzn̩]; -s, -: *Theke:* drei Männer standen am Tresen und tranken Bier. *Syn.:* Ausschank, Bar.

tre|ten [ˈtreːtn̩], tritt, trat, getreten: **1.** ⟨itr.; ist; irgendwohin t.⟩ *einen Schritt in eine bestimmte Richtung machen:* treten Sie näher!; sie trat ans Fenster und blickte hinaus; zur Seite treten *(einen Schritt zur Seite tun, [um Platz zu machen]).* *Zus.:* hinaustreten, hineintreten, nähertreten, vortreten, zurücktreten. **2.** ⟨tr.; hat; jmdn. [irgendwohin] t.⟩ *jmdm., einem Tier, einer Sache einen Tritt geben:* den Hund treten; sie hat ihn gegen das Schienbein getreten; ⟨auch itr.⟩ er hat ihr beim Tanzen auf den Fuß getreten.

treu [trɔy], treuer, am treusten ⟨Adj.⟩: **1.** *so, dass man immer an jmds. Seite ist:* ein treuer Freund; der Hund ist sehr treu; seinen Kunden, seinen Prinzipien, sich selbst treu sein, bleiben. *Syn.:* beständig,

---

Trinkgeld

Sie können der Bedienung in Cafés und Restaurants Trinkgeld geben, wenn Sie mit dem Service zufrieden waren. Üblich sind ca. 10 %, in Wiener Kaffeehäusern bis zu 15 %. Auch Taxifahrerinnen/-fahrern und Friseurinnen/Friseuren gibt man häufig Trinkgeld.

---

zuverlässig. **2.** *so, dass man mit niemand anderem eine sexuelle Beziehung hat:* er war seiner Frau 20 Jahre lang treu.

die **Treue** [ˈtrɔyə]; -: *das Treusein:* eheliche, sexuelle Treue; die Treue der Fans; er hat ihr ewige Treue geschworen.

die **Tri|bü|ne** [triˈbyːnə]; -, -n: *Anlage mit Sitzplätzen für Zuschauer:* auf der Tribüne war Platz für 8 000 Zuschauer. *Zus.:* Fußballtribüne, Zuschauertribüne.

der **Trich|ter** [ˈtrɪçtɐ]; -s, -: *Gefäß zum Füllen von Flaschen o. Ä., das oben weit und unten eng ist:* er füllte Motoröl mit einem Trichter ein.

der **Trick** [trɪk]; -s, -s: **1.** *einfache, aber wirksame Methode, um eine Arbeit zu erleichtern:* ein schlauer Trick; sie kann einen Trick anwenden. *Syn.:* Masche (ugs.). **2.** *listiges Vorgehen, mit dem man jmdn. täuscht:* er ist auf ihren Trick hereingefallen. *Syn.:* Betrug, List, Schwindel (ugs.).

trieb [triːp]; ↑ treiben.

der **Trieb** [triːp]; -[e]s, -e: **1.** *Gefühl, dass man etwas Bestimmtes unbedingt tun muss:* sie folgte einem inneren Trieb, als sie das Geld annahm. *Syn.:* Impuls, Instinkt. **2.** *Teil einer Pflanze, der neu wächst:* die Bäume haben frische Triebe.

trifft [trɪft]; ↑ treffen.

das **Tri|kot** [triˈkoː]; -s, -s: *Kleidungsstück, das beim Sport getragen wird:* die Mannschaft spielt in blauen Trikots. *Zus.:* Fußballtrikot.

trin|ken [ˈtrɪŋkn̩], trinkt, trank, getrunken: **1.** ⟨tr.; hat; etw. t.⟩ *ein Getränk, eine Flüssigkeit zu sich nehmen:* Milch trinken; wir tranken noch ein Glas Bier; ⟨auch itr.⟩ schnell trinken; sie trinkt aus der Flasche. **2.** ⟨itr.; hat⟩ *[viel] Alkohol zu sich nehmen:* ihr Mann trinkt. *Syn.:* sich betrinken, saufen (derb).

das **Trink|geld** [ˈtrɪŋkɡɛlt]; -[e]s, -er: *[kleinere] Geldsumme, die jmd. zusätzlich zum eigentlichen Preis für eine Leistung bekommt:* ein üppiges, mickriges Trinkgeld; der Kellnerin ein Trinkgeld geben.

das **Trink|was|ser** [ˈtrɪŋkvasɐ]; -s, Trinkwässer [ˈtrɪŋkvɛsɐ]: *Wasser, das man ohne Probleme trinken kann:* das Trinkwasser ist hier sehr gut; kein Trinkwasser!

der **Trip** [trɪp]; -s, -s (ugs.): *kurzfristig unternommene Reise, Fahrt:* einen Trip nach Venedig machen, unternehmen. *Syn.:* Ausflug, Exkursion.

der **Tritt** [trɪt]; -[e]s, -e: *Stoß mit dem Fuß:* er gab dem Hund einen Tritt.

der **Tri|umph** [triˈʊmf]; -[e]s, -e: *großer Erfolg:* die Sängerin feiert Triumphe; dieser Film war ihr größter Triumph. *Syn.:* Sieg.

tri|um|phie|ren [triʊmˈfiːrən], triumphiert, triumphierte, triumphiert ⟨itr.; hat⟩: **1.** ⟨über jmdn., etw. t.⟩ *jmdn. besiegen:* er triumphierte über seine Gegner. *Syn.:* gewinnen, siegen. **2.** *sich freuen:* er triumphierte, als er das hörte; ein triumphierendes Lächeln.

tro|cken [ˈtrɔkn̩], trock[e]ner, am trockensten ⟨Adj.⟩: **1.** *ohne Feuchtigkeit* /Ggs. nass/: trockenes Wetter; sie hat einen trockenen Mund; die Wäsche ist trocken. **2.** *sehr nüchtern, sachlich:* ein trockener Vortrag. *Syn.:* langweilig, monoton. **3.** *(von Weinen o. Ä.) mit wenig Zucker:* ein trockener Sekt. *Syn.:* herb.

die **Tro|cken|heit** [ˈtrɔkn̩haɪt]; -, -en: *trockener Zustand:* in der Wüste herrscht große Trockenheit.

trock|nen [ˈtrɔknən], trocknet, trocknete, getrocknet: **1.** ⟨tr.; hat; jmdn., sich, etw. t.⟩ *trocken machen:* er trocknet die Wäsche immer auf dem Balkon; sie hat ihre Haare getrocknet. **2.** ⟨itr.; ist; [irgendwie, irgendwo] t.⟩ *trocken werden:* die Wäsche ist schnell getrocknet.

der **Trock|ner** [ˈtrɔknɐ]; -s, -: *Maschine zum Trocknen von Wäsche mit heißer Luft:* sie nahm die Wäsche aus der Waschmaschine und legte sie in den Trockner. *Zus.:* Wäschetrockner.

die **Trom|mel** [ˈtrɔml]; -, -n: **1.** *Musikinstrument, auf das man mit den Händen oder mit zwei Stöcken schlägt:* eine große, kleine Trommel; die Trommel schlagen. **2.** *Behälter in Form eines Zylinders [als Teil eines Geräts]:* sie stopfte die schmutzige Wäsche in die Trommel der Waschmaschine.

trom|meln [ˈtrɔmln̩], trommelt, trommelte, getrommelt ⟨itr.; hat⟩: **1.** *die Trommel schlagen:* mit 14 Jahren begann er zu trommeln. **2.** *oft und schnell auf einen*

T

Gegenstand schlagen: mit den Fingern auf den Tisch trommeln; der Regen trommelte auf das Dach. *Syn.:* klopfen.

die **Trom|pe|te** [trɔmˈpeːtə]; -, -n: *Instrument aus Blech mit einem oval gebogenen Rohr und drei Ventilen:* er spielt Trompete.

die Trompete

trom|pe|ten [trɔmˈpeːtn̩], trompetet, trompetete, trompetet ⟨itr.; hat⟩: **1.** *Trompete blasen:* sie trompeteten gestern in einer Kirche. **2.** *Laute produzieren wie eine Trompete:* der Elefant trompetete laut.

die **Tro|pen** [ˈtroːpn̩] ⟨Plural⟩: *am Äquator liegende Zone mit sehr heißem Klima:* diese Pflanzen wachsen nur in den Tropen.

trop|fen [ˈtrɔpfn̩], tropft, tropfte, getropft: **1.** ⟨aus/von etw., irgendwohin t.⟩ *in einzelnen Tropfen nach unten fallen:* das Blut tropft aus der Wunde, auf den Boden. **2.** ⟨itr.; hat⟩ *einzelne Tropfen fallen lassen:* der Wasserhahn tropft.

der **Trop|fen** [ˈtrɔpfn̩]; -s, -: **1.** *kleine Menge Flüssigkeit in der Form einer Kugel:* ein Tropfen Blut; es regnet in großen Tropfen. *Zus.:* Blutstropfen, Regentropfen, Schweißtropfen, Wassertropfen. **2.** ⟨Plural⟩ *Medizin (die in Tropfen genommen wird):* hast du deine Tropfen schon genommen? *Syn.:* Arznei, Medikament. *Zus.:* Augentropfen, Ohrentropfen.

der **Trost** [troːst]; -es: *etwas, was jmdn., der traurig ist, aufmuntert:* ihre Worte waren nur ein [schwacher] Trost; er fand Trost im Glauben. *Syn.:* Zuspruch.

trös|ten [ˈtrøːstn̩], tröstet, tröstete, getröstet ⟨tr.; hat; jmdn. t.⟩: *jmdn. wieder zuversichtlich machen:* die Mutter tröstet das Kind; dieser Gedanke tröstete ihn. *Syn.:* aufrichten, stärken.

tröst|lich [ˈtrøːstlɪç], tröstlicher, am tröstlichsten ⟨Adj.⟩: *so, dass es Hoffnung macht:* es ist ein tröstlicher Gedanke, dass du mich in dieser schweren Situation begleitest; es ist tröstlich zu wissen, dass wir nach dieser vielen Arbeit in den Urlaub fahren können. *Syn.:* beruhigend, ermutigend.

das **Trot|toir** [trɔˈto̯aːɐ̯]; -s, -e und -s (schweiz.): *Bürgersteig:* das Trottoir ist sehr schmal. *Syn.:* Gehsteig, Gehweg.

trotz [trɔts] ⟨Präp. mit Gen.; bes. südd., österr. und schweiz. auch mit Dativ⟩: *ohne Rücksicht auf etwas, jmdn:* trotz des Regens gingen wir spazieren; trotz dichten Nebels/dichtem Nebel fuhr er

sehr schnell; trotz aller Bemühungen schafften sie es nicht; trotz allem war es ein schönes Fest.

trotz|dem [ˈtrɔtsdeːm] ⟨Adverb⟩: *obwohl etwas dagegen spricht:* es ist verboten, aber ich habe es trotzdem getan; ich habe nicht gelernt, trotzdem habe ich die Prüfung bestanden. *Syn.:* dennoch.

trü|be [ˈtryːbə], trüber, am trübsten ⟨Adj.⟩: **1.** *(bes. von etwas Flüssigem) undurchsichtig:* trüber Apfelsaft; das Wasser wurde langsam trübe. **2.** *matt leuchtend, ohne helles Licht:* der trübe Schein einer alten Lampe; trübes Wetter. *Syn.:* dunkel. **3.** *traurig, niedergeschlagen:* eine trübe Stimmung; trübe saß er in der Ecke.

trug [truːk]: ↑ tragen.

trü|ge|risch [ˈtryːɡərɪʃ], trügerischer, am trügerischsten ⟨Adj.⟩: *so, dass es zu falschen Annahmen führt:* trügerische Hoffnungen; die glänzende Fassade war trügerisch, dahinter gab es großes Leid. *Syn.:* illusorisch, täuschend, utopisch.

die **Trüm|mer** [ˈtrʏmɐ] ⟨Plural⟩: *Überreste eines zerstörten Ganzen:* die Trümmer eines Hauses, eines Spiegels; das Dorf lag in Trümmern; die Trümmer beseitigen.

die **Trup|pe** [ˈtrʊpə]; -, -n: **1.** *zusammen auftretende Gruppe von Schauspielern:* eine Truppe von Artisten. *Zus.:* Balletttruppe. **2.** *militärischer Verband:* die Truppen zusammenziehen. *Syn.:* Armee, Einheit.

der **Trut|hahn** [ˈtruːthaːn]; -[e]s, Truthähne [ˈtruːthɛːnə]: *größerer grünlicher männlicher Vogel mit dunklen Federn und rötlichem nacktem Kopf:* zu Weihnachten einen Truthahn braten.

tschüs [tʃyːs], **tschüss** [tʃʏs] ⟨Interjektion⟩ (ugs.): *Grußformel: auf Wiedersehen!:* tschüs[s] dann, bis morgen!

das **T-Shirt** [ˈtiːʃøːɐ̯t]; -s, -s: *Hemd ohne Kragen und mit kurzen Ärmeln:* er zog ein sauberes T-Shirt an.

die **Tu|be** [ˈtuːbə]; -, -n: *kleinerer Gegenstand in der Form einer Röhre, dessen Inhalt durch eine Öffnung an einem Ende herausgedrückt wird:* eine Tube Zahnpasta; eine Tube aufdrehen, zudrehen.

die Tube

das **Tuch** [tuːx]; -[e]s, Tücher [ˈtyːçɐ]: *viereckiges Stück Stoff für bestimmte Zwecke:* sich ein Tuch um den Kopf, um den Hals binden; etwas mit einem Tuch zudecken; ein Tuch zum Putzen verwenden. *Zus.:* Halstuch, Kopftuch, Tischtuch.

tüch|tig ['tʏçtɪç], tüchtiger, am tüchtigsten ⟨Adj.⟩: **1.** *(in Bezug auf einen Menschen) so, dass man gute Arbeit leistet:* eine tüchtige Sekretärin; er ist als Arzt sehr tüchtig. *Syn.:* fleißig. **2.** ugs. *sehr groß:* einen tüchtigen Schluck aus der Flasche nehmen *(trinken). Syn.:* anständig (ugs.), kräftig, ordentlich (ugs.).

die **Tu|gend** ['tu:gnt]; -, -en: *moralisch wertvolle Eigenschaft:* Geduld, Fleiß und Ausdauer sind ihre Tugenden.

die **Tul|pe** ['tʊlpə]; -, -n: *im Frühjahr blühende Blume, die auf einem hohen Stängel sitzt und eine große, farbige Blüte hat:* im Garten blühen schon die ersten Tulpen.

die Tulpe

tum|meln ['tʊmln], tummelt, tummelte, getummelt ⟨sich t.⟩: *irgendwo ausgelassen laufen, spielen:* die Kinder tummeln sich im Garten, im Wasser.

der **Tu|mor** ['tu:moːɐ̯]; -s, -en [tuˈmoːrən]: *Geschwulst:* er hat einen Tumor. *Zus.:* Hirntumor.

tun [tuːn], tut, tat, getan: **1.** ⟨tr.; hat; etw. t.⟩ *eine Handlung ausführen; sich mit etwas beschäftigen:* etwas ungern, freiwillig tun; sie hat viel Gutes getan; ich habe heute noch etwas anderes zu tun; ich weiß nicht, was ich tun soll *(wie ich mich verhalten soll);* so etwas tut man nicht *(gehört sich nicht);* so tu doch etwas! *(greife ein!; handle!);* er hat getan, was er konnte *(sich intensiv bemüht);* was tust du hier? *(warum bist du hier?);* was kann ich für Sie tun? *(wie kann ich Ihnen behilflich sein, was möchten Sie?);* du musst etwas für deine Gesundheit tun; dagegen muss man etwas tun *(dagegen muss man angehen);* ⟨auch itr.⟩ was tun? *(was soll man in dieser Situation tun?). Syn.:* machen. **2.** ⟨tr.; hat; etw. t.⟩ *(etwas Bestimmtes) erledigen:* er tut seine Arbeit, Pflicht; der Tischler hat viel zu tun *(viele Aufträge);* ich muss noch etwas [für die Schule] tun *(arbeiten);* ⟨auch itr.⟩ ich habe zu tun *(muss arbeiten).* **3.** ⟨tr.; hat; jmdm. etw. t.⟩ *jmdm. etwas geben, mit jmdm. etwas machen:* jmdm. einen Gefallen tun; er tut dir nichts *(verursacht kein Leid);* ⟨auch ohne Dativobjekt:⟩ der Hund tut

nichts *(beißt nicht).* **4.** ⟨tr.; hat; jmdn., etw. irgendwohin tun⟩ (ugs.) *irgendwohin bringen, befördern:* Salz in die Suppe, Zucker in den Kaffee tun; das Brot in den Ofen tun. **5.** ⟨itr.; hat; irgendwie t.⟩ *durch sein Verhalten einen bestimmten Anschein erwecken:* freundlich, vornehm tun; sie tut [so], als ob sie nichts wüsste, als sei nichts gewesen; ⟨elliptisch:⟩ er tut nur so [als ob] *(er gibt das nur vor). Syn.:* sich geben, sich verhalten. **6.** * **mit etwas [nichts] zu tun haben**: *mit etwas [nicht] zusammenhängen:* das hat damit gar nichts zu tun.

der **Tun|fisch** ['tu:nfɪʃ]: ↑ Thunfisch.

tun|lichst ['tu:nlɪçst] ⟨Adverb⟩: *nach Möglichkeit:* jede Aufregung für die Patientin sollte man tunlichst vermeiden. *Syn.:* gefälligst, lieber, möglichst.

der **Tun|nel** ['tʊnl]; -s, - und -s *Weg für Verkehrsmittel, der unter der Erde verläuft bzw. durch einen Berg hindurchführt:* die Bahn fährt durch mehrere Tunnel[s].

die **Tür** [tyːɐ̯]; -, -en: **1.** *Öffnung in einer Wand oder Mauer o. Ä., durch die man in einen Raum, ein Gebäude o. Ä. gehen kann:* die Tür öffnen, schließen; würden Sie bitte die Tür schließen, es zieht!; durch eine Tür gehen. *Zus.:* Haustür, Kellertür, Kirchentür, Wohnungstür, Zimmertür.
* **zwischen Tür und Angel** (ugs.): *in großer Eile; ohne genügend Zeit für etwas zu haben:* das Kind macht die Hausaufgaben immer zwischen Tür und Angel.
2. *Vorrichtung zum Verschließen einer Öffnung:* die Tür des Schrankes, des Vogelkäfigs. *Zus.:* Autotür, Schranktür.

die Tür
die Türklinke

die **Tür|klin|ke** ['tyːɐ̯klɪŋkə]; -, -n: *Klinke:* an der Türklinke hing eine Tüte.

der Turm

der **Turm** [tʊrm]; -[e]s, Türme ['tʏrmə]: **1.** *hohes Bauwerk, das frei steht oder zu einem Gebäude gehört und bei dem besonders der obere Teil bestimmten Zwecken dient:* der Turm der Kirche; ein

T

Turm mit Aussichtsplattform; einen Turm besteigen. *Zus.:* Aussichtsturm, Bohrturm, Fernsehturm, Glockenturm, Kirchturm. **2.** *Figur im Schachspiel, die beliebig weit gerade zieht:* der Springer bedrohte Turm und König gleichzeitig.

¹**tür|men** [ˈtʏrmən], türmt, türmte, getürmt ⟨sich t.⟩: *sich übereinanderlagern, übereinanderliegen:* die Akten türmen sich auf seinem Schreibtisch.

²**tür|men** [ˈtʏrmən], türmt, türmte, getürmt ⟨itr.; ist⟩ (ugs.): **1.** *schnell fliehen (und sich damit aus einer heiklen Situation retten):* der Dieb ist vor dem Polizisten getürmt. *Syn.:* abhauen (ugs.), ausreißen. **2.** ⟨aus etw.; irgendwohin t.⟩ *von einem Ort, bes. aus einem Gefängnis, fliehen:* sie sind aus der Gefangenschaft getürmt. *Syn.:* ausbrechen, entkommen, flüchten.

tur|nen [ˈtʊrnən], turnt, turnte, geturnt ⟨itr.; hat⟩: *sportliche Übungen ausführen:* sie kann gut turnen; er turnt an den Ringen.

der **Tur|ner** [ˈtʊrnɐ]; -s, -, die **Tur|ne|rin** [ˈtʊrnərɪn]; -, -nen: *Person, die [an Geräten] turnt:* die Turnerin bekommt die Höchstnote. *Syn.:* Athlet, Athletin, Sportler, Sportlerin.

das **Tur|nier** [tʊrˈniːɐ̯]; -s, -e: *sportlicher Wettkampf, der aus mehreren einzelnen Wettkämpfen besteht:* an einem Turnier teilnehmen; sie siegte bei einem internationalen Turnier im Tennis. *Syn.:* Meisterschaft. *Zus.:* Fußballturnier, Golfturnier, Schachturnier, Tennisturnier.

die **Tür|schnal|le** [ˈtyːɐ̯ʃnalə]; -, -n (österr.): *Türklinke:* sie wollte gehen und hatte die Hand schon an der Türschnalle.

die **Tu|sche** [ˈtʊʃə]; -, -n: *Flüssigkeit, die der Tinte ähnelt und die zum Zeichnen, Malen oder Beschriften verwendet wird:* eine Zeichnung in Tusche ausführen.

die **Tü|te** [ˈtyːtə]; -, -n: **1.** *Beutel aus Papier zum Einpacken loser Waren:* eine Tüte [voll, mit] Kirschen, Bonbons. *Zus.:* Papiertüte. **2.** Kurzform von *Plastiktüte:* könnten Sie mir bitte eine Tüte geben?

der **Twen** [tvɛn]; -[s], -s: *Person im Alter zwischen zwanzig und dreißig Jahren:* er, sie ist ein cooler Twen.

der **Typ** [tyːp]; -s, -en: **1.** *[technisches] Modell:* die Firma bringt einen neuen Typ auf den Markt. *Zus.:* Autotyp, Flugzeugtyp, Schiffstyp. **2.** *Sache oder Person, die wegen ihrer Eigenschaften einer bestimmten Kategorie zugeordnet wird:* ein hagerer, blonder Typ; dieses Mädchen ist nicht mein Typ *(gefällt mir nicht).* **3.** ⟨ugs. auch mit schwachen Formen: des Typen⟩ *bestimmte [junge] männliche Person:* einen Typ/(ugs.:) Typen kennenlernen; er hat sich mit dem Typ/(ugs.:) Typen von der Schülerzeitung getroffen.

die **Ty|pe** [ˈtyːpə]; -, -n: **1.** *Buchstabe aus Metall für den Druck oder in der Schreibmaschine:* die Typen reinigen. *Zus.:* Drucktype. **2.** *eigenartiger, seltsamer Mensch:* das ist auch so eine Type.

ty|pisch [ˈtyːpɪʃ], typischer, am typischsten ⟨Adj.⟩: **1.** *einen bestimmten Typ verkörpernd:* eine typische Karrierefrau; er ist ein typischer Seemann. *Syn.:* ausgesprochen, echt, klassisch, richtig, wahr. **2.** *für eine bestimmte Person oder Sache charakteristisch:* bring doch mal ein typisches Beispiel!; es war typisch für sie, dass sie zu spät kam; typisch Mann, Frau!; typisch! (ugs. abwertend; *es war nicht anders zu erwarten!*). *Syn.:* bezeichnend, kennzeichnend, unverkennbar.

die **U-Bahn** [ˈuːbaːn]; -, -en: *schnelle elektrische Bahn, die in Großstädten unter der Erde fährt und Menschen transportiert:* wir fahren mit der U-Bahn zum Theater.

Symbol für die U-Bahn

übel [ˈyːbl̩], übler, am übelsten ⟨Adj.⟩: **1.** *moralisch schlecht:* einen üblen Ruf haben. *Syn.:* böse, gemein, schlimm. **2.** *(in Bezug auf eine Situation, Umstände o. Ä.) sehr unerfreulich:* sie befindet sich in einer üblen Lage; die Sache ist sehr übel ausgegangen. *Syn.:* miserabel (emotional), misslich, schlecht, schlimm, unangenehm. **3.** *(in seiner Wirkung auf die Sinnesorgane, bes. Geruch, Geschmack) sehr unangenehm:* ein übler

Geruch; das schmeckt ganz übel. *Syn.:* ekelhaft, grässlich (ugs.), scheußlich, unappetitlich, widerlich (abwertend). **4.** * **jmdm. ist/wird übel:** *jmd. fühlt sich nicht wohl, muss sich übergeben:* ich muss mich schnell hinsetzen, mir wird ganz übel; * **jmdm. etwas übel nehmen:** *durch das Verhalten einer Person gekränkt oder beleidigt sein:* sie hat ihm seine Unhöflichkeit übel genommen.

die **Übel|keit** ['y:bl̩kait]; -: *Gefühl, dass man sich übergeben muss:* die ersten Monate einer Schwangerschaft sind oft mit Übelkeit verbunden.

üben ['y:bn̩], übt, übte, geübt ⟨tr.; hat; etw. ü.⟩: *lernen, indem man etwas häufig wiederholt:* einparken, das Einparken üben; [den] Handstand, Tanzschritte üben; sie übt immer dieselben Stücke; ⟨auch itr.⟩ ich übe täglich auf dem Klavier.

¹**über** ['y:bɐ] ⟨Präp. mit Dativ und Akk.⟩: **1.** ⟨räumlich; mit Dativ⟩ kennzeichnet die Lage: *oberhalb (von):* die Lampe hängt über dem Tisch; sie wohnt über mir *(ein Stockwerk höher);* der Ort liegt fünfhundert Meter über dem Meer. **2.** ⟨räumlich; mit Akk.⟩ drückt aus, dass etwas an einen etwas höher liegenden Platz gebracht werden soll oder gebracht worden ist: das Bild über das Sofa hängen. **3.** ⟨räumlich; mit Dativ⟩ drückt aus, dass sich etwas unmittelbar über etwas befindet und es ganz oder teilweise bedeckt: sie trägt einen Mantel über dem Kleid; Nebel liegt über der Wiese. **4.** ⟨räumlich; mit Akk.⟩ drückt aus, dass etwas direkt auf etwas zu liegen kommt und es bedeckt, verdeckt: eine Decke über den Tisch breiten; er nahm die Jacke über die Schulter. **5.** ⟨räumlich; mit Akk.⟩ kennzeichnet eine Stelle, die von jmdm. oder etwas überquert wird: über die Straße gehen; sie entkamen über die Grenze; ich schwamm über den See; ein Flug über die Alpen. **6.** ⟨räumlich; mit Akk.⟩ kennzeichnet eine Stelle, über die sich etwas unmittelbar bewegt: seine Hand strich über ihr Haar; Tränen liefen ihr über die Wangen; ein Schauer lief mir über den Rücken. **7.** ⟨räumlich; mit Akk.⟩ drückt aus, dass man durch einen bestimmten Ort, Bereich kommt, um irgendwohin zu gelangen: wir sind über die Dörfer gefahren; dieser Zug fährt nicht über Mannheim. **8.** ⟨zeitlich; mit Akk.⟩ *während:* ich komme über Mittag nach Hause; ich will über das Wochenende segeln. **9.** ⟨mit Dativ⟩ bezeichnet

einen Wert o. Ä., der überschritten wird: eine Temperatur über null; über dem Mittelwert liegen; mit seiner Leistung über dem Durchschnitt liegen. **10.** ⟨mit Akk.⟩ bezeichnet Inhalt oder Thema einer mündlichen oder schriftlichen Äußerung: ein Essay über Schiller; er redet nicht gern über die Vergangenheit. **11.** ⟨mit Akk.⟩ bezeichnet die Höhe eines Betrages, einen Wert: *in Höhe von, im Wert von:* eine Rechnung über 500 Euro. **12.** ⟨mit Akk.⟩ bezeichnet das Mittel, die Person, die etwas verbreitet: einen Aufruf über alle Sender bringen; sie bekam die Anschrift über einen Freund *(durch die Vermittlung eines Freundes).* **13.** ⟨mit Akk.⟩ mit bestimmten Verben: über etwas weinen, lachen; sich über etwas freuen; sich über etwas einigen. **14.** ⟨Akk.⟩ nennt eine Zahl, die überschritten wird: *von mehr als:* Kinder über 10 Jahre.

²**über** ['y:bɐ] ⟨Adverb⟩: *mehr als:* der Stoff ist über einen Meter breit; über 18 Jahre [alt] sein; Gemeinden von über 10 000 Einwohnern; die über Siebzigjährigen; über eine Woche [lang] dauern; * **über und über:** *völlig, von oben bis unten:* sein Körper ist über und über mit Narben bedeckt.

über- [y:bɐ] ⟨adjektivisches oder verbales Präfix⟩: **1.** (verstärkend) drückt in Bildungen mit Adjektiven eine Verstärkung aus: *sehr, überaus:* überdeutlich; überglücklich. **2.** drückt in Bildungen mit Adjektiven aus, dass eine Eigenschaft über etwas hinausgeht: überindividuell; übernational. **3.** drückt in Bildungen mit Adjektiven oder Verben aus, dass das übliche Maß überschritten wird, dass etwas zu sehr ausgeprägt ist, dass jmd. etwas zu viel, zu sehr tut: überehrgeizig; überbuchen. **4.** drückt in Bildungen mit Verben aus, dass jmd. eine Sache nicht mehr mag: überessen; überhaben. **5.** drückt in Bildungen mit Verben aus, dass etwas bedeckend wirkt: überfluten; überpudern. **6.** drückt in Bildungen mit Verben einen Wechsel (von einer Stelle o. Ä. auf eine andere) aus: überspringen.

Über- [y:bɐ] ⟨nominales Präfix⟩: kennzeichnet ein Zuviel an etwas: Überangebot; Überdosis; Übereifer; Übergewicht; Überlänge; Überproduktion.

über|all [y:bɐ'|al] ⟨Adverb⟩: **1.** *an allen Orten, an jeder Stelle* /Ggs. nirgends/: sie haben dich überall gesucht; überall *(bei* *allen Leuten) beliebt sein.* **2.** *bei jeder Gelegenheit:* du drängst dich überall vor. *Syn.:* generell, immer, ständig.

über|ar|bei|ten [y:bɐˈʔarbaitn̩], überarbeitet, überarbeitete, überarbeitet: **1.** ⟨tr.; hat; etw. ü.⟩ *noch einmal bearbeiten und dabei verbessern; eine neue Fassung (von etwas) herstellen:* eine wissenschaftliche Abhandlung, ein Theaterstück überarbeiten. *Syn.:* ändern, umarbeiten, umschreiben. **2.** ⟨sich ü.⟩ *sich durch zu viel Arbeit in einen Zustand von Erschöpfung bringen:* ich habe mich überarbeitet; du bist völlig überarbeitet. *Syn.:* sich übernehmen.

über|aus [ˈy:bɐʔaus] ⟨Adverb⟩: *in einem ungewöhnlich hohen Grade:* überaus geschickt sein. *Syn.:* ausgesprochen, ausnehmend, außergewöhnlich, höchst.

über|be|wer|ten [ˈy:bɐbəveːɐ̯tn̩], überbewertet, überbewertete, überbewertet ⟨tr.; hat; etw. ü.⟩: *(einer Sache) zu große Bedeutung geben:* das solltest du nicht überbewerten. *Syn.:* überschätzen.

der **Über|blick** [ˈy:bɐblɪk]; -[e]s, -e: **1.** *Zusammenfassung von Kenntnissen über ein bestimmtes Gebiet:* sie gab in ihrem Vortrag einen Überblick über die moderne Kunst, über die neuesten Forschungsergebnisse. *Syn.:* Abriss, Übersicht. **2.** ⟨ohne Plural⟩ *Fähigkeit, ein bestimmtes Gebiet zu überschauen:* ich habe den Überblick verloren; es fehlt ihm an Überblick.

über|bli|cken [y:bɐˈblɪkn̩], überblickt, überblickte, überblickt ⟨tr.; hat; etw. [irgendwie] ü.⟩: **1.** *mit den Augen ganz erfassen können:* von hier kann man die Stadt gut überblicken. *Syn.:* überschauen. **2.** *erfassen und richtig einschätzen:* sie hatte die Lage sofort überblickt; er überblickt noch nicht, was hier vorgeht. *Syn.:* erkennen, ermessen, überschauen.

über|brin|gen [y:bɐˈbrɪŋən], überbringt, überbrachte, überbracht ⟨tr.; hat; [jmdm.] etw. ü.⟩: *(jmdm. etwas) im Auftrag eines anderen, als Bote o. Ä. bringen:* er überbrachte ihr das Geld im Auftrag der Lottogesellschaft; eine Nachricht überbringen; Glückwünsche überbringen *(in jmds. Namen gratulieren).* *Syn.:* abgeben, übergeben.

über|brü|cken [y:bɐˈbrʏkn̩], überbrückt, überbrückte, überbrückt ⟨tr.; hat; etw. ü.⟩: *(eine bestimmte Schwierigkeit, die für kürzere Zeit besteht) überwinden:* einen augenblicklichen Geldmangel durch Aufnahme eines Kredits überbrücken;

ich muss die Zeit, bis die Läden öffnen, irgendwie überbrücken.

über|den|ken [y:bɐˈdɛŋkn̩], überdenkt, überdachte, überdacht ⟨tr.; hat; etw. ü.⟩: *(über etwas) einige Zeit, noch einmal nachdenken:* ich wollte die Sache, den Fall noch einmal überdenken. *Syn.:* bedenken, ¹überlegen, überschlafen.

über|dies [y:bɐˈdi:s] ⟨Adverb⟩: *über dies alles hinaus:* sie hatte viel Arbeit in der Firma und überdies kamen am Abend noch Gäste. *Syn.:* außerdem, zudem.

über|ei|len [y:bɐˈʔailən], übereilt, übereilte, übereilt: **1.** ⟨tr.; hat; etw. ü.⟩ *zu schnell, ohne genügend Überlegung ausführen:* du solltest deine Abreise, deinen Entschluss nicht übereilen. *Syn.:* überstürzen. **2.** ⟨sich ü.⟩ *zu schnell, ohne genügend Überlegung handeln:* bei dem Bau des Hauses habe ich mich übereilt.

über|ei|n|an|der [y:bɐlaiˈnandɐ] ⟨Adverb⟩: *über sich (gegenseitig):* sie haben übereinander gesprochen; sie sind übereinander hergefallen; sie haben sich mal wieder übereinander geärgert.

über|ei|n|an|der- [y:bɐlaiˈnandɐ] ⟨trennbares, betontes verbales Präfix⟩: **1.** *eins über das andere:* übereinanderlegen; übereinanderschlagen; übereinanderstapeln. **2.** *eines über dem anderen:* übereinanderliegen.

die **Über|ein|kunft** [y:bɐˈlainkʊnft]; -, Übereinkünfte [y:bɐˈlainkʏnftə]: *Vereinbarung:* zu einer Übereinkunft gelangen. *Syn.:* Abmachung, Absprache.

über|ein|stim|men [y:bɐˈlainʃtɪmən], stimmt überein, stimmte überein, übereingestimmt ⟨itr.; hat⟩: **1.** ⟨[mit jmdm.] in etw. (Dativ) ü.⟩ *(in einer bestimmten Angelegenheit) mit jmdm. / miteinander einer Meinung sein:* ich stimme mit den Kollegen darin überein, dass ...; wir stimmen darin [nicht] überein. **2.** ⟨mit etw. ü.⟩ *sich entsprechen, sich gleichen:* der Teppich stimmt in der Farbe mit dem Vorhang überein; ⟨auch ohne Präpositionalobjekt⟩ ihre Aussagen stimmten nicht überein.

über|fah|ren [y:bɐˈfa:rən], überfährt, überfuhr, überfahren ⟨tr.; hat⟩: **1.** ⟨jmdn. ü.⟩ *mit einem Fahrzeug (über jmdn., ein Tier) hinwegfahren und (ihn, es) dabei [tödlich] verletzen:* er hat eine alte Frau überfahren. **2.** ⟨etw. ü.⟩ *(als Fahrer, Fahrerin eines Kraftfahrzeugs o. Ä.) unachtsam an etwas vorbeifahren und dabei etwas übersehen:* ein Signal, das Stoppschild überfahren. *Syn.:* missachten. **3.** ⟨etw. ü.⟩ *beim Fahren überqueren; pas-*

sieren: wir haben gerade die Grenze des Bundeslandes überfahren.

die **Über|fahrt** [ˈyːbɐfaːɐ̯t]; -, -en: *Fahrt über ein Gewässer (von dem einen zu dem anderen Ufer):* die Überfahrt [über den Kanal] war sehr stürmisch.

der **Über|fall** [ˈyːbɐfal]; -[e]s, Überfälle [ˈyːbɐfɛlə]: **1.** *überraschender Angriff mit Gewalt von Waffen (auf eine Person, Einrichtung o. Ä.):* hier ist neulich ein Überfall passiert; ein Überfall auf die Bank. *Zus.:* Banküberfall, Raubüberfall. **2.** *überraschender Angriff des Militärs:* ein feindlicher Überfall.

über|fal|len [ˈyːbɐfalən], überfällt, überfiel, überfallen: **1.** ⟨tr.; hat; jmdn., etw. ü.⟩ *überraschend mit Gewalt oder Waffen angreifen:* der Kassierer des Vereins wurde auf dem Weg zur Bank überfallen. **2.** ⟨itr.; hat; jmdn. ü.⟩ *überkommen:* jmdn. überfällt Angst, eine Ahnung, Müdigkeit, Heimweh. *Syn.:* ergreifen. **3.** ⟨tr.; hat; jmdn. mit etw. ü.⟩ *überraschen, in Verlegenheit bringen:* er hat mich mit seiner Frage völlig überfallen.

über|fäl|lig [ˈyːbɐfɛlɪç] ⟨Adj.⟩: **1.** *verspätet, noch nicht eingetroffen:* die überfällige Maschine trifft endlich ein; das Flugzeug ist seit zwei Stunden überfällig. **2.** *längst fällig:* ein seit Langem überfälliger Schritt; dein Besuch bei uns ist schon lange überfällig.

der **Über|fluss** [ˈyːbɐflʊs]; -es: *große Menge, die über den eigentlichen Bedarf hinausgeht:* einen Überfluss an Nahrungsmitteln haben; Geld ist bei ihnen im Überfluss vorhanden. *Syn.:* Überschuss.

über|flüs|sig [ˈyːbɐflʏsɪç], überflüssiger, am überflüssigsten ⟨Adj.⟩: *zu viel oder unnötig, sodass es nicht gebraucht wird:* ein überflüssiges Gerät; Maschinen machen die menschliche Arbeitskraft überflüssig; ich komme mir hier überflüssig vor; etwas für überflüssig halten.

über|for|dern [yːbɐˈfɔrdɐn], überfordert, überforderte, überfordert ⟨tr.; hat; jmdn. [mit etw.] ü.⟩: *von jmdm. mehr verlangen, als er körperlich oder geistig leisten kann:* du überforderst die Kinder mit dieser Aufgabe; ich fühle mich überfordert.

¹**über|füh|ren** [ˈyːbɐfyːrən/yːbɐˈfyːrən], führt über / überführt, führte über / überführte, übergeführt/überführt ⟨tr.; hat; jmdn., etw. irgendwohin ü.⟩: *(an einen anderen Ort) bringen:* die Patientin wurde in eine Klinik übergeführt/überführt. *Syn.:* bringen, schaffen.

²**über|füh|ren** [yːbɐˈfyːrən], überführt, überführte, überführt ⟨tr.; hat; jmdn. einer Sache (Gen.) ü.⟩ (bes. Rechtsspr.): er wurde [des Mordes] überführt. *(jmdm. eine Schuld) nachweisen.*

die **Über|füh|rung** [yːbɐˈfyːrʊŋ]; -, -en: **1.** *Brücke, die über Schienen oder über eine Straße führt.* *Syn.:* Übergang. *Zus.:* Eisenbahnüberführung. **2.** *das Transportieren von einem Ort an einen anderen:* die Überführung des Leichnams. *Syn.:* Beförderung, Transport. **3.** *das Beweisen, dass jmd. schuldig ist:* die Überführung des Mörders, des Täters ist gelungen.

über|füllt [yːbɐˈfʏlt] ⟨Adj.⟩: *mit zu vielen Menschen besetzt:* ein überfüllter Saal; zu Weihnachten waren die Züge hoffnungslos überfüllt. *Syn.:* ³überlaufen.

der **Über|gang** [ˈyːbɐɡaŋ]; -[e]s, Übergänge [ˈyːbɐɡɛŋə]: **1.** *Stelle, an der ein Bereich überquert werden kann:* ein Übergang für Fußgänger; alle Übergänge über die Grenze werden bewacht. *Syn.:* Brücke, Überführung. *Zus.:* Bahnübergang, Fußgängerübergang, Grenzübergang. **2.** *das Fortschreiten zu etwas anderem, Neuem; Wechsel:* ein gleitender, reibungsloser, fließender Übergang; der Übergang vom Schlafen zum Wachen; am Morgen gibt es einen Übergang von Sonnenschein zu Schauern und Gewittern; die Eltern versuchen ihr den Übergang von der Ausbildung ins Berufsleben zu erleichtern.

über|ge|ben [yːbɐˈɡeːbn̩], übergibt, übergab, übergeben: **1.** ⟨tr.; hat; jmdm. jmdn., etw. ü.⟩ *(jmdm. etwas) persönlich geben, aushändigen:* jmdm. eine Liste, einen Scheck, einen Preis, eine Urkunde übergeben; dem neuen Mieter den Wohnungsschlüssel übergeben; der Brief muss [ihr] persönlich übergeben werden; der Verbrecher wurde der Polizei übergeben. **2.** ⟨tr.; hat; jmdm. etw. ü.⟩ *(ein Geschäft, ein Amt o. Ä. an einen Nachfolger) weitergeben; (jmdm. eine Aufgabe) übertragen:* sie hat das Geschäft ihrem Sohn übergeben; die Angelegenheit dem Anwalt übergeben. *Syn.:* anvertrauen, überlassen, überschreiben. **3.** ⟨tr.; hat; etw. (Akk.) etw. (Dativ) ü.⟩ *zur Nutzung freigeben:* das Museum der Öffentlichkeit übergeben; eine Brücke dem Verkehr, ein Gebäude seiner Bestimmung übergeben. *Syn.:* überlassen. **4.** ⟨sich ü.⟩ *erbrechen:* ich musste mich übergeben. *Syn.:* brechen.

¹**über|ge|hen** [ˈyːbɐɡeːən], geht über, ging über, übergegangen ⟨itr.; ist⟩: **1.** ⟨zu etw.

ü.⟩ *mit etwas aufhören und mit etwas anderem beginnen:* zu einem andern Thema übergehen; man geht immer mehr dazu über, Kunststoffe zu verwenden. **2.** ⟨in etw. (Akk.) ü.⟩ *allmählich (zu etwas anderem) werden; sich (in etwas anderes) verwandeln:* die Unterhaltung ging in lautes Schreien über. **3.** ⟨auf jmdn., in etw. (Akk.) ü.⟩ *Besitz eines anderen, einer anderen werden:* das Grundstück wird in den Besitz der Gemeinde übergehen; der Besitz ging vom Vater auf den Sohn über.

²**über|ge|hen** [y:bɐˈɡeːən], übergeht, überging, übergangen ⟨tr.; hat; jmdn., etw. ü.⟩: *absichtlich nicht beachten, nicht berücksichtigen:* einen Einwand, eine Frage übergehen; jmdn. bei der Gehaltserhöhung, in seinem Testament übergehen; den Hunger, den Schlaf übergehen. *Syn.:* ignorieren, missachten.

das **Über|ge|wicht** [ˈyːbɐɡəvɪçt]; -[e]s: *Gewicht, das über dem normalen Gewicht von Personen liegt:* er hat Übergewicht; sie leidet unter leichtem, starkem Übergewicht.

über|grei|fen [ˈyːbɐɡraɪfn̩], greift über, griff über, übergegriffen ⟨itr.; hat; auf jmdn., etw. ü.⟩: *sich rasch (auf etwas anderes) ausbreiten; (etwas anderes) ebenfalls erfassen:* das Feuer griff sofort auf andere Häuser über. *Syn.:* sich ausbreiten auf, ¹überspringen auf.

der **Über|griff** [ˈyːbɐɡrɪf]; -[e]s, -e: *Handlung, mit der man die Rechte anderer Menschen verletzt, bestimmte Grenzen überschreitet:* es kam zu feindlichen, sexuellen, brutalen Übergriffen; bei dem Kampf gab es Übergriffe der Armee auf die Zivilbevölkerung. *Syn.:* Angriff, Überfall.

über|hand|neh|men [yːbɐˈhantneːmən], nimmt überhand, nahm überhand, überhandgenommen ⟨itr.; hat⟩: *so häufig vorkommen, ein erträgliches Maß übersteigen:* das Ungeziefer, das Unkraut nimmt überhand; die Probleme haben in letzter Zeit überhandgenommen.

über|häu|fen [yːbɐˈhɔyfn̩], überhäuft, überhäufte, überhäuft ⟨tr.; hat; jmdn. mit etw. ü.⟩: *(jmdm.) von etwas zu viel geben:* man überhäufte sie mit Lob, mit Angeboten, Geschenken; er war mit Arbeit überhäuft.

¹**über|haupt** [yːbɐˈhaupt] ⟨Adverb⟩: **1.** *ganz allgemein, insgesamt:* ich habe sie gestern nicht angetroffen, sie ist überhaupt selten zu Hause; er hat überhaupt wenig

Verständnis dafür. **2.** ⟨in Verbindung mit einer Negation⟩ *ganz und gar:* das war überhaupt nicht vorgesehen; davon kann überhaupt keine Rede sein.

²**über|haupt** [yːbɐˈhaupt] ⟨Partikel⟩: **1.** drückt in Fragen aus, dass man etwas bezweifeln will: kann, will, darf er das überhaupt?; stimmt das überhaupt? *Syn.:* denn, eigentlich. **2.** drückt in Fragen Ärger über ein bestimmtes Verhalten aus: was willst du überhaupt?; wie denkst du dir das überhaupt?; wer sind Sie überhaupt? *Syn.:* denn, eigentlich.

über|heb|lich [yːbɐˈheːplɪç], überheblicher, am überheblichsten ⟨Adj.⟩: *zu sehr von sich selbst überzeugt:* ein überheblicher Mensch; er lächelte überheblich; das, was du sagst, klingt etwas überheblich. *Syn.:* arrogant, eingebildet.

über|ho|len [yːbɐˈhoːlən], überholt, überholte, überholt ⟨tr.; hat⟩: **1.** ⟨jmdn., etw. ü.⟩ *eine Person, Sache einholen und an ihr, daran vorbeifahren, vorbeilaufen:* mehrere Autos überholen; er hat ihn beim 10 000-m-Lauf in der dritten Runde überholt; ⟨auch itr.⟩ man darf nur links überholen. **2.** ⟨etw. ü.⟩ *bes. auf technische Mängel hin überprüfen und instand setzen:* den Wagen überholen lassen; die Maschine muss einmal gründlich überholt werden. *Syn.:* reparieren.

über|holt [yːbɐˈhoːlt] ⟨Adj.⟩: *altmodisch, nicht mehr zeitgemäß:* sie halten an überholten Vorstellungen fest; diese Anschauung ist heute überholt; diese Theorie gilt heute als überholt. *Syn.:* antiquiert, unmodern.

über|hö|ren [yːbɐˈhøːrən], überhört, überhörte, überhört ⟨tr.; etw. ü.⟩: **1.** *(weil man abgelenkt ist, nicht aufpasst, etwas) nicht hören:* in der Aufregung hatte sie das Klingeln schlicht überhört. **2.** *so tun, als ob man etwas nicht gehört habe:* eine Warnung, eine spöttische Bemerkung überhören. *Syn.:* ignorieren.

über|kle|ben [yːbɐˈkleːbn̩], überklebt, überklebte, überklebt ⟨tr.; hat; etw. mit etw. ü.⟩: *etwas auf etwas kleben:* Plakate mit gelben Zetteln überkleben.

über|ko|chen [ˈyːbɐkɔxn̩], kocht über, kochte über, übergekocht ⟨itr.; hat⟩: *(von Flüssigkeiten, bes. von Milch) beim Kochen über den Rand des Gefäßes laufen:* die Milch kocht gleich über, ist übergekocht. *Syn.:* ¹überlaufen.

über|kom|men [yːbɐˈkɔmən], überkommt, überkam, überkommen ⟨itr.; hat; jmdn.

[bei etw.] ü.⟩: *(von einem Gefühl) plötzlich und mit großer Intensität ergreifen:* Angst, Trauer, Zorn überkam ihn, als er das sah. *Syn.:* packen, überfallen.

über|las|sen [yːbɐˈlasn̩], überlässt, überließ, überlassen ⟨tr.; hat⟩: **1.** ⟨jmdm. etw. ü.⟩ *[gegen Bezahlung] ganz oder zeitweise zur Verfügung stellen, geben:* sie hat uns für die Zeit ihrer Abwesenheit ihre Wohnung überlassen; jmdm. etwas leihweise, kostenlos, bereitwillig, nur ungern überlassen; er hat mir seinen alten Wagen billig, für 1 000 Euro überlassen *(verkauft).* **2.** ⟨jmdm., etw. etw. (Akk.) ü.⟩ *jmdn. etwas entscheiden, tun lassen, ohne sich einzumischen:* die Wahl, die Entscheidung überlasse ich dir; man muss es den Eltern überlassen, ob sie das Kind bestrafen wollen; überlass das gefälligst mir! *(misch dich hier nicht ein!);* sie überließ nichts dem Zufall; die Kinder sind oft sich selbst überlassen *(sind ohne Betreuung, ohne Aufsicht o. Ä.).* **3.** ⟨jmdm. etw. (Dativ) ü.⟩ *jmdm. in einer schwierigen Situation nicht helfen, ihn alleinlassen:* jmdn. seiner Verzweiflung überlassen; du darfst ihn jetzt nicht sich selbst /seinem Schicksal überlassen. **4.** ⟨jmdm. etw. ü.⟩ *etwas nicht selbst tun (wie es zu erwarten wäre), sondern es einen andern tun lassen:* jmdm. die Arbeit, die Erziehung der Kinder überlassen.

über|las|tet [yːbɐˈlastət] ⟨Adj.⟩: **1.** *(von Menschen) von zu vielen Pflichten oder Aufgaben belastet:* sie fühlt sich hoffnungslos, total, völlig überlastet. *Syn.:* überfordert. **2.** *(von Einrichtungen) von zu vielen Menschen genutzt und daher nicht mehr richtig funktionierend:* die Gerichte, die Telefonleitungen, die Autobahnen sind überlastet.

¹**über|lau|fen** [ˈyːbɐlaʊfn̩], läuft über, lief über, übergelaufen ⟨itr.; ist⟩: **1.** *(in Bezug auf den Inhalt eines Gefäßes) über den Rand eines Gefäßes fließen:* die Milch läuft gleich über; das Benzin ist übergelaufen. **2.** *(in Bezug auf ein Gefäß) die enthaltene Flüssigkeit nicht mehr fassen, sodass sie über den Rand fließt:* die Wanne läuft gleich über! **3.** ⟨zu jmdm., etw. ü.⟩ *auf die Seite des Gegners überwechseln:* Hunderte von Soldaten sind [zu den Rebellen, zum Feind] übergelaufen.

²**über|lau|fen** [yːbɐˈlaʊfn̩], überläuft, überlief, überlaufen ⟨itr.; hat; jmdn., etw. ü.⟩: *(von unangenehmen, bedrohlichen Gefühlen) ergreifen, befallen:* ein Schauder, ein Frösteln überlief mich, meinen Rücken. *Syn.:* überkommen.

³**über|lau|fen** [yːbɐˈlaʊfn̩] ⟨Adj.⟩: *von zu vielen Menschen aufgesucht, in Anspruch genommen:* der Arzt, die Praxis ist furchtbar überlaufen; die Universitäten, die Sprachkurse sind stark überlaufen; ein schöner, nicht zu überlaufener Skiort. *Syn.:* überfüllt.

über|le|ben [yːbɐˈleːbn̩], überlebt, überlebte, überlebt ⟨itr.; hat⟩: **1.** ⟨etw. ü.⟩ *(eine gefährliche Situation) lebend überstehen:* einen Unfall, den Krieg überleben; nur die Hälfte der Einwohner hat die Katastrophe überlebt; der Patient wird die Nacht nicht überleben; du wirst es schon überleben! *(oft ironisch; das wirst du schon schaffen, das schon aushalten).* **2.** ⟨jmdn. ü.⟩ *länger leben als jmd.:* er hat seine Frau überlebt.

¹**über|le|gen** [yːbɐˈleːɡn̩], überlegt, überlegte, überlegt ⟨tr.; hat; [sich (Dativ)] etw. ü.⟩: *über etwas nachdenken, um zu einer Entscheidung zu kommen:* etwas gründlich, reiflich überlegen; überlege dir alles, und dann gib uns Bescheid; das muss alles gut, in Ruhe überlegt sein; ich muss mir die Sache noch einmal überlegen; ⟨auch itr.⟩ [lange] hin und her überlegen; sie überlegte kurz und meinte dann ... *Syn.:* überdenken.

²**über|le|gen** [yːbɐˈleːɡn̩], überlegener, am überlegensten ⟨Adj.⟩: **1.** *(in Bezug auf bestimmte Fähigkeiten, auf Stärke oder Anzahl) andere weit übertreffend /Ggs.* ³unterlegen/: ein überlegener Kopf, Geist; er ist ihm an Talent, Kraft [weit] überlegen; sie waren uns zahlenmäßig überlegen; die Mannschaft war dem Gegner [haushoch] überlegen. **2.** *zeigend, dass man sich für besser hält; überheblich:* eine überlegene Miene aufsetzen; sie lächelte überlegen.

die **Über|le|gung** [yːbɐˈleːɡʊŋ], -, -en: **1.** ⟨ohne Plural⟩ *das Nachdenken,* ¹*Überlegen (vor einer bestimmten Entscheidung):* ohne, mit [wenig] Überlegung handeln; bei ruhiger, sorgfältiger Überlegung wird man dies einsehen; nach reiflicher Überlegung stimmten die Delegierten für die Reform. *Syn.:* Besinnung. **2.** ⟨Plural⟩ *Gedanken, die man sich vor einer Entscheidung macht, um Klarheit zu gewinnen:* Überlegungen anstellen.

über|lei|ten [ˈyːbɐlaɪtn̩], leitet über, leitete über, übergeleitet ⟨itr.; hat; zu etw., in etw. (Akk.) ü.⟩: *(zu etwas Neuem) hinfüh-*

*ren, einen Übergang (zu etwas anderem)
herstellen:* zu einem anderen Thema
überleiten.

über|le|sen [y:bɐˈle:zn̩], überliest, überlas,
überlesen ⟨tr.; hat; etw. ü.⟩: *(etwas
Bestimmtes) beim Lesen nicht bemerken:*
bei der Korrektur Fehler überlesen; diese
Einschränkung, Fußnote habe ich glatt
überlesen. *Syn.:* übersehen.

die **Über|macht** [ˈy:bɐmaxt]; -: *in Anzahl oder
Stärke [weit] überlegene Position:* die
militärische Übermacht eines Landes;
jmdn. seine Übermacht spüren lassen;
vor der feindlichen Übermacht zurück-
weichen; in der Übermacht sein.

über|mä|ßig [ˈy:bɐmɛ:sɪç] ⟨Adj.⟩: **1.** *größer
als normal oder üblich; extrem:* eine
übermäßige Hitze, Kälte; übermäßiger
Alkoholgenuss. **2.** ⟨verstärkend bei
Adjektiven und Verben⟩ *zu [sehr], zu
viel:* übermäßig hohe Kosten; die Ware
ist übermäßig teuer; übermäßig essen,
rauchen.

über|mit|teln [y:bɐˈmɪtl̩n], übermittelt,
übermittelte, übermittelt ⟨tr.; hat;
jmdm. etw. ü.⟩: *(eine Nachricht o. Ä.) im
Auftrag einer anderen Person überbrin-
gen, ausrichten:* der Bürgermeister übermittelte der Versammlung die Grüße der
Stadt. *Syn.:* bestellen.

über|mor|gen [ˈy:bɐmɔrgn̩] ⟨Adverb⟩: *an
dem Tag, der dem morgigen Tag folgt; am
übernächsten Tag:* sie kommen übermorgen zurück; vielleicht können wir
uns übermorgen [um acht Uhr] treffen.

über|mü|det [y:bɐˈmy:dət] ⟨Adj.⟩: *übermä-
ßig müde, erschöpft:* von der Anstrengung übermüdet, schlief ich sofort ein;
das Kind war total übermüdet; die über-
müdeten Eltern eines kleinen Babys.

über|mü|tig [ˈy:bɐmy:tɪç], übermütiger, am
übermütigsten ⟨Adj.⟩: *sehr fröhlich, stürmisch und dadurch etwas unachtsam:*
ein übermütiger Streich; die Kinder
waren ganz übermütig, tobten übermütig durchs Haus; werdet nicht übermütig, Kinder! *Syn.:* ausgelassen, wild.

über|nächst... [ˈy:bɐnɛ:çst...] ⟨Adj.⟩: *dem
Nächsten folgend:* jetzt ist Mai, ich ver-
reise im übernächsten Monat, also im
Juli; übernächstes Jahr.

über|nach|ten [y:bɐˈnaxtn̩], übernachtet,
übernachtete, übernachtet ⟨itr.; hat;
irgendwo ü.⟩: *über Nacht an einem
bestimmten Ort bleiben und dort schlafen:* im Hotel, bei Freunden übernachten; auf der Rückreise haben wir zweimal in Lyon übernachtet.

die **Über|nah|me** [ˈy:bɐna:mə]; -, -n: *etwas, was
übernommen worden ist:* wörtliche
Übernahmen aus einem Werk; die Sendung ist eine Übernahme vom WDR.

über|neh|men [y:bɐˈne:mən], übernimmt,
übernahm, übernommen: **1.** ⟨tr.; hat;
etw. ü.⟩ *als Nachfolger in Besitz nehmen, weiterführen:* sie hat das Geschäft,
die Praxis übernommen; er übernahm
den Hof der Eltern; die Küche haben
wir vom Vormieter übernommen.
2. ⟨tr.; hat; etw. ü.⟩ *von einem andern
nehmen und für eigene Zwecke verwenden:* Gedanken, Ideen, Methoden [von
jmdm.] übernehmen; sie hat diese
Stelle aus meinem Aufsatz wörtlich in
ihren eigenen Text übernommen.
3. ⟨tr.; hat; etw. ü.⟩ *(eine Aufgabe, eine
Arbeit, die einem angeboten wird)
annehmen:* eine Aufgabe [freiwillig, nur
ungern, notgedrungen] übernehmen;
ein Amt, einen Auftrag übernehmen;
die Leitung, die Titelrolle übernehmen;
er übernahm die Kosten für seinen Aufenthalt *(bezahlte sie).* **4.** ⟨tr.; hat; etw.
ü.⟩ als Funktionsverb: die Verantwortung für etwas übernehmen *(etwas ver-
antworten);* die Verpflichtung zu etwas
übernehmen *(sich zu etwas verpflichten);* keine Garantie, Gewähr für etwas
übernehmen *(etwas nicht garantieren);*
keine Haftung für etwas übernehmen
(für etwas nicht haften); die Bürgschaft
für etwas, jmdn. übernehmen *(für
etwas, jmdn. bürgen).* **5.** ⟨sich ü.⟩ *sich zu
viel zumuten; sich [mit einer Aufgabe,
Kosten o. Ä.] mehr belasten, als man
tragen kann:* mit dieser Arbeit habe ich
mich übernommen; er hat sich mit dem
Hausbau finanziell übernommen; sie
hat sich beim Umzug, bei der Wanderung übernommen; übernimm dich nur
nicht! *Syn.:* sich überschätzen.

über|par|tei|lich [ˈy:bɐpartaɪlɪç] ⟨Adj.⟩: *von
den Parteien unabhängig:* eine überpar-
teiliche Zeitung; diese Vereinigung ist
überparteilich.

über|prü|fen [y:bɐˈpry:fn̩], überprüft, über-
prüfte, überprüft ⟨tr.; hat; jmdn., etw.
ü.⟩: *nochmals prüfen, ob etwas in Ordnung ist, richtig ist, funktioniert:* eine
Entscheidung, eine Methode überprüfen; eine Rechnung, jmds. Angaben
überprüfen; einen Text auf Fehler überprüfen; an der Grenze überprüfte *(kon-
trollierte)* die Polizei alle Fahrzeuge; alle
verdächtigen Personen *(ihre Papiere,
Personalien o. Ä.)* sind von der Polizei

überprüft worden. *Syn.:* kontrollieren, nachprüfen.

über|que|ren [yːbɐˈkveːrən], überquert, überquerte, überquert ⟨tr.; hat; etw. ü.⟩: *von einer Seite [auf dem kürzesten Weg] auf die andere Seite von etwas gehen, fahren:* eine Straße, eine Kreuzung, einen Fluss überqueren.

über|ra|schen [yːbɐˈraʃn̩], überrascht, überraschte, überrascht ⟨tr.; hat⟩:
1. ⟨jmdn. ü.⟩ *anders als erwartet sein, unerwartet kommen, etwas Unerwartetes tun und deshalb in Erstaunen versetzen:* die Nachricht hat mich [völlig, wenig] überrascht; ich war von seiner Leistung überrascht; wir waren über den herzlichen Empfang überrascht; das Angebot kam völlig überraschend; bei diesen Worten hob sie überrascht den Kopf. *Syn.:* erstaunen, verblüffen, verwundern.
2. ⟨jmdn. mit etw. ü.⟩ *jmd. anderen unerwartet mit etwas erfreuen:* jmdn. mit einem Geschenk überraschen; sie überraschte mich mit ihrem Besuch.
3. ⟨jmdn. ü.⟩ *jmdn. dabei erwischen, wie er etwas Verbotenes tut:* gerade als die Einbrecher den Tresor ausrauben wollten, wurden sie [von der Polizei] überrascht. *Syn.:* erwischen (ugs.). **4.** ⟨jmdn. ü.⟩ *jmdn. ganz unvorbereitet treffen, über ihn hereinbrechen:* sie wurden vom Regen, von einem Gewitter überrascht.

die **Über|ra|schung** [yːbɐˈraʃʊŋ]; -, -en:
1. ⟨ohne Plural⟩ *das Überraschtsein, Erstaunen:* die Überraschung war groß, als sie plötzlich zur Tür hereinkam; etwas löst Überraschung aus; in der ersten Überraschung konnte sie nicht antworten; vor Überraschung ließ er die Gabel fallen; zu meiner [großen] Überraschung musste ich feststellen, dass sie schon da war. **2.** *etwas, was jmdn. überrascht, was keiner erwartet hätte:* das war eine angenehme, erfreuliche, schöne, unangenehme, schlimme, böse Überraschung; eine Überraschung erleben; jmdm. eine Überraschung bereiten. **3.** *etwas Schönes, womit jmd. nicht gerechnet hat:* das ist aber eine Überraschung!; sag ihr bitte nichts davon, das soll eine Überraschung sein; für jmdn. eine kleine Überraschung *(ein kleines Geschenk)* haben.

über|re|den [yːbɐˈreːdn̩], überredet, überredete, überredet ⟨tr.; hat; jmdn. [zu etw.] ü.⟩: *(jmdn.) mit vielen Worten dazu bringen, etwas zu tun, was er ursprünglich nicht vorhatte:* jmdn. zum Mitma-

chen, zum Kauf überreden; sie ließ sich überreden, mit uns zu kommen. *Syn.:* herumkriegen (ugs.).

der **Über|rest** [ˈyːbɐrɛst]; -[e]s, -e: *etwas, was von einem ursprünglich Ganzen als Letztes zurückgeblieben ist:* ein kläglicher, trauriger Überrest; die Überreste des Mittagessens, des Picknicks beseitigen; die Überreste einer alten Burg finden. *Syn.:* Bruchstück, Rest.

über|schät|zen [yːbɐˈʃɛtsn̩], überschätzt, überschätzte, überschätzt ⟨tr.; hat; jmdn., etw. ü.⟩: *zu hoch einschätzen* /Ggs. unterschätzen/: den Wert einer Sache, seine Kräfte überschätzen; die Wirkung ist kaum zu überschätzen; er neigt dazu, sich zu überschätzen; wenn du dich da mal nicht überschätzt!

über|schau|bar [yːbɐˈʃaubaːɐ̯], überschaubarer, am überschaubarsten ⟨Adj.⟩: **1.** *in seinem Aufbau klar und leicht zu verstehen:* die Kontoauszüge überschaubarer gestalten. *Syn.:* übersichtlich. **2.** *in seinem Umfang begrenzt und deshalb gut zu überblicken:* eine überschaubare Größe, Anzahl; ein überschaubarer Zeitraum; das Risiko blieb überschaubar.

über|schau|en [yːbɐˈʃauən], überschaut, überschaute, überschaut ⟨tr.; hat; etw. ü.⟩: **1.** *(von einem erhöhten Standort aus) überblicken:* von hier aus überschaut man die Stadt sehr gut. *Syn.:* übersehen. **2.** *sich ein Bild von etwas machen und es als Ganzes richtig einschätzen können:* es war für ihn unmöglich, die Folgen seines Tuns zu überschauen; ich überschaue noch nicht ganz, was wir an Material nötig haben. *Syn.:* erkennen, überblicken.

über|schla|fen [yːbɐˈʃlaːfn̩], überschläft, überschlief, überschlafen ⟨tr.; hat; etw. ü.⟩: *über eine Angelegenheit, die entschieden werden muss, nachdenken und sich dafür Zeit lassen:* die Sache, Frage muss ich noch einmal überschlafen. *Syn.:* überdenken.

über|schla|gen [yːbɐˈʃlaːgn̩], überschlägt, überschlug, überschlagen: **1.** ⟨tr.; hat; etw. ü.⟩ *(die ungefähre Größe einer Summe oder Anzahl) schätzen:* die Kosten, den Gewinn, die Zahl der Teilnehmer überschlagen; sie wollte, was die Reise kosten würde. **2.** ⟨sich ü.⟩ *nach vorn oder hinten fallen und sich um die eigene Achse drehen:* das Auto stürzte den Abhang hinunter und überschlug sich mehrmals. **3.** ⟨sich ü.⟩ *so dicht aufeinanderfolgen, dass man [fast] den

U

Überblick verliert: die Ereignisse, die Nachrichten überschlugen sich. *Syn.:* sich überstürzen.

über|schnei|den [y:bɐˈʃnaɪdn̩], überschneidet, überschnitt, überschnitten ⟨sich ü.⟩: **1.** *sich in einem oder mehreren Punkten schneiden:* die beiden Linien überschneiden sich. *Syn.:* sich kreuzen. **2.** *zur gleichen Zeit stattfinden:* die Vorlesungen überschneiden sich. **3.** *bestimmte Bereiche gemeinsam haben:* ihre Arbeitsgebiete überschneiden sich.

über|schrei|ben [y:bɐˈʃraɪbn̩], überschreibt, überschrieb, überschrieben ⟨tr.; hat⟩: **1.** ⟨etw. mit etw. ü.⟩ *(einem Text) als Überschrift geben:* der Autor überschrieb das erste Kapitel des Buches mit »Grundlegende Fragen«. *Syn.:* nennen. **2.** ⟨etw. auf jmdn. ü.⟩ *(Besitz bei einem Notar als Eigentum) übertragen:* er hat das Haus auf seine Frau überschreiben lassen. **3.** ⟨etw. [mit etw.] ü.⟩ *(Daten auf einer Diskette, Festplatte o. Ä.) durch andere ersetzen:* wollen Sie die bestehende Datei überschreiben?

über|schrei|ten [y:bɐˈʃraɪtn̩], überschreitet, überschritt, überschritten ⟨tr.; hat; etw. ü.⟩: **1.** *über etwas hinübergehen:* die Schwelle eines Hauses, eine Grenze überschreiten; Überschreiten der Gleise verboten! *Syn.:* passieren, überqueren. **2.** *(eine Vorschrift) nicht beachten, sich nicht (an ein bestimmtes Maß) halten:* ein Gesetz, seine Befugnisse überschreiten; sie hat das Tempolimit um mindestens 50 km/h überschritten. *Syn.:* missachten, ²übertreten, verstoßen gegen.

die **Über|schrift** [ˈy:bɐʃrɪft], -, -en: *etwas, was über einem Text geschrieben steht:* er hat in der Zeitung nur die Überschriften gelesen. *Syn.:* Schlagzeile, Titel (schweiz.). *Zus.:* Kapitelüberschrift, Zeitungsüberschrift.

der **Über|schuss** [ˈy:bɐʃʊs], -es, Überschüsse [ˈy:bɐʃʏsə]: *Menge, die über den Bedarf, über das notwendige Maß hinausgeht:* ein Überschuss an Lehrern, Juristen.

über|schwem|men [y:bɐˈʃvɛmən], überschwemmt, überschwemmte, überschwemmt ⟨tr.; hat⟩: **1.** ⟨etw. ü.⟩ *etwas ganz mit Wasser bedecken:* der Fluss hat die Uferstraße überschwemmt. **2.** ⟨etw. [mit etw.] ü.⟩ *in überreichlichem Maße mit etwas versehen:* den Markt mit Billigware überschwemmen; mit Informationen überschwemmt werden.

Über|see [ˈy:bəze:]: in Verbindungen wie *aus, in, nach, von Übersee: aus, in, nach, von Gebieten, die jenseits des Meeres, des Ozeans liegen:* Besucher aus Übersee; in Übersee leben; etwas nach Übersee exportieren; von Übersee importierte Güter.

über|se|hen [y:bɐˈze:ən], übersieht, übersah, übersehen ⟨tr.; hat⟩: **1.** ⟨etw. ü.⟩ *(von einem erhöhten Standort aus) frei, ungehindert sehen:* von seinem Fenster konnte er den ganzen Platz übersehen. *Syn.:* überblicken, überschauen. **2.** ⟨jmdn., etw. ü.⟩ *unbeabsichtigt, versehentlich nicht sehen:* einen Fehler, einen Hinweis, ein Stoppschild übersehen; die defekte Bremse war übersehen worden; sie hat ihn absichtlich übersehen *(nicht beachtet).*

¹**über|set|zen** [ˈy:bɐzɛtsn̩], setzt über, setzte über, übergesetzt: **1.** ⟨tr.; hat; jmdn. ü.⟩ *ans andere Ufer befördern:* jmdn. ans andere Ufer, auf die Insel übersetzen; wir ließen uns mit der Fähre übersetzen. **2.** ⟨itr.; hat/ist⟩ *ans andere Ufer fahren:* wir haben/sind ans andere Ufer, nach Hiddensee übergesetzt.

²**über|set|zen** [y:bɐˈzɛtsn̩], übersetzt, übersetzte, übersetzt ⟨tr.; hat; etw. ü.⟩: *in einer anderen Sprache wiedergeben:* etwas wörtlich, frei, sinngemäß, gut, richtig, falsch übersetzen; einen Text aus dem / vom Englischen ins Deutsche übersetzen; kannst du mir diesen Brief übersetzen? *Syn.:* übertragen.

der **Über|set|zer** [y:bɐˈzɛtsɐ]; -s, -, die **Über|set|ze|rin** [y:bɐˈzɛtsərɪn]; -, -nen: *Person, die [beruflich] Texte übersetzt:* hier ist dem Übersetzer ein Fehler unterlaufen.

die **Über|set|zung** [y:bɐˈzɛtsʊŋ], -, -en: *Text, der beim Übersetzen eines Textes in eine andere Sprache entsteht:* eine Übersetzung von etwas machen, anfertigen, liefern; ich habe das Buch in einer [deutschen] Übersetzung gelesen. *Syn.:* Übertragung. *Zus.:* Bibelübersetzung.

die **Über|sicht** [ˈy:bɐzɪçt], -, -en: **1.** *Fähigkeit, ein bestimmtes Gebiet oder größere Zusammenhänge zu übersehen:* jmdm. fehlt die Übersicht; er hat die Übersicht verloren. *Syn.:* Überblick. **2.** *knappe Darstellung:* eine Übersicht der unregelmäßigen Verben; eine Übersicht über die geplanten Konzerte.

über|sicht|lich [ˈy:bɐzɪçtlɪç], übersichtlicher, am übersichtlichsten ⟨Adj.⟩: **1.** *leicht zu überblicken:* ein übersichtliches Gelände; die Straßenkreuzung ist sehr übersichtlich. **2.** *gut und schnell lesbar:* eine übersichtliche Darstellung; ein übersichtlicher Stadtplan; das Buch ist sehr übersichtlich [gestaltet, gegliedert].

über|sie|deln [ˈyːbɐziːdl̩n], siedelt über, siedelte über, übergesiedelt, (auch:) **über|sie|deln** [yːbɐˈziːdl̩n], übersiedelt, übersiedelte, übersiedelt ⟨itr.; ist; irgendwohin ü.⟩: *umziehen:* er, die Firma ist vor zehn Jahren hierher, nach Linz übergesiedelt/übersiedelt.

über|spie|len [yːbɐˈʃpiːlən], überspielt, überspielte, überspielt ⟨tr.; hat; etw. ü.⟩: *(eine Ton- oder Videoaufnahme) kopieren:* kann ich mir die Platte, den Film, das Video mal überspielen?

¹**über|sprin|gen** [ˈyːbɐʃprɪŋən], springt über, sprang über, übergesprungen ⟨itr.; ist; auf jmdn., etw. ü.⟩: *sich schnell an eine andere Stelle bewegen:* das Feuer sprang auf das Nachbarhaus über.

²**über|sprin|gen** [yːbɐˈʃprɪŋən], überspringt, übersprang, übersprungen ⟨tr.; hat; etw. ü.⟩: **1.** *mit einem Sprung überwinden:* einen Graben, einen Zaun, ein Hindernis überspringen. **2.** *(einen Teil von etwas) auslassen:* ein Kapitel, einige Seiten, den Sportteil überspringen.

über|ste|hen [yːbɐˈʃteːən], übersteht, überstand, überstanden ⟨tr.; hat; etw. ü.⟩: *(etwas, was gefährlich oder schwer zu ertragen ist) hinter sich bringen:* Gefahren, eine Krise überstehen; sie hat die schwere Krankheit überstanden; der Patient hat die Operation gut, glücklich überstanden. *Syn.:* überleben.

über|stei|gen [yːbɐˈʃtaɪɡn̩], übersteigt, überstieg, überstiegen ⟨tr.; hat; etw. ü.⟩: *über etwas hinausgehen, größer sein als etwas:* das übersteigt unsere [finanziellen] Möglichkeiten, meine Kräfte; das übersteigt unsere Erwartungen.

über|stei|gert [yːbɐˈʃtaɪɡɐt] ⟨Adj.⟩: *über das normale Maß hinausgehend; zu groß:* ein übersteigertes Geltungsbedürfnis, Selbstbewusstsein haben.

über|stim|men [yːbɐˈʃtɪmən], überstimmt, überstimmte, überstimmt ⟨tr.; hat; jmdn. ü.⟩: *in einer Abstimmung besiegen:* der Vorsitzende wurde überstimmt.

über|strei|fen [ˈyːbɐʃtraɪfn̩], streift über, streifte über, übergestreift ⟨tr.; hat; [sich (Dativ)] etw. ü.⟩: *rasch anziehen:* ich streifte [mir] noch schnell einen Pullover, Handschuhe über.

über|strö|men [yːbɐˈʃtrøːmən], überströmt, überströmte, überströmt ⟨tr.; hat; etw. ü.⟩: *über eine Fläche strömen und sich darauf ausbreiten:* der Fluss überströmte bei Hochwasser die Wiesen; sein Körper war von Schweiß, Blut überströmt.

die **Über|stun|de** [ˈyːbɐʃtʊndə]; -, -n: *Stunde, in der über die festgesetzte Zeit hinaus gearbeitet wird:* bezahlte, unbezahlte Überstunden; Überstunden machen *(über die festgesetzte Zeit hinaus arbeiten).*

über|stür|zen [yːbɐˈʃtʏrtsn̩], überstürzt, überstürzte, überstürzt: **1.** ⟨tr.; hat; etw. ü.⟩ *übereilt, in Hast und ohne genügend Überlegung tun:* eine Entscheidung überstürzen; man soll nichts überstürzen; ⟨häufig im 2. Partizip⟩ eine überstürzte Flucht, Abreise; überstürzt handeln, reagieren. *Syn.:* übereilen. **2.** ⟨sich ü.⟩ *[zu] rasch aufeinanderfolgen:* manchmal überstürzen sich die Ereignisse.

über|trag|bar [yːbɐˈtraːkbaːɐ̯] ⟨Adj.⟩: *auch für eine andere Person (allerdings nicht gleichzeitig) gültig:* der Ausweis, das Ticket ist nicht übertragbar.

über|tra|gen [yːbɐˈtraːɡn̩], überträgt, übertrug, übertragen: **1.** ⟨tr.; hat; etw. irgendwohin ü.⟩ *an anderer Stelle nochmals schreiben, zeichnen:* die Zeichnung, den Aufsatz ins Heft übertragen; die Zwischensumme auf die nächste Seite übertragen. **2.** ⟨tr.; hat; etw. in etw. (Akk.) ü.⟩ *(in eine andere Sprache) übersetzen:* einen Text vom / aus dem Englischen ins Deutsche übertragen. **3.** ⟨tr.; hat; etw. auf etw. (Akk.) ü.⟩ *(auf etwas anderes, ein anderes Gebiet) anwenden:* man kann unsere Maßstäbe nicht auf die dortige Situation übertragen. **4.** ⟨tr.; hat; jmdm. etw. ü.⟩ *anvertrauen, (jmdn. mit etwas) beauftragen:* jmdm. eine Arbeit, ein Amt, ein Recht übertragen. *Syn.:* übergeben, überlassen. **5.** ⟨tr.; hat; etw. auf jmdn., etw. ü.⟩ *(eine Krankheit, einen Krankheitserreger) weitergeben:* die Krankheit wird durch Insekten [auf den Menschen] übertragen; das Virus wird beim Geschlechtsverkehr übertragen. **6.** ⟨tr.; hat; etw. ü.⟩ *(im Radio oder Fernsehen) senden:* das Konzert wird von allen Sendern [live, direkt] übertragen. *Syn.:* ausstrahlen.

die **Über|tra|gung** [yːbɐˈtraːɡʊŋ]; -, -en: **1.** *das Senden, Übertragen (in Radio oder Fernsehen):* wann beginnt die Übertragung des Fußballspiels? **2.** *Übersetzung:* die Übertragung des Romans aus dem Russischen stammt von … **3.** *das Übertragen (von Krankheiten oder Krankheitserregern):* die Übertragung der Krankheit erfolgt durch Insekten.

U

über|trei|ben [y:bɐ'traibn̩], übertreibt, übertrieb, übertrieben ⟨tr.; hat; etw. ü.⟩: **1.** *größer, wichtiger oder schlimmer darstellen, als die betreffende Sache wirklich ist:* die Gefahr wurde stark übertrieben; ⟨auch itr.⟩ er übertrieb maßlos, furchtbar; sie muss immer übertreiben. **2.** *es mit etwas Bestimmtem zu weit treiben:* die Sparsamkeit übertreiben; man kann alles übertreiben; ⟨auch unpers.⟩ es mit der Sparsamkeit übertreiben.

die **Über|trei|bung** [y:bɐ'traibʊŋ]; -, -en: **1.** *übertreibendes Darstellen von etwas:* man kann ohne Übertreibung sagen, dass … **2.** *Äußerung, Aussage, durch die etwas übertrieben wird:* er neigt zu Übertreibungen.

¹über|tre|ten ['y:bɐtre:tn̩], tritt über, trat über, übergetreten ⟨itr.; ist; zu etw. ü.⟩ *einer anderen Gemeinschaft beitreten:* er ist zur evangelischen Kirche, zum Islam, zur sozialistischen Partei übergetreten.

²über|tre|ten [y:bɐ'tre:tn̩], übertritt, übertrat, übertreten ⟨tr.; hat; etw. ü.⟩: *(eine Vorschrift, ein Gesetz o. Ä.) verletzen, nicht beachten:* ein Gesetz, ein Verbot übertreten. *Syn.:* überschreiten, verstoßen gegen, zuwiderhandeln.

über|trie|ben [y:bɐ'tri:bn̩], übertriebener, am übertriebensten ⟨Adj.⟩: *zu weit gehend, zu stark:* übertriebenes Misstrauen; übertriebene Pünktlichkeit, Genauigkeit; so große Geschenke finde ich [etwas, reichlich] übertrieben; ⟨häufig verstärkend bei Adjektiven⟩ er ist übertrieben *(allzu)* vorsichtig, ehrgeizig.

über|völ|kert [y:bɐ'fœlkɐt] ⟨Adj.⟩: *von zu vielen Menschen bewohnt:* die Region ist übervölkert.

über|wa|chen [y:bɐ'vaxn̩], überwacht, überwachte, überwacht ⟨tr.; hat; jmdn., etw. ü.⟩: *durch ständiges Beobachten kontrollieren:* der Supermarkt wird mit Videokameras überwacht; die Polizei überwacht den Verkehr; der Häftling wurde streng überwacht; jmds. Wohnung, Telefon überwachen.

die **Über|wa|chung** [y:bɐ'vaxʊŋ]; -, -en: *das Überwachen, Überwachtwerden:* die Überwachung des Verdächtigen, seines Telefons [durch die Polizei] war illegal.

über|wäl|ti|gen [y:bɐ'vɛltɪgn̩] ⟨tr.; hat; jmdn. ü.⟩: *im Kampf besiegen; dafür sorgen, dass sich jmd. nicht mehr wehren kann:* der Verbrecher wurde schließlich von den Passanten überwältigt.

über|wäl|ti|gend [y:bɐ'vɛltɪgn̩t], überwältigender, am überwältigendsten ⟨Adj.⟩: *in hohem Maße beeindruckend:* ein überwältigender Anblick; seine Leistungen waren nicht überwältigend (waren mittelmäßig); eine überwältigende (außergewöhnlich große) Mehrheit.

über|wei|sen [y:bɐ'vaizn̩], überweist, überwies, überwiesen ⟨tr.; hat⟩: **1.** ⟨[jmdm.] etw. [irgendwohin] ü.⟩ *(einen Geldbetrag) als Gutschrift von einem Konto auf ein anderes übertragen, senden [lassen]:* jmdm. Geld, 100 Euro überweisen; die Miete [per Dauerauftrag] überweisen; das Stipendium bekommt sie auf ihr Girokonto überwiesen. *Syn.:* anweisen. **2.** ⟨jmdn. irgendwohin ü.⟩ *(einen Patienten) zur weiteren Behandlung zu einem anderen Arzt schicken:* der Arzt hat ihn zum Facharzt, in die Klinik überwiesen.

die **Über|wei|sung** [y:bɐ'vaizʊŋ]; -, -en: **1.** *das Überweisen (von Geld):* eine Rechnung per Überweisung bezahlen. **2.** *Schein, durch den jemand (zu einem anderen Arzt, in eine Klinik) überwiesen wird:* der Arzt gab ihr eine Überweisung.

über|wer|fen [y:bɐ'vɛrfn̩], überwirft, überwarf, überworfen ⟨sich [mit jmdm.] ü.⟩: *sich mit jmdm. streiten und deshalb den Kontakt abbrechen:* wegen der Erbschaft haben sich die Geschwister überworfen; er hat sich mit seinem besten Freund überworfen.

über|wie|gen [y:bɐ'vi:gn̩], überwiegt, überwog, überwogen ⟨itr.; hat⟩: *das Übergewicht haben, hauptsächlich vorkommen:* im Süden des Landes überwiegen Laubwälder; es überwog die Meinung, dass …; ⟨häufig im 1. Partizip⟩ der überwiegende *(größte)* Teil der Bevölkerung ist katholisch.

über|win|den [y:bɐ'vɪndn̩], überwindet, überwand, überwunden: **1.** ⟨tr.; hat; etw. ü.⟩ *durch eigene Anstrengung mit etwas fertig werden, was ein Hindernis darstellt oder Schwierigkeiten bietet:* einen hohen Zaun, eine Mauer überwinden; Schwierigkeiten, Probleme überwinden; seinen Widerwillen, seine Schüchternheit überwinden. **2.** ⟨sich zu etw. ü.⟩ *nach anfänglichem Zögern (etwas, was einem schwerfällt) doch tun:* er hat sich schließlich [dazu] überwunden, ihm einen Besuch abzustatten; zu einer Entschuldigung konnte ich mich nicht überwinden. **3.** ⟨tr.; hat; etw. ü.⟩ *(eine seelische Belastung, Erschütterung o. Ä.) verarbeiten:* sie musste erst einmal den Schock überwinden; er hat den Tod seiner Frau nie ganz überwunden.

über|win|tern [yːbɐˈvɪntɐn], überwintert, überwinterte, überwintert ⟨itr.; hat⟩: *den Winter über an einem bestimmten Ort sein:* die Störche überwintern in Afrika; ich werde auf Mallorca überwintern.

Über|zahl [ˈyːbɐtsaːl]: in der Verbindung *∗in der Überzahl sein: in größerer Zahl vorhanden sein, stärker vertreten sein:* der Gegner war in der Überzahl; bei den Arbeitslosen sind die Frauen meist in der Überzahl.

über|zeu|gen [yːbɐˈtsɔygn̩], überzeugt, überzeugte, überzeugt: **1.** ⟨tr.; hat; jmdn. [von etw.] ü.⟩ *jmdn. durch Argumente dahin bringen, dass er in einer bestimmten Frage so denkt wie man selbst:* schließlich konnten wir die Polizei von seiner Unschuld überzeugen; auch dieses Argument konnte sie nicht überzeugen; ⟨häufig im 1. Partizip⟩ überzeugende *(plausible, glaubhafte)* Gründe; ⟨häufig im 2. Partizip⟩ er ist überzeugter Pazifist; ich bin [fest] davon überzeugt, dass er der Täter ist. **2.** ⟨itr.; hat; durch etw. ü.⟩ *sich auszeichnen:* die Mannschaft überzeugte vor allem durch ihre Einsatzbereitschaft; dieses Produkt überzeugt durch seine Qualität. **3.** ⟨sich [von etw.] ü.⟩ *sich durch eigenes Nachprüfen vergewissern:* er überzeugte sich von dem einwandfreien Zustand des Geräts.

die **Über|zeu|gung** [yːbɐˈtsɔygʊŋ], -, -en: *durch jmdn. oder durch eigene Prüfung oder Erfahrung gewonnene Gewissheit, feste Meinung:* eine religiöse, politische Überzeugung; das war seine feste Überzeugung; ich bin der Überzeugung, dass Sonnenenergie die Energieform der Zukunft ist. *Syn.:* Ansicht, Meinung.

¹**über|zie|hen** [ˈyːbɐtsiːən], zieht über, zog über, übergezogen ⟨tr.; hat; [sich (Dativ)] etw. ü.⟩: *(ein Kleidungsstück) anziehen:* ich zog [mir] einen Pullover über.

²**über|zie|hen** [yːbɐˈtsiːən], überzieht, überzog, überzogen ⟨tr.; hat⟩: **1.** ⟨etw. mit etw. ü.⟩ *mit einer äußeren Schicht (aus etwas Bestimmtem) versehen:* etwas mit einer Folie, mit Stoff, mit einer Lackschicht überziehen; die Betten [frisch] überziehen *(beziehen).* **2.** ⟨etw. ü.⟩ *(ein Konto) so belasten, dass sich ein negativer Kontostand ergibt:* er hat sein Konto [um 400 Euro] überzogen.

über|zo|gen [yːbɐˈtsoːgn̩] ⟨Adj.⟩: *übertrie-*

ben: überzogene Forderungen; eine völlig überzogene Reaktion.

üb|lich [ˈyːplɪç], üblicher, am üblichsten ⟨Adj.⟩: *den allgemeinen Gewohnheiten entsprechend, immer wieder vorkommend:* die übliche Begrüßung; etwas zu den üblichen Preisen kaufen; er verspätete sich wie üblich; es ist bei uns üblich, freitags Fisch zu essen. *Zus.:* branchenüblich, landesüblich.

üb|rig [ˈyːbrɪç] ⟨Adj.⟩: **1.** *[als Rest] noch vorhanden:* das übrige Geld kannst du behalten; von dem Wein ist nichts mehr übrig; wir müssen noch ein paar Franken zum Tanken übrig behalten; wenn von dem Fleisch etwas übrig bleibt, frieren wir es ein; wir haben davon leider nichts mehr übrig; lass mir bitte etwas von dem Kuchen übrig. **2.** *ander...:* dieses Bild möchte ich behalten, aber die übrigen kannst du gerne haben; wir waren nur noch zu dritt, die Übrigen waren schon alle nach Hause gegangen.

üb|ri|gens [ˈyːbrɪgn̩s] ⟨Adverb⟩: *nebenbei bemerkt:* übrigens könntest du mir noch einen Gefallen tun; das Buch gehört mir übrigens gar nicht; übrigens, ich kann morgen nicht kommen.

die **Übung** [ˈyːbʊŋ], -, -en: **1.** *das Üben:* sie ließ die Schüler zur Übung ein paar Sätze übersetzen, ein paar Mathematikaufgaben lösen; diese Sonate spielen Sie zur Übung bitte mindestens dreimal; ohne Übung kann man kein Musikinstrument spielen lernen; ihm fehlt die Übung; *∗aus der Übung sein: eine bestimmte Tätigkeit schon länger nicht mehr geübt haben und daher nicht mehr richtig beherrschen:* ich habe seit Jahren nicht mehr gespielt und bin völlig aus der Übung. **2.** *(im Sport, bes. im Turnen) Folge bestimmter Bewegungen:* eine Übung am Barren. *Zus.:* Entspannungsübung, Kraftübung, Turnübung.

das Ufer

das **Ufer** [ˈuːfɐ], -s, -: *Rand eines Flusses, Meeres oder Sees:* ein steiles, flaches Ufer; er stand am Ufer und winkte dem Schiff hinterher; der Fluss ist über die Ufer getreten. *Syn.:* Küste, Strand. *Zus.:* Flussufer, Meeresufer, Seeufer.

die **Uhr** [uːɐ], -, -en: **1.** *Gerät, das die Zeit misst:* eine analoge, digitale Uhr; die Uhr

U

geht nach; die Uhr aufziehen, stellen; morgen wird die Uhr [auf Sommerzeit] umgestellt. *Zus.:* Armbanduhr, Parkuhr, Stoppuhr. **2.** ⟨ohne Plural⟩ *bestimmte Stunde der Uhrzeit:* wie viel Uhr ist es? *(wie spät ist es?);* es ist Punkt acht Uhr; der Zug fährt [um] elf Uhr sieben / 11.07 Uhr; Sprechstunde von 16 bis 19 Uhr.

die Uhr (1)

der **Uhr|ma|cher** [ˈuːɐ̯maxɐ]; -s, -, die **Uhr|ma|che|rin** [ˈuːɐ̯maxərɪn]; -, -nen: *Person, die Uhren baut und repariert:* eine kaputte Uhr zum Uhrmacher bringen.

der **Uhr|zei|ger|sinn** [ˈuːɐ̯ʦaigɐzɪn]; -s: *Richtung, in der die Zeiger einer Uhr laufen:* im Uhrzeigersinn drehen; die Spieler kommen im Uhrzeigersinn an die Reihe.

Uhrzeit

Möchten Sie sich nach der Uhrzeit erkundigen, können Sie entweder sagen: »Entschuldigen Sie bitte, können Sie mir sagen, wie spät es ist?«, oder: »Entschuldigung, haben Sie die genaue Zeit?«

---

die **Uhr|zeit** [ˈuːɐ̯ʦait]; -, -en: *die durch die Uhr angezeigte Zeit:* kannst du mir die genaue Uhrzeit sagen?; um welche Uhrzeit kommst du?

ul|kig [ˈʊlkɪç], ulkiger, am ulkigsten ⟨Adj.⟩ (ugs.): *komisch, merkwürdig, zum Lachen:* sie hat eine ulkige Geschichte erzählt; das ist ein ulkiger Kerl; ihr Benehmen ist ulkig. *Syn.:* lustig, witzig.

das **Ul|ti|ma|tum** [ʊltiˈmaːtʊm]; -s, Ultimaten [ʊltiˈmaːtn̩]: *Aufforderung [eines Staats an einen anderen], etwas bis zu einem bestimmten Termin zu tun:* die UNO hat der Regierung ein Ultimatum gestellt; das Ultimatum läuft in drei Tagen ab.

¹**um** [ʊm] ⟨Präp. mit Akk.⟩: **1.** ⟨räumlich⟩ *in der Form eines Kreises mit jmdm., etwas als Mittelpunkt:* alle standen um ihn [herum]; er schlug um sich; wir saßen alle um einen großen, runden Tisch; er bog um die Ecke. **2.** ⟨zeitlich⟩ *zu einer bestimmten Zeit:* um 12 Uhr wird gegessen; der Wecker klingelte um sieben. **3.** stellt bei bestimmten Wörtern eine Beziehung zu einem Objekt her:

sich um eine Stelle bewerben; sie machte sich Sorgen um ihn. **4.** *betreffend:* wie steht es um ihn?; er macht viel Lärm um nichts; sie hat Angst um ihre Kinder. **5.** kennzeichnet einen Unterschied bei Maßangaben: der Rock wurde um 5 cm gekürzt; die Zahl der Unfälle ist um 10 % gestiegen.

²**um** [ʊm] ⟨Konj. mit Infinitiv⟩: in der Verbindung * **um zu:** sie ging in die Stadt, um einzukaufen; sie trafen sich, um gemeinsam für die Prüfung zu lernen.

um- [ʊm] ⟨verbales Präfix; betont, wenn trennbar; unbetont, wenn nicht trennbar⟩: **1.** ⟨nicht trennbar⟩ *im Kreis, von allen Seiten um jmdn., etwas herum:* umarmen; umfassen. **2.** ⟨trennbar⟩ *um einen Körperteil herum:* umbinden; umhängen. **3.** ⟨trennbar⟩ *in eine andere Richtung, Lage:* umbiegen; sich umdrehen. **4.** ⟨trennbar⟩ *so, dass es [auf die andere Seite] gewendet wird:* umblättern; umdrehen. **5.** ⟨trennbar⟩ *von einer stehenden in eine liegende Position:* umfallen; umstürzen. **6.** ⟨trennbar⟩ *von einem Ort an einen anderen:* umsiedeln; umziehen. **7.** ⟨trennbar⟩ *so, dass jmd., etwas dadurch verändert wird:* umformulieren; sich umziehen.

um|än|dern [ˈʊmʔɛndɐn], ändert um, änderte um, umgeändert ⟨tr.; hat; etw. u.⟩: *in eine andere Form bringen; ändern:* das zweite Kapitel hat der Autor umgeändert; nach ihrer Diät ließ sie alle Kleider umändern. *Syn.:* umarbeiten.

um|ar|bei|ten [ˈʊmʔarbaitn̩], arbeitet um, arbeitete um, umgearbeitet ⟨tr.; hat; etw. u.⟩: *in eine andere Form bringen, anders gestalten:* einen Mantel nach der neuen Mode umarbeiten lassen; sie arbeitete ihren Roman zu einem Drama um. *Syn.:* ändern, umändern, verändern.

um|ar|men [ʊmˈʔarmən], umarmt, umarmte, umarmt ⟨tr.; hat; jmdn., sich u.⟩: *die Arme um jmdn. legen:* die Mutter umarmte ihr Kind; sie umarmten sich/einander. *Syn.:* umfassen.

der **Um|bau** [ˈʊmbau̯]; -[e]s: *Veränderung von Gebäuden oder Räumen:* der Umbau des Hauses kostete viel Geld.

¹**um|bau|en** [ˈʊmbau̯ən], baut um, baute um, umgebaut ⟨tr.; hat; etw. u.⟩: *(Gebäude, Räume) durch Bauen verändern:* die alte Turnhalle wird umgebaut und modernisiert; ⟨auch itr.⟩ wir bauen gerade um, das gibt viel Schmutz.

²**um|bau|en** [ʊmˈbau̯ən], umbaut, umbaute, umbaut ⟨tr.; hat; etw. u.⟩: *mit*

Bauten umgeben: man hat den Platz mit modernen Wohnhäusern umbaut.

um|bie|gen [ˈʊmbiːɡn̩], biegt um, bog um, umgebogen ⟨tr.; hat; etw. u.⟩: *in eine andere Richtung biegen:* er hat den Draht umgebogen; irgendjemand hat die Antenne unseres Autos umgebogen. *Syn.:* knicken.

um|bin|den [ˈʊmbɪndn̩], bindet um, band um, umgebunden ⟨tr.; hat; jmdm., sich etw. u.⟩: *durch Binden am Körper befestigen:* sie band dem Kind ein Lätzchen um; muss ich mir eine Krawatte umbinden?; großen Hunden muss ein Maulkorb umgebunden werden. *Syn.:* anlegen, anziehen, umlegen.

um|blät|tern [ˈʊmblɛtɐn], blättert um, blätterte um, umgeblättert ⟨itr.; hat⟩: *ein Blatt in einem Buch auf die andere Seite wenden:* du kannst umblättern, ich bin fertig mit dieser Seite; er blättert für die Pianistin um; ⟨auch tr.; etw. u.⟩ die Zeitung umblättern; er blättert die Seiten rasch um.

um|brin|gen [ˈʊmbrɪŋən], bringt um, brachte um, umgebracht ⟨tr.; hat; jmdn., sich u.⟩: *töten:* die Geiseln sind umgebracht worden; jmdn. kaltblütig, mit Gift umbringen; er hätte ihn am liebsten umgebracht; die vielen Zigaretten bringen dich noch um! *Syn.:* ermorden.

der **Um|bruch** [ˈʊmbrʊx], Umbrüche [ˈʊmbrʏçə]: *wichtige Veränderung:* die Entdeckung des Atoms kennzeichnet einen Umbruch in der Geschichte der Naturwissenschaften; unsere Gesellschaft befindet sich im Umbruch. *Syn.:* Übergang, Wandel.

um|dre|hen [ˈʊmdreːən], dreht um, drehte um, umgedreht: **1.** ⟨tr.; hat; etw. u.⟩ *auf die andere Seite drehen:* ein Blatt Papier umdrehen; die Schallplatte umdrehen. *Syn.:* wenden. **2.** ⟨sich u.⟩ *den Kopf oder Körper drehen:* als ich mich umdrehte, konnte ich ihr Gesicht sehen; sie drehte sich nach ihr / nach dem Geräusch um; dreh dich mal um, du darfst nicht sehen, was ich gekauft habe. **3.** ⟨itr.; ist⟩ *wieder zurückgehen, zurückfahren; umkehren:* nach fünf Kilometern sind wir umgedreht; lass uns umdrehen und an der letzten Ampel rechts abbiegen.

¹**um|fah|ren** [ˈʊmfaːrən], fährt um, fuhr um, umgefahren ⟨tr.; hat; jmdn., etw. u.⟩: *gegen jmdn., etwas fahren und ihn, es dadurch zu Boden werfen:* der Betrunkene hat die Frau, das Verkehrsschild einfach umgefahren. *Syn.:* überfahren.

²**um|fah|ren** [ʊmˈfaːrən], umfährt, umfuhr, umfahren ⟨tr.; hat; etw. u.⟩: *um etwas fahren und ihm dadurch ausweichen:* wir müssen versuchen, die Großstadt mit ihrem dichten Verkehr zu umfahren; wir sollten den Stau umfahren.

um|fal|len [ˈʊmfalən], fällt um, fiel um, umgefallen ⟨itr.; ist⟩: *auf die Seite, zu Boden fallen:* die Lampe fiel um, dabei ging die Birne kaputt; pass auf, die Vase fällt leicht um!; er ist ganz plötzlich tot umgefallen; ein umgefallenes Verkehrsschild. *Syn.:* kippen.

der **Um|fang** [ˈʊmfaŋ]; -[e]s: **1.** *Länge einer Linie, die einmal um einen [runden] Gegenstand läuft:* der Baum hat einen Umfang von 6 Metern; den Umfang des Kreises berechnen. *Zus.:* Brustumfang, Erdumfang, Kreisumfang. **2.** *Größe, Weite, Ausdehnung:* der Umfang des Buches beträgt ca. 500 Seiten; man muss das Problem in seinem vollen Umfang sehen. *Syn.:* Ausmaß. *Zus.:* Buchumfang.

um|fas|sen [ʊmˈfasn̩], umfasst, umfasste, umfasst: **1.** ⟨tr.; hat; etw. u.⟩ *die Hände um etw. legen:* er umfasste ihren Arm. **2.** ⟨itr.; hat; etw. u.⟩ *zum Inhalt haben; enthalten:* die neue Ausgabe umfasst Gedichte und Prosa des Autors; das Tagebuch umfasst die Jahre 1900 bis 1910; ihre Arbeit umfasst viele verschiedene Aufgaben. *Syn.:* beinhalten.

um|fas|send [ʊmˈfasn̩t], umfassender, am umfassendsten ⟨Adj.⟩: *ausführlich, vollständig:* ein umfassendes Wörterbuch; er legte ein umfassendes Geständnis ab; er will umfassend informiert werden.

um|for|mu|lie|ren [ˈʊmfɔrmuliːrən], formuliert um, formulierte um, umformuliert ⟨tr.; hat; etw. u.⟩: *neu, anders formulieren:* dieser Satz ist zu lang, bitte formulieren Sie ihn um; das letzte Kapitel musste komplett umformuliert werden. *Syn.:* ¹umschreiben.

die **Um|fra|ge** [ˈʊmfraːɡə], -, -n: *das Befragen vieler Personen nach ihrer Meinung:* eine repräsentative Umfrage; bei einer Umfrage waren 80 Prozent [der Bürger] für eine Änderung des Gesetzes; eine Umfrage unter der Bevölkerung hat ergeben, dass … *Zus.:* Leserumfrage, Meinungsumfrage, Verbraucherumfrage, Wählerumfrage.

der **Um|gang** [ˈʊmɡaŋ]; -[e]s: *Kontakt zu anderen Menschen:* sie haben einen sehr vertrauten Umgang miteinander; außer mit Bernd hatte er keinen Umgang; diese

U

Menschen sind kein Umgang für dich *(sie passen nicht zu dir).*

die **Um|gangs|spra|che** [ˈʊmɡaŋsʃpraːxə]; -, -n: *[mündliche] Sprache, die im täglichen Umgang mit anderen Menschen verwendet wird:* in der Umgangssprache gibt es sehr viele Bezeichnungen für das Verb »töten«; in den Zeitungen sind immer häufiger Wörter aus der Umgangssprache zu lesen; in der Werbung hört und liest man sehr viel Umgangssprache.

um|ge|ben [ʊmˈɡeːbn̩], umgibt, umgab, umgeben ⟨tr.; hat⟩: **1.** ⟨jmdn., sich, etw. mit jmdm., etw. u.⟩ *um jmdn., etwas herum sein lassen:* sie haben ihr Grundstück mit einer Mauer umgeben; sie umgibt ihn mit ihrer Liebe; der neue Star umgibt sich gern mit seinen Fans. **2.** ⟨jmdn., etw. u.⟩ *auf allen Seiten um jmdn., etwas herum sein:* eine hohe Hecke umgibt den Garten; der Verletzte war von neugierigen Gaffern umgeben. *Syn.:* einschließen.

die **Um|ge|bung** [ʊmˈɡeːbʊŋ]; -, -en: **1.** *Gebiet um einen Ort herum:* das Haus hat eine schöne, reizvolle Umgebung; sie machten oft Ausflüge in die Umgebung. *Syn.:* Nachbarschaft. **2.** *Bereich, in dem man lebt, besonders die Menschen, mit denen man häufig Kontakt hat:* fühlst du dich in der neuen Umgebung wohl?; das Kind musste sich erst an die neue Umgebung gewöhnen. *Syn.:* Umwelt.

¹**um|ge|hen** [ˈʊmɡeːən], geht um, ging um, umgegangen ⟨itr.; ist⟩: **1.** ⟨[irgendwo] u.⟩ *sich von einem zum andern ausbreiten:* dieses Gerücht geht bereits seit Tagen um; in unserer Gegend geht die Grippe um. **2.** ⟨mit jmdm., etw. [irgendwie] u.⟩ *jmdn., etwas auf bestimmte Weise behandeln:* er geht immer ordentlich mit seinen Sachen um; mit Kindern muss man liebevoll umgehen; mit Kritik kann sie nicht gut umgehen; so kannst du nicht mit mir umgehen!

²**um|ge|hen** [ʊmˈɡeːən], umgeht, umging, umgangen ⟨tr.; hat; etw. u.⟩: **1.** *einen Bogen um etwas machen:* wir sollten die Innenstadt umgehen. *Syn.:* ²umfahren. **2.** *einer Sache ausweichen, weil sie unangenehm ist:* ein heikles Thema umgehen; lässt sich das Problem nicht umgehen?; eine Vorschrift umgehen *(sich nicht daran halten).* *Syn.:* meiden, vermeiden.

um|ge|hend [ˈʊmɡeːənt] ⟨Adj.⟩ (bes. Papierdt.): *sofort, gleich:* bitte setzen Sie sich umgehend mit uns in Verbindung; er hat umgehend geantwortet; die Bestellung wurde umgehend ausgeführt. *Syn.:* sogleich, unverzüglich.

um|ge|kehrt [ˈʊmɡəkeːɐ̯t] ⟨Adj.⟩: *gegen die übliche Ordnung; entgegengesetzt:* die Namen wurden in umgekehrter Reihenfolge aufgerufen; im umgekehrten Fall wärst du auch beleidigt; die Sache verhält sich genau umgekehrt; er legte das Buch umgekehrt *(mit der Vorderseite nach unten)* auf den Tisch.

der **Um|hang** [ˈʊmhaŋ]; -[e]s, Umhänge [ˈʊmhɛŋə]: *langes Kleidungsstück ohne Ärmel, das über den Schultern hängt und nach unten immer weiter wird:* der Geistliche trug einen schwarzen Umhang; der Friseur legte ihm einen Umhang um. *Zus.:* Frisierumhang, Regenumhang.

die **Um|kehr** [ˈʊmkeːɐ̯]; -: *das Zurückgehen, das Umkehren:* das schlechte Wetter zwang die Bergsteiger zur Umkehr.

um|keh|ren [ˈʊmkeːrən], kehrt um, kehrte um, umgekehrt ⟨itr.; ist⟩: *umdrehen und zurückgehen oder -fahren:* wir mussten umkehren, weil der Weg versperrt war; er ist auf halbem Wege umgekehrt; als der Regen anfing, kehrte sie um. *Syn.:* kehrtmachen.

um|klei|den [ˈʊmklaidn̩], kleidet um, kleidete um, umgekleidet ⟨sich u.⟩ (geh.): *andere Kleidung anziehen:* bevor du gehst, musst du dich noch umkleiden; vor dem Abendessen möchte ich mich noch umkleiden. *Syn.:* sich umziehen.

um|kom|men [ˈʊmkɔmən], kommt um, kam um, umgekommen ⟨itr.; ist⟩: *bei einem Unglück sterben:* in den Flammen umkommen; sein Vater ist im Krieg, bei einem Autounfall umgekommen.

um|le|gen [ˈʊmleːɡn̩], legt um, legte um, umgelegt ⟨tr.; hat⟩: **1.** *um den Körper legen:* jmdm./sich eine Kette, einen Schal, einen Pelz umlegen; einen Verband umlegen. *Syn.:* anlegen. **2.** (ugs.) *kaltblütig erschießen:* die Verbrecher haben den Polizisten einfach umgelegt. *Syn.:* töten, umbringen.

um|lei|ten [ˈʊmlaitn̩], leitet um, leitete um, umgeleitet ⟨tr.; hat; jmdn., etw. u.⟩: *auf einen anderen Weg bringen:* wegen eines Unfalls leitet die Polizei den Verkehr um; die Anrufe werden automatisch auf einen anderen Apparat umgeleitet.

die **Um|lei|tung** [ˈʊmlaitʊŋ]; -, -en: **1.** *das Umleiten:* die Umleitung der Anrufe auf einen anderen Apparat. **2.** *Weg für den Verkehr, der eine gesperrte Strecke ersetzt:* die Strecke ist gesperrt, bitte

U

fahren Sie die Umleitung; nach dem Unfall mussten die Züge eine Umleitung fahren.

um|ran|den [ˈʊmˈrandn̩], umrandet, umrandete, umrandet ⟨tr.; hat; etw. u.⟩: *einen Rand um etwas machen:* die Lehrerin hat die Fehler rot umrandet.

¹um|rei|ßen [ˈʊmraisn̩], reißt um, riss um, umgerissen ⟨tr.; hat; jmdn., etw. u.⟩: *umwerfen:* das Auto kam von der Straße ab und riss mehrere Fußgänger um; der Sturm hatte das Zelt umgerissen.

²um|rei|ßen [ʊmˈraisn̩], umreißt, umriss, umrissen ⟨tr.; hat; etw. u.⟩: *mit wenigen Worten darstellen, erklären:* er verstand es, die Situation in wenigen Worten zu umreißen; können Sie das Problem kurz umreißen? *Syn.:* skizzieren.

um|rin|gen [ʊmˈrɪŋən], umringt, umringte, umringt ⟨tr.; hat; jmdn., etw. u.⟩: *dicht um jmdn., etwas stehen:* sie umringten ihn, um die Neuigkeit zu erfahren; die Sängerin ist immer von Fans umringt. *Syn.:* sich drängen um, umgeben.

der **Um|riss** [ˈʊmrɪs], -es, -e: *äußere Linie, Form eines Körpers:* den Umriss eines Gegenstandes zeichnen; die Umrisse des Schlosses waren in der Dunkelheit zu erkennen. *Syn.:* Silhouette.

ums [ʊms] ⟨Verschmelzung von »um« + »das«⟩: **1.** ⟨die Verschmelzung kann aufgelöst werden⟩ ums Haus gehen. **2.** ⟨die Verschmelzung kann nicht aufgelöst werden⟩ ums Leben kommen.

der **Um|satz** [ˈʊmzats], -es, Umsätze [ˈʊmzɛtsə]: *Wert aller Waren, die in einem bestimmten Zeitraum verkauft wurden:* einen guten Umsatz haben; den Umsatz durch Werbung steigern; der Umsatz ist im letzten Jahr deutlich zurückgegangen. *Syn.:* Einnahmen ⟨Plural⟩. *Zus.:* Jahresumsatz, Rekordumsatz.

der **Um|schlag** [ˈʊmʃlaːk], -[e]s, Umschläge [ˈʊmʃlɛːɡə]: **1.** *Hülle, die ein Buch umgibt:* einen Umschlag um ein Buch legen. *Zus.:* Buchumschlag, Schutzumschlag. **2.** *Hülle aus Papier, in der Briefe verschickt werden:* den Brief in einen Umschlag stecken; den Umschlag zukleben; sie steckte die Karte in einen Umschlag. *Syn.:* Kuvert. *Zus.:* Briefumschlag, Rückumschlag. **3.** *feuchtes Tuch, das um einen Körperteil gelegt wird:* einen kalten, warmen Umschlag machen; die Umschläge senkten das Fieber.

¹um|schrei|ben [ˈʊmʃraibn̩], schreibt um,

schrieb um, umgeschrieben ⟨tr.; hat; etw. u.⟩: *anders schreiben, neu formulieren:* einen Aufsatz umschreiben; die Autorin hat ihr Stück sechsmal umgeschrieben. *Syn.:* überarbeiten, umarbeiten.

²um|schrei|ben [ʊmˈʃraibn̩], umschreibt, umschrieb, umschrieben ⟨tr.; hat; etw. u.⟩: **1.** *mit wenigen Worten darstellen, erklären:* das Problem lässt sich folgendermaßen umschreiben. *Syn.:* skizzieren, umreißen. **2.** *nicht mit dem genau passenden Wort ausdrücken, sondern mit anderen Worten beschreiben:* sie suchte nach Worten, mit denen sie ihren Wunsch umschreiben konnte; wenn dir das Wort nicht einfällt, kannst du es doch umschreiben.

um|schu|len [ˈʊmʃuːlən], schult um, schulte um, umgeschult: **1.** ⟨tr.; hat; jmdn. [zu jmdm., auf etw. (Akk.)] u.⟩ *in einem anderen Beruf ausbilden:* weil er als Bäcker keine Arbeit fand, wollte das Arbeitsamt ihn [zum Programmierer] umschulen. **2.** ⟨itr.; hat; [auf jmdn., etw.] u.⟩ *einen anderen Beruf lernen:* sie hat auf Heilpraktikerin umgeschult.

die **Um|schu|lung** [ˈʊmʃuːlʊŋ], -, -en: *Ausbildung für eine andere Tätigkeit:* eine Umschulung zum Programmierer.

der **Um|schwung** [ˈʊmʃvʊŋ], -[e]s, Umschwünge [ˈʊmʃvʏŋə]: *Veränderung ins Gegenteil:* der Umschwung der öffentlichen Meinung brachte die Regierung in Schwierigkeiten. *Syn.:* Umschlag. *Zus.:* Meinungsumschwung, Wetterumschwung.

um|se|hen [ˈʊmzeːən], sieht um, sah um, umgesehen ⟨sich [nach jmdm., etw.] u.⟩: *sich umdrehen, um jmdn., etwas zu sehen:* er hat sich noch mehrmals nach ihr umgesehen; sie konnte nicht fortgehen, ohne sich immer wieder nach dem Haus umzusehen.

um|set|zen [ˈʊmzɛtsn̩], setzt um, setzte um, umgesetzt ⟨tr.; hat⟩: **1.** *an eine andere Stelle, an einen anderen Platz setzen:* die Lehrerin setzte den Schüler um, weil er die anderen ständig gestört hatte. **2.** *verkaufen:* die Firma hat Waren für mehrere Millionen Euro umgesetzt. **3.** *umwandeln (und so verwirklichen):* eine Idee in die Tat umsetzen.

die **Um|sicht** [ˈʊmzɪçt], -: *kluges Beachten aller wichtigen Umstände (das zu besonnenem Handeln führt):* in dieser kritischen Lage bewies er viel Umsicht; mit Umsicht handeln, vorgehen.

U

um|sich|tig ['ʊmzɪçtɪç], umsichtiger, am umsichtigsten ⟨Adj.⟩: *Umsicht zeigend, mit Umsicht [handelnd]:* eine umsichtige Sekretärin; sie hatte sich sehr umsichtig verhalten und wurde deshalb ausdrücklich gelobt. *Syn.:* besonnen, klug.

um|so ['ʊmzo:] ⟨Konj.⟩): drückt in Verbindung mit »je« und Komparativ eine Verstärkung aus: je schneller man fährt, umso größer ist die Gefahr; ⟨nur mit Komparativ⟩ nach einer Pause wird es umso besser gehen! *Syn.:* desto.

um|sonst [ʊm'zɔnst] ⟨Adverb⟩: **1.** *ohne die erwartete Wirkung:* ich bin umsonst hingegangen, es war niemand zu Hause; sie haben umsonst so große Anstrengungen gemacht. *Syn.:* vergeblich. **2.** *ohne Bezahlung:* wir durften umsonst mitfahren. *Syn.:* gratis, kostenlos.

der **Um|stand** ['ʊmʃtant]; -[e]s, Umstände ['ʊmʃtɛndə]: **1.** *etwas, was für ein Geschehen wichtig ist und es mit bestimmt:* das Konzert fand unter besonderen Umständen statt; wenn es die Umstände erlauben, kommen wir gern; du musst unter allen Umständen *(unbedingt)* verhindern, dass sich ein solcher Streit wiederholt. **2.** ⟨Plural⟩ *überflüssiger Aufwand, der aus Höflichkeit geleistet wird:* machen Sie sich meinetwegen keine Umstände.

um|ständ|lich ['ʊmʃtɛntlɪç], umständlicher, am umständlichsten ⟨Adj.⟩: *komplizierter (vorgehend), als eigentlich nötig wäre:* er ist ein umständlicher Mensch; sie hat den Vorgang sehr umständlich erzählt; das Gerät ist äußerst umständlich zu bedienen.

um|stei|gen ['ʊmʃtaign], steigt um, stieg um, umgestiegen ⟨itr.; ist⟩: *aus einem Fahrzeug aussteigen und in ein anderes einsteigen (besonders bei Zügen, Straßenbahnen, Bussen):* Sie müssen in Hannover umsteigen, weil dieser Zug nicht bis Bremen fährt; auf dem Marktplatz ist sie in die Linie 10 umgestiegen.

¹**um|stel|len** ['ʊmʃtɛlən], stellt um, stellte um, umgestellt: **1.** ⟨tr.; hat; etw. u.⟩ *an einen anderen Platz stellen:* Bücher, Möbel umstellen. **2.** ⟨tr.; hat; etw. u.⟩ *(einen Betrieb) bestimmten Bedingungen entsprechend verändern:* sie haben ihre Fabrik auf die Herstellung von Kunststoffen umgestellt. **3.** ⟨sich u.⟩ *sich auf veränderte Verhältnisse einstellen:* ich konnte mich nur schwer [auf das andere Klima] umstellen. *Syn.:* sich anpassen.

²**um|stel|len** [ʊm'ʃtɛlən], umstellt, umstellte, umstellt ⟨tr.; hat; jmdn., etw. u.⟩: *sich auf allen Seiten um jmdn., etwas herum aufstellen, sodass niemand entkommen kann:* die Polizei umstellte das Haus.

um|strit|ten [ʊm'ʃtrɪtn̩], umstrittener, am umstrittensten ⟨Adj.⟩: *nicht völlig geklärt, von verschiedenen Personen unterschiedlich eingeschätzt:* eine umstrittene Theorie; ob das Gemälde wirklich echt ist, ist nach wie vor umstritten. *Syn.:* zweifelhaft.

der **Um|sturz** ['ʊmʃtʊrts]; -es, Umstürze ['ʊmʃtyrtsə]: *gewaltsame grundlegende Änderung der bisherigen politischen Ordnung:* einen Umsturz planen, vorbereiten. *Syn.:* Revolution, Staatsstreich.

um|tau|schen ['ʊmtauʃn̩], tauscht um, tauschte um, umgetauscht ⟨tr.; hat; etw. u.⟩: **1.** *etwas (Gekauftes) zurückgeben und etwas anderes dafür erhalten:* ein Geschenk umtauschen. **2.** *sich für das Geld in einer Währung einen entsprechenden Betrag in einer anderen Währung geben lassen:* wir müssen heute noch Geld für den Urlaub umtauschen.

der **Um|trunk** ['ʊmtrʊŋk]; -[e]s, Umtrünke ['ʊmtrʏŋkə]: *gemeinsames Trinken:* die Kolleginnen und Kollegen zu einem kleinen Umtrunk einladen.

um|wan|deln ['ʊmvandl̩n], wandelt um, wandelte um, umgewandelt ⟨tr.; hat; jmdn., etw. u.⟩: *(jmdn., etwas) zu etwas anderem machen, verändern:* mechanische Energie in Elektrizität umwandeln; die Freiheitsstrafe wurde in eine Geldstrafe umgewandelt; nach ihrer Scheidung war sie wie umgewandelt.

der **Um|weg** ['ʊmve:k]; -[e]s, -e: *Weg, der länger ist als der direkte Weg:* wir haben einen Umweg gemacht; sie konnten ihr Ziel nur auf Umwegen erreichen.

die **Um|welt** ['ʊmvɛlt]; -: **1.** *alles, was einen Menschen umgibt, auf ihn einwirkt und seine Existenz beeinflusst:* die Umwelt belastende Chemikalien; jeder ist den Einflüssen der Umwelt ausgesetzt. **2.** *Kreis von Menschen, in dem jmd. lebt, mit dem jmd. in Beziehung steht:* er fühlt sich von seiner Umwelt missverstanden.

um|welt|freund|lich ['ʊmvɛltfrɔʏntlɪç], umweltfreundlicher, am umweltfreundlichsten ⟨Adj.⟩: *der natürlichen Umwelt wenig oder gar nicht schadend:* die Bahn gehört zu den umweltfreundlichsten Verkehrsmitteln.

die **Um|welt|schä|den** ['ʊmvɛltʃɛ:dn̩] ⟨Plural⟩: *Schäden in der natürlichen Umwelt:* der

Tourismus hat in manchen Gegenden große Umweltschäden verursacht.

der **Um|welt|schutz** ['ʊmvɛltʃʊts]; -es: *Gesamtheit der Maßnahmen zum Schutz der natürlichen Umwelt:* alle politischen Parteien wollen sich für den Umweltschutz einsetzen. *Syn.:* Naturschutz.

die **Um|welt|ver|schmut|zung** ['ʊmvɛltfɛɐ̯ʃmʊtsʊŋ]; -, -en: *das Belasten der Umwelt durch Schmutz und Schadstoffe:* viele Pflanzen und Tiere sind durch die Umweltverschmutzung bedroht.

um|zie|hen ['ʊmtsiːən], zieht um, zog um, umgezogen: **1.** ⟨itr.; ist⟩ *in eine andere Wohnung, Unterkunft ziehen:* nach München umziehen; sie sind inzwischen in eine größere Wohnung umgezogen. *Syn.:* übersiedeln, wegziehen, ziehen. **2.** ⟨tr.; hat; jmdn., sich u.⟩ *die Kleidung wechseln:* bitte, zieh doch die Kleine schon mal um!; ich muss mich erst noch umziehen, ehe wir gehen; sich zum Essen, fürs Theater umziehen. *Syn.:* sich umkleiden (geh.).

der **Um|zug** [ʊmˈtsuːk]; -[e]s, Umzüge [ʊmˈtsyːɡə]: **1.** *das Umziehen in eine andere Wohnung:* ich habe mir für den Umzug einen Tag Urlaub genommen. **2.** *Veranstaltung, bei der sich eine größere Gruppe aus bestimmtem Anlass durch die Straßen bewegt:* politische Umzüge waren verboten; an einem Umzug teilnehmen. *Zus.:* Faschingsumzug, Karnevalsumzug, Laternenumzug.

un- [ʊn] ⟨adjektivisches Präfix⟩: verneint die Bedeutung des Adjektivs oder Partizips: *nicht:* unbekannt; unbürokratisch; unerwünscht; unfair; ungesund; unhöflich; unhygienisch; unseriös; unverheiratet; unzusammenhängend.

un|ab|hän|gig ['ʊnlaphɛŋɪç] ⟨Adj.⟩: **1.** ⟨unabhängiger, am unabhängigsten⟩ *auf jmdn., etwas nicht angewiesen:* ein unabhängiges Institut; sie wollte von ihren Eltern, vom Geld ihrer Eltern unabhängig sein. **2.** *politisch selbstständig:* ein unabhängiger Staat; das Land wurde im Jahre 1960 unabhängig.

un|ab|sicht|lich ['ʊnlapzɪçtlɪç] ⟨Adj.⟩: *nicht absichtlich:* eine unabsichtliche Kränkung; sie hat mich unabsichtlich getreten. *Syn.:* versehentlich.

un|acht|sam ['ʊnlaxtzaːm], unachtsamer, am unachtsamsten ⟨Adj.⟩: *nicht auf etwas achtend:* eine unachtsame Bewegung machen.

un|an|ge|bracht ['ʊnlanɡəbraxt], unangebrachter, am unangebrachtesten ⟨Adj.⟩: *in einer bestimmten Situation nicht passend:* eine unangebrachte Bemerkung machen; dieser Scherz war bei der ernsten Lage unangebracht. *Syn.:* unpassend.

un|an|ge|nehm ['ʊnlanɡəneːm], unangenehmer, am unangenehmsten ⟨Adj.⟩: **1.** *kein angenehmes Gefühl verursachend:* die Wolle war unangenehm auf der Haut. **2.** *ärgerlich, unerfreulich:* das ist eine unangenehme Geschichte; sie hatte eine sehr unangenehme Art, mich auf Fehler hinzuweisen.

un|ap|pe|tit|lich ['ʊnlapeti:tlɪç], unappetitlicher, am unappetitlichsten ⟨Adj.⟩: *nicht appetitlich, fast ekelerregend:* das viel zu lange gekochte Gemüse sah schon ziemlich unappetitlich aus.

un|auf|fäl|lig ['ʊnlaʊffɛlɪç], unauffälliger, am unauffälligsten ⟨Adj.⟩: *in keiner Weise Aufmerksamkeit auf sich lenkend:* ein unauffälliges Aussehen; ich wollte mich unauffällig entfernen.

un|auf|hör|lich [ʊnlaʊfhøːɐ̯lɪç] ⟨Adj.⟩: *längere Zeit dauernd, obwohl eigentlich ein Ende erwartet wird:* es regnete unaufhörlich; er hat uns unaufhörlich versichert, es sei alles nur ein Versehen gewesen. *Syn.:* dauernd (emotional), endlos.

un|auf|merk|sam ['ʊnlaʊfmɛrkzaːm], unaufmerksamer, am unaufmerksamsten ⟨Adj.⟩: *nicht aufmerksam, nicht mit Interesse folgend:* unaufmerksame Zuhörer; die Schülerinnen wurden am Ende der Stunde immer unaufmerksamer.

un|barm|her|zig ['ʊnbarmhɛrtsɪç], unbarmherziger, am unbarmherzigsten ⟨Adj.⟩: *ohne Mitleid seine Hilfe verweigernd:* ein unbarmherziger Mensch; wenn es ums Geld geht, kann sie sehr unbarmherzig sein. *Syn.:* herzlos.

un|be|darft ['ʊnbədarft], unbedarfter, am unbedarftesten ⟨Adj.⟩: *gewisse Zusammenhänge nicht erkennend, naiv:* für den unbedarften Wähler sind diese komplizierten Probleme nicht verständlich. *Syn.:* unerfahren.

un|be|deu|tend ['ʊnbədɔytn̩t], unbedeutender, am unbedeutendsten ⟨Adj.⟩: **1.** *wenig Bedeutung oder Einfluss habend:* er ist nur ein unbedeutender kleiner Angestellter. *Syn.:* unwichtig. **2.** *sehr klein, gering:* eine unbedeutende Änderung; der Schaden war zum Glück unbedeutend. *Syn.:* unerheblich.

¹un|be|dingt ['ʊnbədɪŋt] ⟨Adj.⟩: *uneingeschränkt:* unbedingte Treue; für diese Stellung wird unbedingt Zuverlässigkeit verlangt. *Syn.:* absolut.

U

²un|be|dingt ['ʊnbədɪŋt], ⟨Adverb⟩: *ohne Rücksicht auf Hindernisse oder Schwierigkeiten:* du musst unbedingt zum Arzt gehen; ich will unbedingt herausfinden, wer mich verraten hat.

un|be|fan|gen ['ʊnbəfaŋən], unbefangener, am unbefangensten ⟨Adj.⟩: *sich in seiner Meinung oder seinem Handeln nicht durch andere gehemmt fühlend:* unbefangene Zuschauer äußerten ihre Meinung; jmdn. unbefangen ansehen; unbefangen etwas fragen. *Syn.:* locker, ungeniert, ungezwungen.

un|be|frie|di|gend ['ʊnbəfri:dɪgnt], unbefriedigender, am unbefriedigendsten ⟨Adj.⟩: *nicht befriedigend:* das Ergebnis der Verhandlungen war unbefriedigend. *Syn.:* ungenügend.

der *und* die Un|be|fug|te ['ʊnbəfu:ktə]; -n, -n ⟨aber: [ein] Unbefugter, [eine] Unbefugte, Plural: [viele] Unbefugte⟩: *Person, die zu etwas nicht befugt oder berechtigt ist:* Unbefugten ist der Zutritt verboten!

un|be|greif|lich ['ʊnbəgraiflɪç], unbegreiflicher, am unbegreiflichsten ⟨Adj.⟩: *nicht zu begreifen, unerklärlich:* eine unbegreifliche Dummheit; es ist [mir] unbegreiflich, wie es zu diesem Unfall kommen konnte. *Syn.:* unverständlich.

un|be|grenzt ['ʊnbəgrɛntst] ⟨Adj.⟩: *nicht durch etwas begrenzt oder eingeschränkt:* unbegrenzte Vollmacht haben; ihr kann man unbegrenzt vertrauen.

un|be|grün|det ['ʊnbəgryndət] ⟨Adj.⟩: *ohne Grund; nicht begründet:* ein unbegründeter Verdacht; dein Misstrauen ist völlig unbegründet.

das Un|be|ha|gen ['ʊnbəha:gn̩]; -s: *unbehagliches Gefühl:* die Vorstellung, wieder von anderen abhängig zu sein, bereitete ihr Unbehagen.

un|be|hag|lich ['ʊnbəha:klɪç], unbehaglicher, am unbehaglichsten ⟨Adj.⟩: *ein unangenehmes Gefühl empfindend oder verbreitend:* eine unbehagliche Atmosphäre; sich in einer Situation unbehaglich fühlen. *Syn.:* ungemütlich.

un|be|herrscht ['ʊnbəhɛrʃt], unbeherrschter, am unbeherrschtesten ⟨Adj.⟩: *ohne sein Empfinden zu kontrollieren, sich nicht mäßigend:* jmdn. unbeherrscht anschreien; sie reagierte unbeherrscht auf die Vorwürfe; ein unbeherrschter Spieler. *Syn.:* jähzornig.

un|be|hol|fen ['ʊnbəhɔlfn̩], unbeholfener, am unbeholfensten ⟨Adj.⟩: *ungeschickt [und sich nicht zu helfen wissend]:* beim Geräteturnen wirkt er ziemlich unbehol-

fen. *Syn.:* hilflos, umständlich, ungeschickt.

un|be|kannt ['ʊnbəkant], unbekannter, am unbekanntesten ⟨Adj.⟩: **1.** *nicht gewusst oder gekannt:* eine unbekannte Gegend; es ist mir völlig unbekannt, wer damals hier gewohnt hat. **2.** *nicht berühmt:* als Schauspielerin ist sie noch ziemlich unbekannt.

un|be|merkt ['ʊnbəmɛrkt] ⟨Adj.⟩: *von niemandem bemerkt, beachtet:* der Einbrecher ist unbemerkt in die Wohnung gelangt, unbemerkt entkommen.

un|be|quem ['ʊnbəkve:m], unbequemer, am unbequemsten ⟨Adj.⟩: **1.** *für den Gebrauch nicht bequem:* unbequeme Schuhe; der Stuhl ist unbequem. **2.** *störend, lästig:* eine unbequeme Frage, Politikerin. *Syn.:* unangenehm.

un|be|re|chen|bar [ʊnbə'rɛçnba:ɐ̯], unberechenbarer, am unberechenbarsten ⟨Adj.⟩: *so, dass man seine Reaktionen und Handlungen nicht voraussehen kann:* ein unberechenbarer Gegner; sie ist in ihrer Wut unberechenbar.

un|be|rech|tigt ['ʊnbərɛçtɪçt] ⟨Adj.⟩: *nicht berechtigt; der Berechtigung entbehrend:* unberechtigte Ansprüche; die Forderungen waren völlig unberechtigt.

un|be|rührt ['ʊnbəry:ɐ̯t], unberührter, am unberührtesten ⟨Adj.⟩: *noch nicht berührt, noch im natürlich gegebenen Zustand:* Spuren im unberührten Schnee; die unberührte Natur genießen.

un|be|schränkt ['ʊnbəʃrɛŋkt] ⟨Adj.⟩: *nicht durch etwas eingeschränkt:* einen unbeschränkten Kredit erhalten; über ihr Geld kann sie unbeschränkt verfügen. *Syn.:* unbegrenzt.

un|be|schreib|lich [ʊnbə'ʃraiplɪç], unbeschreiblicher, am unbeschreiblichsten ⟨Adj.⟩: **1.** *alles sonst Übliche übertreffend [sodass man keine Worte dafür findet]:* eine unbeschreibliche Frechheit; das Durcheinander war unbeschreiblich; ein unbeschreibliches Glücksgefühl empfinden. *Syn.:* unglaublich, unsagbar. **2.** ⟨verstärkend bei Adjektiven und Verben⟩ *sehr:* unbeschreiblich schön, glücklich; die Beschwerden haben in letzter Zeit unbeschreiblich zugenommen. *Syn.:* außerordentlich, irrsinnig (emotional), unglaublich (ugs.), wahnsinnig (ugs.).

un|be|sorgt ['ʊnbəzɔrkt], unbesorgter, am unbesorgtesten ⟨Adj.⟩: *ohne Sorge, Bedenken:* sei unbesorgt, ihr ist sicher nichts zugestoßen; diese Pilze könnt ihr unbesorgt essen, sie sind nicht giftig. *Syn.:* bedenkenlos, ruhig.

un|be|stän|dig ['ʊnbəʃtɛndıç], unbeständiger, am unbeständigsten ⟨Adj.⟩: **1.** *seine Absichten oder Meinungen ständig ändernd; in seinen Vorlieben oft wechselnd:* ein unbeständiger Charakter; du bist sehr unbeständig in deinen Gefühlen. *Syn.:* sprunghaft. **2.** *wechselhaft, nicht beständig, nicht gleichbleibend:* unbeständiges Wetter; das Glück ist unbeständig. *Syn.:* veränderlich.

un|be|stech|lich ['ʊnbəʃtɛçlıç], unbestechlicher, am unbestechlichsten ⟨Adj.⟩: *nicht zu bestechen; sich in seinem Urteil durch nichts beeinflussen lassend:* ein unbestechlicher Richter, Journalist; der Politiker gilt als unbestechlich; sie war in ihrem Urteil unbestechlich.

un|be|stimmt ['ʊnbəʃtɪmt], unbestimmter, am unbestimmtesten ⟨Adj.⟩: **1.** *ungenau, nicht genau bestimmbar:* über den Preis konnte sie nur eine unbestimmte Auskunft geben; ein Vorhaben auf unbestimmte Zeit verschieben; sie schaut unbestimmt ins Leere. *Syn.:* vage. **2.** *ungewiss, unsicher:* ob ich komme, ist noch unbestimmt. *Syn.:* offen, unentschieden, unklar, zweifelhaft.

un|be|wacht ['ʊnbəvaxt], unbewachter, am unbewachtesten ⟨Adj.⟩: *nicht bewacht:* die Geräte wurden nachts gestohlen, als die Baustelle unbewacht war; in einem unbewachten Augenblick *(als sie einen Augenblick nicht bewacht war)* lief sie davon.

un|be|weg|lich ['ʊnbəve:klıç], unbeweglicher, am unbeweglichsten ⟨Adj.⟩: **1.** *sich nicht bewegend:* unbeweglich dastehen; mit unbeweglichem Gesicht dasitzen. **2.** *nicht beweglich* /Ggs. beweglich/*:* geistig unbeweglich sein. *Syn.:* starr.

un|be|wusst ['ʊnbəvʊst] ⟨Adj.⟩: *nicht im Bewusstsein vorhanden:* eine unbewusste Angst; sie hat unbewusst *(instinktiv)* das Richtige getan. *Syn.:* instinktiv, unwillkürlich.

un|blu|tig ['ʊnblu:tıç] ⟨Adj.⟩: *ohne dass Blut vergossen wurde:* eine unblutige Revolution; die Entführung endete unblutig.

un|brauch|bar ['ʊnbrauxba:ɐ̯], unbrauchbarer, am unbrauchbarsten ⟨Adj.⟩: *nicht [mehr] zu gebrauchen, nicht geeignet:* unbrauchbare Kabel; unbrauchbare Hinweise; durch falsche Lagerung sind die Geräte unbrauchbar geworden; für diese Gartenarbeiten bin ich unbrauchbar.

und [ʊnt] ⟨Konj.⟩: **1.** *drückt aus, dass jmd. zu jemandem hinzukommt, dass etwas zu etwas anderem hinzugefügt wird:* ich traf den Chef und seine Frau auf der Straße; arme und reiche Leute; es ging ihr besser und sie konnte wieder arbeiten; (bei Additionen zwischen zwei Kardinalzahlen:) drei und *(plus)* vier ist sieben. *Syn.:* sowie. **2.** *drückt einen Gegensatz aus:* aber: alle verreisen und ich allein soll zu Hause bleiben? **3.** ⟨elliptisch⟩ *verknüpft (meist ironisch, zweifelnd, abwehrend o. Ä.) Gegensätzliches, unvereinbar Scheinendes:* du und hilfsbereit!; ich und singen?

un|dank|bar ['ʊndaŋkba:ɐ̯], undankbarer, am undankbarsten ⟨Adj.⟩: **1.** *kein Gefühl des Dankes zeigend (den man jmdm. schuldet):* einem so undankbaren Menschen sollte man nicht mehr helfen; sie verhielt sich ziemlich undankbar. **2.** *nicht lohnend, nachteilig:* es ist meist ein undankbares Geschäft, einen Streit zu schlichten; die Aufgabe ist undankbar.

un|deut|lich ['ʊndɔytlıç], undeutlicher, am undeutlichsten ⟨Adj.⟩: *nicht klar; schlecht zu verstehen, zu lesen, wahrzunehmen:* eine undeutliche Aussprache, Schrift; undeutlich sprechen; sich undeutlich an etwas erinnern. *Syn.:* ungenau, unklar, vage.

un|dicht ['ʊndıçt], undichter, am undichtesten ⟨Adj.⟩: *nicht dicht, Feuchtigkeit o. Ä. durchlassend:* ein undichtes Dach, Fenster; undichte Leitungen; das Ventil, der Tank ist undicht.

das **Un|ding** ['ʊndıŋ]: in der Verbindung * **ein Unding sein:** *in keiner Weise akzeptabel, unerträglich, unmöglich sein:* es ist ein Unding, so etwas zu verlangen; dass die Autos hier so schnell fahren dürfen, ist doch ein Unding!

un|eben ['ʊne:bn̩] ⟨Adj.⟩: **1.** *nicht flach, sondern hügelig:* unebenes Land, Gelände; der Boden ist uneben; Wein auf unebenem Gelände anbauen. **2.** *nicht glatt:* die Tischplatte ist uneben; eine unebene Straße.

un|echt ['ʊnɛçt] ⟨Adj.⟩: **1.** *künstlich [hergestellt], nachgemacht:* sie trägt unechten Schmuck, unechtes Haar; das Bild ist unecht. *Syn.:* falsch, gefälscht, künstlich. **2.** *nicht wirklich empfunden:* sein Mitgefühl wirkt unecht.

un|ehe|lich ['ʊnle:əlıç] ⟨Adj.⟩: *nicht ehelich, nicht aus einer Ehe hervorgegangen* /Ggs. ehelich/*:* ein uneheliches Kind; sie war unehelich [geboren].

un|ein|ge|schränkt ['ʊn|aɪngəʃrɛŋkt] ⟨Adj.⟩: *ohne Einschränkung geltend, voll:* das verdient uneingeschränktes Lob; einer Aussage uneingeschränkt zustimmen; die Anerkennung war uneingeschränkt. *Syn.:* absolut, bedingungslos, voll.

un|ei|nig ['ʊn|aɪnɪç] ⟨Adj.⟩: *nicht gleicher Meinung seiend:* eine uneinige Partei, Regierung; sie waren [sich] uneinig [darüber], was zu tun war. *Syn.:* uneins.

un|eins ['ʊn|aɪns] ⟨Adj.⟩: *uneinig:* die Experten sind uneins; die Parteien blieben uneins; in dieser Frage war sie mit ihrem Lehrer uneins.

un|emp|find|lich ['ʊn|ɛmpfɪntlɪç], unempfindlicher, am unempfindlichsten ⟨Adj.⟩: *nicht empfindlich gegenüber etwas, was auf den Körper oder die Seele einwirkt:* gegen Hitze oder Kälte unempfindlich sein; diese Pflanze ist unempfindlich gegen Krankheiten; sich gegen Kritik unempfindlich zeigen. *Syn.:* gleichgültig. *Zus.:* schmerzunempfindlich.

un|end|lich [ʊn'|ɛntlɪç] ⟨Adj.⟩: **1.** *so groß, so lange dauernd, dass es scheint, als ob es kein Ende hätte:* das unendliche Meer; unendliche Wälder; die Zeit bis zu einem Wiedersehen kam ihr unendlich vor. *Syn.:* endlos, ewig, grenzenlos. **2.** (emotional) *stark ausgeprägt:* unendliche Liebe, Güte, Geduld; es kostete sie unendliche Mühe. *Syn.:* enorm, unglaublich, unwahrscheinlich (ugs.), wahnsinnig (ugs.). **3.** ⟨verstärkend bei Adjektiven und Verben⟩ (emotional) *sehr:* sie war unendlich froh, dass sie den Schmuck wiedergefunden hatte; das dauerte unendlich lang; der Kranke hat sich unendlich über den Besuch gefreut; es kamen unendlich viele Fragen. *Syn.:* ungeheuer, unglaublich, unwahrscheinlich (ugs.), wahnsinnig. (ugs.).

un|ent|behr|lich ['ʊn|ɛntbeːɐ̯lɪç], unentbehrlicher, am unentbehrlichsten ⟨Adj.⟩: *so, dass man nicht darauf verzichten kann:* mein unentbehrlicher Helfer; das Handy ist für meine Arbeit unentbehrlich; für das Verständnis ist hier eine kurze Erläuterung unentbehrlich; du hast dich unentbehrlich gemacht *(man kann auf deine Mitarbeit nicht mehr verzichten).* *Syn.:* unerlässlich.

un|ent|gelt|lich ['ʊn|ɛntgɛltlɪç] ⟨Adj.⟩: *umsonst, ohne dass man dafür bezahlen muss:* eine unentgeltliche Beratung; sie hat diese Arbeiten unentgeltlich ausgeführt. *Syn.:* gratis, kostenlos.

un|ent|schie|den ['ʊn|ɛntʃiːdn̩] ⟨Adj.⟩: **1.** *nicht entschieden:* eine unentschiedene Frage; es ist noch unentschieden, ob ich das Haus verkaufe. *Syn.:* offen, unbestimmt, ungewiss, unklar, unsicher, zweifelhaft. **2.** *unentschlossen:* ein unentschiedener Mensch; unentschieden die Schultern heben. *Syn.:* unschlüssig, zögernd. **3.** *(in Bezug auf zwei Mannschaften oder Spieler, Spielerinnen) die gleiche Anzahl von Punkten oder Toren erzielt habend:* ein unentschiedenes Spiel; der Kampf endete unentschieden.

das **Un|ent|schie|den** ['ʊn|ɛntʃiːdn̩], -s, -: *unentschiedenes Ergebnis:* bei einem Unentschieden muss das Spiel verlängert werden.

un|ent|schlos|sen ['ʊn|ɛntʃlɔsn̩], unentschlossener, am unentschlossensten ⟨Adj.⟩: *sich nicht entschließen könnend* /Ggs. entschlossen/: ein unentschlossener Mann; ich bin noch unentschlossen; sie machte ein unentschlossenes *(keine Entscheidung ausdrückendes)* Gesicht, einen unentschlossenen Eindruck *(schien sich nicht entschließen zu können).* *Syn.:* unentschieden, unschlüssig, zögernd.

un|ent|wegt [ʊn|ɛnt'veːkt] ⟨Adj.⟩: *ohne Unterbrechung, unaufhörlich:* das Telefon klingelte unentwegt; die Stadt wächst unentwegt weiter. *Syn.:* ständig.

un|er|fah|ren ['ʊn|ɛɐ̯faːrən], unerfahrener, am unerfahrensten ⟨Adj.⟩: *[noch] nicht die nötige Erfahrung besitzend, nicht erfahren:* ein unerfahrener Autofahrer; für dieses Amt ist sie noch zu unerfahren; in der Liebe war sie noch ziemlich unerfahren. *Syn.:* unwissend.

un|er|freu|lich ['ʊn|ɛɐ̯frɔʏlɪç], unerfreulicher, am unerfreulichsten ⟨Adj.⟩: *Ärger oder ein schlechtes Gefühl bereitend:* eine unerfreuliche Angelegenheit, Entwicklung, Nachricht; ein unerfreuliches Erlebnis; die Lage ist ziemlich unerfreulich; der Abend endete unerfreulich. *Syn.:* ärgerlich, schlecht, unangenehm.

un|er|heb|lich ['ʊn|ɛɐ̯heːplɪç] ⟨Adj.⟩: *nicht erheblich; unbedeutend:* an dem Fahrzeug entstand bei dem Unfall nur [ein] unerheblicher Schaden; die Unterschiede sind unerheblich. *Syn.:* bedeutungslos, belanglos, gering, klein, unbedeutend, unwesentlich, unwichtig.

¹**un|er|hört** ['ʊn|ɛɐ̯høːɐ̯t] ⟨Adj.⟩: **1.** *empörend, ungeheuerlich:* eine unerhörte Beleidigung, Frechheit; ihr Verhalten ist unerhört. *Syn.:* beispiellos, haarsträu-

bend (emotional). **2.** *außerordentlich groß:* eine unerhörte Summe; mit unerhörter Leichtigkeit. **3.** ⟨intensivierend bei Adjektiven und Verben⟩ *sehr:* unerhört interessant, schnell, schwierig sein; sie hat sich unerhört gefreut. *Syn.:* ausgesprochen, außerordentlich, total (ugs.), unglaublich (ugs.), wahnsinnig (ugs.).

²un|er|hört [ˈʊn|ɛɐ̯høːɐ̯t] ⟨Adj.⟩: *nicht erfüllt:* eine unerhörte Bitte; ihr Flehen, ihre Liebe blieb unerhört.

un|er|klär|lich [ʊn|ɛɐ̯ˈklɛːɐ̯lɪç], unerklärlicher, am unerklärlichsten ⟨Adj.⟩: *mit dem Verstand nicht zu erklären; nicht verständlich:* unerklärliche Handlungen, Verhaltensweisen; er ist auf unerklärliche Weise verschwunden; es ist mir unerklärlich, wie das geschehen konnte. *Syn.:* unbegreiflich, unfassbar.

un|er|läss|lich [ʊn|ɛɐ̯ˈlɛslɪç] ⟨Adj.⟩: *unbedingt nötig:* unerlässliche Voraussetzungen; ein abgeschlossenes Studium ist für diesen Posten unerlässlich. *Syn.:* unentbehrlich.

un|er|laubt [ˈʊn|ɛɐ̯laʊ̯pt] ⟨Adj.⟩: **1.** *ohne Erlaubnis [geschehend]:* sie blieben dem Unterricht unerlaubt fern. **2.** *dem Gesetz widersprechend:* unerlaubter Waffenbesitz; unerlaubte Werbung; unerlaubt in ein Land einreisen. *Syn.:* gesetzwidrig, illegal, unrechtmäßig, verboten.

un|er|müd|lich [ʊn|ɛɐ̯ˈmyːtlɪç], unermüdlicher, am unermüdlichsten ⟨Adj.⟩: *ohne Unterbrechung, nicht müde werdend:* unermüdlicher Eifer; unermüdlich für ein Ziel arbeiten, kämpfen; sie ist unermüdlich; unermüdlich im Einsatz sein. *Syn.:* unaufhörlich, unentwegt.

un|er|reich|bar [ʊn|ɛɐ̯ˈraɪ̯çbaːɐ̯], unerreichbarer, am unerreichbarsten ⟨Adj.⟩: **1.** *sich mit dem Arm, den Händen nicht erreichen lassend:* das Glas mit den Bonbons stand für den kleinen Jungen unerreichbar im obersten Regal. **2.** *sich nicht durchsetzen, verwirklichen lassend:* ein unerreichbares Ziel; diese Stellung bleibt für sie unerreichbar.

un|er|reicht [ʊn|ɛɐ̯ˈraɪ̯çt] ⟨Adj.⟩: *nicht erreicht, von niemandem erreicht:* eine unerreichte Leistung; dieser Rekord ist bis heute unerreicht. *Syn.:* beispiellos, einmalig (emotional), einzigartig.

un|er|schöpf|lich [ʊn|ɛɐ̯ˈʃœpflɪç] ⟨Adj.⟩: *so groß, dass es nicht zu Ende geht:* unerschöpfliche Vorräte; mit unerschöpflicher Geduld; deine finanziellen Mittel

scheinen unerschöpflich zu sein. *Syn.:* gewaltig, ungeheuer, unglaublich.

un|er|schro|cken [ˈʊn|ɛɐ̯ʃrɔkn̩] ⟨Adj.⟩: *sich durch nichts abschrecken lassend; ohne Furcht:* unerschrockene Abenteurer, Helfer, Kämpfer; unerschrocken für etwas kämpfen, eintreten; er zeigte sich unerschrocken. *Syn.:* heldenhaft, mutig.

un|er|schüt|ter|lich [ʊn|ɛɐ̯ˈʃʏtɐlɪç] ⟨Adj.⟩: *(in Bezug auf jmds. Verhalten, Benehmen, Gefühle) von großer Festigkeit, nicht zu zerstören:* unerschütterliche Liebe, Treue; mit unerschütterlicher Ruhe ließ sie seine Vorwürfe über sich ergehen. *Syn.:* beharrlich, fest.

un|er|schwing|lich [ʊn|ɛɐ̯ˈʃvɪŋlɪç], unerschwinglicher, am unerschwinglichsten ⟨Adj.⟩: *(für jmdn. im Preis) zu teuer (sodass man es sich nicht leisten kann):* unerschwinglicher Schmuck; dieses Auto ist für uns unerschwinglich.

un|er|träg|lich [ʊn|ɛɐ̯ˈtrɛːklɪç], unerträglicher, am unerträglichsten ⟨Adj.⟩: **1.** *so schlimm, dass es sich kaum ertragen lässt:* eine unerträgliche Hitze, Kälte, Belastung, Situation; sie litt unerträgliche Schmerzen; das Leid war einfach unerträglich. *Syn.:* entsetzlich, furchtbar, grauenhaft (emotional). **2.** *unsympathisch:* ein unerträglicher Kerl. *Syn.:* ekelhaft, widerlich.

un|er|war|tet [ˈʊn|ɛɐ̯vartət], unerwarteter, am unerwartetsten ⟨Adj.⟩: *überraschend:* sein unerwarteter Besuch stellte uns vor einige Probleme; die Kündigung kam für mich völlig unerwartet. *Syn.:* plötzlich, unvermittelt, unvermutet.

un|er|wünscht [ˈʊn|ɛɐ̯vʏnʃt] ⟨Adj.⟩: *nicht erwünscht; jmds. Wünschen, Vorstellungen widersprechend:* unerwünschte Besucher, Eigenschaften, Personen, Wirkungen; in diesem Hotel sind Gäste mit Hunden unerwünscht.

un|fä|hig [ˈʊnfɛːɪç] ⟨Adj.⟩: **1.** *nicht in der Lage seiend, nicht fähig:* er ist seit seinem Unfall unfähig zu arbeiten. *Zus.:* arbeitsunfähig, berufsunfähig, kampfunfähig. **2.** ⟨unfähiger, am unfähigsten⟩ *(für eine Aufgabe) nicht geeignet, einer Aufgabe nicht gewachsen:* der Mitarbeiter erwies sich als völlig unfähig; eine unfähige Verkäuferin.

un|fair [ˈʊnfɛːɐ̯], unfairer, am unfairsten ⟨Adj.⟩: *nicht fair, nicht den üblichen Regeln des Verhaltens entsprechend:* die unfaire Spielerin wurde vom Platz gewiesen; sein Verhalten war unfair; ich finde das unfair!; sie hatten sich unfair benommen; das wurde von allen als unfair empfunden. *Syn.:* unschön.

der **Un|fall** [ˈʊnfal]; -[e]s, Unfälle [ˈʊnfɛlə]: *Ereignis, bei dem jmd. verletzt oder getötet wird oder etwas kaputtgeht:* ein schwerer, tödlicher Unfall; der Unfall war gestern Abend passiert; wo hat sich der Unfall denn ereignet?; der betrunkene Autofahrer hatte den Unfall verursacht. *Zus.:* Arbeitsunfall, Autounfall, Sportunfall, Verkehrsunfall.

der Unfall

un|fass|bar [ʊnˈfasbaːɐ̯], unfassbarer, am unfassbarsten ⟨Adj.⟩: **1.** *so, dass man es nicht begreifen kann:* ein unfassbares Wunder; es ist mir unfassbar, wie das geschehen konnte. *Syn.:* rätselhaft, unbegreiflich, unerklärlich. **2.** *so, dass man es sich kaum vorstellen kann:* unfassbare Armut. *Syn.:* unglaublich.

un|för|mig [ˈʊnfœrmɪç], unförmiger, am unförmigsten ⟨Adj.⟩: *groß und breit, aber keine angenehme Form habend:* eine unförmige Figur; sein Oberkörper steckte in einem unförmigen Pullover; die Beine schwollen unförmig an.

un|frei [ˈʊnfrai̯] ⟨Adj.⟩: **1.** *abhängig:* in diesem totalitären Staat sind die Bürger unfrei; Angst macht unfrei. **2.** *ohne Porto:* sie schickte das Paket unfrei.

un|freund|lich [ˈʊnfrɔɪ̯ntlɪç] ⟨Adj.⟩: **1.** ⟨unfreundlicher, am unfreundlichsten⟩: *ohne Freundlichkeit, nicht liebenswürdig:* sie machte eine unfreundliche Miene; eine unfreundliche Antwort. *Syn.:* barsch, schroff, unhöflich. **2.** *(in Bezug auf das Wetter) so, dass es nicht als angenehm empfunden wird:* am Sonntag war unfreundliches und kaltes Wetter. *Syn.:* schlecht.

der **Un|frie|den** [ˈʊnfriːdn̩]; -s: *Zustand, der durch ständigen Streit und Ärger geprägt ist:* er hat versucht, zwischen den Kolleginnen und Kollegen Unfrieden zu stiften; sie leben mit ihren Nachbarn in ständigem Unfrieden. *Syn.:* Konflikt, Zank.

un|frucht|bar [ˈʊnfrʊxtbaːɐ̯], unfruchtbarer, am unfruchtbarsten ⟨Adj.⟩: **1.** *wenig Pflanzen oder Früchte hervorbringend:* der Boden, die Erde ist unfruchtbar; auf das unfruchtbare Gelände werden die Schafe getrieben. *Syn.:* karg. **2.** (Med.,

Biol.) *nicht in der Lage, Kinder zu zeugen oder zu bekommen:* ein unfruchtbarer Mann; die Frau ist unfruchtbar. *Syn.:* impotent. **3.** *keinen Nutzen bringend, sinnlos:* eine unfruchtbare Diskussion, Debatte. *Syn.:* nutzlos, überflüssig.

der **Un|fug** [ˈʊnfuːk]; -[e]s: **1.** *Benehmen oder Handeln, das andere stört [und durch das Schaden entsteht]:* das Beschmieren des Denkmals war ein grober Unfug. **2.** *etwas Dummes:* rede keinen Unfug!; das ist doch alles Unfug! *Syn.:* Blödsinn (ugs. abwertend), Unsinn.

die **-ung** [ʊŋ]; -, -en ⟨Suffix⟩: nominalisiert vor allem transitive Verben und bezeichnet die entsprechende Tätigkeit, den entsprechenden Vorgang oder das Ergebnis davon: Abnutzung; Belebung; Bemühung; Beschränkung; Bestechung; Bestürzung; Erregung; Isolierung; Schließung; Teilung; Überraschung.

un|ge|ach|tet [ˈʊngəʔaxtət] ⟨Präp. mit Gen.⟩: *ohne Rücksicht (auf etwas):* ungeachtet wiederholter Mahnungen / wiederholter Mahnungen ungeachtet besserte er sich nicht. *Syn.:* trotz.

un|ge|ahnt [ˈʊngəʔaːnt] ⟨Adj.⟩: *nicht erwartet, die Erwartung übersteigend:* durch den Umzug eröffneten sich ihr ungeahnte Möglichkeiten; plötzlich stand er vor ungeahnten Schwierigkeiten; er verspürte ungeahnte Kräfte; es entstanden ungeahnt hohe Kosten. *Syn.:* überraschend, unerwartet.

un|ge|be|ten [ˈʊngəbeːtn̩] ⟨Adj.⟩: *unerwartet und unerwünscht:* die ungebetenen Gäste blieben bis zum späten Abend.

un|ge|bil|det [ˈʊngəbɪldət], ungebildeter, am ungebildetsten ⟨Adj.⟩ (oft abwertend): *nur eine geringe Bildung besitzend* /Ggs. gebildet/: ungebildete, arme Menschen; sie hielten ihn für ungebildet.

un|ge|bo|ren [ˈʊngəboːrən] ⟨Adj.⟩: *[noch] nicht geboren:* ein ungeborenes Kind.

un|ge|bro|chen [ˈʊngəbrɔxn̩] ⟨Adj.⟩: *(trotz schwieriger Umstände) nicht geschwächt, anhaltend:* mit ungebrochenem Optimismus nach vorne schauen; nach dem Brand begann er mit ungebrochener Energie, das Haus wieder aufzubauen; ihr Wille scheint nach wie vor ungebrochen zu sein.

un|ge|bun|den [ˈʊngəbʊndn̩] ⟨Adj.⟩: *frei, unabhängig, ohne jede Verpflichtung:* die zwei Junggesellen führten ein ungebundenes Leben; das Studium war die freieste und ungebundenste Zeit ihres

Lebens; zeitlich, politisch, geografisch ungebunden sein.

die **Un|ge|duld** [ˈʊngədʊlt]; -: *fehlende Geduld, Unruhe* /Ggs. Geduld/: voller Ungeduld ging er auf und ab; ihre Ungeduld wuchs von Minute zu Minute; wir versuchten, unsere Ungeduld zu zügeln; voller Ungeduld erwarteten sie das Ergebnis der Untersuchung. *Syn.:* Nervosität.

un|ge|dul|dig [ˈʊngədʊldɪç], ungeduldiger, am ungeduldigsten ⟨Adj.⟩: *von Ungeduld erfüllt* /Ggs. geduldig/: ein ungeduldiger Mensch; ungeduldig wartete sie auf den verspäteten Zug. *Syn.:* nervös, unruhig.

¹**un|ge|fähr** [ˈʊngəfɛːɐ̯] ⟨Adverb⟩: *nicht ganz genau; möglicherweise etwas mehr oder weniger als:* ich komme ungefähr um 5 Uhr; ungefähr in drei Wochen / in ungefähr drei Wochen / in drei Wochen ungefähr komme ich zurück; es waren ungefähr 20 Personen; was du gesagt hast, stimmt so ungefähr. *Syn.:* etwa, so.

²**un|ge|fähr** [ˈʊngəfɛːɐ̯] ⟨Adj.⟩: *nur ungenau [bestimmt]:* er konnte nur eine ungefähre Zahl nennen.

un|ge|fähr|lich [ˈʊngəfɛːɐ̯lɪç], ungefährlicher, am ungefährlichsten ⟨Adj.⟩: *mit keiner Gefahr verbunden, keine Gefahr bringend* /Ggs. gefährlich/: eine ungefährliche Aufgabe; die Kurve ist verhältnismäßig ungefährlich. *Syn.:* harmlos.

un|ge|heu|er [ˈʊngəhɔyɐ] ⟨Adj.⟩: **1.** *sehr groß, stark:* in Wald von ungeheurer Größe; es war eine ungeheure Anstrengung. *Syn.:* gewaltig (emotional), riesig, unvorstellbar. **2.** ⟨verstärkend bei Adjektiven und Verben⟩ *sehr:* die Aufgabe ist ungeheuer schwer; er war ungeheuer erregt. *Syn.:* außerordentlich.

das **Un|ge|heu|er** [ˈʊngəhɔyɐ]; -s, -: *großes, wildes, furchterregendes Tier (bes. in Märchen):* ein Feuer speuckendes Ungeheuer mit sieben Köpfen; in dieser Höhle lebte ein schreckliches Ungeheuer. *Syn.:* Monster.

un|ge|heu|er|lich [ʊngəˈhɔyɐlɪç], ungeheuerlicher, am ungeheuerlichsten ⟨Adj.⟩: *als empörend empfunden:* ein ungeheuerliches Benehmen; diese Behauptung ist ungeheuerlich. *Syn.:* haarsträubend (emotional), ¹unerhört.

un|ge|hor|sam [ˈʊngəhoːɐ̯zaːm], ungehorsamer, am ungehorsamsten ⟨Adj.⟩: *nicht dem gehorchend, was andere sagen:* die Eltern hatten Mühe mit ihr, sie war frech und ungehorsam.

un|ge|le|gen [ˈʊngəleːgn̩], ungelegener, am ungelegensten ⟨Adj.⟩: *zu einem ungünsti-*gen Zeitpunkt; nicht passend: er kam zu ungelegener Zeit; ihr Besuch kommt mir jetzt ungelegen. *Syn.:* störend.

un|ge|lernt [ˈʊngəlɛrnt] ⟨Adj.⟩: *ohne Berufsausbildung:* er ist [ein] ungelernter Arbeiter.

un|ge|lo|gen [ˈʊngəloːgn̩] ⟨Adverb⟩ (emotional): *ohne zu lügen, zu übertreiben:* ich habe ungelogen keinen Cent mehr in der Tasche; er hat 13 Gläser Schnaps getrunken – ungelogen!

un|ge|mein [ˈʊngəmaɪn] ⟨Adj.⟩: **1.** *sehr groß, stark:* er hat ungemeine Fortschritte gemacht. *Syn.:* außerordentlich, beträchtlich, enorm, gewaltig (emotional), riesig. **2.** ⟨verstärkend bei Adjektiven und Verben⟩ *sehr:* sie ist ungemein fleißig; dein Besuch hat ihn ungemein gefreut. *Syn.:* enorm (ugs.), irre (emotional), schrecklich (ugs.), überaus.

un|ge|müt|lich [ˈʊngəmyːtlɪç], ungemütlicher, am ungemütlichsten ⟨Adj.⟩: **1.** *so, dass eine unangenehme, kalte Atmosphäre verbreitet wird:* ein ungemütlicher Raum; hier ist es ungemütlich und kalt. *Syn.:* unbehaglich. **2.** *unerfreulich, unangenehm, misslich:* in eine ungemütliche Lage geraten. *Syn.:* peinlich.

un|ge|nannt [ˈʊngənant] ⟨Adj.⟩: *ohne den Namen zu nennen und deshalb unbekannt:* der Spender wollte ungenannt bleiben. *Syn.:* anonym.

un|ge|nau [ˈʊngənaʊ], ungenauer, am ungenauesten ⟨Adj.⟩: *nicht genau:* eine ungenaue Waage; sie konnte nur ungenaue Angaben machen; er ist, arbeitet ungenau. *Syn.:* oberflächlich.

un|ge|niert [ˈʊnʒeniːɐ̯t], ungenierter, am ungeniertesten ⟨Adj.⟩: *ohne sich zu genieren:* er griff ungeniert zu und aß, was ihm schmeckte. *Syn.:* hemmungslos, unbefangen, ungezwungen.

un|ge|nieß|bar [ˈʊngəniːsbaɐ̯], ungenießbarer, am ungenießbarsten ⟨Adj.⟩: **1.** *zum Essen, Trinken nicht geeignet:* dieser Pilz ist ungenießbar. **2.** (ugs. abwertend) *schlecht, unerträglich:* der Film war ungenießbar; der Chef ist heute wieder ungenießbar.

un|ge|nü|gend [ˈʊngənyːgn̩t], ungenügender, am ungenügendsten ⟨Adj.⟩: **1.** *mit deutlichen Mängeln, nicht ausreichend:* er hatte seinen Vortrag ungenügend vorbereitet. *Syn.:* mangelhaft. **2.** *der schlechtesten Schulnote entsprechend:* sie hat in der Mathematikarbeit eine Sechs geschrieben – ungenügend.

un|ge|ra|de [ˈʊngəraːdə] ⟨Adj.⟩: *(von Zah-*

U

len) *nicht durch 2 teilbar:* 31 ist eine ungerade Zahl.

un|ge|recht [ˈʊngərɛçt], ungerechter, am ungerechtesten ⟨Adj.⟩: *nicht gerecht:* ein ungerechtes Urteil; das ist ungerecht!; der Kuchen wurde ungerecht aufgeteilt.

un|gern [ˈʊngɛrn]: ⟨Adverb⟩: *so, dass man es nicht gern tut:* ich sehe ungern Horrorfilme; er isst ungern Fisch.

un|ge|rührt [ˈʊngəryːɐ̯t], ungerührter, am ungerührtesten ⟨Adj.⟩: *ohne Gefühle zu zeigen:* er sah ungerührt zu, als das Tier geschlachtet wurde. *Syn.:* teilnahmslos.

un|ge|schickt [ˈʊngəʃɪkt], ungeschickter, am ungeschicktesten ⟨Adj.⟩: *linkisch und unbeholfen:* ich bin zu ungeschickt, um das zu reparieren.

un|ge|setz|lich [ˈʊngəzɛt͜slɪç] ⟨Adj.⟩: *nicht erlaubt; gegen das Gesetz:* eine ungesetzliche Handlung, Tat, Methode; ungesetzlich handeln. *Syn.:* illegal, kriminell, strafbar, unrechtmäßig, verboten.

un|ge|stört [ˈʊngəʃtøːɐ̯t], ungestörter, am ungestörtesten ⟨Adj.⟩: *durch nichts, niemanden gestört; ohne Unterbrechung:* ein ungestörter Abend; in seinem Büro konnte er ungestört arbeiten.

un|ge|sund [ˈʊngəzʊnt], ungesünder, am ungesündesten ⟨Adj.⟩: **1.** *so, dass es auf eine Krankheit hinweist; kränklich:* sie hatte eine ungesunde Gesichtsfarbe; er sieht ungesund aus. **2.** *schlecht für die Gesundheit:* eine ungesunde Ernährung; seine Lebensweise ist ungesund.

un|ge|wiss [ˈʊngəvɪs], ungewisser, am ungewissesten ⟨Adj.⟩: *unbestimmt, unsicher* /Ggs. gewiss/: eine ungewisse Zukunft; es ist noch ungewiss, ob er heute kommt. *Syn.:* offen, unklar, zweifelhaft.

un|ge|wöhn|lich [ˈʊngəvøːnlɪç], ungewöhnlicher, am ungewöhnlichsten ⟨Adj.⟩: **1.** *so, dass es anders ist als das Gewohnte, Normale:* das Haus sieht ungewöhnlich aus. *Syn.:* anders, außergewöhnlich, exotisch, fremd, ungewohnt. **2.** *so, dass es mehr ist als das gewohnte Maß:* schon in jungen Jahren hatte sie ungewöhnliche Erfolge. *Syn.:* außergewöhnlich, enorm, erstaunlich. **3.** ⟨verstärkend bei Adjektiven und Verben⟩ *sehr:* eine ungewöhnlich schöne Frau. *Syn.:* außergewöhnlich.

un|ge|wohnt [ˈʊngəvoːnt], ungewohnter, am ungewohntesten ⟨Adj.⟩: *nicht gewohnt:* ein ungewohnter Anblick; die ungewohnte Arbeit fiel ihr schwer; sich

in eine ungewohnte Umgebung einleben müssen. *Syn.:* ander…, fremd, neu.

un|ge|zählt [ˈʊngətsɛːlt] ⟨Adj.⟩: **1.** *ohne (etwas) gezählt zu haben:* er steckte das Geld ungezählt in seine Tasche. **2.** *in großer Zahl [vorhanden]:* sie hat ungezählte Male versucht, dich zu erreichen. *Syn.:* zahllos, zahlreich.

das **Un|ge|zie|fer** [ˈʊngətsiːfɐ], -s: *kleine Insekten, die Schaden anrichten* (z. B. Flöhe, Läuse, Motten, aber auch Ratten und Mäuse): das Haus war voller Ungeziefer; ein Mittel gegen Ungeziefer.

un|ge|zo|gen [ˈʊngətsoːgn̩], ungezogener, am ungezogensten ⟨Adj.⟩: *(bes. von Kindern) frech und unhöflich:* sie hatten ungezogene Kinder; deine Antwort war sehr ungezogen. *Syn.:* unverschämt.

un|ge|zwun|gen [ˈʊngətsvʊŋən], ungezwungener, am ungezwungensten ⟨Adj.⟩: *natürlich, frei und ohne Hemmungen (in seinem Verhalten):* ihr ungezwungenes Wesen machte sie bei allen beliebt; sich ungezwungen benehmen. *Syn.:* lässig, leger, locker, ungeniert.

un|glaub|lich [ʊnˈɡlaʊplɪç], unglaublicher, am unglaublichsten ⟨Adj.⟩: **1.** *so unwahrscheinlich, dass man es nicht glauben kann:* es ist unglaublich, was sie in so kurzer Zeit geschafft hat. **2.** (ugs.) *sehr groß, stark:* ein unglaubliches Tempo. **3.** ⟨verstärkend bei Adjektiven und Verben⟩ (ugs.) *sehr:* er ist unglaublich frech; sie hat unglaublich angegeben.

un|glaub|wür|dig [ˈʊnɡlaʊpvʏrdɪç], unglaubwürdiger, am unglaubwürdigsten ⟨Adj.⟩: *so, dass man jmdm. nicht vertraut, etwas für unwahrscheinlich hält:* eine unglaubwürdige Geschichte; der Zeuge ist unglaubwürdig.

das **Un|glück** [ˈʊnɡlʏk]; -[e]s, -e: **1.** *furchtbares Ereignis, das plötzlich kommt:* in dieser Zeit ereignete sich ein großes Unglück in ihrer Familie; der Pilot konnte ein Unglück gerade noch verhindern; bei dem Unglück kamen 24 Menschen ums Leben. *Syn.:* Katastrophe, Tragödie, Unfall. *Zus.:* Flugzeugunglück, Zugunglück. **2.** ⟨ohne Plural⟩ *[persönliches] Missgeschick:* von Unglück verfolgt werden; Glück im Unglück haben. *Syn.:* Pech, Unheil.

un|glück|lich [ˈʊnɡlʏklɪç], unglücklicher, am unglücklichsten ⟨Adj.⟩: **1.** *traurig und bedrückt:* er versuchte, das unglückliche Mädchen zu trösten; sie war sehr unglücklich über diesen Verlust. *Syn.:* niedergeschlagen. **2.** *so, dass es negative*

Folgen hat: das war ein unglücklicher Zufall; er stürzte so unglücklich, dass er sich ein Bein brach.

un|glück|li|cher|wei|se [ˈʊnɡlʏklɪçɐˈvaizə] ⟨Adverb⟩: *zu jmds. Bedauern, leider:* unglücklicherweise wurde sie während der Reise schwer krank.

un|gül|tig [ˈʊnɡʏltɪç] ⟨Adj.⟩: *so, dass es nicht [mehr] gilt:* eine ungültige Fahrkarte; der Vertrag ist ab sofort ungültig. *Syn.:* abgelaufen.

un|güns|tig [ˈʊnɡʏnstɪç], ungünstiger, am ungünstigsten ⟨Adj.⟩: *so, dass es eine negative Wirkung hat:* ungünstiges Klima; der Prozess ist ungünstig für ihn ausgegangen. *Syn.:* misslich, schlecht, unvorteilhaft.

un|halt|bar [ˈʊnhaltbaːɐ̯], unhaltbarer, am unhaltbarsten ⟨Adj.⟩: **1.** *so, dass es sich ändern, bessern muss:* in dieser Firma herrschen unhaltbare Zustände. *Syn.:* unerträglich, unmöglich, untragbar. **2.** *so, dass man es nicht beweisen kann:* unhaltbare Behauptungen, Theorien.

das **Un|heil** [ˈʊnhail]; -[e]s: *schreckliches Geschehen, das großes Leid verursacht:* das Unheil des Krieges; ich sah das Unheil [schon] kommen. *Syn.:* Katastrophe, Unglück.

un|heil|bar [ˈʊnˈhailbaːɐ̯], unheilbarer, am unheilbarsten ⟨Adj.⟩: *so, dass keine Heilung möglich ist:* eine unheilbare Krankheit; sie ist unheilbar krank.

un|heim|lich [ˈʊnhaimlɪç], unheimlicher, am unheimlichsten ⟨Adj.⟩: **1.** *so, dass es Angst macht:* eine unheimliche Gestalt kam auf ihn zu; in seiner Nähe habe ich ein unheimliches Gefühl. *Syn.:* gespenstisch. **2.** (ugs.) *sehr groß, stark:* bei ihm herrscht ein unheimliches Chaos. **3.** ⟨verstärkend bei Adjektiven und Verben⟩ (ugs.) *sehr:* sie hat sich über die Blumen unheimlich gefreut.

un|höf|lich [ˈʊnhøːflɪç], unhöflicher, am unhöflichsten ⟨Adj.⟩: *so, dass es gegen das gute Benehmen verstößt:* ein unhöflicher Mensch; ich fragte nach dem Weg, bekam aber nur eine unhöfliche Antwort. *Syn.:* brüsk, schroff, unfreundlich.

die **Uni** [ˈʊni]; -, -s (ugs.): *Kurzform von: Universität:* ich bin seit drei Jahren an der Uni.

die **Uni|form** [uniˈfɔrm]; -, -en: *einheitliche Kleidung, die bei Militär, Polizei o. Ä. getragen wird:* die Polizisten tragen eine grüne Uniform. *Zus.:* Offiziersuniform, Polizeiuniform.

die **Uni|on** [uˈni̯oːn]; -, -en: *Bund, Verbindung*

(bes. von Staaten): die Staaten schlossen sich zu einer Union zusammen. *Syn.:* Block, Verband.

die **Uni|ver|si|tät** [univerziˈtɛːt]; -, -en: *Institution für wissenschaftliche Ausbildung und Forschung:* eine Universität besuchen; an einer Universität studieren. *Syn.:* Akademie, Hochschule.

das **Uni|ver|sum** [uniˈvɛrzʊm]; -s: *Weltall:* das ganze Universum; Leben im Universum finden. *Syn.:* Kosmos, Welt, Weltraum.

die **Un|kennt|nis** [ˈʊnkɛntnɪs]; -: *fehlende Kenntnis:* in seinen Äußerungen zeigte sich seine Unkenntnis auf diesem Gebiet; aus Unkenntnis etwas falsch machen. *Syn.:* Unwissenheit.

un|klar [ˈʊnklaːɐ̯], unklarer, am unklarsten ⟨Adj.⟩: **1.** *nur unbestimmt und vage:* unklare Vorstellungen von/über etwas haben. *Syn.:* dunkel, ungenau. **2.** *nur undeutlich zu erkennen:* einen Gegenstand in der Ferne nur unklar erkennen. *Syn.:* ungenau, vage. **3.** *so, dass man es fast nicht verstehen kann:* er drückt sich unklar aus; mir ist noch [völlig] unklar, wie sie das geschafft hat. *Syn.:* unverständlich.

un|klug [ˈʊnkluːk], unklüger, am unklügsten ⟨Adj.⟩: *psychologisch ungeschickt:* es war sehr unklug von mir, ihm das zu sagen. *Syn.:* dumm, unüberlegt.

un|kom|pli|ziert [ˈʊnkɔmplitsiːɐ̯t], unkomplizierter, am unkompliziertesten ⟨Adj.⟩: *einfach:* er hat ein unkompliziertes Wesen; eine unkomplizierte Aufgabe. *Syn.:* leicht.

die **Un|kos|ten** [ˈʊnkɔstn] ⟨Plural⟩: **1.** *Kosten, die neben den normalen Ausgaben entstehen:* durch seinen Umzug sind ihm große Unkosten entstanden; * **sich in Unkosten stürzen** (ugs.): *für etwas besonders viel Geld ausgeben:* für so etwas stürzt du dich in Unkosten? **2.** (ugs.) *finanzielle Ausgaben:* wie hoch sind Ihre Unkosten? *Syn.:* Kosten.

das **Un|kraut** [ˈʊnkraut]; -[e]s: *wild wachsende Pflanzen, die vom Menschen gewünschte Pflanzen am Wachsen hindern:* wir müssen jetzt endlich das Unkraut im Garten jäten.

un|längst [ˈʊnlɛŋst] ⟨Adverb⟩: *vor kurzer Zeit:* sie hat mich unlängst besucht. *Syn.:* kürzlich, letztens, neulich.

un|le|ser|lich [ˈʊnleːzɐlɪç], unleserlicher, am unleserlichsten ⟨Adj.⟩: *sehr schlecht geschrieben und daher nur schwer zu lesen* /Ggs. leserlich/: eine unleserliche Unterschrift; er schreibt unleserlich.

U

un|lös|bar [ʊnˈløːsbaːɐ̯], unlösbarer, am unlösbarsten ⟨Adj.⟩: *sehr schwierig und daher nicht zu lösen, nicht zu bewältigen:* eine unlösbare Aufgabe; das Rätsel ist für sie unlösbar.

die **Un|lust** [ˈʊnlʊst]; -: *Mangel an Lust, Vergnügen:* er geht mit Unlust an die Arbeit. *Syn.:* Abneigung, Unwille, Widerwille. *Zus.:* Arbeitsunlust.

die **Un|men|ge** [ˈʊnmɛŋə]; -, -n: *sehr große Menge:* er hat heute eine Unmenge Äpfel gegessen; eine Unmenge an/von Büchern.

der **Un|mensch** [ˈʊnmɛnʃ]; -en, -en (abwertend): *Person, die unmenschlich ist:* wer Kinder prügelt, ist ein Unmensch.

un|mensch|lich [ˈʊnmɛnʃlɪç], unmenschlicher, am unmenschlichsten ⟨Adj.⟩:
1. (abwertend) *roh und brutal gegen Menschen oder Tiere; ohne Mitgefühl* /Ggs. menschlich/: die Gefangenen wurden unmenschlich behandelt. *Syn.:* grausam, unbarmherzig. 2. *für einen Menschen (kaum) zu ertragen:* unter unmenschlichen Bedingungen leben müssen. 3. *sehr groß, stark:* sie hatte unmenschliche Schmerzen; seine Kräfte sind unmenschlich.

un|merk|lich [ʊnˈmɛrklɪç], unmerklicher, am unmerklichsten ⟨Adj.⟩: *so beschaffen, dass man es kaum oder nicht merkt:* eine unmerkliche Veränderung; unmerklich vorangehen. *Syn.:* latent, versteckt.

un|miss|ver|ständ|lich [ˈʊnmɪsfɛɐ̯ʃtɛntlɪç], unmissverständlicher, am unmissverständlichsten ⟨Adj.⟩: *klar und eindeutig:* eine unmissverständliche Absage erhalten; seine Antwort war unmissverständlich; seine Meinung unmissverständlich sagen. *Syn.:* deutlich.

un|mit|tel|bar [ˈʊnmɪtlbaːɐ̯], unmittelbarer, am unmittelbarsten ⟨Adj.⟩: *ohne räumlichen oder zeitlichen Abstand:* der Baum steht in unmittelbarer Nähe des Hauses; er betrat das Zimmer unmittelbar nach dir; sie hat sich unmittelbar an den Chef gewandt. *Syn.:* direkt.

un|mo|dern [ˈʊnmodɛrn], unmoderner, am unmodernsten ⟨Adj.⟩: *nicht [mehr] aktuell, zeitgemäß:* ein unmoderner Hut; seine Ansichten über die Erziehung der Kinder sind ziemlich unmodern. *Syn.:* altmodisch, antiquiert, überholt.

¹**un|mög|lich** [ˈʊnmøːklɪç], unmöglicher, am unmöglichsten ⟨Adj.⟩: 1. *nicht zu schaffen, zu verwirklichen:* das ist ein unmögliches Verlangen; das Unwetter hat mein Kommen unmöglich gemacht;

es ist [uns] unmöglich, die Ware heute schon zu liefern. *Syn.:* undenkbar. 2. *nicht denkbar:* es ist unmöglich, ihr jetzt die Hilfe zu verweigern. *Syn.:* undenkbar. 3. (ugs., meist abwertend) *sehr unpassend, hässlich:* sie trug einen unmöglichen Hut; du hast dich unmöglich benommen.

²**un|mög|lich** [ˈʊnmøːklɪç] ⟨Adverb⟩ (ugs.): *(weil es nicht möglich ist oder weil man es nicht darf) nicht:* mehr ist unmöglich zu erreichen; ich kann sie jetzt, wo sie krank ist, unmöglich verlassen.

un|mo|ra|lisch [ˈʊnmoraːlɪʃ], unmoralischer, am unmoralischsten ⟨Adj.⟩: *so, dass es gegen die Moral verstößt:* ein unmoralisches Leben führen; sie nannte sein Verhalten unmoralisch.

un|mo|ti|viert [ˈʊnmotiviːɐ̯t], unmotivierter, am unmotiviertesten ⟨Adj.⟩: *ohne erkennbaren Grund:* sein plötzlicher Zorn war [ganz] unmotiviert, denn niemand hatte ihm Anlass dazu gegeben. *Syn.:* grundlos, unbegründet.

un|mu|si|ka|lisch [ˈʊnmuzikaːlɪʃ], unmusikalischer, am unmusikalischsten ⟨Adj.⟩: *ohne musikalisches Gefühl:* unser Kind ist leider völlig unmusikalisch.

der **Un|mut** [ˈʊnmuːt]; -[e]s: *Verstimmung, Verärgerung:* sie konnte ihren Unmut über sein schlechtes Benehmen nicht verbergen. *Syn.:* Ärger.

un|na|tür|lich [ˈʊnnaty:ɐ̯lɪç], unnatürlicher, am unnatürlichsten ⟨Adj.⟩: 1. *nicht natürlich:* ihr Gesicht war unnatürlich blass. 2. *künstlich:* seine Fröhlichkeit war unnatürlich. *Syn.:* unecht.

un|nö|tig [ˈʊnnøːtɪç], unnötiger, am unnötigsten ⟨Adj.⟩: *nicht notwendig, erforderlich:* es ist unnötig, dass du mich begleitest; sie machte sich unnötige Sorgen. *Syn.:* überflüssig.

un|or|dent|lich [ˈʊnɔrdn̩tlɪç], unordentlicher, am unordentlichsten ⟨Adj.⟩: *nicht geordnet, aufgeräumt:* ein unordentlicher Schreibtisch; er ist der unordentlichste Mensch, den ich kenne.

die **Un|ord|nung** [ˈʊnɔrdnʊŋ]; -: *Zustand, in dem alles durcheinander ist:* in seinem Zimmer herrschte große Unordnung; ich hasse Unordnung. *Syn.:* Chaos, Durcheinander.

un|par|tei|isch [ˈʊnpartaiʃ], unparteiischer, am unparteiischsten ⟨Adj.⟩: *(in seinem Urteil) von keiner Seite beeinflusst, neutral:* eine unparteiische Haltung einnehmen; er bemühte sich, bei diesem Streit unparteiisch zu sein.

U

un|pas|send [ˈʊnpasn̩t], unpassender, am unpassendsten ⟨Adj.⟩: *unangebracht, unangemessen:* eine unpassende Bemerkung machen. *Syn.:*taktlos.

un|per|sön|lich [ˈʊnpɛrzøːnlɪç] ⟨Adj.⟩: *nicht individuell, persönlich; distanziert:* der Brief war in sehr unpersönlichem Stil geschrieben; das Hotelzimmer war sehr unpersönlich. *Syn.:*nüchtern, sachlich, steif.

un|prak|tisch [ˈʊnpraktɪʃ], unpraktischer, am unpraktischsten ⟨Adj.⟩: **1.** *nicht nützlich, nicht hilfreich:* dieser große Schirm ist wirklich sehr unpraktisch. **2.** *ungeschickt:* er ist ein sehr unpraktischer Mensch, er kann nicht einmal einen Nagel in die Wand schlagen.

un|pünkt|lich [ˈʊnpʏŋktlɪç], unpünktlicher, am unpünktlichsten ⟨Adj.⟩: *so, dass man oft zu spät kommt:* er ist ein furchtbar unpünktlicher Mensch; der Zug kommt immer unpünktlich.

un|qua|li|fi|ziert [ˈʊnkvalifitsiːɐ̯t], unqualifizierter, am unqualifiziertesten ⟨Adj.⟩: *ohne [besondere] Qualifikation:* ein unqualifizierter Arbeiter.

das **Un|recht** [ˈʊnrɛçt]; -[e]s: **1.** *Prinzip, das dem Recht entgegengesetzt ist:* sie kämpfte ein Leben lang gegen das Unrecht an. **2.** *als falsch empfundene Tat:* er hat damit ein großes Unrecht begangen. *Syn.:*Delikt, Vergehen.

un|recht|mä|ßig [ˈʊnrɛçtmɛːsɪç], unrechtmäßiger, am unrechtmäßigsten ⟨Adj.⟩: *so, dass man kein Recht auf etwas hat:* ein unrechtmäßiger Besitz; er hat sich das Land unrechtmäßig angeeignet. *Syn.:*ungesetzlich, unzulässig.

un|re|gel|mä|ßig [ˈʊnreːɡlmɛːsɪç], unregelmäßiger, am unregelmäßigsten ⟨Adj.⟩: *nicht regelmäßig, in ungleichen Abständen aufeinanderfolgend:* sie hatte den Kurs nur unregelmäßig besucht.

die **Un|ru|he** [ˈʊnruːə]; -, -n: **1.** ⟨ohne Plural⟩ *Störung, Lärm:* er konnte die Unruhe in der Klasse nicht länger ertragen. **2.** ⟨ohne Plural⟩ *ängstliche Stimmung, Besorgnis:* als die Kinder nicht kamen, wuchs ihre Unruhe immer mehr. *Syn.:* Nervosität. **3.** ⟨ohne Plural⟩ *unzufriedene Stimmung:* nach den Reformen wuchs die Unruhe im Volk. **4.** ⟨Plural⟩ *meist mit Gewalt verbundene Auseinandersetzungen in der Öffentlichkeit:* bei den Unruhen in der Hauptstadt wurden mehrere Menschen verletzt. *Syn.:* Demonstration ⟨Singular⟩, Krawall ⟨Singular⟩, Protest ⟨Singular⟩. *Zus.:*Studentenunruhen.

un|ru|hig [ˈʊnruːɪç], unruhiger, am unruhigsten ⟨Adj.⟩: **1.** *so, dass man ständig in Bewegung ist:* die unruhigen Kinder störten sie bei der Arbeit; die Tiere liefen unruhig in ihrem Käfig auf und ab. *Syn.:*nervös, rastlos. **2.** *laut:* er wohnt in einer unruhigen Gegend. **3.** *nervös:* sie wartete unruhig auf die Rückkehr der Kinder. *Syn.:*aufgeregt, erregt, ungeduldig.

uns [ʊns] ⟨Personalpronomen; Dativ und Akk. von »wir«⟩: **1.** das hat sie uns versprochen; er hat uns belogen. **2.** ⟨reflexivisch⟩ wir haben uns Mühe gegeben; darüber freuen wir uns sehr. **3.** ⟨reziprok⟩ wir sind uns begegnet; wir haben uns umarmt.

un|sach|lich [ˈʊnzaxlɪç], unsachlicher, am unsachlichsten ⟨Adj.⟩: *von Gefühlen bestimmt /Ggs. sachlich/:* unsachliche Argumente; die Diskussion wurde unsachlich geführt. *Syn.:*emotional.

un|sag|bar [ʊnˈzaːkbaːɐ̯], unsagbarer, am unsagbarsten ⟨Adj.⟩: *sehr groß, stark:* sie hatte unsagbare Schmerzen; der Krieg brachte unsagbares Leid über die Bevölkerung. *Syn.:*enorm, furchtbar, gewaltig (emotional), unbeschreiblich.

un|schäd|lich [ˈʊnʃɛːtlɪç], unschädlicher, am unschädlichsten ⟨Adj.⟩: *so, dass es keine schädliche Wirkung hat:* unschädliche Insekten; dieses Mittel ist völlig unschädlich. *Syn.:*harmlos, ungefährlich.

un|schlüs|sig [ˈʊnʃlʏsɪç], unschlüssiger, am unschlüssigsten ⟨Adj.⟩: *so, dass man sich nicht zu etwas entschließen kann:* er blieb unschlüssig stehen; bist du [dir] immer noch unschlüssig, ob du morgen fahren sollst? *Syn.:*unentschieden, unentschlossen.

un|schön [ˈʊnʃøːn], unschöner, am unschönsten ⟨Adj.⟩: **1.** *gar nicht schön; hässlich:* ein unschönes Büro; die Geschichte ist wirklich sehr unschön. *Syn.:*scheußlich. **2.** *(in Bezug auf jmds. Verhalten) nicht korrekt, nicht nett:* es war sehr unschön von dir, ihn so zu behandeln. *Syn.:*unfair.

die **Un|schuld** [ˈʊnʃʊlt]; -: *das Freisein von Schuld:* er konnte seine Unschuld nicht beweisen.

un|schul|dig [ˈʊnʃʊldɪç], unschuldiger, am unschuldigsten ⟨Adj.⟩: **1.** *frei von Schuld:* unschuldig im Gefängnis sitzen; ich bin unschuldig! **2.** *harmlos, [kindlich] naiv:*

das unschuldige Kind wusste nicht, was es mit diesen Worten gesagt hatte.

un|selbst|stän|dig [ˈʊnzɛlpstʃtɛndɪç], **un|selb|stän|dig** [ˈʊnzɛlpʃtɛndɪç], unselb[st]ständiger, am unselb[st]ständigsten ⟨Adj.⟩: *auf die Hilfe anderer angewiesen:* für seine 18 Jahre ist er noch sehr unselbstständig. *Syn.:* abhängig.

¹**un|ser** [ˈʊnzɐ] ⟨Possessivartikel⟩: unser, unsere, unser: drückt aus, dass jmd., etwas [zu] einer Gruppe von Menschen gehört: unser Haus ist größer als eures; unsere neue Waschmaschine ist schon kaputt.

²**un|ser** [ˈʊnzɐ] ⟨Possessivpronomen⟩: unser, unsere, unser[e]s: Entschuldigung – das Auto vor Ihrer Einfahrt ist unseres.

³**un|ser** [ˈʊnzɐ] ⟨Personalpronomen; Gen. von »wir«⟩: sie erinnern sich unser.

un|si|cher [ˈʊnzɪçɐ], unsicherer, am unsichersten ⟨Adj.⟩: **1.** *gefährlich:* eine unsichere Gegend; Einbrecher machen seit Wochen die Gegend unsicher; in jenen Zeiten lebte man sehr unsicher. **2.** *unbestimmt, ungewiss:* auf diese unsichere Sache lasse ich mich nicht ein; sie hatte dabei ein unsicheres Gefühl; es ist noch unsicher, ob sie kommt. *Syn.:* unklar, zweifelhaft. **3.** *nicht selbstsicher:* sein unsicheres Auftreten verwunderte alle; sie ist, wirkt sehr unsicher.

der **Un|sinn** [ˈʊnzɪn]; -[e]s: **1.** *etwas Sinnloses; unsinniger Gedanke, unsinnige Handlung:* das ist blanker Unsinn; es wäre Unsinn zu glauben, dass das funktioniert; er redet viel Unsinn; was du hier tust, ist reiner Unsinn. *Syn.:* Blödsinn (ugs. abwertend), Quatsch (ugs.). **2.** *unsinniges Benehmen; Unfug:* lass doch den Unsinn!; sie machten, trieben den ganzen Tag Unsinn; er hat nichts als Unsinn im Kopf. *Syn.:* Dummheiten ⟨Plural⟩, Quatsch (ugs.).

un|sin|nig [ˈʊnzɪnɪç], unsinniger, am unsinnigsten ⟨Adj.⟩: *keinen Sinn, Zweck habend:* unsinniges Gerede; ein unsinniges Vorhaben; es ist unsinnig, solche Dinge zu verlangen. *Syn.:* blöd[e] (ugs.), sinnlos, witzlos (ugs.).

un|sterb|lich [ˈʊnʃtɛrplɪç] ⟨Adj.⟩: **1.** *nicht sterblich:* die unsterbliche Seele. **2.** *unvergesslich:* die unsterblichen Werke Beethovens.

die **Un|sum|me** [ˈʊnzʊmə]; -, -n (emotional verstärkend): *sehr große Summe:* das Haus hat eine Unsumme [Geld] gekos-

tet; dafür sind schon Unsummen ausgegeben worden; im Internet steht eine Unsumme an Informationen.

un|sym|pa|thisch [ˈʊnzʏmpaːtɪʃ], unsympathischer, am unsympathischsten ⟨Adj.⟩: (meist abwertend) *so, dass man auf andere unangenehm wirkt:* sie ist [mir] unsympathisch; er sieht unsympathisch aus.

die **Un|tat** [ˈʊntaːt]; -, -en (emotional): *Entsetzen erregende Tat:* eine abscheuliche Untat; für seine Untaten büßen. *Syn.:* Verbrechen.

un|tä|tig [ˈʊntɛːtɪç], untätiger, am untätigsten ⟨Adj.⟩: *ohne etwas zu tun:* er saß den ganzen Tag untätig im Sessel; sie sah dem Streit untätig zu. *Syn.:* passiv.

un|ten [ˈʊntn̩] ⟨Adverb⟩ /Ggs. oben/: **1.** *an einer tief oder tiefer gelegenen Stelle, am Boden von etwas:* die Schüsseln stehen unten im Schrank; sie ging nach unten; weiter unten [im Tal] ist die Luft viel schlechter; die Kiste ist unten isoliert; die matte Seite des Stoffs ist unten; er lag mit dem Gesicht nach unten im Wasser. **2.** *am unteren Ende einer Hierarchie:* sie hat sich von unten hochgearbeitet; die da oben kümmern sich doch nicht um uns hier unten.

¹**un|ter** [ˈʊntɐ] ⟨Präp. mit Dativ und Akk.⟩: **1.** ⟨räumlich; mit Dativ⟩ kennzeichnet die Lage unterhalb von jmdm., etwas: unter einem Baum sitzen; der Hund liegt unter dem Tisch; sie steht unter der Dusche; sie gingen zusammen unter einem Schirm; sie wohnt unter mir *(ein Stockwerk tiefer).* **2.** ⟨räumlich; mit Akk.⟩ (in Verbindung mit Verben der Bewegung) kennzeichnet eine Bewegung an eine Stelle unterhalb von jmdm., etwas: sich unter die Dusche stellen; er legte sich ein Kissen unter die Beine; das Zimmer war bis unter die Decke mit Büchern gefüllt. **3.** ⟨räumlich; mit Dativ⟩ kennzeichnet eine Stelle, die von jmdm., etwas unterquert wird: unter einem Zaun durchkriechen; der Zug fährt unter der Brücke [hin]durch. **4.** ⟨räumlich; mit Dativ⟩ drückt aus, dass jmd., etwas direkt von etwas bedeckt, berührt wird: unter einer Decke liegen; sie trägt eine Bluse unter dem Pullover. **5.** ⟨mit Dativ⟩ kennzeichnet, dass ein bestimmter Wert o. Ä. unterschritten wird: unter dem Durchschnitt liegen; etwas unter Preis verkaufen; die Temperatur liegt unter dem Gefrierpunkt. **6.** ⟨mit Dativ⟩

kennzeichnet in Verbindung mit Kardinalzahlen das Unterschreiten einer bestimmten Zahl: *von weniger als:* Kinder unter 10 Jahren; in Mengen unter 100 Stück. **7.** ⟨mit Dativ⟩ kennzeichnet einen Begleitumstand: unter Tränen, Schmerzen; unter dem Beifall der Menge zogen sie durch die Stadt. **8.** kennzeichnet die Art und Weise, in der etwas geschieht: *mit:* unter Zwang; unter Lebensgefahr; es geschah alles unter großem Zeitdruck. **9.** ⟨mit Dativ⟩ kennzeichnet eine Bedingung o. Ä.: unter der Voraussetzung, Bedingung; sie akzeptierte es nur unter Vorbehalt. **10.** ⟨mit Dativ und Akk.⟩ kennzeichnet eine Abhängigkeit, Unterordnung o. Ä.: unter Aufsicht; unter jmds. Leitung; eine Diät unter ärztlicher Kontrolle machen. **11.** ⟨mit Dativ⟩ kennzeichnet eine Zugehörigkeit: jmdn. unter einer bestimmten Rufnummer erreichen; unter falschem Namen; das Schiff fährt unter französischer Flagge. **12.** ⟨mit Dativ⟩ kennzeichnet ein Vorhanden- bzw. Anwesendsein zwischen anderen Sachen bzw. Personen: *inmitten von; bei:* der Brief befand sich unter seinen Papieren; sie saß unter den Zuschauern. **13.** ⟨mit Dativ⟩ kennzeichnet einen Einzelnen oder eine Anzahl, die sich heraushebt: *von:* nur einer unter vierzig Bewerbern; unter den vielen Einsendungen waren nur drei mit der richtigen Lösung. **14.** ⟨mit Dativ⟩ kennzeichnet eine Wechselbeziehung: *zwischen:* es gab Streit unter den Erben; sie haben die Beute unter sich aufgeteilt.

²**un|ter** [ˈʊntɐ] ⟨Adverb⟩: *weniger als:* ein Kind von unter 4 Jahren; die Bewerber waren unter 30 [Jahre alt]; der Fluss ist sicherlich unter 5 Meter breit; Gemeinden von unter 10 000 Einwohnern.

un|ter… [ˈʊntɐ…] ⟨Adj.⟩: **1.** *sich [weiter] unten befindend; tiefer liegend, gelegen:* in einem der unteren Stockwerke; der untere Teil des Ärmels; die untere, unterste Schublade. **2.** *dem Rang nach unter den anderen stehend:* die unteren, untersten Instanzen; die unteren Klassen, Ränge; die unteren Lohngruppen.

un|ter|bin|den [ʊntɐˈbɪndn̩], unterbindet, unterband, unterbunden ⟨tr.; hat; etw. u.⟩: *verhindern:* man hat alle Kontakte zwischen ihnen unterbunden; jede Diskussion, Störung unterbinden.

un|ter|bre|chen [ʊntɐˈbrɛçn̩], unterbricht, unterbrach, unterbrochen ⟨tr.; hat⟩:

1. ⟨etw. u.⟩ *für kürzere oder längere Zeit (mit etwas) aufhören:* sie unterbrach ihre Arbeit, um zu frühstücken; eine Reise unterbrechen; die Radiosendung musste leider für einige Minuten unterbrochen werden; eine unterbrochene Telefonverbindung wiederherstellen; die Stromversorgung war tagelang unterbrochen. *Syn.:* abbrechen, aussetzen. **2.** ⟨jmdn. u.⟩ *am Fortführen einer Tätigkeit hindern:* die Kinder unterbrachen ihn öfter bei seiner Arbeit; sie unterbrach den Redner mit einer Frage. *Syn.:* stören.

die **Un|ter|bre|chung** [ʊntɐˈbrɛçʊŋ]; -, -en: **1.** *Zeitraum, während dessen etwas unterbrochen ist:* nach einer kurzen Unterbrechung geht es gleich weiter im Programm. *Syn.:* Pause. **2.** *Störung:* durch die vielen Unterbrechungen kam ich nicht weiter in meiner Arbeit.

un|ter|brin|gen [ˈʊntɐbrɪŋən], bringt unter, brachte unter, untergebracht ⟨tr.; hat⟩: **1.** ⟨jmdn., etw. irgendwo u.⟩ *für jmdn., etwas [noch] den erforderlichen Platz finden:* sie konnte das ganze Gepäck und die drei Kinder im Wagen unterbringen. *Syn.:* verstauen. **2.** ⟨jmdn. bei jmdm., irgendwo u.⟩ *jmdm. eine Unterkunft beschaffen:* er brachte seine Gäste in einem Hotel unter; die Kinder sind [bei Freunden] gut untergebracht.

un|ter|des|sen [ʊntɐˈdɛsn̩] ⟨Adverb⟩: *in der Zwischenzeit:* sie hat unterdessen geheiratet; ich gehe einkaufen, du passt unterdessen bitte auf die Kinder auf.

un|ter|drü|cken [ʊntɐˈdrʏkn̩], unterdrückt, unterdrückte, unterdrückt ⟨tr.; hat⟩: **1.** ⟨etw. u.⟩ *Gefühle nicht zeigen, Gedanken nicht äußern:* er konnte seinen Zorn, seine Erregung nur mit Mühe unterdrücken; sie konnte die Bemerkung gerade noch unterdrücken; ein Lachen, ein Weinen unterdrücken. **2.** ⟨etw. u.⟩ *nicht zulassen, dass etwas Bestimmtes an die Öffentlichkeit kommt, bekannt wird:* Nachrichten, Informationen unterdrücken. *Syn.:* verschweigen. **3.** ⟨jmdn. u.⟩ *(durch Drohen mit Gewalt) jmdn. in seinen Rechten einschränken:* Minderheiten unterdrücken; einen Aufstand unterdrücken; das Volk wurde von seinen Herrschern unterdrückt. *Syn.:* terrorisieren.

un|ter|ei|n|an|der [ʊntɐ̯aiˈnandɐ] ⟨Adverb⟩: **1.** *eines unter das andere; eines unter dem anderen:* die Bilder untereinander aufhängen. **2.** *einer mit [dem] anderen, mehrere mit [einem] anderen; unter uns, unter euch, unter*

U

sich: das müsst ihr untereinander ausmachen; sich untereinander helfen. *Syn.:*
miteinander.

un|ter|ei|n|an|der- [ʊntɐʔai̯'nandɐ] ⟨trenn-
bares, betontes verbales Präfix⟩: **1.** *eines
unter das andere:* untereinanderlegen.
2. *eines unter dem anderen:* untereinan-
derliegen; untereinanderstehen.

un|ter|ent|wickelt ['ʊntɐʔɛntvɪkl̩t], unter-
entwickelter, am unterentwickeltsten
⟨Adj.⟩: **1.** *in der Entwicklung, Reife, im
Wachstum zurückgeblieben:* das Kind ist
geistig und körperlich unterentwickelt.
2. *wirtschaftlich zurückgeblieben, nur
wenig (moderne) Industrie besitzend:* ein
unterentwickeltes Land; eines der ärmsten und unterentwickeltsten Länder.

un|ter|er|nährt ['ʊntɐʔɛɐ̯nɛːɐ̯t], unterer-
nährter, am unterernährtesten ⟨Adj.⟩:
*über einen längeren Zeitraum nicht
genug zu essen bekommend und deshalb
zu dünn:* in diesem Viertel der Stadt gibt
es viele unterernährte Kinder.

die **Un|ter|füh|rung** [ʊntɐ'fyːrʊŋ]; -, -en: *Weg
o. Ä., der unter einer anderen Straße,
einer Brücke hindurchführt:* die Unterführung war schlecht beleuchtet und es
stank nach Urin. *Syn.:* Tunnel. *Zus.:*
Bahnunterführung, Fußgängerunterfüh-
rung.

Symbol für die Unterführung

der **Un|ter|gang** ['ʊntɐgaŋ]; -[e]s, Untergänge
['ʊntɐgɛŋə]: *das Ende:* der Untergang
einer Kultur, eines Volkes; der Untergang des Römischen Reiches; vom
Untergang bedroht sein; etwas vor dem
Untergang bewahren.

der und die **Un|ter|ge|be|ne** [ʊntɐ'geːbənə]; -n,
-n ⟨aber: [ein] Untergebener, [eine]
Untergebene, Plural: [viele] Unterge-
bene⟩: *Person, die einer anderen unterstellt und von ihr abhängig ist:* jmdn. wie
einen Untergebenen behandeln; er
behandelt seine Untergebenen sehr
schlecht. *Syn.:* Mitarbeiter, Mitarbeiterin.

un|ter|ge|hen ['ʊntɐgeːən], geht unter,
ging unter, untergegangen ⟨itr.; ist⟩:
1. *unter der Wasseroberfläche verschwinden und nicht mehr nach oben kommen:*
das Boot kippte um und ging sofort
unter; sie drohte unterzugehen. *Syn.:*

sinken. **2.** *hinter dem Horizont verschwinden:* die Sonne, der Mond geht
unter. **3.** *nicht mehr existieren:* es war, als
ob die Welt untergehen wollte; diese
Dynastie ist untergegangen; unterge-
gangene Kulturen, Städte.

un|ter|ge|ord|net ['ʊntɐgəʔɔrdnət] ⟨Adj.⟩:
weniger wichtig, weniger bedeutend: das
ist von untergeordneter Bedeutung; eine
untergeordnete Stellung innehaben.
Syn.: sekundär.

un|ter|glie|dern [ʊntɐ'gliːdɐn], unterglie-
dert, untergliederte, untergliedert ⟨tr.;
hat; etw. u.⟩: *in [kleinere] Abschnitte gliedern, unterteilen:* diesen umfangreichen
Text hätte er lieber untergliedern sollen;
wie ist die Abteilung untergliedert? *Syn.:*
aufteilen, einteilen.

¹**un|ter|halb** ['ʊntɐhalp] ⟨Präp. mit Gen.⟩
/Ggs. oberhalb/: *tiefer als, unter:* eine
Verletzung unterhalb des Knies; unterhalb der Frostgrenze; die Wiese liegt
unterhalb der Burg.

²**un|ter|halb** ['ʊntɐhalp] ⟨Adverb; in Ver-
bindung mit »von«⟩: *unter etwas, tiefer
als etwas gelegen:* die Altstadt liegt
unterhalb [vom Schloss].

der **Un|ter|halt** ['ʊntɐhalt]; -[e]s: **1.** *Lebensun-
terhalt:* zum Unterhalt einer Familie beitragen; während des Studiums kommen
ihre Eltern für ihren Unterhalt auf.
2. *das Instandhalten von etwas und die
damit verbundenen Kosten:* der neue
Wagen ist im Unterhalt günstiger; die
Stadt hat eine größere Summe für den
Unterhalt der Sportanlagen bereitge-
stellt.

un|ter|hal|ten [ʊntɐ'haltn̩], unterhält,
unterhielt, unterhalten: **1.** ⟨tr.; hat; etw.
u.⟩ *instand halten:* Straßen, Brücken
müssen unterhalten werden; schlecht
unterhaltene Gleisanlagen; gute Verbindungen unterhalten *(pflegen)*. **2.** ⟨sich
u.⟩ *sich auf angenehme Weise die Zeit
vertreiben:* sie hat sich im Theater gut
unterhalten. *Syn.:* sich amüsieren, sich
vergnügen. **3.** ⟨sich mit jmdm. [über
etw.] u.⟩ *mit jmdm. sprechen; ein
Gespräch führen:* sie hat sich lange mit
ihm unterhalten; sie unterhielten sich
über den neuesten Film. *Syn.:* plaudern.

un|ter|halt|sam [ʊntɐ'haltzaːm], unterhalt-
samer, am unterhaltsamsten ⟨Adj.⟩:
*unterhaltend, auf angenehme Weise die
Zeit vertreibend:* ein unterhaltsamer
Abend, Film; das Treffen war recht
unterhaltsam. *Syn.:* amüsant, lustig.

die **Un|ter|hal|tung** [ʊntɐ'haltʊŋ]; -, -en: **1.** *Ver-*

gnügen (bei einer Feier, einer Aufführung o. Ä.): für die Unterhaltung der Gäste war bestens gesorgt; sie hat zur Unterhaltung der Besucher beigetragen; er wünschte allen Zuschauern gute, angenehme Unterhaltung. **2.** *Gespräch:* eine lebhafte, interessante Unterhaltung; es kam keine vernünftige Unterhaltung zustande. *Syn.:* Konversation.

das **Un|ter|hemd** [ˈʊntɐhɛmt]; -[e]s, -en: *unter dem Hemd, der Bluse oder dem Pullover getragenes Kleidungsstück, das direkt auf der Haut liegt:* im Sommer trägt er kein Unterhemd. *Zus.:* Baumwollunterhemd, Damenunterhemd, Herrenunterhemd.

die **Un|ter|ho|se** [ˈʊntɐhoːzə]; -, -n: *Kleidungsstück, das unmittelbar auf dem Körper unter der Hose getragen wird:* im Winter trägt er lange Unterhosen. *Syn.:* Schlüpfer, Slip.

un|ter|kom|men [ˈʊntɐkɔmən], kommt unter, kam unter, untergekommen ⟨itr.; ist⟩: **1.** ⟨bei jmdm., irgendwo u.⟩ *eine Unterkunft, einen Arbeitsplatz finden:* sie ist bei Freunden, in einer Pension untergekommen; er ist bei, in einem Verlag untergekommen. **2.** ⟨jmdm. u.⟩ (ugs.) *jmdm. begegnen:* so etwas ist mir noch nicht untergekommen. *Syn.:* passieren.

die **Un|ter|kunft** [ˈʊntɐkʊnft]; -, Unterkünfte [ˈʊntɐkʏnftə]: *Raum, in dem jemand vorübergehend wohnt:* eine Unterkunft für eine Nacht suchen. *Syn.:* Quartier. *Zus.:* Notunterkunft.

die **Un|ter|la|ge** [ˈʊntɐlaːgə]; -, -n: **1.** *etwas, was zum Schutz o. Ä. unter etwas gelegt wird:* die schweren Gegenstände standen alle auf einer Unterlage aus Gummi; etwas als Unterlage benutzen; eine Unterlage zum Schreiben. *Zus.:* Schreibunterlage. **2.** ⟨Plural⟩ *Schriftstück, das als Beweis, Beleg, Bestätigung für etwas dient; Dokumente:* sämtliche Unterlagen verlangen, anfordern, beschaffen, vernichten; einer Bewerbung die üblichen Unterlagen beifügen; dies geht aus den Unterlagen hervor. *Syn.:* Akte. *Zus.:* Bewerbungsunterlagen.

un|ter|las|sen [ʊntɐˈlasn], unterlässt, unterließ, unterlassen ⟨tr.; hat; etw. u.⟩: *darauf verzichten, etwas zu tun oder zu sagen; mit etwas aufhören:* es wird gebeten, das Rauchen zu unterlassen; unterlass bitte diese Bemerkungen!; sie hat es unterlassen *(versäumt)* die Sache rechtzeitig zu prüfen. *Syn.:* lassen.

¹**un|ter|le|gen** [ˈʊntɐleːgn̩], legt unter, legte unter, untergelegt ⟨tr.; hat; jmdm., sich etw. u.⟩: *etwas unter jmdn., etwas legen:* er legte dem Kind ein Kissen unter; sie legte der Henne Eier zum Brüten unter.

²**un|ter|le|gen** [ʊntɐˈleːgn̩] ⟨Adj.⟩: *schwächer als ein anderer, eine andere; nicht so gut, stark wie ein anderer, eine andere* /Ggs. ²überlegen/: ein [zahlenmäßig] unterlegener Feind; [dem Gegner] an Zahl [weit] unterlegen sein; er ist seiner Frau geistig unterlegen.

der **Un|ter|leib** [ˈʊntɐlaip]; -[e]s: *unterer Teil des Bauches:* einen Tritt in den Unterleib bekommen; Schmerzen im Unterleib haben. *Syn.:* Leib.

un|ter|lie|gen [ʊntɐˈliːgn̩], unterliegt, unterlag, unterlegen: **1.** ⟨itr.; ist⟩ *besiegt werden:* er unterlag im Kampf, bei der Wahl; ⟨häufig im 2. Partizip⟩ die unterlegene Mannschaft. *Syn.:* verlieren. **2.** ⟨itr.; hat; etw. (Dativ) u.⟩ *von etwas bestimmt werden:* harten Schwankungen unterliegen; die Mode unterliegt dem Wechsel der Zeit; etwas unterliegt der Schweigepflicht.

der **Un|ter|mie|ter** [ˈʊntɐmiːtɐ]; -s, -, die **Un|ter|mie|te|rin** [ˈʊntɐmiːtərɪn]; -, -nen: *Person, die bei jmdm. zur Miete wohnt, der diesen Wohnraum selbst nur gemietet hat:* sie wohnten in einer Zweizimmerwohnung – die eine als Mieterin, die andere als ihre Untermieterin.

un|ter|neh|men [ʊntɐˈneːmən], unternimmt, unternahm, unternommen: **1.** ⟨tr.; hat; etw. u.⟩ *machen, tun:* wir unternahmen einen letzten Versuch, sie umzustimmen; einen Ausflug, einen Spaziergang unternehmen; etwas gegen die Missstände unternehmen; wann willst du denn endlich etwas gegen die Ratten im Garten unternehmen? **2.** ⟨itr.; hat⟩ *irgendwohin gehen und etwas tun, was Spaß, Freude macht:* sie haben viel zusammen unternommen; was unternehmen wir heute Abend?

das **Un|ter|neh|men** [ʊntɐˈneːmən]; -s, -: **1.** *auf ein bestimmtes Ziel gerichtetes, geplantes Tun:* ein schwieriges, aussichtsloses Unternehmen; dieser Flug ist ein gewagtes Unternehmen. *Syn.:* Plan, Vorhaben. *Zus.:* Forschungsunternehmen. **2.** *Einrichtung, die dadurch, dass sie Waren herstellt und verkauft oder Dienstleistungen anbietet, Gewinne erzielt:* ein großes, mittleres, privates Unternehmen; ein Unternehmen gründen, leiten; ein Unternehmen der Stahlindustrie, des Handels. *Syn.:* Betrieb, Firma, Geschäft,

Konzern. *Zus.:* Handelsunternehmen, Transportunternehmen.

der **Un|ter|neh|mer** [ʊntɐ'ne:mɐ]; -s, -, die **Un|ter|neh|me|rin** [ʊntɐ'ne:mərɪn]; -, -nen: *Person, die ein Unternehmen hat:* sie ist Unternehmerin; das liegt nicht im Interesse der Unternehmer. *Syn.:* Arbeitgeber, Arbeitgeberin, Inhaber, Inhaberin. *Zus.:* Bauunternehmer, Bauunternehmerin.

die **Un|ter|neh|mung** [ʊntɐ'ne:mʊŋ]; -, -en: **1.** *Unternehmen, Vorhaben, Tun:* er hat sich geweigert, über seine Unternehmungen an dem betreffenden Vormittag Rechenschaft abzulegen. **2.** *Betrieb, Unternehmen:* privatwirtschaftliche Unternehmungen. *Syn.:* Firma, Geschäft, Gesellschaft, Konzern.

un|ter|ord|nen ['ʊntɐʔɔrdnən], ordnet unter, ordnete unter, untergeordnet: **1.** ⟨sich [jmdm.] u.⟩ *sich in eine bestimmte Ordnung einfügen; tun, was eine andere Person möchte oder was die derzeitige Situation erfordert:* es fällt ihr nicht leicht, sich [anderen] unterzuordnen. **2.** in der Verbindung *jmdm., einer Sache untergeordnet sein:* *dem Rang nach unter jmdm., etwas stehen:* die Schulämter sind dem Kultusministerium untergeordnet.

die **Un|ter|re|dung** [ʊntɐ're:dʊŋ]; -, -en: *wichtiges, meist förmliches, offizielles Gespräch, bei dem bestimmte Fragen besprochen, verhandelt werden:* eine Unterredung unter vier Augen führen; die Unterredung ist beendet. *Syn.:* Besprechung.

der **Un|ter|richt** ['ʊntɐrɪçt]; -[e]s: *planmäßiges, regelmäßiges Vermitteln von Kenntnissen, Fähigkeiten durch einen Lehrenden:* ein lebendiger, langweiliger Unterricht; wir haben täglich von 8 bis 12 Uhr Unterricht; Unterricht in Englisch geben, erteilen; den Unterricht stören, versäumen, schwänzen. *Zus.:* Deutschunterricht, Nachhilfeunterricht.

un|ter|rich|ten [ʊntɐ'rɪçtn̩], unterrichtet, unterrichtete, unterrichtet ⟨tr.; hat⟩: **1.** ⟨etw. u.⟩ *lehren:* er unterrichtet Englisch und Französisch; ⟨auch itr.⟩ sie unterrichtet an einem Gymnasium. **2.** ⟨jmdn. u.⟩ *(jmdn.) Unterricht erteilen:* sie unterrichtet die Klasse schon seit drei Jahren; der Klassenlehrer unterrichtet die Klasse in Englisch. **3.** ⟨jmdn. [über etw. (Akk.), von etw.] u.⟩ *informieren:* sie hat ihn über ihre Abreise / von dem Vorgang rechtzeitig unterrichtet;

dies war aus sehr gut unterrichteten Kreisen zu hören.

der **Un|ter|rock** ['ʊntɐrɔk]; -[e]s, Unterröcke ['ʊntɐrœkə]: *sehr dünnes Kleidungsstück, das Frauen unter einem Kleid oder Rock tragen und das auch wie ein Rock oder Kleid aussieht:* dein Unterrock guckt unter dem Kleid heraus.

un|ter|sa|gen [ʊntɐ'za:gn̩], untersagt, untersagte, untersagt ⟨tr.; hat; jmdm. etw. u.⟩: *verbieten:* es ist untersagt, die Waren zu berühren; er hatte seinem Kind untersagt, auf dem Rasen Fußball zu spielen.

der **Un|ter|satz** ['ʊntɐzats]; -es, Untersätze ['ʊntɐzɛtsə]: *etwas, was dazu dient, etwas anderes darauf abzustellen:* den heißen Topf auf einen Untersatz stellen; die Kaffeekanne stand auf einem silbernen Untersatz. *Syn.:* Unterlage. *Zus.:* Flaschenuntersatz, Plastikuntersatz.

un|ter|schät|zen [ʊntɐ'ʃɛtsn̩], unterschätzt, unterschätzte, unterschätzt ⟨tr.; hat; jmdn., etw. u.⟩: *zu gering einschätzen:* eine Entfernung [erheblich] unterschätzen; jmds. Kraft, Fähigkeiten unterschätzen; er hat seinen Gegner, die Kräfte seines Gegners unterschätzt.

un|ter|schei|den [ʊntɐ'ʃaidn̩], unterscheidet, unterschied, unterschieden: **1.** ⟨tr.; hat; jmdn., etw. [von jmdm., etw.] u.⟩ *die Verschiedenheit (von jmdm., etwas) erkennen:* die Zwillinge sind kaum [voneinander] zu unterscheiden; woran kann man die beiden Arten unterscheiden? **2.** ⟨tr.; hat; etw. u.⟩ *etwas (nach bestimmten Merkmalen) in Gruppen, Phasen o. Ä. einteilen; etwas von etwas anderem trennen:* verschiedene Bedeutungen unterscheiden; wir müssen bei dieser Entwicklung drei Phasen unterscheiden; ⟨auch itr.⟩ man unterscheidet zwischen abstrakter und gegenständlicher Kunst. **3.** ⟨sich [von jmdm., etw.] u.⟩ *im Hinblick auf bestimmte Merkmale, Eigenschaften anders sein (als jmd., etwas):* er unterscheidet sich kaum von seinem Bruder; die beiden Kleider unterscheiden sich nur durch ihre Farbe.

der **Un|ter|schen|kel** ['ʊntɐʃɛŋkl̩]; -s, -: *Teil des Beins zwischen Knie und Fuß:* die Knochen des Unterschenkels.

¹**un|ter|schie|ben** ['ʊntɐʃi:bn̩], schiebt unter, schob unter, untergeschoben ⟨tr.; hat⟩: *unter jmdn., etwas schieben:* sie schob der Kranken ein Kissen unter.

²**un|ter|schie|ben** [ʊntɐ'ʃi:bn̩], unterschiebt, unterschob, unterschoben ⟨tr.;

hat; jmdm. etw. u.⟩: *behaupten, dass jemand etwas Schlechtes gesagt oder getan hat, obwohl man weiß, dass dies nicht wahr ist:* diese Äußerung habe ich nie getan, man hat sie mir unterschoben. *Syn.:* ²unterstellen.

der **Un|ter|schied** ['ʊntɐʃiːt]; -[e]s, -e: *etwas, worin zwei oder mehrere Dinge nicht übereinstimmen, verschieden, anders sind:* ein großer, himmelweiter, gewaltiger Unterschied; es bestehen erhebliche soziale, klimatische Unterschiede; ein Unterschied in der Qualität ist kaum festzustellen. *Syn.:* Differenz. *Zus.:* Bedeutungsunterschied, Qualitätsunterschied.

un|ter|schied|lich ['ʊntɐʃiːtlɪç], unterschiedlicher, am unterschiedlichsten ⟨Adj.⟩: *einen Unterschied, Unterschiede erkennen lassend; nicht gleich:* unterschiedliche Auffassungen, Charaktere; zwei Häuser von unterschiedlicher Größe; Parteien unterschiedlichster Richtungen. *Syn.:* verschieden.

un|ter|schla|gen [ʊntɐˈʃlaːɡn̩], unterschlägt, unterschlug, unterschlagen ⟨tr.; hat⟩: **1.** ⟨etw. u.⟩ (bes. Rechtsspr.) *(etwas, was einem anvertraut wurde,) nicht für den vorgesehenen Zweck verwenden, sondern sich daran bereichern:* sie hat Geld, große Summen unterschlagen; er hat versucht, das Testament zu unterschlagen. *Syn.:* hinterziehen. **2.** ⟨[jmdm.] etw. u.⟩ *(eine für die betreffende Person nicht unwichtige Information) nicht weitergeben:* eine wichtige Nachricht, entscheidende Tatsachen unterschlagen; warum hast du mir diese Information unterschlagen? *Syn.:* verheimlichen, verschweigen.

un|ter|schrei|ben [ʊntɐˈʃraɪbn̩], unterschreibt, unterschrieb, unterschrieben ⟨tr.; hat; etw. u.⟩: *seinen Namen (unter etwas) schreiben:* ein Dokument, eine Erklärung, einen Vertrag unterschreiben; der Brief war nicht unterschrieben; ⟨auch itr.⟩ sie wollte nicht unterschreiben. *Syn.:* signieren, unterzeichnen.

un|ter|schrei|ten [ʊntɐˈʃraɪtn̩], unterschreitet, unterschritt, unterschritten ⟨tr.; hat⟩: *unter einer bestimmten Grenze bleiben:* ein Planziel, die vorgesehene Fahrzeit unterschreiten; diese Summe hat den geplanten Betrag unterschritten.

die **Un|ter|schrift** ['ʊntɐʃrɪft]; -, -en: *eigenhändig unter ein Schriftstück, einen Text geschriebener Name (zum Zeichen der Bestätigung, des Einverständnisses oder*

dergleichen): seine Unterschrift unter etwas setzen; jmds. Unterschrift nachahmen, fälschen; der Antrag ist ohne Unterschrift nicht gültig. *Syn.:* Signatur.

die Unterschrift

die **Un|ter|schrif|ten|samm|lung** ['ʊntɐ-ʃrɪftn̩zamlʊŋ]; -, -en: *Sammlung von Unterschriften in Listen für oder gegen jmdn., etwas:* eine Unterschriftensammlung gegen die Rentenpläne der Bundesregierung organisieren, planen, starten; ein Aufruf zur Unterschriftensammlung.

un|ter|setzt [ʊntɐˈzɛtst], untersetzter, am untersetztesten ⟨Adj.⟩: *(in Bezug auf den Körperbau) nicht besonders groß, aber kräftig gebaut:* ein untersetzter Typ. *Syn.:* dick.

un|terst... ['ʊntɐst...] ⟨Adj.; Superlativ von »unter...«⟩: **1.** *sich (räumlich gesehen) ganz unten, an der tiefsten Stelle befindend:* die Abteilung für Lebensmittel ist in der untersten Etage. **2.** *dem Rang nach an niedrigster Stelle stehend:* die untersten Schichten der Bevölkerung.

der **Un|ter|stand** ['ʊntɐʃtant]; -[e]s, Unterstände ['ʊntɐʃtɛndə]: *primitive Hütte, die Schutz vor Unwettern bietet:* während des Gewitters fanden wir in einem Unterstand Zuflucht.

un|ter|ste|hen [ʊntɐˈʃteːən], untersteht, unterstand, unterstanden: **1.** ⟨itr.; hat; jmdm., einer Sache u.⟩ *einem Vorgesetzten, einer vorgesetzten Institution unterstellt sein; unter jmds. Kontrolle, Aufsicht stehen:* das Heer untersteht dem König; das Institut untersteht dem Gesundheitsministerium. **2.** ⟨sich u.⟩ *sich (dreist, unverschämt) herausnehmen (etwas Bestimmtes zu tun):* wie konntest du dich unterstehen, ihm zu widersprechen! *Syn.:* sich erlauben.

¹**un|ter|stel|len** ['ʊntɐʃtɛlən], stellt unter, stellte unter, untergestellt: **1.** ⟨tr.; hat; etw. irgendwo u.⟩ *an einen geschützten Ort bringen und dort vorübergehend stehen lassen:* er hat sein Fahrrad bei Freunden untergestellt. **2.** ⟨sich irgendwo u.⟩ *sich (bei Regen oder dergleichen) an einen geschützten Platz stellen:* sie stellten sich während des Regens [in einer Hütte] unter.

²**un|ter|stel|len** [ʊntɐˈʃtɛlən], unterstellt,

U

unterstellte, unterstellt ⟨tr.; hat⟩: **1.** ⟨etw. u.⟩ *[vorläufig] als gegeben annehmen:* wir wollen einmal unterstellen, dass seine Angaben richtig sind. **2.** ⟨jmdm. etw. u.⟩ *jmdn. zu Unrecht einer Sache beschuldigen:* er hat mir die übelsten Absichten unterstellt; ihr wurde unterstellt, die Kollegin bestohlen zu haben. *Syn.:* ²unterschieben.

un|ter|strei|chen [ʊntɐˈʃtraɪ̯çn̩], unterstreicht, unterstrich, unterstrichen ⟨tr.; hat; etw. u.⟩: **1.** *zur Hervorhebung in einem Text einen Strich (unter etwas Geschriebenes, Gedrucktes) ziehen:* bitte unterstreichen Sie im Text alle unregelmäßigen Verben. **2.** *nachdrücklich hervorheben, betonen:* in seiner Rede unterstrich er besonders die Verdienste der Partei; ich möchte unterstreichen, dass ich darüber nichts weiß. *Syn.:* herausstellen.

un|ter|stüt|zen [ʊntɐˈʃtʏtsn̩], unterstützt, unterstützte, unterstützt ⟨tr.; hat; jmdn. u.⟩: *[durch Zuwendungen] Hilfe gewähren:* jmdn. mit Rat und Tat, finanziell, moralisch unterstützen; sein Onkel unterstützte ihn während des Studiums mit Geld; jmdn. bei seiner Arbeit unterstützen. *Syn.:* beistehen, fördern, helfen.

die **Un|ter|stüt|zung** [ʊntɐˈʃtʏtsʊŋ]; -, -en: *das Unterstützen, Fördern:* bei jmdm. Unterstützung finden; er ist auf [finanzielle] Unterstützung angewiesen. *Syn.:* Hilfe.

un|ter|su|chen [ʊntɐˈzuːxn̩], untersucht, untersuchte, untersucht ⟨tr.; hat⟩: **1.** ⟨etw. u.⟩ *(etwas, worüber man bestimmte Erkenntnisse bekommen möchte,) genau, eingehend betrachten:* die Forscher wollen in einer Studie die Auswirkungen der Schwerelosigkeit untersuchen; etwas gründlich, sorgfältig untersuchen; wir werden diesen Fall genau untersuchen; sie untersucht die gesellschaftlichen Verhältnisse dieser Kultur. **2.** ⟨jmdn., etwas u.⟩ *(einen Patienten, ein Tier, eine Pflanze oder ein bestimmtes Organ) auf Krankheitsanzeichen oder dergleichen prüfen:* die Ärztin hat mich, mein Herz gründlich untersucht; sich ärztlich, medizinisch, auf Diabetes untersuchen lassen.

die **Un|ter|su|chung** [ʊntɐˈzuːxʊŋ]; -, -en: **1.** *das Untersuchen (einer Sache, über die man bestimmte Erkenntnisse bekommen möchte):* eine genaue, sorgfältige Untersuchung anordnen; die Untersuchung des Sachverhalts ist dringend erforderlich. **2.** *das Untersuchen (eines Patienten, eines Organismus usw.):* die ärztliche Untersuchung hat nichts ergeben.

die **Un|ter|tas|se** [ˈʊntɐtasə]; -, -n: *zu einer Tasse gehörender, als Untersatz dienender kleinerer Teller:* er legte den Teebeutel auf die Untertasse.

die Untertasse

un|ter|tei|len [ʊntɐˈtaɪ̯lən], unterteilt, unterteilte, unterteilt ⟨tr.; hat; etw.[in etw. (Akk.)] u.⟩: *in mehrere Teile aufteilen, gliedern:* einen Schrank in mehrere Fächer unterteilen; die Skala ist in hundert gleich große Abschnitte unterteilt. *Syn.:* einteilen.

die **Un|ter|wä|sche** [ˈʊntɐvɛʃə]; -: *Wäsche, die unter der Kleidung unmittelbar auf dem Körper getragen wird:* er trägt nur weiße Unterwäsche.

un|ter|wegs [ʊntɐˈveːks] ⟨Adverb⟩: *sich auf dem Weg irgendwohin befindend; auf, während der Fahrt, Reise:* wir haben unterwegs viel Neues gesehen; sie ist den ganzen Tag unterwegs; der Brief ist schon unterwegs; »Kannst du bitte mal kommen?« – »Bin schon unterwegs.«

un|ter|wei|sen [ʊntɐˈvaɪ̯zn̩], unterweist, unterwies, unterwiesen ⟨tr.; hat; jmdn. in etw. (Dativ) u.⟩ ⟨geh.⟩: *(jmdm.) Kenntnisse oder Fähigkeiten vermitteln:* jmdn. in einer Sprache, in Geschichte unterweisen. *Syn.:* schulen, unterrichten.

un|ter|zeich|nen [ʊntɐˈtsaɪ̯çnən], unterzeichnet, unterzeichnete, unterzeichnet ⟨tr.; hat; etw. u.⟩: *[dienstlich, von Amts wegen] unterschreiben:* einen Vertrag unterzeichnen.

un|ter|zie|hen [ʊntɐˈtsiːən], unterzieht, unterzog, unterzogen: **1.** ⟨sich etw. (Dativ) u.⟩ *etwas, dessen Erledigung o. Ä. mit gewissen Mühen verbunden ist, auf sich nehmen:* dieser Prüfung werde ich mich gern unterziehen; er musste sich einer schmerzhaften Zahnbehandlung unterziehen. **2.** *als Funktionsverb:* etwas einer genauen Prüfung unterziehen *(prüfen);* das Gebäude wurde einer gründlichen Reinigung unterzogen *(wurde gründlich gereinigt).*

un|trag|bar [ʊnˈtraːkbaːɐ̯], untragbarer, am untragbarsten ⟨Adj.⟩: *nicht länger zu ertragen, zu dulden:* dort herrschen untragbare Zustände; wegen seines

Alkoholismus ist er für die Firma untragbar geworden.

un|treu ['ʊntrɔy], untreuer, am untreu[e]sten ⟨Adj.⟩: *nicht treu:* ein untreuer Ehemann; du bist deinen eigenen Grundsätzen untreu geworden *(hast sie nicht beachtet).*

un|über|legt ['ʊn|y:bɐle:kt], unüberlegter, am unüberlegtesten ⟨Adj.⟩: *nicht oder zu wenig überlegt:* sein unüberlegtes Handeln hat ihm schon oft geschadet; sie hat unüberlegt geantwortet und sich später darüber geärgert. *Syn.:* gedankenlos, leichtfertig, unvorsichtig, voreilig.

un|über|seh|bar [ʊnly:bɐ'ze:ba:ɐ̯] ⟨Adj.⟩: *sich nicht überblicken lassend:* eine unübersehbare Menge von Menschen hatte sich versammelt.

un|über|sicht|lich ['ʊnly:bɐzɪçtlɪç], unübersichtlicher, am unübersichtlichsten ⟨Adj.⟩: *nicht leicht zu überblicken:* fahr vorsichtig, diese Kreuzung ist sehr unübersichtlich; die Landkarte, das Buch ist furchtbar unübersichtlich.

un|über|treff|lich [ʊnly:bɐ'trɛflɪç] ⟨Adj.⟩: *sich nicht übertreffen lassend:* ein Bau von unübertrefflicher Hässlichkeit; sie kocht unübertrefflich.

un|ver|ant|wort|lich [ʊnfɛɐ̯'|antvɔrtlɪç] ⟨Adj.⟩: *nicht zu verantworten:* durch sein unverantwortliches Verhalten hat er viele Menschen gefährdet; es war unverantwortlich von ihm, auf dieser Straße so schnell zu fahren.

un|ver|bind|lich ['ʊnfɛɐ̯bɪntlɪç] ⟨Adj.⟩: *keinerlei Verpflichtung mit sich bringend:* eine unverbindliche Auskunft geben; in diesem Geschäft kann man sich alles unverbindlich ansehen.

un|ver|dros|sen [ʊnfɛɐ̯'drɔsn̩], unverdrossener, am unverdrossensten ⟨Adj.⟩: *unermüdlich und ohne Anzeichen von Ärger oder Widerwillen:* trotz vieler Hindernisse arbeitete er unverdrossen an seinem Plan. *Syn.:* geduldig.

un|ver|fälscht ['ʊnfɛɐ̯fɛlʃt] ⟨Adj.⟩: *ganz rein und ursprünglich:* er sprach unverfälschte bayerische Mundart. *Syn.:* echt, natürlich.

un|ver|ges|sen ['ʊnfɛɐ̯gɛsn̩] ⟨Adj.⟩: *nicht vergessen, noch im Gedächtnis:* diese Reise wird [mir] unvergessen bleiben.

un|ver|gess|lich [ʊnfɛɐ̯'gɛslɪç], unvergesslicher, am unvergesslichsten ⟨Adj.⟩: *für immer im Gedächtnis bleibend:* unvergessliche Erlebnisse, Stunden; dieses Ereignis ist mir unvergesslich.

un|ver|gleich|lich [ʊnfɛɐ̯'glaiçlɪç] ⟨Adj.⟩: *(in* seiner Schönheit, Großartigkeit oder dergleichen) mit nichts zu vergleichen: die untergehende Sonne bot einen unvergleichlichen Anblick; ihre Schokoladentorte schmeckt unvergleichlich; sie ist unvergleichlich schön. *Syn.:* einzigartig.

un|ver|hält|nis|mä|ßig ['ʊnfɛɐ̯hɛltnɪsmɛ:sɪç] ⟨Adverb⟩: *übermäßig:* der Wein ist unverhältnismäßig teuer; eine unverhältnismäßig harte Strafe.

un|ver|hofft ['ʊnfɛɐ̯hɔft], unverhoffter, am unverhofftesten ⟨Adj.⟩: *(zu jmds. positiver Überraschung) plötzlich eintretend:* das unverhoffte Wiedersehen mit seinem alten Freund freute ihn sehr; er erbte ganz unverhofft ein Vermögen.

un|ver|käuf|lich ['ʊnfɛɐ̯kɔyflɪç] ⟨Adj.⟩: *nicht zum Verkauf bestimmt:* ein unverkäufliches Muster; die Exponate sind alle unverkäuflich.

un|ver|kenn|bar [ʊnfɛɐ̯'kɛnba:ɐ̯] ⟨Adj.⟩: *eindeutig erkennbar:* das ist unverkennbar sein Stil; dieser Schmerz ist ein unverkennbares Symptom für Migräne. *Syn.:* unverwechselbar.

un|ver|letz|lich [ʊnfɛɐ̯'lɛtslɪç] ⟨Adj.⟩: *(von Rechten, Gesetzen o. Ä.) allgemein anerkannt, sodass es nicht eingeschränkt werden darf:* dieses Grundrecht ist unverletzlich.

un|ver|meid|lich [ʊnfɛɐ̯'maitlɪç] ⟨Adj.⟩: *sich nicht vermeiden lassend; sich notwendig ergebend:* unvermeidliche Auseinandersetzungen; eine Verzögerung war leider unvermeidlich.

un|ver|mit|telt [ʊnfɛɐ̯mɪtl̩t] ⟨Adj.⟩: *plötzlich:* er brach seine Rede unvermittelt ab; ganz unvermittelt kamen wir auf das Thema zu sprechen.

die **Un|ver|nunft** ['ʊnfɛɐ̯nʊnft]; -: *Mangel an Vernunft und Erfahrung:* es ist reine Unvernunft, bei diesem Sturm aufs Meer hinauszufahren. *Syn.:* Unverstand.

un|ver|nünf|tig ['ʊnfɛɐ̯nʏnftɪç], unvernünftiger, am unvernünftigsten ⟨Adj.⟩: *Unvernunft zeigend:* du benimmst dich wie ein unvernünftiges Kind; es ist sehr unvernünftig, bei dieser Kälte schwimmen zu gehen.

un|ver|rich|tet ['ʊnfɛɐ̯rɪçtət]: in der Verbindung ***unverrichteter Dinge:** *ohne das erreicht zu haben, was man wollte oder was man sich vorgenommen hatte:* die Tür war verschlossen, und sie mussten unverrichteter Dinge wieder umkehren.

un|ver|schämt ['ʊnfɛɐ̯ʃɛ:mt], unverschämter, am unverschämtesten ⟨Adj.⟩: *sich* *frech über die Grenzen des Taktes und des Anstands hinwegsetzend:* dieser unverschämte Bursche hat mich eine alte Schlampe genannt; er grinste unverschämt.

die **Un|ver|schämt|heit** [ˈʊnfɛɐ̯ʃɛːmthai̯t]; -, -en: **1.** *das Unverschämtsein:* die Unverschämtheit, mit der er auftrat. **2.** *unverschämte Handlung, Äußerung, unverschämtes Benehmen:* er schleuderte ihr einige Unverschämtheiten ins Gesicht; das ist ja eine Unverschämtheit! *Syn.:* Frechheit.

un|ver|schul|det [ˈʊnfɛɐ̯ʃʊldət] ⟨Adj.⟩: *ohne selbst schuld zu sein:* er ist unverschuldet in Not geraten.

un|ver|söhn|lich [ˈʊnfɛɐ̯zøːnlɪç], unversöhnlicher, am unversöhnlichsten ⟨Adj.⟩: **1.** *nicht bereit, Frieden zu schließen:* er blieb unversöhnlich trotz aller Bitten. **2.** *sich nicht überwinden lassend:* Ökonomie und Ökologie sind unversöhnliche Gegensätze.

der **Un|ver|stand** [ˈʊnfɛɐ̯ʃtant]; -[e]s: *erheblicher Mangel an Verstand und Erfahrung:* in seinem Unverstand hat er einen großen Fehler gemacht. *Syn.:* Dummheit.

un|ver|stan|den [ˈʊnfɛɐ̯ʃtandn̩] ⟨Adj.⟩: *kein Verständnis bei anderen findend:* er fühlt sich von seiner Frau unverstanden.

un|ver|stän|dig [ˈʊnfɛɐ̯ʃtɛndɪç] ⟨Adj.⟩: *[noch] nicht den nötigen Verstand für etwas habend; kein Verständnis für etwas aufbringend:* er ist doch noch ein unschuldiges und unverständiges Kind; die politische Entscheidung war völlig unverständig; auf die Frage reagierte sie unverständig. *Syn.:* blöd[e] (ugs.), dämlich (ugs.), dumm, unvernünftig.

un|ver|ständ|lich [ˈʊnfɛɐ̯ʃtɛntlɪç], unverständlicher, am unverständlichsten ⟨Adj.⟩: **1.** *nicht deutlich genug hörbar:* er murmelte einige unverständliche Worte. *Syn.:* undeutlich. **2.** *nicht begreifbar:* die Abkürzungen und die gesamte Ausdrucksweise waren unverständlich; es ist mir unverständlich, wie so etwas passieren konnte. *Syn.:* unbegreiflich, unerklärlich, unklar.

das **Un|ver|ständ|nis** [ˈʊnfɛɐ̯ʃtɛntnɪs]; -ses: *fehlendes Verständnis:* mit ihren Ausführungen stieß sie auf Unverständnis.

un|ver|träg|lich [ˈʊnfɛɐ̯trɛːklɪç], unverträglicher, am unverträglichsten ⟨Adj.⟩: **1.** *mit etwas anderem nicht übereinstimmend:* unverträgliche Gegensätze; in den beiden Staaten herrschten ganz unverträgliche Wertvorstellungen. **2.** *von*

schwierigem Charakter, Streit suchend: ein unverträglicher Mensch; er ist sehr unverträglich. **3.** *schwer zu verdauen:* Pilze sind eine unverträgliche Speise; dieses Medikament ist für manche Menschen unverträglich.

un|ver|wandt [ˈʊnfɛɐ̯vant] ⟨Adj.⟩: *jemanden unaufhörlich und forschend ansehend:* er sah mich unverwandt an; mit unverwandtem Blick.

un|ver|wech|sel|bar [ʊnfɛɐ̯ˈvɛksl̩baːɐ̯], unverwechselbarer, am unverwechselbarsten ⟨Adj.⟩: *so eindeutig zu erkennen, dass es mit nichts zu verwechseln ist:* er hat einen unverwechselbaren Stil; sie ist wirklich unverwechselbar. *Syn.:* einzigartig, unvergleichlich, unverkennbar.

un|ver|zeih|lich [ʊnfɛɐ̯ˈtsai̯lɪç], unverzeihlicher, am unverzeihlichsten ⟨Adj.⟩: *nicht zu verzeihen:* das war ein unverzeihlicher Fehler; dieses Benehmen ist für mich unverzeihlich.

un|ver|züg|lich [ʊnfɛɐ̯ˈtsyːklɪç] ⟨Adj.⟩: *sofort [geschehend]; ohne Zeit zu verlieren:* sie schrieb unverzüglich an ihren Vater; wir bekamen unverzügliche Hilfe. *Syn.:* augenblicklich, gleich, postwendend, prompt, sogleich, umgehend (bes. Papierdt.).

un|voll|kom|men [ˈʊnfɔlkɔmən], unvollkommener, am unvollkommensten ⟨Adj.⟩: *nicht vollkommen, sondern Schwächen und Fehler habend:* er hat nur unvollkommene Kenntnisse im Englischen; der Mensch ist seinem Wesen nach unvollkommen.

un|vor|sich|tig [ˈʊnfoːɐ̯zɪçtɪç], unvorsichtiger, am unvorsichtigsten ⟨Adj.⟩: *wenig klug und zu impulsiv; ohne Vorsicht:* eine unvorsichtige Bemerkung, Handlung; der unvorsichtige Umgang mit Feuer, Giftstoffen, elektrischen Geräten; es war sehr unvorsichtig von dir, ihm deinen Schlüssel zu geben. *Syn.:* fahrlässig, gedankenlos, leichtfertig, leichtsinnig, unüberlegt, unvernünftig.

un|vor|stell|bar [ʊnfoːɐ̯ˈʃtɛlbaːɐ̯], unvorstellbarer, am unvorstellbarsten ⟨Adj.⟩ (emotional): *das, was sich Menschen vorstellen können, übersteigend:* bis zum Mars ist es eine unvorstellbare Entfernung; eine unvorstellbare Summe, Zahl; ihm wurde unvorstellbares Leid zugefügt; es ist mir unvorstellbar, dass man das essen kann. *Syn.:* ungeheuer.

un|vor|teil|haft [ˈʊnfɔɐ̯tai̯lhaft], unvorteilhafter, am unvorteilhaftesten ⟨Adj.⟩: **1.** *(in Bezug auf jmds. Aussehen)* einen schlechten Eindruck machend: das Kleid hat einen unvorteilhaften Schnitt; sie kleidet sich sehr unvorteilhaft. *Syn.:* schlecht, ungünstig. **2.** *keinen, kaum Nutzen bringend:* es wäre sehr unvorteilhaft für mich, jetzt die Stelle zu kündigen. *Syn.:* blöd[e] (ugs.), dumm (ugs.), ungünstig.

un|wahr ['ʊnvaːɐ̯] ⟨Adj.⟩: *der Wahrheit nicht entsprechend:* eine unwahre Behauptung; diese Aussage ist unwahr; unwahr ist, dass die Erde eine Scheibe ist. *Syn.:* falsch, irrig.

un|wahr|schein|lich ['ʊnvaːɐ̯ʃainlɪç], unwahrscheinlicher, am unwahrscheinlichsten ⟨Adj.⟩: **1.** *kaum anzunehmen, kaum möglich:* es ist unwahrscheinlich, dass er so spät noch kommt; dass man im April draußen schwimmen kann, ist sehr unwahrscheinlich. **2.** *kaum der Wirklichkeit entsprechend:* seine Geschichte klingt sehr unwahrscheinlich. *Syn.:* abenteuerlich, unglaublich, unglaubwürdig. **3.** (ugs.) *sehr groß, stark:* du hast unwahrscheinliches Glück gehabt. *Syn.:* unglaublich (ugs.). **4.** ⟨verstärkend bei Adjektiven und Verben⟩ (ugs.) *sehr:* der kleine Wagen fährt unwahrscheinlich schnell; sie hat sich unwahrscheinlich gefreut. *Syn.:* arg (ugs.), unglaublich (ugs.), unheimlich (ugs.), wahnsinnig (ugs.).

un|we|sent|lich ['ʊnveːzn̩tlɪç], unwesentlicher, am unwesentlichsten ⟨Adj.⟩: *für das Wesen, den Kern einer Sache ohne Bedeutung:* wir müssen nur einige unwesentliche Änderungen vornehmen; diese Tatsache ist dabei nicht ganz unwesentl. *Syn.:* bedeutungslos, belanglos, nebensächlich, sekundär, unbedeutend, unerheblich, untergeordnet, unwichtig.

das **Un|wet|ter** ['ʊnvɛtɐ], -s, -: *sehr schlechtes, stürmisches Wetter mit starkem Niederschlag [und Gewitter], das häufig Schäden verursacht:* Überschwemmungen und Unwetter zerstörten die gesamte Ernte; bei dem Unwetter waren 5 Personen ums Leben gekommen.

un|wich|tig ['ʊnvɪçtɪç], unwichtiger, am unwichtigsten ⟨Adj.⟩: *keine oder nur geringe Bedeutung habend:* diese Tatsache ist vorläufig unwichtig; wir sollten uns nicht mit unwichtigen Detailfragen aufhalten. *Syn.:* bedeutungslos, belanglos, nebensächlich, unbedeutend, unerheblich, untergeordnet.

un|wi|der|ruf|lich [ʊnviːdɐˈruːflɪç] ⟨Adj.⟩: *endgültig feststehend; so, dass es auf keinen Fall geändert wird:* das Stück wird heute unwiderruflich zum letzten Mal gespielt; meine Entscheidung ist unwiderruflich.

un|wi|der|steh|lich [ʊnviːdɐˈʃteːlɪç], unwiderstehlicher, am unwiderstehlichsten ⟨Adj.⟩: **1.** *so beschaffen, dass man kaum widerstehen kann:* sie verspürten einen unwiderstehlichen Drang zu essen. **2.** *einen großen Reiz ausübend; bezaubernd:* ihr Charme ist einfach unwiderstehlich; er hält sich für unwiderstehlich.

der **Un|wil|le** ['ʊnvɪlə]; -ns: *Unmut, der sich in unfreundlicher oder ablehnender Haltung äußert:* sie äußerte unverhohlen ihren Unwillen; sein angeberisches Benehmen erregte heftigen Unwillen. *Syn.:* Ärger, Verstimmung, Zorn.

un|wil|lig ['ʊnvɪlɪç], unwilliger, am unwilligsten ⟨Adj.⟩: *Unwillen empfindend, erkennen lassend:* er schüttelte unwillig den Kopf; sehr unwillig putzte sie jeden Freitag die Treppe. *Syn.:* ärgerlich, gereizt, verärgert.

un|will|kür|lich ['ʊnvɪlkyːɐ̯lɪç], unwillkürlicher, am unwillkürlichsten ⟨Adj.⟩: *ganz von selbst geschehend, ohne dass man es bewusst will:* als er die Stimme hörte, drehte er sich unwillkürlich um; bei der Erzählung erinnerte sie sich unwillkürlich an ihre eigene Jugend. *Syn.:* automatisch, instinktiv, unabsichtlich, unbewusst.

un|wirk|sam ['ʊnvɪrkzaːm], unwirksamer, am unwirksamsten ⟨Adj.⟩: *die beabsichtigte Wirkung nicht erreichend:* die Maßnahme stellte sich bald als völlig unwirksam heraus; eine unwirksame Methode. *Syn.:* wirkungslos.

un|wis|send ['ʊnvɪsn̩t], unwissender, am unwissendsten ⟨Adj.⟩: *(in bestimmter Hinsicht) kein oder nur geringes Wissen habend:* dumm und unwissend sein; obwohl er gut informiert war, stellte er sich unwissend. *Syn.:* ahnungslos.

die **Un|wis|sen|heit** ['ʊnvɪsn̩haɪt], -: *fehlende Kenntnis von einer Sache:* sie hat es aus Unwissenheit falsch gemacht. *Syn.:* Unkenntnis.

die **Un|zahl** ['ʊntsaːl], - (emotional): *sehr große [unübersehbare] Anzahl:* eine Unzahl von Briefen traf bei der Redaktion ein; er ärgerte sich über die Unzahl von Vorschriften, mit denen er jeden Tag zu kämpfen hatte. *Syn.:* Unmenge.

un|zäh|lig [ʊnˈtsɛːlɪç] ⟨Adj.⟩: *in so großer Zahl vorhanden, dass man sie (fast) nicht zählen kann:* unzählige Menschen standen an der Straße.

un|zer|trenn|lich [ʊntsɛɐ̯'trɛnlɪç], unzer-
trennlicher, am unzertrennlichsten
⟨Adj.⟩: *eng miteinander verbunden:* die
beiden Jungen waren unzertrennliche
Freunde.

un|zu|frie|den ['ʊntsufriːdn̩], unzufriede-
ner, am unzufriedensten ⟨Adj.⟩: **1.** *(mit
jmdm., etwas) nicht zufrieden:* mit sich
selbst unzufrieden sein; der Lehrer ist
mit seinen Schülern, mit seinen Leistungen unzufrieden. **2.** *Unzufriedensein
ausdrückend:* sie macht ein unzufriede-
nes Gesicht. *Syn.:* missmutig, mürrisch,
sauer (ugs.), säuerlich.

un|zu|läs|sig ['ʊntsuːlɛsɪç] ⟨Adj.⟩: *nicht
erlaubt:* die Firma wandte bei der Werbung unzulässige Methoden an; eine
unzulässige Einschränkung der privaten
Rechte; dieses Verfahren ist rechtlich
unzulässig. *Syn.:* gesetzwidrig, illegal,
ungesetzlich, unrechtmäßig, verboten.

un|zu|ver|läs|sig ['ʊntsuːfɛɐ̯lɛsɪç], unzuver-
lässiger, am unzuverlässigsten ⟨Adj.⟩:
nicht zuverlässig: leider ist unsere neue
Putzfrau sehr unzuverlässig; seine Angaben sind unzuverlässig.

üp|pig ['ʏpɪç], üppiger, am üppigsten ⟨Adj.⟩:
1. *in großer Menge [vorhanden]:* eine
üppige Vegetation, Blütenpracht; das
Frühstück war recht üppig. *Syn.:* großzügig, luxuriös, reich. **2.** (ugs.) *von rundli-
chen, vollen Formen:* Rubens' üppige
Frauengestalten; sie hat üppige weibliche
Formen. *Syn.:* dick, füllig, mollig, rund.

der **Urin** [u'riːn]; -s, -e: *Harn:* den Urin [auf
Bakterien] untersuchen; es riecht nach
Urin.

die Urkunde

die **Ur|kun|de** ['uːɐ̯kʊndə]; -, -n: *[amtliches]
Schriftstück, durch das etwas beglaubigt
oder bestätigt wird:* eine notariell
beglaubigte Urkunde; alle Teilnehmer
bekommen am Schluss eine Urkunde;
sie erhielt eine Urkunde über die Verlei-
hung des Preises. *Syn.:* Dokument. *Zus.:*
Ernennungsurkunde, Geburtsurkunde,
Heiratsurkunde, Sterbeurkunde.

der **Ur|laub** ['uːɐ̯laup]; -[e]s, -e: *Zeit, in der
man nicht arbeitet, sondern zum Zweck
der Erholung zu Hause bleibt oder verreist:* Urlaub haben, nehmen, machen;
viele Beschäftigte haben 30 Tage Urlaub
im Jahr; wir fliegen im Urlaub nach
Zypern; er verbrachte seinen Urlaub in
der Schweiz; der Soldat kam auf Urlaub
nach Hause. *Syn.:* Ferien ⟨Plural⟩. *Zus.:*
Abenteuerurlaub, Erholungsurlaub,
Kurzurlaub, Sommerurlaub, Winter-
urlaub.

der **Ur|lau|ber** ['uːɐ̯laubɐ]; -s, -, die **Ur|lau|be|rin**
['uːɐ̯laubərɪn]; -, -nen: *Person, die gerade
Urlaub macht:* die Urlauber sonnten sich
am Strand. *Syn.:* Reisender, Reisende,
Tourist, Touristin.

das **Ur|laubs|geld** ['uːɐ̯laupsɡɛlt]; -[e]s: *zusätz-
liches Gehalt, das im Sommer gezahlt
wird:* das Urlaubsgeld bekommen wir
immer im Mai ausgezahlt; vom Urlaubsgeld eine Reise machen.

ur|laubs|reif ['uːɐ̯laupsraif], urlaubsreifer,
am urlaubsreifsten ⟨Adj.⟩ (ugs.): *durch viel
Arbeit so erschöpft, dass man dringend
Urlaub braucht:* nach dieser Woche voller
Katastrophen bin ich wirklich urlaubsreif!

die Urne (1)

die **Ur|ne** ['ʊrnə]; -, -n: **1.** *Gefäß für die Asche
eines Toten:* die Urne wurde gestern
bestattet. **2.** *Kasten aus Holz mit einem
schmalen Schlitz, in den bei Wahlen die
Stimmzettel geworfen werden:* den
Stimmzettel in die Urne stecken, werfen. *Zus.:* Wahlurne.

die Urne (2)

die **Ur|sa|che** ['uːɐ̯zaxə]; -, -n: **1.** *etwas, was
einen Vorgang, eine Erscheinung oder
einen Zustand bewirkt, veranlasst:* das
war die unmittelbare Ursache; die Ursache des Brandes / für den Brand ist noch
nicht geklärt; die Ursache ermitteln,
feststellen; oft weiß man nicht, was
Ursache ist und was Wirkung. *Syn.:*
Anlass, Grund, Veranlassung. *Zus.:*
Brandursache, Krankheitsursache, Scha-
densursache, Todesursache, Unfallursa-
che. **2.** * *keine Ursache:* »vielen Dank für
Ihre Hilfe!« – »Keine Ursache!«.

der **Ur|sprung** ['uːɐ̯ʃprʊŋ]; -[e]s, Ursprünge
['uːɐ̯ʃprʏŋə]: *Ort oder Zeitraum, in dem*

der Anfang von etwas liegt: der Ursprung des Christentums liegt in Palästina; der Brauch hat seinen Ursprung im 16. Jahrhundert; das Gestein ist vulkanischen Ursprungs; die Ursprünge der Befreiungsbewegung. *Syn.:* Beginn, Quelle.

ur|sprüng|lich [ˈuːɐ̯ʃprʏŋlɪç] ⟨Adj.⟩: *so, wie es am Anfang war; zuerst [vorhanden]:* der ursprüngliche Plan ist geändert worden; ursprünglich wollte sie Kindergärtnerin werden, sie studierte aber dann Medizin. *Syn.:* anfangs, erst, zunächst.

das **Ur|teil** [ˈʊrtai̯l]; -s, -e: **1.** *Entscheidung, die ein Richter, eine Richterin trifft und die ein Verfahren vor Gericht [vorläufig] beendet:* die Richterin fällte ein mildes Urteil; das Urteil gegen ihn lautet auf Freispruch, auf sieben Jahre [Freiheitsstrafe]; ein Urteil aufheben, anfechten, anerkennen, vollstrecken. *Zus.:* Gerichtsurteil, Todesurteil. **2.** *sorgfältig gebildete Meinung:* ich kann mir kein Urteil darüber bilden; sein Urteil steht bereits fest; hier ist man auf das Urteil von Fachleuten angewiesen. *Syn.:* Ansicht, Auffassung, Erachten, Standpunkt. *Zus.:* Gesamturteil, Pauschalurteil.

ur|tei|len [ˈʊrtai̯lən], urteilt, urteilte, geurteilt ⟨itr.; hat⟩: **1.** ⟨über jmdn., etw. u.⟩ *seine Ansicht über jmdn., etwas äußern:* er urteilte sehr hart über sie. *Syn.:* beurteilen, bewerten, einschätzen, werten. **2.** *sich ein Urteil bilden:* man soll nie nach dem ersten Eindruck urteilen.

der **Ur|wald** [ˈuːɐ̯valt]; -[e]s, Urwälder [ˈuːɐ̯vɛldɐ]: *ursprünglicher Wald (bes. in den Tropen), der nicht vom Menschen bearbeitet wird:* eine Exkursion in den Urwald machen.

die **Uto|pie** [utoˈpiː]; -, Utopien [utoˈpiːən]: *etwas, was in der Vorstellung von Menschen existiert, aber [noch] nicht Wirklichkeit ist:* eine konkrete, schöne, sozialistische, linke Utopie; eine Utopie entwerfen; die Idee eines allgemeinen Friedens ist bis jetzt Utopie geblieben; ein Flug zum Mond ist keine Utopie mehr.

uto|pisch [uˈtoːpɪʃ], utopischer, am utopischsten ⟨Adj.⟩: *nur in der Vorstellung, Fantasie existierend; mit der Wirklichkeit unvereinbar:* er hat utopische Gehaltsvorstellungen; diese Pläne wurden vielfach als utopisch angesehen.

V

va|ge [ˈvaːgə], vager, am vagsten ⟨Adj.⟩: *unbestimmt und ungenau:* sie hat nur eine vage Vorstellung von ihrem Vater; es wurden nur vage Hoffnungen geäußert; er hatte die Sache nur vage angedeutet. *Syn.:* undeutlich, unklar.

die **Va|gi|na** [vaˈgiːna]; -, Vaginen [vaˈgiːnən]: *von der Gebärmutter nach außen führender Teil des weiblichen Geschlechtsorgans.*

va|kant [vaˈkant] ⟨Adj.⟩ (bildungsspr.): *im Augenblick frei, von niemandem besetzt:* eine vakante Stelle; der Posten des Personalchefs ist vakant.

die **Va|nil|le** [vaˈnɪljə]; -: *Stoff mit besonderem Aroma, der aus der Frucht der Vanillepflanze gewonnen wird:* eine Soße, ein Kuchen, ein Pudding mit echter Vanille.

die **Va|ri|an|te** [vaˈri̯antə]; -, -n: *etwas, was sich von etwas anderem in kleineren Einzelheiten unterscheidet:* vom Ende dieses Märchens gibt es mehrere Varianten; sein Plan ist nur eine Variante zu den früheren Vorschlägen. *Syn.:* Variation. *Zus.:* Farbvariante, Modellvariante.

die **Va|ri|a|ti|on** [variaˈtsi̯oːn]; -, -en: **1.** *das Verändern:* dieses Prinzip der Baukunst hat einige Variationen erfahren; die Variation eines Stils. **2.** *etwas, was variiert, verändert wurde:* Hüte, Jacken, Hemden in vielen Variationen; (Musik) Variationen über ein Thema von J. S. Bach; Variationen zu einem Volkslied.

die **Va|se** [ˈvaːzə]; -, -n: *Gefäß aus Glas, ¹Ton oder Porzellan für Blumen o. Ä.:* die Blumen in eine Vase stellen.

der **Va|ter** [ˈfaːtɐ]; -s, Väter [ˈfɛːtɐ]: **1.** *Mann, der ein oder mehrere Kinder gezeugt hat:* Vater und Mutter; ihr [leiblicher] Vater; er ist Vater zweier Töchter, Kinder; er ist gerade Vater geworden. *Syn.:* Papa (fam.). **2.** *Mann, der in der Rolle eines Vaters ein oder mehrere Kinder versorgt, erzieht:* bei seinem neuen Vater ging es ihm schlecht. *Syn.:* Papa.

das **Va|ter|land** [ˈfaːtɐlant]; -[e]s, Vaterländer [ˈfaːtɐlɛndɐ] (geh., oft emotional): *Land, Staat, in dem jmd. geboren ist und dem*

V

er sich verbunden fühlt: das Vaterland lieben, verteidigen. *Syn.:* Heimat.

vä|ter|lich ['fɛːtɐlɪç] ⟨Adj.⟩: **1.** *zum Vater gehörend, vom Vater kommend:* er soll einmal das väterliche Geschäft übernehmen. **2.** *sich einem anderen gegenüber wie ein Vater verhaltend:* ein väterlicher Freund.

das **Va|ter|un|ser** [faːtɐ'lʊnzɐ]; -s, -: *wichtiges Gebet der Christen:* das Vaterunser sprechen, beten.

der **Ve|ge|ta|ri|er** [vegeˈtaːriɐ]; -s, -, die **Ve|ge|ta|ri|e|rin** [vegeˈtaːriərɪn]; -, -nen: *Person, die nur oder fast nur pflanzliche Nahrung isst:* sie ist Vegetarierin.

ve|ge|ta|risch [vegeˈtaːrɪʃ] ⟨Adj.⟩: *überwiegend aus pflanzlichen Stoffen bestehend, sich von pflanzlichen Stoffen ernährend:* eine vegetarische Kost; vegetarisch leben, essen.

die **Ve|ge|ta|ti|on** [vegetaˈtsi̯oːn]; -, -en: *Gesamtheit der Pflanzen, die in einem bestimmten Gebiet wachsen:* die Vegetation Europas, Südamerikas.

das **Veil|chen** ['failçən]; -s, -: *Pflanze mit kleinen violetten, stark duftenden Blüten, die im Frühjahr blüht.*

das **Ve|lo** ['veːlo]; -s, -s (schweiz.): *Fahrrad:* Velo fahren. *Syn.:* Rad.

die **Ve|ne** ['veːnə]; -, -n: *Ader, die das Blut zum Herzen führt:* langes Stehen beansprucht die Venen.

das **Ven|til** [vɛnˈtiːl]; -s, -e: *Vorrichtung, durch die das Austreten von flüssigen Stoffen oder Gasen gesteuert werden kann:* das Ventil eines Dampfkessels, Reifens; ein Ventil öffnen. *Zus.:* Fahrradventil.

der **Ven|ti|la|tor** [vɛntiˈlaːtoːɐ]; -s, Ventilatoren [vɛntilaˈtoːrən]: *elektrisches Gerät, durch das die Luft gekühlt oder bewegt werden kann:* den Ventilator wegen der Hitze anmachen, anstellen. *Zus.:* Deckenventilator, Tischventilator, Zimmerventilator.

ver- [fɛɐ] ⟨untrennbares Präfix⟩: **1.** drückt in Bildungen mit Nomen und Adjektiven und einer Endung aus, dass sich eine Person oder Sache zu etwas hin verändert: verarmen; verdummen. **2.** drückt in Bildungen mit Nomen und Adjektiven und einer Endung aus, dass eine Person oder Sache zu etwas gemacht, in einen bestimmten Zustand versetzt wird: vereinheitlichen; verharmlosen; verkomplizieren; vernetzen; verunsichern. **3.** drückt in Bildungen mit Nomen und einer Endung aus, dass eine Person oder Sache mit etwas versehen wird: verdrahten; verkabeln. **4.** drückt in Bildungen mit Verben aus, dass eine Sache beseitigt, verbraucht wird, nicht mehr besteht: verbauen; verknipsen; verplanen; vertelefonieren. **5.** drückt in Bildungen mit Verben aus, dass eine Person mit etwas ihre Zeit verbringt: verschlafen; verspielen. **6.** drückt in Bildungen mit Verben aus, dass eine Person etwas falsch, verkehrt macht: verrechnen; verspekulieren.

ver|ab|re|den [fɛɐˈlapreːdn̩], verabredet, verabredete, verabredet: **1.** ⟨tr.; hat; etw. [mit jmdm.] v.⟩ *eine bestimmte Abmachung treffen:* ich habe mit ihm verabredet, dass wir uns morgen treffen; ein Erkennungszeichen verabreden; ⟨häufig im 2. Partizip⟩ am verabredeten Ort; zur verabredeten Zeit; sie rief mich, wie verabredet, um fünf Uhr an. *Syn.:* abmachen, absprechen, ausmachen (ugs.), vereinbaren. **2.** ⟨sich [mit jmdm.] v.⟩ *ein Treffen vereinbaren:* ich habe mich mit ihm, wir haben uns zum Tennisspielen, auf ein Glas Wein verabredet; ich bin [für] heute Abend mit ihr verabredet.

die **Ver|ab|re|dung** [fɛɐˈlapreːdʊŋ]; -, -en: **1.** *das Verabreden, Vereinbaren:* Zweck des Telefonats war die Verabredung eines Treffpunkts, eines Treffens. *Syn.:* Absprache, Vereinbarung. **2.** *etwas Verabredetes, Vereinbartes:* sich an eine Verabredung halten; eine Verabredung einhalten; eine Verabredung mit jmdm. [getroffen] haben. *Syn.:* Abmachung, Vereinbarung. **3.** *beschlossenes Treffen:* zu einer Verabredung [mit jmdm.] gehen; eine Verabredung absagen.

ver|ab|schie|den [fɛɐˈlapʃiːdn̩], verabschiedet, verabschiedete, verabschiedet: **1.** ⟨sich [von jmdm.] v.⟩ *beim Weggehen dem/den Bleibenden einige Worte, einen Gruß o. Ä. sagen:* er verabschiedete sich von allen mit Handschlag. **2.** ⟨tr.; hat; jmdn. v.⟩ *jmdm., der ein Amt, eine Stellung verlässt, in einer kleinen Rede Dank, Anerkennung o. Ä. sagen:* einen Offizier, einen Beamten verabschieden; morgen wird unsere bisherige Abteilungsleiterin verabschiedet. **3.** ⟨tr.; hat; etw. v.⟩ *(ein Gesetz o. Ä.) annehmen, beschließen:* nach heftigen Diskussionen wurde das Gesetz vom Parlament verabschiedet.

ver|all|ge|mei|nern [fɛɐˈlalɡəˈmainɐn], verallgemeinert, verallgemeinerte, verallgemeinert ⟨tr.; hat; etw. v.⟩: *eine einzelne Erfahrung, Erkenntnis ganz allgemein auf andere Fälle anwenden:* du darfst diese Feststellung nicht verallgemeinern; ⟨auch itr.⟩ sie verallgemeinert gerne.

ver|al|ten [fɛɐ̯ˈʔaltn̩], veraltet, veraltete, veraltet ⟨itr.; ist; etw. v.⟩: *von einer Entwicklung überholt werden:* Computer veralten schnell; eine veraltete Technik.

ver|än|dern [fɛɐ̯ˈʔɛndɐn], verändert, veränderte, verändert: **1.** ⟨tr.; hat; jmdn., etw. v.⟩ *(jmdm., einer Sache) ein anderes Aussehen oder Wesen geben:* einen Raum verändern; die Erlebnisse der letzten Zeit haben ihn sehr verändert; sie war völlig verändert. *Syn.:* ändern, verwandeln. **2.** ⟨sich v.⟩ *ein anderes Aussehen oder Wesen bekommen; anders werden:* sie hat sich sehr zu ihrem Vorteil verändert; bei uns hat sich seitdem vieles verändert. *Syn.:* sich ändern, sich verwandeln. **3.** ⟨sich v.⟩ *die berufliche Stellung wechseln:* sie hat sich beruflich verändert; nach zehn Jahren in demselben Betrieb wollte er sich verändern.

die **Ver|än|de|rung** [fɛɐ̯ˈʔɛndərʊŋ]; -, -en: *das [Sich]verändern:* eine starke, entscheidende Veränderung; an etwas eine Veränderung vornehmen; jede Veränderung des Textes muss vorher genehmigt werden; in ihr geht eine Veränderung vor. *Syn.:* Verwandlung, Wandel, Wechsel. *Zus.:* Klimaveränderung.

ver|ängs|tigt [fɛɐ̯ˈʔɛŋstɪçt], verängstigter, am verängstigsten ⟨Adj.⟩: *von Angst erfüllt:* die verängstigten Bewohner wagten sich nicht auf die Straße; das Kind war ganz verängstigt. *Syn.:* ängstlich.

ver|an|las|sen [fɛɐ̯ˈʔanlasn̩], veranlasst, veranlasste, veranlasst ⟨tr.; hat; [jmdn. zu] etw. v.⟩: *anordnen, dass etwas getan wird:* er veranlasste eine genaue Prüfung des Vorfalls; unterschreiben Sie hier, wir veranlassen dann alles Weitere; niemand wusste, was sie zu diesem Entschluss veranlasst hatte *(warum war sie zu diesem Entschluss gefasst hatte);* er fühlte sich veranlasst *(hielt es für angebracht),* auf die Folgen aufmerksam zu machen. *Syn.:* anweisen, beauftragen.

die **Ver|an|las|sung** [fɛɐ̯ˈʔanlasʊŋ]; -, -en: **1.** *die Anordnung:* auf wessen Veranlassung [hin] ist er verhaftet worden? **2.** *Grund:* ich habe, sehe keine Veranlassung, meine Meinung zu ändern. *Syn.:* Anlass.

ver|an|schau|li|chen [fɛɐ̯ˈʔanʃaʊ̯lɪçn̩], veranschaulicht, veranschaulichte, veranschaulicht ⟨tr.; hat; etw. v.⟩: *(zum besseren Verständnis) anschaulich machen:* eine Beschreibung durch Bilder, Grafiken veranschaulichen. *Syn.:* illustrieren.

ver|an|stal|ten [fɛɐ̯ˈʔanʃtaltn̩], veranstaltet, veranstaltete, veranstaltet ⟨tr.; hat; etw. v.⟩: **1.** *organisieren, durchführen [lassen]:* ein Fest, eine Ausstellung, eine Umfrage veranstalten; zu diesem Thema wurde bisher nur eine einzige Tagung veranstaltet. *Syn.:* abhalten, halten. **2.** (ugs.) *(etwas, was als negativ bewertet wird) machen:* Lärm veranstalten; mein Chef hat vielleicht einen Zirkus veranstaltet, als ich ihm meine Kündigung gab!

die **Ver|an|stal|tung** [fɛɐ̯ˈʔanʃtaltʊŋ]; -, -en: **1.** *das Veranstalten, Organisieren:* er ist auf die Veranstaltung solcher Konzerttourneen spezialisiert. **2.** *etwas, was veranstaltet wird:* kulturelle, sportliche, mehrtägige Veranstaltungen; die Veranstaltung findet im Freien statt.

ver|ant|wor|ten [fɛɐ̯ˈʔantvɔrtn̩], verantwortet, verantwortete, verantwortet: **1.** ⟨tr.; hat; etw. v.⟩ *die Verantwortung für etwas übernehmen:* eine Maßnahme verantworten; er muss sein Tun selbst verantworten; ich kann es nicht verantworten, den Kindern das zu erlauben. **2.** ⟨sich v.⟩ *sich rechtfertigen:* er hatte sich wegen seiner Äußerung, seiner Tat vor Gericht zu verantworten. *Syn.:* sich verteidigen.

ver|ant|wort|lich [fɛɐ̯ˈʔantvɔrtlɪç], verantwortlicher, am verantwortlichsten ⟨Adj.⟩: *die Verantwortung tragend:* der verantwortliche Ingenieurin, Redakteurin; der für den Einkauf verantwortliche Mitarbeiter; die Eltern sind für ihre Kinder verantwortlich; sie ist dafür verantwortlich, dass die Termine eingehalten werden; ich fühle mich dafür verantwortlich; du kannst mich doch nicht dafür verantwortlich machen *(mir doch nicht die Schuld geben),* dass du den Zug verpasst hast!

die **Ver|ant|wor|tung** [fɛɐ̯ˈʔantvɔrtʊŋ]; -, -en: *Verpflichtung, Bereitschaft, für etwas verantwortlich zu sein:* die Verantwortung für etwas übernehmen, ablehnen; Eltern haben, tragen die Verantwortung für ihre Kinder; du trägst die alleinige, volle Verantwortung für diesen Unfall; ich tue es auf deine Verantwortung hin *(du trägst die Verantwortung dafür).*

ver|ar|bei|ten [fɛɐ̯ˈʔarbaɪ̯tn̩], verarbeitet, verarbeitete, verarbeitet ⟨tr.; hat; etw. v.⟩: **1.** *als Material verwenden:* Gold zu Schmuck verarbeiten; sie verarbeitete den Stoff zu einem Mantel; wir verarbeiten nur erstklassige Rohstoffe. **2.** *geistig, seelisch mit etwas fertig werden:* sie muss die vielen neuen Eindrücke, diese

Enttäuschung, das Erlebnis erst einmal verarbeiten. *Syn.:* bewältigen.

ver|är|gern [fɛɐ̯ˈlɛʁɡn̩], verärgert, verärgerte, verärgert ⟨tr.; hat; jmdn. v.⟩: *durch bestimmte Äußerungen, durch das Verhalten ärgern:* mit der Bemerkung hat er sie verärgert; verärgert wandte er sich ab. *Syn.:* ärgern, empören.

der **Ver|band** [fɛɐ̯ˈbant]; -[e]s, Verbände [fɛɐ̯ˈbɛndə]: **1.** *mehrfach um einen Körperteil gewickelte Binde o. Ä. zum Schutz einer Wunde:* einen dicken, frischen, blutigen Verband um den Kopf tragen; die Krankenschwester legte ihm einen Verband an, wechselte den Verband. *Zus.:* Kopfverband, Wundverband.
2. *Zusammenschluss von mehreren Gruppen:* politische, wohltätige Verbände; einen Verband gründen; einem Verband angehören, beitreten. *Syn.:* Bund, Organisation, Vereinigung. *Zus.:* Arbeitgeberverband, Journalistenverband, Unternehmerverband.

der Verband (1)

das **Ver|bands|zeug** [fɛɐ̯ˈbantst͡sɔɪ̯k]; -[e]s: *Material, um eine Wunde zu verbinden, einen Verband zu machen:* hast du auch Verbandszeug in den Rucksack eingepackt?

ver|ber|gen [fɛɐ̯ˈbɛʁɡn̩], verbirgt, verbarg, verborgen ⟨tr.; hat⟩: **1.** ⟨jmdn., sich, etw. v.⟩ *vor fremden Blicken schützen:* etwas unter seinem Mantel verbergen; er suchte sein Gesicht, seine Tränen zu verbergen; der Flüchtling verbarg sich im Wald. *Syn.:* verstecken. **2.** ⟨jmdm. / vor jmdm. etw. v.⟩ *(jmdm.) aus irgendeinem Grund nicht wissen lassen:* sie verbarg ihm ihre wahre Meinung; er hat etwas, nichts zu verbergen. *Syn.:* verheimlichen.

ver|bes|sern [fɛɐ̯ˈbɛsɐn], verbessert, verbesserte, verbessert: **1.** ⟨tr.; hat; etw. v.⟩ *besser machen:* eine Erfindung verbessern; die Qualität eines Produktes verbessern; seine wirtschaftliche Lage verbessern. *Syn.:* überarbeiten. **2.** ⟨tr.; hat; etw. v.⟩ *von Fehlern, Mängeln befreien:* einen Aufsatz, jmds. Stil verbessern. *Syn.:* berichtigen, korrigieren. **3.** ⟨sich v.⟩ *besser werden:* die Verhältnisse haben sich entscheidend verbessert. *Syn.:* sich

bessern. **4.** ⟨tr.; hat; jmdn., sich, etw. v.⟩ *(bei jmdm., sich) eine Äußerung berichtigen:* der Sprecher verbesserte sich ständig; du darfst ihn nicht ständig verbessern. *Syn.:* belehren, korrigieren.

die **Ver|bes|se|rung** [fɛɐ̯ˈbɛsərʊŋ]; -, -en: **1.** *das Verbessern:* wir arbeiten ständig an der Verbesserung unserer Produkte; unser Ziel ist die Verbesserung der Beziehungen zwischen den beiden Staaten.
2. *Änderung, durch die etwas verbessert wurde:* ein neues Modell mit zahlreichen Verbesserungen.

ver|bie|ten [fɛɐ̯ˈbiːtn̩], verbietet, verbot, verboten ⟨tr.; hat; [jmdm.] etw. v.⟩: *für nicht erlaubt, für unzulässig erklären:* er hat ihm verboten, sie zu besuchen; du hast mir nichts zu verbieten; es ist strengstens verboten, hier zu rauchen; die Demonstration wurde verboten; »Betreten verboten«. *Syn.:* untersagen.

ver|bin|den [fɛɐ̯ˈbɪndn̩], verbindet, verband, verbunden: **1.** ⟨tr.; hat; jmdn., sich, etw. v.⟩ *mit einer Binde oder einem Verband versehen:* eine Wunde verbinden; die Verwundeten mussten verbunden werden; jmdm. die Augen verbinden. **2.** ⟨tr.; hat; etw. mit etw. v.⟩ *untereinander in Berührung, Kontakt bringen, zusammenbringen:* zwei Drähte [durch Löten, mit einem Knoten] [miteinander] verbinden. **3.** ⟨tr.; hat; etw. mit etw. v.⟩ *zusammenbringen, miteinander in Kontakt bringen:* zwei Stadtteile mit einer Brücke, einem Tunnel verbinden; beide Orte wurden durch eine Buslinie miteinander verbunden; der Kanal verbindet die Nordsee mit der Ostsee. **4.** ⟨tr.; hat; jmdn. mit jmdm., etw. v.⟩ *(jmdm.) ein Telefongespräch vermitteln:* verbinden Sie mich bitte mit Ihrem Abteilungsleiter; einen Augenblick, ich verbinde Sie [mit Frau Meier]; ⟨auch itr.⟩ einen Moment, ich verbinde; tut mir leid, Sie sind/wurden falsch verbunden. **5.** ⟨tr.; hat; etw. mit etw. v.⟩ *zugleich haben oder tun:* er verbindet Großzügigkeit mit einer gewissen Strenge; sie verbindet immer das Nützliche mit dem Angenehmen. *Syn.:* verknüpfen. **6.** ⟨sich mit etw. v.⟩ *mit etwas zusammen auftreten:* bei ihm verbinden sich Mut und Besonnenheit; damit sind große Probleme, hohe Kosten verbunden; das ist mit Schwierigkeiten verbunden. *Syn.:* zusammenkommen.

ver|bind|lich [fɛɐ̯ˈbɪntlɪç] ⟨Adj.⟩: **1.** *freundlich:* verbindliche Worte; er lächelte ver-

bindlich. *Syn.:* entgegenkommend.
2. *eine Verpflichtung enthaltend:* eine
verbindliche Zusage; das Abkommen
wurde für verbindlich erklärt.

die **Ver|bin|dung** [fɛɐ̯'bɪndʊŋ]; -, -en: **1.** *Beziehung:* eine enge, geschäftliche Verbindung [mit jmdm.] eingehen, auflösen;
gute Verbindungen zum Bürgermeister,
Ministerium haben; setzen Sie sich bitte
mit dem zuständigen Berater in Verbindung! *Syn.:* Partnerschaft. **2.** *Strecke für
den Verkehr:* die Verbindungen zwischen
Nord- und Süddeutschland sind sehr
gut. **3.** *telefonischer Kontakt:* der Journalist telefonierte aus dem Krisengebiet,
aber die Verbindung war sehr schlecht,
wurde dauernd unterbrochen.

ver|blüf|fen [fɛɐ̯'blʏfn̩], verblüfft, verblüffte, verblüfft ⟨tr.; hat; jmdn. v.⟩:
(jmdn.) so überraschen, dass er sprachlos ist: ihre Antwort verblüffte uns; sich
[durch etwas] nicht verblüffen lassen; er
hat eine verblüffende Ähnlichkeit mit
seinem Bruder; ein verblüfftes Gesicht
machen; er stand verblüfft da. *Syn.:*
erstaunen, verwundern.

ver|blu|ten [fɛɐ̯'bluːtn̩], verblutet, verblutete, verblutet ⟨itr.; ist⟩: *durch starken
Verlust von Blut sterben:* er ist an der
Unfallstelle verblutet.

das **Ver|bot** [fɛɐ̯'boːt]; -[e]s, -e: *Anordnung, die
etwas zu tun verbietet, etwas für unzulässig, für nicht erlaubt erklärt:* das
[gesetzliche] Verbot der Kinderarbeit;
ein strenges Verbot; ein Verbot übertreten; er verstieß gegen das ausdrückliche
Verbot des Arztes zu rauchen. *Zus.:*
Fahrverbot, Halteverbot, Parkverbot,
Rauchverbot, Überholverbot.

der **Ver|brauch** [fɛɐ̯'braux]; -[e]s: *der Konsum,
das Konsumieren:* der Verbrauch an Butter ist gestiegen; den Verbrauch von
etwas steigern, einschränken; diese Seife
ist sparsam im Verbrauch *(hält lange);*
die neuen Autos sind sparsam im Verbrauch *(brauchen weniger Benzin);*
dieses Lebensmittel ist zum baldigen
Verbrauch bestimmt. *Zus.:* Benzinverbrauch, Energieverbrauch, Stromverbrauch, Wasserverbrauch.

ver|brau|chen [fɛɐ̯'brauxn̩], verbraucht,
verbrauchte, verbraucht: **1.** ⟨tr.; hat; etw.
v.⟩ *(eine gewisse Menge von etwas) verwenden:* sie haben viel Strom verbraucht; für das Kleid verbrauchte sie
drei Meter Stoff; der Wagen verbraucht
5,5 Liter Benzin auf 100 km. *Syn.:* brauchen. **2.** ⟨tr.; hat; etw. v.⟩ *aufbrauchen:*

sie hatten alle ihre Vorräte verbraucht;
das letzte Stück Seife war inzwischen
verbraucht; verbrauchte *(im Gebrauch
entladene)* Batterien. *Syn.:* konsumieren.

der **Ver|brau|cher** [fɛɐ̯'brauxɐ]; -s, -, die **Verbrau|che|rin** [fɛɐ̯'brauxərɪn]; -, -nen: *Person, die Waren zum Verbrauch oder
Gebrauch kauft:* sie ist eine sehr kritische Verbraucherin; Gesetze zum
Schutze der Verbraucher. *Syn.:* Konsument, Konsumentin.

das **Ver|bre|chen** [fɛɐ̯'brɛçn̩]; -s, -: **1.** *Handlung,
die so sehr gegen das Gesetz verstößt,
dass sie sehr hoch bestraft wird:* ein
schweres, grauenvolles Verbrechen; ein
Verbrechen gegen die Menschlichkeit;
ein Verbrechen begehen; das Verbrechen
konnte noch nicht aufgeklärt werden.
Syn.: Delikt, Untat (emotional), Vergehen, Verstoß. *Zus.:* Gewaltverbrechen,
Kriegsverbrechen. **2.** *abscheuerregende
Handlung:* Kriege sind ein Verbrechen
an der Menschheit.

der **Ver|bre|cher** [fɛɐ̯'brɛçɐ]; -s, -, die **Verbre|che|rin** [fɛɐ̯'brɛçərɪn]; -, -nen: *Person, die
ein Verbrechen begangen hat:* ein gefährlicher Verbrecher; die Verbrecherin
konnte gefasst werden. *Syn.:* Gauner,
Gaunerin, Täter, Täterin. *Zus.:* Gewaltverbrecher, Gewaltverbrecherin, Kriegsverbrecher, Kriegsverbrecherin.

ver|brei|ten [fɛɐ̯'braitn̩], verbreitet, verbreitete, verbreitet: **1.** ⟨tr.; hat; etw. v.⟩ *in
einem weiten Umkreis bekannt machen:*
ein Gerücht verbreiten; sie verbreiteten
sofort die Nachricht im Dorf. *Syn.:* mitteilen, verkünden (geh.). **2.** ⟨sich v.⟩ *in einem
weiten Gebiet bekannt werden:* die Nachricht verbreitete sich durch die Presse.
3. ⟨tr.; hat; etw. v.⟩ *in ein weites Gebiet
gelangen lassen:* die Tiere verbreiteten
Krankheiten. *Syn.:* übertragen. **4.** ⟨sich v.⟩
*sich in einem weiten Gebiet ausbreiten,
um sich greifen:* ein übler Geruch verbreitete sich im ganzen Haus; die Seuche verbreitete sich über das ganze Land. **5.** ⟨tr.;
hat; etw. v.⟩ *von sich ausgehen lassen:* die
Bande verbreitete Angst und Schrecken;
er verbreitet Ruhe und Heiterkeit [um
sich]. *Syn.:* ausstrahlen.

ver|bren|nen [fɛɐ̯'brɛnən], verbrennt, verbrannte, verbrannt: **1.** ⟨itr.; ist⟩ *vom
Feuer vernichtet, getötet werden:* bei dem
Feuer ist ihre ganze Einrichtung verbrannt; drei kleine Kinder sind in der
Wohnung verbrannt. **2.** *(beim Braten
o. Ä.) durch zu große Hitze ungenießbar
werden:* der Braten, der Kuchen ist total

verbrannt. **3.** ⟨tr.; hat; etw. v.⟩ *vom Feuer vernichten lassen:* er hat Holz, Papier, alte Briefe verbrannt; eine Leiche verbrennen. **4.** ⟨itr.; hat⟩ *durch übermäßige Hitze verletzen:* ich habe mir die Hand verbrannt. **5.** ⟨sich v.⟩ *sich durch etwas Heißes eine Wunde zuziehen:* verbrenn dich nicht an dem heißen Ofen!

ver|brin|gen [fɛɐ̯'brɪŋən], verbringt, verbrachte, verbracht ⟨tr.; hat; etw. [irgendwo, irgendwie] v.⟩: *sich für eine bestimmte Zeit irgendwo aufhalten:* sie verbringen ihren Urlaub an der See; er verbrachte den Abend in angenehmer Gesellschaft.

der Ver|dacht [fɛɐ̯'daxt]; -[e]s: *Annahme, dass jmd. etwas Böses vorhat oder getan hat:* einen Verdacht haben; ich habe ihn im Verdacht; sie steht im Verdacht der Spionage, spioniert zu haben. *Zus.:* Mordverdacht, Tatverdacht.

ver|däch|tig [fɛɐ̯'dɛçtɪç], verdächtiger, am verdächtigsten ⟨Adj.⟩: *einen Verdacht bewirkend, in einem Verdacht stehend:* ein verdächtiges Geräusch; durch sein Verhalten machte er sich verdächtig; die Polizei hat bereits mehrere Verdächtige verhaftet. *Zus.:* tatverdächtig.

ver|däch|ti|gen [fɛɐ̯'dɛçtɪɡn̩], verdächtigt, verdächtigte, verdächtigt ⟨tr.; hat; jmdn. [einer Sache (Gen.)] v.⟩: *von jmdm. annehmen, er habe eine böse Absicht oder habe etwas Böses getan:* man verdächtigte ihn, gestohlen zu haben, des Diebstahls; man hat sie zu Unrecht verdächtigt.

ver|dan|ken [fɛɐ̯'daŋkn̩], verdankt, verdankte, verdankt ⟨tr.; hat; jmdm., einer Sache (Dativ) etw. v.⟩: *durch jmdn., etwas bekommen, erreicht haben:* ihm verdankt ihr eure Rettung; sie verdankt ihrem Lehrer sehr viel; es ist einem Zufall zu verdanken, dass wir uns kennengelernt haben.

ver|darb [fɛɐ̯'darp]: ↑ verderben.

ver|dau|en [fɛɐ̯'dauən], verdaut, verdaute, verdaut ⟨tr.; hat; etw. v.⟩: **1.** *Essen in Magen und Darm auflösen:* sie hatte das Essen noch nicht verdaut; Erbsen sind schwer zu verdauen. **2.** (ugs.) *etwas seelisch bewältigen:* diese Nachricht muss ich erst einmal verdauen.

ver|de|cken [fɛɐ̯'dɛkn̩], verdeckt, verdeckte, verdeckt ⟨tr.; hat; jmdn., etw. v.⟩: *bedecken, sodass etwas nicht zu sehen ist:* eine Wolke verdeckt die Sonne; die Krempe des Hutes verdeckte fast völlig sein Gesicht; die Bäume verdecken das Haus; die Hochhäuser verdeckten die Sicht auf die Kirche; er verdeckte sein Gesicht mit den Händen; auf dem Foto ist sie fast ganz verdeckt *(fast nicht zu sehen).*

ver|der|ben [fɛɐ̯'dɛrbn̩], verdirbt, verdarb, verdorben: **1.** ⟨itr.; ist⟩ *schlecht, ungenießbar werden:* das Fleisch, die Wurst verdirbt leicht; das ganze Obst war verdorben; verdorbene Lebensmittel. **2.** ⟨sich (Dativ) etw. v.⟩ *ein Organ zu stark belasten, krank machen:* du wirst dir bei dem schlechten Licht noch die Augen verderben; ich habe mir den Magen verdorben. **3.** ⟨tr.; hat; jmdm. etw. v.⟩ *etwas Schönes nicht länger bestehen lassen:* jmdm. die Freude an etwas verderben; er hat ihr die gute Laune, den ganzen Abend verdorben.

ver|deut|li|chen [fɛɐ̯'dɔytlɪçn̩], verdeutlicht, verdeutlichte, verdeutlicht ⟨tr.; hat; jmdm. etw. v.⟩: *besser verständlich, deutlicher, klarer machen:* seinen Standpunkt an einem Beispiel verdeutlichen.

ver|die|nen [fɛɐ̯'di:nən], verdient, verdiente, verdient: **1.** ⟨tr.; hat; etw. v.⟩ *als Lohn erhalten, als Gewinn erreichen:* in diesem Beruf verdient man viel Geld; der Händler verdient 50 % an einigen Waren. **2.** ⟨itr.; hat; etw. v.⟩ *einer bestimmten Reaktion wert, würdig sein:* ihre Tat verdient Anerkennung; er hat die verdiente Strafe bekommen.

der ¹Ver|dienst [fɛɐ̯'di:nst]; -[e]s, -e: *durch Arbeit erworbenes Geld, Einkommen:* ein guter, geringer Verdienst. *Syn.:* Entgelt, ¹Gehalt. *Zus.:* Bruttoverdienst, Jahresverdienst, Monatsverdienst.

das ²Ver|dienst [fɛɐ̯'di:nst]; -[e]s, -e: *Leistung, durch die sich jmd. Anerkennung erwirbt:* ihr Verdienst um die Wissenschaft ist sehr groß; das Verdienst für diese Erfindung gebührt ihr allein.

ver|dirbt [fɛɐ̯'dɪrpt]: ↑ verderben.

ver|dop|peln [fɛɐ̯'dɔpl̩n], verdoppelt, verdoppelte, verdoppelt: **1.** ⟨tr.; hat; etw. v.⟩ *auf die doppelte Anzahl, Menge, Größe bringen:* die Geschwindigkeit verdoppeln; die Zahl der Sitzplätze wurde verdoppelt. **2.** ⟨sich v.⟩ *doppelt so groß werden:* der Verbrauch an Strom und Wasser hat sich mehr als verdoppelt.

ver|dor|ben [fɛɐ̯'dɔrbn̩]: ↑ verderben.

ver|drän|gen [fɛɐ̯'drɛŋən], verdrängte, verdrängt ⟨tr.; hat; jmdn., etw. v.⟩: **1.** *jmdn. (gegen seinen Willen), etwas ersetzen:* er wollte mich aus meiner Stellung verdrängen; Telefon und Fax haben

das Telegramm fast völlig verdrängt.
2. *an etwas Unangenehmes nicht mehr denken:* ein Erlebnis, seine Sorgen um den Arbeitsplatz verdrängen.

ver|dre|hen [fɛɐ̯'dreːən], verdreht, verdrehte, verdreht ⟨tr.; hat; etw. v.⟩:
1. *[durch Drehen] aus seiner natürlichen Stellung, Haltung bringen:* den Kopf, die Augen verdrehen; sie verdrehte den Hals, um alles sehen zu können. **2.** *den Sinn (von etwas) falsch wiedergeben:* die Wahrheit verdrehen; er hat deine Worte ganz verdreht. *Syn.:* verfälschen.

ver|dün|nen [fɛɐ̯'dʏnən], verdünnt, verdünnte, verdünnt ⟨tr.; hat; etw. v.⟩: *durch Wasser dünner, flüssiger machen:* Farbe, Wein verdünnen; den Whisky mit Wasser verdünnen.

ver|duns|ten [fɛɐ̯'dʊnstn̩], verdunstet, verdunstete, verdunstet ⟨itr.; ist⟩: *(von Wasser) zu Gas, Dunst werden:* das Wasser im Topf ist fast völlig verdunstet; der Regen war schnell verdunstet.

ver|durs|ten [fɛɐ̯'dʊrstn̩], verdurstet, verdurstete, verdurstet ⟨itr.; ist⟩: *sterben, weil man nichts zu trinken hat:* sie sind in der Wüste verdurstet.

ver|ei|di|gen [fɛɐ̯'laidɪgn̩], vereidigt, vereidigte, vereidigt ⟨tr.; hat; jmdn. v.⟩: *(vor Gericht) einen Eid schwören lassen:* die Zeugen wurden vereidigt.

der **Ver|ein** [fɛɐ̯'lain]; -[e]s, -e: *Organisation, in der sich Personen mit gemeinsamen Interessen, Zielen zusammengeschlossen haben:* einen Verein gründen; in einen Verein gehen, eintreten. *Syn.:* Klub. *Zus.:* Kunstverein, Musikverein, Sportverein, Turnverein.

ver|ein|ba|ren [fɛɐ̯'lainbaːrən], vereinbart, vereinbarte, vereinbart ⟨tr.; hat; etw. v.⟩: *durch gemeinsamen Beschluss festlegen:* ein Treffen, einen Termin mit jmdm. vereinbaren; sie vereinbarten, dass sie sich gegenseitig über alle neuen Entwicklungen informieren würden. *Syn.:* absprechen, ausmachen, verabreden.

die **Ver|ein|ba|rung** [fɛɐ̯'lainbaːrʊŋ]; -, -en: *das Vereinbaren, etwas Vereinbartes:* eine Vereinbarung [mit jmdm.] treffen; sich an eine Vereinbarung halten. *Syn.:* Abmachung, Absprache.

ver|ein|fa|chen [fɛɐ̯'lainfaxn̩], vereinfacht, vereinfachte, vereinfacht ⟨tr.; hat; etw. v.⟩: *einfacher machen:* ein Verfahren, eine Methode vereinfachen.

ver|ein|heit|li|chen [fɛɐ̯'lainhaitlɪçn̩], vereinheitlicht, vereinheitlichte, vereinheit-

licht ⟨tr.; hat; etw. v.⟩: *einheitlich[er] machen:* Maße vereinheitlichen.

ver|eist [fɛɐ̯'laist] ⟨Adj.⟩: *mit Eis bedeckt:* vereiste Fenster; die Fahrbahn ist vereist.

¹**ver|fah|ren** [fɛɐ̯'faːrən], verfährt, verfuhr, verfahren: **1.** ⟨itr.; ist⟩ *nach einer bestimmten Methode, in einer bestimmten Art handeln:* sie verfährt immer nach demselben Schema; er ist grausam, wenig rücksichtsvoll mit ihr verfahren. **2.** ⟨sich v.⟩ *in die falsche Richtung fahren:* er hat sich in der Stadt verfahren.

²**ver|fah|ren** [fɛɐ̯'faːrən], verfahrener, am verfahrensten ⟨Adj.⟩: *falsch behandelt und daher ausweglos scheinend:* eine verfahrene Angelegenheit; die Situation war völlig verfahren. *Syn.:* hoffnungslos.

das **Ver|fah|ren** [fɛɐ̯'faːrən]; -s, -: **1.** *Methode, nach der jmd. bei seiner Arbeit vorgeht:* ein neues Verfahren zur Herstellung von Gummi entwickeln, anwenden, erproben. *Zus.:* Herstellungsverfahren, Produktionsverfahren. **2.** (Rechtsspr.) *(von Behörden bzw. Gerichten vorgenommene) Untersuchung:* ein Verfahren gegen jmdn. einleiten, eröffnen. *Zus.:* Ermittlungsverfahren, Gerichtsverfahren.

ver|fal|len [fɛɐ̯'falən], verfällt, verfiel, verfallen ⟨itr.; ist⟩: **1.** *seine Kraft, seine Gestalt, seinen Wert verlieren:* im Alter ist er körperlich immer mehr verfallen; ein verfallenes Schloss. **2.** *ungültig werden:* die Eintrittskarten waren verfallen. **3.** ⟨auf etw. (Akk.) v.⟩ *sich etwas ausdenken:* sie war darauf verfallen, das ganze Haus zu renovieren.

das **Ver|falls|da|tum** [fɛɐ̯'falsdaːtʊm]; -s, Verfallsdaten [fɛɐ̯'falsdaːtn̩]: *Datum, bis zu dem etwas haltbar ist:* das Verfallsdatum für diesen Joghurt ist abgelaufen.

ver|fäl|schen [fɛɐ̯'fɛlʃn̩], verfälscht, verfälschte, verfälscht ⟨tr.; hat; etw. v.⟩: **1.** *in seiner Qualität mindern:* sie hatten den Wein, die Lebensmittel durch Zusätze verfälscht. **2.** *[bewusst] falsch darstellen:* einen Text absichtlich verfälschen; in diesem Roman wird das Bild Mozarts verfälscht.

ver|fas|sen [fɛɐ̯'fasn̩], verfasst, verfasste, verfasst ⟨tr.; hat; etw. v.⟩: *entwerfen und schreiben:* einen Brief, eine Rede, einen Artikel für eine Zeitung verfassen.

der **Ver|fas|ser** [fɛɐ̯'fasɐ]; -s, -, die **Ver|fas|se|rin** [fɛɐ̯'fasərɪn]; -, -nen: *Person, die etwas verfasst hat:* die Verfasserin des Dramas; der Verfasser des Briefes blieb anonym. *Syn.:* Autor, Autorin.

die **Ver|fas|sung** [fɛɐ̯'fasʊŋ]; -, -en: **1.** ⟨ohne Plural⟩ *Zustand, in dem sich jmd. befindet:* sie traf ihn in bester gesundheitlicher Verfassung an; ich war, befand mich in guter Verfassung. *Syn.:* Konstitution. **2.** *Gesamtheit aller grundsätzlichen Regelungen, die die Form eines Staates und die Rechte und Pflichten seiner Bürgerinnen und Bürger festlegen:* eine demokratische Verfassung.

das **Ver|fas|sungs|ge|richt** [fɛɐ̯'fasʊŋsɡərɪçt]; -[e]s, -e: *Gericht zur Entscheidung rechtlicher Fragen, die die Verfassung betreffen:* auch Verfassungsgerichte müssen zügig entscheiden.

der **Ver|fas|sungs|schutz** [fɛɐ̯'fasʊŋsʃʊts]; -es: **1.** *Gesamtheit der Normen, Einrichtungen und Maßnahmen zum Schutz der in der Verfassung festgelegten Ordnung:* für den Verfassungsschutz arbeiten. **2.** (ugs.) kurz für Bundesamt für Verfassungsschutz.

ver|fau|len [fɛɐ̯'faulən], verfault, verfaulte, verfault ⟨itr.; ist⟩: *faul werden, verderben:* die Kartoffeln verfaulen; das Obst war bereits verfault. *Syn.:* faulen.

ver|fil|men [fɛɐ̯'fɪlmən], verfilmt, verfilmte, verfilmt ⟨tr.; hat; etw. v.⟩: *als Film gestalten:* einen Roman verfilmen; dieser Stoff wurde schon mehrmals verfilmt.

ver|fol|gen [fɛɐ̯'fɔlɡn̩], verfolgt, verfolgte, verfolgt ⟨tr.; hat⟩: **1.** ⟨jmdn., etw. v.⟩ *zu fangen versuchen:* einen Verbrecher verfolgen; die Hunde verfolgten das Wild. *Syn.:* jagen. **2.** ⟨etw. v.⟩ *folgen:* eine Spur, einen Hinweis verfolgen; die Polizei verfolgte die falsche Fährte. *Syn.:* nachgehen. **3.** ⟨etw. v.⟩ *zu erreichen oder zu verwirklichen versuchen:* ein Ziel, einen Plan verfolgen. **4.** ⟨etw. v.⟩ *die Entwicklung, den Verlauf (von etwas) genau beobachten:* eine Angelegenheit, die politischen Ereignisse verfolgen.

ver|füg|bar [fɛɐ̯'fy:kba:ɐ̯] ⟨Adj.⟩: *[im Augenblick] zur Verfügung stehend; für den sofortigen Gebrauch vorhanden:* alle verfügbaren Polizisten sollen sofort zum Tatort kommen; sie wird nicht mehr rund um die Uhr verfügbar sein.

ver|fü|gen [fɛɐ̯'fy:ɡn̩], verfügt, verfügte, verfügt: **1.** ⟨tr.; hat; etw. v.⟩ *[durch ein Amt] anordnen, bestimmen:* etwas durch Gesetz verfügen; das Gesundheitsamt verfügt die Schließung des Lokals; sie verfügte in ihrem Testament, dass ihre Nichte ihren gesamten Besitz erben sollte. *Syn.:* anweisen, festlegen, festsetzen, verordnen. **2.** ⟨itr.; hat; über jmdn.,

etw. v.⟩ *etwas besitzen, haben:* sie verfügt über ein ansehnliches Kapital; sie verfügen über gute Beziehungen; er verfügt über große Erfahrung. **3.** ⟨itr.; hat; über jmdn., etw. v.⟩ *bestimmen, was mit jmdm., etwas geschehen soll:* sie kann noch nicht selbst über ihr Geld verfügen; er verfügt über ihn wie über eine Sache.

die **Ver|fü|gung** [fɛɐ̯'fy:ɡʊŋ]; -, -en: **1.** *Anordnung:* eine einstweilige, gerichtliche Verfügung. **2.** in den Verbindungen * **etwas zur Verfügung haben:** *über etwas verfügen können:* sie hat im Monat 500 Euro zur [freien] Verfügung; * **[jmdm.] etwas zur Verfügung stellen:** *geben, sodass andere es nutzen können:* ich stelle dir mein Auto zur Verfügung; * **zur Verfügung stehen:** *bereitstehen:* sie steht für dieses Amt zur Verfügung.

ver|füh|ren [fɛɐ̯'fy:rən], verführt, verführte, verführt ⟨tr.; hat⟩: **1.** ⟨jmdn. zu etw. v.⟩ *jmdn. dazu bringen, etwas Unkluges, Unerlaubtes gegen seine eigentliche Absicht zu tun:* sie hat ihn zum Trinken verführt; der niedrige Preis verführte ihn zum Kauf. **2.** ⟨jmdn. v.⟩ *zum Geschlechtsverkehr bringen:* er hat das Mädchen verführt.

ver|füh|re|risch [fɛɐ̯'fy:rərɪʃ], verführerischer, am verführerischsten ⟨Adj.⟩: **1.** *geeignet, jmdn. (zu etwas) zu verführen:* die Auslagen, Angebote sind sehr verführerisch; das Essen riecht ja äußerst verführerisch. *Syn.:* attraktiv. **2.** *äußerst attraktiv:* ein verführerisches Lächeln. *Syn.:* anziehend, erotisch, sexy (ugs.).

die **Ver|gan|gen|heit** [fɛɐ̯'ɡaŋənhai̯t]; -: **1.** *Zeit, die der Gegenwart vorangegangen ist:* die jüngste Vergangenheit; die Vergangenheit lebendig werden lassen, heraufbeschwören; aus den Fehlern der Vergangenheit lernen; sich in die Vergangenheit zurückversetzen. **2.** ⟨jmds.⟩ *Leben bis zum gegenwärtigen Zeitpunkt:* seine Vergangenheit war dunkel; sie hat eine bewegte Vergangenheit; die Stadt ist stolz auf ihre Vergangenheit *(Geschichte).*

ver|gaß [fɛɐ̯'ɡa:s]: ↑ vergessen.

ver|geb|lich [fɛɐ̯'ɡe:plɪç], vergeblicher, am vergeblichsten ⟨Adj.⟩: *ohne Erfolg; ohne die erwartete Wirkung:* ein vergebliches Opfer; eine vergebliche Anstrengung; ihr Besuch war vergeblich; er hat sich bisher vergeblich darum bemüht. *Syn.:* umsonst.

ver|ge|hen [fɛɐ̯'ɡe:ən], vergeht, verging,

vergangen ⟨itr.; ist⟩: **1.** *(in Bezug auf die Zeit) ablaufen und Vergangenheit werden:* die Zeit vergeht; der Urlaub war vergangen wie im Fluge; es vergeht kein Tag, an dem er nicht anruft; vergangene Zeiten; im vergangenen *(letzten)* Jahr. *Syn.:* verstreichen. **2.** *(von einem Gefühl o. Ä.) in jmdm. [nachlassen und schließlich] aufhören, verschwinden:* der Schmerz, die Müdigkeit vergeht wieder; die Lust, der Appetit ist ihm vergangen; die Schmerzen vergingen, nachdem sie das Medikament eingenommen hatte. *Syn.:* sich legen. **3.** ⟨vor etw. v.⟩ *ein Gefühl sehr stark empfinden (sodass man glaubt, es nicht aushalten zu können):* sie ist vor Scham, Angst, Durst [fast] vergangen; sie vergingen fast vor Neugier.

das **Ver|ge|hen** [fɛɐ̯ˈɡeːən], -s, -: *Handlung, die gegen Bestimmungen, Vorschriften oder Gesetze verstößt:* ein leichtes, schweres Vergehen; sie hat sich eines Vergehens schuldig gemacht. *Syn.:* Delikt, Unrecht, Verstoß. *Zus.:* Steuervergehen.

ver|ges|sen [fɛɐ̯ˈɡɛsn̩], vergisst, vergaß, vergessen: **1.** ⟨tr.; hat; etw. v.⟩ *aus dem Gedächtnis verlieren; nicht behalten, sich nicht merken können:* eine Telefonnummer vergessen; ich habe vergessen, was ich noch mitbringen sollte; sie hatte den Namen der Straße vergessen; ⟨österr. auch itr.; auf jmdn., etw. v.⟩ er hat auf den Termin vergessen. **2.** ⟨tr.; hat; jmdn., etw. v.⟩ *nicht [mehr] an jmdn., etwas denken:* etwas sein Leben lang, sein Lebtag nicht vergessen [können]; ich habe vergessen, ihr zu schreiben; den Schlüssel vergessen *(nicht daran denken, ihn einzustecken, mitzunehmen);* sie hatten ihn längst vergessen *(sie erinnerten sich nicht mehr an ihn);* vergiss es; das, den kannst du vergessen! (ugs.; *damit, mit dem ist nichts los!);* ein vergessener *(kaum noch bekannter)* Schriftsteller. **3.** ⟨sich v.⟩ *die Beherrschung verlieren:* in seinem Zorn vergaß er sich völlig; wie konntest du dich so weit vergessen, sie zu schlagen?

ver|gess|lich [fɛɐ̯ˈɡɛslɪç], vergesslicher, am vergesslichsten ⟨Adj.⟩: *so, dass man leicht und immer wieder etwas vergisst:* ein vergesslicher Mensch; im Alter vergesslich werden; sie ist sehr vergesslich.

ver|ge|wal|ti|gen [fɛɐ̯ɡəˈvaltɪɡn̩], vergewaltigt, vergewaltigte, vergewaltigt ⟨tr.; hat⟩: **1.** ⟨jmdn. v.⟩ *jmdn. [durch Anwendung von Gewalt] zum Geschlechtsver-*

kehr zwingen: das Mädchen, die Frau wurde vergewaltigt. *Syn.:* missbrauchen. **2.** ⟨etw. v.⟩ *mit Gewalt oder Terror unterdrücken:* ein Volk vergewaltigen.

ver|ge|wis|sern [fɛɐ̯ɡəˈvɪsɐn], vergewissert, vergewisserte, vergewissert ⟨sich v.⟩: *nachsehen, prüfen, ob etwas tatsächlich geschehen ist:* er vergewisserte sich, dass die Fenster geschlossen waren.

ver|gif|ten [fɛɐ̯ˈɡɪftn̩], vergiftet, vergiftete, vergiftet: **1.** ⟨tr.; hat; etw. v.⟩ *mit Gift vermischen, giftig machen:* Speisen vergiften; das Essen, der Wein war vergiftet; ein vergifteter Pfeil. **2.** ⟨sich v.⟩ *sich eine Vergiftung zuziehen:* sie hatten sich an Pilzen, durch schlechtes Fleisch, mit Fisch vergiftet. **3.** ⟨tr.; hat; jmdn., sich v.⟩ *durch Gift töten:* Ratten vergiften; er hat seine Frau vergiftet; sie hat sich mit Tabletten vergiftet. *Syn.:* umbringen.

die **Ver|gif|tung** [fɛɐ̯ˈɡɪftʊŋ]; -, -en: *Erkrankung, die durch ein Gift entsteht:* an einer Vergiftung sterben.

ver|gisst [fɛɐ̯ˈɡɪst]: ↑ vergessen.

der **Ver|gleich** [fɛɐ̯ˈɡlaɪ̯ç]; -[e]s, -e: *Betrachtung oder Überlegung, in der Personen, Sachen mit anderen Personen, Sachen verglichen werden:* ein treffender, kritischer Vergleich; keinen Vergleich mit etwas anderem aushalten; das ist gar kein Vergleich! *(ist viel besser [als dasjenige, womit es verglichen wird]);* im Vergleich zu ihm *(verglichen mit ihm)* ist er unbegabt; im Vergleich zu früher geht es uns besser. *Zus.:* Preisvergleich.

ver|gleich|bar [fɛɐ̯ˈɡlaɪ̯çbaːɐ̯] ⟨Adj.⟩: *sich mit etwas anderem vergleichen lassend:* eine vergleichbare Arbeit; die Kunst seiner Bilder ist nicht vergleichbar mit der seines Lehrers.

ver|glei|chen [fɛɐ̯ˈɡlaɪ̯çn̩], vergleicht, verglich, verglichen ⟨tr.; hat; jmdn., etw. [mit jmdm., etw.] v.⟩: *hinsichtlich der Unterschiede und Gemeinsamkeiten prüfen:* eine Kopie mit dem Original vergleichen; Bilder, Preise vergleichen; die Uhrzeit vergleichen; er verglich ihn mit seinem Bruder; vergleichende Sprachwissenschaft. *Syn.:* gegenüberstellen.

ver|gnü|gen [fɛɐ̯ˈɡnyːɡn̩], vergnügt, vergnügte, vergnügt ⟨sich v.; mit Umstandsangabe⟩: *sich mit etwas, was unterhaltsam ist, was Spaß macht, die Zeit vertreiben:* sich auf einem Fest vergnügen; die Kinder vergnügten sich im Schwimmbad. *Syn.:* sich amüsieren.

das **Ver|gnü|gen** [fɛɐ̯ˈɡnyːɡn̩]; -s: *Freude, die jmdm. die Beschäftigung mit oder der*

*Anblick von etwas [Schönem o. Ä.] berei-
tet:* mit ihrem Besuch bereitete uns
ein großes Vergnügen; es ist ein Vergnügen, ihr zuzuhören; [ich wünsche euch]
viel Vergnügen. *Syn.:* Lust, Spaß.

ver|gnügt [fɛɐ̯'gnyːkt], vergnügter, am ver-
gnügtesten ⟨Adj.⟩: **1.** *fröhlich, in guter
Laune:* eine vergnügte Gesellschaft; sie
ist immer vergnügt; sie lächelte vergnügt vor sich hin. *Syn.:* munter.
2. *jmdm. Vergnügen bereitend:* sich
einen vergnügten Tag machen; es war
ein vergnügter Abend. *Syn.:* amüsant,
heiter, lustig, unterhaltsam.

ver|gra|ben [fɛɐ̯'ɡraːbn̩], vergräbt, vergrub,
vergraben: **1.** ⟨tr.; hat; etw. [irgendwo] v.⟩
*in einem Loch in der Erde verstecken, vor
anderen verbergen:* der Schatz, die Beute
wurde [in der Erde] vergraben; sie ver-
gruben die tote Katze im Garten. **2.** ⟨tr.;
hat; etw. in etw. (Akk./Dativ) v.⟩ *[von
den Händen] tief in die Taschen (eines
Kleidungsstückes) stecken:* die Hände in
den Manteltaschen vergraben. **3.** ⟨sich v.⟩
*sich intensiv mit etwas beschäftigen,
sodass man für die anderen kaum noch
da ist:* sie hatte sich ganz in ihre Bücher
vergraben. *Syn.:* sich vertiefen.

ver|grö|ßern [fɛɐ̯'ɡrøːsɐn], vergrößert, ver-
größerte, vergrößert: **1.** ⟨tr.; hat; etw.
[um etw. / auf etw. (Akk.)] v.⟩ *(in Bezug
auf seine räumliche Ausdehnung, seinen
Umfang) größer machen:* einen Raum,
ein Geschäft vergrößern; den Garten um
das Doppelte vergrößern; den Abstand
zwischen zwei Pfosten vergrößern. *Syn.:*
ausdehnen, erweitern. **2.** ⟨tr.; hat; etw.
v.⟩ *(im Hinblick auf Menge oder Ausmaß)
vermehren:* sein Kapital vergrößern; die
Zahl der Mitarbeiter vergrößern; die
Dosis vergrößern *(erhöhen);* diese Maßnahme hatte das Übel noch vergrößert.
Syn.: steigern, verstärken. **3.** ⟨tr.; hat;
etw. v.⟩ *von etwas eine größere Kopie herstellen:* eine Fotografie vergrößern.
4. ⟨sich v.⟩ *(im Hinblick auf Umfang, Ausdehnung, Kapazität o. Ä.) größer werden:*
der Betrieb hat sich wesentlich vergrößert. *Syn.:* sich ausdehnen. **5.** ⟨sich [um
etw. / auf etw. (Akk.) v.⟩ *zunehmen, sich
vermehren:* die Zahl der Mitarbeiter
hatte sich inzwischen um 500 vergrößert. *Syn.:* sich steigern.

ver|haf|ten [fɛɐ̯'haftn̩], verhaftet, verhaf-
tete, verhaftet ⟨tr.; hat; jmdn. v.⟩: *aufgrund einer gerichtlichen Anordnung,
eines Haftbefehls festnehmen:* er ließ ihn
verhaften; sie ist unschuldig verhaftet

worden; die Polizei hat den Täter verhaftet; verhaftete Demonstranten. *Syn.:* einsperren (ugs.), ergreifen, fassen.

ver|hal|ten [fɛɐ̯'haltn̩], verhält, verhielt,
verhalten ⟨sich irgendwie v.⟩: **1.** *eine
bestimmte Art der Reaktion zeigen:* sich
abwartend, korrekt, merkwürdig verhalten; sie hat sich völlig passiv verhalten.
Syn.: auftreten, sich benehmen, sich
betragen, sich geben. **2.** *in bestimmter
Weise sein:* die Sache verhält sich in
Wirklichkeit ganz anders.

das **Ver|hal|ten** [fɛɐ̯'haltn̩]; -s: *Art und Weise,
wie sich ein Lebewesen, etwas verhält:*
ein tadelloses Verhalten; ich kann mir
ihr Verhalten nicht erklären; er versuchte, sein Verhalten zu rechtfertigen.
Syn.: Benehmen, Betragen, Haltung.
Zus.: Konsumverhalten, Wählerverhal-
ten.

das **Ver|hält|nis** [fɛɐ̯'hɛltnɪs]; -ses, -se: **1.** *Bezie-
hung, in der sich etwas mit etwas ver-
gleichen lässt oder in der etwas an
etwas anderem gemessen wird:* sie teil-
ten im Verhältnis 2 : 1; der Lohn steht
in keinem Verhältnis zur Arbeit *(ist zu
gering, gemessen an der Arbeit). Zus.:*
Größenverhältnis, Kräfteverhältnis,
Mischungsverhältnis. **2.** *persönliche
Beziehung, durch die man jmdn., etwas
gut kennt:* das Verhältnis zu seiner
Mutter ist gestört; in einem freundschaftlichen Verhältnis zu jmdm. stehen; er hat ein Verhältnis *(eine Beziehung)* mit diesem Mädchen. *Zus.:*
Freundschaftsverhältnis, Liebesver-
hältnis, Vertrauensverhältnis. **3.** ⟨Plu-
ral⟩ *durch die Zeit oder das Milieu
geschaffene Umstände, in denen jmd.
lebt:* sie ist ein Opfer der politischen
Verhältnisse; aus kleinen, gesicherten
Verhältnissen kommen; er lebt über
seine Verhältnisse *(gibt mehr Geld aus,
als er sich leisten kann). Syn.:* Bedingungen ⟨Plural⟩, Konstellation ⟨Singu-
lar⟩, Lage ⟨Singular⟩, Situation ⟨Singu-
lar⟩, Zustand ⟨Singular⟩. *Zus.:* Einkom-
mensverhältnisse.

ver|hält|nis|mä|ßig [fɛɐ̯'hɛltnɪsmɛːsɪç]
⟨Adverb⟩: *im Verhältnis zu etwas anderem; verglichen mit etwas anderem:* eine
verhältnismäßig hohe Besucherzahl; in
verhältnismäßig kurzer Zeit; diese
Arbeit geht verhältnismäßig schnell; es
waren verhältnismäßig viele Leute
gekommen. *Syn.:* relativ.

ver|han|deln [fɛɐ̯'handl̩n] ⟨itr.; hat; mit
jmdm. über etw. (Akk.) v.⟩: *(über etwas)*

intensiv sprechen, Verhandlungen führen, um etwas zu klären, sich über/auf etwas zu einigen: die Vertreter verhandelten [mit uns] über die Verkaufsbedingungen; es wurde lange verhandelt, ohne dass man zu einem Ergebnis gekommen wäre; ⟨auch tr.⟩ einen Plan verhandeln. *Syn.:* sich beraten.

die **Ver|hand|lung** [fɛɐ̯ˈhandlʊŋ]; -, -en: **1.** *das Verhandeln:* offizielle, diplomatische Verhandlungen. **2.** *das Behandeln und Entscheiden eines juristischen Falls vor Gericht:* eine öffentliche Verhandlung; die Verhandlung musste unterbrochen werden. *Syn.:* Prozess.

ver|hän|gen [fɛɐ̯ˈhɛŋən], verhängt, verhängte, verhängt ⟨tr.; hat; etw. v.⟩: **1.** *(etwas) vor etwas hängen, um es zu verdecken:* ein Fenster mit einem Tuch verhängen. **2.** *als Strafe oder als notwendige und unangenehme Maßnahme anordnen:* eine Strafe, Sperre über jmdn., etwas verhängen. *Syn.:* erlassen, festsetzen, verfügen, verordnen.

ver|häng|nis|voll [fɛɐ̯ˈhɛŋnɪsfɔl], verhängnisvoller, am verhängnisvollsten ⟨Adj.⟩: *negative Folgen nach sich ziehend:* ein verhängnisvoller Irrtum; die Entscheidung wirkte sich verhängnisvoll aus. *Syn.:* schlimm.

ver|hei|len [fɛɐ̯ˈhailən], verheilt, verheilte, verheilt ⟨itr.; ist⟩: *(von Wunden) wieder heilen:* die Wunden waren noch nicht ganz verheilt; eine schlecht verheilte Wunde.

ver|heim|li|chen [fɛɐ̯ˈhaimlɪçn̩], verheimlicht, verheimlichte, verheimlicht ⟨tr.; hat; jmdm. etw. v.⟩: *(jmdn.) bewusst (von etwas) nichts wissen lassen; vor jmdm. verbergen:* ich habe nichts zu verheimlichen; man verheimlichte ihm seinen Zustand; da gab es nichts zu verheimlichen. *Syn.:* verschweigen.

ver|hei|ra|ten [fɛɐ̯ˈhairaːtn̩], verheiratet, verheiratete, verheiratet: ⟨sich [mit jmdm.] v.⟩ (veraltend) *heiraten:* ich werde mich [mit ihm] verheiraten.

¹**ver|hei|ra|tet** [fɛɐ̯ˈhairaːtət]: ↑ verheiraten.

²**ver|hei|ra|tet** [fɛɐ̯ˈhairaːtət] ⟨Adj.⟩: *in einer Ehe lebend:* sind Sie verheiratet?; sie ist schon seit vielen Jahren glücklich verheiratet.

ver|hin|dern [fɛɐ̯ˈhɪndɐn], verhindert, verhinderte, verhindert ⟨tr.; hat; etw. v.⟩: *(durch bestimmte Maßnahmen o. Ä.) bewirken, dass etwas nicht geschieht bzw. getan, ausgeführt werden kann:* ein Attentat, ein Unglück, einen Diebstahl

verhindern; das muss ich unter allen Umständen verhindern.

ver|hö|ren [fɛɐ̯ˈhøːrən], verhört, verhörte, verhört: **1.** ⟨tr.; hat; jmdn. v.⟩ *durch einen Richter oder Polizisten befragen:* die Angeklagte, die Zeugen verhören. **2.** ⟨sich v.⟩ *etwas falsch hören, verstehen:* du musst dich verhört haben, er hatte »morgen« und nicht »übermorgen« gesagt.

ver|hül|len [fɛɐ̯ˈhʏlən], verhüllt, verhüllte, verhüllt ⟨tr.; hat; jmdn., etw. v.⟩: **1.** *mit etwas bedecken; in etwas hüllen, um es zu verbergen:* sie verhüllte ihr Gesicht mit einem Schleier; eine Wolke verhüllte die Bergspitze. *Syn.:* zudecken. **2.** *(etwas) so darstellen oder ausdrücken, dass es weniger unangenehm oder schockierend wirkt:* mit seinen Worten versuchte er, die Wahrheit zu verhüllen; ein verhüllender Ausdruck; eine [kaum] verhüllte *(versteckte)* Drohung.

ver|hun|gern [fɛɐ̯ˈhʊŋɐn], verhungert, verhungerte, verhungert ⟨itr.; ist⟩: *aus Mangel an Nahrung sterben:* täglich verhungern viele Menschen; er sah sehr verhungert *(elend und sehr dünn)* aus.

ver|hü|ten [fɛɐ̯ˈhyːtn̩], verhütet, verhütete, verhütet: **1.** ⟨tr.; hat; etw. v.⟩ *etwas, was man nicht will, was gefährlich ist, verhindern:* eine Katastrophe verhüten. **2.** ⟨itr.; hat⟩ *Verhütungsmittel benutzen:* viele Jugendliche verhüten nicht; wie verhütest du?

die **Ver|hü|tung** [fɛɐ̯ˈhyːtʊŋ]; -, -en: **1.** *das Verhindern von etwas, was man nicht will, was gefährlich ist:* die Verhütung von Bränden. **2.** ⟨meist ohne Plural⟩ *Verhinderung einer Schwangerschaft:* das Thema Verhütung sollte mit Jugendlichen offen besprochen werden.

das **Ver|hü|tungs|mit|tel** [fɛɐ̯ˈhyːtʊŋsmɪtl̩]; -s, -: *Mittel, das eine Schwangerschaft verhütet:* Verhütungsmittel gibt es im Supermarkt und in der Apotheke.

der **Ver|kauf** [fɛɐ̯ˈkauf]; -[e]s, Verkäufe [fɛɐ̯ˈkɔʏfə]: **1.** *das Verkaufen:* der Verkauf von Gebrauchtwagen ist ein gutes Geschäft; ein Verkauf über die Straße; das Haus steht zum Verkauf; die Summe stammt aus mehreren Verkäufen. **2.** ⟨ohne Plural⟩ *Abteilung eines Unternehmens, die sich mit dem Verkaufen befasst:* der Verkauf ist geschlossen.

ver|kau|fen [fɛɐ̯ˈkaufn̩], verkauft, verkaufte, verkauft: **1.** ⟨tr.; hat; jmdm., etw. v.⟩ *jmdm. etwas gegen Bezahlung als Eigentum überlassen:* etwas teuer, billig, für drei Euro, für wenig Geld

V

verkaufen; sie mussten ihr Haus verkaufen; er hat sein Auto einem Kollegen / an einen Kollegen verkauft; sie verkaufen Schreibwaren und Zeitungen *(handeln mit Schreibwaren und Zeitungen);* sie verkauft Blumen auf dem Markt *(bietet auf dem Markt Blumen zum Kauf an);* sie wurden als Sklaven in fremde Länder verkauft. **2.** ⟨sich irgendwie v.⟩ *in bestimmter Weise zu verkaufen sein:* die frische Ware verkauft sich gut.

der **Ver|käu|fer** [fɛɐ̯ˈkɔyfɐ]; -s, -, die **Ver|käu|ferin** [fɛɐ̯ˈkɔyfərɪn]; -, -nen: **1.** *Person, die in einem Geschäft oder Unternehmen arbeitet und Waren oder Dienstleistungen verkauft:* sie ist Verkäuferin in einem Schuhgeschäft; Verkäufer für Sportartikel gesucht. *Zus.:* Schuhverkäufer, Schuhverkäuferin, Zeitungsverkäufer, Zeitungsverkäuferin. **2.** *Person, die [als Besitzer/Besitzerin] etwas verkauft:* der Verkäufer des Hauses; die Verkäuferin von Blumen auf dem Markt.

der **Ver|kehr** [fɛɐ̯ˈkeːɐ̯]; -s, -e: **1.** *Beförderung oder Bewegung von Personen, Sachen, Fahrzeugen, Nachrichten auf dafür gedachten Wegen:* in der Stadt herrscht lebhafter Verkehr; der Verkehr auf Schiene und Straße; Nebel brachte den gesamten Verkehr zum Erliegen; auf den Ämtern herrscht zeitweilig starker Verkehr *(Publikumsverkehr);* der Verkehr über Funk *(Funkverkehr)* ist gestört. *Zus.:* Autoverkehr, Flugverkehr, Gegenverkehr, Straßenverkehr. **2.** *Geschlechtsverkehr:* Verkehr [mit jmdm.] haben. *Syn.:* Sex.

ver|keh|ren [fɛɐ̯ˈkeːrən], verkehrt, verkehrte, verkehrt: **1.** ⟨itr.; hat/ist; mit Umstandsangabe⟩ *(als öffentliches Verkehrsmittel) regelmäßig auf einer Strecke fahren:* der Omnibus verkehrt alle fünfzehn Minuten; der Zug verkehrt nur an Werktagen. **2.** ⟨itr.; hat; mit jmdm. v.⟩ *mit jmdm. Geschlechtsverkehr haben:* sie hatte mit mehreren Männern verkehrt. *Syn.:* sich lieben.

die **Ver|kehrs|am|pel** [fɛɐ̯ˈkeːɐ̯s|ampl̩]; -, -n: *Anlage mit roten, gelben und grünen Lichtern, mit deren Hilfe der Verkehr geregelt wird:* die Verkehrsampel zeigt Rot, ist auf Grün gesprungen. *Syn.:* Ampel.

das **Ver|kehrs|mit|tel** [fɛɐ̯ˈkeːɐ̯s|mɪtl̩]; -s, -: *(bes. im öffentlichen Verkehr) Fahrzeug, Flugzeug, mit dem Menschen befördert werden:* Straßenbahnen, Busse, die Eisenbahn – alle öffentlichen Verkehrsmittel waren bei diesem Schnee behindert.

der **Ver|kehrs|un|fall** [fɛɐ̯ˈkeːɐ̯s|ʊnfal]; -[e]s, Verkehrsunfälle [fɛɐ̯ˈkeːɐ̯s|ʊnfɛlə]: *Unfall im Straßenverkehr:* in Deutschland sinkt die Zahl der schweren Verkehrsunfälle.

das **Ver|kehrs|zei|chen** [fɛɐ̯ˈkeːɐ̯stsaiçn̩]; -s, -: *Zeichen, mit der den Straßenverkehr geregelt wird:* das Verkehrszeichen ist an dieser Stelle schlecht zu sehen.

ver|kehrt [fɛɐ̯ˈkeːɐ̯t], verkehrter, am verkehrtesten ⟨Adj.⟩: *falsch:* das ist die verkehrte Richtung!; er macht alles verkehrt; hier sind Sie verkehrt; ein Wort verkehrt schreiben; er hat den Pullover verkehrt herum angezogen *(den vorderen Teil nach hinten gedreht oder die linke Seite nach außen).*

ver|kla|gen [fɛɐ̯ˈklaːgn̩], verklagt, verklagte, verklagt ⟨tr.; hat⟩: *eine Klage (gegen jmdn.) beim Gericht einreichen:* jmdn. auf Schadenersatz verklagen.

ver|klei|den [fɛɐ̯ˈklaidn̩], verkleidet, verkleidete, verkleidet ⟨sich v.⟩: *(bes. zu Karneval) ein Kostüm anziehen und sich so schminken, dass man nicht erkannt wird:* die Kinder verkleiden sich gern; ich verkleide mich als Clown.

ver|klei|nern [fɛɐ̯ˈklainɐn], verkleinert, verkleinerte, verkleinert: **1.** ⟨tr.; hat; etw. [um etw., auf etw. (Akk.)]⟩ v.⟩ *kleiner machen:* einen Raum, ein Geschäft verkleinern; sie verkleinerten den Abstand um die Hälfte. *Syn.:* verkürzen, verringern. **2.** *eine kleinere Kopie herstellen:* ein Foto verkleinern; könntest du das beim Kopieren bitte verkleinern? **3.** ⟨sich v.⟩ *weniger werden:* durch diese Umstände verkleinerte sich seine Schuld nicht. *Syn.:* abnehmen, nachlassen, schrumpfen, sinken, sich verringern.

ver|knüp|fen [fɛɐ̯ˈknʏpfn̩], verknüpft, verknüpfte, verknüpft; etw. [mit etw.] v.⟩: **1.** *durch Knoten miteinander verbinden:* Fäden, die Enden des Bandes [miteinander] verknüpfen. **2.** *in einen Zusammenhang bringen, verbinden:* die Gedanken sind logisch verknüpft; zwei Dateien [miteinander] verknüpfen.

ver|kraf|ten [fɛɐ̯ˈkraftn̩], verkraftet, verkraftete, verkraftet ⟨tr.; hat⟩: *aushalten, bewältigen:* es ist fraglich, ob sie diese [seelische, finanzielle] Belastung verkraften wird; der Tod eines geliebten Menschen ist schwer zu verkraften. *Syn.:* ertragen, überwinden.

ver|küh|len [fɛɐ̯ˈkyːlən], verkühlt, ver

kühlte, verkühlt ⟨sich v.⟩ (österr.): *sich erkälten:* ich habe mich bei diesem Regenwetter verkühlt.

ver|kün|den [fɛɐ̯ˈkʏndn̩], verkündet, verkündete, verkündet ⟨tr.; hat; etw. v.⟩ (geh.): *(Wichtiges, allgemein Interessierendes) öffentlich bekannt geben:* ein Urteil verkünden; das Wahlergebnis wurde in der Zeitung verkündet. *Syn.:* melden, mitteilen, verbreiten.

ver|kür|zen [fɛɐ̯ˈkʏrtsn̩], verkürzt, verkürzte, verkürzt ⟨tr.; hat; etw. [um, auf etw. (Akk.)] v.⟩: **1.** *die Dauer von etwas verringern:* die Arbeitszeit soll [auf 35 Stunden] verkürzt werden; ein verkürzter Urlaub. *Syn.:* verringern. **2.** *kürzer machen:* ein Seil um einen Meter verkürzen. *Syn.:* abschneiden.

der **Ver|lag** [fɛɐ̯ˈlaːk]; -[e]s, -e: *Unternehmen, das Zeitungen, Bücher o. Ä. herstellt und vertreibt:* unser Verlag gibt Taschenbücher heraus. *Zus.:* Buchverlag, Literaturverlag, Zeitschriftenverlag.

ver|lan|gen [fɛɐ̯ˈlaŋən], verlangt, verlangte, verlangt ⟨tr.; hat; etw. v.⟩ **1.** *haben wollen, fordern:* mehr Geld verlangen; von jmdm. eine Antwort verlangen; sie hat für ihre Arbeit 250 Euro verlangt; dieses Produkt wird immer mehr verlangt *(wollen immer mehr Menschen haben);* das ist jetzt wirklich zu viel verlangt. **2.** ⟨tr.; hat; jmdn., etw. v.⟩ *(jmdn.) zu sprechen wünschen:* Sie werden am Telefon verlangt; ⟨auch itr.⟩ der Chef hat nach Ihnen verlangt. **3.** ⟨tr.; hat⟩ *nötig, erforderlich machen:* diese Arbeit verlangt viel Geduld.

das **Ver|lan|gen** [fɛɐ̯ˈlaŋən]; -s: *ausgeprägter Wunsch; starkes inneres Bedürfnis:* ein Verlangen nach Schokolade; er hatte ein großes Verlangen danach, sie wiederzusehen. *Syn.:* Lust, Sehnsucht.

ver|län|gern [fɛɐ̯ˈlɛŋɐn], verlängert, verlängerte, verlängert ⟨tr.; hat⟩: **1.** ⟨etw. [um etw.] v.⟩ *länger machen:* ein Kleid [um 2 cm] verlängern. **2.** ⟨etw. [um etw.] v.⟩ *länger dauern lassen:* sie verlängerten den Vertrag um ein Jahr; seinen Pass verlängern lassen; ein verlängertes Wochenende *(an dem der Freitag oder der Montag zusätzlich frei ist).* **3.** ⟨sich [um etw.] v.⟩ *länger gültig bleiben:* der Vertrag verlängert sich um ein Jahr.

ver|lang|sa|men [fɛɐ̯ˈlaŋzaːmən], verlangsamt, verlangsamte, verlangsamt ⟨tr.; hat; etw. v.⟩: *(die Geschwindigkeit von etwas) geringer, langsamer werden lassen:* die Fahrt, das Tempo verlangsamen. *Syn.:* verringern.

ver|las|sen [fɛɐ̯ˈlasn̩], verlässt, verließ, verlassen: **1.** ⟨tr.; hat; jmdn., etw. v.⟩ *aus, von etwas weggehen:* um 10 Uhr hatte er das Haus verlassen; sie hatten ihre Heimat verlassen müssen; ein verlassenes Fahrzeug. **2.** ⟨sich auf jmdn., etw. v.⟩ *(auf jmdn., etwas) vertrauen:* sie verlässt sich darauf, dass du kommst; ich kann mich auf meine Freunde [hundertprozentig] verlassen; darauf kannst du dich verlassen. *Syn.:* rechnen mit, vertrauen, zählen. **3.** ⟨tr.; hat; jmdn. v.⟩ *sich von jmdm. trennen, von ihm fortgehen:* er hat seine Frau, seine Familie verlassen.

ver|läss|lich [fɛɐ̯ˈlɛslɪç], verlässlicher, am verlässlichsten ⟨Adj.⟩: *so, dass man sich darauf verlassen kann:* verlässliche Nachrichten; sein Gedächtnis ist nicht mehr verlässlich. *Syn.:* zuverlässig.

der **Ver|lauf** [fɛɐ̯ˈlaʊ̯f]; -[e]s, Verläufe [fɛɐ̯ˈlɔʏ̯fə]: **1.** *die einzelnen Stadien eines Vorgangs vom Anfang bis zum Ende:* der Verlauf der Krankheit war normal; im Verlauf *(während)* dieser Woche; nach Verlauf mehrerer Stunden *(nachdem mehrere Stunden vergangen waren).* *Syn.:* Ablauf, Gang. *Zus.:* Krankheitsverlauf. **2.** *Richtung, in der etwas verläuft:* den Verlauf der Straße festlegen.

ver|lau|fen [fɛɐ̯ˈlaʊ̯fn̩], verläuft, verlief, verlaufen: **1.** ⟨sich v.⟩ *(als Wanderer, Fußgänger) nicht den richtigen Weg gehen:* ich hatte mich im Wald verlaufen. **2.** ⟨itr.; ist; irgendwie v.⟩ *einen bestimmten Verlauf nehmen:* die Sache ist gut verlaufen; die Krankheit verlief normal. **3.** ⟨itr.; ist; irgendwie, irgendwohin v.⟩ *sich in einer bestimmten Richtung erstrecken:* die beiden Linien verlaufen parallel; die Straße ist früher hier verlaufen.

¹**ver|le|gen** [fɛɐ̯ˈleːgn̩], verlegt, verlegte, verlegt ⟨tr.; hat⟩: **1.** ⟨etw. [irgendwohin] v.⟩ *an einen anderen Platz, Ort legen:* sie hat ihren Wohnsitz [nach Frankfurt] verlegt; die Haltestelle wurde für kurze Zeit verlegt; die Patientin ist in ein anderes Zimmer verlegt worden. **2.** ⟨etw. [auf etw. (Akk.)] v.⟩ *auf einen späteren Zeitpunkt legen, verschieben:* der Termin ist [auf die nächste Woche] verlegt worden. **3.** ⟨etw. v.⟩ *an einen Platz legen, an dem man es nicht wieder findet:* seine Brille, seinen Schlüssel verlegen.

²**ver|le|gen** [fɛɐ̯ˈleːgn̩], verlegener, am verlegensten ⟨Adj.⟩: *so, dass man sich*

schämt, dass einem etwas peinlich ist: er wurde rot und lachte verlegen.

die **Ver|le|gen|heit** [fɛɐ̯ˈleːɡn̩haɪ̯t]; -: *Gefühl, dass etwas peinlich ist:* sie spürte seine Verlegenheit, als er sie ansah.

ver|lei|hen [fɛɐ̯ˈlaɪ̯ən], verleiht, verlieh, verliehen ⟨tr.; hat; [an jmdn.] etw. v.⟩: **1.** *[gegen Geld] jmdm. etwas für kurze Zeit geben:* er verleiht Sonnenschirme am Strand; sie hat ihr Auto [an eine Freundin] verliehen. **2.** *(jmdm.) als Auszeichnung überreichen:* ihr wurde ein bedeutender Preis verliehen.

ver|ler|nen [fɛɐ̯ˈlɛrnən], verlernt, verlernte, verlernt ⟨tr.; hat; etw. v.⟩: *nach einer Zeit wieder vergessen, nicht mehr beherrschen:* Radfahren verlernt man nicht.

ver|let|zen [fɛɐ̯ˈlɛtsn̩], verletzt, verletzte, verletzt ⟨tr.; hat⟩: **1.** ⟨jmdn., sich v.⟩ *eine Wunde zufügen:* ich habe ihn, mich mit der Schere verletzt; er hat sich die Hand verletzt; mehrere Arbeiter wurden bei dem Unfall schwer verletzt. **2.** ⟨jmdn. v.⟩ *kränken:* seine Äußerung hatte sie sehr verletzt; eine verletzende Bemerkung. *Syn.:* beleidigen, treffen.

der *und* die **Ver|letz|te** [fɛɐ̯ˈlɛtstə], -n, -n ⟨aber: [ein] Verletzter, [eine] Verletzte, Plural: [viele] Verletzte⟩: *Person, die verletzt ist:* bei dem Unfall gab es viele Verletzte.

die **Ver|let|zung** [fɛɐ̯ˈlɛtsʊŋ]; -, -en: *verletzte Stelle:* er wurde mit schweren Verletzungen ins Krankenhaus gebracht. *Zus.:* Kopfverletzung, Kriegsverletzung.

ver|lie|ben [fɛɐ̯ˈliːbn̩], verliebt, verliebte, verliebt ⟨sich [in jmdn., etw.] v.⟩: *anfangen, jmdn. oder etwas zu lieben:* ich hatte mich heftig in sie verliebt; ein verliebtes Paar; sie war in ihn verliebt.

ver|lie|ren [fɛɐ̯ˈliːrən], verliert, verlor, verloren: **1.** ⟨tr.; hat; etw. v.⟩ *plötzlich nicht mehr haben:* sie hat ihren Schlüssel, ihr Portemonnaie verloren. **2.** ⟨tr.; hat; jmdn., etw. v.⟩ *durch unglückliche Umstände nicht mehr haben:* sie hat ihr ganzes Vermögen verloren; bei dem Unfall verlor er ein Bein; er hat seine Frau verloren *(sie ist gestorben);* sie hat ihre Arbeit verloren. **3.** ⟨tr.; hat⟩ *nicht der Sieger sein* /Ggs. gewinnen/: er hat das Spiel, den Prozess verloren; ⟨auch itr.⟩ die Mannschaft hat 0 : 1 verloren.

¹**ver|lo|ren** [fɛɐ̯ˈloːrən]: ↑ verlieren.

²**ver|lo|ren** [fɛɐ̯ˈloːrən], verlorener, am verlorensten ⟨Adj.⟩: **1.** *nicht mehr zu retten:* die Menschen unter den Trümmern waren verloren. **2.** *allein, einsam:* auf der Party stand sie verloren in der Ecke.

3. *hilflos:* ohne einen Stadtplan bin ich wirklich verloren. **4.** in der Verbindung * **verloren gehen:** *verschwinden, ohne dass man es merkt:* meine Brieftasche war verloren gegangen.

ver|lo|sen [fɛɐ̯ˈloːzn̩], verlost, verloste, verlost ⟨tr.; hat⟩: *durch Los bestimmen:* es wurden drei Autos verlost.

der **Ver|lust** [fɛɐ̯ˈlʊst]; -[e]s, -e: *das Verlieren, Verschwinden:* der Verlust seiner Brieftasche; der Verlust des gesamten Vermögens war sehr schmerzhaft für sie; er meldete den Verlust seiner Uhr bei der Polizei; dieses Geschäft brachte 1 000 Euro Verlust *(Defizit);* den Verlust *(Tod)* der Mutter hinnehmen müssen.

ver|meh|ren [fɛɐ̯ˈmeːrən], vermehrt, vermehrte, vermehrt ⟨tr.; hat; etw. [um etw.] v.⟩ *an Menge, Anzahl größer machen:* er vermehrte sein Vermögen um eine Million Euro. *Syn.:* erhöhen, steigern, vergrößern. **2.** ⟨sich v.⟩ *an Menge, Anzahl größer werden:* die Bevölkerung der Erde vermehrt sich sehr schnell. *Syn.:* ansteigen, sich vergrößern, zunehmen.

ver|mehrt [fɛɐ̯ˈmeːɐ̯t] ⟨Adj.⟩: *in zunehmendem Maß:* diese Krankheit tritt in letzter Zeit vermehrt auf. *Syn.:* häufig, öfter.

ver|mei|den [fɛɐ̯ˈmaɪ̯dn̩], vermeidet, vermied, vermieden ⟨tr.; hat; etw. v.⟩: *einer Sache aus dem Wege gehen:* wir wollen einen Skandal unbedingt vermeiden; er vermied es, ihr direkt in die Augen zu sehen. *Syn.:* ²umgehen, unterlassen.

ver|mie|ten [fɛɐ̯ˈmiːtn̩], vermietet, vermietete, vermietet /Ggs. mieten/ ⟨tr.; hat; [jmdm., an jmdn.] etw. v.⟩: *gegen Bezahlung für eine bestimmte Zeit überlassen:* eine Wohnung, ein Boot, ein Auto vermieten; Zimmer zu vermieten!; sie haben ihr Haus an Bekannte vermietet.

der **Ver|mie|ter** [fɛɐ̯ˈmiːtɐ], -s, -, die **Ver|mie|te|rin** [fɛɐ̯ˈmiːtərɪn]; -, -nen: *Person, die eine Wohnung oder ein Haus vermietet:* unsere Vermieterin hat die Miete erhöht.

ver|mi|schen [fɛɐ̯ˈmɪʃn̩], vermischt, vermischte, vermischt ⟨tr.; hat⟩: *(verschiedene Stoffe) zusammenbringen und verbinden:* das Mehl und der Zucker müssen gut vermischt werden; Wein mit Wasser vermischt trinken.

ver|mis|sen [fɛɐ̯ˈmɪsn̩], vermisst, vermisste, vermisst ⟨tr.; hat; jmdn., etw. v.⟩: **1.** *traurig sein, dass jmd., etwas nicht mehr da ist; nach jmdm., etwas Sehnsucht haben:*

seine Kinder, seine Frau [sehr] vermissen; ich vermisse das gute Essen. **2.** *das Fehlen von etwas bemerken:* ich vermisse meine Handschuhe, hast du sie gesehen?

ver|misst [fɛɐ̯ˈmɪst] ⟨Adj.⟩: *seit einer bestimmten Zeit nicht zu finden:* die Touristen sind seit Tagen vermisst; er war im Krieg vermisst; eine Person, ein Flugzeug als vermisst melden.

ver|mit|teln [fɛɐ̯ˈmɪtl̩n], vermittelt, vermittelte, vermittelt ⟨tr.; hat; jmdm. jmdn., etw. v.⟩: *dafür sorgen, dass jmd. etwas oder jmdn. bekommt:* die Agentur hat ihm eine Arbeit, eine Partnerin vermittelt; kannst du uns eine Wohnung vermitteln? *Syn.:* ¹beschaffen, besorgen.

der **Ver|mitt|ler** [fɛɐ̯ˈmɪtlɐ]; -s, -, die **Ver|mitt|le|rin** [fɛɐ̯ˈmɪtlərɪn]; -, -nen: *Person, deren Beruf es ist, Geschäfte zu vermitteln:* wir hatten keinen direkten Kontakt zum Verkäufer, sondern nur zu dem Vermittler; das Geschäft ist über einen Vermittler abgeschlossen worden. *Syn.:* Makler, Maklerin.

die **Ver|mitt|lung** [fɛɐ̯ˈmɪtlʊŋ]; -, -en: *Besorgen von etwas:* die Vermittlung von Hotels übernimmt die Touristeninformation; die Vermittlung ist kostenlos.

das **Ver|mö|gen** [fɛɐ̯ˈmøːgn̩]; -s, -: **1.** ⟨ohne Plural⟩ (geh.) *Kraft, Fähigkeit, etwas Bestimmtes zu tun:* sein Vermögen, die Menschen zu beeinflussen, ist groß. *Syn.:* Begabung, Können. *Zus.:* Anpassungsvermögen, Durchhaltevermögen. **2.** *gesamter materieller Besitz:* ein großes Vermögen besitzen; sie hatte das gesamte Vermögen von ihren Eltern geerbt; sein neues Auto hat ein Vermögen *(sehr viel)* gekostet. *Syn.:* Reichtum. *Zus.:* Barvermögen, Privatvermögen.

ver|mö|gend [fɛɐ̯ˈmøːgn̩t], vermögender, am vermögendsten ⟨Adj.⟩: *reich:* eine vermögende Familie; sie waren sehr vermögend.

ver|mu|ten [fɛɐ̯ˈmuːtn̩], vermutet, vermutete, vermutet ⟨tr.; hat; etw. v.⟩: *etwas für wahrscheinlich halten, annehmen:* ich vermute, dass sie nicht kommt; ich vermute ihn in der Bibliothek; das ist zu vermuten. *Syn.:* denken, rechnen mit.

¹**ver|mut|lich** [fɛɐ̯ˈmuːtlɪç] ⟨Adj.⟩: *für möglich, wahrscheinlich gehalten:* er ist der vermutliche Täter; wir präsentieren Ihnen das vermutliche Ergebnis der Wahl. *Syn.:* mutmaßlich.

²**ver|mut|lich** [fɛɐ̯ˈmuːtlɪç], Adverb: *wahrscheinlich:* sie wird vermutlich morgen

kommen; er ist vermutlich krank. *Syn.:* wohl.

ver|nach|läs|si|gen [fɛɐ̯ˈnaːxlɛsɪgn̩], vernachlässigt, vernachlässigte, vernachlässigt ⟨tr.; hat⟩: **1.** ⟨jmdn., etw. v.⟩ *sich nicht genügend um jmdn., etwas kümmern:* sich, seine Familie, den Garten vernachlässigen; lange Zeit vernachlässigte er seine Arbeit. **2.** ⟨etw. v.⟩ *bewusst nicht berücksichtigen, außer Acht lassen:* dieses Phänomen haben wir bisher völlig vernachlässigt. *Syn.:* ignorieren, ²übergehen.

ver|nei|nen [fɛɐ̯ˈnai̯nən], verneint, verneinte, verneint ⟨tr.; hat⟩: *zu etwas Nein sagen:* er verneinte die Frage heftig; sie verneinte die Möglichkeit eines Kompromisses *(schloss ihn aus).*

ver|nich|ten [fɛɐ̯ˈnɪçtn̩], vernichtet, vernichtete, vernichtet ⟨tr.; hat; jmdn., etw. v.⟩: *völlig zerstören:* die Stadt wurde vernichtet; seine Feinde vernichten; eine vernichtende Niederlage; das Urteil der Kritiker ist vernichtend ausgefallen.

die **Ver|nunft** [fɛɐ̯ˈnʊnft]; -: *geistige Fähigkeit des Menschen, etwas zu verstehen und entsprechend zu handeln:* die menschliche Vernunft; das ist gegen alle Vernunft; er hat richtig getobt, wir mussten ihn zur Vernunft bringen.

ver|nünf|tig [fɛɐ̯ˈnʏnftɪç], vernünftiger, am vernünftigsten ⟨Adj.⟩: **1.** *mit Vernunft* /Ggs. verrückt/: er ist ein vernünftiger Mensch; ihr Vater gab ihr einen vernünftigen Rat; für sein Alter ist das Mädchen schon sehr vernünftig; sei doch vernünftig!; vernünftig denken, handeln. **2.** (ugs.) *so, dass es den Erwartungen entspricht:* wir brauchen eine vernünftige Wohnung; kannst du dich nicht mal vernünftig anziehen?; unsere Kinder sollen mal etwas Vernünftiges lernen. *Syn.:* anständig (ugs.), richtig, ordentlich (ugs.).

ver|öf|fent|li|chen [fɛɐ̯ˈʔœfn̩tlɪçn̩], veröffentlicht, veröffentlichte, veröffentlicht ⟨tr.; hat; etw. v.⟩: *so gestalten, dass alle es lesen oder sehen können:* etwas in den Medien veröffentlichen; mit 20 hat er seinen ersten Roman veröffentlicht; einen Aufsatz, einen Artikel in einer wissenschaftlichen Zeitschrift veröffentlichen; der Text wurde zuerst im Internet veröffentlicht. *Syn.:* abdrucken, herausgeben, publizieren.

die **Ver|öf|fent|li|chung** [fɛɐ̯ˈʔœfn̩tlɪçʊŋ]; -, -en: *publiziertes literarisches oder wissenschaftliches Werk:* eine wissenschaftli-

V

che Veröffentlichung; eine Veröffentlichung in einer Zeitschrift vorbereiten; bitte schicken Sie uns eine Liste Ihrer Veröffentlichungen. *Syn.:* Publikation.

ver|ord|nen [fɛɐ̯ˈʔɔrdnən], verordnet, verordnete, verordnet ⟨tr.; hat; etw. v.⟩:
1. *(als Arzt, als Ärztin) festlegen, was zur Heilung getan werden soll:* der Arzt hat [ihm] ein Medikament, viel Ruhe, Bewegung verordnet. *Syn.:* verschreiben.
2. *von öffentlicher, amtlicher Seite bestimmen:* es wird hiermit verordnet, dass von zwei bis vier Uhr keine Autos fahren dürfen. *Syn.:* anordnen, erlassen, festlegen, verfügen.

ver|pa|cken [fɛɐ̯ˈpakn̩], verpackt, verpackte, verpackt ⟨tr.; hat; etw. v.⟩: *zum Transport einpacken:* die Bücher, das Porzellan verpacken; die Ware maschinell verpacken; die Vase als Geschenk verpacken.

die **Ver|pa|ckung** [fɛɐ̯ˈpakʊŋ]; -, -en: *Material, mit dem etwas eingewickelt wird:* eine hübsche, sichere, teure Verpackung; die Verpackung aufreißen, wegwerfen; wir berechnen fünf Euro für Porto und Verpackung. *Syn.:* Hülle.

ver|pas|sen [fɛɐ̯ˈpasn̩], verpasst, verpasste, verpasst ⟨tr.; hat; etw. v.⟩: *nicht mehr erreichen, versäumen:* du wirst noch den Zug verpassen; eine Chance verpassen; sie hat immer Angst, sie könnte etwas verpassen; eine verpasste Gelegenheit. *Syn.:* ¹verschlafen (ugs.).

ver|pflich|ten [fɛɐ̯ˈpflɪçtn̩], verpflichtet, verpflichtete, verpflichtet: **1.** ⟨tr.; hat; jmdn. v.⟩ *jmdn. vertraglich binden:* er ist als Schauspieler nach München verpflichtet worden. *Syn.:* einstellen, engagieren. **2.** ⟨tr.; hat; jmdn. zu etw. v.⟩ *von jmdm. ein bestimmtes Handeln verbindlich verlangen:* das Gericht verpflichtete die Regierung zur Erhöhung des Kindergeldes; jmdn. zu einer Zahlung verpflichten. **3.** ⟨sich zu etw. v.⟩ *versprechen, etwas zu tun:* ich habe mich verpflichtet, diese Aufgabe zu übernehmen.

ver|prü|geln [fɛɐ̯ˈpryːɡl̩n], verprügelt, verprügelte, verprügelt ⟨tr.; hat; jmdn. v.⟩: *heftig schlagen:* er muss ins Gefängnis, weil er seine Ehefrau und die Kinder regelmäßig verprügelt hat.

der **Ver|rat** [fɛɐ̯ˈraːt]; -[e]s: **1.** *das Mitteilen von etwas, was geheim bleiben sollte:* der Verrat militärischer Geheimnisse wird hart bestraft. *Zus.:* Geheimnisverrat. **2.** *Handlung, die jmds. Freundschaft, Vertrauen missbraucht und ihm schadet:*

dass er heimlich verschwunden ist, ist Verrat an seinen Freunden.

ver|ra|ten [fɛɐ̯ˈraːtn̩], verrät, verriet, verraten: **1.** ⟨tr.; hat; [jmdm.] etw. v.⟩ *etwas, was geheim bleiben sollte, anderen mitteilen:* ein Geheimnis, einen Plan verraten; er hat [dem Feind] verraten, wo das Treffen stattfinden soll. **2.** ⟨sich v.⟩ *durch eine Äußerung, Handlung etwas mitteilen, ohne es zu wollen:* mit dieser Geste, diesem Wort hat sie sich verraten. **3.** ⟨tr.; hat; jmdn., etw. [an jmdn.] v.⟩ *durch Mitteilen von etwas Geheimem an einen anderen ausliefern:* er hat seinen Freund, die gemeinsame Sache [an unsere Gegner] verraten. **4.** *erkennen lassen:* ihre Zeichnungen verrieten eine große Begabung. *Syn.:* zeigen.

der **Ver|rä|ter** [fɛɐ̯ˈrɛːtɐ]; -s, -, die **Ver|rä|te|rin** [fɛɐ̯ˈrɛːtərɪn]; -, -nen: *Person, die jmdn. oder etwas verrät:* sie wussten genau, wer der Verräter war, der die Polizei auf ihre Spur gebracht hatte.

ver|rech|nen [fɛɐ̯ˈrɛçnən], verrechnet, verrechnete, verrechnet: **1.** ⟨tr.; hat; etw. [mit etw.] v.⟩ *bei einer Abrechnung berücksichtigen, in die Rechnung einbeziehen:* bei der Bezahlung verrechnet die Verkäuferin den Gutschein; wir können beide Beträge miteinander verrechnen. **2.** ⟨sich v.⟩ *beim Rechnen einen Fehler machen:* sie hat sich um zwei Euro verrechnet. **3.** ⟨sich v.⟩ (ugs.) *sich täuschen:* wenn du glaubst, ich arbeite ohne Bezahlung für dich, hast du dich aber ganz gewaltig verrechnet!

ver|rei|sen [fɛɐ̯ˈraizn̩], verreist, verreiste, verreist ⟨itr.; ist⟩: *eine Reise machen:* er ist für drei Wochen verreist; nächste Woche muss sie dienstlich verreisen.

ver|rin|gern [fɛɐ̯ˈrɪŋɐn], verringert, verringerte, verringert: **1.** ⟨tr.; hat; etw. v.⟩ *kleiner, geringer werden lassen:* den Abstand verringern; die Kosten müssen verringert werden. *Syn.:* reduzieren. **2.** ⟨sich v.⟩ *kleiner, geringer werden:* die Kosten haben sich in diesem Jahr verringert.

ver|rückt [fɛɐ̯ˈrʏkt], verrückter, am verrücktesten ⟨Adj.⟩ (ugs.): **1.** (abwertend) *geistig oder seelisch nicht gesund:* wer so etwas Grausames tut, muss ja wohl verrückt sein; bei diesem Lärm wird man ja verrückt *(der Lärm ist unerträglich);* ist sie jetzt völlig verrückt geworden? *(was sie tut, ist mir völlig unverständlich).* **2.** *sehr ungewöhnlich, nicht alltäglich:* er hat immer so verrückte Ideen.

ver|sa|gen [fɛɐ̯ˈzaːɡn̩], versagt, versagte,

versagt ⟨itr.; hat⟩: **1.** *nicht erreichen, was gefordert, erwartet wird:* bei den Meisterschaften versagte er völlig. **2.** *nicht mehr funktionieren:* das Auto versagte mitten auf der Autobahn; vor Aufregung hat ihre Stimme versagt.

ver|sam|meln [fɛɐ̯ˈzamln̩], versammelt, versammelte, versammelt ⟨sich v.⟩: *sich an einen Ort begeben, um dort für einige Zeit mit anderen zusammen zu sein:* die Angestellten versammelten sich in der Kantine, um über die Lage der Firma zu diskutieren.

die **Ver|samm|lung** [fɛɐ̯ˈzamlʊŋ]; -, -en: *Treffen einer größeren Anzahl von Personen, die zu einem bestimmten Zweck an einen Ort kommen:* wir berufen für nächste Woche eine Versammlung ein; ich erkläre die Versammlung für eröffnet, für geschlossen. *Zus.:*Mitgliederversammlung.

der **Ver|sand** [fɛɐ̯ˈzant]; -[e]s: *das Verschicken von Waren:* Bücher zum Versand fertig machen. *Zus.:*Postversand.

ver|säu|men [fɛɐ̯ˈzɔʏmən], versäumt, versäumte, versäumt ⟨tr.; hat; etw. v.⟩: **1.** *etwas nicht tun, obwohl man es hätte tun können oder sollen:* er hat die Gelegenheit versäumt, ihr seine Meinung zu sagen; Sie haben es leider versäumt, den Vertrag von Ihrem Anwalt prüfen zu lassen. **2.** *nicht mehr erreichen:* den Bus, den Zug, das Flugzeug versäumen. *Syn.:* verpassen.

ver|schen|ken [fɛɐ̯ˈʃɛŋkn̩], verschenkt, verschenkte, verschenkt: **1.** ⟨tr.; hat; etw. [an jmdn.] v.⟩ *als Geschenk an andere geben:* er hat seine Bücher verschenkt; an die Damen wurden Rosen verschenkt. **2.** *nicht nutzen:* die Chance auf den Sieg verschenken.

ver|schi|cken [fɛɐ̯ˈʃɪkn̩], verschickt, verschickte, verschickt ⟨tr.; hat; etw. v.⟩: *einer größeren Zahl von Personen senden:* wir haben 40 Einladungen verschickt.

ver|schie|ben [fɛɐ̯ˈʃiːbn̩], verschiebt, verschob, verschoben ⟨tr.; hat; etw. v.⟩: **1.** *an eine andere Stelle schieben:* wir mussten den Schrank [um einige Zentimeter] verschieben. **2.** *auf einen späteren Zeitpunkt legen:* seine Reise ist auf nächste Woche verschoben worden; ich muss den Termin leider verschieben.

¹**ver|schie|den** [fɛɐ̯ˈʃiːdn̩], verschiedener, am verschiedensten ⟨Adj.⟩: *nicht gleich; Unterschiede aufweisend:* verschiedener Ansicht, Meinung sein; die beiden Brüder sind in ihrer Art ganz verschieden. *Syn.:*unterschiedlich.

²**ver|schie|den** [fɛɐ̯ˈʃiːdn̩], verschiedene ⟨Zahladjektiv; Plural⟩: *manche, einige:* verschiedene Punkte der Tagesordnung sind noch offen; der Einspruch verschiedener Abgeordneter/auch: Abgeordneten; ⟨nominal auch im Singular⟩ ich habe noch Verschiedenes zu erledigen.

ver|schim|meln [fɛɐ̯ˈʃɪmln̩], verschimmelt, verschimmelte, verschimmelt ⟨itr.; ist⟩: *schimmelig werden:* das Brot war verschimmelt.

¹**ver|schla|fen** [fɛɐ̯ˈʃlaːfn̩], verschläft, verschlief, verschlafen: **1.** ⟨tr.; hat; etw. v.⟩ (ugs.) *versäumen:* die Verabredung habe ich total verschlafen. *Syn.:*verpassen. **2.** ⟨itr.; hat⟩ *zu lange schlafen, nicht rechtzeitig aufwachen:* ich hatte verschlafen und kam zu spät.

²**ver|schla|fen** [fɛɐ̯ˈʃlaːfn̩], verschlafener, am verschlafensten ⟨Adj.⟩: **1.** *noch nicht ganz wach:* noch ganz verschlafen öffnete er die Tür. **2.** *sehr ruhig und eher langweilig:* die beiden wohnen in einem verschlafenen Dorf.

ver|schlech|tern [fɛɐ̯ˈʃlɛçtɐn], verschlechtert, verschlechterte, verschlechtert: **1.** ⟨tr.; hat; etw. v.⟩ *schlechter machen:* damit hast du deine Lage wesentlich verschlechtert. **2.** ⟨sich v.⟩ *schlechter, schlimmer werden:* ihre Gesundheit hat sich verschlechtert; wenn sich das Wetter weiter verschlechtert, werden wir nicht ans Meer fahren können.

ver|schlie|ßen [fɛɐ̯ˈʃliːsn̩], verschließt, verschloss, verschlossen ⟨tr.; hat; etw. v.⟩: **1.** *mit einem Schloss schließen, sichern:* er verschloss alle Zimmer; die Fenster waren verschlossen. *Syn.:*abschließen. **2.** *bewirken, dass etwas nach außen hin fest zu ist:* die Flasche mit einem Korken verschließen.

ver|schlu|cken [fɛɐ̯ˈʃlʊkn̩], verschluckt, verschluckte, verschluckt: **1.** ⟨tr.; hat; etw. v.⟩ *durch Schlucken in den Magen bringen:* er hat aus Versehen seinen Kaugummi verschluckt. **2.** ⟨sich v.⟩ *falsch schlucken, sodass man husten muss:* ich habe mich [beim Essen] verschluckt.

der **Ver|schluss** [fɛɐ̯ˈʃlʊs]; -es, Verschlüsse [fɛɐ̯ˈʃlʏsə]: *Vorrichtung, mit der etwas verschlossen werden kann:* der Verschluss einer Kette; er öffnete den Verschluss der Flasche. *Zus.:*Schraubverschluss, Tankverschluss.

ver|schmie|ren [fɛɐ̯ˈʃmiːrən], verschmiert, verschmierte, verschmiert ⟨tr.; hat; etw.

v.): *auf etwas streichen, schmieren und dadurch alles schmutzig machen:* Farbe, Marmelade auf dem Tisch verschmieren.

ver|schmut|zen [fɛɐ̯'ʃmʊtsn̩], verschmutzt, verschmutzte, verschmutzt: **1.** ⟨tr.; hat; etw. v.⟩ *ganz schmutzig machen:* du hast mit deinen nassen Schuhen den Teppich verschmutzt. **2.** ⟨itr.; ist⟩ *schmutzig werden:* dieser Teppich verschmutzt leicht.

ver|schnau|fen [fɛɐ̯'ʃnaʊ̯fn̩], verschnauft, verschnaufte, verschnauft ⟨itr.; hat⟩: *eine Pause machen (um wieder ruhiger atmen zu können):* oben auf dem Berg verschnaufte er ein wenig; ⟨auch: sich v.⟩ ich muss mich erst verschnaufen.

ver|schol|len [fɛɐ̯'ʃɔlən] ⟨Adj.⟩: *schon längere Zeit weg, für verloren gehalten oder als tot betrachtet:* sie ist seit zehn Jahren verschollen; das Flugzeug war im Urwald verschollen.

ver|scho|nen [fɛɐ̯'ʃoːnən], verschont, verschonte, verschont ⟨tr.; hat⟩: *bei jmdm., etwas keinen Schaden verursachen:* der Sturm hat kein Haus verschont; bisher sind wir davon verschont geblieben.

ver|schrei|ben [fɛɐ̯'ʃraɪ̯bn̩], verschreibt, verschrieb, verschrieben: **1.** ⟨tr.; hat; jmdm. etw. v.⟩ *(als Arzt, Ärztin) schriftlich verordnen:* die Ärztin hat ihm mehrere Medikamente verschrieben; lass dir was gegen dein Rheuma verschreiben! *Syn.:* verordnen. **2.** ⟨sich v.⟩ *beim Schreiben einen Fehler machen:* ich habe mich mehrmals verschrieben und musste den Brief dann neu schreiben.

ver|schul|den [fɛɐ̯'ʃʊldn̩], verschuldet, verschuldete, verschuldet: **1.** ⟨tr.; hat; etw. v.⟩ *etwas verursachen und dann die Schuld dafür tragen müssen:* den Unfall hatte er verschuldet; sie hat ihr Unglück selbst verschuldet. **2.** ⟨sich v.⟩ *Schulden machen:* für den Bau unseres Hauses habe ich mich hoch verschuldet.

ver|schüt|ten [fɛɐ̯'ʃʏtn̩], verschüttet, verschüttete, verschüttet ⟨tr.; hat; etw. v.⟩: *ohne dass man es will, aus einem Gefäß schütten:* er verschüttete die Milch; sie füllte das Wasser in die Flasche um, ohne einen Tropfen zu verschütten.

ver|schwand [fɛɐ̯'ʃvant]: ↑ verschwinden.

ver|schwei|gen [fɛɐ̯'ʃvaɪ̯gn̩], verschweigt, verschwieg, verschwiegen ⟨tr.; hat; [jmdm.] etw. v.⟩: *etwas bewusst nicht erzählen, sondern es verheimlichen:* er hat mir seine schwere Krankheit verschwiegen; sie hatte immer verschwiegen, dass sie eine Tochter hat.

ver|schwen|den [fɛɐ̯'ʃvɛndn̩], verschwen-

det, verschwendete, verschwendet ⟨tr.; hat; etw. v.⟩: *leichtsinnig und zu großzügig ausgeben, gebrauchen:* seine Kräfte, seine Zeit verschwenden; wir müssen dringend lernen, keine Energie mehr zu verschwenden; beim Baden wird viel Wasser verschwendet.

ver|schwen|de|risch [fɛɐ̯'ʃvɛndərɪʃ], verschwenderischer, am verschwenderischsten ⟨Adj.⟩: *leichtsinnig und zu großzügig im Ausgeben oder Verbrauchen:* sie geht verschwenderisch mit seinem Geld um; ein verschwenderischer Umgang mit Wasser und Energie.

ver|schwie|gen [fɛɐ̯'ʃviːgn̩], verschwiegener, am verschwiegensten ⟨Adj.⟩: **1.** *zuverlässig im Bewahren eines Geheimnisses:* du kannst ihn ruhig einweihen, er ist verschwiegen. **2.** *still und einsam, nur von wenigen Menschen aufgesucht:* eine verschwiegene Bucht.

ver|schwin|den [fɛɐ̯'ʃvɪndn̩], verschwindet, verschwand, verschwunden ⟨itr.; ist⟩: **1.** *sich entfernen und nicht mehr zu sehen sein:* der Zug verschwand in der Ferne; sie verschwand gleich nach der Besprechung; die Sonne verschwand hinter den Bergen. **2.** *verloren gehen, gestohlen werden, nicht zu finden sein:* seine Brieftasche war plötzlich verschwunden.

ver|schwun|den [fɛɐ̯'ʃvʊndn̩]: ↑ verschwinden.

das **Ver|se|hen** [fɛɐ̯'zeːən], -s, -: *etwas, was irrtümlich oder unachtsam falsch gemacht wurde:* ihm ist ein Versehen unterlaufen; Entschuldigung, das war ein Versehen von mir. *Syn.:* Irrtum.

ver|se|hent|lich [fɛɐ̯'zeːəntlɪç] ⟨Adj.⟩: *aus Versehen [geschehen]:* ich habe versehentlich deine Post geöffnet; er ist nur durch die versehentliche Einnahme eines falschen Medikaments krank geworden. *Syn.:* irrtümlich.

ver|set|zen [fɛɐ̯'zɛtsn̩], versetzt, versetzte, versetzt ⟨tr.; hat⟩: **1.** ⟨jmdn. [irgendwohin] v.⟩ *an einen anderen Dienstort schicken:* der Beamte wurde nach Berlin versetzt. **2.** ⟨jmdn. v.⟩ *(eine Schülerin, einen Schüler) in die nächste Klasse aufnehmen:* wegen schlechter Leistungen wurde er dieses Jahr nicht versetzt. **3.** ⟨jmdn. v.⟩ *vergeblich warten lassen:* er hat mich gestern Abend mal wieder versetzt. **4.** ⟨sich in jmdn., etw. v.⟩ *sich vorstellen, dass man in einer bestimmten Lage wäre:* versetz dich mal in meine Situation!

ver|si|chern [fɛɐ̯'zɪçɐn], versichert, versicherte, versichert: **1.** ⟨tr.; hat; [jmdm.] etw. v.⟩ *jmdm. zu verstehen geben, dass etwas mit Sicherheit [nicht] der Fall ist:* er versicherte [ihr], dass er unschuldig sei; ich versicherte ihm das Gegenteil *(ich versicherte ihm, dass das Gegenteil wahr ist);* sie konnte mir glaubhaft versichern, an dem Abend zu Hause gewesen zu sein. *Syn.:* bekräftigen. **2.** ⟨sich jmds., etwas (Gen.) v.⟩ *sich Sicherheit oder Gewissheit verschaffen:* ich wollte mich seiner Hilfe, ihrer Treue versichern. **3.** ⟨tr.; hat; jmdn., etw. [gegen etw.] v.⟩ *eine Versicherung abschließen:* ich habe mein Gepäck gegen Diebstahl versichert; die Gesellschaft versichert uns besonders günstig; ⟨auch: sich v.⟩ er hat sich gegen alles Mögliche versichert.

die **Ver|si|cher|ten|kar|te** [fɛɐ̯'zɪçɐtn̩ˌkaɐ̯tə]; -, -n: *kleine Karte, durch die bestätigt wird, dass der Inhaber, die Inhaberin Mitglied einer bestimmten Krankenkasse ist und auf der die wichtigsten persönlichen Daten gespeichert sind:* in jedem neuen Quartal muss man zum Arztbesuch die Versichertenkarte mitbringen.

   die Versichertenkarte

die **Ver|si|che|rung** [fɛɐ̯'zɪçərʊŋ]; -, -en:
1. *Erklärung, dass etwas sicher, richtig sei:* eine eidesstattliche Versicherung abgeben; die Schwiegermutter gab die feierliche Versicherung ab, uns dieses Jahr nicht mehr zu besuchen. *Syn.:* Erklärung. **2.** *Vertrag mit einem Unternehmen, mit dem man sich gegen Risiken wie Unfall, Diebstahl, Feuer, Arbeitslosigkeit usw. versichert:* eine Versicherung abschließen, kündigen; wir haben eine Versicherung über eine halbe Million Euro. *Zus.:* Arbeitslosenversicherung, Kraftfahrzeugversicherung, Krankenversicherung, Pflegeversicherung, Pflichtversicherung, Privatversicherung, Rentenversicherung. **3.** *Betrag, der für bestimmte Leistungen der Versicherung bezahlt werden muss:* ich zahle jeden Monat über 500 Euro Versicherung. **4.** *Unternehmen, bei dem man eine Versicherung abschließen kann:* die großen Versicherungen wehren sich gegen die neue Gesetzgebung; in diesem Fall zahlt die Versicherung nicht.

die **Ver|si|on** [vɛr'zi̯oːn]; -, -en: *Art der Darstel-*lung eines Sachverhalts o. Ä. unter mehreren möglichen Varianten: die amtliche, offizielle Version; von dem Hergang des Unfalls gibt es verschiedene Versionen; jetzt erzähle ich einmal meine Version der Geschichte! *Syn.:* Fassung.

ver|sor|gen [fɛɐ̯'zɔrɡn̩], versorgt, versorgte, versorgt ⟨tr.; hat⟩: **1.** ⟨jmdn. mit etw. v.⟩ *(jmdm. etwas) geben:* jmdn. mit Lebensmitteln, Informationen versorgen; sein Vater versorgte ihn mit Geld. **2.** ⟨jmdn. v.⟩ *sich (um jmdn., etwas) kümmern:* drei Jahre lang versorgte sie ihre kranke Mutter; er hat eine Familie zu versorgen; der Hausmeister versorgt die Heizung. *Syn.:* sorgen für.

ver|spä|ten [fɛɐ̯'ʃpɛːtn̩], verspätet, verspätete, verspätet ⟨sich v.⟩: *später kommen, als es geplant oder gewünscht ist:* die meisten Gäste verspäteten sich um ein paar Minuten; eine verspätete Einladung; der Zug traf verspätet ein.

die **Ver|spä|tung** [fɛɐ̯'ʃpɛːtʊŋ]; -, -en: *verspätetes Kommen; verspätetes Stattfinden:* bitte entschuldigen Sie meine Verspätung; der Zug hat Verspätung; die Veranstaltung begann mit einer viertelstündigen Verspätung.

ver|spre|chen [fɛɐ̯'ʃprɛçn̩], verspricht, versprach, versprochen: **1.** ⟨tr.; hat; jmdm. etw. v.⟩ *(jmdm.) verbindlich erklären, dass etwas getan wird, geschehen wird; zusichern:* er hat mir versprochen, pünktlich zu kommen; der Vater hatte ihm Geld versprochen; du hast doch versprochen, keinen Alkohol mehr zu rühren! *Syn.:* zusagen. **2.** ⟨itr.; hat; etw. v.⟩ *erwarten lassen:* der Junge verspricht ein Fußballstar zu werden; hiervon verspreche ich mir wenig; das Barometer verspricht gutes Wetter. **3.** ⟨sich v.⟩ *beim Reden einzelne Laute oder Wörter verwechseln, falsch aussprechen o. Ä.:* der Vortragende war sehr nervös und versprach sich ständig.

das **Ver|spre|chen** [fɛɐ̯'ʃprɛçn̩]; -s, -: *verbindliche Erklärung, dass etwas Bestimmtes getan werden wird, geschehen wird; Zusage:* er hat sein Versprechen, nichts zu sagen, nicht gehalten; ich gebe dir mein Versprechen; sie hat ihr Versprechen gebrochen. *Zus.:* Wahlversprechen.

der **Ver|stand** [fɛɐ̯'ʃtant]; -[e]s: *Fähigkeit des Menschen, etwas zu begreifen:* der menschliche Verstand; sie hat einen scharfen Verstand; du solltest einmal deinen Verstand gebrauchen; bei klarem Verstand *(klarer Überlegung)* kann man so nicht urteilen; * **den Verstand verlieren:** *verrückt werden:* ich verliere noch den Verstand bei dem Lärm!

ver|stän|di|gen [fɛɐ̯ˈʃtɛndɪɡn̩], verständigt, verständigte, verständigt: **1.** ⟨tr.; hat; jmdn. über etw. (Akk.) / von etw. v.⟩ *jmdm. etwas mitteilen; jmdn. über etwas informieren:* er verständigte die Polizei über diesen, von diesem Vorfall. *Syn.:* benachrichtigen, berichten, melden, unterrichten über/von. **2.** ⟨sich [mit jmdn.] v.⟩ *sich verständlich machen; (jmdm.) deutlich machen, was man sagen will:* ich konnte mich mit ihr nur durch Zeichen verständigen; sie verständigen sich untereinander auf Englisch. **3.** ⟨sich auf etw. (Akk.) / über etw. v.⟩ *über etwas einig werden, sich auf etwas einigen:* ich konnte mich mit ihm über alles verständigen; wir haben uns auf einen Kompromiss verständigt; sie verständigten sich darauf, die Entwicklung abzuwarten.

ver|ständ|lich [fɛɐ̯ˈʃtɛntlɪç], verständlicher, am verständlichsten ⟨Adj.⟩: **1.** *so beschaffen, dass es deutlich hörbar ist:* der Vortragende sprach mit leiser, doch verständlicher Stimme. **2.** *so beschaffen, dass es leicht zu begreifen ist:* der Text ist verständlich geschrieben; ein leicht verständlicher Roman. *Syn.:* anschaulich, klar. **3.** *so beschaffen, dass man Verständnis dafür hat:* ihr Verhalten ist durchaus verständlich; mit seinem schwer verständlichen Benehmen hat er viele verärgert. *Syn.:* begreiflich.

das **Ver|ständ|nis** [fɛɐ̯ˈʃtɛntnɪs]; -ses: **1.** *das Verstehen:* dem Leser das Verständnis des Textes erleichtern. **2.** *Fähigkeit des Menschen, sich in jmdn. hineinzuversetzen, jmdn., etwas zu verstehen:* er hat kein Verständnis für die Jugend; die Lehrerin zeigte, hatte viel Verständnis für die Probleme ihrer Schüler; in dieser Frage stieß sie bei ihnen auf wenig Verständnis *(zeigten die Eltern niemals Verständnis);* sie brachten viel Verständnis füreinander auf.

ver|ständ|nis|los [fɛɐ̯ˈʃtɛntnɪsloːs], verständnisloser, am verständnislosesten ⟨Adj.⟩: **1.** *den Sinn, die Bedeutung von etwas Gesagtem, Geschriebenem nicht verstehend:* »Wieso nicht?«, fragte er verständnislos. **2.** *ohne Verständnis* /Ggs. verständnisvoll/: verständnislose Eltern; der Angst ihres Kindes steht die Mutter völlig verständnislos gegenüber; er schüttelte verständnislos den Kopf.

ver|ständ|nis|voll [fɛɐ̯ˈʃtɛntnɪsfɔl], verständnisvoller, am verständnisvollsten ⟨Adj.⟩: *voll Verständnis für jmdn., etwas; fähig, sich in jmdn., etwas hineinzuversetzen* /Ggs. verständnislos/: er hatte einen verständnisvollen Lehrer; verständnisvoll lächeln, zuhören.

ver|stär|ken [fɛɐ̯ˈʃtɛrkn̩], verstärkt, verstärkte, verstärkt: **1.** ⟨tr.; hat; etw. v.⟩ *an Zahl, dem Grad nach o. Ä. größer machen, stärker machen:* die Truppen im Land verstärken; den Druck (auf jmdn.) verstärken *(erhöhen);* wir werden unsere Anstrengungen verstärken; eine Mauer verstärken *(dicker machen).* *Syn.:* steigern, vermehren. **2.** ⟨sich v.⟩ *größer werden, stärker werden; wachsen:* meine Zweifel, die Schmerzen haben sich verstärkt; verstärkte Nachfrage. *Syn.:* sich vergrößern, zunehmen.

der **Ver|stär|ker** [fɛɐ̯ˈʃtɛrkɐ]; -s, -: *Gerät zum Verstärken von elektrischen Strömen, Leistungen:* den Verstärker der Stereoanlage aufdrehen; den CD-Spieler an den Verstärker anschließen.

das **Ver|steck** [fɛɐ̯ˈʃtɛk]; -[e]s, -e: *Ort, der geheim ist, den andere nicht kennen; Ort, an dem man jmdn., etwas verstecken kann:* ich weiß ein gutes Versteck; ein Versteck für sein Geld suchen; sie hatte ein gutes Versteck entdeckt.

ver|ste|cken [fɛɐ̯ˈʃtɛkn̩], versteckt, versteckte, versteckt: **1.** ⟨tr.; hat; jmdn., etw. irgendwo v.⟩ *(jmdn., etwas) heimlich an einen unbekannten Ort bringen, sodass die Person oder Sache nicht gesehen wird:* das Geld im Schreibtisch verstecken; er versteckte den Flüchtling in einem Schuppen; etwas versteckt halten. **2.** ⟨sich irgendwo v.⟩ *an eine Stelle gehen, wo man nicht gesehen und gefunden wird:* sich vor jmdm. hinter einem Baum verstecken. *Syn.:* sich verbergen.

ver|ste|hen [fɛɐ̯ˈʃteːən], versteht, verstand, verstanden: **1.** ⟨tr.; hat; jmdn., etw. v.⟩ *deutlich hören, klar vernehmen:* der Vortragende sprach so laut, dass alle im Saal ihn gut verstehen konnten. **2.** ⟨tr.; hat; jmdn., etw. v.⟩ *den Sinn und die Bedeutung (von etwas) erfassen; begreifen:* ich habe seine Argumente verstanden; dieses Buch ist schwer zu verstehen; erst jetzt verstehe ich sein sonderbares Verhalten. *Syn.:* kapieren (ugs.). **3.** ⟨tr.; hat⟩ *Verständnis für jmdn., etwas haben:* nur seine engsten Freunde verstanden ihn; [keinen] Spaß verstehen; die Schwächen und Fehler des anderen verstehen.

V

4. ⟨sich irgendwie v.⟩ *gut miteinander auskommen:* ich habe mich mit ihm gleich gut verstanden; die beiden verstehen sich prächtig. **5.** ⟨itr.; hat; etw. von etw. v.⟩ *sich mit etwas gut auskennen:* er versteht etwas von Kunst.

ver|stei|gern [fɛɐ̯'ʃtai̯ɡɐn], versteigert, versteigerte, versteigert ⟨tr.; hat; etw. v.⟩: *etwas für die höchste gebotene Summe verkaufen:* Fundsachen versteigern; die Bibliothek wurde an den Meistbietenden versteigert.

ver|stel|len [fɛɐ̯'ʃtɛlən], verstellt, verstellte, verstellt ⟨tr.; hat⟩: **1.** ⟨etw. [mit/durch etw.] v.⟩ *der Fluchtweg war durch Fahrräder verstellt.* **2.** ⟨etw. v.⟩ *so einstellen, wie man es braucht:* den Autositz verstellen. **3.** ⟨sich v.⟩ *sich anders geben, als man ist:* er verstellte sich und tat, als ob er schliefe.

ver|steu|ern [fɛɐ̯'ʃtɔy̯ɐn], versteuert, versteuerte, versteuert ⟨tr.; hat; etw. v.⟩: *(für etwas) Steuern bezahlen:* sein Vermögen versteuern; diese Einkünfte müssen nicht versteuert werden.

ver|stimmt [fɛɐ̯'ʃtɪmt], verstimmter, am verstimmtesten ⟨Adj.⟩: **1.** *(von Musikinstrumenten) falsch klingend:* ein verstimmtes Klavier; das Instrument ist total verstimmt. **2.** *verärgert:* sie war über die Absage verstimmt.

die **Ver|stim|mung** [fɛɐ̯'ʃtɪmʊŋ]; -, -en: *das Verstimmtsein, das Verärgertsein:* der Zwischenfall sorgte für ernste Verstimmungen; die Auseinandersetzung führte zu einer längeren Verstimmung zwischen Eltern und Kindern; sie versuchten, die Verstimmungen auszuräumen. *Syn.:* Ärger, Unmut.

ver|stop|fen [fɛɐ̯'ʃtɔpfn̩], verstopft, verstopfte, verstopft ⟨tr.; hat; etw. v.⟩: *ganz ausfüllen, sodass nichts mehr hindurch kann:* ein Loch verstopfen; ⟨häufig im 2. Partizip⟩ die Straße war völlig verstopft.

die **Ver|stop|fung** [fɛɐ̯'ʃtɔpfʊŋ]; -, -en: *körperlicher Zustand, bei dem der Betroffene keinen oder nur selten Stuhlgang hat:* sie leidet an Verstopfung.

der *und* die **Ver|stor|be|ne** [fɛɐ̯'ʃtɔrbənə]; -n, -n ⟨aber: [ein] Verstorbener, [eine] Verstorbene, Plural: [viele] Verstorbene⟩: *Person, die gestorben ist:* wir verlieren in dem Verstorbenen einen lieben Kollegen; das war der letzte Wunsch der Verstorbenen. *Syn.:* Toter, Tote.

der **Ver|stoß** [fɛɐ̯'ʃtoːs]; -es, Verstöße [fɛɐ̯'ʃtøːsə]: *das Verstoßen gegen ein Gesetz,*

eine Anordnung o. Ä.: das ist ein Verstoß gegen das Arbeitsschutzgesetz. *Syn.:* Vergehen. *Zus.:* Gesetzesverstoß.

ver|sto|ßen [fɛɐ̯'ʃtoːsn̩], verstößt, verstieß, verstoßen: **1.** ⟨tr.; hat; jmdn. v.⟩ *aus einer Gemeinschaft ausschließen:* er hat seine Tochter verstoßen. **2.** ⟨itr.; hat; gegen etw. v.⟩ *(gegen ein Gesetz o. Ä.) handeln; (ein Gesetz o. Ä.) übertreten, verletzen:* er hat mit dieser Tat gegen das Gesetz verstoßen. *Syn.:* missachten, überschreiten, ²übertreten, zuwiderhandeln.

ver|strei|chen [fɛɐ̯'ʃtrai̯çn̩], verstreicht, verstrich, verstrichen ⟨itr.; ist⟩: *(in Bezug auf einen Zeitraum) vergehen:* das Jahr ist schnell verstrichen; er hatte die drei Monate, die ihm geblieben waren, ungenutzt verstreichen lassen.

ver|streu|en [fɛɐ̯'ʃtrɔy̯ən], verstreut, verstreute, verstreut: **1.** ⟨tr.; hat; etw. [irgendwo] v.⟩ *unabsichtlich [auf den Boden] streuen:* sie hat das Salz verstreut. **2.** ⟨tr.; hat; etw. irgendwo v.⟩ *(etwas) ohne Ordnung irgendwo hinlegen oder liegen lassen:* die Kinder haben die Spielsachen im ganzen Zimmer verstreut; ⟨häufig im 2. Partizip⟩ verstreute *(weit auseinanderliegende)* Häuser.

ver|stum|men [fɛɐ̯'ʃtʊmən], verstummt, verstummte, verstummt ⟨itr.; ist⟩: *zu sprechen, singen, schreien o. Ä. aufhören:* vor Freude, vor Entsetzen verstummen; das Gespräch verstummte *(wurde nicht mehr fortgeführt);* die Glocken verstummten *(hörten auf zu läuten).*

der **Ver|such** [fɛɐ̯'zuːx]; -[e]s, -e: **1.** *Verfahren, mit dem man etwas erforschen, untersuchen will:* einen physikalischen Versuch machen, starten; hoffentlich klappt der Versuch; der Versuch ist leider fehlgeschlagen, misslungen. *Syn.:* Experiment. *Zus.:* Laborversuch, Tierversuch. **2.** *Bemühung, Unternehmen, durch das man etwas zu verwirklichen sucht:* einen Versuch machen, starten, unternehmen; der Versuch wird bestimmt gelingen; der Versuch war gescheitert, fehlgeschlagen; sie beobachteten mit Freude die ersten Versuche ihres Kindes, das Laufen zu lernen; als sie den Versuch unternahm, das Land zu verlassen, wurde sie verhaftet. *Syn.:* Vorhaben. *Zus.:* Fluchtversuch.

ver|su|chen [fɛɐ̯'zuːxn̩], versucht, versuchte, versucht: **1.** ⟨tr.; hat; etw. v.⟩ *(etwas) unternehmen; prüfen, ob es möglich ist, und wagen; (etwas) zu verwirklichen suchen:* sie versuchte, aus dem Gefängnis zu entfliehen; er hatte versucht *(sich*

darum bemüht), Klavier spielen zu lernen. *Syn.:* ausprobieren, sich bemühen. **2.** *(es mit etw. v.) (bei einem Problem, einer Krankheit o. Ä.) (etwas) ausprobieren, um zu sehen, ob es dadurch besser wird:* wenn die Bauchschmerzen nicht besser werden, versuch es doch einmal mit Kamillentee!; hast du es schon mal mit einer Massage versucht? *Syn.:* probieren. **3.** ⟨tr.; hat; etw. v.⟩ *(eine Speise, ein Getränk) kosten, probieren:* sie versuchte den Wein, doch er schmeckte ihr zu süß.

ver|tau|schen [fɛɐ̯'tauʃn̩], vertauscht, vertauschte, vertauscht ⟨tr.; hat; etw. v.⟩: *aus Versehen, irrtümlich etwas Falsches statt des Richtigen nehmen:* die Schirme, Mäntel wurden vertauscht. *Syn.:* verwechseln.

ver|tei|di|gen [fɛɐ̯'taidɪɡn̩], verteidigt, verteidigte, verteidigt ⟨tr.; hat⟩: **1.** ⟨jmdn., etw. v.⟩ *sich gegen Angriffe (auf jmdn., etwas) wehren; vor Angriffen schützen:* wer angegriffen wird, darf sich verteidigen; drei Spielerinnen blieben hinten, um das Tor zu verteidigen. **2.** ⟨jmdn., etw. v.⟩ *sich mit Worten für jmdn., etwas einsetzen; in Schutz nehmen, rechtfertigen:* seine Auffassung verteidigen; er verteidigte die hohen Preise; sie verteidigte sich sehr geschickt. **3.** ⟨jmdn. v.⟩ *vor Gericht vertreten:* er wird von einem Anwalt verteidigt, will sich selbst verteidigen.

die **Ver|tei|di|gung** [fɛɐ̯'taidɪɡʊŋ]; -, -en: **1.** *Schutz gegen einen Angriff; das Geschütztwerden* /Ggs. Angriff/: zur besseren Verteidigung der Stadt wurden die Stadtmauern erhöht; die Mannschaft konzentriert sich ganz auf die Verteidigung; was hast du zu deiner Verteidigung *(Rechtfertigung)* vorzubringen? **2.** *das Vertreten eines Angeklagten vor Gericht:* er ist mit der Verteidigung der Angeklagten beauftragt. **3.** *Partei, die einen Angeklagten, eine Angeklagte vor Gericht vertritt:* die Verteidigung plädiert auf Freispruch.

ver|tei|len [fɛɐ̯'tailən], verteilt, verteilte, verteilt ⟨tr.; hat; etw. v.⟩: **1.** *in meist gleicher Menge [ab]geben, bis nichts mehr übrig ist:* er verteilte Schokolade an die Kinder. *Syn.:* austeilen. **2.** *aufteilen und in gleicher Menge an verschiedene Stellen bringen:* die Salbe gleichmäßig auf der / die Wunde verteilen.

ver|teu|ern [fɛɐ̯'tɔyɐn], verteuert, verteuerte, verteuert ⟨sich v.⟩: *teurer werden:* die Lebensmittel haben sich weiter, um 3 % verteuert.

ver|tie|fen [fɛɐ̯'tiːfn̩], vertieft, vertiefte, vertieft: **1.** ⟨tr.; hat; etw. v.⟩ *tiefer machen:* einen Graben vertiefen. **2.** ⟨tr.; hat; etw. v.⟩ *intensiver, detaillierter behandeln:* dieses Thema will ich jetzt nicht weiter vertiefen; den Lehrstoff, das bereits Gelernte noch vertiefen; sie will ihr Wissen vertiefen *(erweitern).* **3.** ⟨sich v.⟩ *sich auf etwas konzentrieren; sich mit etwas intensiv beschäftigen:* sich in seine Zeitung, in ein Buch vertiefen; sie waren ins Gespräch vertieft.

ver|ti|kal [vɛrti'kaːl] ⟨Adj.⟩: *gerade von oben nach unten oder von unten nach oben* /Ggs. horizontal/: die vertikale Startrichtung der Rakete. *Syn.:* senkrecht.

der **Ver|trag** [fɛɐ̯'traːk]; -[e]s, Verträge [fɛɐ̯'trɛːɡə]: *[schriftliche] rechtlich gültige Vereinbarung zweier oder mehrerer Partner, in der die gegenseitigen Rechte und Pflichten festgelegt sind:* ein fester, mehrjähriger Vertrag; einen Vertrag mit jmdm. [ab]schließen; einen Vertrag brechen, erfüllen, verlängern. *Zus.:* Arbeitsvertrag, Kaufvertrag, Mietvertrag.

ver|tra|gen [fɛɐ̯'traːɡn̩], verträgt, vertrug, vertragen: **1.** ⟨tr.; hat; etw. v.⟩ *(etwas) aushalten, mit etwas [gut] fertig werden:* er kann die Hitze gut vertragen; sie verträgt keine fetten Speisen *(sie fühlt sich schlecht, wenn sie fette Speisen gegessen hat);* er verträgt keine Kritik. *Syn.:* ertragen, verkraften. **2.** ⟨sich v.⟩ *sich (mit jmdm.) nicht streiten; gut mit jmdm. auskommen:* er verträgt sich mit seiner Schwester; die Nachbarn vertragen sich nicht miteinander.

ver|trag|lich [fɛɐ̯'traːklɪç] ⟨Adj.⟩: *in einem Vertrag festgelegt, geregelt:* eine vertragliche Vereinbarung; etwas vertraglich regeln.

ver|träg|lich [fɛɐ̯'trɛːklɪç], verträglicher, am verträglichsten ⟨Adj.⟩: **1.** *so beschaffen, dass man es gut verträgt:* verträgliche Speisen; das Medikament ist gut verträglich. **2.** *sich mit anderen gut vertragend:* er ist ein verträglicher Mensch, man kommt gut mit ihm aus. *Syn.:* friedlich.

ver|trau|en [fɛɐ̯'trauən], vertraut, vertraute, vertraut ⟨itr.; hat; jmdm., etw. (Dativ)/auf jmdn., etw. v.⟩: *sicher sein, dass man sich auf jmdn., etwas verlassen kann:* er vertraute seinen Freunden; fest auf Gott vertrauen; sie vertraute ihren / auf ihre Fähigkeiten.

das **Ver|trau|en** [fɛɐ̯'trauən]; -s: *sichere Erwar-*

tung, fester Glauben daran, dass man sich auf jmdn., etwas verlassen kann: sein Vertrauen zu seinen Freunden ist unbegrenzt; Vertrauen zueinander haben, füreinander aufbringen; er schenkte ihr sein Vertrauen; durch sein unfaires Verhalten war ihr Vertrauen zu ihm stark erschüttert; er versuchte, ihr Vertrauen zurückzugewinnen. *Zus.:* Gottvertrauen, Selbstvertrauen.

ver|trau|lich [fɛɐ̯ˈtraʊ̯lɪç], vertraulicher, am vertraulichsten ⟨Adj.⟩: **1.** *nur für besondere Personen bestimmt; geheim:* eine vertrauliche Mitteilung; etwas streng vertraulich behandeln *(nicht weitererzählen).* **2.** *freundschaftlich, persönlich:* er sah sie in einem vertraulichen Gespräch mit einem Herrn; er wird sehr schnell [allzu] vertraulich. *Syn.:* privat.

ver|traut [fɛɐ̯ˈtraʊ̯t], vertrauter, am vertrautesten ⟨Adj.⟩: **1.** *eng befreundet:* sie sind sehr vertraut miteinander; sie hat ein vertrautes Verhältnis mit ihrer Kollegin. *Syn.:* persönlich. **2.** *bekannt, gewohnt:* er fühlte sich wohl in der vertrauten Umgebung; er sah kein vertrautes Gesicht *(keinen bekannten Menschen);* * **mit etwas vertraut sein:** *etwas genau kennen; sich gut in etwas auskennen:* ich bin mit dieser Arbeit vertraut.

ver|trei|ben [fɛɐ̯ˈtraɪ̯bn̩], vertreibt, vertrieb, vertrieben ⟨tr.; hat; jmdn., etw. v.⟩: **1.** *dazu bringen, einen Ort zu verlassen:* jmdn. aus seiner Heimat vertreiben; der Lärm hat das Wild vertrieben. **2.** *verkaufen, mit etwas handeln:* er vertreibt seine Waren in verschiedenen Ländern.

ver|tret|bar [fɛɐ̯ˈtreːtbaːɐ̯], vertretbarer, am vertretbarsten ⟨Adj.⟩: *so, dass man es rechtfertigen kann; akzeptabel:* das Projekt übersteigt die wirtschaftlich vertretbaren Kosten; das halte ich nicht für vertretbar; ist dieses Verhalten noch länger vertretbar? *Syn.:* berechtigt, legitim.

ver|tre|ten [fɛɐ̯ˈtreːtn̩], vertritt, vertrat, vertreten: **1.** ⟨tr.; hat; jmdn. v.⟩ *jmdn. für eine Zeit ersetzen und dessen Aufgaben übernehmen:* er vertritt seinen kranken Kollegen. *Syn.:* einspringen für. **2.** ⟨tr.; hat; jmdn., etw. v.⟩ *für jmdn. sprechen; jmds. Interessen wahrnehmen:* ein bekannter Anwalt vertritt ihn vor Gericht; sie vertritt auf dieser Tagung die Universität Freiburg; er vertritt die Firma »Müller & Söhne« *(vertreibt die Produkte dieser Firma).* **3.** ⟨tr.; hat; etw. v.⟩ *verteidigen:* eine Ansicht, Meinung

vertreten; sie vertritt mutig ihre Meinung. *Syn.:* unterstützen, sich einsetzen für. **4.** * **vertreten sein:** *da sein, anwesend sein:* von dem Betrieb war niemand vertreten.

der **Ver|tre|ter** [fɛɐ̯ˈtreːtɐ]; -s, -, die **Ver|tre|te|rin** [fɛɐ̯ˈtreːtərɪn]; -, -nen: **1.** *Person, die jmd. anders für eine Zeit ersetzt:* der Vertreter des Chefs; wenn Frau Schulz nicht da ist, fragen Sie doch ihre Vertreterin. *Syn.:* Stellvertreter, Stellvertreterin. **2.** *Person, die für jmdn. spricht, die jmds. Interessen vertritt:* wer ist vor Gericht ihr Vertreter?; sie ist auf der Tagung die Vertreterin unseres Vereins; die Vertreter des Volkes *(ein Abgeordneter).* *Syn.:* Anwalt, Anwältin. *Zus.:* Anklagevertreter, Anklagevertreterin, Gewerkschaftsvertreter, Gewerkschaftsvertreterin, Regierungsvertreter, Regierungsvertreterin. **3.** *Person, die beruflich für eine Firma Waren vertreibt:* er ist Vertreter für Staubsauger; eine Vertreterin der Firma Resche & Co. *Zus.:* Handelsvertreter, Handelsvertreterin, Versicherungsvertreter, Versicherungsvertreterin.

der *und* die **Ver|trie|be|ne** [fɛɐ̯ˈtriːbənə]; -n, -n ⟨aber: [ein] Vertriebener, [eine] Vertriebene, Plural: [viele] Vertriebene⟩: *Person, die aus ihrer Heimat vertrieben wurde:* sie wurden als Vertriebene anerkannt; sie lebt als Vertriebene im Ausland.

ver|tun [fɛɐ̯ˈtuːn], vertut, vertat, vertan (ugs.): **1.** ⟨tr.; hat; etw. v.⟩ *sinnlos, nutzlos verbrauchen:* er hat sein ganzes Geld vertan; wir vertun viel zu viel Zeit mit nutzlosen Diskussionen; er hat diese einmalige Chance vertan; eine vertane Gelegenheit. **2.** ⟨sich v.⟩ *einen Fehler machen; sich irren:* ich habe mich beim Rechnen vertan. *Syn.:* sich täuschen.

ver|un|glü|cken [fɛɐ̯ˈʊnɡlʏkn̩], verunglückt, verunglückte, verunglückt ⟨itr.; ist⟩: **1.** *bei einem Unfall verletzt oder getötet werden:* er ist mit dem Auto, in der Fabrik verunglückt. **2.** (scherzh.) *nicht gelingen; misslingen:* der Kuchen ist verunglückt; ein etwas verunglücktes Bild. *Syn.:* missglücken, missraten.

ver|un|si|chern [fɛɐ̯ˈʊnzɪçɐn], verunsichert, verunsicherte, verunsichert ⟨tr.; hat; jmdn. v.⟩: *unsicher machen:* das verunsichert die Bevölkerung; ihre Worte haben ihn verunsichert.

ver|ur|sa|chen [fɛɐ̯ˈ|uːɐ̯zaxn̩], verursacht, verursachte, verursacht ⟨tr.; hat; etw. v.⟩: *etwas bewirken, zu etwas führen:* Mühe, Kosten verursachen; der Sturm hat gro-

V

ßen Schaden verursacht; seine Bemerkung verursache große Aufregung.

ver|ur|tei|len [fɛɐ̯'ʊrtai̯lən], verurteilt, verurteilte, verurteilt ⟨tr.; hat⟩: **1.** ⟨jmdn. [zu etw.] v.⟩ *durch ein Urteil für schuldig erklären und bestrafen:* das Gericht verurteilte ihn zu einem Jahr Gefängnis; sie wurde zu einer Geldstrafe verurteilt. **2.** ⟨jmdn., etw. v.⟩ *jmdn., etwas scharf kritisieren, heftig ablehnen:* sie verurteilte ihn, sein Benehmen entschieden. *Syn.:* missbilligen.

ver|viel|fa|chen [fɛɐ̯'fiːlfaxn̩], vervielfacht, vervielfachte, vervielfacht: **1.** ⟨tr.; hat; etw. v.⟩ *vermehren, vergrößern, sodass es mehrmals so groß wie vorher ist:* das Unternehmen hat seinen Gewinn im letzten Jahr vervielfacht. **2.** ⟨sich v.⟩ *mehrmals so groß wie vorher werden:* der Umsatz hat sich vervielfacht.

ver|viel|fäl|ti|gen [fɛɐ̯'fiːlfɛltɪɡn̩], vervielfältigt, vervielfältigte, vervielfältigt ⟨tr.; hat; etw. v.⟩: *[in größerer Zahl] kopieren:* einen Artikel, ein Bild vervielfältigen.

ver|voll|stän|di|gen [fɛɐ̯'fɔlʃtɛndɪɡn̩], vervollständigt, vervollständigte, vervollständigt ⟨tr.; hat; etw. v.⟩: *vollständig, komplett machen:* seine Bibliothek vervollständigen; diese Briefmarke vervollständigt meine Sammlung.

ver|wah|ren [fɛɐ̯'vaːrən], verwahrt, verwahrte, verwahrt (geh.): **1.** ⟨tr.; hat⟩ *gut und sicher aufheben:* er verwahrte sein Geld in einem Safe. *Syn.:* aufbewahren, bewahren. **2.** ⟨sich gegen etw. v.⟩ *protestieren; Widerspruch erheben:* ich verwahre mich gegen diesen Vorwurf. *Syn.:* bestreiten, leugnen.

ver|wal|ten [fɛɐ̯'valtn̩], verwaltet, verwaltete, verwaltet ⟨tr.; hat; etw. v.⟩: *etwas für jmdn. betreuen und alle damit verbundenen Aufgaben übernehmen:* ein Haus, eine Gemeinde verwalten; bis zu seinem 18. Geburtstag wird sein Vermögen von den Großeltern verwaltet.

der **Ver|wal|ter** [fɛɐ̯'valtɐ]; -s, -, die **Ver|wal|te|rin** [fɛɐ̯'valtərɪn]; -, -nen: *Person, die etwas verwaltet:* wer ist der Verwalter dieses Hauses?; sie wurde als Verwalterin des Vermögens eingesetzt. *Zus.:* Hausverwalter, Hausverwalterin, Nachlassverwalter, Nachlassverwalterin, Vermögensverwalter, Vermögensverwalterin.

die **Ver|wal|tung** [fɛɐ̯'valtʊŋ]; -, -en: **1.** *das Verwalten:* in eigener, staatlicher Verwaltung sein; unter staatlicher Verwaltung stehen; die Verwaltung der Gebäude wurde von einer anderen Firma übernommen. *Syn.:* Führung, Leitung. *Zus.:* Grundstücksverwaltung, Hausverwaltung. **2.** *verwaltende Stelle[n]:* sie arbeitet in der Verwaltung des Krankenhauses. *Zus.:* Gemeindeverwaltung, Stadtverwaltung.

ver|wan|deln [fɛɐ̯'vandl̩n], verwandelt, verwandelte, verwandelt: **1.** ⟨tr.; hat; jmdn., etw. v.⟩ *völlig anders machen; völlig verändern:* das Erlebnis verwandelte sie; seit er viel Sport macht, ist er wie verwandelt. *Syn.:* ändern. **2.** ⟨sich v.⟩ *völlig anders werden; sich völlig verändern:* während der Regenzeit verwandelte sich der Bach in einen reißenden Fluss. *Syn.:* sich ändern.

die **Ver|wand|lung** [fɛɐ̯'vandlʊŋ]; -, -en: *das Verwandeln, Anderswerden; Veränderung:* die Zuschauer beobachteten voller Staunen die Verwandlung eines Hasen in eine Taube; die Verwandlung einer Fabrikhalle in ein Atelier.

ver|wandt [fɛɐ̯'vant] ⟨Adj.⟩: **1.** *zur gleichen Familie gehörend; gleicher Herkunft:* die beiden sind miteinander verwandt, er ist ihr Onkel; verwandte Tiere, Pflanzen. *Syn.:* blutsverwandt. **2.** *in wichtigen Merkmalen gleich:* verwandte Berufe; wir haben eng verwandte Vorstellungen von Glück; verwandte Seelen. *Syn.:* ähnlich. *Zus.:* geistesverwandt, sinnverwandt.

der *und* die **Ver|wand|te** [fɛɐ̯'vantə]; -n, -n ⟨aber: [ein] Verwandter, [eine] Verwandte, Plural: [viele] Verwandte⟩: *Person, die mit einer anderen verwandt ist:* ein naher, entfernter Verwandter von mir; die Verwandten besuchen; hast du viele Verwandte? *Syn.:* Angehöriger, Angehörige.

die **Ver|wandt|schaft** [fɛɐ̯'vantʃaft]; -, -en: **1.** *alle Verwandten von jmdm.:* die ganze Verwandtschaft war gekommen. *Syn.:* Familie. **2.** *das Verwandtsein:* die Verwandtschaft zwischen ihnen bindet sie eng aneinander. **3.** *Ähnlichkeit, Gleichheit:* zwischen den beiden Plänen bestand eine gewisse Verwandtschaft. *Syn.:* Gemeinsamkeiten ⟨Plural⟩.

ver|war|nen [fɛɐ̯'varnən], verwarnt, verwarnte, verwarnt ⟨tr.; hat; jmdn. v.⟩: *jmdm. zeigen, dass sein Verhalten nicht in Ordnung ist, und ihm mit einer Strafe drohen:* der unfaire Spieler wurde vom Schiedsrichter verwarnt; er wurde von der Polizei verwarnt. *Syn.:* ermahnen.

ver|wech|seln [fɛɐ̯'vɛksl̩n], verwechselt, verwechselte, verwechselt ⟨tr.; hat;

V

jmdn., etw. [mit jmdm., etw.] v.): *irrtümlich für jmd. anders, etwas anderes halten:* er hatte die Mäntel verwechselt; ich habe dich mit deinem Bruder verwechselt. *Syn.:* vertauschen.

ver|wei|gern [fɛɐ̯ˈvaɪɡn̩], verweigert, verweigerte, verweigert ⟨tr.; hat; jmdm. etw. v.): *etwas Gewünschtes nicht tun:* Sie können die Aussage verweigern; sie verweigerte ihm jede Hilfe.

der **Ver|weis** [fɛɐ̯ˈvaɪs], -es, -e: **1.** *Aufforderung, ein bestimmtes Verhalten zu beenden oder nicht zu wiederholen:* ein milder, strenger Verweis; jmdm. einen Verweis erteilen; der Schüler hat einen Verweis bekommen. **2.** *Aufforderung, an einer anderen Stelle nachzuschlagen:* im Lexikon steht unter »Deutsch« ein Verweis auf »Sprachen«.

ver|wei|sen [fɛɐ̯ˈvaɪzn̩], verweist, verwies, verwiesen ⟨tr.; hat⟩: **1.** ⟨jmdn. auf etw. v.⟩ *aufmerksam machen:* den Leser auf eine frühere Stelle des Buches verweisen; ein Schild verwies auf den Tagungsraum. *Syn.:* hindeuten, hinweisen. **2.** ⟨jmdn. an jmdn. v.⟩ *jmdm. empfehlen, sich an eine bestimmte Person zu wenden:* man hat mich an den Inhaber verwiesen. **3.** ⟨jmdn. etw. (Gen.) / aus etw., von etw. v.⟩ *jmdm. verbieten, an einem bestimmten Ort zu bleiben:* man verwies ihn aus dem Saal, von der Schule; der Spieler wurde nach dem Foul vom Spielfeld verwiesen; sie wurde des Platzes verwiesen.

ver|wel|ken [fɛɐ̯ˈvɛlkn̩], verwelkt, verwelkte, verwelkt ⟨itr.; ist⟩: *(aus Mangel an Wasser) trocken werden:* die Blumen verwelken schnell, sind schon verwelkt; verwelkte Blätter. *Syn.:* welken.

ver|wen|den [fɛɐ̯ˈvɛndn̩], verwendet, verwandte/verwendete, verwandt/verwendet ⟨tr.; hat⟩: **1.** ⟨etw. [für etw., zu etw.] v.⟩ *(für einen bestimmten Zweck) nutzen, einsetzen:* zum Kochen verwende ich nur Butter; im Unterricht ein bestimmtes Lehrbuch verwenden; der Autor verwendet viele Fremdwörter; etwas noch einmal, nicht mehr, mehrmals verwenden können; hier kann sie ihr Englisch gut verwenden. *Syn.:* anwenden, benutzen (bes. nordd.), benützen (bes. südd.), gebrauchen. **2.** ⟨etw. auf etw. (Akk.) / für, zu etw. v.⟩ *für etwas aufwenden; verbrauchen:* viel Zeit, Mühe auf etwas verwenden; sie hat viel Fleiß auf diese Arbeit verwandt; er hat sein ganzes Geld für Zigaretten verwendet *(ausgegeben).* *Syn.:* aufbieten, investieren.

ver|wer|ten [fɛɐ̯ˈveːɐ̯tn̩], verwertet, verwertete, verwertet ⟨tr.; hat; etw. v.⟩: *etwas, das nicht genutzt wird, irgendwie verwenden:* die Reste, Abfälle [noch zu etwas] verwerten können; etwas ist noch zu verwerten, lässt sich nicht mehr verwerten; sie hat die Erfindung kommerziell verwertet. *Syn.:* ausnutzen (bes. nordd.), ausnützen (bes. südd.), benutzen (bes. nordd.), benützen (bes. südd.), nutzen (bes. nordd.), nützen (bes. südd.).

ver|wi|ckeln [fɛɐ̯ˈvɪkl̩n], verwickelt, verwickelte, verwickelt: **1.** ⟨tr.; hat; jmdn. in etw. v.⟩ *jmdn. an einer unangenehmen Sache beteiligen:* jmdn. in eine Affäre, eine Schlägerei verwickeln; sie war in einen Skandal, einen Streit verwickelt; er hatte ihn in ein Gespräch verwickelt *(hat ein Gespräch mit ihm angefangen).* **2.** ⟨sich v.⟩ *in etwas geraten und darin fest hängen bleiben:* die Schnur des Drachens hat sich im Baum verwickelt; sie hat sich in Widersprüche verwickelt *(hat Widersprüchliches gesagt).*

ver|wi|ckelt [fɛɐ̯ˈvɪklt], verwickelter, am verwickeltsten ⟨Adj.⟩: *schwer zu verstehen, kompliziert:* eine verwickelte Situation; diese Geschichte ist sehr verwickelt. *Syn.:* knifflig, schwierig.

ver|wirk|li|chen [fɛɐ̯ˈvɪrklɪçn̩], verwirklicht, verwirklichte, verwirklicht: **1.** ⟨tr.; hat; etw. v.⟩ *Wirklichkeit werden lassen:* einen Plan, eine Idee verwirklichen; das Projekt lässt sich nicht verwirklichen. *Syn.:* ausführen, durchführen, realisieren. **2.** ⟨sich v.⟩ *Wirklichkeit werden:* ihre Hoffnungen, Träume haben sich nie verwirklicht. *Syn.:* sich erfüllen. **3.** ⟨sich v.⟩ *seine Fähigkeiten frei entfalten:* jeder sollte die Möglichkeit haben, sich [selbst] zu verwirklichen.

ver|wir|ren [fɛɐ̯ˈvɪrən], verwirrt, verwirrte, verwirrt: **1.** ⟨tr.; hat; etw. v.⟩ *in Unordnung bringen, durcheinanderbringen:* beim Stricken die Wolle verwirren; der Wind verwirrte ihre Haare. **2.** ⟨tr.; hat; jmdn. v.⟩ *jmds. Gedanken, Gefühle durcheinanderbringen:* die Frage hat ihn verwirrt; seine Anwesenheit verwirrte sie; dieses Schild ist sehr verwirrend; sie waren durch den ungewohnten Anblick ganz verwirrt. *Syn.:* irritieren, verunsichern. **3.** ⟨sich v.⟩ *in Unordnung geraten, durcheinandergeraten:* die Schnur hat sich verwirrt.

ver|wit|wet [fɛɐ̯ˈvɪtvət] ⟨Adj.⟩: *als Witwe, Witwer lebend:* die verwitwete Frau

Schulz; er ist seit 1990 verwitwet; Frau Meier, verwitwete Schmidt (*die in der früheren Ehe mit Herrn Schmidt Witwe geworden ist;* Abkürzung: verw.).

ver|wöh|nen [fɛɐ̯'vøːnən], verwöhnt, verwöhnte, verwöhnt ⟨tr.; hat; jmdn. v.⟩: **1.** *jmdm. jeden Wunsch erfüllen und ihn dadurch bequem, faul machen:* sie hat ihre Kinder sehr verwöhnt; du darfst deinen Mann nicht so verwöhnen, er soll sich sein Bier ruhig selbst holen. **2.** *durch besondere Aufmerksamkeit dafür sorgen, dass sich jmd. wohlfühlt:* er verwöhnte seine Frau mit Geschenken.

ver|wun|den [fɛɐ̯'vʊndn̩], verwundet, verwundete, verwundet ⟨tr.; hat; jmdn. v.⟩: *jmdn. [mit einer Waffe] verletzen:* der Schuss verwundete ihn am Arm; er wurde im Krieg schwer verwundet.

ver|wun|der|lich [fɛɐ̯'vʊndɐlɪç], verwunderlicher, am verwunderlichsten ⟨Adj.⟩: *erstaunlich, merkwürdig:* sein Brief ist doch sehr verwunderlich!; ich finde es nicht verwunderlich, dass er abgesagt hat; die Sache schien ihm höchst verwunderlich. *Syn.:* eigenartig, komisch, kurios, seltsam, sonderbar.

ver|wun|dern [fɛɐ̯'vʊndɐn], verwundert, verwunderte, verwundert ⟨itr.; hat⟩: *bewirken, dass jmd. über etwas erstaunt ist:* es verwunderte mich, dass sie gar nichts dazu sagte; er schaute verwundert zu; sie schüttelte verwundert den Kopf. *Syn.:* erstaunen, überraschen, verblüffen.

ver|zäh|len [fɛɐ̯'tsɛːlən], verzählt, verzählte, verzählt ⟨sich v.⟩: *beim Zählen einen Fehler machen:* du musst dich verzählt haben, es waren nicht zwölf, sondern nur zehn Personen. *Syn.:* sich verrechnen.

ver|zeich|nen [fɛɐ̯'tsaiçnən], verzeichnet, verzeichnete, verzeichnet: **1.** ⟨tr.; hat⟩ *in einer Liste, einem Verzeichnis notieren:* die Namen sind alle in der Liste verzeichnet; diese Straße ist auf dem Stadtplan noch nicht verzeichnet. *Syn.:* angeben, dokumentieren. **2.** *aufweisen, erzielen:* der Sportler hat viele Erfolge zu verzeichnen; die Insel verzeichnet immer mehr Urlauber. *Syn.:* registrieren.

das **Ver|zeich|nis** [fɛɐ̯'tsaiçnɪs]; -ses, -se: *geordnete schriftliche Liste:* ein amtliches, vollständiges Verzeichnis; sie legte ein alphabetisches Verzeichnis der Namen an; etwas in ein Verzeichnis aufnehmen, eintragen. *Syn.:* Kartei, Register. *Zus.:*

Adressenverzeichnis, Hotelverzeichnis, Inhaltsverzeichnis, Literaturverzeichnis.

ver|zei|hen [fɛɐ̯'tsaiən], verzeiht, verzieh, verziehen ⟨tr.; hat; [jmdm., sich] etw. v.⟩: *jmdm. ein Unrecht nicht mehr übel nehmen:* diese Äußerung wird sie mir nie verzeihen; er verzieh ihr alles, was sie ihm je angetan hatte; verzeihen *(entschuldigen)* Sie bitte die Störung; ⟨auch itr.⟩ verzeihen Sie bitte!; verzeihen Sie bitte, wie viel Uhr es ist? *Syn.:* entschuldigen.

die **Ver|zei|hung** [fɛɐ̯'tsaiʊŋ]; -: *das Verzeihen; Entschuldigung:* jmdn. um Verzeihung bitten; Verzeihung! (Höflichkeitsformel zur Entschuldigung).

der **Ver|zicht** [fɛɐ̯'tsɪçt]; -[e]s, -e: *das Verzichten; Aufgabe eines Anspruchs, eines Vorhabens o. Ä.:* der Verzicht auf diese Reise fiel ihr schwer; Verzicht leisten. *Zus.:* Konsumverzicht, Lohnverzicht.

ver|zich|ten [fɛɐ̯'tsɪçtn̩], verzichtet, verzichtete, verzichtet ⟨itr.; hat; [auf etw. (Akk.)] v.⟩: *(etwas) nicht [länger] beanspruchen; (auf etwas) nicht bestehen; (einen Anspruch) nicht länger geltend machen:* sie verzichtete auf das Geld, das ihr zustand; zu jmds. Gunsten, freiwillig verzichten; auf ihre Unterstützung konnten wir nicht verzichten.

ver|zieh [fɛɐ̯'tsiː]: ↑ verzeihen.

ver|zie|hen [fɛɐ̯'tsiːən]: ↑ verzeihen.

ver|zie|ren [fɛɐ̯'tsiːrən], verziert, verzierte, verziert ⟨tr.; hat; etw. [mit etw.] v.⟩: *mit etwas Schmückendem versehen:* sie verzierte das Kleid mit Spitzen; einen Schrank mit Schnitzereien verzieren. *Syn.:* schmücken.

ver|zin|sen [fɛɐ̯'tsɪnzn̩], verzinst, verzinste, verzinst ⟨tr.; hat; etw. v.⟩: *Zinsen (für etwas) zahlen:* die Bank verzinst das Geld mit fünf Prozent.

ver|zö|gern [fɛɐ̯'tsøːɡɐn], verzögert, verzögerte, verzögert: **1.** ⟨tr.; hat; etw. v.⟩ *langsamer geschehen, ablaufen lassen; später eintreten, erfolgen lassen:* die Mannschaft versuchte das Spiel zu verzögern. **2.** ⟨sich v.⟩ *später geschehen, eintreten als vorgesehen:* die Fertigstellung des Manuskripts verzögert sich [um zwei Monate]; seine Ankunft hat sich verzögert. *Syn.:* sich verschieben.

ver|zol|len [fɛɐ̯'tsɔlən], verzollt, verzollte, verzollt ⟨tr.; hat; etw. v.⟩: *(für etwas) Zoll bezahlen:* haben Sie etwas zu verzollen?

ver|zwei|feln [fɛɐ̯'tsvaifl̩n], verzweifelt, verzweifelte, verzweifelt ⟨itr.; ist⟩: *jede Hoffnung, Zuversicht verlieren; keinen Aus-*

V

viel/viele

> Im Singular bleibt »viel« häufig undekliniert: »Ich habe viel Neues gesehen.« – »Er hat viel Gutes getan.« – »Mach nicht so viel Geschrei!«
> Ein Adjektiv oder Partizip, das auf »viele« folgt, wird stark dekliniert (↑ Deklination der Adjektive): »viele hohe Türme«, »viele kleine Mäuse«, »viele gelesene Bücher«. Das gilt auch, wenn das Adjektiv (oder Partizip) nominalisiert ist: »viele Verliebte«.

weg mehr sehen: der Kranke wollte schon verzweifeln, als ihm schließlich dieses Mittel doch noch half; es ist [wirklich] zum Verzweifeln [mit dir, mit deiner Faulheit]! (Ausdruck des Unwillens); er war ganz verzweifelt.

ver|zwei|felt [fɛɐˈtsvaɪflt], verzweifelter, am verzweifeltsten ⟨Adj.⟩: **1.** *sehr schwierig und keine Hoffnung auf Besserung bietend:* sie war in einer verzweifelten Lage. *Syn.:* ausweglos, hoffnungslos. **2.** *mit allen Kräften, mit äußerster Anstrengung [durchgeführt]:* ein verzweifelter Kampf ums Überleben.

die Ver|zweif|lung [fɛɐˈtsvaɪflʊŋ]; -: *das Verzweifeltsein:* in Verzweiflung geraten; er tat es aus Verzweiflung; in ihrer Verzweiflung wusste sie sich keinen Rat.

der Ve|te|ri|när [veteriˈnɛːɐ]; -s, -e, **die Ve|te|ri|nä|rin** [veteriˈnɛːrɪn]; -, -nen: *Tierarzt, Tierärztin.*

das Vi|deo [ˈviːdeo]; -s, -s: *Videofilm:* sich ein Video ansehen.

der Vi|deo|film [ˈviːdeofɪlm]; -[e]s, -e: *mit einer Videokamera aufgenommener Film:* einen Videofilm machen, drehen. *Syn.:* Video.

die Vi|deo|ka|me|ra [ˈviːdeokaməra]; -, -s: *Kamera, die die aufgenommenen Bilder (zusammen mit dem dazugehörigen, gleichzeitig aufgenommenen Ton) auf einem Magnetband aufzeichnet:* der Film ist mit einer Videokamera gedreht.

die Videokamera

der Vi|deo|re|kor|der [ˈviːdeorekɔrdɐ], Video|re|cor|der; -s, -: *Gerät zur Aufzeichnung von Filmen o. Ä. und zum Kopieren von Videofilmen sowie (in Verbindung mit einem Fernsehgerät) zu deren Wiedergabe:* den Videorekorder programmieren. *Syn.:* Rekorder.

die Vi|deo|thek [videoˈteːk]; -, -en: *Laden, in dem gegen eine Gebühr Videofilme ausgeliehen werden können:* sich in einer Videothek einen Film ausleihen.

das Vieh [fiː]; -[e]s: **1.** *Tiere (wie Rinder, Schweine, Schafe, Hühner usw.), die für die menschliche Ernährung gehalten werden:* Vieh halten; das Vieh füttern; der Bauer hat sein Vieh verkauft. *Zus.:* Schlachtvieh, Zuchtvieh. **2.** (ugs.) *Tier:* das arme Vieh sieht ja halb verhungert aus!

¹viel [fiːl] ⟨Indefinitpronomen und unbestimmtes Zahlwort⟩: **1.** ⟨Singular⟩ *eine große Menge von, ein beträchtliches Maß an:* viel[er] schöner Schmuck; der viele Regen hat der Ernte geschadet; das viele, sein vieles Geld macht ihn auch nicht glücklich; sie hat das meiste Geld; das kostet viel Zeit, Mühe; sie hat viel Arbeit; du hast viel gegessen; sie weiß viel *(hat ein fundiertes Wissen);* er verdient nicht viel. **2.** ⟨Plural⟩ *eine große Anzahl; zahlreich:* viel[e] hohe Häuser; die vielen fremden Gesichter verwirrten sie; es waren viele Reisende unterwegs; mach nicht so viel[e] Worte!; viele können das nicht verstehen.

²viel [fiːl], mehr, am meisten ⟨Adverb⟩: **1.** *häufig oder lange anhaltend:* er schläft viel; die Kinder gucken zu viel fern. *Syn.:* ausgiebig, oft. **2.** ⟨verstärkend bes. bei Adjektiven und Adverbien im Komparativ oder vor »zu« + Adjektiv⟩ *in hohem Maß, weitaus:* sein Haus ist viel kleiner als deines; es geht ihm jetzt [sehr] viel besser; ich bin mitgegangen, obwohl ich viel lieber zu Hause geblieben wäre; hier ist es auch nicht viel anders; die Schuhe sind mir viel zu klein. *Syn.:* bedeutend, beträchtlich, deutlich, erheblich, weit.

viel|fach [ˈfiːlfax] ⟨Adj.⟩: *viel mehr als einfach, viel öfter als einmal [vorhanden, vorkommend, sich ereignend]:* ein vielfacher Millionär; eine vielfache Weltmeisterin; das Konzert wird auf vielfachen Wunsch wiederholt; sein Name wurde in diesem Zusammenhang vielfach genannt; das Land ist heute ein Vielfaches dessen *(viele Male so viel wie das)* wert, was wir damals bezahlt haben.

die Viel|falt [ˈfiːlfalt]; -: *große Zahl von verschiedenen Arten, Formen, in denen*

V

etwas Bestimmtes vorhanden ist, vorkommt: die ungeheure Vielfalt der Arten im Regenwald; die Vielfalt der Formen und Farben beeindruckte uns sehr; dieses Fachgeschäft bietet eine Vielfalt an/ von preiswerten Markenartikeln. *Zus.:* Formenvielfalt, Meinungsvielfalt.

viel|fäl|tig [ˈfiːlfɛltɪç], vielfältiger, am vielfältigsten ⟨Adj.⟩: *durch Vielfalt gekennzeichnet:* ein vielfältiges Freizeitangebot; er erhielt vielfältige Anregungen.

¹viel|leicht [fiˈlaɪçt] ⟨Adverb⟩: **1.** dient dazu, auszudrücken, dass das Zutreffen der Äußerung nicht ganz sicher ist: vielleicht kommt er morgen; vielleicht habe ich mich geirrt; im Urlaub werde ich gründlich faulenzen und vielleicht ein paar Briefe schreiben. *Syn.:* eventuell. **2.** *ungefähr:* sie ist vielleicht dreißig.

²viel|leicht [fiˈlaɪçt] ⟨Partikel⟩: **1.** dient in Ausrufen dazu, auszudrücken, dass man den genannten Sachverhalt besonders bemerkenswert findet, und zu betonen, dass er wirklich gegeben ist: ich war vielleicht aufgeregt!; du bist vielleicht ein Idiot! **2.** dient dazu, einer Aufforderung in Form eines Aussagesatzes einen unwilligen oder drohenden Unterton zu verleihen: vielleicht wartest du, bis du an der Reihe bist! **3.** dient dazu, einer Frage den Charakter einer höflichen Bitte zu verleihen: können/könnten Sie mir vielleicht sagen, wie spät es ist?

viel|mals [ˈfiːlmaːls] ⟨Adverb⟩: zur Kennzeichnung eines hohen Grades in Verbindung mit Verben des Grüßens, Dankens oder Entschuldigens: *ganz besonders [herzlich]; sehr:* ich bitte vielmals um Entschuldigung; sie lässt vielmals grüßen; ich danke Ihnen vielmals.

viel|mehr [fiːlˈmeːɐ̯] ⟨Adverb⟩: *genauer, richtiger gesagt:* was der Verfasser hier behauptet, trifft nicht zu, richtig ist vielmehr, dass …; ich habe ihn gestern oder vielmehr am Freitag gesehen.

viel|sei|tig [ˈfiːlzaɪtɪç], vielseitiger, am vielseitigsten ⟨Adj.⟩: **1.** *an vielen Dingen interessiert; auf vielen Gebieten gut:* eine vielseitige Wissenschaftlerin, Künstlerin; er ist nicht sehr vielseitig. **2.** *viele Gebiete beinhaltend:* eine vielseitige Ausbildung; ihre Arbeit ist vielseitig.

vier [fiːɐ̯] ⟨Kardinalzahl⟩ (als Ziffer: 4): vier Personen.

das **Vier|eck** [ˈfiːɐ̯lɛk], -[e]s, -e: *von vier geraden Linien begrenzte Fläche mit vier Ecken:* der Lehrer zeichnete ein [unregelmäßiges] Viereck an die Tafel.

viert… [ˈfiːɐ̯t…] ⟨Ordinalzahl⟩ (als Ziffer: 4.): das vierte Kind.

das **Vier|tel** [ˈfɪrtl̩], -s, -: **1.** *vierter Teil von etwas:* ein Viertel der Bevölkerung; drei Viertel des Weges liegen hinter uns; es ist Viertel vor, nach eins *(15 Minuten vor, nach ein Uhr).* **2.** *Teil eines Ortes, einer Stadt; bestimmte Gegend in einer Stadt:* ein verrufenes, vornehmes Viertel; sie wohnen in einem sehr ruhigen Viertel. *Syn.:* Bezirk, Stadtteil. *Zus.:* Bahnhofsviertel, Geschäftsviertel, Hafenviertel, Stadtviertel.

das **Vier|tel|jahr** [fɪrtl̩ˈjaːɐ̯], -[e]s, -e: *vierter Teil eines Jahres; Zeitraum von drei Monaten:* er bestellte die Zeitung für ein Vierteljahr. *Syn.:* Quartal.

die **Vier|tel|stun|de** [fɪrtl̩ˈʃtʊndə], -, -n: *Zeitraum von fünfzehn Minuten:* er ist eine Viertelstunde zu spät gekommen.

vier|zig [ˈfɪrtsɪç] ⟨Kardinalzahl⟩ (in Ziffern: 40): vierzig Personen.

die **Vil|la** [ˈvɪla], -, Villen [ˈvɪlən]: *großzügiges, oft in einem großen Garten oder einem Park liegendes Haus:* eine Villa aus dem 19. Jh. *Zus.:* Luxusvilla.

vi|o|lett [vi̯oˈlɛt] ⟨Adj.⟩: *(in der Farbe) zwischen Rot und Blau liegend:* ein violetter Schal; Veilchen haben violette Blüten. *Syn.:* lila. *Zus.:* blauviolett, rotviolett.

die **Vi|o|li|ne** [vi̯oˈliːnə], -, -n: *Geige:* ein Konzert für Violine und Orchester.

das *oder* der **Vi|rus** [ˈviːrʊs], -, Viren [ˈviːrən]: **1.** *kleinster, auf lebendem Gewebe lebender Krankheitserreger:* ein gefährliches Virus; diese Krankheit, die Grippe wird durch Viren hervorgerufen, übertragen. *Zus.:* Aidsvirus, Grippevirus, Pockenvirus. **2.** *Computerprogramm, das sich selbst vervielfältigen kann und geeignet ist, Daten zu vernichten:* solche E-Mail-Anhänge enthalten manchmal Viren. *Zus.:* Computervirus.

¹vis-à-vis [vizaˈviː] ⟨Präp. mit Dativ⟩: *gegenüber:* sie saßen vis-à-vis dem Büfett; vis-à-vis dem Park ist das Hallenbad.

²vis-à-vis [vizaˈviː] ⟨Adverb⟩: *gegenüber:* vis-à-vis vom Rathaus ist ein Park; sie wohnt vis-à-vis *(auf der anderen Straßenseite);* das ist das Mädchen von vis-à-vis.

das **Vi|sum** [ˈviːzʊm], -s, Visa [ˈviːza]: *Stempel in einem Pass, der es dem Inhaber oder der Inhaberin des Passes gestattet, in ein bestimmtes Land einzureisen und sich dort für eine bestimmte Zeit aufzuhalten:* mein Visum ist abgelaufen; ein Visum

Volksschule

Die erste obligatorische Schule wird in Österreich Volksschule genannt. Sie entspricht in etwa der deutschen Grundschule; allerdings ist sie etwas anders organisiert. Die Schüler und Schülerinnen kommen in der Regel mit sechs Jahren in die Volksschule und bleiben dort vier Jahre. Danach wechseln sie entweder auf die Hauptschule oder auf das (Real)gymnasium.

beantragen; für die Länder der EU brauchst du kein Visum. *Zus.:* Ausreisevisum, Einreisevisum, Transitvisum.

das **Vi|ta|min** [vita'miːn]; -s, -e: *für den Körper wichtiger Stoff, der durch die Nahrung in den Körper gelangt:* Orangen enthalten viel Vitamin C; das Kind braucht mehr Vitamine.

der **Vo|gel** ['foːgl̩]; -s, Vögel ['føːgl̩]: *Tier mit einem Schnabel, zwei Flügeln, zwei Beinen und Federn:* ein kleiner, großer, bunter, exotischer Vogel; der Vogel fliegt auf den Baum, schlägt mit den Flügeln, flattert, zwitschert; Vögel füttern. *Zus.:* Schwimmvogel, Singvogel, Zugvogel.

die **Vo|ka|bel** [vo'kaːbl̩]; -, -n: *[fremdsprachiges] Wort:* lateinische Vokabeln lernen; jmdn. die Vokabeln abfragen. *Syn.:* ¹Ausdruck, Begriff, Bezeichnung.

der **Vo|kal** [vo'kaːl]; -s, -e: *sprachlicher Laut, den man hervorbringt, indem man die ausgeatmete Luft mehr oder weniger ohne Hindernisse ausstößt:* ein heller, dunkler, offener, nasaler Vokal.

das **Volk** [fɔlk]; -[e]s, Völker ['fœlkɐ]:
1. *Gemeinschaft von Menschen, die nach Sprache, Kultur und Geschichte eine Einheit bilden:* das deutsche Volk; die Völker Russlands, Asiens. *Syn.:* Nation, Nationalität, Stamm. **2.** *Masse der Angehörigen einer Gesellschaft, der Bevölkerung eines Landes, eines Staates:* das Volk aufwiegeln, aufhetzen; die Abgeordneten sind die gewählten Vertreter des Volkes; der Präsident sprach zum Volk. *Syn.:* Bevölkerung, Nation. **3.** *[mittlere und] untere Schichten der Bevölkerung:* das einfache, niedere Volk; ein Mann aus dem Volke.

die **Volks|schu|le** ['fɔlksʃuːlə]; -, -n (österr.): *Grundschule:* sie geht noch zur Volksschule.

voll [fɔl] ⟨Adj.⟩: **1.** ⟨voller, am vollsten⟩ *ganz oder bis zu einem bestimmten Grad gefüllt* /Ggs. leer/: ein [halb] voller Eimer, Sack, Bus; mit vollem Mund spricht man nicht; sie hatte die Augen voll/voller Tränen; einen Teller voll [Suppe] essen. **2.** *erfüllt von:* ein Herz voll/voller Liebe; er sah mich voll/voller Angst an; sie warteten voll/voller Spannung auf das Ergebnis. **3.** *völlig, vollständig, ganz:* eine volle Stunde; die volle Summe; mit vollem Namen unterschreiben; die Maschine arbeitet mit voller Kraft; die volle Wahrheit sagen; für etwas die volle Verantwortung übernehmen; die Versicherung hat die Kosten voll übernommen. *Syn.:* total. **4.** ⟨voller, am vollsten⟩ (ugs.) *betrunken:* Mensch, ist der voll! *Syn.:* besoffen (salopp), blau (ugs.).

der **Voll|bart** ['fɔlbaːɐt]; -[e]s, Vollbärte ['fɔlbɛːɐtə]: *Bart, der einen großen Teil des Gesichts bedeckt:* er hat einen Vollbart.

voll|ends ['fɔlɛnts] ⟨Adverb⟩: *ganz, völlig:* der Saal hatte sich vollends geleert; die heutige Nachricht hat ihn vollends aus der Fassung gebracht. *Syn.:* vollkommen.

der **Voll|ley|ball** ['vɔlibal]; -[e]s, Volleybälle ['vɔlibɛlə]: **1.** ⟨ohne Plural⟩ *Spiel zwischen zwei Mannschaften, bei dem ein Ball mit den Händen über ein Netz [zurück]geschlagen werden muss und nicht den Boden berühren darf:* im Sportunterricht haben wir heute Volleyball gespielt. **2.** *beim Volleyballspielen verwendeter Ball:* soll ich meinen Volleyball mitbringen?

völ|lig ['fœlɪç] ⟨Adj.⟩: *ganz, vollständig:* völlige Gleichberechtigung; sie ließ ihm völlige Freiheit; das ist völlig ausgeschlossen; völlig betrunken, durchnässt, sprachlos sein. *Syn.:* total, vollkommen.

voll|jäh|rig ['fɔljɛːrɪç] ⟨Adj.⟩: *mündig* /Ggs. minderjährig/: um wählen zu können, muss man volljährig sein. *Syn.:* ²erwachsen.

voll|kom|men [fɔl'kɔmən] ⟨Adj.⟩: **1.** ⟨vollkommener, am vollkommensten⟩ *ohne jeden Fehler und keiner Verbesserung bedürfend:* ein vollkommenes Kunstwerk; ein Bild von vollkommener Schönheit; das Spiel des Pianisten war vollkommen. *Syn.:* einwandfrei, fehlerlos, perfekt. **2.** (ugs.) *völlig, ganz:* du hast vollkommen Recht; ich bin vollkommen deiner Meinung; das genügt vollkommen.

das **Voll|korn|brot** ['fɔlkɔrnbroːt]; -[e]s, -e:

V

Brot, das mehr Nährstoffe und Vitamine enthält als gewöhnliches Brot: das Kind mag kein Vollkornbrot.

die **Voll|macht** [ˈfɔlmaxt]; -, -en: *schriftlich gegebene Erlaubnis, bestimmte Handlungen anstelle einer anderen Person vorzunehmen:* die Firmenleitung hat mir die Vollmacht für die Verhandlungsführung / zur Vorbereitung des Vertrags gegeben, erteilt; wenn Sie diesen Brief für ihn abholen wollen, brauchen Sie eine Vollmacht; [die] Vollmacht haben [etwas zu tun]; jmdm. die Vollmacht entziehen; sie wurde mit weitreichenden Vollmachten ausgestattet; damit hast du deine Vollmacht/ Vollmachten überschritten. *Syn.:* Berechtigung.

voll|stän|dig [ˈfɔlʃtɛndɪç] ⟨Adj.⟩: **1.** *mit allen dazugehörenden Teilen, Stücken vorhanden; keine Lücken, Mängel aufweisend:* ein vollständiges Verzeichnis; das Museum hat eine fast vollständige Sammlung der Bilder dieses Malers; das Service ist nicht mehr vollständig; einen Text vollständig abdrucken. *Syn.:* komplett, vollzählig. **2.** *völlig:* vollständige Finsternis; sie ließ ihm vollständige Freiheit; die Stadt wurde vollständig zerstört. *Syn.:* absolut, hundertprozentig, komplett, restlos (ugs.), total, vollkommen.

der **Voll|tref|fer** [ˈfɔltrɛfɐ]; -s, -: **1.** *Treffer genau ins Ziel; Schuss, Schlag, Wurf o. Ä., der voll getroffen hat:* das Schiff bekam einen Volltreffer; der Boxer konnte einen Volltreffer landen. **2.** *etwas, was eine große Wirkung, viel Erfolg hat:* der Film wurde ein Volltreffer; mit diesem Buch ist dem Autor ein Volltreffer gelungen. *Syn.:* Hit (ugs.), Schlager.

das **Voll|wasch|mit|tel** [ˈfɔlvaʃmɪtl̩]; -s, -: *Waschmittel für alle Temperaturen von 30 bis 95° Grad und alle Textilien, die gewaschen werden können, außer Seide und Wolle:* wo stehen hier die Vollwaschmittel?

voll|zäh|lig [ˈfɔltsɛːlɪç] ⟨Adj.⟩: *die vorgeschriebene, gewünschte Anzahl aufweisend:* ein vollzähliger Satz Briefmarken; wir sind noch nicht vollzählig; die Familie war vollzählig versammelt. *Syn.:* komplett, vollständig.

vom [fɔm] ⟨Verschmelzung von »von« + »dem«⟩: **1.** ⟨die Verschmelzung kann aufgelöst werden⟩ sie war vom Baum gefallen. **2.** ⟨die Verschmelzung kann nicht aufgelöst werden⟩ sie war wie vom

Donner gerührt; das kommt vom Trinken.

von [fɔn] ⟨Präp. mit Dativ⟩: **1.** *gibt einen räumlichen Punkt an, von dem etwas ausgeht:* der Zug kommt von Berlin; von Norden nach Süden; von hier; von oben; es tropft von den Bäumen; von hier an ist die Strecke eingleisig; von diesem Fenster aus hat man einen herrlichen Blick. **2.** *gibt einen zeitlichen Punkt an, von dem etwas ausgeht:* das Brot ist von gestern *(gestern gebacken);* ich kenne sie von früher; von heute an wird sich das ändern; von morgens bis abends; die Nacht von Samstag auf/zu Sonntag; von 10 bis 12 Uhr. **3.** *gibt eine Person oder Sache als Urheber oder Grund an:* Post von einer Freundin; ein Roman von Goethe; die Idee stammt von ihm; grüße sie von mir; von der Sonne gebräunt; sie war müde von der Arbeit; die Stadt wurde von einem Erdbeben zerstört. **4.** *dient der Angabe bestimmter Eigenschaften, Maße, Entfernungen o. Ä.:* eine Sache von großer Wichtigkeit; eine Frau von dreißig Jahren; eine Fahrt von drei Stunden; eine Stadt von 100 000 Einwohnern; ein Abstand von fünf Metern. **5.** *steht bei der Bezeichnung des Teils eines Ganzen oder einer Gesamtheit:* er aß nur die Hälfte von dem Apfel; einen Zweig von einem Baum brechen; keines von diesen Bildern gefällt mir; einer von meinen Freunden. **6.** *meist durch einen Genitiv zu ersetzen oder anstelle eines Genitivs:* der König von Schweden; in der Umgebung von München; gegen den Protest von Tausenden wurde das Kernkraftwerk gebaut; sie ist Mutter von vier Söhnen. **7.** *gibt den Bereich an, für den das Gesagte gilt: hinsichtlich, in Bezug auf:* sie ist Lehrerin von Beruf; er ist schwer von Begriff *(begreift schwer).* **8.** *(ugs.) nennt als Ersatz für ein Genitivattribut oder ein Possessivpronomen den Besitzer einer Sache:* der Hut von [meiner] Mutter; die Stimme von Domingo; ist das Taschentuch von dir? *(ist es dein Taschentuch?).*

von|ei|nan|der [fɔnˈʔaɪˈnandɐ] ⟨Adverb⟩: **1.** *einer vom anderen:* voneinander lernen; wir haben lange nichts voneinander gehört. **2.** *kennzeichnet einen bestimmten Abstand:* wir wohnen nicht weit voneinander entfernt.

von|sei|ten [fɔnˈzaɪtn̩], **von Sei|ten** ⟨Präp. mit Gen.⟩: *von; von jmds. Seite:* vonseiten der Arbeitnehmer bestehen keine Bedenken mehr.

von|stat|ten|ge|hen [fɔnˈʃtatŋɡeːən], geht vonstatten, ging vonstatten, vonstattengegangen ⟨itr.; ist⟩: **1.** *stattfinden:* wann soll das Fest vonstattengehen? **2.** *verlaufen, vorwärtsgehen:* die Verhandlungen gingen langsam vonstatten.

vor [foːɐ̯] ⟨Präp. mit Dativ und Akk.⟩: **1.** (räumlich) *auf der vorderen Seite, auf der Seite, die dem Sprecher oder der Sache zugedreht ist:* der Baum steht vor dem Haus; vor dem Schaufenster, vor dem Spiegel stehen; warte vor dem Eingang, vor dem Kino auf mich!; der Friedhof liegt etwa zwei Kilometer vor *(außerhalb)* der Stadt; sie hatte das Buch vor sich liegen; plötzlich stand er vor mir. **2.** (räumlich) *an die vordere Seite, auf die Seite, die einer Person oder Sache zugedreht ist:* er stellte das Auto vor das Haus; sich vor den Spiegel stellen; sie stellte die Blumen vor das Fenster; er trat vor die Tür; setz dich bitte vor mich! **3.** ⟨mit Dativ⟩ drückt aus, dass etwas vorausgeht: *früher als:* sie kommt nicht vor dem Abend; vor Ablauf der Frist; vor der Wiedervereinigung; das war schon vor [vielen] Jahren, vor meiner Zeit; einen Tag vor ihrer Abreise; heute vor [genau] vierzig Jahren; im Jahre 33 vor Christi Geburt, vor Christus; als Junge hatte er vor der Schule *(bevor die Schule anfing)* Zeitungen ausgetragen. **4.** ⟨mit Dativ⟩ gibt den Grund, die Ursache an: *aufgrund von etwas; durch etwas bewirkt:* sie zitterte vor Angst; er platzte fast vor Neugier; er schrie vor Schmerzen; sie weinte vor Freude; sie war starr vor Schreck. **5.** in der Verbindung * **vor allem:** *besonders:* denken Sie bitte vor allem daran, Ihren Pass zu verlängern.

vor|an [foˈran] ⟨Adverb⟩: *vorne, an der Spitze:* der Sohn voran, der Vater hinterher, kamen sie auf uns zu.

vor|an|ge|hen [foˈranɡeːən], geht voran, ging voran, vorangegangen ⟨itr.; ist⟩: **1.** ⟨[jmdm., etw.] v.⟩ *vorne, an der Spitze gehen:* dem Festzug ging ein Mann mit einer Fahne voran; der Reiseleiter ging [der Gruppe] voran. **2.** *vorwärtsgehen, Fortschritte machen:* die Arbeiten gehen gut, zügig, nur sehr langsam voran.

vor|aus [foˈraus] ⟨Adverb⟩: **1.** *vor den anderen, an der Spitze:* der Schnellste war den anderen weit voraus. **2.** in der Verbindung * **im Voraus:** *schon vorher:* ich danke Ihnen schon im Voraus für Ihre Mühe; die Miete im Voraus zahlen.

die **Vor|aus|sa|ge** [foˈrausaːɡə]; -, -n: *Aussage*

über die Zukunft, über das, was kommt: Voraussagen [über den Wahlausgang] machen. *Zus.:* Wettervoraussage.

vor|aus|se|hen [foˈrauzeːən], sieht voraus, sah voraus, vorausgesehen ⟨tr.; hat⟩; etw. v.): *(etwas, bes. den Ausgang eines Geschehens) im Voraus ahnen:* eine Entwicklung voraussehen; es war vorauszusehen, dass sie nicht kommen würde.

vor|aus|set|zen [foˈrauzɛtsn̩], setzt voraus, setzte voraus, vorausgesetzt ⟨tr.; hat⟩; etw. v.): *als vorhanden, als gegeben annehmen:* diese Kenntnisse kann man bei ihm nicht voraussetzen; ⟨häufig im 2. Partizip⟩ ich komme gern zu dir, vorausgesetzt, du bist zu Hause.

die **Vor|aus|set|zung** [foˈrauzɛtsʊŋ]; -, -en: **1.** *Annahme, auf die man seine Überlegungen stützt:* du gehst von falschen Voraussetzungen aus. **2.** *etwas, ohne das etwas bestimmtes anderes nicht möglich ist:* das ist eine unabdingbare, die wichtigste Voraussetzung für den Erfolg; die Voraussetzungen für etwas schaffen, mitbringen, erfüllen; unter der Voraussetzung *(Bedingung),* dass du mitmachst, stimme ich zu. *Syn.:* Bedingung.

vor|aus|sicht|lich [foˈrauzɪçtlɪç] ⟨Adj.⟩: *mit einiger Gewissheit zu erwarten:* die voraussichtliche Verspätung des Zuges wurde bekannt gegeben; sie kommt voraussichtlich erst morgen. *Syn.:* vermutlich, wahrscheinlich.

vor|bei [foˈɐ̯ˈbai] ⟨Adverb⟩: **1.** (räumlich) *neben jmdm., etwas, an etwas entlang und weiter fort:* der Wagen kam sehr schnell angefahren und war im Nu an uns vorbei. **2.** (zeitlich) *vergangen, zu Ende:* der Sommer ist vorbei.

vor|bei|fah|ren [foːɐ̯ˈbaifaːrən], fährt vorbei, fuhr vorbei, vorbeigefahren ⟨itr.; ist⟩: **1.** *sich fahrend (an jmdm., etwas) vorbei-, fortbewegen:* an jmdm., etwas vorbeifahren; sie ist hier vor ein paar Minuten vorbeigefahren; die Linie 5 fährt am Bahnhof vorbei. **2.** (ugs.) *für einen kurzen Aufenthalt (zu jmdm., an einen bestimmten Ort) fahren:* ich muss noch bei der Bank, bei Petra vorbeifahren.

vor|bei|kom|men [foːɐ̯ˈbaikɔmən], kommt vorbei, kam vorbei, vorbeigekommen ⟨itr.; ist⟩: **1.** *unterwegs an eine Stelle kommen und weitergehen oder -fahren:* wir sind an vielen Burgen vorbeigekommen. **2.** *jmdn. besuchen:* willst du heute Abend auf ein Glas Wein vorbeikommen?

vor|be|rei|ten [ˈfoːɐ̯bəraitn̩], bereitet vor, bereitete vor, vorbereitet ⟨tr.; hat⟩:

V

1. ⟨jmdn., sich, etw. auf etw. (Akk.) / für etw. v.⟩ *auf etwas einstellen, für etwas geeignet machen:* jmdn., sich auf/für eine Prüfung, einen Wettkampf vorbereiten; sich seelisch auf etwas vorbereiten; die Patientin für die Operation vorbereiten; der Saal wird für ein Fest vorbereitet; darauf war ich nicht vorbereitet; der Prüfling hat sich, ist gut, schlecht, nicht vorbereitet. 2. ⟨etw. v.⟩ *die Arbeiten, die bereits vor einem Ereignis o. Ä. gemacht werden können, erledigen:* ein Fest, eine Reise, eine Operation, einen Krieg vorbereiten; der Lehrer bereitet seinen Unterricht vor; sie hatte ihre Rede gut vorbereitet.

die **Vor|be|rei|tung** [ˈfoːɐ̯bəraɪtʊŋ]; -, -en: 1. *das Vorbereiten, Sichvorbereiten auf/für etwas:* die Vorbereitung auf/für die Prüfung. 2. *Erledigung von Arbeiten, die getan werden können, bevor etwas stattfindet:* sie ist mit der Vorbereitung des Essens beschäftigt.

vor|beu|gen [ˈfoːɐ̯bɔygn̩], beugt vor, beugte vor, vorgebeugt: 1. ⟨sich v.⟩ *sich nach vorn beugen:* er beugte sich so weit vor, dass er fast aus dem Fenster gefallen wäre. 2. ⟨itr.; hat; etw. (Dativ) v.⟩ *durch bestimmte Maßnahmen (etwas) verhindern:* einer Gefahr, einer Krankheit vorbeugen. Syn.: vorsorgen.

das **Vor|bild** [ˈfoːɐ̯bɪlt]; -[e]s, -er: *Person oder Sache, die als Beispiel dient:* er war ein Vorbild für viele Menschen; du solltest ihnen ein Vorbild sein. Syn.: Idol.

vor|brin|gen [ˈfoːɐ̯brɪŋən], bringt vor, brachte vor, vorgebracht ⟨tr.; hat; etw. v.⟩: *als Wunsch, Meinung oder Einwand vortragen:* ein Anliegen, eine Frage vorbringen; dagegen lässt sich manches vorbringen. Syn.: anführen, äußern.

vorder... [ˈfɔrdər...] ⟨Adj.⟩: *sich vorn befindend:* die vorderen Zähne; im vorderen Teil des Hauses; wir saßen in der vordersten (ersten) Reihe.

der **Vor|der|grund** [ˈfɔrdɐɡrʊnt]; -[e]s: *vorderer Teil des Bereichs, den man überschaut* /Ggs. Hintergrund/: ein heller, dunkler Vordergrund; der Vordergrund der Bühne; wer ist die Person im Vordergrund [des Fotos]?; *** im Vordergrund stehen:** *besonders wichtig sein:* im Vordergrund steht die Gesundheit.

vor|drän|geln [ˈfoːɐ̯drɛŋl̩n], drängelt vor, drängelte vor, vorgedrängelt ⟨sich v.⟩: *sich nach vorn, vor andere schieben:* sich überall vordrängeln; sie hat versucht, sich an der Kasse vorzudrängeln.

der **Vor|druck** [ˈfoːɐ̯drʊk]; -[e]s, -e: *Blatt, auf dem die Fragen o. Ä. bereits gedruckt sind, sodass man es nur noch auszufüllen braucht:* einen Vordruck ausfüllen. Syn.: Formular.

vor|ei|lig [ˈfoːɐ̯aɪlɪç], voreiliger, am voreiligsten ⟨Adj.⟩: *zu schnell und unüberlegt:* eine voreilige Entscheidung treffen.

vor|erst [ˈfoːɐ̯leːɐ̯st] ⟨Adverb⟩: *zunächst einmal, fürs Erste:* ich möchte vorerst nichts unternehmen. Syn.: vorläufig.

der **Vor|fahr** [ˈfoːɐ̯faːɐ̯]; -en, -en, der **Vor|fah|re** [ˈfoːɐ̯faːrə]; -n, -n, die **Vor|fah|rin** [ˈfoːɐ̯faːrɪn]; -, -nen: *Angehörige[r] einer früheren Generation [der Familie]:* unsere Vorfahren stammten aus Frankreich; er hat eine berühmte Vorfahrin.

die **Vor|fahrt** [ˈfoːɐ̯faːɐ̯t]; -: *Recht, an einer Kreuzung o. Ä. zuerst zu fahren:* welcher Wagen hat hier [die] Vorfahrt?; er hat die Vorfahrt nicht beachtet; sie hat mir die Vorfahrt genommen. Syn.: Vorrang (österr.), Vortritt (schweiz.).

der **Vor|fall** [ˈfoːɐ̯fal]; -[e]s, Vorfälle [ˈfoːɐ̯fɛlə]: *Ereignis, das plötzlich eintritt; Geschehen (das für die Beteiligten meist unangenehm ist):* er wollte sich für den peinlichen Vorfall entschuldigen; zu dem Vorfall kam es gestern am späten Abend. Syn.: Vorkommnis, Zwischenfall.

vor|fal|len [ˈfoːɐ̯falən], fällt vor, fiel vor, vorgefallen ⟨itr.; ist⟩: *sich plötzlich ereignen:* er wollte wissen, was vorgefallen war, und sie berichtete ihm von dem Streit. Syn.: geschehen, passieren.

vor|fin|den [ˈfoːɐ̯fɪndn̩], findet vor, fand vor, vorgefunden ⟨tr.; hat⟩: *an einem bestimmten Ort [in einem bestimmten Zustand] antreffen:* als er nach Hause kam, fand er die Wohnung in einem chaotischen Zustand vor.

vor|füh|ren [ˈfoːɐ̯fyːrən], führt vor, führte vor, vorgeführt ⟨tr.; hat⟩: 1. ⟨jmdn. jmdn. v.⟩ *zur Untersuchung o. Ä. vor jmdn. bringen:* einen Dieb dem Richter vorführen. Syn.: gegenüberstellen, konfrontieren. 2. ⟨[jmdn.] etw. v.⟩ *jmdn. mit jmdm., etwas bekannt machen, einem Publikum zeigen:* der Verkäufer führte der Kundin verschiedene Geräte vor; bei der Modenschau wurden die neuesten Modelle vorgeführt; einen Film vorführen.

der **Vor|gang** [ˈfoːɐ̯ɡaŋ]; -[e]s, Vorgänge [ˈfoːɐ̯ɡɛŋə]: 1. *etwas, was vor sich geht, abläuft, sich entwickelt:* ein chemischer, technischer, biologischer, [ganz] natürlicher Vorgang; er schilderte den Vorgang in allen Einzelheiten; jmdn. über interne

V

Vorgänge unterrichten. *Syn.:* Ereignis, Prozess. **2.** *Gesamtheit der Akten, die über eine bestimmte Person, Sache angelegt sind:* einen Vorgang heraussuchen, anfordern, einsehen.

der **Vor|gän|ger** [ˈfoːɐ̯ɡɛŋɐ]; -s, -, die **Vor|gän|ge|rin** [ˈfoːɐ̯ɡɛŋərɪn]; -, -nen: *Person, die vor einer anderen deren Stelle, Amt o. Ä. innehatte* /Ggs. Nachfolger/: er wurde von seinem Vorgänger in sein Amt eingeführt; sie setzte die Politik ihrer Vorgängerin fort. *Zus.:* Amtsvorgänger, Amtsvorgängerin.

vor|ge|ben [ˈfoːɐ̯ɡeːbn̩], gibt vor, gab vor, vorgegeben ⟨tr.; hat; etw. v.⟩: *etwas, was nicht den Tatsachen entspricht, als Grund für etwas angeben:* sie gab vor, krank gewesen zu sein; er gab dringende Geschäfte vor.

vor|ge|hen [ˈfoːɐ̯ɡeːən], geht vor, ging vor, vorgegangen ⟨itr.; ist⟩: **1.** *vor einem anderen, früher als ein anderer gehen:* ich gehe schon vor, ihr könnt dann später nachkommen. **2.** ⟨irgendwo v.⟩ *in einer bestimmten Situation passieren:* er weiß nicht, was in der Welt vorgeht; sie zeigte nicht, was in ihr vorging. *Syn.:* sich begeben, sich ereignen, geschehen, stattfinden, vorfallen. **3.** ⟨[gegen jmdn., etw.] irgendwie v.⟩ *etwas unternehmen, bestimmte Maßnahmen ergreifen:* gegen diese Missstände muss man energisch vorgehen; bei der Behandlung dieses Falles gingen sie sehr rücksichtslos vor. **4.** *als wichtiger, dringender erachtet oder behandelt werden (als etwas anderes):* diese Arbeit geht jetzt vor. **5.** *(von Geräten o. Ä.) zu viel, zu früh anzeigen, zu schnell gehen:* deine Uhr geht vor.

der und die **Vor|ge|setz|te** [ˈfoːɐ̯ɡəzɛtstə]; -n, -n ⟨aber: [ein] Vorgesetzter, [eine] Vorgesetzte, Plural: [viele] Vorgesetzte⟩: *Person, die berechtigt ist, anderen Anweisungen zu geben:* er wurde zu seiner Vorgesetzten zitiert. *Syn.:* Chef, Chefin. *Zus.:* Dienstvorgesetzter, Dienstvorgesetzte.

vor|ges|tern [ˈfoːɐ̯ɡɛstɐn] ⟨Adverb⟩: *am Tag vor gestern:* ich traf ihn vorgestern.

vor|ha|ben [ˈfoːɐ̯haːbn̩], hat vor, hatte vor, vorgehabt ⟨itr.; hat⟩: *die Absicht haben, etwas Bestimmtes zu tun:* er hat eine Reise vor/hat vor, eine Reise zu machen; hast du morgen Abend schon etwas vor?; was hast du mit der Axt vor?

das **Vor|ha|ben** [ˈfoːɐ̯haːbn̩]; -s, -: *etwas, was man tun möchte:* er konnte sein Vorhaben [, eine Reise nach Paris zu machen,] nicht ausführen; sie war von ihrem Vor-

haben nicht abzubringen; das Vorhaben ließ sich aus Kostengründen nicht verwirklichen, umsetzen. *Syn.:* Absicht, Plan, Projekt, Unternehmen. *Zus.:* Bauvorhaben, Forschungsvorhaben.

vor|hal|ten [ˈfoːɐ̯haltn̩], hält vor, hielt vor, vorgehalten ⟨tr.; hat⟩: **1.** ⟨etw. v.⟩ *(zum Schutz o. Ä.) vor jmdn., sich halten:* beim Husten, Niesen ein Taschentuch vorhalten. **2.** ⟨jmdm. etw. v.⟩ *jmdm. gegenüber kritische Äußerungen machen:* sie hielt ihm immer wieder sein Benehmen vor; er hielt ihr vor, dass sie zu viel Geld für Kleidung ausgebe. *Syn.:* vorwerfen.

vor|han|den [foːɐ̯ˈhandn̩] ⟨Adj.⟩: *zur Verfügung stehend; existierend:* alle vorhandenen Tücher werden gebraucht; es müsste noch etwas Mehl vorhanden sein.

der **Vor|hang** [ˈfoːɐ̯haŋ]; -[e]s, Vorhänge [ˈfoːɐ̯hɛŋə]: *größeres Stück Stoff, das vor Öffnungen wie Fenster, Türen, Bühnen o. Ä. gehängt wird, um sie zu verdecken, abzuschließen:* schwere, samtene Vorhänge; sie zog die Vorhänge [an den Fenstern] auf, zu; die Vorhänge waschen; der Vorhang im Theater ging langsam auf. *Syn.:* Gardine. *Zus.:* Duschvorhang, Samtvorhang, Theatervorhang.

vor|her [foːɐ̯ˈheːɐ̯] ⟨Adverb⟩: *vor einem bestimmten Zeitpunkt, vor einem anderen Geschehen; davor, zuvor:* warum hast du mir das nicht vorher gesagt?; kurz vorher, am Abend, einige Tage vorher.

vor|hin [foːɐ̯ˈhɪn] ⟨Adverb⟩: *gerade eben; vor wenigen Augenblicken, Stunden:* vorhin hatte ich das Buch noch in der Hand, und jetzt finde ich es nicht mehr.

vo|ri|g... [ˈfoːrɪɡ...] ⟨Adj.⟩: *unmittelbar vorangegangen:* in der vorigen Woche; ich habe ihn vorigen Mittwoch gesehen; das vorige Jahr. *Syn.:* letzt...

vor|kom|men [ˈfoːɐ̯kɔmən], kommt vor, kam vor, vorgekommen ⟨itr.; ist⟩: **1.** *sich ereignen als eine Art [unangenehmer] Überraschung:* solche Verbrechen kommen immer wieder vor; so etwas darf nicht wieder vorkommen; ist dir so etwas schon einmal vorgekommen? *Syn.:* geschehen, passieren. **2.** ⟨irgendwo v.⟩ *(irgendwo) vorhanden sein:* in dem englischen Text kamen viele Wörter vor, die er nicht kannte; diese Pflanzen kommen nur im Gebirge vor. *Syn.:* existieren. **3.** ⟨jmdm., sich irgendwie v.⟩ *(in bestimmter Weise) erscheinen, (von jmdm.) empfunden, wahrgenommen werden; (auf jmdn.) einen bestimmten Eindruck*

V

machen: dieses Bild kommt mir sehr bekannt vor; es kam ihm vor *(er hatte das Gefühl),* als hätte er sie schon einmal gesehen; du kommst dir wohl sehr schlau vor *(hältst dich wohl für sehr schlau).* **4.** *nach vorn kommen:* der Schüler musste [an die Tafel] vorkommen; komm mal vor! **5.** *zum Vorschein kommen:* hinter dem Vorhang vorkommen.

das **Vor|komm|nis** ['foːɐ̯kɔmnɪs]; -ses, -se: *Vorfall:* nach diesem Vorkommnis verließ er die Stadt für immer; gab es während meiner Abwesenheit irgendwelche besonderen Vorkommnisse? *Syn.:* Ereignis, Zwischenfall.

vor|la|den ['foːɐ̯laːdn̩], lädt vor, lud vor, vorgeladen ⟨tr.; hat; jmdn. v.⟩: *auffordern, vor einer Behörde (bes. Gericht, Polizei) zu erscheinen:* er wurde als Zeuge vorgeladen. *Syn.:* ²laden.

die **Vor|la|ge** ['foːɐ̯laːɡə]; -, -n: **1.** *das Vorlegen zur Ansicht o. Ä.:* eine Bescheinigung zur Vorlage beim Finanzamt. **2.** *etwas, was bei der Anfertigung von etwas als Grundlage, Modell o. Ä. dient:* eine Vorlage zum Stricken; etwas als Vorlage benutzen; sich genau an die Vorlage halten; das Bild war nach einer Vorlage gemalt. *Syn.:* Schema. *Zus.:* Bastelvorlage.

vor|las|sen ['foːɐ̯lasn̩], lässt vor, ließ vor, vorgelassen ⟨tr.; hat; jmdn. v.⟩: **1.** (ugs.) *jmdn. den Vortritt lassen:* ich habe die Frau mit ihrem Baby an der Kasse vorgelassen. **2.** *in einer offiziellen Angelegenheit empfangen:* er wurde beim Minister nicht vorgelassen.

vor|läu|fig ['foːɐ̯lɔyfɪç] ⟨Adj.⟩: *noch nicht endgültig, aber bis auf Weiteres so verlaufend:* eine vorläufige Regelung; vorläufig wohnt sie im Hotel. *Syn.:* einstweilen.

vor|le|gen ['foːɐ̯leːɡn̩], legt vor, legte vor, vorgelegt ⟨tr.; hat⟩: **1.** ⟨jmdm. etw. [zu etw.] v.⟩ *(vor jmdn.) zur Ansicht, Kontrolle o. Ä. hinlegen:* seinen Ausweis, Zeugnisse vorlegen; er legte ihr den Brief [zur Unterschrift] vor. **2.** ⟨etw. v.⟩ *übergeben, einreichen, damit es behandelt, diskutiert oder beschlossen werden kann:* einen Plan, Entwurf vorlegen; der Minister legte das Budget für das kommende Jahr vor. *Syn.:* einreichen, präsentieren. **3.** ⟨etw. v.⟩ *der Öffentlichkeit vorstellen, präsentieren:* der Autor hat ein neues Buch vorgelegt. *Syn.:* veröffentlichen.

vor|le|sen ['foːɐ̯leːzn̩], liest vor, las vor, vorgelesen ⟨tr.; hat; jmdm. etw. v.⟩: *für andere laut lesen:* den Kindern Geschichten vorlesen; ⟨auch itr.⟩ er liest den Kindern jeden Abend vor.

die **Vor|le|sung** ['foːɐ̯leːzʊŋ]; -, -en: *Reihe von wissenschaftlichen Vorträgen über ein bestimmtes Thema an einer Hochschule, Universität:* eine Vorlesung halten, besuchen, versäumen. *Zus.:* Gastvorlesung.

die **Vor|lie|be** ['foːɐ̯liːbə]; -, -n: *besonderes Interesse, spezielle Neigung für etwas:* seine Vorliebe gilt der alten Musik; sie hat eine Vorliebe für modernes Design; sie isst mit Vorliebe Geflügel.

vor|lie|gen ['foːɐ̯liːɡn̩], liegt vor, lag vor, vorgelegen ⟨itr.; hat; südd., österr., schweiz.: ist⟩: **1.** ⟨jmdm. v.⟩ *zur genaueren Prüfung, Bearbeitung vor jmdm. liegen:* der Antrag liegt dem Anwalt bereits vor; schon früh hatte ein Foto des mutmaßlichen Täters vorgelegen. **2.** *als Tatsache bestehen, die zu berücksichtigen ist:* ein Verschulden des Fahrers liegt nicht vor; gewichtige Gründe liegen nicht vor. *Syn.:* existieren, geben.

vor|ma|chen ['foːɐ̯maxn̩], macht vor, machte vor, vorgemacht ⟨tr.; hat; jmdm. etw. v.⟩: **1.** *(etwas) tun, um (jmdm.) zu zeigen, wie etwas gemacht wird:* jmdm. alles vormachen müssen. **2.** *(mit etwas) jmdn. täuschen:* jmdm. ein Theater vormachen; sich [gegenseitig] etwas vormachen; so leicht kann er mir nichts vormachen!; da machst du dir doch [selbst] was vor! *Syn.:* belügen.

vor|mer|ken ['foːɐ̯mɛrkn̩], merkt vor, merkte vor, vorgemerkt ⟨tr.; hat; jmdn., sich, etw. [für etw.] v.⟩: *aufschreiben, eintragen, um es später zu bearbeiten:* ich werde diese Plätze für Sie vormerken; eine Bestellung vormerken; ich lasse mich immer als Teilnehmerin für den nächsten Yogakurs vormerken.

der **Vor|mie|ter** ['foːɐ̯miːtɐ]; -s, -, die **Vor|mie|te|rin** ['foːɐ̯miːtərɪn]; -, -nen: *Person, die die Wohnung vorher gemietet hatte:* wir haben die Badschränke von den Vormietern übernommen.

der **Vor|mit|tag** ['foːɐ̯mɪtaːk]; -s, -e: *Zeit vom Morgen bis zum Mittag:* den Vormittag verbrachte sie meist im Sprachkurs; am späten Vormittag; heute, morgen, gestern Vormittag. *Syn.:* Morgen. *Zus.:* Dienstagvormittag, Sommervormittag.

vor|mit|tags ['foːɐ̯mɪtaːks] ⟨Adverb⟩: *am Vormittag; jeden Vormittag:* vormittags ist er nie zu Hause. *Syn.:* morgens.

vorn: ↑ vorne.

der **Vor|na|me** ['foːɐ̯naːmə]; -ns, -n: *erster*

Name, den jmd. zu seinem Familienna-men trägt: sie hat drei Vornamen; jmdn. beim Vornamen rufen, mit dem Vorna-men anreden. *Syn.:* Rufname.

vor|ne [ˈfɔrnə], **vorn** [fɔrn] ⟨Adverb⟩: **1.** *(von einem bestimmten Punkt, einer bestimmten Stelle aus betrachtet) auf der nahe gelegenen Seite, im nahe gelegenen Teil* /Ggs. hinten/: der Schrank steht gleich vorn[e] an der Tür. **2.** *an erster oder an einer der ersten Stellen [einer Reihe]; vor den anderen; an der Spitze* /Ggs. hinten/: bei den Wanderungen marschierte sie immer [ganz] vorn[e]; nach den ersten Runde des Rennens war der amerikanische Läufer noch vorn[e]; ab 20 Uhr bitte vorn einsteigen. **3.** *am Anfang* /Ggs. hinten/: wir mussten mit der Arbeit wieder ganz von vorn anfan-gen.

vor|nehm [ˈfoːɡneːm], vornehmer, am vor-nehmsten ⟨Adj.⟩: **1.** *der oberen Schicht der Gesellschaft angehörend:* sie stammt aus einer vornehmen Familie. **2.** *sich durch perfektes Benehmen auszeich-nend; fein:* ein vornehmer Mensch. **3.** *sich durch edlen Charakter auszeich-nend; vornehme Gesinnung:* er denkt und handelt sehr vornehm. *Syn.:* feinfühlig, nobel. **4.** * **vornehm ausge-drückt:** nett gesagt:* das ist vornehm ausgedrückt nicht gerade schön von ihr gewesen. **5.** *geschmackvoll, elegant:* eine vornehme Wohnung; sie waren sehr vor-nehm gekleidet. *Syn.:* fein.

vor|neh|men [ˈfoːɡneːmən], nimmt vor, nahm vor, vorgenommen: **1.** ⟨sich (Dativ) etw. v.⟩ *den Entschluss zu etwas fassen; beabsichtigen, etwas Bestimmtes zu tun:* er hat sich vorgenommen, in Zukunft auf das Rauchen zu verzichten; du musst es dir fest vornehmen; ich habe mir einiges vorgenommen für heute. *Syn.:* beabsichtigen, beschließen, planen, vorhaben, sich entschließen zu. **2.** *als Funktionsverb:* [an etwas] eine Änderung vornehmen *([an etwas] etwas ändern);* eine Prüfung des Textes vor-nehmen *(den Text prüfen);* eine Untersu-chung des Falles vornehmen *(den Fall untersuchen).*

der **Vor|ort** [ˈfoːɡlɔrt]; -[e]s, -e: *kleiner Ort am Rand einer größeren Stadt:* viele Leute ziehen in einen Vorort, wenn sie Kinder bekommen.

der **Vor|rang** [ˈfoːɡraŋ]; -[e]s: **1.** *bevorzugte Stellung, größere Beachtung (im Ver-gleich mit jmd., etwas anderem):* den

Vorrang vor jmdm., etwas haben; jmdm. den Vorrang streitig machen. *Syn.:* Prio-rität, Vorzug. **2.** (österr.) *Vorfahrt:* er hat mir den Vorrang genommen.

der **Vor|rat** [ˈfoːɡraːt]; -[e]s, Vorräte [ˈfoːɡrɛːtə]: *etwas, was in größerer Menge oder Anzahl zum späteren Gebrauch beschafft, gesammelt wurde:* Vorräte anlegen; sie hat in ihrem Schrank einen großen Vorrat von/an Lebensmitteln, Schnaps, Zigaretten, Büroklammern; die, alle Vorräte sind aufgebraucht. *Syn.:* Reserve. *Zus.:* Lebensmittelvorrat, Wasservorrat.

vor|rä|tig [ˈfoːɡrɛːtɪç] ⟨Adj.⟩: *(als Vorrat) vorhanden:* alle noch vorrätigen Waren; etwas vorrätig haben; davon ist nichts mehr vorrätig. *Syn.:* verfügbar.

das **Vor|recht** [ˈfoːɡrɛçt]; -[e]s, -e: *besonderes Recht, das jmd. (im Gegensatz zu den meisten anderen) genießt:* Vorrechte genießen; er machte von seinem Vor-recht, kostenlos zu reisen, reichlich Gebrauch. *Syn.:* Privileg.

die **Vor|rich|tung** [ˈfoːɡrɪçtʊŋ]; -, -en: *Gegen-stand oder Teil eines Gegenstandes, der einen bestimmten Zweck erfüllt, [als Hilfsmittel] eine bestimmte Funktion hat:* eine Vorrichtung zum Belüften. *Zus.:* Absperrvorrichtung, Bremsvorrichtung, Haltevorrichtung, Schutzvorrichtung.

vor|rü|cken [ˈfoːɡrʏkṇ], rückte vor, rückte vor, vorgerückt. **1.** ⟨tr.; hat; etw. v.⟩ *nach vorn schieben, rücken:* er hat den Stuhl etwas vorgerückt, um in der Sonne zu sitzen. **2.** ⟨itr.; ist⟩ *sich (mit etwas, was gerückt, geschoben werden soll oder muss) ein Stück nach vorn bewegen:* wenn du mit deinem Stuhl etwas vor-rückst, haben wir auch noch Platz; der Zeiger ist vorgerückt. **3.** ⟨itr.; ist⟩ *(bes. im Sport) einen besseren Platz als früher einnehmen:* unser Verein ist auf den zweiten Platz vorgerückt.

vor|sa|gen [ˈfoːɡzaːɡn̩], sagt vor, sagte vor, vorgesagt: ⟨tr.; hat; etw. v.⟩ *(einem ande-ren, der etwas nicht weiß) leise sagen, was er sagen, schreiben soll:* er musste ihm jeden Satz vorsagen; das hat ihm sein Banknachbar vorgesagt; ⟨auch itr.⟩ wer in der Schule vorsagt, wird bestraft; sie hat mir falsch vorgesagt.

der **Vor|satz** [ˈfoːɡzats]; -es, Vorsätze [ˈfoːɡzɛtsə]: *fester Entschluss, feste Absicht:* einen Vorsatz fassen, fallen las-sen; gute Vorsätze haben; an seinem Vorsatz festhalten, bei seinem Vorsatz bleiben, nicht mehr zu rauchen.

vor|sätz|lich [ˈfoːɐ̯zɛtslɪç] ⟨Adj.⟩: *ganz bewusst und absichtlich:* eine vorsätzliche Beleidigung; jmdn. vorsätzlich töten.

Vor|schein [ˈfoːɐ̯ʃain]: in der Verbindung * **zum Vorschein kommen:** *sichtbar werden, zu erkennen sein:* beim Aufräumen kamen die Papiere zum Vorschein; plötzlich kam ihr Neid zum Vorschein.

der **Vor|schlag** [ˈfoːɐ̯ʃlaːk]; -[e]s, Vorschläge [ˈfoːɐ̯ʃlɛːɡə]: *etwas, was jmd. vorschlägt, Empfehlung eines Plans:* er lehnte den Vorschlag des Architekten ab; sie machte ihr den Vorschlag *(schlug ihr vor),* gemeinsam eine Reise zu unternehmen. *Zus.:* Lösungsvorschlag, Verbesserungsvorschlag.

vor|schla|gen [ˈfoːɐ̯ʃlaːɡn̩], schlägt vor, schlug vor, vorgeschlagen ⟨tr.; hat⟩:
1. ⟨jmdm. etw. v.⟩ *empfehlen, anregen:* ich schlage vor, wir gehen jetzt nach Hause; er schlug ihr vor, mit ihm zu kommen; ich schlage Ihnen dieses Hotel vor *(schlage Ihnen vor, dieses Hotel zu wählen).* 2. ⟨jmdn. [für etw.] v.⟩ *für eine bestimmte Rolle, Aufgabe o. Ä. empfehlen:* jmdn. als Kandidaten, für ein Amt vorschlagen.

vor|schrei|ben [ˈfoːɐ̯ʃraibn̩], schreibt vor, schrieb vor, vorgeschrieben ⟨tr.; hat; jmdm. etw. v.⟩: *durch eine bestimmte Anweisung, einen Befehl o. Ä. ein bestimmtes Verhalten, Handeln fordern:* der Gesetzgeber schreibt hier einen bestimmten Prozentsatz vor; ich lasse mir von ihr nicht vorschreiben, wann ich gehen soll; du hast mir überhaupt nichts vorzuschreiben; das ist vorgeschrieben.

die **Vor|schrift** [ˈfoːɐ̯ʃrɪft]; -, -en: *verbindliche Anweisung, die ein bestimmtes Verhalten, Handeln fordert:* gesetzliche, religiöse Vorschriften; sie hat uns reingelassen, obwohl es gegen die Vorschrift ist; er hat die Vorschriften des Arztes nicht befolgt; der Beamte erklärte, er müsse sich an die, seine Vorschriften halten; die Medizin muss genau nach Vorschrift eingenommen werden. *Syn.:* Anordnung, Bestimmung, Weisung. *Zus.:* Dienstvorschrift, Sicherheitsvorschrift, Verkehrsvorschrift.

der **Vor|schuss** [ˈfoːɐ̯ʃʊs]; -es, Vorschüsse [ˈfoːɐ̯ʃʏsə]: *im Voraus ausgezahlter Teil des Lohns, Gehalts oder Honorars:* [jmdn.] um einen Vorschuss bitten; ich habe mir 1 000 Euro Vorschuss geben lassen.

vor|se|hen [ˈfoːɐ̯zeːən], sieht vor, sah vor, vorgesehen: 1. ⟨tr.; hat; etw. v.⟩ *durchzuführen beabsichtigen:* man sah vor, einige Bestimmungen zu ändern; dass

wir hier übernachten, war eigentlich nicht vorgesehen; der vorgesehene Aufenthalt fiel aus. *Syn.:* planen. 2. ⟨tr.; hat; etw. [für etw.] v.⟩ *festlegen, bestimmen:* den größten Raum sah er für seine Bibliothek vor; das Gesetz sieht für diese Tat eine hohe Strafe vor. 3. ⟨tr.; hat; jmdn., etw. für etw. v.⟩ *zu einem bestimmten Zweck einsetzen, verwenden wollen:* wir haben das Geld für etwas anderes vorgesehen; sie war für dieses Amt vorgesehen. *Syn.:* bestimmen. 4. ⟨sich v.⟩ *sich in Acht nehmen:* sieh dich vor dem Hund vor!; du musst dich vorsehen, dass du dich nicht erkältest. *Syn.:* aufpassen, sich hüten.

die **Vor|sicht** [ˈfoːɐ̯zɪçt]; -: *gesteigerte Aufmerksamkeit, Umsicht bei Gefahr oder in bestimmten kritischen Situationen:* bei dieser gefährlichen Arbeit ist große Vorsicht nötig; bei diesem Geschäft rate ich dir zur Vorsicht; Vorsicht, Glas!; Vorsicht, frisch gestrichen! *Syn.:* Achtung.

vor|sich|tig [ˈfoːɐ̯zɪçtɪç], vorsichtiger, am vorsichtigsten ⟨Adj.⟩: *behutsam, besonnen, mit Vorsicht [handelnd, vorgehend]:* er ist ein vorsichtiger Mensch; bei ihr muss man sich vorsichtig ausdrücken; sei vorsichtig, sonst fällst du!

vor|sichts|hal|ber [ˈfoːɐ̯zɪçtshalbɐ] ⟨Adverb⟩: *zur Vorsicht:* nimm vorsichtshalber einen Regenschirm mit!; schreib es dir vorsichtshalber auf.

der *und* die **Vor|sit|zen|de** [ˈfoːɐ̯zɪtsəndə]; -n, -n ⟨aber: [ein] Vorsitzender, [eine] Vorsitzende, Plural: [viele] Vorsitzende⟩: *Person, die einen Verein, eine Partei o. Ä. leitet:* der stellvertretende Vorsitzende des Aufsichtsrats; die Partei wählte eine neue Vorsitzende. *Syn.:* Präsident, Präsidentin, Vorstand. *Zus.:* Aufsichtsratsvorsitzender, Aufsichtsratsvorsitzende, Vorstandsvorsitzender, Vorstandsvorsitzende.

vor|sor|gen [ˈfoːɐ̯zɔrɡn̩], sorgt vor, sorgte vor, vorgesorgt ⟨itr.; hat; [für etw.] v.⟩: *in Hinblick auf die Zukunft im Voraus etwas unternehmen:* sie hat für schlechtere Zeiten, fürs Alter vorgesorgt; für diesen Fall habe ich vorgesorgt.

die **Vor|spei|se** [ˈfoːɐ̯ʃpaizə]; -, -n: *kleinere Speise, die zu Beginn einer aus mehreren Gängen bestehenden Mahlzeit serviert wird:* eine kalte, warme Vorspeise; als Vorspeise gab es eine Suppe.

vor|spre|chen [ˈfoːɐ̯ʃprɛçn̩], spricht vor, sprach vor, vorgesprochen: 1. ⟨tr.; hat⟩ *(jmdm. gegenüber) deutlich sprechen, damit er es sofort richtig wiederholen* *kann:* er sprach ihm das schwierige Wort immer wieder vor; ich sprach ihr die Eidesformel vor. **2.** ⟨itr.; hat⟩ *(jmdm., den man zu diesem Zweck aufgesucht hat) ein bestimmtes Anliegen vortragen:* bei jmdm., bei einer Behörde [wegen etwas, in einer Angelegenheit] vorsprechen. *Syn.:* aufsuchen, besuchen.

vor|sprin|gen ['foːɐ̯ʃprɪŋən], springt vor, sprang vor, vorgesprungen ⟨itr.; ist⟩: **1.** ⟨irgendwo[her] v.⟩ *aus einer bestimmten Stellung heraus [plötzlich] nach vorn springen:* plötzlich kam sie hinter der Mauer vorgesprungen. **2.** *von etwas abstehen und stark in Erscheinung treten:* der Erker des Hauses springt weit vor; eine vorspringende Nase.

der **Vor|sprung** ['foːɐ̯ʃprʊŋ]; -[e]s, Vorsprünge ['foːɐ̯ʃprʏŋə]: **1.** *vorspringender Teil (von etwas):* der Vorsprung eines Felsens. **2.** *Abstand, um den jmd. einem anderen voraus ist:* der Erste der Läufer hatte einen Vorsprung von drei Metern. **3.** *überlegene Position, Überlegenheit:* den [technischen] Vorsprung der Konkurrenz aufholen.

der **Vor|stand** ['foːɐ̯ʃtant]; -[e]s, Vorstände ['foːɐ̯ʃtɛndə]: *Gruppe, die einen Verein, einen Verband, eine Firma o. Ä. leitet:* den Vorstand bilden, wählen; der Vorstand tritt morgen zusammen. *Syn.:* Direktion, Führung, Leitung, Management. *Zus.:* Bezirksvorstand, Bundesvorstand, Parteivorstand.

vor|stel|len ['foːɐ̯ʃtɛlən], stellt vor, stellte vor, vorgestellt: **1.** ⟨tr.; hat; etw. v.⟩ *nach vorn stellen:* den Sessel [ein Stück weiter] vorstellen; das rechte Bein [ein wenig] vorstellen. **2.** ⟨tr.; hat; etw. v.⟩ *(eine Uhr) auf eine spätere Zeit stellen:* die Uhr [um] eine Stunde vorstellen. **3.** ⟨tr.; hat; jmdn. jmdm. v.⟩ *(durch Nennen des Namens) bekannt machen:* er stellte ihn seiner Frau vor; nachdem sie sich ihnen vorgestellt hatte, nahm sie Platz; die Künstlerin stellt ihre neuen Werke vor. **4.** ⟨sich [jmdm.] v.⟩ *einen ersten Besuch machen, sich zeigen und bekannt machen:* der Kandidat stellt sich den Wählern vor; heute stellt sich ein junger Mann vor, der bei uns arbeiten will. **5.** ⟨sich (Dativ) jmdn., etwas v.⟩ *sich (von jmdm., etwas) ein Bild, einen Begriff machen:* ich kann ihn mir nicht als Politiker vorstellen; ich hatte mir den Verkehr schlimmer vorgestellt; ich kann mir das alte Haus noch gut vorstellen; darunter kann ich mir nichts vorstellen.

die **Vor|stel|lung** ['foːɐ̯ʃtɛlʊŋ]; -, -en: **1.** *das Vorstellen, Bekanntmachen; das Sichvorstellen:* seine persönliche Vorstellung, die Vorstellung der neuen Mitarbeiter fand um 9 Uhr statt. **2.** *Aufführung (eines Stücks, eines Films o. Ä.):* nach der Vorstellung gingen wir nach Hause. *Zus.:* Abendvorstellung, Nachmittagsvorstellung, Spätvorstellung. **3.** *Bild, das sich jmd. in seinen Gedanken von etwas macht:* die Vorstellung, um die Welt zu reisen, begeistert mich schon lange; das Studium entspricht nicht meinen Vorstellungen; das existiert nur in deiner Vorstellung. *Zus.:* Gehaltsvorstellung, Wunschvorstellung.

das **Vor|stel|lungs|ge|spräch** ['foːɐ̯ʃtɛlʊŋsgəʃprɛːç]; -[e]s, -e: *Gespräch mit den Verantwortlichen in einer Firma, bei der man sich beworben hat:* jmdn. zum Vorstellungsgespräch einladen; morgen habe ich mein Vorstellungsgespräch.

der **Vor|teil** ['foːɐ̯tai̯l]; -s, -e: *etwas (Umstand, Lage, Eigenschaft o. Ä.), was jmdm. nutzt, was für jmdn. günstig ist:* finanzielle Vorteile; die Sache hat den einen Vorteil, dass ...; auf seinen eigenen Vorteil bedacht sein; er ist ihr gegenüber im Vorteil *(in einer günstigeren Lage). Zus.:* Standortvorteil, Steuervorteil, Zeitvorteil.

vor|teil|haft ['foːɐ̯tai̯lhaft], vorteilhafter, am vorteilhaftesten ⟨Adj.⟩: *günstig:* er hat ihm ein sehr vorteilhaftes Angebot gemacht; eine für beide Seiten vorteilhafte Lösung; diese Farbe ist vorteilhaft für dich *(steht dir gut). Syn.:* gut, positiv.

der **Vor|trag** ['foːɐ̯traːk]; -[e]s, Vorträge ['foːɐ̯trɛːgə]: *Rede über ein bestimmtes, oft wissenschaftliches Thema:* sie hat bei dem Kongress einen interessanten Vortrag gehalten. *Syn.:* Referat. *Zus.:* Diavortrag, Festvortrag, Gastvortrag.

vor|tra|gen ['foːɐ̯traːgn̩], trägt vor, trug vor, vorgetragen ⟨tr.; hat⟩: **1.** ⟨etw. v.⟩ *künstlerisch darbieten:* sie trug ein Gedicht, einige Lieder von Schubert vor. **2.** ⟨jmdm. etw. v.⟩ *sachlich darlegen:* er trug der Ministerin sein Anliegen vor. *Syn.:* berichten, erklären, informieren über, unterrichten über/von.

der **Vor|tritt** ['foːɐ̯trɪt]; -[e]s: **1.** *(aus Höflichkeit gewährte) Möglichkeit, als Erster zu gehen:* er ließ ihr den Vortritt. **2.** (schweiz.) *Vorfahrt.*

vo|r|ü|ber [foˈryːbɐ] ⟨Adverb⟩: *vorbei.*

vo|r|ü|ber|ge|hend [foˈryːbɐgeːənt] ⟨Adj.⟩: *nur eine gewisse Zeit, nicht lange dauernd; für kurze Zeit:* vorübergehende

V

gesundheitliche Probleme haben; eine vorübergehende Wetterbesserung.

das **Vor|ur|teil** ['foːɐ̯lʊrtai̯l]; -s, -e: *(meist negative) Meinung über jmdn., etwas, die man sich bildet, ohne die Person/Sache zu kennen:* weitverbreitete Vorurteile; die Vorurteile der Mitarbeiterinnen und Mitarbeiter gegen den neuen Chef; Vorurteile haben, hegen, ablegen.

vor-, Vor- [foːɐ̯] ⟨Präfix⟩: **1.** drückt in Bildungen mit Nomen oder Verben ein räumliches Verhältnis aus: Vorraum; vorfahren; vorgucken. **2.** drückt in Bildungen mit Nomen, Adjektiven oder Verben ein zeitliches Verhältnis aus: Vorabend; vorgeburtlich; vorfeiern. **3.** kennzeichnet in Bildungen mit Nomen oder Verben etwas als vorbereitend, vorausgehend: Vorkonferenz; Vorwäsche; vorverhandeln.

die **Vor|wahl** ['foːɐ̯vaːl]; -, -en: *Telefonnummer, die man bei Gesprächen in andere Orte und Länder wählen muss:* was, wie ist die Vorwahl von München, Frankreich?; ich hätte gern die Vorwahl von Paris.

ẚ(0621) 43 21   die Vorwahl

der **Vor|wand** ['foːɐ̯vant]; -[e]s, Vorwände ['foːɐ̯vɛndə]: *Grund, der nicht zutrifft, der nur als Vorwand gilt:* er findet immer irgendeinen Vorwand, um sie von der Arbeit abzuhalten; sie ist unter einem Vorwand verreist; etwas zum Vorwand nehmen.

vor|wärts ['foːɐ̯vɛrts] ⟨Adverb⟩ /Ggs. rückwärts/: **1.** *nach vorn:* eine Rolle vorwärts machen; ein Blick vorwärts; vorwärts marsch! **2.** *von vorne nach hinten:* das Einmaleins vorwärts und rückwärts aufsagen können.

vor|wärts|ge|hen ['foːɐ̯vɛrtsɡeːən], geht vorwärts, ging vorwärts, vorwärtsgegangen ⟨itr.; ist⟩: **1.** *mit der Vorderseite voran gehen:* auf der Suche nach Pilzen sind sie ganz langsam vorwärtsgegangen. **2.** (ugs.) *besser werden, sich fortentwickeln:* mit unserem Projekt ist es gut vorwärtsgegangen.

vor|wärts|kom|men ['foːɐ̯vɛrtskɔmən], kommt vorwärts, kam vorwärts, vorwärtsgekommen ⟨itr.; ist⟩: *nach vorne kommen:* wegen der vielen Menschen kamen sie kaum vorwärts.

vor|wei|sen ['foːɐ̯vai̯zn̩], weist vor, wies vor, vorgewiesen ⟨tr.; hat; etw. v.⟩: *vorzeigen:* seinen Pass, eine Vollmacht vorweisen; der Fahrer konnte [dem Polizisten] keine gültige Fahrerlaubnis vorweisen. * **etwas vorzuweisen haben:** *über etwas verfügen:* sie hat eine gute Ausbildung, hervorragende Englischkenntnisse, schon einige Erfolge vorzuweisen.

vor|wer|fen ['foːɐ̯vɛrfn̩], wirft vor, warf vor, vorgeworfen ⟨tr.; hat; jmdm., sich etw. v.⟩: *heftig kritisieren, wie jmd. gehandelt hat:* er wirft ihm Faulheit vor; sie warf ihm vor, dass er ihr nicht geholfen habe; ich habe mir nichts vorzuwerfen.

vor|wie|gend ['foːɐ̯viːɡn̩t] ⟨Adverb⟩: *in erster Linie, ganz besonders; zum größten Teil:* die vorwiegend jugendlichen Hörer; in diesem Sommer herrschte vorwiegend trockenes Wetter. *Syn.:* hauptsächlich, meist, meistens.

das **Vor|wort** ['foːɐ̯vɔrt]; -[e]s, Vorworte ['foːɐ̯vɔrtə]: *kurzer Text zur Einleitung eines Buches, bes. einer wissenschaftlichen Abhandlung* /Ggs. Nachwort/: leider werden die Vorworte selten gelesen.

der **Vor|wurf** ['foːɐ̯vʊrf]; -[e]s, Vorwürfe ['foːɐ̯vʏrfə]: *Äußerung, mit der jmd. jmdm. etwas vorwirft, sein Handeln, Verhalten kritisiert:* ein versteckter, leiser, schwerer Vorwurf; die Vorwürfe trafen ihn schwer. *Syn.:* Angriff, Kritik.

vor|zei|gen ['foːɐ̯tsai̯ɡn̩], zeigt vor, zeigte vor, vorgezeigt ⟨tr.; hat; etw. v.⟩: *zum Prüfen o. Ä. zeigen:* den Ausweis, Pass, die Fahrkarte vorzeigen. *Syn.:* vorweisen.

vor|zei|tig ['foːɐ̯tsai̯tɪç] ⟨Adj.⟩: *früher als geplant, erwartet:* eine vorzeitige Abreise; sich vorzeitig pensionieren lassen; er ist vorzeitig aus dem Gefängnis entlassen worden; sie ist vorzeitig gealtert, gestorben.

vor|zie|hen ['foːɐ̯tsiːən], zieht vor, zog vor, vorgezogen ⟨tr.; hat⟩: **1.** ⟨etw. v.⟩ *nach vorn ziehen:* den Schrank [ein Stück] vorziehen. *Syn.:* vorrücken. **2.** ⟨etw. v.⟩ *vor etwas Bestimmtes ziehen, davor ziehen:* den Vorhang vorziehen. **3.** ⟨etw. v.⟩ *(etwas für später Geplantes) früher beginnen, erledigen o. Ä.:* einen Termin [um eine Stunde] vorziehen; vorgezogene Neuwahlen. **4.** ⟨[jmdm., etw.] jmdn., etw. v.⟩ *lieber mögen:* ich ziehe das Leben in der Großstadt vor; er zieht eine Verständigung dem ständigen Streit vor; sie zog es vor, zu Hause zu bleiben. *Syn.:* bevorzugen.

der **Vor|zug** ['foːɐ̯tsuːk]; -[e]s, Vorzüge ['foːɐ̯tsyːɡə]: **1.** *einer Person oder Sache eingeräumter Vorrang:* jmdm., einer

Sache den Vorzug geben, einräumen; den Vorzug vor jmdm., etwas erhalten; diese Methode verdient gegenüber anderen den Vorzug. **2.** *Vorrecht:* ich genieße den Vorzug, ihn persönlich zu kennen. **3.** *gute Eigenschaft, die eine Person oder Sache vor anderen auszeichnet:* Pünktlichkeit ist einer seiner Vorzüge; dieses Material hat alle Vorzüge.

das **Vo|tum** [ˈvoːtʊm]; -s, Voten [ˈvoːtn̩]: *Äußerung einer Meinung; Äußerung dessen, wofür sich jmd. [bei einer Abstimmung] entscheidet:* das Wahlergebnis ist ein eindeutiges Votum für die Politik der Regierung; sein Votum abgeben. *Zus.:* Misstrauensvotum, Vertrauensvotum.

der **Vul|kan** [vʊlˈkaːn]; -s, -e: *Berg, aus dessen Innerem große Massen von glühenden Steinen und Asche geschleudert werden, wenn er ausbricht:* der Vulkan hat bei seinem letzten Ausbruch ein ganzes Dorf zerstört.

die **Waa|ge** [ˈvaːɡə]; -, -n: *Gerät zum Feststellen des Gewichts:* etwas auf die Waage legen; sich auf die Waage stellen. *Zus.:* Briefwaage, Personenwaage.

die Waage

waa|ge|recht [ˈvaːɡəreçt], **waag|recht** [ˈvaːkreçt] ⟨Adj.⟩: *in einem Winkel von 90 Grad zu einer senkrechten Fläche oder Linie verlaufend* /Ggs. senkrecht/: eine waag[e]rechte Fläche; der Herd muss genau waag[e]recht stehen.

wach [vax], wacher, am wachsten ⟨Adj.⟩: *nicht mehr schlafend, nicht mehr schläfrig:* ich war heute schon früh wach; um 7 Uhr wurde er wach. *Syn.:* munter.

die **Wa|che** [ˈvaxə]; -, -n: **1.** *Person oder Gruppe von Personen, die etwas bewacht:* die Wache hatte von dem Einbruch nichts bemerkt. **2.** ⟨ohne Plural⟩ *das Bewachen:* Wache halten. *Zus.:* Krankenwache,

Nachtwache. **3.** *Gebäude, in dem die Polizei arbeitet:* er wurde auf die Wache gebracht; Sie müssen mit zur Wache kommen. *Zus.:* Polizeiwache.

das **Wachs** [vaks]; -es: *[von Bienen gebildete] Substanz, aus der zum Beispiel Kerzen gemacht werden oder mit der man etwas glänzend oder glatt machen kann:* Kerzen aus echtem Wachs; den Boden, das Auto mit Wachs polieren. *Zus.:* Autowachs, Bienenwachs, Kerzenwachs.

¹**wach|sen** [ˈvaksn̩], wachst, wachste, gewachst ⟨tr.; hat; etw. w.⟩: *mit Wachs einreiben:* die Skier wachsen.

²**wach|sen** [ˈvaksn̩], wächst, wuchs, gewachsen ⟨itr.; ist⟩: **1.** *größer, stärker, länger werden:* der Junge ist im letzten Jahr sehr gewachsen; er ließ sich die Haare [lang] wachsen; etwas mit wachsendem Interesse beobachten; ständig wachsende Ausgaben. **2.** *(von Pflanzen) sich entwickeln können, vorkommen:* auf diesem Boden wachsen keine Reben; überall wächst Unkraut.

das **Wachs|tum** [ˈvakstuːm]; -s: *das Größerwerden, Wachsen:* das Wachstum der Pflanzen wird durch viel Licht gefördert; höhere Steuern behindern das wirtschaftliche Wachstum.

wa|cke|lig [ˈvakəlɪç], **wack|lig** [ˈvaklɪç], wack[e]liger, am wack[e]ligsten ⟨Adj.⟩: *wackelnd; nicht [mehr] stabil:* ein alter, wack[e]liger Stuhl; die Leiter steht sehr wack[e]lig.

wa|ckeln [ˈvakl̩n], wackelt, wackelte, gewackelt: **1.** ⟨itr.; hat⟩: *nicht fest stehen; locker sein:* der Tisch, Stuhl wackelt; einer meiner Zähne wackelt. **2.** ⟨itr.; hat; mit etw. w.⟩: *etwas hin und her bewegen:* Großmutter wackelte mit dem Kopf. **3.** ⟨itr.; ist⟩: *mit unsicheren, schwankenden Schritten irgendwohin gehen:* der alte Mann wackelte über die Straße.

wack|lig: ↑wackelig.

die **Wa|de** [ˈvaːdə]; -, -n: *durch einen großen Muskel gebildete hintere Seite des Unterschenkels beim Menschen:* kräftige Waden haben.

die Wade

die **Waf|fe** [ˈvafə]; -, -n: *Gerät zum Kämpfen (mit dem man schießen, schlagen oder*

stechen kann): eine Waffe bei sich tragen; sich mit der Waffe verteidigen. *Zus.:* Dienstwaffe, Mordwaffe, Schusswaffe.

die **Waf|fel** ['vafl̩]; -, -n: *süßes, flaches Gebäck, das auf beiden Seiten ein Muster hat:* Waffeln backen. *Zus.:* Eiswaffel.

wa|gen ['va:gn̩], wagt, wagte, gewagt: **1.** ⟨tr.; hat; etw. w.⟩ *etwas tun, dessen Ausgang ungewiss ist, ohne das Risiko zu scheuen:* viel, einen hohen Einsatz, sein Leben wagen. *Syn.:* riskieren. **2.** ⟨tr.; hat; etw. w.⟩ *trotz einer Gefahr den Mut zu etwas haben:* niemand wagte [es], ihr zu widersprechen. *Syn.:* sich trauen. **3.** ⟨sich irgendwohin w.⟩ *den Mut haben, irgendwohin zu gehen:* sie wagt sich nicht mehr auf die Straße, aus dem Haus. *Syn.:* sich trauen.

der **Wa|gen** ['va:gn̩]; -s, -: **1.** *Fahrzeug mit Rädern zum Transport von Personen und Lasten, das gezogen oder geschoben wird:* Pferde an, vor den Wagen spannen; an den Zug wurden noch zwei Wagen angehängt. *Zus.:* Campingwagen, Gepäckwagen, Schlafwagen, Speisewagen. **2.** *Auto:* sie ist mit dem, ihrem neuen Wagen da; er hat seinen Wagen auf der Straße geparkt. *Syn.:* Auto, Pkw. *Zus.:* Lieferwagen, Mietwagen, Möbelwagen.

der **Wag|gon** [va'gõ:]; -s, -s: *Wagen bei der Eisenbahn oder Straßenbahn:* ein Waggon mit Gemüse. *Zus.:* Kohlenwaggon, Kühlwaggon, Viehwaggon.

die **Wahl** [va:l]; -, -en: **1.** ⟨ohne Plural⟩ *Entscheidung für eine von mehreren Möglichkeiten:* die Wahl fällt mir schwer; eine gute Wahl treffen. *Syn.:* Auswahl. *Zus.:* Arztwahl, Berufswahl, Wortwahl. **2.** *Abgabe der Stimme beim Wählen von Abgeordneten u. a.:* freie, geheime Wahlen; zur Wahl gehen; keine der Parteien hat bei den letzten Wahlen die absolute Mehrheit bekommen. *Zus.:* Bundestagswahl, Stichwahl.

wäh|len ['vɛ:lən], wählt, wählte, gewählt: **1.** ⟨tr.; hat; etw. w.⟩ *sich für eines von mehreren Dingen entscheiden:* als Vorspeise wählte sie einen Salat; der Gewinner konnte zwischen einer Reise und 1 000 Euro wählen. *Syn.:* [sich] aussuchen. **2.** ⟨tr.; hat; jmdn. w.⟩ *durch Wahl bestimmen:* eine neue Präsidentin wählen; welche Partei hast du gewählt?; jmdn. in einen Ausschuss, zum Vorsitzenden wählen. **3.** ⟨itr.; hat⟩ *zur Wahl gehen:* noch nicht wählen dürfen; er wählt konservativ *(gibt seine Stimme*

einer konservativen Partei). *Syn.:* abstimmen. **4.** ⟨tr.; hat; etw. w.⟩ *beim Telefon die Tasten mit den Ziffern der Telefonnummer drücken:* die Nummer 3633 wählen.

der **Wäh|ler** ['vɛ:lɐ]; -s, -, die **Wäh|le|rin** ['vɛ:lərɪn]; -, -nen: *Person, die an einer Wahl teilnimmt oder dazu berechtigt ist:* die Wählerinnen und Wähler haben sich gegen die Regierung entschieden.

der **Wahn|sinn** ['va:nzɪn]; -[e]s (ugs.): *sehr unvernünftiges Denken, Verhalten, Handeln:* es ist Wahnsinn, sich ohne festes Einkommen so hoch zu verschulden. *Syn.:* Blödsinn (ugs. abwertend).

wahn|sin|nig ['va:nzɪnɪç] ⟨Adj.⟩ (ugs.): **1.** ⟨wahnsinniger, am wahnsinnigsten⟩ *ganz unsinnig, unvernünftig:* ein wahnsinniger Plan; bist du wahnsinnig? **2.** ⟨wahnsinniger, am wahnsinnigsten⟩ *übermäßig groß:* ich habe einen wahnsinnigen Schreck bekommen. **3.** ⟨verstärkend bei Adjektiven und Verben⟩ *sehr:* sich wahnsinnig freuen; er fährt wahnsinnig schnell. *Syn.:* unheimlich (ugs.).

wahr [va:ɐ̯] ⟨Adj.⟩: **1.** *der Wahrheit, der Wirklichkeit, den Tatsachen entsprechend:* eine wahre Geschichte; der wahre Grund; was er behauptet, ist nicht wahr; du kommst doch zu meiner Party, nicht wahr? *(das trifft doch zu, oder?).* **2.** *echt, richtig, wirklich:* das ist wahre Kunst; es ist ein wahres Wunder, dass ihm nichts passiert ist.

¹**wäh|rend** ['vɛ:rənt] ⟨Präp. mit Gen.⟩: *im Verlauf von:* es hat während des ganzen Urlaubs geregnet; während der Woche *(an den Werktagen).*

²**wäh|rend** ['vɛ:rənt] ⟨Konj.⟩: **1.** *in der Zeit, als …:* während sie verreist waren, hat man bei ihnen eingebrochen. **2.** drückt einen Gegensatz aus: während die einen sich freuten, waren die anderen eher traurig.

die **Wahr|heit** ['va:ɐ̯hait]; -: *der Wirklichkeit entsprechende Darstellung, das Übereinstimmen mit der Wirklichkeit:* das ist die Wahrheit; die Wahrheit erfahren; [jmdm.] die Wahrheit sagen; in Wahrheit *(tatsächlich)* verhält es sich genau umgekehrt. *Zus.:* Lebenswahrheit.

wahr|neh|men ['va:ɐ̯ne:mən], nimmt wahr, nahm wahr, wahrgenommen ⟨tr.; hat⟩: **1.** ⟨jmdn., etw. w.⟩ *mit den Sinnen erfassen:* eine Gestalt, ein Geräusch, einen Geruch wahrnehmen. *Syn.:* bemerken, registrieren. **2.** ⟨etw. w.⟩ *(etwas, was sich als Möglichkeit bietet) nutzen:* seinen

W

Vorteil wahrnehmen; jede Gelegenheit wahrnehmen, etwas zu erreichen. **3.** ⟨etw. w.⟩ *berücksichtigen, vertreten:* die Interessen seiner Firma wahrnehmen.

¹**wahr|schein|lich** [vaːɐ̯ˈʃaɪnlɪç], wahrscheinlicher, am wahrscheinlichsten ⟨Adj.⟩: *mit ziemlicher Sicherheit anzunehmen:* der wahrscheinliche Täter; es ist nicht wahrscheinlich, dass sie kommt.

²**wahr|schein|lich** [vaːɐ̯ˈʃaɪnlɪç] ⟨Adverb⟩: *mit ziemlicher Sicherheit:* er wird wahrscheinlich verreisen; sie hat wahrscheinlich recht.

die **Wäh|rung** [ˈvɛːrʊŋ], -, -en: *in einem oder mehreren Ländern als gesetzliches Zahlungsmittel geltendes Geld:* die europäische Währung.

das **Wahr|zei|chen** [ˈvaːɐ̯tsaɪçn̩], -s, -: *etwas, woran man eine Stadt, eine Landschaft gleich erkennt, was ein Symbol für sie ist:* der Eiffelturm ist das Wahrzeichen von Paris.

der **Wal** [vaːl]; -[e]s, -e: *sehr großes, im Meer lebendes Säugetier, das wie ein Fisch aussieht:* früher hat der Mensch die Wale rücksichtslos gejagt. *Zus.:* Blauwal.

der **Wald** [valt]; -[e]s, Wälder [ˈvɛldɐ]: *größeres Stück Gelände, das dicht mit Bäumen bewachsen ist:* im Wald spazieren gehen; sich im Wald verirren. *Zus.:* Birkenwald, Buchenwald, Eichenwald, Tannenwald.

das **Wald|ster|ben** [ˈvaltʃtɛrbn̩]; -s: *große Schäden an den Bäumen im Wald durch Umweltverschmutzung:* die Zeitungen berichten über das Waldsterben.

der **Walk|man** ® [ˈvoːkmɛn], -s, -s u. Walkmen [ˈvoːkmɛn]: *kleines tragbares Gerät zum Hören von Kassetten:* sie verreist nie ohne ihren Walkman und ein paar Kassetten mit Musik.

der Walkman

die **Wal|nuss** [ˈvalnʊs]; -, Walnüsse [ˈvalnʏsə]: *Nuss mit heller, brauner Schale und einem Kern mit tiefen, verschieden geformten Rillen:* an Weihnachten stand immer eine Schale mit Äpfeln, Orangen und Walnüssen auf dem Tisch.

wäl|zen [ˈvɛltsn̩], wälzt, wälzte, gewälzt: **1.** ⟨tr.; hat; etw. irgendwohin w.⟩ *langsam rollend bewegen und an eine bestimmte Stelle oder in eine bestimmte Lage bringen:* den Stein zur Seite wälzen; einen Verletzten auf den Bauch wälzen. **2.** ⟨sich w.⟩ *sich im Liegen hin und her drehen:* ich wälzte mich die ganze Nacht im Bett und konnte nicht schlafen; der Hund wälzt sich im Gras.

der **Wal|zer** [ˈvaltsɐ]; -s, -: *Tanz, bei dem die Paare sich um sich selbst drehend bewegen:* [einen] Walzer tanzen.

die **Wand** [vant]; -, Wände [ˈvɛndə]: *Teil, das in einem Gebäude einen Raum seitlich begrenzt:* an der Wand hängt ein Bild; sich an die Wand lehnen. *Zus.:* Außenwand, Betonwand, Innenwand.

der **Wan|del** [ˈvandl̩], -s: *[allmähliche] Veränderung:* der Wandel in der Sprache; in vielen Staaten ist ein deutlicher gesellschaftlicher Wandel eingetreten.

wan|dern [ˈvandɐn], wandert, wanderte, gewandert ⟨itr.; ist⟩: **1.** *eine größere Strecke über Land zu Fuß gehen:* durch den Wald wandern; in den Ferien gehen sie immer wandern. **2.** (ugs.) *an einen bestimmten Ort gebracht werden:* der Brief wanderte gleich in den Papierkorb; er wanderte für zwei Jahre ins Gefängnis. *Syn.:* landen.

die **Wan|de|rung** [ˈvandərʊŋ]; -, -en: *längerer Weg durchs Land, der zu Fuß gegangen wird:* eine Wanderung durchs Gebirge machen, planen.

der **Wan|der|weg** [ˈvandɐveːk]; -[e]s, -e: *Weg für Wanderungen (der entsprechend markiert ist):* die Karte zeigt die schönsten Wanderwege der näheren Umgebung.

die **Wan|ge** [ˈvaŋə]; -, -n (geh.): *Backe:* sie gab ihm einen Kuss auf die Wange; eine dicke Träne lief ihr über die Wange.

wan|ken [ˈvaŋkn̩], wankt, wankte, gewankt: **1.** ⟨itr.; ist⟩ *sich schwankend bewegen und umzufallen drohen:* er wankte durchs Zimmer. **2.** ⟨itr.; hat⟩: *schwankend stehen:* der Turm wankte im Sturm.

wann [van] ⟨Adverb⟩: **1.** *zu welchem Zeitpunkt, zu welcher Zeit:* wann kommst du?; wann bist du geboren?; bis, seit wann bist du hier?; du kannst kommen, wann du Lust hast. **2.** *unter welchen Voraussetzungen, Bedingungen:* ich weiß nie genau, wann man rechts überholen darf [und wann nicht].

die **Wan|ne** [ˈvanə]; -, -n: *größeres, tieferes, längliches, offenes Gefäß, bes. zum Baden:* in die Wanne steigen; sich in der Wanne entspannen. *Zus.:* Badewanne.

das **Wap|pen** [ˈvapn̩], -s, -: *meist wie ein Schild geformtes Zeichen, das symbolisch für*

W

eine Person, eine Familie, eine Stadt oder ein Land steht: das Wappen der Habsburger, der Stadt Bremen; eine Fahne mit dem Wappen der Republik Österreich. *Zus.:* Familienwappen, Landeswappen, Staatswappen, Stadtwappen.

war [va:ɐ̯]: ↑ sein.

die **Wa|re** ['va:rə]; -, -n: *etwas, was gehandelt, verkauft oder getauscht wird:* eine teure, leicht verderbliche Ware; die Ware verkauft sich gut; im Preis reduzierte Ware ist vom Umtausch ausgeschlossen. *Syn.:* Artikel, Erzeugnis, Produkt. *Zus.:* Fabrikware, Fertigware, Gebrauchtware, Handelsware, Markenware.

das **Wa|ren|haus** ['va:rənhaus]; -es, Warenhäuser ['va:rənhɔyzɐ]: *Kaufhaus:* ein großes, neues, billiges Warenhaus; in einem Warenhaus einkaufen.

warf [varf]: ↑ werfen.

warm [varm], wärmer, am wärmsten ⟨Adj.⟩: **1.** *eine verhältnismäßig hohe Temperatur habend* /Ggs. kalt/: warme Luft; warmes Wasser; warmes Wetter; ein zu warmer Winter; der Kaffee ist noch warm; ich habe die Suppe für euch warm gehalten; mir ist sehr warm, können wir ein Fenster aufmachen? *Zus.:* körperwarm, lauwarm, ofenwarm. **2.** *den Körper gegen Kälte schützend:* warme Kleidung; eine warme Decke; der Mantel ist sehr warm; sich warm anziehen. **3.** *herzliches Gefühl, Empfinden zeigend:* warme Anteilnahme, Herzlichkeit; mit warmen Worten würdigte sie die Verdienste ihrer Mitarbeiterin.

die **Wär|me** ['vɛrmə]; -: **1.** *Zustand des Warmseins:* eine angenehme, feuchte, sommerliche Wärme; die Kranke braucht viel Wärme. *Zus.:* Bettwärme, Körperwärme, Sonnenwärme. **2.** *herzliche Freundlichkeit:* Wärme ausstrahlen; mit großer Wärme von jmdm. sprechen.

wär|men ['vɛrmən], wärmt, wärmte, gewärmt: **1.** ⟨tr.; hat; jmdn., etw. w.⟩ *[wieder] warm machen, erwärmen:* das Essen wärmen; er nahm sie in die Arme, um sie zu wärmen; ich habe mich, mir die Hände am Ofen gewärmt. *Zus.:* vorwärmen. **2.** ⟨itr.; hat⟩ *Wärme geben; warm halten:* Wolle wärmt; der Ofen wärmt gut, kaum.

die **Wärm|fla|sche** ['vɛrmflaʃə]; -, -n: *meist aus Gummi bestehender flacher, mit heißem Wasser zu füllender Behälter, der zum Wärmen des Bettes oder eines Körperteils benutzt wird:* sich eine Wärmflasche auf den Bauch legen.

die **Warn|blink|an|la|ge** ['varnblɪŋk|anla:gə]; -, -n: *Vorrichtung im Auto, die (als Warnung für andere vor einer Gefahr) alle Blinker gleichzeitig blinken lässt:* der Wagen stand mit eingeschalteter Warnblinkanlage am rechten Straßenrand.

das **Warn|drei|eck** ['varndrai̯|ɛk]; -[e]s, -e: *Gegenstand in Form eines weißen Dreiecks mit rotem Rand, der im Falle einer Panne oder eines Unfalls auf der Straße aufzustellen ist:* die Unfallstelle mit einem Warndreieck sichern.

das Warndreieck

war|nen ['varnən], warnt, warnte, gewarnt ⟨tr.; hat; jmdn. vor etw. w.⟩: *auf eine Gefahr hinweisen:* den Postboten vor dem Hund warnen; ich habe sie mehrmals gewarnt *(ihr abgeraten),* sich darauf einzulassen; ⟨auch itr.⟩ sie warnte vor dem Genuss dieser Lebensmittel.

war|ten ['vartn̩], wartet, wartete, gewartet: ⟨itr.; hat; auf jmdn., etw. w.⟩: *an demselben Ort bleiben und nichts tun, bis jmd., etwas kommt oder etwas passiert:* ungeduldig, einen Augenblick, tagelang warten; [an der Haltestelle] auf den Bus warten; ich warte schon seit einer Stunde auf dich; ich kann warten *(ich habe Zeit);* worauf warten Sie?; wir warteten eine Woche auf das Ergebnis der Untersuchung. *Zus.:* erwarten.

das **War|te|zim|mer** ['vartətsɪmɐ]; -s, -: *Zimmer (z. B. in einer Arztpraxis), in dem man wartet, bis man an der Reihe ist:* ich habe stundenlang im Wartezimmer gesessen; nehmen Sie bitte [noch einen Moment] im Wartezimmer Platz.

wa|rum [va'rʊm] ⟨Adverb⟩: **1.** ⟨interrogativ⟩ *aus welchem Grund?:* warum tust du das?; ich weiß nicht, warum sie nicht gekommen ist. *Syn.:* weshalb, wieso, wofür, wozu. **2.** ⟨relativ⟩ *aus welchem Grund:* die Frage, warum Bananen krumm sind, kann ich nicht beantworten. *Syn.:* weshalb, wieso.

¹**was** [vas] ⟨Interrogativpronomen⟩: *dient der Frage nach etwas:* was ist das?; weißt du, was Bakterien sind?; ⟨ugs. in Verbindung mit Präp.⟩ für was *(wofür)* ist das gut?; um was *(worum)* geht es?; Thomas kommt heute später. – Was? *(salopp; wie bitte?);* was ist heute nur los?

²**was** [vas] ⟨Relativpronomen⟩: sie weiß nicht, was sie tun soll; ihm gefiel alles, was seine Freunde ihm geschenkt hatten.

³**was** [vas] ⟨Indefinitpronomen⟩ (ugs.): *[irgend]etwas:* ist was? *(ist etwas passiert?);* hast du schon was gegessen?; Weißt du was? – Wir backen eine Pizza; * **so was** (ugs.): *so etwas:* so was Dummes!; na, so was!

⁴**was** [vas] ⟨Adverb⟩ (ugs.): *warum:* was regst du dich so auf?; was stehst du hier herum?; ⟨in Ausrufesätzen⟩ was *(wie sehr)* hast du dich verändert!

das **Wasch|be|cken** [ˈvaʃbɛkn̩]; -s, -: *Becken, das an der Wand befestigt ist und in dem man sich wäscht:* sie stand am Waschbecken und wusch sich die Hände.

das Waschbecken

die **Wä|sche** [ˈvɛʃə]; -: **1.** *alle Kleidungsstücke, die man unmittelbar auf dem Körper und unter der Kleidung trägt:* frische Wäsche anziehen; die Wäsche wechseln. *Syn.:* Unterwäsche. *Zus.:* Damenwäsche, Herrenwäsche. **2.** *alle Textilien (bes. Kleidungsstücke, Bettwäsche, Handtücher etc.), die gewaschen werden:* die Wäsche ist noch nicht ganz trocken; die Wäsche waschen, aufhängen, trocknen, bügeln; ein Beutel, Korb für schmutzige Wäsche. *Zus.:* Bettwäsche, Buntwäsche, Feinwäsche, Kochwäsche. **3.** *Vorgang des Waschens [von Textilien]:* der Pullover ist bei der Wäsche eingelaufen; die Bluse ist gerade in der Wäsche *(wird gerade gewaschen).*

wa|schen [ˈvaʃn̩], wäscht, wusch, gewaschen ⟨tr.; hat; jmdn., sich, etw. w.⟩: *jmdn., sich, etwas mit Wasser und Seife von Schmutz befreien:* Wäsche, Strümpfe waschen; den Pullover wasche ich mit der Hand; ich wasche das Kind, mich morgens und abends; wasch dir die Hände! *Syn.:* reinigen, säubern.

die **Wä|sche|rei** [vɛʃəˈrai]; -, -en: *Betrieb, in dem Wäsche gegen Bezahlung gewaschen wird:* er holt die Wäsche aus der Wäscherei. *Syn.:* Reinigung.

der **Wä|sche|stän|der** [ˈvɛʃəʃtɛndɐ]; -s, -: *Gestell, auf dem man Wäsche trocknen kann:* sie hängte die Wäsche auf den Wäscheständer; er stellte den Wäscheständer auf den Balkon.

der **Wä|sche|trock|ner** [ˈvɛʃətrɔknɐ]; -s, -: *Maschine zum Trocknen von Wäsche mit heißer Luft:* sie legte die Wäsche in den Wäschetrockner und stellte ihn an.

der **Wasch|lap|pen** [ˈvaʃlapn̩]; -s, -: **1.** *Lappen zum Waschen des Gesichts und des Körpers:* er wusch sich mit einem Waschlappen. **2.** (ugs. abwertend) *Schwächling:* er ist ein richtiger Waschlappen! *Syn.:* Feigling.

die **Wasch|ma|schi|ne** [ˈvaʃmaʃiːnə]; -, -n: *Maschine, die die schmutzige Wäsche wäscht:* er stellte die Waschmaschine auf 40 Grad; diesen Pullover darf man nicht in der Waschmaschine waschen.

das **Wasch|mit|tel** [ˈvaʃmɪtl̩]; -s, -: *Pulver oder Flüssigkeit zum Waschen schmutziger Wäsche:* sie füllte etwas Waschmittel in die Waschmaschine ein. *Zus.:* Feinwaschmittel, Wollwaschmittel.

das **Was|ser** [ˈvasɐ]; -s, - und Wässer [ˈvɛsɐ]: **1.** *natürliche, durchsichtige, farblose Flüssigkeit, die nicht riecht und nach nichts schmeckt:* hartes, weiches, sauberes, schmutziges Wasser; ein Tropfen, Glas, Liter Wasser; das Wasser kocht; das Wasser tropft, fließt. *Zus.:* Badewasser, Grundwasser, Leitungswasser, Schmutzwasser, Trinkwasser. **2.** *Mineralwasser:* stilles Wasser; zwei Wasser und ein Bier, bitte! **3.** ⟨ohne Plural⟩ *Gewässer:* das Wasser ist sehr tief; am Wasser liegen und sich sonnen; kommst du mit ins Wasser?; etwas treibt auf dem Wasser.

der **Was|ser|fall** [ˈvasɐfal]; -[e]s, Wasserfälle [ˈvasɐfɛlə]: *über eine oder mehrere Stufen in die Tiefe stürzendes Wasser eines Flusses:* sie liefen durch den Wald, bis sie an einen kleinen Wasserfall kamen.

der **Was|ser|hahn** [ˈvasɐhaːn]; -[e]s, Wasserhähne [ˈvasɐhɛːnə]: *Vorrichtung zum Öffnen und Schließen von Wasserleitungen:* der Wasserhahn tropft; den Wasserhahn auf-, zu-, an-, abdrehen. *Zus.:* Kaltwasserhahn, Warmwasserhahn.

der **Wasserkocher** [ˈvasɐkɔxɐ]; -s, -: *elektrisch geheiztes Gefäß, in dem man Wasser zum Kochen bringt:* er goss etwas Wasser in den Wasserkocher und stellte ihn an.

wäss|rig [ˈvɛsrɪç], wässriger, am wässrigsten ⟨Adj.⟩: *mit viel Wasser:* eine wässrige Suppe; wässriger Wein; die Erdbeeren sind, schmecken wässrig. *Syn.:* fade, geschmacklos.

das **Watt** [vat]; -[e]s, -en: *Boden des Meeres, auf dem bei Ebbe kein Wasser mehr ist:* im Urlaub unternahmen sie eine Wanderung durch das Watt; barfuß im Watt spazieren gehen.

die **Wat|te** ['vatə]; -, -n: *weiches, weißes Mate-rial aus Baumwolle, das zum Verbinden oder zum Entfernen von Schminke benutzt wird:* der Arzt legte Watte auf die wunde Stelle; sie entfernte ihr Make-up mit etwas Watte; sich Watte in die Ohren stopfen.

das **WC** [ve:'tse:]; -[s], -[s]: *Toilette, die mit Wasser gespült wird:* ein modernes, sau-beres WC; die WCs sind am Ende des Flurs rechts. *Syn.:* Klo (fam.), Toilette.

Symbol für das WC

der **Wech|sel** ['vɛksl̩]; -s, -: **1.** *Veränderung in bestimmten Erscheinungen, Dingen, Geschehnissen o. Ä.:* ein rascher, dauern-der Wechsel; der Wechsel der Gezeiten; die heutigen Trends sind einem schnel-len Wechsel unterworfen. *Syn.:* Umbruch, Umschwung, Wandel. *Zus.:* Jahreswechsel, Temperaturwechsel, Wetterwechsel. **2.** *das Austauschen:* der Wechsel der Reifen, des Motoröls; der Wechsel des Arbeitsplatzes, des Wohn-sitzes; der Wechsel von einer Schule zu einer anderen. *Zus.:* Berufswechsel, Ölwechsel, Reifenwechsel, Richtungs-wechsel, Schulwechsel, Themawechsel.

wech|sel|haft ['vɛksl̩haft], wechselhafter, am wechselhaftesten ⟨Adj.⟩: *mit häufi-gen Veränderungen:* wechselhaftes Wet-ter; wechselhafte Launen; das Wetter bleibt wechselhaft. *Syn.:* unbeständig.

wech|seln ['vɛksl̩n] ⟨wechselt, wechselte, gewechselt⟩: **1.** ⟨tr.; hat; jmdn., etw. w.⟩ *etwas durch etwas Neues ersetzen:* die Wäsche, das Motoröl wechseln; sie hat den Arzt gewechselt; er hat den Arbeits-platz gewechselt. *Syn.:* tauschen. **2.** ⟨tr.; hat; etw. w.⟩ *etwas ändern:* den Glauben, das Thema wechseln. **3.** ⟨itr.; hat⟩ *sich ändern:* die Ampel wechselte von Grün auf Rot. **4.** ⟨tr.; hat; etw. w.⟩ *für eine größere Geldmenge mehrere kleinere Münzen oder Scheine im gleichen Wert geben:* jmdm. hundert Euro [in fünf 20-Euro-Scheine] wechseln; bevor sie die Grenze über-schritt, hat sie noch etwas Geld gewechselt *(in eine andere Währung umgetauscht);* ⟨auch itr.⟩ ich kann leider nicht wechseln *(habe kein Kleingeld).* *Syn.:* tauschen.

wech|sel|sei|tig ['vɛksl̩zaɪtɪç] ⟨Adj.⟩: *jeder in Bezug auf den oder die anderen:* eine wechselseitige Abhängigkeit, Liebe; die wechselseitigen Beziehungen zwischen den Staaten Europas. *Syn.:* gegenseitig.

we|cken ['vɛkn̩], weckt, weckte, geweckt ⟨tr.; hat; jmdn. w.⟩: *wach machen:* jmdn. vorsichtig, rechtzeitig wecken; sich [telefonisch] wecken lassen; weck mich bitte um sechs Uhr!

der **We|cker** ['vɛkɐ]; -s, -: *Uhr, die zu einer gewünschten Zeit klingelt:* ein elektri-scher, digitaler Wecker; der Wecker klin-gelte; den Wecker [auf 6.30 Uhr] stellen; den Wecker ausstellen; sie hat den Wecker nicht gehört. *Zus.:* Funkwecker, Radiowecker.

der Wecker

we|der ['ve:dɐ]: in der Verbindung * **weder … noch:** *nicht … und auch nicht:* dafür habe ich weder Zeit noch Geld [noch Lust]; weder meine Mutter noch mein Vater wusste[n] Bescheid.

weg [vɛk] ⟨Adverb⟩ (ugs.): **1.** *von diesem Ort an einen anderen:* (in Aufforderun-gen) weg da! *(aus dem Weg!);* weg damit!; schnell, nichts wie weg!; Finger weg von meiner Schokolade! *Syn.:* fort. **2.** *an einem bestimmten Ort nicht mehr zu finden:* zur Tür hinaus und weg war sie; die Schmer-zen, meine Schlüssel sind weg. *Syn.:* fort.

der **Weg** [ve:k]; -[e]s, -e: **1.** *kleine Straße, auf der man gehen [und fahren] kann:* ein steiler, holpriger, versteckter Weg; dieser Weg führt ins nächste Dorf. *Syn.:* Pfad. *Zus.:* Feldweg, Gehweg, Radweg, Wald-weg, Wanderweg. **2.** *Richtung, in die man gehen, fahren muss, um an ein bestimm-tes Ziel zu kommen:* jmdm. den Weg [zum Bahnhof] zeigen, erklären; der kürzeste Weg zum Flughafen; einen wei-ten Weg zur Schule haben. *Zus.:* Heim-weg, Hinweg, Rückweg. **3.** *Art und Weise, etwas zu lösen:* ich sehe nur diesen einen Weg; es gibt keinen anderen Weg, als mit ihm zu sprechen. *Syn.:* Ausweg, Methode, Möglichkeit.

Weg

Sie können sich nach dem Weg erkundi-gen, indem Sie fragen: »Entschuldigung, können Sie mir sagen, wie ich … (z. B. zum Bahnhof / zur Schillerstraße / in die Innenstadt / nach Grünstadt) komme?«

W

weg- [vɛk] ⟨trennbares, betontes verbales Präfix⟩: **1.** drückt aus, dass jmd., etwas nicht mehr an einer bestimmten Stelle ist: wegbringen; wegfahren; weglaufen; wegrennen; wegwerfen; wegwollen; wegziehen. **2.** drückt aus, dass etwas nicht mehr vorhanden ist, weil ein anderer es sich genommen hat: (jmdm. etwas) wegessen; wegnehmen. **3.** drückt aus, dass etwas beseitigt werden soll: wegarbeiten; wegoperieren; wegrasieren.

we|gen [ˈveːɡn̩] ⟨Präp. mit Gen.⟩: **1.** *aufgrund von, begründet durch:* wegen des schlechten Wetters konnten wir nicht fahren; wegen Umbau[s] haben wir geschlossen. **2.** *bezüglich:* wegen der Reklamation müssen Sie sich an den Chef wenden. *Syn.:* angesichts (geh.), hinsichtlich. **3.** bezeichnet den beabsichtigten Zweck oder den Grund einer Handlung: *um ... willen:* sie hat es nicht des Geldes wegen getan; er ist wegen der Kinder bei ihr geblieben; wegen mir (ugs.; *meinetwegen*) brauchst du deine Pläne nicht zu ändern.

weg|fah|ren [ˈvɛkfaːrən], fährt weg, fuhr weg, weggefahren ⟨itr.; ist⟩: *mit einem Fahrzeug einen Ort verlassen:* er ist vor drei Stunden hier weggefahren; fahrt ihr in den Ferien weg? *(fahrt ihr an einen anderen Ort?).* *Syn.:* fortfahren.

weg|ge|hen [ˈvɛkgeːən], geht weg, ging weg, weggegangen ⟨itr.; ist⟩: *sich von einem Ort, von jmdm. entfernen:* sie ist vor einer halben Stunde weggegangen; bei dem Regen werde ich nicht mehr weggehen *(ausgehen, spazieren gehen);* der Fleck auf der Hose geht nicht mehr weg *(lässt sich nicht mehr entfernen).*

weg|lau|fen [ˈvɛklaʊfn̩], läuft weg, lief weg, weggelaufen ⟨itr.; ist⟩: *sich von einem Ort, von jmdm. schnell entfernen:* die Kinder liefen vor dem Hund weg; wenn ich keinen guten Service anbiete, laufen mir die Kunden weg; der Junge ist von zu Hause weggelaufen.

weg|neh|men [ˈvɛkneːmən], nimmt weg, nahm weg, weggenommen ⟨tr.; hat⟩: **1.** ⟨etw. w.⟩ *von einer Stelle nehmen, fortnehmen:* das oberste Buch wegnehmen; würden Sie bitte Ihre Sachen hier wegnehmen? *Syn.:* entfernen. **2.** ⟨jmdm. jmdn., etw. w.⟩ *(etwas, was ein anderer hat) an sich nehmen:* der Vater nahm dem Kind den Ball weg; der Junge nahm der Frau im Bus den Platz weg.

der **Weg|wei|ser** [ˈveːkvaɪzɐ]; -s, -: *Schild, auf dem angegeben wird, wohin der Weg*

führt: sie mussten beim Wandern auf die Wegweiser achten. *Syn.:* Markierung.

 der Wegweiser

weg|wer|fen [ˈvɛkvɛrfn̩], wirft weg, warf weg, weggeworfen ⟨tr.; hat; etw. w.⟩: **1.** *etwas auf den Boden fallen und liegen lassen:* er warf seine Zigarette weg; im Wald darf man nichts wegwerfen. **2.** *etwas, was man nicht mehr braucht, in den Müll werfen:* alte Zeitungen, die Quittung wegwerfen; der Joghurt ist schlecht, den musst du wegwerfen.

weg|zie|hen [ˈvɛktsiːən], zieht weg, zog weg, weggezogen: **1.** ⟨tr.; hat; etw. w.⟩ *zur Seite ziehen:* die Vorhänge wegziehen; jmdm. das Bettzeug wegziehen. **2.** ⟨itr.; ist; [aus, von etw.]⟩ *an einen anderen Ort [um]ziehen:* sie sind [aus Stuttgart] weggezogen; im Herbst ziehen wir von hier weg.

weh [veː], weher, am wehsten ⟨Adj.⟩ (ugs.): *schmerzend:* wehe Füße, einen wehen Zahn haben.

die **We|he** [ˈveːə]; -, -n: *schmerzhaftes Zusammenziehen der Gebärmutter bei der Geburt:* [starke, schwache] Wehen haben; die Wehen haben begonnen, sie muss schnell ins Krankenhaus.

we|hen [ˈveːən], weht, wehte, geweht ⟨itr.; hat⟩: **1.** *durch Wind bewegt werden:* ihre Haare wehten im Wind. *Syn.:* flattern. **2.** *als Wind in Erscheinung treten:* heute weht ein kalter Wind aus Osten.

weh|ren [ˈveːrən], wehrt, wehrte, gewehrt *etwas nicht einfach hinnehmen, sondern Widerstand leisten:* sie wehrte sich heftig gegen den Angriff des Mannes; er wehrte sich gegen die Vorwürfe seines Chefs. *Syn.:* sich verteidigen.

weh|tun [ˈveːtuːn], tut weh, tat weh, wehgetan, **weh tun** (ugs.): *schmerzen:* mein/ der Kopf tut [mir] weh *(ich habe Kopfschmerzen);* wo tut es [dir] denn weh? *(wo hast du Schmerzen?);* ich habe mir [an der scharfen Kante] wehgetan; ihre Worte haben ihm wehgetan *(haben ihn sehr verletzt).*

weib|lich [ˈvaɪplɪç], weiblicher, am weiblichsten ⟨Adj.⟩: **1.** *eine Frau seiend* /Ggs. männlich/: eine weibliche Person; die weiblichen Mitglieder der Gruppe; das weibliche Geschlecht *(die Frauen).* **2.** *für*

W

Weihnachten

Weihnachten wird in Deutschland, Österreich und der Schweiz vom 24. bis zum 26. Dezember gefeiert. Offizielle Feiertage sind der 25. und der 26. Dezember. Die Bescherung (das Überreichen der Geschenke) findet am Abend des 24. Dezember (dem »Heiligen Abend«) statt. Die Geschenke werden meist unter den Weihnachtsbaum gelegt. Weihnachten ist – vor allem für Kinder – ein großes Fest; es gibt »große« Geschenke, an Ostern und an Nikolaus dagegen eher kleine. Am Weihnachtsabend gibt es meist ein einfaches Essen (z. B. Kartoffelsalat), das Festessen findet an den beiden Weihnachtsfeiertagen statt. Ein besonders beliebtes Festessen ist die Gans, in Österreich isst man gern auch Karpfen.

---

eine Frau typisch: eine [typisch] weibliche Eigenschaft; ein sehr weiblicher Duft; eine sehr weibliche *(die weiblichen Formen betonende)* Mode. *Syn.:* feminin.

weich [vaiç], weicher, am weichsten ⟨Adj.⟩: *so, dass es bei Druck leicht nachgibt* /Ggs. hart/: ein weiches Polster; ein weicher Stoff; ein weiches Fell; die Früchte sind sehr weich; etwas ist weich wie Seide; ein weich gekochtes Ei zum Frühstück. *Zus.:* butterweich.

die **Wei|de** [ˈvaidə], -, -n: *Stück Land, auf dem das Vieh grast:* eine grüne, fette Weide; Kühe grasen auf der Weide. *Syn.:* Wiese.

wei|gern [ˈvaiɡɐn], weigert, weigerte, geweigert ⟨sich w.⟩: *es ablehnen, etwas Bestimmtes zu tun:* er weigerte sich, den Befehl auszuführen; ich weigere mich, das zu glauben.

das **Weih|nach|ten** [ˈvainaxtn̩], -, - ⟨meist ohne Artikel⟩: *christliches Fest, an dem die Geburt Christi gefeiert wird:* wir feiern dieses Jahr Weihnachten bei meinen Eltern; [(bes. nordd.:) zu / (bes. südd.:) an] Weihnachten verreisen; wir hatten ein schönes Weihnachten; wir wünschen Ihnen frohe Weihnachten und ein gutes neues Jahr!; fröhliche Weihnachten!

weih|nacht|lich [ˈvainaxtlɪç], weihnachtlicher, am weihnachtlichsten ⟨Adj.⟩: *so, wie es zu Weihnachten üblich ist:* weihnachtliche Musik; es herrschte weihnachtliche Stimmung; alle Räume sind weihnachtlich geschmückt.

der Weihnachtsbaum

der **Weih|nachts|baum** [ˈvainaxtsbaum]; -[e]s, Weihnachtsbäume [ˈvainaxtsbɔymə]: *[kleine] Tanne, Fichte, Kiefer, die man zu Weihnachten bes. im Zimmer aufstellt* und mit Kerzen und anderem schmückt: ein Weihnachtsbaum mit elektrischen, echten Kerzen; jmdm. etwas unter den Weihnachtsbaum legen *(zu Weihnachten schenken).* *Syn.:* Christbaum.

das **Weih|nachts|geld** [ˈvainaxtsɡɛlt]; -[e]s: *vor Weihnachten gezahlter Teil des jährlichen Gehalts:* das Weihnachtsgeld wird mit dem Novembergehalt ausgezahlt.

der **Weih|nachts|mann** [ˈvainaxtsman]; -[e]s, Weihnachtsmänner [ˈvainaxtsmɛnɐ]: *(in der Vorstellung kleiner Kinder) bärtiger älterer Mann, der den Kindern zu Weihnachten Geschenke bringt:* morgen kommt der Weihnachtsmann; was hat der Weihnachtsmann dir denn gebracht?

der **Weih|nachts|markt** [ˈvainaxtsmarkt]; -[e]s, Weihnachtsmärkte [ˈvainaxtsmɛrktə]: *Markt, der vor Weihnachten stattfindet und auf dem man Geschenke, Schmuck für den Weihnachtsbaum usw. kaufen kann:* die Kerzen habe ich auf dem Weihnachtsmarkt gekauft.

weil [vail] ⟨Konj.⟩: leitet begründende Gliedsätze ein: er ist [deshalb] so traurig, weil sein Vater gestorben ist; weil sie eine Panne hatte, kam sie zu spät; ich konnte nicht kommen, weil ja gestern meine Prüfung war; »Warum kommst du jetzt erst?« – »Weil der Bus Verspätung hatte.«

die **Wei|le** [ˈvailə], -: *[kürzerer] Zeitraum von unbestimmter Dauer:* nachdem sie angeklopft hatte, dauerte es eine Weile, bis die Tür geöffnet wurde. *Syn.:* Zeit.

der **Wein** [vain]; -[e]s, -e: **1.** *alkoholisches Getränk aus Weintrauben:* weißer, roter, herber, trockener, süßer Wein; eine Flasche, drei Gläser Wein; weiße und rote Weine. *Zus.:* Rotwein, Spitzenwein, Weißwein. **2.** *Weintrauben:* Wein anbauen, lesen, keltern.

wei|nen [ˈvainən], weint, weinte, geweint ⟨itr.; hat⟩: *(als Ausdruck von Schmerz,* *von starker innerer Erregung) Tränen verlieren:* heftig, bitterlich weinen; vor Freude, Angst weinen; sie weinte über den Tod ihres Kindes. *Syn.:* brüllen (ugs.), flennen (ugs., abwertend), heulen (ugs.), wimmern. *Zus.:* nachweinen.

die **Wein|trau|be** ['vaintraubə]; -, -n: *(hauptsächlich für die Herstellung von Wein angebaute) in Trauben wachsende Beere einer bestimmten Pflanze; Traube:* helle, grüne, rote, blaue Weintrauben; ein Kilo Weintrauben.

die **Wei|se** ['vaizə]; -, -n: *Form, Art, wie etwas geschieht oder getan wird:* die Sachen sind auf geheimnisvolle Weise verschwunden; das erledige ich auf meine Weise. *Syn.:* Methode. *Zus.:* Ausdrucksweise, Ernährungsweise, Lebensweise.

wei|sen ['vaizn], weist, wies, gewiesen: **1.** ⟨tr.; hat; jmdm. etw. w.⟩ *zeigen:* sie wies uns den Weg. **2.** ⟨itr.; hat; irgendwohin w.⟩ *(auf etwas) zeigen, deuten:* sie wies mit der Hand zur Tür. **3.** ⟨tr.; hat; jmdn. irgendwohin w.⟩ *verbieten, dass jmd. an einem bestimmten Ort bleibt; wegschicken:* sie wies den aufdringlichen Vertreter aus dem Haus; der Schüler wurde von der Schule gewiesen *(durfte die Schule nicht mehr besuchen). Zus.:* abweisen.

die **Weis|heit** ['vaishait]; -, -en: **1.** *durch Erfahrung gewonnene innere Reife:* die Weisheit des Alters; eine Frau von großer Weisheit. *Zus.:* Altersweisheit, Lebensweisheit. **2.** *durch Erfahrung gewonnene Lehre:* diese Sprüche enthalten viele Weisheiten. *Syn.:* Erkenntnis.

¹**weiß** [vais], weißer, am weißesten ⟨Adj.⟩: *von der Farbe des Schnees* /Ggs. schwarz/: weiße Haare; ein weißer Hai; weiß *(in Weiß)* gekleidet sein; vor Angst war er ganz weiß *(sehr bleich)* geworden. *Syn.:* blass, bleich. *Zus.:* kalkweiß, kreideweiß, schneeweiß.

²**weiß** [vais]: ↑ wissen.

weiß|lich ['vaislɪç] ⟨Adj.⟩: *sich in der Farbe dem Weiß nähernd:* weißliche Blüten; der Himmel hatte eine weißliche Färbung.

der **Weiß|wein** ['vaisvain]; -[e]s, -e: *[aus hellen Trauben hergestellter] heller, gelblicher Wein:* ein trockener Weißwein.

die **Weiß|wurst** ['vaisvʊrst]; -, Weißwürste ['vaisvyrstə]: *aus Kalbfleisch hergestellte Wurst von weißlicher Farbe, die vor dem Essen warm gemacht wird:* zum Frühstück aßen wir Weißwürste.

die **Wei|sung** ['vaizʊŋ]; -, -en: *Anordnung, Anweisung:* jmdm. Weisung geben, etwas zu tun. *Syn.:* Befehl.

weit [vait], weiter, am weitesten ⟨Adj.⟩: **1.** *von großer räumlicher Ausdehnung:* eine weite Ebene. *Syn.:* groß. **2.** *eine große Entfernung, eine lange Strecke umfassend:* sie hat einen weiten Weg zur Schule; bis zur nächsten Stadt ist es sehr weit. *Zus.:* kilometerweit, meilenweit. **3.** *eine bestimmte Länge betragend:* wie weit ist es [von hier] zum Bahnhof, nach Bonn? **4.** *locker sitzend, nicht fest anliegend* /Ggs. eng/: ein weiter Rock; die Hose ist ihm zu weit. **5.** ⟨verstärkend bei Verben und Komparativen⟩ *in erheblichem Maße:* sie hat ihn darin weit übertroffen; das wäre mir weit lieber; ihr Haus ist weit größer als das ihres Bruders. *Syn.:* viel, wesentlich.

die **Wei|te** ['vaitə]; -, -n: **1.** *große räumliche Ausdehnung:* die unermessliche, unendliche Weite der Wüste; sie blickte in die Weite. **2.** *Umfang, Größe; Durchmesser einer Öffnung:* das Rohr hat eine zu geringe Weite; in der Weite passt der Rock.

wei|ter ['vaitɐ] ⟨Adverb⟩: **1.** *darüber hinaus, sonst:* sie sagte, dass sie weiter nichts wisse. *Syn.:* ansonsten, außerdem, daneben. **2.** *im weiteren Verlauf:* sie versprach, weiter für ihn zu sorgen. *Syn.:* weiterhin. **3.** bezeichnet die Fortsetzung, Fortdauer einer Bewegung, einer Handlung: halt, nicht weiter!; weiter!

wei|ter... ['vaitɐ...] ⟨Adj.⟩: *hinzukommend; sich als Fortsetzung ergebend:* haben Sie noch weitere Fragen?; alle weiteren Versuche scheiterten; eine weitere Schwierigkeit. *Syn.:* zusätzlich.

die **Wei|ter|bil|dung** ['vaitɐbɪldʊŋ]; -: *Fortbildung:* fachliche, berufliche, politische Weiterbildung.

wei|ter|fah|ren ['vaitɐfaːrən], fährt weiter, fuhr weiter, weitergefahren ⟨itr.; ist⟩: *eine begonnene Fahrt fortsetzen:* der Zug fährt weiter; sie ist mit der Straßenbahn, nach Wien weitergefahren.

der **Wei|zen** ['vaitsn]; -s: *Getreide, dessen Frucht bes. zu weißem Mehl für Brot und Kuchen verarbeitet wird:* Weizen anbauen.

¹**welch** [vɛlç]; welcher, welche, welches ⟨Interrogativpronomen und -artikel⟩: dient dazu, beim Fragen aus einer Menge, Gruppe auszuwählen: welcher Mantel gehört dir?; ich weiß leider nicht, an welchem Tag er ankommt; wel-

wenig / wenige	
Ein Adjektiv oder Partizip, das auf »wenige« folgt, wird in der Regel stark dekliniert (↑ Deklination der Adjektive): »wenige hohe Türme«, »trotz weniger	bekannter Leute«. Das gilt auch, wenn das Adjektiv (oder Partizip) nominalisiert ist: »wenig Schlechtes«, »wenige Verliebte«.

che von den beiden Farben gefällt dir besser?

²welch [vɛlç], welcher, welche, welches ⟨Relativpronomen⟩: *der, die, das:* alle Firmen, diejenigen [Personen], welche von der neuen Regelung betroffen sind.

³welch [vɛlç], welche, welcher, welches ⟨Indefinitpronomen⟩: *verweist auf jmdn., etwas Bekanntes:* ich habe keine Zigaretten, hast du welche?; ich würde dir gerne Geld geben, wenn ich welches hätte.

welk [vɛlk], welker, am welksten ⟨Adj.⟩: *(durch einen Mangel an Feuchtigkeit) nicht mehr frisch; schlaff geworden:* welkes Laub, Gemüse; eine welke Haut.

wel|ken ['vɛlkn̩], welkt, welkte, gewelkt ⟨itr.; ist⟩: *welk werden:* die Blumen fangen schon an zu welken. *Syn.:* verwelken.

die **Wel|le** ['vɛlə]; -, -n: **1.** *Wasser an der (Meeres)oberfläche, das sich auf und ab bewegt:* hohe, schäumende Wellen; die Wellen gehen hoch; eine Welle warf das Boot um; die Wellen brechen sich an den Klippen. *Zus.:* Meereswelle. **2.** *etwas, was in großem Ausmaß bzw. in mehr oder weniger dichter Folge in Erscheinung tritt [und sich ausbreitet, steigert]:* eine Welle der Gewalt erfasste das Land. **3.** *sich fortpflanzende Schwingung:* elektromagnetische Wellen. *Zus.:* Mikrowelle.

die **Welt** [vɛlt]; -, -en: **1.** *Planet Erde (als Lebensraum des Menschen):* Europa und die übrige Welt; sie hat eine Reise um die Welt gemacht; diese Briefmarke gibt es nur zweimal auf der Welt; etwas von der Welt gesehen haben. **2.** *Weltall, Universum:* Theorien über die Entstehung der Welt. **3.** *[Lebens]bereich:* die Welt des Kindes; die Welt der Technik, der Träume. *Zus.:* Arbeitswelt.

das **Welt|all** ['vɛltal]; -s: *ganzer Weltraum und alle darin existierenden materiellen Dinge, Systeme:* das unendliche Weltall; das Weltall erforschen. *Syn.:* All, Kosmos, Universum.

die **Welt|an|schau|ung** ['vɛltanʃauʊŋ]; -, -en: *bestimmte Art, die Welt, die Natur und das Wesen des Menschen zu begreifen:* sie hat eine religiös bestimmte Weltanschauung. *Syn.:* Einstellung, Gesinnung, Ideologie.

der **Welt|krieg** ['vɛltkriːk]; -[e]s, -e: *Krieg, an dem viele Länder der Welt, bes. die Großmächte beteiligt sind:* zwischen den beiden Weltkriegen.

der **Welt|raum** ['vɛltraum]; -[e]s: *Raum außerhalb der Erdatmosphäre:* der erdnahe Weltraum; den Weltraum erforschen.

wem [veːm]: *Interrogativpronomen, Relativpronomen und Indefinitpronomen; Dativ von* »wer«.

wen [veːn]: *Interrogativpronomen, Relativpronomen und Indefinitpronomen; Akk. von* »wer«.

wen|den ['vɛndn̩]: **1.** ⟨wendet, wendete, gewendet; tr.; hat; etw. w.⟩ *in eine andere Lage bringen:* den Braten, das Heu wenden. *Syn.:* umdrehen. *Zus.:* umwenden. **2.** ⟨wendet, wendete, gewendet; itr.; hat⟩ *sein Fahrzeug in die entgegengesetzte Richtung bringen:* er konnte in der engen Straße nicht [mit dem Wagen] nicht wenden. *Syn.:* umkehren. **3.** ⟨wendet, wendete/wandte, gewendet/gewandt; tr.; hat; etw. irgendwohin w.⟩ *in eine bestimmte Richtung drehen:* den Kopf zur Seite, nach hinten wenden. *Zus.:* abwenden, hinwenden, wegwenden, zuwenden. **4.** ⟨wendet, wendete/wandte, gewendet/gewandt; sich an jmdn., etw. w.⟩ *(an jmdn.) eine Frage, eine Bitte richten:* sich vertrauensvoll, Hilfe suchend an jmdn. wenden; sie hat sich schriftlich ans Konsulat gewandt/gewendet.

die **Wen|dung** ['vɛndʊŋ]; -, -en: **1.** *das Wenden:* eine rasche Wendung des Kopfes. *Zus.:* Abwendung, Hinwendung, Linkswendung, Rechtswendung. **2.** *aus mehreren Wörtern bestehende sprachliche Einheit:* sie gebrauchte in ihrem Brief eine Wendung, die ich nicht kannte. *Syn.:* Redensart, Redewendung.

¹we|nig ['veːnɪç] ⟨Indefinitpronomen und Zahladjektiv⟩: **1.** ⟨Singular⟩ *eine geringe Menge (von etwas); nicht viel:* das wenige Wasser; mit sehr wenig Geld auskommen; weniger, aber echter Schmuck; sie hat heute wenig Zeit; das Kind hat wenig gegessen; ich weiß nur wenig darüber; sie verdient zu wenig. **2.** ⟨Plural⟩ *eine geringe Anzahl; nicht zahlreich:* die Arbeit weniger Menschen; es sind nur wenige mitgegangen; sie hat es mit wenig[en] Worten erklärt.

²**we|nig** [ˈveːnɪç] ⟨Adverb⟩: *selten oder nur für kurze Zeit:* er schläft zu wenig; ich komme leider nur wenig zum Lesen. *Syn.:* kaum.

we|nigs|tens [ˈveːnɪçstn̩s] ⟨Adverb⟩: *zumindest, immerhin:* er sollte sich wenigstens entschuldigen; gut, dass es wenigstens nicht regnet. *Syn.:* mindestens.

wenn [vɛn] ⟨Konj.⟩: **1.** *für den Fall, dass …; unter der Voraussetzung, dass …; unter der Bedingung, dass …:* wenn es dir recht ist; wir wären viel früher da gewesen, wenn es nicht so geregnet hätte; wenn nötig, komme ich sofort; ich könnte, auch/selbst wenn ich wollte, nicht mitkommen. *Syn.:* falls, sofern. **2.** ⟨zeitlich⟩ *sobald:* sag bitte Bescheid, wenn du fertig bist!; wenn die Ferien anfangen, [dann] werden wir gleich losfahren. **3.** ⟨zeitlich⟩ drückt mehrfache [regelmäßige] Wiederholung aus: *sooft:* wenn man ihn fragt, gibt er gerne Auskunft. **4.** ⟨die Aussage des übergeordneten Satzes einschränkend in Verbindung mit »auch«⟩ *obwohl, obgleich:* wenn es auch anstrengend war, Spaß hat es doch gemacht. **5.** ⟨in Verbindung mit »doch« oder »nur«⟩ leitet einen Wunschsatz ein: wenn sie doch endlich käme! **6.** ⟨in Verbindung mit »als« oder »wie«⟩ leitet eine irreale vergleichende Aussage ein: es ist, wie wenn alles sich gegen uns verschworen hätte; er tut so, als wenn er es nicht wüsste.

¹**wer** [veːɐ̯] ⟨Interrogativpronomen⟩: fragt nach Personen: ⟨Nom.⟩ wer war das?; wer kommt mit?; ⟨Gen.⟩ wessen erinnerst du dich?; wessen Buch ist das?; ⟨Dativ⟩ wem hast du das Buch gegeben?; mit wem spreche ich?; ⟨Akk.⟩ wen stört das?; für wen ist der Pullover?

²**wer** [veːɐ̯] ⟨Relativpronomen⟩: *diejenige Person, die:* ⟨Nom.⟩ wer das tut, hat die Folgen zu tragen; ⟨Gen.⟩ wessen er sich erbarmte, der wurde verschont; ⟨Dativ⟩ wem es nicht gefällt, der soll es bleiben lassen; ⟨Akk.⟩ wen man in seine Wohnung lässt, dem muss man vertrauen können.

³**wer** [veːɐ̯] ⟨Indefinitpronomen⟩ (ugs.): *jemand:* ⟨Nom.⟩ ist da wer?; ⟨Dativ⟩ das hätte ich weder ihr noch sonst wem

zugetraut; ⟨Akk.⟩ wen fragen, der dabei war.

wer|ben [ˈvɛrbn̩], wirbt, warb, geworben: **1.** ⟨itr.; hat; [für etw.] w.⟩ *Werbung machen:* die Firma wirbt [für ihre Produkte] vor allem in Zeitungen und im Fernsehen. **2.** ⟨tr.; hat; jmdn., etw. w.⟩ *als Kunden, Käufer, Mitglied oder dergleichen gewinnen:* jmdn. als Mitglied, Abonnenten werben; neue Kunden werben. *Zus.:* abwerben, anwerben. **3.** ⟨itr.; hat; um jmdn., etw. w.⟩ (geh.) *sich bemühen (um jmdn., etwas):* um jmds. Vertrauen werben; er wirbt schon lange um sie *(sucht sie [zur Frau] zu gewinnen).*

die **Wer|bung** [ˈvɛrbʊŋ]; -, -en: *Maßnahmen, deren Ziel es ist, Menschen zu einem bestimmten Verhalten zu bewegen, bes. dazu, bestimmte Produkte zu kaufen:* aufdringliche, störende Werbung; die Werbung der Partei kommt nicht gut an; die Werbung für unsere Produkte muss verbessert werden. *Syn.:* Reklame. *Zus.:* Fernsehwerbung, Rundfunkwerbung, Zeitungswerbung.

wer|den [ˈveːɐ̯dn̩], wird, wurde, geworden/worden: **1.** ⟨Vollverb; itr.; ist; 2. Partizip: geworden; irgendwie w.⟩ *in einen bestimmten Zustand kommen; eine bestimmte Eigenschaft bekommen:* ich werde allmählich müde, ungeduldig; meine Mutter ist gestern 70 [Jahre alt] geworden; das Wetter wird wieder besser; ⟨unpers.⟩ morgen soll es sehr heiß werden; plötzlich wurde [es] mir übel, schwindlig. **2.** ⟨Vollverb; itr.; ist; 2. Partizip: geworden; etw. (Nom.) w.⟩ *eine Entwicklung (zu etwas Bestimmtem) durchmachen:* er wird Bäcker; sie will seine Frau werden; die Zeichnung, das Foto ist nichts geworden *(ist nicht gelungen).* **3.** ⟨Vollverb; itr.; ist; 2. Partizip: geworden; zu etw. w.⟩ *sich (zu etwas Bestimmtem) entwickeln, in etwas Bestimmtes verwandeln:* das Wasser ist zu Eis geworden; er wurde über Nacht zum Millionär. **4.** ⟨Vollverb; itr.; ist; 2. Partizip: geworden; aus etw. w.⟩ *entstehen, sich entwickeln:* aus Liebe wurde Hass; aus diesem Plan wird nichts *(er wird nicht verwirklicht werden).* **5.** ⟨Vollverb; itr.; ist; 2. Partizip: geworden; unpers.; es wird etw.⟩ *(als Zeitraum, Zeitpunkt) unmittelbar bevorstehen:* es wird Tag, Abend; es wird gleich 12 Uhr. **6.** ⟨Hilfsverb; 2. Partizip: worden⟩ dient in Verbindung mit einem Infinitiv zur Bildung des Futurs: es wird [bald] regnen; wir werden nächste

W

Woche in Urlaub fahren; sie wird krank sein *(wahrscheinlich ist sie krank);* er wird es nicht gewusst haben *(wahrscheinlich hat er es nicht gewusst).* **7.** ⟨Hilfsverb; 2. Partizip: worden⟩ dient in Verbindung mit einem 2. Partizip zur Bildung des Passivs: du wirst gerufen; sie ist dabei beobachtet worden; jetzt wird aber geschlafen! (energische Aufforderung). **8.** ⟨Hilfsverb; 2. Partizip: worden; Konjunktiv »würde«⟩ dient in Verbindung mit einem Infinitiv zur Umschreibung des Konjunktivs: ich würde kommen / gekommen sein, wenn das Wetter besser wäre / gewesen wäre; würdest du das bitte erledigen?

wer|fen [ˈvɛrfn̩], wirft, warf, geworfen: **1.** ⟨tr.; hat; etw. w.⟩ *mit Schwung durch die Luft fliegen lassen:* sie hat den Ball 50 Meter weit geworfen; er warf alle Kleider von sich; ⟨auch itr.⟩ sie wirft gut. *Syn.:* schleudern, schmettern. *Zus.:* abwerfen, hinabwerfen, hinauswerfen, hinunterwerfen, nachwerfen, zuwerfen. **2.** ⟨tr.; hat; etw. irgendwohin w.⟩ *fallen lassen:* sie hat das Papier einfach auf den Boden geworfen. *Syn.:* knallen, pfeffern (ugs.). **3.** ⟨sich irgendwohin w.⟩ *sich unvermittelt, mit Wucht irgendwohin fallen lassen:* sie warf sich aufs Bett; er wollte sich vor den Zug werfen.

die **Werft** [vɛrft]; -, -en: *Anlage zum Bauen und Ausbessern von Schiffen:* das Schiff kommt zur Reparatur in die Werft. *Zus.:* Bootswerft, Schiffswerft.

das **Werk** [vɛrk]; -[e]s, -e: **1.** *das Handeln, Tätigsein; angestrengtes Arbeiten:* ein schwieriges, mühevolles Werk; ein Werk der Barmherzigkeit; die Helfer haben ihr Werk beendet. *Syn.:* Arbeit. **2.** *etwas, was durch [künstlerische] Arbeit hervorgebracht wurde oder wird:* ein großes Werk der Malerei; sie kennt alle Werke dieses Dichters; der junge Musiker wollte ein großes Werk schaffen. *Syn.:* Arbeit. *Zus.:* Bauwerk, Bühnenwerk, Kunstwerk. **3.** *technische Anlage; Fabrik:* ein chemisches Werk; der Elektrokonzern hat drei neue Werke gebaut; in diesem Werk werden Flugzeugteile hergestellt. *Syn.:* Betrieb. *Zus.:* Elektrizitätswerk, Gaswerk, Zementwerk. **4.** *Getriebe eines Apparates, einer Maschine:* das Werk einer Uhr; die alte Orgel hat noch ein mechanisches Werk. *Zus.:* Uhrwerk.

die **Werk|statt** [ˈvɛrkʃtat]; -, Werkstätten [ˈvɛrkʃtɛtn̩]: *Raum, in dem ein Handwerker seine Geräte hat und arbeitet:* der Schreiner arbeitet in seiner Werkstatt; den Wagen in die Werkstatt *(zur Reparatur)* bringen. *Syn.:* Atelier. *Zus.:* Autowerkstatt, Reparaturwerkstatt, Schreinerwerkstatt, Tischlerwerkstatt.

der **Werk|tag** [ˈvɛrktaːk]; -[e]s, -e: *jeder Tag einer Woche mit Ausnahme von Sonn- und Feiertagen:* der Bus verkehrt nur an Werktagen; an Werktagen haben wir ab 9 Uhr geöffnet.

werk|tags [ˈvɛrktaːks] ⟨Adverb⟩: *an Werktagen:* werktags hat sie wenig Zeit zum Lesen.

das **Werk|zeug** [ˈvɛrktsɔyk]; -[e]s, -e: **1.** *einzelner Gegenstand, mit dessen Hilfe etwas bearbeitet oder hergestellt wird:* der Hammer ist ein Werkzeug. *Syn.:* Gerät, Instrument. **2.** ⟨ohne Plural⟩ *alle Geräte, die für die Arbeit gebraucht werden:* die Handwerker haben ihr Werkzeug mitgebracht; das Werkzeug der Klempnerin.

wert [veːɐ̯t]: in den Verbindungen * **etwas** (Akk.) **wert sein:** *einen bestimmten Wert, Preis haben:* der Schmuck war eine halbe Million Euro wert; diese Maschine ist nichts wert, ist ihr Geld nicht wert; * **jmds., einer Sache wert sein:** *jmds., einer Sache würdig sein; jmdn., etwas verdienen:* das Thema ist einer näheren Betrachtung wert; die Umbaukosten sind nicht der Rede wert; das ist nicht der Mühe wert.

der **Wert** [veːɐ̯t]; -[e]s, -e: **1.** *Preis:* das Haus hat einen Wert von 200 000 Euro; der Wert des Schmuckes ist gering. *Zus.:* Anschaffungswert, Materialwert, Tauschwert, Warenwert. **2.** ⟨Plural⟩ *Besitz, der sehr wertvoll ist:* der Krieg hat viele Werte zerstört. *Syn.:* Vermögen. **3.** ⟨ohne Plural⟩ *Bedeutung, Wichtigkeit:* der künstlerische Wert des Bildes; der Wert dieser Entdeckung wurde erst später erkannt; ihre Hilfe war uns von großem Wert. *Syn.:* Qualität. *Zus.:* Aussagewert, Wohnwert. * **auf etwas** (Akk.) **Wert legen:** *etwas für sehr wichtig halten:* er legte sehr großen Wert auf ihr Urteil; ich lege überhaupt keinen Wert auf deinen Kommentar! **4.** *in Zahlen ausgedrücktes Ergebnis einer Messung oder Untersuchung:* die Werte von einer Skala, einem Messgerät ablesen. *Syn.:* Zahl. *Zus.:* Durchschnittswert, Höchstwert, Messwert, Mindestwert.

-wert [veːɐ̯t] ⟨adjektivisches Suffix; Basiswort ist ein Nomen⟩: drückt in Bildungen mit nominalisierten Verben aus, dass sich etwas lohnt oder dass die beschriebene Person oder Sache es verdient, dass etwas gemacht wird: anerkennenswert; beachtenswert; bedauernswert; begehrenswert; beneidenswert; empfehlenswert; erstrebenswert; lebenswert; liebenswert; sehenswert.

wer|ten [ˈveːɐ̯tn̩], wertet, wertete, gewertet ⟨tr.; hat; etw. [irgendwie] w.⟩: *beurteilen:* seine durchschnittliche Note in der Prüfung ist bei ihm noch als Erfolg zu werten; der schlechteste Sprung eines Skispringers wird nicht gewertet; ⟨auch itr.⟩ die Schiedsrichter haben sehr unterschiedlich gewertet. *Syn.:* bewerten.

wert|voll [ˈveːɐ̯tfɔl], wertvoller, am wertvollsten ⟨Adj.⟩: **1.** *kostbar:* wertvoller Schmuck; beim Schälen des Apfels gehen wertvolle Vitamine verloren. **2.** *sehr nützlich:* ein wertvoller Hinweis, Ratschlag; seine Hilfe war sehr wertvoll.

das **We|sen** [ˈveːzn̩], -s, -: **1.** ⟨ohne Plural⟩ *das Besondere einer Sache:* das trifft nicht das Wesen der Sache; das liegt im Wesen der Kunst. *Syn.:* Natur. **2.** ⟨ohne Plural⟩ *Charakter eines Menschen:* sein Wesen blieb ihr fremd; ihr ganzes Wesen strahlt Freude, Zuversicht aus; ein freundliches, einnehmendes Wesen haben; sein wahres Wesen zeigte er nie. *Syn.:* Art, Natur. **3.** *etwas, was in bestimmter Gestalt existiert:* fantastische, irdische Wesen; weit und breit war kein menschliches Wesen zu sehen; sie glaubten an ein höheres Wesen. *Zus.:* Fabelwesen, Fantasiewesen.

we|sent|lich [ˈveːzn̩tlɪç], wesentlicher, am wesentlichsten ⟨Adj.⟩: **1.** *von entscheidender Bedeutung; wichtig:* ein wesentliches Merkmal; zwischen den beiden Methoden besteht ein wesentlicher Unterschied. *Syn.:* bedeutend, maßgeblich, relevant, zentral. **2.** ⟨verstärkend bei Adjektiven im Komparativ und bei Verben⟩ *um vieles; in hohem Grad:* er ist wesentlich größer als sein Bruder; sie hat sich nicht wesentlich verändert; das ist wesentlich teurer, als ich dachte. *Syn.:* erheblich, viel.

wes|halb [vɛsˈhalp] ⟨Adverb⟩: **1.** ⟨interrogativ⟩ *aus welchem Grund?:* weshalb willst du nach Hause gehen?; weshalb hast du das getan? *Syn.:* warum, wieso, wofür, wozu. **2.** ⟨relativisch⟩ *aus welchem Grund:* der wirkliche Grund, weshalb sie sich so entschieden hatte, blieb unklar; weshalb er wirklich kündigte, sagte er nicht. *Syn.:* warum, wieso.

wes|sen [ˈvɛsn̩]: Interrogativpronomen, Relativpronomen und Gen. von »wer« und »was«.

West [vɛst]: ⟨ohne Artikelwort, nicht flektierbar⟩: *Westen:* der Wind kommt aus, von West; Menschen aus Ost und West kommen zusammen.

die **Wes|te** [ˈvɛstə]; -, -n: *ärmelloses, vorne meist durchgeknöpftes Kleidungsstück, das über dem Oberhemd oder über einer Bluse getragen wird:* ein Anzug mit Weste. *Zus.:* Anzugweste, Strickweste.

der **Wes|ten** [ˈvɛstn̩]; -s: **1.** *Himmelsrichtung, in der die Sonne untergeht:* von, nach, im Westen; die Sonne stand schon tief im Westen; die Wolken kommen von/vom Westen [her]. **2.** *westlicher Teil eines Landes, einer Stadt:* wir fahren im Urlaub in den Westen Frankreichs; *** der Wilde Westen:** *Gebiet im Westen Nordamerikas zur Zeit der Kolonisation im 19. Jh.* **3.** *Westeuropa, Kanada und die USA im Hinblick auf ihre politische, weltanschauliche Gemeinsamkeit:* eine Stellungnahme des Westens liegt nicht vor.

¹**west|lich** [ˈvɛstlɪç], westlicher, am westlichsten ⟨Adj.⟩: **1.** *im Westen liegend:* die westliche Grenze; der westliche Teil des Landes; der westlichste Punkt Europas. **2.** *nach Westen gerichtet:* in westlicher Richtung; das Schiff steuert westlichen Kurs.

²**west|lich** [ˈvɛstlɪç] ⟨Präp. mit Gen.⟩: *im Westen von:* die Autobahn verläuft westlich der Stadt.

³**west|lich** [ˈvɛstlɪç] ⟨Adverb; in Verbindung mit »von«⟩: westlich von Lindau.

der **Wett|be|werb** [ˈvɛtbəvɛrp]; -[e]s, -e: *Kampf, Wettstreit um die beste Leistung, um eine führende Stellung:* ein internationaler Wettbewerb; sie bekam den ersten Preis in dem Wettbewerb um die Gestaltung des Landesmuseums; unter den Firmen herrscht ein harter Wettbewerb. *Syn.:* Konkurrenz. *Zus.:* Fotowettbewerb, Schönheitswettbewerb.

die **Wet|te** [ˈvɛtə]; -, -n: *Vereinbarung, nach der derjenige, der in einer bestimmten Sache recht behält, einen vorher festgelegten Preis bekommt:* die Wette ging um 50 Euro; eine Wette abschließen; jmdm. eine Wette anbieten.

wet|ten [ˈvɛtn̩], wettet, wettete, gewettet ⟨itr.; hat⟩: **1.** *eine Wette abschließen:* er wettete um einen Kasten Bier, dass diese Mannschaft gewinnen werde; ich wette *(bin überzeugt)*, sie kommt heute nicht. **2.** *als Preis für eine Wette einsetzen:* ich

W

wette einen Kasten Bier, dass diese Mannschaft nicht gewinnt.

das **Wet|ter** ['vɛtɐ]; -s: *wechselnde Erscheinungen von Sonne, Regen, Wind, Kälte, Wärme:* heute ist sonniges Wetter; der Wetterbericht hat schlechtes Wetter gemeldet; das Wetter ändert sich, ist beständig, schlägt um; wir bekommen anderes Wetter. *Syn.:* Klima, Witterung. *Zus.:* Badewetter, Frühlingswetter, Grippewetter, Herbstwetter, Regenwetter, Reisewetter, Sommerwetter, Tauwetter.

der **Wet|ter|be|richt** ['vɛtɐbərɪçt]; -[e]s, -e: *Voraussage über das zu erwartende Wetter, die von einer entsprechenden Institution erstellt und über die Medien (bes. Fernsehen) verbreitet wird:* der Wetterbericht meldet Regen und Höchsttemperaturen von acht Grad.

der **Wett|kampf** ['vɛtkampf]; -[e]s, Wettkämpfe ['vɛtkɛmpfə]: *Wettstreit:* sie hat den Wettkampf im 100-m-Lauf gewonnen.

der **Wett|streit** ['vɛtʃtrait]; -[e]s, -e: *Bemühen, besser zu sein als eine andere Person:* ein sportlicher, musikalischer Wettstreit; sie lieferten sich einen richtigen Wettstreit; der Wettstreit um die Teilnahme am Schlagerfestival. *Syn.:* Wettbewerb.

die **WG** [ve:ˈge:]: Wohngemeinschaft.

wich|tig ['vɪçtɪç], wichtiger, am wichtigsten ⟨Adj.⟩: *von wesentlicher Bedeutung:* eine wichtige Mitteilung, Persönlichkeit; in seiner Firma ist er ein wichtiger Mann; diese Arbeit ist nicht sehr wichtig; sie hielt die Sache für sehr wichtig; du nimmst die Schule nicht wichtig genug!; am wichtigsten ist, dass er bald wieder gesund wird. *Syn.:* bedeutend, ernst, relevant, wesentlich, zentral.

wi|ckeln ['vɪkl̩n], wickelt, wickelte, gewickelt ⟨tr.; hat⟩: **1.** ⟨etw. zu etw. w.⟩ *etwas so legen, dass es in eine feste, meist runde Form gebracht wird:* Garn, Wolle [zu einem Knäuel] wickeln; Schnur auf eine Rolle wickeln; ich wickelte mir einen Schal um den Hals. *Syn.:* binden, schlingen. **2.** ⟨jmdn., sich, etw. [in etw. (Akk.)] w.⟩ *um sich, jmdn. oder etwas legen:* ein Geschenk, Buch in Papier wickeln; bei dem Sturm wickelte sie sich [fest] in ihren Mantel. *Syn.:* einpacken, einwickeln, verpacken. **3.** *(einem Säugling) eine Windel umlegen:* der Kleine war frisch gewickelt; ich muss das Baby noch schnell wickeln. **4.** *aus einer Verpackung o. Ä. lösen:* das Buch aus dem Papier wickeln. *Syn.:* auspacken.

wi|der ['vi:dɐ] ⟨Präp. mit Akk.⟩ (geh.): *bezeichnet einen Gegensatz, Widerstand, eine Abneigung: gegen:* das geschah wider meinen Willen; er handelte wider besseres Wissen; wider Erwarten wurde sie befördert. *Syn.:* entgegen.

wi|der|le|gen [vi:dɐˈle:ɡn̩], widerlegt, widerlegte, widerlegt ⟨tr.; hat; etw. w.⟩: *nachweisen, dass etwas nicht zutrifft:* es war nicht schwer, seine Behauptungen zu widerlegen; diese Theorie gilt seit Langem als widerlegt.

wi|der|lich ['vi:dɐlɪç], widerlicher, am widerlichsten ⟨Adj.⟩ (abwertend): **1.** *Widerwillen, ekelerregend:* ein widerlicher Anblick; ein widerlicher Geruch kam aus der Kiste; diese Insekten sind [mir] widerlich; das Essen schmeckt ja widerlich. *Syn.:* ekelhaft, eklig, hässlich, scheußlich. **2.** *in hohem Maße unsympathisch:* so ein widerlicher Typ; euer Verhalten ist widerlich. *Syn.:* unerträglich.

wi|der|ru|fen [vi:dɐˈru:fn̩], widerruft, widerrief, widerrufen ⟨tr.; hat; etw. w.⟩: *(eine eigene Aussage) für falsch oder für ungültig erklären:* er hat seine Behauptung von gestern bereits heute widerrufen; die Angeklagte hat ihr Geständnis widerrufen; ⟨auch itr.⟩ der Angeklagte hat widerrufen. *Syn.:* abrücken von.

wi|der|spre|chen [vi:dɐˈʃprɛçn̩], widerspricht, widersprach, widersprochen: **1.** ⟨itr.; hat; jmdm., etw. w.⟩ *der Meinung eines anderen, einer Sache nicht zustimmen:* jmdm. energisch, bestimmt, höflich widersprechen; er widersprach dem Redner heftig und mit Nachdruck; der Betriebsrat widersprach den geplanten Entlassungen; dem Gutachten wurde vor Gericht widersprochen. **2.** ⟨sich w.⟩ *sich selbst widerlegen:* du widersprichst dir ja ständig selbst. **3.** ⟨itr.; hat; sich, etw. w.⟩ *sich ausschließen; im Gegensatz zu etwas stehen:* diese Entwicklung widerspricht den bisherigen Erfahrungen; die Darstellungen widersprechen einander; in vielen Punkten widersprechen sich die beiden Theorien.

der **Wi|der|spruch** ['vi:dɐʃprʊx]; -[e]s, Widersprüche ['vi:dɐʃpryçə]: **1.** *Äußerung, mit der man einer anderen Meinung o. Ä. widerspricht:* es erhob sich allgemeiner Widerspruch; ihr Widerspruch war berechtigt; er duldet keinen Widerspruch. **2.** *Nichtübereinstimmen zweier Aussagen, Erscheinungen:* zwischen seinem Reden und Handeln besteht ein heftiger Widerspruch. *Syn.:* Gegensatz, Konflikt.

wi|der|sprüch|lich ['viːdɐʃprʏçlɪç], widersprüchlicher, am widersprüchlichsten ⟨Adj.⟩: *einander widersprechend:* wir haben widersprüchliche Meldungen gehört; die Aussagen der Zeugen waren widersprüchlich. *Syn.:* entgegengesetzt.

der **Wi|der|stand** ['viːdɐʃtant]; -[e]s, Widerstände ['viːdɐʃtɛndə]: **1.** *das Sichwehren:* der organisierte, antifaschistische, innere Widerstand; der Widerstand der Bevölkerung gegen das Regime wurde immer größer; ihr Widerstand gegen diesen Plan war heftig; sie waren im Widerstand *(in einer politischen Bewegung, die Widerstand organisierte).* *Syn.:* Kampf, Protest, Verteidigung, Widerspruch. **2.** *Schwierigkeit:* sie schaffte es allen Widerständen zum Trotz. *Syn.:* Hindernis, Problem.

wi|der|ste|hen [viːdɐˈʃteːən], widersteht, widerstand, widerstanden ⟨itr.; hat⟩: **1.** ⟨etw. w.⟩ *etwas [ohne Schaden zu nehmen] aushalten:* die Häuser widerstanden dem heftigen Sturm. *Syn.:* überstehen. **2.** ⟨jmdm., etw. w.⟩ *nicht nachgeben:* sie widerstand dem Alkohol; ihrem Lächeln kann niemand widerstehen.

der **Wi|der|wil|le** ['viːdɐvɪlə]; -ns: *heftige Abneigung:* er hat einen Widerwillen gegen fettes Fleisch; sie hegt einen Widerwillen gegen ungepflegte Männer; versuch, deinen Widerwillen zu unterdrücken. *Syn.:* Antipathie, Ekel.

wi|der|wil|lig ['viːdɐvɪlɪç], widerwilliger, am widerwilligsten ⟨Adj.⟩: *sehr ungern:* Pferdefleisch esse ich nur widerwillig; widerwillig ging sie mit; er macht diese Arbeit nur widerwillig; sie gab nur eine widerwillige *(Widerwillen ausdrückende)* Antwort. *Syn.:* lustlos, unwillig.

wid|men ['vɪtmən], widmet, widmete, gewidmet: **1.** ⟨tr.; hat⟩ *(als Zeichen der Verehrung o. Ä.) ein eigenes künstlerisches, wissenschaftliches Werk für einen anderen bestimmen:* er widmete seine Sinfonien dem König; sie hat die Erstausgabe handschriftlich ihrem Ehemann, ihren Eltern gewidmet. **2.** ⟨tr.; hat; jmdm., etw. etw. w.⟩ *ausschließlich für jmdn. oder etwas verwenden:* sie widmete ihre ganze freie Zeit der Malerei; er hat der Sache nicht die nötige Aufmerksamkeit gewidmet. **3.** ⟨sich jmdm., etw. w.⟩ *sich eingehend (mit jmdm., einer Sache) beschäftigen:* sie widmet sich

ganz ihrem Beruf, ihrer Familie. *Syn.:* sich befassen mit.

die **Wid|mung** ['vɪtmʊŋ]; -, -en: *für jmdn. ganz persönlich bestimmte Worte, die in ein Buch o. Ä. geschrieben werden:* im Buch stand eine Widmung des Verfassers; er ist ganz stolz auf das Foto der Sängerin mit persönlicher Widmung.

¹**wie** [viː] ⟨Adverb⟩: **1.** ⟨interrogativ⟩ *auf welche Art und Weise:* wie geht es dir?; wie heißt du?; ich weiß nicht, wie er heißt; wie soll ich das machen?; wie kann man ihm das erklären?; wie komme ich von hier aus zum Bahnhof?; wie bitte? *(ich habe dich/Sie nicht verstanden).* **2.** ⟨interrogativ⟩ *in welchem Maße:* wie groß, wie alt bist du?; wie warm war es heute?; wie oft spielst du Tennis?; wie viel Mehl braucht man für diesen Kuchen?; wie viel[e] Kinder haben Sie? **3.** ⟨relativisch⟩ *auf welche Art und Weise:* mich stört die Art, wie er isst und trinkt. **4.** ⟨relativisch⟩ *in welchem Maße:* die Preise steigen in dem Maße, wie die Löhne erhöht werden; ich weiß nicht, wie viel sie verdient. **5.** drückt als Ausruf Erstaunen, Freude, Bedauern o. Ä. aus: wie dumm, dass du keine Zeit hast!; wie groß du bist!; ⟨auch allein stehend⟩ drückt Erstaunen, Entrüstung u. Ä. aus: »Wie! Du willst nicht mitgehen?«; ⟨bestätigt und verstärkt in Verbindung mit »und« das vorher Gesagte⟩ ist es kalt draußen? Und wie!; er ist hingefallen – aber wie!

²**wie** [viː] ⟨Konj.⟩: **1.** schließt ein Satzglied oder ein Attribut an: sie ist so groß wie ich; eine Frau wie sie; ich fühle mich gerädert; alles ist wie immer. **2.** in Vergleichssätzen: Wolfgang ist ebenso groß, wie sein Bruder im gleichen Alter war. **3.** schließt Beispiele an, die einen vorher genannten Begriff veranschaulichen: sie haben viele Tiere, wie Pferde, Schweine, Hühner usw. **4.** verknüpft die Glieder einer Aufzählung: Männer wie Frauen nahmen daran teil; das Haus innen wie außen renovieren. *Syn.:* sowie, und. **5.** leitet einen Objektsatz ein: ich sah, wie das Kind auf die Straße lief.

wie|der ['viːdɐ] ⟨Adverb⟩: **1.** *ein weiteres Mal; wie früher schon einmal:* er ist in diesem Jahr wieder nach Prag gefahren; sie hat wieder nach dir gefragt; du bist schon wieder so spät zur Schule gekommen; er hat seine Aufgaben wieder nicht gemacht; sie hat das Studium wieder aufgenommen; das darf nicht wieder vorkommen, sonst gibt es einen Verweis! *Syn.*: abermals, erneut, nochmals. **2.** drückt die Rückkehr in den früheren Zustand o. Ä. aus: ich bin wieder gesund; der umgefallene Stuhl wurde wieder aufgestellt; der junge Mann wurde wieder freigelassen; sie hob den Bleistift wieder auf; erst Jahre später trafen sie sich wieder.

die **Wie|der|ga|be** ['viːdɐgaːbə]; -, -n: **1.** *Abbildung eines Kunstwerks:* eine gute Wiedergabe eines Gemäldes von Picasso. *Zus.*: Bildwiedergabe, Farbwiedergabe, Textwiedergabe. **2.** *Aufführung eines musikalischen Werkes:* diese CD bietet endlich eine vollendete Wiedergabe dieser Kantate von Bach. *Syn.*: Spiel. *Zus.*: Klangwiedergabe, Tonwiedergabe.

wie|der|ge|ben ['viːdɐgeːbn̩], gibt wieder, gab wieder, wiedergegeben ⟨tr.; hat⟩: **1.** ⟨jmdm. etw. w.⟩ *zurückgeben:* gib dem Kind sein Spielzeug wieder! **2.** *mit Worten darstellen, berichten:* er versuchte seine Eindrücke wiederzugeben; er hatte den Vorgang völlig falsch wiedergegeben. *Syn.*: beschreiben, erzählen.

¹**wie|der|ho|len** ['viːdɐhoːlən], holt wieder, holte wieder, wiedergeholt ⟨tr.; hat; sich (Dativ) etw. w.⟩: *wieder zu sich holen:* er wird [sich] sein Buch wiederholen.

²**wie|der|ho|len** [viːdɐ'hoːlən], wiederholt, wiederholte, wiederholt: **1.** ⟨tr.; hat; etw. w.⟩ *noch einmal sagen oder tun:* er wiederholte ihre Worte; die Untersuchung musste wiederholt werden. **2.** ⟨sich w.⟩ *ein weiteres Mal, immer wieder von Neuem geschehen oder eintreten:* diese seltsame Szene wiederholte sich mehrmals; eine solche Katastrophe darf sich niemals wiederholen. *Syn.*: wiederkehren, wiederkommen. **3.** ⟨tr.; hat; etw. w.⟩ *(Stoff o. Ä.) sich von Neuem einprägen:* wir müssen zur nächsten Stunde die Vokabeln, die Übungen wiederholen.

wie|der|holt [viːdɐ'hoːlt] ⟨Adj.⟩: *mehrmals, immer wieder [erfolgend]:* er wurde wiederholt aufgefordert, sich zu melden. *Syn.*: mehrmals, oft, öfter, vielfach.

die **Wie|der|ho|lung** [viːdɐ'hoːlʊŋ]; -, -en: **1.** *das [Sich]wiederholen, das erneute Ausführen einer Handlung:* die Wiederholung dieser Prüfung ist nicht möglich; ich verzichte auf die wörtliche Wiederholung seiner Worte; es wird

eine Wiederholung der Wahl geben. **2.** *Sendung, Film, der im Rundfunk oder Fernsehen erneut ausgestrahlt wird:* während der Sommermonate gibt es viele Wiederholungen im Fernsehen.

Wie|der|hö|ren ['viːdɐhøːrən]: in der Verbindung * **[auf] Wiederhören!** (Abschiedsformel beim Telefonieren).

wie|der|keh|ren ['viːdɐkeːrən], kehrt wieder, kehrte wieder, wiedergekehrt ⟨itr.; ist⟩ (geh.): **1.** *wiederkommen:* er ist von seiner Reise bis jetzt nicht wiedergekehrt. *Syn.*: heimkehren, zurückkehren (geh.), zurückkommen. **2.** *sich wiederholen, (an anderer Stelle) ebenfalls auftreten:* dieser Gedanke kehrt im Aufsatz häufig wieder. *Syn.*: wiederkommen.

wie|der|kom|men ['viːdɐkɔmən], kommt wieder, kam wieder, wiedergekommen ⟨itr.; ist⟩: **1.** *erneut an die Stelle kommen, von der etwas ausgeht:* sie wollte in einer Woche wiederkommen. *Syn.*: heimkehren, wiederkehren (geh.), zurückkehren (geh.), zurückkommen. **2.** *sich noch einmal ereignen, erneut auftreten:* der Ausschlag ist trotz der Salbe wiedergekommen; wenn die Depression wiederkommt, gehe ich sofort in Behandlung. *Syn.*: sich ²wiederholen, wiederkehren.

wie|der|se|hen ['viːdɐzeːən], sieht wieder, sah wieder, wiedergesehen ⟨itr.; hat⟩: *(nach einer Trennung) erneut sehen, jmdm., etwas wieder begegnen:* ich habe Klaus nach acht Jahren in Berlin wiedergesehen; die Freundinnen sahen sich nach vielen Jahren wieder; ich würde Sie gerne wiedersehen!; können wir uns nächste Woche wiedersehen?

das **Wie|der|se|hen** ['viːdɐzeːən]; -s, -: **1.** *das [Sich]wiedersehen:* als alle Kinder wieder zu Hause waren, gab es ein fröhliches Wiedersehen; sie feierten ihr Wiedersehen; lasst uns auf ein baldiges Wiedersehen anstoßen!; das Wiedersehen verlief freudig. *Syn.*: Begegnung. **2.** * **[auf] Wiedersehen!** (Abschiedsformel).

die **Wie|der|ver|ei|ni|gung** ['viːdɐfɛɐ|ainɪgʊŋ]; -, -en: *das Vereinigen von etwas, was zuvor geteilt worden war, bes. von einem geteilten Staat:* die friedliche Wiedervereinigung beider Landesteile; wir feiern bald den zwanzigsten Jahrestag der deutschen Wiedervereinigung.

die **Wie|ge** ['viːgə]; -, -n: *kleines Bett; Bett für Babys, das in schaukelnde Bewegung gebracht werden kann:* das Kind in die

Wiege legen; das Baby in der Wiege schaukeln. *Zus.:* Puppenwiege.

¹**wie|gen** [ˈviːɡn̩], wiegt, wog, gewogen: **1.** ⟨tr.; hat; jmdn., sich, etw. w.⟩ *das Gewicht (von jmdm., einer Sache) mit einer Waage feststellen:* sie wog die Äpfel, das Paket, das Gepäck; er hat sich heute gewogen und festgestellt, dass er zugenommen hat. *Syn.:* abwiegen. *Zus.:* nachwiegen. **2.** ⟨itr.; hat⟩ *ein bestimmtes Gewicht haben:* er wiegt nur 60 kg; ich wiege doppelt so viel wie sie; der Brief wiegt mehr als 30 Gramm.

²**wie|gen** [ˈviːɡn̩], wiegt, wiegte, gewiegt: **1.** ⟨tr.; hat; jmdn., etw. in etw. (Dativ) wiegen⟩ *[in einer Wiege] sanft schwingend hin- und herbewegen:* das kleine Mädchen wiegt seine Puppe in den Schlaf. *Syn.:* schaukeln. **2.** ⟨itr.; hat⟩ *langsam hin- und herbewegen:* er wiegte sorgenvoll den Kopf; ⟨auch: sich w.⟩ sie wiegt sich beim Gehen in den Hüften.

wie|hern [ˈviːɐn], wiehert, wieherte, gewiehert ⟨itr.; hat⟩: *(bes. von Pferden) laute, durchdringende Laute von sich geben:* das Pferd wieherte ununterbrochen; wir amüsierten uns köstlich und wieherten vor Lachen.

die **Wie|se** [ˈviːzə], -, -n: *mit Gras bewachsene, wenig oder nicht bearbeitete Fläche:* Kühe weideten auf der Wiese; wir machten ein Picknick auf einer schönen blühenden Wiese; wir müssen die Wiese mähen, um Heu zu machen. *Syn.:* Gras, Rasen. *Zus.:* Liegewiese, Spielwiese.

wie|so [viˈzoː] ⟨Adverb⟩: **1.** ⟨interrogativ⟩ *aus welchem Grund:* wieso muss ich denn immer diese Arbeiten machen? *Syn.:* warum, weshalb. **2.** ⟨relativisch⟩ *aus welchem Grund:* der Grund, wieso sie das gesagt hat, ist mir vollkommen unbekannt. *Syn.:* warum, weshalb.

wie|weit [viˈvait] ⟨Adverb⟩: *bis zu welchem Maß, Grad:* ich weiß nicht, wieweit ich mich darauf verlassen kann.

wild [vɪlt], wilder, am wildesten ⟨Adj.⟩: **1.** *in der freien Natur lebend oder wachsend; nicht gezüchtet oder angebaut:* wilde Kaninchen, Tiere; diese Pflanzen kommen nur wild vor. **2.** *sehr lebhaft:* die Kinder sind sehr wild; wilde Leidenschaft erfüllte sie. *Syn.:* stürmisch, übermütig. **3.** *sehr zornig; heftig erregt:* der Gefangene schlug wild um sich. *Syn.:* aggressiv, grimmig, wütend.

das **Wild** [vɪlt]; -[e]s: **1.** *wild lebende Tiere, die gejagt werden dürfen:* das Wild ist sehr scheu. **2.** *Fleisch vom Wild:* wir essen heute Wild.

wild|fremd [ˈvɪltˈfrɛmt] ⟨Adj.⟩ (emotional): *ganz, völlig fremd:* selbst mit wildfremden Menschen ist sie nach einer Stunde per du.

das **Wild|le|der** [ˈvɪltleːdɐ]; -s: *weiches Leder von Rehen o. Ä. mit rauer Oberfläche:* sie trägt gern Schuhe aus Wildleder.

das **Wild|schwein** [ˈvɪltʃvain]; -[e]s, -e: **1.** *wild lebendes Schwein:* plötzlich stand ein Wildschwein mitten auf dem Waldweg. **2.** *Fleisch von Wildschweinen:* Wildschwein schmeckt am besten mit Knödeln und Preiselbeeren.

will [vɪl]: ↑ wollen.

der **Wil|le** [ˈvɪlə]; -ns, -n: *das Wollen:* das Kind hat bereits einen starken Willen; er hatte den festen Willen, sich zu bessern; es war der Wille der Verstorbenen, dass das Grundstück nicht aufgeteilt wird. *Syn.:* Entschlossenheit. *Zus.:* Mehrheitswille, Wählerwille.

wil|len [ˈvɪlən]: nur in Verbindung mit »um«: * **um ... willen** ⟨Präp. mit Gen.⟩: *mit Rücksicht auf jmdn., eine Sache; im Interesse einer Person, Sache:* um ihrer Kinder willen haben sie auf vieles verzichtet; um des lieben Friedens willen hat sie sich zurückgehalten. *Syn.:* wegen.

wil|lig [ˈvɪlɪç], williger, am willigsten ⟨Adj.⟩: *gern bereit, zu tun, was gefordert wird; guten Willen zeigend:* die Arbeiter zeigten sich sehr willig; sie ließ sich willig unterweisen. *Syn.:* gehorsam.

will|kom|men [vɪlˈkɔmən], willkommener, am willkommensten ⟨Adj.⟩: *sehr passend und erwünscht:* eine willkommene Nachricht, Gelegenheit; sie ist uns ein willkommener Gast; du bist uns immer willkommen; herzlich willkommen!; wir möchten Sie alle herzlich willkommen heißen. *Syn.:* angenehm, erfreulich, erwünscht, lieb.

wim|meln [ˈvɪml̩n], wimmelt, wimmelte, gewimmelt ⟨itr.; hat⟩: *voll sein von einer sich lebhaft durcheinanderbewegenden Menge:* im Schwimmbad wimmelte es von Kindern; die Straße wimmelte von Menschen; in der Vorratskammer wimmelt es nur so von Ungeziefer.

wim|mern [ˈvɪmɐn], wimmert, wimmerte, gewimmert ⟨itr.; hat⟩: *leise, klagend weinen:* das kranke Kind wimmerte; sie wimmerte vor Schmerzen. *Syn.:* flennen (ugs. abwertend), heulen (ugs.).

die **Wim|per** [ˈvɪmpɐ]; -, -n: *relativ kurzes, kräf-*

*tiges, meist leicht gebogenes Haar, das
mit anderen zusammen am Rand des
Lids sitzt:* das Kind hatte lange, seidige
Wimpern. *Zus.:* Augenwimper.

← die Wimper

die **Wim|pern|tu|sche** ['vɪmpɐntʊʃə]; -, -n:
*Schminke, die mit einem Bürstchen auf
die Wimpern aufgetragen wird, um sie
länger und farbiger erscheinen zu lassen:*
schwarze, blaue, braune Wimperntusche; Wimperntusche auftragen.

der **Wind** [vɪnt]; -[e]s, -e: *spürbar stärker
bewegte Luft:* ein leichter Wind erhob
sich; auf den Bergen wehte ein heftiger
Wind; der Wind kommt von Osten; der
Wind blähte die Segel und zerrte an den
Kleidern. *Syn.:* Brise, Sturm. *Zus.:* Fahrtwind, Herbstwind, Nordwind, Ostwind,
Südwind, Westwind.

der **Wind|beu|tel** ['vɪntbɔytl̩]; -s, -: *leichtes, mit
Sahne gefülltes Stück Gebäck:* zum Nachtisch gab es Windbeutel.

die **Win|del** ['vɪndl̩]; -, -n: **1.** *Tuch, das um den
Po eines Säuglings geschlungen wird, um
dessen Urin und Kot aufzunehmen:* Windeln waschen; viele benutzen statt der
Wegwerfwindeln wieder die alten Windeln aus Stoff. *Zus.:* Mullwindel, Stoffwindel. **2.** *Stück Kunststoff, das um den
Po eines Säuglings geschlungen und nach
Gebrauch weggeworfen wird:* dem Baby
eine frische Windel anziehen; kannst du
bitte noch [eine Packung] Windeln kaufen? *Zus.:* Wegwerfwindel.

win|dig ['vɪndɪç], windiger, am windigsten
⟨Adj.⟩: *mit viel Wind:* windiges Wetter;
heute ist es sehr windig draußen. *Syn.:*
stürmisch.

die **Wind|ja|cke** ['vɪntjakə]; -, -n: *sportliche
Jacke aus leichtem Material:* er zog eine
Windjacke über.

der **Wind|stoß** ['vɪntʃtoːs]; -es, Windstöße
['vɪntʃtøːsə]: *plötzlich auftretende heftige Bewegung der Luft:* zwei Windstöße
genügten, und der Sonnenschirm war
umgefallen.

die **Win|dung** ['vɪndʊŋ]; -, -en: *in Form eines
Bogens:* der Bach fließt in vielen Windungen durch das Tal. *Syn.:* Biegung,
Kurve. *Zus.:* Flusswindung.

der **Wink** [vɪŋk]; -[e]s, -e: **1.** *ein mit der Hand
gegebenes Zeichen, mit dem man auf
etwas hinweisen will:* auf einen Wink des
Gastes kam die Kellnerin herbei. *Syn.:*

Bewegung, Gebärde, Geste. **2.** *Äußerung, mit der man jmdn. meist unauffällig auf etwas aufmerksam machen will:*
man hatte ihm einen Wink gegeben,
dass die Polizei ihn suchte; ich habe
einen Wink von ihm bekommen; ein
Wink des Schicksals. *Syn.:* Anregung,
Hinweis, Idee, Tipp.

der **Win|kel** ['vɪŋkl̩]; -s, -: **1.** *geometrisches
Gebilde aus zwei Geraden, die von einem
Punkt ausgehen:* die beiden Linien bilden einen Winkel von 60 Grad. **2.** *Ecke,
die von zwei Wänden gebildet wird:* in
einem Winkel des Zimmers stand ein
Sessel. **3.** *abgelegene Gegend, Stelle:* wir
wohnen in einem ganz abgelegenen
Winkel der Stadt. *Syn.:* Ort.

win|ken ['vɪŋkn̩], winkt, winkte, winkte,
gewinkt/(ugs.:) gewunken ⟨itr.; hat⟩:
1. *eine Hand oder einen Gegenstand
hoch erhoben hin- und herbewegen, um
jmdn. zu grüßen, jmdm. ein Zeichen zu
geben o. Ä.:* du kannst der Oma winken, wenn du an ihrem Haus vorbeigehst; die Kinder standen auf dem
Bahnsteig und winkten, als die Mutter
abreiste; der Gast winkte dem Kellner,
weil er zahlen wollte. *Zus.:* herbeiwinken. **2.** *für jmdn. in Aussicht stehen:*
dem Finder winkte eine hohe Belohnung; es winken bis zu 30 % Ermäßigung. *Syn.:* bevorstehen.

der **Win|ter** ['vɪntɐ]; -s, -: *Jahreszeit zwischen
Herbst und Frühling als kälteste Zeit des
Jahres:* ein kalter, langer, milder Winter;
es ist, wird Winter.

win|ter|lich ['vɪntɐlɪç], winterlicher, am
winterlichsten ⟨Adj.⟩: *wie im Winter:*
noch im April herrschte winterliches
Wetter; winterliche Kleidung; wir mussten uns winterlich anziehen.

der **Win|ter|sport** ['vɪntɐʃpɔrt]; -[e]s: *auf Eis
oder Schnee während des Winters betriebener Sport:* Skilanglauf ist ein für jedermann geeigneter Wintersport.

der **Win|zer** ['vɪntsɐ]; -s, -, die **Win|ze|rin** ['vɪntsərɪn]; -, -nen: *Person, die Wein anbaut:*
die Winzerin pflanzte eine neue Traubensorte an.

win|zig ['vɪntsɪç], winziger, am winzigsten
⟨Adj.⟩: *sehr klein:* das Haus hat winzige
Fenster; wir haben nur eine winzige
(geringe) Chance; man glaubt nicht, wie
winzig so ein Baby sein kann; von oben
sieht alles ganz winzig aus.

wir [viːɐ̯] ⟨Personalpronomen; 1. Person
Plural⟩: *bezeichnet eine Gruppe, zu der
man selbst gehört:* wir arbeiten zusam-

men; wir Menschen; wir Grünen / (seltener:) Grüne.

die **Wir|bel|säu|le** [ˈvɪrbl̩zɔylə]; -, -n: *aus miteinander verbundenen Knochen gebildeter mittlerer langer Teil des Skeletts bei Menschen und bestimmten Tieren:* dieser Stuhl unterstützt die natürliche Krümmung der Wirbelsäule; die Lähmung beruht auf einer Verletzung der Wirbelsäule. *Syn.:* Rückgrat. *Zus.:* Brustwirbelsäule, Halswirbelsäule.

 die Wirbelsäule

wirft [vɪrft]: ↑ werfen.

wir|ken [ˈvɪrkn̩], wirkt, wirkte, gewirkt: **1.** ⟨itr.; hat; [als etw.] w.⟩ *in seinem Beruf, Bereich tätig sein:* sie wirkt an dieser Schule schon seit 20 Jahren als Lehrerin; wir hatten mit großem Eifer in der Küche gewirkt. *Syn.:* arbeiten, sich betätigen. *Zus.:* mitwirken, weiterwirken. **2.** ⟨itr.; hat; [irgendwie] w.⟩ *ein bestimmtes Ergebnis haben:* die Tabletten wirken gut, schnell; sein Zuspruch wirkt beruhigend, ermutigend; ihre Heiterkeit wirkt ansteckend; Sekt wirkt bei mir nicht anregend, sondern ermüdend; man muss diese Musik, dieses Bild erst auf sich wirken lassen. *Syn.:* sich auswirken. **3.** ⟨itr.; hat; [irgendwie] w.⟩ *einen bestimmten Eindruck machen:* sie wirkte zufrieden, heiter und fröhlich; der Faltenrock wirkt altmodisch; diese Aussage kann provozierend wirken. *Syn.:* aussehen, erscheinen. **4.** ⟨itr.; hat⟩ *eine bestimmte Wirkung haben:* das Bild, die Farbe wirkt in diesem Raum nicht; auf mich wirkt sein Machogehabe überhaupt nicht; mit den Spiegeln an den Wänden wirkt der Raum doppelt so groß. *Syn.:* beeindrucken, hermachen (ugs.), imponieren.

¹**wirk|lich** [ˈvɪrklɪç] ⟨Adj.⟩: *tatsächlich, in der Wirklichkeit vorhanden:* sie erzählt eine wirkliche Begebenheit; das wirkliche Leben sieht ganz anders aus; was du wirklich willst, weiß ich nicht; die Geschichte hat sich wirklich zugetragen; er interessiert sich nicht wirklich dafür. *Syn.:* konkret, praktisch, richtig, wahr.

²**wirk|lich** [ˈvɪrklɪç] ⟨Adverb⟩: dient der Bekräftigung, Verstärkung: *in der Tat:* sie wird wirklich kommen; ich weiß wirklich nicht, wo er ist; er hat sich wirklich entschuldigt; das ist doch Blödsinn, also wirklich!; darauf kommt es nun wirklich nicht an; es tut mir wirklich leid. *Syn.:* echt (ugs.), gewiss, tatsächlich, zweifellos.

die **Wirk|lich|keit** [ˈvɪrklɪçkait]; -, -en: *Zustand, wie man ihn tatsächlich antrifft, erlebt:* die raue, harte, politische Wirklichkeit; du musst endlich lernen, dich mit der Wirklichkeit auseinanderzusetzen; was er sagte, war von der Wirklichkeit weit entfernt. *Syn.:* Realität, Tatsache.

wirk|sam [ˈvɪrkzaːm], wirksamer, am wirksamsten ⟨Adj.⟩: *die beabsichtigte Wirkung erzielend, mit Erfolg wirkend:* ein wirksames Mittel, Medikament gegen Husten; die Maßnahme hat sich als [sehr, wenig] wirksam erwiesen; nur so kann man die Seuche wirksam bekämpfen. *Syn.:* brauchbar, effektiv.

die **Wir|kung** [ˈvɪrkʊŋ]; -, -en: *Veränderung, Ergebnis:* eine schnelle Wirkung erkennen lassen; zwischen Ursache und Wirkung unterscheiden; all mein Zureden, mein Protestieren blieb ohne Wirkung. *Syn.:* Effekt, Erfolg, Konsequenz, Resultat. *Zus.:* Bremswirkung, Heilwirkung.

wir|kungs|los [ˈvɪrkʊŋsloːs], wirkungsloser, am wirkungslosesten ⟨Adj.⟩: *ohne Wirkung bleibend; unwirksam:* alle Maßnahmen waren wirkungslos. *Syn.:* nutzlos, zwecklos.

wir|kungs|voll [ˈvɪrkʊŋsfɔl], wirkungsvoller, am wirkungsvollsten ⟨Adj.⟩: *große, starke Wirkung erzielend:* die Schaufenster sind wirkungsvoll dekoriert; diese Krankheit wurde wirkungsvoll bekämpft. *Syn.:* effektiv, wirksam.

wirr [vɪr], wirrer, am wirrsten ⟨Adj.⟩: **1.** *durcheinander:* die Haare hingen ihr wirr ins Gesicht. **2.** *unklar (und deshalb schwer zu verstehen):* wirres Zeug reden. *Syn.:* unübersichtlich, verwickelt.

der **Wirr|warr** [ˈvɪrvar]; -s: *wirres Durcheinander:* ein Wirrwarr von Stimmen. *Syn.:* Chaos, Unordnung.

der **Wir|sing** [ˈvɪrzɪŋ]; -s: *Kohl mit [gelb]grünen, krausen Blättern:* heute gibt es gekochten Wirsing mit Speck.

der **Wirt** [vɪrt]; -[e]s, -e, die **Wir|tin** [ˈvɪrtɪn]; -, -nen: *Person, die eine Wirtschaft, Gaststätte betreibt:* der dicke Wirt stand hinter der Theke und zapfte Bier. *Syn.:* Gastwirt, Gastwirtin.

die **Wirt|schaft** [ˈvɪrtʃaft]; -, -en: **1.** *alles, was*

W

mit der Produktion, dem Handel und dem Konsum von Waren, Gütern zu tun hat: *eine florierende, stagnierende Wirtschaft; die kapitalistische, globale Wirtschaft; die Wirtschaft soll angekurbelt, modernisiert werden. Syn.:* Industrie, Produktion. *Zus.:* Bauwirtschaft, Energiewirtschaft, Finanzwirtschaft, Wasserwirtschaft, Weltwirtschaft. **2.** *einfachere Gaststätte:* in die Wirtschaft gehen, um einen zu trinken. *Syn.:* Gasthof, Gastwirtschaft, Kneipe (ugs.). *Zus.:* Bahnhofswirtschaft.

wirt|schaft|lich ['vɪrtʃaftlɪç], wirtschaftlicher, am wirtschaftlichsten ⟨Adj.⟩: **1.** *auf die Wirtschaft bezogen, sie betreffend:* die wirtschaftliche Lage, Entwicklung eines Staates; ein wirtschaftlich stabiles Land. *Syn.:* ökonomisch. **2.** *finanziell günstig:* dieses Verfahren ist nicht wirtschaftlich; wirtschaftlich denken. *Syn.:* ökonomisch, sparsam.

das **Wirt|schafts|wun|der** ['vɪrtʃaftsvʊndɐ]; -s, -: *überraschender wirtschaftlicher Aufschwung:* das deutsche Wirtschaftswunder.

wi|schen ['vɪʃn̩], wischt, wischte, gewischt ⟨tr.; hat⟩ **1.** ⟨etw. irgendwohin w.⟩ *durch Streichen über eine Oberfläche entfernen:* den Staub von den Büchern wischen; ich wischte mir den Schweiß von der Stirn. *Syn.:* streichen. *Zus.:* fortwischen, wegwischen. **2.** ⟨etw. w.⟩ *(den Boden) mit einem feuchten Lappen säubern:* den Fußboden, die Treppe, die Küche wischen; ⟨auch itr.⟩ hast du hier schon gewischt? *Syn.:* putzen.

wis|sen ['vɪsn̩], weiß, wusste, gewusst ⟨itr.; hat⟩: **1.** ⟨etw. w.⟩ *im Bewusstsein, im Gedächtnis haben (und wiedergeben können):* er weiß viel auf diesem Gebiet; ich weiß weder seinen Namen noch seine Adresse; ich weiß nicht mehr, wo ich das gelesen habe; ich weiß die Lösung. *Syn.:* kennen. **2.** ⟨etw. w.⟩ *sich (über etwas) im Klaren sein; sich (einer Sache) sicher sein:* er weiß nicht, was er will; ich weiß wohl, welche Folgen dieser Entschluss für mich hat. **3.** ⟨mit Infinitiv mit »zu«⟩ *die Fähigkeit haben, etwas Bestimmtes zu tun:* die Kleine weiß sich zu helfen; einen guten Kognak wusste sie zu schätzen.

das **Wis|sen** ['vɪsn̩]; -s: *Gesamtheit der Kenntnisse, die jmd. [auf einem bestimmten Gebiet] hat:* er hat ein enormes Wissen. *Zus.:* Hintergrundwissen, Spezialwissen.

die **Wis|sen|schaft** ['vɪsn̩ʃaft]; -, -en: *forschende Tätigkeit in einem bestimmten Bereich, der Wissen hervorbringt:* die Wissenschaft fördern; in der Wissenschaft tätig sein; die Astronomie ist eine der ältesten Wissenschaften. *Zus.:* Geschichtswissenschaft, Kunstwissenschaft, Literaturwissenschaft, Musikwissenschaft, Politikwissenschaft, Rechtswissenschaft, Sprachwissenschaft, Wirtschaftswissenschaft.

der **Wis|sen|schaft|ler** ['vɪsn̩ʃaftlɐ]; -s, -, die **Wis|sen|schaft|le|rin** ['vɪsn̩ʃaftlərɪn]; -, -nen: *Person, die im Bereich der Wissenschaft tätig ist:* an dem Projekt arbeiten Wissenschaftler mehrerer Fachrichtungen; eine namhafte Wissenschaftlerin. *Syn.:* Forscher, Forscherin, Gelehrte, Gelehrter.

wis|sen|schaft|lich ['vɪsn̩ʃaftlɪç] ⟨Adj.⟩: *der Wissenschaft entsprechend, zur Wissenschaft gehörend:* ein wissenschaftliches Buch; wissenschaftlich arbeiten, forschen.

wis|sens|wert ['vɪsn̩sveːɐ̯t], wissenswerter, am wissenswertesten ⟨Adj.⟩: *wert, gewusst zu werden:* wissenswerte Tatsachen; das Buch enthält Unterhaltsames und Wissenswertes. *Syn.:* interessant.

die **Wit|te|rung** ['vɪtərʊŋ]; -, -en: *Wetter [eines bestimmten Zeitraums]:* die kalte, warme, feuchte Witterung der letzten Wochen. *Syn.:* Klima.

die **Wit|we** ['vɪtvə]; -, -n: *Frau, deren Ehemann gestorben ist:* sie ist schon lange Witwe.

der **Wit|wer** ['vɪtvɐ]; -s, -: *Mann, dessen Ehefrau gestorben ist:* er ist Witwer.

der **Witz** [vɪts]; -es, -e: *kurze Geschichte mit einer Pointe am Schluss, die zum Lachen reizt:* ein guter Witz; Witze erzählen.

wit|zig ['vɪtsɪç], witziger, am witzigsten ⟨Adj.⟩: *auf geistreiche Art lustig:* ein witziger Kerl; eine witzige Bemerkung, Geschichte, Zeichnung. *Syn.:* amüsant, humorvoll, komisch, ulkig (ugs.).

witz|los ['vɪtsloːs], witzloser, am witzlosesten ⟨Adj.⟩ (ugs.): *ohne Sinn und ohne Reiz; der eigentlichen Absicht nicht mehr entsprechend:* es ist ja witzlos, bei diesem Wetter zu verreisen.

wo [voː] ⟨Adverb⟩: **1.** ⟨interrogativ⟩ *an welchem Ort, an welcher Stelle:* wo ist das Buch?; ich weiß nicht, wo er wohnt. **2.** ⟨relativisch⟩ *an welchem Ort, an welcher Stelle:* die Stelle, wo das Unglück passierte.

die **Wo|che** ['vɔxə]; -, -n: *Zeitraum von sieben Tagen (der als Woche im Kalender mit dem Montag beginnt und mit dem Sonn-*

W

tag endet): diese Woche habe ich keine Zeit; ruf mich bitte Anfang nächster Woche an; er bekommt vier Wochen Urlaub. *Zus.:* Ferienwoche, Osterwoche.

das **Wo|chen|en|de** ['vɔxn̩lɛndə]; -s, -n: *(Samstag und Sonntag umfassendes) Ende der Woche, an dem im Allgemeinen nicht gearbeitet wird:* ich bin am Wochenende zu Hause; übers Wochenende verreisen; »Schönes Wochenende!« – »Danke, gleichfalls!«

der **Wo|chen|tag** ['vɔxn̩ta:k]; -[e]s, -e: **1.** *Tag der Woche:* der erste Juli fällt in jedem Jahr auf denselben Wochentag wie der erste April; das Geschäft ist an allen Wochentagen geöffnet. **2.** *Werktag:* das Ticket gilt nur an Wochentagen.

wö|chent|lich ['vœçn̩tlɪç] ⟨Adj.⟩: *in jeder Woche [wiederkehrend, erfolgend, vorkommend]:* bei einer ihrer wöchentlichen Zusammenkünfte; wir treffen uns wöchentlich zweimal / zweimal wöchentlich.

wo|durch [vo'dʊrç] ⟨Pronominaladverb⟩: **1.** ⟨interrogativ⟩ *durch welche Sache:* wodurch wurde der Unfall verursacht? **2.** ⟨relativisch⟩ *durch welche Sache:* alles, wodurch es zu Verzögerungen kommen kann, ist zu unterlassen.

wo|für [vo'fy:ɐ̯] ⟨Pronominaladverb⟩: **1.** ⟨interrogativ⟩ *für welche Sache:* wofür brauchst du das Geld? *Syn.:* wozu. **2.** ⟨relativisch⟩ *für welche Sache:* das ist etwas, wofür ich kein Verständnis habe.

wog [vo:k]: ↑ wiegen.

wo|her [vo'he:ɐ̯] ⟨Adverb⟩: **1.** ⟨interrogativ⟩ *von wo:* woher kommst du? **2.** ⟨relativisch⟩ *von wo:* er soll wieder dorthin gehen, woher er gekommen ist.

wo|hin [vo'hɪn] ⟨Adverb⟩: **1.** ⟨interrogativ⟩ *zu welchem Ort:* wohin gehen wir? **2.** ⟨relativisch⟩ *zu welchem Ort:* er eilte ins Haus, wohin sie ihm folgte.

¹**wohl** [vo:l], wohler, am wohlsten ⟨Adj.⟩: *in einem guten körperlichen [und seelischen] Zustand befindlich:* wohl aussehen; jmdm. ist nicht wohl.

²**wohl** [vo:l], besser, am besten ⟨Adverb⟩: *gut:* das ist wohl das Beste; er muss wohl oder übel kommen *(ob er will oder nicht);* leb wohl!; wohl bekomms! *(prosit!).*

³**wohl** [vo:l] ⟨Partikel⟩: **1.** dient dazu, einer Aufforderung (in Frageform) besonderen Nachdruck zu verleihen: wirst, willst du wohl den Mund halten! **2.** dient in Fragen dazu, auszudrücken, dass man etwas Bestimmtes gern wüsste, aber eine klare Antwort gar nicht erwartet: kommt er wohl noch / ob er wohl noch kommt? **3.** dient in einer Bitte (in Frageform) dazu, vorsichtige Zurückhaltung auszudrücken: kann/könnte ich mir wohl mal die Hände waschen? **4.** dient dazu, eine Aussage als Ausdruck einer [naheliegenden] Annahme oder Vermutung zu kennzeichnen: das ist wohl das Beste, was man tun kann; sie ist wohl verrückt! (ugs.: *man könnte glauben, sie ist verrückt).* *Syn.:* anscheinend, offenbar.

das **Wohl** [vo:l]; -[e]s *Zustand, in dem sich jmd. wohlfühlt:* für das Wohl der Familie sorgen. *Zus.:* Staatswohl, Volkswohl.

wohl|füh|len ['vo:lfy:lən], fühlt wohl, fühlte wohl, wohlgefühlt ⟨sich w.⟩: **1.** *sich gesund fühlen:* nach ihrer Kur fühlte sie sich sehr wohl. **2.** *ohne Sorgen sein; sich gut fühlen:* in der neuen Stadt fühlt er sich sehr wohl.

der **Wohl|stand** ['vo:lʃtant]; -[e]s: *hoher Lebensstandard:* die Familie lebt im Wohlstand.

wohl|tu|end ['vo:ltu:ənt], wohltuender, am wohltuendsten ⟨Adj.⟩: *angenehm wirkend, lindernd:* eine wohltuende Ruhe.

wohl|ver|dient ['vo:lfɛɐ̯di:nt] ⟨Adj.⟩: *jmdm. in hohem Maße zustehend:* er wird morgen seinen wohlverdienten Urlaub antreten; sie tritt, geht in den wohlverdienten Ruhestand.

der **Wohn|block** ['vo:nblɔk]; -s, -s, auch, bes. österr.: Wohnblöcke ['vo:nblœka]: *größeres Gebäude, in dem viele Wohnungen sind:* sie wohnen in einem großen Wohnblock am Stadtrand.

woh|nen ['vo:nən], wohnt, wohnte, gewohnt ⟨itr.; hat; irgendwo w.⟩: **1.** *seine Wohnung, seinen ständigen Wohnsitz haben:* er wohnt in Mannheim, in einer Villa, an der Schlossstraße, im Erdgeschoss, über uns. **2.** *vorübergehend eine Unterkunft haben:* ich wohne im Hotel, in einer Pension, bei Verwandten.

die **Wohn|ge|mein|schaft** ['vo:ngəmainʃaft]; -, -en: *Gruppe von Personen, die als Gemeinschaft ein Haus oder eine Wohnung bewohnen:* [mit jmdm.] in einer Wohngemeinschaft wohnen. *Zus.:* Studentenwohngemeinschaft.

wohn|haft ['vo:nhaft] ⟨Adj.⟩ (Amtsspr.): *irgendwo wohnend, seinen Wohnsitz habend:* er ist seit dem 1. Januar hier wohnhaft.

die **Wohn|kü|che** ['vo:nkʏçə]; -, -n: *Küche, die so eingerichtet ist, dass sie auch wie ein*

W

Wohnzimmer genutzt werden kann: eine gemütliche Wohnküche.

wohn|lich ['vo:nlıç], wohnlicher, am wohnlichsten ⟨Adj.⟩: *(von Wohnungen, Räumen usw.) so ausgestattet, dass man sich wohlfühlt:* ein wohnlich eingerichtetes Zimmer. *Syn.:* gemütlich.

der **Wohn|ort** ['vo:nlɔrt]; -[e]s, -e: *Ort, in dem eine Person wohnt:* den Wohnort wechseln.

der **Wohn|sitz** ['vo:nzıts]; -es, -e: *Wohnung an einem bestimmten Ort:* er ist ohne festen Wohnsitz; ihr zweiter Wohnsitz *(Wohnort)* ist Wien. *Zus.:* Altersworsitz, Erstwohnsitz, Hauptwohnsitz, Nebenwohnsitz, Zweitwohnsitz.

die **Woh|nung** ['vo:nʊŋ]; -, -en: *Einheit von mehreren Räumen, in der jemand wohnt:* eine [größere] Wohnung suchen. *Zus.:* Eigentumswohnung, Mietwohnung.

die Wohnung

der **Woh|nungs|markt** ['vo:nʊŋsmarkt]; -[e]s, Wohnungsmärkte ['vo:nʊŋsmɛrktə]: *Markt für (zu verkaufende oder zu vermietende) Wohnungen:* bei der angespannten Lage auf dem [Frankfurter] Wohnungsmarkt kann es Monate dauern, bis er eine Wohnung findet.

der **Wohn|wa|gen** ['vo:nva:gn̩]; -s, -: *zum Wohnen eingerichteter Anhänger für einen Pkw:* wir verreisen im Urlaub am liebsten mit dem Wohnwagen.

das **Wohn|zim|mer** ['vo:ntsımɐ]; -s, -: *Zimmer einer Wohnung, in dem man sich zur Entspannung aufhält:* er sitzt im Wohnzimmer und sieht fern.

der **Wolf** [vɔlf]; -[e]s, Wölfe ['vœlfə]: **1.** *Raubtier, das einem Schäferhund ähnelt:* ein Rudel Wölfe. **2.** *Maschine zum Zerkleinern (z. B. von Fleisch):* Fleisch durch den Wolf drehen. *Zus.:* Fleischwolf.

die Wolke (1)

die **Wol|ke** ['vɔlkə]; -, -n: **1.** *weißes oder graues Gebilde am Himmel, das aus kleinen Tropfen besteht:* weiße, graue, dicke Wolken; solche Wolken bringen Regen; die Sonne ist hinter einer Wolke versteckt. *Zus.:* Gewitterwolke, Regenwolke. **2.** *einer Wolke ähnliches Gebilde,*

das aus etwas Bestimmtem besteht: eine Wolke aus Staub, aus Dampf, aus Rauch, von Mücken. *Zus.:* Rauchwolke, Staubwolke.

wol|kig ['vɔlkıç], wolkiger, am wolkigsten ⟨Adj.⟩: *(vom Himmel) zum größeren Teil mit Wolken bedeckt:* der Himmel ist wolkig; es ist wolkig.

die **Wol|le** ['vɔlə]; -, -n: *Haare von bestimmten Tieren, bes. vom Schaf, die zu Garn, Gewebe verarbeitet wurden:* ein Knäuel Wolle; der Pullover ist aus reiner Wolle.

wol|len ['vɔlən], will, wollte, gewollt/wollen: **1.** ⟨Modalverb; hat; 2. Partizip: wollen⟩ *die Absicht, den Wunsch, den Willen haben, etwas Bestimmtes zu tun:* er will uns morgen besuchen; wir wollten gerade gehen; er will ins Ausland gehen; willst du mitfahren?; du kannst gerne mitfahren, wenn du willst; (Einleitung einer höflichen Bitte:) ich wollte Sie bitten…; er hatte eigentlich kommen wollen. **2.** ⟨Modalverb; hat; 2. Partizip: wollen⟩ dient dazu, eine von dritter Seite aufgestellte Behauptung wiederzugeben und gleichzeitig auszudrücken, dass man an deren Richtigkeit zweifelt: er will es [nicht] gewusst, gesehen haben *(behauptet, es [nicht] gewusst, gesehen zu haben).* **3.** ⟨Vollverb; itr.; hat; 2. Partizip: gewollt; etw. w.⟩ *(etwas Bestimmtes) tun, bewirken, erreichen wollen:* das habe ich nicht gewollt; er weiß [nicht], was er will; ich will auf keinen Fall, dass dir dadurch Kosten entstehen; du kannst es halten, wie du willst *(hast völlig freie Hand);* ich weiß nicht, was du willst (ugs.; *warum du dich so aufregst),* es ist doch alles in Ordnung; du musst nur wollen *(den festen Willen haben),* dann geht es auch; (in unerfüllbaren Wünschen:) ich wollte, ich hätte es nicht getan; ich will, sie wäre noch am Leben. **4.** ⟨Vollverb; itr.; hat; 2. Partizip: gewollt; irgendwohin w.⟩ (ugs.) *irgendwohin gehen, fahren usw. wollen:* ich will ins Bett, nach Hause; sie will zum Theater *(will Schauspielerin werden).* **5.** ⟨Vollverb; itr.; hat; 2. Partizip: gewollt; etw. w.⟩ *haben wollen, sich wünschen:* sie will dreitausend Euro für das Auto; sie will nur seine Ruhe. *Syn.:* begehren (geh.), fordern, verlangen.

wo|mit [vo'mıt] ⟨Pronominaladverb⟩: **1.** ⟨interrogativ⟩ *mit welcher Sache:* womit soll ich die Schraube anziehen? **2.** ⟨relativisch⟩ *mit welcher Sache:* sie tut nichts, womit du nicht einverstanden bist.

wo|mög|lich [voˈmøːklɪç] ⟨Adverb⟩: *vielleicht [sogar]:* er ist womöglich schon da. *Syn.:* eventuell.

wo|nach [voˈnaːx] ⟨Pronominaladverb⟩: **1.** ⟨interrogativ⟩ *nach welcher Sache:* wonach suchst du? **2.** ⟨relativisch⟩ *nach welcher Sache:* etwas, wonach sie sich sehnt.

wo|ran [voˈran] ⟨Pronominaladverb⟩: **1.** ⟨interrogativ⟩ *an welcher Sache:* woran erkennst du ihn?; ich frage mich, woran das liegt. **2.** ⟨interrogativ⟩ *an welche Sache:* woran denkst du? **3.** ⟨relativisch⟩ *an welcher Sache:* das ist etwas, woran es uns nicht mangelt. **4.** ⟨relativisch⟩ *an welche Sache:* das ist alles, woran ich mich erinnern kann.

wo|rauf [voˈrau̯f] ⟨Pronominaladverb⟩: **1.** ⟨interrogativ⟩ *auf welche Sache:* worauf kommt es hier an? **2.** ⟨interrogativ⟩ *auf welcher Sache:* worauf liegst du? **3.** ⟨relativisch⟩ *auf welche Sache:* das ist genau das, worauf ich gewartet habe. **4.** ⟨relativisch⟩ *auf welcher Sache:* das ist etwas, worauf du unbedingt bestehen solltest. **5.** ⟨relativisch⟩ *auf welchen Vorgang folgend:* ich gab ihm den Brief, worauf er das Zimmer verließ.

wo|raus [voˈrau̯s] ⟨Pronominaladverb⟩: **1.** ⟨interrogativ⟩ *aus welcher Sache:* woraus besteht dein Frühstück? **2.** ⟨relativisch⟩ *aus welcher Sache:* es gibt nichts, woraus man das schließen könnte. **3.** ⟨relativisch⟩ *aus welchem (eben erwähnten) Vorgang folgend:* er war sofort bereit, woraus ich schließe, dass er schon Bescheid wusste.

wo|rin [voˈrɪn] ⟨Pronominaladverb⟩: **1.** ⟨interrogativ⟩ *in welcher Sache:* worin besteht der Vorteil? **2.** ⟨relativisch⟩ *in welcher Sache:* es gibt nichts, worin sie ihm nicht überlegen wäre.

das **Wort** [vɔrt]; -[e]s, Wörter [ˈvœrtɐ] und -e: **1.** ⟨Plural: Wörter, selten -e⟩ *kleinste selbstständige sprachliche Einheit, die eine eigene Bedeutung oder Funktion hat:* ein mehrsilbiges, zusammengesetztes Wort; Wörter schreiben, buchstabieren; etwas in Worten ausdrücken; ein Satz von zehn Wörtern. *Zus.:* Eigenschaftswort, Fragewort, Reimwort. **2.** ⟨Plural: -e⟩ *von jmdm. gemachte Äußerung, ausgesprochener Gedanke:* ein Wort von Goethe; das war ein mutiges Wort; tröstende Worte sprechen; unnötige Worte machen. *Zus.:* Dankeswort, Grußwort, Stichwort.

das **Wör|ter|buch** [ˈvœrtɐbuːx]; -[e]s, Wörterbücher [ˈvœrtɐbyːçɐ]: *Nachschlagewerk,* in dem die Wörter einer Sprache verzeichnet [und erklärt] sind: ein einsprachiges, zweisprachiges, etymologisches, deutsches Wörterbuch; ein Wörterbuch der deutschen Sprache.

wört|lich [ˈvœrtlɪç], wörtlicher, am wörtlichsten ⟨Adj.⟩: *(dem Text, der Äußerung, auf die man sich bezieht) genau entsprechend:* eine wörtliche Übersetzung; das hat er wörtlich (genau so) gesagt.

der **Wort|schatz** [ˈvɔrtʃats]; -es, Wortschätze [ˈvɔrtʃɛtsə]: **1.** *alle zu einer Sprache gehörenden Wörter:* der englische Wortschatz; der Wortschatz des Deutschen. **2.** *Gesamtheit der Wörter, die eine Person kennt [und verwendet]:* sein Wortschatz ist nicht sehr groß; seinen Wortschatz erweitern.

wo|rü|ber [voˈryːbɐ] ⟨Pronominaladverb⟩: **1.** ⟨interrogativ⟩ *über welche Sache:* worüber freust du dich so? **2.** ⟨interrogativ⟩ *über welcher Sache:* worüber lag das Tuch? **3.** ⟨relativisch⟩ *über welche (eben erwähnte) Sache:* das ist etwas, worüber wir noch sprechen müssen. **4.** ⟨relativisch⟩ *über welcher (eben erwähnten) Sache:* dies war es, worüber er schon wochenlang brütete.

wo|rum [voˈrʊm] ⟨Pronominaladverb⟩: **1.** ⟨interrogativ⟩ *um welche Sache:* worum handelt es sich denn? **2.** ⟨relativisch⟩ *um welche (eben erwähnte) Sache:* es gibt vieles, worum ich dich bitten könnte.

wo|run|ter [voˈrʊntɐ] ⟨Pronominaladverb⟩: **1.** ⟨interrogativ⟩ *unter welche Sache:* worunter hast du es geschoben? **2.** ⟨interrogativ⟩ *unter welcher Sache:* worunter hat er zu leiden? **3.** ⟨relativisch⟩ *unter welche (eben erwähnte) Sache:* wir suchten etwas, worunter wir uns stellen konnten. **4.** ⟨relativisch⟩ *unter welcher (eben erwähnten) Sache:* vieles von dem, worunter sie leidet.

wo|von [voˈfɔn] ⟨Pronominaladverb⟩: **1.** ⟨interrogativ⟩ *von welcher Sache:* wovon sprichst du? **2.** ⟨relativisch⟩ *von welcher (eben erwähnten) Sache:* er erwähnte etwas, wovon ich schon gehört hatte.

wo|vor [voˈfoːɐ̯] ⟨Pronominaladverb⟩: **1.** ⟨interrogativ⟩ *vor welche Sache:* wovor hat er sich gestellt? **2.** ⟨interrogativ⟩ *vor welcher Sache:* wovor hat das Kind Angst? **3.** ⟨relativisch⟩ *vor welche (eben erwähnte) Sache:* eine Mauer oder irgendwas, wovor man den Busch setzen könnte. **4.** ⟨relativisch⟩ *vor welcher (eben erwähnten) Sache:* das ist das Einzige, wovor ich Angst habe.

wo|zu [voˈtsuː] ⟨Pronominaladverb⟩:

W

1. ⟨interrogativ⟩ *zu welcher Sache:* wozu gehört dieses Bild?; wozu *(zu welchem Zweck)* machst du das?* **2.** ⟨relativisch⟩ *zu welcher (eben genannten) Sache:* das ist etwas, wozu ich gar keine Lust habe.

wuchs [vu:ks]; ↑ wachsen.

die **Wucht** [vʊxt]; -: *Kraft, mit der etwas auf jmdn., etwas trifft:* der Stein traf sie mit voller Wucht; unter der Wucht des Schlages brach er zusammen. *Syn.:* Gewalt.

wuch|tig [ˈvʊxtɪç], wuchtiger, am wuchtigsten ⟨Adj.⟩: **1.** *mit Wucht ausgeführt:* ein wuchtiger Schlag. *Syn.:* heftig, kräftig, kraftvoll. **2.** *groß und massig:* eine wuchtige Mauer; der Bau ist wuchtig.

wüh|len [ˈvyːlən], wühlt, wühlte, gewühlt ⟨itr.; hat; in etw. (Dativ) w.⟩: *(in etwas) mit beiden Händen oder mit den Pfoten graben:* der Hund wühlte in der Erde; sie wühlte in ihrem Koffer.

wund [vʊnt], wunder, am wundesten ⟨Adj.⟩: **1.** *eine (z. B. durch Scheuern) verletzte Haut habend:* wunde Füße; sich wund laufen; das Baby ist am Po wund.; der Kranke hat sich den Rücken wund gelegen. **2.** * **ein wunder Punkt:** *Thema, Bereich, bei/in dem jmd. Probleme hat:* sein wunder Punkt sind die unregelmäßigen Verben.

die **Wun|de** [ˈvʊndə]; -, -n: *offene Stelle in der Haut; Verletzung:* eine tiefe, klaffende, eiternde Wunde; die Wunde blutet, heilt. *Zus.:* Bisswunde, Brandwunde, Kopfwunde, Operationswunde, Schnittwunde.

das **Wun|der** [ˈvʊndɐ]; -s, -: *außerordentlicher, staunenerregender Vorgang:* es ist ein Wunder geschehen; nur ein Wunder kann sie noch retten; wie durch ein Wunder blieb er unverletzt; sie hofften auf ein Wunder.

wun|der|bar [ˈvʊndɐbaːɐ̯], wunderbarer, am wunderbarsten ⟨Adj.⟩: *überaus schön, gut:* ein wunderbarer Abend; sie singt wunderbar; ein wunderbar bequemer Sessel. *Syn.:* fantastisch.

wun|dern [ˈvʊndɐn], wundert, wunderte, gewundert: **1.** ⟨itr.; hat; jmdn. w.⟩ *jmds. Erwartungen nicht entsprechen, ihn erstaunen:* seine Reaktion wunderte sie; es wundert mich, dass er nicht kommt; das wundert mich überhaupt nicht. *Syn.:* verwundern. **2.** ⟨sich über etw. (Akk.) w.⟩ *(über etwas Unerwartetes) überrascht, erstaunt sein:* ich wunderte mich über seine merkwürdigen Ansichten, sein Verhalten; wenn du so leichtsinnig bist, brauchst du dich nicht zu wundern, wenn du krank wirst. *Syn.:* staunen.

wun|der|schön [ˈvʊndɐˈʃøːn] ⟨Adj.⟩ (emotional): *ungewöhnlich schön, Freude hervorrufend:* ein wunderschöner Tag; die Blumen sind wunderschön. *Syn.:* fantastisch, großartig (emotional), herrlich.

wun|der|voll [ˈvʊndɐfɔl], wundervoller, am wundervollsten ⟨Adj.⟩ (emotional): *durch seine Art begeisternd:* ein wundervoller Strauß; die Musik ist einfach wundervoll; sie tanzt wundervoll; der Stoff ist wundervoll weich. *Syn.:* bezaubernd, fantastisch, herrlich, toll (ugs.).

der **Wunsch** [vʊnʃ]; -[e]s, Wünsche [ˈvʏnʃə]: **1.** *etwas, was man sich wünscht, worum man bittet:* er hat den Wunsch, Arzt zu werden; einen Wunsch aussprechen; sie ist auf ihren [ausdrücklichen] Wunsch [hin] versetzt worden; haben Sie noch einen Wunsch?; sie hat sich, ihrem Mann einen Wunsch erfüllt. *Syn.:* Traum. *Zus.:* Berufswunsch, Kinderwunsch. **2.** *etwas, was man einem anderen wünscht:* mit den besten Wünschen für das neue Jahr. *Zus.:* Neujahrswunsch.

wün|schen [ˈvʏnʃn̩], wünscht, wünschte, gewünscht ⟨tr.; hat⟩: **1.** ⟨sich (Dativ), jmdm. etw. w.⟩ *etwas (für sich oder andere) gern haben wollen:* etwas aufrichtig, insgeheim, von Herzen wünschen; ich wünsche mir [von euch] ein Fahrrad zum Geburtstag; er wünscht sich einen neuen Partner; ich wünschte, es wäre schon Sommer. **2.** ⟨etw. w.⟩ *verlangen:* eine Änderung wünschen; er wünscht sofort eine Antwort; sie wünscht, um 6 Uhr geweckt zu werden; was wünschen Sie [zum Abendbrot]?; die gewünschte Auskunft haben wir erhalten; ⟨auch itr.⟩ wie Sie wünschen; Sie wünschen bitte? *(womit kann ich Ihnen dienen?).* *Syn.:* wollen, bitten um. **3.** ⟨jmdm., etw. w.⟩ *hoffen, dass jmdm. etwas Gutes passiert:* jmdm. [eine] gute Nacht, guten Appetit, gute Besserung, alles Gute, [eine] gute Reise, [viel] Glück, ein gutes neues Jahr, fröhliche Weihnachten wünschen.

die **Wür|de** [ˈvʏrdə]; -, -n: **1.** ⟨ohne Plural⟩ *Wert eines Menschen:* die Würde des Menschen achten; jmdn. in seiner Würde verletzen. *Zus.:* Menschenwürde. **2.** ⟨ohne Plural⟩ *Stolz auf sich selbst:* er strahlte Würde aus; er trägt mit Würde ertragen. **3.** *mit bestimmten Ehren, hohem Ansehen verbundenes Amt:* er hat die höchsten Würden erreicht.

wür|dig [ˈvʏrdɪç], würdiger, am würdigsten ⟨Adj.⟩: *mit Würde:* eine würdige Haltung; das Jubiläum wurde würdig begangen.

der **Wurf** [vʊrf]; -[e]s, Würfe ['vʏrfə]: *das Werfen:* das war ein Wurf!; der Spieler holte zum Wurf aus. *Zus.:* Steinwurf.

der **Wür|fel** ['vʏrfl̩]; -s, -: **1.** *geometrischer Körper, der aus sechs Quadraten besteht:* die Oberfläche eines Würfels berechnen. **2.** *kleiner Gegenstand, der aus sechs gleich großen Quadraten besteht und dessen Seiten Punkte tragen (von 1 bis 6):* ein Spiel, das mit Würfeln gespielt wird.

 der Würfel (2)

wür|feln ['vʏrfl̩n], würfelt, würfelte, gewürfelt: ⟨tr.; hat; etw. w.⟩: *mit dem Würfel eine bestimmte Zahl werfen:* eine Sechs würfeln.

der **Wür|fel|zu|cker** ['vʏrfl̩tsʊkɐ]; -s, -: *Zucker in der Form von Würfeln:* sie nahm zwei Stück Würfelzucker in den Kaffee.

der **Wurm** [vʊrm]; -[e]s, Würmer ['vʏrmɐ]: *Tier mit lang gestrecktem Körper ohne Gliedmaßen, das sich durch Zusammenziehen und Strecken des Körpers nach vorn schiebt:* ein fetter Wurm; im Apfel sitzt ein Wurm; von Würmern befallene Früchte; die Amsel hat einen Wurm im Schnabel. *Zus.:* Regenwurm.

die **Wurst** [vʊrst]; -, Würste ['vʏrstə]: *Nahrungsmittel aus Fleisch, Speck, Gewürzen o. Ä.:* eine ganze, halbe, dicke, lange Wurst; zum Abendbrot essen wir Wurst und Käse; eine Scheibe Wurst aufs Brot legen; Wurst am/im Stück kaufen. *Zus.:* Bratwurst, Leberwurst.

 die Wurst
das Würstchen

das **Würst|chen** ['vʏrstçən]; -s, -: *kleine, dünne Wurst, die in Wasser heiß gemacht oder gegrillt wird:* Frankfurter Würstchen mit Senf. *Zus.:* Grillwürstchen.

die **Wur|zel** ['vʊrt͡sl̩]; -, -n: **1.** *Teil der Pflanzen, der unter der Erde ist:* dicke, neue Wurzeln; das Unkraut mit der Wurzel ausziehen. **2.** *im Kiefer sitzender Teil des Zahnes:* der Zahn hat noch eine gesunde Wurzel; der Zahnarzt muss die Wurzel behandeln. *Zus.:* Zahnwurzel.

wür|zen ['vʏrt͡sn̩], würzt, würzte, gewürzt ⟨tr.; hat; etw. [mit etw., irgendwie] w.⟩: *mit Gewürzen, Kräutern o. Ä. versehen und damit einer Speise einen bestimmten Geschmack geben:* das Gulasch, die

Suppe würzen; Reis mit Curry würzen; die Soße ist pikant gewürzt.

wür|zig ['vʏrt͡sɪç], würziger, am würzigsten ⟨Adj.⟩: *so, dass es kräftig schmeckt:* eine würzige Suppe; sie kochte immer sehr würzig. *Syn.:* ↑ herzhaft, pikant.

wusch [vu:ʃ]: ↑ waschen.

wuss|te ['vʊstə]: ↑ wissen.

wüst [vy:st], wüster, am wüstesten ⟨Adj.⟩: **1.** *nicht von Menschen bewohnt, einsam und verlassen:* eine wüste Gegend. **2.** *sehr unordentlich, unsauber o. Ä.:* eine wüste Unordnung; in seinem Zimmer sieht es wüst aus. *Syn.:* chaotisch, wirr. **3.** (abwertend) *wild, heftig:* ein wüster Kerl; eine wüste Schlägerei; die Kinder tobten wüst im Garten herum; sie sangen wüste *(derbe)* Lieder. *Syn.:* derb, rau.

die **Wüs|te** ['vy:stə]; -, -n: *sehr trockenes und heißes Gebiet der Erde, das ganz von Sand und Steinen bedeckt ist:* die heißen Wüsten der Tropen; sie ritten auf Kamelen durch die Wüste; eine Oase in der Wüste. *Zus.:* Sandwüste.

die **Wut** [vu:t]; -: *großer Ärger:* eine ohnmächtige, große Wut; eine Wut stieg in ihr auf; seine Wut an jmdm., etwas auslassen; Wut auf jmdn. haben; in Wut kommen, geraten; er wurde rot vor Wut. *Syn.:* Empörung, Zorn.

wü|tend ['vy:tn̩t], wütender, am wütendsten ⟨Adj.⟩: *voller Wut:* sie kam wütend ins Zimmer; er schrie mit wütender Stimme; sie war sehr wütend [auf/über ihn]. *Syn.:* ärgerlich, empört, zornig.

x-be|lie|big [ɪksbəˈliːbɪç] ⟨Adj.⟩ (ugs.): *irgendein; gleichgültig, wer oder was für ein:* ein x-beliebiges Buch aus dem Regal nehmen; jeder x-beliebige Mensch kann das machen; sie erzählte diese Dinge nicht jedem x-Beliebigen; das kannst du x-beliebig oft kopieren.

x-mal ['ɪksmaːl] ⟨Adverb⟩ (ugs.): *unzählige Male:* das habe ich dir doch schon x-mal gesagt!; wir haben schon x-mal darüber gesprochen. *Syn.:* oft.

das *oder* der **Yo|ga** ['jo:ga]; -[s]: *philosophische Lehre aus Indien, in der u. a. Meditation eine wichtige Rolle spielt:* traditionelles Yoga; ich mache regelmäßig Yoga.

die **Za|cke** ['tsakə]; -, -n: *spitzes Ende:* die Zacken einer Krone, einer Säge; an dem Kamm ist eine Zacke abgebrochen; die Blätter haben viele spitze Zacken; ein Stern mit fünf Zacken. *Syn.:* Spitze.

zäh [tsɛ:], zäher, am zähsten ⟨Adj.⟩: **1.** *zwar so, dass es weich ist und dass man es biegen kann, aber trotzdem fest und nicht zu dehnen:* zähes Leder; der Kunststoff ist extrem zäh; das Steak ist ja zäh wie Leder! **2.** *fast flüssig:* der Honig ist zäh; das Motoröl wird bei niedrigen Temperaturen zäh. *Syn.:* dick, zähflüssig. **3.** *nur sehr mühsam, langsam:* eine zähe Unterhaltung; der Unterricht ist furchtbar zäh; die Arbeit kommt nur zäh voran; zäh fließender *(immer wieder zum Stehen kommender)* Verkehr. **4.** *körperlich ausdauernd, robust:* ein zäher Mensch; eine zähe Gesundheit; Frauen sind oft zäher als Männer. *Syn.:* kräftig, stark.

zäh|flüs|sig ['tsɛ:flʏsɪç], zähflüssiger, am zähflüssigsten ⟨Adj.⟩: *noch etwas fest und fast flüssig:* zähflüssiges Öl; zähflüssiger Schleim. *Syn.:* dick, zäh.

die **Zahl** [tsa:l]; -, -en: **1.** *Angabe einer Menge, Größe:* die Zahl 1 000; zwei Zahlen addieren, subtrahieren, dividieren, multiplizieren; eine gerade *(durch 2 teilbare)* Zahl; genaue Zahlen über das Ausmaß der Katastrophe liegen uns bislang nicht

vor. *Syn.:* Nummer, Ziffer. **2.** ⟨ohne Plural⟩ *Anzahl von Personen, Dingen o. Ä.:* die Zahl der Mitglieder steigt ständig; eine große Zahl Besucher war/ (auch:) waren gekommen. *Syn.:* Menge.

zahl|bar ['tsa:lba:ɐ̯] ⟨Adj.⟩ (Kaufmannsspr.): *fällig zu zahlen:* die Summe ist zahlbar zum 1. April; zahlbar binnen zehn Tagen.

zah|len ['tsa:lən], zahlt, zahlte, gezahlt: **1.** ⟨tr.; hat; etw. z.⟩ *einen Geldbetrag geben, um etwas dafür zu bekommen; bezahlen:* 50 Euro, eine bestimmte Summe, einen bestimmten Preis für etwas zahlen; an wen muss ich das Geld zahlen?; den Betrag zahle ich [in] bar, in Raten, mit einem Scheck, per Überweisung; wie viel hast du dafür gezahlt?; ⟨auch itr.⟩; die Versicherung will nicht zahlen; ich zahle in/mit Dollars, mit [meiner] Kreditkarte; sie zahlte für uns mit *(bezahlte unsere Speisen und Getränke mit);* Herr Ober, [ich möchte] bitte zahlen! **2.** ⟨tr.; hat; etw. z.⟩ *eine Schuld tilgen:* Miete, Steuern, die Beiträge für die Krankenversicherung zahlen; [eine] Strafe zahlen; jmdm. Unterhalt, eine Rente zahlen. *Syn.:* auszahlen, bezahlen. **3.** ⟨tr.; hat; jmdn., etw. z.⟩ (ugs.) *(eine Ware, eine Dienstleistung) bezahlen:* das Hotelzimmer, das Taxi, den Elektriker zahlen; den Schaden zahlt die Versicherung; die Rechnung habe ich längst gezahlt. **4.** ⟨itr.; hat; irgendwie z.⟩ (ugs.) *bezahlen:* die Firma zahlt miserabel, recht ordentlich, über Tarif.

zäh|len ['tsɛ:lən], zählt, zählte, gezählt: **1.** ⟨itr.; hat⟩ *Zahlen der Reihe nach nennen:* das Kind kann schon bis 100 zählen; ich zähle bis drei – wenn du dann nicht im Bett bist, gibt es Ärger! **2.** ⟨tr.; hat; etw. z.⟩ *die Anzahl von etwas feststellen:* die Äpfel zählen; sein Geld zählen; er zählte, wie viele Personen anwesend waren; ⟨auch itr.⟩ du hast offenbar falsch gezählt. *Syn.:* abzählen, zusammenzählen. **3.** ⟨itr.; hat; auf jmdn., etw. z.⟩ *sich verlassen:* du kannst auf mich, auf meine Hilfe zählen; können wir heute Abend auf dich zählen? *(wirst du mitmachen, dabei sein?).* *Syn.:* bauen auf, rechnen mit. **4.** ⟨itr.; hat⟩ *wichtig sein:* bei ihm / für ihn zählt nur die Leistung. *Syn.:* gelten. **5.** ⟨itr.; hat; zu jmdm., etw. z.⟩ *zu etwas/jmdm. gehören:* sie zählt fast schon zur Familie; der Wal zählt zu den Säugetieren; er zählt zu den bedeutendsten Autoren seiner Zeit.

Ein Adjektiv oder Partizip, das auf »zahlreiche« folgt, wird stark dekliniert (↑ Deklination der Adjektive): »zahlreiche hohe Türme«, »zahlreiche kleine Mäuse«, »zahlreiche gelesene Bücher«. Das gilt auch, wenn das Adjektiv (oder Partizip) nominalisiert ist: »zahlreiche Verliebte«.

zahl|reich ['tsa:lraiç], zahlreicher, am zahlreichsten ⟨Adj.⟩: *sehr viele:* es haben sich zahlreiche Unfälle ereignet; er hat zahlreiche Briefe bekommen; solche Fälle sind nicht sehr zahlreich *(häufig);* ich freue mich, dass ihr so zahlreich *(in so großer Zahl)* gekommen seid.

die **Zah|lung** ['tsa:luŋ]; -, -en: *das Zahlen:* die Zahlung der Miete erfolgt monatlich; eine Zahlung leisten; die Firma hat die Zahlungen eingestellt *(hat Konkurs gemacht).* Syn.: Bezahlung. Zus.: Barzahlung, Ratenzahlung, Rückzahlung.

die **Zäh|lung** ['tsɛ:luŋ]; -, -en: *das Feststellen der Anzahl (von Personen oder Sachen):* durch eine Zählung den Bestand an Tieren feststellen; eine Zählung durchführen. Zus.: Volkszählung.

das **Zah|lungs|mit|tel** ['tsa:luŋsmɪtl̩]; -s, -: *Geld, Schecks usw., womit man eine Schuld bezahlen kann:* der Euro ist das gesetzliche Zahlungsmittel in vielen Ländern Europas.

zahm [tsa:m], zahmer, am zahmsten ⟨Adj.⟩: *(von Tieren) nicht wild, nicht gefährlich:* ein zahmes Reh; ich gebe dir das zahmste unserer Pferde; die Ziege ist ganz zahm, du kannst sie ruhig streicheln. Syn.: friedlich, harmlos.

zäh|men ['tsɛ:mən], zähmt, zähmte, gezähmt ⟨tr.; hat; jmdn. z.⟩: *(von wild lebenden Tieren) an den Menschen gewöhnen:* einen Löwen zähmen.

der **Zahn** [tsa:n]; -[e]s, Zähne ['tsɛ:nə]: *eines der (ursprünglich 32) weißen Teile im Mund, mit denen man das Essen zerkleinert:* strahlend weiße, gepflegte, gesunde, schlechte Zähne; der Zahn wackelt, schmerzt, hat ein Loch; mir ist ein Zahn abgebrochen; der Zahn muss gezogen werden; sich die Zähne putzen.

der Zahn

der **Zahn|arzt** ['tsa:nlaːɐtst]; -es, Zahnärzte ['tsa:nlɛːɐtstə], die **Zahn|ärz|tin** ['tsa:nɛːɐtstɪn]; -, -nen: *Person, die kontrolliert,* ob die Zähne gesund sind, und kranke Zähne behandelt: der Zahnarzt hat mir einen Backenzahn gezogen, einen Zahn plombiert.

die **Zahn|bürs|te** ['tsa:nbyrstə]; -, -n: *kleine Bürste zum Reinigen der Zähne:* eine weiche, harte, elektrische Zahnbürste.

die Zahnbürste

die **Zahn|creme** ['tsa:nkre:m]; -, -s: *Zahnpasta:* eine Tube Zahncreme.

die **Zahn|pas|ta** ['tsa:npasta]; -, Zahnpasten ['tsa:npastn̩]: *Mittel, das zum Zähneputzen verwendet wird:* eine Tube Zahnpasta. Syn.: Zahncreme.

die **Zan|ge** ['tsaŋə]; -, -n: *Werkzeug zum Greifen, Halten, Durchtrennen o. Ä.:* einen Nagel mit einer Zange aus der Wand ziehen.

der **Zank** [tsaŋk]; -[e]s: *lauter Streit:* es gab dauernd Zank zwischen den Geschwistern. Syn.: Krach (ugs.), Streitigkeit.

zan|ken ['tsaŋkn̩], zankt, zankte, gezankt ⟨sich [mit jmdm. um etw.] z.⟩: *sich in hässlicher Weise streiten:* ich habe mich mit ihm gezankt; die Kinder zanken sich [um ein Spielzeug]; ⟨auch itr.⟩ hört endlich auf zu zanken!

das **Zäpf|chen** ['tsɛpfçən]; -s, -: *Medikament in der Form eines kleinen Kegels, das in den After oder in die Scheide eingeführt wird:* der Arzt verschrieb ihr Zäpfchen gegen das Fieber.

zap|fen ['tsapfn̩], zapft, zapfte, gezapft ⟨tr.; hat; etw. z.⟩: *mithilfe eines Hahns o. Ä. aus einem Behälter herausfließen lassen:* Bier, Benzin zapfen; ein frisch gezapftes Pils trinken.

der **Zap|fen** ['tsapfn̩]; -s, -: *holzige Frucht der Nadelbäume:* Zapfen sammeln. Zus.: Tannenzapfen.

die Zapfsäule

die **Zapf|säu|le** ['tsapfzɔylə]; -, -n: *höherer Kasten an der Tankstelle mit einem*

Z

Schlauch, aus dem das Benzin fließt: an
dieser Zapfsäule gibt es nur Diesel.

zap|peln ['tsapln], zappelt, zappelte,
gezappelt ⟨itr.; hat⟩: *sich heftig und wild
bewegen:* die Kinder zappelten vor
Ungeduld; der Fisch zappelte an der
Angel.

zart [tsaːɐt], zarter, am zartesten ⟨Adj.⟩:
1. *so, dass es empfindlich, zerbrechlich
wirkt:* ein zartes Kind; zarte Haut; ihre
Hände sind sehr zart. *Syn.:* fein, zierlich.
2. *(von bestimmten Speisen) angenehm
weich:* zartes Fleisch, Gemüse, Gebäck;
das Steak ist sehr zart. **3.** *angenehm
sanft, leise, nicht aufdringlich:* ein zartes
Rosa; eine zarte Berührung; der Duft ist
sehr zart.

zärt|lich ['tsɛːɐtlɪç], zärtlicher, am zärt-
lichsten ⟨Adj.⟩: *voller Liebe:* ein zärtli-
cher Blick, Kuss; zärtliche Worte; zärtlich zu jmdm. sein; sie strich ihm zärtlich übers Haar; sich zärtlich küssen,
streicheln.

die **Zärt|lich|keit** ['tsɛːɐtlɪçkait]; -, -en: *das
Zärtlichsein:* aus seinem Blick sprach
Zärtlichkeit; Zärtlichkeiten austau-
schen.

die **Zau|be|rei** [tsaubə'rai]; -: *das Zaubern:* er
glaubt an Zauberei; was sie da macht,
grenzt schon an Zauberei. *Syn.:* Magie.

zau|bern ['tsaubɐn], zaubert, zauberte,
gezaubert: **1.** ⟨itr.; hat⟩ *etwas durch
Kräfte bewirken, die nicht mit dem Verstand erklärt werden können:* die Hexe
konnte zaubern; ⟨auch tr.; etw. irgendwohin z.⟩ die Fee zauberte ein Schloss
auf die Wiese. **2.** ⟨itr.; hat⟩ *zur Unterhaltung Tricks vorführen, die wie Zauberei wirken:* kannst du zaubern?;
⟨auch tr.; etw. aus etw. z.⟩ er zauberte
ein Kaninchen aus seinem Hut. **3.** ⟨tr.;
hat; etw. z.⟩ *mit großem Können her-
vorbringen:* die Malerin zauberte eine
Landschaft auf das Papier; er hatte in
der Küche ein köstliches Mahl gezaubert.

der **Zaun** [tsaun]; -[e]s, Zäune ['tsɔynə]: *Konstruktion aus Eisen oder Holz, die einen
Garten oder ein anderes Grundstück
umgibt:* ein hoher, niedriger Zaun; über
den Zaun klettern; Vorsicht, der Zaun
ist frisch gestrichen! *Zus.:* Gartenzaun.

der **Ze|bra|strei|fen** ['tseːbraʃtraifn]; -s, -: *durch
weiße Streifen auf der Fahrbahn gekennzeichnete Stelle, an der Fußgänger die
Straße überqueren dürfen:* das Auto hielt
vor dem Zebrastreifen.

der **Zeh** [tseː]; -s, -en, die **Ze|he** ['tseːə]; -, -n:

*eines der fünf beweglichen Glieder am
Fuß:* sie stellte sich auf die Zehen,
schlich auf [den] Zehen durchs Zimmer.

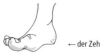

← der Zeh

zehn [tseːn] ⟨Kardinalzahl⟩ (in Ziffern: 10):
wir waren genau zehn Personen; seine
Tochter ist schon zehn [Jahre alt]; die
Besprechung ist morgen um zehn [Uhr].

zehnt... [tseːnt...] ⟨Ordinalzahl⟩ (in Ziffern: 10.): jedes zehnte Los gewinnt; der
Wettbewerb findet zum zehnten Mal
statt; am Zehnten [des Monats] muss
die Rechnung bezahlt sein.

das **Zei|chen** ['tsaiçn]; -s, -: **1.** *eine Geste,
Gebärde, mit der jmd. auf etwas auf-
merksam gemacht, zu etwas veranlasst
wird:* jmdm. ein Zeichen geben; sich
durch Zeichen miteinander verständi-
gen. **2.** *Gegenstand, mit dem etwas markiert wird:* sie legte sich als Zeichen
einen Zettel, legte sich ein Zeichen in
das Buch. **3.** *Symbol:* mathematische,
chemische Zeichen; die Zeichen der chi-
nesischen Schrift; mit der Tastatur kann
man über 80 verschiedene Zeichen
schreiben. *Zus.:* Ausrufezeichen, Frage-
zeichen. **4.** *etwas, was etwas zeigt oder
ankündigt:* die ersten Zeichen einer
Krankheit; das ist ein Zeichen dafür,
dass er ein schlechtes Gewissen hat; sie
hielt es für ein Zeichen von Schwäche,
einen Fehler zuzugeben. *Syn.:* Anzeichen, Hinweis. *Zus.:* Lebenszeichen.

zeich|nen ['tsaiçnən], zeichnet, zeichnete,
gezeichnet: **1.** ⟨tr.; hat; etw. z.⟩ *mit einem
Bleistift o. Ä. in Linien, Strichen [künstle-
risch] gestalten:* ein Porträt, eine Skizze,
eine Karikatur, einen Grundriss, einen
Längsschnitt zeichnen; ein Bild zeichnen; etwas auf ein Blatt Papier, aus dem
Gedächtnis zeichnen. **2.** ⟨tr.; hat; jmdn.,
etw. z.⟩ *in Linien, Strichen ein Bild von
jmdm., einer Sache herstellen:* jmdn. mit
Tusche, mit ein paar Strichen zeichnen;
einen Baum, eine Landschaft zeichnen.

der **Zeich|ner** ['tsaiçnɐ]; -s, -, die **Zeich|ne|rin**
['tsaiçnərɪn]; -, -nen: *Person, die (künstlerische oder technische) Zeichnungen
herstellt:* er ist technischer Zeichner; sie
war eine bekannte Zeichnerin.

die **Zeich|nung** ['tsaiçnʊŋ]; -, -en: *etwas in
Linien, Strichen Gezeichnetes:* eine
naturgetreue, saubere, künstlerische,

technische Zeichnung; eine Zeichnung machen; etwas nach einer Zeichnung anfertigen. *Syn.:* Abbildung, Bild. *Zus.:* Bleistiftzeichnung, Federzeichnung.

der **Zei|ge|fin|ger** [ˈtsaɪɡəfɪŋɐ]; -s, -: *zweiter Finger der Hand (vom Daumen aus gezählt):* mit dem Zeigefinger auf etwas deuten.

 der Zeigefinger

zei|gen [ˈtsaɪɡn̩], zeigt, zeigte, gezeigt: **1.** ⟨itr.; hat⟩ *mit dem Finger, Arm eine bestimmte Richtung angeben:* sie zeigte auf das Haus. *Syn.:* deuten. **2.** ⟨tr.; hat; jmdm. etw. z.⟩ *ansehen, betrachten lassen:* er hat uns sein neues Haus gezeigt; jmdm. die Sehenswürdigkeiten der Stadt, die Stadt zeigen; sie hat mir den Brief gezeigt; zeigen Sie uns bitte Ihren Pass. *Syn.:* vorzeigen. **3.** ⟨tr.; hat; jmdm. etw. z.⟩ *mit Erläuterungen, Gesten erklären, deutlich machen:* jmdm. den Weg, die Richtung zeigen; der Meister zeigte den Auszubildenden, wie die Maschine funktioniert; sein Können zeigen *(beweisen).* **4.** ⟨sich z.⟩ *sich sehen lassen:* sich in der Öffentlichkeit zeigen. **5.** ⟨tr.; hat; etw. z.⟩ *andere merken, spüren lassen:* Verständnis, Interesse für etwas zeigen; er will seine Gefühle nicht zeigen; seine Ungeduld, Freude zeigen. **6.** ⟨sich z.⟩ *deutlich werden, klar werden:* es zeigte sich, dass seine Berechnung falsch war. *Syn.:* sich herausstellen.

der **Zei|ger** [ˈtsaɪɡɐ]; -s, -: *beweglicher Teil an Uhren, der die Zeit anzeigt:* der große, kleine Zeiger der Uhr; der Zeiger steht auf zwölf. *Zus.:* Sekundenzeiger.

 der Zeiger

die **Zei|le** [ˈtsaɪlə]; -, -n: *Reihe nebeneinanderstehender Wörter eines Textes:* die erste Zeile, die ersten zwei Zeilen eines Gedichts; eine neue Zeile anfangen; einen Text Zeile für Zeile durchgehen.

die **Zeit** [tsaɪt]; -, -en: **1.** ⟨ohne Plural⟩ *Ablauf der Augenblicke, Stunden, Tage, Wochen, Jahre:* die Zeit vergeht [schnell]; im Laufe der Zeit *(mit der Zeit);* sich mit Fernsehen die Zeit vertreiben; [keine, wenig, eine Stunde] Zeit [für jmdn. / für etwas] haben; wir dürfen jetzt keine Zeit verlieren *(müssen uns beeilen).* **2.** *Zeitpunkt:* die Zeit der Ernte; etwas auf unbestimmte Zeit vertagen; seit dieser Zeit; sie ruft immer um diese Zeit an; zu jeder Zeit *(jederzeit, immer);* die Bibliothek ist nur zu bestimmten Zeiten geöffnet. **3.** *was die Uhr anzeigt:* hast du [die] genaue Zeit? *Zus.:* Uhrzeit. **4.** *Zeitraum:* die schönste Zeit des Lebens / im Leben; sie sind schon längere Zeit verheiratet; er hat die ganze Zeit *(ständig)* telefoniert; kurze Zeit warten; er hat eine Zeit lang in einer Fabrik gearbeitet; für einige, längere, kurze Zeit verreist sein; in der nächsten / in nächster Zeit *(bald);* in der letzten / in letzter Zeit; nach kurzer Zeit; seit einiger Zeit; vor einiger, langer Zeit. *Zus.:* Jugendzeit, Schulzeit, Studienzeit. **5.** *Abschnitt des Lebens, der Geschichte:* eine vergangene, die heutige Zeit; kommende, künftige Zeiten; die Zeiten haben sich geändert; die Zeit Goethes, des Barocks; eine Sage aus alter Zeit; mit der Zeit gehen *(sich der Entwicklung, den jeweiligen Verhältnissen anpassen).* *Syn.:* Epoche.

das **Zeit|al|ter** [ˈtsaɪtaltɐ]; -s, -: *Abschnitt, Epoche der Geschichte:* das Zeitalter der Reformation, der Raumfahrt; der Beginn eines neuen Zeitalters. *Syn.:* Ära (geh.). *Zus.:* Atomzeitalter.

zeit|ge|mäß [ˈtsaɪtɡəmɛːs], zeitgemäßer, am zeitgemäßesten ⟨Adj.⟩: *den Verhältnissen der Gegenwart entsprechend:* ein zeitgemäßes Design; seine Ansichten sind nicht mehr zeitgemäß. *Syn.:* modern.

zeit|ge|nös|sisch [ˈtsaɪtɡənœsɪʃ] ⟨Adj.⟩: **1.** *zu den Menschen einer bestimmten Zeit gehörend, von ihnen stammend:* der Bericht eines zeitgenössischen Autors über die Revolution in Frankreich. **2.** *gegenwärtig, heutig:* sie kennt sich in der zeitgenössischen Musik, Kunst und Literatur sehr gut aus.

zei|tig [ˈtsaɪtɪç], zeitiger, am zeitigsten ⟨Adj.⟩: *früh:* zeitig aufstehen; du hättest zeitiger kommen müssen.

zeit|le|bens [tsaɪtˈleːbn̩s] ⟨Adverb⟩: *während des ganzen Lebens:* er hat zeitlebens schwer gearbeitet; daran werde ich mich zeitlebens erinnern.

zeit|lich [ˈtsaɪtlɪç] ⟨Adj.⟩: *die Zeit betreffend:* in großem, kurzem zeitlichem Abstand; der Besuch des Museums war zeitlich nicht mehr möglich.

die **Zeit|lu|pe** [ˈtsaɪtluːpə]; -: *Verfahren, bei dem die auf einem Film, einem Video aufgenommenen Szenen in deutlich langsamerem Tempo wiedergegeben werden:* etwas in Zeitlupe aufnehmen, filmen.

der **Zeit|punkt** [ˈtsaɪtpʊŋkt]; -[e]s, -e: *bestimm-*

Z

ter *Augenblick in einem zeitlichen Ablauf:* etwas auf einen späteren Zeitpunkt verschieben; zu diesem Zeitpunkt war sie schon abgereist.

der **Zeit|raum** ['tsaitraum]; -[e]s, Zeiträume ['tsaitrɔymə]: *Zeit, zeitlicher Abschnitt von meist längerer Dauer:* ein Zeitraum von drei Monaten; etwas in einem bestimmten Zeitraum erledigen.

die **Zeit|schrift** ['tsaitʃrɪft]; -, -en: *Heft mit verschiedenen Beiträgen, das regelmäßig (wöchentlich oder monatlich) erscheint:* eine medizinische Zeitschrift; eine Zeitschrift für Mode, Kunst; eine Zeitschrift abonnieren, herausgeben. *Syn.:* Blatt, Illustrierte, Magazin. *Zus.:* Fachzeitschrift, Frauenzeitschrift, Modezeitschrift, Wochenzeitschrift.

die **Zei|tung** ['tsaitʊŋ]; -, -en: *täglich oder wöchentlich erscheinendes Erzeugnis der Presse, das besonders Nachrichten und Kommentare enthält:* eine gute, linke, unabhängige Zeitung; die Zeitung von gestern; [die] Zeitung lesen; der Junge trägt vor der Schule Zeitungen aus; das stand gestern in der Zeitung; ein Inserat in die Zeitung setzen *(in der Zeitung erscheinen lassen). Syn.:* Blatt. *Zus.:* Abendzeitung, Sonntagszeitung, Tageszeitung, Wochenzeitung.

zeit|wei|se ['tsaitvaizə] ⟨Adverb⟩: *eine*

die Zeitung

(kurze) Zeit lang, vorübergehend: zeitweise schien auch die Sonne; zeitweise schien es so, als sei alles wieder in Ordnung.

die **Zel|le** ['tsɛlə]; -, -n: **1.** *(bes. in Klöstern und Gefängnissen) enger und sehr einfach ausgestatteter Raum:* der Gefangene wurde in eine Zelle gesperrt. *Zus.:* Einzelzelle, Gefängniszelle, Klosterzelle. **2.** *kleinste lebende Einheit in einem pflanzlichen oder tierischen Lebewesen:* die Zellen wachsen, teilen sich.

das Zelt

das **Zelt** [tsɛlt]; -[e]s, -e: *eine Art Hütte aus Stangen und Stoff, die man leicht aufbauen kann und in der man besonders* beim *Camping schläft oder wohnt:* ein Zelt aufstellen, abbauen; in einem, im Zelt schlafen, übernachten.

zel|ten ['tsɛltn̩], zeltet, zeltete, gezeltet ⟨itr.; hat⟩: *ein Zelt aufschlagen und darin wohnen, schlafen:* an einem See zelten; sie wollen im Urlaub zelten [gehen].

der **Ze|ment** [tse'mɛnt]; -[e]s, -e: *Pulver aus Ton und anderen Bestandteilen, das mit Wasser vermischt hart wird und zum Bauen verwendet wird:* Zement mischen.

zen|sie|ren [tsɛn'ziːrən], zensiert, zensierte, zensiert: **1.** ⟨tr.; hat⟩ etw. z.⟩ *(eine Leistung in der Schule) mit einer Note bewerten:* die Aufsätze der Schüler zensieren. **2.** *im Hinblick auf Unerlaubtes überprüfen (und dieses nicht zulassen):* jmds. Post, einen Brief zensieren; die Zeitungen wurden scharf zensiert.

die **Zen|sur** [tsɛn'zuːɐ̯]; -, -en: **1.** *Note (in der Schule):* jmdm. gute Zensuren geben; eine schlechte Zensur in Deutsch bekommen. **2.** *(ohne Plural) (vom Staat angeordnete) Überprüfung von Texten, Fotos oder Filmen im Hinblick auf Unerlaubtes:* in diesem Staat gibt es keine Zensur der Presse. *Zus.:* Postzensur, Pressezensur.

der *oder* das **Zen|ti|me|ter** [tsɛnti'meːtɐ]; -s, -: *Einheit der Länge (Abkürzung: cm):* hundertster Teil eines Meters: 50 Zentimeter Stoff reicht/reichen für das Tuch.

der **Zent|ner** ['tsɛntnɐ]; -s, -: *Einheit der Masse: 50 Kilogramm (in Deutschland) bzw. 100 Kilogramm (in Österreich und in der Schweiz):* ein Zentner Kartoffeln kostet/kosten 13 Euro; ein Schwein von drei Zentnern.

zen|t|ral [tsɛn'traːl], zentraler, am zentralsten ⟨Adj.⟩: **1.** *im Zentrum [einer Stadt] gelegen:* das Hotel ist zentral gelegen, liegt sehr zentral. **2.** *im Mittelpunkt stehend und für alles andere von entscheidender Bedeutung:* ein zentrales Problem, eine zentrale Frage; die zentrale Figur in diesem Drama.

die **Zen|t|ra|le** [tsɛn'traːlə]; -, -n: **1.** *zentrale Stelle, von der aus etwas organisiert oder geleitet wird:* die Zentrale der Partei, der Organisation, des Konzerns; die Filialen werden von der Zentrale aus geleitet. **2.** *Stelle, von der aus Telefongespräche vermittelt werden:* wenn Sie die 0 wählen, werden Sie mit der Zentrale verbunden. *Zus.:* Telefonzentrale.

das **Zen|t|rum** ['tsɛntrʊm]; -s, Zentren ['tsɛntrən]: **1.** *Mitte, Mittelpunkt:* das Zentrum eines Kreises; im Zentrum des Platzes

Z

steht ein Denkmal. **2.** *Innenstadt:* die meisten Restaurants findet man im Zentrum. *Zus.:* Stadtzentrum. **3.** *zentrale Einrichtung:* ein Zentrum für medizinische Forschung. *Zus.:* Einkaufszentrum, Forschungszentrum, Rechenzentrum.

zer- [t͜sɐɐ̯] ⟨untrennbares, unbetontes verbales Präfix⟩: **1.** drückt aus, dass etwas durch die im Basiswort genannte Tätigkeit beschädigt, aufgelöst, getrennt wird: zerfließen; zerfressen; zerkochen; zerplatzen. **2.** drückt aus, dass etwas zu dem im Basiswort Genannten wird: zerkleinern; zerkrümeln; zertrümmern. **3.** verstärkend: zerbrechen; zerreißen; zertrennen.

zer|bre|chen [t͜sɐɐ̯ˈbrɛçn̩], zerbricht, zerbrach, zerbrochen: **1.** ⟨tr.; hat; etw. z.⟩ *in Stücke brechen und so kaputt machen:* sie hat ihre Brille zerbrochen; voller Wut zerbrach er den Stock. **2.** ⟨itr.; ist⟩ *(von etwas Hartem) in Stücke brechen:* der Teller zerbrach in zwei Teile; das Glas ist zu Boden gefallen und zerbrochen.

zer|brech|lich [t͜sɐɐ̯ˈbrɛçlɪç], zerbrechlicher, am zerbrechlichsten ⟨Adj.⟩: **1.** *leicht zerbrechend:* zerbrechliches Geschirr; Glas ist zerbrechlich. **2.** (geh.) *von sehr zarter Gestalt, Figur:* sie ist, wirkt sehr zerbrechlich.

zer|klei|nern [t͜sɐɐ̯ˈklainɐn], zerkleinert, zerkleinerte, zerkleinert ⟨tr.; hat; etw. z.⟩: *in kleine Stücke teilen:* etwas grob, fein zerkleinern; die Nahrung mit den Zähnen zerkleinern; er hat das Holz mit der Axt zerkleinert.

zer|knirscht [t͜sɐɐ̯ˈknɪrʃt], zerknirschter, am zerknirschtesten ⟨Adj.⟩: *sich einer Schuld bewusst und daher unglücklich; voller Reue:* ein zerknirschtes Gesicht machen; zerknirscht hörte er die Vorwürfe an. *Syn.:* reumütig.

zer|rei|ßen [t͜sɐɐ̯ˈraisn̩], zerreißt, zerriss, zerrissen: **1.** ⟨tr.; hat; etw. z.⟩ *in Stücke reißen; auseinanderreißen:* Papier, einen Brief zerreißen; sie zerriss das Foto in kleine Stücke; pass auf, dass du den Faden nicht zerreißt; ein Käfer hat das Netz der Spinne zerrissen. *Syn.:* zerstören. **2.** ⟨itr.; ist⟩ *durch starke Spannung auseinandergehen; in zwei Teile reißen:* als er zog, zerriss der Faden, das Seil; sie läuft mit ganz zerrissenen Kleidern *(mit Kleidern, die Löcher haben)* umher. *Syn.:* entzweigehen, kaputtgehen (ugs.).

zer|ren [ˈt͜sɛrən], zerrt, zerrte, gezerrt ⟨tr.; hat; jmdn., etw. irgendwohin z.⟩: *mit Gewalt, kräftig ziehen:* er zerrte ihn ins Zimmer; ⟨auch itr.⟩ der Hund zerrt an der Leine. *Zus.:* fortzerren, wegzerren.

zer|stö|ren [t͜sɐɐ̯ˈʃtøːrən], zerstört, zerstörte, zerstört ⟨tr.; hat; etw. z.⟩: *etwas so stark beschädigen, dass es nicht mehr brauchbar ist:* ein Gebäude, eine Brücke zerstören; bei dem Erdbeben wurden viele Häuser zerstört; [von Bomben] zerstörte Städte; die zerstörte Natur. *Syn.:* kaputtmachen (ugs.), vernichten.

zer|streut [t͜sɐɐ̯ˈʃtrɔyt], zerstreuter, am zerstreutesten ⟨Adj.⟩: **1.** *nicht konzentriert:* ein zerstreuter Mensch; einen zerstreuten Eindruck machen; sie ist oft zerstreut. *Syn.:* geistesabwesend, unaufmerksam, vergesslich. **2.** *einzeln und weit voneinander entfernt:* seine Verwandten sind im ganzen Land zerstreut; zerstreut liegende Häuser.

das **Zer|ti|fi|kat** [t͜sɛrtifiˈkaːt]; -[e]s, -e: *Zeugnis über eine abgelegte Prüfung; Diplom:* ein benotetes Zertifikat; ein Zertifikat bekommen, ausstellen; für die bestandene Prüfung erhielt er ein Zertifikat. *Syn.:* Urkunde.

der **Zet|tel** [ˈt͜sɛtl̩]; -s, -: *kleines Blatt Papier:* etwas auf einen Zettel notieren; einen Zettel [mit einer Nachricht] an die Tür kleben; ich habe den Zettel mit deiner Telefonnummer verloren. *Syn.:* Blatt. *Zus.:* Beipackzettel, Kassenzettel, Notizzettel, Stimmzettel, Wunschzettel.

das **Zeug** [t͜sɔyk]; -[e]s (ugs.): **1.** *[nicht genau bekannte] Substanz; Material:* das Zeug stinkt widerlich, schmeckt verdammt gut; pass auf, dass du das Zeug nicht einatmest!; im Gasthaus bekam ich ein furchtbares Zeug zu trinken. **2.** *[nicht genau bekannte] Gegenstände, Dinge, Sachen:* sie packte allerlei Zeug in ihre Tasche; das alte Zeug kauft dir doch niemand ab. *Syn.:* Kram. *Zus.:* Kleinzeug, Spielzeug. **3.** *Äußerung, Handlung, die keinen Sinn oder Wert hat:* das ist doch dummes Zeug!; sie träumte wirres Zeug; er soll nicht immer so sinnloses Zeug reden. *Syn.:* Blödsinn (ugs. abwertend), Quatsch (ugs.), Unsinn. **4.** *Bekleidung:* er hielt sein Zeug in Ordnung; pack dein Zeug zum Baden ein. *Syn.:* Kleidung, Klamotten ⟨Plural⟩ (salopp), Sachen ⟨Plural⟩ (ugs.). *Zus.:* Badezeug, Lederzeug, Turnzeug. **5.** * *jmd. hat/ besitzt das Zeug zu etwas:* jmd. hat die nötigen Fähigkeiten zu etwas: sie hatte/besaß das Zeug zu einer guten Ärztin; in ihm steckt das Zeug zum Politiker.

Z

der **Zeu|ge** [ˈtsɔygə]; -n, -n: *männliche Person, die bei einem Ereignis anwesend war und darüber berichten kann:* er war Zeuge des Unfalls; sie sagten als Zeugen vor Gericht aus. *Syn.:* Augenzeuge.

zeu|gen [ˈtsɔygn̩], zeugt, zeugte, gezeugt ⟨tr.; hat; jmdn. z.⟩: *(vom Mann, auch von Paaren) durch Geschlechtsverkehr, Befruchtung ein Lebewesen entstehen lassen:* er hat [mit ihr] ein Kind gezeugt; sie haben [zusammen] sieben Kinder gezeugt; ein Kind im Labor zeugen.

die **Zeu|gin** [ˈtsɔygɪn]; -, -nen: *weibliche Person, die bei einem Ereignis anwesend war und darüber berichten kann:* sie hatte den Unfall genau beobachtet und sagte als Zeugin vor Gericht aus; der Richter befragte die Zeugin. *Syn.:* Augenzeugin.

das **Zeug|nis** [ˈtsɔyknɪs]; -ses, -se: *Bescheinigung, Urkunde, die die Leistung eines Schülers, einer Schülerin mit Noten bewertet:* ein glänzendes, mäßiges Zeugnis; sie hat nur gute Noten im Zeugnis; morgen gibt es Zeugnisse. *Zus.:* Abiturzeugnis, Abschlusszeugnis, Halbjahreszeugnis, Schulzeugnis.

die **Zie|ge** [ˈtsiːgə]; -, -n: *Säugetier mit großen Hörnern, weißem bis braun-schwarzem Fell, einem kleinen Bart und oft starkem Geruch, das vom Menschen gehalten wird:* Ziegen halten, hüten, melken.

die Ziege

der **Zie|gel** [ˈtsiːgl̩]; -s, -: 1. *rotbrauner Stein aus gebranntem Ton:* Ziegel brennen; ein Haus, eine Mauer aus roten Ziegeln. *Zus.:* Lehmziegel, Tonziegel. 2. *flacher Stein aus gebranntem Ton, mit dem Dächer gebaut werden:* ein Dach mit Ziegeln decken. *Zus.:* Dachziegel.

zie|hen [ˈtsiːən], zieht, zog, gezogen: 1. ⟨tr.; hat; jmdn., etw. z.⟩ *hinter sich her bewegen:* einen Handwagen ziehen; das Pferd hat den Wagen gezogen. *Syn.:* ²schleifen, schleppen. *Zus.:* fortziehen, mitziehen, wegziehen. 2. ⟨tr.; hat; jmdn., etw. aus etw. / irgendwohin z.⟩ *holen, bewegen:* sie hat das Boot aus dem Wasser, ans Land gezogen. *Syn.:* zerren. *Zus.:* herausziehen, hereinziehen, hochziehen. 3. ⟨tr.; hat; etw. [aus/von etw.] z.⟩ *herausholen, entfernen:* [jmdm.] einen Zahn ziehen; jmdm./sich einen Splitter aus dem Fuß

ziehen. *Zus.:* herausziehen, hervorziehen. 4. ⟨itr.; ist; irgendwohin z.⟩ *sich irgendwohin bewegen:* die Demonstranten sind zum Rathaus gezogen *(marschiert);* die Vögel ziehen *(fliegen)* nach Süden; die Familie ist in eine andere Stadt gezogen *(umgezogen). Syn.:* sich fortbewegen, wandern. *Zus.:* abziehen, fortziehen, umziehen, wegziehen. 5. ⟨sich z.⟩ *sehr lange dauern:* die Feier hat sich [in die Länge] gezogen. *Zus.:* hinziehen. 6. ⟨itr.; hat; unpers.⟩ *als unangenehme Bewegung der Luft zu spüren sein:* es zieht!; es hat im Zimmer so stark gezogen, dass sie sich erkältete. 7. ⟨als Funktionsverb⟩: sie hat einen Vergleich gezogen *(sie hat verglichen);* einen Schluss aus etwas ziehen *(aus etwas schließen);* aus etwas Nutzen ziehen *(etwas nutzen, ausnutzen);* jmdn. zur Verantwortung ziehen *(jmdn. verantwortlich machen).*

das **Ziel** [tsiːl]; -[e]s, -e: 1. *Punkt, Ort, den man erreichen will:* das Ziel ihrer Reise ist Paris; der Läufer ist am Ziel angekommen. *Zus.:* Ausflugsziel, Etappenziel, Reiseziel, Wanderziel. 2. *Absicht, Zweck des Handelns; das, was man erreichen will:* ein klares Ziel vor Augen haben; sich ein bestimmtes Ziel setzen; ein Ziel erreichen; es ist unser Ziel, die Steuern deutlich zu senken. *Zus.:* Berufsziel, Lebensziel, Verhandlungsziel.

zie|len [ˈtsiːlən], zielt, zielte, gezielt ⟨itr.; hat⟩: 1. *etw. auf ein Ziel richten:* gut, genau, scharf zielen; der Jäger zielt auf den Hasen. 2. *eine bestimmte Absicht haben:* ihre Bemühungen zielten auf eine Änderung der politischen Verhältnisse; worauf zielte meine Frage?

¹**ziem|lich** [ˈtsiːmlɪç] ⟨Adj.⟩ (ugs.): *groß, aber nicht riesig:* sie erbt ein ziemliches Vermögen; das ist eine ziemliche Frechheit; das Haus hat eine ziemliche Höhe. *Syn.:* beachtlich, beträchtlich, erheblich.

²**ziem|lich** [ˈtsiːmlɪç] ⟨Adverb⟩: *sehr, aber nicht ganz und gar:* es ist ziemlich kalt; ich kenne ihn ziemlich gut; sie ist ziemlich fertig. *Syn.:* einigermaßen, recht.

zier|lich [ˈtsiːɐ̯lɪç], zierlicher, am zierlichsten ⟨Adj.⟩: *klein, zart, dünn:* ein zierlicher Körper; eine zierliche Schrift; ein zierliches Sesselchen. *Syn.:* fein.

die **Zif|fer** [ˈtsɪfɐ]; -, -n: *schriftliches Zeichen für eine Zahl:* die Zahl 52 hat zwei Ziffern; eine Summe in Worten oder Ziffern schreiben.

das **Zif|fer|blatt** [ˈtsɪfɐblat]; -[e]s, Zifferblätter [ˈtsɪfɐblɛtə]: *Scheibe der Uhr, auf der die Stunden [und Minuten] verzeichnet sind:* ein Zifferblatt mit römischen Zahlen.

die **Zi|ga|ret|te** [tsiɡaˈrɛtə]; -, -n: *mit Tabak gefüllte Rolle aus Papier, die man rauchen kann:* selbst gedrehte Zigaretten; Zigaretten mit, ohne Filter; eine Packung, Schachtel, Stange Zigaretten; eine Zigarette rauchen.

das **Zim|mer** [ˈtsɪmɐ]; -s, -: *(für den Aufenthalt von Menschen bestimmter) einzelner Raum in einer Wohnung oder einem Haus:* ein [möbliertes] Zimmer mieten; eine Wohnung mit 3 Zimmern; jedes Kind hat sein eigenes Zimmer. *Zus.:* Badezimmer, Hotelzimmer, Kinderzimmer, Schlafzimmer, Wohnzimmer.

die **Zim|mer|laut|stär|ke** [ˈtsɪmɐlaʊtʃtɛrkə]; -, -n: *Lautstärke, bei der etwas nicht außerhalb des Zimmers, der Wohnung gehört werden kann (sodass keine Nachbarn belästigt werden):* das Radio auf Zimmerlautstärke einstellen.

der **Zimt** [tsɪmt]; -[e]s: *braunes, süßlich schmeckendes Gewürz in Form von Pulver oder länglichen, dünnen Stangen:* Milchreis mit Zimt und Zucker.

die **Zin|sen** [tsɪnsn̩] ⟨Plural⟩: *Geld, das jmd. von der Bank für seine Guthaben erhält oder für geliehenes Geld bezahlen muss:* er hat ein Sparbuch und bekommt dafür 1,5 Prozent Zinsen; sie muss für ihr Darlehen 9 Prozent Zinsen zahlen. *Zus.:* Darlehenszinsen, Verzugszinsen.

zir|ka [ˈtsɪrka] ⟨Adverb⟩: ↑ circa.

der Zirkel

der **Zir|kel** [ˈtsɪrkl̩]; -s, -: *Gerät zum Zeichnen von Kreisen:* mit dem Zirkel einen Kreis ziehen, schlagen.

zi|schen [ˈtsɪʃn̩], zischt, zischte, gezischt ⟨itr.; hat⟩: *einen scharfen Laut hervorbringen, wie er beim Aussprechen eines s oder sch entsteht:* das Wasser zischte, als wir es auf die heiße Glut schütteten.

das **Zi|tat** [tsiˈtaːt]; -[e]s, -e: *wörtlich wiedergegebene Stelle aus einem Text:* sie schloss mit einem Zitat aus Goethes »Faust«.

zi|tie|ren [tsiˈtiːrən], zitiert, zitierte, zitiert ⟨tr.; hat; jmdn., etw. z.⟩: *eine Stelle aus einem Text unter Berufung auf die Quelle wörtlich wiedergeben:* sie zitiert oft Goe-

the; der Anwalt zitierte einen Abschnitt aus dem Protokoll der Polizei.

die **Zi|tro|ne** [tsiˈtroːnə]; -, -n: *gelbe, saftige Frucht, die sehr sauer schmeckt:* den Saft aus einer Zitrone pressen.

zit|tern [ˈtsɪtɐn], zittert, zitterte, gezittert ⟨itr.; hat⟩: *sich kurz, schnell und unwillkürlich hin und her bewegen:* er zitterte vor Angst; das Laub zittert im Wind.

zog [tsoːk]: ↑ ziehen.

zö|gern [ˈtsøːɡɐn], zögert, zögerte, gezögert ⟨itr.; hat⟩: *mit einer Handlung oder Entscheidung unschlüssig warten:* sie zögerte mit der Antwort; er gehorchte, ohne zu zögern.

der **Zoll** [tsɔl]; -[e]s, Zölle [ˈtsœlə]: **1.** *Abgabe, die für bestimmte Waren beim Überschreiten der Grenze zu zahlen ist:* wir mussten für den Zoll bezahlen. *Zus.:* Ausfuhrzoll, Schutzzoll. **2.** ⟨ohne Plural⟩ *Behörde, bei der die Abgaben für Waren beim Überschreiten der Grenze bezahlt werden:* er ist beim Zoll beschäftigt; das Paket wurde vom Zoll geöffnet.

die **Zo|ne** [ˈtsoːnə]; -, -n: **1.** *nach bestimmten Kriterien begrenztes Gebiet:* das Land wurde in vier Zonen eingeteilt. *Syn.:* Bezirk. *Zus.:* Besatzungszone, Fußgängerzone, Sperrzone. **2.** *Bereich, für den einheitliche Gebühren oder Preise gelten:* innerhalb der ersten Zone kostet die Fahrt 2 Euro.

der **Zoo** [tsoː]; -s, -s: *Anlage, in der exotische und heimische Tiere gehalten und öffentlich gezeigt werden:* den Frankfurter Zoo besuchen; in den Zoo gehen.

die **Zo|o|lo|gie** [tsooloˈɡiː]; -: *Lehre und Wissenschaft von den Tieren:* sie lehrt Zoologie an der Universität.

der **Zopf** [tsɔpf]; -[e]s, Zöpfe [ˈtsœpfə]: *Haare, die in mehrere, meist drei dickere Strähnen geteilt und geflochten sind:* sie hat lange Zöpfe; sich einen Zopf flechten.

der Zopf

der **Zorn** [tsɔrn]; -[e]s: *heftiger Ärger über etwas, das man als großes Unrecht empfindet oder das den eigenen Wünschen überhaupt nicht entspricht:* sie hatte einen furchtbaren Zorn auf ihn; er gerät leicht in Zorn. *Syn.:* Wut.

zor|nig [ˈtsɔrnɪç], zorniger, am zornigsten

Z

⟨Adj.⟩: *voll Zorn: zornige Blicke; ein zorniger Mensch. Syn.: wütend.*

¹zu [tsu:] ⟨Präp. mit Dativ⟩: **1.** gibt die Richtung an: er kommt morgen zu mir; sich zu jmdm. beugen, wenden; gehst du auch zu diesem Fest *(nimmst du auch daran teil?).* **2.** drückt aus, dass etwas zu etwas anderem hinzugefügt wird: zu dem Essen gab es einen trockenen Wein. **3.** kennzeichnet den Ort, die Lage von etwas: zu beiden Seiten des Gebäudes; sie ist zu Hause *(in ihrer Wohnung).* **4.** kennzeichnet den Zeitpunkt eines Geschehens, den Zeitraum, in dem sich etwas ereignet: zu Anfang des Jahres; zu dieser Zeit wurde in der Stadt eine neue Kirche gebaut. **5.** kennzeichnet die Art, in der etwas geschieht: sie erledigte alles zu meiner Zufriedenheit. **6.** kennzeichnet die Art einer Bewegung: wir gehen zu Fuß. **7.** kennzeichnet ein in Zahlen ausgedrücktes Verhältnis: das Spiel endete 2 zu 1 (mit Ziffern: 2 : 1). **8.** steht in Verbindung mit der Angabe eines Preises: es gab Stoff zu 15 Euro der Meter. *Syn.:* für. **9.** drückt Zweck oder Ergebnis einer Handlung aus: jmdm. etwas zu Weihnachten schenken; zu seinen Ehren; es kam zu einem Streit. **10.** kennzeichnet das Ergebnis einer Veränderung: das Eiweiß zu Schaum schlagen. **11.** kennzeichnet eine Beziehung: zu diesem Thema wollte sie sich nicht äußern; freundlich zu jmdm. sein.

²zu [tsu:] ⟨Adverb⟩: **1.** kennzeichnet ein Maß, das nicht mehr akzeptabel ist: das Kleid ist zu groß, zu teuer; du kommst leider zu spät. **2.** kennzeichnet eine Richtung: der Balkon geht nach dem Hof zu. **3.** (ugs.) *geschlossen:* die Geschäfte sind um diese Zeit noch zu; Tür zu!

³zu [tsu:] ⟨Konj.⟩: **1.** in Verbindung mit dem Infinitiv: hilf mir bitte, das Gepäck zu tragen; sie ist heute nicht zu sprechen. **2.** drückt in Verbindung mit einem 1. Partizip ein Können, Sollen oder Müssen aus: die zu erledigende Post; der zu erwartende Protest.

zu- [tsu:] ⟨trennbares, betontes verbales Präfix⟩: **1.** kennzeichnet die Richtung auf ein Ziel hin: zugehen; zuschicken. **2.** *für jmdn., etwas bestimmt:* zuordnen; zuteilen. **3.** kennzeichnet das Schließen, Bedecken: zubinden; zudecken; zudrehen; zumachen; zunähen. **4.** *in eine vorgesehene Form:* zufeilen; zuschneiden. **5.** *schnell und kräftig:* zubeißen; zupacken; zustechen.

das **Zu|be|hör** [ˈtsu:bəhøːɐ̯]; -[e]s, -e: *etwas, was etwas (eine Maschine, ein Gerät) ergänzt:* das Zubehör einer Kamera; ein Staubsauger mit allem Zubehör. *Zus.:* Autozubehör, Campingzubehör.

zu|be|rei|ten [ˈtsu:bəraɪtn̩], bereitet zu, bereitete zu, zubereitet ⟨tr.; hat; etw. z.⟩: *zum Essen fertig machen:* das Frühstück zubereiten; die Gerichte, Speisen waren mit Liebe zubereitet. *Syn.:* bereiten.

zu|bin|den [ˈtsu:bɪndn̩], bindet zu, band zu, zugebunden ⟨tr.; hat; etw. z.⟩: *mit einem Band, einer Schnur verschließen:* er bindet den Sack zu; du musst dir die Schnürsenkel [fester] zubinden.

züch|ten [ˈtsʏçtn̩], züchtet, züchtete, gezüchtet ⟨tr.; hat; etw. z.⟩: *Pflanzen oder Tiere vermehren (und dabei in ihren Eigenschaften verbessern):* hier werden Pferde gezüchtet; Blumen züchten.

zu|cken [ˈtsʊkn̩], zuckt, zuckte, gezuckt ⟨itr.; hat⟩: *eine plötzliche, jähe, oft unwillkürliche Bewegung machen:* er zuckte mit der Hand, mit den Schultern.

der **Zu|cker** [ˈtsʊkɐ]; -s, -: *meist weiße, körnige Substanz, mit der Speisen und Getränke gesüßt werden:* er trinkt den Kaffee ohne Zucker. *Zus.:* Puderzucker, Würfelzucker.

zu|ckern [ˈtsʊkɐn], zuckert, zuckerte, gezuckert ⟨tr.; hat; etw. z.⟩: *mit Zucker süßen:* den Brei zuckern.

die **Zu|cker|wat|te** [ˈtsʊkɐvatə]; -: *wie Watte aussehende Süßigkeit, die aus geschmolzenem Zucker hergestellt wird:* auf dem Weihnachtsmarkt essen wir immer Zuckerwatte.

zu|de|cken [ˈtsu:dɛkn̩], deckt zu, deckte zu, zugedeckt ⟨tr.; hat⟩: *(mit etwas Schützendem, Verhüllendem) bedecken:* die Mutter deckte das Kind mit einer Decke zu; es ist kalt, du musst dich gut zudecken.

zu|dem [tsuˈdeːm] ⟨Adverb⟩: *außerdem:* es war sehr kalt, zudem regnete es; sie ist äußerst klug und zudem noch schön. *Syn.:* dazu, ferner, überdies.

zu|dre|hen [ˈtsu:dreːən], dreht zu, drehte zu, zugedreht: **1.** ⟨tr.; hat; etw. z.⟩ *durch Drehen eines Hahnes verschließen:* bitte dreh den Wasserhahn zu! **2.** ⟨tr.; hat; jmdm. etw. z.⟩ *in einer drehenden Bewegung zu jmdm. wenden:* er dreht mir immer den Rücken zu.

zu|dring|lich [ˈtsu:drɪŋlɪç], zudringlicher, am zudringlichsten ⟨Adj.⟩: *zu vertraulich und dadurch lästig, unangenehm:* ein zudringlicher Vertreter; er war betrunken und begann, zudringlich zu werden. *Syn.:* aufdringlich.

zu|drü|cken [ˈt̯suːdrʏkn̩], drückt zu, drückte zu, zugedrückt ⟨tr.; hat; etw. z.⟩: *(gegen etwas) drücken und es so schließen:* die Tür, den Deckel zudrücken.

zu|erst [t̯suˈleːɐ̯st] ⟨Adverb⟩: **1.** *als Erster, Erste, Erstes:* mein Bruder war zuerst da; zuerst solltest du etwas essen; er ist mit dem Kopf zuerst ins Wasser gesprungen. **2.** *am Anfang:* zuerst dachte ich, es würde misslingen, dann ging aber alles gut. *Syn.:* anfangs, erst, zunächst.

der **Zu|fall** [ˈt̯suːfal]; -[e]s, Zufälle [ˈt̯suːfɛlə]: *etwas, was man nicht vorausgesehen hat, wofür keine Ursache, kein Zusammenhang erkennbar ist:* das war purer Zufall; durch Zufall erfuhr ich von seiner Heirat; ich glaube nicht an Zufälle.

zu|fäl|lig [ˈt̯suːfɛlɪç] ⟨Adj.⟩: **1.** *durch Zufall:* sie haben sich ganz zufällig getroffen; er hat das Buch zufällig in einem Schaufenster gesehen. **2.** *eventuell:* wissen Sie zufällig, wo man hier ein Taxi bekommen kann?

zu|frie|den [t̯suˈfriːdn̩], zufriedener, am zufriedensten ⟨Adj.⟩: **1.** *innerlich ausgeglichen, keine Veränderung der Umstände wünschend:* ein zufriedener Mensch; sie haben dort glücklich und zufrieden gelebt. *Syn.:* glücklich. **2.** *mit den gegebenen Verhältnissen, Leistungen einverstanden:* der Lehrer ist mit seinen Schülerinnen nicht zufrieden; sie ist mit der neuen Stellung zufrieden.

die **Zu|frie|den|heit** [t̯suˈfriːdn̩haɪ̯t]; -: *das Zufriedensein:* es wurde alles zu meiner Zufriedenheit erledigt.

zu|fü|gen [ˈt̯suːfyːɡn̩], fügt zu, fügte zu, zugefügt ⟨tr.; hat; jmdm. etw. z.⟩: *etwas tun, was für jmdn. unangenehm ist, ihm schadet:* jmdm. ein Leid, Schaden zufügen; man hatte ihr Unrecht zugefügt.

der Zug (1)

der **Zug** [t̯suːk]; -[e]s, Züge [ˈt̯syːɡə]: **1.** *Lokomotive mit den dazugehörenden Wagen:* sie fährt gern[e] Zug; er fuhr mit dem letzten Zug nach Hause. *Syn.:* Eisenbahn. *Zus.:* Schnellzug. **2.** *sich fortbewegende Gruppe:* der Zug der Trauernden nahm kein Ende. *Zus.:* Demonstrationszug, Fastnachtszug, Festzug. **3.** *schnelles Trinken:* sie leerte das Glas in einem Zug. **4.** *das Einatmen von Luft:* sie atmete in tiefen Zügen. *Zus.:* Atemzug.

5. *als unangenehm empfundene Bewegung der Luft:* hier herrscht ein ständiger Zug. **6.** *besondere Art des Charakters:* das ist ein sympathischer Zug an ihm. *Zus.:* Charakterzug, Wesenszug. **7.** *das Bewegen einer Figur beim Spiel:* matt in drei Zügen; du bist am Zug (*darfst jetzt eine Figur bewegen*).

der **Zu|gang** [ˈt̯suːɡaŋ]; -[e]s, Zugänge [ˈt̯suːɡɛŋə]: **1.** *Stelle, Ort, von dem aus es einen Weg in einen Raum, Ort gibt:* ein unterirdischer Zugang zum Schloss; die Polizei ließ alle Zugänge sperren. *Syn.:* Eingang. **2.** *das Betreten:* der Zugang zum Garten ist verboten. *Syn.:* Zutritt.

zu|ge|ben [ˈt̯suːɡeːbn̩], gibt zu, gab zu, zugegeben ⟨tr.; hat; etw. z.⟩: **1.** *hinzufügen:* das Öl unter langsamem Rühren zugeben. **2.** *[nach längerem Zögern oder Leugnen] gestehen:* er hat die Tat schließlich zugegeben; sie will nicht zugeben, dass sie selbst Angst hatte. *Syn.:* bekennen. **3.** *als zutreffend anerkennen:* du wirst zugeben müssen, dass ich recht hatte.

zu|ge|hö|rig [ˈt̯suːɡəhøːrɪç] ⟨Adj.⟩: *zu jmdm. oder etwas gehörend:* wir haben ein Haus mit zugehörigem Garten gekauft.

das **Zu|ge|ständ|nis** [ˈt̯suːɡəʃtɛntnɪs]; -ses, -se: *etwas, wodurch man die Wünsche einer anderen Person berücksichtigt:* Zugeständnisse verlangen, machen; dass ich die Reise mitmache, ist ein Zugeständnis an dich, deine Reiselust.

zu|ge|ste|hen [ˈt̯suːɡəʃteːən], gesteht zu, gestand zu, zugestanden ⟨tr.; hat; jmdm. etw. z.⟩: **1.** *jmds. Anspruch auf etwas berücksichtigen:* jmdm. ein Recht zugestehen; ich gestehe Ihnen eine Provision von drei Prozent zu. *Syn.:* gewähren. **2.** *zugeben:* ich muss ihr zugestehen, dass sie korrekt gehandelt hat; du wirst mir zugestehen, dass meine Verhandlungsposition nicht einfach ist.

zu|gig [ˈt̯suːɡɪç], zugiger, am zugigsten ⟨Adj.⟩: *so, dass eine unangenehme Bewegung der Luft zu spüren ist:* sie musste in einem zugigen Korridor warten; auf Bahnsteigen ist es besonders zugig.

zü|gig [ˈt̯syːɡɪç], zügiger, am zügigsten ⟨Adj.⟩: *schnell:* die Arbeiten gehen zügig voran; wir müssen zügig fahren, sonst kommen wir zu spät. *Syn.:* fix (ugs.), flink, rasch.

zu|gleich [t̯suˈɡlaɪ̯ç] ⟨Adverb⟩: **1.** *zur gleichen Zeit:* sie griffen beide zugleich nach dem Buch; sie musste kochen und zugleich die Kinder beaufsichtigen. *Syn.:* gleichzeitig. **2.** *in gleicher Weise; gleichzeitig:* er wollte mich loben und zugleich ermahnen; er ist Dichter und Maler zugleich. *Syn.:* auch, überdies.

zu|grei|fen [ˈʦuːɡraɪfn̩], greift zu, griff zu, zugegriffen ⟨itr.; hat⟩: *nach etwas greifen und es festhalten oder an sich nehmen:* er hat mit beiden Händen zugegriffen und nicht mehr losgelassen; bei diesen Preisen muss man einfach zugreifen; bitte greifen Sie zu! *(nehmen Sie sich von dem Angebotenen!);* sie bekam eine Stelle als Redakteurin angeboten und hat sofort zugegriffen *(zugesagt).*

zu|ha|ben [ˈʦuːhaːbn̩], hat zu, hatte zu, zugehabt ⟨itr.; hat⟩ (ugs.): *nicht geöffnet sein:* der Laden hat mittwochs nachmittags zu; ich wollte noch einkaufen gehen, aber der Laden hatte schon zu.

zu|hau|se [ʦuːˈhaʊ̯zə] ⟨Adverb⟩: ↑ Haus.

das **Zu|hau|se** [ʦuːˈhaʊ̯zə]; -s: *Heim, Wohnung, in der jmd. lebt (und sich wohlfühlt):* wir haben uns ein schönes Zuhause geschaffen; ein neues Zuhause finden.

zu|hö|ren [ˈʦuːhøːrən], hört zu, hörte zu, zugehört ⟨itr.; hat⟩: **1.** ⟨bei etw., irgendwie z.⟩ *aufmerksam hören:* das Publikum hat höflich, aber nur mit halbem Ohr zugehört; er hörte bei dem Gespräch nur zu und sagte nichts; sie kann gut zuhören; hör bitte zu, wenn ich mit dir rede! **2.** ⟨jmdm., etw. [irgendwie] z.⟩: *hören, was jmd. sagt:* du hast mir nicht richtig zugehört.

der **Zu|hö|rer** [ˈʦuːhøːrɐ]; -s, -, die **Zu|hö|re|rin** [ˈʦuːhøːrərɪn]; -, -nen: *Person, die jmdm., einer Sache zuhört:* ein Zuhörer ist während des Vortrags eingeschlafen.

die **Zu|kunft** [ˈʦuːkʊnft]; -: *Zeit, die noch kommt, die später ist:* die Zukunft der Menschen; sich Sorgen um die Zukunft machen; du musst an deine Zukunft denken; die gemeinsame Zukunft planen; * **in Zukunft:** *künftig, von jetzt an:* ich möchte in Zukunft weniger arbeiten und mehr Zeit für die Familie haben.

zu|las|sen [ˈʦuːlasn̩], lässt zu, ließ zu, zugelassen ⟨tr.; hat⟩: **1.** *(etwas) geschehen lassen, nichts tun, um es zu verhindern:* ich kann nicht zulassen, dass er benachteiligt wird; wie konntest du das nur zulassen! *Syn.:* akzeptieren, dulden, erlauben, gestatten. **2.** *(jmdm.) die [amtliche] Erlaubnis für etwas Bestimmtes geben:* der Student ist zur Prüfung zugelassen; sie ist als Rechtsanwältin beim Gericht zugelassen; der Kraftwa-

gen ist noch nicht [zum Verkehr] zugelassen. **3.** (ugs.) *geschlossen lassen, nicht öffnen:* das Fenster, die Schublade zulassen; mein Kleid hatte ein Loch, deshalb musste ich die ganze Zeit den Mantel zulassen.

zu|läs|sig [ˈʦuːlɛsɪç] ⟨Adj.⟩: *(von einer amtlichen Stelle) erlaubt:* Sie haben die zulässige Geschwindigkeit überschritten; diese Konstruktion ist nicht zulässig. *Syn.:* gestattet, legal.

zu|letzt [ʦuːˈlɛtst] ⟨Adverb⟩: **1.** *als Letzter, Letzte, Letztes:* mein Vater kam zuletzt; das beste Stück aßen wir erst zuletzt; an diese Möglichkeit dachte ich zuletzt. **2.** *schließlich, zum Schluss:* wir mussten zuletzt doch umkehren; sie glaubte bis zuletzt, dass sie der Mörder war.

zum [ʦʊm] ⟨Verschmelzung von »zu« + »dem«⟩: **1.** ⟨die Verschmelzung kann aufgelöst werden⟩ sie lief zum Auto ihres Mannes. **2.** ⟨die Verschmelzung kann nicht aufgelöst werden⟩ zum Glück; zum Schluss; zum Beispiel. **3.** ⟨in Verbindung mit einem nominalisierten Infinitiv; die Verschmelzung kann nicht aufgelöst werden⟩ das Wasser zum Kochen bringen.

zu|ma|chen [ˈʦuːmaxn̩], macht zu, machte zu, zugemacht /Ggs. aufmachen/: **1.** ⟨tr.; hat; etw. z.⟩ *schließen:* mach bitte die Tür zu!; ⟨jmdm., sich etw. z.⟩ könntest du mir bitte den Reißverschluss hinten zumachen? **2.** ⟨itr.; hat⟩ *geschlossen werden (sodass keine Waren mehr verkauft werden können):* die Buchhandlung macht abends um 18.30 Uhr zu; machen Sie jetzt schon zu? *Syn.:* schließen. **3.** ⟨tr.; hat; etw. z.⟩ *(in Bezug auf ein Unternehmen o. Ä.) aufgeben:* die Firma hat schon nach kurzer Zeit wieder zugemacht. *Syn.:* schließen.

zu|min|dest [ʦuːˈmɪndəst] ⟨Adverb⟩: *auf jeden Fall:* ich probiere es zumindest. *Syn.:* immerhin, jedenfalls, wenigstens.

zu|mu|ten [ˈʦuːmuːtn̩], mutet zu, mutete zu, zugemutet ⟨tr.; hat; jmdm., sich etw. z.⟩: *von jmdm. oder von sich selbst so viel verlangen, dass man es nicht oder nur schwer leisten oder ertragen kann:* er mutete uns zu, eine Stunde auf ihn zu warten; den Lärm wollte sie uns nicht zumuten; ich kann ihm nicht zumuten zu kommen; das kannst du ihr nicht zumuten; du hast dir zu viel zugemutet.

zu|nächst [ʦuːˈnɛːçst] ⟨Adverb⟩: **1.** *am Anfang; als Erstes:* er ging zunächst nach Hause, dann ins Theater; es sah zunächst nach schönem Wetter aus, dann regnete es aber doch. *Syn.:*anfänglich, anfangs, erst, zuerst. **2.** *vorerst, in diesem Augenblick:* daran denke ich zunächst noch nicht; diesen Aspekt lassen wir zunächst beiseite. *Syn.:*einstweilen, vorläufig.

die **Zu|nah|me** ['tsu:na:mə]; -, -n: *der Anstieg, das Größer- oder Stärkerwerden:* eine starke Zunahme des Gewichts ist gesundheitlich bedenklich; viele Städte verzeichnen eine rasche Zunahme des Verkehrs; die Zunahme an Drogendelikten bei Jugendlichen ist erschreckend. *Syn.:*Wachstum. *Zus.:*Bevölkerungszunahme, Gewichtszunahme.

zün|den ['tsʏndn̩], zündet, zündete, gezündet: **1.** ⟨tr.; hat; etwas z.⟩ *in Brand setzen, zur Explosion bringen:* eine Bombe, Mine zünden; die Rakete wird in drei Stunden gezündet; Knallkörper dürfen nur an Silvester gezündet werden. *Zus.:*anzünden, entzünden. **2.** ⟨itr.; hat⟩ *Stimmung, Begeisterung auslösen:* dieser Vorschlag zündete sofort; sie hielt eine zündende Rede. *Syn.:*begeistern, mitreißen.

das **Zünd|holz** ['tsʏntholts]; -es, Zündhölzer ['tsʏnthœltsɐ], (österr. auch) Zünder ['tsʏndɐ]: *Streichholz:* eine Packung Zündhölzer/Zünder gehört zur Ausrüstung für Notfälle. *Syn.:*Streichholz.

die **Zünd|ker|ze** ['tsʏntkɛrtsə]; -, -n: *Teil des Motors, mit dem das Gemisch aus Kraftstoff und Luft elektrisch gezündet wird:* die Zündkerzen müssen ausgewechselt, gewechselt werden.

der **Zünd|schlüs|sel** ['tsʏntʃlʏsl̩]; -s, -: *Schlüssel, mit dem man ein Auto startet:* hast du meinen Zündschlüssel gesehen?

zu|neh|men ['tsu:ne:mən], nimmt zu, nahm zu, zugenommen ⟨itr.; hat⟩ /Ggs. abnehmen/: **1.** *größer, stärker, mehr werden:* die Kälte nimmt zu; seit einigen Tagen nehmen ihre Schmerzen ständig zu; sein Einfluss hat zugenommen; in den letzten Jahren hat das Umweltbewusstsein merklich zugenommen; die Tage nehmen wieder zu *(werden länger).* *Syn.:*sich vergrößern, sich vermehren, sich verstärken. **2.** *sein Gewicht vermehren:* ich habe [3 Pfund] zugenommen; seitdem ich täglich koche, nehme ich immer mehr zu.

die **Zun|ge** ['tsʊŋə]; -, -n: *bewegliches Organ im Mund der meisten Wirbeltiere und des Menschen, das man besonders beim Sprechen und Essen braucht:* die Zunge zeigen; sie schnalzte mit der Zunge; sich

auf die Zunge beißen; das freche Kind streckte uns sofort die Zunge heraus.

zu|ord|nen ['tsu:ʔɔrdnən], ordnet zu, ordnete zu, zugeordnet ⟨tr.; hat; jmdm., etw. jmdn., etw. z.⟩: *zu einer Klasse etwas hinzufügen, etwas einordnen:* etwas einer Gattung, einem System zuordnen; die Adresse konnte mühelos der Telefonnummer zugeordnet werden.

zur [tsuːɐ̯] ⟨Verschmelzung von »zu« + »der«⟩: **1.** ⟨die Verschmelzung kann aufgelöst werden⟩ sie geht noch zur Bäckerei. **2.** ⟨die Verschmelzung kann nicht aufgelöst werden⟩ zur Ruhe kommen; zur Neige gehen; zur Schule gehen.

zu|recht|fin|den [tsuˈrɛçtfɪndn̩], findet zurecht, fand zurecht, zurechtgefunden ⟨sich z.; meist mit Umstandsangabe⟩: *die Zusammenhänge, die Verhältnisse, Umstände erkennen, sie richtig einschätzen, damit fertig werden:* sie fand sich in der Stadt schnell zurecht; er konnte sich im Leben nicht mehr zurechtfinden. *Syn.:*sich orientieren.

zu|recht|kom|men [tsuˈrɛçtkɔmən]: kommt zurecht, kam zurecht, zurechtgekommen ⟨itr.; ist; mit jmdm., einer, etw. z.⟩: *(mit etwas) fertig werden;* ⟨mit jmdm. oder etwas⟩ *richtig umgehen können:* ich komme mit der Maschine, mit meinem Kollegen nicht zurecht; in der Wohnung kommt er auch ohne Rollstuhl zurecht; die beiden sind zwar schon älter, kommen aber ganz gut allein zurecht.

zu|rück [tsuˈrʏk] ⟨Adverb⟩: **1.** *wieder an den Ausgangspunkt, in umgekehrter Richtung:* wir wollen hin und zurück mit der Bahn fahren; einmal Leipzig hin und zurück, bitte!; hin sind wir gelaufen, zurück haben wir ein Taxi genommen. **2.** *wieder am Ausgangspunkt:* sie ist noch nicht von der Reise zurück; ich bin in zehn Minuten zurück.

zu|rück- [tsuˈrʏk] ⟨trennbares, verbales Präfix⟩: **1.** *wieder zum Ausgangspunkt hin, in den Ausgangszustand:* zurückbegeben; zurückdenken; zurückgehen; zurückhängen; zurücklaufen; zurückstellen; zurückwollen. **2.** *wieder in den Besitz gelangen:* zurückbekommen; zurückerobern. **3.** *hinten, hinter jmdm., etwas:* zurückbleiben. **4.** *nach hinten:* zurückbeugen; zurückblicken. **5.** drückt aus, dass man auf etwas genauso reagiert: zurückschießen; zurückschlagen; zurückschreiben.

zu|rück|blei|ben [tsuˈrʏkblaɪbn̩], bleibt zurück, blieb zurück, zurückgeblieben

Z

⟨itr.; ist⟩: **1.** ⟨meist mit Umstandsangabe⟩ *an einer Stelle bleiben; nicht mitgenommen werden:* mein Koffer blieb im Hotel zurück; weil ich krank war, musste ich als Einzige zurückbleiben. **2.** *als Folge bleiben:* von seinem Unfall blieb ein Gehörschaden zurück. **3.** *nicht näher kommen; nicht weitergehen:* bleiben Sie von der Bahnsteigkante zurück! **4.** *sich nicht wie erwartet entwickeln:* die Mannschaftsleistung blieb weit hinter unseren Erwartungen zurück; die Gehälter in unserer Firma bleiben weiterhin hinter der Einkommensentwicklung zurück.

zu|rück|fah|ren [t͡suˈrʏkfaːrən], fährt zurück, fuhr zurück, zurückgefahren: **1.** ⟨itr.; ist⟩ *wieder an den Ausgangspunkt, in Richtung auf den Ausgangspunkt fahren:* er ist gestern früh mit dem Zug nach Dresden zurückgefahren; als sie die traurige Nachricht bekam, ist sie sofort zurückgefahren. **2.** ⟨tr.; hat; jmdn., etw. z.⟩ *(mit einem Fahrzeug) wieder an den Ausgangspunkt befördern:* er hat seine Eltern mit dem Auto nach Hause zurückgefahren.

zu|rück|fin|den [t͡suˈrʏkfɪndn̩], findet zurück, fand zurück, zurückgefunden ⟨itr.; hat; [irgendwohin] z.⟩: *den Weg zu seinem Ausgangspunkt wiederfinden:* er verlief sich, fand aber nach einiger Zeit zum Dorf zurück; danke, ich finde alleine zurück.

zu|rück|ge|ben [t͡suˈrʏkɡeːbn̩], gibt zurück, gab zurück, zurückgegeben ⟨tr.; hat; jmdm. etw. z.⟩: *wiedergeben:* kannst du mir meine CD zurückgeben?; die Bücher in der Bibliothek zurückgeben.

zu|rück|ge|hen [t͡suˈrʏkɡeːən], geht zurück, ging zurück, zurückgegangen ⟨itr.; ist⟩: **1.** *wieder an den, in Richtung auf den Ausgangspunkt gehen:* ins Haus zurückgehen; ich gehe den Weg noch mal zurück – vielleicht finde ich die Schlüssel. **2.** ⟨etw. z.⟩ *nach hinten gehen:* bitte gehen Sie fünf Schritte zurück! **3.** ⟨auf jmdn., etw. z.⟩ *seinen Ursprung (in jmdm., etwas) haben:* diese Verordnung geht noch auf alte Zeiten zurück. *Syn.:* stammen. **4.** *abnehmen, geringer werden:* das Fieber ist im Laufe des Nachmittags zurückgegangen; das Hochwasser geht endlich wieder zurück. *Syn.:* abklingen, abnehmen, nachlassen, sich verringern.

die **Zu|rück|hal|tung** [t͡suˈrʏkhaltʊŋ]; -: **1.** *bescheidenes, vorsichtiges Wesen, Verhalten:* die Zurückhaltung der Kunden beim Kauf führte dazu, dass der Handel erheblich schlechtere Umsätze machte; er wird in dieser Angelegenheit Zurückhaltung üben. **2.** *kühles Verhalten:* seine Zurückhaltung wirkte fast verletzend; der politische Gegner reagierte mit Zurückhaltung; ihr neuer Roman wurde mit Zurückhaltung zur Kenntnis genommen.

zu|rück|keh|ren [t͡suˈrʏkkeːrən], kehrt zurück, kehrte zurück, zurückgekehrt ⟨itr.; ist⟩ (geh.): *zurückkommen:* sie ging fort, um nie wieder zurückzukehren; der Großvater war aus dem Krieg nie zurückgekehrt; das verlorene Glück kehrt selten zurück. *Syn.:* heimkehren, wiederkehren (geh.), wiederkommen.

zu|rück|kom|men [t͡suˈrʏkkɔmən], kommt zurück, kam zurück, zurückgekommen ⟨itr.; ist⟩: **1.** *wieder an den Ausgangspunkt kommen, wiederkommen:* sie kommt am Montag aus dem Urlaub zurück; er hatte sie angefleht, zu ihm zurückzukommen; die Schmerzen waren wieder zurückgekommen. *Syn.:* heimkehren, wiederkehren (geh.), zurückkehren (geh.). **2.** *einen Gedanken o. Ä. wieder aufgreifen:* ich komme auf mein Angebot von gestern zurück. *Syn.:* anknüpfen an.

zu|rück|las|sen [t͡suˈrʏklasn̩], lässt zurück, ließ zurück, zurückgelassen ⟨tr.; hat; jmdn., etw. z.⟩: **1.** *an einem Ort lassen und sich entfernen:* als wir flohen, mussten wir fast unseren ganzen Besitz zurücklassen; sie musste ihr Kind bei den Eltern zurücklassen; er hatte eine Nachricht zurückgelassen *(hinterlassen).* **2.** *hinter sich lassen, übertreffen, überholen:* er hat seine Konkurrenten weit [hinter sich] zurückgelassen.

zu|rück|tre|ten [t͡suˈrʏktreːtn̩], tritt zurück, trat zurück, zurückgetreten ⟨itr.; ist; [von etw.] z.⟩: **1.** *nach hinten treten:* einen Schritt zurücktreten. **2.** *eine Stellung, ein Amt aufgeben:* die Ministerin ist zurückgetreten. *Syn.:* abdanken.

zu|rück|wei|chen [t͡suˈrʏkvaiçn̩], weicht zurück, wich zurück, zurückgewichen ⟨itr.; ist⟩: *einige Schritte zurücktreten, nach hinten ausweichen:* vor etwas langsam, erschrocken, unwillkürlich zurückweichen; als die Polizei vorrückte, wichen die Demonstranten zurück.

zur|zeit [t͡sʊrˈt͡sait] ⟨Adverb⟩: *im Augenblick, jetzt:* sie ist zurzeit im Urlaub. *Syn.:* gegenwärtig, gerade, momentan.

die **Zu|sa|ge** [ˈt͡suːzaːɡə]; -, -n: **1.** *Versprechen:*

jmdm. eine Zusage machen; seine Zusagen einhalten. **2.** *zustimmender Bescheid auf eine Einladung hin* /Ggs. Absage/: auf unsere Einladung bekamen wir zahlreiche Zusagen.

zu|sa|gen [ˈtsuːzaːgn̩], sagt zu, sagte zu, zugesagt: **1.** ⟨tr.; hat; [jmdm.] etw. z.⟩ *fest versprechen:* sie hat mir schnelle Hilfe zugesagt. *Syn.:* zusichern. **2.** ⟨tr.; hat; etw. z.⟩ *versichern, dass man einer Einladung folgen will* /Ggs. absagen/: sie hat ihre Teilnahme fest zugesagt; ⟨auch itr.⟩ komm doch auch, dein Bruder hat schon zugesagt. **3.** ⟨itr.; hat; etw. z.⟩ *jmds. Vorstellungen entsprechen:* diese Wohnung sagt mir zu. *Syn.:* ¹gefallen.

zu|sam|men [tsuˈzamən] ⟨Adverb⟩: **1.** *einer mit einem anderen oder etwas mit etwas anderem:* wir waren gestern Abend noch lange zusammen; die Kinder spielen oft zusammen; die Bände werden nur zusammen verkauft. **2.** *als Einheit gerechnet, miteinander addiert:* alles zusammen kostet 10 Euro.

zu|sam|men- [tsuzamən] ⟨trennbares, verbales Präfix⟩: **1.** *miteinander, gemeinsam:* zusammenarbeiten; zusammenbleiben; zusammenleben. **2.** *vereinen, addieren:* zusammenbauen; zusammenlegen; zusammenrechnen. **3.** *gegeneinander:* zusammenstoßen.

die **Zu|sam|men|ar|beit** [tsuˈzamənˌarbaɪt]; -: *gemeinsames Arbeiten, Wirken an der gleichen Sache, auf dem gleichen Gebiet:* die Zusammenarbeit mit dem Betriebsrat; durch Zusammenarbeit in der Forschung und Entwicklung wollen die Firmen Geld sparen. *Syn.:* Kooperation.

zu|sam|men|ar|bei|ten [tsuˈzamənˌarbaɪtn̩], arbeitet zusammen, arbeitete zusammen, zusammengearbeitet ⟨itr.; hat⟩: *an der gleichen Sache gemeinsam arbeiten, auf dem gleichen Gebiet gemeinsam wirken:* auf einem Gebiet, in einer Organisation zusammenarbeiten; bei diesem Projekt haben mehrere Forscher zusammengearbeitet. *Syn.:* kooperieren.

zu|sam|men|bin|den [tsuˈzamənbɪndn̩], bindet zusammen, band zusammen, zusammengebunden ⟨tr.; hat; etw. z.⟩: *durch Binden vereinigen:* sie bindet die Blumen zu einem Strauß zusammen; ich habe mir die Haare mit einem Haarband zusammengebunden.

zu|sam|men|bre|chen [tsuˈzamənbrɛçn̩], bricht zusammen, brach zusammen, zusammengebrochen ⟨itr.; ist⟩: **1.** *einstürzen:* die Brücke brach unter der

schweren Last zusammen. **2.** *(aufgrund großer körperlicher Schwäche) hinfallen:* die Frau war [ohnmächtig, tot] zusammengebrochen. **3.** *sich nicht fortsetzen lassen:* der Verkehr brach zusammen; für sie brach eine Welt zusammen *(sie fühlte sich getäuscht).*

zu|sam|men|brin|gen [tsuˈzamənbrɪŋən], bringt zusammen, brachte zusammen, zusammengebracht ⟨tr.; hat; etw. z.⟩: **1.** *beschaffen, herholen, was für einen bestimmten Zweck gebraucht wird:* ich habe das Geld, das ich für das Auto gebraucht hätte, nicht zusammengebracht; der Trainer hatte nur mit Mühe 11 gute Spieler zusammenbringen können. *Syn.:* auftreiben (ugs.), beschaffen, besorgen. **2.** (ugs.) *einen Text o. Ä. vollständig [aus dem Gedächtnis] wiedergeben können:* gestern konnte ich das Gedicht noch sehr gut, jetzt bringe ich es nicht mehr zusammen; sie brachte keinen Satz zusammen.

zu|sam|men|fas|sen [tsuˈzamənfasn̩], fasst zusammen, fasste zusammen, zusammengefasst ⟨tr.; hat⟩: **1.** ⟨jmdn., etw. z.⟩ *in, zu einem größeren Ganzen vereinigen:* man hat alle Gruppen in diesem Verband zusammengefasst. **2.** ⟨etw. z.⟩ *(etwas) kurz, in wenigen Sätzen wiedergeben:* seine Gedanken, Ergebnisse in wenigen Sätzen zusammenfassen; zusammenfassend kann man Folgendes sagen: …

die **Zu|sam|men|fas|sung** [tsuˈzamənfasʊŋ]; -, -en: *kurz zusammengefasste schriftliche oder mündliche Darstellung von etwas:* eine Zusammenfassung der Ereignisse schreiben, geben. *Syn.:* Abriss.

der **Zu|sam|men|hang** [tsuˈzamənhaŋ]; -[e]s, Zusammenhänge [tsuˈzamənhɛŋə]: *innere Beziehung, Verbindung (zwischen Vorgängen, Sachverhalten o. Ä.):* zwischen diesen Vorgängen besteht kein Zusammenhang; dieser Satz ist aus dem Zusammenhang gerissen. *Zus.:* Gedankenzusammenhang.

zu|sam|men|hän|gen [tsuˈzamənhɛŋən], hängt zusammen, hing zusammen, zusammengehangen ⟨itr.; hat⟩: **1.** *mit etwas, miteinander fest verbunden sein:* die beiden Teile hängen nur durch einen dünnen Faden zusammen. **2.** ⟨etw. mit etw. z.⟩ *in Zusammenhang stehen:* das Risiko, an Krebs zu erkranken, hängt mit der Zahl der gerauchten Zigaretten zusammen; alle damit zusammenhängenden Fragen erörtern.

Z

zu|sam|men|le|ben [t͡suˈzamənleːbn̩], lebt zusammen, lebte zusammen, zusammengelebt ⟨itr.; hat; [mit jmdm.] z.⟩: *(mit jmdm.) in einer Wohnung leben:* er lebt seit Kurzem mit ihr zusammen; sie leben schon lange zusammen und wollen jetzt heiraten.

zu|sam|men|le|gen [t͡suˈzamənleːgn̩], legt zusammen, legte zusammen, zusammengelegt: **1.** ⟨tr.; hat; etw. z.⟩ *(eine Sache) falten, übereinanderlegen und ihr damit ein kleineres Format geben:* Papier, Decken, Zelte zusammenlegen; den Tisch kann man zusammenlegen. **2.** ⟨tr.; hat; etw. z.⟩ *verschiedene Bereiche, Teile zu einem Ganzen werden lassen:* verschiedene Abteilungen, Ämter zusammenlegen; Grundstücke zusammenlegen. **3.** ⟨itr.; hat⟩ *gemeinsam die für etwas erforderliche Geldsumme aufbringen:* wenn wir zusammenlegen, dürfte es für das Geschenk reichen.

zu|sam|men|neh|men [t͡suˈzamənneːmən], nimmt zusammen, nahm zusammen, zusammengenommen: **1.** ⟨tr.; hat; etw. z.⟩ *(alle geistigen, körperlichen Kräfte) einsetzen:* alle seine Gedanken, Kräfte, den Verstand zusammennehmen. **2.** ⟨sich z.⟩ *sich beherrschen, unter Kontrolle haben:* nimm dich doch zusammen und trink nicht so viel!

zu|sam|men|pas|sen [t͡suˈzamənpasn̩], passt zusammen, passte zusammen, zusammengepasst ⟨itr.; hat⟩: *miteinander harmonieren:* Klaus und Petra passen gut zusammen, sie haben so viele gemeinsame Interessen; Braun und Schwarz passen nicht gut zusammen.

zu|sam|men|pral|len [t͡suˈzamənpralən], prallt zusammen, prallte zusammen, zusammengeprallt ⟨itr.; ist⟩: *mit Kraft, Wucht aneinanderstoßen:* er war beim Fußballspielen mit jemandem zusammengeprallt und hatte sich am Auge verletzt; das Auto war mit einem Motorrad frontal zusammengeprallt. *Syn.:* zusammenstoßen.

zu|sam|men|rü|cken [t͡suˈzamənrʏkn̩], rückt zusammen, rückte zusammen, zusammengerückt: **1.** ⟨tr.; hat; etw. z.⟩ *so schieben, dass etwas enger nebeneinandersteht:* Tische, Stühle zusammenrücken. *Syn.:* zusammenstellen. **2.** ⟨itr.; ist⟩ *sich enger nebeneinandersetzen:* wenn ihr ein bisschen zusammenrückt, haben wir auch noch Platz.

zu|sam|men|schlie|ßen [t͡suˈzamənʃliːsn̩], schließt zusammen, schloss zusammen,

zusammengeschlossen ⟨sich z.⟩: *sich mit jmdm. zu einem bestimmten Zweck verbinden:* die beiden Vereine wollen sich zusammenschließen; die beiden Firmen haben sich zusammengeschlossen.

zu|sam|men|set|zen [t͡suˈzamənzɛt͡sn̩], setzt zusammen, setzte zusammen, zusammengesetzt: **1.** ⟨tr.; hat; etw. z.⟩ *zu einem Ganzen fügen:* eine Wand aus Platten, das Fahrrad aus den einzelnen Teilen zusammensetzen; zusammengesetzte Wörter, Verben. **2.** ⟨sich z.⟩ *sich zueinander-, nebeneinandersetzen:* wir wollen uns im Kino zusammensetzen; wir müssen uns zusammensetzen und einen Plan machen. **3.** ⟨sich z.⟩ *als Ganzes aus verschiedenen Bestandteilen, Personen bestehen:* die Uhr setzt sich aus vielen Teilen zusammen; die Gruppe setzt sich aus 15 Personen zusammen.

die **Zu|sam|men|set|zung** [t͡suˈzamənzɛt͡sʊŋ]; -, -en: **1.** *zusammengesetzter Stoff:* eine explosive Zusammensetzung. *Syn.:* Mischung. **2.** *Art und Weise, wie etwas als Ganzes zusammengesetzt ist:* die Zusammensetzung dieses Mittels ist mir unbekannt. *Syn.:* Struktur. **3.** *aus zwei oder mehreren Wörtern zusammengesetztes Wort:* »Eisenbahn« ist eine Zusammensetzung aus »Eisen« und »Bahn«. *Zus.:* Wortzusammensetzung.

zu|sam|men|ste|cken [t͡suˈzamənʃtɛkn̩], steckt zusammen, steckte zusammen, zusammengesteckt: **1.** ⟨tr.; hat; etw. z.⟩ *durch Stecken verbinden:* der Stoff wird mit Nadeln zusammengesteckt; die Klötzchen werden zusammengesteckt. **2.** ⟨itr.; hat⟩ (ugs.) *häufig [etwas entfernt von den anderen] beisammen sein:* die beiden stecken immer zusammen.

zu|sam|men|stel|len [t͡suˈzamənʃtɛlən], stellt zusammen, stellte zusammen, zusammengestellt ⟨tr.; hat⟩: **1.** ⟨etw. z.⟩ *an der gleichen Stelle zueinanderstellen, nebeneinanderstellen:* Stühle, Tische zusammenstellen. *Syn.:* zusammenrücken. **2.** ⟨jmdn., etw. z.⟩ *etwas so anordnen, dass etwas Einheitliches entsteht:* eine Ausstellung, eine Gruppe, eine Speisekarte zusammenstellen.

der **Zu|sam|men|stoß** [t͡suˈzamənʃtoːs]; -es, Zusammenstöße [t͡suˈzamənʃtøːsə]: **1.** *(bes. von Fahrzeugen) das Zusammenprallen:* ein Zusammenstoß von zwei Autos auf der Straßenkreuzung. *Zus.:* Flugzeugzusammenstoß, Frontalzusammenstoß. **2.** (ugs.) *heftige, oft bewaffnete Auseinandersetzung:* es kam zu Zusammenstößen zwischen Polizei und Demonstranten; bei den Zusammenstößen gab es mehrere Verletzte.

zu|sam|men|sto|ßen [ˈt̯suˈzamənʃtoːsn̩], stößt zusammen, stieß zusammen, zusammengestoßen ⟨itr.; ist; mit jmdm., etw. z.⟩: *mit Wucht gegeneinanderprallen:* als sie um die Ecke rannte, ist sie mit ihrem Nachbarn zusammengestoßen; die Straßenbahn ist mit dem Bus zusammengestoßen. *Syn.:* zusammenprallen.

zu|sam|men|tref|fen [ˈt̯suˈzaməntrɛfn̩], trifft zusammen, traf zusammen, zusammengetroffen ⟨itr.; ist⟩: *einander begegnen, sich treffen:* mit alten Bekannten zusammentreffen.

zu|sam|men|zäh|len [ˈt̯suˈzamənt̯seːlən], zählt zusammen, zählte zusammen, zusammengezählt ⟨tr.; hat; etw. z.⟩: *(von Zahlen, Dingen o. Ä.) eins zum andern zählen:* die verschiedenen Beträge zusammenzählen. *Syn.:* addieren.

zu|sam|men|zie|hen [ˈt̯suˈzamənt̯siːən], zieht zusammen, zog zusammen, zusammengezogen: **1.** ⟨tr.; hat; etw. z.⟩ *durch Ziehen verkleinern, enger machen, schließen:* das Loch im Strumpf zusammenziehen; sie zog die Augenbrauen zusammen. **2.** ⟨tr.; hat; jmdn., etw. z.⟩ *(militärische Truppen, Soldaten) in einem bestimmten Gebiet, an einer bestimmten Stelle vereinigen:* im Grenzgebiet wurden die Truppen zusammengezogen. **3.** ⟨itr.; ist; [mit jmdm.] z.⟩ *eine gemeinsame Wohnung beziehen:* sie ist mit ihrer Freundin zusammengezogen; die beiden Freundinnen sind zusammengezogen.

der **Zu|satz** [ˈt̯suːzat̯s]; -es, Zusätze [ˈt̯suːzɛt̯sə]: **1.** ⟨ohne Plural⟩ *das Hinzufügen:* unter Zusatz von Wasser wird das Pulver verrührt. **2.** *hinzugefügter Teil:* die Zusätze zu dem Vertrag müssen beachtet werden. *Syn.:* Anhang, Nachtrag.

zu|sätz|lich [ˈt̯suːzɛt̯slɪç] ⟨Adj.⟩: *zu etwas, das bereits vorhanden ist, als Ergänzung, Erweiterung hinzukommend:* es entstehen keine zusätzlichen Kosten; wir hatten zusätzlich einen Gutschein für eine Reise bekommen. *Syn.:* außerdem, extra, überdies, weiter…, zudem.

zu|schau|en [ˈt̯suːʃau̯ən], schaut zu, schaute zu, zugeschaut ⟨itr.; hat⟩ (bes. südd., österr., schweiz.): *(bei etwas) aufmerksam zusehen:* ich schaue dir gern bei der Arbeit zu; schau mir mal gut zu!

der **Zu|schau|er** [ˈt̯suːʃau̯ɐ]; -s, -, die **Zu|schau|e-**

rin [ˈt̯suːʃau̯ərɪn]; -, -nen: *Person, die bei einer Aufführung, Vorführung zuschaut:* die Zuschauer waren von dem Fußballspiel enttäuscht; ich mache nicht mit, ich bin nur Zuschauerin. *Zus.:* Fernsehzuschauer, Fernsehzuschauerin, Theaterzuschauer, Theaterzuschauerin.

der **Zu|schlag** [ˈt̯suːʃlaːk]; -[e]s, Zuschläge [ˈt̯suːʃlɛːgə]: **1.** *bestimmter Betrag, um den ein Preis, ein* ¹*Gehalt o. Ä. erhöht wird:* die Ware wurde mit einem Zuschlag von fünf Euro verkauft. *Syn.:* Aufpreis. **2.** *besondere Gebühr für die Benutzung schnell fahrender Züge:* das ist ein Intercity, der kostet Zuschlag.

zu|schla|gen [ˈt̯suːʃlaːgn̩], schlägt zu, schlug zu, zugeschlagen: **1.** ⟨itr.; hat⟩ *jmdn. mit viel Kraft schlagen:* er stürzte sich auf ihn und schlug mit geballter Faust zu; sie hatte mehrere Male mit einem Stock zugeschlagen. **2.** ⟨tr.; hat; etw. z.⟩ *ziemlich laut und mit viel Schwung zumachen:* das Fenster zuschlagen; ein Buch wütend zuschlagen. **3.** ⟨itr.; ist⟩ *heftig mit einem lauten Knall sich schließen:* die Tür ist zugeschlagen. **4.** ⟨itr.; hat⟩ (ugs.) *ein günstiges Angebot, eine Gelegenheit wahrnehmen:* bei diesem günstigen Preis musste ich einfach zuschlagen.

zu|schlie|ßen [ˈt̯suːʃliːsn̩], schließt zu, schloss zu, zugeschlossen ⟨tr.; hat; etw. z.⟩: *(mit einem Schlüssel) abschließen, verschließen* /Ggs. aufschließen/: das Zimmer, den Koffer zuschließen. *Syn.:* absperren (bes. österr., südd.), schließen, zumachen, zusperren (bes. österr., südd.).

zu|schnü|ren [ˈt̯suːʃnyːrən], schnürt zu, schnürte zu, zugeschnürt ⟨tr.; hat; etw. z.⟩: *mit einer Schnur o. Ä. fest zubinden:* das Paket, einen Schuh zuschnüren. *Syn.:* zubinden.

die **Zu|schrift** [ˈt̯suːʃrɪft]; -, -en: *Schreiben, das sich auf ein Angebot, ein bestimmtes Thema o. Ä. bezieht:* zu diesem Artikel bekam die Zeitung zahlreiche Zuschriften. *Syn.:* Brief. *Zus.:* Leserzuschrift.

der **Zu|schuss** [ˈt̯suːʃʊs]; -es, Zuschüsse [ˈt̯suːʃʏsə]: *Geld, das jmdm. dazugegeben wird, um etwas (was sonst für ihn / für sie zu teuer wäre) bezahlen zu können; finanzielle Hilfe:* für den Bau des Hauses erhielten sie vom Staat einen Zuschuss. *Syn.:* Beihilfe, Beitrag. *Zus.:* Baukostenzuschuss, Heizungszuschuss, Reisezuschuss.

zu|se|hen [ˈt̯suːzeːən], sieht zu, sah zu, zugesehen ⟨itr.; hat⟩: **1.** ⟨jmdm., etw.

Z

(Dativ) z.) *beobachten, betrachten:* jmdm. bei der Arbeit zusehen; sie sah der Prügelei aus sicherer Entfernung zu. *Syn.:* zuschauen (bes. südd., österr., schweiz.). **2.** *[ab]warten; mit einer Entscheidung zögern:* wir werden noch eine Weile zusehen, ehe wir eingreifen. **3.** ⟨mit Nebensatz⟩ *(für etwas) sorgen; aufpassen:* sieh zu, dass du nicht fällst; ich werde zusehen (*mich darum bemühen*), dass ich pünktlich bin.

zu|si|chern ['t͡suːzɪçɐn], sichert zu, sicherte zu, zugesichert ⟨tr.; hat; jmdm. etw. z.⟩: *fest versprechen:* sie haben mir ihre volle Unterstützung zugesichert; jmdm. freies Geleit zusichern; er hat mir zugesichert, dass er heute kommen werde.

zu|sper|ren ['t͡suːʃpɛrən], sperrt zu, sperrte zu, zugesperrt (bes. österr., südd.): **1.** ⟨tr.; hat; etw. z.⟩ *zuschließen, abschließen, verschließen:* die Tür, das Auto zusperren. *Syn.:* absperren (bes. österr., südd.), schließen, zumachen. **2.** ⟨tr.; hat; etw. z.⟩ *niemanden, z. B. keinen Kunden, hereinlassen:* sie sperrt den Laden mittags zu; ⟨auch itr.⟩ sie sperrt mittags zu. *Syn.:* zumachen. **3.** ⟨itr.; hat⟩ *nicht mehr für die Öffentlichkeit geöffnet sein:* die Geschäfte in der Innenstadt sperren um 20 Uhr zu. *Syn.:* schließen, zumachen.

der Zu|spruch ['t͡suːʃprʊx]; -[e]s: **1.** *Zustimmung, Beifall:* seine Worte fanden überall großen Zuspruch; für unsere Arbeit bekommen wir jede Menge Zuspruch. **2.** *Besuch, Andrang:* das Lokal hatte mittags viel Zuspruch; die Vortragsreihe erfreut sich großen Zuspruchs.

der Zu|stand ['t͡suːʃtant]; -[e]s, Zustände ['t͡suːʃtɛndə]: ⟨Plural⟩ *Beschaffenheit, Lage, in der sich jmd., etwas befindet; Verfassung:* ihr körperlicher Zustand war gut; sein gesundheitlicher Zustand hat sich verbessert; das Haus war in einem verwahrlosten Zustand; in diesem Land herrschen schlimme Zustände. *Syn.:* Situation, Verhältnisse ⟨Plural⟩. *Zus.:* Dauerzustand, Gesundheitszustand.

zu|stän|dig ['t͡suːʃtɛndɪç] ⟨Adj.⟩: *(für ein bestimmtes Sachgebiet) verantwortlich:* jmdn. an die zuständige Stelle verweisen; sprechen Sie doch einmal mit dem Sachbearbeiter, der dafür zuständig ist!; für die Beseitigung des Mülls bin ich nicht zuständig. *Syn.:* befugt, kompetent.

zu|ste|hen ['t͡suːʃteːən], steht zu, stand zu, zugestanden ⟨itr.; hat; jmdm. etw. z.⟩: **1.** *Anspruch auf etw. haben:* der größere Anteil stand mir zu; ihr stehen im Jahr 30 Tage Urlaub zu. **2.** *zu etwas berechtigt sein:* ein Urteil steht mir nicht zu; es steht mir zu, euch so etwas zu fragen.

zu|stel|len ['t͡suːʃtɛlən], stellt zu, stellte zu, zugestellt ⟨tr.; etw. z.⟩: *aushändigen:* einen Brief, ein Paket zustellen.

zu|stim|men ['t͡suːʃtɪmən], stimmt zu, stimmte zu, zugestimmt ⟨itr.; hat; jmdm., etw. (Dativ) z.⟩: **1.** ⟨etw. (Dativ) z.⟩ *sich mit etwas einverstanden erklären:* einem Kompromiss, Plan, Vorschlag zustimmen. *Syn.:* akzeptieren, annehmen, billigen, genehmigen. **2.** ⟨jmdm. z.⟩ *sagen, man habe die gleiche Meinung:* in dieser Frage kann ich dir leider nicht zustimmen.

die Zu|stim|mung ['t͡suːʃtɪmʊŋ]; -, -en: *das Zustimmen, zustimmende Äußerung, Haltung:* seine Zustimmung [zu etwas] geben, verweigern, versagen; ihr Vorschlag fand lebhafte, allgemeine Zustimmung; jmds. Zustimmung einholen. *Syn.:* Beifall, Zuspruch.

die Zu|tat ['t͡suːtaːt]; -, -en: *Nahrungsmittel, das man zur Herstellung einer Speise braucht:* alle Zutaten besorgen; die einzelnen Zutaten für den Kuchen abwiegen. *Zus.:* Backzutat.

zu|tei|len ['t͡suːtaɪlən], teilt zu, teilte zu, zugeteilt ⟨tr.; hat; etw. z.⟩: **1.** ⟨jmdm., etw. jmdn., etw. z.⟩ *(an jmdn.) vergeben; (jmdm.) übertragen:* jmdm. eine Arbeit, einen Auftrag zuteilen; mir wurden für das Projekt acht Kolleginnen und Kollegen zugeteilt. **2.** ⟨jmdm. etw. z.⟩ *(jmdm.) den Teil geben, der ihm zusteht:* den Parteien werden die Mandate nach der Zahl der Stimmen zugeteilt; er teilte den Schülern das Essen zu; wir bekamen unsere Tagesration zugeteilt.

zu|tref|fen ['t͡suːtrɛfn̩], trifft zu, traf zu, zugetroffen ⟨itr.; hat⟩ ⟨[für/auf jmdn., etw.] z.⟩: *richtig sein, stimmen:* seine Beschreibung traf genau zu; die Annahme, die Behauptung, die Feststellung, der Vorwurf trifft [nicht im Entferntesten] zu; was du da über ihn sagst, trifft für/auf dich genauso zu; es trifft nicht zu, dass er zur fraglichen Zeit in Köln war; das Attribut »umweltfreundlich« trifft auf diese Produkte nur bedingt zu. *Syn.:* sich bestätigen.

zu|tref|fend ['t͡suːtrɛfn̩t] ⟨Adj.⟩: *der Wirklichkeit entsprechend, richtig:* eine zutreffende Bemerkung, Behauptung; seine Prognose, Annahme erwies sich als zutreffend; er hat den Sachverhalt zutreffend dargestellt; zutreffender hätte man es nicht sagen können; Zutreffendes bitte ankreuzen. *Syn.:* korrekt.

der **Zu|tritt** [ˈʦuːtrɪt]; -[e]s: *das Eintreten, das Hineingehen:* den Zutritt verwehren; »[Unbefugten ist der] Zutritt verboten«; »Kein Zutritt«; er hat im Museum jederzeit Zutritt *(er darf jederzeit ins Museum hineingehen).*

zu|ver|läs|sig [ˈʦuːfɛɐ̯lɛsɪç], zuverlässiger, am zuverlässigsten ⟨Adj.⟩: *so, dass man sich darauf verlassen kann:* er ist ein zuverlässiger Freund; das ist eine zuverlässige Methode; er hat diese Nachricht aus zuverlässiger Quelle; das Auto, das Wörterbuch hat sich als sehr zuverlässig erwiesen; die Maschine muss zuverlässig funktionieren. *Syn.:* verlässlich.

die **Zu|ver|läs|sig|keit** [ˈʦuːfɛɐ̯lɛsɪçkaɪt]; -: *das Zuverlässigsein:* ich schätze ihn, das Auto, das Lexikon vor allem wegen seiner [großen] Zuverlässigkeit.

zu|ver|sicht|lich [ˈʦuːfɛɐ̯zɪçtlɪç], zuversichtlicher, am zuversichtlichsten ⟨Adj.⟩: *hoffnungsvoll:* er sprach sehr zuversichtlich von der künftigen Entwicklung seiner Firma; da bin ich ganz zuversichtlich; der Arzt gibt sich zuversichtlich; ich bin zuversichtlich, dass es gelingen wird. *Syn.:* optimistisch.

zu|vor [ʦuˈfoːɐ̯] ⟨Adverb⟩: *davor; zuerst:* ich muss zuvor noch telefonieren; wir haben ihn nie zuvor gesehen; im Jahr zuvor hatte er uns besucht. *Syn.:* vorher.

die **Zu|wen|dung** [ˈʦuːvɛndʊŋ]; -, -en: **1.** *[einmalige] finanzielle Unterstützung:* jmdm. Zuwendungen machen; ich habe von der Stiftung eine Zuwendung erhalten. *Zus.:* Geldzuwendung. **2.** *das Sichbeschäftigen (mit einem anderen Menschen):* was ihr vor allem fehlt, ist Zuwendung; Kinder brauchen viel Zuwendung.

zu|wi|der|han|deln [ʦuˈviːdɐhandl̩n], handelt zuwider, handelte zuwider, zuwidergehandelt ⟨itr.; hat; etw. (Dativ) z.⟩: *gegen etwas verstoßen:* dem Gesetz, einer Anordnung, einer Vorschrift, einem Verbot zuwiderhandeln. *Syn.:* sich hinwegsetzen über.

zu|zah|len [ˈʦuːʦaːlən], zahlt zu, zahlte zu, zugezahlt ⟨tr.; hat; [für etw.] z.⟩: *für eine Leistung, die zum größten Teil von jmd. anderem (bes. dem Staat) finanziert wird, einen eigenen Anteil zahlen:* die Krankenkasse zahlt nur 60 Prozent, den Rest muss der Patient zuzahlen; für Medikamente zuzahlen.

zu|zie|hen [ˈʦuːʦiːən], zieht zu, zog zu, zugezogen: **1.** ⟨tr.; hat; etw. z.⟩ *durch Ziehen schließen* /Ggs. aufziehen/: den Vorhang, den Reißverschluss zuziehen; die Tür [hinter sich] zuziehen. **2.** ⟨tr.; hat; jmdn. z.⟩ *als Helfer, Berater heranziehen:* wir haben einen Arzt zugezogen. **3.** ⟨sich etw. (Dativ) z.⟩ *[durch eigenes Verhalten, Verschulden] bekommen:* er hat sich eine Krankheit, den Zorn des Chefs, die Kritik des Publikums zugezogen. **4.** ⟨itr.; ist⟩ *von einer anderen Stadt, einer anderen Region, einem anderen Land als Einwohner, Einwohnerin hinzukommen:* sie sind [dort] erst vor kurzer Zeit zugezogen.

zu|züg|lich [ˈʦuːʦyːklɪç] ⟨Präp. mit Gen.⟩: *plus* /Ggs. abzüglich/: der Apparat kostet 200 Euro zuzüglich des Portos für den Versand; ⟨aber: starke Nomen im Singular bleiben ungebeugt, wenn sie ohne Artikelwort und ohne adjektivisches Attribut stehen; im Plural stehen sie dann im Dativ⟩ zuzüglich Porto; zuzüglich Beträgen für Transporte.

zwang [ʦvaŋ]: ↑ zwingen.

der **Zwang** [ʦvaŋ]; -[e]s, Zwänge [ˈʦvɛŋə]: **1.** ¹*Druck:* physischer Zwang; Zwang auf jmdn. ausüben; seine Kinder mit, ohne Zwang erziehen; es besteht kein Zwang zur Teilnahme; unter dem Zwang der Verhältnisse verkaufte er das Haus; etwas nur aus Zwang tun. **2.** *Gefühl, etwas Bestimmtes tun zu müssen:* unter einem moralischen, inneren Zwang stehen; seinen Gefühlen, sich keinen Zwang antun, auferlegen *(sich frei und ungezwungen benehmen, verhalten).* **3.** *Umstand, der etwas einschränkt:* wirtschaftliche, biologische, technische Zwänge; der Zwang zur Kürze, Selbstbehauptung; unter dem Zwang der Verhältnisse stimmte er schließlich doch zu.

zwan|zig [ˈʦvanʦɪç] ⟨Kardinalzahl⟩ (in Ziffern: 20): zwanzig Personen.

zwar [ʦvaːɐ̯] ⟨Adverb⟩: in den Verbindungen ** zwar …, aber …: einerseits durchaus …, andererseits aber …:* der Wagen ist zwar gut gepflegt, er hat aber doch einige verrostete Stellen; zwar war er dabei, aber angeblich hat er nichts gesehen; das Restaurant ist zwar teuer, aber gut; ** und zwar … :* er muss ins Krankenhaus, und zwar sofort; rechne die Kosten für das neue Geschäft aus, und zwar genau.

der **Zweck** [ʦvɛk]; -[e]s, -e: *Ziel einer Handlung:* welchen Zweck verfolgst du

Z

damit?; was ist der Zweck Ihrer Reise?; die Annonce, die Maßnahme hat ihren Zweck erfüllt, verfehlt; das Werkzeug ist nicht viel wert, aber es erfüllt seinen Zweck; ich brauche die Bücher für private Zwecke; das Gerät ist für meine Zwecke nicht geeignet; das hat doch alles keinen Zweck *(das ist doch sinnlos);* das Geld ist für einen guten Zweck. *Zus.:* Forschungszweck.

zweck|los ['tsvɛklo:s], zweckloser, am zwecklosesten ⟨Adj.⟩: *keinen Sinn, Zweck habend:* ein zweckloses Unternehmen; der Versuch war von vornherein zwecklos; es ist zwecklos, ihn davon abhalten zu wollen. *Syn.:* nutzlos.

zwecks [tsvɛks] ⟨Präp. mit Gen.⟩: kennzeichnet etwas als den Zweck einer Handlung: er wurde zwecks Feststellung der Personalien auf die Wache gebracht.

zwei [tsvai] ⟨Kardinalzahl⟩ (als Ziffer: 2): zwei Personen; es mit zweien *(mit zwei Gegnern)* aufnehmen können.

das **Zwei|bett|zim|mer** ['tsvaibɛttsɪmɐ]; -s, -: *Hotelzimmer mit zwei getrennt stehenden Betten:* ich hätte gern ein Zweibettzimmer für eine Nacht.

der **Zwei|fel** ['tsvaifl̩]; -s, -: *Bedenken; Unsicherheit darüber, ob man etwas glauben soll oder ob etwas richtig ist:* Zweifel an der Richtigkeit seiner Aussage haben; er ließ keinen Zweifel daran, dass es ihm ernst war; das unterliegt keinem Zweifel; daran besteht kein Zweifel; ich bekomme Zweifel, ob das richtig ist; ihre Leistung ist über jeden Zweifel erhaben; es waren Zweifel [an der Echtheit des Textes] aufgekommen; das ist ohne Zweifel *(ganz gewiss)* richtig.

zwei|fel|haft ['tsvaifl̩haft], zweifelhafter, am zweifelhaftesten ⟨Adj.⟩: **1.** *unsicher (im Hinblick auf das Ende):* es ist zweifelhaft, ob das Gesetz vom Parlament gebilligt wird. *Syn.:* offen, ungewiss, unklar. **2.** *bedenklich:* seine Geschäfte erscheinen mir zweifelhaft; sein zweifelhafter Ruf. *Syn.:* problematisch.

zwei|fel|los ['tsvaifl̩lo:s] ⟨Adverb⟩: *ohne Zweifel; gewiss; bestimmt:* er hat zweifellos recht; die Einrichtungen sind zweifellos vorbildlich.

zwei|feln ['tsvaifl̩n], zweifelt, zweifelte, gezweifelt ⟨itr.; hat; an jmdm., sich, etw. z.⟩: *Zweifel haben, bekommen; unsicher sein, werden:* ich zweifle [noch], ob die Angaben stimmen; manchmal zweifle ich an seinem Verstand; zweifelst du etwa daran?; er zweifelt am Erfolg des Unter-

nehmens; daran ist nicht zu zweifeln. *Syn.:* anzweifeln, bezweifeln.

der **Zweig** [tsvaik]; -[e]s, -e: **1.** *kleiner Ast:* er brach die dürren Zweige des Baumes ab; Zweige in die Vase stellen. *Zus.:* Blütenzweig, Tannenzweig. **2.** *[Unter]abteilung, Teil eines größeren Gebietes:* ein Zweig der Naturwissenschaften, der Wirtschaft, der Physik, der Forschung. *Syn.:* Bereich. *Zus.:* Forschungszweig, Industriezweig, Wirtschaftszweig.

der Zweig

die **Zweig|stel|le** ['tsvaikʃtɛlə]; -, -n: *Filiale:* eine [neue] Zweigstelle eröffnen. *Syn.:* Geschäftsstelle, Niederlassung.

zwei|mal ['tsvaima:l] ⟨Adverb⟩: *zwei Male:* er hat schon zweimal angerufen; sie ist zweimal so alt wie ihr kleiner Bruder.

zwei|spra|chig ['tsvaiʃpra:xɪç] ⟨Adj.⟩: **1.** *in zwei verschiedenen Sprachen:* eine zweisprachige Ausgabe der Schriften des Dichters; das Wörterbuch ist zweisprachig. **2.** *[von Kind auf] zwei Sprachen sprechend:* zweisprachiges Kind; sie wurde zweisprachig erzogen; ein zweisprachiges Gebiet *(Gebiet, in dem zwei Sprachen gesprochen werden).*

zweit... ['tsvait...] ⟨Ordinalzahl⟩ (als Ziffer: 2): der zweite Tag der Woche.

der **Zwerg** [tsvɛrk]; -[e]s, -e: *(in Märchen) kleines Wesen, das in einer schwierigen Situation hilft* /Ggs. Riese/: Schneewittchen und die sieben Zwerge.

die **Zwet|sche** ['tsvɛtʃə], **Zwetsch|ge** ['tsvɛtʃɡə]; -, -n (südd., schweiz. u. Fachspr.), **Zwetschke** ['tsvɛtʃkə] (österr.): *süße, längliche, dunkelblaue Frucht, die innen gelb ist und einen Stein hat. Syn.:* Pflaume.

zwi|cken ['tsvɪkn̩], zwickt, zwickte, gezwickt: **1.** ⟨tr.; hat; jmdn. [irgendwohin] z.⟩ *mit zwei Fingern o. Ä. drücken, kneifen:* jmdn. [ins Bein] zwicken; ⟨auch itr.⟩ er zwickt ihr in den Arm. **2.** ⟨tr.; hat; jmdn. z.⟩ *unangenehm eng sein:* der Kragen zwickt mich; ⟨auch itr.⟩ die Hose zwickt [am Bund]. *Syn.:* kneifen.

der **Zwie|back** ['tsvi:bak]; -[e]s, -e und Zwiebäcke ['tsvi:bɛkə]: *Gebäck, das nach dem Backen in Scheiben geschnitten und zusätzlich geröstet wird:* eine Packung Zwieback; magst du Zwieback?

die **Zwie|bel** ['tsvi:bl̩]; -, -n: *als Gewürz oder Gemüse verwendete Knolle mit dünner*

*Schale, die intensiv riecht und scharf
schmeckt:* ein Pfund Zwiebeln; die Zwiebeln schälen und dabei weinen müssen.

die Zwiebel

zwin|gen ['tsvɪŋən], zwingt, zwang, gezwungen ⟨tr.; hat; jmdn., sich, etw. zu etw. z.⟩: *durch Drohung, Zwang veranlassen, etwas Bestimmtes zu tun:* jmdn. zu einem Geständnis zwingen; sich zum Essen zwingen müssen; sich zu nichts zwingen lassen; es lagen zwingende *(schwerwiegende, wichtige)* Gründe vor.

¹**zwi|schen** ['tsvɪʃn̩] ⟨Präp.⟩: **1.** ⟨mit Dativ; Frage: wo?⟩ *ungefähr in der Mitte von; mitten in, mitten unter:* der Garten liegt zwischen dem Haus und dem Wald; ich saß zwischen zwei Gästen. **2.** ⟨mit Akk.; Frage: wohin?⟩ *ungefähr in die Mitte von; mitten in, mitten hinein:* er stellte sich zwischen die beiden Damen; etwas zwischen die Bücher legen. **3.** ⟨mit Dativ; Frage: wann?⟩ *innerhalb eines bestimmten Zeitraumes; von … bis:* das Buch ist für Kinder zwischen 10 und 12 Jahren geeignet; er will zwischen den Feiertagen Urlaub nehmen; der Arzt ist zwischen neun und zehn Uhr zu sprechen. **4.** ⟨mit Dativ⟩ verbindet Wörter, die Personen oder Sachen bezeichnen, die in irgendeiner Beziehung zueinanderstehen: zwischen ihm und seiner Frau gibt es dauernd Streit; was ist der Unterschied zwischen einem Stern und einem Planeten?

²**zwi|schen** ['tsvɪʃn̩] ⟨Adverb⟩: gibt in Verbindung mit »und« eine unbestimmte Zahl innerhalb bestimmter Grenzen an: die Bewerber waren zwischen 25 und 30 Jahre alt; er hat zwischen 90 und 100 Exemplare verkauft.

der **Zwi|schen|fall** ['tsvɪʃn̩fal]; -[e]s, Zwischenfälle ['tsvɪʃn̩fɛlə]: *kurzer, überraschender Vorgang, der den bisherigen Verlauf unangenehm stört:* ein kleiner Zwischenfall; es gab keine größeren Zwischenfälle; bei der Veranstaltung kam es zu mehreren schweren Zwischenfällen. *Syn.:* Ereignis, Vorfall, Vorkommnis.

der **Zwi|schen|raum** ['tsvɪʃn̩raum]; -[e]s, Zwischenräume ['tsvɪʃn̩rɔymə]: *freier Raum zwischen zwei Dingen:* er will den Zwischenraum zwischen den Schränken für Regale ausnutzen. *Syn.:* Lücke.

die **Zwi|schen|zeit** ['tsvɪʃn̩tsait]; -, -en: *Zeitraum zwischen zwei Zeitpunkten:* ich komme in einer Stunde wieder, in der Zwischenzeit kannst du dich ausruhen.

zwit|schern ['tsvɪtʃɐn], zwitschert, zwitscherte, gezwitschert ⟨itr.; hat⟩: *(von Vögeln) helle Töne von sich geben:* die Vögel zwitschern.

zwölf [tsvœlf] ⟨Kardinalzahl⟩ (in Ziffern: 12): zwölf Personen.

zwölft… ['tsvœlft…] ⟨Ordinalzahl⟩ (in Ziffern: 12.): der zwölfte Mann.

der **Zy|lin|der** [tsi'lɪndɐ]; -s, -: **1.** *hoher, steifer [Herren]hut:* der Schornsteinfeger trägt einen Zylinder. **2.** *geometrischer Körper, der von zwei kreisförmigen Flächen (einer oben, einer unten) begrenzt wird:* den Rauminhalt eines Zylinders berechnen; die Dose hat die Form eines Zylinders.

Z

Tipps zum Umgang mit dem Wörterbuch

Tipps zum Umgang mit dem Wörterbuch
Hueber Wörterbuch Deutsch als Fremdsprache

Das *Hueber Wörterbuch Deutsch als Fremdsprache* ist ein einsprachiges Wörterbuch. Hier können Sie alle Wörter nachschlagen, die Sie bis zum Zertifikat Deutsch und zur Zentralen Mittelstufenprüfung brauchen. Die Prüfungen entsprechen etwa den Niveaustufen B1 bzw. C2 des Gemeinsamen Europäischen Referenzrahmens.

Das *Hueber Wörterbuch Deutsch als Fremdsprache* hilft Ihnen, deutsche Texte besser zu *verstehen*. Die Wörter werden auf einfache Weise und trotzdem so präzise wie möglich erklärt. Mit dem *Hueber Wörterbuch Deutsch als Fremdsprache* können Sie aber auch lernen, besser zu *sprechen* und zu *schreiben*. Sie finden hier zu manchen Wörtern viele Varianten. Beispielsätze zeigen Ihnen, wie Sie ein Wort korrekt verwenden. Das kann eine große Hilfe sein, besonders dann, wenn Sie eigene Texte formulieren möchten.

Am besten sehen Sie sich zuerst das Inhaltsverzeichnis an. Dort entdecken Sie zum Beispiel, dass das *Hueber Wörterbuch Deutsch als Fremdsprache* viele hilfreiche Listen anbietet: zu Abkürzungen, Zahlen, Maßen, Gewichten, unregelmäßigen Verben, zur phonetischen Schrift und – ganz besonders wichtig – zu den Symbolen und Abkürzungen, die in den Worterklärungen verwendet werden. Am besten machen Sie sich zuerst mit diesen Symbolen und Abkürzungen vertraut.

So finden Sie ein Wort

Alle Wörter sind in alphabetischer Reihenfolge geordnet. Zwischen
a und *ä*, *o* und *ö*, *u* und *ü* wird beim Sortieren kein Unterschied
gemacht. So steht zum Beispiel der Eintrag für das Wort *ahnen*
zwischen den Einträgen für die Wörter *ähneln* und *ähnlich*. Der
Buchstabe *ß* wird wie *ss* behandelt.

Die Wörter am unteren Seitenrand – neben der Seitenzahl –
zeigen das erste Wort links oben und das letzte Wort rechts unten
auf der Seite. Diese »Leitwörter« helfen beim schnellen Durch-
blättern der Seiten; wenn Sie dann auf diese Art die richtige Seite
gefunden haben, suchen Sie alphabetisch weiter.

Was können Sie tun, wenn Sie das Wort nicht finden?

In deutschen Texten gibt es viele Wörter, die Sie im Wörterbuch nicht finden können. Meistens stehen diese Wörter aber trotzdem im Wörterbuch – allerdings in einer anderen Form.

Beispiele:

Warum sprichst du so laut?
Sie suchen das Wort *sprichst*, aber Sie können es nicht finden.

1. Ist das unbekannte Wort vielleicht ein Verb? Im Wörterbuch stehen nur die **Infinitive** von Verben. Also suchen Sie nicht die Verbform für »du« *sprichst*, sondern die Infinitivform *sprichen*. Aber auch dieses Wort finden Sie nicht.

2. Bei manchen Verben ändert sich der Verbstamm. Probieren Sie also andere Vokale aus. Der Vokal *i* hängt oft mit dem Vokal *e* zusammen. Jetzt finden Sie das Wort: Der Infinitiv heißt *sprechen*.

John und Fatma strengen sich im Phonetikkurs besonders an.
Sie suchen das Wort *strengen*. Dieses Wort hat bereits die Form eines Infinitivs mit der Endung *-en*, aber Sie finden es trotzdem nicht.

1. Ist das Wort vielleicht gar kein Verb, sondern ein Adjektiv? Dann muss es direkt vor einem Nomen stehen. Aber zwischen dem Wort und dem nächsten Nomen stehen noch zwei andere Wörter, *sich* und *im*. Es ist also kein Adjektiv, sondern wahrscheinlich doch ein Verb.

2. Viele deutsche Verben sind trennbar. Sie haben also einen Zusatz, der vom Verb abgetrennt wird und am Ende des Satzes auftaucht. So gibt es zum Verb *gehen* viele trennbare Verben, zum Beispiel *aufgehen, untergehen, weitergehen, angehen, ausgehen* ...

Es gibt aber auch einige Verben, die *nur* mit solchen Zusätzen vorkommen. Lesen Sie deshalb den Satz jetzt noch einmal und achten Sie dabei auf das letzte Wort im Satz: ... *an*. Könnte das ein Verbzusatz sein? Kennen Sie Verben, die mit *an-* anfangen? Natürlich, hier ist ja eins: *anfangen*. Oder Sie kennen *ansehen, anzünden, ankommen*. Also: Sehen Sie unter *anstrengen* nach, und Sie finden das Wort.

Susi hat den ganzen Tag im Schwimmbad verbracht.
Sie suchen das Wort *verbracht*. Im Wörterbuch finden Sie aber kein ähnliches Wort.
Das Wort steht am Satzende; weiter vorne im Satz finden Sie das Verb *hat*. Ist das vielleicht ein Satz im Perfekt? Dann ist das unbekannte Wort vielleicht das Partizip eines unregelmäßigen Verbs? Suchen Sie in der Liste mit den unregelmäßigen Verben; dort finden Sie das Wort als Partizip Perfekt des Verbs *verbringen*.

Tipps zu Nomen

Im Wörterbuch steht immer die **Singularform** von Nomen. Aber vielleicht ist das unbekannte Wort die Pluralform eines Nomens? Bei vielen Nomen wird der Vokal in der Pluralform zum Umlaut. Also machen Sie aus *ä* wieder *a*, aus ö wieder *o*, aus *ü* wieder *u*. Sie suchen z. B. das Wort *Gläser;* also versuchen Sie es mit *Glaser* oder *Glase* oder *Glas*. Hier ist *Glas* richtig. Sie finden beim Eintrag eines Nomens auch immer Informationen zur Pluralform des Wortes. Bei *Glas* werden Sie auch die Pluralform *Gläser* finden. So können Sie prüfen, ob Sie das richtige Wort gefunden haben.

Ist das unbekannte Wort vielleicht ein Nomen, das aus mehreren Wörtern zusammengesetzt wurde? Man kann im Deutschen unendlich viele solcher Zusammensetzungen bilden. Beginnen Sie bei solchen zusammengesetzten Nomen immer **hinten** beim letzten Nomen.

Sie suchen z. B. das Wort *Badezimmerfliese*. Schlagen Sie zuerst das Nomen am Ende nach (hier: *Fliese*), dann das Nomen davor (hier: *Badezimmer*). Das hilft Ihnen, die Bedeutung des Gesamtwortes zu finden.

Was können Sie tun, wenn Sie das Wort finden, aber die Bedeutung keinen Sinn ergibt?

Manche Wörter haben verschiedene Bedeutungen. Im Wörterbuch sind die verschiedenen Bedeutungen mit 1., 2., 3. usw. nummeriert.

> der **Ab|satz** ['apzats]; -es, Absätze ['apzɛtsə]:
> **1.** *Teil der [Schuh]sohle:* hohe Absätze.
> *Zus.:* Gummiabsatz, Lederabsatz, Stiefel-
> absatz. **2.** *Abschnitt eines Textes:* einen
> Absatz machen; sie gliederte ihren Text
> in mehrere Absätze; er las nur den letz-
> ten Absatz des Briefes vor. *Syn.:* Stück,
> Teil. **3.** *das Verkauftwerden:* der Absatz
> der Waren war rückläufig; diese Gum-
> mistiefel finden reißenden Absatz *(wer-
> den sehr gut verkauft). Syn.:* Verkauf.

Lesen Sie alles durch, was unter Nummer 1 im Wörterbuch steht, auch die Beispiele. Im Satzzusammenhang versteht man die Bedeutung nämlich meistens besser.

Wenn die Erklärungen unter Nummer 1 Ihnen nicht helfen, dann lesen Sie weiter unter Nummer 2. Und so weiter, bis Sie die Bedeutung finden, die für den Text passt, den Sie gerade lesen.

Ist das Wort, das in Ihrem Satz keinen Sinn ergibt, ein Verb? Dann gehört vielleicht ein trennbarer Verbzusatz dazu, der ja am Ende des Satzes zu finden ist.

Beispiel:
Er stellt Sabine seinen Freunden vor.

Das Wort *stellen* ergibt in diesem Satz keinen Sinn. Sehen Sie unter *vorstellen* nach, dann wird die Bedeutung des Satzes klar.

Tipps zum Wörterlernen

Das *Hueber Wörterbuch Deutsch als Fremdsprache* dient vor allem dazu, unbekannte Wörter zu finden.

Aber Sie können damit auch Wörter lernen. Damit das gut funktioniert, sollten Sie systematisch vorgehen. Hier sagen wir Ihnen, was Sie tun können.

Ein Ziel vor Augen haben

Stellen Sie Ihren persönlichen Lernplan auf (Was? Wann?
Wie viel?):

a) Welche Wörter möchten Sie lernen?

Wörter, die für Sie beruflich wichtig sind? Wörter zu Ihrem Hobby?
Wörter zum Reisen? Besonders lange Wörter?

    Machen Sie zu verschiedenen Gruppen Wortlisten mit Wörtern,
denen Sie im Unterricht begegnet sind. Aber arbeiten Sie nicht mit
zu vielen Gruppen auf einmal; zwei bis vier sind am besten.

b) Wann möchten Sie lernen?

Machen Sie einen Wochenplan mit genauen Zeiten. Achtung: Jeden
Tag zehn oder zwanzig Minuten lang lernen ist viel besser als nur
einmal in der Woche eine oder zwei Stunden!

    Natürlich können Sie auch zu anderen Zeiten lernen, z. B. beim
Arzt, in der U-Bahn oder (mit Kassette) beim Autofahren. Aber
wichtig ist: Lernen Sie auf jeden Fall zu den Plan-Zeiten!

c) Wie viel möchten Sie lernen?

Lernen Sie nicht mehr als acht bis zwölf Wörter auf einmal. Das ist
genug.

Regelmäßig und mit System lernen

Wenn man ein neues Wort lernt, merkt man es sich leider nicht automatisch. Es bleibt meistens nur kurze Zeit im Gedächtnis. Man muss die Wörter einige Male wiederholen. Planen Sie also Zeit für die Wiederholung ein und verwenden Sie die neuen Wörter so oft wie möglich.

Sprechen Sie die neuen Wörter mehrmals laut. Sprechen oder schreiben Sie Beispielsätze mit den neuen Wörtern.

Lernen Sie neue Wörter am besten morgens nach dem Aufstehen oder abends vor dem Schlafengehen. Dann behalten Sie sie am besten.

Lernen Sie neue Wörter auch mal mit Bewegung, z. B. beim Spazierengehen. Dann arbeitet Ihr Gehirn besser. Sie können sich besser konzentrieren und sich die Wörter besser einprägen – egal, ob mit Wortkarten oder mit Vokabelheft. Schauspieler lernen ihre Texte übrigens auch häufig im Gehen.

Die richtigen Hilfsmittel

Es macht einen Unterschied, mit welchen Hilfsmitteln Sie lernen
und wie Sie die Wörter, die Sie lernen wollen, organisieren. Aber
nicht jeder lernt gleich: Was für den einen Lerner gut ist, hilft
dem anderen weniger. Hier sind verschiedene Vorschläge, welche
Hilfsmittel Sie beim Wörterlernen anwenden können und wie Sie
sich die Wörter am besten merken können. Probieren Sie alles aus
und verwenden Sie dann die Hilfsmittel und Methoden, die Ihnen
am besten beim Lernen helfen.

a) Hilfsmittel

Bilder

Versuchen Sie einmal, neue Wörter als Bilder darzustellen. Besonders bei zusammengesetzten Wörtern kann das sehr hilfreich sein.

Sie können sich ein Vokabel-Memory basteln: Immer ein Wort
und ein Bild (selbst gezeichnet oder aus Zeitschriften und
Prospekten ausgeschnitten und aufgeklebt) ergeben ein Karten-
Paar. Mit einem solchen Memory können Sie zu zweit oder in
kleinen Gruppen spielen und zugleich üben. Übrigens kann man
auch allein spielen und sich selbst abfragen.

Bei den Nomen stehen die Artikel für maskulin/männlich *(der)*,
neutral/sächlich *(das)* und feminin/weiblich *(die)*. Denken Sie sich
ein Bild aus, das für Sie typisch männlich ist, z. B. *der Löwe*. Finden
Sie nun bei allen maskulinen Wörtern, die Sie neu lernen, eine
visuelle Verbindung zum Bild des Löwen. Sie lernen z. B. das Wort
der Graben. Also stellen Sie sich einen Löwen vor, der in einem
Graben sitzt. Genau so verfahren Sie mit den anderen Artikeln.
Mögliche Artikel-Bilder wären: *das Feuer (das), die Rose (die)*.

Klebezettel

Kleben Sie zu Hause oder in Ihrem Büro Zettel mit den neuen
Wörtern an die Sachen, die Sie lernen möchten, z. B. an die Möbel.

Wortschatzbox

Schreiben Sie die neuen Wörter auf Kärtchen :

Vorderseite: das Wort mit allen wichtigen Informationen, z. B. Nomen mit dem bestimmten Artikel, der Pluralform und einem Akzentzeichen; Verben mit den Formen von Präteritum und Partizip Perfekt und, wenn der Vokal dort anders ist, mit den Formen der *du*-Form und der *er*-Form (3. Person Singular). Darunter einen Beispielsatz.

Rückseite: das Wort in Ihrer Muttersprache und ein deutscher Beispielsatz mit einer Lücke an der Stelle, wo das Wort stehen müsste.

Basteln Sie eine Schachtel mit vier Fächern. (Nehmen Sie zum
Beispiel eine Schachtel für Kosmetik-Papiertücher, schneiden Sie die
obere Seite bis zu den Ecken ein und kleben Sie die Teile innen an
die Seitenwände. Dann kleben Sie drei Kartonstücke ein, damit die
Schachtel vier Abteilungen erhält.)

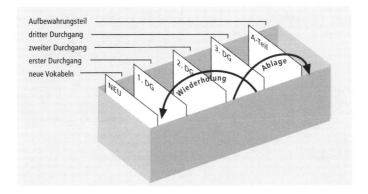

1. Fach: Die Lernkärtchen kommen zuerst – mit der Vorderseite nach vorn – in das erste Fach. Dieses Fach sollten Sie möglichst **jeden Tag einmal** durcharbeiten. Lesen Sie ein Kärtchen nach dem anderen. Wenn Sie sofort sagen können, was auf der Rückseite des Kärtchens steht, dann drehen Sie das Kärtchen um und legen es mit der Rückseite nach vorn in das zweite Fach. Wenn nicht, dann lesen Sie die Rückseite genau und legen das Kärtchen danach wieder ins erste Fach zurück.

2. Fach: Hier sind also die Kärtchen, die Sie mit der Rückseite nach vorn abgelegt haben. Dieses Fach sollten Sie **mindestens jeden zweiten Tag** durcharbeiten. Lesen Sie ein Kärtchen nach dem anderen. Wenn Sie sofort sagen können, was auf der Vorderseite des Kärtchens steht, dann legen Sie es – immer noch mit der Rückseite nach vorn – in das dritte Fach. Wenn nicht, dann lesen Sie die Vorderseite und legen das Kärtchen dann ins **erste** Fach zurück.

3. Fach: Hier sind die Kärtchen, die Sie (Rückseite nach vorn) aus dem zweiten Fach abgelegt haben. Dieses Fach sollten Sie **mindestens einmal pro Woche** durcharbeiten. Lesen Sie ein Kärtchen nach dem anderen. Wenn Sie immer noch sofort sagen können, was auf der Vorderseite des Kärtchens steht, dann legen Sie es – immer noch mit der Rückseite nach vorn – in das vierte Fach. Wenn nicht, dann lesen Sie die Vorderseite und legen das Kärtchen dann ins **zweite** Fach zurück.

4. Fach: Hier sind die Kärtchen, die Sie (Rückseite nach vorn) aus dem dritten Fach abgelegt haben. Dieses Fach sollten Sie **mindestens einmal in zwei Wochen** durcharbeiten. Lesen Sie ein Kärtchen nach dem anderen. Wenn Sie immer noch sofort sagen können, was auf der Vorderseite des Kärtchens steht, dann legen Sie es beiseite. Wenn nicht, dann lesen Sie die Vorderseite und legen das Kärtchen dann ins **dritte** Fach zurück.

Vokabel-Ringbuch

Mit einem Ringbuch können Sie neue Wörter sammeln und lernen.
Hier können Sie die Wörter sowohl alphabetisch als auch thematisch gruppieren. Da man die einzelnen Seiten entnehmen und neu anordnen kann, ist ein flexibles Wortschatztraining möglich. Nach und nach können Sie die einzelnen Themengebiete erweitern.

Tonaufnahmen

Hören Sie so oft wie möglich die Tonaufnahmen zu Ihrem Lehrwerk.
Sprechen Sie einzelne Sätze und Dialoge nach.

Sprechen Sie die Wörter, die Sie neu lernen möchten, auf Kassette und hören Sie sich die Aufnahmen immer wieder an.

Hören Sie deutschsprachige Lieder und versuchen Sie, einzelne Wörter und Wendungen zu verstehen.

b) Wörter organisieren

Achten Sie immer darauf, neue Wörter in einen Zusammenhang
zu bringen. Es ist nämlich viel leichter, Wörter zu lernen, die
miteinander durch einen thematischen Zusammenhang verbunden
sind. Es gibt viele Möglichkeiten, Wörter miteinander zu verbinden:

Gegenteil

Lernen Sie zu einem neuen Wort – wenn möglich – immer auch
das Gegenteil, z. B. *laut – leise, Freude – Trauer, flüstern – schreien,
zuerst – zum Schluss, ...* Es macht nicht mehr Mühe, ein Gegensatz-
paar zusammen zu lernen, als sich ein Wort allein zu merken.

Ähnlichkeiten

Suchen Sie Wörter mit einer ähnlichen Bedeutung und lernen Sie
diese zusammen, z. B. *sprechen, reden, sagen, äußern, bemerken, ...*
Achtung: Oft haben solche Synonyme nicht exakt die gleiche
Bedeutung. Schreiben Sie sich deshalb zu jedem der Wörter einen
Beispielsatz aus dem Wörterbuch heraus. Vergleichen Sie dann die
Bedeutung dieser Beispielsätze.

Feste Wortverbindungen

Es gibt feste Verbindungen von Nomen mit Verben, z. B.: *eine Frage stellen, Platz nehmen, Abschied nehmen, zu Ende bringen, ...*

Sehen Sie im Wörterbuch nach, ob es zu Ihrem Lernwort solche Verbindungen gibt, und schreiben Sie die Beispielsätze dazu auf die Wortkarte.

Internationale Wörter

In den europäischen Sprachen gibt es viele Wörter, die ähnlich aussehen und die gleiche Bedeutung haben, z. B. *Hotel, Kaffee, Musik.*

Machen Sie eine Liste mit deutschen Wörtern, die es in ihrer Sprache auch gibt. Notieren Sie auch Wörter, die Ihnen aus einer anderen Fremdsprache bekannt sind. Diese Wörter brauchen Sie dann nicht mehr oder kaum noch zu lernen.

Achtung: Manchmal gibt es auch »falsche Freunde«, d. h., ein Wort hat in Ihrer Sprache eine andere Bedeutung als im Deutschen. So gibt es z. B. im Englischen und im Deutschen das Wort *Gift.* Das ist aber nicht das Gleiche. Das deutsche Wort *Gift* bedeutet im Englischen *poison*, das englische Wort *gift* bedeutet auf Deutsch *Geschenk.*

Wortfamilien

Suchen Sie Wörter, die zu einer Wortfamilie gehören, und lernen
Sie sie gemeinsam. Das können Nomen, Verben, Adjektive
oder zusammengesetzte Nomen sein, z. B. *sprechen, Sprache, sprach-*
lich, Gespräch, Fremdsprache, Sprachreise, Sprechblase,
Sprecher, Sprichwort, sprachlos, zweisprachig, ...
    Wenn Sie neue Wörter lernen, notieren Sie bekannte Wörter,
die denselben Wortstamm haben. Bilden Sie Sätze, Dialoge oder
kleine Texte, in denen möglichst viele Wörter »aus einer Familie«
vorkommen.

Wortfelder

Wörter, die zum gleichen Thema gehören, kann man sich gut
merken. Das können Nomen, Verben, Adjektive oder zusammengesetzte Nomen sein, z. B.: *Restaurant – Kellner – Gericht –*
Getränk – Rechnung – reservieren – bestellen – bezahlen – teuer –
billig – lecker – Speisekarte – ...
    Üben Sie diese Wortfelder und schreiben Sie Dialoge, in denen
diese Wörter vorkommen. Wenn Sie in Deutschland leben:
Mit so einer Wortsammlung können Sie sich auf Ihren nächsten
Restaurantbesuch vorbereiten.

Assoziationen

Überlegen Sie sich ein Thema, das Sie interessiert, und schreiben
Sie das Thema in die Mitte einer Seite. Sammeln Sie dann Wörter
zu diesem Thema. Die Wörter schreiben Sie um das Thema herum.
Ordnen Sie diesen Wörtern weitere zu: Wörter, die z. B. Ähnlich-
keiten, Gegensätze und Unterthemen ausdrücken. Verbinden Sie die
Wörter durch Linien und Pfeile. Auf diese Weise entsteht ein Netz
mit Ihrem persönlichen Wortfeld. Sie können mit diesen Wörtern
auch einen kleinen Text schreiben.

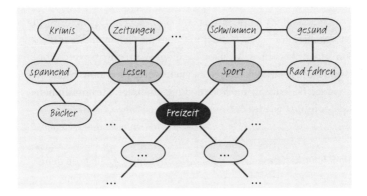

Vokabelgeschichten

Schreiben Sie mit neuen Wörtern kurze Geschichten. Wählen Sie
dazu sieben neue Wörter aus, die Sie lernen wollen oder müssen.
Lernen Sie diese Geschichten auswendig und wiederholen Sie sie
immer wieder – beim Putzen, beim Kochen, beim Duschen, im
Auto ...

Persönliche Vorlieben

Machen Sie eine Liste mit Wörtern und Ausdrücken, die für Sie ganz
persönlich nützlich und interessant sind. Das sind z. B. Wörter, die
Sie für die Alltagssprache oder in Ihrem fachlichen und beruflichen
Umfeld oft brauchen. Notieren Sie diese Wörter am besten sofort,
wenn Sie sie lesen oder hören. Suchen Sie im Wörterbuch nach der
genauen Bedeutung und Verwendung. In Ihrer Liste können Sie sie
später immer wieder nachsehen.

Handlungsketten

Sie behandeln gerade ein bestimmtes Thema im Unterricht?
Denken Sie sich zu diesem Thema eine einfache Handlung aus,
die Sie dann in vielen Schritten immer weiterführen, z. B. zum
Thema »Krankheiten und Arztbesuch«:

Ich habe Halsschmerzen.
Ich gehe ins Bett.
Ich schlafe elf Stunden.
Ich gehe zum Arzt.
Er gibt mir ein Rezept.
...

Haben Sie eine Idee, wie es weitergehen könnte?

Diese Übung eignet sich für alle möglichen Themen. Sie kann mündlich oder schriftlich gemacht werden, natürlich auch in der Vergangenheit.

Grammatische Informationen zu Nomen und Verben

Vor allem zu Nomen und Verben finden Sie im Wörterbuch
wichtige grammatische Informationen, die Ihnen helfen, richtig zu
formulieren. Notieren Sie diese Informationen auf Ihren Wortkarten
und lernen Sie sie gleich mit.

Nomen

Für den Artikel und den Plural gibt es oft keine Regeln. Lernen Sie
Nomen deshalb immer mit Artikel und Pluralform, und üben Sie
auch die Aussprache, z. B.:

der Stuhl, ⸚e = der Stuhl, die Stühle

die Kerze, -n = die Kerze, die Kerzen

Sie merken sich den Artikel leichter, wenn Sie ihn farbig markieren:
Malen Sie zu jedem Nomen einen farbigen Artikelpunkt:
blau = *der*, grün = *das*, rot = *die*. Sie verbinden dadurch beim Lernen
automatisch eine Farbe mit dem jeweiligen Artikel.

unregelmäßige Verben

Lernen Sie bei unregelmäßigen Verben immer auch die Präteritum-
form und das Partizip Perfekt mit. Wenn das Verb einen Vokal-
wechsel in der 2. und 3. Person Präsens hat, lernen Sie auch diese
Form. Lernen Sie unregelmäßige Verben so:

Beispiel:

laufen: sie/er/es läuft – lief – ist gelaufen

Verben mit Dativ

Es gibt nicht sehr viele Verben mit Dativ. Lernen Sie diese Verben extra, z. B.: *gefallen + (Dat.), helfen + (Dat.), ...*
Schreiben Sie Beispielsätze auf die Wortkarten:
> *Wie gefällt dir mein neues Kleid? –*
> *Papa half meiner Mutter nie in der Küche, sagt Opa.*

Verben mit Präposition

Viele Verben haben feste Präpositionen. Lernen Sie die Verben immer zusammen mit der Präposition und schreiben Sie Beispielsätze auf die Wortkarten, z. B.:
> *sprechen + mit (Dat.) + über (Akk.)*
> *Hat Papa mit Mama über mein Taschengeld gesprochen?*

Vorsilben (Präfixe)

Mit Vorsilben kann man ein Wort in seiner Bedeutung verändern. Zum Beispiel bekommen viele positive Adjektive durch die Vorsilbe *un-* eine negative Bedeutung:
> *deutlich – undeutlich, gemütlich – ungemütlich*
Manchmal kommt ein Verb mit Vorsilbe häufiger vor als ohne Vorsilbe, z. B. *verbinden (binden)*. Stellen Sie Wortlisten zusammen, z. B.:
– Welche Verben, die Sie kennen, haben die Vorsilbe
> *an- / zer- / ab- / ...?*
– Welche Vorsilben gibt es zum Wort
> *-sehen / -laufen / -schlafen / ...?*
Lernen Sie diese Wörter mit Beispielsätzen.

Nachsilben (Suffixe)

Bestimmte Endungen führen zu neuen Wortarten: Aus einem Verb wird ein Nomen oder ein Adjektiv, aus einem Adjektiv wird ein Nomen usw.

    Beispiele:

    trennen: die Trennung – trennbar – Trennbarkeit

    schön: Schönheit

    explodieren: Explosion – explosiv

Notieren Sie solche Wortfamilien auf Ihren Wortkarten.

Lesen mit dem Wörterbuch – zu Hause und im Unterricht

Arbeiten Sie beim Lesen nicht zu viel mit dem Wörterbuch. Sonst verlieren Sie schnell die Lust am Weiterlesen. Sie brauchen nicht jedes Wort zu verstehen, um die Bedeutung eines Textes zu verstehen oder um bestimmte Informationen herauszufinden. Nur wenn ein Wort öfter vorkommt oder wenn es Ihnen wichtig erscheint, dann schlagen Sie es im Wörterbuch nach.

Markieren Sie einmal in einem Text alle Wörter, die Sie kennen. Sie werden sehen: Sie verstehen mehr vom Text, als Sie glauben.

Viele Wörter kann man im Textzusammenhang verstehen, ohne ihre genaue Bedeutung zu kennen. Achten Sie darauf, dass Sie die Bedeutung im Zusammenhang des Textes herausfinden.

Achten Sie auf Wörter wie *aber, bevor, nachdem, jedoch, oder, ...* Diese Wörter zeigen Ihnen z. B. die zeitliche Reihenfolge der Ereignisse im Text oder sie weisen auf einen Gegensatz hin. Benutzen Sie im Unterricht kein Wörterbuch, auch wenn es manchmal schwerfällt. Ihr Lehrer ist immer das bessere Wörterbuch, denn er versteht den Zusammenhang, in dem das Wort steht, und kann Ihnen die passende Bedeutung nennen. Außerdem verpassen Sie wichtige Dinge im Unterricht, wenn Sie im Wörterbuch blättern. Fragen Sie also lieber, wenn Sie etwas nicht verstehen. Die Arbeit mit dem Wörterbuch ist vor allem dann sinnvoll, wenn es sich um ein einsprachiges Wörterbuch handelt. Aber man muss lernen, wie man mit einem Wörterbuch arbeitet. Bitten Sie Ihren Kursleiter / Ihre Kursleiterin, über die Wörterbucharbeit im Unterricht zu sprechen. Er/sie kann Ihnen zeigen, welche Informationen man im Wörterbuch findet und wie das Wörterbuch helfen kann, schnell zur richtigen Wortbedeutung zu kommen.

Lernwortschatz A1–B1

(nach dem Gemeinsamen Europäischen Refernzrahmen für Sprachen)

Liste A1

ab	Anzeige	Bahn	breit
Abend	anziehen	Bahnhof	Breite
aber	Apfel	Bahnsteig	Brief
abfahren	April	bald	Briefmarke
Abfahrt	Arbeit	Banane	bringen
abfliegen	arbeiten	Bank	Brot
Abflug	Arbeiter	Bankleitzahl	Brötchen
abgeben	Arbeiterin	bar	Bruchzahl
abholen	Arbeitsplatz	Bauch	Bruder
Absender	Arm	Baum	Buch
acht	Arzt	bedeuten	Buchstabe
Achtung	auch	beginnen	buchstabieren
achtzehn	auf	behalten	Bus
achtzig	auf sein	bei	
Adresse	auf Wiederhören	beide	CD
alle	auf Wiedersehen	Bein	Celsius
allein	Aufgabe	Beispiel	Cent
alleine	aufhören	bekommen	Chef
als	aufstehen	benutzen	Chefin
also	Auge	Beruf	cm
alt	August	besetzt	Computer
Alter	aus	besser	
am Wochenende	aus sein	beste	da
an	ausfüllen	bestellen	Dame
an sein	Ausgang	besuchen	daneben
anbieten	Auskunft	Bett	Dank
andere	Ausland	Bewohner	danke
anders	Ausländer	Bewohnerin	danken
Anfang	Ausländerin	bezahlen	dann
anfangen	ausländisch	Bier	das
Angabe	ausmachen	Bild	dass
Angebot	Aussage	billig	Datum
ankommen	aussehen	bis	dein
ankreuzen	aussteigen	bisschen	dem
Ankunft	Ausweis	Bitte	den
anmachen	Auto	bitten	denn
anmelden	Autobahn	blau	der
Anmeldung	Automat	bleiben	deutsch
Anruf	automatisch	Bleistift	Deutsche
anrufen		Blume	Deutschland
Anschluss	Baby	BLZ	Dezember
Antrag	Bäckerei	böse	dich
Antwort	Bad	brauchen	die
antworten	baden	braun	Dienstag

diese
Ding
dir
Donnerstag
Doppelzimmer
Dorf
dort
dorther
draußen
drei
drei Uhr
dreißig
dreizehn
dreizehn Uhr
 siebzehn
dritte
drucken
drücken
Drucker
du
durch
Durchsage
dürfen
Durst
Dusche
duschen

Ehe
Ehepartner
Ei
eigene
eilig
ein
eine
einfach
Eingang
einhundert
einkaufen
einladen
Einladung
einmal
eins
einsteigen
eintausend
einundzwanzig
Einzelzimmer
elf
Eltern
E-Mail
Empfänger

Ende
enden
entschuldigen
Entschuldigung
er
erklären
erlauben
erste
Erwachsene
erzählen
Erziehung
es
Essen
euch
Euro
Europa
Europäer
europäisch

fahren
Fahrer
Fahrerin
Fahrkarte
Fahrrad
Fahrt
falsch
Familie
Familienname
Familienstand
Farbe
Fax
Februar
fehlen
Fehler
Feier
Feierabend
Feiertag
Fernsehen
fertig
Feuer
Film
finden
Finne
Finnin
finnisch
Finnland
Firma
Fisch
Flasche
Fleisch

fliegen
Flughafen
Flugzeug
Formular
Frage
fragen
Frau
Freitag
Freizeit
fremd
freuen
Freund
früher
Frühjahr
Frühling
Frühstück
frühstücken
fünf
fünfzehn
fünfzig
für
Fuß

Garten
Gast
geben
geboren
Geburtsjahr
Geburtsort
Geburtstag
gefallen
gegen
gehen
gehören
gelb
Geld
Gemüse
Gepäck
gerade
geradeaus
gern
Geschäft
Geschenk
Gespräch
gestern
Getränk
Gewicht
gewinnen
Glas
glauben

gleich
Gleis
Glück
glücklich
Glückwunsch
Grad
Gramm
gratulieren
grau
groß
Größe
grün
Gruß
grüßen
günstig
gut

Haar
haben
halb
hallo
halten
Hand
Haus
Hausaufgabe
Hausfrau
Hausmann
heiraten
helfen
hell
Herbst
Herd
Herr
herzlich
heute
hier
Hilfe
Himmelsrichtung
hinten
Hobby
hoch
holen
hören
Hotel
Hund
hundert
hunderteins
hundertzwei
Hunger

ich
ihm
ihn
Ihr
immer
in
Information
Institut
interessant
international
Internet

ja
Jacke
Jahr
Jahreszeit
Januar
jede
jeder
jetzt
Job
Jugendliche
Juli
jung
Junge
Juni

kaputt
Karte
Kartoffel
Kasse
kaufen
kein
kennen
kg
Kilo
Kilogramm
Kilometer
Kind
Kindergarten
Kiosk
Kleidung
klein
km
kochen
Koffer
kommen
können
Konto
Kopf

kosten
krank
Krankenhaus
Kreditkarte
kriegen
Küche
Kugelschreiber
kümmern
Kurs
kurz

lachen
Laden
Land
Ländernamen
lang
lange
langsam
laufen
laut
Leben
Lebensmittel
ledig
legen
Lehrer
Lehrerin
leicht
leider
leise
lernen
lesen
letzt-
letzte
Leute
Licht
lieb
Liebe
Lied
liegen
links
Liter
Lkw
Lohnsteuerkarte
Lösung
lustig

machen
Macht
Mädchen
Mai

man
Mann
männlich
März
Meer
mehr
Mehrwert
mein
meinen
meist
meiste
Mensch
Meter
Mexikaner
Mexikanerin
mexikanisch
Mexiko
mich
Milch
Milliarde
Million
minus ein Grad
Minute
mir
mit
mitbringen
mitkommen
mitmachen
mitnehmen
Mittag
Mitte
Mittwoch
Möbel
mögen
Moment
Monat
Monatsnamen
Montag
Morgen
müde
Mund
müssen
Mutter

nach
Nachmittag
nachmittags
nächst
nächste
Nacht

Name
Nationalität
nehmen
nein
neu
neun
neunzehn
neunzehnhundert-
     neunundneunzig
neunzig
nicht
nichts
nie
noch
Norden
normal
November
Null
null Uhr drei
Nummer
nur

oben
Obst
oder
oft
ohne
Oktober
Ordnung
Ort
Osten

Papier
Papiere
Partner
Partnerin
Pass
Pause
Plan
Platz
plus
Polizei
Post
Postleitzahl
Praxis
Preis
Problem
Prospekt
Prozent
pünktlich

Quadratmeter	sehr	teilen	Vielen Dank
	sein	Telefon	vier
Rad	seit	telefonieren	vier Grad über Null
Rad fahren	Sekunde	Termin	vierte
rauchen	selbstständig	Test	Viertel
Raum	September	testen	Viertel nach zwei
Rechnung	sich	teuer	Viertel vor zwei
rechts	Sie	Text	vierundzwanzig Uhr
Regen	sieben	Ticket	vierzehn
regnen	siebzehn	Tisch	vierzig
Reis	siebzig	Tochter	von
Reise	siehe	Toilette	vor
reisen	sitzen	Tomate	Vormittag
Reparatur	so	tot	Vorname
reparieren	Sofa	treffen	Vorsicht
Restaurant	sofort	trinken	
richtig	Sohn	tun	Währung
Richtung	sollen	Türke	wann
rot	Sommer	Türkei	warten
ruhig	Sonnabend	Türkin	warum
Salz	Sonne	türkisch	was
Samstag	Sonntag		Wasser
S-Bahn	spät	über	weg
Scheckkarte	später	überweisen	weiblich
Scheck-Karte	spielen	Überweisung	Wein
scheinen	Sport	Uhr	weiß
Schild	Sprache	Uhrzeit	weit
schlafen	sprechen	um	weiter
schlecht	Stadt	umziehen	welch
schließen	stehen	un-	welche
Schluss	Stelle	und	Welt
Schlüssel	stellen	uns	wem
schnell	Straße	unten	wen
schon	Straßenbahn	unter	wenig
schön	Student	unter Null	wer
Schrank	studieren	unterschreiben	werden
schreiben	Stunde	Unterschrift	Westen
Schuh	suchen	Urlaub	Wetter
Schule	Süden		wichtig
Schüler		Vater	wie
schwarz	Tag	verbieten	wie viel
schwer	Tag der deutschen	verdienen	wiederholen
Schwester	Einheit	Verein	Wiederhören
Schwimmbad	Tageszeit	verheiratet	Wiedersehen
schwimmen	tanzen	Verkäufer	willkommen
sechs	Tasche	Vermieter	Wind
sechzehn	tausend	Versichertenkarte	Winter
sechzig	Taxi	verstehen	wir
See	Tee	viel	wissen
sehen	Teil	viele	wo

Woche	**Liste A2**		
Wochenende			
Wochentag	abends	besonders	dienstags
woher	abschließen	bestehen	Diesel
wohin	abstellen	Besuch	direkt
wohnen	Acht geben	Betrag	diskutieren
Wohnung	Alkohol	Betrieb: außer Be-	doch
wollen	Ampel	trieb	donnerstags
Wort	Amt	Betrieb:	Dose
	ändern	in Betrieb	dringend
zahlen	Angestellte	Betriebsrat	drinnen
zehn	Angst	betrunken	dumm
Zeit	Anzug	Bewerbung	dunkel
Zeitangabe	Apotheke	Bildschirm	dünn
Zeitung	Ärger	Blatt	
Zentimeter	ärgern	blond	Ecke
Zigarette	auf keinen Fall	Bluse	egal
Zimmer	Aufenthalt	Blut	ein paar
zufrieden	aufmachen	bluten	Einbürgerung
Zug	aufpassen	Bohne	einfallen
zum Beispiel	aufschreiben	braten	Einführung
zur Zeit	Aufzug	Bremse	einrichten
zurück	Ausbildung	bremsen	Einwohner
zusammen	ausgeben	Briefkasten	einzahlen
zwanzig	Aushilfe	Brieftasche	einziehen
zwei	auspacken	Briefumschlag	Eis
zwei Uhr	ausruhen	Brille	elektrisch
zweihundert	außen	Bruch	Empfang
zweihundert	außer	Brücke	endlich
Kilometer	außerdem	buchen	eng
zweitausendvier	außerhalb	Büro	Enkel
zweitausendzwei	ausziehen	Butter	entlassen
zweite	Azubi		Erdgeschoss
zwischen		ca.	Erfahrung
zwölf	backen	Café	erforderlich
	Balkon	CD-ROM	ergänzen
	Batterie	circa	erinnern
	beantragen	Compact Disc	Erlaubnis
	beeilen	Creme	Ermäßigung
	Behörde		erreichen
	Beirat	dabei sein	erst
	Benzin	Dach	etwas
	Beratung	dafür sein	euer
	Berechtigte	dagegen sein	Export
	Berechtigung	dar	
	Berg	dauern	Fabrik
	Berufsschule	denken	Fahrplan
	Bescheid	deshalb	fallen
	Bescheid sagen	deutlich	fast
	beschweren	dick	feiern

Fenster
Ferien
Fernsehgerät
Fest
fett
Feuerwehr
Feuerzeug
Fieber
fit
fleißig
Flohmarkt
Flur
Fluss
Förderung
Foto
Fotoapparat
frei
freitags
freiwillig
freundlich
frisch
Friseur
Frist
froh
früh
fühlen
Führerschein
Fundbüro
Fußball

Gabel
ganz
Garage
Garantie
Gas
Gebühr
geehrte
gefährlich
Gegenteil
gegenüber
Geldbörse
genau
genug
Gericht
Gesamtschule
Geschirr
Gesicht
gesund
Gesundheit!
getrennt leben

Gewalt
Gewerkschaft
Gewitter
giftig
gleichfalls
Goethe-Institut
Grenze
Grippe
Grundschule
Gruppe
gültig
Gymnasium

Hals
Haltestelle
Handtuch
Handwerker
Handy
hängen
hart
hässlich
Hauptschule
Haushalt
Hausordnung
Heimat
heiß
Heizung
Hemd
her
herstellen
Herz
hin
hinter
Hochzeit
hoffentlich
höflich
Holz
Hose
hübsch
husten

Idee
Illusion
Import
Industrie
Inhalt
inklusive
intelligent
interessieren

jemand

Kaffee
Kalender
kalt
Kamera
Kanne
Käse
Kassette
Kassettenrecorder
Katalog
Katze
kaum
Kaution
Keller
Kellner
kennen lernen
Kenntnis
Kennzeichen
Kette
Kfz
Kinderwagen
Kino
Kirche
Klasse
Kleid
klingeln
klopfen
Kneipe
Kollege
komisch
kompliziert
Konsulat
Kontakt
Kontrolle
Körper
korrigieren
Kosmetik
Kosmetikerin
kostenlos
Kraftfahrzeug
Krankenkasse
Krankheit
Kredit
Kreis
Kreuzung
Krieg
Kuchen
kühl
Kühlschrank

Kunde
kündigen
Kündigung

Lager
Lampe
Landschaft
langweilig
lassen
leer
Lehre
Leid
leidtun
leihen
liefern
Loch
Löffel
Lohn
los
lösen
Luft
Lüge
lügen
Lust

Makler
Mal
malen
manche
manchmal
Mantel
Markt
Maschine
Material
Mechaniker
Medikament
Mehrwertsteuer
Meinung
meistens
Menge
merken
Messer
Metall
Miete
mieten
mindestens
mittags
Mitteilung
Mittel
mittwochs

möbliert
Mode
modern
möglich
Monatskarte
montags
morgens
Motor
Müll
Mülltonne
Musik

Nachbar
Nachricht
nachts
Nähe
nämlich
nass
Natur
natürlich
Nebel
neben
nebenan
Nebenkosten
negativ
nervös
nett
netto
neugierig
Neujahr
neulich
niedrig
niemand
nirgends
Notarzt
Note
Notfall
notieren
nötig
Notiz
Nudel

ob
Ober
offen
öffnen
Operation
Orange
Ostern

Päckchen
Paket
Panne
Park
parken
Parks
Partei
passen
passieren
Pension
pensioniert
Pfund
Pkw
Plastik
plötzlich
Portion
positiv
praktisch
prima
privat
probieren
Produkt
Programm
Prüfung
Pullover
putzen

Qualität
Quatsch
Quittung

Rabatt
Radio
Rat
raten
Rathaus
Raucher
Realschule
Recht
Recht haben
Recorder
Regierung
reich
Reifen
Reinigung
renovieren
Rente
reservieren
Rezept
richtig gehen

Rind
Rock
Rücken
rückwärts
rund

Sache
Saft
sagen
Salat
sammeln
samstags
sauber
sauer
schade
Schalter
scharf
schenken
Schicht
schicken
Schiff
Schirm
schlimm
Schlussverkauf
schmecken
Schmerz
schmutzig
Schnee
schneiden
schneien
Schokolade
schrecklich
schriftlich
schwach
schwanger
Schwein
Seife
Sekretärin
selbst
Sendung
Senioren
Service
Sessel
setzen
sicher
Silvester
singen
sonnabends
sonntags
sonst

Sorge
sorgen
sozial
sozial-
sparen
Spaß
spazieren gehen
Spaziergang
speichern
Spielplatz
Sprachenschule
Sprechstunde
spülen
Spülmaschine
Standesamt
stark
stattfinden
stecken
stehen bleiben
Stempel
sterben
Steuer
Stimme
stimmen
Stock
Stoff
stören
Strand
Streichholz
streiken
streiten
Strom
Stück
Stuhl
stundenweise
Supermarkt
Suppe
süß
sympathisch

täglich
tanken
Tankstelle
Tarif
Tasse
Tat
teilnehmen
Teilzeit
Telefonbuch
Teller

Tennis	Unterricht	Vollzeit	wenn
Teppich	Unterschied	vorbei	Werkstatt
Theater	untersuchen	vorgestern	werktags
tief	Untersuchung	vorher	Werkzeug
Tier		vorn	wieder
Tipp	Verbindung	vorschlagen	wirklich
toll	vereinbaren	vorsichtig	Wirtschaft
Topf	vergessen	vorwärts	wochentags
Tourist	verkaufen		Wolke
tragen	Verkehr	wach	Wunsch
träumen	verlängern	Wagen	wünschen
traurig	verletzen	wählen	Wurst
Treppe	verlieren	wahr	Zahl
Trinkgeld	vermieten	während	Zahn
trocken	verpassen	wahrscheinlich	zeigen
Tür	verrückt	Wald	Zeitschrift
Tüte	verschieben	warm	Zentrum
TÜV®	verschieden	Wäsche	Zettel
	Versicherung	waschen	Zeugnis
U-Bahn	Verspätung	wechseln	ziemlich
überall	versprechen	wecken	Zitrone
übermorgen	versuchen	Weg	Zucker
übersetzen	Vertrag	wegen	zuerst
umsteigen	verwandt	weggehen	zuhören
Unfall	Verwandte	wegwerfen	Zulassung
Universität	Video	weich	zuletzt
unsere	vielleicht	Weihnachten	zumachen
unterhalten	Vogel	weil	zuordnen
Unterkunft	Volkshochschule	weinen	zurechtkommen
unternehmen	voll	wenigstens	zusammenleben

Liste B1

abbiegen
Abfall
Abgas
abhängen
abhängig
abheben
Abitur
ablehnen
abmachen
abmelden
abnehmen
abrechnen
Abschnitt
Absicht
absperren
abstimmen
Abteilung
abtrocknen
Abwart
abwärts
abwaschen
abwesend
ach
achten
ähnlich
Aids
aktiv
aktuell
Alarm
aller-
allerdings
allgemein
allmählich
Alltag
Alphabet
als auch
als ob
Altenheim
alternativ
Altersheim
am besten
am liebsten
Ammann
amüsieren
an haben
analysieren
anfangs
anfassen

angeblich
angehen
Angehörige
angenehm
angreifen
ängstlich
Anlage
Anleitung
annehmen
Annonce
Anruf-
   beantworter
anschaffen
anschauen
anscheinend
anschnallen
ansehen
Ansicht
anstrengen
Anwalt
anwesend
anzünden
Apfelsine
Apparat
Appetit
Aprikose
Arbeitgeber
Arbeitnehmer
ärgerlich
Art
Artikel
Arztpraxis
Asyl
atmen
Atmosphäre
auffordern
aufgeben
aufgeregt
aufheben
aufklären
aufmerksam
aufnehmen
aufräumen
aufregen
Auftrag
aufwachen
aufwärts
Augenblick

augenblicklich
ausborgen
Ausdruck
Ausfahrt
Ausflug
ausgehen
ausgerechnet
ausgeschlossen
ausgezeichnet
Ausnahme
ausrechnen
ausreichen
ausschalten
ausschauen
ausschließen
Aussicht
aussprechen
ausstellen
Ausstellung
aussuchen
Auszubildende
Autor

Badewanne
Ball
Bar
Bart
Bau
bauen
Bauer
beachten
Beamte
bedanken
Bedarf
bedienen
Bedienung
Bedingung
beeinflussen
befriedigend
begegnen
begründen
begrüßen
behandeln
behaupten
behindern
behindert
Beisel
Beitrag

bekannt
bekannt geben
Bekannte
beleidigen
beliebt
bemerken
bemühen
beobachten
bequem
beraten
bereit
Bericht
berichten
berücksichtigen
berufstätig
beruhigen
berühmt
beschädigen
beschäftigen
beschließen
beschreiben
besichtigen
besitzen
besondere
besorgen
besorgt
Besserung
bestätigen
Besteck
bestimmen
bestimmt
bestrafen
beten
betragen
betreuen
Betreuer
Betreuerin
Betrieb
betrügen
Bevölkerung
bevor
bewegen
Bewegung
Beweis
beweisen
bewerben
beziehen
Beziehung

Bibliothek
biegen
Biergarten
bieten
Billett
Biologie
Birne
bisher
bitter
blass
bleich
Blick
blind
Blitz
Block
bloß
blühen
Boden
Bombe
Bonbon
Boot
brechen
brennen
Briefträger
Broschüre
Brust
Bub
Bücherei
Büchse
Bundes-
bunt
Bürger
Bürger-
  initiative
Bürgermeister
Bürgersteig
Bürste

Camion
Camping
Chance
Charakter
Chauffeur
Chemie
chic
Christentum
Club
Coiffeur
Coiffeuse
Cola

Couch
Cousin
Couvert

da sein
da(r)-
dabei-
daher
damals
damit
dankbar
Darstellung
darum
Datei
Daten
Decke
Demokratie
demokratisch
Demonstration
derselbe
Dessert
desto
deswegen
Diät
dicht
Dichter
Dieb
dienen
dieses Jahr
diesmal
Diskette
Disko
Diskothek
Diskussion
Doktor
Doppel-
doppelt
drehen
Droge
Drogerie
drüben
Druck
dünken
durcheinander
durchschnittlich

eben
ebenfalls
ebenso
ehren

ehrlich
eigentlich
Eigentum
Eile
einander
Einbahnstraße
Eindruck
Einfahrt
Einfluss
einige
Einkommen
einpacken
einsam
einschalten
einschlafen
Einschreiben
einsetzen
einsperren
einstellen
Eintritt
Eintrittskarte
einverstanden
Einzel-
Einzelheit
einzeln
einzig-
Eisen
Eisenbahn
Elektro-
empfehlen
endgültig
Energie
entdecken
entfernt
Entfernung
entgegen
enthalten
entlang
entscheiden
entschließen
entschlossen sein
entschuldigt
entstehen
enttäuschen
entweder
entwickeln
Erdapfel
Erde
ereignen
Ereignis

erfahren
erfinden
Erfolg
erfüllen
Ergebnis
erhalten
erhöhen
erholen
Erinnerung
erkälten
erkennen
erkundigen
erleben
erledigen
ernähren
ernst
Ernte
eröffnen
Ersatzteil
erscheinen
erschrecken
erwarten
Erzählung
erziehen
Essig
etwa
evangelisch
eventuell
ewig
exakt
Existenz
existieren
Explosion

Fach
fair
Fall
farbig
faul
Fauteuil
fein
Feind
Feld
fern
Fernseher
festhalten
feststellen
feucht
Figur
finanziell

Finger
Fisole
flach
Fläche
Fleck
Fleischhauerei
fließen
Flucht
Flug
folgen
fordern
Form
Forschung
fort
Fortschritt
fotografieren
Frauenarzt
frech
Frechheit
Freiheit
Fremdsprache
fressen
Freude
Freundschaft
Frieden
frieren
Friseurin
fröhlich
Fröhlichkeit
führen
Führerausweis
Führung
funktionieren
furchtbar
fürchten
Fußgänger
Fußgängerzone

Gang
gar
Garderobe
Gastfreundschaft
Gasthaus
Gaststätte
geachtet
Gebäck
Gebäude
Gebiet
Gebirge
gebrauchen

Gebrauchs-
  anweisung
Geburt
Gedanke
geeignet sein
Gefahr
gefallen lassen
Gefühl
Gegend
Gegensatz
Gegenstand
Gegenwart
Gehalt
geheim
Gehsteig
Gelegenheit
gelingen
gelten
gemeinsam
Gemeinschaft
gemütlich
genauso
genehmigen
Genehmigung
Gerät
geraten
gering
Gesamt-
geschehen
Geschichte
Geschmack
Geschwindigkeit
Geschwindigkeits-
  beschränkung
Geschwister
Gesellschaft
Gesetz
gestrig-
Gesundheit
Getreide
Gewinn
gewöhnen
Gewohnheit
gewöhnlich
Gewürz
Gift
Gitarre
Glace
glatt
gleichberechtigt

gleichmäßig
gleichzeitig
Glocke
Gott
Gras
gratis
Gratulation
Griff
Groß-
großzügig
Grund
gründen
Grundlage
grundsätzlich
gucken

Hackfleisch
Hafen
Hähnchen
haken
Hälfte
Halle
haltbar
Hammer
Handel
handeln
Handtasche
Harass
hassen
häufig
Haupt-
Hausmeister
Haut
heben
Heft
Heim
Heimweh
heizen
Hendel
herauskommen
herrlich
herrschen
heuer
heutig-
Himmel
hindern
Hinduismus
hinsetzen
hinterher
Hinweis

Hit
Hitze
Hochschule
höchstens
Hocker
Hof
hoffen
Hoffnung
Höhe
Honig
Hörnchen
Huhn
Humor
hungrig
hupen

Illustrierte
in der Früh
in Pension gehen
in Rente gehen
Inflation
informieren
Ingenieur
innen
Innenstadt
innere
innerhalb
Insel
insgesamt
Instrument
Interesse
Interview
inzwischen
irgend-
irren
Islam

Jazz
je
Jeans
jedenfalls
jedesmal
jedoch
jene
jeweils
Jogging
Journalist
Judentum
Jugend
Jupe

Kabine	Korn	liberal	missverstehen
Kälte	Kostüm	Liebling	Mistkübel
kämpfen	Kraft	Lieblings-	Mitbestimmung
Kantine	kräftig	Lift	Mitglied
Kassa	Kraftwerk	Limonade	mitteilen
Kasten	Kranke	Linie	Mittel-
Katastrophe	Krankenkassa	linke	mitten
katholisch	Krankenpfleger	Liste	mittlere
Kaufhaus	Krankenschein	loben	Möglichkeit
Kern	Krankenschwester	lohnen	möglichst
Kipferl	Krankenwagen	Lokal	momentan
Kissen	Krimi	Luftpost	Mond
Kiste	Kriminal-		Monitor
klagen	Krise	Magen	Mord
klappen	Kritik	mager	Morgenessen
klar	kritisch	Mahlzeit	morgig-
Klassenarbeit	Kultur	manch-	Motorrad
klassisch	Kunst	Mannschaft	Mühe
Klavier	Künstler	Märchen	Mülleimer
kleben	künstlich	Margarine	mündlich
klettern	Kunststoff	Marille	Museum
klicken	Kursbuch	Marke	Mut
Klima	Kurve	markieren	
Klimaanlage	kürzlich	Marmelade	nachdem
Klingel	Kuss	Maß	nachdenken
Klo	küssen	Mathematik	Nachfrage
Klopapier	Küste	Matura	nachher
Klöße	Kuvert	Mauer	nachschlagen
klug		Maus	Nachspeise
knapp	lächeln	Medizin	nächst-
Knie	Lage	Mehl	Nachteil
Knödel	landen	mehrere	Nachtisch
Knopf	Landwirtschaft	Mehrheit	Nadel
Kofferraum	Länge	meinetwegen	Nagel
Kohle	Lärm	Meister	nah
kommerziell	Lastkraftwagen	melden	nähen
Kommission	Lastwagen	menschlich	nähern
Kommunikation	Laufwerk	Menü	Nahrungsmittel
Kondom	Laune	merkwürdig	Nase
Konferenz	läuten	messen	nebenbei
Konfitüre	Lautsprecher	Methode	neblig
König	lebendig	Metzgerei	Neffe
Konsequenz	Lebensgefahr	Minderheit	nennen
konservativ	Leder	Mineral	Netz
Kontinent	Lehrling	Mineralwasser	Nichte
konzentrieren	leiden	Minister	Nichtraucher
Konzert	leisten	mischen	nicken
Kopie	Leistung	Misserfolg	Nord
kopieren	leiten	Misstrauen	Nord-
Kopierer	Leitung	Missverständnis	normalerweise

Not
Notaufnahme
Notausgang
Notruf
notwendig
nun
nützen
nützlich

ober-
obwohl
Ofen
offen sein
offenbar
öffentlich
Öffentlichkeit
offiziell
öfter
Ohr
Öl
Onkel
operieren
Opfer
Opposition
ordentlich
Ordination
ordnen
Organisation
organisieren
Original
Ost
Ost-

Paar
packen
Packerl
Palatschinke
Paradeiser
Parkhaus
Parkplatz
Parkuhr
Parlament
Parterre
Party
Passagier
passiv
Patient
Pech
pensionieren lassen
perfekt

Perron
Person
persönlich
Pfanne
Pfannkuchen
Pfeffer
Pflanze
Pflaster
Pflaume
pflegen
Pflicht
Physik
Picknick
Pille
Pilz
planen
Platte
Pneu
Politik
Politiker
politisch
Polizist
Polster
Portemonnaie
Postkarte
Pöstler
Poulet
Praktika
Praktikant
Praktikum
Präsident
preiswert
Presse
pressieren
pro
Produktion
produzieren
Profi
Projekt
Prost
Protest
protestieren
Prozess
prüfen
Psychologie
Publikum
Pudding
Pult
Punkt
Puppe

Quark
quer

Rahm
rasieren
reagieren
Reaktion
realisieren
realistisch
Recherche
rechnen
recht-
Rede
reden
Reform
reformiert
Regal
rege
Regel
regelmäßig
regeln
regieren
Region
reif
Reihe
Reihenfolge
rein
reinigen
Reisebüro
Reklame
Rekord
Religion
rennen
Rest
Resultat
retten
Rettung
Rezeption
riechen
Ring
Risiko
roh
Rolle
Rollstuhl
Rück-
Rücksicht
rufen
Ruhe
Rundfunk

Sackerl
Sahne
Saison
Salbe
Sänger
satt
Satz
Sauce
Schachtel
schaden
schaffen
schalten
Schatten
schauen
Schaufenster
Schauspieler
Scheck
scheiden
scheiden lassen
Schein
Schere
schick
schieben
schimpfen
Schinken
Schlag
schlagen
Schlagzeile
schlank
schließlich
Schloss
schmal
Schmuck
Schmuggel
Schnitzel
Schnupfen
Schreibtisch
schreien
Schrift
Schritt
Schularbeit
Schuld
schuldig
Schuss
Schutz
schützen
Schwammerl
schweigen
Schwieger-
schwierig

Schwierigkeit	sportlich	super	treten
schwitzen	Sprichwort	Symbol	treu
schwul	springen	System	trocknen
Sehenswürdigkeit	Spritze		Tropfen
seine	Sprung	Tabelle	Trottoir
Seite	Spur	Tablette	trotz
selber	Staat	Tafel	trotzdem
selbstverständlich	staatlich	Tal	T-Shirt
selten	Staatsangehörigkeit	Tante	Tuch
seltsam	städtisch	Tanz	Türklinke
Semester	Stadtplan	Taschenbuch	Türschnalle
Semmel	Stadtpräsident	Tastatur	Typ
senden	Standpunkt	Taste	typisch
senkrecht	Star	Täter	
Sicherheit	Start	Tätigkeit	über-
sichern	starten	Tatsache	überfahren
sinken	Station	tatsächlich	überhaupt
Sinn	statt	taub	überholen
Situation	Stau	Taxcard	überlegen
Sitz	Steak	Team	übernachten
Sitzung	Steckdose	Technik	übernehmen
Skandal	Stecker	technisch	überqueren
Ski	stehlen	teil-	überraschen
Slip	steigen	Teilnehmer	überreden
Smog	steil	Telefonkabine	Überschrift
so dass	Stein	Telefonkarte	übersiedeln
so viel	Stellung	Telefonwertkarte	Überstunde
sobald	Stern	Telefonzelle	Übertragung
Socken	Stiefel	Temperatur	überzeugen
sogar	Stiege	Terrasse	Überzeugung
solange	still	Thema	üblich
solch	Stimmung	tippen	übrig
solch-	stinken	Titel	übrigens
Soldat	stolz	Tod	Übung
Sonder-	stoppen	tödlich	Ufer
sondern	Strafe	tolerant	um so
Soße	Strecke	Topfen	umarmen
Souvenir	Streik	töten	Umgebung
sowieso	Streit	Tradition	Umleitung
sowohl	Stress	Trafik	umsonst
Sozialarbeiter	Strumpf	trainieren	umtauschen
spannend	Studio	Training	Umwelt
sparsam	Studium	Tram	unbedingt
Speise	Stufe	Transport	ungefähr
Spezial-	stumm	transportieren	Unglück
Spiegel	Sturm	Traum	unheimlich
Spiel	stürzen	Traum-	unter-
Spielzeug	Süd	treiben	unterdessen
Spital	Süd-	Trend	Unterhaltung
spitz	Summe	trennen	Unterhemd

Unterhose	vernünftig	Vortritt	Wunde
unterrichten	veröffentlichen	Vorurteil	wunderbar
Unterrock	verraten	Vorwahl	wundern
unterscheiden	verreisen	vorziehen	wütend
unterstützen	Versammlung		
Unterwäsche	versäumen	waagerecht	zählen
unterwegs	verschlechtern	wachsen	zahlreich
Ursache	verschreiben	Waffe	Zahncreme
Urteil	versichern	Waggon	Zahnpasta
	verspäten	Wahl	Zeichen
vegetarisch	Verständnis	wahnsinnig	zeichnen
Velo	verstecken	Wahrheit	Zeichnung
Velo fahren	Versuch	Wand	Zeile
verabreden	verteilen	wandern	Zelt
verabschieden	Vertrauen	Ware	zentral
verändern	vertreten	Warenhaus	zerstören
Veranstaltung	Vertreter	Wärme	Zertifikat
verantwortlich	verursachen	warnen	Zeug
Verantwortung	verurteilen	Waschmittel	Zeuge
verbessern	Verwaltung	WC	ziehen
Verbesserung	verwechseln	Wecker	Ziel
verbinden	verwenden	weder ... noch	Zinsen
Verbot	verwitwet	weh tun	Zone
verbrauchen	verzeihen	weigern	Zoo
Verbrechen	Verzeihung	Werbung	zu viel
Verbrecher	Video-	werfen	zu wenig
verbringen	Vieh	Werk	Zufall
Verdacht	vis-à-vis	Wert	zufällig
verdächtigen	Visum	wesentlich	Zuhause
Verfahren	Volk	weshalb	Zukunft
Vergangenheit	völlig	wessen	Zünder
vergeblich	voraus	West	Zündholz
Vergleich	Voraussetzung	West-	zunehmen
vergleichen	vorbereiten	Wetterbericht	zurück-
Vergnügen	vordere	widersprechen	zusammen-
vergrößern	Vorfahrt	wiegen	zusammenfassen
verhaften	vorhaben	Wiese	Zusammenhang
verhalten	Vorhang	wieso	zuschauen
Verhältnis	vorhin	winken	zusperren
verhindern	vorig-	Wirklichkeit	Zustand
Verkehrsmittel	vorkommen	Wirkung	zuverlässig
Verkehrszeichen	vorläufig	Wirt	zwar
verkühlen	Vorort	Wissenschaft	Zweck
verlangen	Vorrang	Witz	Zweifel
verlassen	Vorschlag	wo-	zweifeln
Verletzung	Vorschrift	Wohl	Zwetschke
verlieben	vorstellen	Wohnblock	Zwiebel
Verlust	Vorstellung	Wolle	zwingen
Vermittlung	Vorteil	wor-	
vermuten	Vortrag	Wörterbuch	

or|ga|ni|sa|to|risch [ɔrganizaˈtoːrɪʃ] ⟨Adj.⟩: —————— Wortartangabe
*im Hinblick auf die Organisation von
etwas; das Organisieren betreffend:* organisatorische Mängel; organisatorische
Veränderungen vornehmen.

pas|siv [ˈpasiːf], **passiver, am passivsten** —————— Komparativ und Superlativ beim Adjektiv
⟨Adj.⟩ /Ggs. **aktiv**/: *untätig:* ich habe —————— Gegensatz (Antonym)
mich bei der Auseinandersetzung, der
Diskussion passiv verhalten; ein passi-
ves *(nur Beitrag zahlendes)* Mitglied
des Vereins.

die **Pe|ri|o|de** [peˈrjoːdə]; -, -n: **1.** *zeitlicher
Abschnitt:* eine historische Periode;
eine Periode rastlosen Schaffens in sei- —————— Angabe zur Stilschicht
nem Leben. *Syn.:* Ära (geh.), Epoche.
Zus.: Heizperiode, Hitzeperiode, Kälte-
periode. **2.** *Menstruation:* sie hat ihre
Periode. *Syn.:* Blutung, Regel.

die **¹Plas|tik** [ˈplastɪk]; -, -en: *künstlerische
Darstellung aus Stein, Holz oder
Metall:* eine bronzene, marmorne, —————— Homonyme
antike Plastik; das Museum hat eine (verschiedene grammatische Merkmale;
bedeutende Sammlung moderner sehr unterschiedliche Bedeutung)
Plastiken. *Zus.:* Bronzeplastik, Mar-
morplastik.
das **²Plas|tik** [ˈplastɪk]; -s: *Kunststoff:* Folien,
Tüten aus Plastik; die Schüssel ist nicht
aus Glas, sondern aus Plastik.

¹plus [plʊs] ⟨Konj.⟩ /Ggs. **minus**/: drückt
aus, dass eine Zahl zu einer anderen
addiert wird: *und:* fünf plus drei ist
[gleich] acht; wie viel ist vier plus sieben?
²plus [plʊs] ⟨Präp. mit Gen.⟩ /Ggs. —————— Homonyme
minus/ (bes. Kaufmannsspr.): drückt (unterschiedliche Wortarten)
aus, dass ein Betrag zu einem anderen
hinzukommt: dieser Preis plus der Zinsen; plus Rabatt; plus Zuschlägen. *Syn.:*
zuzüglich.
³plus [plʊs] ⟨Adverb⟩ /Ggs. **minus**/:
1. drückt aus, dass eine Zahl, ein Wert
größer als null ist: minus drei mal
minus drei ist plus neun; die Temperatur beträgt plus fünf Grad / fünf Grad
plus. **2.** drückt aus, dass eine Leistung
etwas über einer vollen Note liegt: sie
hat eine Zwei plus in Englisch.

der **Pneu** [pnɔy]; -s, -s (schweiz.): *Reifen:* der —————— regionale Zuordnung (hier: schweizerisch)
Wagen braucht neue Pneus.